新活用玉篇

圖書出版 윤미디어 編輯部

序 文

元來 黃河 上流에서부터 中國大陸의 東部로 移動해온 漢民族은 紀元前 數十世紀부터 初期的 象形文字의 太始를 이루어 왔으리라고 推定된다。

그처럼 殷末의 歷史時代의 開闢과 함께 자라오며 遼遠한 歲月의 風磨雨洗속에서 빛나고 있다。

그러므로 漢字文化圈은 中國全般、東南亞細亞、韓國、日本을 包括하고 있으며、約三千年前부터 우리 韓民族에게 傳來되어 文化面에 많은 影響을 주었고、假借文字로써도 利用되었으며、그동안에도 漢字는 象形、指事文字에서 會意、轉注文字로、造語、新語등으로 더욱 豊富한 內實을 其하게 되어있다。

그러나 勿論、漢字란 어려운 글이다。

表意的 象形文字이기 때문에、單語 하나하나에 內包된 深奧한 意味를 알아야 할뿐더러 書体의 古文、奇字、繆篆、鳥虫書、大篆、小篆、隸書、摺書、行書、草書의 數많은 書形이 있어 書道의 깊이는 곧 神心의 저편에 이르는 奧妙한 藝術의 境地까지 이루고 있으며 그 語彙의 數에 있어서도 尨大한 量에 이르기 때문에 그 全体를 안다는것은 不可能하겠지만、어쨌든 先祖의 傳代와 歷史를 같이해온 漢文이기 때문에 언제나 必要한 文字일 것이다。

때문에 이 玉篇은 먼저 그 漢字의 數에서 海邊의 모래알 만큼이나 많은 五萬五千餘字로、各國에서 現存하는 漢字 全般을 巨集收録하였다。

또한 찾기 어려운字、部首를 구별하기 어려운字는 앞에 檢字를 收録하였다。

고로、現在大衆玉篇에 不在字를 索書編輯에 있어 可히 長長 五年餘의 歲月에 걸쳐 編輯된 國內史上最大의 玉篇이라 하겠다。

模造洋裝、最高級用紙의 使用、四・六倍版、本玉篇은 外觀이나 堅固性에도 關心을 기울였다。

이처럼 心血을 들여 꾸며진 本 玉篇이지만、或 未備한 點이 있을지도 모르겠는바、앞으로도 繼續 先輩諸賢과 隱遁學者、그리고 既界의 여러분께 서슴없는 指導를 부탁드린다。

編輯者 識

凡例

本 玉篇은 대체로 康熙字典에 準據하였으며 古典에 나오는 모든 漢字와 最近의 新字、僞字、俗字、略字 등을 古典 全韻玉篇 上·下卷과 漢韓大字典 大漢韓辭典을 爲始하여 現代版 新字海、中華大辭典、日版大漢和辭典 및 書道七体大字典까지 參考로 比較檢討하여 長長 五年이라는 歲月에 걸쳐 五萬五千餘字를 巨集 編輯하여 完璧한 玉篇의 구실을 하도록 하였다。

◎部首索引

本 玉篇의 앞뒤 兩面에 各各 部首索引을 붙여 그 部首가 始作되는 本文의 位置를 表示하여 놓았으니 利用하기 바란다。

◎檢字索引

本 玉篇에 收錄된 標題字中 찾기에 混亂과 錯覺하기 쉬운 字는 모아서 總劃數에 따라 各別하여 그 밑에 部首를 表示해 놓아 檢索의 便宜를 圖謀하였다。

◎文字의 排列

版心 欄外標題에는 標題字의 部首와 劃數를 明示하여 놓고、또 面의 上段欄外에는 그 面에나오는 標題字를 추려 正確한 小篆을 各面에 十字式 넣어서 그 輪廓을 짐작하게 標題字 밑에 을 처 놓았다。

◎ 字音과 韻

(가) 字音의 表記에 있어서는 標題字밑 바른쪽 위에 한글로 □안에 넣어 表記하였다。

(나) 字音이 두가지 以上일 경우에는 우선 連結 □를 □□□와 같이 알기 쉽게 하였고 各 音에 따른 字解를 달아 놓았다。

(다) 또한 標題字의 音은 現在 가장 많이 쓰이는 音을 標準音으로 제일 앞에 내세우고、그 밑에 俗音、古音、本音、或音도 字解欄의 ○韻上部에 記入 明示하여 놓았으며、

(라) 各 字音 밑에는 詳細한 字解를 붙여놓고、字解의 끝부분 ○란에 韻을 記入하였고、두가지 以上의 音일 경우는 韻란을 계속하여 넣었다。韻은 字音 □□ 一、二、三、順으로 韻을 보도록 하였다。또한 音은 두가지이면서 韻字가 同一한 경우에 ○안에 韻을 하나만으로 標示 하였다。

(마) 同音일때에도 韻이 두가지 以上일 時도 一一이 明示하였다。

(보기 一) (二音以上 二韻以上의 字)

刀部十四劃

劖 감함람 切也 끊을감、銳利 예리할 함、利刀 날카로운날람 ㊀咸 ㊁謙 ㊂勘 ㊃覃

(보기 二) (一音에서 二韻字)

力部 十八劃

勸 ㉠권 勸也 부지런할 권、
强健 강건할권 ㊔ ㊀先

(보기三) (二音 以上에 一韻字)

力部 十二劃

勷 양 상 勉也 힘쓸 양、
상의 義同 ㊔義
(義同인 경우는 앞 字解와 同으로 通함。

◎ 古字、俗字、略字、同字、譌字、籀字、篆字。
古字、俗字、略字 等은 그 本 字의 項에 字
解를 記入함을 原則으로 하였으며 本 字를
곧 찾아 보도록 部와 劃數를 記入하였다。

(보기一) 国 國(口部八劃)의 俗字
圖 圖(口部十一劃)의 俗字
壮 壯(士部四劃)의 略字
単 單(口部九劃)의 略字

◎ 音訓索引
또한 本 玉篇에 收録된 標題字를 한곳으로
모아 가、나、다、順으로 排列했으며 標字
가 相異해도 同音인 字도 一一이 한글로 音
을 明示하였다。

檢字

一畫

一 一部　丶 丶部　丨 丨部　亅 亅部　丿 丿部　乙乚 乙部　乀 丿部

二畫

刀刁 刀部　勹 勹部　厂 厂部　厶 厶部　丁七丄丅丂 一部　又 又部　冂 冂部　冖 冖部　冫 冫部　几 几部　凵 凵部　匚 匸部　匸 匸部　匕 匕部　十 十部　卜 卜部　二 二部　卩 卩部　亠 亠部　儿 儿部　人 人部　八 八部　入 入部　乃乂 丿部　九乜 乙部　了 亅部

三畫

寸 寸部　尢 尢部　宀 宀部　小 小部　万三丈上下丌 一部　己已巳 己部　彳 彳部　彑彐 彐部　才扌 手部　卄千 十部　厺 厶部　叉 又部　孑孓子 子部　川巛 巛部　兀 儿部　亾 入部　凡凢 几部　勺 勹部　尸 尸部　屮山 山部　阝 阜部(左)　阝 邑部(右)　工 工部　巾 巾部　干 干部　幺 幺部　广 广部　廴 廴部　廾 廾部　弋 弋部　弓 弓部　彡 彡部　口 口部　囗 囗部　土 土部　士 士部　夂夊 夊部　夕 夕部　大 大部　女 女部　么久 丿部　也乞 乙部　于亍 二部　个丫 丨部　丸 丶部　氵 水部　犭 犬部　忄 心部　歹 歹部　刃 刀部

四畫

五云互井 二部　公兮六 八部　冘 冖部　冄 冂部　凶出 凵部　分 刀部　匂勿匃匀匁 勹部　牙牙 牙部　牛 牛部　爪 爪部　父 父部　爻 爻部　爿 爿部　片 片部　弔引 弓部　攵 攵部　旡无 无部　曰 曰部　王 玉部　壬 士部　天夫太夭 大部　心 心部　戈 戈部　户 户部　手扎 手部　支 支部　攴 攴部　尺 尸部　屯屮 屮部　巴 己部　帀 巾部　幻 幺部　廿 廾部　欠 欠部　止 止部　歹 歹部　殳 殳部　夬 大部　孔 子部　少 小部　尤 尢部　尹 尸部　犬 犬部　丑不与丏弌 一部　丯丮中 丨部　反収及友艮双 又部　圠 土部　文 文部　斗 斗部　斤 斤部　方 方部　什仄介今仆仇仁 人部　元允 儿部　内 入部　化 匕部　匹 匸部　卅午升 十部　丹 丶部　之乏 丿部　予 亅部　日 日部　月 月部　木 木部　毋 毋部　比 比部　毛 毛部　氏 氏部　亢 亠部　卝卞 卜部　卬 卩部　厄 厂部　气 气部　水 水部　火 火部　厷厹 厶部　刈 刀部　叱囙叱叵 口部　市 巾部　灬 火部　辶 辵部

五畫

叮叺叶叩只召叫可叴叵号司台史右古句另叨 口部　扐扒 手部　阞 阜部　庂 广部　忉必 心部　汀汁 水部

仗仔仕付仙代佀仚全令以 人部 毋冄半 十部 匜 匚部 匆匃包 勹部 甘 甘部 生 生部 用 用部 田由甲申 田部 疋 疋部 刋刌刉𠚧 刀部

式 二部 庀 广部 弘 弓部 宁它宄 宀部 回囚四 口部 奴 又部 犮 犬部 本朮未末 木部 正 止部 母 毋部 歺 歹部 帀 巾部 瓦 瓦部 玉 玉部 瓜 瓜部 玄 玄部 夯失

央 大部 孕 子部 尒 小部 屳 山部 左巧巨 工部 㠯 己部 危卯 卩部 行 彳部 市 巾部 半平 干部 幼 幺部 弁 廾部 丼 丶部 乍乎乏 丿部 主 丶部 永 水部 外 夕部 央 大部 立

立部 丙且丕㐀世 一部 丱 丨部 台史右 口部 民 氏部 氷 水部 戹 戶部 夰 亣部 旦 日部 冬 冫部 凥処凧 几部 疒 疒部 癶 癶部 白 白部 皮 皮部 禾 禾部 穴 穴部 弓弗 弓部

卡占 卜部 囙 囗部 功加 力部 北 匕部 㐌 乙部 兄 儿部 冉冊 冂部 戉戊 戈部 目 目部 石 石部 矛 矛部 矢 矢部 示 示部 内 内部 凸凹 凵部

六畫

米 米部 竹 竹部 缶 缶部 自 自部 糸 糸部 网 网部 至 至部 舌 舌部 臼 臼部 舛 舛部 舟 舟部 艮 艮部 色 色部 艸 艸部 年幵 干部 后舌吏吉向

吒吋叩吐吞吴吉吊同名吉各合吐 口部 囟回因 囗部 存字孖 子部 在地 土部 耳 耳部 尖尗 小部 州 巛部 旬早旨旭 日部 夙多

夛 夕部 戍戌 戈部 收攷 攴部 丞丟 一部 両西 襾部 虍 虍部 虫 虫部 血 血部 行 行部 衣 衣部 夷夸 大部 如奼 女部 曲 曰部 伙休任仲伍伎伏伐件

仰伉 人部 考老 老部 肎 肉部 巪 工部 乭乩 乙部 交亦亥 亠部 充兇兆卯先光 儿部 劣劥 力部 毋卅卍 十部 危卬 卩部 共关 八部 再 冂部 私

乙部 兊 儿部 亘 二部 全 入部 甶 田部 百 白部 牟 牛部 羊 羊部 羽 羽部 而 而部 耒 耒部 灮灰 火部 曳 曰部 有 月部 朱朵朿束 木部 甪 用部 聿 聿部 肉 肉部 臣 臣部 次

欠部 此 止部 死 歹部 安守宅 宀部 寺 寸部 冲冰決 冫部 氽 水部 刖刑列刓刎刉 刀部

七畫

李材杏杙宋杘東 木部 皀 白部 狆犿 犬部 灵災灾 火部 麦 麥部 亜亙况 二部 攱孛攸改攺攻 攴部 扣扲 手部 𢓊 彳部

帗帍帋希 巾部 岐 山部 皃 白部 床 广部 欥 欠部 矴 石部 忓忦忒 心部 邦邑 邑部 尾局 尸部 岕 屮部 夆 夂部 助 力部 兵 八部 初利 刀部 声壯

士部 夹夾 大部 妝妥 女部 巠巫 工部 呈吠君吝吞否含启吾告呂吳 口部 囧囱 囗部 坌坐 土部 赤 赤部 走 走部 糸 糸部 籵 米部 甸甹

田部 肓肖肙 肉部 良 良部 男 田部 邢戺 戶部 足 足部 身 身部 矣 矢部 串 丨部 克 儿部 孜孝孚孛 子部 兌 儿部 步 止部 每毒 毋部 求汞 水部

瓧 瓦部 豕 豕部 豸 豸部 見 見部 角 角部 言 言部 谷 谷部 豆 豆部 貝 貝部 釆 釆部 里 里部 矴 干部 幼 幺部 弍 弋部 弟 弓部 廵巡 彡部 卣卟 卜部 卯

卩部 甫甬 用部 亞 一部 亨 亠部 余 人部 戒我 戈部 辰 辰部 走 走部 酉 酉部 尨 尢部 危 己部 努 力部 卉 十部 罕 网部 牢 牛部 更 曰部 辛 辛部 車 車部 尖 小部

八畫

垂坐 土部 夜 夕部 斧 斤部 斨 斤部 旁 方部 昔昂昃昇昌明昏易昔 日部 舍 人部 青 青部 非 非部 並 一部 弗事 亅部 乖 丿部 乳

乙部 承捐 手部 放放收政 攴部 肯肤育肴肩 肉部 受 又部 周咎命和呆咎 口部 坴 土部 毒 毋部 毬 毛部 氓 氏部 画畄畀 田部 疌 疋部

盲直 目部 杲杳柔杰東果 木部 肯 肉部 臽臾 臼部 戾房所 戶部 卓協卑卒 十部 卦 卜部 卷 卩部 刱券 刀部 两 一部 豕 豕部 叁

走部 采 冖部 函 凵部 舀 臼部 服 月部 舍 舌部 虎 虍部 虱 虫部 卒表 衣部 兒 儿部 來 人部 兕 儿部 兩 入部 其具典 八部 枽 木部 歧武 止部 些亞亟

二部 享京亩 亠部 彔 彡部 金 金部 長 長部 門 門部 阜 阜部 隶 隶部 佳 隹部 雨 雨部 幸幷 干部 忝忮 心部 戕 戈部 奔奇奈奉奄 大部 岳岡 山部

罙帑帘帛 巾部 妻妾要 女部 茌芋花苜苜芽芳苂芏 艸部 秉秊 禾部 籴 米部 罔罕 网部 羌 羊部 季孟 子部 尚 小部 尳 尢部 虹

虫部 物 牛部 泫 水部 空 穴部

九畫

迄乞 乙部 歧 支部 怵恇恌 心部 拉拜 手部 侯侶很俊 人部 冰 冫部 京亭亮 亠部 形彥 彡部 耶 耳部 胃背胡胤胥 肉部

衄 血部 訇 言部 貞負 貝部 軍 車部 酋 酉部 重 里部 匙 匕部 畓畄畋界畏 田部 赳充 儿部 明省眉是盾相県 目部 侯 矢部 砉 石部 禹禺

內部 致 至部 舌 臼部 虽虽虺 虫部 耎要耐耏耑 而部 威姧 女部 巷 己部 帝帘帤希帥 巾部 幽 幺部 秌 禾部 羍美 羊部 姜 文部 者耆耇

老部 䄂昜昚昜昰昂昝春昇昬是昱 日部 曷 曰部 柰 木部 故故畋 支部 弮 弓部 彖 彐部 臭 犬部 甚 甘部 斫 斤部 皆 白部 峧岷

皮部 哉咠咢咨咫咸咼哀 口部 変 夊部 奎奏奐契奓奔奕 大部 函函 凵部 冠 冖部 勉勇 力部 南 十部 前則 刀部 段 殳部 泉盜 水部

弥炭 火部 香 香部 面 面部 革 革部 韋 韋部 韭 韭部 音 音部 頁 頁部 卣 卜部 卼 卩部 叔叛变 又部 冒胄 冂部 風 風部 飛 飛部 食 食部 首 首部

十畫

耻恭恒 心部 拲拳拿挈挲拏 手部 㓷 刀部 夏㚇 夊部 套奘奚畚 大部 孬 子部 射尅 寸部 芻茲 艸部 虒虓 虍部

衰袁 衣部 訔訔言討訕記訌訏 言部 效敉 攴部 弱 弓部 彧 彡部 哭哲哿㖶唇唐哥 口部 晉晏晁 日部 冓冔 冂部

冢 冖部 圅 口部 㚆 士部 蚊蚉 虫部 衮 衣部 舀舁 臼部 桀栥栽 木部 殺 歹部 毣毦 毛部 書 曰部 𣱼 氏部 泰 水部 衮烏威烖烝 火部 卣 卜部 叟 又部 乘 丿部 亳 亠部

倉候 人部 党兘 儿部 兼 八部 馬 馬部 骨 骨部 高 高部 料 斗部 旁 方部 𢆉 干部 鬲 鬲部 鬼 鬼部 髟 髟部 鬥 鬥部 朔朕 月部 𡭗 小部 屔 尸部 峊島 山部 差 工部

師席 巾部 畝畞畟畠畜畕 田部 臬 自部 眚眞真 目部 爹 父部 牮 牛部 班 玉部 瓸 瓦部 釜 金部 𩠐 首部 巹 己部 蚕 虫部 𠤕 匕部 𥞊 谷部 豈 豆部

豙 豕部 軎 車部 邕 邑部 酒 酉部 狺 犬部

十一畫

羛羞羠羝羒 羊部 粜粦 米部 脩脣 肉部 𦥯舂 臼部 笙 竹部 斬 斤部 旉 方部 既 旡部 救敓敔敕敖敎敎敏敗 攴部

𦩀 舟部 袌衮袞袠袤 衣部 章竟 立部 畢畣畱 田部 眷眾眼 目部 毫毬 毛部 焉 火部 爽 爻部 犀 牛部 率 玄部 斌 文部 㪷斛 斗部 戚 戈部

冨 宀部 凰 几部 勖務 力部 匏 勹部 晟晨昦㬥晝 日部 魚 魚部 鳥 鳥部 鹵 鹵部 鹿 鹿部 票祭 示部 离 禸部 案 木部 甜 甘部 產 生部 埊埶執堂堅堇 土部

奜 大部 婁婺 女部 巷 己部 帶常 巾部 𢆸 幺部 庶 广部 彗 彐部 彪 彡部 麥 麥部 麻 麻部 𠀧 一部 乾 乙部 兜 儿部 冕 冂部 規𧠟𧠛覓 見部 觕𧢳 角部

豉 豆部 豚 豕部 𧹛赦𧹞 赤部 𦒱 老部 孰 子部 𡮐 小部 就 尢部 𡸣 山部 巢 巛部 啓呰啚售商啇問 口部 啨 青部 參 厶部 畫 聿部 匙 匕部

𠧸 卜部 望朗朙 月部 曼曹 曰部 桼梁條梟梦梵 木部

十二畫

棻棨棟棗棄棽棼 木部 朞朝 月部 奠奐猒奢奡欶 大部 堷報堯 土部 壹壺 士部 單喜喬㖫喦

詧喪㖡奝啇善喆喌 口部 寒 宀部 痛 疒部 最晷智晶 普景晵 日部 會朁最替 曰部 羕羨 羊部 登 癶部 粦粟 米部 粤 米部

粥 米部 絫 糸部 甤甦 生部 琶琴琵 玉部 甯 用部 番畱畳畫畬 田部 勞勝 力部 博 十部 脊 肉部 𢧐 至部 舄 臼部 舜 舛部 萌萈 艸部 黃 黃部 黍

黍部 黑黑部 黹黹部 傘人部 兟儿部 勝冫部 蛓蛬虫部 頃須頁部 幾幺部 弒弋部 弼弓部 彘彐部 悶惑心部 飧食部 高高部 髡髟部 颪風部 散敀敘

敝敞敢敦攴部 亵裁衣部 斐斑文部 掌掔掣手部 就尢部 嵏嵒山部 巽己部 [illegible]干部 胾肉部 欽欠部 [illegible]止部 淼渠水部 烕火部 孱孱子部

買貴貳貝部 [illegible]足部 輂車部 視見部 斝斗部 詈詈言部 [illegible]谷部 毅象豕部 踈疏足部 爲爪部 犇牛部 着[illegible]目部 矞矛部 [illegible]矢部 萬禹内部

童立部 [illegible]酉部 量里部 雁集雇雋雄雅隹部

十三畫

魞魚部 [illegible]竹部 辠辛部 酨酉部 雍隹部 [illegible]廾部 罪网部 想愁愈感愛心部 募力部 僉人部 鼎鼎部 黽黽部 睒䀴[illegible]睪

睘睿睢目部 裛裏衣部 [illegible]角部 [illegible]詹詹言部 輦載車部 葬艸部 號虍部 蜀虫部 登豆部 豢豦豕部 賈貝部 靖青部 [illegible]儿部 棄幹干部

廌广部 孴子部 尟尠小部 嵩嵬山部 奥大部 媵婁女部 㝅子部 塋塍塞土部 壺士部 蜃虫部 斒文部 旣无部 暈日部 彀弓部 彙彐部 嗇

[illegible]嗣口部 [illegible]掔揫[illegible]手部 [illegible]敬敭攴部 義羨羊部 稟[illegible]禾部 碁石部 禀禁示部 禽内部 畺畫田部 [illegible]甞甘部

十四畫

裴裹褎衣部 舞舛部 彰彡部 慓心部 寧[illegible]宀部 誓[illegible]言部 蒜蒙蓋艸部 [illegible][illegible]毛部 箕箈箋竹部 毓毋部 稾

槑對[illegible]穀榮榺木部 睿[illegible]目部 碧石部 粼米部 臧臣部 臺至部 與臼部 疑疐足部 腐膂膏肉部 翡羽部 聚聞耳部 尠小部 徽

幕巾部 截戈部 搫手部 瑴玉部 [illegible]瓦部 甦生部 賒貝部 [illegible][illegible]火部 爾爻部 [illegible]犖牛部 歰止部 墅墓塾[illegible]土部 壽[illegible]士部 夥夢夤夕部

奩奪奫奬大部 [illegible]朅曰部 朢月部 暠日部 敲攴部 暢日部 齊齊部 [illegible]僰人部 [illegible]厶部 嗸[illegible]嘉嘏嘗[illegible]口部 婺女部 孵子部

鬖髦髟部 鳳鳥部 蜚蜜蝵虫部 賓貝部 兢儿部 凳几部 鼻鼻部 塵土部 豪豕部

十五畫

慶憂慕慗慮慫心部 壿士部 奭大部 [illegible]巾部 器嗇[illegible]口部 墨土部 齒齒部 勰力部 樊木部 漐[illegible]漿水部 暮

暫暬日部 暴[illegible]目部 皝[illegible]白部 畿畱田部 熲火部 [illegible]爪部 犛牛部 瑩玉部 [illegible]瓜部 膚[illegible]肉部 [illegible]虢[illegible]虍部 瞥瞀目部 [illegible]艸部 褒

褏衷衣部 禜示部 槀穀木部 蓐辱辰部 鋻金部 韏韋部 髳髮髟部 緜縻糸部 羕羊部 鬧門部 魄鬼部 養食部 覢見部 誾諅言部

琿輩車部 豨豕部 賚賡貝部 輦車部 鴈鴦鳶鴉鴂鳥部 黎黍部 鼏鼎部 匘匕部 摯摰摹⿱尉手摩手部 敷數敹斁整

敵夐噭攴部 魯魚部 ⿱尉斗斗部 餌食部 磊石部 震雨部 德彳部 隥阜部 篗落箹篍竹部

十六畫

賮賴貝部 器噩口部 憲心部 嶨山部 弊廾部 擊手部 䦧門部 曇暹暴日部 偉華部 須頴頁部 䭫首部 髵髟部 閺門部

褰褮衣部 豰豆部 豫豕部 磬毈殳部 燄燚燄火部 蝨蠭螢膰融螒虫部 褮衣部 蕆樹橆橥橐木部 歷止部 㪔攴部 整攴部

斢斗部 罷网部 翔羲羴羊部 翁羽部 𦓐𦓚而部 臲自部 興臼部 舘舌部 虩虪戲虧虍部 縈縠縢糸部 爾爻部 甍瓦部 踺足部 穎

穈穌禾部 竟立部 穀米部 禩示部 盧皿部 磨磬石部 禦示部 鴗鳥部 嬴文部 麻小部 墊土部 學子部 劒刀部 龍龍部 冀八部 兟儿部 龜龜部

十七畫

麤鹿部 轂輩輿車部 鴾鳾鴻鶬鶏戴鳥部 醟酉部 韱韭部 鬘髟部 襄衣部 蟁螽蟇蠢虫部 覽見部 蔔艸部

韓韋部 斂數攴部 曏日部 夗夕部 嬰嫐女部 應心部 擊擊擎擘手部 賽賾賸貝部 蹇足部 獲犬部 鐇黇疃田部 豰豯豳豕部

磨石部 竲立部 縻糞米部 霜雨部 壓土部 縻糸部 聲耳部 毚比部 鎮頁部 觳角部 濴濫水部 謄謇譽言部 谿谷部 豋豆部 營燮火部 虧

彪虍部

十八畫

縈橐諸木部 謩謦言部 壘土部 疐足部 爵爪部 簡簪簃籧竹部 釐里部 鎣金部 殨夕部 鵥鵙鳥部 蘽穢禾部 韡

矆雚巂雙隹部 藍皿部 爀燹火部 濠騄水部 豎殸殳部 辦片部 竄穴部 叡叢又部 嚚匏嚻口部 奰大部 瞿曌目部 鞟繇糸部 織

縈糸部 瞗肉部 鵳虧虍部 璧玉部 闔門部 魏鬼部 闚闟門部 虢虍部 襄衣部 霣雨部 題頁部 麿麻部 鰷魚部 彝彐部 戴戈部 擊擧手部 斃攴部

歸止部 儭儱人部

十九畫

藜藕藤蘆藥藟藘 艸部 蠃蠅螢 虫部 𧟨襞襒 衣部 䌛譽 言部 襦 衣部 艥 舟部 𦤹 自部 𧇽 虍部 贆 犬部

璺 玉部 獸 犬部 瓣 瓜部 疆 田部 顝辮瞑 目部 積 禾部 繭 糸部 羸 羊部 櫜櫱櫐 木部 𤾊 白部 靡 非部 鞼 革部 嚭嚮 口部 攀 手部 𣀔 攴部

飄 風部 鰲 魚部 𪉖 鹵部 麓麗 鹿部 龐 龍部 壟 土部

二十畫

顛 八部 齌䙙 衣部 辮纂 糸部 𩏼嚳嚴 口部 豑𧯷 豆部 𤎥燎燔 火部 獻 犬部 贏 貝部 騰 馬部 蠱 虫部 觷 角部 譱 言部

競 立部 舋 臼部 𧆸 虍部 矍 目部 竇 穴部 𤲲 田部 鬪 門部 鶗 鳥部 黨 黑部 𪚫 龜部 孽 子部 嬖 女部 懿 心部 懲 心部

二十一畫

護譽 言部 轜轝 車部 饒饃 食部 顥顧 頁部 懼 心部 𧽏 走部 魔 鬼部 鰲 魚部 盧 皿部 囂嚻 口部 斕 文部 磨磬 石部 禦 示部 曩 日部

顥纍 糸部 亹 亠部 兤 儿部 臝 肉部 蠡 虫部 龒 木部 髍 骨部 𨰋 金部 韡 韋部 驀 馬部

二十二畫

讅 言部 囊囅 口部 戵 戈部 孌 女部 韻競 立部 巒 山部 懿 心部 聽聾 耳部 𢿢 攴部 疊 田部 糴 米部 籠 竹部 龔龕 龍部 襲襳 衣部 轠

轡 車部 龢 龠部 鑒 金部 鰲徽 魚部 豑 豆部 𩃬 雨部 鷹 鳥部 𪎭 黃部 黱 黑部 龝 龜部 孿 子部 羈 网部

二十三畫

驚驘𩧫 馬部 讎讐變讋 言部 戀戁 心部 韲 韭部 覊 襾部 𣌓 曰部 𡄉 口部 巖 山部 蘽蘿 艸部

醮蘼 艸部 尷 尢部 攣 手部

𣄏 斗部 頀 音部 𤼷 癶部 糵𥽖 米部 蠱蠲 虫部 饜 食部 夔 夊部 蠮 虫部

二十四畫

鸁鸒 鳥部 靇靈 雨部 矗曫 目部 豔 色部 蠸蠷蠶 虫部 贛 貝部 鬭 門部 讖讓 言部 灝鸂 水部 鹽 鹵部 鱟 魚部 𦿐 艸部 鼈 黽部

衢 行部 躟 足部 奲 大部 隴 阜部

二十五畫

鸎 鳥部 纛 糸部 𧰀 豆部 釁 酉部 孿 子部 靉 雨部 鬣 髟部 糴糶 米部 籮 竹部 臠 肉部 蠻 虫部 觀 見部 顱 頁部 黌 黃部

二十六畫

𨏶 車部 瓁 玉部 鬱 木部 𪎊糵 米部 驡驢 馬部 龥 龠部 釃 酉部 鑵 金部 鱲 魚部

檢字

二十七畫

鑾鑿 金部　驤驦 馬部　鸛 鳥部　犫 牛部　韄 韋部　豓 豆部　鱸 魚部　藷 艸部　蠽 虫部　爨 火部　𨷸 門部

二十八畫

𤒎 火部　雧 隹部　欞 木部　豔 豆部　鬱 鬯部　鸙 鳥部　饡 食部　麢 鹿部

二十九畫

鸛鸜 鳥部　爨 火部　鬱 鬯部　鱹 魚部

三十畫

𪘐 齒部　鸞鸝 鳥部　鱺 魚部

三十一畫

𪘲 齒部　醽 酉部　靐 雨部

三十二畫

籲 竹部　𪚏 齒部　𩿔 魚部

三十三畫

麤 鹿部　鱻 魚部

三十四畫

𪆷 鳥部

三十五畫

齾 齒部

六十四畫

𪚥 龍部

一畫

一部

一· [일] 數之始 한일 同也 間ㅣ以之十、純也 순전할일 惟精惟ㅣ 民飢 同也 갈을일 前聖後聖其傑ㅣ也、第之本 하나일 務ㅣ 不登色 (質)

【一】

丁· [정] 天干第四位 네째천간정、成年者 나이스무살된 사나이정 ㅣ壯 苦軍旅、水漏聲 물이새여 떨어지는소리정 代木聲 나무베는소리정 代木ㅣ 庖ㅣ 백성정 (青)

丂 巧(工部二畫)의古字

七· [칠] 數名 일곱칠 文體名 글체이름칠 (質)

〓 七(前條)와同

丄 上(一部二畫)의古字

丅 下(一部二畫)의古字

【二】

三· [삼] 二之加一 석삼、세번삼、셋삼 頻也 자주삼 ㅣ之 셋할삼 (覃)

万 [만][묵] 千之十倍 일만만 多數 여러만 蕃姓 ㅣ俟 성묵 (職)(願)

丈· [장] 十尺也 열자장、길장 長老尊稱 어른장 (養)

上· [상] 下之對 윗상、높을상 外也 바깥상 君也 임금상 首長 윗사람상 昇也 오를상 優也 뛰여날상 (漾)

下 [하] 上之對 아래하、밑하 賤也 낮을하 落也 떨어질하 (馬)

丌· [기] 薦物具 책상기 姓也 성기 (支)

〓 惠(心部八畫)의略字

〓 且(一部四畫)의古字

【三】

不· [부][불] 未定辭 뜻이정하지않을부、未知從今去、當復如此ㅣ、未也、非也 아니불、않ㅣ爲也 非ㅣ能也 (有)

与 與(臼部七畫)과同

丐· [갈] 乞人 거지갈 與也 줄갈 飢寒無所貸ㅣ 乞也 빌갈 (曷)

丑· [축][추] 牛也 소축 四更 축시축、人名 사람이름추 杻同 (有)

且· 且(一部四畫)의古字

㐀 丘(一部四畫)과同

〓 丈(一部二畫)의俗字

丒 丑(一部三畫)의俗字

〓 兮(八部二畫)의俗字

【四】

且 [차][저] 又也 또차 加之 그위에차、不進 나아가지않을저 多也 많을저 (馬)(魚)

丕 [비] 大也 클비 嘉ㅣ ㅣ績 元也 으뜸비、첫째비 (支)

世· [세] ㅣ界 인간세 豈若從辟ㅣ之士哉、生涯 일평생세 沒ㅣ不忘也 代代 역대세 (霽)

丘· [구] 聚也 모을구 阜也 언덕구 大也 클구 高也 높을구 (尤)

丙· [병] 十干의 셋째천간병 南方 남쪽병 明也 밝을병 大歲日在ㅣ 柔兆 (梗)

〓 丑(一部三畫)과同

【五】

㐁· [첨] 舌細貌 혜가늘첨 舐也 핥을첨 (琰)

丞· [승] 繼也 이을승 佐也 도울승 ㅣ相 벼슬이름승 向上 향상할승 承通 (蒸)

丟 [주] 一去不還 잃어버릴주 (尤)

〓 天(大部一畫)의古字

丽 麗(鹿部八畫)의古字

〓 不(一部三畫)의古字

丠 丘(一部四畫)의本字

来 來(人部六畫)의俗字

卋 世(一部四畫)의古字

両 兩(入部六畫)의俗字

丣 酉(酉部○畫)의古字

【六】

所 所(戶部四畫)의俗字

〓 天(大部一畫)의古字

两 兩(入部六畫)의俗字

〓 [재] 定也 정할자

並 竝(立部五畫)의俗字

〓 竝(立部五畫)과同

丽 麗(鹿部八畫)의俗字

〓 丘(一部四畫)과同

【十】

〓· [두] 禮器 斝屬 큰술잔두 (有)

【十五】

〓 壹(土部十畫)의俗字

〓 畾(田部十畫)과同

丨部

丨。[곤] 象之數之從셈대세울곤 上下相通위아래로통할곤 退也물러설곤(阮)

㊀

卜 卜(卜部。畫)의古字

ㄐ。[구] 蔓延얽힐구(尤)

㊁

个。[개] 枚也물건을헤아리는수개 箇同、介通(箇)

丮 [과] 跨步걸을과(馬)

丫。[아] 物之岐頭두갈래길아 分形가닥날아(麻)

㊂

中。[중] 四方之央가운데중 內也안쪽중 心也마음중 至的맞일중 正德바른덕중(東)

丮。[극] 執也、捕罪人잡을극(陌)

丰。[봉] 容貌美好예쁠봉(冬)

㊃

丱 [관] 束髮兩角貌쌍상투관(諫)

丫。[개] 羊角양뿔개

㊅

串 [관] 狎習습관관、의숙해질관(諫)

中 中(丨部三畫)의古字

弗 [찬] 燔肉具석쇠찬(潸)

㴊 淵(水部八畫)의古字

𠁥 叔(又部六畫)의古字

㊈

丵。[착] 草盛풀무성할착(覺)

隶 事(丨部七畫)과同

⑩

𠁩 龜(龜部。畫)의古字

丶部

丶。[주] 有所絶止丶而識之키절칠주 標點표할주(麌)

㊀

丷 疊의符字

㊁

丷 下(一部二畫)의古字

丸。[환] 圜也둥글환 彈丸총알환 轉也구를환(寒)

丸 丸(前條)의俗字

々 疊의符字

㊂

丹。[단] 赤也붉을단 誠實성실할단(寒)

㊃

主。[주] 賓之對주인주 君也임금주 領也거느릴주 公丨임금님의딸주(麌)

丼。[정] 井也우물정 泉也샘정 井同(梗)

𠕁 丹(丶部四畫)의古字

㊄

終(糸部五畫)의古字

㊆

丽 麗(鹿部八畫)의古字

丿部

丿。[별] 左引之삐칠별(屑)

乀。[불] 右引之파임불(物)

㊀

乂。[예] 芟草풀벨예 整也정리할예 治也다스릴예 賢才之稱어질예(隊)

ナ 左(工部二畫)의本字

乃。[내] 語助辭어조사내 僅也겨우내 即也곧내 古也옛내(賄)

乄 五(二部二畫)의古字

㊁

久。[구] 暫之反오랠구 待也기다릴구(有)

乆 久(前條)의俗字

乇。[책] 草葉풀잎책 託通(陌)

么 幺(幺部。畫)의俗字

乂 義(羊部七畫)의略、俗字

㊂

之。[지] 往也갈지 至也이를지 此也이지 語助辭어조사지 於也이에지(支)

𠂔 乳(乙部七畫)의古字

乏 乏(丿部四畫)의本字

㊃

乍。[사] 暫也잠간사 猝也얼핏사 初也처음사 忽也별안간사 甫也겨우사(禡)

乎。[호] 語助辭어조사호 疑問辭가호 感歎辭그런가호 于於에호 于於를호 歎詞아호 未知識否듯이없는호(虞)

兮 乎(前條)의本字

乏。[핍] 欠絶다할핍 貪也옹색할핍 廢也폐할핍 無也없을핍(洽)

㊄

乑。[음] 並立나란히설음 衆立모여설음 攀也기여오를음(侵)

丟 [주] 一去不還아주갈주 失也잃어버릴주 丟의俗字(尤)

𠂤 堆(土部八畫)의本字

㊆

烏 烏(火部六畫)의本字

乖。[괴] 戾也어그러질괴 異也다를괴 背反也배반할괴(佳)

㊇

𠂢 幸(干部五畫)의古字

乗 乘(丿部九畫)의俗字

㊈

乘。

승 登也 오를승 上也 올릴승 計也 꾀할승 車也 수레승 物雙한상승 治也 다스릴승 因也 인할승 輛也 대승 (蒸)

乑。衆(血部六畫)의 古字

❿ 乗 手(手部○畫)의 古字

乙部

乙。을 鳥也 새조 天干名 천간이름을 屈也 굽힐을 魚腸 생선창자을 (質)

❶ 乜 먀 眠斜 눈흘길미、蕃姓 성마 巫稱 무당마 (馬)

乚。을 玄鳥 제비을 難出貌 생각이어려울을 陸機文賦思ㅣㅣ其若抽、鳦과同 (質)

九。구 數名 아홉구 簫韶ㅣ成 葵丘之會、桓公震而矜之 (有)

❷ 乞。걸 要求 요구할걸 求也 구걸할걸 貸也 빌릴걸 行ㅣ於市、願也 원할걸 安得金丹從爾ㅣ 與也 줄걸 (物)

也。야 語之餘、잇기야 語助辭 어조사야、亦也 또야 (馬) 中字

❸ 乣 糺(糸部一畫)의 譌字

乤 할 ㅣ浦、在咸鏡道 땅이름할 國字

❹ 乪 이 南蠻雜種 古百越之一 남쪽오랑캐이름이 (支)

乿 禮(示部十三畫)의 古字

❺ 乨 始(女部五畫)의 古字

乩 계 卜以問疑 무꾸리할계 (齊)

乗 擧(臼部十七畫)의 古字

乫 갈 地名 땅이름갈 國字

乭。돌 人名 사람이름돌 國字

乬 걸 掛也 걸걸 國字

❻ 乱 亂(乙部十二畫)의 俗字

❼ 乳。유 湩也 젖유 鍾乳石 종유、석유 生也 낳을유 甀ㅣ乃得歸ㅣ之 젖먹일유 育也 기를유 皇子棄不ㅣ 椒房抱差渾

乯。始(女部五畫)의 古字

乶 볼 ㅣ下在咸鏡道 땅이름볼 國字

❽ 乺。솔 塗刷具 솔 솔地名 땅이름솔 國字

乹 乾(乙部十畫)의 俗字

𠃷 구 男女之道不猥 음란하지않을구 揚雄、謹於娶ㅣ初貞後寧 正也 바를구 (尤)

𠃾 亂(乙部十三畫)의 略、俗字

乻 얼 魚ㅣ里、在忠青道之 땅이름얼 國字

乼。줄 繩條 줄 줄國字

❾ 乽 잘 卦君名 종실 군호잘 國字

❿ 乾。건 간 天也 하늘건 周易卦之一 괘이름건 戌亥方位 서북쪽건 健也 굳셀건 帝也 임금건、燥之 마를간 (先)(寒)

亀 龜(龜部○畫)의 俗字

乵 앙 汳也 도라올앙 (講)

⓬ 亃 린 憂也 근심할린 (軫)

亂。란 不治 어지러울란 誅魯大夫ㅣ政者少正卯、紊也 얽힐란 ㅣ之楮藥之中而不可別也 橫流而濟 내를가로건늘란 (翰)

亄 의 貧也 탐할의 吝也 인색할의 嗇也 아낄의 荆汝江湘之郊貧而施者謂之ㅣ、(寘)

亅部

亅。궐 鉤之逆者 갈구리궐 (月)

乚。궐 鉤識 갈구리표지궐 鍵也 열쇠궐 戟也 창궐 (月)

❶ 了。료 訖也 마칠료 便足ㅣ一生理 깨달을료 卿殊不ㅣ事 分明解也 똑똑할료 ㅣ復何益 快也 쾌할료 (篠)

𠄎 乃(丿部一畫)의 古字

亇 마 鐵鎚 마치마

❸ 予 여 我也 나여 (語)

𠄔 垂(土部五畫)의 古字

𠄏 州(巛部三畫)의 古字

❺ 争 爭(爪部四畫)의 略字

❼ 事。사 動作云爲 일사 物有本末ㅣ有終始 賓客見參不ㅣ 事奉仕也 섬길사 職也 벼슬사 (寘)

二畫

二部

二 [이] 數一之加一 두이、둘이 一生ㅣ生三 同也 같을이 功無ㅣ於天下 異心 두마음이 疑也 의심할이 貳也 나눌이 (寘)

【一】 **亍** [촉][마]、地小涉也 자축거릴촉 名 땅이름마 (沃) 國字

于 [우] 往也 갈우 是也 여가우 之子于歸 遠ㅣ將之 於也、乎也 부러우 語助辭 어조사 우 (虞)

亏 于(前條)의 本字

【二】 **云** [운] 曰也 이를운 牢曰子ㅣ吾不試故藝 運也 움직일운 四時ㅣ下而萬物化 象語 이러저러할운、도라갈운 (文)

互 [호] 交也 서로호ㅣ有得失 相關也 서로 관계를맺을호 聚沙合 舊港運如 (遇)

亓 其(八部六畫)의 古字

井 [정] 地穴出水也 우물정 授田區劃 그을정 (梗)

五 [오] 數名 다섯오 天下達道ㅣ 五回다섯번오ㅣ敗 荆人、伍通 (麌)

㐅 五(前條)의 古字

亘 [선][환][긍] 揚布 베풀선 求也 구할선 布也 펼선 勇也 굳셀환 亙(次條)同

亙 [긍] 延袤也 뻗칠긍 竟也 마칠긍 通也 통할긍 (徑)

【五】 **況** [황] 發語辭也 하물며황 況、况同 (漾)

些 [사] 語助辭 어조사사 何爲四方ㅣ 少也 적을사 (麻)

亜 亞(二部六畫)의 俗字

【六】 **亝** 齊(齊部。畫)의 古字

亞 [아][악][압] 次也 버금아、다음、둘재 亮之器、能理政、抑亦管蕭ㅣ四 夢瑣言 이어서아 此子何ㅣ其父 同婿也 동서아 峡也 갈라질아 堊也 칠하여 장식할악 壓也 눌를압 (禡)(陌)(葉)

枣 棗(木部八畫)의 俗字

【七】 **亟** [극][기] 疾也 빠를극 經始勿ㅣ 急也 급할극 公孫之ㅣ也 頻數也 자주기 遽也 창졸기 (職)(寘)

亠 老(老部。畫)의 古字

亠部

亠 [두] 義闕 뜻없는토두 (尤)

【一】 **亡** [망][무] 殺也 죽일망 楚己ㅣ龍且 失也 없어질망 其人存則其政擧 其人ㅣ則其政息 ㅣ人 죽은사람망、없을무 (陽)(虞)

【二】 **亢** [항] 頸也 목항 高也 높을항 棟也 기둥항 咸有四何 重ㅣ重廊 敵也 겨눌항 咸謀靡ㅣ 蔽也 가릴항 吉不能ㅣ身焉能ㅣ宗 (陽)

【四】 **交** [교] 相合也 사귈교 俱也 벗할교 飛貌ㅣㅣ풀풀나를교 互也 서로교 易也 바꿀교

亥 [해] 支名 大淵獻 지지해 豚也 돼지해 下午九時로十一時 해시해 (賄)

亦 [역] 又也 또역 總也 다역 語助辭 어조사역

亣 亦(前條)의 古字

【五】 **亥** [료] 不靜 분요할료 (效)

亨 [형] 通也 형통할형 亯同、享通 (庚)

【六】 **享** [향] 獻也 드릴향 歆也 흠향할향 宴也 잔치향 亨通、饗見 (養)

京 [경] 王居 서울경 高丘 높은언덕경 大也 클경 十兆 십조경

卒 率(玄部六畫)의 古字

亩 廩(广部十三畫)과 同

【七】 **亭** [정] 觀覽處也 정자정 宿所也 여관정 聳立貌也 우뚝할정 至也 이를정 平也 평평할정 直也 곧을정 山名 云ㅣ 산이름정 化也 될정 (青)

亮 [량] 明也 밝을량 諒也 알량 佐也 도울량 諒同 (漾)

亲 親(見部九畫)의 俗字

亰 京(亠部六畫)과 同

竒 奇(大部五畫)의 俗字

【八】 **亳** [박] 湯所都 은나라서울박 (藥)

亭 亭(亠部七畫)의 俗字

亮 亮(亠部七畫)의 俗

【九】 **亳** 亳(亠部八畫)의 俗字

【十】 **兖** 勝(力部十畫)의 古字

亮 [우] 飛也 날아갈우 (有)

【十一】 **亶** [단] 信也 믿을단 篤也 도타울단 多也 많을단 大也 클단 但同 (旱)

褎 襄(衣部十一畫)의 略字

人部

人。[인] 動物最靈者五行秀氣 사람인 民也 백성인 己之對 남인 賢者 잘난사람인 爲ㅣ사람됨인 (眞)

❶

亇 丁(一部一畫)의古字

❷

仁。[인] 玆也 인자할인、어질인

介 [개][갈] 際也 낄개 繫也 멀개 大也 클개 助也 도울개 甲也 갑옷개 節ㅣ절개 개 仲謀 중매할개 因也 인할개 鱗也 딱지개、無偶獸 홀짐승갈 (卦)(黠)

仄。[측] 不正 기울측 側也 옆측 幽也 희미할측 側、昃通 (職)

什。[십] 十人 열사람십 十也 열십 (緝)

仂· [륵] 十分一 십분의一륵 餘也 나머지륵 (職)

仅。[부] 與也 줄부 付同 (遇)

仇。[구] 四也 짝구 讎也 원수구 逑同、𣪘通 (尤)

仉 [장] 孟子母姓也 성장 (養)

今 [금] 對古之稱也 이제금 生乎ㅣ之世反古之道 急辭 即也 곧금 發言也 말머리에 쓰이는 말금 (侵)

仌 冰(冫部四畫)의 本字

仍。[잉] 因也 인할잉 舊貫如之何 尙也 그대로잉 重也 거듭할잉 乃也 즉잉 (蒸)

仃 [정] 獨也 홀로행할정 行同 (靑)

仏 佛(人部五畫)의 略、俗字

内 內(入部二畫)과 同

❸

仔 [자] 任也 맡길자 克也 이길자 ㅣ細也 자세할자

仕。[사] 宦也 벼슬사 學也 배울사 察也 살필사 事、士通 (紙)

㐰 信(人部七畫)과 同

他 [타] 彼稱 此 別 다를타

仗 [장] 兵衛儀ㅣ 의장장 養倚也 의지할장 杖也 지팡이장 憑依也 짚을장 倚也 기댈장 (漾)

付。[부] 與也 줄부 畀也 부칠부 託也 부탁부 付魔也 부마부 (遇)

仙· [선] 輕擧貌 가벼이 날선 老不死神ㅣ 신선선 僊、仚同 (先)

仛 [차][탁] 少女 젊은계집차、寄也 부칠탁 異也 다를탁 (馬)

仚。[연] 輕擧貌 날듯할현 (先)

仝 [동] 姓也 성동 東의 古字

仞。[인] 長也 길인 度深 잴인 滿也 찰인 深也 깊을인 (震)

仟 [천] 千人 천사람천 千同 (先)

仡。[흘] 壯勇貌也 끌밑할흘、날랠흘 高也 높을흘 大也 클흘 (物)

⿰亻凡 [범] 輕之相ㅣ경홀히여길범 (陷)

仢。[작] 橫木渡水 외나무다리작 (藥)

令。[령] 使也 하야금령 俾也 시킬령 假ㅣ가령령 大聲也 개목소리령 善也 착할령 長也 어른령、法也 법률령 官名 벼슬이름령 命也 명령할령、姓也 ㅣ狐 성령 鐶聲 고리소리령 (敬)(靑)(庚)

代。[대] ㅣ身、ㅣ理 대신대 更也、贊也 갈아들대 交贊也 번갈을대 世也 댓수대 (隊)

以 [이] 爲也 할이 用也 써이 因也 까닭이 率也 거느릴이 思也 생각할이 (紙)

❹

仮 假(人部九畫)의 略字 反(又部二畫)과 同

仰。[앙] 擧首望 우러러볼앙 慕也 사모할앙、恃也 믿을앙 資也 자뢰할앙 (養)(漾)

仱 [검][긍] 樂人 악공검 古樂名 풍류이름검、愼也 삼갈긍 (鹽)

仯 [묘] 小貌 憔난장이묘 (篠)

件 [건] 分次 조건건 物數 가지건 (銑)

⿰亻冘 [탐] 止也 머무를탐、그칠탐 垂髮貌 드리워내린머리탐 (感)

仵 [오] 遇敵也 짝오 同也 같을오 以簡偶不ㅣ之辭相應以旨子爲聖人伍 通 (遇)

仲。[중] 次也 버금중 中也 가운데중 ㅣ介 중개할중 (送)

仳 [비] 別也、ㅣ離 이별할비 (紙)

价。[개] 善也 착할개 大也 클개 (卦)

任 [임] 保也 맡을임 相信 믿을임 姓也 성임 堪也 견딜임 負擔 단임할임、用也 쓸임 事也 일임 克也 능할임 壬、妊通 (侵)(沁)

仸· [요] 尫弱 약할요 不神 구부릴요、펴지않을요 (篠)

份 彬(彡部八畫)의 古字

仿。[방] 相似也 비슷할방 倣也 흉내낼방

伃 [여] 女官名 倢ㅣ 궁녀의 벼슬이름여 (魚)

伆 [문][물] 離也 떠날문 斷也 끊을문、물 義同 (吻)

伀。[종] 懼也 두려울종 卒奉大略ㅣ 矇狼狽 (冬)

企。[기] 擧踵望也 바랄기 日夜ㅣ而望 辭計劃也 계

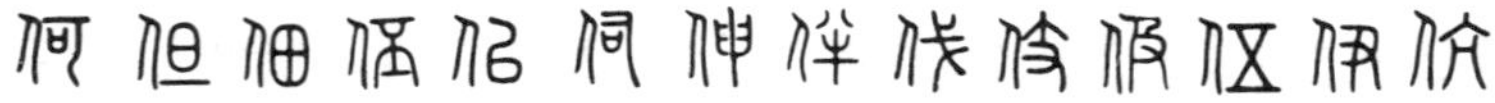

희할기 思也 절실하게생각할기 (寘) **佈** [패] 顚ㅣ偃仆자빠질패 沛同 (泰) **伅** [돈] 暗也어두울돈 事物不分明貌 분명하지않을돈 暗遇어리석을돈 (阮) **伉** [항] 剛正강직할항 高貌우뚝할항 (漾)

役 役(彳部四畫)의 古字 **伈** [침][심] 恐貌두려워할침、심 義同 (寢)(沁) **伍** [오] 五人다섯사람오 軍列항오오 同列也무리속에들오 五同 (麌) **伋** [급] 思也생각할급 (緝) **伊** [이] 彼

也저이 發語辭발어사이 (支) **伎** [기] 才也재주기 藝者也배우기 技同、舒貌也천천한모양기 跂也육발기 (紙)(支) **㐺** 衆(血部六畫)의 本字 **伐** [벌] 征也칠벌 矜也자랑할벌 干也방패벌 (月)

伏 [복][부] 跧也、偃也엎드릴복 藏也감출복 屈ㅣ굴복할복 時令三ㅣ복복 鳥抱卵새알품을부 (屋)(宥) **休** [휴] 息也쉬일휴 暇也겨를휴 美也、善也아름다울휴 宥也너너할휴 止也그칠휴 烋見 (尤) **伔**

[침] 要擊과녁을마칠침 擊也칠침 在於批ㅣ (侵) **伙** [화] 什物家ㅣ 세간화 (哿) **伵** 個(人部八畫)의略字 **会** 會(日部九畫)의略、俗字 **伝** 傳(人部十一畫)의略字 **五**

伮 努(力部五畫)과同 **伯** [백] 長也맏백 兄也형백 爵名也벼슬이름백 (陌) **估** [고] 市税也장세고 價高값고 (麌) **伱** [니] 汝也 너니 (紙) **伴** [반] 侶也짝반 依也의지할

반、縱弛、ㅣ奐느러질반 (旱)(翰) **你** 你(前前條)와同 **伷** [주] 胤也맏아들주 (宥) **伸** [신] 舒也펼신 申同 (眞) **伶** [령] 樂工악공령、광대령 獨也외로울령 父老匍匐來形影何ㅣ

仃ㅣ俐영리할령 (青) **㐾** [과] 不正也바르지않을과 (佳) **伱** 你(次條)의 本字 **佃** [전] 治田也밭맬전 代耕農者小作人소작인전、수레이름전 (先) **伺** [사] 偵察也살필사、엿볼사 ㅣ上意趨而合

之問候안부를물을사 (寘) **伻** [팽] 使人也사람부릴팽 (庚) **似** [사] 肖也같을사 模倣也본뜰사 嗣也이을사 捧也드릴사 奉也받을사 (紙) **佁** [이] 癡貌미련스러울이 **伽** [가] 僧居ㅣ藍절가 (歌)

伾 [비] 有力힘셀비 衆也많을비 (支) **佂** [정] 懼也ㅣ伀두려워할정 (庚) **佇** [저] 久立貌오래설저 待也기다릴저 延ㅣ잠간머물저 (語) **佈** [포] 徧也펼포 (遇) **佅** [매] 夷樂名오랑캐풍

류이름매 (卦) **但** [단] 從也다만단、한갓단、홀로단、오직단 特也특별히단 然也그러나단 (翰) **佅** [말] 夷樂名오랑캐풍류이름말 (曷) **佉** [거] 國名、ㅣ沙나라이름거、俗音 극 (魚) **位** [위] 坐也자리위

官爵벼슬위 列也벌릴위 正也바를위 方角방위위 (寘) **低** [저] 高之反、下也낮을저 賤價也값쌀저 音弱也소리약할저 垂也숙일저 (齊) **佐** [좌] 輔也도울좌 俗音자 (箇) **佑** [우] 助也도울우 右、

祐通 (宥) **佒** [앙] 體下伸偃ㅣ 몸거북할앙 (陽) **佔** [점] 覘視엿볼점 今之教者呻其ㅣ畢 垂也숙일점 輕薄까불점 覘同 (鹽) **住** [주] 留也머무를주 居也거처할주 止也그칠주 立也설주 (遇)

作 [작][자][주] 造也지을작 成也이룰작 爲也할자 造也만들주 御、做同 (藥)(箇) **佗** [타] 彼稱也다를타、저타 君子正而不ㅣ마음에든든할타 他、它通 (歌) **佚** [일][질] 過失허물일 不勞편할일、緩也ㅣ蕩느

즈러질질 妷同、逸見、本音 절 (質)(屑) **来** 來(人部六畫)의俗字 **体** [분][체] 劣也용렬할분 荒也거칠분 轉丁ㅣ夫상엿군분 體(骨部十三畫)의俗字 **何** [하] 曷也어찌하、무엇하 莫敢어찌하지못

할하未多時얼마않되여서하(歌) **佖**。[필]威儀貌점잔피울필滿也가득할필(質) **佘**。[사]山名在江蘇省산이름사(麻) **佋**。[소]廟位ㅣ穆댓수의차례소蕭ㅣ介소개할소(篠) **佝**。

[후]短醜貌추루할후抱也거리낄후(宥) **佊** [피]邪也간사할피(寘) **佞**。[녕]才也재주녕諂ㅣ아첨할녕(徑) **佛**。[불][필]釋迦牟尼부처불戾也어그러질불輔也도울불覺也깨달을불、大也클필興也흥할

필(物)(質) **佌** [차]小也작을차(紙) **佟** [동]姓也성동(冬) **⑥** **保** 保(人部七畫)의本字 **佩**。[패]大帶ㅣ玉패옥패(隊) **佪**。[회]徊也거닐회俳ㅣ往來惛也어두울회徊同

𠈇 [숙]不伸펴지않을숙屈也구부릴숙(尾) **佭** [강]不服뻣뻣할강古音향(江) **佬** [료]大貌점잔을료(蕭) **佰** [백]百人長백사람의어른백百也백백田地界논밭경계길백(陌)

𠈁 [회]醜貌보기추할회隅也모서리회(賄) **佲** [명]大醉몹시취할명好也좋을명(庚) **佯** [양]詐也거짓양虛飾바깔치레양徜也상양양(陽) **佳** [가][개]美也아름다울가褒也기릴가、善也착할개

㑊 [역]食而瘦食갑질날역病名解병이름역(陌) **佴** [이]副也、貳也버금이(寘) **併** [병]竝也나란할병屛棄물리칠병合也합할병倂同(敬) **佶** [길]正也바를길壯健貌헌걸찰길(質)

佷 [항][한]縣名、ㅣ山고을이름항、戾也어그러질한 **佸** [괄][활]會力貌힘뻣을괄會計회계할괄至也이르를활(曷) **佹** [궤]重累포갤궤(紙) **𠈌** [궁]陋小작고궁할궁 **佺** [전]仙人신

선이름전(先) **使** [사][시]役也부릴사令也하야금사假定辭가령사將名者사신시命也심부름시킬시(紙)(宥) **佻** [조]偸薄경박할조苦貌고달플조緩也느러질조(篠) **佼** [교]好也좋을교健也굳셀교好

貌예쁠교交也사귈교(巧) **佽** [차]助也도울차敏捷민첩할차代也대신차次通(寘) **佾** [일]舞行춤추는줄일周舞춤출일(質) **侃** [간]剛直강직할간和悅貌웃는상간偘同(旱) **侂**

[탁]寄也부칠탁託也부탁할탁託과同(藥) **侀** 型(土部六畫)과同 **侁** [신]衆行貌떼지어갈신(眞) **侅** [해]奇也이상할해古音개(灰) **侄** [질]堅也굳을질、어리석을질(質)

來 [래]至也올래還也돌아올래麥名보리래孫也오대손래自也부터래至也이를래(灰) **侇** [이]儕也무리이尸也주검이(支) **侈** [치]奢ㅣ驕也사치할치、풍부할치廣也넓을치 **侉**。

[과]矜也자랑과驕淫矜ㅣ、誇과同(麻) **𠈾** [왕]足曲不具者다리가오그라진병신왕蹇也절름발이왕 **例**。[례]法式법식례前ㅣ전례례比也견줄례槩也대강례大部分대부분례(霽) **侊**。

[광]大也클광ㅣ飯盛饌차담광(陽) **侍**。[시]陪側모실시侍人모시는사람시近也가까울시從也좇을시(寘) **侏** [주]短人난장이주樂生악생주梲上短柱동자기둥주(虞) **侎** [미]撫也어루만질미

愛也사랑할미安也안존할미(紙) **侐** [혁]靜寂고요할혁(職) **侑** [유]佐也도울유勸也권할유勸食권하여먹일유(宥) **侒**。[안]安也편안할안遲也늦을안宴也잔치안(寒) **侔**。[모]齊

等같을모、벌레이름모均也고를모、가지런할모(尤) **侖**。[륜]物之圜而未剖散者、ㅣ渾뭉치륜崙과同、하늘평상륜(元) **侗**。[동][통]無分別분별모를동無知무지할동未成미성년동、眞也참될통

侙。[칙] 慄心 조심할칙 恜과同 (職)
佽 [차] 失意貌 심심할차 誇也 자랑할차 驕也 교만할차
侚。[순] 從也 좇을순 疾也 빠를순 行示 조리돌릴순 (震)
供 [공] 說也 베풀공 給也 이바지할공 具也 갖출공 奉也 받을공 (冬)
侜 [주] 誰也 속일주 譸同 (尤)
依。[의] 倚也、賴也 의지할의 循也 따를의 ㅣ然 그대로의 附也 붙일의 (微)
侊 光(心部四畫)의 古字
㑯 [융] 西戎人有三角 셋뿔난사람융 (東)
侞。[여] 順也 순전할여 (魚)
価 價(人部十三畫)의 略字

❼

侮 [모] 慢易 업신여길모 (麌)
㑗。[신] 妊身 아이밸 몸신 (眞)
㑩 [로] 麤大貌、僇ㅣ 투박할로 (豪)
侯。[후] 五爵第二位 벼슬이름후 射布 과녁후 君也 임금후 領主 영주후 (宥)
侲。[진] 逐厲童 아이초라니진 (眞)(震)
仯 [서] 行也 갈사 舞而不之貌 춤그치지않을사 (歌)
侳。[좌] 安也 편안할좌 辱也 욕될좌 (箇)
侵。[침] 犯也 범할침 漸進 朘削 침노할침 短小 적을침 襲也 습격할침 凶歲 흉년들침 (侵)
侶。[려] 伴也 짝려、벗려 明也 밝을려 (語)
侷 局(尸部四畫)과同 跼(足部七畫)과同
侸。[두] 極疲 몸시피곤할두 下垂貌 구부정할두 (尤)
侻 [탈] 輕也 가벼울탈 狡也 교활할탈 (曷)
侼 [발] 强也 강할발 懟也 원망할발 很也 어길발 (月)
侹。[정] 長貌 멀쑥할정 直也 꼿꼿할정 平也 평평할정 代也 대신할정 (迥)
侽 男(田部二畫)의 俗字
便 [편][변] 安也 편안할편 足恭ㅣ辟 공손할편 宜也 마땅할편 利也 편리할편 消息 소식편、屎尿大ㅣ小ㅣ 똥오줌변 輒也 문득변 媚也 아담할변 順也 순할변 明辯 말잘할변 便同 (先)(霰)
俁 [우] 容貌大 얼굴클우 (麌)
係。[계] 縛也 맬계 繼也 이을계 連屬 말이을계 曳也 당길계 (霽)
促。[촉] 迫也 핍박할촉 急也 촉박할촉 催也 재촉할촉 小也 쪼그릴촉
俄。[아] 短速 아까아 須臾 잠간아 急也 갑작이아 傾也 기울어질아 大貌 헌걸찰아 (歌)
㑌 [방] 不媚 ㅣ僃 아첨치않을방 古音망 (講)
俅。[구] 恭順貌 ㅣㅣ공순할구 冠貌 ㅣㅣ갓모양구 (尤)
俇。[광] 惶遽貌 허둥지둥할광 (漾)
俉 [오] 迎也 맞이할오 (遇)
俊。[준] 大也 클준 傑秀 준걸준 (知過千人) 儁同 (震)
俋 [읍] 耕貌 ㅣㅣ 발가는 모양읍 勇壯貌 날랠읍 (緝)
俌。[보] 輔也 도울보 輔通 (麌)
俍。[량] 良也、어질량 良工 장인량 (漾)
俎 [조] 祭享器 제기조 刀ㅣ 도마조 (語)
俏 [소][초] 反琴聲ㅣ然 저문고뒤치는소리소、好貌ㅣ措 아리따울초 似也 같을초 (蕭)
俐 [리] 慧也 똑똑할리、영리할리 (寘)
俑。[용] 木偶 허수아비용 (腫)
俓 [경] 直也 곧을경 徑同 (徑)
俒。[혼] 完也 완전할혼 慁也 걱정시킬혼
俔。[현][견] 細作間諜 정탐할현 譬喻 비유할현、견義同 (銑)(霰)
㑻 [폐] 倀開脚行貌 어기작거릴폐 (霽)
俘。[부] 取也 가져올부 軍所獲 사로잡힐부
㑞。[잉] 送也 배웅할잉、전송할잉
俕 [삼] 愚貌 어리석을삼 老衰 늙어일못할삼 (勘)
俗 [속] 慣也 上化下習 풍속속 習也、익을속 不雅 속될속 欲也 하고잘속 (沃)
俙 [희] 彷彿 비슷할희 訟面相是 어슴프레할희 不明 희미할희 (微)
俚。[리] 俗也 속될리 賴也 힘입을리 鄙語 상말리 (紙)
俛 [면] 頫首 ㅣ僶ㅣ 곱힐면 勉通 (銑)
俜 [빙] 行不正 비틀거릴빙 俠也 호협할빙 (靑)
保。[보] 全之 보전할보 佑也 도울보 安也 편안할보 任也 보들보

俞。兪(人部七畫)의俗字 俟。[사][기]待也 기다릴사 竢同、姓也 성기 (紙)(支) 俠 [협][겹]權力輔人 의기협 挾也 사이에낄협 挾通、竝也 아우를겹 俣 [오]叉也 갈래질오 日字 俤 [제]容貌 용모제 日字 信。[신]不疑 믿을신 明也 밝힐신 眞也 참될신 誠也 정성신 任也 맡길신 消息 소식신 伸也 펼신 使臣 사신신 (震) 俥 [거]人力車 인력거거 日字

❽ 修。[수]飭也 닦을수 正也 옳게할수 飾也 꾸밀수 整理 정리할수 (尤) 俯 [부]俛也 구부릴부 垂也 머리숙일부 潛不 깊숙히숨어있을부 曲也 굽을부 (麌) 俰 [화]和也 화할화 (箇) 俱。[구]偕也 함께구 皆也 다구 伴也 동반할구 具也 갖출구 俳。[배]雜戲 광대배 徊也 어슷거릴배 徘同 (佳) 俲 倣(人部十畫)과同 [亻+昏] [혼]闇也 어두울혼 耆忘 노인건망증혼 (願) 俴。[천]淺也 얕을천 (銑) 㑣 [람]鷩鈍貌、ㅣ儓 투미할람 (覃) 俵 [표]分界 나누어줄표 散也 흩어질표、가마니표、柘也 섬표 日字 (嘯) [亻+易]。[이]慢也 업신여길이 (寘) 俷 [비]背也 배척할비 (尾) 俶 [숙]始也 비롯할숙 善也 착할숙 作也 지을숙 甚也 심할숙 倜同 (屋) 俸 [봉]秩祿 녹봉 (宋) 俺。[엄][암]我也 나엄、大也 클암 (豔)(感) 俹 [아]倚也 기댈아 依也 의지할아 傲也 거만할아 (禡) 俿 [치]輪也 바퀴치 (支) 俻 備(人部十畫)의俗字 俽 [흔]州名 고을이름흔 喜也 기쁠흔 (文) 俾。[비]使也 하여금비 益也 유익할비、睥也 흘겨볼비 (紙)(霽) 倀。[창]虎魂 창귀창 失道ㅣ 길잃을창 狂也 미칠창 倁 [지]行也 갈지 (支) [亻+沓] [답]不任事 儑ㅣ 일감당못할답 倂。[병]竝也 나란할병 競也 다툴병 合也 합할병 併同 (迥) 倆 [량]技也、巧也 재주량、공교할량、喪也 초상날창 愴也 슬어할창 (漾) 倄 [효]刺也 찌를효 痛貌 끙끙앓을효 嘆也 한탄할효 (隊) [亻+取] [취]促也 재촉할취 追也 바두할취 (遇) 倇 [원]歡也、樂也 즐거워할원 勸也 권할원 (阮) 倉。[창]穀藏 곱집창 卒也 갑자기창、喪也 초상날창、슲을창 (陽) 倃 [구]毁也 훼방할구 (有) 倅 [쉬][졸]郡守 원쉬 副也 버금쉬 曹子 아직자리에오르지않은아들쉬、百人組合 백사람졸 本音 채、卒通 (隊)(月) 倌 [관]主駕者 수레부리는사람관 (諫) 倊 [종]困也 곤궁할종 (送) 個 [개]枚也 낱개 偏也 치우칠개 (箇) 倍。[배][패]加等、加也 곱배、갑절배 兼也 겸할배 暗誦 암송할패 (賄)(灰) 倎 [전]厚也 두려울전 善也 착할전 [土+典]同 (銑) 倏。[숙]ㅣ忽 빠를숙 儵同 (屋) 倐 倏(前條)의俗字 [亻+毒] [독]動也 움직일독 騷也 소란할독 (沃) 們 [문]等輩 무리문 吾等 우리들문 等也 따위문 (願) [亻+戾]。[려]怒也 성낼려 (霽) 倒。[도]顚也 꺼꾸러질도 逆也 거스릴도、넘어질도 笑貌 絕ㅣ 요절할도 (號)(皓) 倓。[담]安也 편안할담 靜也 요고할담 (感) 倕 [수]重也 무거울수 人名 사람이름수 倔 [굴]强也 굳셀굴 梗戾 따따할굴 (物) 倖 [행]覬非望 요행행 寵也 총애할행 幸通 (梗) 倘 [당]或然辭 아마당 忽也 문득당 茫然貌 어이없을당 儻同 (養) 倗。[붕]託也 부탁할붕 (蒸) 倚。[의][기]依也 기댈의 因也 인할의 依也 의지할의 加也 더할의 立也 설기 (紙)(支) [亻+桒] [엽]卑也 낮을엽 葉、偞通 (葉) 候。[후]訪也 물을후 伺也 살필후 思也 생각할후 待也 기다릴후 占也 점칠후 (宥)

倛 [기] 方相 방상 탈기 魌同 (支)
倜。[척] ㅣ儻不覊 고상할척 高擧貌 번쩍들척
倝。[간] 日出貌 해돋을간 用也 쓸간 (翰)
倞。[량][경] 遠也 멀량 索也 찾을량、彊也 굳셀경 秉心無ㅣ 諒同 (漾)(敬)
借 [차][적] 假也 빌릴차 貸也 빗차 助也 도울차 許也 허락할차 說辭 가령차、적 義同 (禡)(陌)
倠 [휴] 容貌醜惡貌 얼굴추할휴 賤也 천할휴 (支)
倡 [창] 歌舞 가무창 狂也 미치광이창 ㅣ妓 기생창 昌也 번창할창 (陽)
倢。[첩] 疌也 빠를첩、사냥질할첩 近也、短也 가까울첩 倢伃 첩서 첩
値 [치] 遇也 만날치 當也 당할치 持也 가질치 價也 값치 (寘)
倥 [공] 無知 분별모를공 不暇 바쁠공 困也 공할공 (東)
倦 [권] 懈也 게으를권 疲也 고달플권 (霰)
倨。[거] 不遜 거만할거 曲也 굽을거 (御)
倫。[륜] 人道 인륜륜 類也 무리륜 理也 의리륜 條理 조리륜 (眞)
倩。[천][청] 男子美稱 엄전할천、壻也 사위청 雇也 고용할청 假借 빌청 (霰)(敬)
倭。[위][왜] 順貌 순한모양위 回遠 빙돌위、日本國名 나라이름왜 (支)(歌)
倮 [과] 狹隘 鎈ㅣ 좁을과 (哿)
倯 [송] 形小醜惡貌 작고못생길송 (冬)
倱 [혼] 事物不通貌 동하지않을혼 愚也 어리석을혼 (阮)
倰 [릉] 欺也 속일릉 琴聲 거문고소리릉 長也 길릉 (蒸)
倲。[동] 愚也 어리석을동 劣也 뒤떨어질동 姓也 성동 (東)
𠍽 [암] 仰也 우러러볼암 好貌 좋을암 (感)
倴。[분] 人名ㅣ盞中字 사람이름분 ㅣ人 둔한사람분 (元)
䘮 喪(口部九畫)의俗字
倹 儉(人部十三畫)의略字
倖 悻(心部八畫)의譌字
𠈉 倦(人部八畫)과同
㑞 御(彳部八畫)과同

九

偋 [병] 皆也 다병 併同 (梗)
偁 稱(禾部九畫)의本字
偂 [전] 進也 나아갈전 (先)
偄。[난] 柔弱 연약할난 敬也 공순할난 (翰)
偅 憧(心部十二畫)과同
偃。[언] 僵也 자빠질언 卧也 누을언 堤也 방축언 失志 ㅣ蹇 뜻잃을언 (阮)
偆。[춘] 富也 가멸할춘 厚也 두터울춘 (翰)
假。[가][하] 非眞 거짓가 借也 빌릴가 美也 아름다울가、遐也 아득할아 (馬)(麻)
偈 [게][걸] 梵語ㅣ句 범어게、게타게 息也 쉴게、疾也 빠를걸 武貌 위험스러울걸 用力 힘쓸걸 (霽)(屑)
偊 [우] 曲躬 몸굽힐우 獨行 ㅣㅣ 홀로걸을우 (麌)
偉。[위] 大也 클위 奇也 기이할위 大人物 잘난사람위 (尾)
偍 [제] 難進 멈칫거릴제 (齊)
偌 [야] 姓也 성야、甚也 너무야 (禡) 中字
偺 [잔] 具也 갖출잔 (刪)
偎 [외] 愛也 사랑할외 近也 친근할외 或隱或見 가물거릴외 椳同 (灰)
僔 [순] 疾也 빠를순 (震)
𠊲。[갹][극] 受屈 傲ㅣ 질갹、倦也 게으를극 (藥)
偏。[편] 側也 치우칠편 不中兩旁 편벽될편 邪也 간사할편 屬也 무리편 (先)
㑢 [감] 意不安貌 마음편하지않을감 (豏)
偐 [안] 僞物 위조물안 (諫)
偓。[악] 拘也 거리낄악 仙人 ㅣ佺 신선이름악 (覺)
偒 [탕] 長貌 헌걸찰탕 (養)
偔 [악] 多也 많을악 (藥)
偕 [해][혜] 俱也 함께할해、같이할해 強也 굳셀혜、화할혜 (佳)
偗 [성] 長貌 길성 直也、正也 바를성 貞也 곧을성 (梗)
偘 [간] 侃(人部六畫)과同
𠍶 [무] 鄙吝 아낄무、인색할무 (宥)
偙 [제] 困也 곤할제 劣也 못생길제 儶也 영특할제 (霽)
做 [자][주] 造也 지을자、주 義同 (筃)(遇)
偛 [잡] 短倭貌 키작을잡、작을잡
𠋆 傻(人部十畫)과同
停。

정 行中止머무를정 定也정할정 延滯늦어질정、더부룩할정 (靑)

偞 엽 輕也가벼울엽 底也낮을엽 容美貌얼굴예쁠엽 (葉)

偠。요 細腰허리가늘요 (篠)

偩 부 依象형상할부 (有)

偟。황 徘徊어슷거릴황 暇也겨를황 (陽)

偢 초 愁也근심할초 視也볼초 省也돌아볼초 (嘯)

偯。候(人部八畫)의本字

候 후 候와 同 (宥)

健。건 強也굳셀건 無病병없을건 (願)

偦 서 有才之者재주있을서 (語)

偨 차 ㅣ傂가지런하지않을차、오르락내리락할차 (紙)

偪 핍 侵迫핍박할핍 行滕행전핍

偫。치 待也기다릴치 具也갖출치 (紙)

偱 순 順也따를순 述也펼순 (眞)

偭 면 向也행할면 背也등질면 (霰)

偮 집 衆貌사람많을집 (緝)

偰。설 淨也맑을설 姓也성설 (屑)

偯 의 哭餘聲울음끝소리의 (尾)

側。측 傍也곁측 傾也기울측 仄也소문측 叛也배반할측 近也가까울측 卑陋낮고좁을측 冠名ㅣ注관이름측 (職)

偲。시 切責간절히책망할시 詳勉ㅣㅣ살피고힘쓸시、多才재주많을시 (支)(灰)

偳 단 少也적을단 小也적을단 (寒)

偵 정 探伺엿볼정 候也정탐할정 問也물을정 (庚)

偶。우 ㅣ然뜻밖에우 遇也만날우 適也마침우 四也짝우 俑也허수아비우 耦通 (有)

偸 투 盜也훔칠투 薄也엷을투

偻 僂(人部十一畫)의略字

偽 僞(人部十二畫)의略字

十

傀。괴 大貌엄전할괴 偉也클괴 怪異괴이할괴、瓌通、木偶ㅣ儡허수아비괴 (尤)(賄)

傉。추 傭也고용살이할추 (宥)

傃。색 惡也미워할색 (陌)

傃。소 向也향할소 常也떳떳할소 (遇)

傅 부 師也、輔佐스승부 至也이를부 麗著붙을부 近也가까울부 (遇)

傉 녹 三字姓、庫ㅣ宮성녹 (沃)

傄 할 健也튼튼할할 不憚꺼리낌없을할 (黠)

傆 원 優也나을원 裕也넉넉할원 (軫)

傋 강 구 不媚ㅣ㑊아첨않이할강、無知지각없을구

傌 마 僇辱욕할마 罵同 (禡)

⿰亻疾。질 賤也천할질 嫉也시기할질、샘낼질 (質)

傍。방 팽 倚也의지할방 近也가까울방 竝通、側也곁방、不得已ㅣㅣ마지못할팽 (漾)

⿰亻氣 희 怒也성낼희 발끈할희 (未)

傎 전 倒也엎드러질전

⿰亻能。태 態也모양태 (隊)

傑。걸 부 俊也준걸걸、호걸걸、知數也베풀부 敷同

⿰亻蚩 천 人形長貌키멀쑥할천 (銑)

⿰亻架 공 形小醜惡ㅣ倯작고못생길공 (冬)

傒 혜 人名、齊高ㅣ이름혜 囚也가둘혜 徯同 (齊)

傗 축 ㅣ佩펴지않을축、구부릴축 畜也기를축 憤貌성내는모양축 (屋)

傓。선 熾盛매우성할선 (霰)

傔。겸 使屬、ㅣ從겸종겸 (豔)

傕 각 人名、李ㅣ이름각 (覺)

傖 창 鄙賤稱ㅣ父놈창 (庚)

傝 탑 不自安貌답답할탑 惡也나쁠탑 愚劣용렬할탑 闒同 (合)

傘 산 蔽日雨盖양산산、우산산 (旱)

傚 효 法也본받을효 倣也닮을효 學也배울효 效通 (效)

備。비 具也갖출비 成也이룰비 足也족할비 防也방비할비 盡也다할비 加也더할비 (寘)

傛。용 奕奕혁혁할용 女官ㅣ華계집의벼슬이름용 躳身몸굽힐용 (冬)

傜 요 役也부릴요、일요 星名별이름요

傞。사 醉舞貌춤출사 (歌)

傠 벌 伐也칠벌 伐同 (月)

傢 가 試也시험가 ㅣ器 (禡)

十一

傭。용 총 雇役人품팔이할용 作也지을용、齊也가지런할총 均也고를총 (冬)

傪 참 好

貌아리따울참(覃) **催**。최 促也재촉최(尤) **傮**。조 終也마칠조(豪) **傰** 붕 姓也성붕 明也동무붕(蒸) **傯** 총 不暇倥ㅣ바쁠총 困窮곤궁할총(董)(送) **傱** 종 走貌종종걸음칠종

⿰亻庶 자 健而不德ㅣ儸건장하고덕없을자(麻) **傲**。오 倨也거만할오 遨也놀오 樂也즐길오 慠同(號) **債** 채 負財빚채、빚질채 貸也빌릴채(卦) **傜**。요 喜也기쁠요 以彼比此비교할요(蕭)

傳。전 轉也전할전 授也줄전 布也펼전 移也옮길전 續也이을전、旅舍주막전 賢人之書 어진사람의글전 驛遞우체전(先)(霰) **傴** 구 俯也구부릴구 傴背곱추구(麌) **⿰亻斬** 점 侍立모시고섬점(鹽)

傷。상 創損상할상 痛也아플상 憂思근심할상 戕害해할상(陽) **働** 동 行動竭力굼닐할동 日字 **傹** 竸(立部十五畫)과同 **傺** 제 失志貌물고럼이할제(霽) **傻** 사 ㅣ俏팔초할사 輕慧貌아는체할사 **傽** 장 夫之兄시아주버니장 嫜同(陽) **傼** 소 長也길소 小也작을소 **傾**。경 側也기우러질경 聽也귀기우려들을경 空也빌경 伏也엎드러질경 圮也문어질경 危也위태할경(庚) **傿**。언 引爲賈也외누리할언 縣名고을이름언 姓也성언(願)(先)(問) **⿰亻啇** 적 無憚어려움없을적 傫惡也ㅣ모질적(陌) **僁**。설 小言聲소근거릴설(屑) **僂**。루 俯也傴ㅣ구부릴루 短醜ㅣ佝난장이루 背曲곱사등이루(有) **僄** 표 輕也진중치못할표 身輕몸가벼울표 嫖通(蕭)(嘯) **僅**。근 纔也겨우근 少也적을근 餘也남을근 庶幾거의근

僆 련 雙生者쌍둥이련 鷄小者병아리련(銑) **⿰亻圉** 어 傷貌어릿어릿할어 **僇** 륙 辱也욕할륙、욕 殺也죽일륙(屋) **僈** 만 舒遲흘겨 늦을만(諫) **僉** 첨 咸也다첨 此也여럿첨 打穀具도리깨첨(鹽) **偋**。병 屛也물리칠병 除也제할병、僻也寠궁벽병(敬)(梗) **僋** 탐 憺也늘어날람 ㅣ傪어리석을람(勘) **僊** 선 舞軒擧貌춤훨훨칠선 仙人선인 仙同(先)

十二

僎。준 선 鄕飮助主人者향음주인돕는사람준、具也갖출선 整也정제할선 撰通(眞)(銑) **像** 상 形象모양상、꼴상 似肖같을상、닮을상 **僑**。교 高也높을교

⿰亻貳 이 益也더할이 副也버금이 貳同(寘) **僒** 군 曲也구부릴군 結也얽매일군 窘同(軫) **僓** 퇴 順也ㅣ然순할퇴(灰) **僔** 준 聚也모을준(阮) **僕**。복 隷也종복 給事者시중군복 御者마부복 徒也무리복 自己謙稱저복(沃) **僖**。희 樂也기꺼울희 姓也성희 喜同(支) **僙** 광 武也위엄스러울광(陽) **⿰亻然**。연 意急而懼황겁할연(銑) **僚**。료 同官동관료 明也벗료 **僜** 등 倰ㅣ不著事불여의할등 行疲貌고달플등 古音층(蒸) **僛** 기 醉舞貌취하여춤추는모양기(支) **僝** 잔 惡罵ㅣ僽몹시꾸짖을잔 見也보일잔 具也갖출잔 僝見(刪)

僞 위 假也거짓위 詭也속일위(寘) **僟** 기 精謹삼갈기(微) **⿰亻褱** 계 開襟옷깃을헤칠계 開脚行步倠ㅣ걸음걸이계(薺) **僢** 舛(舛部。畫)과同 **僣** 僭(人部十畫)의俗字

僤。탄 疾也빠를탄 篤也도타울탄(翰) **僥** 요 僞也거짓요 短人난장이요 詐數까닥수ㅣ倖覬非望요행요 **僧** 승 從浮屠敎名ㅣ伽沙門중승(蒸) **僦**。추 賃金임금추 傭也고

용할추 (宥)

僨 [분] 僵也 자빠질분 動也 움직일분 (問)

僩 [한] 武貌 굳셀한 察也 살필한

僬 [초] 短人、ㅣ僥 난장이초 促也 달음질칠초 明察貌 밝게볼초 (蕭)

僯 [린] 恥也 부끄러울린 慚也 부끄러워할린 (軫)

僪 [결] 日傍氣 해무리결 狂也 미칠결 (屑)

僭 [참] 儗也 참람할참 假也 거짓참 (豔)

僮 [동] 童也 아이동 奴童 이종동 奴也 시종군종무지할동 (東)

僰 [북] 犍爲蠻 건위오랑캐이름북 (職)

僱 雇(隹部四畫)의 俗字

十三

僵 [강] 仆也、僨也 쓰러질강 (陽)

僶 [민] 強爲ㅣ勉 억지로할민 (軫)

⿰亻逢 [삽] 不謹貌 傝ㅣ 경솔할삽 (合)

僷 [엽] 不長貌 펴지않을엽 美貌 아름다울엽

僸 [금] 夷樂 오랑캐풍류금 仰也 처다볼금 (沁)

價 [가] 物直 값가 価、賈通 (禡)

僽 [추] 惡言而罵 몹시욕할추 (宥)

僻 [벽][피] 陋也 후미질벽 偏也 치우칠벽 邪也 간사할벽 避也 피할피 (陌)(寘)

僾 [애] 髣髴ㅣ然 방불할애 玻瓈類 돋보기애 (隊)

儀 [의] 形也 꼴의 容也 모양의 四也 짝의 兩天地 쪽의 法也 법도의 (支)

僿 [사] 細碎 가늘사 無悃 거짓사 (寘)

儁 [준] 絶異卓特 영특할준 俊也 훌륭할준 俊同 (震)

儂 [농] 我也 나농 (冬)

儆 [경] 戒也 경계할경 警通 (梗)

儃 [천][탄] 不進ㅣ佪 머뭇거릴천 (先) 舒閒貌 한가할탄 (先)(旱)

億 [억] 萬之萬倍 억억 料度 헤아릴억 衆多 많을억 安也 편안할억 供也 이바지할억 民也 백성억 臆通

⿰亻蜀 [독][촉] 丈低 키작을독 醉也 추할독 頭動貌 머리흔들독、촉 義同 (屋)

⿰亻達 [달] 肥滿貌 살찔달 逃也 도피할달 叛也 배반할달 (曷)

儇 [현] 慧利 영리할현 疾也 빠를현 (先)

儈 [괴] 賣買周旋業者 거간군괴 (泰)

儉 [검] 約也 검소할검 小也 적을검 (琰)

儌 [교] 行也 갈교 望也 바랄교 欺也 속일교、거짓교 (篠)

⿰亻雍 [앙] 不服、ㅣ佯 뻣뻣할앙 (江)

⿰亻解 [해] 豪強貌 기운차고날쌜해 (蟹)

儋 [담] 負荷 집담 罃 아리담 擔、瞻同 (覃)

十四

儐 [빈] 導也 인도할빈 接儐以禮 손대접할빈 進也 나아갈빈 陳也 베풀빈 敬也 공경할빈 山川所以ㅣ鬼神也 賓、擯通 (震)

⿰亻厭 [압] 不著事 잔괴할압 劣也 용렬할압 (合)

儒 [유] 學者 선비유 侏ㅣ、短人 난장이유 ㅣ道 유도유 (虞)

⿰亻㥯 [은] 依也 남에게기댈은 (吻)

儓 [대] 儓賤之稱、輿ㅣ 하인대 (灰)

儔 [주] 等類 짝주 誰也 누구주 翳也 가릴주 (尤)

儕 [제] 等輩 무리제 偕也 함께제 四也 짝제 (佳)

⿰亻翟 [조] 獨立 홀로설조 (篠)

儖 [람] 形惡貌 흉상스러울람 (覃)

⿰亻與 [여] 謹也 삼갈여 倚也 기댈여 (語)

儗 [의] 僭也 참람할의 相疑 서로의심할의 (紙)

儘 [진] 盡也 다할진 盡通 (軫)

儚 [맹] 惽也 ㅣㅣ 어두울맹 (庚)

儜 [녕] 困也 고달플녕 相呼聲 떠들석할녕 (庚)

十五

償 [상] 還也 갚을상 代價 갚상 贖也 속죄할상 (陽)(蒸)

儠 [렵] 長壯多鬣貌 풍신좋을렵 惡也 흉계할렵 (葉)

⿰亻臱 [변] 身不正 몸삐뚜리변 (先)

⿰亻蔑 [멸] 多詐ㅣ儹 간사할멸 (屑)

儡 [뢰] 木偶 傀ㅣ 꼭두각시뢰、허수아비뢰 (賄)

儤 [포] 官府宿直 번들포 越也 넘을포 直也 바를포、곧을포 (有)

儥 [육] 賣也 팔육 長也 길육 (屋)

儦 [표] 衆行貌 떼지어걷는모양표 衆多 많을표 (蕭)

儧 [찬] 聚也 모일찬 計也 도모할찬 (旱)

儨 [질] 正也 바

를질 止也 머무를질

儩。[사] 盡也 다할사 (寘)

亻罷。[피] 停也 머무를피 (紙)

儷 儷(人部十九畫)의 略字

優。[우] 饒也 넉넉할우 勝也 이길우 游也 놀우 倭伊ㅣ 아첨할우 倡ㅣ 광대우 無決心 결단성없을우 和也 화할우 戱也 희롱할우 (尤)

十六

亻褭 [뇨] 美也 아름다울뇨 僥ㅣ 細腰 허리가늘뇨 (篠)

儭。[츤] 裏也 속옷츤 (震)

亻褱。[괴] 美也 좋을괴、아름다울괴 盛也 성할괴 大也 클괴 (灰)

僞 [위] 動也 움직일위 不安貌 편안하지않을위 (紙)

亻解 [해] 狹也 좁을해 (卦)

儱 [롱] 未成器ㅣ侗 건목칠롱 (東)

儲 [저] 貯也 저축할저 副也 버금저 (魚)

十七

儳。[참] 疾也 빠를참 不齊ㅣ互 가즈런하지않을참、雜言 잡말참 輕薄 경박할참 (咸)(陷)

亻蹇 [건] 傲也 교만할건 悔也 없인여길건 跛也 절름발이건 (銑)

儴 [양] 困也 고생할양 因緣 인연할양 (陽)

儚。[홍] 惛也 어두울홍 恨也 원망할홍 (蒸)

十八

亻聶 [섭] 心服 심복할섭 恐怯 두려워할섭 (葉)

儡 [뢰] 極困 고달플뢰、피로할뢰 (賄)

儶 [혜][휴] 疾也 빠를혜、提也 끌휴 携也 거느릴휴 離也 떠날휴 (齊)(霽)

十九

儷。[려] 偶也 伉ㅣ 짝려 並也 아우를려 納幣 채단려 (霽)

儹 [찬] 聚也 모을찬 計事 일공론할찬 (旱)

亻顛 傎(人部十畫)과 同

儸 [라] 健而不德、僬ㅣ 심술스러울라、건강하고 덕없을라 幹辦能事、僂ㅣ 간능할라 (哿)

儺。[나] 驅疫 역기쫓을나、경읽고굿할나 盛也 성할나 (歌)

二十

儻。[당] 不羈 倜ㅣ 억매지않을당 或然辭 혹그러할당 卓異 고상할당 (養)

儼 [엄] 敬也 공경할엄 矜莊貌 엄전할엄 (琰)

二十一

亻囂 [효] 傲也 거만할효 (蕭)

二十二

儾 [낭] 緩也 늦어질낭 (漾)

儿部

儿。[인][궤] 人也 사람인、仁人 어진사람궤 (眞)(卦)

一

兀。[올] 高貌 우뚝할올 不動貌 움직이지않을올 刖也 足발뒷굼치베일올 危也 위험할올 無意 뜻없을올 (月)

二

允。[윤] 信也 믿을윤 眞實 진실로윤 諾也ㅣ許 허락할윤 當也 마땅할윤 肯也 옳게여길윤 (翰)

元 [원] 始也 首也 으뜸원 頭首 두목원 君也、ㅣ首 임금원 天也 하늘원 長也 길원 善人 착한이원 民也 백성원 大也 클원 氣也 기운원 (元)

三

兄。[형][황] 同胞ㅣ弟 형님형 長也 만형、大也 클황 況也 하물며황 況、況、怳通 (庚)(漾)

充。[충] 實之 찰충 滿也 가득할충 長也 길충 當也 당할충 (東)

四

充 充(儿部三畫)의 譌字

𠒂。[고] 墍蔽 가릴고 (寘)

兆 [조] 十億 조조 象也 빌미조 未作意 징조조 卜筮 점칠조 塋域 宅ㅣ 뫼조 (篠)

兇。[흉] 惡也 악할흉、凶見、懼聲 소동할흉 恐也 두려울흉

先。[선] 前也 먼저선 始也 비로소선 先祖 선조선 首長 우두머리선 早也 이를선 端也 끝선 洗通 (先)

光 [광] 明耀 빛광 華釆 빛날광 景也 경치광 威也 위엄광 名譽 영광광 照也 비칠광 勢也 기운광 (陽)

五

兊 [태] 蹊也 지름길태 悅也 기꺼울태 聚也 모일태 通也 통할태 貤易 바꿀태 卦名 괘이름태 銳也 날카로울예 (泰)(霽)

免。[면][문] 脫也 벗을면 娩也 해산할문 (銑)(問)

兎 兎(儿部六畫)의 俗字

六

児 [아][예] 孩子 아이아、幼弱 어릴예 姓也 성예 倪通 (支)(齊)

兒 兒(儿部六畫)의 俗字

兟。[침][찬] 銳也 날카로울침、讚也 기릴찬 (侵)(翰)

兔 [토] 獸名 토끼토 (遇)

兕

[시]一角野외뿔난들소시 (紙)
屼。[올]危也위태할올 危同 (月)
兖 兗(儿部七畫)의略字
(七) 兗。[연]九州之一、ㅣ州고을이름연 (銑)
兙 瓧(瓦部二畫)과同
黿 黿(黽部四畫)의略字
(八) 党 [당]羌種ㅣ項오랑캐당 姓也사람의성당 黨略字
尭 堯(土部九畫)의略、俗字
(九) 兜。[두]首鎧투구두 惑也반할두 (尤)
兞 瓱(瓦部四畫)과同
(十) 兟。[신]進也나아갈신 衆多貌종종드러설신 侁通 (眞)
(十一) 兡 瓸(瓦部六畫)과同
(十三) 兣 凉(冫部八畫)과同
兢。[긍]戒愼조심할긍 敬也공경할긍 彊也굳셀긍 (蒸)
(十四) 兤 [요]遠也멀요 (篠)
(十八) 兤 [황]火明불밝을황 (養)
(二十二) 𠒾 [부]疾也빠를부 (遇)

入部

入。[입]出之對들입 ㅣ之넣을입 納也드릴입 沒也빠를입 受也받을입 聽也들을입 取也빼앗을입 侵害해칠입 (緝)
(一) 亾 [망][무]失也없을망 滅也망할망 逃也도망할망
(二) 內。[내][납][나]裏也안내、속내 禁中大ㅣ대궐안내 中也가운데내 (隊)
㒳 [량]二也둘량 (養)
仐 [도]取也취할도 (豪)
(三) 仝 全(入部四畫)의本字
(四) 全。[전]完也온전전 純也순전할전 具也갖출전 不傷상하지않을전 皆也모두전 (先)
(五) 两 [량]兩의俗字
合 [수]宜也의당할수 (支)
㒰 [홀]出也날홀
(六) 兩。[량]再也둘량 雙也쌍량 四也끝량 錢數百分양량 耦也짝량、車數수레량 (養)(漾)
(七) 兪。[유]然也그렇게여길유 答也대답할유 和恭貌공손할유 (虞)
𠓻 [기]參差참치할기 (支)
㒭 [편]小也작을편 (銑)
(八) 𠔋 [람]憂也근심할람 非也슲어할람 (感)
𠓟。[름]焰也불꽃름 烽也불붙을름 (寢)
(十二) 𠔅 [필][승]火也불필、明也빛날승
燓 [체]輝也반작일체 照也비칠체 (霽)
(十五) 𠓹 [승]車乘수레에탈승 (庚)

八部

八。[팔]數名여덟팔 捌通 (黠)
(二) 六。[륙]數名여섯륙 春秋時國名나라이름륙 陸通 (屋)
兮。[혜]語助辭어조사혜 歌辭노래후렴혜 (齊)
公 [공]官所마을공 官也벼슬공 (東)
(四) 共 [공]同也한가지공、함께공 向也향할공 皆也다공
(五) 兵。[병]從戎戰鬪者군사병 戎器무기병 災也재난병 戰爭전쟁병 (庚)
㒷 興의略字
(六) 其。[기]語助辭어조사기 指物辭그것기 地名ㅣ땅이름기
典。[전]法也법전 常也떳떳할전 貨貸전당잡힐전 模範본보기전 主也주장전 書也책전 (銑)
具。[구]備也갖출구 器也그릇구 俱也함께구、다구 持也가질구 足也족할구 (遇)
(七) 𠔁 [륜]思也생각할륜 (元)
(八) 兼。[겸]幷也겸할겸、아우를겸 總也모을겸 禾二秉벼두뭇겸 (鹽)
真 眞(目部五畫)의略字
㒵 冬(冫部三畫)의古字
𠔂 巽(己部九畫)의俗字
(九) 𠔄 與(臼部六畫)의略字
(十) 𠔆 兼(八部八畫)의俗字
(十一) 𠔇 [렴]絕也끊을렴 (鹽)

⑫ 羹。[반][비] 賤業 천한직업 반、비 義同 (刪)

⑭ 冀。[기] 欲也 하고자할기 望也 바랄기 州名 고을이름기 (寘)

⑰ 𦥯 晨(日部七畫)의 古字

⿰眞頁 顚(頁部十畫)의 俗字、顚(次條)와 同

⑱ 巓 [전] 頂也 이마전 覆倒 엎드러질전 顚同、傎通 (先)

冂部

冂。[경] 遠界 멀경 野外 들경 空也 빌경 (靑)

① ⿵冂一。[모][무] 重覆 겹쳐덮을 모、무 義同 (晧)

② 冃。[모] 小兒頭巾 어린이 머리수건모 帽通 (號)

円 圓(口部十畫)의 俗字

内 内(人部二畫)의 俗字

冄 冉(冂部三畫)과 同

③ 冉。[염] 毛細下垂 가는털늘어질염 行貌 가는모양염 龜甲緣 남생이등언저리염 侵也 침노할염 (琰)

冊。[책] 簡編 책책 謀也 꾀책 策 冊同 (陌)

册 冊(前條)와 同

⿵冂儿 [념] 垂貌 늦게드리울념 (洽)

④ 冊 冊(前條)의 本字

再。再(次條)와 同

再 [재] 兩也 두번재 重也 거듭재 (隊)

⑤ 冏。[경] 光也 빛날경 明也 밝을경 (迥)

⑥ 冐 冒(冂部七畫)의 俗字

⑦ 冑。[주] 兜鍪 介ㅣ 투구주 軸同 (宥)

冒。[모][묵] 犯也 무릅쓸모 貪也 탐할모 蔽也 가릴모 涉也 간섭할모 忌也 꺼릴모、單子名ㅣ頓 선우이름묵 (號)(職)

⿵冂害 [할] 曷也 어찌할 ㅣ不余反 害同 (曷)

⑧ 冓。[구] 交積材 재목어긋매겨쌓을구 奧房 침방구 (宥)

⿱冃后 [후] 覆也 덮을후 殷冠 은나라관후 (麌)(虞)

⑨ ⿱冃見 [모] 觸也 찌를모 (號)

冕。[면] 冠也 면류관면 絻、帨通 (銑)

㒼。[면][만] 平也 평평할면 穿孔 구멍뚫을면

⑩ 冤。[원] 寃屈 원굴할 원子부릴원 (先)

最 最(日部八畫)의 本字

⑪ ⿱冃虒 [시][이] 面衣 얼굴수건 시、이 義同 (寘)

⿱冃句 [교] 詐也 속일교 (巧)

⿱冃取 [유][추] 面衣 얼굴가리는 수건 유 추 義同 (遇)

⑳ ⿵冂兩 兩(兩部。畫)의 古字

㉒ ⿱冃離 [리] 白帽 接ㅣ 흰모자리 (支)

冖部

冖。[멱] 以巾覆物 덮을멱 (錫)

② 冗 穴(宀部二畫)과 同

冘。[유] 不決ㅣ豫 머뭇거릴유 行貌 갈유

③ 写 寫(宀部十二畫)의 略字

④ ⿱冖天 天(大部一畫)의 古字

⿱冖元 [요] 目深 움펑눈요 (蕭)

⿱冖公 容(宀部七畫)의 古字

⑤ 冝 宜(宀部五畫)의 俗字

⑥ ⿱冖同 [동] 圓蓋 둥근뚜껑동 (東)

冞 [미] 周行 두루다닐미 深也 깊을미 (支)

⑦ 冠。[관] 冕弁總名 관관、갓관、成人 어른될관 加ㅣ 관례관

冟。[석] 調也 고를석 不調 고르지못할석 (陌)

⑧ 冡。[몽] 覆也 덮을몽 欺也 속일몽 (東)

冢。[총] 大也 클총 山高起者 腫也 산 뭉칠총 山頂 산꼭대기총 (腫)

冤 [원] 居也、枉曲 원통할원 恨也 한할원 仇也 원수원 寃同 (元)

冦 冠과 同

冥。[명] 昏晦 어두울명 無知 지식이없을명 他界 저승명 夜也 밤명 天也 責ㅣ 하늘명 愚也 어리석을명 水神 玄ㅣ 물귀신명 溟通 (靑)

冣 [취] 積也 쌓을취 聚也 모을취 (遇)

⑨ 冨 富(宀部九畫)과 同

⑩ ⿱冖託。

[타]進盞 잔드릴타(過) 冪 [멱]覆也 덮을멱 冪同 巾덮개멱(錫) ⑬ 寫 寫(宀部十二畫)의俗字 ⑬ 𪞝 [칩]鋤也 삽칩 赤黑色 검붉을칩(沁) ⑭ 冪 [멱]疏布덮을멱(錫) ⑲ 顛 [전]遠也 멀전 高遠 높아아득할전(先)

冫部

冫 [빙]冬寒水結 얼음빙(蒸) ② 汀 [정]凍也 얼정(青) 冭 [달태]過也 지날달、泰同(曷)(泰) 冬。[동]閉藏節 겨울동 過冬 겨울지날동(冬) ④ 冰。[빙]凍也 얼음빙 矢弔蓋 쌀통두겅빙(蒸) 冱 [호]寒凝 얼어붙을호 冷也 찰호(遇) 沁。浸(冫部七畫)과同 冲。[충]和也 화할충 鑿氷聲ㅣㅣ 얼음끄는소리충 幼小 어릴충 深也 깊을충 虛也 빌충 上飛貌 까망게뜰충 沖同、沺通(東) ⑤ 况。[황]矧也 하물며황 況同、况異(漾) 冶。[야]鎔也 쇠불릴야 爐鑄 풀무야 鑄匠 맵장이야 粧飾 모양낼야 精鍊 잘닥을야(馬) 冷。[랭]寒也 찰랭 清也 맑을랭 寂也 쓸쓸할랭 薄情 쌀쌀할랭 退熱 식을랭 感 서늘할랭、여가있을랭(梗)(迥) 冸 [반]冰釋 얼음녹을반(翰) 冹。[불]風寒 바람찰불(物) ⑥ 洞 [동]涼也 서늘할동、시원할동 洪。[공]凝也 엉길공(腫) 洛 [학]冰貌 얼학(藥) 活 [활]冰貌也 얼활(曷) 冽。[렬]寒氣嚴酷 맵게추울렬(屑) 冿。[진]進也 나아갈진(震) 冾 [협]和也 화할협 霑也 젖을협、윤택할협(葉) ⑦ 浹 [협]凍相著、ㅣ渫 얼어붙을협(葉) 浸 [침]冷也 찰침 冷氣 찬기운침(侵) 涇 [경]寒也 찰경(梗) 浗 [구]手足凍貌 손발얼어곱을구(尤) 涊 [년]惡酒 나쁜술년(銑) 酒 [피]涕也 눈물피(寘) 凍 [수]冷也 싸늘할수 凍也 얼을수(有) 泂 [경]冷也 싸늘할경 ⑧ 凄 [처]風寒 바람찰처(霽) 浀。[전]惡酒 나쁜술전(銑) 准 [준]平也 평평할준 有此照之意 비준할준、견줄준、준거할준(軫) 涬 [행]寒貌、ㅣ冷 쓸쓸할행(迥) 淕 [륙]寒也 찰륙 霙也 진눈개비륙(屋) 凅。[고]寒氣凝閉 얼어붙을고(遇) 凈 [정]冷貌 찰정 淨通(庚) 涵 [함]寒也 찰함(覃) 涼 [량]輕寒 서늘할량 涼通(陽) 凋。[조]落半傷 시들조 力盡貌 느른할조(蕭) 凊。[청]薄寒 서늘할청(敬) 凌。[릉]氷室 빙고릉 歷也 지날릉 氷也 얼릉(蒸) 凍。[동]氷壯 얼동 寒感 추울동(送) ⑨ 湆 [빙]飛聲 나는소리빙(徑) 湳 [남]薄冰 엷은어름남(覃) 湮 [인]寒貌 추운모양인(眞) 渫 [접]凍相著、ㅣ浹 얼어붙을접(葉) ⑩ 凓 [률]寒氣甚、ㅣㅣ 찬기운률(質) 凒 [의]雪霜積聚貌 눈서리쌓일의(微) 滕 [릉]積氷 쌓인어름릉 凌同(蒸) 滄。[창]寒也 찰창(漾) 溓 [렴]薄氷 살얼음렴(琰) 滂 [방]凍著 얼어붙을방(江) 澌 [사]凋也 시들사、이울어질사(禡) 溏 [당]凍相著 얼어붙을당(陽) ⑪ 凗 [최]雪霜積聚貌、ㅣ凒 눈서리쌓일최(灰) 滭 [필]風寒 바람찰필(質) 漻 [류]手足凍貌 수족얼어곱을류(尤)

⑬ 澌○(시)流水성에시(寘) 潔 潔(水部十二畫)의俗字 ⑬ 凚 (금)寒極貌 쌀쌀하게추울금(寢) 澤 (탁)檐結氷庭ㅣ 고드름탁(藥) 凜○(름)寒也 찰름(寢)

⑭ 凝○(응)結也 엉길응 成也 이룰응 定也 정할응 凞○(희)和也 화할희(支) ⑮ 凟 (질)寒冷어슬어슬추울질(質) 澳 (연)藏匿 감출연(銑) ⑯ 瀨○(뢰)寒也 추울뢰(泰) 瀝 (력)寒也 추울력(錫) 隷○(례)氷也 얼음례(霽) ⑰ 瀞 (학)煎鹽 소금구울학(藥) ⑱ 瀞 (조)冰裂 얼음터질조(嘯) ⑳ 瀫 (엄)寒也 찰엄

几部 几○(궤)凭坐 안석궤 机也 책상궤 祭享載牲器 제기궤(紙) ㊀ 凡○(범)大概 무릇범 皆也 다범 常也 범상할범 ㊁ 凤 鳳(鳥部三畫)의略字 ㊂

凥○居(尸部五畫)과同 処 處(虍部五畫)의略字 凬 (진)新生羽而初飛 깃처음나서나를진(軫) 凧 (우)風也 바람우(尤) 凧 (궤)紙鳶 연계 日字 ㊃

凨 風(風部○畫)의略字 凩 (목)秋末初冬風 찬바람목 凪○(지)風浪止 바람이자고파도그칠지 日字 ㊄ 凮 (굴)風吹 바람불굴(物) 凮○風(風部○畫)의古字

㊅ 凭○(빙)依也 의지할빙(蒸) 𠘩 (극)倦也 게으를극(陌) ㊈ 凰 (황)鳳凰 암봉황새황 皇通(陽) 處 處(虍部五畫)의略字 ㊉ 凱 (개)善也 착할개 和也 화할개 ㅣ歌軍勝樂 싸움이긴풍류개 南風 마파람개 豈、闓通(賄) ⑫ 凴 凭(几部六畫)과同 凳 (등)牀類 걸상등 橙通(徑)

凵部 凵○(감)張口 입벌릴감 受物之器 위가버러진그릇감(勘) ㊁ 凶○(흉)吉之反 흉할흉 禍也 재앙흉 憂懼 두려울흉 悪人 악한놈흉(冬) ㊂ 凷 (괴)墣也 흙덩이괴 塊、蕢通(隊) 凸 (철)(돌)突高貌 뾰족할철 高貌 도도록할철、돌義同 垤同(屑) 凹 (요)窊也 凸之對 오목할요(有) 出○(출)(추)入之對 나갈출 吐也 토할출、게울출 逃也 도망할출 見也 보일출 生也 낳을출 失也 잃을출 發足 발족할출 甥也 생질출、自內而外之 보낼추(質)(寘) ㊄ 画 畫(田部七畫)의略字 ㊅ 函○(함)包容 힙쌀함 鎧也 갑옷함 箱也 함함 匣也 갑함(覃)

画 畫(田部七畫)의俗字 ㊆ 凾 函(凵部六畫)의俗字 臿 (잡)春麥去度 보리대낄잡 臿同(洽) ㊉ 凿 齒(齒部○畫)의略字 䍃 (도)古器 고기도(豪)

刀部 刀○(도)兵刃 칼도 錢名 돈이름도 小船 거루도(豪) ㄱ (조)ㅣ斗 古軍用器 조루조 微動貌 까닥거릴조 風動 바람불조 刂 (도)部首名 ㊀ 刃 刃(刀部一畫)의本字

刃○(인)刀鋒 칼날인 兵也 병장기인 刀加距 미늘인(震) 刄 刃(刀部一畫)의俗字 兩(入部六畫)의略字 ㊁ 分○(분)(푼)割也 나눌분 總數折成多數 푼분 辨別 분별할분、分也 푼푼(文)(問) 쪼갤

刈 (조)斷也 끊을조 取也 앗을조 斷取 끊어가질조(蕭) 刉 (개)大刀 큰칼 介(尤) 刂 (이)削也 깍을이(寘) 切 (절)(체)割也 끊을절 刻也 새길절 懇ㅣ 간절할절 門限 문지방절 要

也간절할절 犬凡온통체 急也급할체 (屑)(霽)
⿰卜刂 【박】脫也벗길박 裂也찢을박 削也깎을박 剝同 (覺)
刈。【예】芟草풀벨예 殺也죽일예 乂通 (隊)

❸

⿰工刂 【공】鉦也낮질할공 (東)
刊。【간】斫也찍을간 刻也새길간 削也깎을간 栞同 (寒)
⿰几刂 【곤】斫木枝가지칠곤 (元)
⿰勺刂 【적】斷也끊을적、꺾을적 (錫)
刌。【촌】切斷끊을촌 (阮)
⿰工刀 功(力部三畫)의 誤字
刋 【천】切也끊을천 (霰)

❹

刉 【기】封也찌를기 礪刀칼갈기 (未)
⿰市刂 【치】割也벨치 裂也찢을치
⿰夂刂 【삼】刈也벨삼 일삼 (陷)
刐 【단】割也벨단 裂也찢을단 (旱)
刎。【문】剄也목찌를문 (吻)
⿰少刂 【사】剌也찌를사 奪也빼앗을사 (禡)
划 【화】進船竿삿대화 (麻)
刖。【월】【왈】斷足발베일월、왈義同 (月)
刑。【형】罰總名형설형 效則본받을형 舊法옛법형 法也본보기형 律법률형 (青)
刓。【완】劃也깎을완 削廉모없앨완 弊也해질완 (寒)
刕 【리】【례】割也벨리 州의 俗用、割也벨례 (支)(霽)
列。【렬】陳也베풀렬 分解벌릴렬 位序차례렬 烈同 (屑)

❺

⿰句刂 【구】鎌也낫구 (尤)
刜。【불】擊也칠불 斫也찍을불 斷也끊을불 (物)
初。【초】始也처음초、비롯할초 故也옛초 本也근본초 以前이전초 (魚)
刞。【처】耜也땅파는제구처、보습처 (御)
删。【산】削除깎을산 定也정할산 (刪)
利。【리】吉也이로울리、길할리 子金息변리리、리자리 (寘)
刢 【령】刀割칼로자를령 割也쪼갤령 怜也영리할령 (青)
別。【별】異也다를별 辨也분별할별 離也이별별 區ㅣ구별할별 分解나눌별 書券문서별 (屑)
刦 【겁】強取겁탈할겁 禁技子속할겁 切通 (葉)
判。【판】斷也판단할판 分也나눌판 半也한쪽판 (翰)
⿰占刂 【점】刀缺칼이빠질점 (豔)
刨 【포】削也깎을포 (肴)

❻

刺 【출】割聲물건을쪼개는소리출 (質)
刮。【괄】磨切긁을괄 削也깎을괄 抗同 (黠)
到。【도】至也이를도 周密주밀할도 到達도달할도 (號)
⿰缶刂。【부】刀握칼자루부 中央활줌통부 (有)
⿰多刂 【다】擿也움킬다 打也칠다 (哿)
⿰兆刂 【조】剔也깎아부술조 斷也끊을조 (蕭)
剁 【타】斫也찍을타 折也꺾을타 (箇)
刲。【규】刺也찌를규 割也베일규 (齊)
刱。【창】初也처음창 始也비롯할창 ㅣ業造法창기창 (陽)
刳。【고】剖破쪼갤고 (虞)
⿰各刂 【락】剔也살깎을락 (藥)
刵。【이】斷耳귀베일이 (寘)
刷。【쇄】刮也긁을쇄 改也고칠쇄、문지를쇄 (黠)
刺。【자】【척】【라】直復찌를자、針縫바느질할척、御食曰水ㅣ수라라
制。【제】禁也금할제 造也지을제 戒法、ㅣ度제도제 裁也마를제 節也절제할제 王言ㅣ書임금의말씀제 檢也단사할제 專也제마음대로할제 製通 (霽)
券。【권】契也엄쪽권 要約書무서권 (願)
刹。【찰】僧寺절찰 佛塔탑찰 (黠)
⿰吉刂。【갈】剝面皮얼굴거죽을벗길갈 切也끊을갈 (黠)
刻。【각】鏤也새길각 害也해할각 割剝긁을각 晷ㅣ시각각 豖跡돼지발자취각 痛也아플각 呂氏春秋察今 (職)

❼

剅 【루】【두】小穿조금뚫을루 小穿조금쪼갤루 割也베어쪼갤루、두義同 (尤)
剃 【체】剪髮털깎을체 鬀通 (霽)
則 【즉】【칙】助辭곧즉、어조사즉 常法법칙칙 法可當效본받을칙 時也때칙 天理법칙칙 (職)
剆 【라】擊也칠라 (歌)
⿰寽刂 【랄】削也깎을랄 (曷)

剈。[연] 刓也 아로새길연 挑取 꺾어가질연、움푹드러갈연 (先)
⿰夋刂 [칩] 剋也 이길칩 (沁)
削。[삭] 刮也 깎을삭、저밀삭 小襄 지근댈삭 (藥)
⿰車刂 [률] 削也 깎을률 斷也 끊을률

剌。[랄] 戾也 어그러질랄 弓聲 활다리는소리랄 (曷)
前。[전] 後之對 앞전 當也 일찌기전 先之 앞설전 (先)
剆 [랑] 不曇 흐리지않을랑

八

⿰卑刂 [비] 削也 깎을비 批通 (齊)
剒 [착] 斬也 베일착 治樸俱未成器 건목칠착
剓 [리] 剝也 벗길리 劃也 찢을리、쪼갤리 (支)
剮 [과] 割斬 쪼갤과 劉寬夫有ㅣ竹論 (哿)
⿰朋刂 [붕] 斫也 끊을붕、쪼갤붕 (蒸)
剔。[척] 解骨 뼈발라낼척 拔也 뺄척 (錫)
剕 [비] 刖也 足발베일비 ⿰足非同 (未)
剖。[부] 判也 쪼갤부 破也 깨트릴부 中分判也 빠갤부 割也 가를부 (有)
剗 [잔] 削也 깎을잔 平也 평할찬 (潸)
⿰其刂 [기] 克也 이길기 信也 진실할기 割也 쪼갤기 截也 끊을기 (支)
剚 [사] 插刀 칼꽂을사 倳同 (眞)
剛。[강] 堅也 굳을강 勁也 굳셀강 方也 바야흐로강 (陽)
剜 [완] 刻削 깎을완、새길완 (寒)
刳 [고] 剖判 쪼개여나눌고 分也 가를고 切破 끊어쪼갤고 (虞)
剞。[기] 曲刀ㅣ劂 새김칼기 (支)
剠 [경][량][략] 墨刑在面 자자할경 黥同、鈔取 노략질할량 奪也 取 희재갈략 (庚)(漾)(藥)
剟。[철][탈] 刊也 새길철 割也 베일철、削也 깎을탈 다듬을탈 擊也 칠탈 (屑)(曷)
剤 [제] 斷也 끊을제 正也 바로잡을제 (霽)
剡。[염][섬] 銳利 날카로울염、빛족할염 光貌 번적할염 會稽縣名 골이름섬 (琰)
剳 劄(刀部十三畫)의 略字
剥。剝(刀部八畫)과 同
剣 劍(刀部十三畫)의 略、俗字

九

剨 [획] 破聲 깨지는소리획 (陌)
⿰枼刂 [접] 薄切 살을 얇게 썰을접
⿰俞刂 [두] 刻也 도려낼두、새길두 (尤)
⿰扁刂 [편] 削也 새길편ㅣ刀 새김칼편、갈을편 (先)
⿰英刂 [영] 削也 깎을영 刺也 찌를영 (梗)
剬。[단] 剸齊 똑같이자를단 細割 잘게썰단 整節貌 단정할단
剭 [옥][악] 誅也 목벨옥、厚刑 형벌할악 (屋)(覺)
剮 [과] 剔肉置骨 살바를과 咼同 (馬)
⿰契刂 [결] 刻也 새길결 (屑)
剫。[탁] 判也 쪼갤탁 治樸俱未成器 건목칠탁 (藥)
⿰咢刂。[악] 劍刃 칼날악 戟端 창끝악 (藥)
副。[부][복][벽] 次也 버금부 稱也 알맞을부 首飾 첩지부、剖也 쪼갤복、難產析ㅣ 순산될벽 (宥)(屋)(職)
剪 [전] 翦刀 가위전 齊斷 싹벨전 (先)

十

劅 [탁] 割也 쪼갤탁 (覺)
剩 [잉] 餘也 남을잉 益也 더할잉 冗長 멀쑥할잉 本音승 (徑)
割。[할] 截也 벨할 十分之一 십분지일할 (曷)
⿰虔刂 [건] 切也 끊을건 剔也 벨건 去勢牛 불알깐소건 削也 깎을건 (元)
劄 [답] 鉤也 갈구리답 (合)
剴。[개] 鎌也 낫개 近也 가까울개 切也 간절할개 (灰)(隊)
創。[창] 傷也 상할창 瘡也 부스럼창、瘡通、始也 비로소창 懲也 징계할창 痛也 아플창 刅同 (陽)(漾)
⿰栗刂 [률] 削也 깎을률
⿰毘刂 [비] 斫也 쪼갤비 割也 벨비 削也 깎을비 (霽)

十一

剺 [리] 剝也 깎을리 劃也 그을리 黎同 (支)
剷 [산] 損削 깎을산 (潸)
⿰桼刂。[칠][치] 割也 벨칠 傷也 상할칠、치 義同 (質)
⿸麻刀 [마] 分也 나눌마 靡同 (支)
⿰夾刂 策(竹部六畫)과 同
剸。[단][전] 斷也 끊을단 擅也 오로지전 貪也 탐낼단 細割肉 회칠전 (寒)(先)
剹 [륙] 削也 깎을륙 殺也 죽일륙 (屋)
⿱敖刀 [호] 健也 건

장할호 強也 굳셀호 (豪)
剼 [삼] 絶也 끊을삼 세也 벨삼 (咸)
剽。[표] 輕也、急也 표독할표 鐘之中者 중쇠북표 末也 끝표 剝也 긁을표 截也 끊을표
剹 [루] 穿也 뚫을루 細切 가늘게 끊을루
剏 [창] 皮傷 껍질상할창 (養)
⿰雪刂 [삽] 割也 쪼갤삽 削也 깎을삽 (曷)
剿 [초] 絶也 끊을초 殺也 죽일초 (篠)
⑫ **⿰曾刂** [증] 割過傷 과히베일증 (徑)
⿰粟刂 [속] 細切 잘게 끊을속 (沃)
⿰景刂 [량] 取也 취할량 奪也 빼앗을량 (漾)
⿰尊刂。[준] 減也 감할준 斷也 끊을준 (阮)
劁 [초] 斷也 끊을초 穫也 벼벨초 세也 벨초 (嘯)
⿰習刂 [잠] 剌也 찌를잠 結腑貌 살쭈그러질잠 (咸)
劀。[괄] 刮去惡瘡肉 궂은살도려낼괄 (黠)
⿰金到 [조] 大也 클조 (效)
劂 [귀][궐] 刻刀 새김칼귀、曲鑿 굽은끌궐 曲刀 우비칼궐 (霽)(月)
劃。[획] 刻也 새길획 以刀破物 그을획、송곳칼획 (陌)
⿰童刂 [동] 刺也 찌를동 (冬)
⑬ **劅** [탁] 去陰之刑 불알깔탁 (覺)
劈。[벽] 剖破 빠갤벽、쪼갤벽、팰벽 (錫)
劎 劍(前條)의 籒字
劇。[극] 甚也 심할극、몸시극、대단할극 難也 어려울극 演ㅣ 산디판극、연극극 增也 더할극 忙也 빠를극 多也 많을극 (陌)
劕 [쳬][찰] 切聲 끊는소리쳬 切也 벨찰 斷也 끊을찰
劉 [류] 剋也 이길류 殺也 죽일류 衰也 쇠잔할류 姓也 성류 (尤)
劋。[초] 絶也 끊을초 殺也 죽일초 剿同 (篠)
劊 [회] 斷也 끊을회 本音괴 (泰)
劌。[귀] 利傷 사뿐찌를귀 割也 베일귀 破也 찢을귀 (霰)
劍。[검] 兵器 칼검 斬殺 칼로써찔러죽일검
⑭ **劐** [확] 斷也 끊을확 세也 벨확 (藥)
⿰需刂 [유] 渥脂柔革 가죽에기름먹여유하게할유 (虞)
⿰監刂 [감][람][함] 切也 끊을감 細切 저밀감、利刀날 카로운칼날람、銳利 예리할함 (咸)(覃)(勘)
⿰聚刂 [주][추] 斷也 끊을주 細切 썰을 析薪 장작쪼갤추 (宥)(尤)(有)
劑。[제][자] 藥ㅣ 약지을제 分也 나눌제、翦齊 가지런히 끊을자 卷書 문권자 (支)
⿰算刂 [찰][체] 切聲 끊는소리찰、斷也 끊을체 (黠)(霽)
劓 [의] 割鼻 코베일의 割也 베일의 (寘)
⑮ **劕** [질] ㅣ齊市信 어음질、엄쪽질 貭通 (質)
⿰蠡刂 [려][라] 劙也 開 베어서열려 分破 쪼갤려、저밀려 斫木聲 나무베는소리라 (錫)(哿)
⿰壽刃 [유] 耐也 견딜유 柔忍 참을유
⿰巤刂 [렵] 削也 깎을렵 減也 덜렵 擇也 가릴렵 (葉)
⑯ **⿰霍刂** [확] 解也 풀확 (藥)
⿰罃刂 [영] 伐木 나무벨영 (庚)
⿰韱刂 [첨] 切也 끊을첨 割也 벨첨 (鹽)
⿱薛刀 [설][얼] 斷也 끊을설 砍也 쪼갤설、얼 義同 (屑)(質)
⑰ **⿰[?]刀** [칠] 割也 벨칠、쪼갤칠 (質)
劖。[참] 刻也 새길참 劗也 쇠지레참 鑿也 뚫을참 (咸)
⿱霝刀 [령] 剖也 쪼갤령 分也 나눌령 (青)
⑱ **⿰雟刂** [휴] 削也 깎을휴 (齊)
⑲ **⿰麗刂** [려] 解也 풀려 割也 벨려 破也 쪼갤려 (霽)
⿱䜌刀 [완] 削也 깎을완 (刪)
劗 [찬][전] 剃也 머리깎을찬 減也 덜찬、剪也 깎을전 (寒)(銑)
⿰靡刂 [마] 削也 깎을마 切也 벨마 (歌)
⑳ **⿰爨刂** [찬] 齊也 가지런할찬 截也 끊을찬 分也 나눌찬 (潸)
⿰屬刂 [촉] 削也 깎을촉 (沃)
㉒ **⿰疊刂** [첩] 刺也 찌를첩 (葉)

力部

力 [력] 氣所任筋ㅣ 힘력 務也 힘쓸력 勞動 일할력 甚也 심할력 勤也 부지런할력 僕役 종부릴력 權威 위엄력 (職)
① **⿰力乚** [알] 強也 굳셀알 (黠)
② **⿰丩力**

[갸] 大力 커다란 힘 갸 (尤)

三

功。[공] 勞之積也 공 공、喪服 복입을 공、事 일할 공 (東)

劬 [굴] 極疲 고달플 굴、勞也 피로할 굴 (月)

𠡠 [건] 難也 어려울 건、吃也 더듬거릴 건、力也 힘쓸 건 (阮)

囫 [화] 舝船聲 배 끄는 소리 화 (箇)

㔉 [항] 信也 진실할 항、믿을 항 (養)

加。[가] 增也 더할 가、著也 붙일 가、益也 더욱 가、算法 갓법 가、凌也 없인여길 가、合也 합할 가 (麻)

四

劣 [렬] 拙弱 용렬할 렬、弱少 어릴 렬、拙也 서툴 렬、鄙薄 더러울 렬 (屑)

劤 [근] 多力 힘 많을 근、強也 강할 근 (問)

劶 [침] 用力 힘 들일 침、勉也 힘쓸 침 (寢)

劥 [갱] 勇力 힘 있을 갱、굳셀 갱 (庚)

㔉 [굴] 志力 뜻 굳을 굴、力也 힘쓸 굴、勇也 날랠 굴. 㔉同 (質)

劦 [협] 合力 힘을 합할 협、用力 힘쓸 협. 本音 겹 (葉)

劧 [지] 功堅 공 굳을 지 (紙)

劸 [귀] 疲極、勞ㅣ 피곤할 귀. 古音 괴 (寘)

五

㔗 [비] 勇力 날랠 비、굳셀 비、壯也 장할 비、挾也 끼워 넣을 비 (未)(寘)

助。[조] 輔佐 도울 조、益也 유익할 조 (御)

努 [노] 勉也 힘쓸 노、用力 힘들 노 (麌)

劫。[겁] 強取 겁탈할 겁、威脅 위협할 겁、汲汲貌 겁겁할 겁、勤也 부지런할 겁、佛一世之稱 겁 겁、宮殿階級 대궐 층계 겁. 刦同 (葉)

劬。[구] 疲勞 고할 구、勤勉 부지런할 구 (虞)

劮 [일] 豫也 기쁠 일、猥也 외람할 일 (質)

劭。[초][소] 勸勉 권면할 초、美也 아름다울 소、自強 자강할 소 (蕭)(嘯)

𠡗 [피] 勵也 힘쓸 피、勤也 근면할 피 (支)

労 勞(力部十畫)의 略字

𠡒 [좌] 助也 도울 좌、副也 버금 좌、다음 좌

六

㔙 [병] 大也 클 병、大也力 몸시 힘셀 병 (庚)

劻 [광] 急遽貌 급거할 광 (陽)

効 效(攴部六畫)의 俗字

㔘 [구] 勤也 부지런할 구、勵也 힘쓸 구 (有)

券。[권] 倦也 게으를 권、勞也 고달플 권、苦也 수고로울 권. 倦同 (霰)

劺 [무] 勸也 권하여 힘쓰게 할 무、自勉 스스로 힘쓸 무 (尤)

劼。[할] 勤也 부지런할 할、愼也 삼갈 할、確固 굳을 할. 本音 갈 (黠)

劾。[해][핵] 用力 힘쓸 해、功也 공 해 (隊)(職)

七

勁。[경] 強健 굳셀 경. 繕通 (敬)

勃。[발] 興起 활발할 발、變色貌 발끈할 발、盛貌 번성할 발、怒貌 성날 발 (月)

勅 勑(力部八畫)의 略、俗字

勊。[극] 勝也 이길 극、自彊 힘쓸 극、尤極 극심할 극 (職)

勅 [칙] 誡也 신칙할 칙、天子制書 칙령 칙. 敕、勑同 (職)

勉。[면] 勖也 힘쓸 면、勸也 부지런할 면、強也 강인할 면、장려할 면 (銑)

巭 [부] 功夫 공부 부. 國字

勇。[용] 氣健、銳也 날랠 용、果敢 용맹할 용、ㅣ氣 용기 용 (腫)

八

㔣 [릉] 陵也 짓밟을 릉、侵也 침노할 릉 (蒸)

勐 [맹] 猛也 사나울 맹、嚴也 엄할 맹、害也 해할 맹、惡也 악할 맹 (梗)

勌 [권] 疲也 고달플 권、倦也 게으를 권、勞也 수고로울 권. 倦通 (霰)

㔝 [량] 逼也 핍박할 량、拒也 거스를 량、勉也 힘쓸 량 (養)

勍。[경] 強也 강할 경 (庚)

九

㔭 [할] 勤也 힘들일 할、用力聲 어기어차할 할 (黠)

勒。[륵] 絡銜 굴레 륵、抑也 억지로 할 륵、刻也 새길 륵、嚴重 엄중쓸개 할 륵

勜 [총] 勸也 권할 총、勵也 힘쓰게 할 총 (送)

動。[동] 靜之對 움직일 동、作也 지을 동、出也 나올 동、ㅣ物 동물 동 (董)

勔 [면] 勸勉 권면할 면、勉也 힘쓸 면 (軫)

勓 [개] 勉也 힘 [욱] 勉也 힘쓸 욱 (沃)

勗 勖(前條)의 譌字

勘。[감] 定也 정할 감、磨ㅣ 마감할 감 (勘)

務。[무] 專力 힘쓸 무、事也

일할무 國政정사무 職分직분무 遇 ⑩ 勛 勳(力部十四畫)의 古字 勜 별 大也 클별 大力貌 힘센모양별 強也 굳셀별 屑 勝 승 負之對 이길승 優也 나을승 鳥名 戴ㅣ 새이

름승、持也 가질승 擧也 들승 任也 맡을승 堪也 견딜승 徑 蒸 勞 로 勤也 부지런할로 功也 공로로、慰也 위로할로、수고로울로 苦役 고단할로、憂也 근심할로 傍同 豪 號 ⑪ 募。

모 廣求 널리구할모 召也 부릴모 雇也 고용모 遇 勠。륙 류 并力 협력할륙 勡。표 強取 겁탈할표 攻切 겁박할표 嘯 勢。호 健也 건장할호 豪 勢。세 權力 권세세 氣燄 위엄세

刑ㅣ 형세세 外腎 불알세 威ㅣ 사람을 좌우하는 위력세 霽 勣 적 功也 공적적 事業 사업적 錫 勡 敵(攴部十一畫)과 同 勤 근 勞力 부지런할근 篤厚 도타울근 ㅣ勞、ㅣ役

수고할근 文 勦 초 勞力 수고로울초 ㅣ說 말전주할초 肴 勧 勸(力部六畫)의 俗字 ⑫ 勨 답 勤也 부지런할답 勵也 휘쓸답 洽 勩。예 이 勞也 수고로울예、이 義同 霽

勨 양 상 緩也 느즈러질양 動也 움직일양、상 義同 養 ⿰費力 비 挾也 끼을비 壯也 장할비 寘 勭 동 丁年 정년이될동 成人 어른이될동 作也 일어날동、일할동 東 董 勬 권 勤

也 부지런할권 強健 강건할권 先 勫 번 健也 건장할번 元 ⑬ 勮。거 勤力 부지런히 휘쓸거 懼恐貌 두려울거 御 勯 단 力竭 힘다할단 寒 勰。협 思也 생각할협 同

思之和 화할협 協의 古字 葉 勱 매 勉力 힘쓸매 卦 勷 양 勉也 힘쓸양 養 ⿰解力 개 疲也 피곤할개 懈也 게으를개 蟹 勲 勳(力部十四畫)의 俗字 ⑭

勳 훈 功也 공훈 師也 거느릴훈 文 ⑮ 勴 려 心助 마음으로 도울려 御 ⿰審力 심 勵也 힘쓸심 沁 勳 뢰 류 推也 밀칠뢰 勉也 힘쓸류 隊 勵 패 疲也 고단할패、성낼패 蟹

勵 려 勉也 힘쓸려、다잡을려 勸勉 권할려 爲也 할려 霽 勶。철 去也 버릴철 發也 일으킬철 ⑯ 勷 려 로 助也 도울려 勉也 힘쓸려、료 義同 御 勥 강 追也 쫓을강 養

⑰ 勸 참 拔取 빼낼참 ⑱ 勸。권 勉誘 권할권 助也 도울권 力行 힘껏할권、순종할권 願 ⑲ 𪟝 련 劣貌 못할련 銑 勸。려 助也 도울려 導也 인도할려 御

勹部

勹。포 裹也、包也 쌀포 肴 ① 勺。작 飮器 구기작 挹取 잔질할작 少量 조금작 周樂名 주나라풍류작 杓通 勺 勺(前條)의 俗字 ② 勼。구 聚也 모

을구 匀。균 윤 均也 고를균 周也 두루균 齊也 가지런할윤 均同 眞 勽。문 覆也 덮을문 吻 勿。물 몰 毋也 없을물 禁言 말물 急貌 급한모양물、掃塵 먼지채몰 無通 物 月 匂

내 香也 향내내 日字 匁 문 衡也 目몸메문 日字 ③ 匄。匃(前條)와 同 包 포 裹也 쌀포、꾸릴포 容也 용납할포 隱也 감출포 苞、匏通 肴 匃。개 갈 請求 청구할개

與也 줄개、갈 義同 泰 曷 匆 총 急遽 총총할총 悤同 東 匀 작 均也 작을작 齊也 가지런할작 藥 匄 갈 求也 구할갈 曷 ④ ⿹勹彐 포 衣也 옷포 肴 匈。흉 喧擾 意

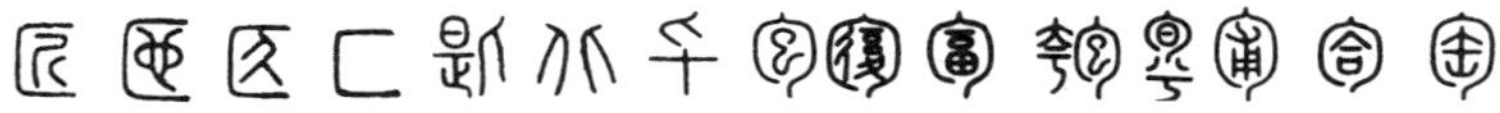

떠들석할흉、지꺼릴흉ㅣ奴오랑캐흉 不好흉할흉膺也가슴흉胷、凶見(冬) ❺ 匉 [평]ㅣ訇大聲크게소리지를평(庚) ❻ 𠣘。[주]周也두루주周通(尤) 匋。[도][요]瓦器질그릇도、陶通、燒瓦窯기와굽는가마요窯同(豪)(蕭) 匌。[합]氣鬱翕ㅣ기운답답할합重疊匒ㅣ중첩할합(合) ❼ 匍。[포]手行而伏엉금엉금길포顚蹶엎드러질포(有) 匑 [준]伏退엎드려물러갈준止也그칠준、물러갈준(眞) 匔 [괴]太息한숨쉴괴歎息탄식할괴(卦) ❽ 𠣛 [순]驚也놀랄순擲同(眞)(軫) 𠣣 [소]鉤也갈구리소(蕭) 匎 [압]儉約사치스럽지않을압、검약할압(合) ❾ 𠣤 [도]伏行기어다닐도(虞) 𠣥 [국]曲脊곱사등이국(屋) 匏 [포]瓠也박포飮器바가지포笛也퉁소포匏竹포죽포(肴) 匐。[복][븍]手行길복盡力趨往다름박질할복

❿ 𠣦 [압]婦人花髻飾ㅣ葉족두리압계집머리꾸밀압(合) 匒 [답]重疊貌포갤답(合) ⓫ 𩜔 [어]厭也싫을어물릴어(御) 匓。[구]飽厭배불러싫을구(宥) ⓬ 𩝐 [구]飽厭배불러싫을구(宥) 𠣩。[복]更也다시복復也겹칠복復通(屋) 𠣪 [연]犬肉개고기연(先) ⓮ 匔 [궁]굽실거릴궁(東) 𥷚。[국]背曲등을굽힐국、구부릴국(屋) ⓯ 𪈈 鳳(鳥部二畫)의古字 𠣭 [궁]謹也삼갈궁(東)

匕部

匕。[비]匙也숟가락비、술비劍名、ㅣ首비수비(紙) 𠤎 化(匕部二畫)의古字 ❷ 化。[화]造ㅣ될화、화할화變也변할화貿易무역화(禡) 𠤏。[보]列也벌릴보保通(晧) ❸ 北。[북][배]朔方뒤북、북녘북北行북쪽에갈북(隊) 𠤕 長(長部。畫)과同 ❺ 𠤙 匙(匕部七畫)과同 𠤚 [양]暢也화할양 ❻ 𠤛 阜(十部六畫)과同 ❼ 𠤜 [의]事物未定貌아직정해지지않은모양의(支) 𠤝 [분]句讀뿐분國字 ❽ 𠤞 [욋]地名땅이름욋國字 ❾ 匙。[시]匕也숟가락시、숟가락시鍵也열쇠시(支) 𠤡 匙(前條)와同 𠤢 [뇌]肥貌살찐모양뇌古音노(晧) ⓬ 𠤣 [곳]處也곳곳國字 𠤤 [늦]晚也늦을늦國字

匚部

匚。[방]器之方者상자방、모진그릇방(陽) ❸ 匛。[구]柩也널구、관구柩同(宥) 匝 [잡]周也두루잡、돌잡币俗字(合) 𠥃 匠(匚部四畫)의本字 ❹ 𠥄 [합]受物器물건을받는그릇합箱也상자함(覃) 匠。[장]所以作器바치장、장인장職工직공장匚同(漾) 匡。[광]正也바를광改正바로잡을광方也모날광救也구원할광輔助도울광飯器밥그릇광匩同(陽) 匟 [강]坐牀평상강(漾) 𠥆 [홀]古器옛그릇홀(月) ❺ 匣。[갑]匱也궤갑箱子상자갑(洽) 匥 [변]冠匣관갑변笥也옷상자변竹器대그릇변(霰) 𠥋 [선]竹器盤채반선(銑) ❻ 𠥎 [요]鼓也북통요鞉同(蕭) 𠥏 [전]箕也키전、먼지떨어털전(先) ❼ 匧。[협]藏衣笥옷상자협緘也꿰맬협古音겹(葉) 匼 [합]船

沒水底 배가라앉을 함 (覃)

[匚+攸]。[조] 簀也 발에 쓰는 제구조、삼태기 조 (嘯)

八

[匚+卑] [비] 籠也 종다래끼 비 (紙)

九

匭。[궤] 匣也 갑궤 纏結 包ㅣ 얽어 맬 궤 (紙)

匬 [유] 量也 十六斗 휘 유 (麌)

十

[匚+倉]。[창] 古器 옛 그릇 창 (陽)

[匚+條] [조] 鋤也 보습 조 (蕭)

十一

匯 [회] 水廻流 물이 도라나갈 회

[匚+帶] [제] 刀鞞 칼집 제 (霽)

十二

匱。[궤] 匣也 갑 궤

[匚+異]。[이] 耕田 밭갈 이 大鼎 큰 솥 익 (職)

匰。[단] 宗廟盛主器 신주독 단 宗廟 독집 단 (寒)

[匚+巽] [선] 器也 그릇 선 (先)

十三

匳 [렴] 鏡匣 경대 렴 香器 향그릇 렴 小匣 작은 궤 렴 籢同 (鹽)

[匚+歐] [알] 大呼用力 크게 힘써 부를 알 (曷)

十四

匴 [산] 竹器冠箱 대갓집 산 籔也 조리 산 (旱)

[匚+舞] [무] 刀室 칼집 무 (麌)

十五

匵。[독] 小匱 손궤 독 函也 함 독 櫝通

十八

匶 柩(木部五畫)의 古字

[匚+瞿] [거] 車類 수레 붙이 거 (魚)

二十四

[匚+贛]。[공][감] 小杯 작은 잔 공、箱類 상자 감 器蓋 뚜껑 감 覆頭 머리 쓰개 감 (送)(感)

匸部

匸 [혜] 藏也 감출 혜 覆也 덮을 혜 (薺)

二

匹。[필][목] 偶也 짝 필 帛長 필 필 兩也 둘 필 朋友 벗 필 儕輩 무리 필 拙也 변변치 못할 필 疋通、家鴨 집오리 목 鶩通 (質)(屋)

区。區(匸部九畫)의 略字

四

[匸+丙]。[루] 陋의 正字

五

[匸+丙]。[루] 側逃 옆으로 피할 루 箕類 키 루 (宥)

医 [예] 矢器 활집 예、동개 예 醫(酉部十一畫)의 俗字 (霽)

六

[匸+音] [암] 諂諛 阿ㅣ 아첨할 암 迎合 마저 합할 암 巾名 鳥ㅣ 건 이름 암 繞貌 ㅣ匝 둘릴 암、두릴 암 (感)(合)

七

匽 [언] 匿也 숨길 언 路側 길곁 路廁 한데 뒷간 언 (阮)

九

匾 [변] 薄器 엷은 그릇 변 不圓貌 모가진 모양 변 扁同 (銑)

匿 [닉] 隱也 숨을 닉 (職)

區。[구][우] 藏也 감출 구 小室 작은 방 구、域也 갈피 우、지경 우 匿也 숨길 우 (虞)(尤)

十

[匸+虒] [제] 虎臥息 범 누어 숨쉴 제 (齊)

十部

十。[십] 數名 열 십 ㅣ番 열 번 십 ㅣ倍 열 배 십 ㅣ字街 네거리 십 完全 완전 십 什、拾同 (緝)

一

卂 [신] 迅也 빠를 신 急飛 급히 날 신 迅通 (震)

廿 [입] 二十 스물 입 廿同 (緝)

千。[천] 數名 十百 일천 천 通路 길 천 姓也 성 천 阡通 (先)

二

卅。[삽] 三十 서른 삽 (合)

升。[승] 十合 되 승 登也 오를 승 成也 이룰 성 布縷 새 승 (피륙의 짜인 날을 세는 단위) 卦也 괘 이름 승

卆 卒(十部六畫)의 譌字

午。[오] 馬也 말 오 交橫 傍ㅣ 어수선할 오 日中 낮 오 正南 남녘 오 오월 오 (麌)

三

卉 [훼] 草也 풀 훼 衆也 많을 훼 (尾)

[卒-variant] [졸] 猝急 갑작스러울 졸 (月)

半。[반] 物中分 절반 반 大片 조갠 반 (翰)

本。[지] 止也 그칠 지、머무를 지 (紙)

四

卋 世(一部四畫)의 古字

卋 世(一部四畫)과 同

[卋-variant] 世(一部四畫)의 古字

[華-variant] 華(艸部八畫)과 同

[畢-variant] [필] 呼吸聲 숨내쉬는 소리 필

卍 [만] 佛書 萬字

五

華。[필] 箕屬 키 필 (質)

六

卑。[비] 下也 낮을 비 賤也 천할 비 地名 鮮ㅣ 땅이름 비 使也 하여금 비 小也 작을 비 山名 산이름 비 (支)

卓。[탁] 越等 뛰어날 탁 高也 높을 탁 姓也 성 탁 机也 책상 탁 (覺)

卒。[졸][줄] 軍五 항오 졸 忽遽 바쁠 졸 倉卒 별안간 졸 終盡 마칠 졸

協。[협] 和也 화할협 合也 맞을협 服也 복종할협 助也 도울협 (葉)
単 單(口部九畫)의 略字
【七】 南。[남] 午方 남녘남 樂名 풍류이름남 金雙也 — 금남 (灰)
【八】 單 單(口部九畫)의 略字
【九】 尌。[집] 詞集 말을 모을집 (緝)
斟。[집] 集也 모일집 (覃)
【十】 博。[박] 廣也 넓을박 通也 통할박 賭 — 노름박 多也 많을박 (藥)

卜部

卜。[복] 問龜 점복 賜與 줄복 選也 가릴복 期也 기대할복 擔也 짐복 (屋) 國字
【二】 卝。[관][횡] 束髮貌 북상투관、金玉樸 금옥덩어리횡 卯同 (諫)(梗)
卞 [변] 法也 법변 手搏 손바닥칠변 姓也 성변 地名 땅이름변 (霰)
【三】 卟。[계] 問卜 점칠계 考也 생각할계 (齊)
占。[점] 視兆 점점 問卜 점칠점 候也 기다릴점 檀據 점령할점 口授 입으로전할점 (豔)
卡 [잡] 關隘設兵立塘守 — 지킬잡 (合)
【四】 卡 弄(廾部四畫)과同
【五】 𠧪。[소] 卜問 무꾸리할소 (嘯)
卣 [유] 中樽 중준유 (有)
【六】 卦。[괘] 筮兆 점괘괘 (卦)
兆卜 兆(儿部四畫)과同
𠧴。[잉] 驚也 놀랄잉 往也 갈잉 (蒸)
卧 臥(臣部二畫)의 俗字
【七】 卤。[초] 草木實垂 —— 열매주렁주렁달릴초 (嘯)
【八】 逌。[유] 氣行貌 숨도는모양유 攸古字 (尤)
【九】 卨 [설] 殷國祖名 은나라시조이름설 (屑)
【十一】 𠧽 卤(卜部六畫)의 古字
【十三】 𠨓 乘(丿畫)과同

卩部

卩 [절] 符 — 亦信 몸기절、병부절 節同 (屑)
已 卩(前條)와同
【一】 㔾 [주] 符信 병부주
卪。卩(卩部。畫)과同
【二】 卬。[앙] 我也 나앙 激厲 격앙할앙 高也 높을앙 望也 바랄앙 昻、仰通 (陽)
【三】 卭 卭(邑部三畫)의 譌字
卮。[치] 酒杯 술잔치 脂粉 연지치 (支)
卯 [묘] 地支 네째지지묘、토끼묘 茂也 성할묘 東方 동쪽묘 (巧)
【四】 危。[위] 不安 위태할위 隤也 무너질위 傷也 상할위 高也 높을위 (支)
印。[인] 璽文 인인、도장인 — 之 찍을인 (震)
【五】 却 [각] 㕁也 물리칠각 退也 물러갈각 反也 도리어각
卲。[소] 高也 높을소 姓也 성소 邵同 (嘯)
䀆 [비] 宰也 주관할비 (寘)
卵。[란] 凡物無乳生者 알란 大也 클란 撫育 기를란 (旱)
【六】 卷。[권] 書卷 책권 — 歸 접을권 美也 아릿다울권 草名 풀이름권 (霰)
卸 [시] 大慶 크게경사스러울시 喜也 기뻐할시 (寘)
卸。[사] 脫衣 — 벗을사 解載 車馬 짐부릴사
𨚗 郤(卩部七畫)의 俗字
卹。[술][졸] 憂慼 걱정할술 掃塵 떨이솔 (質)(月)
𢀩
【七】 𨚕 [회] 骨節間 뼈마디사이회 (微)
卺 [근] 婚禮瓢杯 혼례때의 술바가지근 (吻)
卻。[각] 退也 물리칠각 不受 사양할각 反對 반대할각 却同 (藥)
卼 [올] 危也 위태할올 杌通 (月)
郎
即 卽(次條)의 俗字
卽。[즉] 今也 이제즉、곧즉 近也 가까울즉 只也 다만즉 直時 진작즉 (職)
【九】 卾 [악] 上顎 웃턱악 (藥)
【十】 卿。[경] 章也 밝힐경 嚮也 향할경 爵也 벼슬경
㿝
[즉] 久也 오랠즉 (職)
【十二】 卿 [준] 危也 위태할준 (願)
𦢊 膝(肉部十一畫)의 本字
𨜔 [산] 山名 산이름산 國字
【十六】 𠑻 [천] 移也 옮길천 遷同 (先)

厂部

厂。[엄][한] 山之厓巖人居굴바위엄 岸也언덕엄、기슭엄、한의 義同 (鹽)(紙)

二

产 [첨][위] 仰也우러러볼첨 屋梠평고대첨、위義同 (鹽)(紙)

厄。[액] 災也재앙액 木節옹이액、혹액 戹、危通 (陌)

三

厈。[국] 持也잡을국 (沃)

厇 [책] 裂體剔肉발길책、찢을책 市ㅣ刑名능지할책 磔同 (陌)

厉 厲(厂部十三畫)의 略字

四

厏 [계] 轉側엎드러질계 (齊)

厊 [개] 到也이를개 (卦)

压 [아] 相違어긋날아 (馬)

厎。[지] 均也고를지 致也이를지 平也평평할지 聲소리지 (紙)

厈 [척] 逐也쫓을척 (陌)

𠂢 [비] 流也흐를비 水流貌물비듬이 흐를비 (支)

五

𠩗 [갑] 大也클갑 (合)

𠩐 [곡] 持也가질곡 (沃)

厎。[지] 致也이를지 定也정할지 礪也숫돌지 (紙)

㕁 [겁] 山左右有岸언덕겁 (葉)

𠫜。[랍][립] 石聲돌소리랍 拉也꺾을랍、립義同 (合)(緝)

六

厔 [질] 山曲산굽이질 山隈산모퉁이질 水曲물굽이질 止也그칠질 (質)

厓。[애] 山邊水畔언덕애 際也가애 姓也성애 崖同 涯通 (佳)

七

厙 [사] 姓也성사 (禡)

厘 [리][전] 貨幣之最小單位 一錢之十分一이리 廛也티끌리

厚。[후] 不薄두터울후 重也무거울후 大也클후 ㅣ情친절할후 多也많을후 (有)

厖。[방] 厚也두터울방 大也클방 雜也어지러울방 混也섞일방 尨通 (江)

八

厝。[조][착] 置也둘조 措同、礪也숫돌착 (遇)(藥)

厜。[수] 山巓ㅣ㕒산이마수 (支)

厞。[비] 陋也더러울비、궁벽할비 (微)(未)

原。[원] 地高平언덕원 野也들원 基因원인원 本也근본원 再也거듭원 宥罪용서할원 察也살필원 源通 (元)

㕓 [애][적] 張幕덮어가릴애 石名돌이름애、적義同 (隊)(陌)

𠪔 [순] 至也이를순 誠懇간곡할순

九

厁。[리] 坼也쪼갤리、벌릴리 (支)

原 [원] 源也근원원 (元)

十

厥。[궐][굴] 其也그궐、助也그것궐 短也짧을궐、蕃國、突ㅣ나라굴 蹶通 (月)(物)

𠪋 [수] 隈也모퉁이수 老人늙은이수 (有)

厩 廐(广部十一畫)의 俗字

厪 [근] 僅也겨우근 少也적을근 僅同

厧 [전] 塚也산무더기 止也머무를전 (先)

十一

𠪚 [계] 迫也핍박할계

厫 [오] 倉也곳집오 米庫쌀창오 (豪)

十二

𠪱。[시][이][익] 石稜隅銳貌돌모서리 뾰족할시、이、익 義同 (紙)(職)

𠪿 [사] 仄也기울사 眇也어렴풋할사 (馬)

厬。[궤] 涸也물마를궤 (紙)

𠫂 [전] 奠也정할전 (霰)

厮 [시] 使也부릴시 僕也마부시 分也나눌시 廝同 (支)

十三

㕒。[의] 山巓、厜ㅣ산마루의、산꼭대기의 (支)

𠫄。[벽] 陋也더러울벽 仄也기울어질벽 (陌)

厫 [오] 倉也곳집오 (豪)

厲。[려] 磨也갈려 危也위태할려 作也지을려 以衣涉水옷입고 물건늘려 病也병들려

厱。[엄] 厓岸危貌언덕비탈엄 (琰)

十四

厤 [력] 分也나눌력 (錫)

厳 嚴(口部十七畫)의 略字

十九

𠫀 [전] 塚也봉우리전 (先)

二十七

厵 原(厂部八畫)의 古字

二十八

厵 源(水部十畫)의 古字

厶部

厶。[사] 自營사사사 我也나사 (支)

一

𠃋 巨(工部二畫)의 古字

二

厷。[굉] 圜也둥글굉 臂上一節팔꿈치굉 肱、古字 (蒸)

厹。[구] 三隅矛세모난창구 氣高기승부릴구

千獸跡짐승의발자국구 厹同 (尤)

厸 鄰(邑部十畫)의古字

三 厺 去(厶部三畫)의本字

去。[거] 離也갈거、棄也버릴거、過時예전거 藏也감출거 除也제할거 弆見 (微)

允 [장] ㅣ鞋신에창 받을장 中字

四 厽 [류][참] 積土而牆壁흙을쌓아서담쌀류、參同 (紙)(覃)

六 参 參(厶部九畫)의俗字

七 叀 爭(爪部四畫)의古字

九 羑。[유] 誘也꾀일유、권유할유 導也인도할유 誘同 (有)

參。[삼][참][심] 數名ㅣ三也셋삼、謁也보일참、가지런하지않을참、藥名삼 심

十 叅 [참][삼] 度也참작할참 與也ㅣ伍참여할참、不齊ㅣ差층날삼 參通 (覃)(侵)

十三 㕙。[준] 狡兔약은토끼준

𠫭 去(厶部三畫)과同

又部

又。[우] 亦也또우 宥也용서할우 復也다시우 宥通 (宥)

一 叉。[차] 手指錯交손길잡을차 夜ㅣ귀신이름차

二 㕚。[조] 手足之甲손발등조 爪古字 (巧)

及。[급] 逮也미칠급 覃被미처갈급 連累죄미칠급 滿也찰급 時來때급 (緝)

友。[우] 同志相交벗우、친구우 善於兄弟우애우、합할우 (有)

双 雙(隹部十畫)의俗字

𠬜。[반] 引也끌반 (刪)

𠬝 [복] 以手治事일할복 治也다스릴복 (屋)

收 收(攴部二畫)의俗字

反。[반][번] 正之對돌이킬반 覆也엎을반、뒤집을반 叛也배반할반 愼重의젓할반、平ㅣ理枉 이치에뒤칠번 翻通 (阮)

三 叏 [쾌] 分決나누어가를쾌 (卦)

𠬢。[도] 滑也미끄러울도 挑也끌어낼도 鼓也북도 (豪)

四 叒。[약] 東方神木榑桑동쪽신목약 順也좇을약 (藥)

𠬪。[표] 落也떨어질표 (篠)

六 叔 [숙] 伯ㅣ季父아재비숙、삼촌숙 收拾주을숙 幼稱어릴숙 末也끝숙 菽也콩숙 姓也성숙 (屋)

叕 [철] 連也이을철 聯也잇댈철

㕞。[쇄] 拭也씻을쇄 掃也쓸쇄 清也깨끗이할쇄 (屑)

取。[취] 収也거둘취 受也받을취 찾을취 奪也빼앗을취 (麌)

受。[수] 繼承이을수 得也얻을수 盛也담을수 容物용납할수 相付받을수 被也입을수 (有)

七 㕧 [괴] 息也쉴괴 (卦)

叙 敍(攴

叚。[가] 假也빌릴가 瑕也허물가 假通 (馬)

叛。[반] 背也배반할반 離也달아날반

叜 叟(又部八畫)과同

八 叟 [수] 老稱어른수 尊稱어르신네수 淅米聲쌀씻는소리수 (有)(尤)

叞 [위] 安也안위할위 熨也다리미위 (未)

十一 𠭯。[리] 引也끌리 (支)

十二 㕡。[학] 谷也골짜기학 坑也구렁학

十三 𣪠 [철] 短貌짧은모양철 (月)

𡰪 [벽] 法也본받을벽 法度법도벽 (陌)

十四 叡。[예] 深明通達밝을예 王也임금예 聖人성인예 賢也어질예 睿古字 (霽)

十六 𤕭 [철] 鷄離出殼時鳴聲알깔때병아리소리철 (質)

叢。[총] 灌木密生떨기총 聚也모을총 煩雜번잡할총 藂同 (東)

十九 變 變(言部十六畫)의俗字

三畫

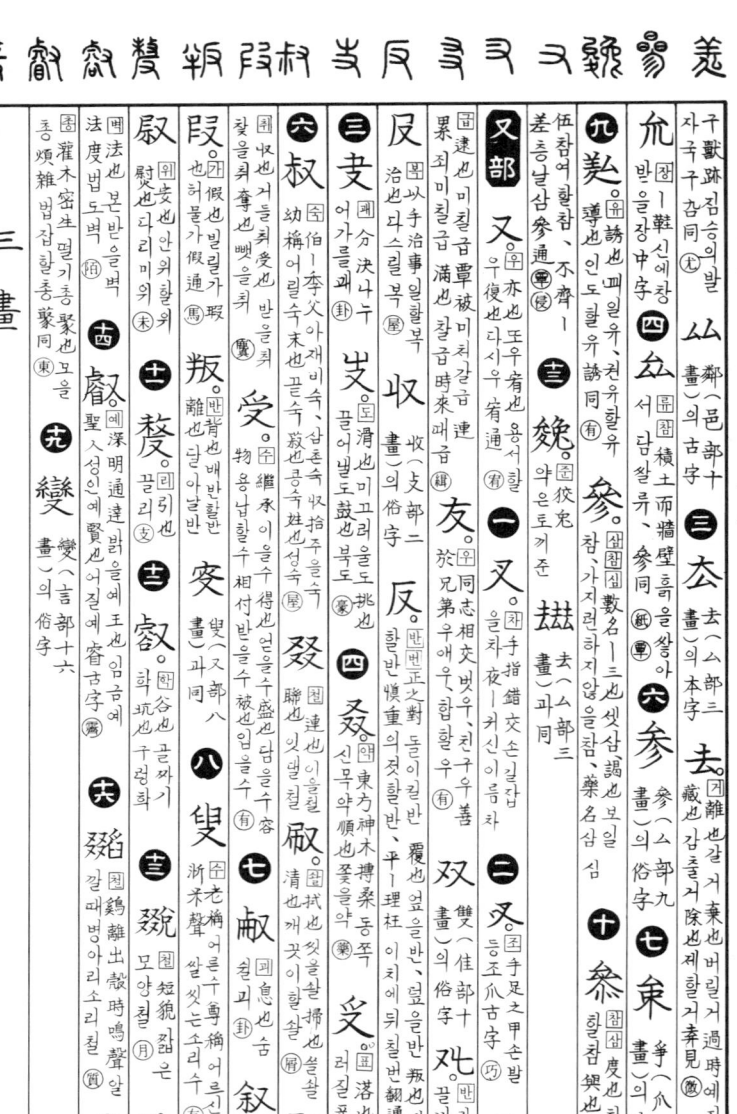

口部

口。구 人所以言食입구 緖也실마리구 洞ㅣ어귀구 孔穴구멍구 人ㅣ、户ㅣ 인구구 辯舌말구 有

❶

𠮙。알 鳥聲새소리알 曷

𠮚 을 聲也ㅣㅣ 소리을 質

囗(口部○畫)의古字

❷

古。고 昔也예고 始也비롯할고 天也하늘고 古事옛일고 先祖선조고 故通 寘

另 령 割也나눌령 別異다를령 徑

叨。도 貪也탐할도 忝也욕될도 橫ㅣ、濫외람도 豪

句。귀구 章ㅣ 文詞止處귀절귀、國名高句麗나라이름구 ㅣ當、ㅣ辦理말아볼구 神名ㅣ芒귀신이름구 弓引활을잡아당길구 地名須ㅣ땅이름구 勾同 遇 尤

只。지 但也다만지 語己辭말을그릇칠지 紙

叩。고 擊也두드릴고 問也물을고 稽顙ㅣ頭머리숙여두드릴고 啓發알게할고 本音구 扣同 有 宥

召。소조 呼也부를소 招也청할소、寡婦ㅣ吏파부소、棗也대추조 嘯 國字

㕣 연 山間陷泥地산속의늪연 霰

叫。규 呼也부를규 事理不當이치에맞지않을규 遠聞聲멀리들릴규 霍雀종달새규 古音교 嗷通 嘯

叭 팔 吹器喇ㅣ나팔팔 開口입벌릴팔 黠

史。사 冊也역사사、사기사 大掌書官사관사 華美빛날사 姓也성사 紙

叮 정 ㅣ嚀囑也단단히부탁할정 誠也정성스러울정 親也친절할정 青

右。우 左之對오른쪽우 尊也높일우 助也도울우 側也곁우 強也강할우 宥

叱 질 ㅣ咤、大訶發怒꾸짖을질 質

叶。협 和也화할협

叵。파 不可못할파、할수없을파 遂也드디어파 卮名、ㅣ羅술잔파 尀同 哿

号 號(虍部七畫)의略字

叺 입 表也가마니입、섬입 日字

可 가극 否之對옳을가 許也허락할가 宜也마땅할가 善也착할가、宊厥酋長曰ㅣ汗오랑캐극 妻曰ㅣ敦안해극 哿 職

叴。구 氣高기승할구 三隅矛세모창구 國名나라이름구 厹通 尤

台。태이 三ㅣ星、今三公曰三ㅣ 三鼎별태、我也나이 悅也기쁠이 養也기를이 灰

司。사 主也말을사 有ㅣ職事벼슬사 伺也엿볼사 占也차지할사 府也마을사 支

❸

吀 哶(口部七畫)과同

吁 우 嘆也탄식할우 嘘也불우 本音후 虞

吂 망 聽而不答모른체할망 陽

叿 홍 呵也꾸짖을홍 大聲큰소리홍 哄也시끄러울홍 東

各。각 異辭각각각、제각기각 藥

吇 자 鳥聲새소리자 紙

吆 요 悲痛聲애통하는소리요 蕭

吃。흘 言蹇難말더듬을흘 喫也먹을흘 笑聲웃는소리흘 物

吅。현 叫也부르짖을현 元

吴 화 譁也지꺼릴화 魚之大口큰입화 大聲대성화 禡

㠯 기 解釋해석할기 紙

合。합갑 結ㅣ합할합 同也같을합 會也모일합 答也대답할합、啐也부를갑 和也화할갑 合

吚。히 呻也、唸ㅣ신음할히 屎同 支

吊 弔(弓部一畫)의俗字

吋 촌두 英國度名인치촌、叱也꾸짖을두 有

吉。길 嘉祥길할길、좋을길 善也착할길 利也이로울길 朔也日조하루길 質

同。동 共也한가지동、같을동 輩也무리동 會也모일동 和ㅣ화할동 齊也가지런히할동 仝同 東

吏 리 治政官관리리、아전리 寘

后。후 君也임금후 後也뒤후 王妃왕비후 社神ㅣ土땅을맡은귀신후 有

向。향상 對也향할향 趨也나아갈향 昔也접때향 嚮也앞설향、姓也성상 漾

吒 타탁 噴也뿜을타 叱怒貌꾸짖을타 嘲也조롱할탁 咤同 禡

吐 토 口歐토할토 出也、舒也펼토 吐出物게울토 ㅣ露나올토 寘

名。명 聲稱號也이름명 命ㅣ이름지을명 文字글명 命領명령할명 功也공명 庚

𠯆。앙 應喚語話、ㅣ吉코대답하며말할앙 陽

𠮵。망 問而不答물어도대답않을망 漾

𠮛 [응]應唉語詰、舌 코대답하며말할응 夻 [子]魚名、大口魚 대구구國字 **四** 吙 [화]呼氣 내쉬는숨화(麻) 𠯗 [담]噂也 새울담(感) 吁 [예]善也 좋을예 可也 옳을예(齊)

吚 [이]嘆也 탄식할이 呻也 신음할이(支) 吘 [우]和也 화할우 呼也 부를우(有) 吝 [린]恨也 한할린 惜也 아낄린 鄙嗇 인색할린(震) 君 [군]至尊 임금군 卦號 군군 彼此通稱 그대군 夫也 남편군 湘ㅣ 귀신의 존칭군(文) 呑 [탄]咽也 삼킬탄 并包 휩쓸탄 藏也 감출탄 滅也 멸할탄(元) 吜 [추]聲也 소리추(有) 吟 [음]咏也 읊을음 呻也 끙끙거릴음 歎也 탄식할음 吃也 말더듬을음 鳴也 울음(侵) 㕫 [방]聞也 들을방 如聞 어렴풋할방(養) 吣 吢(口部四畫)과同 吤 [개]大聲 큰소리개(卦) 吧 [파]小兒忿爭ㅣ呀 아이들다툴파(麻) 吠 [폐]犬聲 개짖을폐 地名、ㅣ땅이름폐 無使尨也ㅣ(隊) 吡 [필]鳥聲 새소리필(質) 吣 [심]犬吐 개가토할심(沁) 否 [부][비]不然 아닐부 違也 틀릴부 無也 없을부 不通、塞也 비색할부 惡也 악할비 隔也 막힐비 卦名 괘이름비(有)(紙) 𠯑 [괄]塞也 입막을괄(曷)

吨 [둔]言語不明 말분명치못할둔 愚也 어리석을둔(元) 㕬 [공]喧也 지꺼릴공(東) 含 [함]銜也 머금을함 包容 용납할함 忍也 참을함 飯ㅣ 무궁주함(覃) 吩 [분]命領ㅣ咐 분부할분 噴也 뿜을분(願) 吪 [와]動也 움직일와 化也 변화할와 訛通(歌) 听 [은]ㅣ然 笑貌 벙긋거릴은 大口貌 입이큰모양은(軫) 𠯢 [천]塞也 막을철(屑) 吭 [항]咽喉 목구멍항 鳥嚨 새목구멍항(陽)(漾) 𠯈 [필]吐唾 침뱉을필(質) 吮 [전][연]嗡也 빨전 嗽也 기침할연 舐也 핥을연(銑) 𠯆 [요]弄聲 희롱하는소리요 荅也 응답하는소리요(肴) 吰 [횡]噌ㅣ鐘鼓聲 쇠북소리횡(庚) 呈 [정]示也 보일정 露也 드러낼정 獻也 드릴정 平也 평평할정(庚) 吱 [지]細聲 가는소리지 行貌 헐떡이며가는모양지(支) 㕮 [부]嚼也、ㅣ咀 씹을부(麌) 吳 [오][우]國名 오나라오 大言 큰소리할오 姓也 성오 譁也 지껄일우(麌)

吲 [신]哂ㅣ笑也 비웃을신(軫) 冏 [놜]低聲 말소리나직할놜(黠) 吵 [묘][초]鳴也 울묘 喧也 떠들초(篠)(巧) 吺 [두]言多 말많을두 囁也 속삭일두(尤) 吶 [눌][열]言難 말더듬거릴눌 訥同、言譺 말을느리게할 열 喊也 함성지를열(月)(屑) 吸 [흡]內息 숨들이쉴흡 飲也 마실흡 雲動 구름떠다닐흡(緝) 吽 [음][우]牛鳴 소울음 犬爭 개싸울우 犾ㅣㅣ者兩犬爭也(侵)(尤) 吷 [혈]小聲 작은소리혈 飲也 마실혈 鳥聲 새소리혈 啜通(屑) 吻 [문]口脣邊 입술문 物出邊 뾰족나온곳문 爲其物合(吻) 呆 [태]愚也 어리석을태 緩也 느릴태 愚痴 멍청이태、천치태(灰) 吹 [취]出氣噓 불취 奏也 악기불취 鼓ㅣ 부름취 風也 바람취 衝也 충동할취、부추길취(支)(寘) 呀 [하]張口貌 입딱벌릴하 谷空貌 골휑할하(麻) 吒 [학]怒聲 呼也 성내서부를학(覺) 吾 [오]我也 나오 子稱 아들오 伊ㅣ讀書聲 웅얼거릴오 官名 執金 벼슬이름오 唔通(虞) 呂 [려]陰律 풍류려 脊骨 등골뼈려 姓也 성려 鐘名 종이름려 刀名 칼이름려(語) 咂 [잡]魚食 고기물잡 唼也 씹을잡(合) 告 [고][곡]報也 알릴고 啓也 여쭐고 授官 칙지고 ㅣ寧 休暇 쉴고 問也 물을고、請也 청할곡 示也 보일곡(號)(沃) 呃 [애]氣逆作聲 재채기할애 詬通(卦) 𠯠 [곡]多財 넉넉할곡(職) 𠯇 [우]犬吠 개짖을우(尤) 吼 [후]牛鳴 소우는

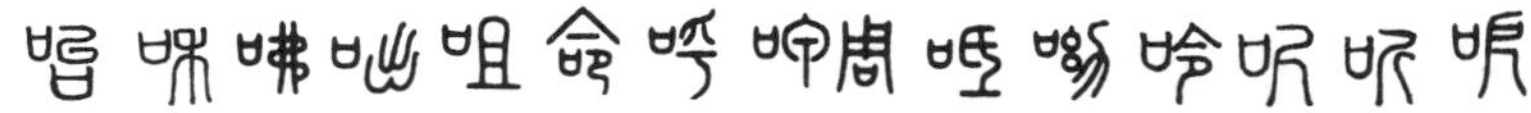

…소리후 獅鳴 사자우는소리우 怨聲 원성할후 (有)

⿰口反 [반] 破顔大笑貌 크게웃을반 剛健貌 굳셀반 (翰)

呁 [균] 吒也 토할균 (震)

呴 [후] 笑也 웃을후 (有)

呅 [매][문] 笑也 웃을매、문 義同 (灰)(吻)

呇 [계] 晨星 새벽별계 (齊)

呌 [규] 呼也 부르짖을규 叫同 訆通 (宥)

⿰口凶 [흉] 喧也 시끄러울흉 哅同 (腫)

呎 [척] 英國尺度 피이트척 新字

⿰口予 [의] 耳語 귀에대고말할의、소곤거릴의 (齊)

呏 [승] 英美의容量單位 新字

品 品(口部 六畫)의 略字

五

⿰口立 [립] 漕船聲 배젓는소리립 (緝)

呟 [현] 聲也 소리현 (銑)

呝 [악] 鳥聲 새소리악 鷄聲 닭소리악 (陌)

呤 [령] 小言 속삭일령 語也 말할령 (青)

呥 [염] 噍也 씹을염 自安貌 편안할염 (鹽)

呧 [저] 呵也 꾸짖을저 詆也 비방할저 (齊)

呢 [니] 小聲貌 多言 소곤거릴니 燕語 제비지저길니 羽綴 우란니 (支)

⿰口召 [초] 喉鳴 목구멍울초 (蕭)

⿰口疋 [필] 叱 唾침뱉을필 (質)

周 [주] 匝也 두를주 密也 주밀할주 忠信 미쁠주 求助 구할주 曲所 구부러질주 國名 나라이름주 徧也 두루할주 賙通 (尤)

咒 呪(次條)와同

呪 [주] 請神加殃 방자할주 咀ㅣ저주할주 訊、祝通 (宥)

呬 [희][령] 息也 숨쉴히、象聲 와자할령 (寘)(青)

味 [미] 滋ㅣ物之精液 맛미 氣分 기분미 意也 뜻미 (未)

⿰口丘 [구] 高聲 소리높일구 (尤)

呫 [첩][첨] 嘗也 맛볼첩 附耳小語聲 귀에대고 소곤거릴첩、첨 義同 (葉)(鹽)

呭 [예] 多言 말수다할예 詍通 (霽)

呯 [평] 軟嬌聲 애교있는음성평 (庚)

呰 [재] 苟且 구차할차 (紙)

呮 [기] 足垂而坐 도사리고앉을기 (寘)

⿰口末 [말] 黑光 거멓게빛날말 (曷)

呱 [고] 小兒啼聲 아이울고 (虞)

呴 [구] 開口出氣 숨내쉴구 言語順 말공손히할구 呵也 꾸짖을구 以氣温 입김들일구 吹同 (麌)

⿰口犮 [벌] 盾也 방패벌 嘴也 입부리뾰족할벌 (月)

呵 [가] 怒責 꾸짖을가 氣出 내불가 笑聲 깔깔웃을가 責讓 꾸지람가 (歌)

呶 [노] 讙聲 들렐노 諠也 지껄일노 (肴)

咂 [잡] 口吸 빨잡 (合)

呷 [합] 吸而飮也 빨아마실합 張也 벌릴합 鴨鳴 집오리우는소리합 (洽)

⿰口主 [주] 口不正 입비뚤어질주 (麌)

⿰口丕 [비] 爭聲 다투는소리비 (支)

呹 [일][질] 疾也 재빠를일 聲也 소리질 (質)

呺 [효][호] ㅣ然虛大貌 큰체할효 風聲 바람소리호 (蕭)(豪)

呼 [호] 外息 숨내쉴호 喚也 부를호 號也 부르짖을호 招也 청할호 (虞)

呻 [신] 吟咏聲 읊조릴신 ㅣ吟、殿屎 끙끙거릴신 ㅣ吟 袁氏之地 (眞)

命 [명] 天地所賦人所稟受 목숨명 使也 시킬명 敎令 명령할명 名也 이름명 道也 도명 運也 운수명 (敬)

呾 [달] 相訶 마주꾸짖을달 (曷)

呿 [거][가] 張口貌 입딱벌릴거、가 義同

咀 [저] ㅣ嚼 含味 씹을저 了解 깨달을저 食也 먹을저 (語)

咁 [감] 含也 머금을감 (感)

咅 [투][부] 嗤也 비웃을투 唾也 침뱉을투、부 義同 (宥)(有)

咄 [돌][달] 訶也 꾸짖을돌 沓語 혀찰돌 呼聲 부르는소리돌、달 義同 (月)(曷)

咇 [필] 馨香ㅣ芬 향기날필 苾同 (質)

咆 [포] ㅣ哮 熊虎聲 짐승소리포 嘷也 고함지를포 ㅣ勃 怒貌 성불끈낼포 (肴)

咉 [앙] 咽悲 목메여 슯이울앙 (養)

和 [화] 順也 순할화 諧也 화할화 過不及 알맞을화 睦也 사이좋을화 加也 더할화

咈 [불] 違也、戾也 어길불 拂通 (物)

和 和(前條)와同

咊 和(前前條)의 古字

⿱口禾 [화] 小兒啼 어린아이울화 (歌)

咋 [사][책][색] 暫也 잠간사、大咸 소리팩지를책、

嗇也 씹을 색 (禡)(陌)

哈 [해] 蚩笑 비웃을 해 (灰)

咏 [영] 歌也 노래할 영 吟也 읊을 영 詠同 (敬)

呰 [출] 喚聲 사람을 부르는 소리 출

咎 [구][고] 過也 허물 구、災也 재앙 구、舜臣ㅣ繇 순임금 신하 고 (有)(豪)

咐 [부] 噓也 불 부 吩也 분부할 부 (虞)

哻 [암] 羊鳴聲 양우는 소리 암 (覃)

呩 [시] 答也 대답할 시 (寘)

咕 [고] 多言 두덜거릴 고 (虞)

黾 黽(黽部○畫)의 略字

咖 [가] 熱帶産植物茶名 ㅣ啡 가피차 가 中字

六

咠 [집] 聶語 귓속말할 집 (緝)

咟 [획] 叫也 부르짖을 획 嚄同 (陌)

咤 [타] 叱怒 꾸짖을 타 悲也 슲을 타 噴也 뿜을 타 舌打 혀찰 타、쩍쩍 씹는 소리 타 (禡)

咡 [이] 口旁 입아귀 이 (寘)

咣 [광] 能言 말 잘할 광 (庚)

咅 [두] 輕言 경솔히 말할 두 (尤)

咢 [악] 驚也 깜짝 놀랄 악 直言 바른 말할 악 高貌 높을 악 無歌鼓打 노래하고 북칠 악 (藥)

呉 [우] 欲笑 웃으려할 우 (虞)

咥 [회][질][절] 笑聲 허허 웃을 회 笑也 웃을 질 咬也 씹을 절 (未)(質)(屑)

咦 [이][채] 大呼貌 크게 부를 이 笑貌 웃을 이、채 義同 (支)(佳)

咩 咪(口部六畫)과 同

咪 [미] 羊鳴聲 양우는 소리 미 咩同 (紙)

咫 [지] 八寸 여덟치 지 少也 적을 지 短也 짧을 지 (紙)

咬 [교] 鳥聲 새지저귈 교 齧也 물 교 食也 씹을 교 齩同 (肴)(巧)

咨 [자] 謀也 꾀 자 怨也 원망할 자 輕嗟歎聲 탄식할 자 (紙)

咱 [찰] 自己之稱 나 찰 (曷)

咭 [길][갈] 笑貌 웃는 모양 길 (黠)

㖗 [귀] 許也 허락할 귀 (紙)

咮 [주] 鳥口、喙也 새부리 주 (遇)

呭 [예][서][설] 言多 말많을 예、되풀이할 예 樂也 즐거워할 예、서、설 義同 (霽)(屑)

咯 [각][락] 雉聲 꿩소리 각 訟言 송사말 락 (藥)

咰 [솔][순] 歓也 마실 솔、순 義同 (質)

咲 [소] 笑也 웃을 소 笑、古字 (嘯)

㖃 [후] 恥也 부끄러울 후 吐也 토할 후 罵也 욕할 후 (有)

咶 [시][활] 舌取物 핥을 시 話也 이야기할 시、활 義同 (紙)(黠)

咷 [도] 兒泣不止 아이 울음 않이 그칠 도 號也 부르짖을 도 (豪)

咔 [롱] 嘲也 조롱할 롱 哢也 소근거릴 롱 (送)

咳 [해] 小兒笑 방글방글할 해 (灰)

咸 [함] 悉也 다 함 同也 같을 함 偏也 골고루 함 卦名 괘이름 함 (咸)

喌 [주] 雞呼雞聲ㅣ병아리 부르는 소리 주 呼鷄聲 닭부리는 소리 주

𠰗 [축][육][적] 呼鷄聲 닭 부르는 소리 축 嘆也 한탄할 축、安也 편안할 육、靜而無聲貌 고요하고 소리 없을 적 (屋)(錫)

咹 [알] 訥言 말더듬거릴 알 (曷)

咺 [훤] 哀泣不止痛也 섧게 울 훤 威儀宣著 점잖을 훤 懼也 두려워할 훤

㖺 [존] 口廣 입넓을 존 (阮)

咻 [휴] 喧也 지꺼릴 휴 噢ㅣ口病聲 입앓는 소리 휴 (虞)

咼 [괘] 口戾不正 입 비뚜러질 괘 (佳)

哚 [염] 口動貌 입 움직일 염 (琰)

咽 [인][연][열] ㅣ喉、嗌 목구멍 인、早 急打鼓聲 빨리 치는 북소리 연、嗚ㅣ聲塞 목멜 열 (先)(霰)(屑)

咿 [이] 喔ㅣ強笑 선웃음 칠 이 讀書聲 책 읽는 소리 이 (支)

咾 [로] 弱聲 약한 소리 로 (皓)

品 [품] 官級ㅣ格 품수 품、벼슬 차례 품 等級 등급 품 類也 무리 품 性質 성품 품 物件 가지 품 式也 법 품 批評 평판할 품 (寢)

吅 [령] 衆聲 많은 소리 령 喧也 시끄러울 령 (青)

哀 [애] 傷也 서러울 애 痛也 슲을 애 憐也 불쌍할 애 愛也 사랑 애 (灰)

哂 [신] 微笑 빙그레 웃을 신 嘲笑 비웃을 신 (軫)

哄 [홍] 衆唱聲 여럿이 지꺼릴 홍 笑大聲 큰소리 내여 웃을 홍 (送)(東)

㖅 [술] 口言 주절거릴 술 氣吹 휘파람 술 (質)

㖡 [열] 怒也 성낼 열 (屑)

㖤 [곡] 問罪 문초할 곡 (沃)

哃 [동]大言ㅣ嗹 큰말할동 妄言망녕된말동(東) 哅 [흉]大聲 큰소리흉 諠聲떠들석할흉(東) ⿰口耒 [뢰]以言相遮 말막음할뢰(賄) 哇。[와][왜]淫聲 음란한소리와 吐也 게울와 氣

不暢 막힐와、왜義同(麻)(佳) 哈 [압][합]魚多貌 고기우물거릴압 以口歃飮 한모금합(合) 哆。[치][차]張口貌 입딱벌릴치、脣下垂 입술처질차(紙)(禡) 咞 [희]喘息 숨찰희(寘) 哉

[재]始也 비로소재 疑也 그런가재 語助辭 어조사재(灰) 哊 [육]吐也 뱉을육(屋) ⿰口彐 [납]口動 입우물거릴납(合) ⿰口卉 [알]謗也 비방할알(曷) 哎 [애]悲痛聲ㅣ呟 애통하는소리애 ⿰口危

[액]高聲 높은소리액(陌) 响。[향]振動 진동할향 鳴也 울향

七

員。[원][운]官數 관원원、益也 더할운 鳥ㅣ 땅이름운 云、鄖通(先)(文) 哠。[호]言多 말많을호(號) ⿰口呈

[뵐]怒也 성낼뵐(屑) 哢 [롱]鳥吟聲 새읊조릴롱(送) ⿰口巠 [경]猿鳴 원숭이울경(徑) ⿱吅尹 [위]呼鴨聲 오리부르는소리위(紙) 哤。[방]雜處語亂貌 잡된말방、떠들석할방(江) 哥 [가]呼

兄언니가 歌也 노래할가 指稱姓氏 성지명할가 歌古字(歌) 哦。[아]吟也 읊조릴아(歌)(哿) 哨。[초][소]巡ㅣ屯戍防盜處 방수군초 清代軍制、百人一對稱 청대의군제초 口不正 입비뚤어질소(效)(蕭)

哪 [나]語助辭 어조사나(歌) 哩 [리]語助辭 어조사리 英國里程 마일리 新字 哭。[곡]哀之發聲 울곡 ㅣ禮 곡례곡(屋) 啊 [하]象聲 뭇소리하(歌) ⿰口劫 [겁]聲也 소리겁(洽) 哫

[족]以言求媚ㅣ訾 아첨할족(沃) 哮。[효]豕驚聲 돼지놀란소리효 怒也 성낼효 獸類怒吼 울부짖을효 大聲發 큰소리낼효(肴) 哴 [량]嗟ㅣ啼極無聲 울어목쉴량 喨同(漾) 哱 [발]囉 軍器

대평소발(月) 哲 [철]明也 밝을철 知也 슬기스러울철 知者 슬기로운이철 喆同(屑) 哯。[현]小兒嘔乳 아이젖토할현(銑) ⿰口忌 [기]喰也 먹을기(寘) 哰 [로]言語不解 囒ㅣ 말알지못할로(豪)

⿱沂口。[의]慙也 부끄러울의(微) ⿰口岌 [읍]象聲貌 많은소리읍 喧騷 시끄러울읍(緝) 哳。[찰]啁ㅣ鳥鳴 새지저길찰(黠) 哷 [렬]鷄鳴聲 닭우는소리렬(屑) 哹。[부]吹氣ㅣ

부는소리부、同音포(尤) 咩 [마]羊鳴 양울마(馬) 哵 [발]鳴也 울발 鳥聲 새소리발(黠) 哺 [포]口中嚼食 씹어먹을포 ㅣ之 먹일포 餔通(遇) 哽 [경]ㅣ咽 塞也 목막힐경 鯁通(梗)

呑 [탄][침]癡貌 어리석을탄 撤也 흩뿌릴침(阮)(沁) 哼 [형]愚怯貌 嗆 겁낼형(庚) 哿。[가]可也 옳을가 嘉也 아름다울가(哿) ⿰口束 [속]吸也 빨속 鳥喙 새의부리속(沃) ⿰口辛。

[갈]拒絶 거절할갈(曷) 唀 誘(言部七畫)과同 唁 [언]弔生 위문할언(霰) 唄 [패]梵音聲 염불소리패 唱也 노래부를패(卦) ⿰口谷。[곡]雉鳴 꿩울곡(屋) 唆 [사]小

兒相應聲 아이들군호할사 誘也 꾀일사(歌) 唅 [함]銜也 재갈물릴함 哺ㅣ 먹음을함 張口呀也 입빠금하게벌릴함(覃)(勘) 唇。[진]驚也 놀랄진 脣別字(眞) 唈 [읍][압]嗚ㅣ 短氣 숨느

거칠읍、압義同(緝)(合) 唉。[애]驚問 놀라물을애 慢應聲 범연히대답할애 恨歎辭 탄식할애(灰) 唌 [연][단]纏貌、ㅣㅣ 참소할연、단義同(寒)(先) 唐。[당]國名 당나라당 荒ㅣ大言 황당할당 當途 복도

당 塘也제방당 遽也갑자기당 (陽)

唊。[섭] 妄語망녕되이말할섭 多言말많을섭、수다스러울섭 (葉)

唍 [완] 莞爾笑방긋웃을완 本音환 (旱)

唎 [리] 小聲가는소리리 (寘)

唚 [침] ㅣ嘴입맞출침 中字

唏。[희] 歎也歔ㅣ탄식할희 (微)(尾)

哂 [제] 鼻噴재채기할제 (薺)

唔 [오] 讀書聲글읽는소리오 (虞)

啅 [조] 囉ㅣ지저길조

⿱土叱 [것] 地名、ㅣ串領땅이름것 國字

八

⿰口受 [수] 口論입으로가르칠수 (宥)

⿰口官 [관] 二鳥和鳴새서로지저귈관 (刪)

唪。[봉] 大笑貌크게웃을봉 (董)

唬。[호] ㅣ聲웅얼거릴호 虎聲범의소리호 虓同 (皓)

唩 [와] 小兒啼어린아이울와 (歌)

唫。[금][음] 口急閉입다물금 咏也읊을음 吟同 (寢)(侵)

售 [수] 賣也팔수 償也갚을수 (宥)

唯。[유] 專辭獨也오직유、뿐유 諾也허락할유 語助辭어조사유 (紙)(支)

唰 [솰] 鳥治羽毛새깃다듬을솰 (黠)

⿰口叔。[적] 靜也고요할적 (錫)

唱。[창] 發歌노래할창 導也인도할창 (漾)

唭 [기] 無聞見듣지도보지도않을기 暗愚어리석을기、어두울기 紿也속일기 (寘)

唲 [아][애] 強笑嚅ㅣ선웃음칠아 兒語ㅣ嘔어리광부릴애 (支)(佳)

唴。[강] 小兒啼ㅣㅣ어린아이울강 哭極音絶울어기진할강 (漾)

唳。[려] 鶴鳴학울려、기러기소리려 (霽)

唶。[차][책] 歎也탄식할차 大聲嘖ㅣ우렁찰책 鳥聲새소리책 (禡)(陌)

唵 [암][옴] 手進食움켜먹을암、釋呪진언옴 (感)

唷 [욱] 出聲소리지를욱 (屋)

唸。[점][전] 吚也신음할점、전 義同 (豔)(霰)

⿰口夜 [야] 鳥夜鳴새밤에울야 (禡)

唹 [어] 靜笑고요히웃을어 (魚)

⿰口庇 [자] 嫌食물릴자 (支)

唺 [전] 吐也토할전 (銑)

唻 [래] 歌聲노래하는소리래 (灰)(隊)

⿰口易 [석] 鳥聲새소리석

唾。[타] 口液침타 ㅣ罵버릴타 (箇)

唼 [삽] 鳧鴈聚食ㅣ喋오리와기러기먹는소리삽 (洽)

啁。[조][주] 聲也지절일조 鳥聲ㅣ噍새소리조、주 義同 (肴)(尤)

啀 [애] 狗欲齧개가물려고할애 (佳)

⿰口函 [함] 頤也턱함 怒貌노하는모양함 (覃)

唿 [홀] 憂也근심할홀

⿰口固 [고] 牛領垂貌소목도리질길고 本音호 (虞)

⿰口乳 [누] 哺乳젖먹일누

⿰口肴 [효] 笑聲웃음소리효 (肴)

⿰口沓 [답] 多言잔말할답 誻通 (合)

⿰口東 [동] 多言말많을동 (董)

啨 [삽] 口聲咠ㅣ입다시는소리삽 (緝)

啅 啄(次條)와同

啄。[탁] 鳥食쪼을탁 叩門문두드릴탁 (覺)

⿰口帚 [소] 羣鳥聲뭇새소리소 (號)

商。[상] 行貨ㅣ賈장수상 裁度헤아릴상 國號상나라상 金音쇳소리상 (陽)

啈 [행] 爭也싸움할행 (敬)

⿱林口 [람] 酒巡匝술순배람 喧也떠들람 啉同 (覃)

啋 [교] 動也움직일교 喧也시끄러울교 戒音효 (蕭)

啇 [적] 木根나무뿌리적 本也밑동적 (錫)

啊 [아] 愛也사랑할아 助辭어조사아 (箇)

⿰口昏 [혼] 多言ㅣㅣ잔말할혼 目所不見아득할혼 (元)

啌 [강] 漱也양치질할강 本音향 (江)

啍。[톤] 重遲貌ㅣㅣ느릿느릿할톤 (元)

啎。[오] 逆也거스를오 逢也만날오 (遇)

問。[문] 訊也물을문 訪也문안할문 命令분부할문 訊也문초할문 (問)

⿰口彔 [록] 暫笑잠깐웃을록 (屋)

啑 [잡][삽][체] 呑也삼킬잡 咂同、鴨食魚貌ㅣ喋오리가고기먹을삽 鼻噴氣곳김체 (合)(洽)

啓。[계] 開發열계、가르칠계 導也인도할계 奏也여쭐계 發足떠날계 跪也꿇을계 启同 (薺)

啐 [쵀][줄] 呼也

부를쵀 咄ㅣㅣ지껄일줄 叱聲 쭉쭉빨줄 (隊)(質) **啕** [도] 多言ㅣㅣ 수다할도 (豪) **啗** [담] 噍也 씹을담 食也 먹을담 啖同 (勘) **啖**。[담] 噍也 씹을담 并呑貌 통채로 삼킬담 以利餌人 미끼담 (勘)

啵 [파] 言人之短 험담할파 (箇) **啚**。[비] 嗇也 인색할비、鄙同 (紙) **啛** [채] 先嘗 먼저맛볼채 (隊) **⿰口泣** [읍] 漕船聲 배젓는소리읍 (緝) **啙** [자] 苟且ㅣ窳 구차할자 (紙) **啜** [철] 泣貌 훌쩍거릴철 多言 수다할철 嘗也 맛볼철 噱也 부릴철 (屑) **⿰口取** [추] 無廉ㅣ歠 염치없을추 (虞) **唲** [애] 小兒言 아이말애 (佳) **啝** [화] 順也 순할화 小兒啼 아이울화 (歌) **啞** [아][액] 鳥聲ㅣㅣ 까마귀소리아、病瘖不言 벙어리아 瘂同、笑聲 웃음소리액 (禡)(馬)(陌) **啡**. [배][비] 唾聲 침뱉는소리배、熱帶産植物茶名 咖ㅣ커피차치 (灰) **⿰口或** [핵][역][욱] 聲也 소리핵 大笑貌 크게웃을핵、聲也 소리역 喉聲 목구멍소리욱 (陌)(職)(屋) **啤** [비] ㅣ酒、麥酒 맥주비 (支) **啦**. [랍] 語助辭 어조사랍 (合)

九

⿰口垔 [열] 喉也 목구멍열 (先) **啺** 唐(口部七畫)의 古字 **啻**。[시] 不止是、下 뿐시、만시、쯤시 (寘) **⿰口是** [시] 鳥鳴 새울시 (支) **啼** [제] 泣也 울제 本音 체 (齊) **⿰口弇** [암] 不信ㅣ嘿 말않이할암 寐聲ㅣ囈 잠꼬대할암 (覃) **啾**。[추] 小聲 두런거릴추、ㅣ唧 찍찍거릴추 (尤) **啇**。[억] 快也 쾌할억 **喀** [객] 欬聲 기침할객 吐也 토할객 (陌) **啿** [잠][담] 豐厚之貌ㅣㅣ 수두룩할잠、많을잠、담 義同 (感) **喃**。[남] 語不了 呢ㅣ 말분명치못할남 燕語 제비소리남、새재거릴남 (咸)(覃) **喁**。[옹][우] 魚口聚貌 噞ㅣ 고기입오물거릴옹 衆口向上 고기입처들옹 相呼 서로부를우 (冬)(虞) **⿰口春** [춘] 吹也 불춘 (軫) **⿰口盆** [분] 吐也 토할분 水聲 물소리분 (元) **喅** [육] 衆聲 뭇소리육 (屋) **⿰口柔** [유] 小兒聲ㅣ呢 어린아이소리유 (尤)

善 [선] 良也 착할선 吉也 길할선 多也 다할선 好也 좋을선、좋아할선 ㅣ之 옳게여길선 (銑)(霰) **喆** [철] 明也 밝을철 雙吉 쌍길철 哲同 (屑) **喇** [랄][라] 言急 喝ㅣ 말급히할랄、ㅣ叭 나팔라、ㅣ嘛 나마교라 (曷) 新字 **喈** [개] 鳥鳴 새소리개 疾貌 빠를개 (佳) **喉**。[후] 咽也 목구멍후 (尤) **喊** [함] 譀聲 고함지를함 持意口閉 입다물함 怒聲 성난소리함 呵也 꾸짖을함 (豏)(感) **喋** [첩][잡] 便語 利口ㅣㅣ 말잘할첩 鳧雁聚食 唼ㅣ 오리와기러기모여먹을소리잡 (葉)(洽) **哬** [하] 答聲 대답소리하 (箇) **喍** [재] 犬鬪貌 ㅣ啀 개싸움할재 (佳)

⿰口前 [전] 煎也 삶을전 嗤也 웃을전 (先) **⿰口耎** [연] 吮也 빨연 (軫) **喏** [야] 敬言 答聲 唱ㅣ 공손히대답할야 (馬) **喎**。[괘] 口戾不正 입비뚤어질괘 (佳) **⿰口怠** [태] 詐言 거짓말태 (賄) **喹** [질] 咀也 씹을질 (質) **嗖** [수] 笑聲 웃음소리수 (宥) **喒** [잠] 我也 나잠 (覃) **喓** [요] 虫聲ㅣㅣ 벌레소리요 (蕭) **喑**。[음][암] 聲也、ㅣ啞 소리지를음 聚氣 안간힘쓸음 失聲不能言 목쉴음、목잠길음、泣無聲 훌적거릴암、슲이울암、소리없이울암 (沁)(侵)(覃) **⿰口幽** [유] 吟聲 呻ㅣ 읊는소리유 鹿鳴 사슴울유 呦通見 (尤) **⿰口枯** [호] 咽喉 목구멍호 (虞) **⿰口施** [시] 始言 말시작할시 (支) **喗**。[운] 口大 입클운 齒醜 이뻘이러러울운 (軫)(吻) **喔**。[악] 鷄聲ㅣㅣ 닭의울음소리악 (覺) **喘**。[천] 疾息 헐떡거릴천、숨찰천 歂同 (銑) **⿰口咢** [악] 齒齶 입몸악 (藥) **⿰口迦** [가] 陋言ㅣ謰 더러운말가 (麻) **⿰口省** [성] 閉

口입다물성(梗) 〓[문]口脣邊입아커문(吻) 喙[훼]鳥獸口부리훼、주둥아리훼 息也숨쉴훼 苦也괴로울훼(隊) 喛[환]怒也성낼환 憂也근심할환(翰) 〓[변]巧言교묘히말할변

喚。[환]呼也부를환 禽名새이름환(翰) 喜。[희]樂也기쁠희、즐거울희 好也좋아할희(紙) 喞[즐][즉]衆聲啾ㅣ두런거릴즐、多聲ㅣㅣ찍찍거릴즉(質)(職) 喝。[갈][애]訶也꾸짖을갈

怒聲성낸소리갈 呼也부르짖을갈 俗音할、嘶聲噎塞陰ㅣ목쉴애 愒同(曷)(卦) 〓[후]吐也토할후(有) 喢[삽]多言말많을삽(洽) 〓 壽(士部十一畫)의古字 喖[호]咽下垂

목젖호 喉聲목소리호(虞) 喡。[위]驚而失聲놀라서소리나지않을위 呼聲부르는소리위 小兒啼聲아이우는소리위(微)(尾) 喣[후]吹也불후 諂笑貌선웃음칠후 溫潤품어줄후(麌)(遇) 喟。[위][괴]

太息한숨쉴위 本音귀、괴 義同(寘)(卦) 喠。[종]瘇也벙어리종 嘔逆구역질할종(腫) 〓[혁]颶風名哶囉ㅣ吒合사방풍혁 本音객(陌) 喤。[황][횡]兒聲아이울음소리황、喧也지껄일횡(陽)(庚)

〓[하]咽也목구멍하(麻) 喦。[엽]地名땅이름엽 爭也다툴엽(葉) 喩[유]曉諭호유할유、깨우쳐줄유、알려줄유 告也고할유 好也좋아할유 諭同(遇) 喧[훤]大語 嘩也지

껄일훤、들렐훤 爭也싸움할훤 嚾同(元) 〓。[략]磨刀칼갈략 利也날카로울략 䂮同(藥) 喨[량]泣不止울고그치지않을량 㗊。[즙]衆口뭇입즙(緝) 喪[상]技服曰ㅣ상

사상、복입을상 亡也죽을상、구길상 失也없어질상、잃어버릴상(陽)(漾) 〓。喪(前前條)의本字 喫。[끽]食飮먹을끽、마실끽 本音긱(錫) 單。[단][선]獨也홀로단、홑단 大也클단、廣大貌

되임금선 姓也성선(寒)(先)(銑) 喬。[교]大樹、松、柏、檜、杉類큰나무교 高也높을교 矛上句창갈구리교 驕也교만교 驕通(蕭) 喭[안][언]失容추솔할안 弔生조상할언 唁通(軫)(霰) 営(火營

部十三畫)의略字 喳[사]應答聲예하고대답하는소리사 中字 乶[볼]地名、ㅣ乭岩땅이름乶 國字 喲[약]感歎詞ㅣ감탄하는어조사약(藥) 喰[식]飧也먹을식 日字 喱

[리]藥名沙ㅣ仙藥이름리(紙) **十** 哹.[부]吹息숨내쉴부(尤) 嗁。[제]號泣부르짖어울제 啼同(齊) 〓[추]滿口貌입속가득할추(支) 〓[진]警也놀랄진(眞) 喿。[소]鳥羣鳴새떼

지어울소 噪、喿通(號) 〓[비]吡聲꾸짖는소리비(支) 嗀。[학]嘔吐貌구역질할학 㱿同(覺) 嗂。[요]喜也기꺼울요 樂也즐거울요(蕭) 嗃。[효][학]恚聲볼멘소리효 大叫크게부르짖을

효 悅樂기뻐할학(肴)(藥) 〓[손]噴水물뿜을손(願) 〓[아]赤子啼갓난아이울아(禡) 嗄[애][사]氣逆聲敗목쉴애、목갈랠사(卦)(禡) 〓[나]逐鬼귀신쫓을나(歌)

嗅[후]以鼻取氣냄새맡을후(宥) 嗆[창]鳥食새먹을창 噴出뿜을창 愚也어리석을창(陽) 嗇。[색]愛也아낄색 慳也인색할색、다라울색 貪也탐낼색 ㅣ夫田畯부던색、농부색(職) 〓[적]寂

寥적적할초(皓) 〓[질]聲也소리질(質) 〓[구]唱也부를구 雉鳴꿩울구(宥) 嗈。[옹]鴈和鳴기러기짝지어울옹(冬) 嗉[소]鳥受食處멀떠구니소(遇) 嗋[협]吸氣들이마실협(葉)

嗊 [홍] 囉ㅣ望夫歌曲서방바래는노래홍 (董)
嗎 [마] 叱罵꾸짖을마 罵俗字
嗌 [익][액] 咽喉목구멍익、액義同 (陌)
⿰口能 [능] 多言말많을능、수다스러울능 (迥)
嗓 [상] 喉也목구멍상 馬病鼻流涎말병들어코침흐를상 (養)
嗒 [탑] 解體貌우두먼할탑 (合)
嗐 [할][해] 開口吐氣하품할할、해義同
嗑 [합] 合也입다물합 食也먹을합 多言잔말할합 笑聲웃는소리합 卦名、噬ㅣ괘이름합 (合)(洽)
⿰口叜 [추] 誹謗험담할추 (有)
嗔 [진] 怒也성낼진 謓同 (眞)
⿰口蚤 [소] 騷也시끄러울소 (號)
嗕 [욕] 羌別種오랑캐이름욕 (沃)
嗥 [요] 마也부르짖을요 (嘯)
⿰口宮 [홍] 衆聲뭇소리홍 (送)
嗗 [왈] 飮聲마시는소리왈 (黠)
嗘 [계] 聲也ㅣㅣ소리계 (齊)
啤 [패] 分解나눌패 別也달리할패 裂也찢을패 (蟹)
嗙 [방] 笑也웃을방 歌聲노랫소리방 (漾)
⿰口尃 [박] 喰也먹을박 (藥)
嗛 [겸][함][협] 不足貌부족히여길겸 謙同、口有銜머금을함 銜通、足也넉넉할협、古音겸 (鹽)(咸)(葉)
嗚 [오] 歎辭탄식할오 歌也노래이름오 (虞)
⿰口芻 [추][녑] 叱聲꾸짖을추 言說輕薄貌말이경박할녑 (眞)(洽)
⿰口唐 [당] 大言啁ㅣ큰말할당 (陽)
嗜 [기] 欲也즐길기、욕심낼기 好也좋을기 醋同 本音시 (寘)
⿰口展 [전] 愚也어리석을전 (阮)
⿰口哲 [달] 鳥囀새울달 (黠)
⿰口員 [운] 吐也토할운 (文)
嗝 [격] 逆氣딸꾹질할격 雉鳴꿩울격 (陌)
嗖 [훌] 嘯也吹口휘파람불훌 (質)
⿰口豈 [해] 小兒笑어린아이웃을해 (灰)
嘌 [률] 不明言말분명치못할률
嗞 [자] 歎也탄식할자 (支)
嗟 [차] 咨也슬플차 歎也탄식할차 惜也가엽을차、歎息聲한숨소리차 瞬間잠간동안차 (禡)(麻)
嗠 [락] 牛乳소젖락 酪同 (藥)
嗡 [옹] 牛聲소울음옹 虫聲벌레소리옹 (東)
嗢 [올] 咽也목멜올 (月)
嗣 [사] 續也、繼也이을사 習也익힐사 子孫자손사 (寘)
咲 笑(竹部四畫)의俗字
⿰口恚 [이] 怒聲성낸소리이 (寘)
嘁 [축] 愁貌嚬眉눈쌀찡그릴축 (屋)
⿰口昜 [탑] 口動貌입움직일탑 (合)
嗧 [갈론] 갤런英國의容量單位新字
⿰口路 [락] 呼也轉舌혀두루며부를락 (藥)
亶 [짓] 地名땅이름짓 國字

十一

嗶 [필] 鳴也울필 多言잔말할필 (質)
嗷 [오] 衆口愁여럿이걱정할오 鳥聲새소리오 熬、敖通 (豪)
嗸 [오] 哀聲슬픈소리오 嗷同 (董)
嗹 [련] 長言길게말할련 (先)
⿰口動 [동] 大歌크게노래부를동 (董)
嗿 [탐] 衆食聲여럿이먹는소리탐 (感)
嗺 [최] 撮口입옴칠최 促飮급히마실최 口醜입추할최 (賄)
⿰口离 [리] 言不止말그치지않을리 (支)
嗼 [막] 靜也고요할막 (藥)
嗻 [차] 多言말많을차 語無信말않믿을차 (麻)(禡)
嗽 [수][삭] 盪口上氣疾기침할수、口嗡마실삭 吮也빨삭 瘶、漱同 (有)(覺)
嗾 [수][주] 使犬聲개부릴수 勸鳥열려시킬수、주義同 (有)(宥)
⿰口康 [강] 咳聲기침소리강 (養)
⿰口率 [률][설][쇄][술][세] 鳥鳴聲지저귈률 鳴也울률、小飮조금마실설、쇄義는설과同、聲也소리술、嘗也핥을세 (質)(屑)(卦)(質)(霽)
⿰口桼 [칠] 叱聲꾸짖는소리칠 (質)
嘂 [교] 大呼크게부를교 (嘯)
嘄 [교][구] 마也부르짖을교 獸名、ㅣ陽짐승이름교、구義同 叫同 (蕭)(嘯)
嘁 [축] 慼也부끄러울축 (屋)
嘃 [충] 喰也먹을충 (東)
嘆 [탄] 呑歎太息한숨쉴탄 (翰)
嘅 [개] 歎也탄식할개 怒也성낼개 愾通 (泰)
嘈 [조] 喧

也 지껄일조(豪)

⿰口郭 [곽] 叩聲 두드리는소리곽 嘘也 숨불어쉴곽(藥)

嘇 [삼] 物在口中、啗ㅣ 먹음을삼(感)

⿰口聊 [료] 大聲 큰소리로 喧也 시끄러울로(豪)

噭 [교] 乎也 싸울교(肴)

嘉 [가] 美也 아름다울가 善也 착할가 樂也 즐거울가 慶也 기꺼울가 味也 맛있을가 佳同(麻)

嘌。[표] 車疾行無節 몰아갈표 疾吹貌 휘불표(蕭)

⿰口寅 [연] 大笑 깔깔웃을연(銑)

嘊 [애] 傾而不正 비틀거릴애 啀同(佳)

⿰口窒 [질] 語無節ㅣ咄 말절차없을질(質)

嘍 [루] 煩也 번거러울루 語助辭 어조사루 鳥聲 새소리루(尤)(有)

嘎 [알] 鶴聲 두루미의소리알 古音갈(黠)

⿰口巢 [소] 衆聲 많은소리소、시끄러울소(效)

嗟 [차] 惡言 험담할차(馬)

⿱殹口 [해] 笑貌 웃는모양해(佳)

嘏 [가] 大也 클가 遠大 멀가 固也 굳을가 祝福 축복할가 福也 복가(馬)

⿰口紫 [피] 美口 예쁜꽃피(支)

⿰口習 [습] 忍寒聲 추위참는소리습(緝)

嘐。[교][효] 鷄鳴 닭자처울교、咬同、誇大語 큰체할효(肴)

嘑。[호] 哮也 웅얼거릴호 大聲 고함칠호 叱咤 꾸짖을호(虞)(遇)

嘒。[혜] 蟬聲 매미소리혜 和也 화할혜 微也 반짝거릴혜 嚖同(霽)

⿰口祭 [절] 正言 바른말할절(屑)

嘓 [괵] 苦厭不肯 귀찮을괵(陌)

⿰口堇 [근] 脣邊 입시울근(軫)

嘔 [구][후] 謳也 노래할구 物聲 소리구 古音우、吐也 게울구、悅言 기꺼운말후(尤)(虞)

嘕 [언] 喜也 기꺼워할언 樂也 즐거워할언 笑貌 빙그레할언(先)

⿰口寵 [조] 相誘 서로꾀일조 誂同(篠)

⿰口淡 [담] 少味 입맛싱거울담(覃)

嘗。[상] 探味 맛볼상 試也 시험할상 會也 일찍상(陽)

嘖。[책] 大呼聲 크게부르는소리책 爭言貌 말다툼할책 鳩鳴 국국울책(陌)

噓。[허] 虛口出氣 불허 物吹出貌 뿜을허 歎食聲 아이허(魚)

[illegible]。[차] 厚脣 입술두터울차 緩口貌 입처질차(麻)

⿰口荼 [도] 草名 풀이름도(虞)

噫 [분] 怒聲 성낸소리분(問)

嘞 [륵] 語助辭 어조사륵(職)

嘛 [마] 西藏蒙古稱僧曰 喇ㅣ 중마、나마마

⿰口悉 [실] 發響音 소리낼실(質)

十二

嘪。[매] 羊鳴 양의소리매(蟹)

嘬 [최] 齧也 물최 一擧盡臠 산적한입에넣을최(卦)

嘫。[연] 答也 대답할연(先)

嘯。[소] 蹙口吹聲 長ㅣ 휘파람소 荒息出 세게품을소 吟也 읊을소 歗同(蕭)

嘭 [팽] 聲也 팽팽 소리날팽(庚)

⿰口集。[집] 噍貌、噂ㅣ 입우물거릴집(緝)

嘰 [기] 口醜 입오무라질기 小食 쪼잘거려먹을기 唏也 한란할기(微)

嘴 [취] 喙也 부리취 觜同(紙)

嘳。[괴] 太息ㅣ思 한숨쉴괴 譏他人 놀랄괴(卦)(寘)

⿰口畫 [획] ㅣ嘖 마也 부르짖을획 言聲 말똑똑할획(陌)

嘲 [조] 謔也 희롱할조 輕薄 경멸할조 啁通(肴)

嘶 [시] 馬鳴 말울시 聲破 목쉴시 鳴也 울시(齊)

嗶 [필] 鳴也 울필(質)

喑 [암] ㅣ啖 少味 싱거울암(覃)

嘵。[효] 懼也 두려워할효(蕭)

嗒 塔(土部十畫)과同

⿰口閉 [하] 開口 입벌릴하

嘷。[호] 마也 고함지를호 咆也 짖을호 號、譹同(豪)

嘸 [무] 不精明 어리둥절할무(麌)

⿰口寔 [제] 小語 소곤거릴제 密語 속삭일제(齊)

嘹 [료] 鳥鳴遠聞聲 새소리멀리들릴료 鳴也 울료 病呼 신음할료(蕭)(嘯)

嘺 [교] 口不正 입삐뚤어질교(蕭)

[illegible] [반] 以言難人 말로사람비난할반(寒)

嘻 [희] 和樂聲 화락한소리희 驚懼聲 에구머니할희 贊美聲 아아희 感也 느낄희(支)

噔 [울] 喉中鳴 목구멍가르릉거릴울(物)

⿰口間

안 犬爭聲 개가싸울안 訟也 하소연할안 (刪) 嘼。축 山獸 산짐승 축 畜古字 (宥) 嘽。탄천 喘息 헐떡거릴탄 盛貌 성할탄 喜也 기꺼울 탄 衆也 많을탄、怒而噎噫 분이북받일천 (寒)(銑) 嘾。

담 含深 꿀꺽삼킬 담 貪也 탐할담 (覃) ⿰口毳 췌철 嚗也 씹을췌、歠也 훌쩍마실철 歠同 (卦)(屑) 噀。손 噴水 물뿜을손 海鼠 해삼손 (願) 噁 오 怒也 성낼오 (遇) 噂。준 ㅣ沓 聚語 수군거릴준 譐同 (阮)

噉 담 噍也 씹을 담 啖同 (感) 噈。축 口合 입맞출축 (屋) 噇 당 食貌 먹는 모양당 (江) ⿰口欻 홀 氣也 숨홀 不明 어두울홀 (物) 噆。잠 嗛也 머금을잠 齧也 물잠 (感) 嚓 찰 細言 가늘게말 할찰 (黠)

噅 휘 口不言正 거짓말휘 醜也 곱사등이휘 (支) 嚞 철 嘲也 조롱할철 (屑) 噊。일 危也 위태할일 (質) 噌 쟁증 市聲 ㅣ吰 장꾼지껄일쟁、空囂泓ㅣ 공연히지꺼릴증 (庚)(蒸)

噍。초 鳥聲 啁ㅣ 새소리초 急聲 급한소리초 嚼也 씹을초 ㅣ類、生民 먹고살초 (蕭)(嘯) ⿰口普 噴(口部十三畫)俗字 噏 흡 內息 숨들이쉴흡 吸同 (緝) ⿰口敢 철 言正 말단정히할철 (屑) 噎

열일 飮窒喉閉 목메일열、목쉴열、일의 義同 (屑)(質) 嗇 색 愛惜 인색할색 嗇同 (職) 噐。器(口部十三畫)의 俗字 嘟 도 讚詞 칭찬할도 肝病名 간병날도 (虞) (十三) ⿰口解

해 怒聲 역성낼해 誒同 (蟹) 噞。엄 魚口上見 ㅣ喁 고기입엄 鹼同 (琰)(鹽) ⿰口愁 추 小兒啼 아이울추 (尤) 噠 달 西夷國名 嚈ㅣ 오랑캐나라이름달 (曷) ⿸广口 응 答也 대답할응 譍同 (蒸) 噢

욱우 悲也 슬어할욱、우 義同 (屋)(虞) 噡 첨 多言 잔말할첨 (鹽) 嗂。요 喜也 기뻐할요 樂也 즐거울요 (蕭) 噣。주탁 鳥喙 새입뿌리주 味同、啄也 쪼을탁 (宥)(覺) 噤。금 口閉 입다물

금 默也 잠잠할금 唫同 (沁) 噥 농 甘食 달게먹을농 空談 헛된말농 咕ㅣ 두덜거릴농 中字 (冬) ⿰口男 譊(言部十一畫)의 俗字 ⿰口殿 전 呻吟 앓는소리할전 (霰) ⿰口感 감 吠也 짖을감 本音함 (覃)

噧。쾌 高氣 多言 기운높여떠들쾌 (泰) ⿰高九 교 不安 ㅣ⿰高九 편치않을교 高也 높을교 (嘯) 噩 악 嚴肅 ㅣㅣ 엄숙할악 驚也 놀랄악 愕通 (藥) 噬。서 啗也 씹을서 逮也、頤中物 ㅣ呑 미칠서 (霽)

噦。홰열 鑾聲 ㅣㅣ 말방울소리홰 明貌 밝을홰、氣逆聲 재채기할열 (泰)(月) 器 기 成形ㅣ皿 그릇기 才能 재주기 才量 그릇다울기 度量 도량기 使用 쓰일기 重也 중히여길기 (寘) 噪 조 鳥羣鳴

뭇새지저길조 喿同、譟見 (號) 噫。희애 痛傷聲 슬플희、느낄희 歎息 한숨쉴희 嘻通、飽食息 배불러씩은거릴애 ㅣ氣 트림할애 應答聲 대답하는소리애 倧、譩同 (支)(卦) ⿰口楚 초 叱也 꾸짖을초 (魚)

⿰口悉 실 叱聲 꾸짖는소리실 (質) ⿰口虜 로 呼猪聲 ㅣㅣ 돼지부르는소리로 (虞) 噭。교 呼也 부를교 號聲 부르짖을교 吼也 고함지를교 泣貌 울교 (嘯) 噮。연 甘食 달게먹을연 (霰) ⿰口閜

하 大笑 깔깔웃을하 (麻) 噯 애 氣息 숨애 噯氣 더운기운애 叫賣聲 물건외는소리애 (泰) ⿰口戢 집 諭也 호유할집 (緝) ⿰口巢 작 鼠聲 쥐소리작 (藥) 噰 옹 和聲 ㅣㅣ 화한소리옹 嗈、雝同 (冬)

咢。악 誇也 자랑할악 (覺) 噱。갹 大笑不正 嗢ㅣ 크게웃을갹 口開 입벌릴갹 (藥) 噲。쾌 咽也 목구멍쾌 寬明 ㅣㅣ 훤할쾌 (卦) 噳。우 麇鹿羣口相聚貌 ㅣㅣ 사슴의 여러입이서로모인모양우 (麌)

嗞 [자] 愧也 부끄러울자 (支) 噵 [도] 云也 이를도 (號) ⿰口鼓 [곡] 口聲 입소리곡 (職) 噶 [갈] 官名 벼슬이름갈 地名 땅이름갈 (曷) 噸 [돈] 英國의 量目 二百七十貫九百五十匁四分 톤돈 噺 [신] 古談 이야기 신 日字

十四

⿰口㬎。[압] 喧也 시끄러울 압、떠들압 (合) ⿰口歰 [삽] 口不能言 입이 어줍을삽 (緝) 嚀 [녕] 叮ㅣ屬辭 정녕할녕 寧通 (靑) ⿰口翠 [취] 鳥喙 새부리취 (紙) ⿰口習。[적] 嘯聲 휘파람소리적 (錫) 嚂 [람] 食貌 먹는모양람 食也 탐할람 (勘) ⿰口臺。[대] 言不止 말그치지않을대 (賄) 嚆 [효] 叫呼 부르짖을효 鳴鏑ㅣ矢 살촉울효 髇同、詨通 (肴) 嚄。[획] 多言ㅣ嘖 잔말할획 驚貌 깜짝놀랄획 ㅣ嘖大聲 우렁찰획 大嘆息聲 아이획 (陌) 嚃 [탐] 大歠 훅훅들이마실탑 (勘) ⿰口榮 [영] 啼也 울영 (庚) 嚅 [유] 欲言而復縮 嚅ㅣ 말머뭇거릴유 (虞) ⿰口嫈 [영] 獸聲 짐승소리영 (靑) ⿰口犖 [락] 斑牛 얼룩소락 (覺) 嚇 [하][혁] 笑聲 웃음소리하 恐動으를하、叱也 꾸짖을혁 怒也 노할혁 赫通 (禡)(陌) ⿰口憲 [은] 小口 작은입은 (阮) ⿰口與 [여] 勸力歌 손벽치며노래할여 (魚) ⿰口疑。[억][의] 小兒有智 어린아이지각있을억 無見、聞哄ㅣ고루할의、무의식할의 (職)(寘) 嚊 [비] 喘急聲 헐떡거릴비 (寘) 嚋 [주] 誰也 누구주 譸同 (尤) 嚍 [진] 憤發 화낼진 (震) ⿰口蒙 [몽] 言不明 말분명치않을몽 (東) 嚌。[제] 嘗也 맛볼제 (霽) 嚎 [호] 聲高 높은소리호 (豪)

十五

⿰口節 [질] 吚ㅣ聲出貌 통소김들일질 (質) ⿰口巤 [렵] 齧齒聲 씹는소리렵 (葉) 嚏。[체] 鼻塞噴ㅣ 재채기할체 疐同 (霽) ⿰口質 [질] 賤言 천한말질 (質) 嚕。[로] 嚕ㅣ態也 곰의이름로 語也 말할로 詒也 아첨할로 吐ㅣ猶言可惜 아깝게여길로 (霽) ⿰口⿱雨言。[읍] 衆聲 뭇소리읍 (緝) 嚗 [박] 怒聲 성낸소리박、역정낼박 的同、放杖聲 지팡이놓는소리박 (覺) ⿰口賢 [현] 訊問 심문할현 難也 어려울현 (先) ⿰口蓼 [료] 靜也 고요할료 (豪) ⿰口厲 [래] 正聲 바른소리래 (泰) ⿰口麃 [표] 獸聲 짐승소리표 (肴) 嚘。[우] 歎聲 咿ㅣ탄식하는소리우 語未定貌 말얼버무릴우 氣逆 기운뜰우 (尤) 嚙 [교] 齩也 물교 齧也 씹을교 (巧) ⿰口⿱𤇾目 [앵] 犬吠聲 개짖는소리앵 (梗) ⿰口賣 [두] 讀也 읽을두 嚛。[학] 食辛 매울학 酸而不酷 시큼할학 食也 먹을학 (藥) ⿰口醫 [철] 口不正 입비뚤어질철 (屑) 嚠 [류] 言聲清雅 소리맑을류 (尤) 嚝 [횡] 鍾聲 쇠북소리횡 (庚) 嚜 [묵][매] 不自得ㅣ임의롭지못할묵 失意 잠잠할묵、小兒多詐ㅣ尿 어린아이꾀많을매 (職)(隊) ⿰耒包 [포] 耕也 발갈포 臿地 가래질할포 (巧)

十六

嚨 [롱] 喉也 목구멍롱 (東) 嚥 [연] 呑也 삼킬연 咽也 목구멍연 咽通 (霰) 噭 [교] 大聲 큰소리교 (效) 嚦。[력] 聲也 嚦ㅣ소리력 (錫) 嚧 [로] 笑也 웃을로 (虞) ⿰口歔 [허] 嗽也 울허 (魚) ⿰口閻 啖(口部八畫)과 同 嚬 [빈] 眉蹙 찡그릴빈 矉顰同 (眞) 嚫 [친] 施也 베풀친 (震) 嚭。[비] 大也 클비 人名 吳大宰ㅣ사람이름비 (紙) ⿰口褱 [괴] 呼也 부를괴 (灰) 嚮 [향] 面對 향할향 (漾)

十七

嚵。[첨] 貪也 탐낼첨 (鹽)(豔) 嚱 [희] 聲發 소리낼희 驚歎聲 아이희 (支)(寘) ⿱殸老 [도] 老也 늙은이도 (號) ⿰口蹇 [건] 吃也 더듬거릴건 (銑) ⿰口聲 [경] 聲長 소리길경 (徑) 嚳。[곡] 急告 급히고할곡 高辛氏號 帝ㅣ사람이름곡 (沃) ⿰口闌 [란] 語不可解 말알수없을란 (寒)

嚴 엄 毅也 엄할엄、굳셀엄 尊也 높을엄 敬也 공경할엄 莊也 씩씩할엄 說備戒ㅣ 계엄할엄 寒氣凜冽 혹독할엄 甚恐 무서울엄 儼通 (鹽)

嚷。양 喧也 떠들양

⿰口耄 도 老也、年九十曰ㅣ 늙은이도 耄同 (號)

十八

⿰口嶲 획 誇貌 자랑할획 言壯貌 큰말할획 (陌)

嚔 제 噴鼻氣 재채기할제 (霽)

⿰口顏 안 爭也 싸움할안 (刪)

嚾 환 훤 呼也 부를환 喚通、喧囂 지껄일훤 喧同 (元)

囂。효 喧也 시끄러울효 聲也 들렐효 自得無欲貌 속셈든든할효 夏貌 각전할효 獸名 짐승명효 (蕭)

嚼。작 齧齒也 씹을작 味也 맛볼작 了解 이해할작 侵蝕 벌레먹을작 齒鳴 이갈작 (藥)

嚿 획 誇也 자랑할획 (陌)

囀。전 鳥吟 새지저귈전 聲轉 소리굴릴전 韻也 후렴전 (霰)

嚻。효 ㅣ然 閒暇貌 한가할효 地名 땅이름효 囂同 (蕭)

囃 잡 助舞 춤을도우는소리잡、어릿광대잡 長短也 장단잡을잡 (合)

十九

囅。천 大笑貌ㅣ然 크게웃는 모양천、찰 義同 (銑)(黠)

⿰口韻 운 鳥鳴 새지저귈운 (問)

囉 라 歌助聲 노래도와주는소리라 多言ㅣ嗹 말많을라 聲相雜 嗹ㅣ嘍ㅣ 소리서로잡될라 (歌)

囆 채 人名 사람이름채 (卦)

囊。낭 有底橐 주머니낭 包藏 쌀낭 袋也 자루낭 財布 지갑낭 (陽)

囋。찰 찬 嘈ㅣ聲也 지저귈찰 鼓音 북소리찰 舌也 삼킬찰、譏也 기롱할찬 (曷)(翰)(寒)

囕 람 唑也 입에넣을람 國字

囍 희 雙喜 쌍희희 國字

二十

⿰口嚴 암 呻也 신음할암 (咸)

二十一

囑。촉 付託 부탁할촉 (沃)

⿳吅奐吅。환 呼也 부를환 喚同 (寒)(翰)

囓 설 噬也 씹을설 齧同、本音 녈 (屑)

囒。란 誣言 거짓말할란 呀ㅣ 벌레이름란 虫名 (寒)(旱)

二十二

囔 낭 口語 중얼거릴낭

囖 라 裂也 찢을라 (箇)

囗部

囗 國(口部八畫)의 古字 圍(口部九畫)의 古字

一

⿴囗乙 日(日部。畫)의 古字

二

囙 因(口部三畫)의 俗字

⿴囗乂。납 녑 私取物 사사로가질납 盜也 훔칠납、녑 義同 (緝)(洽)

四。사 數名 넉사、넷사 四方 사방사 ㅣ次 버번사 肆通 (寘)

囚。수 拘繫獄ㅣ 가둘수 束縛 묶일수 罪人 간힌사람수 俘虜 사로잡힌사람수 (尤)

三

⿴囗小 窗의 古字

囝 건 閩呼兒 아들건 (銑)

⿴囗幺 요 神名 귀신이름요 (蕭)

田 창 穴也 구멍창 (江)

回。회 返也 돌아올회 施也 돌이킬회 曲折 굽을회 周圍 둘레회 度數 도수회 邪曲姦ㅣ 간사할회 轉也 구를회 紆衍低回 들치기못할회 違也 어길회 低ㅣ 紆衍貌 머뭇릴회 廻通、遶也 迂ㅣ 돌회 曲也 굽을회、ㅣ避 회피할회 (灰)(隊)

因。인 仍也 인할인 由也 말미암을인 析也 헤칠인 托也 부탁할인 隨也 따를인 重合 겹칠인 理由 까닭인 緣也 인연인 依也 의지할인 襲也 엄습할인 (眞)

囟。신 小兒頂門 숨구멍신 (震)

⿴囗亡 目(目部。畫)과 同

囘 回(口部三畫)의 俗字

団 團(口部十一畫)의 略字

四

囫 홀 物阮 덩어리홀 完也 완전할홀 (月)

囪。창 총 屋戶 창창 牕窗 同、竈突 굴뚝총 (江)(東)

囧 경 窗牖 明 창밝을경 (青)

⿴囗不 변 吐唾 침뱉을변 (先)

⿴囗丑 납 手動 손움직일납 (洽)

囤 돈 小廩困類 작은곳집돈 (阮)

囬 回(口部三畫)의 俗字

园 완 削而圓形 둥글게깎을완 (寒)

国 國(口部八畫)의 俗字

囲 圍(口部九畫)의 略字

囮。와 鳥

媒새후릴와化也 ㅣ育화할와(歌)

困。[곤]窮苦곤할곤悴也노곤할곤苦也언짢을곤倦也게으를곤力乏窮蹙곤핍할곤卦名괘곤(願)

囧。[경]光也빛날경(梗)

囩 [운]繞回둘릴운(文)

図 圖(口部十一畫)의略字

五

[口石] [당]採石聲돌깨는소리당(漾)

[口全] 國(口部八畫)의古字

[口必] [폐]閉也닫을벽(職)

囷。[균]圓廩둥근집균輪ㅣ屈曲盤戾貌서릴균(眞)(軫)

[口而] [포]菜田채전포圃同(麌)

囹。[령]ㅣ圄獄也옥령(靑)

固。[고]堅也굳을고鄙陋비루할고執帶고집고強也강할고初也처음고甚也심할고再辭굳이고執一不通고집할고常然之辭떳떳할고己然之辭이미고塞也막힐고本然之辭진실로고不變通頑ㅣ완고할고禮儀不得心천할고ㅣ疾고질고強也셀고錮通(遇)

[口米] 淵(水部八畫)의古字

国 國(口部八畫)의俗字

六

囿。[유][육]苑有垣담있는동산유識不通廣고루할유園圃논밭유、苑也나라동산육(宥)(屋)

[口光] [옹]圍穴둥근구멍옹(董)

[口直] 直(目部三畫)과同

七

[口㔾] [책]硬貌단단할책(陌)

[口員]。[선][연]圜也둥글선、연義同(霰)(先)

[口面] 目(目部。畫)의古字

[口言] [은]水名물이름은(文)

圂。[혼][환]厠也뒷간혼溷同、家畜가축환(願)(諫)

圃 [포]種菜場채전포、채마밭포田作밭갈포場所곳포崑崙山名縣산이름포(麌)(遇)

[口丞]。[함]容也담을함舌也혀함鎧也갑옷함匱也궤함函同(感)(覃)

圄。[어]圄ㅣ獄也옥어囚也가둘어圉通(語)

八

[口侖] [륜]物完圇ㅣ물건완전할륜(元)

[口命] [홍]空也빌홍(東)

[口百] [각]鞭聲채찍소리각(覺)

圉。[어]ㅣ人養馬者마부어外垂변방어牧也마굿간어因而未舒貌어릿어릿할어禦也막을어(語)

圈。[권]圓形둥글권屈木鳥圓나무를휘여둥글게할권杯也술잔권棬同、養畜閑집승우리간권、徐過貌ㅣ豚비척거릴권轉也돌권(先)

[口宕]。[탕]石發聲돌에서나는소리탕(漾)

[口合] [합]會也만날합(合)

圊 [청]圊厠뒷간청(庚)(靑)

國。[국]邦也나라국故ㅣ고향국(職)

九

[口耑] [천]竹圓器둥근대그릇천(先)

[口垔] 煙(火部九畫)의籀文

[口亞]。[균]困倉곳집균(眞)

圍。[위]繞也둘릴위環也에울위衛也、守也지킬위五寸曰ㅣ一抱曰ㅣ아름위周備範ㅣ범위위(微)

十

[口馬] [칩]覊絏빨칩묵을칩(緝)

[口尃] [보]菜田동원부、채밭부圃本字(遇)

園。[원]樊圃樹果處동산원陵也寢ㅣ능원樊也울타리원

圓。[원]方之對둥글원豐滿원만할원周也둘레원全也온전원貨幣單位돈원圜、員通(先)

圕。圖書舘의合字

[口盍] [압]低聲낮은소리압(洽)

十一

[口淵] [완]水勢回旋물결이돌완(刪)

圖 [도]畫也그림도謀也도모할도、꾀할도度也헤아릴도計也세획할도考也고안할도除治다스릴도版ㅣ簿籍지도도浮ㅣ寺塔탑도(虞)

團 [단]圓也둥글단聚也모을단軍ㅣ군대반짤단露多貌이슬많을단(寒)

十二

圚 [회]門也문회(隊)

[口啚] 圖(口部十一畫)의俗字

十三

圜。[환][연]繞也둘릴환圍也에울환、獄城ㅣ土옥성원圓也둥글원祭天檀曰ㅣ丘제단원圓同(刪)(先)

十六

[口麇] [균][군]束也묶을균、군義同(眞)(吻)

十九

圝 [란]團ㅣ圓也둥글란(寒)

土部

土。토 地也、五行之一 흙토 生物蕃殖之適所 땅토 陸也 뭍토 邦ㅣ 나라토 場所 곳토 根也 뿌리토 故鄉 고향토 八音之一 악기토 (虞)

❶

壬。제정청 澄也 밝을제 屋梁 마룻대정、善也 착할청 (齊)(青)(梗)

圠 알 山曲 산구비알 無涯 坱ㅣ 질펀할알、끝임없을알 (黠)

圡 土(土部。畫)의 俗字

❷

圢 정 田畔 밭고랑정 (迥)

圣。골 성 勉也 힘쓸골、聖(耳部七畫)의 俗字 (月)

圦 근 土壁 흙벽근 (眞)

圤 박 土塊 흙덩어리박 (覺)

圥 록 菌ㅣ、菌之異名 버섯록ㅣ鼁 두꺼비록 不能前之貌 나아가지않을록 (屋)

圧 厭(土部十四畫)의 略字

圦 입 水門 수문입 日字

❸

圩。在(次條)의 本字

在。재 存也 있을재 居也 살재 所也 行ㅣ 곳재 察也 살필재 在家 집에있을재 (隊)

圪。을 堆高 흙더미 우뚝할을 (物)

圭。규 瑞玉也 上圓下方、量名ㅣ撮 刀서옥규 測日影土ㅣ 일영표규ㅣ 刀製藥 달규 量名 六十四黍爲ㅣ 저울눈이름규 殳同 (月)

圯。이 土橋 흙다리이 (支)

圩 우 築堤防水 방축우 岸也 언덕우 (虞)

圬 오 泥鏝 흙손오 杇同 (虞)

圮。비 岸毁 언덕무너질비 (紙)

地。지 人之所棲大球形土塊之稱、坤也、天之對 땅지、따지 陸也 뭍지 邦國 나라지 下也 아래지 處所 곳지 豫備 예비할지 (寘)

圳 수 畓溝 논도랑수 (尤)

壮 壯(土部四畫)의 略字

圴 작 土跡 흙자국작 (藥)

❹

圽 몰 埋也 묻을몰 險也 험할몰 歿通 (月)

圻 기은 王畿 서울지경기 畿通、岸也 언덕은 (微)(眞)

圾 급 危殆 휘뚝거릴급 高貌ㅣㅣ 산높을급

坁。지 留也 머무를지 (紙)

址 지 基也 터지 阯同 (紙)

圿 갈 積垢 때낄갈 (黠)

坂 판 坡ㅣ 언덕판 澤障 늪판 山脅 산비탈판、산기슭판 舜都名 蒲ㅣ 순나라서울이름판、阪同 (阮)

坄。역 煙突 굴뚝역 (陌)

坅 금 坎也 구덩이금 (沁)

坉 둔 莊家 농막둔 畔也 밭고랑둔 (元)

坍 담 波打岸 물이 언덕칠담 (覃)

坌 분 竝也 아우를분 聚也 모을분 坋同、壓腐貌 눌려썩을분 (吻)(問) 中字

坋。분 塵也 티끌분 拌也 버릴분 (吻)(問)

均。균 平等 고를균 平也 평평할균 偏也 두루균 學名 成ㅣ 대학균 造瓦具 기와만드는 틀균 節樂器 장단균 戎服 군복균 句、鈞通 (眞)

坊。방 邑里洞名 골이름방 障也 막을방 房也 방방 僧舍 승사방 (陽)

坎 감 穴也 구멍감 陷也 구덩이감 北也 북쪽감 險也 험할감 卦名 괘이름감 小罍 작은술잔감 轁、埳通 (感)

坏。배 未燒陶瓦 굽지않은기와배 土封墉隙 흙으로틈막을배 屋後牆 집뒷담배 二重山 첩첩이된산배 阫通 (灰)

坒。비 土地相接 잇달을비 比肩 견줄비 配合 배합할비 (寘)

坐。좌 行之對 앉을좌、被罪 죄입을좌 跪也 무릎꿇을좌 席也 行所止 자리좌 守護 지킬좌 罪人對理 대심할좌 座見 (哿)(箇)

坑 갱 陷也 빠질갱 埋也 묻을갱 (庚)

坒 비 比也 나란할비 (寘)

𡉏 耗(耒部四畫)과 同

壯 壯(士部四畫)의 俗字

❺

坤。곤 地也 땅곤、따곤 卦名 괘이름곤 順也 순할곤 皇后 황후곤 女稱 ㅣ命 계집곤 (元)

坡。파 阪也 언덕파 堤也 제방파 陂通 (歌)

坦。탄 寬也 너그러울탄 平也 평탄할탄 廣也 넓을탄 (旱)

坢 반 平坦 편안할반 發土 파서일으킬반 坋也 휘저어섞을반 (旱)(翰)

坣 堂(土部八畫)의 古字

坥 저 蚯蚓集地 지렁이모인땅저 (魚)

坧 척 基地 기지척 (陌)

坫。점 屛也 병풍점 塞也 막을점 堂隅 대청모퉁이점 (豔)

坨 [이][타]地名땅이름이、陀俗字(支)
坪。[평]大野벌판평、들평(庚)
坩 [감]所以鎔鍊金鐵ㅣ堝도가니감(覃)
坭 [니]水和土진흙니(紙)
坰。[경]郊也들경(青)
坯 坏(土部四畫)과同
坲 [불]塵起、ㅣ⿰土孛티끌일어날불(物)
坵 丘(一部四畫)의俗字
坴。[륙]高塏언덕륙(屋)
坱。[앙]塵埃티끌앙 無涯ㅣ圠질펀할앙 昧也어두울앙(養)
坳。[요]窊下不平오목할요 凹同(肴)
坷。[가]行不利길험할가 時不利때않맞을가(哿)
坶。[목]養也기를목 可也말을목 察也살필목 治也다스릴목 牧同(屋)
坌 [분]掃除쓸어버릴분 糞通(問)
坺。[발]發土흙팔발 治也터닦을발(曷)
坹 [혈]空深貌비고깊을혈 穴也구멍혈 塞窒막힐혈(屑)
坻。[지][제]水中小沚모래섬지、場也마당지、止也그칠지、隴阪언덕저(支)
坼 [탁]裂也찢을탁 分開터질탁 墢、拆同(陌)
⿰土末 [말]塵芥쓰레기말(曷)
⿰土宁 [저]積塵티끌쌓일저(語)
坽 [령]險岸험한언덕령(青)
垀 [호]地名땅이름호 丘也낮은담호 垣也담호(虞)
坿。[부]白土흰흙부 白石英흰수정부 編木渡水뗏목부(虞)
垂。[수]自上縋下드리울수 將及거의미칠수 邊方변방수 殘남길수(支)
垁 [치]垣也담치(紙)
⿰土术 [술]高也높을술(質)
垈 [대]宅地집터대 國字
坈 坑(土部四畫)의俗字
垃 [랄]더러운것을모운다는뜻

六

垌 [동]池貯水못마이동 國字
型。[형]鑄式골형、본보기형 模範모범형(青)
垎 [각]土乾흙마를각(陌)
垍 [계]堅土굳은흙계、석비레계、陶也질그릇계(寘)
垒。[루]土墻흙담루(紙)
⿱⿰扌刃土 垠(土部六畫)의古字
垓。[해]界也八極땅끝닿은곳해 極數햇수해 階段계단해(灰)
垗。[조]塋界무덤터조 壇域제터조 兆通(篠)
垔 [인]土塞막을인 陻、堙同(眞)
垘 [복]洑也土雍보막을복(屋)
垙 [광]街也길거리광(陽)
⿱夂圭 桀(木部八畫)의古字
垜 [타]射堋살받이터타 垛同(哿)
垞 [탁]小丘언덕탁 本音차(麻)
垛 [타]射堋살받이터타 堂塾글방타、ㅣ口생각퀴타(哿) 中字
垝 [궤]壞垣무너진담궤(紙)
垟 [양]土怪、羵ㅣ흙속괴물양 羵同(陽)
垠。[은]崖也언덕은 九天之界하늘가장자리은 圻通(眞)(文)
垡 [벌]耕起발갈아들출벌(月)
垢。[구]滓汙塵ㅣ때구 汚也더러울구 耻心也부끄러울구(有)
垕 厚(厂部七畫)의古字
垣。[원]卑墻낮은담원 護衛者보호하는사람원 星名별이름원(元)
垤。[질]蟻封개미집질 丘也언덕질(屑)
垥 [협]堤水방죽물협(葉)
⿰土艾 艾(艸部二畫)과同
⿰土列 [렬]膝也발두덕렬(屑)
㘸 坐(土部四畫)의古字

七

垷 [현]泥土진흙현(銑)
⿰土圼 [녈]塞也막을녈、막힐녈 下地내릴렬(屑)
垶 [성]赤土붉은흙성 ⿰土星同(庚)
⿰土孛。[발]塵起貌티끌발、티끌일어날발(月)
垗 墺(土部十三畫)의古字
垚 堯(土部九畫)의略字
垺 [부]山上流水산위에물흐르는부 郭也성가퀴부(虞)(尤)
垽。[은]澱也해감은 滓泥찌끼은(問)
垻 [패]防堰방축패、축쌓을패(泰)
⿰土每 [매][목]塵也티끌매、地名땅이름목 慣音(灰)(屋)
垾 [한]岸也언덕한 堤也방축한、뚝한(翰)
埁 [심]上高흙높을심(侵)
埀 垂(土部五畫)의俗字
埃。[애]塵也티끌애(灰)
埂 [경]坑也구덩이경(庚)
埅。[방]防也막을방 防同(陽)

埄 봉 塵起 먼지 일어날 봉 董
⿰土弄 롱 穿穴 구멍 뚫을 롱 送
埆 각 墝ㅣ瘠薄 땅이 평탄치 못할 각 大石多山 바위 엉서리 각 覺
埇 용 路上加土 길 돋을 용 巷道 골목길 용 甬通 腫
埋。 매 瘞也 묻을 매 藏也 감출 매 薶同 佳
埈 준 高也 높을 준 峻同 本音 순 震
埉 협 水岸 물가 협 洽
埊 坐(土部四畫)과 同
埍 현 女牢 계집 가두는 옥 현 奴僕所居 하인청 현 本音 견 銑
城。 성 築土所以盛民ㅣ郭 잿성、성 都邑 서울 성 堡壘 보루 성 庚
埏 연 선 地除八ㅣ 땅끝 닿인 곳 연 墓道 隧ㅣ 무덤 속 길 연 柔土 부드러운 흙 선 水和土 흙 이길 선 土爲器ㅣ埴 질그릇 만들 선 先
埌 랑 野逈貌 壙ㅣ 아득할 랑 塚也 무덤 랑 漾
埒。 랄 庳垣 낮은 담 랄 等也 비등할 랄 庫垣 적은 집 담 랄 封道 길 돋울 랄 屑
堒 垠(土部六畫)의 本字
埑。 哲(口部七畫)과 同
⿰土兌 태 墻壞 담 무너질 태 泰
⿰土兵 병 塚穴 무덤 구멍 날 병 庚

八

⿰土豖。 축 牛馬所踏處 마소 발자국 축 沃
埜 野(里部四畫)의 古字
域。 역 界局 지경 역 邦ㅣ 나라 역 墓限 兆ㅣ 묘계 역 範圍 범위 역 職
⿱或土 域(前條)와 同
埤 비 增也 더할 비 附也 붙을 비 厚也 두터울 비 城上女墻 성위 외담 비 陴同 支
埠。 부 泊船之所 ㅣ頭 선창 부 俗音 보 遇
埦 완 小盂 작은 술잔 완 椀同 旱
埢 권 曲墻、ㅣ垣 굽은 담 권 先
埥。 정 鯖土 파랗게 녹쓴 땅 정 埩同 庚
埧 구 堤防 방축 구 遇
⿰土沓 답 落聲 떨어지는 소리 답 合
埮 담 平地 평평한 땅 담 勘
埩。 정 耕田 밭갈 정 耕同 庚
埭 태 以土堰水 보뚝 태 ⿰石隶同 隊
埯 암 엄 坑也 구덩이 암、土覆物 흙 덮을 엄 感 琰
埰 채 采地 食邑 나라에서 준 땅 채 采、寀通 隊
⿰土長 장 未耕田 갈지 않는 밭 장 沙之墳起貌 모래 둔덕 장 場同 陽
埱。 축 土壤發起 땅에서 김 오를 축 始也 비로소 축、비롯할 축 屋
埲 봉 塵起 티끌 일어날 봉 董
埴。 식 치 黏土 찰진 흙 식 埏ㅣ 흙을 이길 식 瞽者冥行 더듬어서 걸을 식、치 義同 職
埴 埴(前條)와 同
埵。 타 堅土 굳은 흙 타 哿
⿱直土 埴(土部八畫)과 同
埶。 예 樹種也 심을 예 霽
埳 감 함 坎也 구덩이 감 坎同 汲也 빠질 함 陷同 感 陷
執。 집 操持 잡을 집 守也 지킬 집 掌也 맡을 집 捕也 잡을 집 塞也 막을 집 拘也 가둘 집 父友 아비 친구 집 操也 持也 가질 집 緝
埸。 역 邊境 疆ㅣ 지경 역 邊境 변방 역 田畔 밭경계 역 陌
培。 배 부 壅也 栽ㅣ 북돋을 배 益也 더할 배 助也 도울 배、小阜ㅣ塿 작은 언덕 부、두두룩할 부 灰 有
基。 기 址也 터 기 本也 근본 기 業也 업 기 據也 웅거할 기 田器 鎡ㅣ 호미 기 樂名 立ㅣ 풍류 이름 기 支
埻 준 射的 과녁 준 射堋 살받이 터 준 軫
埽。 소 以帚掃穢 쓸 소 隄岸 언덕 소 掃同 皓 號
埼 기 曲岸頭 언덕머리 기 崎、碕、隑通 支
堀。 굴 突也 굴뚝 굴 孔穴 구멍 굴 掘也 팔 굴 掘見 物
堃 坤(土部五畫)과 同
埿 니 塗土 흙 바를 니 泥也 진흙 니 霽
埾。 추 築土 쌓은 흙 추 築也 쌓을 추 聚同 遇
堁 과 塵也 먼지 과、티끌 일어날 과 丘也 언덕 과 哿 箇
堅。 견 固也 굳을 견 勁也、剛也 굳셀 견、강할 견 必也 반드시 견 先
堆 퇴 聚土 흙무더기 퇴 舍也 놓을 퇴 阜也 언덕 퇴 積也 쌓을 퇴 灰
堂。 당 正寢 집 당、마루 당 盛貌ㅣㅣ 당당할 당 殿也 전각 당 地名 巫祭 땅이름 당 政事 직무하는 곳 당 ㅣ內、ㅣ弟、ㅣ叔 가까운 친척 당 陽
堄 예 城上女墻 埤

ㅣ성가퀴예 睨、埶同 (霽)

堇。[근] 黃黏土 노란진흙근 時也 때근 墐同、僅也 조금근 塗也 흙바를근 僅同 (震)

堈 [강] 壠也 언덕강、밭두둑강 甕也 독강 甌同 (陽)

堊。[악] 色土 색흙악 白土 흰흙악、백토악 喪廬ㅣ室 여막악 泥灰飾壁 희색벽칠할악 (藥)

堉 [육] 肥地 기름진땅육 (屋)

埡 [오] 小障 작은방죽오 庫城 작은성오 平野聚落 들판에있는마을오 隖同 (遇)

埜 [야] 泥淖 묽은진흙야 (馬)

堋。[붕] 窆也 장사지낼붕 埋而覆土 파묻고흙덮을붕 塴同、射垛 살받이터붕 壅水灌漑 보막을붕 (蒸)

埏 埏(土部五畫)의 俗字

坓 型(土部六畫)의 本字

堌 [고] 古塚 옛무덤고 (遇)

九

埢 塍(土部十畫)과 同

堗。[돌] 烟突 굴뚝돌 竈窓 부엌창돌

堞 [채] 蘺也 울타리채 砦同 (卦)

堙 [인] 塞也 막을인 土山 흙뫼인 (眞)

堜 [련] 丘也 언덕련 (霰)

堛 [벽] 土塊 흙덩이벽

堝。[과] 所以烹煉金銀 도가니과 (歌)

堠 [후] 封土築臺記里 장승후、돈대후、이수표둔후 土堡 흙성후 烽火ㅏ 봉화지기후 (宥)

⿰土度 [도] 埋也 묻을도 (麌)

堞 [첩] 城上女墻 성위의담첩 (葉)

堡 [보] 小城 작은성보 堤也 방축보、막을보 (皓)

堢 堡(前條)와 同

堣。[우] 暘谷ㅣ夷 땅이름우 嵎同 (虞)

⿰土耑 [타] 垂貌 드리운모양타 (箇)

⿰土复。[복] 居也 土窟 토굴에서살복 ⿰土復同 (屋)

堤。[제] 防也 막을제 築土遏水 방축제 頃畝 이랑제 隄同 (齊)

堨。[알][얼] 以土障水 물막을알、방축알、堰也 방축얼 (曷)(屑)

堧 [연] 隙地 빈터연、틈서리땅연 廟外垣 사당집밖결담연 壖、㬉同 (先)

堥 [무] 瓦器 질그릇무 (尤)

堩 [긍] 道也 길긍 (徑)

堫。[종] 耕田 밭갈종 種也 심을종 (東)

堬 [유] 塚也 무덤유 (虞)

堭 [황] 室無避、合殿堂 ㅣ벽없는방황 (陽)

堦 [계] 砌也 섬돌계 階也 뜰계 本音개 (佳)

堮 [악] 厓岸坼ㅣ 언덕비탈악 (藥)

堯。[요] 陶唐氏號 요임금요 遠也 멀요 高嶢貌 높을요 (蕭)

埀 垂(土部五畫)의 古字

堰 [언] 壅水爲埭 방축언 (願)

堪。[감] 勝也 견딜감、이길감 任也 맡을감 天地ㅣ輿 감여감 天也 하늘감 (覃)

堳 [미] 墻垣 담미 (支)

堶 [타] 飛磚戲 팔매칠타 碾輪石 연자매타 砣、碢同 (歌)

報。[보][부] 告也 고할보 酬也 갚을보 答也 대답할보 婬也 음란할보 論囚 신문할보 合也 합할보 下婬上 아랫사람이 윗사람과간음할보 急疾ㅣ葬ㅣ虞 빠를부 赴通 (號)(遇)

場 [장] 除也 마당장 收禾圃 타작마당장 (陽)

堲。[즉][즐] 疾也 미워할즉 義同、燒土爲塼 벽돌구울즐 火餘燼 불탄머리즐 (職)(質)

堵 [도] 垣也 담도 樂業安ㅣ 편안히살도 這箇曰阿ㅣ 저것도 (麌)

堷 [암] 土藏 흙에묻을암 (感)

堹 [종] 池堤 연못둑종 (宋)

塁 壘(土部十五畫)의 略字

堸 [풍] 虫巢 벌레집풍 (東)

⿰土虛 [호] 土釜 흙솥호 (皓)

塀 [병] 墻也 담병 日字

堿 [함] 鹽質 짤함 鹹同 (感)

十

塊。[괴] 墣也 흙덩어리괴 造物明大ㅣ 땅덩이괴 胸中不平 가슴이뭉클할괴 我也 나괴 孤獨貌 고독모양괴 (卦)

塉 [척] 薄土 메마른흙척 (陌)

垶 [성] 赤剛土 붉은흙성 埥同 (庚)

塏。[개] 高明處 시원한땅개 (賄)

塮 [설] 細塵 먼지설 (月)

塋。[영] 墓也 무덤영 葬地ㅣ域 산소영、장사지낸땅영 (庚)

塍。[승] 田中畦埒 밭두둑승 坪也 큰들승 (蒸)

塌 [탑] 低也 낮은땅탑 初耕 초벌갈탑 墮地 떨어질탑 (合)

塐 塑(次條)와 同

塑 [소] 埏土像物 흙으로만든

인형소、허수아비소 (遇)

塒。시 鷄棲닭의홰시 (支)

塔 탑 浮圖탑탑 物隨聲물건떨어지는소리탑 (合)

塕 옹 塵起티끌일어날옹 風聲ㅣㅣ바람소리옹 (董)

塓。멱 塗ㅣ흙바를멱 (錫)

臺 臺(至部八畫)의古字

墂 률 塞也막을률 (質)

塙。각 고 堅土굳은흙각 多古土돌많은땅고 (覺) (肴)

塗。도 泥也진흙도 泥飾ㅣ墍바를도、맥질할도 汚也더러울도 路也길도 不分曉糊ㅣ분명하지못할도 厚貌두터운모양도 途、塗見 (虞)

墀 지 樗蒲采名주사위의빛갈지 (寘)

塘。당 鑿地注水못당 陂也 堤岸방죽당 (陽)

塳 봉 塵起貌먼지날봉 (東)

塚 冢(冖部八畫)의俗字

塨 공 地名也땅이름공 (送)

⿰土呰 砦(石部五畫)의俗字

塟 葬(艸部九畫)의俗字

塉 협 堤也둑협、방축협本音겁 (葉)

塞。새 색 邊界塞ㅣ변방새 戲具博ㅣ희롱거릴새、주사위새、窒也막을색 滿也찰색、채울색 阨險막힐색 (隊) (職)

塠 퇴 落也떨어질퇴 (灰)

⿰土臬 얼 小山작은산얼 (屑)

⿱殸土 곡 練土흙이길곡 (屋)

塡。신 전 久也오랠진 安也편안할진 鎭也진정할진 定也정할진 壓也누를진 土星토성진 撫也어루만질진 鎭同、塞也막힐전、막을전 鼓聲북소리전 順也순종할전 病也병들전 寘、闐通 (眞)

塢 오 山阿산언덕오 村落마을오 隝同 (麌)

塥。혁 重土흙덮붙일혁本音격 (陌)

塤。훈 燒土樂器질나팔훈 (元)

⿱祝土 축 塞也막을축、막힐축 (屋)

報 報(土部九畫)의俗字

垑 多(夕部三畫)과同

⑪

⿰土逢 봉 塵隨風起티끌일어날봉 (東)

塲 場(土部九畫)과同

塵 진 埃也티끌진、먼지진 久也前ㅣ오래될진 ㅣ垢때낄진 汚也더러울진 喧也시끄러울진 (眞)

⿰土鳥 효 卵産알낳을효本音교 (蕭)

⿰土鹵 鹵(鹵部〇畫)과同

⿱殹土。예 塵埃티끌예、먼지예 (齊)

塴。붕 窆也장사지낼붕 射埒살받이붕 壅水權漑방축붕 堋同 (蒸)

塸 우 沙堆모래무더기우 (有)

塹 참 坑也구덩이참 遶城水해자참 壍同 (豔)

⿰土斬 塹(前條)와同

⿸麻土。매 마 塵也티끌매、마 義同 (灰) (箇)

⿰土從 종 土菌땅버섯종 (冬)

塽 상 快適地시원한땅상 地高明處땅높고밝은곳상 (養)

塻 막 塵也티끌막、먼지막 (藥)

⿰土㒼。만 以土覆也흙으로덮을만 壁也벽만 墁通 (寒)

塼 전 燒墼甓也벽돌전 甎同 (先)

塾。숙 門側堂家ㅣ서당숙 敎舍글방숙 寄宿舍기숙사숙 闍同 (屋)

⿰土弅 坌(土部五畫)과同

墀 지 階上地축대윗뜰지、섬뜰지 (支)

墁 만 塗具墻壁之飾흙손만 避也벽만 鏝同 (翰)

塿。루 小阜토둔루、두두룩할루 (有)

⿰土票 표 封土爲標언덕쌓아표할표

墅 서 田廬농막서

境。경 界也지경경 竟也마칠경 場所곳경 處也처지경 (梗)

墄 척 階甃섬돌축 척本音축 (職)

墆 절 체 貯也저축할절、쌓을절 止也그칠절、陰貌ㅣ翳어스름할체 高也높을체 (屑) (霽)

墇。장 壅塞막을장 隔也동안장 (陽) (漾)

⿰土虖。하 孔隙틈하 (禡)

墉 용 城也성용 垣也、築土壘甓담용 (冬)

⿰土累 라 盛土草器흙담는삼태기라 (歌)

墌 척 築土爲基터다질척 (陌)

墈 감 險岸험한비탈감、낭떠러지감 (勘)

墋 참 沙土모래흙참 濁流不澄흐릴참 垢也때참

墊。점 溺也빠질점 下也내려올점 阽通 (豔)

墎 郭(邑部八畫)의俗字

墍。

[기][희] 息也쉴기 泥飾塗ㅣ집에흙바르기 取也취할기、희義同 (寘)(未) **墍** 墍(前條)와同 **墒** [상] 耕也발갈상 (陽) **墒**。[적] 階段층계적 (錫) **墔** [최] 高丘높은언덕최 (灰)

墐。[근] 泥土진흙근 瘞埋묻을근 塗也빠를근 溝上道개천위길근 塞也막을근 堇同 (寘)(震) **墓**。[묘] 冢也무덤묘、산소묘 俗音모 (遇) **墳** 墳(土部十二畫)의古字 **壼**。[곤] 黏土찰진흙곤 (願)

墠 墠(土部八畫)과同 **增** 增(土部十二畫)의略字 ⑫ **墺** 墺(土部十三畫)과同 **墝** [요] 瘠土ㅣ埆메마른땅요 地不平땅평탄치못할요 (肴)(效) **增**。[증] 益也、加也더할증 重也거듭증 家也무리증 層通 (蒸) **⿰土尞** [료] 周垣에워쌀담료 (蕭)(嘯) **墜**。[추] 落也떨어질추 失亡잃을추 縋、硾同 (寘) **⿰土壹**。[에] 天陰塵ㅣㅣ티끌에흙비올에 (霽) **墟** [허] 大丘큰언덕허 古城옛성터허 商人物貨買賣處장터 本音거 (魚) **墡** [선] 白土백토선 (銑) **墢** 坺(土部五畫)과同 **墣**。[복][박] 塊也흙덩이복、박義同 (屋)(覺) **墩** [돈] 平地有堆돈대돈 靠ㅣ안석돈 (元) 中字

墦 [번] 冢也무덤번 (元) **墨**。[묵] 煤膠合劑書ㅣ먹묵 煤烟그을음묵 度也、繩ㅣ헤아릴묵、먹줄묵 黥也자자할묵 貪也탐할묵 (職) **⿰土集** [집] 泉湧샘솟을집 (緝) **⿰土絜**。[결] 界也지경결 (屑)

⿰土乖。[삽] 土墮聲ㅣㅣ흙떨어지는소리삽 (合) **墰**。[담] 甒屬酒甁목긴술병담 地名땅이름담 壜同 (覃) **墮** [타][휴] 落也떨어질타 鬌也상투타 失也잃을타 傷也상할타 廢也폐할타 惰也게으를타、壞也무너뜨릴타 隳同 (哿)(支) **墯** 墮(前條)와同 **墲** [모] 高塚높은무덤모 (虞) **壄** 野(里部四畫)古字 **墱** [등] 飛階비계등 小坂작은언덕등 水分派물갈라질등 閣道복도등 高橋높은다리등 隥通 (徑)

墳。[분] 墓地무덤분 大也클분 大防보뚝분 書名책이름분(伏羲、神農黃帝之書謂之三ㅣ) 土膏肥토옥할분 土起땅일어날분 (文)(吻) **⿰土窖**。[교] 窖室굴속집교 (肴) ⑬ **墺**。[오][욱] 水匡물가오 四方사방오、욱義同 澳、隩見 (號) **墾**。[간] 耕也밭갈간 開田개간할간 治田김맬간 傷也상할간 (阮) **墼**。[격] 未燒塼굽지않은벽돌격 (錫) **墿** [역] 軌道수레바퀴길역 (陌)

⿱號土 [호] 土釜질솥호、질탄관호 (號) **壀** 埤(土部八畫)과同 **壁**。[벽] 屋垣벽벽 軍壘진터벽 星宿名東ㅣ별이름벽 **壂** [전] 堂址당집터전 滓淀앙금전 (霰) **壃** [강] 界也지경강 畺、疆同 (陽) **⿰土睘** [환] 環堵、面墻가림담환 (刪) **⿰土窟** 堀(土部八畫)의本字 **壄** 野(里部四畫)의古字 **壅** [옹] 塞也、堨也막을옹 培也북돋을옹 障也막힐옹、가리울옹 (宋)(腫) **⿰土雍** 壅(前條)와同 **⿰土感** [감] 不平也편편하지않을감 (感) **壆**。[학] 土堅흙굳을학 (覺) **壈** [람] 失意坎ㅣ뜻잃을람 屯蹇건둔할람 (感) **⿰土詹**。[첨] 塞也막을첨 (鹽)

壇。[단] 墠也、祀場제터단 封土단단 (寒) **⿰土臺** 臺(至部八畫)의古字 ⑭ **壍** 塹(土部十一畫)과同 **壎**。[훈] 樂器土音흙궁류훈 塤同 (元) **⿰土㬎**。[집][접] 下入떨어질집 累土흙을쌓을집、墊也낮을접 溺也빠질접 稔也곡식익을접 (緝)(葉) **壏** [함] 堅土석비레함 (豏) **壐**。[새] 帝印옥새새 璽同 (紙) **壑** [학] 溝也구렁학 谷也골학 坑也구덩이학

墤 건 小阜작은 언덕견 (銑) 壒。애 塵合티끌 더미애 (泰) 壕 호 城下池 성밑해자호 地名ㅣ洲 땅이름호 (豪) 壿。몽 澤也 못몽 (東) 壓。압 鎭也누를압 押搾눌러 짤압 覆壞눌릴압、엎드러질압 塞補막을압 殺也죽일압 壞也무너뜨릴압 (洽)

壖 연 隙地틈서리땅연 城下田성밑밭연 空地빈땅연 岸邊地언덕가땅연 (先) 塗 途(辵部七畫)과同 壔。도 小城작은성도 圖ㅣ도도 (皓)

壙 殯(歹部十四畫)과同 壏 렵 土貌흙모양렵 (葉) 壛 塵(土部十一畫)과同

⑮ 壘。류 뢰 軍壁진터토성류、壯貌 魁ㅣ건장한모양뢰 (紙)(賄) 壙。광 墓穴구덩이광 野也들광 空廓貌ㅣ埌빈모양광 (漾) 壜 면 平地땅을편편하게할면 (先)

⑯ 壛 염 長砌긴섬돌염 (鹽) 壝。유 土埒토담유 壝繞低垣단둘러쌓은담유 (支)(寘) 壞 괴 회 毁之穀무너뜨릴괴 穀同、自敗무너질회 (卦) 壜 담 酒瓶술병담 墰同 (覃) 壟。롱 田中高處밭두둑롱 冢也무덤롱 隴同 (腫) 壠 壟(前條)와同 壚 로 黑剛土墳ㅣ검은흙로 酒區술화덕로 黃泉 黃ㅣ황천로 (虞)

壆 각 山多石礫산에돌자갈많을각 (覺) 壑 叡(又部十四畫)古字 壢 력 坑也구덩이력 (錫)

⑰ 壥 희 毁也무너질희 (支) 壤。양 柔土無塊曰ㅣ부드러운흙양 富足풍족할양 沃土기름진흙양 紛錯ㅣ분잡할양 古戲歌名 擊ㅣ노래이름양 糞掃之餘積쓰레기양 穰通 (養) 壣 린 菜田남새발린 (眞)

⑱ 壦。場(土部十畫)과同 𡔖 접 酒器술병접 瓦鉢항아리접 (葉)

⑲ 𡓷 塞(土部十畫)의本字 𡔛 初(刀部五畫)과同

⑳ 壧 암 地穴굴암 (咸) 壨 雷(雨部五畫)의古字

㉑ 𡔭 墊(土部十一畫)의本字 壩。파 堰也방죽파、둑파 (禡) 𡔹 壢(土部十三畫)과同 𡕖 교 高也높을교 (嘯)

㉒ 𡒐。낭 土窟토굴낭 塵也티끌낭 (漾)

㊱ 𡔸。塵(土部十一畫)의籒文

夊部

夊。치 後至뒤에올치、뒤에서올치 (支) 夂。과 騎也걸터앉을과 越也넘을과 跨通 (禡)

① 夃。고 利也이문얻을고 賣也팔고 (虞)

② 夅 齊(齊部○畫)과同

③ 斈 學(子部十三畫)과同 夅 降(阜部六畫)의古字 夆 夆(次條)와同

④ 夆。봉 相逆牾牽挽서로바동거릴봉、끌어당길봉 逢也만날봉 (冬) 麦 麥(麥部○畫)의略字 𡕝。해 遮也가릴해 (泰)

⑥ 变 變(言部十六畫)의俗字

⑦ 覍 覺(見部十三畫)과同

⑧ 㚇 屆(尸部五畫)의古字

士部

士。사 儒也、四民之首선비사 官之總名벼슬사 事也일사ㅣ卒士사사 會稱남자사 察也살필사 (紙)

① 壬。임 干名천간임 北方位북방임 大也클임 佞也간사할임 任通 (侵)

③ 壯。壯(士部四畫)의俗字

④ 声 聲(耳部十一畫)의俗字 壳 賣(貝部八畫)의略字 壱 壹(土部九畫)의略字

⑦ 𡔷 결 頭傾머리기우릴결 (屑)

⑧

壷 壺(士部九畫)과同

⑨ 壹。[일] 數之始 하나일 全也 모두일 專也 한결일 誠也 정성일 合也 통일일 閉塞 막힐일 一同 (質)

壺。[호] 酒器 입좁고 복부가 벌어진 항아리병호 三神山 산이름호 瓠通 (虞)

壻 壻(次條)와同

壹。[운] 鬱也 답답할운 (文)

壻。[서] 女之夫 사위서 男子 남자서 公ㅣ 망이름서 婿同、聟 俗字 (霽)

⑩ 壼。[곤] 宮中衢 궁중복도문 곤居也 거할곤 (阮)(願)

壽 壽(士部九畫)과同

⑪ 壽 [수] 命也 목숨수 年齡 나이수 久也 오랠수 長ㅣ 명길수 祝福 축복할수 献酌 윗사람에게 잔드릴수 (有)(宥)

鼖。[망] 人名、孫休第三子 사람이름망 (養)

⑬ 壿。[준] 舞貌 ㅣㅣ 춤너풀거려출준 悅也 기뻐할준 (阮)

夊部

夊 [쇠] 徐行 천천히걸을쇠 安行 편안히걸을쇠 (支)

④ 夋 [준] 行也 갈준 徐行貌 천천히걷는모양준 (震)

⑤ 夎。[맘] 腦蓋 두개골맘 (琰)

夌 [릉] 越也 넘을릉 高也 높을릉 犯也 범할릉 陵古字 (蒸)

镸 長(長部。畫)의古字

⑥ 复。[복] 行也 갈복 歸也 돌아갈복 (屋)

嵏。[종] 馬首飾 말굴레치장할종 鳥竦翅貌 새쭉지길종

⑦ 夎 [좌] 詐也 거짓말할좌 衣服長起 의복떠들일좌 拜不跪地 무릎을꿇지않고절할좌 詐拜 공손치않은절좌 (箇)

夏 [하] 春之次也 여름하 中國別稱 나라하 五色 오색하 青、黃、赤、白、黑 大也 클하

⑧ 夌。[항] 剛貌 단단할항 堅也 굳을항 (養)

⑪ 夐。[형] 遠也 멀형 長也 길형 求也 구할형 迥通 (敬)

⑫ 夒 [준] 韋袴 가죽옷준、갖옷준 (震)

⑮ 夓 夏(夊部七畫)의本字

⑯ 夔。[기] 一足獸 似龍 외발짐승기 敬懼 조심할기 木石之怪 괴물기 (支)

⑳ 夔 夔(前條)와同

夕部

夕。[석][사] 最之對 저녁석 暮也 저물석 斜也 쏠릴석 夜間 밤석 除也 제할석 西方 서녘석 昔通、一握 움큼사 (陌) 國字

② 夗。[원] 臥轉貌 누어딩굴원 (阮)

夘 夗(前條)와同

外。[외] 內之對 바깥외 表也 바갈외 疏斥 멀리할외 他也 다를외 除也 제할외 他也 다른나라외 忘也 잊을외 棄也 버릴외 父也 아버지외 (泰)

③ 夙 [숙] 早也 이를숙 旣也 이미숙 早起 일찍일어날숙 早朝 아침일찍숙 速也 빠를숙 敬也 공경숙 (屋)

多。[다] 衆也 많을다 勝也、稱美戰功 나을다 過也 과할다 加也 더할다 適也 마침다 稱美 아름다울다 (歌)

夛 多(前條)와同

㢧 多(夕部三畫)의古字

④ 殅。夙(夕部三畫)과同

夂 亦(亠部四畫)의古字

⑤ 夜。[야][액] 晝之對 밤야 墓穴 ㅣ臺 광중야 暗也 어두울야 休也 쉴야 東海縣名 골이름액 (禡)(陌)

夜 夜(前條)의古字

⑦ 䫀 [담] 多也 많을담 (覃)

夠 [윤] 周也 두루윤 (眞)

夥 [나] 多也 많을나 (歌)

⑧ 夠 夠(夕部七畫)의俗字

夠。[첨] 多也 많을첨 (鹽)

夠 [구] 聚也 모을구 多也 많을구 (宥)

够 夠(前條)와同

夝 [첨] 多也 많을첨 (鹽)

梦 夢(夕部十一畫)의俗字

⑨ 夡 [신] 多也 많을신 (眞)

夡 [기] 多也 많을기 (寘)

夘 외 姉妹之子 생질외 卦 十 夢。夢(夕部十一畫)의略字 十一 夢 몽 寐中神遊 꿈몽 不明ㅣㅣ 밝지못할몽 送 東 夤。

인 恭也 공손할인 敬惕 조심할인 因賄千進ㅣ緣 인연할인 維也 오직인 腰絡 허리띠인 眞 夤 夤(前條)의 籒文 夠 조 多也 많을조 蕭 夥。과 해 多也 많을과 朋友 동무과、해 義同 哿 蟹

夥 夥(前條)와同 十三 夠 夠(夕部十一畫)의俗字 十五 夥 괴 多也 많을괴 賄

大部

大 대 태 다 小之對 클대 過也 지날대 長也 길대 尊稱 높이는말대、太同、甚也、極也 극할다 泰 箇 一 太 태 大也 클태 甚也 심할태 最初 처음태 細之對 굵을태 大、泰通、敌 콩태 泰 國字

天。천 至高無上、乾也 하늘천 萬物之根本 만물의근본천 造物主 조물주천 眞理 진리천 帝王敬稱 임금천 運命 운수천 出生 날천 父也 아버지천 夫也 아비천 先 夫。부 男子通稱 지아비부 女配匹、ㅣ 배필부 先生

ㅣ子 선생부 女職ㅣ人 계집벼슬이름부 語助辭 어조사부 其也 저부 官名大ㅣ 벼슬부 虞 太 立(立部。畫)과同 夭。요 오 短折 요사할요 早殀 일찍죽을요 屈也 굽을요 殀同、災也 재앙요 色愉ㅣㅣ 얼굴빛

화할요 小好貌ㅣㅣ 고운모양요、斷殺 끊어죽일오 物穉 어릴오 篠 蕭 皓 夬。쾌 分決 결단할쾌 封名 괘이름괘 夬同 卦 夬 夬(前條)와同 二 夯 항 用力以堅 다질항 漾

央。앙 영 中也 가운데앙 半也 반앙 盡也 다할앙 廣也 넓을앙 鮮明 선명할앙 陽 夰 호 放也 놓을호 昊同 皓 失。실 得之反 잃을실 錯也、差誤 그릇될실 過ㅣ 과실실 佚、軼通 質 夲。도 본

進也 나아갈도、本(木部一畫)의俗字 豪 夳 泰(水部五畫)의古字 三 夷。이 東方蠻人 동역오랑캐이(未明國稱) 平也 평평할이 傷也 상할이 大也 클이 誅滅 멸할이 悅也 기쁠이 河伯馮ㅣ 물귀신

이 卦明名ㅣ 괘이름이 陳也 베풀이 等也 무리이 夷也 벨이 支 夵 염 도 上大下小貌 위가크고밑이 작을염、進也 나아갈도 琰 豪 夃 內(入部二畫)의古字 夰 介(人部二畫)과同 夸。과 ㅣ

奓自大 큰체할과 奢也 사치할과 誇也 아첨할과 麻 夻 화 魚名、大口 대구화 國字 四 奄 파 大也 클파 麻 夽 운 高也 높을운 吻 奄。순 大也 클순 眞 夾。협 持也 가

질협 兼也 겸할협 雜也 잡될협 左右持 곁에서부축할협 近也 가까울협、娃也 성협 劒名 칼이름협 傍也 곁협 鋏通 洽 葉 奀 망 不肥 파리할망 来 래 小船舵 작은배의키래 賄 夾。섬 섬 盜取 물건

울훔칠섬、석 義同 琰 陌 五 奅 사 誇也 자랑할사 奅。와 大也 클와 麻 奊 畢(車部二畫)의古字 奄。엄 忽也 문득엄 止也 그칠엄 久也 오랠엄 覆也 가릴엄 琰

奅 포 大也 클포 磢石 돌팔매포 縣名 南ㅣ 고을이름포 窌通 效 奔 접 驚愕 놀랄접 葉 奊 불 助也 도울불 大也 클불 質 奋 권 甚大 몹시클권 阮 奋 재 大口貌 큰입자 大貌 크

고굵을자 麻 扶。반 侶也 並行 나란히갈반 따라갈반 旱 臭 고 潤澤 윤택할고 皓 奃 해 張大 벌릴해 卦 奇。기 異也 이상할기 不偶 짝않맞을 기 偶數之對 홀수기 零數 영수기

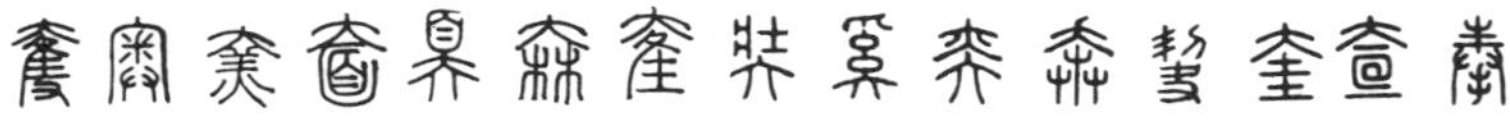

獸名窮ㅣ짐승이름기 詭也괴술기 秘也숨길기 未成年미성년기 丁年未滿정년미만기〔支〕 奈 [내]那也어찌내 如何ㅣ 何어찌할내 柰俗字〔泰〕 奊 [혈]頭衺骫머리비뚤어질혈 無志分분수없을혈〔屑〕

奉。[봉]承也받을봉 獻也드릴봉 尊也높일봉 養也봉양할봉 俸通〔腫〕 㚘 吳(口部四畫)의古字 㚝 吳(口部四畫)의古字 奌 點(黑部五畫)의略字 ❻ 奆。

[환][원]奢也사치할환 大也클환、원義同〔寒〕〔阮〕 奏。[주]人臣言事、進言아뢸주 上疏상소할주 薦也천거할주 樂成節ㅣ풍류아뢸주 音樂풍류주 腠、輳通〔宥〕 奓 [차]開也벌릴차、열릴차 誇也자랑할차、흰

소리차 奢也사치할차 侈同〔馬〕 奎。[규]西方宿名 별규 兩髀間 꽁무니규〔齊〕 契 [계][글][결][설]約也언약할계、계약할계 券也書ㅣ문서계 憂苦ㅣㅣ근심하고괴로워할계 鍥、挈通、蕃國ㅣ丹나라이름글、勤苦ㅣ濶근

고할결、商祖이름설 偰、卨同〔霽〕〔物〕〔屑〕 奐 [환]大也클환 衆明貌빛날환 閒暇貌한가할환 盛也성할환〔翰〕 奒 [개]大貌클개〔灰〕 奔。[분]走也달아날분 趨事恐後駿ㅣ분주할분 變急赴급히달아날분 覆敗追ㅣ

패할분 野合야합할분〔元〕〔願〕〔問〕 奕。[혁]大也클혁 美也아름다울혁 憂心ㅣㅣ근심할혁 次序차례혁、碁圍바둑혁 累也ㅣ葉여러대혁 柔貌연한혁〔陌〕 巭 [부]勉學공부부 國字 ❼ 套

[도][투]長大장대할토 重沓거듭토 重也ㅣ襲也씌울토 外函껍질토〔皓〕 ㅣ캐캐묵을토 慣也버릇토、솜씨토、前例也전례투〔號〕 國字 奚。[해]何也 疑辭어찌해 女婢小ㅣ계집종해 大腹큰배해 本音혜 嫨見〔齊〕

㚃 [혼]大束크게묶을혼〔阮〕 奘。[상]大也클장 強大튼튼할장〔養〕 奥 牢(牛部三畫)의古字 㚇 坤(土部五畫)과同 奋 [분]盛土器삼태분 畚也가래분、삼분〔阮〕

❽ 奜 [비]大也클비〔尾〕〔未〕 𡙁 奏(大部六畫)의本字 奛 [왕]天地四方淸明貌밝고훤할황〔養〕 奞。[순]敽翼날개칠순〔震〕 奝 [조]大也클조 多也많을조〔蕭〕

𡙇 [역]強也강할역〔職〕 㚈 [권]小束작게묶을권 㚃同〔銑〕 奄 奄(大部五畫)의本字 𡙓 執(土部八畫)과同 森。[심]大恐크게두려워할심〔寢〕 ❾ 奠。[전]薦

也전올릴전 定也정할전 陳也베풀전 置也둘전〔霰〕 奥 [작]人名사람의이름작〔藥〕 㚙 眞(目部五畫)의古字 奤 [반]面大曰ㅣ얼굴클반〔旱〕 奢。[사]侈也사치할사 㛮婧 阿ㅣ조카사위사 佛譽

蘭기를사〔麻〕 奡。[오]嶠健날랠오 慢也거만할오 人名 寒浞子사람의이름오 傲通〔號〕 𡙋 [혁]肥貌살찔혁〔職〕 奥 奧(大部十畫)의俗字 ❿ 𡚁 [효]大也클

효 肥也살찔효 豚肉羮돼지고기국효〔蕭〕 𡙊。[자]大也클자〔支〕 奪。奪(大部十一畫)의古字 奬 獎(大部十一畫)의略字 奧。[오][욱]內也속오 深也깊을오 室西南隅집서남모퉁이오 秘密비밀오

極所맨끝오 烹和삶을오 深也깊을오 積聚쌓을오 豚舍돼지우리오 奥境오경오、暖也따스할욱 隈也모퉁이욱 瞻彼淇ㅣ 綠竹猗猗물굽이낭떠러지욱 隩通、燠同〔號〕〔屋〕 ⓫ 奩 [렴]盛香器향합렴 嫁女具鏡匣경대렴

匳同〔鹽〕 奪 [탈]強取擄ㅣ 漁ㅣ빼앗을탈 狹路좁은길탈 被取빼앗길탈 削除깎을탈 去也갈탈 敓同〔曷〕 奯 [질][절]大也클질 盛也성할질、절義同〔質〕 奫 [윤]水深廣貌ㅣㅣ 물깊고넓을윤〔眞〕

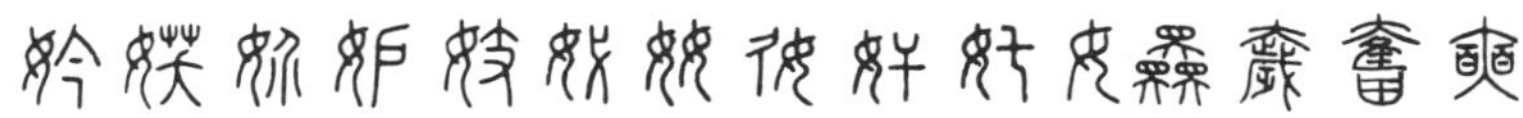

【十二】 奭。[석][혁] 大也 클석 盛也 성할석 怒也 성낼석 召公名 이름석、赤貌 붉은모양혁 艶、絶同 (陌)(職)

【十三】 奮。[분] 揚也 드날일분 怒也 성낼분 勇起 뽐낼분 震動 진동할분 飛上 날개칠분 ㅣ戰力鬪 날랠분 (問)

[illegible] 瑟 (玉部九畫)의 古字

奯。[활] 空大 휑할활 目動 눈굴릴활 (曷)

[illegible] 結 (糸部六畫)과同

[illegible] 模 (木部十一畫)과同

【十四】 [illegible] [환] 化也 바꿀환 始也 비롯할환 (寒)

【十五】 奰。[비] 壯大 장대할비 怒也 성낼비 迫也 핍박할비 (寘)

[illegible] [뢰] 大也 클뢰 (賄)

【二十一】 奲。[차] 寬大 너그럽고 클차 (馬)

女部

女。[녀] 坤道成婦人 계집녀 未嫁稱 처녀녀 宿名 婺ㅣ 별이름녀 婦人總稱 여자녀、아낙네녀 以ㅣ妻人 시집보낼녀 汝也 너녀 汝通 (語)

【二】 奴 [노] 僕也 남종노 賤稱 남을천하게 일컫는말노 (虞)

[illegible] [질] 女不謹 계집삼가지않을질 (質)

奵 [정] 好容 얼굴좋을정 (青)

[illegible] 奴 (女部二畫)과同

奶 [유][내] 牛乳 소젖유、孃對語 주인의아내를존대말내 (有)(宥)

【三】 [illegible] [익] 女官名 계집벼슬이름익 (職)

奸。[간] 犯淫 간음할간 僞也 거짓간 亂也 어지러울간 (寒)

[illegible] [구] 嫠婦守節不嫁 과부수절할구 (有)

她 [저] 長女 큰딸저 姐見 (職)

奻。[난] 諠訟 시끄럽게 송사할난 (删)

奼。[타] 美也 아름다울타 美女 아름다운계집타 姹同 (馬)

好。[호] 美也 좋을호 相善 서로좋아할호 愛也 사랑할호 璧孔 구슬구멍호 親善 사귈호 甚也 심할호 (皓)

奿。[번] 女慧而員 계집영오할번 (願)

妁 [작] 媒介 중매작 (藥)

妄。[망] 虛誕 망녕될망 虛ㅣ 허망할망 不誠實 성실하지않을망 卦名 괘이름망 違法 법에어긋날망 (漾)

如。[여] 若也 같을여 往也 갈여 至也 이를여 語助辭 어조사여 然也 그럴여 等也 무리여 釋迦如來 부처이름여 ㅣ夫 첩여 而通 (魚)

妃。[비] 配也 배필비 后ㅣ 왕비비 太子ㅣ 태자비비 配見 (微)

[illegible] [엄] 婦人容儀端整貌 맵시가단정할엄 (琰)

【四】 妊。[임] 懷孕 아이밸임 姙同 (沁)

妋 [부][우] 貪也 탐할부、憎也 미워할우 眉目間恨 미워서 눈살찌푸릴우 (虞)(尤)

妍 姸 (女部六畫)과同

妌 [정] 女德不妄 계집얌전할정、덕성스러울정 (梗)

妎。[해] 妒也 투기할해 (泰)

妏 [문] 生也 낳을문 (文)

姌。[염] 弱長纖細 휘청거릴염、비틀거릴염 (琰)

妐 [종] 舅也、夫之父 시아버지종 (冬)

妕 [중] 聰明伶俐 영리할중 女子名 여자이름중 (送)

妑 [파] 女兒雙髻ㅣ頭 머리두갈래로땋아느릴파、새앙머리파 (麻)

妓。[기] 女樂 기생기 遊女 갈보기 (紙)

妒。[투] 娼嫉ㅣ忌 투기할투 妬通 (遇)

妘。[운] 姓也 성운 (文)

妔 [갱][항] 美女 예쁜계집갱、女性急戾 계집성품조급할항 (庚)(陽)

妖。[요] 異也 이상할요 異孽 요괴로울요 艶也 고울요 巧也 공교할요 媚也 아양부릴요 女笑 계집웃음웃을요 (蕭)

妢 [분] 國名 나라분 (文)

妡 [근] 美也 아름다울근 (文)

妗。[금] 內舅母 (外叔母) 외숙모금 善笑貌 싱글벙글할금 容態輕薄 방정스러울금 (沁)

妙 [묘] 神化不測 묘할묘 神秘 신비할묘 精微 정미할묘 纖媚 간들거릴묘 美也 예쁠묘 少年 소년묘 玅同、眇通 (嘯)

妜。[얼] 眉目間 양미간얼 (屑)

[illegible] [삽] 美容 얼굴예쁠삽 女子名 여자이름삽 (合)

妞 [뉴] 姓也 성뉴 女兒 계집아이뉴 (有)

妠 [날][납] 小兒肥貌 어린아이살찐모양날、娶也 장가들납 聚物 물건모을납、쌓을납 (黠)(合)

妝。[장] 粉

裝단장할장、모양날장 粧、糚同 (陽)

妟 妟(日部六畫)과同

好 [예] 女官婕ㅣ계집벼슬여 美也아름다울여 伃同 (魚)

妥 [태] 安也편안할타 協也타협할타 平穩일없을타

妣。 [비] 母死後稱曰ㅣ죽은어미비(生前父母、死後考ㅣ) (紙)

妧 [완] 好貌좋을모양완、좋을상스러울완 (翰)

妦 [봉] 美也아름다울봉 (冬)

妨。 [방] 害也해로울방、방해될방 礙也거리낄방 (陽)(漾)

㚰。 [추] 容美얼굴고울추 (虞)

妮 [니] 婢也계집하인니 (支)

㚭 [요] 美也아름다울요 (巧)

五

妯 [축] 兄弟妻相呼ㅣ娌동서축 (屋)

妬。 [투] 女無子자식없는계집투 妒也투기할투 (遇)

妚 [배] 婦人一朔ㅣ胎한달된태배 肧、胚同 (灰)

妭。 [발] 美妻ㅣ女고운처발 (曷)

妰 [작] 靜也、動止계집조용할작 (藥)

妲。 [달] ㅣ己紂妃名계집의이름달 (曷)

妷 [일][질] 安逸편안할일 過也허물일 淫ㅣ음란할일、佚同、緩也ㅣ湯느즈러질질 (質)(屑)

妴。 [원] 順直순직할원 (阮)

妱 [초] 女字계집이름초 (蕭)

妵。 [주] 人名華ㅣ사람이름주 好貌좋은모양주 (有)

妸 [아] 美貌고울아 (哿)

妹 [매] 女弟아래누이매 女兒계집아이매 卦名歸ㅣ괘이름매 (隊)

妺。 [말] 桀妻ㅣ喜계집의이름말 (曷)

妻。 [처] 婦也與己齊者아내처、마누라처 以女嫁人시집갈처 (霽)

㚴 [구] 美貌예쁠구 女字계집의자구 (尤)

妼 [필] 女有容儀계집엄전할필、계집단정할필 (質)

㚸 [제] 細也가늘저 (霽)

妾。 [첩] 不聘側室첩첩 小室작은집첩 女己卑稱나첩 童女계집애첩 (葉)

妿。 [아] 女師여스승아 (歌)

㚲。 [섬] 女輕薄계집경박할섬 小弱작고약할섬 (鹽)

姅。 [반] 婦人有月事월경할반、몸있을반 (翰)

姂 [핍] 婦人貌好也부인예쁠핍 美貌고을핍 (洽)

姈 [령] 女巧慧계집공교할령 女字여자이름령 (靑)

姀 [화] 形正단정할화 (歌)

姁。 [후] 美貌ㅣ媮아름다울후 嫗也할미후、노파후 樂也즐거울후 (虞)(麌)

姃 [정] 女容端莊단정할정 (敬)

㚯 姒(女部四畫)의古字

姆。 [모] 女師여스승모、여선생모、伯母ㅣㅣ백모모 本音무 (麌) 中字

㚷 [부] 美也아름다울부 悅也기꺼울부 (虞)

姊。 [자] 女兄、伯ㅣ맏누이자、윗누이자 姐通 (紙)

始。 [시] 初也비로소시、처음시 新起시작할시 樂名華ㅣ풍류이름시 星名句ㅣ별이름시 方也바야흐로시 (紙)(寘)

㚩 姌(女部四畫)의俗字

姘 [빈] 妾也첩빈 (眞)

姐。 [제] 女兄맏누이저 小ㅣ、大ㅣ아가씨저 慢也거만할저 她通、姊見 (馬)

姍。 [선][산] 行貌ㅣㅣ행하는모양선 衣裳曳地옷잘잘끌릴선 姗通、誹謗비방할산 好也좋을산 笑ㅣ비웃을산 (先)(寒)

㚻 [담] 老女自稱노파자칭할담 (覃)

㛄。 [월] 輕也가벼울월 (月)

姎。 [앙] 女人自稱我여자자칭할앙 (陽)

姑。 [고] 夫之母시어머니고 父之姊妹고모고 夫之女弟小ㅣ시누이고 且也苟安ㅣ息아직고 星名黃ㅣ별이름고 矢名살이름고 花名꽃이름고 (虞)

姛 媤(女部九畫)과同

姒 [사] 長婦맏며누리사 兄之妻曰ㅣ婦형수사 妯娌相呼娣ㅣ동서사 姓也성사 (紙)

姓。 [성] 系統生也ㅣ氏성성、성씨성 一族일가성 子ㅣ자손성 百ㅣ백성성 牲同 (敬)

姕。 [자][치] 婦人小物하찮은계집자、不媚무뚝뚝할치 (支)

委。 [위] 棄也버릴위 任也맡길위 頓也쓰러질위 禮服端ㅣ예복위 屬也붙일위 萎也시들어질위 紙 自得貌ㅣㅣ雍容맘에든든할위 禾垂穗貌ㅣ曲벼이삭고개숙일위 ㅣ曲위곡할위 美也아름다울위 末也끝위 積也쌓일위 (支)(寘)

姖 [거] 端正단정할거 (語)

㚾 [형] 嬉也즐거울형 (庚)

姘 [평]急也급할평(庚)
姊 姉(女部五畫)과同
❻
姙 妊(女部四畫)과同
姚。[요]美好ㅣ嬈예쁠요急疾剽ㅣ급할요姓也성요遙也아득할요勁疾嫖ㅣ날랠요(蕭)(嘯)
姛。[동]女性正直계집성품곧을동正項목이바를동
姜。[강]齊姓神農後성강(陽)
姞 [길]姓也성길后稷元妃후직의왼비이름길(質)
姝。[주]美色계집아름다울주粉節분바를주柔懦ㅣㅣ부드러울주(虞)
妑 [와]美貌婐ㅣ모양예쁠와弱也약할와(哿)
姡 [활]詐僞거짓활狡也교활할활(曷)
姦。[간]詐也간사할간淫也간음할간通ㅣ통간할간強ㅣ강간할간寇賊도둑질할간僞也內究外ㅣ거짓간(刪)
⿱汚女。[오]淫貪음탕할오(遇)
姧 姦(女部六畫)과同
姥 [모]老女할미모山名天ㅣ산이름모姆通(麌)
姤 [구]遇也만날구好也예쁠구(宥)(有)
姨。[이]母之姊妹이모이妻母之姊妹처이모이(紙)
㛃 潔(水部十二畫)과同
⿰女肉 [여]魚肉之腐敗썩을여(語)
姪。[질][절]兄弟之子조카질姪女조카딸질妻ㅣ저족하질、절義同(質)(屑)
⿰女衣。[의]華麗빛날의、번쩍번쩍할의女子名여자이름의(微)
姩 [년]美女이쁜계집년(先)
姫 [진]愼也삼갈진、現在는희姬의略字로用(軫)
⿰女曳 媟(女部九畫)과同
姬。[희]婦人美稱아씨희皇后황후희、왕비희妾也첩희(支)
⿱劦女 [협]美貌이쁠협(豔)
姯 [광]女色姸麗환할광、미려할광(陽)
姮 [항]羿妻ㅣ娥계집이름항(蒸)
姱 [과]好也좋을과美貌아름다운모양과(麻)
姲 [안]從容종용할안(諫)
⿱列女 [렬]美也아름다울렬(屑)
姰。[균]男女優劣同等같을균、한가지균適合적합할균(眞)
姳 [명]好也좋을명(迥)
⿰女耳 [이]女號계집의칭호이(支)
姶。[압]美貌아름다운모양압女名계집이름압(合)
姷 [유]配也짝유侑同(宥)
姺。[신][선]商諸侯國名ㅣ邳제후나라이름신莘同、行貌媥ㅣ행하는모양선蹁同、姍見(眞)(先)
姹 [차]美也아름다울차美女아름다운계집차奼同(馬)(禡)
⿰女刑 [형]女之身貌계집키클형(靑)
姸。[연]美也、麗也고울연、예쁠연安也편안할연慧也지혜스러울연、총명할연(先)
⿰女缶 [부]女之行儀계집행실부美也고울부(有)
姽。[궤]閒體行한가히행할궤好也좋을궤(紙)
姼。[제][시][치]美好貌예쁠제、母ㅣ죽은어머니시、輕薄貌姑ㅣ경망할치(齊)(紙)(支)
姾 [전]女之端正계집단정할전女子名여자이름전(先)
姣 [교]美也아름다울교(巧)
姻。[인]婚ㅣ혼인할인夫曰婚婦曰ㅣ사위집인婣也시집인妻也아내인因緣인연인(眞)
姿 [자]能也性ㅣ맵시자、태도자作態모양낼자性也성품자趣味취미자
威 [위]尊嚴위엄위儀也거동위畏同(微)
娀。[융]國名有ㅣ氏나라이름융(東)
娃。[왜][와]美女예쁜계집왜美也아름다울왜美貌얼굴이아름다울왜、와義同(佳)(麻)
⿱朵女。[타]女容如花계집얼굴꽃같을타量也헤아릴타(哿)
⿱丰女 [휘]美容얼굴예쁠휘(隊)
⿰女囟 [세]靜也조용할세(霽)
娄 婁(女部八畫)의俗字
❼
娌 [리]妯ㅣ兄弟之妻相謂동서리心動마음이동할리(紙)
娉 [빙]娶也장가들빙問也물을빙召也부를빙訪也찾을빙聘通、美貌어여쁠빙(敬)(靑)
娋 [초]女兄누이초(效)
娊。[현]腰細허리가늘현(銑)
⿰女求 [구]配也짝구(尤)
⿰女夾。[협]志靜얌전할협本

音겹(葉) 媢。〔려〕醜雜추잡할려(語) 㚤〔첩〕女惡계집표독할첩(葉) 娍〔성〕美也아름다울성身長貌헌걸찰성 娎〔혈〕喜也기뻘혈(屑) (女+析) 娎(前條)와同 (女+更)

媄(女部九畫)과同 娐〔부〕美貌이쁠부(虞) 娓〔미〕順也순할미美也아름다울미(尾) 娒 姆(女部五畫)과同 (女+豆)〔두〕言矢말잘못할두(宥) 娖〔착〕謹貌조심할착(覺)

(癶+女)〔찬〕一妻二妾계집셋둘찬美也아름다울찬粲通(翰) 娑〔사〕舞貌婆ㅣ춤추는모양사衣揚貌옷날리는모양사行貌걸어다니는모양사琴音거문고소리사、吐蕃都名邏ㅣ오랑캐도읍이름사塵世ㅣ婆세

상사(歌)(箇) 娘〔낭〕小姐아가씨낭、소녀낭女稱처녀의이름에쓰는말낭(陽) 娚〔남〕語聲말소리남、姊妹謂男兄弟曰ㅣ오라비남(覃)國字 娗。〔정·전〕不開通眂매욱할정、欺慢語속일전容也모양

낼전婷同(迥)(銑)(青) 娛。〔오〕樂也즐거울오喜也기쁠오(虞) 娯 娛(前條)와同 娜〔나〕美貌婀ㅣ아름다운모양나柔長㛷ㅣ휘청거릴나(哿) 娙。〔형〕形好貌형용좋은모양형女身長계집키클형

女官名계집의벼슬이름형(青) (女+忌)〔기〕怒也성낼기、노할기(寘) (女+坐)。〔좌〕戒也경계할좌(箇) (女+邑) 姶(女部六畫)의古字 娝。〔부〕遇也어리석을부(虞) (女+孛)〔불〕女肥貌(女+巛)ㅣ계집살찐모양불(月)

娞〔뇌〕姸也고울뇌(賄) 娣。〔제〕弟妻제수제女弟아래누이제妯娌ㅣ姒동서제(薺)(霽) (女+甬)〔용〕齊也가지런할용(腫) (女+酉)〔유〕醜女더러울유(尤) (女+旱)〔만〕驕慢교만할만(潸) 娟。〔연〕美好嬋ㅣ어

여쁠연、고을연幽遠아득히멀연媚也아담할연(先) 娠。〔신〕孕也、妊ㅣ아이밸신養馬者마부신(眞) 娥。〔아〕好也예쁠아姮ㅣ항아天女夸ㅣ선녀아舜妻ㅣ媓순임금아내아(歌) 娧。〔태〕ㅣㅣ舒遲貌더딜태喜也

기뻐할태(泰) 娦 嬪(女部十四畫)과同 娩〔만·면〕産子해산할만、柔順유순할면(阮) 婚。姡(女部六畫)의本字 娪〔오〕美女예쁜계집오(遇) 娫〔연〕華也빛

날연、환할연(先) 娭〔애〕戲也희롱할애婢也계집종애(賄) (辰+女) 娠(女部七畫)과同 ● 八 娬 嫵(女部十二畫)同 (配+女) 妃(女部三畫)과同 娶〔취〕取妻장가들

취商ㅣ중개인취(魚) (女+沓)〔탑〕伏也엎드릴탑(合) (女+幷) 姘(女部六畫)과同 娹。〔현〕守也지킬현(先) 娷〔수〕以事相屬일서로부탁할수(支) 姘〔평〕除去제거할평妻婢通姦계

집종을간통할평(庚) 娸。〔기〕醜之也더럽게여길기、憎也미워할기(支) 娼。〔창〕女樂창녀창、여광대창賣淫女갈보창戲女집창(陽) 娻〔동〕國名나라이름동(東) 娺〔달〕疾也빠를달猛

也모질단(黠) (女+厓)〔애〕樂也즐거울애不快婷ㅣ계집이추할애(蟹) 娽。〔록〕從也따를록(屋) 娿。〔아〕美貌ㅣ娜아름다울아婀同、不決婷ㅣ결단못할아、머뭇거릴아(哿) 婀 娿(前條)와同

婁〔루〕牽也끌루愚也어리석을루形神交役卷ㅣ고달플루屢通、春秋國名邾ㅣ나라이름루空也빌루星名별이름루(虞)(尤) 婁。婁(前條)와同 婄〔부〕肥也살찔부愚也둔할부(有)

婆。〔파〕老媼늙은계집파舞貌ㅣ娑춤추는모양파、祖母ㅣㅣ조모파(歌) (女+羌)〔강〕紊亂문란할강(養) (女+桼) 媟(女部九畫)과同 婉。〔완〕美也예쁠완、아름다울완順也순할완少也

젊을완 本音원 (阮) 婊 [표] 娼家화랑이표 (篠) 婋 [호] 女之怜悧계집영리할호 (肴) 婌 [숙] 後宮女宮名궁녀벼슬이름숙 (屋) [illegible] [누] 女肥ㅣ婷계집 살통통할누、살찔누 (有) 婍

[기] 美好고울기 (紙) 婎。[휴] 姿態모양휴、태도휴 放逸제대로 제마음대로행동할휴 (支) 娩 [반] 兔子토끼새끼반 (願) 婐。[와] 女侍시녀와 軟弱연약할와 (哿) 嫛 [혜] 兇也흉할혜 姿也방자

할혜 (霽) 娭 妖(女部四畫)과同 婑 [유] 美也아릿따울유 (支) 婓。[비] 行貌ㅣㅣ행하는모양비 神女江여자비 本音추 (微) 婕。[첩] 美貌예쁠첩ㅣ好궁녀벼슬이름첩 倢同 (葉)

婖 [첨] 慙愧부끄러워할첨 (鹽) (琰) 婗。[예] 初生兒嫛ㅣ갓난아이예 嫕媚貌 婗ㅣ예쁜체할예、아양부릴예 (齊) 婩。[엄] 誣拏모함할엄 (豔) 婙 婧(女部八畫)과同 婘 [권] 好也아름다울권ㅣ屬집

안붙이권 眷通 (先) 婚 [혼] ㅣ姻혼인할혼 婦家처가혼 取婦장가들혼 姻見 (元) 婜。[간] 美麗화려할간、빛날간 (刪) 婞。[행] 很也ㅣㅣ사나울행 親也친할행 悻同 (迥) 婠。[완] 體好몸예쁠완 (阮)

[illegible]。[점] 喜笑貌벙글거릴점 (鹽) 婡 [래] 容美얼굴예쁠래 (泰) 婢。[비] 女奴、夫人負罪緬계집하인비、여종비 賤女천한여자비 婟。[고] 戀惜ㅣ嫪생각하고잊길고 美也어여쁠고 本音호 (遇)

婤 [주] 容貌優美얼굴얌전할주 (尤) 婣 [인] 和也화할인 姻同 (眞) 婥。[작] 美好貌예쁠작 (藥) 婦。[부] 子之妻也며느리부 妻也지어미부、아내부 女子여자부 (有) 婦

婦(前條)와同 [illegible] [안][학] 美好고울안、愚也어리석을학 (翰) (藥) 婧。[청] 貞潔조촐할청 纖弱가날플청 (敬) 婫 [혼] 以物蒙頭머리덮을혼 (阮) 婭 [아] 兩壻相謂姻ㅣ동서아 親

戚姻戚인가아、친척아 (禡) 婪。[람] 貪也탐할람 (覃) [illegible] [람] 好美고울람 (感) 婬。[음] 姦ㅣ간통할음 蕩也음탕할음 戲也회악질할음 遊逸女놀음 (侵) [illegible] 麗(鹿部八畫)과同

婲 [화] 豔好예쁠화 日字

九

婺。[무] ㅣ女星名별이름무 不繇맘대로못할무、유순하지못할무 (尤) 婹 [요] 弱也연약할요 (篠) 婸 [탕][양] 淫戲음탕할탕、我也나양 (養) (陽) 媨 [추] 老嫗醜계집늙

어추할추 (尤) 婻 [남] 肥大몸퉁퉁할남 (勘) [illegible]。[수] 兄之妻형수수 嫂同 本音소 (皓) 婷 [정] 美貌好娉ㅣ예쁜모양정 冷也쌀쌀할정 娗通 (青) 婼。[착][야][이] 不順순하지않을착、不順거스

를야、ㅣ羌、國名나라이름이 (藥) (麻) (支) [illegible] 婚(女部八畫)과同 [illegible] [외] 美貌아릿따울외 (灰) [illegible] [가] 美貌고울가 (馬) 媀 [우] 女妒男투기할우、샘낼우 (遇) 媮

[유][투] 薄也엷을유 樂也즐거울유 愉通、巧黠교활할투 偷也도둑질할투 偷見 (尤) (虞) 婿 壻(士部九畫)과同 媂 [제] 厠間神名뒷간귀신이름제 (霽) 媄。[미] 色艷빛고울미 (紙) 媁。[위] 美

盛貌탐스러울위 醜也추접할위 (微) 媃 [유] 女媚貌예쁜체할유 (尤) [illegible]。[노] 有所恨痛원통할노、亂擾心번뇌할노、마음수란할노 惱通 (皓) 媈 [휘] 妾也첩휘 小家작은집휘 (微) 媅 [담] 樂

也즐길담、즐거울담 湛通 (覃) 媊 [전] 女ㅣ、星名별이름전 (銑) 媋 [춘] 女子계집의자춘女 美貌아릿따울춘 (眞) 媌 [모] 眉目美好貌눈매고울모 妓女노는계집모 (肴) 媉。[옥][악] 美也예쁠

옥、官飾모양낼악 屋 覺 嫨 탄 亂也 어수선할탄 無儀예의없을탄 翰 媘。성 減也 축날성、칼성 梗 媍 婦(女部八畫)과同 㜝 함 健也 井也 키크고건강할함 謙 媐 이 悅也 이쁠이 支

媒。매 仲ㅣ중매매、중신들매 貪也 탐낼매 釀酵술빚을매 駿馬 龍ㅣ용마매 暗也 어둘매 灰 媓 황 堯女舜妃娥ㅣ여자이름황、황후이름황 陽 媔 면 美目ㅣ只、눈매예쁠면、눈조리고을면 妒也 투기할면 霰

㛸 극 賤嫗 천한할미극、쌍스런계집극 職 媕。암 不決ㅣ娿 결단못할암、머뭇거릴암 覃 㛾 함 女之陋醜계집더러울함 勘 媙 위 窈窕之貌 얌전할위 微

㛖 경 獨也 외로울경、고독할경 煢、嬛通、惸同 庚 媚。미 諂也 아첨할미 愛也 사랑할미 悅也 상긋거릴미 美態 아름다운모양미 親順 嫵ㅣ순할미 寘 㛹 편 美貌 아름다울편 先 媞。제 美貌ㅣ아름다운모양제 安也 편안할제 齊

媛。원 美貌 嬋ㅣ아름다운모양원 美女 예쁜계집원 女官여사벼슬원 元 霰 媤 시 夫家시집시 國字 婄 암 志不正 뜻바르지않을암、마음비뚤암 覃 㛻 과 美貌 아름다울과 佳

媟。설 慢也 거만스러울설 瀆也 모독할설 戲也 희롱지거리할설 褻同 媢。모 妒也、忌嫉투기할모 怒也 성낼모、골날모 號 媣 염 分明분명할염、똑똑할염 琰 媠 타 美也 예쁠타、고울타 不嚴飾 燕ㅣ태만할타、게으를타 不敬 거만할타 哿

㛼。삽 急言失序 차례없이말할삽、말납신거릴삽 洽 媥。편 ㅣ姺 行輕貌 간들간들거릴편 先 媦 위 女弟 손아래누이위 未

媧。왜 과 女ㅣ古女聖名여자이름왜、과 義同 佳 麻 娺 철 貪食 탐내여먹을철 屑 媆。눈 嫩弱 어릴눈、약할눈 願

⑩

𡟬。축 媚也 아첨할축 屋 㜆 미 母也 어미미

媰。추 취 嫠婦과부추、홀어머니추 婦人妊娠아이밸추 姓也 성취 尤 有 媱。요 老而曲背 늙어등굽을요 蕭 婺 목 美貌 아름다운모양목 屋 媲 비 耦也、配也 짝비、배필비 霽 嬄 이 女態 계집태도이、맵시이 寘

媳 식 子婦 며느리식 職 媶 용 美貌 이쁠용 冬 媵 잉 從嫁 잉첩잉 飮酌 잔마실잉 寄物 물건부칠잉 侍女계집종잉 徑 媸 치 醜也 더러울치 癡也 어리석을치 婬也 음란할치 蚩同 支

媷 욕 惰怠 게으를욕 沃 嬍 미 善也 착할미 美通 紙 㜉 옹 女之美貌 예쁠옹 冬 㜅 사 巫女 무사、무당사 支 㜘 설 小貌 작을설 屑

媻。반 不正貌 비틀거릴반 寒 翰 媼。오 女老稱 노파오、할미오 母也 어머니오 地神 땅귀신오 晧 媽 마 母也 어미마 牝馬 암말마 麻 㜴 멸 滅也 끊을멸、멸할멸、滅(水部十畫)과同

嫅。재 諂也 娃ㅣ아첨할재 佳 嫸 전 美也 고울전、묘할전 銑 媾 구 重婚 겹사돈구、겹혼인할구 愛也 사랑할구 和也 화할구 寵愛 총애할구 情交 교접할구 寵也 괼구 婏。원 安也 편안할원 元

媿。괴 慚也 부끄러울괴 愧同 寘 嫂 수 兄之妻 형수수、嫂(女部九畫)의 俗字 嫁。가 女子適人 시집갈가 推惡于人ㅣ禍 떠넘길가 往也 갈가 禡 嫎 妎(女部四畫)과同 嫄。원 稷母姜ㅣ후직의어머니원 元

𡞱 차 腰細 허리가늘차、허리가늘차 麻 嫈。앵 好貌 예쁠앵 嫈幼 婦어린지어미앵 庚 媴 妘(女部四畫)과同 嫇。맹 幼婦 嫈ㅣ어린지어미맹 小人貌ㅣ

ㅣ키작을맹、앙징스러울맹 (庚) 嫉 [질] 妒也투기할질 妎也미워할질 㑵同 (質) ⿳士冖⿰女殳 [누][구] 搾乳젖짤구、乳也젖먹일누 (有)(有) ⿰女奚。[혜] 女隸계집종혜 妒也투기할혜 奚通 (齊) 嫋。

[뇨][약] 柔長貌ㅣ娜간들거리는모양뇨、휘늘어질뇨 悠揚ㅣㅣ날릴뇨 弱貌ㅣㅣ연약할약 (篠)(藥) ⿰女幷 [예] 姥也유모예 (霽) ⿱隹女 [휴] 醜也不見보기싫을휴 (支) 嫌。[혐] 疑也不平於心혐의할

혐、의심둘혐 不好싫어할혐 慊同 (鹽) 嫎 妨(女部四畫)과同 嫐 [뇨] 戲也嘲弄계집이사내 조롱할뇨、샘낼뇨 (皓) ⿰女垔 姪(女部七畫)의本字 嫏 [랑] 天帝藏處서

고랑 (陽) ❶十二 嫖 [표] 勁疾날랠표 貪色탐색할표 邪淫음란할표 輕也가벼울표 僄見 (蕭) 嫕 [예] 柔順貌유순할예 (霽) 嫗。[구][우] 老婦之稱할미구 母也어머니구、育也기를우 (遇)(虞) 嫚。

[만] 慢也侮易업신여길만、거만할만 漢汚더럽힐만 (諫) 嫙 [선] 美貌이쁠선 嫘 [류] 姓也성류 (支) 嫛。[예] 人始生婗ㅣ갓난아이예 (齊) 嫜 [장] 舅姑姑ㅣ시부모장 夫之兄맏시아지비장 (陽)

⿰女曹 [조] 美也아름다울조 (豪) 嫡。[적] 正室정실적、큰마누라적 本妻所生子맏아들적 適通 (錫) 嫞 [용] 懶女게으른계집용 (冬) 嫝 [강] 安也편안할강 (陽) 嫟 [닉] 互相親近서로친근할

닉 (職) ⿰女參。[삼] 婪淫음탕할삼 婪也탐할삼 (覃) 嫠。[리] 寡婦홀어미리、과부리 (支) 嫢。[규] 細腰가는허리규 (支) ⿰女虚。[처] 妒也투기할처 嫱也교태부릴처 (御) 嫤 [근] 美貌고

울근 (震) 嫣 [언][현] 巧笑貌빵긋웃을언 好貌예쁠언、長好貌긴모양현 (先) ⿰女畢 [필] 母也어미필 (質) 嫦 [상] 羿妻ㅣ娥계집이름상、항아상 姮見 (陽) 嫩 [눈] 弱也연약할눈、

어릴눈 艶也고울눈 婈同 (願) 嫥。[전] 壹也ㅣㅣ전일할전、온전할전 孅也아름다울전 (先) ⿱翏女 嫪(次條)와同 嫪。[로] 戀惜媚ㅣ생각하고아낄로 士無行ㅣ毒선비행실없을로、오입장이로

慕也사모할로 (號) 嫰 嫩(女部十一畫)과同 嫨 [한][연] 老嫗할미한 怒也노할한、敬也공경할연 (寒)(銑) 嫫 [모] 大醜더러울모 嫫母ㅣ母黃帝第四妃황제의황후이름모 (虞) 嫧。[책] 謹也삼갈책

鮮明선명할책 (陌) 嫯。[오] 蔑視업인여겨볼오 (號) 嫭 [호] 美好아름다울호 誇也자랑할호 (遇) ⿱斬女 [참] 顏白얼굴흰할참 (覃) 嬒。[암][엄] 女有心계집맘들엄 含怒意부루퉁할암

엄 (覃)(鹽) 嫲 [마] 尼也女僧계집중마 (歌) ⿰女咠 婿(女部九畫)과同 ❶十三 嫳。[별] 輕薄貌경박할별 易使怒발끈할별 (屑) 嫵。[무] 媚也예쁠무、아담스러울무 (麌) ⿱叟女 [초] 姊

也누님초 (肴) 嫴。[고] 婦人罪輕不入獄而保任계집죄인 머물러둘고 苟且ㅣ婾구차할고 (虞) 嫼。[흑] 怒也성낼흑 (職) ⿰女然。[연] 姿態貌아리잠직할연 (先) ⿰女覃。[담] 女體細長계집몸

후리후리할담 (覃) 嫶 [초] 憂也愁而疲ㅣ妍ㅣ冥얼굴파리할초 憔通 (蕭) 嫷 [타] 鳥名ㅣ羿까치같고 꼬리허연새타 (哿) ⿰女善。[선] 好枝格人語남의말어기기좋아할선 本音전 (銑)

嫺。[한] 雅也아담할한 習也익힐한 閑通 (刪) 嫹 [묘] 美也아름다울묘 (肴) 嬃 [수] 姊也누님수 女子名ㅣ계집의자수 (虞) ⿰女買 [매] 狡猾약을매 (佳) 嫿。[획] 靜好안존할

획矜持자랑할획奔馳衝ㅣ말빨리달릴획 陌
嬁 등女之貞烈계집정조있을등 蒸
嬖 얼美弱고울얼 月
嫽。료로好貌예쁜모양료僚見、戲也희롱할료、희학질할료、母之母ㅣㅣ외조모로 蕭 嘯 皓
嬀。开陳姓성开水名ㅣ汭물이름开潙通 支
嬄 일堅也節操절개굳세지킬일 質
嬅 화女容俊麗탐스러울화、계집엄전할화 禡
嬈。요뇨美貌嬈ㅣ예쁜모양요、亂也어지러울뇨苛也까다로울뇨戲擾희롱할뇨嬲見 蕭 篠
嬏。란順從순할란 翰
嬇 회女字계집의자회 隊
嬠 잠貪也탐할잠 覃
嬋。선ㅣ娟物有色態고울선 先
嬆 읍心也清白맘청백할읍 緝
嬉 희樂也즐거울희妹ㅣ桀妃계집이름희戲也희롱할희喜通 支
嬌。교態也맵시교、태도교妖嬈아리땃울교女兒여자교、처녀교 蕭
婸 탕蕩也없인여길탕 養

⑬

嫯 오嫉也투기할오 號
嬒。회女面色黑계집의얼굴빛검을회 泰
嬎 반免子토끼새끼반娩同 遇 願
嬓 교人名사람이름교 嘯
嬐。섬敏疾민첩할섬 鹽
嬖。폐愛也便辟사랑할폐官名벼슬이름폐寵愛총애받을폐 霽
嬗。선靜也고요할선儃也중선傳位전위할선除地封ㅣ터닦을선禪同 先 霰
嬴 영秦姓진나라성영解也풀어질영滿也가득할영餘也남어지영嬴也끝영美也아름다울영善射者寥ㅣ활잘쏘는사람영造化神黠ㅣ조화귀신영盈通 庚
嬚 렴清雅맑고고울렴 鹽
嬙。장女官名嬪ㅣ궁녀벼슬이름장美女毛ㅣ예쁜계집장 陽
嫛 희憎也미울희 紙
嬛。현경輕麗便ㅣ새듯할현、산뜻할현本音선、獨夫고독할경嬽見 先 庚
㜷。개心惱맘번네할개 蟹
嬜 암흠貪也탐낼암、仁慈인자할흠 覃
黽 잉懷姓아이밸잉蠅也파리잉孕同 徑 蒸
嬟 의堅也貞操정조곧을의 紙
嬼 窈(穴部四畫)과同
嬠。참貪也탐할참 覃
嬴 嬴(女部十三畫)과同

⑭

嬥。조往來貌오락가락할조嬈也아름다울조蠻歌오랑캐노래조不仁ㅣ嬈거북할조 篠 嘯
嵔 외偎風낮은바람외 灰
嬤 마幼兒呼母엄마마 哿
嬵 嫵(女部十二畫)의俗字
嬬。유수妻也아내유、弱也약할수 虞
嬨 자女性寬順계집성품너그럽고순할자 支
嬭 내乳母유모내、젖어미내姊也누님내晝睡黃ㅣ낮잠내 蟹
嬪。빈婦官妃ㅣ계집의벼슬이름빈、궁녀벼슬이름빈女子敬稱귀녀빈多貌ㅣ然많은모양빈婦也계집빈 眞
嬣 녕妍ㅣ女劣貌계집용렬할녕女態舒徐느릴녕 青
嬧。람誤也그릇할람、잘못할람 勘
嬮。염靜也고요할염 鹽
嬯。대愚也미련스러울태 灰
嬰。영孩也어릴영、縈也、絆也、女首飾얼킬영加也더할영觸也부딪칠영、찌를영繞也둘릴영攖同 庚
嬱 참美也아름다울참 覽
嬲 뇨戲擾희악질할뇨、계집테리고희롱할뇨 篠
𡢾 희悅樂기쁠희、즐거울희 支
嬳 확作姿態모양낼확 藥
嬶 비妻賤稱여편네비日字
嬺 懋(心部九畫)과同
𡢸 婁(女部八畫)과同

⑮

嬸 심叔母숙모심、작은어머니심 寢
𡤒 삭약美也아름다울삭、약義同 藥
嬹。흥悅也기쁠흥 徑
嬻。독媟ㅣ慢也거만할독、설만할독 屋
嬽。연원美好貌아릿따울연

蛾眉好貌 눈매고을연 屈貌 굽힐연、美容貌 얼굴아름다울원 (先)(元)

嫿 [려]心不欲爲 맘에하기싫을려 懥同 (語)

嬼 [류]婺婦과 부류 (有)

嬙 嫱(女部十三畫)과同

𡤙 [절]美容貌 얼굴고울절 (屑)

嬛。嬛(女部十三畫)의本字

⑯ 嬇 [회]安和 온화할회 (佳)

𡡡 [소]女字 계집의자소 (蕭)

嬾。[란]怠也 게으를란 (旱)

𡤡 襄(衣部十一畫)의古字

嬿。[연]美也 아름다울연 ㅣ婉 安順貌 수더분할연 (霰)

⑰ 孀 [상]寡婦 과부상 (陽)

孊 [미]阿ㅣ母也 어미미 (支)(齊)

嬔 [반]匹耦 배필반 (願)

孅。[섬]弱也 약할섬 銳細也 가늘섬 古善御者ㅣ阿 사람의이름섬 纖通 (鹽)

孃。[양]母稱 阿ㅣ 어머니양 處女尊稱 아씨양、娘同 本音 낭 (陽)

孽 [얼]庶子 서자얼、첩의자식얼 妖ㅣ 禽獸蟲蝗之怪 요괴얼 (屑)

𡤦 媟(女部九畫)의俗字

孂。[교][겸]竦貌 곱송거릴교 懼貌 두려워할교、겸 義同 (篠)(琰)

⑱ 𡤃 嬭(女部十四畫)의俗字

孉 婘(女部八畫)과同

孇。[구][우]蠻峒歌 오랑캐의노래구 卑歌 비속한노래우 (虞)(尤)

孈。[이][휴]遇而多能 어리석고몸짓많을이、北方神名 북방귀신이름휴 過也 지날휴 (紙)(寘)

𡤯 [섭]美貌 아름다울섭 (洽)

⑲ 𡤨。[찬]白好貌 희고예쁠찬 容美貌 아릿따울찬 (翰)

𡤬 [라]女字 계집의자라 (歌)

孋 [리]國名ㅣ娍 나라이름리 驪通 (支)

𡤊 [미]婦官名 修ㅣ 계집벼슬이름미 (紙)

孌 [련]美貌 好婉ㅣ 예쁠련 慕也 사모할련 從也 좇을련 順也 순할련 (銑)

𢿌 孌(前條)와同

𡤻 孌(前前條)와同

⑳ 𡤿 [가]姿態、㛊ㅣ 계집얼굴꾸밀가 (麻)

𡤪 孇(女部十四畫)과同

孍 [엄]莊也 엄전할엄 静也 조용할엄 (鹽)

㉑ 孏。[란]怠也 게으를란 (旱)

孎 [촉]女謹順貌 嫡 계집순직할촉 (沃)

㉓ 𡤹 姪(女部六畫)과同

𡥁 孌(女部十九畫)과同

子部

子。[자]嗣也 아들자 息也 자식자 男稱 사나이자 夫婦互稱 임자 자ㅣ孫稱其先人曰ㅣ 어르신네자 鼠也 쥐자 地支第一位 첫째지지자 種也 씨자 人也 사람자 公侯伯ㅣ男 벼슬이름자 (紙)

孓。[궐]短也 子ㅣ 짧을궐 水蟲俗呼沙蟲長成則化爲蚊 잿갑이궐、장구벌레궐 (月)

孑。[혈]孤也 單也 외로울혈 餘也 ㅣ遺 나머지혈 特出ㅣㅣ 특출할혈、우뚝할혈 戟也 창끝갈구리혈 (屑)

① 孔。[공]穴也、空也 구멍공 甚也 심할공 姓也 성공 (董)

② 孕 [잉][인]懷妊 아이밸잉、인 義同 (徑)(震)

𡥀 孫(子部七畫)의古字

𡤾 孔(子部一畫)의古字

③ 字。[자]文也 글자자 愛也 사랑자 副名 자자 乳也 젖먹일자 畜牝 암컷기를자 女子許嫁笄而ㅣ 故許嫁亦曰ㅣ 시집보낼자 養育 기를자 (寘)

孖 [자]雙生子 쌍동이자 (支)

存。[존]在也 있을존 察也 살필존 恤問 告ㅣ 조문할존 保ㅣ 보존할존 (元)

𢒈 存(子部三畫)의本字

④ 孚 [부]信也 믿을부 玉采 옥의문채부 卵也 알부 卦名 中ㅣ 괘이름부 種子 씨부 孵化 알깔부 (虞)

孛 [패][발]彗星 혜성패、끄리달린별패 義同、妖氣 요기스러운기운발 詩見 (隊)(月)

𡥉 孛(前條)의本字

孜。[자]勤也 汲汲ㅣㅣ 부지런할자 孳通 (支)

孝。[효]善事父母 효도할효 (畜也 順於道而不

逆於倫謂ㅣ)喪服상복입을효(效)

孝 교 導也인도할교、孝俗字(效)

五

孟。맹 망 長也맏맹(嫡長曰伯、庶長曰ㅣ)大也클맹 勉也힘쓸맹 始也첫맹 不靜要貌ㅣ浪맹랑할망(漾)(養)

斈 재 小腸소장자(支)(紙)

孡 태 孕也아이밸태(灰)

孢 포 孕也아이밸포(巧)

孠 嗣(口部十畫)의古字

季。계 末也끝계 伯仲叔ㅣ막내계 四時사철계 末世말세계(霽)

孛 勃(力部七畫)의譌字

孝 使(人部六畫)의古字

孥 노 子也자식노 妻子亦子稱ㅣ처자노 奴隸노예노 帑通(虞)

𡥤 好(女部三畫)과同

孚 孚(子部二畫)과同

学 學(子部十三畫)의略字

孤。고 獨也홀로고、외로울고 無父아비없을고 背也배반할고 特也우뚝할고 王侯之謙稱나고 負也저바릴고(虞)

六

孨。전 謹也삼갈전(銑)

孖 의 昌盛번성할의(紙)

孞 견 孤獨외로운아이견 敬幷공경하여절할견 本音현(先)

孩。해 小兒笑방글방글웃을해(灰)

七

𡦔 제 蝗子황충의새끼제(霽)

娣 제 小兒어린아이제(齊)

孫。손 子之子손자손 再發生움돋을손 謙遜겸손할손 順也순할손 避也피할손 遜同(元)

孬 왜 不好좋지않을왜(卦)

娩。면 生子아이날면 娩、免同(銑)

八

孯 간 固也굳을간(刪)

孮 종 子孫繁盛자손번성할종(冬)

孰。숙 誰也누구숙 何也어느숙 食飪밥익을숙 審也살필숙 熟通(屋)

孲 아 赤子어린아이아(麻)

九

孱。잔 弱也、劣也잔약할잔、좀스럴잔 呻吟신음할잔(刪)

𡦻 구 孤也외로울구(語)

𡦃 명 初孕첫아이밸명(敬)

𡦵 姪(女部六畫)과同

𡦽 결 缺也이지러질결

𡧂 궁 子宮자궁궁(東)

十

𡦗 형 獨也외로울형 本音경(庚)

𡦈 부 多也많을부(尤)

孴。의 읍 盛貌戢ㅣ성한모양의、衆貌ㅣㅣ모인모양읍(紙)(緝)

㝅。누 乳也젖누 子也자식누 穀通(有)

孳 자 息也 乳化交接ㅣ尾새끼칠자、흘레할자 孜同(支)(寘)

𡦼 추 孕也애밸추(遇)

𡦾 회 息也숨회(寘)

十二

孷 리 雙子쌍동이리(支)(寘)

孵。부 ㅣ化알깔부(虞)

十三

𡦸 종 乳汁젖물종(宋)

𡦹 堵(土部九畫)과同

學。학 受教배울학 庠序總名글방학、서당학 覺悟깨달을학 効也본받을학(覺)

十四

孺。유 幼弱젖먹이유 婦人死後稱세집유 ㅣ慕사모할유 屬也딸릴유(遇)(虞)

孻 내 老人所生노인자녀내

十七

孽。孼(前條)의俗字

孾 영 孩也어린아이영(庚)

十九

孿。산 련 雙生子쌍동이산、련義同(諫)(先)

二十

𡥽 孿(子部十九畫)과同

寸部

寸。촌 十分치촌 節也마디촌 忖也헤아릴촌 少也조금촌(願)

一

𡬝 等(竹部六畫)의俗字

二

对 對(寸部十一畫)의俗字

三

寺。사 시 僧居절사 官舍관사사、官ㅣ내관시 侍、閹同(寘)

四

対 對(寸部十一畫)의略字

过 刑(刀部四畫)과同

寽。률 取也취할률(質)

五

尀 파 不可못할파 叵同(哿)

导 애 止也그칠애 閉也막힐애(隊)

尉 爵(爫部十四畫)과同

六

封。봉 聚土흙모을봉ㅣ疆지경봉할봉 祭名ㅣ禪제사이름봉 大也、培也클봉 緘也ㅣ章봉할봉 爵也土벼슬봉할봉

村

[슥] 拾也주울숙 叔同 (屋)

⑦ 射。[사][석][야][역] 發矢쏠사 速如矢화살같이빠를사、指物而取마쳐취할석 ㅣ殺목표를잡을석、官名벼슬이름야、厭也싫을역、눌를역 (禡)(陌)

尃。[부] 布也펼부 (虞)

尅 剋(刀部七畫)과同

⑧ 將。[장] ㅣ師장수장 大ㅣ대장장、漸也장차장 抑然辭문득장 送也보낼장 郎也곧장 領也거느릴장 奉也받을장 請也청할장 技也가질장 且也또장 聲也ㅣㅣ소리장 養也봉양할장 扶持가질장 嚴正貌ㅣㅣ엄정한모양장 行也행할장 助也도울장 大也클장 (漾)(陽)

尉。[위][울] 官名벼슬이름위 安也편안하게할위 覆姓ㅣ遲성울 (未)(物)

專。[전] 壹也、誠也전일할전 獨也오로지할전 擅也、自是임이로할전 剸、顓通 (先)

尋 [심] 搜也찾을심 繹也궁구할심 仍也인할심 俄也아까심 倍仞八尺여덟자심 繼也이을심 用也쓸심 求也구할심 浸淫侵ㅣ번질심 物長길심 ㅣ常심상할심 𡬶同 (侵)

⑨ 尊。[존][준] 貴也、高也높을존 君父稱어른존 敬也공경할존、酒器술준 (元)

尋。尋(前前條)와同

𡬶 [선] 修也닦을선 表也바갈선 循也쫓을선 (先)

尌。[주] 立也세울주 童僕아이놈주 姓也성주 (遇)

⑪ 對。[대] 答也대답할대 物幷峙마주설대 當也당할대 配也짝대 對同 (隊)

⑫ 尊 尊(寸部九畫)과同

⑬ 導。[도] 引也인도할도 治也다스릴도 通也통할도 啓迪열도 (號)

對 對(寸部十一畫)과同

⑭ 導 導(前前條)의古字

⑯ 衜 導(寸部十三畫)의古字

宀部

宀。[면] 穴居움집면 (先)

② 宁。[저] 門屏間視朝處조회받는곳저 佇也멈출저 (語)

宂。[용] 散也쓸데없을용 雜也잡될용 煩雜번잡할용 忙也、民無定居曰ㅣ바쁠용 閑散한가할용 居所不定떠돌아다닐 剩也나머지용 冗、俗字 (腫)

它。[타] 異也、非也다를타 蛇也뱀타 佗古字 (歌)

宄。[궤] 姦也간악할궤 外寇盜出 內爲姦起外爲ㅣ밖도둑궤 (紙)

③ 宊。[구][유] 貧而病가난하고병들구、유義同 (宥)(有)

宅。[택] 所托居處집택 位置자리택 居也살택 定也정할택 墓穴구덩이택 處也처할택 厇通 (陌)

宇。[우] 居霤집우 天地四方천지사방우 度量헤아릴우 端也끝우 屋邊簷下처마기슭우 品性품성우 寓同 (虞)

安。[안] 危之對편안할안 靜也、徐也안정할안 何也무엇안、어느안 佚樂즐거울안 定也정할안 (寒)

穴 窔(穴部四畫)의古字

守。[수] 護也勿失生主ㅣ지킬수 主管其事보살필수 待也기다릴수 太ㅣ원수 官之暑理서리수 (有)

写 寫(宀部十二畫)의略字

④ ⿱宀公 容(宀部七畫)의古字

⿱宀介 [개] 獨居홀로살개 無偶畜홀짐승개 (卦)

宋。[송] 國名 微子所封송나라송 姓也성송 (宋)

宊 [돌] 顯出나타날돌 (月)

完。[완] 全也완전할완 堅好튼튼할완 保全지킬완 畢也마칠완、끝날완 (寒)

宎 [요] 窔也굴요 室東南隅방의동남쪽구석요 深窔聲굴속소리요 (篠)

宏 [굉] 廣大넓을굉 博也클굉 古音횡 (庚)

⿱宀方 旁(方部六畫)의本字

⿱宀丏。[면] 適合맞을면 (霰)

⿱宀乙 冋(冂部三畫)의古字

⿱宀井 [정] 庭井뜰의우물정 (梗)

⑤ 宲 [포] 藏也감출포 (晧)

宔。[주] 宗廟藏主櫝신독주 主通 (麌)

⿱宀卯 [포] 醉也술에취할포 (效)

宖。[횡][홍] 屋響집울림횡、深大클홍 (庚)

宕。[탕] 放也 佚ㅣ방탕할탕 洞屋

골집 石工ㅣ尸석수탕 湯通 官人鬆帽ㅣ탕건탕 (漾) 國字

宗。[종] 尊也 높을종 本也 근본종、마루종 ㅣ廟 종묘종 主也 주장할종 朝見朝ㅣ조회종 同姓일가종 教派 교파종 官名秩ㅣ벼슬이름종 (冬)

宓。[복][밀] 伏也 엎드릴복、姓也 성복、默也 잠잠할밀 安也 편안할밀 密同 (屋)(沃)(質)

官 [관] 職也 벼슬관 司也 맡을관 治事處 관가관 使也 (寒)

宙。[주] 居也 집주 往古來今 고금주 天也 하늘주 無限時間 때주 (宥)

定。[정] 決也 정할정 安也 편안할정 止也 그칠정 靜也 고요할정 熟肉羹ㅣ익은고기정 顁也 이마정 宿名 별이름정 顁見

宜。[의] 適理當然 마땅할의、옳을의 安也 편안할의 和順 유순할의 祭名 (支)

宛。[완][원][울] 依然 완연할완 丘上有丘 언덕완 指定處 지정할완 小貌 작은모양완 西或大ㅣ땅이름원 積也 쌓일울 蘊同 (阮)(元)(物)

实 實(宀部十一畫)의略字

宔 居(尸部五畫)의古字

宊 寂(宀部八畫)과同

六

㝓 合(口部三畫)과同

客。[객] 賓也、主之對 손객 旅也 나그네객 過去 지난객 寄也 붙일객 人也 사람객 (陌)

宺 [황] 家空 집빌방 (養)

宼 [궤] 毁也 무너질궤 (紙)

室。[실] 宮ㅣ通名 궁실실 房也 방실 夫謂婦 아내실、마누라실 鞘也 칼집실 土窟 토굴실 (質)

宣。[선] 布也 베풀선 弘也 펼선、흩을선 示也 보일선 明也 밝을선 早白ㅣ髮 일직셀선 通也 통할선 瑄同 (先)

㝔 宎(次條)의本字

宎 [요] 隱暗處 어둑한구석요 室東南隅 방동남모퉁이요 穾同 (篠)

宧。[이] 房之東北隅 동북구석이 (支)

宥。[유] 寬也 너그러울유 赦罪 죄사할유 助也 도울유 許容 너그러울유 侑同 (宥)

宦。[환] 官也 벼슬환 仕也 부릴환 奄人 내관환 學也 배울환 (諫)

宫。宮(宀部五畫)의本字

㝌 若(艸部五畫)과同

宨 [조] 放肆 방조할조 (篠)

寍 寧(宀部十一畫)과同

七

㝗 [량] 靜也 고요할량 空家 집 (陽)

宭。[군] 羣居 여럿이살군 羣通 (文)

宬。[성] 藏史所 사고성 倉庫 창고성 (庚)

㝁 [다] 媚也 아첨할다 (麻)

㝝 [옹] 和也 화할옹 (東)

宰。[재] 主也 주관할재 官稱 재상재 首也 으뜸재 屠也 잡을재 烹也 삶을재 治也 다스릴재 (賄)

㝎 [하] 隙也 틈하 (禡)

宩 求(水部三畫)과同

㝒 [효] 氣蒸上 기운찔효 (肴)

宱 [좌] 寬也 너그러울좌 (禡)

㝘 [곡] 曲也 굽을곡 (屋)

害。[해][할] 傷也 해할해 禍也 해롭게할해 忌也 시기할해 殺也 죽일해、何也 무엇해할、어찌할 曷通 (泰)(曷)

宴。[연] 安也 편안할연 饗食禮 잔치연 樂也 즐길연 讌見 (霰)

宸。[신] 屋宇 집신 帝居 대궐신 (眞)

㝅 [오] 寤覺 잠깰오 (遇)

宵。[소] 夜也 밤소 小也 작을소 蟲名ㅣ行 벌레이름소 (蕭)

容。[용] 貌也 儀ㅣ형용용、얼굴용 安也 편안할용 受也 용납할용 飛揚ㅣㅣ날릴용 置也 놓을용 用也 쓸용 (冬)

家 [가] 住居 집가 婦謂夫有ㅣ남편가 專有長者 통한이가、용한이가 內家 속가 ㅣ門 집안가 ㅣ門 가문가 ㅣ計 살림살이가 學派 학파가 (麻)

宫 響(音部十二畫)의古字

宮 [궁] 至尊所居 궁궐궁 垣也 담궁、울궁 (東)

寈 寂(宀部八畫)의俗字

八

寀 [채] 同官 동관채 ㅣ地 사패땅채 采同 (賄)(隊)

㝛 [석] 夜也 밤석 (陌)

寁 [잠] 速也 빠를잠 速成 얼른할잠 (感)

宿 [숙][수] 夜止 잘숙、드샐숙 素也 본디숙 休也 쉴숙 留也 머무를숙 守

也 지킬숙 大也 클숙 列星 별수 星座 성좌수 列星 떼별수 (屋)(宥)

寂 [적] 靜也 고요할적、막막할적、적적할적 安閒ㅣ 편안할적 宊、諔同 (錫)

寃 [원] 怨也 원통할원 屈也 굽힐원 無罪 죄없을원 冤同 (元)

㝠 冥(冖部八畫)의 俗字

⿱宀帚 寑(宀部十一畫)의 古字

⿱宀青 青(青部。)의 古字

⿱宀乳 [누] 小乳 작은젖누 (有)

寄。 [기] 寓也 붙여있을기 付託 囑托 請ㅣ 부탁할기 與也 줄기 傾也 기울어질기 送也 부칠기 向也 향할기 傳也 전할기 小蟹ㅣ居 방게기 (寘)

寅 [인][이] 敬也 공경할인 虎也 범인 十二支中第三位 세째지지인 東方支名 攝提格 동방인、이 義同 寅同 (眞)(支)

密。 [밀] 稠也 빽빽할밀、촘촘할밀 秘也 비밀할밀 靜也 고요할밀 (質)

⿱宀林 [림] 家深 집깊을림 家深屋 집충충할림 (侵)

⿱宀亞 [아] 不正 비뚤어질아 (禡)

寇 [子] 群賊 떼도둑구 暴也 사나울구 却取 겁탈할구 讐也 원수구 害也 해할구 (宥)

九

⿱宀省 [성] 宮禁內官署 마을성 (梗)

寊 [정] 廣屋 넓은집정 (庚)

富。 [부] 豐財 부자부 豐也 많을부 裕也 넉넉할부 年幼 어릴부 厚也 두터울부 (宥)

寴 親(見部九畫)의 古字

寋 [건] 徒鼓磬 한갓경쇠만 울릴건 (阮)(銑)

⿱宀⿱八火 [울] 火種 불씨울 (物)

⿱宀契。 [예] 靜也 고요할예 (霽)

寎。 [병] 臥驚病 잠들어 깜짝깜짝놀랄병 三月 삼월병 (梗)

寐。 [매] 寢也 잠잘매 息也 쉴매 本音 미 (寘)

寏。 [환] 周垣 둘러싼담환 (寒)

寒。 [한] 冬氣 暑之對 찰한、추울한 戰慄 떨한 窮窘 가난할한 徹也 뼈에사무칠한 凍也 얼한 歇也 그만둘한 寂也 쓸쓸할한 冬也 겨울한 (寒)

寓 [우] 寄也 부칠우、붙어살우 假住 잠시머물러살우 付託ㅣ言 부탁할우 (遇)

⿱宀勉 [만] 引也 당길만 (阮)

⿰車它 [타] 橐也 주머니타 (歌)

寔。 [식] 是也 이식 實也 참식 止也 뿐식 (職)

⿱宀鳥 [교] 空也 빌교 (蕭)

十

寖 [침] 漑也 ㅣ漬 잠길침 漸也 점점침 浸同 (沁)

寙 [유] 嬾也 나약하고게으를유 (麌)

⿱宀桀 [걸] 覆也 덮을걸 (屑)

⿱宀索。 [색] 入家搜索 집에 들어와찾을색 (陌)

寘。 [치] 置也 둘치 廢也 폐할치 舍也 놓을치 置同 (寘)

⿱宀翁 [옹] 家暗 집어둘옹 (東)

⿱宀壽 [子] 夜也 밤주 寢室 침방주 (宥)

⿱宀⿰丬昔 ⿱宀昔(宀部八畫)의 俗字

⿱宀⿰丬吕 [망] 寢語 잠고대할망 (陽)

寕 寧(宀部十一畫)의 俗字

寛 寬(宀部十二畫)의 俗字

十一

⿱宀執。 [점] 屋傾下 지붕물매점 (豔)

⿱宀康。 [강] 靜也 고요할강 (陽)

寞 [막] 寂寥 쓸쓸할막 無聲寂ㅣ 괴괴할막、고요할막 (藥)

⿱宀⿰丬尨 [방] 寐也 잘방 (江)

⿱宀果 寡(宀部十一畫)과 同

察。 [찰] 監也 살필찰 考也 상고할찰 潔貌ㅣㅣ 깨끗할찰 偏見苛ㅣ 편벽되게볼찰 知也 알찰 明也 밝힐찰 觀也 볼찰 (黠)

寡。 [과] 小也 적을과 罕也 드물과 孀嫠、倮然單獨 과부과 諸侯自稱 과인과 (馬)

寥 [료] 寂也 고요할료 廓也 空虛 휑할료、빌료 寞也 쓸쓸할료 (蕭)

寠。 [루][子] 貧也 無禮居 가난할구 衰弱 여윌구、窶同、便側地 甌ㅣ 기우러질땅루 (麌)(尤)

寣 [홀] 小兒啼ㅣㅣ 아이울홀 (月)

寨。 [채] 藩落木柵 나무울채 營壘 진채 砦通 (卦)

㝢 [우] 屋也 집우 (尤)

寤 [오] 寐覺 잠깰오 覺也 깨달을오 悟通 (遇)

實 [실] 草木子 열매실 誠也 성실할실 富也 넉넉할실 充也 충실할실 事跡 사실실 物品 물건실 當也 당할실 (質)

⿱寒土 塞(土部十畫)과 同

寧。 [녕] 安也 편안할녕 願

詗차리리녕省視문안할녕居喪子ㅣ거상할녕一何也어찌녕嚀通、如何ㅣ磐어떠할녕寗通(靑)(徑) [illegible] 釐(里部十一畫)과同 [illegible] 密(宀部八畫)과同 [illegible] [암]寐語잠꼬대

암寐聲코골암(覃) [illegible] 貯(貝部五畫)과同 [illegible] 寶(宀部十七畫)과同 ●十二 [illegible] 惺(心部九畫)과同 [illegible] [증]屋大貌집클증(庚) [illegible] [성]悟也깨달을

성醒也잠깰성(梗) 審。[심]悉也알심、살필심詳也자세할심鞫事알아낼심ㅣ理심문할심束也묶을심然也과연심(寢) [illegible]。[쾨]境界지경쾨(泰) 寪。[위]姓也성위危也위태할위屋貌집모양위

위(紙) [illegible] [교]客也손교寄寓붙어있을교(蕭) 寬。[관]裕也너그러울관宥也놓을관恕也용서할관(寒) 寫。[사]輸也수운할사除也제할사謄抄베낄사摹畫모뜰사、그릴사鑄찍부어만들

사盤通(馬) 寑 寢(宀部十一畫)과同 寭。[혜]明也밝힐혜悟也깨달을혜(霽) 寮 [료]小窓작은창료同僚동관료官吏관리료僚同(蕭) [illegible]。[륭]天形하늘륭(東) ●十三

[illegible] 寓(宀部九畫)의俗字 寯 [준]聚也모일준才也재주준(震) 寏 奐(大部十畫)과同 寴 [척]親也친할척(錫) [illegible] [녕]昊天하늘녕(靑) 寰。[환]畿內顯

경기고을환宮周垣궁장환(刪) [illegible] [격]揚貌올릴격(錫) [illegible] [견]網也그물견(銑) [illegible] 究(穴部二畫)의古字 ●十四 寱 [예]ㅣ語夢中言잠꼬대예(霽) 寲 [의]案也살펴볼의(支)

●十五 [illegible]。[면]不見보이지않을면室内無人방에사람없을면(先) ●十六 寳 寶(宀部十七畫)의俗字 寵。[총]愛也사랑할총君愛임금께총애받을총恩也은혜총尊榮영화로울총俗

妾曰ㅣ첩총(腫) [illegible] 寒(宀部九畫)의古字 ●十七 寶。[보]瑞也서옥보珍也보배보符璽어보보、옥새보貴也귀할보錢幣돈보(常平通ㅣ寶通)(皓) [illegible] 寶(前條)와同 ●十八 [illegible]。

[어]伴宿거짓잠잘어(御) 寷。[풍]大屋큰집풍(東) ●十九 [illegible] 顛(頁部十畫)의俗字 [illegible] [맹]ㅣ寘어리석을맹、어두울맹(迥)(寒) [illegible]。[계]熟寐깊이잠들계(霽) [illegible]

[부]寐聲자면서코골부(尤) ●二十 [illegible] [맹]癡也어리석을맹(迥) ●二十二 [illegible] [매][미]不覺잠깨지않을매寐也엄습당할매、미義同(紙) ●二十三 [illegible] [함]寐不脫衣冠옷입은채잘함(覃)

[illegible]。[침]病臥앓아누울침寢也잠잘침(寢)

小部

小。[소]微也작을소賤也천할소狹隘좁을소輕之가볍게여길소俗謂妾ㅣ室첩소(篠) ●一 少。[소]幼也젊을소副貳버금소不多적을소僅也조금소蔑視멸시할소暫時잠깐소(嘯)(篠)

尐。[설]小也적을설(屑) [illegible] 示(示部○畫)의古字 ●二 尒 [이]然也、助辭그렇다할이爾也너이(紙) 尔 尒(前條)와同 尓 尒(前前條)와同 ●三

尖 [첨]末銳뾰족할첨銳날카로울첨(鹽) [illegible] [마]細也잘마(哿) 尗。[숙]豆也콩숙 [illegible] 當(田部八畫)의略字 ●四 [illegible] 當(田部八畫)의略字 [illegible]。

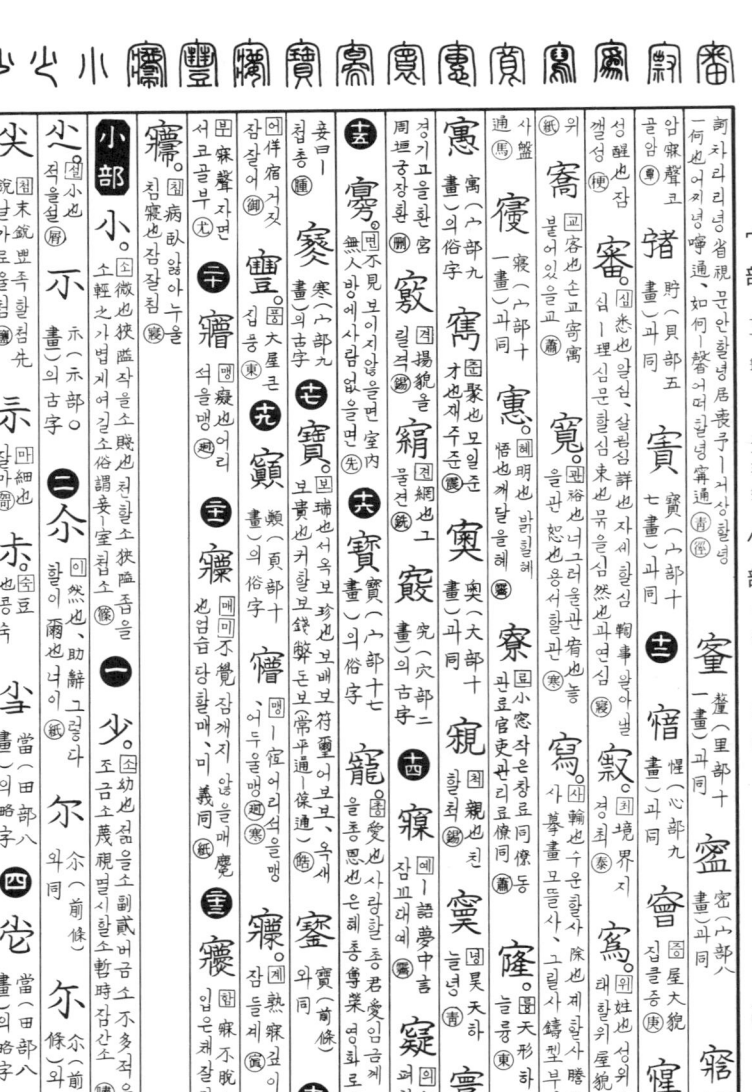

참 銳也 날카로울참 (咸)

尖 些(二部五畫)과同

㊄ 𡭽 筆(竹部六畫)과同

尙。상 主也 ㅣ書 주장할상 庶幾 거의상 貴也 귀할상 上也 윗상 循也 오히려상 崇也 숭상할상 會也 높을상 配也 배필상 嘉也 아름다울상 會也 일직상 矜也 자랑할상 加也 더할상 嘉也 가상히알상 (漾)

㊅ 𡭹 麼(麻部三畫)의 古字

㊆ 𡮉。극 壁際孔 벽틈극 隙同 (陌)

覍。변 弁의 本字、覍과同

㊇ 𡮎 省(目部四畫)과同

𡮐 隙(阜部十一畫)과同

𡮘 창 走也 달릴창

𡮙 누 兎子 토끼새끼누 (尤)

𡮝。누 小貌 작은모양누 乳子 젖먹이누 (有)

㊈ 𡮟 小(小部。畫)과同

𡮞 량 不善 좋지않을량 薄也 엷을량 (陽)

㊉ 𡮠 尟(次條)와同

尟。선 少也 적을선 鮮通 (銑)

(十一) 𡮣 척 健也 건장할척 (職)

𡮤。관 栫也 실을북에감을관 (刪)

𡮥 렴 少也 적을렴 小也 작을렴 缺也 결할렴 (鹽)

(十二) 𡮧 근 僅也 적을근 對也 대할근 (震)

𡮨 조 荒也 거칠조 (豪)

(十三) 𡮩

隙(阜部十一畫)과同

𡮪 력 小醜貌 작고못생길력 (錫)

(十五) 𡮫 람 少也 적을람 (咸)

(十六) 𡮬 참 少也 적을참 (咸)

尢部

尢。왕 足跛曲 절름발이왕 偃僂 곱사왕 (陽)

兀 尣(尢部一畫)의 本字

㊀ 尤 우 甚也 더욱우 怨也 원망할우 最也 가장우 (尤)

㊁ 尣 尤(尢部一畫)과同

尦 려 脛相交而行 다리를비꼬며걸을려 (職)

㊂ 尥。료 筋弱攣足不隨 ㅣ棹 다리힘줄약할료 以足釣之 발로긁어당길료 行若건기에 고생스러울료 (嘯)

尪。우 股曲 다리굽을우 盤施 돌우 (虞)

㊃ 尪 왕 跛曲脛 절름발이왕 羸弱 잔약할왕 廢疾人 병들어버린사람왕 (陽)

尬 안 脚疲不進 다리아플안 (寒)

尯 휴 廢也 버릴휴 (尤)

尨。방 大多毛 삽살개방 雜也 얼룩얼룩 할방 大貌 무력무력할방 狵同、厖通 (江)

尬。개 行不正 비틀거릴개 (卦)

尲 반 尤也 더욱빈 (寒)

㊄ 尮。좌 跛也 절름거릴좌 (哿)

尰。파 蹇也 절파 足病 발비뚤어질파 (哿)(箇)

尵 활 足病 다리병활 (黠)

㊅ 尵 타 蹇也 절뚝발이다 (箇)

尷 귀 倦也 고달플귀 跛也 절름거릴귀 (寘)

尶 회 互擊 서로칠회 尵(尢部七畫)의 俗字 (灰)

尳。요 跛也 절름거릴요 足腫 다리종기요 (嘯)(蕭)

尴 활 行貌 갈활 (曷)

㊆ 尵 퇴 路毒 노독날퇴 (賄)

尰 좌 足不具 다리병신좌 座客 앉은뱅이좌 (哿)

尵 면 邪行 비스듬이걸을면 (先)

尳 소 頭痛 머리앓을소 (蕭)

㊇ 尶。암 跛蹇 절둑발이암 (感)(覃)

尷 파、부 사也 엎드러질 파、부 義同 (箇)(宥)

尵 퇴、궤 風疾 풍질퇴 風毒 풍독퇴、궤 義同 (隊)(紙)

尷 라 跛行貌 절름거릴라 蹇也 절둑발이라 (箇)

尵。극 倦也 느른할극、게으를극 疲也 고달플극 (陌)

尵。기 蹇也 절뚝발이기 跛行 절름거릴기 倦也 실증날기 (紙)(寘)

尵。초、작 跛蹇 절뚝발이초、작 義同 (效)(藥)

㊈ 尵。외 風疾 풍질앓을외 (賄)

尰 종 足腫 발곪길종 脛氣混腫 수종다리 종 瘇同 (腫)

就 취 卽也 나갈취 成也 이를취 (有)

㊉ 尵 잘 尵ㅣ 발큰잘 (曷)

尵

[감] ㅣ尬行不正 비틀걸음감 (咸) 尳。[골] 膝骨무릎병 골 脫骨뼈삘 골 ⓬ 就 就(尢部九畫)과同 尵 [퇴] 尵ㅣ馬病 말들피 질퇴、말병퇴 (灰) ⓭ ⿺尢齊。[제] 跛行절름거리며걸을
제 ㅣ⿺尢齊부축받을제 (齊) ⓲ ⿺尢雚 [관] 腰膝痛 ⿺尢雚ㅣ허리와무릎아플관 (刪) ⓳ ⿺尢羸。[라][뤼] 腰膝痛 허리와무릎아플라、뤼 義同 (哿)(支) ⓴ ⿺尢巂。[휴] 跛行절름거리며걸을휴 (齊)

尸部

尸。[시] 主也 주장할시 廢職ㅣ位 헛벼슬시 人死未葬 주검시 陳也 베풀시 神像 시ㅣ童 시동시(옛날에 祭지낼때 임시로 신의 대신이 되는 사람) 屍見 (支) ⓵ 尹。[윤] 信也 믿을윤 脯曰、ㅣ祭 포
윤 治也 다스릴윤 正也 바를윤 官名 벼슬이름윤 (軫) 尺。[척] 度名十寸 자척 法也 三ㅣ 법률척 近距 가까울척 (陌) ⓶ 尻。[고] 臀也 꽁무니고 蹲也 구부릴고 底ㅣ部 밑바닥고 (豪) 尼。[니][닐] 女僧 여승니 和
也 화할니、止也 그칠닐 近也 가까울닐 定也 정할닐 (支)(質) ⿸尸乂 [직] 理也 다스릴직 (職) ⓷ ⿸尸及。[년] 柔皮 다룬가죽년 (銑) ⓸ 尿 [뇨] 小便 오줌뇨 溺同 (嘯) 局。[국] 部分 부분국 棊盤 바둑
판국 官署 마을국 部署 방국 器量 국량국 時也 때국 促也 재촉할국 拘也 거리낄국 人材幹ㅣ 재국국 曲身 굽힐국 (沃) 尾。[미] 倒毛在後 꼬리미 後也 뒤미 禽獸交接 흘레할미 末也 끝미 宿名 별이름미 (尾) 屁
[비] 氣下泄 방귀비 (寘) ⓹ ⿸尸弔 [시] 伺也 엿볼시 (支) ⿸尸乏。[집] 前後相連 맞이을집 (緝) 屄 [비] 女子陰部 보지비 (微) ⿸尸夂。[복] 行也 갈복 (屋) 居 [거][시] 處也 곳거 ㅣ之 거할
거 坐也 앉을거 置也 놓을거 存也 항상있을거 貯蓄 쌓을거 海鳥爰ㅣ 바닷새거 據通、助辭 어조사기 其通 (御)(支) 届 屆(次條)의俗字 屆。[계] 至也 이를계 極也 극진할계 (卦) 屇 [전] 穴也 구멍전 (先)
屈。[굴] 曲也 굽을굴 短也 짧을굴 竭也 다할굴 姓也 성굴 地名良馬ㅣ産 땅이름굴 弓名大ㅣ 활이름굴 鬱 답답굴 (物) 屍。[둔] 臀也 궁둥이둔 髀也 넓적다리뼈둔 (元) 屎 屎(尸部六畫)과同 ⓺
⿸尸亘 [환] 囊也 주머니환 (寒) 屍。[시] 死體 주검시、송사시 尸通 (支) 屌 [조] 男子陰 자지조 (篠) 屋。[옥] 居也、舍也 집옥 舍蓋 지붕옥 大俎 夏ㅣ 큰도마옥 車蓋 黃ㅣ 수레덮개옥 龜甲 神ㅣ 거북껍질옥 (屋)
⿸尸旨。[기] 臀也 볼기기 (紙) ⿸尸系 [화] 履也 신화 (馬) ⿸尸咼。[해] 鼻息聲 코골해 (卦) 屎 [히][시] 殿ㅣ 呻吟 아파서끙끙거릴히、시 義同 (支)(紙) ⿸尸多 [치] 廣也 넓을치 (紙) 屏 屛(尸部八畫)의俗字
⿸尸異 [이][지] 踞也 걸터앉을이 蹺也 웅크릴이、지 義同 (支) ⿸尸肙 [연] 尻也 엉덩이연 (先) 昼 畫(日部七畫)의略字 ⓻ 屖 [서] 木履 나막신서 (語) 屐。[극] 木履 나막신극 (陌) ⿸尸吳
[사] 待也 기다릴사 (紙) 屒。[진] 厚脣 뜨꺼운입술진 (軫) 屑。[설] 碎末 가루설 潔也 조촐할설 不安 ㅣㅣ 편치않을설 苟也 진실로설 勞也 수고로울설 輕視 가벼히볼설 屑同 (屑) ⿸尸求 [구] 男子陰莖 자지구 (尤)
屓。[희] 力也 힘들일희 臥息 코골희 (寘) 屔。[니] 水潦所㽕 웅덩이니 (支) 屖。[서] 堅也 굳을서 遲久 더딜서 (齊) ⿸尸甶 [접] 降也 내릴접 (葉) 展。[전] 舒也 펼전 開也 열전 發達 열릴전 審也 살필전 適也 맞
갖출전 誠也 진실로전 詳見 자세볼전 錄也 적을전 (銑) ⿸尸夋 [최] 赤子陰莖 어린애자지최 (灰) ⓼ 屙 [아] 上厠 뒤볼아 (歌) ⿸尸果 [과] 臀骨 볼기뼈과 (箇) 屚。屋 … 집

샐루(宥)

⿸尸句 구 屨頭飾 신코 꾸밀구 絇同(虞)

⿸尸易 역 變也 변할역(陌)

⿸尸取 첩 下也 내릴첩(魚)

屛。병 蔽也 ㅣ風 병풍병 雨師 ㅣ翳 비맞은귀신 병 蔽也 덮을병 ㅣ風 蔽也 울타리병 也 겁낼병 除也 제할병 也、退也 물리칠병 摒通(梗)

⑨

屜 제 履中薦 안창체 屜同(霽)

⿸尸巠 경 穴也 구멍경(梗)

⿸尸凷 屆(尸部五畫)과 同

屐 제 履也 신 저 履同(御)

⿸尸奄 제 履中薦 안창제(霽)

⿸尸臿。잡 踏也 밟을잡(緝)

⿸尸辛 강 差也 어긋날강(絳)

属 屬(尸部十八畫)의 俗字

⿸尸出 굴 短尾犬 몽당개굴(物)

⿸尸酉 추 女子陰部 보지추(尤)

⿸尸冒 기 赤履 붉은신기(紙)

⿸尸冊 履(尸部十二畫)의 古字

⿸尸扁 편 特別 특별편(先)

⿸尸要 屢(尸部十一畫)의 略字

屠。도 저 殺也、裂也 죽일도、잡을도 殺畜者 백정도 割ㅣ 가를도、ㅣ奴王 號 休ㅣ 흉노왕의 이름저(虞)(魚)

⑩

⿸尸毘。비 穴也 구멍비(齊)

⿸尸保。저 女子陰部 보지저(魚)

⿸尸屈 굴 短尾鳥 짧은 꼬리새굴(物)

⿸尸弱 溺(水部十畫)의 俗字

⑪

⿸尸啚 비 穴也 구멍비 臂也 궁둥이비(紙)

屢。루 數也 여러루 頻也 자주루 疾也 빠를루(遇)

⿸尸直 처 伺視 엿볼처 却也 물러설처(御)

⿸尸既 계 息也 쉴계(霽)

⿸尸委 뢰 皮靴 가죽신뢰(灰)

⑫

履 리 足所依 신리 祿也 녹리 踐也 밟을리 以ㅣ加足 신을리 卦名 괘이름리(紙)

⿸尸奠。전 정 待也 기다릴전 儲也 저축할전、重也 포갤정 展也 펼정(銑)(迥)

屧 서 屐也 나무신서(葉)

層。층 級也 층층대층 累也 겹층 重也 거듭층 曾通(蒸)

⑭

屨。구 루 麻鞋 삼신구、履也 신루(遇)

⑮

屩。갹 草履 짚신갹 本音교(藥)

⿸尸尞 료 男子陰部 자지료(蕭)

⑯

⿸尸盧 려 居所 거처할려(魚)

⑱

屬。속 촉 類也 무리속 從也 좇을속 親眷 붙이속 附也 붙일속 官僚 동관속 部谷 거느릴속 綴輯ㅣ文 글지을속 適也 마침속 附著 붙일촉 托也 부탁할촉 會也 모을족(遇)(沃)

⑲

⿸尸歷。력 履下 신바닥력(錫)

㉑

屭 희 力作貌 힘우쩍우쩍쓸 희 壯大貌 으리으리할희(寘)

屮部

屮。철 草木初生葉 움날철、떡잎날철 草也 풀초(艸古字)(屑)(皓)

𠂇。좌 左手 왼손좌(哿)

①

屯 둔 준 聚也 모일둔、진칠둔 兵耕ㅣ田 둔전둔 勒兵守 둔칠둔、難也 어려울 준 厚也 두터울준 吝也 인색할준 卦名 괘이름 준(元)(眞)

③

屰。역 逆也 거스릴역 又槍也 갈래진창역 逆通(陌)

④

⿱屮六 륙 草茸 풀버섯륙 草葉 풀잎륙(屋)

㞷 황 夢延 무성할황(陽)

⿱屮分。분 草初生香臭 풀냄새기날분 發茸 풀싹틀분(文)

⑤

⿱屮母。매 每也 매양매 草盛貌 풀우거질매(賄)

⑥

⿱屮𠂤。얼 高危貌 높고위태할얼(屑)

⿱屮早 靑(靑部〇畫)의 古字

⑦

⿱屮𢆉 南(十部七畫)의 古字

㚔 幸(干部五畫)의 本字

⑧

⿱屮毒 毒(毋部四畫)의 本字

山部

山。산 土聚高 峙宣氣 生萬物 뫼산(刪)

②

屴 력 高貌 崱ㅣ 높은모양력(職)

屳 仙(人部三畫)과 同

⿱一山 嶽(山部十四畫)의 古字

⿱山入。집 深入山

산깊이들어갈침 (侵)

❸

屺 [기] 山無草木 민둥산기

屹 [흘] 山貌 ㅣ崒 산모양흘 毅然의연한모양흘 (物)

⿰山亡 ⿰石亡(石部三畫)과同

屼 [올] 禿山貌 崛ㅣ 민둥산올 (月)

屾 [신] 兩山連接 이선산신 (眞)

❹

⿰山午 [어] 山正聳立 산똑바를어 (語)

⿰山户 [호] 小山貌 작은산호 (虞)

岅 阪(阜部四畫)과同

⿱山旨 [종] 低也 낮을종 暮也 저물종 (冬)

岈 [하] 山谷空虛 산골휑할하 (麻)

岉 [물] 山高貌 산높을물 (物)

岌 [급] 高貌 ㅣㅣ 높은모양급 身高 키클급 危也 위태로울급 坂同 (緝)

岊 [절] 高貌 높은산모양절 山之陬隅 高산모퉁이가우뚝내밀절 節通 (屑)

岕 [개] 山險 산험할개 (卦)

岋 [업] 危也 위태할업 震動貌 흔들리는모양업 (合)

岎 [분] 山岐 산갈래질분 (文)

岍 岍(山部六畫)의俗字

岐 [기] 峻也 높을기 分支 두개로갈라질기 山名 산이름기 本音지 (支)

岏 [완] 山銳高 산뾰족할완 (寒)

⿱山丰 峯(山部七畫)과同

岒 [겸] 峰山而高 산작고높을겸 (鹽)

岑 [잠][음] 山小而高 산작고높을잠 痛也 아플잠、岸也 기슭음、언덕음 崖也 낭떠러지음 (侵)(寢)

岔 [차] 三分路 산길나뉠차 (禡)

❺

岟 [앙] 峽深邃 후미질앙 山麓 ㅣ산골짜기앙 (養)

岝 [작] 山峻高 산높을작 (藥)

岞 岝(前條)와同

⿰山厄 [애] 險也 험할애 (卦)

岠 [거] 泰山 큰산거 至也 이를거 (語)

岡 [강] 山脊 메등강 산등성이강 (陽)

⿰山史 [사] 山遠 산멀사

⿱山可 [가] 太原山名 ㅣ嵐 산이름가 (哿)

岢 ⿱山可(前條)와同

岣 [구] 山巔 산이마구 衡陽山名 산이름구 (有)

岥 [파] 斜也 ㅣ陀 산비알질파 (歌)

岤 [혈] 山穴 산굴혈 (屑)

岦 [립] 山高貌 산우뚝할립 (緝)

⿰山屁 [국] 奧也 깊을국 水厓外 물가국 (屋)

岨 [저][조] 石山戴土 돌산에흙덮일저 砠同、山貌 ㅣ峿 산모양조 (魚)(語)

岧 [초] 山高貌 ㅣ嶢 산높은모양초 (蕭)

⿱山弗 [불] 山貌 ㅣ鬱 산모양불 山脅路 산비탈길불 岪同 (物)

岬 [갑] 山脅 산기슭갑、산허구리갑 ㅣ嵑接連貌 줄이느런할갑 (洽)

岫 [수] 山穴 산구멍수 岩穴 바위구멍수 峀同 (宥)

岩 嵒(山部九畫)의俗字 巖(山部二十畫)의古字

⿱丕山 [감] 岩穴 바위구멍감 (勘)

岪 [불] 山曲 산굽이불 茀同 (物)

岭 [령] 山名 산이름령 山深貌 ㅣ巆 산깊은모양령 (靑)

岯 [비] 山名 大ㅣ 산이름비 坯通 (支)

岮 [타] 橫也 岥ㅣ 산비탈질타 (歌)

岱 [대] 東嶽泰山名 ㅣ宗 태산대 (隊)

岰 [유] 山曲貌 산굽이유 (有)

岳 嶽(山部十四畫)의古字

岵 [호] 山多草木 산에숲질호 (虞)

⿰山加 [가] 象山森列貌 여러산벌려선모양가 (麻)

岸 [안] 崖峻水深 낭떠러지안 厓也 언덕안 階也 섬돌안 露頂 이마드러날안、갓비스듬이쓸안 ㅣ魁雄傑 기운찰안 ㅣ幘 나타날안 獄名 옥이름안 (翰)

岺 嶺(山部十四畫)과同 岭(山部五畫)과同

⿰山尼 [니] 山名 丘ㅣ 산이름니 (支)

岷 [민] 蜀山名 산이름민 峰也 봉우리민 (眞)

岾 [점] 嶺也 고개점 楡ㅣ 寺절이름점 國字

❻

峉 [액] 山高大貌 산이높고웅장할액 (陌)

峇 [합] 山形 산모양합 山窟 산굴합 峆同 (合)

峆 [합] ㅣ峇山貌 겹산합 (合)

⿱山言 [얼] 山斷絶 屺ㅣ 산끊어질얼 (屑)

峎 [언] 高坂 높은고개언 (阮)

峌 [질] 山高 높은산질 (屑)

⿰山刑 [형] 險峰 험한산봉우

리형(青)

岡。岡(山部五畫)의 本字

峋。[순] 嶙ㅣ山厓重深貌 후미질순(眞)

峍 [률] 山崖硉矹 돌비탈질률 硉同(月)

峎 崀(前前條)와 同

岇 [앙] 山峻貌 산가파를앙(江)

峐。[해] 山無草木 민둥산해(灰)

峑 [전] 山頂 산이마전(先)

岍 [견] 雍州山名 산이름견(先)

峙。[치] 山立 산우뚝할치 積也 쌓일치 具也 갖출치 跱通(紙)

峗 [위] 沙州山名 三ㅣ산이름위 山高貌 뾰족할외(紙)(灰)

峒。[동] 岷州山名 崆ㅣ산이름동 山穴 산굴동 洞通(東)

峓 [이] 嵎ㅣ東表山名 산이름이 夷通(支)

峘 [환] 小山高於大山 작은산이 큰산보다 높을환(寒)

峜 [계] 算數 수를셀계

峠。[상] 山領 고개상、재상 日字

峡 峽(山部七畫)의 略字

峦 巒(山部十九畫)의 略字

❼

峩 峨(次條)와 同

峨。[아] 山高 嵯ㅣ산높을아 山名ㅣ嵋 산이름아(歌)

⿰山別 [별] 漢陽山名 大ㅣ산이름별(屑)

峖。[완] 山多 산많을완 本音환(旱)

⿰山那 [나] 山連接貌 산연접할나(歌)

⿰山弄 [롱] 山穴 산구멍롱(送)

⿰山坐。[좌] 山崩 산무너질좌(箇)

峪 [욕] 山谷 산골짜기욕(沃)

峭 [초] 山峻ㅣ絶 산높을초 峻也 가파를초 急也 급할초 陗同(嘯)

峬 [포] 山形美貌 산모양예쁠포(虞)

峮 [군] 山連貌 嶙ㅣ산연한모양군(眞)

⿰山忌 [기] 山高 산이높을기 峻峰 산우뚝할기(紙)

峯。[봉] 山耑 산봉우리봉(冬)

峰。峯(前條)와 同

峵 [태] 山形 산모양태(泰)

峳 [유] ㅣㅣ、獸名 짐승의이름유(尤)

峱。[노] 齊山名 산이름노(豪)

⿱山投 [투] 山峻貌 산험준할투(尤)

峴 [현] 嶺小平 고개현、재현 襄陽山名 산이름현(銑)

⿰山宏 [횡] 高峻 산높고험할횡(庚)

島。[도] 海中山可依止 섬도 嶋、嶌同(晧)

⿰山肙 [연] 山曲 산굽이연(先)

峹 [도] 會稽山名 산이름도 塗通(虞)

峷 [신] 神名、似狗有角文身 귀신의이름신(眞)

⿰山妥 [뇌][타] 山高貌ㅣ崋 산높은모양뇌、長山貌 산긴모양타(隊)(哿)

峻。[준] 高也 높을준 險也 험할준 高大 높고클준 長也 길준 大也 클준 速也 嚴急 속할준 嶲、埈、陖同、駿通(震)

峽。[협] 山峭夾水 두뫼협 山名 巫산이름협 狹通(洽)

峼。[호] 山名 산이름호(晧)

峾 [은] 水回旋貌ㅣ淪 물도는모양은(眞)

峆 [함] 大谷 큰골함 山深貌 산이깊은모양함

峿。[어] 山名 嵎ㅣ산이름어 險也 험할어 不安 岨ㅣ불안할어 ⿰山吳、齬、鋙通(語)

⿰山芒。[망] 山貌 산모양망 險峻 험준할망(陽)

⿰山吳 峿(山部七畫)과 同

⿰山免 [산] 山險 산험할산(刪)

⿰山孛。[발] 山路平坦 산길평탄할발(曷)

❽

⿰山周 [조] 山之周圍 산둘레조(蕭)

崆。[공][강] 山高貌 산이우뚝할공ㅣ峒 산이름공、阪也 가파를강 空通(東)(江)

崇。[숭] 高也 높을숭 尊也 숭상할숭、높을숭 充也 채울숭 敬也 공경할숭 聚也 모을숭 終也 마칠숭 貴人 귀인숭 灃州山名 산이름숭(東)

崊 [림] 山險 산험할림(侵)

崉 [답] 山重疊貌 산첩첩할답(合)

⿰山穹 [궁] 山貌 산모양궁(東)

崋 [화] 山名 산이름화 華同(禡)

⿰山昔 [책] 山險 산험할책(陌)

⿱山拑。[잠] 山深 산깊을잠(感)

⿰山果 [괴] 山險 산험할괴(賄)

⿰山軋 [알] 山連 산연할알(黠)

⿰山取 [추] 高崖 높은언덕추(虞)

崌 [거] 深也 깊은산거(魚)

崟。[음] 山頂 뫼부리음 山高 산높을음(侵)

崎 [기] 山路不平ㅣ嶇 산길험할기(支)

崐 崑(次條)와 同

崑。

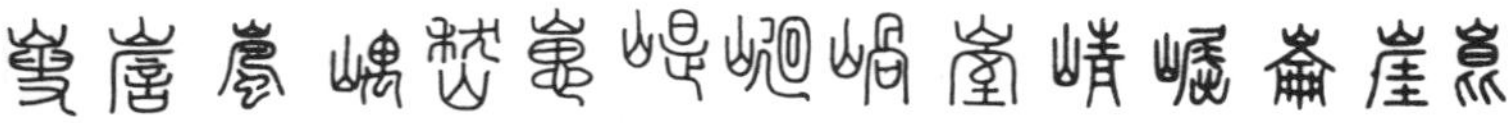

[곤]山名ㅣ崙山 곤륜산곤 (元)
崪 崒(次條)와同
崒 [줄]山高산높을줄 危也위태할줄 (質)
崛。[굴]山高ㅣ岉 산높을굴 勃起貌불끈솟을굴 (物)
崔 [최]高貌ㅣ嵬높은모양최 姓也성최 高峻貌높고가파를최 齊邑名고을이름최 (灰)
崓 [고]島也섬고 (遇)
⿰山臽 [감]山坑산구덩이감 (感)
崜 [타]岩也바위타 (麻)
崖。[의][애]岸也언덕의、水邊ㅣ岸낭떠러지애 (支)(佳)
崕 崖(前條)와同
⿰山兒 [얼]山高산높을얼 (屑)
⿱山戕 [장]險也험할장 (陽)
嶔 [음]山相對산이마주행할음 (侵)
崙。[륜]崑ㅣ山名곤륜산륜 荒服國名나라이름륜 崘通 (元)
崝。[정]險高貌험하고높을정 深也깊을정 崢同 (庚)
崚 [릉]山貌ㅣ嶒산모양릉 (蒸)
崠 [동]山脊산등성이동 (送)
崞。[곽]地名땅이름곽 (藥)
崡 [함]山名산이름함 (感)
崤 [효]河南省河南府所在산이름효 河名내이름효 (肴)
崢 [쟁]險也가파를쟁 山峻ㅣ嶸산높을쟁 崝同 (庚)
崦 [엄]日入山嵫해지는산이름엄 嶮同 (鹽)(琰)
峥 崢(山部八畫)과同
崣 [위]山高산높을위 (紙)
崥 [비]山形漸平貌차츰편편할비 山足산기슭비 (紙)
崩。[붕]山壞自上墮下산무너질붕 君落황제사상날붕 破也부서질붕 (蒸)
崧 [숭]竦也우뚝할숭 山大而高산크고높을숭 高霳山名ㅣ岳산이름숭 嵩高同 (東)
崨。[첩]連也이을첩 (葉)
⿰山朋 崩(前前條)와同
⿱臤山 [기]山深산깊을기 (寘)

九

崲 [황]湖名休ㅣ늪이름황 (陽)
崴 [외]不平貌평평치않을외 (灰)
崵。[양]遠山먼산양
崳 [유]山名、ㅣ山산이름유 榆通 (虞)
崱 [즉]山大貌ㅣ屴산클모양측 山連산맥이연해있을즉 (職)
⿱山至。[절]山穴산구멍절
⿰山咼。[다]山如凹形오목한산다 (歌)
崷 [주]ㅣ崒山長而高貌산길고우뚝할추 (尤)
崶 [봉]封州山名봉주산이름봉 (冬)
崹 [제]平地평할제 (齊)
⿰山廻。[회]禿山無樹벗어진산회 (隊)
⿰山旋 [이]崱ㅣ山卑長貌산이낮고길이 (紙)
崼。[시]近山가까운산시 (紙)
崻 [치]峙立貌우뚝솟을치 (紙)
崿 [악]崖也비탈질악、언덕악 (藥)
嵒。[암]山巖바위암 (咸)
嵂 [률]ㅣ崒山高峻貌산가파를률 (質)
嵁 [감]ㅣ巖不平貌산험할감、바위너설감 (覃)(咸)
崽。[재][새]子也자식재 彼稱저재、새義同 (賄)(佳)
嵃 [언]ㅣ峭高峻貌산가파를언 (銑)
嵄 [미]深山깊은산미 (紙)
嵇。[혜]中國河南省所在산이름혜 ㅣ康사람의성혜(三國魏) (齊)
嵌。[감]坎傍孔결굴감 深谷ㅣ巖깊은골자기감 本音함
嵉 [정]長山긴산정 (青)
嵋 [미]峨ㅣ蜀山名산이름미 (支)
嵎。[우]日出山暘谷ㅣ夷해돋는산우 山谷산구비우 堣同、隅通 (虞)
嵏 [종]山名九ㅣ산이름종 峰聚봉우리모일종 (東)
嵐。[람]山氣蒸潤아지랑이람 暴風폭풍람 山名崗ㅣ산이름람 (覃)
嵔 [위][외]山盤曲貌崔ㅣ산구불퉁구불퉁할위、山高산높을외 (尾)(灰)
嵑 [갈]特立孤山산우뚝할갈 碣通 (曷)
⿱山⿸厂言。[안]厚也두터울안 不恭貌공손치못할안 (翰)
⿰山昺 [병]人名鄭ㅣ사람이름병 (梗)
⿰山宣 巏(山部十八畫)과通
⿰山叟。[수]山名산이름수 江名강이름수

十

嵞。[도]山名산이름도 塗와通 (虞)
⿰山貢 [홍]山谷深貌ㅣ峒산골깊은모양홍 (迥)
⿰山益 [애]山尖極端메봉우리끝

嶏。[비] 壞也 무너질비(紙)(卦) ⿰山冥 [명] 山氣暗昧 산기운어둘명(迥) 嵟。[퇴] 高也 높을퇴(灰)(賄) ⿰山䍃 [요] 山形 산형상요(蕭) 嵣 [당] 山隈 산굽이당(陽) 嵥 [걸] 高也無比 한없이높을걸(屑)

⿰山羔 [요] 低山 낮은산요(篠) 嵢 [창] 山勢 산형세창(陽) 嵤。[형] 山深貌 峰ㅣ산깊을형 崢ㅣ山峻貌 산가파를형(青) 嵬 [외] 高貌 崔ㅣ산뾰족할외 山貌 嵔ㅣ산모양외(灰)(賄)

⿱山原 [원] 山頂 산마루원(元) 嵩。[숭] 高也 높을숭 中嶽ㅣ山 산이름숭 崧通(東) 嵫 [자] 崦ㅣ日入山 해지는산이름자(支) ⿰山鬼 嵬(前前條)와同 嵰 [겸] 山高峻貌ㅣ험 산높은모양겸 山名 산이름겸(琰)

嵯 [차][치] 石山貌ㅣ峨 삐쭉삐쭉할차、山不齊 嵾ㅣ산울뚝불뚝할치 差通(歌)(支) ⿱山豈 岡(山部五畫)의俗字 嵲。[얼] 山高貌 巀ㅣ산높을얼(屑) 嵴 [척] 山脊 산등성이척(陌)

嵱 [용] 峰貌ㅣ嵷 산봉우리우뚝할용(冬)

十一

嵷 [종][송] 山高貌、巃ㅣ산높을종、山高嵱ㅣ산뾰족할종(東)(腫) 嵸 嵷(前條)와同 嵹。[강] 山名 산이름강(漾) 嵺 [교][료] 山聳貌 산불끈솟을교、료義同(肴)(蕭)

⿱山翏 嵺(前條)와同 ⿰山卯 [료] 山深空貌 산속이휑할료(蕭) 嵼。[산] 山曲 嶁ㅣ산구비산(潸) 嵽 [질][체] 山突兀貌 산우뚝할질、체義同(屑)(霽) 巢 [초] 山高貌 산우뚝할초(肴)

嵮。[맥] 秘密 몰래맥(陌) 嵾 [참] 山不齊貌 산이울멍줄멍할참 參通(侵) ⿰山參 嵾(前條)와同 ⿰山雩。[도] 山名 산이름도(虞) 嶁 [루] 衡山峰名 岣ㅣ산봉우리이름루 山巓 산마루루(虞)(有)

⿱山婁 嶁(前條)와同 嶄。[참] 山高峻貌 산높고준할참 山尖銳貌 산뾰족할참 巉同(咸) 嶅 [오] 山多小石 산에돌이많을오 山高貌 산우뚝할오 磝通(豪)

嶂 [장] 山峰如屏 산봉우리둘릴장 連峯峻貌 험하게연달아있을봉우리장(漾) 嶆 [조] 山深空貌 산속휑할조(豪) 嶇 [구] 山峻崎ㅣ산험할준구(虞) ⿱山累。[루][뢰] 山貌 산모양루、뢰義同(賄)

⿰山累 ⿱山累(前條)와同 ⿰山爽。[창] 山相摩貌 산이서로닿은듯할창(養) ⿰山扈 [호] 山卑而大 산낮고클호(麌) 嶈 [장] 水激山ㅣㅣ산에물다닥칠장 山高大貌 산높고클장(陽) 嶍。[습] 山名 산이름습

嶊 [최] 山高峻貌 산높고험할최 高貌 높은모양최(賄) 嶉 [주] 山隈 산굽이주(紙)

十二

⿰山卷 [권] 山曲 산굽을권(阮) ⿱山就 [추] 嶺山名 고개이름추(宥) ⿰山童 [동] 山無木草 민둥산동(東) ⿱山配 [배] 山崩聲 산무너지는소리배 巖隕聲 바위떨어지는소리배(隊)

⿱山復 [복] 山覆 산덮을복(屋) 嶐 [륭] 山形 산형륭(東) ⿰山單。[단] 山孤者高 산우뚝할단(寒) ⿰山間 [간] 山來水 산골물간 澗、磵同(諫)

嶒。[증] 山峻貌ㅣ산모양증 崝通(蒸) ⿰山咢 崿(山部九畫)과同 嶓 [파] 梁州山名ㅣ冢 산이름파(歌) ⿰山虚。[허] 山路峻 산길험할허 本音거(魚) 嶕 [초] 山巔 산이마초 山高ㅣ嶢 산높을초(蕭)

嶔 [금] 山勢聳立 嶔崟 산솟을금 山谷入口 산골어귀금(侵) ⿱山集。[집] 山貌ㅣ嶫 산모양집(葉) ⿱山焦 嶕(山部十二畫)과同 嶘。[잔] 山極高貌 산이우뚝할잔(諫) 嶗 [로] 山險 험할로(豪)

⿰山集 [집] 山高貌 산이높을집(葉) 嶙。[린] 山節級ㅣ峋 산울뭉줄뭉할린 山峻嶙ㅣ산높을린(眞)(軫) 嶛 嶚(次條)와同 嶚 [료] 高也 높을료(蕭) 嶜 [침] 高銳貌

ㅣ문 높고뾰족할침(侵) 嶞。[타]山小而銳산고뾰족할타(哿) ⿰山皐 [고]ㅣ岞、亭也정자이름고 山名산이름고(豪) 嶝。[등]小坂작은비탈등 登陟道산비탈진길등(徑) 嶟 [준]山高貌산우뚝솟을준(元)

嶠。[교]山逕산길교 山銳而高산쭈뼛할교 山名員ㅣ산이름교 喬通(嘯) 嶡 [귀]山崛起貌산이불끈솟을귀(霽) 嶢。[요]高也높을요(蕭) ⿱山路 路(足部六畫)과同 ⿱山朋 [팽]崩也무너질팽(蒸)

(十三) 嶦。[첨]山峯봉우리첨 山阪산비탈첨(鹽) 嶔 [음]山峰산봉우리음(寢) 嶨。[학]山多石산에바위많을학(覺) 嶪 [업]高壯貌산이높고웅장할업(葉) 嶧。[역]鄒縣山산이

름역(陌) ⿰山窟 [굴]ㅣ屼童山민둥산굴(月) ⿰山會 [회]山高貌산높은모양회 本音괴 嶬 [의]山峯巉巖산각아지른듯할의(支)(紙) 嶵。[죄]險峻貌험준할죄 高貌높을죄(賄) 嶮

[험]高峻貌산가파를험(琰) 嶭。[알][얼]山高峻貌산가파를알、얼 義同(曷) ⿱山辟 [배]谷間골짜기배(卦) 嶰 [해]小山別大山작은산이큰산과따로날해 山澗골짜기사이해 崑崙北谷골이름해(蟹)

⿱山隗 [외]高山높은산외(灰) 嶲 [수]地名고을이름수(紙) 嶱。[갈]石高돌우뚝할갈(曷) ⿰山當。[쟁]衆山奇怪貌많은산이커괴할쟁(庚) ⿰山奧 奧(大部十畫)과同 (十四) ⿰山蒙

[몽]遠山먼산몽(東) ⿰山豪 崤(山部八畫)과同 嶷。[의][억]零陵山名九ㅣ산이름의 小兒有識ㅣㅣ어린아이지각있을억、숙성할억(職) 嶺。[령]山肩通道산고개령、재령(梗) ⿳山利言

[한]高貌높을한(寒) ⿱山截 [찰][절]高貌높은모양절 節通、山高ㅣ嶭산높을찰 嶸。[영][횡]山峻貌산높을영、횡 義同(庚) ⿰山對 [대]山貌산모양대(隊) ⿱山對 ⿰山對(前條)와同

嶽 [악]山宗큰산악 嚴威貌엄하고위엄있는모양악 岳同(覺) 嶼。[서]陸島섬서、물의섬서(語) ⿱山與 嶼(前條)와同 嶾 [은]山峻貌산가파를은(吻) (十五) ⿱山額。

[액]山高貌산높을액 嶻。[찰]高峻貌산높고가파를찰 山名산이름찰(曷) ⿰山畾。[뢰]山高下貌울퉁불퉁할뢰(賄) 巁 [려][렬]巍高산높을려、巍高산높을렬(霽)(屑) (十六) 巃。

[롱]山峻貌산가파를롱(東) ⿱龍山 巃(前條)와同 ⿰山霍 [곽]山名산이름곽(覺) ⿱山辥 嶭(山部十二畫)과同 ⿱山噩 崿(山部九畫)과同 (十七) ⿰山鮮。[선]小山別大山작은산과

큰산따로설선(銑) 巇 [희]山危險ㅣ산위험할희(支) 巆。[영]山深貌산골으슥할영(庚) 巉 [참]高也ㅣ문높을참 山嶮絶산험한낭떠러지참 嶄、嶃同、漸通(咸) ⿰山蹇 [건]山屈曲ㅣ嵼산구

불할건 蹇通(銑) 巊。[영]山氣暗昧산기운어둠침침할영(梗) ⿰山爾 [미]山高聳尖산이높고뾰족할미(支) 巌 巖(山部二十畫)과同 巋 [귀][귀]高峻貌가파를귀 ㅣ然獨貌산오뚝할귀

(支)(寘) (十八) ⿰山雙 [송]山峯峻貌산봉우리가우뚝할송(腫) 巍。[외]高大貌ㅣㅣ산이높고클외 高峻貌높을외 本音위(微) ⿸嵬委 巍(前條)와同 ⿸嵬壹。[일]山高貌산높을일(質)

巏 [권]山名산이름권(先) ⿱山繒 [증]山高貌산높을증(蒸) (十九) 巑 [찬]山高ㅣ岏산높을찬 山連貌산이연달아있는모양찬(寒) 巒。[만]峰ㅣ산봉우리만 山圍貌산둘러있을만(寒) ⿰山靡。

미 山貌산모양미 山嶮峻貌한험할미 (紙) ⿱畾山 류 山名산이름류 (紙) 巓 전 山頂산꼭대기전 (先) ⿰山羅 라 山名산이름라 (歌)

(二十) 巖。암 엄 石窟바위암 險也험할암 峻也높을암 ㅣ廊殿廡대궐곁채암 岩同、高貌ㅣㅣ높은모양엄 嵒通 (咸)(鹽) 巘 헌 山似甑시루봉헌 山峰산봉우리헌 本音언 (阮) 巚 巘(前條)와同 巎 기 人名사람이름기 山名산이름기 (支)

(二十一) ⿰山齧。얼 山斷絶貌 ⿰山齧ㅣ산따로떠러질얼 (屑) ⿰山甗 연 山似甑시루봉연 (元)

(二十二) ⿰山囊 낭 山隈산모퉁이낭 (漾)

(二十四) ⿱山靈。령 山深貌산깊을령 (青)

(二十六) 巑

巒(山部二十九畫)과同

(二十九) ⿰山鬱 울 山烟貌산에연기낀모양울 山霞掩貌산에안개자욱할울 (物)

巛部

巛 川(巛部〇畫)의本字 巛 坤(土部五畫)의古字 〈 견 溝也도랑견 (銑) 巜。괴 大溝也큰도랑괴 (泰) 川。천 通流水내천 坑也굴천 (先)

(三) ⿱巛冂。렬 水流貌물흐를렬 (屑) 州。주 郡縣고을주 行政區劃 名주주 水中可居섬주 (尤) ⿰巛巛 坤(土部五畫)과同

(四) ⿱日巛 일 견 水流물흐를일、견義同 (質) 巠。경 水脈물줄기경 (青) 巡。순 廻也돌순 視行ㅣ守순행할순、순 徧也두루순 (眞)

(六) ⿱巛子 子(子部〇畫)의古字 ⿱巛囟 箕(竹部八畫)의古字

(八) ⿱巛或。역 流也흐를역 (職) 巢 조 鳥棲새집소 作棲息집지을소 賊窟도둑굴소 棲息處새보금자리소 大笙큰피리소 菜名채이름소 本音초 (肴)

(十一) 巢。巢(巛部八畫)의本字 巤 巤(巛部十二畫)의俗字

(十二) 巤。렵 毛ㅣ목갈기렵 根本근본렵 鼠髮쥐털렵 (葉)

(十四) ⿱巛巛子 子(子部〇畫)의籀文

工部

工。공 ㅣ匠장인공、공장공 製作만들공 巧也공교할공 善其事공교할공 官也벼슬공 (東)

(二) 巧。교 拙之反교묘할교 技能재주교 好也어여쁠교 黠慧똑똑할교 機ㅣ공교할교 (巧) 巨。거 大也클거 數也萬萬억거 多也많을거 鉅通 (語) 左。좌 右之對왼편좌 反也그를좌、어긋날좌 左行왼쪽좌 證也증거할좌 黜也내릴좌 佐也도울좌 俗音자 佐通

(三) 巪 겨 人名사람이름겨 國字 ⿱巨丂 巪(前條)와同

(四) 巩。공 擁也안을공、품을공 (腫) 巫。무 事無形以舞降神者무당무 盧縣山名산이름무 (虞)

(七) 差。차 치 채 舛也어길차 人名楚景ㅣ사람의이름차 簡也간략할차、異也다를차 不齊參ㅣ어긋날치、똑같지않을치 燕飛오르락내리락할치 區分구분지을치、使也부릴채 擇也가릴채 送也보낼채 (麻)(支)(佳)(卦)

(十二) 𢀩 差(工部七畫)의古字

干部

干。간 강 盾也방패간 犯也범할간 求也구할간 扞也막을간 水涯물가간 若ㅣ약간간 橫斜貌기울간 薑也생강강 (寒) 國字

(二) 羊 임 稍甚약간심할임 (寢) 平。평 편 正也바를평 坦也평탄할평 和也화할평 治也다스릴평 均也고를평 易也쉬울평 歲再登거듭풍년들평 定物賣중도위평 漢官廷尉ㅣ벼슬이름평 裁判官재판관평 發音上四聲中一소리평、辨治ㅣㅣ분변하여다스릴편 解怒

和成 화친할편 辨通 (庚)(敬)(先)

❸ 年。[년] 穀一熟 歲也 해년 (十二佰月) 齒也 연치년 進也 나아갈년 秊同 (先)

幵。[견] 平也 평평할견 (先)

并 幷(干部五畫)의俗字

❹ ⿺尢干。[안] 股也 사타구니안 (寒)

玎 [정] 水際 물가정 汀同 (青)

❺ 幷。[병] 合也 합할병 反也 미칠병 同也 같을병 竝也 아오를병 兼也 겸할병 倂同 (庚)(敬)

幸。[행] 福善稱 다행할행 冀也 바랄행 車駕所至 거동할행 非分得僥ㅣ 요행할행 寵也 고일행 倖同 (梗)

㚔 幸(前前條)와同

❼ ⿰干干 幷(干部五畫)의本字

⿰吾干。[오] 迎也 맞을오 (虞)

❾ ⿰曷干。[갈] 立干貌 방패세워둘갈 (曷)

⿱䒑幵 幵(干部三畫)의本字

❿ 幹。[간] 草木莖 줄기간 體也 몸둥이간 脊骨 등마루뼈간 堪事 일맡을간 (翰)

⿱幵束。[견] 小束 작은단견 (銑)

⿰田幷 畊(田部八畫)과同

己部

己。[기] 身也 몸기 私也 사사기 幹名 屠維 천간기 (紙)

已。[이] 卒事辭 乃ㅣ 이미이 止也 그칠이 去也 버릴이 太過 너무이 病愈 병나을이 ㅣ而踰時 조금있다가이 畢也、訖也 마칠이 (紙)

巳。[사] 支名 大荒落、祓除日上ㅣ 지지사 (方角 東南、時刻 午前十時) 蛇也 뱀사 (紙)

❶ 巴。[파] 蜀東地名 땅이름파 蛇也 뱀파 尾也 꼬리파 (麻)

❷ 㠯 以(人部三畫)의本字

⿸厂巳 [와] 木節 나무마디와 裹也 쌀와 (哿)

❹ 巵 [치] 酒杯 술잔치 染草 물들이는풀이름치 (支)

❺ 巹 [근] 敬承 받들근 伸也 펼근 婚姻 혼인근 (吻)

❻ ⿰皀巳 朕(月部六畫)의古字

巷。[항] 里中道 골목항 邑里 마을항 宮中長廡 복도항 奄官 ㅣ伯 내관항 衖同 (絳)

巸。[이][희] 廣也 넓을이 長也 길이 美也 아름다울이 樂也 즐거울이、희 義同 (支)

⿱丞己 巹(己部五畫)의本字

巼 [팟] ㅣ亇 팡이름팟 國字

卷 卷(卩部六畫)의俗字

❽ ⿱己其。[기] 踞也 걸터앉을기 跪也 꿇어앉을기 (紙)

⿱龹己 [기] 疾惎 미워할기 (支)

❾ 巽。[손] 讓也 사양할손 卑也 낮을손 柔也 유순할손 卦名 괘이름손 東南間方 동남간방손 遜通 (願)

巾部

巾。[건] 帨也 수건건 冪也 首飾 머리건건 本音근 (眞)

❶ 巿。[불] 膝布 앞치마불 人名 사람이름불 (物)

帀。[잡] 周也 둘릴잡 匝同 (合)

❷ 布。[포] 麻枲葛織 베포 施也 베풀포 織物總稱ㅣ木 피륙포 陳也 펼포 錢也 泉ㅣ 돈포 陳也 벌릴포 (遇)

市。[시] 買賣之所 저자시 買也 살시 賣買 흥정할시 (紙)

⿰巾匕。[비] 裂餘之帛ㅣ幓 헝겊조각비 (紙)

帄 [정] 補也 기울정 (青)

❸ 帎 [조] 覆頭巾 머리덮는수건조 (篠)

⿰巾刃。[인] 枕表 베개잇인 (震)

⿰巾夫 [배] 王布 은베배 (隊)

⿰巾干 [간] 布囊 베주머니간 (翰)

帍 [황] 襀也 버섯황 (陽)

⿰巾彡 [삼] 衫破貌 해진덕삼삼 (覃)

帆 [범] 船幔使風 돛범 颿同、颿通 (咸)(陷)

⿰巾亏 [오] 挍也 던질오 (虞)

❹ 帉 [분] 拭物巾 걸레분、행주분 佩巾 차는수건분 (文)

⿰巾及。[갑] 蒲席 부들자리갑 (合)

⿰巾次 [첩] 掩下浴巾 밑가리는수건첩 (琰)

帊。[파] 幞也 머리수건파 帳也 휘장파 帕、袙同 (禡)

帋 紙(糸部四畫)과同

⿰巾夫 [부] 前領 앞깃부 (虞)

⿰巾比 [비] 帛片 비단조각비 (紙)

⿰巾內 [내] 旗垂 기느러질내 (隊)

希 [희] 寡也 적을희、드물희 望也 바랄희 稀通 (微)

⿰巾夬 [결] 帨也 수건결 (屑)

⿰巾介 [개] 幘也 건개 介通 (卦)

⿰巾今 [검] 帛也 비단검 (鹽)

⿰巾少 [사] 細絲 가는실사 (麻)

⿱戶巾 [호] 婦

入頸巾여인목도리건호 巾巾행주치마호中字(覽) 帊 [조]包頭巾머리싸는수건조(巧) 帎 [탐]冠也갓탐(勘) 帙 [요]手拭巾손수건요(皓) ❺ 帗 [포]拭器巾행주포(遇) 帘

[저]棺衣구의저 覆棺布爲之관싸는베저 褚同(語) 帵 [원]幡也기원(元) 帑 [노][탕]妻子처자노 鳥尾새꼬리노 藏也감출노 琴通、金幣所藏府나라곳집탕(虞)(養) 帗 [불]裹頭巾머리덮는수건불(物)

帊 [필]帷也장막필(質) 帪 [정]射的과녁정(庚) 帖 [초]細絲가는실초(蕭) 帓 [말]帶也띠말 巾也수건말 襪也버선말(黠) 帒 [대]囊屬가방대、전대대 袋同(隊) 帕

[파]額首飾머리동이수건파 帞同(禡) 帔 [피]褙子衣ㅣ배자피 帬也치마피(寘) 帊 [구]指沓골무구(尤) 㠿 [지]細布가는베지(支) 帗 [불]舞具춤수건불(物) 帙 [질]書衣책 緗ㅣ책

질 編次書卷책권차례질 小囊작은주머니질 袟通(質) 帚 [추]箒也비추 掃也털추 箒同(有) 帖 [첩]卷也문서첩 定也妥ㅣ타첩할첩 牀前帷상앞휘장첩 怗同、一ㅣ、藥ㅣ약봉지첩、徒隷麥任狀

ㅣ체지체 國字(葉) 帘 [렴]酒家幟술기렴(鹽) 帗 [부]廣幅帛넓은비단부(遇) 帛 [백]繒也비단백 幣也폐백 吏也名 竹ㅣ죽백백 㡀 [폐]衣壞옷해질폐 鄙小더럽고

작을폐(霽) 帗 [요]襪上버선등요(效) ❻ 帢 [갑]帽也모자갑 弁缺四隅네모질룩한고깔갑 古音겹 帽通(洽) 帞 帕(巾部五畫)과同 帝 [제]王天下之號황제제 君也임금제 天也上ㅣ하나

님제(霽) 帢 [과]小衫속적삼과 單衣홑옷과(禡) 帗 [협]束帶허리띠협 帗、拭同(葉) 帗 [례]帛餘비단자투리례(霽) 帟 [역]小幕작은장막역(陌) 帗 [황]掩也덮을황 練絲실익

힐황(陽) 帠 [예]法也법예(霽) 帗 [이]衣服貌옷모양이(支) 帗 [순]領端옷깃끝순(眞) 帔 [통]蠻服오랑캐옷통(東) 帣 [권]斂衣衾소매걷을권 囊也자루권(霰) 帗

[홍]徽幟기표홍(東) 帤 [녀]拭字巾먹수건녀 弓中裨활심올릴녀(魚) 帥 [수][솔]主也주장할수 將ㅣ장수수、領兵거느릴솔 循也、遵也좇을솔 率同(寘)(質) 帗 [취]新拭器巾새행주취(霽) 帗

[전]卷曲굽을전 帥 師(巾部七畫)의古字 帗 [내]宬也곳간나、헛간나(箇) 帗 [치]習也익힐치(寘) ❼ 帨 [세]女子佩巾계집의찰수건세(霽) 帗 [첩]領耑옷깃끝첩(葉)

帗 [연]曲裁꺾어마를연(霰) 帗 [격]葛巾굵은갈포격 綌同(陌) 帗 [지]旗標기표지(寘) 帗 [모]皇帝妃ㅣ毋헌원씨의황후이름모(虞) 師 [사]敎人以道스승사、선생님사 長也어른사 旅

軍군사사 效也본받을사 法也법사 象也뭇사ㅣ表장한이사 卦名괘이름사 官名벼슬이름사 神名신이름사(雷ㅣ、風ㅣ)(支) 帗 [문]弔服조상하는옷문 括髮통건문 喪冠굴건문(元) 帗 [형]廣幅手巾넓은손수

건형(青) 帩 [초]縛也묶을초(嘯) 帽 [모]裹頭體衣장옷모(我朝婦人外出服) 帗 [천]女人腰帶여인배띠천(霰) 席 [석]簟也돗석、자리석 卷也걷을석 藉也깔석 陳也베풀석 資也자리

할석 因也인할석(陌) 帗 [진]飼馬橐말먹이자루진(眞) 帬 [군]連接裾幅裳也마치군 裙同(文) 帗 [예]裂衣也찢을예(霽) 帬 帬(前前條)와同 帗 [무]毛衣털옷무(虞)

八

⿰巾宗 [종] 南蠻之絹 오랑캐비단종 (冬) 幝 [비][벽] 屍也 관비、벽 義同 (支)(陌) 幗 [혹] 巾被風倒 건이바람에젖어질혹 (職) ⿰巾卒 [쉬] 五色繒 오색비단쉬 (隊) ⿰巾空 [공] 衣袂 소매공 (東)

帡 [병] 幄也 휘장병 (青)(庚) ⿰巾松 [종] 腹帶 배띠종 帙也 책보종 (冬) ⿰巾弦。[현] 布也 베현 (先) ⿰巾炎 [첨] 車帳 차휘장첨 (鹽) ⿰巾召 [흡] 帽也 모자흡 絹幘 깁전흡 帢同 (洽) 帳。[장] 帷也 휘장장、장막장 幬也 홑휘장장 計簿 치부책장 張通 (漾) ⿰巾函 [함] 蔽耳巾 귀마이함 (感) 帶。[대] 紳也 띠대 (男革、女絲) 佩也 찰대 隨行 데릴대、거느릴대 蛇也 뱀대 (泰) 帴。[전] 小兒籍褋 포대기전 帴也 치마전 鞍匣 안갑전 (先)

⿰巾沓。[답] 上覆 앙장답 (合) 帵 [완] 裁餘 자투리완 (寒)(元) 帷。[유] 幔也 휘장유 幕也 장막유 (支) ⿰巾官 [관] 裹頭巾 머리싸는수건관 (寒) ⿰巾奄 [업] 歛髮 머리단장할업 幞頭 두건업 (葉) 帣 [현] 標信 箕幡 係於棨者 표신기현 本音 견 (霰) 常。[상] 恒也 항상상 庸也 떳떳상 久也 오랠상 倍尋 열여섯자상 官名 벼슬이름상 裙也 아가위상 裳通 (陽)

⿱其巾 幟(次條)와 同 帺。[기] 繫也 맬기 (寘) 帹 [삽] 面衣ㅣ施 얼굴가리는망사삽

九

⿰巾俞。[유] 絹之端片 비단조각유 裂繒 찢은비단유 短袖襦 등거리유 近身衣 속옷유 (虞) 帽 [모] 頭冠 모자모 冒也 무릅쓸모 (號) ⿱前巾。[전] 旗也 기전 (先) ⿰巾者。[도] 標記貼物 찌지붙일도 (虞) ⿰巾面 [면] 死人面覆 면모면 (銑) ⿰巾頁 [수] 裹頭巾 머리쓰개수 (虞) 幀 [정] 張畫繪 그림족자정 本音 쟁 (敬)

帿 [후] 射布 과녁후 侯通 (尤) ⿰巾癸 [기] 廣袴 넓은바지기 (紙) ⿰巾是 [시] 拭器巾 행주시 (紙) ⿰巾盾。[준] 米袋 쌀자루준 (眞) ⿰巾某 [무] 包衣襆 보자기무 (尤) ⿰巾軍。[곤] 褸褌 잠방이곤 (元) ⿰巾革 [액] 縫也 흠질할액 (陌) ⿱敄巾。[무][옥] 漆布覆車 차우비무、옥 義同 (有)(沃) 幃。[위] 單帳 홑휘장위 香囊 향주머니위 褘通 (微) 帊。[파] 飜手擊之 손뒤집어칠파 (禡)

⿰巾重 [종] 遮日 차일종 (腫) 幄 [악] 覆帳 장막악 單旅之帳 군막악 (覺) 幅。[폭][핍][복] 布帛廣 邊ㅣ 폭폭、넓이폭 滿也 匡ㅣ 가득할폭 外飾 겉치장할폭 俗音 복、行縢 행전핍 俗音 벽 偪通 (屋)(職) ⿱剌巾。[랄] 擊也 칠랄 (曷) ⿰巾曷 [개] 非時而葬 갈쟁할개 (泰) ⿱封巾 [방] 事物傍取者 곁들방、도울방 裨帖治 履邊 신가상이꾸미개방 幫同 (陽) 幂 [멱] 覆也 덮을멱 (錫)

十

⿰巾冡 [몽] 衣巾 옷보몽 覆也 덮을몽 (東) ⿰巾貢 [공] 包衣襆子 보자기공 (東) ⿰巾鬼 [괴] 綵也ㅣ幃 오색비단괴 (灰) ⿰巾殺 [쇄] 衣弊 옷해질쇄 (蟹) 幏。[가] 蠻布 賨ㅣ稅也 오랑캐세금내는베가 (禡)

⿰巾晃 [황] 帷幔 방휘장황 車帷 차포장황 房幔 방장황 (養) ⿱𤇾巾 [영] 覆也 덮을영 (庚) ⿰巾盍 [합] 吹火筒 불부는통합 (合) ⿰巾虒 [제] 赤紙 붉은종이제 (齊) ⿰巾旁 [방] 書貼 서첩방 (漾)

⿰巾兼 [렴] 戶上之幔 문면자렴 帷也 휘장렴 (鹽) 幋。[반] 覆衣大巾 횃대보반 首鞶 머리동이반 (寒) 幐。[등] 帶囊 차는주머니등 袋也 자루등 香囊 향주머니등 (徑) 幎。[멱] 面帽 면모멱 覆也 덮을멱 冪通 (錫)

⿰巾舀 [도] 巾帽 모자도 巾袟 칼전대도 (豪) ⿰巾冓 [구] 單衣 홑옷구 甲衣 갑옷구 (尤) ⿰巾皀 [비] 車帷⿰巾炎也 차휘장비 (齊) ⿱畀巾 異(田部六畫)의 古字 ⿰巾烏 [오] 手巾 손수건오 (虞)

⑪ ⿰巾祭 세설 殘帛帴ㅣ헝겁세、剪繒爲花비단으로꽃만들설 裂帛찢은비단설 (霽)(屑) 徽。휘 幟也표기휘 徽通 (微) ⿰巾區 구 射決각지구 [illegible] 리 裁繒비단마름질할리 (支) ⿰巾逢 봉 巾也수건봉 款書항서봉 (宋) ⿰巾彗 세 盥巾세수수건세 (霽) 幔。만 帷幕장막만 帳也휘장만 (翰) ⿱執巾。세지 禮儀巾예절에쓰는수건세 手巾손수건세、지 義同 (霽)(寘) 幓 삼섬 車飾貌수레휘장술삼 旗旌正幅기복판섬 (咸)(鹽) 幖 표 幡也、幟也깃발표 (蕭) 幙 幕(次條)와同 幕 막 帷幄也장막막 軍旅無常居ㅣ府군막막 被覆덮을막 蔽也가릴막 莫通 (藥) ⿰巾鳥 조 絹也비단조 (篠) ⿰巾曹 조 小兒藉幘포대기조 (豪) ⿰巾婁 루 飼馬橐ㅣ말먹이자루루 (尤) 幘。책 頂上覆髻머리수건책 (陌) 幗。귁 婦人冠아낙네관귁 (陌) [illegible] 족 繪繒그림그린비단족 (屋)

⑬ ⿰巾會 과 綢衣비단옷과 (馬) ⿰巾畫 획 裂帛聲비단찢는소리획 (陌) 幜 경 帛也비단경 (梗) ⿰巾尞 료 絹傘비단우산료 (蕭) 幝。천 車弊ㅣㅣ수레헤질천 (銑) ⿰巾焦 초 拭也닦을초 (篠) 幞。복 帕也ㅣ頭복두복 裳削幅치마폭복 (沃) 幡。번 拭也巾帉帨먹수건번 幟也기번 飛揚ㅣ纚깃발나붓길번 反也ㅣ然돌이킬번 翻見 (元) ⿰巾喬 교 袴紐바지단추교 (蕭) 幠。무 覆也덮을무 慢也거만할무 (虞) 幟。치 標也깃대치 (寘) ⿰巾散 산 蔽日雨蓋일산산 幢。당 旗旌屬、麾也기당 羽貌ㅣㅣ장목너풀거릴당 車⿰車憲수레드림당 或音장 (江) 幣。폐 帛也폐백폐 禮物예물폐 錢也돈폐 財貨雜石화폐폐 (霽) ⿱須巾 수 婦人頭巾두건수 婦人喪巾布며댕기오라기수 (虞) 幫 幫(巾部十四畫)의俗字

⑫ 幦。멱 覆車笭수레뚜껑멱 幭同 (錫) ⿰巾敫 교 脛行縢행전교 (篠)(嘯) 幨 첨 車帷차휘장첨 披衣옷깃첨、헤칠첨 襜同 (鹽) 幧。조 所以覆髮帕頭상투관조 (蕭) ⿱蔑巾 幭(巾部十五畫)과同 ⿰巾遂 세 深赤色짙게붉은빛세 (霽) 幩。분 馬銜外飾鐵말자갈꼰분 (文)

⑭ 幪 몽 覆也幪ㅣ덮을몽 幏同、茂盛貌ㅣㅣ무성한모양몽 (東)(董) ⿰巾疑 의 巾也베조각의、수건의 (紙) ⿰巾隱 은 內衣속옷은 裏相着속서로붙을은 (問) 幫 방 事物傍取곁들방 治履신기울방 裨帖도울방 幫、幇、(陽) ⿰巾賓 빈 亂貌얼크러질빈 衣敝貌옷헤질빈 (眞) ⿰巾監。람 無緣衣단없는옷람 (覃) 幬。도주 覆也덮을도 禪帳홑휘장주 (豪) ⿱歸巾 歸(止部十四畫)과同 ⿰歸巾 歸(止部十四畫)의略字

⑮ ⿰巾罷 피 裙也치마피 (寘) 幮 주 帳也장막주 (虞) 幯 절 拭也걸레절 (屑) 幭。멸 車覆수레뚜껑멸 或音말 (屑) ⿰巾感 족 韜囊가죽자루족 (屋) ⿰巾慧 세 布片베조각세 巾也수건세 (霽)

⑯ ⿰巾賴 뢰 衣破貌옷해어질뢰 (蟹) ⿰巾奮。분 㲉滿而裂곡식자루터질분 (吻) [illegible] 섭 覆也덮을섭 巾也수건섭 (鹽) 幰。헌 幨也휘장헌 車上幔수레안장헌 (阮)

⑰ 幱 란 裳與衣連철릭란(ㅣ衫、ㅣ裙也) (寒) ⿰巾韱。첨 記標ㅣ표지첨、찌지첨 幖幟표지를첨、안표할첨 籤同 (鹽) ⿰巾侖 약 張幕屋막을친집약 (藥) ⿰巾登 쟁 開張畫繪그림족자쟁 幀通 (敬)

⑱ ⿰巾雙 欆(木部十八畫)과同

幪。[눈][난] 拭墀以巾 걸레로 섬돌을 씻을 눈 著也 붙을 눈、塗也 바를 눈、난義同 (元)(旱)

⑲ 㡩 [란] 帶也 띠 란 (寒)

⿰巾羅 [라] 裂繒 찢어진 비단 라 繒片 비단 조각 라 (哿)

幺部

幺。[요] 小也ㅣ麽 작을 요 曲名 六ㅣ 곡조 이름 요 幼也 어릴 요 (蕭)

① 幻。[환] 化也 변화할 환 妖術 요술 환 譸張 속일 환 惑也 미혹할 환 ㅣ形 허깨비 환 眩通 (諫)

② 幼。[유] 少也、人生十年 어릴 유 慈也 사랑할 유 (宥)

③ 𢆶。[유] 微也 작을 유 (尤)

④ ⿰幺少。[요] 小貌ㅣ𢆷 작으마할 요、난장이 요 急戾 어그러질 요 妙通 (蕭)

⑤ 紗。⿰幺少(幺部四畫)과 同

⑥ 幽 [유] 深也 깊을 유 隱也 숨을 유 深遠 그윽할 유 微也 적을 유 闇也 어두울 유 囚也 가둘 유 鬼神 귀신 유 冥途 저승 유 地名 땅이름 유 黝通 (尤)

⑧ ⿰幺幷 [관] 以絲貫杼 북에 실 꿸 관 (刪)

⑨ 幾 [기] 多少ㅣ何 얼마 기、몇 기 物無多 無ㅣ 얼마 못될 기 微也 작을 기 殆也 자못 기 近也 가까울 기 (微)

⿰幺曷。[예] 急戾 급히 도라올 예 (霽)

⑪ ⿺走𢆶 [시] 小也 작을 시 (紙)

广部

广 [엄] 巖屋 바윗집 엄 (琰)

② 庀。[비] 治也 다스릴 비 具也 갖출 비 庇通 (紙)

厅 [청] 平也 평평할 청 廳也 마루 청、廳(广部二十二畫)의 略字 (靑)

広 廣(广部十二畫)의 略字

③ ⿸广女。[엄] 賤也 천할 엄 (琰)

⿸广乇 宅(宀部三畫)의 古字 度(广部六畫)의 古字

⿸广也 [예] 簷也 추녀 예 (霽)

⿸广久。[구] 灸瘢 뜸뜬 자리 구 (有)

庄 [장] 農幕 농막 장 田舍 전장 장 (陽)

⿸广合 [합] 乳汁 젖 합 (感)

④ 庈 [금] 人名 사람 이름 금 (侵)

床 牀(爿部四畫)의 俗字

庉。[돈] 居也 집 돈 熾盛貌 ㅣㅣ 불꽃 성한 모양 돈 室中藏處 벽장 돈

⿸广又 [수] 屋深 집 깊을 수 (寘)

庇。[비] 蔽也 가리울 비 覆也 덮을 비 疵通 (寘)

庎 [개] 廚中度版流水以受洗濯 개수판 개 度食器 시렁 개 (卦)

庌。[아] 屋之正廳 대청 아 舍也 집 아 (馬)

庋 [기] ㅣ閣藏食物 찬장 기 (紙)

⿸广卒 [수] 灰集屋 재모아두는 집 수、잿간 수 (寘)

⿸广冘 [담] 陰也 그늘 담 (覃)

⿸广壬 [임] 下也 아래 임、밑 임 (侵)

⿸广丸。[환] 牝瓦下 암키와 바닥 환 網羅 그물 베리 환 (刪)

序。[서] 次第 차례 서 叙文 經旨 서지을 서 學也 학교 서 商學 상나라 태학 서 叙通 (語)

庐 廬(广部十六畫)의 略字

⑤ 底。[지][저] 致也 이를 지 至也 이를 지 定也 정할 지 砥通、下也 밑 저 止也 그칠 저 說疑詞 무슨 저、어쩐 저 (紙)(薺)

⿸广立 [랍] 屋聲 집 소리 랍 (合)

庖。[포] 廚也 宰殺所 푸주간 포、관 포 (肴)

⿸广氏 [지] 鄙屋 더러운 집 지 (紙)

⿸广乍 [사] 屋也 집 사 不齊 어긋날 사 (麻)

⿸广皮 [피] 鋪也 펼 피 (支)

店 [점] 商鋪 가게 점、상점 점、주막 점 坫通 (豔)

庘 [압] 壞居 헌집 압 豚屋 돼지우리 압 (洽)

⿸广囟 [념] 臨也 좁을 념 (洽)

⿸广田 [전] 平也 평할 전 (先)

⿸广布 [포] 布列 벌릴 포 (遇)

庙 廟(广部十二畫)의 略字

废。[발] 草舍 초가집 발 (曷)

⿸广且。[제] 相倚 서로 의지할 저 (魚)

⿸广世 [예] 庋也 찬장 예 (霽)

庚。[경] 幹名 上章 일곱째 천간 경 更也 고칠 경 償也 갚을 경 堅剛 ㅣㅣ 굳셀 경 年齒 同ㅣ 나이 경 星名 長ㅣ 초저녁별 이름 경 道也 길 경 ㅣ癸 穀水 곡식 경 鳥名 倉ㅣ 새 이름 경 草名 盜ㅣ 풀 이름 경 (庚)

⿸广旦 [단] 小屋 작은 집 단 (翰)

庛 [차] 耒下歧木 장기술 차、따비 가지 차 (寘)

府。[부] 百官所居 마을 부 藏也 감출 부 藏文書財幣所 곳집 부 大州 큰 골 부 都ㅣ 서울 부ㅣ君 죽은 조

상부 (麌)

庝 [동] 深屋깊은집동 (冬)

❻

㢆。[갑] 市也저자잡 (合)

㡯 [삼] 屋斜집기울삼 (吻)

庠。[상] 虞學養老處우나라태학상 (陽)

㢟 [조] 言賤말쌍스러울조 (篠)

㢞 [예] 米倉쌀곳간예 (霽)

㢔 [동] 家響집울림동 (東)

庡。[의] 徘徊배회할의 (尾)

庤。[치] 儲置저축할치 具也갖출치 偫同、峙通 (紙)

㢅 [한] 閾也문지방한 (刪)

㢨 [현] 穴也구멍현 (銑)

庍 [척][차] 郤屋집을물리칠척 指也가리킬척 柿也드물척 大也클척 充滿꽉찰척 不用버릴척、무용척、차義同 (陌)(禡)

庇 [조] 斛榜耳휘조、자리조 不滿貌가득차지않을조 斛同 (蕭)

庢。[질] 礙止거리낄질 水曲물구비질 怒發礙止而涌沸분복받칠질 京兆縣名盩ㅣ고을이름질 (質)

庛 [치] 低屋낮은집치 (寘)

度。[도][탁] 法制법도도 丈尺잴도、자도 過也지날도 ㅣ量도량도 布指知尺뼘잴도 姿態모양도 數量單位번도 時也때도 溫ㅣ도수도、忖也헤아릴탁 謀也꾀할탁 踱同、庀通 (遇)(藥)

庥。[휴] 庇蔭덮을휴 依止의지할휴 庥同 (尤)

㢊 [치] 廣大貌넓고클치 擊也칠치 (紙)

庪 [궤] 壞也무너질궤 (寘)

㢖 [엄] 高也높을엄 峻也험할엄

❼

座 [좌] 床也坐具자리좌 位也지위좌 坐通 (箇)

庨 [효] 宮室高貌궁집드높을효 (肴)

㢝 [곤] 米庫쌀고간곤 (願)

庐 [려] 家也뭇려 (語)

庒 [장] 宏大웅장할장 (陽)

㢡 [량] 高也높을량 (陽)

庩 [도] 康也집도 庯也편하지않을도

㡱 [구] 附屋옆에붙은집구 (尤)

㢄 [두] 廚房부엌두 (宥)

庫。[고] 貯物所兵車藏곳집고 (遇)

庋。[기] ㅣ縣祭山산제러기 度通 (紙)

庭。[정] 門屏內뜰정 直也곧을정 隔遠逕ㅣ막히고멀정 (徑)

庬 [방][몽] 雜也잡될방 尨分之形ㅣ頒순전할몽 厚也、豐也후할몽

㡪 [루] 草屋초가루 (有)

庯 [포] 屋上平지붕평평할포 脯通 (虞)

㢈 [롱] 大廈큰집롱

庮。[유] 朽木臭썩은나무냄새유 (尤)

㢌 親(見部九畫)의古字

㢥 廛(广部十二畫)과同

❽

庴 [퇴] 屋從上傾下지붕물매질퇴 (灰)

㢗 [경] 倉也곳집경 (庚)

㢕 [종] 屋舍집종 (董)

庱。[릉] 亭名ㅣ亭정자이름릉 (蒸)

𢈢 [강] 空家빈집강 空谷빈골짜기강 (陽)

㢋 [애] 度也신탁자애 (蟹)

庲 [래] 家也집래 (灰)

庳。[비] 下也낮을비 卑同、低小屋낮고작은집비 舜弟象所封有ㅣ땅이름비 (寘)

㢏 [쉬] 傾也기우러질쉬 (寘)

㫺。[적][움] 縣名ㅣ縣고을이름적、窨也ㅣ幕움집움 (陌) 國字

㢁 [야] 邪也사악할야 斜也비스듬할야 (寘)

㢒 [잔] 屋笮산자잔 (諫)

庵 [암] 小草舍암자암、초마암 菴同、菴通 (覃)

庶 [서] 衆也뭇서、무리서 近辭ㅣ幾거의서 冀也바랄서 人民백성서 多也많을서 嫡ㅣ서자서 (御)

㢊 [치] 廣也넓을치

廀。[추] 崩壞무너질추 或音취 (尤)

㢑 [사] 屋頭집머리사 小屋작은집사 (馬)

𢈛。[붕] 崩也무너질붕 (蒸)

康 [강] 安也편안할강 樂也즐거울강 和也화할강 五達衢오거리강 年豐풍년들강 空也헛될강 姓也성강 (陽)

㢢 [관] 玩弄희롱할관 (寒)

庸。[용] 常也떳떳할용、항상용 用也쓸용 愚也凡ㅣ용렬할용

㢉。[금] 石地돌땅금 (沁)

庹 [탁] 兩腕引長팔로잴탁、두팔벌릴탁 (藥)

廧 [장] 垣也 蕭ㅣ담장 追幕羞ㅣ사모할장 獄也圜ㅣ옥장 牆、墻、廧同 (陽)

㢐。[뉴] 小乳작은젖뉴 (寘)

㢂 [염] 厚也두터울염 (豔)

❾

㢒 [도] 草屋초가도 (虞)

庾。[유]露積 노적 유 量名 휘 유 (麌) 㢈 [외]隱處 으슥한 곳 외 廐 [평]廁也 뒷간 평 (敬) 㢗 [호]平也 평할 호 (麌) 㢠 [영]長廊 월랑 영 (梗) 廇 廟(广部十二畫)의 古字

庲 [가]構屋 집 지을 가 (禡) 廋 [수]匿也 숨길 수 山隈 산모퉁이 수 廋同 (尤) 㢝。[얼]家狹 집 좁을 얼 (月) 廁。[치][칙]溷也 뒷간 치 雜也 잡될 치 次也 버금 치 邊也 가 치、側也 기울 칙 (寘)(職) 𢉂 [집]藏也 감출 집

本音 삽 (葉) 廂。[상]廡也 東西室 곁채 상、행랑채 상 (陽) 㡓 [군]積也 쌓을 군 (吻) 廥 [투][유]行圊 매화틀 투 木槽 말죽통 투 牏通、유 義同 (尤)(麌) 㡖 [랄]庵也 초막 랄、獄室 옥방 랄 (曷)

廃 廢(广部十二畫)의 略字 㢔 [함]花亂貌 꽃 어지러울 함 (感)

❿

㢚 [마]庵也 암자 마 (禡) 廆 [외]廦也 괴벽할 외 人名 晋慕容ㅣ 사람이름 외 本音 회 (賄) 廅 [합]山傍穴 산곁구멍 합 藏也 감출 합 (合)

廇。[류]中庭 가운데뜰 류 屋梁 들보 류 廌。[치][태]神羊 獬ㅣ、一角性忠觸不直 해태 치 외뿔양 치 俗音 채、태 義同 (紙)(蟹) 廈。[하]大屋 큰집 하 門廡 문월랑 하 旁屋 곁방 하、행랑 하 夏通 (馬)

廉。[렴]不貪 청렴할 렴 安價 쌀 렴、헐할 렴 清也 맑을 렴 潔也 조촐할 렴 儉也 검소할 렴 隅也 모질 렴 (鹽) 廊。[랑]東西序廡 곁채 랑 巖ㅣ殿下外屋 보랑 랑 (陽)

㢊 [추]舍潰 집무너질 추 (寘) 廋 [수]隱匿 숨길 수 (尤) 㢕 [람]濫也 막을 람 (覃) 㢗 [휴]姿也 자태 휴 (支) 㡱 [휴]樹陰 나무그늘 휴 (尤)

⓫

𢉶 [사]屋欲壞 집무너지려할 사 (麻) 㢆 [심]深大屋 깊고 큰집 심 (沁) 廐。[구]馬舍 마구 구 (宥) 㢎 [막]空也 빌 막 (藥) 㢞 [의]急也 급할 의 (支) 廑。[근]小屋 작은집 근、오막집 근 纔也 겨우 근 勤同 (文)

㢔 [종]多也 많을 종 (董) 廓 [곽]大也 클 곽 開也 열 곽 空也 빌 곽 (藥) 廒 [오]倉也 곳집 오 僅也 겨우 오 陋屋 오막살이 오 㢤 [대]屋之傾斜 집비뚤어질 대 水名 물이름 대 (泰)

廕 [음]庇庥 덮을 음 蔭同 (沁) 廔。[루]屋脊 집대마루 루 綺窗 집창 루 (尤) 廘。[록]米倉 곳집 록 (屋) 廖 [료][류]姓也 성 류、人名 周伯ㅣ 사람이름 료 (嘯)(蕭)

㢜 [최]垂也 드리울 최 㢓 [병]隱僻無人處 으슥한 곳 병 (敬) 㢢。[삭]病治 병다스릴 삭 (藥)

⓬

㢒 [반]儲物 쌓을 반 峙屋 곳간 반 (寒) 廙。[익][이]行屋 행랑 익、敬也 공경할 의 (職)(寘)

㢈 [위]美也 아름다울 위 (紙) 廚。[주]炊也 부엌 주 庖屋 무관주、관주 熟食 부엌 주 菌也 버섯 주 櫥ㅣ 竈見 (麌) 廜 [도]酒名 ㅣ蘇 술이름 도 庵也 암자 도 平家 평집 도 (虞) 廛。[전]一家之居 한집자리 전 市邸 전방 전 (先)

㢁 [삼]除也 덜 삼 (寢) 廞。[흠]喪具 행상 제구 흠 (侵) 廝 [시]使也 부릴 시 賤也 천할 시 養馬者 마부 시 厮同 (支) 廠 [창]屋無壁 헛간 창 庫也 곳집 창 (養) 廟。[묘]貌也 모양 묘 宗ㅣ 종묘 묘 祠堂 사당 묘 前殿 廊ㅣ 앞전각 묘 廳事 대청 묘 庿同 (嘯)

㢗 [교]高屋 높은집 교 (嘯) 廢。[폐]止也 폐할 폐 墮也 떨어질 폐 放也 내칠 폐 大也 클 폐 屋傾 집무너질 폐 癈通 (隊)

廡。[무]堂下周屋 월랑 무 門屋 문간방 무、행랑 무 盛貌 蕃ㅣ 성한 모양 무 (麌) 廇 廇(广部十畫)의 本字 㢧 [곳]處也 곳 곳 國字 廣。[광]濶也 너를 광、넓을 광 大也

큰광 横量 넓이광 東西 동서광 (漾) (十三) 廥。괴 芻藁藏 여물광괴 (泰) 廜 서 高屋 높은집서 (語) ⿸广虜。로 遮陽 차양로、 ⿸广雋 선 巨屋 큰집선 廦。

벽 垣也 담벽 (陌) 廨 해 官舍 공해해、관청해 本音개 (卦) ⿸广奄 엄 小也 작을엄 (豔) 廩 름 米藏倉ㅣ 쌀곳간름 給也 넉넉할름 亩同 (寢) ⿸广歈 유 舞手弄笑揶ㅣ 손춤추고 웃으

며희롱할 유 揄同 (虞) 廞 흠 猛意 모진마음흠 (沁) ⿸广堯。요 坐也 앉을요 (嘯) ⿸广悳 강 大也 클강 (絳) (十四) ⿸广蒦 확 空也 빌확 遠也 멀확 (藥) ⿸广奩 검 衣匣 옷궤검 (鹽) (十五)

廖。료 空也 빌료 廣大貌 넓고큰모양료 (蕭) 廧 牆(爿部十三畫)과同 (十六) ⿸广鳥 착 疾速 빠를착 (覺) 廬。려 粗屋總名 풀집려 農人田舍 농막려 (魚) 廠。선 舍也 집선 (霰)

⿸广蘇 소 酒名 술이름소 庵名ㅣ 암자이름소 蘇同 (虞) ⿸广奐 부 臭也 냄새날부 (虞) (十七) 廯 선 囷倉之別名 곳간선 (銑)(先) 廞。금 大屋 큰집금 屋也 집금 (寢) 廙 익 屋通 복도익 (陌)

廮。영 安止 편안히그칠영 縣名ㅣ陶 고을이름영 (梗) ⿸广戲 희 山高貌 산높을희 險峻貌 험준할희 (支) (十八) ⿸广瞿 구 倉庫 곳집구 (虞) 廱。옹 學名 辟ㅣ 벽옹옹 (天子教宮)

和也 ㅣㅣ 화할옹 雝、雍、壅通 (冬) (十九) ⿸广離 리 廈也 큰집리 (支) 廲。려 ㅣ廔 綺窗 깁창려 (齊) (二十) ⿸广⿰兼兼 겸 謹也 삼갈겸 (二十二) 廳 청 治官處ㅣ事 관청청、대청청 (靑)

(二十四) ⿸广靈。령 岩穴 바위구멍령 (靑) ⿸广⿱䜌廾 련 攣也 휘어잡을련 (先)

廴部

廴。인 長行 길게걸을 인 引之 당길인 (軫) (三) 㢟。천 步也 걸을천 (先) 廵 巡(巛部四畫)의 譌字 (四) 延。연 及也 미칠연 迎也 맞을연 (先) 廷

정 政府朝ㅣ 조정정 正也 바를정 直也 곧을정 秦官、尉 벼슬이름 정 (靑) ⿺廴正。정 朝ㅣ 조정정 (靑) (五) ⿺廴㐱 趁(走部五畫)과同 ⿺廴回 廻(廴部六畫)과同 (六) 廼 迺(辵部六畫)의 誤字

建。건 立也 설건 置也 둘건 樹也 세울건 星名 별이름건 鞱也 칼집건 鍵通 (願) 廻 회 還也 돌아올회 避也 피할회 回同 (灰) (七) ⿺廴囬 廻(廴部六畫)의 俗字 (八) ⿺廴致 정 盡也 다할정 (梗)

(九) ⿺廴亶 ⿺廴亶(次條)와同 (十) ⿺廴亶 연 相顧而行 서로 돌아보고갈연 (霰)

廾部

廾。공 竦手 손맞잡을공 (腫) (一) 廿。입 二十 스물입 卄同 (緝) (二) 弁 변 반 周冠 주나라관변 拍手 손바닥칠변 辨通、 樂也 즐거울반 詩名小弁 시전편이름반 般同 (霰) ⿱八廾

界(田部四畫)과同 (三) 异。이 己也 그만둘이 歎也 탄식할이 擧也 들이 退也 물러갈이 異通 (寘) ⿴甘乂 箕(竹部八畫)의 古字 (四) ⿱夂廾。귀 弓拊 활잡이귀 (支) 弅 분 丘

高起貌 높은언덕분 (文) 弄。롱 戲也 희롱할롱 玩也 구경할롱 侮也 업신여길롱 樂曲 풍류곡조롱 巷也 골목롱 (送) (五) 𢍆。육 兩手捧物 두손으로받을육 (屋) 弆 거 藏

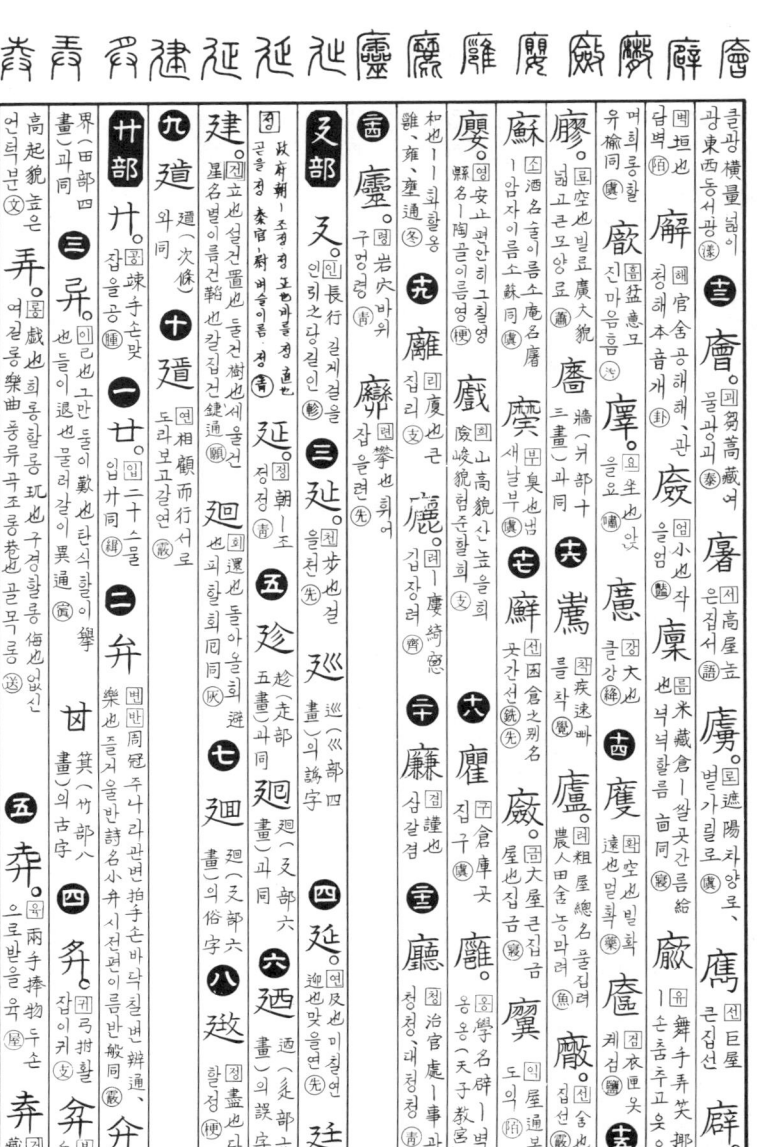

也감출거 去通(語)

弆 承(手部四畫)과同

⑥ 弇。[감][엄]蓋也덮을감、뚜껑감 人名 漢耿ㅣ사람이름감 覆盖덮을엄 狹路좁은길엄 大荒山名ㅣ州산이름엄 鍾中寬쇠북속살가를엄(覃)(琰)(豔)

弈 [혁]圍棋바둑혁 善棋者ㅣ秋바둑잘둘혁(陌)

⑦ 弮。[권]摶飯주먹밥권 握也움큼권(霰)

弫 終(糸部五畫)의古字

⑨ 弿。[위]草木盛貌초목이무성할위(未)

⑩ 奧 奧(大部十畫)의本字

彝 [곡]索屬새끼곡(沃)

⑪ 弊 獘(大部十一畫)과同

⑫ 弊。[폐]壞敗해질폐 困也곤할폐 惡也폐단폐 斷也결단할폐 經營貌ㅣㅣ곰곰궁리할폐 壞也무너질폐 頓仆엎드릴폐 蔽通(霽)

⑬ 𢍰。[천]升高높은데올라갈천(先)

⑭ 𢎀 曆(日部十二畫)의古字

弋部

弋。[익]繳射주살익 取也취할익 官名鉤ㅣ궁이름익 羌人以奴爲無ㅣ오랑캐이익 黑色검은색익(職)

弌 弋(前條)와同

① 弌 一(一部。畫)의古字

𢦾 戎(戈部二畫)과同

② 弍 二(二部。畫)의古字

③ 式。[식]法也법식 用也쓸식 制度제도식 敬而俛ㅣ부릴식 車前木수레앞가로막대식 發語辭발어사식 侯官名벼슬이름식 栻通(職)

④ 𢍻。[익]骨也뼈익(職)

𢎅 [장]繫船杙배말뚝장 南越郡名ㅣ牁고을이름장 牂通(陽)

武 武(止部四畫)과同

甙。[익]好也좋을익、잘할익(職)

⑥ 𢎍 [절]利也이할절(屑)

𢎎 [동]繫船杙배말뚝동(東)

⑧ 𢎐 弑(弋部九畫)과同

⑨ 弑。[시]殺也下害上웃사람죽일시 弒同、殺通(寘)

𢎗 [소]姓也성소(遇)

⑩ 貮 二(二部。畫)과同

𢎘 [가]杙也戙ㅣ배말뚝가 郡名牂ㅣ땅이름가 牁同(歌)

𢎙 弑(弋部九畫)의本字

⑪ 𢎞 矰(矢部十二畫)과同

⑫ 𢎠 弑(弋部九畫)과同

弓部

弓。[궁]弧也 射器六材所成활궁 量地八尺爲ㅣ여덟자궁(東)

𢎗 [함]蓄也꽃봉우리함 華也꽃함(覃)

① 弔。[조][적]問終조상할조 傷也슬퍼할조 愍也불쌍히여길조 至也이를조 吊同(嘯)(錫)

𢎝 彈(弓部十二畫)의古字

𢎟 及(又部二畫)의古字

𢎠 彈(弓部十二畫)의古字

引。[인]相牽이끌인 導也인도할인 開弓활당길인 十丈열길인 負也질인 退也물러갈인 歌曲노래곡조인 道ㅣ服氣法기운드려마실인 薦ㅣ천거할인(軫)

② 𢎪 射(寸部七畫)의本字

弗。[불]不也말불、아니불 去也버릴불 違也어그러질불 貨弊딸라불(物) 美字

𢎥 弔(弓部一畫)의本字

弘。[홍]大也 含容클홍 本音횡(蒸)

𢎧 [규]卷也책권규 糾同(尤)

③ 弙 弙(次條)와同

弙。[오]滿弓有所向활짝당겨겨눌오 引也당길오(虞)

𢎙 [간]拒也막을간 本音한(翰)

𢎜 [적]射弓활쏠적(錫)

𢎟 彈(弓部十二畫)과同

𢏁 [퇴]窮貌ㅣ靡궁할퇴、궁상스러울퇴(灰)

弲 [권]弲也활고자권(眞)

弜 [강]強也강할강(養)

弛 [이]緩也늦출이 解也풀릴이 弓鮮去弦활불릴이 放也방탕할이 釋也놓을이 壞무너질이(紙)

④ 𢏂 [결]鉤弦發矢者깍지결 決通(屑)

弝 [파]弣中手執處활줌통파(禡)

㢲 [여]弓也활여(魚)

弞。[신] 笑不壞顏생긋웃을신 木名｜杻나무이름신 哂同 (軫)
弟 [제] 男子後生아우제、동생제 善事兄공손할제 順也순할제 悌通 (薺)(霽)

五

弤 [고] 小弓작은활고 (虞)
弡 [굴] 勇也날랠굴 (物)
弴 [돈][민] 形弓붉은활돈、旗也기민 (元)(眞)
弤 [저] 漆赤弓붉은칠한활저 弴通 (薺)
弣 [부] 弓中央활줌통부 (麌)
弦。[현] 弓絲시위현 半月반월현 脈數맥박잦을현 樂器絲풍류줄현 地名｜蒲땅이름현 絃通 (先)
弥 彌(弓部十四畫)과同
弢。[도] 弓衣활집도 韜通 (豪)
弧。[호] 木弓나무활호 旗名 蝥｜기이름호 (虞)
弩 [노] 有臂機射쇠노노 (麌)
彼 [피] 張弓貌｜彂활잔득당길피 (寘)
弨 [진] 弓強활이셀진 強也셀진 (軫)

六

弭 [미] 弓末활끝미 息也쉴미 止也그칠미 安也편안할미 按也어루만질미 彌通 (紙)
弫 [진] 弓強활강할진
弬 [이] 弓名활이름이 (紙)
𢏗 [양] 弓曲활굽을양 (陽)
弮 [환][권] 弩弓쇠뇌활환、권義同 卷通 (霰)(先)
𢏳 [동] 弓飾꾸밀동 (東)
𢏐 [협] 弓強센활협 射決깍지협 (葉)

七

弰 [소] 弓末활끝소 弓放箭활쏠소 (肴)
𢏊 [신] 長也길신 (軫)
𢏬 [휜] 弓曲활굽을휜 (元)
弱。[약] 懦也약할약 虛｜허약할약 尪劣못생길약 跛也절름발이약 委也버릴약 未壯어릴약 體柔貌부드러울약 年少젊을약 喪也죽을약 敗也、六極一패할약 弓名 繁｜활이름약 (藥)
弱 弱(前條)와同
弲。[현] 角弓뿔활현、각궁현 (先)
𢐁。[범] 浮也뜰범 (豔)

八

𢏜 [쟁] 張弓활당길쟁 (梗)
𢐂 [현] 強弓강한활현 (先)
㢳。[뇌] 張弓貌활당길뇌 (隊)
𢐞 [호] 射也쏠호 (虞)
𢐥 [연] 弓彇弭間활배바닥연 (先)
弴。[돈][조] 畫弓그림그린활돈、고義同 (元)(蕭)
𢏺 [병] 彈也탈병 (庚)
張。[장] 弦弓활당길장 施也베풀장 開也벌릴장 誇也과장할장 物數물건수효장 更｜고칠장 誑也속일장 相戾어기어질장
𢐅 [곡] 勇也날랠곡 (沃)
弶 [강] 以弓罝鳥獸창애강 (漾)
强 強(弓部九畫)의本字
弸。[팽][붕] 弓強활강할붕、弓聲｜彋활소리팽 (蒸)(庚)

九

弼。[필] 助也도울필 正弓器활바르게하는기계필 重也거듭필 (質)
𢐒 [연] 弓緣활전연 (霰)
𢐇。[지] 彈也튕길지 (寘)
𢐏 [편] 弓反張활뒤젖혀질편 (先)
𢐗 [섭] 射決깍지섭 韘同 (葉)
弾 彈(弓部十二畫)의略字

十

𢐡 [진] 彈也탈진 (震)
𢐣 [건] 弓強활강할건 (阮)
𢐪 [비] 以筋貼弓활에실감을비 (寘)
𢐱。[격] 包弓衣활집격 本音역 (陌)
彀。[구] 弓矢技滿활잔득당길구 射的과녁판구 句通 (宥)

十一

𢑇 [붕] 弓也활붕 (東)
彃。[필] 射也쏠필 弓弦활시위필 (質)
彄。[구] 弓端활고자구 環屬、荆戲藏｜지환구 (尤)

十二

彇 [소] 弓弭頭활고자머리소 蕭同 (蕭)
彆 [별] 弓戾활뒤틀릴별 弼同 (屑)
𢑌 [쟁] 弓弦聲활시위소리쟁 (庚)
𢐻 [교] 引弓활당길교 (蕭)
彉。[확] 張也당길확 弩滿활당길확 迅速빠를확 彍通 (藥)
𢑡 [잠] 弓強활셀잠 弓弦활시위잠 張弦시위당길잠 (感)(覃)
彈。[탄] 丸射쏠탄 鼓瓜퉁길탄

十三

彊 [강] 健也강할강 壯盛꿋꿋할강 弓有力활강할강 勝也이길강 暴也사나울강 抑之也억제할강 屍硬시체굳을강 (陽)(養)(漾)

彎 檠(木部十三畫)과同 弸 강 筋也 심줄강 陽 彋 횡 弓聲 화살소리횡 帷帳風吹聲 휘장에바람치는소리횡 庚 ⑭ 彌。미 止也 그칠미 弭同、益也 더할미 弛弓 활부릴미 久也 오랠미 終也 마칠미 ㅣ縫 미봉할미 稍也 조금미 弥同 紙 支 ⑮ 彍 확 兵號 唐宿衛ㅣ騎 군대이름확 迅速 빠를확 張弓 활당길확 彉同 藥 [illegible] 번 養也 기를번 元

⑰ ⿰弓襄 양 弓曲處 활이굽은곳양 養 ⑱ ⿰弓雚。권 弓曲處 활이굽은곳권 先 ⿰弓雋 구 弓強 활셀구 強也 셀구 宥 ⑲ 彎。만 持弓關矢 활에살먹일만 引也 당길만 ㅣ曲 굽을만 刪 ⑳ 彏。확 弓急張 활급히당길확 藥

彐部

彐。계 彙頭 고슴도치머리계 豕頭 돼지머리계 霽 彑 彐(前條)와同 ② 归 歸(止部十四畫)의略字 ③ 彐多 多(夕部三畫)의古字 [illegible] 當(田部八畫)의俗字 当 當(田部八畫)의略字 ④ 彔 하 豕也 돼지하 麻 ⑤ 彖 제 毛長獸名 털긴짐승이름제 狸子 삵괭이새끼제 豕也 돼지제 齊 彔。록 木削 나무깎을록 屋 ⑥ 彖 단 統論易卦義 주역단사단 斷也 결단할단 豕走 돼지달아날단 翰 ⑧ 彗。혜 세 箒也 비혜 篲通、妖星 혜성세 攙搶 찌를세 寘 霽 ⑨ 彘。체 豕也 돼지체 地名 땅이름체 霽 㣇 홀 豕屬 돼지홀 月 ⑩ ⿰彑召 소 擊也 칠소 蕭 彙。휘 類也 무리휘 集也 모을휘 蝟也 고슴도치휘 毛刺蟲 버러지휘 蝟同 未 ⑮ ⿰彑者 猪(犬部九畫)과同 彝 이 常也 떳떳할이 ⑯ 彠 확 度也 잴확、헤아릴확 矱同 藥

彡部

彡 삼 毛髮繪飾 터럭그릴삼 毛長 털자랄삼 咸 ② 㐱 진 鳥羽始生 새깃처음날진 㐱同 軫 ③ ⿰工彡 工(工部。畫)과同 ④ 形。형 體也 형상형 象也 형상할형、꼴형 現也 나타날형 ㅣ勢 형세형 地勢 땅형세형 青 彣。문 青與赤雜 붉고푸른빛섞일문 彩色 채색문 文 彤 동 丹飾 붉은칠할동 冬 ⑤ ⿰占彡 삼 相接物 물건서로붙일삼 剎也 이할삼 陷 ⿰丹彡 丹(丶部三畫)의古字 彦 彥(彡部六畫)의俗字 ⿰开彡 形(彡部四畫)의本字 ⑥ 彥。언 美士 착한선비언 碩也 클언 霰 ⑦ 彧 욱 茂盛貌ㅣㅣ 무성할욱 屋 [illegible] 좌 芟也 베일좌 箇 ⑧ [illegible]。목 細文 가는문채목 屋 彩。채 文色精光 채색채、무늬채 光也 빛날채 采通 賄 彫。조 鏤也 새길조 畫文 그릴조 文飾ㅣ琢 새겨다듬을조 瘁也 조잔할조 琱、雕通 蕭 彪。표 虎之斑文 칡범표 文也 문채표 小虎 작은범표 古音 [illegible] 尤 彬 빈 文質備也 빛날빈、잘갖추어질빈 斌、份同 眞 ⑨ 彭。팽 姓也 성팽 盾也 ㅣ排 방패팽 鼓聲ㅣㅣ 북소리팽 銃聲ㅣㅣ 총소리팽 地名 땅이름팽 방 多貌 웅기중기갈방 [illegible]也 성할방 近也 가까울방 傍通 陽 庚 [illegible]。란 文也 문채란 翰 [illegible] 靜(靑部八畫)의古字

十

影 馬(馬部。畫)의 擂文

彨。 [용] 垂帶而飾貌 띠를 드리우고 꾸밀용 (腫)

十一

彲 [룡] 重影 포개진 그림자 용 形也 모양 용 (冬)

彯 [표] 長組貌 끈이 치렁거릴표 畫飾 단청할표 嫖通 (蕭)(嘯)

彰。 [창] 著也 나타날창 明也 밝을창 著明之 드러낼창 文飾 문채 창 章同 (陽)

[彡+徙]。 [시] 毛垂貌 털늘어뜨릴시 (紙)

十二

[彡+景] 影(次條)와 同

影。 [영] 物之陰形 그림자 영 形也 형상영 景同 (梗)

[曾+彡] [증] 毛深 터럭깊을증 (蒸)

十三

[有+彧] [욱] 彰也 문채날욱 彧同 (屋)

[粲+彡] [찬] 文繁 문채번화할찬 (翰)

十九

彲 [이] 似龍而無角 이무기이 (支)

[麻+彡] [빈] 文盛 문채성할빈 (眞)

彳部

彳。 [척] 小步 자축거릴척 (陌)

二

[彳+丁] [정] 獨行貌 혼자걸을정 仃同 (靑)

[彳+卄] [교] 行貌 갈교 (篠)

三

彵 [타] 安行 편안히걸을타 (哿)

彴。 [작][박] 橫木橋略彴 외나무다리작、奔星ㅣ約 흐르는별박 (藥)(覺)

[彳+弋] [익] 行也 갈익 (職)

[彳+丸] [환] 失路 길잃을환 (寒)

四

[彳+开]。 [계] 行貌 갈계 (齊)

[彳+元] [원] 失道貌 [彳+黃]ㅣ 길을잃고바장일원

彶。 [급] 急行 급히갈급 (緝)

彸 [종] 惶懼貌 征ㅣ 두려워하는모양종 急遽貌 황급히갈종 或音송 (冬)

[彳+反] 返(辵部四畫)과 同

役。 [역] 使也 부릴역 (陌)

彺 [왕] 急遽行也 급히갈왕 (陽)

彷 [방] 徘徊ㅣ徨 방황할방、어정거릴방 相似ㅣ髴 비슷할방 仿、髣同 (陽)

五

[彳+乍] 作(人部五畫)의 古字

[彳+冉] [염] 遲行 더디갈염 (鹽)

彾 [령] 獨行ㅣ行 홀로갈령 跉見 (靑)

彼。 [피] 對此之 저피 外之辭 저것피 (紙)

[彳+立] [삽] 行貌 갈삽 (合)

彽 [지] 徘徨 머뭇거릴지 (支)(齊)

彿 [불] 彷ㅣ 서로같을불 髴同 (物)

[彳+由] [적] 急行 급히갈적 (錫)

往。 [왕] 去也 갈왕 昔也 옛왕 時時 이따금왕 向也 향할왕 (養)(漾)

征 [정] 上伐下 칠정 行也 갈정 稅也 세받을정 ㅣ代而行 싸움하러갈정 索也 찾을정 (庚)

[彳+比] [치] 正行 똑바로갈치

徂。 [조] 往也 갈조 殂死 죽을조 始也 시작할조 狙也 겨눌초 狙通 (虞)

径 徑(彳部七畫)의 略字

[彳+丕] [피] 走貌 달아나는모양피 (支)

六

待。 [대] 俟也 기다릴대 遇也 대접할대 備禦 막을대 (賄)

[彳+各] [격] 至也 이를격 (陌)

[彳+同] [통] 直行 儱ㅣ 곧게갈통、바로갈통 (董)

[彳+州]。 [주] 行也 갈주、걸을주 (有)

[彳+刑] [형] 行貌 갈형 (庚)

[彳+丞] [승] 行不正 바로가지못할승 本音증 (蒸)

[彳+先] [신] 往來貌 왔다갔다할신 (眞)

[彳+西] [세] 直行 곧게갈세 (齊)

很 [흔] 不聽從 말듣지않을흔 違也 어길흔 諍訟 말다툼할흔 狠通 (阮)

徇。 [순] 行示 조리돌릴순 疾速 빠를순 使也 부릴순 殉也 따라죽을순 徇同、侚、殉通 (震)

徉 [양] 戲蕩 노닐양 彷也 빈들거릴양 從倚 徜ㅣ 상냥할양 (陽)

徊 [회] 彷徨 배회할회 不進徘ㅣ 머뭇거릴회 佪同 (灰)

[彳+夷]。 [이] 平易 편하고 쉬울이 (支)

[彳+夸] [과] 疾行 빨리갈과 (禡)

後。 [후] 前之對 뒤후 遲也 늦을후 嗣也 아들후 ㅣ之 뒤질후 (有)

律。 [률] 法也、法令紀ㅣ 법률 ㅣ呂 풍류률 述也 지을률 銓也 저울질할률 筆也 不ㅣ 붓률 聿通 (質)

[彳+吉] [길] 進也 나아갈길 (質)

徍 [와] 邪行貌

비척거릴와 佳

⿰彳兌 [탈]疾也빨리갈탈 曷

七

⿰彳希 [해]訟也송사할해 佳

徎。[정]狹也小路좁은길정 梗

徐。[서]遲緩더딜서 緩也천천할서 威儀貌찬찬할서 州名고을이름서 舒通 魚

⿰彳夋 [준]退也물러갈준 眞

⿰彳肖 [소]徐行천천히갈소 蕭

⿰彳狂 [광]扇搖動風부채질할광 養

⿰彳弟 [제]休息쉴제 齊

⿰彳妥 [타]緩行더디걸을타 哿

⿰彳夆。[봉]使也부릴봉、심부름할봉 冬

⿰彳夾 [섭]行貌搖曳건들거릴섭 豔

徑。[경]小路지름길경 疾也빠를경 直也곧을경 行過지날경 法也방법경 逕同 徑

⿰彳秀 [수]步中待約ㅣ徭걸어가며기다릴수 宥

⿰彳吾 吾(口部四畫)과同

徒。[도]衆也무리도 步行걸을도 虞

八

徖 [종]安也편안종 東

徘 [배]徙也어슷거릴배 不進ㅣ徊머뭇거릴배 俳通 灰

⿰彳奄 [엄]隱也숨길엄 豔

得。[득]獲也얻을득 契合상득할득 捕也잡을득 貪也탐할득 滿足만족할득 能也잘할득 特也ㅣㅣ특별할득 職

徚 [동]直行곧게갈동 東

徙。[사]移也、遷也옮길사 倚也의지할사 謫戍귀양갈사 踰也넘을사 紙

⿰彳立 [읍]集人象貌사람많이모일읍 緝

⿰彳函 [함]水入船배에물들어올함

⿰彳匋 [도]待也기다릴도 豪

徛。[기]聚石水中以爲橋징검다리기 寘

⿰彳知 [지]步行걸을지 支

徜 [상]戲蕩노닐상 陽

徝 [치]施也베풀치 寘

待。[치]待也기다릴치 具也갖출치 有望而往바라고갈치 紙

從。[종]隨也좇을종、따를종 許也허락할종 自也부터종 就也나아갈종 順也순할종 相廳말들을종、舒後ㅣ容종용할종 髻高ㅣㅣ상투높을종 同宗친척종 本音총 冬 宋

⿰彳松。[송]懼也두려워할송 冬

徠 [래]徂ㅣ、山名산이름래 來也올래 勞也ㅣ、慰勉위래래 灰

⿰彳卷 [권]徐行천천히걸을권 阮

徢。[첩]走也달아날첩

御。[어][아]侍也모실어 統也거느릴어 官名使馬벼슬이름어 進也나아갈어 主也주장할어 禦也막을어 寵愛부인을사랑할어 馭同、迎也맞을아 迓同 御 禡

九

徸。[종]連後뒤따라갈종 腫

徥。[시]行貌ㅣㅣ슬슬걸을시 支

⿰彳爰 [완]徐行천천히갈완 本音환 旱

徧 [변]周也두루변 普也널리변 遍同、辨通 霰

徦。[가]至也이를가 馬 禡

徣 [개]惡行徘ㅣ어뚝비뚝할개 佳

⿰彳旻 [척]小步貌조금걸을척、갈척 陌

徨 [황]徘也徊방황할황 陽

復。[복][부]反也돌아올복 白也고할복 除也제할복 反命심부름갔다올복 招魂혼부를복 報也갚을복 옷이름복 興ㅣ회복할복 複、覆同、又也、再也다시부、또부 屋 宥

偵 [정]走也달아날정 敬

⿰彳俞 [유]闇行몰래갈유 虞

⿰彳咠 [칩]行貌갈칩 步也걸을칩 緝

⿰彳胃 [울]卒然行별안간갈울 物

⿰彳㚇 [종]敎也가르칠종 行也갈종 東

⿰彳并 [병]傍也결병 敬

徫 [위]步行걸어갈위 尾

循。[순]ㅣ環往來돌순 行順좇을순 依也의지할순 善也착할순 往來巡環순환할순 慰安撫ㅣ무순할순 次序ㅣㅣ차례순 述也지을순 因ㅣ인순할순 眞

⿰彳者 [저]日月之逝矣세월갈저 魚

十

徬。[방]附行붙어갈방 傍通、徘徊ㅣ徨방황할방 傍同 漾 陽

⿰彳蚤 [소]緩行천천히갈소 豪

⿰彳㝵 得(彳部八畫)의本字

微。[미]細也작을미、가늘미 隱密몰래미 不明밝지못할미 衰也쇠할미 非也아닐미 賤也천할미

匿也숨길미 何察기찰할미 無也없을미 (微)

徭 [요] 役也역사요 賊也 구실요 傜、繇通 (蕭)

徯。[혜] 待也기다릴혜 狹路좁은길혜 (薺)

𢔓 [설] 衣瓢貌옷자락너풀거릴설 (屑)

(十一) 𢕟 [색] 忙行바빨갈솔 (質)

徲。[제] 往來ㅣㅣ왕래할제 久立오래섯을제 (齊)

𢔶 [실] 搖動동할실 (質)

𢕔 [참] 動也움직일참

𢕊 [색] 尋常범상할색 (陌)

𢔦 [맹] 人名 劉ㅣ사람의이름맹 (梗)

𢖍。[선] 遠行멀리갈선 (先)

𢔩 [최] 急行급히갈최 (灰)

得 [득] 水少물적을득 (職)

𢛳 [치] 施也베풀치 (寘)

徴。徵(彳部十二畫)의略字

徳 德(彳部十二畫)의略字

(十二) 𢕉 [교] 緩行더디갈교 (篠)

𢕌 [관] 徐行ㅣ緩천천히걸을관 (旱)

徶 [별] 衣瓢貌옷자락펄렁거릴별 (屑)

德。[덕] 行道有得큰덕 惠也은혜덕 品行품행덕 四時旺氣왕기덕 星名、木星별이름덕 生也날덕 悳、惪同 (職)

徸 [종] 到也이를종 (冬)

𢖄 [제] 行止佇立가다우뚝섯을제 (卦)

𢕭。[점] 走也달아날점 (豔)

徹。[철] 貫通관철할철 通也、達也통달할철 去也버릴철 治也다스릴철 列也벌릴철 剝奪빼앗을철 周稅ㅣ田주나라세금철 撤同 (屑)

𢖀 [감] 危也위태할감 (陷)

徵 [징] 求也구할징 明也밝을징 (紙)

(十三) 𢖔。[외] 屋宇高貌ㅣㅣ집높고밝을외 (泰)

徼。[요] 求也구할요 抄也가릴요 要也요구할요 邀也맞을요 僥通、循也돌아다닐요 塞界지경요 邊也변방요 邏卒순라요 (蕭)(嘯)

𢕬 [달] 行路相違길이서로어긋날달 (曷)

𢖛 [단] 走行달아날단 (刪)

𢖏。[섬] 行之速也가기바쁠섬 (豔)

𢕰 [쾌] 屋宇明涼ㅣ집이밝고시원할쾌 (泰)

(十四) 徽。[휘] 美善아름다울휘 三糾繩세겹노휘 琴節거문고휘 幟也기휘 奔馳貌달릴휘 (微)

𢖫 [녕] 行貌가는모양녕 走也달아날녕 (徑)

𢖋 [조] 行貌가는모양조 疾也빠를조 (篠)

𢖲。[삽] 衆行여럿이갈삽 (合)

𢖟。[빙] 使也부릴빙 (青)

(十五) 𢖡 [속] 行而不停걸음을멈추지않을속 (沃)

𢖦 [찬] 失道貌길잃을찬 (寒)

(十六) 𢖤 [헌] 走也달릴헌 (願)

𢖪。[롱] 行不正비틀거릴롱 直行곧게갈롱 或音륭 (宋)(董)

(十七) 𢖱 [참] 參差참치할참 (咸)

𢖯 [섬] 行貌갈섬 (豔)

𢖬 [유] 行也갈유 (尤)

𢖨 [포] 新任官府도임할포 越也넘을포 (效)

𢖮 [상] ㅣ徉、逍遙노닐상 (陽)

(十八) 𢖳。[제] 垂頭貌머리떨어뜨릴제 (佳)

忂。[구] 行貌가는모양구 (虞)

(十九) 𢖶 [미] 行貌갈미 (紙)

(二十) 𢖺。[각] 行也갈각 高也높을각 (藥)

(二十二) 𢖼 [낭] 行貌가는모양낭 (漾)

四畫

心部

心。[심] 形之君明主마음심 火藏염통심 中也가운데심 胸也가슴심 根本근본심 木尖刺가지끝심 宿名별이름심 (侵)

忄 心(前條)와同

⺗ 首部名밑마음심변

心 [점] 姓也성점 (鹽)

(一) 必。[필] 定辭반드시필 審也살필필 然也그럴필 專也 (質)

(二) 忇 [륵] 功也공륵 (職)

忞。[애] 戒也 懲ㅣ징계할애 艾通 (泰)

忈 [인] 親慈친자할인 (眞)

忍。

[의]怒也성낼의(未)
忉 [도]心憂ㅣㅣ근심할도(豪)
忊 [정]怨恨원망할정(徑)
忆 [비]尖也못생길비(紙)

❸

忍。[인]耐也참을인 强也강잉할인 安於不仁차마할인 抑心마음을억제할인(軫)
忌。[기]諱也휘할기 憎惡미워할기 嫉也질투할기 憚也꺼릴기 戒也경계할기 怨也원망할기 敬也공경할기 ㅣ日제사기(寘)
忋 [개]信仰믿을개(賄)
忎 仁(人部二畫)의古字
忉 忍(前前條)와同
忐 [담]心虛맘허할담(感)
忏 [천]怒也성낼천(銑)
忑 [특]心虛맘허할특(職)
忒。[특]差也틀릴특 變也변할특
忔 [흘]喜也기쁠흘 不欲싫을흘(物)
⿰忄于。[우]戒也경계할우(虞)
⿰忄亏 ⿰忄于(前條)와同
忓。[간][한]擾也요란할간、시끄러울간、善也착할한(寒)(翰)
忕。[태][세]奢也사치할태 汰通、習也익힐세(泰)(霽)
忥 [흘]愚也어리석을흘
忖。[촌]ㅣ度思也헤아릴촌 斟酌짐작할촌(阮)
⿰忄女 [여]度也헤아릴여(御)
⿰忄工 [공]心急맘급할공(東)
志。[지]心所之意所擬뜻지 意向뜻할지 中也맞출지 記也기록할지 箭鏃살촉지 希望희망할지、원할지 記憶기억할지 識、誌通(寘)
忘。[망]忽也깜짝할망 不記기억없을망 遺ㅣ志不在잊을망(陽)(漾)
⿰忄弓 [궁]憂也근심할궁(東)
⿰忄勺 [조][작]憂也근심할조、驚也놀랄작(篠)(藥)
忙 [망]心迫急ㅣ바쁠망 急迫빠를망 繁ㅣ、多ㅣ일이많을망(陽)
⿰忄弋 [익]心動맘동할익(職)
⿰忄叉 [차]亂也어지러울차(禡)
忚 [계][혜]心不欲싫어할계、欺慢속일혜(霽)(霽)
⿰必丁 [조]相背서로배반할초(蕭)
⿰忄夕 [작]痛也앓을작(藥)
応 應(心部十三畫)의略字

❹

忝 [첨]慚也부끄러울첨(琰)
忞 [민][문]自強강잉할민 自強맘다잡을민、亂也어수선할문(眞)(軫)
忠 [충]盡心竭力충성충 竭誠정성껏할충 無私공변될충 直也곧을충(東)
⿰忄内 [눌]憂悶근심하고민망할눌(月)
忤 [오]逆也거스릴오 意不喜미워할오 悟、迕通(遇)
忝。[첨]辱也욕될첨(琰)(豔)
⿱介心。[개]無愁근심없을개 慹同、本音해(卦)
忡。[충]憂也ㅣㅣ근심할충(東)
忨。[완]貪也탐할완 愛也사랑할완
忥。[희]靜也고요할희 息也쉴희(未)
忧 [우]心動맘동할우(宥)
忦。[개]憂懼근심하고두려워할개(卦)
⿰忄勻 [순]憂也근심할순(眞)
⿰忄方 [방]忌憚꺼리길방、꺼릴방(陽)
忪 [종]惶遽황겁할종 驚也놀랄종 心動不正맘들뜰종(冬)
快。[쾌]稱心可也쾌할쾌 爽ㅣ상쾌할쾌 急也빠를쾌 可也가할쾌(卦)
忬 [여][서]先也미리여 預同、緩也느릴서 紓同(御)(魚)
⿰忄反 [판]急性급한성품판、조급할판 悔也뉘우칠판(願)
⿰忄市。[패]怒也성낼패(泰)(隊)
忭 [변]喜樂貌즐거울변 踴躍뛰놀변 昪通(霰)
忮。[기]很也사나울기 強害、憤ㅣ모질기、욕심낼기 嫉妬질투할기(寘)
⿰忄殳 [역]用心맘쓸역(陌)
⿰忄心 [심]惻也측은할심(沁)
忱。[침]信也믿을침 誠也정성침 本音심(侵)
⿰忄夭 [오]恐也두려워할오(晧)
忳 [돈]悶也민망할돈(元)
念。[념]常思생각할념 誦也욀념 二十日ㅣ스물념 刹那눈깜짝할동안념(豔)
忴 [검]心急마음급할검(鹽)
忶。[혼]心鬱마음답답할혼(元)
⿰忄牙 [가][아]伏態엎드린모양가、아 義同(麻)
忸 [뉴][뉵]習也익을뉴 慙也부끄러울뉵(有)(屋)
忻。[흔]喜

也기쁠흔(文) 恔 [효] 快也쾌할효 峧同(肴) 忺 [험] 心所欲하고자할험(鹽) 忹 [왕] 邪也간사할왕(養) 忼。[강] 倜儻뜻이크고기개있을강 歎也탄식할강 慷同(養) 忥 [기] 思

也생각할기 忽。[홀] 倏ㅣ감짝할홀、홀연할홀 忘也잊을홀 輕也가벼울홀 蠶吐絲누에실토할홀 㺀同、芴通(月) ⿰忄勿 忽(前前條)와同 忿 [분] 紛也얼크러질분(問) 忿。[분] 悁

也분할분ㅣ怒노할분 恨也한할분(吻)(問)

五

怇 [거] 蔑視업신여길거(語) ⿰忄甘 [감] 心伏맘먹을감(覃) 怽 [말] 忘也잊을말 失也잃을말(曷) 怉 [포] 懷也회포포、품을포 心亂심란할포(皓)

怋 [민] 悶也민망할민 亂也어지러울민(眞) 怊。[초] 悲也슬플초ㅣ悵失意貌섭섭할초(蕭) ⿱巧心 [교] 伏態엎드릴교(肴) 怎 [즘] 語辭猶何也어찌즘 助辭어조사즘(侵) 怍。

[작] 慙也부끄러울작 顔色變안색변할작 怎同(藥) 怌 [비] 恐也두려워질비(支) 怏。[앙] 不滿ㅣㅣ맘에차지않을앙 怨也원망할앙(養) 怐 [구][후] 愚貌어리석을구 佝同、후義同(宥)(遇) 怒。

[노] 氣激憤發성낼노、짜증낼노 奮也뽐낼노(麌)(遇) ⿱加心 [가] 正也바를가(歌) 怑 [반] ㅣ㥶不順거스릴반(翰) ⿱攸心 怒(前條)와同 怓。[뇨] 心亂심란할뇨(肴) ⿰忄囚 [수] 念慮염

려할수(尤) 怕。[파] 懼也두려울파(禡) 怙。[호] 恃也믿을호 依也의지할호 托也부탁할호(麌) 恒 [긍] 心如日맘한결같을긍 竟也마칠긍(蒸) ⿰忄申 [신] 憂也근심할신(眞) 怔 [정] 惶遽황

겁할정 懼也 貌ㅣ營두려워할모양정 不安가슴두근거릴정(庚) 怖 [포] 惶懼두려울포 懼之놀라게할포(遇) 怚。[저] 驕也교만할저 妒也투기할저 氣劇거칠저(御)(語) ⿰忄冬 [동] 憂也근심할

동 怔ㅣ懼也두려워할동(冬) 怛。[달] 驚也깜짝놀랄달 悼也슬퍼할달 勞也수고로울달 ⿱制心同(曷) 怜 [령][련] 慧也영리할령、可哀불쌍할련 憐同(靑)(先) ⿱旦心 怛(前前條)와同

⿰忄甲 [합] 樂也즐거울합 喜也기쁠합(洽) ⿰忄本 [분] 性不慧성품총예치못할분 愚也어리석을분 ⿰忄夲 [고] 知也알고 局也국한할고(豪) 思。[사] 念也생각할사 願也원할사 語助辭어조

사사 意ㅣ의사사 慮也생각사(寘) 怟 [제] 悶也민망할제(霽) ⿱尢心 尤(尢部一畫)의古字 怤。[부] 思也생각부 悅也기꺼울부(虞) 怞。[추] 明也밝을추(尤) 怠。[태] 惰

也게으를태 遲也느릴태 慢也거만할태 殆通(賄) 怡 [이] 和也화할이 悅也기쁠이 樂也즐거울이(支) 急 [급] 疾也빠를급 迫也급할급 窘也군색할급 褊좁을급(緝) ⿰忄付 [부] 從也좇

을부、따를부 心附붙을부(遇) ⿰忄出 [줄] 憂心근심할줄 怖心두려워할줄(質) 怦 [평] 心急맘급할평 忠直칼칼할평(庚) 性 [성] 天理賦命성품성ㅣ情마음성 質也바탕성ㅣ欲색욕성(敬) 怨。

[원] 恨也원망할원 讎也원수원 恚也분낼원(願)(元) 怪。[괴] 奇也기이할괴 異也괴이할괴 疑也의심할괴 妖也요괴괴 人妖物孽괴물괴 驚歎辭감짝놀랄괴 傀同 怬 [희] 息也쉴희(寘) ⿰忄反 [연] 弱也약할연(銑)

忒。[특] 違也어그러질특(職) 怩。[니][닐] 心慚忸ㅣ겸연쩍을니 愧也부끄러울니、닐義同、慝見(支)(質) ⿰忄弘 [횡] 失志貌실심할횡(庚) 怭 [필] 慢也업신여길필 佖通(質) 怫。

[불][비]鬱也 답답할불、ㅣ悁心不安 괴란할비 念貌 발끈할비 (物)(未) 怲 [병]憂也 근심할병 (梗) 怮。[요][유]憂貌ㅣㅣ 근심할요、눈살찌프릴요、含怒不言 부루퉁할유 憂貌 근심할유 (蕭)(尤) 怯 [겁]恐也 겁낼겁 多畏 무서워할겁 恐脅 겁박할겁 㤼同 (葉) 怱 悤(心部七畫)의 俗字 怚 [저]智也 지혜저 (語) 怰 [현]賣也 팔현 (霰) 怴 [월]愚也 어리석을월 (月) 怶 [피]怒也 성낼피 (支) 怳。[황]狂貌 悄ㅣ 미친모양황 自失貌 실심할황 難狀 沖漠 황홀할황 (養) 怵。[출]恐也 두려워할출 悽愴 슬플출 (質) 怸 [줄]初生茁密 다부룩히 첫싹날출 (質) 㤜 [외]惡也 나쁠외 (卦)

六

㤚 [항]恍也 기쁠항 (陽) 恁。[임][님]念也 생각할임 信也 믿을임、如此 이러할님 (沁)(侵) 恀 [지][치]怙恃 믿을 지、치 義同 (紙) 恃。[시]賴也 믿을시 依也 의지할시 母也 어머니시 恂。[순][준]信也 믿을순 信實貌 진실할순 恭貌 공손할 모양순、嚴也 ㅣ慄 엄할준 (眞)(震) 恁 恁(心部六畫)과 同 恒 [항][긍]常也 항상항 久也 늘항 故也 옛항 平素 언제든지항、月弦 달언저리긍 㤜 [휼]狂也 미칠휼 (質) 恄 [길]畏也 두려워할길 (質) 恊 憎(心部十畫)과 同、協과 別字 恅 [로]憚ㅣ心亂 심란할로 (皓) 恇。[광]怯也 겁낼광 恐也 두려워할광 (陽) 恈 [모]貪也 탐낼모 㤹 [강]恨也 한할강 (絳) 㥐 [미]迷惑 미혹할미 (支) 恋 戀(心部十九畫)의 俗字 㤞。[탁][차]量也 요량할탁、ㅣ傺 마음이 안정되지 않는 모양차 (藥)(麻) 恌 [조]偸薄 경박할조 (蕭) 㤡。[렬][례]憂也 근심할렬、驚也 놀랠례 (屑)(霽) 恎 [질]惡性 괴악한 성품질 (質) 恍 [황]昏也 어두울황 不明 흐리멍덩할황 不明ㅣ惚 황홀할황 慌、怳同 (養) 㤢 [욱]心動 마음움직일욱 悸也 가슴두근거릴욱 (屋) 恏 [호]欲也 욕심낼호 (皓) 恲 [팽]腹痛 배아플팽 (庚) 恐。[공]懼也 두려울공 (宋) 恞。[예][체]習也 익힐예 明也 밝을예、체 義同 (霽) 恑 [궤]變也 변할궤 悔也 뉘우칠궤 (紙) 恔。[교]快也 쾌할교 爽也 시원할교 恔同、古音효 (效) 恓 [서]煩惱貌 ㅣ惶 애쓸서、번뇌할서 (齊) 恕。[서]仁也 어질서 忖也 헤아릴서 以己體人 용서할서 (御) 恚 [에]恨怒 성낼에 憤也 분낼에 嗔ㅣ焰 원망할에 本音혜 (寘) 㤿 [사]縣名 고을이름사 莎同 (歌) 恗 [과]心自大 큰체할과 自慢 자랑할과 誇同 (麻) 恙。[양]病也 병양 憂也 근심할양 (漾) 恛 [회]昏亂貌 맘허둥거릴회 (灰) 恜 [칙]惕也 조심할칙 怯也 겁낼칙 (職) 恟 [흉]懼也 두려울흉 凶同 (冬) 恝 [개][괄]無愁貌 걱정없을개、괄 義同 本音갈 (卦) 恞 [이]悅也 기꺼울이 夷通 (支) 恠 怪(心部五畫)의 俗字 㤩 恪(心部七畫)과 同 㤹 [오]貪也 탐할오 汙通 (遇) 㤥。[해]若貌 괴로워할해 (隊) 恢。[회]大也 클회 拓也 넓힐회 (灰) 恣。[자]縱也 放ㅣ 방자할자、제멋대로할자 (寘) 㤵 恣(前條)와 同 恤。[휼]憂也 근심할휼 賑也 기민먹일휼 相愛 사랑할휼 愍也 불쌍히여길휼 卹通、古音 술 (質) 悷 [리]憂也 근심할리 (寘) 恥 [치]慚也 부끄러울치 辱也 욕될치 (紙) 恨。[한]怨之極 한될한 悔也 뉘우칠한 憾也 유감되게여길한 (願) 恩。[은]惠也 은혜은、덕택은、신세은 愛也 사랑할은、사사은 (元) 恦 [상]思也 생

각할상 (漾)

恧。[뉵] 慚愧 부끄러울뉵、겸연쩍을뉵 忸同 (屋)

恬 [념] 安也 편안할념、편안념 靜也 고요할념、태평한모양념 古音첨 (鹽)

怡 [후] 和也 화할후 (尤)

恭。[공] 敬也 공경할공 從和 공순할공 肅也 엄숙할공 奉也 받들공 共通 (冬)

恫。[통][동] 痛也 슬플통 呻吟 공공앓을동 痛也 아플동、不得志 뜻같지않을동 ㅣ疑虛喝 놀라게할동 痛同 (東)(送)

息。[식] 休也 쉴식 止也 그칠식 (職)

恪 [각] 誠也 정성각 謹也 삼가할각 敬也 공경할각

⿰忄共。[공] 戰慄 떨공 (腫)

恮。[전] 謹也 삼갈전 (先)

⿱合心 [흡] 合也 합할흡 (緝)

恰。[흡] 適當辭 마침흡、흡족할흡 鳥聲ㅣㅣ 새소리흡 宛然 흡사할흡 本音겹 (洽)

⿰忄衣 [의] 哀也 애통할의 (紙)

⿱心品 [심] 犬吐 개가토할심 ⿱心吅同 (沁)

⿱㞷心 狂(犬部四畫)과同

⿰忄𡿺 惱(心部九畫)과同

⿰忄并 [병] 滿也 찰병 慷慨 개반할병 (庚)

恵 惠(心部八畫)의略字

❼

⿱侖心 [론] 無廉 염치없을론 (阮)

恾 [망] 憂貌ㅣㅣ 걱정할망 怖也 겁낼망 忙通 (陽)

悀 [용] 怒也 성낼용 忿也 분할용 (腫)

悂 [비] 錯謬 어긋날비 (支)

悁。[연][견] 忿也 분할연 憂也 근심할연、躁急 조급할견 (先)(霰)

悃。[곤] 至誠ㅣ愊 지성스러울곤、정성곤 (阮)

⿱狂心。[광] 詐也 거짓광 惑也 혹할광 誤也 그릇할광 (漾)

悄。[초] 憂心ㅣㅣ 근심할초 (篠)

悅 [열] 樂也 즐거울열 喜也 기꺼울열 服也 복종할열 姓也 성열 說通 (屑)

⿰忄弄 [롱] 愚直 고지식할롱 (送)

⿰忄呂 [려] 蔑視 업신여길려 (語)

悆。[여] 悅也 기쁠여 (御)

悦 悅(心部七畫)과同

⿰忄壯 [장] 不悅 기쁘지않을장 (養)

悉。[실] 知也 알실 皆也 다실 窮究 궁구할실 (質)

悈。[계][극] 飭也 신칙할계 警戒 경계할계、

悇 [도][서] 禍福未定 憚ㅣ 의심할도 懷憂貌 속끓일도、喜也 기쁠여 (魚)(虞)

悋 [린] 鄙也 더러울린、비루할린 慳也 이낄린 吝同 (震)

⿱爫⿱冖夂 愛(心部九畫)과同

⿰忄冋 [형] 憶也 기억할형 (青)

怎 [작] 慚也 부끄러워할작 疑也 의심날작 作同 (藥)

悌。[제] 樂易 愷ㅣ 개제할제 柔也 부드러울제 善事兄 공경할제 弟通 (霽)

⿰忄豆 [부] 暫怒 잠간성낼부 (有)

悍。[한] 性急 독살스러울한 強很、急也 사나울한 桀也 모질한 勇也 날랠한 (翰)

⿱⿰工凡心 恐(心部六畫)의本字

⿱夾心。[협] 思也 생각할협 (葉)

㤅 僾(人部十三畫)의古字

悏 ⿱夾心(前前條)와同

悎 [고][곡] 驚也 놀랄고、懼也 두려워할곡 (效)(沃)

悒。[읍] 鬱ㅣ 不安 답답할읍 憂也 근심할읍 (緝)

惄 [척] 憂懼貌 두려워할척 惕同 (錫)

⿰忄志 [지] 忘也 잊을지 (寘)

悓 [견] 譬喩 비유할견 (霰)

悔 [회] 懊也 뉘우칠회 失敗 실패할회 恨也 한할회 改也 고칠회 後ㅣ 후회회 (賄)

⿰忄巠。[형] 違也 어긋날형 (迥)

悕 [희] 念也 생각할희 願也 원할희 悲也 슬플희 (微)

悖 [패][발] 亂也 어지러울패、逆也 거스를패 戾也 어기어질패 盛貌 성할패、발 義同 誖同 (隊)(月)

⿰忄否 [페] 恃也 믿을페 (賄)

悗 [문][만] 廢忘 잊어버릴문、疑惑 의혹할만

⿰忄耴 [습][첩] 黠貌 약은체할습、志輕 경망스러울첩 (葉)

⿰忄更 [경] 怨也 원망할경 (梗)

悘 [예][의] 靜也 고요할예、詳也 자세할의 (霽)(支)

⿰忄尨 [망][방] 惛也 어두울망、愚也 어리석을방 (江)(絳)

悙 [형][행] 憉ㅣ 自矜健貌 군센체할형、倀ㅣ 疎率 추솔할행

悚 [송]怖也 두려울송 懼也 송구할송 (腫)
忴 [금]心堅 맘단단할금 (沁)
悛。[전]改也 고칠전 止也 그칠전 責心 맘꾸짖을전
恰 [합]恣也 방자할합 荒也 거칠함 (覃)
⿰忄忌 [기]恭也 공순할기 (寘)
⿰忄延 [선]憐也 가련할선 (霰)
悞 [오]謬也 그릇오 欺也 속일오 疑惑 의심할오 誤同 (遇)
悟。[오]覺也 깨달을오 啓發 人깨우쳐줄오 寤通 (遇)
悝。[리][회]憂也 근심할리 悲也 슬퍼할리 疾也 미워할리 里通、大也 클회 啁也 지껄일회 (紙)(灰)
悜 [정]心不盡了 맘껏하지못할정 (梗)
⿰忄求 [구]咎也 허물구 (尤)
⿰忄赤 [혁]心自不安 맘편치않을혁 (錫)
悠。[유]遠也 멀유 思也 생각할유 閒暇貌 한가할유 眇邈無限 아득할유 攸通 (尤)
⿰忄叚 [하]怨也 원망할하 (麻)
悢 [량]悲也 슬플량 惆悵 섭섭할량 (漾)
悧 悧(人部七畫)과同
患。[환]憂也 근심환 疾病 병들환 禍也 새화환 難也 어려울환 (諫)
悤。[총]急遽 빠를총、총총할총 (東)
惣、[분]動也 움직일분 (吻)
⿰忄吞 [탄]愚也 어리석을탄 (阮)
[illegible] [소]生革 날가죽소 (遇)

八

悱。[비]憤也 분할비 有意未言 뜻은알고있으나 말못할비 (尾)
悰。[종]樂也 즐거울종 懽同 (冬)
悲。[비]痛也 슬플비 憐也 불쌍히여길비 寒心 한심할비 (支)
⿰忄奄 [염][엄]意氣多貌 ｜愉 의기많을염、甘心貌 맘에달게여길엄 (豔)(鹽)
⿰忄直 [식]專也 오로지식 (職)
⿰忄罙 [탐]失志貌 실심할탐 思也 생각할탐 (勘)
悵。[창]失意貌 실심할창 悲也 슬플창 望也 根 섭섭할창 (漾)
悴。[췌]憂也 근심할췌 瘦瘠 파리할췌 顇同 (寘)
悶。[민]心煩鬱 속답답할민 懣也 민망할민 煩｜ 번민할민 (願)
⿰忄导 得(彳部八畫)과同
⿰忄門 悶(前前條)와同
悸 [계]心動 마음두근거릴계 帶下垂貌 띠술늘어질계 (寘)
悷 [려][리]悲貌 懍｜ 서러워할려、리 義同 (霽)
悹。[관]憂也 근심할관 (旱)
悼。[도]悲也 슬퍼할도 早夭 일찍죽을도 (號)
悻 [행]很怒 발끈성낼행 婞同 (迥)
⿰忄厓 [애]恨也 한할애 (卦)
⿱咎心。[구]怨也 원망할구 (有)(尤)
⿰忄固 怙(心部五畫)과同
⿰忄隶。[태]恣也 방자할태 (隊)
悿 [첨]心弱 맘약할첨 (琰)
悽 [처]悲也 슬퍼할처 痛也 아플처 (齊)
惃 [곤]亂也 어지러울곤 (阮)
惀。[론]思也 생각할론 (元)
惂 [감]憂也 근심할감 苦也 괴로울감
惄。[녁]飢意 思也 마음줄일녁 (錫)
悾 [공][강]誠也 정성스러울공 無知貌 아는곳모양공 失意｜愡 실심할공、信也 믿을강 (東)(江)
⿰忄玆 [견][현]布名 베이름견、嚴也 엄할현 (先)(銑)
情。[정]性之動 意也 뜻정 實也 실정정
惆。[추]｜悵 悲愁 섭섭할추 失意 실심할추 (尤)
⿰忄戔 [잔]害也 해할잔 (寒)
惈 [과]敢勇 감행할과 (哿)
惇。[돈]厚也 도타울돈 勉也 힘쓸돈 人情 인정있을돈 (元)
⿱怗心 [접]安也 편안할접 (葉)
惉。[첨]不和音 속소리와자할첨 不和｜ 화하지못할첨 怗同 (鹽)
惊 [량]悲也 슬플량 (漾)
⿰忄咅 [부]小怒貌 약간성낸듯할부 (有)
惎 惎(次條)와同
惎。[기]毒也 독할기 敎也 가르칠기 謀也 꾀할기 害也 해로울기、해칠기 (寘)
惋 [완]駭恨 한할완 驚歎 놀라서탄식할완 怨也 원망할완 (翰)
⿰忄匊 [국]謹也 삼갈국 (屋)
⿰忄朋 [붕]好嗔貌 자주골낼붕 怒貌 부루퉁

할붕 (庚) 惌 [원][울] 小孔僅ㅣ작은구멍빤 할원、心氣鬱 맘울적할울 惍 [금] 利也이 할금 (侵) 忄松 [송] 懼也두 려울송 (腫) 忄知 [치] 心善맘 착할치 (紙) 惐 [역] 心痛 맘아플

역、가슴아 플역 (屋) 忄東 [동] 愚也어리 석을동 (東) 惏 [람][림] 貪也탐할람、懍 寒也떨릴림 婪同 (覃)(侵) 惒 和(口部五 畫)의俗字 惑 [혹] 迷也미혹할혹 疑也의심낼혹 眩

亂현란할혹 無定 處헤맬혹 或通 (職) 悷 [리] 恨也한할리 怠慢태만 할리 悅也기뻐할리 (支) 忄典 [전] 慚也부끄러 울전 靦通 (銑) 惓 [권] 謹也삼갈권 懇至정 성스러울권 卷通 (先) 悃

[균][군] 倦也실증날균 勞也 고달플균、군 義同 (眞)(問) 忄肴 [효] 怯也겁 낼효 (肴) 㥅 辱(辰部三 畫)과同 惔 [담] 燔也 燎也 속탈담 憂也근심할담 炎通 (覃) 惗 [념] 愛也사 랑할념 (葉)

惕 [척] 敬也공경할척 憂也근심할 척 懼也두려워할척 愁同 (錫) 忄采 [채] 邪也姦惡 간악할채 (賄) 忄往 [왕] 猛也모 질할왕 (漾) 忄有 [육] 心動마음 동할육 (屋) 惚 [홀] 怳ㅣ微妙 不測황홀할

홀心志惘慨망창 할홀 芴通 (月) 惙 [철][체] 憂也ㅣㅣ근심할철 疲也파 리할철、性急성미급할체 (屑)(齊) 忄奇 [기] 儉薄검 박할기 (支) 惘 [망] 失意ㅣ憮실 심할망 罔通 (養) 惽

[혼] 不明了ㅣ然 흐리멍덩할 혼 迷忘혼미할혼 惛同 (元) 惜 [석] 吝也아낄석、아까울석 憐也가엾슬 석、불쌍히여길석 愛也사랑할석 (陌) 忄攸 攸(攴部四 畫)과同 惟 [유] 謀也꾀유 꾀할유 思也

생각할유 獨也오직유 語 助辭어조사유 唯同 (支) 惝 [창] 驚貌ㅣㅣ놀란모양창 失意 不悅貌 실심할창 忄敞同 (養) 忄亞 [아] 心鬱 속답 답할아 (禡) 惠 [혜] 仁也어질혜 恩也 은혜혜、덕택혜 順

也순할혜 賜也줄혜 三隅子세모창혜 (霽) 𢙣 [사] 厚也두 터울사 (支) 惣 揔(手部九 畫)의譌字 惡 [악][오] 不善악할악、모질악 不良나쁠악 醜陋못 생길악 憎也미워할오 恥也부끄러울오、何也

어찌오 歎辭 허오 (藥)(遇)(虞) 惢 [쇄][지] 疑也의심낼 쇄、善也착할지 惄 [리] 憂也근 심할리 (支) 惁 [석] 謹也삼 갈석 (錫) 㥯 [은] 悲也슬퍼할은 憐也불쌍할은 (吻) 㤅 [애] 行 貌갈

애 愛也사 랑할애 (隊) 忄毒 [독] 憧也어리 석을독 (沃) 惨 慘(心部十一 畫)의俗字 ⑨ 惱 [뇌] 撓心懊ㅣ번뇌할 뇌 憂也걱정할뇌 (皓) 忄臾 [유] 憂也근심할유 懼 也두려워할유 (虞)(寘) 惰

[타] 怠也태만할타 懈ㅣ懶也게으를타 忄亟 [극] 急性급한성품 극、경망할극 (職) 惲 [운] 重厚혼후할운 謀也꾀 할운 議也의논할운 (吻) 忄胃 [위] 不安貌 걱정할위 ㅣ慨한탄할위 (未) 惴

[췌] 憂懼ㅣㅣ근심하고 두려워할췌 本音취 (寘) 想 [상] 心有所欲而思생각 할상、생각상 (職) 惵 [접][첩] 危懼ㅣㅣ두려울 협、懼貌두려워할첩 (葉) 惶 [황] 懼也두려워할황 惑也 혹할황 遽也바쁠황 (陽)

惷 [준] 亂也어지러울준 動搖ㅣㅣ흔 들릴준 愚也어둔할준 蠢同 (軫) 惸 [경] 憂也ㅣㅣ근심할경 獨也無 兄弟고독할경 煢、嬛同 (庚) 惹 [야] 引著이끌야 詭也괴휼 할야ㅣ起생각케할야 (馬)

惺 [성] 悟也ㅣㅣ깨달을성、깰성 了慧ㅣ憽똑똑할성 (梗)(青) 惻 [측] 痛也아플측 愴也ㅣㅣ불쌍히 여길측ㅣ隱불쌍할측 俗音칙 (職) 惼 [편] 急也조급할편 性狹ㅣ 㥜편협할편 本音변 (銑) 忄若 [낙] 心

許허락낙 諾同 藥 ⿰忄度 탁 柎也 헤아릴탁 度同 藥 ⿰忄卻。각 극 勞也 고달플각 疲也 피로할극 惛 혼 不憭 혼암할혼 ㅣ迷 마음흐릴혼 惽同 元 ⿰忄叟 수 困ㅣ氣臭董鼻不通 냄새코찌를수 宥 ⿰忄省 성 覺

悟 깰성 梗 ⿰忄某 모 愛也 사랑할모 或音무 虞 愀 초 容色變ㅣ然 얼굴빛변할초 ㅣ然 풀이죽을초 篠 ⿰忄弭。미 면 止也 그칠미 厲也 힘쓸미、면義同 紙 銑 ⿰忄咠 집 心不斷行 맘끊지못할집 緝

愁。수 憂也 근심수、수심할수 慮也 염려할수 歎也 탄식할수 古音추 尤 ⿰忄彖。수 心藏 맘깊을수 寘 ⿰火⿱禾心 愁(心部九畫)과同 ⿰忄壴。체 小怒止也 약간 성내고말체 霽 惿 제 心却ㅣ斷 심

겁할제 心弱 맘약할제 齊 ⿰忄象 휴 心不平 편치않을휴 齊 愃。선 훤 快也 쾌할선、寬雅 너그럽고아담할훤 先 阮 ⿰忄叜 수 快也ㅣ活 쾌쾌할수 古音소 號 惄 녁 憂也 근심할녁 錫 愄 외 心善 맘

착할외 灰 愅 격 飾也 꾸밀격 諽同 陌 愈 유 勝也 나을유 堅也 어질유 益也 더할유 甚也 ㅣㅣ심할유 病差 병나을유 過也 지날유 癒通 ⿰忄柔 노 劣也 못할노、용렬할노 豪 愆 건 罪

也 죄건 過也 허물건 差爽 어기어질건 先 愇 위 恨也 한할위 尾 ⿰忄胥。서 智也 지혜서 魚 愉。유 투 和悅 기뻐할유 樂也 즐거울유 婾通、苟也 구차할투 虞 ⿰忄酋 추 惡也 나쁠추 傲也 교만

할추 尤 ⿰忄杲 치 不安貌 불안할치 寘 愋 훤 원 恨也 한탄할훤 忘也 잊을훤、知也 슬기원 元 ⿰忄癸 규 心之燥急 조급할규 支 ⿰忄舂 총 愚也 어리석을총 迥 愊。핍 픽 鬱也 답답할핍 誠意

성의핍、至誠悃ㅣ정성스러울픽 緝 職 愌 환 逆也 거스를환 翰 愍。민 悲也 슬퍼할민 憐也、恤也 불쌍히여길민 傷也 서러워할민 意。의 志之發心所嚮 뜻의 思也 생각의 義理 의리의 勢也 형세

의 抑通 寘 ⿰忄重。종 遲也 늦을종 宋 愎 퍅 狠也 사나울퍅 自用 剛ㅣ강할퍅 戾也 어그러질퍅 職 愐。면 勉也 힘쓸면 思也 생각할면 銑 ⿰忄盅 충 憂也 근심할충 東 ⿰忄吉 획 心

驚動 맘울렁거릴획 陌 ⿱矜心 矜(矛部四畫)의 俗字 ⿰忄荅。답 恐也 겁낼답 合 ⿱百心 우 愁也 근심할우 尤 愒 갈 개 계 恐之 두렵게할갈 喝也 으를할 喝通 古音갈、貪也 愒ㅣ탐할개 急

也 급할개、息也 쉴계 曷 泰 霽 愔 음 靖也 고요할음 安和貌ㅣㅣ화한모양음 深靜貌 조용할음 侵 愓。탕 상 放也 방탕할탕 直 疾貌 빨리갈상 養 陽 愕 악 倉卒驚遽錯ㅣ 놀랄악 阻礙不衣

順 악지쓸악 藥 ⿰忄冒 모 貪也 탐낼모 號 愖 심 信也 믿을심 誠也 정성심 遲 疑斟ㅣ 더디고의심스러울심 侵 ⿰忄禺。우 喜也 기쁠우 悅也 반가울우 愙 恪(次條)와同 愘

가 陰謀ㅣ訝 몰래할가、비밀히할가 禡 愗 무 遇貌 怐ㅣ어리석은모양무 宥 ⿰忄咸 감 憾不安貌 마음불안할감 勘 愛。애 仁之發 사랑애 親也 친할애 恩也 은혜애 憐也 어여삐여길애 寵也 괴

일애 慕也 사모할애 喜也 기뻐할애、좋아할애 密通 몰래간통할애 吝惜、奉上通 아낄애 隊 愞。난 연 나 弱也 약할난、연義同、怯也 겁낼나 旱 愜。협 適意滿志 뜻에맞을협 快也 쾌할협 葉 愚。

우 癡也 어리석을우 戇也 고지식할우 昧也 어둘우 蠢也 우준할우 虞 感。감 動也 감동할감 格也 감격할감 應也 감응할감 恨也 한할감 覺也 깨달을감 感 ⿰忄匽 언 心狹 맘좁을언 阮 慍 온 憤也 분낼온

病也병온숨怒貌노엽품을온 慍俗字(問)(吻) 惚 惚(心部十一畫)의俗字 愢 [새][시]心不可合맘에맞지않을새 謙也겸손할시(灰)(紙) 惰。[타]懶惰게으를타(哿) ⿰忄⿱去心 [요]相怨서로원망할요(效)

⿰忄泉。[견]心急貌마음급할견 迫也급박할견(先) ⑩ 憊 [비]病極고달플비 備同(卦) 愨。[각]謹也삼갈각 誠也정성각 慤同(覺) ⿰忄家 [가]不安貌불안할가(禡) 愩 [공]自

矜잘난체할공(送) 愪。[운]憂也근심할운(軫) 愫 [소]誠也정성스러울소 眞情참뜻소 素通(遇) 愧 [괴]慚也부끄러울괴 媿同(寘) ⿰忄宮 [궁]憂也우려할궁(東) ⿰忄害。[해]心快마음이쾌할

해(泰) 愬 [색][소]驚懼ㅣㅣ놀랍고두려울색、告也고할소 訴也하소할소 알릴소 譖也참소할소、일러받칠소 訴見、遡通(陌)(遇) 愰 [황]明也밝을황 心不定ㅣ懩마음정하지못할황 心明마음밝을황(養)

愭 [기]恭也공손할기 畏也두려울기 敬也공경할기(支) ⿰忄泰 [태]驕慢맘반지빠를태 忲見(泰) 愮 [요]悸也마음두근거릴요 惑也혹할요 憂無所訴공공할요(蕭) ⿰忄疾 [질]妒也미워할질 嫉同(質)

⿸疒⿱矢心 ⿰忄疾(前條)와同 愵。[닉]憂也걱정할닉(錫) ⿰忄叟。[소]憂也근심소 愁也수심소(豪) ⿱留心 [류]怨也원망할류(宥) 愲 [골]心亂심란할골(月) 愴。[창]悲也슬플창

傷也서러울창 傷也아플창(漾) 愼。[신]謹也삼갈신 誠也정성스러울신 禁戒삼가하게할신 思也생각신 靜也고요할신(震) 愻。[손]謙恭공손할손 順也겸손할손 遜同(願) 愶 [협]怯也겁낼협 威力

相恐위협할협、으을협 本音겁(葉) 愷。[개]康也편안할개 樂也즐거울개 勝軍樂승전악개 樂易ㅣ弟개제개 凱同、豈通(賄) ⿰忄笑 [체]心安寧ㅣ맘편할체(霽) ⿰忄悲 [비]惡心악한마음비(支) 愺 [조]心

亂ㅣ恅심란할조(皓) ⿰忄屑 [설]弱心약한마음설(屑) ⿱耿心 [경]憂也근심할경(梗) 慄 [률]懼也두려울률 竦縮쭈그릴률 悽愴貌슬플률 戰ㅣ떨률 竦縮송구할률 悽愴처량할률(質) ⿰忄原 [원]測

量측량할원 量也헤아릴원(元) 愾。[희][개]太息한숨쉴희、敵ㅣ怒也성낼개 慨同(未)(隊) 愿。[원]誠謹정성원 善也착할원 謹也삼갈원 ⿰忄奚 [해]心不平마음불평할해(佳) 慃

[앙]很戾ㅣ⿰忄冓어그러질앙(講) 慁。[혼]憂也근심할혼 辱也욕될혼 悶亂민망할혼 亂也어지러울혼 慂 [용]勸也권할용 慫ㅣ傍勸거들어말할용 慫ㅣ조롱용(腫) ⿱塞心。[식]塞也막힐식 充塞꽉찰식(職)

慈。[자]愛也사랑자 仁也인자할자 母也어머니자 善也착할자 柔也부드러울자 憐也불쌍할자、은혜입을자(支) ⿰忄高 [고]煩也번거러울고(號) ⿸广⿱夾心 [협]適合마음에맞을협(葉) 慅。[소][초]動也소동할소 勞也수고

로울소、초義同(豪)(皓) 慆。[도]悅也기뻐할도 慢也거만할도 久也오랠도 疑也의심할도 藏也감출도 過也지날도(豪) 慇 [은]恭也공손할은 委曲ㅣ勤은근할은(文) 慉。[휵]養也기를휵 恨也한할휵 畜見(屋)

態 [태]作姿驕ㅣ태도태 姿也모양태 意也情ㅣ뜻태(隊) 慍。[온]怒也성낼온 恨也한할온 病也병온숨怒貌노엽품을온 蘊同(吻) ⿰忄昜 [탑]意下뜻물러갈탑(合) 慏 [명]寬心맘너그러울명(梗)

慊。[겸][협]恨也한할겸 切齒恨앙심먹을겸 意不滿뜻에맞지않을겸 猒也싫을겸 愜也맘에맞을겸 或音겸 嗛、謙通、足也족할협 愜同(琰)(葉) 慌 [황]昏也㦖ㅣ흐리멍덩할황 不分明ㅣ惚황홀

할황 忘也 잊어버릴황 恍同 (養) 慷。[강] 狠戾慷ㅣ어그러질강 (講) 㦨。[람] 悲愁貌 슬퍼할람 憂也 근심할람 (感) 㥶 [색] 悲也 슳어할색 恨也 뉘우칠색 (陌) 𢡱 恐(心部六畫)의 本字

⑪ 慓。[표] 急也 급할표 (蕭) 慒。[종][조] 慮也 생각할종 謀也 꾀할종 悰同、亂也 심란할조 (冬)(豪) 慔。[모] 勉也 힘쓸모 (遇) 慕。[모] 思也 생각할모 係戀不忘 사모할모 愛習

模範 모뜰모 (遇) ⿰忄焉 [은][언] 依也 의지할은 止也 머무를언 憶也 생각할언 (問)(先) ⿰忄离 [리][시] 多端 일많을리 切思 간절히생각할리、시 義同 (支) 慖 [궤][괵] 恨也 한할궤、悖也 어질괵 逆也 거스를괵 (隊)(陌)

慘。[조][참] 憂也 근심할조 懆同、酷毒 혹독할참 痛也 아플참 戚也 슬플참 慍也 성낼참 (篠)(感) 慙。[참] 愧也 부끄러울참 (覃) 慚 慙(前條)와 同 慛 [최] 心傷 맘상할최 (灰) 慟

[통] 哀過動心 애통할통 (送) ⿰忄責 [책] 耿介 깨끗할책 堅也 飾操 절개굳을책 (陌) 慜 [민] 聰也 총명할민 悲也 슬플민 (軫) 慝。[특] 惡也 간악할특 邪也 간사할특 穢也 더러울특 慞

[장] 恐懼 두려울장 (陽) ⿰忄匿 [닐][닉] 愧也 부끄러울닐 怩通、内怩 속으로부끄러울닉 (質)(職) 慢。[만] 怠也 게으를만 倨也 거만할만 緩也 느릴만 放肆 방자할만 謾通 (諫) 慠 [오] 倨也 거만할오 (號) ⿱𠩺心。

[리] 憂也 근심할리 (支) 慡 [상] 性明 성품밝을상 (漾) ⿰忄羕 [양] 恨也 한탄할양 (漾) 慣 [관] 習熟 익숙할관 習ㅣ버릇관 串通 (諫) 慧。[혜] 智也 총명할혜 明也 밝을혜 儇敏姸黠

민첩할혜 了也 똑똑할혜 才智 지혜혜 惠通 (霽) 惃 [곤] 亂也 어지러울곤、난할곤 (元)(阮) 慥 [조] 篤實言行 독실할조 相應 서로응할조 (號) ⿰忄彗 [세] 謹也 삼갈세 (霽) 慨。[개] 高亢憤激 분

격할개 憂悼在心 失意 慷ㅣ강개할개 悲也 슬플개 愾通 (隊) ⿱既心 愛(心部九畫)의 古字 ⿱連心。[련] 泣涕 눈물흘릴련 泣貌 훌쩍거릴련 (先) 慩 ⿱連心(前條)와 同 慤 [각] 謹也 삼갈각 誠也 정성

각 善也 착할각 慤同 (覺) ⿰忄逢 [봉] 悅也 기쁠봉 愛也 사랑할봉 (東) 慫。[종] 驚也 놀랄종 慂旁勸 곁들어말할종 ㅣ慂 권할종 本音승 (腫) 慪 [우] 恪也 공경할우、삼갈우 (尤) 慬 [근] 憂

哀 서러워할근 勇也 날랠근 僅也 겨우근 誠也 정성근 (文)(吻) 慮。[려] 似葛諸ㅣ풀이름려 思有所圖 생각할려 憂也 근심할려 疑也 의심할려 車前幡ㅣ無 군사압기려 (魚) 慱 [단] 憂勞ㅣㅣ 근심할단 (寒)

慰 [위] 安之以慰其情 위로할위 愉也 유쾌할위 尉通 (未) 慰 慰(前條)와 同 慯。[상] 痛也 앓을상、서러울상 憂也 근심할상 (漾) 慲。[만] 忘也 잊을만 (寒) 慵。[용] 懶也 게으를

용 (冬) ⿰忄産 [산][찬] 全德也 착할산、夥也 많을찬 (潸)(諫) 慷 [강] 激昂ㅣ慨 강개할강 忼同 (陽)(養) 慴。[접] 懼也 두려워할접 怯也 겁낼접 讋、懾同 或音섭 (葉) 慳 [간] 悋也 아낄간 吝也 인색할

간 怯同 (刪) 慸。[체] 困劣 느른할체 心不安 마음괴란할체 ⿰忄帶同 (霽) 慹。[집][접] 怖也 두려워할집、不動貌 꼼짝못할접 (緝)(葉) ⿱埶心 [열] 情態貌 정태열 態也 모양열 (屑) 慶 [경][강] 福也 경사

경 喜也 즐거울경 賀也 하례할경 善也 착할경 發語辭 발어사경、福也 복강 乃也 이에강 (敬)(陽) ⿰忄帶 [채] 心不安ㅣ忦 음에불안할채 (霽) 惓 [권] 回顧 돌봐줄권 (霰) ⿰忄象 [애] 惜

也아길애 吝也인색할애 卦
慾 욕 情所好욕심욕 嗜也즐길욕 貪也탐낼욕 欲也하고자할욕 欲同 沃
慼。척 哀也슬플척 憂也근심할척 戚通 錫
⿰忄孝 하 호 志ㅣ忦뜻없을하
憀。료 悲恨원망할료 賴也힘입을료 蕭
⿰忄翏 憀(前條)와同
慺 루 勤貌ㅣㅣ정성스러울루 恭勤ㅣㅣ공근할루 悅也기뻐할루 虞 尤
憁 총 悾ㅣ失意貌실심할총 ㅣ恫不得志뜻같지않을총 董 送
慿 憑(心部十二畫)의俗字
懁 환 慢也업신여길환 刪
⿰忄曽 憎(心部十二畫)의略字
憂。우 愁思근심우、걱정우 居喪상제될우 疾也병들우 幽也그윽할우 辱也욕될우 尤
惷。용 충 장 창 生而癡騃천치용 本音송、愚也어리석을충、癡騃어리석고미련할창、愚也어리석을장 戇同 冬 宋 江 絳
⿱甚心 계 息也쉴게 霽

⓬

⿰忄華 화 心侈맘사치스러울화 麻
⿰忄虛 허 志怯겁할허 魚
⿰忄富 부 怒也노할부 宥
⿱皮心 난 愧而面赤부끄러워얼굴붉을난 赧同 潸
憊。비 疲極고달플비 困也노곤할비 憊、𢞿同 本音배 卦
憉 팽 矜健ㅣ悖군센체할팽 庚
憋 별 急性조급할별 惡也악할별 屑
⿰忄敞 창 驚貌ㅣ怳깜짝놀랄창 惝同 漾
憎。증 疾也、惡也미울증、미워할증 蒸
憍 교 姿也교만할교 逸也방탕할교 矜也자랑할교 驕通 蕭
憒。궤 心亂ㅣㅣ심란할궤 愚也어리석을궤 本音해 隊
憑 빙 依也의지할빙
憏 제 忚ㅣ未定者요량없을제 霽
憐。련 愛也사랑할련 哀也불쌍할련
憖。은 問也물을은 敬謹공경할은、삼갈은 勉強힘쓸은 願也원할은 傷也슬퍼할은 且也、發言辭발어사은 震
憔 초 瘦也ㅣ悴파리할초 瘦也걱정에여윌조 嫶同、癄通 蕭
憓 혜 愛也사랑할혜 順也순할혜 惠通 霽
憞 돈 心暗맘어둘돈 元
憕。증 心平靜맘갈아앉을증 蒸
憘 憙(次條)와同
憙。희 悅也기뻐할희 好也좋아할희 喜同 寘 紙
憚。탄 忌難꺼릴탄 畏也두려워할탄 勞也수고로울탄 旱
⿰忄畫 획 不慧미련할획 頑也완고할획 乖戾어기어질획 陌
憛 담 탐 憂思염려할담、憂慼근심하고의혹할탐 惶遽두려울탐 覃 勘
憝。대 怨也원망할대 惡也大ㅣ미워할대 懟同 隊
⿰忄粟 속 承上顏色웃사람의기색맞출속 沃
⿰忄斯 시 心怯겁낼시 支
⿰忄策 책 小痛약간아플책 辛苦쓰라릴책 陌
⿰忄巽 준 선 劣弱못생기고약할준 悅也기쁠선 軫 霰
⿰忄發 발 怒氣성미일어날발 曷
憢 효 懼也두려울효 曉同 蕭
⿰忄買 매 心不平맘불편할매 佳
憣 반 心變動맘불편할반 刪
憤。분 滿也분할분、겁낼분 賁同 吻
憧。동 意不定ㅣㅣ뜻정하지못할동、마음동할동 騃昏흐리멍덩할동 古音 종 冬 送
憥 례 心力乏也지칠로 勞의俗字 豪
憨 감 愚痴미련할감、어리석을감 古音함 覃
憩 계 息也쉴게 愒通 霽
憇 憩(前條)와同
憦 로 悔也뉘우칠로 號
⿰忄敢 감 怒也노할감 憨同 陷
憪。한 愉也기뻐할한 不安貌편치못한모양한 怒貌성낸한 刪
⿰忄翕 흡 心熱마음뜨거울흡 緝
憬。경 覺寤깨우칠경 遠也멀경 梗
憫 민 憂恤ㅣ默불쌍히여길민 憂也근심할민 軫
⿰忄詈 려 多言잔말할려 欺慢語ㅣ怹속여말할려 齊
憭。료 快也쾌할료

照察 밝힐료 心傷ㅣ慄 떨릴료 慧也 똑똑할료 (篠)

㥬 [탐] 動也 作事 움직여일할탕 (養)

㦀 [년] 心強而弱 맘강한듯하고약할년 (霰)

憮。[무] 失意ㅣ然 실심할무 撫也 만질무 (麌)

憱 [추] 迫也 핍박할추 愁也 顰ㅣ근심할추 蹙、顣同 (屋)

憯。[참][첨] 痛也 아플참 憎也 미워할참、瘖同、悽也ㅣ怛 슬퍼할첨 (感)(琰)

憯 憯(前條)와同

憰。[휼] 權詐 속일휼 本音결 (屑)

憲 憲(次條)와同

憲。[헌] 法也 법헌 表也 표준될헌 敏也 민첩할헌 明也 밝힐헌 懸法示人 고시할헌 悅貌 기뻐할헌 (願)

慘 慘(心部十一畫)의俗字

惪 悳(心部八畫)과同

(十三)

憶 [억] 念也 생각억 記也 기억할억 (職)

憴 [승] 愼也 삼갈승 戒也ㅣㅣ경계할승 (蒸)

憹 [노][농] 懊ㅣ痛悔 몹시뉘우칠노、喜也 기뻐할농 心亂 심란할농 惱、嫍同 (皓)(冬)(江)

憸 [험][섬] 詖也 간사할험、利口接也 아첨할섬 (琰)(鹽)

憷 [초] 痛也 아플초 楚通 (語)

憺 [담] 靜也 고요할담 安也 편안할담 動也 움직일담 (感)(勘)

𢡺 [추] 惡也 나쁠추 傲也 교만할추 (尤)

𢤧 [탁] 不安貌 불안할탁 憂也 근심할탁 (覺)

憻 坦(土部五畫)과同

憿。[요] 希凱 바랄요 非望ㅣ倖 요행요 古音교 (蕭)

憼 [경] 敬也 공경할경 肅也 엄숙할경 戒也 경계할경 敬同 (敬)

憾 [감] 恨也 한할감、섭섭할감 (感)(勘)

憽 [송] 聽也 똑똑할송

㦗。[금] 心堅固 마음견고할금 忌心 噤貌 잠잠할금 (寢)

憟 慄(心部十畫)의本字

㦏 [업] 懼也 두려울업 危也 위태할업 (葉)

懆。[조] 憂也 ㅣㅣ근심할조 慘通 (皓)

懁。[환][현] 性戾 성품패려할환 還也 돌아올환 急也 급할현 辨急 판단하기민첩할현 (刪)(先)

懅 [거] 懼怯 겁낼거 懼也 두려울거 慚也 부끄러울거 (御)

懂 [동] 心亂 심란할동 (董)

懃 [근] 委曲 慇ㅣ은근할근 勞力也 수고로울근 親切 친절할근 (文)

懄 懃(前條)와同

懇。[간] ㅣ惻 至誠 지성스러울간 親切 친절할간 信也 믿을간

㦤。[계] 困憊 고달플계 (霽)

應。[응] 當也 응당응、料度辭 꼭응 愛也 사랑할응 姓也 성응 膺通、答也 대답할응 感ㅣ 物相感 응할응 承諾 승락할응 樂名ㅣ鼓 풍류명응 (徑)(蒸)

懈 [해] 懶怠 게으를해 古音개 (卦)

懋 [무] 勉也 힘쓸무 美也 아름다울무 盛大 성대할무 (宥)

懊 [오] 恨也 한할오 怨也 원망할오 惱也 번뇌할오 忨也 사랑할오 (號)

懍。[름] 懼貌ㅣㅣ 눈휘둥그릴름 敬也 공경할름 畏也 두려워할름 危也 위태할름 稟通 (寢)

懌。[역] 悅也 기꺼울역 以我悅彼 기쁘게할역 (陌)

懏。[준] 敏也 민첩할준 (震)

懐 懷(心部十六畫)의略字

𢤢 讎(言部十六畫)의古字

(十四)

懎 [삽] 慳也 아낄삽 (緝)

懕。[염] ㅣㅣ安也 편안할염 厭通 (鹽)

𢣷 [빈] 敬也 공경할빈 (眞)

懖。[괄] 善自用 의로할괄 (曷)

𢤨。[변] 憂也 근심할변 急也 급할변 (銑)

懘 [체] 不和沾 불화할체 音敗 목쉴체 (霽)

𢤣 [여] 恭敬 공경할여 行步安舒 천천히걸을여 (語)

𢣥 懙(前條)와同

懙 懙(前前條)와同

懚 [은] 依賴他人 남에게의뢰할은 (問)

懟。[대] 怨也 원망할대 憝同 (隊)

懝。[애] 駭也 놀랄애 小兒有知 영민할애 惶也 두려울애 (隊)

懞 [몽] 不明瞭 흐리멍덩할몽 (東)

憜 惰(心部九畫)과同

懜。[몽][맹] 慚也 부끄러울몽 無知ㅣ 지식없을몽 心亂 마음뒤숭

숭할몽 懵通、不明ㅣㅣ밝지못할맹 悶也 답답할맹 瞢通 (董)(徑) 懠 [제] 怒也 성낼제 愁也 근심할제 (霽) 〓 [막] 美也 아름다울막 貎同 (覺) 㦟 [마] ㅣ懡 慚也 부끄러울마 (哿) 㦨 [람] 貪

ㅣ嗜也 즐길람 貪也 탐할람 (勘) 懣ㅇ [만] 煩悶 번민할만 煩也 번거로울만 悶見 (旱)(阮) 懤 [주] 憂也 근심할주 (尤) 〓 [매] 怜悧 영리할매 (佳) 懥 [치] 忿ㅣ 怒也 성낼치 古音지 (寘) 懦ㅇ

[유] [연] [나] 弱也 약할유、만만할유、劣弱 잔약할연、柔也 부드러울나 (虞)(銑)(箇) 十五 懩ㅇ [양] 有藝欲達技ㅣ가려울양 望也 바랄양 癢通 (養) 懪 [박] 悶也 답답할박 懪同 (覺) 懬ㅇ [광] 寬也 너그러

울광 虛也 빌광 (漾) 〓 [려] 憂也 근심할려 (魚) 〓 [저] 憂也 思深 생각깊을저 (御) 〓 [찰] 明也 밝힐찰 (黠) 懫ㅇ [치] 忿戾 분낼치 古音지 (寘) 懭 [광] 恨也 한할광、뜻못이룰광 (養)

懱ㅇ [멸] 輕易 업신여길멸 (屑) 〓 [소] 性疏 성품소활할소 (號) 懰 [류] 好也 예쁠류 憂貌ㅣ慄 근심스러울류 怨也 원망류 (有) 懯 [부] 急速貌 급속할부 〓ㅇ [리] [례] 恨也 한할리 怠

也 게으를리、례 義同 (支)(霽) 懲ㅇ [징] ㅣ創戒也 징계할징 (蒸) 懮ㅇ [유] 舒遲貌 옹용스러울유 (有) 〓 [숭] 惺ㅣ了慧 똑똑할숭 慧也 영민할숭 (東) 〓 [절] 心度 마음속에서 헤아릴절 燭餘 등불탄나머지절 (屑)

〓 悟(心部七畫)과 同 十六 〓 惇(心部八畫)의 本字 〓ㅇ [거] 謹也 삼갈거 (語) 〓 [위] 睡語 잠꼬대할위 (霽) 懂 懂(心部十三畫)과 同 〓 [력] 心所營 경영할력 (錫)

懎 懫(心部十二畫)과 同 懶 [뢰] [란] 嫌惡 懶ㅣ 미워하고 혐오할뢰 懈怠 게으를뢰 卧也 누울뢰、란 義同 (泰)(旱) 懵 [몽] 心亂ㅣ懂 심란할몽 惛也 흐리멍덩할몽 無知貌ㅣㅣ 지각없을몽 懜、瞢見 (董)(送)(東)

〓 [헌] 悟也 깨달을헌 (元) 〓 [혁] 慙也 부끄러울혁 (陌) 懷ㅇ [회] 念思 생각할회 藏也 품을회 歸也 돌아갈회 安也 편안할회 傷也 상할회 〓 [해] 忖度 헤아릴해 (卦) 〓ㅇ

[롱] 悷很 사나울롱 戾也 뒤돌아올롱 (董) 懸 [현] 揭也 달릴현 繫也 매달현 ㅣ隔、遠也 멀현 縣同 (先) 〓 惠(心部八畫)의 古字 〓 憯(心部十二畫)의 俗字 十七 〓ㅇ [선] 慚

也 부끄러울선 (銑) 懺 [참] 自陳悔 뉘우칠참 戒也 회계할참 (陷) 懹 [양] 忌憚 꺼릴양 (漾) 懚ㅇ [은] 哀也 슬퍼할은 憂也 조심할은 〓 [영] 衛也 지킬영 (庚) 〓 嬾(女部十六畫)과 同

懻ㅇ [기] 很也 ㅣ忮 사나울기 (寘) 〓 [박] 煩悶 답답할박 懪同 〓 [섭] 志輕忯 경망스러울섭 (葉) 十八 〓 [충] ㅣㅣ 憂也 근심할충 忡同 (東) 〓ㅇ [휴] 二心 두마음휴 (齊)

懼ㅇ [구] 恐也 두려워할구 憂也 근심할구 愼也 조심할구 驚也 깜짝놀랄구 瞿通 (遇) 懾ㅇ [섭] 喪氣 무서울섭 恐懼ㅣ慴 두려울섭 怯也 겁낼섭 慴同 古音겁 (葉) 〓 [조] 性急 성

품곰할 초 (蕭) 〓 [노] 劣也 용렬할노、못할노 (豪) 懽 [환] 喜悅 기쁘게할환 喜也 기꺼울환 歡同 (寒) 〓 [쌍] 懼也 두려울쌍 (江) 〓 懪(心部十五畫)의 本字 懿ㅇ

[의] 醇美 아름다울의 大也 클의 懿同 (寘) 十九 戀 [련] 眷念 생각할련 係慕 생각할련 慕也 사모할련 (霰) 戁ㅇ [난] 悚懼 송구할난 敬也 공경할난 (潸) 㦬 [라] 慚也 懡ㅣ 부끄러울라 〓同 (哿)

懚 [원] 顚也이마원 項也꼭대기원 (願) 㦟 [마] 心病심화병날마 (歌) ⑳ 懤 [주] 躊也주저할주 (尤) 戄。[확] 驚懼놀랍고두려울확 遽視눈휘둥그려볼확 矍見 (藥) 戃

[당] 驚貌、悅ㅣ감짝놀랄당 (養) 戆 憨(心部十二畫)의古字 ㉒ 戅 戇(心部二十四畫)의俗字 ⿱黷心。[톤] 不明밝지않을톤 暗也어두울톤 (阮) ㉔ ⿰忄靈

[령] 心了點貌맘약은체할령 (靑) 戇。[당] 愚也어리석을당 愚直고지식할당 古音장 (絳) ㉕ ⿰忄蠻 [면] 恐也두려울면 (諫) 觀 空(穴部三畫)과同

戈部

戈。[과] 平頭戟창과 戰爭전쟁과 俗音괘 (歌) ㊀ 戊。[무] 幹名著雍다섯째천간무 物茂盛也물건무성할무 (宥) 戉。[월] 大威斧도끼월 星名별이름월 鉞同 (月) ㊁ 戌。

[술] 犬也개술 地支第十一位열한번째지지술 破也때려부술술 (質) 𢦐 我(戈部三畫)의篆文 成 成(戈部三畫)의略字 戋 錢(金部八畫)의略字 戍。[수] 守邊수자리수 遏也막을수 (遇) ⿰九戈 [구] 矛飾창꾸밀구 (尤) 戎。[융] 兵也군사융 元ㅣ、小ㅣ、兵車名싸움수레융 大也클융 汝也너융 相也도울융 西夷서쪽오랑캐융 (東) ㊂ 𢦏。[재] 傷害손상할재、해할재 (灰)

我。[아] 自謂己身나아、우리아 此也이아 此側이쪽아 執也고집쓸아 (哿) 成。[성] 就也、畢也이룰성 平也편안할성 重也거듭성 終也마칠성 爲也될성 和睦화목할성 樂一終九ㅣ三ㅣ、方九里爲ㅣ풍류한성 (庚) ⿰犭戈 我(前前條)와同 𢦔 或(戈部四畫)의俗字 戒。[계] 警也경계할계 諭也타이를계 愼也삼갈계 備也방비할계 告也고할계 肅然驚惕조심할계 守也지킬계 界同、誡通 (卦) 戓 或(戈部四畫)과同 ㊃ 𢦙 [괵] 割耳귀를벨괵 (陌) ⿰戈丮。[과] 擊踝발뒤꿈치를칠과 (馬) 戔 [전][잔] 委積ㅣㅣ쌓을전、賊也도적잔 傷也상할잔 殘同 (先)(寒)

㦰。[첨] 絶也끊을첨 刺也찌를첨 鋤屬가래첨 (鹽) 戕 [장] 殺也죽일장 槍也찌를장 傷也상할장 殘也무찌를장 (陽) ⿰令戈。[감] 殺也죽일감 (覃) 𢦏 哉(口部六畫)의俗字 𢦑 弟(弓部四畫)의古字 或。[혹] 未定辭혹혹、아마혹 疑也의심낼혹 怪也괴이할혹 誰人어떤사람이혹 有也있을혹 惑通 (職) 𢦬 感(心部九畫)의古字 ㊄ 𢦶 戎(戈部二畫)의本字 𢦸 戌(戈部三畫)의古字 戚 勇(力部七畫)과同 ⿰矛戈 矛(矛部。畫)의古字 戨。[가] 繫舟杙배말뚝가 (哿) 战 戰(戈部十二畫)의略字

戕 戚(戈部七畫)과同 𢦫 戒(戈部三畫)의俗字 𢦲 戒(戈部三畫)의古字 ㊅ ⿰朱戈 [주] 殺也죽일주 戈名창이름주 (虞) ⿰各戈 [격] 鬪也싸울격 捕也잡을격 㪉同 (陌)

⿱吅戈 [잔] 多也많을잔 (寒) 戙 [동] 船板배널판동 (送) 𢦨 [점] 盡也다할점 (鹽) 烕 滅(水部十畫)의古字 ㊆ 㦷 [용] 戟屬창용 (腫) 戞 戛(戈部八畫)의本字

戚。[척] 親也겨레척、척분척 戊類斧도끼척 哀也슬플척 憂貌ㅣㅣ근심하는모양척 憤恚분할척 慼同、慽、鏚通 (錫) ⿰旱戈。[한][간] 盾也방패한、간 義同 (翰)(寒) 戜。[절] 疾也빠를절 利날카로

울절 (屑)

⑧ ⿰豖戈 [탁]擊也 칠탁 (覺) 戞。[알]戟也 창알 考也 상고할알 轢也 수레바퀴에치일알 齟齬 貌ㅣㅣ、三百里ㅣ服 알알할알、어근버근할알 秸、稭通 (黠) 戟 [극]有枝兵 갈래진창극 (陌)

⿰卓戈 戟(前條)와同 ⿹戈⿱口土 國(口部八畫)의古字 ⑨ ⿹戈春 蠢(虫部十五畫)과同 戢 [집]藏兵 병기감출집 止也 그칠집 斂也 거둘집 (緝) ⿰昜戈 [양]戈也 창양 斧也 도끼양 揚同 (陽)

戠。[시]黏土 찰흙시 (寘) 戡。[감]勝也 이길감 殺也 죽일감 (覃) 戣。[규]戟屬 양지창규 (支) ⿰肩戈 [벌]盾也 방패벌 (月) 戥 [등]小衡 작은저울등 衡也 은다는저울등

戤 [개]以物相質 전당잡힐개 (泰) ⿹戈⿱止小 歲(止部九畫)의俗字 ⿰矛戈 矛(矛部〇畫)과同 ⑩ 戧 創(刀部十畫)의古字 ⿰辱戈 [욕]戟也 창욕 (沃) 戩 [전]福也 복전 盡也 다할전 剪也 갈길전 (銑)

截。[절]斷也 끊을절 辯給ㅣㅣ말잘할절 分明 분명할절 (屑) ⿰哥戈 [가]杙也 말뚝가 (歌) ⿰𡉚戈 [질]大也 클질 (質) ⿰朿戈 [극]草生貌 풀싹날극 (職)

⿸厂戚 [험]強也 굳셀험 健也 건장할험 (琰) ⿰兼戈 [겸]戈屬 창겸 (鹽) ⑪ ⿰習戈 襲(衣部十六畫)의古字 ⿰敖戈 [오]戟鋒 창끝오 (豪) ⿰庸戈 [용]兵器戣也 양지창용 (冬) 戭。[인]長戟 긴창인 양지창인 (軫)

戮。[륙]殺也 죽일륙 辱也 욕할륙 僇、剹通 (屋) ⿹戈雀 截(戈部十一畫)과同 ⿹戈春。[상]繫舟杙 배말뚝상 ⿹戈春 蠢(虫部十五畫)의古字 戱 戲(戈部十三畫)의俗字

⑫ ⿹戈異 戴(戈部十四畫)의古字 戰。[전]鬪也 싸움할전 懼也ㅣㅣ두려워할전 競也 경전할전 (霰) ⿰曾戈 矰(矢部十二畫)의俗字 ⿰壴戈 詩(言部七畫)의古字

⿰享或 域(土部八畫)의古字 ⑬ 戫。[욱]文也 문채날욱 潤 윤기있을욱 (屋) ⿹𢦏木 栽(戈部九畫)의俗字 ⿰僉戈 [맘]刃也 날맘 (鹹) 戲。[희][휘][호]兵也 병기희 弄也 희롱할희 謔也 희악질할희 嬉也 농탕칠희 歎美辭 於ㅣ탄식할희 伏ㅣ복희희、大將旗 기휘 麾同、哀傷辭 嗚ㅣ서러울호

⑭ 戳。[착]刺也 찌를착 槍ㅣ창으로 찌를착 (覺) 戴。[대]从首荷 머리에일대 殘物得 增 덤받을대 推ㅣ 모실대 (隊)

⑮ ⿹戈異 戴(戈部十四畫)의本字 ⿰虘戈 [희]相笑貌 서로웃을희 (支) ⑯ ⿹戈冀。識(言部十二畫)과同

⿰鹵戈 [희]兵器一種 변장기희 (支) ⑰ ⿹戈䖵 [아]蟲屬 벌레아 蛭也 거머리아 (歌) ⿹戈⿱春䖵 蠢(虫部十五畫)과同 ⑱ 戵。[구]戟屬 四出矛 네가지진창구 瞿通 (虞)

户部

户。[호]室口 지게호 編ㅣ民居 백성의집호 出入口 집의출입구호 留也 머물호 (虞) ① 戹。[액]户小門 뒤창문액 隘也 좁을액 艱也 가난할액 困也 곤할액 木節 나무옹두라질액 厄同、阸通

② 危 厄(厂部二畫)과同 ③ 戺 [사]砌也 섬돌사 持樞木名 落時 문설주사 危同 (紙) ⿸户危 戺(前條)와同 ⿸户大。[태]輜車旁户 수레옆문태 (泰) ④ ⿸户木

户(户部〇畫)의古字 戾。[려][렬]很也 사나울려 乖也 어그러질려 罪也 죄려 至也 이를려 止也 그칠려 斜曲 휘어질려 定也 정할려、렬義同 (霽) ⿸户及 [급]門鍵 문자물쇠급 (緝) 房。

防 방 室在旁방방 宿名天駟별이름방 宮名阿ㅣ궁이름방 箭室전동방 祖也도마방 (陽)

所 소 語辭바소、것소 處也곳소 許也쯤소 ㅣ以연고소 ㅣ有가질소 幾何얼마소 (語)

戶 모 闢戶문열모 開也열모 (巧)

五

⿸戶去。갑 閉戶聲문닫는소리갑 (合)

⿸戶且 所(戶部四畫)의古字

扂 점 戶牡문빗장점 閉門문잠글점 (琰)

⿸戶主 추 直開바로열추 (遇)

扁。편 변 小也작을편 特也특별할편 小舟작은배편 人名輪ㅣ사람이름편 編通、署門額현판변 卑也낮을변 器不圜그릇둥글지못할변 姓也ㅣ鵲성변 (先)(銑)

⿸戶各 각 地名땅이름각 (藥)

扃。경 關門橫木빗장경 車前兵欄수레앞난간경 門戶문경 扃通 (庚)

⿸戶句 局(戶部五畫)과同

六

⿸戶艮 한 閫也문지방한 (諫)

扆。의 屛風병풍의(天子見諸侯時所依屛風斧ㅣ、戶牖間) (尾)

扅 이 門扃문빗장이 ⿸戶色同 (支)

⿸戶早 扂(戶部五畫)의譌字

扇。선 箑也부채선 扉也문짝선 動也吹揚움직일선 ㅣ涼부채질할선 (霰)(先)

扇 扇(前前條)와同

七

扈。호 後從호 위할호 廣也ㅣㅣ넓을호 被也입을호 國名有ㅣ나라이름호 強梁跋ㅣ퉁발될호 鳥名桑ㅣ새이름호 鳸同 (麌)

八

⿸戶麦 려 不正바르지않을려 邪也사와할려 (霽)

扊 염 戶扃문빗장염 (琰)

⿸戶巴。비 屋壞무너질비 (紙)

扉。비 門扇사립문비 闔也닫을비 (微)

九

⿸戶臿 삽 薄也엷을삽 (洽)

⿸戶猒 戾(戶部四畫)과同

十

⿸戶盧 갑 閉戶문닫을갑 (合)

⿸戶品 靈(雨部十六畫)의古字

十三

⿸戶辰。산 門闖문닫을산 (刪)

十七

⿸戶毚。잠 屋上지붕잠 (咸)

手部

手。수 肢也所以執持손수 執也잡을수 擊也칠수 (有)

才。재 藝也재주재 能也재능재 賢人현인재 質也바탕재

扌 手(前前條)와同

一

扎 찰 拔也뺄찰、뽑을찰 揠同 (黠)

二

⿰扌廾 구 柔持부드럽게쥘구 不固단단하지않을구 (尤)

扐。륵 筮者著蓍指間손새에시초낄륵 (職)

⿰扌凵 검 겸 手持움켜쥘검 取也앗을검、廾義同 (鹽)(沁)

打。타 정 擊也칠타、때릴타、정義同、日字、物十二枚曰ㅣ (馬)(梗)(迥)

扒 배 拔也뺄배、뽑을배、맬배 拜通 (卦)

扑 복 小擊적게칠복 杖也、敎刑榎楚회차리복 撲、擈同 (屋)

扖 입 挾也끼울입 日字

扔。인 잉 推也꺽을인、引也당길잉 (震)(蒸)

扟 신 拔引뽑아낼신 拔也뽑을신 (眞)

払 拂(手部五畫)의略字

三

⿰扌寸 존 斷也끊을존 (阮)

扗 在(土部三畫)의本字

找 拭(手部六畫)의譌字

托 탁 手推밀탁 湯餅不ㅣ수제비탁 承茶杯者차반탁 拓、飥通 (藥)

扚。작 조 약 旁擊결매칠작、速擊빨리칠조、手指節文손마디금약 (藥)(篠)

⿰扌巾。곤 覆也덮을곤 (問)

扙 창 傷也상할창 傷害상처낼창 (養)

⿰扌冃 모 持也가질모 (皓)

扜。우 指麾지휘할우 持也가질우 (虞)

扛。강 擧也들강 橫關對擧마주들강 舡同 (江)

扞。한 禦難막기어려울한 衛也막을한 臂衣팔찌한 抵也다닥칠한 捍同 (翰)

扤。올 搖動흔들릴올 動也움직일올 不安불안할올 (月)

扝 오 引

看끌어당길오(虞)
扦 [신]振也떨칠신(震)
扡 [타][시]曳也끄을타、시義同(哿)(歌)(寘)
扣。 [구]擊也두드릴구 叩通(宥)(有)
扢 [훌]摩也만질흘(月)
扠 [차]挾取집어낼차 剌取찌를차 簎也작살차(麻)
扷。 [대][해]腕骨之一팔목뼈대、擭也더듬어찾을해 移也옮길해(泰)
扟 [신]挹也당길신 自上擇取物추릴신 減也감할신(眞)
扦 [천]插也꽂을천 攙俗字(先)
扨 [인]發語辭、雖그러하나인、그런데인 日字

四

扭 [뉴]手揪손뒤적거릴뉴 按也누를뉴(有)
[扌兮] 扴(手部四畫)의譌字
扯 [차]裂破찢어버릴차 撦同(馬)
扮。 [분][반]握也움큼분 握也잡을분 混也섞을분、打ㅣ裝飾꾸밀반(文)(諫)
扢 [개]磨也갈개(隊)
抜。 [발]擢也뽑을발 擊也칠발 無憚ㅣ扈기탄없을발 地名ㅣ捍땅이름발(曷)
[扌卆] 捽(手部八畫)의俗字
扳 [반]引也끌반 挽也당길반 援也구원할반 攀見(删)(諫)
扲 [겸]專職業전업으로삼을겸 急持얼른집을겸 記也적을겸(鹽)
扱。 [급][삽]斂持걷어가질급、收也거두어드릴삽 擧也들삽 取也취할삽 引也이끌삽 拜手至地깊을삽 俗音즙(緝)(洽)
扵 於(方部四畫)의俗字
扶。 [부]持也붙을부 佐也도울부 護也호위할부 幼貌ㅣㅣ어린모양부 地名땅이름부(虞)
扴。 [갈]刮也긁을갈 揩ㅣ物문지를갈(黠)
抵。 [지]側擊옆으로칠지 毀也헐지 抵通(紙)
批。 [비][별]手擊옆으로칠지 毀也헐치 抵通、擊也칠비 示也뵈어줄비 敎ㅣ비답비 觸擊ㅣ逆鱗 부딪칠별、다닥칠별(紙)(齊)(屑)
扸 [장]扶也도울장(陽)
[扌次] [재]治髮머리털빗을자(寘)
扼 [액]握也잡을액、숨길액
承。 [승]繼也이을승 受也받을승 奉也받들승 佐也도울승 順序차례승 丞同(蒸)
找 [조][화]補充채울조、以竿推船상앗대질할화 尋也찾을화 中字、(巧)(麻)
抩 [탐]幷持함께가질탐(覃)
扽 [돈]動也움직일돈 引也끌돈 摩也문지를돈(願)
[扌引] 引(弓部一畫)과同
技。 [기]藝也재주기 能也능통할기 方術술법기 巧也공교할기 伎通(紙)
抄 [초]叉也가릴초 略也간략할초 謄寫베낄초 飜譯번약할초 寫錄之책제목초 畧取、謄也약간취할초 掠也훔칠초 鈔通(效)
扑。 [박]撲也칠박 杖也지팡이박(覺)
抁。 [연]動也움직일연 挩同(銑)
抃 [변]附手拍掌손벽칠변 歌舞之節손장단칠변 拚同(霰)
[扌毛] [모]擇也가릴모 芼通(號)
[扌方]。 [방]相似서로갈을방(養)
抆 [문]拭也씻을문 摩也만질문 抿同(問)
抉。 [결]剔也긁을결 掐也당길결 缺、決通(屑)
抈 [월]折也부러질월 動也움직일월(月)
[扌牙] [아]不正貌 扠ㅣ비뚜룸할아 枒通(麻)
抌。 [침]深擊살바아칠침 推也밀칠침(感)
抍。 [승]擧上也들어올릴승 救也구할승(蒸)
把 [파]執也잡을파 播也헤칠파 杷通、度也발파(馬) 國字
抏 [완]挫也꺾을완 消耗모지라질완、닳아없을완 刓通(寒)
抐 [눌]搵ㅣ按物水中물에담길눌(月)
抎。 [운]失也잃을운 下也떠러질운(吻)
抑。 [억]按也누를억 發語辭발어사억 屈也굽힐억 遏也막을억 退也물러갈억 逼也핍박할억 愼密ㅣㅣ삼갈억 損也덜릴억(職)
抓 [조]搔也긁을조 爪刺할퀼조 掐也움킬조(效)
抒 [서][저]取出끄낼서 挹也당길서 渫水물뜰서 除也제할서 泄也쏟을서、織具、行緯북저 挹也당길저 杼同(語)
抔

[부]手掬줌부、웅큼부 (尤)

投。[투]擿也던질투 棄也버릴투 進也나아갈투 贈也줄투 託也마길투 (尤)

抗 [항]拒也항거할항 擧也들항 扞也막을항

抖 [두]擻擧索物ㅣ擻들두 (有)

⿰扌己。[기]忌也꺼리길기 (寘)

抚 撫(手部十二畫)의俗字

折。[절][설][제]拗也꺾을절 斷之절단할절 屈也굽힐절 曲也굽을절 ㅣ中알맞을절 夭死일찍죽을절 挫也꺾어질절 毁也헐절 祭壇泰ㅣ제터절 斷猶連꺾어져서대롱거릴설 安徐貌천천할제 (屑)(齊)

択 擇(手部十三畫)의俗字

抝 拗(手部五畫)의俗字

五

抦 [병]持也잡을병 秉通 (梗)

抨。[평]彈ㅣ擇也난택할평 (庚)

抪。[포]舒也散布펼포、흩을포 擊也칠포 捫持더듬을포 (遇)

抧。[지][채]開也열지、擊也칠채 (紙)(蟹)

抌 [요][유]抒臼절구질할요 擧物臼中들어낼요、引也끌유 舀同 (篠)(尤)

抰。[앙]以車鞅擊也말뱃대로칠앙 (養)

抮 [진]引戾휘어잡을진 紾同 (軫)

抬 [태]擧也들태 擊也칠태 擡略字 (灰)

抯。[저]摣取건져낼저 把也잡아당길저 (馬)

抭 [혈]擊也칠혈 投也던질혈 (質)

抓 [과][와]引也끌과 擊也칠과、와義同 (麻)

抴。[예][설]引也이끌예 拽通、拕也끄을설 揲通 (霽)(屑)

抱 [포]懷也아름포 執也잡을포 思想생각할포 挾也안을포 伏鷄알안을포、품을포 (皓)

抳 [니]手指物가리킬니 止也그칠니 (紙)

抵。[저][지]擊也칠지、抵同 當也다다를저 擠也밀칠저 拒也막을저 觸也다닥칠저 擲也던질저 大凡大ㅣ대저저 角ㅣ技戲씨름할저 牴通 (紙)(齊)

抹 [말]塗也바를말 滅也ㅣ撥지울말、없앨말、뭉갤말 巾也名ㅣ額수건말

抶。[질]撻也笞擊종아리칠질、볼기때릴질 撻見 (質)

抺 [매]摸也더듬어찾을매 (隊)

抻。[신]展也펼신 引而長之잡아늘릴신 引戾휘어잡을신 (震)

押 [압][갑]署也수결둘압 按也살필압 指拘거느릴압、관리할압 用韻운달압 官名ㅣ衙벼슬이름압 典當전당잡힐압、輔也도울갑 檢束단속할갑 壓、狎通 (洽)

抽 [추]拔也뺄추、뽑을추 收也거둘추 引也당길추

拄 [주]撐持버틸주 從旁指손가락질할주 柱通 (麌)

拂。[불][필]拭也떨칠불 拭除씻어버릴불 逆也거스릴불 違也어길불 塵具먼지채불 除也제할불、輔也도울필 弼通 (物)(質)

抾 [거]持去가저갈거 (魚)

抿。[문]拭也씻을문 摩也만질문 (眞)

拃 [잔]摸也모뜰잔 (潸)

拆 [탁]裂也찢을탁 開也열리는탁 解散甲ㅣ껍질헤칠탁 古音책 坼同 (陌)

担 [단][걸][담]拂也떨칠단 擊也칠단、擧也들걸、擔(手部十三畫)과同 (旱)(月)(勘)

扼 [액]把也잡을액 抑也누를액 搤同 (陌)

拇。[무]手大指엄지손가락무 (有)

拋。[포]擲也던질포 棄也버릴포 ㅣ車發石機돌쇠뇌포 (肴)

拉。[랍]摧折꺾을랍、분지를랍 ㅣ致잡아갈랍 牽也끌랍 風聲猋ㅣ바람소리랍 (合)

拈 [념]掫也指取物집을념、딸념 (鹽)

⿰扌此 [재][제]捽也꺼두를자 以拳加人주먹질할자、쥐어박을자、제義同 (紙)(齊)

拊。[부]揗也어루만질부 拍也칠부 樂器名풍류이름부 捬、撫通 (麌)

⿱此手 [재]積也쌓을자 (寘)

拌 [반]捐棄버릴반 拚同 (寒)(旱)

拎 [령]懸持찍어올릴령、달릴령、달아올릴령 (青)

拏 [녀][나]牽引이끌녀 拘捕잡을나

相牽맞당길나 罷相連引연좌될나 拏、拿同 (魚)(麻)

拍。[박]搏也칠박 歌曲ㅣ彈、戲名ㅣ張노래곡조칠박 ㅣ手손벽박 俗音백 (陌)

拑。[겸]脅持욱으러질겸 ㅣ口자갈먹일겸 緘也얽어맬겸 (鹽)

拐 [괴]誘也유인할괴、꾀일괴 ㅣ賣훔쳐팔괴 杖也지팡이괴 (蟹)

拒 [거][구]捍也맞설거 禦也막을거 格也다닥칠거 距通、陣名左右ㅣ진이름구 (語)(麌)

拓。[탁][척]斥開열탁 手推物밀칠탁 不遇落ㅣ낙척할탁 覆姓ㅣ跋성탁 拾也주을척 斥開물리칠척、헤칠척、열척 摭同 (藥)(陌)

拖 [타]曳也끌타 引也이끌타 拕同 (歌)

⿰扌四 [장]整而不亂 정제할장 (漾)

拔。[발][패]抽也뺄발、뽑을발、疾也빠를발 除也제할발 迴也돌아올발、拂取휘어꺾을패 (黠)(曷)(隊)

拘。[구]執也잡을구 曲礙거리낄구 (虞)

拙。[졸]不巧못생길졸、졸할졸 自己謙稱나졸 物屈不用못쓰게될졸 古音절 (屑)

拗 [요]手拉折也꺾을요、부지를요 心戾마음어그러질요 捩也비틀요 (巧)(效)

招。[초][교]手呼손짓할초 求也구할초 ㅣ來불러올초、擧也들교 揭也높이들교 (蕭)

⿰扌必 [필][비]刺也찌를필 捩也휘어꺾을필 擊倒쳐꺼꾸러뜨릴필、戲擊얼러칠비 (質)(寘)

拚。[번][반][변]飛也번득일번、翻同、棄也버릴반、手舞貌손으로춤추는모양변 (元)(寒)(霰)

⿱丞手 承(手部四畫)과同

拜。[배]兩手下稽首至地절배、절할배 服也굴복할배 授官벼슬줄배 禮也예배할배 扒同 (卦)

拟 擬(手部十四畫)의俗字

拠 據(手部十三畫)의俗字

拡 擴(手部十五畫)의略字

六

拫 [흔]引也끌어당길흔 排擠물리칠흔 (元)

拪。[천]遷也옮길천 遷同 (先)

拮。[길][결]手口共作ㅣ据길거할길、열심히일할길、결義同 (質)(屑)

括。[괄]挈也헤아릴괄 根刷궁구할괄 結也맺을괄 包也쌀괄 檢也점검할괄 至也이를괄 矢末화살끝괄 會也모을괄 (曷)

拯。[증]救濟건질증、구제할증 助也도울증

拭。[식]揩也지을식、닦을식 刷也다듬을식 (職)

拱。[공]斂手垂ㅣ길잡을공 合持ㅣ把손아귀맞출공 (腫)

核 [해]動搖움직일해 減也감할해 (賄)

拲。[공][국]兩手同械수갑지를공、국義同 (腫)(沃)

拰 [님]調弓貌 ㅣ搦활바로잡을님 (寑)

拳。[권]屈手주먹권 勸懇부지런할권 憂也ㅣㅣ、奉持貌근심할권 思念奉持맘에품을권 捲通、惓同 (先)

拴 [전]揀也가릴전 詮、銓通 (先)

⿰扌州 [추]手彈손으로퉁길추 搊同 (尤)

拵 [존]插也꽂을존、調和조합할존 (願) 日字

拶 [찰]逼排ㅣ서로다닥칠찰 (曷)

⿰扌戎 [웅][잉]助也도울웅 戎通、因也인할잉 (東)(蒸)

拷 [고]打也ㅣ掠두드릴고、칠고 (皓)

⿰扌休 [호]掃除쓸어버릴호 拔去田草김맬호 (豪)

拸。[치]去也버릴치、拽也끌치 拍也칠치 (紙)(寘)

拹。[협][랍]折也꺾을협、拉也꺾을랍 拉同 (合)(葉)

挀 [회]相擊서로칠회 豗同 (灰)

拺 [색][착]擇取物가릴색、扶也붙을착 (陌)(覺)

持 [지]執也가질지 守也지킬지 耐久오래참을지 汲水具ㅣ물지게지 (支)

拽 [예][열]拖也끌예 曳同、拕也잡아끌열 抴同 (霽)(屑)

拾。[습][겁][십][섭]收也주을습 射韝夬ㅣ팔찌습 官名ㅣ遺벼슬이름습、更也다시겁 叏也갈마들릴겁、十也열십 十、什同、ㅣ級오를섭 (緝)(葉)

拿 [나]捕也잡을나 拏俗字 (麻)

⿰扌因。[인]就也나아갈인 乃也기댈인 (眞)

挂。[괘]懸也걸괘、달괘 畫

挃。[질] 穫聲ㅣㅣ수확하는소리질 撞也칠질 桎通 (質)
扌先 [선] 手捻物撰ㅣ비빌선 (銑)
探 探(次條)와同
探。[타] 忖度헤아릴타 落帆배돛내릴타 搖也흔들타 挅同、揣通 (哿)
扌伏 [복] 擊也칠복、두드릴복 (職)
指。[지] 手端손가락지 示也지시할지 歸趣뜻지 (紙)
扌充 [충] 蹴也찔충 (送)
扌亙 [긍] 引急획칠긍 揯同 (蒸)
扌旬 [현][횡] 擊也칠현 揮也휘두를횡 (霰)(庚)
挈。[계][설] 缺也、絶也이지러질계 然火灼龜불로점치는거북지질계、提也끌어당길설
按。[안][알] 抑也누를안 察也살필안 驗也알아볼안 考也상고할안 引也이끌안 止也그칠안 撫也어루만질안、遮也막을알 捺也누를알 遏同 (曷)
扌凧 [패] 撥也당길패 捩也비틀패 (泰)
挌。[격] 擊也칠격 擧也들격 (陌)
拃 [책] 手度物뼘잴책
挋。[진] 拭也씻을진、훔칠진 (震)
扌行 扌行(手部九畫)의譌字
扌危 [궤][위] 毁撤헐어버릴궤、懸也달위 (紙)(尾)
挍 [교] 檢也알아볼교、검사할교 考也펴볼교、상고할교 計量헤아릴교 校同 (效)
拲。[공] 兩手取物두손으로잡을공 (腫)
挎 [고] 以指納孔而持구멍에손가락넣어잡을고 (虞)
挑。[도][조][서] 往來相見ㅣ達왕래하며서로볼도 輕儇貌갑신시러운모양도 誘也꾀일도 引出끌어낼도、撥也돋을조 取也취할조 肩荷멜조 弄也희롱할조 引調돋아날조 輕儇까불조、抒物器구기서 (豪)(蕭)(篠)
拏。[나][녀] 牽引끌을나 紛ㅣ분나할나 拏同、牽也끌녀 煩也번거러울녀 (麻)(魚)
挒 [렬] 拗也비틀렬 捩也내걸렬 捩同 (屑)
挏。[동] 推引、動也밀려끌동 撞也짓찟을동 動也움직일동 (董)
拳 擧(手部十四畫)의略字
手丰 拜(手部五畫)의本字
扌夅 [항] 帆雙立쌍돛달항 (江)
挖 [알] 穿索挑ㅣ우벼낼알 (曷)

七

挨 [애] 擊背등칠애 推也밀칠애 強進강하게나갈애 物相近맏댈애 (蟹)
挩 [탈][세] 除也제할탈 遺也끼칠탈 脫通、拭也씻을세 (曷)(薺)
挪 [나] 揉物搓ㅣ휠나 (歌)
挫。[좌] 摧也꺾折也꺾을좌 捉也잡을좌 (箇)
挭 [경] 大略대개경 覺也깨우칠경 搖也흔들경 摬同 (梗)
挮 [체] 去涕淚눈물씻을체 (齊)
扌我 [아] 碎也부서뜨릴아 (哿)
振。[진] 奮也떨칠진 收也거둘진 仁厚무던할진 拯也건질진 整也정돈할진 發也필진 動也움직일진 救也구원할진 震也진동할진 止也그칠진 群飛貌떼지어날진 賑通、盛貌ㅣㅣ성할진 (震)(眞)
挶。[국] 持也잡을국 舁土擧들것국 (沃)
挱 [사] 手按摩ㅣ만질사 莎通 (歌)
挴 [매] 貪也탐할매、계엄낼매 (賄)
挵 弄(廾部四畫)과同
扌否 [부] 手掬움큼부 抔同 (尤)
扌身 [갱] 引伸기지개켤갱 鏗同 (庚)
挺。[정] 拔也뺄정 直也곧을정 寬也너그러울정 引也당길정 (迥)
挹。[읍] 酌也잔질할읍 抒也잡아당길읍 取出끄낼읍 揖見 (緝)
挻。[연] 揉也휠연 引也이끌연 遁也숨을연 擊也칠연 (先)
挽 [만] 引也당길만 ㅣ歌상엿군노래만 薤露蒿里二章ㅣ歌만장만 輓同 (阮)
挼。[뇌][쇠][나] 按揉비빌뇌、摩也만질쇠、摧也꺾을나 (灰)(歌)
扌禿 [독] 以杖刺之지팡이로찌를독 (屋)
扌耴 [접] 手摩物비빌접 (葉)
拚 [반][번] 棄也버릴반 拌同、飛也날번 (寒)(元)
挾。[협] 挾也낄협 藏也감출협 恃也믿을협 十日열흘협 轉也도울협 持也가질협 帶也띠협 懷也품을협 俠通、夾同 (葉)
捧。[봉] 奉也받을봉 兩手分而數두손에나눠셀봉 (宋)

捁 교 手動也흔들교 亂之 어지럽게할교 攪同(巧)

掐 남 魚食貌고기밥 먹는모양남(勘)

捂。오 叅差抵ㅣ어긋날오 抵ㅣ觸也다닥칠오 逆也거스를오 斜拄기뚱쏠릴오(遇)

捄。구 桀 墻取土줌구 捋也흙파올릴구 長也길구 角貌뿔족할구 護也두둔할구 止也그칠구 護也호위로할구 救古字(虞)(尤)(宥)

捃 군 拾取ㅣ摭주울군 攈、攟同(問)

捅 통 引也당길통 進也나아갈통(董)

捇 혁 掘土흙팔혁(陌)

捈 도 臥引당길도 引也당길도(虞)

捉。착 搤也길착 捕也잡을착 邊戍守수자리살착

捊。부 引取당길부 手掬움큼부 引取治田김맬부 抔同(尤)

捆 곤 叩椓두드릴곤 織也집신삼을곤、纂組짤곤 取也취할곤(阮)(元)

捐。연 棄也버릴연 除也덜연 病死ㅣ瘠병들어죽을연(先)

捋。랄 以指歷取취할랄 摘取딸랄 摩也郁ㅣ더듬을랄(曷)

捌。팔 破也깨뜨릴팔 分也나눌팔 擊也칠팔 無齒杷고무래팔 八見(黠)

捍 한 衛也호위할한 射具臂ㅣ팔찌한

捘。준 按也안험할준 推也밀준 爪刺손톱으로찌를준(眞)(願)

捒 수 송 裝束묶을수、謹也삼갈송 竦同(遇)(腫)

捔 각 紲後絓前掎ㅣ앞뒤로얽을각(覺)

捎。소 除也덜소 動貌ㅣ搖흔들릴소 擇也擣ㅣ가릴소 掠也스칠소 良馬名蒲ㅣ말이름소

捏 날 捺也꼭찍을날 搦也꽉누를날 捻聚주어모을날 作也만들날 古音녈(屑)

[扌秀] 숙 引也이끌숙(屋)

[扌豆] 두 腕骨之一팔목뼈두(宥)

捓 야 擧手相弄ㅣ揄손들어서로희롱할야 挪同(麻)

捗 척 보 進也나갈척 本音촉、収亂草ㅣ攎북더기모을보 打也칠보 収斂거둘보(陌)(遇)

捕。포 逮ㅣ擒捉사로잡을포(遇)

捖 완 摩切긁을완 本音환

捚 재 掌擊손바닥에받을재(齊)

捜 搜(手部十畫)의略字

[扌巛月] 拶(手部六畫)의本字

八

[扌㝵] 득 拳打쥐어박을득 挨也밀칠득(職)

捥 완 臂也팔뚝완 腕同(翰)

[扌沓] 답 縫指衣골무답 革履가죽신답 鞜同(合)

捦。금 急持움킬금 急持捉也사로잡을금 擒同(侵)

[扌表] 표 分與나누어줄표

捧 봉 兩手承받을봉 掬也움큼봉(腫)

捨。사 釋也놓을사 棄也버릴사 施也베풀사 與也줄사 舍同(馬)

[扌豕] 탁 打也칠탁 推也밀탁 刺木나무찍을탁 椓通(覺)

捨。捨(前條)와同

捩 렬 拗也휘어꺾을렬 紾也비틀렬 撚也꼴렬 復歸뒤돌아올렬 攦通(屑)

[扌固] 괴 縣名ㅣ陽고을이름고 棝同(遇)

捫。문 撫持어루만질문、더듬을문 摸也잡을문(元)

[扌忽] 홀 去塵먼지털홀 推搏밀칠홀(月)

[扌府] 부 按撫어루만질부 慰也위로할부 拊、撫通(遇)

捭。패 벽 兩手擊두손으로칠패 擲也던질패 開也열벽 折也ㅣ꺾을벽(蟹)(陌)

据。거 계 口足爲事拮ㅣ길거할거 戟挶持也가질거 依也의지할거 手病손병거(魚)

捱 애 拒也막을애 ㅣ過延緩늘어질애(佳)

捲。권 收也거둘권 氣勢기세권 用力貌ㅣㅣ힘쓰는모양권 拳通、斂也걷을권

[扌岳] 악 彈也퉁길악(覺)

捴 摠(手部十一畫)과同

捵 전 手伸物손으로끕은것바로잡을전(銑)

捶 추 타 擊也칠추 舂也찧을추 棰通、持度헤아릴타 揣同(紙)(哿)

捷。첩 報勝이길첩 敏疾빠를첩 獵也사냥할첩 ㅣ書첩서첩(葉)

捺 날手押손가락으로누를날、手章수장찍을날 押印도장찍을날 捻 扮(手部四畫)과同 捼 뇌나手摩만질뇌 挼同、摧也꺾을나 抄也문댈나 灰 捽 졸持頭髮꺼두를졸

觸也부딪칠졸 月 捿 서棲息새깃들일서 幽居살서 栖通 齊 捾 알取也취할알 接也구원할알 掐也손톱제길알 曷 掂 점衡也무게달점 鹽 ⿰扌直 지投也던질지 持也가질

지拄杖꽂을지 寘 掀 흔擧也들흔 高聳우뚝할흔 本音헌 元 掁 쟁觸也부딪칠쟁 撞也두드릴쟁 擊也칠쟁 庚 掅 청捽也꺼두를청 徑 拼 평병隨從쫓을평、

除也제할병 排斥물리칠병 拼通 庚 敬 掄 륜擇也고를륜、가릴륜、론 義同 眞 元 掃 소拚除洒ㅣ쓸소 髻名開ㅣ상투소 埽同 晧 號 掆 강擧也들강 捎ㅣ舁也끌강 陽 授 수矛

也줄수 付也부칠수 有 宥 掇 철拾取주울철 馬箠말채찍철 採也캘철 曷 掊 부把也줄부、헤칠부 聚斂ㅣ克거둘질할부 減也덜부 裒通、擊也칠부 剖同 有 ⿰扌尚 쟁引也끄을쟁 庚

掉 도搖也흔들도 擇也가릴도 振也떨칠도 掏通 豪 掐 겹爪刺꼬집을겹 洽 掌 장手心손바닥장 主也職ㅣ맡을장 鞅ㅣ失容고달플장 養 掎 기牽一脚한다리끌기 發也퉁길

기偏引치우처당길기 紙 掍 혼同也같을혼、맞출혼 混同 阮 掏 도擇也가릴도 搯也취할도 掐見 豪 掗 아搖也흔들아 強給억지로줄아 禡 ⿰扌周 조刺也찌를조 趙通 篠 掔 완견

引也당길완 古音간、牽去끌어갈견 牽同 刪 先 排 배擠也물리칠배 推也떠밀배、밀칠배 安置편안히둘배 列也벌려놓을배 佳 掛 괘懸也걸괘、달괘、걸릴괘ㅣ罣달아둘괘 挂同 卦 掙

쟁刺也찌를쟁 剉也꺾을쟁 敬 掘 굴궐搰也팔굴 特起貌우뚝할굴 堀通、穿也뚫을궐、뚫일궐 撅通 物 月 掖 액以手持人臂겯들액、부액할액 臂下겨드랑이액 大袂衣큰소매옷액ㅣ庭宮傍舍궁궐곁채

액ㅣ垣殿傍垣대궐곁담액 被通 陌 掚 량整飾정제하게꾸밀량 養 掜 예擬也비길예 捉也잡을예 寄也붙일예 手筋急손에힘줄당길예 薺 掝 혹획愊也흐리멍덩할혹、裂也찢을획 職 陌

掞 섬舒也펼섬 疾動번쩍할섬 ⿰扌閃同 豔 掠 략량劫財ㅣ奪노략질할략 拂過스칠략 剠同、奪取鹵ㅣ빼앗을량 拷ㅣ搒答볼기칠량 藥 漾 採 채摘也딸채、캘채 取也취할채 ⿰扌林

름殺也죽일름 打也칠름 寢 探 탐遠取之더듬을탐 闚索찾을탐 取也취할탐 伺也刺ㅣ살필탐 試也시험할탐 覃 勘 掣 체철滯隔막힐체 曳也끌체 挽也당길철、끌철 霽 屑 掤

붕箭筩蓋전통뚜껑붕 蒸 接 접待ㅣ대접할접 交也사귈접 近也가까울접 續也이을접ㅣ木付也접할접 合也합할접 會也모을접 持也가질접 受也받을접 葉 推 퇴추排也밀퇴 順遷

차례로옮길추 擇也가릴추 奬也포장할추 窮詰힐란하여물을추 尋繹궁구할추 灰 支 掫 추行夜干ㅣ순경목탁추 擊也칠추 尤 措 조책擧也들조 置也둘조 施布베풀조 廢也폐할조 動作행동조 頓也정돈할

조 厝同、錯通 追捕쫓아잡을책 遇 陌 掮 견以肩擧物맬견 中字 控 공강引也당길공 告也고할공 操制억제할공 投也던질공、打也칠강 送 講 掩 엄斂也거둘엄 閉也닫을엄 遮也막을엄 覆取들씌

울엄 隱翳가릴엄 揜同 琰 ⿱波手 [파] 披散 헤칠파 擎同 歌 掬 [국] 兩手撮物 두손으로 움킬국 屈掌움큼국 匊同 屋 掯 [긍] 滯留不祭마힐긍

九

掾。[연] 官屬ㅣ吏 아전연 因也인할연 先

揃。[전] 剃也ㅣ刀 가위전 整齊가지런히 전 分割가를전 剪也자를전 剪同 銑 掽 [팽] 撞也ㅣ搕 부딪칠팽 敬 揂。[추] 聚也모을추 宥 揀 [간][련] 選擇가릴간、뺄간 分別之가를간 柬通、련

義同 潸 霰 捪。[문] 拭也씻을문 抆同 吻 揄。[유] 引也이끌유 譽言칭찬할유 擧手笑弄邪ㅣ손들고웃으며 희롱할유 抒臼절구질할유 廠、舀同 虞 ⿰扌段 [단] 打鞭 채찍질할단 翰 揥

[탁] 裂也찢을탁 分開벌어질탁 坼同 陌 ⿰扌隋 [타] 擣也만질타 落也떨어질타 箇 挭 [경] 大略 대개경 攪也개울경 捙同 梗 ⿱砉手 礊(手部十一畫)과同 揆。[규] 度也헤아릴규 法也법규 堯官

百ㅣ벼슬이름규 紙 揈 [횡] 打聲 치는 소리횡 庚 揋 [외] 挎也치우쳐끌외 灰 揉 [유] 挻也부빌유 順也순할유 和順 부드럽게할유 屈木、曲直之矯ㅣ나무구부릴유 直也바로잡을유 感 琰 揍

[추] 捬也 끚을추 宥 揌 [새] 動也움직일새 擇也가릴새 灰 提。[제][시][리] 擧也ㅣ封 들제 挈也끌을제 鼓名북이름제 梵語菩ㅣ범어제 箸也젓가락제 ㅣㅣ行步安諦가만가만걸을제 星名攝ㅣ별이름제 酒壺偏

ㅣ술병제、擲也던질제、群飛貌떼지어날시 名朱ㅣ고을이름시 題同、菩ㅣ樹 보리수리(梵語) 齊 霽 支 揨 [등] 撞也멜등 徑 揎 [선] 捲袂出臂소매걷을선 先 描。[묘] 摹畫그릴묘 蕭

⿱𣪊手 [구] 取牛羊젖짤구 虞 ⿱封手 [방] 捭也마을방 衛也호위할방 陽 ⿰扌聿 [률] 去滓取汁즙낼률、짤률 質 揑 [날] 捻聚 주어모을날 姓也성날 屑 揖 [읍][즙] 拱手上下읍할

읍 進也나아갈읍 遜也겸손할읍 拱也깍지낄읍 挹通、揖也모을즙 緝 插。[삽] 刺入꽂을삽 擔也길삽 俗音잡 洽 揕 [침] 擊也칠침 刺也찌를침 伐木聲나무베는소리침 沁 揘

[황] 擊也칠황 擊刺찌를황 庚 揗。[순] 摩也만질순 手相安慰拊ㅣ쓰다듬을순 眞 軫 捜 [수] 索也찾을수、수색할수 矢行勁疾살빨리갈수 聚也모을수 搜同 尤 揚 [양] 飛擧날 날일양 發

也필양 顯也나타날양 擧也들양 稱說칭찬할양 去糠粃糠ㅣ까부를양 戚ㅣ도끼양 自得貌자득할양 陽 揜。[암][엄] 手掩손으로가릴암 覆也가득히덮을암 掩見索引찾아낼엄 因迫곤박할엄 感 琰 換。

[환] 交易교역할환 畔ㅣ強恣貌방자할환 翰 揞 [암] 手覆손으로덮을암 藏也감출암 滅也멸할암 握。[악] 搤持掌ㅣ쥘악、잡을악 少貌조그마할악 覺 揝 [잠] 手動손은들

잠、잡을잠 中字 感 揟 [서] 捕魚고기잡을서 地名ㅣ次고을이름서 魚 揢 [객] 著也 手把움켜잡을객 陌 揠。[알] 拔草心풀고갱이뽑을알 拔取잡아뽑을알 黠 掔。[완] 臂也팔

완 翰 揣。[췌][타] 量也헤아릴췌 試也시험할취、忖度요량할타 捶通 紙 哿 ⿰扌交 [교] 接也접할교 接交섞일교 戾也어그러질교 巧 ⿰扌炭 [탄] 轉也구를탄 寒 ⿰扌眏 [열] 揳目눈비빌열 屑

揤。[즉][질] 捽也꺼두를즉、拭也씻을질 職 質 揫。[추] 束也묶을추 歛也거둘추 尤 揪 揫(前條)와同 ⿰扌係 [부] 衣上擊之옷위로칠부 有 揩 [개] 摩拭문질러훔칠개 佳

揘 [질] 擣也 찧을질 (質) 揧 [랄] 研磨 갈랄、부슬랄 揔 [종] 手擊 손으로칠종 數也 셀종 (東) 揥 [체] 摘、髮족집게체 捐也 버릴체 (霽) 㨒 [개] 刺也 찌를개 刲同 (霽)

揊 [격] 改也 고칠격 (陌) 揬 [돌] 觸也 搪ㅣ당돌할돌 衝突 부딪칠돌 觸也 찌를돌 (月) 揮。[휘] 振也 휘두를휘 奮也 뽐낼휘 動也 움직일휘 散也 發ㅣ흩을휘 指ㅣ지휘할휘、두를휘 (微)

揭。[게][갈][걸] 高擧 높이들게 褰衣涉水 옷걷고물건늘게、갈義同、擧也 들걸 起也 일어날걸 竪也 세울걸 長貌ㅣㅣ긴모양걸 蹶貌 넘어질걸 (霽)(月) 揅 [연] 舒布 펼연 (銑) 揯。[긍] 引急 바싹당길긍 搄同 (蒸)

揳 [설] 作事不正 撧ㅣ일바르게못할설 撚也 잡을설 擊也 칠설 塞也 막을설 (屑) 揆 [요] 拉也 꺾을요 拗也 비틀요 (巧) 援。[원] 引也 이끌원 救助 구원할원 接也 접할원 拔也 뺄원 鉤梯 사다리원 牽持之 끌어가질원 (霰)(元)

揱 [삭] 人臂長纖 팔길고가늘삭 槊通 (覺) 揲。[설][접][엽] 閱持 맥짚을설 ㅣ著 손사이에시초길설 揳同、摺也 접을접、엽義同 揓。[치] 劫財 노략질할치 刺也 찌를치 (寘)

揵 [건] 擧也 들건 閉也 닫을건 肩擧 멜건 楗通 (阮)(先) 揶 [야] 戲也 희롱할야 揶同 (麻) 揺 搖(手部十畫)의 略字

十

搇 [금] 押也 누를금 (沁) 㨙 [혜] 挾也 낄혜 扶也 붙들혜 (佳) 搉。[각] 大擧 動揚ㅣ대강들출각 敲擊 짓누를각 榷見 (覺) 搊 [추] 五指搊擓 다섯손가락으로잡을추 手彈 손으로퉁길추 掫同 (尤) 搸 [소] 暗取物 훔칠소 (遇) 搆 [구] 聚也 얽어맬구 牽也 당길구 (有)

㨛 [섬] 疾貌 번쩍할섬 掞同 (豔) 搌 [전] 展極也 ㅣ搌 펼전 束縛 묶을전 捲也 걷을전 拭也 씻을전 (銑) 㨜。[건] 相援 서로구원할건 以身肩物 멜건 (元) 搋。[최][치] 以拳觸人 쥐어지을최、折也 꺾을치 拽也 끄을치 (麻)(霽)

㩍 [삭] 手足摹ㅣ 집을삭 取也 취할삭 求也 구할삭 索通 (藥) 搳。[할][갈] 刮也 깎을할 搔也 긁을할、갈義同 (黠) 損。[손] 減也 덜손、失也 잃을손 傷也 상할손 卦名 괘이름손 愼也 삼가할손 害也 해볼손、해로울손 疲勞 피곤할손 (阮)

搦 [척] 搔也 긁을척 伐也 벨척 (錫) 搕。[갑] 擊也 칠갑 取也 취할갑 (合) 搏。[박] 手擊 손으로칠박 取也 索持 가질박 捕也 잡을박 拍也 두드릴박 (藥)

搒。[방][병] 笞杖 볼기칠방 掩也 가릴방 進船 배저을방、병義同、相牽 맞당길병、맞끌병 傍通 (陽)(敬) 搓。[차] 推擊 밀고칠차 ㅣ挪 휘두를차 相磨 손비빌차 (歌)

搐 [축] 牽制 당길축 俗音 축 (屋) 搰 [홀] 手推 밀홀 (月) 搘 [지] 柱礎 나무주추지、기둥받침지 柱砥 고일지 捂也 어긋날지 榰同 (支) 搖。[요] 動也 흔들요、움직일요 暴風 扶ㅣ회오리바람불요 星名 별이름요 首飾 步ㅣ머리치장할요 摿同 (蕭)

搔。[소] 手爬 긁을소 攪也 휘저을소 騷也 분주할소 騷通 (豪) 搙 [녹][낙] 捻也 비틀녹、按也 손가락으로눌를낙 (覺) 搡 [상] 擊也 搡ㅣ칠상 (養) 搗 [도] 舂也 찧을도 手椎 다듬을도 椎也 방망이질할도 擣同 (皓)

搜 [수] 索也 찾을수、더듬을수 矢行勁疾 화살빨리가는소리수 亂也 어지러울수 捜同 (尤) 搛 [렴] 手擊長鼓 장구칠렴 (鹽) 搚 [랍] 挫也 꺾을랍 折聲 꺾어지는소리랍 拉同 (合)

搥 [비][별] 反手擊 손뒤집어칠비 批通、手疾彈弦 손재게탈별 (齊)(屑) 搢。[진] 插也 꽂을진 振也 ㅣ紳 떨칠진 搝 [구] 手擧 들구 (有) 搠。[삭] 觸

也찌를 삭(藥) 攇 [헌]擧手而擬之손들어 겨눌헌 打也칠헌(阮) 搞 [고][교]相違서로다를고、橫敲옆으로칠교(號)(肴) 搨 [탑]ㅣ碑摹也비문박을 탑 寫也박일탑 搭同(合) 搣。[멸]手擊칠

멸 批也손길펴대릴멸 摩也만질멸 捽也꺼두를 멸 拔眉髮揃ㅣ눈섭뽑을멸 手拔손으로뽑을멸(屑) 搤。[액]持也가질액 捉也잡을액 握也쥐일액(陌) 搧 [선]以扇打之부채로칠선(先)(霰) 搒。

[낙][닉]持也가질낙 按也누를낙 本音닉、捉也잡을닉(覺)(陌) 搥 [추][퇴]擊鼓북칠추(三ㅣ鼓爲嚴)捶通、擲也던질퇴 擿也망치로칠퇴 槌同(支)(灰) 搬 [반]運也ㅣ移ㅣ演운전할반(寒) 搮。[률]以手理

物쓰다듬을률(質) 掆 [강]擧也들강(江) 搪 [당]不遜ㅣ揬당돌할당 塞也막을당 張也베풀당 唐同、傏通(陽) 搫。[반][파]除也덜반ㅣ擭不正덜놓아잡을반 射者除地爲場활터닦을파 披散

혜 扶也붙을혜(佳) 搩。[걸]手度物뼘잴걸 揭同(屑) 搭 [답][탑]挂也걸답 擊也칠답 載也실을 답 附也붙을답、摹搨ㅣ박을탑(合) 搯。[도]叩也두드릴도 習擊歛道검도배울도 掐也당길도(豪)

搰。[골]掘也팔골 用力ㅣㅣ힘쓸골 濁也흐릴골(月) 擓 [회]拭也씻을 회 本音괴(佳) 搲 [와]爬也긁을와 搴也당길와 搻 [납]打也칠납(合) 搶。[창]集也모을 창 拒也막을

창 飛掠날아스칠창 ㅣ攘亂貌어수선할창 爭取ㅣ奪빼앗을창 突也충돌할창 刺也찌를창、쑤실창(陽)(養) 搴 [건]取也가질건 縮也줄어들건 拔也뺄건 拔取빼앗을건 拔也뺄건 攓同(先)(銑) 搷 [전]擊

也칠전 引也이끌전 揚也날릴전(先) 搵 [온]指按손가락으로누를온 按物水中ㅣ抐물에담글온(願) 搸 [진]聚也모을진 琴瑟聲거문고소리진(眞) 搾 [착]壓物짤착 押ㅣ空氣압박할착 新字

搹。[격]手把줌격(陌) 搽 [차]塗飾바를차 涂通(麻) 搿。[격]持也가질격 姓也성격(覺)

十一

摋 [살]側手擊손길로칠살 掃滅쓸갈살 抹殺살칠살 殺通(曷) 摍 搐(次條)와同

摍 [숙]抽也뺄숙 𢴱 [위]手舒物손으로펼위(未) 摌。[산]精撰捋ㅣ가릴산、고를산 手擇物손으로가릴산(潸) 摏 [용]撞也두드릴용 摎。[규][류]束也묶을규 縛殺얽어죽일

규 捋也더듬을규 繞也둘릴규、搖也흔들류(尤)(巧) 摷。[조]攪拌휘두를조(號) 摐 [창]撞鐘鼓ㅣㅣ종과북칠창 搖也흔들거릴창(江) 揅。[연]摩也연마할연 破也깨칠연(先) 摢 [호]不

順理 捋ㅣ거스릴 호 敷施펼호(麌) 摓。[봉]奉也받들봉 以鍼紩衣꿰맬봉、홀봉 縫見(冬) 摒 [병]料理ㅣ擋요량할병 除也제할병 屛通(敬) 㨮 [두]擺開잡아 헤칠두(虞) 摑。[괵]打也칠괵 批

손으로칠 괵 敍同(陌) 㨰 [곤]轉也구를곤(願) 摔 [솔]棄放地땅에버릴솔 本音술(質) 摗 [수]取也 摟ㅣ취할수 摖 [체]揭取걸고잡아다릴체(霽) 摘。[적]挑發들처낼

적 動也움직일적 擿同、手取딸적(錫)(陌) 摕。[철][제]掠去채갈철 捎取추릴철 本音절、撮取움킬제(屑)(霽) 摿 [요]動也흔들요 搖同(蕭) 摙 [련]負荷멜련 運搬운반할련(銑) 摛。[리]布也펼

리 張也베풀리 發也필리 攡同(支) 擄 [로]強也굳셀로 動也움직일로(麌) 摝 [록][로]振也떨칠록 動也움직일록、撈也건질로(屋)(麌) 摣 [사]握取검어쥘사 摶撮후려칠사(麻) 摜 [관]帶

也미필관 習也습관관 諫
摞 라 理也다스릴라 箇
摠 총 統也거느릴총 合也모을총 皆也다총、모두총 衆也무리총 將領장수총 總同 董
掎 귀 기 戴也일키 取物以著집을키、藏食物찬

상기 支 紙
摟。루 牽也끌루 抱也持안을루 尤
摡。희 개 取也취할희 拭也씻을희 滌也씻을개 漑通 未 隊
摢 호 覆也덮을호 遇
[扌+乾] 建(又部六畫)과同

[扌+窒]。질 搔也긁을질 本音절
摤 창 磨滌닦을창 搶同 養
[扌+堇]。근 拭也씻을근 問
摧。최 折也꺾을최 挫也꺾어질최 至也이를최 抑也어제할최 止也막아낼최 秣也여물최 灰
摩。마 研也연마할마 揩也문지를마 迫也가까와질마 反也미칠마 滅也멸할마 揣ㅣ헤아릴마 歌

[非+手] 배 手起物令虛빌배 揚也떨칠배 賄
[扌+彗] 설 掃滅쓸어없이할설 屑
摦。화 橫大가로퍼질화 寬也너그러울화 禍
[扌+密] 말 私擊가만히때릴말
摮 오 교 擊也칠오 橫擿가로칠교 豪 肴
摫 규 裁制鋠ㅣ옷마름질할규 支
[扌+旋] 선 手挑物손으로끌선 霰
摭 척 取也취할척 拾也주울척 拓通 陌

[扌+㒼]。면 飾也꾸밀면 銑
[扌+族] 촉 促也재촉할촉 斂也길제 鶃見 霽
摯 지 握持쥘지 至也지극할지 執物相見禮폐백지 進也나아갈지 極也지극할지 猛也사나울지 眞

摵。색 捎也추릴색 隕落貌뚝뚝떨어질색 落葉聲우수수잎이떨어지는소리색 陌
摱 만 曳也끌만 元
[斬+手]。참 防水물막을참 擊也칠참 擧也들참 截取꺾어질참 感 覃
摲 삼 참 芟也풀베일삼、投也던질참 投版 偃水물막을참 芟也벨참 鹽 陷
摴。저 局戲ㅣ蒲저포저、상륙저 舒也펼저 魚
摹。모 規也규모모 ㅣ寫모뜰모、본뜰모、체받을모、[illegible]을모 摸通 虞
摳。구 褰衣치마걷어들구 提也ㅣ衣끄을구 探也더듬을구 虞 尤
摸 모 막 規倣모뜰모 規也규모모 摹同、手捉ㅣ摖잡을막 虞 藥
摶。단 擊也칠단 圜也둥글단 土工ㅣ埴흙장인단 揣度헤아릴단 握也잡을단 寒

[扌+羕] 양 式也본보기양 樣同 漾
摺。랍 섭 折也꺾을랍 拉同、疊也접을섭、개킬섭 敗也패할섭 合 葉
摼。경 扣頭머리두드릴경 強擊몹시칠경 庚
[扌+䙴] 천 揃也끗을천 先
摽。표 擊也칠표 麾ㅣㅣ예쁜손모양섬、삼義同 執也잡을삼 取也취할삼 鼓曲북장단참 參通 鹽 咸 豏 勘
[扌+劃] 벽 劚癰ㅣ痤종기쨀벽 陌
揞 음 倒也넘어질음 侵
摻。섬 삼 참 好手貌
也지휘할표 刀末칼끝표 ㅣ擊질러밀칠표 拊心貌가슴칠표 落也떨어질표 莩通 蕭 篠
[扌+梟] 건 摴蒲采名ㅣ子저포짝이름건 元

(十二)

[扌+犀] 내 摩也문댈내 佳
撊 한 勁忿貌ㅣ然분한모양한 潸

撅。궤 궐 揭衣옷걷을게、擊也칠걸 提也팔걸 摴蒲菜名저포걸 摋同 霽 月
撆。별 引也당길별 拂也떨칠별 書法右ㅣ오른쪽삐칠별 擊也칠별 撇同 屑
[扌+戠] 치 適當分持똑같이나뉘가질치 寘
撈 로 沈取鉤ㅣ건져낼로 農具曳介끙게로 豪
撌 귀 擓也당길귀 寘
攓。건 拔取빼가질건 銑
撎。의 揖也、擧手下手읍할의 揖通 寘
撋 연 推物꺾을연 接抄煩ㅣ비빌연 拭也닦을연 捵同 先
[扌+賁] 분 拭也씻을분 文
撏 잠 섬 심 取也취할잠、섬義同 採也더듬을섬 摘也뜯을섬、심義同 覃 鹽 侵
撍 잠 聚

也盍ㅣ모을잠 疾也 빠를잠 簪通 侵 撐 [탱] 以柱ㅣ物 버릴탱 治也 다스릴탱 撑通 庚 撑 撐(前條)와同 擓 [획] 裂也 찢을획 分也 나눌획 陌 撒。[살] 散

放 헤쳐버릴살ㅣ水 뿌릴살 散也 흩어질살 黠 揌。[새] 散失 흩어서 잃어버릴새 佳 擂。[류] 以手平物 손으로 고르게할류、만질류 引也 당길류 宥 ⿰扌宭 [군] 束也 묶을군 軫 擴。[광] 充也 찰

광 滿也 가득할광 擴通 漾 撕 [시] 提也 끌시 覺也 일깨울시 齊 ⿰扌筆 [필] 刺也 찌를필 質 撖 [감] 挂也 걸감 危也 위태로울감 豏 撛 [린] 扶助 구원할린 軫 撜 [증] 拯也 건질증

撙 [준] 挫也 꺾어질준 裁抑 존절할준、맞갖게할준 聚貌 ㅣㅣ、挫趨 모일준、엉클어질준 僔同、繜通 阮 撚。[년] 執也 잡을년 以手撚物 손으로 물건 뽑을년 蹂也 밟을년 拭也 닦을년 銑 撝。

[휘][위] 裂也 찢을휘 揮也ㅣ謙 지휘할휘、佐也 도울위 支 撟。[교] 擧手 손들교 擅也 천단할교 强貌 꿋꿋할교 正曲 바로잡을교 揉也 굽으릴교ㅣ捎 빼앗을교 篠 嘯 撢。[탐] 遠取 더듬을탐 探也 찾을탐

探同 覃 撠 [극] 持也 가질극 擊也 칠극 揭持 칠극 陌 ⿰扌斑 [반] 絆也 맬반、얽을반 引擊 끌어당겨칠반 諫 撞。[당] 擊也 칠당、두드릴당 擣也 찧을당、다질당 衝也 부딪칠

당 突也 냅뜰당 古音장 江 絳 撡 摻(手部十一畫)의俗字 操(手部十三畫)의俗字 撣。[탄][선] 觸也 다닥칠탄、부딪칠탄 牽引ㅣ援 당길선 寒 先 撦 [차] 裂開 찢어버릴차 啓也ㅣ坼

열차 扯同 馬 撤 [철] 除去 걷을철 發也 필철 抽也 뽑을철 剝也 깎을철 徹通 屑 撥 [발] 治也 다스릴발 除也 제할발 轉復 굴릴발 葬具 紼也 상여줄발 鼓絃物 줄풍류발 馬名 叱ㅣ말이름발 曷 撨。

[초] 擇取 골라가질초 推也 밀칠초 拭也 닦을초 蕭 ⿰扌絜。[결] 汲水具 드레박결 楔同 括通 屑 撩 [료] 取物 훔칠료 挑弄 으를료 理也 다스릴료 扶也 붙을료 取也 취할료 蕭 篠 撏 [선] 鉤 抉出

臂 소매걷을선 揎同 先 ⿰扌肅 [숙] 擊也 칠숙 屋 ⿰扌費 [비] 擊 사매려 넘어뜨릴비 撫。[무] 按也 어루만질무 安存 편안히할무 慰勉 위로할무 循也 쫓을무 拍也 두드릴무 俗音부 拊通 麌 ⿱湯手 [탕] 以

手推止 손으로 막을당 陽 ⿰扌策 [책] 扶也 붙을책 陌 播。[파] 種也 심을파 棄也 버릴파 布也 펼파 揚也 날릴파 散也 흩을파 逋也 달아날파 遷也 옮길파 箇 撱 [타] 狹長 갈쭉할타 哿

撮。[촬] 兩指取 자밤촬 暎也 비칠촬 撮也 당길촬 聚也 모울촬 撮同 曷 撰 [찬][선][전] 具也 갖출찬ㅣ求 屬辭記事 글지을찬 則也 법찬 纂同、선 義同 述也 지을전 持也 가질전 集也 모을전 譔同 潸 銑 霰

撲。[복][박] 拂著 부딪칠복 踣也 엎드러질복、挨也 부딪칠박 滅也 없앨박 擊也 칠박 屋 覺 ⿰扌夒 [수] ㅣㅣ 蕭條 우수할수 尤 ⿰手堯 拜(手部五畫)의古字 ⑬ 撻。

[달] 笞擊 종아리칠달、매맞을달 撼 [감] 搖也 흔들감 動也 움직일감 破也 깨뜨릴감 感 撽。[교][격] 擊也 칠교、격 義同 效 錫 擀。[간] 以手伸物 손으로 펼간 旱 擃 [낭] 刺也 찌

를낭 講 撾 [과] 擊也 칠과、때릴과 麻 撿 [검] 巡察 살필검 拱也 잡을검 束也、拘也 단속할검 校也 상고할검 檢也 조사할검 琰 擅 [천] 任意 천단할천、제마음대로할천 自專 오로지천 霰

擁。옹 抱也안을옹、품을옹 衛也호위할옹 撫也 가릴옹 持也가질옹 貢也이바지할옹 攡同 腫

擂。뢰 研物연마할뢰 擂通、推石高而下돌굴러내릴뢰 ㅣ鼓칠뢰、두드릴뢰 灰 隊

擷 번 搒抄ㅣ擱 비빌번、문댈번 元

擇。택 選也가릴택 拔取뽑을택、추릴택 差別차별할택 羼同 陌

擄 로 掠也、服也노략질할로 獲也사로잡을로 服也항복할로 虜同 麌

擆 착 置也둘착 擊也두드릴착 藥

擊。격 打也칠격 撲也두드릴격 觸也目ㅣ마주칠격 殺也죽일격 射ㅣ쏠격 斬也벨격

擋 당 料理擋ㅣ처리할당 周旋주선할당 仵也물리칠당 漾

擛 설 엽 접 閱持맥짚을설 揲同、엽義同、摺也접을접 屑 葉

擉 착 刺魚具작살착 簎同 覺

擎 경 擧也들경 持高반들어올릴경 庚 翰

撽 擎(前條)와同

擌 색 捕鳥具鶆ㅣ새잡는덫색 陌

操。조 把持잡을조 握也움켜쥘조 搡同、所守志行節ㅣ지조조 ㅣ從조종할조 風調풍치조 琴曲거문고곡조조 號

擐。관 환 貫也꿸관、환義同 刪 諫

扌喜 희 擊也칠희 支

擑 삽 和雜攙ㅣ섞을삽 糞色擑ㅣ똥빛삽 合

擒 금 生捉사로잡을금 急持움킬금 捦同 侵

扌匯 회 摩也긁을회 佳

擓 괴 收也걷울괴 泰

擔 담 肩荷질담 任也담임할담 所負짐담 覃 勘

擖。갈 엽 刮也긁을갈 撻也종아리칠갈、箕舌키바닥엽 黠 葉

擗 벽 擘開열벽、빠갤벽 拊心ㅣ踊가슴칠벽

擘。벽 分ㅣ擣也나눌벽 大指巨ㅣ엄지손가락벽 陌

據。거 拒守웅거할거 依也의지할거、기댈거 杖也짚을거 按也누를거 依托의탁할거 据通 御

(十四)

擟 미 推也밀미 山名ㅣ拘산이름미 支

擠。제 排也물리칠제 推也밀제 墜也떨어질제 齊 霽

擤 형 手捻鼻膿코풀형 梗

擡 대 擧也들대 ㅣ揌動움직거릴대 灰

扌橐 拓(手部五畫)의俗字

扌隱 은 平量똑같이두량할은 劑也베갤은 問

擥 람 撮取잡을람 攬、擥同 感

擢。탁 選也뽑을탁 拔也뺄탁 抽出빼낼탁 聳也솟을탁 先也앞설탁 勝也이길탁 高也높을탁、고충탁 覺

擣。도 手椎방망이도 舂也찧을도 築也다질도

扌蒙 몽 收也걷울몽 東

擦 찰 摩急문지를찰 黠

擈 복 種物皆坐ㅣ生심은대로다날복 屋

擧。거 扛也들거 擎也받들거 稱也일컬을거 動也움직일거 皆也모두거 行也행할거 言也말할거 合也합할거

擩 유 染也물들일유 拄也버릴유 遇

擪。엽 압 一指按손가락으로누를엽 手執堅狀꽉잡을엽、단단히잡을엽、암義同 擫通 葉 合

擬。의 像也比ㅣ비길의 度也準ㅣ헤아릴의 推測추측할의 適用적용할의 議也의논할의 摸像ㅣ此흡사할의

扌疐 치 礙不行거리낄치 頓也엎드러질치 霽

擨 捇(手部七畫)와同

擭。확 화 획 捕獸덫확、檻也함정화 手取잡을획 藥 禡 陌

扌竦 竦(立部七畫)과同

擯。빈 斥也물리칠빈 棄也버릴빈 使接賓者손님맞는사신빈 震

扌㡭 단 轉雙자위질할단 轉也구를단 旱

擱 각 棄也버릴각 閣俗字

擰 녕 眩也어지러울녕 捻也비틀녕 中字 庚

(十五)

擷 힐 捋取딸힐 擿取잡아뽑을힐 古音혈 屑

擳 즐 세 稲音베베는소리즐 拭也씻을즐 質

扌劉。류 斬也벨류 刺也찌를류 束也묶을류 拔也뽑을류 尤

擲。척 投也던질척 放棄버

릴척 擿同 (陌) 擮。[멸] 作事不正ㅣ揳 길바로못할멸 打也 칠멸 (屑) 擙。[오] 盡殺人 무찌를오 鏖同 (豪) 擺。[파] 開也 열파 撥也 헤칠파 排而振之 제거할파 兩手擊 두손칠파 擴。[확][광] 張小

使大 넓힐확、充也 채울광 擴同、本音곽 (藥)(漾) 攞 [라] 挼也 擺ㅣ 흔들라 (哿) 㩓 [휘] 移也 옮길휘 振也 떨칠휘 (微) 𢿝 [부] 張也 펼부 揚也 올릴부 (虞) 擸 [랍][렵] 折也 꺾을랍、

持也 가질렵 理持 가다듬을렵 (合)(葉) 攜 攜(手部十八畫)의 俗字 攁 [양] 發動 발동할양 (養) 擽 [략] 擊也 칠략、때릴략 拂也 털을략 (藥) 擿。[척][적] 投也 던질척 搔也 긁을척 擲同、挑

也 돋굴적 摘見、手取 딸적 摘同 (陌)(錫) 擾。[요] 亂也 어지러울요 煩也 번거로울요 馴也 길들일요 順也 순할요 溫也 온화할요 (篠)(蕭) 攀 [반] 引也 당길반 自下援上 받을반 扳通 (刪) 攂。[뢰] 急擊

북칠뢰 轉石聲 돌굴리는소리뢰 礌同 (隊) 擈。[박] 小擊 잠간칠박 榎楚 회초리박 (覺) 㩗。[제] 裂也 찢을제 挂也 걸제 (霽) 攄 [터] 舒也 펼터 散也 흩을터 擬也 비길터 捈同、 攃

[살][찰] 散也 헤칠살、摩也 만질찰 摋同 (曷) 擿 摘(手部十一畫)과同 攆 [련] 執也 잡을련 (十六) 攉 [확] 手反覆 손뒤집을확 盤手弄 손뼈칠확 奮迅 확두를확 榷通 (藥) 攇 [헌] 手

約物 칠헌 擬也 비길헌 (阮) 攈。[군] 拾也 주울군 取也 취할군 (問) 㩥 [뇨] 摘也 딸뇨 (篠) 㩹 [유] 棄也 버릴유 (紙) 攍 [영] 擔也 멜영 (庚) 𢹦。[효] 擾也 흔들효 亂也 어지러울효

攪見 (效) 擐 [환] 木柵 목책환 拘繫也 가둘환 綰通 (潸) 㩪 [섭] 摘物 딸섭、뜯을섭 (鹽) 擊 擊(前條)와同 攋 [랄][뢰] 手披撥ㅣ 뒤적거려헤칠랄、棄也 버릴뢰 破裂 찢을뢰 (曷)(泰)

㩘。[소] 摸也 더듬어찾을소 (虞) 攊 [력] 擊也 칠력 櫟同 (錫) 𢹲 [례] 裂也 찢을례 (霽) 攎。[로] 収斂 捗ㅣ 걷을로 持也 가질로 張也 베풀로 引也 당길로 (遇) 擱。[염] 續絕 이을염 (琰)

𢸟 [롱] 擊也 칠롱、두드릴롱 (東) 攏 [롱] 持也 가질롱 掠也 빼앗을롱 理也 다스릴롱 酒令籌也 셈댈롱 攐。[건] 摳衣 옷걷어잡을건 褰同 (先) 撫 撫(手部十二畫)과同 (十七) 攓

[건] 掇也 걷을건 (先) 攔。[란] 遮也 막을란 (寒) 攠 [미] 水中芰 세모진마름비 (支) 擨 [희] 擊也 칠희 (支) 攕。[섬][삼] 好手貌ㅣㅣ 예쁜손섬 摻同、삼義同 (鹽)(咸) 攖 [영] 觸

也 찌를영 拈也 집을영 縈也 얽힐영 亂也 어지러울영 迫近 가까이갈영 嬰通 (庚) 擰。[쟁] 開張畫繪 족자걸쟁 幀通 (敬) 舉 [여] 擧也 들어올릴여 (魚) 𢹪 [파] 聚斂 거두어들일파 除也 떨어질파 (歌)

攙。[참] 刺也 찌를참 扶也 붙을참 彗星ㅣ搶 혜성참 攙見 (咸) 擎 [경] 除也 제할경、덜경 (梗) 攘。[양][녕] 竊也 빼앗을양 遜也 겸손할양 除也 제할양 推也 밀칠양 揖也 더듬을양 郤也 물리칠양 擾也

요란할양 遜也、繁穴浩ㅣ 겸손할양 讓通、亂貌搶ㅣ 어지러운모양녕 (陽)(養)(庚) 擹 [분] 掃除 쓸어버릴분 (問) 播 [람] 米再舂 쌀두번찧을람 (勘) 攝 [섬] 手鉆 拈ㅣ 손으로달아볼섬

(十八) 𢺍 [작] 擇也 가릴작 捎也 추릴작 (藥) 攫。[곽] 手把 쥘곽、움킬곽 攂。[류] 喪家樂魁ㅣ 초상집풍류류 (紙) 擈 [복] 小擊 작으마치칠복 榎楚 회초리복 扑同 (屋)

攛 찬 擲也던질찬 誘人爲非ㅣ掇후릴찬 翰 攜。유 提也끌휴 離也떠날휴 持也가질휴 分離나눌휴 連也、縣持ㅣ僕연할휴、 携同 齊 攝。섭 녑 總持잡을섭 兼也겸할섭 整飾단정히할섭 收斂거둘섭 錄也기록할섭 假借빌섭 龜名거북의이름섭 代也대신할섭 引也당길섭 持당겨가질섭 降服항복할섭 結也이을섭 養也기를섭 持也가질녑 葉 攕 송 挺也뽑낼송 執也잡을송 推也밀칠송 腫

十九 攞。라 裂也찢을라 箇 攟 군 拾也주울군 取也취할군 收拾ㅣ摭수습할군 捃、攗同 吻 攌。관 手相關付손맞잡을관 删 攠 미 鏖受擊處쇠북방망이받이미 支 攡 리 치 張也베풀리 舒也펼치 摛、離通 支 攢 찬 簇聚모일찬 寒 翰 攦 첩 飯也밥주걱첩 葉 攔 란 擇也가릴란 寒 攤 탐 擊也칠탐 曷 攣。련 係也拘牽얽매일련 連擊이어맬련 慕也사모할련 手足曲손발굽으러질련 先 霰 攤。난 탄 按也누를난、탄 義同、開也열탄 布也펼탄 翰 寒

二十 攦 려 렬 折也꺾을려、拗也비틀렬 捩同 霽 屑 攥 촬 手把손으로잡을촬 或音찰 曷 攪。교 手動손놀릴교 亂也어지러울교 撓也흔들릴교 捁同、撹通 巧 攫。확 搏也후리칠확 以爪攫取움킬확 古音곽 藥 攮 알 擊也칠알 曷 攩 당 攩打두드릴당 遮遏抵ㅣ막을당 明擧무리당 黨同 漾 攝 녑 捏也손으로찍어바를녑 兩指相搓손비빌녑 捻同 葉

二十一 攬。람 手取잡아다릴람 總ㅣ모을람 攭 파 把也잡을파 禡 攦 찬 揗也꽂을찬 諫 攭 라 無羽毛貌털이없을라 裸體벗을라 箇 攫。촉 執也잡을촉 沃

二十二 攭 첩 掛也걸칩 收也거둘첩 攮 낭 推也밀낭 養

二十四 攮。령 手捻찍어날령 青

二十九 攭 울 拗戾비틀어돌릴울 物

支部

支。지 拄也지탱할지 度也헤아릴지 分也ㅣ離나눌지 身體四ㅣ사지지 辰名干ㅣ子丑寅卯辰巳午未 지 貢也이바지지 國名析ㅣ月ㅣ나라이름지 枝也조목의가지지 庶也뭇지 券也문서지 肢、职、枝通 支

二 歧。기 傾也기울기 寘

三 敎 支(前前條)와同

五 攱 괴 掎也버틸괴 枕也벨괴 紙 攲 제 隱也숨을저

六 攳 辜(辛部六畫)의古字 敍。지 多也많을지 支 攲 기 傾低不正쏠릴기 傾也기울기 敧同 支 敊。시 以調五味양염할시 配鹽幽菽메주시 配鹽於豆而幽 寘

七 攳 敎(攴部七畫)과同 敂。기 橫枝결가지기 木別生움틀기 支

八 攲。기 不正也비뚤어질기 周廟ㅣ器주나라제기기 敧同 支 敂 추 기 不齊가지런하지않을추、垂也드리울기 散 散(攴部八畫)의譌字

十 敎 지 弓勁활강할지 支

十二 敎 심 長也길심 侵 敎。리 正也바를리 寘

十六 敎 기 敧嘔不正기울어질기 支

攴部

攴。복 小擊칠복、똑똑두드릴복 屋 攵 攴(前條)와同

二 收。수 斂也거둘수 聚也모을수 捕也잡을수 振也떨칠수 整也정돈할수 冠名黃ㅣ관이름 수 息也

칠수秋名蓐神ㅣ가을맡은신이름수穫多추수많을수(尤)(有) 敄。[고]稽察상고할고成也이룰고(皓) ❸ 改。[개]更也고칠개易也바꿀개再也거듭할개新也새롭게할개造也지을개(賄) 攺 [굴]不穩攺ㅣ편
치않을굴 不滑利ㅣ攺 껄끄러울굴(月) 攸。[유]所也곳유自得ㅣ然자득할유迅走ㅣ然휘달아날유遠貌ㅣㅣ멀유危貌위태한모양유語助辭어조사유 攻。[공]代也칠공治也다스릴공摘人過
失남의허물을말할공 研也갈공作也지을공習也익힐공堅也굳을공(冬) ⿰世攴 [시]施也베풀사(支) ⿰亡攴。[부][무]撫也어루만질부、무義同(虞) 攼 [간][한]求也구할간得也얻을간
⿸厂攴 [절]治也다스릴절(屑) ❹ 攽。[반]分也나눌반賜也줄반頒同(删) ⿰今攴 [금][감]持也가질금、敢不齊충날감(侵)(覃) ⿱今支 [변]速也속할변(先) ⿰屯攴 [돈]引也당길돈、끌
돈摩也문댈돈(願) ⿰勻攴 [균]墾田밭일울균(眞) ⿰巴攴 [파]斂也거둘파(麻) ⿰此攴 [비]器破未離그릇금갈비(支) ⿰冘攴。[담]擊也칠담、때릴담刺也찌를담、짜를담(感) 放 [방]捨也놓
을방逐也쫓을방、내칠방肆也방자할방逸也놓아먹을방效也모방할방散也흩어질방置也걸어놓을방亦也고할방依也의지할방弘也넓힐방(漾) 政。[정]以法正民庶ㅣ정사정、정치정 正也바르게할정
⿰户攴。[계]開發열계、가르칠계開也열어볼계導也인도할계發足떠날계 启同(霽) ❺ 敀。[박][귀]逼也핍박할박打也때릴박、歸(止部十四畫)의略字 ⿰口攴 [가]擊也칠가(箇) ⿰弗攴 [불]理也다스릴
불破也깨뜨릴불(物) 敁。[점]以手稱物ㅣ敠손으로달아볼점攴分똑갈이나눌점(鹽) 敕 [제]射也쏠제(齊) 敃 [민]強也굳셀민彊也강잉할민勉也힘쓸민暋同(軫) 㪅。[경][갱]改也고칠경代也대신할경督夜行
鼓踐ㅣ경읽을경歷也지날경、再也다시갱俗作更(庚)(敬) ⿰包攴 [포]手擊손으로칠포(效) 敂 [구]擊也칠구叩也두드릴구(有)(宥) 故。[고]事也일고緣故연고고舊也예고、오랠고承也上起下語고로고、까닭고古事옛일고ㅣ意일부러고物ㅣ死也죽을
고喪事大ㅣ초상날고使爲之固爲之짐짓고事件사건고變事변사고先例옛습관고指義글뜻고(遇) 敄。[무]勉也힘쓸무(遇) ⿰且攴 [저]隱也숨을저(齊) ⿰亻攴 作(人部五畫)과同 ⿰危攴 [가]難行가는데곤란당할가(哿)
⿰臣攴。[광]圍之四圍채마밭언저리광(陽) ❻ 敆。[잡]會也모을잡(合) 敋 [괵]手打之類손으로칠괵摑同(陌) 敕。[척]擊馬말때릴척鞭也채찍질할척(陌) ⿸𠩺攴 刷(刀部六畫)과同
⿰先攴 [선]散也흩을선(霰) ⿰共攴 [홍]擊也칠홍、두드릴홍(董) 敉。[미]安也편안할미撫也어루만질미愛也사랑할미侎同(紙) ⿰朩攴 [축][수]痛貌ㅣ𢽉몹시앓을축、鳥名새이름수(屋)(宥) ⿰圭攴 [계]放也방
자할계侵也침노할계(霽) ⿰辰攴 [진]動也움직일진(震) 敏 敏(攴部七畫)의略字 敌 [활][기]盡也다할기、할활喘息헐덕거릴기(旨)(質) 效。[효]象也、學也본받을효功也공효驗也증험할효
⿰吉攴 [갈]擊也칠갈(黠) ❼ 敍。[서]授也줄서陳也베풀서次第차례서用也쓸서述也지을서序文서문서敘同(語) ⿰旱攴。[한]止也그칠한(翰) 敘 敍(前前條)와同 ⿰甫攴 [포]屋欲壞집무너지려할포(遇)
⿰甬攴 [통]扣也두드릴통引也끌통(董) ⿰孛攴 [발]行緩ㅣ窣걸음더딜발卒然별안간발(月) ⿱折攴 [설]拗也비틀설(屑) ⿰妥攴 [타]安也편안할타(哿) ⿰肖攴 [소]擊棄쳐버릴소(肴) 教。

교 訓迪가르칠교 王命 칙교교 宗ㅣ종교교 授也 줄교ㅣ令법령교 告也알릴교 學也학문교 道德도덕교 效也본받을교 訓戒훈계할교、교훈교 敎通 效 肴 **教** 敎(前條)와同 **敊** 섭 擧手貌손들섭 不正貌정하지않는모양섭 鹽

救。구 拯也구원할구、건질구 止也그칠구 護也호위할구 正也바를구 助也도울구 捄通 有 **[illegible]** 괴 休息쉴괴 卦 **敏**。민 聰也 達也민첩할민 亟也빠를민 聽也총명할민 恭也、五音商曰ㅣ공손할민 勉也힘쓸민 悶也민망할민 足大指엄지발가락민 軫

[illegible] 진 喜悅즐거워할진 擊也치는소리진 軫 **敓**。탈 強取빼앗을탈 奪同 曷 **敳** 지 𠬝也이길지 紙 **敕**。칙 誡也경계할칙 誡也정성스럴칙 制書칙서칙 謹也삼갈칙 理也다스릴칙 正也바를칙 褒嘉표창할칙 責讓辭꾸지람할칙 飭也신칙칙 勅同、飭通 職

敒。진 신 理治다스릴진、理也다스릴신 伸也펼신 引戾돌이킬신 震 眞 **敔**。어 禁也금할어 止樂器풍류그칠어 語 **敖** 오 戲也 游ㅣ희롱할오 長貌긴모양오 傲也거만할오 遨同 豪

敗。패 自破壞패할패 壞也무너질패 毀也무너뜨릴패 覆也엎드릴패 損也덜패 滅亡멸망할패 成ㅣ못될패 卦 **敆** 답 盡也다할답 合 **[illegible]** 정 盡也다할정、극진할정 迥

八

敜。녑 塞也막을녑 閉也닫을녑、或音엽 葉 **[illegible]**。비 擊聲ㅣ鼓때리는소리비 毀也헐비 齊 **[illegible]** 률 不滑갈갈할률 荒面거칠률 月 **[illegible]**。탁 독 擊也칠탁 投也던질탁、擊聲두드리는소리독 覺 屋

敞。창 開也열창 露也드러날창 高曠爽塏地높고시원할창 **[illegible]** 삼 鳥之啄物새쪼아먹을삼 咸 **[illegible]** 철 知輕重드레질할철 、무게짐작할철 曷 **敝**。폐 衣敗옷해질폐 壞也무너질폐 罷也파할폐 失敗실패할폐 棄也버릴폐 弓握處활줌통폐 弊、蔽通 霽

敟。전 常也항상전、떳떳할전 主掌주장할전 銑 **[illegible]**。예 毀也 軗ㅣ헐예、헐예 擊聲치는소리예 霽 **[illegible]** 엄 相着ㅣ敲붙을엄 及也미칠엽 葉

[illegible] 감 鳥啄物새쪼아먹을감 咸 **敡**。이 侮也업신여길이 **敢**。감 進取忍爲구태어감 勇ㅣ용감할감 果ㅣ과단성있을감 犯也범할감 冒昧辭감히감 感 **散**。산 分離헤어질산 布也흩을산 酒尊술준산 藥石屑약가루산 琴曲廣陵ㅣ거문고곡조산 放也놓을산 閒ㅣ한가할산 不檢束흩으러질산 散俗字、跚同 翰 旱 寒

[illegible] 공 擊也칠공 東 **㪔**。산 分離흩어질산 剝也벗길산 旱 **[illegible]** 죄 災也재앙죄 邪也사악할죄 佳 **[illegible]** 훌 擊也칠훌 月 **[illegible]** 주 防止막을주 尤 **[illegible]** 붕 擊也칠붕 庚 **[illegible]** 작 소 奪取빼앗을작、撲也두드릴소 藥 篠 **[illegible]**。록 剝聲깎는소리록、박박긁는소리록、똑똑두드리는소리록 屋

敤 과 擊也칠과 研也갈과 箇 **[illegible]** 괴 毀也헐괴 卦 **敨** 두 展也펼두 有 **敦** 퇴 대 돈 단 조 怒也성낼퇴 琢也쪼을퇴 聚也모을퇴 斷也끊을퇴 治也다스릴퇴 獨處貌독처하는모양퇴 軍後군사뒤퇴 追通、槃類玉ㅣ옥제양반대、厚也도타울돈 勉也근면할돈 大也클돈 怒也성낼돈 詆也꾸짖을돈 誰何누가어찌할고 豎也세울돈 歲名困ㅣ해이름돈 地名따이름돈、聚也모일단 琢ㅣ아로새길조 畫弓그림그린활조 彫雕、弴通 灰 隊 元 阮 願 寒

敬 敬(攴部九畫)의略字

九

敫。약 교 日影해그림자약 唱歌노래할교 藥 嘯 **[illegible]** 도 同伴한가지할도、벗할도 虞 **[illegible]** 취 타 量也헤아릴취 試也시험할취、撞物輕重달타 紙 箇 **[illegible]**。두 塞也막을두 閉也닫을두 杜同 虞

[illegible] 짐 침 擊也칠짐 擣石돌로찧을짐 搏也두드릴침 侵 寑 **[illegible]**。위 背反배반할위 微 **[illegible]** 쟁 撞也두드릴쟁 觸也다다를쟁 庚 **敬** 경 恭也공경할경

경 肅也엄숙할경 謹愼삼갈경 憼同 (敬)

[山+攴] [탄] 無文采문채없을탄 (翰)

数 數(攴部十一畫)의 略字

敭 [양] 明之밝힐양 楊通、揚古字 (陽)

敬 敬(前前條)와 同

[春+攴] [춘] 亂也어지러울춘 動也움직일춘 (軫)

[柬+攴]。 [련] 打物柔之날신하게두드릴련 揀也가릴련 投也던질련 (霰)

[叟+攴] [소] 擊也칠소 攪也잡아다릴소 攪也어지러울소 (巧)

[冒+攴] [모] 振也닥드릴모 从手 扶貌부축할모 (號)

[害+攴]。 [괘] 古貨錢名돈이름괘 (泰)

十

[盍+攴] [합] 敲也두드릴합 (合)

[乘+攴] [기] 硬弓센활기 強也굳셀기 (支)

[叕+攴] [기] 弓勁활이팽팽할기 (支)

[兼+攴] [감] 物相値合물건서로합할감 貪也탐할감

[豈+攴]。 [지] 刺也찌를지 (紙)

[尃+攴] 敷(攴部十一畫)의 本字

[斿+攴] [률] 不安편치못할률 (月)

[宮+攴] [동] 擊空之聲쿵쿵울릴동 (冬)

[弱+攴] [닉] 搦也잡을닉 按也손으로누를닉 (覺)

[皀+攴] [비] 屋欲壞ㅣ敀 집쏠릴비 (支)

[穀+攴] [해] 辱也욕할해

[𠦝+攴] [보] 空擊聲헛치는소리보 (晧)

敳。 [애] 有所治다스림이있을애 (灰)

[夾+夂] 勝(力部十畫)의 古字

敲。 [고][교] 叩也두드릴고 擊也칠고 短杖짧은지팡이고 從旁擊결매칠교 (肴)(效)

十一

[畢+攴]。 [필] 急使疾行급히빨리오라할필 (質)

[鹿+攴]。 [록] 獸皮有文가죽에무늬있을록 (屋)

[身+攴] 穆(禾部十一畫)의 古字

[參+攴] [삼] 狹隘좁을삼 (豏)

[虘+攴] [자] 以指按손가락으로누를자 取也취할자 (麻)

敻 [형] 遠也멀형 (敬)

[寅+攴] [인] 擣也찧을인 (軫)

整 整(攴部十二畫)의 譌字

敷。 [부] 陳也베풀부 布也펼부 散也흩을부 廣索너를부

敵 [적] 當也당할적 拒抵대적할적 輩也무리적 仇也원수적 匹也짝적 對也대할적 鄺同 (錫)

敶。 [진] 列也벌릴진 告也고할진 陳同 (震)

數。 [수][촉][삭] 幾也두어수 計也셀수、셈칠수 責也책망할수 枚也낱수 算ㅣ셈수 理也이치수 運ㅣ운수수 命ㅣ팔자수 術也기술수 細密빽빽할촉 細也가늘촉 頻屢자주삭、여러번삭 疾也빠를삭 (麌)(遇)(沃)(覺)

敺 [구] 逐也쫓을구 驅古字 [우] 搥擊칠우 毆、歐同 (虞)

敹。 [료] 擇也가릴료 揮也두를료 縫綴꿰맬료 (蕭)

[區+攴] 毆(前前條)와 同

[貞+攴] [개] 至也이를개 (齊)

[票+攴] [표] 擊也칠표 (肴)

十二

[喜+攴] [이] 戲弄희롱할이 (紙)

[尞+攴] [료] 小而長작고길료 (篠)

[𤔔+攴]。 [란] 煩也번거러울란 情也게으를란 亂也어지러울란 (寒)

[翕+攴] [흡] 擊也칠흡、두드릴흡 古音급 (緝)

[善+攴] [선] 治也다스릴선 補也기울선 (霰)

敿。 [교] 繫也맬교、동일교 (篠)

[肅+攴] [숙] 打聲때리는소리숙 (屋)

整 整(次條)와 同

整。 [정] 齊也정돈할정 飭也신칙할정 (梗)

[戶+卓] [착] 擊也칠착 (覺)

㪔 散(攴部八畫)의 本字

十三

[喿+攴] 操(手部十三畫)의 古字

[雷+攴] [뢰] 碎也부서뜨릴뢰 摧也꺾을뢰 (灰)

[嗇+攴]。 [효] 悲也슬퍼할효 (蕭)

[詹+攴] [점] 擧手손들점 (琰)

[廉+攴] [렴] 鼓初打ㅣ鼓북처음칠렴 (鹽)

[豐+攴] [례] 鱧敲원수례 (薺)

斁。 [도][역] 敗也패할도、무너질도 厭也싫을역

斀。 [탁][독] 去陰甚불알베일탁 독、義同 俗音책 (覺)(屋)

斂。 [렴] 收也거둘렴 聚也모을렴 藏也감출렴 (琰)(豔)

十四

[聚+攴] [중] 不迎自來저절로올중 𢾗ㅣ (送)

斃 [폐] 死也죽을폐 使之致死죽일폐 踣也엎어질폐 弊同 (霽)

[般+攴]。 [반] 除穀芒까락바술반 小春쓿을반 (阮)

[翟+攴] [탁] 痛聲ㅣ杖아플탁 投也줄탁 刺也찌를탁 春也찧을탁 築也다질탁 古音착 (覺)

[壽+攴] [추] 棄也버릴추 惡也미워할추 醜同、𣀤通 (尤)

十五

[暴+攴] [박] 打也칠박 (覺)

[樂+攴] [삭] 敎ㅣ、不足貌정치않을삭 (藥)

⿰畾攴 [뢰] 推也 밀뢰 (隊)
⿰虜攴 [려] 僂也 침노할려 (御)
斄。[태] 地名 땅이름태 (灰)
(十六)
⿰鬳攴 [불] 理也 다스릴불 (物)
⿰盧攴。[로] 欺也 속일로 歛也 거둘로 (虞)
⿰䜌攴。[산] 放繳 주살을 놓을산 散 흩어져 날산 (旱)
⿰褱攴 [괴] 壞之 무너뜨릴괴 壞同 (卦)
⿰厤攴 [력] 亂也 어지러울력 (錫)
斆。[효] 敎也 爲學之半 가르칠효 學古字 (効)
(十七)
⿰霝攴 [령] 打也 칠령 (靑)
⿰糞攴 [분] 掃除 쓸어버릴분 (問)
⿰嚴攴 [삼] 厭也 싫어할삼 (覃)
(十八)
⿰聶攴 [녑] 相反 敵ㅣ서로 미칠녑 (葉)
(十九)
⿱䜌攴 [변] 更也 변할변 變同 (霰)
⿰麗攴。[려] 數也 셀려 布也 펼려 (齊)
(二十一)
⿰屬攴 [속] 打也 칠속 (沃)

文部

文。[문] 書契ㅣ字 글월문、글문、글자문 華也、錯畫也 ㅣ章也 빛날문 美也 아름다울문 善也 착할문 法也 법문 斑也 문채문 彩色 채색문
(二)
齐 齊(齊部。畫)의 略字
(三)
⿱文丰 擧(手部十四畫)의 俗字
斈 學(子部十三畫)의 略字
(四)
斉 齊(齊部。畫)의 略字
(六)
⿰文攴。[반] 斑也 얼룩질반 (刪)
斋 齋(齊部三畫)의 略字
(七)
⿱文言 譽(言部十四畫)의 略字
斎 齋(齊部三畫)의 略字
(八)
斐。[비] 文章相錯 斐ㅣ문채날비 分別文 아롱질비 (尾)
斌。[빈] 文質貌 문채날빈 彬ㅣ 相雜貌 아롱질빈 彬同 (眞)
斑。[반] 雜也 駁文 아롱질반 相雜貌 얼룩질반 (刪)
(九)
斒 [반] 色雜ㅣ斕 빛섞일반 (刪)
⿰炭文。[탄] 無文彩貌 문채없을탄 (翰)
⿰文奐 [환] 文釆ㅣ斕 문채날환 (翰)
(十二)
⿱𠩺文。[리] 微畫 가늘게 그을리 (支)
⿰曼文 [만] 無文彩貌 문채없을만 (翰)
(十四)
辬 斑(文部八畫)의 本字
(十五)
斔 [유] 十六斗 열여섯말들이유 斞同 (虞)
(十七)
斕 [란] 色雜斒ㅣ 빛섞일란 文釆 문채날란 (刪)

斗部

斗。[두] 量名十升 말두、열되들이두 酒器 술그릇두 書形 科ㅣ 글씨두 星名 별이름두 忽也 문득두 陡同 (有)
(三)
斘 [승] 登也 오를승 昇通 (蒸)
(四)
⿰示斗 [괄] 量也 두량할괄 (黠)
(五)
⿰合斗 [흡] 入也 넣을흡 (洽)
⿰半斗。[반] 量物半分 되어서 반분할반 (翰)
(六)
料。[료] 量也 計也 헤아릴료 理也 다스릴료 數也 셀료 捋也 더듬을료 樂器小鼓 소교료 祿也 녹료 材也 物ㅣ 재료료 度也 헤아릴료 理也 다스릴료 (蕭)(嘯)
⿰舌斗。[알] 斗量取物 말로 되어담을알 (曷)
⿰丰斗 [두] 配也 구기두 盃也 술잔두 (有)
(七)
⿰豆斗 斗(斗部。畫)의 俗字
⿰寽斗 [렬] 量也 헤아릴렬 (屑)
斜。[사][야] 不正 橫也 빗길사 散也 흩어질사 抒也 잡아당길사 梁州谷名 褒ㅣ 고을이름야 (麻)
斛。[곡] 量名受十斗 휘곡、열말들이곡 斛同、斠通、古音 혹 (屋)
(八)
⿰旁斗 [방] 量溢 넘게 될방 (陽)
(九)
斞。[유] 量名十六斗 열여섯말들이유 斔同 (虞)
斟。[짐] 計也 ㅣ酌 짐작할짐 勺也 구기짐 酌也 잔질할짐 遲疑ㅣ愼 마음머뭇거릴짐 俗音 침 (侵)
(十)
斠。[각] 平斗斛 평미레각、고무래각 量也 되질할각 (覺)
斡 [알][간] 旋也 돌이킬알 轉也 구를간 運也 운전할간 柄也 자루간 主也 주장할간 (旱)
(十一)
斢 [투] 斢ㅣ兵奪人物 군사가 겁탈할투 掠也 노략할투 (有)
⿰尉斗 [위][울] 火斗 다리미위 持火展繒 다리울 熨同 (未)(物)
⿰啇斗 [적] 量也 말될적 (錫)
(十二)
⿰黃斗 [주] 兵奪人物 ㅣ斢 군사노략질할주 古音 두 (有)
(十三)
⿰蜀斗 [축] 斛也 평미레축 (屋)
⿰具斗 [구] 挹也 뜰구 酌也 구기질할구 角斗容四升 뿔있는말구 (虞)
⿰䜌斗。[권] 抒滿 가득히 뜰권 或音 연 (願)

斤部

斤。[근] 權十六兩근근、열엿냥근 斫木器도끼근 釿也대패근 剞劂之總稱날근 釿同、明察ㅣ밝게살필근(問)

一

斥。[척] 逐也내칠척 廣也넓힐척 指也가리킬척 開也개척할척 擯也屛除물리칠척 候視엿볼척(陌)

四

斦。[은] 斧砧모탕은(文)

斨 [장] 方銎斧구멍모진도끼장(陽)

斧。[부] 伐木用鐵具도끼부ㅣ鉞儀仗언월도부 鈇通(麌)

五

斪。[구] 鉏屬호미구 斫也쪼갤구(麌)

斦 [척] 開也열척(陌)

斫 [작] 擊也刀ㅣ쪼갤작、찍을작 切也베어낼작 斮通(藥)

六

斬 [참] 截也베일참、끊을참 盡也다할참 斷首목베일참 殺也죽일참 喪服不緝ㅣ衰거상옷참(豏)

⿰良斤。[라] 相擊서로칠라(哿)

断 斷(斤部十四畫)의 略字

八

⿰朋斤 [붕] 斷也끊을붕(蒸)

斯。[사] 此也이사 析也짜갤사 卽也곧사 賤也천할사 語已辭말그칠사(支)

斮 [착][작] 斬也벨착 斫也찍을작 斫同(覺)(藥)

九

⿰鼎斤 [정] 鎗也세발노구정

新。[신] 初也새신、첨신 華其舊새로울신 鮮也고울신 國名옛나라이름신(眞)

⿰俞斤 [두] 鍪屬삽두、보습두(尤)

十

㫁 斷(斤部十四畫)의 俗字

新 新(斤部九畫)의 本字

⿰吕斤。[착] 斫也쪼갤착 剫也깍을착(覺)

十一

⿰庶斤 [서] 擊也칠서 斫也끊을서(御)

⿰畫斤 [획] 斫也벨획

斳 [근] 芹菜미나리근

⿰區斤。[우][후] 鍪屬보습우 削也깍을후(尤)

十二

斴 [린] 石間水聲돌사이로흐르는물소리린(眞)

十三

⿰著斤。[작] 大鋤괭이작 破也깨어질작(藥)

十四

斷 [단] 截之끊을단 自絶끊어질단 斷也갈길단 廢也폐할단 段也조각낼단 決也결단할단 專一ㅣㅣ한결같을단 定也정할단(旱)

⿰算斤 [체] 斷也끊을체(霽)

十六

⿰鬥斤。斫(斤部五畫)과 同

二十一

斸 [촉][착] 斫也깎을촉 段也쪼갤촉 钃通、착 義同 椓通(沃)(屋)

方部

方。[방] 矩也모질방 嚮也방위방 術法방법방 今也이제방 有也있을방 且也바야흐로방、또한방 比也견줄방 常也떳떳방 策簡책방(陽)

二

㫃。[언] 旌旗垂末깃발언(阮)

三

⿰方个。[천] 旗竿깃대천(銑)

㫄 旁(方部六畫)의 古字

四

斻 [항] 筏也떼배항 渡也건널항(陽)

斺 [개] 結也맺을개 本音해(卦)

於 [어][오] 語助辭어조사어 居也살어、거할어 往也갈어 代也대신할어 此也여기어 地名商ㅣ땅이름어 歎辭탄식할오、오흡다할오 地名땅이름오 鳴、烏、吁通(魚)(虞)

五

施。[시][이] 捨也버릴시 弛通、與也줄시 布也펼시 惠也은혜시 勞也공로시 說也베풀시 用也쓸시 不能仰戚ㅣ쓸시 加也더할시 前後屈伸戚ㅣ안곽곱사등이시 喜悅貌ㅣㅣ기꺼운모양시 姓也성시、ㅣㅣ自得貌젠체할이、잘난체할이 斜也비뚤어질이 移也옮길이 延也뻗을이(支)(紙)(寘)

㫆 [양] 旗也기양(養)

斿 [유] 旌旗末垂깃발유 旗旒깃술유 冕前後垂면류관술유 游通(尤)

旀 [며] 句讀棲續詞하며며 新羅地名땅이름며 國字

六

旁。[방][팽] 交橫ㅣ午사귈방 大也클방 廣也넓을방 岐路두갈래길방 混同ㅣ礴섞일방、덩어리질방 驅馳달릴팽 旁同(陽)(庚)

⿰方勿。[물] 州里所建旗동리기물(物)

旂 [기] 交龍旗쌍룡그린기기 懸鈴旗방울단기기、쩔렁기기(微)

旄 [모] 牛尾소의꼬리모 幢也기모 星名별이름모 前高後低曰ㅣ丘언덕앞높을모

旃。[전] 曲柄旗자루굽은기전 語已辭말그칠전 旜氈見(先)

旅。[려] 寄客ㅣ羇나그네려、손님려 ㅣ團여단려

⿸㫃日 [엄] 羽葆깃일산엄 蔽也가릴엄(琰)

旆。[패] 繼旐旗기패 旗揚貌ㅣㅣ기날리는모양패(泰)

⿸㫃⿱亼丌 旗(方部十畫)과 同

七

旒 (旒

方部九畫)의俗字

旇 [비] 麾也 휘두를비 旌旗ㅣ靡 깃발휘날릴비 將旗 대장기비 古音피 (支)

旋 [선] 反也 돌이킬선 疾也 빠를선 小便 오줌선 指揮周ㅣ 주선할선 懸鍾 종달선 迴也 盤ㅣ 돌아다닐선 轉也 斡ㅣ 구를선 還通、遶也 둘릴선 (先)(霰)

旊 [방] 搏埴工 옹기장인방 (養)

旉 敷(攴部十一畫)의古字

旑 [아] 旌旗從風貌 깃발날릴아 (哿)

旌 [정] 析羽置竿 장목기정 表也 ㅣ別 표할정 (庚)

族 [족][주] 同姓宗ㅣ(祖子孫三ㅣ自高祖至玄孫九ㅣ) 일가족、겨레족 衆也 무리족 姓氏 성씨족 簇也 모일족 類也 동류족、正月律太ㅣ、樂變也 節ㅣ 풍류이름류주 蔟同、奏通 (屋)(宥)

旎 [니] 旌旗從風貌 깃발펄펄날릴니 雲騰貌 구름피어오를니 盛也 성할니 (支)(紙)

八

㫊 [나] 旗貌 旖ㅣ 깃발날나 (哿)

旐 [조] 龜蛇旗建後棨 거북과뱀그린기조 (篠)

旑 [엄] 比物長短 길이를견줄엄 (豔)

九

旑 [엄] 覆也 덮을엄 (琰)

旓 [소] 旌旗之旒 깃발소、기술소 (肴)

旒 [류] 旗末 깃발류 冕前後垂玉藻 十二ㅣ 면류관앞뒤에느린구슬 류

旔 [간] 揵也 이길간 (翰)

旕 [엇] 地名、ㅣ每 땅이름엇 ㅣ時 엇시 國字

十

旆 旗(方部十二畫)과同

旙 [분] 覆舟之蓬 배덮는뜸분 (阮)

旖 [의] 旗貌 ㅣ旎 기모양의 雲貌 구름모양의 盛貌 성할의 (支)(紙)

旗 [기] 將軍所建 기기 將旗 대장기 標也 표할기 (支)

十一

旛 [휘] 幟也 기휘 動也 움직일휘 (微)

旟 [요] 旗屬 기요 旗貌 기모양요 (篠)

十二

旟 [어] 有骨어 재뼈어 (語)

旚 [황] 酒家望子 술집표기황 (養)

十三

旚 [표] 旌旗飄貌 깃발번득일표 (蕭)

旝 [염] 證也 표염 (豔)

十四

旛 [번] 旂也 기번 旗揚ㅣ 기펄펄날릴번 (阮)

旘 幟(巾部十二畫)과同

十五

旚 [표] 旗飛揚貌 기날리는모양표 (蕭)

旜 [전] 曲柄旗 자루굽은기전 旃同 (先)

旞 [수] 裝羽旗 깃으로꾸민기수 導車所載全羽 차에꽂는기수 (有)

旝 [괴] 大將指揮旗 대장이지휘하는기괴 (泰)

十六

旟 [여] 鳥隼旗 새매그린기여 (魚)

十八

旞 [수][유] 羽裝旗 깃으로꾸민기수 旌也 기유 (有)(宥)

十九

旟 [기] 失容貌 얼굴빛변할기 (紙)

无部

无 無(火部八畫)의古字

旡 [기] 氣塞 숨막힐기 (寘)

三

旡 [지] 口小貌 입작을지 (未)

五

旣 旣(无部七畫)의訛字

六

旡 [계] 璧也 구슬계

尯 [괴] 一足立 외발로설괴

旣 [기] 已也 이미기 盡也 다할기

既 旣(前條)의俗字

八

旡 [량] 悲也 슬플량 酸楚 쓰라릴량 薄也 엷을량 (漾)

日部

日 [일] 太陽精人君象 해일、날일 一晝夜 하루일 曆數 날자일 往者 먼저일 晝也 낮일 ㅣ者 날점칠일 (質)

一

旦 [단] 朝也 아침단 明也 밝을단 曉也 새벽단 早也 일찍단 夜鳴盍ㅣ 밤에우는새단 懇惻 간칙할단 (翰)

旮 [착] 下滴貌 또닥또닥떨어질착 (覺)

旧 舊(臼部十二畫)의略字

二

早 [조] 晨也 이를조、새벽조 先也 먼저조 蚤通 (皓)

旨 [지] 味也 맛있을지 意向 뜻지、뜻할지 美也 아름다울지 王言 詔ㅣ 칙서지 (紙)

旬 [순] 十日 열흘순 徧也 두루순 均也 고를순 妖星ㅣ始 요괴로운별순 滿也 가득할순 (眞)

旫 [조] 日暮 해저물조 晦也 어두울조 (蕭)

旼 袋(衣部五畫)의俗字

旭 [욱] 日初出 날돋을욱、햇발빛칠욱 明也 밝을욱、빛날욱 ㅣㅣ 小人憍蹇貌 교만할욱 (沃)

旳 [정] 空也 빌정 (迥)

三

旰 [간] 日晚 날늦을간 盛貌 ㅣㅣ 성한모양간 (翰)

旲 [대] 日光 햇빛대、날빛대 (灰)

旱 [한] 亢陽不雨 가물한

渴水 물없을한(旱)

旴 [우] 日初出 해처음돋을우 晨也 새벽우(虞)

⿱日廾 [공] 助也 도울공(冬)

⿰日亡 [망] 旱熱 가물더위망(陽)

⿰日乞 [계] 暖也 따뜻할계, 따끈할계(霽)

旵 [참] 日光照 햇살빛칠참

旳 [적] 明也 밝을적(錫)

④

旺 [왕] 物之始盛 왕성할왕 光美 빛날왕 日暈 해무리왕

⿰日内 [눌] 日入色 컴컴할눌(月)

旻 [민] 秋天 가을하늘민 仁覆閔下 어진하늘민(眞)

旼 [민] 和貌ㅣㅣ화할민(眞)

昀 [윤] 日光 햇빛윤(眞)

昁 [패] 曇也 흐릴패 暗也 어둘패(泰)

昄 [판] 大也 클판 明也 밝을판(潸)

旽 [준][돈] 至誠ㅣㅣ 지성스러울준 日欲出 먼동틀돈 暾通(銑)(元)

昂 [앙] 明也 밝을앙 擧也 들앙 高也 높을앙, 헌앙할앙 ㅣㅣ馬行貌 말성큼성큼걸을앙 軍容ㅣㅣ, 低ㅣ 군사형용앙 仰、卬通(陽)

旿 [오] 日當午而盛明 낮밝을오, 한나절오, 대낮오(麌)

昆 [곤][혼] 兄也 형곤, 맏곤 同也 같을곤 後也 뒤곤 後ㅣ孫也 손자곤, 후손곤 衆也 다곤, 晜、蜫、崑通、天形ㅣ侖 하늘형용혼 西夷名 서쪽오랑캐이름혼 人名 漢公孫ㅣ邪 사람의이름혼 混、渾通(元)

昉 [방] 明也 밝을방 始也 비롯할방(養)

昈 [호] 文彩貌ㅣㅣ 문채날호、빛날호 明也 밝을호(麌)

昇 [승] 日昇 해돋을승、날오를승 ㅣ平 풍년들승 새名 고을이름승 升通(蒸)

昊 [호] 夏爲ㅣ天 여름하늘호 元氣廣大貌ㅣㅣ 기운넓은모양호 皞通(皓)

昌 [창] 盛也 성할창 顯也 나타날창 美言、善也 아름다운말창 日光 햇빛창 物也 물건창(陽)

⿱启日 [계] 姓也 성계 明也 밝을계(卦)(霽)

昍 [헌] 明也 밝을헌(元)

昏 [혼] 日冥 날저물혼 闇也 어두울혼 亂也 어지러울혼 夭死 어려서죽을혼 昬同、惛通(元)

⿰日冘 [탐] 夕景 저녁경치탐(覃)

明 [명] 光也 照也 밝을명 夜ㅣ 날샐명 著也 나타날명 顯也 밝힐명 白也 흴명 辨也 분별할명 察名 살필명 聰也 총명할명 確也 확실한명 視也 볼명 晝也 낮명 曉也 깨달을명 通也 통할명 中國王朝名 왕조의이름명 盟、孟通(庚)

昐 [분] 日光 햇빛분(文)

昑 [금] 明也 밝을금(寢)

易 [이][역] 不難 쉬울이 治也 다스릴이 忽也 쉽게여길이 安也 편할이 情也 게으를이, ㅣ書ㅣ經 역서역 變也 변할역 換也 바꿀역 象也 형상할역 涿州水名 물이름역(寘)(陌)

昒 [물][홀] 未明ㅣ爽 밝을녘물、먼동틀물 尚冥 어둑새벽홀 曉也 새벽녘홀 曶同(物)(月)

⿰日夬 [결] 日蝕 일식할결(屑)

昔 [석][착] 古也 예석 夜也 밤석 前代往ㅣ 옛적석 久也 오랠석 嚮日曩ㅣ 접때석 昨日疇ㅣ 어제석 始也 비롯할석 腊同、角理錯 뿔뒤틀릴착(陌)(藥)

昖 [연] 日行 해다닐연

⿰日卆 晬(日部八畫)의 俗字

昕 [흔] 日將出明之始 날샐흔、해돋을흔 昕日大ㅣ 초하루흔(文)

⑤

⿰日兄 [광] 明也 밝을광

昛 [거] 明也 밝을거(語)

昜 [양] 光也 빛날양 陽의古字(陽)

⿰日它 [예] 日傾 해기울예(齊)

昞 [병] 明也 밝을병 炳同(梗)

昢 [불] 日出 해돋을불 日末明貌 어둑새벽불(月)

昤 [령] 日光ㅣ曨 날빛영롱할령(青)

映 [영] 明相照 비칠영 照也 빛날영 暎同(敬)

昡 [현] 日光 햇빛현(先)

星 [성] 列宿總名 별성 ㅣㅣ點點 희뜩희뜩할성 歲月 세월성 樞要人物 중요한사람성 天文 천문성(青)

昣 [진] 明也 밝을진, 빛날진(軫)

昨 [작] 隔一宵 어제작 累日 엊그제작、아래작(藥)

昩 [말] 小星 작은별말 日中不明 낮에어두울말(曷)

春 [춘] 歲之始四時首 봄춘 男女情事 남녀의정사춘 和也 화할춘 蠢生回ㅣ 다시살춘 酒之異名 술춘 年齡ㅣ秋 나이춘 壯年青ㅣ 젊은이춘(眞)

昪 [변] 日光貌 햇빛환할변 喜樂貌 좋아할변 昇同、忭同(霰)

昧 [매] 暗也 어두울매 貪冒 탐할

매 愚也 둔할매 微明 ㅣ爽 밝을녘매 斗後星 㚞櫟 별이름매 日入ㅣ谷 해들어가는곳매 (隊)(泰)

晅 [단] 明也 밝을단 (翰)

昫。[구] 日出溫 해돋아따뜻할구 煦通、古音후 (麌)(遇)

昳 [도] 日色 햇빛도 (豪)

昹 [유] 乾也 마를유 (有)

昭。[조][소] 著也 나타날조 光也 빛날조 明也 ㅣㅣ 밝을조 炤通 ㅣ穆 廟位소목소 詳也 소명할소 ㅣ代 태평세월소 (蕭)(篠)

是。[시] 此也 이시 非之對 옳을시 正也 바를시 直也 곧을시 (紙)

昴。[묘] 西陸宿名 二十八宿一 묘별묘 (巧)

昳。[질] 日傾 해기울어질질 俗音절 (屑)

昲 [비] 乾物 ㅣ曬 말릴비 曝也 빛쪼일비 (未)

昱 [욱] 日光 햇빛욱 (屋)

昵 [닐][녜] 親近 가깝게할닐 暱同 禰廟 아비사당녜 古音니 (質)(薺)

昼 晝(日部七畫)의 略字

昶。[창] 明也 밝을창 通也 통할창 日長 해길창 舒也 펼창 (養)

昷。[온] 仁也 어질온 溫 昷同 (元)

❻

晁 [조] 朝也 아침조、東陽縣名 ㅣ 고을이름조 蟲名 벌레이름조 朝古字 (蕭)(篠)(陽)

晇 [휼] 早也 이를휼 急速 빠를휼 (質)

晀 [조] 明也 밝을조 (篠)

晅 [훤] 日氣 볕기운훤 乾也 말릴훤、마를훤 烜同 (元)

時。[시] 辰也 때시、끼니시 是也 이시 伺候 문안할시 季節 계절시 ㅣ刻 시간시 伺也 엿볼시 期也 四ㅣ 사시세시 往往 가끔시 (支)

晈 [교] 皎也 달밝을교 (篠)

晃。[황] 曄也 햇빛황 明也 밝을황 光耀貌 ㅣㅣ 빛날황 晄同 (養)

晉。[진] 進也 나갈진 抑也 억제할진 揷也 꽂을진 卦名 괘이름진 周叔虞所封國名 나라이름진 (震)

晋 晉(前條)와 同

晊 [질] 大也 클질 明也 밝을질 (質)

晭 [주] 光也 빛주 (宥)

晍 [명] 日暗 날어둘명 (迥)

晑 [향] 明也 밝을향 (養)

晏。[안] 晩也 늦을안 安也 편안할안 天清 하늘맑을안 鮮盛 고울안 柔和 ㅣㅣ 부드러울안 (諫)

晎 [홍] 日欲明 ㅣㅣ 날밝으려할홍、먼동틀홍

晐。[해] 備也 갖출해 咸也 다해 古音개 賅通 (灰)

春 舂(臼部五畫)의 俗字

❼

㫰 [랑] 曝也 볕쪼일랑 明 밝을랑 朗通 (養)

晠 晟(次條)와 同

晟 [성] 明也 밝을성 熾也 불꽃성 宋樂大ㅣ 송나라풍류성 (敬)

晘 [경] 日高 해높을경 (梗)

晗 [함] 曙也 날샐함、샐녘함 (覃)

晙。[준] 明也 밝을준 早也 이를준 (震)

晩。[만] 暮也 저물만 末也 끝날만 後也 늦을만 夕也 저녁만 (阮)

晛。[현][년] 日氣 볕기운현、햇발현 日光 햇빛현 (銑)(霰)

昪。[난] 小赤 붉을난 (潸)

晜。[곤] 兄也 형곤 後也 ㅣ孫 후손곤 (元)

晞 [희] 乾也 마를희 燥也 말릴희 日始升 날처음샐희 (微)

晝。[주] 日中 낮주 地名 땅이름주 (宥)

晢。[절][제] 明也 밝을절 照也 비칠절 星光 ㅣㅣ 별빛제 (屑)(霽)

晟 [성] 明也 밝을성 熾也 불꽃성 宋樂大ㅣ 송나라풍류성 (敬)

晡 [포] 申時 신시포(午後四時) 暮也 해질포 (虞)

㫲 [패] 暗也 어두울패 (隊)

晣 [절] 明也 ㅣㅣ 밝을절 晢同 (屑)

晥 [환] 明貌 환할환 白淨 깨끗할환 皖同 (潸)

晤 [오] 明也 밝을오 遇也 만날오 以言曉人 깨우쳐줄오 返照 저녁볕오 (遇)

晧 [호] 日出貌 해돋을호 明也 밝을호 光也 빛날호 (皓)

晦。[회] 月終 昧也 그믐회 冥也 어둘회 夜也 밤회 亡幾 얼마못될회 霧也、以幾 안개회 晩也 늦을회 隱匿 숨길회 (隊)

晨。[신] 星名 샛별신 曉也 새벽신 昧爽 새일녘신 告ㅣ 아침을아뢸신 (眞)

㫳 晨(前條)와 同

❽

晫 [탁] 明也 밝을탁 (覺)

景。[경][영] 光也 빛경 ㅣ致 경치경 明也 밝을경 大也 클경 慕也 ㅣ仰 사모할경 象也 형상할경、明有境物之陰影 그림자영 衣也 옷영 影通 (梗)

晱 [섬] 電光 번개빛섬 閃也 번쩍일섬 (琰)

普。[보] 博也 넓을보 大也 클보 徧也 두루보 日無色 햇빛침침할보 溥通 (麌)

晬 [쉬] 周年 同時 돐쉬、첫생일쉬 (隊)

晾 [량] 曬曝 晒ㅣ 쪼일량 (陽)

晲 [예] 日昳 해

기우러질예 (霽) **晴** 청 雨止日出無雲날개일청 ㅣ明 맑은날씨청 晴、姓同 (漾) **睫** 첩 日欲没ㅣ矇해가떨어지려고 껌벅거릴첩 (葉) **晳** 석 明辨분석할석 (錫) **晷** 귀 刻也시각귀 日景 ㅣ刻해그림자귀 (紙)

[日+彖] 자 日煇날빛날자 (禡) **[日/所]** 서 明也밝을서 暖也따뜻할서 (御) **晵** 계견 霽也비갤계 姓也성견 (霽)(霰) **晶。** 정 精光ㅣㅣ맑을정、영채날정 美石함나정 水ㅣ수정정 光也빛날정 (庚) **[日+穹]**

궁 日乾物볕에말릴궁 (送) **晹・** 역 日覆雲暫見해반짝날역 (陌) **晸** 정 日出해돋는모양정 (梗) **智** 지 心有所知知有所合지혜지 聽名사리에밝을지 (寘) **晼** 원 ㅣ晚日落해넘어갈원、날저물원 (阮)

晣 제 星光ㅣㅣ별빛찬란할제 晢同 (霽) **[日+彔]** 록 曇也흐릴록 (沃) **晻。** 암엄 暗也어둘암 障也막힐암、日無光날흐릴엄、햇빛침침할엄 (琰) **暀・** 왕 光美ㅣㅣ빛나고아름다울왕 旺同 (漾) **晽**

림 欲所之ㅣ알고저할림 (侵) **暁** 曉(日部十二畫)의俗字 **[日+昏]** 혼 閽也어두울혼 **[日/月]。** 명 月明달밝을명 日字 ⑨ **暄** 훤 日暖날따뜻할훤 溫也따스할훤 (元) **暉。**

휘 日光ㅣㅣ햇빛휘 發光빛날휘 (微) **晅** 궁훤 曝也볕쪼일궁 乾燥말릴훤 暅同 (徑)(阮) **暈・** 운 日月傍氣해달무리운 眩也어지러울운 (問) **暏・** 도 旦明새벽도 (寘) **暇。** 가 閒無事한가할가、틈가 休

ㅣ겨를가、쉴가 煒通 (禡) **暆。** 이 日行ㅣㅣ해다닐이 樂浪縣名東ㅣ고을이름이 (支) **暎** 영 相照비칠영 映同 (敬) **暋** 민 強也강할민 悶也괴로울민 敃同、昬通 (翰) **暐** 위 光盛貌빛날위

煒也환할위 빛날위 (尾) **[日+兪]** 도 日陰해그림자도 (虞) **暌** 규 日入해질규 違也어길규 (齊) **暍** 갈 傷暑中熱더위먹을갈 煐也빛날갈 或音알 煬同、瘍通 (月) **暒** 청 雨止雲散날갤청 晴同 (庚)

暕 간란 陰朝日明흐린아침에날밝을간 陰乾그늘에말릴란 (潸)(寒) **暑。** 서 熱也더울서、더위서 (小大ㅣ) 夏節여름철서 (語) **暗。** 암 不明어둘암 深也깊을암 秘也몰래할암 (勘) **㬉** 난 溫也따뜻할난 暖同 (旱)

[日+昷] 온 日出而溫돋는별따뜻할온 (元) **暖** 난훤 溫也따뜻할난 暖同、柔貌부드러운모양훤 煖通 (旱)(元)(阮) **暘。** 양 日出處ㅣ谷해돋는곳 明也밝을양 日乾物햇발쪼일양 (禡) **曉** 曉(日部十二畫)의俗字

⑩ **[日+隺]。** 확 暫明잠간환할확 (藥) **暠** 고호 明白貌밝고흰모양고 皜通、白也흴호 (皓)(皓) **暚** 요 明也밝을요 日光햇빛요 **暟** 개 美也아름다울개 照也비칠개 (賄) **暛** 차 日暮해저물차 (哿)

[日+巠] 급 曝也바랠급 (緝) **暷** 박 曝也볕쪼일박 (藥) **暝** 명 夕也저녁명 幽也 晦ㅣ어둘명 暗也캄캄할명 寂也쓸쓸할명 冥同 (青) **[日+盎]** 앙 曇也날흐릴앙 (漾) **[皆/日]。** 내 日曇無光날흐릴내 (賄) **暭。**

호 明也밝을호 皞同 (皓) **暣** 기 日氣볕기운기 (未) **[日+羊]** 양상 焦也데울양 明也밝을양、상 羕同 (陽) **暢** 창 通也、達也통달할창 和ㅣ화창할창 **㬎。** 현압 繭也고치현 微妙미묘할현 著

也뚜렷할현 光也빛날현、압 義同 (銑)(合) **暦** 曆(日部十二畫)의略字 ⑪ **[日+票]。** 표 曬乾볕쪼여말릴표 (嘯) **暮。** 모 日晚저물모、늦을모 遲ㅣ더딜모 夜也밤모 老也늙을모 莫通 (遇) **[日+莽]** 망 曭

ㅣ不明희미할망 日無光날흐릴망 (養) **暫。** 잠 不久須臾잠시잠 卒也마칠잠 蹔同 (勘) **[日+曹]** 조 日光햇빛조 (豪) **暤** 호 明也밝을호 帝號大ㅣ재호 복희시호 昊皞、皓通 (皓) **[日+㒼]** 만 暗也어

⿰日區 [구]日暖따뜻할구 暬 [설]慢也거만할설 近侍人ㅣ御근시하는사람설 暲 [장]日光上進햇발돋아올장 明也밝을장 陽 暯 [막]冥也어둘막 藥 暱。[닐]新近친근할닐 日近해가까울닐 昵同 質

⿰日荒 [황]旱熱也이른더위황 養 暳。[혜]衆星貌많은별혜 小星작은별혜 嘒通 霽 暴。[포][폭]猛也사나울포 急也급할포 侵也침로할포 橫取가로차갈포 徒搏맨손으로칠포 卒起ㅣㅣ갑자기일어날포 晞

也마를포 傷也상할포 鄭地名땅이름포 虣同、日乾볕에말릴폭 顯示ㅣ露드러내어보일폭 曝同 號 屋 暵。[한]乾也마를한 燥也말릴한 曝也쪼일한 旱也가물한 熯通 旱 翰 暶 [선]明也밝을선 美也아름다울선 先 十二 暸

[료]明也밝을료 蕭 暺。[탄]明也밝을탄 軫 暹 [섬]日光昇햇살오를섬 進也나아갈섬 國名나라이름섬 鹽 暨 [기]與也다못기 及也미칠기 果毅貌ㅣㅣ굳셀기 洎通 寘 暻 [경]明也밝을경 梗

⿰日肅 [숙]乾也말릴숙 曝也볕쪼일숙 俗音속 屋 曀。[예]陰而風흐리고바람불에 翳也가릴에 霽 暼 [별]日勢欲沒해떠러지려고 끄무럭거릴별 屑 暿 [희]盛貌성한모양 盛熱몹시더울희 㬚

[철]明也밝을철 屑 ⿰日敢 [감]日出해돋을감 感 ⿰日翕 [흡]日乾物볕에말릴흡 緝 暾 [돈]日始出해처음돋을돈 曂 [황]明也輝ㅣ환히밝을황 漾 曃 [태]不明貌曖ㅣ어두울태 隊

曆。[력]書經책력력 數也셀력 歲月세월력 歷見 錫 曉。[효]曙也새벽효 明也밝을효 知也깨달을효 白也사뢸효 開喩유할효 遇也만날효 說也달랠효 篠 曄。[엽]光也빛날엽 明也밝을엽 震電貌진동하는모양엽 盛貌ㅣㅣ

성한모양엽 葉 曈。[동]日欲明ㅣ曨날밝으려할동 東 董 曇。[담]雲布날흐릴담 佛名瞿ㅣ부처이름담 覃 十三 曎 [역]日光날빛역 錫 曖 [애]不明日晻ㅣ날흐릴애、햇빛

희미할애 昏昧어둠침침할애 翳也덮을애 隊 曏。[향]往也지난번향 前時접때향、아레향 明也밝을향 向同 漾 養 曔 [경]明也밝을경 乾也마를경 敬 曒 [교]明也밝을교 篠 曓 [포]急也급할포 猝也창졸포 號

十四 ⿰日對 [대]茂也성할대 隊 曙。[서]曉也새벽서、샐녘서 東方明동틀서 明也밝을서 御 曘 [유]日光햇빛유 虞 曜 [요]日光照해비칠요 光也照耀빛날요 日月五星七ㅣ요일요 耀同 嘯 ⿰日㬎

[급]欲乾마르려할급 緝 ⿰日盍 [애]日光햇빛애 泰 ⿰日蒦 [악]勇貌용맹스러울악 藥 曚。[몽]日未明ㅣ曨날샐녘몽、동틀몽 東 曛 [훈]黃昏時日入餘光어둑어둑할훈、땅거미질훈 文 十五 曝。

[포][폭]曬也볕쪼일포 日乾볕에말릴폭 暴通 號 屋 曠。[광]空也빌광 遠也멀광 明也밝을광 大也클광 久也오랠광 濶也遠也광활할광 逮也미칠광 男丗無室ㅣ夫홀아비광 漾 ⿱日躬 [궁]謹敬삼갈궁 東 ⿱日廣 曠(日部十五畫)과同

十六 曤 [확]明也밝을확 藥 曣。[연]日出無雲ㅣ曀해돋을때구름없을연 煗也따뜻할연 清明청명할연 霰 曦 [희]日光赫ㅣ햇빛희 支 曥 [려]日照해비칠려 日色햇빛려 魚 ⿱龍日 [룡]朗也명랑할룡

曨。[롱]日欲明曚ㅣ해돋으려할롱 曈ㅣ 日出해돋을롱、날밝을롱 東 董 十七 曩。[낭]既往저즘께낭 曏也지난번낭 養 ⿰日薄 [박]曝也햇빛에쬐일박 藥 十九 ⿰日嬴 [열]日落해질녘열 暮也어두울렬 屑

⿱難日。[난]溫也따뜻할난 曪 [라]曇天날흐릴라 哿 曬。[쇄]曝也볕쪼일쇄 日乾物볕에말릴쇄 晒同 卦 曫。[란][만]薄暮땅거미질란、만 義同 寒 刪 二十 曮 [엄]日躔해다니는

길엄 矜莊貌 엄연한모양엄 儼同 (琰)
曮 [확] 明也 밝을확 本音왁 (藥)
曭 [당] 日不明 햇빛희미할당 (養)
【二十一】
⿰星歷 [력] 星貌 별모양력 (錫)
曯 [촉] 照也 비칠촉
【二十四】
曞 [령] 日光 햇빛령 (青)

曰部

曰。 [왈] 語也 말할왈、가로왈 謂也 이를왈 發語辭 말낼왈 稱也 일컬을왈 於也 에왈 之也 의왈 粤通、古音 월 (月)
【二】
曳 [예] 牽也 끌예 引也 당길예
曳。 臾(臼部二畫)의 俗字
曲。 [곡] 不直 屈ㅣ 굽을곡 節目 委ㅣ 곡절곡 歌ㅣ 詞ㅣ、軍伍部ㅣ 곡조곡、가락곡 懷抱 心ㅣ 회포곡 蠶器 薄ㅣ 잠박곡 鄉里 鄉ㅣ 향곡곡 (沃)
【三】
更。 [경][갱] 改也 고칠경 代也 대신할경 歷也 지날경、再也 다시갱。
㫗 厚(厂部七畫)의 本字
【四】
曶 [홀] 輕視 가볍게여길홀
【五】
⿱冊日。 [책] 告也 고할책、이를책 (陌)
⿰日勻 [순] 均也 고를순 (眞)
曷。 [갈] 何也 어찌갈 盍也 어찌아니하리오 할갈 止也 그칠갈 蟲名 蝎也 벌레이름갈 害通 (曷)
【六】
書。 [서] 文也 글서 紀也 쓸서、기록할서、著也 글지을서 經籍總名 책서、서적서 牘也 편지서 六藝之ㅣ 글씨서 (魚)
會 會(曰部九畫)의 古字
曺 曹(次條)의 俗字
【七】
曹。 [조] 輩也 무리조 局也 마을조 國名 나라이름조 姓也 성조 (豪)
曼 [만] 長也 길만 路也 遠也 ㅣㅣ 길멀만 無極 ㅣ衍 끝없을만 末也 끝만 引也 이끌만 廣也 넓을만
曽 曾(次條)의 略字
【八】
曾。 [증] 嘗也 일찍증 乃也 이에증 則也 곧증 重也 거듭증 經也 지날증
朁。 [참] 曾也 일찍참 (感)
最。 [최] 極也 가장최 善也 착할최 勝也 이길최 凡也 대개최 優也 녀녀할최 聚民 백성모을최 (泰)
替 [체] 代也 대신할체 換也 바꿀체 廢也 폐지할체 (霽)
【九】
會。 [회][괴] 合也 모들회 聚衆 모을회 適也 맞출회 弁中縫 고깔꾸밀회、畫也 그림괴 繪通 (泰)(卦)
⿰車東 [동] 遠聞鼓聲 멀리들리는 북소리동 (東)
【十】
朅。 [걸][흘] 去也 갈걸 勇也 날랠흘 武壯貌 위험스러울흘 (屑)
⿰車申。 [인] 擊小鼓 소고칠인 引樂聲 풍류끄는소리인 (震)
【十一】
𣌭 [녕][니] 告也 고할녕、니 義同 (青)(支)
【十二】
⿱兟日 替(曰部八畫)과 同
【十三】
⿺走差 [첨] 益也 더할첨
【十五】
⿰曹東 [조] 日出於東方 동녘에해돋을조
【十六】
⿱𣗥曰 曹(曰部七畫)의 本字

月部

月。 [월] 太陰精 水精 土精 달월 三十日 한달월 光陰 歲ㅣ 세월월 ㅣ光 ㅣ下 달빛월 (月)
【二】
有。 [유] 無之對 있을유 取也 취할유 物體 萬ㅣ 만물유 풍년유 保也 가질유 餘也 남을유 親也 친할유 (有)
【三】
肎 [외] 吐也 토할외 (賄)
⿰丌月 期(月部八畫)과 同
⿰几月 期(月部八畫)과 同
【四】
⿰月午 [오] 明也 밝을오 (豪)
朊 [원] 月光微 달빛희미할원 (阮)
朋。 [붕] 友也 벗붕(同師同門同道ㅣ友) 羣也 ㅣ黨 무리붕 五貝 다섯자개붕 兩尊 두단지붕 (蒸)
肬 [전] 月落有明 달지고도밝을전 (銑)
朌。 [반][분] 賦也 부세반 大首 큰머리분 頒通 (删)(文)
服。 [복] 衣也 입을복 習也 익힐복 從也 복종할복 事也 일복 行也 행할복 思也 생각할복 職也 직책복 用也 쓸복 弁國 九ㅣ 나라복 治也 다스릴복 盛矢器 화살담는 동개복 蠻夷荒ㅣ 오랑캐복 親也 친축할복 車右騎 수레 곁채멍에복
【五】
朎 [령] 月光 彩ㅣ 朧 달빛영롱할령 (青)
朐 [구] 車軛兩邊、馬頸者 수레 멍에목구 軥同 (虞)
朏。 [비][불] 三日月 초사흘달비 向曙色 먼동틀비 月未盛明 달빛희미할비 불 義同 (尾)(月)
【六】
⿰月共 [홍] 月不明 夜ㅣ ㅣ달흐릴홍 (董)
朓 [조] 晦月見西 그

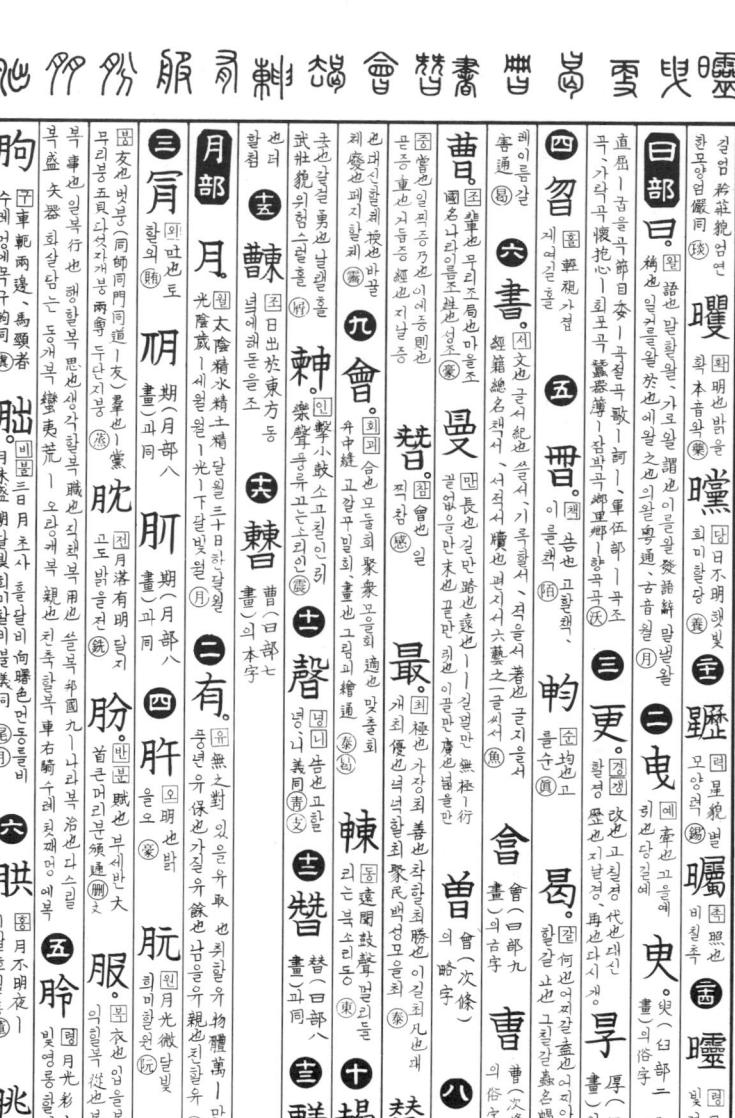

믐달서편에 뵐조 (蕭)(篠) 朔。삭 月一日 초하루삭 北方 북방삭 初也 처음삭 (覺) 朒。뉵 朔月見東方 초하루달이 동녘에 뵈일뉵 不伸縮ㅣ 펴지못할뉵 (屋) 朕。짐 我也 나짐 皇帝自稱 황제자칭할짐 徵兆 조짐짐 (寢) 胖

朔(月部六畫)의 古字 朗 朗(月部七畫)의 俗字 七 朗。랑 明也 달밝을랑 脼通 (養) 望。망 瞻也 바랄망 怨也 원망할망 責也 책망할망 爲人所仰 우러러볼망 弦ㅣ月 體 보름달망 祭名 제사이름망 名也 이름망

朘 전 縮也 오무라질전 (先) 朙 明(日部四畫)의 古字 朚。황 翌日 이튿날황 (陽) 望 望(月部七畫)과 同 八 朝。조 早也 이를조、아침조 君視政 조정조 臣下覲君ㅣ會 조회할

조 訪也 찾을조 國名ㅣ鮮 나라이름조 (蕭) 朜 돈 月光 달빛돈 (元) 朞 기 周年復其時 돌기(三百有六旬有六日ㅣ) 匝也 두루할기 期、稘通 (支) 腍 총 赤色 붉은빛총 赤也 붉을총 (東) 期。

기 約也 기약기 信也 믿을기 年老耄ㅣ 나이많을기 八達路崇ㅣ 여덟갈래길기 會也 모일기 百年 백년기 當也 당할기 時也 때기 待也 기다릴기 限也 기한기 必也 반드시기 (支) 九 朠 영 月色 달빛영 (庚) 𣍯 긍 月出貌 달돋을긍 (徑)

朡。종 坐礁 배가걸리어나아가지못할종 至也 이를종 (東) 𦝫 滕(水部十畫)과 同 十 𦢊 황 月色薄貌 달빛어슴프레할황 (養) 期。기 約也 기약기 百年 백년기 𣎅 凌(冫部八畫)과 同

望。망 月滿與日相ㅣ 보름망 望同 (漾) 十一 𣎊 선 便ㅣ小貌 조그마할선 (銑) 𣎑。년 月出 달돋을년 (霰) 十二 𣎴 朜(月部八畫)과 同 朣 동 月欲明貌ㅣ朧 달밝으려하

눈모양 동 (東) 𦢹 흘 濁也 달흐릴흘 (黠) 十三 𦢻 皦(白部六畫)와 同 十四 朦。몽 月將入ㅣ朧 달지려할몽 (東) 𣎏 엽 月動貌 달이움직일엽 (葉) 十六 𣎴 희 日

光 달빛희 (支) 朧。롱 月初明曈ㅣ 달처음밝을롱 (東) 二十 𦣝 당 月昏ㅣ朧 달빛흐릴당、어스름할당 (養)

木部

木。목 東方位 나무목(五行之十八音之一巽爲ㅣ) 質樸ㅣ訥 질박할목 不柔ㅣ強 강할목 棉織 무명목 ㅣ瓜 모과목 (屋) 國字 一 未。미 不也 아닐미、못할미 支名 羊也 양미 幹名協合 지지미 (未)

末。말 木杪端也 끝말 終也 마칠말 顚也 이마말 盡也 다할말 碎細 가루말 本 본 草木根柢 밑본 始也 근본본 舊也 옛본 下也 아래본 稼後張ㅣ 장본본 資本 밑천본 眞正 정말본 ㅣ國我也 나본 書畫法帖 체법본 ㅣ人當者 당자본 ㅣ日

今也 이본 冊也 책본 (阮) 朮 출 山薊 삽주출(藥名 蒼ㅣ白ㅣ) 俗音술 (質) 札。찰 小簡 편지찰 票也 표찰 甲鱗 갑옷비늘찰 夭死 요사할찰 扎通 (紙) 二 朱。주 赤色、南方位 붉을주 (虞) 朳

팔 無齒杷畚具 고무래팔、곰배팔 (黠) 朴。박 木皮 나무껍질박 質也 질박할박 大也 클박 本也 밑둥박 藥名 厚ㅣ 약이름박 樸同 (覺) 朷。도 목 木心 나무고갱이도 桑木削 뽕나무가지치는칼목 (豪)(屋) 朸。력 木理 年輪 나무결력 나

테력 (職) 朵 朵(次條)와 同 朶 타 木下垂ㅣㅣ 나무아래로숙을타 手捉物 손으로물건을잡을타 花ㅣ 꽃송이타 動也 턱까불타 朵同 (哿) 机。궤 木名如楡可燒糞田 느릅나무궤 案屬 책상궤 几通 (紙) 朽 후 木

腐也 썩을후 臭也 냄새후 亡也 망할후 殠同 (有) 朹 구 山樝 아가위구、아가배구 (尤) 朻 규 木下曲 나무아래로굽을규 (尤) 朼 비 調飲木匙 주걱비 枇通 (紙) 朿。차 芒也 가시랭이차 (寘) 朾 정 旗桿 깃대정 地名 땅이

름정 (靑) ㊂ 杆 [간] 栝也 산뽕나무간 僵木 쓰러진나무간 盾也 방패간 臂衣 팔찌간 (寒) 杄 [천] 桾櫏木 고염나무천 (先) 杈。[차] 岐枝木 아귀차 捕魚具 물고기잡는제구차 農具ㅣ把 써레차 桎同 (麻) 杇

[오] 塗墁器 흙손오 塗也 칠할오 圬同 (虞) 杍 [자] 木匠 목수자 治木器 곱자자 梓通 (紙) 杉 [삼] 木名似松船材 삼나무삼、으루나무삼 煔同 (咸) 杌 [올] 木無枝 나무그루터기올 頑也 檮ㅣ 흉악할올 不安貌 수선할올 頑通 (月) 朴。

[조] 木相高貌 나무가서로높을조 (篠) 杋 [범] 木名 나무이름범 杊 [순] 木可爲鉏柄 나무가 호미자루될만할순 (眞) 李。[리] 果名多子者 오얏리 姓也 성리 行裝 행장리、보따리리 薦士謂之桃ㅣ 선비천거할리 杏。

[행] 果名 似梅而甘 살구행 銀ㅣ은행행 (梗) 材。[재] 木直堪用 재목재、늘미재 性質 자품재 ㅣ料 재료재 才也 재주재 (灰) 村 [촌] 聚落 마을촌ㅣ 村 시골촌 邨同 (元) 杓。[표][작] 北斗柄 북두자루표 引也 당길표 작 飮器 枓ㅣ 술잔작 繫也 묶일

작 勺同 (蕭)(藥) 杖。[장] 殳類 所以扶行者 지팡이장 大梃 몽둥이장 持也 가질장 憑倚 의지할장 仗通 (漾) 宋 [망][맹] 大梁 대들보망 霤梁 고동보맹 棟也 동자기둥맹 (陽)(庚) 杔 [탁][척] 木名ㅣ櫨 락로나무탁 盪酒具ㅣ櫨 술

거를때쓰는제다리척 주자들척 (藥)(陌) 杕。[제][타] 樹盛 나무무성할제 木生高 孤나무홀로우뚝할제 船尾小梢 배의작은키타 梢通 (哿) 杚。[골] 平貌 편편할골 摩也 무지를골 杜。[두] 塞也 막을두 甘棠 아가

위두 香草名 향초이름두 (麌) 杙 [익] 交趾果 실과익 (如梨酷桄) 橛也 말뚝익 所以繫獸 몽치익 (職) 束。[속] 縛也 묶을속 約也 언약할속 ㅣ薪 단나무속 錦五匹 비단다섯끝속 (沃) 杠 [강] 旗竿 깃대강 小橋 작은

다리강 牀前橫木 상앞에가로댄막대강 擧也 올릴강 (江) 杞。[기] 藥名 枸ㅣ 구기자기 柳屬ㅣ柳 버들기 可爲桮棬之屬 개버들기 國名 나라이름기 釪同 (紙) 杣 [산] 樵人 나뭇군산、日、 杤 [료] 次第 차례료、日、 来 来(人

部六畫)의 略字 杢 [목] 木手 목수목、지위목、日、 ㊃ 柿 [폐][시] 削木札 자귀밥폐、대패밥폐 杮同 俗作果名 감시 (隊)(紙) 杫 [지] 俎也 도마지 本音시 (寘) 杭 [항] 方舟 배서로연할항 天漢

天ㅣ 은하수항 禹貢揚州域 고을이름항 渡也 건널항 航同 (陽) 杪。[초] 木末 나무끝초、휘초리초 末也 끝초 小也 작을초 杬 [완][원] 按摩身體 몸만질완 木名 나무이름원 (近似桑椹) (翰)(元) 杮。柿(木部四畫)과 同

杯 [배] 飮酒器 잔배 盃也 ㅣ棬 밥그릇배 盃、桮通 (灰) 東。[동] 春也 봄동 日出方 동녘동、오른쪽동 (日出扶ㅣ 月出於西) (東) 杳 [묘] 冥也 아득할묘 深也 깊을묘 杵 [저] 擣穀春ㅣ 절구공이저 杲。

[고] 日出ㅣㅣ貌 해돋을고 明也 밝을고 高也 높을고 [호] 義同 (皓) 杴 [험] 鍫屬 가래험 稀薟 草火ㅣ 희렴초험 (鹽) 杶。[춘] 似漆 琴椅ㅣ 참죽나무춘 櫄、橁、楯同 (眞) 杷。[파] 果名 似杏枇 비파나무파 平田器ㅣ銚 쇠시랑파 刀柄 칼자

루파 琵琶 악기이름파 欛通 (禡) 杻 [뉴][추] 檍也 박달나무뉴 手械 수갑추、조막손이추 (有) 杸 [수] 兵器 八稜無刃 팔모진군기수 擊也 칠수 木名 나무이름수 殳同 (虞) 杺 [심] 心黃色木 심이누런나무심 車鉤心木 수레그림쇠심 (侵)

松。[송] 百木之長 솔송 (ㅣ柏之有心也 貫四時而不改柯易葉) 江名 강이름송 板 [판] 木片 널판 木瓦 널기와판 笏也 手ㅣ 수판판 反側 뒤칠판 喪服背著 부판판 打樂器 풍류이름판 杼。[저] 織具ㅣ柚 북저 長也 길저 栩也 栗屬 도

토리저 杼通 (語) 杹 [화] 木芙蓉 목부용화 (禡) 极。[겁] 驢背負物 나귀에짐실을겁 (葉) 苿。[화] 鍬名 鋘ㅣ 칼이름화 犂鏵 보습화 鋘、鏵同 枂 [월] 剝去木皮 나무껍질벗길월 鞍瓦 안장기와월 (月)

枇。[비] 果名ㅣ杷 비파비 細櫛 참빗비 所以載牲 도마비 朼同 (支)(紙)
构 [구] 曲也 구부러질구 楮木 닥나무구 (有)
秏 [모] 冬熟桃 겨울에 익는복숭아모 (豪)
枅 枅(木部六畫)의 俗字
枃 [진] 箴也 바디진 凡織先經以ㅣ梳然使不亂 사침대진 (震)
枋。[방][병] 染絳木蘇ㅣ 단목방 魚肉고기살만、柄也 자루병 柄同 (陽)(敬)
枉 [왕] 曲也 굽을왕 屈也ㅣ駕 왕림할왕、굽힐왕
柳。[앙] 繫馬柱 말뚝앙 (漾)
柢 [시] 碓衡 방아채시 (支)
柝 析(木部四畫)과 同
枌 [분] 白楡 흰느릅나무분 (文)
柃 [예] 宮名 궁이름예 木名 나무이름예 漢宮名 (霽)
析。[석] 分也 나눌석 破木 쪼갤석、팔석 虹蜺ㅣ醫 무지개석 (錫)
枎 [부] 四布ㅣ疎 퍼질부 (虞)
枏。[남][염] 木名梅ㅣ子 나무이름남 (似杏而酸 似豫章美材) 염 義同 柟同 (覃)(鹽)
枑。[호] 行馬遮闌 梐ㅣ 마름쇠 호
枒。[야] 車輞 바퀴테야 木名 종려나무야 (ㅣ葉無陰也) 木相拒迦ㅣ 가새목지를야 木枒杈ㅣ 나무 등걸야 椰同、枒通 (麻)
枕。[침] 臥薦首具 벼개침 繫牛杙 소매는말뚝침 車後横木 수레뒤가룻대침 首據 벨침 (寢)(沁)
枔 [심] 木葉 나무잎사귀심 (侵)
枓 [주] 勺也 구기주 水器세 수통주 [두] 柱上方木 栱ㅣ 주두두 (虞)(有)
杤 [면] 吉具 솜면、목화나무면 棉同 (先)
林。[림] 叢木 수풀림 叢生ㅣㅣ 떨기로날림 盛貌、성한모양림 君也 將軍星名 羽ㅣ 별이름림
枙 [와] 木節 나무마디와、옹이와 (歌)
枖。[요] 樹木繁盛 나무번성할요 (蕭)(篠)
枘 [예] 柄也 자루예 (霽)
果。[과] 木實 과실과、열매과 驗也 과연과 敢也 과단할과 女侍、釋 敬正ㅣ 시녀과 因也 맺힐과 決也 결단할과 腹飽ㅣ然 배부를과 獸名 짐승이름과 勇也 냅뜰과 殺敵 도적죽일과 赤體 벌거벗을과 祼通 (哿)
枚 [매] 幹也 줄기매 箇也 낱매 馬鞭 말채매 止喧銜ㅣ 입에무는막대매 數物 셀매 (灰)
枝。[지] 木ㅣ柯 가지지 散也 흩어질지 手節 손마디지 持也ㅣ梧 가질지 (支)
柧 [초] 木刺 나무가시초 (嘯)

棒 [방] 木杖 나무지팡이방 (講)
校 [효] 槁也 서까래효 (肴)
枡 [승] 升也 量器 되승 日字
杫 [척] 橋也 굴척 (職)
枠 [수] 滑車心棒 수레바퀴다는나무수 (虞)

五

枰 [평] 碁局 바둑판평 博局 장기판평 木名 나무이름평 (庚)
枮 [침] 斫木櫍 모탕침 (侵)
枴 [괘] 老人拄杖 노인이 집팡이짚을괘 (蟹)
枯 [고] 槁木 마른나무고 槁也 마를고 衰也 榮ㅣ盛衰 쇠잔할고 朽也 흙손고 身弱 몸이여윌고 (虞)
枱 [이] 耒柄 따빗자루이 (支)
架 [가] 棚也 시렁가 起屋ㅣ 집세울가 衣ㅣ 횃대가
枳 [지][기] 似橘 탱자자 害也 해롭게할기 股也 사타리기 (紙)(支)
枵 [효] 虛也 빌효 ㅣ腹人餞 주린배효ㅣ然 클효 (蕭)
枷 [가] 項械 칼가 打穀具連ㅣ 도리깨채가 耞通 (麻)
枸 [구] 藥名ㅣ杞 구기자구(仙人杖根名地骨皮輕身益氣) 曲也 굽을구 枳名ㅣ橘 탱자구 似椹爲醬 필발구 (尤)(麌)
枹 [부][포] 鼓槌 북채부 桴同、桴通、木叢生 나무떨기로날포 苞通 (虞)(尤)(肴)
枺 [말] 柱也 欄ㅣ 기둥말、표말뚝말 (曷)
柹 [시] 赤實果 감시 (紙)
枻 [예][설] 檝也 상앗대예 栧同 檠ㅣ正 弓弩具 활도지개설 (霽)(屑)
枼 [엽][삽] 方木 모진나무엽 溥也 엷을엽、삽、義同
柃 [령] 木瘤 나무혹령、나무옹이령 (青)
柿 柹(木部五畫)과 同
柂 [이] 椵也 피나무이 酒名 柯ㅣ 술이름이 杝同 (支)
柁 [타] 正船木 키타 (掛於船尾) 舵同 (哿)
枿 [알][얼] 伐木餘 在槎ㅣ 나무움알 或音 얼 (曷)
柄 [병] 柯也 자루병 持也 잡을병 權也 권세병 棅同、枋通 (敬)
柈 [반] 承皿 쟁반반 盤也 소반반 板木杅ㅣ 널판반 槃同 盤通 (寒)
柅 [니][닐] 止車木 수레고동목니 絡絲器柄 얼레자루니 木名實如梨 팔배나무니 茂盛貌ㅣㅣ 성한모양니 察也 살필니 止也 그칠닐 (紙)(質)

柇 [화] 棺頭관머리화 (敬)
柏 [백] 丨松잣백 椈也측백나무백 栢同 (陌)
柉 [범] 木皮나무껍질범 (咸)
某 [모][매] 未定辭不知名者稱 아무모 古音무 梅亨 (有)(尤)
柎 [부] 木名楰丨나무이름부 花下萼꽃바침부 編木以渡뗏부 欄足난간발부 拊通 (遇)(虞)

柊 [종] 丨楑椎也방망이종 (東)
柍 [영][앙] 杏也살구영 (庚) 屋端추녀끝앙 (陽)
柋 [대] 蠶槌누에시렁대 (隊)
柑 [감][겸] 橘屬滋味甘美감귤감 馬銜재갈겸 拑、鉗通 (覃)(鹽)
柌 [사] 鎌柄낫자루사 (支)

染 [염] 茜屬꼭두서니염 漬也물들염 柔弱荏丨유약할염 染之물들일염 汚也더럽힐염 (琰)
柘 [자] 山桑산뽕나무자 (禡)
柙 [합] 藏獸檻짐승우리합 香木楓丨향나무합 匣通 (洽)
柔 [유] 剛之對부드러울유 順也유순할유 安也편안할유 耎也연할유 弱也약할유 草木新生싹돋을유 柔道유도유 (尤)

柚 [유][축] 似橙而酢橘丨유자유 櫾同 織具受緯杼丨북축 軸同 (宥)(屋)
柛 [신] 木自死나무절로죽을신、자고목신 (眞)
枱 [시] 臿也삽시 手車손수레시 (紙)

柜 [거] 木名似柳皮可煮作飮나무이름거 欅同 (語)
柣 [질] 門限문지방질 (質)
柝 [탁] 判也쪼갤탁 夜警刁斗조두탁、목탁탁 欜通 (藥)
柢 [저] 根也뿌리저 邸通 (薺)(齊)(霽)
栟 [변] 柱上木欂櫨주변변 (霰)

柞 [작][책] 櫟也가락나무작、갈참나무작 除木나무베일책 (藥)(陌)
柧 [고] 棱角모질고 殿堂最高轉角處丨棱대마루고 鄕飮酒爵술잔고 觚同 (虞)
查 [사] 察也사실할사 訊也캐물을사 水中浮木뗏목사 槎、楂通 (麻)
柪 [요] 曲木굽은나무요 (肴)

柩 [구] 棺也널구 (宥)
𣏹 [거] 板也길마거 (魚)
柬 [간] 分別분별할간 擇也가릴간 札也편지간 簡、揀通 (潸)
柱 [주] 楹也기둥주 撑也버틸주 支也고일주 塞也막을주 拄通 (麌)(虞)
柲 [비][필] 弓檠활도지개비 戈戟柄창자루비 閉通 필義同 鉍通 (寘)(質)

柰 [내][나] 果名蘋婆사과내 那也 丨何어찌내、나義同 那通 (泰)(箇)
柭 [패][발] 木生枝葉나무지엽돋을패 茂貌무성할발 枝葉나무가지발 (曷)
柯 [가] 枝也가지가 斧柄도끼자루가 (歌)

柮 [돌][올] 木頭榾丨삭정이돌、만들가리돌 樹無枝무지렁나무올 伐木殘株밑둥만남은나무올 櫨通 (月)
枇 [자] 無疵木楡也느릅나무자 (支)
柳 [류] 楊也버들류 宿名별이름류 姓也성류 桺同 (有)
柴 [시][채] 薪也땔나무시 祭名燔丨제사이름시 祡同 古音재 塞也막을채 護也지킬채 藩落울타리채 寨通 (佳)(卦)

柵 [책] 寨也목책책 編立竹木울타리책
柖 [소] 樹搖나무흔들릴소 (篠)
柷 [축] 作樂器丨敔풍류축 (屋)
柶 [사] 匕也喪用角丨뿔숟가락사 丨枝윷사 (寘)

柾 [정] 木之正나무바른정 木理好貌나뭇결좋을정 日、
栄 栄(木部十畫)의略字
栂 [모] (木名、常綠喬木이며 梅와비슷함) 나무이름모 日、
𣐋 𣘀(木部九畫)과同

栍 [생] 籤也사슬생 路標長丨장승생 國字

六

栒 [순] 懸鐘磬具丨簴경쇠걸이순 木名나무이름순 簨、簴同
栔 [설][계] 絕也끊을설 缺也이지러질설 憂也丨丨근심할설 本音결 刻也새길계 (屑)(霽)
栗 [률] 果樹實有房多刺밤률 堅也견고할률 懼也戰丨두려워할률 主材신주나무률 謹敬공손할률 穀不秕쭉정이률 越等건널률 樂名풍류이름률

栓 [전] 木釘나무못전、말뚝전 桶丨통마개전 瓶丨병마개전 (先)
栚 [짐] 蠶薄橫木누에시렁대짐 木名나무이름짐 (寢)

杝 [이] 船杼水斗배에물푸는바가지이 (支)
栘 [제] 棠棣산매자나무제、당체나무제 丨楊사시나무제 古音세 (齊)
栞 [개] 杖也지팡이개 (蟹)
栛 [려] 木名丨松나무이름려 (箭笴用材似松極佳) (語)

栙 [강] 帆未張丨䉶펴지않은돛강 䉶也돛강 (江)
𣐍 [패][파] 藤屬등나무패、파義同 (卦)(禡)
栞 [간] 斫木나무쪼갤간 刊同 (寒)
栝 [괄] 柏葉松身노송나무괄、전나무괄 檜同 (曷)

枅 계 屋櫨장여계、가로보계(柱上承棟者) 견 義同 齊先
栠 임 木弱貌나무여할임 寢
栣 栠(前條)와同
栤 평 析木聲나무패는소리평 蒸
校。교 효 報也이를교 計也계교할교 獄也사냥할교 軍官장교 교 敎受處學ㅣ학교교 ㅣ訂바로잡을교 檢也끎을교 訂書교정할교 挍通 廐格마굿간교 學宮학궁효 效肴
株。주 根也뿌리주 幹也줄기주 木身대주 木數나무주
栧 예 楫也돛대예 枻同 霽
栩。허 橡也栗屬상수리나무허、참나무허 喜貌반가울허 麌
栫 천 圍也에울천 柴木壅水나무로방천할천 籬也울타리천 捕魚具깃천 霰
栭。이 小栗작은밤이 櫨也주두이 支
栰 벌 桴也 編木汎水떼벌 筏、橃同 月
栮 니 木耳버섯니、느타리니(生於枯木上形如人耳) 紙
栯 욱 赤棣ㅣ李산앵도욱 屋
桊 공 手械수갑공 兩手共械두손한데수갑챌공 腫
栱 공 柱頭ㅣ枓기둥머리공 大杙큰말뚝공 腫
栒 신 簨也바디신 震
栲 고 山樗類漆북나무고 皓
栳 로 柳器栲ㅣ버들로짠고리로 皓
栴 전 香木ㅣ檀향나무전 先
核。핵 흘 果中實씨핵 豆實실과핵、흘義同 覈通 陌月
栵。례 렬 木行生나무줄로날례 栭栗산밤렬、돌밤렬 霽屑
根。근 柢也뿌리근 本也밑근 木株그루근 星名天ㅣ별이름근 始也시작할근 車名金ㅣ수레이름근 元
栻 식 推占木局점판식 職
梟 한 闌也문지방한 刪
格 격 락 각 法式ㅣ例격식격 來也올격 至也이를격 書架皮ㅣ책시렁격 正也바를격 究也궁구할격 感通감응할격 鬪也다툴격 登也오를격 資ㅣ자격격 標準方ㅣ표준할격 變革변혁할격 敵也대적할격、不入扞ㅣ막힐락、長枝긴가지각、회초리각 角戲ㅣ五씨름할각 佫通 陌藥
桀。걸 凶暴흉포할걸 秀貌ㅣㅣ빼어날모양걸 磔也찢을걸 苛也멜걸 夏王號하왕의이름걸 鷄棲杙닭의홰걸 傑、榤同 屑
栿 복 梁也들보복
桂。계 木名百藥之長계수나무계
栦 형 机也책상형 靑
桁 항 형 械也ㅣ楊차꼬항 浮橋부교항 衣架횃대항、屋橫木도리형 葬具매개형 陽庚
栽。재 種蒔ㅣ殖심을재 築墻長板담틀재 隊
桉 안 食器玉ㅣ중발안 案古字
桊 권 牛鼻環소코뚜레권 屈木盂휘어만든나무바리권 棬通 霰
框 광 門檔문골광 棺門관문광 棺頭관머리광 陽
桎。질 足械차꼬질 窒也막힐질 質
桍 고 枯木마른나무고 麌
桃。도 果也복숭아도 果名櫻ㅣ 胡ㅣ과실이름도 竹名ㅣ枝대이름도 果名櫻ㅣ앵도도 豪
桄。광 麵樹ㅣ榔나무이름광 織機베틀광 充也찰광 漾
桅。외 檣也돛대외 染黃木치자나무외 灰紙
桋 이 木名似柰赤棣杞ㅣ박달나무이 雌桑암뽕나무이 支
桑。상 其葉養蠶뽕나무상 日出處扶ㅣ해돋는곳상 地名窮ㅣ空ㅣ台ㅣ땅이름상 陽
桌 탁 几案탁상탁 覺
案。안 几屬책상안 著書起義기안할안 考也상고할안 官府登錄등록할안 界也지경안 議獄옥사의논할안 按通 翰
桏。공 柜柳떡갈나무공 冬
桐 동 葉大材輕梧ㅣ오동나무동、머귀동
桗 타 木名나무이름타 量也헤아릴타 柱也기둥타 筒
桓。환 武貌ㅣㅣ굳셀환 木名모감주나무환 郵亭ㅣ表표목환 難進盤ㅣ머뭇거릴환 下棺木하관틀환 公圭홀이름환 髻也어여머리환 寒
桔。길 藥名ㅣ梗도라지길 길(食用) 擧烽具봉화틀길 橘通、俗音결 屑
桜 櫻(木部十七畫)의略字
桒 상 織具물레가락상、日字
桗 타 手把物잡을타 或音과 馬
桼 染(木部五畫)의俗字

❼

桬 사 ㅣ棠木名사 당나무사 麻
桫 사 ㅣ欏木名사 라나무사 歌
桭 진 屋梠평고대진 眞
桮 배 飮器ㅣ棬술

잔 배 盃、杯通 (灰) **桯**。정 牀前几 서안 정 柱也 기둥 정 (靑) **梠** 부 鼓槌 북채 부 同桴通 (虞)(尤) **梛** 야 椰子 야자나무 야 椰同、枒通 (麻) **桱**。경 木名 나무 이름 경 巻絲具 얼레 경 机也 책상 경 (徑)(靑) **桸**。

렬 舟檣 돛대 렬 (屑) **桴**。부 屋棟 집 마룻대 부 鼓槌 북채 부 枹通、筏也 떼 부 泭同 **桲** 발 打穀具 도리깨 발 榠櫨 榅丨 돌배 발 杖也 지팡이 발 (月) **桻** 분 舟篷 배 뜸 분 (吻) **桵**。유 木名 白丨 나무 이름 유 木生叢丨樸

나무 떨기로 유 犂也 보습 유 梼同 (支) **桼**。칠 汁可髹物 옻나무 칠 水名 물 이름 칠 榛、漆通 (質) **桶** 통 용 六升入木方器 엿되들이 통 斛也 휘 용 (董)(腫) **栁** 柳(木部五畫)의 本字 **桸** 희 朽也 나무 썩을

희 杓也 국자 희 (支) **桻** 봉 木上 나무 끝 봉 (冬) **桷** 각 榱也 서까래 각 平柯 바로 걷은 가지 각 (覺) **桽** 좌 麥李 과실 이름 좌 早桃 올된 복숭아 좌 (歌) **梁**。량 負棟 들보 량 木橋 나무다리 량 石絶水爲丨 돌다리 량、징검다리 량 以筍浦魚

丨 발담 량 亂走貌 달음박질할 량 跳丨 펄펄뛸 량 強丨 굳셀 량 樑同 (陽) **桹**。랑 木名 桄丨 광랑나무 랑 船板 뱃전 랑 榔通 (陽) **[木豕]** 저 自枯木 말라 죽은 나무 저 (魚) **桾** 군 梬棗丨櫏 고욤나무 군 (文) **梀**。촉 矩椽 짧은 서까래 촉 梀

也 박달나무 축 (陌) **桿** 한 간 木梃 줄기 한 棒也 몽둥이 간 (旱)(寒) **梂** 구 櫟房 도토리 받침 구 (尤) **梴** 선 鷹架 매 시렁 선 (霰) **梃**。정 杖也 막대 정 一枝直莖 외줄기 정 勁直貌丨然 꼿꼿할 정 (迥) **梅**。매 似杏實

酢 매화나무 매 喪容丨丨 상제 형용 매 雀丨 갈매나무 매 楊丨 양매나무 매 (灰) **梄** 유 積也 쌓을 유 薪也 섶 유 槱同 (有) **梇** 롱 地名丨棟 땅 이름 롱 (送) **梊** 세 撮取 집어 가질 체 (霽) **梆** 방 木鐸 목탁 방 發響竹筒

대통 칠 방 (江) **梍** 조 皂莢 스므나무 조、쥐엄나무 조 (皓) **楸** 적 木名 나무 이름 적 (錫) **梏**。곡 手械 桎丨 수갑 곡、조목손이 곡 亂也 어지러울 곡 貫也 뚫을 곡 (沃) **梓**。자 楸也 노나무 자 木工 목수 자 故鄕 桑丨 고향 자 家道橋

丨 우러러볼 자 鋟書丨 글새길 자 (紙) **梐**。폐 行馬丨枑 마름쇠 폐 牢獄 周丨 우리 폐 遮攔丨枑 목책 폐、말장 폐 (薺) **梒** 함 櫻桃 앵도 함 (覃) **梗** 경 山楡 산느릅나무 경 正直 곧을 경 略也丨槪 대개 경 病也 병 경 猛也 強丨 억

설 경 塞也 막힐 경 害也 해로울 경 撓也 흔들 경 人形、土偶 놀음갈 경 (梗) **梔**。치 梔桃 一名 鮮支 實可染黃 치자 치 巵通 (支) **梖** 패 木名 패엽 나무 패 (泰) **梜**。협 箸也 丨提 젓가락 협 筴同、古音 겹 (葉) **梸**

폐 券契 어음 조각 폐 (隊) **梛** 나 木名、竹柏 나무 이름 나 (歌) **樧** 찰 榝也 죄을 찰 壓也 누를 찰 指刑 손가락 형벌 찰 (曷) **柴**。수 쥐 識也 표할 주 藏也 감출 주 口也 입 주 觜也 부리 주 石鍼 돌침 쥐 (支)(紙) **梘**

견 通水器 홈통 견 筧同 (銑) **條**。조 小枝 휘추리 조 長也 길 조 丨理 조리 조、가닥 조 達也 사무칠 조 枚擧丨目 조목 조 縄也 노끈 조 地名 鳴丨 땅 이름 조 橘屬 귤 조、탱자 조 擾亂丨丨 요란할 조 (蕭) **梠** 려 楣也 문도리 려、문얼굴 려 梅端連

綿木 평고대 려 (語) **梣** 침 青皮木 물푸레 침 (侵) **梡** 완 虞俎名 우리나라 제기 완 四足俎 네발 도마 완 斷木 토막나무 완 (旱) **梟**。효 不孝鳥 올빼미 효 懸首木上 목 베어 매달 효 健也 건장할 효 雄也 웅장할 효 采名 摴蒱 주사

위 효 (蕭) **梢**。소 木杪 나무 끝 소 木無枝柯 마들가리 소、졸가리 소 船尾 배 꼬리 소 農具 畚丨 장기자루 소 船尾 키 꼬리 소 艄同 (肴) **梤**。분 香木 향나무 분 (文) **梨**。리 快果 참배 리 山檎 돌배 리 蟲名 蛤丨 벌레 이름 리 棃同 (支) **梧** 오 木名 丨桐 오

동 오 支也 버틸 오 偉貌 魁丨 큰 모양 오 (虞)(遇) **梭** 사 織具 북 사 (歌) **梩** 리 土轝 虆梩丨 들것 리 鍬也 가래 리 (支)(紙) **梬**。영 小柹 丨棗 고욤나무 영 (梗) **梪** 두 獨丨 樹名 독두나무 두 木食器 나무 그릇 두 (宥)

梫 [침] 桂也계수나무침、계나무침 (侵)

械 [계] 器之總名 기계계、틀계 桎梏수갑계 器ㅣ兵仗무기계 古音해 (佳)

梮 [국] 山行所履 썰매국 欅同 (沃)

梲 [설][탈] 梁上楹藻ㅣ동자기둥절 大杖작대기탈 (屑)(曷)

梯 [제] 木階사다리제 木稚나무어릴제 無隅角者모퉁이없을제 階ㅣ층제 (齊)

梱 [곤] 門限문지방곤 成就貌ㅣㅣ성취한모양곤 柳箱子상자곤 閫同 (阮)

梵 [범] 西域釋書불경범、중의글범 吟聲ㅣ唄읊을범、경읽을범 (陷)

梃 [천] 木長貌나무민밋할천 碓機방아틀천、방아쌀개천 (迥)

梏 [각] 枳ㅣ藥名탱자나무각 (覺)

梳 [소] 理髮櫛얼레빗소 (魚)

梻 [불] 佛供香木향나무불 日字

梶 [미] 木杪나무끝미 舵也키미 日字 (尾)

八

梚 [도] 木枝四布나무가지퍼질도 木名가래나무도 (虞)

棊 [기] 根柢뿌리기 圍碁바둑기 棊通 (支)

栞 栞(木部六畫)과同

棅 [병] 柄也자루병 持也가질병 柯也가지병 權也권세병 本也밑병 柄同 (敬)

棄 [기] 捐也버릴기 忘也잊어버릴기 失也잃을기 (寘)

棆 [륜] 楡也느릅나무륜 毋杶둔나무둥치륜 (眞)

棉 [면] 木ㅣ주나라나무면、목화나무면 吉貝葦솜면 柄同 (先)

棌 [채] 槲也ㅣ椽떡갈나무채、참나무채 (賄)

棐 [비] 輔也도울비 木名似柏비자나무비

棍 [혼][곤] 東木나무묶을혼 刑具ㅣ杖곤장곤 (阮)(願)

棎 [섬] 果名과실이름섬 (鹽)

棑 [패] 盾也방패패 筏也떼목패 (佳)

棖 [정] 楔也문설주정 杖也막대정 古音쟁 (庚)

棒 [봉] 杖也몽둥이봉 打也두드릴봉 俗音방 棓通 (講)

棓 [부][방] 打也때릴부 星名天ㅣ별이름부 打穀具도리깨채방 棒通 (尤)(講)

枘 [예] 草木垂實貌ㅣ초목에열매달린모양예 俗音내 (霽)

棗 [조] 棘實赤心果대추조 (皓)

棙 [려] 琵琶撥機也關ㅣ고동려 (霽)

棚 [붕] 棧架시렁붕 閣也누각붕

棘 [극] 小棗多刺가시나무극 執囚之處가시성쌓을극 大弓큰활극 鳥名ㅣ扈새이름극 藥名天ㅣ약이름극 牢獄옥극 大戟큰창극 速也급극 戟、棘通 (職)

棜 [어] 承尊器책상반어 (御)

棟 [동] 屋脊檼동자기둥동 木名나무이름동 (送)

棝 [고] ㅣ斗可以射鼠쥐덫고 (遇)

[木+兩] [량] 松脂송진량 (養)

楗 [삽] 木理起貌나무결일어날삽 (洽)

𣗭 [엄] ㅣ檢林檎능금엄 (琰)

棡 [강] 木名나무이름강

棠 [당] 木名如李無核沙ㅣ杜梨甘ㅣ아가위당 地名땅이름당 (陽)

棣 [체] 郁李唐ㅣ아가위체 通也통할체 木名雀梅나무이름체 木名似櫻桃들벚꽃체 태 威儀ㅣㅣ엄전할태 閒習貌ㅣㅣ익숙할태 (霽)(隊)

槔 [구] 汲水具桔槹두레박구 俗音고 (豪)

棩 [연] 木曲나무굽을연 (先)

棧 [잔] 棚也사다리잔 閣也복도잔 馬皁마판잔 柩車상여틀잔 小鐘작은쇠북잔(大鐘曰鏞、小鐘曰ㅣ) ㅣ橋다리잔 ㅣ房전방잔 (潸)(諫)(華)

棤 [착] 木皮粗錯나무껍질거칠착 或音칙 (藥)

棪 [염] 木名나무이름염 (琰)

棬 [권] 屈木爲器棬ㅣ휘어만든나무그릇권 牛鼻拘ㅣ쇠코뚜레권 桊通 (先)

棫 [역] 木叢生ㅣ樸、棫自拔ㅣ나무무더기로날역 白桵무리참나무역 (職)

棭 [액] 木名나무이름액 (陌)

棽 [금] 机也책상금 (沁)

榙 [답] 柱頭기둥머리답 (合)

森 [삼] 木多貌나무빽빽들어설삼 植也심을삼 盛也성할삼 (侵)

棯 [임] ㅣ棗還味대추맛들임 (鹽)

棲 [서] 息也ㅣ遲쉴서 鳥ㅣ새깃들서 牀也평상서 水草名ㅣ苜물풀이름서 往來貌ㅣㅣ서성거릴서 栖同 (齊)

棰 [추] 杖擊매추 捶、箠通 (紙)

棱 [릉] 四方木柧也네모질릉 觚也모릉 威也위엄릉 殿角전각추녀릉 楞同、稜通 (蒸)

彙 [위] 草木盛貌풀무성할위 類也무리위 (未)

棵 [과][환] 木名나무이름과 栞具괘협과 薪束나뭇단환 (哿)(旱) 國字

棶 [래] 木名ㅣ椋 박달나무래 (灰) 梫 [삼] 接檐채 양삼 (咸) 棷 [취][추][수] 藪也 무서리취 薪也 섶추 郰ㅣ 수풀수 古音 최 藪同 (泰)(尤) 棸 [추] 木名 추나무추 姓也 성추 (尤) 棺

[관] 林以掩屍令完ㅣ椁 관관 掩尸闔 널관 斂也 염할관 (寒) 棹 [도] 所以進船在傍撥水 노도 棼 [분] 亂也ㅣㅣ 어지러울분 複屋重梁 겹들보분 多木 나무많을분 (文) 棿 [예] 不安 杌ㅣ 불안할예 危也 위험할예

椄 [접] 續木 나무접붙일접 形械 형틀접 楔也 문설주접、대일접 接枝 접지접 (葉) 棉 [앙] 屋斜角飛ㅣ 추녀앙 (陽) 椀 [완] 小盂 주발완、바리완 盌同 (旱) 椁 [곽] 外棺 관곽 度也 젤곽 槨同 (藥) 椢 [굴] 斷

木 토막나무굴 自枯木 풍당목굴 (物) 椅 [의] 木名梓實桐皮 노나무의、가래나무의 坐具ㅣ子 의자의 (支)(紙) 椈 [국] 柏也 측백나무국 (屋) 栟 [병] 椶也ㅣ櫚 종려나무병 (庚) 棈 [효] 梔子ㅣ桃 치자나무효 (肴)

椇 [구] 婦人之贄 폐백구 梨屬蔆ㅣ 배구 穀狙은 나라제기구 枸、蒟通 (麌) 椆 [주] 川名 내이름주 (尤) 植 [식][치] 栽也 심을식 樹立 세울식 置也 둘식 草木 초목식 椎也 방망이치 立也 세울치 種也 심을치 倚也 의지할치 枝幹 줄기치 枝幹築城

楨 달굿대치 將領主帥之稱 두목치 (職)(寘) 〔木委〕 [유][위] 棫也、木名 白떡갈나무유 犂也 보습유 農具 굽정이위 〔曰共木〕 [곡] 食膳 밥상곡 輿也 수레곡 (沃) 椌 [공][강] 器物質 차기물질박할공 柷也 시작하는 풍류강 (東)(江)

椋 [량] 木名 卽椋也 나무이름량 (陽) 椎 [추] 鈇ㅣ 방망이추 鐵ㅣ 쇠뭉치추 櫟也 참나무추 擊也 칠추 擣也 짓찧을추 不曲ㅣ鈍 뻣뻣할추 椐 [거] 櫃也 인가목거、가마래나무거、영수목거 (魚) 椏 [아] 樹枝杈ㅣ 나무가

지아귀질아、두가장귀질아 (麻) 椑 [비][벽] 溢屬鳥ㅣ 떫은감비 斧柯 도끼자루비 圓榼 둥근합비 飮器 잔비 親身棺 관벽 鼠李 갈매나무비 (支)(齊)(陌) 中字 椓 [탁] 擊也 칠탁 宮刑 불알베일탁 斲 椓通 (覺) 椖 [방] 병

木片 나무조각방 揭示 게시판방 標也 방방 取士之次第曰ㅣ 방목방 牓、榜同、笞也 볼기칠방 進船 배밀방 船人 뱃사공방、병 義同 (漾)(敬) 椒 [초] 似茱萸實辛 香烈 후추초 楚 楚(木部九畫)의 俗字 椛 [화] 丹楓 단풍나무화 日字

検 檢(木部十三畫)과 同 椙 [창] 杉也 삼나무창 杉俗字 日字 椚 [륵] 櫟也 상수리나무륵 日字

九

椊 [탁] ㅋ와목탁탁 判也 쪼갤탁 柝同 (藥) 〔木迴〕 [형] 基盤臺 바둑판형 (迥)

椳 [외] 門樞 문지도리외、문고리외 與楓 욋가지외 (灰) 國字 椔 [치] 木立死 서서죽은나무치 (支) 椰 [야] 木名 야자나무야 椰同 (麻) 椱 [부][복] 機足 베틀발부 履也 신복 (有)(屋) 椯 [타] 箠也 채

쭉타、종아리채타 (哿) 椴 [단] 椵也、木槿 피나무단 (翰) 椹 [침][심] 斫木櫍、木趺 모탕침、도끼바탕침 桑實 뽕나무열매심、오디심 葚通 (侵)(寢) 椻 [언] 積木爲障 나무로방천할언 (阮)(願) 椵 [가] 柚屬 유자가 擧物

具杈 들가라가 囚械 칼가 (馬)(禡)(麻) 椸 [이] 衣架 횃대이、옷걸이 이 榻前几 책상이 箷同 (支) 椶 [종] 椶櫚 종려종(一名 蒲葵) ㅣ櫚 종려종) 倧同 (東) 椷 [함] 木篋函屬 궤짝함 杯也 잔함 容也 용납할함 本音 감 (咸)

椺 [보] 樑也 들보보 韓字 椽 [연] 榱也 서까래연 (先) 〔木面〕 棉(木部八畫)의 俗字 椿 [춘] 壽木大ㅣ 대추나무춘 杳樗 참죽나무춘 ㅣ當、ㅣ丈 어르신네춘 (眞) 〔木盃〕 杯(木部四畫)과 同 楀 [우] 木

名 나무이름우 姓也 성우 (麌) 楂 [사] 果名 아가위사 樹下體 등걸사 梓也 떼사 鵲鳴 까치소리사 喜 차 (麻) 楆 [요] 細腰棗 허리잘룩한대추요 (蕭) 〔木客〕 [객][격] 掛衣架 횃대객、옷걸이객 鞍ㅣ 안장거리격 (陌)(藥) 楃 [옥][악] 木帳

나무로만든장막옥 房帳 방장악 (屋)(覺)

㮘 모 門樞上橫木 문설주모 (號)

㮈 내 枯立木 죽은나무내 或音니 (霽)

㮐。성 狙也 도마성 木糸交以支炊之奠 쳇다리성 (梗)

楅。복 벽 牛角橫木ㅣ衡 쇠뿔에가로댄막대복 矢器 전동복、벽 義同 (屋)(職)

槉 후 果名、ㅣ桃 과실이름후 木名、ㅣ榺 나무이름후

楢 잡 木折聲 나무부러지는소리잡 茂也 무성할잡 (洽)

楇。화 괘 塗輪膏器 바퀴에바르는기름통화 紡車收絲具 자새괘 (箇)(歌)

楊 양 蒲柳 白ㅣ 버들양 達閭側長黃ㅣ 회양목양 葉長靑ㅣ 왕버들양 圓葉栘ㅣ 사시나무양(栘ㅣ弱蒂微風大搖)(陽)

楉 약 果名ㅣ榴 석류약 (藥)

楎。휘 혼 掛衣架 옷걸이휘 椵也 문지방휘 農具 犂轅 장기술혼 (微)(元)

楏 규 鉏柄 호미자류규 (齊)

㮗 근 矛柄 창자루근 鉏也 호미근 (眞)

楐 계 庋閣 찬장계 (卦)

樺 갈 鼓也 북갈 古音갈 (黠)

楔 설 楔也 문설주설 鼓也 칠설 柱也 기둥설 以松有刺 노가주나무설 櫻桃 앵도설 (屑)

楑 규 椎也 柊ㅣ 방망이규 (支)

㮕 이 木耳 버섯이 紅藍 잇꽃이 (支)

楓。풍 欇也 단풍나무풍、신나무풍

楖 즐 木名ㅣ栗 질률나무 縣名ㅣ裴 고을이름 즐

楕。橢(木部十二畫)의 略字

楙。무 木瓜 모과나무무 盛也 성할무 茂古字 (有)

楘。목 車轅皮束爲飾 가죽으로감은차 멍에목 (屋)

楝。련 木名 似槐苦ㅣ 고련나무련 (霰)

楗 건 鎖門橫木 문빗장건 門限木 關ㅣ 문지방건 揵通 (阮)

楚。초 荊也 싸리초 國名 熊繹所封 초나라초 鮮明ㅣㅣ 선명할초 高也 翹ㅣ 높을초 叢木 더부룩할초 扑撻犯禮 종아리칠초 辛痛 아플초

楀 우 木ㅣ 제웅우、허수아비우 偶通 (遇)

楜 호 胡椒 후추호 (虞)

㮠 포 四十斤 사십근포 (效)

楛。호 고 木名 歸荊矢幹 나무이름호 不堅 단단치못할고 器物濫惡 물건추잡할고 矢也 화살고 荊也 싸리고 (麌)

楡。유 白枌 느릅나무유 西方、晚景 서편쪽유 星名 별이름유 鄕名 枌ㅣ、晚景桑ㅣ 시골이름유 (虞)

楟 정 木名棠梨 아가위정

楠 남 美材似豫章 들메나무남 柟俗字 (覃)

楢。유 柔木 부드러운나무유 燎柴 홰유 標通 (尤)

楣。미 門上橫梁 인중방미、문웃설주미 (支)

楨。정 木名 쥐똥나무정 剛木 단단한나무정 築牆具ㅣ幹 담틀정 (庚)

剿 초 剗木殺上 나무끝뾰족하게 깎을초、위뾰족하게 깎을초

㮙 악 穽也 함정악 (藥)

楦 훤 履模 신골훤 楥通 (願)

楤 종 木名 엄나무송 或音총 (董)

楥。원 木名 柜柳 나무이름원 卷絲具 실감개원、얼레원 履範 신골원 楦通 (元)

楩 편 南方大木似豫章 나무이름편 (先)

楬。갈 表識 표할갈、패세울갈

楫。접 즙 短棹曰ㅣ 노접 檝同 - 棹也 돛대즙 (葉)(緝)

業 업 事也 일업 事之 일할업 創也 처음업 危也 위태할업 然已 이미업 壯也 씩씩할업 懸鐘木虡ㅣ 종다는나무업

楪 접 牀板 널평상접 牖也 창바라지접 (葉)

楮。저 皮可爲紙 닥나무저 紙幣 종이돈저 木名 감매나무저 (語)

楒 시 木匙 나무숟가락시 匙同 (支)

楯。순 欄也 난간순 干也 방패순 拔擢 뽑을순 喪車 상여순 官名 陛ㅣ郎 벼슬이름순 盾、輴通 (眞)(軫)(震)

楳 梅(木部七畫)의 本字

楱 주 武陵小橘 작은귤주、감자주 鎒齒把 鍋ㅣ 쇠시랑주 (宥)

楰。유 鼠梓似山楸而黑 나무이름유 (虞)(麌)

㮇 첨 炊竈木、火杖 부지깽이첨、부짓대첨 (鹽)

楲。위 褻器ㅣ窬 요강위 (微)

楴 체 摘髮 족집게체 鬢釵 비치개체 (霽)

楶 절 梁上短柱 樽櫨 동자기둥절 공대절 (屑)

㭶 구 曲枝 굽은가지구 (尤)

極。극 中也 가운데극 至也 지극할극 盡也 다할극 窮也 궁진할극 天地未分前 덩어리극 辰也 별극 棟也 대마루극、한마루극 方隅 한끝극 遠也 멀극 終也 마침극

要會無形體太ㅣ君建 中皇ㅣ태극극 (職)

楷 [해] 模也본뜰해、본보기해 法式법해 書名해자해 蝅孔子墓木공자묘소에난나무해 古音개 (佳)

楈 [설] 門限문지방설 栗屑부스러기설 (屑)

楺 [유] 屈木나무휠유、굽은나무유 (有)

楸 [추] 梓也、槐屬美木 苦ㅣ노나무추、가래나무추 苦ㅣ산유자추 棊局紋ㅣ바둑판추 萩通 (尤)

柵 [험] 陰也그늘험 (琰)

楏 [실] 杜松두송실 日字

楻 [황] 旗竿깃대황 (庚)

楹 [영] 柱也기둥영 空棺具 桓ㅣ관괴임목영 (庚)

榀 [품] 土壁中編木외가지품

楿 [향] 桂也계수나무향 日字

[木+飛] [비] 木梯사다리비、비계비 圖字

楼 樓(木部十一畫)의俗字

楾 [천] 通水管

楽 樂(木部十一畫)의俗字

(十)

榎 [가] 木名 楚也싸리나무가 苦茶차이름가 檟通 (馬)

榕 [용] 多陰樹나무이름용 (冬)

榏 [익] 青雀舟푸른새그린배익 艗同 (錫)

榔 [랑] 嶺外果檳ㅣ빈랑나무랑 (陽)

榐 [전] 樹長貌 榐ㅣ나무진모양전 俗音천 (銑)

榓 [필] 門限문지방필 杏木향나무필 (質)

榖 [곡] 楮也닥나무곡 姓也ㅣ梁성곡 木名 迷ㅣ나무이름곡 (屋)

榛 [진] 似栗而小 개암나무진 蕪也ㅣㅣ덧거칠진 (眞)

㲉 榖(木部十畫)과同

榚 [요] 木長나무길요 (蕭)

榘 [구] 正方器곡척구

榜 [방][병] 木片나무조각방 取士之次第曰ㅣ방목방 㯁也방방、병義同 牓、搒通 (養)(敬)

榠 [명] 木梨명사나무명 果名、ㅣ樝명자명 (青)

[木+索] [색] 木名白ㅣ나무이름색 梢也나무가지색 (職)

榡 [소] 未成器건목칠소 (遇)

槝 [오] 青梯푸른감오 (虞)

㮨 [직] 木名나무이름직 (職)

棱 [취] 木節나무마디취 (支)

榣 [요] 樹動나무흔들릴요 (蕭)

榧 [비] 木似柏文木비자나무비

榥 [황] 讀書牀책상황 櫎同 (養)

榦 [간][한] 木本根밑줄기간 築墻木담틀간 柄也자루간 井上木欄우물난간한 (翰)(寒)

榤 [걸] 雞杙닭의홰걸 (屑)

榨 [자] 壓酒器술거르는기계자 打油機기름틀자 醡同 (禡)

榬 [원] 絡絲籰자새원、도토마리원 懸鐘磬具종다는나무원 (元)

榩 [건] 斫木鑕모탕건 米倉쌀고건、곳집건 (先)

榫 [순] 斫木入竅자루박을순 (軫)

榪 [마] 木片關定器物ㅣ子나무로레멜마 ㅣ杓주걱마 (禡)

㮫 [할] 車之內軸수레안바퀴할 교弓具도지개할 (曷)

[木+脊] [적] 屋之櫋木마룻대적、들보적 (陌)

榟 [제] 研木槌절구공이제 (齊)

榮 [영] 華也빛날영 名譽명예영 辱之反영화영 茂也무성할영 屋翼추녀할영 桐木오동나무영 血氣ㅣ衛혈기영 (庚)

榴 [류] 果名石ㅣ석류류 橊俗字 (尤)

榭 [사] 講武之屋사정사 臺有屋정자사 廟無室사당사 庫也연장두는곳집사 (禡)

榯 [시] 木直堅나무곧게할시 持門樞문설주시 (支)

榰 [지] 柱砥나무주추지(古用木今用石) 支也이바지할지 搘同 (支)

椷 [함] 梘也홈통할함 (覃)

榲 [올][온] 果名ㅣ桲돌배올 柱也기둥온 (月)(問)

榱 [최] 椽也서까래최 (支)

榶 [당] 棣也사시나무당 椀也주발당 (陽)

榹 [사] 山桃산복숭아사(實小如莓) 槃也소반사 (支)

榸 [채] 枯木根마른나무뿌리채

㮯 [혼] 圓木未折통나무혼 (元)

榷 [교][각] 杠也、橫木渡水쪽널다리교、각義同 獨取利도거리할각 摧通 (效)(覺)

榌 [비] 連檐木부연비 褊端梠木평고대비 (支)

榼 [합] 酒器술그릇합 貯水器물통합 蓋也뚜껑합 (合)

榺 [승] 織機持經者바디승、도투마리승

[木+芻] [추] 牛桊쇠코뚜레추 板木不正널판뒤틀릴추 (虞)

榻 [탑] 牀也긴상탑 座也자리탑 布也베이름탑 榙同 (合)

槁 [고] 枯也마를고 枯木마른나무고 乾魚말린고기고 積也쌓일고 藥名ㅣ本약이름고 (皓)

榽

[혜][계] 木名ㅣ榿 나무이름 혜 東也 묶을계 (齊)(霽)

榾 [골] 木中篇笴枸ㅣ 살대나무골 榾木 頭ㅣ 살정이골、마들가리골 (月)

榿 [기] 木名蜀人爲薪三年 可燒 나무이름기 (支)

椑 [비] 木名 나무 이름비 (寘)

榼 [해] 酒樽 술통 해 (賄)

槃。[반] 承皿 쟁반반 樂也 考ㅣ 즐거울반 不進ㅣ停 머뭇거릴반 拌同、盤通 (寒)

槙。[전] 木梢 나무끝전 顚木 넘어진나무전 (先)

槄 [도] 木名 나무 이름도 (豪)

槅。[혁][핵] 車軛 멍에혁 果中核 씨핵 (陌)

槈。[누] 除草具 풀 베는기구 누 (宥)

構 [구] 架屋 집세울구 成也 이룰구 合也 합할구 楮也 닥나무구 結也 이을구 宿ㅣ 글머리지을구 (宥)

槉 [질] 屋枅 기둥 머리질 (質)

㮴 [소] 船總名 배소 棲、艘、艘同 (豪)

樴 [특] 杙也 말뚝 특 (職)

槊。[삭] 丈八矛 창삭 雙陸 쌍륙삭 矟同 (覺)

槌。[추][퇴] 架蠶簿之木 누에시렁추 擊也 칠추 擲也 던질추 椎同、퇴 義同、擿也 떨퇴 搥通 (宥)(灰)

槍。[창][쟁] 稍也 나무창창 距也 막을창 傖也 낮을창 鎗同 彗星 欃ㅣ 혜성쟁 (陽)(庚)

槎。[사] 衺也 떼사 邪斫 엇깎을사、비스듬히 깎을사 查通 古音 차 (麻)

槐 [괴] 冬取火木 虛星精 花可染黃色 회화나무괴

槏。[겸] 牖傍柱 창설주겸 檢束 단속할겸 (琰)

槓 [공] 梃也 ㅣ扛 지렛대 공 (送)

槑 梅(木部七畫)의 古字 某(木部五畫)의 古字

尌 樹(木部十二畫)의 古字

榊 [신] 神樹 신나무신 日字

[illegible] [영] 木名 나무 이름영 (梗)

[illegible] [핵][각] 木下白 나무밑둥걸핵 案脚 책상각 (陌)

樣 樣(木部十一畫)의 略字

⑫

槤 [련] 橫關木 빗장련 (銑)

樧 [살] 山桃 산복숭아 살

槢。[습] 堅木 굳은나무 습 械也 기계습 (緝)

槥 [혜] 小棺ㅣ櫝 작은관혜 (霽)

[illegible] [기] 取物以箸 젓가락으로 집을기 (支)

槪 [개] 平斗斛 말깎이개 (斗量時、用平斗木) 意氣節ㅣ 절개개 大率 梗ㅣ 대강개 感觸經心 거리낄개 桼樽 칠한 술통개 概同 (隊)

槦 [용] 兵架 병기 꽂는틀용

槧。[참][첨] 削版鉛ㅣ 분판참 槧樸始削 건목칠참 牘也 서판첨 (感)(鹽)(豔)

槨 [곽] 葬具外棺 외관곽 椁同 (藥)

槪 槪(木部十一畫)과 同

樥 [봉] 草木盛也 초목무성할봉 (送)

槫 [단] 圜也 둥글단 柩車 영구차단 (寒)

槯 [최] 木蘊積 나무쌓을최 (灰)

[illegible] [다] 茗也 차나무싹다 荈也 늦엽으로 만든차다 茶樹 차나무다 茶同 (麻)

槮。[삼] 木長貌 槮ㅣ 나무긴모양삼 積柴取魚 고기섶줄삼 罧同 (侵)

[illegible] [화] 鐘橫大 쇠북 가로퍼질화 (禡)

槱。[유] 積也 쌓을유 薪也 나무유 栖同、燎柴祭天 화톳불 놓고 제지낼유 栖、楢通 (有)(尤)(宥)

槴 [호] 取魚具 통발호 (麌)

槭。[색][축] 隕落ㅣㅣ 나무잎 떨어질색 丹楓屬 단풍나무축 (陌)(職)

槲 [곡] 橡類ㅣ檞 떡갈나무곡 도토리참 나무곡 (屋)

[illegible] [신] 牀前橫木 상앞에 가로댄 막대신 (眞)

[illegible]。槳(次條)와 同

槳 [장] 橫楫前推櫂 상앗대장 (縱曰櫓 橫曰ㅣ、長大曰櫓、短小曰ㅣ) (陽)(養)

[illegible] [선] 鷹架 매시렁선 椗同 (霰)

槻 [규] 堪作弓材 물푸레나무규 (支)

槵。[환] 無患木 무환나무환 可爲念珠 염주나무환 (此所謂當貫木ㅣ子、一百單八個常自隨身、作可念珠) (諫)

槶。[궤] 筐當 광주리 바닥궤 或音 귀 (未)

槔 [고] 汲水機 桔ㅣ 용드레박고、두레박고 (豪)

槺 [강] 虛也 헛될강 (槺參差以梁) (陽)

槷 [얼] 射的 과녁얼 辨正方位柱 줄뫼여불얼 不安 兀ㅣ 편치못할얼 臬通 (屑)

梆 [방] 杖也 지팡이방 或音 부 (講)

槸。[예] 木相磨 나무가서로 개갈예 槷同 (霽)

槽。[조] 溜器 馬ㅣ 말구유통조 酒ㅣ 술거르는틀조 茶碓 茶ㅣ 차거르는틀조 琵琶石ㅣ 檀ㅣ 비파조 果名 枸ㅣ 과실이름조 (豪)

㯃 [칠] 杖材 汁可桼

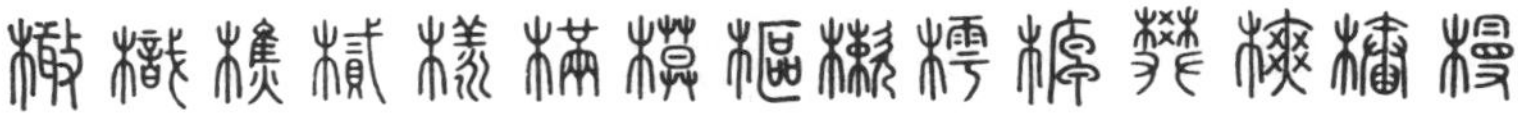

物 옷나무칠、칠나무칠 桼同 漆通 (質) 樀。[적] 屋四垂檐也 추녀적 機上卷絲器 도토마리적 槌也 방망이적 (錫) 槿 [근] 蕣也 木ㅣ 무궁화근 (吻) 梪 [두] 木根無枝梪 끝은뿌리두 (尤) 樂。[악][락][요] 八音總名 풍류

復姓ㅣ正 두자성악 喜也 즐길락 好也 좋아할요 欲也 하고자할요 (覺)(藥)(效) 槾。[만] 梠也 평고대만 杇也 泥ㅣ 흙손만 墁同 鏝通 (寒) 樁。[장][용] 杙也 말뚝장 撞也 두드릴용 (江)(冬) 榔 [랑] 木名 ㅣ楡 느

름나무랑 (陽) 樆 [리] 山梨 돌배리、메배리 (在山曰ㅣ人植曰梨) (支) 樅 [종] 木名 松葉柏身、崇牙貌 전나무종 撞也 칠종 (冬) 橀 [함] 治橐幹 불무자루함 罌也 항아리함 (覃) 檐 [천] 梠ㅣ木 고욤나무

천 樿同 (先) 樉。[상] 木茂貌 나무 더부룩할상 (養) 樇 [수] 木長貌 나무자랄수 (尤) 椑。[피] 木下交ㅣ樹 나무밑둥서로얽크러질피 (支) 檹 [간] 柄也 자루간、손잡이간 (旱) 樋 [통] 木名 어름나무통

通水竇 수통통 (東) 日字 樊。[번] 籠也 새장번 藩籬 울타리번 紛雜貌ㅣ然 어수선할번 姓也 성번 (元) 樍 [적] 川柳 물버들적 (錫) 槒 [축] 喂馬器 말구유축 槽通 (屋) 橏 [산] 果樹 산나무산 (ㅣ樹子如桃、實長寸餘、三

月花連著實 五月熟色) (豔) 樏 [류] 山行所乘 썰매류 盤中有隔榼 찬합류 欙同 (支)(紙) 榛 [찰] 木搖動聲 나무흔들리는소리찰 (黠) 樗。[화][저] 似柂가죽나무화 樺同 惡木不材 못쓸나무저 (禡)(魚) 檕

[예] 葉似椶櫚材質堅輕 오목예 (齊) 㰅。[속] 小木樸ㅣ 떡갈나무속 (屋) 樔 [소] 澤上守草樓 풀막소 (높위의 초루) 橧巢 너스레소 (肴) 橕 [탱] 支柱 버팀목탱 樘同、撐通 (庚) 樜。[자] 山桑 산뽕나무자 柘同 (禡)

標。[표] 表也 표할표 記也 기록할표 擧也 들표 高枝 높은가지표 旌旗 기표 書也 쓸표 木末 나무끝표 (蕭)(篠) 樛 [규] 木枝曲垂 나무가지휘여질규 周流ㅣ流 두루떠다닐규 結 맺을규 (尤) 樝 [사] 果屬似梨而酸 아가위사 柤通 (麻) 樞。

[추][우] 棖也 지두리추 本也 근본추 要也 주요할추 星名天ㅣ 별이름추 中也 가운데추 官名ㅣ密 벼슬이름추 月也 달추 樚 [록] 井上所設汲水用機ㅣ櫨 두레박고패록 轆通 (屋) 樠。[문][만] 松心木 관솔문 松指貌 송진흐를문、만 義同、木液出ㅣㅣ 나무진

숫을만 (元)(寒) 樟 [장] 木名 ㅣ노나무장 章通 (陽) 模。[모] 法也 법모 以木爲規 본뜰모 形也 ㅣ範 모범할모 周公墓木 주공묘에난나무모 橅、摹同 (虞) 樢 [훈] 平斗量木 되깎아나무훈、평미레훈 (眞) 樤

[조] 橋屬 쇠조 小枝 잔가지조 (蕭) 穎 [영] 錐柄 송곳자루영 [경] 足几 발달린궤경 筐也 상자경 (迥)(梗) 樣。[양][상] 式也 본보기양 様同 栩實 상수리상 橡通 (漾)(養) 櫭 [견] 檞木 떡갈나무견 日字 榓 [밀] 香木 침향나무밀 (質)

樓 [루] 重屋 다락루 銳嶺岑ㅣ 뾰족한고개루 兩肩玉ㅣ 두어깨루 城ㅣ 문루 聚也 모일루 (尤) (十二) 樲。[이] 酸棗ㅣ棘 신대추나무이 (寘) 樵。[초] 柴也 땔나무초 採薪也 나무할초 ㅣ人 나무하는이초 焚也 불사를초 (蕭) 檮

[심] 木名似槐 심나무심 (侵) 樴。[직] 繫牛杙 소매는말뚝직 橛也 문지방직 (職) 樶 [추] 實成 열매열추 (尤) 樷 叢(又部十六畫)의 古字 樸。[박][복] 質也 질박할박 木素 나무등치박 (土曰坏、木曰ㅣ) 朴也 순박할박 朴通

小木叢生 樕ㅣ 떡갈나무복 木密 나무빽빽할복 (覺)(屋) 樽 [준] 酒桶 술통준 止也 그칠준 罇同、尊通 (元) 樺 [화] 木名 皮可貼弓 벗나무화 樗通 (禡) 樹 [수] 立也 세울수 植也 扶ㅣ 심을수 木總名 나무수 屛也 막을

수 獸名 皮ㅣ 짐승이름수 (虞)(遇) 橄。[감] 交趾果名 ㅣ欖 감람나무감 (熱帶地産) (感) 橃。[벌] 海中大船 큰배벌 𣘻也 떼벌 柚屬 유자벌 (月) 樿 [전] 黃楊木 황양목전 白理木 전나무전 木瘤 나무혹전 橂

[전] 木理堅密 나무결찰찹할전 霰
橁。[춘] 木名 琴材 참죽나무춘 杶同 眞
橅。[무] 法也 법무 右音 모 模同 麌
橇。[교][취] 泥行所乘、形如箕 진흙썰매교、캐펄에서신는신교 轎同 취義同 蕭 霽
⿰木盇 [혜] 木名 樣ㅣ 나무이름혜 齊
橆 [무] 蕃也 번성할무 廡、蕪通、無同 麌
檹 [의] 木節 나무마디의 木弱貌 휘청거릴의 支
⿰木斯。[서] 木下相交 榫ㅣ 나무밑등 서로얽힐서 踏板 발판서 齊
⿱斯木 [사] 木柴 섶사 支
⿰木絜 [결] 汲水具 ㅣ槔 용드레결 擽同、桔通 屑
橈 [요][뇨] 短楫 짧은노요 動搖 흔들릴뇨 曲木 굽은나무뇨 枉也 굽힐뇨 摧折 꺾어질뇨 弱也 약할뇨 蕭 巧
橉 [린] 木皮 나무껍질린 門限 문지방린 震
橊 [류] 果名 石ㅣ 석류류 榴本字 尤
橎。[번] 堅木 단단한나무번 元
橐。[탁] 無底囊 전대탁 用力ㅣㅣ 힘쓸탁 杵聲ㅣㅣ 방망이소리탁 冶器ㅣ籥 도가니탁 獸名ㅣ駞 짐승이름탁 馲同 藥
橋。[교] 渡水ㅣ梁 다리교 懸繩以度 줄늘여서잴교 嫚也ㅣ泄 업신여길교 木名ㅣ梓 교나무교 魯地名 陽ㅣ 땅이름교 蕭
橓 [순] 木槿 무궁화나무순(朝榮暮落) 震
橏 [전][건] 木瘤 나무혹전 樹長貌ㅣ棍 나무긴모양건 銑 阮
橄 [철] 棗也 대추철 屑
橕 [탱] 斜柱 버팀목탱、작살탱 樘通 庚
橑。[료][로] 椽榱木 평고대료 椽木 서까래로 車前蓋帳 수레앞장로 蕭 皓
橒 [운] 木紋 나무무늬운 文
⿰木壺 [호] 棗大尖上 굵고끝뾰족한대추호 虞
橘。[귤] 柚屬木 奴 귤귤 質
⿰木萃 [취] 朽木 썩은나무취 寘
橗 [맹] 木心 나무고갱이맹 庚
橛。[궐] 杙也 말뚝궐 門梱 문지방궐 斷木 토막궐 馬銜 말재갈궐 擊鼓杖 북채궐 月
橝。[점] 屋梠 평고대점 蠶槌 누에시렁점 木灰可染 잿물들일점 琰
橙。[증][등] 甘皮 柑껍질단유자증 几屬 등상등 凳通 庚 徑
橚。[숙] 長直貌ㅣ矗 길고곧은모양숙 屋
橞 [혜] 木名 나무이름혜 霽
橠 [나] 木盛 檷ㅣ 나무무성할나 哿
機。[기] 織具ㅣ杼 베틀기 發動所由 고동기 氣運之變化 기미기 ㅣ械 巧術 기계기 樞會、眞氣、天ㅣ 矩法 握ㅣ 기회기 星名 握ㅣ 별이름기 幾通 微
橡 [상] 栩實 상수리상、도토리상 樣通 養
⿰木猒 [엽] 葉動貌 잎이흔들거리는모양엽 葉
⿰木琶 [파] 棠也 아가위파 麻
橦。[동] 木名、花可續 나무이름동 階陣車 진둠는수레동 木ㅣ截 나무토막동 [장] 旗竿 깃대장 幢通 冬 江
橤 [예] 花鬚頭點 꽃술방울예 垂也 드릴예 蘂、縈通 紙
⿰木舄 [석] 木屐 나막신석 陌
⿰木㦰 [전] 山栗 돌밤전 山梅 산매자전 先 霰
橫 [횡] 縱之對 비낄횡、가로횡 欄木 난간목횡 不順ㅣ逆 거스를횡 ㅣ暴 사나울횡 黌、衡通 庚
檥 [의] 八駿之一 白ㅣ 말이름의(周穆王八駿馬) 寘
⿰木褭 [와] 樹枝垂 가지늘어질와 哿
橨。[분] 木名 나무이름분 罯鄕 발분 文
橪。[연] 酸小棗 산대추연 香草ㅣ支 향내나는풀연 銑 先
橧 [증] 聚薪以居ㅣ巢、豕所寢 섶을쌓고거처할증 蒸
橵 [산] 屋上瓦下布木ㅣ子 산자가지산 國
橢 [타] 圓而長 길게둥글타 車笭中器 수레통가운데그릇타 哿
橬 [잠][심] 積柴水中取魚 물고기섶줄잠 潛通 심義同 鹽 侵
橭 [고] 木名 牡ㅣ 나무이름고 木四布 나무퍼질고 虞
⿱食木。[치] 分蠶 누에나눌치 寘
⿰木異 [경] 犂田 밭갈경 耕同 庚
槹 [고] 汲水器 두레박고、용두레고 木名 나무이름고 豪
⿰木紫 [자] 地名ㅣ木城 땅이름자 國字
檨 樣(木部十一畫)의 俗字
⿰木畫 [주] 地名 땅이름주、고을이름주 國字
⿰木悳 [덕] 架木 덕덕、너스레덕 地名 땅이름덕 國字
橞。[혜] 木名 나무이름혜 霽
橌 [간] 巨樹 큰나무간 刪

十三

檀 [단] 香木 栴ㅣ 향나무단(紫ㅣ、白ㅣ、黑ㅣ) 强韌木 中車輻 박달나무단 奚有樹 寒
⿰木達 [달] 所以泄水 수통달 檀木 박달나무달 曷 國字
⿰木粤

[강] 橿也 박달나무강(一名萬年木) 鉏柄 호미자루강 正直ㅣ然、士盛貌ㅣㅣ 곧고바를강 橿木 사닥다리강 強盛貌ㅣㅣ 억셀강 (陽)

橾。[수] 車軸中空 수레바퀴통수 (虞)

檈 [선] 以繩轉軸 가리질할선 圓案 둥근소반선 (霰)(先)

⿰木虜 [로] 大盾 큰방패로 櫓同 (麌)

檁 [름] 屋上橫木 들보도리름 (寢)

⿰木豦 [거] 藩蘺 울타리거 (魚)

橄 [작] 木皮甲錯 나무껍질뒤틀릴작 (藥)

檇。[취] 以木所擣 찧을취 地名 ㅣ李 땅이름취 欈同 (支)

檶 [함] 木裂之 나무금날함 (感)

檆 [삼] 木名 삼나무삼 杉同 (咸)

檄。[격] 長牒 羽ㅣ 徵兵書 격서격 敲惡諭告 격문격 過ㅣ 과격할격 (錫)

⿰木贛。[공] 長木 긴나무공 小杯 작은잔공 (送)

檎 [금] 果名 林ㅣ 似柰 능금금 (侵)

檐。[첨] 屋四垂 추녀첨 擔也 멜첨 櫩、簷同、古音 염 (鹽)

檉 [정] 河柳 雨師 능수버들정 (庚)

⿰木遄。[취] 推也 휘추리취 削也 깎을취 (紙)

檊 [간] 柘也 산뽕나무간 檀也 박달나무간 (翰)

檍 [억] 杶也 弓材 似棣細 참죽나무억 杻也 싸리나무억 檀也 박달나무억(一名萬年木) (職)

檋 [국] 雪泥所乘 썰매국 山行履 나막신국 直轅車 멍에국 梮同 (沃)

檑 [뢰] 推石自高下 돌굴릴뢰 守城捍禦之具 石ㅣ 돌쇠뇌뢰 礧、礌同 (灰)

檓 [훼] 大椒 크은호초훼(椒實大者名ㅣ) (紙)

檖 [수] 山梨 楊ㅣ 팥배나무수 (眞)

檔 [당] 床也 책상당 橫木 框ㅣ 널방판당 (陽)

櫜。[표] 囊張大貌 자루아가리벌릴표 (蕭)

檝 [즙] 橈也 短ㅣ 노즙 楫同 접 義同 (緝)(葉)

檜。[회][괄] 栢葉松身 노송나무회 國名 나라이름회 鄶通 괄 義同

⿰木業 [첩] 屋上笮板 산자널판첩 (葉)

檛 [과] 箠也 말채찍과 簻同、箠通 (麻)

⿰木禁 [금] 村門木格 문막은목책금、사립짝금 (侵)

檞 [해] 松樠也 可合香 솔나무고갱이해 (蟹)

檢。[검] 校也 교정할검 式也 법검 制也 금제할검 東也 검속할검 書署 봉할검 書簽 수결둘검 官名 벼슬이름검

檠。[경] 燈架 등잔대경 正弓器 활도지개경 檄同、有足几 발달린궤경 (庚)(梗)(敬)

檟。[가] 山楸 伍員墓材 가나무가 榎通 (馬)

檡 [석] 椑棗 고염석、개암석 (陌)

檥。[의] 整舟向岸 배댈의 幹也 줄기의 立木表物 푯대의 艤同 (紙)

檣 [장] 帆柱 돛대장

檦 [표] 表也 표할표 柱也 기둥표 標通 (篠)

檧 [송] 箸筩 수저통송 桶ㅣ 小桶 작은바구니송 (冬)

樍 [석] 朿柳 개버들석 (錫)

⿰木雈。[삽] 枯也 마를삽 (合)

十四

檮 [도] 斷木 토막나무도 不知貌 ㅣ昧 흐리멍덩할도 草名 풀이름도 頑凶 ㅣ杌 흉악할도 (豪)

檯 [대] 燈臺 등대대 几也 상대 (灰)

檭 [은] ㅣ杏 은행나무은(俗作銀杏) (眞)

檬 [몽] 果名 檸ㅣ 영몽몽 (東)

欂 [벽] 壁柱 기둥벽 (陌)

⿰木⿱罒木。[삭] 縣名 ㅣ盧 고을이름삭 (覺)

⿰木罷 [패] 茷木 뗏목패 (佳)

⿰木對 [대] 車箱立木 차에난간기둥대 ⿰木對同 (隊)

⿰木緊 [긴] 木理密緻 나무결참할긴 (軫)

⿰木綿 [면] 杜沖 두충면 (先)

樸。[복] 棗也 대추복 堅也 굳을복 叢也 떨기복 (屋)

檳 [빈] 果名 ㅣ榔 빈랑나무빈(ㅣ榔樹無枝、實從心出、熱帶地産、藥用) (眞)

檻。[함] 闌也 난간함 ㅣ車 죄인타는수레함 圈也 우리함(養虎豹犀象者爲之圈) 轞通 (豏)

櫜 [표] 弓皮 활집표 (蕭)

檴 [확] 樸也 벚나무확 (藥)

檸 [녕] 果名也 양궁녕 (梗)

檵。[계] 枸杞 枸ㅣ 구기자계 (霽)

⿰木奩 [염] 泄手器 개수통염 鏡匲 경대염 (鹽)

檿 [염] 山桑材可弓幹 산뽕나무염 (琰)

⿱監木 [함] 境确地 彊ㅣ 메마른땅함 墈通 (豏)

檼。[은] 屋脊 집마룻대은 棱屋 棟 대공은 櫽通 (吻)(問)

檾 [경] 似苧白麻 어저귀경 苘同、顈通 (梗)(迥)

檽 [뉴][유] 木名 ㅣ梓 누구나무뉴 木耳 버섯유 (宥)(有)

櫅 [자][제] 白棗 흰대추자 斷木 토막나무제 (支)(霽)

櫄

⿰木覈 핵 果中實 씨 핵 陌 櫄 춘 似樗可弓幹 참죽나무 춘 杶、櫄同 眞 櫏 전 香木 향나무 전 先 櫃 궤 櫃也 궤 궤 篋也 상자 궤 匱同 櫂。도 楫也、進船木 노 도 棹同 效 櫜 곤 櫜也 전대 곤 束也 묶을 곤 阮

櫈 등 卓子 탁자 등 中字 [illegible] 둔 鈍也 둔할 둔 阮

十五

櫎 황 所以支器 그릇바침 황 窓櫎通名 창 황 屛風之屬 장치 황 或音 광 榥同 養 ⿰木寫 사 机也、案也 책상 사 馬

櫍。질 椹也 刑用斧ㅣ 모탕 질 斫木臺 도끼바탕 질 鑕通 質 櫋。면 屋根連接 지붕연접할 면 先 櫏 천 梬棗 桾ㅣ 고욤 천 先 櫒 랍 樹可放蠟 백랍나무 랍 (煎汁為油可作蠟燭) 合 櫌。우 鉏柄 호밋자루 우 尤 櫖 록 柹也 감나무 록 屋 櫐 류 似葛粗大 山ㅣ 굵은 칡 류 紙 櫑。뢰 酒尊雲雷象 술잔 뢰 劍上飾ㅣ具 칼자루에 치장할 뢰 櫕 欑(木部 十九畫)과 同 櫓。로 櫂也、進船具 노 로 大盾 큰 방패 로 城上望臺 망대 로 戰陣高巢車 망보는 수레 로 艫同 麌 櫖 려 山櫐 굵은 칡 려 魚 櫚 려 椶也、栟ㅣ 종려나무 려 魚 櫊。가 樹斜貌ㅣ椏 나무 빗긴 모양 가 哿 櫗 멸 木索 나무비틀릴 멸 屑 櫛。즐 梳枇總名 빗 즐 櫑 류 木名 나무 이름 류 尤 櫙 우 刺楡 스무나무 우 尤 櫜 고 弓衣 활집 고 受弓箭器 鞬 전통 고 韜也 칼집 고 甲衣 갑옷집 고 豪

櫞 연 果名 枸ㅣ 둥근 불수감 연、연나무 연 櫭。상 鼓匡 북통 상 養 櫝。독 函也 함 독、궤 독 (凡緘藏物 皆曰ㅣ) 棺也 널 독 匵同 屋 櫰 櫰(木部 十三畫)과 同 櫟 력 柞屬 似樗 苞ㅣ 도토리 력 捎掠也 노략질할 력 擽通 錫 櫠 폐 柚屬ㅣ椴 실과 이름 폐 尤 櫡。저 飯具 匙ㅣ 젓가락 저 筯、箸同 御 櫢 수 樹盛貌ㅣ檽 나무무성할 수 宥 縝 진 絲線 실갈피 진 眞

十六

[illegible] 료 柏也 측백나무 료 橑俗字 蕭 櫨 로 柱上柎 欂ㅣ 주두 로 果名 과실 이름 로 虞 櫧 저 木名 저나무 저 (實似柞子可食) 魚 櫩 염 砌也 섬돌 염 屋四垂 처마 염 曲屋步廊 처마기슭 염 檐、簷同 鹽

櫫 저 有所表識 揭ㅣ 표할 저 杙也 말뚝 저 魚 櫪 력 馬皂 마판 력 欜。탁 警夜ㅋ斗목 탁탁 柝通 藥 櫬。츤 棺也 관 츤 木槿 무궁화나무 츤 薪也 땔나무 츤 藽通、或音 친 震 櫮 악 花盛開貌 꽃 활짝 필 악 藥

櫱。얼 알 木肄生萌ㅣ 나무싹날 얼 枿同 木根生萌ㅣ 나무 뿌리에 싹돋을 알 屑 曷 櫭 걸 木釘 檢ㅣ 나무못 걸 屑 櫰 회 槐之別名 회화나무 회、괴 나무 회 (花可染黃) 槐同 佳 灰

櫴。빈 柰也ㅣ婆 사과 빈 檳通 眞 櫼 섬 細葉 잔잎 섬 鹽 櫯。소 染緋木 단목 소 虞 櫶 료 木長弱貌 나무 휘청거릴 료 篠 櫲 역 美材、ㅣ樟 여장나무 여 御 櫜 포 長大貌 길고 클 포 豪

櫷。례 篗柄 자새자루 례 霽 ⿰木㲃 참 木實 나무열매 참 刪 ⿰木霍 곽 枳木 탱자나무 곽 覺 ⿰木隨 橢(木部 十二畫)의 俗字 ⿰木蒿 고 竿也 상앗대 고 豪 櫳 롱 檻也、房ㅣ 簾ㅣ 난간 롱 養獸所 우리간 롱 窓也 창 롱 籠通 東 檣 장 帆柱 돛대 장 檣同 陽

十七

櫻。앵 果名ㅣ桃 앵도 앵、버찌 앵 (一名含桃) 黑ㅣ 벚나무 앵 (仲夏之月以含桃先薦宗廟) 庚 ⿰木選 선 果名ㅣ味 맛 든 대추 선 先 櫹 소 木長貌 나무 밋밋할 소 蕭 欅 거 木名似檀ㅣ柳 나무 이름 거 柜同 語 ⿰木麋 미 菱也 마름 미 支 欞。령 檻也 난간 령 有間隔窓 살창 령、완자창 령 (俗格子窓) 梠也、檐

ㅣ문도리령 欞同 (靑)
櫼。[첨][삼] 楔也 문설주첨 木名 스기목삼 㰊同 (鹽)(咸)
櫵 [초] 柴也 나무초 採薪 나무할초 樵同 (蕭)
櫽 [은] 揉曲ㅣ栝 도지개은 檃同、檼通 (吻)
欀 [양][상] 木名 交ㅣ교양 나무양 道上木 길위에선나무상 (漾)(陽)
欇 [섭] 蕈也 椰ㅣ 삿자리섭 (葉)
櫶 [희] 杓也 蠡也 구기희 桸同 (支)
櫷 [귀] 槐木一種 느티나무귀
欖 欖(木部二十一畫)의 俗字
櫾。[유] 似橙而酢 유자유 (有)
欄。[란] 階除木句ㅣ 난간란 牛圈 외양간란 闌通 (寒)
欂。[박] 枅也、柱上方木ㅣ櫨 주두박 壁柱 중깃박 (藥)
鐒 [로] 麻也 삼로 (號)
鐎。[초] 生麻 날삼초 (蕭)
欃 [참] 檀木 박달나무참(一名木蘭) 通水管 수통참 彗星ㅣ槍 혜성참 攙通 (咸)
檶 [렴] 棯ㅣ木名 나무이름렴 (豔)
櫘 檍(木部十三畫)과 同

(十八)

檑。[류] 藤也 등나무류 (尤)
雧 [잡] 海鳥ㅣ 물새이름잡 交雜 섞일잡 (合)
櫅 [축] 車轅 수레멍에목축 (屋)
權。[권] 攝官 권세권 謀也 모사할권 稱錘 저울질할권 始也 ㅣ輿 비로소권 平也 평할권 反經 권도권 (先)
欉 [총] 草木叢生貌 떨기로날총 (送)
欆 [쌍] 未張帆棒ㅣ 펴지않은배돛쌍 (江)
檷。[지] 木枝 나무가지지 (紙)
𣟷。[잠] 靑皮木 무푸레잠 梣同 (侵)
欇 [섭] 楓也 단풍나무섭 杖也 지팡이섭 (葉)
欌 [장] 所以藏衣 의장장 國字
櫑。[뢰] 傀儡 꼭두각시뢰 (賄)
欋 [구] 四齒杷 쇠시랑구

(十九)

欏。[라] 籬也 ㅣ落 울타리라 裂也 찢을라 似桄杷杪ㅣ 사라나무라 (歌)
𣡮 [견] 棚也 시렁견 (銑)
欑 [찬] 叢木 회추리찬、떨기찬 積竹杖 대막대쌍을찬 地名 ㅣ函 땅이름찬 (寒)
欟。[전][관] 杙也 말뚝전 手相欟付 손댈관 (先)(刪)
欐 [려] 梁也 들보려 小船 거두려 (薺)(霽)
樆 [리] 藩也 柴ㅣ 울타리리 籬同 (支)
𣠷 [나] 木盛貌 나무무성할나 (哿)
櫒 [찰] 木錐 나무꼬챙이찰 或音절 (屑)
㰉 [첩] 飯臿 주걱첩 (葉)
欛 欛(木部二十一畫)의 訛字
欒。[란] 木名 似欄 나무이름란 瘦貌ㅣㅣ 파리할란

(二十)

欓。[당] 越椒 월나라산초당 木桶 나무통당 (養)
𣠻 [잠] 荒也 거칠어질잠 (沁)
欕 [엄] 鵲不踏木 엄나무엄
𣠰 [니] 絡桋 얼레니 (紙)
欔 [곽] 犁也 보습곽 鍬也 가래곽 (藥)

(二十二)

欙 [접] 木名 有綿可爲布 나무이름접 (葉)
欛 [파] 刀柄 칼자루파 把通 (禡)
欖 [람] 交趾果名 橄ㅣ 감람람 (感)(勘)
欚。[례] 大船 큰배례 (薺)
欙 [류] 山行所乘 屐下施鐵 欙썰매류 樏同 (支)
欘。[촉] 斤柄自曲者 절로굽은자귀자루촉 鋤也 호미촉
欗 [란] 柱類木ㅣ 목란란 (寒)
櫋。[면] 木密貌 나무빽빽할면 (先)

(二十五)

𣡽 [만] 曲木 굽은나무만 (刪)
鬱 [울] 滯也 幽也、悠思、木叢生 답답할울 나무떨기로날울 鬱俗字 (物)
欜。盛物器 나무함지박낭 (陽)

(二十四)

𣡗 [염] 木名、其膠爲香 향나무염 (豔)

(二十五)

欟 [관] 木名 나무이름관 日字

欠部

欠。[흠][감] 張口解悟 하품할흠 不足 부족할흠 疲乏ㅣ伸 기지개흠 陷也 빠질흠、감 義同 (鹽)(陷)

(二)

次。[차] 亞也 버금차 第也 차례차 師止 군사머무를차 舍也 집차 至也 이를차 幄也 장막차 中也 가슴차、속차 急遽造ㅣ、胷ㅣ 급거할차 所也 곳차 位置 자리차 行也 행차차 (寘)

(三)

𣢀 [의] 歎聲 탄식할의 (支)
欥 [이] 嘯也 수파람소리이 (支)
㰦 [해][이] 笑而破顔 웃을해 欬也 기침할이 (灰)(紙)
㳄

[감] 愚也 어리석을감 本音함 (覃)

四

欻 [흘] 怒聲 성낸소리흘 (物) **𣢘** [기] 希願 바랄기 吃也 말더듬을기 (未) **㰤** [와] 弱也 약할와 (麻) **欥**。[일] 喜悅 기뻐할일 (質) **欣**。[흔] 笑喜也 기쁠흔 獸有力 짐승이 힘있을흔 草木盛貌 초목싱싱할흔 **欯**。[희] 呻吟聲 신음하는소리희 (支) **欪** [흠] 嗽也 재채기할흠 (文) **𣢦** 歟(欠部十四畫)의 略字 **㰠** [항] 貪欲 탐낼항 (陽)

𣢏。[희] 戲笑貌 ㅣㅣ 희롱하고 웃는모양희 (支) **𣢖**。[함] 含笑 웃음머금을함 **𣢂** [갱] 欬也 기침할갱 貪也 탐낼갱 (庚) **𣢍** [유] 呼犬聲 개부르는소리유 (虞)

五

𣢟 [합] 鼻息 ㅣㅣ 코로숨쉴합 (洽) **𣢑** [신] 吟也 읊을신 若 마음을신 呻同 (眞) **欮** [궐] 開也 열궐 (月) **㰣**。[지] 叱也 토할지 嘆也 한탄할지 (寘) **𣢕** [필] 吹也 불필 (質) **欨** [구] 吹也 불구 笑意 웃을구 欠也 하품할구 (虞)

𣢗 [함] 惑也 혹할함, 혹그러할함 瀄同 (覃) **吹** [희] 氣逆상기할희 (支) **𣢄** [액] 笑語 ㅣ歎 웃고말할액 (陌) **𣢃** [니] 和悅 기뻐할니 **𣢚** [게] 笑也 ㅣ欱 웃을게 (霽) **呵**。[하] 大笑 ㅣ 크게웃을하 張口出息 입벌리고숨쉴하 呵通 (箇) **𣢋**。[출] 無慚 ㅣ 부끄럼없을출 笑也 웃을출 (質) **𣢤**。[유][육] 愁貌 근심할유 욱 義同 (有)(屋) **欱** [해] 歛也 마실해 (灰) **𣢕** [거] 張口運氣 欠ㅣ志 倦則ㅣ 하품할거 呿同 (御)

𣢦 [초] 氣上蒸ㅣ歊 기운오를초 健也 건강할초 (蕭) **欽**。[형] 含笑貌 웃음머금을모양형 (敬) **𣢆** [합] 惑也 혹그러할함 (覃)

六

𣢑 [참] 欲 也 기쁠참 貪也 탐낼참 (覃) **𣢝**。[유] 呼犬聲 개부르는소리유 欻同 (虞) **欬**。[해][애] 因風氣逆ㅣ嗽 기침할애 大呼 廣ㅣ 크게부를해 疾言 聲 ㅣ 일깰해 言笑 聲ㅣ 말하고 웃을해 咳同、餲食喘息 배불러 숨찰애 噫通 (隊)(卦) **欱** [격] 吹聲 부는소리격 (錫) **𣢡** [궐] 逆氣 숨찰궐 (月) **𣢨** [해] 笑聲 웃는소리해 (灰) **𣢵** [축] 愁也 근심할축 (尤) **𣢔** [순] 信也 믿을순 悅也 기쁠순 氣逆 숨찰순 (眞) **𣢣** [궤] 疲極 피곤할궤 (紙) **𣢰**。[술] 蟲鳴ㅣㅣ 벌레울술 (質) **𣢀** [왕] 佞也 아첨할왕 (養) **欪**。[하] 息也 숨쉴하 (麻) **欱** [합] 歠也 크게마실합 合也、歛受意 합할합 歛受之意 주름잡을합 哈同 (合)

欸。[애] 歎聲 탄식하는소리애 (佳) **欯**。[힐] 喜也 기뻐할힐 笑也 웃을힐 (質) **欲** [이] 未詳 뜻은 **𣢞** [갱] 咳也 기침할갱

七

欲 [함] 含笑 웃음머금을함 貪欲 탐낼함 欿同 (覃) **欲** [욕] 期願 辭 心所貪愛 하고자할욕 將然 장차그러할욕 慾通 (沃) **欣**。[신] 指而笑 손가락질하며 웃을신、비정거릴신 俗音진 (軫) **款** 款(欠部八畫) 과同 **𣢻** [괴] 太息 크게 한숨쉴괴 (卦) **𣢃** [량] 貪也 탐낼량 (陽)

欸。[애] 歎也 탄식할애 然也 그렇다할애 唉同、棹歌曰ㅣ乃 노젓는소리애 (灰)(賄) **𣢐** [합] 喘也 氣逆 숨찰합 戒音혐 (合) **欶**。[삭][수] 著也 붙을삭 吮也 빨삭 含吸 머금을삭 嗽通、上氣咳ㅣ 기침수 嗽、瘷同 (覺)(宥) **欷**。[희] 悲泣氣咽 느껴한숨 쉴희 **𣢁** [구] 小兒凶惡 戱ㅣ 어린아이 흉악할구 (有) **𣢊** [랑] 貪也 탐낼랑 (陽)

八

𣢺。[욱][축][혁] 吹氣 숨을불욱、축、義 욱과同、吹貌 부는모양혁 (屋)(沃)(職) **欺**。[기] 詐也、謾也 속일기 自昧其心 스스로 속일기 陵也 업신여길기 妄也 망령될기 **䖈** [의] 歎美辭ㅣ與 거룩하다할의 猗通 (支) **欱** [부] 語而不受 말하며 받지않을부 (有) **𣢽** [아] 驢鳴欪ㅣ 나귀울아 (禡)

[念欠] 전 呻吟신음할전 (霰) 欽。흠 敬也 공경할흠 思望意ㅣㅣ물끄럼히처다볼흠 恭也 공손할흠 ㅣ差皇軟 임금의말흠 鐘聲有節 종소리절도있을흠 [?] 혁 去涕 눈물씻을혁 (錫) 欻。

홀 忽也 홀연홀 暴起 급히일어날홀 動也 ㅣㅣ움직일홀 疾貌 빠를홀 幽邃貌ㅣ 으슥할홀 歘同 (物) [叕欠] 치 齧也 씹을치 或音 최 (紙) [卒欠] 졸 吮也 빨졸 飮마실졸 (質) [夌欠] 릉 陵也 능가할릉 (蒸)

[?]。우 구 嘔也 구토할우 蹴鼻 코찡그릴구 (有) [育欠] 육 驚也 놀랄육 (屋) 款。관 衷曲誠也 정성스러울관 叩也 두드릴관 敬也 공경할관 至也 지극할관 留也 머무를관 塞也 막힐관 ㅣ曲 관곡할관 科條 조목관 誌也 기록

할관 心有所欲ㅣㅣ하고자할관 爲疲ㅣ段 말파리할관 落ㅣ낙관관 (旱) [昏欠] 혼 不可知ㅣㅣ알지못할혼 暗昧 어둘혼 (元) 欿。감 不足意ㅣ然 뜻에차지못할감 愁貌 근심하는모양감 (感) [?] 감 動也 움직일감 (感)

[?] 사 香美 향기좋을사 (紙) 欵 款(欠部八畫)의俗字 ⑨ 歃 삽 歠也 마실삽 盟而ㅣ血 입에피발러맹세할삽 唼通 (洽) [軍欠] 온 逆氣 피기할온、딸꾹질할온 (願) [咸欠]。합 감 含笑 방긋

레웃을함 呣也 부르짖을감 (覃)(勘) [?]。이 噫嗚ㅣ欬 나키울이 (紙) [?] 가 呼吸 숨쉴가 (麻) 歂。천 姓也 ㅣ孫ㅣ師 성천 疾息 헐떡거릴천 口氣引吸 들여마실천 喘同 (銑) [?] 款(欠部八畫)과同

[?] 하 咽喉病 목구멍병하 吹氣 숨쉴하 飮也 마실하 (麻)(禡) 歁 감 食不滿 음식나쁠감 不滿 뜻에차지않을감 (覃) 歆。흠 神饗氣ㅣ享 흠향할흠 饗食也 먹일흠 動也 움직일흠 欲也 욕심낼흠 ㅣ羨 흠선할흠

[匧欠]。섭 겹 欲也 바랄섭 貪也 탐낼섭 吹氣 숨쉴겹 (葉) 歅 인 언 人名善相者秦九方ㅣ 사람의이름인、연、義同 (眞)(先) [?] 전 呻也 신음할전 공공거릴전 (霰) [咼欠] 과 弱也 가냘플과 婐也 예쁠과 (麻)

[匽欠] 언 大呼用力 크게부르짖어 힘쓸언 怒腹 성낸배언 (願) 歇 헐 休息 쉴헐 泄氣 나른할헐 不貴 헐할헐 幽邃 으슥할헐 消散 흩어질헐 竭也 다할헐 (月) ⑩ 歊。효 氣出貌ㅣㅣ김오를효、기운나오는모

양효 熱氣 더운김효 喧也 지껄일효 (蕭) 歙。협 翕氣 기운들여마실협 (葉) [?]。유 言也 말할유 (有) [?] 치 嘲笑 조롱해웃을치 嗤同 (支) [黑欠] 답 聲也 소리답 (合) [?] 요 氣出貌 ㅣㅣ기

운날요、기운나오는모양요 (蕭) 歉。겸 감 荒歲ㅣ穀不升 흉년들겸 小也 작을겸 不足 부족할겸 食不滿 양에차지않을겸、貪也 탐할감 喙也 부리감 (咸) [奚欠] 혜 歎息 탄식할혜 (齊) 歋。이 相笑ㅣ歈 서로웃을이 (支)

[?] 쉬 問也 물을쉬 (寘) [?] 사 嗄也 목쉴사 [盍欠] 합 大啜 훅들이마실합 欱通 (合) 歌。가 永言以聲 노래가 詠也 읊을가 曲合樂 장단맞출가 謌同、哥通 (歌) [?] 감 貪也 탐할감 (感)

[?]。오 心有所惡若吐 아니꼬울오、구역질할오、토와질할오 (虞) [或欠] 족 吹氣 숨쉴족 (沃) [?] 대 喜也 기뻐할대 (灰) ⑪ [?] 랍 不滿貌ㅣ歎 서운해할랍 (合) [責欠] 색 語笑歐ㅣ 말하며웃을색 (陌)

[康欠]。강 空也 빌강 四穀不升曰ㅣ 흉년들강 饑虛 주릴강 (陽) 歎 탄 太息 탄식할탄 稱美 아름답다할탄 讚和 화답할탄 嘆同 (寒)(翰) 㱃 飮(食部四畫)의古字 歏。근 欠也 하품할근 (震)

歐。구 姓也 성구 吐也 토할구 捶擊 쳐박을구 歌也 노래할구 刀名 칼이름구 嘔、毆通、俗音우 (尤)(有) [婁欠] 루 小兒凶惡ㅣ歁 어린아이흉악할루 (宥) 歑。호 出氣太息 숨길게내쉴호 吹也 불호 (虞) [?]

[최] 一擧盡食 한입에 다먹을최 齧齒也 씹을최 嚙同 (卦)

⿺辶欲 [유] 言也 말할유 (有)

歒 [적] 小人喜笑貌 선웃음칠적 (錫)

歓 歡(欠部十八畫)의略字

⿰哥欠 歌(欠部十畫)과同

⑫

⿰黑欠 [흑] 唾聲 침뱉는소리흑 咳也 기침흑 (職)

歖 [희] 卒喜 갑자기 기뻐할희 (支)

歙。[흡][섭] 縮鼻 코막힐흡 歛氣 기운거둘흡 縣名 고을이름흡、섭、義同 (緝)(葉)

歔。[허] 抽息ㅣ欷 한숨쉬어 泣ㅣ흑흑 느껴울허 (魚)

歘 [훌] 暴起 급히일어날훌 忽也 훌연할훌 欻同 (物)

⿰斯欠。[시] 嘶聲 목쉰소리시 (支)

歕 [분] 吹氣貌 기운불분 潠也 뿜을분 噴通 (元)

⑬

⿰䍃欠 [유] 鹿鳴 사슴우는소리유 (有)

歛 [검] 貪也 탐할검 乞也 구걸할검 (覃)

⿰戲欠 [희] 相笑 서로웃을희 戲也 희롱할희 (支)

歕 [분] 吹氣貌 기운불분 潠也 뿜을분 噴同 (元)

⿰𡌳欠。[혁] 唾聲 침뱉는소리혁 (錫)

⿰嗇欠 [식] 怯也 겁낼식 (職)

歜。[촉][잠] 盛氣怒 크게성낼촉 人名顏ㅣ 사람이름촉 菖蒲葅 창포김치잠 (沃)(感)

⑭

⿰翟欠 [적] 痛聲 앓는소리적 (錫)

⿰㬎欠 [읍] 愚也 어리석을읍 (合)

歟。[여] 助辭 어조사여、그런가할여 歎美辭 아름답다할여 與通 (魚)

⿰蒦欠 [혁] 吐聲 토하는소리혁 (陌)

⑮

⿰憂欠 [우] 氣逆 기운역할우 慨也 歎ㅣ 개탄할우 (尤)

歠。[철] 大飲 크게마실철 啜通 (屑)

⑰

⿰毚欠 [참] 笑也 웃을참

⿰龜欠。[축] 接口 입맞출축 (尾)

⿰嬰欠 [영] 怒氣 성낸기운영 (梗)

⑱

⿰⿰米焦欠。[초] 飲酒盡杯 술다마실초

⿰聶欠 [첩] ㅣㅣ 氣動貌 기운뜰첩 取也 취할첩 (葉)

歡。[환] 喜樂 기뻐할환 親也 친할환 酒也ㅣ伯 술이름환 樹名 合ㅣ 나무이름환 懽同、驩通 (寒)

⑲

⿰䜌欠。[란][권] 欠也 하품할란 心感貌 마음혀녹될란、권、義同 (寒)(霰)

㉑

⿰黑欠 [곤] 愚也 어리석을곤 不可知 알수없을곤 (元)

⿰黑欠 ⿰黑欠(前條)와同

㉒

⿰難欠 歎(欠部十一畫)과同

止部

止。[지] 已也 말지 停也 그칠지 靜也 고요할지 息也 쉴지 居也 거할지 心之所安 마음편할지 留也 머무를지 禮節 예절지、行儀 거동지

①

正。[정] 方直不曲 바를정 平也 평할정 長也 어른정 當也 마땅할정 常也 떳떳할정 分辨 분변할정 平貨 질정할정 豫期 미리작정할정 直也 곧을정 ㅣ肉 살코기정 ㅣ鐵 시우쇠정 歲首 정월정 射候畫布中 과녁정 室向明處 남쪽창정 政通 (庚)

⿰止乚 [완][개] 行步貌 가는모양완、개、義同 (諫)(泰)

②

此。[차] 玆也、斯也 이차 (彼之對) 止也 그칠차 (紙)

③

⿰止凡。[신] 待也 기다릴신 (震)

步。[보] 徒行 걸을보、다닐보 倍跬 걸음보 人才特出 獨ㅣ 사람특별히날보

⿱𠂉止 [보] 煮也 삶을보 (麌)

④

歬 [전] 不行步而進也 걷지않고나아갈전 (先)

武。[무] 威也 위험스러울무 健也 건장할무 勇也、斷也 날랠무 跡也 자취무 剛也 굳셀무 繼也、接ㅣ 이을무 樂名、冠卷 풍류이름무 北方玄ㅣ 북방무 軍官 虎班、호반무 (麌) 國字

⿰止支。[기] 路二達 길두갈래질기 飛行貌ㅣㅣ 둥둥떠다닐기 岐通 (支)

⿰止止 [기] 岐路 갈림길기 (支)

⿱丁止。正(止部一畫)의古字

歩 步(止部三畫)의俗字

⿱止土 [달] 蹈也 밟을달 (曷)

⑤

⿰止皮 [피] 覆也 덮일피 (寘)

歪 [의] 不正 비뚤어질의、기울어질의

歫。[거] 止也 그칠거 搶也 찌를거 超ㅣ 뛸거 違也 어길거 至也 이를거 抗也 막을거 戾也 어그러질거 距通 (語)

⑥

歭 [치] 不

前ㅣ躇 주저할치 抗也 겨룰치 貯也 모을치 供具 받들치 跱同, 峙通 (紙)

⿰止艮 跟(足部六畫)과同

⿱止品。[제] 盛物於器 담을저 (御)

七

⿱余止 [도] 止也 머무를도 (虞)

八

⿰止卒 [취] 待也 기다릴취 (寘)

⿰止叔。[축] 至也 이를축 (屋)

⿰止帚 歸(止部十四畫)과同

⿱尚止 [상] 掌拒 빗디딜상 (漾)

⿰止夌。[정] 止也 그칠정 (迥)

九

⿰止畓 [답] 足跡重貌 발자국포개질답

⿰止重 踵(足部九畫)과同

⿱刃刃止。[삽] 酸苦 떫을삽 不滑 깔깔할삽 墻壘石 成文ㅣ浪 돌담무늬삽 澀、澁、濇同 (緝)

⿰止复 [벽] 止也 그칠벽 (職)

⿱沓止 [갑] 止也 머무를갑、그칠갑 (洽)

歲。[세] 年也 해세 年穀之成 곡식익을세 太ㅣ 태세세 時候 절후세 年齡 나이세 光陰 세월세 豐年 풍년세 星名 별세 (霽)

十

⿰止臭 [후] 休息 쉴후 (尤)

⿸厤止 歷(止部十二畫)과同

十二

⿰止責 [적] 正齊 바를적

整 整(支部十二畫)과同

十二

⿰止喬 蹻(足部十二畫)과同

⿰止尊。蹲(足部十二畫)과同

歷。[력] 過也 지날력 傳也 전할력 行也 행할력 次也 차례력 盡也 다할력 靜也 고요할력 踰越 넘을력 釜鬲 銅ㅣ 다리굽은가마력 明也 역력할력 文章貌ㅣ錄 문채날력 列貌ㅣㅣ 벌린모양력 (錫)

十三

⿰止者 躇(足部十三畫)과同

十四

⿰止胡 [귀] 傷也 상할귀 (未)

歸。[귀] 還也 돌아올귀、돌아갈귀 還所取之物 돌려보낼귀 嫁也 于ㅣ 시집갈귀 投也 던질귀 附也 붙좇을귀 許也 허락할귀 卦名ㅣ妹 괘이름귀 終也 끝귀 婦、皈同 [궤] 餽也 먹일궤

十六

⿱厤歷。[력] 積也 쌓을력 (錫)

歹部

歹。[알] 剔骨之殘 살발은뼈알 (曷)

歺 [대] 逆也 거스릴대 好之反 좋지않을대 惡也 악할대 (賄)

二

⿰歹丂。[후] 割也 저밀후、베일후 朽也 썩을후 朽同 (有)

死。[사] 歿也 죽을사 絶也 끊길사 終也 마칠사 盡也 다할사

⿰歺又。[잔] 穿也 후빌잔 (寒)

⿰歺人 死(前前條)와同

三

⿰歹大 [제] 極疲 고달플제 喘也 헐떡거릴제 (霽)

⿰歹亏 [후] 朽也 썩을후 (有)

⿰歹犬 [결] 盡也 다할결 (屑)

四

殁。[몰][홀] 終也 죽을몰 䋣縷貌 殟ㅣ 느즈러진모양몰 盡也 다할홀 沒通、歿同 (月)

⿰歹斤 [설] 夭死 일찍죽을설、단수할설 (屑)

⿰歹月。[잔] 獸食餘 짐승먹던찌꺼기잔 (寒)

⿰歹次 [자] 死而復生 까무러쳤다깨날자 (支)

⿰歹丑 [뉴] 欲死 죽으려할뉴 (尤)

殀 [요] 短折 요사할요 斷殺 끊을요 屈也 굽을요 夭同 (篠)

⿰歹内 [눌] 心亂 殟ㅣ 심란할눌 (月)

⿰歹支 [고] 打也 칠고 校也 견줄고 (皓)

⿰歹夬 [계] 極疲 몹시고달플계 死也 죽을계 (霽)

⿰歹止 [찰] 癘疾 모진병찰、염병찰 (黠)

⿰歹少 [찰] 癘疾 염병찰、夭死 일직죽을찰 (黠)

⿰歹凶 凶(凵部二畫)과同

⿰歹互。[천] 殘餘 나머지천 (銑)

五

⿰歹四 [수] 殘也 남을수 (尤)

殂。[조] 往死ㅣ落 죽을조 (虞)

殃。[앙] 禍也 재앙앙 罰也 벌앙 咎也 허물앙

殄。[진] 絶也 끊어질진 盡也 다할진 滅也 멸할진

⿰歹民 [면] 矜也 불쌍히여길면 (銑)

⿰歹失 [질] 厲鬼 염병귀신질 (質)

殆 [태] 危也 위태할태 幾也 거의태 近也 가까울태 始也 비로소태 將也 장차태 (賄)

⿰歹尔 殄(前前條)의 略字

⿰歹戈。[설] 盡也 다할설 (屑)

⿰歹立 [읍] 危也 위태로울읍 (緝)

⿰歹古 [고] 枯也 마를고

⿰歹生。[생] 死而更生 죽었다살아날생 (庚)

⿰歹皮 [피] 剖開肉 살찢어발릴피 枝折 가지꺾을피 披通 (支)(紙)

⿰歹句 歾(歹部二畫)의 俗字 殉(歹部六畫)의 譌字

(六)

⿰歹米 [미] 米半壞반쯤썩은쌀미、설미미 (齊)

殉。[순] 以人從葬따라죽을순 營也경영할순 求也구할순 從也쫓을순 (震)

⿰歹各。[락] 卒死⿰歹岳ㅣ갑자기죽을락 (藥)

⿰歹肉 [잔] 禽獸食餘짐승먹던찌끼잔 朕同 (寒)

⿰歹血 [혁] 卵坼不成알터질혁 (職)

⿰歹次 [자] 死而復生죽었다깨어날자 (寘)

⿰歹戌。[설] 盡也다할설 (屑)

殊。[수] 異也다를수 絶也끊어질수 死也죽을수 誅也목베일수 傷也상할수 語助辭어조사수 (虞)

⿰歹𡿺 [노] 恨也한할노 (號)

⿰歹艮 [면] 矜也불쌍할면 (銑)

残 殘(歹部八畫)의略字

⿰歹列 [례] 病也앓을례 (霽)

⿱一死 [란] 臨死時迷亂沒覺□ㅣ죽으려할란 (翰)

(七)

⿰歹皃 [모] 飽厭물릴모 俗音묘 (效)

殍。[표] 餓死굶어죽을표 芆同、莩、摽通 (篠)

⿰歹妥 [뇌] 弱也殘ㅣ약할뇌 (賄)

⿰歹巠。[궐] 死也죽을궐 [경] 義同 (月)(庚)

⿰歹角 [곡] 臨死畏刦죽을때겁낼곡 (屋)

⿰歹卯 [묘] 殘骨남은뼈묘 (效)

⿰歹求 [구] 終也마칠구 死也죽을구 (尤)

⿰歹亨 [형] 膧也부을형 (庚)

⿰歹斨 [책] 裂也찢을책 (陌)

⿰歹析。[석] 欲死貌죽으려하는모양석

⿰歹兗 [공] 欲死죽으려할공 鬼出也귀신나올공 (蒸)

殐。[속] 殭也죽어썩지않을속 (沃)

⿰歹寽 [뢰] 病也앓을뢰 (隊)

(八)

⿰歹委。[위] 枯死말라죽을위、시들위 病也병들위 (支)

⿰歹夜 [마] 無也없을마 (禡)

殔。[이] 瘞也理葬묻을이 (寘)

⿰歹卒。[졸] 死也죽을졸 終也마칠졸 (大夫死稱) 卒通 (質)(月)

⿰歹芺 [요] 害也해할요 (蕭)

殖。[식] 生也날식 蕃也성할식、불을식 種也심을식 增也많아질식 長也자랄식 平正ㅣㅣ평정할식 興生財利불릴식 骨ㅣ뼈식 (職)

⿰歹於 [어] 枯死말라죽을어 (語)

⿰歹京 [강] 屍體시체강 (漾)

⿰歹奉 [봉] 死也죽을봉 (腫)

殘。[잔] 凋傷落零쇠잔할잔 害也、賊也해할잔 餘也나머지잔 戔通 (寒)

⿰歹咅 [부][무][복] 腐也썩을부 物腐生黴곰을무、곰팡이날무 斃也죽을부 (有)(虞)(職)

⿰歹沁。[심] 草木萎死초목시들어죽을심 (沁)

⿰歹屈 [굴] 死而不朽죽어썩지않을굴 (物)

⿰歹岳 [악] 卒死ㅣ⿰歹各갑자기죽을악 (覺)

⿰歹宛 [완] 人死貌사람죽은모양완 (阮)

⿰歹奄 [업][음] 病而不甚ㅣ殜、病也병심치않을업 重疊貌텹텹할업 死也죽을음 (葉)

⿰歹昏。[혼] 不明了흐리멍텅할혼、혼미할혼 瞀也아찔할혼 矜也불쌍할혼 惽同 (元)

⿰歹奇 [기] 棄也버릴기 死也大ㅣ죽을기 (支)

(九)

⿱高死 [고] 枯也말라죽을고 (皓)

⿰歹咼 禍(示部九畫)과同

⿰歹柬。[란] 破壞깨뜨릴란 (翰)

⿰歹亟。[극] 誅也죽일극 誅責귀양보낼극 (職)

⿰歹劉 [례] 疾疫염병례 (霽)

⿰歹叟 [도] 敗也패할도 (遇)

⿰歹畏 [외] 不知人事ㅣ殘정신모를외 (賄)

⿰歹彖 [혜] 疲困피곤할혜 (隊)

殜。[엽] 病也병들엽 (葉)

(十)

⿰歹秦 [친] 盡也다할친 (軫)

⿰歹臭。[추] 腐氣썩은기운추 臭通 (宥)

殞 [운] 歿也죽을운 落也떨어질운 (軫)

⿰歹鬼 [회] 愚也어리석을회 (賄)

殟。[올][온] 胎敗낙태할올 心亂ㅣ殁、病殙심란할올 病也병들온 極也극진할온 (月)(元)

⿰歹高 [고] 曝也볕바랠고 (皓)

⿰歹宰 [재] 滅也멸망할재 (賄)

⿰歹豈。[개] 腜胎첫아이밸개 殺羊出胎양죽여태끄낼개 (灰)

⿸府死 腐(肉部八畫)과同

⿰歹盒 [의] 物彫死시들어죽을의

(十一)

⿰歹崔 [최] 破也깨질최 (隊)

⿰歹帶 [체][혜] 困極느른할체 滯也막힐혜 (霽)

⿰歹宿 縮(糸部十一畫)과同

殣。[근] 餓死굶어죽을근 瘞也묻을근 (震)

⿰歹莫 ⿱莫歹(次條)와同

⿱莫歹。[막] 死而寂

也 죽어고요할막 (藥)
殥 [인] 遠也 멀인 (眞)
殤。[상] 未成人喪 아이죽을상 (陽)
殦 [소] 爛也 불에데일소 (蕭)
⿰歹貫 [관] 盡也 다할관 (諫)
⿰歹責 [지] 病也 병들지 獸死 짐승죽일지 (寘)

⑫
殨。[궤] 膗決 종기터질궤 爛也 문드러질궤 (隊)
殫。[탄] 竭盡 갈진할탄
殧 [축][추] 終也 마칠축 殄也 죽을추 (屋)(宥)
殪。[에] 死也 죽을에 殺也 죽일에 (霽)
殩 [찬] 饡喪家食ㅣ孝 상제먹일찬 (翰)

⿰歹賁 [분] 殘骨 살은썩고 뼈만남을분 (問)
⿰歹尞 [료] 敗也 패할료 (嘯)
⿰歹斯 [시] 死也 죽을시 盡也 다할시 (寘)
⿰歹最 [세] 瘦病 파리한병세、마르는병세 (泰)

⑬
殬。[두] 敗也 패할두、질두 (遇)

⿱夗死 [몰] 瞑死之時迷亂沒覺 ㅣ殁 죽으려할몰 (月)
殮 [렴] 衣死 염할렴 殯也 빈소할렴 斂通 (豔)
⿰歹辟 [벽] 欲死 죽으려할벽 (陌)
⿰歹業 [업] 病也 앓을업 (葉)
⿰歹歲 [예] 死物殘ㅣ 죽은물건예 (隊)

殭。[강] 死不朽 죽어썩지않을강 蠶白 마른누에강 (陽)

⑭
[illegible] [강] 仆也 자빠질강、넘어질강 (養)
⿰歹㬎 殗(歹部八畫)과同
⿰歹蓋 [애][갑] 死也 죽을애 依也 의지할갑 (泰)(合)
殯。[빈] 殮也 염할빈 死體入棺不葬致ㅣ 빈소빈 (死在棺將遷葬、柩賓遇之) 送葬歌 상여소리빈 (震)

⑮
殰。[독] 胎敗 낙태할독 ⿰月賣同 (屋)
⿰歹焦 [조] 爛也 데어터질소 (嘯)

⑯
⿰歹歷 [력] 幾至死境 거의죽으려할력

⿱𦥯死 [욕] 屈而短貌 구푸리어작아뵐욕 (屋)
⿰歹盧 [려] 臚也 배불룩할려 (魚)

⑰
殲。[섬] 盡也 다할섬 滅也 멸할섬 (鹽)
⿰歹闌 [란] 爛敗 물크러질란、물러터질란 (翰)

⑲
⿰歹羸 [라] 畜産疫病 병들라 (歌)
⿰歹顛 [전] 沒落 떨어질전、죽어넘어질전 (先)

殳部

殳。[수] 兵器八稜無刃、書法 팔모창수 擊也 칠수 杸同 (虞)

④
⿰火殳 [담][금] 下擊上 칩떠칠담 或音침 治也 다스릴금 禁也 금할금 制也 제어할금 (咸)(侵)

⑤
段 [단] 推物分片匹也 조각단 擇物 고를단

⑥
⿰亥殳 [개] 笑也 웃을개 (灰)
㱿 [각] 皮甲 겁질각 殼同 (覺)
⿰杀殳 殺(殳部七畫)俗字
殷。[은][안] 衆也 많을은、무리은 大也 클은 中也 가운데은 成湯國號 은나라은 盛貌ㅣㅣ 성한모양은 雷聲 우뢰소리은 磤通、赤黑色 검붉은빛안 (文)(吻)(刪)

⑦
⿰豆殳。[두] 遠而擊 멀리칠두 (尤)
⿰肖殳 [학] 嘔吐 토할학、구역질할학 殼通 (覺)
⿰辰殳 [진] 動而喜貌ㅣㅣ 동하며기뻐하는모양진 擊也 칠진 (眞)
⿰𠭖殳 敢(攴部八畫)의古字
殸 聲(耳部十一畫)의古字
殺。[살][쇄][시] 戮也 죽일살 矢鏃 화살촉살 散貌 ㅣ然 흩은모양살 垂貌 驂ㅣ 드리운 모양살 弒、𣩵同 減也 감할쇄 疾也 빠를쇄 降也 내릴쇄、시、義同 弑同 殺俗字 (黠)(卦)

⑧
⿰豈殳。[구] 屈也 구부릴구 謹也 삼갈구 強打 세게칠구 (宥)
⿰尙殳 [등] 推也 밀등 揆也 부딪칠등 (庚)
殼。[각] 皮甲 껍질각 素也 본디각 質也 바탕각 從上擊下 내리칠각 殻同、㱿通 (覺)
⿱空殳 [공] 擊也 칠공 (東)
殽。[효] 亂也 어지러울효 雜錯混ㅣ 혼잡할효 豆ㅣ核實 마른안주효 俎實 진안주효 肴、餚同、淆通 (肴)

⑨
⿰𣏂殳 [순] 築也 쌓을순 (震)
殿。[전] 宸居宮ㅣ 대궐전、전각전 軍後 후군전 下功 적은공전 (上功曰最、下功曰ㅣ) 呻也ㅣ屎 신음할전 鎭也 진압할전 (震)
毄。[계][격] 食養之ㅣ畜 먹어기를계 拂也 떨칠격 (霽)(錫)
毁。

[훼] 隳之 헐훼 壞也 무너질훼 訾也 험담할훼 瘦也 상제얼굴파리할훼

⑩

𣪠。[동] 擊空聲 쿵쿵울리는소리동 (冬)

㲄 [계][개] 害也 해할계 係也 맬계 盡也 다할계 辱也 모욕줄개 (霽)(泰)

毃。[각] 擊頭 머리때릴각 橫擿 결매로칠각 敲通 (覺)

𣫞 [재] 殺也 戮也 죽일재

毄 [격][긱][계] 勤苦用力 부지런히힘쓸긱 相擊聲 마주치는소리격 拂也 물리칠격 戈戟類 ㅣ兵 창격 食養 먹여기를계 喫通 (錫)(霽)

⑪

毅。[의] 果敢 굳셀의 (弘ㅣ 剛ㅣ) 妄怒 성빨끈낼의 (未)

𣫋 [참] 擊也 칠참 (豏)

毆。[구] 捶擊 칠구 本音우 (有)

⑫

𣫴 [착] 穿也 뚫을착 팔착 (屋)

𣫬 [쟁] 撞也 칠쟁、두드릴쟁 (庚)

𣫵 [쟁] 觸也 찌를쟁、다닥칠쟁 (庚)

毇。[훼] 精米 쌀쓿을훼、정미할훼 糳同 (紙)

毈 [단] 卵環不成子 알곪아까지못할단 (翰)

𣫸 [소] 舜樂 大ㅣ 풍류소 韶同 (蕭)

𣬄 [령] 多聲 많은소리령 (庚)

⑬

㲉 [각] 鳥卵、物之孚 甲새알각 (覺)

⑭

毉 [의] 醫也 의원의 交州木名 나무이름의 翳同 (支)

𣬉。[수] 擊也 칠수 (尤)

𣫾 [찬] 小舂 조금찧을찬 (願)

𣫿。[갱] 不可近 가까이못할갱、멀리할갱 (庚)

𣫚 [곡] 未練枲麻 삼지않은삼곡 (屋)

⑮

𣬍 [예] 美也 아름다울예

⑰

𣬠 [감] 打鼓 북칠감 (感)

⑲

𣬩 [등] 鼓聲 북소리등 (蒸)

𣫓 [렴] 鏡函 경대함렴 (鹽)

𣬏 [효] 大磬似犂館 큰경쇠효 (蕭)

𣬟 [룡] 聲也 소리룡 (冬)

⑳

𣬶 [력] 刕離 나눌력、떠날력 (錫)

毋部

毋。[무] 禁止勿爲辭 말무 莫也 없을무 地名 甯ㅣ 땅이름무 無通、夏后冠ㅣ追 하우씨관무 (虞)(尤)

毌。[관] 貫也 꿸관

①

母。[모] 父之配、生我慈親 어미모 (惟天地萬物父ㅣ) 妻ㅣ 聘ㅣ 장모모 禽獸之牝 암컷모 ㅣ體 모체모

②

每 每(毋部三畫)의略字

③

每。[매] 常也 매양매、일상매 凡也 무릇매 各也 각각매 貪也 탐할매 雖也 비록매

𣫭 每(毋部三畫)의本字

毐 [애] 人無行嫪ㅣ 음란할애 娭古字 (賄)

④

毑 [자] ㅣ嬅、母也 어머니자 (哿)

毒。[독] 惡也、痛也 독할독、악할독 害也 해할독 痛也 아플독

𣫮。蹯(足部十三畫)의古字

⑤

𣫯 [지] 母也 어머니지 (紙)

𣫲 毒(毋部四畫)의本字

⑩

毓。[육] 養也 기를육 稚也 어릴육 盛多 많을육 鄅ㅣ 번성할육、育同 (屋)

比部

比。[비][필] 校也 비교할비 類也 같을비 方也 ㅣ例、刑官ㅣ部 견줄비 庀通、和也 화할비 竝也 아우를비 次也 ㅣ鄰 차례비 胡革帶鉤 혁대갈구리비 偏也 치우칠비 卦名、失剔 괘이름비 次也 櫛ㅣ 차례필、질 번할필 (支)(紙)

⑤

毚。[착] 獸名 ㅣ青色似兔 짐승이름착 (藥)

毗。[비] 輔也、助也 도울비 明也 밝을비 厚也 두터울비 體柔 ㅣ 몸부드러울비 革帶鉤㞎ㅣ 혁대갈구리비 (支)

毖。[비] 愼密 懲ㅣ 삼갈비 勞也 수고로울비 泉流貌 샘흐르는모양비 (寘)

毘 毗(前條)와同

⑥

䀝 毗(比部五畫)의本字

毘 毗(前條)와同

⑨

𣬛。[결] 貉也 담비결

⑩

𣬜 [시] 貉也 담비시 (寘)

⑬

毚。[참] 狡兔 약은토끼참 樹名 ㅣ檀 나무이름참 (咸)

⑳

𣬦 [박] 疾也 빠를박 (陌)

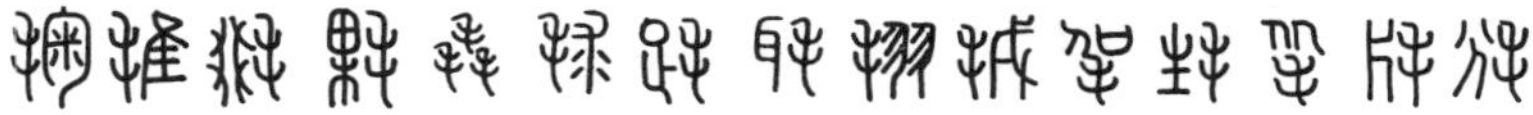

毛部

毛。[모] 毫也 眉髮之屬 터럭모 序齒 나이차례모 ㅣ髮班白 터럭반픔셀모 草也 풀모 羊也 柔ㅣ 양모 去ㅣ 퇴할모 莎草 떼모 毴同 (豪)

㊁

⿰毛乃 [녕] 犬毛 ⿰毛乃ㅣ 개털녕 (徑)

㊃

毝。[분] 毛落 털빠질분 (文)

毟 [모] 拔引取 뜯을모, 민

⿺支毛 [지] 毛織 털로짠베지 輕毛 가벼운털지 (支)

毞。[비] 罽也 털로짠베비 (支)

⿰片毛。[포] 毛起貌 털일어날포 輕毛也 가벼울포 (蕭)

⿰巿毛 [패] 多毛 ㅣ⿰糸毛 털많을패 (泰)

⿺毛及 [삽] 眼睫長貌 속눈섶길삽 (合)

⿺毛介 [개] 獸毛細者 짐승의가는털개 (卦)

㊄

⿺毛母。[루] 毹席 담자리루、담방석루 (虞)

⿱召毛 [초] 鳥尾翹毛ㅣ 能 새꽁지초 (蕭)

⿱攸毛。[유] 毛也 털유 (虞)

⿰令毛 [령] 毛結不理 털엉킬령 (青)

⿺廴毛 [구] 毛毬 담요구、담 자리구 (虞)

⿰生毛。[생] 毛起貌 ㅣ毿 털끝일어설생 (庚)

⿱此毛 [비] 毯類 담비 (支)

⿱丞毛 [진] 毛髮齊貌 털이가지런질진 (軫)

毠。[가] 毛衣 털옷가 (麻)

毡 [전] 蹂毛成片 전전 氈俗字 (先)

⿺毛皮 [피] 毛也 털피 (支)

⿺毛戊 [무] 毛密貌 털많이날무 (有)

⿺毛乍 [택] 初生毛 갓난털택 (陌)

⿰包毛 [포] 鳥抱卵 알품을포 毰同 (肴)

⿰果毛 ⿰果毛(毛部五畫)과同

㊅

⿺毛戌。[수] 毛也 털수 (遇)

⿺毛西 [시] 張羽貌 毰ㅣ 날개벌릴시 毸同 (灰)

⿰舟毛 [전] 毛席 자리전 (先)

⿱羽毛 [목] 毛濕 털젖을목

⿱如毛 [녀] 犬多貌 개털많을녀 (魚)

毨。[선] 毛落更生整理 털다시나고 고를선 (銑)

⿺延毛 [타][열] 羽毛解脫 털바꿀타、열 義同 (箇)(屑)

⿺毛合 [합] 目睫長 속눈섭길합 (合)

毧 [융] 細毛 가는털융、솜털융 (東)

毥 [순] 初生貌 솜털순 (震)

毦。[이] 結毛爲飾 머리털이 兜上飾 투구치장할이 羽毛飾 깃과털로 꾸밀이

㊆

⿰⻊毛。[연] 錦類、越 비단연 (先)

毫 [호] 長銳毛 가늘고긴털호 極細秋ㅣ 극히가늘호 數名十絲 호호 也 어지러울호 揉也 비빌호 (豪)

⿱沙毛。[사] 毛長貌 毿ㅣ 털긴모양사 (麻)(歌)

⿰羊毛 [선] 罽也 ㅣ毯 털로짠베선 (先)

⿰寽毛 [래] 斑毛 얼룩털래 (泰)

⿰耒毛 [호] 攬

毭 [두][낙] 罽也 담요두 毛毭 屬 담자리낙 (宥)(藥)

⿰肖毛 [소] 鳥尾 ⿰召毛ㅣ 새꽁지소

⿰犮毛 [발] 短毛 짧은털발 (月)

⿰夾毛 [첩] 目毛 속눈섭첩 睫、䀹同 (葉)

毬。[구] 戲具 鞠 九鞠 蹴 제기구、공구 紅荔枝 여주구 毛布 花ㅣ 화문담요구 帶名 圍 띠이름구 (尤)

⿰毛束 [수] 氍毹 담요수 (虞)

㊇

⿱知毛 [지] 毛多 털많을지 (紙)

⿰果毛。[구] 毯褥 담요구 (虞)

毳。[취] 獸細毛 짐승의가는털취 冕名 면류관이름취 柔美物 甘ㅣ 부드럽고아름다울취 氈也 ㅣ幕 담장막취 (霽)

毯 [담] 毛席 자리담 (感)

⿰來毛 [리] 彊毛 억센털리 毛起 털일어날리 犬名 개이름리 (支)

毲。[탈] 織毛成罽 모직탈 (曷)

⿰卒毛 [졸] 毛生貌 털나는모양졸 毛貌 털모양졸 (月)

⿰导毛 [득] 毛小 털적을득 (職)

⿰毛隹。[용][모] 多也 많을용 毹同、ㅣ毨 毛更生整理 털함치르할모 毛同 (腫)(號)

毰 [배] 張羽貌 ㅣ毸 날개벌리는모양배 (灰)

毱。[국] 毬也 蹴ㅣ 제기국 踘同 (屋)

㊈

毽 [건] 抛足之戲 제기건 (願)

⿰並毛 [방] 罽也 ㅣ毲 털로짠베방 (養)

⿰英毛。[영] 毛布 털베영 (梗)

⿰扁毛 [편][변] 長毛 긴털편 結毛不理 ㅣ毵 털엉킬변 (銑)

毼。[갈] 罽也 毲ㅣ 털로짠피륙갈、담요갈 (曷)

⿰茸毛 [용] 細毛 가는털용 (東)

毻 [타] 鳥獸解毛 새와짐승털갈타 (箇)

毷 [모] 解也 풀모、고를모 解毛 털벗을모 (號)

毹。[유] 毛席 氍ㅣ 털방석유 (虞)

⿰昆毛 [가] 毛衣、ㅣ氅 털옷가(麻) ⿰柰毛。[내] 多毛毷ㅣ 털많을내(泰) ⿺毛叜 [수] 織毛褥 털 담요수(尤) ⑩ ⿺毛道 [용] 細毛 가는털용 ⿺毛隹。[용] 毛盛貌 털성할용(腫) ⿰咎毛

[기] 毛文 털무늬기 얼룩거릴기(支) ⿰娑毛 [사] 毛羽婆娑 털너풀거릴사(歌) ⿰羔毛 [할] 毛布 털베할(曷) ⿺毛辱 [욕] 毛織褥 모직요욕(沃) ⿸唐毛 [당] 毯也 ㅣ毦 담당 冠上飾 毫상모당 長貌 긴털당(陽)

⿰茸毛。[용] 罽也 털베용(冬) ⿰倝毛。[한] 獸毛 짐승의털한 長毛 긴털한(翰) ⑪ ⿺毛執 [내] 毛髮衆貌 털많을내(卦) ⿺毛离 [리] 白毿帽子 흰담모자리(支) ⿰莽毛 [망] 氉ㅣ、毛布 털베망(養)

氂。[리] 牛尾 소꼬리리 數名十毫 호리리 雜毛 잡털리 犛、氂通(支) ⿺毛崔 [쇠][최] 張羽貌 날개벌리는모양쇠 羽貌 터럭모양최 氁 [모] 毛段 털비단모(虞) ⿱從毛 [종] 罽也ㅣ毾 털로짠베종(冬)

⿺毛滿。[만] 赤毛褥 붉은털요만(元) 氀 [루] 罽也ㅣ毼 털로짠베루(虞) ⑫ ⿰業毛 [복] 毛不理 毹ㅣ 털엉킬복(屋) ⿺毛登 [등][동] 細氈毯 올이밴털베등 毾同、毛散貌 털흩어질동(蒸) ⿰童毛 [동] 毛散 毛⿰業毛

ㅣ흩어진 털동(東) ⿰登毛。[둥] 罽也、毾ㅣ 털로짠베둥(蒸) ⿰喬毛 [용] 耎毳細毛 솜털용(腫) ⿺毛普 [방] 蕃織毲ㅣ 양의털로짠융방(養) 氅。[창] 析羽爲衣 鶴ㅣ 학창의창 鶖同 官人平常服 ㅣ衣 창의창(養) 國字

⿰焦毛 [초] 兜上毛布 투구위의털치장초(蕭) ⑬ 氈。[전] 蹂毛成片 전전、담전 毛席 담자리전、전방전 ⿰衺毛 衺(衣部七畫)과同 ⿰臾毛 [구] 毛褥 털요구、氍同(虞) ⿰國毛。

[렵][갈] 車翣 차에먼지막는깃부채렵(所以車中、防禦風塵者ㅣ) 水革 물풀갈(葉) ⿰喿毛。[소] 煩悶毷ㅣ 답답할소 毛健 털뻣뻣할소(號) ⿺毛當 [수] 氍毹 담요수(虞) ⿱罽毛 [게] 細毛 잔털거(魚) ⿱盍毛。

[알] 多貌털 많을알(月) ⿰奭毛 氍(毛部十八畫)과同 ⿺毛馮 [빙] 犬毛ㅣ毲 개털빙(蒸) ⿺毛翟 [첩] 睫也 속눈섭첩(葉) ⿰監毛 [람] 毛長貌ㅣ毵 털긴모양람(覃) ⿰寧毛 [녕] 多貌犬 삽살개녕

⑮ ⿺毛魯。[로] 西蕃毲毛織氇ㅣ 양융로、우단로(虞) ⿰巤毛 [렵] 鬣也 갈기렵(葉) ⿺毛賣 [독] 旗也 기독(屋) ⑰ ⿺毛韱 [섬] 毛也 털섬(鹽) ⿰襄毛 [양] 毛髮亂貌 모발흩어진모양양(陽)

⑯ ⿺毛聶 [엽] 毛柔 털부드러울엽(葉) 氍 [구] 織毛褥ㅣ毹 담요구、⿰更毛、⿰奭毛同(虞) ⑲ ⿰麗毛。[수] 毛之逆立 털거스릴수(虞) ㉑ ⿱疊毛。[첩] 土蕃細毛布

세모직첩、가는털로짠베첩(白ㅣ、金ㅣ、霞ㅣ)(葉)

氏部

氏。[씨][지] 姓之所分ㅣ族 성씨씨 婦人稱 각씨씨 西域國名月ㅣ 서역나라이름지 俗音시(紙)(支) ① 民。[민] 衆庶 백성민(士農工、商、爲四等ㅣ)(眞) 氐。[저] 本也 근

본저 至也 이를저 西羌 오랑캐저 抵同、邸通、宿名 별이름저 賤也 천할저 低同(齊) ④ 氓。[맹] 愚民 백성맹、어리석은백성맹 甿同(庚) ⿱亡民 氓(前條)와同 ⿰亡民 氓(前前條)와同

⑤ ⿰可氏 伺(人部五畫)의俗字 ⿱?民 [민] 平也 편할민(眞) ⑥ ⿰氏失。[질] 手拔物 뽑을질 ⑩ ⿰氏要。[인] 仆臥 엎어질인(震) ⑭ ⿱𦥯民。[효] 誤也 그릇할효(效)

气部

气。[기][걸] 雲ㅣ구름기운기 氣通 求乞구걸할걸 乞通 (未)(物)

(二) **氕** 气(气部。畫)과同

気 氣(气部六畫)의略字

(四) **氜** [양] 陽氣볕기운양 陽同 (陽)

氛。[분] 氣也기운분 災殃재앙분 妖氣ㅣ祲요기로운 기운분 (文)

氤 [음] 陰氣그늘음 陰 俗字、木作侌 (侵)

(六) **⿰白气** [순] 逆氣기운거스릴순 (眞)

氣。[기] 候也기운기 息也숨기 生之元精ㅣ정기기、생기기(陰陽風雨晦明六ㅣ) 空ㅣ공기기 活動力힘기 炁同 (未)

(七) **⿹气肖** [소] 天上雲ㅣ하늘소 天氣하늘기운소 霄同 (蕭)

(十) **氳** [온] 元氣交密 氤ㅣ기운온

(十五) **⿹气襄** [양] 氣也양기양 (養)

(十七) **⿰氣票** [중] 心氣심기중 (送)

水部

水。[수] 地之血氣 五行之首位 물수 河川강수 大水홍수수 橫平準고를수 (紙)

(一) **永**。[영] 長也길영 久也오랠영

氷 冰(冫部四畫)과同

氶 承(手部四畫)과同

⿰氵乙 [흘] 水涸물이마를흘 (緝)

(二) **⿰氵七** [칠] 水出貌물나올칠 灑也물뿌릴칠 (質)

氾 [범] 水延漫ㅣ濫물넘칠범 未定之辭들뜰범 汎也넓을범 濟陰水名물이름범 姓也성범 鄭地名

⿰氵几 [기] 水涯물가기 (紙)

氽 [탄] 浮也뜰탄 泳也헤엄칠탄 (人在水上曰ㅣ、人在水下 (阮)

氻 [륵] 水聲물소리륵 (職)

汁。[집] 液也진액집、국물집 雨雪雜下진눈개비집 俗音 즙

氿。[궤] 水涯물가궤 泉仄出곁에서나오는샘궤 (紙)

汀。[정] 水際平地물가정 水名물이름정 泥淖ㅣ濘진흙수렁정 町同 (青)

汃。[팔] 波相激聲澎ㅣ물결서로부딪치는소리팔 (黠)

求 [구] 覓也찾을구 索也구할구 乞也구걸할구 筭也짝구 所望바랄구 (尤)

(三) **汎**。[범] 任風波自縱띄울범、떠나갈범 漂也뜰범 ㅣ剽輕也가벼울범 博也넓을범 水名물이름범 鄕名시골이름범 泛通、浮也뜰봉 (陷)(東)

汊 [차] 水岐流물나뉠차 遼東水名三ㅣ河물이름차 (禡)

汍。[환] 涕泣ㅣ瀾우는모양환 (寒)

汋 [작] 把取汲水물떠낼작 激水聲물결치는소리작

⿰氵彡 [섬] 波起澰ㅣ물결솟을섬 (鹽)

汖 [패] 分枲皮삼껍질패 (卦)

汏。[대] 水激過사태날대 洗也씻을대 (泰)

汐 [석] 夕潮저녁조수석、썰물석 (陌)

汑 [탁] 滑也미끄러질탁 (藥)

汕。[산] 罺也통발산、반두산 魚游水물고기자맥질할산 韓國水名물이름산

汒 [망] 怱遽ㅣ苦바쁠망 茫同 (陽)

汔 [흘] 水涸물잦을흘 幾也거의흘 (物)

汓。[수] 足泳水上선헤엄칠수、발헤엄칠수

⿰氵乇 沌(水部四畫)과同

汚。洿(水部六畫)과同

汗。[한] 人液땀한、진한 水長貌瀾ㅣ물질편할한(水無涯曰泮、ㅣ水廣大無際曰ㅣㅣ) 突厥酋長可ㅣ오랑캐괴수한 地名番ㅣ땅이름한 (翰)

汙 [오][와] 濁水不流물흐르지않을오、웅덩이오 穢也더러울오 染也물들오 去垢빨오 意曲굽을오 洿也더러울와 鑿也땅팔와 窊通 (虞)(遇)(箇)(麻)

池 [지][타] 穿地溜水못지 飛貌差ㅣ섞바뀌나를지 黃帝樂名咸ㅣ풍류이름지 幷州水名滹ㅣ물이름타 沱通 (支)(歌)

⿱巛米 [취] 北方북방취 (紙)

江 [강] 川之大者강강 水出岷山강수강、물강 (江)

汛。[신] 灑也물뿌릴신 (震)

汞 [홍] 水銀수은홍 (董)

汜。[사] 水別復入물결갈라졌다다시합할사 濛ㅣ日入處해떨어지는곳사 窮瀆늪사、소사 止也멈출사 河南水名강이

름사 (紙)

汈。[인] 濕相著汈ㅣ젖어말붙일인 (軫)

汝 [여] 爾也너여 姓也성여 弘農水名물이름여 河南州名 고을이름여 (語)

汒 [망] 息遽ㅣ若바쁠망 汒同 (陽)

四

汥 [지] 水分流물나뉘어흐를지 (支)

汩。[골][멱] 治也다스릴골 亂也어지러울골 水聲물소리골 浮沈ㅣ沒골몰할골 湧波ㅣ渦물결솟을골 通也통할골 滑通、長沙水名ㅣ羅물이름멱 (月)(錫)

汦。[지] 齊貌ㅣㅣ가지런한모양지 (支)

汩 [율] 水流물흐를율 疾貌奔ㅣ빠른모양율 光明ㅣ越광명할율 鼓動貌북울릴율 步貌걷는모양율 (質)

汫 [경][정] ㅣ涏、水小貌작은물정 ㅣ濴、水貌물모양정 (迥)(靑)

汪。[왕] 深廣깊고넓을왕 池也못왕 鴈門縣名ㅣ陶고을이름왕 (漾)

汱 [견][현] 水潛貌물멀어질견 伏水물샐견、현、義同 (銑)

汰 [태] 滑也미끄러질태 洗也淘ㅣ씻길태 太過넘칠태 (泰)

汬 洴(水部四畫)의古字

汯 [굉] 迅流ㅣㅣ물빨리흐를굉 水勢回旋물굽이쳐돌아나갈굉 (庚)

汭。[예] 雒州水名물이름예 水北물북쪽예 水曲물굽이예 水內、蜹ㅣ물속예 芮通 (霽)

汴。[판] 陳留水名물이름판 宋京송나라서울판

汶。[문] 瑯琊水名물이름문 兗州縣名고을이름문 玷辱더럽힐문 (問)(吻)

汲。[급] 引水於井물길을급 引也당길급 遽也급할급 不休息ㅣㅣ부지런할급 劇也심할급 (緝)

決。[결] 斷也결단할결 行流물골터놓을결 絶也끊을결 別也이결할결 破也깨트릴결 ㅣ拾射具활깍지결 玦通 (屑)

汖 [칙] 水墊溺ㅣ물굽이칙 (職)

汥。[지] 水分流물갈라질흐를지 (支)

汸 [방] 大雨ㅣ沱큰비방 併船배아울러맬방 水名물이름방 滂同 (陽)

汼 [유] 行水흐르는물유 (尤)

汵 [감] 水入船隙배틈으로물들감 水名물이름감 淦同 (勘)

沃。[옥] 灌也물댈옥 潤也윤택할옥、기름질옥 柔也부드러울옥 盛也ㅣ若성할옥 ㅣ壤土腴걸찰옥 洗盥ㅣ세수할옥

汻 [오] 水涯물가오 (麌)

沂。[기] 魯南沭名물이름기 青州山名산이름기 (微)

汽。[기][흘] 湯水蒸氣물끓는김기 幾也거의흘 (未)(物)

汾 [분] 太原水名물이름분 水轉貌溫ㅣ물구르는모양분、물괄괄할분 (文)

汿 [서] 溝渠개천서、도랑서 (語)

沁。[심] 以物探水물속에서찾을심 上黨水名물이름심 (沁)

沅。[원] 長沙水名물이름원 (元)

沄 [운] 轉流물괄괄흐를운 沸貌沄ㅣ끓을운 溳、紛通 (文)

[illegible] [호] 水漫貌물질펀할호 (號)

沇。[연] 流貌ㅣㅣ물흐르는모양연 渷同 (銑)

沈 [침][심] 沒也잠길침 采色綠ㅣ채색할침 陵上滈水장마름침 汁也즙낼침 沉同、湛通 姓也성심 瀋通

沉 沈(水部四畫)의俗字

沍 [호] 凍也얼호 閉塞막힐호 涸通

沆。[항] 大水淼ㅣ큰물항、물벌창할항 水草廣大貌ㅣ茫질펀할항、갊을항 ㅣ瀁水深廣貌 물충충할항 (養)(陽)

沌 [돈] 不明貌混ㅣ어두울돈 元氣未判혼탁할돈 轉轉돌돈 塞也不通막힐돈 獸名짐승이름돈 (阮)

沏 [절] 水疾流물빨리흐를절

沐。[목] 治也다스릴목 濯髮膏ㅣ머리감을목 浴也목욕할목 潤澤윤택할목 細雨溟ㅣ이슬비목 (屋)

沑。[뉴] 濕也젖을뉴 潤也윤택할뉴 (有)

次 [연] 口中液춤연 涎本字 (先)

泐 [력][륵] 水凝合貌물엉긴모양력 石解散돌부스러질륵 (職)

沒。[몰] 沈也잠길몰、빠질몰 盡也다할몰 過也지날몰 死也죽을몰 乾ㅣ奪取건으로빼앗을몰 歿通 (月)

沶 流(水部七畫)의古字

沓。[답] 重也거듭답 合也합할답 貪也탐할답 善語ㅣㅣ말잘할답 水沸溢물끓어넘칠답 遝、誻通 (合)

沖。[충] 和也화할충

沔。[면] 水流滿흘러가득할면

沕 [매][물] 潛藏잠들매、물、義同、深微貌깊고작을물、오묘할물

沙 [사] 疏土水散石 모래사 海邊 바닷가사

泮 [반] 水涯 물가언덕반 輞川有芙蓉ㅣ 泮同 (翰)

沢 澤(水部十三畫)의 略字

沝 [추] 二流 두갈래물추 (紙)

沛 [패] 舟行貌 배가는모양패 ㅣ然 雨盛貌 비쏟아질패 沺水縣名 고을이름패 有餘貌 넉넉할패 顚ㅣ 偃仆 자빠질패 容儀偉貌 점잖을패 (泰)

沘 [비] 水名 물이름비 (紙)

沚 [지] 小渚 모래톱지 詩同 (紙)

沞 [잡] 㵐濕涾ㅣ 져우적실잡 (合)

沟 [구] 水聲 물소리구 (尤)

汭 [예] 雝州水名 물이름예 水曲 물굽이예 水內爲ㅣ 물속예 (霽)

五

河 [하] 四瀆之一 황하수하 大川 물하、강하 天漢 은하수하 (歌)

沬 [매][회] 微昧之明 희미할매 邑名 고을이름매 畫星 낮별매 洗面 낯씻을회 靧通 (隊)

沫 [말] 涎也 침말 泡也 湯華 물끓는거품말 汗也 땀말 跳波 물방울말 西域水名 물이름말 (曷)

沰 [탁] 使落 떨어뜨릴탁 投石 돌던질탁 落也 떨어질탁 褚也 붉을탁 (藥)

沮 [저] 漸濕ㅣ洳 물이번질저 拒也 막을저 止也 그칠저 恐怖 공갈할저 水名 扶風 물이름저 壞也 무너질저 漏也 샐저 (語)

沭 [술] 東莞水名 물이름술 (質)

沱 [타] 水別流 물갈래질타 大雨貌 큰비타 涙貌 눈물흐를타 河名 내이름타 (歌)

沲 [타] 水流 물흐를타 定州河名 물이름타 大雨貌 큰비오는 모양타 (哿)

沴 [려] 害也 해로울려 妖氣 요기로울려 水渚 물가려 水不利 물맛순치못할려 (霽)

沷 [발] 灌漑 물댈발 寒也 찰발 (月)

氵叵 [파] 水貌 물모양파 (哿)

沸 [비][불] 涫也 鼎ㅣ 끓을비 泉湧貌 샘솟을불 (未)(物)

沶 [시] 縣名ㅣ鄕 고을이름시 (寘)

油 [유] 膏也 기름유 雲盛ㅣ然 구름피어오를유 和謹貌ㅣㅣ 공손할유 武陵水名 물이름유 (尤)

治 [치] 理也 다스릴치 가릴치 攻也 칠치 理效 효험치 校也 비교할치 所都處 州郡所駐 고을치 (寘)

沺 [전] 水無際 廣大 물가없을전 (先)

氵甲 [압] 低濕ㅣ揷 낮어습할압、축축할압 (洽)

沼 [소] 曲池 늪소、못소 (篠)

沾 [첨][접] 漬也 적실첨 濡也 젖을첨 輕薄 경박할첨 自喜 스스로기뻐할접 霑通 (鹽)(葉)

沽 [고] 買也 살고 賣也 팔고 漁陽水名 물이름고 (語)

泆 [일] 淫放 음탕할일 水所蕩ㅣ 넘칠일 (質)

沿 [연] 從流而下 물따라내려갈연 循也 좇을연 (先)

泂 [형] 寒也 찰형 遠也 멀형 深廣 깊고 넓을형 迥通 (迥)

泅 [수] 浮行水上 헤엄칠수 (尤)

況 [황] 矧也 하물며황 寒水 찬물황 樣也 모양황 譬也 비유할황 訪也 來ㅣ 찾아올황 益也 이황 琴名 修ㅣ 거문고이름황 况通 (漾)

洇 [닙] 淹濕狀 浥ㅣ 젖은형상닙 (緝)

泉 [천] 水源 샘천 瀑布ㅣ 폭포수천 錢名 貨ㅣ 돈이름천 劍也 龍ㅣ 칼이름천

泊 [박] 休宿 쉴박 檥舟 배대일박 止也 그칠박 澹也 말쑥할박 流寓 漂ㅣ 표박할박 靜也 고요할박 (藥)

泄 [설][예] 漏也 샐설 發越 발설할설 瀉病 물찌똥설 散也 흩을예 出也 내칠예 怠也 緩 게으르고 느릴예 洩同 (屑)(霽)

泇 [가] 水名 물이름가 (麻)

泍 [분] 泉湧貌 샘솟을분 (吻)

氵布 [포] 地名ㅣ州 땅이름포 (遇)

泌 [필][비] 水狹流 물좁게흐를필 泉水 消流貌 샘물졸졸흐를비 (質)(寘)

泋 [회] 水波之紋 물결무늬회 (未)

氵弁 [변] 㳻水使平 물대어서고르게할변 (霰)

泎 [색] 水落地聲 물떨어지는소리색 (陌)

泔 [감] 米汁 潘瀾 쌀뜨물감 煮也 삶을감 (覃)

泏 [줄] 水湧貌 물솟을줄 (質)

泓 [홍] 水深 물깊을홍 淸也 물맑을홍 (庚)

泑 [유] 水黑色 물빛검을유 山名 산이름유 澤名ㅣ澤 못이름유 水名 물이름유 (有)

法 [법] 制度 憲章 禮文 刑律 법법 效也 본받을법 常也 떳떳할법 象也 형상법 ㅣ衣 장삼법 (洽)

泗 [사] 濟陰水名 물이름사 涕ㅣ 鼻出 콧물사 (寘)

泙 [평] 水聲 물소리평

泚 [자][체] 水淸 물맑을자 鮮明 고울자 汗出貌 땀날체 (紙)(薺)

泛 [핍][범][봉] 水聲 물소리핍 浮也 뜰범 汎同、覆也 엎을봉

沭 [찰] 水流貌 물흐르는모양찰 (黠)

泜。[지][치] 臨城水名 물이름지 南陽水名 물이름치 滍同 (紙)(霽)

泧。[월] 大水 큰물월 瀎溢 넘칠월 (月)

泲 [저] 澄也 맑을저 (語)

泝 [소] 逆流上ㅣ洄 물거스를소 順流下 물내리흐를소 溯、遡同 (遇)

波 [파] 浪也 물결파 潤也 윤택할파 書名 偃ㅣ 책이름파

泟 [청] 赤也 붉을청 棗汁 대추즙청 (庚)

泡。[포] 水上浮漚 물거품포 水名 물이름포 (有)

泠。[령] 涼意 서늘할령 泉聲ㅣㅣ 샘소리령 丹陽水名 물이름령 (靑)

泣 [읍] 無聲出涕 소리없이울읍 沸聲ㅣㅣ 끓는소리읍 (緝)

泫。[현] 水深困ㅣ 물깊을현

泥 [니] 滯也不通 막힐니 埿通、水和土 수렁니、진흙니 水濁 물이더러워질니 塗也 바를니 醉也 술취할니 露濡ㅣㅣ 이슬에젖을니 柔澤貌 야드를니 (霽)(薺)

注 [주] 灌漑 물댈주 水流射 물쏫처흐를주 意所嚮 眷ㅣ 뜻둘주

泦 [국] 水文 물무늬국 水厓外 물가바깥국 (屋)

泩 [생] 水漲 물넘칠생 水深廣貌 물깊고넓을생 (庚)

泪 [류] 淚也 肝液 눈물류 淚同、本音뤼 (寘)

泬。[혈] 空虛ㅣ寥 쾡할혈、빌혈 水從孔出 물이구멍으로나올혈 邪僻回ㅣ 간사할혈 (屑)

泮 [반] 半水 諸侯學宮 반궁반 氷解 얼음풀릴반 頖同、洪泮遍 (翰)

泯。[민] 滅也 잦을민、꺼질민 沒也 빠질민 昏也 어둘민 盡也 다할민 水清貌 물맑을민 (軫)

泲 [제] 沇水東流爲濟 물이름제 濟同 (薺)

泱 [앙] 水深廣 물충충할앙 水聲宏大 물소리우렁찰앙 廣大貌 편활앙 水漂疾貌 물결빠를앙 (陽)(養)

洼 [주] 濺也 흩물쏟아져흐를주 (遇)

泾 [괴] 水勢 물형세괴 (卦)

泰。[태] 大也 클태 通也 통할태 寬也 너그러울태 安也 편안할태 侈也 사치할태 甚也 심할태 山名 산이름태 卦名 괘이름태 尊 술준태 (泰)

泳。[영] 潛行水中 헤엄칠영、무자맥질할영 (敬)

沭 [술] 東莞水名 물이름술 淮安縣名 고을이름술 (質)

六

泿 [은] 水厓 물가은 (眞)

洊 [전] 再至 거듭올전 荐同、薦通 (霰)

洁 [길] 良水 맛좋은물길 (質)

洦 [후] 濡也 절실후 (有)

洃 [회] 洩粉 반죽할회 (灰)

洀 [주][반] 水文 물노

浓 [의] 水清 맑을의 (微)

洄。[회] 逆流溯ㅣ 물거슬러흐를회 (灰)

洆 [승] 沒也 潛ㅣ 빠질승

洇 湮(水部九畫)과同

洋。[양] 大海 큰바다양、물양 廣也 넓을양 大也 클양 西ㅣ 서양양 水貌ㅣㅣ 물모양양 瀾也 물결양 (陽)

洌。[렬] 清也 맑을렬 寒也 찰렬 大同江名 물이름렬 冽通 (屑)

㳘 [충] 山下泉 산밑샘충

洡 [채] 水浦 물가채、나루채 (卦)

洎。[계] 及也 미칠계 潤也 윤택할계 灌釜 가마부실계 肉汁 고기즙낼계 暨、漑通 (寘)

洍。[사] 水別復入 물헤쳤다다시모여들사 江水 강물사 (紙)

洒。[선][최][쇄][세][사][새] 肅貌ㅣ然 엄숙할선 水深 물깊을선 寒慄ㅣㅣ 떨선 高峻 높을최 滌也 씻을쇄 灑同、洗也 닦을세 雪也 설치할세 洗同、汛也ㅣ落 물뿌리사 汛也 뿌릴사 (薺)(蟹)(賄)(卦)(銑)(霰)(馬)

洏。[이] 涕流連ㅣ 눈물흘릴이 湯水 끓는물이 (支)

洑 [복][보] 伏流 스며흐를복 澓同 畜水漑田 보막을보 (屋) 國字

洓。[색] 小雨零落貌 가는비듣는모양색 (陌)

洇 [인] 細波 가는파도인 (震)

洔。[지] 小渚 작은모래톱지 沚同 (紙)

洛。[락] 漢都ㅣ陽 한나라서울락 弘農水名ㅣ水 낙수락 雒通 (藥)

洗 [세][선] 滌也 씻을세 承水器 물받는그릇세 洒通、潔也 정결할선 律名 姑ㅣ 율이름선 (薺)(銑)

洘 [고] 水涸 물마를고 (晧)

洚。[홍][강] 水不遵道 물벅차게흐를홍 水無涯 물가없을홍 水逆流 물거슬러흐를강 河內水名 물이름강 (東)(送)(絳)

洙 [수] 水涯 물

가수 水名ㅣ泗 물이름수 (眞)

洞。동 幽壑골동 明徹밝을동 疾流빨리흐를동 深也깊을 空也빌동 考敬ㅣㅣ공경할동 相連鴻ㅣ서로연할동 (送)(董)

洝 안 알 湯水끓는물안 阜曲不平穿ㅣ구슬플알 (翰)(曷)

洟。이 鼻液콧물이 澤名温ㅣ못이름이 (支)

津。진 水渡處나루진 液也진액진、침진

洴 모 水岸물가언덕모 (尤)

洡 래 染色물들래 (隊)

洣 미 波也물결미 江州水名물이름미 (薺)

洢 이 河南水名물이름이 (支)

洦。백 淺水얕은물백 彧音맥 (陌)

洧。유 潁川水名秦ㅣ물이름유 (紙)

汧 견 澤也못견 水名물이름견 (先)

洬 속 降雨비올속 (沃)

洩 설 예 漏也샐설 發越발설할설 歇也쉴설 泄同、飛翔貌나는모양예 息緩게으를예 斜散퍼질예 (屑)

洪。홍 大也클홍、넓을홍 洚水큰물홍 姓也성홍 洚通 (東)

洫。혁 虛也빌혁 溢也넘칠혁 田間水道溝ㅣ봇도랑혁 減通 (職)

[氵臾] 유 汚也더러울유 黑也검을유 (尤)

洮 조 洗手손씻을조 洗濯ㅣ汰빨래할조 隴西水名물이름조 (豪)

[氵休] 휴 水沈退減물들엇다빠질휴 (尤)

洱 이 弘農熊耳山水名물이름이 (紙)

洲 주 水中可居섬주 陸地물주 潜也、水際물가주 (尤)

洳 여 漸濕沮ㅣ축축할여 水名물이름여 (魚)(御)

洶。흉 水勢ㅣㅣ물결형세흉 水聲ㅣ涌물소리흉 (冬)(腫)

洹 원 流也흐를원 上黨水名물이름원 (元)

洵。순 현 信也믿을순 渦中水웅덩이물순 出涕눈물흘릴순 漢中水名물이름순 遠也멀현 (眞)(霰)

洷 질 치 水也물질 濕也젖을치 (質)(寘)

活 활 괄 生也살활 蘇生살릴활 盛動활발할활 水聲ㅣㅣ물소리괄 (曷)

洸。광 水涌물솟을광 怒也성낼광 武貌ㅣㅣ위험스러울광 (陽)

洺。명 易陽水名물이름명 州名고을이름명 (庚)

洽 흡 和也화할흡 合也합할흡 霑濡젖을흡 周徧두루흡 (洽)

派 파 分流물가닥파、ㅣ遣보낼파 分也나눌파 ㅣ閥파벌파 俗音패 (卦)

洼。와 왜 曲也굽을와、왜、義同 陝西水名窪ㅣ물이름왜 (麻)(佳)

洿。오 濁水不流흐린물괴일오 窊下地水웅덩이오 汚汙同 (虞)

流 류 水行흐를류 刑罰之一ㅣ配귀양보낼유 不確實ㅣ言근거없을류 恩譯은혜류 布也펼류 求也구할류 等級上ㅣ下ㅣ등급류 下也내릴류 派也갈래류 移行돌릴류 (尤)

浀 곡 水名ㅣ池물이름곡 (沃)

渀。분 水流急貌물급히흐를분 (元)

沖 충 水遠물아득히뻗칠충 (東)

涃。권 竇也구멍건 (阮)

泆 일 水岸물가언덕일 (質)

洀 주 반 水文물노리칠주 曲也ㅣ屈서릴반

洃 회 溲粉반죽할회 (灰)

洉 후 濡也적실후 (宥)

七

浙。절 洗米쌀씻을절 錢塘水名물이름절

浖 렬 山上有水산위물있을렬 (屑)

浘 미 매 海洩ㅣ澗바닷물샐미 泉底샘밑매 (尾)(賄)

浚。준 深也깊을준 取也취할준

[氵坌] 분 水出물날분 (願)

[氵皃] 모 大水貌큰물모 (效)

浢 두 挾浦옆갯고랑두 河北水名물이름두 (宥)

浜 병 安船溝배매두는갯고랑병 浦名물가이름병 古音평 (庚)

浡 발 興起貌ㅣ然우쩍일어날발 海名바다이름발 勃通 (月)

浝。방 大水큰물방 (江)

浟 유 水流貌물흐르는모양유 滺同 (尤)

浣 완 濯衣옷빨완 澣同 (旱)

浦。포 水濱물가포、개포 (麌)

浤 굉 海水騰湧바다물용솟음할굉

浥。읍 엽 압 潤濕厭ㅣ젖을읍 潤也윤택할엽 水流下貌물아래로흐를압 (緝)(葉)(洽)

[氵尗] 숙 善也착할숙 清也맑을숙 淑同、俶通 (屋)

浩。호 廣大ㅣ然넓고클호 水貌ㅣㅣ물모양호 (皓)

浪。랑 流貌물결절흐를랑 荊山水滄ㅣ물

이름랑 朝鮮郡名 樂ㅣ고을이름랑 陽武地名 博ㅣ땅이름랑 不精要 孟ㅣ맹랑할랑 波也 물결랑 不敬 희롱지거리할랑 (陽)(養)(漾)

浧 [영] 沈也 잠길영 泥濘 찌끼영 (梗)

浭 [경] 流也 흐를경 水名 물이름경 (庚)

浬 [리] 水名 路里數 물이수리ㅣ 泥波斯畲長 추장이름리 (支)

浮。 [부] 汎也 뜰부 溢也 넘칠부 順流 떠내려갈부 盛貌ㅣㅣ 성한모양부 無定意ㅣ沉 맨데없을부、정치못할부 (尤)

浯。 [오] 琅邪水名 물이름오 零陵溪名 내이름오 (虞)

浴。 [욕] 灑身 미역감을욕、목욕할욕 陰山水名 물이름욕 (沃)

浰 [련] 急流 급히흐를련 (霰)

浥 [즙] 繞有水涬ㅣ물 자즐자즐할즙 (葉)

⿰氵壯 [장] 米飦 蒸汽 살찔장 (漾)

浲 [봉] 水名 出單狐山 물이름봉 灉同 (冬)

⿰氵⿱巛万 [찰] 濈也 물쏟을찰 (曷)

海。 [해] 滄溟 百川朝宗 바다해 多也 많을해 廣也 넓을해 (賄)

⿰氵冊 [담] 高波 높은물결담 (覃)

浶 [로] 恐懼貌 두려워하는모양로 (豪)

浵 [동] 水深 汪ㅣ 물깊을동 (冬)

浸。 [침] 漬也 적실침 沈也 잠길침 潤也 윤택할침 漸也 점점침 沒也 빠질침 濅 浸同、湛、濅通 (沁)

⿱每水 海(水部七畫)과同

浼。 [매] 汚也 더러울매 水平貌 물평평할매 流貌ㅣㅣ 물모양매 (賄)

浹。 [협] 徹也 사무칠협 周也 두를협 挾同 (葉)

浻 [형] 水回旋貌ㅣ濴 물뱅뱅돌형 (庚)

浺 [충] 水深廣貌ㅣ瀜 물충충할충 (東)

浽 [수] 小雨ㅣ微 작은비수 濁也 물흐릴수 水名 물이름수 (支)

⿰氵狂 [광] 水貌 물모양광 (陽)

涅。 [날][녈] 水中黑泥 앙금흙날 染黑 검은물들일날 ㅣ槃 죽을녈、극낙갈녈

浿。 [패] 樂浪水名 물이름패 水涯 물가패 縣名 고을이름패 (泰)(卦)

涂 [도][차] 溝道 도랑도 途也 길도 益州水名 물이름도 沮洳 축축할차 塗飾 맥질할차 (虞)(麻)

涀 [견] 小溝 작은도랑견 高陵水名 물이름견 (霰)

消。 [소] 滅也 사라질소、꺼질소 散也 해어질소 盡也 다할소 釋也 풀릴소 銷通 (蕭)

涆 [간] 水迅流貌 물빨리흐를간 涸也 물마를간 (翰)

涇。 [경] 通也 통할경 安定水名 물이름경 (靑)

涉 [섭] 渡水 물건늘섭 巡行 跋ㅣ 돌아다닐섭 經也 지날섭 (葉)

涌。 [용] 騰也 水溢 물솟을용 湧同 (腫)

涎 [선] 回泉 도래샘선 漩同 (元)(霰)

涕 [체] 淚也 눈물체 泣ㅣ 울체 (薺)(霰)

涊 [년] 垢濁 淟ㅣ 때낄년 汨沒 골몰할년 汗出 땀날년 邪媚態 간사히아첨할년 (銑)

涓。 [연] 小流 졸졸흐를연 滴也 물방울연 擇也 가릴연 潔也 정결할연

涍 [효] 水涯 물가효 南郡水名 물이름효 (肴)

涒。 [군] 倒飽症 도포증날군 水流曲折 물굽이처흐를군 (願)

涏。 [연] 口液 침연 水流貌 물졸졸흐를연 相連 연할연 光貌ㅣㅣ 빛난모양연 次、漾同、(霰)

涑。 [속][수] 澣也 빨속 河東水名 물이름속 濯垢 때씻을수 漱口 양치할수 漱通 (沃)(尤)

涔 [잠] 漬也 적실잠 牛馬跡中水 蹄ㅣ 마소발자국속에괴인물잠 涙下貌 눈물줄줄흐를 雨多貌 비죽죽올잠、魚池 고기잡는못잠 (侵)

涖。 [리] 水聲ㅣㅣ 물소리리 臨也 임할리

涏 [정][전] 小水 샘물정 光澤貌 빛나고윤택할전 水流貌 물흐르는모양전 (迥)(霰)

⿰氵抄。 [사] 開口始語 말시작할사 (麻)

涗 [세] 灰汁 잿물세 微温 미지근할세 (霽)

涘。 [사] 水涯 물가사 (紙)

⿰氵辛 [신] 硯神ㅣ妃 벼루귀신신 (眞)

八

涪。 [부] 水泡 물거품부

涮 [산][살] 洗也 씻을산 俗音쇄 水名 물이름살 (諫)(黠)

⿰氵杏 涪(前前條)와同

涫。 [관] 沸也 끓을관 寒 (翰)

涭 [수] 水貌 물모양수 (有)

涯 [애][의][아] 水畔 물가애 厓通、의、義同 아 義同 窮盡意 다할아 (佳)(支)(麻)

涬 [행] 自然氣 기운행 引也 끌행 (迥)

涰 [철] 泣也 눈물흘릴철 (屑)

液。 [액] 汁也 津ㅣ 진액액、즙액 潤也 부를액 解散 헤칠액 (陌)

⿰氵施 [타] 砂石隨水流貌 모래밀릴타 (哿)

涴 [와][완]

水廻曲貌 물굽이완 泥著物 진흙묻을완 汚也 더럽힐와 汙通 (阮)(箇)
涳 [공] 細雨ㅣ濛 가는비공 直流 곧게흐를공 (東)
涵 [함] 濡也ㅣ泳 젖을함 沈也 잠길함 澏同 (覃)
涷 [동] 暴雨 소나비동 (東)(送)
浂 [옥] 灌漑 물댈옥
涶 [타] 口液 침타 唾同 (箇)
氵乳 [유] 酒厚 술진할유 (虞)
涼 [량] 微冷 서늘할량 風名 바람이름량 州名 고을이름량 薄也 엷을량 凉通、佐也 도울량 信也 믿을량 諒通 (漾)
涸 [학][후] 水渴 물자즐학、후 義同 沍通 (藥)(遇)
漝 [흘] 極潔 극히정결할흘 大清 극히맑을흘 黑青色 검푸른빛흘 合也 합할흘 (月)
涹 [와] 汚穢浼ㅣ 더러울와 漚也 물에불릴와 (歌)
淄 [치] 梁父水名 물이름치 黑也 검을치 青州縣名 고을이름치 (支)
涽 [혼] 濁水ㅣㅣ 흐린물혼 (願)
涾 [답] 沸溢 끓어넘을답 水波相連貌 물결출렁거릴답 (合)
淃 [권] 水廻旋貌 물돌아흐를권 水名 물이름권 (霰)
淀 [정] 如淵而淺 얕은웅덩이정 船泊 배댈정 俗音 전 (霰)
涿 [탁] 擊也 칠탁 水滴流下 물방울떨어질탁 上谷郡名ㅣ鹿 고을이름탁 (覺)
淂 [득] 水貌 물모양득 得俗字 (職)
淅 [석] 汰米 쌀일석 雨聲ㅣ瀝 빗소리석 (錫)
洴 [병] 漂濯ㅣ澼 빨래할병
淁 [첩] 湧出 물솟을첩 (緝)
淇 [기] 河內水名 물이름기 彰德縣名 고을이름기 (支)
淆 [효] 亂也 어지러울효 水濁 물흐릴효
淈 [굴][훌] 濁也 흐릴굴 水出泪ㅣ 물콸콸나올굴 治也 다스릴훌 (月)
淋 [림] 澆也 물댈림 山下水貌 지적지적할림 寂也 쓸쓸할림 病名 병이름림 (侵)
淊 [함] 泥水ㅣㅣ 진흙물함 水滿也潭 물가득할함 (感)
淍 [주] 水匝 물돌릴주 (尤)
氵往 [왕] 往也 갈왕 (養)
淌 [창] 大波 큰물결창 (蒸)
氵狂 [왕] 大水 큰물왕 (養)
淑 [숙] 善也 착할숙 清也 맑을숙 和也 화할숙 淋同 俶通 (屋)
淏 [호] 清也 맑을호
淖 [뇨] 泥也 진흙뇨 (效)
淔 [칙] 草名 풀이름칙 水名 물이름칙 (職)
淒 [처] 雲起貌 구름피어오를처 寒涼 쓸쓸할처 寒風 찬바람처 (齊)
淙 [종][장] 水聲ㅣㅣ 물소리종、장 義同 (冬)(江)
淗 [국] 水文 물결얼룩거릴국 (屋)
淘 [도] 淅米 쌀일도 水流 물흐를도 (豪)
淝 [비] 九江水名 물이름비 肥通 (微)
淚 [루] 肝液 눈물루(悲即從目出) 俗音 뤼 (寘)
淜 [빙] 徒涉 걸어물건늘빙 水聲ㅣ滂 물소리빙 (蒸)
淛 [제][절] 江名 강이름제 江名 강이름절 (霽)(屑)
氵穹 [궁] 急流 빨리흐를궁 (送)
淠 [비] 舟行貌 배가는모양비 盛貌 성할비 衆也 무리비 汝南水名 물이름비 (霽)
淞 [송] 吳郡江名 강이름송 (冬)
淟 [전] 垢濁ㅣ涊 때낄전
淭 [호] 舟中渫水器 자루달린두레박호 (虞)
淡 [담] 水貌ㅣㅣ 물모양담 澹通、薄味 싱거울담 水滿濤ㅣ 물가득할담 濃對 묽을담 (覃)(感)
氵昔 [석] 隁也 방축석 俗音 책 (陌)
淤 [어] 泥也 진흙어 澱滓 해감어 (魚)(御)
淢 [역][혁] 疾流 빨리흐를역 悲傷貌ㅣ惻 슬픈모양혁 城溝 성도랑혁、해자혁 洫通 (職)
淦 [감] 水入船隙 배틈으로물스밀감 豫章水名 물이름감 汵同 (勘)
淣 [예] 水際 물가예 (齊)
淥 [록] 水清 물맑을록 滲也 스밀록 湘東水名 물이름록 漉通 (屋)
淨 [정] 潔也 無垢 깨끗할정、맑을정 瀞同 (敬)
淧 [필] 水溢 물넘을필 (質)
淪 [륜] 론 沒也 빠질륜 小波 물놀이칠륜 氣未分渾ㅣ 기운순전할론 (眞)(元)
淁 [접] 纔有水ㅣ淈 물자질자질할접 (葉)
淩 [릉] 馳也 달릴릉 歷也 지날릉 慄也 떨릉 水名 물이름릉 棱通 (蒸)
淫 [음] 亂也 어지러울음 奸也 간음할음 放也 방탕할음 溢也 넘칠음
淰 [심][섬] 濁也 흐릴심 水動ㅣ潤 물움직일심 魚驚躍貌 고기놀랄섬 (寢)(琰)
淬 [쉬] 燒劍入水 날담글쉬

淓 [포] 漬也 담글포、적실포 漬也 맑을포 (肴)
淮。[회] 揚州水名ㅣ水 회수회、물이름회 (佳)
淯 [육] 水增 물불을 육
深 [심] 淺之對 깊을심 藏也 감출심 遠也 멀심 度淺ㅣ천심 재어볼심 渋俗字 (沁)
淳 [순] 質樸 순박할순 淸也 맑을순 流動 흘러움직일순 (眞)
淵。[연] 池也 못연 深也 깊을연 鼓聲ㅣㅣ 북소리둥둥할연 江中沙地 모래톱연
混。[혼][곤] 濁也 흐릴혼 雜也 섞일혼 渾通、西戎ㅣ夷 서녘오랑캐곤 (阮)(元)
淴 [올][홀] 水聲 물소리올 急流 물빨리흐를올 水貌 물모양 홀 (月)
淶。[래] 水名 黃河支流 물이름래 (灰)
淸。[청] 去濁遠穢 澄 맑을청 靜也 고요할청 潔也 정결할청 廉直 청렴할청 (庚)
淺 [천] 水不深 물얕을천 少聞ㅣ識 고루할천、들은것적을천 (銑)
添 [첨] 益也 加付 더할첨 (鹽)
淼 [묘] 大水ㅣ茫 큰물묘 (篠)
淹。[엄] 漬也 담글엄 留久 오래머무를엄 水名 물이름엄 沒也 빠질엄 水涯 물가엄 (鹽)
沮 [저] 濕也 젖을저 (御)
渀 [분] 奔也 빨리갈분 (願)
⿰氵冉 [담] 險波 험한파도담 (勘)
涙 淚(水部八畫)의俗字
済 濟(水部十四畫)의略字
渇 渴(水部九畫)의略字
⿰氵帚。浸(水部七畫)과同
⿰氵岳 [은] 滓也 찌끼은 (震)
涇。[경] 遲久 더디고오랠경 (冬)

九

渃 [약] 城名 성이름약 大水 큰물약 (藥)
渙。[환] 流散 흘러흩어질환 文貌ㅣ爛 문채날환 水盛貌 물성할환 散釋 풀어질환 卦名 괘이름환 (翰)
洦 [맥] 淺水 얕은물맥 (陌)
⿰氵叀 漙(水部十一畫)과同
渟 [정] 水止 물괴일정 (青)
渚。[제] 小洲 모래톱저、물가저 水岐 물갈라질저 陼通 (語)
減。[감] 損也 덜감 耗也 해질감 輕也 가벼울감 引去 뺄감 水名 물이름감 (豏)
湭 [추] 水源 물근원추 (尤)
渜。[난] 浴水餘汁 목욕한물난 湯也 더운물난 (翰)
渝。[유] 變也 변할유 汚也 더러울유 蜀水名 물이름유 俗音 투 (虞)
渥。[악] 霑濡 젖을악 潤澤 윤택할악 (覺)
渢 [풍][범] 水聲ㅣㅣ 물소리풍 浮貌 둥둥뜰범
渠。[거] 溝也 도랑거、개천거 深廣ㅣ 깊고넓을거 笑貌 軒ㅣ 껄껄웃을거 大也 클거 俗爲他人ㅣ儂 저이거 (魚)
渡。[도] 濟也ㅣ江河 건늘도 通也 통할도 津也 나루도 (遇)
渣 [사] 滓也 찌끼사 義陽水名 물이름사 溠同 (麻)
渤 [발] 海別支ㅣ澥 바다발 國名 나라이름발 (月)
渦 [와] 水回 소용돌이와 騷也 시끄러울와 (歌)
渨。[외] 波湧貌ㅣ溫 물결솟는모양외
渭。[위] 心不安貌 沸ㅣ 속끓일위 西水名ㅣ水 물이름위 (未)
測。[측] 度也 헤아릴측 深也 깊을측 淸也 맑을측 刄剡意ㅣㅣ 날카로울측 或音 칙 (職)
温 [온] 暖也 따뜻할온、따슬온 燖也 데울온 習也 익힐온 和也 화할온 柔也 부드러울온 自勝ㅣ藉 온자할온 溫同 (元)(問)
渧 [제] 滴水 듣는물 제、물방울제 (霽)
湎 [면] 大水 滇ㅣ 큰물면 (霰)
渪 [유] 霑也 젖을유 滯也 지체할유 濡同 (虞)
渰 [엄] 雲起貌 구름피어오를엄 (琰)
渮。[가] 山名 陽水名 물이름가 (歌)(哿)
渱 [홍] 水沸涌潰ㅣ 물끓어솟을홍 (東)
渫。[설][접] 漏也 샐설 散也 헤칠설 汚也 더러울설 治井 우물칠설 洩同 波貌 渫ㅣ 물결출렁거릴접 (屑)(葉)
渴。[갈][걸] 欲飮 목마를갈 急也 급할갈 水涸 물자즐갈 (曷)(屑)
渲 [선] 淋之 물적실선
港 [항] 水分流 물갈라져흐를항 水中航路 배다니는길항 ㅣ口 항구항 (講)
渳。[미] 水平貌 물질펀할미 浴尸 송장목욕시킬미 (紙)
游 [유] 浮行 헤엄칠유 順流 순히흐를유
渷 [연] 濟水別名 물이름연 沇同 (銑)
渾。[혼] 濁也ㅣ

論흐릴혼 戎名며谷ㅣ오랑캐이름혼 雜也ㅣ淆섞일혼 厚貌후할혼 混通(元)(阮)
渶 [영]水清 물맑을영(庚)
澋 [횡]水石相激聲 돌에물부딪치는소리횡(庚)
湙 [익]水流行貌 물흐를익
[illegible]

[궤]渦也 물자즐궤(紙)
渻。[성]減少 물줄성 水名 물이름성 丘名 언덕이름성(梗)
渼 [미]波紋 물결무늬미 長安水名ㅣ陂 물이름미(紙)
渽。[재]清也 맑을재 水名 물이름재(灰)
[illegible] [사]漉米 쌀씻어건질사(支)

湄。[미]水草之交 물가미(支)
渿 [내]濊出 물쏟을내(泰)
湃 [배]水聲澎ㅣ 물소리배(卦)
湀 [귀]泉出 샘나올귀(紙)
湁 [립]泉出貌 샘솟을립(緝)
湅。[련]熟絲 실삶을련(霰)
湋

[위]水回轉 물돌아갈위 關中水名 물이름위(微)
湆 [읍]濕也 축축할읍
湊。[주]水會 물모일주 進也 나아갈주(宥)
湒 [읍]羹汁 국물읍 俗音 급(緝)
湉 [첨]水之靜流貌 물고요히흐를첨(鹽)

[illegible] [매]壞也 무너질매(灰)
湑 [서]露貌 이슬모양서 釃酒 술거스릴서 醑通(魚)
湌 [손][찬]飯也 밥손 飡通、饌也 반찬찬 餐通 俗音 천
湎 [면]溺酒 술에젖을면 流移ㅣㅣ 물젖을면 䤄同(銑)
湐

[백]淺水 얕은물백(陌)
湍。[단]急瀨 激ㅣ 급한여울단、여울단(寒)
湒。[집]雨下 비올집 沸湧 물끓어솟을 戢音 집(緝)
[illegible] [변]小便 오줌변(霰)
湓 [분]水溢 물넘칠분 驟雨 소나비분 潯陽水名 물이름분 水湧 물솟을분 水聲 물소리분 噴也 뿜을분 潰也 적실분(元)(願)(問)
湔。[전]洗也 씻을전 澣也 빨전 蜀郡水名 물이름전(先)
湖。[호]大陂 큰못호、물호(圍陸大湛)五ㅣ揚州之浸 다섯물호(虞)
[illegible] [유]深也 깊을유(尤)

溲 [수]小便 오줌수 浸溺 적실수 溲同、水調粉麪 반죽할수
湗 [봉]深泥 깊은진흙봉(宋)
湘。[상]烹也 삶을상 零陵水名 물이름상(陽)
湛。[담]樂之久也 즐거울담 妉通、沒也 빠질침 沉通、漬也 젖을침 浸通 잠 露貌 이슬모양잠 澄也 맑을잠 沒也 빠질잠 安也 편안할잠 姓也 성잠(覃)(豏)
[illegible] [견]淖耕 물가리할견(銑)
湜 [식]水清ㅣㅣ 물맑을식 持正貌 엄숙할식(職)
湠 [탄]廣也 넓을탄(翰)

湝 [개][해]水盛流貌 물성할개 寒也 찰해
湟。[황]冷水 찬물황 溺也 빠질황 金城水名 물이름황(陽)
湞。[정]水名 물이름정(庚)
湢 [벽]水涌貌 물솟을벽 浴室 목욕간벽(職)
[illegible] [모]水漲 물불을모(號)

湣 [민][혼]謚也 시호민 閔同、未定滑ㅣ 정치못할혼(眞)(元)
湥 [돌]流也 흐를돌(月)
湭 [추]酒汁 술즙낼추(尤)
湨 [격]波激 물결칠격 河內水名 물이름격(錫)
湫。[초][추]隘下 웅덩이추 懸暴龍ㅣ 용추추 凉貌 으스스할추 憂愁貌ㅣㅣ 찌프릴추 水池 늪추(篠)(尤)

湩。[동]乳汁 젖동 鼓聲 북소리동(腫)(送)
湯。[상][탕]水貌 물모양상 熱水 물끓을탕 水名 물이름탕 熱沃 튀할탕(陽)(漾)
湮。[인]沒也 빠질인 塞也ㅣ鬱 막힐인 落也 떨어질인(眞)
[illegible] [제]洗米水 쌀뜨물제(齊)
湱 [획]波激聲 湍ㅣ 물결부딪치는소리획、파도소리획(陌)
[illegible] [치]濕也 젖을치(寘)
[illegible] [노]漬濕 젖을노(麻)

湲。[원][환]水聲潺ㅣ 물소리원 水流潺ㅣ 물졸졸흐를원、환、義同(先)(刪)
湳。[남]西河水名 물이름남(感)
湴 [품]深泥 수렁품(陷)
渠 [거]溝也 도랑거(魚)
滋 滋(水部十畫)의略字

湤 [이]水文 잔물결이(支)
湸 [량]大水 큰물량(漾)
黎。[려]衆也 많을려(齊)
[illegible] 徧(彳部九畫)과同
[illegible] [유]大澤 큰못유(有)
[illegible]。[분]飛也 나를분(文)
滿

滿(水部十一畫)의略字

湿 濕(水部十四畫)의略字

滔 滔(水部十畫)의略字

[illegible] [소]逆流而上 물거슬러흐를소 泝古字(遇)

⑩

源 [원]水泉本ㅣ 근원원(元)

溍 [진]水名 물이름진(震)

溏 [당]池也 연못당 淖也 진흙수렁당(陽)

溎 [연][계]大水貌 물창일할연 水名 물이름계(霰)(霽)

溒 [원]水流 물흐를원(元)

溕 [몽]微雨 이슬비몽(送)

準 [준][절]法規 법준 平也 평평할준 均也 고를준 倣也 모방할준 樂器名 악기이름준 准通、鼻頭隆ㅣ 코마루절 埻通(軫)(屑)

溓。[렴]相著 붙을렴 漬也 담글렴 薄水 살얼음렴 中絶小水 물질척할렴 濂同(鹽)(琰)

[illegible] [초]峻波ㅣ洴 높은물결초

溔。[요]大水浩ㅣ 큰물요(篠)

溗 [승]水不流 물흐르지않을승(蒸)

溛 [와]汙下 웅덩이와 不平貌ㅣ瀤 울멍줄멍할와

溚 [답]濕也 젖을답、축축할답(合)

溘 [합]奄忽 문득합、잠간합 至也 이를합(合)

溜。[류]檐水流下 처마물류、낙수물류 霤通(宥)

溝。[구]水瀆 개천구、도랑구 田間水道ㅣ洫 발도랑구(尤)

溟。[명]海也 바다명 小雨 이슬비명 自然ㅣ涬 기운덩이명 暗也 어두울명(迥)

溞 [소]淅米聲 쌀이는소리소(豪)

溠。[자]豫州水名 물이름자(禡)

溢。[일]器滿 가득할일 洋ㅣ 넘칠일(質)

溡 [시]雨水 빗물시 水名 물이름시(支)

溧 [률]水涯 물가률 丹陽水名 물이름률(質)

淪 [론]水中曳船 배끌론(願)

溥。[부][박]大也 클박 廣也 넓을부 徧也 두루부 敷同、普通 水名 물이름박(虞)(藥)

溦。[미]小雨浽ㅣ 이슬비미

湒 [집]流貌 물졸졸흐를집(緝)

溫。[온]暖也 따뜻할온 燸也 데울온 習也 익힐온 和厚柔善 화할온 泉名 샘이름온 自勝ㅣ克ㅣ藉 온자할온

溩 [오]水流 물흐를오(虞)

溪 [계]谷間流水 시내계 谿、嵠、磎同(齊)

溱。[진]盛也 성할진 衆也 많을진 舒也 펼진 至也 이를진 水名 내이름진 臻通(眞)

溭 [즉]波如鱗ㅣ淢 물결이비늘같을즉(職)

溲。[수]溺也 오줌수 水調粉 麪반죽할수 浚俗字(尤)

[illegible] [착]濕也 젖을착(藥)

溰 [기]白色光貌 흰빛반작일기(微)

[illegible] [사]水出瞻諸山 물이름사(禡)

溯 [소][삭]逆流 거슬러올라갈소 水名 물이름삭 泝、遡、溸同(遇)(覺)

溸 [색]降雨貌 비내리는모양색(陌)

溳。[운]波之相疊盡ㅣ 물결서로부딪칠운(軫)

溶 [용]安流 물질펀히흐를용 閑寂 한적할용 消解 녹을용(冬)

溵 [은]潁州水名 물이름은 水聲汩ㅣ 물소리은 濦同(文)

溴 [취]水氣 물기운취(宥)

溷 [혼]厠也 便所 뒷간혼 濁也 흐릴혼 穢也 더러울혼 亂也 어지러울혼 圂同(願)

[illegible] [요]深不測ㅣㅣ 깊이모를요(篠)

溾 [위]汙濁ㅣ涹 더러울위(屋)

溺。[뇨][닉]溲也 小便 오줌뇨 尿同、溲通、沒也 빠질닉 弱也 약할닉 沈湎不反 침닉할닉(嘯)(錫)

溽。[욕]濕熱 무더울욕 季夏ㅣ暑 늦더위욕 濃厚 무르녹을욕 濕也 젖을욕 水名 물이름욕(沃)

溻 [탑]濕也 젖을탑(合)

溼 [습]霑潤陂下 진펄습 吏治急束ㅣ、水光開合ㅣㅣ 급하게다스릴습 濕本字(緝)

溿 [반]水涯 물가반(翰)

滂。[방]沛也 大雨 큰비방 渥也 젖을방 汸、霶、雱同(陽)

滀 [축]水聚 물모일축(屋)

滃 [옹]雲起 구름일어날옹 霧濃貌 안개자욱할옹 大水 큰물옹 湖名 호수이름옹(董)

滁。[저]山東水名 물이름저(魚)

滄。[창]寒也 서늘할창 東海 均州水名 물이름창(陽)

㴱 [심]淺之對 깊을심 度淺深 옅고깊은것헤아릴심 深古字(沁)

滈。[호]久雨 장마호 水盛ㅣ汗 물넘칠

호 長安水名 물이름호(皓)

滅 [멸] 自亡멸할멸 火熄불꺼질멸 盡也다할멸 絶也끊을멸(屑)

漷 [격] 湖名호수이름격 或音혁(陌)

瀧 [몽] 塗也진흙몽 無知어리석을몽(董)

滇 [전] 盛貌성할전 沱沱ㅣㅣ大水貌 물창일할전 盆州池名 못이름전(先)

濞 [비] 水聲물소리비(寘)

㴲 [사] 水涯물가사(支)

滎 [형] 小溝실개천형 河南水名물이름형 郡名ㅣ陽고을이름형(青)

滉 [황] 水之深廣ㅣ瀁물깊고넓을황(養)

滋 [자] 潤殖불을자 味旨맛자 蕃也번성할자 多也많을자 益也더할자 液也진액자 茲同、孳 孜通(支)

滊 [힐][기] 鹽池소금못힐 蒸氣김오를기(月)(未)

㴤 [각] 灌也물댈각 漬也적실각(覺)

滏 [부] 沸也물끓을부 磁州水名 물이름부(麌)

滍 [치] 南陽水名물이름치 泜同(紙)

滑 [골][활] 俳諧ㅣ稽회해할골 治也다스릴골 亂也어지러울골 汨通、澾也미끄러울활 鄭地名땅이름활(月)(黠)

㴐

[탐] 濕也젖을탐 淫也잠길탐、빠질탐(覃)

㵎 [섬] 水動ㅣ泊물결출렁거릴섬(琰)

滐 [걸] 水激回旋물이부딪치고돌걸(屑)

㴼 [저] 研米槌방아공이저(齊)

滞 滯(水部十一畫)과同

滕 [등] 水超涌물솟아오를등 魯附庸國名나라이름등(蒸)

滒 [가] 多汁즙많을가、진흐를가 淖也ㅣ溏수렁가(歌)

滓 [재] 澱也泥ㅣ、汁也渣ㅣ찌끼재、재앙재 俗音자(紙)

漢 漢(水部十一畫)의略字

溠 [좌] 泥也진흙좌(馬)

滔 [도] 漫也물넘을도 流貌물질펀히흐를도(豪)

滙 匯(匸部十一畫)의俗字

滅 [혈] 滅也멸할혈(月)

(十二)

滌 [척] 洗也씻을척 除也닦을척 旱氣바싹바싹마를척 熾風바람이훈훈할척(錫)

滬 [호] 漁具통발호 江名玄ㅣ강이름호(麌)

滯 [체] 淹也막힐체 積也쌓일체 凝也엉길체 淹也오래머물체 漏也샐체(霽)

潷 [필] 泉湧ㅣ沸샘솟을필 觱通(質)

滰 [경][강] 瀅也거를경 乾黏말라붙을강(敬)(養)

滮 [표] 流貌흐르는모양표 水名ㅣ池물이름표(尤)

滵 [밀] 流貌물졸졸흐를밀(質)

𣻎 [살] 寒也추울살

滲 [삼] 漉也거를삼 毛羽始生貌부등깃함치르르할삼 漏也샐삼 流貌흐르는모양삼(沁)

滳 [상] 水廣貌물질펀할상(陽)

滴 [적] 水點涓ㅣ물방울적 瀝下스며내릴적(錫)

㴱 [숙] 濕也젖을숙(錫)

滸 [허] 水涯물가허 俗音호(麌)

滻 [산] 藍田水名물이름산(潸)

滷 [로] 苦也쓸로 鹹ㅣ苦地간수로(麌)

滺 [유] 水流貌ㅣㅣ물철철흐를유

滹 [호] 信都水名ㅣ沱물이름호(虞)

滿 [만] 充也찰만、가득할만 盈溢넘칠만(旱)

㶔 [반] 浮也뜰반(旱)

滾 [곤] 流貌꿈틀거려흐를곤(阮)

漁 [어] 捕魚고기잡을어 侵取ㅣ奪낚아빼앗을어(魚)

漂 [표] 浮也뜰표 流也흐를표 水中洗絮빨래할표 飛貌ㅣㅣ나는모양표 動也움직일표 寒也으스스할표(蕭)(嘯)

漃 [적] 水淨ㅣ漻물맑아정결할적(錫)

漆 [칠] 塗料木汁옻칠 木名옻나무칠 黑也검을칠 暗也ㅣ夜캄캄할칠 岐周水名 물이름칠

漅 [소] 廬州湖名호수이름소 巢同(篠)(肴)

漈 [제] 水涯물가제(霽)

漉 [록] 漉也걸를록 滲也스밀록 淥、盝通(屋)

㵋 [누] 水㵋물거품누(宥)

漇 [사] 流貌ㅣㅣ물흐를사 潤也흠치르르할사(紙)

漊 [루] 下水溝돌창루、도랑루 小雨不絶비질금거릴루 武陵水名물이름루 縣名ㅣ中고을이름루(有)

漏 [루] 泄也샐루 穿也뚫을루 遺失忘ㅣ잊을루 屋西北隅집서북모퉁이루 壺水知時玉ㅣ누수루(宥)

潨 [총][종] 水會ㅣㅣ물모일총 潀同、疾貌ㅣㅣ빠를송(東)(腫)

漌 [근] 清也맑을근

演。[연] 長流 길게흐를연 通也 통할연 潤也 윤택할연 廣也 넓을연 衍通 (銑) [illegible] [삭] 水聲 물소리삭 (覺) 漐 [칩] 汗出貌ㅣㅣ땀나는모양칩 (緝) [illegible] [림] 寒也 찰림 瀶同 (侵) 漕。[조] 航 船배

질할조 水運轉ㅣ배로실어옮길조 衛邑名 고을이름조 (號)(豪) 漓 [리] 水滲入地 물스밀리 秋雨淋ㅣ가을비부슬부슬올리 水名 물이름리 漑。[개] 灌也 물댈개 滌也 씻을개 徐流沆ㅣ천천히 흐를개 (隊) 溡

[시] 水中小渚 모래섬시 (紙) 漗 [총] 汲也 물길을총 (東) 漘 [순] 水涯 물가순 (眞) 漠。[막] 廣大ㅣㅣ아득할막 淸也 맑을막 磧鹵沙ㅣ사막막 恬靜淡ㅣ고요할막 (藥) 漚 [구] 水泡 물거품구 久漬 오래불릴구 (尤)

漟 [당] 谷也 골당 (陽) 滕 [등] 波浪 물결등 (蒸) [illegible] [황] 水廣貌 물넓을황 (陽) 漝 [습] 影也 그림자습 (緝) 漡 [상] 水流貌 물흐르는모양상 (陽) [illegible] 漢(水部十一畫)의 古字 漢 [한] 天

河雲ㅣ은하수한 丈夫賤稱 놈한 嶓冢水名 한수한 國名 나라이름한 (翰) 蒗。[랑] 溝渠涂ㅣ도랑랑ㆍ개천랑 (漾) 漨。[봉] 水名 물이름봉 浲同 (冬) [illegible] [동] 水聲 물소리동 (東) 漣 [련] 水紋ㅣ漪

물문채련 涕垂 눈물줄줄흘릴련 (先) 漩。[선] 水之回ㅣ물돌선 回泉 도래샘선 旋同 (先) 漧 乾(乙部十畫)의 古字 漦。[시] 涎沫 침거품시 順流 순히흐를시 (支) 漫 [만] 水浸淫敗物 물크러질만 長遠貌

물질펀할만 渺茫汗ㅣ아득할만 徧也 두루할만 雲色 구름빛만 分散之形 흩어질만 漫也 거만할만 水廣ㅣㅣ물넓을만 曼通 (翰)(寒) 漥 [와] 牛蹄跡水 소발자국에괸물와 深也 깊은못와 (麻) 漯 [탑] 東郡水名 물이름탑 (合) 漮。

[강] 空也 빌강 (陽) 漬。[지] 漚也 거품지 浸潤也 담글지, 적실지 染也 물들일지 獸死 짐승죽을지 (寘) 漰 [붕] 水擊聲 물결치는소리붕 地名 땅이름붕 堋通 (蒸) 漲 [창] 水滿 물불을창 溢也 넘칠창 (漾) 漱。

[수] 盪口 양치질할수 涑嗽通 (宥) 漷 [곽][획] 水名 물이름 곽 획 義同 (藥)(陌) 漸。[점][참] 稍也 점점점 次也 차차점 進也 나아갈점 浸入 번질점 侵染 물들점 流入 물흘러들어갈점 洽也 흡족할점 沒也 빠를점 濕也 습할점

卦名 괘이름점 星名 별이름점 高也 높을참 嶄巉通 (鹽)(咸) 漶 [환] 不分 漫ㅣ섞일환 (旱)(翰) 漴 [충] 水聲ㅣㅣ물소리충 雨急 소나비충 (東) 漹。[언] 西河水名 물이름언 (先) 漺 [상] 淨也 맑을상 冷也 찰상 (養)

漻。[료] 淸深 맑고깊을료 高遠貌 아득할료 寥同 류 流淸 맑게흐를류 瀏通 (蕭)(有) 漼 [최] 霜雪積聚ㅣ溰 서리와눈쌓일최 深也 깊을최 鮮明 선명할최 潁。[영] 陽城水名ㅣ川 물이름영 (梗) 漾

[양] 波動蕩ㅣ물결일양 隴西水名 물이름양 瀁通 (漾) 潅 灌(水部十八畫)의 俗字 [illegible] 淰(水部八畫)과 同 潚 [숙] 淸潔 조촐할숙 (屋) 湽 淄(水部八畫)의 俗字 漿。[장] 酢

也 초장, 둔장 水米汁 뜨물장 蔵草寒ㅣ풀장 蚌也 숨ㅣ조개장 (陽) [illegible] [왈] 屈也 구부릴왈 (黠) **十二** 漽 [제] 硏米槌 방아공이제 淠同 (齊) 潐。[초] 釃酒 술거를초 (嘯) 潏。[율][술][휼] 水流

涌ㅣ물흐를율 水中小洲 모래톱술 泉湧 샘솟을휼 社陵水名 물이름휼 (質)(屑) 潎。[별] 水潎ㅣ洌 물다닥칠별 魚游ㅣㅣ물고기오락가락할별 (屑) 漭 [망] 大水ㅣ沆 큰물망 野也 들망 曉色 決ㅣ새벽빛망 漭同 (養) 潑 [발] 盛勢 活ㅣ활

발할활 散水 澆ㅣ물뿌릴발 水漏 샐발 魚跳 고기뛸발 (曷) 潔 [결] 淸也 맑을결 淨也 정결할결 絜通 (屑) 潒。[상] 水急貌 漭ㅣ물급히흐를상 廣也 넓을상 (養) [illegible] [닙] 影動 그림자움직일닙 (洽) 潘。[번][반]

浙米水 뜨물번、반 義同 姓也 성반 水名 물이름반 (元)(寒)
潓。[혜] 水波 물결혜 (霽)
潕 [무] 水涸 물마를무 (麌)
潛 [잠] 沈也 잠길잠 藏也 감출잠 浮游 떠다닐잠 深也 깊을잠 地名 땅이름잠 漢水別名 沱ㅣ、魚所息 물이름잠 灊、橬通 潛同 (鹽)
潗 [집] 泉出湁ㅣ 샘날집 水沸ㅣㅣ 물끓을집 (緝)
潙 [위][귀] 盆陽水名 물이름위 河東水名 물이름귀 (支)
潚 [축][숙] 深清 깊고맑을축 疾也 빠를축 姓也 성숙 (屋)(蕭)
潜 潛(水部十二畫)의 俗字
潝。[흡] 水貌 疾流 물쏟아저내려갈흡 不善貌 용렬할흡 (緝)
潞。[로] 歸德水名 물이름로 (遇)
濡 [유] 霑也 젖을유
潢。[황] 天河 은하수황 積水池 웅덩이황 水深廣 물충충할황 星名 별이름황 (陽)
潡 [돈] 大水 큰물돈 敦同 (阮)
潠。[손] 含水噴 물머금어뿜을손
潟 [석] 鹹土 鹵地 염밭석、개펄석 (潮汐出入之地) (陌)
潣 [문] 水滿貌 물이곽찰문 (阮)
潤。[윤] 滋也 부를윤 澤也 윤택할윤 益也 더할윤 飾也 꾸밀윤 蜀布黃ㅣ 촉나라베윤
潣。[민] 水流貌 물졸졸흘러내릴민 (軫)
㵎 澖(次條)와 同
澖 [한] 廣也 無涯 넓을한 澗同 (刪)
澗 [간] 山夾水 산골물간、시내간 磵、礀、㵎同 (諫)
潦。[로] 雨水 빗물로 路上流水 行ㅣ 길바닥에 흐르는물로
澉 [감] 濁也 흐릴감、탁할감 (感)
潨。[총][종] 水會 물모일총、종 義同 (東)(冬)
潫 [만] 水深廣貌 물깊고넓을만 迴復貌 潫ㅣ 물뼁돌아갈만 (刪)
滜。[고] 岸也 언덕고 澤也 늪고、못고 緩也 완완할고 虎ㅣ比 호피고 頑貌ㅣㅣ 완만스러울고
濷。[비] 泉湧 샘솟을비
潬。[단] 水中沙渚 모래톱단 (旱)
㵐 [궐] 水名 물이름궐 國名 나라이름궐 (月)
潭。[담] 深也 깊을담 淵也 연못담、소담 岸也 물가담 (覃)
潔 潔(水部十一畫)의 俗字
潮 [조] 地之血脈隨氣進退 조수조、밀물조 (早則ㅣ、晚則汐) ㅣ紅 나타날조 州名 고을이름조 魚名 望ㅣ 끌뚜기조 (蕭)
潮 潮(前條)와 同
潱。[열] 流也 흐를열 俗音 일 (屑)
潯。[심] 水厓 물가심 瑯琊水名 물이름심 (侵)
潰。[궤] 散也 흩어질궤 壞也 무너질궤 亂也 어지러울궤
澿 [子] 罧也 고기깃줄구 (冬月積草於水中以取魚) (有)
潸 [산] 涕潸流貌 눈물흐르는모양산 (刪)(霰)
潳 [도] 潤也 불을도 山名 산이름도 (虞)
㵗 [차] 不潔貌 더러울차、흐릴차 (馬)
潵 [산] 散水 물뿌릴산 (翰)
㵘 [홍] 水風 물바람홍 (董)
潹 潺(次條)와 同
潺。[잔] 水流貌ㅣ湲 물졸졸흐를잔 流涕貌 눈물졸졸흐릴잔 (刪)
潾 [린] 水清貌 물맑을린 交趾地名 金ㅣ 땅이름린 石間水 돌샘린 粼通 (震)
潼。[동] 高波 물결높을동 廣漢水名 물이름동 關名 관이름동 (東)
潽 [보] 水也 물보 (麌)
潿。[위] 濁不流 흐려서흐르지못할위 (微)
澄 [징] 清也、湛也 맑을징 酒名 술이름징
㵔 [직] 黏也 차질직 (職)
澀 [삽] 不滑 깔깔할삽 墻疊石戍文ㅣ浪 돌담무늬삽 酸苦 떫을삽 歰、澁同 (緝)
澂 澄(前前條)와 同
澅 [홰] 揚水 물끌어올릴홰 (卦)
澇。[로] 大波 큰물결로 潦通 (豪)
澆。[요] 沃也 물댈요 瀉也 흐를요 薄也 엷을요 人名 寒浞子 사람이름요
澍。[주] 時雨 때맞춰오는비주 注流 물쏟을주 霔同、注通 (遇)
澈 [철] 水澄 물맑을철 (屑)
澉 [감] 無味 [illegible]ㅣ 맛없을감 洗滌 澹ㅣ 씻을감 (感)
澋 [갱] 水流旋回 물돌아나갈갱 (梗)
澒。[홍] 丹砂所化 水銀 수은홍 元氣未分 濛ㅣ 기운순전할홍 相連貌 서로연할홍 鴻通 (董)
澎 [팽] 水聲ㅣ湃 물소리팽
澐。[운] 大波 큰물결운 (文)
澓。

[복] 伏流 은헐로흐를복 水廻貌 물돌아나갈복 洑同 (屋) 滛 [임] 久雨 장마임 (侵) 澔 [호] 采色映耀ㅣ汗 채색빛날호 浩同 (皓) 㵄 [한] 貧寒 가난할한 (寒) 澖 [한] 廣也 無涯 넓을한 澗同 (刪)

濇 [색] 細雨 가는비색 小雨零貌 비방울뚝뚝떨어질색 (陌) 澕 [화] 水深貌 물깊을화 (麻) 濅 [침] 濕也 젖을침 沈也 잠길침 (寢) 瀩 [연] 從也 좇을연 (先) 濆 [분] 水涯 물가분 水名 물이름분

(十三) 澠。[면][민][승] 縣名ㅣ池 고을이름면 黽通、민 義同、臨淄水名 물이름승 (銑)(軫)(蒸) 𤀻 [동] 物落水聲 물에풍덩떨어지는소리동 (董) 澟 [름] 凄清 차고맑을름 (寢) 澿 [심] 水動貌 물움직일심 (寢)

澬 [예] 水貌 滀ㅣ 물모양예 (霽) 澤。[택][탁] 水鍾聚陂也 늪택 潤也 윤택할택 濯也 씻을택 思也 은혜택 雨露 비와이슬택 星名 格ㅣ 별이름탁 (陌)(藥) 濢 [솔] 沒也 빠질솔、잠길솔 (月) 澡。

[조] 洗也 씻을조 (皓) 澣 [한] 濯衣垢 빨래할한 (唐官制 十日一休沐 以ㅣ爲旬) 浣同 (旱) 𤃩。[수] 憂愁貌 근심할수、찌푸릴수 (尤) 澨。[서][예] 水厓人所止 물가서 水名 三ㅣ 물이름서、예義同 (霽) 澥。

[해] 海之別名 勃ㅣ 바다별명해 (蟹) 溦 [미] 水際 물가미 細雨 가는비미 (支)(微) 澦 [여] 瞿塘峽水名 灩ㅣ 물이름여 灧同 (御) 澧 [례] 衡山水名 물이름례 武陵州名 고을이름례 醴通 (薺) 㵣。[갈] 遲也 더딜갈

渴也 폭마를갈 俗音 헐 (曷) 澔 [예] 燒松枝出 송진낼예 (霽) 潄 [련] 鍊鐵 쇠를불릴련 (霰) 澮 [회][쾌][활] 井溝畎ㅣ 우물도랑회、쾌義同 兩水合 두물이합쳐흐를활 (泰)(卦)(黠) 澯 [찬] 清也 맑

을찬 水貌ㅣ瀾 물모양찬 (翰) 𣿁 [굴] 水深貌 물속우중충할굴 (月) 澩。[학] 涸泉 마른샘학 夏有水冬無水 여름에만물있을학 (覺) 澬。[자] 霖雨 涔ㅣ 장마자 武陵水名 물이름자 (支) 澳

[오][욱] 深也 깊을오 水名 물이름오 水隈 물구비욱 隩同、墺通 (號)(屋) 𤀊 [업] 防水橫木 물막는나무업 (葉) 滭 [필] 過溢 물철철넘칠필 (質) 澰 [렴] 水滿ㅣ灩 물가득할렴 水滿泛ㅣ 물철철넘을렴

澱。[전] 滓也 찌끼전 (霰) 盝 [록] 瀝也 거를록 竭也 다할록 盝同、漉通 (屋) 澴 [환] 波流轉貌 漩ㅣ 물결꿈틀거려흐를환 (刪) 澶。[전][단] 衛地名ㅣ淵 땅이름전 漫遠 멀단 縱也 놓을단 (先)(翰)

澹 [담] 複姓ㅣ臺 두자성담 水貌ㅣ淡 물모양담 恬靜ㅣ泊 담박할담 凝也 엉길담 澹同、淡通 (感)(勘) 𣿚 瀡(水部十六畫)과同 澼 [벽][피] 洴ㅣ 빨래할벽 腸間水 창자사이물피 (錫)(寘) 激。[격] 急烈 급할격

衝也 찌를격 疾波 빠를물결격 清聲ㅣ楚 맑은소리격 (錫) 𣽊 [벽] 水分流 물갈라져흐를벽 (陌) 𣿨 澾(次條)와同 澾 [달] 滑也 미끄러울달 (曷) 濁 [탁] 不清 混ㅣ 흐릴탁 浦州水名

물이름탁 本音 착 (覺) 澽 [거][구] 乾也 마를거 曝也 말릴구 (御)(寘) 𣿸 [죄] 清也 맑을죄 滜同 (賄) 㵪 [선][연] 口液 침흘릴선 水溢貌 물넘칠연 (先)(霰) 濂 [렴] 輕薄 엷을렴 道州溪名 시내이름렴 (鹽)

濃。[농] 淡之對 걸찍할농 露多貌 이슬맺힐농 厚也 두터울농 醲通 (冬) 濇 [색] 不滑 깔깔할색 (職) 濄。[과][와] 水回貌 물돌아칠과、와義同 (歌) 濅 [침] 漸也 점점침 大潛 큰못침 浸同 (沁) 濆。

[분] 水涔 물가분 水名 물이름분 涌也 물솟을분 (文)(吻) 湆 [읍] 沸聲 물끓는소리읍 水紋 물결무늬읍 (緝) 濊。[회][예][활] 深廣 汪ㅣ 깊고넓을회、예義同、濁也 흐릴예 礙流ㅣㅣ 거처흐를활 穢通 (泰)(隊)(曷) 濉

[수] 浚儀水名 물이름수 睢通 (支)
瀸。[즙] 和也 화할즙 疾貌ㅣ然 빠를즙 角貌ㅣㅣ 뿔모양즙 或音집 (緝)
濌 [탑] 積厚 두툼할탑 無賢愚之別ㅣㅣ 분별모를탑 黑也 검을탑 沓通 (合)
湗 [봉] 泥也 진흙봉 (送)
漗 [총] 水聲 물소리총 (東)
⿰氵煮。[저] 沚也 물가저 遮也 가릴저 (語)
瀆 漬(水部十一畫)의 本字
澟 [름] 淒淸 차고 맑을름 (寑)
❶④ (十四)
⿰氵盄 [효] 混也 섞을효 (篠)
濕。[습] 霑潤 젖을습 愁也 근심습 牛耳驚動 소귀벌룩거릴습 隰同 (緝)
濔。[니] 衆也ㅣㅣ 많을니 水滿 물가득할니 瀰同 俗音미 (齊)
濘。[녕] 淖也、泥ㅣ 진흙녕、수렁녕 滑也 미끄러질녕 (迥)(徑)
⿰氵署 [서] 溝也 도랑서 張也 넘칠서 (御)
⿰氵幕 [멱] 水淺貌 물얕을멱 (錫)
濜 [진] 急流貌ㅣ湞 급히흐르는 모양진 氣液 입김서릴진 (眞)(軫)
濙 [형] 小水洴ㅣ 작은물형 瀅通、海水 洄漩瀅ㅣ 물돌아나갈형 (迥)(靑)
濚 [영] 水回貌 澴ㅣ 물돌아나갈영 (庚)
濛。[몽] 上郡水名 물이름몽
濟。[제] 瘦也 건늘제 救也 구할제 事遂 일이룰제
⿰氵與。[서] 浦也 개서 洞庭水名 물이름서 漵同 (語)
澴 [환] 弄水 물장난할환 (旱)
⿰氵算。[취] 飮也 마실취 吮也 빨취 (霽)
濡。[유] 霑也 젖을유 滯也 지체할유 鮮澤、含忍 곱고윤택할유 漬也 적실유 溺也 오줌유 渪、濡同 (虞)
濢。[취] 小濕 녹녹할취 (寘)
濠 [호] 州名 고을이름호 鍾離水名 물이름호 壕通 (豪)
濤。[도] 大波潮頭 큰물결도 (豪)
濧 [대] 漬也 담글대 濡也 젖을대 (隊)
瀞 ⿰氵⿰青色(次條)와 同
⿰氵⿰青色。[정] 冷寒 찰정 (徑)
濫 [람][함] 溢也 넘칠람 失實 실없을람 浮辭 뜬말람 ㅣ音 풍류소리음란할람 漬也 담글람 刑濫 남형할람 氾也 범람할람 泉涌 샘물솟아오를함 浴器 목욕하는통함 (勘)(豏)(陷)
漻 [료] 淸深 맑고깊을료 漻同 (蕭)
⿰氵臧 [장] 沒也 잠길장、빠질장 (陽)
濩 [호][확] 流散布ㅣ 흘러흩어질호 湯樂大ㅣ 풍류호 煮也 끓을확 雨流霤下貌 비흘러 나리는모양확 宮室深貌 궁실으슥할확 韄通 (遇)(藥)
⿰氵聚 [추] 水急流 물급히흐를추 水聲 물소리추 (有)
濮。[복] 東郡水名 물이름복 (屋)
濭 [애][갑] 靄陰晻ㅣ 그늘질애 雲氣貌 구름낄애 船著沙場 배가모래에 걸릴갑 (泰)(合)
⿲辛氵辛 [변] 水波 물결변 (霰)
⿲辛氵辛 [변] 旋流貌 물이돌아흐를변 急流 여울변 (銑)
濯。[탁] 澣也 씻을탁 肥也 살찔탁 大也ㅣㅣ 클탁 潤也 적실탁 光明 빛날탁 山無草木童ㅣ 산에 초목 없을탁 (覺)
⿰氵截。[설] 水滿 물가득할설 (屑)
濱 [빈] 水際、地近水 물가빈 限也 끝빈 (眞)
濰。[유] 瑯琊水名 물이름유 (紙)
⿰氵莫 [맥] 波也 파노맥 (陌)
⿰氵⿱魚寸 [어] 漁也 고기잡을어 (魚)
淵。[연] 深也 깊을연 (先)
❶⑤ (十五)
⿰氵𢧜 [찰][절] 水湍而旋貌 물이빠르고소용돌이칠찰 滿也 가득할찰 水出貌 물날릴절 灑也 뿌릴절 (曷)(屑)
灅。[루] 波湧貌 濃ㅣ 물결용솟음칠루 (紙)
濺 [천] 水激 뿌릴천 湔通、疾流ㅣㅣ 빨리흐를천 本音전 (霰)(先)
瀁 [양] 水貌 沆ㅣ 물모양양 水無限ㅣㅣ 망망할양 漾通 (養)
濼。[록][락][박] 濟南水名 물이름록、락 義同、陂澤 늪박、방죽박 (沃)(藥)
濿 [례] 履石渡水 돌밟고물건늘례 (霽)
⿰氵敵。[적] 土得水沮 흙이물에풀어질적 (錫)
⿰氵鼠 [렵] 水聲 물소리렵 (葉)
瀀。[우] 深澤 윤택할우 潤氣多貌 윤기많을우 寬也 너그러울우 渥也 젖을우 (尤)
濾。[려] 漉水去滓 걸름려 洗也 씻을려 澄也 맑을려 (御)
瀉 [사] 泄水門 물문러놓을사 溜也 방축사 (寘)
⿰氵⿱艹品。[구] 飮水 물마실구 或音우 (有)

瀩 [할] 不淨ㅣ澒 흐릴할(曷)
瀨 [찰] 不淨瀩ㅣ맑지못할찰、흐릴찰(黠)
⿰氵畢 [필] 泉湧샘솟을필(質)
瀆。[독] 溝也도랑독、개천독 濁也흐릴독 慢也거만할독 㥲也 어지러울독 黷通(屋)
瀅。[형] 水澄물맑을형 濙通、小水적은물형(迥)(徑)
瀋。[심] 汁也즙심 沈通、置水于器그릇에물담을심(寢)
瀇 [왕] 極望ㅣ瀁아득할왕、넓을왕
瀈。[휘] 振去水물내얻지를휘(微)
瀶 [려] 泄海水泥ㅣ미려할려、물스밀려(魚)
瀉 [사] 傾也 洩水쏟을사 吐也토할사、개울사 泄也설사사(馬)(禡)
⿰氵適 [적] 水點下물방울떨어질적 水注물댈적 滴通(錫)
瀎。[말][멸] 淨巾ㅣ布걸레말、밑씻개말 拭滅씻어없애버릴말 疾流貌물쏟아져흐를멸(曷)(屑)
瀌。[표] 雨雪貌ㅣㅣ눈비퍼붓을표(蕭)
⿰氵⿵門鬲 [핵] 流也흐를핵(陌)
瀊 [반] 水回旋물돌반 潘同(寒)
漻 [료] 水清貌물맑을료 小水작은물료(篠)
瀑。[포][폭] 疾雨소나기포 懸泉폭포포、폭 瀑同(號)(屋)
瀏。[류] 水清貌、清明稱ㅣ亮물맑을류 草木聲ㅣ莅초목소리류 風聲颲ㅣ 바람소리류(尤)(有)
⿰氵霅。[잡] 波也물결잡 吳興水名물이름잡(洽)
瀒 [색] 不滑깔깔할색 墻疊石成文ㅣ浪돌담무늬색 酸苦떫을색 澀、澁同(緝)

⑯

⿰氵⿱𥫗異 [선][취] 歃也마실선 歃也빨선 吮也들이킬선、취 義同(霰)(霽)
瀖 [곽] 波聲ㅣ汫물결소리곽 彩色眩曜ㅣ濩채색휘황할곽 古音확(藥)
⿰氵滕 [등] 水湧물솟을등 滕俗字(蒸)
瀕。[빈] 水厓물가빈 迫也임박할빈 濱同(眞)
瀚 [한] 廣大貌浩ㅣ넓고큰모양한 北海名북해이름한(翰)
⿰氵閼 [알] 水名金ㅣ물이름알(曷)
⿰氵豫 [여] 水名灩ㅣ물이름여 澦同(御)
⿰氵閻。[염] 汚也더러울염(豔)
⿰氵橫。[횡] 小津작은나루횡 以船渡水배로건널횡 筏也떼횡(庚)
瀝 [력] 滲也스밀력 餘滴물방울력 飲食盡餘력찌기력 雨聲淅ㅣ비소리력 水微流물졸졸흐를력(錫)
⿰氵蕈 [임] 水動貌물이흔들릴임(寢)
瀘。[로] 牂牁水名물이름로(虞)
瀛。[영] 大海큰바다영 神山ㅣ洲신선사는산영(庚)
瀜 [륭] 水深沖ㅣ물깊을륭(東)
⿰氵選 [선] 含水噴물머금어뿜을선(銑)
瀞 [정] 無垢薉정결할정 清也맑을정 淨同(敬)
瀡 [수] 滑也、滫ㅣ미끄러울수 滫同(紙)
瀟。[소] 風雨聲ㅣㅣ풍우소리소 水清深물맑을소 永州水名ㅣ湘물이름소(蕭)
瀠 瀯(水部十七畫)과同
瀦。[저] 水所停ㅣ澤물괴일저(魚)
⿰氵翯。[학] 水漲물불을학 滈同(覺)
⿰氵⿱兟日 潛(水部十二畫)의俗字
瀤。[회] 北方水名ㅣ澤물이름회(佳)
瀢 [유][대] 魚行相隨貌、流貌ㅣㅣ물고기떼지어놀유 水泛沙ㅣ湤물에모래뜰대(支)(隊)
瀧。[롱][랑][상] 沾漬ㅣ東적실롱 雨貌비부슬부슬올롱 瀑也폭포롱 韶州水名물이름랑 奔湍여울상(東)(江)
⿰氵蕃 [번] 大波浪큰물결번(元)
瀨。[뢰] 水流沙上石ㅣ、灘也여울뢰 湍也물결뢰(泰)
瀩 [대] 水帶沙往來貌물에모래밀릴대(隊)
瀬 瀨(前前條)와同

⑰

瀱。[계] 井水우물물계 泉出貌샘풍풍솟을계 無水ㅣ汋물잦을계(霽)
瀰。[니][미] 滿也가득할니 水貌물모양미 水曠遠貌물질펀할미 濔同(薺)(支)
⿰氵藍 [람] 浮貌뜰람(勘)
⿰氵霝 [령] 水曲물굽이령(青)
瀷。[익] 漏流스며흐를익(職)
瀲 [렴] 水溢灩ㅣ溟물벌창할렴 水滿泛ㅣ물가득할렴 澰同(琰)(豔)
灂。[조] 釀也술거를조 瀝也거를조 浚也일조 盡也다할조(篠)
⿰氵臨。[림] 谷也골림 寒也추울림 降雨비내릴림(侵)
瀴 [영] 水遠貌

ㅣ溟 물질펀할영 遙也 멀영 庚 瀵。분 散也 흩어질분 汾 陰水名 물이름분 問 瀻 대 酒不清 술흐릴대 濁酒 흐린술대 隊 瀸 점 泉水乍出乍渴 건수샘점 清也 적실점 洽也 젖을점 沒也 빠질점 鹽

瀹。약 溥熟 데칠약 煮也 다릴약 漬也 적실약 動搖 潭ㅣ 흔들릴약 開 滌疏ㅣ 씻을약 藥 瀾。란 大波 큰물결란 泣貌 汍ㅣ 우는모양란 淋漓貌 흠치르르할란 長貌 길펀할란 米汁 쌀뜨물란 翰 澄

등 小水相添益貌 물모여들등 墱通 徑 濦 瀫(水部十畫)과同 㵎 연 深也 깊을연 先 瀿 번 水暴溢 물급히넘칠번 灀 상 殺物 된서리칠상 漾 ⑱ 氵闖

십 삽 탑 水疾流貌 물빨리흐를십 삽義同 果勇 날랠삽 水滓貌 물뜰탐 寑 感 灂。작 조 색 水聲 灂ㅣ、㶼ㅣ 물소리작 古音 착、車轅漆塗 수레채에 옷칠할조 水潛聲 물떨어지는소리색 覺 嘯 陌 灁 혁 怫遬ㅣ沐 두

려워할혁 錫 灊。첨 심 水名 물이름첨 盧江縣 고을이름첨 潛通、巴郡水名 물이름심 鹽 侵 灃 풍 咸陽水名 물이름풍 豐、酆通 東 灉。옹 曹州水名 물이름옹 灘、澭同 冬 宋 氵霤

류 霤水流下 ㅣ 낙수물류 溜通 宥 濞 비 水波 물결비 卦 灄 섭 雨露貌 灄ㅣ 비와이슬모양섭 西陽水名、筏類 물이름섭 葉 灈。구 水名 물이름구 虞 灅。류 水名 물이름류 紙 灆

람 清也 물맑을람 勘 氵簡。간 澌也 씻을간 諫 𩸞。반 泉水 샘물반 願 灌。관 溉也 물댈관 注也 따를관 澆也 물줄관 漬也 적실관 木叢生 회추리나무관 盡誠相告ㅣㅣ 정성껏서로고할관 鳥名 새

이름관 裸通 翰 氵闊 瀫(水部十二畫)과同 氵潘 번 米汁 뜨물번 元 瀑 포 폭 疾雨 소낙비포 沫也 물거품포 懸泉流下 폭포폭 瀑同 號 屋 ⑲ 灑。새 쇄 사 汛也 ㅣ掃 물뿌릴새 驚貌 ㅣ然 깜짝놀랄

새、쇄義同、사義同、ㅣ落 깨끗할사 洒通 蟹 卦 馬 潚 숙 波貌 물결번득거릴숙 屋 灓。란 橫流 渡 물비껴건널란 漏流 스며흐를란 漬也 적실란 寒 灕 리 流貌 滲ㅣ 질펀히흐를리 湘南水名

물이름리 秋雨淋ㅣ 가을비지정거릴리 漓同 支 氵羅 라 長沙水名 汨ㅣ 물이름라 羅同 歌 灒。찬 汗灑 땀뿌릴찬 濺通 翰 氵藥 약 熱貌 勺ㅣ 물펄펄끓을약 泚陽水名 물이름약 藥 氵璽

례 滿也 가득할례 塞也 막힐례 霽 灖 미 流也 흐를미 御 灘。탄 瀨也 여울탄 歲名 涒ㅣ 해이름탄 ⑳ 氵獻。열 問罪 죄를다스릴열 審也 살필열 屑 灛 천 大水 溢出別

爲小水 샛강천 銑 灙 당 水形 물모양당 川名 내이름당 養 澦。여 水搖蕩 물출렁거릴여 魚 灚 교 攪水聲 물젓는소리교 巧 瀺 참 息絶 숨끊어질참 翰 氵顢 만 水貌 물만 翰

瀼 양 濁泥 진탕물양 養 ㉑ 灝。호 水勢遠貌 물줄기멀호、끝없을호 夷曠ㅣㅣ 크고넓을호 灝。호 大也 클호 皓 灞 파 水涯 물가파 長安水名 물이름파 俗音패 禡 氵曩 낭 水名 물

이름낭 流貌 泱ㅣ 물철철흐를낭 瀼同 養 瀹。약 瀹과同 藥 灡 란 米泔 潘ㅣ 뜨물란 翰 灠 람 湧泉 샘용솟음칠람 染也 물들일람 漬果 절인실과람 感 灟 촉 恭也 ㅣㅣ 공

손할촉 疾也 눈물촉 沃 氵亹 문 山水絶貌 산골물막을문 元 ㉒ 氵漁 漁(水部十一畫)과同 灢。낭 水濁 泱ㅣ 물흐릴낭 漾 灣 만 水曲 물굽이만 刪 氵鶴 한 水濡而

乾물에젖었다마를한(翰)

㉓

灦。[현]水深而清貌물깊고맑을현(銑)

⿰氵蠱。[고]水蟲一種물벌레고(虞)

灤 [란]漏流스며흐를란 遼西水名、ㅣ河물이름란

灥 [순][선]三泉셋샘순 象流많은물줄기천、천、泉同(眞)(先)

澤 [역]水流貌물흐를역(陌)

灩 [염]水滿溢ㅣ물가득할염 水波動貌물결출렁거릴염 灧同(豔)

驫 [산]洗馬말씻길산

㉔

灨。[공][감]豫章水名물이름공 澒同、贛通감義同(送)(勘)

瀷。[피]水貌물모양피(寘)

㉕

灧 [염]水滿貌물가득할염 灩同、波動貌물출렁거릴염(豔)(琰)

㉙

灪 [울]大水貌ㅣ滃물벌창할울(物)

火部

火。[화]物燒而生光熱불화 燈ㅣ등불화 ㅣ災불날화 物體熾熱而成赤빨갈화 光也빛날화 燃也탈화 星名별이름화(哿)

㊀

⿱火一 黃(艸部十二畫)의古字

㊁

灰。[회]燒餘燼재회 ㅣ心활기없을회

⿵几火。[화]火光불타는빛화 火起불일어날화(哿)

灯。[등]烈火맹렬한불등 燈通

灱 [효]熱也더울효 [도]燒也태울도(肴)

㊂

灸。[구]灼也지질구、구울구 爇也불사르구 灼體療病뜸뜰구(有)(宥)

灴。[홍]燎也횃불홍 烘同(東)

灵 靈(雨部十六畫)의俗字

灼。[작]燒也사를작 炙也구울작 煎盡졸아없어질작 花盛貌꽃활짝필작

⿱天火 [점][담]小熱조금덥힐점 燃也태울점、담義同、燎也횃불담(鹽)(覃)

灹 [타]燒聲타는소리타 或音차(禡)

灻 赤(赤部。畫)의俗字

灺。[사]燭燼초똥사、불똥사(馬)

災。[재]天火재앙재、천벌재(天ㅣ流行)禍害횡액재 烖同、菑通(灰)

⿰火丂 [와]煖也따뜻할와(箇)

灲 [주]燒土탄흙주

⿱夂灬 [치]平也평평할치(寘)

㊃

炅。[경]光也빛날경(梗)

炂。[송]熱化녹일송 熱汁끓일송(冬)

⿰火予 [신]燈燭餘燼불똥신、초똥신(震)

炃 [분]焚也불사를분

炊。[취]爨也불땔취 名ㅣ鼻땅이름취(支)

⿰日火。[광]照明비칠광、밝을광(陽)

炆 [문]熅也연기날문(文)

⿰火勿 [홀]火氣盛불기운성할홀(物)

炇 [박]火烈불이심할박(覺)

⿰火內 [눈][내]熱也더울눈、내義同(願)(泰)

炎。[염]火光上불꽃염 熾也불꽃성할염 焚也태울염(鹽)

炋 [배]火也불배(灰)

炌。[개]明火밝은불개(卦)

炐 [방]遇火脹起불에데워부풀어일어날방

炏 [계][염]火盛貌불이성할계、염 炎同(卦)(鹽)

炖 [돈]從風火盛바람결에불성할돈 赤色붉을돈(元)

炑 [목]火熾貌불활활붙을목(屋)

炕。[항]乾也마를항 炙也구울항 亢通(漾)

炒 [초]熬也볶을초 煼同(巧)

炓。[료]火光貌불빛환할료(嘯)

⿱耂火 煮(火部六畫)과同

炛。[화]明照밝을화(禡)

炔 [혈][결][계]火始然扻ㅣ당길혈 煙盛貌연기뭉게뭉게일어날결 光也빛날계(屑)(霽)

炧 [사]熄爐사르다가멎을사(支)

炙。[자][적]燔肉고기구울자 親近薰之김쐬일자、친근할자 膾ㅣ냄새퍼질자、적義同(禡)(陌)

炘 [흔]熱也화끈거릴흔、이글이글할흔 火盛貌ㅣㅣ불활활일어날흔

㊄

炤 [소][조][작]明也밝을소 昭通、光也빛칠조 照通、明也밝을작 灼、焯通(嘯)(蕭)(藥)

炣 [가]火也불가(哿)

炠。[압]火乾불에말릴압(洽)

⿰火宁 [저]燻也불기운저(語)

炡 [정]煠也ㅣ煸데칠정(庚)

炢 [출]曖也따뜻할출 煙出貌연기날출(質)

炫。[현]明也밝을현 火光ㅣ耀불빛환할현(霰)

炥。[비]氣熱기운더울비 燒貌불탈비(未)

炪 절출 火光 불빛절, 빛날절 鬱也 다부룩할출 煙貌 연기모양출 火聲 불소리출 屑 質
炦。벌 氣上 김오를벌 火氣 불기운벌 屑
炩 령 火也 불령 敬
炑 말 火色 불빛말 曷
炭。탄 燒木未灰 숯탄 石ㅣ 석탄탄 灺也 불똥탄 原素 원소탄 翰
炧 유 欲乾 ㅣ烍 쭈글쭈글할유、거덕거덕할유 有
烍 선 火種 불씨선 或音 천 霰
炯。형 光也 빛날형
炰 포 炮也 그슬을포 自矜 氣健貌 가불거릴포 炮同 肴
炮 포 毛炙肉 그스릴포 裹物燒 싸서구울포 刑名 ㅣ烙 형벌포(般紂王時行酷刑) 肴
炱。태 煙火所生煤也 그을음태 灰
炴 앙 火光 불빛앙 養
炵 동 火焱 불꽃동 火盛 부활활불을동 冬
炳。병 明也 밝을병 光也 빛날병 著也 나타날병 昞同 梗
為 爲(爪部八畫)의略字
炶 점 火閃 불번쩍거릴점 古音 함 覃
点 點(黑部五畫)의略字
炸 사작 爆也 불터질작 灼也 기름에지질작 사 義同
炷 주 燈心 심지주 麌 遇

六

烈。렬 火猛 불활활붙을렬 熱也 뜨거울렬 寒氣 매울렬 忠直 충직할렬 毒也 독할렬 威也 ㅣㅣ 위엄스러울렬 光也 빛날렬 業也 공렬 猛也 맹렬할렬 列通 屑
烄。교 燃也 태울교 巧
烎。은오 微火 溫肉 고기쪼일은 구울오 元 豪
烆 행 炬也 횃불행 庚
烍。선 野火 들불선 銑
烉 환 火光明 불빛밝을환 翰
烌 휴 灰也 재휴 尤
烊 양 炙也 구울양 陽
烋 휴효 美也 아름다울휴 福祿 복휴 和也 화할휴 休通、氣健貌 기운건장할효 尤 肴
烏 오 孝鳥 까마귀오 何也 어찌오、어디오 歎辭 탄식할오 秦曲名 곡조이름오 嗚同 虞
烬。진 火餘 불똥신 燼同 震
烓 계 小竈 화덕계 明也 밝을계 烓通、本音 예 齊
烑 요 光也 빛날요 蕭
烛 충촉 旱也 가물충 燭也 촛불촉 燭略字 東 沃
烔 동 熱氣 더운기운동 東
烙。락 灼也 지질락 燒也 火鍼 불사를락 藥
烕。혈 消火 불꺼질혈 屑
烘 홍 火乾物 불에쬐어말릴홍 燎也 횃불홍 東 送
烤 고 ㅣ曬 불에말릴고 號
烜 훤훼 光明 빛날훤 乾也 말릴훼 晅通 官名、司ㅣ 벼슬이름훼 阮 紙
烝 증 火氣行 불김증 炊也 찔증 氣也 김오를증 冬祭 겨울제사증 君也 임금증 語辭 어조사증 衆也 무리증 厚也 두터울증 進也 나아갈증 蒸通 蒸

七

烵 작 火盛 불성할작 藥
熄。적 火見貌 불보일적 錫
烴 형 焦臭 누린내형 迥
烯 희 火色 불빛희 微
烳 보 炬也 횃불보 麌
焎 철 火燃 불당길철 火氣 불기운철 屑
⿰火尾。훼 火熾 불훨훨훼 燬同 紙
烰。부 烝也 ㅣㅣ 찔부 火氣 불김부 尤
烱 형 炎也 불꽃형 梗
⿱取火 삽 火乾 불에말릴삽 洽
烸 회 使乾 말릴회 賄
⿰火殸 혁 燒麥 보리볶을혁 陌
烹 팽 煮也 삶을팽 料理 요리팽 庚
烽 봉 煙火警邊 봉화봉(晝熢夜ㅣ) 逢同 冬
烺 랑 火貌 燫ㅣ 불이글이글할랑 養
⿰火彬 륭 火氣 불기운륭、불길륭 古音 융 東
⿰火豕 훌 火煨 구울훌 暖也 따뜻할훌 物
焅。혹곡 旱氣 가무는기운혹 熱氣 뜨거운기운곡 沃
焄 훈 香臭 향내훈 火上出 불김오를훈 文
焃 혁 赤也 붉을혁 明也 밝을혁 赫也 빛날혁 陌
尉。위 熨也 인두위 未
焊 한 火乾 불에말릴한 旱
⿰火孛 발 蒸熱 熨ㅣ 찌는듯할발 煙起貌 연기무럭무럭날발 月
焆。결 火光 불

빛결 (屑)

焉 。[언] 何也어디언、어찌언 疑也의심쩍을언 語助辭어조사언 (先)

焇 [소] 爍也녹일소 乾也말릴소 曝也쬐일소 (蕭)

焋 [장] 熏蒸찔장、김오를장 (漾)

⿱此火 [경] 獨也외로울경 憂也근심할경 煢同 (庚)

焌 [준] 燃火불맬준 (願)

尞 燎(火部十二畫)과同

焍 [제] 灼龜木거북지지는나무제 (霽)

八

焙 [배] 火乾불에말릴배 (隊)

焚 [분] 燒也불사를분 火灼物燒불맬분 (文)

焞 [퇴][순][돈] 盛貌ㅣㅣ성할퇴 明也밝을순 灼龜炬거북등지지는홰돈 薄明어슴프레할돈 (灰)(眞)(元)

⿱㸚火 [추] 火久불오래갈추 (紙)

焟 [석] 爆也쪼일석 (陌)

焜 [혼] 火光불빛혼 明也밝을혼 熚通 (阮)

焠 [쉬] 燒刀納水以堅刄칼날담글쉬 灼也지질쉬 染也물들일쉬 淬同 (隊)

無 。[무] 有之對없을무 橆同、不也아닐무 勿也말무 空虛빌무 草名文ㅣ풀이름무스、毋通 (虞)

焣 [초] 火乾불에말릴초 (巧)

焧 [총] 暖也따뜻할총 (東)

焬 。[석] 乾也마를석 (錫)

焦 。[초] 火傷델초 火燒黑탈초、볶을초 火之臭味불내날초 炙也구울초 思煩속태울초 乾也마를초 ㅣ點모일초 [illegible]通 (蕭)

焥 [왈][월] 煙起貌연기일어날왈、월 義同 (曷)(月)

焭 。[경] 憂也근심할경 投子주사위경 (庚)

⿰火奄 。[압] 埋火불묻을압 (合)

焫 [열] 燒也불살을열 爇同、俗音설 (屑)

⿰多火 [괴] 大也클괴 多也많을괴 (灰)

焪 [궁] 盡也다할궁 乾也말릴궁 曝也별쪼일궁 爐也불똥구 (送)(東)

焰 [염] 火光불꽃염 爓同、炎通

焮 。[흔] 炙也구울흔 火氣불김흔 焚也불사를흔 燿也비칠흔

焯 [작] 火氣불김작 光貌ㅣ爍빛낼작 灼、炤通 (藥)

⿱或火 。[불] 火盛貌불이글이글할불 ⿱咸火同 (物)

焱 [혁][염] 火焰ㅣㅣ불꽃혁、염 義同 (錫)(琰)

焴 [육] 光也빛날육 (屋)

然 [연] 言如是그럴연、그렇다할연 許諾허락할연 承上接語그러나연 燒也사를연 如也그렇다할연 斷定이렇다할연 而也그렇게연 燃通 (先)

焵 。[강] 燒刃칼날벼릴강 (漾)

⿰火戒 [해] 火盛貌불이성할해 (卦)

⿱兼灬 兼(八部八畫)의略字

九

⿰火𡿺 。[노] 熱也더울노 (皓)

⿰火曷 [알] 中熱더위먹을알 暍同 (月)

煁 。[심] 烓也炉竈화덕심 無釜竈판부엌심 (侵)

煄 [종] 燃也탈종 (冬)

煅 鍛(金部九畫)의俗字

⿰火風 [풍] 焚也불사를풍 燒也태울풍 (送)

煇 。[훈][휘][운][혼] 灼也지질훈 光也빛날휘 輝通、日光氣해무리운 暈通、赤色붉을혼 煌火불빛혼

煆 [하] 焚也불사를하 乾也煦ㅣ말릴하 (禡)(馬)

煌 。[황] 火光ㅣㅣ환히밝을황

⿱癶⿰火矢 [옹] 煇也빛날옹 人名ㅣ孫사람이름옹 (腫)

煋 [성] 火熱더울성 火烈불활활탈성 (青)

煉 。[련] 鑠冶金쇠불릴련 ㅣ炭반죽할련 鍊同 (霰)

煊 [훤] 暖也따뜻할훤 (元)

煮 [자] 烹也삶을자、지질자、다질자 烹食삶아먹을자 熟也익을자 鬻同、本音저 (語)

煎 。[전] 熬也다릴전、볶을전 火乾불에말릴전 熟也익을전

熈 。[희] 光也빛날희 和也ㅣㅣ화할희 廣也넓을희 興也흥할희 (支)

煐 [영] 煇也빛날영 人名사람이름영 (庚)

煏 [픽] 火乾불에말릴픽 楅同、本音벽 (職)

煒 。[위] 盛赤벌거위 光也환할위 (尾)

煓 [단] 火熾불꽃성할단 赫也빛날단 (寒)

煔 。[참][첨][점] 火熾貌빛이성할참 火光불빛첨 煇也번쩍일첨 爓也태울점 (咸)(豔)(鹽)

煖 。[난] 温也더울난、따뜻할난

⿱咸火 [불] 火盛貌불이글이글할불 ⿱或火同 (物)

煙 [연][인] 火鬱氣연기연 烟同、ㅣ熅氣也기운인 煤也숯그을음인 霞靄類안

개인 (眞)(先) 煜。[욱][읍] 燿也빛날욱 火焰불꽃욱 盛貌성할욱、읍義同、火貌불빛환할읍 (屋)(緝) 熒。[경] 獨也외로울경 憂也근심할경 嬛、惸通 (庚) 煝 [미] 旱氣가무는기운 미 赫也 빛날미 (寘)

熜。[총] 熅也더운김총 麻蒸삼찔총 (董) 煞 [살][쇄] 戮也죽일살 殺同、減也감할쇄 降也나릴쇄 (黠)(卦) 煠 [잡] 瀹也데칠잡、煠일잡 㷛 [삽] 火燒殘餘불탄끄트머리삽 (洽) 煟

[위] 火光불빛위 (未) 㷇。[멸] 火不明불감박거릴멸 (屑) 煣。[유] 以火屈木불로나무쬐여휠유 (有) 煦 [후] 蒸也찔후 熱也뜨거울후 日出温해돋아따뜻할후 覆育품을후 惠也베풀후 昫通 (麌)(遇)

煤 [매] 煙塵炱ㅣ그으름매 石炭석탄매 墨也먹매 (灰) 照。[조] 明所燭비칠조 光發빛날조 比較비교할조 炤、曌通 (嘯) 煩。[번] 不簡번거러울번 勞也수고로울번 悶也민망할번 思惱괴로울번 干也간섭할번 (元)

煥。[환] 文貌ㅣ爛빛날환 火光불빛환 明也밝을환 (翰) 煨。[외] 火中熱物불에묻어구울외 盆中火그슬릴외 (灰) 煬。[양] 融和화할양 鑠也녹일양 炙燥구어말릴양 (陽)(漾) 㶩 [추] 耳鳴귀울추、귀

먹먹할추 (尤) 煪 [주][유] 燃也태울주 乾也말릴주 火貌불탈주 火也불유 (尤)(有) 熈 [형] 明也밝을형 周穆王太僕官名伯ㅣ사람이름형 (迥) 㷲 烈(火部六畫)의古字 (十) 熻。

[신] 使火熾불붙일선 盛熾불일어날선 (霰)(先) 煹 [구] 烽火봉화구 擧火불켤구 (宥) 㷮 [초] 熬也지질초、볶을초 炒同 (巧) 煻 [당] 熱灰ㅣ煨잿불당 煨火구울당 (陽) 煺 熥(前前條)와同

粦。[린] 鬼火도깨비불린 烝 [증] 熱氣더울증 冬日祭겨울제사증 (徑) 䁝。[경] 驚目貌놀란눈모양경 (迥) 熀 [녑] 火光盛貌熀ㅣ불빛이글이글할녑 (葉) 煋 [성] 赤也붉을성

羙 [치][자] 束炭묶은숯치 乾也말릴자、바랠자 (支)(歌) 㷢 [혹] 日出時赤해돋을때붉으레할혹 (屋) 煿 [박] 火乾불에말릴박 爆通 (覺) 熄。[식] 鎭火불끌식 畜火불씨묻을식 滅火불

꺼질식 亡也없어질식 終也마칠식 (職) 䆊 [재] 小烹살짝데칠재 (賄) 熅。[온] 欝烟서린연기온、내낄온 氣也煙ㅣ기운온 煗也따뜻할온 火炙伸物불에쪼여펼온 炭火숯불온 (文)(問) 熇。[효][혹][확][고] 炎氣불김효

熱也뜨거울혹 炎熾불꽃이글이글할혹 熾盛불꽃성할확 乾也마를고 (蕭)(屋)(藥)(有) 熂 [희] 燒草풀사를희 (未) 熆 [합] 吹火불불합 (合) 熉。[운] 黃色ㅣ然누런빛운 (文) 熊。[웅] 似豕冬

蟄곰웅 光也빛날웅 (東) 㷊 [옹] 烟氣ㅣ然연기자욱길옹 (董) 熏。[훈] 火氣上出불기운훈 煙氣연기오를훈 灼也지질훈 和悅좋아할훈 燻同 (文) 熌 [섬] 火行불똥튈섬 火光불

빛섬 (琰) 熐 [명] 匈奴部落ㅣ蠡흉노의부락명 (靑) 焰 [함] 灼爛델함 (感) 熓 [올] 火滅불꺼질올 (月) 熒。[형] 疑惑의심낼형 眩亂현란할현 瑩通、燈燭光ㅣㅣ등불반짝거릴형 明也밝을형

熕。[공] 大砲대포공 日字 熔 鎔(金部十畫)의俗字 煼 [초] 熬也볶을초 炒同 (巧) (十一) 熚。[필] 火貌ㅣ㶿불이활활탈필 火聲불타는소리필 熛。[표] 飛火불똥튈표 怒也성

날표 赤也붉을표 光也빛날표 南方赤ㅣ怒남녘표 (蕭) 㷟。[퇴] 湯除毛튀할퇴 煺同 (灰) 熟 [숙] 生之反익을숙 深煮흐물흐물할숙 食飪익힐숙 成也이룰숙 審자세할숙 爛也무르익을숙 成也이룰숙 頃久한참동안숙

得숙달할숙 歲稔풍년들숙 (屋)

熜 熜(火部九畫)의本字

爑 [조] 燃也 불사를조 (肴)

熝 [록] 煉也 단련할록 (屋)

⿱殸火 [향] 火乾出 불에 말려낼향 (青)

熡 [루] 火也 불꽃루 (尤)

熞 [견] 灼鐵淬之 쇠달궈 물에담글견 (先)

熢 [봉] 煙鬱 ㅣ焞 연기서릴봉 火氣 불기운봉 烽同 (東)(冬)

熠。 [습] 盛光 환할습 鮮明 선명할습 羽貌 ㅣㅣ 깃모양습 螢火ㅣ耀 반딧불습 古音 읍 (緝)

熩 [호] 煇也 빛날호 (虞)

⿰火曹。 [조] 焦也 탈조 燒也 불소를조 火餘木 불탄나머지조 (豪)

熨。 [의] 울 火斗 다리미의 持火展繒 다리미질울 尉同 (未)(物)

熣 [최] 煤也 그을음최 (灰)

⿰火斬 [잠] 火滅 불꺼질잠 本音점 (鹽)

熤 [익] 煇也 빛날익 人名 張ㅣ 사람이름익 (陌)

熥 [동] 以火熯物 불로더웁게할동 古音 통 (東)

熮。 [료] 燒也 불사를료

熭。 [위] 曝乾 쬐어말릴위 曝乾火 불에급히말릴위

熬。 [오] 乾煎 볶을오 愁苦聲 걱정소리오、애타는소리오 淳ㅣ 八珍之一 팔진미오 嗸同 (豪)

熪 [이] 火不絕貌 불꺼지지않을이 (支)

⿰火奉。 [봉] 烟塵雜起 연기와 티끌이자욱할봉 (董)

熫 炙(火部四畫)의俗字

熱 [열] 温也 더울열、뜨거울열 暑度 더위열

熯。 [한] 乾也 마를한 炙也 구울한 暵同 [선] 火盛 불성할선 敬也 공경할선

⿰火离 [리] 帷中火 장막속불리 (支)

熰。 [구] 熱極 몹시뜨거울구 本音우 (尤)

燩 [발] 煙起自연기 허옇게일어날발

勲 勳(力部十四畫)의略字

熲。 [경] 火也 불빛경 輝也 빛날경 (迥)

燦 [찬] 輝也 빛날찬 (翰)

十二

⿱雁灬 [안] 火色 불빛안 (翰)

熾。 [치] 火盛 불성할치 炊也 불땔치 (寘)

熸。 [잠] 火滅 불꺼질잠 (鹽)

熻 [흡] 熱也 더울흡 (緝)

⿰火雁 ⿱雁灬(前前條)와同

熺 熹(次條)와同

熹。 [희] 明也 밝을희 熾也 불성할희 光也 빛날희 博也 넓을희 微陽 희미할희 烝也 찔희 炙也 구을희 (支)

燀 [증] 取生肉於竹中炙 고기대속에넣어구울증

⿱雁火 ⿱雁灬(火部十二畫)과同

燂。 [담][심][첨][섬] 火焚 불사를담 燖同、灰爓也 잿불익힐첨 湯瀹肉 고기삶을섬 (覃)(侵)(鹽)

熿 [황] 煇也 빛날황 炫ㅣ (陽)

燀。 [천] 炊也 불땔천 火無炎 모닥불천 光明貌 환한천 燿也 빛날천 (銑)

燁 [엽] 煇貌 번쩍거릴엽 火盛 불이글이글할엽 (葉)

燃 [연] 燒也 불사를연、불탈연 使燒 태울연 燈節 연등절연 然通 (先)

燈。 [등] 燭火 촛불등 錠中置燭 등등、등잔등 靈草 金ㅣ 금동풀등 灯、鐙通 (蒸)

燉 [돈] 火盛貌 불성할돈 地名 ㅣ煌 땅이름돈 (元)

燄。 [염] 火初燃 불처음당길염 炎也 불꽃염 火行貌 불번쩍거릴염 爓通 (琰)(豔)

燅。 [잠] 湯中瀹肉 고기데칠잠 温也 따스할잠 (鹽)

燋。 [초] 然持火 불당길초 焦也 그슬릴초 灼龜炬 거북의등지지는횃불초 (蕭)(嘯)

燊。 [신][화] 熾也 성할신 役也 부릴신 炎和貌 불꽃화할신 熾也 활활탈화 (麻)

⿱備灬 [피][복] 火乾 불에말릴피 乾也 마를피 熟也 익일복 (眞)

燎 [료] 地上露火 庭ㅣ 뜰에세운횃불료 放火 불놓을료 照也 비칠료 尞通 (嘯)(篠)

燍 [사] 火焦臭 단내사、화력내날사 焦貌 煙ㅣ 타서눌을사 (支)

⿰臽炎 [담][첨] 靑黑繒 검푸른비단담 衣動貌 옷펄렁거릴첨 (勘)(鹽)

燏 [율] 光也 빛날율 엽 (葉)

燓。 [번] 火田 화전일으킬번 焚同 (問)(文)

燐 [린] 鬼火 도깨비불린 自起煌 불일어날린 螢火 반딧불린 元素之一 원소이름린 粦同 ㅣ寸 성냥린 (震)(眞) 日字

燒 [소] 燔也 불사를소、불땔소 焚也 불붙을소 燃也 불탈소 放火 불놓을소 野火 들불소 (蕭)(嘯)

燕。

[연] 召公所封、國名연나라연 鼀玄鳥제비연 安也편안할연 宴也잔치연 息쉴연 (銑)
燖 [심] 火熱物불에익힐심、삶을심 沈肉於湯데쳐낼심
燗 [란] 酒温술데울란 明也밝을란 (翰)
燸 暖(日部九畫)과同
燣 [름][음] 侵火불을범할름 火貌불탈름 火舒貌불펼름 火盛貌활활불을음 (寑)
⿰火草。[도][소] 急煎급히볶을도 急燃貌급히탈소 (效)
燙 [탕] 滌也씻을탕 火傷불에델탕 (漾)
燚
[일] 火貌불모양일 (質)
⿱埶火 熱(火部十一畫)의本字
⑬
燠。[욱][오] 煖也더울욱 熱在中속답답할오 痛聲ㅣ咻끙끙앓을오 奧、隩通 (屋)(號)
燡 [역] 火甚불심할역 (陌)
燥。[조] 火乾불에말릴조 爍也녹일조 水氣無물기없을조 無取味재미없을조
燣 [람] 焦黃눋을람、누렇게볶을람 熱也더울람 (覃)
爊 [오] 埋灰爊物재에묻어구울오 爊同 (豪)
熜 [총] 炬火횃불총 (東)
燦。[찬] 光明ㅣ爛찬란할찬、빛날찬 粲通 (翰)
⿰火僉 [험] 火貌불탈험 熱也더울험 (鹽)
燧。[수] 烽火봉화수 火也불수 (左佩金ㅣ、右佩木ㅣ) 取火於木、鑽ㅣ나무문질러불낼수 取火於日、金ㅣ(又陽ㅣ)햇볕으로불낼수 隧同、自來火성냥수 (寘) 中字
營。[영][형] 造也지을영 度也헤아릴영 經ㅣ경영할영 治也다스릴영 軍衛영문영 惶恐意屛ㅣ황송할영 往來貌오락가락할영 星名ㅣ惑별이름형 (庚)(青)
燩 [각][격] 火乾불에말릴각 曝也볕쪼일각 乾燥말릴격 (覺)(錫)
燭。[촉] 蠟炬촛불촉 照也비칠촉 明也밝을촉 草名풀이름촉 藥名약이름촉 (沃)
燫 [렴] 火不絶불꺼지지않을렴 爁同 (鹽)
燬。[훼] 烈火불이글이글할훼 火滅불꺼질훼 焚壞사라무너뜨릴훼 焜同 (紙)
⿰火業 燁(火部十二畫)과同
⿰火畺 [흘] 火爊불에묻어구울흘 (物)
燳 照(火部九畫)과同
爕。[섭] 和也ㅣ理화할섭 炎也불꽃섭 火熱불에익힐섭 (葉)
⑭
燻 [훈] 火氣盛貌불기운성할훈、불길치밀훈 灼也불사를훈 和氣ㅣㅣ기뻐할훈 熏同 (文)
⿰禾⿱畐火。[픽] 以火乾肉불에고기말릴픽 古音벽 (職)
⿰火蓋 [개] 火也불개 (泰)
燺。[고] 燥也말릴고 乾불에쬘고 (晧)
燸 [유] 温也따뜻할유 (虞)
燹。[희][선] 野火들불희、선義同、兵火병화선 (寘)(銑)
燾。[도] 普覆덮일도 照也비칠도 幬通 (號)
燼 [신] 灰ㅣ火餘불탄깜부기신 餘也나머지신 燈ㅣ燭餘촛불똥신 災難後재난의뒤신 㶳同、俗音진 (震)
燽 燽(次條)와同
燽 [주] 明也밝을주 現著드러날주 (尤)
⿱票火 [표] 輕脃가볍고연약할표 (蕭)
燿。[요] 照也비칠요 光貌、炫ㅣ빛날요 明貌燿ㅣ밝을요 耀通 (嘯)
⿰火奉。[찬] 灼也구울찬 (翰)
爀 [혁] 輝也빛날혁 火色불빛혁 赫通 (陌)
爁 [람] 火延불번질람 (覃)
⿰火蒦。[획] 熱也더울획 (藥)
⑮
⿰畣乞 [약] 火氣불기운약 (藥)
爄 [례][렬] 止火불물릴례 火斷불끊을렬 (霽)(屑)
爅 [묵] 火貌불탈묵 (職)
爇。[설] 燒也불사를설 燃也불탈설 本音열 焫、⿱埶火同 (屑)
爆 [폭][박] 火裂불터질폭、폭발할폭 灼也불사를박 火乾불에말릴박 爆同、熚通 (效)(覺)(藥)
爍。[삭] 灼ㅣ光貌빛날삭 鑠也녹일삭 鑠通 (藥)
⿱埶火 爇(前前條)와同
爌 [광][황] 火光明貌불빛환할광 寬明환히밝을황 火光불빛황 (漾)(養)
爈 [려] 山火爈ㅣ산불려 (御)
爊 [오] 炙也구울오 炰 毛炙肉튀할오 (豪)
爉 [랍] 火聲불소리랍 火貌불모양랍 (合)
⿰火節。[절] 燭餘燼촛불똥절 火熱불에익힐절 俗音즉 (職)
爕 燮(火部十三畫)의俗字

爒。〔료〕炙也구을료（嘯）〔조〕燃也불탈료（肴）

十六

熽 〔소〕燃也불탈소（蕭）

爏。〔력〕火貌불반작거릴력（錫）

爔 〔희〕火也불희

爐 〔로〕火函화로로(火ㅣ、風ㅣ、香ㅣ、暖ㅣ)列陽洪ㅣ되약볕로 炉、鑪同（虞）

⿰覃炎 〔섬〕以湯沃毛令脫튀할섬 燂同（鹽）

⿱雔火 ⿱雥灬(火部二十四畫)과同

爓。〔염〕〔섬〕火光불빛염 焰同、沈肉于湯고기데칠섬 火門아궁이섬 燂通（豔）（鹽）

⿰火閹 〔엄〕火不明불밝지못할엄 俗音업（葉）

⿰災睪 〔역〕災也재앙역（陌）

爋 〔훈〕火乾불에말릴훈（問）

⿰火賴 〔랄〕〔래〕毒也쾌칠랄 火毒불독래（曷）（泰）

⿰火䜌 〔련〕燃燒불태울련（銑）

燔。〔번〕宗廟火熟肉제사에쓰는고기번（元）

爗 〔엽〕光盛불이글이글할엽 閃光번쩍거릴엽 燁同（葉）

爖 〔롱〕火貌불모양롱 發火불필롱（東）

十七

爚。〔약〕爇也불사를약 電光번개번쩍할약 火飛불퉁릴약（藥）

⿰火斂 〔렴〕火也불렴（豔）

爛。〔란〕燭光ㅣㅣ촛불휘황할란 熟也、糜ㅣ익을란 明也、粲ㅣ찬란할란

⿰火韱 〔회〕燒也태울회（寘）

十八

爟 〔관〕烽火봉화불관 擧火불켜들관 日影取火볕에불사를관 周官司ㅣ주나라벼슬이름관（翰）

爜 〔총〕火貌불탈총（東）

爞。〔충〕旱熱ㅣㅣ가물어뜨거울충 蟲通（東）

爝。〔조〕〔작〕炬火횃불조、작 義同（嘯）（藥）

⿰火闒 〔답〕爛也데어터질답

十九

爌。〔광〕光貌빛날광（養）

⿰火蠆 〔철〕烟出연기날철（屑）

爢 〔미〕爛也데어터질미 壞也무너질미（支）

⿱難火 然(火部八畫)의古字

二十

爣。〔당〕明也밝을당、환할당（養）

二十一

⿰火籥 〔약〕夏祭여름제사약 禴、爚同（藥）

爥 〔촉〕照也비칠촉

二十二

⿱興火。〔촌〕鼎欲沸貌끓으려할촌（元）

⿱亶灬 爨(火部二十五畫)과同

二十四

⿱隧火 燧(火部十三畫)과同

爧。〔령〕火光불빛령（青）

⿱雔炎 焦(火部八畫)과同

二十五

爨。〔찬〕炊也불땔찬 竈也부뚜막찬 火氣上불길오를찬 炊也밥지을찬（翰）

二十六

⿰阝燧 燧(火部十三畫)의本字

二十九

爩 〔울〕烟氣出貌연기무럭무럭날울（物）

爪部

爪。〔조〕手足甲손톱발톱조 覆手取物긁어다릴조、할퀼조（巧）

爪。〔장〕持也가질장 掌也손바닥장 掌古字（養）

爫 〔조〕部首名손톱조

一

⿰爪乚 糺(糸部一畫)과同

四

⿰爪殳 〔나〕除也제할나 收除면제할나（麻）

爭。〔쟁〕競也다툴쟁 理也다스릴쟁 戰也싸울쟁 辨也분별할쟁 辨難옳다그르다할쟁 諍通（敬）

爬 〔파〕搔也긁을파 手行손집고길파（麻）

⿱爫壬。〔임〕近而求가까이할임（侵）

⿰爪叚 〔나〕除也제할나（麻）

五

爰。〔원〕於也이에원 曰也가로대원 引也당길원 換也바꿀원 緩也느즈러질원（元）

爯。〔승〕擧也들승 大也클승（蒸）

⿰爪攵 〔나〕搔也긁을나（麻）

八

爲。〔위〕造也할위、하위 語助辭어조사위 治也다스릴위 使也하여금위 所以써위 行也행할위 緣也인연위 與也더불위 被也될위 護也호위할위 毋猴암원숭이위

爱。愛(心部九畫)과同

十

⿰爪蚤 搔(手部十畫)의本字

十一

⿰𤔔舌 辭(辛部十三畫)의古字

⿸厤爪。〔력〕以爪擇物손톱으로가릴력（錫）

十三

爵 爵(爪

부十四畫)과同

(十四) 爵。[작] 位也작위작、벼슬작 授位階벼슬줄작 封也ㅣ祿봉할작 飮器一升술잔작 雀也참새작 雀通 (藥)

父部

父。[부][보] 生己者아비부、아버지부 老叟之稱늙으신네부、할아범부 美稱男子남자의미칭보 甫通 (麌)

(四) 爸。[파] 羌人呼父아비파 (禡)

(六) 爹 [다] 父也 阿ㅣ아비다、아버지다 (哿)

⿱父同 [동] 養父양아비동 ㅣ字아비동

(七) ⿱父邑 爸(父部四畫)과同

(九) 㸙 [차] 父也아비차

爺。[야] 父也ㅣㅣ아비야 老人尊稱노인존칭야 (麻)

爻部

爻。[효] 像也형상할효 易卦六十四ㅣ괘이름효 效也본받을효 變也변할효 交也사귈효 (肴)

(四) 㸚。[례] 明白밝을례 (霽)

(五) ⿰爻宁 [저] 進也나갈저 (語)

⿰爻延。[서] 引也導인도할서 通達이를저 遠也멀서 (魚)

爼 俎(人部七畫)의訛字

(七) 爽 [상] 清快ㅣ塏시원할상 明也밝을상 差也어기어질상 早旦새벽상 微明味ㅣ훤히밝을상 失也잃어버릴상 烈也매울상 過也지나칠상 輝也반짝일상 (養)

(十) 爾。[이] 汝也너이 語助辭어조사이 近也가까이이 而已말이 其也그이 尒、尔同

(十一) ⿱人爾 爾(前條)의本字

爿部

爿。[장] 判木左半조각널장 (陽)

(二) ⿰爿又 將(寸部八畫)과同

(三) ⿰爿也 椸(木部九畫)과同

(四) ⿰爿水 漿(水部十一畫)의古字

牀。[상] 卧榻ㅣ簀평상상 人所坐卧마루상 跨床걸상상 井幹우물난간상 古音장 (陽)

⿰爿卯 卯(卩部三畫)의古字

(五) ⿰爿令 ⿰爿襄(爿部二十四畫)과同

牊。[소] 浴床목욕상소 柖同 (蕭)

⿰爿兆 [조][요]

牁。[가] 繫舟杙배매는말뚝가 郡名牂ㅣ고을이름가 (歌)

⿰爿且 [조] 俎也도마조 俎同 (語)

(六) 牂 [장] 牝羊암양양 盛皃성할장 太歲태세장 郡名ㅣ牁고을이름장 牂同 (陽)

牀子마루조、요義同 (篠)

(七) ⿰爿采 檣(木部十三畫)과同

⿰爿求。[구] 鑿首끌머리구 (尤)

(八) ⿰爿果 棵(木部八畫)과同

⿰爿空。[공] 穿垣담뚫을공 (送)

⿰爿戔 [잔] 飼羊屋양의우리잔 (潸)

⿰爿彖 漿(水部十一畫)과同

(九) ⿰爿枼 [첩] 牀板평상널판첩 (葉)

⿰爿施 椸(木部九畫)과同

(十) ⿰爿倉。[장] 鳥獸食聲새와짐승먹는소리장 (陽)

(十一) ⿰爿庸 [용] 垣也담용 墉同 (冬)

⿰爿責 簀(竹部十一畫)과同

(十二) ⿰爿賁 [분] 牀板평상널분 (文)

⿰爿黃 [광] 牀下橫木마루밑가롯대광 (陽)

⿰爿習 [습] 殳立貌창세울습 (緝)

(十三) 牆。牆(爿部十五畫)과同

(十五) 牆 [장] 垣也담장 門屏ㅣㅣ차면담장 追慕사모할장 圜ㅣ獄也옥장 墻同 (陽)

(十六) ⿰爿歷 [력] 牀簀평상의살력

(二十四) ⿰爿靈 [령] 牀第마루령 (青)

片部

片。[편] 析開木ㅣ조각편 半也쪼갤편 二物事中一方짝편 (霰)

(三) ⿰片女 [창] 畫飾그림으로꾸밀창 (陽)

⿰片也 [이] 羹也국이 (支)

(四) ⿰片不 [배] 版也조각배 (灰)

版。[판] 判也조각판 出ㅣ인쇄할판 戶籍ㅣ圖호적판 笏也홀판 僻也ㅣㅣ궁벽할판 一丈長한길판 築墻담틀판 板通

⿰片欠。[감][험] 鍫屬가래험 板也널조각감 (鹽)(感)

⿰片片 [절] 板也널절 (屑)

⿰片分 [반] 片也조각반

⿰片殳。[추] 迫也핍박할추(寘)

五

牊 [소] 浴床목욕상소 牊同(蕭)

⿰片禾 [화] 棺也널화(歌)

牉 [반] 分也나눌반

⿰片平 [팽] 析木聲나무쪼개는소리팽(庚)

⿰片斥。[책] 坼也터질책(陌)

六

⿰片朱 [수] 防水板ㅣ⿰片婁물막는널수(麌)

⿰片旨 [지] 假家가게지 盖舍집이을지(支)

⿰片向 [향] 北窓북창향(漾)

⿰片兆 [조] 朓也제사고기조

⿰片𠂢 [백] 破物깨트릴백 分也나눌백(陌)

⿰片列。[렬] 破裂깨질렬(屑)

⿰片多 [시][조] 几也책상시、조 義同(寘)(蕭)

七

⿰片足 [촉] 迫也재촉할촉、촉박할촉(沃)

⿰片良。[라] 牕別名상앗대라(哿)

八

牌 [패][배] 牓也방불일패 牘也방패패 籍也 篁ㅣ호패패 下書于賤者曰ㅣ旨지배배(佳) 國字

牋。[전] 表也표전 文書글전 文體名문체이름전(先)

⿰片空 [공] 腔也담 뚫을공(送)

⿰片妾。[섭] 小楔符작은쪽섭 小楔작은쐐기섭 簡也서

⿰片奄 [엄] 屋檐端版掩雀평고대엄(琰)

九

牒。[첩] 札也편지첩 官廳公文通ㅣ공문첩 書板서판첩 訟辭송사첩 譜也족보첩 疊布무늬놓은베첩 剳任授官ㅣ紙첩지첩(葉)

⿰片序 [탁] 析也나눌탁

牑。[면][편][변] 屋上簀지붕덮는삿자리면 牀版평상조각편 牀簀살평상변(霰)(先)(銑)

⿰片忽 窗(穴部七畫)의 俗字

⿰片臿 [삽] 閉城門具성문빗장삽 俗音잡 閘通(洽)

⿰片畐。[벽] 判也나눌벽、쪼갤벽(職)

牏。[투] 築牆板담틀두 便器요강투 廁通、俗音유(尤)

⿰片柬 [련] 木理解裂나뭇결풀릴련(霰)

十

⿰片甫 [피] 牑模마루모양피 窓也창피 牀橫桄평상의가로대피(寘)

⿰片虒 [체] 牓也방체 牌也호패체(齊)

⿰片尃。[박] 屋耑板ㅣ風박공박(藥)

牓 [방] 標也표할방 題也방붙일방 牌也패쪽을방 木片나무조각방 榜同(養)

十一

⿰片虖。[하] 坼也쪼갤하、열하(禡)

⿰片習 [접] 治也다스릴접(葉)

牖。[유] 壁窓창유、바라지유 向也향할유 穿壁以木爲交窓엇살창유 開明밝을유、깨우칠유 導也인도할유 誘通(有)

牕。[창] 戶也창창、지게창 窓同、囪通(江)

⿰片率。[솔] 板也널판자솔(質)

⿰片婁 [루] 防水板⿰片朱ㅣ물막는널판루

⿰片离 [리] 破木나무갤리、못쓸나무리(支)

⿰片崔 [최] 屋破狀ㅣ⿰片貴집모양허술할최(灰)

十二

⿰片貴。[퇴] 屋破狀⿰片崔ㅣ집모양허술할퇴(灰)

⿰片粦 [린] 瓴ㅣ、稜也모질린(震)

⿰片黃 [광] 牀橫木평상의가로대광(陽)

十三

⿰片業。[업] 築牆版담틀업 虛上橫版북다는틀위에가로댄널업(葉)

⿰片詹 [첨] 簷端板평고대첨

⿰片壽 [수] 棺也관수(有)

⿰片辨 [편] 革中絶가죽끊어질편 半分반편(霰)

⿰片臺 [대] 木理逆劊나무결거슬러깎을대

十五

牘。[독] 書板서판독 簡ㅣ편지독 公案공문독 樂器舂ㅣ풍류이름독(屋)

十六

⿰片歷。[력] 木障나무간막이력(錫)

十七

⿰片毚 [참] 板也널판참 水門물문참(陷)

牙部

牙 [아] 牡齒어금니아 崇ㅣ북틀아 大將旗대장기아 獸名騶ㅣ짐승이름아(麻)

三

犽 [아] 小兒어린아이아(麻)

六

⿰牙艮 [간] 齧也씹을간(潸)

八

⿰牙奇。[기] 虎牙범의어금니기(支)

牚 [탱] 斜柱버팀목탱 支也버틸탱 或音당(養)

九

⿰牙禹。[우] 齲齒너리먹은이우、벌레먹은이우(麌)

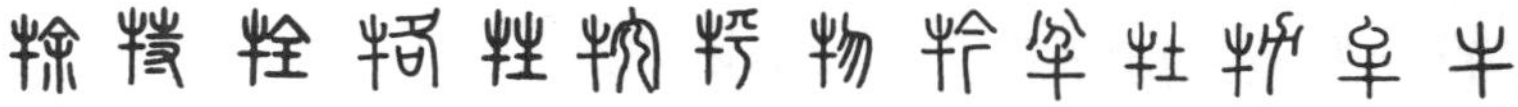

牛部

牛。[우] 耕畜大牲 소우 星名 犛ㅣ별이름우 (尤)

二

牟。[모] 大也 클모 牛鳴 소울모 侵也 침노할모 奪也 빼앗을모 取也 취할모 갑절모 ㅣ首、閣道 복도모 國名 나라이름모 麰通、俗音 무 (尤)

牝 [빈] 獸之雌 암짐승빈、암컷빈 (軫)

犴 [간] 牛停 소머무를간 (寒)

牞。[구] 牛多力 소힘셀구 (尤)

𤘪 [구] 牡牛 숫소구、황소구 (尤)

三

𤘺 [순] 牛行遲 소걸음더딜순 馴通 (眞)

牠 [타] 無角牛 뿔없는소타 他獸 저짐승타 (歌) 國字

牢。[로] 堅也 굳을로、견고할로 養獸圈 우리로 聊也 애오라지로 𤛑犴 옥로 牛也、太ㅣ 소로 羊也、小ㅣ 양로 愁也 쓸쓸할로 海獸 浦ㅣ 물짐승로 窂通、俗 뢰 (豪)

牡。[모] 雄獸 수컷모、숫짐승모 門關鍵、鑰也 빗장모 鍵也 열쇠모 ㅣ丹 모란모 本音 무 (有)

牣。[인] 滿也、實ㅣ 가득할인 塞也、充ㅣ 막힐인 (震)

牥 [방] 良牛 좋은소방 (如橐駞、日行二百里) (陽)

犻 [패] 二歲牛 두살된송아지패 長足牛 다리긴소패 長牛 키큰소패 (泰)

犹 [유] 靜也 고요할유 不動 꿈쩍않을유 (尤)

牧。[목] 畜養 기록목、칠목 畜養場 목장목 治也 다스릴목 司也 맡을목

牦 [모] 野牛 들소모 (豪)

犯。[파] 牛角相背 자빡뿔파 天地角 천지각파 (麻)

犬夭 [천] 牛食草 소풀먹을천 (霰)

𤘽。[분] 跳躑 뛰고밟을분 (問)

𤙛 [나] 似牛白尾 흰꼬리나 (歌)

料 [과] 牡之大牛 큰황소과 (歌)

牿。[금] 牛舌病 소혀병금 (沁)

犺 [강] 水牛 물소강 黃牛 황소강 (陽)

物。[물] 有形萬ㅣ 물건물、만물물 事也 일물 財也 재물물 類也 무리물 相度 헤아릴물 相也 만날물 (物)

犗。[개] 四歲牛 네살된소개 (卦)

𤚬 [비] 牛具 길마비 (眞)

牝 牝(牛部二畫)과同

牪 [언] 件也 물건언 牛二 뜨두마리소언 (霰)

犍 [건] 犗牛 불친소건 ㅣ爲 고을이름건 犍同 (元)(先)

牫 [가] 角也 뿔가 (歌)

五

牯 [고] 牝牛 암소고 (麌)

𤙖。[도] 牛徐行 소더디걸을도

㸴 [후] 牛鳴 소울후 犢也 송아지후 (有)

牭。[사] 四歲牛 네살된소사 (寘)

𤘸 [천] 土石防水 흙과돌로막을천

牰 [유] 目黑牛 눈검은소유 (宥)

𤙗 [작] 山牛 산소작 (藥)

𤙔。[용] 吳牛名 오나라소용 (腫)

𤙓 [비] 使牛聲 소소리비 犿同 (支)

𤙑。[평] 班牛 얼룩소평 (庚)

牴 [저] 觸也 받을저、찌를저 大ㅣ略也 대강저 雜技、角ㅣ 씨름저 當也 당할저 抵通 (薺)

牲。[생] 未殺畜牛羊豕、犧ㅣ 희생생 (六畜曰六ㅣ、飼養曰畜、將用之曰ㅣ) 獸類總稱 짐승생 (庚)

牁 [가] 擊船杙 배매는말뚝가 牱、

六

𤙭 犝(牛部十二畫)과同

𤙨。[가] 駕와同 (禡)

𤙦 [세] 牛之仰角 소천지각세、윗불세 (霽)

犈 [권] 牛鼻捲 소코뚜레권 (願)

𤙢 [연] 牛尾縫 소꼬리에달린솔연 (先)

𤙤 [귀] 牛聲 소소리귀 (紙)

牷。[전] 純色牛 순색소전、한빛털로생긴소전 體完牲 찐짐승전、온전한짐승전 犧牲 희생전 (先)

牸 [자] 牝牛 암소자 獸育子 짐승새끼칠자 牝馬 암말자 (寘)

㸸 [후] 牡牛 황소후 (有)

㹅 [협] 牛健 소건장할협 (葉)

𤙥 [수] 牛名 소이름수 (尤)

特。[특] 挺立 우뚝할특、특별할특 配匹 짝특 牡牛 숫소특 獸三歲 세살쯤된짐승특 但也 다만특 獨也 홀짐승특 格別 뛰어날특 雄也 수컷특 (職)

七

𤛓。[도] 黃牛虎文 칡소도 (虞)

㸹。[렬] 駁牛 얼룩소렬 (屑)

𤚀 [랑] 斑牛 얼룩소랑 (陽)

牽。(견) 引也 이끌견 挽也 잡아당길견 連也 연할견 速也 속할견 星也名 별이름견 舟索百文ㅣ 배끄는줄견
牻。(방) 黑白雜色牛 희고 검은얼룩소방 (江)
牼。(경) 牛膝下骨 소무릎뼈경 (庚)
犎 (봉) 野牛 들소봉 (冬)
犋 (패) 二歲牛 두살된소패 犻同 (泰)
牾 (오) 獸名 짐승이름오 捂也 거스릴오 捂同 (虞)
牲 (폐) 牛馬行牲ㅣ 마소다닐폐 (齊)
犀 犀(牛部八畫)과同
㹀 (인) 滿也 찰인 塞也 막힐인 (震)
犁 犂(牛部八畫)과同
犂。(처) 牛角쇠뿔처 (魚)
㹆 (부) 黑脣牛 입술검은소부 (尤)
㹅 (구) 角貌 뿔모양구 (尤)
牂 (장) 牝羊 암양장
(陽)
犉 (성) 赤牛 붉은소성 騂同 (庚)
牿。(곡) 牛馬牢 외양간곡 (沃)
(八)
犂。(리)(려)(루) 駁牛 얼룩소리 老人皮膚 늙은이살결리 耕田具 보습려 耕也 밭갈려 夜明頃 새벽려 恐貌 무서워떨유 (支)(齊)
犀 (서) 南徼外牛似豕角在鼻 코에뿔난소서 堅也 굳을서 瓠瓣 박속서 (齊)
犆。(특) 鈍也 둔할특 (職)
犅 (량) 牻牛 얼룩소량 (陽)
掣。(세) 牛角直 소뿔꿋꿋할세 (霽)
犞
(비) 牛齒現出 소이드러낼비 (寘)
犃 (부) 牡也 수컷부 (有)
犥 (뇨) 以角挑物 뿔로들출뇨 (肴)
㹯 (권) 黑脚牛 다리검은소권 (先)
犅。(강) 特牛 숫송아지강
犄 (의) 牛名 소의 牛角 소뿔의 長也 길의 倚也 기댈의、의지할의 施也 베풀의 (支)
犇 (분) 牛驚 소놀라뛸영 奔同 (元)
犆 (직) 緣也 선두를직 牛也、㹂ㅣ 소직 (특) 一也 하나특 特同 (職)
牴 抵(牛部五畫)과同
掔。(견) 牛不從引 소끌리지 않을견、소코셀견 (霰)
犕。(비) 耦耕 쌍겨리할비、쌍소밭갈비 (尾)
(九)
犍。(건) 犗牛 불친소건 獸名 짐승이름건 蜀郡名ㅣ고을이름건 (元)
犏 (유) 黑
牛검은소유 (虞)
犌 (가) 牛有力 소힘있을가 (麻)
犝 (중) 牛有孕 새끼밴소중 (送)
犎 (봉) 牛名 形如橐駝 소이름봉 (冬)
犚 (휘) 犂牛頭 얼룩소머리휘 (微)
犛 (리) 文
(支)
犑 (수) 三歲牛 세살된소수 (尤)
犏 (편) 牛種 소편 (先)
犑。(격) 牛也 소격 (錫)
㹻 (과) 無尾牛 동경소과、꼬리없는소과 無角牛 뿔없는소과 (歌)
(十)
犓。(창) 牛名 소이름창 (陽)
犆 (천) 牛緩 소굼뜰천、느린소천 (銑)
犔 (진) 牛名 소이름진 (眞)
犑 (직) 小牛 키작은소직 (職)
犅。(방) 背白牛 등흰소방 (陽)
犞 (희) 牛
病 소병들희 牛疆 소굼길희 (未)
犑 (후) 似熊獸屬 곰같은짐승후 (有)
犒 (호) 餉軍 호괴할호ㅣ師之牛 군사먹이소호 饎同、굼音고 (號)
犕。(악) 白牛 흰소악 (覺)
犗 (개) 騬牛 불간소개 畜健强者 짐승건장한놈개 官刑 불알씩일개 (卦)
犖。(락) 駁牛 얼룩소락 超絶卓ㅣ 뛰어날락 分明ㅣㅣ 분명할락 明貌 밝을락 (覺)
犃 (부) 雄也 수컷부 (虞)
犓 牡(牛部三畫)과同
犕
(구) 六歲牛 여섯살된소구 (尤)
(十一)
犙 (루) 求子牛 암내내는소루 俗音류 (支)
犡 (랍) 牛抵 소가받을랍 (合)
犨 (최) 白色牛 흰소최 (灰)
犍。(산) 飼畜 짐승기를산 畜牲 새끼기를산 (潸)
犚
(위) 黑耳牛 귀검은소위 (未)
犙。(삼) 三歲牛 세살된소삼 (覃)
犍 (근) 牛馴 소순할근 柔也 부드러울근 善也 착실할근 (吻)
犛。(리) 西南徼外黑牛 검정소리 (모) 獸如牛而尾長可爲旄旌 소같고꼬리긴짐승모 (支)(號)

犨。[송] 引船淺水알은데로배끌송 華乾 죽마를송 (冬)

犪 總(糸部十一畫)의 俗字

十二

[牛+尋]。[심] 牛也 소심 (侵)

[牛+曾] [증] 牛穜 소증 (蒸)

[牛+翕] [탑] 抵也받을탑 (合)

犝。

[동] 無角牛뿔없는소동 (東)

[牛+厥] [궐] 牛也 소궐 (月)

[牛+黃] [황] 牛名 소이름황

[牛+堯] [요] 牛馬騰躍曰ㅣ마소가솟아뛸요 俗音의 (寘)

[牛+喬] [교] 乾肉鮮ㅣ말린고기교 (篠)

十三

犠 犧(牛部十六畫)의 俗字

[牛+萬]。[례] 래 白脊牛등마루흰소례、래 義同 (霽)(泰)

[牛+畺]。[강] 白脊牛등흰소강 脊長牛키큰소강 白牛흰소강 (陽)

[牛+豢] [환] 養犬豕개돌기를환 豢同 (諫)

十四

[牛+壽]。[도] 牛無子들암소도、채 義同 (豪)(灰)

[牛+需]。[유] 牛莖소자지유 (遇)

十五

[牛+臧] [장] 善牛순한소장 (陽)

犣 [렵] 牛名소이름렵 (葉)

犡 [牛+萬](牛部十三畫)과 同

犢。[독] 小牛송아지독、적은소독 犢同 (屋)

犦 [박] 野牛中一、犎也들소박 (覺)

[牛+罷] [피] 短脚牛난장이소피 (支)

[牛+罌]。[앵] 呼牛聲 소부르는소리앵 牛鳴聲 소우는소리앵 犢也송아지앵 (梗)

十六

[牛+褱] [회] 獸似牛四角네뿔돋은짐승회 (佳)

[衛+牛]。[위][궤] 牛蹶소굽위 踐蹋땅밟을위 抵也받을궤 (霽)(寘)

[牛+霍] [옥] 白牛흰소옥 (沃)

犨。[주] 牛息聲 소숨소리주 白牛흰소주 出也내밀주 姓也성주

犧 [희][사] 宗廟之物희생할희 帝號庖ㅣ포희 酒器、ㅣ樽통술사 戲同 (支)(歌)

十七

[牛+營]。[영] 嘆牛子聲송아지부르는소리영 牛鳴소울영 犢也송아지영 (梗)

[牛+毚] [참] 牛角소뿔참 (陷)

十八

[牛+雚] [간] 牛角쇠뿔간 (刪)

[牛+夒]。[요] 牛柔順소순할요 善也좋을요 安也편안할요 擾同 (篠)

[牛+㬥] [박] 犎名소이름박 犦同 (藥)

[魏+牛] [위] 蜀牛、大而肉重千斤촉나라소위 (微)

二十

犪 [규] 牛名소이름규 (支)

二十一

[牛+纍] [루] 求子牛암내내는소루 (支)

二十三

[讎+牛] [주] 人名郤ㅣ사람이름주 犨通 (尤)

二十四

[牛+靈]。[령] 大牛큰소령 名소이름령 (靑)

犬部

犬。[견] 大狗也 큰개견 (銑)

犭 犬(前條)와 同

一

犮。[발] 犬走貌개달아날발 (曷)

二

犰 [구] 獸名、ㅣ狳짐승이름구

犯。[범] 干也범할범 抵觸다닥칠범 侵也침노할범 僭也참람할범 打勝이길범 起也일으킬범 (豏)

[犭+力] [력] 犬爭貌개으르릉거릴력 (職)

[犭+几] [기] 似兔獸토끼같은짐승기 (紙)

三

状 狀(犬部四畫)의 俗字

[犭+卂] [신] 小獸色黃食鼠족제비신 (震)

犵。[힐] 南蠻ㅣ狫남녘오랑캐힐 (質)

[犭+也] [시] 狼屬이리시 (紙)

犴 [안] 野犬들개안 豻同、獄也、狴ㅣ옥안、우리안 (翰)

四

[犭+开]。[연] 獟犬사나운개연 逐虎犬호박개연 食人犬사람잡아먹는개연 (霰)

[市+犬] [패] 犬張貌개잇발이웅성거릴패 (泰)

犹 [우] 獸名짐승이름우 (宥)

犻。[패] 犬怒개성낼패 (隊)

犺。[강] 健狗전장한개강 ㅣ狼、怪獸괴이한짐승강 猰ㅣ、不順貌사나운짐승강 (漾)

犿 [변] 相從連ㅣ서로좇을변 (元)

犾。[은] 兩犬相齧개서로물은、개마주짖을은 (文)

犼 [후] 山犬산개후 (有)

[犭+互] [호] 長尾猿꼬리긴원숭이호 (遇)

犽 [아] 蠻族名오랑캐아 (麻)

[犬+欠] [유] 呼犬子ㅣㅣ강아지부를유 (虞)

[犭+欠] [犬+欠](前條)와 同

狁 [윤] 北狄玁ㅣ북녘오랑캐윤 (軫)

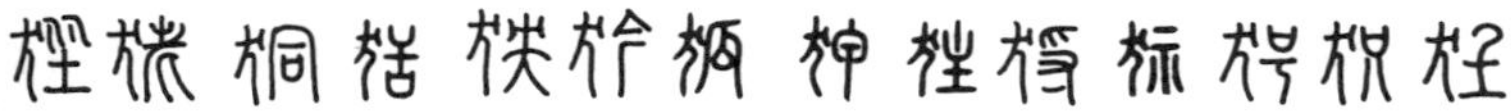

狀。장 形也형상장 牒也문서장 札也편지장 類也갈을장 形容之형상할장 陳也베풀장 (漾) 犾。은 犬吠聲개짖는소리은 犬爭개싸울은 狺同 (文) 㹠 돈 豕子돝의새끼돈 豚同 (元) 狃。뉴 犬性驕개성품교만할뉴 狎也친압할뉴 慣也익숙할뉴 習也익힐뉴 狃也나아갈뉴 (有)(宥) 狂。광 心病 미칠광 失情錯亂정신잃을광 躁妄경망할광 暴也사나울광 (陽) 犳 현 似狗文少獸 짐승이름현 (先) 狆 충 長毛犬삽살개충 日字 狄。적 北ㅣ북녘오랑캐적 樂吏ㅣ人풍류맡은관원적 下士아래벼슬적 畫雉衣、褕ㅣ꿩그린옷적 遠也멀적 逖、翟通 (錫) 狅。경 人名사람의이름경 (青) 犱 극 獸名짐승이름극 (陌)

五

犭只。지 駿也얼룩지 古音채 (蟹) 犿 변 犬爭貌개싸움할변 (霰) 犭号。호 犬聲개소리호 (號) 犭加 가 玃也큰원숭이가、암원숭이가 (麻) 狉 비 羣走ㅣㅣ떼지어달아날비 貍子삵의새끼비 狉通 (支) 犭玄 현 性褊急성급할현 (先) 犭占 첩 犬舐개핥을첩 (葉) 犭付 부 羊也양부 (遇) 犭乎。호 犬聲개소리호 (虞) 狋。의 은 권 犬怒貌개성난모양의 犬爭개싸움할의、은 義同 代郡縣名ㅣ氏고을이름권 (微)(眞)(先) 狊。격 犬視貌개노리고볼격 鳥張兩翅새날개벌릴격 猨屬、獸名원숭이종류격 (錫) 犭去 겁 怯와同 (葉) 狌 생 似猿人面能言、獸名성성이생 野猫삵생 狸同 (庚) 狂。주 黃犬黑頭몸누리고머리검은개주 (遇) 狎。압 親近친압할압 習也익힐압 忽也소홀하게여길압 輕也가벼울압 玩熟익숙할압 安也편안할압 古音합 (洽) 㹧 초 短尾犬동경개초 (蕭) 狍 포 獸也짐승이름포 狐。호 妖獸性淫多疑여우호 疑詞의심할오 狐同 (虞) 犻 불 犬貌개모양불 (物) 狒 비 猿類ㅣㅣ、脣長毛黑원숭이비、비비짐 (未) 狭。앙 狢也담비앙 (陽) 狗 구 犬也개구 未成毫犬강아지구 (有) 狓 피 飛上猖ㅣ너풀너풀나를피 (支) 狔 니 從風貌猗ㅣ바람에너풀거릴니 (支) 㺄 요 獸種짐승요 (巧) 狙。저 처 手長猿손긴원숭이저 伺也、注視엿볼저、살필저 詐也간사할저 見積견줄처 (魚)(御) 狘。월 驚走貌놀라달아날월 獸名짐승이름월 古音헐 狚 단 달 似猿褊ㅣ원숭이같은짐승단 亘狼獨ㅣ큰이리달 (旱)(曷)

六

狡。교 猾也교활할교、간사할교 狂也미칠교 狟。훤 환 貉類담비훤 犬行개다닐환 (元)(寒) 狠 한 獸名짐승이름한 犬鬪聲개싸우는소리한 戾也어그러질한 很通、過度之意과도할한 本音간 (阮) 狘 파 腰軀而行허리구부리고갈파 (禡) 狢 학 貈也담비학 本音각 (藥) 狪 예 狸子삵의새끼예 (霽) 狧 답 犬食貌개먹을답 (合) 狥 순 疾速빠를순 (震) 狣 조 犬有力개힘셀조 (篠) 狤 길 獸名ㅣ猛짐승이름길 狂也미칠길 (質) 狏 열 연 㹞ㅣ、獸名짐승이름열、열 義同 (屑)(先) 狦 연 逐虎犬범쫓는개연 (霰) 狨 융 猴屬원숭이융 (東) 狩。수 冬獵겨울에사냥할수 巡也순행할수、순수할수(天子適諸侯曰巡) (宥) 狧。시 탑 犬舌取物개핥을시 貪欲意ㅣㅣ탐낼탑 舐也핥을탑 (紙)(合) 狪。동 蠻族名오랑캐이름동 獸名짐승이름동 (東) 狳 휴 狘ㅣ豹屬표범휴 貅同

(尤) 狭 狹(犬部七畫)의略字 狫。로 剌字오랑캐이름로、자자로 獠同 (晧) 独 獨(犬部七畫)의略字

七

狴。폐 牢獄、ㅣ犴옥폐 ㅣ犴獸名짐승이름폐 野犬들개폐 (齊)

徐 [여] 獸名、犰ㅣ짐승이름여 犰通 (魚)
⿰犭足。[작] 宋種良犬송나라 좋은개씨작 猎同 (藥)
猇。[효] 豕犬驚貌개와 돼지가놀랄효 (肴)
狶 [희] 豕也돼지희 (支)
⿰犭肖 [소] 狂病미치광이소 (蕭)
狵 [방] 犬多毛삽살개방 星名별이름방 尨同、厖通 (江)
⿰犭舌 [괘] 狸子너구리새끼괘 (灰)
狷。[견] 性急패려궂을견、편협할견 獧通、有所不爲고집스러울견 懁急조급할견 才不足守有餘조수할견 (霰)
狸 [리] 野猫삵리 貍同 (支)
⿰犭谷。[욕] 獸名、獨ㅣ짐승의이름욕 (沃)
⿰犭巠 [경] 狩也사냥할경 (迥)
⿰犭豆 [두] 犬吠聲개짖는소리두 (宥)
⿰犭邪 [사] 猎ㅣ、獸名짐승이름사 (麻)
狹 [협] 隘也좁을협 陜、陿同、峽通 (洽)
狼。[랑] 獸名이리랑(似犬銳頭白頰性名貪)ㅣ籍낭자할랑、왁자할랑
狺 [은] 犬爭吠聲ㅣㅣ뭇개짖는소리은 犾同 (文)
狻。[산] 獅子、ㅣ猊사자산 (寒)
狽 [패] 獸名、狼ㅣ낭패패、이리패 (泰)
狿。[연] 獸名、猨ㅣ似狸而長짐승이름연 (先)
⿰犭廷 [정] 猿類、猈ㅣ원숭이정 (青)
⿰犭求 [구] 雲南蠻族오랑캐이름구

(八)

⿰犭空 腔(肉部八畫)과同
猈。[배] 短頭犬머리짧은개배 (佳)
猇 [효] 虎欲齧聲범으르렁거릴효 虎吼범울효 濟南縣名고을이름효 㺍同 (肴)
猆。[비] 姓也성비 (微)
⿰犭疌 [삽] 豕母어미돼지삽 (洽)
㹴 [갱] 狓ㅣ犬名개이름갱 (庚)
⿰犭沓 [탑] 犬食개먹을탑 或音답 (合)
猍 [래] 貍也삵래 廣西蠻族오랑캐이름래 (灰)
猌 [은] 犬怒貌개성낼은 (震)
猉 [기] 犬子강아지기 (支)
⿰犭將 [장] 嗾犬개를부추길장 (養)
猎 ⿰犭足(犬部七畫)과同
⿰犭効 狡(犬部六畫)의俗字
猓 [과] 似猴、ㅣ然원숭이과、담비과 (哿)
猏 [견] 三歲豕세살된돼지견 (先)
猑。[곤] 大犬큰개곤 野馬들말곤 (元)
狢 [교] 健也ㅣ犺건장할교
猗。[의][아] 犗犬불깐개의 歎美辭가륵하게여길의 美盛貌아름다운모양의 始生柔弱而美盛ㅣㅣ아들야들할의 長也길의 欹、漪通、弱貌ㅣ狔약한모양의 加也더할의 依也의지할의 倚同、柔順부드러울아 (支)(紙)(哿)
⿰犭易。[적] 犬怒張耳개성내어커벌쭉거릴적 (陌)
⿰犭屈 [굴] 獸名、猎ㅣ짐승이름굴 (物)
猖 [창] 駭也狂ㅣ미쳐뛸창
猙 [쟁] 獸名、似狐有翼짐승이름쟁 ㅣ獰밉살스러울쟁 (庚)
猘 [제] 狂犬미친개제 狾同 (霽)
猛 [맹] 勇也날랠맹 威也위엄스러울맹 惡也사나울맹、모질맹 嚴也엄할맹 獸名짐승이름맹 縣名고을이름맹 (梗)
猜 [시] 疑也의심낼시 恨忌시기할시、샘낼시 懼也두려워할시 狠也사나울시 古音채 (灰)
猟 獵(犬部十五畫)의俗字
猞。[사] 獸名짐승이름사
猪 猪(犬部九畫)의略字
猝 [졸] 倉卒창졸졸 忽然갑자기졸 突出뛰어나올졸 卒通 (月)

(九)

猥。猿(犬部十畫)과同
猢 [호] 獸名、似猿원숭이호 (虞)
⿰犭癸 [계] 壯勇貌、獚ㅣ용맹스러울계 (寘)
⿰交犬 [효] 犬吠ㅣㅣ개짖을효 (效)
猨 [원] 似獼猴而長大원숭이원、잔나비원
猩。[성][생] 似猿能言獸ㅣㅣ성성이성 狌同、생義同 (庚)(青)
⿰犭咸 [감] 犬名개이름감 (感)
猪 [저] 豕也돼지저 豬俗字 (魚)
⿰犭軍。[휘] 獸名、猨屬산짐승이름휘 (微)
⿰盾犬 [돈] 獵犬사냥개돈 道犬길개돈 (願)
猫。[묘] 捕鼠獸고양이묘 貓俗字 (蕭)
猲。[헐][갈][갑] 獵犬사냥개헐、갈義同 古音할、恐逼핍박할갑、으를갑 古音겁 (月)(曷)

猭 [천][전] 獸走貌 짐승달아날천、전義同 (先)

猰。[알] 雜犬 얼룩개알 犬也 개알 ㅣ貐、獸名 알유짐승알 猰同 (黠)

猯 [단] 狸屬、似豚而肥 살진오소리단 貒同 (寒)

猴。[후] 猱也、獮ㅣ 원숭이후、잔나비후(猿之大者) (尤)

猳 [가] 羆如熊黃白文 누렁고흰점박힌곰가

猶。[유] 玃屬 어미원숭이유 似也 같을유 尚也 오히려유 同 한가지유 舒遲 느릿느릿할유 可也 가히유 未決ㅣ豫 머뭇거릴유 (尤)(宥)

猷。[유] 謀也 꾀유 圖也 그릴유 道也 길유 可也 옳을유 若也 같을유 歎辭 탄식할유 猶通 (尤)

(十)

猺 [요] 狗種、猺ㅣ 개요 蠻種名、猺ㅣ 오랑캐요 (蕭)

猾 [활] 狡也 교활할활、괄휼할활 黠也 꾀많을활 亂也 어지러울활 獸名 짐승이름활 (黠)

猻。[손] 猴也 원숭이손 (元)

⿰犭畟。[즉] 犬生三子 개새끼셋낳을즉 (職)

猽 [명] 小豕 작은돼지명 (青)

⿰犭昜 [답] 獸走貌 짐승달아날답 (合)

猼 [박] 似人有翼獸 모양은사람같고날개있는짐승박 (藥)

⿰犭留。[류] 狗名 執ㅣ 사냥개류 (尤)

猿 [원] 猴屬 원숭이원 猨俗字 (元)

⿰犭能 熊(火部十畫)과同

⿰犭哥。[가] 玃也 큰원숭이가 (麻)

獃 [애] 癡也 못생길애 失忘慢ㅣ 우두커니서있을애、뜻잃을애 (灰)

⿰犭荒 [황] 狼屬 이리황 (陽)

⿰犭差 [차] 犬狂 개미칠차 (歌)

⿰犭廷 [정] 猱也 원숭이정 (青)

⿰犭蚩 [치] 狩也 사냥할치 狵也 삽살개치 (支)

⿰犭翁。[옹] 豬也 돼지옹 (東)

獂 [원] 豕也 돼지원 獸名 짐승이름원 縣名ㅣ道 고을이름원 (元)

獄。[옥] 所以繫囚牢 옥옥、우리옥 訟事 송사옥 (沃)

⿰犭恙 [양] 獸名 無恙 짐승이름양、무양양(北方荒野、有獸如獅、食人虎豹) 恙也、病也 병양 (漾)

獆 獋(犬部十一畫)의 本字

猥 [외] 妄也 망녕될외 雜也 잡될외 鄙也 더러울외、외람할외 曲也 굽을외

⿰犭兼。[혐] 犬吠不止 개연속짖을혐 兩犬相爭 개맞싸울혐 古音함 (鹹)

(十二)

獎。[장] 勸也 권면할장 賞也 표창할장 助也 도울장 嗾犬厲之 개튀길장、개버릇사납게가르칠장

⿰犭巢。[초][로] 西南夷名 서남오랑캐초、로義同 (巧)(皓)

獌。[만] 似貍貙ㅣ 스라소니만 狼屬、ㅣ狿 이리만 (願)

⿰犭庸 [용] 獸名 짐승이름용 ⿰犭庸同 (冬)

⿰犭敕 [친] ㅣ猭、連延貌 이을친 (眞)

⿰犭翏。[교] 擾也 요란할교 獪也 교활할교 (肴)

⿰犭帶 [체] 狂犬 미친개체 (霽)

⿰犭從 [종] 犬生一子 개새끼한마리낳을종 猔同 (宋)

⿰犭參。[삼] 賊疾 미워할삼、패덕빌삼 犬容頭進 개구멍에머리내밀삼 獸名 山ㅣ 산짐승삼(形似而、體長尺餘、捕食蝦蟹)

獐 [장] 鹿屬、似麃體小無角 노루장 麞同 (陽)

献 獻(犬部十六畫)의 略字

⿰犭晨。[낭] 多毛犬 삽살개낭 (江)

⿰犭毫 [호] 貉類、ㅣ子 담비호 (豪)

獋。[호] 犬吠 개짖을호

(十三)

獘 [폐] 敗壞 해질폐 死也 죽을폐 困也 곤할폐 惡也 폐단폐 頓仆 엎드러질폐 斃同 (霽)

獗 [궐] 賊勢猖ㅣ 도둑일어날궐 (月)

獖 [분] 羊名 양이름분 羵 豕不犍 불깐돼지분 (吻)(文)

獝 [휼] 狂也 미칠휼 (質)

獜。[린] 強健 건장할린 獸名 짐승이름린 (眞)(震)

⿰犭惢 [시][취] 雌貉 암담비 시、취義同 (紙)(寘)

⿰犭然 [연] 猴名、猓ㅣ 원숭이같은짐승연 (先)

⿰犭番。[번][편] 犬鬪聲 개싸우는소리번、편義同 (元)(霰)

獞 [동] 犬名 개이름동 蠻種 獞ㅣ 남녘오랑캐동 (東)

獠。[료][조] 夜獵 밤에사냥할료 犬名 ㅣ獞 요동개료 西南夷 서남오랑캐조 獠通 (嘯)(巧)

⿰犭壹 [희] 寒浞子名 獟ㅣ 사람의이름희 豷俗字 (寘)

⿰犭彭 [팽] 犬也 개팽 (庚)

⿰犭貴 계 蜼之小者、獴ㅣ 꼬리째진작은원숭이계 (霽) 獤 돈 貂也ㅣ皮 돈피돈 國字 獸 獸(犬部十五畫)의略字 ⿰犭單 선 犬嚙 개물선 (先) 獢。효 短喙犬 부리짧은개효 (蕭)

十三

獨 독 單也 홀로독 孤也、老而無子 외로울독 獸名、食猿 짐승이름독 (屋) ⿰犭离 치 鷙獸 억센짐승치 (支) 㺚 달 水狗 수달달、물개달 獺同 (曷) 獦 갈 短口犬 입짧은개갈 (曷) ⿰犭畀 주 鄉名 고을이름주 (遇) 獶。노 獿犬 사자개노 多毛犬 삽살개노 (豪) 獥 격 狼子 이리새끼격 古音혁 (錫) 獬 해 神羊ㅣ豸 能別曲直 시통한양해 冠名 해갓해 觟同 (蟹)

⿰犭獄 獄(犬部十三畫)과同 ⿰犭雍 옹 犬不訓 개길들지않을옹 (江) 獫。렴 험 長喙犬 입부리긴개렴 ㅣ狁 오랑캐험 (鹽)(琰) 獪。회 쾌 狡也 간교할회、쾌義同 (泰)(卦) 𤟗 獸(犬部十五畫)의俗字 ⿰默 도 敗也 패할도 ⿰犭喿。소 山ㅣ、山夫 산사람소 (蕭)

十四

⿰犭憲 은 山驟 산나귀은 (問) ⿰犭監 함 虎聲 범의소리함 惡犬吠不止 사나운개짖기그치지않을함 (豏)

獮 선 秋獵 가을에사냥할선 殺也 죽일선 (銑) 獲。획 확 取得 얻을획 奴婢臧ㅣ 노비획 失志 隕ㅣ 실심할확 困迫 곤박할확 (陌)(藥) 獱 빈 獺屬、似狐青色居水中食魚 수달빈 (眞) ⿰犭與 여 歎聲 탄식하는소리여 獯 훈 北方匈奴 북녘오랑캐훈 (文) 獰 녕 惡也 영악할녕 犬毛猙ㅣ 개털녕 (庚) 獴 몽 蜼之小者ㅣ⿰犭貴 꼬리째진원숭이몽 (東) 獵 • 獵(犬部十五畫)의俗字

十五

獷 광 犬也 개광 麤獷惡貌ㅣㅣ 추악할광 黃鼠 족제비광 (梗) 國字 ⿰犭窳。유 狖 과同 ⿰犭厲 뢰 狂也 미칠뢰 (泰) 獵 렵 捷取禽獸 사냥할렵 震也 진동할렵 相差次踕ㅣ 어긋날렵 風聲ㅣㅣ 바람소리렵 (葉) ⿰犭窮 궁 似虎獸 범같은짐승궁 (東) ⿰犭頡 혈 有鱗獸 비늘있는짐승혈 (屑) 獿 뇨 노 우 犬驚貌 개놀랠뇨 獶猴戲 원숭이놀릴노 犬名ㅣ猣 개이름우 (巧)(豪)(尤)

⿰犭畾 뢰 飛鼠似蝙蝠 나는쥐뢰、박쥐뢰 (紙) 獸。수 禽ㅣ 飛曰禽走曰ㅣ、四足而毛 짐승수 (有) ⿰犭懘 치 狂犬 미친개치

十六

獺。달 찰 水狗 수달달、물개달、찰義同 㺚同 (曷)(黠)

⿰雚犬 학 至也 이를학 高也 높을학 (覺) ⿰犭䜌。련 兔走貌ㅣ獴 토끼달아날련 猿狖緣木貌 원숭이나무에오르는모양련 (先) 獻。헌 사 進也 드릴헌 呈也 바칠헌 羞也 음식헌 犬也、羨ㅣ 개헌

⿰犭⿱雨亞 ⿰犭靈(犬部二十四畫)과同 ⿰犭獻 獷(犬部十五畫)과同

十七

⿰犭毚 참 犬聲 개소리참 (咸) 獽 양 野蠻族名ㅣ 오랑캐양 (陽) ⿰犭霝 령 良犬 좋은개령 ⿰犭靈同 (青) ⿰犭戲 회 豕也 돌회 (支) ⿰犭嬰。영 獸名 짐승이름영 (庚)

十八

⿰犭瞿 구 搏也 두드릴구 玃也 원숭이구 (虞) ⿰犭璽。선 秋獵 가을사냥 선 獮本字 (銑) 獾 환 권 貒也 오소리환 天狗 너구리환、권義同、貛同 (寒)(先)

十九

玀。라 蠻人、猓ㅣ 오랑캐라 (歌) ⿰犭夒 優(人部十五畫)과同

二十

玃。확 大猿 큰원숭이확 母猴 어미원숭이확 攫也 움킬확 玃同、古音곽 (藥)

玁。험 北夷 북녘오랑캐험 獫通 (琰)

二十一

⿰犭覽。람 犵狫族 오랑캐람 (感) ⿰犭鄕。효 犬毛黃白色 개털빛누럴효 (蕭)

二十四

⿰犭靈。령 良犬 좋은개령 (青)

五畫

玉部

玉。[옥] 石之美者구슬옥、옥옥 愛也사랑할옥 成也이룰옥 (沃)

王。[왕] 君也임금왕 大也 尊稱ㅣ父할아버지왕

王 部首名임금왕변

二

玐 [팔] 玉聲옥소리 팔(黠)

玎。[쟁][정] 玉聲ㅣ玲옥소리쟁、정義同(東)(江)

玏 [륵] 石次玉珹ㅣ옥다음가는돌륵(職)

三

⿰王土 [보] 玉器옥그릇보(寶)

玓 [적] 明珠色ㅣ瓅구슬빛이환할적(錫)

⿰王凡 [공] 璧也구슬공(腫)

玒。[공][강] 玉名옥이름공、강義同(東)(江)

⿰王乞 [울] 高也높을울(物)

⿰王卂 [신] 遍也두루신(震)

玘。[기] 佩玉패옥기

玔 [천] 玉環옥고리천 玉製腕環옥팔지천(霰)

玗 [우] 石似玉옥돌우、옥같은돌우ㅣ琪樹名우기나무우(虞)

玖 [구] 黑石次玉옥다음가는검은돌구 九通(有)

四

玜 [공] 玉石옥이름공(東)

⿰王殳。[몰] 玉名ㅣ瑤옥이름몰(月)

玞 [부] 美石次玉、珷ㅣ무부、옥돌부 砆同(虞)

⿱仍王 [잉] 玉器옥그릇잉(蒸)

玣 [변] 玉飾冠弁옥으로꾸민관변、고깔꾸미개옥변(霰)

玢 [분][빈] 玉紋貌ㅣ豳옥무늬분、빈義同(文)(眞)

玟。[민] 石種次玉、瑻ㅣ옥다음가는돌민 珉同(眞)

玡 [아] 玉似骨옥같은뼈아(禡)

玠。[개] 大圭큰서옥、큰홀개(卦)

玩。[완] 弄也희롱할완 習也익힐완 珍也 奇ㅣ보배완ㅣ賞가지고놀완(軫)

玨 珏(玉部五畫)의古字

玦 [결] 佩玉半環노리개결、弓環활깍지결(屑)

玭 [빈][변] 珠之有聲者소리나는진주빈 珠也구슬변 蠙同(眞)(先)

玫 [매] 火齊珠ㅣ、瑰불구슬매(灰)

玧 [윤][문] 充耳玉귀막이구슬윤 赤玉붉은구슬문(軫)(元)

环 [배] 占吉凶玉、珓배교배

五

玵 [감] 美玉아름다운구슬감(覃)

⿰王支。玦(玉部四畫)의本字

玴 [예] 石似玉者옥돌예(霽)

玳 [대] ㅣ瑁龜屬대모대

玲。[령] 金玉聲쟁그렁거릴령、금옥소리령 瓏貌아롱아롱할령 精巧정교할령 鮮明선명할령(靑)

玼。[자][차][체] 玉病옥티자 疵通、玉色옥빛차 玉色鮮潔貌옥빛깨끗할체(哿)(紙)(薺)

玶 [평] 玉名구슬이름평(庚)

玻 [파] 寶石ㅣ瓈파려옥파、유리옥파 (一名水玉、瑩如水、堅如玉)(歌)

玷 [점] 玉病옥티점 缺也이지러질점(琰)

玹 [현] 玉次石옥돌현 玉色옥빛현 姓也성현(先)

玸 [부] 玉文옥의무늬부 名옥이름부(虞)

⿰王卬 [궁] 玉環옥고리궁(冬)

玽。[구] 石次玉者옥돌구(有)(宥)

珄 [생] 金色금빛생(庚)

玿 [소] 美玉아름다운옥소(蕭)

⿰王弁 [변] 飾弁玉고깔꾸미개옥변(霰)

珀 [박] 茯苓所化、琥ㅣ호박박 古音백(陌)

珂。[가] 玉名구슬이름가 白瑪瑙흰마노가 螺屬、勒飾굴레치장하는자개가(歌)

珊 [산] 海中產動物、ㅣ瑚산호산(形如樹枝) 凋殘貌조잔할산 珮玉聲ㅣㅣ패옥소리산(寒)

珉。[민] 美石次玉옥다음가는돌민 玟同(眞)

珇。[조] 珪之凸起서옥머리도두룩할조、뾰족한서옥조

珈。[가] 笄飾六ㅣ비녀치장가(麻)

珍。[진] 寶也보배진 瑞玉서옥진 貴重귀중할진 食之美者맛좋을진(眞)

珋 [류] 石也돌류(有)

珌。[필] 佩刀飾下칼장식옥필(質)

玺 璽(玉部十四畫)의俗字

珏 [巩+玉] [王+𠂤] 珠 珝 珧 珦 班 珢 琀 珼 琁 理 琮 琚 琖

珏。[각][곡] 雙玉 쌍옥각 곡 義同 (覺)(屋)

❻

琎 [진] 玉名 옥이름진 (眞)

珕。[려] 蜃屬、佩刀飾 자개로칼장식할려 (霽)

珆。[이] 五色斑石 화반석이 玉石 옥돌이 (支)

[巩+玉] [공] 玉帶 옥띠공 (冬)

珖 [광] 琯也 옥피리광 玉名 옥이름광 人名 사람이름광 (陽)

珛 [후] 朽玉 티박힌옥후 (宥)

珘 [주] 玉也 구슬주 (尤)

珙。[공] 大璧 크고둥근옥공 玉名 옥이름공 (腫)(冬)

[王+𠂤] [퇴] 治玉、磨玉 옥을갈퇴 (灰)

珚 [연] 玉名 옥이름연 (先)

珠。[주] 蚌胎所生 진주주 眠珠 눈동자주 (虞)

珝。[후] 玉名 옥이름후 (麌)

珞 [락] 頸飾、瓔ㅣ 구슬로목에치장할락 (藥)

珡 琴(玉部八畫)의 本字

珢。[은][간] 石似玉 옥돌은 傷玉 부르러빼어진흔적있는옥간 (願)

[王+臾] [유] 次玉美石 옥같은돌유 (虞)

[王+回] 瓌(玉部十六畫)과 同

珣 [순] 玉器 옥그릇순 東方美玉 옥이름순 (眞)

珩。[형] 佩上玉 노리개형 衡通 (庚)

珤 寶(宀部十七畫)의 古字

珧。[요] 蜃屬、名海月、江ㅣ 조개이름요、자개이름요 玉名 옥이름요 [虫+兆]、鰩同 (蕭)

珦。[향] 玉名 옥이름향 (漾)

珥。[이] 耳璫 귀의고리이 瑱也 귀막이옥이 日旁氣 해무리이 (眞)

珪 [규] 瑞玉 서옥규 圭同 (齊)

珬 [술] 老鵰入海所化、珂類 자개술、옥이름술 (質)

班。[반] 列也 벌려설반 別也 이별할반 次序 차례반 頒與 나누어줄반 車聲 수레소리반 同也 같을반 斑也 얼룩질반 般通 (刪)

珫 [충] 玉名ㅣ耳 귀걸이옥충 (東)

珮 [패] 帶也、ㅣ玉 패옥패、찰패 佩同 (隊)

琔 寶(宀部十七畫)과 同

❼

琋 [제] 佩玉 패옥제 瓊ㅣ 노리

琝。[문] 玉文 옥무늬문 (文)

珵。[정] 佩玉 패옥정 珩也 노리개정 (庚)

[王+疋+廴] 珫(玉部六畫)의 俗字

[王+余] [도] 美玉 아름다운옥도 (虞)

珷 [무] 石似玉、ㅣ玞 무부무 옥돌이름무 碔同 (麌)

珽。[정] 玉名 옥이름정 笏也 옥홀정 (迥)

琉 [류] 寶石 보석류 金剛石 금강석류 (尤)(有)

珼。[패] 貝飾 자개장식패 (泰)

琈 [보] 美玉ㅣ瑤 아름다운옥보 (遇)

現 [현] 玉光 옥빛현 顯也 나타날현 今也 지금현、당장현 見通 (霰)

珹 [성] 玉名 옥이름성 美珠 아름다운구슬성 (庚)

球 [구] 玉磬 옥경쇠구 美玉 아름다운옥구 圓也 둥글구 球也 공구 地球 지구구 國名 琉ㅣ 나라이름구 璆同 (尤)

琁 [선] 美玉 아름다운구슬선 璿、璇同 (先)

琡 [착][축] 等也 비등할착、축 義同 (覺)(屋)

琀。[함] 殯含玉 빈함옥함 含通 (勘)

琂。[언] 如玉美石 옥같은돌언 (元)

珸 [오] 美石、琨ㅣ 옥돌오 (虞)

琅。[랑] 似珠、ㅣ玕 옥같은돌랑 玉聲 옥소리랑 宮門銅環 문고리랑、琺ㅣ 파란랑

琄 [현] 佩玉貌ㅣㅣ 패옥늘어질현 鞙通、古音견 (銑)

琇 [수] ㅣ瑩美石 귀막이수 石次玉 옥돌수 (宥)

理。[리] 治也 다스릴리 道也 도리리 治玉、文也 무늬낼리 正也 바를리 木ㅣ 나무결리 性也 성품리 處置 처치할리 賴也 힘입을리 (紙)

琈 [부] 玉采ㅣ筍 옥문채부 (尤)

琊。[야] 齊國郡名、琅ㅣ 고을이름야 (麻)

琌 陵(阜部八畫)과 同

[王+車] [차] ㅣ琚 자개차 中字

❽

[王+忩] 璁(玉部十一畫)과 同

[王+取] [추] 玉文 옥무늬추 (尤)

[王+困] [운][윤] 齊也 가지런할운、윤 義同 (吻)(軫)

琛。[침] 寶也 보배침 賝同 (侵)

琚。[거] 佩玉、瓊ㅣ 패옥거、노리개거 (魚)

[王+夜] [액] 玉采 옥문채옥、아롱질액 (陌)

琖。[잔] 夏爵名、玉ㅣ 옥술잔잔 盞同 (潸)

琘 珉(玉部五畫)과 同

琤 [쟁] 玉聲 ㅣㅣ 옥

소리쟁쟁 할쟁 (庚) 琜 [래]玉屬 옥래 (灰) 琢 [탁]治玉쪼을탁、옥다듬을 탁 選擇가릴탁 古音착 (覺) 琠。[전]玉名옥이 름전 瑱通 (銑) 琡。[숙]玉名 옥이름숙 大璋큰홀숙 (屋)

琥。[호]發兵虎符 옥호부호 松 脂所化ㅣ珀 호박호 (麌) 琦 [기]玉也 옥기 大貌、ㅣ瑋 클기、헌거러울기 (支) 琧 [악]白玉 흰 옥악 (藥) 琨。[곤]美玉 아 름다운옥

곤 佩玉패 옥곤 (阮) 琬 [완]圭也서옥완、홀완 美玉ㅣ 琰아름다운옥완 古音원 (阮) 琫。[봉]刀鞘裝飾ㅣ珌칼 집장식옥봉 鞛同 (董) 琩 [창]蠻夷充耳ㅣ琉귀막이 옥창 耳璫귀고리창 (陽)

琪 [기]東方玉屬 옥이름기 (支) 琰 [염]青玉 비취옥염 美玉 名아름다운옥염 (琰) 琭 [록]玉貌ㅣㅣ자 질구레한옥록 琯 [관]以玉爲管 옥저관、옥소관、 옥피리관、옥등소관 管通 (旱)

琮。[종]祭地瑞玉지신께 에쓰는옥종 (冬)(宋) 琱 [조]治玉ㅣ琢 옥다듬을조、畫 也아로새길조 彫、雕通 (蕭) 琴。[금]七絃樂거 문고금 (侵) 琲。[배]貫五百枚、珠 ㅣ구슬꿰미배 (賄)

琳。[림]美玉球ㅣ아 름다울옥림 (侵) 琵。[비]胡琴馬上樂器、 ㅣ琶비파비 (支) 琶。[파]馬上樂器、 琵ㅣ비파파 (麻) 琸 [탁]人名、劉ㅣ사 람의이름탁 (覺)

九

瑄 [선]大圓玉 크고 둥근옥선 (先) ⿰王剌 [랄]玉也 옥랄 (曷) 瑃 [춘]玉名 옥이름춘 瑀。[우]美石次玉、琚ㅣ옥 다음가는돌우 (麌) 瑂 [미]石似玉者 옥돌미 (支)

瑋 [위]玉名 옥이름위 奇玩 노리개위 (尾) 瑅 [제]玉名、ㅣ瑭 옥이름제 (齊) ⿰王扁 [빈]玉文ㅣ璘 옥무늬 얼룩얼룩할빈 (眞) 瑇 [대]ㅣ瑁龜屬대 모대 玳通 (隊) 瑈 [유]玉名 옥이름 유、구슬유 (尤)

瑉 [민]石次於玉 琳ㅣ옥다 음가는돌민 俗音빈 (眞) 瑌 [연]瑌也、蜀石黃ㅣ 옥돌연 碝同 (銑) 瑑。[전]圭上凸刻兆ㅣ옥홀머리도두룩하 게아로새길전 彫玉爲文옥새길전 (霰) 瑏 [천]玉也 옥천 (先)

瑕 [하]玉玷 옥티하 赤玉붉은옥하 遠 也멀하 過也허물하 遐通 (麻) 瑓 [련]玉名옥 이름련 (霰) 瑑 [전]玉名 옥이름전 貝 名조개이름전 (先) 瑛。[영]玉光 옥광채영 (紫ㅣ 晳石)水晶수정영 (庚)

瑖 [단]玉石옥 돌단 (翰) 瑚。[호]海中產物 珊ㅣ산호호 宗 廟祭器ㅣ璉종묘제기호 (虞) 瑗。[원]大孔璧구멍큰옥원、도리옥 원 人名 사람의이름원 (願)(霰) 瑙 [노]石次玉 옥 돌노 碯同 (皓)

璖 [거]環屬 옥고리거 戎夷貫 耳오랑캐의귀고리거 (魚) 瑞。[서]祥也상서서 信玉、符 ㅣ홀서 古音수 (寘) 瑝。[황]玉聲옥소리황 鍠聲 종소리황 (陽) ⿰王突 [돌]玉瑱귀마 이옥돌 (月) 瑟。

[슬]絃樂二十五絃 실풍류슬、비파슬、큰거문고슬 風聲 바람소리슬 潔鮮、矜莊貌 깨끗한체할슬 (質)

十

瑣。[쇄]玉屑옥가루쇄 細小잘쇄、가늘쇄 繁猥貌 좀스러울쇄 門名 青ㅣ문이름쇄 璅同 (哿) ⿰王叏 [침]寶也 보배침

玉名옥이름 침 琛同 (侵) 瑤。[요]ㅣ瓊皆美玉아름다운옥요 斗杓 ㅣ光 북두자루요 瑤池 못이름요 (蕭) ⿰王追 [퇴]治也玉 옥광채 낼퇴、옥다듬을퇴 瑢 [용]珮玉聲 瑽ㅣ 패옥소리용 (冬) 瑥 [온]人名、晉 翟ㅣ 사람

의이름 온 (元) 瑬。[류]垂玉冕飾 면류관드림 옥류 旗末깃발류 旒通 (尤) 瑦 [오]美石次玉 옥돌오 (麌) ⿰王旁 [방]ㅣ琅、玉 屬 옥방 (陽) 瑨 璡(玉部十二畫)과同 瑩。

영 형 瑱也 琇ㅣ 아름다운옥영 瑱也 귀막이옥영 明也 밝을영 樂名 풍류이름영、玉色光潔 옥빛조촐할형

瑫 도 美玉 아름다운옥도 玉飾劒 칼꾸미개옥도 (豪)

瑱。진 以玉充耳 귀막이옥진 玉名 옥이름진、년義同 (震)(霰)

瑭 당 玉名、ㅣ瑔 옥이름당 (陽)

瑮 률 玉英華 옥무늬률 (質)

瑯 琅(玉部七畫)의 俗字

瑲。창 玉聲 ㅣㅣ 옥소리창 樂聲 ㅣㅣ 풍류소리창 鏘同 (陽)

瑳。차 玉色鮮白 옥빛깨끗할차 巧笑貌 상긋웃을차 (歌)(哿)

瑴 곡 각 二玉相合 쌍옥곡、각 義同 珏同 (屋)(覺)

瑥 온 玉也 옥온 人名 사람의이름은 (眞)

⑪

瑹 서 笏也 홀서 (魚)

瑦 저 토 玉屬 옥저、토 義同 (魚)(虞)

瑻 곤 美玉 아름다운옥 곤 琨同、俗音 관 (元)

瑾。근 赤玉 붉은옥근 美玉ㅣ瑜 아름다운옥근 (吻)(寢)

瑣。쇄 玉屑 옥가루쇄 石之似玉 옥돌쇠 門鏤 자물쇠 쇠 瑣同 (哿)

璀。최 玉光、ㅣ璨 옥빛찬란할최 珠垂貌 구슬주렁주렁달릴최 (賄)

璄 경 玉光 옥빛 경 璟同 (梗)

璁。총 美石次玉 옥같은돌총 (東)

璂 기 飾弁玉 ㅣ고깔꾸미개기 璣同 (支)

瓳 호 玉也 옥호 (虞)

璆 구 玉磬 옥경쇠구 美玉 아름다운옥구 玉聲 옥소리구 球同 (尤)

璈 오 樂器名 雲ㅣ 풍류이름오 (豪)

璌 인 塲也 뜰인、마당인 (眞)

璉 련 宗廟祭器、瑚ㅣ 종묘제기련、효련련 (銑)

璊。문 玉赤色 붉은옥문 (元)

[王+坐] 좌 人名、景ㅣ 사람이름좌 (歌)

[王+虒] 토 玉名 옥이름토 (虞)

璋。장 生男 慶弄ㅣ 아들낳은경사장 半圭 반쪽서옥장 (陽)

[王+婁] 루 初秋祭祀 가을제사루 (尤)

璓。수 유 美石次玉 옥돌수 玉名 옥이름 유 (宥)(有)

璃 리 西國寶 유리리、구슬이름리 (支)

⑫

璔 증 玉貌 옥모양증 (蒸)

璏 체 劒鼻玉飾 칼곳등 옥으로꾸밀체 (霽)

璒。등 石似玉者 옥돌등 (蒸)

璐。로 美玉 아름다운옥로 (遇)

璚 경 赤玉 붉은옥경 佩玉 패옥경 瓊同 (庚)

璕 심 美石次玉 옥돌심 (侵)

璙 료 玉名 옥이름료 (蕭)

璖 거 環屬、戎夷所以貫耳者 귀고리거 (魚)

璘。린 玉文 옥무늬린 光彩 옥관린 (眞)

璞。박 玉之未琢者 옥덩어리박 (覺)

璗 탕 金之美者 아름다운금탕、황금탕 (養)

[王+棘] 극 地名 땅이름극 玉名 옥이름극 (職)

璝 瑰(玉部十畫)과 同

璛 숙 琢玉工 옥장인숙 (屋)

[王+朁] 잠 美石如玉 옥같은돌잠 (侵)

璜。황 半璧 반둥근패옥황 (陽)

璟 경 玉光彩 옥광채날경 人名 사람이름경 璄同

璣 기 小珠 작은구슬기 渾天儀 璿ㅣ 선기기 星名 별이름기 (微)

璠。번 魯寶玉 보배옥번 (元)

[王+巽] 선 珍也 보배로울선

璡。진 石之似玉者 옥돌진 瑨同 (眞)(震)

璺 현 隙也 틈현 (先)

璢 류 ㅣ璃 유리류 琉、瑠同 (尤)

[厤/玉] 력 玉屬 옥력 (錫)

⑬

璥 경 玉名 옥이름경 (敬)

璦 애 美玉名 아름다운옥애 (隊)

璨 찬 璨也 玉光 옥빛찬란할찬 (翰)

[王+號] 호 美石似玉 옥같은돌호 (號)(皓)

[王+雋] 수 선 玉名 옥이름수 美玉 아름다운옥선 (寘)(先)

璪。조 冕飾 貫玉 면류관드림옥조 (皓)

[王+曷] 갈 美石似玉 옥같은돌갈 (曷)

[殿/玉] 전 以玉充耳 귀막이옥전 瑱同 (霰)

璫。당 華飾 耳珠 귀

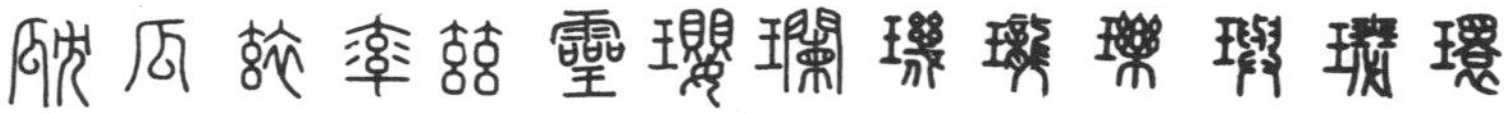

고리당 佩玉聲 괘옥소리당 鈴鐺방울당 宦者貂ㅣ 관에치장한옥당 (陽)

璯 [희] 玉飾冠縫 갓혼솔꾸미개회 (泰)

瑻 [관] 金玉磨光 금옥을광낼관、곤義同 (旱)(願)

瓮 [옹] 玉罌 옥그릇옹 (冬)

瓅。[력] 玉也 옥력 (錫)

環。[환] 周廻 둘레환 還通、璧屬 도리옥환 繞也 둘릴환 圓成無端 옥고리환 (諫)(删)

璱。[슬] 碧珠ㅣㅣ 푸른진주슬 清淨鮮潔 조촐할슬 (質)

⑭

璻 [취] 玉色 옥빛취 (紙)

璵。[여] 寶玉、璠ㅣ 보배옥여 (魚)

璶 [신] 美石似玉 옥돌신 (寢)

璹 [숙][도] 玉器 옥그릇숙、도義同 (屋)(號)

璸。[빈] 珠名 진주이름빈 玉文 옥무늬빈 (眞)

璿 [선] 美玉 아름다운옥선 渾天器 선기옥선 璇同 (先)

璼 [람] 白玉 흰옥람 (皓)

璾 [제] 玉病 옥의티제 (薺)

璽 [새] 王者印 玉ㅣ옥새새 古音사 (紙)

瓁 [확] 璞也 다듬지않은옥확 古音왁 (藥)

瓂 [개] 人名、向ㅣ 사람이름개 (泰)

瓀 [연] 瑌也 石次玉 옥돌연 碝同 (先)

瓎 璘(玉部十二畫)의 本字

⑮

瓄 [독] 玉器 옥그릇독 圭名 서옥이름독 (屋)

瓊。[경] 赤玉 붉은옥경 (庚)

瓅。[력] 明珠色、玓ㅣ 진주빛환할력 (錫)

瓈 [려] 寶玉 파려옥려、유리려 (齊)

[illegible] [전] 瓏ㅣ、果種 과실전 (霰)

瓋 [적] 瑕也 옥티적 (錫)

[illegible] 璣(玉部十二畫)과同

⑯

瓍 [쉬] 珠沁子 슬쉬 (支)

瓐 [로] 碧玉 비취옥로 (虞)

瓌 [괴] 玉名 瓊ㅣ 옥이름괴 大貌ㅣ偉 큰모양괴 瑰通 (灰)

⑰

瓓。[란] 玉采 옥무늬란 (翰)

瓇 [섭] 石之次玉者 옥돌섭 (葉)

瓕 [시] 弛弓 부릴시 (紙)

瓔。[영] 美石似玉 옥돌영 頸飾 구슬목걸이영 (庚)

靈。[령] 靈巫以玉事神 무당령 (青)

瓖 [양] 馬之腹帶裝飾 말배띠장식양 鈒釧飾玉ㅣ嵌 비녀와팔걸이에덧치장할양 古音상 (陽)

⑱

[illegible]。[유][노][요] 玉也 옥유、노、요、義同 (尤)(豪)(蕭)

瓗 [영][휴][유] 赤玉 붉은옥영、휴、유義同、瓊同 (庚)(齊)(尤)

瓙 [도] 玉也 옥도 (號)

⑳

瓛。[환] 桓ㅣ、公所執 서옥환 (寒)

㉑

[illegible] [언] 玉甑 옥시루언 (銑)

瓃 [루] 玉器 옥그릇루 (支)

㉒

[illegible] [심] 美石似玉 옥돌심 (侵)

玄部

玄。[현] 黑色 검을현 天也 하늘현 幽遠 아득할현 黑色赤色 검붉을현 清靜 고요할현 理之妙 현묘할현 (先)

④

玅 [묘] 精微、玄ㅣ 현묘할묘 妙同 (嘯)

⑤

玆。[자][현] 此也 이자 濁也 흐릴자 黑色 검을현 幽遠 그윽하고멀현 玄通 (支)(先)

⑥

率。[솔][률][수] 領也 거느릴솔 循也 좇을솔 皆也 다솔 大略ㅣ常 대강솔 用也 쓸솔 輕遽貌 경솔할솔 行也 행할솔 坦ㅣ 소탈할솔 上天兜ㅣ 하늘이름솔 古音술 師通、約數 셈률 計也 헤아릴률 表的 표할률、과녁률 帶緶 띠공구를률 比例 비례률、鳥網 새그물수 渠ㅣ 장수수 (質)(寘)

⑥

玈。[로] 黑色 검은빛로 (虞)

瓜部

瓜。[과] 蔓生蓏 외과、참외과 木ㅣ 모과과 (麻)

③

瓝 瓟(瓜部五畫)과同

④

[illegible] [침] 青皮瓜 껍질푸른오이침 (沁)

[illegible] [둔] 瓢ㅣ、瓜屬 오이둔 (元)

⑤

瓟。[박][포] 可爲飲器ㅣ瓠 종굴박박 小瓜 조그마한오이박 瓝同、醬名 외지포 (覺)(肴)

[illegible]。[구] 王瓜ㅣ甊 오이구、참외구 (尤)

[illegible] [여][고] 乾來 말린채소여 大瓜 큰외고 菇同 (語)(虞)

瓞 [질] 小瓜ㅣ瓝 자

질구레한오이질、북치질後裔、瓜ㅣ후손질古音 절 (屑)

⿰令瓜。령 中國南方生小瓜남쪽에서나는작은오이령 (青)

㼌 유 根本微弱밑동약할유 (寘)

六

⿰瓜交。박 小瓜작은오이박 (覺)

瓠。호 瓢也표주박호 瓦器질그릇호 瓠也박호 (虞)(遇)

⿰瓜舌 괄 藥名ㅣ蔞하늘타리괄 瓜名오이이름괄 苦同 (曷)

⿰耒瓜 뢰 瓜中瓠ㅣ외속뢰傷 熟瓜진무른오이뢰 (賄)

⿰吉瓜 갈 勁也굳셀갈 (黠)

七

⿰奚瓜。뇌 瓜中瓠ㅣ외속뇌傷 熟瓜진무른외뇌 (賄)

八

⿰果瓜 화 瓜也오이화 (箇)

⿰咅瓜 배 瓜也오이배 (灰)

九

⿰癸瓜 규 藤와同 (齊)

⿰瓜昜 탕 瓜長貌오이가길탕 大瓜名큰오이탕 (養)

⿰扁瓜 편 黃瓜누런오이편 白ㅣ、瓜屬오이편 (先)

⿰侯瓜 후 王瓜큰오이후 (尤)

⿰連瓜 련 瓜中오이속련 (霰)

十

⿱𤇾瓜。형 小瓜작은외형 (青)

⿰䍃瓜 요 瓜也오이요 (蕭)

⿰昷瓜 온 ㅣ瓠、瓜屬오이온 (元)

⿰兼瓜 렴 瓜子외씨렴 (鹽)

十一

瓢。표 瓠也바표 容器표주박표 (蕭)

⿰婁瓜 루 王瓜、瓠ㅣ땅외루、큰오이루 (尤)

十三

⿰當瓜 당 瓜中實ㅣ 瓤외씨당 (陽)

十四

瓣。판 瓜中實외씨판 花ㅣ 꽃잎판 果中實실과속판 (諫)

十六

⿰盧瓜 로 酒器似壺、瓠ㅣ호리병박로 (虞)

⿰鬳瓜 언 瓢也표주박언 (阮)(銑)

十七

瓤 양 瓜中實외속양、외씨양

十八

⿰瓜雚。권 瓜轉貌구를권 (先)

二十一

⿰蠡瓜。례 瓠子표주박례 瓠 杓표주박자루례 (霽)

瓦部

瓦。와 燒土蓋屋기와와 陶器總名질그릇와 紡塼길삼벽돌와 佛國基本重量單位그람와(我衡二分六厘六毛餘) (馬)

二

瓧。십 衡名데카그람 삽(瓦十倍)國字

⿰丁瓦 칭 甎也벽돌칭 (青)

⿱冖瓦 와 施瓦於屋기와덮을와 瓦同

三

⿰巾瓦 甆(瓦部九畫)의古字

⿰山瓦。와 山貌산모양와 (馬)

⿱弋瓦 익 坏也날기와익 (職)

瓩 천 衡名킬로그람천(瓦千倍) 電力單位킬로와트新字

⿰土瓦 두 瓦器그릇두 (寘)

瓨。항 長頸、似罌목긴항아리항 缸同 (江)

四

⿰火瓦。추 井甓우물벽돌추 鋪瓦벽돌깔추 (宥)

瓫 분 盎也동이분 氷溢물넘칠분 溢、盆通 (元)

⿰不瓦 배 未燒瓦굽지않은기와배 (灰)

瓪 판 牝瓦암기와판 (潸)

瓱 모 衡名밀리그람모(瓦千分之一)國字

⿰亢瓦 강 大甕큰독강 (陽)

瓰 분 衡名데시그람분(瓦十分之一)國字

瓬。방 埴黏土진흙뭉칠방 (養)

瓯 甌(瓦部十一畫)의略字

瓮。옹 罌也독옹 甕同 (送)

⿰开瓦 형 長頸壺목긴병형 酒器술병형 (青)(庚)

⿰今瓦。함 似瓶有耳귀있는병함

瓲 돈 衡名톤돈(瓧千倍我衡二百六十貫餘當)國字

五

瓵。이 甌甎小罌작은독이、뚝배기이 (支)

瓴。령 似瓶有耳ㅣ甂귀달린병령 (青)

瓳 호 甎也벽돌호 (虞)

⿰它瓦 다 瓦盌질주발다、뚝배기다 缶也장군다 (歌)

⿱央瓦 앙 大甕貌、甕ㅣ큰혹부리앙 盎同 (漾)

⿰白瓦 백 井甃우물벽돌백 (陌)

⿰㠯瓦。사 甎也벽돌사 (紙)

⿰出瓦 날 牝瓦암키와날 (黠)

⿰平瓦 팽 瓬屬독팽 罌屬병팽 (敬)

⿰用瓦 용 大罌큰독용 (宋)

六

瓷 자 瓦器오지그릇자 (支)

⿰匜瓦。이 甎也벽돌이 瓶也물장군이 (支)

⿱㓞瓦 결 계 瓶也병결、계 義同 (霽)(屑)

甁。[병] 汲水器 물장군병 酒水等所入器 병 缾俗字 (青)
⿰多瓦 [다] 瓵也 사발다 飛甎戱 돌팔매질할다 (哿)
瓸。[백] 衡名 헥터그람 백(瓦百倍) 國字
⿰考瓦 [고] 器名 그릇고 (皓)
⿰米瓦 [수] 罃也 목긴병수 瓶也 물장군수 (虞)

七

⿰甬瓦 [동] 牡瓦 수키와 동 ⿰甬瓦同 (東)
瓹 [견] 瓮底孔 독밑구멍견 (先)
⿰夾瓦 [협] 半瓦 반쪽기와협 瓦相掩 기와가서로엎힐협
⿰含瓦 [함] 似瓶有耳 귀달린병함 (覃)
⿰谷瓦 [척] 酒瓶 술병척 (陌)
⿰車瓦 [병] 罌屬 물장군병 (庚)
⿰每瓦 [맹] 屋脊 지붕대마루맹 甍同 (庚)
⿰良瓦。[랑] 器也 그릇랑 (陽)
⿰長瓦 [장] 罃也 질그릇장 (陽)
⿰妻瓦 [차] 瓦屑滌器 그릇닦을차 (麻)
⿰果瓦 [환][화] 大口罌 입큰독 환、화 義同 (旱)(馬)
⿰幸瓦 [행][형] 有耳瓶 귀달린병 행、형 義同 (梗)(迥)
瓽。[당] 大盆 큰소래기 당、큰동이당 (漾)
⿱黎瓦 [려] 小瓶 작은병려 (齊)
⿰岡瓦 [강] 大甕 큰독강 (陽)
⿰卒瓦。[새] 破也 깰새、깨어질새 (隊)
⿰卑瓦。[비] 罃也 목긴병비 (齊)(支)
甀 [추] 小口罌 부리작은항아리추 地名 땅이름추
瓿 [부] 小甕 작은항아리부 瓶也 양병부 (有)

九

⿰耑瓦。[전] 盆也 동이전 甎也 벽돌전 (先)
⿰皆瓦 [개] 牝瓦 암키와개 (佳)
⿰奧瓦。[렵] 破瓦聲、歷｜기와깨지는소리렵 蹋瓦聲｜｜기와밟는소리렵 (葉)
⿰俞瓦 [유] 罃也 항아리유 (虞)
⿰育瓦 [타] 飛甎戱 돌팔매질타 (歌)
⿰是瓦 [제] 甂也 자배기제 (齊)
甄。[진][견] 陶工 질그릇장인진、陶也 질그릇견 埴器 질그릇만들견 明也 밝을견 免也 면할견
甂。[변] 小盆大口卑下 자배기변 (先) 察也 살필견 表也 표할견 (眞)(霰)
⿱缸瓦 [항] 瓨也 항아리항 (江)
甅 [리] 衡名 센치그람리 (瓦百分之一) 國字

十

⿰兼瓦 [함] 瓦屋 기와집함 施瓦於屋 기와덮을함 (咸)
⿰臬瓦 [계] 破罌 깨진질그릇계 (霽)
⿰盎瓦 [앙] 盎也 동이앙 (漾)
⿰荒瓦 [강][황] 甎瓬 도가강、器也 그릇황 破罃 깨진병황 (江)(陽)

十一

甌。[구] 盌也 중발구 土穴 움집구 駱越別種西｜ 오랑캐 구
⿱殸瓦 [결] 未燒瓦 굽지않은기와결 (屑)
⿰爽瓦。[창] 半瓦 기와조각창 以碎瓦石去垢 그릇닦는기와가루창 (養)
⿱從瓦 [상][종] 瓶也 병상 甖也 항아리상、종 義同 (江)(冬)
甋。[적] 甓也 벽돌적 (錫)
⿰累瓦 [뤼] 甎也 벽돌뤼 (寘)
⿰票瓦 瓢(瓜部十一畫)과 同
⿰庚瓦 [강] 陶器、｜甈 질그릇강 庚通 (陽)
甎 [전] 燒墼 벽돌구울전 甓也 벽돌전 瓦也 기와전 (先)
⿰鹿瓦。[록] 甎也 벽돌록 (屋)

十二

⿰粦瓦 [린] 敝也 해질린 動也 움직일린 (震)
⿰翏瓦 [류] 甓也 벽돌류 (支)
⿰奠瓦 [정] 瓶也 병정 (敬)
⿰童瓦 [동][종] 鋪甓 까는벽돌동 甕也 독종
⿱彭瓦 [팽] 瓦器 질그릇팽 (敬)
⿰虛瓦 [희] 缶也 장군희 器也 그릇희 (支)
⿱厤瓦。[력] 瓦器 기와그릇력 (錫)
⿱斯瓦 [사] 破甕聲 깨어진독소리사 (支)
⿰翕瓦 [삽] 器破 그릇깨어질삽 (合)
⿰尊瓦 [준] 酒器 술동이준 (元)

十三

甕 [옹] 罌也 독옹 汲水器 물장군옹 (送)
⿱登瓦 [등] 瓦豆禮器 질제기등 登通 (蒸)
甓。[벽] 甎也 벽돌벽 (錫)
⿱學瓦。[혹] 瓦器 질그릇혹 坯也 굽지않은벽돌혹 (屋)
⿰亶瓦 [선] 瓦器緣 질그릇전선 (霰)
⿰雷瓦 [뢰] 屋棟瓦 용마루기와뢰
甗 [언] 小山 작은산언 甑也 시루언 (銑)

十四

⿱監瓦 [함] 大瓮 큰독 함 鑑通 (陷)
⿱賏瓦 [앵] 罌也 큰독앵 瓦器 질그릇앵
⿱毅瓦 [의] 大罌 큰병의 (寘)

(十五) 甒 무 甑也 독무

(十六) 甔 담 酒器 술독담 (覃)

甐。용 준 윤 皮袴、獵用 가죽바지용、준、윤 義同 (腫)(震)(軫)

⿰龍瓦 롱 築土礱穀 연자매롱 (東)

甗。언 無底甑 밑없는시루언 齊地名 땅이름언 (銑)(元)

⿰盧瓦 로 酒器 술그릇로 (虞)

(十七) ⿰毚瓦 참 罌屬大盆 큰소래기참、두멍참 (陷)

(十八) ⿰瓦遷。선 跛行貌 절름거리며걸을선 (先)

⿰巂瓦 규 甑孔 시루구멍규 窐同 (齊)

⿰聶瓦。접 盎屬 동이접 (葉)

(十九) ⿰霤瓦 류 屋穩 지붕마루류 (宥)

⿰䜌瓦 라 瓦器 질그릇라 烟突 굴뚝라、연통라 (麻)

(二十) ⿰靈瓦 령 瓴과 同 (青)

甘部

甘。감 五味之一 달감 嗜也 즐길감 美味 맛감 快意 상쾌할감 厭也 싫을감 (覃)

(三) ⿱甘大 대 甘也 달대 (隊)

(四) 甚。심 劇也 심할심 尤也 더욱심 何也 무엇심 (寢)(沁)

(五) ⿰甘瓦。감 甒也 술독감 (覃)

(六) 甛。첨 甘也 달첨 (鹽)

甜 甛(前條)와 同

(八) ⿰甘炎 염 甘也 달염 (琰)

⿰甚冘 담 흠 室宇深邃貌 집이깊숙할담

甝 감 白虎 흰범감 (覃)

嘗 嘗(口部十一畫)과 同

(九) ⿰甘者 자 蔗와 同 (禡)

(十) ⿰甘兼 겸 香也 향기로울겸 俗音 렴 (鹽)

(十一) ⿸厤甘。감 調和 화창할감 調味 조미할감 (覃)

(十二) ⿰甘覃 담 長味 긴맛담 味也 맛볼담 甘也 달담 (覃)(勘)

(十六) ⿰甘閻。염 甘也 달염 (鹽)

生部

生。생 産也 낳을생、해산할생 出也 날생 未熟 날것생 未烹 익지않을생 死之對 살생 語助辭 어조사생 鷄産卵 닭이알낳을생

(三) ⿰生攵 姓(女部五畫)과 同

(四) ⿰日生 姓(夕部五畫)과 同

(五) ⿱生母 육 養也 기를육 育同

甡。신 ㅣㅣ衆貌 많을신 (眞)

(六) 產。산 生也 낳을산 民業生ㅣ 생산할산 地ㅣ、國ㅣ 난곳산 (潸)

⿰因生 인 姻也 혼인할인 (眞)

(七) ⿰生束 정 刺也 찌를성 (敬)

(七) 甤。유 草木實垂ㅣㅣ 초목에 열매다닥다닥맺일유 (支)

⿱習生 嫐(女部十一畫)의 俗字

甦 소 息也 쉴소

甥。생 姊妹之子 생질생 女壻 사위생 外孫彌ㅣ 외손자생 (庚)

(九) ⿺走生 소 息也 쉴소 死而復生 깨날소 甦同、穌通 (虞)

(十二) ⿰䑞生。황 華榮 꽃다울황 (陽)

用部

用。용 可施行 쓸용 便也、利ㅣ 부릴용 以也 써용 貨也 재물용 器也 그릇용、도구용 任也 맡길용 通也 통할용 (宋)

(一) 甪 록 仙名ㅣ里 신선이름록 獸名 짐승이름록 複姓 성록 (屋)

(二) 甬 용 涌也 물솟을용 곧목길용 斛也、量名 휘용 ㅣㅣ草木華貌 초목빛날용 鍾鼻 쇠북꼭지용 水名 물이름용 埔通 (腫)

甫 보 男子美稱 사나이아름다운칭호보 大也 클보 衆也 무리보 我也 나보

(三) ⿱夂用。항 具也 갖출항、갖을항 (江)

⿰丿用 用(用部。畫)의 古字

(五) ⿱艹用。비 備也 갖출비 (眞)

(六) ⿱艹甫 葡(前條)와 同

(七) 甯。녕 願詞 차라리녕、원할녕 姓也 성녕 寧通 (徑)

(十四) ⿰享庸 용 城垣 성담 용 墉同 (冬)

田部

田。[전] 耕地밭전 獵也사냥할전 蓮葉貌ㅣㅣ연잎둥글 둥글할전 鼓名북이름전 車名 수레이름전、水田 논전 (先) 日字

由。[유] 從也말미암을유 行也 행할유 用也쓸유 自得貌ㅣㅣ마음에든든할유 經也지날유 理ㅣ까닭유 因也인할유 繇通 (尤)

甲 [갑] 介冑 갑옷갑 十干之首 첫째천간갑 始也비롯할갑 法令법령갑 科第 과거갑 第一 첫째갑、草木初生ㅣ坼떡잎날갑 魚蟲殼介 벌레껍질갑 ㅣ帳、殿也 대궐갑

申。[신] 伸也 펼신 重也거듭신 明約束약속밝힐신 地支之第九位아홉째지지신 欠伸 기지개켤신 猿也원숭이신 伸通 (眞)

㊁

男。[남] 丈夫사내남 子對父母曰ㅣ 아들남 爵名벼슬이름남 (覃)

甸 [전] 畿內區域 경기전

甹 [유] 倒木生苗 넘어진나무에 싹날유 (尤)

町 [정] 田區밭지경정 田畝밭두덕정 三千坪爲町步 정보정、지적정、市街、商街시장정、장거리정 (迥)

甹。[병] 曳也끄을병 (青)

㊂

甿。[맹][망] 田民 농부맹 氓同、廣野벌판망 (庚)(陽)

画 畫(田部七畫)과同

甾 [치] 翟類꿩치 川名내이름치 鶅同 (支)

甽 畎(田部四畫)과同

⿰田旬 [순] 善也착할순 (眞)

畀。[비] 賜也줄비 (寘)

畁 卑(十部六畫)의俗字

⿱田十。[척] 鍬屬가래척 (眞)

⿰田干 [항] 鹵地짠땅항 (養)

㊃

⿰田亢。[강] 陌也밭사이길강 境也지경강 (養)

⿰田央 [계] 蹊也 기름질계、소로길계 (霽)

⿰田少。[초] 耕田밭갈초 (效)

畈 [판] 平疇평평한밭 두둑판 俗音반 (願)

畉 [부] 耕田 밭갈부

⿹戈田。[지] 耕也 갈지 (支)

畇 [균][윤] 墾田밭개간할균 墾辟貌ㅣㅣ갈아헤친모양윤 ⿱𤇾田同 (眞)

界 [계] 境也지경계、갈피계 限也、分畫한정할계 離間이간할계 範圍둘레계 (卦)

畋。[전] 獵也사냥할전 平田평평한밭전 佃通 (先)

畎 [견] 田中溝밭고랑견 山谷水道산골물도랑견 甽、⿱巛田同 (先)

畏 [외] 恐懼 두려울외 怯也겁낼외 忌也꺼릴외 驚也 놀랄외 威通、古音위 (未)

畑 [전] 田也밭전 日字

畓。[답] 水田논답 國字

㊄

⿰田句 [구] 畦也밭두둑구 (尤)

⿰田且 [조] 田也밭조 (霽)

畘 [남] 田十畝曰ㅣ 밭열이랑남 (覃)

畔。[반] 田界밭두덕반 邊側皆曰ㅣ가반 倍也갑절반、곱반 (翰)

⿰田皮 [파][피] 小高貌、睬ㅣ조금두두룩할파 耕也밭갈피 (箇)(支)

⿰田幼 [유] 黑壤검은흙유 (有)

留。[류] 住也머무를류 止也그칠류 久也오랠류 遲也더딜류

畚。[분] 錖也가래분、삽분 盛土器흙삼태분 (阮)

畜。[축][휵][추][휴] 家ㅣ、六ㅣ가축축、육축축 積也쌓을축 止也그칠축、養也기를휵 容也용납할휵、家養獸 집에서기르는짐승추、獸可養 기를만한짐승휴 蓄通 (屋)

畛 [진] 田界畦ㅣ밭지경진 (眞)(軫)

⿱申田 [신] 申也펼신 重也포갤신 (眞)

畝。[무] 田壟밭이랑무 俗音묘 (有)

畟。[측] 進也ㅣㅣ나아갈측 良耜、ㅣㅣ날카로울측 骰子、瓊ㅣ주사위측 (職)

㊅

畢。[필] 竟也마칠필 盡也다할필 簡也편지필 兔網토끼그물필 星名별이름필 罼通 (質)

畡 垓(土部六畫)과同

⿰田光 [광] 垙也 갈랫길광 畦也밭두둑광 (陽)

略。[략] 簡也간략할략 謀也、方ㅣ꾀략 要也대강략 取也이할략 行取、ㅣ定 노략질할략 理也다스릴략 省ㅣ없앨략 忽也홀할략 掠通 (藥)

⿰田共 [공] 菲畦부추밭공 (冬)

畤。[치] 祭地神所依止제터치 (紙)

⿱列田 [례] 陷也빠질례 區畓논배미렬 (霽) 國字

異 異(田部七畫)의略字

畧

略(田部六畫)과同

畄 留(田部五畫)의略字

畨 番(田部七畫)의略字

七

番 [번][반][파]數也번수번、한번번直宿更也번드는번[illegible]也갈릴반次也차례반南海地名ㅣ禺땅이름반勇貌날랠파老貌하얗게늙을파(元)(寒)(歌)

畯。[준]農夫농부준典田官권농관준(震)

[田+寽] [렬]耕田起土밭갈아흙들출렬(屑)

畫。[화][획]繪也그림화画同、古音홰、나눌획界限한정획計策꾀할획

異。[이]不同다를이怪也괴이할이分也나눌이奇也기이할이異正字(寘)

畮 畝(田部五畫)의正字

畉 [부]畚也흙삼태부(虞)

畱 留(田部五畫)의本字

町 [정]野幅들넓이정日字

[甾+夬] [혜]簇也밥담는소쿠리혜(霰)

畳 疊(田部十七畫)의略字

八

[田+來] [래]不耕荒田묵은밭래(灰)

[甾+宁]。[저]米袋쌀자루저(語)

[田+幷]。[병]簇也쌀소쿠리병筥也광주리병

畵 畫(田部七畫)의俗字

當。[당]適可마땅할당值也당할당郞也곧당敵也대적할당順應적합할당、순응할당

[田+匊] [국]菲田부추발국(屋)

[田+奄]。[암][엽]種田밭에심을암、엽義同(感)(葉)

[臤+田]。[연]高也높을연(銑)

[田+侖] [륜]壟也밭두둑륜(軫)

[田+或] 域(土部八畫)의古字

[畚 variant] 畚(田部五畫)과同

畷。[체][철]田間道밭사이길체、철義同(霽)(屑)

畺 疆(田部七畫)의俗字

畹。[원]田二十畝밭스므이랑원(阮)

畸。[기]殘田뙈기밭기

九

[疇 古字]。疇(田部十四畫)의古字

[田+夌] [승]稻田畦논두둑승(蒸)

[田+覃] [담]蕁也그늘담(感)

畼 [창]地名땅이름창(漾)

[田+耎]。[연]隙地빈땅연城下田성밑밭연堧、壖同(先)(霰)

[田+爰] 疃(田部十二畫)과同

畽 [톤][탄]無廉隅염우없을톤舍傍空地마당탄疃通(阮)(旱)

[田+柔]。[유]良田좋은밭유、걸찬밭유(尤)

十

畿 [기]王國千里경기기疆界지경기門內문안기圻通(微)

[巛+田] [순]墾田따비발순畇同(眞)

畾 [뢰]田間밭사이뢰(灰)

[田+奚] [혜]徑也지름길혜蹊同(齊)

[田+恭] [공]菲畦부추발공(冬)

十一

[田+庶] [저]畚也삼태기저(御)

[田+參] [참]田隴相聯밭두렁서로이을참(勘)

疁。[류]火田화전류(尤)

[甾+疌] [잡]鍫也부삽잡(洽)

[田+堇] [한]耕麥地보리발한(翰)(旱)

十二

[田+登]。[등]伸而長펴서늘일등(蒸)

[田+叅] [참]田壟相聯밭두둑서로연할참[田+參]俗字

[田+會]。[증]水田논증(逈)

[?] [례]別也나눌례구별할례(霽)

[舟+番] [증]畦也밭두둑증坪也큰들증塍古字(蒸)

疄。[린]田壟밭두둑린(眞)

疃 [탄]鹿跡疃ㅣ사슴발자국탄

[畜+去] [반]黨也、輩也무리반(寒)

十三

[甾+奚] [계]簇也밥소쿠리계(齊)

[雍+田] [옹]培田밭북돋울옹莢實연밥용、마름용壅通(冬)

[畐+畐] [부]貳也버금부(宥)

十四

疆 [강]境界지경강邊方변방강限也한끝강堅也굳셀강畺、壃同(陽)

[疄 本字]。疄(田部十二畫)의本字

疇。[주]田也、穀田曰田、麻田曰ㅣ밭주誰也누구주匹也짝주類也무리주曩也지난번주(尤)

[田+需] 畽(田部九畫)과同

[甾+庶]。[저]畚也삼태기저(御)

十五

[畐+田] [벽]劈物使分析물건쪼갤벽祭需제수이름벽(職)

十七

疊。[첩]重也거듭첩積也쌓을첩累也포갤첩震慴두려워할첩白ㅣ、布名베이름첩

畽。광 枯稻마른벼광 死禾죽은벼광(梗) ⑰ 疃 휴 壟也발두둑휴 五十畝발쉰이랑휴 畦同(齊) ⑲ 罏 로 罍也뇌문놓은술잔로(虞)

疋部

疋。소 필 足也발소 偶也짝필、布ㅣ끝필、필필 匹通(魚)(質) 疋 아 正也바를아 雅同(馬) ③ 疌 섭 機下足所履板베틀디딜판섭(葉) ⑤ 疍 첩 疾也빠를첩(葉) ⑥ 疏。소 稀也성길소、드물소 通也뚫릴소 ⑦ 疎 소 稀也성길소 枝葉盛貌나무잎우거질소 ⑧ 䟽 소 疏窓영창소(魚) ⑧ 𤴔 서 淸而疏깨끗하고성길서(魚) ⑨ 疐 치 체 頓也엎드러질치 疑 억 을 응 의 正也바로설억、을義同、定也정할응、惑也의심할의 似也그럴듯할의 恐也두려울의 ⑪ 𤴸 제 姓名성제(霽) 𤴶 장 趨走추장할장、달아날장 或音창(陽) 疐 疐(疋部九畫)과同

疒部

疒。녁 疾也병녁(陌) ② 疔 정 毒瘡정정、헌데정(靑) 疓 내 病也앓을내 疚 구 病也병구(尤) 疫 예 病也병들예、병예(隊) 疛 교 腹中急痛배속캥길교(巧) 疕 비 頭瘡머리헐비(紙) ③ 疚 구 久病오랜병구(有) 疙。흘 癡貌어리석을흘 頭上瘡突起쥐부스럼흘、머리종기흘 古音을(物) 疘 공 下部病、肛ㅣ밑빠질공、탈항증공(東) 疞 후 病也앓을후、병들후(虞) 疵 자 心不快病불쾌한병자(紙) 疛 주 下腹痛아랫배아플주(有) 疣 환 播生瘡긁어난부스럼환(翰) 疜 하 痢疾이질하(禡) 疸。두 乳癰젖멍울투 乳病젖몸살투(遇) ④ 疢。진 熱病홋병진、열병진 美嗜爲病감질진(震) 疲 반 癡騃어리석을반 마 疾토할반(阮) 疤 파 瘡痕헌데자리파(麻) 疼 수 腫病부증수、습종수 俗音세(霽) 疣 우 瘤也혹우 肬同(尤) 疪 자 病也병자、병들자(紙) 疾。혈 瘡裹空창구멍빌혈(屑) 疧 도 疾也병들도、앓을도(豪) 疥。개 痒疾옴개(卦) 疩 금 寒也추울금(侵) 疧。기 저 滯病체증기、저義同、或音제(支)(齊) 疨 추 病愈병나을추(尤) 疨。하 喉病인후병하(麻) 아 甚、疨ㅣ병심할아(麻) 疫 역 厲鬼爲災시환역、염병역(陌) 疪 피 脚濕冷病다리습냉병피(霽) 疥 疥(疒部四畫)과同 疷 疷(疒部四畫)과同 ⑤ 疲。피 勞也느른할피 乏也다할피 倦也게으를피 罷通(支) 疱 포 腫病부르틀포、부풀포(效) 痂。고 小兒口瘡어린아이입병고(遇) 痛 포 瘖也속결릴포(遇) 疸。올 病也앓을올 帶下病婦人病대하증올(月) 疰 겁 病也병겁(葉) 疴 과 瘡也헌데과(春發爲燕ㅣ秋發爲雁ㅣ)(歌) 疶 설 痢也이질설(屑) 疵。자 病也병자 癥痕흠자、흠집자 黑類疾죽은깨자、검은사마키자 玼通(支) 疸。단 달 黃病황달단 頭瘡、疕ㅣ쥐부스럼달(翰)(曷) 癉通 疰 생 瘦也파리할생(梗) 疲 비 病也병들비(寘) 痞。

[해] 病也 병들해、앓을해 (灰)
疹 [진] 痘瘡 마마진、손님진
疺 [법] 瘦也 파리할법、疲也 가쁠법、고달플법
疻。[지] 毆傷 맞아서멍들지 (紙)
⿸疒丕 [배] 瘕結痛 배결릴배 (灰)
疨。[자] 瑕也 흠자、病也 앓을자 (紙)
疽。[저] 瘡也 종기저 癰ㅣ등창저 (魚)
疾 [질] 病也 병질、急也 급할질、患也 근심할질、怨也 원망할질、憎也 미워할질、惡也 몹쓸질、速也 빠를질、嫉通 (質)
⿸疒叉 [도] 病也 병도、앓을도 (豪)
痁。[점] 瘧疾 학질점
⿸疒付。[보] 俛病 몸펴지못하는병보 (麌)
痀。[구] 曲脊、ㅣ僂 곱사등이구 (虞)
疿 [비] 觸暑汗濕痤ㅣ땀띠비 (觸熱膚疹如沸者曰ㅣ子) (未)
痃 [현] 癖積 적병현 筋肉急縮病 힘줄땅기는병현 (先)
病。[병] 疾加 병들병、憂也 근심할병、苦也 괴로울병、痛也 아플병、困也 곤할병 (敬)
痄。[차][자] 瘡不合 헌데아물지않을차、病甚、ㅣ疨 병더날자
⿸疒吏 瘦(疒部九畫)의 俗字
⿸疒卆 病(疒部五畫)과 同
痻 [민] 病也 병민、앓을민 (眞)
⿸疒札 札(木部一畫)의 俗字
⿸疒乙 [날][필] 瘡痛 부스럼아플날、헌데쑤실날 或音 필 痒也 가려울필 (黠)(質)
症 [증] 病勢 병세증 (敬)
⿸疒金 [금] 牛舌病 소혓병금 (沁)

六

⿸疒夆 [방] 肛腫 곪을방 (江)
痊 [전] 病除 병나을전 (先)
⿸疒束 [색][족] 차 寒病 한기날색、속 義同、寒粟 소름돋을차 (陌)(屋)(寘)
痌 [통][동] 痛也 아플통 恫同、瘡潰 헌데터질동 (東)
⿸疒凹 [압] 病劣 파리할압 (洽)
痍。[이] 傷也 다칠이 傷痕 흉집이 (支)
痐 [회] 腹中長蟲 회충 배회、거위배회
痎。[해] 二日一發之瘧 하루거리해 古音개 (佳)
⿸疒尚 [상] 憂也 근심할상 痛也 아플상 (漾)
痏。[유] 打傷 맞아서상할유 (紙)
痔 [치] 肛門病 隱ㅣ치질치 (紙)
痑。[타] 馬病 말병타、疲也 고달플타 (歌)
⿸疒西 瘺(疒部十一畫)의 俗字
疫 [해] 疫病 역병해 (泰)
⿸疒如 [여] 病也 병들여 (魚)
⿸疒宅 [차] 癡也 어리석을차 (麻)
痒。[양] 疥疾 옴양、病也 병들양、瘍通、膚欲搔 가려울양、癢通 (養)
痓 [치] 風病 풍병치 惡也 악할치 (寘)
⿸疒沓 [답][압] 肥也 살찔답、寒病 오한증압 (合)
痕。[흔] 瘢也 딱지자리흔、凡物之跡 흔적흔 (元)
⿸疒老 [로] 疥瘡、癘ㅣ옴로 (皓)
⿸疒夫 疾(疒部五畫)의 古字
⿸疒会 癐(疒部十一畫)의 譌字
痩 瘦(疒部十畫)과 同

七

痗 [매] 病也 병매 (賄)(隊)
痘。[두] 胎毒、ㅣ瘡 역질두、마마두、두창두 (有)
⿸疒肙。[연] 骨節酸痛 뼈마디저릴연、煩欝 답답할연、憂也 근심할연、忿也 분할연 (先)
痙。[경] 彊急 바람맞을경、중풍뜰경 (筋急縮而屈伸不利) (梗)
痚 [효] 喘也 헐떡일효 喉病、ㅣ嗽 인후증효
⿸疒呂 [려] 瘡也 부스럼려 久病 고질병려 (語)
⿸疒春 [탄] 病而善食 먹기좋아하는병탄 (軫)
⿸疒辛。[심] 感寒體戰 오한날 심
⿸疒良 [량] 眼病 눈병량 (漾)
⿸疒里 [리] 病也 병리 (紙)
⿸疒希。[은][흔] 創肉反出 다친살나올은、腫起 멍울설은、熱氣著膚 몸더울은、흔 義同、痛也 아플흔 (問)
痛。[통] 疼、楚 아플통、傷也 상할통、甚也 심할통、病也 병통、凡事盡力 진력할통 (送)
⿸疒秃 [독] 首瘍 목병독 (屋)
⿸疒言 [흘] 多睡病 잠자는병흘 (月)
⿸疒壯 [장] 熱病 열병장 (漾)
⿸疒㑴 [침] 體貌醜惡 몸추악할침、난장이침 (寑)

⿸疒些 [사] 痒也가려울시 (麻)
痟。[소] 渴病조갈증소 頭痛머리아플소 (蕭)
痣 [지] 黑子검은사마귀지 (寘)
⿸疒酉。[유] 朽木臭썩은나무냄새유 (尤)
痠 [산] 痛也、ㅣ疼저릴산 (寒)
痢 [리] 腹痛瀉疾이질리、곱똥리
痡。[부] 病也병들부 疲不能行비척거릴부 古音포 (虞)
⿸疒直 癡(疒部十四畫)의俗字
⿸疒付 疛(疒部三畫)의俗字
⿸疒步 [보] 復病병도질보、병더칠보 (遇)
⿸疒狂 [광] 熱病열병광、미친병광 (陽)
痤。[좌] 小腫뾰루지좌 癤也멍울좌 (歌)
痧。[사] 虎列剌쥐통사 痲疹홍역사 霍亂괴질사、곽락사 (麻) 中字
⿸疒君 瘏(疒部十畫)과同

❽

痮 [장] 腹脹배부를장 (漾)
⿸疒來。[래][뢰] 久病장감래、고질병래、惡病 癘也염병뢰 (灰)(隊)
痭 [붕][팽] 婦人帶下病대하증붕 古音붕 腹脹滿단복고창팽 (庚)(徑)
⿸疒易。[역] 病相傳染병전염할역 (陌)
痰 [담] 胷鬲水病、ㅣ癖담담、가래담 (覃)
⿸疒金 [합][금] 寒病추위에상한병합、瘧也학질금 (合)(侵)
痯 [관] 懷憂病근심병관 疲貌고달플관 (旱)
痳。[림] 尿道病、小便難通임질림 疝痛산증림 (侵)
痱。[비][배] 風病풍병비 小腫뾰루지비、배義同 (未)
痲 [마] 風熱病、痲木홍역마 體失感覺저릴마 (麻)
⿸疒戔 [천] 小痒근지러울천 (銑)
⿸疒兒 [예][애] 恨也한탄할예 眼病눈병애 (霽)(卦)
痵。[계] 心動마음두근거릴계 (寘)
⿸疒卷 [권] 手屈病손굽는병권 (先)
痴 [치] 心思不足、痴病어리석을치 (支)
⿸疒秦 [날] 痛也앓을날 螫也벌레가쏠날 (黠)(曷)
⿸疒叔 [축] 腹痛배아플축 (屋)
⿸疒亟 [극] 疾也빠를극
⿸疒盲 盲(目部三畫)의俗字
疣。[우] 瘡也부스럼우 (尤)
⿸疒制 [체] 癡病어리석을체 (霽)
痷。[암][업] ㅣ婑、汝意넓을암、病也앓을암 瘦病수척할업 跛疾절름발이업 (覃)(葉)
⿸疒敢 [긴] 脣腫순종긴 (軫)
痺 [비] 鳥名새이름비 痹通 (支)
痼。[고] 久固疾고질고 (遇)
⿸疒果 [과] 禿病대머리과 (箇)
⿸疒侖 [륜] 指病손가락병륜 (元)
⿸疒奇 [의][기][애] 弱也약할의 痊也종기의 庋藏감출의、痊也종기기 短貌작을애 (支)(紙)(蟹)
痻 [민] 病也병들민 痻同 (眞)
瘀。[어] 血壅病어혈질어 (御)
⿸疒夌 [릉] 風病풍병릉 (徑)
痾 [아] 病寢疾병길을아 疴同 (歌)
⿸疒⿰林攵 痳(疒部八畫)의譌字
⿸疒乖 [괴] 惡腫악종괴 疥疾옴괴
⿸疒会 癐(疒部十一畫)의古字
瘁。[췌] 病也병들췌 勞也、焦ㅣ파리할췌 萃、顇通、俗취 (寘)
瘃 [촉][착] 手足寒傷瘡손발얼어터질촉、착義同 (沃)(覺)
瘂。[아] 瘖也벙어리아 (不能發言)啞同 (馬)

❾

瘇 [종] 脛氣足腫발종기종
瘋 [풍] 頭風病바람머리풍、두풍풍 ㅣ癲미치광이풍 (東)
⿸疒省。[생] 瘦也파리할생 (梗)
⿸疒卻 [각] 瘡疾부스럼각 (藥)
瘈 [계] 狂犬개미칠계 瘛疾간질계 (霽)
瘌。[랄] 病也앓을랄 疥也옴랄 藥毒痛ㅣ약독날랄 (曷)
瘉 [유] 病差병나을유 病也병유 愈通、癒同 (麌)
⿸疒相 [상] 病也병상、앓을상 (陽)
瘊 [후] 疣之小者무사마귀후 (尤)
瘓 瘦(疒部十畫)과同
瘏。[도] 困病피곤할도 馬病들피질도、말병도

瘺。[편] 半枯편고증편、몸반쪽마를편 病也병들편 (先)
⿸疒突 [돌] 下部病하초병돌 (月)
瘎 [심] 腹內痼病배속병심 (侵)
瘍 [양] 頭瘡머리헐양 腫瘡종기양 痒通 (陽)
⿸疒云 [음] 胸中病가슴앓이음 (沁)
瘦 [수] 臞脊파리할수 瘦、膄同 (宥)
⿸疒家。[퇴] 陰莖萎病자지시들어지는병퇴 (灰)
瘝 瘝(疒部十畫)과同
瘷。[추] 縮也움추릴추 (宥)
瘐 [유] 罪因病死죄인병나죽을유 憂而成病근심하여병될유 (虞)
⿸疒皆 [해] 老瘧無時發作ㅣ瘧오래된학질때없이발작할해 (佳)
⿸疒夆 ⿸疒夆(疒部十二畫)과同
⿸疒昏 ⿸疒昏(疒部八畫)과同
瘖。[음] 不能言、ㅣ瘂벙어리음 喑通 (侵)
⿸疒曷。[갈] 內熱病속이깝깝할갈 傷暑더위먹을갈 暍通、古音알 (曷)(月)
⿸疒复 [부] 勞也가쁠부 (宥)
瘔 [고] 困也곤할고 病不善 乘ㅣ車병들어차멀미할고
瘓 [탄] 四體痲痺不仁、癱ㅣ중풍들릴탄 (旱)
⿸疒胡 [호] 物阻喉中、ㅣ瘦목에걸릴호 (虞)
⿸疒畏 [회][외][퇴] 馬病말병회 腫也종기날회、骨節病뼈마디아플외 痱病저리는병외、陰病음병퇴 (灰)(賄)(灰)
⿸疒禺。[우] 疣也혹우 (遇)
⿸疒尭 ⿸疒堯(疒部十二畫)의略字
⿸疒孚 [부] 朽也썩을부 (虞)
瘨。[전] 狂也미칠전 (先)
⿸疒時 痔(疒部六畫)과同
⿸疒盇 ⿸疒盍(疒部十畫)의本字

十

⿸疒馬。[마] 眼病눈병마 惡氣著身몸에악기범할마 牛馬病蝕創마소비루먹을마 (禡)
瘙 [소] 疥也옴소 腫也종기소 (號)
瘜。[식] 寄肉군살식、혹식 惡肉스리식 (職)
⿸疒骨 [골] 膝病무릎병골 (月)
⿸疒桑 [상] 馬病말병상 (養)
⿸疒高 [고] 疥病옴고 癩也문둥병고 (皓)
瘛。[계] 小兒驚風、ㅣ瘲어린아이경기병계 古音체 (霽)
瘚 [궐] 氣逆기운질릴궐 厥通 (月)
瘠 [척] 瘦也파리할척 減少줄척 (陌)
⿸疒眔 [관] 病也병들관 曠也빌관 瘝同 (刪)
瘞。[예] 埋也묻을예 ㅣ薶、祭地제터예 墓所산소예 (霽)
⿸疒壹 [애] 痴病어리석은병애 (灰)
瘟 [온] 疫也온역온、염병온 (元)
⿸疒烝 [증] 骨病뼈골쑤실증 骨蒸뼈찌는듯할증 (迥)
瘢。[반] 痍處已愈有痕딱지자리반、헌데자리반 (寒)
⿸疒除 [저][처] 瘴也다리부증날저 瘃也부스럼자국저、처 義同 (御)(魚)
瘡。[창] 瘍也종기창、부스럼창 金ㅣ연장에다칠창 痏也헌데자리창 痍也상할창 創通 (陽)
瘦 瘦(疒部九畫)과同
瘣 [외] 病也병들외 木瘤나무혹외 山高峻貌뫼높을외 古音회 (賄)
瘥。[채][차] 病除병나을채 差通、小疫작은역질차 (卦)(歌)
瘧。[학] 寒熱病、痁也학질학 (隔日或每日間定時而先寒後熱之病) 古音약 (藥)
⿸疒追 [취][퇴] 病也병취 足腫다리종기취、踵疾부스럼퇴 (寘)(賄)
⿸疒兼。[험][렴] 喉病목병험 臞疾여위는병렴 (鹽)
瘩。[탑] 惡瘡疙ㅣ부스럼탑 (合)
瘨 [전] 病也병들전
⿸疒脊 ⿸疒齊(疒部十四畫)의古字
⿸疒虒 度(广部六畫)과同
癓 [미] 心不快病불편한병미 (微)
癍 [반] 痘疹發ㅣ발반될반 (刪)
⿸疒盍。[압] 短氣숨가쁘게쉴압 跛病절름발이압 (合)

十一

瘭 [표] 病名、ㅣ疽병이름표、소리치기표、솔표 (肉中忽生點大者如豆細者如黍粟甚者如梅李有根痛傷心久則四面腫泡曰ㅣ疽) (蕭)
瘒。[피] 轉筋전근될피、뒤틀릴피
瘬 [창] 腹大漲배부를창 脹同 (漾)
癜。

[의] 瘠也파리할의 呻吟聲앓는소리의 或音이 (支)
瘰。[라] 疥瘡옴라 ㅣ癧筋結病연주창라 (哿)
瘯 [족] 疥癬진버짐족 、ㅣ진옴족 (屋)
⿸疒虘 [사] 瘡痂甲헌데딱지사 (麻)
瘱。[예] 靜也고요할예 安也편안할예 恭也공순할예 柔順婉ㅣ유순할예 密也빽빽할예 嫕同 (霽)
⿸疒帶 [대][체] 婦人下部病ㅣ下대하증대 久痢오랜이질체 (泰)(霽)
瘴 [장] 山川厲氣、ㅣ癘풍토병장 (漾)
瘳。[추] 病愈병나을추 損也덜릴추 (尤)
瘠 [적] 瘦也파리할적 (陌)
瘵。[채] 勞病허로병채、노점병채 (卦)
⿸疒加 [가] 手足病팔다리병가 (歌)
瘶 [수] 欬ㅣ上氣기침수、해소수 (宥)
⿸疒習。[습] 痺也저릴습 小痛조금앓을습 (緝)
⿸疒裹 [괘] 禾苗蟲傷有病벼모종벌레먹어병들괘 蟲災충재괘 (歌)
⿸疒陰 [음] 心病심화병음ㅣ暈멍들음 沁中字
瘻。[루] 曲脊痀ㅣ곱사등이루 頸腫목부을루 久瘡오랜종기루 (宥)
癕 [옹] 鼻塞不知香臭코막혀향내맡지못할옹 (冬)
瘽。[근] 病也병들근 (文)
⿸疒叜 瘦(疒部十畫)과同
瘼。[막] 病也병들막 (藥)
⿸疒粒。[립] 皮膚生粒두드러기립 (緝)

十二

療 [료] 治病병고칠료 ⿸疒樂同 (嘯)
⿸疒韋 [효] 腫欲潰곪길효 (蕭)
癁 [복] 病復병도질복 (屋)
⿸疒敫 [취] 瘤腫혹취 (霽)
癀 [황] 黃疸病황달병황 (陽)
⿸疒貴 [퇴][대] 陰病소문병퇴、자궁병퇴 血漏대하증대 (灰)(隊)
⿸疒爲。[위] 口咼입비뚜러질위 (紙)
⿸疒登 [등] 病甚병심할등 (蒸)
⿸疒朁 憯(心部十二畫)과同
⿸疒彭 疹(疒部五畫)의俗字
⿸疒斯。[서] 聲散소리흩어질서、목쉰소리서 (齊)
癆。[로] 積勞瘦削노점병로
⿸疒番 [반] 子宮病자궁병반 病死병들어죽을반 (寒)
癄 [초] 減縮ㅣ瘁초췌할초 憂也근심할초 病也병들초 憔通 (嘯)(蕭)
癈。[폐] 痼疾고질폐 (隊)
⿸疒敝 [별] 腫滿悶而皮裂부어터질별、곪아터질별 (屑)
癌 [암] 內腔生腫암암、고약한종기암 怪病괴병암 (感)
⿸疒費 [비] ㅣ痱、熱悶열로답답할비 盛腫부어오를비 (未)
⿸疒賈 [사] 多病병많을사 (禡)
癇。[간] 小兒病간기간 癲ㅣ간질간 (刪)
癉。[단][다] 勞病허로병단 黃病황달단、疸、癉通 、다 義同、怒也성낼다 勞也수고할다 (寒)(翰)(旱)
⿸疒罽 [계] 頭瘡머리헐계 禿病머리털빠질계 (霽)
⿸疒曾 膚(肉部十一畫)과同
⿸疒虒。[약] 瘧也학질약 (藥)
瘩。[답] 疙ㅣ두드러기날답 (合)

十三

癒 [유] 病差병나을유
癏 [환] 病也병들환 瘝同 (刪)
癑。[농] 痛也아플농 瘡潰종기곪아터질농 腫血설곪길농 (送)
⿸疒亶 [단] 病也병들단 癉通 (旱)
癐。[괴][유] 病甚병더칠괴 喊聲고함지를위 (泰)(支)
癘。[려] ㅣ疫염병려、시환려
癓 [미] 骭瘍종아리종기미 (微)
癅 [뢰] 皮外小粟、痱ㅣ두드러기뢰 (賄)
癔 [억] 心病심화병억 (職)
癖。[벽] 腹病、積聚적병벽 偏嗜즐길벽、버릇벽 (錫)
癛。[름] 粟體寒病소름끼칠름 (寢)
⿸疒僉 [첨] 物毒入喉而痛목구멍아릴첨 (鹽)
⿸疒詹 [담] 癡也어리석을담 (勘)
⿸疒睪。[역] 病相傳染병전염할역 (陌)
⿸疒暑 [서] 中暑더위먹을서 (語)
癙 [서] 憂病근심으로난병서 (語)

癜 [전]ㅣ風斑片어루러기전(皮膚上生斑之病)(霰)
癒 揄(手部九畫)의俗字
瘒 [완][군]手足痲痺손발이저릴완、군義同(刪)(支)
⑭ 癳。[라]瘰也연주창라(哿)
𤺄 [확]物在喉痛ㅣ목에걸릴확(藥)
𤺥 [약]病也、淫ㅣ병약(藥)
𤸧 [패]疲極몹시피곤할패(卦)
癡。[치]心神不慧어리석을치、미련할치 疵病죽은깨치 狂也미치광이치 痴同(支)
𤸵 [협]獸之足病짐승발병날협(洽)
𤻉 [개]喉病목병개(泰)
𤺺。[별]不能飛날지못할별 枯病마르는병별(屑)
癠 [제]病也병들제(薺)
𤻙 [녕]病也앓을녕(庚)
⑮ 癢。[양]搔病가려울양 使ㅣ마음간지러울양 痒 癢通(養)
癤 [절]瘍之小者부스럼절(屑)
𤼋。[반]足疾다리병반(寒)
𤻷 [로]痞也속결릴로(遇)
𤼐 [변]骨風疾뼈쑤시는병변(先)
𤺳。[료]治病병나을료 療同(嘯)
癥 [징]腹中結塊ㅣ瘕어혈징、괴징(蒸)
㿒 疼(疒部五畫)의俗字
𤺯 癤(疒部十五畫)의俗字
⑯ 𤼏。[헌]寒病한기병헌(阮)
𤻤 [염]足病다리앓을염 瘡也부스럼염(鹽)
𤼈 [로]癰類헤로(虞)
癧。[력]筋節病、瘰ㅣ연주창력(錫)
癩 [라]惡疾문둥병라、대풍창라 疹也옴라 古音뢰(泰)
癨 [곽]ㅣ亂吐病곽란곽、구토할곽 古音확(藥)
𤼑。[소]病也병소(虞)
𤺦。[적]怒發성낼적 日字
㿉 [롱]病也앓을롱(宋)
𤺲 瘭(疒部十一畫)과同
⑰ 𤼊 [영]發病병날영(庚)
𤼔 [참]病也앓을참(陷)
𤻲 [익]病也병익、앓을익(職)
癮 [은]烟酒成等癖인박힐은 皮外小起ㅣ疹두드러기은(吻)
癭。[영]頸瘤목의혹영(梗)
⑱ 𤼕 [마]偏病반신불수병마(麻)
癯 [구]瘠也파리할구 臞同(虞)
𤼬 [관]病也병관、앓을관(翰)
癰。[옹]疽也헌데옹、등창옹(有疵ㅣ、厲ㅣ、腕ㅣ最多生於頸部或背)癕、𤺋、𤻇同(冬)
⑲ 癲 [전]狂病미칠전、지랄병전 瘨通(先)
𤼖。[라]病也병라、앓을라(箇)
癱 [탄]四肢不仁중풍할탄
𤼗 [뢰][례]惡疾모진병뢰 疫疾역병례(泰)(霽)
𤼷。[려]瘦黑파리하고검을려(霽)
𤼸 [리]病疲병들어피곤할리(支)
㉑ 𤼹 [라]疥也옴라 瘰同(哿)
㉒ 𤼺 [환]痛也앓을환(旱)
㉓ 𤼻 癵(疒部十九畫)의俗字

癶部

癶。[발]㐅足剌行걸을발(曷)
④ 癸。[계]天干之終열째천간계 方位則北북방계 경도계 庚ㅣ、穀水물계 古音幵(紙)
癹。[발]以足芟草발로풀몽갤발(曷)
発 發(癶部七畫)의略字
𤼼 癹(前前條)와同
⑤ 祭 祭(示部六畫)의俗字
𤼽 登(癶部七畫)의古字
⑦ 登。[등]升也오를등 進也나아갈등 成也이룰등 尊也높일등 高也높을등 衆也무리등 ㅣ位벼슬에오를등 熟也익을등 乘也탈등 相應聲ㅣㅣ서로응하는소리등(蒸)
𤼿。[맘]荒蕪田中鞬草김맘(咸)
𤽁 登(癶部七

畫)의古字

登 癹(癶部四畫)과同

發。발 開也 열발 起也 일어날발 出行 떠날발 興也 일으킬발 動也 움직일발 洩也 누설할발 明也 발명할발 放射 쏠발 ㅣㅣ 疾貌 빠를발 ㅣ見 찾아낼발 舒也 펼발 揚也 날날발 ㊊

十一

𤼾 發(次條)와同

發。배 賦斂 부세배 ㊋

白部 ㅣ

白。백배 西方色 素 흰백 告也 말할백、아뢸백 明也 분명할백 潔也 깨끗할백、결백할백 光線 밝을백 無也 아무것도없을백 姓也 성백、ㅣ川 땅이름배 陌 禡

一

百。백맥 十之倍 일백백 勵也 힘쓸맥 行杖道驅人 길잡이맥 陌

[白乚] 乩(次條)와同

乩 가 姓也 성가 麻

[白丨] 白(白部。畫)의古字

二

皀。흡 香也 향내날흡 一粒 난알흡 緝

皁。조 黑色 검은빛조 馬櫪 마판조 賤隸 하인조 橡實 도토리조 皓

皀 香(香部。畫)의古字

皃 貌(豸部七畫)과同

三

[白干] 皔(白部七畫)과同

的 적 明也 밝을적 實也 적실할적 射也 板과녁적 標準 표할적、목표적 錫

帛 메 布帛幅邊 감자투리메 霽

四

[白分] 파 亂也 어지러울파 麻

皅。파배 花草白貌 꽃이흴파 色不眞貌 빛이참답지않을바

皉 비 明白 명백할비 齊

皆。개 俱辭 다개 同也 같을개

皇。황왕 君也 ㅣ帝 황제황、임금황 大也 클황 正也 바를황 始也 비로소황 歎美辭 아름다울황 美盛貌 성할、光貌 ㅣㅣ 빛날왕 嚴肅 엄숙할왕 陽 養

[白气] 氣(气部六畫)의古字

[白/豆] 豆(豆部。畫)의古字

皈 歸(止部十四畫)과同

[白毛] 耄(老部四畫)의俗字

[白市]。발 淺白 ㅣ皌 희읍스름할발 曷

五

皌。말 淺白、[白市]ㅣ 엷게흴말 末

[白白]。교 白也 흴교、白(白部。畫)과同

[白/皿] 皇(白部四畫)의古字

[白此] 체자 白也 흴체 鮮潔貌 선명할체 齊 紙

[白/冬] 終(糸部五畫)의古字

皋 皐(白部六畫)과同

[白/皿] 皇(白部四畫)의古字

六

皐。고호 岸也 언덕고 澤也 늪고、못고 告也 고할고 緩也 느즈러질고 局也 판고 ㅣ復 혼부를고 高也 높을고 虎皮 ㅣ比 범의가죽고 頑貌 완만스러울고 呼也 부를호 豪 號

皎。교 月光白 달밝을교、달빛흴교 白也 흴교 篠

皨 星(日部五畫)의古字

[白缶] 부 白也 흴부 有

[白/皿] 皇(白部四畫)의古字

皏。팽 淺薄色 엷은빛팽 梗

七

皓 호 白也 흴호 光也 빛날호 明也 밝을호 潔也 깨끗할호 皓

皒 아 白色 흰빛아、흴아 歌

皖 환한 地名 땅이름환、明星 밝은별한 寒 旱 潸

皔 한 白也 ㅣㅣ 흴한 [白干]同 旱

皕 벽 二百 日ㅣ 이백벽 職

[白/冬] 終(糸部五畫)의古字

八

皙。석 人色、白ㅣ 사람의빛흴석 晳通 錫

[白卑] 배 白皮 흰가죽배 卦

[白彔] 록 白獸 흰짐승록 屋

皘。천 白貌 희멀건빛천 霰

[白/番] 皤(白部十二畫)과同

[羽/白] 耀(羽部十四畫)과同

[白念]。념 船木 배나무념 豔

九

[白曷] 갈 白也 흴갈 曷

[白軍] 휘 白也 흴휘 微

[白春] 춘 白也 흴춘 軫

⑩ 皚。[애] 霜雪色 눈서리 흴애 皚同 灰
皛。[효] 明也 밝을효 白也 흴효 顯也 나타날효 白飯 흰밥효 篠
皞 [호] 明也 밝을호 帝號、太ㅣ 복희씨호 황제호 白貌 흰모양호 昊通 皓

皠。[학] 鳥肥澤貌 새살찌고 윤택할학 翯同 覺
普。[체] 廢ㅣ 偏低 한쪽으로 치우쳐낮을체 霽
皜 艙(舟部十畫)과同
⑪ 皙 晳(日部八畫)과同
皟。[책] 深白 깊게흴책 淨也 맑을책 瘠也 파리할책 陌
皫 [백] 䘑白貌 삽이흴백 陌
皫 [묘] 白色 흰빛묘、흴묘 嘯
皠 [최] 白也 흴최 高峻 높을최 賄
皓 [녕] 告也 고할녕 徑

⑫ 皢。[효] 日白 햇빛흴효 篠
皚 [등] 白也 흴등 迥
皣 皣(白部十五畫)과同
皤。[파] 頭白 머리흴파 大腹 배불룩할파 歌
皜 皜(白部十六畫)과同
皧 [송] 素白 매우흴송 東
⑬ 皦。[교] 玉石之白 옥과돌흴교 明也 밝을교 皎也 흴교 篠
皪。[업] 白花 흰꽃업 葉
臯 臯(次條)와同
臯 星(日部五畫)의古字

皧 [애] 淨也 깨끗할 애 白也 흴애 隊
⑭ 皪 [롱] 左右小門、ㅣ歷 좌우작은문롱 東
皭。[주] 詞也 말주 誰也 누구주 尤
皭。[요] 白色 흰빛요、흴요 嘯
皭 [몽] 物上所生白醭 곰마지 몽、진서리앉을몽 董
⑮ 皣。[엽] 白花 흰꽃엽 光盛 빛날엽 葉
皪。[력] 白貌 的ㅣ 희꼿희꼿할력 潔也 희고깨끗할력 瓅同 錫
⑯ 皪 皪(白部十五畫)과同
皭 [위] 花也 꽃위 御
皬。[학] 鳥白ㅣㅣ 새흴학 白也 셀학 藥
⑰ 皭 皣(白部十五畫)의本字
皭 皭(白部二十四畫)과同
⑯ 皪 皪(白部十五畫)과同
皭 [조][작] 白也 흴조 淨也 정결할작 嘯 藥
⑲ 皭 皭(白部十八畫)과同
皭。[찰] 白也 흴찰 曷
⑳ 皭。[당] 明也 밝을당 白色 흰빛당 養
㉔ 皭 [령] 白也 흴령 青

皮部

皮。[피] 剝獸取革 가죽피 (生曰ㅣ 理曰革 柔曰韋) 體表 겉질피、거죽피 姓也 성피 支
② 皯 [정] 皮膚急縮 살가죽당길정 梗
③ 皮 皯(皮部三畫)과同
皯。[간] 面黑病 얼굴에기미 낄간 皯、皯同 旱
皯。[환] 瘑病 흑병환 箭筒、皷 ㅣ 전동환、동개환 寒
皯 [작] 皮皴 거죽 주름살작 藥
皰 皰(次條)와同
皱 [박] 皮破 살가 죽터질박 覺
④ 皰 皰(次條)와同
皻 [남] 柔革 가죽 다룰남 勘
皮 [피] 器破未離 그릇금날피 支
皰。[파] 赤濃鼻 주독 오른코피 紙
皲 [피] 開口貌、ㅣ䏶 입딱벌릴피 紙
皯 [파] 蹇也 절파、질름거릴파 曲足病 발비뚜러진병파 箇
⑤ 皰。[앙] 面色蒼 얼굴빛푸를앙 漾
皯 [척][력] 皴也 주름살척、姓也 성력 陌
皯 [조] 肉上魄膜 살갗소 蕭
皰 [민] 皮膚細ㅣ 살결 에주름살질민 軫
皴。[말] 韈也 가죽신 말 韈俗字
皵 [말] 皮也 가죽말 曷
皰 [포] 面皮所生 如水泡 부풀포
皴 [추] 皮裂 皴ㅣ가

죽터질추(眞) 皷 韋(辛部六畫)과同 𤿍。[재]皮不伸가죽오그라질자(寘) ⑥ 皎。[외]皮堅가죽단단할오(肴) 㿩 [답]皮寬가죽늘어질답(合) 皰

[기]困也피곤할기(寘) 皰 [순]足坼발터질순(眞) 皵 [길]皮黑가죽검을길(質) ⑦ 皱 [탈]皮剝가죽벗길탈(曷) 皶。[설]撮取皮끄집어뜯을설(屑) 皲 [한]射韝ㅣ臂활

쏘는팔찌한(翰) 皴。[준]皮生細條ㅣ裂살터져주름질준(眞) 皵。[각]皮乾貌가죽이마를각(覺) 皲 [구]丸鞠공구、제기구(尤) 皷 [소]刀室칼집소(嘯) ⑧ 皵

[답]腥膻비릴답、皮瘦而寬貌가죽이여위어여편할답 皵 [작]皮皺살가죽주름질작(藥) 皷 皼(欠部八畫)과同 皴 [록]皮肉瘦惡ㅣ瘯마른살결억셀록(屋) 皲。[감]不平貌편평하지않을감(感)

皺 [철]皮斷意가죽자를철(屑) ⑨ 皷 皼(皮部十一畫)의俗字 皾 [치]皮黑살검을치(支) 皶。[두]桑皮뽕나무껍질두(寘) 皵 [춥]老人皮膚皺貌늙은이피부에주름질춥(合)

皸。[봉]枲履미투리봉、삼신봉 皮履가죽신봉、꺽두기봉(董) 皷 鼓(鼓部○畫)의俗字 皸。[군]涷裂ㅣ瘃얼어터질군(文)(問) ⑩ 皵 [확]卵孚알속껍질확本音각(覺) 皵

罷(网部十四畫)의古字 皷 [한]膜也흘떼기한、살속의얇은가죽한(寒) 皵。[방]治履邊신도리방(陽) 皲 [마]閉口ㅣ嚼입딱다물마(麻) 皵 [추]粟體소름끼칠추(支)

皺。[추]蹙摺주름질추、쭈그러질추(有) ⑪ 皵 [록]皮文가죽무늬록(屋) 皻 [사]鼻上皰코에열꽃돋을사 粉刺분가시사(麻) 皵 [추]皮縮가죽오그라질추(有) 皸。

[필]畫韋그린가죽필 韍也슬갑필、폐필(質) 皵。[만]皮脫離가죽벗어질만(阮) 皵 皵(前條)와同 ⑬ 皵 [달]皮外突起부르틀달(曷) 皷 [분]鼓也북분(文)

皵 皵(皮部十一畫)의俗字 皵 [학]皮乾가죽마를학(覺) ⑭ 皵 [염]瘍痂헌데딱지염(琰) 皵。[연]柔皮다룬가죽연俗音천(銑) 皵 皵(前條)와同

⑮ 皵。[광]張大貌크게펼광(養) 皾 [독]ㅣ皾、箭器전동독、동개독 韇同(屋) 皵 [랍]腥也비릴랍 皵通(合) 皵 [박]墳起부풀어오를박 皮破貌가죽터질박(覺)

皵。[말]足衣버선말(月) ⑲ 皵。[섭]和貌부드러울섭(葉) 皽 [견]皮起부르틀견(銑)

皿部

皿。[명]食器盤盂之屬그릇명(梗) ② 皿 [기]器也그릇기(紙) ③ 盂 [과]盤也소반과(哿) 盂 盂(次條)의本字 盂

[우]飯器밥그릇우 書名글이름우 田獵陣名사냥우 盂 盂(前條)와同 盅 [맹]不精要、ㅣ浪맹랑할맹、거칠맹(養) 盂。[간]盤也소반간 大盌큰바리간 盂 [혈]盌也소반혈本音결(月)

④ 盆。[분]瓦器동이분 盎也소라분 乳房上骨젖퉁이웃뼈분、젖가슴뼈분 藥名、覆ㅣ약분 盂 [하]盂也바리하、밥그릇하(麻) 盅。[충]器虛그릇빌충 小杯작은잔충(東) 盂

[조]器也그릇조(蕭) 盄 杯(木部四畫)의 俗字 盈。[영]充滿찰영、｜縮남을영 溢也넘칠영(庚) 盇 盍(皿部五畫)의 本字 盋 [발]器也그릇발(曷) 盐

[규]鉢也바릿대규(支) 盒 [혜]小盆방구리혜、작은쟁반혜(齊) ❺ 盅 [용]大罌큰병용 盉。[화]調味器양념그릇화、調味양념할화(歌) 益。[익]增也、加也더할익 多也많을익 盖

𥁕 [해]盛酒器술담는그릇해(賄) 𥁊 [요]器中不平그릇속험할요(效) 监 [밀]器械그릇밀(質) 𥁒。[저]器也그릇저(語) 盌。[완]銀｜小盂은바리완 椀同(旱) 盇

盇(皿部五畫)과同 昷。[온]仁也온화할온、어질온(元) 盃 [아]酒杯술잔아(馬) 盋 [발]食器盂屬바리발、그릇발 鉢同(曷) 盕 [범]盃也술잔범(鹽)(陷) 盎。[앙]盆

也、瓦器동이앙 盛貌｜｜성할앙(漾) 盍。[합]何不之義어찌아니할합 合也합할합 覆也덮을합(合) ❻ 盒 [합]有蓋食器합 주발합(合) 㿺 [회]首鎧투구회 盔也 동이회 古音괴(灰)

𥁯 [례]器也그릇례(霽) 𥁉 [연]椀也주발연 醆也술잔연(先) 盓 [우]盓｜旋流웅덩이우 盏 盞(皿部八畫)의 略字 𥁡 [권]屈木盂나무바리권(霰) 盗

盜(皿部七畫)의 俗字 𥁨 [안]盂也바리안、밥그릇안(寒) 𥁴 孟(子部五畫)과同 盖 蓋(艸部十畫)의 俗字 ❼ 盙。[보]黍稷器｜簋대제기보 簠同(麌)

盛。[성]繁昌성할성 茂也무성할성 多也많을성 大也클성 長也장성할성 姓也 성성 容受담을성 薦穀粢｜제향곡식성 成也이룰성 整也정제할성(敬) 𥁲。[궤]盛黍稷器簋｜대제기궤(紙)

𥁿 [퇴]器名그릇이름퇴(灰) 盜。[도]賊也도둑도、훔칠도(號) 𥂂 [아]盛也담을아 酒器술그릇아(馬) 𥂢 [조]草田器삼태기조(篠) 𥂀 [촉][착]盂也바리촉 杯也술잔착(沃)(覺)

𥂗。盟(皿部八畫)의 本字 ❽ 盝 [록]瀝也거를록 盪同、漉通、櫝匣小者 盟。[맹]約誓信也 涖牲맹세할맹 信也믿을맹 河內邑名｜津고을이름맹(庚)(敬) 盜

[몽]盛滿豐｜가득할몽(東) 盞 [잔]杯也술잔 잔 醆同(潸) 𥂯。[사]祭器제기사 器也그릇사(馬) 𥂕 [사]器名그릇사(馬) 𥂊 [지]滋也김치지 ❾ 盡。

[진]皆也다진 竭也 悉也다할진 縱令비록진 極也극진할진 終也마칠진 詳也자세할진 ｜之다하게할진 儘同(軫)(震) 𥂍 [리][려]瓢也표주박리 蠡也소쿠리리、려 義同 蠡通(支)(齊) 𥃃。[혁]山名｜町산이름혁(錫)

監。[감]視也볼감 鑑也거울감 獄也감옥감 官也벼슬감 姓也성감 ｜督감독할감 ❿ 盤 [반]承槃盛物器소반반、더럼반 樂也｜遊즐거울반 不進｜桓반환할반 浴器목욕통반 安也편안할반 曲

也｜屈서릴반 洀同、槃通(寒) 𥂩 鋪(食部七畫)과同 ⓫ 盥。[관]洗面낯씻을관 澡手손씻을관(翰) 盬。[고]器也그릇고(麌) 盦。[암]覆蓋덮을암、암、뚜껑암(覃)

盧。[로]賣酒區술집로、술청로 黑色검은빛로 目中黑子눈동자로 田犬사냥개로 矛屬 勃｜창로 𥃊。[담]肉醢고기젓담 醓通(感) 𥃁 [록]去水거를록 𥃋 醯(皿部十三畫)과同

奮 [분] 奮也 떨칠분、迅也 빠를분 (問)

⑫

盫 [교] 盂也 바리교、밥그릇교 (蕭)

盬 [호] 器也 그릇호 (虞)

盨 [교] 器也 그릇교 (巧)

盩 盩(皿部十一畫)과 同

盪 [탕] 滌也 씻을탕、動也 움직일탕、推也 밀탕、큰모양탕、震也 진탕할탕、滌器 그릇씻을탕

⑬

楊皿 [양] 杯也 술잔양 (陽)

醢皿 [해] 肉醬 고기로만든장해、醢同 (賄)

鹽 [고] 鹽池 소금밭고、不堅固 견고하지못할고、唓也 빨고、먹을고、盬通 (麌)

盞 [잔] 盂也 밥그릇잔、바리잔 (寒)

頒皿 [소] 承物盤 물건얹는그릇소 (麌)

⑭

盪 [교] 撓使濁 휘정거릴교、器也 그릇교、小釜 작은가마교 (巧)

盪 盪(前條)와 同

盭 盭(皿部十五畫)의 譌字

⑮

鹽 [고] 諸也 모을고、鹽也 소금고 (麌)

盭 [려] 戾也 돌아올려、違也 어긋날려、胝也 곰배팔려

罍 [뢰] 酒器 술항아리뢰、술단지뢰 (灰)

盭 盭(前前條)와 同

⑰

盬 [구] 樹也、種也 심을구 (虞)

盓 [우] 田器 밭가는제구우 (虞)

盍 榼(木部十畫)과 同

⑱

盧 [저] 器也 그릇저 (語)

⑳

鹽 鹼(鹵部十三畫)과 同

㉔

贛皿 [감] 器蓋 그릇뚜껑감、小杯 작은술잔감 (勘)

目部

目 [목] 眼也 눈목、箇條 조목목、人眼童子 눈동자목、注視ㅣ之 지목할목、首魁 두목목、目下 지금목、당장목、題ㅣ 제목목

①

目乚 [교] 目重皮 눈쌍꺼풀질교 (巧)

②

盯 [추][교][요] 睞也 눈짓할추、교義同、眣也 움퍽눈요 (尤)(篠)(巧)

䀏 [적] 目病 눈병적 (陌)

㒵 目(目部○畫)의 古字

旬 [현][순] 目搖 눈방울굴릴현、目眩 눈아찔할순 (霰)(眞)

盯 眄(目部四畫)의 俗字

盯 [정] 直視 똑바로볼정 (庚)

目卜 [복] 目骨 눈퉁이뼈복 (屋)

③

䀎 䀎(目部四畫)의 俗字

彤 [삼] 瞻視 쳐다볼삼 (鹽)

肌 肌(次條)의 俗字

䀐 [범] 大目 큰눈범 (陷)

旰 [간] 張目 눈부릅뜰간 (翰)

盱 盱(次條)의 本字

盱 [우] 張目ㅣㅣ 눈부릅뜰우

盱 盱(前條)와 同

盰 [천] 遙視不明 멀어희미할천 (先)

昇 具(八部六畫)의 本字

盲 [맹] 目無瞳 판수맹、장님맹、暗也 어둘맹、蒙昧 몽매할맹 (庚)

盷 [인] 視貌 볼인、眩也 눈부실인 (震)

直 [직][치] 不曲、準當 곧을직、正也 바를직、伸也 펼직、但也 다만직、侍也 번들직、則也 바로직、物價 값치、値通 (職)(寘)

直 直(前條)의 俗字

䀔 [천] 常視 눈여겨볼천、늘볼천 (霰)

盳 [망] 仰視 쳐다볼망 (陽)

見 [요] 深目 깊은눈요 (效)

䀛 融(虫部十畫)과 同

省 首(首部○畫)의 古字

④

盶 [원] 視也 볼원 (阮)

育 [목] 睦也 화목할목 (屋)

相 [상] 共也 서로상、質也 바탕상、視也 볼상、助也、償也 도울상、導也 인도할상、扶也 붙들상、ㅣ術 상볼상、官名 벼슬이름상、選擇 가릴상 (陽)(漾)

眕 [진] 目之精 눈정기진、瞋怒目 눈부릅뜰진、或音 짐

眂 視(見部五畫)과 同

眩

眂 眂(前條)의 俗字

昏 眂(前前條)의 俗字

盻 [혜] 恨視 눈흘겨볼혜、顧視 돌아볼혜、勤苦貌 가쁠혜、盼通 (霽)

眏 [결][혈] 目患 눈앓을결、驚視 눈휘둥그래볼혈、不定

顧眄흘끔흘끔볼혈 (屑)

⿰目卆 睟(目部八畫)의俗字

県。[교] 斷頭倒懸목베어달교 (蕭)

眴 [눅] 視也볼눅 (屋)

盹 [순] 目藏졸순 閉眼눈감을순 (眞)

旼 [민] 視貌볼민 (眞)

⿰目开 県(前前條)와同

⿱目廾 ⿰目开(目部六畫)과同

盼。[반] 美目아름다운눈반 流視貌흘겨보는모양반 顧視돌아볼반 盻通 (諫)

⿰目支 眵(目部六畫)의俗字

⿱目夊。[혈] 擧目使之눈짓할혈 或音혈 (職)

盾。[순][돈] 干ㅣ櫓屬방패순 官名鉤ㅣ벼슬이름순

省。[성][생] 視也시찰할성 察也、審也살필성、略생략할생 嗇也아낄생、인색할생

⿱目文 旼(目部四畫)과同

明 [명] 視瞭눈밝을명 視也볼명 明別字 (庚)

⿰目夫 [부] 望也바랄부 (虞)

⿰目化 [화] 目動눈곰짝거릴화 (麻)

⿰目丙。[면] 斜視곁눈질해볼면 轉眼눈굴릴면 (霰)

眃 [운][혼] 不明貌어두울운 疾視貌빨리볼혼

⿱目卬 [앙] 仰也쳐다볼앙 (陽)

眇。[묘] 偏盲애꾸눈묘 一目小한눈짜긋할묘 微也작을묘 視也볼묘 遠也아득할묘、멀묘

⿰目市。[패] 目不明눈어둘패

眅。[판] 眼多白눈에흰자위많을판 反目흘겨볼판 白膜侵睛눈동자에백태낄판 (潸)

眆 [방] 效也본받을방 倣同 (養)

眉。[미] 目上毛눈썹미 側邊가미、언저리미 (支)

眈 [탐] 視貌ㅣㅣ보는모양탐 過也喜너무즐길탐 古音담 (覃)

看。[간] 視也볼간 ㅣ護員、ㅣ守지킬간 (寒)

⿰目今 [흘] 視也볼흘 (質)

⿱毛目 眊(次條)와同

眊。[모] 目少精눈흐릴모 老ㅣ눈어둘모 耄通 (號)

⿰目勿。[매] 遠視멀리볼매 目迷눈침침할매 (隊)

眢 [흘] 急視貌급히볼흘

⿰目叉。[내][알] 惡目睚ㅣ악한눈내 搯目눈부빌알 (泰)(曷)

⿰目不 視(見部五畫)의古字

⿰目𠂢 視(見部五畫)의古字

⿰目爪 視(見部五畫)의古字

県 縣(糸部十畫)의略字

⿱不目 [부] 見也볼부 (尤)

⿱目廾 具(八部六畫)의本字

⿰目彐 [흘] 嚮也향할흘 (質)

眄。[면] 邪視옆으로흘겨볼면 (霰)

⿰目今 [글] 視也볼글 (質)

五

⿱弗目。[비][발] 目不明貌눈어두울비、발義同 (未)(物)

⿰目弗 ⿱弗目(前條)와同

眖 [황] 視也볼황 (漾)

眕。[진] 目有所恨한꺼풀진 重厚진중할진 (軫)

眒 [신] 張目눈부릅뜰신 引目시선을끌신 疾貌빠른모양신 鳥獸驚貌새와짐승놀란모양신 (震)

眐 [정] 獨視貌홀로보는모양정 (庚)

眑 [유][요] 深遠깊고멀유、幽靜고요할요 深目눈깊을요 (有)(篠)

眏 [앙][영] 目不明貌눈어두울앙 恨視눈흘길앙、視也볼영 (養)(敬)

䀠。[구] 左右視좌우로두리번거리며볼구 瞿同 (遇)

眗 [구] 左右視휘둘러볼구 䀠同 (虞)

眚。[생] 災診재앙생 目病生翳눈병생 過誤그릇칠생 損也덜생 微傷조금다칠생 妖病요괴로운병생 (梗)

眙。[이][치] 擧目貌눈칩떠볼이 楚州縣名盱ㅣ고을이름이、直視눈똑바로볼치 (支)(寘)

眞 [진] 僞之反참진 實也진실로진 正也、鍊形畫像바를진 原質근본진 神也신령진 天曰ㅣ宰本元天ㅣ하늘진 精也정할진 淳也순박할진

⿰目朮 [훌] 深目貌움펑눈훌 目動貌눈휘둥그릴훌 (質)

⿰目占 [점] 視也볼점 窺也엿볼점 目垂貌눈내리깔점 覘、佔同 (鹽)

眜。[말] 目不明눈희미할말 冒也무릅쓸말 (曷)

⿰目可 覗(見部五畫)과同

眛。[매] 目不明눈어둘매 (隊)

真 眞(目部五畫)의俗字

眠 [면] 翕

目졸면、졸을면 無知지각없을면 寐也잘면、쉴면 亂也어지러울면 茂密貌무성할면 (先)

眝。[저] 長眙정신들여볼저 張目부릅뜰저 (語)

眂 [시] 視貌보는모양시 視同 (紙)

䀛 [묘] 邪視䀹ㅣ할긋할긋할묘 (巧)

眨。[잡] 目動눈곱짝거릴잡 一目애꾸눈잡 (洽)

眣 [순] 以目通知瞚瞬눈짓할순 (震)

眧 [조] 以目弄人눈으로사람희롱할조 (嘯)

眦 眥(次條)와同

眢。[원][완] 目不明눈어둘원 水涸井물마른우물원、완 義同 (元)(寒)

昤 眹(前條)의古字

眩。[현][환] 目無常主현란할현 劇也瞑ㅣ독할현 혹할현、아득할현 風疾어질병현 暗也어둘현

眥 [자][제] 恨視睚ㅣ한하여볼자 目際눈가자 眦同、目厓눈가제、눈초리제 (寘)(霽)

眣。[질] 目不正눈바르지못할질 目露出貌눈망울붉어질질 眰同 (質)

眪 [병] 目明눈밝을병 (梗)

眿。脈(肉部六畫)과同

𥆨。[말] 惡視몹시볼말、노려볼말 耻也부끄러울말 (黠)

眤 [니] 視也볼니

瞀 [무] 嫉妒人ㅣ瞲사람투기할무 (宥)

眫 眯(目部六畫)과同

𥄉 省(目部四畫)의本字

䀽 [노] ㅣ目눈부릅뜰노 (麌)

看 看(目部四畫)의俗字

六

䀨 [괄][활] 目暗눈어둘괄、視也볼활 怒視貌눈부릅뜰활 (曷)(黠)

眭。[휴] 深目움펑눈휴 惡視노려볼휴 (齊)

䀬 [홍] 目不明貌눈어두울홍 (董)

眱 [이] 熟視不言물끄러미보고말없을이 (支)

䀩 [락] 眄也볼락 (藥)

眮。[동] 轉目눈굴릴동 目眶눈자위동 怒視눈흘겨볼동 (東)

䀊 [교] 邪視ㅣ聊할깃할깃볼교 (巧)

䀘。[계] 蔽人視사람을가리고볼계、엿볼계 (齊)

䀦 [식] 目所記눈여겨볼식 眼標안표할식 (職)

眴 [현][순] 眩也현란할현

眯。[미][메] 魔也마귀에홀릴미 物入目中눈에티들어갈미 視亂貌어지러울메 (支)(齊)

眤 眱(目部六畫)의古字

眳 [명] 目暗눈어둘명 不悅貌기뻐아니할명

䀫。[겁] 暗眼눈흐릴겁 眇也애꾸눈겁 目睫動눈깜짝일겁 (洽)

䀭 [해] 象相視貌ㅣ矚여럿이서로보는모양해

眲 [닉] 輕視얕잡아볼닉、힐긋볼닉、깔볼닉 (陌)

䀒 [전] 瞬目貌눈깜짝일전 不明貌눈어두울전 (先)

眵。[치] 目汁凝눈곱낄치 目傷眥눈짓물치 (支)

眷 [권] 回視돌아볼권 顧念돌봐줄권 親屬붙이권 勸意ㅣㅣ근념할권 睠同

眶 [광] 目厓눈두덩광、눈자위광 (陽)

眻 [양] 眉間눈섭사이양 (陽)

眸。[모] 目瞳ㅣ子눈동자모 古音무 (尤)

䀺 [수] 斂容視貌瞭ㅣ암전히볼수 (尤)

眹。[진] 目精童子눈동자진 兆也幾微빌미진、조짐진 (軫)

䀹 睊(目部七畫)의略字

眺。[조] 視也볼조 望遠멀리바라볼조 (嘯)

䀮 [황] 目不明눈어둘황 睆同 (陽)

眽。[맥] 相視ㅣㅣ서로볼맥 衺視빗겨볼맥 (陌)

𥄉 省(目部四畫)의本字

𥃩 眾(目部六畫)의古字

眼。[안] 目也눈안 視也볼안 (潸)

眾 衆(血部六畫)의本字

着 著(艸部九畫)의俗字

䀿 視(見部五畫)의古字

𥄷 眉(目部四畫)의古字

七

𥈄 眉(目部四畫)의本字

䀲。[목] 目疾안질목 (屋)

䀹 [보] 視也볼보 (麌)

䀰 [곡] 目開눈뜰곡 大目큰눈곡 目動눈깜작일곡

睆。[환] 光鮮貌고울환 美好貌아름답고좋은모양환 明星貌별반짝거릴환 遠視멀리볼환 窮視貌、實貌궁극히보는모양환 晥、睅通 (潸)

睃 [준]視也볼준 人名사람이름준(震) 睅 [환]大目큰눈환 目出貌눈나오는모양환 睆通(潸) [目+乩] 乩(目部一畫)과同 睄 [초]小視잠간볼초(效) 睇。[제][체]小視흘깃볼

제 題通、視也볼제(霽)(齊) 睉 [자][세]目小也작은눈자 惡目ㅣ眡사나운눈세(馬)(卦) [目+廷] [정]目出눈솟을정(梗) 睈。[정]照視ㅣㅣ비취볼정(梗) [目+豆] [두]目汁凝ㅣ眵눈곱두(尤)

[目+巠] [영][업]直視바로볼영 視貌볼업(迥) [目+申] 眒(目部五畫)의俗字 [目+孝] [효]偏目애꾸눈효 瞎也눈멀효(效)(肴) [目+良]。[량]目病눈병날량(漾) [目+劫] [겁]急視貌바삐볼겁(葉) 睊。

[견][연]側目相視서로결눈질해볼견 視貌보는모양견、視貌볼연(先)(霰) [折/目] [제]目光눈광채제 美眼눈고울제(霽) 夐。[훤][권][관]視也볼훤、권義훤同 大目큰눈관(阮)(先)(翰) [目+王] [왕]目泣淚滿ㅣㅣ눈물그

그렁그렁할왕(陽) [目+貝] [곡]閉目눈감을곡(陌) [目+甹] [빙]視也볼빙(敬) [北/目] [혁]視也볼혁 眼也눈혁(錫) [沙/目] [사]偸視결눈질해볼사(歌) [目+舌] [目+舌](目部六畫)과同 [目+我] [아]視也볼

아 望也바라볼아(歌) [目+沙] [沙/目](前前條)와同 䀹 [섬]目數動ㅣㅣ눈자주끔적거릴섬(琰) 䀹。[첩]目旁毛속눈썹첩 睫同(洽) [攸/目]。[추][도]目不正눈비뚤추、目不明눈어둘도 重瞼

쌍가풀도(尤)(豪) [罒/吅]。[권]目圍눈언저리권、눈시울권(霰) [目+辰] [친][인][진]瞋也눈을부릅뜰친、視貌볼인、㥯也번민할인、㥯也번민할진 [多/目] [도]多也많을도(寘) 睌。[만]無畏視겁없

이볼만(潸) [目+延]。[연]見也볼연(霰) [目+昆] 眼(目部六畫)의本字 [免+目] 晚(前條)와同 睎。[희]盼望也흘겨바라볼희 慕也사모할희 希通(微) 睍。[현]光鮮貌ㅣ睆고울

현 好貌ㅣ睆좋은모양현 視貌ㅣㅣ물끄러미볼현(銑) [目+夆] 睕(目部八畫)과同 [目+目] 目(目部○畫)의古字 [目+臣] [류]臥視누워서볼류(尤) ❽ 睓 [전]慚也부끄러울전(銑)

睒。[섬]晶瑩ㅣㅣ빛날섬、맑을섬 暫視貌잠깐볼섬(琰) [目+幸]、[행]瞑目貌눈어둘행 눈감을행(迥) [目+京] 眼(目部七畫)과同 [目+臽] [감][흡]目深貌눈우묵할감 目陷눈자위꺼질흡(勘)(洽) [目+先]

眼(目部七畫)과同 [目+盲] 盲(目部三畫)의俗字 睔。[곤]大目큰눈곤(願) [目+表] [표]著目視눈에대고볼표(蕭) [目+昆] 睔(前前條)와同 [臤/目]。[한]大目큰눈한(潸)

睆 [완]轉目눈굴릴완 開目눈뜰완 目深貌ㅣㅣ눈깊은모양완(翰)(寒) 晻。[엽][암]目閉눈감을엽、암義同(緝)(感) 瞁 [혁]驚貌놀랄혁(陌) 睙 [렬]轉視눈굴려볼렬(屑) [目+近] 昣(目部五

畫)과同 [目+定] [정]見也볼정(徑) 睖 [릉]直視貌ㅣ瞪노리고볼릉(蒸) 睘 [경]目驚視놀라볼경 無依ㅣㅣ의지없을경 睗。[석]速見빨리볼석(陌) [目+孟] [맹]有餘視덜볼맹(梗)

[啓/目] [계]省也돌아볼계 窺也엿볼계(霽) 睛 [정]目珠陽氣爲ㅣ눈동자정(庚) 睞。[래]遊眺흘금흘금볼래 傍視곁눈질할래 眷顧盼ㅣ돌아볼래(隊) 睜 [정]不悅視 眳ㅣ노리

고볼정(梗) [宓/目] [밀][묵]暫見얼핏볼밀、잠간볼밀 細視자세히볼밀、묵義同(質)(職) [目+長] [창]失志貌실심할창 大目눈이클창(漾) 睡。[수]眼也 坐寐졸수、졸음수(寘) [戔/目]。

瞀(目部八畫)과同

睠 [권] 顧也 돌아볼권 親屬 붙이권、친척권 勤厚意 ㅣㅣ근념할권 眷同 (霰)

睟 [수] 正視 바르게볼수 潤澤 윤택할수、흠치르르할수 (寘)

睇 [제] 目明 눈밝을제 (霽)

睢。[수] 浚儀水名 물이름수、휴 怒視 恣ㅣ성내어볼휴 瞋視 ㅣ盱눈휴

督。[독] 董也 감독할독 察也 살필독 率也 거느릴독 責也 꾸짖을독 勸也 권할독 中央 가운데독 催促 독촉할독 家ㅣ、長子 맏아들독 大將 대장독

⿱或目 [혁] 睢目貌 잠자는눈혁 (職)

⿻夾目。[구] 左右視 좌우로볼구 眲同 (尤)

睥 [비] 傍視貌 ㅣ睨 곁눈질하는모양비 睤同 (霽)

睧 [혼] 目暗 눈어두울혼 (元)

睦。[목] 親也 친목할목 和也 화목할목 目順 눈매고울목 信也 믿을목 敬也 공경할목 姓也 성목 (屋)

睪 罩(次條)의本字

⿰目享 [준][돈] 鈍目 둔한눈준 視不明 눈어두울돈 (震)(元)

罩 [역] 伺視 엿볼역、기찰할역 捕罪人 죄인잡을역 (陌)

睪 罩(前條)의古字

睨。[예] 斜視 흘겨볼예 日斜 해기울어질예 (霽)

⿱𠂉目 眉(目部四畫)의本字

⿱畚目 [압] 媚也 아첨할압 (洽)

睫 [첩] 目毛 眉ㅣ속눈썹첩 䀹、映同 (葉)

⿰⿱矛目攵 瞀(目部八畫)의本字

睬 [채] 注目貌 주목할채 (賄)

⿰目⿰幼力 [교] 拗也 우길교、비틀교 (巧)

睭。[주] 深也 깊을주 (有)

九

睮。[유] 諂也 ㅣㅣ아첨할유 (尤)

睱 [하] 緩視 천천히볼하 (禡)

睠 眷(次條)와同

⿱龹目 [당] 直視也 바로볼당 (緝)

⿰目叟 [수] 無目 판수수、장님수 瞍同 (有)

⿰目若 [말] 視也 볼말 (黠)

⿱殹目 [혼] 煩悶 번민할혼 (元)

⿰目枼 [접] 閉一目 한눈감을접 目眇視 한눈짜긋할접 (葉)

⿰目曷 [알] 目深黑貌 눈깊고검은모양알 (曷)

⿰目亭 [징][정] 安審視貌 자세히보는모양징、目睜 눈곱정 (庚)(靑)

⿰目冒。[모] 俯目細視 눈굽으려자세히볼모

⿰目禹 [구] 驚視貌 놀라서볼구 (虞)

⿱目⿰目目。[경] 目光 눈광채경 (迥)

眗 [후] ㅣ瞜、笑貌 웃을후 (虞)

⿰目修 [척] 失意視也 뜻잃고볼척 (錫)

睽 [휴] 瘠人視貌 여윈사람볼휴 目瞢貌 눈어두울휴 (齊)

睲 [성] 目精照 눈에광채날성 (庚)

睺 [후] 半盲 반판수후、한눈멀후 (有)

睴。[곤] 大目出 큰눈불거질곤 (願)

⿰目要 [요] 遠視 ㅣ眇 멀리볼요 (篠)

睹。[도] 見也 볼도 覩同 (麌)

⿰目戠 [재] 視也 볼재 反目 반목할재 (灰)

睷 [건] 以目計算 눈으로셈할건 (元)

⿰目英 [영] 深目 움펑눈영 視也 볼영 (庚)

睶 [춘] 大目 큰눈춘、왕눈춘 (軫)

睽。[규] 乖也 어그러질규 異也 다를규 反目 눈도리킬규 (齊)

⿰目咠 [즙] 目動 눈깜작일즙 淚貌 눈물날즙 (緝)

睼。[제] 迎視 마주볼제 坐見 앉아서볼제 (齊)

睃 [종] 相窺視 서로엿볼종 (董)

睻 暖(次條)와同

⿰目爰 [훤] 大目 큰눈훤

睯 [민] 俯視 굽어볼민 (眞)

睿 [예] 智也 지혜스러울예 通達 통달할예 深明 깊이밝을예 聖也 성인예 叡通 (霽)

⿰目匽 暥(目部十畫)과同

睾 [고] 陰囊睪丸 불알고 澤貌 ㅣ如윤택할고 (豪)

⿱⿱罒目廾 尊(寸部九畫)同

⿰目幸 眣(目部五畫)과同

瞀。[무] 無識 ㅣㅣ무식할무 亂也 어지러울무 目不明 눈어두울무 貿通 (有)

瞁 [혁] 驚視貌 놀라보는모양혁 (陌)

瞂。[벌] 盾也 방패벌 (月)

⿰目剌 [랄] 目子不正 눈바르지못할랄、눈엇뜨기랄 (曷)

十

瞇 [미] 眇目 애꾸눈이미 (紙)

瞉 [구] 無識 무식할

구愚也어리석을구㊒

瞦 [식] 視無見瞦ㅣ뵈지않을식㊋

䁞。[반] 轉目視눈굴려볼반

䁗 [개] 明也밝을개㊎

䁙。[언] 目相戲눈으로희롱할언 瞸同㊓

䁏 [요] 視貌眇ㅣ보는모양요美目어여쁜눈요㊌

䁄 [손] 目病눈병손㊓

瞋 [진] 怒而張目눈부릅뜰진㊉

瞍。[수] 目有眹無珠판수수,장님수 瞍同㊒

䁷 [마] 視也볼마㊑

瞌 [갑] 合眼坐睡ㅣ睡앉아졸갑欲睡貌졸음올갑㊌

䀮 [황] 目不明눈어두울황 眈同㊏

瞐。[막] 美目아름다운눈막深目움펑눈막㊐

䀠。[구] 畏視두려워서볼구㊐

䁱 [려] 索視貌찾아보는모양려㊍

䁾 [멸] 汚面낯더러울멸㊌

瞎 [할] 一目盲애꾸눈할,한눈멀할㊋

䁺 [각][학] 去目精눈빼일각失明눈멀학㊐㊑

瞏。[경] 驚視놀라볼경無依ㅣㅣ비틀거릴경 睘同㊏

䁆 眠(目部五畫)과同

瞑。[명][면] 目不明눈어두울명、翕目눈감을명、翕目눈감을면ㅣ眩、憒亂아찔할면劇也독할면 眠通㊍㊎㊏㊐

䁅 眇(目部四畫)과同

䁝。[앵] 目淨貌눈밝은모양앵 或音영㊏

䁠。[렴] ㅣ、目尾垂貌눈끄리처진눈렴㊋

䁓 [두] 目深也、ㅣ瞘눈깊을두㊒

䁐 [진] 淫亂음란할진㊉

𥈇 [간] 視也볼간㊋

十一

䁌。[경] 視不分明ㅣ矌눈희미할경㊏

䁍 [척] 見也볼척㊍

䁖 [등] 美目아름다운눈등㊎

䁢 [록] 目淨瞜ㅣ눈맑을록㊏

璇 [선] 目好貌ㅣㅣ눈매여쁠선㊎

䁒 [책] 目張눈부릅뜰책㊐

䁕 [밀] 不可測측량못할밀㊋

瞕 [장] 目生障翳눈에예막생길장㊑

䁸 覷(見部十一畫)과同

瞚。[순] 開闔目數搖눈꿈쩍거릴순㊓

䁊。[체] 察也살필체邪視결눈으로볼체視貌보는모양체㊍

瞖 [예] 眼疾ㅣ瞙안질예、눈에백태낄예㊍

瞙。[막] 目不明눈어둘막目瞖눈에백태낄막、예막막㊑

䁦 [적] 目堅눈곧은두설적㊐

瞘 [구] 深目貌눈깊은모양구 眗同㊒

瞗。[조] 熟視익히볼조㊌

瞛 [종] 目光눈에광채날종㊍

瞟。[표] 目小貌눈자그마할표ㅣ目病한눈멀표明察ㅣ瞭밝게살필표㊌㊌

瞞。[만] 平目반듯한눈만匿情相欺속일만慚也부끄러울만目瞼低也눈시울나직할만㊋

瞜 [루] 偏盲ㅣ睺애꾸눈루笑也眗ㅣ웃을루㊒㊓

䁨 [확] 驚視놀라볼확㊑

瞝 [리] 歷視거쳐볼리㊊

䁻 [어] 環眼馬ㄱ리눈말어㊋

瞠 [쟁][당] 直視똑바로볼쟁、당 義同 瞪同㊏㊍

瞢。[몽][맹] 目不明눈어둘몽義同、澤名雲ㅣ늪이름몽夢通、悶也답답할멍不明ㅣㅣ캄캄할맹 懵同㊍㊎㊏

瞡 [규] 眇視결눈질해볼규㊊

䀼 眒(目部五畫)의古字

䁞。[척][추] 失意視시름없이볼척、추義同㊍㊒

䁣 [관] 直視貌노리고볼관㊋

瞭 瞯(前前條)와同

𥊑 照(火部九畫)과同

瞿 睢(目部八畫)과同

䁗 眇(目部五畫)과同

䁍 [갑] 困悶眼졸린눈갑㊌

䁻。[리] 目耴눈쌍꺼풀질리㊊

瞓 [참] ㅣ眼눈꿈쩍일참中字

十二

瞤 [순] 目動눈깜짝일순㊉

瞮 [즙] 出淚눈물날즙㊌

瞥。[별] 暫見얼핏볼별ㅣ

ㅣ然 눈깜짝할별 覫、覧同 屑 瞺。층 目小作態 瞢ㅣ눈깨끗하게 모양지을층 蒸 瞾 훌 몽 濁埗 때낄훌 目不明 눈흐릴몽 月 送 瞺 흡 섭 視貌 볼흡、眇視 한눈으로 볼섭 緝 葉 瞸

핵 目病 눈병핵 陌 瞊。존 赤目 붉은눈존 元 [目+絜]。혈 目赤貌 瞲ㅣ눈붉은모양혈 屑 [目+棠] 瞠(目部十一畫)과同 瞦。희 瞳清 눈동자맑을희 支 [目+燊] 표 惡視貌

반갑지않게 볼표、몹시볼표 蕭 睶 잉 등 美目 아름다운 눈잉、見貌 크게볼잉、등 義同、片方 한쪽등 瞧 초 偷視 결눈질할초 竊視 엿볼초 蕭 [目+堯] 우 目深 눈깊을우 尤 瞩

矚(目部二十一畫)의 俗字 [目+逮] 태 不明瞍ㅣ눈흐릿할태 泰 瞪。증 直視貌 바로볼증 徑 瞬 순 目自動 눈곱짝일순 須臾ㅣ息 잠간순 眴通 震 瞮 철 目明 눈밝을철 屑

瞫。심 竊視 엿볼심 低目視 눈내리깔고볼심 寢 [目+喬] 휼 驚視 놀라볼휼 目深 눈움펑휼 質 瞰 감 俯視 굽어볼감、내려다볼감 矙通 勘 瞭 료 目明 눈밝을료 遠視、䁈正眸ㅣ

아득히보일료 蓧 [目+然] 연 形狀乖戾 어그러질연 銑 瞯。한 간 睍視 엿볼한、간 義同 覸同 删 諫 瞳 동 目珠ㅣ子 瞀之精 눈동자동 東 瞶 귀 極見 죄다볼귀 目無精 눈정기없

을귀 未 瞵。린 련 目精 눈정기린 視貌 보는모양린 从目隨 눈치챌련 震 眞 [目+買]。매 視貌 볼매 小視 조금볼매 佳 [目+掌] 징 定視 말고러미바라볼징 瞠俗字 或音쟁 敬 瞴。

무 微視ㅣ婁 잠간볼무 尤 [目+省] 眑(目部四畫)과同 [目+莽]。망 一目 漢 애꾸눈망 目不明 눈흐릴망 養 [目+䙴] 瞟(目部十一畫)과同 瞚 瞬(目部十二畫)과同 ⑬

瞍 수 顰也 눈살찡그릴수 尤 瞸 엽 瞼也 눈시울엽 葉 [目+亶]。전 視而止 보고그칠전 䁾。멸 眵也 눈곱멸 赤目 붉은눈멸 屑 瞹 애 目不明 눈흐릿할애 隱也 가

리울애 泰 [目+艮]。편 兒始生目有翳 갓난아이눈에 예맥있을편 銑 瞻。첨 仰視 쳐다볼첨、우러러볼첨 鹽 瞿。구 驚視ㅣㅣ 놀라볼구 心驚ㅣ然 마음놀랄구 [目+黽] 맹 直

視貌ㅣ盯 눈똑바로뜨고볼맹 庚 [目+睪] 역 明也 밝을역 陌 瞼。검 目上下弦屬脾病ㅣ澀 嗜臥 눈아래웃시울검 琰 瞾 조 目美 눈고울조 武后自制爲名 무측천

의이름조 照同 嘯 瞽。고 盲也 장님고、판수고 樂官、殷學ㅣ宗 전악고、풍류관원고 殷代學校 학교이름고 麌 [目+微] 미 伺視 엿볼미 [目目+另] 당 視也 볼당 陽 [目+夒] 휴 目多汁 눈곱

지적할휴、눈곱많을휴 尤 [目+劋] 瞟(目部十一畫)과同 [目+賈] 가 視也 볼가 禡 [目目+是] 照(火部九畫)과同 [目目+尚] 상 見也 볼상 陽 [目目+兔] 격 見也 볼격 陌 ⑭

[目+壽] 주 ㅣ眽、目動貌 눈움직일주 尤 [目+赫] 혁 目赤 눈붉을혁 陌 [目+屈貝]。굴 目突 눈불거질굴 月 [目目+旁] 면 명 見也 볼면 密也 은밀할면 先 青 [目+察] 찰 詳

視 자세히볼찰 黠 [目+縣] 읍 目睛中枯 눈동자속마를읍 俗音 급 緝 [目+舞] 瞴(目部十二畫)의 譌字 矇。몽 有眸無珠不見青盲 ㅣ瞍 청맹과니몽 東 矆。확 電

光ㅣ睒 번갯불확 大視 눈부릅뜨고 볼확 (藥) 矃 [녕] 視也 볼녕 (迥) 瞌。[감] 瞻視 처다볼감 (陷) 矅 睔(目部十七畫)과同 矄 [훈] 目暗 눈어두울훈 (文) 睔 睔(目部十七畫)과同

瞑 [명] 眉濶 눈썹넓을 명、간넓을명 (敬) 瞤 瞤(目部十二畫)과同 瞢 瞢(目部十一畫)의俗字 矆 [휴] 瞌ㅣ、面垢貌 얼굴

에때낄 휴 (齊) 矏。[면] 片目不明 외눈어둘 면、密也 빽빽할면 (先) 瞵 瞵(目部十二畫)의本字 矉。[빈] 顰縮 이맛살찌푸릴빈 恨張目 분하여 눈부릅뜰빈 頻、顰同 (眞) 矊 [면] 黑瞳 검

은눈동자면 (先) 瞘 [류] 温故復習 복습할류 決意 결심할류 暘 陽(阜部九畫)과同 ⑮ 矈 [매] 邪視 곁눈질할매 目際 눈가매 怒目 성나서 눈부릅뜰매 (卦)

瞝 [려] 視也 볼려 (齊) 矓。[삭][력] 美目 아름다운눈삭、暫視 잠간볼력 瞥見 얼른스쳐볼력 (藥)(錫) 矌。[광] 目無珠 청맹과니 광、눈동자없을광 (漾) 瞾 [목] 視無見

ㅣ瞽 뵈지 않을목 (職) 瞸 [렵] 病眼 병난눈렵 (葉) 矍。[확] 驚顧ㅣㅣ 놀라돌아볼확 健貌ㅣ鑠 건장할확 失容、ㅣ然 눈휘둥그릴확 地名ㅣ相 땅이름확 古音곽 矆。[멸] 目

眥傷赤 눈언저리 다쳐서 붉을멸 (屑) 䁥 矊(目部十四畫)과同 矎 [현] 目不正 눈부실현 (霰) 瞖 [의] 視也 볼의 (支) 矕 [반] 美目貌 아름다운 눈반 (刪) ⑯

矇 [몽] 寐言 잠꼬대할몽 (東) 矊。[현] 黑瞳子 검은 눈동자현 (銑) 曦 [희] 瞬也 눈깜짝일희 (支) 矋。[력] 目淨ㅣ䁖 눈맑을력 視明 밝게볼력 (錫) 矆。[유] 目病 눈병유 (支)

默 [묵] 聽ㅣ、欲睡貌 졸음올묵 驚貌 놀랄묵 (職) 矒。[맹] 視不明 瞪ㅣ 아리아리할맹 (庚) 矑 [로] 目瞳 눈동자로 視也 볼로 (虞) 矐 [확] 重目 겹동자확 光明 광채날확 害目失明 눈뺄확 (藥)

曣 曣(目部十畫)과同 瞢 瞢(目部十一畫)과同 暐 暐(目部八畫)의本字 ⑰ 隸 [례] 求視 자청하여볼례 (齊) 矒 [참] 怒視貌

성내여볼참 目深貌 움펑눈참 (咸) 應。[응] 定視 정하고볼응 (蒸) 睔 [요] 誤視 잘못볼요 (嘯) 矙。[란] 視貌 볼란 (刪) 靈 [령] 目光 눈광채령 (靑) 矆。[앵] 目無光ㅣ睽

눈에광채 없을앵 (庚) 䁥 [귀] 目也 눈귀 (微) ⑱ 瞟 瞟(目部十一畫)의本字 矖 [섭] 目動貌 눈움직일섭 (葉) 矙 [작] 目瞑 눈감을작 矔。

[관] 瞋目 눈부릅뜰관 轉目顧視 눈굴러돌아볼관 (翰) 矂 [취][휴] ㅣ眭、視也 볼취 恚視貌 성내어볼휴 藿 觀(見部十八畫)의古字 ⑲ 矕。[섭] 閉目 눈감을섭 (葉)

矗。[촉] 聳上ㅣㅣ 우뚝할촉 直也 곧을촉 草木盛貌 초목무성할촉 矖 [리] 索視貌 둘러볼리、찾아볼리 (支) 矕。[만] 目美貌 눈 예쁠만 (潸) ⑳ 矆。

[확] 顧也 돌아볼확 懼也 두려울확 (藥) 矘。[당] 目無精直視 눈정신없이볼당 (養) 矙 瞰과同 儼과通 矙 [감] 窺也 엿볼감 視也 볼감 瞰同 (勘) ㉑ 矚 [촉] 視

也眺ㅣ 볼족(沃)

⿰目纍。[류]視貌 볼류(支)

【二十三】

⿰目變 [변]閉目 눈감을변(霰)

【二十五】

⿰目蠻 [한]目無精 눈정기없을한 目不明 어두울한(删)

矛部

矛。[모]鉤兵如鋋而三廉 세모진창모 古音무(尤)

【三】

⿰矛刃 [뉵]剌也 날카로울뉵、날랠뉵(屋)

⿰矛勺 [격]矛也 창격(錫)

【四】

⿰矛殳 [혁]矛也 창혁 小矛 작은창혁(錫)(陌)

⿰矛丑。[뉴][뉵]刺也 찌를뉴、義同(有)(屋)

矜。[긍][근][환]戟鋋柲 창자루긍 哀也 슬퍼할긍 憨也 불쌍히여길긍 驕也 교만할긍 自賢 자랑할긍 惜也 아낄긍 竦也 두려울긍 경할긍 尚也 오이려긍 兢同、矛柄 창자루근 穫同、老無妻 늙은홀아비환 鰥同(蒸)(眞)(删)

矝。[혁]長矛 긴창혁(錫)

【五】

⿰矛也。[시]短矛 짧은창시(支)

⿰矛孖 矛(矛部○畫)과同

⿰矛号 [형][호]矛屬 창형、호의義同(敬)(晧)

【六】

⿰矛虫 [동]刺也 찌를동 矛也 창동(冬)

⿰矛⿱巛夕 [혁]矛也 창혁(錫)

⿰矛危 [귀]短矛 짧은창귀(紙)

【七】

⿰矛苟 矜(矛部三畫)과同

矞。[율]錐穿 송곳으로뚫을율 瑞雲 상서구름율 詭詐 궤휼할율 神名ㅣ皇 귀신이름율(質)

⿰矛侵 [침]錐也 송곳침(侵)

⿰矛良。[랑]短矛 짧은창랑(陽)

⿰矛夆 [봉]二枝矛 두갈래진창봉(冬)

⿰矛夋 [찬]矛也 창찬(寒)

⿰矛斤 [제]矛也 창제(霽)

矟 [삭]丈八尺矛馬上所持 긴창삭 槊同(覺)

【八】

矠。[색]刺取魚 작살질할색

⿰矛内。[납]矛木也 부드러울납(合)

⿰矛丑 [뉴]輭也 연할뉴、부드러울뉴(有)

【九】

⿰矛⿱臼殳 [종]錐也 송곳종(東)

⿰矛侯 [후]矛屬 창후(尤)

⿰矛侯。⿰矛侯(前條)와同

⿰矛建 [건]矛也 창건(阮)

⿰矛悤 ⿰矛悤(矛部十一畫)의 俗字

⿰矛施。[사][시]短矛 짧은창사、시義同(麻)(支)

⿰矛盾 盾(目部四畫)과同

⿰矛匽 [언]戟三刃者 삼지창언(阮)

⿰矛皆 ⿰矛咠(矛部十畫)과同

⿰矛英。[영]以羽飾矛 깃으로꾸민창영(庚)

【十】

⿰矛害 [개][갑]矛屬 창개、갑義同(泰)(合)

⿰矛咠 [용]矛屬 창용(冬)

⿰矛罘 [긍]寡也 적을긍(蒸)

⿰矛氣 [희]戰也 싸울희 弩也 쇠뇌희(寘)

⿰矛倉。[창][정]矟也 창창 槍同、彗星 欃ㅣ 혜성정(陽)(庚)

【十一】

⿰矛責。[척]矛屬 창척(陌)

⿰矛堇 [근]矛柄 창자루근 鉏耰 호미근 斧通(眞)(文)

⿰矛悤 [총]短矛 짧은창총(冬)

【十二】

⿰矛童。[충]短矛 짧은창충(冬)

⿰矛⿱山出 [율]出也 날율(質)

⿰矛答 [착]矠也 작살착(陌)

⿰矛象 [여]獬ㅣ、矛屬 창여(御)

【十三】

⿰矛解 [해]矛銳利貌 창날카로울해(蟹)

⿰矛蚤。[리]小矛 작은창리(紙)

⿰矛豊 [례]戟屬、鈒也 손창례(薺)

【十四】

⿰矛罝 [창]短貌 짧을창(陽)

⿰矛爾 [미]矛屬 창미(支)

⿰矛需 [연]軟弱 연약할연、가날플연(銑)

⿰矛與。[서]矛也 창서(語)

【十五】

⿰矛暴 [박]唐衛仗名ㅣ矟 나라위장이름박(覺)

【十九】

⿰矛贊。[찬]鋋也 如戟兩旁鋒刃下有鐏銳 창찬(旱)

【二十】

矡。[확]鉬也 호미확 矛屬 창확(藥)

【二十一】

⿰矛⿱賏女 ⿰矛贊(矛部十九畫)과同

矢部

矢。[시]箭也 화살시 嚆矢響箭 소리살시 誓也 맹세할시 直也 곧을시 施也 베풀시 糞也 똥시 屎同(紙)

【二】

矣。[의]語助辭 어조사의 語己辭、決辭 말그칠의(紙)

矤。

矧(矢部四畫)와同 矤 矧(矢部四畫)과同 𥎦 矢(矢部。畫)의古字 ㊂ 知。[지] 識也알지 覺也깨달을지 諭也이를지 主也주장할지 欲也하고자할지 智通 (支) ㊃

矧。[신] 况也하물며신 齒本이틀신 笑貌웃는모양신 哂同 (軫) 𥎿 族(方部七畫)의古字 矦 侯(人部七畫)의本字 矨 [영] 短小貌짧고작을영 (迥) ㊄ 𥏀 [법] 矢貌살모양법 (洽) 矩。[구] 正方器곱척구 法也법구 儀也거동구 榘同 (麌) 𥏝 知(矢部三畫)과同 𥏂 [조] 短也짧을조 (蕭) 𥏊 短(矢部七畫)과同 𥏐 [팔] ㅣ結、短貌짧을팔 (黠)

𥏇 疑(疋部九畫)의古字 𥏈。[절] 短貌짧을절 (屑) 𥏉 [지] 短小貌 𥏍ㅣ 짧고작을지 (支) ㊅ 𥏌 疾(疒部五畫)의古字 𥏒。[줄] 短也짧을줄 (質) 𥏑 [조] 矢也화살조 (篠) 𥏖 鏃(金部十一畫)의本字 𥏗。[주] 射鳥箭활고두리주 (尤) 𥏘 知(矢部三畫)의古字 𥏙 族(方部七畫)의古字 𥏚 [궤] 倦也게으를궤 擧足望발돋음하여바라볼궤 (紙) 𥏛。[갈] 短貌짧을갈 (黠)

㊆ 短。[단] 促也不長짧을단 欿點잘못단 指人過失사람의허물지목할단 夭死젊어서죽을단 (旱) 𥏜 [영] 小貌작을영 (梗) 𥏞 射(寸部七畫)과同 矬。[좌] 身短난장이좌 短也짧을좌 (歌) 𥏟 𥏠(矢部八畫)과同 𥏡 規(見部四畫)의本字 ㊇ 矮。[왜] 短人난장이왜 縮也줄일왜 (蟹) 𥏢 [굴] 短貌짧을굴 (物)

𥏣 [별] 戾也어그러질별 (屑) 𥏤 [괴] 短小貌짧고작을괴 (隊) 𥏥。[철] 短身키작을철 (屑) 𥏦 [형] 小貌작을형 (迥) 𥏧 [아] 短也짧을아 (禡) 𥏨 𥏠(前前條)와同 𥏩 [의] 短貌짧을의 痿也부스럼의 (紙) ㊈ 𥏪 唐(口部七畫)의古字 𥏫 [개] 矲ㅣ、短貌짧을개、키작을개 (蟹) 𥏬。[창] 傷也상처창 (陽)

㊉ 𥏭 雉(隹部五畫)과同 𥏮。[시] 待也기다릴시 (紙) (十一) 𥏯 智(日部八畫)과同 𥏰 智(日部八畫)과同 𥏱 𥏬(矢部九畫)과同 (十二) 𥏲 [복] 短人난장이복 (屋) 𥏳。[시] 短小貌짧고작을시 (支) 矰。[증] 弋矢ㅣ繳주살증 磳同 (蒸) 矯。[교] 揉箭正曲바로잡을교 詐也거짓교 擅也오로지할교 妄托망령되이부탁할교 勇也ㅣㅣ날랠교 強也굳셀교 擧也들교 橋通 (篠)

(十四) 矱。[확] 度也 榘ㅣ자확、법도확 彠同 (藥) (十五) 矲。[패] 短小貌작고앙징할패 (矮、ㅣ𥏉、ㅣ𥏴) (蟹) (十七) 𥐀 [영] 短也짧을영 (庚) (十八) 𥐁 [환] 短也짧을환 (寒)

石部

石。[석] 山骨土精氣核돌석 心如鐵ㅣ단단할석 量名十斗섬석 衡名百二十斤저울석 樂器八音之一경쇠석 投石돌던질석 ㊀ 矹。[알] 石貌돌모양알 (黠) 乭 [돌] 石也돌돌 人名사람이름돌 國字 石 石(石部。畫)과同 石 石(石部。畫)과同 石 石(石部。畫)과同 ㊁ 矹。[굴] 用心마음쓸굴 (月) 矶

砐(石部五畫)과同

𥐘。[박] 硝ㅣ、藥名 약이름박(覺)

后 石(石部。畫)과同

⿰石八 [팔] 石破聲 돌깨지는소리팔(黠)

三

矵。[적] 象石 돌무더기적 磧同(錫)

矷 [자] 小石 잔돌자(紙)

矼 [강] 聚石度水 돌징검다리강 慤實貌 성실한모양강(江)

矹 [올] 石厓不穩 硉ㅣ돌비탈올

矻。[굴] 勞極ㅣㅣ수고로울굴、고달플굴(月)

⿰石叉 [차] 小石 잔돌차(佳)

⿰石亡 [망] 石貌 돌모양망 山石 산돌망 沛邑山名ㅣ碭 고을이름망(陽)

矺 [탁] 打石 돌로칠탁 木名ㅣ鼠 나무이름탁(藥)

矽 [석] 石貫 석비러석(陌)

四

砂。[사] 沙也 모래사 丹ㅣ辰ㅣ 주사사 藥名 縮ㅣ砌ㅣ 약이름사(麻)

砃 [단] 赤石 붉은돌단(寒)

砄。[결] 石也 돌결(屑)

砉 [혁][획] 皮骨相離聲ㅣ然 백정의 칼쓰는소리혁、가죽과뼈가서로떨어지는소리획、혁義同(陌)(錫)

砅。[려] 履石渡水 돌밟고 물건널려 或音례(霽)

砇 [민] 美石次玉 옥돌민 玟同(文)

砏。[분] 雷聲ㅣ磤 우뢰소리분(文)

⿰石丰 [봉] 石次玉 옥돌봉(講)

⿰石厷 [횡] 石聲 돌소리횡(庚)

砆 [부] 美石碔ㅣ 무부옥돌부 玞同(虞)

砎 [길][개] 小石礣ㅣ 조약돌길、硬也 단단할개(質)(卦)

砋 [지] 擣繒石 다듬잇돌지 礪石 숫돌지(紙)

砍 [감] 折也 끊을감(感)

砌。[체] 階甃 섬돌체 門限 문지방체(霽)

砒 [비] ㅣ霜、毒石 비상비 磇同(齊)

砑 [아] 碾也 연아、맷돌아、熨縫之具ㅣ刀 인두아(禡) 中字

砐 [업] 山高ㅣ礏 산높을업 或音압(葉)

砕 碎(石部八畫)의略字

矻。[골] 磨也 문지를골(月)

研 硏(石部六畫)의俗字

砓 [설] 石山 돌산설(屑)

五

砡 [옥] 齊頭貌 머리를가지런히할옥(沃)

砝 [겁] 硬也 단단할겁 石聲 돌소리겁(葉)

砠 [저] 石山戴土 돌산에흙덮힌저 岨俗字(魚)

砞 [말] 碎石 부서진돌말(曷)

砟 [사] 碑石 비석사、빗돌사(禡)

砥。[지] 磨石 숫돌지 平也 평평할지 玉名ㅣ砆 옥이름지 ㅣ礪、節操

砢。[가] 石貌磊ㅣ 돌모양가(哿)

砤 砤(次條)와同

砣 [타] 飛磚戲 팔매질할타 碾輪石 연자매타、맷돌타 墒、碃同(歌)

⿰石失 [질] 砲ㅣ、弩也 돌쇠뇌질(屑)

⿰石矢 [시] 石落聲 돌떨어지는소리시(支)

砦 [채] 壘也 진칠채 木柵藩落 목책채、울타리채 寨同(卦)

砧。[침] 擣衣石 방칫돌침、다듬이돌침 碪同(侵)

⿰石丘 砥(石部五畫)의俗字

⿰石庁 [청] 碑材 비석돌청(青)

⿰石此 [자] 石名ㅣ黃 자황석、누런돌자(支)

⿰石冬 [동] 石墜聲 돌떨어지는소리동(董)

砭。[폄] 石鍼、以石刺病 돌침폄 砨同(鹽)(豔)

⿰石付。[부] 白水晶 흰수정부(遇)

⿰石圣 [괴] 美石似玉 옥같은돌괴(卦)

砬 [립] 藥石能制藥毒 약돌립(緝)

⿰石主 [주] 石櫃 돌궤주(寘)

砩 [폐] 以石遏水 보막을폐(隊)

⿰石𡱂 碾(石部十畫)의本字

砪 [모] 藥名雲ㅣ 돌비늘모 古音무(有)

砯 [팽] 水急打巖聲 물이바위에부딪치는소리팽(蒸)

砱 [령] 石孔 돌구멍령 玉聲 옥소리령 礫也 조약돌령(青)

砮。[노] 石鏃 돌살촉노(虞)(遇)

砰 [팽] 水石聲砯ㅣ 여울물소리팽(庚)

砲 [포] 以機發石 돌쇠뇌포、방포포 大ㅣ、ㅣ擊 큰대포포 礮同(效)

砲

砲(前條)와同

砂 [진]石不平貌 돌험상스러울진 防水石 방천돌진、돌무두진 (眞)

砯。[반]大石 큰돌반 (寒)

破 [파]裂也 劈也 깨트릴파 物壞 깨질파 敗師 亡사패할파 盡也 讀ㅣ다할파 割也、ㅣ竹之勢 갈라질파 曲名 곡조이름파 (箇)

砳。[력]二石相擊成聲 돌마주부딪치는소리력、각 義同 (藥)(覺)

砛 [진]石重密累積貌 돌빽빽히쌓일진 (軫)

砞 [사]石垂貌 磣ㅣ돌드릴사、돌매달사 (馬)

砎。[갈]小石 작은돌갈、자갈갈 (黠)

⑥

⿰石戎 [융]石也 돌융 (東)

硃 [주]丹砂주 사주 (虞)

硋 [의]石聲 돌소리의 (微)

硅。[규]礦石之一 玻璃原料、ㅣ素 유리만드는흙규 石也ㅣ酸 形若水晶 돌규 (齊)

硄。[광]石色潤澤 돌빛윤택할광 (陽)

硈 [할]堅固ㅣ然 견고할할 (黠)

⿰石臾 [유]石似玉 옥같은돌유 (虞)

⿰石舟 [주]石也 돌주 (尤)

⿱仒石 [점]撑柱 버팀대점 (豔)

硇 [뇨]藥石ㅣ砂 약돌뇨 (肴)

⿰石兆 [요]山田 돌자갈밭요 古音교 (篠)

⿰石先 [선][손]美石次玉 옥돌선、손 義同 (先)(阮)

⿰石夸。[과]盤石 반석과、편편한돌과 (麻)

硉 [률]石轉 돌구를률 石崖ㅣ矶 돌비탈질률

⿱巩石。[공]水邊石 물가돌공 (腫)

䂮 [략]磨刃利也 칼갈략 (藥)

硊 [위]石山貌 硊ㅣ돌산모양위 (紙)

硎 [형]砥石 숫돌형 谷名 형곡형 (靑)

⿰石卉 [알]石貌 돌모양알 (曷)

硍。[간]石有痕 돌에흔적있을간 (願)

硌。[락]石貌 磊ㅣ돌모양락 山上大石 큰바위락 (藥)

研。[연]礦也 갈연、연마할연 究也 궁구할연、연구할연 硯古字 (先)

硐 [동]磨也 갈동 以刀通竹節 鏓ㅣ대마디뚫을동 (董)

⿰石𡿺 磂(石部九畫)의略字

⿰石牙 [오]礁也 돌망치오 (遇)

⑦

硝。[초]藥石 硭ㅣ망초초 ㅣ石 유리만드는돌초 古音소 (蕭)

硜 [갱]小人貌 ㅣㅣ알랑알랑할갱

⿰石尾。[미]磨石 돌갈미 (尾)

⿰石牢 [로]石器 돌그릇로 (豪)(皓)

硡 [굉]石落聲 돌떨어지는소리굉 (庚)

䂤 [부]石破聲 돌깨뜨리는소리부 (尤)

⿰石兌 [예]磨使消盡 갈아없앨예 (霽)

硟。[천]展繒石 집펴는돌천、쟁치는돌천

硠。[랑]石聲ㅣ磕ㅣㅣ 돌소리랑 堅也 단단할랑 (陽)

硩。[척]挑摘 팔매질해서딸척 官名ㅣ蔟 벼슬이름척 (錫)

硤 [협]縣名ㅣ石 고을이름협 (洽)

硨 [차]ㅣ磲、石似玉 옥같은돌차 (麻)

⿰石甫 [보]碻也ㅣ磓 멧돌보 (麌)

硧 [용]磨石 숫돌용

硰 [좌]碎石 부스러진돌좌 (哿)

⿰石矣 [시]石墮聲 돌떨어지는소리시 (紙)

⿰石形 [경]磨石 숫돌경 (庚)

硬 [경]強也 굳셀경、견강할경、억셀경 堅牢 딱딱할경、단단할경 鞕同 (敬)

硪。[아]石巖 바위아 山高 破ㅣ산높을아 (哿)

硫 [류]藥石ㅣ黃 유황、황류、석류황류 磂同 (尤)

硯。[연]研墨石 벼루연 石滑 돌연 (霰)

硭 [망]藥石ㅣ硝 망초망 (陽)

确。[학]石地犖ㅣ 자갈땅학 嶨同 (覺)

⿰石赤 [적]地名ㅣ城 땅이름적 國字

⿰石系 硭(前前條)와同

⿱者石 [사]小石 잔돌사 樓煩地名 땅이름사 (麻)

硱。[곤]石落貌ㅣ碖 돌떨어질곤 (阮)

⿰石言 [언]考也 생각할언 (先)

硲 [곡]峽也 산골짜기곡

⑧

硼 [평][붕]石名 평돌평 藥名ㅣ砂 약이름붕 (庚)(蒸)

⿰石刑 硎(石部六畫)과同

硻。[경]堅也 굳을경 剛也 굳셀경 (庚)

⿰石乖 [괴]石貌 돌모양괴 碎也 부슬괴 (佳)

硯。[연] 人名 사람의 이름연 硏同 (先) 硺 [탁] 擊也 칠탁 (覺) [石岸] [학] 磑也 맷돌학 硹 [숭] 地名 땅이름숭 (東) [石爭] [정] 破聲 깨어지는소리정 石聲 돌소리정 (庚) 硾。[추] 鎭也 누를추 擣也 다듬을추 笮也 짤추 磓同 (寘)

硿。[공] 築石 ㅣ青 공청공 石落聲 돌떨어지는소리공 (東) [石長] [정] 磨也 갈정 塞也 막힐정 (敬) 硱 [균] 石危 돌위태할균 (眞) 碁。[기] 圍ㅣ 바둑기 棊同 (支)

[石矣] 硋(石部六畫)과同 [石卓] [조] 石高 돌높을조 [石妻] [취] 磑也 매취 (隊) [石來] [래] 磨也 갈래 (賄) [石沓]。[답] 踏碓舂米 방아디딜답、쌀찧을답 (合) 碃 [청] 青石 푸른돌청 (青)

碄。[림] 深貌 ㅣㅣ 깊을림 (侵) 碌 [록] 綠石 푸른돌록 石貌 돌모양록 石地不平ㅣ䃉 자갈땅록 庸貌 ㅣㅣ 용렬한 모양록 [石婆] [파] ㅣ繳、石可爲弋鏃 돌살촉파 磻通 (歌) 碊

[천][찬] 阪也 언덕천 跂也 버릴찬 (先)(銑) 碇 [정] 錘舟石 닻돌정 ㅣ泊 배멈출정 (徑) 碉 [주] 石堂 돌집주 (蕭) 碎。[쇄] 細破 부술쇄、부서질쇄 煩ㅣ、靡密 잘쇄 (隊) [石建] [첩] 山連貌 산이연접할첩 (葉)

[石昏] 碈(石部九畫)과同 碍 [애] 阻也 막힐애 碑。[비] 刻石紀功德 비석비、비둘비(宮室廟屋墓隧之碣鐫文於石皆曰ㅣ) (文) [石亞]。[아] 地形不平 磈ㅣ 지형험할아、돌자갈땅아 石名 돌이름아 (麻)

碏 [작] 敬也 공경할작 石雜色 잡된돌빛작 (藥) 碐 [릉] 石險 돌험할릉 (蒸) [石昆] [곤] 鐘病聲 종소리털털할곤 (阮) 碒 [음] 深險 嶔ㅣ 내내험할음 (侵)

碔 [무] 美石 碔砆 무부무 珷同 (麌) 碓。[대] 舂具 水ㅣ 방아대 水輪車 물방아대 (隊) [石巛止] 磻(石部九畫)과同 碕。[기] 曲岸 굽은낭떠러지기 長邊 벼랑기 埼、隑同、崎通 (支)(微)

碖 [론] 石落貌 碖ㅣ 돌떨어질론 (阮)

九

碢。砣(石部五畫)과同 碈 珉(玉部五畫)과同 碝。[연] 美石次於玉 아름다운옥돌연 瑌同、瓀通 (銑) 碂 [종] 石也 돌종 (東) [石皆] [개] 黑石似玉 옥같은돌개 (佳) 碠 [정] 石亭 돌정자정 (青) 嵒。[암] 險也 험할암 山不齊貌 산높고낮을암 巖也 바위암 (咸)

碟。[혈] 治皮 가죽다룰혈 (屑) [石直] [저] 磑也 碓ㅣ 맷돌저 (語) 碦 [각] 堅石 단단한돌각 (陌) [石育] [타] 飛磚戲 돌팔매 碨輪ㅣ石 연자매타

碥 [편] 乘降履石 노두돌편、디딤돌편 水疾 厓傾 물닥쳐언덕무너질편 古音변 (銑) 碤 [영] 石之有文彩者 회반석 碣。[갈][계] 碑也 비석갈、비갈 海山名ㅣ石 산이름갈 碧。[벽] 深青色 깊게푸를벽 青美石 푸르고아름다운돌벽 (陌)

碩。[석] 大也 클석 充實 실할석 (陌) 碨 [외] 地不平ㅣ磊 돌자갈땅외 碫 [단] 礪石 숫돌단 打鐵 쇠를칠단 鍛同 (翰) 碪 [침] 擣衣石 다듬잇돌침 砧同 (侵)

[石日土]。[녈] 明礬別名 백반녈 (屑) 碮 [제] 砧也 다듬잇돌제 隄也 방축둑제 (齊) 碬。[하] 礪石 숫돌하 (麻) 碑 碑(石部八畫)과同 [石彖]。[대] 落也 떨어질대 墜本字 或音추 (隊)

碭。[탕] 文石 무늬돌탕 白氣 흰기운탕 溢也 넘칠탕 山名 芒ㅣ 산이름탕 (漾) [石垔] [진][인] 石也 돌진 山名 산이름인 (眞) [石奓] [차] 石垂貌 ㅣ砎 돌매달아놓을차 (馬)

磁。[자] 石名可以引鐵 자석자、지남석자 ㅣ器 사기그릇자 (支)

碅 磁(石部十畫)의 略字

碯 [노] 文石 碼ㅣ마노노、무늬진돌노 瑙、瑙同 (皓)

碰 掽(手部九畫)의 俗字

[illegible]。[지] 礪石 숫돌지 (紙)

碡 [독] 磨田器 碌ㅣ발고르는기계독 (沃)

碴 [사] 稜尖也 모지고뾰족할사 (麻)

十

碻 確(石部十畫)와 同

確。[확] 堅實 확실할확 堅也 굳을확 (覺)

[illegible]。[사] 小石 조약돌사、자갈사 (哿)

碾 [년] 轢物器 맷돌년、연자매년 (霰)

碼 [마] 英國度名三尺 야아드마 美石次玉 ㅣ瑙 옥다음가는돌마 瑪同 (馬)

磁 磁(石部九畫)과 同

碽 [공] 擊石聲 돌치는소리공 (東)

[illegible] [반] 石文 돌무늬반 鋪石貌 돌을깔반 (刪)

礐。[락] 石相扣聲 ㅣ確 돌서로부딪치는소리락 (覺)

[illegible] [건] 礎也 주춧돌건 (先)

[illegible] [설] 磨石也 갈설 碎石 돌부술설 (月)

[illegible] [격] 石地惡 돌많고 토박한땅격 (陌)

[illegible] [궁] 石落聲 돌떨어질소리궁

[illegible] [구] 碻也 디딤돌구 甃井 벽돌우물구 礴也 돌무더기구 (有)

磂 [류] 石藥 硫黃 유황류 硫同 (尤)

磆 [활] 藥名ㅣ石 활석활

磃 [체] 恠石 磄ㅣ괴석체、사 館名ㅣ氏館 집이름사 (齊)(支)

[illegible] [오] 石阿 돌언덕오 小障 차면담오 (虞)

磄。[당] 恠石 ㅣ磃 괴상스러울당 (陽)

[illegible]。[악] 石險 돌험할악 (覺)

磅 [방][팽][방] 隕石聲 돌떨어지는소리방、地形ㅣ礴 땅우툴두툴할팽、英國貨幣單位名 파운드방、十二兩重 열두냥중방

䃺 [박][착] 石ㅣ、岸也 언덕박 礫也 자갈착、조약돌착 (覺)

磇 [비] 毒石ㅣ霜 비상비 砒同 (齊)

磉。[상] 柱下石 礎也 주춧돌상 (養)

磊。[뢰] 衆石重疊 ㅣㅣ 돌첩첩할뢰、돌무더기뢰 礨通、奇偉 ㅣ落 기곳할뢰 魁貌 ㅣ砢 장대한모양뢰 (歌)

磏。[렴] 赤色 붉은빛렴 礪石 숫돌렴 磏同 (鹽)

磋 [차] 磨也 갈차 (歌)(箇)

磎 [계] 石澗 시내계

磌 [전] 柱下石 주춧돌전 石落聲 돌떨어지는소리전 (先)

磍。[할] 盛怒 礣ㅣ 대단히성낼할 石地不平 ㅣ礣 험한자갈땅할

碏 [착] 礪石 숫돌착 (藥)

磓 [퇴][추] 落石 돌떨어트릴퇴 鎮也 누를추 唯通 (灰)(寘)

磑。[애][외] 磨也 맷돌애 堅也 단단할애、積也 쌓을외 (隊)(琰)

磐 [반] 大石 반석반、너럭바위반 ㅣ牙、連結 연이을반 ㅣ礴、廣大貌 휘넝그렁할반 (寒)

磒。[운] 落也 떨어질운 ㅣ石 별똥운 (文)

磔。[책] 刑名 ㅣ市 능지할책、찢을책 裂體剔肉死刑 육시할책 (陌)

磤 [은] 砏ㅣ、雷聲 우뢰소리은 (吻)

磕。[갑][개] 石聲 돌소리갑、石相築聲 돌쌓는소리개 礚同 (合)(泰)

[illegible] [랍] 破物聲 ㅣ礏 깨지는소리랍 (合)

十一

磞 [팽] 擊石 돌때릴팽 或音 붕 (庚)

磚 [전] 燒墼甓也 벽돌전 瓦也 기와전 甎同 (先)

[illegible] [록] 石也 돌록 (屋)

磝 [오] 山多小石 산에돌많을오 山高貌 산우뚝할오 (豪)

磛。[참] 山險 산험할참 (咸)

[illegible] [루] 石多 돌많을루 (尤)

[illegible] [갱] 堅也 단단할갱 (庚)

[illegible] [담] 石ㅣ、藥名 약이름담 (感)

磣。[삼] 物雜沙 모래섞일삼 (感)

[illegible] [앙] 石聲 돌소리앙 (陽)

磢 [창] 瓦石洗物去垢 기왓가루창

磟 [륙] 石輥 ㅣ碡 돌곰배륙 (屋)

磠 硇(石部六畫)과 同

[illegible]。[막] 沙漠 모래바다막 (覺)

[illegible] [적] 水番車 물레방아적 矴本字 (錫)

磨。[마] 治石 琢ㅣ 갈마 礳同、石磑 맷돌마 摩擦 만질마 (歌)

[illegible] [하] 石裂 돌벌어질하 (禡)

磦 [표] 山峰出

貌산봉우리우뚝할표(蕭) **磧**。[적]水渚有石ㅣ歷물가자갈적 沙漠모래벌적(陌) **⿱殹石**。[예]美石黑色아름답고검은돌예(齊) **磥** 磊(石部十畫)과同 **⿰石鄉**

[곽]石棺돌관곽(覺) **磪**。[최]險高험하고높을최(灰) **磩**[척]碤ㅣ、石次玉옥돌척(錫) **⿱孰石**[숙]石聲돌소리숙(屋) **磫**[종]石路돌길종(冬) **磬**[경]樂器玉ㅣ石

ㅣ경쇠경 騁馬말달릴경 僂身ㅣ折몸굽힐경 縊也목맬경 激事掉ㅣ일격동할경 罄通(徑) **磤**[은]雷聲硍ㅣ우뢰소리은 殷、隱通(文) ⑫ **⿰石爲**[훼]敗也패할훼 毀同(紙) **⿰石替**[잠]石

門돌문잠 小石자갈잠(侵) **⿰石虛**。[허]輕石가벼운돌허(魚) **⿰石斯**。[시]磨也갈시(支) **⿰石欽**[금]深險連延貌ㅣ硷깊고험하게연한모양금(侵) **磯**。[기]水激石물이돌에부딪칠기 水中磧물속자

갈기、낚시터기(微) **磲**。[거]石似玉碑ㅣ옥같은돌거 大蛤큰조개거(魚) **⿰石厥**[궐]發石돌뜰궐(月) **磷**。[린]玉石符采ㅣㅣ옥과돌이문채날린 雲母돌비늘린 薄石얇은돌린(眞)(震) **磶**[석]礎

也주춧돌석(陌) **磳**[증]石貌돌모양증(蒸) **⿰石肅**[숙]砥石玄ㅣ검은숫돌숙(屋) **磵**。[간]碤ㅣ、山夾水산골시내간、석간수간 澗通(諫) **⿰石最**。[최]小石자갈최(泰) **磴**[등]登

陟路올라가는길등 嵓巖ㅣ石橋돌다리등、돌사닥다리등 嶝同(徑) **磻**。[반]鳳翔溪名시내이름반 潘通、파 石磻돌살촉파(寒) **⿰石奠** 矴(石部二畫)과同 **⿱敦石**[돈]石可踞걸터앉을돌돈(元)

磹[점]電光磹ㅣ번갯불번쩍거릴점(琰) **磺**[광][황]銅鐵樸石쇳돌광、石名、硫黃돌이름황(梗)(陽) **⿰石毳**[취]石破돌깨어질취 **磼**。[잡][섭]山高貌ㅣ礏산높은모양잡 物破聲礏ㅣ물건깨지는소

리섭(合)(葉) **⿱隆石**[륭]石落聲硠ㅣ돌떨어지는소리륭(東) **磾**[제]染色黑石물들이는검은돌 人名金日ㅣ사람이름제(灰) **磽**。[교]磽地자갈땅교 堅硬단단할교 石不平돌

편편치못할교 磬石경쇳돌교 礉通(肴) **礁**。[초]水中巖暗ㅣ암초초 水中石물속돌초、中字義同 **⿰石脩**。[소]破也깨질소(篠) **磵** 磵(石部十二畫)과同 **磿**[력]石聲ㅣ조약돌

대그락대그락할력 燕宮名、ㅣ室연나라궁이름력(錫) ⑬ **礊**[혁]鞭聲채찍소리혁(陌) **礆**。[검]石險돌험할검(琰) **礉**[교][핵]石不平돌험할교 磽同、刻也각박할핵(效)

礈[추]落也떨어질추 墜、⿰石彖同(寘) **礎**。[초]柱下石礩也주춧돌초(語) **⿰石戡**[침]用石琢돌로칠침(寢) **礍**[갈]石貌돌모양갈(曷) **⿰石戢**[즙]石高돌높을즙(緝) **礌**。

[뢰]推石自高而下돌내려굴릴뢰 象石돌무더기뢰 礧同(隊)(錫) **磏**[렴]礪石숫돌렴(鹽) **⿰石詹**。[담]藥名石ㅣ治癎약이름담(石ㅣ、石中有、汁如膽汁酸辛氣寒、治諸石癎石淋、目痛)(感)

⿰石嵬[외]石多貌돌많을외(賄) **礏**[급]山高貌礏ㅣ산높은모양급(緝) **礔**[벽]ㅣ礰벽력 霹同(錫) **礓**[강]小石ㅣ礫조약돌강(陽) **礒**[의]巖也바위의(紙)

礑[당]底也밑당(漾) **⿱鄉石** 響(音部十三畫)과同 **⿰石感**[감]封禪所用石 篋돌함감(感) ⑭ **礙**。[애]止也그칠애 距也항거할애 妨也방해로울애 **⿰石蒦**[력]耕

具石犁돌보습력(錫) **磌**。[빈] 碎石聲돌부스러뜨리는소리빈(眞) **⿱鼓石** [척] 夜警鼓야경북척(錫) **礘**。[급][압] 砬ㅣ、石聲돌소리급 石貌돌모양압(緝)(合) **礚** [개] 石聲硠ㅣ돌소리개 磕同(泰) **礞**。[몽] 藥石青ㅣ石청몽、석몽、약이름몽(東) **礛** [감] 磨玉礪石ㅣ⿰石諸옥가는숫돌감(感) **礠** 磁(石部十畫)과同 **⿰石盤** 磐(石部十畫)과同

礤 [찰] 姜ㅣ、石名돌이름찰(黠) **礜**。[여] 石名白ㅣ、毒鼠肥蠶돌이름여(御)

⑮

礧 [뢰] 推石自高下돌굴려내릴뢰 礌、檑同、山貌磈ㅣ산높을뢰(隊)(紙) **礣**。[말] 小石자갈말 堅也단단할말(曷) **礦** [광] 金銀銅鐵樸쇠돌광 鑛、磺同(梗) **礦** 磺(石部十二畫)과同 鑛(金部十五畫)과同 **礤**。[찰] 粗石거친돌찰、껄끄러운돌찰(曷) **礥**。[흔][현] 難貌어려운모양흔、艱險간험할현 剛強딱딱할현(眞)(先) **⿰石截** ⿰石戠(石部十七畫)과同 **礉** [수] 石也돌수 **⿰石慮** [려] 石堅돌단단할려 石名돌이름려(語) **礬**。[번] 涅石백반번(藥材、染料) 花名山ㅣ꽃이름번 俗音반(元) **礨** [뢰] 小穴ㅣ空작은구멍뢰 小封개미둑뢰 磊同(賄) **礫**。[력] 小石자갈력 丹沙주사력(錫) **礩**。[질] 柱下石주춧돌질(質) **礪**。[려] 砥石숫돌려 磨也갈려(霽)

⑯

⿰石親 [친] 水中石물속돌친(震) **⿰石諸** [저] 治玉礪石礛ㅣ옥가는숫돌저(魚) **礰** [력] 迅雷霹ㅣ벼락력 的ㅣ、明也밝을력 靂同(錫) **礭** [각] 鞭也채찍각 確通(覺) **礮** [포] 以機發石장군포 兵機彈돌탄알포 **礱**。[롱] 礲也 磨ㅣ갈롱 礲也맷돌롱(東)(送) **⿰石褭** [뇨] 山曲산끄불끄불할뇨(篠) **⿰石嬴** [영] 石名돌이름영 翫也완상할영(庚) **礲** 礱(石部十六畫)과同 **⿰石褱**。[괴] 小石조약돌괴(灰)

⑰

⿰石韱。[섬][섭] 電光ㅣ礴번개빛섬 或音섭 ⿰石戠同、磕石부싯돌섬(葉) **礴** [박] 地形旁ㅣ땅형세박 裸體盤ㅣ벌거벗을박 充塞가득할박 廣裸넓게덮일박(藥) **⿰石暴** [박] 石聲돌소리박(藥) **⿰石闌**。[란] 玉石貌옥돌란(翰) **礢** [양] 軟石연한돌양(養)

⑱

⿰石雜 [잡] 雜石多貌잡석많을잡(合) **礶** [구] 青礪石푸른숫돌구(虞) **礧** 磊(石部十畫)의俗字 **⿰石闕** [궐] 石也돌궐 **⿱雔石** ⿰石雔(石部十八畫)과同 **⿰石瞿**。[구] 青礪石푸른숫돌구(虞)

⑲

礸 礤(石部十五畫)과同 **⿰石靡**。[마] 治玉琢ㅣ옥다듬을마 磨本字(歌)

⑳

礹。[엄] 石山돌산엄(鹽)

㉑

⿰石霸 [파] 砧也방칫돌파(禡) **⿰石蘭** [란] 玉石貌옥돌란(翰)

㉒

⿰石羅 [라] 石山돌산라(哿) **⿰石囊** [낭] 山隈산모퉁이낭 ⿰山囊同

㉙

⿰石鬱 [울] ㅣ⿰石囊、小石작은돌울(物)

示部

示。[시][기] 呈也바칠시 垂ㅣ보일시 敎也가르칠시 視通、神ㅣ귀신기 祇同(寘)(支) **⺬** 示(前條)와同 **礻** [시] 部首名보일시변

①

礼 禮(示部十三畫)의古字 **礼** 禮(示部十三畫)의古字 **礼** 禮(示部十三畫)의略字

②

礽 [잉] 福也복잉 就也나아갈잉(蒸)

③

社。

社 사 主土神ㅣ稷 땅귀신사、사직사ㅣ團、會ㅣ 단체사ㅣ說 세상사ㅣ日 사일사 社 社(前條)와同 祁。기 大也 클기 성할기 礿。약 春祭名 봄제사약 (藥) 祀。

사 祭也 제사사、年也 해사 禩通 (紙) ❹ 祆。천 火ㅣ 귀신천 祋 궤 祭山 산제지낼궤 庋同 (紙) 祅。요 災也 재앙요 (蕭) 神 충 虛也 빌충 (東) 祉。

지 福也 복지 (紙) 祈 기 禱也 求福 기도할기、빌기 告也 고할기 報也 갚을기 徐也ㅣㅣ 천천할기 (微) 祇。기 지 地神 지신기 安也 편안할기 大也 클기 示通、敬也 공경할지 但也 다만지 適也 마침지 祗通 (支)

祉 祉(前條)와同 [礻夫] 부 祭名 제이름부 (虞) [礻比]。비 奉祭 제사지낼비 (紙) 祋。대 탈 殳也 창대、탈 義同 (泰)(曷) 祊。팽 廟門祭神 사당문제사팽 閍通 (庚)

[礻亓] 祺(示部八畫)의古字 衮 頭(頁部七畫)의古字 [⿱旧示] 祟(示部五畫)과同 ❺ 祏。석 廟中藏主石室 宗ㅣ 종묘돌감실석 (陌) 祓。불 祭名 除

災求福 제사이름불、푸닥거리할불 除也 덜불 潔也 맑을불 (物) 祐 우 神助 귀신이도울우 幸也 다행할우 (宥) 祐。祐(前條)와同 [礻可] 가 祭也 제사가 (歌) [礻世] 예 祭也 제사예 (霽)

祕。비 密也 비밀할비 隱也ㅣ閉不宣 가만히할비、숨을비 神也 귀신비 秘同 (寘) [礻弗] 祓(示部五畫)과同 祔。부 祭名 제사이름부 合葬 합장할부 (遇) [礻主] 주 廟中石室 돌감실주 (麌)

祖 조 父之父 할아비조 始也 비로소조 祖。祖(前條)와同 袂 殃(歹部五畫)과同 祚 조 福也 복조 位也 지위조、자리조 歲也 해조 祿也 녹조 (遇) 祗 지 敬也 공

경할지 謹也 삼갈지 (支) 祘。성 省也 살필성 (翰) 祙 미 山神 산귀신미 (寘) 祝。주 축 祭贊願也 축원할주、贊主人饗神者 쯔ㅣ 빌축 織也 짤축 斷也 끊을축 始也 비로소축 呪通 (宥)(屋) 祝

祝(前條)와同 祛 거 卻也 물리칠거 強健ㅣㅣ 굳셀거 散也 흩어질거 禳也 기도할거 (魚) 神 신 靈也 陰陽不測之謂 귀신신、영검할신ㅣ明 신통할신 天ㅣ 하느님신 ㅣ經 정신신 (眞) 祠。사 廟

也 사당사(將營宮室、先立ㅣ堂) 春祭名 봄제사이름사 (支) 祜。호 福也 복호 (麌) 祟。수 神禍 빌미수(禍앙 之徵 鬼神所以示人) (寘) 祡。시 燔柴祭天 햇불켜고 천제지낼시 柴通 (佳) 祭

祭(示部六畫)의俗字 祀 祀(示部三畫)과同 [礻丘] 祗(示部五畫)과同 祢 禰(示部十四畫)과同 ❻ 祦 오 福也 복오 (麌) [礻𠂢] 맥 神也 귀신맥 (陌)

祣 려 山川祭名 여제사려 (語) [礻因]。禋(示部九畫)과同 祥。상 幸福 상서상 福也 복상 吉也 길할상 吉凶之兆、災異 조짐상 祭名 제사상(父母喪期 而小ㅣ、再期而大ㅣ) 祥

祥(前條)와同 祤 우 縣名 祋ㅣ 고을이름우 (麌) 祧。조 遷遠祖廟 천할조、사당조 (蕭) [礻危] 궤 廢廟之主 폐한사당신궤 祖也 한아비궤 (紙) 票。표 動

搖貌 흔들릴표 火飛 불날릴표 傳ㅣ 문서표、표표、쪽지표 輕擧貌 가벼울표 勁疾ㅣ姚 날랠표 嫖同 (蕭)(嘯) 祮 활 祭也 제사활 (曷) 祩 주 詛也 방자할주、저주할주 (虞) 祭。

[제][채]祀也人事至於神제사제、기고제、姓也 성채 (霽)(卦) 禮 禱(示部十四畫)과同 䄃 殃(歹部五畫)의古字 祮 祰(示部七畫)과同 ❼ ⿰礻肖 [조]福也 복조 (蕭)

祰。[고]禱也 빌고告祭고유제고 (皓) ⿰礻酉 [유]燎柴祭天 홰불켜고 천제지낼유 槱通 (有) ⿰礻𡉚 社(示部三畫)의古字 祱 [세]祭也 제사세 (霽) ⿰礻𠯑 祮(示部六畫)의本字

⿰礻我 [아]盛也 성할아 祭也 제사아 ⿰礻冎 禍(示部九畫)의古字 祲。[침]日傍暉氣 해무리침 精氣 祲祥상서침 盛也왕성할침 ⿰礻坴 社(示部三畫)의古字 祳。[신]祭社生

肉사직에 제지내는 날고기신 脤同 (軫) 祴。[개]塼道甓ㅣ벽돌깐길개 古樂章名ㅣ夏하나라 풍류이름개 (佳)(灰) 禄 祿(示部八畫)의俗字 ⿰礻弟 禘(示部九畫)과同 ⿰礻𠷎 禱(示部十四

畫)의 略字 ⿰𣎳斤 折(手部四畫)과同 ❽ ⿰礻昔 [자]年終祭名 납향제자 (夏曰淸祀商曰嘉平周曰ㅣ秦曰臘)蜡通 (禡) ⿰礻奄。[엄]禳也 기도할엄、빌엄 (琰) ⿰礻叕。

[철]重祭 철제철 醊也 강신제철 (屑) 祹 [도]福也 복도 吉祥 상서도 神也 귀신도 祿 [록]福也 복록록 俸給 녹봉록、요록 善也 착할록 穀也 곡식록 火神回ㅣ불귀신록 (屋) 祺。[기]吉也 길할 기 祥也 상서

로울 기 (支) 祽 [쵀]月祭 월제지낼쵀、삭제채 (隊) 祻 [고]祭也 제사고 (遇) 祼。[관]祭酹鬯以ㅣ地 강신할관 灌通 (翰) ⿰礻奇 [기]好也 좋을기 (支) 禀 [품]給也 줄품 受命 명받을

품白事 여쭐품 天賦性質 성품품 稟俗字 (寢) ⿰礻甾。[치]安也 편안할치 (支) ⿰礻芺 [요]災也 재앙요 祅同 (蕭) 禄 祿(示部八畫)과同 禁。[금]制止금할금、금지할금 止也 그칠금 天子

所居宮ㅣ대궐금 承尊器 술잔대금 勝也 이길금 當也당할금 劫持겁박할금 (沁)(侵) ⿰礻念 稔(禾部八畫)과同 ⿰礻𠵼。禍(示部九畫)의古字 ⿰礻卷 [권]祠也 제사이름권 禅 禪(示部十

二畫)의 略字 禂。[도]禱馬祭 말제사지낼도 ⿰馬壽同 (皓) 祼 祼(示部八畫)과同 ⿰礻坴。[륙]見也 볼륙 (屋) 禃 [식]專一오로지할식 (職) ❾ 禌 [자]息也 쉴자 (支)

禉 ⿰礻酉(示部七畫)의譌字 禈 [휘]祭也 제사휘 (微) ⿰礻青 祡(示部五畫)과同 ⿰礻皇 [황]榜ㅣ祭名 제이름황 (陽) ⿰礻壴 祊(示部四畫)과同 禋。[인]精意以享제

사정성스러이 지낼인 祵通 (眞) ⿰礻侯 [후]求福 복구할후 祈也 빌후 (尤) 禊 [계]除惡祭祓ㅣ、三月上巳水嬉 푸닥거리할계 古音 혜 (霽) 禍。[화]災也 재화화 殃也 재앙화 福。

[복]祐也、德也 복복 休也 아름다울복 吉祥 상서복 善也 착할복 福 福(前條)와同 禎。[정]祥也 상서정 (庚) 禐 [원]佩也 노리개원 (霰) 禒 [선]祭餘肉 제사

禓。[양][상]道上祭 길제사양 道神 길귀신양 逐強鬼 귀신쫓을상 (陽) 禑 [오]福也 복오 (虞) 禘。[체]王者大祭大ㅣ나라의큰제향체 (霽) 禔。[지][시][세]福也 복지、시 義同、安也 편안할제 福也 복제

(支)(齊) 禗 [사]神不安欲去ㅣㅣ귀신이 불안하여가고저할사 (支) ⿰礻胥。[서]祭器 제기서 (語) 禕 [의]美也 아름다울의 珍貴보배로울의 嘆辭 탄식할의 (支) 禖。[매]天子求子祭名高ㅣ

(천자의아들비는제사매(仲春之月以太牢祠高禖) 灰

齋 齋(齊部三畫)의本字

禅 禪(示部十二畫)의略字

䄙 神(示部五畫)의本字

十

䄃。류 祝神詛也 예방할류 宥

𥛠 작 齊地名 땅이름작

禜。영 除災祭 재앙을쫓는제 영 禳風祭雨 기우제영 敬

禛。진 以眞受福 복받을진 眞

福 福(示部九畫)의古字

禝。직 后稷、堯臣周祖先 주나라의조상이름직 職

禔 禱(示部十四畫)의古字

禡 방 春祭 봄제사지낼방 庚

禡 마 師旅所止地祭名 진터제사이름마 禡

禥 명 福也 복명

禠。사 福也 복사 支

禟 당 神祐도 울당 陽

禝 禝(示部七畫)의本字

十一

禫。저 告神明令加殃咎ㅣ 呪저주할저 詛古字 御

禪

䄜 필 竈祭조 왕제필 質

禮。조 祐也 신명의도움조 豕祭돼지도제사지낼조 豪

禖 창 祭壇 貌제사가공경치못할창 不毁貌제단을헐지않을창 江

禠 척 福也 복척 錫

禧 리 福 祥복리

禠 루 飮食祭 음식제루 尤

禡。훤 姓也 성훤 先

禡 창 祠 不恭

禥 기 祥也 상서기 祟也 빌미기

禚 료 燔柴祭天 횃불켜고 천제지낼료 尞通 嘯

禧。희 福也 복희 吉也 길할희 釐通 支

禪。선 傳位 전위할선 除地封ㅣ터닦을선 靜也 고요할선 僧也 중선

禩。취 찬 謝絶사절할취 屢次祭貌 자주제지낼취、찬

禩。祊(示部四畫)의本字

禩 祀(示部三畫)과同

禪。

禬 결 不

禦。어 扞也 拒也 막을어 止也 그칠어

禠 박 久視也 오래볼박 覺

十二

禨

禫 담 除服祭 大祥後間一月行 담제담(父母喪期而小祥又期而大祥、中月而ㅣ) 感

禬 허 耗鬼 주린귀신허 魚

禭 혜 祭也 제사혜 霽

十三

禮。례 節文仁義也 예도례 敬ㅣ절례 齊

禬。회 除殃祭名 재앙제하는제사회 泰

禯 祿(示部八畫)과同

禰 跪(足部六畫)과同

禭 수 神名 귀신이름수 祭名 제사이름수(高句麗國、在遼東之東千里國東有大穴號ㅣ神、以十月而祭之) 眞

禯 선 祭天 천제지낼선 禪也 사양할선 霰

禮。농 厚祭 후한제사농 冬

禮。역 祭之明日 제사이튿날역(殷日肜、周日ㅣ) 繹通 陌

十四

禱。도 祈神求福 빌도、기도할도 皓 號

禰。니 新廟 아비사당니(生稱父死稱考入廟稱ㅣ) 本音녜 薺

禰 염 禳也 도액할염、예방할염 厭通 琰

十五

禲 랍 祭也 제사랍 葉

禲 려 浮行神鬼災 귀신의재앙려 古帝王無後鬼 여귀려 厲同 霽

十六

禴 려 祭山川 산천제사려 旅同 語

禴 뢰 祝詛株ㅣ 저주할뢰 墮壞也 무너질뢰 泰 隊

十七

禴 약 夏祭名 여름제사이름약

禵 獼(犬部十四畫)과同

禮 령 神名 귀신이름령 靈同 青

禳。양 祈也 빌양

十八

禵 제 福也 복제 霽

十九

禶 견 敬也 공경할견 銑

禷。류 以事類祭天神 천제지낼류 類通 眞

二十

禮 건 祭也 제사건 元

禸部

内。[유] 獸足蹂地 짐승의 발자욱 유 (有)

四

禹。[우] 夏后名 하우씨 우(夏商之王皆名之號) 舒也 펼 우 徐緩 느즈러질 우 姓也 성 우 (麌)

禼 禹(禸部四畫)의 古字

六

离。[리] 明也 밝을 리 麗也 고울 리 散也 헤질 리 卦名 괘이름 리 獸名 짐승이름 리 離同 (支)

禺。[옹][우] 廣州地名 番ㅣ 땅이름 옹、우 義同、日在己ㅣ中 사시 우 獸名 似獼猴 짐승이름 우 (冬)(麌)(遇)

七

⿱巛禺 [비] 獸名 ㅣㅣ 잠승의 이름 비 狒同 (未)

禼。[설] 殷祖名 은나라 시조 이름 설 卓也 높을 설 卨同 (屑)

八

禽。[금] 鳥也 飛ㅣ 새 금 戰勝 執獲 사로잡을 금 (侵)

九

萬 萬(艸部九畫)의 本字

萬 萬(禸部七畫)과 同

十二

萬 萬(禸部七畫)과 同

十三

⿱𦥑禺 [비] 猿類 ㅣㅣ 원숭이 비

⿱𦥑萬 萬(禸部七畫)과 同

禾部

禾。[화] 稼之總名 곡식 화 嘉穀 二月生八月熟 벼 화 和通 (歌)

禾。[계][애] 曲止木頭而不能上貌 나무 끝을 구부려 올라가지 못할 계、애 義同 (齊)

禾 首部名 벼화변

一

⿱禾王 玉(玉部○畫)과 同

二

秀。[수] 榮茂 빼어날 수 茂也 무성할 수 禾吐華 이삭 수、벼 패일 수 美也 아름다울 수 ㅣ才 수재 수 (宥)

禿 [독] 無髮 모지라질 독 ㅣ頭 대머리 독 ㅣ山 민둥산 독 (屋)

私。[사] 不公 사사 사、사정 사 己稱 나 사 自爲姦ㅣ 간사 사 女子之姊妹夫謂ㅣ 형제의 남편 사 (支)

⿰禾又 秉(禾部三畫)과 同

⿰禾七 秕(禾部四畫)과 同

⿰禾了 [료] 秀也 빼어날 료 (篠)

秂。[인] 禾結貌 곡식 결실할 인 (眞)

三

秆 [간] 禾莖 벼 줄기 간 稈同 (旱)

秄。[자] 培也 북돋울 자 (或耘耔秄)(紙)

⿰禾于 [우] 禾不秀 벼 패지 않을 우 (麌)

⿰禾孑 [결] 禾把 벼 묶을 결 (屑)

⿰禾亡 [망] 稻稃 등겨 망 (陽)

秅。[타][차] 穀數 곡식 수효 타、國名 鳥ㅣ 나라이름 차 (麻)

秉。[병] 把也 잡을 병 禾束 움큼 병、벼 묶음 병 十六斛 열여섯 병、휘 병 (梗)

秈 [선] 稉也 메벼 선 籼同 (先)

秇 藝(艸部十五畫)의 古字

⿰禾弋 [익] 稈也 짚 익 (職)

⿰禾己 [기] 禾名 穋ㅣ 벼이름 기 白粟 흰조 기 (紙)

⿰禾勺。[초] 禾穗垂貌 벼 이삭 숙은 모양 초 (篠)

⿰禾乞。[흘] 屑米細者 쌀가루 흘 稻生 벼싹 날 흘 (屑)

⿰禾刀 利(刀部五畫)과 同

四

秋。[추] 金行之時 白藏節 가을 추 歲月 千ㅣ 세월 추 趨蹌ㅣㅣ 추장할 추 穀物豊作 풍년 추 穀物收穫 추수 추 愁也 근심 추 時也 때 추

⿰禾夫 [부] 再生稻 벼 움날 부 (虞)

⿰禾不 秠(禾部五畫)과 同

秌 秋(禾部四畫)의 本字

科。[과] 程也 과정 과、한정 과 本也 근본 과、밑둥 과 條也 조목 과 品也 품수 과 等也 무리 과 坎也 웅덩이 과 取人條格 ㅣ第 과거 과 罪責處罰 ㅣ料 벌쓸 과 法也、金ㅣ玉條 법 과 (歌)

种。[충] 稚也 어릴 충 沖同 (東)

秎 [분] 禾束 벼 묶음 분、벼 단 분 (文)

⿰禾开 [견] 小束 작은 단 견 十束 열 묶을 견 (銑)

⿰禾丑 [뉴] 禾耎弱 벼 연약할 뉴、묘뉴 (有)

秖 [지] 稻熟 벼 익을 지 適也 마침 지 祇通 (支)

秏。[모] 減也 덜 모 稻也 벼 모 ㅣ亂、不明貌 어두울 모 耗通、古音 호 (號)

秒。[묘][조] 禾芒 벼까락 묘 ㅣ忽、微妙 세미할 묘、ㅣ針 초침 초 (篠) 國字

秓 [지] 稈也 벼 줄기 지、짚 지 (支)

秕。[비] 穀不成實 쭉정이 비 穢也 더러울 비 稗也 가라지 비 粃同 (紙)

秔。[갱] 稻不黏 메벼 갱 粳、稉同

⿰禾今

[어]草也풀어(魚)

秄 [아]苗初茁싹아 稻束벼단아(麻)

⿰禾殳 穀(禾部十畫)과同

⿱爫禾。[수]禾成벼익을수 禾穗벼이삭수(寘)

⿰禾介 穳(禾部十畫)과同

⿰禾內。[여]內也들여 ⿰禾出ㅣ、心輕薄경박할여、ㅣ義同(霽)

⿰禾旡 穊(禾部十一畫)과同

秓。[지]茂也무성할지(支)

五

租。[조]稅也부세조、구실조 積也 蓋ㅣ쌓을조 己收禾ㅣ正ㅣ벼조(麌) 中字

⿰禾加 [가]禾也벼가、나락가(麻)

秞 [유]禾黍盛벼와기장무성할유(尤)

秘 [비]密也비밀할비 祕俗字(寘)

⿰禾付 稃(禾部七畫)의俗字

⿰禾古 [고]禾不實ㅣ穛벼여물지않을고(遇)

⿰禾弗 [필]禾重生ㅣ櫛움벼필(質)

⿰禾㐌 移(禾部六畫)俗字

秚 [반]物相和섞일반、회합할반(旱)

秛 [비]禾租벼의조세비(支)

秥 [점]禾也벼점(鹽)

秜。[니]自生稻돌벼니、피니 或音리(支)

秠。[비]黑黍검은기장비(支)(紙)

秤 [칭]衡也저울칭 稱通、百斤백근칭(徑) 國字、中字

秣 [말]飼馬穀말먹이말 飼也말먹일말 衡也저울말 䬴同(曷)

秏 [투]漢侯國名한의후국투(遇)

秡 [발]禾傷벼상할발(曷)

秦。[진]伯翳所封國名나라진 禾名벼이름진(眞)

秧。[앙]禾苗모앙(陽)

秩。[질]序也차례질 俸給봉급질 品ㅣ、祿廩품수질 常也떳떳할질 祑、帙通(質)

秨。[작]禾搖動貌벼흔들릴작(藥)

⿰禾石。[석]十斗섬 石通(陌)

秬 [거]黑黍검은기장거(語)

秭 [자]數名、億之千倍천억자 縣名、ㅣ歸고을이름자(紙)

秪 [지]稻始熟벼처음익을지(支)

秫。[출]黏粟차조출 古音술(質)

称 稱(禾部九畫)의略字

⿰禾尒 稱(禾部九畫)의俗字

⿰禾白 [박]禾不實벼익지않을박(藥)

⿰禾夬 ⿰禾勺(禾部三畫)의俗字

⿰禾出 [치]責穀곡식팔치(寘)

⿰禾此 [재]禾也벼재(蟹)

秢。[령]禾始熟벼처음익을령 年也나이령 齡通(青)

六

⿰禾夷 稊(禾部七畫)과同

秱。[동]禾盛貌벼마디길동、벼무성할동 禾節벼마디동(東)

⿰禾存 [존]禾積벼쌓을존(願)

⿰禾次 [차]穊也배게심을차(寘)

秳。[괄][활]禾生貌벼날괄 春粟不潰조닦여지지않을활(黠)(曷)

⿰禾兆 [도]自生禾피도、돌벼도(蕭)(有)(豪)

秶 [자]稷也피자 메기장자(支)

⿰禾如 [녀]臭草썩은냄새나는풀녀(魚)

秴 [합]耕也밭갈합 種也씨뿌릴합(合)

⿰禾巟 [황]凶年흉년들황 空也빌황 ⿰禾荒同(陽)

⿰禾戎 [육][용]厚也두터울육、黑黍검은기장용(屋)(腫)

⿰禾曳 [예]收禾벼걷을예 禾名벼이름예(霽)

⿱巩禾 [공]晩稻늦사리벼공(冬)

秷。[질]禾穗벼이삭질 刈禾聲벼베는소리질 挃同(質)

秵。[인]禾華벼꽃인(眞)

秹 [임]禾弱벼약할임(寢)

秸 [갈]禾藁짚고갱이갈、볏짚갈 稭同(黠)

⿰禾列 [렬][례]黍穰기장줄기렬、기장짚렬、려義同(屑)(霽)

⿰禾各 [학]禾屬벼학(藥)

⿱安禾。[안]穛禾벼갈안(翰)

⿰禾劦。[례]長禾긴벼례(霽)

秺 [두]地名땅이름두(遇)

移。[이]遷也옮길이 變也변할이 禾相倚遷모낼이(支)

⿰禾卆 稡(禾部八畫)과通

⿰禾兇 稯(禾部九畫)과同

⿱覀禾 粟(米部六畫)의古字

⿰禾百。[계]滯也막힐계、머물을계(齊)

七

秿

[부]禾積벼쌓을부、벼가리부 䅹通(寘) 稀。[희]疏也드물희、성길희 少也적을희 淡也맑을희 希同(微) 稄。[족]禾密貌、稫ㅣ벼빽빽한모양측(職) 稾 稾(禾部十畫)과同

稃 [부]穀類外糠등겨부、왕겨부(虞) 稂 [랑]草名、似莠害苗강아지풀랑 蓈同(陽) ⿰禾秀 [우]分也、別也나눌우、가를우 ⿰禾廷 [정]稻麥傑立貌벼우뚝우뚝설정(徑) ⿰禾告

[곡]禾熟벼익을곡(沃) 稩。[견]麥莖보리줄기견、보리대견(先) 稛。[곤]成熟곡식익을곤(阮) 稅。[세][태][탈]租也부세세、구실세 斂也거둘세 捨也놓을세、버릴세 休息ㅣ駕쉴세、追服추

복입을태(日月已過聞喪而服曰ㅣ) 解也풀탈、고를탈 稅通(霽)(泰)(曷) 稈。[간]禾莖稻穰벼줄기간、벼집간 秆同(旱) 稆 [려]自生稻돌벼려 穭同(語) ⿰禾尾 [미]饘也죽

미、범벅미(尾) 稉 秔(禾部四畫)과同 ⿰禾見 [견]小束작은묶음견 程。[정]式也법식정 限也한정정 量也헤아릴정 準也준할정 課也과정정 道里길잇수정 ㅣ度도수정 品也품

수정 姓也성정(庚) 稊 [제]野生ㅣ稗강아지풀제、가라지제 ⿰禾夷同(齊) ⿰禾夾 [겹]收穀곡식거둘겹(葉) 稌。[도]稉稻也찰벼도(虞) 程 程(禾部七畫)과同 ⿰禾叔 [子]木

曲也굽은나무가지구 ⿰禾夷ㅣ、曲不伸之意也뻗지않을구(寘) 稍。[초]漸也ㅣㅣ점점초 小也작을초 稟食요식초、녹초 均也고를초(巧)(效) ⿰禾鬼 稷(禾部十畫)의古字 ⿰禾㒳。[별]禾香벼향기별(屑)

⿰禾芒 ⿰禾亡(禾部三畫)과同 ⿰禾足 [착]今年枯而來年自生稻금년에말라죽고내년에자생하는벼착(覺) ⑧ ⿰禾奄 [엄]禾不實벼쭉정이엄(琰) 稒 [고]縣

名ㅣ陽고을이름고 稒同(遇) 稏。[아]稻名、䆉ㅣ벼이름아(禡) ⿰禾非 [비]禾穗貌벼이삭모양비(尾) ⿰禾券 [승]麻屬삼승(蒸) 稑。[륙]禾名、穋ㅣ벼이름륙 旱熟稻올벼륙 穋同(屋)

⿰禾甾 [치]禾死벼죽을치 耕也갈치(支) ⿰禾居 [거]黍也 穛ㅣ기장거(魚) ⿰禾奇 [의]禾茂貌벼무성할의(支) 稐 [륜]禾束볏단륜 稗。[패]似禾而實細돌피패 細也잘패(卦)

稔。[임]穀熟풍년들임 稖 稖(禾部八畫)과同 稕。[준]稈束짚묶음준、짚단준(震) ⿰禾卷 [권]禾相近벼포기서로가까울권(阮) ⿰禾來。[래]小麥來麳밀래(灰) ⿰禾昆

[곤]束也묶을곤、풀단곤 或音혼(阮) 稙。[직]早種禾일찍심은벼직、조도직、옥자강이 직(ㅣ穉、菽麥先種曰ㅣ、後種曰穉)(職) ⿰禾叕 [제]禾貌벼모양제(霽) 稘。

[기]豆莖콩줄기기 周年일주년기 朞通(支) ⿰禾官 [관]禾病벼병들관(旱) ⿰禾昌 [창]穅也겨창(陽) 稜 [릉]畦ㅣ밭두둑릉 藥名三ㅣ약이름릉 廉角觚ㅣ모질릉 神靈之威신령의위엄릉 勢也형편릉 楞通(徑)(蒸)

稚 [치]幼禾어린벼치 晩也늦을치 小也 幼穉어릴치 穉同(寘) ⿰禾垂 [타]小積작게쌓을타(哿) 稛。[균]束也묶을균 滿也가득할균(軫) ⿰禾空 [공]稈也볏대공 藁也짚공(東) 稞。

[과]麥也보리과 無芒麥중보리과 無皮穀알곡식과(哿) 稟。[품]白事품할품、여쭐품 天賦性質성품품 給也줄품 受名명받을품(寢) ⿰禾旲 [측]禾束볏단측 볏다발측(職) [illegible]

[칩] 禾傷肥벼주저앉을칩 (鹽)

稠。[주] 密也 주밀할주 穠也、槪也 빽빽할주 多也 많을주 濃也 무르녹을주

稶。[욱] 黍稷盛貌서직이성한모양욱 (屋)

稡 [최][졸] 聚也 會ㅣ모을최 禾聚貌벼포기모을졸 (泰)(月)

黎。[례] 黑木검은나무례 (齊)

⿰禾㚇 稷(禾部十畫)과同

⿰禾幷 [화] 棺頭관의머리화 (歌)

⿰禾⿱白彡 穆(禾部十一畫)의古字

稤 [숙] 各宮斡事者ㅣ宮숙궁숙

九

⿰禾星 [정] 稀也 드물정 (青)

⿰禾屋。[옥] 禾芒벼꺼럭옥 (屋)

⿰禾胃 [기] 禾長穗긴벼이삭기 (寘)

⿰禾韋 椅(禾部八畫)의本字

⿰禾曹。[추] 稔實벼알여물추 (宥)

⿰禾是 稊(禾部七畫)과同

稨 [변] 籬上豆울콩변 (先)

⿰禾頁。[수] 草名풀이름수 (寘)

稧 [결] 禾稈볏짚결、계 修ㅣ계계 稧稻볏단계 (屑)(霽)

稬。[나] 稻之黏者찰벼나 糯同 (箇)

⿰禾咼 稞(禾部八畫)과同

⿰禾皇。[황][행] 禾ㅣ、黍也기장황、행 義同 (陽)(庚)

⿰禾臿 [집] 種也심을집 本音즙 (緝)

⿰禾耑。[타][단] 禾垂貌벼고개숙은모양타、단 義同 (哿)(寒)

⿰禾彖 穟(禾部十三畫)과同

稫 [벽] 禾密ㅣ稄벼빽빽할벽、보일벽 (職)

稭。[개][갈] 禾藁去皮祭天爲席짚고갱이개、갈 義同 (佳)(黠)

⿰禾咸 [렴] 香也、芳香행기날렴 (鹽)

⿰禾苗 [묘] 穮ㅣ禾不實벼익지않을묘 (肴)

⿰禾曷。[알] 禾擧出苗고갱이알 (月)

種。[종] 類也 종류종 短髮ㅣㅣ머리털모지라질종 ㅣ子씨종 物物가지종 蓺植 심을종 布也 펼종 (腫)(宋)

稰 [서] 孰穫타작할서、가을걷이할서 祭神米고시쌀서 (語)

⿰禾⿱白彡 穆(禾部十一畫)의俗字

稱 [칭] 言也 말할칭 銓也 저울질할칭 揚也 드날릴칭 擧也 들칭 名號 일컬을칭 偁同、愜也 마음에맞갖을칭 副也 맞을칭 相等參ㅣ갈을칭 度也 量也 헤아릴칭 衣單複具 벌칭 秤通 (蒸)(徑)

⿰禾音。[염] 苗齊等ㅣㅣ이삭간즈런할염 (鹽)

稯。[종] 禾束十莒벼묶음종、벼단종 (東)

稲 稻(禾部十畫)의俗字

稥 [향] 芳香향기향 (陽)

⿰禾⿱支貝。[지][기] 止也 머무를지、그칠지 枝果가지에달린열매기 ㅣ首蛇、兩頭蛇머리둘뱀기 (紙)(寘)

⿰禾咠。[즙] 稠也 빽빽할즙 (緝)

十

⿰禾唐 [당] 黍也ㅣ䅯기장당 玉蜀黍옥수수당、강낭이당 (陽)

稴。[렴][겸] 稻不黏메벼렴、겸 義同 (鹽)(琰)

⿰禾益。[애] 稻小把벼의작은단애 稻種벼의씨애 (卦)

⿰禾虒 [사] 禾刈벼벨사 (支)

⿰禾骨 [골] 禾莖벼줄기골 (月)

⿰禾旁 [방] ㅣ稈、稷也 메기장방 (陽)

⿰禾倉 [창] 禾穗벼이삭창 (漾)

⿰禾栗 [률] 積禾貌ㅣㅣ벼쌓은모양률 (質)

稷。[직] 黍屬五穀之長 메기장직、피직 農官后ㅣ 농관직 土神、社ㅣ사직직、흙귀신직 (職)

⿰禾鬯。[창] 穧也 곡식거둘창 (漾)

稵。[자] 禾生貌벼날자 滋同 蒔也 씨뿌릴자 (支)

稶 [욱] 黍稷盛貌서속우거질욱 (屋)

⿰禾豈 饋(食部十畫)과同

⿰禾耆 [시] 麥下種보리그루에심을시 (支)

⿰禾尃 [부][포] 禾穬積볏가리부、벼쌓을부、大豆큰콩포 秿通

稹。[진] 密也 빽빽할진 叢也 무더기진 聚物물건모을진 (軫)

⿰禾留 [류] 禾盛벼무성할류 (尤)

稺。[치] 幼禾어린벼치 幼小어릴치 稚同 (寘)

稸 [축] 積聚之意쌓을축 蓄同、畜通 (屋)

[禾+桀] 걸 禾出貌 베팰걸 屑

稻。도 水田種秔 穀ㅣ벼도 晧

[禾+㿝] 온 盛也 번성할온 文

稽。계 考也 상고할계 留止 머무를계 貯滯 저축할계 轉 할계 至也 이을계 同也 같을계 下首 머리숙일계、꾸벅거릴계 齊 薺

[禾+荒] [禾+㐬](禾部六畫)과 同

[禾+索] 삭 색 禾貌 벼삭、禾穗 벼이삭색

[禾+羔] 작 곡 녹 禾皮 벼껍질작、곡、녹 義同 藥 沃

稼。가 種穀也 곡식심을가 禡

稿 고 禾稈 볏집고 文草 사초고

穀。곡 禾稼總名 곡식곡、낟알곡、쌀곡 善也 착할곡 生也 살곡 養也 기를곡 祿也 녹곡 穀通 屋

[必+黍] 별 急性 성급할별 屑

[禾+茸]。용 穠ㅣ、芳也 향기로울용 稍也 벼용 冬

[禾+冓] 構(耒部十畫)과 同

[禾+致]。치 禾稠貌 벼빽빽할치 寘

[禾+恵] 穗(禾部十二畫)의 略字

[黍+句] 黎(黍部三畫)과 同

[禾+㐱] 穆(禾部十一畫)의 略字

⑪

[艹+日+禾] 穳(禾部十九畫)의 俗字

稞。라 穀積 노적더미라、곡식쌓을라 歌

[禾+爽]。상 禾貌 벼상 養

[禾+荼] 도 禾穗 벼이삭도 虞

[禾+莘] 신 족 穀名 곡식이름신、草木叢 초목더부룩할족 眞 屋

穆。목 和也 화할목 敬也 공경할목 美也 아름다울목 廟序 昭ㅣ 사당차례목 穆同、繆通 屋

稡 률 糲米 궂은쌀률 質

穅。강 穀皮 겨강 樂器名 악기이름강 糠同 陽

[禾+堇] 근 穰華 많은풀근

穄 제 稷也 기장제、피제 (似黍黑而不黏) 霽

[禾+悤] 총 禾束 벼묶을총 董

[禾+西+灬]。초 物縮少 물건축날초 嘯

[禾+室] 挃(手部六畫)의 俗字

[禾+啇]。적 離而種之 모종낼적、띄어심을적 錫

穈 미 문 黍屬 기장미 粥也 미음미 穈同、赤苗嘉穀 붉은차조문 虋通 支 元

[禾+虘] 사 赤ㅣ、紅稻 붉은벼사、산올벼사 麻

穊。기 稠密 빽빽할기、밸기 ㅣ種 보이게심을기 寘

穇。삼 穗不實 穇ㅣ 쭉정이이삭삼 稗也 피삼 禾長 벼길찰삼 感

積。적 자 堆疊 쌓을적 聚也 모을적 ㅣ量、面ㅣ 넓이적、儲也 委ㅣ 저축할자 積通 陌 寘

[禾+离]。리 穗秀而垂ㅣㅣ 벼이삭숙으러질리 支

[禾+専] [禾+専](禾部十畫)과 同

[禾+埶] 藝(艸部十五畫)과 同

穌。소 息也 쉴소 舒悅 기쁠소 死而復生 깨날소 太西救世主曰耶ㅣ 예수소 蘇通 虞

穮 묘 표 禾芒 벼꺼러묘、벼까끄라기묘、稻苗秀出 상이삭표 篠 蕭

[禾+從] 종 ㅣ移、세 禾 벼벧종 冬

[禾+曼]。만 赤ㅣ、稻名 벼이름만 荒田 거친밭만 刪

穎 영 穗也 이삭영 錐鋩 송곳끝영 才能拔出 빼날영 梗

[禾+犀] 穉(禾部十畫)과 同

[責+禾]。 積(禾部十一畫)과 同

[禾+龟] 穐(禾部十八畫)과 同

穏。 穩(禾部十四畫)의 略字

[殸+禾] 馨(香部十一畫)과 同

[禾+豙] 穟(禾部十三畫)과 同

⑫

[禾+黃] 황 野麥 들보리황 野穀 들곡식황 陽

[禾+異]。익 耕也 갈익 職

[禾+賁] 분 穀米簸貌 穮ㅣ 까부르지 않은 곡식분 吻

[禾+畱] 류 禾盛 벼성할류 尤

[禾+朁]。잠 禾欲秀 벼패려고할잠 侵

[禾+集] 첩 土ㅣ、農具 농사연장첩 葉

[禾+惠] 수 禾成秀 벼이삭수、벼고갱이수 麥穎 보리이삭수 穟同 寘

[黍+朁]。

고호 屈止구부리고머무릴고、緬綴엮을호

穖。기 禾也벼기 尾

⿰禾黑 매 禾傷雨生黑斑벼가비에상하여대모앉을매 隊

⿰禾勞 로 野豆들콩로 豪

穜。충동 禾名ㅣ稑벼이름충、先種晚熟늦벼동 重通 東

⿰禾卓。착초 特止우뚝머무를착卓요우뚝설착、卓也타자초

穙 폭복 禾貌벼폭、積也쌓을복 屋

穘 효 禾傷벼상할효 肴

穛 착 早取穀풋바심할착 覺

⿰禾風 掇(手部八畫)과同

穚。교 禾秀벼패여날교 蕎草茂貌가라지풀무성할교 蕭

⿰禾粟 속 禾穗벼이삭속 沃

⿰番禾 種(禾部九畫)의古字

穉 稺(禾部十畫)과同

⑬

⿰禾會。괴 糠也겨괴 泰

穟。수 禾苗好美고갱이나올수 穗同 寘

⿰禾睪 고 餹餻엿고 豪

⿳亡口⿲月禾凡 라 積穀곡식쌓을라 歌

⿰禾亶 전 禾東벼단전 霰

⿰禾敫 혈 麥全貌보리온전할혈 屑

䆃。도 擇也가릴도 治粟용정할도 瑞禾상서로운벼도 皓 號

⿱秝回 穡(禾部十三畫)과同

⿰禾廉 렴 草不結實풀에열매맺지않을렴 鹽

穠。농 華木稠多貌꽃과나무빽빽히많은모양농 冬

穡。색 斂ㅣ、農也거둘색 吝惜아낄색

⿰禾資 자 積禾벼쌓을자、벼가리자 支

穢 예 惡也악할예 汚也더러울예 荒也거칠예 使也汚더럽힐예 田中雜草김예 薉通 隊

⿰禾桀。걸 長禾긴벼걸 屑

⑭

穨。퇴 暴風심한바람퇴 禿貌모지러질퇴 頹通 灰

穦 빈 香氣향기빈 眞

⿰禾疑 의 黍稷盛貌서직무성할의 紙

穧。제 穫세베인벼제 禾把벼웅큼제 霽

穤 稬(禾部九畫)의俗字

穫。확호 刈穀곡식거둘확 困迫隕ㅣ곤박할확、扶風地名焦ㅣ땅이름호 藥 遇

⿰禾寧 녕 禾芒벼꺼럭녕 벼꺼고러기녕 庚

⿰禾與 여 蕃盛貌ㅣㅣ서속번성할여 語

穩。온 安也편안할온 聚穀곡식얻어모을온 阮

穪 稱(禾部九畫)의俗字

⿰禾聚。추수 麻束삼단추 積禾볏가리추 俗音충、聚也모을수 寘 有

⿱𥫗⿰禾具 穳(禾部十九畫)과同

⿰禾舄。상 柔也부드러울상 漾

⿰禾業 복 草盛貌풀무성하게자랄복 屋

⿰禾翟 적 黏米찹쌀적 錫

⑮

⿰禾賛 穳(禾部十九畫)의俗字

⿰禾截 제 穳也벼베어쌓을제 霽

穬。광 芒粟꺼럭조광 稻不熟벼여물지않을광 梗

穑 색 收穫曰ㅣ곡식거둘색、곡식타작할색 吝惜인색할색 穡同 職

穮。표 耘田除草김맬표 蕭

⿰禾蔑 멸 禾也벼멸 屑

⿰禾憂 우 把數웅큼수우 尤

穞 려 自生稻돌벼려 戾音로 語

⿰禾罷 파 稻名ㅣ稏벼이름파 耙同 禡

⿰禾畾。뢰 稖ㅣ、稻名벼이름뢰 隊

⿰禾䜌 擣(手部十三畫)과同

⑯

⿰禾龍。롱 禾病벼병들롱 東

龝 秋(禾部四畫)과同

⿰禾冀。미 散種씨흩을미、씨뿌릴미 寘

⿰秀需 誘(言部七畫)과同

⿰禾褭。뇨 衡不擧저울대오르지않을뇨 篠

⑰

⿰禾薦 천 獸類所食草짐승먹는풀천、끌천 霰

⿰禾韱 섬 禾不實稴ㅣ벼쭉정섬 鹽

穰。양 禾莖벼줄기양 物豐盛물건풍성할양 禾實豐벼잘여물양

⑱

⿰禾爵 작 稻下種麥벼그루에보리심을작 覺

穙。[분] 糞田거름분 紫稲상무벼분 稲不黏벼차질지안을분 (問)

穮。[묘] 禾芒벼가스랑이묘

⿰禾釋 穙(禾部十八畫)의本字

⑲ 穳 [찬] 禾聚也벼베어쌓을찬 (寒)

穲 [리] 五穀行列ㅣㅣ곡식포기가지런할리 (支)

⑳ ⿰禾矍 [곽] 染料草물감풀곽 (藥)

㉑ ⿰禾霝。[령] 蔓生草넝쿨풀령 (青)

龝 秋(禾部四畫)의古字

㉔ ⿰禾鹽 [염] 禾也벼염 (鹽)

⿰禾靈 穋(禾部十三畫)과同

㉕ ⿱秦⿰秦秦 國(口部八畫)의古字

穴部

穴。[혈] 窟也굴혈、구멍혈 土室움혈(上古ㅣ居而野處) 孔隙틈혈 壙也굿혈、광중혈 (屑)

㊀ 穵。[알] 手深穴 구멍우빌알 大穴큰구멍알 (黠)

㊁ 究。[구] 窮理궁리할구 極也궁극할구 推尋也추심할구 相憎惡ㅣ서로미워할구

⿱穴丁 [정] 穿也뚫을정 (庚)

⿱穴儿 [진] 深也깊을진

⿱穴了 [요] 深也깊을요 (篠)

㊂ 穸。[석] 墓穴窀ㅣ무덤굴석、굿석 (陌)

穹。[궁] 高也높을궁 天也ㅣ蒼하늘궁 大也클궁 窮也궁할궁 (東)

空。[공] 虛也빌공 天也하늘공 穴也구멍공 缺也ㅣ乏이지러질공、없을공

⿱穴子 字(子部三畫)의古字

⿱穴土。[색] 以土塞穴흙으로구멍막을색 (職)

⿱穴亡 [망] 穴也ㅣ窅구멍망 空也빌망 (養)

⿱穴女。[노] 窒也막을노、막힐노 (虞)

⿱穴丸 究(穴部二畫)의俗字

⿱穴乇 虐(虍部三畫)과同

⿱穴犬 突(穴部四畫)과同

⿱穴冂 肉(肉部。畫)과同

㊃ 穽 [정] 穿地陷獸坑구덩이정、함정정 (敬)

穼 [삼] 突也깊을삼 (侵)

⿱穴弁 [암][엄] 閉也닫을암、弇俗字、穽俗字、엄義同 (感)(琰)

⿱穴允 [연] 柔皮革가죽다룰연 (銑)

⿱穴中 [중] 穿也뚫을중 (東)

穿。[천] 通也통할천 鑽也뚫을천 穴也구멍천 貫也꿸천 (先)(霰)

⿱穴夬。[혈][결] 穿也뚫을혈 空也빌혈、결

窔 [요] 隱暗處깊숙할요 複室골방요 窔、穾同 (嘯)

突。[돌] 出貌우뚝할돌 斯也속일돌 觸也부딪칠돌

⿱穴厷 [굉] 大屋큰집굉 (庚)

窀。[둔] 墓穴ㅣ穸무덤굴둔 埋也묻을둔 古音 준 (眞)

⿱穴元。[완] 窟也구멍완 (寒)

窂 [로] 獸欄짐승우리로 實也굳을로、채울로 牢同 (豪)

⿱孔穴 竅(穴部十三畫)과同

⿱穴水 [수] 深也깊을수 (寘)

⿱穴兂 [음] 深也깊을음 深同 (沁)

⿱穴勿 寂(宀部八畫)과同

⿱穴气 竊(穴部十畫)과同

⿱穴比 [비] 器也그릇비 (支)

⿱穴手 [알] 穿也뚫을알 (黠)

㊄ 窅。[요] 深目움펑눈요、눈옴쑥할요 深遠까말요、깊고멀요 窈同、眑通 (篠)

⿱穴叫 [규] 宮闕深幽貌궁궐안이깊을규 (篠)

窄 [착] 狹也 隘也좁을착 迫也끼일착 古音 책 (陌)

⿱穴弘 [굉] 幽深아득할굉 (庚)

⿱穴木 [세] 深也깊을세 (霽)

窈。[요] 靜也고요할요 幽間ㅣ窕안존할요 深也ㅣㅣ깊을요 姿美고울요 (篠)

窆。[폄] 下棺하관할폄 葬也장사지낼폄 封通 (豔)

⿱穴由 岫(山部五畫)의籀文

⿱穴甲。[압] 刺脈맥찌를압 (洽)

窇 [박] 土窟움박、굴박 穴也구멍박 (覺)

窊。[와] 汙下웅덩이와 汙、窪、窳通 (麻)

⿱穴皿。[명] 窟也굴명 (梗)

窉 【병】穴也구멍병 三月稱삼월병(三月爲ㅣ)竊同 (梗) ⿱穴令 【령】井也 우물령 (青) ⿱穴叔 寂(宀部八畫)과同 ⿱穴失 【일】穴也구멍일 (質) ⿱穴本 【로】養也 기를로 堅也굳을로

窋 【줄】物將出穴貌 구멍에나오는모양줄 (質) ⿱穴且 岨(山部五畫)과同 ⿱穴火 【심】【탐】深也 깊을심 窨ㅣ、黑也 검을심 埋柩널을묻을심 煙突굴뚝심、탐義同 (侵)(感)

⿱穴木 【비】排泄 샐비 (寘) ⿱穴发 肱(肉部五畫)의譌字 ⿱穴石 【탕】過也 지날탕 ⿱穴正 【요】燒瓦 기와구울요 (蕭)

六

⿱穴有 【우】空也 빌우 (宥) ⿱穴同 【동】通也 통할동 (東)

⿱穴共 【공】空也 빌공 (送) ⿱穴危 【귀】穴也구멍귀 (紙) ⿱穴它 【타】物將出穴貌 뾰족이내밀타 本音차 (禡) 窒 【질】【절】塞也 막힐질、막을질 滿也 가득할질 질ㅣ素、淡氣 원소이름질、절義同 (質)(屑) ⿱穴皿 【혈】心臟上房심방혈 空也빌혈 (屑)

⿱穴合 【합】相當ㅣ合상당할합、걸맞을합 古音갑 (合) 窅 【요】冥也 어두울요 遠也 멀요 窏 【오】卑也 낮을오 (虞) 窐 【규】甑孔 시루구멍규 甑同 (齊)

窑 【요】燒瓦竈 기와가마요 窯同 (蕭) 窔 【요】室東南隅 집동남모퉁이요、웃목구석요 (嘯) 窓 【창】戶也、通孔 창창、지게문창 窻俗字 (江) ⿱穴炎 【심】烟突굴뚝심 (侵)

⿱穴斗 【두】穴也 구멍두 至水穴 물구멍에이를두 決也 깨트릴두、캘두 窕 【조】幽閒 窈ㅣ 안존할조 深也 으슥할조 靜也 고요할조 細也 가늘조 (篠) ⿱穴史 【시】穴也구멍시 (寘) ⿱穴亘 垣(土部六畫)과同

⿱穴舛 窬(穴部十五畫)의譌字 ⿱穴臣 宧(宀部六畫)의俗字

七

窌 【류】濟北地名石ㅣ 땅이름류 (宥) ⿱穴夬 【결】穴貌구멍결 空也빌연 穿也뚫을결 (屑)

⿱穴廷 【정】穴也구멍정 (青) ⿱穴豆 【두】陷穽함정두 (宥) ⿱穴条 【다】窊ㅣ、深貌 깊을다 (麻) 窘 【군】迫也 군색할군 急也 급할군 困也 곤할군

窖 【교】地藏大ㅣ지함교、움교 窌通 (效) ⿱穴巠 【경】空也 빌경 (徑) ⿱穴見 【멱】覓과同 (錫) ⿱穴孝 【효】豁也 넓을효 高也 높을효 (肴) ⿱穴炎 【삼】煙突굴뚝삼 (侵) ⿱穴肙 【견】狹穴 좁은구멍견 (銑)

⿱穴求 【구】深也 깊을구 (尤) ⿱穴甬 【통】圓孔 둥근구멍통 (送) ⿱穴兼 【겸】遠也 멀겸 鹿名 사슴이름겸 (琰) ⿱穴弇 【암】【엄】窒也 막힐암、막을암、蓋也 덮을엄、뚜껑엄 (感)(琰)

⿱穴弄 【롱】穴也구멍롱 (送) ⿱穴坐 【온】座所 자리온 ⿱穴東 窦(穴部六畫)의譌字 ⿱穴殳 【구】鈔也 노략질할구 暴也 사나울구 ⿱穴邪 【효】窟穴 굴효 (效)

⿱穴身 【천】孔也 구멍천 通也 통할천 (先) ⿱穴年 穽(穴部八畫)과同 ⿱穴家 ⿱穴身(前前條)와同 ⿱穴寇 【구】鈔也 노략질할구 暴也 사나울구 (宥) ⿱穴貝 賓(貝部七畫)의古字

八

⿱穴林 【람】聚土 흙긁어모을람 (感) ⿱穴卦 【괘】博局方目 바둑판줄괘 (卦) 窠 【과】空也 빌과 巢也 새집과(穴中曰ㅣ 樹上曰巢) 空也 빌과 穴也 구멍과 (歌)

⿱穴委 【와】藏也 곳간와 窟也 굴와 (歌) 窟 【굴】土中孔穴 구멍굴 土室 營ㅣ 굴굴、움굴 (月) ⿱穴昆 【관】深穴 깊은구멍관 (寒) ⿱穴叕 【철】穴中見 구멍속으로볼철 (黠) ⿱穴炎 【담】煙突굴

窴 [전] 山下穴산밑구멍전 (霰) 窣。[솔] 行綫貌 勃ㅣ 더디게걷는모양솔 枝撑聲 窸ㅣ 나무가지우지직거릴솔 自穴中出 구멍으로나올솔 窪 [유] 器之傷痕 그릇흠유 (麌) 窴 窴(宀部六畫)의譌字

寀。[미] 寐也 잘미 窢 [획] 逆風聲ㅣ然 바람마주치는소리획 (陌) 窑 [갑] 匣也 둘릴갑 (合) [illegible] 舁(廾部六畫)의古字 窬 窬(穴部九畫)과同 窛 [子] 猛也사나울구 (宥)

九

窻 窗(穴部七畫)과同 焢 [홍] 光色 빛홍 火貌 불홍 (東) 窪。[와] 深也 깊을와 溝也 개천와 窊也 웅덩이와 清水 맑은물와 窊通 (麻) [illegible]。[부] 鳥抱卵 새알품을부 (宥)

窩 [와] 藏也 감출와 窟也 굴와 穴居 움직와 蜂ㅣ、蜂벌집와 (歌) 窨。[음] 地室藏酒窖 술두는움음 (沁) 窫。[알] 空大貌 비고클알 窬。[유][두] 穿板爲户판장문유、門傍小竇문곁구멍두

窠 柘(木部五畫)과同 [illegible] 窗(穴部七畫)과同 [illegible] 8 寔(宀部九畫)과同 [illegible] 窉(穴部五畫)과同

十

窮。[궁] 極也 다할궁 究也 궁구할궁 竟也 마칠궁 困屈 막힐궁 窯。[요] 燒瓦竈 기와굽는가마요 陶器 오지그릇요 窑同 (蕭) 窳。[유] 苦ㅣ、器缺也 그릇이지러질유 情ㅣ 弱也 약할유

窰 窯(前前條)와同 [illegible]。[료] 屋深 [illegible]ㅣ 집안으슥할료 俗音 초 (肴) [illegible]。[子] 穴也 구멍구 (宥) 窱。[조] 深遠 窈ㅣ 아득할조、깊고멀조 窕通 (篠) [illegible] [연] [준] 柔皮 다룬가죽연 [illegible]服 가죽바지준 (銑)(震)

窴 [전] 塞也 메울전、막을전 滿也 가득할전 塡同 (先) [illegible] [원] 寃屈 원굴원 [illegible] [비] 氣由下泄 방귀비 [illegible]。[헌] 穴中구멍속헌 (先)

[illegible] [子] 窮究 궁구할구 深也 깊을구 謀也 꾀할구 (宥) [illegible] [국] 窮也 궁구할국 (屋) [illegible] [운] 雲起貌 구름피어날운 電也 벼락운 (吻) [illegible] [요] 遠也 멀요 隱也 숨을요 (篠)

窴。[전] 塞也 막을전、막힐전 (先) [illegible] [illegible](穴部九畫)과同 [illegible] [죄] 塞也 막을죄 [illegible] [요] 窯也 기와가마요

十一

[illegible] [견] 不動貌 움직이지않을견 (銑) [illegible]。[적] 兔窟 토끼굴적 (陌) 窷。[료] 空寂 고요할료 藏也 감출료 深遠貌 아득할료 (篠) [illegible]。[만] 穴黑貌 구멍검을만 (寒) 窸 [실] 聲也 ㅣ窣 바람에부딪치는소리실 自穴中出 구멍으로나올실 (質)

[illegible] [우] 山穴 메구멍우、산구멍우 (虞) 窵。[조] 深也 ㅣ窅 깊을조 (嘯) [illegible] [용] 器病 窳ㅣ 그릇태갈용 (冬) [illegible]。[담] 滲而大 [illegible]ㅣ 엷고클담 (勘)

窶 [子] 貧無禮 가난하여예절없을구 戴器名ㅣ數 이는그릇구ㅣ數、戲具또아리구 寠通 (麌) [illegible] 窹(次條)와同 窹 [오] 竈也 아궁이오、부뚜막오 (遇)

[illegible]。[예] 睡語 잠고대예 (霽) [illegible] [료] 穿也 뚫을료 (蕭) 窻 [창] 户也 창창 窓同、囪通 (江) [illegible]。[침] 漸也 점점침 地名ㅣ縣 팡이름침 (沁)

[illegible] [미] 寢也 잠잘미 窺。[규] 小視 엿볼규 闚同 (支) 窱 [조] 深遠 깊고멀조 遠也 아득할조 深也 깊을조 [illegible] [강] 空也ㅣ[illegible] 빌강 家靜 집조용할강

⿱穴偶。절 竊也 몰래 훔칠 절
⿱穴遂。수 窮也 궁구할 수、다할 수 深遠 깊고 멀 수 (寘)
⿱穴巢 초 鳥巢 새집 초、새보금자리 초 鳥穴中 새구멍 초 (肴)
⿱穴⿰身呂 窮(穴部十畫)과 同
⿱穴答 달 入食張頰 빰불룩거릴 달、음식씹을 달

⑫

⿱穴復。복 穴室 움복 窟也 굴속 복 (屋)
⿱穴留。류 穴也 구멍 류 (宥)
窾 관 空也 빌 관 (旱)
⿱穴禼 혈 空貌 공허할 혈 穿貌 뚫을 혈 (屑)
⿱穴焦。추 穴中鼠聲 구멍에 쥐소리날 추 (尤)
⿱穴覃 담 曲內 안으로 굽을 담、굽은속 담 (感)
⿱穴登 정 屋響 집울릴 정 畫繪 그림 정 (青)
窿 륭 天形穹ㅣ 하늘형용 륭 隆通 (東)
⿱穴童 총 동 空也 빌 총 作也 일으킬 총、만들 총 躁也 떠들 총、ㅣ竉、闇也 어두울 동 (冬)(董)
⿱穴見 탱 正視 바로볼 탱 赤色 붉을 탱
⿱穴毳 취 천 穿壙始穴 광중팔 취、금정 놓을 취、천 義同 (霽)(霰)
⿱穴⿰金戈 ⿱穴叐(穴部七畫)과 同
⿱穴尞。료 穿也 뚫을 료 舍也 집 료 空也 빌 료 (蕭)
⿱穴叡 竄(穴部十三畫)의 古字
⿱穴變 준 柔皮 다룬 가죽 준 (震)
⿱穴⿰貢刂 공 礦同、削也 깍을 공 穴也 구멍 공 (董)
⿱穴條 조 深貌 깊은 모양 조
⿱穴番 반 水洄 물거스를 반 淵也 소반 止水ㅣ淵 (寒)
⿱穴惺。성 大悟 크게 깨달을 성 (青)
⿱穴過。과 窩也 굴과 巢也 보금자리 과 (歌)

⑬

⿱穴盧 竈(穴部十六畫)과 同
竅 규 穴也 구멍 규 空也 빌 규 (嘯)
竄。찬 逃也 도망할 찬 匿也 숨길 찬 驅逐 誅ㅣ、改易 點ㅣ 쫓을 찬 隱也 숨을 찬 ㅣ改 고칠 찬 (翰)
⿱穴豦 거 穴也 구멍 거 (魚)
⿱穴毅。취 塞也 막힐 취 마을 취

⑭

⿱穴繇 요 燒陶 오지그릇 구울 요
⿱穴監 람 薄而大ㅣ⿱穴炎 얇고 클 람 (覃)
⿱穴⿺乙鼠 竄(穴部十三畫)과 同
⿱穴⿰身呂。窮(穴部十畫)과 同
⿱穴黽 竈(穴部十六畫)과 同
⿱穴⿰彳臬 예 睡語 잠꼬대 예 驚也 놀랄 예 (霽)
⿱穴⿰身邑 궁 廣而深也 넓고 길 궁 夏后時夸羿國 나라이름 궁 (東)

⑮

竇。두 穴也 구멍 두 決也 터질 두 窬通 (有)
⿱穴⿰禾禹 竊(穴部十七畫)과 同
⿱穴⿰犭蜀。예 寐也 잠잘 예 (語)
⿱穴⿰革茸 용 毳飾 털로 꾸밀 용 除也 제할 용 (冬)
⿱穴⿰金炎 국 窮也 궁구할 국、다할 국

⑯

竈。조 爨炊 부뚜막 조、부엌 조(炊煮器具處) (號)
⿱穴橐 탁 穿也 뚫을 탁 (藥)
⿱穴執 국 窮也 궁구할 국、다할 국 (屋)
⿱穴歷。력 穿也 뚫을 력 (錫)
⿱穴激 격 挾阨 좁은 목 격 (錫)
竉 롱 深穴窟ㅣ 깊은 구멍 롱 州名 고을이름 롱 (董)
⿱穴⿰米頁 료 穴也 구멍 료 穿也 뚫을 료 (蕭)
⿱穴⿰幸几 국 窮也 다할 국

⑰

⿱穴鮮。시 水厓 물가 시 穴也 구멍 시 (支)
竊。절 盜也 도둑질할 절 私也 가만히 절、사사 절 淺也 얕을 절

⑱

⿱穴⿰老毛 형 老弱貌 늙어서 약할 형

⑲

⿱穴⿰魚單 사 穴也 구멍 사

⑳

⿱穴⿰犭褱 담 着衣睡貌 옷 입은 채 잘 담 (覃)

㉔

⿱穴靈。령 穴也 구멍 령

立部

立。립 住也 설 립 建也 세울 립 成也 이룰 립 說定 정할 립 明也 밝힐 립 速意 속할 립

②

竍 십 佛國量名 데카리터 십 (立十倍、五升五合餘)
⿰立几

처 正也 바를처 竞。원 倚也 기댈원 (阮) ❸ ⿰立巳 사 待也 기다릴사 竢同 (紙) 竎。부 登也 오를부 (宥) 竏 천 佛國量名(立千倍、五石五斗四升三合餘) 킬로리터천

❹ 竔 승 佛國量名(約五合五勺) 리터승 ⿰立戈。벌 竚也 우두커니설벌 (月) 竕 분 佛國量名(立十分之一五勺五毛餘) 데시리터분 新字 竓 모 佛國量名(立千分之

一) 미리리터모 新字 ⿰立殳。竢(立部七畫)과同 竒 奇(大部五畫)의俗字 ❺ 站。참 驛也 역마을참 獨立 홀로설참 久立 오래설참 (陷) 竘。

구 治也 다듬을구 飾也 꾸밀구 健也 건장할구 (有) ⿰立主 주 待也 기다릴주 (麌) 竚 저 久立 오래설저 企也 바랄저 佇同 (語) ⿰立且。착 恐懼 겁낼착、두려울착 (藥) 竝。

병 반 방 倂也 아우를병 比也 견줄병 皆也 다병 相扶 서로붙을병 並同、傍通、與人同處 짝할반 牂柯縣名 고을이름반、連也 연할방 近也 가까울방 ⿰立圣。회 皮也、藏食物 찬장회 (卦) 竛。

령 行不正 ㅣ竮 비척거릴령、비실거릴령 伶通 (靑) ⿰立戉 월 竚立 우두커니설월 (月) ⿰立戊 戉(立部四畫)과同 ⿰立可 雊(隹部五畫)과同 ⿰立尼 니 水土 진흙니 (齊)

❻ ⿰立亥 해 神名 신이름해 起也 일어날해 (賄) 竟。경 終也 마칠경 窮也 궁구할경 竟也 지경경 畢ㅣ 필경경 境通 (敬) ⿰立我 戉(立部四畫)과同 章。

장 采也 문채장 文也 글장 明也 ㅣㅣ 밝을장 表也 표할장 印款 인장장 條也 장정장 ⿱在立 在(土部三畫)과同 ⿰立寺 待(彳部六畫)과同 竡。백 佛國量名(立百倍

五斗五升四合餘) 헥트리트백 新字 ⿰立并 竮(立部十一畫)과同 ❼ ⿰立肖 초 立貌 선모양초 우뚝설초 (嘯) ⿰立孛 발 捽物聲 물건누르는소리발 (月) ⿰立甫

포 物之端 끝포 (虞) ⿱亡立 望(月部七畫)과同 竢。사 待也 기다릴사 俟同 (紙) 童。동 幼也 ㅣ蒙 아이동 盛貌 ㅣㅣ 우뚝우뚝할동、삐죽삐죽할동 山無草木 민둥산동 無角羊 뿔없는

양동 (東) 竣。준 전 退立 물러설준 事畢 일칠준 止也 그칠준 踆通、전 義同 (眞)(先) ⿰立宏 행 度量 헤아릴행 (庚) 竦。송 敬也 공경할송 懼也 두려울송 上也 높일송 聳也 솟을송 悚通 (腫)

⿰立匋 수 竢也 기다릴수 ⿰立甹 빙 使也 부릴빙 (靑) ⿰立夾 렵 行不正 비틀거릴렵 (葉) ⿰立貞 존 정 端正貌 몸단정할정 人名 사람이름존 ⿰立耑。端(立部九畫)의譌字

❽ 竩 誼(言部八畫)의古字 ⿰立忝 恭也 공손할첨 (琰) ⿰立屈。괴 獨立貌 ㅣ然 홀로선모양괴 俗音외 (賄) ⿰立卓 조 高危 ㅣ嶢 높고위태할조 (嘯) ⿰立昔。작 驚也 놀랄작 懼也

겁낼작 (藥) ⿰立彔。록 鬼見ㅣㅣ 귀신볼록 (屋) ⿰立取 주 佝ㅣ、羸也 파리할주 (虞) ⿰立委。와 弱立貌 약하게설와 (箇) ⿰立享。대 重也 포갤대 木實垂貌 나무열매늘어

질대 (賄) ⿰立畀 ⿰立卑(次條)와同 ⿰立卑。비 行不正 걸음비틀거릴비 立貌 ㅣㅣ 우뚝설비 (齊) ⿰立隶。리 臨也 임할리 從也 좇을리 疏也 뚫을리 (寘) 竪 수 立也 세

울수、서있을수 童僕之未冠者 더벅머리수 僕也 종수 竪俗字 (麌) 竫。[정] 停安也 머물러편안할정 靜 고요할정 擇也 가릴정 (梗) 竜 龍(龍部。畫)의 古字 ⑨ 竭。

[갈][걸] 盡也 다할갈 涸也 고갈할갈、걸 義同 (月)(屑) 竬 [구] 立也 설구 (麌) ⿰立頁 [수] 立而待 서서기다릴수 (虞) ⿰立甚 [침] 坐立不移貌 두커니설침 (侵) 竪 [수] 立也 설수 (遇)

竰 [리] 佛國量名(立百分之一) 센티리터 리 端。[단] 物首 끝단 正也 단정할단 萌也 싹단 始也 비로소단 專也 오로지단 緖也 실마리단 褍通 (寒) ⑩ ⿰立奚。[혜] 待也 기다릴혜 (薺) ⿰立⿱罒勿

[수] 立待 서서기다릴수、기다릴수 (虞) ⿰立真。[전] 塞也 막을전 (先) ⑪ ⿰立屛 [병] 行不正 竛ㅣ비틀거릴병 竮竛同 (青) ⿱⿺廴足立 [족] 立待 서서기다릴족 (屋) ⿱皆立 [개] 窮

究 궁구할개 (卦) 竱 [전][단] 等也 가지런할전、단 義同 (銑)(翰) ⑫ 竲 [증] 高也 높을증 (蒸) ⿰立堯。[요] 高危 竲ㅣ 높고위태할요 或音 교 (蕭) 竳。[등] 立貌 ㅣㅣ우

뚝설등 (蒸) ⿱耄立 [롱] 行不正貌 비뚜로갈롱 (冬) 竴 [준] 喜也 기뻐할준 (眞) ⑬ ⿱亡羸。[라] 弱立 약하게설라 (箇) ⿰立奇 [기] 正立 바로설기 (紙) 竵

[화] 不正 바르지않을화 ⑭ ⿰立需 [수] 久待 오래기다릴수 (虞) [illegible] 童(立部七畫)과 同 ⑮ 竷。[감] 擊鼓 북칠감 춤노래이름감 競。[경] 爭也 다툴경

強也 굳셀경 盛也 성할경 高也 높을경 逐也 쫓을경 遽也 문득경 競同 (敬) 龔 龍(龍部。畫)의 古字 ⑯ ⿰立𦎫 [퇴] 重聚貌 포개어모을퇴 (賄) ⿰童頁。

[동] 鐘聲 종소리동 (東) ⑰ ⿰童頁。⿰童頁(立部十六畫)과 同 竸 競(立部十五畫)과 同 ⿱立商。商(口部八畫)의 籀文

六畫

竹部

竹。[죽] 冬生草員貿虛中深根 勁節 대죽 笛也 피리죽 (屋) ② 竻 [륵] 竹根 대뿌리륵 (職) 竺 [독][축] 厚也 두터울독 篤同、西域天ㅣ 나라이름축 (沃)(屋) ⿱𥫗丁

[정] 竹函 대함정 箱也 상자정 (迥) ⿱𥫗乂 [의] 竹也 대의 (紙) ⿱𥫗厶 [전] 折竹 대꺾을전 (先) ③ 竽。[우] 大笙 큰생황 우(三十六簧樂) ⿱𥫗弋。[익] 竹索 대로만든밧줄익

竼 [봉] 織竹編箬覆船 배뜸봉 篷同 (東) 笀。[망] 芒草 笀也 까스랑이망 (陽) ⿱𥫗乞 [기] 竹席 대자리기 (紙) ⿱𥫗土 竺(竹部二畫)과 同 竾 [지] 笙類 피리지 篪同 (支)

⿱𥫗亐 竽(竹部三畫)과 同 竿。[간] 竹梃 대줄기간 漁ㅣ 낚싯대간 (寒) ④ 笈。[급][겁] 書箱 책상자급、驢上負 나귀길마겁 极同 (緝)(葉) 筓 筓(竹部六畫)과 同

笇 [산] 籌也 셈대산 竹器 대그릇산 算同 (翰) 笆 [파] 編竹圍之ㅣ籬 대울타리파 竹有刺 가시대파 (麻) 笗 [종] 長節竹 마디긴대종 (冬) ⿱𥫗互。[호] 收繩具 줄감는기구호 懸肉竹格 고기

걸어두는대살호 竹名대이름호 (遇) 筩。[널][체][예] 羊車竹垂也 양차의채찍녈 小車具작은수레기구녈、체義녈과同、竹名대이름예 (屑)(霽) 笋 [신] 笑貌웃는모양신 笌 [아] 筍也죽순아 (麻)

笶 [륙] 竹也대륙 笷 [방] 竹籠죽롱방 (陽) 笊 [조] 竹器ㅣ籬조리조 (巧)(效) 𥬃 [항] 覓魚具고기찾는기구항 (漾) 笑。[소] 喜而解顔啓齒웃을소、웃음소 咲同 (嘯)

𥫽 [시] 王竹큰대시 (長至百丈) (紙) 笐。[항] 衣架횃대항 笓 匙(匕部九畫)과同 笎 [원] 竹文대무늬원 (元) 笏。[홀] 手版홀홀(有位者朝見時、所執曰ㅣ

、有事則書于以備遺忘) (月) 笓。[비][필] 眞梳참빗비 枇也빗일필 (寘)(質) 笔 筆(竹部六畫)과同 笙 笙(竹部四畫)과同 笄 箕(竹部八畫)의古字

笐 笐(竹部四畫)의譌字 𥫩。[복] 小擊작게칠복 (屋) 笒 [검] 小竹작은대검 (琰) 五 笙。[생] 女媧樂器ㅣ簧匏音저생、생황(女媧所作、大者有十九管、小

者有十三管竹席桃ㅣ대자리생 (庚) 笣 笆(竹部三畫)과同 笘。[섬] 習字板ㅣ畢분판섬 (琰) 笏。[건] 筋本힘줄뿌리건 筋大貌힘줄클건 (願) 笖 [이][제] 筍也죽순이、筍生貌죽순날제 (紙)

笚 [감] 竹名대이름감 實中大竹속이비지않고찬대감 (感) 笞。[태] 箠打매질태、볼기칠태、태장태 古音치 (支) 笯 篛(竹部九畫)과同 笝。

[납][닙] 繫舟竹索배매는댓줄납、補籬울타리얽어맬닙 (合)(洽) 笛。[적] 樂管七孔篴저적、괴리적 三孔羌ㅣ날라리적 (錫) 笩 [발] 捕魚竹器통발발 (曷) 笠。[립] 簦也삿갓립

䇥 杼(木部四畫)과同 笟。[고] 以篾束物대테맬고 箍同 (質) 笥。[사] 竹方器衣篋옷상자사 (寘) 笢。[민] 竹皮대껍질민 櫛也빗민 (軫) 笡 [차] 逆

斜貌빗겨거스를차 柱距버팀기둥차 (禡) 笝 [녑] 竹名皮如霜白也껍질흰대녑 竹ㅣ、小箱작은상자녑 (葉) 笏 [요] 竹節대마디요 (效) 笤 [소] 竹箒비소 (蕭) 符。[부] 兩相ㅣ合而不差

병부부 信也믿을부 徵也驗也징험할부 護ㅣ부적부 ㅣ合곡맞을부 譣驗증거부 祥瑞상서부 (虞) 笘 [고] 竹名대이름고 取魚器고기잡는그릇고 箸通 (虞) 笩 [패] 飛揚까불올패 (泰) 笈

皮(皮部。畫)의古字 笨。[분] 竹裏대속분、대청분 麤率지저분할분 肥大투박할분 愚ㅣ못생길분 (吻) 第。[제] 次也차례제 宅也집제 但也다만제 且也또제 科ㅣ과거제 等ㅣ등제제 弟同 (霽)

笭。[령] 漁具ㅣ箵종다래끼령 小籠작은농령 (青) 笯。[노][나] 鳥籠새장노、나義同 (虞)(麻) 笫 [자] 牀簀평상자 (紙) 笮。[책][작] 矢箙전동책 狹也좁을책 迫也짤책 屋上

板산자책 壓也누를책 䵭刑 鑽ㅣ자잘할작 作通 (藥) 笰 [불] 車後戶名뒤창이름불 (物) 笱。[구] 曲竹取魚器통발구 (有) 笲 [번][반] 盛婦贄棗修器신부의폐백

반번、반義同 (元)(阮) 䇦 [앙][영] 竹名대이름앙 筍也죽순영 (養)(蒸) 笵。[범] 法也법범 楷式본보기범 範同 (豏) 笮 笮(竹部五畫)과同 笶。矢(矢部。畫)과同

笍。예 鋭也 날카로울예 霽
笹 세 細竹 가는대세 日字
笝 백 皮白竹 껍질흰대백 陌
筍 음 笑貌 웃을음 寢

❻

筻 예 合板際 널불인틈예 霽
笿。락 束也 묶을락
筁 곡 蠶薄 누에발곡 沃
筃 체 以竹補缺 대로기울체 궤 箕也 키궤 箕通 霽
筆。필 所以書 붓필(一名不律) 述也 지을필 辛夷別名木ㅣ 오랑캐이름필 笔同 質
筓 전 以竹貫物 대끠창이전 戠音천 銑
筅 선 鍋釜洗帚 솥솔선 銑
笸。희 取蟣枇 참빗희 支
筞。추 창 箏篗 돛추、張帆 돛달창 虞 講
𥬨 례 籌也 산가지례 霽
筃 인 車樽차 방석인
筄 요 屋笮산 자요 嘯
筈。괄 箭末受弦處 살오늬괄 栝通、將然之意 그러할러괄 曷 日字
䇮 임 單席 홑돗자리임 寢
筇 공 蜀竹可爲杖 공대공 扶老 지팡이공 冬
䇘 강 筏也 뗏목강 江
筋。근 骨絡肉力 힘줄근 力也 힘근、기운근 觔同 文
等。등 輩也 무리등 齊也 가지런할등 均一 고를등 比較 비교할등 待也 기다릴등 類也 같을등 階段 계단등 迥
筌 전 藏魚竹器 다래끼전、통발전
筏。벌 桴也 떼벌(編竹渡水者曰ㅣ) 栰、橃同 月
筶 고 竹器ㅣ筶 대고리고 皓
筎 여 竹皮爲塞 舟대껍질여
筍。순 竹萌 죽순순、대순 箰、篔通、笋同 軫
筒。통 竹名 대이름통 射ㅣ 사통 대통 詩ㅣ、律ㅣ 통통 東
筐 광 方形竹器 모진대광주리광 牀也 평상광 陽
笧 산 책 編竹爲落 대바자산 書籍 책책 冊同 諫 陌
筑。축 樂器似箏 축축、비파축 拾也 주을축 水名 물이름축 溎同 屋
答 답 對也 대답답 報也 갚을답 麤布 굵은베답 然也 그렇다할답 竹筃 죽창답 當也 마땅할답 畣同 合
䇖 충 竹尖貌 대끝 이뾰족할충 送
笄。계 簪也(女子安髮男子係冠具) 비녀계 齊
策。책 謀也 籌ㅣ 꾀책 馬箠 채찍책 簡冊 책책 葉聲ㅣㅣ 잎사귀소리책 蓍也 龜ㅣ 시초책 鐵杖 金ㅣ 쇠지팡이책 星名 天ㅣ 별이름책 笧同
䇇。타 차 竹名 대이름타 箠也 채찍차 歌 麻
䇯 용 斑竹 아롱진대용 冬
筕 행 竹簟ㅣ簹 대삿자리행 庚
䇲 승 竹炬 대홰승 蒸
笁。筑(竹部六畫)과同
筗 중 籥也 不大不小中位 크지도작지도않은피리중 竹種 대이름중 送
笏 문 截竹 대를자를문 吻
䇙 영 竹筍 죽순영 庚

❼

筡。도 서 中空 속빌도、竹篁箹ㅣ 대광주리서 虞 魚
𥮊 은 大篪 큰저은 文
筟。부 竹中衣 대청부 織緯者 바디부 虞
䇾 구 小籠 작은종다래끼구 尤
筚 률 射鳥竹筐 새쏘는종률 質
筠。균 竹皮 대껍질균 眞
䇷。필 分契 엄쪽필 劄、竹대쪼갤필 質
筨 각 竹椽 대서까래각 覺
筣。리 竹籬笆ㅣ 대울타리리 支
筭 산 竹製盛飯器 대밥통산 寒
䈬。박 手足指節鳴 손발마디울박 覺
筳 정 청 箵ㅣ、筵也 대자리정、竹器 대그릇청 車中筵 차안에까는자리청 庚 青
䈣 항 봉 酒筩ㅣ篗 술거르는용수항、車篷 수레봉
筤 랑 幼竹 蒼ㅣ 어린대랑 陽
䇯 첩 小

葉작은잎 사커첩 (葉)
篃 [미] 帚也 비미 (屋)
筦。[관] 樂器如六孔 쌍피리관、主當 주관할관、筆彄 붓대관、樞要 고동관
⿱竹邑 [읍] 捕魚具竹器 통발읍 (緝)
⿱竹豆 [두] 禮器적대두、제기두、木器나무식기두 梪同 (宥)
筥。[거] 盛米圓筐 둥근광주리거、穧名 벼단거 (語)
篎 [묘] 藥名 약이름묘 (嘯)
筪 [갑] 竹箱 대상자갑、竹名 대이름갑 (合)
⿱竹質 [지][질] 竹器대그릇지、桎也 등걸지、질 義同 (寘)(質)
筧。[견] 以竹通水 대홈통견 視同 (銑)
筩。[통][용] 竹筒律本 대통통、捕魚鉤 갈구리통、낚시통 甬同、筒通、箭室 전통용 (東)(腫)
⿱竹夋 [사] 梭也 북사 (歌)
⿱竹斦 [제] 竹席、簟也 대자리제 (霽)
筬 [성] 織具所以持經 바디성 (庚)
筯 [저] 匙ㅣ 젓가락저 箸同 (御)
筮。[서] 蓍卜 시초점서 (霽)
筭。[산] 籌也 줏가지산、셈대산 竿同、計數 수놓을산、셈놓을산 算同、(翰)(旱)
筳 [정] 竹片 대쪽정
筰。[작] 竹索 대새끼작、대동아줄작、筊也 은통소작、引舟繩 배끄는줄작 (藥)
筲 [소] 竹器容斗二升 한말두되들이대그릇소、飯器 밥통소 (肴)
⿱竹言。[언] 大簫 큰퉁소언 (元)
筱 [소] 細竹 가는대소 (篠)
筱 [소] 細竹 가는대소 (篠)
筴 [협][책] 箸也 젓가락협、謀也 계교책 (洽)(陌)
⿱竹甹 [병] 蓬也 배수레에 씌우는거적병 (靑)
筵。[연] 竹席 대자리연、王者講席 經ㅣ 왕이강하는자리연 (先)
⿱竹志。[지] 堅竹 단단한대지 (支)
筷 [쾌] 箸也 젓가락쾌
⿱竹坐 [차] 籠也 종다래끼차 (歌)
⿱竹美 算(竹部八畫)의 略字
⿱竹⿹气木 築(竹部十畫)과 同

八

⿱竹奔。[망] 竹名數節 마디짧은대망 (養)
箁。[부] 竹葉 대잎부 (有)
⿱竹幷 [병] 門扉ㅣ篣 대사립문짝병 (靑)
⿱竹侖 [륜] 推船竿 배밀대륜 (眞)
箃 [추] 竹黃 대누를추 (尤)
箇。[개] 數也、枚也 낱개、개수개 個同、个通 (箇)
箅 [폐] 甑底所敷箅 시루밑에까는발폐 (霽)
箄。[비][폐] 捕魚器 가리비、종다래끼비、小籠 작은농비、梳也 빗비 篦同、甑底蔽 시루밑폐 (支)(齊)(佳)
⿱竹卓。[조] 罾類漁具 가리조 罩同 (效)
⿱竹典 [전] 典의 古字、大篋 큰상자전 (銑)
⿱竹沾。[점][전] 連紙箔 종이뜨는발점、蔽絮簀 솜발전 (鹽)(先)
箊 [어] 葉薄竹 잎사귀엷은대어 (魚)
⿱竹矦 [대] 籃之淺而長者 얕고긴바구미대 (泰)
箋。[전] 記書表札 쪽지전、註也 주낼전、文體名 전문전
篗 [확] 收絲器 자새확 籰同 (藥)
⿱竹各 篙(竹部十畫)과 同
箎 [호] 長竹、長至百丈 긴대호 (虞)
箑。[삽] 扇之別名 부채삽 翣同、⿱竹妾通 (洽)
箌 ⿱竹卓(竹部八畫)과 同
箐 [정][천] 小籃 笭ㅣ 바구니정、竹弓 대로만든활천 (庚)(霰)
箍 [고] 以竹束物 대테멜고 笟同 (虞)
箏。[쟁] 琵類 合ㅣ 쟁쟁、簷前鐵馬 風ㅣ 풍경쟁 (庚)
⿱竹爬 [파] 竹笮 대산자파 (麻)
箕。[기] 簸揚去糠具 ㅣ帚 키기、쳉이기、宿名 南ㅣ 별이름기、展足狀 ㅣ坐 발벗고앉을기
⿱竹沆 [항] 竹竿 낚싯대항 (漾)
⿱竹妾。[삽] 竹翣 대아삽 삽箑、翣通 (洽)
箔 [박] 簾也 발박、金屬薄展金 금박박 薄通 (藥)
箓 [록] 竹高筐 높은대상자록 (屋)
箒 [추] 箕ㅣ、篲也 비추 帚同 (有)
算。[산] 計

數셈놓을산 籌也산술산、즛가지산 算同 旱 菊。국 竹根대뿌리국 屋 箘。균 美竹箭材살대균、아름다운대균 箚 차 牋ㅣ、以奏事、非表非狀 ㅣ子 차자차、전갈할차 以

針刺침줄차 錄也기록할차 本音잡 洽 箙 복 盛矢器전통복 韊、韇同 屋 箝。겸 鋏攝족집개겸、재갈겸 鎖頸목잠글겸、목에칼씌울겸 拑同、鉗通 鹽 箛。고 笳也피리고、초금고 竹名대

이름고 虞 箜 공 絃樂琵類ㅣ篌공후공、거문고공 東 箠。추 馬策채찍추 笞刑볼기채추 紙 箈 념 挽舟索배끄는줄념(一名百丈) 豔 箾 箾(竹部九畫)과同 管。

관 截竹대통관 主當주관할관 小見ㅣ窺소견적을관 樂器如篪 六孔쌍피리관 筆彄붓대관 樞要교동관 ㅣ鍵열쇠관 莞同、琯通 旱 箌。도 牛飼筐소먹이그릇도 虞 筸 匱(匚部十四畫)과同

菀 원 竹器대그릇원 答。탑 竹冒대로만든덮개탑 合 箐 수 즙 竹也대수、覆也덮을즙 虞 緝 箔 箔(竹部八畫)과同 箳 篇(竹部十一畫)과同

筥。저 竹名대이름저 水澤못저 魚 箕 오 柳筐버들고리오 地名ㅣ망이름오 國字

九

箭。전 矢也화살전 霰 名赤ㅣ약이름전 霰 箬。약 竹皮대껍질약 篛同 藥 箪

긴 皮白竹껍질흰대긴 軫 箕。엽 竹簡대쪽엽 葉 箆 篦(竹部十二畫)과同 篗。도 簪也비녀도 遇 箇 박 복 巨竹名큰대이름박、織機具북복 覺 屋

篁 훤 竹花대꽃훤 簇 궤 괴 괵 篷也뜸궤 筐也광주리궤、ㅣ篷輦也 수레휘장괴、車枸簍수레포장살괵 隊 灰 陌 篡 蕩(竹部十二畫)과同 篾。편 竹輿대남여편 ㅣ輿輦主

器들것 箴。잠 綴衣바늘잠 規戒경계할잠 石刺病돌침잠 針通 侵 箰 순 竹胎죽순 순筍同 軫 箱。상 篋也、ㅣ子상자상 車服수레곳간상 廩也곳집상 陽 篛

편 先 경 筋竹대이름경 敬 節 야 海濱生竹바다가에나는대야 麻 箷 이 衣架횃대이 椸同 支 葛 갈 竹屬대갈 曷 箵 성 漁具答ㅣ고기다래끼성 小籠、車答종

다래끼성 靑 梗 箟。시 이 제 笙簧생황시、几也책상이、竹器대그릇제 支 齊 篘 호 箭室ㅣ簏전동호 虞 篋 가 葦也갈대가 笳也 갈잎피리가 麻 箾。소 삭 舞者所執

象ㅣ상소소 簫通、舞曲桓ㅣ춤곡조삭 蕭 覺 篧。각 籠也광주리각 栝也술잔각 藥 篤 동 竹器대그릇동 竹根대뿌리동 篶 옥 竹叢대빽빽할옥、대총총할옥 屋

落 락 籬ㅣ울타리락 藥 箸。제 飯具匙 ㅣ젓가락저 篍 약 요 小籥작은피리약、竹節대마디요 覺 效 篵 좌 席也돗좌 縣名 ㅣ人고을이름좌 箇 箘

첩 竹葉대잎첩 葉 箃 패 竹片대쪽패 箄同 卦 箆 비 編竹小盤 대장반비 支 箈。자 竹名자죽자 竹盛대성할자 支 箏。정 竹欄千대난간정 庚 箿

삽 竹器綠編대그릇가뒤갑칠삽 合 節。절 竹ㅣ대마디절 操也절개절 檢制절제할절 符ㅣ인절 時候때절 樂ㅣ풍류가락절 篷 건 섭 竹名대이름건、行書행서섭 銑 洽 篸 침 工

人用墨尺먹자침 墨漬 筆붓에먹찍을침 (沁)

箈。[태] 竹萌 죽순태 箔通 (灰)

篁。[황] 竹叢대포기황、대수풀황 竹竹林대발황 (陽)

範。[범] 法也式也법범

篆。[전] 書也전자전、夏ㅣ、轂約하전수레전(大ㅣ者、周史籒、所作小ㅣ者、奏李斯所作)繫鍾帶쇠북매는띠전 (銑)

篂 [성] 車蔽簈ㅣ수레덮는발성 (青)

篏 [쾌] 竹筝ㅣ筍죽순쾌 矢竹살대쾌

篧 [작] 溘米具조리작 (藥)

篇。[편] ㅣ章글편 書冊책편 編次편차할편 (先)

篅。[천] 盛穀圓器대둥구미천 (先)

𥳑 [유] 黑竹검은대유 (尤)

篊 [홍] 以竹爲漁梁대어살홍 筧也홈통홍 (送)

篫 [축] 擣也다질축 積重쌓을축 拾也주을축 築同 (屋)

箭 [즉] 斷聲물끊는소리즉 (屑)

䈝 [서] 簡ㅣ、竹名대이름서 箕屬키서 (魚)

篋。[협] 箱ㅣ、大曰箱狹而長曰ㅣ행담협、상자협 匧同 (葉)

篌 [후] 絃樂箜ㅣ공후후 (尤)

䈉 [원][완] 斷竹대를자를원、篅ㅣ竹櫝대서판완 (霰)(旱)

篑 筍(竹部五畫)과同

篍。[초][추] 吹簫勸役통소불러역사시킬초、竹簫대통소추 (蕭)(尤)

盈 籯(竹部二十畫)과同

篜。[정] 竹名대이름정 人名사람이름정 (敬)

箍。[고] 竹名대이름고 捕魚具통발고 (麌)

篕 [할] 拾也주을할

篵。[종] 折竹箠자른대채찍종 木細枝작은나무가지종 (東)

筭 築(竹部十畫)과同

䈆 筋(竹部六畫)과同

䈏 [주] 家植竹집에심는대주 (遇)

箠 箠(竹部八畫)과同

篹。[사] 竹名也대이름사 (賄)

十

篔。[운] ㅣ簹、大竹왕대운 (文)

築。[축] 積重쌓을축 擣也다질축 (屋)

篕。[합][계] 竹席대자리합、계 義同 (合)(泰)

篗 [확] 卷絲器자새확、얼레확 (藥)

篒。[식] 搔耳具귀우비개식 (職)

䈇 [묘] 小管작은저묘、세피리묘 篎同 (篠)

篖 [당] 竹席대자리당 筕ㅣ (陽)

𥯦 [부] 竹有斑文자부문죽부、아롱대부 (尤)

䈶 [요] 竹枝也대가지요 (蕭)

𥳘 [선] 箑也부채선 (霰)

䈕 [척] 擊也칠척 (陌)

䈠 [원] 絡絲籰자새원、얼레원 (元)

篚。[비] 圓形竹器둥근대광주리비(方曰筐圓曰ㅣ) (尾)

䈹 [수] 蒭也용수수 (尤)

𥳡 [려] 箱也盛飯器밥담는그릇려 (語)

篙。[고] 進船竿상앗대고 笿同 (豪)

䈘 [격] 竹履대신격 (陌)

篛。[약] 筍也죽순약 竹皮대껍질약 箬同 (藥)

篠 [소][조] 細竹가는대소、조 義同 (篠)

篟。[천] 竹茂貌대우거질천 青竹푸른대천 (霰)

篞 [녈] 中管중피리녈 (屑)

篝 [구] 覆火籠배롱구、불덮개구 負物笭종다래끼구 篝同 (尤)

䈫 [납] 纜舟竹索배매는대동아줄납 (洽)

箾。[소] 飯㔶주걱소 (巧)

篸。[잠][담] 搔馬말털긁을잠、刷馬篦말글겅이담 (覃)

篢 [공] 竹笠대삿갓공 (東)

篣 [방] 箕屬키방 笞擊볼기칠방 搒同 (陽)

䈯 [진] 箭也화살대진 器名그릇진 (眞)

䈁 [호] 被也입을호 (虞)

篤。[독] 厚也두터울독 固也견고할독、굳을독 純也순전할독 疾甚병위독할독 馬行頓遲말걸음둔할독 竺通 (沃)

篘 籋(竹部十七畫)과同

䈱。[도] 飯牛器소먹이는그릇도、소구유도 (豪)

篛。[담]窓扇창짝답(合) ⿱竹般[반]捕魚筍통발반 竹名ㅣ籛대이름반(寒) ⿱竹奇[가]笋也죽순가(歌) ⿱竹差。[차][자]洞簫篸ㅣ퉁소차 竹貌篸ㅣ대모양차、炭籠숯둥구미자(歌)(馬)

⿱竹蚤[소]竹聲ㅣㅣ대소리소(豪) 篦。[비]髮具密櫛참빗비 篺筌통체비 毛釵ㅣ비치개비 竹器대그릇비(齊) 篥[률]勁竹쨍쨍한대률 蕃樂觱ㅣ오랑캐풍류이름률(質) ⿱竹烘

[홍]用以熯物者것오레홍、너스레홍(送) ⿱竹兼[겸]籠也대농겸、종다래끼겸(鹽) ⿱竹翁[옹]竹盛貌대가무성할옹(東) ⿱竹執[선]竹也대선(霰) 篨。[저]竹席籧ㅣ대자리저 不能

俯病籧ㅣ굽으리지못하는병저(魚) ⿱竹亭 筍(竹部六畫)과同 篩。[사]大竹왕대사 竹器去麤取細체사(支) 篪。[지]橫吹笛옆으로부는저지(管有八孔)箎同(支) ⿱竹索。

[삭]竹經대동아줄삭(藥) 篌 籔(竹部十六畫)과同 ⿱竹暮。[모]竹箱대상자모(遇) 篓 簍(竹部十畫)과同 簑[사]雨衣동롱이사(歌) ⿱竹容[용]文

竹자문죽용(冬) 篬。[창]竹色靑貌ㅣㅣ대빛푸를창(陽) 篭 籠(竹部十六畫)과同 ⿱竹隶[녀]織機베틀녀 ⿱竹絡。[락]籬也울타리락(藥) 篡[찬][산][전]逆奪빼앗을찬

諫、篹同、竹筥雕ㅣ대소쿠리산、述也시을전 具食반찬전 饌、撰通(旱)(霰)

十一

篲[세][수]星孛꼬리별세、혜성세、竹帚대비수 彗通(霽)(寘) ⿱竹從[종]病枯竹삭은대종(東) 篳。[필]柴

門사립문필ㅣ路柴車나무실은수레필 蓽通(質) 篰。[부]竹牘대의서판부(有) 篱[리]竹器笊ㅣ대조리리(支) ⿱竹宿。[수]十六斗稱열여섯말수 炊箕조리수(寘) ⿱竹斛

[곡]大箱큰상자곡 篴[적]樂管七孔篴피리적、저적 羌ㅣ、三孔날나리적 笛同(錫) ⿱竹習。[수][습]竹帚대비수、修船具배고치는기계습(霰)(緝) 篶[언]黑竹흑죽언(先) 篸。[잠]針也바

늘잠 首笄비녀잠 簪同(侵)(覃) ⿱竹爽[상]竹貌대모양상(養) ⿱竹終[종]竹也대종 篋也해담종(東) ⿱竹浦[포]沈水取魚具가리포(遇) 篾[멸]折竹짜갠대멸 竹皮대껍질멸 竹名대

이름멸 簚同(屑) 篷。[봉]編竹覆舟대뜸봉 小舟배봉 芃同(東) 篽[어]禁苑나라동산어 籞同(語) 簰。[패]大栰큰떼패(佳) 篻[표]細竹가는대표(蕭) 篼。

[두]竹輿ㅣ子대남여두 飮馬器말구유통두(尤) ⿱竹俾[패][비]筏也떼목패、비 義同(蟹)(支) ⿱竹稍[초][삭]船舵尾키꼬리초、키끝초、飯帚솔솔삭(效)(覺) ⿱竹蔑 篾(竹部十一畫)과同 ⿱竹堇

[근]皮白竹껍질흰대근(文) 篿。[전][단]折竹卜筳ㅣ점대전、圓竹器고리짝단、둥근대그릇단(先)(寒) ⿱竹圈[권]竹種대권 囤屬소쿠리권(阮) 簂[궤]婦人首飾첩지계 머리치레계(隊) 簀。[책]牀棧살

평상책 葦薄갈대발책 積聚쌓아모을책 簟也삿자리책(陌) 簅[산]大籥似笛큰피리산(潸) ⿱竹鹵 ⿱竹旅(竹部十畫)과同 ⿱竹巢[소]大笙큰생황소(肴) ⿱竹舲[령]竹名대

이름령(靑) ⿱竹冥[맥][멱]車覆수레덮개맥、멱 義同(陌)(錫) ⿱竹洴[병]盛絮籠솜담는광주리병(庚) ⿱竹礼。[렵]編竹曝物엮은대렵、대렵(葉) 簉。[추]齊飛가지런히나를추 倅也副也버금추(宥)

簆 [구] 箴也。織具 바디구 (宥)
⿱竹兩 [만] 竹器 대그릇만
簇。[족][주] 小竹也 가는대족 聚也 모을족 蔟通、주義同 或音추 (屋)(宥)
⿱竹通 [통] 無節竹 마디없는대통
箳 [병] 車覆ㅣ篂 수레가림병(車上障塵者、前曰籓、後曰ㅣ) (梗)
⿱竹淡 [담] 甘竹 단대담 大竹 큰대담 (勘)
簍。[루] 竹籠 대농루、대상자루 盛土籠 삼태루 (有)
簌 [속] 篩也 체속 茂密貌 무성하고빽빽한모양속 (屋)
⿱竹厚 [호] 籠也 광주리호 (遇)
⿱竹累 [류] 盛土籠 삼태기류 法網 법류 (紙)
⿱竹將。[장] 有節削 마디두고짜갠대장 (養)
⿱竹衍 [현] 箭笴 살대현 (先)
⿱竹盍。[계] 盛黍稷器 簠ㅣ대 제기계、보궤계 (紙)
⿱竹紨 [부] 篾也 대껍질부 (遇)
⿱竹曼。[만] 竹名 대이름만 (寒)
⿱竹徒 [도] 架也 시렁도 (遇)
簏。[록] 書ㅣ竹篋 대상자록 (屋)
簎。[착] 刺魚具 작살착 刺也 찌를착 擉同 (覺)
築 築(竹部十畫)의 本字
⿱竹敂 [괴] 箭竹 살대괴 (灰)
⿱竹矬 矬(矢部七畫)과 同
⿱竹皱。[추] 捕魚具 통발추 (宥)
⿱竹逸 [일] 罝也 둘일 (質)
⿱竹盍。[렴] 鼓也 북렴 (鹽)
箹。[조] 釣竹 낚싯대조 (嘯)
⿱竹墓 篡(竹部十畫)의 俗字
⿱竹窓。[창] 籬也 울타리창 (江)
⿱竹旅 簇(竹部十畫)과 同
⿱竹軟 [연] 釣針 낚시바늘연 (銑)
⿱竹彫 [조] 篠也 대솔조、대솔솔조 日字
⿱竹意 [주] 箸也 젓가락주 躅躇 주저할주 (尤)

十二

簜。[탕] 闊節大竹 굵은대탕 (養)
簙。[박] 局戲 六ㅣ 장기박 (藥)
⿱竹畔 [반] 車蓬 수레뜸반 (阮)
⿱竹觚 [고] 竹簡 대쪽고 稜也 모질고 觚通 (虞)
⿱竹敝 [폐] 簙籌 주사위폐 (霽)
簟。[점] 竹席 삿자리점 竹名 대이름점 (琰)
⿱竹毳 [체][치] 擣也 찧을체、치義同 (霽)(寘)
簞。[단] 小筐 소쿠리단、도시락단 笥也 상자단 (寒)
⿱竹發 ⿱竹廢(竹部十五畫)과 同
簡。[간] 札也 편지간 記文竹牒 대쪽간 略也 간략할간 易也 쉬울간 分別 분별할간 要也 중요울간 求也 구할간 誠也 진실로간 檢閱 점고할간、검열할간 閱也 열람할간 選也 가릴간 大也 ㅣㅣ 클간 柬通 (潸)
簠。[보] 盛黍稷器ㅣ簋 대제기보、보보(外方內圓曰ㅣ容一斗二升) 𥫽同 (麌)(遇)
⿱竹隆 [룡] 篂也、竹叢 대숲룡 (東)
⿱竹冐 [미] 冬生筍 겨울에나는죽순미 (寘)
⿱竹豫 [쉬] 竹筵 대자리쉬 竹徑 대발오솔길쉬 (寘)
⿱竹蛩 [공] 車篷ㅣ籠 수레덮는대뜸공 車弓 수레활공 (冬)
箁 [보] 簾也 발보 竹器 대그릇보 (麌)
簢 [민] 竹中空 대속빌민 (軫)
⿱竹須。[수] 魚笭 고기다래끼수 (虞)
簣 [궤] 盛土器 삼태궤 匱通 (寘)
籓。[번] 大箕 큰키번 蔽也 덮을번、가릴번 (元)
⿱竹鞊 [고] 竹皮 대껍질고 (虞)
⿱竹無 [무][모] 皮黑竹 껍질검은대무、모義同 (虞)
簥 [교] 大管 큰저교 (蕭)
簦。[등] 禦雨長柄笠 蓋 우산등 (蒸)
⿱竹曾。[증] 笠也 삿갓증 (蒸)
⿱竹童 [동] 竹器 대그릇동 (董)
⿱竹粦 [린] 竹中實 대속찰린 (震)
⿱竹惢 [예] 初生筍 어린죽순예
⿱竹匾 篇(竹部九畫)과 同
⿱竹陽 [양] 篙ㅣ、竹席 대자리양 (陽)
簧。[황] 女媧樂 笙ㅣ 생황황 巧言ㅣ鼓 공교로히하는말황 (陽)
⿱竹殘 [찬] 竹鑯 대로만든점대찬 斧也 작은통찬 (寒)
簪。[잠] 首笄 비녀잠 聚也 모을잠 發病 병날잠 (侵)(覃)
簩。[로] 竹名 대이름로(ㅣ竹有毒、夸人爲觚刺獸則死) (豪)

篪 [체] 琴名ㅣ鐘 거문고 쾌 (霽)
⿱竹最 [쾌] 竹帚 대비 쾌 (泰)
⿱竹軨 [령] 車笭 수레덮개 령。籠也 광주리 령 (迥)
簨 [순] ㅣ簴懸鐘磬格 북다는틀 순 (軫)
簫。[소] 管樂 퉁소 소ㅣ韶舜樂 소소、풍류소 弓末 활고지 소 箾通 (蕭)
篴 [적] 管樂 저 적 笛同 (錫)
簬。[로] 美竹箭材 화살만드는대 로、살대 로 (遇)
⿱竹醀 籌(竹部十四畫)과 同
⿱竹多 笋(竹部六畫)과 同
⿱竹色。[취] 絡絲具 실패 취 (寘)
簭 筮(竹部七畫)의 古字
⿱竹殽 [효] 筍也 죽순 효 本音 교 (巧)
⿱竹䇥 [산] 竹器 대그릇 산 (翰)
⿱竹系 篡(竹部十一畫)과 同

十三

⿱竹雉。[치] 幼竹 어린대 치 ⿱竹稚同 (紙)
簳 [간] 小竹箭材 살대 간
⿱竹豐 [례] 細軟竹 가는 고연한대 례 (薺)
簵。[로] 美竹箭材 화살대 로
簴 [거] 所以懸鼓 筍ㅣ 북다는틀 거 虡同、鐻通 (語)
⿱竹奧。[욱] 漉米籔 ㅣ조리 욱 (屋)
⿱竹擭 [확][호] 捕魚具 통발 확、호 義同
簷。[첨] 屋檐也 처마 첨、기슭 첨 (鹽)
簶 [록] 胡ㅣ、箭室 살통 록 (屋)
⿱竹健 [건] 筋鳴 힘줄울 건 (元)
⿱竹豦。[거] 飮牛器 소먹이그릇 거 養蠶箔 누에치는그릇 거 (語)
⿱竹開 [견] 戶籍、ㅣ籍 호적 견
簽 [첨] 押署 이름둘 첨 ㅣ藏 저통 첨 籠也 농 첨 ㅣ書、文字以爲表識 제목 첨 信書 편지 첨 (鹽)
簸。[파] 揚米去糠 까부를 파
簹 [당] 大竹 篔ㅣ 왕대 당 (陽)
簺。[새] 簙ㅣ、戲具 상륙 새、박새 새 (隊)
簾 [렴] 箔也 발 렴 (天子外屛 諸侯內屛 大夫以ㅣ 士以帷) (鹽)
⿱竹稿 [갈] 止樂器 木虎 갈 풍류 갈、그칠 풍류 갈 楬通 (黠)
⿱竹微 [미] 竹名 대 이름 미 (微)
⿱竹隔。[격] 竹帳ㅣ子 대장지 격、대차면 격 (陌)
⿱竹遘 [구] 竹器 대그릇 구 (遇)
⿱竹殿。[둔][전] 榜也 채찍 둔、매 둔、擊也 칠 전 (元)(霰)
簿。[부][박] 籍也 문서 부、치부부 領也 거느릴 부 手版 홀 부 車駕鹵ㅣ 의장 부、蠶具 누에발 박 箔通 (麌)(藥)
簙 [박] 行碁ㅣ奕 바둑둘 박 (藥)
⿱竹鬼 [괴] 竹節 대마디 괴 (賄)
⿱竹解 [해] 竹名 대 이름 해 (蟹)
⿱竹愍 [민] 竹中空 대속빌 민 (軫)
⿱竹数 籔(竹部十五畫)의 略字
⿱竹嗇。[색] 篩也 체 색 (軫)
籕 籀(竹部十五畫)의 俗字
⿱竹蚤 [산] 器也 그릇 산 (翰)
篬。[창] 竹矛 대창 창 (漾)
簀 [책] 牀版 마루 바닥 책 (陌)

十四

籆。[확] 收絲器 자새 확、얼레 확 篗同 (藥)
籃。[람] 大篝 큰불우리 람 筐也 바구니 람 (覃)
籅 [여] 筐也 대상자 여、행담 여 (魚)
⿱竹僕 [박] 竹種 대 이름 박 (藥)
籄 [귀] 簣也 삼태기 귀 (寘)
籉 [대] 禦雨笠子 삿갓 대 (灰)
⿱竹署。[서] 疏節 성긴체 서 (御)
⿱竹銷 [초] 竹枝長 대가지칠 초 (巧)
籇。[호] 船竿 상앗대 호 (豪)
籈 [진] 所以擊柷鼓敔者 그칠 풍류채 진 (眞)
⿱竹揔 [총] 箸筒 젓가락 통 총 (董)
⿱竹構 [구] 司熏衣 옷말리는 배롱 구 負土籠 대소쿠리 구 (尤)
⿱竹滿 ⿱竹㒼(竹部十一畫)과 同
⿱竹端 [단] 竹名 대 이름 단 (寒)
籌 [주] 算也 숫가지 주、셈대 주 ㅣ畫 셈놓을 주 ㅣ略 모략할 주 籤也 제비 주 (尤)
⿱竹聚。[총] 取魚器、籠ㅣ 고기잡는 대그릇 총 (東)
籋。[섭] 足鎖 발자물쇠 섭 鉗也 족집개 섭 踏也 밟을 섭 躡同、鑷通 古音 녑 (葉)
籍。[적] 簿書 문서 적 書ㅣ 서적 적 戶口圖ㅣ 호적 적 狼ㅣ 곽자할 적 語聲ㅣㅣ 말소리 적 ㅣ沒 압수할 적
籊

[적] 竹貌ㅣㅣ대모양적、대쭉쭉번을적 (錫)

⿱⺮婁 [삽] 扇也 부채삽 箑同 (洽)

籊。[격] 竹障 대창살격 (陌)

⿱⺮臺 築(竹部十畫)의古字

⿱⺮建 [삽] 破竹片 대조각삽 (洽)

簚 冪(冖部十四畫)과同

⿱⺮巢。[소] 大笙 큰생황소 鳥巢 새보금자리소 (肴)

(十五)

⿱⺮毅 [의] 竹名 대이름의 竹節 대마디의 (未)

⿱⺮遷 [천] 扱稻具 벼훑이천 (先)

籐 [등] 蔓生似竹 등등、등나무등 藤通 (蒸)

⿱⺮叡 [추] 捕魚器 고기잡는기구추 (宥)

⿱⺮溜。[류] 竹聲 대소리류 (尤)

⿱⺮劉。[류] 竹名 대이름류 (尤)

⿱⺮廢 [폐] 竹席 대자리폐 (隊)

籑 [찬] 述也 지을찬

⿱⺮緩 [환] 簾也 발환 (旱)

⿱⺮繙 籓(竹部十五畫)과同

籉。[대] 稻米磑 쌀씀는맷돌대、래

⿱⺮區 [구] 竹器以息小兒 아이앉히는대둥우리구、구자구 或音우 (尤)

籓 [번] 大箕 큰키번 蔽也 울타리번、바자번、울번 (元)

⿱⺮隤。[퇴] 竹筆 대붓퇴 (灰)

⿱⺮寫。[사] 箠也 채찍사 (馬)

⿱⺮劂 ⿱⺮劂(竹部十七畫)과同

籔。[수] 漉米器 쌀건지는그릇수 炊箕 조리수 頭戴薦盆簍ㅣ또아리수 量名受十六斗 열여섯말들이수 (有)(麌)

(十六)

⿱⺮鞠 [국] 窮究意 궁구할국 鞫古字 (屋)

籗。[착][곽] 罩也 가리착、捕魚籠 종다래끼곽、통발곽 (覺)(藥)

⿱⺮隨 [수] 籠也 채롱수 (支)

⿱⺮毀 毀(殳部十二畫)과同

⿱⺮鞢 [첩][엽] 簸也 키로까불첩、엽 義同 (葉)

籙 [록] 籍也 호적록 圖ㅣ비기록 冊箱 책장록

籚。[로] 戟柄 창자루로 筐也 광주리로 積竹 쌓인대로 (虞)

⿱⺮辨。[편] 蘆葉笛 갈잎피리편 (銑)

籛 [전] 鼓祖姓 팽조의성전 (先)

⿱⺮燕 [연] 竹病 대병들연 (鹽)

籜 [탁] 竹皮 대껍질탁 (藥)

⿱⺮閵。[린] 損也 덜린、상할린 植也 심을린 (震)

⿱⺮隸 [례] 竹簡 대쪽편지례 (霽)

籟。[뢰] 簫名三孔籥 피리뢰 孔竅機括 구멍속에소리나는청뢰 (泰)

篽

籠。[롱] 箱屬 농롱、채롱롱 笭也 종다래끼롱 包攣ㅣ物 물건싸서들롱 鳥檻 새장롱 箱ㅣ、竹器 대상자롱 (東)(董)

籞 [어] 池ㅣ、禁苑 나라동산어 篽同 (語)

⿱⺮贙 [현] 竹枯 대마를현 (霰)

⿱⺮殼 [혹] 篗也 자새혹、얼레혹 (屋)

籋 [니] 箱也 상자니

⿱⺮敫 [효] 竹索 대새끼효 小簫 작은퉁소효 筍也 죽순효 (有)(巧)

(十七)

⿱⺮彌 [미] 竹皮 대껍질미 (支)

籅 [여] 竹輿 대남여여 (魚)

籥。[약] 管ㅣ、樂器似笛 피리약(有三孔或六孔者) (藥)

籢。[렴] 鏡ㅣ、鏡匣 경대렴 (鹽)

⿱⺮鞫。[국] 訊ㅣ、窮理罪人 초사받을국 鞫同 (屋)

籤。[첨] 標識 찌지붙일첨 竹ㅣ、用以卜者 점대첨 書ㅣ서상대첨 驗也 증험할첨 韱同 (鹽)

⿱⺮鮮 [선] 人戶版籍、簡ㅣ호적선 (銑)

⿱⺮棣 [리] 竹簡 대쪽편지리 箠也 채찍리 (寘)

⿱⺮鞢 [접] 簸也 까부를접 俗音엽 (葉)

籣。[란] 盛弩矢負 동개란 (寒)

⿱⺮劂。[계] 竹實 대열매계 (霽)

⿱⺮襄 [양] 包也 쌀양 麃米竹器 조리양 (陽)

籦 [종] 枝多竹 가지많은대종 (冬)

籧。[거] 竹席ㅣ篨 대자리거 醜疾 천상바라기거 養蠶器 양잠기거 (魚)(語)

⿱⺮臀 ⿱⺮殿(竹部十三畫)과同

⿱⺮𥁕 菹(艸部八畫)과同

(十八)

⿱⺮聶。[렵] 竹笪 대자리렵 (葉)

⿱⺮爵

[착][조] 捕魚具대통발착、擦罟떠올리는그물조 (覺)(看)

⿱⺮雜。[잡] 簾也발잡 (合)

⿱⺮雚 [관] 竹杼대북관 (寒)

⿱⺮雙 [쌍] 帆也돛쌍 酒篘용수쌍 (江)

⿱⺮黠 [개] 黑竹검은대개 (佳)

⿱⺮擮。[전] 細削竹잘게깍은대전 (先)

⿱⺮辭 觀(見部十八畫)의古字

十九

籬。[리] 藩ㅣ울타리리 笊ㅣ、竹杓조리리 欐同、蘺通 (支)

⿱⺮檓 [훼] 舂也방아찧을훼 (紙)

籭 [사] 竹器有孔除麤取細체사 簁同 篩同 (佳)

籫。[찬] 竹器대그릇찬 (旱)

⿱⺮靡。[미] 竹皮대껍질미 (支)

籮 [라] 箕也키라、筐也광주리라 (歌)

⿱⺮庶 [저] 筐也광주리저、소쿠리저

二十

⿱⺮櫳 [롱] 筐也광주리롱 箱也상자롱 (東)

籯。[영] 竹器箱屬상자영 (庚)

⿱⺮嚴。[엄] 射雉翳푸집게엄 禦也막을엄 (鹽)

籰 [확] 收絲器자새확、얼레확 篗、籆同 (藥)

二十一

⿱⺮雚 觀(見部十八畫)과同

⿱⺮辮 [변] 竹簡대쪽편지변 (銑)

二十二

⿱⺮灑。[새] 琵也거문고새 (蟹)

二十三

⿱⺮濩 [악][확] 捕魚具고기잡는발악、확義同

二十四

⿱⺮靈 [령] 竹屬대령 竹器대그릇령 (青)

⿱⺮蠶 [잠] 綴也맺을잠 緝也가손할잠 鐕同 (感)

⿱⺮贛 [감] 有毛竹털난대감 (感)

籗。[착] 捕魚籠통발착 捕魚具가리착 (藥)(覺)

二十六

籲。[유] 呼也부르짖을유 和也화할유 顲同 (遇)

米部

米。[미] 穀實精鑿쌀미、낟알미 虞庠名ㅣ廩우나라태학이름미 粎通、佛國基本度名、我度三尺三寸三分미터미 (薺) 國字

一

籾 [피] 粹米부서진쌀피 (寘)

二

籵。[십] 佛國度名、米十倍데카미터십 國字

籴 [적] 買穀곡식을살적 不一섞일잡、잡될잡 雜通 (錫)(合)

⿰米丁。[정] 米餌맛없는밥정 (徑)

⿶凵米 齒(齒部○畫)의略字

三

⿱米廾 掬(手部八畫)과同

⿰米乇。[척] 屑米飯싸라기밥척 粘也차질척 (陌)

籼 [선] 稉也메벼선

籸 [신] 粉滓무거리신、녹말신 粥凝범벅신 (眞)

类 類(頁部十畫)과同

⿰米工。[홍] 陳臭米묵은쌀냄새날홍

⿰米卩 [신] 米滓쌀찌끼신 碎米싸라기신 (眞)

籹。[여] 蜜餌粔ㅣ약과여、중배끼여 (語)

粂 [구] 久米의合字、陳臭米묵은쌀구 日字

籽 [자] 種子ㅣ粒씨앗자 (紙)

籺 [흘] 米粉糠ㅣ쌀가루흘 堅麥굳은보리흘 麧同 (月)

粁。[천] 佛國度名、米千倍킬로미터천 國字

籾 [인] 稻也벼인、나락인 日字

四

⿰米屯 [돈] 餛ㅣ、餌也흰떡돈 (元)

粊。[비] 惡米궂은쌀비 (紙)

粇 糠(米部十一畫)과同

⿰米氏 [기] 赤米붉은쌀기 (支)

粆 [사] 砂糖사탕사 (麻)

⿰米支 ⿰米氏(前前條)와同

⿰米勿。[물] 粉貌ㅣㅣ가루모양물 (物)

⿰米丏 [면] 屑米싸라기면 (屑)

粄 [판] 屑米餅쌀가루떡판 團子경단판 (旱)

粃 [비] 不成粟ㅣ糠쭉정이비 ㅣ政나쁜정치비 (紙)

粉。[분] 研米가루분 燒鉛所以傅面潤色ㅣ飾분분、白灰塗壁회색벽할분 佛國度名、米千分一데시미터분 (吻) 日字

粏。[태] 糠湯也겨로만든국태 日字

⿰米斤 料(斗部六畫)과同

粍 [모] 佛國度名、米千分之一밀리미터모 國字

粈。[뉴] 雜飯 잡곡밥뉴、비빔밥뉴 (有)

五

粔。[거] ㅣ粔、蜜餌 약과거、중배끼거 (語)

粋 [반] 屑米餅 싸라기떡반 (旱)

粒。[립] 米顆ㅣ食 쌀알립、낟알립 立通 (緝)

粓 [감] 洗米汁 쌀뜨물감 (覃)

粚 [사] 滓也 찌끼사 (麻)

粊。[비] 惡米 낫은쌀비 (寘)

粖 [말] 饘也 糜粥 미음말、죽말 (曷)

粗。[조][추] 略也 간략할조、疏也 성길추 物不精 추할추 大也 클추 (麌)(虞)

⿰米付 [부] 穀皮 겨부 (虞)

⿰米弁 [반] 粉也 가루반 (願)

⿱龹⿺㔾米。[명][미] 漬米 물에담근쌀명、縣名ㅣ冷 고을이름미 (青)(支)

冞 [미] 深也 깊을미 冒也 무릅쓸미 置也 둘미 (紙)

⿰米必 [멸] 粖也 미음멸 (屑)

⿰米它 [타] 餌也 흰떡타 (歌)

粘 [점] 相著也 붙을점 飯ㅣ 끈끈할점 黏同 (鹽)

粜 糴(米部十九畫)과 同

⿰米四 [시] 糟也 찌끼시 (寘)

粉。[분] 屑米餅 싸라기떡분

⿰米乎 [호] 粥也 죽호 煮米爲粥 죽쑬호 (虞)

⿰米宁 [저] 盛米貌 쌀담을저 (語)

⿰米台。[이] 飴餳 엿이 (支)

粙 [주] 稻之結實 벼알들주 (宥)

⿱加米 [가] 米也 쌀가 (麻)

粝 糲(米部十五畫)의 俗字

⿱癶米 粢(米部七畫)과 同

粣 [색] 扁米煎 전병색 (陌)

六

粟。[속] 黍屬 조속 米有穀稱 겉곡식속 (沃)

粞。[서] 米碎 싸라기서 (齊)

⿰米向。[상] 餉과 同 (漾)

粢。[자] 粢飯ㅣ盛 제메자、젯밥자 稷也 明ㅣ 기장자、피자 (支)

⿰米束 [색] 壞米、糲ㅣ 상한쌀색 餅相黏 떡덩어리질색 (陌)

粡。[동] 粗米 궂은쌀동 (東)

⿰米亘 [환] 白米 흰쌀환 (寒)

⿰米风 [괘] 研米混羮 살갈아국에탈괘 (隊)

⿱卤米 粟(竹部六畫)과 同

粤。[월] 語辭發端 어조사월

粨 [백] 佛國度名、米百倍 헥터미터백 國字

⿱自米。[구] 熬米 볶은쌀구 (有)

粥 [죽][육] 糜也 미음죽 饘也 죽죽 卑謙貌ㅣㅣ 겸손하는모양 鬻通、賣也 팔육 北狄葷ㅣ 북쪽오랑캐육 (屋)

⿰米多。[담] 黏也 차질담 (覃)

粧 [장] 粉飾 단장할장 妝同 (陽)

⿱龹耳 聞(耳部八畫)의 古字

⿰米删 [살] 糝也 섞을살 (曷)

粣 [색] 扁ㅣ米 전병색 (陌)

七

⿰米兌 [태] 粉末 가루태 (隊)

粰。[부] 穀皮 왕겨부 饘也 된죽부 (尤)

⿰米朵。[삼] 蜜漬瓜實 정과삼 (感)

⿰米完 [권] 粉也 가루권 粉餌 가루떡환 (阮)(寒)

⿰米肖 [초] 細粉 고운가루초 (篠)

粮。[량] 粮也 양식량 糧同 (陽)

⿰米每 [매] 酒本 술밑매 ㅣ麴、酒母 모주매 酶同 (灰)

⿰米甫 [포] 餌也 꿀떡포、엿포 (遇)

粱。[량] 稻穀名 似粟 五穀之長 기장량 (陽)

⿰米孛 [불] 屑米 싸라기불 (月)

⿰米見 [간] 米粉 쌀가루간 (諫)

粲。[찬] 鮮好貌ㅣㅣ 선명할찬 明也 밝을찬 笑貌ㅣ然 웃는모양찬 精鑿食 정한쌀밥찬 餐通 (翰)

⿰米㐬 [류] 熬米 볶은쌀류 (尤)

⿰米尾 [미] 粥糜 죽미 (寘)

粳 [갱] 稻不粘 메벼갱 秔、稉同 (庚)

⿱龹王 閏(門部四畫)의 古字

糈。[서] 糧米 양식쌀서、祠神米 제사쌀서 (語)

八

粹。[수] 精也 정할수 不雜 純ㅣ 순수할수

粶 [록] 火爆米 불에말린쌀록 (屋)

⿰米析。[석] 洗米 쌀씻을석 (錫)

粷 [국] 粉也 가루국 (屋)

粸 [기] 餅也 떡기 (支)

⿱𥝢米 [리] 軟粥 묽은죽리 (支)

精。[정] 靈也 정령정 擇也

가릴정 專一정할정 眞氣정기정、정신정 細也세밀할정 潔也깨끗할정 明也밝을정 熟也익숙할정 ㅣ蟲정충정 (庚) **粡** 주 團子餠도래떡주、경단주 (尤) **粽** 종 蘆葉裹米角黍주악종、송편종 糉同 (送)

粻。장 食米糧也양식장 餄也엿장 (陽) **[米+卷]** 권 粥稠貌죽된모양권 (阮) **精**。精(米部八畫)과同 **[米+危]** 치 膠也쌀풀치 **粼** 린 水淸ㅣ물맑을린 水出石間물이돌틈에서날린 潾通 (震)

粿 과 無皮穀알곡식과 精米정한쌀과 (哿) **[覀+米]** 眠(目部五畫)과同 **[米+昆]**。혼 餠也떡혼 (元) **精** 粥(米部六畫)과同 **糀**。화 麴也누룩화 日字 **粲**。찬 明盛貌빛날찬 **[米+戾]** 戾(尸部五畫)과同 **[米+隹]** 精(米部八畫)과同

九

糄 번 燒稻取米벼볶아쌀만들번 (銑) **糂**。삼 米粒和羹국죽삼 雜也섞일삼 米屑쌀가루삼 黏也차질삼 糝同 (感) **[米+是]**。지 黏也차질지 (紙) **糆** 면 屑米가루면 麪同 (霰) **糃** 당 精米정미당 (陽) **[米+英]** 영 精米정한쌀영 (庚) **[米+建]** 건 粥也죽건 (元) **[米+剌]** 랄 粗飯추한밥랄 (曷) **糅** 유 色混雜ㅣ섞일유 亂也粉ㅣ어지러울유 雜飯잡곡밥유 (有) **[米+皆]** 개 米別名쌀개 (佳)

糉。종 蘆葉裹米角黍송편종、기장종 粽同 (送) **[米+畐]** 픽 以火焙肉불에고기말릴픽 (職) **糈**。서 소 糧也양식서 祀神米고사쌀서、饊也산자소 疋通 (魚)(語) **[卤+米]** 粟(米部六畫)의本字 **糇** 후 乾食ㅣ糧마른밥후 餱同 (尤) **[米+胄]** 주 稻實낟알주 米也쌀주 (宥) **[米+曷]**。활 白米흰쌀활 **[米+共]** 糞(米部十一畫)과同 **[殳+米]** 연 細米잔쌀연

糊。호 黏也풀호、풀칠할호 模ㅣ、漫貌모호할호(駝背錦模ㅣ)漫通 (虞) **[米+屎]**。시 屎尿똥오줌시 或音지 (紙) **[米+隶]** 리 僕也종리、노복리 **[米+思]** 粞(米部六畫)과同 **[米+迷]**。미 愛也사랑할미 (齊) **[米+咨]** 자 稻餅、ㅣ餻인절미자 (支) **糎** 리 佛國度名、米百分之一센치미터리 國字 **糍** 餈(食部六畫)과同

十

糕。고 餌也餻인절미고 **糏** 설 舂餘米麥破싸라기설 (屑) **[米+芻]**。추 濾取粉末녹말추、앙금추 (尤) **[米+追]** 퇴 粉餌가루떡퇴 (灰) **糐** 부 團餌둥근수제비부、경단부 (虞) **[米+弱]** 녁 粉餌가루떡녁 (錫) **[米+蚤]** 수 汁也국물수 搜也반죽할수 (有) **[米+兼]** 함 稻不黏메벼함 (感) **糒**。비 軍糧糗ㅣ군량비 乾飯마른밥비、배 義同 (寘)(卦) **糖**。당 餳也엿당 砂ㅣ사탕당 或音탕 (陽) **糗**。구 乾飯屑、熬米麥마른밥가루구 (有) **糞** 분 盡也다할분 (問) **[米+婁]** 척 營也경영할척 (陌) **粹** 쉬 粉滓무거리쉬 (隊)

十一

糙 조 粗米거친쌀조 米穀雜잡곡조 (號) **糝**。삼 散也흩을삼 放也내칠살 撒、蔡、㯮通 (曷) **糓** 穀(前條)와同 **糜**。미 饘也죽미 爛也물크러질미 糏也싸라기미 **糚**。장 粉飾분단장할장 粧同 (陽) **糤**。축 熬米餅쌀볶아만든떡축 (屋) **[米+率]**。률 糲米궂은쌀률 (質) **[米+專]** 단 粉餌수단단、경단단 糰同 (寒) **[米+啇]** 책 壞米ㅣ糄상한쌀책 (陌) **[米+崔]** 최 精米정한쌀최 (灰) **糞**。분 穢也똥

분治也、培也거름할분 拂除쓸분 治也다스릴분 糞同、叁通 問
糝 삼 米屑쌀가루 삼 雜也잡될삼 感
糒 문 粉滓가루 찌끼문 元
糦。색 白米흰쌀색 陌
糠 강 穀皮겨 강 粃ㅣ煩碎번쇄할강 糠同 陽
糟。조 酒滓ㅣ糠술재강 조、지게미조 醩同 豪
糡 강 米醬쌀며주로담은장강 糜粥미음강、ㅣ子풀강 漾 中字
糢 모 漫貌ㅣ糊모호할 모、흐릴모、어름어름할모 糢通 虞
糮。만 飯澤ㅣㅣ밥윤택할만、밥웃물만 寒
糲 리 鸄名쇠뇌이름리 支

(十二)

糯 나 黏稻찰벼나 穤同
糙。추 米不精곶은쌀추 虞
毳 취 穀再舂意곡식두번찧을취 霽
糫。반 米汁쌀뜨물반 寒
糒 소 糜也미음소 嘯
糤 饊(食部十二畫)과同
糧。담 雜糜섞은미음담 滓也찌끼담 水糜묽은미음담 感
穛。착 早收穀곳바심착、일찍추수할착(生穫曰ㅣ熟穫曰穧) 覺
䊗 황 麴黴누룩곰팡날황 陽
糧。량 穀食、糗糒資ㅣ곡식량、양식량 粮同 陽
糩 열 糉也송편열 屑
糦 치 酒食술과밥치 大祭黍稷서직치
糢 복 糲米곶은쌀복
糗 糗(米部十畫)과同
糩。비 屁也방귀길비
䊍。리 所以黏鳥ㅣ膠새잡는풀리 支
䊦
라 積米쌀쌓을라 歌
糅 담 黏也차질담 覃

(十三)

糪 벽 팔 飯之未熟선밥벽 糪同、餅半熟선떡팔 陌 黠
糦 전 濃粥된죽전 饘同 先
糬。석 淅米ㅣㅣ쌀일석、쌀씻을석 陌
糝。삼 米穀雜곶은쌀삼、섞은쌀삼 感
糯 糖(米部十畫)과同
糫。환 粔籹膏ㅣ약과환 刪
糬 자 粉餌가루떡자 支
糩 령 米餌쌀떡령 青
糳 훼 精米정한쌀훼 毇同 紙

(十四)

䉵。함 饘也범벅함 粥也죽함 鹻
糰 단 粉餌수단단、경단단 ㅣ子단자단 寒
糴。조 적 穀也낟조、적 義同 嘯 錫
糯。나 稻之黏者찰벼나 稬同 箇

(十五)

糲 력 雜糅食섞은밥력 錫
糤 부 粉餌가루떡부 虞
櫗。멸 粥也죽멸、麥粉밀가루말 屑 曷
糲 려 랄 米不精 麤ㅣ곶은쌀려、脫粟애찧은조랄 霽 曷
糷 광 穀芒곡식가스랭이광 梗

(十六)

籟 국 酒母누룩국 屋
糬。확 炒黍볶은서직학 藥
糵
얼 酒媒麴ㅣ누룩얼 糵同 屑
糬 저 糧也양식저 魚
䊕 착 精舂米희게쓿은쌀착、정한쌀착 糳通 藥
糴。적 買穀곡식살적 繳ㅣ、疾貌빠를적 糴同 錫

(十七)

糵 양 雜也섞일양 漾
糯 糯(米部十三畫)과同
糶。산 豆團子콩경단산 玄米한번찧은쌀산 諫

(十八)

䊰 반 屑米餅싸라기떡반 旱

(十九)

糶。조 賣米出穀곡식팔조 粜同 嘯
糳 핵 粗糠거친겨핵 陌
䊳。미 碎糠등겨미 舂米쌀찧을미 賣米쌀팔미 支
糶 조 雜於米穀쌀에섞을조 號
糷 련 餌熬볶은쌀련 黏也차질련 霰
䊶。겸 粉也쌀가루겸 豔

(二十)

糲。糷(米部二十一畫)과同
糷 糖(米部十畫)과同

(二十一)

糳。착 精白米정한쌀착 藥

糷 [란]飯黏相着 밥질란、밥들어붙을란 (翰)

(廿四)

⿰米靈。糯(米部十三畫)과同

(二十七)

⿱鹵粟 [속]黍屬 조속 米有殼稱 겉곡식속 粟古字 (沃)

糸部

糸 [멱][사]細絲 가는실멱、絲之半數 극히적은수사 (錫)(支)

(一)

系。[계]緒也 실마리계 繫也 맬계 繼也 이을계 血統 계통계 胤也 맏아들계 族譜 족보계 繫通 (霽)

糺 [규]收也 거둘규 糾同 (有)

(二)

糾。[규][교]繩三合 삼노규 察也 살필규 督也 동독할규 質問 물을규 彈也 탄핵할규 纏也 동여맬규 絢也 꼬을규 擧也 들규 戾也 어기어질규 繚貌 ㅣㅣ얼킬규、愁結 窈ㅣ 맺일교 笠輕擧 삿갓가뜬할교 舒遲 窈ㅣ 종용할교 (有)(篠)

⿰糸九 [구]引急 급히당길구 求也 구할구 絿同 (尤)

糼。[공]紡績 길삼할공、짤공 (東)

⿰糸丁 [정]絲繩緊織貌 노끈팽팽이필정 引也 잡아당길정 (梗)

⿰糸乙 [줄]一也 하나줄 (質)

⿰糸了 [조]倒懸 거꾸로달조 (篠)

(三)

⿰糸叉 [차]衣襬 속바지차 衩通 (禡)

紃。[순]條也 圓采실띠순

紀。[기]維也 벼리기 記也 기록기 朞也 十二年 열두해기 法也 綱ㅣ 법기 理也 다스릴기 歲也 해기 (支)

⿰糸才 [순][치]粹也 순전할순 純通、黑色 검은빛치 緇通 (眞)

⿰糸孑 [결]絲束 실묶음결 (屑)

紂。[주]馬緧 말고삐주 商王辛號 상왕이름주 (有)

紈 [환]素也 흰깁환 氷ㅣ (寒)

約。[약][요]期也 기약할약 結也 맺을약 誓也 맹서할약 儉也 검소할약 簡也 간약할약 大率 대개약 省也 덜약 柔弱 淖ㅣ 유약할약 檢也 단속할약 貧窮 구차할약、信也 믿을요 契也 약속할요 (藥)(嘯)

紅。[홍][공]絳也 붉을홍(南方色) 顏料 臙脂 연지홍

紇。[흘]絲下也 실끝흘 束也 묶을흘 大絲 굵은실흘 (月)

紉。[인]絲貫鍼 바늘에실꿸인 索也 줄인 (眞)

⿰糸个 [축]解也 풀축

⿰糸弓 [멸][현]弦(弓部五畫)과同 微也 적을멸、가늘멸、弦見

⿰糸乇 純(糸部四畫)과同

紆。[우]縈也 얽일우 縕也 얽을우 屈曲 굽을우 (虞)

(四)

紋 [문]織文 무늬문 文彩、錦綺 黼黻 文 문채문 (文)

⿰糸互 [호]收繩具 자새호、얼레호 (遇)

紊。[문]亂也 어지러울문、얽힐문 (問)

納。[납]入也 들일납 包容 너그러울납、용납할납 受也 받을납 獻也 바칠납 內通 (合)

紌 [구]白絹絲 흰비단실구 (尤)

⿱囟糸 緦(糸部九畫)의古字

⿰糸犬。[치]異色繒 이색진깁치 (支)

紏 [두]告也 고할두 黃絲 누런실두 (有)

紐 [뉴]結也 단추뉴、맺을뉴、牡鈕 수단추뉴 (有)

純 [순][돈][준]粹也 순전할순 篤也 도타울순 全也 온전할순 天眞 천진할순 絲也 실순 衣緣、冠飾 옷선순、包束 꾸릴돈、묶을돈 紂通、衣緣 옷선준 (眞)(元)(軫)

紑。[부]衣潔 옷정결할부 (尤)

紓。[서]緩也 더딜서、늦어질서 解也 풀어질서 ⿰糸余通 (魚)(語)

紕 [비][치]繒欲壞 비단삭으려할비 邊飾 가꾸밀비 絣戾ㅣ繆 어그러질비 飾也 꾸밀비 織組也 짤비、績苧 길삼 모시치 (支)(寘)(紙)

紒 [계][결]束髮 상투계 髻通、締也 맺을결 結通 (霽)(屑)

紗 [사]絹屬 깁사 毛織物之羅ㅣ 나사사 ⿱沙糸同

⿱文⿱丌小 [기]綦見 (支)

⿰糸木 [목]繩也 줄목、노끈목 (屋)

⿰糸夬 [괘]細絲 가는실괘 (卦)

紘。[굉]宏也 넓을굉、클굉 冕飾 면류관끈굉 八ㅣ維 벼리굉 紭同 (庚)

紖。[진][인]牛鼻

縄소꼬삐진、牽車紼수레끄는줄인 (軫)(震)

⿰糸亢 [경] 汲水索드레박줄경 綆同 (梗)

⿰糸冉 [염] 襜ㅣ、蔽厀앞치마염 (鹽)

紙。[지] 楮皮所成종이지 赫蹏종이이름지 帋同 (紙)

紛。[분] 雜也잡될분 亂也어지러울분 衆也많을분 (文)

級。[급] 等ㅣ階ㅣ등급급、차례급、층급絲次第실갈피급、編魚二十두름급 (緝) 國字

紋 [지] 挽舟繩배끄는줄지 (支)

紜 [운] 物多紛ㅣ얼크러질운、어지러울운 (文)

素。[소] 白也흴소 本也본디소、바탕소 物朴也물건질박할소 誠也성심소 元來원래소 空也빌소 無色순색소 愫通 (遇)

紟。[금] 衣系옷고름금 結衣者단추금 單被홑이불금 衿通 (侵)(沁)

紝 [임] 織也짤임、길쌈할임 絍同 (侵)

紞 [담] 冕前垂紐면류관앞드림담 (感)

紡。[방] 治麻ㅣ績、網絲길쌈방 (養)

索。[삭][색] 索也노삭、줄삭、새끼삭 盡也다할삭

⿰糸毛 [모] 絹帛ㅣ起如刺비단털모 (豪)

絞 [효] 綠色衣녹색옷효 黃色衣、嫁者著也황색옷효 (肴)

⿰糸弔 [조] 以繩縛人끈으로묶을조 (嘯)

⿰糸巿 紱(糸部五畫)과同

⿰糸戈。[절] 斷也끊을절 (屑)

絲 絲(糸部六畫)과同

⿰糸爪 絲(糸部六畫)의譌字

紥 紮(糸部五畫)과同

五

⿰糸穴。[결] 一縷絲실한올결 (屑)

紨。[부] 粗紬거친명주부 布也베부 大絲굵은실부 續也이을부、길삼부 (虞)

⿰糸氐。[제] 絲滓실찌기저 (齊)

紫。[자] 北方黑赤間色검붉을자、자줏빛자 (紙)

⿱奴糸 [녀][나] 敝絮묵은솜녀、相著貌縿ㅣ서로붙을나 絲亂실엉킬나 (魚)(馬)

⿰糸正。[정] 馬飾말갈기땋은실정、말치장정

⿰糸此 [체] 帛文비단무늬체 (薺)

紩 [질] 縫也꿰맬질 索也노질 (質)

紭 [횡] 網網ㅣ베리횡、그물벼리횡

紬。[주] 大絲繒명주주 緖也、綴集ㅣ繹실끝주 引其端緖실뽑을주 綴集모을주 (宥)

累 [루][류] 縈也얽힐루 緣生연좌할루 繫也係ㅣ매일루、동일루 疊也포갤루 玷也옥티루 增也더할루 俗音류 纍通、多貌여럿루 (支)(紙) 中字

⿰糸民 [민] 釣絲낚싯줄민 (眞)

紮 [찰] 纏束묶을찰 纏弓弝활줌동싸개찰 駐乇머무를찰 (黠)

紱 [불] 印組인끈불 纏也얽을불 紼、韍通 (物)

細。[세] 微小가늘세、세밀할세 小也잘세、작을세 姸ㅣ좀놈세 (霽)

紵。[저] 檾屬絺ㅣ모시저 褚、苧通 (語)

紲。[설] 繫也맬설 牛馬牽繩마소꼬삐설

紳 [신] 大帶큰띠신 束也묶을신 仕官縉ㅣ벼슬아치신 ㅣ士점잖은사람신、신사신 (眞)

紴 [파][피] 錦紋水ㅣ비단무늬파、絛也실띠피 (歌)(紙)

⿰糸末 [말][멸] 束衣옷맬멸 足衣버선말、멸義同 (月)(屑)

紹 [소] 繼也이을소 相助ㅣ介소개할소 緊糾단단히얽을소 (篠)

紶 [거] 絲繩실끈거 緖也실마리거 (語)

⿰糸可 [아] 細繒가난비단아 練繒마전한비단아 (歌)

紸 [주] 繼也이을주 冕傍纊면류관곁에난솜주 (遇)

紷 [령] 絮也솜령 (靑)

紻。[양] 纓也갓끈양 관끈양 (陽)

紺。[감] 青而含赤色아청감、염보라빛감 (勘)

紼。[불] 亂絲흩으러질실불 引柩索관끄는불줄

絀。[출] 縫也꿰맬출 退也물리칠출、굴、曲也굽힐굴 屈伸贏ㅣ굴신할굴 詘同 (質)(物)

紿。[태] 絲縈難理실엉킬태 欺也속일태 詒通 (賄)

⿱弗糸 紼(前條)와同

紾

[진]轉也구를진 引捩비틀진 軫

絨。[월]細布가는베월 采繪채색비단월 紵布반베월 月

終。[종]竟也마침종、마침내종 窮極마지막종、다할종 末也끝종 卒也죽을종(君子曰ㅣ小人曰死) 東

紽 [타]絲數실마리타、실수효타

絁 [시]繒屬비단시 紬也명주시 支

絃 [현]八音之絲、管ㅣ 줄풍류현 弦通 先

絆。[반]馬縶ㅣ말옭아맬반 馬繩말굴레반 翰

绉 縐(糸部十畫)과同

絇 [구]履頭飾신코꾸밀구 罥罟別名 올가다리는그물구 罛同 虞 遇

絅。[경]急引급히당길경 捕魚고기잡을경 襌衣也홑옷경 褧同 青 逕

𥾛。[병]結也맺을병

結。[고]草名ㅣ縷고루 풀고、망개고 虞

絤 綸(糸部八畫)의俗字

紒 紾(糸部五畫)과同

絣 [반]馬髦飾말갈기치장할반 繁同 寒

六

結。[결]締也맺을결 終也마칠결 ㅣ局나중결 紒通、稅禾百負목결 屑 國字

絍 紝(糸部四畫)과同

絏 [설]縲ㅣ、繫也맬설 屑

緤 紲(前前條)와同

絎 [행]縫紩바느질할행 敬

絑。[주]赤色繒붉은비단주

絒 [주]綿也솜주 尤

絕。[절]斷也끊을절 冠也으뜸절 超也뛰어날절 過也지날절 謝ㅣ막을절 滅也멸할절

絉。[수]紈也흰비단수 尤

𥿨 [견]緊結줄켕겨맬견 先

繂 [율]長貌긴모양율 質

𦀇。[향]綿也솜향 養

絔 [백]補也보충할백 陌

絓。[괘]結也맺을괘 礙也거리길괘 懸也달괘 卦

絗 [골]縷縈실꾸리골、실둘릴골

𥿡 縋(糸部十畫)과同

絖 [광]細綿也고운솜광 纊同 漾

絘。[차]績所未緝짤차 列肆稅布저자구실베차 寘

絜 [혈][결]度也ㅣ矩잴혈、헤아릴혈 約束약속할혈、麻ㅣ耑삼한끝결 靜也고요할결 清也조촐할결 霽 屑

絚 [긍]ㅣ瑟、急張絃줄켕길긍、줄긍 大索굵은줄긍 縆通 徑 蒸

絙 [환]緩也느즈러질환 寒

絞。[교]縊也ㅣ刑목매죽일교 急也급할교 斂布염베교(小斂布ㅣ) 巧

絝 [고]股衣바지고 袴同 遇

絠 [개]彈彄활줄다릴개 解繩끈을풀개 卷冠관에감을개 賄

絡。[락]聯也연락할락 脈也經ㅣ맥락、경락락 包ㅣ쌀락 生麻생삼락 連也얽을락 筋也힘줄락 ㅣ石담쟁이락

𥿖 [파]散絲흩어진실파

給。[급]足也족할급 贍也넉넉할급 供也줄급 口捷말잘할급、말민첩할급 緝

絢。[현]采成文채색무늬현、문채날현 霰

絣。[병]無文綺무늬없는비단병 續也이을병 振墨繩먹줄튀길병 絣同 庚

絨 [융]練熟絲삶은실융、익힌실융 細布가는베융 東

絧 [동]布名베이름동 連也이을동 直馳貌鴻ㅣ곧게달릴동 東

絪 [인]枲麻수삼인 元氣ㅣ緼원기인 茵也자리인 氤通 眞

䋛。[미]繡文수놓은문채미 米通 薺

絭。[권]攘臂繩팔찌끈권 霰

絩。[조]絲數실수효조、五色絲색실조 嘯

絫。[류]疊也포갤류 增也더할류 数名 十黍수의이름류 累古字 紙

絬 [설]堅

絯 [해][핵]束也묶을해 挂也걸해、大絲굵은실핵 蟹 賄

綞 [타]冕前垂物면류관앞드림타 哿

絰。[질]喪服麻帶수질질、요질질 屑

絮。[서][처][여]敝綿繰餘헌솜서(棉

花去實曰ㅣ)、調美국간맞출처、絲亂실킬처、姓也성여 (御)(魚)

絳。[강] 大赤色질게붉을강、染草名강초강、地名땅이름강 (緝)

紐 繈(糸部十畫)의俗字

統。[통] 總也거느릴통、紀也벼리통、緖也실끝통、本也근본통、承也이을통、血ㅣ혈통、통ㅣ計、ㅣ합칠통 (宋)

⿰糸朵 綵(糸部六畫)과同

絆 [무] 不和화하지않을무 (尤)

緀 [구] 舒也펼구 (尤)

絴 [상] 高也높을상

綮 綮(糸部八畫)과同

⿰糸亦 [역] 絡絲실얽을역 (陌)

絺 絺(糸部六畫)과同

絲。[사] 細條之絲실사

⿱扌絲 [지] 撮束묶음지 (紙)

(七)

絺。[치] 細葛布가는갈포치

絹。[견] 繒如麥稍깁견、비단견 (霰)

絛。[도] 編絲繩엮은실도、纓飾끈도 縚同 (豪)

綷 [증] 繒也깁증、비단증 (蒸)

絻 [문] 始發喪之服상복문、絻也꼬는줄문(舟引綰者ㅣ) 免通 (問)

綨 [기] 連針바늘기、秤綦저울끈기 (寘)

綀。[소] 綌屬花ㅣ회문포소、粗葛布굵은갈포소 (魚)

絽 [려] 紩衣ㅣ緊옷꿰맬려、絣織줄지게짠베려 (語)

⿰糸劫 [겁] 補縫옷기울겁 (葉)

絿。[구] 急也급할구

綂 統(糸部六畫)의俗字

絾 [성] 織也짤성 (庚)

綆。[경] 汲水器繩두레박줄경、絖同、或音갱 (梗)

綁 [방] 縛也결박할방、묶을방、얽을방 (陽)

綅。[침] 絳綫갑옷침、붉은실침、繒名비단이름침 (侵)

綃。[초] 生絲綺屬생초초、采繒색비단초、古音소 (蕭)

綄 [환] 船上風候標배위바람맞는깃환 (寒)

⿰糸余 [서] 緩也더딜서、解也풀어질서、紓同 (魚)

綌。[격] 葛布絺ㅣ麤曰ㅣ굵은갈포격、葛布가는칡베격 (陌)

綉 [수] 錦一片爲ㅣ비단조각에수놓을수、或音투 (宥)

綈。[제] 厚繒弋ㅣ두터운비단제 (齊)

⿱折糸。[벌] 編繩엮은줄벌 (屑)

⿰糸酉 [수] 絆前足앞발잡아맬수 (有)

⿰糸囱 總(糸部十一畫)의本字

綎。[정] 綬也인끈정、띠술정、縕同 (青)

綍 [발] 大索굵은줄발、王言綸ㅣ윤발발、紼通 (物)

⿰糸呈 綎(糸部七畫)과同

綏。[수][유] 安也편안할수、車轡退軍曰ㅣ交ㅣ死ㅣ수레고삐수、退軍물러갈수、狐貌ㅣㅣ여우모양수、旗旄下

經。[경] 書也경서경、過也지날경、常也떳떳할경、凡織縱絲曰ㅣ橫曰緯날경、營也경영할경

綐 [예] 細紬가는명주예 (霽)

綑 [곤] 織也짤곤、捆通 (阮)

紗 紗(糸部四畫)과同

⿱沙糸 [사] 絹屬비단사、紗同 (麻)

⿰素勺。[약] 縞也흰비단약、練帛마전한비단약 (藥)

⿰糸每 [번] 亂絲흘크러질실번 (元)

綕 [지] 治絲실가릴지、織古字 (寘)

緐。[번] 馬髦飾말갈기치장번

⿰糸里。[리] 文也문채리 (支)

綖。[연] 冕前後垂覆면류관앞뒤드림연 (銑)(先)

⿰糸畄 緇(糸部九畫)과同

⿰糸帋 紙(糸部四畫)의俗字

⿰糸㐬 [류] 旗旒깃발류 (尤)

纍 纍(糸部八畫)과同

綻 縱(糸部十一畫)과同

綊 [협] 綖也、紘ㅣ면류관싸개협 (葉)

(八)

綜。[종] 機縷以絲交錯ㅣ모씨종、總聚錯ㅣ모을종、ㅣ核자세할종 (宋)

綟。[려] 綠色초록빛려、線也실려 (霽)

縳 [전][세] 縛也묶을전、繐의俗字 (銑)(霽)

⿰糸居 絇(糸部五畫)과同

⿰糸咅。[부] 治敝絮묵은솜펼부 (寘)

綞 [타] 絲之結束 실뭉치타 或音추 (賀)

綝。[침] 繕也 기울침、궤맬침 止也 그칠침 (侵)

綠。[록] 青黃間色 초록빛록 玉名結 옥이름록 (沃)

緁 [접] 續縷 실이을접 (葉)

⿰糸空 [공] 長絲 긴실공 (送)

綡 [량] 裹頭巾 머리싸는수건량 (陽)

綢。[주][도] 纏也ㅣ繆 얽을주、藏也 감출도 纏也 얽을도、동일도 韜也 쌀도 (尤)(豪)

綧 [준] 布帛幅廣 베와비단폭넓이준 (軫)

⿰糸兒 [이][새] 纏也 동일이、얽을이、새 義同 (支)(佳)

綣。[권] 厚情繾ㅣ 정다울권 不離繾ㅣ 서로따를권、떠나지않을권 (阮)

⿰糸爭。[쟁] 急絃聲 풍류줄켕길쟁 赤紐 붉은끈쟁 (庚)

⿱召糸 紹(糸部五畫)의古字

綨 綦(次條)와同

綦。[기] 綺采蒼艾色 쑥빛비단기 履飾 신들메끈기 (支)

⿹𢦏糸 織(糸部十二畫)의古字

⿰糸畀。[기] 帛蒼艾色 비단쑥색기 蒿屑 짚북더기기 (支)

維 [유] 綱也 벼리유 發語辭 발어사유 係也 이을유 獨也 오직유 方隅 모퉁이유 連結也 연하여맬유

綩 [원] 紘也 갓끈원 纁色衣 분홍빛옷원 罔也 그물원 (阮)

綬。[수] 所以承受印環 인끈수 (有)(宥)

綪。[천][쟁] 赤繒 붉은비단천、結而又屈 고낼쟁 (霰)(庚)

綫 [선] 縷也 細絲 가는실선 線同 (霰)

⿰糸育。[육] 帛青經縹緯 연옥색육 (屋)

綮。[경][계] 筋肉結處 肯ㅣ 살과힘줄얽힌곳경、緻繒 두터운비단계 戟衣 徽幟 기달린창계 (迥)(薺)

⿰糸來 [래] 強毛 센털래 毛起 털셀래 (灰)

⿱日⿱共糸 [곡] 約也 묶을곡

綱。[강] 總綱 大繩 벼리강 總要 근본강 法紀 법강ㅣ領、紀ㅣ 대강강 (陽)

⿰糸幷 [병] 振繩墨 먹줄튀길병 布名 베이름병 絣同 (庚)

綰。[관] 繫也 맬관、얽을관 貫也 꿸관 (潸)

網。[망] 漁具 그물망 法也 법망

綯 [도] 糾絞繩索 새끼꼬을도 絞也 급할도 陶通 (豪)

綴。[체][철] 連也 연결할체、이어맬체 緝也 선두를체、철 義同、止也 그칠철 聯也 잇댈철 結也 맺을철 舞列 춤나란히출철 (霽)(屑)

綵 [채] 繪 繪五ㅣ 備 채색비단채 (五色綢目ㅣ) (賄)

綳 [팽] 束也 묶을팽 繃同 (庚)

緁 [첩] 衣縫 옷궤맬첩 (葉)

綶 [과] 纏束 얽어동여맬과 (箇)

綷 [최][쵀] 紈素 聲ㅣ縩 깁

裹彌ㅣ 얽어쌀륜 揉雜紛ㅣ 분잡할륜 草名 풀이름륜 (刪)(眞)

綸 [관][륜] 青絲綬 푸른인끈관、巾名 건이름관、青絲綬 푸른인끈륜 綱也 벼리륜 釣繳 낚싯줄륜 王言 絲ㅣ 사륜륜(王言如絲其出如ㅣ) 纏

裹彌ㅣ 얽어쌀륜 揉雜紛ㅣ 분잡할륜 草名 풀이름륜 (刪)(眞)

綶 [과] 纏束 얽어동여맬과 (箇)

綺。[기] 文繒 細綾 무늬비단기 美也 아름다울기 (紙)

綷 [최][쵀] 紈素 聲ㅣ縩 깁소리최、五采繪 오색비단쵀 (賄)(隊)

綽。[작] 寬也 너그러울작 多也 많을작 緩也 더딜작 靜淑 정숙할작 繛通 (藥)

綿 [면] 纊也 솜면 纏也 얽을면 連ㅣ 연할면 細也 잘면 緜通 (先)

綻 [탄] 衣縫解ㅣ裂 옷솔기터질탄 ㅣ露 나타날탄 破ㅣ 파할탄 (諫)

綼 [벽] 飾裳在幅 치마폭에치장벽 (錫)

緊。[긴] 急也 급할긴 ㅣ要 요긴할긴 糾也 얽을긴 縮也 움츠릴긴 (軫)

緂。[담] 帛青黃色 유록빛담 衣色鮮明 옷빛깔환할담 紡也 길쌈담 (覃)

緅。[추] 青赤色 아청빛추 (卽鵃青色) (尤)

緀。[처] 文章相錯ㅣ斐 문채날처 萋通 (齊)

緆。[석] 細布 가는베석 熟布 누

은베석、익힌베석 裼同 (錫) 緇。[치] 黑色검을치 (支) 緄。[곤] 繡帶수놓은띠곤 繩也노끈곤 (阮) 緈。[행] 直也곧을행 (迥) 緉。[량] 雙履신한켤레량 絞也맬량 (漾) 緋。

[비] 絳色질게붉은빛비 赤練붉은비단비 (微) 緌。[유] 冠纓下垂관끈늘어질유 旌也기유 綏通 (支) 緫 [홀] 細小잘홀 (月) 緎 [역] 縫也꿰맬역 裘之界域갓옷혼솔역 (職)

繼 繼(糸部十四畫)과同 [illegible] [호] 絲繩실끈호、끈호 緤 緤(糸部九畫)과同 緤 [첩] 西國布名서쪽나라비단첩 (葉) 緂 [첨] 毛織모직첨 (鹽)

⑨ 緗 [상] 淺黃아황빛상、누르스름할상 (陽) 緒。[서] 絲耑실끝서、실마리서 基ㅣ事業기업서、사업서 殘餘나머지서 發端시초서 (語) [illegible] [답] 絹也비단답 (合) [illegible]

[배] 襦也속적삼배 (隊) 線 [선] 縷也실선、줄선 針ㅣ바느질할선 路也길선 綫俗字 (霰) 緛 [뉴] 雜色繒잡색비단뉴 (宥) 緙 [격] 紩也꿰맬격 不成意이루지못할격 (陌)

緘。[함] 封也봉할함 束也묶을함 緛。[연] 縮也쪼그라질연 衣戚주름연 (銑) 緞 [하][단] 履跟帖신뒤축하 緞同、단 義同 俗作紬ㅣ字非 (麻)(翰) [illegible] [수][송][숲] 紲也올가맬수、송 義수와同、錦名비

단이름술 (寘)(腫)(質) 緝。[집] 績也길삼집 繼續이올집 集也모을집 光也ㅣ熙빛날집 咠通 (緝) [illegible] [무] 絹也비단무 縛也묶을무 (尤) 緜。[면] 新絮精柔曰ㅣ솜면

不絶ㅣㅣ끊어지지않을면 鳥聲ㅣ蠻꾀꼬리소리면 纏也얽을면 長也길면 連也연할면 綿通 (先) 緡。[민] 絲緒실끝민 錢貫돈꿰미민 [illegible] 繸(糸部十三畫)과同 締。[제] 結

不解也맺을체 閉也닫을체、닫힐체 (霽) 緟。[종] 增也더할종 重也거듭할종 (冬) 緣。[연][단] 因也인할연 循也 連絡ㅣ인연연 衣純ㅣ飾옷선두를연、后服황후의옷단 緢。

[묘] 絲施실반대묘、실두를묘 旄絲깃술묘 (蕭) [illegible] 幅(巾部九畫)과同 [illegible] [순] 衣之督脊옷등솔순 (眞) 綠 緣(糸部九畫)의略字 緤 [설] 繫也맬설 紲同 (屑)

[illegible] 纖(糸部十一畫)과同 緥。[보] 小兒被포대기보 褓同 (皓) 緦。[시] 十五升布열다섯새베시 三月服석달복시、시마복시 (支) 緧 [추] 紂也馬鞦말고삐추 馬服後

華말뒷거리추 鞦通 (尤) 緩 [완] 舒也遲ㅣ放縱느즈러질완 더딜완 寬也너그러울완 (旱) 編。[편][변] 次簡책편편 織也짤편 錄也기록할편 婦人假紒副ㅣ첩지편 以繩次物얽을편 列也벌릴편、

紐也ㅣ髮머리땋을변 辮同 (先)(銑) 緪。[긍] 大索동아줄긍 絙通 (蒸) [illegible] 綎(糸部七畫)의俗字 [illegible] 綎(糸部七畫)과同 緬。[면] 遠也ㅣ藐멀면 改

葬禮면례할면 思貌ㅣ然생각하는모양면 微絲가는실면 (銑) [illegible] [승] 麻布삼베승 (蒸) 緫 [총][종] 帛青也비단푸른빛총 輕絹엷은비단총、絲數실수효종 (東)(冬) [illegible]。

[개] 大絲굵은실개 (佳) 緯。[위] 織橫絲經ㅣ씨위、경위위 星右旋별오른쪽으로돌위 (五ㅣ卽二十八宿隨天左轉爲經五星右旋爲ㅣ) 圖ㅣ참서위 (未) 緭。[위] 繒也흰비단위 (未)

緰。[유][요] 裂繒 비단찢을유、帛也 비단요 (眞)(蕭)
⿰糸冑 [주] 業也 업주 緒也 실마리주 (宥)
絬 [잡] 縫也 꿰맬잡 (洽)
⿰糸封 [봉] 枲履 미투리봉 小兒革鞋 아이가죽신봉 (董)
緱。[후] 劍頭飾 칼머리치장할후、地名ㅣ氏 땅이름후 (尤)
⿰糸杘 [회] 結固 매듭회 (賄)
練。[련] 湅繒 숙자로짠비단련 小祥服 연복련 凡技能之求其熟 익힐련 閱歷 겪을련
緷。[혼] 百羽 백우혼、장목혼 大束 큰묶음혼 束羽 묶은깃혼 (元)(阮)
⿰糸奓 [차] 相著貌ㅣ縩 서로붙을차 或音저 (馬)
緲 [묘] 微也 縹ㅣ 적을묘 遠視貌 아득할묘 (篠)
⿸广絜 [혈] 廣帶 넓은띠혈 (屑)
⿰糸禺 [우] 隅也 구석우 (尤)
緼 [온] 舊絮ㅣ袍 묵은솜온 枲麻 모시온 盛貌 紛ㅣ 성할온 元氣 絪ㅣ 기운덩이온 亂麻 엉킨삼온 縕同 (文)
緶。[편][변] 縫也 꿰맬편 交枲 삼얽힐편、褰衣 옷걷어칠변 (先)(銑)
緵 [종] 布縷 베올종 魚網 九罭 고기그물종 百囊罟 그물종 (東)(送)
⿰糸科 [과] 紋絲 비단의문채과 理絲 실다스릴과 (歌)
⿰糸要 [요] 衣襻 옷고름요 ⿰衤要同 (蕭)
緸 [인] 蠢動貌 꿈틀거릴인 (眞)
緻。[치] 密也 톡톡할치、빽빽할치 縫補敝衣 헌옷기울치 (寘)
緺。[왜] 紫青印綬 아청빛인끈왜、푸른인끈왜、과 義同 (佳)(麻)
緹。[제] 赤帛 붉은비단제 赤色 붉을제 (霽)
⿰糸宵 綃(糸部七畫)과同
⿰糸臬 [거] 綵也 오색비단거 (魚)
⿰糸前 [전] 織一番 베한참짤전 (先)
⿰糸屋。[우] 喪中束手 묶을우 (宥)
緽。[정] 赤色 붉은색정 (庚)
⿰糸奉 縍(糸部十畫)과同
縃 胥(肉部五畫)과同
⿱夕絲 ⿰糸系(糸部十畫)의譌字
⿰糸畄 [치] 黑色 검은빛치 紂通 (支)
綡 [경] 冠紐 관끈경
縅 [위] 甲麟縫縷 갑옷미늘다는실위 日字
⿰糸叓 [경] 汲水索 드레박줄경 綆同 (梗)
縇 [선] 衣緣曰ㅣ 선선、선두를선 國字

十

縈。[영] 繞也 얽힐영 繫也 맬영 (庚)
⿰糸匪 [비] 竹器 대그릇비 錦名 비단이름비 (尾)
⿰糸虔 [견] 縮也 줄어들견、오그라질견
⿰糸唐 [당] 大繩 큰줄당 (陽)
絡 [락] 絮也 솜락 (藥)
縌。[역] 印綬 인끈역 (陌)
⿰糸叟 [추] 馬鞦 말가슴거리추 鞦通 (尤)
縉。[진] 戔絳色 분홍빛진 ㅣ紳 홀꽂을진、양반진 搢通 (震)
⿰糸栗 [률] 綵繒 채색비단률 (質)
縋。[추] 繩懸 줄에매달추 (寘)
縍 [방] 治履邊 신가꿰맬방 (陽)
縐 [추] 蹙也 주름질추、구길추 細絺 가는칡베추 (宥)
縏 [반] 小囊 작은주머니반 (寒)
縎。[골] 結ㅣ不解 맺을골、맺힐골 (月)
縑。[겸] 并絲繒 합사로짠비단겸 (縕爲翁須作單ㅣ衣) (鹽)
⿰糸𥁕。縕(糸部九畫)과同
縒。[착] 亂也 ㅣ綜 실엉킬착、어지러울착
縓。[전] 絳色 붉은빛전 (先)
⿰糸鬲 [혁] 生絲 생사혁 (陌)
⿰糸㐬 統(糸部六畫)과同
⿰糸留 [류] 綺屬 비단이름류 (尤)
⿰糸崇 [수] 緯絲 씨실수 (寘)
縖 [할] 束物 묶을할、동일할 (黠)
⿰糸蚤 繅(糸部十一畫)과同
縗。[최] 喪服斬ㅣ齊ㅣ 상옷최 ⿰衤衰同、衰通 (灰)
縘 繫(糸部十三畫)과同
縤 索(糸部四畫)의俗字
縛。[박] 繫也 얽을박、동일박 束也 묶을박 面ㅣ 면박할박 (藥)

縝 진 結也 맺을진 密也 빽빽할진、톡톡할진 縷也 실오리진 軫 **縟**。욕 繁采色 번화한채색욕 飾也 꾸밀욕 細也 가늘욕 沃 **縜**。균 持網紐 그물고균 籠綱者 벼리동인 노균 眞 **緂**。담 青黃色 초록빛담 緂同 感 **縠**。곡 縐紗 저사곡 細縛霧ㅣ動 霧ㅣ以徐步 고운비단곡 屋 **縒** 치 針縫刺ㅣ 바느질할치 寘 **縞** 호 素也 白繒 흰비단호 (練繒精 繒) 縷紋 줄질호 古音교 皓 號 **縡**。재 事也 일재 載也 실을재 載通 賄 隊 **縣**。현 繫也 달릴현、달현 絶也 끊어질현 懸同、四甸 五鄙州ㅣ中國 赤ㅣ 고을현 霰 **緆** 탑 以索罥物 얽을탑、노올무탑 合 **綮** 素(糸部四畫)의 本字 **縘** 혜 帶也 띠혜 卦 **縢** 등 緘也 봉할등、꿰맬등 纏脛 行ㅣ 행전등 繩也 노끈등 約也 묶을등 蒸 **⿰糹畐** 緇(糸部九畫)과 同 **繰** 繰(糸部十一畫)의 譌字 **緊**。긴 束縛 묶을긴 軫 **⿰糹皀** 碧(石部九畫)과 同

⿰糹宂 綯(糸部八畫)과 同 **縦** 縱(糸部十一畫)의 略字 **繨**。탑 紇ㅣ 실매듭탑 中字

(十一)

緫 혼 結也 맺을혼 阮 **縫**。봉 鍼紩衣 꿰맬봉 彌ㅣ 미봉봉 補合 아무를봉 大衣ㅣ掖 큰옷솔기봉 衣會 혼솔봉 縫通 冬 宋 **縩** 채 鮮玉章ㅣ 옥깔아 놓은 방석률 質 **縮**。축 贏之反 오그라질축、줄축 **縪**。필 止也 그칠필 冠縫 관솔기필、갓혼솔필 質 **⿰糹習** 첩 鮮明衣 緹ㅣ 고운옷첩 葉 **縭**。리 帨也 차는수건리 緌也 관끈리 帶也 띠리 婦人褘 부인의제 복리 香囊 향주머니리 以絲介履 신꿰맬리 褵同 支 **縬**。축 縮也 움추러질축、쪼그라질축 ㅣ紋 구김살축 縐文 비단무늬축 屋 **縯**。인 연 長也 길인 引也 당길인、연 義同 軫 銑 **⿱略糸** 략 紩衣紹ㅣ 옷꿰맬략 藥 **縱**。종 종 横之對 세로종 直也 곧을종 竪也 세울종 從通、雖也 비록종 緩也 더딜종 放也 놓을종 亂也 어지러울종 置也 둘종、急遽ㅣㅣ 바쁠총、총총할총 冬 **縰** 쇄 韜髮 머리털감출쇄 黑繒 검은비단쇄 衆多ㅣㅣ 많을쇄 連屬ㅣ迤 연속할쇄 纚同、古音사 紙 **縲** 류 黑索 검은노루 罪也ㅣ絏 징역죄루 纝同、纍通、俗音류 支 **⿰糹覓**。멱 繩索 노멱 錫 **縳**。견 紡絲 올견、나이 실견、전 白而鮮色 곱고선명한빛전 羽數束名 장목전(十羽爲審 百羽爲摶 十摶爲ㅣ) 束也 묶을전 銑 霰 **⿰糹執** 내 絮亂貌 솜흐트러질내 卦 **⿰糹堅** 견 緊也 긴요할견 先 **縴** 견 惡絮ㅣ緣 굿은솜견 先 **縵**。만 無紋繒 무늬없는비단만 寬心 맘너그러울만 調絃 줄고를만 緩也ㅣㅣ 늘어질만、더딜만 **⿰糹鳥** 조 懸也 매달조 篠 **縸**。모 막 惡絮 굿은솜모 張羅貌 絡ㅣ 그물막 **縶** 칩 繫馬 말맬칩 拘執 갈힐칩 馽同 緝 **綃** 소 維舟 배맬소 肴 **縹**。표 青白色 옥색빛표 輕飛貌 훌쩍날표 篠 **縼**。선 牛馬繫 마소긴바선 霰 **縷**。루 綫也 실루 委曲覼ㅣ 곡진할루 衣敝藍ㅣ 옷남루할루 麌 **⿰糹鹿** 록 純粹 순전할록 屋 **縺** 련 亂也 실얽힐련 先 **⿸广⿱禾糸** 군 미 束縛 묶을군、分也 나눌미 縻同 軫 支 **縻**。

미 繫也맬미、얽을미 牛轡소고삐미 支

總。총 統也거느릴총 合也합할총 皆也다총 括也금을총 聚也모을총 ㅣ角총각총 束髮ㅣ角머리딸총 禾稾볏집총 摠、揔、総同 董

繀 쇄 織ㅣ실톳쇄、실을푸는얼레쇄 隊

績。적 緝麻길쌈적 功業공적 成也이룰적 繼也이을적 事也일적

⿰糸彗。세 細布가는베세 繐同 霽

繁 반 번 馬服帶ㅣ纓말배때끈반 緐同、盛也성할번 多也많을번 雜也ㅣ蕪번잡할번 寒元

縿 삼 旗幅기폭삼 幓同、纖通 咸

繅。조 조 繹繭出絲고치켜내일소 繰同、薦玉采藉옥받침비단조

繄。예 黑繒검은비단예 語助辭어조사예 歎辭탄식하는소리예 齊

繂 률 維舟大索배닻줄률 箻玉韋ㅣ옥갈아놓은방석률 質

繃。붕 束也묶을붕、얽을붕 卷也감을붕 綳、䙖同、俗ㅣ音팽 庚

繆。무 규 류 목 絲千縷실천오리무 纏綿綢ㅣ얽을무、絞也ㅣ經목맬규、錯也紕ㅣ그릇칠류、어긋날류 姓也성류 尤

繇。요 유 주 隨從따를요 茂也무성할요(厥草惟ㅣ) 役也부역할요、從也말미암을유 行貌ㅣㅣ걷는모양유 和柔優ㅣ유순할유 傜、謠、由通、占辭爻ㅣ점괘주 籒通 蕭尤宥

⿰糸窒 절 結也맺을절 屑

顈。경 襌衣홋옷경

⿰糸兜 두 編絲結囊실로짠주머니두 尤

繈。강 錢貫돈꿰미강 鏹同 養

繢。繚(糸部十二畫)과同

緃 縱(糸部十一畫)과同

緄 혼 縫也꿰맬혼 元

(十二)

⿰糸頁 ⿰糸須(次條)와同

⿰糸須。수 絆前兩足두앞다리동일수 虞

繎。연 深紅色깊게붉은연 絲難理실엉킬연 先

繑 교 袴紐바지끈교、바지단추교 蕭

⿱罒糸 목 黑絲검은실목 屋

繏 선 蠶巢懸繩누에집매다는줄선 蜀錦名비단이름선 霰

纆 묵 索也줄묵、새끼묵 職

繐。세 細疏布가는고성긴베세 ⿰糸彗同 霽

⿰糸集。접 집 合也합할접 蠻夷貨名오랑캐의재물접、집 義同 葉

繕。선 補也기울선、꿰맬선 寫也글씨쓸선 治也다스릴선 緝也길삼할선 勁通 霰

織。직 지 치 經緯相成、布帛總名짤직、낳이직 絍同、治絲실다듬을지、실뽑을지 績通、幟也기치 幟同 職寘

纀 복 纏頭巾머리동여매는수건복 沃

繒。증 帛之總名비단증 國名나라이름증 蒸

⿰糸無 무 纁淹殘餘실켜고나머지무 麌

繓 촬 結也맺을촬 縒餘가위밥촬 曷

⿰糸尋 심 續也이을심 侵

繘。율 汲水器綆두레박줄율 質

繗 린 紹也이을린 眞

⿰糸焦 초 生枲未漚생삼초 蕭

繖 산 笠類우산산、일산산 傘同 旱

⿰素卓 작 緩也너그러울작、더딜작 瑩白貌희고깨끗할작

繚。료 纏也얽을료、동일료 繞也둘릴료、理也다듬을료、다스릴료 祭名제사이름료 蕭嘯篠

繙。번 繹也번역할번 旗貌繽ㅣ기펄럭펄럭거릴번 元

⿱敝糸 별 劒帶칼끈별、惡絮궂은솜별 屑 中字

⿰糸黃。황 繩東줄로동일황 漾

繠。예 垂也드리울예 葺也기울예 羣集모여들예 橤通 紙

⿰糸喪 상 淺黃누르스름할상 陽

繝 간 紋也무늬간 諫

繟。천 帶緩띠

늘어질천 寬綽 너넉할천、너그러질천 (銑)

繞。[요] 纏也 얽힐요、둥일요 圍也 둘릴요 遶同 (篠)

繚 繚(糸部二十一畫)과同

繜。[준] 小衣 擯鼻 잠방이준、쇠코잠

繃 [팽] 結也 맺을팽 (庚)

繣 [홰][획] 徽也 거문고휘홰 乖戾 緯ㅣ 어긋칠홰、繩也 노획 破聲 깨지는소리획 兩頭繫 두끝맬획

繢。[회][궤] 織餘 톱끝회 畫也 그림회 繡也 수놓을회 繪同、궤 義同 (泰)(隊)

䌟 [삭] 大綯 큰은줄삭 (藥)

繧 [운] 采色 채색운 日字

縸 繻(糸部十四畫)과同

縈 縈(糸部十畫)의譌字

纂 纂(糸部十四畫)과同

縪 縪(糸部七畫)과同

⿰糸喜。[희] 笑也 웃을희 樂也 즐길희 (支)

繛 [작] 緩也 너그러울작、瑩白貌 깨끗할작 (藥)

(十三)

繪。[회] 畫也 그릴회 繡也 수놓을회

繩。[승] 索也 노승、줄승 直也 곧을승、먹줄승 衆多ㅣㅣ 많을승 繼也 이을승 法也 법승 治也 다스릴승 譽也 칭찬할승

繐 [세] 練布 마전한베세 (霽)

繫 [계][혜] 縛也 맬계 維也 얽을계 約束 약속할계 結也 맺을계 滯留 머물계 續也 이을계 係、系同、혜 義同 (霰)(霽)

繭。[견] 蠶房 누에고치견 絹布 비단견 居喪客ㅣㅣ 거상하는형용견 足病 발부르틀견 ㅣ聲、氣微細 목쉴견 趼通 (銑)

⿰糸葛。[랍] 薄繒 엷은비단랍 (合)

⿰糸著 [저] 綿絮裝衣 옷에솜둘저 紵同 (語)

⿰糸業 [업] 縛也 얽을업 縫也、補衣 옷꿰맬업 (葉)

繬 [색] 縫也 交合 합처꿰맬색 (職)

繯。[현][환] 絡也 얽을현 環也 둘릴현 繫也 맬현、薄繒 엷은비단환 (銑)(諫)

繿 [려] 綬也 인끈려 (霽)

⿰糸詹 [담] 緩也 늘어질담 (覃)

繮。[강] 馬紲 말고삐강 韁同 (陽)

繰。[조][소] 紺色繒 아청통견조、繅繭 고치켤소 繅通 (皓)(豪)

繁。[작] 生絲縷 생실오리작 (藥)

繳 [교][작] 纏也 얽을교、弋箭繒ㅣ、주살작 ㅣ還 돌려보낼작 (篠)(藥)

⿰糸禁。[금] 絲也 실금 ㅣ碧所用 藍染 쪽물들일금 (沁)

緷 [운] 染間色 간색물들일운 (問)

繲 [해] 浣衣 옷빨해

⿰糸辟 [벽] 織絲爲帶 분함띠벽 絮也 繴ㅣ 솜벽 (陌)

繵 [전][단] 單衣 홑옷전 纏繞ㅣ緣 얽힐전、紫色 자주색단 繩也 노단 腰帶 허리띠단 束也 묶을단 檀通 (先)(寒)(旱)

繴 [벽] 鳥網 새그물벽 魚具 그물벽 (錫)

⿰糸僉。[렴] 繩索 노끈렴 蠶箔懸繩 누에발다는줄렴 (琰)

⿰糸羨。[연] 纏也 얽을연 (霰)

⿰糸瑟 [슬] 絲也 문채슬 (質)

⿳亡口⿲月糸凡 [라] 綾紋 비단무늬라

繶。[억] 絛繩 땋은노억(赤ㅣ黃ㅣ) 履縫中紃 신변나억、신혼솔실억 屨下緣 신아래선억 (錫)(職)

⿱⿰咸欠糸。[겸] 持意堅固 뜻굳게가질겸

繷 [농] 盛多 紛ㅣ 성하고많을농 (董)

⿰糸蜀 ⿰糸屬(糸部二十一畫)과同

⿰糸昜 縵(糸部十一畫)의俗字

⿰糸雋 纂(糸部十四畫)과同

繹。[역] 理也 다스릴역、풀역(抽絲曰ㅣ言解曰ㅣ) 抽絲 실뽑을역 不絶絡ㅣ 잇닿을역 陳也 베풀역 尋究紬ㅣ 궁구할역 光采ㅣㅣ 광채역、빛날역 繹同、襗通 (陌)

⿰糸零 [령] 絮也 솜령 (青)

(十四)

⿰糸管 [잔] 積也 쌓을잔 (旱)

辮。

[변] 交也 팔을변 繆也 얽을변 紐也 맺을변、단추변 編通 (銑)
繆 [추] 絺也 칡베추、갈포추 縐同 (宥)
繼。[계] 續也、紹也 이을계 (霽)
[糸爾]。[시] 封也 봉할시 (支)
繢 [궤] 織餘 짜든옷끝궤
繻。[수] 細密羅 고운깁수 帛符 비단통부수 繻同、綉通 (虞)
繽。[빈] 盛貌 ㅣ紛 성한모양빈 象也 ㅣ무리빈 亂也 어지러울빈 (眞)
[糸翟] [도] 青黃間色 초록빛도 (號)
繶 [은] 縫衣相著 옷호아맞붙일은 絣也 깁은、비단은 (吻)
[糸蒙] [몽] 絲亂緒貌 실끝얽힌모양몽 (東)
繾。[견] 不相離 ㅣ綣 다정스러울견、떨어지지않을견 不已 ㅣ綣 마지않을견 (銑)
纀。[복] 削裳幅 옷의폭을자를복 帕也 머리수건복
纂。[찬] 集也 모을찬、편찬할찬 繼也 이을찬 纘同、攢通 (旱)
[糸疑] [의] 帶也 띠의 (紙)
[糸遲] [지] 紩也 꿰멜지、홀지 (寘)
[糸齊] [제] 文絣 무늬놓은비단제 日字
縱 縱(糸部十一畫)과同

⑮

纈 [힐] 結也 맺을힐 文繒 무늬있는비단힐 (屑)
纅。[약][력] 色絲 색실약、治絲 실다듬을력 (藥)(錫)
纇。[뢰] 絲節 실매듭뢰
[糸巤] [랍] 絲之雜錯 실엉킬랍 (洽)
纆 [묵] 三合繩 세겹노묵 ㅣ牽 말고삐묵 (職)
縩 [채] 紈素聲 깁와삭거릴채 (泰)
繐。[세] 細布 가는베세 (霽)
纋 [우] 笄巾 비녀당기우 笄之中央以安髮 흰당기우 (尤)
繂 [률] 擧船索 배끌어올리는줄률 (質)
纊。[광] 細綿 고운솜광 絖同 (漾)
繂 [률] 素帛 흰비단률、생비단률 索也 밧줄률
續 [속] 繼也 이을속 (沃)
纍。[류] 罪也 죄류 索也 노류 累、縲通、囚繫 갖힐류 失志ㅣㅣ 뜻잃을류 係也 맬류
纏。[전] 繞也 얽을전 束也 묶을전 約也 동일전 繳也 줄살전 (先)(霰)
[糸畾] 儡(人部十五畫)과同
[糸蔑] [멸] 細也 가늘멸 (屑)
繊 纖(糸部十七畫)의俗字
[糸敷] 紨(糸部五畫)과同

⑯

[糸頻] [빈] 擣衣 옷다듬을빈 (眞)
[糸歷] [력] 張繩定界 줄띠울력、줄칠력 (錫)
[糸龍] [종] 直也 곧을종
[糸覧] 纜(糸部二十一畫)의俗字
繖 [산] 蓋也 笠類 일산산 傘同 (旱)
纑。[로] 布縷 베올로 麻縷 삼실로 練麻 익힌삼로 (虞)
[艹爾糸]。 繭(糸部十三畫)과同
纒 纏(糸部十五畫)의俗字
繃 綳(糸部十一畫)의譌字
[糸柬] [군] 束也 묶을군、동일군 (眞)
[糸焦] [초] 生枲 생삼초 布屬 베초 (蕭)

⑰

纕。[양] 佩帶 蕙ㅣ 패옥띠양 馬腹帶 말복두양、말배때끈양 攘臂 팔걷을양 (陽)
[糸罽] [계] 西方毳布 氈毲類 털로짠베계 罽同 (霰)
纔。[재][삼] 僅也 겨우재 暫也 잠간재 始也 비롯할재 才通、微黑色帛 雀頭色 엷게검은빛삼 (灰)(咸)
纓。[영] 冠系 갓끈영 馬鞅 鞶ㅣ 말고삐영 索也 노영 纏也 얽힐영 (庚)
[糸薦]。 韉(革部十七畫)과同
纖。[섬] 細也 가늘섬 儉嗇 아낄섬 纖同、鐵通 (鹽)
[糸龠] [약] 絲也 실약 (藥)
[糸鮮] 綫(糸部八畫)과同

⑱

[糸絲] 繘(糸部十二畫)의古字
[糸雚]。[권] 幘也 풍뎅이권、뜬차권
[䜌电] 轡(車部十五畫)과同
纗。[수] 繫也 맬수 紳帶 큰띠수 (支)
[糸墨] 纆(糸部二十畫)과同
[糸聶] [녑] 絲連結處 실이음매녑 (葉)
[糸薰] 纁(糸部十四畫)과同

𦆯 축 縮也 오그라질축、줄어들축、축날축 屋 𦇧 종 合絲而織 실꼬서짤총 東 𦆾。라 不均貌 고르지않을라 不細貌 가늘지않을라 箇 ⑲ 纚 사리라 緇布韜髮 치포건사、머리털감출사 連續丨迤 연할사 縱通、縷也、笮也 관끈리、長貌 颯丨긴모양라 索貌丨丨노끈모양라 紙 支 歌 𦈅 확 衣領內 옷깃안확 陌 纙 라 錢繦 돈꿰미라 箇

𦄇 縷(糸部九畫)의 本字 𦇻 纗(糸部十八畫)과 同 𦆡。시 綿細 면주시 細也 가늘시 支 𦇀 마 行貌 가는모양마 禡 纛 도 羽葆幢 깃일산도 翬中大旗 皂旗 군중에큰기도 翿同、독 義同 號 沃 ⑳ 𦆡 시 細也 명주시 𦆡同 支 ㉑ 纝。류 綱絡 黑索 검은노그물줄류 縲同 支 𦇯 촉 帶也 띠촉 綴領紐 깃걸어매는끈촉 沃 纜 람 維舟索 배닻줄람 纜同 勘 ㉒ 纕 낭 緩也 너그러울낭 漾 ㉓ 𦈈。련 不斷 끊어지지않을련 霰

缶部

缶。부 盎也 장군부(大腹斂口秦人)鼓以節歌 질장구부 缻、缹通 有 缶 缶(前條)의 俗字 ② 缷 卸(卩部六畫)의 俗字 風 風(風部○畫)과 同 ③ 𦈢 우 汲水器 두레박우 盂同 缸。항 長頸甖 항아리항、목긴병항 瓨同、缿通 江 缻 缻(前前條)와 同 ④ 缺。결 虧也 毁也 이지러질결 器破 깨질결、그릇이빠질결 電光裂丨 번개번쩍거릴결 鈌同 屑 缼 계 吹火 불을불계 霽 缿 형 似鍾長頸器 종같고목긴그릇형 酒器 술그릇형 青 䍃。요 유 瓦器、甁也 질병요、甕也 독그릇유 蕭 尤 𦈣 기 器名 그릇이름기 支 ⑤ 缻 缶(缶部○畫)과 同 䍄。첨 缺也 이지러질첨 琰 𦈡 공 大甕 큰독공 腫

𦈻。탑 下平缶 밑이납작한자배기탑 甁也 물장군탑 合 𦈲 저 米袋 쌀주머니저 語 缽 鉢(金部五畫)의 俗字 𦈳。재 缺也 이지러질재 蟹 𦈸 추 甁也 물장군추 有 𦈵 越(走部五畫)의 古字 ⑥ 缿。항 貯金器 돈모으는벙어리그릇항 受書器丨 筩 문서함항、항통항 講 𦉇 교 樂器 以土爲之 질장구교 吹火器 풀무교 肴 𦉈。혜 好器 좋은그릇혜 佳 𦉪 器(口部十三畫)과 同 缾 缾(缶部八畫)의 俗字 ⑦ 𦈽 배 缶也 장군배 灰 𦉀 형 頸長器 목긴그릇형 庚 ⑧ 𦉆 강 甕也 독강 陽 䍈。역 瓦器 오지그릇역 𦉅 보 부 小缶 작은장군보、부 義同 有 尤 𦉏 瓽(瓦部八畫)과 同 𦉌 잔 酒器 玉爵 옥술잔잔 缾。병 汲水器 물장군병 瓶同 青

⑨ 𦉢 缾(缶部六畫)과 同 䍉 제 缶也 장군제 齊 𦉙 종 量名 말이름종 (六斛四斗入) 冬 ⑩ 𦉥 류 甑也 시루류 宥 𣫍。곡 구 未燒瓦器 굽지않은질그릇곡、구 𦉪。수 추 瓶也 물장군추、수 義同 支 罃。앵 長頸瓶 목긴병앵 瓦器 질그릇앵 甖、甇同 庚 ⑪ 罅。

[하]孔隙틈하 裂也터질 하、갈라질하 罅同(禡) 罄。[경]盡也懸ㅣ다할경 器中空그릇속빌경(徑) [缶崔] [최]器名그릇 이름최(灰) [缶屏] 缾(缶部八畫)과同 [缶雩]

罅(缶部十一畫)과同 (十三) 罇 [준]酒器瓦尊술통준、술준준 樽同、尊通(元) [缶單] [선]瓦器緣질그릇전선(霰) (十三) 罋 [옹]罌也독옹 瓦瓮기와창옹 甕同(送)

罊。[기]器中空그릇속휜할기(霽) [缶虒] [천]瓦器질그릇천 鑢同(願) (十四) 罌。[앵]瓶總名병앵 甖、罃同(庚) [興缶] [흔]器裂그릇터질흔(震) [監缶]

[함]陶器질그릇함 甔通(陷) (十五) 罍 [뢰]酒器술잔뢰 與器皆畫雲雷세수그릇뢰(灰) [缶齒] [알]器缺그릇이지러질알(黠) (十六) 罎 [담]瓶屬목긴항아리담 壜同(覃) (十七)

[缶薦]。[천]瓦器질그릇천 紡錘물레가락천、북천(願)(霰) [缶霝]。[령]瓦器似瓶有耳귀달린병령(青) [霝缶] [缶霝](前條)와同 (十八) [瓔缶] 罌(缶部十四畫)과同 罐。

[관]汲水器물동이관 洋筩양철통관(翰) [雝缶]。[옹][옹]汲瓶두레박옹、옹義同(冬)(送) (二十) [獻缶] [알]缺也이지러질알(黠)

网部

网。[망]羅罟總名그물망(養) 罓 网(前條)와同 罒 网(前條)와同 [冂儿] 罒(口部二畫)의古字 四 网(前條)와同 (二)

[罒丁] [정]小罟작은그물정(青) (三) 罔。[망]無也없을망 誣也속일망 [罒弓]。[적]捕魚繫網고기를그물에매어둘적(錫) 罕。[한]稀寡鮮ㅣ드물한 旌旗雲ㅣ

기한 畢星ㅣ車필별한(旱) [网亡] 罔(网部三畫)과同 [罒丂] 粤(米部六畫)과同 (四) 罘 [부]兔罟토끼그물부 [罒比]。[비]取鰕網새우잡는그물비(支) [罒豆]。

[호]罟也兔罟토끼그물호(遇) [罒今] [심]新網새그물심(侵) [罒厷] [횡]網綱그물벼리횡 本音굉(庚) (五) [罒句]。笱(竹部五畫)과同 [罒示] [무]水中張網그물칠무(有)

[罒氐] [저]網也고기그물저 罘也토끼그물저(齊) [罒毋]。[무]網也그물무(有) 罞 [몽][모]麋罟고라니그물몽、모義同(東)(肴) [罒令] [령]罜ㅣ、小網작은그물령(青) [罒巨] [거]罟

也그물거(語) 罝。[저]捕獸網짐승그물저(麻) 罛。[고]魚罟最大網큰그물고(虞) 罦 [부]鳥網새그물부(尤) 罜。[주]魚罟ㅣ麗물고기그물주 小網작은그물주(遇)

[罒云] 罷(网部十畫)의俗字 罟。[고]魚網물고기그물고(虞) [网古] 罟(网部五畫)의古字 罠。[민]麋罟고라니그물민 釣也낚을민(眞) [罒乎] [호]網也그물호 [罒云]

[견]網也그물견(霰) [网民] 罠(网部五畫)의本字 [网且] 罝(网部五畫)의本字 (六) [罒米]。[미]周行두루다닐미 網也후리그물미 罙同(支) 罣 [괘]礙也거

리낄괘 罥也올리힐괘 罟也그물괘 絓同(卦) [罒合]。[압][갑]鳥網새그물압、갑義同(合) [罒光] [광]滿網그물에가득할광(庚) [罒呂] [려]網也그물려(御) (七) [罒良] [랑]廣大貌 莽ㅣ질펀

할랑 廣張網그물넓게칠 랑(漾)

罥 견 絹也얽힐견 挂也걸릴견 羂同(霰)

罞 몽 覆網덮은그물 몽(東)

罤 제 兔網토끼그물 제(齊)

罦。 부 비 兔罟토끼그물부、비 義同(尤)(支)

䍐 모 雉網꿩그물 모、매 義同(虞)(灰)

罦 부 翻車大網 새그물부(虞)

八

罨。 엄 압 網魚후리질할엄、압義同、覆也덮을엄(琰)

罧。 삼 림 積柴取魚물고기섭 줄삼 槮通、림義同(侵)(沁)

罟 고 捕魚具고기잡는그물고(遇)

罪。 죄 罰惡죄줄죄 魚網물고기그물죄(賄)

罩。 조 捕魚器 罶類가리조 箪同(效)

罬 선 魚網고기그물선(霰)

罩 罩(前前條)와同

罩 조 覆鳥새덮치기조(效)

罫 괘 棋局線間바둑판정간괘 礙也거리낄괘 俗音 홰(卦)

置。 치 止也둘치 說也베풀치 安也안치할치 棄也 廢ㅣ버릴치 驛也 郵ㅣ역치(寘)

罭。 역 魚網 緵罟九ㅣ물고기그물역(職)

罯 답 網也그물답 覆也덮을답(合)

署 署(网部九畫)의略字

罽 계 氈類담자리계(霽)

罝 置(网部八畫)의本字

罬 철 鳥網새그물철(屑)

罨 罨(网部八畫)과同

罪 罪(网部八畫)의本字

罹。 罹(网部八畫)의本字

九

罯 암 覆也덮을암 魚網고기그물암(感)

罰。 벌 小辠賞之對벌줄벌 犬ㅣ、處ㅣ벌받을벌(月)

署。 서 官舍마을서 表記표할서、쓸서 置也둘서 羅絡部ㅣ그물칠서(御)

罰 삭 罹於網그물에걸릴삭(覺)

罱 남 夾魚具ㅣ網그물남(感)

𦋗 𦋗(冂部十一畫)의譌字

罳。 시 새 屛也 遮面병풍시、차면할시 官殿罘罳ㅣ전각처마기슭시、새義同(支)(灰)

罞。 무 破網해진그물무(有)

十

罷。 파 패 피 休也파할파 了也마칠파 廢黜내칠파、止也그칠파 遣囚귀양보낼파 閩人呼父郎ㅣ아비패、困極ㅣ弊느른할피、고달플피ㅣ癃잔병피 疲通(禡)(蟹)(支)

罛。 여 廣網넓은그물여(魚)

䍐 겸 網絲그물실겸(鹽)

罵。 매 惡言、詈也꾸짖을매、욕설할매 俗音 마(禡)

罡 강 網也그물강(陽)

罸 罰(网部九畫)과同

罽 계 細毛가는털계(霽)

十一

罼 필 田獵網사냥그물필 畢通(質)

罧 罧(网部八畫)과同

罹。 리 罹也걸릴리 憂也근심할리 遭也만날리 遺也만날리(支)

罺 조 撩罟小網반도조、가는그물조(肴)

罻。 위 울 鳥網ㅣ羅새그물위、울義同(未)(物)

罻 罻(前條)와同

罺 초 抄羅채어잡는그물초(肴)

罺 罺(前條)와同

䍡。 록 小罟잔그물록(屋)

䍡 䍡(前條)와同

十二

罺 료 魚罟물고기그물료(嘯)

𦌐 무 雉網꿩그물무(虞)

罽。 계 魚網물고기그물계 氈布氍毹 罽담계、모직계 縶同(霽)

罿 동 罬也 鳥網새그물동、충義同(東)(冬)

𦌎 罽(网部十二畫)과同

罿。 罿(前前條)와同

䍦。 선 繯獸足網올무선 羂同(銑)

䍣 로 捕魚具통발로(遇)

罾。 증 有機魚網 삼태그물증、고기그물증(蒸)

罶。 류 魚笱통발류 罶同(有)

罽 계 魚網 고기그물계 霽

⑬

羂 견 挂也 걸릴견 罥通、網也 그물견 銑 霰

⿱罒辟 벽 鳥網 새그물벽 陌

⿱罒弟 제 網索 그물줄제 薺

⿱罒黽 민 細網 잘게뜬 그물민 軫

罶 뢰 百囊罟小魚網 고기잡는그물뢰 灰

⑭

⿱罒齊 제 手搦酒 술짤제 漉也 거를제 薺

⿱罒卓 조 覆鳥網 새덮치기그물조 罹也 후리칠조 效

羅。라 列也 벌릴라、벌라 綺穀也 깁라 鳥罟 새그물라 國名 新ㅣ나라이름라 ㅣ針盤 지남철라 歌

⿱罒炎 탑 魚網 고기그물탑 感

⿱罒幕 멱 覆食巾也 밥보자기멱 煙貌ㅣ⿱罒歷 연기모양멱 冪同 錫

羆。비 熊屬猛獸 큰곰비 支

⿱罒眞 권 絲罟 실그물권 願

⿱罒舞。무 牖中網 들창안의그물무 虞

⿳罒馬巾。기 馬之絡頭 말굴레기 支

⿳罒馬巾 ⿳罒馬巾(前條)와同

⑮

⿱罒⿰魚欠 곤 網也 그물곤 元

⿱罒畾 뢰 百囊罟 백코그물뢰 灰

⿱罒賣。독 魚網 고기그물독 屋

⿱罒綠 羂(网部十三畫)의俗字

⑯

⿱罒歷 력 蓋貌 冪ㅣ연기모양력 蓋食巾 밥보자기력 錫

⿱罒龍。籠(竹部十六畫)과同

⿱罒巽 ⿱罒異(网部十二畫)과同

⑰

羇。기 旅寓 나그네기 寄也 붙일기 羈通 支

⑲

⿱罒⿰革馬 기 勒也 말굴레기 髻也 名 男角女ㅣ 북상투기 支

⿱罒離。리 帽也 사모리、接ㅣ 접리관리、頭巾 두건리 支

⿱罒繯。견 綰也 얽을견、맬견 羂也 올무견 霰

⿱罒麗 소 以筐盪酒 용수소 魚

羉。란 山猪罟 산돼지그물란 寒

羊部

羊。양 柔毛畜 양양 一鳥名 商ㅣ새이름양 遊也 相ㅣ노닐양 芊同 陽

𦍌 羊(前條)와同

①

羋。미 羊鳴 양울미 楚姓 성미 紙

②

⿰羊人 분 白色羊 흰색양분 元

⿱夂羊 羍(羊部三畫)의俗字

羌。강 西戎名 오랑캐강 語端詞 말끝낼강 羗同 陽

③

美。미 嘉也 아름다울미 好也 예쁠미、좋을미 甘也 맛날미 媺同 紙

⿱土羊 羍(次條)와同

羍。달 小羊 어린양달、양새끼달 美也 아름다울달 生也 날달 達通 曷

羑 유 導也 인도할유 進善 착할유 殷獄名ㅣ里 은나라옥유 有

⿰羊彡 양 善也 착할양 美也、아름다울양 陽

羑 유 進善 착한말할유 導也 인도할유 ㅣ里、殷獄名 유리옥유 有

④

羓 파 腊屬 포파 麻

羒。분 牝羊 암양분 文

羦 완 野羊 들양완 寒

羜 서 野羊 들양서 魚

羔。고 羊子 양새끼고、염소고(大曰羊小曰ㅣ) 豪

牂 장 牝羊 암양장 郡名ㅣ牱 고을이름장 羘同 陽

羖。고 牝羊ㅣ䍽 암양고 牯同 麌

⿱羊火 羔(羊部四畫)과同

羕。양 水長 물이길양 長也 길양 漾

⿰月羊 장 羝羊 수양장 胃 양양 陽 國字

⿱羊乚 羑(羊部三畫)과同

⑤

⿱此羊。치 羊名 양이름치 支

⿰羊末 말 胡羊名ㅣ羯 말갈말

羚 령 似羊而大角 영양령 큰양령 羺、⿰羊靈、麢同 青

⿰羊它 타 野羊 들양타 歌

羛 의 魏郡地名、ㅣ陽

땅이름의(紙)
⿰羊出 [돌]羊名양이름돌(月)
⿰羊平 [평]駁毛羊얼룩양평(庚)
⿰羊匈 羯(羊部九畫)과同
羞。[수]恥也ㅣ惡부끄러울수 膳也반찬수 滋味庶ㅣ음식수 供物진찬할수(尤)
羜。[저]小羊어린양저(五月羔、未成羊)(語)
羝。[저]牡羊牲善抵수양저(齊)
⿰羊古 羖(羊部四畫)과同
⿰羊母 牂(爿部六畫)과同
⿰羊㐱 [분]白牡羊흰수양분(文)
⿰羊瓦 [유]小兎새끼토끼유(尤)

六

⿰彐羊 鮮(次條)와同
⿰多羊。[상]多也많을상(陽)
羕 [양]水長물긴길양 羕同(漾)
羠。[이]野羊羠ㅣ들양이(支)
⿰羊亘 [완]野羊들양완(寒)
⿰羊危 [귀]羊角不齊貌양뿔가지런하지않을귀(紙)
⿰羊同 [동]無角羊뿔없는양동、애양동(東)
⿰羊字 [자]牝羊암양자(紙)
⿰羊因 [인]黑羊검은양인 羥同(眞)
⿰⿱土羊丸 執(土部八畫)과同
⿰羊自。[결]牡羊수양결(屑)
⿰羊吳 羺(羊部十四畫)과同
⿰羊匊 羝(羊部五畫)과同
⿰羊戎 [융]細毛털가늘융(冬)
羡 [이]廣也넓을이 郡名沙ㅣ고을이름이 羨同(支)
着。[착]觸也부딪칠착 到ㅣ도착할착(藥)

七

群 [군]輩也무리군 衆也많을군 隊也떼군 朋友벗군 獸三爲ㅣ짐승세마리군 聚也모을군(文)
⿰羊巠。[간][경]羊名양이름간、경 義同(刪)(庚)
⿰羊夅 牂(爿部六畫)과同
羨。[선][연]貪慕歆ㅣ부러워할선 餘衍奇ㅣ남을선 溢也넘칠선 長也길선、埏也墓道광중길연 盛貌성한모양연(霰)
⿰羊夋 [최]羊病들양의병최(灰)
義。[의]由仁得宜옳을의 人所可行道理의리의 意味뜻의 誼同(寘)
善 善(口部九畫)의古字
⿰羊余。[여]野羊들양여(魚)
⿰羊負 [반]毛長羊털긴양반 似羊獸양같은짐승반(寒)
⿰羊孚 [부]牝羊암양부(尤)

八

⿰羊叕。[결][궐][철]病也앓을결、羊病양의병결、羊躍死양이뛰다가죽을철 跳貌뛸철(屑)(月)
⿰羊兒 [예]胡羊、羺ㅣ오랑캐양예(齊)
⿰羊空 [강][공]骨體뼈대강 羊肋양의갈빗대강、羊腊양고기포공 腔과同(江)(送)
⿰羊委。[위]羊聚양모일위 羊疫양역위(寘)
⿰羊戔 [잔]羊屋양우리잔(馬必作驏、豕必作羘必作ㅣ)(潸)
⿰夲羊 [치]牽也끌치(寘)
羑 誘(言部七畫)과同
⿰羊或 [역]羊裘縫貌양가죽옷을꿰맬역(職)
⿰羊東 [동]一角羊외뿔난양동(東)
⿰羊爭 [쟁]羊子양의새끼쟁(庚)

九

⿱敄羊。[무]六月羊여섯달된양무(遇)
⿰羊亟 [극]羊名양이름극(職)
羭。[유]黑牡羊검은수양유 美也아름다울유 山神산신유(虞)
⿰羊垔。[예]黑羊검은양예(齊)
⿰羊皆 [간]羊名양이름간(刪)
⿰羊咸 [암][겸]大羊큰양암、겸 義同(咸)(鹽)
⿰羊韋 [위]羊相逐貌ㅣㅣ서로쫓는모양위(尾)
⿰羊柔 [유]耎也연약할유 柔革다룬가죽유(尤)
⿰羊害 ⿰羊害(羊部十畫)과同
⿱享羊。[순]熟也익을순 賣物팔순(眞)
⿰羊曷。[갈]犗羊불깐양갈 上黨地名땅이름갈 匈奴别部오랑캐부락갈(月)
羮 羹(羊部十三畫)의俗字

十

⿰⿱亠羊殳 [구]搾取羊乳양의젖짜낼구(尤)
⿰羊尃 [박][부]去勢羊불깐양박、獸名짐승이름부(藥)(遇)
⿰羊臭 羶(羊部十三畫)과同
⿰羊羔 羔(羊部四畫)과同

羱。[완] 野羊 들양완(角大可以爲器亦善鬪) 寒
䍛 [골] 羊名양 이름골 月
𦏱 [탑] 皷名북 이름탑 合
𦏺 [알] 騋羊、吳曰ㅣ 불알깐양알 黠

⑫

𦐀 鞪(羊部九畫)과同
𦏴。[진] 羊名양 이름진 震
羲。[희] 氣也기운희 帝號、伏ㅣ복희 姓也성희 官名ㅣ和벼슬이름희
𦏷 羲(羊部十二畫)과同
𦏾。[지] 集也모을지 羊疫양역지 寘
䍚 [루] 四角羊뿔 넷난양루 尤
𦏹。[환] 無口獸입없는 짐승환 刪

⑬

羵 [분] 土中怪ㅣ羊흙속 괴이한양분 文吻
𦐁 [궐] 長毛羊털긴양 궐 月
羳。[번] 黃腹羊배 누런양번 元
𦏼。[선] 一年生羊한살된양 美味맛날선 霰
羴 羶(羊部十三畫)과同
𦐄。[동] 無角羊뿔 없는양동 東
𦏿。[잠] 羊腌젓담근 양고기잠 覃
羺 羺(羊部十四畫)과同
䍎 䍎(前條)와同

⑬

羷。[검][렴] 羊角捲三匝양의뿔비틀림 검 羊名양이름검、렴 義同 琰 黠
𦐆 [독] 羊長六尺 여섯자 되는양독 屋
羶 [전] 羊臭양냄새날전、노린내날전 羴、羼同 先
羸。[리] 瘦也파리할리 弱也약할리 纍也뒤집을리 病也병들리 支
𦐉 羵(羊部十二畫)의 本字
𦐊 獬(犬部十三畫)과同

⑭

𦐍 [여] 肥羊살 찐양여 魚
羺 [누] 胡羊ㅣ羖오 랑캐양누 尤

⑮

𦐐。[고] 義 未詳
羼。[찬] 羊相雜양서로섞일찬 相出爭前 서로다퉈나갈찬 古音산 諫潸
𦐒 熟(火部十一畫)의 本字
𦐓 䍮(羊部九畫)과同
𦐔 [양] 人名사람 이름양 養

⑯

𦐕 𦐕(次條)와同
𦐖。[력] 山羊名羖ㅣ산양력 黑色牡羊검은수양력 䍦、𦏿同 錫
𦐗 [쾌] 垢賦貌羵ㅣ때 끼인모양쾌 卦

⑰

𦐘 羶(羊部十三畫)과同
𦐙 [혹] 小羊새 끼양혹 沃

⑱

譱。善(口部九畫)과同

⑲

𦐚 𦐚(羊部十七畫)의 譌字

⑳

𦐛 [권] 義 未詳

㉑

𦐜 [장] 義 未詳
譱 善(口部九畫)과同

㉔

𦐝。[양] 義 未詳

羽部

羽。[우] 鳥翅깃우 五音之一우성우(五聲宮、商、角、徵、羽) 舒也펼우 聚也모을우 麌遇

③

𦐃 羾(次條)와同
羾 [공] 飛至날 아올공 送
𦐄 [소] 羽也 깃소 蕭
翁。[홍][공] 飛聲나는소리홍 至也 이를공 東
𦐅 [치] 燕飛貌제 비나를치 支
𦐇 [안] 飛貌나는 모양안 潸
𦐈 翼(羽部十二畫)의 古字
𦐉 舞(舛部八畫)의 古字
羿。[예] 古射師名옛적 활스승의이름예 霽

④

𦐌。[탑] 盛飛貌성 하게날탑 合
𦐍 [파] 飛貌나 를파 麻
𦐎 [남] 羽弱깃 이약할남 羽也깃남 䎓也가는솜털남 感
翀。[충] 直上飛貌치며 날을충 冲通 東
𦐏 [습] 飛貌나는 모양습
𦐐。[연] 飛貌나 는모양연 銑
𦐑 [항] 鳥飛上下貌 䎓ㅣ새날아오

르락내리락할항 頏通 (陽)(漾)
翁。[옹] 父也 아비옹 老稱 늙은이옹 鳥頸下毛 새목아래털옹 飛貌 나는모양옹 (東)
翂 [분] 飛貌 파득파득날분 羽貌 가볍게날분 (文)
翌。[황] 持羽而舞 깃들고춤출황 (陽)
翁 翁(前前條)와同
翅。[시] 羽多貌 깃털많을시 飛貌 힘차게날시 (支)
翃 翃(羽部四畫)과同
𦐂 翅(次條)와同
翅。[시] 鳥翼 날개시、깃시 啻同 뿐시 翄同、啻通 (寘)
翄。翅(前條)와同

五

翊。[익] 輔也 도울익 敬也 ㅣㅣ공경할익 郡名 馮ㅣ 고을이름익 飛貌 날을익 翼、通 (職)
翉 [분] 飛起 날아오를분 (阮)
翇 翇(前前條)와同
𦐔 𦑣(羽部六畫)과同
翈 [압] 翮上短羽 쭉지위의짧은깃압 (洽)
翍 [피] 張羽貌 날개벌릴피 披通 (支)
翋 [랍] 飛也 날을랍 (合)
𦐣 𦐏(次條)와同
𦐏 [염] 翼下細毛 깃밑솜털염 (琰)
翌 [익] 明日 이튿날익、나음날익 (職)
翌 翌(前條)와同
𦐗 𦐗(次條)와同
𦐤 [보] 矢羽 살깃보 (皓)
翓 [호] 人名也 사람이름호 (虞)
翎。[령] 鳥羽 새깃령、날개 矢羽 살깃령 (靑)
𦐓 翺(羽部十三畫)과同
𦐰 [초] 鳥尾翹貌 새꼬리처들초 (蕭)
𦐖。翑(次條)와同
翑 [구][우] 羽曲 날개굽을구 後足白馬 뒷발흰말구、箭羽 화살에붙인깃우 (虞)(遇)
翏。[료] 高飛 높이날을료 (嘯)
習 習(羽部五畫)과同
習。[습] 鳥數飛 學ㅣ 風ㅣ 익힐습 慣也 익을습 和舒ㅣㅣ 화할습 重也 거듭습 近ㅣ、狎也 가까히할습 (緝)
翏。[료] 飛貌 사는모양료 風聲ㅣㅣ 바람소리료 (蕭)
翐 [질] 飛貌 ㅣㅣ 펄펄날을질、가볍게날질 (質)

六

翔。[상] 回飛 翱ㅣ 돌아날상 莊敬貌 ㅣㅣ 공경하는모양상、엄숙할상 (陽)
𦐧 [치] 高飛 높이날치 (紙)
翗 [박] 飛去 날아갈박 (藥)
𦐩 [해] 高飛 높이날을해 (賄)
翓 [힐] 飛上 날아오를힐 頡同 (屑)
翢 [주] 弱羽 약한깃주、부둥깃주 (尤)
𦐍 翿(羽部十四畫)과同
𦐸 [휼] 飛去貌 훨훨날아갈휼 (質)
𦑂 [예] 低飛 낮게날을예 (霽)
𦑋 𦑂(前條)와同
翕。[흡] 合也 합할흡 聚也 모을흡 盛也 성할흡 斂也 거둘흡 (緝)
𦐽 𦑇(羽部七畫)과同
翖。翕(前前條)와同
𦐟 翕(前條)와同
𦐦 𦑔(羽部十畫)과同
𦑊。翜(羽部三畫)의本字

七

翜。[삽] 捷也 빠를삽、휘날을삽 (緝)
𦑃 [보] 飛也 날보 (皓)
𦐿 [고] 斜飛 빗게날을고 (號)
𦑖。[신] 羽多 깃많을신 (眞)
𦐎 [녑] 急飛 급히날을녑 (洽)
𦑇 [부] 細毛 가는털부、솜털부 (虞)
𦑌 [소] 鳥毛羽 깃털소 (蕭)
翛 [소] 羽聲ㅣㅣ 깃소리소、날개치는소리소 羽破ㅣㅣ 깃모지라질소 (蕭)
𦒉 翛(前條)와同
䎅 [박] 打羽而飛 깃치며날을박 (藥)
𦑑。[강] 鵲行貌ㅣㅣ 까치걷는모양강、강장강장뛸강 (陽)

八

翟。[적][척] 山雉 꿩적、깃적 后服、重ㅣ 황후의옷적 車飾、重ㅣ 수레치장적 鸐同、姓也 성적 (錫)(陌)
𦑓。[초] 毛多貌 털많을초 (巧)
𦑅 [첩] 捷飛 빨리날을첩 (洽)
𦐶 [함] 小鳥飛貌 작은새나는모양함 (覃)
𦑣。

⿰累羽(羽部十畫)과同

翠。취 青羽雀깃푸른새취、山氣ㅣ微산기운취、翡ㅣ石비취석취、ㅣ色푸를취(寘)

⿰卒羽 줄 飛疾貌휘날을줄 或音출(質)

⿰羽青 旌(方部七畫)과同

翡。비 赤羽雀似翠깃붉은새비、玉名ㅣ翠옥이름비(未)

⿰羽戔 잔 速飛ㅣㅣ빨리날을잔、鳥鷙擊勢사납게칠잔、휘차갈잔(潸)

翣。삽 棺飾如扇운아삽、선삽(雲ㅣ亞ㅣ)、扇也부채삽 箑通

⿰羽奄 엄 斂羽깃거둘엄、쭉지길엄(豔)

⿰或羽 혁 羽聲깃소리혁(職)

九

翦。전 剪滅깍아멸할전、齊斷갈길전、除也없앨전、滅也멸할전、淺也엷을전(銑)

翥 저 飛上날아떠오를저(御)

⿰羽爰 환 緩飛느러느릭날을환(旱)

⿰羽侯 후 羽初生깃처음나는모양후、羽根깃밑둥후(尤)

⿰羽條。翛(前條)와同

⿺是羽 시 羣飛ㅣㅣ떼지어날을시、提通(支)

翨。시 鳥之彊羽억센깃시、장깃시、官名ㅣ氏벼슬이름시(寘)

⿰羽皇。횡 打羽聲깃치는소리횡、날개치는소리횡 或音굉(庚)

⿰宣羽 휜 飛也날휜설(元)、翔也돌아날휜(先)

翬。휘 大飛、鼓翅ㅣㅣ날개칠휘、雉屬五采成章꿩휘(微)

翫。완 遊觀구경할완、習狃익숙할완

⿰羽從 종 竦翼而飛날개움추리고날을종(東)

翩。편 飛貌ㅣㅣ나는모양편、輕擧貌ㅣㅣ훌쩍날을편、往來貌聯ㅣ왕래모양편(先)

十

翯。혹 학 鳥羽肥澤ㅣㅣ새깃흠치르르할혹、학 義同 確同(沃)(覺)

翰。한 羽也날개한、幹也줄기한、飛也날을한、筆也붓한、書詞글한、편지한、天鷄천계한、白色馬흰말한、官名ㅣ林벼슬이름한(寒)(翰)

⿱𤇾羽 횡 羣鳥弄翅뭇새가날개희롱할횡、飛聲ㅣㅣ나는소리횡 或音굉(庚)

翮。핵 녁 羽本깃촉핵、쭉지핵、勁羽칼깃핵、曲脚鼎다리굽은솥녁 鬲同(陌)(錫)

⿰罒羽 답 飛也ㅣㅣ날답(合)

⿰韋羽。답 飛貌날을답(合)

⿰羽眔 답 飛也ㅣㅣ날답(合)

⿰差羽。치 ㅣ翄 燕飛貌제비가날치(支)

⿰䍃羽 유 鳥飛貌ㅣㅣ새훨훨나는모양유(尤)

⿰羽鳥 ⿰言翯(羽部十四畫)과同

十一

⿰羽𦰩。한 高飛높이날을한 俗音환(翰)

⿰羽彗 ⿰羽惠(羽部十二畫)과同

翳。예 語助辭어조사예、繄通、掩也가릴예、羽葆깃일산예、鳥名、似鳳새이름예(齊)(霽)

⿱夢羽。홍 蟲聲벌레소리홍、飛貌ㅣㅣ나는모양홍(蒸)

翲 표 高飛ㅣㅣ높이날을표(蕭)

⿰羽連 련 飛而相及貌날아서서로따를련(先)

⿱臤羽。⿰言翯(羽部十四畫)과同

翼 翼(羽部十二畫)과同

十二

翹。교 擧也들교、高貌ㅣㅣ높은모양교、秀起貌우뚝한모양교(蕭)

⿱羽堯 翹(前條)와同

⿰羽堯 翹(前前條)와同

⿰粦羽 린 飛也날린(眞)

⿰羽惠 혜 六翮之末깃끝혜(霽)

⿰童羽 동 飛貌나는모양동(送)

⿰羽喬 ⿰喬羽(次條)와同

⿰喬羽 교 仄飛날개처뜨리고날을교、高飛높이날을교(蕭)

翱。고 遨遊ㅣ翔노닐고(豪)

翻。번 飛也날번、反覆뒤집힐번、엎치락뒤치락할번、飜同、拚、幡通(元)

翼。익 翅也날개익、敬也공경할익、扶也붙을익、衛也호위할익、星名별이름익、舟名배이름익、翊通(職)

⿰肅羽 숙 羽聲ㅣㅣ깃소리숙、飛也날을숙(屋)

⿰矞羽。율 飛貌나는모양율(質)

⿰羽矞 ⿰矞羽(前條)와同

十三

䎖 박 飛貌 나는 모양박 (藥)

䎒 전 遠飛 멀리 날을전 (先)

翾。현 小飛 작게날현

䎏 함 飛貌 나는 모양함 (感)

翽。홰 飛聲ㅣㅣ 나는소리홰 (泰)

十四

𦒐 濕(水部十四畫)의 古字

𦒘。빈 飛上ㅣㅣ 날아오를빈 (眞)

𦒙 𦒑(羽部十二畫)의 俗字

翿 도 纛也、今之羽葆幢 둑도 翳也、舞所執 깃일산도 (豪)(號)

耀 요 光也 照ㅣ 빛날요 燿、曜通 (嘯)

十五

䎱。翳(羽部十一畫)과同

獵 렵 飛初起貌ㅣ𦑿 처음으로날렵 (合)

𦒿 獵(前條)와同

𦓁。혜 六翮之本 쭉지밑둥혜 (霽)

𦒻 로 寬也 너그러울로 (號)

十六

䎙 飛(飛部 ○ 畫)과同

𦓂 핵 疾飛貌 빨리날핵 𦑣也 날아가는 모양핵 (陌)

老部

老。로 年高 늙을로ㅣ父、ㅣ長 어른로 尊稱 존칭할로、어르신네로 熟練、ㅣ練 익숙할로 疲也 衰也 쭈그러질로

二

耂 耇(老部四畫)과同

考。고 老也 壽ㅣ 오랠고、늙을고 父死稱 죽은아비고(死父稱ㅣ、生前父母) 擊也 칠고 稽也 상고할고 成也 이룰고 終也 마칠고

四

者 者(老部五畫)의 俗字

耆。기 지 老也 늙은이기 長也 어른기 師也 스승기、致也 이를지 底通 (支)(紙)

耄。모 九十歲ㅣ期 구십세모、늙은이모(自八十至九十歲) 眊通 (號)

耇 수 老人傴行追從 늙은이겨우따라갈수 (遇)

五

𦒸 점 老人面上如點 검버섯점 (琰)

者。자 語助辭 어조사자 即物之辭 놈자、것자(即如彼ㅣ此ㅣ) 此也 이자 (馬)

耇 구 長命 명길구 老壽 오래살구 耈同 (有)

耇 점 老人面上如點 늙은이얼굴의 검버섯점 (琰)

𦒷 도 七十歲老人 칠십늙은이도 (號)

六

耋。耋(次條)와同

耋 질 八十歲老人 팔십세노인질 古音절 (屑)

十八

𦓤 壽(士部十一畫)의 古字

而部

而。이 承上起下辭 말이을이 於也 에이 汝也 너이 如也 같을이 乃也 이에이 語助辭 어조사이 (支)

二

耏 耏(而部三畫)과同

三

耍 솨 戲也 희롱할솨 利也 이할솨 或音사 (馬)

耐。내 忍也 견딜내、참을내 能通 (隊)

耏。이 내 頰鬚ㅣㅣ 구레나룻이、剃髮鬚 염깎을내(古時刑罰) (支)(隊)

耑 단 전 ㅣ緒、物首 끝단 正也 단정할단 端古字、穴也 구멍전 專也 오로지전 (寒)(先)

耎。연 罷弱 연약할연、가냘플연 軟同 (銑)

𦓔。이 환 圜狀物旋轉貌 둥근것이 잘돌이、환 義同 (支)(寒)

四

𦓐 난 縮也 쪼그라들난、움츠러질난 (旱)

𦓎。이 煮熟 삶아익힐이 (支)

五

𤬪 이 瓦也 기와이 (支)

六

𦓖 이 連續 이을이 (支)

七

𦓗 녹 憂貌 눈쌀찌푸릴녹、근심하는모양녹 (屋)

八

𦓘。불 裳繡兩己相背 보불불 黻、亞同、芾通 (物)

九

𦓚。𦓚(而部十畫)의 譌字

𦓙 耏(而部三畫)과同

十

𦓚 전 小危 작은잔전 (銑)

𦓝。보 裳繡斧形ㅣ黻 보불보 黼同 (麌)

耒部

耒。뢰 手耕曲木丨耟 따비뢰、쟁기뢰、굽정이뢰、훌청이뢰 隊

耒 來(人部六畫)의略字

❷

⿰耒卩。뢰 縣名、丨陽고을이름뢰 賄

耓 정 耒之下木 쟁기술정 青

耒 耒(耒部○畫)의本字

❸

耔。자 培苗本북돋울자 芋同、耘也김맬자 紙 支

⿰耒巳 耜(耒部五畫)과同

⿰耒乇 타 鼠也丨子 쥐타 中字

⿰耒乞 걸 平量고르게두량할걸 俗音글 物

❹

耗 모 虛也빌모 亂也어지러울모 減也축날모 盡也다할모 號

耖 초 重耕田밭거듭갈초 農具如耙써레초

耕 경 犂田밭갈경、호미질할경、겨리질할경 畊同 庚

耕。耕(前條)와同

耙 파 犂屬起土田器쇠시랑파 禡

耘。운 除苗間草김맬운 秐同 文

❺

耕 耕(耒部四畫)의本字

⿰耒平 층 耒柄따비자루층 蒸

耟 거 耒末刃따비술거 耜通 語

⿰耒皮。피 耕也밭갈피 小高貌조금높을피 支

耞 가 打穀具連丨도리깨가 枷通 麻

耛。치 除草耘丨김맬치 支

耝 저 耕而起土갈아흙들출저 縣名丨城고을이름저 御

耜 사 臿也 耒末耑刃따비술사、보습끝사 耜同、耟通 紙

❻

⿰耒各。객 直耕곧게갈객 陌

⿰耒圭。규 와 田器長耒긴갱기규、굽정이규、耕也갈와 齊 歌

⿰耒全 전 深耕깊이갈전 耕也갈전 先

❼

⿰耒局 국 耕麥보리갈국 沃

耡。조 제 서 般稅也부세조、共耕함께갈저(井田八區八家共作)助通、田器助耕호미서 鉏同 御 魚

⿰耒里 耜(耒部五畫)과同

⿰耒肖。소 種也심을소 效

❽

⿰耒侖 륜 束禾벼묶음륜 眞

⿰耒芸 耘(耒部四畫)과同

⿰耒易。역 耕也밭갈역 陌

⿰耒卑 배 種也심을배 卦

⿰耒咅 방 부 田器보습방、耕也鑼丨발갈부 䎧同 講 尤

⿰耒炎 염 剡耜날카로운보습염 琰

⿰耒來 래 利丨잘드는보습래 耕也발갈래 灰

⿰耒离 ⿰耒局(耒部七畫)과同

⿰耒奄 업 암 種也심을업、암 義同 葉 感

⿰耒昆。곤 種也심을곤 阮

⿰耒甾 치 耕也발갈치

耤。적 帝王親耕之田적전적、친경할적 籍通 陌

⿰耒寻 늑 打穀具돌이깨늑 職

⿰耒囷 륜 균 禾束벼묶음륜、균 義同 軫

⿰耒委。위 大耒큰따위위 支

❾

種 種(禾部九畫)과同

⿰耒㚇 창 不耕而種발갈지않고심을창 或音종 江

耦。우 耒也쟁기우、따비우 配也짝우 竝耕겨리우、쌍가리우 奇丨짝셈우、짝맞을우 射丨활띠우 偶通 有

⿰耒省 성 麥也보리성 梗

⿰耒畐。벽 未也벼벽 治黍서직담을벽 職

⿰耒突。돌 耕也밭갈돌 月

❿

⿰耒啓 ⿰耒咅(耒部八畫)의譌字

⿰耒茸 용 草盛貌풀무성할용

⿰耒員 耘(耒部四畫)의本字

耆 기 麥下種보리그루에씨뿌릴기 支

耩。강 耕也밭갈강 講

耨。누 剌也除草김맬누 耘田器호미누 宥

⿰耒盍 耠(耒部六畫)과同

⓫

耬 루 播種具씨뿌리는그루、犁也보습루 尤

⿰耒离 리 播種씨뿌릴리 支

⿰耒曼。만 不蒔田묵은밭만 翰

⿰耒責。삽 석 農具농기구삽、播種灰中재속에씨뿌릴석 黠 陌

⿰耒啇 체 석 不耕而種

대우칠제、갈지않고심을제、적義同(霽)(錫) ⑫ 䎰。[배]播種씨뿌릴배(卦) 𦔌 [동]種入씨넣을동本音당(江) 𦔉 𦔉(耒部十畫)과同 𦔎 [제]不耕而播種갈지않고심을제(霽)

䎒 [작]作畦밭고랑지을작姓也성작(藥) 耮。[로]摩田器고무래로、번지로(皓) 䎛 [익]耕也밭갈익(職) ⑬ 𦔖 [리]播種씨뿌릴리(支)

𦔶 [석]深耕깊이갈석(錫) 𦔳 𦔳(耒部十畫)과同 𦔼。[회]柄長耒자루긴쟁기회本音괴(泰) ⑭ 䎱 [확]세穀곡식베일확(藥) ⑮ 耰 [우]破塊椎곰방메우布種摩田器고무래우(尤)

䎐 [표]除田穢김맬표 耬 耬(耒部十一畫)의古字 䎲。[피]長耒긴따비피(支) ⑯ 䎃 [구]耜也보습구(虞)

𦔵 [직]耕也밭갈직(職) ⑲ 𦔷 [마]廣耕넓게갈마(箇)

耳部

耳。[이]主聽귀이語決辭말끝날이、뿐이柔從ㅣㅣ순종할이凡附於兩旁如人ㅣ者亦曰ㅣ조자리이盛也성할이 ① 耴。[첩]耳下垂肉귀쁠첩(葉) ② 耵

[정]耳垢ㅣ聹귀에지정(迴) 𦔮 [서]待也기다릴서胥通(魚) ③ 耷 [답]大耳큰귀답或音흡(合) 耶 [야]語助辭어조사야疑問辭그런가야邪通(麻) 𦔳 [요]耳鳴膠ㅣ귀

䎙 [공]耳聞鬼聲귀신소리들을공(東) ④ 𦔻。[월]耳斬귀베일월(月) 耽 [탐]虎視貌ㅣㅣ범의보는모양탐過樂즐겨할탐耳大而垂귀서드리울탐深遠깊고멀탐耽誤그릇될탐本音담

耸 聳(耳部十一畫)의本字 䎷 瑱(王部十畫)과同 䎹。[섭][용]使也부릴섭、용義同(葉)(腫) 耼。[담]耳曼無輪귀바퀴없을담老子名노자이름담聃同(覃)

耹。[금]音也소리금地名ㅣ遂땅이름금(侵) 䎸 [부]希望부랄부、희망할부(虞) 耺。[운]耳中聲귀속소리운(文) 耓 聽(耳部十六畫)의古字 耻 恥(心部六畫)의

俗字 耿。[경]小明ㅣㅣ반짝거릴경光也빛날경心不安ㅣㅣ마음편치않을경介也경개할경憂也근심할경烱同(梗) 耾。[횡][경]大聲큰소리횡、聾也귀먹을굉耳語귀속말굉(庚)

聀 職(耳部十二畫)의俗字 聁 [체]耳聰귀밝을체 聘 聘(耳部七畫)과同 䎽 聏(耳部八畫)과同 ⑤ 聅。[철]軍法以矢貫耳활살로

귀꿸철(屑) 䎯 耼(耳部四畫)과同 䎵 [비][밀]恥也부끄러울비、밀義同(寘)(質) 䎺 耼(耳部四畫)의俗字 聉。[달][월][퇴]無知意무지할달、어리석을달、월義는달과同、

癡癲貌어리석을퇴(黠)(賄) 聆。[령]以耳取聲聽들을령曉也깨달을령(青) 聄 [진]告也고할진聽也들을진(軫) 聊。[료]賴也힘입을료、애오라지료願也원할료ㅣ浪、放曠방당할료

聇 [정]行也갈정(庚) 聈 [유]靜也고요할유(有) 聇。[점]耳小垂귀조금늘어질점(鹽) 聃 聽(耳部十六畫)과同 聓。[서]女之夫사위서壻、婿同(霽) 聑 [이]供牲告

神회생을바치고빌이 (寘)

聄 卯(卩部三畫)의古字

⑥

聏。육 이 耻也부끄러울육、和也회할이 (屋)(寘)

䎀 홍 耳鳴귀울홍、귀속찡할홍 (東)

聐 알 痴不聽顡ㅣ멍청이알 無覺감각없을알 或얼 (屑)

聎 조 耳疾귀앓을조 ㅣ鳴귀울조 (蕭)

聓 聯(耳部十一畫)과同

䎷 주 白也힐주 源也근원주 聲也소리주 呼也부를주 (遇)

聮 聽(耳部十六畫)의古字

䎕 聖(耳部七畫)의古字

聒 괄 聲擾讙語요란할괄

⑦

聖。성 智德過人、人格最高者성인성 睿也착할성 通也통할성 至極之稱지극할성 至ㅣ거룩할성 天子尊稱ㅣ上임금성 其道之長者詩ㅣ잘할성 (敬)

聛 聊(耳部五畫)과同

䎸 오 聽也들을오 (遇)

䏃。제 近聞가까이들을제 (霽)

耾 홍 耳中鳴ㅣㅣ귀속울홍 (董)

聕 호 耳聞들을호 長耳긴귀호 (皓)

聘。빙 諸侯相聞사신보낼빙 徵召부를빙、청할빙 娶也장가들빙 娉通 (敬)

聖 聖(耳部七畫)과同

𦕏 耾(耳部四畫)과同

䎪 렵 耳垂귀뿌리처질렵 幘也머리수건렵 (葉)

𦕕 眺(耳部六畫)과同

𦕼。耴(耳部一畫)과同

聦 聰(耳部十一畫)과同

䏌 聒(耳部六畫)의本字

䏆。신 倏ㅣ、疾貌빠를신 (震)

⑧

䎙 엄 耳也귀엄 (琰)

䎐 타 耳垂귀뿔늘어질타 (哿)

聚。취 集會모을취、모일취 斂也거둘취 衆也많을취 積ㅣ쌓을취 俗音 추 (麌)(遇)

䏁 제 聞也들을제 適意마음에들제 (霽)

䎶 망 聽也귀밝을망 耳疾귓병망 (養)

聙。정 善聽듣기잘할정 聽也귀밝을정 (庚)

䎼 저 耳患聵귀에지앓을저 (齊)

䎻 주 耳也귀주 明也밝을주 (有)

䏂。성 無形而響也형태없고울릴성 (庚)

聞。문 耳受聲、聽ㅣ들을문 聲徹들릴문 傳說소문문 達名令ㅣ이름드러날문 (文)(問)

䎑 록 蜥蜴도마뱀록 (屋)

聝。괵 斷耳귀베일괵 (陌)

䎵 惧(心部八畫)의譌字

聡 聰(耳部十一畫)과同

聢 정 決定之意확실할정、튼튼할정、분명할정 日字

䎽 사 遙聞멀리들을사 (禡)

聠。병 閉耳귀닫을병 (庚)

䎦 자 聽不相當잘못들을자 (寘)

⑨

䎡。이 聽音不敢言소리는듣고감히말못할이 (寘)

聵 외 聵也귀머거리외 (卦)

䎐 성 耳明귀밝을성 (青)

聥 瞅(前前條)와同

𦖞 聞(門部六畫)의古字

䎛 퇴 癡也어리석을퇴 (泰)

䏂。수 聽也귀밝을수 瞍同 (有)

聑 렵 耳垂귀뿌리처질렵 (葉)

䎾。剌耳(次條)와同

剌耳 랄 誤聞잘못들을랄 (寘)

䎺 聯(耳部十一畫)과同

䳺 연 안 耳戲귀흔들연、안 義同 (霰)(諫)

聧。규 聾之甚者귀먹어리규 (齊)

𦗀 聰(耳部十一畫)의俗字

⑩

䎣 답 耳大垂貌귀가축처질답 (合)

䏠 렴 耳垂귀늘어질렴 (琰)

䕦。영 聲也소리영 (庚)

聬 옹 耳聲귀에서소리날옹 (董)

䏁。재 聽而不聽멍청이재、귀머거리재 (腫)

䏃 면 注意而聽잠심하여들을면、새기어들을면 (先)

䐜

전 聲盈耳 소리가 귀에 찰전、귀에 찡할전 (先)

⑪

聰。총 耳明 귀밝을총(反聽之謂ㅣ內視之明) 察也 살필총 通也 통할총 敏捷 민첩할총 聡、聰同 (東)

聢 질달 聽不相當 잘못 들을질、聾也 귀머거리달 (質)(曷)

聴。뉵 恥也 부끄러울뉵 (屋)

聯。련 相繼不絕ㅣ綿、蟬ㅣ연할련、연이을련 關ㅣ 관계할련 (先)

聧 애 聾者 귀머거리애 (卦)

聝 곽 大耳 큰귀곽 (藥)

聲。성 音也 소리성ㅣ教 소리들릴성 名譽 기릴성、명예성、명예성 樂也 풍류성

聧 체찰철 聧也 귀밝을체、찰、철 義同 (霽)(黠)(屑)

聱。오 不聽、ㅣ牙 알아듣지 못할오 辭不平易 말더듬더듬할오 (肴)

䎮 초 耳鳴ㅣㅣ 귀울초 (蕭)

膠 료 耳中鳴 귓속찡할료 (蕭)

聳。용 高也 솟을용 聾也 귀먹을용 敬也 공경할용 獎也 장려할용

䎮 초 耳中聲 귀울릴초 聵也 귀에시끄러울초 (肴)

䎋 접 耳也 귀접 (葉)

䏈 표 僅聞 겨우들을표 行聽 가며들을표 (嘯)

聽 聽(耳部十六畫)의 俗字

⑫

聶。섭접 附耳私語 소곤거릴섭 攝也 길섭 地名 땅이름섭 姓也 성섭、牒也 희칠접 牒同 (葉)

聵 외 生而聾者 천생귀머거리외、배내귀머거리외

䏿。선 耳門 귀구멍선 (銑)

䐑 홀 耳黑貌 귀검을홀 耳中聲 귀울릴홀 濁垢 귀에지홀 (月)

䐑 䎮(耳部十一畫)과同

䏙 담 喧也 시끄러울담 (覃)

䏟 별 暫聞 잠간들을별、언뜻들을별 (屑)

職。직 主也 주장할직 品秩 벼슬직 執掌 맡을직 分也 직분직、나눌직 多也ㅣㅣ 많을직 貢也 공직할직 常也 떳떳할직 (職)

䏈 䏈(耳部十一畫)의 譌字

聕。답 耳也 귀답 (合)

聯 련 係也 맬련、이을련 (先)

䏃 聒(耳部六畫)과同

⑬

聸 당 耳下垂 귀처저불을당 (陽)

䐕 조 耳鳴 귀울조 (篠)

䏐。농 聽雷者 耳ㅣㅣ 귀먹먹할농 耳中鳴 귀속찡할농 本音 낭 (冬)

聱 聱(耳部十一畫)의 本字

⑭

聺。칩습 牛馬動耳貌ㅣㅣ 마소귀 놀라는 모양칩、습 義同 (緝)(合)

聻。적니 鬼名 귀신이름적 語助辭 어조사적、指示 손가락질할니 (陌)(紙)

䏿 聵(耳部十一畫)과同

䏾 절 聽也 귀밝을절 或音 철 (屑)

聽 聽(耳部十六畫)의 俗字

⑮

聵 광 耳廣 귀넓을광、或音 확 (漾)

⑯

聽 청 聆也 들을청 受也 받을청 從也 좇을청 斷也 결단할청 待也 기다릴청 謀也 꾀할청 偵察 수소문할청 任也 맡길청 (青)(徑)

聾。롱 耳籠無聞 귀먹을롱 闇也 캄캄할롱 (東)

⑰

䕫。월외 聾之甚者 귀머거리월、외 義同 (黠)(卦)

聿部

聿。율 遂也 마침내율 述也 지을율 惟也 오직율 自也 스스로율 筆也 붓율 循也 좇을율 發聲 소리낼율 (質)

肀。녑 竹也 대녑 (葉)

②

津 전 義也 뜻전 進也 나아갈전 (先)

③

𦘕。진 以筆飾也 붓으로 꾸밀진 好書 글씨 좋아할진 (眞)

④

肂 사 陳尸於坎 토감할사、하관할사 廄也 외양간사 更端辭 말끝 고칠사 故也 고로사 展也 버릴사 (寘)

肁。조 謀也 꾀할조 開也

열조 始也비로소조(篠) 五 畫。畫(田部七畫)의俗字 六 書 晝(日部七畫)의籒文 肅 肅(聿部七畫)의俗字 肅 肅(聿部七畫)의古字

七 肅。[숙] 嚴貌ㅣㅣ엄숙할숙 恭也공손할숙 敬也공경할숙 戒也경계할숙 進也나아갈숙 整也정제할숙 聲也ㅣ雝소리숙 國名나라이름숙(屋) 肄。[이] 習也익힐이 勞也수고로울이 嫩枝결가지이(寘)

肆。[사] 放恣방자할사 陳也베풀사 店也市ㅣ저자사 緩也더딜사 長也길사 究也궁구할사 四同(寘) 八 肇。[조] 始也비로소조 敏也민첩할조(篠) 肇 肇(前條)와同 肅 肅(聿部七畫)의古字 書 書(曰部六畫)의古字 十四 肆 肆(聿部七畫)의古字

肉部

肉。[육][유] 肌也살육、고기육 ㅣ身、ㅣ慾몸육、肥也살찔유 滿也찰유 璧邊옥둘레유 鍾體저울추유(屋)(宥) 月 肉(前條)와同 二 ⿰月八 [필] 喉肉목의살필(質)

肋。[륵] 脅骨檢勒五臟갈빗대륵(職) 肌。[기] 膚肉살기(人身四肢附骨者皆曰ㅣ)(支) 肴 肴(肉部四畫)과同 ⿰月七 [칠] 肥滑살져서미끄러질칠(質) 肙 [원] 小蟲작은벌레원 空也빌원 動也움직일원(霰) 肍。[구] 肉醬고기로장담글구(尤) 肐。[흘] 振也떨칠흘(物) 三 肓。[황] 心上鬲下曰ㅣ흉격황、명치끝황(陽) ⿰月凡 [범][한] 乳也젖붕 搔而生創긁어부스럼날한、⿰月丸本字(東)(翰)

肎 肯(肉部四畫)의古字 肐 [역] 胸骨가슴뼈역、ㅣ肘팔굼치흘 ⿰月丸。[환] 搔而生瘡긁어부스럼날환(翰) ⿰月勺 [적][반] 腸下肉창자밑살적 指節손가락마디울바(錫)(覺) 肗 [여] 魚腐생선썩을여(語) ⿰月乇 [도] 大腹큰배도(虞)(遇) ⿰月兀 [와] 斷足발을자를와(馬) 肔 [이] 刳腸창자를이(紙)

肖 肖(次條)와同 肙。[연] 小蟲작은벌레연 撓動요동할연(先) 肛。[항] 大腸端ㅣ門분문항、똥구멍항 肖。[초][소] 類似닮을초 似也같을초 小也작을초 模倣본받을초、衰微쇠약할소 失散흩어질소(蕭)(嘯) 肕 [인] 堅肉질긴고기인(震) 肘。[주] 臂之關節팔굼치주 寸口手腕動脈處팔뚝주(有) 肞 肞(肉部三畫)과同 肚 [두] 腸ㅣ胃也밥통두(麌)

⿰月川 [훈] 羊肉羹양고기국훈 肜 [융] 商祭名상나라융、제사이름융 治也다스릴융 和也화할융(東) 肐 肐(肉部三畫)과同 肝。[간] ㅣ膽木藏간간 ㅣ膽마음간 ㅣ要요긴할간(寒)

四 肢 [지] 體也四ㅣ사지지、팔다리지 胑同(支) 肏 [자] 肉也고기자(禡) ⿰月夬。[결] 肛門똥구멍결(屑) 股。[고] 脛本髀幹다리고 支別나뉠고(麌) 肥。[비] 多肉살찔비 ㅣ料거름비 地名땅이름비(微) ⿰月元 [관] 胃府밥통관(旱) 肣 [금][함] 斂也거둘금、舌也혀함 牛脯쇠고기포함(侵)(覃) ⿰月殳 [협] 肥也살찔협(合)

肤 膚(肉部十一畫)과同 肦 [분][반] 大首貌머리클분、賦也부세반、구실반(文)(刪) 肩 [견] 髆上어깨견 三歲獸세살된짐승견 ⿰月反 [반] 肉

也고기반(翰)
胮 방 腹脹배불룩할방 臭也퀴퀴할방(絳)
䏕 임 大熟肉汁곰국임(寢)
䏔。주 뉴 유 육 肘也발굼치주 肘同、食肉먹는고기뉴、善肉좋은고기유 衄鼻血코피흘릴육(有)(宥)(屋)
肧 배 婦孕一月曰ㅣ胎아이밸배 胚、妚同(灰)
䏦 胔(次條)와同
肕。윤 瘡痕흠집윤
胝 치 鳥藏、膍ㅣ새창자치(支)
肪。방 脂也비계방、기름방 肥也살찔방(陽)
肮 항 咽也목구멍항 或音강(漾)
肫。순 懇誠貌정성스러울순 面頯광대뼈순 諄通(眞)
肭 눌 海狗、膃ㅣ물개눌(月)
肬。
肖 匈(勹部四畫)과同
肻 肯(前前條)와同
肎 肯(前條)와同
肙 胥(肉部五畫)의古字
肯。긍 可也즐길긍 著骨肉뼈사이살긍(迥)
肰 연 犬肉개고기연(先)
育。육 養成기를육 生也발육할육 ㅣ成자랄육 毓同(屋)
肱 굉 臂之上部팔굉 厷同(蒸)
肐 괘 腰痛허리아플괘(隊)
肵 기 근 尸之所食俎시동이먹는도마기、敬也공경할근(微)(問)
䏙 탐 肉破살해칠탐(覃)
肳 吻(口部四畫)과同
肒 탐 肉汁滓고기국찌끼탐(感)
肺。폐 패 金藏主魄부아폐、허파폐 親也친할폐 哀心마음속폐、戎貌성할패(隊)(泰)
肴。효 俎實啖肉안주효 餚同(肴)
肷 월 牛肉쇠고기월(質)
肸。힐 흘 響布盛作소리울릴힐 大貌、佛ㅣ클힐、흘 義同(質)(物)
肶 비 牛胃멀떠구니비(支)
肟 肸(肉部四畫)과同
䏚。묘 脅下兩傍虛軟處허구리묘(篠)
肑。胸(肉部六畫)과同
𦙍 胤(肉部五畫)과同
䏭 도 大腸큰창자도(虞)
脐 臍(肉部十四畫)과同
䏼 찬 脂也고기기름찬

五

胃。위 腸ㅣ、脾ㅣ、穀腑밥통위 星名별이름위 姓也성위(未)
胂 신 이 伸身몸펼신、背脊肉등심이(眞)(支)
胅。질 骨差뼈마디퉁길질、삘질(屑)
胄。肧(肉部四畫)과同
䏞 말 腹也배말(曷)
朐。구 脯也포구 遠也멀구 草名풀이름구(虞)
胈 발 股上細毛정강이털발(曷)
胆 단 口脂澤침버캐단、肉ㅣ어깨벗어멜단(旱)(寒)
胇 필 비 身大ㅣ胖장대할필、乾也마를비(質)(未)
䏨 정 煮魚煎肉생선구울정、고기지질정(庚)
胉 박 膊也허리뼈박 脅也갈비박(藥)
䏠 읍 肉羹고기국읍(緝)
𦙁。별 필 肥肉살찐고기별、大貌클필(屑)(質)
背。배 패 脊也등배 負也질배 當北집북편배、棄也버릴패 違也배반할패 反面얼굴돌이킬패 偝同、倍通(隊)
胋 점 肥也살찔점 肉羹고기국점(鹽)
胎。태 孕也、懷姙애밸태 物始肧ㅣ시작태(灰)
胍 고 臀也볼기고 尻同(虞)
䏡。시 肉生새살날시(寘)
胏 재 食所遺밥찌끼자 脯有骨포에뼈섞일자
胐 굴 찰 臀也볼기굴 曲脚굽은다리굴、膝疾무릎병찰(月)(黠)
胔 자 鳥獸殘骨짐승의뼈자 腐肉썩은고기자 骴同(寘)
胑 肢(肉部四畫)과同
胓 평 牛羊脂기름평 腹脹배불룩할평(庚)
胒 녜 肥也살찔녜 乾脯간도질한고기포녜(霽)
䏙

[산]脂肪기름산(寒) 胢 [가]瘡痂딱지가 疥瘡옴가(麻) ⿱夗月 腕(肉部八畫)과同 胖。[반]大也肥丨살찔반、클반 半體肉반짝고기반 胸側薄肉안심반(寒)(翰) ⿰月主

[주]身直몸곧을주(寘) 胗。[진]疹瘡역질진 疹古字(軫) 胙。[조]祭餘肉제지낸고기조 福也복조 報也갚을조(遇) ⿰月尔 胗(前前條)와同 胘。[현]牛胃소처녑현(先) 胛 [주]長

也丨子맏아들주 後裔자손주 血統혈통주(宥) ⿰月司 [사]頭會백회사 頂門정수리사(寘) 胚 [갑]背上兩膊間肩甲어깨쭉지갑(洽) 胆。[제]繩之所生肉中蟲구더기저 蛆通(魚) 胞。

[포]胎衣태보포(肴) 胖 胖(肉部五畫)과同 胞 胞(前前條)와同 胜。[성]犬膏臭개기름냄새성 生肉날고기성 腥通(靑) 胠。[거][겁][협]開發열거 脅也갈비거、겁

義同、軍之右翼오른편군대겁、脅也갈비협 開也열협(魚)(語)(葉)(洽) 胝。[지]皮厚胼丨못박힐지、구덩살지 繭也부르틀지(支) 胡。[호]何也어찌호 壽也오래살호 遐遠멀호 牛狼頷垂소멱줄띠호 菰米

彫丨고미호 大笑盧丨갈갈웃을호 丨馬오랑캐호(虞) 胟 [무]將指엄지손가락무(有) 胍 [고]大腹、丨肫배퉁퉁할고 胥。[서]相也서로서 皆也다서 蝴蝶나비서 待也기다릴서 蓄積

쌓을서 捕盜追丨도적잡을서 胥通(語) ⿰月古 [고]股(肉部四畫)과同 曝也쬐일고 股見(虞) 胣 [이]刳腸창자끊을이(紙) 胤。[윤]繼也、續也이을윤 嗣也、子孫相承자손

서로이을윤 習也익힐윤(震) 脉 脈(肉部六畫)의俗字 ⿰月冉 肼(肉部四畫)과同 胦 [앙]臍也배꼽앙 脖丨(陽) ⿰亻奇 胏(肉部五畫)과同 脄。

[매]背傍肉등살매(隊) 肺 肺(肉部四畫)과同 胷 胸(肉部六畫)의俗字 ⿰月卌 ⿰月冊(肉部五畫)과同 ⑥ 胮。[방]腹脹貌丨肛배불룩할방、복창

할방 腫也부을방(江) ⿰月舌。[첨][괄]肥也살찔첨 脂也기름괄(鹽)(黠) ⿰月多 [나][치]不密輕膝성길나、肉之肥美살찌고연할치(齊) 胭 [연]咽也목구멍연 丨脂연지연(先) 胴

[동]大腸큰창자동(送) 胯。[과][고]兩股間사타구니과 袴通、股也다리고 胳。[각]腋下겨드랑이각 牲後頸骨목정뼈각(藥) 胰 [이]夾脊肉등심이 脠通(支) 胲。[해]足之大指엄지발가락

해 備也갖출해 古音개、頰肉볼살해(灰)(賄) 胱 [광]水腑膀丨오줌통광(陽) 胸 [흉]膺也가슴흉 心情마음흉(冬) 胵。[치]鳥胃膍丨새멀떠구니치 臟腑總稱오장과육부치(支)

胷 胸(前前條)와同 ⿰月匜 [이]豕肉돼지고기이 胶 [효]脛骨也다리뼈효(肴) ⿰月牟 [무]背也등어리무(尤) 胹。[이]煮熟익힐이 삶을이(支) ⿰月血 [설]脂

肪기름설(屑) ⿰月合 [흡]體也몸흡 肩也丨膊어깨쭉지흡(緝) 中字 能。[능][내][태]善也착할능 勝任능할능 能屬足似鹿곰능、三足鼈세발자라내 耐通、星名별이름태(蒸)(泰)(隊) 胻。

[행]脛也종아리행(庚) 胺 [알]肉腐臭고기썩을알(曷) 胿 [계]大腹큰배계、배불룩할계 孔也구멍계(齊)(霽) ⿰月卮 [와]手足曲病손발굽으러지는병와(麻) ⿰月艮 [흔]足踵발

뒷굼치흔 元

腴 腰(肉部九畫)의俗字

脂 지 膏也 기름지、비계지 膱ㅣ 연지지 肥也 살찔지 支

胚 증 熟肉 익은고기증 蒸

朓 조 祭肉 제사고기조 嘯

脅 협 腋下 갈비협 威力恐人 ㅣ迫 위협할협、으를협 斂也 거둘협 責也 책망할협 葉

脈 맥 血絡 맥맥、핏줄맥 血ㅣ、山ㅣ 줄기맥 脉同 陌

脃 취 체 物易斷 연할취、부스러지기쉬울취、弱也 약할취 霽

脄 매 背肉 등심매、등살매 灰

脇 脅(肉部六畫)과同

脆 脃(肉部六畫)의俗字

脊 척 背呂 등마루척 條理、理也 倫ㅣ 조리척、결척 積也 쌓을척 陌

脈 脈(肉部六畫)과同

胸 순 蜀縣名、ㅣ䏰 고을이름순 蚓也、ㅣ䏰 지렁이순 震 中字

胥 서 割肉 썰은고기서 震

脒 휴 瘠腹 파리한배휴 腹脊間 배와등사이휴 尤

脔 臠(肉部十九畫)의俗字

䏾 애 肥也 살찔애 賄

胯 胯(肉部六畫)과同

离 胸(肉部六畫)과同

胅 협 大腹 큰배협 葉

胞 胞(肉部五畫)의譌字

䖝 저 蛆也 구더기저 跙通 魚

胁 脇(肉部六畫)의略字

脒 주 血球 혈구주 宥

脋 脅(肉部六畫)의俗字

⑦

脖 발 臍也 ㅣ胦 배꼽발 月

脚 겁 腋下 겨드랑밑겁 葉

脘 완 胃府 중완완(胃之受水穀者曰ㅣ 臍上五寸爲上ㅣ、四寸爲中ㅣ、二寸爲下ㅣ) 本音관 旱

脕 만 문 美也 예쁠만、草芽新生 풀새로날문 願 問

脚 각 脛也 다리각、足也 발각 藥

脗 문 민 合也 합할문、민 義同 吻 軫

赫 혁 肉也 고기혁 陌

脛 경 膝下骨 종아리경、정강이경 直貌 꼿꼿할경 古音형 迥 徑

脙 우 瘠也 파리할구 尤

腳 脚(肉部七畫)과同

脜 유 面和貌 얼굴부드러울유 尤

痣 지 黑子 사마귀지 痣同 寘

脝 형 脹貌 膨脝 ㅣ배불룩할형 庚

脞 좌 細碎 叢ㅣ 좀스러울좌、잘좌 哿

脡 정 脯朐 포정 迥

䏰 인 蜀縣名、朐ㅣ 고을이름인 蚯蚓朐ㅣ 지렁이인 震 中、

脟 렬 脅肉 갈비살렬 腸脂 창자기름질 렬 臠通 屑

脠 전 生肉醬 날고기젓전 或音선 先

局 국 身也 몸국 肥也 살찔국 屋

成 성 肥也 살찔성 敬

脣 순 口耑 입술순 齒垣 입몸순 眞

睇 체 철 鼻不正 코비뚤어질체、骨差 뼈어긋날철 齊 屑

脢 매 背肉 脊 등심매 灰 隊

脪 절 脂皮 기름껍질절 屑

䏶 폐 胃脘、ㅣ脛 밥통폐 或音비 薺

脪 소 物之尖銳 끝빠를소 效

䏵 몽 망 豐大貌 풍만할몽 膧也 부을몽、豐肉 풍만한살망

脤 신 祭社生肉 사직제지낸고기신 祳同 軫

脥 頰(頁部七畫)과同

䏗 함 頷也 턱함 感

脩 수 脯也 束ㅣ 포수 長也 길수 治也 닦을수 敬也 공경할수 乾也 마를수 修通 尤

䏷 한 用創藥名 䐶ㅣ 창병에쓰는약이름한 翰

脧 최 赤子陰部 어린아이불알최 減也 덜릴최、덜최 灰

脨 족 적 炙箸 구운젓가락족、瘦也 여윌적

䏜 읍 鹽清肉 절인고기읍 葉

脫 탈 태 免也 벗을탈、벗어날탈 略也 간략할탈 誤也 풀어질탈 或然之辭 혹그러할탈 遺也 끼칠탈 肉

去骨고기뼈발릴탈、舒遲貌천천할태 더딜태 娧通 (曷)(泰)
脪。[은]腫起부을은 痡通 (震)
脯。[포]腊也乾肉포포 (麌)
脱 脫(肉部七畫)과同
脬。[포]膀胱尿ㅣ오줌통포 (肴)
脮 [퇴]肥也살찔퇴 (賄)
脙 灸(火部四畫)과同
脰。[두]項也목두 (有)
脳 腦(肉部九畫)의略字
䏧 [갱]食骨掛咽뼈가목에걸릴갱 (梗)
脘 [완]腕節손목완 (翰)
脭。[녈]腫也부을녈 (屑)
腘 [객]脚曲다리굽을객 (陌)

八

䐇 [골]臀骨볼기뼈골 (月)
脹 [창]腹滿鼓ㅣ배부를창、창증날창 張也벌어질창 (漾)
胮 [방]腹脹滿배불룩할방 (陽)
䏼 [잔]禽獸食余짐승먹던찌끼잔 殘同 (寒)
脼。[량]味多맛있을량 (養)
腤。[부]豕肉醬돼지고기장부 (尤)
䐑 牒(片部九畫)의俗字
脻 [첩]肩端骨어깨쭉지뼈첩 (葉)
脺 [수][졸]顏面光澤얼굴윤택할수 腦也머리덜미수、耎易破연할졸 (眞)(月)
脊 [계]腓腸장딴지계、종아리계 (紙)
脿 臕(肉部十五畫)과同
脽。[수][주]尻也꽁무니수 臀也볼기짝수、주 義同 (支)(尤)
脾。[비]土藏ㅣ胃지라비、비위비 (支)
𦛗 脊(肉部八畫)과同
𦛜 [착]臀也볼기착 肥也살찔착 (覺)
腃 [귀][권]筋節急힘줄당길귀、吻也입시울권 (眞)(先)
胼 [변]皮堅、胝ㅣ못박힐변
腄。[수]臀也볼기수 縣名黃ㅣ고을이름수 (支)
腂 [과]腫赤곪을과 (箇)
䐀 [기]分牲희생나눌기 羹也국기 (眞)
䐁 [록]脂也기름록 肥也살찔록 (沃)
腇。[뇌]耎弱萎ㅣ잔피할뇌、연약할뇌 (賄)
䏶 [쟁]足跟筋발꿈치힘줄쟁 (庚)
䐃。[균]腸中脂肪창자속기름균 肘膝後肉如塊者사태균 (軫)
𦛓 [례]跛足절름발이례
腋 [액]左右脅間胳也겨드랑이액、掖通 (陌)
腆。[전]厚也두터울전 設膳多많이차려놓을전 善也착할전 至也지극전 (銑)
腊 [석]乾肉포석 昔通 (陌)
腈 [청]血質혈질청 (靑)
䏰 脣(肉部七畫)과同
腌。[업][엄]鹽漬魚肉절인고기업、엄 義同 (葉)(鹽)
䐔 [흔]痡也상한살이삐어저나올흔 瘡中冷부스럼안이찰흔
腉 [예]乳嘴젖꼭지예 (佳)
腎。[신]水藏콩팥신 臟精作強之官불알신、陰莖자지신
腍 [임]熟也익힐임 飫也배부를임、물릴임 味好맛좋을임 (寢)
䐈 [직]黏也끈끈할직
腐。[부]朽也썩을부 爛也무를부 宮刑불알썩히는형벌부 豆ㅣ두부부 (麌)
腏。[철][체]骨間髓뼈속기름철、祭酹강신산제 (屑)(霽)
腓。[비]ㅣ腸、脛腨장딴지비 病也병들비 避也피할비 (微)
腔。[강]內空속빌강、창자강 骨體뼈대강 馬腔말허리강 歌曲調노래곡조강 (江)
腒。[거]乾雉건치거、꿩포거 (魚)
䐉 [자]肥貌살통할사 (寘)
腕 [완]手ㅣ팔완 臂也팔목완 捥、腎、脘同 (翰)
𦝗 能(肉部六畫)과同
𦝄 [기]長跪길게꿇어앉을기 跽同 (紙)
𦞃 乳(乙部七畫)과同
𦛪。[혼]餛과同 蟲總稱벌레혼 圓長貌둥글고길혼 (阮)
腖。[동]肉赤고기붉을동 (送)
𦙫 肭(肉部四畫)과同
䏴 皰(皮部五畫)과同
腑。[부]臟ㅣ心脾肝肺腎五臟 小腸胃膽大腸膀胱命門六ㅣ장부부、육부부 胕同 (麌)(遇)
膀

子女陰 음 문구(虞)

九

腝。이눈노 有骨雜醢뼈석인젓이、軟也연할눈 臂節팔꿈치노(支)(願)(號)

⿰月韋 위 皮也가죽위(未)

腜。매 始孕ㅣ兆첫애밸매 美貌아름다울매(灰)

腛 악 脂豊기름질악、기름많을악(覺)

腨 준 肥也살찔준(軫)

腞 전 篆也새길전(銑)

腢 우 髆前骨어깨앞뼈우 肩頭어깨쭉지우(尤)(有)

⿰月壴。추 膳也반찬추

腡 螺(虫部十一畫)과同

脝 정 脯也포정(青)

腠 주 皮膚ㅣ理피부주、살갈피주(有)

腟 질 肉生새살날질、女子陰部보지질 膣同(質) 日字

⿰月秋 수추 膕也오금수 曲ㅣ팔다리오금추(尤)中字

腥。성 生肉날고기성 肉臭누린내날성、비릴성 穢也더러울성 胜、鮏通(青)

臝 라 獸名짐승이름라(哿)

腤 암 烹也삶을암 煎油魚전유어암(覃)

腦。뇌노 頭髓머리골뇌、정신뇌、俗音노 𡿺同(皓)

⿰月枼。접 細切肉회칠접 聶通(葉)

腩 남 肝炙간랍남、지짐질남(感)

腧 수 針灸ㅣ穴침놓는혈수(尤)中字

⿰月癸 규 醜也臞ㅣ추하게생길규、곱사등이규(支)

⿰月參 차 不密ㅣ䏺성길차(麻)

腨。천 腓ㅣ足肚장딴지천、어복천(銑)

⿰月咠 집 脂也비계집 和也화할집(緝)

⿰月軍 운 膜也흘떼기운(問)

腭 齶(齒部九畫)과同

⿰月皆。개 瘦也여윌개(佳)

⿰骨皆 腊(前條)와同

腬。유 肥也肉美貌살찌어여쁜모양유(尤)

腫。종 癰也종기종 膚肉浮滿부을종(腫)

⿰月胃 胃(肉部五畫)과同

腰 요 身體之中허리요 要通(蕭)

腮 顋(頁部九畫)의俗字

⿰月突 腊(次條)와同

⿰月垔 인 嗌也목구멍인(眞)

腯。돈돌 肥也살찔돈、豕肥돈살찔돌(願)(月)

腴。유 腹下肥아랫배살찔유 肥也걸찰유 肥田膏ㅣ기름진밭유(虞)

腳 각 脛也종아리각、다리각 脚同 足也발각(藥)中字

腱 건 筋之本힘줄건(先)(願)

⿰月眔 히 吚也신음할히 大笑貌크게웃을히(支)

腷 픽 意不泄뜻막힐픽、답답할픽 鷄打羽聲ㅣ膊닭의날개치는소리픽(職)

膟。률류수 祭肉제사지낸고기률、류 義는률同 師祭싸움제사수(質)(寘)

腲 외 ㅣ腇肥貌살찔외 餒遲貌느릿느릿할외(賄)

⿰月者 豬(豕部九畫)과同

脗。문 吻也입술문 聚節모인힘줄문(吻)

⿰月豦 각 牛舌소혀각 大笑크게웃을각(藥)

腹。복 五臟總括배복 厚也후할복 抱也안을복(屋)

腶 단 脯也ㅣ脩약포단(翰)

腸 장 心肺腑大小ㅣ水穀道창자장ㅣ心마음장 國名 無ㅣ나라이름장(陽)

⿰月叚 가 腸病창자병가(麻)

⿰月曷。예 胸也가슴예(霽)

⿰月桼 膝(肉部十一畫)과同

⿰月旲。혁 見也볼혁(陌)

⿰月幸 질 違骨뼈어긋날질(屑)

⿰月侯 喉(口部九畫)과同

⿱罒月 胃(肉部五畫)과同

⿳山囟月 腦(肉部九畫)과同

⿱⿰彐彐月 戮(戈部十一畫)과同

腺 선 頸腋核멍울선 肉孔살구멍선、땀줄기선 日字

⿰月侌 음 胸病가슴병음(沁)

⿰月扁 구 女子陰部보지구(虞)

十

腿 퇴 股也다리퇴 脛也정갱이퇴(賄)

膂 려 力

也힘려 脊骨등성마루뼈려、곱사등이뼈려 肉也뼈려 呂通(語) 膀。[방]水脝ㅣ胱 오줌통방(陽) ⿰月貞。[쇄]膏膜기름홀떼기쇄(哿) 䐜。[진]肉脹起부어오를진(眞) ⿰月弱。[약]膜也살

속의얇은가죽약 肥腴연할약、肉也살약(藥) 膁 [겸][엄]腰之左右허구리겸、美味맛좋을엄(琰)(鹽) 膅 [당]脚肥다리살찔당(陽) ⿰月荒 [황]肉間살과살사이황 狼ㅣ、南蠻國

名남쪽오랑캐이름황(陽) 膂 膂(肉部十畫)과同 膃。[올]海狗ㅣ肭해구올(月) ⿱齊月 臍(肉部十四畫)과同 膄。[수]瘠也파리할수 瘦同(宥) ⿰月冓

[구]足曲발굽을구(尤) 膈 [격]心脾間명치격 鐘格쇠북틀격(陌) ⿰月芻 [추]脯也포추 膳也반찬추 姸也어여쁠추 皺也주름살추(宥) ⿰月氣 [기]塊病적병기(寘) ⿰月差 [차]腹鳴배끓을차(歌)

膆。[소]肥也살찔소 喉受食處목구멍소、멀떠구니소(遇) ⿰月倉 [창]皮膓껍질상할창(養) 膇 [추]重腿足腫수중다리추、발부을추(寘) ⿰月息 [식]鼻中寄肉콧속군살식(職) ⿰月隺。

[학]肉羹고기국학、곰국학 臛同(藥) 膉 [익]脰肉목덜미살익(陌) ⿰月蚤 膘(肉部十三畫)과同 ⿰月翁 [옹]臭也냄새날옹 肥也살찔옹(董) 膊。[박]肩也어

깨박 磔也능지할박、발길박 脯也포박 界埒지경박 腷ㅣ擊聲닭이날개치는소리박 髆通(藥) ⿰月盍。[갑]欲睡졸릴갑(合) ⿰月高。[고]槁와同 蒿也김오를고(號) 膌。[척]瘦也파

리할척 死骨뼈다귀척 俗音적(陌) ⿰月留 瘤(疒部十畫)과同 ⿰月虔 腱(肉部九畫)과同 ⿱塞月 [새]體顫몸떨새(隊) 膋 [료]腸間脂膏창자의발기

름료 膫通(蕭) 㱿 [곡]足跗발등곡(屋) 膏。[고]脂也기름고 沃也ㅣ粱기름질고 心下曰ㅣ명치끝고 甘也달고 ㅣ藥고약고 膎。[해]脯也포해 肉有고기안주해 肌也살해(佳) 膍。

[비]鳥腸胃ㅣ脛새멀떠구니비 牛百葉처녑비 厚也두터울비 臍也배꼽비 肶同(齊) ⿱匝肉 [이]豕肉제육이(支) ⿰月蚩 [치]目之凝눈곱치(支) ⿰月脩 羞(羊部五畫)과同 腡

[라]手文손금라(歌)

⓬

⿰月産 [산]皮腫가죽부을산(潸) 膒。[구]以脂漬皮가죽에기름먹일구 久脂오래된기름구 或音우(尤) 膕 [괵]膝後曲節오금괵(陌) ⿰月寅。[인]脊肉등심인(眞)

⿰月曹 [조]脆也연할조 腹鳴배에서소리날조(豪) ⿰月從 [종]肥大症살찌는병종 肥也살찔종(冬) 膔 [록]腹鳴배끓을록(屋) ⿰月虘。[자]皰鼻如榴주독오른코자(麻) 膚 [부]革外薄皮피

부부、껍질부、살갗부 美也아름다울부 大也클부(虞) ⿰月責 [책]魚子脯물고기새끼포책(陌) ⿰月累。[루]形醜貌ㅣ膗형상추악할루 脯也포루 俗音류(紙) ⿰月強 [강]筋強힘줄셀강(養) 膘。

[표]牛脅後髀前合革肉허구리살표 魚ㅣ부레표(篠) 膛 [당]肥貌뚱뚱할당(漾) ⿰月習 [접]膾也회칠접 薄切肉얇게썬고기접(葉) 膜 [막][모]肉間脈ㅣ홀떼기막、南ㅣ、番人拜稱길게절

할모(藥)(虞) ⿱𡗗月 脊(肉部六畫)과同 膞。[전]臠也고기점전 膓也腓ㅣ창자전 陶作器具질그릇만드는틀전(銑)(先) ⿰肉莫 膜(肉部十一畫)과同 ⿰月魚 [어]馬

目白者ㅣ고리눈말어 魚
膝 슬 脛骨節 무릎슬、종지뼈슬 良馬齒 좋은말슬 䣛同 質
膟 률 膓間脂 肪발기름률
膰 脣(肉部七畫)과同
膠 교 黏膏 아교교、부레교 固也 굳을교 不通 옹색할교 鷄鳴 닭울교 周時代學校 주나라학교교 和也 擾也 요란할교 附着 붙을교 肴 巧
膡 응/등 大視貌 크게볼응 美目 아름다운눈응 雙也 쌍응 增益 더할응 送也 보낼응、등 義同 徑
䐅 계 腰痛ㅣ腰 허리아플계 隊
膢 루 秋獵祭貙ㅣ 입추제루、가을사냥제사루 祈穀食新離ㅣ 새곡식천신할루 虞
膣 질 肉生 새살날질 生殖口陰道 보지질 膣同 質
膄 밤 淫也 음탕할밤、河東方言 嫌

⑫

膨 팽 大腹 배불룩할팽 庚
膮 효 腫欲潰膫ㅣ 종기터지려할효 蕭
臍 제 臍也 배꼽제
⿰月幾 기 頰肉也 빰살기 微
膧 동 尻骨 볼기뼈동 東
膦 련 無力ㅣ腰 힘없을련 銑
膩 니 肥也 살찔니 滑也 미끄러울니 垢也 때니 寘
膭 괴 肥大貌 뚱뚱할괴 灰
膬 脆(肉部六畫)과同
䐹 수/소 乾魚腊ㅣ 말린고기수、膴也 곰국소 鱐通 尤 嘯
⿰月巽 손 切肉混血 고기썰어피에섞을손 阮
膰 번/파 祭餘肉 제지낸고기번 皤同、大腹 배불룩할파 元 歌
⿰月曾 증 肥也 살찔증 蒸
⿰月畫 획 曲脚中 오금획 陌
⿰月朁 잠 䏿脣 언청이잠 脣病 입술병잠 覃
⿱辝月 治(水部五畫)의古字
膳 선 具食 美羞 반찬선 食也 먹을선 饍同 霰
⿰月猋 표 腫欲潰ㅣ膞 종기터지려할표 嘯
膯 등 飽厭 물릴등 蒸
臑 이 煮也 삶을이 支
膲 초 無形之府、三ㅣ 삼초초 蕭
⿰月奢 차 瘡痕 부스럼자국차 麻
⿰月覃 담 食美味 밥맛있을담 肥也 살찔담 厚味 맛이구수할담 勘
膱 직 脯脡 자두치포직 肉敗 고기썩을직 職
膴 무 大也 클무 多也 많을무 脯也 포무 法也 법무 厚也 두터울무 美也 아름다울무 虞 麌
⿰月厥 궐 臀骨 볼기뼈궐
膵 췌 甜肉經 첩육경췌、지라췌 日字
⿱僻月 臂(肉部十三畫)과同
⿰月桼 膝(肉部十三畫)과同
⿰月絜 결 喉脈 목의맥결 屑
⿰⿱耂生内 嫩(女部十一畫)의俗字

⑬

膺 응 胸也 가슴응 受也 받을응 親也 가까울응
⿰月睪 탁 肥貌 살통통할탁 藥
⿰月黽 孕(子部二畫)과同
膷 향 牛肉羹 소고기국향、곰국향 陽
⿰肉賁 膹(次條)와同
膹 분/비 臛也 곰국분 汁多臛 고기국비 吻 微
膻 전/단 兩乳間 젖사이전 羊臭 노린내전 意也 뜻전、ㅣ裼 어깨벗어멜단
膽 담 肝之腑 쓸개담 拭治 씻을담 感
⿰月當 당 耳下凹處 귀밑오목한곳당 陽
⿰月過 과 ㅣ疝 발부르틀과 大腿 다리과 麻
膾 회 魚肉細切 회회、회칠회 ㅣ炙 냄새날회 鱠同 泰
⿰月桼 膝(肉部十一畫)의俗字
⿰月奧 욱 鳥胃 새멀떠구니욱 屋
臀 둔 腿臋 髀也 볼기둔 元
⿱殿肉 臀(前條)와同
⿰月單 나 肉醬 육장나 聒也 시끄러울나 歌
膿 농 腫血 고름농 冬
⿱雝肉 癰(疒部十八畫)과同
臂 비 肱也 팔비、팔뚝비(自肩至肘曰臑、自肘至腕曰ㅣ) 寘
臃 옹 腫也 종기옹 冬

辟。[벽][백] 臂也 배꼽벽 積病 고질병벽、豆核 콩씨백 (錫)(陌) 膈 臘(肉部十五畫)의俗字 臄 [갹] 口上阿 인중갹 切肉 저민고기갹 (藥) 膞。[전] 臛也 곰국전 小汁臛 지짐이

전 (先) 臅 [촉] 臆中脂 가슴속기름촉 狼ㅣ膏 승냥이기름촉 (沃) 臆 [억] 胷也 가슴억 滿也 가득할억 意也 뜻억 億通 (職) 膝 膝(肉部十一畫)과同 臊。[조] 犬豕脂臭 돼

지기름내조、누린내조 古音소 (豪) 〓 [골] 臀也 볼기골 (月) 臉 [검] 目下頰上 頰也 뺨검 (琰) 〓 [유] 液也 진액유 國名 나라이름유 (有) ⑭ 膊 [보] 雉子肉 꿩고기보 (虞)

臏 [빈] 膝蓋骨 종지뼈빈 髕同 (軫) 臍。[제] 子初生所繫胞斷之爲ㅣ 배꼽제 (齊) ⿰月壽 [주] 髀後 엉덩이주 (尤) ⿰月翟。[요][소] 瘠也 여윌요、尖貌 뾰족할소 (嘯)(效) 臎

[취] 鳥尾上肉 새꽁무니살취 肥也 살찔치 踝骨 복사뼈취 (寘) ⿰月寧 [녕] 耳中垢 귀에지녕 (迥) ⿰月縣 [읍] 脯也 포읍 乾也 말릴읍 (緝) 臐 [훈] 羊臛 양고기국훈 (文) ⿰月恩。[흔] 肥也 살찔흔 (願)

臑。[노] 臂節 팔마디노 (號) ⿰月鼻 [비] 肥壯 살뚱뚱이찔비 (寘) ⿰月監 [함] 餠中肉 떡속고기함 朦 [몽] 肥大貌 뚱뚱할몽 豐也 풍부할몽 (東) ⿰月對 [대] 茂也 무성할대 (隊)

⿰月疑 [니][응] 脂也 기름길니 肥也 살찔니、응 ⿰月黃 [황] 腫病 부황들황 (陽) 臒。[학] 善肉 좋은고기학 (藥) 臓 臟(肉部十八畫)의略字 膁 臁(肉部十四畫)과同

⑮ ⿰月暴 [박] 肉腫起貌 살이부어오를박 (覺) 臘 [랍] 歲終合祭諸神 납향제랍 終月 섣달랍(陰曆十二月異名) (合) ⿰月幾。[기] 頰肉 뺨의살기 (微) ⿰月樂。[박] ㅣ犖、亂雜 뒤섞일박 祭

肉 제사고기박 (覺) ⿰月養 [양] 欲吐ㅣ 메스꺼울양 (養) ⿰月質。[질] 金創藥ㅣ胅 금창약질 (質) 膔 [표] 肥貌 살찔표 膘同 (蕭) 臗 [곤] 臀也 볼기곤 尻也 꽁무니곤 (元) ⿱興月。

[홍] 腫痛 곪겨쑤실홍 (徑) ⿰月戠 臘(肉部十七畫)과同 ⑯ ⿰月遀 [수][유] 髓(骨部十三畫)과同 孔也 구멍유 髓에보리라 (有) 臚。[려] 腹前 아랫배려 陳也 베풀려 腹彭脹 배불룩

할려 (魚) 臝 [영] 大便 똥영 (庚) 臇。[최] 臛也 국곰최 ⿰月肅。[수] 肉羮 곰국수 乾魚 건어 尾 꼬리수 (尤) ⿰月閻 [염] 沈肉於湯 삶을염 (鹽) ⿰月賣 [위] 肥也 살찔위、肉痛 살

이아플위 (支)(寘) 朧 [롱] 肥貌 살찔롱 (董) 臛。[학] 肉羮 곰국학 爊也 눈빨학 (沃)(藥) 臙 [연] 紅藍花 脂 연지연 ⑰ 臝 [라] 赤體袒 벌거벗을라 果ㅣ栝

樓 과라나무라 蜾ㅣ細腰蜂 나나니벌라 (哿) 膊 [박] 割肉 저민고기박 (藥) 〓 臛(肉部十畫)과同 ⿰月襄。[양] 肥也 ㅣㅣ살찔양 盛也 성할양 (養) ⿰月韱 [섬] 羹也 국섬 (鹽)

⿰月闌。[란] 熟也 익을란 (寒) ⿰月嬰 [영] 嗌也 목구멍영 頸也 목영 (梗) ⑱ ⿰月聶 [녑] 肉動 살떨릴녑 (葉) ⿰月爲 [이] 瘡痕 흠집이 (紙) 臕 膘(肉部十一畫)의本字 臞。[구] 瘠也 파

리할구 癯同 (虞) 臟 [장] 腑也 五ㅣ 오장장(心、肝、肺、脾、腎) 藏通 (漾) ⿰月雚。[권][환] 醜也 ㅣ膝 추할권、歡名 짐승이름환 (元)(寒) ⑲ 臡 [니] 雜骨醬 뼈섞인젓니 (齊) 臠。

[련]切肉 산적점련 臞也 파리할련 脟通(銑)
臝 [라]腹下肉 배아래살라
臠。[련]驢馬腹肤貌 당나귀배불룩할련(先)
⿰月靡 [마]泄病｜痲 설사병마(歌)
二十 ⿰月蘇 [소]甘酒 단술소 酥同(虞)
⿰齊胃 脰(肉部七畫)과同
⿰月矍 [거]人名 사람이름거(魚)
二十三 ⿰月戀 [라]臚腸胃 나귀창자라(歌)

臣部

臣。[신]事君之稱 신하신(仕於公曰｜仕於家曰僕) 惶恐之辭 主｜두려울신(眞)
⿷匚臣。[이][애]頤也 턱이、애 義同
二 臥。[와]偃也 寐也 누울와 休息 쉴와(箇)
卧 臥(前條)와同
臤。[간][견]堅也 굳을간、견
四 ⿱臣壬 望(月部七畫)의 古字
五 ⿰臣尔 [진]明也 밝을진、환할진 明朗 명랑할진(軫)
六 臦 [광]乖也 어그러질광(漾)
⿰臣丑 臦(次條)와同
⿰丑臣。[광]乖也 어그러질광 人名 사람이름광(漾)
八 臧。[장]善也 착할장 厚也 두터울장 奴婢 종장 藏也 숨길장 臟也 장부장(陽)
⿱孤臣 孤(子部五畫)과同
十一 臨。[림]莅也 임할림 監也 볼림 大也 클림 卦名 괘이름림 君｜군림할림 衆哭 여럿이울림 偏向以尊適卑 왕림할림 暫也 잠시림(侵)(沁)
臩。[광]驚走貌 놀라달아날광 往來貌 왔다갔다할광、人名 사람의이름경(養)(梗)
⿱臧土 臧(臣部八畫)의 籀文
十二 ⿰臣菐 僕(人部十二畫)의 古字
十五 ⿱臤𧘇 [환]堅也 굳을환(刪)

自部

自。[자]己也 몸소자 躬親 스스로자 由也 부터자 從也 좇을자 無勉強｜然 저절로자(寘)
⿷匚自 自(前條)와同
一 ⿵冂自 自(自部○畫)의 古字
𠂤 白(白部○畫)의 古字
⿰自乚。[교]自重 자중할교(篠)
二 直 悳(心部八畫)의 古字
三 ⿱自大 臭(自部四畫)의 略字
⿱自丁 京(亠部六畫)과同
四 臭。[취]氣通於鼻 냄새취 敗也 腐也 썩을취 香也 향기취 本音 추(宥)
臬。[얼]法也 법얼 門橜 문지방얼 射的 과녁얼 極也 극진할얼 槷、闑通
⿱自云 雲(雨部四畫)과同
⿱自王 皇(白部四畫)의 本字
⿰自反 歸(止部十四畫)의 略字
五 ⿱自缶 皇(白部四畫)의 古字
六 ⿱自乑。[기]衆與詞 다못기 曁古字(寘)
⿱自㐱 終(糸部五畫)과同
⿱自儿 臭(自部四畫)의 俗字
臯。[고][호]岸也 언덕고 澤岸 못언덕고 皐俗字、呼也 부를호(豪)(號)
九 ⿰臭犮 [발]病也 병기운발(曷)
⿱臭丂。[면]不現於眼 뵈지않을면(先)
十 臲 [얼]不安貌 위태할얼、불안한모양얼 隉同(屑)
⿰危臬 臲(前條)와同
十一 ⿰幸臭。[발]臭氣 좋지못한냄새발(月)
⿰臭邑 [업][고]臭也 냄새날업、고 義同(葉)(蕭)
⿰氵⿱自冊 [피]好貌 좋을피 魚名 고기이름피(寘)
十三 ⿰臭柰 [내]臭發 냄새날내(佳)
⿰臭曷。[할]物敗氣 퀴퀴할할 犬臭氣 개비린내할 臭也 냄새할(曷)
十四 ⿰臭昷 [올]病氣 병기운올(月)
⿰自畀。[비]犬初生子 개새끼 첫배비、무녀리비(寘)
⿰臭害。[해]臭也 냄새날해(卦)
二十 ⿰覺自 佛(人部五畫)과同

至部

至。[지] 到也 이를지 極也 지극할지 節氣 冬ㅣ 절기지 (寘)
一 至 至(至部。畫)의 古字
二 𦤳 至(至部。畫)의 古字
三 致。[치] 至也 이를치 極也 극진할치 送也 보낼치
四 臺 致(至部三畫)과同
𦤺 致(至部三畫)과同
致 致(至部三畫)과同
五 𦤶 [질] 不循 어그러질질 (質)
六 臸。[진] 至也 이를진 前進 나아갈진 (眞)(震)
𦤹。[객] 覺也 가지객、각각 객 至也 이를객 (覺)
𦤼 [질] 年之至 여든살질 (屑)
致 屋(尸部六畫)의 古字
𦤿 [천] 再也 거듭천 至也 이를천 頻也 자주천 洊同、薦通 (霰)
七 𦤾。[수] 習也 익힐수 進也 나아갈수 (尤)
臺 臺(至部八畫)의 俗字
八 臺。[대] 築土觀四方而高者 대대、돈대대、집대 官廳 관청대 高官 고관대 賤稱 輿ㅣ 하인대 鼾息聲 코골대 莎草 잔디대 (灰)
九 𦥀 [질] 縗經、喪服名 수요질질 (屑)
𡐤 握(手部九畫)의 古字
十 𦦃。[치] 忿戾 생각이어긋날치
臻。[진] 至也 이를진 聚也 모을진 象也 많을진 蓁同、溱通 (眞)
十一 𡐤 [지] 低也 낮을지 輊同 (寘)
十二 𦦁 [치] 刺履底 신밑창을찌를치 (寘)
𦦃 [질] 塞也 막을질 (質)

臼部

臼。[구] 舂也 절구구 星名 별이름구 地名 땅이름구 (有)
一 𦥑 齒(齒部。畫)과同
二 臽。[함] 小阱 구덩이함、함정함 陷同 (陷)
凷 申(田部。畫)의 本字
臾。[유][용][궤] 俄頃須ㅣ 잠간유 善也 착할유 捽抴 두를유 國名 나라이름유 反弓張夾ㅣ 활뒤집힐유、勸也 縱ㅣ 권할용 慂通、草器 삼태기궤 (寘)
𦥔 曳(曰部二畫)의 本字
三 臿。[잡] 築墻杵 담쌓는 방망이잡 鍬也 가래잡、삽잡 舂去麥皮 보리대낄잡 鍤通 (洽)
四 𦥝 [벌] 舂米 쌀찧을벌、용정할벌 (月)
舀。[유] 抒臼 절구확 긁어낼유 抭同、揄通、요 義同 (尤)(篠)
𦥕 [요] 引也 끄을요 舀 訛字 (篠)
𦥗 貶(貝部五畫)과同
𦥘 帥(臼部四畫)과同
舁。[여] 對擧 마주들여 轝車 들것여 (魚)
五 舂。[용] 擣米築也 방아찧을용 鐘聲ㅣ容 쇠북소리용 靜也 고요할용 築地 땅다질 揰同、本音 송 (冬)
𦥣 [말] 舂米碎之 싸라기말 (曷)
𦥙 鼠(鼠部。畫)의 謂字
六 舄 [석] 履也 신석(舄服用鞋) 大也 아름찰석 光也 빛날석 (陌)
𦥸。[박] 舂也 찧을박 (藥)
七 與 [여] 以也 共爲 더불여 及也 미칠여 如也 같을여 善也 좋아할여 施予 줄여 和也 화할여 干也 參ㅣ 참여할여 衆也 무리여 待也 기다릴여 數也 셈할여 翼翼蕃廡貌 너울너울할여 語助辭 어조사여 (御)(魚)
𦥻 [견] 土塊 흙덩이견 (銑)
舅。[구] 母之兄弟 외삼촌구 夫之父 시아비구 妻父 장인구 (有)
興 興(臼部九畫)의 略字
八 𦦙。[추] 擊杵 공이로칠추 (寘)
九 興。[흥] 起也 일흥、일어날흥 擧也 일으킬흥 盛也 성할흥 悅也 기쁠흥 感物而發 감동할흥 詩句構造法 시키의

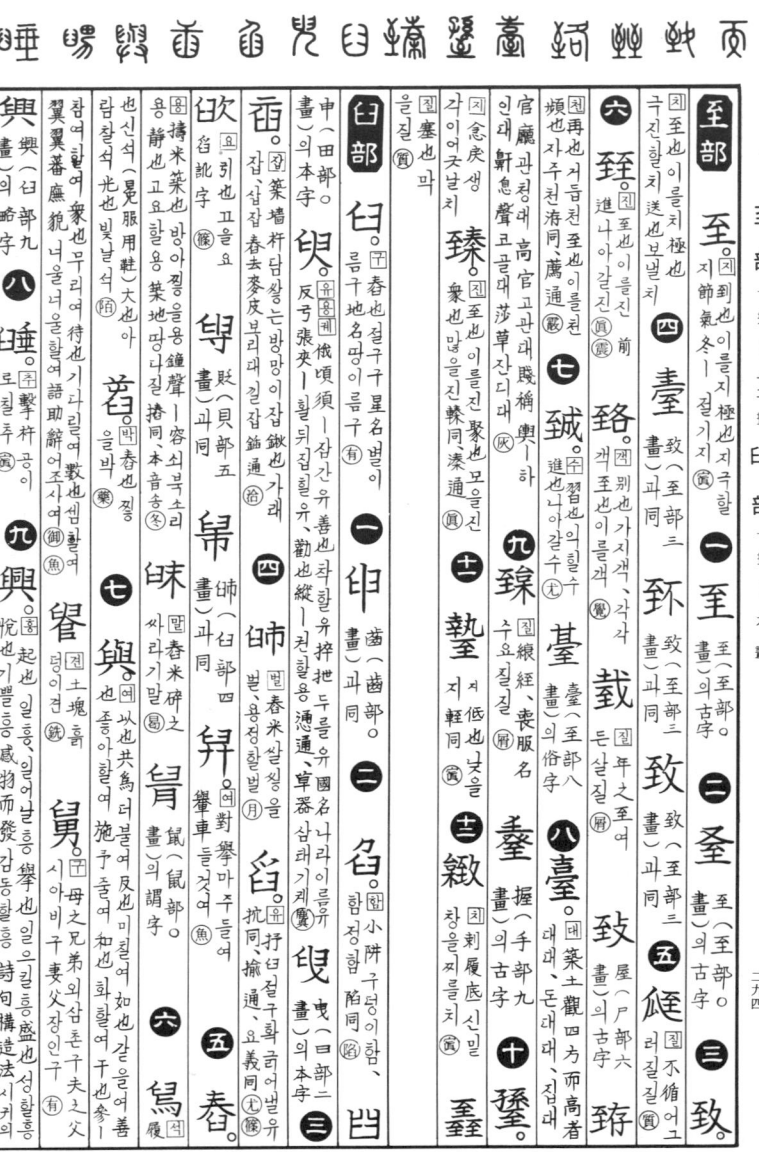

구조법흥ㅣ況意思흥치흥作也지을흥象也형상할흥(徑)

⿰臼昜。[탕]精米입쌀을만들탕 舂也방아찧을탕(養)

⑩ ⿰臼差。[차]舂也절구질할차 擣也다질차(歌)

⑪ 舉 舉(手部十四畫)의 本字

⿰臼疌。[섭]揚麥用枚보리파올리는가래섭(洽)

⿱𦥑人 寅(宀部八畫)의 古字

⑫ ⿱敞臼 [창]舂也방아찧을창(庚)

⿰臼最。[최]小舂조금찧을최(泰)

舊。[구]對新之稱 昔也옛구 久也오랠구 老宿늙은이구 交誼故ㅣ친구구 旧同(宥)

舋。[흔]爭端罅隙틈낼흔、흔단낼흔 釁通(震)

⿱𦥑田 農(辰部六畫)의 古字

⑬ ⿱𦥑具。[우]播種器씨뿌리는그릇우(虞)

⿱𦥑屈 [울]ㅣ屈、短貌짧을울(物)

⿱𦥑日 農(辰部六畫)의 古字

⿱𦥑具。[도]古器헌그릇도(豪)

⑭ ⿱𦥑具 [우]轉也구를우、굴릴우(遇)

⿰日壽 擣(手部十四畫)과 同

⑲ ⿱䜌臼。[견][반]量也헤아릴견、반 義同(願)

舌部

舌。[설]在口所以言語辨味혀설(屑)

① 乱 亂(乙部十二畫)의 俗字

② 舍。[사]釋也놓을사 屋也집사 止息쉴사 廢也폐할사 赦也용서할사 捨通(馬)(禡)

③ ⿰舌也 [지]以舌取物핥을지 舐、舓同(紙)

④ ⿰舌今。[금]口閉입다물금 噤同(沁)

舑 [담]吐舌貌譫ㅣ혀빼물담(覃)

舐 [지]以舌取物핥을지 舓同、本音시(紙)

⿰舌亢 吭(口部四畫)과 同

⿰舌支 [기]喘也숨찰기、헐떡거릴기(寘)

⑤ 舐 舐(舌部四畫)의 譌字

⿰舌冉 舑(舌部四畫)의 譌字

⑥ 舒。[서]伸張펼서 徐也천천할서 閒也ㅣ遲한가할서 詳也자세할서 緩也늑을서(魚)

⑦ ⿰舌延。[전]言不正말바르지않을전(先)

⑧ 舕 舑(舌部四畫)과 同

䑜 [답]大食크게먹을답(合)

䑛 [첨]以舌取物핥을첩(琰)

⿰沓舌。䑜(前條)와 同

⿰帛舌 [활]細細稱가는명주실활(黠)

舓。[지]以舌取物핥을지 舐同(紙)

⑨ 舗 鋪(金部七畫)의 俗字

舖 鋪(金部七畫)의 俗字

⿰舌枼。[탑][첩]犬食聲개먹는소리탑 飮也마실탑、小舐홀작거릴첩

⿰舌是 舓(舌部八畫)과 同

⑩ 舘 館(食部八畫)의 俗字

⿰舌⿱日羽 䑜(舌部八畫)의 俗字

⿰舌習 ⿰舌枼(舌部九畫)과 同

⑫ ⿰書舌 舍(舌部二畫)과 同

⿰舌單。[탄]訥言말얼얼할란(寒)

⿱舌舌舌 話(言部六畫)과 同

⑬ ⿰舌詹。[첨]出言말낼첨(鹽)

⑮ ⿰舌華 [화]舌短貌혀짧을화(麻)

⑰ ⿰舌闌。[란]訥言말서투를란(寒)

舛部

舛。[천]相背어기어질천 乖違錯亂어수선할천(銑)

⑥ ⿱亼舛 [가]玉爵옥잔가(馬)

舜。[순]木槿무궁화순 有虞氏號 帝ㅣ제순순、순임금순(震)

⑦ 舝。[할]車軸耑鍵걸쇠할 星名별이름할 轄同(黠)

⑧ 舞。[무]所以節音樂手ㅣ足蹈춤무、춤출무ㅣ文變弄환롱할무 悅樂貌좋아서펄펄뛸무 儛同(麌)

⑩ ⿱臤舛

舜(舛部六畫)의本字

十五

⿰舛皇 황 花蘂 꽃술황、榮也 꽃다울황 陽

二十

⿰舛韋 준 韋袴 가죽바지준 眞

舟部

舟。주 船也 배주、尊下帶 잔대주、帶也 띠주 尤

一

⿰舟乙 을 舟行 배갈을 質

二

⿰舟乃 服(月部四畫)과同

舠 도 小船 거루도、작은배도 豪

⿰舟刂。올 船行不安 배가불올 月

⿰舟了 료 船小而長 작고긴배료 篠

⿰舟人 服(月部四畫)의古字

三

⿰舟又 艭(舟部十畫)과同

舡 강 艕ㅣ 吳船 옷나라배강 本音항 船通 江

⿰舟兀。올 舟行 배갈올 月

舢。산 從船也 ㅣ板船 종선산

⿰舟彡 。침 舟行相續 배서로잇대어갈침 侵

⿰舟乞 올 播舟 배움직일올 質

⿰舟乇 탑 船泊 배댈탑 合

⿰舟弋 ⿰舟戈(舟部四畫)의譌字

四

⿰舟支 般(舟部四畫)의古字

舨 服(月部四畫)의本字

⿰舟少。초 船不安 배위태할초 肴

舥 파 浮梁 배다리파、선창파 麻

航。항 方船、船也 배항、以船渡水 배질할항、건늘항 杭通

⿰舟日 일 舟飾 배꾸밀일 質

舩 船(舟部五畫)과同

舦 태 舟行 배갈태 泰

⿰舟今 금 新舟 새배금 沁

⿰舟及 압 船動貌 배움직일압、船貌 배모양압 合

般。반 還也、反也 되돌아올반、布也 펼반、多也 많을반、全ㅣ 모두반、樂也 즐길반、移也 옮길반 刪寒

⿰舟戈 가 小船 작은배가 歌

⿰舟幺 舷(舟部五畫)의譌字

舫。방 兩船連結 배연결할방、船人 배사공방 漾

五

⿰舟氐 제 戰船ㅣ艫 싸움배제 霽

舲。령 小船有窓 창있는작은배령 青

舴 책 小舟ㅣ艋 작은배책 陌

⿰舟句 구 大船ㅣ艫 큰배구(洲名ㅣ艫) 尤

舳。축 船尾 배꼬리축、고물축 屋

⿰舟付 부 舟短而深 짧고깊은배부 艀同 遇

⿰舟弗 불 大船 큰배불 物

舷。현 船邊 배전현 先

舵 타 正船木 키타 柁同 哿

⿰舟㐌 舵(前條)와同

舶 박 航海大船 큰배박、당두리배박 本音백 陌

船。선 舟也 배선、衣領 옷깃선 舩同、舡通 古音선 先

舸。가 大船 큰배가 哿

⿰舟命 영 舟行 배떠날영 敬

⿰舟召 초 吳船 초배초、오나라배초 蕭

⿰舟目 艒(舟部九畫)과同

舺 갑 長船 긴배갑 洽

六

⿰舟舌。할 舟行 배갈할 曷

⿰舟同 艟(舟部十二畫)과同

舽。방 吳船ㅣ舡 오나라배방 江

⿰舟卬 槳(木部十畫)과同

舼 공홍 小船 작은배공、船也 배홍 冬東

⿰舟氾 범 舷也 뱃전범 咸

⿰舟聿 津(水部六畫)과同

七

艆。랑 扣舷 뱃전칠랑、舷也 뱃전랑 陽

艀 부 端艇 거루배부、종선부 尤

艅。여 渡船 나룻배여(吳船名ㅣ艎) 魚

艁 조 以舟爲梁ㅣ首 선창조、배로다리놓을조 皓

⿰舟岑 ⿰舟今(舟部四畫)과同

艂。봉 舟名 배이름봉 東

⿰舟弟 제 小船 작은배제、船名 배이름제 霽

艃 리 長形小船 길고작은배리 支

艄 소 船尾 고물소、哨船金趙 정탐하는배소 梢通 肴

⿰舟乜 艞(舟部六畫)과同

艇。

[정]狹長小船 길고작은배정 艇 艇(前條)와同 ⿰舟亭 [형]載鹽船 소금배형(庚) ⿰舟步。[보]短而深舟 짧고속깊은배부 ⿰舟付、艀通(遇) **八** 艋。[맹]小舟舴ㅣ 작은배맹(梗)

⿰舟宛 [월]舟也 배원(阮) 艊 舶(舟部五畫)과同 ⿰舟卓 [도]行舟 배뒤어놓을도 舵也 키도(效) ⿰舟青 [청]輕船 가벼운배청 俗音천(霰) ⿰舟兒 艗(舟部十畫)과同

⿰舟周。[조][도]小船 작은배조、도義同(蕭)(豪) ⿰舟非。[배]船後所排水 키배、고물배(卦) 艌 [념]舊船修理 낡은배수리할념 挽船 배끄을념(鹽) ⿰舟建 [섭]舟行疾 배빨리갈섭(葉)

⿰舟侖 [륜]船之橫木 배밑창나무륜(眞) 艍。[거]小舟 거룻배거 國字 **九** 艐。[종]船着沙不行 배걸릴종 國名三ㅣ 나라이름종(東) 艏 [수]船首 뱃머리수(有)

⿰舟胃 [위]漕運船 조운선위(未) ⿰舟突 [돌]釣舟 낚싯배돌(月) ⿰舟俞 [유]刳空木中作船 흠배유(虞) ⿰舟叜 艘(舟部十畫)과同 ⿰舟契。[계]長船 긴배계(霽)

艎。[황]吳船艅ㅣ 오나라배황 大船 큰배황(陽) ⿰舟聿 津(水部六畫)의古字 ⿰舟風 帆(巾部三畫)과同 艓 [접]小舟 거루접 ㅣ子 사공접(葉) ⿰舟斿 [유]舟浮 배뜰유(有)

艒。[목][모]ㅣ艒、小舸 작은배목、모義同(屋)(號) ⿰舟曷。艥(舟部十三畫)과同 艑 [편][변]小舟 거루편、ㅣ艖舟名 변차배변 扁通(先)(銑) ⿰舟娄 艛(舟部十一畫)의略字

⿱孖舟 [급]舟行 배갈급(緝) **十** ⿰舟豈。[애]底廣船 밑넓은배애(灰) ⿰舟芻 [추]海船 대동선추 舷也 뱃머리추(尤) ⿰舟兼 [겸]底深船 밑깊은배겸(豔)

艕。[방]廣船 넓은배방(漾) ⿰舟庭 艇(舟部七畫)과同 艖 [차]小舸名 艑ㅣ 작은배차 叙同(麻) 艙。[창]甲板底 갑판밑창 船ㅣ 선창 창中字 艗 [익]靑雀舟 푸른새그린배의 艗同、鷁通 本音역(錫)

⿰舟昔 艏(舟部九畫)과同 ⿰舟昜。[탑]廣大船 큰배탑(合) 艘 [소]船總名 배소 梭同(蕭) **十一** 艜 [대]長狹艇名 길고좁은배대(泰) ⿰舟宿。[숙]⿰舟宿ㅣ、小舸 작은배숙(屋)

⿰舟戚 [체]舟危貌 배가위태할체(霽) 艚 [조]小舟 작은배조 ⿰舟造 船(舟部七畫)의俗字 ⿰舟鹿。[록]船名 ⿰舟句ㅣ 구록배록(屋) 艛 [루]樓船 艛ㅣ 다락있는배루(尤)

⿰舟習。[습]覆船具 배차일습(緝) ⿰舟鳥 [조]船長貌 배긴모양조 舟種 배조(篠) ⿰舟羞 [수]進船 배를저어나아갈수(尤) ⿰舟畐 [부]舟也 배부(宥) ⿰舟桼。膝(月部十一畫)과同

十二 ⿰舟尞。[료]小長船 작고긴배료(蕭) ⿰舟發 [발][벌]樓船ㅣ艛 다락있는배발、海茷 떼배벌 ⿰舟敦 [돈]大船 큰배돈(願) ⿰舟貴。[위]運送船 운송선위(未)

⿰舟登。[등]緘閉 봉할등(蒸) ⿰舟堯 橈(木部十二畫)과同 艞 [요]船泊掛板 배발판요 或音조(蕭) ⿰舟黃。[횡][황]筏也 뗏목횡、황義同 艎同(庚)(陽) 艟 [동][중]戰船艨ㅣ 싸움배동

⿰舟同同、중義同(東)(冬) ⿰舟尊 [준]船底孔 배밑구멍준(願) ⿰舟翕。[탑]大船 큰배탑(合) ⿱旁舟 艕(舟部十畫)과同 **十三** 艤 [의]整舟向岸 배등댈의 艡。

〔당〕兵船艍ㅣ 싸움배당 陽

艪 〔로〕所以進舟似槳而長 船具상앗대로 櫓通 虞

⿰舟歜。〔철〕大船 큰배철 月

⿰舟零 舲(舟部五畫)과同

⿰舟賁 〔비〕船釘 배못비 尾

⿰舟達 〔달〕戰船ㅣ艟 싸움배달 曷

⿰舟鐙 艠(舟部十二畫)의本字

艥 楫(木部九畫)과同

⑭

艦 〔함〕戰船四方施板以禦矢石 싸움배함 (今稱海軍曰ㅣ隊、戰船曰軍ㅣ) 鹹

⿰舟舞 〔무〕長舟 긴배무

艨 〔몽〕戰船ㅣ艟 싸움배몽(狹而長曰ㅣ艟以衝突敵船) 東

艧。〔확〕舟也 배확 藥

⑮

⿰舟墨。〔묵〕釣船 낚시배묵

⿰舟蠡 〔례〕大船 큰배례 薺

⿰舟贊 艖(舟部十畫)의俗字

艣 艪(舟部十三畫)과同

⑯

艫。〔로〕船頭 뱃머리로 船後部 뱃고물로 船相屬舳ㅣ 배서로대일로 虞

⿰舟歷 〔력〕往來 船왕래하는배력 錫

⿰舟龍。〔룡〕小船上安蓋者 갑판룡、뚜껑덮은적은배룡 冬

⑰

⿰舟靈 ⿰舟霝(次條)와同

⿰舟霝。〔령〕舟有窓者 창있는배령 舲同 靑

艬 〔참〕大船 큰배참 咸

⑱

艭。〔쌍〕船名艭ㅣ 큰배쌍、배이름쌍 本音상 江

⑲

⿰舟蠡 ⿰舟蠡(舟部二十一畫)과同

㉑

⿰舟蠡 〔례〕江中大船 강가운데있는 큰배례 薺

艮部

艮。〔간〕止也 그칠간 限也 한정할간 方位 간방간 卦名 괘이름간 願

①

良。〔량〕善也 어질량、착할량 頗也 자못량 誠也 진실로량

③

⿰乚艮 ⿰氏艮(氏部四畫)의僞字

⑪

艱。〔간〕難也 어려울간 憂也 근심할간 (遭父母之喪曰丁ㅣ 亦作丁憂) 刪

⑭

⿰堇艮 艱(艮部十一畫)과同

色部

色。〔색〕五采 빛색 顔氣 낯색、기색색 美女 예쁜여자색 求物ㅣ 물건구할색 行ㅣ 모양색 驚也 놀랄색 怒也作ㅣ 핏대올릴색

④

⿰弓色 〔혜〕黃病色 황달빛혜 齊

⑤

⿰白色 〔파〕色不眞正 빛참되지않을파 禡

⿰央色 〔앙〕氣上 기운뜰앙

⿰末色 〔말〕無色 색없을말 色淺 색옅을말 曷

艴。〔불〕〔발〕怒也ㅣ然 성발끈낼불 ⿰孛色同、怒色ㅣ如 성낸빛발 勃通 物月

⿱癶色 〔발〕無色 빛없을발 淺色 옅을발 曷

⑦

⿰孛色 艴(色部五畫)과同

⑧

⿰𠂇色 ⿰旁色(色部十畫)과同

⿰并色。〔병〕縹色 옥색병(玉色) 靑

⑩

⿰旁色。〔방〕⿰并色ㅣ、無色 색없을방 養

⿰冥色 〔명〕靑黑色ㅣ⿰并色 검푸를명、아청빛명、閉目 눈감을명 瞑通 靑敬

⿰翁色 〔앙〕色深而惡貌 색이깊고나쁠앙 講

⿰卧色 〔와〕色脫 빛벗을와 禡

⿰眞色 ⿰冥色(色部十畫)의譌字

⑫

⿰曾色。〔증〕顔色凶惡 얼굴빛흉할증 蒸

⿰莽色 〔망〕⿰旁色ㅣ、無色 색없을망 養

⑬

艶。〔염〕光彩 고울염 容色豐滿 얼굴탐스러울염 豔同 豔

⑭

⿰鼻色 皰(皮部五畫)과同

⿰熏色 〔훈〕物被熏色 불에누를훈 問

⿰夢色。〔몽〕醜也 추할몽 東

⑯

⿰瞢色 〔몽〕顔色惡貌 낯빛흉할몽、神不爽貌 귀신이분명치않을몽 蒸徑

⑱

艷 艶(色部十三畫)의本字

艸部

艸。[초] 百卉總名 풀초、새초 草通 (皓)

艹 部首名 초두밑

丷 艸(艸部。畫)의 俗字

一

丫。[개][과] 羊角開貌 양의뿔벌어진모양개、과 義同 (蟹)(馬)

二

芀 [조] 葦華갈대꽃조(今人取之爲帚曰ㅣ帚也) (蕭)

艻 [륵] 香草蘿ㅣ향풀륵 藥名牛脂ㅣ약이름륵 (職)

艼 [정] ㅣ熒艸名蒴也정풀정、酔貌 취한모양정 酊同 (青)(迥)

艾。[애][예] 蕭也 灸草쑥애 老也耆ㅣ늙은이애 養也頤ㅣ기를애 美好少ㅣ예쁠애 安也保ㅣ편안할애 忢通、治也ㅣ安 다스릴예 鎌也 낫예 穫也 베어들일예 乂通 (泰)(隊)

艽。[교][궤][구] 藥名秦草 망초교、朻義同 荒野 거친들구 (肴)(支)(尤)

艿。[잉] 陳根草相仍 묵은뿌리에 不芟新 새로싹날잉 艿同 (蒸)

⿰丰丰 友(又部二畫)의 古字

芁 [개] 戾也 어그러질개 (蟹)

三

⿱艹才 [재] 蔽也 기령풀재 (灰)

苶 [소] 藥草遠志 원지소 (篠)

芊 [천] 草茂ㅣㅣ풀더부룩할천 碧貌 퍼런모양천 (先)

芃。[봉] 草盛ㅣㅣ풀무성할봉 (東)

芉 [간] 草名 蔽ㅣ쑥간 蓮子연밥간 (旱)

芄。[환] 芜也ㅣ蘭왕골환 雚通 (寒)

节。[면] 賭也 내기할면 相當비길면 (先)

芅 [익] 羊桃양도익(草名銚ㅣ) (職)

⿱艹卂 [신] 蒿類 다북쑥신 (震)

芶 [구] 草也 풀구 (尤)

芋。[후][우] 大也 클후 訏通 土芝蹲鴟 토란우 (虞)(遇)

芋 芋(前條)와 同

芍 [적][작] 蓮實연밥적、藥名ㅣ藥 작약작、연꽃의열매적 菂同、함박꽃작 (錫)(藥)

⿱艹乇 [택] 藥草名 약풀택 (陌)

芌 芋(艸部三畫)과 同

芏 [토] 海邊生芄 갯펄왕굴토 (虞)

芒。[망] 草端이망、싹망 芒種 망종망 大貌ㅣㅣ큰모양망 까스랑 光星 꼬리별망 鋒刃 칼날망 茫、恾通 (陽)

芎。[궁] 香草ㅣ藭 궁궁이궁 (東)

芑。[기] 白粱粟 흰차조기 草也 풀 기 菜名以苦菜 시화기 (紙)

芐。[하][변] 地黃 지황하 試之浮者天黃 半浮者人黃 沈者地黃ㅣ字(地黃生者以水亦趨下之義) 姓也 성하、熟ㅣ숙지황변 (禡)(先)

芓。[자] 麻母 삼자 枲也 모시자 (紙)

⿱艹亾 芒(艸部三畫)의 本字

芖 [지] 治也 다스릴지 (寘)

⿱艹今 芥(艸部四畫)과 同

芔。[훼] ㅣ然、盛貌 성할훼 (尾)

四

芙 [부] 荷也ㅣ蓉 연꽃부 拒霜 花木ㅣ蓉 목부용부 (虞)

⿱艹少 [소] 草也 풀소 (篠)

芘。[비] 草名荍ㅣ 풀이름비 蔭也 가리울비 庇通 (寘)

芝 [지] 瑞草靈ㅣ 지초지、잔디지、풀지、버섯지(ㅣ寄生於己枯之樹木其體如菌) 荷名冰ㅣ 연꽃이름지 (支)

芞。[걸] 香草 향풀걸 (物)

芚 [둔] 木始生 나무싹날둔 菜似莧可食 둔나물둔 無智貌 둔할둔 (元)

芛。[순] 草木盛生 초목성할순 萑通 (翰)

芝 芝(艸部四畫)과 同

芣。[부] 車前草ㅣ苢 질경이부、길장구부 (尤)

⿱艹冘 [침] 知母ㅣ藩 지모침 莐同 (侵)

芡。[검] 水果鷄頭 마름검、가시연밥검 (琰)

芠 [문] 草類 풀문 不分明貌 분명치않을문 (文)

芤 [규] 葱也 파규 病脈旁實中空 병든맥가운데허할규 (尤)

芨。[급] 藥名、白ㅣ백급、급대왕풀급(白ㅣ葉似初生椶苗開花紅紫色中心如舌) (緝)

芫。[원] 草名魚毒 고기잡는풀원(蕢ㅣ投水中則魚死而浮出故以爲名) (元)

芟。[삼][세] 草풀벨삼 (咸)

芧。[서][저] 栩也 도토리나무서、저義同、苧同字 (語)

芬 [분] 香也 향기분 亂也ㅣㅣ어지러울분 名譽 이름날분 (文)

⿱艹仆 [복] 草生貌 풀자랄복 小擊 조금두드릴복 (屋)

⿱艹牛 [우] 藥名牛

膝소무릎우(尤)

芭 [파]甘蕉ㅣ苴 파초파(麻)

芯 [심]燈心草등심초심(侵)

花。 [화]草木之葩꽃화 花開也꽃필화 娼妓異名기생의별명화 消耗씨없앨화 華、蘤通(麻)

芳 [방]芬ㅣ香氣향기방 聲譽之美이름빛날방 德行之美덕성스러울방(陽)

苍 花(前條)의略字

芳。 芳(艸部四畫)과同

芸 [운]香草향풀운 多貌촘촘할운 花盛貌꽃성할운(文)

芴。 [물][홀]菲也土苽순무물 緻密軋ㅣ빽빽할물、惚也황홀할홀 惚同(物)(月)

芷 [지]藥名白ㅣ구리때지、궁이지 香草향풀지(紙)

芵 [결]薢若ㅣ光초결명결(屑)

芥。 [개]辛菜겨자개 草ㅣ지푸래기개 纖ㅣ티끌개(卦)

芺。 [요]薊屬野芊엉겅퀴요(草名鉤ㅣ、又苦味草)(篠)

芸 藝(艸部十五畫)의略字

芹。 [근]水菜楚葵미나리근(文)

芼。 [모]菜也나물모 擇也가릴모(豪)(號)

苒 苒(艸部五畫)과同

茚。 [앙]菖蒲창포앙(陽)

芿 [잉]草生풀싹잉 芿同(徑)

𦫳 友(又部二畫)의古字

芻。 [추]세草ㅣ蕘풀베일추 飼牛馬之草꼴추、짐승먹이추 僧曰苾ㅣ중추(虞)

芾 [비][패][불]木盛蔽ㅣ나무성할비、패義同、草木盛초목우거질불 黻通(未)(泰)(物)

苀。 [항]蒲也부들항(草名)(陽)

芇 [만]匹敵말겨룰만ㅣ碁바둑비길만(寒)

五

苓。 [령]卷耳도꼬마리령 藥名茯ㅣ풍냉이령(千草씀바퀴 年之松下、有茯ㅣ)菌類豬ㅣ저령령 大苦령 蘦通(靑)

苗。 [묘]穀草初生싹묘 穖也이삭묘 亂也ㅣ裔이을묘 衆也무리묘 亂也裔ㅣ자손묘(蕭)

苒 [염]草盛貌풀우거질염 展轉荏ㅣ덧없을염(琰)

苑。 [원]囿也禁ㅣ나라동산원 ㅣ風大風큰바람원(阮)

苗 苗(前條)와同

苛。 [가]小草잔풀가 煩細까다로울가 酷也가혹할가 譴也꾸짖을가 擾也흔들가 察也살필가 疥也옴가(歌)

苕。 [조]草名陵ㅣ능초풀초 高貌우뚝한모양초(蕭)

苘 [경]枲屬似苧어저귀경 顈同(迥)

苙 [립]藥名白芷구리때립 畜欄짐승우리립(緝)

苿。 [비]草木花盛貌초목에꽃이무성할비(支)

苢 苡(前前條)와同

苣。 [거]菜名萵ㅣ상치거 胡麻ㅣ藤흑임자거 炬通(語)

苾。 [필]馨也ㅣ芬향기날필ㅣ芻草名필추풀필 咇同(質)

苜 [목]菜名ㅣ蓿거여목목(馬嗜ㅣ蓿)連枝草연지초목(屋)

[艹去] [거]세草器풀베는기구거(魚)

苬 [수]芝也지초수(尤)

苝 [패]山韱산부추패(隊)

苞。 [포]蔗也딸기포 包也꾸러미포 本也밑둥포 草木叢生초목이다복히날포 抱、包通(肴)

苠 [민]竹膚속대민 衆多貌많은모양민(眞)

苧 [저]ㅣ麻可爲布縷모시저 紵、芧通(語)

若。 [약][야]如也같을약 汝也너약 順也순할약 豫及辭및약 假說辭만약약 年少젊을약 社ㅣ香草두약풀약、般ㅣ梵語반야야 僧居蘭ㅣ절야 綏貌ㅣㅣ인끈모양야

苩 [파][백]花也꽃파、姓也百濟有ㅣ氏성백(麻)(陌)

苡。 [이]薏ㅣ實如珠辟瘴氣율무이(俗謂ㅣ米可煮粥磨麵並爲藥用)芣ㅣ질경이이(紙)

苭 [요]草長生貌풀이자라는모양요(篠)

茂。 [무]草盛무성할무 美也아름다울무 勉也힘쓸무 楙通(宥)

苫。 [점]編茅覆屋名白蓋이엉점 喪席거적자리점(居倚廬寢ㅣ)廉ㅣ書貌글씨흘려쓸점 本音섬(鹽)(豔)

苯 [분]草叢生ㅣ蓴풀더부룩하게날분(阮)

英。 [영]華也꽃부리영 智

出萬人영웅영 樂名五ㅣ풍류이름영 雲貌ㅣㅣ구름모양영 美也아름다울영 譍通 (庚) **苮** 선 草名似莞 노양이선 (先) **荼** 荼(次條)와同 **苴**。 제차자 有子麻암삼저 賂遺包ㅣ꾸러미저 竹裹杖대지팡이저 履藉신바닥저、水中浮草마름풀차、土ㅣ和糞草거름풀자 (魚)(麻)(語) **苳** 동 冬生苣ㅣ겨우살이동 (冬) **苲** 재작 土苴두엄자、縣名定ㅣ고을이름작 山名ㅣ嶺산이름작 (藥) **苹**。

평 蘋蕭可食다북쑥평 林檎사과평 (庚) **苀** 怳(心部五畫)과同 **葆** 보 草盛貌 풀이무성할보 (皓) **苵**。 시 蒿也 쑥시 (紙) **苷**。 감 甘草감초감(一名靈通 一名國老ㅣ最爲衆藥之主) (覃) **苶** 날녑 疲貌ㅣ然고달플날、녑義同 (屑)(葉) **苰** 홍 胡麻藤ㅣ 피마자홍 (蒸) **苻** 부 草名鬼目귀목풀부 姓也성부、草之莩申也껍질부 (尤)

苖。 적 牟蹄草소루장이적 (錫) **茄**。 가 菜名ㅣ子가지가、芙蕖莖연줄기가 五ㅣ藥名오가피가 俗音가 (麻)(歌) **茆** 묘류 蓴菜순나물묘、鳧葵蓴菜草순채류 (巧)(有) **苼** 생 花蕊꽃술생 植物總名초목생 (庚) **苿** 味(口部五畫)과同 **茅**。 모 菅也띠모 前ㅣ旌識표기모 (肴) **茉** 말 花名ㅣ莉 사과꽃말 말리꽃말 (曷) **茁**。 출절찰 草芽풀싹출、草初生貌 풀처음날절、草出貌 풀나는모양찰 肥貌ㅣ壯살찔찰 (質)(屑)(黠) **茇**。 발불 藥名蓽ㅣ필발발 草舍초막발 草名ㅣ葀발괄풀발 草根풀뿌리발、舟索뱃줄불 (曷)(物) **茀**。 불 草盛ㅣㅣ풀성할불 婦人首飾부인머리치장불 福也복불 車蔽翟ㅣ차덮는보불 芾通 (物) **茾** 菅(艸部八畫)의古字 **茈** 자 染紫草지치자 草名勃薺올매자 子薑생강자 (支) **茊** 茲(艸部六畫)과同 **䓁** 等(竹部六畫)의略字 **茌** 茬(艸部六畫)과同 **茎** 莖(艸部七畫)의略字 **荓** 萍(艸部八畫)과同 **茣** 莫(艸部七畫)의古字 **恔** 施(方部五畫)의古字

荒 사 盡也다할사 難也고달플사、가로막을사 (紙) **芽** 芽(艸部四畫)과同 **苍** 蒼(艸部十畫)의古字 **茷**。 대 草貌풀모양대 (隊) **苦**。 고 味也쓸고 菜名苓也씀바귀고 困悴卒楚괴로울고 貧困가난할고 勤勞부지런할고 盬惡모질고 (麌)

六

茖。 각 山葱산파각 或音격 (陌) **茗**。 명 茶芽차싹명 酩通 (迥) **茪** 광 草名풀이름광 隨也따를광、좇을광 (陽) **茾** 공 莫莢實책력풀열매공 (冬) **茙** 융 ㅣ葵규화융、해바라기융 ㅣㅣ厚貌두툼할융 (東) **茛** 간 草烏頭苗毛ㅣ바꽃 樟類장뇌의싹간、노저나물싹간 나무간 (願) **華** 율외 赤藜명아주율、花蕾꽃방울외 (質)(賄) **茏** 증 ㅣㅣ純一貌순일할증 蒸同 (蒸) **茪** 광 決明英ㅣ초결명광 **茤** 타 木枝垂貌나무가지늘어질타 (哿) **茩**。 구 決明蘚ㅣ초결명구 (有)

茢。 렬 桃ㅣ萑苕掃不祥부정풀이비렬 (屑) **茝**。 채 蘼苗ㅣ芎궁이싹채(一名蘼蕪) 蕙蘭類난초채 (賄) **茠** 호휴 ㅣ剌除草김맬호、蔭也그늘질휴、덮을휴 休同 (豪)(尤) **荅**。 답 小豆좀콩답、팔답 當也당할답 (合) **苃** 殍(歹部七畫)과同 **荄** 해 草根풀뿌리해 (佳)(灰) **荼** 茶(艸部六畫)과同 **茯** 복 藥名ㅣ苓복령복、풍낭이복(松柏脂入地千年

化爲苓ㅣ化爲琥珀且精氣不盛止爲附結本根旣不離本故曰ㅣ神) (屋)

荓 평 馬帚 말비풀 평、苹同 (青)

萄 蒯(艸部十畫)과 同

荕 근 骨也 뼈 근

茴 회 藥名ㅣ香 회향 회 (有大ㅣ香、小ㅣ香) 藥草防風葉 방풍잎사귀 회 (灰)

茶 다 茗也 차풀 다 (飮眞ㅣ令人少眠) 梌同 或音 차 (麻)

茲。자 蓐席 돗자리 자 重也 거듭 자 此也 이 자 草木盛貌 초목우거질 자 西域國名龜ㅣ나라이름 자 滋通 (支)

茫 망 廣大ㅣㅣ아득할 망、망망할 망 水貌 滄ㅣ물질펀할 망 漠然 막연할 망 芒通 (陽)

茮。조 뇨 菉也 수유씨 조、草長生貌 풀자랄 뇨 (蕭)

茸。용 草生貌ㅣ풀뾰족 뾰족날 용 不肖 闒ㅣ못생길 용 美貌 手 예쁠 용 庬ㅣ亂貌 너불거릴 용、鹿角 鹿ㅣ녹용 용 搑通 (冬)(腫)

茥 규 覆盆子 딸기 규 (齊)

䒸。혈 蒨也 地ㅣ꼭두서니 혈、잇 혈 (屑)

茹。녀 여 食也 먹을 녀、茅根 띠뿌리 여 受也 받을 여 度也 헤아릴 여 柔也 부드러울 여 染草ㅣ蘆 꼭두서니 여 (語)(魚)

荊。형 楚也 굴싸리 형 花名 紫ㅣ꽃이름 형 山名 산이름 형 ㅣ妻 내 형 荊杖 곤장 형 ㅣ棘 가시 형 本音 경 (庚)

茻。망 象草相雜 잡풀우거질 망 (養)

草。초 百卉總名 새 초、풀 초 文藁 글초할 초 粗也ㅣ率 초솔할 초 苟簡ㅣㅣ초초할 초 創初 비롯할 초 草書、書體之一 초서 초 艸通 (皓)

荎。치 五味子ㅣ藸 오미자 치 (支)

荀。순 草名 풀이름 순 姓也 성 순 國名 나라이름 순 (眞)

茵。인 ㅣ蔯 蒿也 사철쑥 인 蓐席 자리풀 인、요 인 鞇通 (眞)

茳 강 香草ㅣ蘺 향풀 강 (江)

茺 충 藥名ㅣ蔚 익모초 충 (東)

荃。전 香草 향풀 전 芥粉 겨자 가루 전 (先)

茭。교 乾芻 마른 꼴 교 (肴)

䒠 모 鹿麥 귀리은 보리 모 (尤)

茬。치 草貌 풀모양 치 同 地名 땅이름 치 茌 (支)

荍。교 錦葵花 금규화 교 (一名荊葵) (蕭)

荏。임 大豆ㅣ菽 왕콩 임 白蘇可油 들깨 임 柔也ㅣ染 부드러울 임 (寢)

荈 천 晚取茶 늦차 천 (銑)

茋 기 藥草 약풀 기 (紙)

荇。행 接余水菜蘋類 마름풀 행 莕同 (梗)

䒼。곡 蠶簿 누에발 곡 (沃)

荑。이 제 白薟 흰비름이 (一名莁ㅣ) 茇시베일이、茅始生 띠처음 날 제、띠싹 제 (支)(齊)

茷。패 草葉茂盛 풀잎무성할 (泰) 패 有法度ㅣㅣ법도있을 패

荒。황 蕪也 거칠 황 大也 클 황 廢也 폐할 황 饑也 四穀不升 흉년들 황 蠻夷ㅣ服 오랑캐 황 遠也 멀 황 (陽)

荒 荒(前條)와 同

荒 荒(前前條)와 同

𦯊。괄 藥名ㅣ蔞 하눌타리 괄 (曷)

莄 萸(艸部九畫)과 同

荗 술 藥名 莪ㅣ약이름 술 艾也 쑥 술 (質)

荐。천 薦席 자리깔 천 再也 거듭 천 雜草 풀 천 洊通 (霰)

荋。이 草多貌 풀많을 이 菌也 버섯 이 (支)

荂 과 花也 꽃 과 (麻)

䒳 天(大部一畫)의 古字

荖 배 果名 蒟醬 구장 배

茽 중 草貌叢生 풀무더기로 날 중 (送)

茿。축 河柳 능수버들 축 萹ㅣ쇠풀 축 (屋)

茱。수 藥名ㅣ萸 수유 수 (九月九日折ㅣ萸房插頭可辟惡氣) (虞)

荼 堇(艸部八畫)의 古字

❼

荳 두 菽 두 藥名 약 也 콩이름 두 (宥)

荰 두 香草ㅣ蘅 두형풀 두 杜通 (麌)

𦯐 문 山漆 산칠 나무 문 (吻)

荱 미 草垂 풀 늘어질 미 (尾)

荷 하 蓮花 연꽃 하 擔也 멜 하 怨聲ㅣㅣ원망할 하 藥名 薄ㅣ박하 하、負也 짐 하 加也 더할 하 (歌)(箇)

𦰺 절 斷草 풀자를 절 竹席 대자리 절 (屑)

荵。인 草名ㅣ冬 인동초 인 (軫)

荶 음 水蒜 물에 나는 마늘 음

侵 𦯔。은의 草多貌 풀많을은、의 義同 文支 𦭡 절 斷草 풀벨절 屑 荸 발 鳧茈ㅣ薺 나물발 月 荷 荷(艸部七畫)과同 荻 적 萑也 蘆屬 갈대적、달적 蔏同 錫

荼。도 苦菜 씀바퀴도ㅣ毒惡物 쓸도 神名 神ㅣ귀신이름도 虞 𦭌。사 茅莠 띠싹사 支 𦶜 기 名 풀이름 草기 萁通 寘 荹。보 亂藁 짚북더기보 遇 荺。윤 蓮根 연뿌리윤 筍也 대순윤 軫

𦯬 분 以草爲界 풀로지경정할분 願 荽 유 香菜 胡ㅣ호유나물유 支 莂 별 種槪移蒔 모종낼별 佛家作文 중의 글별 屑 莃。희 食用菜蔬 나물희 微

𦯶 荊(艸部九畫)과同 𦯀 닙 揷ㅣ、草名 풀이름닙 草密貌 풀이빽빽할닙 緝 莄 경 草莖 풀줄기경 草也 풀경 梗 𦭂 茆(艸部五畫)의 本字 莁 무 白莁ㅣ美 흰비름무 虞

茆。모묘류 蓴菜 鳧葵 순나물모、묘 義同 茅通、蒲柳 갯버들류 茆本字 有巧有 𦵩 萩(艸部九畫)과同 葰 수 華中膌 꽃심수 荽同 支 𦬹 혁격 草盛貌 풀이성할혁 嚇也 성낼혁、ㅣ荼、懼也 두려워할격 錫陌

莅 리 臨也 임할리 位也 자리리 臨席 임석할리 涖通 寘 莤。숙 束茅灌鬯酒 강신할숙 滑也 거를숙 屋 莊。장 嚴也 씩씩할장 端也 단정할장 敬也 공경할장 錢ㅣ가게장 六達街 육거리장 别ㅣ별장장 姓也 성장 陽

𦯊 백 藍之別 明 쪽백 陌 莔。맹 藥草貝母 약이름맹 庚 莜 역 芡也 마름역、가시연밥역 陌 莉 리 茉ㅣ南越花名 말리꽃리、사과꽃리 寘

𦯷 茺(艸部六畫)과同 莋。적 食草 풀먹을적 地名 땅이름적 陌 莒。거 草名 可爲結繩 모시풀거 國名 나라이름거 邑名 고을이름거 語

莙。군 菜名ㅣ蓬 근대군 軫 𦭸 지 藥草 遠ㅣ 원지지 寘 莜。조 蓧也 부추조 耕田器 삼태기조 嘯 莝。좌 斬芻 여물좌 輕少 경소할좌 箇 茋 지 榆莢 조 염지 菹也 푸서리지 支

莍 구 茱萸子聚生成房貌 수유씨돋는모양구 尤 莐 침 知母ㅣ藩 모침 芜同 侵 𦺈 침 覆也 덮을침 寢 莌 탈 草名 活ㅣ 활탈초탈 曷 莎。사수 香附子 향부자、싹사 煩撋挼ㅣ비빌사、ㅣ草 잔디수 𦿔同 歌支

莖。경 草幹 줄기경 枝柱 버팀기둥경 庚 莚 연 不斷蔓ㅣ만연할연、덩굴 벋을연 草名 풀이름연 霰 莓 매 苔也 이끼매 山ㅣ 草實 나무딸기매ㅣㅣ美 田 걸찬밭매 灰

莠。유 害穀草 稂ㅣ가라지유 醜也 추할유 有 莣。망 似茅杜榮 도리미망、망풀망 陽 䒽 莣(前條)와同 莕。행 接餘 水菜 마름풀행 荇同 梗

𦮳 英(艸部四畫)과同 莢。협 豆角 콩껍질협 瑞草 蓂ㅣ 책력풀협 葉 䒘 𦮡(艸部六畫)의 本字 莥。뉴 鹿豆 돌콩뉴 有 莗 차 藥草ㅣ前子 차전자차 麻

莙。군 菜名ㅣ蓬 근대군 軫 𦭸 지 藥草 遠ㅣ 원지지 寘 莟 함 花開ㅣ萏 꽃필함 花蕊 꽃술함 勘 莛。정 草莖也 풀줄거리정 屋梁 들보정 青

莩 부표 葭中白皮 갈청부、餓死 굶어죽을표 虞篠 莨。랑 ㅣ若 毒草 초우웡랑、이아리풀랑 陽 莞。관완 草名 苻蘺 왕골관 小蒲席 왕골자리관 菅

同、笑貌丨爾 빙그레웃을와(寒)(哿)

莦。[소]惡草모 진풀소(肴)

莧。[한][현]商也 쾌모한、商陸草 자리공현、비름현(諫)(霰)

[艹耴] [첩]小葉 작은잎첩(葉)

[艹泫] [지]菹也 김치지(支)

苐 [제]草木初生貌 초목이처음날제(齊)

蓱 [평]蘋也、浮丨 楊花所化 개구리밥평 萍同(青)

[艹否] [부]花盛貌 꽃이성할부(虞)

莫。[막][맥][모]勿也 말막、無也 없을막、定也 정할막、薄也 엷을막、大也 클막、茂也 무성할막、謀也 꾀할막、靜也 고요할맥、菜也 푸성귀모、日且冥 날어두울모 暮同(藥)(陌)(遇)

八

莿。[사]草之刺針 풀가시자 茦同(寘)

菂 [적]蓮實 연밥적 芍同(錫)

菇 [고]王瓜 蘵丨 쥐참외고(虞)

[艹泥] [니]露濃丨丨 이슬많을니 泥通(薺)

菀。[울][원]丨然 盛貌 무성할울、茂木 나무우거질원(物)(阮)

莽。[무][망][모]粗率 鹵丨 추솔할무、망義同、草深貌 풀우거질망、毒魚草 엿커풀망、宿草 묵은풀모 莾同(尤)(陽)(虞)

莾 莽(前條)와同

菁。[정][청]菜名 蕪丨 무우정、순무우정、韮花 부추꽃정、三脊茅 세모창띠정、茂貌丨丨 무성한모양청(庚)(青)

菄 [동]白山菊 흰산국화동(東)

菆。[찬][추]積木以殯丨塗 초빈할찬 欑通、草叢 풀더부룩할추、矢之善者 좋은살추(寒)(尤)

[艹帛] [백]木棉 목화백(陌)

菊。[국]秋華 국화국 蘜古字(屋)

[艹夠] [구]藷也 감자구(虞)

菉 [록]綠色小豆 녹두록(一名王芻)(沃)

菈 [랍]折也 꺾을랍、菈菔 무랍、壞聲 무너지는소리랍(合)

菅。[간][관]茅也 띠간、姓也 성간、小蒲 왕골관、골관 莞同(刪)(寒)

菌 [균]地蕈 버섯균、黴丨 곰팡이균(寄生他物體曰細丨 恆爲傳染病之媒介者) 細丨 세균、槿也 朝丨 무궁화균(軫)

菌 菌(前條)와同

菊 菊(艸部八畫)과同

菎。[곤]香草 향풀곤(元)

菋 [미]五味子 오미자미(未)

[艹訐] [후]藥草蛇床 뱀도랏후(虞)

菔。[복][북]蘆丨 蘿蔔 作萊丨 무우복、북義同 蔔通(屋)(職)

菏 [하][가]菏草 무우하、澤名 늪이름가(歌)

菓 [과]木實熟成 과실과、실과 과丨子 과자과 果同(哿)

菓 菓(前條)와同

菍 蔥(艸部十一畫)과同

菑。[치][재]田一歲 따비밭치、災也 재앙재 甾同(支)(灰)

菍 [심]苗心蟆食枯死 이삭벌레먹어죽을심(侵)

菗。[주]地榆丨蒢 외나물주(尤)

菕 [론]木名 논나무론、丨蘆 香草 논로풀론(元)

菜。[채]蔬也 나물채、飯饌 반찬채(隊)

[艹乖] [괴]頭寬中狹 잘룩할괴、바르지않을괴 本音가(麻)

菛 虋(艸部二十五畫)과同

菹 [서][조]丨蓋、似韮 부추서、丨茹 고서서、조義同(魚)(虞)

菟 [토][도]藥名 丨絲 새삼토、兎也 토끼토、虎也 於丨 범도、朝鮮郡名 玄丨 고을이름도(遇)(虞)

[艹泜] [지]漬菜 김치지(支)

菒 [고]枯草 마른풀고(皓)

菖 [창]丨蒲 似蓀 창포창(丨蒲類之昌盛者)(陽)

菢 [포]鳥抱卵 새알품을포、覆也 덮을포(號)

菞 [리]地名 땅이름리、衆也 무리리、丨庶 無干戈之役 黎의古字(支)

菡 [함]草木花未發 꽃봉오리함、丨萏 芙蓉 연봉오리함 莟同(感)

萩 萩(艸部九畫)의譌字

菩。[보]丨提 摩伽陀國樹名 보리나무보(丨提高二丈餘 葉如卵形而大 實如櫻桃子 可作念珠)、佛號丨薩 보살보、丨薩了也 깨칠보(佛覺道通曰丨薩)(虞)

菠 [파]菜名 丨薐 시금치파(歌)

菤 [권]草名 丨耳 도꼬마리권 卷同(銑)

荓。[병]草名 馬帚 말솔풀병、人名 趙

青ㅣ사람이름병 使也하여금병 ㊔青

葄 作(艸部七畫)의俗字

菨。[접] 荇菜水草미나리접、마름풀접(一名接余) ㊔葉

菣。[긴] 香蒿蔚蘆제비쑥긴 藍同 ㊔震

菘 [숭] 菜名배추숭 ㊔東

菥 [석] 大薺ㅣ蓂굵은냉이석 ㊔錫

菧 [저] 薺苨게로기저(根似桔梗) ㊔薺

菦。[근] 草名白艾흰쑥근 ㊔眞

菻。[름] 艾也쑥름 國名拂ㅣ나라이름름 ㊔寢

堇。[근] 苦采오랑캐꽃근 烏頭藥名오두근 ㊔吻 ㊔震

莨 [탕] 毒草莨ㅣ초우웡탕、이아리풀탕(莨ㅣ葉圓而光有毒悞食令人狂亂甘草汁解之) ㊔漾

菭。[태] 水衣이끼태 苔同 ㊔灰

菜 菜(艸部八畫)과同

華。[화] 榮也빛날화 花開也꽃필화 ㅣ夏나라이름화(中ㅣ) 白也흴화 破也쪼갤화 花同、西嶽名太ㅣ산이름화 榮也영화화 ㊔禡 ㊔麻

菱 [릉] 芰也세뿔마름릉(三角四角曰芰兩角曰ㅣ) 蔆同 ㊔蒸

菰 [고] 茭米蔣也고미고 ㊔虞

菰。[고] 草盛貌풀우거질고 茭米雕胡고미고 橋名다리이름고 ㊔虞

菖 菖(艸部七畫)과同

菴 [암] 蒿草ㅣ蕳진주뽕암、쑥암 草舍초막암、암자암 庵通、翳薈ㅣ藹가리울암 ㊔覃 ㊔勘

菲。[비] 菜名葑類나물이름비 香也芳ㅣ향기로울비 草茂貌芳ㅣ풀우거질비 薄也엷을비 妄目ㅣㅣ둔할비 ㊔微 ㊔尾

⿱艹空。[공] 莖之中空줄기속빌공 ㊔東

菹 [제] 酢菜김치저、침채저 澤生草푸서리저 葅同 ㊔魚

[illegible] 龍(龍部○畫)의古字

菼。[담] 似葦崔之初生亂달순담 ㊔感

蒂 帶(巾部五畫)의俗字

菶 [봉] 草茂盛貌ㅣ풀우거질봉 實多열매많을봉 ㊔董

⿱艹周。[주] 五色葵오색촉규화주 ㊔尤

莔 [망] 春麥봄보리망 ㊔養

菸 [어] 不鮮ㅣ邑시들어、언 臭草담배언 物不鮮물건부정할언 蔫通 ㊔魚 ㊔先

菺。[견] 蜀葵촉규화견 ㊔先

⿱艹秈 秈(禾部三畫)과同

菽 [숙] 衆豆總稱콩숙 尗同、叔通 ㊔屋

⿱艹待 蒔(艸部十畫)과同

菾 [첨] 菜名상치첨 ㊔鹽

菿。[도] 草木倒초목꺼꾸러질도 ㊔號

菝 苜(艸部五畫)과同

稐 稐(禾部十畫)과同

萄。[도] 蔓果葡ㅣ포도、머루도 ㊔豪

萁。[기] 豆莖豆ㅣ콩대기 草名풀기 ㊔支

萅 春(日部五畫)의本字

萎。[위] 枯也이울위、마를위 衰也세약해질위 草名풀이름위 病也병이날위 ㊔支

萃。[취] 聚也모을취 卦名괘이름취 瘁通、或音췌 ㊔寘

萊。[래] 藜草명아주래 田休不耕밭묵힐래 蒿ㅣ草ㅣ田廢生草쑥래 ㊔灰

萆。[비][벽] 藥草ㅣ薢멸앳비、蓑衣도롱이벽 蔽也가릴벽 ㊔支 ㊔錫

⿱艹芸 芸(艸部四畫)과同

⿱艹知 [지] 香附子향부자지 ㊔支

萞 [비] 蓖麻子피마자비、아주까리비 或音배 ㊔齊

萇。[장] 木名ㅣ楚보리수장、장초나무장(今羊桃) ㊔陽

萏 [답] 葩華貌꽃빛난모양담 芙蓉菡ㅣ연꽃봉우리담 藺同 ㊔感

萉 [비][복] 避也피할비 枲實삼씨비、菔也무우복 ㊔微 ㊔未 ㊔屋

⿱艹沓 [답] 荷葉覆水연잎물에덮일답 ㊔合

萌。[맹] 草芽싹맹(凡草木始生皆曰ㅣ) 始也비롯할맹 耕也밭갈맹 ㊔庚

⿱艹典 典(八部六畫)과同

⿱艹⿱死土 葬(艸部九畫)과同

萋 [처] 草盛ㅣㅣ풀무성할처 雲行貌구름뭉게갈처 文貌ㅣ斐문채모양처 ㅣ且급실거리는모양처 緀通 ㊔齊

⿱艹訶 [illegible](艸部十四畫)과同

菫 堇(次條)의本字

萍。[평] 浮ㅣ楊花所化개구리

밥평 蘋也 마름평 (浮生水上) 青 䓔 若(艸部五畫)의 古字 䓕 若(艸部五畫)의 籀文 䓖 喪(口部九畫)과同 䓘 莫(艸部七畫)의 古字 萐。삽 瑞草 ㅣ蒲 삽보풀삽、

상서풀삽 (ㅣ蒲王者有孝德則生於厨) 洽 萑。환추 薍也 달환、益母草의모초추 草多貌 풀우거질추 寒尤 萺 茸(艸部九畫)과同 䓡 莫(艸部七畫)의 古字 菫 董(艸部九

畫)과 同 菊 蒡(艸部十畫)과同 䓉 苕(艸部五畫)과同 菩 蒔(艸部十畫)의 本字 萩。침 疲也 가쁠침 지칠침 日字 著 著(艸部九畫)의 略字

荆。형 楚也 광대싸리형 蒯也 가시형 山名 산이름형 花名 紫ㅣ 꽃이름형 庚 䒾 훌홀 疾也 빠를훌、홀 義同 物月 萗。비 花盛貌 꽃이성할비 微 萆 자 草相糾

貌 풀이서로얽힐구 尤 莀 동 耕也 발갈농 冬 䓗 원 晚也 늦을늦 國字 華 수 荊也 싸리수 杖也 막대기수 紙 莞 莞(艸部七畫)의 譌字 ❾ 萬。

만 千之十倍 일만만 多數ㅣ 邦 여러만、많을만 若也 만일만 決也 결단코만 蜂名 벌이름만 舞名 춤이름만 万同 願 萪 과 藤也 등나무과 歌 萩。추 蒿也 다북쑥추 木名 가래나무추、싸리추 楸通 尤

萩。무 細草叢生 잔풀이떨기질무 有 薌 향 菜羹 나물국향 漾 萿 호 草木葉折糞 풀거름할호、절초할호 號 萮 蕮(艸部十二畫)과同 萭 우 姓也 성우 廣

萴 즉 子藥名 약이름ㅣ즉、즉자즉 職 萳 남 草名 풀이름남 感 萸 유 木耳 나무버섯유 尤 萰 련 白蘞 가위톱련 靑盛貌 퍼렇게우거질련 霰 萹。

변 ㅣ蓄 옥매듭변 先 菫 菌(艸部六畫)과同 萲 萱(艸部九畫)과同 萯。부 王瓜草名 뒤참외부、땅외부 有 萱。훤 忘憂草 원추리훤 (一名宜男草) 元

萸 유 茱ㅣ 藥名 수유유 (九月九日折茱ㅣ房插頭可辟惡氣) 萸同 虞 萷。소 葉落莖立 줄기만남을소、마들가릴소 蕭 萵。와 菜名ㅣ苣 부루와、상치와 歌 萮

蕣(艸部十一畫)과同 萶 춘 草春生 봄에풀날춘 推也 밀춘 雜也 석일춘 軫 萻 암 野草 들풀암 覃 落。락 零也 떨어질락 聚也 村ㅣ 마을락 天也 碧ㅣ 하늘락 蕭索 冷ㅣ 쓸쓸할락 難合

ㅣㅣ 헤어질락 始成 ㅣ成 祭 낙성제지낼락 酒名 桑ㅣ 술이름락、斗ㅣ 논마지기락 藥 國字 萼 악 花跗 꽃받침악 蕚同 藥 蒯。괴 草名 茅類 풀이름괴 蒯同 卦 蒲 蒲(艸部十

二畫)의 俗字 葢 蓋(艸部十畫)과同 葀。괄 瑞草 상서로운풀괄 曷 萋 蘆(艸部十六畫)의 俗字 葀 활 藥草 獨ㅣ 약초이름활 曷 葂 면 盛

也 성할면 蔣閭ㅣ 人名 사람이름면 莬同 阮 葆。보 草盛 풀더부룩할보 韜藏 감출보 羽ㅣ 蓋也 일산보 寶也 보배보 晧 葅 菹(次條)와同 葅。저 淹菜 김치저 菹、葅同 魚

葙 재 芹也 미나리자 麻 葃 적작 ㅣ菇 烏芋 오우적 菜名 나물이름적、작 義同 陌 藥 葉 葉(艸部九畫)과同 葍。복 葍也 메무복、순무우복 屋 葉。엽섭 枝ㅣ 花之

…對잎엽、입사귀엽 世代세대엽(詩經、昔在中ㅣ有震其業) 姓也성엽、南陽縣名 고을이름섭 葉

葈 사 藥名ㅣ耳도꼬마리사(一名卷耳) 紙

葉。 시 野芹돌미나리 시

藥名ㅣ胡시호시 佳

茱 유 蕕也蘿ㅣ들깨유 香ㅣ노야기유 尤

葎。 률 藥名ㅣ草 함삼률、너삼률(似葛、莖有細刺) 質

葽 도 香草향풀도 遇

蒬 蒬(艸部十三畫)의俗字

葊 菴(艸部八畫)의古字

葌。 간 茅屬띠간(吳林之山、其中多ㅣ草) 删

葁 薑(艸部十四畫)과同

葋 子 蘆也갈대구 虞

⿱艹⿰彳兒。 예 草生貌풀돋아날예 霽

葐 분 ㅣ蒕盛貌 자욱할분、성할분 蕡ㅣ香也 향기분 覆ㅣ藥名 딸기분 元

葔 후 香附子 향부자 후 一名ㅣ莎 후사후 尤

葒 홍 馬蓼水草 요화홍、여뀌풀홍 東

葑。 풍 봉 蕪菁무우풍 豐同、봉義同 菰根 방기뿌리봉 東冬宋

著。 착 저 被服 입을착 附也 붙을착 置也 둘착 着也 다다를착 官名ㅣ作벼슬이름착 着同、輯纂 편찬할저 明也 밝을저 述也 지을저 ㅣ名 널리알려질저 太歲在戊曰著雍ㅣ무년저 藥御魚

葕 연 蔓也넌출질연 先

葖 돌 菔也무우돌 月

葅 菹(艸部五畫)과同

葚。 심 桑實 오디심、뽕심 椹、黮通 寢

⿱艹耎。 연 枯木生耳 버섯연 銑

葘 치 재 田一歲 한해된밭치、災也 재앙재 甾同、灾通 支灰

葛。 갈 蔓生絺綌草 칡갈(取其纖維布取其根而作粉食用) 曷

⿱艹昏 苠(艸部五畫)과同

葡。 포 蔓果ㅣ萄 포도포、머루포(一名草龍) 歐州國名ㅣ萄牙 나라이름포 虞

葠 삼 人ㅣ神草 인삼삼 ㅣ沙 더덕삼 蔘同 侵

⿱艹昜。 탕 不自收歛 儻ㅣ방탕할탕 蕩通 養

葝 경 山薤 산염교경、산부추경 草名 쥐꼬리풀경 庚

葞 미 春草 봄풀미 春麥 봄보리미 紙

葟。 황 茂也 ㅣㅣ무성할황 陽

⿱艹拜 배 草名 青蔾 푸른명아주배 卦

⿱艹癹 발 除草 풀뽑을발 曷

董 동 督也 동독할동 正也 바를동 固也 굳을동 蓮根 연뿌리동 雜膳骨ㅣ 비빔밥동 董同、古物骨ㅣ 고물동 董

葦。 위 大葭 갈대위(初生爲葭 稍大爲蘆、長成爲ㅣ) 尾

葫 호 草名풀이름호 大蒜 굵은마늘호 虞

葥。 전 藥名 草車ㅣ 질경이전 先

葧 불 蒡ㅣ白蒿 새발쑥불 成貌 성한모양불 月

葪 계 刲也 베일계 綆 刺蔕ㅣ목걸릴계 霽

葩。 파 花也꽃송이파 麻

葭 가 蒹ㅣ蘆也 갈가 麻

⿱艹炰 藨(艸部十五畫)과同

葰 준 유 사 大也 클준、薑屬 생강유、上黨縣名ㅣㅣ人 고을이름사 震支馬

葬。 장 藏也 埋也 장사지낼장、묻을장、영장장 葬、塟同 漾

⿱艹⿱死廾 葬(前條)와同

葮 단 槿花 무궁화단 軫

葯 약 악 白芷葉香草 구리때잎약、악 義同、藥也 약약 藥覺 中字

葵。 규 向日花 해바라기규 百采之主 아욱규 蜀ㅣ 촉규화규 支

⿱艹眇。 묘 草細莖 가는풀줄기묘 篠

葳 위 草木盛ㅣ蕤 초목성할위 微

葴。 침 草名 馬藍 꽈리침、청디침 侵

葱。 총 草盛貌 華ㅣ 풀더북할총 東

葸 사 畏懼貌 겁낼사 紙

葷。 훈 臭菜 葱蒜韮之屬 냄새나는채소훈 薰通 文

蒀 운 盛貌 성할운

⿱艹卓 草(艸部六畫)과同

葻。 람 風…

草바람에흔들리는풀람(覽)
葺。[즙] 覆蓋지붕이을즙 修補覆蓋기울즙、수집할즙(緝)
蕵 蓀(艸部十畫)과同
葼。[종] 細枝나무휘추리종 染草물들이는풀종(東)
葽。[요] 草名遠志아기풀요(一名王萯)草盛貌풀더부룩할요(蕭)
䒩 首(艸部五畫)과同
葝 勤(艸部九畫)과同
𦰩 [간] 蔬菜채소간(寒)
𦳝 蓁(艸部十畫)과同
蕠 蕠(艸部十畫)의譌字
蕟。[발] 草木根풀뿌리발
蒃 篆(竹部九畫)과同
䓣。[유] 桑皮뽕나무껍질유(虞)
蒂 蔕(艸部十一畫)과同
蔟 [주] 鳥巢새집주(宥)
𦲥 菙(艸部八畫)의譌字
蒏。[홀] 草盛貌풀성할홀 人名孫ㅣ사람이름홀(物)
䓘 茭(艸部七畫)과同
萚 [탁] 葉落잎떨어질탁(藥)
𦵾 藥(艸部十四畫)과同
𦸙。[겸] 乖也어그러질겸(鹽)
蓉 若(艸部五畫)과同
𦲷 莽(艸部九畫)과同
蔛。[호] 草多貌풀많을호(虞)
𦱣 享(亠部六畫)과同
䔧 犂(牛部八畫)과同
蒨 茜(艸部六畫)과同
蒽 蔥(艸部十一畫)의俗字
𦶤。[륙] 大藜、藥名명아주륙(屋)
𦳚 莽(艸部九畫)과同
䁾。[멸] 目不明也눈밝지않을멸(屑)
𦳗 天(大部一畫)의古字
䒾 蘼(艸部十九畫)과同
蒁 [술] 藥名蓬莪茂약이름술(質)
蓚。[수] 植物毒汁有機酸類식물독즙수(尤)
葹 [시] 草名卷ㅣ풀이름시 菉豆녹두시(支)

❿

蒔。[시] ㅣ蘿小茴香소회향시、更種植也모종낼시 蒔同(支)(寘)
蒐。[수] 草名茅ㅣ꼭두서니수(可染絳色)聚也모을수 隱也숨을수 求索찾을수 春獵봄사냥수 棷通(尤)
营。[궁] 香草芎藭궁궁이궁(東)
𦶟 [방] 草名풀이름방、狗(豸部四畫)과同(江)
䓦 [사] 草木茂盛貌초목이우거진모양사(歌)
蒓 [순] 水葵순나물순 蓴同(眞)
蒙。[몽] 穉也어릴몽 草名女蘿삼년출몽 覆也덮을몽 被也입을몽 冒也무릅쓸몽 飛揚蔑ㅣ날릴몽 欺也속일몽 草名풀이름몽 冡同(東)
蒑 [온] 草色靑풀빛푸를온(文)
蒒 [사] 海草實如大麥싸락풀사(支)
蒘 [나] 粘草藺ㅣ찰풀나(麻)
蒀。[온] 盛貌盎ㅣ성한모양온(文)
䕞 [랑] 藥名ㅣ毒독도기랑(陽)
蒚。[력] [혁] 山蒜산마늘력、蒲黃부들꽃혁(錫)(陌)
蔚 蔚(艸部十一畫)과同
蒗 [랑] 譙郡渠名ㅣ蕩도랑이름랑(漾)
蒖 [진] 蓴菜순채진(眞)
蒞 莅(艸部七畫)과同
蔋 [적] 草木盡於旱초목이가물에마를적(錫)
䓿 [함] 花未發曰ㅣ꽃봉오리함 萏ㅣ苕연봉우리함 菡同(感)
蒝。[원] 莖葉廣布줄기와잎퍼질원(元)
蒢。[제] 地楡菗ㅣ외나물제 蘵也黃ㅣ때짜리제(魚)
蒜。[산] 葷菜胡荽마늘산(俗謂小ㅣ)(翰)
𦵔。[주] 酒液술진액주(尤)
蒣 諸(艸部十六畫)과同
蒟 [구] ㅣ醬蓽茇구장구
蒠 [식] 菜也나물식(職)
蒧 [점] 草名풀이름점(琰)
蒡。[방] 牛ㅣ藥名우엉방、우방자방(陽)
䔾 薜(艸部十三畫)과同
蒤。[도] 藥草虎杖감젓도 委葉시든잎도(虞)
𦱿 [구] 積草풀쌓을구(尤)
蒥 [류] 香草향풀류(尤)

[茨+木] 茨(艸部六畫)과同 蔓 蔓(艸部七畫)의本字 葎 [률]菱也마름률(質) 蒦。[약]度也잴약 尺也자약(藥) [艹+匊] 蘜(艸部十六畫)과同 蔖

[차]薺實냉이씨차(歌) [艹+耿] [경]芋莖곤대경(梗) [艹+剡] 菼(艸部八畫)과同 蒨 [천]ㅣㅣ草盛貌풀더북할천 鮮明貌선명할천 姓也성천 茜通(霰) 蒩 [조]茅ㅣ用以藉祭띠자리조(嘯)

蒪 [박]大蘘荷ㅣ苴큰은양하박(藥) 蒱 [포]樗ㅣ戲具저포포、놀음포(虞) 蒲。[포]水草可作席부들포 菖ㅣ창포포(一名白菖、端午製ㅣ劍者卽此故陰歷五月亦曰ㅣ節)ㅣ柳楊也개버들포(虞)

[艹+祖]。[조]祭事蓆제사자리조 土茄땅가지조(嘯) 蒯。[괴]茅類菅ㅣ기령괴 蔽同(卦) 蒸 [증]炬也홰증 薰ㅣ찔증 麻中幹삼대증(麤曰薪、細曰ㅣ)象也무리증 薪也섶증 藿。[육]山韭산

부추육(屋) [艹+獲] [리]豆糧콩리(支) 蒷 芸(艸部四畫)과同 蒳 [납]香草芥ㅣ향내나는풀납、개납풀납(合) 蒵 [혜][계]草也풀혜、屧ㅣ신들매끈계(齊) 蒺

[질]旱草ㅣ藜납가새질 藥草ㅣ藜질려질(質) 蒸。蒸(前條)와同 蒶 [분]積草풀쌓을분(文) 蒴 [삭]藥名ㅣ藋말오줌나무삭(覺) 蔦 [오]荻也갈대오(虞) 蒼。

[창]深青푸를창 ㅣ生百姓백성창 ㅣ卒急遽창졸창 ㅣ浪 華髮흰털창 蒹。[겸]葦屬ㅣ葭似萑而細갈겸、갈대겸(鹽) 蓋 [증]葅也김치증、무성귀증(蒸) [艹+邑] [읍]草密貌풀이빽빽할읍(緝)

蒻。[약]蒲下白者부들밑둥힐 藥草名蒟ㅣ구약풀약(藥) [艹+豈]。[기][애]菜似蕨生水中물속에나는고사리기、乾菜마른나물애(尾)(灰) [艹+𦥑] 菑(艸部七畫)과同 蓁。[진]草

盛ㅣㅣ풀성할진 藥名ㅣ艽망풀진(眞) 蒿。[호]蓬屬다북쑥호 昧塵ㅣ目눈에리들호 蒸出ㅣ氣김오를호(豪) 蓀 [손]香草蘭ㅣ난초손、향풀손 菖蒲也창포손(元) 蕈 [담]葱也파담(覃)

[艹+耗] [용]草亂貌풀어수선할용(腫) 蓄。[축]積也쌓을축 聚也모을축 藏也감출축 稸同、畜通(屋) 蓇 [골]莖也풀줄기골 草名ㅣ草골초골(月) 蓂。[명][멱]知時草ㅣ莢책력풀

명、大薺菥ㅣ큰은냉이명、두루미냉이멱(青)(錫) [艹+貢] [공]結實결실될공(送) [艹+立瓜] [급]冬瓜동아급(緝) 蓋 [개][합][갑]覆也덮을개、뚜껑개 大凡대개개 傘也우산개 掩也가릴개 苫也日茅영

개、苫覆이엉덮을합 蒲席부들자리합、齊下邑名고을이름갑 姓也성갑(泰)(合) 蓍。[시]筮草蒿屬시초시、뺑대쑥시(支) 蓈。[랑]董ㅣ禾粟之米生而不成者쭉정이랑 莠屬가

라지랑 稂同(陽) 蓆 [석]大也클석 草名ㅣ具석구풀석(陌) 蓉。[용]蓮花芙ㅣ연꽃용(一名拒霜花、一名木蓮)藥名蓯ㅣ약이름용(冬) 蓊 [옹]草木盛貌ㅣ鬱초목성할옹 染黃草옹풀옹(董)

蓐。[욕]陳草復生묵은풀에움돋을욕 薦也깔욕、자리욕 秋神ㅣ收가을맡은귀신욕(沃) 蓌 [좌]ㅣ拜失容節揖 詐也꾸뻑할좌(箇) 蓎。[당]女蘿ㅣ蒙소나무겨우살이당(陽) 蓏 [라]草實果

ㅣ풀열매라(木實曰果草實曰ㅣ)胡瓜오이라(哿) 蓑。[사]備雨草衣도롱이사 蓑同(歌) [艹+渮] 菏(艸部八畫)과同 [艹+夾十]。[쇄]不正비뚤러질쇄(佳) 蓓。[배]黃ㅣ草名황배풀배

丨蕾始華꽃망울배(腫)

蒯 偂(人部十一畫)과同

葉 葉(艸部九畫)의俗字

蓾 菡(艸部十一畫)과同

蓚 蓨(艸部十一畫)과同

蔂 蘽(艸部十九畫)과同

𦳝 莽(艸部八畫)의本字

蔉 菤(艸部八畫)의古字

蒱 葥(艸部九畫)의本字

𦺇 莫(艸部七畫)의本字

蒓 蓴(艸部十一畫)과同

蕫 薑(艸部十三畫)과同

蔱。살 茱萸수유살 莁蒬 丨藙흰비름살(點)

十一

蓨。조 수 苗也싹조、悅也기쁠수(蕭)

蓬。봉 蒿也禦亂草쑥봉 丨丨盛貌더부룩할봉 亂也엉킬봉、丨萊神仙居所봉래봉(東)

蔱 살 茱萸수유살(點)

蓧 조 耘田器김매어담는그릇조 莜同(嘯)

蓩。모 卷耳草도꼬마리모 茂也성할모 葆也더부룩할모(皓)

蓪 통 通草藥名으름덩굴통、목통통(東)

蓫 추 草相次풀서로잇닿을추 草根相雜풀뿌리서로얽힐추(宥)

蓭 庵(广部八畫)과同

蓱。평 蘋也마름평 浮丨楊花所化개구리밥평 萍同(靑)

藄 蓁(艸部十四畫)과同

蓮。련 荷實연밥련 丨花연꽃련(丨花之君子者也)(先)

蓞 담 瓜葅濫丨외김치담(覃)

蓯 총 종 草盛貌 華丨풀무성할총、藥名肉丨蓉약이름종(董)(冬)

蓰 사 物數五倍다섯갑절사 草名풀이름사(紙)

蓴。순 水葵絲丨순채순、순나물순

蕆 전 以色飾紙종이에물들일전(先)

蒣 사 야 도 丨菰띠싹사、蓄積쌓을야、禾穗벼이삭도(麻)(禡)

蓡。심 蒲類부들심(侵)

藖 긴 香蒿제비쑥긴 菣同(震)

蓲。구 亂也달구 荻也갈구(尤)

蓼。료 륙 辛菜여뀌료 國名요나라료、草長丨丨풀잎길륙(篠)(屋)

蓵 첩 編草障户풀거적첩、떼적첩(葉)

蓺 예 種也심을예 埶同、藝通(霽)

蔻 구 荳丨藥名두구씨구(草則藿、蒳荳丨)(宥)

蓶。유 菜蔬푸성귀유、채소유 莠通(紙)

蓷。퇴 益母草익모초퇴(灰)

蔀 부 障明小席거적부、閏餘一之數丨首부수부、일흔두살부(七十二歲爲一丨、二十丨爲一紀) 草名蔀丨서부풀부(麌)

蓹 어 地名땅이름어

蓿 숙 菜名苜丨거여목숙(屋)

蓽 필 丨茇藥名약이름필 荆也휘추리필 柴門사립문필 篳通(質)

蓾。로 蘆也그령풀로(麌)

蔆。릉 丨角菱也마름릉 菱同(蒸)

蓓 배 花蕾꽃봉오리배(賄)

蒱 포 乾魚말린생선포(虞)

蔁。장 丨柳、當陸산우엉장(陽)

蔄 姸(女部六畫)과同

蔂 류 蔓草덩굴풀류、盛土籠삼태류 虆同(支)

蔃 강 百合丨菜개나리강(陽)

蘛 허 葝也끌허 虎丨藥草호허허(語)

蔙 莞(艸部七畫)의俗字

䔖 蔆(艸部十一畫)과同

蔇。기 至也이를기(寘)

蔋 적 旱氣가무는기운적(錫)

蔛 苦(艸部六畫)과同

蔊 한 辛味菜산갓한(旱)

蓘 곤 以土壅苗根북돋울곤

蓍 천 草木之動貌초목흔들릴천 本音선(先)

蔑。멸 無也없을멸 微也작을멸 輕易업신여길멸 削也깎을멸 棄也버릴멸(屑)

蔈。표 草木零落떨어질표 禾末까라표 標通(篠)

蔙 莧(艸部七畫)과同

蔐 荻(艸部七畫)과同

蔌

[수][속] 菜蔬總稱 나물수、풍성커수 속義同、ㅣ陋也 더러울속 ㅣㅣ風威 바람서슬속 (有)(屋) 薔。[상] 大蔘 명아주상(藥名ㅣ蘼)(陽) 蔎。[설] 香也 향내날설 香草 풀이름설 (屑) 蒔 蒔(艸部十畫)과同

萑 [최] 花垂貌 꽃늘어질최 (灰) 蔓。[만] 葛屬延茂 덩굴만、널출만 延也 뻗칠만、菁也 순무우만 (願)(寒) 蔑 蔑(艸部十一畫)과同 蔔 [복] 薝ㅣ梔子花 치자꽃복 蒕 [훈] ㅣ蒿 蒸氣出貌 김오를훈、훈증할훈 葷通 (文)

蔕。[체] 果蓏綴實根ㅣ 꼭지체 小刺 가시체 根本 뿌리체 蔕、蒂同 (霽) 蔙 [선] 藥名ㅣ覆 하국선 (霰) 蔖 [차][자] 菡ㅣ蒯類 기령풀차、楚葵 미나리자 (歌)(麻)

蔇 [의] 木茂 벼무성할의 (支) 蔘 [삼] 人ㅣ神草 인삼삼 沙ㅣ 더덕삼 蓡、蔆同、參通 (侵) 蔨 毒(毋部四畫)의古字 蔗。[자] 甘ㅣ砂糖草 사탕풀자 柘通 (禡) 蔝 [미] 鷄腸草 닭의밑씻개풀미 (齊)

蔃 [경] 似苧 어저귀경 苘同 (迥) 蔜 [오] 鷄腸草 닭의밑씻개오 (豪) 蔛 [곡] 藥草石ㅣ 약돌곡、석곡 초곡 (屋) 蔋 蔋(艸部十畫)과同 蔚。[위][울] 牡蒿 제비쑥위 蓊ㅣ草木盛貌 초목우거질위 文密貌 잔무늬위 蔚同、州名 고을이름울 蔚同 (未)(物)

蔡。[채][살] 法也 법받을채 龜也 거북채 ㅣ仲所封國名 채나라채、放也 놓을살、귀양보낼살 粲通 (泰)(曷) 蔞。[루] 似艾ㅣ蒿 물쑥루 (虞)(尤)

蔭 藤(艸部十五畫)과同 蔷 蔷(艸部八畫)과同 蔠 [종] 草名ㅣ葵 풀이름종 (東) 蔣。[장] 菰ㅣ水草 과장풀장、姓也 성장 國名 나라이름장 蔟。[족][주] 聚也 모을족、簇、族通、正月別稱 정월주 (屋)(宥)

蔥。[총] 葷菜 파총 ㅣ白ㅣ根 파뿌리총 青也 푸른총 佳氣ㅣㅣ 좋은기운어릴총 葱、蓯同 (東) 蔢 [파] 薄荷 박하파 䔞 [률] 草芽甲出 풀아커틀률 (質) 蔦 [조] 寄生草 겨우살이조、담장이덩굴조(ㅣ與女蘿施于松栢)(篠)(嘯)

蔤。[밀] 荷本 연근밀、연밀둥밀 (質) 蜜 蜜(虫部八畫)과同 蔧 [세][혜] 草篲 풀비세、草名 풀이름혜 (霽)(賓) 蔫。[언][연] 物不鮮 시들언、이울언、菸通、臭草ㅣ菸 썩은풀연 (先)(霰)

蔱。[이] 萎也 시들이 (支) 蔍 [루] ㅣ蘆、藥草 약초이름루 (宥) 蔩。[인] 王瓜 쥐참외인、땅외인(一名土瓜)(眞) 蔭。[음] 庇護 덮을음、가리울음 陰景 그늘질음 廕、蔭同 (沁)

蔽 [비] 細莞 가는왕골비 (紙) 蔨 [균] 野鹿豆 草名 들콩균、녹두풀균 (軫) 蔪。[점] 麥秀ㅣㅣ 보리밸점、草相ㅣ苞 풀더부룩할점 (鹽)(琰)

蕱 [소] 荷根細者 가는연뿌리소 (巧) 蔬 [소] 草菜通稱 푸나물소(食用菜ㅣ)(魚) 萅 春(日部五畫)의古字 蔮。[궤] 無笄者縚布冠 잠없는치포관궤 (隊) 蓃 蒐(艸部八畫)과同

䔡 [어] 荏也 들깨어 (魚) 蓳 堇(艸部八畫)의古字 蕐 華(艸部十一畫)의古字 蕟。[발] 盛也 성할발 發也 풍길발 (月) 蘤 葩(艸部九畫)과同 蔯 [진] 茵ㅣ蒿也 더위지기진、사철쑥진 (眞)

䔧 殍(歹部七畫)과同 䔭 苹(艸部七畫)과同 蕘 耄(老部四畫)과同 蕅 藕(艸部十二畫)과同 蘧。[거] 肥料草 거름풀거 (語)

蓐 蓐(艸部十畫)과同 蘤 華(艸部八畫)의古字 䕢 芃(艸部二畫)과同 蘂 芺(艸部五畫)과同 蕺。[집] 酸醬파

리침(侵) **葴** 藏(艸部十四畫)의略字 **蔴** [마]枲屬삼마(麻) **蓮** 造(辵部七畫)과同 **蕎** 僑(艸部十畫)과同 **薵** 儔(艸部十畫)과同 **蕯**

[륙]大藜명아주륙(藥名蒴ㅣ)(屋) **十二** **瀆**。[독]地柳땅버들독(沃) **蓴** 藪(艸部十五畫)과同 **蔽**。[폐]掩也가릴폐、盡也다할폐、定也정할폐、弊通(霽) **蕒** [이]麻也삼이(寘)

蕵 蓀(艸部十畫)과同 **蕁**。[담]海藻말담、藥名知母지모담(覃) **藜** [리][려]蒺ㅣ旱草질리풀리、납가새리、려義同 **蕀** [극]藥草遠志아기풀극(一名ㅣ莞、又天門冬)(職) **蕭**

[녕]蘇也들깨녕(迥) **酤**。[고]醋俎초김치고(一名菲俎)(遇) **蔻** 莞(艸部六畫)과同 **蔿**。[위]草也풀위、姓也성위、州名고을이름위(紙) **蕃**。[번]茂也번성할번、多也많을번、滋也불을번、息也쉴번ㅣ國야만번、藩通(元) **蕿**。[수][소]鷄腸草닭ㅣ밑씻개수、소義同(尤)(皓) **蕑** 葌(艸部九畫)과同 **蕾**。[부]細蕾잔무우부(有) **蕟** 蘬(艸部十七畫)과同

蔢 [효]黃芩根그령이뿌리효(肴) **蔉** 茭(艸部六畫)의古字 **蕄** [맹]在也ㅣㅣ있을맹(庚) **𦹰** [연]野生豆들콩연(先) **藈** [로]薅也김맬로、野生豆들콩로(豪)

蕎 [귤]野芥들미나리귤(一名馬芥)(質) **蔾** [려]草茂貌풀성할려、國名、新ㅣ나라이름려(齊) **蕅** 藕(艸部十五畫)과同 **蕈**。[심]菌也버섯심(地菌俗稱地ㅣ)(侵) **蕆**。

[천]敕也경계할천、신칙할천、備也갖출천(左傳、寡君、朝以ㅣ陳事)(銑) **蕇**。[전]山芥산겨자전、葶藶두루미냉이전(銑) **蕊** [예]花內植物傳種之器官꽃술예、花也꽃예、藥名石ㅣ약이름예、蘂同(紙) **菳**

[금]草名三稜莖매자깃줄기금(侵) **菰** 苽(艸部五畫)의俗字 **蕉**。[초]芭ㅣ草名파초초、薪也땔나무초、ㅣ萃也파리할초(蕭) **蕐** [화]榮也色也빛날화 **蕾**。[뢰]菜也나물뢰(賄)

蕍 [유]藥名澤瀉쇠귀나물유(尤) **蔩** [항]向日葵해바라기항(漾) **蕎** [교]白花穀ㅣ麥모밀교 **蕖** [거]蓮花芙ㅣ연꽃거(魚) **蔊** [한]酸漿꽈리한(寒) **蕕**。

[유]臭草썩어냄새날유 **蕳**。[간]野蘭들난초간(一名都梁香、殺蟲除毒)本音한(刪) **蕔** [보]荒也거칠보、菜也나물보(豪) **蕒** [매]菜名野苣들상치매(一名苦苣)(蟹) **蕓**。

[운]ㅣ薹菜名평지운、香草운풀운(文) **蘤**。[의]蔕也꼭지의、莎也잔디의、떼의(紙) **蕙** [혜]蘭屬香草난초혜、향풀혜、性情美성품좋을혜(霽) **𦽘** [극]藥名大ㅣ버들옷극(陌) **蔱**

[돈]草盛貌풀이성할돈(元) **蕗** [로]甘草감초로、草名蘩ㅣ물감나무로(遇) **蕏** 藸(艸部十六畫)과同 **蕚** 萼(艸部九畫)과同 **蕘**。[요]刈草풀베일요、採薪芻ㅣ나무할요、蕪也거

칠요(蕭) **蕞**。[최][제][절]小貌ㅣ爾조그마할최、綿ㅣ表位띠묶어표할제、절義同、蕞同、蕝通(泰)(霽)(屑) **蕝** [제][절]綿ㅣ束茅表位띠묶어표할제、절義同、本音제蕞同(霽)(屑) **蕜**。[비]悵也슬플비、섭

섭할비(尾) **蕛** [제]似稗布地生穢草돌피제(齊) **蕋** [십]草聲풀소리십(緝) **蕢**。[궤][괴]草器둥구미궤、삼태기궤、臾通、赤莧붉은비름괴(寘)(卦) **蕡**。[분]麻子삼씨분、草木多實열매많이열린분(文)

蕿 萲(艸部九畫)과同 蕢 지 水菜물나물지 ㊣支 蕯 蕯(艸部十三畫)과同 蓧 蓧(艸部十一畫)과同 蕠 녀 黏着들러붙을녀 ㊣魚 薆 애 蓋也덮을애 清也맑을애 微也희미할애 ㊣泰

蕤 유 葳ㅣ盛貌더부룩할유 花垂貌꽃늘어질유 俗音수 ㊣支 薊。계 小草잔풀계 ㊣霽 蕣。순 木槿무궁화순 舜同 ㊣震 蕆 전 草名풀이름전 ㊣銑

蕺 집 草名풀이름집 ㊣緝 蕧。복 藥名旋ㅣ하국복 ㅣ盆草딸기넌출복(一名金佛草) ㊣屋 蕩。탕 大也ㅣㅣ클탕 廣遠질펀할탕 無檢放ㅣ방탕할탕 法廢板ㅣ법없어질탕 掃ㅣ소탕할탕 盪通 ㊣養

蕥 아 無實穀쭉정이아 ㊣馬 蕨。궐 ㅣ鼈菜名薇蕨고사리궐 ㊣月 蕪。무 ㅣ穢荒也덧거칠무 蔫 연 紅藍草、染草이시연 ㊣銑 蔭 蔭(艸部十一畫)과同

蓖 비 草名풀이름비 ㊣尾 蕁 준 苯ㅣ草叢生풀다부룩이날준 ㊣阮 蕛 禔(艸部十二畫)과同 董。동 似蒲而細繭ㅣ자오락동 ㊣董 蕭。소 蒿也쑥고ㅣ條寂寥貌쓸쓸할소 馬鳴말우는소리소 風聲바람소리소 斧名도끼이름소 ㊣蕭

款 관 藥名ㅣ冬시금초관 ㊣旱 蕬 사 兎ㅣ藥草새삼사 ㊣支 蕯 산 草名풀이름산 ㊣旱 蕵 蕵(艸部十三畫)과同 蓭 암 繁茂무성할암 ㊣感

蘞 蘞(艸部十五畫)과同 莃。지 草名卷耳도꼬마리지 ㊣紙 萑 萑(艸部八畫)의本字 蓮 蓮(艸部九畫)과同 藎 盡(竹部十二畫)의本字

藂。蘩(艸部十四畫)과同 蓳 菫(艸部八畫)의本字 蕙。惠(心部八畫)의古字 蒖 莊(艸部七畫)의古字 蔵 藏(艸部十五畫)과同 蘷 虁(艸部十九畫)의略字

蕟。蕟(艸部十二畫)의俗字 舊 舊(臼部十二畫)의俗字 蔽 菔(艸部八畫)의古字 蕎 莠(艸部七畫)과同 煎 ㊐ 意는 未詳

蕰。薀(艸部十三畫)과同 蕚 오 意는 未詳 蕛。희 藥名ㅣ薟 약이름희 ㊣微

⑬ 蕹 옹 萃也모을옹 落葵、草名덩굴풀이름옹 ㊣冬 蕃 蕃(艸部十二畫)과同

蕰 蒀(艸部八畫)과同 蕸 하 荷葉연잎하 ㊣麻 蕶。령 草零落풀이울령 ㊣青 蕷 여 薯ㅣ山藥마여、산약여 蕍。유 圓草席둥근초방석유 俗音두 ㊣有 蕑 간 莖木벼줄거리간 ㊣旱

蕽 농 蘆花蓬ㅣ갈꽃농 ㊣冬 蕺 즙 筆管菜似蕎麥 모밀나물즙 ㊣緝 稱 칭 黑芝麻검은깨칭 ㊣蒸 蕻 홍 草菜之心長장다리홍 ㊣送 蕼。사 菫也씀바귀사 寬也너그러울사 傺也천천사 ㊣寘

薂 격 蓮實연밥격 ㊣錫 蓫 穟(禾部十三畫)과同 蕾 뢰 蓓ㅣ始華꽃봉우리뢰 花綻貌꽃잎방긋할뢰 ㊣賄 蕉 전 細菔가는무전、열무전 ㊣銑

薁。욱 山生葡萄類蘡ㅣ새머루욱 ㊣屋 䕇 회 草名芋之惡者못된감자회 ㊣賄 薀。온 藻屬마름온 水草有文문채있는수초온、蘊通、積也쌓일온 習也익힐온 ㊣吻 ㊣問

藁 稾(艸部十三畫)과同 薉。예 汙也더러울예 荒蕪田中雜草김묵을예 薄。박 不厚얇을박 少也적을박 輕也가벼울박 聊也힘입을박、외오라지박 集也모을박 被也입힐박 林ㅣ草叢풀

떨기박 帷ㅣ簾也발박 ㅣㅣ疾驅빨리달릴박 迫也핍박할박、다닥칠박 ㅣ暮땅거미박 嫌也협의할박 博也넓을박(藥) 薆 (애)ㅣ薱草木盛貌초목성할애 香氣觸鼻향기어릴애(隊) 薃。(호)侯莎향

부자호(皓) 藁 薅(次條)와同 薅 (호)拔去田草김맬호(豪) 蘮 (절)蘮ㅣ蘮草돌피절 芺通(屑) 薈。(회)草多ㅣ蔚풀우거질회 鴻ㅣ蘨菜염교회 障也막을회 雲霧起구름일어날

회俗音외(泰) 薇 蒼(艸部九畫)과同 薇(次條)와同 薇。(미)蕨也고비미 花名紫ㅣ백일홍미 花名薔ㅣ장미화미(微) 薊。(계)朮也삽주계 涿郡地名고을이름계 鄭同(霽)

䔰 篽(竹部十一畫)의古字 䕓 芰(艸部四畫)의古字 薑。(강)禦濕菜생강강 薑同(陽) 薍。(완)茨也갈대완(潸) 薌。(향)穀氣곡기향 香也향기향 梁也기장향(陽)

資。(자)積也쌓을자 惡草蒺藜납가새자 薺通(支) 蘋 (오)瓜蔓외덩굴오(皓) 蔆 (릉)菠ㅣ草시금치릉(蒸) 薔。(색)(장)澤生者蓼물여뀌색、ㅣ薇장미장(職)(陽)

薏 (의)(억)草珠ㅣ苡율무의 蓮子연밥의、蓮心연밥속억(寘)(職) 蔘。(삼)人ㅣ인삼삼(一名神草)(侵) 薙。(치)(체)芟草풀깎을치、체 義同(紙)(霽) 薕。(렴)蒹也갈렴(鹽) 薘 (달)馬舄草名질경이달、풀이름달 菜名莙ㅣ근대달(曷)

薖。(과)寬大貌너그러울과 饑意헛헛할과 草名과풀과(歌) 薜 (폐)(벽)ㅣ荔香草담장이덩굴폐 山麻돌삼폐(麻生山中者名ㅣ) 當歸승검초폐、벽 義同、僻同(霽)(陌)

蘿 穲(禾部十一畫)의俗字 蕩 (탕)商陸자리공탕(陽) 蕳 (가)薄荷藥名박하가(箇) 薛。(설)藾也다북쑥설 國名설나라설 薗 園(口部十畫)과同

薠。(번)靑ㅣ似莎풀이름번、잔디번(元) 蘖 (얼)餘枿나무그트리얼(屑) 薟 (렴)藥名白ㅣ가위톱렴 薝 (담)ㅣ蔔花名치자꽃담(感) 蘞 蘝(艸部十二畫)과同

䕯 (건)瓜病외병들건 俗音간(刪) 薦 (천)ㅣ擧천거할천 祭也ㅣ新천신할천(無牲而祭曰ㅣ) 席也자리천(莞曰席、藁曰ㅣ) 進也드릴천 薥。(촉)花名ㅣ葵촉규화촉 躅ㅣ자귀밥촉 ㅣ黍수수촉(送)

蕵 (손)菜名ㅣ蕪손무손(元) 蘤 (화)草連接貌풀연접할화 馬名ㅣ驊말이름화(麻) 薤 (해)似韭葷菜염교해 ㅣ露挽歌상두군소리해 韰同(卦) 蔦 鳧(鳥部二畫)의俗字

薀 蕰(艸部九畫)과同 薣。(고)菰草蘢ㅣ요화고(虞) 薡。(정)似蒲而細ㅣ董자오락정、그령이정(迥) 薢。(해)藥名草ㅣ며래해(蟹) 薪。(신)蕘也柴也섶신、땔나무신 草也풀신 薪水월급신(眞)

薨。(훙)(횡)奄也죽을훙(天子死曰崩 王侯死曰ㅣ)、ㅣㅣ.羣飛聲떼로날으는소리횡 衆也많이모일횡 疾貌빠를횡(蒸)(庚) 蔽 茀(艸部五畫)과通

薧。(고)乾魚말린물고기고 黃泉ㅣ里저승고(皓) 藙 欆(木部十三畫)과通 蕺 (적)木賊속새적(職) 藑 (경)草旋貌풀이돌경(庚) 蕁 (순)束藁짚단순(震)

藈 款(艸部十二畫)과同 䕂 菧(艸部八畫)과同 藗。蓀(艸部十畫)과同 薹 耄(老部四畫)과同 䕸 孽(子部十七畫)과同 藪

蘞(艸部十一畫)과同 蔲 蔻(艸部十畫)과同 蕅 萹(艸部九畫)과同 蕳 藺(艸部十六畫)과同 蕣。莽(艸部九畫)의古字 諑 (艸部十四畫)의古字

蔙 亂艸部十三畫)과同 僳 蓏(艸部十畫)과同 蕺 莪(艸部七畫)과同 搸 榛(木部十畫)과同 蕦 [함]意는未詳

蔄。蔓(艸部十一畫)과同 蔵。[장]藏(匚部二十四畫)과同 薫 薰(艸部十四畫)의略字 蕀 揉(手部九畫)과同 蕣 [자]草相繞生 풀이서로엉키어날

자 蕖。[품]藤也 등나무품(寢) 蓥 蓥(艸部十四畫)俗字 薬 藥(艸部十五畫)의略字 蔥。[회]草名惡芋 못된감자회(灰) 蕈。[심]蒲類 부들심(侵)

⑭ 薩 [살]菩ㅣ佛號 보살살(菩薩也ㅣ濟也能普濟衆生)(曷) 薵 [주]葱也 파주 覆也 덮을주 薯 [서]ㅣ蕷藥名 마서、감자서 藷同(御) 薰。[훈]香草似靡蕪 향풀훈 灼也 훈할훈 爇也 더울훈(文)

薳。[원][위]藥草遠志 아기풀원 蔿通、草也 풀위(阮)(紙) 薴。[녕]草亂貌 풀어지러울녕(庚) 蘋 [빈]草名 빈풀빈 萍也 머구리밥빈 蘋同(眞)

薱 [대]薆ㅣ鬱蔥貌 빽빽히들어설대(隊) 薺。[자][제]蒺藜 납가새자 ㅣ樂名 채제풍류자 采 薋 蒡(艸部十畫)의本字 薹 [대]蕓ㅣ菜名 평지나물대、장다리대 夫須草 띠대(灰)

薶。[매]藏也 묻을매、감출매 地神祭 지신제매 埋同(佳) 薸 [표]浮萍草 개구리밥표(蕭) 藀。[영]草旋 풀얽길영(庚) 藁 [름]莪蘿ㅣ蒿 빵쑥름(寢)

薿。[의][억]ㅣㅣ茂也 무성할의、억 藻 藻(艸部十六畫)과同 薾 [이]花盛 꽃번성할이(紙) 藂 蔯(艸部十一畫)과同 蘩 蘩(艸部十七畫)의本字 薽。[진]草名ㅣ葝 개비름진(眞)

蔡 [찰]草芥 북더기찰(黠) 蘞 [렵]草疎貌 풀성기게날렵 藑 [형]藥草萎蕤 들개나리형(一名笑草)(青) 歊。[호]暴起貌 급히일어나는모양호俗音고(號)

蘩。[기]薇也 고비기(支) 藁 [고]禾稈 짚고 文草 글초잡을고、席也 거적고、자리고 稿同(皓) 蓼 蓼(艸部十一畫)과同 蘄 蘄(艸部十一畫)과同 藂

[총]灌木 떨기나무총 叢同(東) 蘮 [벌]草枯萎縮 풀시들시들할벌(月) 遘 冓(冂部八畫)의俗字 蒙。[건]草名 건초건(銑) 藉。[자][적]薦也 깔자 助也 도울자 借也 빌릴자 憑ㅣ빙자할자 慰ㅣ厚待 대접할자、狼ㅣ雜亂 어수선할적 ㅣ甚盛也 성할적 貢獻 드릴적 ㅣ田 임금이가는밭적 名稱ㅣㅣ 일컬을적(禡)(陌)

藇。[여][서]草名 藷ㅣ 마여 蕷通、美貌 아름다운모양서(御)(語) 藈 [규]王瓜ㅣ菰 쥐참외규(齊) 藊 [변]白扁豆 백변두변(銑) 蘕 蕃(艸部十畫)의俗字 䔊 [정]仙草黃ㅣ 둥굴레정(庚) 藋。[조]藜也 명아주조 藥名 蒴ㅣ 말오줌나무조(嘯)

𦺺 苓(艸部四畫)과同 䕒 暘(田部九畫)과同 藮 [초]草生長貌 풀자랄초(巧) 藹 藹(艸部十四畫)과同 蘥 蘥(艸部十七畫)의俗字 藎。

[신]染黃草염황초신 進也나아갈신 餘也남을신(震) 蓋 蓋(艸部十一畫)과同 蘆 盧(虍部十一畫)과通 蕒。[경]ㅣ茅香草향풀경(庚) 蕵 [준]祭餘제사퇴물준 食餘

먹던음식준 餕同(震) 藏。[장]似亂草名장풀장 隱也감출장 、物所蓄광장、곳집장(漾) 藐 [막][묘]染紫草붉은물드리는풀막 美也아름다울막 ㅣㅣ忽略약간막 邈通、小也작을묘 弱也약할묘 遠也멀묘 輕視

쉽게볼묘(覺)(篠) 蔱 [찰]除草풀뽑을찰(黠) 蕢 蕢(艸部十二畫)과同 夢。[몽]帚草비단만드는풀몽 蘿也쑥날몽(東) 僕 [박]花落꽃떨어질박(藥) 蔨。[전]意未詳

藪。藪(艸部十三畫)의古字 蘢 蘢(艸部十五畫)과同 蔽 蔽(艸部十二畫)과同 蓁 榛(木部十畫)의古字 葬 葬(艸部九畫)의古字 蕆

若(艸部五畫)의古字 蕬 [애]意는未詳 藒。[걸]香草ㅣ車향풀걸(屑) 蕰 葅(艸部九畫)과同 ❶十五 蘺。[수]入草器풀담는그릇수(尤) 藕

[우]芙蓉根연뿌리우 藕同(有) 蹀 屧(尸部九畫)과同 蕉 樵(木部十二畫)과同 蘸。[삽]濕也젖을삽(陷) 藘 [려]染絳草茹ㅣ꼭두서니풀려 蓾 齒(齒部○

畫)과通 贊。[간]莝餘草莖여물찌끼간 本音한(刪) 蕩 蕩(艸部十三畫)의俗字 蕻 [홍]蕓也장다리홍(蒸) 藔 [로]乾梅實마른매실로(晧) 蔨。

菌(艸部十一畫)과同 蕨。[속]白茅흰띠속(屋) 蔍。[렵]草動풀흔들릴렵(葉) 瞢 [명]新睡起貌잠처음깬모양명(徑) 蕂 [슬]牛ㅣ藥草쇠무릎슬(質) 蕳 [려]蒿

也들쑥려 藥名菴ㅣ진주봉려(魚) 蔦 [사]藥草澤ㅣ쇠귀나물사(馬) 蘒 蕟(艸部十二畫)과同 藪 蒪(艸部十二畫)과同 藚。[속]藥草水舃약풀속 澤

瀉쇠귀나물속(沃) 蘐。[의]吳茱萸오수유의(未) 蒂 蔕(艸部十一畫)과同 藜。[려]蒿類萊菜명아주려 粱美玉名懸ㅣ아름다운옥려 靑ㅣ、ㅣ杖청려장려(齊) 蔪

[참]代木나무벨참(豏) 蕼 蕼(艸部十三畫)의本字 藝 [예]才能재주예 文也글예 法也법예 準也대중할예 種也심을예 禮樂射御書數六ㅣ여섯가지재주예 極也극진할예 蓺通(霽) 蹄

[제]草名羊蹄소루장이제 膚 [부]草名也ㅣ대싸리부(苗可以爲帚)(虞) 藟 [류]葛蔓칡덩굴류 虆通(紙) 蒵 [체]棗李去ㅣ꼭지체(霽) 藞。蘤(艸部二十三畫)의譌字

蕁 蕁(艸部十六畫)과同 藤 [등]蔓生木 藟등나무등 藤 藤(前條)와同 藡 荻(艸部七畫)과同 蘢。[피]莚也牛尾쇠꼬리피、풀이름피(支) 藠

[교]薤類ㅣ子자총이교、부추교 本音효(嘯) 藢 [치]紫芋검붉은토란치(紙) 藦 [마]草名蘿새박마(箇) 藨。[표]山莓산딸기표 藥。[약]金石草木劑皆曰ㅣ약약 (史記、神農氏嘗百草始有

醫ㅣ)(藥) 藩。[번]籬也울타리번 ㅣ屛제후나라번 守護지킬번 蕃通(元) 藬 [퇴]草名牛蹄소루장이퇴(一名羊蹄)(灰) 藩 藩(艸部十五畫)과同 蘛 [혈]馬蓼龍ㅣ말여뀌혈(屑)

藫 담 水苔 물이끼담 海藻 말담 覃 藪。수 大澤 큰늪수 林ㅣ 숲수、덤불수 有 蕵 蕵(艸部十四畫)의 本字 藭。궁 芎ㅣ 香草 궁궁이궁 藥草名 川芎 천궁궁 東

蘬 蘬(艸部十七畫)과 同 薛 薛(艸部十三畫)의 本字 蘻 䔍(艸部十二畫)과 同 蘄 蘄(艸部十六畫)과 同 藰。류 章蓫 산우엉류 有

蕰 菹(艸部八畫)과 同 蘰。藻(艸部十六畫)과 同 蘤 藹(艸部十三畫)과 同 蔦 蔦(艸部十二畫)과 同 藁 藁(艸部十四畫)과 同 蘊

蓄(艸部十畫)과 同 蘗 僕(人部十二畫)과 同 莿 莿(艸部九畫)과 同 苊 苊(艸部五畫)과 同 夢 夢(夕部十一畫)과 同 證 證(言部十二畫)과 同

憓。憓(艸部十六畫)과 通 鎣 鎣(前前條)와 同

(十六)

藤 등 藤과 同 藶。력 大薺葶ㅣ 두루미냉이력 錫 藃 효 株根 그루뿌리효 竹筍 대순효 蓮根 연뿌리효 肴 蘈 독 藥名ㅣ浩 땅두릅독 屋 蘡 영 菊花 국화영 庚 蘧 薐(艸部十一畫)과 同 藺 萏(艸部八畫)과 同 藷。저 番薯 甘ㅣ 마저、감자저、俗音서 御

藐 藐(艸部十四畫)과 同 藹。애 ㅣㅣ 盛多貌 수두룩할애 草木叢雜貌 초목우거질애 泰 賄 藸。제 五味子 荎ㅣ 오미자저 藷同 魚 藻。조 水草 마름조 文也 글조 藻、𧄍同 皓 𧄔。함 菡也 꽃봉오리함 感 藺。린 草名 馬ㅣ 뇌양이린 姓也 성린 震 藿。곽 豆葉 콩잎곽 藥草ㅣ 香 곽향곽 本音확 藥 藽 친 木槿 무궁화친 櫬通、俗音츤 震

藔。료 乾梅實 마른매실로 皓 藾 뢰 ㅣ蕭 荓也 다북쑥뢰、맑은대쑥 뢰 蔭也 덮일뢰、그늘질뢰 泰 蘁 오 악 逆也 거스를오 忤通、華咢 꽃받침악 蕚通 遇 藥

蕿 섭 螢人 野草ㅣ 麻 풀쐐기섭 蘀。탁 隕ㅣ 草木皮葉落陊地 초목껍질과 잎사귀떨어질탁、이울탁 槁也 마를탁 藥 蕁 蕁(艸部十二畫)과 同 薑 薑(艸部十三畫)과 同 蘂 예 花心鬚 꽃술예、꽃수염예 (花外曰萼花內曰ㅣ) 蕊同 紙

蘷 기 草名 풀이름기 支 蘃 蘂(前前條)의 譌字 蕣 蕣(艸部十二畫)과 同 蕁 蕁(艸部十六畫)과 同

蘿 蕹(艸部十三畫)과 同 蘨。파 白蒿 흰쑥파、백쑥파 歌 蘅 형 香草 杜ㅣ 곰취형、두형초형 庚 𧄊 빙 草木茂盛 초목무성할빙 蒸 蘄。근 기 山ㅣ 藥名 승검초근、芹也 미나리근 求也 구할기 馬銜 말자갈기 草名 풀이름기 文 支

蘆。로 려 葦也 갈로 (葦之未秀者爲ㅣ)、茹ㅣ 藘也 꼭두서니려 漏ㅣ 藥名 범고채려 蘧 蓀(艸部十畫)과 同 蘊。온 운 藻屬 마름온 聚草 薀火東ㅣ 풀모아불사를온、積也 쌓일운 薀通 吻 問

蘇。소 紫ㅣ 草名 차조기소 扶ㅣ 木名 부소나무소 ㅣ氣 索貌 까무러질소 樵ㅣ 取草 나무할소 死而復生 깨어날소 國名 나라이름소 穌通 虞

䕢 蘉(艸部十三畫)과 同 蘉 망 勉也 힘쓸망 陽 蘈 퇴 草名 牛ㅣ 소루장이퇴、암눈비앗퇴 灰 𧅢。지 적 草積 풀쌓을지 草名 풀이름지、적 積同 寘 蘋

[빈]大萍 큰개구리밥빈、마름빈 蘋同 (眞)

䕭 職(目部十五畫)의 譌字

虁 蘷(艸部十一畫)과同

蘌。[어]掩也 가릴어、地名 ㅣ況 땅이름어 (語)

蘫 菹(艸部八畫)과同

蘢。[롱][룡]紅草 요화롱、馬蓼 말여뀌룡。(東)(冬)

䕯。蘘(艸部十七畫)과同

䒷 馳(馬部三畫)의 古字

𧅴 薛(艸部十三畫)과同

藚。蕒(艸部十二畫)의 本字

蘪 藁(艸部十四畫)과同

蘍 薰(艸部十四畫)과同

蘾 藎(艸部十四畫)과同

𧅩 蕙(艸部十五畫)과同

𧅣 蕣(艸部十二畫)과同

𧅪 驥(馬部十七畫)의 古字

𧃜 潦(艸部十五畫)과同

𧄖 漫(艸部十四畫)과同

蘜 菊(艸部八畫)과同

𧄩 絅(糸部五畫)과同

䕲 歡(欠部十三畫)과同

蘸。[작]藥名附子 부자작 (覺)

薲。[료]乾梅之屬 마른매실료 (蕭)

𧅊。[번]藥名知母 지모번 (元)

䕭。[섬]野草、ㅣ麻 풀쐐기섬、독풀섬 (鹽)

蘐 [훤]忘憂草 망우초훤、원추리훤 (元)

蘭。蘭(艸部十七畫)의 略字

蘑 [마]ㅣ菇 표고마 中字

十七

蘖。[얼]萌ㅣ 싹얼、벤나무에 싹날얼 (屑)

蘙 [예]草盛ㅣ薈 풀성할예 (霽)

蘘。[양]草名ㅣ荷 양하풀양(一名蕃葙) (陽)

𧅫 [루]鷄腸草蔞ㅣ 닭의밑씻개루 (虞)

蘞。[험][렴]辛毒草 맵고독한풀험、白ㅣ 가위톱렴、藥名 진동찰렴、薟同 (鹽)(豔)

蘝 蘞(前條)의 譌字

𧄜 [육]茂也 무성할육、花開敷ㅣ 꽃필육 (屋)

蘜 菊(艸部八畫)과同

蘬 鄗(艸部十五畫)과通

𧆇 蘜(艸部十八畫)과同

蘣 [투]禾苗發出 벼싹팔투 (有)

蘠。[장]ㅣ薇花名 장미꽃장 薔同 (陽)

䔭 醢(艸部十二畫)과同

蘡。[앵]蘡草ㅣ薁 머루넌출 앵(葉似葡萄而小) (庚)

藘 [조]魚醬 어장조 (遇)

蘒 [구]蒿類 쑥구 (有)

蘤 [위][화]花也 꽃부리위、花古字、華通 (紙)(麻)

蘧。[거]瞿麥 석죽화거、패랑이꽃거 自得貌ㅣㅣ 마음에든든할거 (魚)

蘕 蹇(艸部十四畫)의 俗字

𧆓。[섬]山韭 산부추섬 韱同 (鹽)

蘦。[령]甘草 감초령、落也 떨어질령 苓通 (青)

蘬 [혈]葒也 요화혈、말여뀌혈 (屑)

蘭。[란]香草一幹一花 난초란、木ㅣ花名 朝搴 목란꽃란、國名 和ㅣ 나라이름란 (寒)

蘨 [요]草盛貌 풀더부룩할요

蘬 [귀]冬葵 겨울쑥갓귀、馬蓼 말여뀌귀、薺實 냉이씨귀 (支)

䕌 藑(艸部十四畫)의 譌字

蘫。[람]瓜葅 외ㅣ치람

蘪。[미]芎藭苗ㅣ蕪 궁궁이싹미 (支)

蘮 [계]粘草ㅣ蘩 찰풀계、姓也 성계 (霽)

蘯 蕩(艸部十二畫)과同

蘩。[번]白蒿 새발쑥번 (元)

薿。[의]草盛貌 풀이무성할의 (紙)

𧃋 [익]草名 풀이름익 (職)

䕷 蘪(艸部十七畫)과同

䕡 蔍(艸部九畫)과同

𧄀 薈(艸部十三畫)과同

藎 藎(艸部十四畫)과同

𧄐 蒐(艸部八畫)과同

蘼。藷(艸部十八畫)의 譌字

𧅡 藉(艸部十四畫)의 古字

蘗 蘖(艸部十三畫)의 譌字

𧅼 稸(艸部十六畫)과同

十八

䕹。[잡]戶簾 문에드리운발잡 (合)

蘙 [교]藥名連ㅣ어리나무교(蕭) 蘲 [류]土籠 삼태기류 ⿱艹黠 [개]禾藁去皮穎也 짚고갱이개、벗짚개 稭同(佳) 蘵 [직]黃蘵 꽈리직(職) 䕺。[총]草叢生 풀떨

기총 株也 줄기총(東) ⿱艹織 蘵(前前條)와 同 蘳。[화][휴]黃華 노란꽃화 花葉貌 꽃잎모양화、휴 義同(馬)(支) 蘴 [풍]蕪菁苗 무우싹풍 葑通(東) ⿺辶⿱艹隹。[구]蘧也 ㅣ

麦 패랑이꽃구(眞) ⿱艹鼕。[동]鼓鳴ㅣㅣ 북울릴동(董) ⿱艹燒 燒(火部十二畫)의 譌字 ⿱艹釐 [리]香附子草名 향부자리(支) ⿱艹瀀 ⿱艹憂(艸部十三畫)의 譌字 ⿱艹⿱怱糸

蘩(艸部十六畫)과 同 ⿱艹樵 樵(木部十二畫)과 同 ⿱艹穛。藮(艸部十六畫)과 同 ⿱艹續 藚(艸部十五畫)의 譌字 ⿱艹褚 藷(艸部十六畫)과 同 ⿱艹⿰禾集

[첩]花開 꽃필첩(洽) ⿱艹鵙 虉(艸部二十一畫)과 同 ⑲ ⿱艹亹 虋(艸部二十五畫)과 同 蘱 [류]茅屬蒯蕫 그령류、자오락류(寘) 蘸。[잠]以物淬水 물에담글잠(陷)

蘻 [계]草連貌 풀연접할계 毒草名 풀이름계(霽) ⿱艹難。[연]草名 풀이름연 熱也 데울연(先) 蘺。[리]香草芷ㅣ 향풀리 芎藭苗 궁궁이싹리 籬通(支) ⿱艹麗 [려][미]草木附著地而

生貌 초목이 땅에 붙어서자랄려、미는 蘼同(霽) ⿱艹躅 [촉]花名 躑ㅣ 철죽꽃촉 草名 촉풀촉(沃) 蘽。[류]蘡也 山ㅣ 산머루류(紙) 蘹 [회]ㅣ香、草名 풀이름회(佳) 蘿。[라]女

ㅣ托松而生 새삼년출라 ㅣ蔔菜也 무우라 蒔ㅣ香也 시라향라 藤ㅣ 댕댕이년출라 薜ㅣ 담당이년출라 藤ㅣ 칡라、갈라(歌) ⿱艹壞 [괴]藥名 茴香 회향괴(卦) ⿱艹識。[식]苦蔘 쓴너삼식(職) ⿱艹顚

[전]草頭 풀머리전(先) 蘓 蘇(艸部十八畫)과 同 ⿱艹⿰米翟。藋(艸部十四畫)과 同 藂 聚(耳部八畫)과 同 ⿱艹⿰禾見 藽(艸部十六畫)과 同 ⿱艹⿰東曹 蓸(艸部十

一畫)의 古字 ⿱艹齍 [제]醯醬所和 양념할제 細切 잘게썰제(霽) ⿱艹嬴。[영]菊花 국화꽃영 ⿱艹竆 藭(艸部十五畫)과 同 ⿱艹蠭 蠭(虫部十六畫)의 俗字 ⿱艹⿰禾翟

藋(艸部十四畫)과 同 ⿱艹贊。[찬]蔓草 丼ㅣ 담쟁이덩굴찬(翰) 蘷。[기]菜名 나물이름기(支) ⿱艹彊 薑(艸部十三畫)과 同 ⿱艹羸。[라][뤼]菜名、葉似竹 나물이름라、리 義同(歌)(支)

⿺辶⿱艹夌 菱(艸部六畫)의 古字 ⿱艹⿱齊鳥 虀(艸部十九畫)과 同 ⑳ 虂。[로]草名 蔠葵 머루덩굴로(遇) ⿱艹瀸 [첨]草名 첨풀첨、지네풀첨 本音섬(鹽) ⿱艹鏠

[살]弓矢 화살 國字 ⿱艹鵙。[역]綬草 인끈풀역 虉同(錫) ⿱艹⿰豙頁 藙(艸部十五畫)과 同 ⿱艹嚴 莶(艸部七畫)과 同 ㉑ 虆。[류]蔓也 덩굴류、葛蔓 칡덩굴류 藟通(支)(紙)

⿱艹鵹 蘺(艸部十九畫)과 同 虉 [역]草有雜色似綬 여풀역、인끈풀역 鷊同(錫) 虈。[효]白芷 백지효(蕭) ㉒ ⿱艹囊 [낭]草貌 풀모양낭(漾) 虊。[란]蓴菜 순채란

鳧葵 마름풀란(寒) ⿱艹⿱亶示 虋(艸部二十五畫)의 譌字 ⿱艹⿱⿰鹵有皿 [해]肉醬 고기장조림해(賄) ⿱艹穰 ⿱艹釀(艸部二十四畫)과 同 ⿱艹⿰魚虘 [조]魚醬 생선장졸임조(遇) ㉓ ⿱艹蠲。

[현]麥稃보리대현(先) 蘖 蘗(前條)와同 [illegible] [illegible](艸部十五畫)과同 [illegible] [약]風吹水貌물놀이칠약 [illegible] [illegible](艸部二十五畫)과同 ㉔ [illegible]。

[공]薏苡율무공(送) 蘸。[양]蘇也ㅣ菜들깨양(蘇小者曰ㅣ)菜也양나물양(養) ㉕ [illegible] 醽(酉部十畫)과同 虋。[문]草名ㅣ冬맥문동문赤粱粟붉은기장문穈通(元)

虌 [별]初生蕨처음난고사리별(屑) [illegible] 蘘(艸部二十二畫)의譌字 ㉝ [illegible]。[추]草履짚신추(虞)

虍部

虍。[호]虎文범의문채호(虞) ㊁ 虎。[호]猛獸山獸之君범호、호랑이호(虞) ㊂ [illegible] [후]虎吼범울후(虞) [illegible] [illegible](虍部三畫)과同

[illegible] 虐(次條)와同 虐。[학]苛酷사나울학、혹독할학、모질학苛也까다로울학殘也해롭게할학本音약 [illegible] 虐(虍部三畫)과同 ㊃ [illegible]。[예]虎貌범모양예(隊)

虓 [효]ㅣ然虎怒聲범고함지를효人名사람이름효(肴) 虑 [필]愁也근심할필、애태울필(質) 虓。虓(前前條)와同 虒 [사]委ㅣ虎之有角者뿔있는범사(支) [illegible]

[역]虎聲범의소리역(陌) 虔。[건]敬也공경할건强取빼앗을건殺也죽일건(先) ㊄ [illegible] 柛(木部五畫)과同 [illegible] [합]虎也범합 [illegible] [의]虎息범의숨소리의(未)

虖。[호]歎也탄식할호大聲큰소리지를호呼、嘑通(虞) [illegible] [로]飯器밥그릇로虎文범의무늬로(虞) 處。[처]ㅣ所곳처、居也살처止也그칠처定也정할처ㅣ置分別처지할처(如區ㅣㅣ事用刑ㅣ斬ㅣ絞以法律)未嫁ㅣ女처녀처士未仕처자처區ㅣ구처할처処同、䖏通(御)(語)

䖏 處(前條)의俗字 虙。[복]虎貌위엄스러울복、범의모양복、帝號ㅣ犧복희씨복 [illegible]。[을]虎視貌범이노리고볼을(物) [illegible] [illegible](前條)와同 ㊅ 虛 [허]空也빌허、헛될허罄也다할허次也버금자리허星名별이름허天空하늘허故城터허ㅣ言거짓말허ㅣ弱약할허虗同(魚) 虜。[로]掠也사로잡을로(生得曰ㅣ、斬得曰獲)奴隸종로擄同(麌)

[illegible] 虜(前條)와同 [illegible] 虐(虍部三畫)의古字 [illegible]。[은]虎聲범의소리은(文) ㊆ [illegible] [맥]白虎흰범맥(陌)

[illegible]。[함]虎聲범의소리함(感) [illegible] 虎(虍部二畫)의古字 [illegible] [날]虎行貌범이갈날(黠) 䖒。[희]古陶器옛날그릇희(支) [illegible] [령]虎屬、小形범령(青) [illegible]

[고]虎息범이숨쉴고 虞 [우]慮也艱ㅣ염려할우樂也驩ㅣ즐길우安也편안할우誤也그릇칠우葬後祭禮우제지낼우帝舜國號나라이름우 虘 [차]猛也모질차(歌) [illegible] [합]習貌의힐합(洽) [illegible]

[종]赤黑文虎검붉은얼룩범종(東) 號。[호]大呼부르짖을호大哭크게울호弓名활이름호、謼同、召也부를호ㅣ令호령호謚也시호호名稱이름호号、號同(豪)(號) [illegible] [illegible](虍部六畫)과同 ㊇

虡。[거]枸ㅣ柎名쇠북틀설주거(語) [illegible]。[호]不見보지못할호(虞) 虠 [교]虎聲범의소리교(巧) [illegible] 庯(广部八畫)의譌字 [illegible] [illegible](虍部六畫)과同 [illegible]

[조]大也 클조、往也 갈조(霽)(遇) ⿸虍勿 虎(虍部二畫)과同 ⿸虍留 [로]鑪、甗同 ⿸虍林 彪(虍部十一畫)과同 **九** ⿸虍咸 [암]雄虎 수펌암(咸) 虢。[괵]國名 ㅣ

仲所封 괵나라괵(陌) 虣。[포]虐也、猛也 혹독할포、사나울포 急也 급할포 周官名 司ㅣ 벼슬이름포 暴通(號) ⿸虍兒 [열]虎睡 호랑이가 졸열 ⿸虍几 凱(几部十畫)과同 **十** ⿸虍條

[숙]虎入林中 범이 숲에 들숙(屋) 虤。[현]虎怒 범이 성낼현(銑) 䖘。[도]虎也 鳥ㅣ 범도(虞) ⿸虍殹。[계]獸很而不動貌 짐승이 패려궂어 움직이지않을계(霽) 虨 彪(虍部十一畫)과同

⿸虍羌 [강]虎種 범강(陽) ⿸虍白 處(虍部五畫)과同 ⿸虍周 [주]虎狎貌 범이 친압해질주(尤) ⿸虍且 [조]往也 갈조(遇) 虦。[잔]虎淺毛ㅣ猫 털몽근범잔(刪) ⿸虍古 [고]姑息 잠시쉴

고(虞) ⿸虍兔 ⿸虍兒(虍部十畫)과同 ⿸虍亢 [요]不安貌 편치못할요(嘯) ⿰彖虎 [치]用也 쓸치(寘) **十一** ⿰火虐 烘(火部六畫)과同 虧。[휴]缺也 이지러질휴 小也 적을휴 氣損

기운덜릴휴 虧同(支) ⿸虍彡。[반]虎文 범의 문채반 虨同(刪) **十二** ⿸虍烏 [오]虎也 ㅣ菟 범오(虞) 虩。[혁]恐懼ㅣㅣ 두려워할혁 繩虎 蟲거미혁(陌) ⿸虍冥 虓(虍部六畫)의 俗字

⿰豦且。[조]且往 또갈조 粗同(霽)(遇) ⿰号虘。[호]土釜 흙가마호(號) ⿸虍亏 虧(虍部十一畫)과同 ⿸虍素 [삭]虎貌 범의 모양삭(藥) ⿰⿱乂虎 虢(虍部十二畫)의 譌字 ⿰秉虎

[함]虎聲 범의 소리함(咸) ⿰秉虎 ⿰秉虎(前條)와同 **十三** ⿸虍彬 彪(虍部十一畫)의 俗字 ⿸虍絲 彪(虍部七畫)과同 ⿸虍巢 [색]虎驚貌 범이 놀랄색 或音 속(陌)

十四 ⿱殹虎 [격]虎聲 범의 소리격(陌) ⿸虍皆。[은]兩虎爭聲 범싸우는소리은 口氣出 입김내보낼은(眞) ⿸虍霸 霸(雨部十三畫)과同 ⿰虎彡 [격]虎聲 범의 소리격(陌) ⿰單虎

[격]恐也 두려워할격(陌) **十五** ⿸虍敫。[혁]虎聲 범의 소리혁 本音격(陌) **十七** ⿸虍盅 [저]器物 그릇저(語) **二十** 虪。[숙]黑虎 검은범숙(屋)

虫部

虫。[충][훼]鱗介總名 벌레충 譌音훼、蟲略字(尾) **一** 虬 [알]蟲聲 벌레소리알(黠) **二** 虯。[규]龍之無角者 뿔없는용규 駕形蚴ㅣ 멍애형용구 虬同(尤)

虮 [기]蟲名 密ㅣ 밀기벌레기 ⿷匚虫。[닉]蟲食病 벌레먹는병닉(職) 虰 [정][증]蜻蜓ㅣ蛵 잠자리정 螳也 蠪ㅣ 개미증(靑)(蒸) 虱 蝨(虫部九畫)과同 **三** ⿰虫亏

虶(次條)와同 虳 [굴][적]鼠也 쥐굴、義同(物)(錫) 虶 [우]蚰蜒ㅣ 그리마우、치자리우(虞) 虵。蛇(虫部五畫)의 俗字 虹。[홍][강][항]螮蝀ㅣ蜺 무지개홍 蚀通、泗州縣名 고을이름강

、劍名 流彩ㅣ 칼이름항(東)(絳)(江) 虴。[택]蚱蜢 베메뚜기택(一名 稻螽)(陌) 虷 [간]井中赤蟲 쟁갑이간、장구벌레간 犯也 범할간 本音한(寒) 虸 [자]害稼蟲ㅣ蚄 며루자、자장벌레자(紙)

⿰虫寸 [주]海蟲 바다벌레주(有) ⿰工虫 虹(虫部三畫)과同 ⿰虫兀 [올]蛤蠏 게올(月) ⿱工虫 虹(虫部三畫)과同 虺。[훼][회]蛇虺 이무기훼 ㅣㅣ小蛇聲 작은배암소리훼、ㅣ隤 馬病

비루먹을회 瘣同 (尾)(灰) **虽** 雖(隹部九畫)과同 **虻**。[맹]蚊ㅣ蟁人飛蟲 등에맹 **⿺辶虫** 虫(虫部。畫)과同 **⿱亡虫** 虻(前前條)와同 **虼** [흘]ㅣ蚤벼룩흘 中字

⿰虫丸 蚖(虫部四畫)의譌字

四

蚊。[문]蟁人飛蟲蚋也 모기문 蟁同 (文) **蚄** [방]害稼蟲蚄ㅣ자 방벌레방 (陽) **蚅**。[액]豆莱青蟲 콩망아지액、배추벌레액 (陌) **蚇** [척]ㅣ蠖屈伸蟲 자벌레척 (陌) **⿰虫开** 蚈(虫部六畫)과同 **蚆** [파]貝也 자개파 (麻) **蚏**。[월]似蟹而小 방게월 蠘同 (月) **蚉** 蚊(虫部四畫)과同 **蚍**。[비]大蟻ㅣ蜉 왕개미비 (支)

蚋 [예]蚊也 모기예 蜹同 (霽) **蚌**。[방]蛤屬含漿 조개방 蜯同 (講) **蚓** [인]土龍蚯ㅣ 지렁이인(一名曲蟺) 螾通 (軫) **⿰虫止**。[치]蟲伸行 벌레가 번어서길치 (紙) **⿱止虫** ⿰虫止(前條)와同

⿱虫月 [현]小蟲 작은벌레현 空也 빌원 **蚐** [균]臭蟲馬蚿 노래기균 (眞) **⿱龹虫** [권]蟲入火貌 벌레가 불에뛰여들권 (先) **蚑**。[기]蟲行貌ㅣㅣ 벌레길기 長ㅣ蟰蛸別名 발긴거미기 (支)(寘) **⿱氐虫** 蚳(次條)와同 **蚳**。[지]畫也 청개구리지 土蝱 등에지 蟁同 (支)(寘) **蚕** [천][잠]蟺也 지렁이천、俗蠶通 (銑)(覃) **蚒** [윤]蠶類 누에윤 (軫) **蚖**。[원][완]蠑螈蠑ㅣ 도마뱀원、도롱룡원 螈通、虺類毒蛇 까치독사완 (元)(寒) **蚛** [중]蟲食物 벌레먹을중 (送) **⿰虫丏** [면]蟬類 매미면 (先) **蚚**。[기]米蠹 쌀바구미기 (微) **蚗**。[결]蟬類蛁ㅣ 쓰르라미결 蛟也 도롱룡결、本音열 (屑) **蚜** [아]小蟲 작은벌레아、진딧물아 (麻) **蚙** [금]蟲連行貌 벌레가 줄지어갈금 (侵) **蚘** [회][우]入腸中長蟲 회충회、九黎君號蚩ㅣ 사람이름우 尤通 (灰)(尤) **蚢**。[항]食蕭蠶 쑥누에항 (陽) **蚞** [목]蟧蚗 蜓ㅣ 쓰르라미목 (屋) **蚝** [자]斑蝥龍ㅣ 갈래자、갈림자 蛓通 **蚡**。[분]地鼠伯勞所化 두더쥐분 鼢同 (文) **虺** [훼][회]虺蜴蛇 독사훼 虺同、馬病ㅣ隤 말병들회 (尾)(灰) **蚠** [분]人名伯ㅣ 사람이름분 (文)

蚟 [왕]蟋蟀ㅣ蟋 귀뚜라미왕 (陽) **⿰虫少** [묘]蠶初生 새끼누에묘 俗音표 (蕭) **⿰虫丑**。[뉵]蚰蜒ㅣ蚭 지차리뉵、그리마뉵 (屋) **蚥** [보]蟷蜋蜛ㅣ 범아자비보、연가시보 本音부 (麌) **蚣** [공][송]毒蟲蜈ㅣ 지네공(一名百足蟲)、蝗也 ㅣ蝑 메뚜기송 蜙通 (東)(冬) **⿰虫爪** 蚤(次條)와同 **蚤**。[조]齧人跳蟲 벼룩조 早也 일찍조 爪同 (晧) **⿱父虫** [보]黃甲小蟲喜食瓜葉 노랑등에보、외벌레보 (麌)

蚩。[치]ㅣㅣ愚貌 어리석을치 侮也 업신여길치 蟲名 치벌레치 星名ㅣ尤旗 별이름치 **蚦**。[염]大蛇可食尾圓無鱗身有斑 구렁이염、염백염 (鹽) **⿱龶虫** 毒(毋部四畫)의古字 **⿰虫不** [부]ㅣ江、水蟲如蟹 물벌레부 (尤) **蚨**。[부]水蟲青ㅣ 청부부、물나비부 (虞) **蚧** [개]燕雀所化 흰조개개 蛤ㅣ 동아뱀개 (卦) **蚕** 蠶(虫部二十畫)과同 **⿱之虫** 蚩(虫部四畫)과同

蚪。[두]賠子蚪ㅣ 올챙이두、개구리새끼두 高陽書名 글이름두 (有)

五

蚯 [구]土龍ㅣ蚓 지렁이구 (尤) **蚭**。[니]蚰蜒蚭ㅣ 지차리니、그리마니 (支) **蚳** [지]蟻卵ㅣ醢 왕개미알지 (支)

⿱夗虫 [원]盤旋貌 꿈틀거리는모양원 蚯蚓 지렁이원 (元) **蚲** [평]蝱也 등에평 (庚) **蚰**。[유]蚰蚭ㅣ蜒 땅지네유、노래기유 (尤) **蚹**。[부]蛇腹下横鱗 뱀의배비늘부 蝸牛 달팽이부 (遇) **蚱** [책]蝗

類ㅣ蜢메뚜기책(陌)

蚴 유 龍貌ㅣ蟉용꿈틀거릴유(青龍ㅣ蟉於東廂)(宥)

蚸 력 細長螽蠑ㅣ가늘고긴메뚜기력 蝷同(錫)

蚵。가 蜥蜴ㅣ蠪도마뱀가 蟲名 螭ㅣ벌레이름가 本音하(歌)

蚶 감 蚌屬魁陸살조개감 本音함(覃)

蛆 蜇(虫部七畫)과同

蚤 蝨(虫部十一畫)과同

蚾。파 蟾也두꺼비파(哿)

蚺 蚦(虫部四畫)의俗字

蚷 거 馬蚿商ㅣ노래기거(語)

蜜 蜜(虫部八畫)과同

蚻 찰 小蟬작은매미찰

蚘 용 小蟲蝡行작은벌레길용(腫)

蚼。구 蟻也 蚼蚍개미 子犬名 사람잡아먹는개구(有)

蚰 蜫(虫部八畫)과同

蚵 蛓(虫部六畫)과同

蛂 별 甲蟲蟦蛢풍뎅이별(屑)

蚿。현 百足蟲馬ㅣ노래기현(先)

蛀 주 食木蟲나무좀주(遇)

蚵。가 食米蟲쌀바구미가(麻)

蛙 蛙(前前條)와同

蛩 공 稻螽벼메뚜기공 獸名ㅣㅣ짐승이름공(狀如馬、名曰ㅣㅣ、一走百里) 蛬通(冬)

蛇。사 이 타 毒蟲배암사(牛以鼻聽ㅣ以眼聽)、自得貌委ㅣ든든하게여길이、타 義同 它通(麻)(支)(歌)

蛆 저 蠅乳肉中蟲구더기저 蝍ㅣ蜈蚣지네저 胆通(魚)

蛃 병 白蟫흰좀병(衣書中蟲 一名ㅣ魚 衣魚)(陽)

蛅。염 蛓也ㅣ蟖쐐기염(鹽)

蛁。조 蛁也ㅣ蟧쓰르라미조、참매미조(蕭)

蜐 겁 紫貝石ㅣ검붉은자개겁(葉)

䖼 필 黑蜂검은벌필(質)

蛄。고 穴蟲螻ㅣ도르래고、하늘밥도둑고(鼫鼠蔡邕以爲螻ㅣ) 蟬類蟪ㅣ쓰르라미고

蛉。령 赤卒蜻ㅣ고추잠자리령、螟ㅣ桑蟲뽕나무벌레령 蠕通(青)

虵 蛇(虫部五畫)의俗字

蛈。철 螲蟷ㅣ모도르래철

蛍 螢(虫部十畫)의略字

蚩 지 蟲名벌레이름지(支)

蚌 蚌(虫部四畫)과同

蛋 단 鳥卵새알단 蜑通(翰)

蚩 蚩(虫部四畫)과同

蚤。서 惹蟲파벌레서(語)

蚫 보 全鰒전복보 日字

蛊 蠱(虫部十七畫)과同

六

蛓。자 毛蟲쐐기자 蠀同(紙)

蛔 회 腹中蟲회충회、거위회 蛕同、蚘通(灰)

蛐 곡 蛐蚓也지렁이곡(沃)

蛑 모 大蟹蝤ㅣ큰게모、바다게모(尤)

蛒。객 蛭也거머리객(陌)

蛙 왜 와 蝦蟇개구리왜 淫聲음란한소리왜、와 義同(麻)(佳)

蛕。회 腹中蟲회회、거위회、土蟲흙벌레회 蛔同(賄)

蛘。양 痒也근질근질할양 強ㅣ바구미양(陽)

蛚。렬 蛩也 蜻ㅣ귀뚜라미렬(屑)

蛞 활 蝸牛無殼ㅣ蝓집없는달팽이활、알달팽이활 蝌蚪ㅣ東올챙이활(曷)

蛗 부 蝗也 稻螽벼메뚜기부(有)

蛟。교 龍屬도롱룡교(肴)

蛔 동 蟲也벌레동(東)

蛝 한 大蟻蚍蜉子왕개미알한(删)

蛜。이 鼠婦ㅣ蝛쥐며느리이(支)

蛛 주 網蟲蜘ㅣ거미주 鼅同(虞)

蛖 광 大蝦큰새우광(陽)

蛇 차 水母물어미차、해파리차(形如羊胃無目以蝦爲目) 鮓同(禡)

蛪 이 餌也낚시밥이(寘)

蛢 蛢(虫部八畫)의俗字

䖫 蛤(次條)와同

蛤。합 蚌類조개합(雀入大水爲ㅣ)(合)

蛣。길 啖糞ㅣ蟯말똥구리길

蛿 후 蚍蜉큰개미후(有)

蛩 蛩(虫部五畫)과同

蛦 유 수 蜘蛛거미유、蠋蟲類집게벌레수(虞)

蠚。학 螫也쏠학(藥)

䖵。곤 蟲之總名벌레이름곤(元)

蛧。망 ㅣ魎도깨비망(養)

蛭 질 血

食蟲거머리질 蟣也서캐질 (質)

蛦 [이] 螗ㅣ、秋蟬가을매미 이、제 義同 (支)(齊)

蛛 珧(玉部六畫)과同

蛋 蜑(虫部六畫)과同

蛬 [공] 蟋蟀귀뚜라미공 蛩通 (腫)

蛮 蠻(虫部十九畫)의 略字

蛪 蜺(虫部八畫)과同

蠚 [학][석] 螫毒독을쏠학、석 義同 (藥)(陌)

蚈 [견] 螢火반딧불견 (腐草化爲螢ㅣ) (先)

㊆

蛬

蛷(次條)와同

蛷 [구] 多足蟲ㅣ螋 그리마구 (尤)

蛖 [방] 蛖螻蛄도로래방 (江)

[虫+豕] [회] 豕掘地돼지땅뒤질 회、蝟也땅두더지회 (灰)

蛶 [렬] 蟲名벌레이름렬 (屑)

蛵。[형] 蜻蛉虰ㅣ잠자리형 (青)

蛻。[세][태] 蛇蟬類脫皮허물벗을세、태 義同 (霽)(泰)

蛺。[협][겹] 野蛾ㅣ蝶나비협、겹 義同 (洽)(葉)

蛹 [용] 繭蟲번데기용(蠶化爲ㅣ ㅣ化爲蛾繭蟲) (腫)

蛸。[소] 桑ㅣ뽕나무벌레소 蟰子蠨ㅣ발긴거미알소 (蕭)(肴)

[虫+谷] [계] 土蜂땅벌레계 螇同 (霽)

[沙+虫] [사] ㅣ雞、蟲名벌레이름사 呼ㅣ、病名병이름사 (麻)(歌)

蛽 貝(貝部。畫)의 俗字

蜈 [오] 蜈蚣지네오 (虞)

蜀。[촉] 葵中蠶촉규화벌레촉 大鷄큰닭촉 地名땅이름촉 (沃)

蛼 [차] ㅣ螯차오차、대합차 (麻)

蛾。[아] 蠶蛹所化ㅣ羅누에나비아 ㅣ眉나비눈섭아 (歌)

䖸。蛾(前條)와同

蛘 蛘(虫部六畫)의 本字

蜂 [봉] 螫人飛蟲벌봉 蠭同 (冬)

蜁 [선] 螺也ㅣ蝸소라선、달팽이선 (先)

蜇 [철] 螫也벌레쏠철 (屑)

蜃 [신] 大蛤큰조개신 蛟屬이슴신、이무기신(如蛇而大有角如龍狀紅鬣) 蜄通 (軫)(震)

蜈 [오] 毒蟲ㅣ蚣지네오 (虞)

蜄 [신] 動也움직일신 蜃通 (軫)

蜍 [여] 似蛙蟾ㅣ두꺼비여(腹下有丹書八字者眞蟾ㅣ也) 蠩同 (魚)

蜆。[현] 小蛤가막조개현 湖名호수이름현 (先)

[虫+赤] [동] 赤蟲붉은벌레동 (冬)

蜌。[폐] 淡菜海ㅣ홍합폐(一名紅蛤) (薺)

蜉 [부] 大蟻蚍ㅣ왕개미부 渠略ㅣ蝣하루살이부(朝生暮死) (尤)

蜋。[랑][량] 螳ㅣ臂有斧버마재비랑、轉丸蟲蜣ㅣ말똥구리랑 (陽)

蜊 [리] 海蚌蛤ㅣ참조개리 (支)

[利+虫] 蜊(前條)와同

蜑。[단] 南方夷남녘오랑캐단 蛋通 (旱)

[虫+耴] [엽] 蟲行貌벌레가기여갈엽 (葉)

蜐 [겁] 石ㅣ거북손겁 (葉)

蚔 [지] 蟻也개미지 (支)

[虫+弟] [제] 小蟬작은매미제 (齊)

蜒 [연] 蚰ㅣ、百足蟲땅지네연 龍貌、蜿ㅣ용모양연、꿈틀거릴연 (先)

蜎。[연][견] 蟲行ㅣㅣ벌레꿈틀거릴연、屋中深廣貌蜎ㅣ집속깊고넓을연、水中蟲ㅣ蠉장구벌레견 (先)(霰)(銑)

蜏 [유] 蜉蝣하루살이유(朝生暮死) (有)

蜨 蝶(虫部九畫)과同

[虫+風] 蝨(虫部九畫)과同

蜓。[정][전] 赤卒蜻ㅣ고추잠자리정、蛇屬蝘ㅣ도마뱀전 (青)(銑)

㊇

蜚。[비] 負阜螽때까치비、臭惡之蟲떡풍뎅이비 蠪蚳짐승이름비 (尾)(微)

[虫+妾] [잡] 蟲多貌벌레가많을잡

蜙。[송] 蝗類ㅣ蝑다리로우는메뚜기송、베짱이송 蚣通 (冬)

蜘。[지] 網蟲ㅣ蛛거미지 鼅同 (支)

蜜。[밀] 蜂釀甘飴벌꿀밀 (質)

[虫+空] [공] 蟬蛻ㅣ皮매미허물벗은껍질공 (東)

蜛 [거] ㅣ蠩、蟲名벌레이름거 (魚)

蜡。[사] 蠅蛆쉬사、年終祭사、名납향제사사 古音자

蜝 蜞(次條)와同

蜞 [기] 小蟹蟛ㅣ방게기 水蛭거머리기 (支)

蜠 [균] 具也자개균 (軫)

[illegible] 륙 圜蛤有文魁ㅣ강요주륙、둥근조개륙 (屋)

蜦。 륜 行貌蝹ㅣ 기는모양륜、큰실거릴륜 大蝦蟇 찰머구리륜 蜧通 (眞)

[illegible] 사 蟹醢 게젓사 蝑通 (禡)

[illegible] 리 蟲名蝣ㅣ 벌레이름리

蜻 육 蟬蛻未蛻 허물안벗은매미육 (屋)

蜢。 맹 蝗類蚱ㅣ 메뚜기맹 (梗)

蜥 석 蛇醫ㅣ蜴 도마뱀석(在草曰ㅣ蜴在壁曰蝘蜓) (錫)

蜣 강 轉丸蟲蛣ㅣ 말똥구리강

蜤。 사 蚣蝑ㅣ螽 다리로우는메뚜기사(以長足相摩發聲) (支)

蝥 우 蜘蛛 거미우 (尤)

[illegible]。 호 蜘蛛 거미호 (一名蠅虎) (虞)

蜨 蝶(虫部九畫)과同

蜪 도 蝗子未翅蝮ㅣ 날개덜난메뚜기도 (豪)

蜧 려 大蝦蟇 큰찰머구리려、두꺼비려 神蛇 여뱀려 (霽)

蜩。 조 蟪ㅣ、蟬也 말매미조 (蕭)

[illegible]。 굴 木蠹蛣ㅣ 나무좀굴 蚰同 (物)

蜫 곤 蟲也 벌레곤 昆通 (元)

蜮 역 短狐一名射影人影見水中投影則殺之 물여우역 (職)

[illegible] 전 蟲也 벌레전 (銑)

[illegible] 기 鼅也 거미기

[illegible] 답 蚌也ㅣ蟌 딱정벌레답 小蟲 작은등에답 (合)

蜭 함 毛蠹 쐐기함 (感)

[illegible]。 잔 蟲名馬ㅣ 노래기잔 (潸)

蜴 척 蝎虎、蜥ㅣ 도마뱀척 古音역 (陌)

蜯 蚌(虫部四畫)과同

[illegible] 장 蛐蜒ㅣ蠼 그리마장、치자리장

[illegible] 부 蝗類ㅣ螽 메뚜기부 (有)

蜳 윤 돈 氣不安定蟔ㅣ 가슴두근거릴윤、기운편치못할윤、돈義同

蜰。 비 臭蟲蠦ㅣ 떡풍뎅이비、빈대비 (尾)

蜲 위 鼠婦ㅣ蝛 쥐며느리위 (紙)

蜱。 비 蟷蠰子ㅣ蛸 범아재비새끼비、연가시새끼비 (支)

蜵 연 深廣ㅣ蜎 깊고넓을연(屋中深廣) (先)

蜷 권 屈曲不行貌 움츠러질권 (先)

蜸 견 蠶也 누에견 蚯蚓 지렁이견 或音간 (銑)

蛢。 병 蛂也 黃ㅣ 풍뎅이병 (青)

蜹。 예 蚊也 모기예

蜾。 과 細腰蜂ㅣ蠃 나나니벌과 (哿)

蜺 얼 예 雌虹 암무지개얼、蟬黑而赤亂鳴 불매미예

蜻。 청 胡離ㅣ蛉 잠자리청 蟋蟀ㅣ蛚 귀두라미청 (庚)

蜽。 량 蝄ㅣ 蟲名 벌레이름량 蝄ㅣ 木石怪 두억시니량 (養)

蜼。 류 유 似獼猴尾岐 꼬리째진원숭이류、유義同 (紙)(宥)

蜿 원 완 龍貌ㅣㅣ 용의모양원、虎行貌 설렁슬렁걸을완 龍動貌蟠ㅣ 용꿈틀거릴완 (元)(阮)(寒)

蝂 판 蝜ㅣ 似蜆 부판벌레판(蝜ㅣ者善負小蟲也行遇物輒取仰首負之雖困極不止) (潸)

蝁。 악 虺屬大眼有毒 눈큰독사악 (藥)

蝄 망 ㅣ蜽山川精物狀如小兒 두억시니망、도깨비망 (養)

蝃 체 虹也ㅣ蝀 무지개체 螮同 (霽)

蝳 독 蜘蛛 거미독 蝥也 가리독 (沃)

[illegible] 蝨(虫部十一畫)과同

蝀。 동 赤色 붉을동 (冬)

蝥 蟊(虫部八畫)의 略字

[illegible] 기 蠍也 蜘ㅣ 전갈기 (支)

蝇 蠅(虫部十三畫)의 俗字

蜮。 역 含沙射人短狐 단호역(一名射影) (職)

九

蝍 즉 蜈蚣ㅣ蛆 지네즉 (職)

蝌 과 蛙子ㅣ蚪 올챙이과 (狀如河豚頭圓身上青黑色始出有尾無足稍大則足生尾脫) (歌)

蝕。 식 日月食 일식식、월식식(日月虧曰ㅣ稍小侵虧如蟲食草木之葉) 蟲食 벌레먹을식 (職)

蝎。 할 桑蠹 뽕나무좀할 (ㅣ盛則木朽)、螫蟲 전갈갈 俗音헐 (曷)(月)

[illegible]。 천 蟲動ㅣ蠕 벌레꿈실거릴천 (銑)

蝏 정 馬刀ㅣ蜓 말씹조개정、맛살조개정 (青)

蝔 개 雨蛙 참개구리개 (佳)

蝙 편 仙鼠ㅣ蝠 박쥐편

、뿔쥐 편(ㅣ蝠夜藏不敢書行) (先)

蝚 [유] 螻蛄 도르래 유、國名 蠕ㅣ나라이름 유 (尤)

蝓。[유] 蝸牛無殼 蛞ㅣ집 없는 괭이 유 (虞)

蝑 [서] 蝗類 蚣ㅣ다리로 우는 메뚜기 서 蝑通

蛵 [성] 蜻蜓 잠자리 성 (青)

蚴。[유] ㅣ蟉 용꿈틀거리는 모양 유 (有)(尤)

蝗。[황] 食苗蟲 황충 황 (陽)

蝘。[언] 守宮ㅣ蜓 도마뱀 언 (阮)

蝞 [미] 似蝦寄生龜甲蟲 거북 딱지 속에 붙은 새우 미 (寘)

[虫勇] 蛹(虫部七畫)과 同

蝊 [범] 蜂也 벌 범 范通 (豏)

[逢虫] 蠭(虫部十五畫)과 同

蝛 [위] 鼠婦 蛜ㅣ쥐며느리 위 (微)

蝝。[연] 蝝子、蝗類 메뚜기 새끼 연 (先)

蝡。[윤][연] 蟲動貌 굼실거릴 윤、蟲行ㅣㅣ 벌레 길 연 蠕同 (軫)(銑)

螄。[시] 強蛘 蛄ㅣ 쌀바구미 시 (支)

蝟 [위] 刺鼠 고슴도치 위(形似鼠毛岐而刺如栗房) 彙通 (未)

蝠。[복] 飛鼠伏翼 蝙ㅣ 박쥐 복(蝙蝠千歲體白如銀) (屋)

蝥 [무] 蜘蛛 거미 무 蛛蝥、蟲名 벌레이름 무 (宥)

蝦。[하] 蟾屬ㅣ蟆 두꺼비 하、찰머구리 하 鰕通 (麻)

蝣 [유] 渠略 蜉ㅣ하루살이 유 (尤)

蝤。[유][추] ㅣ蛑大蟹 큰게 유ㅣ蠐木蟲 나무좀 추 (尤)

蟊 [모] 食穀毒蟲 盤ㅣ가리 모 或音 묘 (肴)

蝪 [탕] 土蛛 螳蟷 땅거미 탕、도로래 탕 (陽)

蝬 [수] 蠷ㅣ、多足蟲 그리마 수

[虫並] [병] 馬刀 蜯ㅣ말씹조개 병 (梗)

蝩 [중] 蠶晩生 두벌누에 중(謂之原蠶) (冬)

蝧 [영] 蜂類 벌 영 (庚)

蝨 [슬] 齧人蟲 이 슬(ㅣ生於我而我非ㅣ父母ㅣ非我子孫) (質)

蝲 [랄] 蟲名 벌레이름 랄 (曷)

蝭 [제] 蟬也 ㅣ蟧 쓰르라미 제 (齊)

蝱。[맹] 齧人飛蟲 등에 맹 虻同 (庚)

蝮 [복] 毒蛇 독사 복、살모사 복 (屋)

[虫禺] [우] 青蚨 蠍ㅣ 청부 우、물나비 우 (虞)

蝰 [규] 蠶蛹 번데기 규、ㅣ작은뱀 규 (齊)

蝯。[원] 猱也、腕長猿 원숭이 원 (元)

蝶 [접] 野蛾、蝴ㅣ 들나비 접 (葉)

蝵 [추] 蜘蛛 거미 추 (尤)

[虫泉] [천] 具也 자개 천

蝴。[호] 野蛾ㅣ蝶 들나비 호 (虞)

[虫風] [풍] 蟲窟 벌레구멍 풍、벌레집 풍 (東)

蟌 [총] 蜻蜓 잠자리 총 (東)

蝸。[와][왜] 陵螺ㅣ牛 달팽이 와、왜 義同、古音 과 (麻)(佳)

[析虫] 蜥(虫部八畫)과 同

蝷 蚸(虫部五畫)과 同

[虫界] 蚧(虫部四畫)과 同

[厤虫] 蟻(虫部十三畫)과 同

[虫劉] 蛚(虫部六畫)과 同

蝼 螻(虫部十一畫)의 略字

蝹。[운] 龍貌 ㅣㅣ용꿈틀거릴 운 (眞)

蝻 [남] 害穀蟲 곡식벌레 남 (覃)

[虫参] 蜒(虫部七畫)과 同

[虫勇] 蛹(虫部七畫)과 同

蝺 [우] 好貌 예쁠 우(惠子之言ㅣ焉美無所用) (麌)

十

螂 蜋(虫部七畫)과 同

蟘。[특] 食苗葉蟲 벌레이름 특、황충 특 螣同 (職)

螗 [당] 蜩也 주발매미 당 (陽)

螇。[해] 似蚣蜙而細長 ㅣ蚸 가늘고 긴 메뚜기 해 本音 혜 (齊)

螃。[방] 蟹也 ㅣ蜞 방게 방 (陽)

螆 蛓(虫部六畫)과 同

[虫宮] [궁] 守宮 蜥蜴 도마뱀 궁 (東)

螌。[반] 毒蟲ㅣ蝥 갈외 반、반묘 반(一名 班猫 體長五六分 黃足斑文 鳥腹犬喙 秋食豆花 爲ㅣ蝥) (刪)

螅 蟋(虫部十一畫)과 同

螈。[원] 晩蠶 두벌누에 원、蠑ㅣ、蜥蜴 도마뱀 원 蚖同 (元)

螲 [지] 蛭也 거머리 지 (支)

蛢 [계] 螢火 반딧불 계 (齊)

蝓。[옹] 細腰蜂蠮ㅣ 허리가는벌옹(東)
螋 蝬(虫部九畫)과同
蟀 [손] 蟋蟀ㅣ蛀 귀뚜라미손(元)
蛬 [공] 蟋蟀 귀뚜라미공(冬)
蚳 [지] 蟻卵 개미알지(支)

螎 融(次條)와同
融。[융] 和也 화할융 明也 昭ㅣ 밝을융 ㅣ通 융통할융 神名 祝ㅣ也 귀신이름융 柔也 부드러워질융(東)
螑 [후] 伸頸低昂起ㅣ 목들고끄덕거릴후(宥)
螏。[질] 蟲名ㅣ螫 벌레이름질(質)
瘙 螏(虫部十畫)과同
螛。[합] 蚌也 蜡ㅣ 딱정벌레합(合)
蝑 [활] 小蟹ㅣ蠌 방게활(黠)
螒 [한] 沙鷄 글가리한(翰)
螝。[비] 牛蝨 진디비 비루비(齊)
蝹 蝹(虫部九畫)과同
蜅 [박] 蟷蜋卵ㅣ蟭 버마재비알박(藥)
螔 [이] 蝸牛ㅣ蝓 달팽이이(支)
蚤 蚤(虫部四畫)과同

螓 [진] 蟲名似蟬廣額 매미진 大蠅蝴ㅣ 왕파리진(眞)
螜。[곡] 螻蛄 도르래곡、땅강아지곡(屋)
螛 [할] 龍搖目吐舌 용이눈굴리고혀날름거릴할(曷)
螘。[의] 蚍蜉 개미의 醱汁 滓酒浮ㅣ 술구더기의 蟻同(紙)
螙 蠹(虫部十八畫)의古字
蟜 [교] 蟲也 벌레교(篠)
蟣 蟣(虫部十二畫)과同
螚。[내] 蝱也 등에내(隊)
蝥 蟊(虫部十一畫)과同

蝅 [잠] 食桑蟲 누에잠 蠶의俗字(覃)
螝。[회] 蠶蛹 누에번데기회(隊)
螟。[명] 食苗害蟲 며루명 ㅣ蛉 뽕나무벌레명(靑)
螞 [마] 馬蛭ㅣ蟥 말거머리마 ㅣ蚱 메뚜기마(馬)

螢 [형] 腐草所化一名丹鳥宵燭 반딧불형、개똥벌레형(靑)
[illegible] 珧(玉部五畫)과同
[illegible] 蚳(虫部五畫)의古字
螣。[특][등] 蝗屬食葉蟲 황충특、벼메뚜기특 蟘 蟥同、神蛇似龍與雲霧 등뱀등(職)(蒸)
蚶。[감] 瓜蟲 외벌레감(勘)
[illegible] [제] 蝗子 메뚜기새끼제(霽)
[illegible] 蛬(虫部六畫)과同
螤 [유] 六十四斗、ㅣ斛 예순너말유(麌)
蚪 [두] 蝌蚪 올챙이두(有)

螦 [소] 穴舟蟲 배좀소 國
鼄。[추] 次ㅣ、蜘蛛 거미추(尤)
[illegible] [illegible](虫部九畫)과同
螝 螝(虫部十畫)과同
[illegible] 嗤(口部十畫)과同
螅 蟋(虫部十一畫)과同
螩。[조] 寸白蟲 촌백충조(篠)

⓫

蝪 蠰(虫部十七畫)과同
螪 [상] 蟲名、ㅣ蚵 벌레이름상(陽)
[illegible] [축] 百足蟲馬ㅣ 노래기축(屋)

[illegible] [구] 裨蠶 어린누에구(遇)
螭。[리] 蛟龍赤ㅣ 교룡 似龍無角 體小 뿔없는용리 彲同(支)
螸。[유] 蠭醜 벌밑구멍유(麌)
螬。[조] 地蠶蠐ㅣ 굼벵이조(豪)
蝕 蝕(虫部九畫)과同
[illegible] 蛆(虫部五畫)과同
[illegible] 螫(次條)와同
螫。[석] 蟲行刺毒 벌레쏠석(陌)
螲 [질] 螻蛄 도르래질(質)
螺 [라] 蚌屬 소라 蠃俗字(歌)

螮。[체] ㅣ蝀虹也 무지개체 蜘蛛 작은거미체 蝃同(霽)
螱 [위] 飛蟻 나는개미위、왕개미위 蝛同(未)
螴。[진] 氣不定貌 기운정치못할진 ㅣ蜳蟲行貌 벌레굼실거릴진(眞)
螯 [오] 蟹屬倒行 가재오 蟹之鋏狀肢 게엄지발오 鼇通(豪)
[illegible]。[감] 桑葉上蟲 뽕잎벌레감 瓜蟲 외벌레감(覃)
螰 [록] 蟧蛛螇ㅣ 쓰르라미록、철매미록(屋)
螵 [표] 桑蟲ㅣ蛸 뽕나무벌레표、연

가시알표(蕭)
螳。[당]臂有斧ㅣ蜋버마재비당、연가시당(陽)
螻 [루]有翅土蟲ㅣ蛄도르래루(一名天ㅣ穴土而居吸風食土喜就燈光)蛙也ㅣ蟈청개구리루(尤)
螼。[근]蚓也지렁이거(軫)
蠑。[종]小蜂蠮ㅣ작은벌종(冬)
⿰虫魚 [어]蠹也좀어(魚)
⿰虫逢 蠭(虫部十七畫)과同
⿱逢虫 蠭(虫部十七畫)과同
⿰虫康 [강]蜻蜓ㅣ蚼잠자리강(陽)
螽。[종]蝗類阜ㅣ메뚜기종 ⿰虫衆同(東)
⿰虫京。[락]蜉蝣하루살이락(藥)
⿱氐䖵 蚳(虫部五畫)의籀字
螾。[인]蟬屬寒螿쓰르라미인、蚯ㅣ土龍지렁이인 蚓通(眞)(震)
蟂 [교]水蟲ㅣ獺뱀갈고네발가진물벌레교(形似蛇而有四足)(蕭)
䗪 [자]蟲名鼠婦쥐며느리자(禡)
螿 [장]蟬屬寒蜩쓰르라미장、참매미장(似蟬而小色青)(陽)
⿰虫責 [책]小貝작은자개책(陌)
蟀 [솔]蛩也蟋ㅣ귀뚜라미솔(一名吟蛩、秋初生得寒則鳴)(質)
蟃 [만]桑蟲螟蛉뽕나무벌레만 獸名ㅣ蜒짐승이름만(願)
蟋。[실]蛩也ㅣ蟀귀뚜라미실(一名促織)螅、蟋同(質)
蟄。[칩]蟲藏벌레움추릴칩 和集貌ㅣ우물거릴칩(緝)
蟆。[마]蟾類蝦ㅣ찰머구리마、개구리마 蟇同(麻)
蟇 蟆(前條)와同
蟊。[모]食苗根蟲게심이모、누리모(尤)
蟉。[료][류][규]龍首動貌蜩ㅣ용머리꿈틀거릴료、류 義同、龍貌蚴ㅣ용구비칠규(蕭)(尤)(有)
蟈 [귁]螻ㅣ청머구리귁 古音괵(陌)
⿰虫習 [습]螢火ㅣ蠕반딧불습(緝)
⿰虫宿 [숙]尺蠖蟲자벌레숙(屋)
蟍。[리]蜈蚣螏ㅣ지네리(支)
⿰虫連 [련]蟲盤屈貌蜷ㅣ벌레서린모양련(先)
蟱 [무]蜻蜓잠자리무
⿰虫務。[무]多足蟲ㅣ蝲그리마무(遇)
⿰虫斗 蚪(虫部四畫)과同
蟌 [총][차]螪蛉잠자리총、毛蟲쐐기차(東)(寘)
⿰虫族。[족]蟲集貌벌레모일족(屋)
⿰虫叟 螋(虫部九畫)과同
⿰虫鳥 蟂(虫部十一畫)과同
⿰虫强 [강]食米蟲바구미강(陽)
蟑。[장]蟲名ㅣ螂産於厨牡等處바퀴장(陽)
⿰虫麻 蟆(虫部十一畫)과同
蟅 䗪(虫部十一畫)과同

⑫

蟖。[사]蛓也蛅ㅣ쐐기사(支)
⿰虫衆 [중]螽也메뚜기중(送)
蟕 [주]大龜ㅣ큰거북주(支)
蟒 [망]大蛇구렁이망
⿰虫越 [월]小蟹蟛ㅣ방게월 蚏同(月)
蟓。[상]食桑蟲뽕나무벌레상(養)
⿱晝虫 [주]蜘蛛次ㅣ거미주(尤)
蟔 [묵]蛅蟖쐐기묵 古音목(職)
⿰虫童 [종]蝗也蝬ㅣ황충종(冬)
蟴 蟖(虫部十二畫)과同
蟝 [거]蜉蝣ㅣ⿰虫京하루살이거 蠷同(魚)
蟦 [비]水母물어미비 蠐螬굼벵이비、蠙也굴분(微)(元)
蟜。[교]螘也蠪ㅣ개미교、龍貌夭ㅣ용꿈틀거릴교 人名ㅣ牛사람이름교(篠)
蟘 [특]食苗蟲황충특 蟘同(職)
蟚 [팽]似蟹而小ㅣ蜝방게팽(庚)
蟭 [초]螳蜋卵⿰虫尃ㅣ범아재비알초(蕭)
蟙 [직]蝙蝠ㅣ蠌박쥐직(職)
蟞 [별]蟻也개미별、羌名오랑캐이름별(屑)
蟟 [료]蝭蟧쓰르라미료(蕭)
蟠。[반]屈曲서릴반、伏也엎드릴반、龍也용서릴반(寒)
⿰番虫 蟠(虫部十二畫)과同
蟥。[황]蚑也ㅣ蛢풍뎅이황(陽)
蟣。[기]蝨子서캐기(尾)
蟤 [전]屈曲貌蜿ㅣ굼틀거릴전、서릴전
蟢 [희]蜘蛛蠨

蛸낙거미희(紙) 蟫。[담][음][심] 衣書蠹白魚 반디좀담、옴 義同、物動貌 움직일심 (覃)(侵) 蟧 [로] 小蟬 蟧ㅣ 쓰르라미로 蛸蟧 방게로 (豪) 蟔 [돈] 青蚨ㅣ蝺 청부벌레돈、나비돈 (元) 蟨。

[궐] 獸名 짐승궐 (月) 蟩 [궐] 井中蟲 우물벌레궐、장구벌레궐 (月) ⿰虫貫 [관] 螺也 소라관 (翰) 蟪。[혜] 蟬屬ㅣ蛄 쓰르라미혜 (霽) ⿰虫華 [화] 大蛇 큰뱀화 (麻) 蟬。

[선] 蜩也 매미선 冠飾 관꾸밀선 舞盤曲貌 蜿ㅣ 굽실거릴선 (銑) ⿰虫堯 蟯(次條)와同 蟯。[요] 腹中短蟲 회요、촌백충요 (蕭) ⿰虫黍 [서] 鼠婦 쥐며느리서 (一名 蛜ㅣ) (微) 蟮 [선] 蚓也 土ㅣ 지렁이선 (銑)

⿰虫惡 [오] 甲蟲 풍뎅이오、딱정벌레오 (豪) 蠆 [차] 蠍也 전갈차 ⿰虫粦 [린] 螢火 반딧불린 (震) 蟲。[충] 毛羽鱗介類總名 벌레충 熏人ㅣㅣ 김오를충 虫、爞通 (東) ⿰虫就 [축] 蟲名 尺蠖 자벌레

축 (屋) 蟱 [모] 蜘蛛 蛑ㅣ 거미모 (尤) 蠨。[소] 長脚蛛 발긴거미소 (蕭) ⿱羊虫 蛘(虫部六畫)과同 ⿱龜虫 龜(龜部○畫)과同 ⿱彖虫。[천] 兔罥 토끼그물천 (霰)

⿰虫登 [등] 蜉蝣 하루살이등 日字 蟟 [조] 疥也 음조 ⑬ 蟹 [해] 介蟲 旁行 게해 (一名 無腸公子 又郭索) (蟹) 蟶 [정] 蚌屬 가리맛정、맛살조개정 (庚) 蠏 蟹(前條)와同

⿰虫畺 [강] 死蠶 죽은누에강、백강잠강 (陽) 蟷。[당] 蟲名ㅣ蠰 범아재비당、사마귀당 (別名 螗蜋) (陽) 蟻 [의] 蚍蜉 개미의 ㅣ裳 검을의 浮ㅣ 醪汁滓酒 술구더기의 (紙) 蟺。[선] 相糾 蟺蜿 서로뒤

틀릴선 蚯蚓 지렁이선 (銑) 蟾。[섬] 蛙屬ㅣ蠩 두꺼비섬 (ㅣ蠩壽三千歲者頭上有角 頷下有丹書八字) 月影ㅣ光 달그림자섬 本音첨 (鹽) ⿱夆虫 蠭(虫部十五畫)과同 蠁。[향] 蛹

也 누에번데기향 肸ㅣ 盛作 퍼질향 (養) ⿰虫意 [억] 小蜂 작은벌억 (職) ⿰虫資 [자] 桑蟲 뽕나무벌레자 (支) 蠆。[채] 蠆蟲蜂ㅣ 벌채 蠃。[라] 蚌屬 소라라 螺同、蠡通、細腰蜂 蜾ㅣ 나

나니벌라 (歌) 蟿 [계] 螇蚸ㅣ螽 긴메뚜기계 (霽) 蠂 [섭] 蝗也 메뚜기섭 (葉) ⿰虫毄 蟿(前前條)와同 ⿰虫葛 蠣(虫部十五畫)의俗字 蟼 [경] 蛙屬 蝦蟆 참머구리경 (庚)

⿱悉虫 蟋(虫部十一畫)과同 ⿰虫過 [과] 蟲名 벌레이름과 (箇) ⿱夆䖵 蠭(虫部十七畫)의古字 蠅。[승] 逐臭飛蟲 파리승 古音응 (蒸) 蠇 蠣(虫部十五畫)과同 蠌。

[책] 小蟹 蟛ㅣ 방게책 (陌) 蠈 [적] 食苗節蟲 蟊ㅣ 마디충적 蠊 [렴] 蜚ㅣ 떡풍뎅이렴 (一名 石薑) (鹽) 蠋。[촉] 似蠶 桑蟲 뽕나무벌레촉、藿ㅣ 콩망아지촉 菜蟲 배추벌레촉 (沃) ⿱雍虫

[옹] 蛘也 쌀바구미옹 (冬) 蠉。[현] 水中小赤蟲 장구벌레현 蟲行貌 벌레굼실거릴현 (先) 蠠。蜜(虫部八畫)과同 蜑 [연][단] 蟲形貌 蜿ㅣ 벌레모양연、南海夷種也 남해오랑캐단 (銑)(旱) ⿱埶虫

蟄(虫部十一畫)과同 蠍。[헐] 蠆類 虎ㅣ 전갈헐、幘音갈 蝎通 (月) ⿱敖虫 螯(虫部十一畫)과同 蠆 蝎(虫部九畫)과同 蠎 蟒(虫部十二畫)과同 ⿱薛虫

蠥(虫部十六畫)과同 ⿰虫罥 蝟(虫部九畫)의本字 ⿱天䖵。蠶(虫部十一畫)의本字 蝒 [면] 蟬屬 馬蜩 말매미면 (先) ⿰虫当 蟷(虫部十三畫)의譌字 ⑭ 蠑。

[영]水宮ㅣ蠑 도마뱀영(庚)
蠐。[제]地蠶ㅣ螬 굼벵이제(齊)
⿱維虫 [유]蟲之小者 작은등에유(寘)
蠕 [유][연]微動貌 굼실거릴유、ㅣㅣ蟲行 벌레길연(眞)(銑)
螷 蜱(虫部八畫)과同
蠙 [빈][변]蚌之別名 珠母也 진주조개빈、변義同
蠔 [호]蚌也 굴호、地名 ㅣ石 땅이름호(豪)
蠓。[몽]似蠛蠓ㅣ 바구미몽、하루살이몽(春夏之月有ㅣ蚋者因雨而生見陽而死) 醯鷄 초바구미몽(董)
蠒 繭(糸部十三畫)과同
⿱阜䖵。[부]蝗也ㅣ螽 메뚜기부 蛗同(有)
⿱東䖵 [동]蝌蚪 올챙이동(東)
⿱巤䖵 [렵]蟲行貌 벌레가길렵(葉)
蠗。[탁]小蜃 작은조개탁、禺屬 우짐승탁(覺)
蠘 [절]似蟹大殼 꽃게절(屑)
蠖。[확]屈伸蟲 尺ㅣ 자벌레확、桑上蟲 뽕벌레확(藥)
蟺 [단]ㅣ魚 자리단(寒)
⑮
蠟 [랍]蜜滓 밀랍、꿀찌끼랍、燭也 초랍、白ㅣ 백납랍(合)
蠚。[학]毒螫 쏠학(藥)
蠝 [뢰]飛鼠 박쥐뢰(灰)
⿰虫養 [양]蠶也 누에양(養)
⿰虫霆 [정]蠶之二眠 누에두잠잘정(青)
蠛。[멸]似蚋亂飛ㅣ蠓 바구미멸、하루살이멸(屑)
蠜 [번]阜螽 메뚜기번(元)
蠠 [밀]黽勉ㅣ沒 강잉할밀、힘쓸밀(質)
蟁 [문]齧人飛蟲 모기문 蚊同(文)
⿱者䖵 [저]毒蟲 독한벌레저(御)
蠡。[려][리][라]虫齧木中 좀먹을려、蚌屬名 王谷ㅣ 조개려、瓠瓢 표주박려 盠通、蚌屬 달팽이리、人名 范ㅣ 사람이름리、螺屬 소라라、疥病 옴라 蠃、瘰通(齊)(支)(歌)(哿)
蠣。[려]蚌屬 牡ㅣ 굴려(附石而生 魂礧相連如房 呼爲ㅣ房)(霽)
蠢。[준]蟲動 벌레굼실거릴준、愚也ㅣㅣ 어리석을준(軫)
⿰虫瞏 蠉(虫部十三畫)과同
⿰虫⿱罒夏 蠷(虫部十八畫)의俗字
⿰益⿱罒虫 蠲(虫部十七畫)과同
⿸厂蠆。[래]毒蟲名 독벌레이름래(泰)
⑯
⿰虫歷 [력]野蠶 들누에력(錫)
蠥。[얼]妖也 요괴얼、요물얼(禽獸蟲蝗之怪) 憂也 근심얼 孼通(屑)
⿰虫遺 [유]肥ㅣ、蛇屬 뱀유(支)
⿱原䖵 [원]重蠶也 두번누에원 螈同(元)
蠽 [전]蟬也 매미전(先)
蠨 소 蟰子ㅣ蛸 납거미소、바퀴소(長足蛛)(蕭)
⿱能䖵 [녹][능][내]蟲也 등에누、蚌屬 조개능、내義同
蠦。[로]臭蟲ㅣ蜰 떡풍뎅이로、빈대로(虞)
蠧 蠹(虫部十八畫)과同
⿰虫憲 [흔]蚯蚓寒ㅣ 지렁이흔(吻)
蠯 [전]蟲也 벌레전(銑)
蠫 [리]割也 벨리(寘)
⿱冥䖵 螟(虫部十畫)과同
⿱文䖵 蚊(虫部四畫)과同
蠩。[저]蠩ㅣ、似鼀蟾 ㅣ두꺼비저 蟲名 蜛ㅣ 벌레이름저(魚)
蠭。[방]姓也 성방(江)
⿱萬䖵 蠆(虫部十三畫)의本字
⿱豈䖵。螘(虫部十畫)과同
⿱雋䖵 蠵(虫部十八畫)과同
⿰虫戔戔 ⿰虫戔(虫部八畫)과同
⑰
⿰虫靈。[령]桑蟲螟ㅣ 뽕나무벌레령 蛉通(靑)
蠭 蜂(虫部七畫)의古字
⿰虫應 [응]寒蟬 쓰르라미응(蒸)
蠮 [열]細腰蜂ㅣ螉 나나니벌열(屑)
⿰虫毚 [참]蟹屬 게참(咸)
蠯 [패][비]蚌狹而長 긴조개패、비義同(齊)(支)
蠱。[고]腹蟲 뱃속벌레고、亂也ㅣ惑 고혹할고、事也 일고、卦名 괘이름고(麌)
蠰。[상]蟲名 螳ㅣ 연가시상(漾)
⿰虫鮮 [선]蛇也 뱀선(銑)
蠲。[견]明也 밝을견、潔也 吉ㅣ 정결할견、除也ㅣ賦 덜견、馬ㅣ、蟲名 반딧불견(先)
⿱匿䖵 [닉]蟲食之病 벌레먹는병닉(職)
⿱尉䖵。[위]飛蟻 나는개미위(未)
⿰虫龠 [약]螢也 蠋ㅣ 반딧불약
⿰虫谿

[계]土蜂 땅벌계 蛒同、螇通 (齊) 蠮 蝬(虫部八畫)과同 蠛 蠛(虫部十五畫)과同 蠹 蜚(虫部八畫)과同 蠹 螬(虫部十一畫)과同 蠳 [영]龜屬거북영

十八

蠵。[휴]大龜蠵ㅣ큰거북휴(雄曰玳瑁、雌曰蠵ㅣ)(齊) 蠶。[잠]食桑葉吐絲蟲누에잠 農ㅣ누에칠잠 地名ㅣ陵땅이름잠 俗作蚕非(覃) 蠹。[두]白魚木蟲좀 三ㅣ能也 벌레먹을두(遇)

𧓍。[녕]蠸蛄 땅강아지녕(青) 蠽 [위]再蠶두벌누에위 蠷 [구]足多蟲ㅣ螋그리마구(尤) 蠸。[권]黃甲小蟲노린재권(先) 蠹 蟲(虫部十一畫)과同 蠡

蠡(虫部十一畫)과同 蠘 [장]石高險貌 돌이높고험할장(陽) 蝮 [복]稻蟲 베메뚜기복(屋) 蟆 [맥]小蚊작은모기맥(陌) 蠢。[전]蟲食瘡 벌레먹는창벽전(銑) 蟔

[막]蟷螂 사마귀막(藥)

十九

蠬 [리]螭ㅣ、無角龍뿔없는용리(支) 蠻。[만]南夷남녘오랑캐만 鳥聲綿ㅣ새소리만 野ㅣ、ㅣ行야만만(刪) 蠣。[리]蚰蜒蠣ㅣ지차리、그리마리(支)

蠭。[할]蠸蛄땅강아지할(黠) 蠽 蟪(虫部十畫)과同 蠢 [춘]出也나올춘 作也일어날춘 蠆 蠆(虫部十三畫)과同 蠶 蛩(虫部八畫)과同

二十

蠹。[비]負蠜메뚜기비(尾) 蠿 蠿(虫部二十二畫)의俗字 蠼 [각][구]大猿큰원숭이각、구義同(藥)

二十一

蠾 蟫(虫部十二畫)의古字 蠶 蚕(虫部八畫)의本字

蠽。[절]似蟬而小青色작고푸른매미절(屑) 𧖇 蚍(虫部四畫)과同 蠣 蠣(虫部十五畫)과同 蠭。[용]蠶也누에용(腫) 蠋 [촉]蚤也벼룩촉(沃)

二十二

蠰 蠰(虫部十七畫)과同 蠻 [만]蟃ㅣ、蟲曲息貌벌레몸을구부려숨쉴만(刪) 蠹。[린][민]蚊也、蟲也모기린、민義同(震) 蠿。[찰]蜘蛛거미찰(屑)

二十三

蠹

蛶(虫部七畫)과同 蠠 [현]小蛤작은조개현(銑)

二十四

蠹。[령]螢也반디령 개똥벌레령(青) 𧗃 蟭(虫部十二畫)과同

血部

血。[혈]水穀精氣피혈(凡有ㅣ氣者莫不尊親)ㅣ族ㅣ統 붙이혈 熱ㅣ씩씩할혈(血氣方剛)(屑)

二

卹 卹(血部四畫)과同 甹。[정]息也숨쉴정(青) 甹 甹(前條)의本字

三

衁 [경]見定보고정할경(青) 衃 卹(卩部六畫)의譌字 衁。[황]血也피황(陽) 衄 衄(皿部四畫)과同

四

衃 衁(血部三畫)과同

衃。[배]凝血엉긴피배、멍들배(灰) 衂 [암]意은未詳 衄。[뉵]鼻血코피뉵 敗北패배할뉵 鼽同(屋) 衊 [결]破也파할결(屑)

五

衇 脈(肉部六畫)과同 衅 [흔]以血塗器祭짐승피로그릇칠하여제사지낼흔 釁同(震) 盜 [혈]心臟上房심방혈(月)

六

衉。[객]面汗血얼굴에피묻을객 喀血객혈할객 喀同(陌) 衆 [중]ㅣ人무리중 多也많을중 㐺同、藥名 貫ㅣ고비뿌리중(送)(東) 衇 脈(肉部六畫)과同 衈 [이]耳血귀피이(寘) 衃 脈(肉部六畫)과同

七

衋。[최]赤子陰莖어린애자지최(灰) 衊

䘏(血部五畫)의譌字

盜 監(血部八畫)과同

𥂁 盟(皿部八畫)의本字

八

盟 盟(皿部八畫)과同

𧗊 ◯[담] 肉醢육젓담 監同 (感)

𧖴 [子] 嘔와同

𧖼 [괵] 犬血개피괵 (陌)

衉 ◯[감] 血羹피국감、선지국감 (勘)

九

䘅 怒(心部八畫)의古字

𧗄 [객] 吐血피토할객

盡 [진] 氣液침진 (眞)

𥃀 ◯[진] 血液혈액진 (眞)

十

䘐 [뉵] 汚也더러울뉵 (屋)

𧗿 ◯[기] 刲而出血질러피가날기 (微)

𥁰 [경] 血液所集處피모이는곳경 (梗)

十一

𧗸 [호] 血汗피땀호 (遇)

十二

𧗹 鮻(血部七畫)과同

盩 [주] 引擊당겨서칠주 (尤)

𧗽 衉(血部八畫)과同

十三

𥃰 ◯[농] 腫血고름농 (冬)

𥃿 [미] 毛細管털구멍미 (微)

𧘇 [분] 心臟下室심실분

十四

䘒 衄(血部四畫)과同

𥂴 [엽] 血也피엽 (葉)

十五

衊 ◯[멸] 汙血피칠할、멸汚血더러운피멸、鼻血코피멸 (屑)

十八

𧗿 ◯[혁] 傷痛몸시서러울혁 (職)

衣部

衣 ◯[의] 庇身上衣裳옷의、服之입을의 (微)(未)

衤 衣(前條)와同

二

𥘅 [료] 小袴校ㅣ잠방이료 (篠)

卒 卒(十部六畫)과同

三

䘳 [궁] 裑也옷등걸궁 (東)

𧘇 [강] 衣帶옷의띠강 (陽)

衦 ◯[간] 摩展衣服옷펼간 (旱)

表 ◯[표] 外也걸표、밖같표、上衣웃옷표、明也밝을표、識也표곷을표、㦎也글표、象出ㅣㅣ뛰여날표 (篠)

䘸 ◯[익] 單衫옷옷익、적삼익 (職)

衩 [채][차] 襟也옷깃채、衽也 襬ㅣ옷자락차 (卦)(禡)

衪 [이] 衣緣옷선이 袖也소매이 (支)

𧘂 [탁] 開衣令大옷제칠탁 (藥)

衫 ◯[삼] 小襦적삼、삼衣之通稱옷삼 (咸)

𧘃 [적][표] 衫也적삼적、襟也옷깃표 (錫)(效)

𧘆 襷(衣部十九畫)과同

四

𧘝 表(衣部三畫)과同

衭 ◯[부] 衣前襟옷앞섶부 (虞)

𧘤 [두] 衫也적삼두 (有)

衰 ◯[쇠][최] 殘微쇠할쇠、弱也약할쇠、耗也모손할쇠、㾐同、等也비등할최、衰服상복최、제복최 縗通 (支)(灰)

衮 ◯[곤] 九章法服龍ㅣ衣곤룡포곤、임금의옷곤(天子法服繡衣) (阮)

𧘹 ◯[조] 死者衣수의조 (蕭)

衯 ◯[분] 衣長貌옷치렁거릴분 (文)

衲 ◯[납] 補也기울납、僧衣장삼납、琴名百ㅣ거문고이름납 (合)

衼 祓(衣部五畫)의譌字

衱 [겁] 衣裾옷뒷자락겁、衣領옷깃겁 袷通 (葉)

衶 [중] 袴也바지중 (腫)

衳 [송] 褌也속바지송 (冬)

𧘐 [비] 袖也소매비 (支)

衴 [담] 衾緣이불깃담 (感)

衵 ◯[일] 婦人近身衣속곳일 (質)

𧘕 [호] 短衣짧은옷호 (遇)

衻 ◯[염] 嫁衣纏ㅣ활옷염、衣緣옷섶염 (鹽)

衽 ◯[임] 衣襟옷섶임、옷깃임、臥席요임 袵同 (沁)

衷 [충] 中也가운데충、誠也정성충、褻衣、方寸所蘊속옷충、善也착할충、正也바를충、當也당할충、斷其中折ㅣ절충할충、알맞을충 (東)(送)

衹 [기] 袈裟ㅣ衼가사기 (支)

衿 [금] 衣領옷깃금、士服青ㅣ도포금、襟通、結也衣系옷고름금 紟通 (侵)

衺 [사]不正 비뚤사(麻) 衼 [지]袈裟袛ㅣ 가사지(支) 衾 [금]寢衣 이불금(侵) 衾。[금]被也 衣ㅣ 이불금(侵) ⿰衤丑 [뉴]衣柔貌 옷부드러울뉴(有) 袁。[원]衣長貌

옷긴모양원 姓也 성원(元) 袀。[균]戎服 군복균 純也 순전할균(眞) ⿰衤勾 袧(衣部五畫)의俗字 ⿰衤爪 衸(衣部四畫)과同 袂。[몌]袖也 소매몌、사매몌(霽) 裿

[기]袖也 소매기 袄 襖(衣部十三畫)의略字 ⿴衣㐅 [조]覆棺衣 관보조、수의조 ⿴衣口 [홍]長衣 장옷홍 ⿴衣力 [력]纏也 얽을력(錫) ❺ 袋 [대]囊也 주머니

대、자루대 帒同(隊) 袈 [가]僧衣ㅣ裟 가사가(麻) 袊 [령]婦人嫁服直ㅣ 활옷령(梗) 袉。[타]裾也 옷뒷자락타(哿) ⿱此衣 [피][제]衣不伸 옷구길피、衣交衿 옷자락여밀제(寘)(霽)

⿰衤宁。[저]敝衣 해진옷저(語) ⿱奴衣。[나]敝衣 해어진옷나(麻) 袍 [포]長襦 두루마기포 衣前襟 앞섶포 青ㅣ朝服 관디포 平常禮服 道ㅣ 도포포(豪) 袐 [필]刺也 찌를필(質)

袏。[좌]衣包囊 옷보따리좌 襌衣 홑옷좌(箇) ⿰衤正 [정]小兒服衣 아이옷정(庚) ⿰衤立 [랍]衣敝 옷해질랍(合) ⿰衤术 [출]麤縫 성기게홀출(質) ⿰衤此 [자]換着衣 옷갈아입을자(紙)

袒。[단][탄]偏脫衣ㅣ裼 옷벗어멜단、衣縫解 옷솔터질탄 袑。[소]袴襠 바지밑소(篠) 袖 [수]衣袂 소매수 褎同、褏通(宥) ⿱可衣 [아]ㅣㅣ、衣長好貌 옷치렁치렁할아(哿) ⿰衤甲 [갑]襦也 적삼갑(洽)

袔。[하]衣袖 소매하 襭同(箇) 袕 [술]衣開孔 옷구멍날술 袝 [부]盛服 성한옷부(遇) 袗。[진]袨服 고운옷진 畫衣 수놓은옷진 單衣 홑옷 裖同(軫) 袜 [말]腰帶 허리띠말 脚衣 收

東 대님말、足衣 버선말 襪、韤同(曷)(月) 袘 [이]衣中 옷속이、裳下 緣치마선이(支)(寘) 袛。[저]汗襦ㅣ裯 땀받기저、속적삼저(齊) 袤 [무]延亘南北 뻗칠무 (史記、延ㅣ萬餘里)(宥) 袹

[파]幞也 복두건파 帕同(禡) 袚 [발]蠻服 오랑캐옷발(曷) 袢 [번]ㅣ延衣 熱옷팍동일번、옷더울번 袟。[질]劍衣 칼집질 俸給 봉급질 秩序 질서질 帙、秩通(質) ⿰衤尼 [녜]喪禮時首飾 장례

때의머리치장녜、綺ㅣ、衣好貌 옷이좋을녜(齊)(紙) 袣 [예]長衣 긴옷예(霽) ⿰衤冗 [용]長衣 긴옷용(宋) 被。[피]寢衣 이불피 加也 더할피、覆也 덮을피 及也 미칠피 着也 나타날피 首飾 땋은머

리피(紙)(寘) 袥。[탁]披開衣領 옷깃헤칠탁 衣衸 옷자락탁(藥) 袪 [거]衣袂 소매거 袖口 소매부리거(魚) 袨。[현]好衣 盛服 고운옷현(霰) 袧 [구]喪服辟兩側 상옷구(尤) 袌

[포]懷也 아름포 挟也 안을포 抱同(晧) ❻ 袶。[강]草名 풀이름강(絳) ⿰衤束 [척]蔽膝 무릎받침척(陌) 袲 [이][치][나]長衣貌 袲ㅣ 옷치렁거릴이、치、나 義同(紙)(哿)(支) 袵 衽(衣

部四畫)과同 袳。[치]張衣 옷펼치(紙) 袴 [고][과]脛衣 바지고 絝同、兩脚間 사타구니과 胯通(遇)(禡) 袺。[결]執衽 옷섶잡을결 袹 [말][맥]始喪服 邪巾ㅣ頭 상복말、통건말、腹帶 배띠

맥(陌)(黠) 袷。[겁][겹]曲領 둥근깃겁、굽은깃겁 衱通、合衣 겹옷겹 裌通(葉)(洽) ⿰衤亦 [역]長衣 긴옷역(陌) ⿰衤曳 袖(衣部五畫)과同 袸 [존]衣帶 돌띠존 袿 [규]婦人上衣 부

인웃옷 귀(齊)
⿰衤交。교 小袴잠뱅이교(筱)
⿰衤朵 타 衣ㅣ、袖也소매타(哿)
⿰衤式 식 裝也꾸밀식、치장할식(職)
袾。주 短衣ㅣ襦짧은옷주 朱衣붉은옷주 內衣속옷주(虞)
袻 이 衣之縮皺옷구김살이(支)
⿰衤夷 제 腹帶배띠제(齊)
⿰衤加 녀 敝衣袾ㅣ해진옷녀(魚)
裁。재 製衣ㅣ縫옷마를재 度也헤아릴재 判決판결할재、鑿别品ㅣ품재할재 財通(灰)(隊)
裀 인 近身衣複褥속옷인(眞)
裂。렬 破也찢을렬 繒餘비단자투리렬 分裂갈릴렬 綻也옷터질렬(屑)
⿰衤旬 순 領端깃끝순(眞)
⿰衤幵 견 古衣헌옷견(霰)
⿰衤充。충 短衣ㅣ裾짧은옷충(東)
⿰衤同 동 袴也바지동(東)
裉。간 古衣헌옷간(諫)
⿰衤冋 禍(示部九畫)과同
⿴衣厤 력 纏裹동여쌀력(錫)
裗 류 裞也 衣縷실끝류、옷해질류 襟也옷섶류(尤)
⿱龹衣 권 襭也버선권(阮)
⿰衤戎。융 軍服군복융(東)

七

裎。정 裸體벌거벗을정(梗)(庚)
裊 뇨 曳貌끄을뇨、끌릴뇨 輭美ㅣ娜간들거릴뇨
裋 수 長襦ㅣ褐두루마기수(虞)
裍 곤 縛衣옷동일곤(阮)
⿰衤每 목 衣縫혼솔목、솔기목(屋)
⿰衤完。한 小兒涎巾아이침받기한(旱)
⿰衤弄。롱 衣一件한벌롱(送)
裓 극 衣裾옷뒷자락극(職)
裌 겹 復衣겹옷 袷通(洽)
裏 리 衣內옷속리 表ㅣ속리、안리 裡同(紙)
⿰衤系 ⿰衤奚(衣部十畫)과同
⿰衤良 랑 衣敝옷해질랑(養)
裐 견 褊也좁을견(先)
裒 부 減也덜부 聚也모을부 培通(尤)
⿰衤我 아 衣服盛飾옷모양낼아、옷치장할아(歌)
⿰衤孛 비 衣袖옷소매비(未)
裕。유 寬也너그러울유 饒也넉넉할유 緩也늘어질유(遇)
裔。예 衣裾옷뒷자락예 邊也四ㅣ변방예 種類苗ㅣ씨예、싹예 後嗣후손예(遠代子孫、謂之ㅣ) 流貌흐를예 ㅣ貌갈예(霽)
⿰衤身 신 衣身即前後幅部分옷등걸신(眞)
⿰衤肖。초 襟也옷깃초(肴)
裙 군 下裳치마군
裘 裘(次條)와同
裘。구 皮衣갖옷구 箕ㅣ父業대를물려줄구(尤)
⿰衤夋 준 袴襉바지통준(眞)
補。보 綴也기울보 數名十垓曰ㅣ수이름보 助也도울보 裨也더할보 修繕수선할보(麌)
⿰衤耴 접 衣領옷깃접(葉)
裚 제 斷衣옷끊을제(霽)
裝。장 裹也쌀장 齎也행장 장飾也ㅣ束묶을장(陽)
⿴衣壯 裝(前條)와同
裛。읍업 纏也얽을읍 香襲衣옷에향내밸읍 書囊글주머니읍、업義同(緝)(葉)
⿰衤延。선연 車幰수레포장선 巾也피륙선、연義同(先)
⿰衤或 격 前襟앞깃격(陌)
裞。세 贈死者被衣수의세 聞喪追服추복입을세(霽)
⿰衤束 착 短衣짧은옷착(覺)
裟 사 佛衣袈ㅣ가사사 毠通(麻)

八

裨。비 補也도울비 益也더할비 小也작을비
⿰衤金 衿(衣部四畫)과同
⿴衣奚 계 開衣옷헤칠계 本音혜(霽)
裧 첨 披衣옷헤칠첨 車幃수레휘장첨(鹽)
裬。릉 馬腹下帶말복두릉(蒸)
⿰衤松。종 小袴작은바지종 蔽膝무릎가리개종(腫)
⿰衤录 록 衣聲ㅣ襋옥소리록(屋)
褍 연 袖曲處소매도련연(先)
裪 도 袖也襦ㅣ소매끝도
⿰衤夜 액 衣掖下ㅣ縫겨드랑이솔기액、縫ㅣ大衣큰옷액 襘也수레휘장액 掖通(陌)
⿰衤函 함 袖也소매함(覃)
裮 창 衣不帶띠아니띨창(陽)

襏 탈/철 補也 기울 탈,철 義同 (曷) 裵 裵(次條)와同 裴 배 姓也 성배 衣長貌 치렁치렁할배 裵同 (灰) 褾 표 領巾 목수건표 (嘯) 裯。도/주 衣袂소매 禪衣 홑옷주
禪被 홑이불 주 幬通 (豪)(尤) 裲。량 裲腹ㅣ襠 배자량 (養) ⿰衤疌。칩/삽 褋緣 깃의단칩 緶衣 옷꿰맬칩、袪ㅣ衣 敝해질삽 (葉)(洽) ⿰衤卒 쉬 副衣 여벌옷쉬 單衣 홑옷쉬 裳 상 下衣帬
也 치마상 盛貌 성할상 (陽) ⿰衤青。선 縎也 귀길선 (霰) 裶 비 ㅣㅣ衣貌 옷잘잘끌비 (微) 裷 권 幞巾 복건권 (阮) 裹 과 包也 쌀과 纏也 얽을과 (哿)(箇) 褄 첩 衣衿 옷
깃첩 (葉) ⿰衤定 탄 衣縫鮮 솔기터질탄 綻同 (諫) 裼。석/체 露肩袒ㅣ 어깨드러낼석 裘單 등거리석、褓也 포대기체 ⿰衤空 공 衣袂 옷소매공 (東) 裸。라 赤體 벌거벗을라 ㅣ蟲 털없는벌
레라 躶、臝同 (哿) 裺。암 衣寬 옷너그러울암 (陷) ⿰衤宛 원 袖端屈處 소매도련원 (阮) 裾。거 袍也 衣後 옷뒷자락거 (魚) 裻。독 背縫 등솔기독 衫襦橫者 소매
등독 (沃) 製。제 裁也 마를제 造也 지을제 式也 법제제、본새제 雨衣 우장옷제 (霽) ⿰衤悤 종 嬰兒衣 어린애의옷종 ⿰衤兒 예 衣縷 옷해질예、시침실예 (霽) ⿰衤戔 찬 ㅣ褅 어린애기저기찬
(寒) 裿 기 內衣 속적삼기 (紙) 裣 襟(衣部十一畫)과同 ⿰衤官 관 袴襉 바지통관 (願) ⿰衤其 기 繫也 맬기 (寘) ⿰衤屈 굴 短衣 袖ㅣ 짧은옷굴、등거리굴 袦同 (物) 褄
처 圍腰下衣 두렁이처、치마처 日字 褁 척 囊也 가루척、주머니척 (陌) 褂 괘 馬ㅣ 마고자괘 (卦) ⿰衤鬼 외 垢衣 때묻은옷외 (灰)

九

⿰衤咠 십 衣重緣 옷겹선십 (緝)
褆。제 衣厚ㅣㅣ 옷두터울제 (齊) ⿰衤要 요 衣襻 옷고름요 ⿰糸要同 (蕭) 褍。단 衣正幅 玄ㅣ 옷바른폭단 端通 (寒) ⿰衤茲 자 袂也 옷소매자 (支) 複。복/부 重衣 겹옷복(衣服有裏
日ㅣ) 上下道 복도복 復通、重也 거듭할부 (屋)(宥) 褈 종 重複 거듭종 (冬) ⿰衤笑 체 補也 기울체 (霽) 褊。편 衣貌ㅣ襹 옷너풀거릴편、急也 급할편 衣小 옷이몸에낄편 狹也 좁
을편 古音 변 (銑)(先) ⿰衤突 돌 褌襠 잠방이돌 (月) 褌。곤 褻衣 合襠 속곳곤、잠방이곤 裩同 (元) 褋 접 襌衣 홑옷접 (葉) ⿰衤虎 褫(衣部十畫)과同 褐。갈 毛布 털
로짠베갈 麤布 굵은베갈 賤者所服 갈옷갈 (曷) ⿰衤冒 모 小兒頭衣 어린아이남바위모、모자모 (號) 褎 유/수 盛飾貌 옷치레할유 進也 나아갈유 禾盛貌 벼성할유、袂也 소매수 袖通 ⿰衤畏
외 垢衣 때묻은옷외 (灰) 褒 襃(前前條)와同 褒。포 大裾 옷뒷길포 揚美 奬飾 포장할포 ㅣ明 長襦 도포포 (皓) 褑 원 佩玉之帶 패옥띠원 (願) ⿱封衣。봉 枲履 미투리봉 (董)
褓 보 小兒被 襁ㅣ 포대기보 緥同 (皓) ⿱胡衣 ⿰衤胡(次條)와同 ⿰衤胡 호 衣腋 옷겨드랑이호 (虞) 褕。유/요 直裾 襜ㅣ 쾌자유 翟羽飾衣 꿩의깃으로꾸민옷유、皇后服ㅣ狄 황후의
옷요、요적 (虞)(蕭) 褗。언 衣領 옷깃언 (阮) ⿰衤会 裣(衣部八畫)과同 ⿰衤㚇 종 禪衣 홑옷종 (東) 褖 단 后服 황후의옷단 黑衣 士妻命服 선비의아내옷단 緣通 (翰) 褙。

[배] 襦也 배자배、저고리배、褙ㅣ 배접할배 (隊) 中字

⿰衤盾。[순] 衣也 옷순 (眞)

⿰衤耎 [연] 衣縮 옷구길연 (銑)

⿰衤侯。[후] ㅣ褕、小衫 작은적삼후 (尤)

褘。[위][휘] 帳也 장막위、美也 아름다울위、幃通 后祭服翟ㅣ 황후의제복휘 (微)

褚。[저] 綿絮裝衣 옷에솜둘저、囊也 주머니저、蓄也 쌓을저、覆棺物 구의저、관덮개저、姓也 성저、紵通 (語)

⿹𢦏⿱田衣 襶(衣部二十二畫)과 同

⿰口⿳亠多𧘇 移(衣部六畫)과 同

⿰衤咸。[삼] 旗斿 깃발삼 (咸)

褛 褸(衣部十一畫)의 略字

⿰衤致 [치] 敝衣 떨어진옷치 (紙)

⿴衣录。裊(衣部十畫)의 譌字

⿰衤苟 [구] 祭服 제복구 (有)

⿱髟衣 袈(衣部五畫)과 同

⿳亠臾衣 褏(衣部九畫)과 同

褔。[부] 衣一襲 옷한벌부 (宥)

十

⿰衤奚 [혜] 袖也 소매혜 (佳)

⿰衤芻。[추] 衣不伸 옷구길추 (宥)

⿳亠豕𧘇 褻(衣部十一畫)의 本字

⿱髟衣 ⿱髟衣(衣部十一畫)과 同

褞。[온] 褐衣 굵은베옷온 (元)

⿰衤射 [사] 衣也 옷사 (禡)

⿰衤𦐇 [답] 衣也 옷답 (合)

⿰衤索 [삭] 衣聲 옷버석버석할삭 (藥)

褥 [욕] 藉也 裀ㅣ 요욕 (沃)

⿰衤盍 [합] 婦人上衣 계집저고리합 (合)

⿰衤師 [사] 衣破貌 옷이떨어질사 (支)

褡 [답] 衣敝 옷해질답、小被 襩ㅣ 처네답 (合)

褠 [구] 袖狹禪衣 소매좁은홑옷구、臂ㅣ 팔찌구 (尤)

⿰衤鬲。[격] 衣表 옷안격 (陌)

⿰衤尃 [박] 單衣 홑옷박 (陌)

⿰衤殺 [쇄] 衣削幅 사폭쇄 (卦)

褪 [퇴] 卻衣 옷벗을퇴、花謝 꽃떨어질퇴 (式音 톤) (願)

⿳亠秝𧘇 [렴] 急纏 급히동일렴 (錫)

褢。[회] 胃衿藏物 품을회 (佳)

⿰衤冥 襪(衣部十五畫)과 同

⿰衤能 [내] 涼笠ㅣ襶 패랭이내、평량자내、不曉事ㅣ襶 분부없을내 (隊)

褩 [반] 衣表 옷거죽반 (寒)

褧。[경] 衣無裏禪也 홑옷경、縠也 저사경 (迥)

⿰衤差 [차] 衣長貌 옷긴모양차 (箇)

⿰衤席 [재][석] 小兒服 어린애옷자、藉也 자리석 (禡)(陌)

⿰衤邕 [옹] 襪襊 버선목옹 (宋)

褫。[치] 薦衣ㅣ氈 요잇치、神志喪失ㅣ魄 넋잃을치、奪衣也 옷빼앗을치、解衣 옷끄를치、脫也 벗을치 (紙)(寘)

⿰衤桑 [상] 褬ㅣ、衣敝貌 옷해어질상 (養)

褮。[형] 衩也 옷에구멍날형 (庚)

褭。[뇨] 以組帶馬 말북두뇨、驂馬驥ㅣ 준마뇨、裊通 (篠)

⿰衤害 [할] 上衣 저고리할 (曷)

⿰衤畜 [축] 藏也 감출축、貯也 쌓을축 (屋)

⿰衤庫 [고] 袴也 바지고 (遇)

褱 懷(心部十六畫)의 古字

褰。[건] 袴也 바지건、扱衣 옷걷을건、簾也 발걷을건 (先)

十一

褵 [리] 衣帶、婦人褘 돌띠리、縭通 (支)

褺。[첩] 重衣 겹옷첩、巴郡縣名 고을이름첩 (葉)

褶 [습][첩] 騎服 습갑습、襲也 덧옷첩、裌衣 겹옷첩 (緝)(葉)

⿰衤區 [구] 小兒涎衣 어린애침받기구、頭衣 머리쓰개구 (尤)

⿰衤埶。[예][날] 複襦 겹저고리예、袂也 옷소매예、날義同 (卦)(黠)

⿴衣冏 [예] 裾也 옷뒷자락예、人名 明ㅣ之 사람이름예 (霽)

⿰衤從 [종] 襌衣ㅣ褋 홑옷종 (腫)

褸 [루] 衣敝襤ㅣ 옷해질루、紩衣 옷꿰맬루 (麌)

褽。[의] 薦也 깔의、衣䘳 옷깃의 (賄)

褻 [설] 私服 사복설、裏衣 속옷설、猥ㅣ 더러울설、親也 친할설、친근할설、媟通 (屑)

褼。[선] 衣貌 褊ㅣ 옷너풀거릴선 (先)

襁。[강] 負兒衣ㅣ褓 포대기강 (養)

褾。[표] 袖端 소매끝표、卷帙飾ㅣ褙 책가위표 (篠)

⿰衤責 [적] 衣間蹙襞ㅣ 옷주름잡힐적、積通 (陌)

⿰衤率

[솔]短衣裾ㅣ 짧은옷솔(質)
褿。[조]襟也옷 깃조(豪)
⿰衤速 [속]衣聲褳ㅣ 옷소리속(屋)
⿰衤無 [척]褯袖겨드랑 이솔기척(陌)
⿰衤烏。[조]短衣짧은 옷조(蕭)(篠)
⿰衤春 [창]短敝衣짧고 해진옷창 毄音용(冬)
⿱殹衣。[예]小兒涎衣어린 애침받기예(齊)
⿰衤逢 縫(糸部十一畫)과同
襃 [포]揚美포장할포 大裾옷뒷길 포 邑名ㅣ斜고을이름포(豪)
⿰衤戚。[초]鮮也선명할초 好衣고운옷초、깨끗한옷초(語)
⿰衤畢 [필]襻也옷끈필 神服무당 의옷필 衣帶의대필 日字
襄。[양]贊也도울양 平也편편할양 上也오를양 駕也멍에양 除也뽑아버릴양 成也이룰양(陽)

⑫

⿰衤費 [비]周衣두루 마기비(未)
襆 幞(巾部十二畫)과同
襈 [선]衣緣 선선(霰)
襋。[극]衣領옷 깃극(職)
⿰衤晉。[제]綴也꿰 맬제(霽)
⿰衤矞 [결]袖也소 매결(屑)
⿰衤賀 [하]袖也소매하 袔同(箇)
⿰衤登 [등]毛織帶모 직띠등(蒸)
襉 [간]殺縫裙幅相攝 치마주름간(諫)
襏 [발]雨衣ㅣ襫도롱 이발、뉘역발(曷)
⿰衤焦 [초]拭也닦 을초(篠)
襎 [파]長袖긴 소매파(箇)
⿰衤戠 [직]裝飾꾸밀 직 ⿰衤式同(職)
襍 [잡]五色合석 일잡 雜同(合)
⿰衤圍。[위]重衣옷 포갤위(尾)
⿰衤敦 [퇴]棺覆관 덮개퇴(灰)
⿴衣圍 ⿰衤圍(前前條)와同
⿴衣圍 ⿰衤圍(前條)와同
襌。[단]單衣無裏 홑옷단(寒)
⿰衤曾 [증]袷衣겹 옷증(徑)
⿰衤厥 [궐]揭衣渡옷걷 고건널궐(月)
⿰衤啻。[체]褅也처네체、포 대기체 裼通(霽)
⿰衤貴 [귀]紐也 끈귀(寘)
襑。[심][탐]衣大옷클심、탐 義同(侵)(感)
襐。[상]未笄冠者首飾아이꾸 미개상、댕기상(養)
⿰衤⿱彐𧘇 [포]前襟앞 깃포(號)
⿴衣亶。[전]后妃服후비의의복전 丹縠衣붉은저사옷전
⿱厤衣 [력]急纏裏급히 동여쌀력(錫)
⿰衤虛 [거]衣系옷 고름거(魚)
⿰衤黃 [횡]小被ㅣ褡 처네횡(庚)
襒 [별]拂也떨 칠별(屑)
⿱敝衣 襒(前條)와同
襓 [요]劍衣칼 전대요(蕭)
⿰衤着 [저]裝衣옷치 장할저(語)

⑬

⿰衤敫 [핵]衣領中骨 깃받침핵(陌)
襖。[오]袍屬도 포오(晧)
⿰衤覃 禫(示部十二畫)과同
⿰衤豦 [거]衣也 옷거(御)
襘。[괴]帶所結띠맬괴 領交會옷깃여밀괴(泰)
⿰衤督 [독]衣背縫옷 등솔독(沃)
襛。[농]衣厚옷두 터울농
襚 [수]贈死衣수의수 贈衣의복을줄수 ⿰衤遺同(寘)
襜。[첨]衣整貌ㅣ如옷가 지런할첨 車帷수레휘장첨 幨通、衣蔽前앞치마첨 裧同、韂通(鹽)(豔)
⿰衤葛 褐(衣部九畫)과同
襗。[탁]褻衣속 옷탁(陌)
⿰衤葉 褋(衣部九畫)과同
⿰衤過。[타]大衣큰 옷타(禡)
襟 [금]交衽옷섶금 胸ㅣ가슴금 衿通(侵)
襞。[벽]帬褶ㅣ積치마주름 벽 疊衣옷접을벽(陌)
⿰衤鳥 襐(衣部十二畫)과同
襠。[당]袴屬褌ㅣ잠방이 당、속고의당 衣名裲ㅣ배자 당(陽)
⿰衤零 [령]衣光옷빛 령 ⿰衤靈同(青)
⿰衤雍 [옹]靴襪양 말옹(冬)
⿰衤畺 襁(衣部十一畫)과同
⿰衤劑 ⿰巾劑(巾部十三畫)과同
⿱⿰𧘇⿰衤衤 襄(衣部十一畫)과同
襡 [촉]長襦긴두루마기촉 連腰衣袿ㅣ통치마촉(沃)
襢 [전][단]衰盧不障ㅣ簀여막전 后服丹縠衣붉은저사옷전 ⿴衣亶通、肉袒옷벗어멜단 袒同
⿱⿰𧘇⿰衤衤 襄(衣部十一畫)과同

⑭

襤。[람]敝衣ㅣ褸옷해질람 繿同(覃) ⿰衤祭 [납]奴服하인옷날(黠) ⿰衤鼻 [비]犢鼻褌쇠코잠방이비(寘) ⿰衤齊 [자]衣下縫옷단홀자(支) ⿰衤夢。[몽]幪也배자몽(冬) ⿱齊衣

[재]衣下縫옷단홀자(齊) ⿰衤蒙 [몽]着衣옷입을몽(東) ⿰衤憲 幰(巾部十四畫)과同 ⿴衣睪。[탁]衣至옷끌릴탁(覺) ⿰衤與 [여]衣揚貌옷날릴여 ⿰衤業 襆(衣部十二畫)과同

⿰衤帶 [재]小兒衣帶어린아이돌띠자(禡) ⿰衤戚。[축]好衣貌좋은옷축(屋) ⿰衤熏 [훈]淡紅色연분홍빛훈(文) ⿰衤蓋 [개]上衣웃옷개(卦) 襦。[유]短衣저고리유、紙衣ㅣ衫유삼

유布笠匠曰ㅣ匠베쐐기갓장이유(虞)國字 ⿱瓦衣。[렵]衣相着옷서로닿을렵(葉) ⿰衤詹 襜(衣部十三畫)과同 ⿰衤熊。[웅]強也강할웅、웅굳셀웅(東) ⿰衤對 [대]皇室所御服衣ㅣ의대대 國字

(十五) ⿰衤歐 ⿰衤區(衣部十一畫)과同 ⿰衤賣 ⿰衤屬(衣部二十一畫)과同 ⿰衤蔑。[말]足衣버선말 韈、袜同(月) ⿱麃衣。[포]前襟앞깃포(號) ⿰衤畾 [뢰]劍飾칼치장뢰(灰) ⿰衤截

[절]小衣작은옷절(屑) ⿰衤暴 [박]黼領수놓은옷깃박 ⿰衤奭。[석]雨衣襏ㅣ도롱이석、우비석(陌) ⿰衤巤 [랍]衣敝옷해질랍(合) ⿰衤頡 [혈]以衣衽扱物옷섶에물건쌀혈 擷同、俗音힐(屑)

⿰衤罷。[피]裙也치마피(支) ⿰衤感 [축]好衣鮮明也옷좋고화사할축(屋) ⿰衤遷 [선]衣貌褊ㅣ옷모양선 ⿰衤僊同(先) (十六) ⿰衤龍。[롱]袴兩股바지양쪽가랑이롱(東) ⿰衤賴。[뢰]衣敝옷해질뢰(蟹)

襲。[습]重衣옷껴입을습 合也합할습 斂尸염습 嗣爵承ㅣ벼슬대물릴습 ⿰衤親。[친]近身衣속옷친 接近접근할친 施與베풀친(震) ⿱毄衣 [속]衣聲옷소리속 新衣貌새옷속(屋) ⿱豙衣

[독]衣聲옷소리독(屋) (十七) ⿰衤闌。[란]裳與衣連ㅣ衫난삼란(寒) ⿰衤韱 [섬][삼]長帶긴띠섬、旗旒깃발삼(鹽)(咸) ⿰衤嬰。[영]作襞주름잡을영(敬) ⿰衤蹇 [건]袴也바지건 扱衣옷걷

을건 褰同(先) (十八) ⿰衤巂 [계]一幅布巾외폭헝겊계(齊) ⿰衤舉。[거]脊條멜빵거、질빵거 日字 ⿰衤蹙 [축]好也좋을축 鮮明貌빛날축、선명할축(屋) ⿰衤㬥 [폭][박]黼領수놓은옷깃폭、表

也거죽박 襮古字(沃)(藥) 襶 [대]不曉事襶ㅣ미욱할대、분수없을대 凉笠襶ㅣ평량자대(隊) ⿰衤聶。[접]襞積주름잡을접 帆通(葉) (十九) ⿰衤贊。[찬]鮮衣고운옷찬(翰) ⿰衤麗

[시][사]毛羽衣貌襹ㅣ깃과털로지은옷모양시、사 義同 褷同(支) ⿰衤繭。[견]新綿著衣햇솜옷에둘견(銑) ⿰衤賣 ⿰衤賣(衣部十五畫)과同 ⿰衤攀 [반]衣系ㅣ帶옷고름반 ⿰衤藝

[예]袂也소매예(霽) ⿰衤離 褵(衣部十一畫)과同 ⿰衤羅。[라]婦人上衣계집웃옷라(歌) (二十) ⿰衤⿱棘曰 褿(衣部十一畫)의本字 ⿰衤雋 [건]袴也바지건(先) (二十一)

⿰衤屬。[촉]長襦긴두루마기촉 長襦 連腰衣동다리치마촉(沃) (二十二) ⿰衤囊 [낭]寬也너그러울낭(漾) (二十四) ⿰衤靈。[령]衣光옷광채날령 ⿰衤霝同(青)

行部

行。[행][항]步行다닐행 往也갈행 道路길행 運也五ㅣ오행행(金木、水、火、土) 用也쓸행 書體행서행 器不牢ㅣ濫그릇견고치못할행 歌ㅣ노래행、身之所ㅣ행실행 巡ㅣ순행할행、等輩

행렬항 剛強ㅣㅣ굳셀항、列也 항오항 市長시장항 (庚)(梗)(陽)(養)

【二】 𧗝。衍(次條)와同 𧗟 道(辵部九畫)의籒文 衏。軌(車部二畫)의古字

【三】 衎 [간] 樂也 즐길간 信也 믿을간 本音한 (翰)

衍。[연] 茂盛 蕃ㅣ성할연 沇也 흐를연 水溢 물넘칠연 自恣游ㅣ스스로방지할연

【四】 衏。[원] 樂人衎ㅣ 악공원 (霰)

𧗿 [랍] 不能行者 앉은뱅이랍 (合)

𧗸 [형] 步行貌 걸음걷는모양형 (青)

𧗵 [어] 侍也 모실어 (御)

𧗶 [항] 樂人ㅣ衏 악공항 (陽)

【五】 衑 [령] 道也 길령 (青)

衒。[현] 行且賣 自衒 팔길현 自矜自謀 자랑할현 眩通 (霰)

術。[술] 技也 피술、재주술、기술할술 方法 방법술 業也 업술 (質)

【六】 𧘂 [각] 倦也 게으를각、느릴각 (藥)

街。[가] 四通道 거리가 大路 큰길가 星名 天ㅣ 별이름가 (佳)

衕。[동] 通街 거리동 (送)

衘 銜(金部六畫)의俗字

𧗳 微(彳部十畫)과同

【七】 衙。[아] 官府 마을아

【九】 衝。[충] 突也 충돌할충、찌를충 道路 거리충 動也 충동할충 突破 돌파할충 車名 수레충 衝同 (冬)

衚 [호] 街也ㅣ衕 서울거리호 (虞)

𧗴 [휘] 美也 아름다울휘、좋을휘 (微)

【十】 𧘊。[소] 淨也 정결할소 (遇)

衛。[위] 護也 호위할위 防也 막을위 康叔所封 國名 나라이름위 宿ㅣ 榮ㅣ 숙위할위 (霽)

衠 [순] 正也 바를순 不雜 순전할순 (眞)

衡。[형][횡] 秤也 權ㅣ저울대형、저울형 車軛 수레멍에형 眉目之間 눈등이형 渾天儀 玉ㅣ옥형형 樓殿邊欄楯 난간형 官名 阿ㅣ벼슬이름형 殿邊欄楯 전각가난간형 斗中央 말가운데형、縱之對 가로횡 橫通 (庚)

【十一】 𧘗 [솔] 統也 거느릴솔 (質)

【十二】 衞。 衛(行部九畫)과同

【十六】 𧘙 衢(行部十八畫)과同

【十八】 衢。[구] 四達 衢通ㅣ、九ㅣ네거리 星名 天ㅣ별이름구 (遇)

襾部

襾。[아] 覆也 덮을아 (禡)

西 [서] 日入方位 서녘서 ㅣ瓜 수박서 ㅣ洋 서양서 (齊)

【一】 覀 [명] 同也 같을명

【二】 覀几。[고] 覆也 덮을고 (麌)

【三】 要。[요] 取調 취조할요 求也 구할요 察也 살필요 約也 언약요 會也 모을요 劫也 겁박할요 勒也 억지로할요 待也 기다릴요 招也 부를요 欲也 하고저할요 腰也 허리요 必也 반드시요 要同 (嘯)

要 要(前條)와同

【四】 覄 [현] 人名 孫ㅣ사람의이름현 (先)

覂 [압] 覆也 덮을압 (合)

【五】 覂。[봉] 反覆 반복할봉 乏也ㅣ竭 다할봉 馬有逸氣不循軌轍ㅣ駕 말내댈봉、멍에벗을봉 (腫)

【六】 覃。[담] 及也 미칠담 延也 벋을담 布也 펼담 長也 길담 深廣 깊고넓을담 (覃)

覉。[규] 鄙也 더러울규 俗音휴 (齊)

【八】 𧟨 [복] 農楇儓ㅣ머슴복、시골뜨기복 (職)

【十】 𧟮 [규] 行竈 들고다니는화덕규 (齊)

【十二】 覆。[복][부] 反ㅣ도리킬복 反對 오히려복 敗也 패할복 倒也 엎지를복 審也 檢ㅣ자세히살필복 復通、蓋也 덮을부 包也 쌀부 布也 고루고루퍼질부 伏兵 군사매복할부 (屋)(宥)

【十三】 覈。[곡] 哀而發聲 애통해서나오는소리곡 (沃)

覈。[핵] 考事得實 핵실할핵 果中實 씨핵 穀種不破 겨무거리핵 面柔靦ㅣ얼굴로아첨할핵 核通 (陌)

【十七】 覊。

刀馬絆굴레기 羈本字 支

十九 覊。羈(网部十九畫)과同

七畫

見部

見。견현 視也볼견 會ㅣ만나볼견 當也당할견 識ㅣ식견견、露也드러날현 顯也나타날현 朝ㅣ보일현 現通 霰

二 覌 觀(見部十八畫)의略字

三 ⿱昇見 극 見也볼극 職 ⿰文見 觀(見部十八畫)의略字 ⿱冐見 몽 進也나아갈몽 東

四 規。규 正圓器矩ㅣ그림쇠규 法也법규、ㅣ諫간할규 計也ㅣ求구할규 ⿱否見 覓(見部四畫)의俗字 ⿰市見。시 窺視엿볼시 支 覑 편 視貌슬적볼편 人名ㅣ사람의이름편 銑 覓 멱 尋也찾을멱 求也구할멱 覔同 錫 覒。모 觀也볼모 ⿱罒見 막 求也구할막 藥 ⿰开見。니 開口貌입다물니 支 ⿰厄見。액 善驚貌잘놀랄액 陌 ⿰壬見 헌 大板큰판자헌 銑 ⿰火見 覡(見部七畫)의譌字

五 ⿰台見 시 誘引유인할시 支 覕。별 過目暫見눈결에잠간볼별 割也베일별 瞥同 屑 視 시 瞻也볼시 比也견줄시 效也본받을시 ⿰召見 소교 見也볼소 召也부를소、謁見뵈올교 遠也멀교 嘯 蕭 ⿱不見 절혈 見也볼절、혈義同 ⿰氐見。미 病人視貌병든사람볼미 微 ⿰它見。시 伺候기다려볼시 面柔覗ㅣ얼굴로아첨할시 支 ⿺辶見 覗(見部五畫)의譌字 覘。첨 窺視엿볼첨 覗 사 伺也窺視엿볼사 支 覚 覺(見部十三畫)의略字 ⿰㐱見 진 視也볼진 軫 ⿰未見 미 見也볼미 未

六 ⿰舟見。침 視也볼침 沁 ⿰光見。황 視也볼황 陽 ⿰至見 覩(見部十五畫)과同、睹(目部大畫)과同 ⿰叔見 척 柔也ㅣ覗다소곳할척 錫 覜。조 視也뵈일조 諸侯三年大相聘曰ㅣ삼년만큼보내는큰사신조 嘯

七 ⿰肜見。침 私出頭視가만히머리내밀고볼침 侵 ⿰夾見 렴 察視살펴볼렴 鹽 ⿰甫見 부 視也볼부 尤 ⿰貝見。요 竝視아울러볼요 嘯 覠 군 大視크게볼군 人名ㅣ사람의이름군 眞 ⿰告見 고 久視貌오래볼고、우두커니볼고 號 ⿰穾見 요 深視뚫어지게볼요 篠 ⿰赤見 혁 見也볼혁 地名ㅣ峴땅이름혁 陌 ⿰志見。지 審視자세히볼지 寘 覡。격 男巫사내무당격、박수격(能齋肅事神名在男曰ㅣ在女曰巫) 錫

八 覣。위 好視좋게볼위 支 ⿰厓見 애 笑視웃고볼애 蟹 ⿰兒見 睨(目部八畫)과同 ⿰彔見 록 共視한가지로볼록 覢。섬 視貌ㅣㅣ흘깃볼섬 暫見언뜻볼섬 睒通 琰 ⿰東見 동 視貌보는모양동 送 ⿰來見 래 內視속속들이볼래 隊 ⿰隶見 親(見部九畫)과同 ⿰𠂤見。구 家視貌여럿이볼구 宥 覤 혁 驚貌ㅣㅣ깜짝놀랄혁 陌 ⿰知見 覼(見部十二畫)과同 ⿰叕見 세 破碎부스러뜨릴세 霽

九 ⿰舁見 규 淫視음란하게볼규 支 覦。유 欲得覬ㅣ넘겨다볼유 虞 ⿰咢見 악 久視오래볼악 藥 ⿰英見 영 見也볼영 梗

⿰軍見。훈훈 視也볼훈、훈 覞(見部十畫)同 元
⿰宣見 선 見也볼선 銑
覑 편 斜視비껴볼편 先
⿰秋見 추 悶視민망히볼추 有
親。친 愛也사랑할친、近也친할친
覩 도 見也볼도 睹古字 覩
⿰爰見 훤권 大視貌크게볼훤、권義同 阮 先
⿰省見 생 脚露종아리드러날생 梗
⿰是見。제 現也들어낼제 霽
⿰垔見。견 見也볼견
⿰甚見。담 徐視천천히볼담 感
⿰朕見 계 直視바로볼계 霽
⿰癸見 계 見也볼계 寘
⿰相見 상 信也믿을상 養
⿰契見 계 伺候문안할계 霽

十

⿰卣見 유 下視探物내려다보며찾을유 尤
⿰旁見 방 側視貌곁눈질할방 養
⿰冥見。명 暗處密窺어두운데서엿볼명 青
⿰盆見 견 遠視멀리볼견、望也바라다볼견 先
覬。기 希望ㅣ覦넘겨다볼기、회개할기 寘
⿰䍃見 覞(見部七畫)과 同
⿰員見 운 姓也、ㅣ平성운 問
⿰豆見 두 目蔽垢눈곱낄두 尤
⿰缶見 覞(見部七畫)의 俗字
覯。구 遇見만나볼구、成也이룰구 宥
⿰耆見。기 視也볼기 ⿰目耆同 支

十一

⿰婁見 루 細視자세히볼루 片 盲ㅣ睺애꾸눈루 尤
覰。처 伺視엿볼처 覷同 御
⿰隺見 觀(見部十八畫)의 略字
⿰斬見 참 避也피할참 咸
⿱臤見 예 視貌흘깃거릴예 霽
覲。근 謁見뵈올근、諸侯秋見天子曰ㅣ제후가가을에천자뵈올근 震
⿰票見 표 所見省察둘러볼표 篠
⿰舂見 탕 直示바로볼탕
⿰責見。책 憎視밉게볼책 陌

十二

⿰智見。적 目赤눈붉을적、逴視멀리바라볼적 錫
⿰𤔔見。라 次序차례라、ㅣ縷委曲자세히볼라、好視좋게볼라 覶同 歌
⿰登見 등증 久視오래볼등、直視똑바로볼등 蒸 徑
⿰皐見 고 見也볼고、不ㅣ사람이름고 豪
⿱敝見 瞥(目部十二畫)과 同
⿰粦見 린 親也친할린 震
⿰童見 당 直視똑바로볼당 江
⿰閒見 한간 覵也엿볼한、雜也섞일간
⿰買見 매 小視조금볼매 佳
⿰虛見 覷(見部十一畫)과 同
⿰覃見 심 深見깊이볼심、下視아래로내려다볼심 寢

十三

覺 각교 寤也깨달을각、知也알각、曉也깨우칠각、直也꼿꼿할각、大也클각、明也밝을각、夢醒꿈깰교 覺 效
⿰𢼸見。미 伺也엿볼미
⿰微見 미 身隨몸을굽힐미、쫓을미、覹(前前條)와 同 微
⿰虗見 覷(見部十一畫)과 同

十四

覽。람 視也볼람、周視두루볼람 感
⿰賓見。빈 暫視ㅣ⿰樊見잠간볼빈 震
⿰爾見 라 好視좋게볼라、ㅣ縷곡진할라 歌

十五

⿰樊見。번 暫視觀ㅣ잠간볼번 元
⿰厲見 려 疾視몹시볼려 霽
⿰簡見 간견 很視패려궂게볼간、견義同 刪 銑
⿰賣見 적 見也볼적 覿通 錫

十七

⿰㱕見 규 注視눈여겨볼규 支
⿰龠見。요 誤視、眩也不定잘못볼요、그릇볼요 嘯

十八

觀。관 視也볼관、示也보일관、容貌儀ㅣ모양관 翰
⿰巂見 유 視也볼유 齊

十九

⿰麗見。리 求也구할리、索視貌살펴볼리 寘

角部

角。각록 獸所戴芒ㅣ뿔각、觸也찌를각、競也다룰각、校也비교할각、隅也모퉁이각、吹器대평소각、量器휘각、頭髻總ㅣ쌍상투각、額骨이마의뼈각、四皓之一ㅣ里신선이름록 覺 屋

一

𧢲 觓(角部二畫)과同

二

觓。[가]角上曲貌 뿔끝꼬부랑할가(尤)

𧢴。[다]角短貌 뿔짧을다(歌)

三

𧢵 [신]二十枚 스무개신(眞)

𧢽。[차]觻也 띠장식차(麻)

四

𧢾 [기]角也 뿔기(寘)

觕。[추]略也 대략추 麤ㅣ不精 추할추 大也 클추 疏也 성길추 麤同(虞)

𧢻 [와]角也 뿔와(歌)

觖 [결]摘ㅣ 들치날결 不滿ㅣ望 서운할결 望也 바랄결(屑)

𧢼 [강]擧角 뿔들강(江)

觗。[지]合也 합할지、觶同(寘)

𧣃。[삭]角長 뿔길삭(覺)

䚞 [탐]比也 비교할탐(覃)

𧣈 [파]牛角張 소뿔벌칠파(麻)

𧣄 [소]角匙 뿔숟가락소(肴)

五

𧣒 距(足部五畫)과同

𧣎 [겸]喙也 부리겸(鹽)

𧣑 [사]角器 뿔그릇사(寘)

𧣐 [수]角也 뿔수(尤)

𧣊。[약]屋角 집뿔다키약(覺)

觚。[고]酒爵 술잔고 方也 모질고 竹簡 대쪽고 角也 뿔고 柧、觚通(虞)

觛。[단]小巵 작은술잔단(旱)

𧣕 𧥓(角部十三畫)의 俗字

𧣖 觝(次條)와同

觝。[제]觸也 戲名角ㅣ 받을저 角ㅣ 씨름저 牴同(薺)

觜。[자][취]西方宿名ㅣ觿 자별자(二十八宿之一)、喙也 부리취 嘴通(支)(紙)

𧣗 觚(角部五畫)의 俗字

六

𧣣。[서]兩角竪、一角仰 두뿔곧두설서(霽)

𧣢 [파]角曲 뿔굽을파(麻)

𧣧 [선]角也 뿔선(銑)

𧣤 [흔]角也 뿔흔(阮)

觤。[궤]角一長 뿔하나길궤、짝뿔궤(紙)

觡。[격]鹿有枝角 사슴뿔격(麋角有枝曰ㅣ 無枝曰角) 有枝角 가지있는뿔격(陌)

𧣥 [헌]角匙 뿔숟가락헌(阮)

觥 [굉]大也 클굉 꿋꿋할굉

衡 [형]牛角之長貌 쇠뿔길형(庚)

觠 [권]曲角、捲也 굽은뿔권(先)

解。[해][개]判也 쪼갤해、빠갤해 緩也 풀해 曉也 깨우처줄해 物自散 흩어질해、釋也 풀개 散也 헤칠개 發也ㅣ頟 발신할개 脫 벗을개(蟹)(卦)

七

觩。[구]角上曲貌 뿔끝굽은모양구 弓健貌 활튼튼할구 觓同、捄通(尤)

𧤗。[조]牛角開貌、소뿔벌어진모양조、角上銳 뿔끝뾰족할초(巧)(效)

𧤁 [혼]牛角上之水 쇠뿔위의물혼(阮)

𧤂 [희]好角 좋은뿔희(紙)

觪。[성]角弓調利 뿔활이고를성、점화드길성 觲同、騂通(庚)

𧤆 [치]角不正 뿔바르지못할치(紙)

𧤛。[곡]象也 코끼리곡 治象牙 상아다듬을곡 本音혹(沃)

觫 [속]懼貌 觳ㅣ 곱송거릴속、두려워할속

𧤇 [의]獸角 짐승의뿔의(支)

八

𧤓 䚕(角部九畫)의 譌字

觬。[예]角曲 뿔굽을예(薺)

𧤘。[패]角橫倒貌 뿔비뚜름할패(齊)

𧤖。[래]角心 뿔심 래 俗音대(賄)

䚈 [론]擊球遊 공칠론(願)

𧤏 [낙]握也 잡을낙 或音착(覺)

𧤠 [대][래]人名、宋都사람이름 대、𧤖(角部八畫)과同(賄)

𧤕 [졸]角初生 뿔처음날졸(質)

𧤙 [주]龍角 용뿔주(尤)

𧤞。[결]角觸 뿔에받칠결(屑)

𧤜 [혼]角圓貌 뿔둥구스름할혼(阮)

𧤝 [괵]牛角 쇠뿔괵

觭。[기]兩角俯仰 어발뿔기、천지각기(角一俯一仰)得也 얻을기 雙也 외짝기 奇通(支)

九

𧤸 [헌]角揮 뿔휘두를헌(先)

𧤻。[새]角中骨 뿔속뼈새(灰)

𧤹 [제]觸也 받을제(霽)

𧤰 [첩]角也 뿔첩 帶飾 띠장식첩

觱 [필]蕃樂ㅣ栗 오랑캐풍류필 泉水貌 샘물솟을필 風寒ㅣ發 바람쌀쌀할필 滭、潷通(質)

𧤷

[집]角多ㅣㅣ뿔많을집 和也 화할집 戢通、戠音즙 (緝) 䚈。[외]角中曲貌 뿔가운데가굽을외 (賄) 觰。[다]角根 뿔뿌리다 (麻) 䚆。[추]卷糸具 실패추 (尤) 觸 [과]角多貌 뿔많을과 (馬)

觷 [곡]曲角 굽은뿔곡 (沃) 䚟。[단]獸名似豕角ㅣ각단 단、돼지같은짐승단 (寒) 䚡 [제]角簪 뿔비녀제 (齊) (十) 䚛 [이]角傾 뿔기울어질이 (紙) 䚫 [진]角齊 뿔가지런할진 (軫)

䚮 [약][낙]弓偏而弱貌 활이틀어져약할약、鰯(角部五畫)과同 (藥) 觲。[성]用角低仰調和貌 부드러울성弓調貌 활고른모양성 (庚) 䚩 䚥(角部十畫)과同 䚦 䚥(角

部十畫)과同 䚢。[설]韘皮 가죽다룰설 (屑) 䚧 [치]刺之履底신밑찌를치 (寘) 䚨 [기]好角 좋은뿔기 本音희 (寘) 䚩 觻(骨部七畫)과同 䚩(角部十三畫)과同

觳。[곡][각]懼貌ㅣ觫 두려워할곡 盡也 다할곡 薄也 엷을곡、無潤 윤기없을각、파리할각 校也 비교할각、견주어볼각 競也 다툴각 斛通 (十一) 䚪。[제]觸也 찌를제 (齊) 觴。[상]酒

巵總名 잔상 觴同 (陽) 觻 [류]角曲 뿔굽을류 (尤) (十二) 觼 [결]有舌鐶 미늘있는고리결、자물쇠있는고리결 鐍同、鐍通 (屑) 觽 觿(角部九畫)과同 觶 [치]鄉

飮酒器 향음주에쓰는너되들이잔치 (四升八角) 罰爵 벌술잔치 (寘) 觵。[굉]象角酒器 兕ㅣ 뿔술잔굉 觥通 (庚) 䚵 [간]卷糸具 실패간 (諫) 觳 。殼(殳部七畫)의古字 䚹。[궐]以角觸之 뿔

로받을궐 (月) 䚶 [헌]以角不齊 뿔고르지않을헌 (先) (十三) 觷。[학]角也 뿔학 治角 뿔다듬을학 (覺) 觸。[촉]觝也 받을촉、찌를촉 犯也 범할촉 䚻。[환]角貌 뿔환 (刪)

觿 [혁]以角飾杖頭 뿔로지팡이에마구리할혁 (錫) (十四) 䚸 [감]角也 뿔감 (感) 觺 [의][억]角利ㅣㅣ 뿔끝날카로울의、억 義同 (支)(職) (十五) 觵。[광]以角刺之 뿔로찌를광 (庚)

觼 [결]有舌鐶 미늘있는고리결 鐍同 (屑) 觻。[려][록]角鋒 뿔끝려、縣名 고을이름록 (錫)(屋) 䚼 [표]角名 뿔이름표、鑣(金部十五畫)과同 (蕭) (十六) 䚽 [연]鳥

名 巂ㅣ전연 (霰) (十七) 䚾 [참]角貌 뿔의모양참 (十八) 䚿。[자]蠵ㅣ큰거북자、접 바인거북이자 (支) 觿。[휴]角錐所以解結 뿔송곳휴 童子帶 동자띠휴 (支) 䚭。

[권]揮角 뿔휘두를권 (元) (十九) 觻 [려][시]角也 뿔려、分也 나눌시 (齊)(紙) (二十) 觽 觿(角部十九畫)과同

言部

言。[언]語也 말할언 辭章 말씀언 (直ㅣ曰ㅣ、論難曰語) 語辭 어조사언 我也 나언 高大貌ㅣㅣ 높고큰모양언、거대할언 (一) 訁 訁(言部五畫)의古字 (二)

訒。[잉]厚也 후할잉 訒同 (蒸) 訂。[정]評議 의논할정 正定 바로잡을정 (迥)(徑) 訇 [굉]ㅣ然 우뢰소리굉 大聲 큰소리울릴굉 (庚) 訃 [견]聲也 소리견 本音현 (先) 訃

[부]告喪 부음부 至也 이를부 赴通 (遇) 訆 [규]呼也 부를규 叫同 (嘯) 訄。[구]迫也 급할구 (尤) 計。[계]數也 셈계、셀계 會ㅣ 회계 謀策 꾀할계、계교계 (霽) (三) 訊。

[신]問也 물을신 鞫罪 죄를물을신 責也 꾸짖을신 治也 다스릴신 誶、迅通 (震)

訊 訊(前條)의俗字

訉 [범]多言 수다할범 (陷)

訅。[구]詳問 상세히물을구 (有)

訋 [조]聲也 소리조 (嘯)

訍 [차]異言 딴말할차 詼同、訐也 발각할차 (禡)(麻)

討。[토]征也 칠토 治也 다스릴토 詞也 꾸짖을토 探也 더듬을토 誅也 벨토 求也 구할토 尋也 찾을토 (晧)

訫 信(人部七畫)의古字

訌。[홍]訟言相陷 모함할홍 潰也 너머뜨릴홍 敗也 패할홍 亂也 어지러울홍

訏 [우]詭也 속일우 大也 ㅣㅣ 클우 (虞)

⿰言亏。[와]拒絶 거절할와、끊을와 (歌)

訓。[훈]誨也 훈계할훈、가르칠훈 說也 教 뜻일러줄훈 導也 인도할훈 誡也 경계할훈、신칙할훈 ㅣ詁、註解 주낼훈 (問)

訐 [알]發人陰私 발각할알 (月)

⿱巛言 訓(言部三畫)과同

訕。[산]誹謗 비방할산 (刪)

訒 [인]鈍也 둔할인 難也 어려울인 言難出 말더듬을인 言不易發 말쉽게발하지 못할인 (震)

⿰言尸 [기]呻也 高聲 소리지를기

⿰言乇 託(言部四畫)과同

訖。[흘][글]至也 이를흘、終也 마칠글 迄通 (物)

訑 [이][타][탄]淺意自得 자랑할이 詑、施通、欺也 속일타、放也 慢ㅣ 방탕할탄 誕通 (支)(歌)(翰)

訔 [은]爭論ㅣㅣ 시비할은

託。[탁]憑依寄也 부탁할탁 信任 말길탁 稱ㅣ 핑계할탁 委也 위탁할탁 侂同 (藥)

記。[기]疏也、錄也 기록할기、적을기 ㅣ憶 기억할기 奏ㅣ書也 글기 志也 뜻기 (寘)

⿰言冗 訦(言部四畫)과同

(四)

訛。[와]僞也 거짓말와 舛也 어기어질와 謬也 그릇될와 動也 소동할와 化也 화할와 譌同 (歌)

⿰言支。[치]快也 쾌할치 不知 모를치

⿰言月。[왈][월]怒也 성낼왈 詞也 꾸짖을왈、월義同 (黠)(月)

訝 [아]疑怪 의혹할아 迎也 맞을아 (禡)

⿰言互 [호]記也 기록할호 (遇)

訞。[요]巧言 교하게말할요 災也 ㅣ孽 재앙요 (蕭)

訠 [신]況也 하물며신 齒本 이틀신 矧同、哂通 (軫)

⿰言夫。[부]語助辭 어조사부 (虞)

訜 [분]語不定ㅣ訟 말정하지못할분 (文)

⿰言介 [해]言善 말착할해 (卦)

訟 [송]爭辯 송사할송、다툴송 責也 꾸짖을송 公也 여러사람에게 관계되는일송 讚辭 찬사송 彖論異同 彖ㅣ시비할송 卦名 괘이름송 (宋)

⿰言兮 [예][혜]誠也 정성예 應答 대답할예、誠言 성심깃말할혜 (霽)(薺)

⿰言文 諵(言部八畫)과同

訥。[눌]言難謇ㅣ 말더듬거릴눌 遲鈍 지둔할눌 (月)

訣。[결]別也 이별할결 方術要法 비결결 死別 영결할결 絶也 끊을결 辭也 사례할결 (屑)

訡 [음]咏也 읊을음 吟同 (侵)

訢。[흔][은]喜也 기꺼울흔 欣通、和敬貌ㅣㅣ 공손할은 誾通 (文)(眞)

⿰言比 [비]具也 갖출비 (紙)

⿱夂言。[유]從也 좇을유 (尤)

訨 [지]許也 들춰낼지 (紙)

訦 [심]信也 믿을심 (侵)

訧。[우]罪也 허물우 過也 허물할우 (尤)

訲 [양]止也 그칠양 (漾)

⿰月言 ⿱夂言(言部四畫)과同

訪。[방]謁見 뵈올방 問也 물을방 議也 의논할방 尋也 찾을방

訬。[초]輕也 가벼울초 遙也 흔들초 速也 빠를초 (效)

訩。[흉]訟也 송사할흉 亂也 어지러울흉 盈也 찰흉 ㅣㅣ衆語 떠들썩할흉 詾同 (腫)

設。[설]陳也 베풀설 作也 지을설 假借辭 가령설 置也 둘설 備也 갖출설 (屑)

⿰言丑 [뉵]含羞 부끄러워할뉵 (屋)

⿰言日 과 言遲 말더딜과 (箇)
訫 信(人部七畫)과同
⿰言毛 모 信也 소식모 (號)
⿰言欠 음 泣也 울음 (侵)
⿰言王 誑(言部七畫)과同
訍 사 多言 지껄일사 (馬)

⿰言厶。운 言語不定 諺ㅣ말 횡설수설할운 (文)
許。허호 約與之 허락할허 聽也 들을허 可也 허가할허 從也 좇을허 進也 나아갈허 所也 곳허 期也 기약할허 語助辭 어조사허 國名 나라이름허、象力聲ㅣㅣ 여럿이 힘쓰는 소리호 (語)(麌)

⿰言反。반 矜也 자랑할반 (寒)
⿰言戈 식 知也 알식 識同 (職)
⿰言冄。염 多言 말수다할염 縣名 ㅣ鄑 고을이름염 (鹽)
訰 준 亂也 ㅣㅣ 어지러울준 (震)

⿰言壬。임 思也 생각할임 (侵)
⿰言中。억 快也 쾌할억 (職)
⿰言勻 균 欺也 속일균 (震)
⿰言元。완 發也 語始 말시작할완 (翰)
⿰言殳。나 言不正 말바르지않을나 (麻)

訳 譯(言部十三畫)의 略字
⿰言厄 애 不平聲 불평하는 소리애 (卦)

五

訶 가 大言而怒責 역정내여 꾸짖을가 譴也 꾸짖을가 呵同、俗音 하 (歌)
⿰言夗。원 慰也 위로할원 從也 좇을원 懟也 원망할원 (願)
訴 소 告也 하소연할소 訟也 송사할소 (遇)
訹。주술 誘也 꾀일수、술 義同 (有)(質)
⿰言由。주 祝也 축원할주 人名 揚ㅣ 사람의 이름주 (宥)
⿰言甲 갑 多言 수다할갑 (洽)
⿰言四。치 陰知 은근히 알치 何察 살필치 (支)
⿰言㕣 연 笑貌 웃을연 善言 말잘할연 (銑)
⿰言禾 화 平也 화평할화 和同 (歌)
診。진 視也 볼진 驗也 증험할진 候脈ㅣ察 맥짚을진、병볼진 (軫)(震)
註 주 解也 訓釋 주낼주、글뜻새김주 記物 기록할주 記入 기입할주 (遇)
証。정증 諫也 간할정、證 俗字 (徑)
訾。자 毁也 헐어서 말할자、훼방할자 量也 요량할자 思也 생각할자 病也 병통자 欿點 결점자、限也 한정할자 訿同 (支)(紙)
訽 구 罵也 꾸짖을구 恥也 부끄러울구、욕될구 (宥)
⿰言乎 호 欺也 속일호、呼(口部五畫)과同 (虞)
詃 견 誘也 꾀일견 詐也 속일견
⿰言乏 범 急言 말급할범 (感)
訿 자 謗毁 훼방할자 訾同 (紙)
⿰言付。부 言有所依 믿음직한 말부、實 구실부 (遇)
詀 잠점첩 讘也 회악질할잠 被誑 속일잠 轉語 말전주할점、多言 잔소리할첩 (咸)(鹽)(葉)
詁。고 通古今言 明其故 訓ㅣ 훈고할고、고증할고 (麌)(遇)
⿰言布 포 諫也 간할포 敷陳 베풀포 (遇)
⿰言央 앙 智也 슬기로울앙 早知 미리알앙 (養)
詄。질 忘也 잊을질 誒也 그르칠질 (屑)
⿰言民 면 誘言 꾀이는 말면 (霰)
⿰言矢 시 爲志 뜻할시 記錄 기록할시 (寘)
詆。제 訶也 꾸짖을저 訐也 알소할저 呰也 흉볼저
詅。령 賣也 팔령 謾也 자랑할령 (青)
⿰言厄 呃(口部四畫)과同
詈 리 罵ㅣ 빗대고 꾸짖을리 (正作曰罵菊反曰ㅣ) (寘)
詌 감 口閉不言 입다물감
⿰言只 혜 喜笑不止 기뻐서 웃음그치지 못할혜 (齊)
詉 나노 語不解 말알아들을수없을나、惡言 악담노 (麻)(遇)
詊 반 巧言 말잘할반
⿰言戈 재 謀也 꾀자 人名 崇ㅣ 사람의 이름자 (寘)
詐。사 欺也 속일사 僞也 거짓사 詭譎 간사할사 (禡)
詍。예 多言ㅣㅣ 잔말할예 飾言 말꾸며서할예 (霽)
詏 요 逆也 거스릴요 (效)
詎。거 豈也 어찌거 未知詞 모를거 (語)(御)
詑。이타 自得貌ㅣㅣ 자랑할이 訑同、欺也 속일타 (支)(歌)
詒。

[이][태]贈言遺也줄이、끼칠이 懈倦貌詑ㅣ늘은할이 貽同、欺也속일태 紿同(賄)(隊)

詓 [거]聲也소리거(語)

詨。[혈]怒也성낼혈(屑)

⿰言施 詑(言部五畫)과同

評 [평]品論평론할평 量也요량할평、헤아릴평 訂也고칠평、平也言기롱할평(庚)(敬)

⿰言包 [포]亂語ㅣ譖말수선스러울포 詾通(豪)

詔。[조]上命ㅣ勅조서조、教也가르칠조 告也고할조(嘯)

詖。[피]辯也말잘할피 佞也간사할피 不正險ㅣ험괴할피(支)(寘)

⿰言弗 [비]言急말급할비 多言말많을비(未)

詚 [달]不靜조용하지않을달(曷)

⿰言尼 [니]呼人사람부를니、言不通말통하지못할니(齊)

詙 [발]神農妃、聽ㅣ신농씨부인이름발(黠)

詗。[형]刺探염탐할형 伺候기다릴형、明悟똑똑할형 知處告言고발할형

詝 [저]智也슬기로울저(語)

詞。[사]言也말씀사 告也ㅣ訟고할사 文也글사(支)

詛。[조]精神加殃ㅣ呪저주할조、방자할조 盟誓맹서할조 阻通(語)(御)

詘。[굴]曲也굽을굴 辭塞말막힐굴 喜失節貌充ㅣ기빼서절조잃을굴 屈通(物)

詜 [도]言不節ㅣ謟말절차없을도(豪)

⿰言必 謚(言部十畫)과同

詠。[영]歌也長言을읊영 咏同(敬)

詉 [나]語不解緣ㅣ말알아듣지못할나(麻)

⿰言匜 訑(言部三畫)의俗字

⿰言冉 [염]言未盡말다못할염(豔)

⿱辛言 辯(辛部十四畫)의古字

六

詡。[허]和也화할허 普也넓을허 大言장담할허 敏而有勇민첩하고날랠허

詣。[예]至也이를예 進也나아갈예 往也갈예 學業深入造ㅣ학업깊이들어갈예(霽)

詢。[순]咨也물을순 信也믿을순 謀也꾀할순(眞)

試 [시]用也ㅣ驗시험할시 探也嘗ㅣ더듬을시 較也明ㅣ비교할시(寘)

詤 [황]夢言잠꼬대할황 詐也속일황(陽)

詥。[합]和也화할합(合)

詩。[시]言志也귀글시 樂章풍류가락시 承也받들시 持也가질시

⿰臣言。[기]發人之惡발악할기、폭로할기(紙)

⿰言帀 [나]拏也끌어당길나(麻)

詨 [효]叫呼부르짖을효(肴)

⿰言任 [임]信也믿을임 念也생각할임(侵)

⿰言史 [사][간]忘也잊을사、諫(言部九畫)의古字(寘)

⿰言妄 [망]誑也속일망(漾)

⿰言朵 [타]言相誇말자랑할타(箇)

詪。[간][현]不聽從듣지않을간、爭言말다툼할현(阮)(銑)

詯 [회]膽氣充滿聲在人上말소리우렁찰회(隊)

詭。[궤]詐也속일궤、간사할궤 異也다를궤 責也꾸짖을궤 弔ㅣ至怪괴이할궤(紙)

⿰言乇 [탁]毁也헐탁、비방할탁(藥)

詮。[전]評論事理평론할전 具也갖출전 理也다스릴전(先)

詬。[구][후]罵也꾸짖을구 恥辱욕할구 無志節吳ㅣ지조없을구、후 義同(有)(宥)

⿰言休 [축]聞香貌護ㅣ향내맡을축(屋)

詫 [타]誇也자랑할타 吒也言而驚人풍칠타 驚ㅣ신통할타 誑也속일타 俗音차(禡)

⿰言厄 [외]惰也게으를외(佳)

⿱羽言 [략]歎美言칭찬하는말략(藥)

⿰言回 詯(言部六畫)과同

話 [화]言也이야기화、말할화 善言말잘할화(卦)

詰。[힐]問也힐문할힐 責讓꾸짖을힐 治也다스릴힐 謹也삼갈힐 明旦밝는아침힐 俗音길(質)

該。[해]其也그해 備也갖출해ㅣ當也마땅할해 皆也다해 兼也겸할해 畢中約군호해(灰)

詳。[상][양]審也자세할상 悉也다할상、詐也거짓

양佯 通陽 詶 주 多言 수다스러울주 尤 詵。선 衆多ㅣㅣ 많을선 致言 말전할선 俗音신 眞 詷 동 急言 謥ㅣ 말더듬거릴동、輕薄 경박할동 送 詻。액 論訟 송사논

난할액 辭厲ㅣㅣ 말 불끈거릴액 陌 諸 외 呼人 사람부를외 灰 謐 술 靜也 고요할술 質 諫。재 諷ㅣ下以風刺 비유하여 나무랄자 刺通 寘 誶 수 以言答 수작할수、대

답할수 酬同 尤 詺 명 辨別物名 물건이름분별할명 敬 諪 치 詺也 물건이름분별할치 寘 諂 구 毁也 험담할구、헐구 有 詹 첨 至也 이를첨 瞻也 볼첨 小言ㅣㅣ 소곤거릴

첨 官名ㅣ事 벼슬이름첨 鹽 誀 이 謗也 피일이 寘 詼 회 嘲也 조롱할회 譏戲 기롱할회 調也 고를회 謔也 희학할회 詽。현 爭語ㅣㅣ 말다툼할현 怒也 성낼현 先 誈。

괘 誤也 그릇할괘 卦 詾 흉 訟也 송사할흉 衆言 수군거릴흉、喧戾聲 떠들석할흉 洶同 冬 誁 병 助言 도와말할병 人名 不ㅣ 사람의이름병 梗 誅。주 戮也 벨주 責也 꾸지람할주

剪除、베일주、갈길주 罰也 벌줄주 虞 誄。뢰 謚也 시호뢰 誂 조 相呼誘 서로피일조 卒然 별안간 조ㅣ 戲弄言 희롱지거리할조 篠 誃。치 離別 이별할치 臺名 대이름치 紙

誇。과 大言 矜ㅣ 자랑할과 侉同 麻 ⿰言秃 詄(言部五畫)의 本字 誙。誙(言部七畫)과同 誷。망 誣也 속일망 陽 ⿰言彐 조 弄人 조롱할조 巧 [illegible] 語(言

部七畫)의 古字 ⿰言戈。기 謀也 꾀할기 寘 誉 譽(言部十四畫)의 略字 誠。誠(言部七畫)과同 ⿰言西 哂(口部六畫)의 俗字 誡 訧(言部五畫)의 俗字

七

誌。지 記也 기록할지 事文 사기지 史傳記 志、識通 寘 認 인 辨識 알인 許也 ㅣ可 허락할인 誋。기 誡也 경계할기 寘 ⿰言夾 겹 多言 떠들어댈겹 妄語 망녕되게말할겹 葉

⿰言丑 노 謎也 수수께끼노 喜也 기쁠노 豪 ⿰言旱 한 多言 수다할한 大言 크게말할한 旱 誒。희 ㅣ笑 선웃음칠희 ⿰言余 도 言不明 謫ㅣ 말분명치못할도 虞 誏

랑 泛言 뜬말할랑 養 誎。속 督促 독촉할속 屋 ⿰言豆 두 不能言ㅣ讗 말머뭇거릴두 宥 誐。아 狡猾 詆ㅣ 간사할아、교활할아 歌 誔 정 欺也 속일정 梗

誑。광 欺也 속일광 誆、誑同 漾 ⿰言求 구 禁也 금할구 助也 도울구 宥 誓。서 約信 戒也 맹세할서 約束 약속서 告也 고할서 謦戒 경계할서 霽 誖 패 발 亂也 어지러울

패 乖也 어그러질패 逆也 거스릴패 悖同、발 義同 隊 月 誘 유 導也 인도할유 敎也 가르칠유 引也 이끌유 進也 나아갈유 相勸 서로권할유 牖通 有 誕。탄 降ㅣ 탄생할탄 大也 클탄 乃也 이

에탄 天子生日ㅣ降 탄강할탄 育也 기를탄 欺也 속일탄 濶也 넓을탄 妄也 허란탄、放也 방탕탄 旱 彰 ⿰言利 짐 言美 말아름다울짐、말잘할짐 ⿰言秃 독 狡猾 詆ㅣ 교활할독 欺詆 속일독 屋

⿰亻言。혜 待也 기다릴혜 齊 ⿰言別 별 言析理 말로판단할별 ⿰言坒。비 錯謬 그릇할비 支 ⿰言𠯑 話(言部六畫)의 本字 詐。자 慙語 부끄러운말자 禡 詥 謕(言部十一

畫)과 同

誙 [경] 言確 말확실히할경 羣趨貌 ㅣㅣ여럿이 굽신거릴경 (庚) **⿰言㑴** [침] 私語 소근소근 거리며말할침 (侵) **⿰言宜** [의] 理也 다스릴의 人所宜 옳을의 誼同 (寘) **誚。**

[초] 以辭相 서로꾸짖을초 譙同 (嘯) **語** [어] 告人 말씀어 論難 논란할어 **誟** 詨(言部六畫)과 同 **誠。**[성] 純一無僞 정성성 信也 믿을성 敬也 공경할성 審也 살필성 眞實 진실할성 (庚)

⿰言夋 [사] 俊言、妄言 준절한말사 (禡) **⿰言員。**[회] 言長 말느럭느럭할회 (隊) **誣。**[무] 欺罔 以無爲有 속일무 詐也 간사할무 (虞) **⿰言叀** [추] 不決ㅣ譠 결단하지못할추 **誡** [계] 警

教辭 경계할계 告也 고할계 命也 명할계 (卦) **⿰言坐** [좌] 以言斮人 핀잔줄좌 (箇) **誢** [현] 諍語 간하는말현 (銑) **誤。**[오] 謬也 그릇할오、잘못할오 失也 잃어버릴오 **⿰言足。**[촉] 言急 말급할촉 (沃)

誦。[송] 讀也 욀송、읽을송 怨也 원망할송 言也 말할송 諷也 풍유할송 (宋) **誤** 誤(言部七畫)과 同 **⿰言希** [희] 語聲 말소리희 (寘) **⿰言赤** [혁] 內悔 속으로 업신여길혁 (錫) **⿰言何**

[하] 喧也 시끄러울하 (歌) **誥。**[고] 文言告曉 깨우쳐고할고 教也 가르칠고 (號) **說。**[설][열][세] 辭也 말씀설 告也 고할설 解也 序述 설명할설、喜也 樂也 기꺼울열 悅同、誘也 달랠세 舍也 쉴세 (屑)(霽) **誧。**

[포] 大也 클포 諫也 간할포 人相助 서로도울포、謀也 꾀할포 (虞)(遇) **誩。**[경] 競言 다투어말할경 (敬) **誨。**[회] 教訓 가르칠회 (隊) **⿰言芌** [와] 拒譽 거역해서대답할와 (歌) **誫。**[진] 動也 움직일진 (震)

⿰言屎 [치] 無智 어리석을치 (支) **誂** 誂(言部六畫)과 同 **⿰言⿴囗舌** [활] 頑也 완고할활 (黠) **読** 讀(言部十五畫)의 略字 **⿰言𡗗** 譺(言部十畫)과 同

八

⿰言長

[장] 誑也 譸ㅣ 속일장 (陽) **誯** 唱(口部八畫)과 同 **⿰言㕦** [오] 相毁 서로훼방할오、隱語 ㅣ謎 수수께끼할오 (寘) 中字 **⿰言穹** [궁] 多言 말수다할궁 問也 물을궁 **⿰阝⿱夸言** [회] 毁謗 훼

방할회 (灰) **課。**[과] 稅也 부세과、구실과 試也 시험할과 程也 법식과、한식과 第也 차례과 工ㅣ勸 공부과 功也 공로과 (歌) **誰。**[수] 孰也 누구수 詰問ㅣ何 누구나수 發語辭 발어사수 (支) **⿰言疌**

[첩] 多言口ㅣ 말납신거릴첩、말잘할첩 (葉) **誳** [굴] 詭異 괴이할굴 (物) **誶。**[수][쇄][신][줄] 責讓 詬也 꾸짖을수、쇄 義는 수 同 訊也 물을신、물어볼신、責罵 모라셀줄 (寘)(隊)(震)(質) **⿰言兹。**

[현] 言急 말급할현 (先) **⿰言忝** [전] 言不定ㅣ讔 말정하지못할전 (銑) **⿰言匋** [도] 往來言 왕래하는말도 詢通 (豪) **誴。**[종] 樂也 즐거울종 (冬) **⿰言⿱丰月** [타] 退言 말물리칠타 (歌) **誷**

[망] 誣也 속일망 (養) **誻。**[답] 妄語 망녕되게말할답 多言 잔말할답 譅同 (合) **誺** [치] 以言相誣 말로속일치 白ㅣ 울림소리치 不知 모를치 (支) **誹。**[비] 謗也 비방할비 謗言 怨ㅣ 중얼거

릴비、원망할비 (微) **誵** [효] 言不恭謹 말불공할효 (肴) **⿰言幸** [행] 怒也 성낼행 ㅣ直 바를행 (敬) **⿰言咎** [구] 毁也 훼방할구 (有) **誽。**[내] 以言窺知人之心情

떠볼나 (佳) **誾。**[은] 和悅貌 ㅣㅣ 화평할은 訢通 (眞)(文) **誼。**[의] 人所宜 옳을의 理也 다스릴의 親好의의 義同 (寘) **調** [조][주] 和也 고를조 柔也 부드러울조 選也 가릴조 賦

也 구실조、부세조 樂律音ㅣ가락조、곡조조 韻致才ㅣ운치조 計也
ㅣ度 회계할조 適也 맞을조、적당할조、重也 거듭주 輖同 (嘯)(尤) ⿰言居。[거]言有則 말법도있을거 (御) ⿰言忠 [지]言不懈 말부지런히할지 (齊)
諁。[철]喧也 시끄러울철 (屑) ⿰言昆 [혼]語不明 말분명하지못할혼 (阮) 諀 [비]惡言 악담할비 訾毁 헐어말할비 (紙) 諅。[기]忌也 꺼릴기 志也 뜻기 (寘) 謟 [첨]侫
言曰ㅣ아첨할첨 (面從曰諛) (琰) 諄 [순]誠懇貌 정성스러운모양순 誨言重複ㅣㅣ거듭이를순 (眞) ⿰言帛。[면]慧黠 총명할면 ⿰言制。[제]語不正 말바르게못할제 (霽) 誎
諜(言部九畫)과同 諃。[침]善言 착한말침、말잘할침 (侵) 談。[담]言論 말씀담 圍碁 手ㅣ바둑둘담 (覃) 諆。[기]謾言 속이는말기 謀也 꾀기 (支) ⿰言奄 [엄]予也 줄엄 (豔)
⿰言臿 [갑]笑語ㅣ謳 웃고말할갑 (合) ⿰言事 [시]入言 말받아들일시 (寘) ⿱營言 [오]鴉鳴聲 까마귀우는소리오 (豪) ⿰言卓 [착]人名 韓ㅣ사람의이름착、인명착 (覺) 諈
[추]ㅣ諉 핑계할추 訐也 알소할추 (寘) ⿰言肯 [습]多言 말많을습 (緝) ⿰言東 [동]言多也 잔말할동 (董) 請 請(言部八畫)과同 請。[청]包也 청할청 謁也 뵈올청 扣也 물을청、秋朝
見가을에조회할청 (梗)(敬) 諉。[위]託言推ㅣ핑계할위 委也 버릴위 (寘) ⿰言彔 [록]謔也 희학질할록 (沃) 諏。[추]聚謀 꾀할추、咨事 물을추 星名 별이름추 娵通 (虞)(尤) 諍。
[쟁]救正諫也 간할쟁 (敬) ⿰言奇 [기]語相戲 말로희롱할기 (支) 諎。[책][차]大聲 큰소리책、鳴也 울차 (陌)(禡) 諔。[숙]詭也 간사할숙 人名 崇ㅣ사람의이름숙 (屋) 諓 [전]善言 착한말
전、좋게말할전 諂言 아첨할전 巧讒貌 ㅣㅣ공교하게참소하는모양전 (先) 諐 [건]過也 허물건 愆同 (先) 諑 [착]譖訴 참소할착 責也 꾸짖을착 (覺) 論 [론][륜]議也 의논
론 思也 생각할론 細繹討ㅣ토의할론、글뜻풀론 說也 말할론 辯也 변론론、言有理倫차례륜 (眞)(元) 諒。[량]信也 믿을량 思也 생각할량 義理 의리량 知也 알량 亮同 (漾) ⿰言罙。[섬]無實言 거짓말할섬 (豔)
諕 [하][획]誑也 속일하 許同、驚貌ㅣ然 깜짝놀랄획 ⿰言受。[수]口授 입으로전할수 (有) ⿰言呈 [망]責也 꾸짖을망、책망할망 (漾) 諗 [심]告也 고할심 謀也 꾀할심 相思念 서로생각할심 (寑)
誙。[무]欺妄 속일무、기망할무 誣同 ⿰言侈 謻(言部十一畫)과同 ⿰言㚇 [중]貪也 탐할중 諘。[표]讚也 칭찬할표 (篠) ⿰言宛 [원]慰也 위로할원 從也 좇을원 (阮) ⿰言㫄
謗(言部十畫)의本字 謁 謁(言部九畫)의略字 ⿰言𠯑。[괘]誤也 그릇칠괘 (卦) 諿 謅(言部十畫)과同 諚。[정]命也 분부할정、명할정 日字 僭 僭(言部七
畫)의譌字 ⿰言甹 詢(言部六畫)과同 ⿰言㕣 謚(言部十畫)의譌字 謀 諜(言部九畫)과同 諸 諸(言部九畫)의略字 ⑨ 諛。[유]諂也 아첨할
유 (虞) ⿰言𡿺 [노]語相侮 서로욕할노 (皓) 諞。[편][변]巧言 공교한말편、변 義同 (先)(銑) 諜。[첩]軍中反間 간할첩 諫通 (葉) 諝。[서]知也 지혜있을서 智才之稱 슬기서 (魚)(語) ⿰言亟

訥 극 訥言말더듬거릴극 職 誒 誒(次條)와同 誒 후 言也말할후 宥 詑 탁 欺也속일탁 藥 諡 시 立號以易名시호시 諡行행장시 寘 諢 은 頑也완악할은 眞

諟。시 是也이시 理也다스릴시 諦也審也살필시 紙 諠 훤 譁也지껄일훤 忘也잊을훤 元 請 타 慧也민첩할타 箇 謏。소 수 小也작을소 誘也꾀일소、私罵속으로욕설할수 謏同 篠 宥

諤 악 直言謇謇ㅣ곧은말악 藥 諣。과 急言말급할과 禡 諧。해 和也화할해 合也합할해 齊ㅣ書名글이름해 調也고를해 笑譴詼ㅣ기롱지거리할해 佳 諑 현 相責서로책망할현 霰

誶 訴(言部五畫)과同 諥 종 言相觸말서로마주칠종 宋 諦。체 審也살필체 霽 諨 복 備也갖출복 屋 𧪃 계 言警경계할계 誡同 卦

諫。간 直言以悟人간할간 官名벼슬이름간 諷也풍간간 諫 諩 보 籍錄世系족보보 譜同 麌 諪 정 調也고를정 青 諭 유 告也고할유 曉也효유할유 遇 𧨾 랄 語聲말소리랄 曷

諬 啓(口部八畫)과同 諭 諭(言部九畫)과同 諮 자 問也물을자 謀也꾀자 咨同 支 諰。시 懼貌눈휘둥굴할시 直言곧은말시 紙

諯。전 相讓서로사양할전 先 諳。암 知也알암 悉也다알암 記憶기억할암 熟聞익혀들을암 覃 諲 인 敬也공경할인 恭也공순할인 眞 諻 훼 謗也비방할훼 紙

諱。휘 避也피할휘 忌也꺼릴휘 隱也숨길휘 生名死ㅣ죽은이름휘 未 諷。풍 ㅣ刺비유로간할풍 誦也외울풍 風通 送 諴。함 和也화할함 誠也정성함 咸 諌 諫(言部八畫)과同

諵 남 多言ㅣㅣ말많이할남、재잘거릴남 語聲喃ㅣ말소리남 咸 諸。제 衆也모들제 辯給ㅣㅣ말잘할제 語助辭어조사제 衣名ㅣ于옷이름제 俗音저 魚 諶。심 信也믿을심 測也헤아릴심

諺。언 안 俗言俚語속된말언、상말언、不恭공손하지않을안 剛猛사나울안 喭同 霰 翰 𧩯 가 巧言ㅣ詁교묘한말가 禡 諹 양 讚也칭찬할양 陽

諽。격 飾也꾸밀격 更也고칠격 陌 𧩼 시 多言말수다할시 支 諻 황 大聲큰소리황 庚 諼 훤 忘也잊을훤 詐也거짓훤 阮 𧫝 삽 多言말많을삽 謀。모 計也계교할모 圖也도모할모 議也의논할모 咨難慮患꾀할모 俗音무 尤

諾。낙 答也대답할낙 許也허락할낙 藥 諿 집 和也화할집 或音즙 緝 謁。알 請見뵈올알 請ㅣ白也아뢸알 月

𧩾 주 奏也아뢸주 人名希ㅣ사람이름주 尤 𧩹。치 笑也웃음치 寘 謂。위 與之言也이를위 稱也일컬을위 告也고할위 未 譸 禱(言部十四畫)의本字 𧪓

諴(言部九畫)과同 謻 詑(言部五畫)과同 諄 순 咨也물을순 詢同 眞 𧩱 제 多也많을제 霽 𧩆 방 詢問물을방 漾 諅。기 人名與ㅣ사람의이름기 寘

詪 誏(言部七畫)의俗字

十

𧪘 차 異言、失也말다를차 禡 謅。초 弄言농담할초 相擾가르락거릴초、서로흔들초 巧 謄。등 移寫베낄등、등사할등 蒸

諭 [선]以言感人 말로 사람감동시킬선(霰) 謈。[포]痛寃聲呼ㅣ 부르짖을포(豪) ⿰言豈 [개]謹也 갈개(灰) 謐。[밀]靜也고요할밀 安也寧ㅣ편안할밀(質) 謇 [건]吃也難

言말더듬거릴건、直言 ㅣ諤곧은말할건(銑) ⿰言朔 訴(言部五畫)과同 ⿰鬼言 [기]言也말할기(微) ⿰言疾 [질]語急말급할질(質) 謋 [획]速也ㅣ然 빠를획(陌) ⿰言盍 [합]多言말

수다할합(合) ⿰言乘。[승]促言말재촉할승(徑) 謏 [소][수]小也작을소 誘也꾀일소、私罵중얼거릴수 謏俗字 謎。[미]隱語수수께끼미、숨은말미 謎通(霽) ⿰言罘 諸(言部八畫)과同

謍。[영]小聲적은소리영(庚) 謔 [학]調戲ㅣ浪 희롱할학(藥) ⿰言耆 [기]怒也성낼기(支) 謓。[진]恚怒성낼진、화낼진 嗔同(眞) ⿰言烝 [증]語煩ㅣ仍 말번거러울증(蒸) 謑。

[혜][하]不正貌ㅣ髁 비뚤혜、간사할혜、恥辱ㅣ詬욕될혜、怒言 성내여 말할하(薺)(禡) 謒 [창]語輕 말경하게할창(陽) ⿰言氣 [희]語氣 말기운희(未) 謗 [방]毁也 헐어말할방 訕也나무랄방(陽)(漾)

⿰言虔 [건]口吃 말더듬더듬할건 謇同(阮) 謖。[속]起也 일어날속 峻挺 ㅣㅣ높고꼿꼿할속(屋) 謕 [제]泣也울제 嗁、啼同(齊) ⿰言昜 [탑]ㅣ嗑、多言 말많을탑(合) 謼 謕(前前條)의 譌字

謙 [겸]讓也사양할겸 致恭不自慢 겸손할겸 卦名 괘이름겸(鹽) ⿰言馬 [마]多言말많을마(禡) ⿰言息。息(心部六畫)의古字 ⿰言屖 [지]語諄諄 말거듭이를지(支) 講 [강]論也 강론할

강 誦也외울강 習也익힐강 和解 강화할강 究也 강구할강(講) 謚 [익]笑貌웃는 모양익(陌) 謜。[원]徐語 천천히말할원ㅣ ㅣ和悅 기꺼울원(元) 謝 [사]拜ㅣ사례할 사 絶也 끊을사

辭也사양할사 退也물러갈사 衰也이울사 告也고할사(禡) 謞。[학]崇讒慝ㅣㅣ간특할학 熇同(藥) ⿰䌛言 䌛(言部十一畫)과同 ⿰言叜 [소]諳也 외울소(遇) ⿰言留 ⿰示留(示部十

畫)과 同 謠 [요]徒歌無章曲 노래요 風謠ㅣ言소문요、풍설요(蕭) ⿰言毘。[비]吒聲 꾸짖는소리비(支) 謟 [도]疑也의심할도 慆通(豪) ⿰言鬲。[격]語不相入 말서로듣지못할격(陌) 誇 [화]應也대

답할 화(禡) ⿰言宰。[하]誑也속일하(禡) ⿰言書 [견]小息조금쉴견(銑) ⿱斬言 譖(言部十二畫)과同 誖 [발]言亂 말어지러울발(月) ⿰言恖 諰(言部九畫)의本字

謊 詤(言部六畫)의俗字 ⑪ 謥 [총]急言貌ㅣ詷 더덜거릴총、급히말할총(送) 謨。[모]汎議將定 其謀 꾀모(虞) ⿰言宰 [하]誑也속일하(禡) 謣。

[우]妄言망령된말우(虞) 謤 [표]言輕 말가벼울표(蕭) 謧。[리]多言ㅣ詍 말수다할리(支) ⿰言累 讄(言部十五畫)과同 ⿰言鹵。[로]言不定ㅣ謊 황당히말할로(虞)

⿰言祭。[절]正言바른 말절 嚓同(屑) ⿰言⿱非土 ⿰言坐(言部七畫)과同 ⿰言⿱隹土 [퇴]讁也 허물할퇴 落也 떨어질퇴、최 義同(灰) ⿰言羕。[양]聲變소리변할양(漾) 競。[경]彊語 말다툴경(敬)

⿰言商 [상]度也헤아릴상(陽) 謯 詛(言部五畫)과同 謫。[적]咎也 허물적 罪也죄적 罰也형벌할적 怒也 성낼적 譴責 꾸짖을적 瑕也 흉볼적 變氣 기운변할적 讁同(陌) 謲 [침]讖也 흉볼침

謬。[류] 誤也그릇할류 亂也어지러울류 欺也속일류 差也어긋날류 妄言망녕되게말할류 俗音무(宥) 讁 [책] 怒也성낼책 讓也꾸짖을책 ⿰言崔 [유][최] 責也꾸짖을유 就同、최 義同(支)(灰) 謳。

[구] 吟也읊조릴구 歌也노래구 本音우(尤) ⿱既言 [기] 言無次말차례없을기(寘) ⿰言集 誒(言部十畫)과同 謏 [사] 虛談헛말할사(馬) ⿰言屚 [루] 暴怒ㅣ詬불끈성낼루(宥) 謰

[련] 繁絮말전주할련 語亂ㅣㅣ말어지러울련(銑) 謱 [루] 委曲覼ㅣ곡진할루 謴。[곤] 語不明말분명하지못할곤(阮) ⿰言度 謶(次條)와同 謶 [작] 欺也속일작 責也꾸짖을작

謷。[오] 不肖人語 중얼거릴오、버릇없는말오 悲泣읊이울오 衆口愁聲ㅣㅣ여럿이 근심하는소리오、倨也거만할오 謔也희롱할오 ⿰言基 [기] 謾言부질없는말기 謀也꾀기 諆同(支) ⿰言望。

[망] 相責서로책망할망(漾) 謵 [습] 服讋의힐습(緝) ⿰言窒 [질] 言無倫脊 諎ㅣ말종잡을수없을질(質) ⿰言巢 [초] 代人說대신말할초(肴) 謹 [근] 愼也삼갈근 敬也공경할근 專也오로지근(吻)

謻 [이] 別門따로세운문이(支) 謺。[집][접] 多言말수다할집、拾人語남의말주을접、남의말뽄딸접 ⿰言畢 [필] 敬也공경할필(質) 謼。[호][효] 大呼크게부르짖을호、號也

부를호、嘑呼부르짖을효(虞)(遇)(肴) 謾。[만] 欺也속일만 緩也느릴만 婧ㅣ媟汀설만할만、且也또만 誑言속여말할만 慢同(寒) ⿰言奄。[암] 語不決ㅣ阿말결단할암(覃) ⿰言帶 [제] 審

諦讀ㅣ살필제(霽) ⿱強言。[강] 詞不屈말뻣뻣할강、말굳셀강(漾) ⿱殹言 [예] 譍也대답할예(齊) ⿰言殹 譭(言部十二畫)과同 ⿰言⿱亼冊 論(言部九畫)의篆字 ⿸麻言 [리] 罵也꾸

짖을리(支) ⿱差言 嗟(口部十畫)과同 譛。譖(言部十二畫)과同 ⑫ ⿰言賀 [하] 應語대답할하(箇) 譀 [함][합] 誕也허탄할함 戲也희롱할함、마ㅣ、怒言성내어

말할합(勘)(洽) ⿰言皋。[호] 相欺ㅣ讀서로속일호(號) ⿰言就 [추] 諛也아첨할추(宥) 譂 [천] 妄言망녕된말천(銑) 譁。[화] 讙也喧ㅣ시끄러울화、지껄일화(麻) ⿰言尋

[탐] 言不正而違也말어긋날탐(感) 䜌。[련] 言不絕말잇대일련 治也다스릴련(霰) 譃 [후] 妄言망녕된말후(虞) 譇。[사] 語競말다툼할사 不解ㅣ詉알지못할사(馬) 譄。

[증] 加也더할증 人名사람이름증 ⿰言欶。謝(言部十畫)과同 譅 [삽] 訥也어눌할삽(緝) 譮 [회] 中止그칠회 悟也깨달을회(泰) 譆 [희] 痛呼、懼聲읊피소리지를희(支)

證。[증] 驗也、候也증험할증 質也보증할증、질정할증 ⿰言善 [전] 善言좋은말전(銑) 譈 [대] 怨也원망할대 惡也미울대(隊) 譌。[와] 謬也그릇와、완전할와 化也화할와

譊。[뇨] 恚呼본멘소리할뇨 鳴也울뇨 ㅣㅣ爭聲다투는소리뇨(肴) ⿰言壹 [예] 審諦ㅣ諦살필예 譋 讕(言部十七畫)과同 ⿰言尞 [료] 巧言ㅣ譑말잘할료(蕭) 譎。

[휼] 詐也간사할휼 詭也괴휼할휼 ⿰言翕 [흡] 疾言말빨리할흡(緝) ⿰言斯 ⿱斯言(次條)와同 ⿱斯言 [서] 悲聲슬픈소리서(齊) ⿱暑言 ⿱暑言(言部十畫)과同 譑

교 發罪糾ㅣ죄들추어낼교(篠)
⿰言勞 로 聲多소리많을로(號)
⿰言發 벌 發言말할벌(月)
譏。기 誹也나무랄기 誚也꾸짖을기 何察엿볼기(微)
⿰言惡 오 憎也미워할오 相毁서로훼방할오(遇)
譐 준 聚語수군거릴준 噂同(阮)
譒。파 敷也펼파 播同(箇)
譔 선 述也지을선 選也가릴선、善也기릴선(銑)(霰)
⿰言嵒 암 戲言희롱할암(咸)
⿰言靑 請(言部九畫)과同
⿱隋言 조 相毁서로훼방할수(寘)
譓 혜 多智슬기많을혜 順也순할혜 辨察분별하여살필혜(霽)
識。식 知也、認也알식ㅣ見식견식、지 記也기록할지(職)(寘)
謫。척 罰也벌할척(陌)
譗 잡 言不倫脊ㅣ譶말종잡을수없을잡(洽)
譕 무 言行莫先언행이갈을무(虞)
譖。참 讒也참소할참
⿰言莽 모 言不定謨ㅣ황당히말할모(麌)
譙。초 訬殺ㅣㅣ깃모지라질초、呵責꾸짖을초 姓也성초 誚同(蕭)(嘯)
譜。보 籍錄世系족보보 音樂曲節곡보 牒也문서보 屬也붙일보(麌)
⿱執言 謺(言部十一畫)의本字
譚 담 大也클담 談也말씀담 著也나타날담 安縱편안할담(覃)
⿰言桼 ⿰言桼(言部十一畫)과同
警。警(言部十三畫)의略字

㉓

譟。조 聒也떠들조 羣呼지껄일조 喿同、俗音소(號)
譍 응 答言대답할응 以言對대답할응
⿰言葉。섭 言失讋ㅣ실언할섭(葉)
譝 승 譽也칭찬할승(蒸)
譞 현 慧智슬기로울현 多言말수다할현(先)
⿰言奥 오 告也 隱語고할오 奥通(號)
譤 격 訐也거짓격(錫)
⿰言⿺辶有 수 言從말좇을수(支)
⿰言萬。매 誇誕자랑할매(卦)
譠 탄 欺也ㅣ謾속일탄(寒)
譢 수 諫也간할수 告也고할수(寘)
譣。험 姦言ㅣ詖간사한말로아첨할험(琰)
⿱敫言。교 訐也알소할교 痛呼소리지를교(嘯)
⿰言⿺辶垂 잡 聲也소리잡(合)
譡 讜(言部二十畫)과同
⿰言歲。홰 衆聲여러소리홰 噦通(泰)
警。경 戒也敕也경계할경 戒行계엄할경、순행할경 起也경동할경 寤也깨달을경 告非常주의시킬경(梗)
譬。비 喩也비유할비 曉也깨우칠비 匹也짝비(寘)
譧 잠 被誑속을잠 詀同(陷)
譨 누 多言ㅣㅣ、語不明也속살거릴누(尤)
譩 의 念也분할의 傷也상할의(支)
⿰言運 곤 詶弄희롱하고놀릴곤(願)
譯 譯(次條)와同
譯。역 換易言語使相解통변할역、詁釋經義번역할역(陌)
譫 섬 多言중얼거릴섬 心病ㅣ妄헛소리할섬 古音첨(鹽)
譭 훼 謗也헐어말할훼 毁通(紙)
譪。애 盡力힘다할애 多貌많을애(泰)
⿰言業 업 語笑말하며웃을업(洽)
譮 홰 怒辭성난말홰(卦)
議。의 語也말할의 謀也꾀할의 定事之宜의논할의(寘)
⿰言⿱䀠大。과 相誤서로그릇할과(禡)
謬 謬(言部十一畫)과同
⿱鄉言 향 曁也잠깐향 不美言좋지않은말향
⿰言函 諴(言部九畫)과同
⿰言寋 건 難言吃也말더듬거릴건(銑)
⿰言感。흠 怒也言성내어말할흠(沁)
謂 謂(言部九畫)의本字
⿰言屈 誳(言部八畫)의本字
護。護(言部十四畫)과同
⿰言閜。하 怒貌성낼하(歌)
⿰言剪 謭(言部七畫)과同
譲 讓(言部十七畫)의略字

譾 [전]語煩말 번거러울전 ⓮ 譴。[견]責也誚也꾸짖을견 怒也 (霰) 謲 [첨]細語속살 거릴첨 (屑) 讘 [압]笑語謔ㅣ웃 고말할압 (合) 譳。

[두]不能言詎ㅣ말 머뭇거릴누 (宥) 護 [호]擁全保ㅣ호위할호 救也구조할호 助也도울호 ⿰言臱 [면]慧黠영 리할면 (先) ⿰言巢 譟(言部十一畫)의 本字 譶。[답]疾言 말재잘

거릴 답 (合) ⿰言望 [망]責望책망할망 欺也속일망 (漾) 譸 [주]誑也ㅣ張 속일주 (尤) ⿰言遅 ⿰言遲(言部十 五畫)과 同 ⿰言遝。[답]言語相及말다툼할답 妄語망령되게말할답 誻同 (合)

譻。[앵]聲也鳴也ㅣㅣ방울달랑거 릴앵 聲也ㅣㅣ소리앵 (庚) 譹 [호]號也哭聲부르 짖을호 謼同 (豪) 譺。[의][억]啁戲기롱할의 欺誹也 속일의、齊敬삼가할억、삼갈억 (卦)(職)

⿰言蒙 [몽]言不明말분명 하지못할몽 (東) ⿰言爾。[진]視也볼진 驗也증험할 진 候脈맥볼진 診同 (軫) ⿰言齊。[제]言多수 다할제 (霽) ⿰言聚 [추]罵也욕 할추 (宥) ⿰言睿 [예]恨

也한탄 할예 (霽) ⿰言寧 [녕]小言속 살거릴녕 ⿰言㡭。[단]言戲謔ㅣ말 의혹날단 (旱) ⿰言僕 [박]以言蔽말로방 패막이할박 (屋) ⿰言熒。[영]發聲貌소 리낼영 (庚) ⿰言臺 [태]明 審자

세히살 필태 (灰) 譽。[예]稱也聲美기릴예、칭찬할예 令聞이 름날예、義同、樂也즐길예 俗音여 (魚)(御) ⿰言龠 論(言部八 畫)의 俗字 ⿰舟⿱習言 [등]多言말 많을등 (蒸) 議 議(言

部十三畫) 의 本字 ⿰言⿰糹巾 [격]多言貌말 많이할격 (陌) ⓯ ⿰言寫 [사]以言寫志말로속 시원하게할사 (馬) 讀。[독][두]誦書글읽을독 樂名풍 류이름독、文語絕處句ㅣ

키절두、토 두 (屋)(宥) ⿰言翦。[전]淺也얕 을전 (銑) ⿰言質 [질]野人言상스 러운말질 (質) ⿰言慮 [려]詐也거 짓려 (御) 譿。[혜]辨察분별하 여살필혜 (霽) ⿰言蔡 [살]散

言허튼 말살 (曷) ⿰言巤 [렵]多言饒舌 지껄일렵 (葉) ⿰言遲 [지]言之逸 出말헛나갈지 讂。[현]有所求경영할현、욕심 낼현 流言뜬소문현 (霰) ⿰言暴 [표][포]惡怒미워하 고성낼표、哱ㅣ

부르짖을포 本音박 (效)(覺) ⿰言樂。[락]狂言ㅣ謊 미친말락 (藥) ⿰言厲 講(言部十 三畫)과 同 ⿰言虢 [괵]多言말 많을괵 (陌) 讁。[적]責也咎也 꾸짖을적 ⿰言憂。[욱]聞香 貌냄새

맡을 육 (屋) ⿸雁言 譍(言部十三畫)의 本字 ⿰言𢊁 謶(言部十 一畫)과 同 讄。[뢰]諡也시호뢰 哀死而述 其行행장뢰 誄、譔同 (紙) ⿰言罣 詿(言部六 畫)과 同 ⿰言⿱艹尒

[예]聲也 소 리액 (陌) 讃。讚(言部十 九畫)과 同 ⿰言截 讖(言部十七 畫)의 俗字 ⓰ ⿰言憲 [헌]狼戾ㅣ摶 낭자할헌 (阮) ⿰言⿱𦥑隹 [해]誡也경 계할해 (卦)

讇。[첨]諛佞아첨할 첨 諂古字 (琰) 讈 [력]巧言謰ㅣ교 묘한말력 (錫) 讎。[수]仇也원수수 匹也짝수 校也비교할수 償也 갚을수 言相ㅣ對대거리할수 用也쓸수 (尤) 變 [변]化

也변할변 災異재앙변(天ㅣ成形) 改也更也고칠변 死喪죽을변 (霰) 讉。[유]怒也성 낼유 (支) ⿱頻言 [빈]多言수 다할빈 (眞) 讍 [악]直言謇ㅣ곧 은말악 諤同 (藥) 讌 [연]會

飮잔치연 合語ㅣ坐모여말할연 燕、醼、宴同(霰)

讋。섭 慴也두려울섭 失氣言맥없이하는말섭(葉)

⿰言善 선 正也바를선(霰)

⿰言親 친 訓言훈계할친(震)

⿰言享 순 誨言重

複ㅣㅣ거듭이를순 人名崇ㅣ사람의이름순(眞)

讏。위 夢言不慧잠꼬대할위 詐也거짓위 僞通(霽)

⿰言感 함 愛也사랑할함(覃)

⿰言雋 讗(言部十八畫)과同

(十七)

讒。참 僭也참소할참 倿也崇飾惡言毁善害能 아첨할참(咸)

⿰言堯 요 誤也그룻칠요(嘯)

讔 은 隱言ㅣ者숨겨말할은 迷也수수께끼은(吻)

⿰言嬰。영 怒也성낼영(庚)

⿰言邁 讗(言部十三畫)과同

讓 양 謙也사양할양 責也꾸짖을양 與也줄양(漾)

⿱隱言 讔(言部十七畫)과同

讖。참 符命圖ㅣ將來驗ㅣ緯 참서참、비결참(沁)

讕。란 逸言방랑할란 詆毁誣ㅣ속여말할란(翰)

⿱寋言 謇(言部十畫)과同

謇 건 口吃難也말더듬거릴건(阮)

(十八)

⿰言魋。퇴 회 譟也떠들퇴、시끄러울퇴、회義同(灰)

讙。훤 환 譁也지껄일훤 喧同、환義同

讗。획 誇也ㅣㅣ자랑할획 言壯貌말우람찰획 數相怒성발끈낼획(陌)

讘。섭 多言 詀ㅣ속살거릴섭

⿰言闒。답 言多수다할답(合)

(十九)

讁 謫(言部十一畫)과同

讚 찬 佐也도울찬 明也밝을찬 稱美칭찬할찬 贊同(翰)

讛 囈(口部十九畫)과同

(二十)

讝 섬 病入自語헛소리할섬(鹽)

⿱鑿言 착 詈也꾸짖을착(藥)

讜 당 直言忠ㅣ곧은말당、言中理유리하게말할당、말이이치에맞을당(養)(漾)

⿰言矍。확 妄言망녕된말확(藥)

⿱䀠言 誥(言部七畫)古字

讞。언 얼 議罪죄의논할언 評獄옥사의논할언、얼義同(銑)(屑)

(二十二)

⿰言襄 讓(言部十七畫)의本字

讟。독 痛怨而謗원망할독(屋)

(二十三)

⿱龖言 讋(言部十六畫)과同

豆部

豆。두 祭器籩ㅣ제기두 菽也콩두 量名말두 赤ㅣ팥두 俎ㅣ禮器예기두 荳同、斗通(有)

(三)

豇。강 豆之一種광저기강(江)

豈。기 개 焉也 非然辭어찌기 曾也일찍기、勝戰樂승전악개 愷、凱通(尾)(賄)

(四)

豉。시 配鹽幽菽豆ㅣ콩자반시、메주시(寘)

(五)

⿰豆句。두 裂也찢을두(尤)

⿱夗豆 완 豆名동부완 豌同(寒)

(六)

登。등 禮器瓦豆질제기등 甑同、鐙通(蒸)

⿰豆夅 강 豇豆ㅣ䜶 광저기강(江)

(七)

⿰豆㑴 침 野生豆들콩침 豉也콩자반침(侵)

⿰豆尾。매 豆碎其콩깍지매(賄)

(八)

豎。수 立也세울수 直也곧을수 童僕未冠、內廷小臣더벅머리수、아이종수(麌)

⿱癶廾 登(豆部六畫)의本字

豍。비 白扁豆백편두비(齊)

豌 완 西胡豆名완두완 ⿱夗豆同(寒)

⿰豆臽 감 豉味厚也된장맛깊을감(勘)

⿰豆昔 책 磨豆비지책、간콩책(陌)

⿰豆其 萁(艸部八畫)과同

⿰豆或。육 豆也콩육(屋)

⿰登丁 정 張幕장막칠정(青)

(九)

⿱敄豆 목 豆其콩깍지목(屋)

⿰豆是 豉(豆部四畫)과同

⿰豆音。음 幽豆메주만들음(侵)

⿰豆兪。유 變色豆빛변한콩유(虞)

(十)

⿰巾登 등 舒也펼등(蒸)

豏 함 豆半生

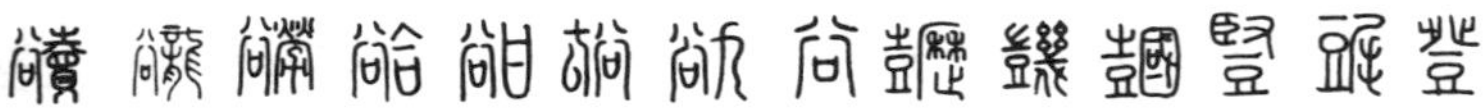

덜삶은콩함 餠中豆 떡속에든콩함 (豏)

⿱𤇾豆。[로]野豆 들콩로、蹽同 (豪)

⿰豆留 [류][료]豌豆 원두콩류、豆也 콩료 (尤)(蕭)

⿰壴東。[동]鼓聲 북소리동 (東)

豎 豎(豆部八畫)의 籀文

⿰壴卑 [비]騎兵用鼓 군사의북비 (齊)

⑪

豐。[풍]有年 풍년풍、多也 많을풍、흔할풍、大也 클풍、厚也 두터울풍、盛也 성할풍、邑名 고을이름풍、卦名 괘이름풍 (東)

⿰豆婁 [루]白豆 흰콩루 (尤)

⿰豈亶。[탄]黃色 누른빛탄 (蒸)

⿰壴臾 [여]量也 헤아릴여 (魚)

豑 豑(豆部十三畫)과 同

⿰豆畢 [필]豌豆 동부필、완두필 (質)

⿱癶豆 登(豆部六畫)의 籀文

⑬

⿰豆兼

[렴]打鼓 북칠렴 (鹽)

⿰壴眞 [전]鼓聲 북소리전 (先)

⑬

⿰壴國。[국]鼓聲ㅣ⿰壴歷 북소리국 (職)

⿸號豆 [호]土釜 흙솥호 (晧)

⿱瓦豆 [렵]打鼓 북칠렵 (葉)

⑮

⿰壴幾。[기]相摩近 맞비빌기 (微)

⿰豆㬎 [접]黃色豆 누런콩접 (葉)

⑰

⿰壴巤 [렵]鼓聲 북소리렵 (葉)

⑱

⿰壴歷。[력]鼓聲 ⿰壴國ㅣ 북소리력 (錫)

⑳

⿰壴熏 [훈]鼓鳴 북울릴훈 (文)

豔。豔(豆部二十一畫)과 同

㉑

豔 [염]美也 고울염、容色豐滿 탐스러울염、엄전할염、歆羨 부러워할염 (豔)

㉒

⿰豆登。[등]益也 더할등 (蒸)

谷部

谷。[곡][록][욕]山間水道 谿ㅣ 골곡、窮也 궁할곡、養也 기를곡、名王ㅣ蠡 곡려록、姓也 성욕、성씨욕 (屋)(沃)

⿱仌谷 [각]笑也 웃을각 (藥)

②

⿰谷九。[구]大谷 큰골구、亭子名 정자이름구 (尤)

③

⿰谷工 [홍]大谷 큰골홍、谷名 골이름홍 (東)

⿰千谷 [천]青貌ㅣㅣ 퍼럴천、山名 산이름천 (先)

④

⿰厷谷。[횡]谷中響 골속울릴횡

谻 [극]倦也 곤할극 (陌)

谹 [횡]谷中響 골속울릴횡 (庚)

谺 [하]谷空貌 谽ㅣ 골속휑할하 (麻)

⑤

⿰谷甘。[함]高谷 높은골함 (覃)

⿱𣦵谷 叡(又部十四畫)의 古字

⑥

谽。[합]兩山相接 두산서로닿을합 (合)

⿰谷共 [홍]大壑 큰구렁이홍 (東)

⑦

⿰谷卒 [로]深谷貌 ⿰谷卒ㅣ 깊은골짜기로、空貌 골속휑할로 (豪)

㕡 壑(土部十四畫)의 本字

谽 [함]谷空貌ㅣ谺 골속휑할함

⑧

⿰谷空 [홍][롱][랑]谷空 골휑할홍、山深貌 산깊숙할롱、空谷 빈골짜기랑 (東)(江)

⿰谷周。[교]谷大 골짜기클교 (蕭)

⿰谷虎 [감]虎怒 범성낼감 (陷)

⿱虒谷 [제]姓也 성제 (齊)

⑩

豁。[활]通谷 내뚫린골활、疏也 시원할활、開也 열릴활、ㅣ達大記度 도량넓을활 (曷)

谿。[계]水注川 澗 시내계、ㅣ子孫 활이름계 俗作溪 (齊)

⿰谷奚 [혜]反戾 어그러질혜、怒爭勃ㅣ 성내여다툴혜 (齊)

⑪

⿰谷曼 [만]亭名 정자이름만 (寒)

⿰谷翏。[료]谷深 골깊을료 (蕭)

⑫

⿰谷勞。[로]谷空貌 골빌로 (號)

⿰谷皐。[호]深谷貌 깊은골짜기호 (豪)

⿰谷敢 [함]開也 열릴함、深谷貌 골깊을함 (感)

⿰谷曷 ⿰谷曼(谷部十一畫)과 同

⿰谷閒 澗(水部十二畫)과 同

⑬

⿰谷閜 谺(谷部四畫)과 同

⑭

⿰谷睿 [신]深谷 깊은골신 (震)

⑮

⿰谷賣。[독]通溝 도랑통할독 瀆古字 (沃)

⑰

⿰谷龍。[롱]大長谷 크고긴골롱 (東)

㉔

⿰谷靈 [령]岩穴 바위구멍령 (青)

豕部

豕。[시]豚也돼지 시、돝 시 (紙)

一

豖。[축]豕絆足行ㅣㅣ발얽은돼지걸음 축 (屋)

二

⿰豕丁 [정]豕貌돼지모양 정 (青)

三

豙 豕(豕部畫)과 同

⿰干豕。[한]豕走貌돼지달아나는모양 한 (旱)

豗 [회]相擊맞부딪칠 회、閧聲喧ㅣ싸움하는소리 회、떠들석할 회、豕堀돼지흙팔 회 (灰)

⿰豕土 [홰]豕堀土돼지흙뒤질 홰 (灰)

⿰豕久 [족]豕行돼지걸어갈 족 (沃)

四

豟 ⿰犭厄(豕部五畫)과 同

豛。[역]豚也돼지 역 (陌)

豚。[돈]豬子돼지 돈、魚名河ㅣ물돝 돈、行不擧足圈ㅣ우리속돼지 돈 (元)(阮)

豝。[파]牝豕二歲두살된돼지 파 (麻)

⿰豕尤 [우]大豕큰돼지 우 (尤)

㣇。[시]豕也돼지 시、돝 시 (紙)

五

豠。[처]小豕작은돼지 처 (魚)

豞 [구]豕鳴돼지가 꿀꿀할 구 (有)

𧱌 [탁]擊也칠 탁

⿰豕危 [액]大豕큰돼지 액 (陌)

象 象(次條)의 俗字

⿰豕毋 [무]牝豕암돼지 무 (有)

⿰豕令 [령]藥名豬ㅣ약이름 령

⿰豕皮。[애]瘠豕마른돼지 애 (賄)

𧰽 豙(豕部四畫)의 譌字

象 [상]南方大獸長鼻牙코끼리 상、形也형상할 상、光耀也빛날 상、法也법받을 상、通言官역관 상、永佐罔ㅣ물귀신 상、舞名춤이름 상、樽名상술준 상 (養)

六

豢 [환]養畜圈ㅣ칠 환、기를 환 (養牛馬曰圈、犬豕曰ㅣ) (諫)

⿰豕艾 [애]老豭늙은숫돼지 애 (泰)

豥。[해]豕白蹢네굽흰돼지 해 (蟹)

⿰豕同 [동]山豬멧돼지 동 (東)

⿰豕冊 [산]豕羣돼지떼 산 (寒)

豤。[간]齧也씹을 간、款誠정성스러울 간 (阮)

豣。[연][견]蠶노루 연、大豕큰돼지 견、三歲豕세살된돼지 견 (霰)(銑)

豦。[거]猿類원숭이 거 (魚)

⿱罒豕 [간]大豬큰돼지 간 (旱)

⿰豕夷 [시]去勢豕불친돼지 시 (紙)

⿰豕灰 [회]豗也서로부딪칠 회、豗同 (灰)

七

⿰豕巵 [지]大豕큰돼지 지 (支)

⿰豕矞 [율]豬也돼지 율 (質)

⿰豕孝 [효]豕走돼지달아날 효 (效)

豧 [포]豕聲돼지소리 포、豕也돼지 포 (遇)

⿱产豕。[위]豕聲怒也毛竪돼지성내어털일어날 위、彘音의 (未)

豪。[호]俊也호걸 호、俠也호협할 호(智過百人)、豕鬣돼지갈기 호、毫通 (豪)

⿰豕尨 [투]尾星名龍ㅣ별이름 투 (宥)

豨。[희]大豕큰돼지 희、神獸卦豕신령스러운짐승 희、星名별이름 희 (微)(尾)

⿰月⿱乂豕 豚(豕部四畫)의 籀文

豩。[빈]二豕쌍돝 빈 (眞)

⿰豕㫐。豤(豕部六畫)의 本字

⿰豕亘 貆(豸部六畫)의 本字

八

⿰豕空 [강]豕肉之中空돼지고기속빌 강

⿰豕介。[매]頑惡ㅣ⿰豕舌완악할 매 (泰)

⿰豕宗 [종]牡豕수돼지 종 (宋)

⿰豕叕 [굴]豕發土돼지흙뒤질 굴 (屑)

⿱叕豕 ⿰豕叕(前條)와 同

九

豫。[예]早也先也먼저 예、미리 예、猶ㅣ머뭇거릴 예、悅也기쁠 예、游也놀 예、參與참여할 예、逸也편안할 예、卦名괘이름 예、獸名猶ㅣ짐승이름 예、預通、俗音 여 (御)

豬。[저]豕也돼지 저、水所停물괴일 저、澤名孟ㅣ못이름 저

⿰豕俞。[유]豪豬別名貆ㅣ산돼지 유 (虞)

⿰豕㬎 [견]齧也씹을 견 (銑)

⿰豕便 [변]大豕큰돼지 변 (先)

⿰豕耑。[단]似豕而肥오소리 단、貒同 (寒)

⿰豕奏 [주]皮理堅厚之豕껍질두터운돼지 주 (宥)

⿰豕軍 [군]小野豕작은멧돼지 군 (問)

⿰豕敄 [탁]行也갈 탁 (覺)

豭。[가]牡豕수돼지 가 (麻)

⿱⿰爪攴豕 豚(豕部四畫)과 同

十

⿰豕舌。[괘]頑惡⿰豕介ㅣ완악할 괘 (卦)

⿰豕氣 [희]豕

息돼지숨쉴희 (未)
豰 [혹] 白狐子흰여우새끼혹 (屋)
豯 [혜] 豕生三月석달된돼지혜 (齊)
⿰豕冥 [명] 小豚작은돼지명 (靑)
豳。[빈] 周始封國나라이름빈 汧 西州名고을이름빈 頒同 (眞)
豲。[원][환] 豕屬山猪산돼지원、豪豬멧돼지환、큰돋환 貆同 (元)(寒)
十一
⿰豕覓 [멱] 頭黑體白豕머리검고몸흰돼지멱 (錫)
⿰豕滿 [만] 肥豕也살찐돼지만 (寒)
豴 [적] 豕蹄돼지굽적 (錫)
⿰豕癸 [괘] 逐犬개쫓을괘 (佳)
豵。[종] 一歲豚햇돼지종、어린돼지종 豕生三子세새끼돼지종 (東)
⿰豕婁 [루] 求子牝豕암내내는돼지루 (尤)
十二
⿰豕壹。[희] 豕息돼지숨쉴희 人名사람의이름희 ⿰犭壹同 (寘)
⿰豕會 [증][총] 豕所寢檜돼지우리증、圈也우리총 (蒸)
⿰豕童 [충] 土豬땅돼지충 (東)
⿰豕粦。[린] 大豕큰돼지린 (眞)
十三
⿰豕遀 [수] 牝豕암돼지수 (支)
⿰豕豩。[추] 小母豬작은암돼지추 (虞)
豶。[분] 去勢豕불알깐돼지분 除也제할분 (文)
⿱殸豕。[혹] 豕聲돼지소리혹 (屋)
十四
⿰豕豩 豩(豕部七畫)과同
⿰豕建 [삽] 老母豬늙은암돼지삽 (洽)
⿰豕夢 [몽] 山猪산돼지몽 (東)
⿱夢豕 ⿰豕夢(前條)와同
十五
⿰豕巤 [렵] 豕長毛돼지의긴털렵 (葉)
十六
⿰豕雚 [환] 野豬、曰牡狼들돼지환 (寒)
⿰豕聶。[접] 豕別名梁州謂豕曰ㅣ돼지접 ⿰犭聶同 (葉)
二十九
⿱蚰豕 昆(日部四畫)과同

豸部

豸。[치][채] 無足蟲발없는벌레치 神羊獬ㅣ신령한치 解也풀치、채義同、廌同 (紙)(蟹)
二
⿰豸力 [륵] 犬也개륵
三
豹。[표] 猛獸似虎圜文표범표、아롱범표 (效)
⿰豸比 [비] 獸名비휴 짐승비 (支)
豺。[시] 狼屬승냥이시、늑대시 古音재 (佳)
豻 [안][간] 野犬似狐들개안、獄也옥안 犴同、野犬들개간 (寒)(翰)
⿰豸毛 [탁] 驢父牛母之獸트기탁 (陌)
⿰豸廾。[옹] 獸似豕돼지같은짐승옹 (冬)
豣。[견] 大豕큰돼지견 (先)
⿰豸元 [완] 狐也여우완 (寒)
貀。[눌] 獸似貍살갈은짐승눌 (黠)
⿰豸巴 [파] 獸醜狀짐승형상추할파 (麻)
五
⿰豸夾 ⿰豸夾(豸部六畫)과同
⿰豸央。[앙] 貉也ㅣㅣ담비앙 (陽)
豾 [비] 貍子삵의새끼비 (支)
⿰豸犮 [비] ⿰豸非也발없는벌레비 (未)
豿 [구] 熊虎之子범의트기구 (有)
⿰豸乍 [단] 無足蟲발없는벌레단 (潸)
⿰豸左。[좌] 獸也짐승좌
⿰豸冬 [동] 有角獸뿔난짐승동 (冬)
⿰豸伏 ⿰豸伏(豸部六畫)과同
⿰豸出 [돌] 無前足獸앞발없는짐승눌 (黠)
⿰豸圣 [계] 猛也사나울거 (魚)
⿰豸穴。[유] 似猿仰鼻長尾원숭이유 狖同 (宥)
貂。[초] 鼠屬黃黑色돈피초 蟬ㅣ冠飾초미초 鼦同 (蕭)
六
⿰豸伏 [복] 狐也여우복 (屋)
⿰豸冊 [산] 暴惡사나울산 (刪)
貆。[훤][환] 貉屬담비새끼훤 狟同、환義同 (元)(寒)
貅 [휴] 摯獸貔ㅣ사나운짐승휴 ⿰犭休同 (尤)
⿰豸幵 豣(豕部四畫)과同
⿰豸多。[이] 頭白野犬머리흰들개이 (支)
貄 [사] 獸體多長毛짐승의몸에긴털많을사 (寘)
⿰豸同 [동] 大豕큰돼지동 (東)
⿰豸艮 豤(豕部六畫)과同
⿰豸吏 [시] 貉也담비시 (寘)
⿰豸舟。[학] 似貍善睡斑毛狐

ㅣ담비학 本音각(樂)

貊 [맥] 蠻ㅣ오랑캐맥 靜也고요할맥 食鐵 似熊 夷맥이맥 古朝鮮國名나라이름맥

(七)

貍。[리] 野猫 狐ㅣ삵리 野豕너구리라 狸同(支)

⿰豸旱 豻(豸部三畫)과同

貌。[모][막] 容儀모양모、끌모 皃、䫉同、描畫모뜰막 遠也멀막 邈同(麻)(覺)

⿰豸肖。[소] 響也메아리소(效)

(八)

⿰豸來。[래] 貍別名 삵래(灰)

⿰豸隶 [사] 貍子삵의새끼사(寘)

⿰豸卓

[조] 豸也발없는벌레조(效)

貎。[예] 狻ㅣ준예예 鹿子사슴새끼예(齊)

⿰豸采 ⿰豸來(豸部八畫)의譌字

⿰豸奇 [의] 犗犬불친개의(支)

⿰豸便 ⿰豸更(豸部六畫)과同

貏。

[피] 漸平貌ㅣ豸 점점평평할피(紙)

⿰豸沓。[답] 海狗也 물개답(合)

(九)

⿰豸柔 [요] 如猿而小 紫黑色검붉고적은원숭이같은짐승요 猱通(篠)

⿰豸𡿺 [노] 雌貉암담비노(晧)

⿰豸契

[설] 似貙虎爪ㅣ貐스라소니갈은짐승설 俗音알(黠)

貐。[유] 似貙 ⿰豸契ㅣ스라소니갈은짐승유(麌)

⿰豸頁 皃(白部二畫)과同

貒。[단] 貛也 似豕而肥 오소리단 狼牡숫이리단(寒)

⿰豸重。[종] 乳也젖종(宋)

⿰豸胃 蝟(虫部九畫)과同

⿰豸爰 蝯(虫部九畫)과同

⿰豸挈 ⿰豸契(豸部九畫)과同

⿰豸者 豬(豕部九畫)과同

⿰豸酉 [유] 良犬좋은개유(尤)

貓。[묘] 捕鼠獸고양이묘 猫正字(蕭)

(十)

⿰豸弟 [비] 猛也사나울비(支)

貔。[비] 猛獸名ㅣ貅 사나운짐승비

⿰豸益 [액] 大鼠큰쥐액(陌)

貕 [해] 豬子돼지해 澤名ㅣ養 이름해(養)(齊)

(十一)

貙。[추] 似貍而大ㅣ貗이리추(虞)

⿰豸离 [리] 猛獸名사나운짐승이름리(支)

⿰豸㒼 [만] 貙貗이리만(願)

⿰豸斬 [참] 白猿흰원숭이참 獑同(咸)

貘。[맥] 似熊食鐵 곰갈고쇠먹는짐승이름맥(陌)

貗。[루] 貒子오소리새끼루(遇)

(十二)

⿰豸尞。[료] 西南夷名서남오랑캐이름료(巧)

貚。[단][전] 貙屬이리단、스라소니단、전 義同(翰)(先)

⿰豸衆 [중] 獸名짐승이름중

⿰豸賁。[분] 羊也양분(吻)

(十三)

⿰豸雍 [옹] 大猿큰원숭이옹(冬)

⿰豸禽 ⿰豸离(豸部十一畫)의譌字

⿰豸歲 [예] 國名ㅣ貊나라이름예

⿰豸豦 ⿰豸冊(豸部六畫)과同

(十四)

⿰豸㒼。[만] 獸名짐승이름만(寒)

(十八)

貛。[환] 牡狼숫이리환 野豕、天狗너구리환(寒)

(二十)

貜 [확] 大猿큰원숭이확(藥)

貝部

貝。[패] 海介蟲자개패、조개패 貨也재물패 錦名비단이름패(泰)

(二)

⿰貝卜 [복] 美人之財재물부러워할복

貞。[정] 正也곧을정 固也굳을정(庚)

貟 員(口部七畫)과同

負。[부] 背荷物짐질부 敗也질부

⿱七貝 貨(貝部四畫)의本字

⿱⺈貝 [배] 河神물귀신배

(三)

財。[재] 貨也재물재 人所寶보배재 裁、材通(灰)

⿱⺌貝。[쇄] 貝介聲자갯소리쇄(哿)

貢。[공] 獻也바칠공 稅也세받칠공(送)

貤 [시][이] 物重數물건무게시、延也뻗을이 移也옮길이 賞爵상줄이(寘)(支)

貣。[특] 從人求物 假ㅣ빌특 貸通(職)

⿰貝寸 得(彳部八畫)의俗字

⿰貝刃 [인] 堅牢굳을인(震)

(四)

⿰貝勻 [민] 稅貢부세민、구실민(眞)

貥 [항] 大貝큰자개항(陽)

貦 [완] 好也좋을완(翰)

貟 賖(貝部七畫)과同 貧 빈 乏也無財가난할빈、구차할빈 (眞) 販。판 賤買貴賣者장사관、팔관、무역할관 (願) 貨。화 財也재물화物ㅣ물건화賂也선물할회、뇌물회 (箇) 貪。탐 欲物愛財탐할탐、욕심낼탐 (覃) 貫。관 穿也꿸관達也달할관中也마칠관本ㅣ鄕籍관향관、본관관緡錢돈꿰미관規繩條ㅣ견양줄관 (翰)

責。책 誚也꾸짖을책求也조를책任也말을책誅也나무랄책迫取재촉할책自訟제탓할책 채 負債빚채債同 (陌)(卦) 貭 貿(貝部五畫)과同 [貝勾] 구 治也다스릴구 (宥) [貝才] 財(貝部三畫)과同 貰 貰(貝部五畫)과同 [幺幺/貝] 문 財殖천낭이늘문 (願) [貝宀] 저 財也저축할저貯同 (語)

㊄

貯。저 積也쌓을저、저축할저藏也감출저置也둘저貯、[貝宀]同 (語) 貰 세 사 賖也세낼세貸也꿀세、사義同、寬罪죄용서할사 (霽)(禡) [貝尔] 賑(貝部七畫)과同 貳。이 二也두이副也버금이疑也携ㅣ의심낼이重複거듭이代身대신이匹也짝이二心두마음이二同 (寘) [貝疋] 소 卜問財복채소 (語) 貲。자 財也貨也재물자訾同 (支) [貝皮] 피 與也줄피 (寘) 貴 귀 位高尊也높을귀物不賤귀할귀 (未) [亼/貝] 편 財增천낭늘편 (銑) 買 매 市也ㅣ賣살매 (蟹) [貝甘] 감 貪財ㅣ監재물탐낼감 (覃) 貶。폄 損也덜릴폄謫也귀양보낼폄減也덜폄墜也떨어질폄抑也꺾을폄減也감할폄 (琰)

貸 대 특 借施빌릴대、꾸일대以物與人更還其主假也갚을대、借也빌특貣同 (隊)(職) 貺 황 賜也與也줄황 (漾) [貝主] 주 財也재물주 (遇) [貝生] 성 財也재물성 (敬) [貝乍] 작 財也재물작 (藥) 費。비 散財用耗損없앨비、허비할비魯邑名고을비 [貝句] 구 治也다스릴구 (宥) [貝央] 앙 無極限한량없을앙 (養) [貝示] 시 示財재물보일시 (寘) 貽。이 遺也끼칠이貺也줄이 (支) 貼。첩 依附붙일첩黏置접어둘첩以物爲質전당할첩 (葉) [貝氐] 지 黃貝누른자개지 (支) 貿。무 財貨交易몰아살무、무역할무無識貌ㅣㅣ무식한모양무、어릿어릿할무瞀同 (宥) 賁。비 분 본 飾也꾸밀비卦名괘이름비、大也클분、勇也虎ㅣ날랠본 (寘)(文)(元) 賀。하 稱慶朝ㅣ하례하慶也勞也경사하、위로할하 (箇) [貝玄] 현 售也賣也팔현衒同 (霰) [丁貝] 頂(頁部二畫)과同

㊅

賓 寳(宀部十一畫)과同 賂。뢰 賄ㅣ以財與人뇌물뢰遺也줄뢰遺也끼칠뢰本音로 (遇) 賃。임 傭也품팔이임借也빌임以財雇物세낼임俗音님 (沁) [貝向] 형 貨也재물형 (庚) [貝危] 와 궤 財也재물와、보배와、[貝爲](貝部十二畫)과同 賌 해 陰陽奇袐之要奇ㅣ이상할해賅同、俗音개 (灰) [貝光] 황 賜也줄황 (漾) [貝并] 변 益也더할변 (先) 賄。회 財帛總名재물회ㅣ賂뇌물회(金玉曰貨布帛曰ㅣ)贈送선물할회 (賄) 資 자 貨物재물자賴也憑也자뢰자ㅣ本밑천자取也취할자用也쓸자쓸자材質바탕자助也도울자稟也품할자 (支) [貝寺] 치 貯財재물모을치 賈。고 가 坐賣앉은장사고、售直값가姓也성가價同 (麌)(禡) [貝厶] 린 貪食음식탐

(翰)낼린 貸 [협]財也재물협(葉) 賅 [애]貯也쌓을애(卦) 賊。[적]寇ㅣ盜也도둑적 傷害殘ㅣ해칠적、상할적 賉。[휼]分賑기민먹일휼、진휼할휼 卹同、俗音술(質) 賂。

[이][원]遺送보내줄 이、원 美同(支)(願) 貺 貺(貝部五畫)의 古字 賑 [신]賀物전당신(軫) 賚。[래]積也쌓을래 賫。[효]煩也번거러울효(蕭) 賍 贓(貝部十四畫)의 俗字

賁 貰(貝部五畫)과 同 ❼ 賕 [순]益也늘순 加也더할순(霰) 賏。[영]連貝頸飾자개들이 어켄목치장영(敬) 賌。[개]深堅깊고 굳을개(隊) (貝+甫)

[포]財相酬재물로 서로갚을포(遇) 賷 [재]持遺집어줄재 裝送싸보낼재 齎同、俗音제 賖。[사]貰買세낼사、외상사 遠也멀사 久也오랠사(麻) 賑。[진]救也ㅣ賉 기민먹일진

富也부자진、풍부할진 贍給넉넉할진(震) 賂 [린]貪也탐낼린(震) (貝+斤) [탐]貨也재물탐(黠) 賓。[빈]客也손빈 導也寅ㅣ인도할빈 懷德ㅣ服복종할빈 (貝+云) 紜(糸部四畫)과 同

賦。[부]稅也구실부 量也헤아릴부 給也줄부 禀受받을부(遇) 賨 賓(貝部七畫)의 本字 賕。[구]贓也以財枉法장물구、탐장구(尤) ❽ 賙 [주]給也賑贍줄주、

진휼먹일주 周通(尤) 賜。[사]錫也上予下줄사 惠也은혜사、고마울사(寘) 賚。[뢰]賜也予也줄뢰(隊) (貝+京) [량]稅也부세량(陽) (貝+夌) [기]赤貝붉은 자개기(寘)

(貝+罙) [침]寶也보배침 探、琛同(侵) (知+貝) [지]以財貨 전당지(支) 賞。[상]賜有功상줄상 玩也구경할상 嘉也아름다울상 賠 [배]補償물어줄 배、배상할배(灰) 賟 [전]富

裕넉넉할전(銑) (貝+宛) [완]小有財ㅣ賭재물조금있을완(旱) (貝+困) [균]貝屬、蛔也재개균(眞) 賢。[현]有德行어질현 善也좋을현 勝也나을현 大穿孔구멍현 贒同(先) 賡

[갱]續也ㅣ載이을갱(庚) 賭。[거]賣也팔거(魚) 賛 貫(貝部四畫)과 同 賣 [매]出貨 鬻物팔매 賤。[천]卑下不貴천할천 價低흔할천ㅣ率첩천(霰) 賥

[수]貨也재물수(寘) 賒 [사]不交사귀지 않을사(麻) 質。[질][지]主也、樸也바탕질 成也이룰질차 也질박할질 信也믿을질 正也바를질 (貝+靑) [청]受賜받을청(庚) 賨。

[종]蠻賦ㅣ布오랑캐부세종(冬) 賧 [탐]蠻夷以財贖罪오랑캐재물로속죄할탐(勘) 賬 [장]計簿치부책장、장부장 (貝+厓)。[애]豐裕넉넉할애 人名사람이름애(卦) (發+貝)

❾ (貝+侯)。[후]貪財재염낼후 龍貝出海南자개후(宥) (貝+時) 時(貝部六畫)과 同 (貝+耑)。[단]小有財腕ㅣ재물조금있을단(旱) 賭。[도]博奕取財내기도(麌) 賵 [정]賣而不得利

밑질정(敬) 賮 [신]珍貨琛ㅣ보배신、재물신 送行財幣노자신、노수신 贐同 (貝+臿) 잡博戲名노을잡(洽) 賰 [춘]富有賱ㅣ넉넉할춘(軫) (貝+耎) [연]小有財작은재물연(銑) (貝+匽)

[언]物相當물건알맞을언(阮) 賴。[뢰]蒙也힘입을뢰 恃也믿을뢰 藉也자뢰할뢰(泰) 賱。[운]富有ㅣ賰넉넉할운(吻) (貝+戠) [재]財貨재물재、재화재(灰) 賲 [보]和價物者거간군보(晧)

賥 [치] 賑也 진휼할치 (寘)

贆 [표] 散匹帛與三軍 봉죽줄표 (嘯)

十

賶。[창] 積貨 재물쌓을창 (漾)

賩 贅(貝部十一畫)의 古字

䞇 [이] 遺也 줄이 賜也 내릴이 (支)

贅。[폐] 困惡 고생스러울폐 (霽)

賻 [부] 以貨助喪 부의부 (遇)

賹 [애] 寄人物 부쳐보낼애、남에게보내는물건애 (卦)

賸 [잉][승] 送也 보낼잉 副也 버금잉 以物相增加 더할잉、餘也 남을승 益也 더할승 (徑)

賺。[잠] 重賣 거듭팔잠、되팔잠 賺同 (陷)

賾 [색] 幽深難見 깊이보기어려울색 (陌)

購。[구] 以財求設賞募 살구、구해드릴구 (宥)

賿。[쇄] 骨也 뼈쇄 (箇)

賽 [새] 報祭ㅣ神 푸닥거리할새

䞑。[분] 大頭 머리클분

貾 [협] 財也 보배협、재물협

賵 [정] 賣也 팔정

賝 [침] 寶也 보배침 琛同 (侵)

十一

賷 商(口部八畫)과 同

䝿。[료] 錢之度語 돈료 (肴)

贅。[췌] 屬也 붙일췌 餘剩 군것췌 疣瘤附ㅣ 군살췌、혹췌 質也 데릴사위췌、전당할췌 會也 모을췌 (霽)

賢 [의] 益也 더할의 掩挐 끌어얻을의 (寘)

䞐 [환] 支財貨 재물지탱할환 (諫)

䞒。[빈] 亂飛 어지러이날빈 (眞)

䝼 [루] 貪也 탐낼루 (宥)

䞓。[삼] 賭也 내기할삼 (感)

贙 贊(貝部十六畫)과 同

贄 [지] 帛也 執ㅣ 폐백지 (男ㅣ玉帛 禽鳥 女ㅣ榛栗棗脩) (寘)

䞔。[해] 纔然、僅也 겨우해

贇 [빈] 美好貌 예쁠빈 (眞)

䞕 [밀] 水流 물흐를밀 (質)

贈 贈(貝部十二畫)의 略字

蕢 蕢(艸部十二畫)과 同

十二

䞖。[도] 賭勝 내기하여이길도 (虞)

䞗。[표] 陸居貝 물에사는조개표 (蕭)

䞘 [귀] 財也 재물귀 (寘)

䞙 [굘] 大貝 큰자개굘 (質)

𧹍。贐(貝部十畫)과 同

䞚 [함] 賄也 뇌물함

贈。[증] 送遺 줄증 增也 더할증 (徑)

䞛 賥(貝部九畫)과 同

贉 [담] 買物先入直 물건값선셈받을담 錦ㅣ 책마구리꾸밀담 (感)

贊。[찬] 佐也 도울찬 明也 밝힐찬 頌也 찬송할찬、기릴찬 進也 나아갈찬 參也 참예할찬 贊同 (翰)

贋。[안] 不直也 바르지못할안 僞物也 가짜안 (諫)

贅 贅(貝部十一畫)과 同

𧹓 [빈] 不見貌 보이지않을빈

䞜。[징] 贋也 전당잡힐징

贉 購(貝部十畫)과 同

十三

贏 [영] 有餘 남을영 長成 자랄영 擔負 멜영 伸也 펼영 (庚)

贍。[섬] 足也 넉넉할섬 富ㅣ 넉넉할섬 賙給 줄섬、도울섬 (豔)

贎。[만][례] 貨也 재물만、贎(貝部十五畫)과 同 (願)

䞝 [설] 虫名 鼠姑 쥐며느리설 (屑)

䞞。[잠] 重賣 되팔잠、물건거듭팔잠 (陷)

䞟。[수] 賻儀 부의수 (寘)

贅 贅(貝部十一畫)과 同

十四

䞠 [면] 當也 당할면

贓 [장] 吏受賂非理所得財 장물잡힐장 (陽)

贐 [신] 送行ㅣ遺 노자신 (震)

贉 [람] 貪財ㅣ貼 재물탐낼람 (勘)

贆。[거] 典當 전당잡힐거 (御)

䞡 [곤] 圓也 둥글곤 (願)

䞢 [전] 謀人財 남의재물꾀할전 (霰)

贔。[비] 作力貌ㅣ屭 기운낼비、힘찬모양비 雌鼇 암자라비 (寘)

十五

贖。[속] 納金免罪 죄속바칠속 貿易 무역할속 (沃)

𧹎 [독] 卵內敗 알곪을독 (屋)

贈。돈 贈送奇異物기이한물건보낼돈 阮 贖 례 多財많은재물례 霽 贗 안 僞物眞ㅣ거짓것안 僞造위조할안、가짜안 諫 贍 贍(貝部十三畫)과同

十六 贘 유 贈也줄유 寘 贚 룡 貪也가난할룡 宋 贙 虢(虍部九畫)과同 贜 친 錢也돈친 震

十七 贛 贛(次條)의 籒文 贛。공감 賜也줄공 貢、灨通、地名고을이름감 送 勘 贙。잉 愚也어리석을잉 蒸

十八 贜 贓(貝部十四畫)의 俗字

十九 贕 贖。贖(貝部十五畫)의 本字

赤部

赤。적 南方色붉을적、빨갈적 空盡無物빌적 不穩過激ㅣ化과격할적 根菜금치적 陌

二 赤 赤(次條)와同 赦 정 赤色붉은빛정 庚

三 赨 홍 皮肉腫赤곪아붉을홍 腫毒종독홍 東

四 赦。사 釋罪죄사할사、용서할사 禡 赧 지 婦人面飾赧ㅣ연지지 支 赥。혁 笑聲ㅣㅣ껄껄웃을혁 赤也붉을혁 錫

五 赧。년 甾聲緩寘ㅣ피리늘어지게불년 赮同 霰 赦 赨(赤部六畫)과同 赧 난 ㅣ然面慚 赤무안할난

六 赨 동 赤色붉을동 董 赨。동 赤色벌걸동 冬 赩。혁 大赤싯뻘걸혁

七 赫 혁 火赤貌붉은모양혁、불이글이글할혁 烜ㅣ發也빛날혁 光明ㅣ戲밝을혁 盛也ㅣㅣ성할혁 怒發벌컥성낼혁 陌 赩 합 淺赤色분홍빛합 覃 赧。미 赤尾붉은꼬리미 赧 정 赤色벌걸정 赬同 庚

八 赧 赧(赤部七畫)과同

九 赭。자 赤土붉은흙자 赤也붉을자 罪人服죄인의옷자 馬 赧。연 婦人飾ㅣ赧연지연 先 赬 정 赤色붉은빛정 赪同 庚 赮。하 東方赤色貌붉은빛하 霞同 麻

十 赮 혹 反綘도로물들여빨갈혹 屋 赯 당 面色紫얼굴검붉을당 陽 赫 환간 濁也흐릴환 赤色붉은색환、빨간색환、甚赤몹시붉을간 赩 혹 日出之赤햇발붉을혹 屋

十一 赧 赨(赤部十畫)과同 赧 흡 赤貌붉은모양흡

十二 𧹞 熾(火部十二畫)의 古字 赧 赨(赤部十四畫)과同

十四 赧 혁 濃赤色진한붉은빛혁 職 赭。유 火色불빛유 虞

十五 䞓 燈(火部十二畫)과同

走部

走。주 奔也달릴주 疾趨빨리달아날주 往也갈주 僕也하인주 宥

一 赴 赴(走部二畫)과同

二 赳。규 武貌ㅣㅣ헌걸찰규 勇也날랠규、빠를규 宥 赳 륙 步也걸을륙 職 赴。부 奔也달릴부 趨而至다달을부 遇

三 起。기 興也일어날기 擧事일일으킬기 動作ㅣ居기동할기 立也설기 紙 赱 속 疾也빠를속 沃 趀 지 走也달아날지 支 赶。흘 直行곧갈흘 質 赶 굴 走貌달아날굴 物 赶。재 起去일어날재 灰 赶。간 逐也쫓을간 赸 산 跳躍뛸산 刪

⿺走石 [질] 碎也 부술질(質)

赼 趑(走部六畫)의 俗字

⿺走勻。[경] 獨行 혼자갈경(庚)

四

赾 [근] 難也 어려울근(吻)

⿺走止 [척] 越也 넘을척(陌)

⿺走且 [율] 遠走 멀리달아날율(質)

赻 鮮(魚部六畫)과 同

赺 [탐] 徘徊 머뭇거릴탐(感)

⿺走帀 [잡] 急走貌 급히달음박질할잡(合)

⿺走夭 [오] 東夷之舞 동녘오랑캐춤오(虞)

⿺走殳。[투] 自投下 스스로떨어질투(宥)

趹 [결] 踶也 찰결 馬疾行貌 말달려갈결(屑)

⿺走勼 [구] 足屈而不伸 발꼬부라질구(尤)

⿺走支。[기] 猿之昇樹 원숭이

⿺走心。[사] 移也 옮길사

⿺走世 [치] 超也 넘을치

五

趁。[진][전] 逐也 좇을진 行不進 ㅣ 䞴 머뭇거릴진、踐也 밟을전 蹍同、本音년(震)(銑)

趀 [자] 倉卒 갑작스러울자(支)

⿺走去 [살] 走去 달아나갈살(曷)

趉。[출] 走出 달아나올출(質)

⿺走白 [백] 越也 넘을백 逼也 급할백 迫同(陌)

⿺走尔 [진] 驅ㅣ 다달을진 逐也 달려서좇을진(震)

⿺走弗 [불][비] 走貌 달아날불 跳也 뛸불、비 義同(物)(未)

⿺走冋。[옹] 急走 급히달아날옹(冬)

趃 [절] 大走 크게달아날절(屑)

⿺走玉 [옥] 跛足 절뚝발이옥(沃)

⿺走巨 [거] 步也 걸음거(語)

趄。[저] 不進 趑ㅣ 머뭇거릴저、망서릴저(魚)

⿺走犮 [발] 忙行 바삐갈발 行貌 가는모양발

超。[초] 越也 躍過 뛰어넘을초、뛰어날초 卓也 높을초

⿺走旦 [단] 直行 곧장갈단(旱)

⿺走玄 [현] 遠也走 멀리달아날현(先)

⿺走斥 [척] 緩步 천천히걸을척(錫)

⿺走氏 [차] 留也 머물차(馬)

⿺走此。[지] 度涉淺瀨 얕은여울건널지(紙)

⿺走世 [체] 越也 넘을체 度也 건널체(霽)

⿺走乍 [작] 忙走 바삐달아날작(藥)

⿺走半 [반] 走貌 달아나는모양반(旱)

⿺走立 [십] 走貌 달아날십

越 [월][활] 過度 넘을월 度也 건널월 遠也 멀월 超也 뛸월 於也 이에월、어조사월 發揚 날릴월 失也 잃을월 墜也 떨어질월 南蠻總名 월나라월 粤通、蒲席 부들자리활 瑟孔 비파구멍활(月)(曷)

⿺走句。[구] 走而顧 달아나며돌아볼구(虞)

⿺走斤 [구] 跛行 절름서릴구(有)

六

趌。[길] 怒走 성내고달아날길(質)

趥。[유] 急走 급히달아날유(宥)

⿺走舌 [활] 蒲席 부들자리활 越同(曷)

⿺走各 [학] 僵也 ㅣ 䟔 자빠질학(陌)

趎 [추] 人名 南榮ㅣ 사람의이름추(虞)

⿺走后 [후] 蹇行 절며갈후(宥)

趍。[추] 走也 추창할추 趨俗字(虞)

⿺走夷 [의] 遠走 멀리달아날의

⿺走百 [맥] 越也 넘을맥 走貌 달아나는모양맥(陌)

⿺走束。[적] 側行 足옆으로걷는발적(陌)

⿺走合 [흡] 跛行 절흡(洽)

⿺走舟 [주] 佇立 서있을주

⿺走圭 [기] 擧足半步 반걸음기(紙)

⿺走劦 [혐] 勇走 날싸게달아날험(豔)

⿺走劫 [결] 跳貌 뛸결(屑)

⿺走羽 [혈] 進也 나아갈혈 象鳥叢飛 새가떼지어날혈(屑)

趑。[자] 難行 ㅣ趄 머뭇거릴자(支)

⿺走戌 [휼] 走也 달릴휼(質)

⿺走廷 ⿺走廷(走部五畫)과 同

趒。[조] 躍也 뛸조 越也 넘을조(嘯)

⿺走支 [휴] 走也 달아날휴(尤)

⿺走亘。[원] 居處相換 처소바꿀원(元)

趔 [렬] ㅣ起 자빠지려고할렬(屑)

⿺走危 [궤] 跪也 꿇을궤(紙)

⿺走匠。[장] 行貌 갈장(漾)

⿺走彖 [타] 擲也 던질타

질타 (哿)

❼

⿺走否 [부] 僵也 엎드러질부 (遇)

趕 [간] 追也 쫓을간 赶同 (旱)

趖 [좌] 疾行 빨리달아날좌 (歌)

⿺走求 [구] 違也 어긋날구 (尤)

⿺走君 [운] 亂也 어지러울운 走貌 달아나는모양운 (吻)

⿺走秀 [투] 跳也 뛸투 過也 지날투 (宥)

⿺走告。[혹] 越也 넘을혹 (屋)

趗 [축] 局小貌 趢ㅣ 국축할축

⿺走甫。[포] 匍匐 길포 (虞)

⿺走余 [도] 伏地 ⿺走甫ㅣ 땅에엎드러질도 (虞)

⿺走析 [세] 踰也 넘을세 (霽)

⿺走夋 [준] 行速 걸음빨리걸을준 (眞)

⿺走谷。[혹] 倒也 꺼꾸러질혹 (屋)

⿺走孚 [부] 速也 속할부 (遇)

⿺走赤 [책] 急走 급히달아날책 (陌)

⿺走夾 [삽] 疾行 빨리갈삽 (洽)

⿺走希 [희] 走貌 달아날희 (微)

趙。[조] 國名 造父所封 조나라조 刺也 찌를조 趨也 추창할조 久也 오랠조 (篠)

⿺走尾 [혁] 獸走 짐승달아날혁 (錫)

⿺走甬 [용] 踊也 뛸용 踊同 (腫)

⿺走狂 [광] 遑急走貌 황급히갈광 (陽)

趚。[속] 走聲 달아나는소리속 (屋)

⿺走步 趣(走部八畫)과同

⿺走呈 [녈] 急行 급히갈녈

⿺走豆。[후] 趨行不進貌 주저할후 (有)

⿺走蜀 趣(走部八畫)과同

❽

⿺走咅 [북] 僵也 넘어질북 (職)

趛。[음] 低頭疾行 머리숙이고빨리갈음 (寢)

趜。[국] 窮也 궁구할국 (屋)

⿺走叕 [결][철] 小跳貌 팔짝팔짝뛸결、跳也 뛸철 (屑)

⿺走念 [겸] 俛首疾行 머리숙이고빨리걸을겸 (豔)

趟 [쟁] 躍貌 趟ㅣ 뛰는모양쟁 (庚)

⿺走奄 [압] 急走 급히달아날압 (合)

⿺走周 [조] 踉貌 껑충뛸조 (肴)

⿺走玄 [현] 急走貌 급히달릴현 (先)

趞。[척] 側行 옆으로걸어갈척 (錫)

⿺走或。[혁] 盜走 몰래달아날혁 (職)

⿺走易 [적] 狂走 趯ㅣ 미쳐서달아날적 (錫)

趠 [초][탁] 五月風 舶ㅣ 오월바람초、超也 뛸초、遠也 멀탁 逴同、本音착 (效)(覺)

⿺走夌。[릉] 越也 넘을릉 (蒸)

⿺走東 [동] 狂走 미쳐뛰어나갈동 (東)

趡。[유] 動也 움직일유 地名 땅이름유 (紙)

⿺走臤。[근][긴] 行貌 갈근、緩行貌 느릿느릿갈긴 (軫)(眞)

趣 [취][추] ㅣ向 疾也 추창할취 指意 뜻취 ㅣ味 취미취 疾也 빠를취、掌馬官 ㅣ馬 추마벼슬이름추、催也 재촉할촉 促同 (遇)

⿱林走 [람] ㅣ趁、走貌 달아날람 (覃)

趢 [록] 局小貌 ㅣ趗 국축할록 (沃)

⿺走弗。[불] 走也 달아날불 (吻)

⿺走來 [래] 到也 이를래 來同 (灰)

⿺走屈。[굴] 走也 달아날굴 (物)

⿺走卷 ⿺走雚(走部十八畫)과同

⿺走豖 [촉] 小兒行 趢ㅣ 어린애타달타달걸을촉 (沃)

⿺走肴。[효] 走貌 달아날효 (肴)

⿺走叚 趨(走部十畫)과同

⿺走卑 [비] 小步 자박자박걸을비 (支)

⿺走巠 ⿺走厥(走部十二畫)과同

趤 [탕] 逸遊 노닐탕 (漾)

❾

⿺走契 ⿺走契(次條)와同

⿺走契。[제] 超特 뛰여날제 超踰瘦 뛰여넘을제 (霽)

⿺走臿 [삽] 疾行 빨리갈삽 (洽)

⿺走皇。[황] 直走 곧달아날황 (陽)

⿺走重 [종] 斜行 비뚜루걸을종 (宋)

⿺走胃 [울] 急遽行 갑자기갈울 (物)

趧。[제] 夷舞 오랑캐춤제 (齊)

⿺走癸 [재] 進行 나아갈재 (灰)

⿺走盾 [춘] 逃也 도망할춘 (眞)

⿺走曷。[걸] 怒走 성내고달아날걸 (月)

⿺走竅 [숙] 脊曲未伸者 곱사등이숙 (屋)

⿺走昜 [탕] 進行 나아갈탕 (陽)

趥。[추] 徒步行貌 타달거릴추、걸는모양추 蹴也 찰추 (尤)

⿺走勇〔용〕勇行 날쌔게갈용 (腫) ⿺走复。〔복〕小兒手據地行⿺走甫ㅣ 어린아이길복 (屋) ⿺走剿。〔조〕擱也 찌를조 (篠) ⿺走侯〔후〕跛行 절뚝거릴후 ⿺走帝〔탁〕半步 반걸음탁 (陌) ⿺走耑。〔불〕正步 바르게 달아날불 (物)

十

⿸寒走〔헌〕走貌 달아날헌 或音건 (元) ⿺走䍃〔요〕遠行 멀리갈요 (蕭) ⿺走索〔색〕僵也 趚ㅣ 자빠질색 (陌) ⿺走眞。〔전〕猝走 별안간 달아날전 (先) ⿺走虎〔치〕輕薄ㅣ隯 경박할치 (支) ⿺走骨〔활〕速走 속히 달아날활 (黠) ⿺走豈〔해〕急走 급히 달아날해 (灰) ⿺走烏〔오〕輕走 가볍게 달아날오 ⿺走虔〔건〕跛行 절뚝거릴 건、간 義同 (先)(刪) ⿺走疾〔질〕走遽 빨리 달아날질 (質) 趨。〔추〕走也 달아날추、ㅣ蹌 捷步 자주걸을추、추창할추 (虞) ⿺走臭。〔홍〕疲行 기운없이 갈홍 (送) ⿺走欿〔글〕走貌 달아나는모양글 (物) ⿺走差〔치〕僵也 자빠질치 (支) ⿺走留。〔해〕留也 머물을해 (灰)

十一

⿺走票。〔표〕輕行 사뿐사뿐 길을걸음 표、걸음가벼울표 (蕭) ⿺走焉〔언〕緩行 천천히걸을언 (阮) ⿺走巢〔초〕競走 다투어 달아날초 (肴) ⿱斬走〔잠〕疾騰 빨리오를잠 不久 잠깐잠 (勘) ⿺走章〔장〕勇行 날쌔게걸을장 (陽) 趡〔저〕斜進 비뚜루갈저 (語) ⿺走崔。〔최〕逼也 핍박할최 ㅣ步、驢馬具 나귀뒤에매는기구최 (灰) ⿺走參〔참〕走貌 달음질할참、달아나는모양참 (覃) ⿺走曼。〔문〕行遲 더디걸을문 (元) ⿺走覓〔멱〕狂走ㅣ⿺走易 미쳐서 달아날멱 (錫) ⿺走鹿〔록〕走聲 달아나는소리록 (屋) ⿺走菐。〔축〕直也 곧을축 (屋) ⿺走責。〔척〕〔책〕倉卒 갑자기척、怱遽 황급할척、惡智 나쁜꾀책 急走 급히달아날책 (陌) ⿺走啇〔적〕正行 바로걸을적 (陌) ⿺走畢。〔필〕止行 머물필 淸道警ㅣ 길치울필 (質)

十二

⿺走厥〔궐〕挑起 헤치고일어날궐 蹶也 뛸궐 (月) ⿺走爲〔와〕蹁躇 주저할와 (歌) ⿺走肅〔숙〕正走 바로달아날숙 (屋) 趫。〔교〕緣木善走 輕ㅣ 나무에잘오를교 健也 건장할교 善走 잘달아날교 (蕭) ⿺走前〔선〕始走意 처음으로 달릴선 (霰) 趩。〔칙〕行聲ㅣㅣ 걷는소리칙 (職) ⿺走覃〔담〕走也 달아날담 驅步 ⿺走參ㅣ 몰아달릴담 (覃) ⿺走厤〔력〕速行 속히갈력 (錫) 趪〔황〕威武貌ㅣ 위엄스러울황 走也 달아날황 (陽) ⿺走幾。〔기〕遠走 멀리달아날기 (微) ⿺走尞〔료〕脚長貌 다리성큼할료 (蕭) ⿺走矞。〔굴〕狂走 미쳐뛰어나갈굴 (質) ⿺走童〔동〕輕步 사뿐사뿐걸을동 (董) ⿺走戢〔집〕走貌 달릴집 趭〔초〕奔走貌 달음질할초 (嘯) 趬。〔교〕行輕貌 사뿐사뿐걸을교 ⿺走臱 ⿺走臱(走部十一畫)과同

十三

⿺走豦〔거〕犯行 범할거 小步貌 조금걸을거 (魚) ⿺走亶。〔전〕趁也 다닐전 轉也 구를전 行難 머뭇거릴전 邅同 (先) ⿺走蜀。〔촉〕小兒行 자박자박걸을촉、어린애걸음촉 ⿺走僉〔김〕低首疾走 고개숙이고 빨리달아날김 (寢) ⿺走睘。〔휜〕疾行 빨리갈휜 (元) ⿺走戠〔질〕走也 달릴질 (質) ⿺走雚 ⿺走雚(走部十二畫)의譌字 ⿺走敫〔교〕從也 따를교 (嘯) 趮〔조〕疾也 빠를조 太急 급할조 躁同 (號) ⿺走感〔함〕跳上 뛰어오를함 (感) ⿺走辟〔벽〕遠走 멀리달아날벽 (陌)

十四

⿺走與〔여〕安行 편안하여걸을여 ⿺走蒦〔곽〕脚長 다리길곽 (陌) ⿺走戴 ⿺走戴(走部十五畫)과同 ⿺走疌

奔(大部六畫)과同 趡 趯(次條)와同 趯。[적]跳也 ㅣㅣ팔딱뛸적(錫) 䞶 [순][균]走貌 달리는모양순、균 (十五) 𧾷邊 [변]走頓 달아나다넘어질변(先) 趬

[전]移也 옮길전(先) 趲 [길]斜進 비뚜루갈길(質) 趨。趨(走部十五畫)의本字 趮。[력][삭]動也 움직일력、走也 달릴력、삭義同 趪 [독]獨行 혼자갈독(屋) 趫

[굴]欲走 달아나려고할굴(質) 趧 [엄]疾走 빨리달아날엄(琰) (十六) 趭 [헌]走意 달아나려할헌(願) 趯 [력]行貌 가는모양력 盜行 몰래갈력 趯同(錫) 趯。

[선]走也 달릴선 大也 클선(霰) (十七) 趥。[결]走意 달릴결(屑) 趯。[약]行貌 갈약 躍뛸약(藥) 趯 [령]犬走貌 개달아날령(青) (十八) 趯。[권]屈脊而走 구부리고달아날권(先)

趩 [익]擴手如翼而走 손벌리고달아날익(職) 趯。[구]走顧貌 달아나며돌아볼구(虞) (十九) 趲 [찬]散走 흩어져달아날찬 逼也 핍박할찬(旱) (二十) 趯。

[곽]大步 뚜벅뚜벅걸을곽(藥) (二十一) 趯 [추]進貌 나아갈추

足部

足。[족][주]趾也 발족 滿也 흡족할족 止也 그칠족 無欠 넉넉할족、益也 添物 더할주 便僻ㅣ恭 과히공손할주(沃)(遇) (一) 𧾷乚 趴(足部二畫)과同 (二) 趴。

[팔]手行 엉금엉금길팔 日字 𧾷丁 [정]脚細長 跉ㅣ다리가늘고길정(庚) 𧾷斗 [규]足行不正ㅣ踈 비틀거릴규(有) (三) 𧾷凡 [삽]斂膝坐 꿇어앉을삽(緝) 趵 [박][작]蹴聲 차는소리

박、足齊 발나란할작(覺)(藥) 𧾷叉。[차]歧道 갈림길차 踏也 밟을차(禡) 𧾷兀 [월]斷足意 발꿈치벨월 跀同(曷) 𧾷干 [간]脛骨 정강이뼈간(翰) 𧾷于。[우]踞也 걸터앉을우(虞)

𧾷巳。[방]跋也 밟을방(陽) 𧾷山 趾(足部四畫)과同 (四) 趺 [부]佛坐跏ㅣ 도사리고앉을부 跗同(虞) 趹 [결]馬行貌 말이달려갈결 步疾 걸음빠를결(屑) 𧾷冘 [침]ㅣ

踔一足行 앙감질할침 踸同(寢) 𧾷氏 [시]蹰躇 주저할시(紙) 𧾷化 [와]跛足 절름발이와(歌) 趻。[참]一足行ㅣ踔 앙감질할참 踸同(寢) 𧾷斤 踑(足部八畫)의古字 𧾷切

[절]失足 헛디딜절(屑) 𧾷乎 [호]雙膝著地 두무릎꿇을호(遇) 𧾷丑。[뉵]行也 갈뉵(屋) 𧾷亢 [항]伸脛 다리뻗을항(養) 𧾷殳。[투]自投 스스로던질투(宥) 𧾷方 [방]曲足 죄암발

이방 跗骨之一 발목뼈방(陽) 趾 [지]足也 발지 止也 그칠지 基ㅣ 터지 南蠻交ㅣ 남녘오랑캐지(紙) 𧾷升 [승]陞也 오를승(蒸) 𧾷内 [눌]足傷 발상할눌(月) 跂。[기]足多指 육발이기 蟲行 벌

레길기、垂足坐 걸터앉을기、擧足望 발돋음하여볼기 古音치(支)(紙) 趿 [삽]進足有所擷取 발로긁어당길삽(合) 𧾷凶 跫(足部六畫)과同 𧾷市。[발][비]急行貌 급히갈발 猝也 갑

작스러울발、비義同(曷)(未) 𧾷分。[분]失足 실족할분(文) 𧾷元 [완]踞也 걸터앉을완(寒) 跀。[월]斷足 발벨월(月) 𧾷亢 𧾷亢(足部四畫)과同 𧾷兮。[혜]跡也 발자취

혜(齊)

跂 [기]卻行뒤로나설기(支)

跬 奔(大部六畫)과同

❺

跇。[예]渡也、超踰뛰어넘을예 瘦也건널예

跋。[월]輕也가벼울월 走貌달릴월(月)

跿 [촉]促也재촉할촉 迫也핍박할촉 促同(沃)

跅 [척]無檢局ㅣ弛매인데없을척、제멋대로놀아먹을척(陌)

跆。[태]蹋也뛸태、밟을태(灰)

跊 [매]踐也밟을매(泰)

𧿳 [제][지]躡也밟을제、跆也엎드러질지(霽)(支)

𨀁 [몽]前屈앞으로구푸릴몽 草木茂貌초목이무성할몽(東)

跉 [령]ㅣ跰、行貌성큼성큼걸을령 蛉也、徐行비척거리며천천히걸을령(庚)(青)

跈 [전]踐也밟을전 躔同(銑)

𧿺。[불]跳也急行貌뛰어달아날불(物)

𨀖 [출]獸足跡짐승의발자국출(質)

䟆 [별]足擊찰별(屑)

䟃。[전]踏地聲땅밟는소리전(先)

跋 [발]水草行ㅣ涉걷고건늘발 ㅣ扈強梁발호발、뛸발 足後발뒷꿈치발 踐也밟을발 躐也넘을발 本也 燭ㅣ심지밑둥발

跌。[질]蹶也 蹉ㅣ꺼꾸러질질 疾行빨리달아날질 舌音절(屑)

𧿹 [옥]行不正비척거릴옥(沃)

跍 [고]蹲也걸터앉을고

䟘 [라]行不進가다가설라(馬)

𨀈 [민]獸蹄굽민(軫)

跎 [타]蹉ㅣ不遇미끄러질타、때못만날타(歌)

踇 [무]行貌걸음무 足大指엄지발가락무(有)

跏 [가]屈曲坐ㅣ趺도사리고앉을가(麻)

跁 [봉][범]反覆뒤집을봉、候也기다릴범(腫)(豏)

跒。[가]跁也난장이가 踦ㅣ가다가설가、가다가멈출가(馬)

跐。[자]踏也履也밟을자

跑。[포]足ㅣ地蹴허빌포、뛸포 走也달아날포(肴)

跖。[척]足下발바닥척 履踐밟을척 人名盜ㅣ사람이름척(陌)

跔 [구]跳躍跿ㅣ뛸구 凍足不伸발얼어곱을구(虞)

跓 [주]停足발머물주(麌)

跕 [접]墮貌ㅣㅣ미끄러질접 曳履신끌접(葉)

跚 [산]跛行蹣ㅣ절름거릴산 散通(寒)

𧿒 [쟁]正也바를쟁(庚)

𧿽。[과]足理文발금과、발자국과(麻)

𧿶 [굴]走貌달아날굴(物)

𨀌 [국]足也발국(屋)

跙 [저][조]行不進머뭇거릴저、馬蹄痛病말절음날조(語)(御)

跘 [판]跏也도사리고앉을판(旱)

跗。[부]足背발등부 皮也껍질부 趺通(虞)

距。[거]刀鋒倒刺칼날접힐거 鷄ㅣ며느리발톱거 至也이를거 違也어길거 抗也겨룰거 躍也뛸거(語)

跛 [파][피]足編廢절름발이파、한발못쓸파、仄立기울어지게설피(寘)(哿)

跜。[니]蚴龍뿔없는용니 龍動貌 蹱ㅣ蚴꿈틀거릴니(支)

䟧 [니][전]脚破다리부러질니、跈(足部五畫)과同(薺)

𨀆 [파]跛也절름발이파(哿)

❻

跣。[선]徒足履地맨발로다닐선 旋行貌蹁ㅣ돌아다닐선 踐通(銑)

跟。[근]足踵발뒤꿈치근(元)

跢。[다]小兒行어린아이걸을다(箇)

跠 [이]踞也걸터앉을이 夷同(支)

𨀦 [광]急行급히갈광

跡 [적]步處前人所留자취적 迹、蹟同(陌)

𧾸 无(无部。畫)과同

跨 [과]騎也걸터앉을과、말탈과 越也넘을과、不進 踦ㅣ머뭇거릴과(馬)

跤。[교]脛也종아리교(肴)

𨁃 [복]屈手足伏地굽어엎드릴복(屋)

跧。[잔][전]伏也엎드러질잔、蹴也찰잔、전 義同(刪)(先)

踩 [태]行貌가는 모양타(箇) [足+亥] [해]急行급히 갈해(隊) 跦。[주]跦行貌ㅣㅣ강 장강장뛸주(虞) [足+叕] [약]足下文 발금약(藥) [足+羊] [상]趨行貌달 아날상(陽) [足+存] [존]踞

也걸터앉을 존蹲同(阮) 跭 [강]豎立ㅣ躞우뚝히 설강本音항(江) [足+同]。[동]走貌달 아날동(東) [足+舌] [괄]踐也밟을괄 蹴也찰괄(曷) [足+吉]。[길]步行걸 을길(質) [足+聿]

[률]後退ㅣ跌뒷 걸음칠률(月) [足+灰] 蹫(足部十 二畫)과同 [足+乇] [탁]跣也 맨발탁 [足+曳] [세]踰也넘 을세(霽) 跪。[궤]拜ㅣ兩膝隱地꿇 어앉을궤、무릎꿇궤 [足+序]。

[차]岐道갈래 진길차(禡) 路。[로]道也길로大也클로車也수레로樞要중요할로 鼓名북이름로姓也성로勞也고달플로輅通(遇) [足+合]。[겁]蹟也엎드 러질겁(葉) [足+至] [회]疾走 互前卻

ㅣ踱머뭇거릴 희古音지(寘) 跬 [규]半步擧一足한발자 국규、반걸음규(紙) [足+耒] [래]足跌실족하여 꺼꾸러질래(隊) 跳。[조][도]躍也、蹶也뛸조 越也건널조、도義同

趼。[견]胝也皮起如繭가죽 을부르틀견(銑) [足+丞] [증]長足긴 발증(迥) [足+行]。[함]步貌걸음함 行貌갈함(咸) [足+刧] [걸]跳貌 뛸걸(屑) 跱 [치]不前ㅣ躇머 뭇거릴치、주

저앉을치具也 갖출치峙同(紙) [足+巛+夕] [잘]蹙ㅣ、行貌가 는모양잘(曷) [足+在] [재]行步過걸음더 딜재足也발재(賄) [足+冎]。[과]ㅣ躇、行跨貌가다 가머뭇거릴과(馬) 踃

[연]蹟也쓰 러질연 [足+曲] 拜(手部五 畫)의俗字 [足+西]。[선]走而捕盜도둑 쫓아잡을선

七

[足+局]。[국]不伸蹐ㅣ곱송거릴국曲也 굽을국促也재촉할국局通(沃) 踁

[경]脚也다리경 胻也종아리경 跽。[기]兩膝着地長跪길 게꿇어앉을기(紙) [足+旱] [한]偏足立외 발로설한(旱) [足+辛] [선]步也걸을선 行也갈선(先) [攸+足]。[축][추]疾也

빠를축長也길축、足 病발병날추(屋)(尤) [足+弟] [제]踏也밟 을제(霽) [足+走] [도]跳也ㅣ 踘뛸도(虞) [足+坐]。[좌]詐拜거짓 절할좌(箇) [足+求] [구]踏也밟 을구(尤) [足+更]

[항]獸迹짐승의 발자취항(陽) [足+呑] [탄]蹋也밟 을탄(願) 踃 [소][초]動也跳ㅣ움직일소、足 筋急발의힘줄당길초(蕭)(嘯) [足+辰]。[진]動力就事 일할진(震) [足+耴] [섭]兩足不 相過두발

모을섭、두발오그라 붙을섭俗音녑(葉) 踆。[준]止也그칠준伏也엎드릴준退也물러갈 준完也일마칠준踞也事ㅣ걸터앉을준 踄。[보][박]蹈也밟을보 、박義同(遇)(藥) [足+斤] [체]踰也 넘을체

跳也뛸 체(霽) [足+岑] [심]踔蹟之停水짐승의 발자국에괴인물심(侵) 踅 [예]一足行앙 감질할예(霽) [足+并]。[기]曲脛굽은 정강이기(支) [足+呈] [정]里數잇 수정(庚) [足+豆] [두]跌 足미

끄러질 두(尤) [足+武] [무]跡也밟 자국무(麌) [足+寽]。[렬]踰也넘 을렬(屑) [足+見] [언]行步不正貌걸음 바르지못할언(霰) [足+那] [나]跌也실족하여 꺼꾸러질나(歌) [足+余]。[도]不履맨 발도(遇)

[足+每] [무]行貌가는 모양무(有) [足+貝] [패]踏也밟을 패狽同(泰) 踉 [랑][량]勇躍跳ㅣ뛸량行不迅천천히걸 을랑、急行ㅣ蹡급히걸을랑(漾)(陽) [足+告] [절]足長발 이길절(屑) [足+甫]。[포]馬

蹄痕 말굽자국 포 (霽)

踠 [열] 踏楚 가시 밟을 열 (屑)

踊 [용] 跳也 뛸 용 刖足屨ㅣ貴 뒷축 없는 신 용 踴通 (腫)

跰 [기] 蹀也 밟을 기

趺 ○趺(足部四畫)과 同

⿰足作 [조] 跳踉 뛸 조 (蕭)

八

踏 ○[답] 踐也 밟을 답 蹋同 (合)

踑 ○[기] 長踞ㅣ踞 걸터앉을 기 (支)

⿰足亞 [아] 岐路 갈림길 아 (麻)

踦 [창] 踞也 걸터앉을 창 (養)

⿰足叕 [철][결] 跳也 뛸 철、小跳 팔짝팔짝 뛸 결 (屑)

⿰足直 ○[치] 立也 설 치 (寘)

⿰足彔 [록] 行貌 갈 록 恭也 공순할 록 蹗同 (屋)

⿰足亝 躋(足部十四畫)의 古字

踐 [천] 蹋也 履也 밟을 천 (銑)

踔 [초][탁] 踰也 넘을 초 踶也 밟을 초、卓立高遠 우뚝 설 탁 行貌 踔ㅣ 걷는 모양 탁 俗音 착 (效)(覺)

⿰足戾 [례] 跛行 걸음 질 례 (霽)

⿰足具 [구] 跔也 손발 곱을 구 (虞)

踒 ○[와][위] 足跌 넘어질 와、실족할 와 踠通、折足 다리 부러질 위 (歌)(支)

踓 ○[유] 狂走貌 미쳐 서 달아날 유 (紙)

⿰足炎 [염] 疾行ㅣㅣ 빨리 걸을 염 (琰)

⿰足走 蹤(足部十一畫)과 同

踗 [념] 輕步 사뿐사뿐 걸을 념 (葉)

踕 ○[첩] 足疾 발 빠를 첩 (葉)

⿰足㝵 [득] 急行貌 빨리 갈 득 (職)

⿰足兩 [량] 踞也 걸터앉을 량

⿰足典 ○[전] 迹也 자국 전 (銑)

踛 ○[륙] 跳也 뛸 륙 (屋)

踖 [적] 行敬謹 踧ㅣ 조심하여 걸을 적 躐也 뛸 적 踐也 밟을 적 (陌)

踘 [국] 毬戲 蹴ㅣ 제기 찰 국 鞠同

⿰足屈 [굴] 力也 힘 굴 (物)

踀 [축][착] 走也 달아날 축 跳也 뛸 착 (沃)(覺)

跙 ○[저] 馬足病 말 발병 저 (語)

踚 [륜] 勇步 날래게 걸을 륜 (眞)

⿰足困 [곤] 瘃足 얼어터진 발 곤 跡也 자취 곤 (阮)

⿰足長 [장] 跪也 꿇어앉을 장 (陽)

⿰足奄 [압] 跛足 절름발이 압 (合)

踞 ○[거] 蹲也 據坐 걸터앉을 거 (御)

踜 ○[릉] 留也 머물 릉 蹶也 엎드러질 릉 (蒸)

踣 [부][북] 僵也 엎드러질 부 偃也 쓰러질 부 仆同、북 義同 (有)(職)

踝 [과] 足骨 跟也 복사뼈 과 (馬)

跰 ○[변] 皮上堅ㅣ胝 못박힐 변 (先)

⿰足官 [관] 逃也 도망할 관 本音 환 (翰)

踢 [척] 以足蹴物 찰 척 驚動貌 깜짝 놀랄 척 獸名 跦ㅣ 짐승이름 척 (錫)

⿰足非 [비] 刖足 발꿈치 벨 비 腓同 (未)

踡 [권] ㅣ跼不伸 곱송그릴 권、펴지 못할 권 (先)

踟 ○[지] 不進ㅣ蹰 머뭇거릴 지 (支)

踦 ○[기] 跛也 절름발이 기 傾側 기울어질 기 (支)

踠 [원] 屈也 굽힐 원、굽할 원 馬跌 말 넘어질 원 (阮)

踤 [졸] 蹴也 찰 졸 蹋也 밟을 졸 (質)

跱 ○[치] 難進 가기 어려울 치 (紙)

⿰足朋 [붕] 走也 달릴 붕 (蒸)

⿰足卑 [비][배][변] 股骨 넓적다리 뼈 비 形下大貌 형체의 아래가 클 비 髀同、蹟ㅣ、行戾 가다가 돌아볼 배、下廣貌 아래가 넓을 변 (紙)(佳)(先)

⿰足某 蹀(足部九畫)과 同

踧 ○[축][척] 行敬謹ㅣ踖 조심하여 걸을 축 蹙通、行平易ㅣㅣ 순탄히 행할 척 (屋)(錫)

踥 ○[첩] 行貌ㅣ蹀 저벅저벅 걸을 첩 往來貌ㅣㅣ 왕래할 첩、오락가락할 첩 (葉)

⿰足呈 脛(肉部七畫)과 同

⿰足尚 [별] 跳也 뛸 별 (屑)

⿰足定 ○[저] 行也 갈 저

踩 ○[채] 跳也 뛸 채、踏也 밟을 채

⿱足是 [팽] 徒涉 걸어서 건널 팽 ㅣ行不能 가지 못할 팽 (咸)

踪 蹤(足部十一畫)과 同

踭 [쟁] 足跟 발뒤축 쟁 (江)

⿰足夸 [부] 跗骨之一 발목뼈 부 (虞)

九

踰。[유] 越也 넘을 유 逾同 (虞) **踴** [용] 跳也 뛸 용 踊同 (腫) **踱**。[탁] 跣足蹋地 맨발로 디딜 탁 (藥) **䟭** [하] 足跡 발자국 하 (麻) **踳** [준] 相舛ㅣ駮 어그러질 준 雜也 잡될 준 (軫)

⿰足奏 [추] 蹋也 밟을 추 (有) **⿱敄足** [무] 跪也 꿇어앉을 무 (遇) **⿱自足** [즉] 迫也 핍박할 즉 **⿰足屋**。[악] 迫也 급할 악 (覺) **⿰足客** 骼(骨部九畫)과 同 **⿰足致**。[치] 踏也 밟을 치 (寘)

踶。[제] 蹋也 찰 제、밟을 제、獸足 굽 제、짐승의 발 제 蹄同 (霽)(齊) **踵** [종] 足跟 발뒷꿈치 종 繼也、武 이을 종 接也 접할 종 **⿰足癸**。[기] 脛肉 정강이살 기 (寘) **⿰足昊** [긔] 行不正 뫼ㅣ비틀거릴 긔 (有)

踺 [건] 行步速 걸음속할 건 (願) **踷**。[다] 斜行 비스듬히 갈 다 (馬) **⿰足幸** [달] 趺也 꺼꾸러질 달、躂(足部十三畫)과 同 **⿰足彖** [천] 正步 단정하게 걸을 천 (霰) **踹** [단] ㅣ足 발구를 단 足跟 발꿈치 단 (寒)

踸。[침] ㅣ踔 一足行 앙감질할 침 **⿰足酋** [추][축] 行貌 걷는 모양 추、踏也 밟을 추、迫也 핍박할 축 (尤)(屋) **踻** [과] 足理 발금 과 (麻) **⿰足柴** [재] 急行 급히 갈 채 (灰)

⿰足奎 [규] 開足 발 벌릴 규 (齊) **⿰足序**。[탁] 緩也 늘어질 탁 (藥) **踼**。[탕] 逸也 跌ㅣ 미끄러질 탕 (漾) **⿰足彥** [안] 跡也 자취 안 (翰) **⿰足胡**。[호] 屈膝 무릎 굽힐 호 (虞) **蹳** [발] 蹯草 풀 밟을 발 (曷)

⿰足業 [접] 行貌 ㅣ躞 저벅저벅 걸을 접 **⿰足毒** [독] 不正行 비뚜루 갈 독 (沃) **踿** [축] 近也 가까울 축 (屋) **踾** [복] 聚也 모을 복 (屋) **⿰足便** [변] 遠行 멀리 갈 변 (先)

踽。[우] 獨行貌ㅣ 홀로 행할 우 古音 구 (麌) **蹄** [제] 獸足 굽 제 取魚兔器 筌ㅣ 물고기와 토끼 올무 제 (齊) **蹁**。[편] 旋行ㅣ躚 돌아 걸을 편 足不正 발 비뚜러질 편 **⿰足軍** [혼] 步行 걸을 혼 (願)

⿰足臿 [삽] 足動 발 움직일 삽 (洽) **蹂** [유] 踐也 履也 밟을 유 ㅣ黍 쌀 씻을 유 (尤)(有)(宥) **⿰足悤** [총] 遽行 바쁘게 갈 총 (東) **蹃**。[야] 小兒始行貌 蹃ㅣ 어린애 타달타달 걸을 야 (馬)

⿰足屏 [병] 急行 급히 갈 병 (青) **蹅** [사] 履也 밟을 사 **蹏** 蹄(足部九畫)과 同 **⿰足㒸** [수] 深也 깊을 수 **蹅** [사] 履也 밟을 사 (麻)

十

蹇。[건] 跛也 절 건、절름발이 건 險難 험할 건 偃ㅣ驕傲 교만할 건 (阮) **⿰足臭** ⿺走臭(走部十畫)과 同 **⿰足芻** [추] 獸足 짐승의 발 추 (尤) **蹬** [등] 蹭ㅣ、行貌 걷는 모양 등 (蒸) **⿰足畜** [축] 肥足 살찐 발 축 (屋)

⿰足旁 [방] 急行 踉ㅣ 급히 걸을 방 (陽) **⿰足茶**。[다] 難進而立 가다가 설 다 (麻) **蹈**。[도] 踐也 밟을 도 舞ㅣ 춤출 도 (號) **⿰足栗** [률] 踐也 밟을 률 (質) **⿰足皂** [폐] 跛也 절름발이 폐 (霽)

踏。[탑] 跳也 뛸 탑 履也 밟을 탑 (合) **蹋** [답] ㅣ鞠 兵勢 제기찰 답 踐也 밟을 답 踏同 (合) **蹉** [차] 失時ㅣ跎 때 잃을 차 跌也 미끄러질 차 過也 지날 차 (箇) **⿰足辥** [살] 不正行 비뚜로 갈 살 (曷)

⿰足窊 [와] 踏地用力ㅣ踒 힘써 디딜 와 (禡) **⿰足䍃**。[요] 跳也 뛸 요 (蕭) **蹊** [혜] 徑路 穿徑 지름길 혜 ㅣ道 소로길 혜 **⿺走束**。[착] 謹也 삼갈 착 善也 착할 착 (覺) **⿱般足** [반] 屈足 굽은 발 반、곱장이 반 (寒)

⿸展足 蹍(次條)와 同 **蹍**。[전] 足踏 履也 밟을 전 跈同 (銑) **蹌**。[창] 趨也 추창할 창 舞貌ㅣ 춤너풀너풀 출 창 (陽) **⿰足奔** [illegible](足部八畫)과 同

同

蹎。[선] 사也 엎드러질전、跋也 뛸전 (先)

蹐 [척] 小步累足 종종걸음칠척、발소리없이걸을척 (陌)

⿰𧾷蚤 [소] 跳也 뛸소

⿰𧾷首 [용] 行貌 걷는모양 용、行也 걸을용 (冬)

蹏。[제] 獸足굽제、摶小紙ㅣ赫 엷은편지제 (齊)

⿰𧾷高 [교] 脛也 종아리교 (肴)

⿰𧾷桀 [책] 磔也 찢어발길책 (陌)

⿰𧾷員。[훈] 立也 설훈

⿰𧾷業 蹀(足部九畫)과同

⑫

⿰𧾷區。[구] 跛行 절구 (虞)

蹔 [잠] 不久 잠간잠 暫同 (勘)

蹕 [필] 淸道止行 警ㅣ 길치울필 ⿺走畢同 (質)

蹖 [용] 踊也 밟을용

⿰𧾷逐 [축] 跡也 자취축 (沃)

蹙。[축] 迫也 궁박할축、愁貌 쭈그러질축、顰ㅣ 찡그릴축 顣同 (屋)

蹘 [료] 遠走 멀리달아날료 (肴)

⿰𧾷梁 [량] 走也 달아날량 (陽)

⿰𧾷彖 [등] 行貌 걷는모양등 (迥)

⿰𧾷鹿 [록] 疾走 빨리달아날록 (屋)

⿰𧾷匐。[복] 匍也 길복 匐俗字 (屋)

⿰𧾷戚 蹙(足部十一畫)과同

⿰𧾷票 [표] 輕行 사뿐사뿐갈표

⿰𧾷祭 [체] 疾行 빨리갈체 (屑)

⿰𧾷基。[기] 本也 근본기 (支)

⿰𧾷崔 [최] 襘ㅣ、急甚 몹시심할최 (灰)

⿰𧾷屚 [루] 輕踏 사뿐밟을루 (有)

⿰𧾷習 ⿱執足(足部十一畫)과同

⿱執足。[첩] 小步ㅣ足 종종걸음첩、지어걸을첩 (葉)

蹜 [축] 足迫 찰축、擧足 발들축、曳踵 발들어디딜축 古音숙 (屋)

⿰𧾷副 匐(勹部九畫)의俗字

⿰𧾷虘。[자] 跫音 발자국소리자 (禡)

⿰𧾷冣 [최] 行貌 걷는모양최 (泰)

⿰𧾷專 [전] 踵也 발뒤꿈치전 (銑)

⿰𧾷巢 [소] 行捷 걸음빠를소 (肴)

蹛。[대] 北 漢地名 땅이름대、踶也 밟을대 (泰)

蹚 [당] 跌也 미끄러질당 (陽)

⿱𤇾足。[제] 去也 갈제、ㅣ足行 앙감질할제、姓也 성제 (齊)

蹝 [사] 徐行 천천히걸을사、屣通 (紙)

⿰𧾷族。[족] 足曲 발굽으러질족 (屋)

蹡。[장] 行貌ㅣㅣ 걷는모양장、종종걸음칠장 (陽)

蹟 [적] 前事行ㅣ 사적적、행적적 迹同 (陌)

蹠 [척] 履也 밟을척

⿱敖足 [오] 蟹鉗脚 게의집게발오 (豪)

蹤 [종] 跡也 자취종 踪同 (冬)

⿱夢足。[몽] 疲行貌ㅣ⿰𧾷奐 다리질질끌몽、걸음고달픈모양몽 (送)

蹢。[척][적] 跳貌ㅣ躅 뛰는모양척、깡창뛸척、躑同、蹏也 굽적 (陌)(錫)

蹣 [반][만] 跛行貌ㅣ跚 절름거릴반、踰也 넘을반 (寒)

蹥。[련] 跟也 발뒤축련 (先)

⿰𧾷參 躁(足部十三畫)과同

⿰𧾷康 [강] 散走 흩어져달아날강 (漾)

⿰𧾷畣。[륙] 擧足 발을들륙

⿰𧾷隶 [례] 疾行貌 빨리걸을례

⑬

蹪。[퇴] 蹪仆 엎드러질퇴 (灰)

蹨 [연] 逐也 쫓을연、蹈也 밟을연 (銑)

⿰𧾷敝 蹩(次條)와同

蹩。[별] 跛也 절름발이별、踶也 밟을별 (屑)

⿰𧾷巽 [선] 罥獸足網 올무선 (銑)

⿰𧾷單。[타] 小兒行態ㅣ 아장아장걸을타 (哿)

⿰𧾷散 [철] 車跡 수레자국철、跡也 자취철 轍同 (屑)

⿰𧾷智 [지] 蹋也 밟을지、頓也 꺾을지 (寘)

⿰𧾷須 [수] 走也 달아날수

⿰𧾷閆 [담] 以足踏地而歌 발장단마추며노래할담 (感)

⿰𧾷嵐 [람] 急行 바삐갈람 (覃)

蹻 [굴] 狂走 미쳐달아날굴 (質)

蹬。[등] 失勢貌 어정거릴등、履也 밟을등 (徑)

躇。[저] 踟ㅣ 머뭇거릴저 (魚)

⿰𧾷最 [최] 忙行 바삐갈최 (泰)

⿰𧾷尌 [주] 立也 설수、躇也 머뭇거릴수 (虞)

⿱番足 [번] 獸足掌 짐승의발바닥번 (元)

⿰𧾷朁。[잡] 留止 머물잡 (合)

蹯 [번] 獸足掌 짐승의발

바닥번 (元)

躚 [선] 行貌 걷는모양선 舞貌 蹁ㅣ춤추는모양선、춤너풀너풀 춤선 蹣跚 절름거릴선

⿰足替 蹭(足部十二畫)과同

蹭。[층] 失路貌 길잃은모양층、어정거릴층 (徑)

蹲。[준] 踞也 걸터앉을준 聚也 모을준 ㅣㅣ舞貌 춤움직거려출준 (阮)

⿰足散。[산][설] 行貌 걷는모양산、설 義同 (屑)

蹱 [종] 小兒行步 어린애걸음종 (冬)

蹳 [발] 足拔物 발로물건찰발 (曷)

蹕 [필] 走也 달아날필 (質)

蹶。[궐][궤] 僵也 쓰러질궐 跌也 미끄러울궐 拔也 뺄궐 跳也 뛸궐、行遽 급히걸을궤 (月)(霽)

⿰足掌 ⿰足長(足部八畫)의俗字

⿰足異 [척] 步行聲 걷는소리척 (職)

蹴。[축] 蹋也 찰축 踏也 밟을축 蹙同 (屋)

蹸 [린] 車踐 수레에밟힐린 躪、轔同 (震)

蹺。[교] 企也 바랄교 擧足 발치켜디딜교 蹻同 (蕭)

蹻。[교][각] 一擧足 발제겨디딜교 武貌 ㅣㅣ위엄스러울교 剛直 강직할교、草履 짚신각 驕貌 교만할각 走貌 ㅣㅣ닫는모양각、企也 바랄교 蹺同 (篠)(藥)(蕭)

蹼 [복] 鳧足 오리발복 (屋)

⿰足𦍒。[교] 行也 걸을교 (篠)

⿰足属 ⿰足屬(足部二十一畫)의略字

⑬

⿰足⿸厃口 ⿰足詹(足部十三畫)과同

⿰足⿱先日。[륙] 趢也 들륙

⿱⿰牙牙足 [적] 謹也 삼갈적

⿰足參 躁(足部十三畫)과同

⿰足⿱去去。[각][오] 步也 걸을각、오 義同

⿰足禁。[금] 坐也 앉을금 (侵)

躁 [조] ㅣ急 성미급할조 動也 움직일조 不安靜 바시댈조 急進 疾也 빠를조 (號)

⿰足楚 [조] 馬蹄痛病 말저름날조 (語)

⿰足亶 [전] 移也 옮길전 (銑)

躅。[촉] 跡也 자취촉 行貌 蹢ㅣ강동강동뛸촉 花名 躑ㅣ철쭉꽃촉 (沃)

⿰足聞。[첩] 擧足발돋움할첩 (嫌)

⿰足頁 [기] 擧足 발들기 (紙)

躄。[벽] 跛也 절름거릴벽 (陌)

躂 [달] 跌也 미끄러질달 (曷)

⿰足睪 [탁] 跣足 맨발탁、발벗을탁 (藥)

⿰足睘。[견] 疾跳 빨리뛸견 (霰)

躇 [저][작] 佇足 躕ㅣ머뭇거릴저、招也 不次 건너뛸작 (魚)(藥)

⿱平足 [평] 踏地聲 땅밟는소리평

⿰足豦 [거] 手據也 손으로땅짚을거 動作 僑ㅣ꿈적거릴거 (御)

⿰足煩。[번] 獸足掌 짐승발바닥번 蹯同 (元)

⿰足詹。[첨] 馬急行 말달려갈첨 或점 (鹽)

⿰足歲 [괘] 小溺 조금빠질괘 倦也 게으를괘 (隊)

躈。[교] 馬尻骨 말궁둥이뼈교 蹄也 말굽교 (嘯)

⿰足賊 [적] 踐害 밟아해할적 (職)

⿰足疐 躓(足部十五畫)과同

⿰足遂 [수] 深也 깊을수

⿰足⻌夌 [등] 踜ㅣ、行貌 걷는모양등 (蒸)

躉 [돈] 解舟 종선돈 零也 남을돈 (阮)

⑭

躋。[제] 登也 升也 오를제

躊 [주] 進退ㅣ躇 머뭇거릴주 (尤)

⿰足聚。[주] 醉倒 취하여넘어질주 (宥)

⿰足臱 [변] 行不正 걸음바르지못할변 (先)

⿱輕足 [경] 一足行 앙감질할경 (徑)

踖 [적][자] 踐也 밟을적、자 義同 (陌)(禡)

⿱足足。[착] 行疾 걸음빠를착 (覺)

⿰足𢇍 [단] 踐處 발자국단 (翰)

⿰足⿱羽隹 躍(足部十四畫)의本字

躍。[약][적] 跳也、超也 뛸약 進也 나아갈약、적 義同 (藥)(錫)

⿰足僕 蹼(足部十二畫)과同

⿰足㥯 [온] 安也 안온할온 (阮)

⿰足縣 踏(足部八畫)과同

⿰足凴。[빙] 蹋地聲 땅밟는소리빙 (徑)

⿰足舞 [무] 踐也 밟을무

⿰足爾 [년] 踏也 밟을년 (銑)

⿰足薛 躄(足部十七畫)과同

⑮

躐 [렵] 踐也 밟을렵 踰也 ㅣ等 넘을렵 (葉)

躀 [광] 路曠遠길넓고멀광(漾)
躈 躈(足部十二畫)과同
躓。[지] 頓也쓰러질지 跲也밟을지 䟴同(寘)
躑。[척] 跳貌ㅣ躅머뭇거릴척 花名ㅣ躅철죽꽃척(陌)
躒 [력] 動也움직일력(錫)
⿰足憂。[요] 足動발움직일요(篠)
⿰足暴 [포] 行貌갈포(號)
⿰足疐 [지] 礙也거리낄지 䟴同(寘)
⿰足鄧 [등] 臥也누울등 盡也다할등(徑)
⿰足賫 [차] 踏也밟을차(歌)
躔。[전] 日運行햇길전 星次별자리전 踐也밟을전 行也행할전
⿰足厲。[뢰] 破行절름거릴뢰(泰)
躕 [주] 不進踟ㅣ머뭇거릴주(虞)

十六

躘 [룡] 小兒步行어린애걸음룡(冬)
⿺辶衛 [위][괘] 衛也호위할위 過也허물위 謬也그늘위 不信거짓위、괘義同(未)(卦)
⿺辶龍。[롱] 步行貌걸음새롱(東)
⿰足盧 [려] 傳也전할려 上語下傳말씀을전갈할려(魚)
躙 [린] 車踐수레에갈릴린
躚 [선] 蹁ㅣ、舞貌춤너풀거려출선(先)
⿰足賴。[뢰] 跛足절름발이뢰(泰)
躛。[귀] 跳也뛸귀 僪也쓰러질귀 ㅣ洩、苦棗쓴대추귀(霽)
⿰足歷 [력] 足所經踐지날력(錫)
⿰足辥。[설] 旋行蹩ㅣ매암돌설(屑)
⿸辥足 [살] 行貌跋ㅣ걷는모양살 ⿰足辥同(曷)

十七

躝。[란] 踰也넘을란(寒)
⿰足戠 [잠] 步行貌걸음새참(陷)
躞 [섭] 書畫軸心玉ㅣ족자마구리섭 行貌蹀ㅣ저벅저벅걸을섭(葉)
⿰足鮮。[선] 病不能行蹁ㅣ병들어능히걷지못할선、비척비척할선 躚同(先)
躢。[탑] 跕足而望넘어다볼탑(嗛)
躟 [양] 行遽距ㅣ바삐걸을양(陽)
⿰足顛 跬(足部六畫)과同
⿰足龠。[약] 登也오를약 躍也뛸약 履也신을밟을약 行也걸을약
⿰足毚 [삼] 疾步빨리걸을삼(咸)
⿱辥足 [살][설] 行貌、跋ㅣ돌쳐갈살、旋行、蹩ㅣ매암돌설(曷)(屑)
⿰足闕。蹶(足部十二畫)과同

十八

⿰足闒 踏(足部八畫)과同
⿰足雚 [권] 曲脊行등구부리고걸을권(先)
躖 躖(足部十四畫)과同
躡。[섭] 蹈也밟을섭 著履신신을섭 登也오를섭 俗音녑(葉)
⿰足雙 [쌍] 竦立跭ㅣ곱송거리고설쌍、우뚝설쌍(江)
躣。[구] 行貌꿈틀꿈틀할구(虞)
躤。[적] 踐也蹈ㅣ밟을적(陌)

十九

躦 [찬] 蹲也걸터앉을찬(寒)
⿰足羅。[라] 失道길잃을라(箇)
⿰足靡 [미] 行貌걷는모양미(紙)
⿰足䜌 [련] 足病발병련(先)
躧。[새][사] 小履無跟적은신뒷축없을신새、徙也行貌천천히걸을사(蟹)(紙)

二十

躨 [기] 蚪龍動貌꿈틀거릴기(支)
躪 [린] 踐也、蹂ㅣ짓밟을린 躙同(震)
躩。[곽] 屈足발을굽힐곽(藥)

二十二

⿰足籥 ⿰足龠(足部十七畫)과同
⿰足屬。躅(足部十三畫)과同
⿰足截 [족] 急也급할족(屋)

二十三

⿰足夒 躨(足部二十畫)과同
⿰足疊。[첩] 走聲달아나는소리첩(葉)

二十三

⿰足籥 ⿰足龠(足部十七畫)과同

身部

身。[신] 躳也몸신 懷孕有ㅣ아이밸신 親也몸소신 給符告ㅣ칙지신、교지신 娠通(眞)

三

⿰身凡 軆(身部十三畫)과同
躬 [궁] 身也몸궁 親也몸

소궁 親行 몸소 행할궁 躳同(眞)
⿰身夌。[릉]身也 몸릉(蒸)

④
⿰身支。[설]使也 부릴설(屑)
躭 耽(耳部四畫)과同
⿰身比 [비]體柔⿰身夸ㅣ몸부드러울비(支)
⿰身少 [소]體長貌 몸이길소(江)
躮。[분]子也 對人己子謙稱 아들분 日字
⿰身攴 ⿰身支(身部五畫)과同

⑤
⿰身出。[칠]走貌 달아나는모양칠(眞)
⿰身犮 [발]走也 달아날발(曷)
⿰身主。[주]身直貌 몸꼿꼿할주(麌)
⿰身只 肢(肉部五畫)과同
⿰身皮 跛(足部五畫)과同
⿰身令 聆(耳部五畫)의俗字
⿰身申 [종]身直 몸곧을종(冬)
⿰身立。[친]身端 몸단정
⿰身矢 射(寸部七畫)과同
⿰身丘 軀(身部十一畫)의俗字
⿰身付。[부]著衣ㅣ⿰身俞 옷입을부(遇)
⿰身冉 躭(身部四畫)의俗字
躬。[궁]恭貌 공손할궁(東)

⑥
⿰身兆 [조]體長 몸호리호리할조(嘯)
⿰身同 [동]身不端 ⿰身龍ㅣ몸단정치못할동 或音 롱(董)
⿰身系 孖(子部二畫)과同
⿰身舌 聒(耳部六畫)과同
⿰身夸。[과]體柔ㅣ⿰身比 몸부드러울과(麻)
⿰身自 自(自部○畫)과同
躲。[타]避也 피할타(哿)
⿰身向。[향]仰向 쳐다볼향(漾)

⑦
⿰身忍 [인]凝視 엿볼인、줄곧볼인 日字
⿰身廷 [정]身長直 몸길고곧을정(迥)
⿰身貝 貊(豸部六畫)과同
躳。[궁]身也 몸궁 親也 몸소궁 躬本字(東)
⿰身良。[랑]身長ㅣ⿰身康 키클랑(陽)

⑧
躺。[당]臥也 누울당
⿰身穹。[궁]曲躬 몸굽힐궁(送)
⿰身吳 射(寸部七畫)과同
躶 [라]赤體 벌거벗을라ㅣ蟲 털없는벌레라 裸同(哿)
⿰身奇。[기]身也 몸기 隻也 외짝기(支)
⿰身花 [화]教小兒體 가르칠화 日字

⑨
⿰身美。[미]行動也 행동할미(紙)
⿰身重 [종]孕也 아이밸종(宋)
⿰身面 面(面部○畫)와同
⿰身匽 [언]曲身 몸굽힐언 怒腹ㅣ體 성낸배언(阮)
⿰身叚 [하]屈身 몸굽힐하(麻)
⿰身皇。[황]鐘聲 종소리황(陽)
⿰身俞 [수]著衣⿰身付ㅣ 옷입을수(遇)

⑩
⿰身骨 體(骨部十三畫)과同
⿰身豈。[해]身長 몸길해(灰)
⿰身弱 [탕]弱也 약할탕(養)

⑪
軀 [구]四體 몸구
⿰身國。[괵]裸身 맨몸괵、알몸괵(陌)
⿰身康 [강]身長⿰身良ㅣ키클강(陽)

⑫
⿰身單。[타]廣厚 넓고두터울타 垂下 드리울타(哿)
⿰身需 [연]軟也 연할연(銑)
⿰身勞。[로]身長 몸길로(號)

⑬
軆 體(骨部十三畫)의俗字
⿰身亶。[권]裸身 맨몸권、알몸권(銑)
⿰身詹。[담]好也 좋아할담(覃)

⑭
⿰身寧 [녕]垢也 때녕(迥)
⿰身壽 [도]身長 몸길도(號)
⿰身監。[람]身長貌ㅣ⿰身覽 키큰모양람(賈)

⑯
⿰身龍。[롱]身不端ㅣ⿰身同 몸단정하지못할롱(董)
⿰身歷 [력]裸身 맨몸력

⑰
⿰身應 [응]未久 잠시응 待暫時 잠시기다릴응 日字

⑱
⿰身覽 [참]身長⿰身監ㅣ키클참(咸)

⑳
⿰身寶 [옥]寶也 보배옥(沃)

車部

車。[거][차]輅也 수레거 輿輪之總名 바퀴거 網名 그물거 齒根 잇몸거、차 義同、姓也 성차(魚)(麻)

①
軋。[알]勢相傾 앗을알、불화할알 車輾 수레삐걱거릴알 無垠軼ㅣ갓없

을알 (黠)

❷

軌。[궤] 車軸兩轍間수레바퀴사이궤、굴대궤 ⿰車巳 [범] 車軾前차앞턱나무범 軓同 (豏) ⿰車丁 [정] 停車수레머물정 (靑) 軍。[군] 旅也군사군 ⿰車力 [릴] 彩也채색릴 (質)

⿱勹車 軍(車部二畫)의本字 ⿰車斗 [구] 車後수레뒤구 (尤)

❸

⿰車丸 [선] 車跡수레자국선 (霰) 軒 [헌] 大夫車초헌헌 檐宇추녀끝헌 笑貌ㅣ渠껄껄웃을헌 自得貌ㅣㅣ자득할헌 欄板ㅣ檻뒷마루헌 樂說ㅣ縣풍류들헌、肉膾麤切육회굵게저밀헌 (願) 軏 [월] 車轅耑持衡木멍에막이월 (月) ⿰車工 [공][강] 轂中鐵바퀴통속쇠공、燈也등잔강 軑。[대] 輨也바퀴통감기쇠대 (霽)

⿰車凡 ⿰車巳(車部二畫)과同 ⿰車川。[순] 下棺車하관하는수레준 (震) 軔 [인] 礙車止輪木바퀴괴임나무인 中國尺、八尺여덟자길이인 (震)

❹

⿰車公 [용] 車行貌수레가는모양용 (冬) 軘 [돈] 兵車也싸움수레돈 (元) 軞 [모] 君王所乘ㅣ車임금타시는수레모 公車모거모 ⿰車心 [심] 車軥心木수레심대심 (侵) 軜。[납] 驂馬內轡繫軾者말속고삐납 (合) 軖 [광] 紡車물레광 軗 [수] 車引수레끌수 (虞) ⿰車反。[반] 車耳反出수레휘장반 (阮) 軛 [액] 轅端橫木駕馬領者멍에액 軶同 (陌) 軟 [연] 柔也부드러울연、연할연 輭俗字 (銑) 軝。[기] 車轂之旁出者수레굴통맨끝기 (支) ⿰車亢 [강] 軌也수레바탕길강 (漾) 軠。[님] 紡車물레님 (侵) ⿰車巴 [파] 軍車군사수레파 (麻) ⿰車月 [월] 釭也바퀴통쇠월 (月) 転 轉(車部十一畫)의略字 ⿰車今。[금] 新車새수레금 地名땅이름금 (侵) ⿰車尹。[현] 車蓋骨수레뚜껑살현 (銑) ⿰車厷 [굉] 車聲수레소리굉 ⿰車夫 [부] 轄也바퀴비녀장부 (虞)

❺

⿰車幼。[요] 車聲수레소리요 (肴) 軥。[구] 車軛兩邊叉馬頸者멍에목서리구、ㅣ牛쇠멍에구 夏后車名하우씨수레이름구 (虞)(尤) 軫。[진] 車後橫木수레뒤턱나무진 動轉구를진 [illegible]也아플진 動也움직일진 地形盤曲貌길꼬불꼬불할진 二十八宿名별이름진 (軫) 軩 [태] 車傾수레기울어질태 (賄) ⿰車兄 [황] 蟲名黃ㅣ벌레이름황 (陽) 軧。[저] 大車後큰수레뒷채저 (薺) 軨 [령] 獵車사냥수레령 車欄수레난간령 獸名ㅣㅣ짐승이름령 (靑) 軬。[번] 車上篷수레뜸번 (阮) 軳 [포] 戾也돌아올포 (肴) 軎 [발] 車破聲수레깨지는소리발 軲。[고] 車也수레고 (虞) 軮。[앙] 遠視映貌멀리서로빛이는모양앙 無涯際ㅣ軋끝없을앙 縣名고을이름앙 (養) ⿰車危。[액] 轅端橫木駕領者멍에액 軛本字 (陌) 軱。[고] 大骨큰뼈고 (虞) 軯 [팽] 車行聲수레가는소리팽 鐘鼓聲쇠북소리팽 雷聲우뢰소리팽 (庚) ⿱工車 [공] 車輪外圍바퀴둘레공 ([illegible]) ⿰車尼 [니] 軾也차앞턱나무니 (支) ⿰車民 [민] 輞也바퀴둘레민 (眞) ⿰車玉 聲(車部十一畫)과同 軵 [용] 輕車가벼운수레용 ⿰車卯 [류] 載柩車관싣는수레류 (有) ⿰車它 [타] 車疾馳차빨리달아날타 (歌) ⿰車田 [전] 轟也차소리시끄러울전 (先) 軸。[축] 車輪中心木굴대축 轂也속바퀴축 中心樞要중요할축 織具杼ㅣ바디집축 書帙卷ㅣ질책축 (屋)

앓을축(屋)

軷。[발] 將出道祭 원행할 때 노제 지낼 발(曷)

⿰車反。[년] 轢也 수레에 갈릴 년(銑)

⿰車乍 [자] 車裂 차벌어질 차(禡)

⿰車弗 拂(手部五畫)과 同

軼 [질] 過 突지나칠질 侵也 범할질 陷也 빠질질 迭通、車相過侵突 마주칠절 轍也 바퀴절(質)(屑)

軹。[지] 轂末轄頭 바퀴굴대끝지 縣名 고을이름지

⿰車包 [포] 飛石車 돌을날려보내는수레 포(效)

軻。[가] 不遇轗ㅣ 때못만날가 車軸 수레굴대가 孟子名 맹자이름가 ㅣ峨 높을가(歌)(哿)

軺。[초] 小車遠望車 적은차초、동차초

軽 輕(車部七畫)의 俗字

⿰車功 [공] 意는 未詳

⿱亠車 [곡] 車輻 수레바퀴곡

六

輀。[이] 喪車 상여차이、행상이(支)

輁 [공] 所以持棺ㅣ軸 관괴임공(冬)

⿰車兆 [조] 薄也 엷을조(蕭)

⿰車夅 [항] 打也 칠항(江)

軾 [식] 車前橫木 可憑 수레앞가로막이나무식 車中橫木 伏敬禮行 수레안에서절할식(職)

輧 軿(車部八畫)과 同

⿰車艮 [흔] 車前裝飾 차앞치장흔(元)

輂。[국] 大車駕馬 큰수레말매일국 轝土器 흙담는들것국(沃)

⿴行車。[견] 車搖 수레가 흔들릴견(先)

⿰車旬。[횡] 羣车聲亂 수레소리요란할횡(庚)

輅。[로][핵] 車也 天子所乘玉ㅣ 천자타는차로 大車 큰수레로、車前橫木 수레앞가로나무핵(遇)(陌)

較 [교][각] 相角不等比ㅣ 비교할교 校同、車耳車上曲銅 수레귀각 明也ㅣ然 밝을각 略也 大ㅣ 대강각 競也 獵ㅣ 다툴각(效)(覺)

⿰車色 [색] 轉戾軫ㅣ 비틀색(職)

⿰車多。[계] 礙也 거리낄계(霽)

輈。[주] 車轅 수레채주 强梁貌ㅣ張 발칙할주

輆 [해] 礙也 거리낄해(賄)

軩 ⿰車隹(車部八畫)과 同

輇。[전] 量人物 사람을 달전 柩車 상여차전、행상전 銓同(先)

⿰車次 [자] 以漆飾車 수레에칠할차(眞)

載。[재] 乘也 실을재、탈재 記也 기록할재 始也 비롯할재 滿也 가득할재 則也 곧재 事也 일재 受也 받을재 年也 해재 書也 글재 運也 운전할재 語助辭 어조사재 勝也 이길재 縡同(隊)(賄)

⿰車曳 [예] 輀也 상여예(霽)

⿰車冰 [빙] 轟轟也 수레소리시끄러울빙(徑)

輊。[지] 車前低也 앞낮은수레지 車前重 수레앞무거울지(寘)

⿰車斗 斡(斗部十畫)과 同

輕。[갱] 石動也 돌움직일갱(敬)

七

輍 [욕] 車枕前 수레앞괴일욕(沃)

⿱丵車。[장] 修車 차중수할장(漾)

輎 [소] 軍車 군사수레소(肴)

輑。[균] 車軸相連 굴통대균(眞)

⿰車身 [선] 喜動貌 기꺼워움직일전(先)

輒。[접] 忽然 홀연히접 每事即然 번번이접 足疾 발병들첩 車兩輢 수레에병장기꽂는틀첩 專也 오로지할첩 車相倚 수레서로의지할첩(葉)

⿰車囪 [전] 車聲 수레모는소리전

輐。[완] 刓去圭角 둥굴릴완(翰)

⿰車酉 輶(車部九畫)과 同

⿰車皃 [묘] 引車 차끌묘(效)

輕。[경] 不重 賤也 천할경 悔也 업신여길경 疾也 빠를경(庚)

軛 [지] 車之器具 수레연장지(支)

輓。[만] 引車 수레끌만

輔。[보] 兩傍夾車木 수레덧방나무보 頰骨 광대뼈보 弼也、助也 도울보(麌)

⿰車良 [랑] 軍車 군사수레랑(陽)

⿰車辛 [성] 長車 긴수레성(庚)

⿰車余 [서] 車鈴 차에다는방울서(魚)

⿰車丣 [류] 喪車 상여차류 ⿰車卯同(有)

八

⿰車爭。[정] 車聲 수레소리정(庚)

輛

[량] 車數詞 수레수효 량 車ㅣ수레 량 百乘 백수레 량 (養)

輖。[주] 低也 낮을주 重載 짐무겁게실을주 (尤)

輘 [릉] 踐踏ㅣ轢 수레에짓밟힐릉 車聲ㅣ輷 수레모는소리릉 (蒸)

輚 [잔] 타 車ㅣ輅 누어타는차잔 兵車싸움수레잔 轏同 (潸)

輗 [예] 轅端持衡者 수레채마구리예 梲通 (齊)

輂。[곡] 直轅車 끝은멍에의수레곡 土轝 흙싣는수레곡 (沃)

⿰車坴 [륙] 軸也 바퀴심대륙 (屋)

輜。[치] 載衣物車 짐수레치 覆車휘장친수레치 (支)

輐。[완] 車後壓 차뒤로숙을완 (元)

⿲王車𠬝。[복] 車笭間皮篋盛弩者 수레상자복、전동복 箙同 (屋)

⿱乘車 [승] 副車 따르는수레승

輟。[철] 止也 그칠철 歠也 거둘철、쉴철 (屑)

輝 [휘] 光也 빛날휘 煇同 (微)

⿰車卷 [권] 牽車 차끌권 (霰)

輞 [망] 車輪外圍 바퀴테망

輡。[감] 車行不平ㅣ轗 수레길울퉁불퉁할감 轗同 (感)

⿰車奄 [압] 車之器具 수레연장압 (合)

輠 [과] 筩也 車盛膏器 수레기름통과 (哿)

⿰車尚 [당] 鐵軸 쇠심대당 (陽)

⿸广⿱夆車 ⿱夆車(車部六畫)과 同

⿰車卓 [조] 車弓 수레우상대조 (效)

輥。[곤] 轉速 빠르게구를곤 (阮)

⿰車沓 [답] 釭也 바퀴통속쇠답 (合)

輤 [천] 柩車之蓋 상여뚜껑천

輣。[팽] 兵車有樓 군사수레팽 (庚)

輢。[의] 車旁兵所插處 수레에병장기꽂는틀의 (寘)

輨。[관] ㅣ轄 굴대관 車轂端鐵 굴통끝휘갑쇠관 錧通 (旱)

輦 [련] 駕人以行 玉연련 輓運 당겨운전할련 宮道曰ㅣ道 京師曰ㅣ下 궁중의길련 (銑)

軿。[변][병] 婦人車 부인의수레변、車馬聲ㅣ輷 거마소리병、輕車 가벼운수레병 (先)(庚)(青)

輪。[륜] 車所以轉 수레바퀴륜 高大ㅣ焉 높고클륜 奐曲ㅣ囷 위곡할륜 迴旋ㅣ轉 돌륜 外周 둘레륜 (眞)

⿰車隹。[퇴] 車盛貌 수레성할퇴 (灰)

輼 [운] 軍車 군사수레운 (文)

輬。[량] 臥車 輼ㅣ 누어서타는수레량 (陽)

輩 [배] 類也 무리배 比也 견줄배 排列 순서배 (隊)

輫 [배] 車箱 수레난간배 (佳)

九

⿰車皆。[해] 登車 차에오를해 (佳)

輭 [연] 車輞 덧바퀴연 柔也 연할연 軟同 (銑)

⿰車貞 [경] 堅也 수레튼튼할경 (庚)

⿰車秋 [추] 輻也 바퀴살추 (尤)

輮。[유] 踐也 짓밟을유 使直者曲 굽으러뜰일유 蹂同、車軔 바퀴끼임유 車輞 덧바퀴유 (有)(宥)

⿰車㚇。[종] 輪也 바퀴종 轋同 (董)

⿰車昏 [민] 車伏兔下革 차바탕밑가죽민

⿰車咼。[과] 車膏器 차기름그릇과 輠同 (哿)

輯。[집] 聚也 모을집 和也、睦也 화목할집 斂也 거둘집 集合 모일집 本音즙 (緝)

⿰車扁 [변] 小車 작은수레변 (銑)

⿰車度。[탁] 迴轉也 돌탁 (藥)

輴 [순] 喪車 龍ㅣ 상여차순 泥行所乘 진길에타는썰매순 古音춘 (眞)

⿱敄車 [목] 轅也 멍에채끝목 (屋)

輱。[함] 車聲 차소리함 本音감 (咸)

⿰車軍 [혼] 車相避 수레서로피할혼 (元)

輰 [양] 飾車 치장한수레양、임금의수레양 (陽)

輲。[천] 載柩車 상여천 (銑)

⿰車胥 [서] 車下수레저 櫧同 (魚)

輸。[수] 隳也 떨어뜨릴수 寫也 쏟을수 送也 보낼수 委ㅣ 수운할수 本音유 (虞)

輷 [횡] 車聲 ㅣㅣ 수레소리횡 大聲 轒ㅣ 큰소리지를횡 轟同 (庚)

輵 [갈] 曠遠 轇ㅣ 넓고멀갈 戟形 轇ㅣ 세갈래질갈 馳驅貌 몰아달릴갈 (曷)

輶。[유] 輕車 가벼운수레유 輕也 가벼울유 (尤)

輻。

【복·부】輪轑바퀴살복、競聚|輳다투어모일부(屋)(宥) **輸** 輸(車部九畫)과同 **輜** 輜(車部八畫)의本字 **輩** 輩(車部十四畫)과同 **輹** 【보】伏兔以承輻者바퀴통복、車下縛바퀴테복(屋) **輂**。【저】車也수레저 楮同(魚) **⿰車彖**。【수】暢也펼수(寘) **⿰車皇**。【황】引也끌황(庚) ⑩ **輾** 【전·년】轉之半돌아누울전、누어서궁구를전、打稻타작할전、轉輪治穀연자매년(銑)國字(霰) **⿰車桑**。【상】輪之外圍바퀴겉둘레상(養) **⿰車奔** 【분】車篷수레뜸분(阮) **⿰車盍**。【갑】車聲수레소리갑(合) **⿳日共車** 【국】直轅縛곧은멍에묶을국(沃) **⿰車鬼** 【회】轉也구를회(賄) **⿱𤇾車**。【경】一輪車외바퀴차경(庚) **⿰車䍃** 【초】小車작은차초 軺同(蕭) **輿**。【여】車底수레바탕여、佳氣扶|아름다운기운여、衆也무리여、始也權|비롯할여、負荷짐질여、天地總名堪|천지여、舁|남여여(魚)(御) **⿰車圂** 【혼】車軸수레심대혼(月) **⿰車冥** 【경】車堅수레튼튼할경(庚) **轄** 【할】車軸鐵鍵굴대빗장쇠할、바퀴비나장쇠할、車聲수레소리할、管|말아볼할、鎋、舝同(黠) **轁** 轁(韋部十畫)의譌字 **轃**。【진】至也이를진 **轀**。【온】臥車|輬누어서타는수레온(文) **⿰車唐** 【당】軍車군사수레당(陽) **轂**。【곡】車輻所湊속바퀴곡、바퀴통곡、薦人推|사람천거할곡(屋) **⿰車扇** 【선】車也수레선(霰) **轅**。【원】車宮|門진문원、車前駕星名軒|별이름원(元) **⿰車是** 【치】小車작은수레치(寘) **⿱羊車** 【재】車抵階차섬돌에대일재(佳) **⿰車眞** 【경】車響수레소리경(庚) **⿰車屐** 【격】車輾수레의연자매격(陌) ⑪ **轆**。【록】車⿱癶木轣|멍에채에가죽레할록、車軌道轣|바퀴사잇길록、吸水器|轤두레박틀록、물긷달아올리는바퀴록(屋) **⿰車逢** 【봉】車聲수레소리봉 **⿰車悤** 【총】檻車載囚者죄수신는차총(東) **⿰車曼**。【만】車之衣蓋차장막만(願) **⿰車從** 【종】車跡수레바퀴자국종(冬) **⿰車差** 【수】載柩車상여수레수(尤) **轈**。【소】兵高車加巢以望敵軍망대수레소、巢同(肴) **⿱殸車**。【경】車堅수레튼튼할경(庚) **轇** 【교】|轕세갈래질교、長遠貌아득할교(肴) **轊**。【예】車軸頭굴대끝예(霽) **⿰車康** 【강】送死人紙簍죽은사람을신고가는삽태기강(陽) **轉**。【전】動也움직일전、倒也넘어질전、旋也돌전、輾|돌아누울전、變遷변할전、遷也옮길전、運之굴릴전(銑)(霰) ⑫ **⿰車惠** 軎(車部三畫)과同 **⿰車登** 【등】車飾수레치장등(徑) **⿰車單**。【산】車輞바퀴둘레산(刪) **轍**。【철】車迹수레자국철(屑) **⿰車黃** 【광】車下横木수레밑가로나무광、軖同(陽) **⿰車彭** 【팽】車聲차소리팽(庚) **⿰車貴** 轒(車部十二畫)의譌字 **⿰車衰** 【나】車軸之端수레심대끝나(箇) **⿰車童**。【충·장】陷陣車진뚫는수레충、장義同(冬)(絳) **⿰車間** 鐧(金部十二畫)과同 **⿰車堯** 【교】軸端수레심대끝교(嘯) **⿰車敢** 【조】飾車有華藻수레번화하게꾸밀조(皓) **轎** 【교】竹|대로만든가마교、小車藍|남여교、舁車步|보교교(蕭)(嘯)國字 **⿰車斯** 【시】車輪수레바퀴시(支) **轏**。【잔】兵車군사수레잔、卧車누어서타는수레잔、평상수레잔、輚同(潸) **轔**。【린】車聲||수레소리린、戶限문지

방린 鄰通、轢也 지질린、수레에 밟힐린 躪同 (眞)(震)

轐。[복] 伏兔所以安軫 수레바퀴받침복 (屋)

轒。[분] 戰車ㅣ轀 싸움수레분 匈奴車名 오랑캐수레이름분 (文)

轓 [번] 車箱 轓ㅣ 수레 난간번 車蔽 수레가림번 (元)

轑。[료][로] 車蓋弓 수레뚜껑료 轉也 구를료 楚邑名 고을이름료、撓也 흔들로 轢也 수레에 밟힐로 (蕭)(豪)

⑭

轕 [갈] 轇ㅣ 馳驅貌 달리는 모양갈 曠遠 편할갈 (曷)

轗 [감] ㅣ軻 坎壈 기험할감、실세할감 ㅣ軻不遇 때 못만날감 轞同 (感)

⿰車夆 [봉] 車篷 수레뜸봉 (東)

轖。[색] 氣結 기운맺힐색

⿰車稟 [람] 車不進 轞ㅣ 수레 잘 안갈람 (咸)

轘。[환] 車裂人 발길환、수레어찢어죽일환 地名ㅣ轅 땅이름환 (諫)(刪)

轙。[의] 車衡載轡者 수레에 고삐매는 고리의 (紙)

⿰車當 [당] 車床 수레바탕당 (陽)

⿰車廉 [렴] 車輞 바퀴둘레렴

⿰車遂 [수] 車之裝飾 수레치장수、임금의 수레수 (寘)

轚。[격] 車轄相擊 굴대서로부딪칠격 迫臨處ㅣ 좁은 길격 挂也 걸릴격 (錫)

⿰車遄 [천] 繕治車 수레 중수할천 ⿱巽車同

⿰車豦 [거] 車輞 바퀴둘레거 (魚)

⑭

⿱巽車。[선] 繕治車 수레 중수할선 (霰)

轛。[대] 車箱立木 수레 난간기둥대 (隊)

⿰車意 [은] 車聲ㅣㅣ 수레소리은 (吻)

⿱臥車 轞(次條)와同

轞 [함] 車聲 수레소리함 囚車 죄인태우는 소리함 檻通 (豏)

⿰車蓋 [개] 車聲 輷ㅣ 수레소리개 (泰)

轟。[굉] 車聲 수레모는 소리굉 大砲雷鳴ㅣㅣ 울릴굉

⑮

⿰車慧 轊(車部十一畫)의 俗字

⿰車磊 [락] 車轉聲 차소리락

轢。[력] 車陵踐 轢ㅣ 수레바퀴에 치일력 不和軋ㅣ 화목하지 못할력 (錫)

轡。[비] 馬轡靶也 고삐비 (寘)

⿰車賣 轆(車部十一畫)과同

轠。[뢰] 車連ㅣ轤 수레잇닿을뢰 擊也 칠뢰 觸也 찌를뢰、부딪칠뢰 (灰)

⑯

轣。[력] 軌道ㅣ轆 바퀴사이길력 轢也 수레바퀴에 치일력 (錫)

轤。[로] 吸水器 轆ㅣ 두레박틀로、활거로 (虞)

⿰車疐 輊(車部六畫)과同

⿱頻車 顰(頁部十五畫)의 譌字

⿰車龍。[롱] 軸頭 바퀴굴대끝롱 (東)

⑰

⿱䜌口 轡(車部十五畫)과同

⿰車韱。[삼] 車聲 수레소리삼 (咸)

⿰車薄。[박] 車之裝飾 수레치장박 (陌)

⑱

⿰車聶 [객] 車之重複 수레겹칠객 (陌)

⿰車雟。[휴] 輪轉一周 바퀴한번돌휴 (齊)

⑲

⿱䜌車 [련] 綴也 이을련 (先)

⿰車贊 [찬] 意未詳

⑳

⿰車獻。[얼][알] 高貌ㅣㅣ 우뚝할얼、車載高 수레에 높이 실을알 (屑)(曷)

⿰車矍。[곽] 車輞 수레바퀴테곽 (藥)

㉑

[illegible] 輈(車部六畫)의 籀文

⿰車麗 轣(車部十六畫)과同

㉒

⿰車疊。[첩] 車聲 수레소리첩 (葉)

㉓

⿰車夒 轁(車部九畫)과同

㉔

⿰車靈 ⿰車霝(車部十七畫)의 俗字

辛部

辛。[신] 金味 매울신 ㅣ苦 고생신 苛酷 혹독할신 天干第八位 여덟째천간신 (眞)

③

⿰彳辛 莘(艸部七畫)과同

④

⿰辛斤 新(斤部九畫)과同

⑤

辜。[고] 罪也 허물고 磔也 疈ㅣ 능지할고、사지를 찢을고 障也 막힐고 必也 반드시고 (虞)

辝。辭(辛部十二畫)과同

⑥

⿰多辛。[신] 多也 많을신 (眞)

辣。[삼]味辛ㅣ辣 매울살(入)

辤。辭(辛部十二畫)의略、俗字

辟。[벽][피]君也임금벽 妻祭夫稱죽은남편벽 法也법벽 除也屛也물리칠벽 邪也간사할벽 偏也편벽될벽 徵也부를벽 刑也형벌벽 驚退ㅣ易놀라물러갈벽 明也밝을벽 開闢땅갈벽、開也열릴벽、避也피할피 避同(陌)(寘)

七

辣。[랄]味辛甚몹시매울랄 酷烈매서울랄 辢同(曷)

辡。[변]罪人相訟죄인서로송사할변(銑)

九

辦。[판]致力힘쓸판、판단할판 具也갖출판(諫)

⿸尸⿱辛廾。[벽]治也다스릴벽(陌)

辥。[설]辠也허물설 姓也성설 國名나라이름설 薛通(屑)

辨。[변]判也판단할변 別也분별할변 區別구별할변 井地九夫爲ㅣ아홉갈피변 具也갖출변 徧通(銑)

⿰辛苦。[고]辛而苦쓰고매울고(遇)

十

⿰辛兼。[겸]艱也어려울겸(鹽)

⿸尸⿱辛廾 ⿸尸⿱辛廾(辛部九畫)과同

十一

辬 [빈]駁也얽을빈(眞)

⿲辛文辛 [판]駁也얽을판 紋也무늬판(刪)

⿲辛月辛 [변]兩股間허벅지변(諫)

十二

⿰辛畫 [획]辛也매울획(陌)

辭。[사]言也말씀사 文章글사 感謝감사할사 別去물리칠사

⿲辛糸辛。[변]憂也근심할변(銑)

十三

⿰辛善 競(立部十七畫)과同

⿰枲辛 枲(木部五畫)의籀文

十四

辯。[변]善言말잘할변 諷論풍류할변 論爭논쟁할변 分別가릴변(銑)

十七

⿰辜辛。辜(辛部五畫)과同

二十

⿱善⿰善善。譶(言部十四畫)과同

辰部

辰。[진][신]日月合宿謂之ㅣ별진 時也때진 地支第五位다섯째지지진 上午八時진시진 天樞北ㅣ북두성진、日也生ㅣ날신

三

辱。[욕]耻也욕될욕 屈也굽힐욕 汙也더럽힐욕 僇也욕할욕(沃)

六

農。[농]耕種闢土植穀농사농 勉也힘쓸농(冬)

七

⿱𦥑辰。[신]夙也일찍신(眞)

⿸辰心 辱(辰部三畫)의古字

八

⿱林辰。農(辰部六畫)과同

十

⿰宂辱 [용]不肖어질지못할용、못생길용 劣也용렬할용(腫)

十二

辴 [진]笑貌ㅣ然웃는모양진、빙그레할진(軫)

⿰多農 [농]多也凡大而謂之ㅣ많을농(冬)

十三

⿱⿴臼囟辰 農(辰部六畫)의古字

⿸辰會。[회][신]日月合宿해달이합처서잘회、진義同(泰)(眞)

十四

⿱⿲木囟木辰。農(農部六畫)과同

辵部

辵。[착]乍行乍止쉬엄쉬엄갈착 蹐也뛸착(藥)

辶 辵(前條)와同

一

辷。[일]滑也失脚미끄러질일 退出遜位물러갈일 禪位선위할일 日字

二

辸 [잉]行也갈잉(蒸)

込。[입]入滿之意담을입 入也길입、찰입 日字

边 邊(辵部十五畫)의略字

辻。[십]四街里네거리십 大道路큰길십 日字

辺 邊(辵部十五畫)의略字

三

⿺辶子 遊(辵部九畫)과同

⿺辶卜 [부]安也편안할부 撫同(麌)

迅。[신]疾也빠를신

迂。[우][오]曲也굽을우 遠也멀우 避也피할우 濶也오활우、오義同(虞)(麌)

达 [체]足滑미끄러질체(霽)

迁 遷(辵部十二畫)의俗字

辿 [천]緩步느릿느릿걸을천

迀。[간]進也나아갈간 求也구할간(寒)

⿺辶工。

기 進之上바칠기 語助辭어조사기 (寘)

迄。흘 至也이를흘 竟也마침내흘 (物)

过 邊(辵部十五畫)의略字 過(辵部九畫)의略字

⿺辶乇 迆(辵部四畫)과同

迆。

이 邪行비슥거릴이 斜行가만가만걸을이 連接ㅣ邐잇닿을이、연할이

四

⿺辶从 從(彳部八畫)과同

𨑨。질 近也가까울질 (質)

迊 잡 周也두루잡、주위잡 匝同

⿺辶方 방 急行달아날방 (養)

⿺辶巿。발 急走급히달아날발 前頓엎어질발 (曷)

迋 광 왕 欺也속일광 誆同、往也갈왕 恐懼두려울왕 (養)(漾)

⿺辶予 徐(彳部七畫)과同

⿺辶共 혈 走也달아날혈 (屑)

⿺辶支 기 避也피할기 (寘)

迎。영 迓也 接也맞을영 逢也만날영 婿迓婦 親ㅣ친영할영、出ㅣ마중나갈영 (庚)(敬)

⿺辶召。적 조 至也이를적、조 義同 (錫)(嘯)

迍 둔 難行ㅣ邅머뭇거릴둔 屯同 (眞)

迌 돌 詆誂貌교활한모양돌 (月)

返。반 還也돌아올반 復也회복할반 (阮)

运 운 走貌달아나는모양운 (吻)

近。근 不遠가까울근 庶幾거의근 似也닮을근 通俗친할근ㅣ親친척근 附也붙일근 親也가까이할근 (吻)(問)

⿺辶公 송 遷也옮길송 (冬)

⿺辶止 지 移也옮길지 (紙)

⿺辶尤 우 經過지날우、경과할우 (尤)

迓 아 迎也맞을아 (禡)

迒。항 兔跡토끼자취항 (陽)

迣 泄(辵部五畫)의譌字

⿺辶壬 기 使近가까이할기 (紙)

迕。오 遻也만날오 違也어길오 逆也거스를오 交雜錯ㅣ섞일오 (遇)(虞)

迚。중 雜如之何어찌할수없을중 日字

⿺辶玄。제 退也물러갈제 (霽)

⿺辶四 종 從也따를종 从同

⿺辶斗。두 斛不滿斛마두리두 國字

五

迢。초 遠也ㅣ遞멀초 高也높을초 (蕭)

⿺辶半 반 去也갈반、떠날반 (翰)

⿺辶宂 용 行也갈용 (腫)

⿺辶㕣 연 行也갈연 (銑)

迟。격 曲行굽게갈격 (陌)

⿺辶且 조 行也갈조 祖同 (虞)

迡 니 近也가까울니 (齊)

迠 첩 行也갈첩、걸을첩 (葉)

迦 가 釋ㅣ佛號부처의이름가 (麻)(歌)

迖 지 수 足不進貌발이나아가지않을지、遂(辵部九畫)의古字 (寘)

迥。형 寥遠멀형 光輝빛날형 (迥)

⿺辶囚 수 拘留가둘수、구류할수 (尤)

迤 이 타 自得貌迤ㅣ든든할이 迆同、行貌逶ㅣ어정거릴타 (支)(歌)

迩 邇(辵部十四畫)의略字

⿺辶氐。제 驚也놀랄제 (霽)

迨。태 及也미칠태 逮同 (賄)

迫 박 逼也핍박할박 急也급할박 窘ㅣ궁할박、곤란할박 近也가까울박 縮也줄일박 (陌)

迪 적 進也나아갈적 順也순할적 開發導ㅣ열어줄적 至也이를적 (錫)

述。술 譔也지을술 修也닦을술 纂言著ㅣ저술할술 繼也이을술 循也繼ㅣ좇을술ㅣ職諸侯朝조회할술 布陳밝힐술 (質)

迣。세 遊步놀며걸을세 (霽)

迮。책 迫也핍박할책、길책 起也ㅣㅣ발끈일어날책 (陌)

迭。질 更遞갈마들일질 侵突침노할질ㅣ代대신질 軼通 (屑)

迶。유 迶、行也갈유

迱 이 타 自得貌逶ㅣ든든할이 旁行ㅣ邐에둘러갈이 迤同、行貌逶ㅣ어정거릴타、꾸물거릴타 (支)(歌)

六

迷。미 惑也미혹할미 未決망서릴미 亂也희미할미、어지러울미 (齊)

廻 回(囗部三畫)과同

迿 세 踰也넘을세 泄同 (霽)

迂。우 憲ㅣ、牀也평상마루우 (虞)

逌 [유] 步行貌 걸을유 (有)
迵。[동] 過也 지날동 達也 통달할동 (送)(東)
迻 [이] 遷徙 옮길이 移同 (支)
⿺辶亥 [해] 走也 달아날해 (隊)
⿺辶至。[치] 走貌 달아날치 (支)
⿺辶印 [인] 走也 달아날인 (軫)
迹 [적] 足ㅣ발자국적 凡有形可見者曰ㅣ자취적 成業 업적적 追後 뒤따를적
⿺辶羊。[양] 欲行不進 머뭇거릴양 (陽)
⿺辶朿 迹(辵部六畫)과同
迺 [내] 驚聲也 놀라소리지를내 往也 갈내 至也 이를내 語助辭 어조사내 汝也 너내 (賄)
追。[추][퇴] 逐也 쫓을추 上溯己往 미룰추 隨也 따를추、治玉ㅣ琢 옥다듬을퇴 鐘紐 쇠북꼭지퇴 夏冠名 毋ㅣ 하우씨관이름퇴 頧通 (支)(灰)
⿺辶西 [연] 行步遲 걸음더딜연 (銑)
迼 [결] 跳也 뛸결 (屑)
⿺辶合。[합] 行相及ㅣ遝 걸음서로미칠합、뒤미처갈합 (合)
迿 [준] 先也 먼저준 本音순 (震)
迾。[렬] 車駕淸道 길치울렬 遮遏 막을렬 (屑)
⿺辶戌。[휼] 衆人之走貌 여럿이달아날휼 (質)
送。[송] 遣也 보낼송 餞也 전송할송 善射縱ㅣ 활잘쏠송 贈也 줄송 (送)
逃 [도] 避也 달아날도、피할도 亡也 도망할도 逸去 도망갈도
退 [퇴] 去也 물러갈퇴 却也 물리칠퇴 遜讓 謙ㅣ 겸양할퇴 (隊)
退 退(前條)와同
适。[괄] 疾也 빠를괄 人名 南宮ㅣ 사람이름괄 (曷)
⿺辶聿 [율] 分布 나누어펼율 (質)
逄 [방] 塞也 막힐방 姓也 성방 (江)
逆。[역] 不順 거스릴역 迎也 맞을역 ㅣ賊 역적역 反也 배반할역 拂也 떨칠역 (陌)
逅。[후] 不期而會曰 邂ㅣ 우연히만날후 (有)

七

⿺辶貝。[패] 壞也 무너질패 (卦)
逋。[포] 欠ㅣ官物 포흠할포 亡匿不還 도망하여숨어돌아오지않을포 (虞)
逌 [유] 笑貌ㅣ爾 빙그레할유 由也 말미암을유 攸同 (尤)
逍。[소] 自適ㅣ遙 노닐소、거닐소 (蕭)
這 [저][언] 此也 이것저、여기저 迎也 맞을저、迎也 맞이할언 (禡)(願)
逕 [경] 相去遠ㅣ庭 동안뜰경、멀경 步道 길경 至也 이를경 直也 곧을경
途 [도] 道也、路也 길도 (虞)
逐。[축][적] 追也 쫓을축 斥也 물리칠축、馳貌ㅣㅣ 말달릴적 (屋)(錫)
透。[투] 通也 통할투 徹也 사무칠투
逑。[구] 匹也 짝구 聚斂 모을구 (尤)
⿺辶更 [갱] 兎徑、兎路 토끼길갱 (庚)
逞。[정] 通也 통할정 快也 쾌할정 解也 풀정 不檢 구속않이받을정 (梗)
逗。[두] 止也ㅣ遛 머무를두 (宥)
⿺辶昏 [혼] 迎也 가서맞이할혼 (軫)
逖。[적] 遠也 疏ㅣ 멀적 (錫)
⿺辶耴 [첩] 走貌 달아날첩 (葉)
通。[통] 達也 통할통、뚫릴통、사무칠통 亨也 형통할통 暢也 통창할통 交好 사귈통 ㅣ過 지날통 總也 모두통
逜 [오] 寤也 깨우칠오 相關 서로관여할오 (遇)
速 [속] 疾也 빠를속 召也 부를속 陋也 더러울속 鹿跡曰ㅣ 사슴발자취속 急也 서둘속 (屋)
逛 [광] 走貌 달아날광 遊也 놀광 覽也 구경할광 (養)
逝。[서] 往也、行也 갈서 過也 지나갈서 死也 죽을서 發語辭 이에서 (霽)
速 速(辵部七畫)과同
造 [조] 作也 지을조、만들조 至也 이를조 始也 처음조、來也 올조 就也 나아갈조 急遽ㅣ次 잠간조
逢 [봉] 遇也 만날봉 迎也 맞을봉、鼓聲ㅣㅣ 북소리봉 (東)
逡。[준] 行不進ㅣ巡 주저할준 退也 물러갈준 (眞)
連。[련] 接也 聯也 연할련 續也 이을련 牽也 끌릴련
⿺辶廷 [정] 草逕 풀속길정
[illegible] 逞(辵部七畫)과同
逈 [형] 遠也 멀형 (迥)

八

迸。[병] 散走 흩어저달아날병 趚同 (敬)

遊 [분] 走也 달아날분 (願)

逨 [래] 至也 이를래 來也 올래 (灰)

逫 [결][줄] 遠也 멀결、氣出 遻貌 김뜰줄 (屑)(質)

逯。[록] 忽然往來 훌적갔다올록 行謹 ㅣㅣ 걸음삼갈록 善行貌 조심히걸을록

逪。[착] 交雜 섞일착 (藥)

逮。[체][태] 反也 미칠체 繫因 잡아가둘체 安和貌 ㅣㅣ 안화할체、反也 미칠태 追也 좇을태 迨、隸同 (霽)(隊)

逭。[환] 逃也 도망할환 迭也 갈마들일환 (翰)

遊 遊(辵部九畫)의 俗字

⿺辶𣶒。[연] 行貌 갈연 (先)

週。[주] 周也、匝也 두루주 日、月、火、水、木、金、土 七曜日 謂之ㅣ 주일주、이레주 (尤)

週 週(前條)와同

逮 逮(辵部八畫)과同

⿺辶疌 [첩] 疾走 빨리달아날첩 (葉)

⿺辶亞。[아] 次第行 차례로걸을아 次也 버금아 (禡)

⿺辶帚 歸(止部十四畫)과同

逴。[탁][작] 遠也 멀탁 蹇也 절름거릴탁 超絕 뛰어날탁、작義同 (覺)(藥)

⿺辶乇 逃(辵部六畫)의 俗字

進。[진] 前ㅣ 나아갈진 登也 오를진 薦也 천거할진 效也 본받을진 加也 더할진 近也 가까이할진 進物 선물진 (震)

進 進(前條)와同

⿺辶壬 [임] 過也 지날임 (侵)

逳 [육] 轉也 구를육 (屋)

⿺辶由 由(田部。畫)과同

⿺辶奇 隤(阜部十二畫)과同

逕 輕(車部七畫)의 古字

逸。[일] 縱也 놓일일 遁也 도망할일 隱也 숨을일 失也 잃을일 過失 허물일 放也 놓을일 奔ㅣ 달아날일 優也 뛰어날일 樂也 편안할일 佚同 (質)

逶。[위] 衺行貌 ㅣ迤 비틀거릴위 (支)

逵 [규] 九達道 구거리규、큰길규 (支)

逌 迪(辵部五畫)과同

九

逾 [유] 遠也 ㅣ邁 멀유 過也 지날유 越也 넘을유

逼。[핍] 近也 가까울핍 迫也 핍박할핍 驅也 구축할핍 窮ㅣ 궁핍할핍 (職)

⿺辶若 [낙] 進也 나아갈낙 (藥)

遁。[돈][둔] 逃也 달아날돈 隱也 숨을돈 回避 피할돈、둔義同 (阮)(願)

⿺辶卤 逌(辵部七畫)과同

逿 [탕] 倒也 거꾸러질탕 蕩也 마음두근거릴탕、방탕할탕 蕩通 (漾)

⿺辶蚩。[천] 間步 한가히걸을천 (銑)

遃 [언][안] 行貌 갈언、遨也 노닐안 (銑)(翰)

⿺辶枼。[섭][엽][치] 迊ㅣ、走貌 달릴섭、頃也 앞으로엎어질엽、不進貌 나아가지않을치 (葉)(寘)

⿺辶枷 [가] 猶犬牙左右相制ㅣ 토좌우로겨룰가 (麻)

⿺辶育 隨(阜部十三畫)의 古字

遂。[수] 因也 인할수 竟也 마침내수 成就 성취할수 結果 마칠수 達也 통달할수 進也 나아갈수 盡也 다할수 具也 갖출수 從志 뜻과같을수 (寘)

遊 [유] 遨也 놀유 友也 交ㅣ 벗사귈유 旅也 나그네유 游同 (尤)

遯。[둔] 還也 옮길둔 逃也 달아날둔、小豕也 새끼돼지둔 (阮)(元)

遇。[우] 道路相逢 만날우 待也 기다릴우 接也 대접할우 遭也 마주칠우 (遇)

遉 [정] 邏候 순라군정 偵也 염탐할정 (敬)

遄。[천] 疾也、速也 빠를천 頻繁

遈。[식] 流行貌 흘러갈식 (職)

⿺辶壴 [수] 走也 달아날수 (遇)

⿺辶聿 [전][진] 至也 이를전、渡也 나루진 津古字 (先)(眞)

過。[과] 經也 지날과 越也 넘을과 誤失 그릇할과 罪愆 허물과 ㅣ去 지난날과

遌。[악] 心不欲見而見 반갑지않을악 遇也 만날악

遐。[하] 遠也 멀하 何也 무엇하 瑕通 (麻)

運。[운] 行也 행할운 轉也 운전할운 動也 움직일운 從也 옮길운 曆數ㅣ祚 운수운 土地南

北曰ㅣ땅길이운(問) 遍 [편]周也두루편徧同(霰) 遏 [알]絕也끊을알止也그칠알按通(曷) 遑。[황]急也급할황暇也겨를황(陽) 運 運(辵部九畫)의古字 追 [도]路也길도路

也밟을도理也이치도順也순할도仁義忠孝之德義도리ㅣ言也말할도由也말미암을도從也쫓을도行政區域名행정구역이름도(皓)(號) 道 道(前條)와同 遒。[주]勁也굳셀주健也

건장할주固也굳을주盡也다할주聚也모을주追也핍박할주(尤) 逡 [종]步行貌걸을종(東) 逯。[답]行立가다가설답(合) 達 [달]通也통달할달到也이를달配迭보낼달成就이룰달顯也

나타날달決也결단할달生也날달薦也천거할달放恣挑ㅣ방자할달(曷) 𨓍 [삽]疾步빨리걸을삽行貌갈삽(洽) 違 [위]背也어길위不決依ㅣ미적미적할위離也떠날위異也다를위(微) 遖。

[남]贊美歡辭가륵할남日字 選。選(辵部十二畫)과同 ❿ 遙。[요]遠也멀요徜徉逍ㅣ노닐요(蕭) 逴 造(辵部七畫)의俗字 𨖟 [창]過也지날창(漾) 遜。

[손]謙恭겸손할손順也순할손遁也도망할손辭避사양할손愻同(願) 遚 [수]不進멈출수、나아가지않을수(宥) 遝。[답]行相及追ㅣ뒤미쳐따를답雜ㅣ뒤섞일답(合) 遘。[구]遇

也만날구(宥) 遞。[체]更迭ㅣ代갈마들일체驛也傳ㅣ역말체遠也迢ㅣ멀체 遠。[원]遙也멀원高奧심오할원、깊을원、離也ㅣ之멀리할원(阮)(願) 𨙍 述(辵部五畫)의籀文

遣。[견]送也보낼견放逐쫓을견祛也물리칠견、祖奠견전제견、노제지낼견(銑)(霰) 遡 [소]逆流거스를소迎也맞을소嚮也향할소訴也호소할소、泝同、愬通(遇) 遢。[탑]穩行貌遢ㅣ

천천히걸을탑不謹事遢ㅣ일삼가지않을탑、용렬할탑(合) 違 違(辵部九畫)과同 ⓫ 遦。[관]習也익힐관(諫) 遛。[료]往也갈료(蕭) 遨 [오]遊也ㅣ嬉노닐오

遭。[조]逢也ㅣ遇만날조巡也周ㅣ빼둘릴조匝也마주칠조(豪) 遧。[장]彰顯드러낼장(陽) 適。[적]偶爾ㅣ然마침적往也갈적樂也즐거울적至也이를적自得貌安便편안할적悟也깨달

을적嫁也시집갈적、從也쫓을적主也專也주장할적親也친히할적意所必從쫓을적(錫) 遪 [삽]滲也스밀삽(合) 遫。[측]張也펼측開也열측(職) 遬 [속]謙愨齊ㅣ공손할속促也줄

어들속(屋) 遮。[차]蔽也가릴차攔也遏也막을차要也중요로울차語多周ㅣ잔말할차這也이것차(麻) 遳。[참]치遠也멀참、行貌가는모양치(咸)(寘) 遱 [양]走也달아날양(漾) 遱

[루]連也연할루(尤) 遾 迣(辵部四畫)과同 遘 [구]謹行삼가히갈구(宥) 鏨 鑿(金部十九畫)과同 遰。[치]近也가까울치(紙) 遰。[체]往

也갈체遠也迢ㅣ멀체刀韓칼집체(霽) 遯。[돈][둔]隱也숨을돈避也、逃也도망할돈、둔義同、遁通(願)(阮) 遳 [좌]急躁바쁠좌 遳。[종]緩步천천히걸을종(冬) ⓬ 進

[조]疾走빨리달아날조(篠) 遲。[지]緩也더딜지久也오랠지徐行천천히할지時機失때놓칠지息也쉬일지、待也기다릴지乃也이에지(支)(寘) 遵 [준]循也쫓을준行也행할준ㅣ奉、ㅣ守지킬준(眞)

⿺辶無 [무] 迹也 자취무 (麌) 遴。[린] 行難 머뭇거릴린、貪也 탐할린、選也 掄才 뽑을린、가릴린 (震) ⿺辶象 [상] 行步貌 걷는모양상 (養) 遶。[요] 圍也 둘릴요、繞同 (篠) 遛 [류] 止也 逗ㅣ 머무를류 (尤) ⿺辶筆 [잡] 行書貌 초서쓴모양잡 (洽) 遷 [천] 移也、從也 옮길천、變易 바뀔천、謫也 귀양보낼천、去下之高 오를천、徙官 벼슬옮길천 遰 遞(辵部九畫)과同

選。[선] 擇也 가릴선、數也 셀선、遣也 보낼선、貸具白ㅣ 재물선、須臾少ㅣ 잠간사이선 遹 [휼] 循也 좇을휼、述也 지을휼、發語辭 이에휼、回邪 간사할휼、古音 율 (質) ⿺辶巽 遺(辵部十二畫)의 古字

遺。[유] 贈也 끼칠유、줄유、餽也 먹일유、失也 잃어버릴유 遼。[료] 遠也 멀료、契丹國名 나라이름료、川名ㅣ河 강이름료 (蕭) 遻 [오] 遇也 만날오、違也 어길오、忤通 (遇) 遺 遺(辵部十二畫)과同

⿺辶緜。[면] 振繩墨 먹줄튀길면 (先) ⿺辶書 遭(辵部十一畫)과同 ⿺辶⿱雨壬 霆(雨部七畫)과同 ⿺辶參 遪(辵部十一畫)과同 ⿺辶善。[조] 充也 찰조 (效)

⿺辶隋 隨(阜部十三畫)과同 ⿺辶要 遷(辵部十二畫)과同

十三

遾 [서] 及也、逮也 미칠서、或音 세 (霽) 邀。[요] 迎也 맞을요、求也 구할요、呼也 부를요 (蕭) 避。[피] 逃也 피할피、隱遁 숨을피、違也 어길피、厭也 싫어할피、辟同 (寘) 邁。[매] 遠行 멀리갈매、過也 지나갈매、老也 늙을매、勵也 힘쓸매 遽 [거] 急也 급할거、卒也 창졸거、懼也 두려울거、窘也 군색할거、驛車 ㅣ不顧 돌아보지않고갈매 (卦)

⿺辶會 [회] 周繞 두를회 (泰) ⿺辶羨。[선][연] 行貌 가는모양선、遮也 가려막을선、移也 옮길선、연 義同 (霰)(先) ⿺辶僉。[첨] 欲近 가까이할첨 (琰) ⿺辶詹 [섬] 速行 속히갈섬 (艷) 還 [환][선] 返也 돌아올환、退歸 돌아갈환、復也 회복할환、償也 갚을환、顧也 돌아볼환、繞也 둘릴환、轉也、周ㅣ 돌선、便捷 가벼울선 ⿺辶業 [작] 鑿也 뚫을작 (藥)

邂。[해] 不期而遇ㅣ逅 우연히만날해 (卦) ⿺辶蕩 [탕] 過也 지날탕 ⿺辶雷。[적][뢰] 雨也 비적、降雨貌 비오는모양적、뢰 義同 (錫)(賄) ⿺辶登。[등] ㅣ賧詔、六詔國之一 육조나라이름등 (蒸) 邅 [전] 難行貌 迍ㅣ 머뭇거릴전、轉也 굴릴전、逐也 쫓을전 (先)(霰) ⿺辶堅 遺(辵部十二畫)의 古字 ⿺辶斿 [유] 貴玉 귀한구슬유 (尤)

十四

⿺辶韋。[회][현][해] 無違意 틀림이없을회、현、해 義同 (泰)(霰)(泰) 邃。[수] 深遠 幽ㅣ 깊숙할수 (寘) 邇。[이] 近也 孔ㅣ 密ㅣ 가까울이、迩同 (紙) ⿺辶翟 [적] 躍也 뛸적 (錫) 邈。[막] 遠也 멀막、渺也 아득할막、輕視 업신여길막、悶也 ㅣㅣ 민망할막、藐同 (覺) ⿺辶疌 [삽] 疾行 빨리갈삽 (洽)

十五

邊。[변] 側也 가변、ㅣ邑 변방변、旁近 결할변、陲也 모퉁이변 (先) 還 還(辵部十三畫)의 本字 ⿺辶賣。[독] 慣也 익을독、易也 넘볼독 (屋) ⿺辶麗。[려] 徐行貌 천천히걸을려、天欲明ㅣ明 먼동틀려 邋。[랍] 行貌ㅣ遢 천천히걸을랍、不謹ㅣ遢 삼가지않을랍 (合)

十六

⿺辶⿱夂袁。[원] 廣原 넓은언덕원 (元) ⿺辶歷。[력] 近也 가까울력 (錫)

十七

邎。[요] 疾行 빨리갈요 (蕭) ⿺辶龠 [약] 遙也 멀약 (藥)

十八

⿺辶聶。[엽] 行貌 갈엽 (葉) ⿺辶繇 邎(辵部十七畫)과同 ⿺辶翼 [익] 走也 달아날익 (職) ⿺辶馮

[주][추]不進 멈출주、나아가지않을주、馬不進貌 말이가지않을주、추義同 (遇)(冬)

(十九)

邐。[리]行貌ㅣ迤 비슬거릴리、連接 잇닿을리、因循 미적거릴리 (紙)

邍 遷(辵部十二畫)의本字

邏。[라]巡也 순행할라、遮也 막을라、游偵 순라라、山色環繞 산빛둘릴라 (箇)

(二十)

邎。[요]相隨行也 좇아갈요 (嘯)

⿺辶矍。[와]旋也 돌와 (藥)

(二十三)

⿺辶鷸 鷸(鳥部十二畫)과同

邑部

邑。[읍]都ㅣ 四縣爲郡 四井爲ㅣ 고을읍、氣結於ㅣ 흑흑느낄읍、憂鬱ㅣㅣ 답답할읍、우울할읍、悒同 (緝)

阝 部首名 고을읍변

⿱口㔾 [원]他人卦邑 고을원 (元)

(二)

邒

⿰十阝 [십]縣名、在蜀 고을이름십 (緝)

(三)

邕。[옹]塞也 막힐옹、和也 화할옹、人名 蔡 사람이름옹 (冬)

邔。[기]廣大之邑 넓은고을기 (紙)

⿰乇阝 邨(邑部四畫)과同

邗 [한]吳水名ㅣ溝 물이름한 (寒)

邛 [공]勞也 고달플공、病也 병들공、亂也 어지러울공、蜀地名臨ㅣ 땅이름공 (冬)

⿰才阝 [재]鄉名 시골이름재 (灰)

邙 [망]洛陽山名 北ㅣ 북망산망 (陽)

(四)

邢 [형]周公子所封國 나라이름형、姓也 성형、郉同 (青)

邞。[부]縣名 고을이름부 (虞)

邠 [빈]周太王國 나라이름빈、州名 고을이름빈 (眞)

那 [나]何也 어찌나、大也 클나、多也 많을나、安也 편안할나、盡也 다할나、都也 도읍나、語助辭 어조사나、彼也 저나 (歌)(哿)(箇)

邥 [심]地名ㅣ垂 땅이름심 (侵)

邤 [흔]鄰也 이웃흔 (文)

邦。[방]國名 나라방、封也 봉할방 (江)

邪 [사][야]不正姦思ㅣ佞 간사할사、不祥ㅣ氣 사기사、下地汙ㅣ 축축한땅야、劍名莫ㅣ 칼이름야、語助疑辭 어조사야、地名 땅이름야 (麻)

邨 [촌]墅也聚落 마을촌、俗作村 (元)

邧。[원]秦邑名 고을이름원 (元)

(五)

邳。[비]泗州縣名下ㅣ 고을이름비 (支)

邯。[한][함]趙都ㅣ鄲 조나라서울한、함義同 (寒)(覃)

⿰甘邑 邯(前條)와同

邲。[필]鄭地名 땅이름필、美貌 예쁠필 (質)

⿱立邑 邱(次條)와同

邱。[구]丘也 언덕구、地名 땅이름구 (尤)

邸。[저]貴人之宅 집저、郡國京舍 주막저、사처저、관저저、圭本 홀바탕저、屛也 皇ㅣ 병풍저 (薺)

邴 [병]鄭邑名 땅이름、姓 適貌ㅣㅣ 맞갖을병、姓也 성병、丙通 (梗)

⿰丰邑 邦(邑部四畫)의古字

邵。[소]晉邑名 땅이름소、姓也 성소、召同 (嘯)

邶。[패]故商邑朝歌地 땅이름패 (隊)

邛 邱(邑

⿰各阝 郈(邑部六畫)과同

(六)

邽 [규]縣名上ㅣ下ㅣ 고을이름규 (齊)

邿。[시]附庸國 시나라、山名 산이름시

邾。[주]魯附庸國 나라이름주、姓也 성주 (虞)

郅。[질]至也 이를질、登也 오를질

⿰安阝 [안]當陽里名 마을이름안 (寒)

郄 隙(阜部十畫)과同

郃。[합]馮翊縣名 고을이름합 (合)

郁。[욱]文盛貌 문채성할욱、氣厚濃ㅣ 자욱할욱、香氣 향내날욱 (屋)

⿰危阝 [귀]遠里 먼마을귀 (紙)

郊 [교]邑外 들교、市外 시외교 (肴)

郇 [순]文王後所封地 땅이름순 (眞)

郈 [후]魯邑名 고을이름후 (有)

⿱共邑 [항]里中道 동내길항、巷也 골목항、巷同 (絳)

郲 [래]縣也 고을이름래 (隊)

郋。[해]汝南部陵里名 마을이름해 (齊)

⿰丯阝 邦(邑部四畫)과同

郎

郎(邑部七畫)의 略字

⿱耆邑 耆(老部四畫)과 同

七

郔 [연]地名 땅이름연(先)

郗 [치]河內邑名 고을이름치(支)

郕。[성]國名 나라이름 성 魯邑 고을이름성

郖。[두]津名ㅣ津 나루이름두(尤)

⿰余阝。[도]縣名 고을이름도(虞)

郜。[고]文王子所封國 나라이름고

郩 [소]郡也 고을소(效)

郛。[부]城外大郭 성곽부(虞)

郘 [려]亭名 정자이름려(語)

郚 [오]魯邑名 고을이름오(虞)

郎。[랑]男子稱 사내랑 婦稱夫 남편랑、官名 벼슬이름랑(陽)

邫 邦(邑部四畫)과 同

郡。[군]縣所屬 고을군 (行政區域之一)(問)

郟。[겹]河南邑名ㅣ鄏 고을이름겹(洽)

郢。[영]楚地名 땅이름영(敬)

郤 [극]隙也 틈극 姓也 성극(陌)

郠 [경]邑名 고을이름경(梗)

郣。[발]地之起者 땅붕긋할발(月)

八

部 [부]分也 나눌부 行伍ㅣ曲 떼부、항오부 統也 거느릴부 署也 마을부 界也 지경부(麌)

⿱非邑 [패]鄕里 마을패(灰)

⿰向阝 [강]住所 머무는곳 강(養)

⿰奄阝 [엄]國名 나라엄(琰)

郪。[처]齊地ㅣ 땅이름처

郭。[곽]外城 성곽곽 外圍 둘레 곽 姓也 성곽(藥)

郫。[비]益州地名 땅이름비(支)

⿰昔阝 [석]鄕名 고을이름석(錫)

郰。[추]縣名 魯下邑 孔子之鄕 땅이름추、고을이름추(尤)

郵 [우]驛也 역말우 ㅣ遞 우편 우、우체우 過也 지날우(尤)

⿰取邑 聚(耳部八畫)과 同

郴。[침]桂

郱。[병]地名 齊地 땅이름병(靑)

郳。[예]國名 나라이름예(齊)

郲 [래]地名 時ㅣ 땅이름래

鄉 鄉(邑部十畫)의 略字

九

郼 [위]聚也 모을위(御)

郹 [격]邑名ㅣ陽 고을이름격(錫)

⿰契阝 [계]上谷縣名 黃帝後所封 고을이름계 薊通(霽)

⿰契邑 ⿰契阝(前條)와 同

⿰多邕 [옹]盛多貌 성하게 많을옹(董)

郾。[언]潁川縣名 고을이름언(願)

都。[도]天子所居 도읍도ㅣ市 도시도 總也 도무지도 居也 거할도 盛也 성할도 歎美辭 아아도(虞)

⿰糹鄉 巷(己部八畫)과 同

鄃 [유]縣名 고을이름유(虞)

郿。[미]地名 땅이름미 魯邑名 고을이름미(支)

鄂。[악]楚地名 땅이름악 外見貌ㅣ然 나타날악 辨厲ㅣㅣ 말정직하게할악 垠也 언덕악 愕也 놀랄악 額也 이마악

鄀 [약]國名 나라이름약 楚邑 고을이름약(藥)

鄄。[견]地名 땅이름견(先)

⿰缶阝。郵(邑部八畫)과 同

鄅。[우]國名 나라이름우(麌)

鄇 [후]地名 땅이름후(有)

鄆。[운]魯地名 땅이름 운 姓也 성운(問)

鄈。[규]汾陰地名 땅이름규(支)

⿰厘阝 廛(广部十二畫)과 同

十

鄏 [욕]河南地名 郟ㅣ 땅이름욕(沃)

⿰益阝 [익]地名 땅이름익(陌)

鄋 [수]狄國名ㅣ瞞 오랑캐나라이름수(尤)

鄎 [식]齊地名 땅이름식(職)

鄍 [명]晋邑名 고을이름명(靑)

鄔。[오]鄭地名 땅이름오 汾州城名 성이름오(麌)

鄐。[축]邑名 고을이름축(屋)

鄑 [자]邑名 고을이름자(支)

鄒。[추]魯縣 古邾婁國 나라이름추(尤)

鄉 [향]萬二千五百户 일만이천오백호향 外邑 시골향 生地 고향향 周代行政區劃名 향향 嚮、向通(陽)

鄭 鄭(邑部十二畫)과 同

鄖 [운] 漢南國名나라이름운、衛地名땅이름운 (文)

䣀 [외] 不平坦평탄하지않을외 (賄)

鄗 [효][호][학] 滎陽水名敖ㅣ물이름효、常山邑名고을이름호、晉邑名고을이름학 (肴)(皓)(藥)

十一

鄙 [비] 陋也더러울비、더럽힐비 都之對五百家都ㅣ오백집비、邊邑邊ㅣ변방비 啚財ㅣ吝인색할비 卑賤비천할비 (紙)

鄘 [용] 周國名나라이름용 城也채용 姓也성용 (冬)

鄞。[은] 會稽縣名땅이름은 (眞)

鄟 [전] 地名땅이름전 城名성이름전 (先)

鄚。[막] 縣名고을이름막 姓也성막 (藥)

鄝 [료] 國名鄝ㅣ나라이름료 (篠)

鄛。[소] 南陽棗陽縣고을이름소

鄜 [부] 馮翊縣名고을이름부 (虞)

䣜。[차] 沛邑名고을이름차 (歌)

鄣 [장] 莒國邑名고을이름장 障同 (陽)

鄠。[호] 扶風縣名고을이름호 (麌)

郲 [래] 巍ㅣ、山險怪狀산이험준할래 (齊)

鄡 [교] 鉅鹿縣名고을이름교 姓也ㅣ單성교 (蕭)

鄢 [언] 鄭地名땅이름언、楚都ㅣ郢고을이름언 (阮)(先)

郞 郎(邑部七畫)과同

十二

鄭 [정] 周叔友所封國정나라정 ㅣ重정중할정 縣名南ㅣ고을이름정、골정 姓也성정 (敬)

䣍。鄦(次條)의本字

鄦。[허] 炎帝太岳之胤甫侯所封나라이름허 (語)

鄧。[등] 國名등나라등 南陽州

鄨。[폐] 水名ㅣ水물이름폐 縣名고을이름폐 (霽)

鄬。[위] 地名、坂名땅이름위 (支)

鄩 [심] 河南地名땅이름심 姓也성심 周邑名고을이름심 (侵)

鄫。[증] 姒姓國증나라증 古音층 (蒸)

鄪 [비] 魯邑名고을이름비 費通 (寘)

鄱。[파] 楚地名땅이름파 湖名호수이름파 (歌)

鄰。[린] 近也이웃린 親也친할린 比也이웃할린 輔弼臣ㅣ도울린 (眞)

䣚 [교] 國名나라이름교 (蕭)

鄮 [무] 縣名고을이름무 (有)

鄯 [선] 西域國名ㅣ善선나라선 (霰)

𨞮 郯(邑部八畫)의譌字

鄲。[단] 趙都邯ㅣ조나라서울단 (寒)

十三

䣡。[의] 地名땅이름의 (紙)

鄓 [옹] 臭也썩은냄새날옹 (送)

鄳 [맹] 江夏縣名고을이름맹 (庚)

𨞚 斢(斗部十三畫)의譌字

䣓 [맹] 古縣名在義昌고을이름맹 (敬)

鄵 [조] 地名땅이름조 (號)

鄷 酆(邑部十八畫)의俗字

鄴。[업] 魏郡縣名고을이름업 姓也성업 (葉)

䣛 鄶(次條)와同

鄶。[회] 祝融後所封國나라이름회 古音괴 (泰)

十四

𨟐。[적][작] 地名땅이름적、작 義同 (陌)(藥)

鄊 鄕(邑部十一畫)의本字

𨞌 鄰(邑部十二畫)의本字

鄸 [몽] 邑名曹地고을의이름몽 (東)

十五

鄾。[우] 地名땅이름우 (尤)

鄽 [전] 市鄽也가게전 一家之居한집자리전 廛同 (先)

鄼 酇(邑部十九畫)의俗字

鄻。[련] 邑名周地땅이름련 (銑)

䣐 [랑] 不ㅣ邑名고을이름랑 (陽)

鄺 [광] 姓也성광 (養)

十六

酀。[연] 邑名고을이름연 (先)

十七

䣞 都(邑部九畫)과同

酁。[참] 宋地名땅이름참 (感)

酃。[령] 長沙縣名고을이름령 (青)

十八

酆 [풍] 周文王所都땅이름풍 水名물이름풍 (東)

酄 [환] 境界지경환 (寒)

酅 [휴] 邑名고을이름휴 (齊)

十九

酈 [력] 南陽縣名고을이름력 姓也성력 (錫)

酇。

[찬][차]五百家오백집찬 聚也모을찬、南陽縣名고을이름찬、沛邑땅이름차 酇同(寒)(翰)(歌)

(二十) (覺+阝)。[각]河東地名땅이름각(藥)

(二十四) (靈+阝) 酃(邑部十七畫)과同

酉部

酉。[유]鷄也닭유 地支第十位열째지지유 西方辰서방유、별유 就也나아갈유 萬物成熟익을유 丣同(有)

(二) 酊。[정]醉貌酩ㅣ비틀거릴정、술취한모양정(迥)

酋。[추]魁首ㅣ長괴수추、두목추 酒熟술익을추 終也끝날추、마칠추(尤)

(三) 配 [배]匹也짝배、배필배 ㅣ之짝할배 侑也도울배、배향할배 流刑隸귀양보낼배 分ㅣ나눌배(隊)

酖。[익]酒色술빛의(職)

酌。[작]斟也行觴잔질할작 酒也술작

酏。[이]飲也마실이 酒也술이、黍酒기장술이 甜也달이(支)(紙)

酎 [주]三重酒세번빚은술주 醇也전국술주 重釀酒우덮은술주 火酒소주주(有)

酒 [주]米麴所釀술주 明水玄ㅣ냉수주 官名祭ㅣ벼슬이름주(有)

酐 [항]苦酒쓴술항(養)

酑 [우]飲也마실우(虞)

(四) 酓。[염]酒味苦술맛쓸염 酒盃量也술이양에찰염 ㅣ桑뽕나무염(琰)

酳。[인]少少飲조금씩마실인(軫)

(酉+勿) [문]酒杯술잔문(問)

(戈+酉) [과]酒之色술빛과(歌)

(酉+屯) [준]美酒좋은술준(眞)

酗 [후]醉怒迷亂酒德주정할후 (酉+句)同(遇)

(酉+今) [염]酒也술염(琰)

酖。[짐]鴆酒짐새술짐、嗜酒 [탐]樂飲술즐길탐 古音담(沁)(覃)

(酉+亢) [강]鹽澤염전강 (酉+亢)同(養)

(酉+丏) 湎(酉部八畫)과同

酕 [모]極醉貌ㅣ醄모쉬취할모(豪)

(酉+互) 醐(酉部九畫)과同

(火+酉) [수]酒之色술빛수

(酉+玄) 醐(酉部九畫)과同

(酉+市)。[발]酒色술빛발(曷)

(酉+交) [illegible](酉部六畫)과同

酘 [두]重釀酒두번빚은술두(宥)

(酉+氏) [지]腐乳썩은젖지(支)

(酉+支)。[리]乳腐젖썩을리(支)

(五) 酟。[첨]和也화할첨、달칠점、섞을첨(鹽)

(酉+犮) [발]酒氣술기운발(曷)

(酉+且) [조]美醬좋은장조(虞)

(酉+瓜) [고]酒杯술잔고(虞)

(酉+冬) [동]酒腐술썩을동(冬)

酢。[초][작]酸漿水酸也초초、단것초、醋通、酬ㅣ술권할작、수작할작

(酉+㐌) 酡(次條)와同

酡。[타]醉容취한형용타(歌)

(酉+此) [자]糟也재강자(支)

(酉+令) 醽(酉部十七畫)과同

(酉+氐) 醍(酉部九畫)과同

(酉+句)。[후]醉怒주정할후 酗同(遇)

(酉+可) [가]苦酒쓴술가(馬)

(文/酉) (次條)와同

(文/酉)。[문]和酒鬆餅起ㅣ떡에술빛넣을문(問)

酣 [감]樂酒不醉술즐길감 酒樂飲治술얼근할감(覃)

(酉+包) [포]酒之色얼굴붉으레할포 美人醉面계집취한얼굴포(效)

(酉+必) [필]酒飲盡술다마실필、술훌딱마실필(質)

酤。[고]買酒술살고 賣酒술팔고

(酉+央)。[앙]濁酒막걸리앙 醠同(養)

(酉+禾) [수]酪屬牛羊乳타락죽수(虞)

(六) (酉+朱)。[저]酌也잔질할저(魚)

(酉+耳) [이]重釀酒두번빚은술이(寘)

(酉+舌) [괄]甜也전국술괄(曷)

(耳+酉) (酉+耳)(前前條)와同

酨。[재]酢漿초재、단것재 釋米汁뜨물재(隊)

(酉+州) [수]報也갚을수 周也두루수 醻同(尤)

酩。[명]醉貌ㅣ酊비틀거릴명、술취할명 甘酒단술명(迥)

醛 [철]鹽藏物소금절이철(屑)

酪。[락]乳漿소젖락、타락락(藥)

(舍/酉)。

[?]厭飫 물릴 남 (有)
⿰酉兇 醄(酉部四畫)의 俗字
⿰酉伐 [벌]釀也 술빚을 벌 (月)
酭 [우]勸酒也 술권할 우 (有)
⿰酉交 [교]賣酒 술팔 교 (有)
酮 [동]馬酪 말젖 동 酢也 초동 酒壞 신술 동 (東)
⿰酉危 [외]醉貌 취할 외 (灰)
⿰酉匈 醞(酉部四畫)과 同 酌(酉部五畫)과 同

❼

酳 [윤]酒漱口 술로양치할 윤 飲酒安食 반주 윤 (震)
酴。[도]ㅣ醾 重釀酒 두번빚은술 도 酒母 술밑 도 (虞)
酺。[포]飲酒作樂 大ㅣ 모여술잔치할 포、會飲 여럿이 술마실 포 除裁祭 고사지낼 포、푸닥거리할 포 (虞)(遇)
酲 [영]酒醒 술깰 영 (迥)
酷。[혹]虐也 혹독할 혹 甚也 심할 혹 慘也 참혹할 혹 痛恨 원통할 혹 酒厚味 술맛텁텁할 혹 本音 곡 (沃)
酵 [효]以酒母起麪發ㅣ 술괼 효 俗音 교
酶 [매]酒本 술밑 매、누룩 매 媒通 (灰)
⿰酉肙。[견]釃也 술거를 견 (先)
酲。[정]病也 술병 정 醉覺 술깰 정 (庚)
酸 [산]酢味 실 산 悲痛 슬플 산、아플 산 ㅣ素 산소 산 致力所難 고될 산 (寒)
酹。[뢰]綴祭酒沃地 강신술 뢰 (泰)(隊)
酓 [함]酒之色面赭色 술빛 함 (覃)

❽

⿰酉京。[량]漿也 맑은장 량 雜味 잡된맛 량 (漾)
醁 [록]美酒名 醽ㅣ 맛좋은술 록 (沃)
⿰酉隹 [유]和肉酒 고기든술 유 (支)
⿱知酉 [지]酒也 술 지 醍同 (支)
⿰酉念 [념]苦味 쓴맛 념 (豔)
醃。[엄]鹽漬魚物 절일 엄 菹也 김치 엄 (豔)
⿱制酉 [제]魚子醬 생선조림 제 (霽)
醂。[람]乾柿 건시 람、곶감 람 (感)
⿰酉典 [전]濃酒 전국술 전
醇 [순]不澆酒 전국술 순 純粹 순수할 순 重也 중할 순 ㅣ謹 삼갈 순 厚也 두터울 순 純通 (眞)
醆。[잔]酒微清 술부유스름할 잔 夏爵名 벼슬이름 잔 盞也 술잔 잔 (潸)
醅。[배]酒未漉 醱ㅣ 거르지않은 술 배 (灰)
⿰酉宜 [멱][음][암]酪滓 술찌끼 멱、酒聲 술소리 음、암 義음과 同 (錫)(侵)(覃)
⿰酉炎 [담]酒醋薄也 술맛색큼할 담 (勘)
醉。[취]爲酒所酣 술취할 취 心ㅣ 취하게할 취 潰也 궤란할 취 (寘)
⿰酉盂 [우]宴也 잔치 우 (虞)
醄 [도]極醉貌 酕ㅣ 몹시취할 도 (豪)
醊。[체][철]祭酹酒 聯祭 잔부어 놓을 체、철 義同 (霽)(屑)
醋。[작][초]主客相酌 酬ㅣ 잔돌릴 작、酸漿 초 초 (藥)(遇)

❾

⿰酉某 [매]醋之別名 단것 매、초 매 酶同 (灰)
醏 [도]醬也 된장 도 (虞)
⿰酉甚。[심]麴也 누룩 심 (侵)
⿰酉軍。[혼]注酒 술따를 혼 (阮)
⿰酉音 [음]醉也 취할 음 (侵)
醍。[제]酒紅色 빛붉은 술 제 酥之精夜ㅣ醐 우락더껑이 제 清酒 맑은술 제 (齊)
⿰酉施 酏(酉部三畫)과 同
醑 [서]美酒 좋은술 서 釃酒 술거를 서 (語)
⿰酉盇 [해]酒杯 술잔 해 (賄)
⿰酉怱 [총]濁酒 탁주 총 (東)
⿰酉面 [면]沈於酒 술에젖을 면 (銑)
⿰酉兪。[두]楡醬 醬ㅣ 느릅나무장 두 (宥)
醐。[호]酥之精液 醍ㅣ 우락더껑이 호 清酒 약주술 호 (虞)
⿱敄酉。[무]楡醬 ㅣ⿰酉兪 느릅나무장 무 (宥)
醙 [수]白酒 흰술 수 (尤)
醓 [탐]肉醬 육장 탐、간장에 졸일 탐 (感)
醒。[성]醉解 술깰 성 夢ㅣ 꿈깰 성 覺ㅣ 깨달을 성 (青)(效)(徑)
⿰酉南 [남]煮肉 고기지질 남 (感)
⿰酉苦 [호]韭葅 부추김치 호 (遇)
⿰酉癸 [귀]清酒 맑은술 귀 (紙)
⿰酉茶 [절]清菜 풋김치 절 (屑)
⿱⿰酋攵酉。[주]酒官 술다스리는 벼슬 주 (尤)
⿰酉盍 [혜]酸漿 단것 혜、초 혜 醯同 (齊)
⿰酉音 醇(酉部八畫)과 同

❿

⿰酉盍

[갑]酒器 술그릇갑(合)

⿱殸酉 [곡]濁酒蟲 술바구미곡(屋)

⿰酉桑 [상]乳酒 젖술상(陽)

⿰酉冢。[몽]麴生衣 누룩뜰몽(東)

⿰酉監。[밀]飲酒俱盡 술다마셔항아리 마를밀 醬也 간장밀、장밀(質)

醛 [천]酒味變 술맛변할천

⿰酉豈。[애]醉貌 취한모양애(隊)

醚 [미]醉也 취할미(支)

⿰酉鬲。[력]濾也 술거를력 瀝同(錫)

醞。[온]釀酒 술빚을온

⿰酉茸 [용]酒也 술용 重釀酒 두번빚은술용(冬)

⿰車酉侖 [한]清酒 맑은술한(翰)

醜 [추]惡也 악할추、추할추 穢也 더러울추 類也 같을추

醡 [자]壓酒具 주자틀자、술거르는체다리자(禡)

醢。[해]肉醬 젓장해 刑罰人體醢漬 젓담그는형벌해(賄)

醟。[영]酗酒 술주정할영(敬)

⿰酉冥 [멱]乾酪 마른젖멱(錫)

醝 [차]白酒 흰술차(歌)

⿰酉旁 [방]奉上酒 술올릴방(陽)

醠。[앙]濁酒 막걸리앙、탁주앙(漾)

⿱窄酉 醡(酉部十畫)과同

⿱医酉 [의]酒也 술의

⿰酉或 [육]面黃 낯빛누를육(屋)

⑪

⿰酉㒼 [미][만]白生醬 酢醭ㅣ골마지미、만 義同(霽)(寒)

⿰酉畢。[폐]榆醬 느릅나무장폐(霽)

⿰酉莫 [모]美醬 좋은장모(虞)

⿰酉項 [홍]醉倒 취하여자빠질홍(董)

醩 糟(米部十一畫)의 籀字

⿰酉昜。[상]酒危總名 잔상 觴同(陽)

⿰酉悤 ⿰酉悤(酉部九畫)의 本字

醧 [어]私燕飲 사사로이잔치할어(御)

⿰酉荼 酴(酉部七畫)과同

⿰酉巢 [소]醉也 취할소(效)

醥 [표]清酒 맑은술표(篠)

醨。[리]薄酒 묽은술리、모주리(支)

⿰酉窑 醡(酉部十畫)의 譌字

⿰酉參 [참][침][첨]酢也 초참、酢也 초침 甚酢 몹시취할침、酸也 실첨(豏)(寢)(琰)

醪。[료]濁酒醇ㅣ 막걸리료 地名 땅이름료(豪)

醫。[의]治病者 의사의、의원의 療也 병고칠의 療病學問技術의 술의 救也 구원할의 酏也 梅漿 초의(支)(紙)

醬 [장]醢也ㅣ油 간장장 醯也 식혜장(漾)

⿰酉宿 茜(艸部七畫)과同

⿱淰酉 [념]消也 꺼질념、사라질념(琰)

⿱知酉。[치]酒也 술치(支)

⿰酉魚 酥(酉部五畫)과同

⿰酉鹵 [루]ㅣ魚 물고기젓루(虞)

⑫

⿰酉善。[전]苦酒 쓴술전(銑)

⿰酉尞 [료]清酒 맑은술료(篠)

⿰酉裔 [굴]醬也 장굴 或音결(屑)(質)

醰。[단]濁酒 막걸리단(寒)

⿰酉非 [비]酒之色 술빛비(紙)

⿰酉黃。[황]末漉酒 전국술황(漾)

醭 [복]酒上白 술에골마지껄복(屋)

⿰酉替 [집]飲酒 술마실집(寢)

醯 [혜]酢味 단것혜、초혜 从食 爲醓多汁 식혜혜 醓同(齊)

⿰酉幾 [기]既沐飲酒、秫酒 목욕하고술마실기(未)

⿰酉最 [죄]醬也 장죄

⿰酉蛬 [공]醎菹 소금에절일공(腫)

⿰酉華 [화]醇酒 전국술화(麻)

醮。[초]冠娶祭名 초례제초 惟也 마를초(嘯)

⿰酉勞 [로]濁酒、醰ㅣ 탁주로(豪)

醱 [발]重釀ㅣ醅 술괴일발、술두번빚을발(曷)

⿰酉奐。[유]清薄酒 멀건술유(有)

⿰酉盧 鹽(鹵部十三畫)과同

⿰酉閒 [간]鹹也 짤간(諫)

醰 [담]酒長味 술맛준할담 醇也 전국술담(感)

⑬

⿰酉盜 [몽]濁酒 막걸리몽(東)

⿱毄酉 [혹]濁酒 탁주혹(屋)

醳 醳(次條)와同

醳。[역]苦酒 쓴술역 醇酒 맛이텁텁한술역(陌)

醴。[례]一宿熟甘酒 단술례 ㅣ泉 단샘례 縣名ㅣ泉 고을이름례(薺)

醲

[농]厚酒텁텁한술농(冬)

⿰酉感 [감]鹹也짤감(感)

醵。[거][갹]斂錢共飮酒술추렴거、斂錢추렴거둘거、갹義同(御)(藥)

⿰酉雹 [포]面皰여드름포(巧)

⿰酉賁 醡(酉部十畫)과同

⿰酉亶。[전]酒苦술맛쓸전(銑)

⿰酉嘗 [상]嘗也맛볼상(陽)

醶。[엄]酸也초엄(豔)

醷 [의][억]梅醬매실화채의、단것의、초의、억義同(紙)(職)

醸 釀(酉部十七畫)의略字

(十四)

⿰酉與 [서]美酒좋은술서(語)

醹。[유]厚酒전국술유(虞)(麌)

⿰酉蒙 [몽]麴衣누룩곰팡이몽(東)

⿱漸酉。[점]味薄싱거울점(琰)

⿰酉齊 [제]鹹也짤제(霽)

醺 [훈]醉也、和悅貌술얼근히취할훈(文)

⿰酉監。[람]汎齊行酒술돌릴람(勘)

⿱差酉 [차]鹹也짤차(歌)

(十五)

⿰酉蔑。[말][멸]醬也장말、멸義同(屑)(黠)

⿰酉樂 [악]酢也초악、酒쓴술악(藥)

⿰酉暴 [포]一宿酒계명주포、단술포(號)

⿰酉鼏。[멱]乾酪말린젖멱(錫)

(十六)

醼。[연]合飮잔치연、宴同(霰)

⿱僉酉 [염]含怒노여움을품을염(琰)

⿰酉覽 [람]酸也실람、酢也초람(感)

⿰酉歷 [력]下酒술거를력(錫)

⿱曹酉 糟(米部十一畫)의籀文

(十七)

釀。[양]醞酒술빚을양(漾)

醽 [령]美酒ㅣ醁좋은술령、酃同(靑)

⿰酉縻 醾(次條)와同

醾 [미]酒名酴ㅣ막걸리미(支)

⿱敢酉。[감]敗酒신술감(感)

⿰酉韱。[참]酢也초참、酸也실참(豏)

⿱彌酉 [미]麴也누룩미(齊)

(十八)

釂 [조]飮盡훌적들이마실조(嘯)

舋。[흔]罅隙틈흔、爭端틈벌흔、隙也여가흔、罪累허물흔、兆也조짐흔、牲血塗器짐승피로틈을바를흔(震)

⿰酉暴 [포]一宿酒계명주포(號)

(十九)

釃。[시][서]下酒술거를시、서義同(支)(魚)

(二十)

⿰酉⿱東日 酸(酉部九畫)의古字

釅。[엄]酒醋味厚술과초맛텁텁할엄(豔)

(二十一)

⿰酉蠡 [례][려]酪滓젖찌끼례、酪也젖려(齊)(錫)

(二十四)

⿰酉靈 醽(酉部十七畫)과同

釆部

釆。[변]辨別분별할변、獸指爪짐승의발톱변、辨本字(銑)

采 [채]取也취할채、採也캘채、ㅣ色채색채

(三)

⿵冂釆 播(手部十二畫)의古字

(四)

釈 釋(釆部十三畫)의俗字

宷。[매]深入깊이들어갈매(齊)

⿱釆叉。[권]握飯爲圓밥뭉칠권(霰)

(五)

釉 [유]物有色물건빛날유、石英末和灰汁制者所以塗器有光멧돌유(有)

(七)

⿱釆目。眷(目部六畫)과同

(八)

⿱釆㔾 卷(卩部六畫)의本字

⿰釆奄。[압]繪也그림압(合)

(十)

⿱釆共 [분]掃也떨분、쓸분(問)

(十三)

釋。[석]捨也놓을석、放也놓을석、消散풀릴석、置也둘석、註解주낼석、佛號ㅣ迦부처이름석、석가석(陌)

(十五)

⿰釆廣。[광]飾色꾸민빛광(養)

里部

里。[리]村里마을리、憂也근심할리、路程잇수리(三十六町爲一ㅣ、中國은三百六十步爲ㅣ)(紙)

(二)

重 [중]輕之反무거울중、愼也삼갈중、厚也두터울중、再也두번중、ㅣ之무겁게여길중、尊也높일중、輜ㅣ짐바리중、假神位가신위중、複也、疊也거듭중、後熟穀늦곡식중、穜通(腫)(宋)(冬)

(四)

⿰少里 [매]少也적을매(佳)

野。[야]郊外들야、原ㅣ들판야、百姓인민야、백성야、ㅣ蠻

야만야야차ㅣ질박할야(馬)

量 量(里部五畫)의古字

五

量。[량] 度也 啇ㅣ헤아릴량 豫想예상할량 思慮分別생각할량、斗斛名휘량 度ㅣ국량량 限也한정할량(陽)(漾)

量 量(前條)의古字

十

⿰金疌 [접] 斬也벨접 同音섭(葉)

十一

釐。[리][희] 毫ㅣ털끝리 分之十分一이리 理也의리리 保ㅣ다스릴리 予也줄리、福也복희(支)

十四

𨤲。釐(里部十一畫)의古字

鏶。[집] 相重類서로포갤집(緝)

八畫

金部

金。[금][김] 鑛物總稱쇠금 黃ㅣ금금 貨幣돈금 斤也한근금 兵也병장기금 國名나라이름금 五行之一(萬物根元金、木水、火、土中之一)오행금 貴也귀할금 樂器풍류이름금、姓也성김 地名땅이름김(侵) 國字

一

釓 釚(金部二畫)과同

二

釕 [조] 帶頭飾띠머리장식조 錦ㅣ걸쇠조(篠)

鈚。[비] 箭也화살비(齊)

釚 [구] 弩牙돌쇠뇌엄니구(尤)

釙。[팍] 未鍊荒鐵불리지않은쇠팍(覺)

釘。[정] 鐵尖못정 裝ㅣ못박을정

釠 亂(乙部十二畫)의俗字

釗。[소][교][쇠] 勉也힘쓸소 見也보일소 弩牙쇠뇌고동소 本音죠、周康王名사람이름교、鐵也쇠쇠(蕭) 國字

針。[침] 縫具바늘침 刺病침침 鍼同 縫切바느질할침 刺也찌를침(侵)(沁)

釜。[부] 無足鼎가마부 量名휘부(六斗四升)(麌)

釛 [흑][발] 金也금흑、발義同(職)(黠)

釟 [팔] 鍊也단련할팔(黠)

三

釣。[조] 釣魚낚시조 取也낚을조 求也구할조(嘯)

釨 [결] 戟也삼지창결(屑)

釤 [삼] 鏟屬자귀삼、大鎌큰낫삼(咸)(陷)

釧。[천] 釵ㅣ女飾臂ㅣ팔찌천(霰)

釥 [초] 美金좋은쇠초(篠)

釦。[구] 金飾器口그릇에테두를구 讙動떠들석할구

釰 [인] 鈍也둔할인(質)

釩 [범] 拂也떨칠범(豏)

釪 [우] 鋳ㅣ樂器似鍾풍류그릇우 鉢ㅣ僧家飯器바릿대우(虞)

釮 [재] 銳利날카로울재(齊)

釫。[화] 臿也좌우로날선보습화

釬。[한] 被臂鎧팔찌한 急也급할한

釭 [공][강] 車轂中鐵바퀴통속쇠공 箭鏃화살끝공、燈也등잔강(東)(江)

⿰金乇 鈍(金部四畫)의略字

釱。[체][대] 足鉗차꼬체、발잠그는쇠체、대義同 古音톄(霽)(泰)

釲 [사] 鏟也쇳덩어리시 鉛同(紙)

釵 [채] 婦人岐笄비녀채、차義同(佳)(麻)

釴 [익] 鼎附耳在表솥귀익(職)

釡 金(金部〇畫)의古字

釨 [자] 剛也강할자

釳 [흘] 方ㅣ乘輿馬頭飾말머리장식할흘(物)

四

鈁 [방] 酒罇술준방 鑊屬가마솥방(陽)

釽。[벽] 裁木爲器가리막벽 破也개트릴벽(錫)

釾。[야] 鏌ㅣ吳神劍名막야、칼야 鋣同(麻)

鈀 [파] 兵車、候車싸움수레파 鉏屬五齒平土除穢쇠갈퀴파(麻)

釿。[근] 平木具대패근

鈇 [부] 莝斫刀작도부 鉞ㅣ鑕斧也도끼부(麌)

鈂 [침] 鐵杴쇠공이침(侵)

⿰金卬 [공] 釧也팔고리공(冬)

鈆 [연] 錫類青金 납연 鉛同 (先)
鈄 [두] 人姓성두 酒器술그릇두
鈅 [월] 劍也 칼월 (月)
鈙 [추] 手械수갑추 (有)
鈍。[둔] 頑ㅣ둔할둔 不利무딜둔 (願)
鈉 [납] 打鐵메납 冶鐵쇠불릴납 (合)
鈌 [결] 刺也찌를결 (屑)
鈈 鉟(金部五畫)과同
鈋。[와] 刓方爲圓깎아서둥글와
鈏 [인] 錫金白鑞백랍인、백철인 (軫)
鈊 [심] 鈗利날카로울심 (沁)
鈐。[검] 車轄굴대비녀장검 鏁也자물쇠검 大犂큰보습검 星名鈐ㅣ별이름검 (鹽)
鈕。[뉴] 印鼻인꼭지뉴 鏡鼻거울손잡이뉴 衣鈕단추뉴 (有)
鈑 [판] 金ㅣ鉼 金불린금판 (潸)
鈔。[초] 取也취할초 略也노략할초
鈞。[균] 三十斤설흔근균 陶具질그릇만드는바퀴균 天地大ㅣ洪ㅣ천지균 樂名ㅣ天풍류이름균 均也고를균 敬語높임말균 均通 (眞)
鈒。[삽] 鏦也 戟也삼지창삽、鏤也새길삽 (緝)(合)
鈗。[윤] 侍臣所執兵器근시하는신하의병기윤 (軫)
鈜 [횡][굉] 鍠ㅣ鐘鼓聲쇠북소리횡、鐄(金部十五畫)의略字 (庚)
鈛 鍋(金部九畫)과同
鈘 [의] 鍑也가마의 (紙)
鈙。[금] 持也가질금 (侵)
鈚 [비] 箭鏃살족비
鈠。[역] 小矛작은창역 (陌)
[illegible] 鈎(金部四畫)과同
[illegible] 磺(石部十二畫)과同

五

鈳。[아] 小釜작은가마아 小斧작은도끼아 (哿)
鈭。[지] 斧也도끼지 (支)
[illegible] 鑛(金部十五畫)의古字
鈱 [민] 鐵葉철판민 (眞)
鈷。[고] 熨斗ㅣ鉧다리미고 (麌)
鈴 [령] 鐸也방울령 呼ㅣ종령 (青)
鈯 [돌] 鈍也무딜돌 小刀칼돌、작은칼돌 (月)
鈶 [사] 鎌柄낫자루사 耒端보습사 (支)
鈵 [병] 固也굳을병 (梗)(敬)
鈰 [척] 飾也꾸밀척
鈸 [발] 鈴也 銅ㅣ방울발 (曷)
鈼 [작] 釜也가마작 (藥)
鈹。[피] 刃戈날선창피 大針쇠꼬챙이피 劒也칼피 (支)
鈻 [시] 鏦也쇳덩이시 (支)
鈺 [옥] 寶也보배옥 堅金단단한쇠옥 (沃)
鉥 [제] 銳利날카로울제 (齊)
鈿。[전] 金ㅣ首飾비녀전、寶飾器보배로꾸민그릇전 (先)(霰)
鉄 鐵(金部十三畫)의俗字
鉀 [갑] 鎧也갑옷갑 甲同 (洽)
鉅。[거] 大也클거 鉤也갈구리거 大剛鐵강한쇠거 巨、詎通 (語)
鉃 [시] 箭鏃살시 (紙)
[illegible] 鈠(金部七畫)과同
鉂 [사] 金環쇠고리사 (紙)
鉆。[겸][첩] 大犂보습겸 鐵鉗족집게첩 鈐通、(鹽)(葉)
鉉。[현] 所以貫鼎擧之솥귀현 (銑)
鉈。[사] 短矛짧은창사 (麻)
鉇 鉈(前條)와同
鉏、[서][제] 治田器호미서 姓也성서 相距ㅣ鋙어긋날저 (魚)(語)
鉊。[초] 大鎌큰낫초 (蕭)
鉎 [생] 鐵衣동록생 (庚)
鉋 [포] 鏟鑿平木器대패포 (效)
鉍 [필] 矛柄창자루필 (質)
鉌 [화] ㅣ鸞車鈴찻방울화 (歌)
[illegible] [염] 黑鐵무쇠염 (琰)
鉐 [석] 鍮也놋쇠석 (陌)
鉖 [동] 釣針낚시바늘동 (冬)
鉑。[박] 金薄금박박 (藥)
鉕 [파] 銅器구리그릇파 (歌)
鈽 [포] 金板철판포 (麌)
鉛。[연] 錫類青金납연
鉒 [주] 卝也쇳돌주 署置함돌주 (遇)
鉔 [잡] 轉旋不倒之香爐구르는향로잡 (合)
鉗。[겸] 髡ㅣ以鐵束頸목사슬겸 ㅣ制세력으로써남을누를겸 ㅣ口입다물겸 拑通 (鹽)
鉘。[불] 飾也꾸밀불 (物)
鉡

[반]鋬也삽반、가래반(旱)
鉜 [부]大釘큰못부(尤)
鉠 [앙]ㅣㅣ鈴聲방울소리앙(陽)
鉝 [립]食器밥그릇립(緝)
鉟 [비]刃戈날있는창비 鉟、鈹同(支)
鉞。[월]鈇ㅣ斧도끼월
鉤。[구]鐵曲갈고랑쇠구 牽也끌구 ㅣ矩規也그림쇠구 ㅣ索갈아다릴구 釼屬곱장칼구 縣物者갈고리구(尤)
鉩 [녑]疋也바를녑 小箱작은상자녑(葉)
鉥。[술]長針긴바늘술、돗바늘술 導也인도할술(質)
鉣 [겁]組帶鐵띠매는쇠끈겁(葉)
銏 [산]鐵器쇠그릇산(諫)
鉖。[발]食屬쇠불이발(黠)
鉧 [무]熨斗鈷ㅣ다리미무 鉾同(麌)
銎 銎(金部六畫)의譌字
鉦。[정]鐃也、鐲也징정(庚)
鉱 鑛(金部十五畫)의略字
鉪 釱(金部三畫)과同
鈾 [유]銀上黑은빛죽을유(遇)

六

鉶。[형]盛羹祭器국그릇형(青)
鉵。[동]鋌也쇳덩이동(冬)
䤪 [타]缺也이지러질타(哿)
鑗 [래]連絲而釣낚을래(賄)
銾 [홍]弩牙쇠뇌고동홍(諫)
鉿 [합]陷聲빠지는소리합(洽)
鉸 [교]交刄刀가위교、義同 裝飾금장식교(巧)(肴)
鉼 鉼(金部八畫)의俗字
鉻。[락]鬄也털깎을락(藥)
鉺 [이]鉤也갈고리이(寘)
鉹。[치][이]甑也시루치 小刀창칼치、이義同(紙)(支)
銀。[은]白色金屬은은 白色ㅣ河은빛은 金錢돈은(眞)
銃 [총]斧穿도끼구멍총 小銃총총 本音충(送)
銂 [주]金劍금칼주(尤)
𨥸 鈎(金部四畫)과同
銅。[동]赤金구리동 自然ㅣ石髓鈆산골동(東)
銋 [임]聲不進貌鏙ㅣ목맺일임(寢)
銆 [백]兵器병기백 本音맥(陌)
銊 [술]鑽處鐩ㅣ배목술 鋸聲톱소리술(質)
鉇。[귀]臿屬가래귀 捩鋸齒톱니어길귀 鳥名買ㅣ새이름귀(紙)
銉 [율]針也바늘율(質)
銇 [래]錐也송곳래 平版具대패래(隊)
銌 [존]切也끊을존(願)
銐 [체]草鎌풀베는낫체(霽)
銑 [선]ㅣ鐵분쇠선 金之澤者윤택한금선 鐘之兩角쇠북귀선 飾弓以金활끚이에금올릴선(銑)
銍。[질]刈禾短鎌벼베는낫질(質)
銏 [찬][책]鐵器쇠그릇찬、책義同(諫)
銎 [공]ㄏ斧受柄孔도끼구멍공(冬)
銓 [전]度也、權衡저울질할전 選法사람가릴전
鈃。[견]酒器似鐘頸長목긴술병견、형義同(先)(青)
銁 [회]金屬器具쇠연장회(隊)
銗。[후]頸鐺鏂ㅣ목투구후 投書函함통후(尤)
鉗 [겸]曲頭鑿끌겸(鹽)
銘 [명]刻以識事새길명 志也記誦기록할명 ㅣ心명심할명(青)
銖 [수]百黍錙ㅣ저울눈수 而無刃무딜수(虞)
銔 [피]靈姑ㅣ旗名기이름피(支)
銕。鐵(金部十三畫)의古字
銚 [조][초][요]田器ㅣ鎒가래조、溫器다리미초、燒器今釜之小而有柄者쟁개비요(蕭)(嘯)
銙。[과]十三帶具띠ㅣ돈과 本音개(蟹)
銝 [휴]長汁긴바늘휴(尤)
𨦜 鈲(金部四畫)의正字
銜。[함]馬口勒재갈함 ㅣ物머금을함 官階관함함、직함함 感也느낄함
銛。[섬]利也날카로울섬(鹽)
銯 [사]接針꿰쇠사 日字
銮 鑾(金部十九畫)의略字
銡。[길]軋也삐걱거릴길(物)
錕。[은]馬飾器말치장은(文)
鉈 [슬]腰帶下垂띠술
銱 [조]釘ㅣ걸쇠조(蕭)

七

鋭。[예][태] 利也 날쌜예 凡物鐵利者 날카로울예、뾰족할예 芒也 까끄라기예、가스랑이예、矛屬 창태 (霽)(泰)

銷。[소] 鑠金 녹일소 鎔也 녹을소 消也 사라질소、흩어질소 消同 (蕭)

銲 釬(金部三畫)과 同

銶 [구] 鑿金屬 끌구 (尤)

⿰金沙。[사] 銅器水盆 ㅣ鑼 구리동이사 (歌)

⿱折金 [세] 五色銅 오색구리세

⿰金身 [경] 撞也 칠경 物聲 물건의소리경 (侵)

銼。[좌] 釜也 가마좌 挫也 꺾을좌 (箇)

銹 [수] 鐵生衣 동녹수 (宥)

銸。[섭] 箝也 拔髮 족집게섭 鑷同、本音 첩 (葉)

⿱壯金 [장] 鈴聲 방울소리장 (養)

鋃 [랑] 鎖也 잠글랑、쇠사슬랑 (陽)

銽。[갈] 斷也 끊을갈 (黠)

鋂 [매] 子母環 사슬고리매 大鎖 큰자물쇠매 (灰)

鋁 [려] 鑢也 줄려 鑢同 (御)

銿 鐘(金部十二畫)과 同 鏞(金部十一畫)과 同

鋀 [두] 鍮也 놋쇠두 (尤)

鋉。[속] 金也 쇠속 (屋)

鋄 [만] 馬首飾 말머리치장할만 (豏)

鋈。[옥] 銷金灌沃爲飾 도금할옥 (沃)

⿰金牢 [로] 銅器 놋그릇로 (豪)

鋇。[패] 銅樸 쇠뭉치패 (泰)

鋅 [재] 剛也 굳을자 (紙)

鋆 [윤] 貴金 금윤 (眞)

⿰金步 [섭] 黑鐵 무쇠섭 (葉)

鋊 [욕] 銅屑 구리가루욕 炭鉤 숯갈구리욕 (沃)

鋏。[협] 劍也 칼협 可以持冶器鑄鎔者 집게협 劍把 칼손잡이협 本音 겹 (葉)

鋐 [횡] 器也 그릇횡 (庚)

鋌 [정] 銅鐵樸 쇳덩이정 箭足 箭ㅣ 살촉정 疾走貌 달음박질할정 (迥)

鋋。[연] 小矛 작은창연 刺也 찌를연 利金 좋은금연 鋋音 선 (先)

鋎 [환] 刀也 칼환 (潸)

鋫 [리] 黑金 검은쇠리 (支)

鋓。[첨] 銳也 날카로울첨 (鹽)

鋘 [오][화] 劍名 錕ㅣ 곤오칼오、兩刃鍤 보습날화 鏵同 (虞)(麻)

鋒 [봉] 刀劍芒 칼날봉 事物之端 筆ㅣ 끝봉 軍之前列 앞잡이봉 兵器 창봉 (冬)

鋑。[전][찬][점] 刻也 새길전 鐫古字、刀也 칼찬、錐也 송곳점 (先)(寒)(鹽)

⿱汲金 [급] 鋤也 호미급 (緝)

⿰金形 [형] 祭器 제기형 鉶同 (青)

鋔。[만] 引也 끌만 (阮)

鈠。[역] 小矛 작은창역 (陌)

鋗。[현] 銅銚 구리주전자현 無足鐺 노구솥현 (霰)

鋕 [지] 銘也 새길지 (寘)

鋖 [시] 鉇也 대패시 (支)

鋟 [침] 鏤版 瓜刻 판새길침 (寢)

鋚 [조] 轡首銅 고삐끈쇠조 (蕭)

⿰金囟 鏦(金部十一畫)과 同

鋚。[유] 鐵也 쇠유 轡首銅 코잔등치장쇠유 (尤)

鋛 鉡(金部五畫)의 譌字

鋞。[형] 鍋也 남비형 (青)

鋜 [착] 足鎖 발목잡아맬착 鋤也 호미착 (覺)

鋣 鏐(金部十一畫)과 同

鋝 [렬] 量名 六兩 여섯냥중렬 (屑)

⿰金㕯 [남] ㅣ鐵、打銀具 은을두들기는기구남 (感)

鋤 [서] 田器 去穢 호미서 除草 김맬서 滅也 誅ㅣ 없앨서 古音 저 (魚)

鋠。[신] 圓鐵 둥근무쇠신 (震)

⿰金劫 鉣(金部五畫)과 同

鋣。[야] 吳神劍名 鏌ㅣ 칼이름야 釾同 (麻)

鋡 [함] 受也 받을함 容也 들일함 盛也 담을함 ㅣ鏅、大鍬 큰삽함 (覃)

鋢 鋝(金部七畫)의 譌字

鋪 [포] 布也 펼포 門首銜環 문고리포 病也 아플포

鎣 [형] 冶金 쇠를불릴형 (青)

鋩。[망] 刀劍 鋒ㅣ 서슬망、날망 (陽)

鋥 [징] 磨出劍光 칼날세울정 (敬)

銴 誓(言部七畫)의 古字

鋦 [국] 以鐵縛物 쇠로동일국

鋲 [병] 廣釘 넓은못병 廣頭釘 징병 (庚) 日字

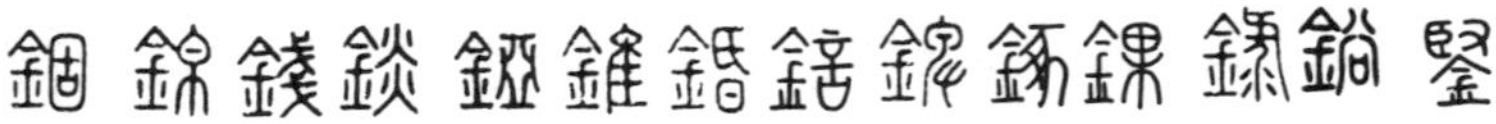

鋧。[현] 小鑿銑ㅣ 작은끌현 (銑)

❽

鋻。[견] 剛鐵 강철견、淬刀使堅 날담글견 (霰)(先) 鋷 [최] 錐屬 송곳최 (賓) 鋺 [원] 權衡臺 저울바탕원 (阮) 鋸。[거] 鐵葉齟齬其齒以片解木石者 刀ㅣ 톱거 (御) 鋹 [창] 利也 날카로울창 (養) 鋿。[상] 車輪繞鐵 바퀴테두른쇠상 (陽) 鋼 [강] 鍊鐵 강철강 (陽) 錄。[록][려] 記也 기록할록、籍也 문서록、總也 목록록、取也 거느릴록 취할록、表也 나타낼록、循常ㅣㅣ 번번치않을록 碌同、寬省ㅣ囚 사실할려 (沃)(屋)(御) 錭 [도] 鎚也 쇳덩이도 (豪) 鋽 [조] 未鍊鐵 불리지않은쇠조 (嘯) 錀 [륜] 貴金 금륜 (眞) ⿱陛金 [비] 鉏也 호미비 (支) 錁。[과] 帶飾金具 띠치장과 (馬) ⿰金夜 [야] 鏡也 거울야 (禡) 錂 [릉] 強鐵 강한쇠릉 (蒸) ⿰金芮 錣(金部八畫)과同 録 錄(金部八畫)과同 ⿰金豖。[착] 打也 칠착 (覺) 錍。[비] 斧屬 鈭也 도끼비、箭鏃 살촉비 鈚同 (支)(齊) 錆 [청] 精也 정할청 (陽) 錇。[부] 缶別名 白ㅣ 장구부 (尤) 錋 [병] 兵器 병기병 (庚) 錈 [권] 屈金 쇠말릴권 (先) 錉。[민] 業也 업민、鍲也 장사밑천민、稅也 부세민 (眞) ⿰金宕 鐊(金部十一畫)과同 錐。[추] 銳也 鍼也 송곳추 錊 [쉐] 鍊也 단련할쉐 (隊) ⿰金帚 [소] 鐵粉 쇳가루소 (號) ⿰金函 [함] 鎧也 갑옷함 (覃) 錎 [함] 連環 사슬고리함、陷也 빠질함 (陷) 錏。[아] 頸鎧 목가림투구아、柔剛鐵 강철부드럽게할아 (麻) 錔。[탑] 器物金冒 쇠두겁탑 (合) ⿱杸金 [독] 鍑舌 고삐의고리독 (沃) 錕 [곤] 赤金 붉은금곤、釖名 ㅣ鋙 칼곤、車釭 수레굴통쇠곤 (元)(阮) 鉼 [병] 金鈑 불린금덩이병 (梗) 錛 [분] 平木器 자귀분 錘 [추] 稱ㅣ 八銖 저울눈추、鍛器 鑪ㅣ 도가니추、마치추、稱ㅣ 저울추 (支)(紙)(寘) 錚。[쟁] 金聲ㅣㅣ 쇳소리쟁、鉦也 징쟁 (庚) 錙。[치] 六銖曰ㅣ 저울눈치、小量 조금치 (支) 錡 [기][의] 三足釜 세발가마기、의 義同、弩架 쇠뇌틀의、鑿屬 끌의、不安貌 崎ㅣ 편치못한모양의、휘뚝거릴의 (支) 錠。[정] 鐙也 촛대정、熟物器 신설로정、열구자틀정、純金銀貨幣定率 덩이정、ㅣ劑 정제정 (徑) 錜 [녑] 小釵 비녀녑 (葉) 錞 [대][순] 矛下鐏 창고달대、鐓同、似鐘 ㅣ釪 사발종순 (隊)(眞) 錟。[염][담] 利刀 서슬염、長矛 긴창담 (琰)(覃) 錌 [업] 椎也 마치업 (葉) 錢。[전] 貨泉鑄幣 돈전、圓之百分之一 전전、田器ㅣ鎛 호미전、가래전 (先)(銑) ⿰金屈 [굴] 鐼處、鉞ㅣ 배목굴 (物) 錣 [철] 策馬箠端有針 채찍고달철 (屑) ⿰金非 [비] 小丁 침비 (尾) 錦。[금] 襄色織文 비단무늬금 (寢) 錤 [기] 鉏也 鎡ㅣ 호미기 基通 (支) 錫。[석] 鉛類金ㅣ 주석석、賜也 줄석 (錫) 錧 [관] 車轂鐵 수레굴통쇠관、田器 보습관 輨同 (旱) 錪。[전] 金也 쇠전、鍑也 솥전 (銑)(阮) 錥 [육] 小釜 鎢ㅣ 옹솥육 (屋) 錮。[고] 鑄塞 땜질할고、禁ㅣ 가둘고、公權剝奪 벼슬막힐고、ㅣ疾 오랜병고 (遇) 錯。[착][조] 雜也 섞일착、混也 버무릴착、迭也 交ㅣ 갈마들일착、磨也 맷돌착、誤也 그르칠착、乖也 어긋날착、鑢也 줄착、止也 그만둘조、置也 둘조、行也 행할조、王莽錢名ㅣ刀 돈조、金塗 이금조 (藥)(遇) ⿱制金 銐(金部六畫)과同 ⿰金東 [동] 犂刃 보습날동 (東) 錭。[도][조] 鈍也 무딜도、刻也 새길조

鎊。[방]裝飾金物 장식방 日字 [金罡]。[출]세也 풀 벨출 (質) 錵 [화]刀閃 칼날번쩍 거릴화 日字

❾

鍊。[련]精金 불린쇠련 治也 단련할련 煎 治銅鐵使精熟 달련、불릴련 (霰)

錨 [묘]鐵ㅣ 닻묘 (蕭) 鍉 [시][제]鍵也 열쇠시 錯ㅣ 숟갈 시、숟시、鋒也 날저 (支)(齊) 鍇。[개]好鐵 좋은쇠개 (蟹) 鍈 [영]鈴聲 방울 소리영 (庚) [金耎] [연]軟銀 연한은연 (霰) 鍋。[과]釜屬溫器 노구과 車釭 수레 굴통쇠과 盛膏器 기름통과 (歌) [金奏] [주]槍屬 창주 (宥) 鍍 [도]以金飾物 도금할도 (遇) 鍐 [종]馬首飾 말굴레종 㚇同 (冬) 鍎 [돌]槍也 창돌 (月) [金彖] 鏦(金部十一畫)과同

[金匽]。[언]戟三刃者 삼지언 褗同 (阮) 鍏 [위]犂也 보습위 (微) 鋈 [혹]銀也 은혹 (屋) 鍒。[유]鐵之軟者 연한쇠 유、시우쇠유 (尤) 鍘 [찰]斫刀 작도찰 (黠)

鎪 [수]刻鏤 새길수 (尤) 鍗 [제]大釜 큰가마제 (齊) 鍓。[집]板鐵 판철집 (緝) 鍖 [침]斧質 쇠모탕침 聲不進ㅣ銋 목맺칠침 (寢) 鍔 [악]劒刃鋒ㅣ 칼날악 (藥) [金舌] 銛(金部六畫)의譌字 鍟 [성]銹也 녹성 (青) 鍚 [양]馬額飾 당노양 (陽) 鍛 [단]ㅣ鍊打鐵冶金쇠불릴단 修鍊 단련할단 (翰) 鍝 [우]耳垂金寶鐻 ㅣ귀고리우 (遇) 鍜。[하]頸鎧 錏ㅣ목에 두구하 (麻) 鍨 [규]兵器 병장기규 (寘)(支) 鍠。[굉]鐘鼓聲 鏜ㅣ쇠북 소리굉 古音횡 (庚) 鍧 [굉]鐘鼓聲 鏜ㅣ쇠북소리굉 古音횡 (庚) 鍥 [계][결]刻也 새길계 斷也 끊을계、鐮也 낫결 (霽)(屑)

鍦 [사]短矛 짧은창사 (支) 鍣 [조]錐也 송곳조 (蕭) 鍤。[삽]鍬也 가래 삽 臿同 (洽) 鍮 [유]石銅似金 놋쇠유 古音투 (尤) 鍩 [첨]取也 취할첨 (琰)

鍭 [후]箭鏃 살촉후 (尤) 鍪。[무]首鎧兜ㅣ 투구무 (尤) 鍬 [초]臿也 삽초 (蕭) 釿 [근][은]斫木器 도끼근、자귀근、齊也 가지런할은 斷也 끊을은 (眞)(吻) 鍴。[단]鑽也 송곳단 (寒)

鍵 [건]關ㅣ籥也 열쇠건 車轄 수레굴대건 (阮)(銑) 鍯 [총]大鑿 끌총 (東) [金育] [타]車轄 수레굴통쇠 犂錧 보습타 (哿) 鍰。[환]鋝也 黃鐵 황철환 六兩 엿냥중환 環也 고리환 (刪)

鍲 [민]計稅 부세 회계할민 業也 장사밑천민 (眞) 鍱。[섭]金鐵片 鏶也 쇳조 각섭、편철섭 (葉) [金盧] 鑢(金部十五畫)과同 鍶 [송]鐵器 무쇠 그릇송 (冬) 鍻 [갈]金飾鼓 금으로 장식한 북갈 (月)

鍷。[가]鏈也 깍을규 (齊) [金研] 鈃(金部四畫)과同 鍸 [호]鐵皿 쇠접시호 [金旱] [교]戟屬 창교 (蕭) [削金] [삭]鐶也 쇠고리삭 (覺)

鍺。[도]釭也 바퀴 통쇠도 (豪) 鍹 [선]鍤也 가래선 (先) 鍼。[침][감]刺病石ㅣ침침 縫具 바늘침、針同、人名 秦ㅣ虎 사람이름감 (侵)(鹽) 鎝 [답]鉤也 갈구리답 (合) 鍾 [종]酒器 술잔종 八斛 여덟휘종 律名 黃ㅣ 음률 이름종 琴名 遞ㅣ 거문고종 聚也 모을종 鐘通 (冬)

鍿。錙(金部八畫)과同 [金致] 鎩(金部十一畫)과同 鎀。[수]鋌也 쇳덩이수 (尤)

[毛金] [견]毛毬 격구견 (霰)

❿

鎏 [류]美金 순금류 冕飾 垂玉 면류관드리울류 鎈 [차]錢異名 돈차 金光 금빛차 (麻) 鎍。[색][책]鐵繩 쇠사슬색、鐵串 적쇠책 (陌)(藥)

鎉 [탑]鉤也 갈고리탑(合)
鎌。[겸]鉤鍥 세草낫겸、鐮同、本音렴(鹽)
鎊 [방]削也 깎을방(陽)
鎶。[관]犂刀보습날관(刪)
鎋 [할]車軸頭鐵 바퀴비녀장할 管ㅣ주장할할 轄同(黠)
鎔。[용]鑄也 녹일용、녹을용 鑄器模範 그릇부을용 鑄型거푸집용(冬)
鎐 [요]金屬酒器 쇠술잔요(蕭)
鎚 [외]金屬之塊 쇳덩이외(賄)
鎑 [탑]鑞也 줄탑(合)
鎓。[옹]鍬也 가래옹(東)
鎒 [누]除草 김맬누 耕田器 호미누 耨同(宥)
鎝 [결]彫刻 새길결
鎦 [도]鐵函 쇠함도(豪)
鎖。[쇄]鑰也 자물쇠쇄 鐶也 쇠사슬쇄 封也 가둘쇄 項ㅣ 항쇄쇄 鎖同、本音솨(哿)
鎕 [당]赤珠 붉은구슬당(陽)
鎚 [추][퇴]鐵ㅣ 쇠마치추 權也 저울추추 錘同、治玉 옥다듬을퇴(寘)(灰)
⿰金蚤。[소]銅器 놋그릇소(豪)
鎗。[쟁]金石聲 鏗ㅣ 금속소리쟁 三足鬴鼎類 세발노구쟁 槍也 창쟁 火銃 총쟁(庚)
鎙 [삭]矛也 창삭 槊同(覺)
鎞。[제]釜屬 가마제 鍗同(齊)
⿰金蚩 [천]抒長 늘여길게할천(銑)
鎝 [삽]鏤也 새길삽(合)
⿰金冓 [구]壅根爲溝受水 뿌리물받이구(尤)
鎜 盤(皿部十畫)의古字
⿰金耆 [기]軸鐵 쇠바퀴굴대기
⿰金函 [함]鎧也 갑옷함 函通(覃)
鎣。[형]飾也 꾸밀형 磨劍器 줄형(徑)
鎛。[박]鐘也 쇠북박 鋤類 호미박 鐘筍上飾ㅣ鱗 쇠북틀에채색할박(藥)
鎞。[비]櫛髮具 빗치개비 箭鏃 살촉비 金ㅣ 손톱칼비 釵也 비녀비(齊)
鎠 剛(刀部八畫)과同
鎢 [오]小釜ㅣ錥 옹솥오(虞)
⿰金冡。[몽]犂刀보습날몽(東)
鎡 [자]鉏也ㅣ錤 호미자(支)
鎟 [상]鈴聲 방울소리상(養)
⿰金娑 [사]銅器水盆 구리동이사 ⿰金沙同(麻)
⿰金厝 [조]塗金 도금할조(遇)
鎤 [황]鐘聲 종소리황 鈴也 방울황(養)
⿰金疾 [질]鐵過ㅣ鏲 쇠뭉치질(質)
鎧。[개]甲也 갑옷개 兜鍪 首ㅣ 투구개(賄)(隊)
鎦 [류]殺也 죽일류(宥)
⿰金隺 [악]大椎 큰방망이악(覺)
鎪。[수]刻鏤也 후빌수、새길수 鎪俗字(尤)
鎭。[진]安也 진정할진 戍也 수자리진 寶器 玉ㅣ 보배그릇진、按也ㅣ壓 진압할진 藩ㅣ 변방진 安之 진정시킬진 重也 무거울진(眞)(震)
鎮 鎭(金部十畫)과同
⿰金豋。[두]酒器 술그릇두 盃也 술잔두(宥)
鎬。[호]温器 쟁가비호 武王所都ㅣ京 호경호(皓)
⿱生金 證(言部十二畫)과同
⿰金郎 [라]鉤也 갈구리라(哿)
⿱珡金 琴(玉部八畫)의古字
鎰 [일]量名 二十四兩 스물넉량중일 溢通(質)
⿱珡金 琴(玉部八畫)의古字
⿰金弱。[항]酒器 술그릇항 盃也 술잔항
鎹 [송]接釘 꺾쇠송 日字
鎲 [당]鎲也 세갈래창당(養)
鎸 鐫(金部十三畫)의俗字

十一

⿰金鹵 [로]釜也 가마로 以木爲刀柄 칼자루로 鑪同(虞)
鏂 [우]削也 깎을우(尤)
鎩。[쇄][살]長矛 긴창쇄、長矛 긴창살 翦除 갈길살(卦)(黠)
鏇。[선]轆轤 바퀴선、轉軸以裁器 가리질할선 旋之湯中以温酒 술데우는양푼선(先)(霰)
鏆 [관]穿也 뚫을관(翰)
鏉 [수]利也 날카로울수 彫也 새길수(尤)
鏃。[족]利也 矢末金 살족족 俗音족(屋)
⿰金莽。[무]鈷ㅣ 熨斗 温器 다리미무 鉧同(麌)
鏄 [단]塊鐵 쇳덩이단(寒)
鋺 [원]鉏

頭曲鐵 호미 목 원 ㊁元 **鏌** [막] 釳名 ㅣ鋣 칼이름 막 ㊁藥 **鏈**。[련] 鎖也 쇠사슬 련 鉛未煉者 불리지 않은 납 련 ㊁先 **鏲** 錊(金部七畫)의 古字 **鏊**。[오] 燒器 번철 오 ㊁號 **⿰金烹**

[괭] 鍊金 쇠 불릴 괭 ㊁庚 **鏎** [필] 簡也 쪽 필 ㊁質 **鏒** [삼] 黑鐵器 무쇠 그릇 삼 ㊁感 **鏏**。[예][세][혜] 三足有耳銅器 세발 달린 귀 달린 구리그릇 예、세、혜 義同 ㊁霽 **⿰金窒** 銍(金部六畫)과 同

鏑 [적] 箭鏃 살촉 적 ㊁錫 **鏐**。[류] 美金 아름다운 금 류、순금 류 ㊁庚 **鏗** [갱] 金石聲 ㅣ鏘 금옥소리 갱 ㊁庚 **鏓**。[총] 大鑿 큰 끌 총 ㊁東 **鏖** [오] 多殺 무찌를 오 銅盆 구리 소라 오 ㊁豪

鏕 鏖(前條)와 同 **⿱塞金** 證(言部十二畫)의 古字 **⿰金扁** [루] 銹也 녹 루 ㊁宥 **鏝**。[만] 泥ㅣ 鐵杇塗具 쇠흙손 만 墁同 ㊁寒 **鏘** [장] 玉聲 ㅣㅣ 옥소리 장 ㊁陽

鏜。[당] 鼓聲 북소리 당 本音 탕 ㊁陽 **鏙** [최] 錯也 섞일 최 ㊁賄 **鏚** [척] 斧也 도끼 척 ㊁錫 **鏦** [총][창] 矛也 창 총、突也 찌를 총、창 義同 ㊁冬 ㊁江 **鏡** [경] 鑑也 取景器 水ㅣ 거울 경 眼ㅣ 안경 경 明察 살필 경 ㊁敬

鏞。[용] 大鐘 큰 쇠북 용 ㊁冬 **鏠**。[봉] 兵耑 병장기 끝 봉、날 봉 ㊁冬 **鏢** [표] 刀鋒 칼날 표 匕首 비수 표 鑣同 ㊁蕭 **⿱埶金** ⿱埶金(金部十二畫)의 譌字

鏟。[산] 平木鐵器 대패 산 剗也 깎을 산 鏶也 平木器 자귀 산 鞘也 칼집 산 本音 찬 ㊁潸 **⿰金寇** [구] 剜也 아로새길 구 鏂同 ㊁虞 **⿰金御**。[어] 錫也 백철 어 ㊁語 **鏤**。[루] 刻也 새길 루 剛鐵 강철 루、釼名 屬ㅣ 칼이름 루 ㊁有 ㊁虞

鏧 [롱] 鼓聲 북소리 롱 **錞** [순] 低也 낮을 순 ㊁文 **鏨**。[찬][잠] 小鑿 작은 끌 찬 鐫石 돌새길 찬 或音 참、잠 義同 ㊁覃 ㊁勘 **鏩** [점] 銳進貌 ㅣㅣ 속히 나갈 점 ㊁琰

⿰金复 鍑(金部九畫)과 同 **鏪**。[조] 穿也 뚫을 조 ㊁豪 **鏫** 鑗(金部十五畫)과 同 **鏹**。[강] 錢貫 돈꿰미 강 白ㅣ 金別名 은 강 ㊁養 **⿰金窓** 鏓(金部十一畫)과 同

⿰金麥 鋑(金部七畫)의 譌字 **⿰金焱** 鋑(金部七畫)과 同 **鏬**。[하] 罅也 析ㅣ 틈 하 ㊁禡 **鍪** [무] 首鎧 투구 무 ㊁尤 **鏛** [상] 磨也 갈 상 ㊁陽

(十二)

鏳 [쟁] 玉聲 옥소리 쟁 ㊁庚 **鏺**。[발] 兩刃刀有木柄 쌍날칼 발 芟也 벨 발 ㊁曷 **鏴** [로] 金路 금 길 로 ㊁遇 **鏸** [세] 三隅矛 세모창 세 大鼎 큰솥 세 ㊁霽 **鐯**。[타] 大犂 鈴ㅣ 보습 타 ㊁哿

鏷 [박] 矢名 ㅣ鏷 박고살 박 生鐵 날쇠 박 本音 복 ㊁覺 **鏵**。[화] 鍪也 가래 화 鋘同 ㊁麻 **鏶**。[집] 金鐵片 쇳조각 집 ㊁緝 **鏼** [속] 貴金 금 속 ㊁沃 **鐝** [궤][궐] 大鉏 ㅣ頭 괭이 궤、磨也 갈 궐 ㊁卦 ㊁月

鏻。[린][령] 強健貌 굳셀 린、령 義同 ㊁眞 ㊁靑 **⿸厥金** [궐] 磨也 갈 궐 ㊁月 **⿰金黍** 鑗(金部十五畫)의 俗字 **⿰金棠** [청] 鐘聲 종소리 청 ㊁庚 **鏽**

[수] 鏡上綠 거울에 녹쓸 수 銹同 ㊁宥 **鏾**。[산][선] 弩牙緩 쇠뇌고동 늦출 산、雄鷄去勢 수탉 불칠 선 ㊁旱 ㊁霰 **鐅**。[별] 犂刃 보습날 별 ㊁屑 **鐋** [탕] 平木器 鑪ㅣ 대패 탕、治木器 邊ㅣ 변탕 탕 國字 ㊁漾

鐀 [궤] 匣也 궤 궤 櫃同 ㊁寘 **鐄**。[횡] 大鐘 큰 쇠북 횡 鎌也 낫 횡 ㊁庚 **鐃** [뇨] 小鉦似鈴無舌 작은 징 뇨、꽹과리 뇨 ㊁肴 **鐁**。[시] 鉋也 平木器 대패 시 或音 사 ㊁支 **鐂**

劉(刀部十三畫)의古字

⿰金敝 鐅(金部十二畫)과同

鐊。[양]馬頭飾 말머리치장 양

⿰金敢。[람]馬口中鐵ㅣ驂 말재갈 람 (覃)

⿰金越 鉞(金部五畫)의俗字

鐌 [상]器軸ㅣ鼻 그릇꼭지 상 (養)

鐈。[교]長足鼎 발 긴솥 교 (嘯)

鍏。[고]矢名 鏌ㅣ 살이름 고 姑通 (虞)

鐉 [전]樞也 문돌쩌귀 전、문기도리 전 (先)

鐇 [번]椎也 鑁ㅣ 뭉치 번、廣刃斧 날넓은도끼 번 (元)

鐎。[초]溫器有柄 데우는그릇 초、書炊夜擊 刁斗 조두 초 (蕭)

鐗 [연]銀也 은 연 (霰)

鐓 [대]矛下銅鐏 창고달 대 鐏同 (隊)

鐍 [휼]箱篋前鎖 處扃ㅣ 상자장식 휼、日旁氣玉ㅣ 해무리 휼 鐍同、俗音 결 (屑)

鐏 [준]矛下鋭銅 창고달 준 (願)

⿰金款。[관]燒鐵灸 단근질할 관 (翰)

⿰金結 鍥(金部九畫)과同

鐖 [기]魚鉤逆鋩 낚시미늘 기、大鎌 큰낫 기 (微)

鐐 [료]白金之美 천은 료、아름다운은 료 有孔鑪 풍로 료 美金 순금 료 (蕭)(嘯)

鐕。[잠][참]釘也 못 잠、綴也 철할 잠 磨也 갈 잠、聚貌 옹기종기모일 참、利刄ㅣ鋟 (覃)

鐒 鉾(金部七畫)과同

鐔 [심]劍珥 칼콧등이 심、似劍而小 작은칼 심 姓也 성 심 (侵)

鑐。[수]鍵也 자물쇠속 수 (虞)

鎝 [조][착]鉊也 줄 조、錯(金部八畫)의古字

鐷 鍱(金部九畫)의俗字

鐗。[간]車軸鐵 수레굴대쇠 간、鑛也 쇳덩이 간 (諫) 國字

⿰金孱 [잔]小鑿 작은끌 잔 (刪)

鐘。[종]懸樂金音 쇠북 종、時刻報ㅣ 인경 종 鍾通 (冬)

鍴 [지]穿也 뚫을 지 (紙)

鐛 [영]飽也 물릴 영 (敬)

鐙。[등]馬鞍足所踏 등자 등、足下踏 발적대 등、燈也 등잔 등 (徑)(蒸)

⿱埶金。[지][설][폐][즙]羊箠、其端有鐵 끝에쇠가붙은 채찍 지 田器 보습 지、椎也 쇠망치 설 田器 보습 설、폐義는 설과同、즙義는 지와同 (寘)(屑)(霽)(緝)

⿰金曷。[얼]以鐵揭意 쇠로써 들어올릴 얼 (月)

⿵几⿱目金 初(刀部五畫)의古字

鐚。[아]頸鎧ㅣ鍛 목에가리는투구 아 柔剛鐵 쇠뜨게할 아 錏同 (馬)

⿰金異 飴(食部五畫)과同

鐥 [선]量酒油等器 복자 선 國字

鏹 [강]錢貫 돈꿰미 강 金別名 白ㅣ 금 강、백강 강 繦同 (養)

十三

鐬 [회]鈴聲 방울소리 회 (泰)

鐩 [수]取火日中陽ㅣ 화경 수 (寘)

鐫。[전]刻也 새길 전ㅣ鑿 黜 깍일 전 (先)

⿰金麀。[오]溫器 동노구 오 (豪)

鐪。[로]煎膠器 부레도가니 로、刀柄 칼자루 로 爐同 (虞)

鐯 [작]大鉏 괭이 작 (藥)

⿰金敫 [교]器之把頭 그릇손잡이 교 (篠)

鐮 [렴]鍥也、세草鉤 낫 렴 鎌同 (鹽)

鐱 [첨]鍤也 가래 첨 (鹽)

鐴 [벽][폐]犂耳 보습귀 벽、硏刀 칼갈 폐 (錫)(霽)

⿰金會 [괵]鐵器 쇠그릇 괵 (陌)

鐙 鐙(金部十二畫)의俗字

⿰金亶。[전]打鞭 채찍질 전 (銑)

鐰。[소][조]金鐵剛貌 쇠붙이가단단할 소、燥也 마를 소、鐵剛而折意 단단하면부서질 조 (號)(豪)

⿰金曼 鏝(金部十一畫)과同

鍼 [침]縫也 꿰맬 침、바느질할 침 刺也 찌를 침 (感)

鐲。[탁]鉦也 징 탁、或音 착 (覺)

鐳 [뢰]ㅣ瓶 병 뢰、壺也 항아리 뢰 (灰)

⿰金剽。[표]刀鋒 칼날 표 鏢同 (蕭)

鐵。[철]黑金 검은쇠 철、武器ㅣ병 장기 철、ㅣ石 단단한 철 銕同 (屑)

鐶 [환]圜郭有孔 고리 환 (刪)

鐺。[망][정]因鎖鋃ㅣ 죄인자물쇠 당、쇠사슬 당、鼎屬有耳 귀솥 정、노구 정 (陽)(庚)

鐷

[접]鏾也쇳덩이접(葉) 鍱 [엽]鏾也쇳조각엽(葉) 鍋 [과]세鉤낫과(哿) 鎩 鎩(金部十一畫)과同 鐓 [미]鉤也갈고리미(微) 鐼。[분]鋌也대패분(元) 鐸。[탁]武

用大鈴金ㅣ큰방울탁 文用木ㅣ목탁탁(藥) 鏊 鏊(金部十一畫)과同 鐡 鏚(金部十一畫)의譌字 鑤。[박]杵頭공이머리박(覺) 鎧 鎧(金部十畫)과同 鐻

[거]鐘鼓柎쇠북받침거 簴同、金銀器금은그릇거 樂器鐘ㅣ종거거、鐘ㅣ쇠북거(御)(魚)(御) 鐮 鑣(金部十五畫)과同 ⑭ 鑄。[주]鎔金入範쇠불릴주、쇠를녹여거푸집에부을주(遇) 鑮

[몽]環也쇠고리몽 重環겹고리몽(徑) 鏷 鏷(金部十二畫)과同 鑂。[훈]金色渝금빛투색할훈(問) 鐾 璿(玉部十四畫)의俗字 鑅。[형]鐘聲종소리형(庚) 鐭

[여]鐕也비녀여(御) 鑌。[빈]鐵也爲刀甚利매운쇠빈、磨光匠광낼빈(眞) 鑆 [주]半熟銅설익힌구리주(寘) 鑉 [탑][합]ㅣ鑪、箭也살촉탑、합義同(合) 鑑。[감]鏡也거울감 模範

본뜰감 誡也경계할감 明也밝을감 照也비칠감(陷)(感) 鑈。[녑][녜][니]正也바를녑 鑷也족집게녑 鑷同、絡絲柎실패녜、니義녜同 檷同(葉)(薺)(紙) 鑦 [현]削也깎을현(銑) 鑊 [확]釜屬鼎ㅣ大

而無足가마솥확(藥) 鑍 [영]釜屬가마솥영 鈃同(庚) 鑐 [유]金鐵銷而可流者쇠녹을유(虞) 鐀 [귀]櫃也궤귀(寘) 鑏。[녕]刀柄入處칼슴배녕(庚) 鐻 虡(虍

部八畫)과同 鐡 鐵(金部十三畫)의本字 鐙 證(言部十二畫)과同 鐕。[잠]無蓋釘쇠꼬챙이잠(侵) 鑓 [견]槍也창견 日字 鐁 斲(斤部十畫)의俗字

⑮ 鐂 [착]鋼鐵강철착(覺) 鑢 [려]矛戟受柄창끝베려 鑢也줄려(御) 鑖 [멸][메]鋌也쇳덩이멸、小釜작은가마메(屑)(霽) 鑼。[피][패][파]耜屬보습피 耕也밭갈피、大鐵

杖큰쇠막대패、耙也밭갈파(支)(蟹)(禡) 鑕。[질]鐵椹머루질 斧ㅣ椹也도끼바탕질(質) 鑛 [광]銅鐵樸쇳덩이광ㅣ차쇳돌광 鐟。[계]堅也굳을계(齊) 鑗。[례][리]金屬쇠붙이례 釗也

벗길례、리義同(齊)(支) 鑸 [뢰]劍首飾칼머리치장뢰 酒樽술단지뢰(灰) 鑳 [전]腕環팔고리전(先) 鑠。[삭]銷金쇠녹일삭、美盛於ㅣ아름다울삭、老而強정정할삭(藥) 鑜 鉤(金部六畫)과同

鑥 [사]範金쇠부을사(馬) 鑝。[봉]首鎧투구봉(東) 鑋 [명]銷也쇠녹일명(庚) 鑞 [랍]錫也백철랍(合) 鑟 [독]印櫃인궤독(屋) 鑯 鍼(金部九畫)과同 鐯

櫡(木部十五畫)과同 鑡。[착]鉼ㅣ、如鉼金銀貨돈착(覺) 鑣。[표]盛貌ㅣㅣ성할표 馬銜外鐵 一名扇汗排沫말재갈표(蕭) 鑢 [려]所以磨錯銅鐵줄려 治也다스릴려 鑢同(御) 鑄

鑄(金部十四畫)의俗字 鑁 鍪(金部十一畫)의俗字 ⑯ 鑪。[로]火函화로로 酒器술그릇로 箭名鉀ㅣ화살이름로 鐃 [효]黑鐵文시우쇠문채효(篠) 鑩 [악]懸

物鉤다는갈고리악(藥) 鏫 [력]曲脚鼎다리굽은솥력 地名땅이름력(錫) 鑵 鑊(金部十四畫)의俗字 鑨。[롱]金屬器쇠그릇롱(東) 鏹 [강]鉛也납강(養) 鑰

梖(木部五畫)과同
⿰金⿰業刂。찰 세草刀 풀베는칼 찰 (黠)
鐜 대 돈 矛戟柄下之銅 창자루밑에대는구리 대、樂器名 악기이름 돈 錞同 (隊)(阮)

十七

⿰金⿱臼⿱火? 鑁(金部十八畫)과同
鑲。양 鉤ㅣ兵器 兩頭曰鉤 中央曰ㅣ 쇠갈고리 양 (陽)
鑭 란 金釆 금채색 란 (翰)
鑮 박 大鐘 큰쇠북 박、鋤類 호미 박 (藥)
⿰金麀 ⿰金麀(金部十三畫)과同
鑈。미 鎌也 낫 미
鐻 簴(竹部十一畫)과同
鑯。첨 山銳而高 산뾰족할 첨、鑴也 ㅣ器 새김칼 첨 (鹽)
鑱。참 犂鐵 보습쇠 참、刺也 찌를 참、銳也 뾰족할 참、劖通、土具 흙손 참、가래 참 (咸)
鑰 약 門關下牡ㅣ鎖 자물쇠 약 (藥)

十八

⿰金羸 라 小釜 옹솥 라、溫器 번철 라 鸁同 (歌)
⿰金斷 찰 斷草刀 작도 찰 (黠)
鑴。휴 日旁黑氣 검은해무리 휴、大鐘 큰쇠북 휴、鼎屬 쟁가비 휴 (齊)
⿰金闒。탑 物墮聲 물건떨어지는소리 탑 (合)
鑵。관 汲器 두레박 관、茶ㅣ 차관 관 (翰) 國字
鑸 뢰 鐶ㅣ 不平貌 편하지않을 뢰 (賄)
鑶 장 鏘聲 방울소리 장 (陽)
鑷 섭 攝取物ㅣ子 족집게 섭 本音 녑 (葉)
⿱齒金 鑿(金部二十畫)의 本字
鑹 찬 小矟 작은창 찬
鑺 구 戟屬 양지창 구 (虞)

十九

鑾。란 鈴也 天子乘車四馬鑣八ㅣ 鈴 방울 란、翰院金ㅣ坡 한림원 란 鸞通 (寒)
⿰金攀 襻(衣部十九畫)의 俗字
⿰金靡。마 黃金 황금 마 (歌)
⿰金贏。라 小釜 작은가마솥 라、溫器 데우는그릇 라 (歌)
鑼 라 隼 樂銅ㅣ 제금 라、징 라 (歌)
鑽。찬 穿也 뚫을 찬、穿物錐 송곳 찬 (寒)(翰)
⿰金藥 鑠(金部十五畫)과同
⿰金罷 괴 耜屬 호미 괴

二十

钁。곽 研也 깎을 곽、大鋤 큰호미 곽、괭이 곽 (藥)
⿰金斅 鑿(金部二十畫)과同、鐓(金部十二畫)의 本字
⿱敼金 퇴 下垂 아래로드리워질 퇴、천근무게의 쇠몽둥이 퇴 (隊)
鑿。착 조 穿也 뚫을 착、鏨也 所以穿木 끌 착、取冰 얼음뜰 착、剃木爲舟 깎을 착、鮮明할 곳할 착、精米 쓿은쌀 착、穿孔 뚫은구멍 조 (藥)(號)

二十一

钃 촉 鋤也 호미 촉、斫也 깎을 촉、劍名、ㅣ鏤 칼이름 촉 (沃)
鑬 鑑(金部十四畫)과同

長部

長。장 短之對 긴 장、길이 장、常也 항상 장、늘 장、永也 길 장、遠也 멀 장、久也 오랠 장、大也 클 장、優也 넉넉할 장、善也 좋을 장 (陽)

二

⿰镸几。곤 醜牛貌ㅣ乇 키다리소 곤 (元)

三

镹。구 長也 길 구 (有)
⿰镸今 髺(髟部六畫)과同

四

⿴衣長。왜 不長 짧을 왜 (蟹)
⿰镸殳。단 投物 던질 단 (翰)
⿰镸予 ⿱髟予(髟部四畫)과同
⿰镸攵 양 擧也 들 양 (養)
⿰镸毛 髦(髟部四畫)과同
镺 오 長也 길 오 (皓)
⿰镸公 송 長也 길 송 (冬)

五

⿰镸出 도 長也 길 도 (號)
⿰镸攴 镺(長部四畫)의 譌字
⿰镸幼 요 長而弱 길고약할 요 (篠)
⿰镸失。질 ㅣ蟄 독사 질 (屑)

六

⿰镸各 路(足部六畫)과同
⿰镸犮 발 髮也 털 발 髮同 (月)
⿰镸兆 도 長貌 길 도 (皓)
⿰镸朮。뇨 皮幫鞋 가죽신 뇨 (篠)

七

⿰镸赤。뇨 皮幫鞋 가죽신 뇨 (篠)
⿰镸弄 얼 長也 길 얼 (屑)
⿰镸呆 鬃(髟部八畫)과同
⿰镸桼。치 漆器 칠그릇 치 (眞)

八

⿰镸屈 ⿱髟屈(髟部八畫)과同
⿰镸宗 종 亂髮 흩어진

머리털 종(冬) ⿰長爭。[쟁]髮亂貌 머리털헝크러질쟁(庚) ⿰長隹 [줄]髮也 방불할줄 似也 비슷할줄(質) ⿰長卑。[피]冠飾 갓치장할피(齊) ⿰長垂 [타]頭髮之美 머리고울타(哿) ⿰長岸

[안]長而大 길고클안(翰) ❾ ⿰長青 [타]盡也 다할타(哿) ⿰長毛 髦(髟部五畫)과同 ⿰長首 鬘(髟部十一畫)과同 ⿰長省。[성]長貌 길성(梗) ❿ ⿰長豈

髭(髟部五畫)과同 ⿰長則 [척]憂也 근심할척(錫) ⿰長聿 肆(長部八畫)과同 ⿰長容。[용]飾也 꾸밀용(冬) ⿰長差 嗟(口部十畫)의古字 ⓫ ⿰長從。[총]亂髮 머리흩어질총(東)

⿰長産 鏟(金部十一畫)과同 ⿰長敖。[오]長而大 길고클오(豪) ⿰長曼 鬘(髟部十一畫)과同 ⓬ ⿰長會 [증]編髮繩 머리땋는끈증(蒸) ⿰長尞 [료]長也 길료(篠) ⿰長勞

[로]長貌 길로(蕭) ⿰長喬。[교]長也 길교(篠) ⓭ ⿰長敫 ⿰長敖(長部十一畫)과同 ⓮ ⿰長賓。鬢(髟部十四畫)과同 ⿰長爾。[미]長久意 길고오랠미(支) ⓯ ⿰長旁

鬘(髟部十一畫)과同 ⿰長巠 ⿰長差(長部十畫)의本字 ⿰長爾 ⿰長爾(長部十四畫)과同 ⓰ ⿰長褭。[뇨]柔而長 부드럽고길뇨(嘯) ⿰長龍 [총]直也 곧을총(冬) ⓴

⿰長竉 ⿰長龍(長部十六畫)과同

門部

門。[문]兩戶象形 人所出入在堂曰戶在域曰ㅣ 문문 家也 집문 家 族ㅣ 진안문 ㅣ閥 가문문 輩也 孔ㅣ 무리문 其道ㅣ 外漢 길문 ➊ 閂 [산]門橫關 문빗장산(刪) ⿵門乀。

[말]邪視 흘겨볼말(黠) ⿵門乚 [힐]邪視 흘겨볼힐(黠) ➋ 閃 [섬]動貌ㅣㅣ 움직이는모양섬、번쩍번쩍할섬 闚頭門中視 엿볼섬 暫見貌 언뜻볼섬 韓避 숙이고피할섬(琰)(豔) ⿵門丩。

[구]訟也 송사할구(尤) ⿵門丨 門(門部。畫)과同 ⿱户門。[진]登也 오를진(震) ⿵門九 [구]訟也 송사할구(尤) ➌ 閉。[폐][별]闔門 닫을폐 掩也 가릴폐 終也ㅣ會 마칠폐、塞也

마을별 藏也 감출별(霽)(屑) ⿵門主 [주]直開 곧열추(迥) 閈。[한]里門 閭也 이문한 垣也ㅣ閎 낮은담한(翰) 閇 閉(門部三畫)의俗字 閊。[산]否塞 비색할산 日字

閲 閱(門部六畫)과同 ⿵門乞 [홀]閉也 닫을홀 婞很 성품이패려궂을홀(月) ➍ 閐 [돈]滿門 문에찰돈(元) ⿵門元 [관]鎖也 쇠사슬관(旱) 開。[개]闢也 啓也 열개 通

也 통할개 始也 시작할개 張也 베풀개 解也 풀개 發也 필개 文明ㅣ化 열릴개(灰) ⿵門公 [종]門外開 문짝밖으로열종(冬) 閌。[항]門高ㅣ閬 문높을항 俗音강(漾) ⿵門分 [분]戰也 싸울분

紛相牽 엉클어질분(文) ⿵門內 [이]內入 안으로들어갈이(寘) ⿵門介。[해]門扉 문짝해(卦) ⿵門及 [흡]鬧也 시끄러울흡、지껄일흡(緝) ⿵門手 [정]門上關 문위빗장정(迥) 閎。

[굉]閎門 이문굉 虛郭貌 휑할굉 大也 클굉 宏同、本音횡(庚) 閍 [팽]宮中門 대궐문팽 廟門名 사당문이름팽 閏。[윤]氣盈朔虛積餘附月 윤달윤(震) ⿵門毛 [삼]ㅣ首 雨笠 삿갓삼(勘)

閑。[한]門闌 문지방한 平穩한가할한 衛也호위할한 法也한정한 防也막을한 習也익힐한 靜也고요할한 馬廐마굿간한 閏 [정]門上闌빗장정 閳。[뉴]門闌빗장뉴(有)

閔 [분]火氣불기운분 焰也불꽃분(文) 閔。[민]姓也성민 病也병민 傷也불쌍히여길민、 閒。[한][간]暇也겨를한 安也편안할한、隙也사이간 中也가운데간、隔也사이할간 廁也가까울간 迭也갈마들일간 ㅣ道샛길간 離ㅣ이간할간 瘳也병나을간 訾也나무랄간 雜也섞일간 代也대신간(寒)(諫) 閕 [결]無門戶문업을결(屑) 閈 閒(門部四畫)의古字 閔。[벽]開也열벽(陌)

閉 [하]閉門문닫을하(麻) 閅 閒(門部四畫)의古字 閖 闢(門部十三畫)의古字 五 閖 [녜]劣也어리석을녜、못날녜(薺) 閙 鬧(門部五畫)과同

閘。[갑]通舟水門물문갑 開閉門具문빗장갑(洽) 閝 [령]門上窗문위창령(靑) 閛 [평]閉戶聲문닫는소리평 閜。[하]大開크게열하 空虛豁ㅣ공허할하(馬) 閞

閍 [병]門開閉聲문여닫는소리병(庚) 閤 [함]門也문함(感) 閚 [첨]立待서서기다릴첨(豔) 閶。[탕]門不開문열지않을탕(漾) 閪 [첨]小開門以候望문방긋이열고엿볼첨(豔)

閣 [이]門闌문빗장이(支) 閦 [계]門臼문둔테구멍계(齊) 閶。[단]門闌문빗장단(旱) 開 開(門部四畫)의古字 閞。[변]柱上木欂櫨주두변(霰) 閜 扃(戶

部五畫)과同 閱。[계]門扉문짝계(霽) 閳 闡(門部十二畫)과同 閟。[비]閉也닫을비 幽深으슥할비 終也마칠비 神也신기로울비 深也깊을비(寘) 六 閪

[혁]靜寂고요할혁 侐同(職) 閞 [변]閉扉聲문짝닫는병 開 開(門部四畫)의本字 閡。[애]外閉隔ㅣ밖으로닫을애(隊) 関 關(門部十一畫)의略字 閤

[활]門開閉聲문을여닫는소리할(黠) 閶 [광]門之周圍木문도리나무광(陽) 閞 [변]開也열무(尤) 閖 [신]澁而不滑끈끈할신(震) 閪 [욱]門阻문막힐욱(沃) 閜。

[송]門臼문둔테구멍송、돌쩌귀송(董) 閤。[합]內中小門도장합、적은안중문합 小室ㅣ子침방합 蛙聲개구리소리합 閣通(合) 閦。[결]無門戶ㅣ闋문없을결(屑) 閣。[각]樓也다락각

각、층집각、누각각 內ㅣ내각각 棧道사다리각、비계각 端直貌ㅣㅣ바르고 꼿꼿할각 蛙聲개구리소리각 藏食物皮ㅣ찬장각(藥) 閪 [산]編以竹木籬대나무를엮어만든울타리산(諫) 閣

[위]門危문위태할위(支) 閪 [시]寺人閹宦내시시(寘) 閬 [한]門閾문지방한(潸) 閥。[벌]ㅣ閱功狀벌열벌 門地가문벌 功績ㅣ공로벌 門在左曰ㅣ왼편문벌(在右曰閱)(月) 閨。

[규]女稱ㅣ委색시규、규수규 宮中小門협문규、혼여지계문규 上圓下方월문규 女子所居도장규(齊) 閦 [축]衆也무리축 佛名 阿ㅣ부처이름축(屋) 閦 [축]衆也무리축 多也많을축(屋)

閪 [괄]開門문열괄(黠) 闢 闢(門部十三畫)의古字 閪 [서]失物ㅣ失잃을서 國字 閨。[질]閉也문닫힐질(屑) 閪 [남]門番문지기남 閬 [린]火貌意

불모양 린(軫) **閩**。민 東南越種땅이름 민(今福建省地方)(眞) **閺** 閔(門部六畫)과同 **閈** 闈(門部十二畫)과同 ㊆ **閬**。랑 高門소슬대문랑 空虛ㅣㅣ휑뎅그렁할랑

山名ㅣ風산이름랑、腎囊불알랑(漾) 國字 **閦** 축 衆也무리축 多也많을축(屋) **閭**。려 里門이문려 二十五家스물다섯집려 海泄水石名尾ㅣ돌이름려 獸名짐승이름려(魚) **[門+甫]**。포 門也문포(虞)

閫 곤 門限문지방곤 梱同(阮) **閱**。열 歷也지낼열、겪을열 簡軍實大ㅣ군대점호할열 讀也읽을열 閥ㅣ가문열 容也용납할열 觀也볼열(屑) **[門+告]**。곡 門聲문소리곡(沃) **[門+𦥑]**

국 閑也막을국 閉也닫을국 以兩手捧物양손으로받을국(屋) **[門+甬]** 용 入門문에들용 **[門+多]**。사 開也열사(禡) **[門+隶]** 획 開門문열획 門聲문소리획(陌) **[門+豖]** 독 小門작은문독(屋)

[門+是] 정 門之中문가운데정(迥) **[門+固]** 闊(門部九畫)과同 **[門+肙]** 축 佛名부처이름축(屋) **[門+星]** 穩(禾部十四畫)과同 **[門+彡]** 闕(門部十畫)과同 **[門+契]**。결 無

門户意문이없을결(屑) **[門+旬]** 閻(門部八畫)과同 ㊇ **閶**。창 天門ㅣ闔하늘문창(陽) **閵**。린 踐也밟을린 鳥名ㅣ鷸새이름린 躪同(震) **[門+官]** 환 宮殿門板전각문환(寒)

[門+非] 扉(户部八畫)과同 **[門+豖]** 독착시 水名물이름독、착 義同、門也문시(屋)(覺)(紙) **閜**。아 門傾문기울어질아(哿) **[門+吾]** 어 小門작은문어(語) **閹**。엄 男無勢精閉

者내시엄、고자엄 歲名ㅣ茂해이름엄(鹽) **閫** 곤 宮門궁문곤(阮) **[門+夌]** 설 城門板성문널쪽설(屑) **閺**。閿(門部九畫)과同 **[門+奇]** 희 壁隙ㅣ虛벽틈희 **閻**。염

中門이문염 閭ㅣ여염염 巷也항간염 地獄大王名ㅣ羅염라염(鹽) **闊** 괄 遠也멀괄 廣也넓을괄(曷) **[門+委]** 위 門高문높을위(紙) **閽**。혼 守門人문지기혼(元) **閼**。알 연

止也그칠알 塞也막을알、夭折일찍죽을알、歲名ㅣ逢單ㅣ해이름알 人名사람의이름알、單于妻ㅣ氏흉노왕비의성연(曷)(月)(先) **[門+咅]**。부 開門문열부(宥) **[門+占]** 첨 獲也얻을첨、거둘첨(鹽)

[門+今] 琴(玉部八畫)과同 **閾**。역 門下橫木內外之限문지방역(職) **[門+𨐨]** 闢(門部十三畫)의古字 **閧** 홍 鬪也다툴홍(東) **[門+由]** 褎(衣部九畫)과同 **[門+林]**

한 習也익힐한(刪) **[門+段]** 고 獨扉門외짝문고 **[門+耳]** 闕(門部十畫)과同 **[門+東]** 闌(門部九畫)의略字 ㊈ **[門+省]**。생 禁署대궐마을생(梗) **[糸+閃]**

쇄 살 弓接中활뱃바닥쇄、戮也죽일살 殺同(卦)(黠) **[門+英]**。영 門之中문가운데영(庚) **[門+曷]**。할 門聲문소리할 本音알(黠) **[門+春]** 순 中門중문순(軫) **闃**。격 靜也고요할격(陌)

[門+溫] 閾(門部八畫)의古字 **[門+契]** 결 門户之無문짝없을결 **[門+咼]**。과 開也열과(佳) **[門+要]** 요 隔也막혀있을요 遮也가려막을요(篠) **[門+俞]** 유 私視闚ㅣ엿볼유(虞) **[門+香]**

향 開也열향 香也향기로울향(陽) **閺** 문 低目視눈내리깔고볼문、지릅떠볼문(文) **闈**。위 宮中之門대궐안문위(微) **[門+畐]** 벽 塞也막을벽(陌) **[門+員]** 현 門聲문소리

혈 闆 [반]門中視 문안에서볼반(諫) ⿵門若。[약]引也 끌약(藥) 闊 [활]廣也 넓을활 遠也 멀활 快ㅣ활발할활 世事不通迂ㅣ우활할활 勤苦契ㅣ근고할활 簡ㅣ간단할활(曷)

⿵門致 緻(糸部十畫)에見 闉 [인]城內中門 겹성문인 曲城 굽은성인 塞也 막을인(眞) ⿵門艮 [한]門限 문지방한(潸) ⿵門重。[흘]小門 작은문흘(物) ⿵門建 [건]門關木 빗장건(銑)

闌。[란]門遮 문지방란 晚也 늦을란 稀也 드물란 盡也 다할란 ㅣ干난간란 縱橫ㅣ干어수비슷할란(寒) 闋。[결]休息 쉴결 盡也 다할결 樂終풍류 마칠결 空也 헛될결 終也 마침결 訖也 마칠결(屑)

闍。[도][사]城門臺闍ㅣ성문층대도、사義同、梵語、僧死焚之ㅣ維화장할사(虞)(麻) ⿵門非 [배]閉局자물쇠배(霽) ⿵門盇 闔(門部八畫)과同 闇 [암]喪廬諒ㅣ여막암、隱晦숨을암、冥也 어두울암 幽也 그윽할암 暗同(覃)(勘)

十 ⿵門晏 [연]晚也 늦을연(霰) ⿵門沓 [탑]鐘聲 종소리탑(洽) 闑。[얼]門橛 문지방얼(屑) 闒。[탑][답]意下ㅣ茸 용렬할탑、노둔한모양탑、樓上戶 다락문답(合)

闓。[개]開也 열개 解也 풀개 決拾 활깍지개(賄) ⿵門益 [애]閉也 시끄러울애、지껄일애(卦) 闐。[전][기]車馬聲ㅣㅣ거마소리전 鼓聲ㅣㅣ북소리전 滿也 찰전、가득할전 盛也 성할전、西域國名于ㅣ나라이름기(先)(寘)

⿵門雚 闈(門部八畫)의 籀文 ⿵門舌 [타]奥的술잔 드릴타(禡) ⿵門鳥 [오]高門 높은문오(豪) ⿵門馬 [효]大開門 문크게열효(蕭)

闕。[궐]宮ㅣ대궐궐 缺也 궐할궐 失也 過也 허물궐 空也 빌궐 穿뚫을궐(月) 闔 [합]門扇 문짝합 閉也 닫을합 閶ㅣ天門 창합문합、하늘문합(合) ⿵門倉。[창]開門聲之和 문여는소리창(陽)

闛 [당]高門 높은문당(陽) 闖。[츰]窺覘 엿볼츰 出頭貌 머리내밀츰 突入 왈칵거릴츰、막들어갈츰 或音침(沁) ⿵門孫 [전]門開閉利 문시원하게여닫아질전、문여닫기순할전(銑)

雋 [준]英也 빼어날준、뛰여날준(震) 闋 [결]終也 마칠결 止也 그칠결(屑) 十一 ⿵門見。[규]傾頭門中視 가웃이볼규 ⿵門啓。[계]開門 문열계(薺) 關。[관][완]扃也 門牡 빗장관 閉也 잠글관 機械 기관관 係也 관계할관 通也 통할관 牽車聲 ㅣ수레소리관 白也 사뢸관 涉也 겪을관 門牡 수돌쩌귀완 要會處 계될완 彎通(删) ⿵門孰 [숙]門側堂 家塾 서당숙、글방숙(屋)

⿵門意 誾(言部八畫)과同 闞。[감]望也 바랄감(勘) ⿵門焉 [열]門橛 문지방열(屑) ⿵門翏。[교]降等 등급내릴교 降殺 깎아내릴교(篠)

十二 ⿵門爲 [위][왜]闢門 문열위、왜義同(紙)(佳) ⿵門畫 [획]破壞 깨뜨릴획 開也 열획(陌) ⿵門壹 [열]塞也 막을열(屑) 闟。[흡][탑]鍉也 적은창흡 闒也 닫을흡 安定 안정할흡、愚劣 용렬할탑 闡。[천]開也 열천 明也 밝을천 大也 클천(銑)

⿵門黑 [익]閉也 닫을익(職) ⿵門焦。[초]烏木 오목초(蕭) ⿵門黃 [광]關木 빗장광(陽) 闞 [함][감]聲大 소리우렁찰함、虎怒聲 범의성낸소리함、望也 바랄감 魯邑名 고을이름감(感)(豏)(勘)

闠。[궤]市門 闤ㅣ저자문궤 古音회(隊) ⿵門垔 [인]重門 이중문인(眞) 闚 [규]闚也 조금볼규、엿볼규(齊) 十三 ⿵門當。[당]窺也 엿볼당(漾) ⿵門遂 [수]門邊 문가수

闟 [삽]閉也닫을삽(合) 闍 [항]直視바로볼항(絳) 闉 [전]市門저자문선(先) 䦧 [염]廟門사당집문염(鹽) 闈 [역]開門문열역(陌) 闢。[벽]開也열벽 避也피할벽

闐。[전]家家집마다전(霰) 闤 [환]市垣저자담환(刪) 䦗。[온]門扉문짝온(元)

十四

䦹 [흘]小門작은문흘(物) 䦵 [미][녜]編狹좁을미 弱也약할미、녜

十六

𨷽 鐫(金部十三畫)과同 䦯。[력]開也열력(錫)

十七

𨸂 [약]門關빗장약(藥) 䦲 [령]門上小窗들창령(青) 𨷿。闐(門部十三畫)과同

𨷶 [전][현]開閉時無門聲意여닫을때문삐걱거리지않을전、현義同(銑) 𨶒 閩(門部六畫)과同

十九

𨸗。[란]妄入宮中대궐에함부로들어갈란(寒)

阜部

阜。[부]土山無石돌덕부、언덕부 大也클부 肥也살찔부 通 盛多많을부 高厚높고두터울부 메뚜기부(有) 阝 阜(前條)와同

二

阞。[늑]地脉흙켜륵 數之餘分數셈나머지륵(職) 阠 [신]漢之縣名고을이름십(緝) 𨸑 [조]山穴산구멍조(蕭)

三

阡。[천]田間道ㅣ陌발두둑길천 墓道무덤길천(先) 阠。[신]陵名언덕이름신(眞) 阢 阮(阜部四畫)과同 阢。[올]險也험할올(月) 阤。[치][타]小崩山頹사태날치 毁也헐릴치 落也떨어질치 무너질타 阣 [개]險也험할개(隊)

四

阥 陰(阜部八畫)의俗字 阪 阪(次條)와同 阪。[판]山脅산비탈판 坡也언덕판 澤障못둑언덕판(阮) 阾 陸(阜部七畫)과同 阧 [두]峻也ㅣ絶가파를두 陡同(有) 阮。[원][완]姓也성원 國名나라이름원、완義同(阮)(元) 陔 [해]笑聲웃는소리해(灰) 阦 [벽]地裂땅벌어질벽(職) 阨 [애][액]狹也좁은목애 險也험할애 隘同、限塞막힐액 礙也거리낄액 迫也액할액、곤박할액 厄通(卦)(陌) 阫 [배]墻也담배 坏通(灰) 阭。[윤][외]高也높을윤、외 阱 [정]坑也구덩이정 陷也ㅣ擭함정정 阬。[갱]墟也터갱 塹也구덩이갱 陷也파묻을갱、함정갱 坑同(庚) 阯。[지]漢郡交ㅣ나라이름지 基也터지 址同、趾通(紙) 𨸟。[시]蜀山名산이름시 山堆欲墮산무너지려할시(紙) 𨸚 序(广部四畫)과同 阰 [비]楚南山名산이름비(支) 防 [방]守禦막을방 備也방비할방 堤也방축방 崖如墳大ㅣ둔덕방 阴 陰(阜部八畫)과同 阳 陽(阜部九畫)과同

五

𨹖 [현]坑也구덩이현(銑) 𨹔 [후]離也떠날후(寘) 阻。[조]隔也막힐조 憂也근심할조 艱難어려울조 山險水ㅣ험할조 疑也의심할조 止也그칠조(語) 阷 [정]阜也언덕정(庚) 阺 [저]陵阪隴ㅣ비탈저 坻同(薺) 𨹆 陘(阜部八畫)과同 阹。[거]牛馬圈외양간거 遮禽獸그물칠거(魚) 阼。[조]東階主人接賓處동편섬돌조(遇) 阸 [애][액]阻ㅣ狹也좁을애 隘同、ㅣ塞막을액 危迫액색할액 限也한정액(卦)(陌) 阽。[점]臨危위태할점 阾 嶺(山部十四畫)의古字 陁 [타]海中山普ㅣ바다가운데산타 陀同(歌)

陀。[태] 長坂비탈타、긴등타 (歌)

阿。[아][옥] 大陵큰언덕아 水岸낭떠러지아 曲阜굽은언덕아 棟也기둥아 美貌ㅣ然아름다운모양아 孰也ㅣ誰누구옥 (歌)(屋)

附。[부] 寄托의탁할부 著也부딪칠부 近也가까울부 ㅣ屬붙일부 加也더할부 與也줄부 衣也의지할부、의존할부 (遇)

陂。[피][파] 傾也기울어질피 偏ㅣ치우칠피、長阪긴등파 不ㅣ陀된비탈파 坡同、澤障언덕파 畜水池也방축파 (歌)(支)

阬 [곡] 曲岸水外물가언덕곡 (屋)

[阝丕] 岯(山部五畫)과同

[阝帀] 帥(巾部六畫)과同

[阝孚] 𨸏(阜部六畫)과同

六

陃。[루] 踈惡側ㅣ더러울루 阸狹좁을루 醜褁추할루 獨學孤ㅣ고루할루 (有)

[阝各]。[각] 人名張ㅣ사람의이름각 (藥)

陊。[치] 山頹사태날치 阤同 (紙)

陌 [맥] 田間道阡ㅣ밭둑길맥 市中街저자거리맥

降 [항][강] 服也항복할항、下也내릴강 落也떨어질강 貶也떨어뜨릴강 歸也돌아올강 (江)(絳)

[阝光] [광] 陌也밭사잇길광 (陽)

[阝虫]。[홍] 山名從ㅣ산이름홍 (東)

[阝夷] [이] 險阻험할이 (支)

限。[한] 度也한정한 阻也막힐한 界也지경한 齊也가지런할한 門閾문지방한 檢也검정할한 (潸)

陎。[추] ㅣ隩、縣名고을이름추 (虞)

[阝自] [뢰] 高也높을뢰 (賄)

[阝朶] [타] 小堆작은흙무더기타 小崖작은언덕타 (哿)

[阝共] [홍] 坑也구덩이홍 (東)

[阝朶] [타] 射堋화살받이타 (哿)

除 陰(阜部八畫)과同

陑。[이] 河曲地名땅이름이 (支)

[阝欠] 陽(阜部九畫)과同

陒 [희] 險也험할희 獻同、或音궤 (支)(紙)

[阝盗] 盜(皿部七畫)의古字

陓 [우] 藪名揚ㅣ숲우

陏 [현] 坑也구덩이현 (銑)

陔。[해] 重也거듭해 隴也언덕해 階次섬돌층해 南ㅣ詩名글이름해 樂名풍류이름해、八極변방해 本音개 (灰)(賄)

[阝衣] [의] 阪也언덕의 (微)

陕 陜(阜部七畫)의俗字

[阝众] 陜(阜部七畫)의譌字

[阝条] 降(阜部六畫)의俗字

陶 陶(阜部八畫)과同

陀 陁(阜部五畫)과同

七

[阝序] 序(广部四畫)과同

陗。[초] 急也급할초 山峻산비탈초 峭同 (嘯)

陘。[형] 連山中絕지렛목형、산중턱끊어질형 坂也언덕형 (靑)

[阝坊] 防(阜部四畫)과同

陜。[협][합] 不廣隘ㅣ좁을협、ㅣ川땅이름합 狹同 (洽) 國字

陝。[섬] 弘農縣名고을이름섬 古號國나라이름섬 (琰)

陙。[신] 小阜작은언덕신 (眞)

[阝告]。[곡] 大阜큰언덕곡 (屋)

陚 [부] 小阜작은언덕부 (遇)

陛 [폐] 天子階殿ㅣ천자의섬돌폐 天子奉稱ㅣ下천자폐 (薺)

陞 [승] 登也 躋也오를승 進也나아갈승、올릴승 升同 (蒸)

陟 [척] 進也나아갈척 登也오를척 (職)

[阝豆]。[두] 峻也험준할두 (有)

陠 [포] 屋上平지붕평평할포 庯同 (虞)

陡。[두] 崖壁절벽두 頓也엎드러질두、무너질두 斗通 (有)

[阝谷] 隕(阜部十畫)과同

陥 陷(阜部八畫)의略字

[阝産] 産(生部六畫)과同

院 [원] 宅也 館有垣원집원 也담원 官署法ㅣ마을원 寺ㅣ절원 庭也ㅣ落뜰원 大學ㅣ학교원 (霰)

[阝邑]。[읍] ㅣ隔、狹也좁을읍 (緝)

陣 [진] 師旅行列진칠진 (震)

隆 隆(阜部九畫)과同

陵 陵(阜部八

畫)과同 陋 陃(阜部六畫)의本字 隆 [접]能行 잘갈접(葉) 除。[제]去也 버릴제 階也 섬돌제 門屛間 문안뜰제 拜官 벼슬줄제 籌法乘ㅣ 젯법제 治也 修ㅣ 다스릴제 易也 歲

ㅣ해바뀔제、去也 갈제 俗音저(魚)(御) 陖。[준]高也 높을준 峻也 가파를준 峻同(震) 八 陪。[배]貳也 버금배 隨也 따를배 伴也 짝할배ㅣ從 모실배 助也 도울배ㅣ臣 배신배 重也

거듭배 滿也 찰배 益也 더할배(灰) ⿰阝享 崞(山部八畫)과同 陡 隄(阜部九畫)의古字 陭。[의][기]縣名ㅣ氏縣 고을이름의、不安ㅣ隔 언틀먼틀할기(支)(寘) 陬。[추]阪隅 벼

루추 正月孟ㅣ 정월추 愧恧卑ㅣ 부끄러울추 聚居 마을추、모여살추 魯邑鄕名 땅이름추(尤) 陫 [비]陋也 더러울비(尾) 隂 隮(阜部十四畫)과同 陰。[음]陽之對

음지음、응달음 影也 그림자음 曇也 흐릴음 光ㅣ 세월음 山北 북쪽음 背面碑ㅣ 비등어리음 秘密 몰래음 黙也 가만할음 蔭也 가리울음 闇也 음침할음 陯 淪(水部八畫)과同 ⿰阝朋 崩(山部八

畫)의古字 陮。[퇴]高也 높을퇴(賄) ⿰阝召 [초]臿耕 삽으로갈초 耕休田意 묵은밭갈초 隄也 방축초 界也 지경초(嘯) 陳。[진]列也 벌릴진 布也 펼진 故也 묵을진 久也 오랠진 ⿰阝念 [념]岸上相

遇 언덕위에서만날념(琰) 陎 [래]階也 섬돌래(灰) ⿰阝阜 [부]盛也 성할부(有) ⿰阝匊 [국]盈也 찰국 養也 기를국(屋) ⿰阝周 [주]大阜 큰언덕주(尤) 陲 [수]疆也 변방수 危也 위태

할수 垂 陴。[비]城上女牆 성위담비 埤通(支) ⿰阝柴 陛(阜部七畫)과同 ⿰阝戔。[전]水中阜 물가운데있는언덕전 ⿰阝或 域(土部八畫)의古字 陶。[도][요]瓦器

질그릇도 暢也 화창할도、동할도 哀思鬱ㅣ 불쌍히생각할도、슬퍼할도 化也 화할도 敎也 가르칠도 姓也 성도 地名 땅이름도、ㅣㅣ和樂 화락할요(豪) 陷。[함]沒也 地隤 빠질함ㅣ穽 함정함(陷) 陵。

[릉]大阜丘ㅣ 큰언덕릉 帝王葬山ㅣ 임금의무덤릉 犯侮侵ㅣ 업신여길릉ㅣ夷 가파를릉(蒸) ⿰阝彖 [삭]碎石隕聲 깨어진돌이떨어지는소리삭(陌) ⿰阝岡 岡(山部五畫)의俗字 陸。[륙]高平曰ㅣ

뭍륙、땅륙 路也 길륙 跳也ㅣ梁 뛸륙 碌碌ㅣㅣ 녹록할륙 參差ㅣ離 어긋날륙 厚也 두터울륙 六通(屋) ⿰阝果 隅(阜部九畫)과同 险 險(阜部十三畫)의略字 ⿰阝函 陷(阜

部八畫)과同 隆 隆(阜部九畫)과同 陶。陶(阜部八畫)과同 ⿰阝昊 ⿰阝焉(阜部十一畫)과同 ⿰阝奚 陘(阜部七畫)과同 ⿰阝昔 [승]日升 해돋을승(蒸)

隆。隆(阜部九畫)과同 ⿰阝平 砰(石部五畫)의古字 ⿰𨸏𨸏 [부]兩阜間 두언덕사이 盛也 성부(有) 九 陻 [인]塞也 막힐인 堙同、湮通(眞) 陼。[저]小

洲 모래섬저 丘也 둔덕저、언덕저 渚同(語) 陾。[잉]築墻聲 담쌓는소리잉(蒸) 陿 [협]編狹 좁을협 陜同(洽) ⿰阝叟 [수]坑也 구덩이수(眞) 陽。[양]日也 볕양、해양 陰之對 總是一

氣分爲陰ㅣ 양기양 明也 밝을양 春也 青ㅣ 봄양 山南水北 양지양 佯也 거짓양 自得ㅣㅣ 양양할양 在治之ㅣ(陽) ⿰阝盾 [순]階也 섬돌순(軫) ⿰阝复 [픽]頹山 무너진산픽 ⿰阝匽 ⿰阝焉(阜部十一

…畫)과同
隃。[유][요]越也넘을유 縣名ㅣ㯹고을이름유、逾同、遠也멀요 行也다닐요 遙同(眞)(蕭)
隢 [연]高貌높은모양연 高也높을연(銑)
[阝+段] [단]險也험준할단(翰)
[阝+畐] 陜(阜部四畫)과同
隂 陰(阜部八畫)과同
隆 [륭]盛也성할륭 尊也높을륭 物之中高가운데우뚝할륭 豐也두둑할륭 大也클륭(東)
[阝+彖] [전][단]道邊庳垣길가의낮은담전、단義同(銑)(翰)
隄。[제]塘也방축둑제、못제 防也막을제 岸也언덕제 梁也돌다리제(齊)
[阝+建] 乾(乙部十畫)과同
[阝+咢] [악]阜貌언덕악(藥)
隊。[대]羣也、部也ㅣ五대、무리대(隊)
隅。[우]方也모퉁이우 廉稜모우 猶崖기슭우(虞)
隇 [위]ㅣ陕、險阻험준할위(微)
隉。[열]杌ㅣ危也위태할열(屑)
隈。[외]水曲深隩處물굽이외(灰)
隌 [암]不明어두울암(感)
隋。[타][수]落也떨어질타 肉裂고기찢을타、國號楊堅受封수나라수(哿)(支)
[阝+垂] 陲(阜部八畫)의俗字
[阝+夌] 陵(阜部八畫)의古字
階。[계]陛也섬돌계 差等ㅣ梯층계계 官ㅣ벼슬차례계 登堂道층뜰계 三台星泰ㅣ삼태성계 堦同 本音개(佳)
隍。[황]城下池無水성아래못황(陽)
[阝+畀] 堺(土部九畫)과同
随 隨(阜部十三畫)의略字
[阝+疌] [첩]崖岫峻狹貌낭떠러지험하고좁을첩(洽)
[阝+彖] 墜(土部十二畫)과同
[阝+夌] 陵(阜部七畫)과同

⑩

隒。[엄]崖有重岸비탈언덕엄(琰)
[阝+毘] 阰(阜部四畫)과同 陛(阜部十一畫)과同
隑。[기]曲岸굽은언덕기 梯也사다리기 埼同(支)
[阝+馬] [마]益也더할마(禡)
[阝+旁] [방]近也가까울방(漾)
隔。[격]塞也、障也막을격、막힐격 遠也멀격(陽)
[阝+唐] [당]堤也방축당(陽)
[阝+谷] 陖(阜部七畫)과同
[阝+匪] 陫(阜部八畫)과同
隖。[오]壁壘흙성오
隓 [휴][타]廢也폐할휴 毁也헐휴 損也손상할휴、崩也무너질타(支)(哿)
[阝+𠷎] 陘(阜部七畫)과同
[阜+烏] 隖(阜部十畫)과同
隕。[운][원]墜也떨어질운 殞也죽을운 困迫ㅣ穫곤란할운、均也幅ㅣ고를원(軫)(先)
隙。[극]壁際孔틈극 釁也、怨ㅣ틈날극 暇也겨를극 閑也틈날극(陌)
[阝+瘞] 瘞(疒部十畫)의古字
隗。[외]高貌높은모양외 人名燕郭ㅣ사람이름외、高也높을외 姓也성외(灰)(賄)
隘 [애][액]陝也좁을애 險也험할애 塞也막을애 陋也더러울애、阻塞막힐액(卦)(陌)
[阝+巠] 陘(阜部七畫)과同
[阝+迶] 隨(阜部十三畫)의訛字
[阝+厽] [뢰]磊也뭇돌뢰、돌무더기뢰
[阝+侌] 陰(阜部八畫)과同
[阝+祟] [줄]崩壞무너질줄(質)
[阝+咅] 陪(阜部八畫)과同
墬 地(土部三畫)의古字

⑪

[食+習]。隰(次條)와同
[阝+習] 隰(阜部十四畫)과同
[阝+享] 埻(土部十一畫)과同
[阝+康] [강]虛也빌강(陽)
[阝+京]。隙(阜部十畫)과同
[阝+崔] [최]崩也무너질최(灰)
[阝+焉] [언]障水방축언(願)
[阝+臽] [함]陷也함정함(陷)
障。[장]隔也막힐장、擁蔽保ㅣ가리울장 屏ㅣ장지장 界也지경장 隔塞간막을장(陽)(漾)
[阝+堂] [당]礎也주춧돌당

際。[제]會也、合也어울릴제、모을제 邊也가제 極也다할제 接也닿을제 機會때제 交ㅣ사귈제 逢也만날제(霽) 隞 [오]地名땅이름오(豪) 僂 [루]縣名 贏ㅣ고을이름루(有) 陛。

[폐]牢獄옥폐(齊) 隕。[경]危也위태할경(梗) 隝 [도]水中山섬도 島同(晧) 隔。[구]不安貌ㅣ隅편치못할구(尤) ⿰阝庸 墉(土部十一畫)과同 陳 陳(阜部八畫)의本字

⿰阝夆。降(阜部十畫)과同 ⑫ ⿰阝爲 [휘]坂也고개휘(支) ⿰阝皐。[호]城下道성밑길호(豪) 隣 鄰(邑部十二畫)의俗字 ⿰阝絶 [절]隔也막힐절(屑) ⿰阝需

[이]險也험할이(支) 隥。[등]險坂된비탈등 仰也우러를등 梯也사다리등(徑) ⿰阝習 [십]陷也빠질십(沁) 隋 隨(阜部十三畫)의古字 ⿰阝𦥑 陜(阜部四畫)과同

隤。[퇴]下墜 摧也무너질퇴 蹪跎 崔ㅣ미끄러질퇴 疲勞피곤할퇴 ㅣ然 柔貌부드러울퇴 頹同(灰) ⿰阝鬲 陽(阜部九畫)의古字 ⿰阝昌 陽(阜部九畫)과同 ⑬ 隧。

[수]基道무덤길수 道也門ㅣ亭ㅣ길수 ⿰阝楚。[초]阪也언덕초、비탈초(語) ⿰阝豦 [거]階也섬돌거(魚) ⿰阝詹。[첨]陷也빠질첨(豔) ⿰阝辟 [비][피]ㅣ垷、牆也담장비、피 義同(齊)(支) ⿰阝卷

[건]倨慢거만할건(阮) ⿰阝義 嶬(山部十三畫)과同 ⿰阝業 [업][핍]險也험준할업 危也위태할업、崖之嶮貌낭떠러지험할핍(葉)(緝) ⿰阝解。[해]小谷작은골해(蟹) 隨 [수]順也따를수 任也

말길수 從也쫓을수 卦名괘이름수 國名나라이름수 地名땅이름수(支) 險。[험]難也험난할험 危也험할험 心不正陰ㅣ음흉할험 嶮同(琰) ⿰阝⿱㒸灬 墜(土部十二畫)과同 隩。

[오][욱]藏也감출오 水隈물가언덕오、물굽이오 澳同、室也아랫목욱 四ㅣ네모퉁이욱 澳同(號)(屋) ⿰阝艮。[간]遲也늦을간(阮) 隫 墳(土部十三畫)과同 ⿰阝妾 [접]女姿意계집

양떨접(葉) ⑭ 隯 嶋(山部十一畫)과同 ⿰阝需。陑(阜部六畫)과同 ⿰阝聚 陬(阜部八畫)과同 ⿰阝厭 [엽]險也험준할엽(葉) 隱。[은]藏也숨을은 蔽匿ㅣ諱숨길

은 陰事몰래은 謎也ㅣ語수수께끼은 短墻얕은담은 微也은미할은 私也사사은 痛也ㅣ憂속걱정할은 仁心惻ㅣ불쌍히여길은 占也ㅣ度점칠은 隮 [제]登也오를제 升雲구름피어오를제 虹也무지개제(霽)

⿰阝豪。[호]城下道성밑길호 隍同(豪) ⿰阝菐 ⿰阝業(阜部十二畫)과同 隰。[습]阪下濕진펄습(緝) ⑮ ⿰阝賣 瀆(水部十五畫)과同 ⿰阝⿱㒸灬 墜(土部十二畫)과同

隳 [휴]壞也무너질휴 ⑯ 隴。[롱]大坂큰언덕롱 天水縣名땅이름롱 ㅣ畝밭이랑롱 丘ㅣ둔덕롱 壟通(腫) ⿰阝褭。[뇨]低也낮을뇨(篠) [illegible] 陰(阜部十畫)과同

⑰ ⿰阝毚 [삼]陷也빠질삼(陷) [illegible] 隧(阜部十三畫)의古字 ⿰阝戲。[희]險也험할희(支) ⑱ [illegible] 陰(阜部十畫)과同 [illegible] 陸(阜部八畫)의籀文

⿰阝縣。[혼]大阜큰언덕혼 阜也둔덕혼(阮) ⑳ [illegible] 陸(阜部八畫)의籀文 ㉔ ⿰阝靈。[령]隙也틈령(青) ㉕ [illegible] 陰(阜部十畫)의籀文

隶部

隶。[이][대] 本也 근본이、밑이、及也 미칠대 與也 더불어대 (寘)(隊)

五

畵 畫(田部七畫)의 古字

七

肆。[시] 陳也 벌릴시 故也 연고시 長也 길시 遂也 드디어시 (寘)

八

隷 [례] 賤稱 僕ㅣ 종례 附屬 配ㅣ 붙이례 閱也 열람할례 書名 篆之捷者 팔분글씨례、예서례 罪因 죄인례 (霽)

隸 隷(隶部七畫)과 同

九

隸 [태] 及也 미칠태 迨同、逮通 (賄)

隸。隸(隶部八畫)의 古字

十

隸 隸(隶部八畫)과 同

十一

𨽸。[위] 獸名 似鼠 짐승이름위 (未)

十二

隸 [태] 及也 미칠태 (賄)

隹部

隹。[추] 鳥之短尾總名 꼬리짧은새추 (支)

二

隻 [척] 物單稱 외짝척 鳥一首 외새척 軍艦數詞 척척

推 [초] 鷲也 꾀리초 (蕭)

隼 [준] 鷙屬 貪殘之鳥 鷹ㅣ 새매준 (軫)

寉。[혹][각][학] 高至 높이이를혹、志高 뜻고상할각、鳥之飛高 새높이날을학 (沃)(覺)(藥)

𨾍 鳩(鳥部二畫)과 同

𨾜 鳦(鳥部二畫)과 同

隽 [전] 鳥肥 새살찔전 雋同 (銑)

三

隿。[익] 飛鳥之繳射 주살익 (職)

𨾑 隿(前條)와 同

雀。[작] 依人小鳥 참새작 燕麥 귀리작 鳥名 孔ㅣ 공작새작 南方宿 朱 남방별이름작 (藥)

𨾙 [시] 鳲鳩 뻐꾸기시 鳲同 (支)

𨾊 [홍] 鳥肥大 새살찔홍 (東)

𨾒 雌(隹部五畫)과 同

𨾌 隻(隹部二畫)의 俗字

𨾏 [간] 雁也 기러기간 (寒)

四

雁。

鴈(隹部五畫)과 同

𨿅 [항] 飛上飛下 날아오르락내리락할항 (陽)

雃。鳽(鳥部六畫)의 譌字

𨾬。[지] 鸛名 ㅣ鵲 지작관 鳥名 지작새지 (支)

𨾴 鴧(鳥部四畫)과 同

𨿴 [규] 杜鵑子ㅣ 접동새규 規通 (支)

𨾵 鴂(鳥部四畫)과 同

𨾰 鴹(鳥部四畫)과 同

𨿗 [정] 鶄鴒 새매정、조롱태정 (敬)

𨿌 [귀] 顧也 돌아볼귀 (支)

雄 [웅] 羽屬之牡 雌ㅣ 수컷웅 武稱 웅장할웅 英ㅣ 영웅웅

雅。[아] 素也 본디아 儒ㅣ 선비아 正也 바를아 常也 떳떳할아 儀也 閒ㅣ 아담할아、거동아 樂器名 악기이름아 (馬)

䧑。[치] 雌鳥 암새치 (紙)

集。[집] 聚也、會也 모을집 就也 나아갈집 安也 편안할집 成也 이룰집 齊也 가지런할집 諸書總要 經史子ㅣ 문집집 輯通 (緝)

雇 [고][호] 傭也 ㅣ賃 품팔고、더부살이고 顧通、農桑候鳥 九ㅣ 뻐꾹새호 (遇)(麌)

𨾁 雙(隹部十畫)의 俗字

五

𨾫 [교] 鷦鷯 뱁새교 (巧)

𨾛 [황] 田器 밭가는기구황 (養)

雋。[전] 鳥肥肉 새살찔전 書號 ㅣ永 글이름전 (銑)

雉 [치] 野鷄 꿩치 ㅣ性耿介 士所摯 폐백치 城五堵 ㅣ堞 성위담치 縊也 ㅣ經 목맬치 (紙)

𨾦 [발] 似鳧、鳥名 올빼미 같은새발 鵔同 (曷)

䳇 鴟(鳥部五畫)과 同

𨾲 鴸(鳥部五畫)과 同

𨾸 鴣(鳥部五畫)과 同

䧑 [치] ㅣ鴟 솔개치 鴟同 (支)

雊。[구] 雄雉鳴 장끼울음구 (宥)

雌。[자] 牝也 암컷자 弱也 약할자 藥名 ㅣ黃 약이름자 (支)

𨿭。[정] 鶄鴒 새매정、조롱태정 (敬)

䧹 [응] 鷹也 매응 (蒸)

雍 [옹] 和也 화할옹 辟ㅣ 學名 학교옹 太歲在戊曰著ㅣ 무년옹、雝同、蔽也 가릴옹 州名 고을이름옹 壅通 (冬)(宋)

雎 [저] 匹鳥 ㅣ鳩 王ㅣ 저구새저、원앙새저、징경이저 (魚)

雄

雄(隹部四畫)과同

⿰角隹 離(隹部十一畫)과同

六

雓。[여]鴽也메추라기여(魚)

⿰更隹 鴾(鳥部七畫)과同

雿 [조]低頭聽머리숙이고들을조(嘯)

⿰安隹 鴳(鳥部六畫)과同

⿰列隹 鴷(鳥部六畫)과同

⿰至隹。鴟(鳥部五畫)과同

⿰先隹 毨(毛部六畫)과同

⿰危隹 ⿰危鳥(鳥部六畫)과同

⿰升隹 [전]鳥名ㅣ鷊새이름전(先)

⿰夸隹。鴮(鳥部六畫)과同

⿰劣隹。[추]小鳥작은새추(支)

雒。[락]鳥名鵋鵙새이름락、馬名가리온락、縣名ㅣ陽고을이름락 洛同(藥)

⿱隹厶 售(口部八畫)과同

⿰而隹 鴯(鳥部六畫)의俗字

雏 鶵(鳥部十畫)과同

⿰咢隹 [악]碁中心一點바둑치중점악(藥)

⿰任隹。[임]戴勝鳥오리새임(侵)

七

⿰巠隹。鵛(鳥部七畫)과同

⿱隹吉 售(口部八畫)과同

⿰我隹 鵝(鳥部七畫)과同

⿰乖隹 雅(隹部七畫)의譌字

⿰告隹 鵠(鳥部七畫)과同

⿰夋隹 駿(馬部七畫)과同

⿰狂隹 鵟(鳥部七畫)과同

⿰系隹。[추]細頸가는목추(紙)

⿰其隹 鵋(鳥部七畫)과同

⿰肙隹 鵑(鳥部七畫)과同

⿰希隹 鵗(鳥部七畫)과同

⿰余隹。[여]鵌子병아리여(魚)

⿸疒隹 雁(隹部五畫)의本字

⿰尨隹。[망]鶭也솔개미망(講)

八

⿰昆隹 鵾(鳥部八畫)의俗字

⿰卓隹。雗(隹部十畫)과同

⿰垂隹。[수]鳶也솔

⿰夜隹 鵺(鳥部八畫)과同

雕 [조]鷲也似鷹而大翮可爲箭皐ㅣ독수리조、治玉皐ㅣ옥다듬을조、國名ㅣ願나라이름조 鵰同、彫、琱通(蕭)

⿰坴隹 鵱(鳥部八畫)과同

⿰青隹 鶄(鳥部八畫)과同

⿰黎隹 [례]鶯也꾀꼬리례(齊)

⿰陸隹 [유]飛貌나는모양유(支)

⿺鬼隹 ⿺鬼鳥(鳥部八畫)과同

錐。雖(隹部九畫)과同

雔。[수]樗繭ㅣ由가죽나무고치수、雙鳥새한쌍수(尤)

⿰庚隹 鶊(鳥部八畫)과同

⿰甾隹 鶅(鳥部八畫)과同

九

⿰要隹。[요]鳥名새이름요(蕭)

⿰匽隹 鶠(鳥部九畫)과同

⿱敄隹 [무]鷄雛병아리무、雀幼子참새새끼무(遇)

⿰重隹。[종]雀也참새종、小鳥작은새가날종(腫)

⿰癸隹。[규]小鳩비둘기새끼규(支)

雖 [수]設兩辭假令비록수、蟲名벌레이름수(支)

⿰禹隹 離(隹部十一畫)의譌字

⿰突隹 鶟(鳥部九畫)과同

⿰耎隹。[연]鷄也닭연(銑)

⿰咢隹 鶚(鳥部九畫)과同

⿱秋隹。[추]鷄雛ㅣ子병아리추(尤)

十

雘。[확][호]善丹곱게붉을확、丹也붉을칠할확、辰砂진사확、호義同(藥)(遇)

⿰眉隹 鶥(鳥部九畫)과同

雗 [한]白雉흰꿩한(翰)

雔 讎(言部十六畫)과同

⿰隹虒 鷈(鳥部十畫)과同

雙。[쌍]鳥二枚새두마리쌍、兩隻한쌍쌍、偶也짝쌍、獸名ㅣㅣ짐승이름쌍 本音상(江)

⿰婁隹 鷜(鳥部十一畫)의古字

⿰唐隹 鶶(鳥部十畫)과同

⿰罢隹 ⿰罢鳥(鳥部十畫)과同

⿰骨隹 [조]鶻屬징경이조(蕭)

雜。[잡]參錯五采相合석일잡、잡될잡、亂也어수선할잡(合)

⿰倉隹 鶬(鳥部十畫)과同

雚。[관]水鳥似鵠황새관

雛。[추] 鷄子 병아리추 鳥子새새끼추 鳳鸞 鵷ㅣ새이름추 小兒어린아이추 (虞) 雝。[옹] 知也ㅣㅣ화할옹 辟ㅣ學名벽옹옹 癰同 (冬) 難 難(隹部十一畫)의略字 ⿰豈隹 難(隹部十一

畫)과同 雞。[계] 知時畜司晨鳥翰音닭계 蟲名莎ㅣ베짱이계 (齊) 雋 [전] 鐫也 새길전 (先) 巂。[규][수][휴] 鷁也 子ㅣ접동새 규規、雉同、邛都國名 越ㅣ나라이름수、杜鵑ㅣ周두견새휴 (支)(紙)(齊)

十一 離。[리] 別也 이별할리、떠날리 陜也 베풀리 麗也 걸릴리 歷也 지날리 散也 流ㅣ떠돌아다닐리 雨也 돌리 遭遇 만날리 穗實垂ㅣㅣ이삭늘어질리 美貌 陸ㅣ아름다운모양리 神名 長ㅣ커신이름리 地名 鍾

ㅣ땅이름리 草名 江ㅣ풀이름리 (支) ⿰莫隹 。難(隹部十一畫)의俗字 ⿰區隹 [우] 鳥聲 새소리우 (宥) 雚 鸛(鳥部十一畫)과同 ⿰翏隹。[류] 大雛 큰병아리류 (宥) 難 [난][나] 不易 艱ㅣ

어려울난 珠名 木ㅣ구슬이름난、患也 근심스러울난 阻也 막힐난 責也 꾸짖을난 詰辨 힐난할난、盛貌ㅣ然우거질나 儺同 (寒)(歌) ⿰從隹 [종] 鷄也 닭종 (冬) ⿰酓隹。[암] 鶉也 메추리암 (覃) 雙 雙(隹

部十畫)의俗字 ⿱從隹 [종] 鷄也 닭종 ⿰從隹同 (冬) **十二** ⿰替隹 ⿰替隹(次條)와同 ⿰朁隹 [침] 鷄也 닭침 (侵) ⿸广⿰亻隹 鷹(鳥部十二畫)과同 ⿰番隹 鷭(鳥部十二畫)과同

⿱敝隹 鷩(鳥部十二畫)과同 ⿰路隹 鷺(鳥部十三畫)과同 **十三** ⿸阝⿱⿰亻隹。[수][규] 飛也 날수、규義同 **十四** ⿰賓隹 [빈] 小雀 작은참새빈 (眞) **十五** ⿰黎隹。

[례][리] 倉庚 코꾀리 례、리義同 (齊)(支) **十六** 雥。[잡] 衆鳥 떼새잡 (合) **二十** 雧 集(隹部四畫)과同 **二十四** ⿱雥淵。[연] 鳥羣 새떼연 (先)

雨部

雨。[우] 水蒸爲雲降爲ㅣ비우、自上而下水ㅣ雪비올우 (麌)(遇) **二** ⿱雨丁 [정] 雨降 비올정 (庚) **三** 雪。[설] 陰凝爲ㅣ六出花눈설 洗也ㅣ恥씻을설 (屑)

雩。[우] 祈雨祭名 기우제이름우 (虞) ⿱雨亏 雩(前條)와同 ⿱雨女。[령] 女字 계집이름령 (青) ⿱雨彡 [삼] 小雨也 이슬비삼 (感) 雫 [뇌] 滑滴 물방울뇌 或音하 (馬)

⿱⿱𠂉一⿵冂⿰仌仌 雨(雨部。畫)의古字 ⿱雨乇 虐(虍部三畫)과同 **四** 雯 [문] 雲成章 구름문채문 (文) ⿱雨今 霒(雨部八畫)과同 ⿱雨史。[새] 雨疾 비빨리올새 (卦)

⿱雨不 [부] 霧也 안개부 (有) 雭 [삽] 雨聲ㅣㅣ빗소리삽 (緝) 雮。[목] 鳥羽澤 새깃윤택할목 (屋) 霕 [돈] 大雨 큰비돈 (元) ⿱雨心 [침] 雲行 구름갈침 (沁) ⿱雨井 [영] 深

池 깊은못영 (庚) 雲。[운] 山川氣陰陽聚爲ㅣ구름운ㅣ漢은하수운 八代孫曰ㅣ孫 팔대손운 天也 青ㅣ하늘운 (文) 雱。[방] 雪盛貌 눈펄펄쏟아질방、함박눈방 滂同 (陽)

雰。[분] 雪貌ㅣㅣ눈이펄펄날릴분 霧也 안개분 瑞氣 상스러운기운분 (文) ⿱雨隶 [비] 霧也 안개비 (紙) ⿱雨夂 [믜] 意 未詳 **五** 雵 [앙] 白雲貌ㅣㅣ흰구름피여오를앙 (陽)

⿱雨弘 霐(雨部八畫)과同 雴 [립] 大雨貌ㅣ霫 큰비쏟아질립 (緝) ⿱雨冬。[동] 雨貌 비뚝뚝떨어질동 (冬) ⿱雨包。[예][애] 大露 큰이슬예、霧也 안개애 (霽)(卦) 零。[령] 견

雨餘落비뚝뚝떨어질령、餘數奇ㅣ셈나머지령、碎也부서질령 落也떨어질령、西羌名先ㅣ오랑캐이름련 (青)(徑)(先)

雸 [암]霜也서리암(覃)

⿱雨乍 [착]降雨貌비올착(陌)

雷 [뢰]陰陽薄震聲천둥뢰、우뢰뢰 鼓名ㅣ鼓북이름뢰 造化神黙ㅣ조화신뢰(灰)

⿱雨出 [불]雲起구름일불(月)

⿱雨犮 [불]雨降貌비올불(物)

雺 [몽]天氣下地不應해미길몽、안개몽 霿同(宋)

雹 [박]陰之專氣雨氷우박박(覺)

⿱雨弗。[불]雲貌구름불(物)

⿱雨君。[탕]洞屋빈골탕(漾)

電。[전]陰陽激燿震ㅣ번개전ㅣ光石火번쩍일전ㅣ氣전기전(霰)

六

⿱雨合 [협]洽也두루할협 濕也적실협(洽)

⿱雨豕 [심][애]霖雨장마심、雨聲비소리애(侵)(佳)

⿱雨各。[락]雨零비떨어질락(藥)

⿱雨此 [자]大雨큰비자 雨聲빗소리자(紙)

⿱雨冊 [색]霰也싸락눈색(陌)

⿱雨夷 [제]雨止비그칠제 霽雲구름걷힐제(齊)

雩 雽(次條)와同

雽 [우]⿱雨鹿ㅣ暴雨소나기우(虞)

⿱雨因 [인]氣流行기운퍼질인(震)

⿱雨回 靁(雨部十五畫)의古字

⿱雨芻。[우]水聲물소리우(遇)

⿱雨并。[병]雷聲우뢰소리병(梗)

⿱雨処 處(虍部五畫)과同

⿱雨兆 [조]幽冥어두울조(嘯)

⿱雨⿱田电 電(雨部五畫)과同

需。[수]食也음식수 要求구할수 遲疑ㅣ待머뭇거릴수 待也기다릴수 索也찾을수(虞)

⿱雨肖。[설]雪也눈설

⿱雨肴 霽(雨部十四畫)과同

⿱雨电 電(雨部五畫)과同

七

⿱雨見 [선]霄雪冰雪雜下싸락눈선 霰同(霰)

霂。[목]小雨霢ㅣ가랑비목(屋)

霃。[침]久陰음산할침(侵)

⿱雨役 [역]大雨큰비역(陌)

⿱雨束 [색]細雨降가랑비올색(陌)

⿱雨孚 [부]雪降눈올부(尤)

⿱雨君 [윤]雨也비윤(翰)

霄。[소]天氣雲ㅣ하늘기운소 雨霓진눈개비소(蕭)

霅。[삽][잡]雨聲ㅣㅣ빗소리삽、震電ㅣㅣ천동번개칠잡 象言여럿이말할잡

⿱雨耴。[첩]細雨가랑비첩(葉)

⿱雨甹 [병]雨降비올병(青)

⿱雨弄 [롱]雨聲빗소리롱(冬)

⿱雨更 [경]雲盛延貌구름뭉게뭉게필갱(梗)

震。[신]雷也우뢰진 動也진동할진 落雷벼락칠진 威也위엄스러울진 懼也두려울진

霆。[정]疾雷벼락정、陰陽相薄激而爲ㅣ電번개정(青)

⿱雨延 [연]雲起구름일연(霰)

霊 靈(雨部十六畫)의略字

霈 [패]大雨霶ㅣ비쏟아질패 沛通(泰)

⿰雲毛 ⿰雲毛(雨部八畫)과同

⿱雨沒 [몰]雨下비내릴몰(月)

霉 [매]雨汙ㅣ涴곰팡이매(灰)

⿱雨妥。[수]小雨貌부슬비수(支)

八

⿱雨奄。[암]雲起盛구름성할암(感)

⿱雨垂 [타]雲散구름벗어질타(哿)

⿱雨析 [석][색]細雨가랑비석 색義同(錫)(陌)

⿱雨⿱田电 電(雨部五畫)의本字

⿱雨疌 [첩]雪降눈올첩(葉)

霋。[처]霽也개일처 雲行貌구름뭉게뭉게갈처(齊)

⿱雨戔。[삼][첨]微雨가랑비삼 雨貌비모양삼、漬也적실첨、담글첨(咸)(鹽)

⿱雨林 [상]驟也소나기상(陽)

⿱雨忽 [홀]雨降비올홀(月)

霏。[비]雨雪雰貌진눈개비비、눈펄펄날릴비 霧也안개비(微)

霌 [주]霖也장마주(尤)

[삽] 小雨이슬비삽 霅也잠시삽 (洽)

霮 [탐] 露多이슬많을탐 (寒)

霑。[점] 濕也 濡也젖을점 雨淋비지점거릴점 沾通 (鹽)

霍。[곽] 疾也빠를곽 吐瀉ㅣ亂곽란곽 國名周武王弟所封나라이름곽 南嶽別名남악곽 本音확 (藥)

霌 [붕] 大雨큰비붕

霐 [홍] 幽深속깊을홍 (庚)

䨝 [청] 女神名여신의이름청 (庚)

䨤 [현] 露貌이슬성할현 (銑)

霖。[림] 久雨不止장마림 時雨甘ㅣ단비림 (侵)

霒 [음] 雲覆日구름길음 陰古字 (侵)

霕 [돈] 雲大貌구름큰모양돈 (元)

霠 霒(前前條)와同

霔 [주] 時雨때맞춰오는비주 (遇)

霓。[예][역] 雌虹也 雲ㅣ암무지개예、역 義同 (齊)(錫)

𩂻 電(雨部五畫)과同、霤(雨部九畫)의譌字

䨘 霰(雨部十二畫)과同

䨺。[대] 雲狀구름의형상대 (隊)

雽 雩(雨部五畫)과同

𩂧 霽(雨部十四畫)과同

九

䨞。[우] 雨聲빗소리우 (麌)

䨟。[염] 沾也젖을염 (鹽)

䨵 [담] 雲起구름필담 (感)

䨥 [발] 雲起구름필발 (曷)

𩃯 [후] 霖也장마후 (尤)

𩂨 [대] 雲布貌구름이깔릴대 (隊)

霙。[영] 雪華也눈꽃영 雨雪交降진눈깨비영 霙雲貌구름피여오를영 (庚)

霜。[상] 露凝서리상 歷年星ㅣ해지낼상 至嚴秋ㅣ엄할상 白髮흰털상 (陽)

䨙 霾(雨部十四畫)의籀文

䨣。[박] 雨濡革비에가죽젖을박 (藥)

靇 靈(雨部十六畫)의古字

雰 [분] 霧也안개분 降雪貌눈내리는모양분 (文)

霝。[령] 降雨비올령 墮也떨어질령 善也착할령 零同 (靑)

䨧 電(雨部五畫)의古字

霞。[하] 日旁彤雲노을하 遐也멀하 赮通 (麻)

𩂢 [적][독] 雨下비올적、降雨貌비내리는모양독 (錫)(沃)

霒 [음] 雲貌구름길음 (侵)

䨓 霽(雨部十四畫)과同

十

霢 霡(次條)와同

霡 [맥] 小雨ㅣ霂이슬비맥 (陌)

䨶 [옹] 雲之延起구름뻗힐옹 (董)

𩅹 [진] 雲起구름일진 (震)

䨦。[확][척] 大雨큰비확、雙也쌍척 (藥)(陌)

霼 [애] 雪貌ㅣㅣ눈모양애 (灰)

䨠。[합] 霖也장마함 (覃)

䨉。[지] 雨聲빗소리지 (支)

霣。[운] 墮也떨어질운 雷起出雨천동에비몰아올운 隕同 (軫)

䨚 霂(雨部八畫)과同

𩄄 [차] 雨聲빗소리차 (歌)

霶 [방] 大雨ㅣ霈비쏟아질방 (陽)

𩄊。[추] 隱也숨을추 雷也우뢰추 (尤)

靁 雷(雨部五畫)의古字

䨹 [전] 雨甚비심하게올전 (先)

䨒 霸(雨部十三畫)과同

霤。[류] 屋水流處中ㅣ낙수고랑류 屋水流器낙수받이류 室神祭處집고사터류 (宥)

䨩 [렴] 微雨ㅣ䨸비부실부실올렴 (鹽)

𩅦 [구] 大雨큰비구 (宥)

霥。[몽] 雷聲우뢰소리몽 (送)

䨍 霙(雨部九畫)과同

䨪。霾(雨部十四畫)과同

𩅰 寤(穴部十一畫)과同

䨓 [봉] 雨聲빗소리봉 (東)

𩂥 霆(雨部七畫)과同

䨨 霰(雨部十二畫)과同

霻 䨴(雨部十四畫)과同

十一

䨥。雹(雨部五畫)과同

𩅀。[막] 雨降비올막 (藥)

霨。[위]雲起貌구름피어오르는모양위(未) 霪[음]久雨霖ㅣ장마음(侵) 霧。[무]地氣發天不應而成안개무 氣ㅣ안개자욱할무(遇) 霩[확]虛ㅣ휑할확 雲消貌구름스러

지는모양확 雪消눈스러질확 或音곽(藥) 䨫[루]雨降비올루(虞) 霶。[망]雲色구름빛망(養) 霬[책]雨降비올책(陌) 䨮 雪(雨部三畫)의本字 霼[불]雲起구름일불(月)

䨭 霄(雨部七畫)과同 霦。[빈]玉光璘ㅣ옥광채빈(眞) 䨴[점]旱霜、塞也이른서리점、무서리점 𩅰 雹(雨部五畫)과同 霮。[전]露繁이슬성할전(銑)

䨨 䨨(雨部十畫)과同 霜[상]雨降비올상(絳) 䨥 電(雨部五畫)과同 䨏。[록]暴雨소나기록(屋) 𩃗 蔀(艸部十一畫)과同 霫

[삽]雨暴注비쏟아질삽(緝) 䨮 䨦(雨部十四畫)과同 䨜[방]大雨큰비방(陽) 霰 霰(雨部十三畫)과同 𩆶 雷(雨部十畫)과同 ⑬ 䨺

黤(黑部八畫)과同 䨯。[남]泥也진흙남(陷) 𩅦[중]氣往來意기운왕래할중(東) 靁 雷(雨部五畫)의古字 䨼 䨦(雨部十四畫)과同 靉[대]雲起구름일

대(泰) 霯。[등]大雨큰비등(徑) 霰[선]粒雪싸락눈선 星也별선 䨝。[타]雨降비올타(箇) 霰 霰(前前條)와同 𩅖[박]澤也못박 雨也비박(藥)

露。[로]夜氣爲ㅣ陰之液霜之始이슬로 現也드러날로、보일로 膏澤雨ㅣ이슬줄로 羸也파리할로 國名ㅣ西亞나라이름로 䨱。[완]人名孫ㅣ사람의이름완(刪) 䨤 䨤(雨部八

畫)과同 𩅿[훌]鄉雲瑞雲상서구름훌 本音울(質) 䨪 靂(雨部十九畫)과同 霳[륭]雲師豐ㅣ구름맡은귀신륭(東) 霫。[십]雨聲빗소리십(侵) 覆

[복]覆水물흘릴복(屋) 靆 靆(雨部十六畫)과同 𩅅 䨦(雨部十四畫)의俗字 霜。[상]霜枯物意된서리가말릴상(漾) 䨸 䨸(雨部十三畫)과同 𩅉 𩅉(雨

部十二畫)과同 𩅂。[사]小雨이슬비사(支) 霤 霤(雨部十畫)과同 ⑬ 䨸 䨸(雨部十二畫)과同 覈 覈(西部十三畫)과同 震。

[농]露多이슬흠치르르할농 濃通(冬) 䨲[즙]雨降비올즙(緝) 䨲[점]小雨작은비점 霑也젖을점(鹽) 𩅰[박]大雨큰비박(藥) 霷。[양]十月爲ㅣ시월양 陽通(陽) 䨼

䨻(雨部十畫)과同 霍[삽]雨降貌비오는모양삽(合) 𩅰。[회]小雲실구름회(泰) 霸。[패][백]把持諸侯之權ㅣ業제후의권세잡을패、두목패 以武道治天下者패왕패 本音파、月始生초

생달백 魄同(禡)(陌) 䨴[옹]雲氣구름기운옹(腫) 靈 靈(雨部十六畫)과同 霹。[벽]迅雷ㅣ靂벼락벽(陌)(錫) 𩆊[미]細雨가랑비미(微) 靇 靇(龍部十七

畫)의古字 靇 靇(龍部十七畫)의古字 ⑭ 霽。[제]雨止비개일제(霽) 靉[희]雲貌靉ㅣ구름길희 䨲[만]雨露濃貌蒙ㅣ이슬비만、흠치르르할만(寒)

䨚。[산]小雨이슬비산(寒) 霝 [령]空也하늘령、공중령(青) 霾。[매]風而雨土晦해 미매、흙비매(佳) 䨟 [표]雪降貌눈내리는모양표 䨴 雹(雨部五畫)의古字 霥

[몽]微雨가는비몽(東) 霿。[몽]鄙吝散ㅣ인색할몽 無識貌무식할몽(東) 䨩 零(雨部五畫)과同 【十五】 䨘 霰(雨部十二畫)과同 霮 [담]久雨장마담(感)

𩅟。[산]雨降비올산(潸) 靁 雷(雨部五畫)의本字 【十六】 靄。[애]雲貌구름피어오를애、氣也아지랑이애(泰)(賄) 霵 [집]雨下비올집 本音즙(緝) 靃。

[확]飛聲ㅣㅣ빗속을나르는소리 확 草弱貌ㅣ靡풀약한모양확(藥) 靈。[령]神也신령령 魂魄혼백령 神之精明신통할령、신령스러울령 寵也고일령 善也착할령(青) 𩅠 [잠][섬]水也

물잠、小雨작은비점 霑同(陷)(鹽) 靅 [비][배]靉ㅣ、雲盛貌구름이성할비 雲布狀구름길비、배義同(未)(隊) 靇。[롱]雷聲우렛소리롱(東) 䨹 𩅦(雨部十二畫)의俗字

靆 [체]雲狀靉ㅣ구름길체 本音래(賄)(隊) 霞。霞(雨部十二畫)의本字 䨏 霧(雨部九畫)과同 【十七】 𩆜 羇(网部十七畫)의俗字 𩇕。

[사]細雨가랑비사(歌) 䨦 [착]大雨큰비착 𩆨。[양]露繁이슬성할양(陽) 靉 [애]雲狀ㅣ靆구름길애 眼鏡안경애(隊) 䨸 [은]雲貌구름모양은(吻) 【十八】

𩆹。[매]風而雨土바람불고흙비올매(灰) 𩆶 震(雨部十三畫)과同 靊。[풍]雲師ㅣ霳구름 말은귀신풍(東) 【十九】 𩇓 寶(宀部十七畫)과同

䨹。[숙]ㅣ昱、疾貌빠를숙(屋) 【二十】 𩆿 雹(雨部五畫)의古字 𩇒 霩(雨部十一畫)의本字 𩆲 [칩]雨降비올칩(緝) 【二十七】 䨺。

[퇴]雲盛구름성할퇴(賄) 【三十】 𩇔 震(雨部七畫)의籀文 【三十一】 靐 [빙]雷聲우렛소리빙(徑) 䨻 靁(雨部十五畫)의古字

青部

青。[청]東方木色푸를청 竹皮대껍질청 簡書殺ㅣ죽력청 ㅣ年젊을청 茂也ㅣㅣ무성할청 菁通(青) 青 青(青部。畫)과同 【三】 𩇧。[정]清飾조촐하

게꾸밀정(梗) 啨 [영][정]小語ㅣ吟속삭일영、欲望也마음정 【五】 靖 [정]安也편안할정 謀也꾀할정 思也생각할정 理也다스릴정 和也화할정 靜同(梗) 【六】 静

静(青部八畫)의略字 靗。[청]偵也정탐할청 譯也번역할청、正視바로볼청 深意깊을청(梗)(敬) 靘 [정]妝飾明也치장환히할정 明也밝을정 靚同、青黑色검푸를정(敬)(徑) 靗

[청]正視바로볼청、覗也엿볼청(敬)(庚) 【七】 靚。[정]粉白黛黑ㅣ莊단장할정 明也밝을정、静同、女容徐ㅣ계집의용모안존할정(敬)(梗) 【八】 静。[정]動之對고요할정 謀也꾀할

정 安也편안할정 息也쉴정 寂也고요할정(梗) 𩇰 [청]冷寒찰청(徑) 靛。[전]藍質ㅣ花청대전(霰) 靝 天(大部一畫)과同 【九】 𩇱。[청]冷也찰청(徑) 【十】 𩇲

㊀압 飾采채색할압 ㊀合

⿰靑氣 天(大部一畫)과同

⑬ ⿰靑瑟。슬 青而赤푸르고붉을슬 質

⑭ ⿰靑蒦 호 善青곱게푸를호 遇

非部

非。비 不是아닐비 訾也나무랄비 不正也그를비 違也어길비 無也없을비 惡也몸쓸비 微

② ⿰非卩 卯(卩部三畫)과同

③ ⿱非巾 비 隱也숨을비 未

⿱大非 배 大也클배 賄

⿱非乙。비 分也나눌비

⿱非手。비 輕也가벼울비 微

厞 비 隱也숨을비 陋也비루할비 未

④ ⿱非巾 師(巾部七畫)의古字

⿱非疋

비 塵也티끌비 未

⿱非疋 瑟(玉部九畫)의古字

⿱非手。비 覆手손엎을비 未

⿱非木 잡 惡也나쁠잡、몸쓸잡 合

毴 비 細毛가는털비、솜털비 微

⿱非巴

비 別也나눌비 寘

⑤ ⿱大非 我(戈部三畫)과同

⑦ ⿱非木 ⿱非木(非部四畫)과同

靠。고 相違서로어길고 依附倚ㅣ기댈고、붙칠고 號

⿱非告 靠(前條)와同

⿱非貝。피 壯也장할피、성할피 寘

⿱非束 棐(木部八畫)의譌字

⑪ 靡。미 散也흩어질미 爛也물크러질미 滅也멸할미 繫也얽을미 損也ㅣ費허비할미、奢麗侈ㅣ사치할미 美色ㅣ曼예쁠미、아름다울미 無也없을미 偃也披ㅣ쓰러질미 順隨ㅣㅣ순종할미、불좇을미 連延貌ㅣㅣ연하여번을미 紙

⑫ ⿱非毳。비 細毛가는털비 紛也엉클어질비 微

九畫

面部

面。면 顏也낯면、얼굴면 向也향할면 表也外也겉면 對也대할면 前也앞면 見也보일면 當四方之一方ㅣ방위면 霰

靣 面(前條)의本字

⿱丆回 面(前前條)의俗字

③ ⿰面干。간 面黑氣얼굴기미간

⿰面寸 耐(而部三畫)의譌字

⿰面刃 뉵 羞顏부끄러운얼굴뉵 屋

④ ⿰面比。시 顏也얼굴시 寘

⿰面巴。파 黃面누른얼굴파 麻

⿰面尤 ⿰面冘(次條)와同

⿰面冘 담 鈍也둔할담 勘

⿰面今。함 出頭貌머리내밀함 感

⿰面丰。방 面腫면종날방 江

⿰面丑 뉵 慙也부끄러울뉵 屋

⑤ ⿰面合 ⿰面含(面部七畫)과同

⿰面旦 靦(面部七畫)과同

⿰面占 점 面陋얼굴더러울점 豔

⿰面巧 초 面曲낯굽을초 巧

⿰面乍 산 老也늙을산 潸

⿰面幼 요 面曲낯굽을요 巧

靤 포 面瘡면종포 效

⿰面皮。전 寬也너그러울전 銑

⿰面未 매 顏也얼굴매 隊

⿰面叚 ⿰面虘(面部九畫)과同

⑥ ⿰面⿱力灬 醮(酉部十二畫)과同

⿰面舌。괄 面小낯작을괄

⿰面圭 皺(皮部十畫)과同

⿰面并。병 面黃낯누를병 梗

⿰面叚 ⿰面虘(面部九畫)과同

⑦ ⿰面巠。경 頑也완악할경 本音형 敬

⿰面每 회 面肉肥厚얼굴퉁퉁할회 隊

⿰面忍 닉 愁面수심띤낯닉 錫

⿰面免 만 塗面낯에칠할만 翰

⿰面含 함 面赤얼굴붉을함 覃

靦 전 慚貌ㅣ然무안할전、부끄러울전 面見물끄러미볼전、얼굴보일전 㥏同 銑

⿰面甫 ⿰面夋 ⿰面宜 ⿰面皀 ⿱鄉面 ⿰面粦 革 靮 靬 靳 ⿰革欠 靲 ⿰革殳 鞋

⿰面足 축 均也 고를축 屋 ⿰面甫 ○ 보 頰也 뺨부 麌 ⿰面夋 ○ 좌 面醜 얼굴못날좌 馬

八

⿰面奄 암 面之黑子 사마귀암 感 ⿰面官 완 形如杓子之面 오목한낯완 諫 ⿰面周 조 習也 익힐조 嘯 ⿰面宛 원 目開貌 눈뜰원 阮 ⿰面宜 ○ 의 正面 단정한낯의 支

九

⿰面面 면 頑劣面皃 생긴얼굴면 ⿰面柰 난 赧也 무안할난、얼굴빛이붉을난 赧同 潸 ⿱𠪚面 ○ 산 廣面 넓적얼굴산 翰 ⿰面監 람 面長貌 ㅣ⿱斬面 얼굴길람 覃

十

⿰面冥 면 汗血ㅣ炫 피묻을면 霰 ⿰面臭 구 面醜 얼굴추할구 有

十一

⿱面夔 줄 面短 낯짧을줄 質 ⿰面參 ○ 참 戚容 醶ㅣ 슬픈형용참 感 ⿰面麻 ○ 마 面青貌、慚也 얼굴푸를마、慚也ㅣ㦬 부끄러울마 禡 ⿱斬面 잠 面長貌 ⿰面監ㅣ 얼굴길잠 覃

十二

⿰尋面 선 圓面 둥근낯선 先 ⿰面單 전 面黃 낯누를전 銑 ⿰面尞 료 面白 낯흴료 篠 ⿱髟面 靨(面部十四畫)의 略字 ⿰面焦 초 面色焦枯 파리할초 蕭 ⿱合面 帢(巾部六畫)과同 靧 ○ 회 洗面 낯씻을회 頮同 隊 ⿱焦面 ⿰面焦(面部十二畫)과同

十三

⿰面慈 慈(心部十畫)과同 ⿰面亶 ○ 靦(面部七畫)과同

十四

靨 엽 姿也 태도엽、頰輔 웃을때볼옴쏙들어갈엽、面黑子 얼굴의검은사마귀엽 葉 ⿰面懕 懕(心部十四畫)과同 ⿱漸面 ○ 점 色弱 빛약할점

十五

⿰面摩 ⿰面麻(面部十一畫)과同 ⿰面蔑 ○ 멸 面小 얼굴작을멸 屑

十七

⿰面韱 점 短顔 짧은얼굴점

十九

⿰面靡 懡(心部十四畫)과同 ⿰面羅 㦬(心部十九畫)과同

革部

革 ○ 혁 극 去毛生皮 생가죽혁、改也 고칠혁、翼也 날개혁、甲冑金ㅣ 갑주혁、轡首 가죽바혁、俗音 격、急也 病ㅣ 병급할극 亟通 陌 職

二

靪 정 補履下 신창받을정 靑

三

靯 토 箭筒 전동토 麌 靮 ○ 적 馬韁 말고삐적 錫 靬 ○ 간 乾革 마른가죽간、弓衣 활전대、西域國名 黎ㅣ 나라이름간 寒 ⿰革丸 기 革也 털벗긴가죽기 寘 靭 인 堅柔難斷 질길인 韌通 震 ⿰革乞 흘 緊縛 졸라맬흘 本音 홀 月 ⿰革气 ⿰革乞(前條)와同 ⿰革弓 鞃(革部五畫)과同 ⿰革亏 ○ ⿰革于(次條)의 本字 ⿰革于 우 大帶 큰띠우 虞

四

靳 ○ 근 吝也 아낄근、ㅣ制其行 固也 가슴걸이근 問 靲 ○ 금 감 鞮帶 신들메금、竹簽 짜갠대감 寢 覃 ⿰革丏 ⿰革面(革部九畫)과同 ⿰革勾 기 轂飾 바퀴통치 장기 支 ⿰革介 갈 鞍下之被 안갑갈 黠 ⿰革欠 격 鞍也 안장격 陌 靷 ○ 인 駕牛馬具在胷引車 말가슴걸이인 震 靴 화 洋ㅣ 양화화、구두화、鞮屬 履也 신화、목화화 鞾同 歌 靶 파 御人所把轡革 가죽고삐파、弓的也 과녁파 禡 ⿰革尹 ○ 현 傳軛革 멍에얽는가죽현 銑 ⿰革交 ⿰韋交(韋部四畫)과同 靹 紐(糸部四畫)과同 ⿰革卬 ○ 앙 履也 신발앙 養 ⿰革殳 ○ 타 履跟緣 들메타 哿 靸 삽 흡 小兒履 걱두기삽、아기신삽、祭鞋 제사신습 合 緝 ⿰革厷 鞃(革部五畫)과同 ⿰革比 ⿰革必(革部五畫)과同 鞋 ○

봉 鞍飾안장치장봉(冬) ⿰革支 鼓(鼓部。畫)의古字 ⿰革攴 鞍(前條)와同 ⿰革玄 鞃(革部五畫)과同 ⿰革少。사 靸也구두사(麻) ⿰革氏 지 紂

餘䩭밑치끈지 或音기(支) ⑤ ⿰革色 鞄(革部五畫)과同 ⿰革玄 현 刀室칼집현 ⿰革它。타 馬尾ㅣ밑치타(歌) ⿰革氐 제 革履가죽신제(齊) ⿰革尼 니 轡垂貌고삐

늘어질니(齊) ⿰革巨 거 鞁也안갑거(語) ⿰革由 주 兜鍪투구주 胄同(宥) 靺 말 靺ㅣ붉은끈말 蕃人ㅣ鞨오랑캐말 靽 반 駕牛具소밑치반(翰) 靻

조 ㅣ鞽가죽신조(霽) 靹。필 束車革차묶는가죽필(質) ⿰革申 신 大帶큰띠 紳同(眞) 靼。단 柔革다룬가죽단 韃ㅣ靺鞨之後女眞別種달단 단 或音달(曷)

불 車後革수레뒷가죽불(物) ⿰革瓜 보 柔革工가죽다루는장인보(肴) ⿰革甲。갑 花相次列貌꽃벌려있을갑(洽) 靿 요 靴頸목화목요 曲也굽으러질요(效) ⿰革弗。

靾 예 馬鞁안장예(霽) 鞀 도 如鼓而小所以導樂作소고도 鞉、鼗同(豪) 鞄。포 革ㅣ가방포 柔革工가죽다루는장인포(肴) ⿰革句 구 馬鞍말안장구 鞃。굉 軾中靶

수레앞턱에맨가죽고삐굉 ⿰革玄通(蒸) 鞁 피 靷也말가슴걸이피 馬駕具鞍上被안갑피(寘) ⿰革禾 갈 禾槀볏집갈(黠) ⿰革白。백 靜也고요할백(陌) ⿰革夗 원 履也신원(阮) 鞆

병 射ㅣ腕紐활팔찌병 日字 ⿰革令 령 羊子양의새끼령(青) ⿰革色 鞄(革部五畫)의俗字 ⿰革外 말 皮履가죽신말(黠) ⿱艹革 靾(革部五畫)과同 鞅。

앙 煩勞ㅣ掌말가쁠앙 馬駕具말배띠앙 牛羈소굴레앙 怏通(養) ⿱田革 주 兜鍪투구주 胄同(宥) ⑥ 鞇。인 褥也요인 車重席수레에까는겹요인(眞) ⿰革耳

용 毛飾털치장할용(冬) ⿰革并 병 革帶가죽띠병(迥) ⿰革羊。양 治皮가죽다룰양(養) ⿰革卬 인 木履有足나막신인(震) ⿰革交 교 革囊가죽주머니교(嘯) ⿰革夸。

과 帶飾띠치장할과(馬) 鞊 길 鞅也가슴걸이길 鞍也안장길 ⿰革夷 이 柔革다룬가죽이(支) ⿰革各。락 生革可以爲縷가죽오리락(藥) ⿰革同 동 箭筩飾전동치장

동(東) ⿰革伏 鞴(革部十畫)과同 鞈。협 ㅣ革겹가죽협 堅貌굳은모양협(葉) 鞉 도 小鼓소고도 鞀同(豪) ⿰革百 鞧(革部九畫)의譌字 鞍 안 馬鞁具안장안(寒)

⿰革危 귀 獨角외뿔귀(紙) 鞌。안 馬鞁具안장안 地名땅이름안 ⿰革采。타 履跟緣들메타 轂同(哿) 鞋 혜 革履가죽신혜 鞵同(佳) ⿰革旨。지 日傘紐일산끈지(寘)

鞏 공 以皮束物가죽테메일공 固也굳을공 鞎 흔 車前革飾수레앞가죽으로꾸밀흔(元) ⿰革卡 하 革帙具짝지하 日字 ⿰革常 양 強也힘쓸양 荷也짊어질양 鞅也가슴걸이양

⿰革守 狩(犬部六畫)과同 ⿰革多 皺(皮部十畫)과同 ⑦ ⿰革夾。겹 ㅣ沙、靴也가죽신겹(洽) 鞓 정 皮帶가죽띠정 綎也인끈정(青) ⿰革兌 태 補

也기울 태(泰) ⿰革豆 [두]車中席차에 까는자리두(宥) 鞓。[정]皮帶가죽 띠정 鞕同(靑) ⿰革甫 [보]靴也가 죽신보(麌) 鞔。[만]履殼신울만 靶也고삐만(寒) ⿰革余 [도]橐 靴죠
신도(虞) ⿰革延 [탄]馬之腹帶말배 띠탄帶也띠탄(旱) ⿰革折 [제]刀鞘칼 집제(霽) 靦。[혈]急繫단단 히맬혈(屑) 鞘。[초]刀室칼집초、鞭也 채찍초本音소(嘯)(肴) 鞙。
[현]玉貌ㅣㅣ옥모양현馬勒굴레현轖ㅣ 刀鞘칼집현車䩛차멍에동이는끈현(銑) 鞕 硬(石部七畫)과同 ⿰革沙 [사]馬尾말 꼬리사(麻) 鞖 韉(革部十八畫)과同 ⿰亻韋。
[조]轡也ㅣ革 고삐조(蕭) ⿰革束 [색]堅也굳 을색(陌) 鞋 [혜]長靴장 화혜(霽) 鞊。[혈]急繫단단 히맬혈(屑) ⿰革比 鞉(革部六畫)과同 ❽ ⿰革長 [창]弓衣 활집창
⿰革非 [배]吹火器 풀무배(卦) ⿰革昔。[석]舊靴헌신 석舃同(陌) ⿰革宛 ⿰車宛(車部八畫)과同 鞚 [공]馬勒말 자갈공(送) ⿰革咅 [봉]刀上下飾鞞ㅣ칼아 래윗장식봉琫同(董)
⿰革匋。[도]鼓木皐ㅣ 북통도(豪) ⿰革奄。[압]小兒履 아이신압 ⿰革取 [추]束也묶 을추(有) ⿰革兩 緉(糸部八畫)과同 ⿰革或 [익]羔裘之縫가죽 옷박는질할익(職) 鞶
[간]堅也굳을간破堅物聲단 단한것을깨치는소리간(刪) ⿰革囟。[노]優緩革누그 러운가죽노(號) ⿰革㡀 [별]鞘飾칼집 치장별(屑) ⿰革屈 [굴]彊也뻑뻑할 굴、굳셀굴(物) ⿰革昜
[역]素靴흰 신역(陌) ⿰革尙。[창]扇安皮 부채창(養) ⿰革彔 簶(竹部十 三畫)과同 ⿰革戔 韉(革部十 七畫)과同 ⿰革奇 [기]馬格頭 굴레기(支) ⿰革沓 [탑]革履가 죽신탑(合)
鞛 [봉]刀鞘上飾칼 집윗장식봉(董) 鞉 [소]覆也덮 을소(蕭) ⿰革茇 ⿰革參(革部十 一畫)과同 鞠。[국]養也기를국、칠국毬子蹋 제기국告也고할국曲也ㅣ躬굽
으릴국稚也ㅣ子어린아이국窮也 궁할국盈也찰국鞠、毱、踘通(屋) ⿰革念。[념]竹簾대 발념(葉) ⿰革朋 [붕]車靳가 슴걸이붕(蒸) 鞞。[비][병]騎鼓말에메인북비、 鼙同、刀室칼집병(支)(紙)
⿰革佳 鞋(革部六 畫)과同 ⿰革桼 鞢(革部九 畫)의俗字 ⿰革忝 [달]打也칠달 撻俗字(曷) ❾ 鞤 [방]以皮爲履신 지을방幫同(陽) ⿰革面 [면]馬
之絡頭具말 굴레면(銑) ⿰革宣。[훤]革履가 죽신훤(願) ⿰革复 ⿰革畐(革部九 畫)과同 鞢。[섭]馬皮具鞊ㅣ 말언치섭(葉) ⿰革帝。[제]常也떳떳 할제(齊) ⿰革巠
[극]急也급 할극(職) ⿰革封 [봉]車邊皮수 레가에대는가죽봉 ⿰革咠。[즙]車鞧차멍에 동이는끈즙(緝) 鞣 [유]熟皮다 룬가죽유 ⿰革室。[실]刀室칼 집실(質) 鞦
[추]北方戲ㅣ韆그네추馬緧말가슴 걸이추、말고들개추(尤) ⿰革胃。[윤]皮器가죽 그릇윤(質) ⿰革弇 [압]革轡가죽 고삐압(合) ⿰革叚 [하]履跟신 뒤축하(麻) ⿰革致 [치]靴 底신
바닥 치(寘) ⿰革段 [단]履跟後帖신 들메끈단(翰) ⿰革畐。[복]革帶가 죽띠복(屋) ⿰革皆 [개]鼓名북 이름개(卦) ⿰革酋 [추]馬鞧말고삐추、말가 슴걸이추緧同、鞦通(尤) ⿰革司

국 窮理罪人訊 조사받을국、문초할국 水之外 언덕국 盡也 다할국 諊同、鞫通 (屋)

鞩。양 馬頭所絡具 굴레양 (陽)

鞨。갈 北方國名 靺ㅣ 말갈나라갈 寶名 紅靺ㅣ 말갈、보석갈 (曷)

⿰革范 녜 韠ㅣ、柔貌 부드러운가죽녜 (齊)

⿰革度 도 牛韋舟 소로배골도 (虞)

⿰革俞。유 餘也 남을유

鞭 편 箠策 회초리편 馬箠ㅣ策 채찍편 ㅣ扑 笞也 볼기채편、태장편 (先)

鞔 만 ㅣ鞋、履也 신만 (阮)

⿰革叜。수 治革 가죽다룰수 軟皮 부드러운가죽수 (尤)

鞬 건 盛弓矢器 櫜ㅣ 동개건 韜也 칼집건 (元)

韗。운 理鼓工ㅣ人 북메는장인운 (問)

⿰革紂 주 緧也 말고삐주 紂同 (有)

⿰革美 ⿰革業(革部十二畫)의俗字

⿰革削 소 刀鞘 칼집소 (嘯)

鞮。제 革履 가죽신제 無絇之履 ㅣ鞻 코안놓은신제 晉離宮名 진나라궁이름제 西戎通官 狄ㅣ 오랑캐이름제 (齊)

⿰革邑 鞄(革部五畫)의俗字

⿰革蚩。치 정 전 騎馬具 기마제구치、정義同、收絲具 실패전 (紙)(梗)(銑)

鞕 영 堅強 딱딱할영 (敬)

⿰革侖 軒(車部三畫)과同

⿰革复 ⿰革畐(革部九畫)과同

十

⿰革旁 幫(巾部十四畫)과同

⿰革鬼。귀 馬韁繫御革 말고삐귀 (灰)

鞲 구 臂捍射ㅣ 팔찌구 (尤)

鞴 비 보 馬裝束 말뱃대끈비、盛箭室 ㅣ靫 살집보 (寘)(遇)

鞱 韜(韋部十畫)과同

⿰革索。삭 履也 가죽신삭 (藥)

⿰革芻 추 束也 묶을추 鞦同

⿰革𦐇 탑 兵器 병장기탑 (合)

⿰革叟 수 軟革 연한가죽수 (尤)

⿰革貞 쇄 革鎖 가죽자물쇠쇄 (哿)

⿰革茸。용 鞍飾 안장치장용

⿰革邕 옹 靴靿 목화목옹 (東)

⿰韋殳 학 急束 단단히동일화、졸라맬학 (覺)

⿰革盍 갑 革履 가죽신갑 (合)

鞳。탑 鐘鼓聲 鏜ㅣ 쇠북소리탑 (合)

⿰革貢 공 生皮 날가죽공

⿰革鬲。액 補履 신기울액 (陌)

⿰革备 鞴(革部十畫)과同

⿱⿰革皮目 瞽(目部十三畫)과同

鞵。혜 屩也 집신혜 鞋同、本音해 (佳)

鞟 鞹(革部十一畫)의古字

⿰革翁 鞥(革部十畫)과同

⿰革冤 원 井水汲器 두레박원 (元)

⿰革罘 鞳(革部十畫)과同

鞶。반 大帶 ㅣ帶 큰띠반 以鏡飾 ㅣ鑑 거울꾸민가죽반 (寒)

鞷 鞽(革部十二畫)의俗字

⿰革泰 韃(革部十三畫)의俗字

十二

⿰革庸。용 乾革 마른가죽용 本音송 (冬)

⿰革徙。사 鞮屬 革履 가죽신사 (紙)

⿰革莫 막 鞊ㅣ、履也 신막 (藥)

鞸 필 병 韍也 슬갑필、刀室 칼집병 鞞通 (質)(迥)

鞹 곽 皮去毛 가죽다룰곽 (藥)

⿰革責 책 微也 미세할책、가늘책

⿰革舄 속 삭 靭也 가죽신속、삭 義同 (沃)(覺)

⿰革崔。최 鞍皮 안장가죽최 (灰)

鞺 당 鼓聲 ㅣ鞳 북소리당 (陽)

⿰革區。우 胡矛也 오랑캐창우 (有)

⿰革翏 ⿰革翟(革部十四畫)과同

⿰革逢。봉 鼓聲 북소리봉 被縫 꿰맬봉 (冬)

⿰革章 장 鞍飾 ㅣ泥 말다래장 (陽)

⿰革覀 覲(見部十一畫)의俗字

⿰革欶 ⿰革叜(革部九畫)과同

⿰革延 ⿰革徙(革部十一畫)의本字

⿰革參。삼 旗旒 깃발삼 (咸)

⿰革褭 鞉(革部六畫)과同

鞻。루 扉類 四夷舞者所扉 춤신루、掌四夷之樂官 鞮ㅣ 외국풍류맡은관원루 (遇)

⿰阝⿱勹革 鞄(革部五畫)과同

⿰革侵

鞕(革部九畫)과同

⑫

鞼。[궤]韋繡가죽에수놓을궤 盾綴革방패끈궤 折也꺾을궤(寘)

⿰革買。[매]草鞋짚신매(佳)

鞽 [교]泥行所乘개펄에서신는신교、나막신교 橇同(蕭)

⿰革舄 [석]履也신석(陌)

⿰革宦。[관]車轂具수레안갑관(旱)

⿰革童 [동]鞁飾전동장식동(東)

⿰革業 [복]絡牛頭繩쇠굴레끈복 絡髮머리를돌려맬복(屋)

⿰革黃 煌(火部九畫)의古字

⿰革柬 [객][극]靶也고삐객 轡首고삐머리객 靮也굴레객、극義同(陌)(職)

⿰革需。[두]胡羊오랑캐양누(尤)

⿰革華。[화]鞋ㅣ趙武靈王所服조나라무령왕이신든목화화(麻)

⿰革敦 [돈]胡人酒器오랑캐의술그릇돈(元)

⿰革參 ⿰革參(革部十一畫)과同

鞿。[기]馬韁在口말재갈기 羇同(微)

⿰革爲 鞾(革部十二畫)과同

⑬

⿰革⿹勹芻 [국]麴也누룩국(屋)

⿰革雍。[옹]鞋鞾목화옹、수여자옹(冬)

韃 [달]ㅣ靼契丹西北別種달단달 狄國名ㅣ靼오랑캐달(曷)

⿰革旁 [광]草鞋짚신광(江)

⿰革屈 倔(人部八畫)과同

⿰革豊 [체]軟也연할체(霽)

韁。[강]馬紲、繫也ㅣ鎖말고삐강 繮同(陽)

⿰革嗇 轖(車部十三畫)과同

⿰革蜀。[촉]弓衣활집촉 韣同(沃)

韂 [첨]馬障泥鞍ㅣ말다래첨(鹽)

⿰革葛 鞨(革部九畫)과同

⿰革遂 繸(糸部十三畫)과同

⿰革爽 ⿰革勿(革部四畫)과同

⿰革睪。[탁]革履가죽신탁(藥)

⿰革解 [해]車鞧차멍에동이는끈해(蟹)

⑭

⿰革聚 [추]轂上掛具언치추(有)

⿰革需。[유]革履가죽신유(麌)

⿰革爾 [녀]轡垂고삐드릴녀(霽)

⿰革箕 [illegible](革部十一畫)과同

⿰革尋 [illegible](革部十七畫)과同

⿰革縣。[현]駕馬具在背말언치현、말뱃대끈현(銑)(霰)

⿰革匱 鞼(革部十二畫)과同

⿰革遣。[견]腰帶허리띠견 韋帶가죽띠견(霰)

⿰革僕 [복]纏絡牛頸之具소목걸이끈복(沃)

⿰革翟。[락]堅皮단단한가죽락

韄。[호][획]刀飾칼장식호、佩刀絲칼끈획(遇)(陌)

⑮

⿰革贊 ⿰革贊(革部十九畫)과同

⿰革巤 [렵]馬頭絡繫具말의굴레렵(葉)

韆 [천]繩戲鞦ㅣ그네천(先)

韈。[말]足衣버선말 襪、韤同(月)

⿰革⿱亼爾 [지]鞁也언치지(支)

韇。[독]藏笄器젓가락집독、전동독 盛弓矢器동개독(屋)

⑯

⿰革憲 韗(韋部九畫)과同

⿰革遺。[유]繩也줄유、끈유(未)

⿰革龍 [롱]馬被具말언치롱(東)

⑰

⿰革闌 [란]箭筒전동란

⿰革毴 氈(毛部十三畫)과同

韉 [천]鞍具언치천、안갑천 韀同(先)

⿰革蹇 鞬(革部九畫)과同

⿰革薄 [박]車中席차안에까는자리박(藥)

⿰革毚。[참]韉也언치참、안갑참(陷)

⿰革蹇 鞬(革部九畫)과同

⑱

⿰革鷫 [숙]鞮也가죽신숙(沃)

⿰革巂。[쉬]垂貌늘어질쉬 鞍邊帶선후걸이쉬(灰)

⑲

⿰革麗 [사]鞮屬신사 鞿同(紙)

㉑

⿰革蘭 [란]藏弩矢服、盛弓矢器동개란(寒)

⿰革變 ⿰革勿(革部四畫)과同

㉓

⿰革顯。⿰革㬎(革部十四畫)과同

㉔

⿰革⿱亯邑 ⿰革鄉(革部十一畫)의本字

⿰革棘棘。[객]靶勒고삐와굴레객(陌)

㉙

⿰革爨。[찬]車轙수레멍에동이는끈찬(寒)

韋部

韋。[위] 柔皮다룬가죽위、柔輭脂ㅣ연할위、홀부들할위 諧和依ㅣ화할위 武服韎ㅣ군복위 姓也성위 (微)

三

韌。[인] 堅柔難斷질길인 靭同 (震)

四

⿰韋及 [삽] 小兒履걱두기삽 (合)

⿰韋犬。[피] 車軾차앞턱나무피 (寘)

⿰韋交 [효] 革囊가죽주머니효 本音교 (肴)

⿰韋內 [납] 軟也연할납 弱也약할납 (合)

五

⿰韋丕 坯(土部五畫)과同

⿰韋必 [비] 弓檠활도지개끈비 (霽)

⿰韋弗。[불] 棺繩관매는줄불 (物)

⿰韋包 鞄(革部五畫)과同

⿰韋戉 [월] 斧囊도끼집월 (月)

⿰韋它 [타] 革履가죽신타 (歌)

⿰韋夗 ⿰韋宛(韋部八畫)과同

⿰韋斤 [척] 刀之把中韋자루막가죽척 (陌)

⿰韋主。[주] 戎服군복주、슬갑주 皮袴가죽바지주 (遇)

⿰韋占 [접] ㅣ韘、帶具각지접 (葉)

韎。[매] 茅蒐所染赤韋붉은가죽매 樂官名ㅣ師풍류맡은관원의이름매 (卦)(隊)

六

韏。[권] 革中斷、中分가죽사분과할권 (願)

⿰韋交 [교] 囊也주머니교 (肴)

⿰韋曳 [혜] 乘也어기 어질혜 (霽)

⿰韋伏 軾[복] 軾也수레앞턱나무복 (屋)

⿰韋朵 鞣(革部六畫)과同

⿰韋亘。[훤] 製鼓工匠북만드는장인훤 (願)

韐 [갑][겹] 戎事服韎ㅣ가죽바지갑、韋蔽膝가죽폐슬겹 (合)(洽)

七

⿰韋兌 ⿰韋聽(韋部十二畫)과同

⿰韋束 ⿰韋陳(韋部十畫)과同

⿰韋甫 [부] 尻衣잠방이부 (麌)

⿰韋役 ⿰韋殳(韋部九畫)의譌字

⿰韋肖。[초] 刀室칼집초 鞘同 (嘯)

⿰韋夾 韐(韋部六畫)과同

八

韓。[한] 國名ㅣ萬所封한나라한 朝鮮國名 三ㅣ 나라이름한 大ㅣ朝鮮改稱한국한 井垣우물담한

⿰韋匊 [국] 裹也쌀국 (屋)

⿰韋或。[역] 縫也꿰맬역 (職)

⿰韋陀 ⿰韋它(韋部五畫)과同

⿰韋宛 ⿰革宛(革部八畫)과同

⿰韋卷 [권] 曲也굽을권 (願)

⿰韋非。[패] 韋囊吹火허풍서니패 (卦)

⿱韋衣 [위] 衺也비뚜러질위

⿰韋長。[창] 韜也활집창 (漾)

⿰韋朵 韖(韋部九畫)과同

⿰韋沓 [답] 指衣골무답 揩同 (合)

九

⿰韋宣 韗(韋部九畫)과同

⿰韋复 [복] 裘也갓옷복 (宥)

⿰韋爰 韗(韋部九畫)과同

韙 [위] 美也아름답게여길위 是也옳을위 (尾)

韖 [유] 韌也질길유 (宥)

韘。[섭] 射決각지섭 (葉)

韗 [운] 攻皮之工가죽장인운 (問)

韕。[단] 履跟後帖신뒤축끈단 (翰)(旱)

⿰韋兗 [연] 鞣皮다룬가죽연

⿰韋冓 韝(韋部十畫)과同

⿰韋是 韙(韋部九畫)과同

⿰韋盾 韜(韋部十畫)과同

十

⿰韋荅 ⿰韋沓(韋部八畫)과同

⿰韋尃。[박] 韋裹車軛멍에가죽싸개박 (藥)

⿰韋東。[위] 東也묶을위 (微)

⿰𠦝韋 韓(韋部八畫)의本字

⿰韋鬼 韢(韋部十二畫)과同

⿰韋邕 ⿰韋雍(韋部十三畫)과同 ⿰革邕(革部十畫)과同

韝。[구] 射決각지구 臂衣팔찌구 (尤)

⿰害韋 [할] 鎋也굴대빗장할 (黠)

韜。[도] 寬也너그러울도 藏也감출도 劍衣칼전대도 兵法ㅣ略도략도、병법도 鞱同 (豪)

⿰韋萠 鞴(革部十畫)과同

韞 [온] 藏也ㅣ匵감출온 赤色붉은빛온 (吻)

十一

韛 [배][복] 吹火韋囊풀무배、箙(竹部八畫)과同 (卦)(屋)

⿰韋崔 [최] 鞍也안장최 (灰)

韠。[필] 蔽膝슬갑필、폐슬필 韡同 (質)

⿰韋巢。[소]束也 묶을소(肴)
⿰韋彗 [쉬]裏紐 주머니끈쉬(寘)
(十二)
韟。[고]弓衣 활집고(豪)
⿰韋登 [등]張皮 가죽벌릴등、가죽펼등(梗)
⿰韋韋 [회]柔革平均 가죽다룰회(支)
⿰韋貴 [키][해]緝也、積也 길쌈할키、繡韋囊 수놓은가죽주머니쾌(未)(隊)
⿰韋番 [번]韋平方가죽 반듯할번(元)
⿰韋焦 ⿰韋焦(韋部十八畫)과同
⿰韋惠。[혜]裏紐 주머니끈혜(霽)
韡 [위]華盛貌ㅣㅣ 꽃활짝필위、光明ㅣㅣ 빛나고밝을위、환할위(尾)
(十三)
⿰韋睪 [택]ㅣ韄、刀靶韋 칼치장하는가죽택(陌)
⿰韋雍 [옹]鞋韄 신옹(冬)
⿰韋僉 [험]被也 입을험(鹽)
韣。[독][촉]弓衣 활전대독、韜也 칼집속
⿰韋詹 [첨]蔽膝 슬갑첨、障泥 말다래첨 幨、襜同(鹽)(豔)
⿰韋嗇。⿰革嗇(革部十三畫)과同
(十四)
⿰韋賣 ⿰革賣(革部十四畫)과同
⿰韋㬎 ⿰革㬎(革部十四畫)과同
⿰韋豪。⿰韋甫(韋部七畫)과同
⿰韋尃 ⿰韋尃(韋部十七畫)과同
(十五)
韇 [독]箭筒 전동독(屋)
韤。[말]足衣 버선말 韈同(月)
(十六)
⿰韋鬱 [울]芳草 향기로운풀울(物)
(十七)
⿰韋薄。[박]藁鞋 짚신박(藥)
(十八)
⿰韋雙 [추]收束 거두어묶을추(尤)
⿰韋蕉 ⿰韋雙(前條)와同
(十九)
⿱䜌韋 [권]柔皮 다룬가죽권(願)
(二十)
⿰韋矍。[곽]刀裝革 칼장식가죽곽(藥)

韭部

韭。[구]草鐘乳韭菜 부추구(有)
(四)
⿱癶韭 ⿱癶韭(韭部七畫)의譌字
韮 韭(韭部○畫)과同
⿱夭韭。[잡]惡也 몹쓸잡、나쁠잡(合)
(六)
⿹戈韭 韱(韭部八畫)과同
(七)
⿱大韭 李(子部五畫)의古字
韰 [해]陋也 좁을해、速也 빠를해 僟同(卦)
(八)
⿱次韭 ⿱次韭(韭部十畫)과同
⿰韭殳。[삽]起也 일어날삽(合)
⿱次韭 ⿱次韭(韭部十一畫)과同
韱。[섬]山韭 산부추섬、細也 가늘섬 纖同(鹽)
(十)
⿰口⿱次韭 [해]送死歌 상여소리해(卦)
韲 齏(齊部九畫)과同
⿱合韭 ⿱次韭(韭部十畫)과同
⿰木⿱次韭。[제]剉菜 썰은나물제(齊)
⿱次韭 [제]和醢醬細切菜蔬 썰은푸김치제
(十一)
⿰木⿱次韭 ⿰木⿱次韭(次條)와同
⿰木韲 齏(齊部九畫)과同
⿱次韭 [제]醢醬所和 양념제、利也 이할제 齏同(齊)
⿱自韭 自(自部○畫)과同
(十二)
⿰番韭。[번]小蒜 달래번(元)
⿱家韭。[대]清菜之剉 썰은푸김치대(隊)
(十四)
⿰阝韲 ⿱次韭(韭部十二畫)과同
⿰?韭。[해]似韭葷菜 염교해 薤同
⿰土⿱次韭 好(女部三畫)과同
(十五)
⿱孛韭 李(子部五畫)의古字

音部

音。[음]聲也、生於心有節於外謂ㅣ 소리음、訓之對文字讀聲 음음、ㅣ聲 말소리음、ㅣ信 소식음、편지음、樂也 음악음(侵)
(三)
⿰音也。[지]咸ㅣ、黃帝樂名 황제의풍류이름지(支)
⿰音工 [홍]大聲 소리크게지를홍(東)
(四)
⿰音弗。[불]樂聲乍息 풍류소리잠시그칠불(物)
⿰音今 吟(口部四畫)과同
(五)
韶。[소]舜樂 簫ㅣ 순의풍

류소 紹也ㅣ護 이을소ㅣ華ㅣ光美也 아름다을소 春也 봄빛소 磬同 (蕭) 韷。[락] 喧也 시끄러울락 (陌)

⑥

𩐳 [축] 懸樂器斷貌 풍류매달은것이 끊어질축 (屋) 𩐴 [음] 不平聲 소리고르지못할음 (侵)

𩐓 [홍] ㅣ訌、大聲 큰소리홍 (東) 𩐠 [박] 手足之指節鳴 손발마디울박 (覺) 𩐰。[방] 鼓聲 북소리방 (江)

⑦

𩐡 [불] 撫聲 만지는소리불 (月) 韽 [암] 細聲 가는소리암 (覃)

䪫。[경] 韺項 樂名 六ㅣ 풍류이름경 莖通、本音 형 (庚) 韸 [봉] 聲 鼓ㅣㅣ 북소리봉 和也 화할봉 逢通 (東)

⑨

韺。[영] 帝嚳樂名 五ㅣ 풍류이름영 英通 (庚) 䪳 [추] 衆聲之喧 떠들추 (有)

韹 [횡][앵] 樂聲 풍류소리횡、鍧 器聲 놋그릇소리앵 (陽)(庚)

⑩

韻。[운] 音諧 和也 화할운 風度ㅣ致 운치운 音員爲ㅣ 운 운同 聲相應 울림운 (問) 䪵。[동] 鐘聲 종소리동 (送) 罃 [영] 小聲 작은소리영 (庚)

⑪

響 響(音部十三畫)과同 韼 逢(辵部七畫)과同 𩐯 䪫(音部七畫)과同 𩐷。[암] 聲微不越揚 소리가부러질암 (覃) 韾 [음] 聲和 소리화할음 (侵) 𩐼 韻(音部十畫)과同

⑫

𩐽 響(音部十三畫)과同

⑬

𩑀。[탁] 聾者 귀머거리탁 (覺) 𩑂 [공] 賜也 줄공 (漾) 𩑁 [업] 樂也 풍류업 (葉)

響。[향] 應聲 소리마주칠향 聲之外日ㅣ 卽影ㅣ소리 울릴향、메아리향 樂器方ㅣ 악기향 鄉同 (漾) 䭲 [의] 痛聲 앓는소리의 (微)

⑭

𩑃。[향] 打也 칠향 (陽)

⑮

𩑄 [광] 聲也 소리광 (漾) 頀 [호] 湯樂 大ㅣ 은왕성탕의 풍류호 濩同 (遇)

⑰

𩐻 韽(音部二十四畫)과同

㉔

𩑅 [령] 聲也 소리령 (靑)

頁部

頁。[혈] 頭也 머리혈、마리혈 書冊 片面 페이지혈 俗音 현 (屑) 𩑋 頁(前條)의 本字

②

頄 [규][구] 面顴 광대뼈규 厚也 두터울규 頯同、구 義同 (支)(尤) 頂。[정] 顚也 이마정 物之最上部 꼭대기정 戴也 일정 冠上飾也 관꼭대기 지창할정 頃。[경][규] 田百畝 백이랑경、발사면 경 俄也 아까경、頭不正 머리비뚤경 暫也 잠간경 近時 요사이경、比時 쯤경 山名 西ㅣ산이름경 半步也 반걸음규 (梗)(庚)(紙) 𩑑 [유] 顫也 떨유 (有) 𩑓 [요] 仰也 처다볼요、우러러볼요 (嘯)

③

項。[항] 頭後頸也 목뒤항 𩑛 [차][재] 頝ㅣ、頤傍 턱결차、채 義同 (麻)(佳) 𩑔。[개] 頰下 빰밑개 (賄) 𩑗 [요] 頭小貌 머리작은모양요 (蕭) 𩑙 [후] 動頭 머리움직일후 (麌) 𩑘。[독][탁] 頭骨 머리뼈 독、탁 義同 (屋)(藥) 𩑚 [굴][곤] 頰旁骨 광대뼈굴 禿也 대머리굴、곤 義同 (月)(阮)

𩑋 [올] 去髮刑 머리를 깎는형벌올 (月) 𩑏 [공] 顔也 낯공 (東) 順。[순] 不逆 循理 순할순 從也 좇을순 和也 회할순 次第ㅣ序 차례순 姓也 성순 (震) 𩑜 [환] 頭也 머리환 (寒) 頇。[안][한] 岸頭無髮ㅣ頷 대머리안 冠敧後 갓젖혀쓸안 大面 얼굴큰안、한 義同 (翰)(寒) 頉。[이] 養也 기를이、有故 탈날탈 (支) 國字 須。[수] 頭毛 同鬚 턱수염수 待也 기다릴수 斯ㅣ 잠간수 用也 쓸수 資也 거리수、재료수 魚動腮 물고기아가미벌럭거릴수 婢妾餘ㅣ 종첩수 必也 모름지기수、반드시수 草名 夫ㅣ 풀이름수 星名ㅣ女 별이름수 𩑗 𩑗(頁部三畫)의 譌字

④

𩑡

顉(頁部七畫)과同 項。[욱]謹貌ㅣㅣ삼가는모양욱、머리굽실거릴욱、人名顗ㅣ사람의이름욱、星名별이름욱、古音혹(沃) 頌 [앙]擧頭머리들앙(陽) 丰頁 [봉]耳本귀뿌리봉(董) 頏 [당]頭也머리당(感) 頠。[와]靜也고요할와(哿) 須 髮(髟部五畫)의古字 頙 [척]正也바를척(陌) 今頁 [감]醜也추할감(覃) 尹頁 [윤]面不正貌낯비뚤윤(軫)

頌。[용][송]貌也모양용、容也얼굴용、稱述ㅣ德칭송할송、기릴송 氏頁 顧(頁部八畫)과同 頢。[골]頰高빰높을골(月) 頏 [항]鳥飛上下頡ㅣ새날아오르락내리락할항、頸也목항、목줄디항、聲也소리항、本音강(養) 不頁。[배]曲頭곱은덕배(佳) 頎。[기][간]長貌헌걸찬모양기、至惻隱貌간절할간 頍。[규]弁貌고갈비녀규、擧首貌머리드는모양규(紙)

頑。[완]固陋완고할완、鈍也미련할완、癡也어리석을완 預 [예]先也미리예、參與참예할예、及也미칠예、干也간섭할예、豫同、與通、古音여(御) 頕。[침]垂頭貌머리숙일침(寢) 尤頁。[우]顫也머리흔들우(宥) 午頁 [오]大頭큰머리오(晧) 頓。[돈][둔][돌]下首至地머리조을돈、절할돈、止也그칠돈、敗也패할돈、貯也저축할돈、壞也무너질돈、遽也、陡ㅣ급할돈、食一次밥한차례돈、宿食所숙식하는곳돈、整ㅣ가지런할돈、俄也별안간돈、固鈍무딜둔、單于太子冒ㅣ오랑캐이름돌(願)(月) 甘頁 頤(頁部六畫)과同 吉頁 頊(頁部三畫)과同 王頁。[우]孔子頭意공자의머리우(麌)

頒。[반][분]布也반포할반、賜也반사할반、頭半白머리털반쯤셀반、頒兩旁관자노리반、攽同、魚大首貌물고기머리클분(刪)(文) 殳頁。[올][몰]入頭水中머리를물속에넣을올、沒也잠길올、몰義同(月) 牛頁 頖(頁部六畫)과同

五

至頁 [배]曲頭貌주걱턱배(灰) 頔 [적]好也좋을적 民頁 [민]强也강할민(眞) 耳頁 [저]頤也턱저(魚) 句頁 [구]勉也힘쓸구、本音후(宥) 犮頁 髮(髟部五畫)의古字 頶 [호][고]垂下頷肉소의처진턱살호、頷骨턱뼈고(虞) 平頁 [검]ㅣ頷、不平貌편하지않을검(琰) 弁頁 [변]冠名고갈변、弁同(霰)

頖。[반]ㅣ宮侯學제후의학교반、반궁반、泮同(翰) 未頁 [미]面俯머리숙일미(未) 石頁。[우]頭顫疾머리떠는병우(宥) 幼頁 [요]頸不自由意머리가자유롭지않을요(效) 末頁 [말]ㅣ顝、健也튼튼할말、面平얼굴납작할말(曷) 此頁 頿(頁部八畫)과同 叵頁 [파]頭之偏傾머리기울파(歌) 玄頁 [현]顯後뒷빰현、뒷볼현(先) 去頁 [갑]頭也머리갑(合)

白頁 [복]髮白머리털힐복(職) 冉頁 [염]頰須구레나룻염(鹽) 尒頁 頒(頁部五畫)의譌字 出頁。[절]面秀骨곳마루절(屑) 領。[령]衣體옷깃령、項也목령、統理거느릴령、受也받을령、要ㅣ종요로울령、占ㅣ차지할령(梗) 頗。[파]不正偏ㅣ비뚤어질파、편벽될파、義同、僅可자못파(歌)(哿) 令頁 彡頁(次條)와同 彡頁。[진]愼事일을삼갈진、慭也부끄러울진、頭髮少貌머리털적을진(翰)(震)

氐頁。[제]垂頭머리숙일제(齊) 彡頁 彡頁(前前條)와同 号頁 [호]白髮頭흰머리호 艮頁 頣(頁部三畫)의譌字 它頁 施(方

部五畫)과同 𩑋 頂(頁部二畫)과同 頙。囝책 正也바를책 陌 頚 頸(頁部七畫)의俗字 䪼。囝감 頰疾빰병감 感 𩒦 頮(頁部七畫)과同 頛。囝뢰 頭傾머리기울뢰 賄 頣

⑥ 頚 囝치 面黑얼굴검을치 紙 頮 囝회 大首큰머리회 隊 顖 囝신 頂門숫구멍신、顖囟同 震 頞 囝알 鼻莖콧마루알 獸名 𪊨ㅣ짐승이름알 曷 頛。囝뢰 頭傾머리기울뢰 賄

䫂。囝곤 頰高빰높을곤 阮 頜。囝합 頤傍아랫볼합 古音갑 合 𩑷 囝비 首也머리비 犬初生子개의첫배새끼비 寘 𩒐 囝광 目匡눈가광 䫏 囝다 醜貌추한모양다

頡 囝갈 囝힐 䩐也밝힐갈 掠除획차갈갈、노략질할갈、飛上下頡오르락내리락 (翓) 날힐 古吏官倉ㅣ옛날사기말은관원힐、사람이름힐 翓同、俗音혈 黠 𩓈 顓(頁部十二畫)과同

䫹 囝홍 頭昏顬ㅣ머리아득할홍 董 頝。囝교 不媚아첨안할교 肴 𩑶 囝두 顧ㅣ、面顫얼굴비뚤어질두 尤 頠。囝외 囝위 頭閑習머리마음대로가질외 靜也고요할외 人名晋裒ㅣ사람이름외、習容止외양잘가질위 賄 紙

頟。囝액 額也이마액 不息ㅣㅣ쉬지않을액 額同 陌 頩 囝병 淺青色옥색병 怒也노할병、성낼병 靑 頞 囝열 囝박 囝악 醜也추할열、面大貌얼굴클박、頞也턱뼈악 恭嚴근엄할악 屑 藥

頤。囝이 頷也턱이ㅣ指턱끄덕거릴이 養也기를이 嚼也턱까불거릴이 老也期ㅣ늙은이이 支 頦。囝해 頤下턱밑해 灰 頪。囝뢰 疾也빠를뢰 曉難깨닫기어려울뢰 鈍也둔할뢰 泰

䫆 囝괄 短面짧은얼굴괄 曷 𩒨 囝신 擧目而視눈들고볼신 軫 䪝 囝동 直頸곧은목 𩑰。囝퇴 夏冠名母ㅣ하나라관이름퇴 灰 頚 頸(頁部七畫)의略字

頨 囝연 姣也얼굴예쁠연 銑 頨。囝변 頭姘머리고울변 先 頫 囝부 ㅣ仰低頭머리숙일부 麌 𩒃 頫(頁部七畫)과同 䪷。囝총 滿也찰총 腫 𩓀 𢄔(巾部十二畫)과同 𩒋 頮(頁部六畫)과同 頣 頤(頁部六畫)과同 䫲 戚(戈部七畫)과同 䪿 頭(頁部五畫)과同

⑦ 𩒓 囝매 暗也어두울매 隊 頢。囝활 短面짧은낯활 頢同 曷 頄 囝구 戴也일구 尤 𩓐 囝삼 動頭머리움직일삼 勘 䐾。囝곤 耳門귀문곤 元 䫥 囝아 均也고를아 歌 𩒺 囝잠 囝금 囝검 ㅣ頷、醜貌얼굴추할잠、금義는잠과同、面不平意얼굴반반하지않을검 𥕑

頭。囝두 首也머리두 上也위두 首領ㅣ目두목두 始初시초두 端也끝두 尤 𩒤 囝성 頸也목성 庚 䪱 頃(頁部二畫)과同 𩓇 囝침 陋也더러울침、추할침 寢 𩔰 囝회 洗面낯씻을회 隊 䪥。囝차 牙下骨턱뼈차 麻 頯。囝귀 面顴광대뼈귀 支 𩓓 頯(前條)와同

頲。囝정 直也곧을정 挾頭머리통홀쭉할정 迥 頰 囝협 面兩旁빰협 譬說緩ㅣ비유하는말협 徐言천천히말할협 古音겹 葉 頛。囝랄 面醜낯추할랄 曷 頖 囝보 頰骨광대뼈보 麌

𩓧 囝침 囝심 醜貌추할침、頩ㅣ俯首머리구부릴심 侵 沁 頷。囝암 囝함 點頭ㅣ之머리끄덕거릴암、不飽顑ㅣ배고플함 䫡。囝곡 鼻高貌코우뚝한모양곡 沃 𩓹 囝염 頰ㅣ구

⿰甬頁 홍 頭痛 머리아플홍 東 ⿰希頁 희 頭動 머리움직일희 微 頳 정 赤也 붉을정 庚 頵 균 頭大 머리통클균 眞 ⿰吾頁 오 大頭 큰머리오 虞 ⿰尨頁 망 頭也 머리망 江

頸。경 項也 목경 梗 ⿰夋頁。사 醜也 추할사 馬 ⿰弟頁。제 頭不正 머리비뚤제 齊 ⿰否頁 배 曲頭 머리굽은배 灰 頼 賴(貝部九畫)의 俗字 ⿰系頁。비 短鬚白貌 수염이 짧고흰부、短鬚貌 짧은수염비 尤 支

⿰百頁 頔(頁部六畫)과同 頥 頤(頁部六畫)의 俗字 ⿰豸頁 貌(豸部七畫)과同 頹 퇴 崩壞 무너질퇴 衰也 쇠할퇴 暴風 사나운바람퇴 傾也 기울어질퇴 從也 좇을퇴 首禿 대머리퇴 隤同、穨通 灰

頻。빈 數也 자주빈 比也 견줄빈 連也 연이을빈 急蹙貌 찡그릴빈 急也 급할빈 顰通 ⿰孛頁。발 頸也 ㅣ項 목발 質

⿰秀頁 頹(頁部七畫)과同

八

⿰爭頁 정 美也 아름다울정 敬 頾 자 口上髮 웃수염자 支 ⿺辶頁 頾(前條)와同 ⿰來頁 래 覆也 덮을래 隊 ⿰隹頁。추 出頟 툭불거진이마추 支 ⿰定頁 정 頟也 題ㅣ 이마정 定通 徑 ⿰付頁 별 短貌 짧을별 屑 ⿰委頁 위 퇴 隨也 따를위、下墜 떨어질퇴 支 灰 ⿰非頁 頖(頁部六畫)과同

⿰卑頁。괘 傾頭 목기울괘 齊 ⿰秦頁 ⿰𡕒頁(次條)와同 ⿰𡕒頁。기 小頭 작은머리기 圜也 둥글기 ⿰枝頁 ⿰𡕒頁(前條)와同 ⿰炎頁 담 面長 긴낯담 覃 ⿰谷頁 谾(谷部八畫)과同

⿰其頁。기 醜貌 추한모양기 支 ⿰杲頁 고 頭也 머리고 晧 ⿰叕頁 철 頭短 머리짧을철 屑 ⿰臽頁 감 喙也 쪼을감 鴿同 感 ⿰卒頁。췌 顦ㅣ 憂瘁 파리할췌 病也 병들췌 寘

⿰肩頁。간 頭鬢少髮 머리털적을간 刪 ⿰宜頁 의 眉目 미목의 支 ⿰屈頁。굴 面短 낯짧을굴 本音울 物 顆 과 物一頭 덩이과、머리과 蓬ㅣ 무덤과 哿 ⿰奇頁 의 好也 좋을의 美也 아름다울의 支

⿰岸頁 안 額也 이마안 翰 ⿰卷頁 권 曲角 굽은뿔권 先 ⿰金頁。금 암 曲頭 주걱턱금 頷通、黚 頭 머리끄덕일암 頷同 侵 感 ⿰靑頁 청 大頭 큰머리청 頭不正 머리비뚤청 庚

⿰昏頁 문 繫頭殟也 머리를동이고괴로워할문 元 ⿰彔頁 록 項也 목록 屋 ⿰并頁 병 怒色青 성나파랗게질릴병 斂容 천연할병 迥 ⿰步頁 頻(頁部七畫)과同

⿰音頁 頟(頁部七畫)과同 ⿰𥠖頁。퇴 頭胅 머리뼈퉁길퇴 佳 ⿰厽頁 額(頁部十畫)과同 ⿰棨頁 지 惡貌 나쁜모양지 紙

九

⿰思頁 시 類也 볼시、빰시 本音새 灰 ⿰面頁 회 面肥 얼굴살찔회 隊 ⿰契頁。혜 伺人 찾을혜 恐也 두려울혜 霽 ⿰曷頁 할 健也 건장할할 曷 ⿰爰頁。원 面不正 낯삐뚤원 阮 題。제 額也 이마제 ㅣ目 제목제 試問 물을제 書ㅣ 글제 品ㅣ 평론할제 署也 쓸제 南蠻 雕ㅣ 남녘오랑캐제、小視 흘겨볼제 睇同 齊 霽

⿰豕頁。돈 禿也 모지라질돈 ⿰叚頁 가 無度言語 헛된말가 麻 ⿰帝頁 절 小頭 작은머리절 屑

顒。옹 仰也 우러를옹 大也 클옹 溫貌 온공할옹 冬 ⿰臾頁 폐 傾頭 머리기울어질폐 霽 額。액 顙也 이마액 分量 수효액 題也 현판액 頟同 陌 ⿰癸頁 기 大

口큰입기(寘)

顔 [안] 容也 頟角얼굴안 山高昇ㅣ산우뚝할안

顎。[악] 顎骨上下아래위턱뼈악(藥)

顑 [함] 不飽ㅣ頷배주릴함 瘦也파리할함(感)

⿰彦頁 顏(頁部九畫)과 同

⿰幽頁。[요] 頭凹머리오목할요(肴)

⿰頁頁。[찬] 具也갖출찬 見也볼찬 或音선(霰)

顐 [혼] 弄言희롱할혼 禿無髮 顐ㅣ머리메일혼(願)

⿰缶頁 顖(頁部八畫)의 譌字

⿰禹頁 顒(頁部九畫)과 同

⿰束頁 頼(頁部十畫)의 俗字

顕 顯(頁部十四畫)의 略字

⿰香頁 馥(香部九畫)과 同

⿰昏頁 ⿰民頁(頁部五畫)과 同

顓。[전] 獨專오로지전 蒙也무릅쓸전、어리석을전 帝號ㅣ頊사람이름전 國名ㅣ臾나라이름전 星名ㅣ項별이름전 專通(先)

⿰咼頁。[과] 短頭짧은머리과(麻)

十

⿰翁頁。[옹] 頸毛也목털옹(東)

⿰恩頁 顖(頁部六畫)과 同

⿰差頁 [비] 短鬚짧은수염비(支)

⿰羔頁 [효] 大頭큰머리효(嘯)

顗 [의] 樂也즐거울의 謹莊貌삼가는모양의、점잖을의(尾)

⿰員頁。[운] 面首俱圓머리와낯이함께둥글운(吻)

⿰東頁 ⿰東頁(頁部十畫)과 同

願。[원] 欲也원할원、하고자할원 顗望바랄원 羨慕부러워할원 思也생각할원 請也청할원(願)

⿰兼頁 [암] 頰長빰길암(感)

顄 ⿰口函(口部八畫)의 略字

⿰虒頁。[시] ㅣ顊、頭不正머리가바르지않을시 好貌모양이좋을시、좋을시(支)

⿰冥頁 [명] 額也이마명(青)

顙。[상] 額也이마상(養)

⿰屋頁 [금] 醜貌추할금 顉同(寢)

⿰容頁 頌(頁部四畫)의 籀文

⿰奚頁 [혜] 頭不正머리비뚤혜(齊)

顛。[전] 頂也이마전 仆倒엎드러질전 專一ㅣㅣ한갈질전 傾斜기울전

顉 [금] 首動머리움직일금(沁)

⿰兜頁 [두] 面折顒ㅣ편잔줄두(尤)

⿰鬼頁。[외][기] 頭不正머리가바르지않을외 大貌클외、기義同

⿰目頼 [멸] 顗也오르락내리락할멸(屑)

⿰盍頁 [갑][개] 頰骨빰뼈갑、頭骨貌머리뼈모양개(合)(泰)

顜 [강] 直也곧을강 明也밝을강(講)

類。[류] 分ㅣ나눌류 種ㅣ종류 善也착할류 法也법류

⿰骨頁。[골][괴] 獨處貌홀로지처하는모양골、오똑이앉을골 大頭머리통클골 醜也추할골 相抵觸서로다닥칠골、괴義同(月)(灰)

⿰春頁 頼(頁部八畫)의 譌字

⿰迷頁。[미] ㅣ顊頤頭垂貌머리가드리워질미(齊)

⿰旃頁。[전] 額也이마전(先)

⿰家頁 類(頁部十畫)의 譌字

⿰嬴頁 頮(頁部七畫)의 籀文

⿺辶頁。[이] 養也기를이 輔車骨광대뼈이(支)

⿰显頁 顯(頁部十四畫)의 俗字

十二

⿰翏頁。[료] 頭長머리길료(蕭)

⿰責頁 [책] 頭不正머리비뚤책(陌)

⿰敖頁 [오] 高大貌높고클오 太也클오(豪)

⿰參頁。[참] 搖頭顉ㅣ머리흔들참(感)

⿰婪頁。[람] 垂首머리숙일람(覃)

⿰盧頁 顱(頁部十六畫)과 同

⿰爽頁 [상] 醜也추할상(養)

⿰票頁。[표] 髮亂貌ㅣ털엉킬표(蕭)

⿰婁頁 髏(骨部十一畫)과 同

⿰卑頁 [비] 髮半白털반백될비(支)

顢。[만] 面大貌얼굴큰모양만(寒)

⿰區頁 [구] 面折ㅣ顒편잔줄구(尤)

⿱頁夋 憂(心部十一畫)과 同

⿰庶頁 [혹] 祿也복혹(屋)

⿰麻頁 [마] 語訥말더듬을마(麻)

十三

⿰童頁 [홍] 肥也살찔홍(董)

顤。[요][효] 高長

頭貌 높고긴머리효 擧首貌 머리들효 高也 높을효、요 義同 (有)(嘯) 𩕄 (선) 佺視人 사람 가만히볼선 (銑) 𩕢。(심) 顭ㅣ、懦弱貌 나약할심 (寢) 𩖇 𩖇(頁部十四畫)과同 𩖐 (비)(번)

白色 흴파 勇舞貌 용맹스럽게 춤출파、白喙 흰입부리번 (歌)(元) 𩕸 顡(頁部十一畫)과同 顧。(고) 回首旋視 돌아볼고 眷也 돌보아줄고 反也 도리킬고 𩔼 (고)(호) 廣大也 넓고클고、大顏 큰

얼굴호 (晧)(豪) 顡 顡(頁部十一畫)의 譌字 𩕀 履(尸部十二畫)의 古字 顥。(호) 大也 클호 白貌 허열호 (晧) 𩕢。(침) 俯首 머리숙일침 頭長 머리길침 𩔵

(삼) 俯首 머리숙일삼 (覃) 𩔜 (쾌) 無髮 털없을쾌 (隊) 䫲 (번) 醜也 추할번 (元) 顦。(초) ㅣ顇 憂瘠貌 파리할초 憂貌ㅣ顇 근심하는모양초 (蕭) 𩔞 預(頁部四畫)의 俗字

𩕄 (선) 圓顏 둥근얼굴선 (先) 𩓩 𩓩(頁部十一畫)과同 顨。(손) 卦名也 괘이름손 顬 顬(頁部十四畫)과同 𩕦 𩕦(頁部十四畫)의 略字 𩖍

(린) 髮踈 털성길린 (軫) 顮 顏(頁部九畫)의 籀字 ⑬ 𩕽 (압) 頭動 머리움직일압 (合) 𩕬 (경)(금)(음) 顬ㅣ、懦劣 나약하고못날경、금 義同、ㅣ齻、切齒而怒貌 이를

갈며성낼음 (梗)(寢)(沁) 𩕾。(독) 頭骨 머리뼈독 (屋) 顩。(엄) 頰 面銳頭貌 하관빠를엄 顑 (함) 臨於火氣 불쪼일함 (勘) 𩕁 (담) ㅣ顲、頭貌 머리모양담 (勘) 顑

顪(頁部九畫)과同 顪 (훼) 頰也 뺨훼、불따귀훼 (隊) 𩕝 (오) 高也 높을오 (豪) 顫。(전) 頭不正 머리바르지못할전 四支寒掉 사지떨릴전 (霰) 𩖉。(식) 頰也 볼식 (職) 𩕏

𩕏(次條)와同 𩕏 頂(頁部二畫)과同 顛 顛(頁部十四畫)과同 𩖈 傮(人部十四畫)과同 ⑭ 𩖑。(몽) 頭昏ㅣ頰 머리아득할몽 (董) 𩖉

(개) 頭骨 머리뼈개 (泰) 顬 (유) 鬚骨 顬ㅣ 귀밑뼈유 (虞) 𩔈 (변) 雙生兒 쌍동이변 (先) 願 願(頁部十畫)과同 𩖆。(횡) 惛也 어두울횡 (蒸) 𩖜 (도) 大面 큰낯도 (豪)

顯。(현) 著也 나타날현 明也 밝을현 達也 통달할현 高也 높을현 (銑) 𩖕 (의) 睇盻貌 아름다운눈매의 𩖓。(빈) 憤懣 분낼빈 (眞) 𩖛。(악) 嚴敬 엄숙하고공경할악 (藥) 𩖟

(녕) 頂顛이마녕 (迥) 𩕳 顲(頁部十六畫)과同 𩕇 (평) 言多 말많을평 (庚) 𩕸 𩕸(頁部十二畫)의 本字 𩖀 𩖀(頁部十二畫)의 本字 ⑮ 𩖅

(빈) 眉蹙 눈살찌푸릴빈 強學效ㅣ 효빈할빈 𩔿 (원) 顛頂 정수리원 (願) 顙。(번) 大醜貌 크게추할번、분 義同 (元)(文) 𩔬 (완) 齟齬 어긋날완 (黠) 𩕣 (엄) 不平貌 반반

하지않을엄 (琰) ⑯ 顱。(로) 首骨 頭ㅣ 해골로 首也 머리로 (虞) 顩。(금)(겸)(엄) 醜也、頗ㅣ、추할금、겸 義同、顩ㅣ、面不平 얼굴반반하지않을엄 (寢)(鹽)(琰) 𩖐 (교) 面不正 낯바르지

못할교 (有) 𩖂。(람)(름) 面瘦貌 얼굴이여윈모양람、面色黃貌 얼굴빛이누렇람、作色貌 색낼름 (感)(勘)(寢) ⑰ 𩕻 (영) 頸瘤 목에혹날영 (梗) 𩖣 (횡) 暗也 어두울횡 (庚)

𩖆 삼 頭長머리길삼 咸
顲。령 面瘦얼굴파리할령 庚
𩖇 顲(頁部十六畫)의 譌字
十六
𩠐 首(首部〇畫)과 同
顳。섭 鬢骨ㅣ顬 귀밑뼈섭 葉
𩕾 피 眉也눈썹피 寘
顴。권 頰骨광대뼈권 先
廿
𩕢 顰(頁部十五畫)의 本字

風部

風 풍 大塊噫氣(空氣之搖動)바람풍ㅣ俗풍속풍威ㅣ위엄풍容姿모양풍ㅣ景경치풍病名中병이름풍牝牡相誘흘레할풍王者聲教울림풍諷同 東
三
𩖫 료 風聲바람소리료 有
凬 풍 下風내리부는바람풍 東
𩖬。표 風聲바람소리표 尤
𩖲 飄(風部十二畫)과 同
𩖭 봉 風貌바람부는모양봉 東
𩖰。홍 風聲바람소리홍 大風큰바람홍 東
四
𩗃。율 大風颶ㅣ큰바람율 質
𩗈 횡 大風큰바람횡 庚
𩗍 颫(前條)와 同、飉(風部十七畫)과 同
𩗄 봉 焚也불팔붕 送
颫 부 風自上下ㅣㅣ바람내리불부 虞
𩖾。모 輕也가벼울모 輕風가벼운바람모 豪
𩖿 돈 風也바람돈 元
𩗀 소 風起바람일어날소 有
𩗁。감 寒風찬바람감 蒸
颬 하 開口吐氣입벌리고기운토할하 馬
䬂 결 風吹바람불결 屑
𡖀 夏(夊部七畫)과 同
𩗅 망 經風내리부는바람망
五
𩗓 유 風聲ㅣㅣ바람소리유 有
𩗊 별 微風산들바람별 屑
𩗌 류 風聲바람소리류 有
𩗏。조 清風맑은바람조 蕭
𩗐 령 寒風찬바람령 青
𩗑 술 微風솔솔부는바람술 質
𩗒。颭(前條)와 同
颮 박 物自空墮貌ㅣㅣ공중에서뚝뚝떨어질박 飛相擊聲날며서로치는소리박 覺
𩗔 颭(次條)와 同
𩗕。이 大風큰바람이 支
𩗖 이 小旋風작은회리바람이 支
𩗗。굴 風也바람굴 物
𩗘 호 風聲바람소리호 豪
𩗙 함 風聲바람소리함 勘
颱。태 暴風之ㅣ몹시부는바람태 灰
𩗚 불 小風솔솔부는바람불 疾風휙휙부는바람불 物
颯。삽 風聲바람소리삽 合
𩗛 颯(前條)와 同
𩗜 홍 風吹바람불홍 董
颰 발 疾風빠른바람발 曷
六
𩗝 협 風和바람소리화할협 葉
𩗞 홍 風聲바람소리홍 東
𩗟。려 急風휙휙부는바람려 本音례 霽
颲。렬 烈風매운바람렬 烈通 屑
𩗠 식 意未詳
𩗡 훌 微風솔솔바람훌 質
𩗢 帆(巾部三畫)의 古字
𩗣 휴 風聲바람소리휴 尤
𩗤。힐 風吹바람불힐 質
𩗥 표 狂風미친바람표 蕭
颳 괄 惡風모진바람괄
七
𩗦。률 暴風폭풍률 質
𩗧 불 風吹바람불불 月
颴 선 風轉회리바람선 先
𩗨 뇌 風動貌바람움직일뇌 賄
𩗩。미 風吹偃物불어자빠뜨릴미 未
𩗪 연 微風작은바람연 揚穀物벼를까부를연 霰
𩗫 颸(風部八畫)과 同
𩗬。퇴 小風솔솔부는작은바람퇴 泰
𩗭 飀(風部八畫)과 同
𩗮 구 微風산들바람구 尤

⿰風夾 [삽]風疾바람빠를삽(洽) ⿰風赤。[혁]熱風뜨거운바람혁(陌) ⿰風忝 [홍]風吹바람불홍(董) ⿰風折。[철]ㅣ颭、風也바람철(屑) ⿰風采 [살]風吹、바람불살(曷) ⿰風丣 [류]緒風 ⿰風由ㅣ슬

슬부는바람류(有) ⿰風攸 [유]風聲바람소리유 ⿰風虫 ⿰虫風(虫部三畫)과同 ⿰風彖 ⿰風悤(風部八畫)과同 ⿰風肖 [소]風聲바람소리소(效) 八 ⿰風夌 [릉]大風큰바람릉(蒸)

⿰風或。[괵]熱風뜨거운바람괵(陌) ⿰虍風 [푸]風之強吹바람셀푸(尤) ⿰風戾 [려]風聲바람소리려(霽) ⿰風虔 ⿰虍風(風部八畫)과同 ⿰京風 ⿰風京(次條)와同 ⿰風京。

[량]北風북풍량 ⿰風周 [주]風吹바람불주(宥) ⿰風卒。[세]破也파할세、개질세(霽) ⿰金風 [류]風行聲바람지나가는소리류(有) ⿰風卑 [배]風吹바람불배(齊) ⿰風忽。[훌]疾風貌빠른

바람훌、휙휙부는바람훌(物) ⿰風甾 颸(風部九畫)과同 ⿰風尙。[정]風聲바람소리정(庚) ⿰委風。[외]低吹風낮은바람외(灰) ⿰風委 [유]風緩貌바람완만할유(支) ⿰風析。[석]風聲바

람소리석(錫) ⿰風奉 [봉]風起바람일어날봉(董) ⿰風垂 [수]風偃物바람에쓸어질수(支) ⿰風疌 [첩]風動吹바람몹시불첩 或音섭(葉) 颶 [구]四方風海中大風사방풍구、회리바람구

⿰風爭 箏(竹部八畫)과同 ⿰風炎 [표]狂風미친바람표(蕭) ⿰林風 風(風部。畫)의本字 ⿰風音。[부]風穩바람잔잔할부(有) ⿰風奄 [언]ㅣ[illegible]奄忽잠간언、갑자기언(元)

九 ⿰風皆 ⿰皆風(次條)와同 ⿰皆風。[개]疾風휙휙부는바람개 喈通(佳) ⿰風秋 [수]風聲바람소리수(尤) ⿰韋風 颹(次條)와同 颹 [위]大風큰바람위(微) 颸 [시]凉

風서늘한바람시(支) ⿰風侯。[후]風吹바람불후(尤) ⿰風畐 ⿰風必(風部五畫)과同 ⿰風皇。[횡]風聲바람소리횡(敬) ⿰風剌 [랄]風吹바람불랄(曷) ⿰風幽 [유]風聲바람소리유(尤)

⿰英風 [영]高吹風높은바람영(庚) ⿰風英 ⿰英風(前條)와同 ⿰兗風。[연]微動風잔잔하게부는바람연(銑) ⿰風俞 [유]颶風회리바람유 ⿰風風 [공]亂風어지러운바람공古音강(講) ⿰亶風 [전]風

動바람움직일전(先) 颺。[양]風飛날릴양 揚通(漾) ⿰風皇 ⿰風黃(風部十二畫)과同 ⿰昜風 颺(前前條)와同 ⿰風胃。[율]大風큰바람율(物) ⿰風音 [안]颶風회리바람안(翰) ⿰風枼

[엽]風動바람움직일엽(葉) ⿰風彖 ⿰風悤(風部八畫)과同 ⿰風斿 [유]風吹바람불유(尤) ⿰風皃 ⿰風卑(風部八畫)과同 十 ⿰豈風。[개]南風마파람개、남풍개 凱同(賄) ⿰䍃風 [요]風動風

飄ㅣ날릴요、나부낄요(蕭) 颼 [수]風聲바람소리수(尤) 颻 ⿰䍃風(前前條)와同 ⿰風唐 [당]風貌바람모양당(陽) 颿。[범]馬疾步말달릴범 船幔돛범 帆、颿同(陷)

⿰風馬 颿(前條)와同 ⿰風索 [삭]風聲바람소리삭(藥) ⿰風蚤。[소]風聲바람소리소(豪) ⿰風氣 [묘]疾風吹빠른바람묘(蕭) ⿰風高 [호]熱風뜨거운바람호(有) ⿰風栗

[률]暴風왜풍률 ⿰風茘 ⿰風函(風部六畫)과同 十一 飂。[료][류]風聲ㅣ⿰風遼바람소리료 ⿰風遼同、高風ㅣㅣ높은바람류 ⿰風畢 [필]風寒바람찰필(質) ⿰風率 [솔]風聲바람소리솔(質)

⿰敖風。오 風聲바람 소리오 豪 ⿰風离 魑(鬼部十一畫)의俗字 飁 습 颯｜大風 큰바람습 緝 ⿰風宿 숙 風吼바람 소리칠숙 屋 飄。표 旋風회리바람표 飃

⿰票風(前條)와同 飂 ⿰風翏(風部十一畫)과同 ⿰風曹 율 風聲 바람소리율 ⿰風鳥 효 風也바람 효 ⿰風鳥同 有 ⑫ ⿰喬風 ⿰風喬(次條)와同 ⿰風喬 율 急風 질풍율 質

⿰風貴。퇴 暴風從上下급한 바람내리 불퇴 灰 ⿰風肅 숙 風聲 바람 소리숙 屋 ⿰風畱。류 高風｜｜높은바람류 尤 ⿰風登。정 風聲 바람 소리정 庚 飆。표 從下而上扶搖

風 회리바람 표 飄、猋同 蕭 ⿰風棠 ⿰棠風(次條)와同 ⿰棠風 당 狂風 미친바람당 ⿰風猋 飆(風部十畫)과同 ⿰風尞。료 風聲 바람 소리료 蕭 ⿰齊風 ⿰風齊(前條)와同

⿰風黃 황 暴風 왜풍황、사나운바람황 庚 ⿰黃風 ⿰風黃(前條)와同 ⿰風畾 ⿰風壽(風部十四畫)과同 ⿰炎炎風 飆(風部十二畫)의略字 ⑬ 飋。슬 秋風｜가을바

람슬、쓸쓸한바람슬 或音실 質 ⑭ ⿰風壽 도 大風 큰바람도 豪 ⑮ ⿰風毳。⿰風毳(風部十七畫)과同 ⿰風巤 렵 風聲 바람 소리렵 葉 ⿰風劉 류 風行聲 바람 가는소리류 尤

⿰金風 ⿰風巤(前條)와同 ⑯ ⿰風歷。력 風聲 바람 소리력 錫 ⑰ ⿰燮風 섭 風貌 바람 모양섭 葉 ⿰風蕭 소 凉風 서늘한 바람 소 北風 북풍소 ⿰風毳 횡 大風 큰바람횡 庚

⑱ ⿰興風 ⿰鬼風(風部十一畫)의本字 飌。風(風部○畫)과同 ⿰聶風 섭 風吹바람불섭 葉 ⿱風⿰風風。휴 驚風 큰바람휴、태풍휴 驚走貌 놀라달아날휴 尤 ㉓ ⿰驫風

⿰風怱(風部八畫)의古字

飛部

飛。비 鳥翥날비 六馬여섯말비 疾也빠를비 散也흩어질비 微 ① ⿰氵飛 飛(前條)의古字 ⑥ ⿰並飛 ⿰韋飛(飛部十八畫)의譌字 ⑧

⿱雨飛 霏(雨部八畫)의古字 ⑨ ⿱者飛 翥(羽部九畫)과同 ⑩ ⿱高飛。우 飛也날우 有 ⿰倝飛 翰(羽部十畫)과同 ⑫ ⿰番飛。번 飛也날번

⿱異飛 翼(羽部十一畫)의籀文 ⑫ ⿰睘飛 환 ｜飛繞貌 빙 돌아날환 刪 ⿰亶飛。전 遠飛멀리날전 先 ⑱ ⿱飛飛飛。비 飛也날을비 微

食部

食 식사이 殺饌飮｜음식식、밥식 茹也먹을식 祭日血｜제식日月｜일월식 식｜言헛말식、以｜與人飯也밥먹일사 飼同、人名｜其사람이름이 職 寘 ⿱亼皀 食(食部○畫)의古字

⿱亼皀。食(食部○畫)의本字 ⿱亼⿰皀ヒ 食(食部○畫)의俗字 ① ⿰食乙 饐(食部十二畫)과同 ② 飢。기 餓也굶을기、주릴기 五穀不成흉년들기 饑同 支

⿰食刀。饕(食部十三畫)과同 ⿰冫食 飡(食部三畫)의俗字 飫 어 餞也전별할어 御 飤 사 以食食人밥먹일사 飼同 寘 飣。정 貯食｜飯음식고일정 徑 ⿸厂食

餽(食部十二畫)의古字 𩚓 飤(食部二畫)과同 飢 飽(食部四畫)과同

❸

𩚏。흘 飽也배부를흘、麨ㅣ밀수제비흘 物 𩚂。약 食節음식조절할약 藥 飥 탁 麪湯餺ㅣ밀수제비탁 藥 𩚑。이 粥也죽이 支 䬿 뉴 雜飯잡밥뉴、비빔밥뉴 宥 𩚏 飥(食部三畫)과同 𩚁。饐(食部十二畫)의古字

𩙿 饡(食部十九畫)의古字、饘(食部十三畫)과同 𩚃 지 飴也엿지 支 𩚆。飧(次條)와同 飧 손 餔也、夕食저녁밥손、水澆飯물만밥손 元 飦 천 厚粥범벅천、된죽천、饘同 先 飻 饕(食部十三畫)의俗字 𩚊 飢(食部二畫)의俗字

❹

飩 돈 圓餌餛ㅣ경단돈、도래떡돈、賜也줄돈 元 飫 어 燕食잔치먹을어、饜也먹기싫을어、飽也배부를어 御 飪。임 善美ㅣ떡국임 寢 𩚋 麨(麥部四畫)과同 𩚞。용 食也먹을용 腫 飭 칙 整備脩ㅣ갖출칙、致堅신칙할칙、修治닦을칙、勤也부지런할칙、謹也삼갈칙、敕同 職 𩛁。투 설 饅ㅣ만두투、飣也음식괼투、餖同、陳飲食음식차려놓을설 宥 屑 𩚹 餋(食部六畫)과同 𩚵。원 餅也떡원 元

𩚗 餉(食部五畫)과同 𩚟 구 飽也물릴구、포식할구 飲。음 歠也、咽水마실음、予人以歠마시게할음 寢 沁 𩚕 飽(食部五畫)과同 𩚼 㱃(欠部十一畫)의古字 𩚘 납 食也먹을납 合 飮。飲(食部四畫)의古字 𩚒 飲(食部四畫)과同 飯。반 食也먹을반、飼也칠반、餐也炊穀밥반 阮 願 𩚩 飧(食部三畫)의俗字 飯。飯(前前條)와同 飰 飯(食部四畫)의俗字 𩚆 餺(食部十畫)과同 𩛀 齋(齊部三畫)과同 𩚼 정 餅也떡정 庚

❺

𩚟。액 飢也주릴액、呃을액、餩同 陌 䬫 제 寄人而食얻어먹을제 齊 𩚧 飴(次條)와同 飴。이 시 餳也、以米煎糵엿이、養也기를시 支 寘 𩚺 餬(食部九畫)과同 𩚿 饕(食部十三畫)의俗字 飳。주 餌也미끼주 支 䬬 앙 飽也배부를앙、滿也가득할앙 養 漾 飵 조 작 相謁서로청하여먹을조、食麥饘보리미음조、작義同 遇 藥 𩚺 경 飽也배부를경 迥 飶 필 食之香밥냄새필、음식맛있을필、苾同 質 䬪 부 食也먹을부 尤 𩚷 饑(食部十二畫)의古字 𩛄 니 餌也미끼니 支 𩛆。염 食麥보리밥먹을염 鹽 𩛅 본 粗飯거친밥본 阮 𩛈。초 小食결두리초 嘯 䬸 자 食無味음식맛없을자 馬 𩛎 粒(米部五畫)의

𩛌。반 屑米餅싸라기떡반 旱 𩛍 구 牛之飽소배부를구 尤 𩛐 류 餌也미끼류、낚싯밥류 尤 𩛒 흡 餅也떡흡 洽 𩛓 감 餌也미끼감 覃 𩛘 饕(食部十三畫)과同 𩛙 울 餡和豆콩엿울 物 𩛛 자 惡食나쁜음식자、악식자 紙 𩛞。말 飼馬말먹일말 曷 飽。포 食充滿배부를포、厭也、飫也먹기

싫을포、물릴포 滿足 十分 흡족할포 (巧) 飻 餮(食部九畫)과同 飼。[사] 以食食人 먹일사 畜禽獸칠사 飤同 (寘) 飼 飼(前條)와同 䬹 餙(食部五

畫)의 俗字 飾。[식] 裝也 修ㅣ 꾸밀식 緣ㅣ 가선두를식 文ㅣ 문채날식 粉ㅣ 분바를식 整也 정제할식 (職) 飽 飽(食部五畫)과同 飯 飫(食部四畫)과同 䬆。[령] 屑

餅가루 떡령 (靑) 餉 飥(食部五畫)과同 餐 飽(食部五畫)과同 餈 [취] 裝飾 꾸밀취、치장할취 (支) 餈 餈(食部五畫)과同

六

餂 [첨] 鉤取 핥아드릴첨、갈라다릴첨 (琰) 飡 餐(食部七畫)의 俗字 餀。[해] 穢臭 더러운냄새해 (卦) 饎 饎(食部十二畫)과同 飽 飽(食部五畫)과同 餁

飪(食部四畫)과同 餩。[개][예] 餡也 엿개、腐飯 쉰밥예 餲同 (灰)(卦) 䭋 [노] 熟食 익힌밥노 (晧) 饍 饍(食部十畫)과同 餃。[교] 屑米麪和 飴湯中牽丸

경단교 (效) 餈 [자] 餻也 飯餅 인절미자 粢餌 떡자 (支) 餄。[협] 餅也 떡협 (洽) 䭐 [한] 飢也 주릴한 (願) 餅 餅(食部八畫)의 俗字 餇。[동] 食物 음식동 (東)

䬰 [요] 屑餅 가루떡요 (蕭) 䬷 [사] 厭也 싫을사 或音 서 (御) 養 [양] 育也 기를양 長也 길양 ㅣ生 몸위할양 飼ㅣ 칠양 憂貌 ㅣㅣ 마음수란할양 賤役廝ㅣ 하인양 取也 취할양、供也 받들양 下奉上 봉

양할양 (養)(漾) 餉。[향] 饋也 먹일향 軍糧 군량향 饁也 들밥먹일향 古音 상 貺通 (漾) 餋 [양] 餅也 떡양 (漾) 銍 [질] 세 木人 벼베는사람질 (質) 餕 [시] 粧飾 치장할시 (寘)

餡。[맘] 哺兒 어린아이에게 밥씹어먹일맘 (感) 餴 [분] 半蒸飯 선밥분 蒸飯 찐밥분 饙同 (文) 餋 [권] 祭祀 제사권 祭名 제사이름권 (願)(阮) 餌。[이] 動物飼料 먹이이 食也 밥이

먹일이 粉餅 떡이、啗魚具 釣ㅣ 미끼이、이깝이 (寘)(紙) 䬿 飥(食部六畫)과同 䭉 [신] 鳥飯 굳은쌀밥신 (震) 餞 餞(食部八畫)의 略字 𩝐 飴(食部五畫)과

同 餎 [로] 飴ㅣ 국은 국수로 中字 餧 [제] 寄食 기식할제、붙여먹을제 (齊) 蝕 [식] 日月虧 일월식할식 物侵蠹 좀먹을식 (職)

七

餐。[손][찬] 水澆飯 물

만밥손 餔也 먹을손、밥손 飧同、間食 간식먹을찬 飮饌 안주찬、반찬찬、찬찬 湌同 (元)(寒) 餇。[연] 饜飫 물릴연、먹기싫을연 (霰) 餑 飽(食部五畫)의 古字 䬧。[원] 貪食 게

검스럽게 먹을원 (文) 餥 酧(酉部七畫)과同 餓。[아] 甚于飢 주림을아、주릴아 (箇) 餟。[세] 食也 먹을세 祭也 제사세 (霽) 餛 [미] 食餘 대궁미、떡찌끼미 (尾)

餑 [불] 麥餅 보리떡불 (月) 餒。[뇌] 飢之甚 길뇌 餓也 주릴뇌 魚爛 생선물크러질뇌 餧同 (賄) 餘 [랑] 美也 국랑 (陽) 餈。[제] 敗味 맛변할제、쉰내제 (霽) 餅 [제] 餅

也 떡제 (齊) 䭈。[읍] 臭也 食ㅣ 음식냄새읍 (緝) 餚 [수] 蒸飯 찐밥수 (尤) 餠 [용] 食物 먹을용 鏞同 (腫) 餓 餓(食部七畫)과同 䭉、[신] 鳥飯 검은밥신、약밥신 餐也 음

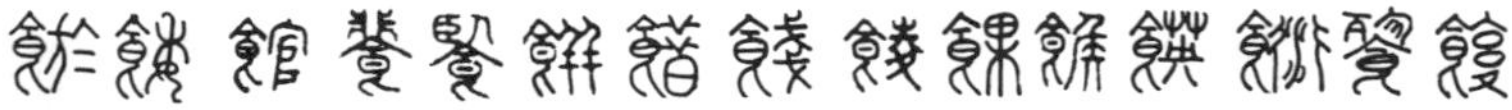

식신 (震)

⿰食志 [이] 食物 음식이 (寘)

餔 [포] 食也 먹을포、申時食 저녁결、與食 먹일포、哺同 (虞)(遇)

餖 [두] 貯食 飣ㅣ 곰새두 餖同

餕。[준][산] 祭餘 제사퇴물준、食之餘 덕찌끼준、대궁준、ㅣ餡 떡소산 本音 전 (震)(霰)

餘。[여] 賸也 남을여、饒也 넉넉할여、末也 끝여 殘也 나머지여 朝鮮古國名扶ㅣ 나라이름여

⿰食卂。[재] 始也 처음재 設食 음식을차릴재 (隊)

⿰食夾 餄(食部六畫)과 同

⿰食皃。[묘] 飽懣 포만할묘 (效)

餗 [속] 煮菜鼎實八珍之膳 삶은나물속 (屋)

⿰食呈 [정] 餉也 먹일정 (敬)

⿱卯食 飽(食部五畫)의 古字

⿰食危 [역] 飢也 주릴역、배고플역 (職)

⿰食冏 餇(食部五畫)과 同

⿰食以 飴(食部五畫)과 同

⿱艹養 養(食部六畫)의 本字

八

餳。[당] 飴也 엿당 (庚)

⿰食匊。[국] 饘也 죽국、범벅국 (屋)

⿰食隶 ⿰食彔(食部九畫)과 同

⿸厂食 饡(食部十九畫)과 同 饘(食部十三畫)과 同

餛。[혼] 圜餌 ㅣ飩 경단혼、도래떡혼 (元)

餚 [효] 饌也 반찬효 殽、肴同 (肴)

⿰食匋 餡(食部十畫)과 同

⿰食彔 [록] 食物 음식록 (屋)

⿰食具 [구] 寒ㅣ、餅 떡구 (遇)

⿰食念。[임][념] 飽也 배부를임 餁同、餅也 떡념 (問)(元)

餝 飾(食部五畫)과 同

餜。[과] 餅也 떡과、圜餌 밀경단과 (哿) 中字

⿰食固 [고] 餅也 떡고 本音 호 (虞)

⿰食夌。[릉] 馬食穀多氣流汗 말땀흘릴릉 (蒸)

⿰食事 [사] 嗜食 음식즐길사 (寘)

⿰食垂 [추] 飢也 虛ㅣ 허출할추 (寘)

⿰食卷 饌也 반찬권 (霰)

餞。[전] 送行宴 전별잔치전、送也 보낼전 蜜ㅣ、正果 정과전 (銑)(霰)

⿰食𢆶 饑(食部十二畫)의 古字

⿰食亞 ⿰食它(食部五畫)과 同

⿰食尚 [향] 糧也 양식향 餉古字 (漾)

餅。[병] 麪餈 밀가루떡병 一片 한조각병 水引ㅣ 국수병 (梗)

⿰食甾 [치] 粥也 죽치 (支)

⿰食芺 飫(食部四畫)과 同

⿰食昔。[조] 相謁食 서로만나서먹을조 (遇)

餡 [함] 餅中實味 떡소함 (陷)

⿱臤食。[녀] 炙餅餌 구운떡녀 小兒懶惰 어린아이게으를녀 (陌)

⿰食音 [부] 起麪餅 ㅣ餘 질전병부 (有)

⿰食奄 [업] 餅也 떡업 餌也 가루떡업 (葉)

餥。[비] 食也 먹을비 (尾)

⿰食壽 ⿰月正(肉部五畫)과 同

餧。[위][뇌] 飼也 먹일위、飢也 주릴뇌 (寘)(賄)

餤 [담] 進也 나아갈담、餌之 미끼먹일담 噉也 씹을담 (覃)(勘)

⿰食宛 ⿱夗食(食部五畫)과 同

館。[관] 客舍候ㅣ 객사관 店也 가게관、전방관 院也 집관 官府 관부관

⿰食亥 [이] 噎也 목메일익

餦 [장] 黍 餳蜜餌 ㅣ餭 기장엿장 (陽)

⿰食官 館(食部八畫)과 同

⿰食於。[어] 飫也 싫을어 (御)

⿰食畚 糒(米部十畫)과 同

⿰食采 [illegible](食部八畫)과 同

⿱卯食 飽(食部五畫)의 古字

⿱𠂉養 [낭] 近也 가까울낭 忽也 문득낭、갑자기낭 (養)

⿰食宗。[봉] ㅣ饞、貪食 탐내어먹을봉 (東)

九

⿰食育 [수] 豆屑雜糖 콩가루묻힌엿수 本音 유 (紙)

餪 [난] 饋也 ㅣ餫 먹일난 女嫁後三日餉食饋 풀보기잔치난 (旱)

餫。[운][혼] 野饋 들에서먹일운、飩也 경단혼 (問)(元)

餬。[호] 糜也 미음호 ㅣ饘 된죽호 寄食 붙여먹을호

⿰食建 [건][전] 粥也 죽건、전 義同 (元)(先)

⿰食斗 [과] 以

穀屑蒸造餠而塗細粉者 고물떡과 歌 餢。[멱]飽厭 물릴벽 職 餕 [수]飯壞 밥물크러질수 尤 餭 [황]黍餳乾飴餦ㅣ기 상엿황、산자황 陽 䬸 [유]起麪餠 ㅣ밀증편 유古音 두 有 𩚵 饎(食部十二畫)과同 𩜁。[유]蒸飯 찐밥유 有 䭕 [감]飢也 주릴감 感 餭。[복]食也 먹을복 屋 餯 [훼]飮也 더러운냄새훼 隊 𩝸 [옹]食物 먹을옹 腫 餮。[철]貪食 탐식할철、貪財 탐재할철 惡獸名 饕ㅣ악한짐승이름철 屑 䭀 餈(食部六畫)과同 饌 饌(食部十二畫)의本字 䬰 [요]餳也 엿요 蕭 餲 [애]飯臭 밥냄새애、食饐 밥쉴애、알 義同 卦 曷 䭊。[영][양]餌也 가루떡영、흰떡영 飽也 물릴영、滿也 찰양 梗 養 𩜵。[전]鬻也 된죽전 饘同 先 𩜋 [언]餡也 엿언 霰 餱。[후]乾食ㅣ糧 마른밥후 餱同 尤 𩝉 飽(食部五畫)의古字 𩜣 餇(食部八畫)의譌字 餴 餴(次次條)와同 餳。[당][성]飴也 엿당 餹同、성 義同 陽 庚 餴 [분]半蒸飯 선밥분 饙同 文 𩜹 飽(食部五畫)과同 䭇 饂(食部十畫)과同 𩛿。[분]飯也 밥분 文 餵 餧(食部八畫)과同 · 䭏 [편]餠也 떡편 國字 飻 饕(食部十三畫)과同 𩜷。[호]糜也 미음호 寄食 기식할호 虞 餕 餕(食部七畫)과同

十

䭔 [선]好味 좋은맛선 銑 𩞀 [삽]餠也 떡삽 洽 䭉 [할]飽厭 물릴할 黠 餹。[당]飴也 엿당 陽 𩝖 嗜(口部十畫)과同 䭚 [창]食物 음식창 陽 䭐 [양]餌也 가루떡양、흰떡양 漾 䭛 [호]餉軍勞也 호괴할호 古音고 號 餺 [박]餠屬ㅣ飥 떡박 麪湯 밀수제비박 藥 餻。[고]餌餠粉餈餻ㅣ 흰떡고 豪 䬼 [원]貪也 탐할원 元 𩝠 [소]菜食無肉 소식소 遇 𩞄。[렴]正飯後小食 사잇밥렴、간식렴 琰 饃 [구]食物爛 밥상할구 𩝐 餌(食部七畫)과同 𩝫。[식]氣息 숨식、食也 먹을식、長也 길식 職 𩝮。[답]食也 먹을답 合 𩞌 [견]乾餠 마른떡견、黏也 차질견 ㅣ捲、搏也 뭉칠견 銑 餼 [희]稟也 饔ㅣ 곳집쌀희、饋餉 먹일희 未 䭅 [라]飽厭 물릴라 哿 · 餽。[궤]貽也 먹일궤 饋同 寘 餾 [류]飯氣蒸 流饋ㅣ 밥뜸뜰류 宥 餡 [도][감]餌也 떡소도、貪也 탐할도、味過甘 맛이과히달감 豪 勘 𩟄 齎(齊部三畫)의俗字 饁 [엽]餉田食 野饋 들점심엽 葉 饐。[온]飽也 배부를온 願 𩞁 [퇴]蒸餠 증편퇴、찐떡퇴 灰 餿 餕(食部九畫)과同 鎢 [오]意未詳 䬿 [과]消食 밥내릴과 麻 餸。饛(食部十四畫)과同 饂。[온]饂飩 밀국수온 日字 𩝐 飪(食部六畫)과同 𩝉 飽(食部五畫)과同 𩞓 饕(食部十三畫)과同 𩞐 饌(食部九畫)의俗字

十一

餳 餳(食部十二畫)과同 𩞬 餹(食部十畫)과同 𩞲 [강]硬食 찬밥강 養 饆 [필]餠麪有餡ㅣ饠 소넣은밀떡필 質 𩟆 饟(食部七畫)과同 𩞯 [조]餡也 떡

소조(豪) ⿰食參。[삼]粒也 낟알삼(感) ⿰食虎 饕(食部十三畫)의 籀文 ⿰口⿱虎食 ⿰食虎(前條)와同 ⿸麻食 [마]哺小兒 어린아이먹일마(歌) ⿰食庶。[저]豕食 돼지밥저(御) 饅。

[만]餠也 ㅣ頭 만두만 麪食 밀음식만(寒) ⿰食斬 ⿱斬食(次條)와同 ⿱斬食。[잠]無味漱ㅣ 맛없을잠(感) ⿰食崔 [최]飯也 밥최(灰) ⿰食從 [종]愛食饞ㅣ 게걸들릴종(冬) ⿱從食

⿰食從(前條)와同 饇 [어][우]飽也 배부를어 飫同、우義同(御)(遇) ⿱將食 漿(水部十一畫)과同 ⿰食崇。[숭]貪食饞ㅣ 게걸스러울숭(東) ⿰食速 餈(次條)와同 饈 [수]進

供 드릴수 膳也 반찬수(尤) ⿰堇食 饉(次條)와同 饉。[근]飢也 주릴근 穀不登 飢ㅣ 흉년들근 無菜白ㅣ 푸성귀 흉년들근 ⿰食旣 [기]饋食 먹일기(未) ⿱旣食 ⿰食旣(前條)와同

⿰食庸 [송]多食 많이 먹을송(冬) ⑬ 饋。[궤]餉也 먹일궤 進食於尊 진지올릴궤 餽同(寘) ⿰食戠 饎(食部十二畫)과同 ⿰食青 餚(食部九畫)과同 ⿱敦食

[돈]貪也 탐할돈(元) 饊。[산]餦餭 熬稻 산자산(旱) ⿰食景。[영]飽滿 배부를영(梗) ⿱號食 饕(食部十三畫)의 俗字 ⿰食巽 [찬][전]具食 반찬찬、전義同 膳同(潸)(霰) ⿰食掌

[탱]飽也 배부를탱(庚) ⿰食象。[상]晝食 점심상(養) ⿰食朁 [참]味小甘 달콤할참(寢) ⿰食喜 [치]酒食 술밥 치 炊黍 밥지을치 ⿰食黃 [황]粥也 죽황(陽) ⿸厤食 [력]ㅣ餺、著以食 젓

가락으로 먹을력(陌) ⿱算食 ⿱算食(食部十四畫)의 譌字 饍 [선]美食 차반선、반찬선 膳同(霰) 饑。[기]餓也 주릴기、凶주릴기 穀不熟 흉년들기(微) ⿱耽食 [담]無味 맛없을

담(感) 饐 [의][애]飯傷濕臭味變 밥쉴의、애義同(寘)(霽) ⿰食敢 ⿱敢食(前前條)와同 ⿰食需 餪(食部九畫)의 俗字 ⿰食棠。[청]憂食 음식을 근심할청(庚) ⿰食絫

⿰食參(食部十一畫)과同 ⿰食登。[등]祭食 제사밥등(蒸) ⿰食童。[탕]貪食 탐하여 먹을탕(江) 饒。[요]飽也 배부를요 餘也 남을요 豐也 넉넉할요 寬恕ㅣ貸 용서할요 益也 더할요 厚也 두

터울요 贍也 富ㅣ 부유할요 地味肥ㅣ 땅걸찰요(蕭) ⿰食異 飴(食部五畫)과同 ⿰食壺 餬(食部九畫)과同 ⿰食尞。[요]飢之不食 요기할요 國字 ⑭ ⿰食會。

[쾌]食也 먹을쾌 本音괴(泰) ⿰食零 [령]飽厭於食 밥물릴령(靑) ⿰食蜀 [독]粥也 죽독(屋) ⿰食過 [과]食也 먹을과(箇) ⿰食感 [함]食不飽 배덜찰함(感) 饔 [옹]朝ㅣ 아침밥옹 熟

食ㅣ飧 밥익힐옹(冬) 饕。[도]貪財 嗜食ㅣ餮 게걸스러울도、탐할도(豪) ⿰食睪 [역]飯之酸敗 밥쉴역 祭之明日 다음날제사역(陌) ⿰食雍。[옹]食之酸敗 밥쉴옹(腫) ⿰食遣 餚(食部九畫)과同

⿰食當 [당]與食 밥줄당(陽) ⿰食斂。[렴]無味 맛없을렴(琰) ⿰食奧 [오]妒食 게염내어 먹을오(號) 饗 [향]大飮賓 잔치할향 祭而神歆 흠향향 享同(養) ⿰食農 [농]強食 餺

ㅣ억지로 먹을농(江) ⿰食粲 [찬]和飯羹 고음으로 마른밥찬(翰) ⿰食閑 [한]未熟食 덜익은밥한、설익은밥한(翰) ⿰食葉 [엽]餠屬 떡엽(葉) ⿰食歲。[예]飯之腐臭 밥상한 냄새

날예 (隊)

[食+兼] [겸]不厭 물리않을 겸、祈也 빌겸 (琰)

饘。[전]糜也 물거질전、厚粥糜 범벅전、된죽전 (先)

饙 [분]半蒸飯 설익은밥 분、蒸飯 밥찔분 (文)

[食+詹] 贍(貝部十三畫)과同

[食+達] [달]麪乾ㅣ수 제비달 (曷)

十四

[食+㥯] [은]食欲飽ㅣ[食+豈] 배부르려할은 (願)

[食+烝] 烝(火部六畫)과同

[食+蒦] [확]味薄 싱거울 확 本音곽 (藥)

饛。[몽]器滿 그릇찰몽、밥수북히 담을몽 (東)

[食+蓋] 飫(食部六畫)과同

[食+遣]。[견]乾菓子 마른과자견 (銑)

[食+察]。[찰]添食 더먹을찰

[敖/食] [敖/食](食部十一畫)과同

[食+壽] [불]ㅣ饇、飽也 물릴 불、배부를불 (月)

[食+寧]。[녕]強食ㅣ饟 억지로먹을녕 (庚)

[食+盧] [외]食而吐 먹고토할외 (賄)

饜 [염]飽也 싫을염、물릴염

籑 饌(食部十二畫)의本字

[食+薄] 餺(食部十畫)과同

[食+截] [절]食也 먹을절 (屑)

十五

[食+樂]。[삭]銷爍 녹일삭 (藥)

[食+養] 餻(食部十畫)과同

[食+𢧜]。[절]食也 먹을절 (屑)

十六

[食+𢿱]。饊(食部十二畫)의本字

[食+龍] [롱]餅名ㅣ餅 떡이름롱 (東)

[食+褱] [회]飯販 밥팔회 (卦)

[食+橐] 飥(食部三畫)과同

[食+霍]。[학]羹臛 곰국학 (藥)

十七

[食+毚]。[참]饞也 탐할참 (咸)

[食+薄] 餺(食部十畫)과同

饟 餉(食部六畫)과同

[食+韱] [참]貪也 탐할참

[食+糜]。[미]哺小兒 어린아이먹을미 (紙)

十八

[食+巂] [수][세][예][휴]食也 먹을수、餟也 차례지낼세、餽也 제사세、예 義세와同、餡也 끼칠휴、줄휴 (支)(霽)(齊)

[雝/食] 饔(食部十三畫)의本字

[寉/食] [학]羹也 곰국학 (藥)

十九

饠 [라]麪餅有ㅣ餡饆 소넣은밀떡라 (歌)

饡。[찬]以羹澆飯 국만밥찬 (翰)

首部

首。[수]頭也 머리수、先也 먼저수、魁ㅣ 괴수수、始也 비로소수、君也 임금수、ㅣ領 우두머리수、嚮也 향할수、有咎自陳 자백할수

二

馗。[규][구]九達道 아홉거리규、鬼名 鍾ㅣ 귀신이름규、逵通、菌也 균이름구 (支)(尤)

[丁+首]。頂(頁部二畫)과同

五

[犮+首] 髮(髟部五畫)의古字

[皮+首] 頗(頁部七畫)과同

六

[首+亥]。[해]首也 머리해 (灰)

[旨+首]。[계]下首 조아릴계、稽古字 (齊)

[首+匠] [首+匠](首部六畫)과同

[旨+首] [旨+首](前前條)와同

七

[夾+首] 頰(頁部七畫)과同

[卣+首] [卣+首](首部六畫)과同

[首+甫] 䩉(面部七畫)과同

八

馘。[괵]軍戰斷首 목벨괵、截耳軍法獲而不服則殺而獻其左耳 왼편귀베어바칠괵 (陌)

九

[首+首] 首(首部○畫)과同

[首+頁]。[수]初産兒 첫아이수 (有)

[屯+首] 頓(頁部四畫)과同

[彥+首] 顏(頁部九畫)의籀文

十

[髟/首]。[불]婦人首飾額前飾 인의머리치장불 (物)

十一

[首+國] 馘(首部八畫)의俗字

香部

香。[향]氣芬芳 향내향、향기향、藥名 丁ㅣ沈ㅣ乳ㅣ 약이름향、薌通 (陽)

四

[秊/日] 香(香部○畫)과同

[香+今]。[별][함]香發 향기날별、함 義同 (屑)(覃)

[香+分]

馩(香部十二畫)과同

五

䭩 馪(香部八畫)과同 **𤸫**。[항]氣疾기운병 향、숨병향 (陽) **馝** [필]馨香향 내날필 (質) **䭱** 馪(香部八畫)과同 **䭲**

[니]香也향 기날니 (紙) **䭳** [발]香也향 기날발 (曷)

七

䭴。[도]香也향 내날도 (虞) **䭵** 馪(香部八畫)의俗字 **䭶** [함]香也향 기날함 (覃)

八

馣。[암]香氣ㅣㅣ 향내암 (覃)(感) **馪** [봉]香盛향기 성할봉 (董) **䭷**。[의]香也향 기날의 (紙) **䭸**。[별]小香貌조금 향기날별 (屑) **䭹** 馥(香部九畫)과同 **䭺** [전]香

木名향나무 이름전 (先) **馡** [비]香氣ㅣ이향 내비菲通 (微)

九

䭻 [애]香氣향 기애 (泰) **䭼** [부]香也향기 로울부 (尤) **馥**。[복]香氣芬ㅣ 향기복 (屋) **馦**

馫(次條)와同 **馫**。[향]大香향내 크게날향 (陽) **馛** 馥(香部九畫)과同 **馧** 馧(香部十畫)과同 **䭽** 䭾(香部七畫)과同

十

馦 [병]大

香貌크게향 기로울병 (庚) **馥** 馥(香部九畫)과同 **䭿** [옹]香也향내 날옹 (董) **馦**。[혐]香味고 소할혐 (鹽) **馧** [온]香氣香ㅣ 향기온 (文)

十一

䮀

䭻(香部九畫)과同 **馨**。[형]香遠聞향내 멀리날형 語辭寧ㅣ어조사형 (青)

十二

馩 [분]香臭향 내분 (文) **䮁** [담]香氣향 내담 (覃)

十四

馪。

[빈]香氣盛貌 향기성한모양빈 **䮂**。[애]香也향 기날애 (泰)

十六

馫 [홍]香氣향 기홍 (蒸) **䮃** [위]藥草약 풀위 (未)

十畫

馬部

馬。[마]武獸乘畜生於午稟火氣無膽 말마屋四角추녀끝마官名司ㅣ벼슬 이름마朝鮮古國、名ㅣ韓나라이름마獨逸貨幣單位화폐단위마 (馬)

二

馭 [어]使馬駕ㅣ말어거

할어、말부릴어御同 (御) **馬八**。[팔]馬八歲여덟살 된말팔 (黠) **馮**。[풍][빙]姓也성풍郡名ㅣ翊고을이름풍官名ㅣ相벼슬이름풍水神 名ㅣ夷물귀신이름풍、乘也탈빙陵也업신여길빙依也의지

할빙相視마주볼빙徒涉 걸어건널빙憑、淜通 (東)(蒸) **馬一** [환]馬一歲한살된 말환或音범 (刪) **馬乙** 馬一(前條)와同 **馬乁** 馬(馬部〇畫)의古字

三

馱。

[타]負荷以畜載物짐실 을타騎也말탈타 (歌)(箇) **䮊** 騶(馬部四畫)과同 **馭** [표]驄馬총 이말표 (嘯) **馬口** 馬一(馬部四畫)의古字 **馯** [한][간]東夷別名 오랑캐한、馬青

驪검푸른말간、청총 이말간姓也성간 (寒)(刪) **馳**。[치]疾驅ㅣ騖달릴치御路ㅣ 道치동길치傳達전할치 (支) **馲** [탁][책]負重畜脊有肉鞍ㅣ駝약대탁 驝同、驢父牛母ㅣ駬트기책 (藥)(陌)

馺 [범]馬行貌말저벅저 벅걸을범 颿通 (咸) **馴**。[순][훈]馬順擾也從也길들일순善也착할순漸致점점 순할훈 敎也가르칠훈 訓古字 (眞)(問) **馹** 駎(馬部四畫)과同

馵。[주]馬後左足白외쪽박이주、왼쪽뒷발흰말주(遇)

❹

⿱奞馬 [비]馬走말달릴비 驅也뛰어갈비(寘)

馶。[기][지][시]馬彊말이굳셀기 強也셀기、지義同、馬病말병시(支)(寘)

⿰馬介。[개]結馬尾말꼬리잡아맬개(卦)

⿰馬市 [패]馬勇貌말날랠패(泰)

⿰馬師 獅(犬部十畫)과同

馹。[일]驛傳遞馬역마일(質)

⿰馬斤 [흔][근]馬之重量말의무게흔、車中馬수레안의말근(震)(問)、

⿰馬乞 駛(馬部五畫)과同

駁。[박]馬雜色얼룩말박、非難攻擊논박할박 雜ㅣ섞일박

馺。[삽]馬行疾ㅣ駘말빨리걸을삽 漢殿名ㅣ娑한나라전각삽(合)

馻。[윤]馬毛逆말털거스릴윤(軫)

⿰馬夭 騕(馬部九畫)과同

⿰馬父 [부]牡馬수말부(麌)

⿰馬毛 [모]馬之長毛말긴털모(豪)

駃。[쾌][결]疾也빠를쾌 快同、馬父驘子ㅣ騠버새결(卦)(屑)

馽。[칩]絆馬ㅣ羈잡아맬칩 縶通(緝)

⿰馬冘 [점]馬睡貌말이졸점(勘)

⿰馬卬。[앙]千里駒천리마앙 馬怒貌ㅣㅣ말성낼앙(陽)

⿰爿馬 壯(士部四畫)의俗字

⿰馬分 [분]馬疾行貌말빨리달릴분(文)

駂 [보]驪馬烏聰오총이말보(晧)

⿰馬亢 [항]馬頭高말머리높을항 本音앙(陽)

⿰馬少。[사]馳ㅣ、馬行貌말이가는모양사(歌)

駆 驅(馬部十一畫)과同

駅 驛(馬部十三畫)의略字

駡 罵(网部十畫)과同

駄 馱(馬部三畫)의譌字

⿰馬亓 騏(馬部八畫)의古字

❺

駉。[경]馬肥壯貌ㅣㅣ말살찐모양경(青)

⿰馬瓜 騧(馬部九畫)과同

駈 驅(馬部十一畫)과同

⿰馬半。[반]馬行말걸을반

駊。[파]馬搖頭ㅣ騀말머리내두를파(哿)

⿰馬包 ⿰馬寺(馬部七畫)과同

駎 [주]馬競馳말이다투어달릴추(宥)

駌。[원]面汚馬얼굴이더러워진말원(元)

⿰馬出 [돌]⿰馬肖ㅣ、獸名짐승이름돌(月)

⿰馬幼 [요]馬驂따르는말요(篠)

⿱馬开 ⿰馬开(馬部四畫)의譌字

⿰馬乍 馲(馬部三畫)과同

⿰馬失。[일]疾走빨리달아날일(質)

駐 [주]馬止말머무를주(遇)

駍。[피]馬名말이름피(支)

⿱奞馬 [분]馬走意말이달려갈분(問)

⿰馬弁 駢(馬部八畫)의俗字

駏。[거]馬名似騾ㅣ驉트기거 負蟨獸ㅣ蛩벌레이름거(語)

駑 [노]最下乘ㅣ駘노둔한말노 魯鈍노둔할노(虞)

⿰馬末 [말]馬走貌말이달아날말(曷)

⿰馬叵 駊(馬部五畫)의俗字

⿰馬犮 [발]ㅣ韉、蕃地馬오랑캐땅의말발(曷)

⿰馬匃。[갈]馬足疾말다리가빠를갈(曷)

駕 [가]馬在軛中멍에가 車ㅣ임금탄수레가 官名駙ㅣ벼슬이름가(禡)

駒。[구]二歲馬망아지구 小馬伭ㅣ애말구 枯樹木나무등걸구(虞)

駘。[태]駑馬노둔할태 疲也고달플태(灰)

駔 [장][조]壯也 駿馬좋은말장、會貫賣買ㅣ儈거간조、중개조(養)(麌)

駓。[비]馬黃白雜色황부루말비 走貌획획달릴비(支)

⿱去馬 ⿰馬去(次條)와同

⿰馬去 驅(馬部十一畫)의俗字

⿰馬玄 [현]馬一歲망아지현(先)

駙。[부]副馬곁말부 近也가까울부 疾也빠를부 尚公主官ㅣ馬부마부(遇)

駖 [령]ㅣ蓋、車騎聲수레타는소리령

駗。[진]馬載重難行ㅣ驙말짐무거워걷지못할진(軫)

駼 駼(前條)의 俗字 駟 四。[사]一乘四馬 夏駕兩謂麗般益一謂驂周益 馬一調ㅣ사마 사 房四星 天ㅣ별이름사 (寘) 駚 [앙]野馬 들말앙 (養) 駝 [타]封牛駱ㅣ 약대타 佝僂

곱사등이라 (歌) 駞 駝(前條)와 同 駛 [사]馬行疾 말빨리걸을사 (寘) 駜。[필]馬飽而肥 살찐말필 (質) [馬+宀亐] 騁(馬部七畫)의 譌字 [馬+片] 騈(馬部八畫)과 同

駠 駵(馬部七畫)과 同 [馬+卬]。[류]白腹馬 배가흰말류

❻

駢 騈(馬部八畫)과 同 傌。[휴]駿馬 준마휴 (尤) [馬+休] 傌(前條)와 同 罵

罵(网部十畫)의 譌字 [馬+宅] 驝(馬部十四畫)과 同 [馬+㐬]。[황]馬奔意 말이달려갈황 (陽) [馬+吉] [길]馬色 말빛갈길 (質) 駣 [조]馬三歲始乘習 세살된새로길들인말조 (篠)

[馬+㐬] [馬+㐬](馬部十畫)과 同 [羽+馬] [주]馬後足皆白 뒷발흰말주 (眞) [馬+吏]。[시]疾也 빠를시 駛同 (寘) 駤。[치]馬躑躅不前 말뒷걸음칠치 勃怒 성불끈낼치 (寘) [馬+回] [회]馬名 말이름회 (灰)

[多+馬] 馳(馬部三畫)과 同 駥 [융]馬高八尺有絶力者 크고세찬말융 (東) [馬+聿] 驈(馬部十二畫)과 同 駩。[전]白馬黑唇 입술검은흰말전、백성총이전 [馬+臾] [유]疾也 빠를유 (虞)

[馬+卒] [馬+斥](馬部五畫)과 同 [奞+馬] 騰(馬部十畫)의 俗字 駭。[해]驚起 놀라일어날해 ㅣ鼓 북울릴해 駴同 (蟹) 駨 [순][현]騂ㅣ、馬走貌 말이달려갈순、青驪馬 청총이말현 (眞)(霰)

駧。[동]馳馬 말달릴동 (送) [馬+百] [맥]驢牛交生駝 ㅣ소트기맥 (陌) 駲 [주]蕃地大馬 큰말주 (尤) 駬 [이]馬名騄ㅣ 녹이、말이 駫 駧(馬部五畫)과 同 駪。

[신]馬衆多ㅣㅣ 말우물우물할신 疾行貌 빨리걸을신 侁同 (眞) [先+馬] 駪(前條)와 同 [馬 variant] [馬+臼](次條)와 同 [馬+臼] [주]八歲馬 여덟살된말주 (有) 駯 [주]口黑馬 입검은말주 (尤)

駮。[박]獸名、似馬能食虎豹 박짐승박 論駁 논박할박 駁同 (覺) [朱+馬]。[수]朱色馬 붉은말수 (虞) 駰。[인]泥驄馬陰白雜毛 은총이인、잡색말인 (眞) [馬+氐] [려]驛馬 역말려 傳馬 전마려 (魚)

[馬+匡]。[광]馬耳曲貌 말귀가굽을광 (陽) [馬+刅] 騮(馬部十畫)과 同 [列+馬] [렬]列馳 나란히달아날렬

❼

[求+馬] 豞(豕部五畫)과 同 [馬+吝]

[린]壯馬 암말린 (震) [馬+延] [단]ㅣ馬、散馬 끄는말단 (旱) 駷 [송]馬搖銜走 말이재갈채처달릴송 (腫) 駴。[해]雷鼓震擊 북팡팡울릴해 驚也 놀랄해 (蟹) 駉 駧(馬部五畫)의 譌字

駶 [곡]馬立而不正貌 말이서서몸부림칠곡 (沃) 駵。[류]騏ㅣ、驊ㅣ、走馬黑鬣 갈기검은붉은말류 (尤) [馬+否] [비]馬行貌 말휘휘달릴비 [馬+希] [희]馬走貌 말달려갈희 (未) [馬+垂]

[馬+甾](馬部九畫)의 俗字 [馬+耴]。[섭]馬行疾 말빨리걸을섭 (葉) 駻。[한]惡馬ㅣ突 사나운말한 馯通 (翰) 駸 [침]驟貌ㅣㅣ 말몰아달릴침 (侵) [馬+步] [보]習馬步ㅣ馬 말걸음익힐보 (遇)

[馬+寽] [뢰][랄]斑白馬 얼룩말뢰、랄 義同 (泰)(曷) 駺 [랑]尾白毛 꼬리흰말랑 (陽) 駹。[방]青馬面額皆白ㅣ 찬간자방 古音망 (江) [馬+犮] [읍]馬行貌 말달려갈읍 (緝) 駾。[대][태]奔突

넙뛸대、馬行疾말빨리걸을대(隊)(泰)

駿。[준][순]馬之美稱준마준、大也클준、疾速빠를준、高也높을순(震)

騖 騖(馬部四畫)과同

溤 騖(前條)와同

⿰馬孛 [발][박]有角如牛尾馬뿔있고소갈은꼬리의말발、박義同(月)(覺)

騂 [성]赤色牲붉은소성、馬赤黃붉고누른말성、角弓調和貌활물정물정할성、解通(庚)

駼。[도]良馬騊ㅣ말이름도、獸名騊ㅣ짐승이름도(虞)

騀 [아]馬行進말이나아갈아(歌)

騁。[빙]直馳走也달릴빙 俗音칭(梗)

⿰馬囪 驄(馬部十一畫)의本字

⿰馬危 [담]冠倚前관이앞으로기울담(勘)

騀。[아]馬搖頭 頭駊ㅣ말머리내두를아、獸名짐승이름아(哿)

騃。[애]癡也無知貌어리석을애、미련할애(蟹)

八

⿰馬卓 [탁]ㅣ驇、馬不前貌말이나아가지않을탁(覺)

騈 [변][병]二馬竝駕두말한멍에에멜변、增贅旁出者군살변、列也벌릴변、齊邑名고을이름병(先)(青)

騅。[추]蒼白雜色馬푸르고흰얼룩말추(支)

騄 [록]八駿之一ㅣ駬준마록(沃)

⿸厂馬 [굴]ㅣ產、良馬좋은말굴(物)

騘 驄(馬部十一畫)의俗字

⿰馬兔 [토]騀ㅣ、良馬좋은말토(遇)

騎。[기]跨馬말탈기

⿰馬阜。[보]馬盛말성할부(有)

⿰馬去 [겁]馬不前말이나아가지않을겁、설겁(葉)

⿰馬典 [연]馬行貌말이나아갈연(先)

⿰馬坴 [륙]健馬사나운말륙(屋)

⿰馬卒 [추]馬卒마부추、마졸추(寘)

⿰馬宛 涴(水部八畫)과同

⿱垂馬 [주][취]馬不進말이나아가지않을주、小貌작은모양취(遇)(支)

⿱冒馬 [명]汗馬한마명(梗)

騉。[곤]馬名ㅣ蹄말이름곤(元)

騇 [사]牝馬암말사(禡)

⿰馬沓 [답]馬行疾貌馺ㅣ말빨리걸을답(合)

⿰馬垂。[추]馬小貌말이작은모양추、重騎중기추(支)

⿰馬叕 [철]白額馬별박이철、소래성철(屑)

騍 [과]牝馬암말과(箇)

騊 [도]良馬ㅣ駼좋은말도

騌 騣(馬部九畫)의俗字

騋 [래]馬高七尺ㅣ牝키큰말래(灰)

⿰馬空 [강]馬行步말걸음걸을강(江)

⿰馬岸。[안]騂ㅣ、馬行貌말이가는모양안、馬首말머리안(翰)

験 驗(馬部十三畫)의略字

騏。[기]青黑馬日行千里천리마기、

⿰馬兒。[예]小馬작은말예(齊)

⿰馬或 [역][혁]⿰馬畐ㅣ、馬走貌말이달려가는모양역、혁義同(職)

⿰馬夌 [릉]馬病말병릉(蒸)

⿰馬罙 [탐]馬步向貌前말걸음넙뜰탐(勘)

騐 驗(馬部十三畫)의俗字

⿰馬竝 駢(馬部五畫)과同

⿰馬咠 騸(馬部十畫)과同

騑。[비]驂馬곁말비、馬走貌ㅣ말쉬지않고달릴비(微)

⿰馬陀 駝(馬部五畫)과同

⿰馬附 駙(馬部五畫)과同

⿰馬𡿺。[노]良馬좋은말노、馬名말이름노(晧)

九

⿰馬𡿺 ⿰馬𡿺(馬部八畫)과同

騖 [무]馳也말네굽놓고뛸무、奔也달아날무、疾也빠를무(遇)

⿰馬軍。[혼]ㅣ騥、野馬길들지않은말혼、獸名짐승이름혼(元)

⿰馬禺 顒(頁部九畫)과同

⿰馬𦣻 駒(馬部五畫)과同

騕。[요]駿馬ㅣ褭日行千里준말요、천리마요(篠)

⿰馬枼 [섭][엽]馬行말이갈섭、馬輕行貌말이훨훨갈엽(合)(葉)

⿰馬皆。[해]馬馴말이길들해(佳)

騚。[전]四蹄皆白馬네발굽이흰말전(先)

⿰馬春 [준]馬雜文얼룩말준

鈍馬걸음느린말준(軫) 騗 편 欺也속일편 躍上馬말에뛰여오를편(霰) ⿰扁馬。편 躍上馬말뛰어오를편(霰) 騟 유 紫色馬검붉은말유(尤) ⿰亶馬 선 ㅣ鶮、馬名말이름선(先)

騑。비 馬逸走말뛸비 六馬여섯말비(微) 騞 획 行不止쉬지않고갈획 解牛聲백정칼쓰는소리획 砉同 騝 건 騮馬黃脊등마루누르고검은말건(先) 騤。규 馬壯健ㅣㅣ말건장할규 馬行威儀끝밑할규(支)

⿰馬突。수 駙ㅣ、蕃中大馬오랑캐땅의큰말수 馬銜搖而走意말재갈을흔들며달릴수(尤) 騜 황 馬黃白相間色누르고흰말황 驞同(陽) 騢。하 駁馬얼룩말하、유부루말하(麻)

騠。제 良馬駃ㅣ잘달는말제(齊) 驆 필 神馬ㅣ騆 뭇총이말필 馬飽말배부를필(質) 騣。종 馬鬣말갈기종 鬉同(東) 騡 駩(馬部六畫)과同

⿰馬段 단 遲行馬더디게걷는말단(翰) ⿰馬禺 禑(示部八畫)과同 ⿰馬俞 騟(馬部九畫)과同 騥 유 青驪繁鬣갈기숱하고푸른말유(尤) ⿰馬臿 삽 驟也말몰아갈삽 馬行貌말이가는모양삽(洽)

⿰而馬 사 所言不當거짓말사、말맞지않을사(馬) 騧。왜 과 黃馬黑喙ㅣ驪주둥이검고푸른말왜、과 義同、本音괘(佳) ⿰馬炭 騈(馬部八畫)의譌字 ⿰兹馬。한 馬步習말걸음익힐한(刪)

⿰馬美 騱(馬部十畫)과同

十

⿰馬冡 몽 牡牛交驢生騙ㅣ버새몽、트기몽 ⿰馬蒙同(東)(送) 騫 건 虧也이지러질건 馬腹病말배앓을건 ㅣㅣ輕儇躁進貌회쥐어나아갈건 輕儇경망할건 愆通(先)

騩。괴 귀 馬淺黑色재빛말괴、귀 義同、山名산이름귀(賄)(微) ⿰馬隺。학 馬額白貌이마가흰말학 本音각(藥) 騪 수 大馬큰말수 搜索찾을수、뒤질수(尤)

⿰馬⿳彐冖又 駸(馬部七畫)의本字 ⿱耆馬 𩥋(次條)와同 𩥋 기 馬頂上鬣말이마위의갈기털기(支) ⿰馬氣。희 馬走貌말이달려갈희(未) ⿰馬唐 당 馬色말의빛갈당(陽)

騮 駵(馬部七畫)과同 ⿰馬眞。전 馬額白戴星별박이전 顚通(先) ⿰馬昷 온 駿馬좋은말온(元) 騭 즐 成也이룰즐 牡馬수말즐 升也오를즐 定也정할즐(質) ⿰馬鬲 력 馬色말의빛갈력(錫)

⿰馬展 전 馬轉卧土浴말땅에구를전(霰) ⿰馬旅 려 急遽역말려 傳馬전마려(御) 騯。팽 馬行盛貌ㅣㅣ말떼지어갈팽 彭通(庚) 騰 등 升也오를등 馳也달릴등 踊躍뛰글등(蒸)

⿰留馬 騮(馬部十畫)과同 ⿰馬舀。도 馬行貌말이가는모양도(豪) ⿰舀馬。⿰馬舀(前條)와同 ⿰馬豈 驥(馬部十七畫)과同 騴 안 馬尾本白꼬리밑둥흰말안(諫)

騱。혜 野馬也들말혜 前足皆馬也앞발흰말혜(齊) 騔 갈 駁馬얼룩말갈(黠) ⿱馬馬。우 亂馳貌뭇발어지러이달릴우(宥) ⿰馬馬 독 馬走말이달려갈독(屋)

⿰馬高。교 體高六尺馬크이여섯자되는말교(蕭) 驁 오 馬行貌말달리는모양오(豪) 騶。추 廐御ㅣ徒마부추 仁獸ㅣ虞짐승이름추 鄒、騶同(尤) ⿰馬宰 재 雜毛驄馬얼룩말재(賄)

騵 원 騮馬白腹배희고갈기검은붉은말원(元) ⿰馬𦍌 騂(馬部七畫)과同 ⿰𠦝馬。한 毛長馬털이긴말한 駁ㅣ、蕃中大馬오랑캐땅의큰말한(翰) 騷。소 擾動소동할

소愁근심스러울소 急貌ㅣㅣ급할소 凄凉ㅣ屑蕭ㅣ서늘할소(豪) 騖[무]馳也말을달릴무 驅也말을몰아갈무(遇) 䮑[사]野馬길들지않은말사、들말사(支) 䯀[골]駘ㅣ、

獸名짐승이름골(月) 䮝 驩(馬部十八畫)의譌字 䮶 駹(馬部六畫)과同 䮵[승]去勢馬불친말승 騹[첩]赤黑色馬적토마첩(葉) 䮰[탑]馬

行不進騺ㅣ말막설탑(合) 騸[선]割去畜勢ㅣ馬불알깐말선(霰) ⊕十一 騻[상]驌ㅣ、良馬숙상말상、좋은말상 驦同(陽) 䮞[용]駑馬둔한말용 䮫[루]大騾馬

큰노새루(尤) 驀[맥]上馬말빨리탈맥 超越뛰어넘을맥(陌) 騺[지]馬重말짐무거울지(寘) 𩥭 驩(馬部十九畫)과同 䮭[멱]馬惡말사나울멱(錫) 䮋

[리]驢子나귀새끼리(支) 䮽[맥]騗ㅣ、騾馬屬노새맥(陌) 騾[라]騎畜驢馬交生노새라(歌) 䮇[어]環眼馬고리눈말어(魚) 䮯[예]黑色馬검은말예(齊) 䮉

[록]野馬駥ㅣ들말록(屋) 騽[입][십]豪骭馬정강이뼈가긴말입、십義同(緝) 驃[표]驍勇ㅣ騎날쌘표 驂[참]駕三馬세말멍에할참 車衡外兩馬멍에바깥말참 驆 驆(馬

部十二畫)과同 𩧌 騰(馬部十畫)의俗字 驁[오]駿馬준마오 輕視깔볼오 不軟順뻣뻣할오、義同、樂章名ㅣ夏풍류이름오(豪)(號) 驄[총]馬靑白色옥색말총、총이말총(東) 驅

[구]騶也奔馳몰구、달릴구 軍前鋒先ㅣ군사앞진구 逐遣쫓아보낼구(虞)(遇) 䮗[적]牡午交驢而生ㅣ騵트기적(陌) 䮡 驖(馬部十三畫)과同 𩧍[축]郡馬相追뭇말이서로

쫓을축(屋) ⊕十二 䮩 騜(馬部九畫)과同 驈[율]驪馬白跨사타귀흰검은말율(質) 驋[발]馬走말달려갈발(月) 𩧴[리]騑ㅣ、似馬獸名말같은짐승이름리(支) 驏

[한]馬一目白한눈흰말한(刪) 䮧 驏(前條)와同 驊[화]駿馬名ㅣ騮준마화(麻) 驉[허]似騾駏ㅣ트기허(齊) 驌[숙]良馬ㅣ驦좋은말숙(屋) 驪[례]桃ㅣ、鐵驄

돗총이말려(齊) 驍[효][교]勇捷날랠효 良馬좋은말효、健也武猛건장할교(蕭) 驓[등]行而將欲倒貌넘어지려할등(蒸) 𩧯 騋(馬部十畫)의本字 驎[린]馬斑文얼룩

말린(眞) 䮳[번]畜之蕃殖짐승번성할번(元) 驏[잔]馬不鞍而騎안장없이말탈잔(潸) 騮[류]驊ㅣ赤馬黑鬣검은갈기절다말류(尤) 驐[돈]畜去勢짐승불알

칠돈(元) 驓[증]四骹皆白발목다흰증(蒸) 𩧉[흑]馬走말이달려갈흑(職) 驒[탄][타]連錢驄돈점박이말탄、타義同 𩦺 驃(馬部十一畫)의古字 騫

[한]馬多貌말이많을한(寒) 𩧢 騿(次條)와同 䮵[동]馬名말이름동 小馬작은말동(東) 䮶 驫(馬部二十畫)과同 驔[담][점]驪馬黃脊등누르고검은말담 毫在骭白정강

이흰말담、점義同(覃)(琰) 驦[상]騯ㅣ、淺黃色馬절다말상 누런말상、尾白馬꼬리흰말상(陽) 驕[교][효]自矜교만할교 逸傲縱恣방자할교 馬六尺키여섯자말교、短喙田犬주둥이짧은

사냥개 효 盛貌 성한 모양 효 獢同 (蕭)(嘯)

⿰馬幾 [기]馬也 말 기(微)

⿰馬善 ⿰馬者(馬部九畫)의譌字

驚 驚(馬部十三畫)의略字

⿰馬嵩 [렵]踐也 밟을 렵(葉)

⑬

⿰馬虞 虞(虍部七畫)의俗字

⿱𦥯馬。[악]馬腹鳴 말 배곯을 악(覺)

⿰馬蜀 [독]野馬驢ㅣ 들말 독(屋)

驙 [단][전]白馬黑脊 등검은 흰말 단 馬載重 말 짐을 많이 실을 단、전 義同 (寒)(先)

驖。[철]馬如鐵赤黑色 검붉은 말 철(屑)

驘 [라]騎畜驢馬交生 노새 라 騾本字(歌)

驚。[경]馬駭 말 놀랄 경 駭也 놀랄 경 懼也 두려울 경(庚)

驗。[험]證也 증험할 험 效ㅣ 보람 험 兆候 조짐 험 考視 시험할 험 本音 엄(豔)

⿰馬冎 騧(馬部九畫)과同

⿰馬戢 [습]馬行貌 말 가는 모습 습(緝)

驛。[역]遞馬 역말 역 傳舍 역말집 역 汽車停車場 정거장 역 連屬 絡ㅣ 잇댈 역 苗貌ㅣㅣ 싹 뾰족뾰족할 역(陌)

⿰馬竜 驡(馬部十六畫)과同

⿰馬賁 奔(大部六畫)과同

⿰馬葬 髒(骨部十三畫)과同

驜。[업]壯也 장할 업(葉)

⿱敝馬 鷩(鳥部十三畫)과同

⿱髟⿰馬曼 鬘(髟部十一畫)과同

⑭

⿰馬壽。[도]禱馬祭 마조 단제 도 禂同(晧)

驝 [탁]脊有肉鞍ㅣ駝 약대 탁 馲同(藥)

驟。[취]突然 별안간 취 馬疾步 몰아갈 취 奔也 달릴 취 古音 추(有)

⿸虍騰 [등]黑虎 검은 범 등(蒸)

⿰馬⿱炎舛 驎(馬部十二畫)의本字

⿰馬戠 驖(馬部十三畫)의譌字

驞。[빈]衆聲ㅣ騂 떠들석할 빈(眞)

⿰馬⿱食共 驥(馬部十七畫)과同

⿱與馬。[여]馬徐而疾貌 말 천천히 가면서도 빠를 여(御)

⿰馬監。[함]馬走 말 달아날 함(陷)

⿱侖⿲月馬凡 驘(馬部十三畫)의本字

⿰馬尉 驃(馬部十一畫)과同

⿰馬雒 駱(馬部六畫)과同

⿰馬臺 駘(馬部五畫)과同

⑮

⿰馬黎。[례][리]駹ㅣ、馬屬 말 례、리 義同 (齊)(支)

⿰馬樂。[력]馬色 말빛 력(錫)

⿰馬麃 鑣(金部十五畫)과同

⿰馬樊 [번]ㅣ騂、馬躊躕而不前貌 말 뒷발 걸음치고 나아가지 않을 번(元)

⿰馬廣。[광]馬回毛在脊闕ㅣ 말등 도래털 광(陽)

⿰馬夐 [경]馬求芻不得而怒 말 꼴 샘낼 경(敬)

⿰馬巤 [랍][렵]馬不進ㅣ⿰馬翁 말 가지 않을 랍、馬行貌 말 나아가는 모양 렵(合)(葉)

⿰馬賣 ⿰馬蜀(馬部十三畫)과同

⑯

⿰馬⿱𠔉馬 [등]馬躍 말 뛸 등(蒸)

驢 [로]似馬長耳以午反五更初而鳴 나귀 로、古音 려(魚)

驠。[연]馬白尻 꽁무니 흰 말 연(霰)

⿰馬霍 [각]白額馬 이마가 흰 말 각(覺)

⿰馬龍 [봉][롱]龐(广部十六畫)과同、重騎 중기 롱(東)(宋)

驡 [롱]野馬 들말 롱(東)

⿰馬雋 驨(馬部十八畫)과同

⿰馬橐 馲(馬部三畫)과同

⑰

驦。[상]良馬 驌ㅣ 좋은 말 상 騻同(陽)

驤。[양]馬低昂騰躍 말 뛸 양 遠也 멀 양 擧也 날칠 양(陽)

⿰馬蹇 蹇(足部十畫)의俗字

⿱斬馬 輷(車部九畫)과同

驥。[기]名馬 一行千里 騏ㅣ 천리마 기(寘)

⿰馬黍 騰(馬部十畫)과同

⿰馬鞠 [국]馬曲脊 등굽은 말 국 馬躍 말이 뛸 국(屋)

⿱⿰火眞馬。[등]奔也 달려갈 등 躍也 뛸 등 虛也 빌 등

⑱

驩。[환]歡也 기뻐할 환 馬名 말 이름 환 南荒國名ㅣ頭 나라 이름 환(寒)

⿰馬𤐫 驃(馬部十一畫)의古字

⿰馬聶 [섭]馬疾貌 말 달릴 섭 本音 엽(葉)

⿰馬瞿 [구]馬行 말이 걸어갈 구(虞)

驨 휴 騏驥천리마휴 齊

⑲

驪。리 려 純黑色馬八駿一盜ㅣ가라말리、黑色검을리、려 義同、麗通 支 齊

⑳

驊 驊(馬部十二畫)과同

㉖

驫。표 衆馬走貌말여러필달아날표 尤

騁 騁(馬部七畫)의古字

㉕

[illegible]。신 삽 衆馬行貌뭇말이가는모양신、衆盛貌많고성한모양신、木茂盛貌나무무성한모양삽 眞 緝

驢 驢(馬部十六畫)과同

骨部

骨。골 肉之覈뼈골、事物之ㅣ子살골、剛直꼿꼿할골、第一ㅣ신라귀족골 月

①

骩 익 小骨잔뼈익

②

肋 골 用力힘쓸골 月

骪 骫(骨部三畫)의俗字

骬。정 䯒骨종아리뼈정 靑

骫 계 肌也살갗계 支

③

骭。한 脛骨정강이뼈한、脅也갈빗대한 諫

骫 骪(次條)와同

骪 위 骨屈曲ㅣ骳뼈고불탕고불탕할위、茂盛貌拔ㅣ더부룩할위 寘

骪 骪(骨部四畫)의俗字

骬 骭(骨部三畫)과同

[illegible] 활 治骨聲뼈긁는소리활 黠

骫 骫(骨部三畫)의譌字

骬。우 觖盆骨䯏ㅣ가리우 虞

[illegible] 억 胷骨가슴뼈억

[illegible]。익 肩骨어깨뼈익 職

④

骯。항 亢直ㅣ髒꼿꼿할항 本音강 養

[illegible] 파 杷也칼자루파、杩也순갈자루파

[illegible] 아 骼也허리뼈아 麻

[illegible] 跂(足部四畫)과同

[illegible] 骹(骨部六畫)과同

[illegible]。선 삼 小也적을선、骨輕뼈가벼울삼、小骨잔뼈삼 銑 感

[illegible] 骶(骨部五畫)의譌字

[illegible]。알 咽中軟骨嗓ㅣ목구멍에연한뼈인 震

[illegible]。반 臂骨節팔마디반

[illegible] 骱(骨部四畫)의譌字

骰 투 博陸采具ㅣ子博齒주사위투

[illegible] 骱(骨部四畫)과同

[illegible] 骱(次條)와同

骱 갈 小骨작은뼈갈 黠

⑤

[illegible] 가 膝骨무릎뼈가、腰骨허리뼈가 歌

[illegible]。곤 細骨가는뼈곤 䯛同 阮

骲 박 骨鏃箭不翦 羽뼈살촉박 覺

[illegible]。과 手足之曲病손발굽으러지는병과 麻

[illegible] 骫(前條)와同

[illegible] 질 骨差뼈튕길질、위골될질 胅同 屑

[illegible] 알 骸ㅣ、骨高貌뼈높을알 曷

[illegible]。궁 脈也맥궁 東

[illegible]。발 肩髆어깨뼈발 曷

[illegible] 體(骨部十三畫)의俗字

[illegible] 고 尻骨꽁무니뼈고 豪

[illegible] 령 長骨긴뼈령、骲骨허리령 靑

[illegible] 피 骨屈曲骫ㅣ뼈구불퉁구불퉁할피 寘

[illegible] 骴(次條)와同

骴。자 朽骨썩은뼈자 寘

[illegible] 骯(骨部四畫)과同

[illegible]。요 肩骨어깨뼈요 篠

[illegible] 肢(肉部四畫)과同

骶 저 臀也꽁무니뼈저 薺

骭 간 體也몸간 翰

骷 고 髏也頭蓋骨해골고 虞

⑥

骸。해 百ㅣ骨也뼈해、身體形ㅣ몸해 佳

[illegible] 괄 骨端뼈끝괄 曷

[illegible] 규 肩骨어깨뼈규、六畜頭中骨짐승의머리속뼈규 齊

[illegible] 骹(骨部六畫)의俗字

骹。교 脛骨近足細處발회목뼈교 本音효 效

骮。

[광]骩也 허리뼈광 股骨 넓적다리뼈광 (陽) ⿰骨行 [행]斗脊後骨 소등마루뒤뼈행 (庚) ⿰骨自 [퇴]骨起 뼈일어날퇴 (灰) ⿰骨卒 骭(骨部五畫)의 譌字 骺。[후]骨端骺ㅣ 뼈끝후 (有)

⿰骨合 ⿰骨含(骨部七畫)과同 ⿰骨灰 [매]背肉 등살매 (隊) 骻 [과]腰骨股間 방둥이뼈과 髁通 (禡) 骼。[격]枯骨 마른뼈격 禽獸骨 짐승뼈격 (陌)

七

⿰骨坒 [폐]股也 넓적다리폐 ㅣ臀 볼기짝폐 (薺) ⿰骨甹 [병]肋骨 갈비뼈병 (靑) ⿰骨廷 [정]大腿骨 넓적다리뼈정 長骨貌 긴뼈정 (靑) ⿰骨系 鯀(魚部七畫)과同 ⿰骨孝 [효]鳴鏑 우는살촉효 (肴)

⿰骨皃。⿰骨完(次次條)의 譌字 ⿰骨良。[랑]膝骨 무릎뼈랑 (陽) ⿰骨完 [환]燒骨和漆而髹 골회칠할환 膝骨 무릎뼈환 (翰) ⿰骨含 頷(頁部七畫)과同 骽 腿(肉部十畫)과同

⿰骨巠。[경]骨也 뼈경 本音 형 (靑) ⿰骨岂 ⿰骨它(骨部五畫)과同 ⿰骨甫 [부]膝骨 무릎뼈부 (麌) ⿰骨宾 骸(骨部六畫)의 譌字 ⿰骨舌。[괄]骨端 뼈끝괄 (曷) 骾 [경]魚骨 물고기뼈경 骨留咽中 목걸릴경 骨ㅣ之臣 遇事敢行 가시센경 鯁同 ⿰骨肴 [요]肩骨 어깨뼈요 ⿰骨夾 [협]顴骨 광대뼈협 (葉)

八

⿰骨於 ⿱於骨(次條)와同 ⿰骨舍。[사]骨也 뼈사 (麻) ⿰骨畀 髀(次條)의 俗字 髀。[비][폐]股骨 넓적다리뼈비 臀也 볼기짝폐 ⿰骨坒同 (紙) ⿰骨畁 髀(前條)와同 ⿱於骨 [어]肩骨 어깨뼈어 (語) ⿰骨奇 [기]小骨 잔뼈기 (紙) 骿。[변]幷脇肋骨連合爲ㅣ 통갈비변 骿通 (先) 髁。[화][과]不正貌 謑ㅣ 비뚤화、膝骨 무릎뼈과 骻同 (禡)(馬) ⿰骨卒 [졸]小骨 잔뼈졸 (月) ⿰骨宛 [완]膝ㅣ 무릎뼈완 (翰) ⿰骨叕 [철]續骨 뼈이를철 (屑) ⿰骨垂 [수]漆器先以骨垸之 칠하기전에 틈메울수 (寘) ⿰骨空 [강]尻骨 髖ㅣ 꽁무니뼈강 (江) ⿰骨易。[적]骨間黃汁 뼈사이에누른집적 ⿰骨育 ⿰骨肖(骨部七畫)과同

⿰骨夌。[릉]骨高貌 뼈가높은모양릉 (蒸) ⿰骨兒 [의]骨細 뼈가늘의 (支) ⿰骨非 비 腓骨 종아리뼈비 (微)

九

髂。[가][격]腰骨 허리뼈가、骼(骨部六畫)과同 (禡) ⿰骨皆 [개]瘦也 여윌개、파리할개 (蟹) ⿰骨省。[성]瘦也 파리할성 瘠同 (梗) ⿰骨扁 [편]骨偏生貌 뼈기울게날편 (銑) ⿰骨度 [도]頭骨 머리뼈도 (麌) ⿰骨青 髓(骨部十三畫)과同 ⿰骨矦 ⿰骨侯(次條)와同 ⿰骨侯 骺(骨部六畫)과同 ⿰骨咼。[과]額上骨 정수리뼈과 (麻) 髃。[우]膊前骨 어깨죽지뼈우 肩前兩間骨 양가슴뼈우 腢同 (有) ⿰骨叚 髂(骨部九畫)과同 ⿰骨咸 [암]⿰骨咸ㅣ、骨高貌 뼈높을암 (咸) ⿰骨彖 [대]⿰骨鬼ㅣ、愚貌 어리석을대 (隊) ⿰骨重 [종]脚腫 다리부을종 (腫) ⿰骨曷。[갈]缺盆骨ㅣ骭 동정뼈갈 本音 할 (曷) ⿰骨食 饜(食部十四畫)과同 ⿰骨革 勒(力部九畫)과同 ⿰骨危 骫(骨部五畫)과同

十

⿰骨豈。[애]頹ㅣ、頭長貌 머리가길애 (灰) 髆 [박]肩甲 어깨죽지박 (藥) ⿰骨鬼 [괴]ㅣ⿰骨彖、愚貌 어리석을괴 (泰)

⿰骨追 [퇴]項後骨 목뒤뼈퇴 (支) ⿰骨高。[효]ㅣ箭 鳴鏑 우는화살효、살촉효 (肴) ⿰骨骨 體(骨部十三畫)의 古字 髈。[방]股也 넓적다리방、膀也 겨드랑이방 (陽) ⿰骨差 [자]腐

骨삭은 뼈자 (歌) ⿰骨盈。[오]藏骨뼈를감출 오 腰骨허리뼈오 (晧) 髉[박][각]骨端뼈끝박、骨堅白貌 뼈단단하고흴박、각義同 (覺) ⿰骨害。[해]細骨가는뼈해 (蟹) ⿰骨兼 [겸]瘦也몸마를겸 (琰)

髊 髊(骨部十三畫)과同 ⿰骨皀 髀(骨部八畫)과同 十二 ⿰骨區 [구]體也몸 구 軀同 (虞) 髍 [마]身支半枯몸한편마를마、中風중풍마 (歌)(箇) ⿱鹿骨 [록]頭骨머리뼈

혹 (沃) ⿰骨逢。[봉]胸前骨가슴뼈혼솟봉 (宋) ⿰骨敖 ⿱敖骨(次條)와同 ⿱敖骨 [오]螯大脚게엄지발오 (豪) ⿰骨票。[표]體壯貌몸이굳셀표 (蕭) ⿰骨脅 髊(骨部十三畫)

의古字 ⿰骨翏。[료]髖也엉덩이뼈료 (蕭) 髏 [루]首骨髑ㅣ해골루 髑通 (尤) ⿰骨國。[괵]ㅣ䏶오금괵 膕同 (陌) 十三 ⿰骨莽。[망]骯ㅣ、體肥몸이살찔망 (養) ⿰骨厥

[궐]臀骨볼기뼈궐 (月) ⿱殿骨 ⿰骨厥(前條)와同 ⿰骨貴 [귀][궤]膝脛間무릎과정강이의사이뼈귀、頭骨貌머리뼈궤 (寘)(隊) ⿰骨童 [당]尻骨ㅣ⿰骨空꽁무니뼈당 (江) ⿱雁骨 膺(肉部十三

畫)과同 ⿰骨菐 [박]骨箭뼈로만든화살박 (覺) 髐。[효]白骨貌ㅣ然해골효 ⿰骨尞 髎(骨部十一畫)과同 十三 髑。[촉]頂骨ㅣ髏해골촉本音독 (屋) ⿰骨遺

[수]骨中脂뼈속기름수、뼈골수心底마음속수 (紙) ⿰骨欽 [감]ㅣ⿰骨咸、骨高貌뼈높을감 (感) ⿰骨業 [압]骱ㅣ、首動貌머리움직이는모양압 (合) ⿰骨葬 [장]婞直貌骯ㅣ꼬장꼬장할장 體胖貌몸

뚱뚱할장 (養) ⿰骨意 [역]胸骨가슴뼈역 肊同 (職) ⿰骨零 [령]細骨가는뼈령 (青) ⿰骨會。[괴]骨製衣會束髮具동곳괴 (泰) ⿰骨辟。[비][벽]弓弭활끝비、벽義同本音픽 體 [체]身也몸

체四肢사지체ㅣ之몸받을체 形狀모양체、물건체、物ㅣ것체 本也근본체 故也본받을체 體同 (薺) ⿱敖骨 ⿱敖骨(骨部十一畫)의本字 ⿰骨意。[억]胸骨가슴뼈억 (職) 十四 髕

[빈]膝蓋骨종지뼈빈、斷足、刖刑발끊을빈 (翰) ⿰骨㬎。[암][급]首骨高貌머리뼈높을암、胸脯포금 乾也말릴금 (勘)(緝) ⿰骨麽 [마]漏病、內病속병마 (禡) ⿰骨蒦 [확]骨鳴뼈울확 (藥) 十五

⿰骨差 髊(骨部十畫)의本字 ⿰骨寬。[관]髀上兩股間엉덩이뼈관、옹두리뼈관 (寒) ⿰骨蔑。[말]骨堅뼈단단할말、小骨잔뼈말 (曷) ⿰骨齒 [할]嚙骨聲뼈씹는소리할 (黠) 十六 ⿰骨贊

髕(骨部十二畫)의本字 ⿰骨盧 顱(頁部十六畫)과同 ⿰骨歷。[력]骨病뼈병력 (錫) ⿰骨遺 髓(骨部十三畫)과同 十七 ⿰骨幾 髖(骨部十五畫)의譌字 十八

⿰骨雚。[권]頰骨광대뼈권 (先) 十九 ⿱䜌骨 [련]體傴病몸구부러지는병련 (先)

高部

高。[고]崇也높을고、上也위고、ㅣ尚고상할고 遠也멀고、物價不廉비쌀고、低之對높이고ㅣ敲ㅣ唱큰소리고 敬也높일고 髙 高(前條)의俗字 二 亭。

[경]瓜屋원두막경 (梗) 三 ⿳亠口⿵冂乂。[각][교]大也클각、本音학、繫連끈맬교 (藥)(肴) 亭 墉(土部十一畫)의古字 四 ⿰高毛 [모]強毛뻣뻣한털모 (號) ⿱羽高 翯(羽部十

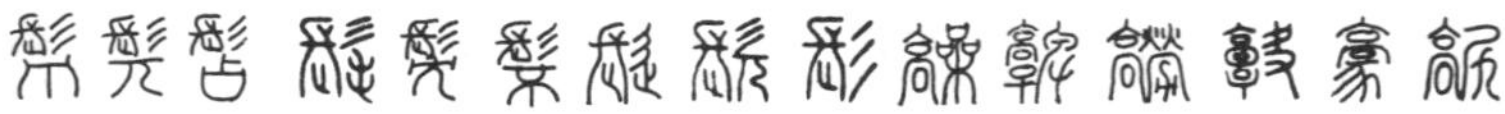

畫)의 譌字 髛。[고]高也 높을고(豪) 亮 [효]讙也 지껄일효、들렐효(肴) (五) 臺 塔(土部十畫)과同 ⿰高凡。[고]明也 밝을고(豪) (六) ⿱高早 郭(邑部八畫)의 本字 (七) ⿱高早 [곽]度也 헤아릴곽 廓也 외성곽 豪。[호]豪也 산돼지호(豪) (八) ⿰高昇 [교]高也 높을교(篠) (九) 豪 豪(高部七畫)과同

顥 [고]大頭 큰머리고(晧) (十) ⿰高夬。[결][열]決也 이지러질결、열義同(屑) (十一) ⿰高鳥 [조]足高 발높을조(肴) (十二) ⿰高顥 顥(頁部十二畫)과同 ⿰高參 髞(高部十三畫)과同 ⿰高勞。[로]ㅣ髞、麤䴵急貌 크게급할로 高貌 높을로(豪) ⿰高亘 垣(土部六畫)의 古字 (十三) ⿰高卑。陴(阜部八畫)의 籀文 ⿰高成 城(土部七畫)의 籀文

髞。[조]高也 높을조(號) (十四) ⿰高卑 陴(阜部八畫)의 籀文 (十六) ⿰高尃 博(十部十畫)과同 (十七) ⿰高庸 墉(土部十一畫)의 古字 (十八) ⿰高單。[타]廣也 넓을타(箇) (二十) 囂 [효]喧也 떠들효 囂俗字(蕭)

髟部

髟。[표]長髮垂 머리늘일표 羽旄飛揚貌 ㅣ髢 깃발날릴표 白黑髮雜 머리털희뜩희뜩할표(蕭) (二) ⿱髟彡 [섬]美髮 좋은터럭섬(鹽) ⿱髟乇 髦(髟部四畫)과同

䯮 [내]髮亂 髮鬡ㅣ 터럭엉킬내(灰) 髡。[곤]去髮 머리깎을곤 古代刑罰之一 머리깎는형벌곤 樹禿 나무무지러질곤(元) ⿱髟九。[국]髮亂 헝클어진머리털국(屋) (三) 髢 [체]髲也 益髮 땋은머리체 月子 다리꼭지체(霽) 髠。[곤]去髮 머리깎을곤、髡(髟部二畫)과同(元) ⿱髟巿 ⿱髟帀(髟部四畫)의 譌字 (四) ⿱髟帀。[청]ㅣ鬡、亂髮貌 머리털엉킬청(庚) ⿱髟少 ⿱髟少(髟部七畫)과同 ⿱髟务 ⿱髟介(次條)와同 ⿱髟介。[개]簪髻 쪽질개、땋은상투개 假髻 땋은머리개(卦) ⿱髟内 [내]鬡ㅣ、髮亂貌 머리털엉클어질내(隊) ⿱髟采 ⿱髟采(髟部六畫)과同

⿱髟疋。[절]束髮小貌 묶은머리털적을절(屑) 髣 [방]相似ㅣ髴 비슷할방 仿同(養) 髯 [염]在頤曰鬚 在頰曰髯 구레나룻염 ⿱髟氏 ⿱髟昏(髟部七畫)의 譌字 髦。[모]兒生三月翦髮爲鬌及長猶爲事父母之飾、童子髻 다팔머리모 俊也 ㅣ士 준수할모 輕也 并ㅣ 가벼이여길모 童子髻ㅣ 어린아이모(豪) ⿱髟米。[비]被髮走 머리풀고달아날비(支) ⿱髟丐 鬢(髟部十四畫)의 俗字

髧。[담]髮垂貌 다팔머리담(感) ⿱髟巴 [파]髻貌 상투짠모양파 男子陰髦ㅣ자지파(禡) ⿱髟丈 [장]髻也 상투장(陽) ⿱髟公 鬆(髟部八畫)과同 髠 髡(髟部三畫)과同 ⿱髟友 髮(髟部五畫)과同 ⿱髟攵 髮(髟部五畫)과同 (五) ⿱髟尔 ⿱髟爾(髟部十四畫)과同 ⿱髟占。[점]鬢髮疎薄貌ㅣ鬑 터럭듬성듬성날점(琰)

⿱髟幼。[요]長而不勁髮 길고부드러운머리털요(篠) ⿱髟巿 ⿱髟帀(髟部四畫)의 譌字 鬒 [진]長白髮 긴흰머리진(軫) ⿱髟令。[령]疎髮 성긴머리털령(青) ⿱髟友 [발]頭上毛也 터

러발、머리카락발不毛之地窮ㅣ메마른땅발、모래땅발(月) 髫。[조]童子垂髮ㅣ髦 다박머리초(蕭) 髬。[비]猛獸奮鬣貌ㅣ髵사나운짐승갈기일어날비(支) [髟+旨] [만]小

文首飾젊은계집머리치장할만(删) 髭。[자]口上鬚웃수염자(支) [髟+弁] [알]鬍餘髮갂고남은털알 小兒之髮어린애머리털알(曷) 髰 鬍(髟部八畫)과同 髯 鬍(髟

部四畫)의俗字 [髟+寺]。[부]結髮머리땋을부(虞) [髟+乍] [차]髮多터럭많을차(禡) [髟+咸]。[겸][감]刑人剔髮後爲假髮죄인머리깎고가발할겸、靑紺色髮검푸른머리감(鹽)(勘) [髟+允]。

[궁]髮亂터럭엉킬궁(冬) [髟+丙] [병]毛粗털이거칠병(敬) [髟+光]。[국]亂髮엉킨머리털국(屋) [髟+亘] 髻(髟部七畫)의譌字 髱 [포]多鬚수염많을포 [髟+出]

髢(髟部六畫)의譌字 髲 [피]婦人首飾被머리쓰개피、첩지피(寘) [髟+巨] 鬊(長部十畫)의譌字 髴。[불]若似髴ㅣ비슷할불 婦人首飾부인머리치장할불 亂髮貌털더

부룩할불(物) 髳 [무]髮至眉다팔머리무 西方蠻族羌ㅣ오랑캐무(尤) [髟+台]。[태]ㅣ鬄、婦人假髻여자의다리머리태(灰) 六 髸 [공]髮亂머리엉킬공(冬) 髵 [이]猛

獸奮鬣貌髬ㅣ사나운짐승갈기일어설이(支) [髟+肉] [최]假髻가상투최(賄) 髶。[용]亂髮엉킨터럭용(冬) [髟+孔] [공]ㅣ鬆、髮亂머리엉클어질공(冬) [髟+戎]。[숭]細髮가

는터럭숭(東) [髟+兆] [도]髮長터럭길도(晧) 髷 [곡]鬈髮貌고수머리곡 曲同(沃) 髺。[괄]束髮터럭묶을괄 鬠同(曷) 髤 [휴]以漆漆物赤色옷칠할휴 [髟+旨] [지]鬣

也갈기지(紙) [髟+卒] 髼(髟部四畫)과同 [髟+匡]。[광]亂髮헝클어진머리털광(陽) [髟+聿] 肆(聿部六畫)과同 髮。[발]女大髻여자의큰계쪽진머리발(曷)

[髟+此] [차]用梳比빗질할차(寘) [髟+出] [노]髮貌머리모양노(晧) [髟+虫] 髽(髟部七畫)의俗字 [髟+朵]。[타]髮垂머리털더러워질타 剃餘髮깎고남은머리타(哿) [髟+采]

[보]髻也상투보未長貌길지않은머리보(晧) [髟+囟] 鬝(髟部十一畫)과同 七 [髟+旨] 鬘(髟部十一畫)과同 [髟+里]。[리]顱下左右ㅣ鬞관자놀이리(支) 髼

[봉]髮亂貌ㅣ鬆엉킨머리봉(東) 髽 [좌]婦人喪髻猶男括髮여상계북상투쪽질좌(麻) [髟+夌]。[섬]髮也머리털섬 垂貌드리워질섬(鹽) [髟+困] [온]蒯髮머리깎을온(元) 髺 鬠(髟

部八畫)과同 [髟+局] [곡]鬈髮고수머리곡(沃) [髟+另] [총]毛亂털엉킬총(東) [髟+咅] 髻(髟部六畫)의本字 [髟+妥] [와]好髻좋은상투와(哿) [髟+酉]。[주]髮也머리털주(尤)

[髟+夾]。[렵]髮疏머리털성길렵(葉) [髟+家] [시]髻也상투시(紙) [髟+系] [묘]髮長머리길묘(篠) 髿。[사]髮美머리치르르할사 鬀 [체]髻也땋은머리체 削髮

머리깎을 剃同(霽) [髟+尨] [방]毛蒼貌털이푸를방 髮亂머리털헝클어질방(江) 髾。[소]髮末털끝소 旌旗所垂之羽기드림털소(肴) 髩 鬢(髟部十四畫)의俗字

⿱髟義 駴(馬部七畫)과同 ⿱髟矛 髤(髟部四畫)과同 ⿱髟呆 髤(髟部六畫)과同 八 鬃。[종]高髻높은상투종(冬) 馬鬣말갈기종(冬) 鬅。[붕]髮亂ㅣ鬙머리더부룩할붕(蒸) ⿱髟隶 肆(聿部八畫)과同 ⿱髟采。[재]髻也상투재(賄) 鬝。[간]疎髮성긴터럭간(刪) ⿱髟音 [부]髮短터럭짧을부(尤) 鬄 [체]剃也머리깎을체 髲也땋은머리체(霽) ⿱髟委。[와]ㅣ鬌、髮貌머리털모양와(哿) ⿱髟卓 [탁]髮長터럭길탁(覺) ⿱髟岸 [안]髮長也머리털길안(翰) ⿱髟彔 [비][복]亂髮엉크러진머리비、忽見갑자기비、복義同(未)(屋) ⿱髟卒 [졸]髻也상투졸 髮多貌터럭많을졸(月) ⿱髟昔 [석]髮也터럭석(陌) ⿱髟臽。[함]髮短貌머리짧을함(感) ⿱髟沓 [답]髮也머리털답(合)

⿱髟忩 鬆(髟部九畫)의俗字 鬆 [송]髮亂鬔ㅣ더벅머리송、터럭엉킬송 粗ㅣ거칠송(冬) 鬇 [쟁]髮亂ㅣ鬡머리더부룩할쟁、터럭엉킬쟁(庚) ⿱髟兩。[량]髮也머리털량

⿱髟舌 ⿱髟昏(髟部八畫)의本字 鬈 [권]鬢鬒好貌수염좋을권(先) ⿱髟屈。[굴]半臂羽衣繡ㅣ털반배굴(月) ⿱髟卑 [비]冠飾관의치장비(齊) ⿱髟東 [동]ㅣ鬆髮貌머리털모양동(送) ⿱髟長。[권]髮好貌머리털아름다울권(先)

九

⿱髟怱 [종]馬鬣말갈기종(東) ⿱髟胥。[알]細毛솜털알(黠) ⿱髟客。[객]髮甚長머리털몹시길객(陌) 鬉 [종]鬆亂터럭더부룩할종(東) ⿱髟並 [팽][방]鬤ㅣ、髮亂貌머리털엉킬팽、방義同(庚)(漾) ⿱髟春 ⿱髟首(首部十畫)과同 ⿱髟畐 [부]假髻딴상투부(有) ⿱髟敄 [모]髮至眉앞머리처질모、다팔머리모(豪) ⿱髟契 [갈][알]鬝禿머리밀갈、鬜同、알義同(黠) ⿱髟春 [순]亂髮머리풀어헤칠순、엉킨터럭순、흩어질순(軫) ⿱髟曷 [할]禿也벗겨질할、벗겨질할(黠) ⿱髟多。[나]髮ㅣ、髮亂貌머리헝클어질나(禡) ⿱髟柔 [유]黃髮누렁게센머리유、馬鬃鬣말갈기털유(尤) ⿱髟夋 ⿱髟款(髟部十一畫)과同 ⿱髟耗 [후]龍駕裝飾용가의장식후(尤) ⿱髟貫 ⿱髟頁(髟部十二畫)과同

鬘 鬘(髟部十一畫)의譌字 ⿱髟旁 ⿱髟夢(髟部十五畫)의譌字 鬌。[추][타]髮落털빠질추 小兒剪髮所遺爲ㅣ돌려깎은다박머리추、황새머리추、타義同(支)(哿) 鬋。[전]鬢垂貌귀밑털드릴전 剔治須髮수염깎을전(先)(銑) 鬍。[호]頰之鬚구레나룻호 或音후(虞) ⿱髟酋 [추]假髮、髮也다리추(尤)

十

⿱髟豈。[애]長貌긴모양애(灰) 鬐 [기]馬鬣말갈기기 魚脊생선등지느러미기(支) ⿱髟童 [리]髮卷머리를땋아틀리(支) ⿱髟盆 ⿱髟並(髟部九畫)의本字 ⿱髟高。[호]髮貌머리털모양호(豪) ⿱髟害 [할]ㅣ鬟、禿也민머리활、벗겨진머리할(黠) ⿱髟茸 [용]亂髮헝클어진머리용(冬) ⿱髟剔 [적]鬄髮머리깎을적(錫) ⿱髟蚤 [소]髮貌머리털모양소(豪) ⿱髟尃 [박]髮ㅣ、假髮다리박 髮也머리털박(藥) ⿱髟索。[색]髮堅貌머리털이서로서는모양색(陌) 鬒。[진]黑髮而稠머리숱많을진(軫) ⿱髟囟 [병]毛相털의상병(敬) ⿱髟眞 鬒(前前條)와同 ⿱髟差 [차]髮美터럭아름다울차 髮多터럭많을차(哿) ⿱髟咎。

[용] 髮長더럭길용(冬) ⿱髟般。[반] 叵髻북상투반(寒) 鬑 [렴] 髮垂머리드리워질렴 髮長貌머리가길렴(鹽) ⿱髟晏 ⿱髟晏(髟部十一畫)과同 ⿱髟至 ⿱髟至(髟部七畫)의本字 ⿱髟歬 鬋(髟部九畫)의本字

⑫

⿱髟春。[장] 丨鬞、亂髮헝클어진머리장(江) ⿱髟敖 [오] 髮貌머리털모양오(豪) ⿱髟莫。[마] 顱下左右髯丨관자놀이마(禡) ⿱髟桼 ⿱髟休(髟部六畫)과同 ⿱髟逢 ⿱髟夆(髟部七畫)과同 ⿱髟從。[종][종] 鬆丨、髮亂貌머리엉클총、馬鬣말갈기종丨角、髻也상투종(冬)(董) ⿱髟累。[라] 髮稠密더럭더럭빽빽할라(歌) ⿱髟產 鏟(金部十一畫)과同 ⿱髟叔 [수] 髮丨、白頭人머리가센사람수 ⿱髟票。[표] 髮亂머리털엉킬표(蕭) ⿱髟兒 ⿱髟殼(髟部十一畫)에見 鬖 [삼] 髮垂貌、丨髟彡머리채치렁거릴삼、亂髮貌머리털더부룩할삼(勘)(覃) ⿱髟萬。[만] 髮長貌머리치렁치렁할만(寒) ⿱髟殼 ⿱髟殼(髟部十一畫)과同 ⿱殹彡 [예] 黑髮검은머리예(齊) 鬘 [만] 月子다리꼭지만(刪) ⿱髟旁 鬘(前條)의俗字

⑫

⿱髟堯。[뇨] 鬚多貌수염많은모양뇨 ⿱髟會 [승] 髮亂貌鬅丨머리더부룩할승(蒸) ⿱髟貴 [귀] 髻也상투귀(寘) ⿱髟費 [비] 鬚多수염많을비(寘) ⿱髟留 ⿱髟留(髟部九畫)과同 ⿱髟尊 [존] 禿也모자라질존(願) 鬚 [수] 頭毛수염수、아랫수염수 須同(虞) ⿱髟登 [등] 毛亂貌머리엉킬등(蒸) ⿱髟最。[촬] 髻也상투촬(曷) ⿱髟戠。[직] 髮垢머리때직(職) ⿱髟絲 ⿱髟參(髟部十一畫)과同 ⿱髟尞。[료] 細長髮가늘고긴머리료(蕭) ⿱髟戟 [격] 鬚也수염격(陌) ⿱髟菐 [복] 鬢鬚之貌구레나룻의모양복 ⿱髟鼠 ⿱髟鼠(髟部十五畫)과同 ⿱髟間 [간][갈] 頭鬢禿머리밑간、갈義同(刪)(黠) ⿱髟取 [종] 毛髮聚生貌머리털이다부룩하게날종(東) ⿱髟盛 ⿱髟爭(髟部八畫)과同

⑬

⿱髟喜 ⿱髟旁(髟部十五畫)과同 ⿱髟敫 [요] 髻高貌상투가높은모양요(效) ⿱髟會。[괄] 括髮북상투짤괄(曷) ⿱髟桌 ⿱髟絲(髟部十二畫)과同 ⿱髟旁 [로] 髮也머리털로(虞) ⿱髟農。[농][낭] 多貌털많을농、낭義同(送)(江) ⿱髟長 [환] 屈髮爲髻쪽질환(刪) ⿱髟亶 氈(毛部十三畫)과同

⑭

⿱髟寧 [녕] 髮亂髟爭丨머리더부룩할녕(庚) ⿱髟蒙。[몽] 垂馬鬣드리워진말갈기몽(東) ⿱髟壽 [주] 髮多貌머리털이많을주(尤) ⿱髟截。[제] 절 小髻束意작은상투를묶을제、小高髻意작고높은상투제、절義同(霽)(屑) ⿱髟需 ⿱髟貧(髟部九畫)의俗字 ⿱髟監。[람] 髮垂丨鬖머리치렁치렁할람(覃) ⿱髟爾 [니] ⿱髟久貌머리털모양니 ⿱髟糸同(齊) ⿱髟藏 ⿱髟爭(髟部八畫)의俗字 ⿱髟賓。[빈] 頻髟구레나룻빈(震) ⿰長票寸 ⿱髟票(髟部十一畫)의俗字

⑮

⿱髟鼠。[렵] 馬領毛말갈기렵、帚端비끝렵(葉) ⿱髟截 ⿱髟截(髟部十四畫)의本字 ⿱髟旁 [면] 髮貌머리털의모양면(先) ⿱髟盤 ⿱髟般(髟部十畫)의俗字 ⿱髟意 [당] 鬞丨、髮亂貌머리헝클어질당(絳) ⿱髟贊 [찬][찰] 髮之

光澤 머리털의 윤택찬 誠貌 정성스러울 찬、毛多貌 털이 많을 찰 (翰)(曷)　鬔 [봉] 毛不理 털이 엉킬 봉 (東)　【十六】 鬁。[력] 髮疏 터러러성길 력 (錫)　鬄 鬢(髟部十二畫)의 本字

鬛。[려] 鬣也 말갈기 려 毛也 털 려、로 義同 (魚)　鬝 鬜(髟部十五畫)와 同　【十七】 鬖。[참] 髮也 머리털 참 (咸)　鬤 [양] 亂髮 머리엉킬 양 (陽)　鬗。[령] 髮

疎 터러러성길 령 (青)　鬣 鬣(髟部十四畫)과 同　【十八】 鬤。鬢(髟部十六畫)의 譌字　【十九】 鬣。鬢(髟部十五畫)과 同

鬥部　鬥。[각][두] 鬪也 싸울 각、다툴 각、두 義同 (覺)(宥)　𠀋 厈(厂部三畫)과 同　【四】 鬦 [현] 試力鍾 힘시험하는 추 현 (先)　鬧 [변] 擊也 칠 변

鬪 鬭(鬥部十四畫)의 古字　鬧 鬨(鬥部十四畫)과 同　【五】 鬧 [뇨] 擾也 喧鬧 시끄러울 뇨 (效)　鬩。鬭(鬥部十四畫)과 同　【六】 鬨。

[홍][항] 鬭聲 싸움소리 홍 鬭也 싸울 홍、항 義同 (送)(絳)　鬩 鬭(鬥部十四畫)과 同　【八】 鬫 [금] 琴也 거문고 금 琴古字 (侵)　鬩。[혁] 怨恨 訟也 송사할 혁 鬩也 싸울 혁 戾也 어

기어질 혁 怨恨 원망할 혁 (錫)　鬨 鬨(鬥部六畫)과 同　【十】 鬪 [투] 爭、競也 싸움 투、싸울 투 (宥)　鬩 鬩(鬥部八畫)과 同　鬪 鬭(鬥部十畫)의 略字

鬭。鬭(鬥部十四畫)의 俗字　【十一】 鬩。[빈] 鬪也 싸울 빈、다툴 빈 (眞)　鬮。[류] 絞也 목매 죽일 류 (尤)　【十二】 鬫 [함] 虎聲 범 우는 소리 함 (鹽)　【十四】

鬪 [문] 鬪也 다툴 문、싸울 문 亂鬪貌 뒤얽힐 문 (文)　鬭 鬪(鬥部十畫)의 本字　鬮 鬮(鬥部十一畫)과 同　【十七】 鬮。[구][규] 手取 拈也 제비 뽑을 구、규 義同 (尤)(有)

【十八】 鬭。[문] 鬪也 싸울 분、다툴 분 亂鬪貌 뒤얽힐 분 (文)

鬯部　鬯。[창] 奉宗廟香酒 鬱 |秬| 울창술 창 弢弓 활집 창 韔同、暢通 (漾)　【五】 𩰪 糈(米部九畫)과 同　𩰫 [사] 美香 좋은 향기 사 (紙)　【八】 𩰬

爵(爪部十四畫)의 古字　【十】 鬯。[거] 黑黍 검은 기장 거 (語)　【十一】 𩰬。爵(爪部十四畫)의 本字　【十二】 𩰭 爵(爪部十四畫)의 本字　【十六】

鬱。[울] 香草 |金 울금초 울 (物)　【十九】 鬱。[울] 氣蒸 ||답답할 울 木 叢生 積也 盛 나무 다부룩할 울 울 隷屬 아가위 울 悠思 멀리 생각할 울 (物)

鬲部　鬲。[격][력] 瓦瓶 오지병 격 趙地名 땅이름 격、隔同、曲脚鼎 다리 굽은 솥 력 (陌)(錫)　【三】 𩰲 䰚(次條)와 同　䰚。[과][라] 土釜 흙가마 과、라 義同 (歌)　【四】

䰚 䰚(鬲部三畫)의 譌字　鬳。[의] 釜也 가마 의 (紙)　融 鍋(金部九畫)과 同　鬴 [문] 摩也 만질 문 (文)　【五】 䰛 糊(米部九畫)과 同　【六】

鬳。[권] 鼎也 솥권 (願)
⿰鬲兒 鬷(鬲部十三畫)의 譌字
⿱羊鬲。[상] 煮也 삶을상 (陽)
⿰鬲亘 ⿰高亘(高部十二畫)의 譌字
⿱弜鬲 [력] 熟飪氣上出 김오를력 (錫)
⿰鬲亥 [해] 糜中塊以粉作塊如鳥卵 새알심해 (灰)
⿲弓鬲弓 鬲(鬲部○畫)의 古字
⿰鬲而 [이] 熟也 삶아익힐이 (支)
⿰鬲圭 [휴] 窐也 시루구멍휴 (齊)

七

⿰鬲巠 [경] 隔也 가릴경 (徑)
鬴。[보] 鍑屬無足 가마부 釜同 (麌)

八

鬵 [심] 大釜 큰가마심
⿱沸鬲。[비] 沸也 끓을비 沸同 (未)
⿱羕鬲 ⿱羊鬲(鬲部六畫)의 譌字
⿱㚘鬲 鬵(鬲部八畫)의 俗字
⿱羔鬲 羹(羊部十三畫)과 同

九

鬷。[종] 象也 무리종 釜屬 가마종 (東)
⿰娄鬲 鬷(前條)와 同
⿰鬲耎。[이][내] 有骨醢 뼈섞어담은젓이、내 義同 (齊)(灰)

十

⿲弓鬲弓 鬻(鬲部十二畫)의 譌字
⿰鬲鬲 [력] 去滓 거를력 (錫)
⿰鬲耎 ⿰鬲耎(鬲部九畫)의 譌字
⿰鬲匊。⿲弓鬲弓(鬲部十六畫)과 同
⿰鬲留 [류] 甑也 시루류 (宥)

十一

⿱規鬲。[규][휴] 三足釜 세발달린가마 솥규、鼎鑊 가마솥휴 (支)(齊)
⿲弓⿱沸鬲弓 ⿱沸鬲(鬲部八畫)의 譌字
⿰鬲商 ⿱羊鬲(鬲部六畫)과 同
⿱敖鬲 [오] 乾煎 볶을오 (豪)
⿰鬲昜 [상] 烹煮 삶을상 (陽)

十二

鬻。[죽][육][국] 糜也 미음죽 粥同、賣也 팔육 儥同、養也 기를국 稚也 어릴국 鞠通 (屋)
⿰鬲曾 甑(瓦部十二畫)과 同
⿸厤鬲 鬲(鬲部○畫)에 見

十三

⿲弓鬲弓。[옥] 大鼎 큰가마솥옥
⿲弓鬲弓 ⿲弓鬲弓(鬲部十七畫)과 同
⿰鬲叜 鬷(鬲部九畫)과 同
⿲弓鬲弓 醢(酉部十二畫)과 同
⿲弓鬲弓 [발] 釜之沸湯 가마솥의 끓인물발 (月)
⿰鬲求。[객] 裘裏 갖옷속객、가죽속객 (陌)
⿲弓鬲弓 粥(米部六畫)과 同

十四

⿲弓⿱沸鬲弓 ⿱沸鬲(鬲部八畫)과 同
⿲弓鬲弓 ⿱㚘鬲(鬲部八畫)과 同
⿱兓鬲 ⿲弓鬲弓(前條)와 同
⿲弓鬲弓。[건][전] 鬻也 죽건、전 義同 (元)(先)

十五

⿲弓鬲弓 [제] 烹也 지질저、삶을저 煮古字 (語)
⿲弓鬲弓 ⿲弓鬲弓(鬲部十四畫)과 同

十六

⿲弓鬲弓 [초] 炒也 볶을초 煼同 (巧)
⿲弓鬲弓 ⿲弓鬲弓(鬲部十三畫)과 同
⿲弓鬲弓。[갱] 羹也 국갱 羹篆字 (庚)

十七

⿲弓鬲弓。[속] 鼎實、八珍之善 곰속 餗同 (屋)
⿱林鬲 [림] 沃水 물댈림、물댈림 淋同 (侵)

十八

⿲弓鬲弓 [증] 甑也、炊器 시루증

十九

⿲弓鬲弓 ⿲弓鬲弓(鬲部十五畫)과 同

二十

⿲弓鬲弓。[약] 內肉及菜湯中薄出之 데칠약 (藥)

二十一

⿲弓鬲弓。[효] 炊氣貌 찔효、김으로찔효 (蕭)
⿲弓鬲弓 ⿲弓鬲弓(鬲部二十畫)과 同

鬼部

鬼。[귀] 精魂所歸 귀신귀、도깨비귀 (尾)

二

⿺鬼力 魑(鬼部十一畫)의 俗字

三

⿰几鬼。[외] 熱病 열병외 (隊)
⿺鬼卩 [외] 丨邦、墝埆 메마른땅외 (賄)
鬽 [매] 老精物山林異氣所生 도깨비매 古音미 (寘)
⿺鬼山 魅(鬼部五畫)의 俗字
⿱宀鬼 ⿱鬼山(次條)와 同
⿱鬼山 鬽(鬼部三畫)과 同
⿺鬼寸 魁(鬼部四畫)의 譌字

四

⿺鬼斤 [기] 丨雀、鳥類 새기、丨堆、奇獸 이상한짐승이름기 九丨、北斗九星 북두구성기 (微)
⿺鬼支。[기] 小兒鬼 아이귀신기 (支)
⿺鬼毛 [호] 厲鬼 역신호 (號)
⿰化鬼 [화] 變追 둔갑할화 (禡)

魁。[괴]首也으뜸괴 大也클괴 北斗首星별이름괴、小阜언덕괴 ㊋灰 ㊋賄 魂 [혼]附氣之神一身之精 ㅣ魄혼혼、넋혼 ㊋元 䰠。傀(前前條)와同 䰡 魂(前前條)와同 魩
鬽(鬼部三畫)의俗字 魅 魅(鬼部四畫)과同 䰯。鬽(鬼部三畫)과同 䰰 鬼(鬼部○畫)과同 䰱。魅(鬼部五畫)과同 䰲 魅(鬼
部五畫)과同 䰟 鬼(鬼部○畫)의古字 䰩 魍(鬼部八畫)과同 䰫 耄(老部四畫)과同 ❺ 魸。[돌]殺也죽일돌 ㊋質 䰟
鬼(鬼部○畫)의古字 魁。[신]神也귀신신 ㊋眞 鬽 苕(艸部五畫)과通 䰢 [갑]竊鬼도둑귀신갑 ㊋洽 魻 䰢(前條)와同 魃 [발]旱鬼一名旱母가물귀신발
䰩 魅(次條)와同 魅。[치][출]厲鬼역신치、출 義同 ㊋寘 ㊋質 魅。[매]性物魑ㅣ도깨비매、산매매 古音미 鬽通 ㊋寘 魿 [령]鬼也귀신령 ㊋青 魄 [백]박 탁 附形之靈人
生始化心之精爽넋백、혼백、志行衰惡落ㅣ넋잃을박 糟ㅣ재강박、失業落ㅣ넋잃을탁 ㊋陌 ㊋藥 魩 [죽]鬼頭귀신의머리죽 ㊋屋 䰩 魑(鬼部十一畫)과同 魆。[휼]譎也간
사하게속일휼 猝也얼른훌、갑자기훌、빨리훌 ㊋物 ❻ 䰩。[귀]大視貌크게볼귀 ㊋寘 魁。[치]魅也도깨비치、산매치 ㊋支 䰩 [옥]貌也모양옥 ㊋屋 魁
鬽(鬼部三畫)과同 魤 鬼(鬼部○畫)과同 魹 魅(鬼部五畫)과同 ❼ 鬾。[영]巫厭무꾸리할영、방자할영 ㊋迥 䰩 [요]醜也추할요 ㊋效 魋 [태]熱
病열병태 ㊋隊 魈 [소]山精獨足鬼산도깨비소 ㊋蕭 魓 [리]惡鬼악한귀신리 ㊋紙 䰩。[전]醜貌추할전 ㊋銑 魽 [보]北斗星名별이름보 ㊋麌 䰩 魊(鬼部八畫)
과同 䰶 魌(鬼部九畫)과同 䰩 魅(鬼部五畫)과同 ❽ 䰩。[동]醜貌추한모양동 鬼殺人귀신이사람죽일동 ㊋東 䰩。[역][혹]小蜮鬼어린아이귀신역、鬼人風而
伺人意귀신이바람에시달려서사람을엿보는모양혹 ㊋職 魘。[엄]使汚더럽힐엄 ㊋豔 魌 [기]童鬼아이귀신기 ㊋紙 䰩 [격]兩神비를말은귀신격 ㊋錫 魎 [량]江鬼魎
貌강귀신의추한모양량 ㊋漾 魊 䰩(鬼部八畫)과同 䰩 魅(鬼部五畫)의譌字 䰩。[호]鬼貌귀신호 ㊋虞 魋。[추][퇴]椎頭髻북상투추、神獸似熊신령스러운짐
승퇴 人名來桓ㅣ사람이름퇴 ㊋支 ㊋灰 䰩 [독]醜頭추한머리독 ㊋屋 魓 [비]醜也추할비 ㊋齊 魏 [위]舜禹所都위나라위 大也클위 闕也象ㅣ대궐위 ㅣ然우뚝할위 ㊋未 魌。
[기]ㅣ頭、逐疫鬼方相氏四目방상시기 ㊋支 魍 [망]山鬼ㅣ魎산도깨비망 ㊋養 魎。[량]山鬼一脚魍ㅣ산도깨비량 蜽同 ㊋養 䰩 魎(前條)와同 䰩 魑(鬼部十一畫)의古字
䰩 魁(鬼部四畫)과同 䰩 魅(鬼部五畫)과同 ❾ 䰩 [삽]醜也추할삽 ㊋洽 䰩。[격]靜也고요할격 ㊋陌 䰩 魗(鬼部十四畫)과同 䰩

⿰韋鬼(韋部十畫)과同 ⿺鬼洒 鬼(鬼部○畫)과同 ⿺鬼冒 魅(鬼部五畫)과同 ⿰者鬼。㉠차 醜惡 추악할차 馬

⑩

⿺鬼昌 魄(鬼部五畫)의本 ⿰眛鬼 魅(鬼部五畫)의譌字

⿺鬼兼 ⿸尢鬼(尢部十畫)과同 ⿰脊鬼 魅(鬼部五畫)의譌字 ⿺鬼幾。㉠기 南方鬼 남쪽의귀신기 微

⑪

魔。㉠마 狂鬼迷人 마귀마 不可思議之術法 마술마 鬼也 귀신마 歌 魔

魔(前條)와同 魑。㉠리 鬼屬 ㅣ魅 도깨비리 古音 치 支 ⿰虛鬼 虛(虍部六畫)과同 ⿺鬼難 ㉠나 ㉡난 毆疫癘鬼 역귀쫓아낼나、난義同 歌 翰 ⿺鬼庸 ⿺鬼甫(鬼部七畫)의譌字

⑫

⿺鬼喬。㉠율 無頭鬼 머리없는귀신율 質 ⿺鬼登 ㉠등 空中鬼 공중의귀신등 微 ⿺鬼堯。㉠초 ㉡소 疾貌 빠른모양초 健也 굳셀초、黠也 꾀자기소、간악할소 看 巧 ⿰奢鬼 ㉠차 醜也 추할차 馬

⿰需鬼 ⿰霝鬼(鬼部十七畫)과同 ⿰喬鬼 ⿺鬼喬(鬼部十二畫)과同 ⿺鬼虛。㉠허 耗鬼 헛도깨비허 魚 ⿺鬼尞 ㉠료 驚也 놀랄료 效 ⿺鬼幾 ㉠기 南方鬼 남쪽의귀신기 微

⑬

⿺鬼睪 ㉠역 鬼使 사자귀신역 陌

⑭

⿰賓鬼。㉠빈 鬼貌 귀신의모양빈 眞 ⿺鬼賓 ⿰賓鬼(前條)와同 ⿸厭鬼。㉠염 ㉡엽 驚夢ㅣ魅 놀란꿈염、睡中氣室 가위눌릴엽 ⿺鬼疑 ㉠의 恐也 겁낼의 纏也 동여얽을의 未

⿺鬼蓍。⿺鬼睪(鬼部十一畫)의本字 ⿰壽鬼 ㉠수 ㉡추 惡也 추악할수 棄也 버릴수、추義同、穢也 더러울추 醜通 尤 有 ⿰需鬼。㉠유 鬼聲 귀신의소리유 虞 ⿺鬼需

⿰霝鬼(前條)와同 ⿺鬼祭 ㉠찰 羅ㅣ、國名 나라이름찰 黠

⑮

⿰賣鬼 ㉠적 醜也 추할적 錫 ⿱畾鬼。㉠뢰 雷鬼 천둥귀신뢰 灰

⑯

⿰䍃鬼 鬼(鬼部○畫)과同

⑰

⿺鬼霝 ⿰霝鬼(次條)와同 ⿰霝鬼。㉠령 鬼也 귀신령 靑

⑱

⿺鬼瞿 ㉠구 亞也 버금구 尤

㉔

⿰龍鬼 龍(龍部○畫)의古字

十一畫

魚部

魚 ㉠어 鱗蟲總名 물고기어、생선어 衣ㅣ、蠹名 좀어 魚 𩵋 魚(前條)의俗字

①

魞 ㉠알 黃頰魚 ⿰魚央ㅣ 자가사리알 黠

②

魛。㉠도 鮆魚 갈치도 豪 魞 ㉠입 捕魚制具 통발입、쑥이입 日字 魰 ㉠어 池籞 고기우리어 魚 ⿰魚了 ㉠소 ㉡료 鰷也 피라미소、료義同 篠 魝 ㉠결 治魚 고기썰결 屑 魜 ㉠인 人魚 인어인

③

⿰魚乞。㉠글 魚泳貌 고기가헤엄칠글 質 魟 ㉠홍 魚肥 고기살찔홍 東 ⿰魚小 ㉠소 細魚 잔고기소 篠 ⿰魚也 鮀(魚部五畫)과同 魠。㉠탁 黃頰魚 자가사리탁 藥 魡。㉠적 ㉡조 繫魚 고기를맬적、釣也 고기낚을조 錫 嘯 ⿰魚亡 ㉠망 魚名 망둥이망 國字

④

⿰魚戈 鱡(魚部十三畫)의略字 ⿰魚午 ㉠위 ㉡우 魚名、鮪類 고기이름위、고기명위、우義同 尾

⿰魚公。㉠공 鰕也 새우공 東 魣 鱮(魚部十四畫)과同 ⿰魚丰 ㉠방 蚌屬 큰조개방 美珠 아름다운구슬방 魚名 고기방 魥 ㉠겁 竹貫魚 말린고기겁 葉 魦 鯊(魚

部七畫)과同 鯊 魦(前條)와同 ⿰魚欠。[합][잡]魶ㅣ、魚名고기이름합、魚口動貌고기입오물거릴잡(合) 魪 魪(次條)와同 魪。[개]比目魚가자미개(卦) 魧。[강]大

貝큰자개강 本音항(陽) 魧 魧(魚部四畫)의譌字 魥 鰈(魚部八畫)과同 魨 [돈]毒魚河ㅣ복돈 鰗鮧아감젓돈 魾 [배]未漬魚鬻아직절이지않은고기점배(灰)

⿰魚木。[목]魪也가재미목(屋) 魩 [말]魚尾고기의꼬리말(曷) 魬 鮍(魚部七畫)과同 魮。[비]飛魚나는고기비(支) 魰 [어]捕魚고기잡을어(魚) 魭 [원]大鼈큰자래원(元)

魫 [심]魚子고기새끼심(寢) ⿱大魚 魫(前前條)와同 ⿺尢魚。[침]魚頭骨고기대가리뼈침(寢) ⿰魚夫 [부]魚名고기이름부(虞) ⿰魚几 魫(魚部四畫)과同 魰 [문]玄鱧가물치문(文)

魬 [반]形似魴而稍大넙치반、광어반(潸) 魯。[로]鈍也노둔할로愚也어리석을로伯禽所封國名노나라로(虞) 魿。[심][잠]藏魚절인고기심、잠義同(寢)(感) ⿰魚币 [사]鰕也새우사(支) 魸 [편]鯿也메

기편 日字 魳 [패]鯸鮐、河豚복패(泰) 魲 鱸(魚部十六畫)俗字 ⿰魚斗 [혹]斗魚두어혹(屋) 魣 魱(次條)와同 魱 [호]鯆魚준치호(虞) ⿰魚王。[왕]大魚큰고기왕(陽)

⿰魚厶 鱸(魚部十六畫)과同 魴 [방]鯿魚방어방(陽) 魵。[분]魚名蝦也고기이름분(吻) 魶 [납]鯷魚메기납鯢也암코래납(合) ⿰魚幻 [환]鯆也黃ㅣ복생선환(諫) ⿰魚午 [오]鱸之别

種、味豊능어오 **五** 鮀 鮀(次條)와同 鮀 [타]小沙魚體圓而有點모래무지타(歌) 魺 [가]河豚也복어가(歌) ⿰魚丙。[병]嘉魚병어병同音병(梗) 魿 [령][린]蟲連

行貌벌레가줄을지어갈령、린、鱗(魚部十二畫)과同(青)(眞) 魾 [비]魴也방어비(支) ⿰魚甲 [합]ㅣ鰈、鱗列象多貌비늘이많을합 裝飾重貌장식이겹으로된모양합(洽) ⿰魚甘 [함]蛤也조개함(覃)

魼。[거]比目魚가자미거鱸同(魚) ⿰魚氐 [치]魠也자가사리치(支) ⿰魚央 [앙]黃頰魚ㅣ軋가자사리앙(陽) 鮅。[필]石ㅣ魚상괴리필(質) 鮂 [수]白鯈버들치수(尤) 鮁。[발]魚游貌고기

헤엄칠발魚躍貌고기뛸발(曷)(隊) 鮄 [불]魴也방어불(物) 鮃 [평]比目魚가자미평(庚) 鮉 鯛(魚部八畫)과同 鮫 [교]陽鱎뱅어교(蕭) ⿰魚布 [포]江豚상어포(虞)

鮡。[요]船矴魚꺽저기요(蕭) 鮈 [구]魚名鰕ㅣ고기이름구(虞) 鮆 [제]刀魚狹薄頭長如刀갈치제(薺) 鮇 [미]嘉魚뱅어미(未) ⿰魚失。[심]大魚큰고기심(寢) 鮊。[백]魚名뱅어백(陌)

⿰魚瓜 魪(魚部四畫)의譌字 鮐。[태]河豚别名복태老人ㅣ背늙은이등에복무늬날태(灰) ⿰魚旦 鱓(魚部十二畫)과同 ⿱罒魚 鯫(魚部十畫)의古字 鮏。[성]魚臭비릴성(青)

鮋 [유]鮂也버들치유(尤) 鮎。[점]頭大尾小身滑無鱗一名鰋메기점(鹽) 鮌 [곤]魚也물고기곤鯀同(阮) 魣 鱦(魚部十三畫)과同 鮑 [포]以鹽漬魚저린생선포姓也성포(巧)

鮓 [자]魚菹물고기식해자、젓자(馬) 鮒 [부]鯽也붕어부(遇) 鮗。[동]魚名전어동日字 ⿰魚母 ⿰魚每(魚部七畫)과同 ⿰魚尔 [니]鮀也모래무지니日字 ⿰魚号 鰐(魚

部九畫)의譌字 䱛 염 魚名고기이름염 琰 鮰 回(口部三畫)과同 䱉。저 鰻也뱀장어저 魚 鮔 거 長足章魚발긴문어거 語 ⑥ 鮟
안 琵琶魚천징어안 日字 鮚。질 蚌也홍합질 質 鮓 鮓(魚部五畫)과同 鮛 숙 魚名작은삼치숙 屋 鮞。이 鯤也魚子在腹고니알이 支 鮘 주 魚名고
기이름주 尤 䱍。위 鼈也자라위 白魚雄者숫뱅어위 尾 鮜 후 鯸也메기후 有 鮝 鯗(魚部八畫)의俗字 鮣 인 斑魚얼룩고기인 震 鮇 미 魚子고기알
미、고기새끼미 薺 鮢 주 魚名고기이름주 虞 䱝 鮞(魚部六畫)의譌字 鮤 렬 刀魚갈치렬 屑 䱥 鮉(魚部五畫)과同 䲔 공 紅魚가오리공 魚子고
기새끼공 腫 鮠 외 鯷之小者메기새끼외 河豚복어외 灰 鮡。조 魚名고기이름조 篠 鮪 유 魚名王ㅣ상어유 尾 鮤 鮤(魚部六畫)과同 䱭。이 河豚之別名복어이 支
𩶮 鰣(魚部十畫)과同 鮩 병 白魚뱅어병 梗 鮥 락 魚名고기이름락 藥 鮨。지 鮓也젓갈지、물고기젓지 支 鮦 동 종 鱧也가물치동、종 義同 東 腫 鮧 이 제
鱁魚腸醢ㅣ창자젓이、大鮎큰메기제 鯷同 支 齊 鮭 해 魚菜總名어채해 河豚복어해 齊 鮬 鮬(次條)와同 鮬 보 小魚魚婢쏘가리보 遇 鮫。교 海鯊皮可飾刀口상어교 人魚
인어교 肴 鮮。선 生魚생선선 新也새선 明也밝을선 善也좋을선 潔也조촐할선 小也적을선 國名朝ㅣ조선선 尟同 銑 鮯。갑 魚類고기갑 合 䱞 긍 鮪也상어긍 徑 𩵹 여 飛
魚나는고기여 魚 鮲 복 蚌屬가리맛복 日字 鮀 타 水母물어미생선타 禡 𩷁 鰠(魚部十畫)과同 䱟 鮔(魚部六畫)과同 鮰。회 民魚민어회 灰
⑦ 𩵩 역 似鮎有四足메기같고네발있는고기역 鰔同 職 鮵 탈 小鮦작은가물치탈 曷 鮶 군 水ㅣ、蟲名벌레이름군 文 鮾 鯘(魚部八畫)과同 鮷。제 鮎也메기제
𩵼 鮮(魚部十一畫)과同 䱕。경 魴魚방어경 庚 鮗 鯩(魚部四畫)과同 鮸。면 石首魚조기면、석수어면 銑 鮻 사 鯊也모래무지사 麻 鮹
소 八梢魚문어소 小八梢魚낙지소 肴 鮺 鱃(魚部十畫)과同 鯁 경 魚骨생선뼈경 骨ㅣ之臣가시쇨경 刺在喉목걸릴경 鮿。첩 不鹽乾魚절이지않고말린고기첩 葉
䱐 부 江豚물아지부 虞 鯙。랑 雄蟹숫게랑 陽 䱒 읍 魚名고기이름읍 緝 䲁 설 魟也고기이름설 鮁ㅣ미꾸라지같은고기설 屑 鯇。혼 鯉也잉어혼 鯶同 阮
鯀 곤 大魚곤어곤 禹父名사람이름곤 鮌同 阮 鯈。조 주 小魚송사리조 好游魚피라미조、주 蕭 尤 䱓 정 全魚醬온고기젓갈정 迥 鯃 䱸(魚部六畫)과同 鯅 전 魚醬고기젓
전、젓전 先 䱡。소 蘇生되살아날소 虞 鯆 포 江豚別名毒물아지포 虞 鯋 鯊(次條)와同 鯊。사 鮀也모래무지사 鮫也皮可飾刀釼靶상어사 鯋同 麻 䲰 광 大

魚큰고기광(陽) 䲛 鯅(前條)와同 鰵 [찬]鰷也괴라미찬(寒) 鯉。[리]三十六鱗魚有赤白黃三種잉어리(紙) 鯃。[무]似鯼而小황석이무(尤) 鮁 [읍]魚衆貌고기많이모일읍(緝)

鯊 鯊(魚部八畫)과同 鯒 [통]海鮎바다메기통日字 鰔。[성]黃魚、或稱石斑魚황어성日字 鯑 [희]青魚卵청어알희日字 鯏 [리]蚌屬모시조개리日字 鰐 鰐(魚部九畫)의譌字

鯥 [주]鰌魚모장이주、숭어새끼주日字 𩶛。[시]似猪魚물돝시(支) 八 鯗 [상]乾魚腊가조기상、어포상 鯕。[기]鯿也방어기(支) 鯙 罩(网部八畫)과同

鰖 鯖(魚部十二畫)의籀文 鯖。[청][정]魚名青色有枕骨비웃청、청어청、煮魚煎肉고기구울정 脡同(青)(庚) 鮈 鮈(魚部四畫)과同 鯔 [치]似鯉身圓頭扁骨軟숭어치(支) 鯨

[내]鯨ㅣ전어내(泰) 鮒 鮒(魚部五畫)과同 鯚 [계]喙銳鱗細魚名입부리는날카롭고바늘이긴고기이름계(霽) 鯺 [거]ㅣ鰽벌레이름거、昆魚雌者암민어거(魚)(御) 鯘 [뇌]魚敗썩은생선뇌、생선상할뇌 鮾同(賄)

鵯。[비]黑鯉검은잉어비(支) 鮛 [숙]鮪小者작은상어숙 鮛同(沃) 鯩。[분]形如荷葉腹下有口額上有眼尾有刺而螫人魚가오리분(問) 鯌 [작]鮫魚出入母腹나들이상어작(藥)

鯎 鱥(魚部七畫)과同 鯝 [고]魚肚中腸고기창자고(遇) 鯜 鰈(魚部九畫)과同 鮅。[별]魚泳行貌고기헤엄칠별(屑) 鯽 鮨(魚部六畫)과同 鯐

鮀(魚部五畫)의俗字 鯟 [동]魚名似鯉잉어고기이름동(東) 鰖 鮀(前前條)와同 鯣 [역]鱷也뱀장어역(陌) 鯞 [추]鰍也쏘가리추(有) 鯘。[화]鮎也메기화(馬) 鯛 [조]家鷄魚도미조、骨脆연할조(蕭)

鯡 [비]魚子고기새끼비、青魚비웃비未日字 鯠 [래]魚名鰻ㅣ고기이름래(灰) 鮪。[국][곡]江豚別名、鯆也돌고래국、곡義同(屋)(沃) 鯧 [창]魚名ㅣ鯸병어창(陽) 鯤

[곤]魚子ㅣ鮞물고기알곤、北溟大魚북해큰고기곤(元) 鯦。[구]鮭也준치구(有) 鯥 [륙]鮫ㅣ魚고기이름륙(屋) 鯫。[추]雜小魚송사리추、小人ㅣ生소인추、따라지추(有) 鮥。[함][겸]魚名고기이름함、겸義同(陷)(鹽)

鯖 [쟁]魚名、竹丁고기이름쟁(庚) 鯚 [줄]鯈也피라미줄、鮪別名상어줄(質) 鯨 [경]海中大魚고래경 鱷同(庚) 鯣。[아]黃頰魚자가사리아、쏘가리아(麻) 鯪 [릉]小

皮曰穿甲山천산갑릉、ㅣ鯉능잉어릉(蒸) 鯰 [염]鮎魚메기염日字 鯯 鯯(次條)와同 鯯 鯯(次條)와同 鯯 [제]魚名可爲醬美味在頷고기이름제 鮀 鮡(魚部六

畫)과同 鯵 鱔(魚部十二畫)과同 魩 鯬(次條)의譌字 鯬 [리]魚名고기이름리(支) 鯩。[륜]魚名、其狀如鮒而有黑文고기이름륜(眞) 鰈 鰈(魚部九

畫)의譌字 鯭 蜢(虫部八畫)과同 鯋 魦(魚部四畫)과同 鯮 鯼(魚部九畫)과同 鯲。[어]鰍魚미꾸라지어日字 鯱 [호]海獸一種물호랑이호日字 九 鯶

[혼]鯉也잉어혼 鯇同(阮) 鱍 鱍(魚部十二畫)과同 鯷 [제]大鮎重千斤메기제(齊) 鯹 鮏(魚部五畫)과同 鯸。[후]河豚복후(尤) 鯾 [편]魴魚방어편 鰤 [야]魚

名似蛇長一丈餘 뱀갈은고기이름야(麻)
鯿 편 魴類縮項鯿 魚병어편(先)
鯫。추 ㅣ鯩、蚌屬 조개이름추(宥)
鰭 蝤(虫部十六畫)과同
鮪 위 魚屬 고기 이름위(未)
鯼 종 石首魚 조기종 鯨同(東)
鮔 鮔(魚部六畫)과同
鰈。탑 접 比目魚가재미탑、접義同、魚名、出樂浪藩國 넙치접(合)(葉)
鯙。정 魟也 자가사리정(迥)
鰨 해 魚名 고기 이름해(泰)
鰂 즉 烏賊魚一名墨魚 오징어즉(職)
䲜 애 鯿ㅣ、魚名 고기이름애(陌)
鰇 유 烏賊魚 오징어유(尤)
鮥 鰂(前前條)와同
鰆 춘 馬鮫魚 상어춘(眞)
鯽。즉 似鯉色黑體促 붕어즉(陌)
鰍 추 魚名生淺淖中 似鱓 미꾸리추
鰉 황 鱣魚 전어황(陽)
鰌。추 鰍也 미꾸리추 藉也 빙자할추 蹴 걸음삼갈추、찰추 鰍同(尤)
鰊。련 魚名 고기이름련
鰖 타 魚子 물고기새끼 타 鰖同(哿)
鯅 鮦(魚部六畫)과同
鰋 언 鯷類額白이마 흰메기언(阮)
鯡 비 魚名、似鮒 고기이름비(微)
鰒。복 魚名似蛤偏著石 전복복 俗音박(覺)
鯷 제 大鯉 큰잉어제(霽)
鮁 파 白魚、海魚 뱅어파 鮊同(禡)
鰎 건 微用監鮑魚 소금에 약간절인고기건(阮)
鰑 양 鮦也 가물치양(陽)
鰐。악 似鼉呑人長二尺餘 有四足 악어악 鱷同(藥)
鰥 鰥(魚部十畫)의 譌字
鯁。鯁(魚部七畫)의 本字
鰓 새 魚類中骨 아가미뼈새、관자뼈새(灰)
鰔 함 比目魚 넙치함(咸)
鰕。하 大鯢別名 암고래하 長鬚 새우하 水蟲 鰕魚 하어하(麻)
魮 비 黃頰魚 가자사리비 日字
鯩 한 鯫ㅣ、蚌屬 조개한(翰)
鰚 선 鯔魚 숭어선 腹赤 민어선 日字
鰗 호 河豚 복호(虞)
鰙。약 白魚 뱅어약、피라미약 日字
鮤 鮤(魚部六畫)과同
鯉 鱷(魚部十五畫)과同
鰅 옹 魚名 고기 이름옹(冬)

十

鯆 포 江豚 돌고래포(虞)
鰏 격 력 魚名 고기이름격、魟魚 자가사리력(陌)(錫)
鰝。호 大鰕 왕새우호(晧)
鰫。옹 魚名 고기 이름옹(東)
鰜。겸 鱇也、比目魚 가자미겸(鹽)
鰠 조 魚名 고기 이름소(豪)
鰞 오 烏賊魚 오징어오(虞)
鰟 魴(魚部四畫)과同
鰩 요 文ㅣ魚 鳥翼 날치요 鱓也 홍어요(蕭)
鰥。환 無妻曰ㅣ 홀아비환 大魚 큰고기환 愁悒不寐目恒ㅣㅣ然 如魚곤 심으로 잠못이루고 눈 반반할환(删)
鰢。마 水馬、海魚 수마마(馬)
鯱 鰃(魚部七畫)과同
鰃 위 鬼頭魚 귀두어위(尾)
鰤 사 鰕也 새우사 老魚有毒 독있는고기 사(支)
鰣。시 美魚似魴多鯁 준치시(支)
鰴 漁(水部十一畫)과同
鮍 魮(魚部四畫)과同
鮝 鯗(次條)와同
鮺 차 藏魚 고기 젓담을차(馬)
鰦 자 鯔也 버들치자(支)
鱅 당 鮀也 자가사리당(陽)
䲋 한 魚名 고기의 이름한(翰)
魶 납 魚名、似鼈有尾無甲無足動物、口在腹下 고기이름납(合)
鰺 수 人名 사람 이름수(尤)
鰨。탑 比目魚 가자미탑(合)
鰋 鰋(魚部九畫)과同
鰧 등 海魚之一、虎魚 쇄기등(蒸)
鱣 전 魚類 고기 이름전(霰)
鱧 해 雄蟹鰕ㅣ 수게해(灰)
鰬 건 大鱓 큰 구렁허리 건、뱀장어건(先)
鰭 기 魚脊骨脊上鬣 고기 지느러미기(支)
鯝 활 身如蛇有四足動物 뱀같은 네발있는 동물이름활(黠)
鰪 합 압 ㅣ鯆、似鱝小魚 붕어 같은고기합、압義同(合)
鰿。적 鮒也 붕어적(陌)
鰛 온 小魚 멜치온(删)

鰫。[용]似鰱黑魚 연어같은검은고기용(冬)
鰰 [신]銀魚 은어신 日字
鰯。[약]鰮魚 멸치약 日字
鯿 [편]魴也 방어。편 鯾同(先)
鮱 鮓(魚部五畫)의俗字
鰝 鱎(魚部十二畫)과同
鰷 鯈(魚部八畫)과同
⿱則魚 [정]从醋煮魚 초로고기삶을정
⿰魚倉。鯧(魚部八畫)과同
⿰魚畱 鰡(魚部八畫)과同

十二

⿰魚匿 [닉]似鯇小魚 숭어같은고기닉(職)
鰱。[련]鱮也 연어련(先)
⿴徽魚 [휘]魚有力 힘센고기휘 或音위(微)
鰲 [오]大鼇 큰자라오 鼇俗字(豪)
鰳 [륵]似鰣小首細鱗 준치륵(職)
⿰魚婁。[루]鯉魚 잉어루(尤)
鰹 [견]鮦者大 큰가물치견、海魚背蒼黑腹灰白色 물치견(銑)
⿰魚鹿 鱳(魚部十五畫)과同
鰧 [등]虎魚、海魚之一 쐐기등(蒸)
鰵 [민]大口魚 대구민(軫)
⿰魚敏 鰵(前條)와同
⿰魚莎 魦(魚部四畫)의俗字
⿰魚㒳。鰻(魚部十一畫)과同
鰶 [제]魚名 전어제(霽)
⿱執魚 [지]魚名 고기이름지(眞)
鰸。[구][우]魚名、似蝦無足、長寸許 고기이름구、우義同(虞)(尤)
鰷 [조]魚名白丨 피라미조、뱅어조(蕭)
鰽 [수]鰌也、形似鯿鱗大、肉肥美而鯁多 준치같은고기수 鰌同(尤)
⿰魚莘 [신]魚尾長 꼬리긴생선신 莘通(眞)
鰼。[습]鰌也 미꾸라지습 魚名 고기이름습(緝)
⿰魚欵 ⿰魚款(魚部十二畫)의俗字
鰻。[만]丨鱺 뱀장어만(寒)
鱀 [기]鰭鱀 상어기(未)
⿰魚尉 [위]似蛇魚類 뱀같은고기위(未)
⿱尉魚 ⿰魚尉(前條)와同
鰺 [소]腥也 비린내날소(豪)
鱅。[용]似鰱而黑鱮也 연어같고검은고기용 本音송(冬)
鰿。[적]鮒也 붕어적 紫貝 검붉은자개적(陌)
鱁。[축]鹽魚腸丨 아감젓축、창란젓축 鱁鮧別名 상어축(屋)
⿰魚畢 鮅(魚部五畫)과同
鰾 [표]魚胞可作膠 부레표(篠)
鱂 [장]鰪丨、似鰿小魚 붕어같은잔고기장(陽)
⿰魚尃 [부]鮒也 붕어부(遇)
⿱𥠻魚 ⿱利魚(魚部七畫)과同
⿰魚盖 鰪(魚部十畫)의俗字
鱄。[전]美魚전 어전(先)
⿰魚巢 [초][사]狀似鯉而有如鷄 잉어같고닭같은것이있는고기초、사義同(皓)(哿)
鱃 [추]鯉也 잉어추(尤)
鱈。[설]大口魚 대구설 日字
⿰魚逋 鯆(魚部七畫)과同
⿰魚異 [이]魚名 날치이 日字
⿰魚規 [규]河豚 복어규(支)
⿰魚帚 鯤(魚部八畫)과同
鱆 [장]望潮魚 꼴뚜기장(陽)
鱇。[강]鮟丨 천징어강 日字

十三

鱌 [상]似魟鼻長魚 고기이름상(養)
鱉 [별]龜屬 자라별 鼈俗字(齊)
⿰魚巽 [찬]無骨魚名 뼈없는고기찬(潸)
鱊 [율]小魚大如針晒乾爲腿 실뱅어율(質)
⿰魚替 ⿰魚朁(次條)와同
⿰魚朁 [침]鹽藏魚 자반침(侵)
鱋 魼(魚部六畫)과同
鰖 [타]魚子已生者 물고기새끼타 魚去鱗 비늘긁은고기타(哿)
鱔 鱓(魚部十二畫)의俗字
鰐 鱷(魚部十六畫)의俗字
⿰魚斯 [사]魚名 고기이름사 鮹別名 상어사(支)
鱒。[준]似鯶赤眼 독너울준 松魚 송어준(阮)
鱍 [발]魚掉尾貌丨丨 물고기꼬리툭툭칠발(曷)
⿰魚爲 [위][휘]大魚 큰고기위、휘義同(支)
鱬 鱬(魚部十四畫)의俗字
鱑。[황]魚名 고기이름황(陽)
鱎 [교]白馬別名 우러기교(篠)
鱐 [수][숙]乾魚腒丨 어포수 鱐同、숙
⿰魚童 鮦(魚部六畫)과同
鱏。[심]長鼻魚 코긴고기심(侵)
鱖。[계][궐]水豚 쏘가리계、궐義同(霽)(月)
鱕 [번]鼻前有横骨而形如斤斧魚 도끼모양의고기번(元)
⿱養魚 鯗(魚部七畫)의本字
⿰舟鯗 鱶(魚

部十畫)의本字 鱗。[린]魚甲비늘린、魚類總稱 물고기린(眞) ⿰魚款[관]魚名고기이름관、魚觸網 고기가 그물에부딪칠관(旱) 鱙 苗(艸部五畫)과同 ⿰魚孱[잔]魚名 멸치잔(刪) 鰶
鰶(魚部十三畫)의譌字 鱘。[심]魚名背如龍文 餘고기이름심(侵) 鰎[건]微鹽魚 얼간한생선건(元) 鱓。[선][타]蛇ㅣ似蛇黃黑文 두렁허리선、鼉ㅣ皮可冒鼓 큰자라타 鼉同(銑)(歌) 鱤
[뇌]敗也패할뇌、부패할뇌 鱛。[증]針口魚 공치증 日字 ⿰魚菓[과]魚名고기이름과 鱋[혜]鯖魚고등어혜 ⿰魚畱 鰡(魚部八畫)과同 鱚[희]鼠頭魚 서두어희 日字
⿰魚衆 鰥(魚部十畫)의俗字 ⿰魚勞[로]魚名고기이름로(豪) ⿰魚昝 ⿰魚昔(魚部八畫)의本字 ⿰魚罪 鰥(魚部十畫)과同 十三 鱝[분]洪魚가오리분(問) ⿰魚解[해]鮦也가물치해 蟹同(蟹)
鱟。[후]蟹屬鬼ㅣ바닷게후、虹也무지개후(宥) ⿰魚曼 鰻(魚部十一畫)과同 鱞 鰥(魚部十畫)과同 ⿰魚義[의]魚子고기새끼의(支) ⿰魚虜。[로]魚名고기이름로(麌) 鱤[감]魠也자가사리감(感)
⿰魚農[옹]鮨魚 복어옹(宋) 鱣[전]鯉類黃魚 전어전 鱓同(先) 鱠[회]肉腥細切 회회 膾同(泰) 鱡 鰂(魚部九畫)과同 鱧。[례]鮦也가물치례(薺) ⿰魚襄 鯉(魚部七畫)과同 ⿰魚黽
[승]魚子물고기새끼승(徑) 鱥 鱖(魚部十二畫)과同 ⿰魚畺[경]海中大魚ㅣ鯢 고래경 鯨同(庚) ⿰魚粲 鯊(魚部七畫)의俗字 ⿰魚奧[오][유]鰌也 미꾸라지오、유 義同(號)(有) ⿰魚僉。[엄]魚口動貌 ㅣ喁 고기입
뻥긋거릴엄(琰) ⿱敖魚 鰲(魚部十一畫)과同 ⿳亡口⿲月魚凡[라][리]魚名고기이름 라、리 義同(歌)(支) ⿰魚⿱畕土 鯉(魚部七畫)과同 ⿰魚業。[업]魚盛 고기성할업(葉) ⿰魚戠 鱵(魚部十五畫)과同 ⿰阝⿱有魚
鰖(魚部十二畫)과同 ⿰魚嗇。[장]魚名고기이름장(陽) ⿱有魚 鰖(魚部十二畫)의籀文 ⿰魚兹 鰦(魚部十畫)의譌字 ⿰魚普[보]河豚 복어보(麌) 鱫[애]ㅣ鰤 해묵은 은어애 日字 ⿰魚⿱尚日
嘗(口部十一畫)과同 ⿰魚鄉 鱫(前前條)와同 鱩[뢰]海魚、雷魚도루묵은어뢰 鱰[서]勒魚바닷고기 이름서 日字 十四 鰔[감]魠也자가사리감(感) ⿰魚解[해]鮦也가물치해(蟹)
鱬。[뉴]魚身人面 인어뉴(虞) 鱨。[상]黃頰魚 날치상(陽) ⿰魚聚。[수]白魚 뱅어수(有) ⿰芻魚 ⿰魚匊(魚部八畫)과同 鮺 鮓(魚部五畫)의籀文 ⿰魚薄 鱄(魚部十七畫)과同 ⿰魚壽
[주]魚之大者 큰고기주(尤) ⿰鮝昔 鮝(魚部七畫)과同 ⿰氵⿱魚魚。[어]捕魚 고기잡을어(魚) 鱮。[서]鰱也似魴 연어서(語) 鱯[화]魚名似鮎而大白色 희고큰메기화(禡) 十五 鱶
鯗(魚部八畫)과同 ⿰魚亶 鮝(魚部七畫)의籀文 鱵[침]針嘴魚 공미리침(侵) ⿰魚節[절]鰱魚 연어절 鱴[멸]鮆魚 갈치멸 本音말(屑) ⿰魚廛 鱣(魚部十三畫)과同 鱳。
[락][록][력]魚名고기이름락、록 義同、魠也 자가사리력(藥) ⿰魚黎。[리]鰻也 뱀장어리(支) 鱲[렵]魚名고기이름렵(葉) ⿰魚韭 鮨(魚部九畫)과同 ⿰魚脊 鰿(魚部十畫)의本字 ⿰魚麃。
[표]魚子稍長者 고기새끼조금큰것표 十六 鱱[력]魤也자가사리력(錫) 鱷 鰐(魚部九畫)과同 ⿰魚賴 獺(犬部十六畫)과同 ⿱賴魚 ⿰魚賴(前條)와同 鱸[로]巨口細鱗似

鱖四腮魚 걱저거로、천징어로、ㅣ魚 농어로 (眞) [魚瞢]。맹 魚名 고기 이름맹 (徑) ⑰ [魚韱] 鱵(魚部十五畫)과同 [魚徽] 徽(魚部十一畫)과同 [魚薄]。박 一目鯉 외눈박이잉어박 (藥) ⑱

[魚藉] 鯌(魚部十四畫)과同 [魚巂]。휴 大龜文似瑇瑁蠵ㅣ 점박힌 큰거북 휴 (齊) 鱹。관 人名 鱗ㅣ사람이름관 (翰) ⑲ [魚臺] 鱣(魚部十三畫)의 籒文 ⑳ [魚黨]

당 ㅣ魟、魚名 고기이름당 ㉑ [魚覃] 鱏(魚部十二畫)의 本字 [魚蠡] 鱧(魚部十三畫)과同 ㉒ 鱻。선 生肉 날고기선 新魚 생선선 鮮通 (先)

鳥部

鳥。조 羽族總名 새조 (篠) ① 鳦。을 알 燕也 제비을、알 義同 (質)(黠) [鳥] 鳥(鳥部。畫)과同 [焉] 焉(火部七畫)과同 ② [鳥了]。교 梟也、惡鳥 올빼미교 (蕭)

鳧 鳧(次條)와同 鳧。부 水鳥鷖屬 물새 부 野ㅣ家鴨 오리부 [鳥卩] 鳭(鳥部二畫)과同 [匕鳥]。칠 鳥聲 새소리칠 (質) 鳩。구 鳥名鶻鵃 비둘기구 少皞官名五ㅣ 벼슬이름구 安也

편안히할구 聚也 集也 모을구 (尤) [鳥勹] 鳧(鳥部二畫)과同 [鳥力] 鳨(次條)와同 鳨。력 小鳧 작은 오리력 (職) 鳯 鳳(鳥部三畫)의 俗字 [鳩] 鳩(鳥部二畫)과同

鳮 鷄(鳥部十畫)의 俗字 鳰。입 似鴨水鳥名 쥐오리입 [九鳥] 鳩(鳥部二畫)과同 鴈 雁(隹部四畫)과同 [乂鳥]。애 鴳也 암 뱁새애 (泰) [孑鳥]。초 黃鳥ㅣ鷯 꾀꼬리초 (蕭) 鳪

복 雉也 꿩복 (屋) ③ 鳲。시 布穀ㅣ鳩 뻐꾹새시 (支) 鳱。간 ㅣ鵠、鵲也 까치간 (寒) [小鳥] 雀(隹部三畫)과同 [丸鳥]。환 ㅣ鶴、鳥喙而蛇尾之動物 새의 부리에 뱀의 꼬리 달린 동물 환 (寒) [鳥大]。대 鳥也 새대 (霽)

[土鳥]。토 杜鵑 두견새 토 (虞) 鳳。봉 神鳥 羽蟲長ㅣ 새봉、봉황봉 (送) [鳲] 鳲(鳥部三畫)과同 [鳥勺]。표 鴇也 너새 표、너쾌표 (效) [工鳥]。홍 大鳳 큰 새홍 (董) [弋鳥] 雉(隹部三畫)과同

鳴。명 鳥聲 새소리명 凡物出聲皆曰ㅣ 울명 (庚) 鳶。연 鷙鳥鴟類 솔개연 紙ㅣ 연연 (先) [几鳥] 鳩(鳥部二畫)의 譌字 [乞鳥] 鶴(鳥部十畫)과同 鳫 鴈(鳥部四畫)의 古字 ④

鳸。호 農桑候鳥九ㅣ 오디새호 鷃雀 ㅣ鷚 종달새호 扈通 (麌) [氏鳥]。시 雉之別名 꿩시 (支) [广鳥]。호 鴳雀 돌메추라기호 (麌) [?鳥] 鶴(鳥部十畫)과同 鳷。지 鵲也 까치지 (支) 鴍

鳼(次條)와同 鳼。문 鶉子 메추라기새끼 문 [鳥丏] 鴘(鳥部五畫)의 譌字 [鳥分]。반 분 大鳩 큰비둘기반、분 義同 (刪)(文) [分鳥]。분 飛貌 나는모양분 鳥聚貌 뭇새가 모이는모양분

鳻 분 青雀 파랑새분 鶡通 (文) 鳹。검 句喙鳥 입부리가 구부정한새 검 (鹽) 鳺。부 鳩也 ㅣ鴀 멧비둘기부 (虞) 鴋。방 鶭ㅣ、鳥名 새이름방 (養) [化鳥]。후 怪鳥 이상한 새후、괴조후 (尤) [鳥方]。

방 澤虞 늪을다스리는 해오라기방 鶭ㅣ、鳥名 새이름방 (養) 鳽 [幵鳥](鳥部六畫)의 俗字 [及鳥]。급 鵖ㅣ、小鳥 작은새급 (緝) [鳥心]。심 黑色鳥名 검은 빛갈의새 심 (侵) [乞鳥]。골 鷹屬 매 골 (月) [云鳥]。

운 鳥也、似烏 까마귀같은 새운 鴆之別名 짐새운 (問) [水鳥]。석 水鳥 물새석 (陌) [匹鳥]。필 鴨也 집오리필 [公鳥]。공 숭 似鷹小鳥 매비스름한 작은새공、爵鴟 새매숭 (東) 鳿。옥 似鴨而大 鶚ㅣ 오리같

은큰새옥、독수리옥(沃) 鴂。결 계 鶗ㅣ子規 접동새결、巧婦 뱁새결、蠻語伯勞ㅣ舌 왜가리계 鶪同(屑)(錫) 鴀 부 鴀ㅣ戴勝 鵖鳩 멧비둘기부 鴃。격 ㅣ舌、蠻語伯勞 왜가리격、때까치격 鶪同(錫)

鳺 부 ㅣ鳺、孔雀 공작새부(麌) 鴁 요 ㅣ鶹、鳥名 새이름요(蕭) 鳵。보 似鴈無後趾 너새보 鴇同(皓) 鴆。짐 毒鳥 짐새 酖通(沁) 鴤 중 鶅ㅣ、飛鸓 나는다람쥐중(送) 鴉 아 鳥別名 갈가

마키아、漆黑 검을아 鵶同(麻) 鴃 鴃(鳥部三畫)의 譌字 䳆 장 鳥獸求食聲 새짐승이 먹이구하는소리장(陽) 𩿝 翃(羽部四畫)과同 𪀀 鴟(鳥部五畫)과同 𪀊 모 鳥輕毛 새가

는털모(號) 𩿤 훈 ㅣ鶽、小鳥 작은새훈(眞) 鵕 鴝(前條)와同 鴈。안 隨陽鳥 기러기안(諫) 䳓 훙 雄鳥 수새훙(東) 𪀡 雀(隹部三畫)과同 鴶 鳦(鳥部三畫)과同

鴞 교 梟也 올빼미교(蕭) 鴌 퀵 봉 姓也 성퀵、神鳥 새봉(屋)(送) 鴋 鴥(鳥部五畫)과同 𩿐 憍(心部十二畫)과同 鴧 鵮(鳥部四畫)과同 鴧 개 雀也 참새개(卦) ⑤ 鴏

득 鴨屬 오리득(職) 鴊。정 征鳥 鷹 매정(庚) 𪀖 현 燕也 제비현(先) 𩿡 鷩(鳥部十二畫)과同 䲹 鴀(前前條)와同 鵮。감 鳥聲 새소리감 鴔 핍 戴勝ㅣ鴔 오디새핍 鵖同(屋)

𩿧 척 鶃ㅣ、鶂也 집오리척(陌) 鴓 밀 멸 필 似鵲鳥名 까치같은새밀、멸義 밀과同、鵯ㅣ鳥 새필(質)(屑)(質) 鴐 가 鴈屬ㅣ鵝 거위가(麻) 鴸。주 두 似梟黑色鳥 검은오리주、水鳥名 물새의이름두(有)

鴐 駕(前前條)와同 鴒 령 鶺渠鶺ㅣ 할미새령(靑) 鴗。립 魚狗靑 쇠새립(緝) 鴕 타 熱帶産大鳥 타조타 駝同(歌) 鴸 말 鴨也ㅣ鴎 집오리말(曷) 𩿄 鶩(鳥部十畫)과同

䳭。척 鶺也 할미새척、武音석(靑) 𩾷 鵁(次條)와同 䳂 교 鵁鶄 뱁새교(巧) 鳭 조 효 ㅣ鷯 뱁새조、鳥聲 새소리조、羽貌 깃털모양효(蕭) 𪀄 찰 鳥之雜毛色 새잡털빛찰(黠)

鴘 변 二歲鷹 묵이매변、두해된매변、두살매변(銑) 𩿇 鵔(次條)와同 䳊。발 似雉鳥 꿩같은새발、鳧鳥 물오리같은새발(曷) 鴩。일 勃鳩 멧비둘기일(質) 鴛。원 匹鳥 雄ㅣ雌鴦 원

앙새원、징경이원(元) 鴚。가 鵝也 舒鴈 거위가(歌) 鳾 鸍(鳥部十畫)과同 鴙 雉(隹部五畫)과同 鴛 鵷(鳥部八畫)과同 𩿅 부 鳥名 새이름부(麌) 鴛 원 ㅣ雛、

鳳屬 원추새원、봉황원(阮) 鴝 鴝(次條)와同 鴜。자 似魚虎而蒼黑色水鳥 물총새같고 검푸른물새자(支) 鴜 鴜(前條)와同 鴝。구 ㅣ鵒 似鴝有幘 구욕새구 鸜同(虞) 鴃

기 지 ㅣ鵌、如鳥 鳥 가마키비스름한새기、鳥聲 새소리지(紙)(寘) 𪀖 백 ㅣ鶴、鳥名 새이름백(陌) 鴟 치 惡鳥ㅣ鴞 솔개치、角ㅣ 수알치치、鵂鶹 부엉이치、茅ㅣ 말똥구리치、芋也 蹲ㅣ 토란치、梟ㅣ 올빼미치(支) 鴞。

효 惡聲鳥 鴟ㅣ 솔개효 鶚 鴞可爲羹 올빼미효(蕭) 𩿤 종 水鳥、似鳧而小 오리같고 작은물새종、水鳥名 쥐오리동 鴣。고 鷓ㅣ越鳥 其鳴自呼云 鉤輈格磔 자고새고(虞) 鴡 저 ㅣ鳩 징경이저(魚)

鴢 요 似鳧 오리같은새요(篠) 鮑 鮑(次條)와同 鴇 鳵(鳥部四畫)과同 䳇。鵡(鳥部七畫)과同 鴠。단 寒號蟲鶡ㅣ 한호충단、卯也 알단(翰) 鴍

앙 匹鳥鴛ㅣ원앙새앙、징경이앙 陽
⿰尺鳥 척 小雀 참새 새끼척 陌
⿰亏鳥 鷃(鳥部七畫)과同
鴨。압 家鶩舒鳧 집오리압 洽
⿰鳥甲 鴨(前條)와同
⿰由鳥 유 鼬鼠 臾ㅣ나 는다람쥐유 尤
⿱鳥巾 鴨(鳥部五畫)과同
鳫 鳱(鳥部三畫)과同
鴫。전 鷏也 휭 새전 日字
⿰宂鳥 용 鷛飛새 매날용 宋

六

⿰匠鳥 장 巧婦鳥 뱁새장 漾
鵄
치 鵗也 솔개치 支
⿰危鳥 궤 子規鷤ㅣ 접동새궤
⿰多鳥 이 象鳥總名 못 새불이이 支
鴭。퇴 雀屬 참새 이름퇴 灰
⿰虫鳥 충·동 鳥名、似山雞 산새비 슷한새이름충、동義同
⿰彐鳥 鷫(鳥部十畫)과同
⿰曳鳥 예 鼮鼠 나는 다람쥐예 霽
鴲。지 雀聲 참새 소리지 寘
鴮 오 鴮鸅ㅣ鶘 사다새오 虞
⿰鳥戎。숭 似鷹而 小捕雀 새매숭
鴯 이 玄鳥鷾ㅣ 제비이 支
⿰肖鳥 鵤(鳥部七畫)의俗字
⿰史鳥 鵊(鳥部七畫)과同
鴱 애 雔桃蟲 암 뱁새애 泰
鴰。괄 九尾鳥鶬ㅣ 왜가리괄 曷
鴷 렬 啄木鳥 딱 다구리렬 屑
⿱巩鳥 공 水鳥 물새 이름공 冬
⿰回鳥 회 鳥類名 새이름회
鴳。안 鷃屬冠雀 안새안、종 달새안 幽ㅣ짐승이름안 諫
鴶 알 布穀ㅣ鵴 뻐꾹새알 黠
⿱艹鳶 鳶(鳥部三畫)과同
⿰巟鳥 황 雀也 참새황 陽
鴴 행 雀也 참새행 千 鳥、多鳥 새떼행 庚
鴵 교 梟也 올 빼미교 肴
鴺 제 鵜也 사다새제 齊
鴸 주 鳥名、似鴟 솔개 비슷한새주 虞
⿰圭鳥 규 子規鷤ㅣ 접동 새규 或音 키 未
⿰羽鳥 후 羽 初生貌 깃처 음날후 尤
⿰共鳥 공 鳥名、似雉 꿩같 은새이름공 冬
⿰臼鳥 구 似鳩有冠鳥 비둘기 갈고벼슬있는새구 有
鴹 양 一足鳥 鷸ㅣ 외발새양 陽
鳽。견 鵁鶄 교청새견
鴻。홍 隨陽鳥鴈之大者 기러기홍 大也 클홍 直 馳ㅣ濛 곧게 달릴홍ㅣ濛 기운덩이홍 澒同 董
⿰禾鳥 국 鳲鳩 뻐 꾸기국 屋
鴽 여 鴾也 집비둘기여 田鼠所化鴾母 종달새여 鶉屬 메추라기여 魚
鴾 모 鴽也ㅣ毋 종 달새모 尤
⿱次鳥。차 鳲鳩 올빼미차、 수알치새차 寘
⿰宅鳥 택 五色文有鳥 털에오색 무늬있는새이름택 陌
鴙。칙 水鳥 물새 칙 鷘通 職
鵂 휴 怪鳥角鴟ㅣ 鶹 부엉이휴、수 알치 휴 尤
鵅 격·로 鵂鶹鵅ㅣ 부엉이 격、鳥名也 새이름로 陌
⿰有鳥。육·유 鳥屬 새이름육、 白鷸 흰꿩유 屋 有
⿰鳥式 鴙(鳥部六畫)과同
鴿。합 鳩屬 鵓ㅣ 집 비둘기합 合
鵁 교 睛交而孕ㅣ 鶄 교청새교 肴
⿰鳥交 鵁(前條)와同
鵀 임 戴勝 別名 戴ㅣ 산비 들기임、오디새임 侵 沁
⿹𢦏鳥。원 鳥名ㅣ鵲 새이름원 朱ㅣ、縣名 고을이름원 先
⿰年鳥 년 朱鷺 따오 기년 日字
⿱休鳥 鵂(鳥部六畫)과同
⿴行鳥。행 群鳥 새떼행、 많은새행 日字
鵃。주 斑鳩鶻ㅣ 멧비둘기주
⿰庄鳥 鷓(鳥部十一畫)의俗字
⿱老鳥 로 禿鶖 두 루미로 晧
⿰刍鳥 雛(隹部十畫)과同
⿰老鳥 ⿱老鳥(鳥部六畫)과同
⿰𢆶鳥 鴉(鳥部四畫)과同
⿰鳥旬。순 鶉鶉 뱁 새순 眞

七

⿰危鳥 鵍(次條)와同
鵍 鸛(鳥部十八畫)과同
⿰夾鳥 겹 杜鵑 접 동새겹 洽
⿰臼鳥 鷽(次條)와同
⿱𭕄鳥。곡·국·구 鳥名 새이름곡、국義 곡同、百舌鳥 때까치구 沃 屋
⿱折鳥 절·지 鳥擊 새칠절、鷙(鳥部十一畫)과同 屑
鵌

鵌(次條)와同 鵌 [도] 與鼠同穴쥐와함께사는새도(眞) 鵋 [기] 鵂鶹鳥ㅣ鶀부엉이기(寘) 鵒。[욕] 似鵙八哥鴝ㅣ구욕새욕(沃) 鵚 鶃(鳥部八畫)과同 鴧。[열] 水鳥물새열(屑)
鵏 [부] 鵝也거위부(虞) 鵏 鵏(前條)와同 鵑 [견] 鳥名杜ㅣ(一名杜字、子規)두견새견、접동새견 花名杜ㅣ진달래견 鵀。[침] 小鳥작은새침(侵) 鵐 [무] 雀屬참새무(虞)
⿰牢鳥 [로] ⿰牢鳥ㅣ、羽有錦文鳥깃에무늬있는새이름로(豪) 鵓 [발] 鴿也勃姑집비둘기발(月) ⿰系鳥 鴺(鳥部四畫)과同 ⿰鳥尨 [방][몽] ㅣ鳩、似鷹白鳥매비슷하고흰새방、몽義同(養)(腫) 鵖。[겁] 戴
勝鵖ㅣ오디새겁(緝) 鵕。[준] 山雉似鳳장끼준 冠名ㅣ鸃관이름준(震) 鵔 鵕(前條)와同 ⿰鳥瓜 [엽] 鳥飛새가날엽(葉) ⿰束鳥 鵊(鳥部五畫)의古字 鵘。[군] 無尾雞꼬리없는닭군(問)
⿱沃鳥 [옥][악] 水鳥물새옥、악義同(沃)(藥) 鳶 [이] 鳥鳴새가울이(支) ⿱差鳥 [왕] 雉也꿩왕(陽) ⿱鳥邑 鴨(鳥部五畫)과同 鵗 [희] 北方雉名북방꿩희 官名벼슬이름희 攻皮之工ㅣ雉가
죽다루는장인희(微) ⿰鳥邑 鴨(鳥部五畫)과同 ⿰吾鳥 [오] 飛生鼠박쥐오(虞) 鵝。[아] 家所畜舒鴈거위아(歌) 䳘 鵝(前條)와同 鵚 [독] 秃頭鳥ㅣ鶖독수리독、두루미독(屋)
⿰役鳥 [역] 小鳩비둘기새끼역(陌) 鵜 雉(隹部五畫)의古字 鵙 [격] 伯勞왜가리격(錫) 鵄 鴟(鳥部六畫)의本字 ⿰良鳥。[랑] 鳩子비둘기새끼랑(陽) 鵛 [경] 鳥名새이름경 ⿺鳥義
鵞(鳥部七畫)과同 ⿰旱鳥 [간][갈][개] ㅣ鴠、山鳥산새간、갈、개義同(旱)(曷)(泰) 鵟 [광] 茅鴟부엉이광(陽) 鵠。[혹][곡] 天鵝黃ㅣ고니혹 水鳥鴻ㅣ따오기혹、帿的과녁곡(沃) 鴈 [안] 鴻也기러기안(諫)
鵡。[무] 能言鳥鸚ㅣ앵무새무(麌) ⿰侖鳥 鸙(鳥部十一畫)의俗字 ⿰判鳥 [판] 雀鷂새매판日字 ⿰角鳥。[각] 斑鳩산비둘기각日字 鴇 [보] 大鳥큰새보(皓) 鶙 [체] 鷹
也매체(齊) ⿱軍鳥 鶤(鳥部九畫)과同 ⿰豸鳥 雉(隹部五畫)과同 ⿰辰鳥。[진] 鷺群飛해오라기떼지어날진 鷐同(震) **八** ⿰尚鳥 [창] 鳥名새이름창(養) 鵦 [록] 鳥雜毛色새의잡털의
빛갈록(屋) 鵩 [복] 鴞屬올빼미복 服通(屋) 鵨。[서] 似鳧鳥名오리비슷한새서(魚) 鵧。[병] 小黑鳥ㅣ鳩작고검은비둘기병(青) ⿰面鳥 [면] 鶯囀꾀꼬리울면(先) 鷙 [치] 猛
鳥사나운새치(寘) ⿱松鳥 [숭] 鷂屬조롱태숭、새매숭 ⿰卒鳥 [솔] 家鳩집비둘기솔(月) 鵬 [붕] 鯤魚所化붕새붕 大鳥名큰새붕(蒸) 鵪。[암][압] 鴽也메추리암、鵪同、鴨也집오리압 鵫
[착] 白雉흰꿩착(覺) ⿰奉鳥 [봉] 鳥亂飛貌새가어지러이날봉(董) ⿰明鳥 [명] 神鳥似鳳鷦ㅣ초명새명(庚) 鵮。[감] 鳥啄物쪼을감(咸) ⿰鳥侯。[후] 雕也독수리후(尤) ⿰侯鳥 ⿰鳥侯(前條)와
斯ㅣ鶋갈가마귀필(質) ⿱罒鳥 鵯(前前條)와同 鵭 [금] ㅣ鷄、鷀也황새금(侵) 鵲 [작] 綠背白腹鳥까치작 練ㅣ白毛如練때까치작 犬名宋ㅣ개이름작 人名扁ㅣ사람의이름작(藥) 鵱。
[륙] 野鵝들거위륙(屋) 鵰 [조] 鷲也독수리조 青ㅣ、最俊者謂之海東青보라매조(蕭) 鵳 [견] 鷂屬鵳ㅣ새매견(先) ⿰亞鳥 鳺(鳥部四畫)과同 ⿰爲鳥 [위] 小鳩비둘기새끼위(寘) ⿱枝鳥 [지] 一足鳥외발

(支) 새지 鵵[토]似鴟而小木ㅣ부엉이갈은작은새토(遇) 鶝[국]布穀鳴鳩、鵠ㅣ뻐꾹새국(屋) 鶻。[민]似翠而赤足鳥비취새갈고다리붉은새민(眞) 鴉[아]似雉鳥새이름아(禡) 鵊。

[염]ㅣ雛、怗鳥괴상한새염(鹽) 鶩[려]鸝也꾀꼬리려鸝同(齊) 鵸。[기]鵸鵌새이름기(支) 鵨[수]鵨也솔개수鵨別名갈가마귀수(支) 鵺[역][혁]鵺ㅣ、戴勝뻐꾸기역、혁義同(職) 鶬[창]鷬ㅣ、鳳凰屬

봉황새창(陽) 鵾[곤]似鷄而大ㅣ鷄고니곤、석자나되는닭곤(元) 鵻。[추]孝順鳥祝鳩아롱비둘기추(支) 鵽[탈]沙漠所産所小雀사막새탈(曷) 鵼。[공]怪鳥새이름공(東) 鴕鮀(鳥部五畫)과同

鶃[역][예]水鳥相視而孕눈맞춰새끼배는새역 鵝聲ㅣㅣ거위소리역、예義同鶂同(錫)(齊) 鶁。[경]羌ㅣ、鳥名새이름경(庚) ⿰歸鳥[부]鵧也뱁새부(有) ⿰帚鳥 歸(前條)와同 鷩[별]鵂

鶹부엉이별(屑) 鴛 鵂(前條)와同 鷰[연]鳶也솔개연翔也돌아날연(先) 鵿[승]騰也오를승 鶀。[기]小鴈되강오리기鶀也수알치기、부엉이기(支) 鵋 鶀(前條)와同

同 鶆[래]鷹也매래(灰) 鶄。[청]鵁ㅣ、似鳧교청새청或音정(庚) 鯖 鶄(前條)와同 鶅[치]東方雉名동방꿩치(支) 鶋。[거]海鳥鶢ㅣ언거새거鸒斯鶋ㅣ갈가마귀거(魚)

鶇[동]鳥名콩새동(東) 鶊。[경]黃鳥鶬ㅣ꾀꼬리경(庚) 鶇 鶇(前前條)와同 鶉[순]鴽也메추라기순鵪衣懸ㅣ옷해질순 鶉 鶉(前條)와同 鶍[이]練鵲때까치이

鶈[처]ㅣ鶈、東齒鳥꾀꼬리처(齊) 鶏 鷄(鳥部十畫)의略字 鶌[굴]鶌鳩ㅣ鳩메비둘기굴(物) 鶎。[종]戴勝別名、戴ㅣ오디새종日字 鶏[계]似鳧鳥물오리계(齊) 鵄

鴟(鳥部七畫)과同 ⿰沮鳥 鴡(鳥部四畫)과同 鶋[저]ㅣ鳩징경이저石山돌산저岨同(魚) ㊈ 鶖 鶴(鳥部十一畫)의俗字 鶒。[칙]水鳥鸂ㅣ뜸부기칙、물닭칙(職) 鵱

凰(几部九畫)과同 鶢[훤][선]鵖ㅣ、小鳥작은새의이름훤、선 鶓。[묘]鳥名鶓ㅣ새이름묘(蕭) 鶣 鶢(前前條)와同 鯸。[후]雕也독수리후(尤) 鯸 鯸(前條)와同 鯸

鷊(前條)와同 鶘。[호]淘河鶘ㅣ사다새호(虞) 鶔[유]如鵲短尾鶔ㅣ까치갈고리짧은새유(尤) 鶕 鶕(鳥部十一畫)과同 鶗。[제]子規ㅣ鴂접동새제(齊) 鶗 鶗(前條)와同

鶖。[추]水鳥似鶴두루미추禿頭鳥鶖ㅣ독수리추(尤) 鶜[모]鳩也ㅣ鴾비둘기모(有) 鶪[결]水鳥물오리결(屑) 鶙 鶙(鳥部九畫)과同 鶛[개]雄鷄수께추리개(佳) 鶡。[결][갈]鳧屬

물오리결、갈義同(屑)(黠) 鶪[규]小鳩비둘기새끼규(支) 鶝[복]戴勝ㅣ鶝오디새복(屋) 鶠。[언]鳳之別名봉새언(阮) 鶂 鶂(鳥部十畫)과同 鶞[춘]鳥名鶞ㅣ새이름춘(眞) 鶃

[순]鷄晩生尖배깐닭순(眞) 鶣[편]輕貌가벼운모양편(先) 鶟[돌]似雉而青ㅣ꿩갈고푸른새돌(月) 鶝[복]戴勝鶝ㅣ오디새복(屋) 鶍[종]鳥斂足새발오그릴종(東) 鶚[악]鷙擊鳥鷹鶚

屬독수리와(藥) 鶠[천]ㅣ鳥、山名산이름천(先) 鶢[원]海鳥ㅣ鶋바다새원(元) 鶥[모]鶥鵑屬올빼미모、수알치고(號) 鶡。[갈][분]似鷄善鬪ㅣ브닭、갈고싸움잘하는새이름갈虎賁冠名

관이름갈俗音할、靑雀과랑새분 鴿同(曷)(文) 鶍 [양]白鷹끄리긴 흰매양(陽) 䳱 鷦(次條)와同 鷦。[묘]巧婦鳥 뱁새묘(篠) 䳱 鷦(前條)와同 鶜 [매]鳥鶜視貌새

놀라보는 모양맥(陌) 鶤。[곤]ㅣ雞、鳳凰 別名봉황곤 䳕 [매]誘取禽새후려잡을매(灰) 鶥 [미]鳥名鶌ㅣ 왜가리미(支) 鴖 鶻(鳥部八畫)과同 鵙。[격]伯勞외가리격 鶪同(陌)

鶨 [단]鳥名새이름단(翰) 鶇 [종]ㅣ鶇、鳥名새이름종 雀也참새종(冬) 鶩。[목]舒鳧따오기목(屋) 鵳 [간]鳥名새이름간 日字 𪄠 鵅(鳥部六畫)과同 鷙 鳶(鳥部三畫)

과同 䳇 鵡(鳥部八畫)의譌字 ⑩ 鳑 [방]淘河사다새방(養) 鶩 鶩(鳥部九畫)의本字 鷚 [류]水鳥물새류(尤) 鶳 [사]鳥名새이름사(支) 鶬 [창]水鳥ㅣ

鴰 물새창、왜가리창 黃鳥ㅣ鶊꾀꼬리창(陽) 鶯。[앵]黃鳥、一名金衣公子꾀꼬리앵(庚) 䳬 鷖(鳥部九畫)과同 鵖 [식]鳥食새가쪼아먹을식(職) 䳲 [진]鷺也백로진

羣飛貌떼로나를진(眞) 𪁉 鴚(鳥部五畫)과同 鶲 [옹]鳥頭毛새목털옹 公翁鳥名새이름옹(東) 𪃹 鷑(前前條)와同 鶱。[건]飛貌훨훨날건 本音헌(元) 鶮。[고]邑

鷭 [반]ㅣ鶋、鳥名새이름반(寒) 鵧 [비]ㅣ鷑、鳥名새이름비(齊) 鶵 雛(隹部十畫)과同 鷛。[용]鸆也산까마귀용(冬) 鶴。[학]仙禽학학、두루미학 鳥肥澤ㅣㅣ새살찌고흼치르

르할학(藥) 鶸 [약]鳥名새이름약、당닭약(藥) 𪅍 [탑]飛貌鶴ㅣ푸르륵날답(合) 𪅯。[살]鳥飛疾새빨리날살(黠) 鶷 [할]百舌ㅣ鶪 백설조할(黠) 鶶 [당]鳥名ㅣ鷵 새이름당(陽)

鶻。[골]鷹屬ㅣ鵃매골 北夷種回ㅣ오랑캐골 俗音홀 鶹。[류]黃鳥鷅ㅣ꾀꼬리류 角鴟鵂ㅣ부엉이류 鶹同(尤) 鶺 [척]鳥名鶺渠ㅣ 鴒할미새척(陌) 䳰 [뷔]ㅣ鴰、孔雀공작새부(寘) 鷂。

[요]五色雉장끼요、隼也새매요(嘯) 鶼 [겸]比翼鳥ㅣㅣ새이름겸(鹽) 鷁 [익]水鳥似鷺而大 새이름익 鶂同(錫) 鶿 [자]鳥鬼鸕ㅣ 더펄새자(支) 鶾。[한]丹鷄붉은닭한 鷄肥貌닭살찐모양한(翰) 鷄

[계]知時畜翰音有五德 닭계 雞同(齊) 鷃 [안]鴳也종달새안 鴳同(諫) 鷇。[구]鳥子새새끼구 鷄雛병아리 鳥子生哺曰ㅣ먹일구(宥) 鷄 鷄(鳥部十畫)과同 鶩 鶖(次條)와同 鶖

䳋(鳥部六畫)과同 鶲。[옹]鶺鴒ㅣ鷚 할미새옹(冬) 鷅 [률]黃鸝ㅣ鶹 꾀꼬리률(質) 鶮 鷮(鳥部十二畫)과同 鷈。[체]似鳧鸊되강오리체、비오리체(齊) 鵁 [교]梟也올빼미교(蕭)

鷉 鷈(前前條)와同 鷊 鸇(鳥部十三畫)과同 鷊 [역]綬鳥名吐綬새이름역 眞珠鷄진주닭역 鵮 [천]鴨也물오리천(先) 䲲 [공]鳥讓食새모이사양할공(送) 鷏 [전]吐

蚊鳥바람가비전(先) ⑪ 鵌 [도]鳥名ㅣ鳩비둘기도(寒) 鵖 [급]小黑鳥ㅣ鳩작고검은새급(緝) 鷐。[신]鸇也ㅣ風새매신 晨同(眞) 鷸。[상]一足鳥ㅣ鴹 외발새상(陽) 鳺 [규]杜

鵑접동새규(支) 䳷。[종]鷄也닭종(冬) 鏦 鏦(隹部十一畫)과同 𪆁 [매]麻雀참새매(灰) 鶞 [춍]布穀鸐ㅣ뻐꾹새춍(冬) 鷓。[자]越雉ㅣ鴣자고새자(禡) 鵴 [구]鳥名ㅣ

雉새이름구、참새구(有)
鷩 [민]鶡也징경새민(翰)
鷤。[선]似鶴碧色鳥학비스름하고푸른빛갈의새선(先)
鷔 [오]不祥鳥흉조이름오ㅣ魚、飛魚나는고기오(豪)
鷖。[예]鷗也갈매기예、好浮水鷖수와새예、鳳凰別名봉황새예(齊)
鷕。[요]雉鳴聲암꿩우는소리요(篠)
䳺。[암]鳥名ㅣ鶉메추리암 鵪通(覃)
鷗 [구]似漚而白鷺也갈매기구(尤)
鷇 [구]鳥卵새알구 或音각(覺)
鷙 [지]鳥獸猛勇새와짐승어셀지 鷹鸇之類새매지(寘)
鷗 鷗(鳥部十一畫)과同
鷾 [장]ㅣ渠、水鷄물닭장(陽)
鷬 [난]難也어려울난 務也애쓸난(翰)
鷘。[칙]鸂ㅣ、水鳥뜸부기칙、물닭칙 鶒同(職)
鷞。[상]鷫神鳥신조상 鷹也ㅣ鳩매상 鸘同(養)
鷅 [표]鳥毛色變새털빛변할표(篠)
鷲 [참]鷲也독수리참(覃)
鷝 [솔]鵻ㅣ、鳩也집비둘기솔(月)
鷝 [필]ㅣ鴡、鳥名새이름필(質)
鷚。[류]大鶵종달새류 雉子꿩의새끼류(宥)
鷜 [루]野鵝들거위루(尤)
鷛 [용]ㅣ鶏、形似鴨而足似鷄鳥오리비슷하며발은닭같은새용(冬)
鷛。鷛(前條)와同
鷁 鷁(鳥部九畫)과同
鷄。[결][계]鷄(鳥部九畫)과同 鳧屬물오리계 鴂同(屑)(齊)
鷟 [작]鳳屬鸑鷟ㅣ봉황새작 鴨毛色오리털빛작(覺)
鴤 [충]鳥不行새가가지않을충(東)
鶴 鶴(鳥部十畫)과同
鷄 雉(隹部五畫)과同
鵹 鸝(鳥部十九畫)과同
鶆 鷔(鳥部十一畫)과同

十二

鵨。[서]似鳧ㅣ鴈거위서(魚)
鷌 鴻(鳥部六畫)과同
鷡 [무]鴽也종달새무(虞)
鷥。[사]鳥名鷺ㅣ백로사、해오라기사 帶絲띠술사(支)
鷣 [음]鷂之別名새매음(侵)
鷢。[궐]似鷹白ㅣ매같고꼬리위가흰새궐(月)
鷤 [단][제]雉子꿩새끼단、子規ㅣ鴂접동새제(寒)(齊)
䳾 [등]ㅣ鷄뜸부기등(蒸)
鸀 鸀(鳥部十三畫)의俗字
鷭 鷭(鳥部十畫)과同
鷦。[초]桃蟲ㅣ鷯뱁새초ㅣ鷯、桃蟲초명새초(蕭)
鷧 [의]鸕鷧더펄새의(寘)
鷦 鷦(前前條)와同
鷦。鷦(前條)와同
鷩 [별]赤雉붉은꿩별(屑)
鷩 氅(毛部十二畫)과同
鶚 [악]水鳥물새악(藥)
鷸。[상]ㅣ鵰、鸏 鸏之別名롱동의별명상(養)
鷜 [우]ㅣ鼠、鳥名새이름우(遇)
鷭 [번]鳥名새이름번(元)
鸒 鷽(鳥部十畫)의譌字
鷎 鶪(鳥部十畫)의譌字
鷬 [황]黃鳥꾀꼬리황(陽)
鷾 [동]水鳥雛未生毛물새의새끼가아직털나지않을동(東)
鷞 鶪(鳥部九畫)과同
鷫。[숙]神鳥ㅣ鷞신조숙(屋)
鷫 鷫(前條)와同
鷰 [연]玄鳥제비연 角觝戲ㅣ濯씨름연 燕同(霰)
鸄 [승]戴勝뻐꾸기승(敬)
鷯。[료]桃虫鷦ㅣ뱁새료(蕭)
鷊 [력]似鷹大鳥매같은큰새력(錫)
鷮。[교]長尾雉꾀리긴꿩교(蕭)
鷏 [침]魚鷄큰닭침(侵)
鷯 [뇨]鵙ㅣ、杜鵑두견새뇨、접동새뇨(有)
鶈 [기]鵂鶹부엉이기 鵋同(支)
鷵 [도]鳥名鵌ㅣ새이름도(虞)
鷾 [의]鳥飛새가날의[렵]
鷲。[취]鵰類多力수리취、독수리취 俗音추(宥)
鷲 鷲(前條)와同
鷨 [화]鴡鳩뻐꾸기화(麻)
鶽 [순]鳥名、鷗새이름순(震)
鷳。[한]似雉白ㅣ흰꿩한、황새한(刪)
鷴 鷳(前條)와同
鸀 [죽]祝鳩아롱비둘기죽(虞)
鷉 [사]鵧也鷽ㅣ鶌鵃갈가마귀사(支)
鷸

[휼]知雨翠鳥 翠ㅣ비취새 휼 飛貌ㅣ如 휼쩍 날 휼 涉水鳥 황새 휼 相持勢 맞버틸 휼 (質) 鶀 鶀(前前條)와同 鸈 鸜(次條)와同 鸜。[거]鸜鵒 鴝鵒ㅣ 할미새 거 (魚) 鷶。[매]杜鷶 동새 매 (蟹) 접

鸔 [목][복]ㅣ鶪、鳥名 새이름 목、善占鳥 점치는새 복 (沃)(屋) 鷻 [단]鵰也 수리 단 鷻 別名 솔개 단 (寒) 鷬 [분]鳥名 새 이름 분 (文) 鷻 鷻(前前條)와同 鳿 顴(頁部十二畫)과同 鷺。

[로]水鳥 白ㅣ 백로 로、해오라기 로 朱ㅣ 따오기 로 (遇) 鷺 鷺(前條)와同 鵵 [토]有毛角猛鳥 올빼미 토、수알치 토 (遇) 鷇 鷇(鳥部十一畫)과同 鷮 鷮(鳥部十四畫)의 古字 鸛。

[子]鷇也 새 새끼 구 (宥) ⑬ 鷹 [응]鷙鳥 强如鷙而善 捕雉類者 征鳥 매 응 (蒸) 鸗 [농]鴻也 기러기 농 (冬) 鸐 鸐(鳥部十四畫)의 譌字 鷽。[학]小鳩 작은 비둘기 화、山鷽 산까치 학 (覺) 鷿

鸊(次條)와同 鷿 [벽]似鳧ㅣ鷉 되강오리 벽、비오리 벽 鶹 [류]ㅣ鵂、飛生 사다새 류 (尤) 鷶 [가]鷹也 매 가 (馬) 鷾 [의]燕也ㅣ鴯 제비 의 (寘) 鸃。[의]鳳屬 鵔ㅣ 봉황새의 冠名 관

이름 의 (支) 鸊。鸊(鳥部十三畫)과同 鶡。[갈]百舌鶡ㅣ 백설조 갈 本音 알 (曷) 巂 [규]子規 접동새 규 (支) 鴒 [령]鶴之別名 학의 별명 령 脊鴒之別名 할미새 령 (青) 鸀 鸀(前條)와同

同 鸁 [라]鸁鷉 되강오리 라 (歌) 鸂 [계]水鳥、ㅣ鶒 뜸부기 계 (齊) 鸀 [촉]山鳥 산까마귀 촉 (沃) 鶟 [규]小鳩 비둘기 새끼 규 (支) 鸅。[택]淘河ㅣ鸆 사다새 택 (陌) 鸃 鸃(鳥部十三畫)

과同 鸆 鸂(鳥部十二畫)과同 瀨 鶒(鳥部六畫)과同 鵽。[과]ㅣ鸁、鷦鷯 뱁새 과 (歌) 鶋 [서]白鷺鶋 백로 서 (魚) 鸘。[환]飛貌 훨훨 날 환 翾同 (刪) 鸘 鸔(前條)와同

鶻 鶻(鳥部十畫)과同 鷊 [격]魚名 새이름 격 (錫) 鷇 [子][곡]鳥卵 새알 구 鷇化 알깔 곡 (宥)(屋) 鸆 [우]淘河鸅ㅣ 사다새 우 (虞) 鷇。[후]ㅣ鶇、野鴨 들오리 후 (有) 鸈 [업]鳥名、知人

之吉凶 사람의 길흉을 아는 새 업 (葉) 鸓 鸓(鳥部十五畫)의 俗字 鶇 鶪(鳥部八畫)과同 鸇。[전]鷙鳥 晨風鸇 屬 새매 전 (先) 鸉 [양]似鷹白鷹 매갈고리 흰새 양 (陽) ⑭ 鷏

[빈]鳥飛貌 나는 모양 빈 (眞) 鸋 [녕]鴃梟ㅣ鴃 부엉이 녕 鸋子 종달새 새끼 녕 (青) 鶄 [정]鵁鶄 할미새 정 (庚) 鸏 [몽]鳥名 狂ㅣ鳥 새이름 몽 (送) 鸍 [시]鴆鳥 짐새 시 (支) 鸎 [앵]黃

鸝 꾀꼬리 앵 鶯同 (庚) 鸒。[여]鳥也 갈가마귀 여 鸒同 (魚)(御) 鸏。[몽]鳩屬 비둘기 몽 鸏見 (東) 鸏 鸏(前條)와同 鸐 [적][작]雉也 꿩 적、작 義同 (錫)(覺) 鷇 [곡]布

穀 뻐꾸기 곡 (屋) 鸋 [주]南方雉也 남방 꿩 주 (尤) 鸑。[악]鳳屬ㅣ鷟 봉 갈은 새 악 (覺) 鸄 [람]郭公ㅣ鸉 뻐꾹새 람 (覃) 鶲。[옹]鶲也 할마새 옹 (東) 鸒 鸒(鳥部十四畫)과同

⑮ 𪈿 [락]赤首鷹 목이 붉은 매 락 (藥) 𪈻 [채]山鳩 산비둘기 채 (泰) 鸔。[복]水鳥 鳥ㅣ 물새 복 鸔 鸔(前條)와同 鸇 鸇(鳥部十三畫)의 籀文 鶹

[류]鶩卵 물오리의 알 류 (尤) 鸓 [류]鼺鼠 나는다람쥐 류 鷭。[절]小鷄 닭 절 (屑) 鸑 [랍]飛起貌ㅣ鸑 파득파득 날 랍 (合) 鷻。[침]ㅣ鵏、似魚虎 黑色水鳥 물총새 침 (侵) 鷀

⿰慮鳥 鷺(鳥部十二畫)과同 ⿰蔑鳥 [멸]鸋鴂 뱁새멸(屑) ⿰鳥薛。[얼]鷃ㅣ、鳧屬 물오리얼 ⿰淮鳥 鵻(鳥部八畫)의譌字 鸆。[광]ㅣ鷎、鳳屬 봉황새광(養)

⿰堇鳥 難(隹部十一畫)과同 ⿰黎鳥 鵹(鳥部七畫)과同 【十六】 ⿰筍鳥 鵴(鳥部八畫)과同 鸕。[로]水鳥ㅣ鷀 가마오지로、더펄새로(虞) ⿰鳥盧 鸕(前條)와同

⿰遆鳥 鷉(鳥部十二畫)과同 ⿰享鳥。[곽]ㅣ公、郭公 뻐꾸기곽(藥) ⿰燕鳥 燕(火部十二畫)과同 ⿰瞢鳥。[맹]鸏ㅣ 수알치새맹(徑) 鵪 [암]ㅣ鶉 메추라기암(覃) 鸗 [롱]鳧屬小鴨 작은오리롱(董)

⿰翮鳥 [핵]鴿ㅣ、鳥名 새이름핵(陌) 【十七】 鸚。[앵]能言鳥ㅣ鵡 앵무새앵(庚) ⿰夢鳥 [홍]水鳥 물새홍(庚) 鸙 [약]鷚也天ㅣ 종달새약(藥) ⿰霍鳥 鶴(鳥部十一畫)과同

⿱皷鳥 鷇(鳥部十畫)의俗字 ⿰鳥嬰 鸚(鳥部十七畫)과同 ⿰霝鳥。⿰靈鳥(鳥部二十四畫)과同 ⿰鳥蘗 ⿰鳥薛(鳥部十五畫)의譌字 ⿰藐鳥 [illegible](鳥部十五畫)과同 【十八】

鸛。[관]水鳥似鵠 황새관(翰) ⿰薰鳥 [훈]怪鳥 괴상한새훈(問) ⿰鳥雚 鸛(前前條)와同 鸜。[구]ㅣ鵒鳥名 구욕새구 鴝同(虞) 【十九】 鸝。[리][려]黃鳥倉庚 꾀꼬리리、려義同(支)(齊)

鸞 [란]神鳥鳳凰之佐 난새란、ㅣ鈴 임금님타는수레방울란 鑾通(寒) ⿰灌鳥 鶴(鳥部十畫)과同 ⿰緜鳥 [illegible](鳥部二十五畫)과同 【二十】 鵬 鳳(鳥部三畫)의古字 【二十二】

⿰屬鳥 屬(尸部十八畫)와同 【二十三】 ⿰權鳥。[권]鸜鵒 구욕새권(先) 【二十四】 ⿰靈鳥 鴒(鳥部五畫)과同 【二十五】 ⿰畾鸓 鸓(鳥部十五畫)의籀文 ⿰蠻鳥。[만]比翼鳥與鶼鶼 만새만、비의조만(刪) ⿱鸓畾 鸓(鳥部十五畫)의籀文

鹵部

鹵。[로]鹹也 짤로、西方鹽地 염밭로、輕脫苟且ㅣ莽 구차할로、거칠로、地不生物 斥ㅣ 황무지로、ㅣ掠 훔칠로、ㅣ簿、天子儀衛 의장로(麌) 【三】 ⿱鹵土 鹵(前條)와同 【四】 ⿰鹵今。[금]鹹苦 짜고쓸금(蒸)

⿰鹵亢 [강]鹽澤 염전강(養) ⿰鹵冗 ⿰鹵亢(前條)와同 ⿰鹵毛 接(手部八畫)과同 ⿱鹵豆 覃(襾部六畫)의古字 【五】 ⿰鹵尤 ⿰鹵亢(鹵部四畫)과同 ⿱鹵皿 鹽(鹵部十三畫)과同

⿰禾鹵。[궁]大也 클궁(蒸) ⿰鹵占 [담]鹹也 짤담(陷) ⿱鹵早 覃(襾部六畫)의古字 ⿰鹵令 [령]鹽也 소금령(青) 【八】 ⿰鹵昌。[창]鹵漬 김치창、소금에절일창(陽) ⿰鹵炎 [담]無味 싱거울담(勘)

⿰鹵臽 [감]鹹味 짠맛감(陷) ⿰土盬 鹽(鹵部十二畫)과同 【九】 鹹。[함]鹽味 짤함(咸) ⿰鹵畏 [외]鹽也 소금외(佳) ⿱鹵覃 覃(襾部六畫)의古字 ⿱咸鹵 鹹(鹵部九畫)과同

⿰鹵扁 [편]鹽也 소금편(銑) ⿰鹵奏 [주]鹽也 소금주(宥) ⿰鹵甚 [감]鹹也 짤감(勘) 【十】 ⿱鹵覃 覃(襾部六畫)의古字 ⿰鹵鬼 [회]鹽也 소금회(佳) 盬。[고]鹽也 소금고 鹽通(麌)

⿰鹵差。[차]大鹹鹽味之厚 매우짤차(歌) ⿱𦍌鹵 ⿰鹵差(前條)와同 ⿰鹵昷 [온]鹽也 소금온(元) ⿰鹵兼。[감]鹵之凝著者 소금버캐감(豏) 【十一】 ⿰鹵最 [illegible](鹵部十二畫)의譌字 ⿰鹵産

黐(米部十七畫)과同

十二

鹵喬 [장]醬也 장츌(質)

鹼 [감]味太鹹 맛이아주짤감(感)

鹵最 [최]醬也 장최、鹽也 소금최(卦)

十三

鹼。[검]鹽分 소금물검、灰瀘水 잿물검、汚垢洗料 비누검、鹹音감、첨(鹽)

鹹 [감]過鹹 몹시짤감(感)

鹵鬼 鹺(鹵部九畫)과同

鹽 [염]煮海爲ㅣ 소금염、ㅣ魚肉 자반염、절일염、歌曲別名 노래후렴염 豔同(鹽)

十四

鹵齊 [제]鹹也 맛이짤제、짠맛제(薺)

鹵監。[감][담]鹹也 짠맛감、䤅ㅣ、無味 맛이없을담

鹵翟。[적]醶也 짤적、無味 맛없을적(錫)

十五

鹵差 鹺(鹵部十畫)의本字

十六

鹵褱 [회]戎鹽 오랑캐소금회(佳)

鹿部

鹿。[록]麞屬仙獸 사슴록、小車ㅣㅣ 작은수레록、酒器 술그릇、劍名、獨ㅣ 칼이름록、積穀所圓 곡식모지게쌓을록(屋)

广比 鹿(前條)와同

二

麀。[우]牝鹿 암사슴우(尤)

鹿几 麂(鹿部二畫)과同

麂 [궤]大麞狗足似鹿 큰노루궤(紙)

鹿丸 麤(鹿部二十二畫)과同

三

鹿丸。[환]一歲鹿 한살된사슴환(寒)

鹿乙 [사]鹿二歲 두살된사슴사(紙)

四

鹿衣 表(衣部三畫)과同

鹿夭 [오]麋子 고라니새끼오(皓)

鹿手。[찰]鹿貌 사슴찰(黠)

鹿矢 麇(前前條)와同

鹿比 [비]小鹿 작은사슴비(支)

麃。[표][포]武貌 ㅣㅣ 위엄스러울표、麞屬 노루포 麅同(肴)

鹿斤 麒(鹿部八畫)과同

鹿勿 虎(虍部二畫)의古字

鹿弁 麓(鹿部六畫)과同

鹿要。麐(鹿部七畫)과同

鹿丽 麗(鹿部八畫)의略字

麁 麤(鹿部二十畫)의俗字

五

麇。[균][군]麞也 노루균、地名 땅이름균、군義同、羣也 무리군、떼군、束縛 묶을군(眞)(吻)

鹿豆 [조]麔子 노루새끼조、小兒ㅣ子 어린아이조(御)(魚)

麅 [포]鹿屬 고라니포 麃同(肴)

麈。[주]麋屬尾能辟塵 꼬리긴사슴주(麌)

鹿力 鹿(鹿部二畫)과同

鹿生。[생]似鹿獸 사슴비슷한짐승、二歲鹿 두살된사슴생(庚)

鹿本 [본]牝鹿 암사슴본(阮)

鹿可 [가]牡鹿 수사슴가 麚同(麻)

六

鹿圭。[규]鹿屬 사슴규(齊)

鹿亘 [환]似鹿獸 사슴비슷한짐승환(寒)

鹿因 [인]牝鹿 암사슴인(眞)

鹿衣 表(衣部三畫)의古字

鹿旨 [기]大麔 큰노루기(紙)

麋。[미]鹿屬似水牛 고라니미、水直之交 물기슭미(支)

麊 [미]縣名ㅣ冷 고을이름미

麉 [견]鹿之絕有力者 힘센사슴견(先)

麓 麉(前條)와同

鹿北 牝(牛部二畫)과同

鹿玄 [린]麒麟 기린린

鹿去 麟(前條)와同

七

麕 [균]鹿屬 고라니균(眞)

麌 [우]牡鹿 수사슴우、羣聚貌 ㅣ사슴떼지어서모일우(麌)

鹿亢 [류]鹿也 사슴류(尤)

鹿異 [어]驢也 노새어(魚)

鹿盈 [영]鹿也 사슴영(迥)

鹿夋 [산]獅子別名 사자산(寒)

麎。[신]牝麋 암코라니신(眞)

鹿廷。[정]鹿走貌 사슴달아나는모양정(迥)

鹿助 [저]鹿子 사슴새끼저(魚)

鹿孝 [효]瑞獸 상서스러운짐승효(巧)

鹿余 駼(馬部七畫)과同

麐 [린]牝麒 암기린린(震)

鹿各 麐(前條)와同

八

麒。[기]仁獸ㅣ麟 기린기(支)

鹿取 [추]小鹿 작은사슴추(虞)

麑。[예]鹿子 사슴새끼예、獸名 狻ㅣ 짐승이름예 猊通(齊)

鹿昆 [곤]鹿屬 사슴종류곤(元)

鹿隹 [추]鹿一歲 한살된사슴추(支)

鹿委 [위]猎鹿肉 저장한사슴고기위、鹿之美者 아름다운사슴위(支)

麗。

【려】【리】美也고울려 華也빛날려 偶數也짝맞을려 高樓ㅣ譙문루려 施也베풀려 附也붙을려、附著붙을리 國名高句ㅣ、高ㅣ나라이름리(霽)(支) 麔【구】牡麋수코라니구(有) 麓。【록】山足산기슭록、守山林吏산감록(屋)

䴥 麢(鹿部九畫)과同 麖【경】大鹿牛尾一角큰사슴경 麠同(庚) 麕 麇(鹿部七畫)과同

⑨ 麍【난】鹿麛사슴새끼난(翰) 䴵 䴸(次條)와同 䴸【저】鹿類사슴종류저(魚) 麙。【암】山羊大而細角크고뿔가는산양암(咸) 䴿 麀(鹿部二畫)과同 麝【향】麝香鹿사향사슴향(陽) 麖 麖(鹿部八畫)과同 麛【미】獸初生갓낳은짐승미、鹿子사슴새끼미(支) 麚 虎(虍部二畫)과同

⑩ 麝。【사】似麞臍香사향노루사(禡) 䴢。【미】鹿跡사슴발자국미 鹿媒녹매미(齊) 麗 麗(鹿部八畫)의古字 麢【령】鹿也사슴령(靑) 麜。【률】牝麢암사슴률(質) 䴦 恒(心部五畫)의籀文

⑪ 麠 麠(鹿部九畫)과同 䴷【필】鹿子사슴새끼필(質) 麃【표】鹿屬사슴종류표(蕭) 䴩 䴩(鹿部十四畫)과同 麞。【장】鹿屬無角노루장 獐同(陽) 䴔【속】鹿跡사슴발자국속(屋) 麟【린】仁獸毛蟲長기린린(眞) 䴳。【미】鹿也사슴미(支) 䴬。麝(鹿部十畫)의本字

⑬ 䴫 麢(次條)와同 麢 麢(鹿部十七畫)과同 䴪【록】獸名似鹿짐승이름록(屋) 麌 麌(鹿部七畫)과同 麠。【경】大麃一角외뿔사슴경 麖同(庚)

⑭ 䴱。【여】【서】似鹿而大獸사슴같고큰짐승여、서 義同(御)(語) 麡【제】【재】形如鹿、角前俯뿔이앞으로굽은사슴제、재 義同(齊)(佳) 䴩【유】【누】【난】鹿子사슴새끼유、누、난 義同(虞)(尤)(翰)

⑮ 麛 麛(鹿部十畫)과同

⑰ 麢。【령】大羊角細而圓영양령 羚同(靑) 麐。麟(鹿部十二畫)과同

⑱ 䴙 麛(鹿部九畫)과同

⑳ 䴠【암】山羊산양암(咸)

㉒ 麤【추】大也클추 物不精추할추 疏也성길추 粗、觕通(虞)

㉕ 𪋻 塵(土部十一畫)과同

麥部

麥。【맥】五穀一有芒穀來麰秋種夏熟보리맥 蕎ㅣ모밀맥 草名燕ㅣ돌귀리맥(陌) 麦 麥(前條)와同

② 麫 麴(麥部八畫)과同 麪 麪(麥部四畫)의譌字

③ 麧。【흘】糏也磨麥糖ㅣ보리싸라기흘 不碎糖ㅣ걸보리흘(月) 䴿【망】麥芒보리꺼럭망 芒俗字(陽) 䵐。【산】麴也누룩산 麥糠보리겨산(諫) 䴬【익】麥穀破碎者보릿겨익(職) 麥乇【탁】餅也떡탁(藥) 麥才【재】麴也누룩재(灰)

④ 䵋。【납】ㅣ劊가지런히끓을납(合) 䵌【돈】饆ㅣ、餌也경단돈、도래떡돈(元) 麥反【거】麥不成익지않은보리거、보리죽정이거(魚) 麥夬【얼】麴ㅣ누룩얼 蘖同(屑) 麨【초】糗也蒸麥成屑찐보리가루초(篠) 麩。【부】小麥屑皮밀기울부(虞) 麧 麧(麥部三畫)의本字 麥斗。【두】麥也보리두(有) 麥勿。【홀】餅屬보리떡홀(月) 麥比【비】麴ㅣ也붉은보리가루비(支) 麥木 對(麥部三畫)의譌字 麪【면】麥末밀가루면 溫飩국수면(霰) 麫 麪(前條)와同 麥欠 麦(夂部五畫)과同 麥火 爇(火部十一畫)과同 麥手

⿰麥孚(麥部七畫)의 譌字

⿰麥斤 「계」麥餠屬 보리떡계 (齊)

五

⿰麥去。「거」麥甘粥 보리죽거 煮麥飯 보리밥거 (語)

⿰麥它。「타」餠也 떡타 (歌)

⿰麥且 ⿰麥酋(麥部十畫)의 譌字

⿰麥占 「첩」黏粟 차조 或音 접 (葉)

麬 麩(麥部三畫)과 同

⿰麥穴 「활」麴也 누룩활 (黠)

⿰麥召 ⿰麥酋(麥部九畫)과 同

⿰麥主 「투」餠屬 가루떡투、경단투 (有)

麭 「포」餌也 경단포 ⿰麥面ㅣ 면보포 (效)

⿰麥巨 「거」蜜餌 과자거 (語)

⿰麥禾 麴(麥部八畫)과 同

⿰麥末。「말」麪也、米屑 밀가루말 (曷)

⿰麥幷 ⿰麥廷(麥部六畫)의 譌字

六

⿰山麥 崚(山部八畫)의 譌字

⿰麥并 「병」麥餠 보리떡병 (梗)

⿰麥米 麴(麥部八畫)과 同

⿰麥同。「동」餠屬 떡동 (董)

麰。「모」大麥 五穀之長 갈보리모 古音 무 (尤)

麯 麴(麥部八畫)과 同

⿰麥各。「객」麥碎 보리싸라기객 (陌)

⿰麥公 麮(麥部五畫)의 譌字

七

⿰麥完 「혼」麥麴 보리누룩혼 (元)

⿰麥夆。「봉」煮麴 찐누룩봉 熬麥 볶은보리봉 (東)

麲 「한」麥粉 보릿가루한 (諫)

⿰麥沙 「사」碎麥 빻은보리사 (麻)

⿰麥利 「리」麥酒 보리술리 (支)

⿰麥肖 ⿰麥肖(麥部十畫)과 同

⿰麥甫 麩(麥部四畫)과 同

⿰麥孛。「발」屑麥 보리가루발 (月)

⿰麥甬 麱(麥部七畫)의 譌字

⿰麥哥。「라」粟粥 조죽라 (箇)

⿰麥异 ⿰麥廷(麥部六畫)과 同

八

⿰麥其 「기」餠屬 떡기 (支)

⿰麥果 「과」「라」餠屬 가루떡과、경단과 麴也 누룩과、麪 가루라 (哿)(馬)

⿰麥念。「념」ㅣ頭、餠也 보리떡념 (葉)

⿰麥匋 「도」麥餠 보리떡도 (豪)

⿰麥畚 糒(米部十畫)과 同

⿰麥夜 「야」⿰麥者 麥皮ㅣ 밀기울야 (禡)

麳 「래」小麥 밀래 來通 (灰)

⿰麥彔 「록」⿰麥蜀ㅣ、煮餠 찐보리떡록 (屋)

⿰麥空。「혹」麥也 보리혹 (屋)

⿰麥戔 「산」麥也 보리산 (潸)

⿰麥困 「권」餠屬 경단떡권 (翰)

⿰麥忽 ⿰麥勿(麥部四畫)과 同

⿰麥昆。「혼」粒麥 쌀보리혼 (元)

⿰麥音。「부」小麥粉餠 밀가루떡부 (有)

⿰麥勿 ⿱勿麥(次條)와 同

⿱勿麥 「리」⿰麥比也 볶은보리리 (支)

⿰麥卑 「비」麴也 누룩비 (支)

⿰麥沙 麨(麥部四畫)과 同

麴。「국」酒母ㅣ糵 누룩국 花名ㅣ塵 꽃이름국 麯同 (屋)

⿰麥幵 「병」麪餈 밀떡병 國字

九

⿰麥敖 ⿱敖麥(次條)와 同

⿱敖麥 ⿰麥廷(麥部六畫)과 同

⿰麥咼 「사」⿰麥孚ㅣ、粟粥 좁쌀죽사 (箇)

⿰麥酋。「초」麨也 볶은보리가루초 (篠)

⿰麥兪 ⿰麥圭(麥部五畫)과 同

⿰麥枼 ⿰麥肖(麥部十畫)과 同

⿰麥科 「과」ㅣ斗餌也、象蟲形 올챙이모양으로 만든떡과 (歌)

麵 麪(麥部四畫)의 俗字

⿰麥隹 「초」麨 麥볶은보리초 粮也 양식초 (篠)

⿰麥貟。「부」再生麥 두벌보리부 (遇)

⿰麥畏。「삭」乾餠 말린떡삭 (藥)

⿰麥胡 ⿰麥占(麥部五畫)의 俗字

十

⿰麥索 「삭」⿰麥畏ㅣ 둥근떡삭 (藥)

⿰麥昷 「온」麴也 누룩온 (問)

⿰麥差。「차」「재」⿰石麥 麥 보리갈차 擣也 보리찧을차 穀麥淨意 보리깨끗할차、자 義同 (歌)(紙)

⿰麥尃 「박」ㅣ飥、餠也 떡박 (藥)

⿰麥昆 ⿰麥比(麥部四畫)과 同

⿰麥畚 糒(米部十畫)의 俗字

⿱殳麥。「곡」麴也 누룩곡 (屋)

⿰麥冢 「몽」麴也 누룩몽

十一

⿰麥將 「장」麥腐 보리썩을장 (漾)

⿰麥婁。「루」⿰麥粦ㅣ、⿰麥畏餠 둥근떡루 (有)

⿱旋麥 「선」麥也 보리선 (霰)

⿰麥莫。「막」⿰麥者 麥皮ㅣ⿰麥夜 밀기울막 (藥)

⿰麥連 「련」新麥之餠 햇보리떡련 (銑)

⿰麥殼 ⿱殳麥(麥部十畫)과 同

⿰麥乘 ⿰麥差(麥部十畫)과 同

⿰麥曼 「만」ㅣ頭、餠也 만두만 (寒)

⿰麥累 ⿰麥果(麥部八畫)의 譌字

⿰麥啇。「적」小麥粉 밀가루적

⿰麥彖。[몽]糏也 보리싸라기 몽 麴也 누룩 몽 (東) ⿱敖麥 [오]煮也 볶을 오 嗼也 쬐어말릴 오 (豪) ⿰麥敫 敫(火部十一畫)의 譌字 ⿰麥莎 莎(艸部七畫)과 同 ⿰麥畢 饆(食部十一畫)과 同

⿱癶麥 ⿰麥發(麥部六畫)과 同 ⑫ ⿰麥朁。[체]滌麪 빨고씻은 보리가루 체 (霽) ⿰麥黃 [굉]大麥 보리 굉 麥麩 밀기울 굉 (梗)· ⿰麥隋 [수]糖餅 엿수 餅也 가루떡 수 (紙) ⿰麥善 [선]新麥餅 햇보리떡 선 (銑)

⿰麥粦。[련]環餅 둥근떡 련 (先) ⿰麥覃 [담]良味 맛있을 담 (覃) ⑬ ⿰麥豦 [거]麥小者 잔보리 거 (魚) ⿰麥豊 [풍]炒麥 볶은 보리 풍 (東) ⿱敖麥 ⿱敖麥(麥部十一畫)과 同 ⿰麥喿 [소]乾麪 말린보리가루 소 (號)

⿰喿麥 ⿰麥喿(前條)와 同 ⿰麥蜀。[독]丨䴱、煮餅 찐떡 독 (屋) ⿰麥睘 [환]餅也 떡 환 粔籹 중배기 환、약과 환、黃蒸䴉子 누런찐떡 환 (刪)(??) ⑭ ⿰麥蒙 ⿰麥冡(麥部十畫)의 俗字 ⑮

⿰麥廣。[광]皮厚麥 껍질두터운보리 광 (梗) ⑯ ⿰麥林 ⿰禾林(禾部八畫)과 同 ⿱龍麥 [롱]餅屬 떡 롱 (東) ⑰ ⿱薛麥 [얼]麥蘖 보리움 얼 (屑) ⑱ ⿰麥豐 [풍]熬麥 볶은 보리 풍 (東)

⑲ ⿰麥羅。[라]餅也 가루떡 라 (歌) ⑳ ⿱髟麥。[착]屑麥蒸之者 보리가루를 찐떡 착 (藥)

麻部

麻。[마]枲屬 삼 마 朝廷編命、白丨黃丨 조정 윤음 마 胡丨 깨 마 (麻) ⿸麻力 靡(非部十一畫)과 同 ③ 麽 [마]微也 작을 마 細瑣 幺丨 잘마 麿同、何也 어찌 마 (哿) 中字 ⿸麻乙。[삭]治病 병고칠 삭 (藥) ④ ⿸麻手 摩(手部十一畫)의 古字 ⿸麻分 [분]散也 흩을 분 (吻) 麾。[휘]大將旗 대장기 휘 指揮 지휘할 휘 ⿰麻攴。[삼]厭也 싫어할 삼 舍也 버릴 삼、둘 삼 (感) ⿸麻火 糜(米部十一畫)과 同 ⿸麻日 [력][미]曆也 달력 력 (錫)、日光 햇빛 미 (支) ⑤ ⿸麻电。[휘]旗也 기 휘 (支) ⿸麻宛 [원]麻叢 삼이 무성할 원 (阮) ⿸麻奐 [구]麻也 삼 구 (有) ⿸麻本 [본]麻桿 삼대 본

⑥ ⿰麻朱 [주]麻實 삼씨 주 (虞) ⿸麻多 [마]捨也 버릴 마 (哿) ⑦ ⿸麻呂 [마]人名 사람이름 마、丈夫美稱、君貴公 그대 마、자네 마 (麻) ⿱夭麻 [옥]纑未練 아직 마전하지 않은 삼실 옥 (沃) ⿸麻元 [류]麻也 삼 류 (尤) ⑧ ⿸麻取。[추]麻莖 삼줄기 추 聚麻蒸 삼묶어질 추 (尤) ⿰麻易 [석]細布 가는베 석 (錫) ⿸麻易 ⿰麻易(前條)와 同 ⿸麻林。[미]深也 깊을 미 (紙) ⑨ ⿸麻香 [난]人名 郭丨 사람이름 난 香也 향내 난 (翰) ⿱僉麻。[투]檾屬 어저귀 투 (尤) ⿸麻俞 ⿱僉麻(前條)와 同 ⑩ ⿸麻旁 ⿸麻取(麻部八畫)과 同 ⿸麻䨻。[미]熟也 익을 미 爛也 물크러질 미 糜通 (支) ⑪

⿸麻賁 ⿸麻賁(麻部十三畫)과 同 ⑫ ⿸麻賁。[비]亂麻 헝클어진 삼 비 破麻衣 해어진 삼베옷 비 (未) ⿸麻桼。[미]穄別名 피 미 (支) ⑬ ⿸麻賁 [분]麻實 삼씨 분 ⿰麻賁 ⿸麻賁(前條)와 同

⑳ ⿱殸麻 [착]油麻 삼기름 착 (藥)

十二畫

黃部

黃。[황]五色之中央土色 누를황 倉ㅣ급히서두를황 ㅣ耇 늙은이황 小兒之稱 어린아이명칭황(陽)

(四) 黃乇 䵍(黃部八畫)과同 黃今。[금]黃色누른빛금(侵) 膭

[단]黃色누른빛단(寒) 黃丸。[강]黃色누른빛강(養)

(五) 黈。[주]黃也 누를주 增也 늘일주 冕旁纊ㅣ纊 면류관옆에단솜주(有) 黇 [첨][전]黃色누른빛첨 白黃色누르스름한첨、전 義同(鹽)(先) 黃斤

[착]黃色누른빛착(陌)

(六) 黃舌 [천]黃白色누르고흰빛천(先) 黃有。[위]黃色누른빛위(紙) 黃亢 [충]塞耳掩聽ㅣ纊 귀막을충(東) 黃丞 [증]黃色누른빛증(徑) 黊。[규]鮮明黃 곱게누를규 黈同(齊)

熿 [광]熿也빛날광(養)

(七) 黃灰 [점]黃色누른빛점(鹽) 黃夾。[험]赤黃주황빛험(鹽)

(八) 黃定 [정]濃黃色노란빛정(鹽) 黃享 [돈]黃色누른빛돈(元) 黃昔。[작]皮淡黃色겁질누를작(藥) 黃孛 䵎(前前條)와同 黃或 [이]黃疸病황달병이(紙) 鼠黃 䵋(黃部九畫)과同 黃戔。[전]黃色누른빛전(先) 肉黃 [황]腫病붓기붓는병황 膭同(陽)

黃炎 [점]黃色누른빛점(鹽) 黃隹 曜(日部十四畫)과同

(九) 黃帚 黃耑(次條)와同 黃耑。[단]黃黑色금향빛단 黃軍 輝(車部八畫)과同 皇黃。[횡]藤屬등덩굴횡(庚)

黃頁 [운]面黃色얼굴누렇운(吻)

(十) 黃鳥 黃耑(黃部九畫)의俗字 黃殳。[황]卵中黃알속의노른자황(陽) 黃或 黃有(黃部六畫)과同 黃員 [운]黃色누른빛운(吻) 攆

黈(黃部五畫)과同 黃能 熊(火部十畫)의古字

(十一) 黃斗 斛(斗部十二畫)과同 黃翏。[로]黃色누른빛로 草色풀빛로(號)

(十二) 華黃 [황]煇也빛날황(陽) 黃單。[천]黃色누른빛천(銑)

(十三) 黃豊 [작]皮淡黃色가죽빛이연누렇작(藥) 黃翏 黃翏(黃部十一畫)과同

黍部

黍。[서]禾屬粘者기장서、메기장서(語)

(三) 黎。[려]衆也무리려 黑也검을려 天欲曙ㅣ明동틀려 邌通(齊) 黍攵 [여]黏也차질여、불일여(語) 黍刃 [닐]黏也차질닐(質) 黍力 黎(黍部三畫)과同

(四) 黍今 [례]衆也뭇례(齊) 黍香 香(香部。畫)의本字 黍日。[닐]黏著붙을닐(質) 黍斗 [려]耕田具보습려 耕也밭갈려 黑也 검을려、駁牛얼룩소리 老人늙은이살결리(齊)(支)

黍丑 [뉴]黏也차질뉴(有) 黍斤。[근][건]黏也차질근、건 義同(吻)(眞) 黍瓦 [호]糊也풀호(遇)

(五) 黍尼 [니]黏也칠질니 黍包 [표]黍皷皮기장된장웃거덕표(效) 黍舌 黏(黍部五畫)과同 黍殳 [나]黏著차붙을나(禡) 黍安 [리]恍也어두울리(支) 黍古。[호]糊也미음호、풀호(虞) 黏。[점]ㅣ土차질점 相著서로붙을점 糊也풀점 粘同(鹽) 黍必 [필]香也향내날필(質)

(六) 黍多 [나]粘着끈붙을나(馬) 黍朱。[주]黏也찰질주(虞)

(八) 黍卑 [비]稗也피비(支) 黍東 [동]黏貌차진모양동 黍卷 [권]廣也넓을권 黏也찰질권(阮) 黍居。[거]黍也기장거(御) 黍奉 [봉]䬠麥보리를、가부를봉(腫) 臤黍 [견]䵖也메기장견 穄也찰기장견(霰)

(九) 黍胡 黏(黍部五畫)과同 黍忌 [점]心有所著마음불일점(鹽) 黍參

[자]黏貌 차진모양 차黏也 차질차(麻) [黍+畐]。[복]治黍禾豆下潰葉 결입세칠복(屋) [黍+易] [새][사]不黏貌 차지지않는모양 새 曬也 햇빛이쬐일사(卦)(禡) [黍+重] 穜(黍部八畫)과同 ⑩ [黍+舀]。

[도]蜀黍 옥수수도(豪) [黍+兼]。[렴]黍之疎 기장성길렴(鹽) ⑪ [黍+商] [적]糊也 풀적 黏也 찰질적(錫) 黐 [리]所以黏鳥 끈끈이리 새잡는풀리(支) [黍+堅] [黍+堅](黍部八畫)의俗字 [黍+居] [니]黏

也 차질니(職) [黍+麻]。[마]黏黍 찰기장마(麻) [黍+連] [련]糅米 벼를갈련(銑) ⑬ [黍+農] [농]果子總名 과실농 耕種 밭갈농(東) ⑭ [黍+离] [黍+离](黍部十一畫)과同 ⑯ [黍+龍]

[롱]黏也 찰질롱(董) [黍+貴]。[유]黏也 찰질유(支)

黑部

黑。[흑]五色之一 北方陰色、晦也 검을흑、어두울흑 是非 ㅣ白 그을흑 暗ㅣ 캄캄할흑 黶也ㅣ子 사마귀흑(職) ① [黑+乙] [알]深黑色ㅣ昧 어두울알、깊게검을알(黠) ②

[黑+卜] 䵓(黑部十二畫)과同 ③ [黑+大]。[대]黑也 검을대 墨痕 흔적대(泰) 黖 [黑+乞](黑部九畫)과同 [黑+干] [간]面黑 기미낄간、얼굴색검을간 奸同(旱) [黑+毛] [黑+毛](黑部四畫)과同

[黑+冖] [黑+冖](黑部四畫)의譌字 [黑+丸]。[환]皰肒 큰어서부스럼날환(翰) [黑+毛] [도]深黑 새까말도(遇) 黓。[익]黑色 검을익 弋通(職) 黔 [적]以丹注面玄ㅣ 연지찍을적(錫) ④

[黑+皮] [견]皮黑 가죽이검을견 皮皺 주름살견(銑) 黕。[담]滓垢 때낄담 黑貌 검을담(感) [黑+太] [태]甚黑 몹시검을태(泰) [黑+予] [서]黑也 검을서(語) [黑+尤] 肬(肉部四畫)과同 黔 [검][금]

黎也ㅣ首 검을검 黑也 검어질검、神名ㅣ嬴ㅣ雷 귀신이름검(鹽)(侵) [黑+冘] 黕(黑部四畫)과同 [黑+旡] [기]物生貌 물건생겨나는모양 기 本音 희 [黑+亢] [항]冥也ㅣ䵟 어두울항(漾) [黑+犬] [멱]刑

也 極ㅣ형벌할멱(錫) [黑+攵] 黑(黑部○畫)과同 默。[묵]不語 恭ㅣ잠잠할묵 靜也 고요할묵 幽也 그윽할묵 嘿同、墨通(職) 黗。[돈]濁也 흐릴돈 黑也 검을돈(阮) ⑤ 黚。[겸]淺黃黑 검누르스

름할겸(鹽) 黜。[출]貶ㅣ 내리칠출 擯斥 물리칠출 出同(質) [黑+未] [매]淺黑色 거무스름할매 黑色 새까말매(隊) [黑+旦] [달]白而有黑 회색빛달(曷) 點。[점]黑點 검은점 점ㅣ畫 점찍을점 缺ㅣ 흉볼점 汚也 더러

울점 檢ㅣ 상고할점 件數 수효점 箇所 곳점ㅣ頭 고개끄덕일점(琰) 黛。[대]畫眉 눈썹그릴대 似空青而色深 青ㅣ새파랄대(隊) [黑+尒] 黟(次條)와同 [黑+㐱] [진]黑也 검을진(震) [黑+主] [주]點也 점찍을주(麌)

黝。[유]青黑色 검푸를유 特出貌ㅣ糾 우뚝할유 用黑飾地 땅검게할유(有) [黑+冊] [산]蟹ㅣ、色下 빛이너을산(寒) [黑+方] 黵(黑部十三畫)과同 ⑥ [黑+禾] [찰]黑也 검을찰(黠) [黑+茲]。

[견][현][전]黑皺 검은주름살견、黑貌 검은모양현 黑色 검은빛전(銑) [黑+色] [울]深也 깊을울 黑也 검을울(物) 黟。[이]黑也 검을이 丹陽縣名 고을이름이(支) [黑+伊] 黟(前條)와同 [黑+夆] [방]黑

也 검을방(江) [黑+衣] [로]黑弓 검은칠한활로(虞) [黑+戈] [재]黑染 검은물재(隊) 黠。[힐]慧也 약을힐 惡才 꾀자이힐 姦也 간사할힐 本音 활(黠) [黑+灰] [회]淡黑色 회색빛회(灰) ⑦ [黑+尨]

방冥暗어두울방私也 나방、사사로울방(江) 黢 출黑也검을출(質) 儵 儵(人部十七畫)의譌字 黬。맘暗也캄캄할맘闇行어둠속을갈맘(賺) 䵲。초面點ㅣ䵲죽은깨초(嘯) 黖

黖(黑部八畫)의譌字 䵋 랄黑也검을랄(曷) 黧 례斑也얼룩질례 䵒 욕黑貌검은모양욕(沃) 黣 매面黑氣얼굴검을매皮膚黑氣살갗검을매(賄) ❽ 黥。

경墨刑在面자자할경 䵚 돈不幹事ㅣ䵚일간섭아니할돈(願) 䵩 첩絲壞실엉킬첩(葉) 䵪。혼純黑새까말혼忘失잊을혼或音곤(願) 䵫 본淡黑엷게검을본(元) 黤。

암青黑검무를암(賺) 䵣 혼黑也검을혼(阮) 䵭 담黑雲검은구름담(感) 黧 리려黑也검을리、려義同(支)(齊) 䵖 䵖(黑部九畫)의俗字 䵹 치草書勢

ㅣ黊초서쓸치(紙) 黅。금淺黃누렬금濃黃짓누렬금(侵) 黴 黴(黑部十一畫)과同 䵘 훈淺絳분홍빛훈(文) 䵏 래리赤黑검붉을래、濃黑시꺼멀리(灰)(支) 黦。

울黑有文얼룩질울(物) 黨。당明也輩무리당偏也편벽될당比也견줄당 䵩 䵩(黑部十一畫)과同 黬。역욱혁羔皮縫也양가죽을꿰맨검은실역、욱、혁義同(職) 䵖

䵖(黑部八畫)과同 䵬 답黑也검을답猥葺貌ㅣ伯왈패답(合) 黖 黖(黑部九畫)의本字 ❾ 䵡 전涅也앙금전、찌끼전(霰) 䵵。자黑也검을자(禡) 䵞

은黑也검을은(刪) 䵬 䵬(黑部十畫)의譌字 䵘 찰黑也검을찰(黠) 黬 알色變색할알(月) 黰 접黔首郎民백성접(葉) 䵵 畽(田部九畫)과同 黓。

양赤黑검붉을양(養) 䵎 만畫車輪수레바퀴에그릴만(刪) 䵎。류黑色검은빛류(寘) 黭 䵺(黑部十二畫)과同 䵛 증雲也구름빛증(徑) 䵅 남字畫之點점남(琰) 黬

암釜底黑솥밑에붙은검정암(感) 黭。암猝至貌ㅣ然급히이르는모양암 䵆。유汚也때묻을유、더러울유(齊) 䵴 매陰氣著衣生斑沫黴ㅣ곰팡이필매(灰) 黮 담심탐黑

也黮ㅣ검을담雲黑黭ㅣ검은구름담、桑實뽕나무열매심、不明ㅣ闇어둠침침할탐(感)(寢) 黯。암深黑色시꺼멀암傷別貌ㅣ然이별하여서러워할암 䵸 䵸(黑部十一畫)의譌字 䵼 외虎

也범외 䴵 병黑色飾검은색의치장병(庚) 黫。옥黥也자자할옥(屋) ❿ 䵬 묵黑也검을묵(職) 黦 黦(黑部八畫)의本字 黛 黛(黑部八畫)의俗字 䵽。

䃑(次條)와同 䃑 반ㅣ䵽、下色빛이낡을반(寒) 䵟 지濃黑色새까말지染黑검게드릴지(支) 䵻 䵻(黑部十七畫)과同 䵂 䵂(黑部八畫)과同 䵌。욕垢

黑때묻을욕(沃) 黧 黧(黑部七畫)의譌字 䵭 멱草木叢茸초목떨기멱(錫) 䵸 리赤黑色검붉은빛리(支) 䵖 䵖(黑部九畫)과同 黰。진美髮黑貌머리털

곱고검을진(軫) 黱。대深青새파랄대畫眉눈썹그릴대黛同(隊) ⓫ 黴。미物中久雨青黑곰팡이미ㅣ菌곰팡미梅毒매독미面垢黑也낯에기미낄미(支) 黸 로黑弓검은활로(虞) 䵥 黰(黑

部十畫)과同

黲 [참] 物將敗色퇴색할참 淺青色검푸루죽죽할참 (感)

⿰黑鹿 [록] 垢之黑着검게때묻을록 (屋)

黳。[예] 小黑子죽은깨예、사마키예 (齊)

⿰黑責。[척] ㅣ顆、色敗黑빛이썩어서검어질척 (錫)

黦 [울] 黃黑色검누른빛울 (物)

⿰黑庸 [종] 黑穴어두운구멍종 (腫)

⿰黑易 [상] 黑也검을상 赤黑色밤색상 (陽)

⿰黑逢 ⿰黑逢(黑部九畫)과同

⿱畾黑 [이] 黃色白ㅣ감빛이 (寘)

十二

⿰黑惠。[말] 淺黑엷게검을말 (黠)

⿰黑登 [증] 米黑壞쌀썩어검을증 (徑)

⿰黑隊 [대] 雲之黖ㅣ 구름뜰대

⿰黑禽 [금] 黃色누른빛금 黃黑色검누른빛금 (侵)

⿰黑雲。[암] 雲暗구름어두울암 (豏)

⿰黑最 [찰] 黑也검을찰 (曷)

⿰黍黑 黧(黑部七畫)의俗字

⿰黑詹 黵(黑部十三畫)과同

⿰黑喜 [극] 赤黑검붉을극 (職)

⿰黑業 [복] 淺黑엷게검을복 (屋)

⿱犬黑 黶(黑部十四畫)과同

⿰黑逮 [태] ⿰黑甚ㅣ、黑也검을태 ⿰黑逮ㅣ也어두운모양태 (隊)

⿰黑曾 [증] 面黑氣皯ㅣ얼굴에기미낄증 (徑)

黬 [암] [염] 忘也잊을암、염義同 (豏)

十三

⿰黑會。[쾌] 淺黑엷게검을쾌 (卦)

黵 [점] 黑汚검게더러울점 (琰)

⿰黑殿 ⿰黑展(黑部九畫)과同

⿰黑歲 [활] 黑色검은빛활 (曷)

⿰黑喿。[조] 麻苦雨生壞장마에삼주저앉을조 (蕭)

⿰黑萬 [매] ㅣ⿰黑會、黑貌검은모양매 (卦)

⿰黑農。[농] 甚黑시꺼멀농 (冬)

⿰黑僉 [검] 黑也검을검 (琰)

⿰黑賁 ⿰黑辡(黑部八畫)과同

⿰黑黽 [잉] 面黑子얼굴에검은사마키잉

⿰黑葴。[금] 黃黑色검고누른빛금 (侵)

十四

⿰黑臺 [대] 黑也검을대 (灰)

黶 [염] [암] 黑子검은사마키염、黑痕검은흔적암、기미낄암 (琰) (豏)

⿱算黑。[찰] 黑也검을찰 短貌짧은모양찰 (黠)

十五

⿰黑箴 [감] 面黑얼굴검을감 (感)

⿰黑奩 [암] 青黑色검푸른빛암 (豏)

黷。[독] 濁也흐릴독 汚也더러울독 頻ㅣ자주독 蒙也무릅쓸독 黑也 黲ㅣ검을독 押也친압할독 媟也설만할독 瀆通 (屋)

黧 [례] 黑黃검누를례 (齊)

十六

黸。[로] 黑甚새까말로 (虞)

⿰黑奮。[등] 淡黑엷게검을등 (蒸)

⿰黑歷 [력] 黑也검은빛력 (錫)

⿰黑對 ⿰黑逮(黑部十二畫)과同

十七

⿰黑毚 [삼] 削去誤字글자지울삼 (咸)

⿰黑襄 [낭] 黑也검을낭 (養)

二十

⿰黑鬱 鬱(黑部十九畫)과同

黹部

黹。[치] 縫紩衣바느질할치 (紙)

四

黺。[분] 絲也옷에오색수놓을분 (吻)

五

黻。[불] 裳繡兩己相背보불불 韋韠以蔽膝슬갑불 芾同 (物)

六

⿰黹朱 絑(糸部六畫)과同

七

黼。[보] 裳繡斧形ㅣ黻보불보 本音부 (麌)

八

⿰黹卒。[채] 繪五采繒오색무늬를그린비단채 (隊)

九

⿰民黹 [면] [변] ⿰黹扁緶꿰맬면、紩也꿰맬변 (先)

⿰黹扁 [변] 履底신바닥변

十二

⿰黹虘 [조] ㅣㅣ合五采鮮明色오색빛초 楚通 (語)

黽部

黽。[민] [맹] [면] 勉힘쓸민、鼃黽似青蛙而腹大맹꽁이맹 地名ㅣ隘땅이름민 竹名求ㅣ대이름맹、弘農郡名ㅣ池땅이름면 (軫) (梗) (銑)

黾 黽(前條)의俗字

一

⿱九黽 黿(黽部四畫)의俗字

黽 黽(黽部〇畫)의 本字

❹ 黿。[원] 介蟲之元似鼈而大 以鼈爲雌 큰자라 원 (元)

黿 黽(黽部〇畫)과 同

𪚐 黽(黽部〇畫)의 籀文

䵶 蚪(虫部二畫)과 同

❺ 鼀。[축] 蟾也 두꺼비 축 (屋)

䶃 [남] 龜甲邊 거북껍질 가장자리 남 (覃)

鼂。[조] 美玉ㅣ采 고운옥 조 蟲名 匽ㅣ 벌레이름 조 姓也 성 조

鼅。[구] 鼅屬、水蟲 개구리 구ㅣ 鼊、水蟲名似龜 거북 구 (虞)(尤)

鼆 [앙] 龜也 거북 앙 (陽)

鼃 [구] 蛙也 개구리 구ㅣ 鼊水蟲名 거북 구 (虞)

鼄 [파] 蟾也 蜍 두꺼비 파 (歌)

鼩 鼃(前條)와 同

鼁 [거] 蟾蠩ㅣ鼀 두꺼비 거 (有)

❻ 鼄 蛛(虫部六畫)과 同

鼅 鼅(黽部五畫)과 同

鼃 鼃(次條)와 同

鼃。[왜][와] 蝦蟇 맹꽁이 왜、찰머구리 왜 蛙同、와 義同

𪚰 鼃(前條)와 同

𪚲 𪛀(黽部八畫)과 同

𪚴 鼅(黽部六畫)과 同

❼ 𪚶。[신] 大蛤 큰 조개 신 (軫)

鼂 鼂(黽部五畫)의 古字

❽ 𪚺 蝹(虫部五畫)과 同

𪚻 蜘(虫部八畫)과 同

鼅 鼅(前條)와 同

𪛁。[미] ㅣ黽、龜屬 거북 미 (齊)

❾ 𪛂 [갈] 蛙聲 개구리 소리 갈 (曷)

𪛃 鼅(黽部八畫)의 譌字

鼈 [추] 蟾也 두꺼비 추 (尤)

𪛄 鼅(黽部八畫)과 同

鼇 鼈(黽部十一畫)의 俗字

鼇 鼈(黽部十一畫)의 俗字

鼊。[추] 蟾蠩 鼀ㅣ 두꺼비 추 (尤)

鼂 鼂(黽部五畫)의 古字

鼅 鼅(前前條)와 同

❿ 鼆。[맹] 邑名、句ㅣ 고을 이름 맹 (庚)

鼉 鼉(黽部十二畫)과 同

鼷。[혜] 水蟲、蛙類 개구리 혜 (齊)

⓫ 鼇 鼅(黽部八畫)과 同

鼇。[오] 海中大鼈 큰 자라 오 鰲同 (豪)

𪛆 [마] 鼂ㅣ、龜屬 거북 마

⓬ 鼉。[타] 水蟲類魚有足似鼉而長 자라같은 긴 물고기 타 (歌)

鼈。[별] 介蟲龜屬眼聽 자라 별 蕨也 고사리 별 鱉同 (屑)

⓭ 鼊 [벽] 似龜文如瑇瑁 거북 벽 (錫)

𪛈 [전] 鼅ㅣ、似蜘蛛 蛙類 개구리 전 (先)

鼇 鼈(黽部十一畫)과 同

鼉 鼉(黽部十二畫)과 同

⓮ 鼈 鼈(黽部十二畫)의 俗字

𪛉。[시] 蟾諸 鼅ㅣ 두꺼비 시 (支)

鼎部

鼎。[정] 烹飪器三足兩耳 솥 정 ㅣ立、三肢 세갈래 정 方也 ㅣ盛 바야흐로 정 大舒貌 ㅣㅣ 크게 편 모양 정

鼎 鼎(前條)의 俗字

❷ 鼏。[멱] 鼎蓋 솥뚜껑 멱

鼏。[경] 以木橫貫鼎耳擧之 솥 달아 올리는 나무 경 (青)

鼑 鼎(鼎部〇畫)의 古字

鼐。[내] 大鼎 큰 솥 내 (賄)(隊)

❸ 鼒 [간] 鼎也 솥 간 (寒)

鼒。[자][재] 小鼎 옹솥 자、재 義同 (支)(灰)

鼎 員(口部七畫)의 古字

鼐 鼐(前前條)와 同

鼎 [정] ㅣ疃、蟻封 개미 무덤 정、개미 집 정

❻ 鼓 妘(女部四畫)의 籀文

⓫ 鼎彗。[세] 小鼎 작은 솥 세 (霽)

鬺 [상] 煮也 지질 상 (陽)

⓯ 鼎慧 鼎彗(鼎部十一畫)과 同

十三畫

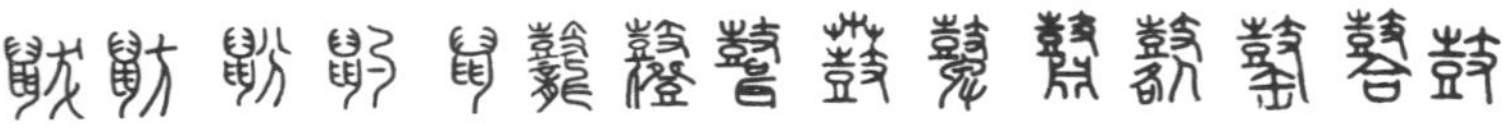

鼓部

鼓。[고]樂器革音북고量器斛別名휘고牽牛星河ㅣ별이름고(虞)

鼓。[고]擊也두드릴고鳴也울릴고動盪之振作之고동할고扇火動橐ㅣ鑄풀무고撫也어루만질고(虞)

一

鼔 鼓(鼓部○畫)의本字

三

鼜 [격]鼓聲북소리격(錫)

四

𪔉 鼓(鼓部○畫)과同

鼘 鼘(鼓部六畫)과同

𪔐。[봉]鼓聲북소리봉(東)

五

鼕。[동]鼓聲ㅣㅣ북소리동(冬)

𪔍 [첩]鼓無聲북소리나지않을첩寬也너그러울첩(葉)

𪔏 [부]軍聲喧군사떠들석할부(虞)

六

韸 [방]鼓聲북소리방韸同(江)

鼛。[답]鼓聲ㅣㅣ북소리답(合)

鼛。[탑]鼓聲북소리탑(合)

鼜 [고]鼓也북고(豪)

鼘 [인][연]鼓聲북소리인、연義同(眞)(先)

鼗 [도]小鼓著소고도鞉同(豪)

鼗 鼗(前條)와同

鼖 [분]大鼓큰북분(文)

七

鼛 [동]鼓聲북소리동(東)

鼛 鼛(前條)와同

八

鼛。[고]役事車鼓큰북고皐通(豪)

鼛 [답]鼓聲雜沓북소리시끄러울답(合)

鼞 [공]不堅ㅣㅣ然튼튼하지못할공(東)

鼘。[연]鼓聲북소리연(先)

鼚 [창]鼓聲북소리창動貌움직이는모양창(陽)

鼛 鼛(前條)와同

鼙。[비]騎鼓마상북비(齊)

鼛 鼛(鼓部九畫)과同

九

鼖。[분]大太鼓큰북분(文)

鼛 [룡]鼓音북소리룡鼓無聲북소리나지않을룡(東)

鼛。[칩]鼓不鳴북소리아니날칩

鼛 [동]鼓聲북소리동(送)

鼛 [함]鼓聲북소리함(咸)

鼛 鼓(鼓部○畫)과同

鼛 [상]鼓匡북집상(陽)

鼛 [첩]鼓無聲북소리나지않을첩(葉)

十

鼛 鼛(鼓部六畫)의俗字

鼜。[척]軍旅守夜鼓군사순경북척

十一

鼛 [음]鼓聲북소리음(沁)

鼛 [연]鼓聲북소리연(先)

鼛 鼛(鼓部十畫)의俗字

十二

鼕。[룡]鼓音북소리룡(東)

鼟 [등]鼓聲ㅣㅣ북소리등(蒸)

十三

鼛 鼛(鼓部六畫)과同

鼛 鼛(鼓部十二畫)과同

十四

鼟。[등]倰ㅣ、長也길등(蒸)

十六

鼛 鼛(鼓部十一畫)의俗字

鼛。[롱]鼓寬聲북소리늑은모양롱(冬)

鼠部

鼠。[서]穴蟲似獸善盜쥐서持兩端曰首ㅣ우물쭈물할서賊也ㅣ賊좀도둑서憖也근심할서隴西山名鳥ㅣ산이름서(語)

二

鼢 。貂(豸部五畫)과同

三

鼣 [인]鼠也쥐인(震)

鼥 鼥(鼠部七畫)의譌字

四

鼣 [폐]鼠名쥐이름폐(隊)

𪕋 [감]蝶螈도롱룡감蜥蜴도마뱀감(覃)

鼢。[분]鼢鼠地中行鼠伯勞所化두더지분蚡同(吻)

𪕎。[방]土鼠흙쥐방(陽)

𪕊 [침]水鼠名물쥐침(侵)

𪕏 鼨(鼠部五畫)과同

鼤 [문]班尾鼠꼬리아롱진쥐문(文)

五

鼦 貂(豸部五畫)과同

𪕒 [평]鼠子쥐새끼평斑鼠얼룩쥐평(靑)

鼥。[발]鼠肥者鼣ㅣ살찐쥐발(曷)

鼭 [지]ㅣ鼠、似雞鼠尾쥐지(支)

鼫 [석]五技鼠석쥐석鼩鼠새앙쥐석鼫鼠雀鼠다람쥐석(陌)

𪕔 [류]竹鼠대나무의쥐류鼮는本字(尤)

鼨。[종]豹文鼠얼룩쥐종、다람쥐종(東)

鼧 [타]鼠也쥐타(歌)

鼩。[구]小鼠鼱ㅣ새앙쥐구(尤)

𪕙 [령]班鼠鼩ㅣ얼룩쥐령(靑)

鼬 [유]黃鼠狼족제비유野鼠善登木鼬ㅣ청서모유(宥)

𪕓。[용]鼠

屬쥐용(腫)
⿰鼠冋 [경]斑鼠ㅣ⿰鼠令 얼룩쥐경(青)
⑥
鼭 [시]鼠名쥐 이름시(支)
⿰鼠并 [병]小鼠새 앙쥐병(靑)
⿰鼠同 ⿰鼠冋(鼠部五畫)의 譌字
⿰鼠耳。[이]鼠子쥐 새끼이(紙)
⿰鼠各 [각][락]ㅣ鼠、出胡地、皮可作裘변 방쥐각、락義同(藥)
⑦
鼯。[오]飛生鼠似蝙蝠一名夷由박쥐오(虞)
鼮 [정]豹文鼠얼 룩쥐정(靑)
⿰鼠佥 ⿰鼠今(鼠部四畫)과同
⿰鼠弟 鼶(鼠部十畫)과同
⿰鼠吳 鼯(鼠部七畫)과同
⿰鼠叟 ⿰鼠叟(鼠部十畫)과同
⿰鼠足 [족]ㅣ鼩、小鼠 쥐새끼족(沃)
鼰。[년]似鼠而大蒼色在樹上 ㅣ鼠푸른다람쥐년(霰)
⿰鼠夋 [준]毛可爲筆 청서모준(震)
⑧
鼱 [정]小鼠ㅣ鼩 새앙쥐정(庚)
⿰鼠隹。[추]鼠也 쥐추(支)
⿰亻鼠 ⿰鼠隹(前條)와同
⑨
鼹 [언]大鼠形如牛好偃河而飮水언쥐언
⿰鼠冑 鼬(鼠部五畫)의 譌字
⿰鼠帝 [제]鼶鼠족 제비제
⿰鼠頁。[혁]似鼠而白在樹上 흰다람쥐혁(錫)
⿰胡鼠。[호]似猿而白獑ㅣ 흰원숭이호(虞)
鼲 [혼]黃鼠다 람쥐혼(元)
鼳 [격]似鼠馬蹄長鬣 鼠수염긴쥐격(錫)
鼵 [돌]與鳥同穴새와함께사는 쥐돌(月)
⑩
⿰鼠虎。[사]鼠狼족 제비사(支)
鼶 ⿰鼠虎(前條) 와同
⿰鼠時 鼭(鼠部六 畫)과同
⿰鼠專 [박]ㅣ鼩、鼠 屬쥐박(藥)
⿰鼠益。[익]鼠名쥐 이름익(陌)
⿰鼠唐。[당]⿰鼠唐ㅣ、鼠 屬쥐당(陽)
⿱殸鼠 [곡]鼬鼠족 제비곡(屋)
⿱殼鼠 ⿱殸鼠(前條) 와同
⿰鼠留 ⿰鼠卯(鼠部五 畫)과同
⿰鼠鄉 ⿰鼠勺(鼠部三 畫)과同
鼷。[혜]耳鼠極細螫毒食 人及鳥獸皆不痛ㅎ 甘口鼠새앙쥐혜 、감주서혜(齊)
鼸。[겸]田鼠두 더지겸(鹽)
⑪
⿰鼠從 [종]ㅣ鼩、鼠 也쥐종(冬)
⿰鼠雀。[작]拱鼠다 람쥐작(藥)
⿰鼠殸 ⿱殸鼠(鼠部十 畫)과同
⿰鼠离 [리]小鼠相銜 尾而行ㅣ⿰鼠离 서로꼬리물고 다니는쥐리(支)
⑫
⿰鼠菐 [복]ㅣ鼢、鼠 屬쥐복(屋)
⿰鼠番。[번]鼠婦쥐며 느리번(元)
⿰鼠發 [발]鼠肥者살 찐쥐발(曷)
⑭
⿰鼠截 [절]ㅣ⿰鼠胡、猿 類원숭이절
⑮
鼺。[루]鼺鼠청 서모루(支)
⑯
⿰鼠盧。[로]鼠名쥐 이름로(虞)
⑰
⿰鼠韱 [참]ㅣ⿰鼠胡、猨也 원숭이참(咸)
⑱
⿰鼠瞿 鼩(鼠部五 畫)과同

十四畫

鼻部

鼻。[비]肺之竅脾之發코비始一 也ㅣ祖비로소비庳同(寘)
⿱自畀 鼻(前條) 와同
㊀
⿰鼻乚 [후]仰鼻⿰鼻丘ㅣ 들창고후(宥)
㊁
鼽。[구]病寒鼻窒감기 들어코막힐구(尤)
⿰鼻丩 [규][교]折鼻매부리 코규、仰鼻들창코교
⿰鼻乙 [교]仰鼻들 창코교(嘯)
㊂
⿰鼻欠 鼽(鼻部二 畫)과同
鼾。[한]卧息ㅣ睡 코골한(翰)
⿰鼻兀。[올]仰鼻들 창코올(月)
㊃
䶊 [뉵]鼻血코 피뉵(屋)
⿰鼻斗 劓(刀部十四 畫)의 譌字
⿰犭鼻 [회]猪食돼지가 먹이먹을회(灰)
⿰鼻欠 [전]鼻中氣코속 기운전 ⿰鼻占同(先)
⿰鼻及。[흡]鼻息聲코 고는소리흡(緝)
㊄
⿰鼻包。[포]面瘡痕얼 굴얽을포(效)
⿰鼻瓦 [올][와]以鼻搖動짐승이코로물건움 직일올、仰鼻들창코올、와義同(月)(馬)
⿰鼻占。[점]鼻重貌코늘 어질점 ⿰鼻欠同(先)
⿰鼻丘 [구]仰鼻ㅣ⿰鼻乚 들창코구(有)
齁 [후]鼻 息코

골후(尤)

【六】 ⿰鼻合 [합]鼻息⿰鼻合ㅣ 코숨합(合) ⿰鼻危 鼽(鼻部三畫)과同 ⿰鼻圭 [괘]鼻息聲 코숨소리괘(灰) ⿰鼻至 ⿰鼻畀(次條)와同 ⿰鼻畀。[제]鼻嚏氣 재채기할제、鼻病 콧병제 ⿰鼻至同(霽)

【七】 ⿰希鼻。[희]臥息聲 코골희、去涕 코풀희(紙) ⿰希鼻 [체][희]鼻液 콧물체、涕也 콧물희(霽)(紙) ⿰鼻夾 ⿰鼻合(鼻部六畫)과同 ⿰鼻血 [혹][뉵]衄鼻 코를찡그릴혹、衄(血部四畫)과同(屋)

【八】 齂。[희]臥息 누어숨쉴희(寘)

【九】 齃 [알]鼻莖 콧대알、콧줄기알 頞同(曷) ⿰鼻扁 [변]薄貌 엷은모양변(銑) 齄。[차]鼻紅生點 주부코차(麻) ⿰鼻帝 ⿰鼻帝(鼻部十五畫)과同

【十】 齆 [옹]鼻塞 코막힐옹(送) ⿱邑鼻 齆(前條)와同 ⿰鼻兼。[겸]鼻垂貌ㅣ鼾 코늘어질겸(鹽) 齅 [후]鼻取氣 냄새맡을후、就鼻 코내불후 嗅同(宥)

【十一】 ⿰鼻辛 [설]鼻聲 코소리설(月) 齇 [차]鼻上皰 주부코차(麻) ⿰鼻翏。[료]仰鼻 들창코료(嘯)

【十二】 ⿰鼻替 ⿰鼻朁(次條)의俗字 ⿰鼻朁 [침]高鼻 높은코침(侵) ⿰鼻皃 齅(鼻部十畫)과同

【十三】 齈 [농]鼻病 콧병농、多涕 콧물흘릴농(送) ⿰鼻會。[쾌][홰]喘息 숨찰쾌、鼻息 콧숨홰(卦)(泰)

【十五】 ⿰鼻疐 ⿰鼻至(鼻部六畫)과同

【十六】 ⿰鼻歷。[력]鼻别臭 냄새분별할력(錫)

【十七】 ⿰鼻毚 [참]鼻高貌 코가높은모양참(咸)

【二十二】 齉。[낭]鼻窒 코막힐낭

齊部

齊。[제][재][자]等也 가지런할제、整也 정제할제、治也 다스릴제、疾速 빠를제、國名 나라이름제、莊也 씩씩할제、肅也 엄숙할제、恭愨貌ㅣㅣ 공손할제、和也 고를제、회할제、潔也 致ㅣ 정결할재、齋同、衣下縫ㅣ衰 상옷아랫단홀자 齌同(齊)(佳)(支)

【二】 ⿱齊人。[제]病也 병제

【三】 齋。[재]潔也 성결할재、ㅣ戒 재계할재、莊也 씩씩할재、燕居室 집재(佳) ⿰巾齊 [제]緝麻苧名 실결제、실뽑을제 ⿰山齊 [제]山名 산이름제(霽) ⿸广齊 [제]美貌 아름다운모양제 齊俗字(齊) 齌。[제][재]好也 좋을제、아름다울제、恭也 공손할재(齊)(佳) ⿱齊月 臍(肉部十四畫)의本字

【四】 ⿱齊火。[제]炊也 불땔제、밥지을제、ㅣ怒 몹시노할제、疾也 빠를제(霽)

【五】 ⿰虫齊 蠐(虫部十四畫)과同 齍 [자]ㅣ盤黍稷器 서직그릇자(支) ⿱齊示 [제]盛黍祭器 기장담는제사그릇치(支)

【六】 ⿸广齊 [채]小茅舍 작은띠집채(佳)

【七】 齎。[재][자][제]持也 가질재、遺也 끼칠재、裝也 쌀재、歎辭 탄식할재 古音자 資同、제 義同(支)(齊)

【八】 ⿱齊妻 齏(次條)와同 ⿱齊妻。[제]等也 갈을제(齊)

【九】 齏 [제]鹽醬所和 양념할제、碎也 부술제 虀同(齊)

【十一】 ⿱齊夏 資(貝部六畫)과同 ⿱齊魚 [제]魚名、似而鯉小 잉어갈고작은고기제(齊) ⿱齊盧 [자]黍稷器 서직담는그릇자(支)

十五畫

齒部

齒。[치]口斷骨上ㅣ下牙 이치、年也 나이치、列也 벌치、類也 갈을치(紙)

【一】 齓 齔(齒部二畫)과同

【二】 齔 [친]毁齒 이갈친、幼稱 齠ㅣ 어릴친 齓同、本音츤(震) ⿰齒八

[팔]齒聲이가는소리팔(黠)

三

⿰齒干。[언]齒露貌이드러날언(阮)
齕。[흘]齧也齮ㅣ씹을흘、물흘(月)
⿰齒也 [치]齒齗貌잇몸치(支)
⿰齒山 齧(齒部六畫)의俗字

四

齖。[아]齒列不正뻐드렁니아不聽人語聲ㅣ남의말않이들을아(麻)
⿰齒内。[납]茹嚼不輟씹을납、물납齒貌動이가움직이는모양납(合)
⿰齒巴 [파]齒不正뻐드렁니파(麻)
⿰齒戈 齔(齒部二畫)과同
齗。[은]齒根肉잇몸은 辯爭ㅣㅣ말다툼할은 忿疾意분하여미워할은(文)
⿰齒今 [금]舌病혓병금ㅣ悼、哀也슬플금(沁)
⿰齒亓 ⿰齒其(齒部八畫)의古字
齘。[계]齒上下相抵處齒ㅣ이름계 切齒怒顙ㅣ이갈릴계 本音해(蟹)
⿰齒分 齘(前條)와同

五

⿰齒它。[치]齗也잇몸치(支)
⿰齒戉 齔(齒部二畫)과同
⿰齒世。[세]羊食後嚼양새김질할세(霽)
⿰齒占 [첨]剔齒이를뺄참(陌)
⿰齒出。[출]齚物而外露之齒물어서들래는이출 齧聲무는소리출(質)
齙 [포]齒露이들어날포 ㅣ牙엄니포(肴)
齚 [색]齧也씹을색 齰同(陌)
齜。[차]始毁齒이갈림차 齒露貌이드러날차 齒列不正뻐드렁니차(麻)
⿰齒只。[언]齒露이드러날언(銑)
⿰齒巨。[거]齗腫잇몸부을거(語)
⿰齒史 [시]齒好이고울시(紙)
齟 [저]齒不相値ㅣ齬이어긋날저(語)
⿰齒召 [초]始毁齒이갈초(蕭)
⿰齒穴 齗(齒部四畫)과同
⿰齒立 [립]咬堅物聲깨물립(緝)
⿰齒失 [질]齒固貌이단단할질(屑)
齹 [차]齧也씹을차、물차(麻)
⿰齒司 [치]牛食復嚼소새김질할치(支)
齣。[착]節句ㅋ절착(陌)
⿰目令 齡(次條)와同
齡。[령]年也나이령 秢通(靑)
齢 齡(前條)의略字

六

⿰齒至。[질][절]齧堅단단한것을씹을질 齧堅貌단단한것을씹는모양절(質)(屑)
⿰齒名 [명]齒名이명(靑)
齤 [권]曲齒옥니권(先)
⿰齒虫 [구]齒病朽缺너리먹을구(有)
⿰齒旨 [예]齧也물예(霽)
⿰齒圭 [애]齒不齊이고르지않을애(佳)
⿰齒寺 [치]牛食草소가풀먹을치(支)
⿰齒臼 [구]臼齒어금니구(有)
⿰齒色 [색]露齒貌이를들랠색(陌)
齧。[설]噬也깨물설、씹을설 古音열(屑)
⿰齒曳 齛(齒部五畫)과同
齦。[은][간]齒根肉잇몸은、齗同、齧也씹을간(文)(阮)
⿰齒玄 ⿰齒宜(齒部八畫)과同
⿰齒吉。[할]齧也물할(黠)
⿰齒舌 [괄]齧聲씹는소리괄(曷)
齩。[교]齧骨뼈깨물교、물교 嚙同(巧)
⿰虫齒 齧(齒部六畫)과同
⿰齒列 [랄][렬]齒分骨聲뼈를물어뜯는소리랄 齧也씹을랄、렬義同(曷)(屑)
⿰齒并 [병]並齒통니병(庚)
⿰齒合。[탑][협]食也먹을탑、盡內口中죄다입에넣을협(合)(洽)

七

⿰齒含 [암]齗也잇몸암(覃)
⿰齒告。[곡]治象牙상아다룰곡(沃)
⿱次齒 ⿰齒次(次條)와同
⿰齒夾 [협]曲齒옥니협 齒重生덧니날협(洽)
⿰齒我。[아]齒貌이모양아(箇)
齪 [착]急促局陿貌齷ㅣ악착할착 相近聲이맞치는소리착 齱通(覺)
⿰齒夋。[산]齒酸이곰을산、이새큼거릴산(寒)
齹 [차]齒差跌貌이가어긋날차(麻)
⿱佐齒 [타]齒不正이가바르지않을타(歌)
⿰齒佐 ⿱佐齒(前條)와同
⿰齒劫 齧(齒部六畫)과同
⿰齒困 [곤]齒起貌ㅣ齦이솟을곤
⿱佗齒 [타]馬齒之長말이길타(歌)
⿱折齒 掣(手部八畫)과同
齬。[어]齒不相値齟ㅣ이어긋날어(語)
⿰齒昏 ⿰齒舌(齒部六畫)의本字

八

⿱制齒 [계]狂

犬미친개계(霽) ⿰齒來 [태][대] 齧齒也씹을태 齧聲씹는소리태、대義同(佳)(灰) ⿰齒召 [함] 切齒이갈함(陷) ⿱臤齒 [견] 齒露貌이드러날견(銑) ⿰齒其 [기] 齧也씹을기(支) 齭。[소] 齒傷酢이가

실소(語) ⿱产齒 齭(前條)와同 ⿰齒卒 [졸] 齧也씹을졸(月) 齰。[색] 齧也물색、씹을색 齚同、咋通(陌) ⿰齒厓 [의][애] 齒露貌이드러날의、齒ㅣ、切齒이갈애(支)(佳) 齮。[의] 齧

也ㅣ齮물의、씹을의 本音기(紙) 齫 齳(齒部九畫)과同 ⿰齒宜 [의][애] 齒露이드러날의、突出 齒貌뻐드렁니애(支)(佳) ⿱困齒 [골] 齧也물골、씹을골 齱。[족] 齒重生덧니날족 齪通(屋)

齯。[예] 老人齒落更生노인니다시날예(齊) ⿰齒戔 [찬] 齒不正이가바르지않을찬 齒跌貌이가넘어질찬(潸) ⿰齒咠 齺(齒部十畫)과同 ⿰齒隹 齪(齒部七畫)과同 (九) 齴 [언] 齒

露貌이드러난모양언(銑) ⿱監齒。[감][암][겹] 齧也씹을감、齒高貌이가높은모양암、齧咋貌씹는모양겹 齧聲씹는소리겹(咸)(洽) ⿰齒咸 ⿱監齒(前條)와同 齲 [우] 齒病니리먹을우、충치우 古音구(麌)

⿰齒列。⿰齒列(齒部六畫)과同 ⿰齒臿。[삽] 齒動이흔들릴삽(洽) ⿱剌齒 [랄] 齧也씹을랄(曷) ⿰齒客 [가] 突出齒뻐드렁니가(禡) 齳。[운] 無齒볼오무러질운、이없을운(吻) ⿱斤齒 [은] 齒

齊이가가지런할은(吻) 齵。[우] 齒重生齒偏덧니날우、齒不正뻐드렁니우(尤) ⿰齒則。[슬] ⿰齒欠聲무는소리슬 ⿰齒欠也물슬(質) ⿰齒胥 [서] 齒酸이곱을서、이새큰거릴서(語) 齷 [악] 迫

也ㅣ齪악착할악、속좁을악 齒相近聲이맞치는소리악(覺) ⿰齒虐 齶(齒部九畫)과同 齶 [악] 齒齦잇몸악 腭同(藥) ⿸厂齒 ⿸厂齒(齒部十畫)의本字 ⿰齒柴 ⿱此齒(齒部五畫)과同

⿰齒咼 齵(齒部九畫)과同 ⿰齒查 齇(齒部十一畫)의俗字 (十) ⿰齒兼 [암][염] 齒差也이가어긋날암、염義同(咸)(鹽) 齸 [익] 麋鹿呑芻而反出嚼사슴색임질할익(陌) 齹。

齹(次條)와同 ⿱差齒 [차] 齒不齊이고르지못할차 齒本이뿌리차(歌) ⿰齒害 [계] 睡中切齒聲자며이갈계(霽) ⿰齒怱 [치] 齝也되씹을치(支) ⿰齒倉。[창] 齒旁小齒덧니창 ⿸屑齒 [절] 齒差이어긋날절(屑)

齻 [전] 牙生男子二十四歲女子二十一歲사랑니전(先) ⿰齒尃。[박] 噍堅、噍聲단단한것씹을박(藥) ⿰齒芻 [추] 齒相近貌이촘촘할추(尤) ⿱⿰丰犬齒 齧(齒部六畫)과同 ⿰齒豈。[개] 牙

也어금니개(灰) ⿱羊齒 齹(齒部十畫)의古字 ⿰齒脊 ⿰齒齊(齒部十四畫)과同 ⿰齒差 齹(齒部十畫)과同 (十一) ⿰齒室 ⿰齒至(齒部六畫)과同 ⿰齒將。[창] 小

齒잔이창(陽) ⿰齒匿 [닉] 齒之痛이앓을닉(職) ⿰齒虘。[자] 齟齬이어긋날자(麻) ⿰齒离 齛(齒部五畫)과同 ⿰齒產 [산] 小兒齒어린애이산(刪) ⿰齒堇。[근] ㅣ齗、齒貌이모양근(吻) ⿰齒責

[책] 齒相値이서로맞을책、齧也씹을책 (十二) ⿰齒最 [최] 剔齒이를뺄최(卦) ⿰齒單。[운] 無齒貌볼오므라질운 齳同(吻) ⿰齒堯 [요] 剔也물요(巧) ⿱舌齒 舐(舌部四畫)과同 ⿱犾齒 [은] 笑也웃

을은(軫) ⿱厤齒 ⿰齒歷(齒部十六畫)과同 ⿰齒幾 [기] 齒危이흔들릴기(微) (十三) ⿰齒僉。[참] 無齒無牙이없을참(咸) 齼 [초] 齒傷酸이다쳐서곱을초(語) 齃。[갈] 齒聲이소리갈(黠)

齫 곤 齧也 씹을곤 減也 덜곤 食骨間肉 물어뜯어먹을곤 元 齒亶 齻(齒部十一畫)과同 齒罝 저 齒不齊貌 덧니박이저 魚 齒義 의 齧也 씹을의 紙 齽 금 鉤齒內曲謂之ㅣ 옥니금 沁

⑭ 齒舓 舐(舌部四畫)과同 齌 제 齧也 씹을제 齒齊不齵 이가지런할제 霽 齒截 찰 齒利 이날카로울찰 磣也 모래가섞일찰 黠 ⑮ 齒巤 랍 齧齒聲 씹는소리랍 合 齹 齹(齒部十畫)의本字 齹 齹(齒部十畫)과同 ⑯ 齒聯 齒聯(齒部十七畫)과同 齒歷 력 齒病 너리먹을력 錫 齒盧 齒獻(齒部二十畫)의譌字 ⑰ 齒聯 렴 齒見貌 이가드러나보일렴 先 ⑲ 齒簿 齒尃(齒部十畫)과同 ⑳ 齒嚴 엄 암 好貌 좋은모양엄 齒差 이가어긋날엄、齒高 이가높을암 豔 咸 齒獻 齒獻(次條)와同 齒獻 알 齧缺 그릇이빠질알 齒缺 이이지러질알 齧食餘 짐승먹던찌끼알 黠 ㉑ 齒屬 齵(齒部九畫)의譌字 ㉕ 齒麤 재 齒生 이가날재 佳 齹 차 齒不齊 이가가지런하지않을차 支

十六畫

龍部

龍 룡 롱 방 鱗蟲長 能幽能細 能短能巨 能長 春分而登天 秋分而潛淵 想像上神靈動物 용룡 天子事物之用語 ㅣ顏 ㅣ駕 임금님룡 星名 별이름룡 馬高八尺曰ㅣ 말이름룡 竉同、田中高處 둔덕롱 壟同、黑白雜色 잿빛방 腫 冬 江 ② 龎 龐(龍部三畫)의俗字 ③ 犭龍 롱 獸名 짐승이름롱 東 龐 롱 방 充實ㅣㅣ 충실할롱、雜亂貌 어수선할방 高屋 높은집방 姓也 성방 東 冬 龍巾 롱 蒙ㅣ 덮개롱 冬 ④ 龏 공 謹也 삼갈공 冬 丹龍 롱 赤色 붉은빛롱 東 今龍 龕(龍部六畫)의俗字 歹龍 롱 禾病 벼의병롱 東 龑 엄 高明貌 높고밝을엄 琰 ⑤ 龒 롱 龍也 용룡 龍古字 冬 ⑥ 龕 감 塔下室 갑실감 受盛 담을감 取也 취할감 勝也 ㅣ暴 이길감 覃 龓 롱 乘馬 말달롱 牽也 끌롱 兼有 가질롱 東 攏 롱 禱旱玉龍 용그린홀롱 冬 龔 공 給也 줄공 恭也 공손할공 奉也 이바지할공 姓也 성공 供、恭通 冬 ⑦ 龍巫 롱 巫也 무당롱 冬 靇 롱 雷聲 우뢰소리롱 東 ⑯ 龖 답 飛龍 나는용답 懼貌 두려워할답、삽 義同 合

十七畫

⑰ 龗 령 龍也 용령 神也 신령령 善也 착할령 靑 ㉜ 龘 답 龍行 용이가는모양답 ㊽ 𪚥 절 多言 말많을절 屑

龜部

龜 귀 균 구 甲蟲之長 外骨內肉 天性無雄 以虵爲雄 거북귀 星名 天ㅣ 별이름귀 ㅣ鑑 본뜰귀、手凍皸瘃 손얼어터질균、西域屬國 ㅣ茲 나라이름구 支 眞 尤 龜 龜(前條)의本字 ③ 女龜 귀 女字 계집의자귀 知異 이변을알귀 支 ④ 龜爪 촉 ㅣ蝞、海中大蝦 바다속에있는큰새우촉 沃 龜毛 조 毛飾物 털치장조 蕭 龜今 감 龜也 거북감 勘 扌龜

〔염〕〔남〕龜甲邊 거북껍질의가염 有距龜 며느리발톱있는거북남 (鹽)(覃)

⿰龜句 〔구〕龜類 거북의종류구 (尤)

⿰火龜 ⿱龜灬(次條)와同

⿱龜灬。〔조〕灼龜卜兆 거북지저점칠초 (蕭)

五

⿰龜丘 〔자〕ㅣ茲、國名 나라이름구 (尤)

⿰冬龜。〔동〕〔종〕龜名 거북의이름동、종 義同 (冬)(東)

⿰扌龜 〔주〕鳥ㅣ、龜名 거북이름주 (虞)

⿰去龜 〔거〕蟾也 두꺼비거 (御)

⿸广龜。〔파〕龜也 거북파 (哿)

⿰龜甲 龜(龜部。畫)과同

龝 秋(禾部四畫)의古字

⿱羊龜 〔양〕龜屬 거북종류양 (陽)

⿱禾龜 秋(禾部四畫)의古字

七

⿰龜貝 貝(貝部。畫)과同

⿰龜重 龜(龜部。畫)과同

八

⿰龜交。〔효〕龜縮頭也 거북머리를움추릴효 (效)

九

⿰秋龜 秋(禾部四畫)의本字

十

⿸龜皿 〔시〕蟾也 두꺼비시

十一

⿰龜區 〔구〕龜行 거북이기어갈구

⿱雈龜。〔휴〕大龜 큰거북휴 (齊)

十二

龞 鼈(黽部十二畫)과同

十七

⿱霝龜。〔령〕黃ㅣ、龜名 거북이이름령 (靑)

龠部

龠。〔약〕管ㅣ、三孔樂名 피리약 量名 容千二百黍 홉사약 籥通 (藥)

四

龡 〔취〕以氣推發其聲 불취 吹本字

⿰龠斤 〔은〕大篪 큰저은 (眞)

⿰龠亢 〔약〕仰也 우러를약 (藥)

五

龢。〔화〕和也 화할화 小笙 작은생황화 和古字 (歌)

八

⿰龠虎 ⿰龠虒(龠部十畫)과同

⿰龠录 〔각〕〔록〕東方之音、通作角 오음의하나각、록 義同 (覺)(屋)

⿱炊龠。〔취〕音律管壎之樂 악기를불취 吹同

⿰龠昌 唱(口部八畫)의古字

九

龥。〔유〕疾首號呼 부르짖을유 和也 화할유 (遇)

⿰氵龠 〔비〕法敗貌 법이무너질비 (寘)

龤。〔해〕樂龢也 노래의가락이조화될해 諧通 (佳)

⿰龠音 〔암〕下聲 낮은소리암 (咸)

⿱炊龠 ⿱炊龠(龠部八畫)과同

⿱炊龠 ⿱炊龠(龠部八畫)과同

十

⿰龠虒。〔지〕如篪、笹管樂 피리지、저지 (支)

⿰龠殳。〔렴〕今之杖鼓 채로치는북렴、장구렴 (鹽)

十一

⿰龠鹿 ⿰龠录(龠部八畫)과同

十四

⿰⿱⺮龠虎 ⿰龠虒(龠部十畫)의俗字

十六

⿰龠龜 簫(竹部十二畫)의古字

二十

⿰龠⿱龜灬。簫(竹部十二畫)과同

終

音訓索引

忓 베주머니간 干 방패간 𡾊 산골물간 弙 막을간 掔 굳을간 𡾭 산굽을간 䡄 해돋을간 刊 찍을간 𡇡 볼간 蕑 떼가 閒 사이간 䵟 기미낄간 簡 편지간 澗 산골물간 閒 가운데간 骭 몸간 竿

대줄기간 雃 기러기간 𧿒 정강이뼈간 詪 듣지않을간 鳱 까치간 䡞 볼간 玕 아름다운돌간 栞 나무쪼갤간 豤 씹을간 𨛈 땅이름간 稈 벼줄거리간 詪 듣지않을간 襇 치마주름간 貇 씹을간 趕 쫓을간 𦏁

양이름간 𪓼 땅마를간 汧 물빨리흐를간 攉 쇠뿔간 菅 띠간 粯 쌀가루간 赶 쫓을간 𨢵 짤간 骭 몸간 擀 손으로펼간 鬜 성긴터럭간 鳱 까치간 覵 패려궂게볼간 㵎 씻을간 酐 얼굴기미간 笴 줄기간

肝 마음간 看 볼간 犴 소머무를간 衦 옷펼간 芉 쑥간 虷 쟁깁이간 懇 지성스러울간 柬 분별할간 葌 떼간 䞘 여물찌끼간 茛 박꽃의싹간 簡 편지간 澗 산골물간 𪘝 씹을간 鵳 새이름간 癎

간기간 𩪹 실패간 忓 요란할간 暕 흐린아침에날밝을간 檀 향나무간 䘓 헌옷간 顅 터럭적을간 簳 살대간 𥄖 볼간 艮 한정할간 蕳 들난초간 𥳘 살대간 諫 간할간 栞 산뽕나무간 橺 큰나무간 豣 큰돼지간

𨢍 짤간 鼾 솔간 攼 얻을간 懇 믿을간 旰 날늦을간 皯 얼굴에기미낄간 杆 산뽕나무간 䩐 굳을간 㤗 간사할간 靬 마른가죽간 繝 무늬간 盂 소반간 椅 자루간 衎 믿을간 𣘺 산뽕나무간 貇

씹을간 艱 어려울간 磵 산골시내간 看 볼간 珢 옥돌간 羥 양이름간 墾 밭갈간 癎 간기간 秆 벼줄기간 揀 가릴간 磵 산골시내간 揵 이길간 衦 옷만져펼간 𦼮 채소간 鳱 까치간 鬜 머리밀간

豤 씹을간 慳 아낄간 隁 늦을간 臤 굳을간 㤷 간칙할간 姧 간사할간 盰 눈부릅뜰간 皯 얼굴에기미낄간 艱 어려울간 豻 산골물간

갈

喝 꾸짖을갈 噶 벼슬이름갈 嵑 산우뚝할갈 嶱 돌우뚝할갈 𣂷 방패세워둘갈

㓞 끊을갈 啈 거절할갈 圿 때낄갈 匄 구할갈 𢀞 땅이름갈 鍻 금으로장식한붓갈 丐 거지갈 鞨 말갈나라갈 𥐓 작은돌갈 齃 이소리갈 鶡 닭같고싸움잘하는새이름갈 𥎭 짧은갈 骱 작은뼈갈 蠆 전갈 葛 칡갈 骱

작은뼈갈 濭 물결갈 扴 끊을갈 鶷 백설조갈 𤩹 옥같은돌갈 轕 달리는모양갈 竭 다할갈 𥗎 돌모양갈 渴 급할갈 毼 털로짠피륙갈 𢻡 칠갈 𩉣 안갑갈 羯 불깐양갈 鞂 볏짚갈 𪓊 개구리소리갈 銽 끊을갈 騔

말다리가빠를갈 曷 어찌갈 楬 표할갈 𦏵 불친양갈 褐 털로짠베갈 碣 휠갈 骱 작은뼈갈 暍 더위먹을갈 擖 긁을갈 鞨 말갈나라갈 扴 긁을갈 秸 짚고갱이갈 𤁱 더딜갈 𢹂 긁을갈 𩤱 얼룩말갈 𤸱 속가깝한갈

𩭘 머리밀갈 輵 넓고멀갈 骪 작은뼈갈 𩩲 동정뼈갈 渴 목마를갈 𥲄 대갈 碣 비석갈 𩣏 말다리가빠를갈 𦧼 굳셀갈

감

𥐑 바위구멍감 㑁 마음편하지않을감 埳 구덩이감 㰹 비틀걸음감 壏 편편하지않을감 堪 견딜감

埳 구덩이감 坩 도가니감 𠜅 끊을감 戡 이길감 勘 정할감 凵 입벌릴감 轗 기험할감 䜈 감옥감 䞍 재물탐낼감 澉 흐릴감 欿 뜻에차지못할감 咁 먹을감 弇 덮을감 塪 낭떠러지감 㟏 산구덩이감 黬 얼굴검을감

𪎊 조미할감 鰔 자가사리감 𧽃 비틀걸음감 甘 달감 醶 소금버케감 甝 흰범감 紺 아청감 𡪢 덮을감 𧇊 범성낼감 撖 걸감 𨯶 밝을감 淦 배틈으로물스밀감 𨣿 신술감 顩 추할감 㦑 감동할감 監 볼감

憨 노할감 𥲤 털난대감 礛 옷가는숫돌감 𢿱 붙건서로합할감 𧎀 외벌레감 撼 흔들감 頷 쪼을감 減 덜감 䳺 쪼을감 粓 쌀뜨물감 㪉 구태어감 𢔄 위태할감 酣 술즐길감 玵 아름다운구슬감 𢼛 구태여감 鹹 몹시짤감

謟 된장맛깊을감 䜫 편평하지않을감 𣂈 가래험널조각감 鰔 자가사리감 鑒 본뜰감 感 마음불안할감 𪚓 도롱룡감 瞯 엿볼감 𪉟 짠맛감 鑬 비칠감 㪨 움직일감 䁭 쳐다볼감 鑑 거울감 笴 대이름감 醶 짤감 歁

음식나빨감 憾 한할감 𪚲 거북감 㤌 맘먹을감 瑊 아름다운돌감 𧭦 감옥감 甝 술독감 鑒 경계할감 瞰 굽어볼감 苷 감초감 𥖄 돌함감 𪉔 맛이아주짤감 憨 미련할감 餡 미끼감 䤁 짠맛감 𪉲 그릇뚜껑감 𪁿

새소리감 惂 근심할감 𩗀 찬바람감 欿 모양감 㪉 구태어감 撖 걸감 𪗴 도롱룡감 詌 입다물감 𩛿 주릴감 𪉅 짠맛감 敢 구태어감 䩦 북칠감 戡 죽일감 㬉 해돋을감 橄 감람나무감 𥁕 피국감 龕 갑실감 𪙁

짤감 蚶 살조개감 疳 감질병감 䉒 털난대감 砍 끊을감 譼 볼감 澉 혹시감 咸 감동할감 𩚵 미끼감 嵌 깊굴감 䀢 눈우묵할감 減 덜감 嵁 산험할감 𨡉 탐할감 㺂 개이름감 玪 옥돌감 泔 쌀뜨물감 㴸

소리떨을감 𪉔 선지국감 龕 갑실감 蜭 뽕잎벌레감 澉 맛없을감 𪗋 씹을감 𪙈 씹을감 **갑** 䘉 가죽바지갑 帢 모자갑 𠆭 갑옷갑 㕒 부스러질갑 匣 궤갑 𠩺 클갑 醘 술그릇갑 䩷 꽃빌려있을갑 𩲡 귀신갑 𥯛

문닫을갑 韐 가죽바지갑 𢃶 모자갑 䚷 뿔갑 鮯 고기갑 𥐟 산옆갑 閘 물문갑 䛖 웃고말할갑 瞌 졸릴갑 沓 머무를갑 舺 긴배갑 㕅 저자갑 𩑰 턱갑 岬 산기슭갑 **강** 𦊅 멧등강 堈 언덕강 𡶒 멧등강

𡵉 산등성이강 㟂 산등성이강 崗 산등성이강 岡 산등성이강 𡽀 산이름강 𠔌 멧등강 㢡 심줄강 𡛂 분난할강 𡩋 고요할강 康 편안할강 𢉗 클강 嫝 편안할강 堽 뫼강 壃 지경강 彊 강할강 𦍋 오랑캐강 傋

아첨많이할강 強 힘쓸강 𠟫 굳셀강 𡧳 빈집강 弶 창애강 弜 강할강 強 강할강 𡱼 어긋날강 𦍒 오랑캐강 剛 굳을강 唴 어린아이울강 僵 쓰러질강 㓻 굳셀강 𡃊 기침소리강 𥘨 풀이름강 疆 지경강 耩 밭갈강 𧍞

바구미강 槺 헛될강 豇 광저기강 罡 이름강 𧘌 옷의띠강 薑 생강강 襁 포대기강 𧈢 자빠질강 康 겨강 殭 죽어썩지않을강 忼 탄식할강 㤏 한할강 𢡟 어그러질강 蜣 말똥구리강 𧒽 죽은누에강 𧯿 광저기강 𧆧

범강 羫 뼈대강 𤭢 독강 𢫬 들강 𥬀 뗏목강 跭 우뚝이설강 𧬘 말뻣뻣할강 𥜿 포대기강 矼 돌징검다리강 慷 강개할강 鏹 돈꿰미강 綱 벼리강 𧍯 잠자리강 棡 나무이름강 舡 배강 礓 조약돌강 𢐅 개나리강

𨄋 흩어져달아날강 韁 말고삐강 繮 말고삐강 茳 향풀강 觵 뿔로찌를강 講 강론할강 瓨 큰독강 𤮪 큰독강 䮯 말걸음걸을강 繈 돈꿰미강 杠 깃대강 𨠎 염전강 栙 펴지않은꽃강 𪉖 염전강 掆 들강 𤭸 질그릇강

薑 생강강 㝩 집조용할강 焵 칼날벼를강 𨺋 산등성이강 𧳳 돼지고기속빌강 䀭 반사이길강 畺 지경강 糨 미음강 𣨛 시체강 羗 오랑캐강 犺 건장한개강 粇 겨강 漮 빌강 犅 송아지강 𩔴 곧을강 𤸇

목구멍병강 腔 속빌강 繮 말고삐강 橿 박달나무강 江 강강 犟 등흰소강 䡉 수레바탕길강 舩 뿔들강 鋼 독강 蔃 생강강 𩩲 꽁무니뼈강 絳 짙게붉을강 𤞰 속빌강 鱇 천징어강 猄 까치걷는모양강 𣤾 흉년들강 綱

벼리강 𨱮 굳셀강 𨭊 납강 穅 겨강 躿 키클강 扛 마주들강 葁 생강강 𩏠 생강강 㸕 물소강 罡 그물강 𤰈 지경강 𥙪 대포기강 𡪌 편안할강 𠉬 뻣뻣할강 姜 성강 羌 오랑캐강 𪉖 염전강 絺

짙게붉을강 䴚 염전강 鋼 강철강 勥 쫓을강 羌 말끝강 匟 평상강 **개** 丫 양뿔개 个 물건헤아릴개 佪 낱개 個 낱개 夰 홀로삼개 㡉 갈쟁할개 嫛 맘번에할개 偕 어뜩비뜩할개 豈 밝을개 塏 시원한땅개 介

껄개 尬 비틀거릴개 㠎 전개 岕 산험할개 夵 클개 价 착할개 吤 큰소리개 庎 이를개 匃 청구할개 匄 청구할개 喈 새소리개 玠 큰서옥개 槩 평두목개 闓 열개 炌 밝은불개 顡 머리뼈개 乿 짐승의가는털개 疥

하루걸이개 骱 파리할개 芐 어그러질개 疥 옴개 闓 열개 磍 옥같은돌개 改 고칠개 衸 행전개 颽 마파람개 溉 물댈개 概 말깍이개 稭 창개 礚 돌소리개 阣 험할개 燺 불개 盖 덮올개 忦 근심없을개

餀 옛개 湝 물성할개 敳 이를개 魪 참새개 瓂 암키와개 忦 근심하고두려워할개 璾 사람이름개 揩 문질러홈칠개 𤘍 네살된소개 藹 짚고갱이개 𤸷 목병개 㮣 지팡이개 鞜 북이름개 轄 수레소리개 暟 밝을개 痎

병앓을개 戤 전당잡일개 䫡 획획부는바람개 馻 말꼬리잡아맬개 頦 빰밑개 開 열개 鎧 갑옷개 絠 활줄다릴개 琾 큰홀개 𩬓 쪽질개 衸 행전개 慨 분격할개 皆 다개 蚧 흰조개개 闓 열릴개 𧞝 웃옷개 凱 착할개

箇 낱개 芥 겨자개 緒 굵은실개 獦 입짧은개갈 暟 아름다울개 頤 빰밑개 蝔 참개구리개 愷 편안할개 祴 벽돌깐길개 䜎 삼갈개 恝 걱정없을개 扢 갈개 鍇 좋은쇠개 忋 믿을개 𨡍 여윌개 欬 웃을개 魪

가자미개 斺 맺을개 殨 첫아이밸개 芥 겨자개 䶖 어금니개 犗 불깐소개 槩 평두목개 嘅 탄식할개 𥏼 짧을개 鶛 수메추리개 開 통할개 凱 착할개 夰 도울개 敳 깊고굳을개 篕 검은대개 蓋 덮을개

객 客 나그네객 喀 기침할객 虢 범의소리객 韄 고삐와굴레객 䘁 얼굴에피묻을객 𦓙 곧게갈객 衉 피토할객 腘 다리굽을객 㮑 횃대객 𩭊 머리털몹시길객 𩋡 고삐객 𨏩 수레겹칠객 䴺 보리싸라기객 蛒 거머리객 揢

움켜잡을객 䩯 갓옷속객 **갱** 妔 예쁜계집갱 劥 굳셀갱 坑 빠질갱 澋 물돌아나갈갱 𤞞 개이름갱 𣢞 기침할갱 㹴 짐승이름갱 羹 국갱 鏗 금옥소리갱 逕 토끼길갱 鏗 금옥소리갱 鬻 곰갱 羹 국갱 輕 돌움직일갱

䁘 눈희미할갱 䏭 뼈가목에걸릴갱 阬 터갱 粳 메벼갱 挭 기지개켤갱 硻 단단할갱 埦 빠질갱 硜 알랑알랑할갱 羹 국갱 秔 메벼갱 𩂌 구름뭉게뭉게필갱 磬 가까이못할갱 **갹** 御 찔갹 屩 짚신갹 屫 짚신갹

거 㞐 곳거 巨 클거 𡧨 곳거 佉 나라이름거 呿 입딱벌릴거 倨 거만할거 居 곳거 弆 감출거 崌 깊은산거 姖 단성할거 去 갈거 凥 곳거 乬 클거 勮 갈거 [illegible] 부지런히힘쓸거 𧺆 걸음거 挙 들거 鶋 할미새거 距

칼날접힐거 䩕 안갑거 艍 거룻배거 蚷 노래기거 苣 상치거 䝣 전당잡힐거 𢥸 삼갈거 懅 겁낼거 裾 옷뒷자락거 駏 트기거 胠 갈비거 𣏹 길마거 踞 걸터앉을거 擧 들거 拁 가져갈거 鉅 칼날접힐거 渠 도랑거 麮

산보리거 簴 북다는틀거 𨺑 섬돌거 舉 받들거 蠷 지렁이거 詎 어찌거 麮 보리뜸물죽거 醵 술추렴거 據 웅거할거 磲 옥돌거 澽 마를거 鋸 톱거 籧 대자리거 阹 열거 莒 모시풀거 麮 보리죽거 㩴 의지할거 遽 급할거

欅 멜빵거 䀠 밝을거 簴 소먹이그릇거 歫 그칠거 据 길거할거 𦊓 그물거 蟝 하루살이거 耟 따비술거 豦 원숭이거 𦬋 풀베는기구거 𥥋 구멍거 欪 하품할거 柜 나무이름거 𪗛 잇몸부을거 虡 쇠북틀설주거 鼁 두꺼비거

䛯 말법도있을거 蘧 사라부루거 氍 사털거 抾 가져갈거 秬 검은기장거 蝺 하루살이거 𥟖 기장거 怇 겸연쩍을거 鐻 쇠북틀설주거 鮔 발긴문어거 筥 햇불거 鶋 할미새거 𪌉 익지않은보리거 璩 옥고리거 粔 약과거 擧 받들거

四九六

躆 손으로땅짚을거 蜛 벌레이름거 𧝟 옷거 鉅 클거 櫸 나무이름거 拒 막을거 蟝 하루살이거 麮 과자거 𨏥 수레거 𣟒 울타리거 𩞄 도랑거 璩 옥고리거 遽 범할거 䝻 팔거 詓 소리거 抾 움켜할거 𨍺 바퀴둘레거

鶋 언거새거 臞 사람이름거 怇 업신여길거 袪 소매거 炬 횃불거 匷 수레붙이거 阹 외양간거 筥 둥근광주리거 椐 인가목거 琚 패옥거 魼 가자미거 蘧 거름풀거 渠 도랑거 鋸 벌레이름거 𦅔 오색비단거 𡰪 살거 蘧 석죽화거

𩰫 검은기장거 璖 귀고리거 紶 실끈거 鐻 쇠북받침거 鸈 할미새거 鼁 두꺼비거 𢍆 거름분거 祛 물리칠거 磲 옥같은돌거 猤 사나울거 車 수레거

걱

巪 사람이름걱 亐 사람이름걱

건

𧾣 절뚝거릴건

褰 바지건 𩱿 죽건 謇 말더듬거릴건 腱 힘줄건 騝 등마루누르고검은말건 揵 들건 𢶍 설건 騫 이지러질건 虔 공경할건 筋 힘줄뿌리건 攑 저포짝이름건 愆 죄건 𧬗 말더듬거릴건 𧭴 말더듬거릴건 鞬 동개건 𩏄 칼집건 䛳 말더듬더듬할건

攐 옷걷어삽을건 𧞣 바지건 陣 벌릴건 鰎 큰구렁이허리건 𤘨 불친소건 𨓆 허물건 漧 하늘건 𥔲 주춧돌건 踺 절음속할건 騫 절건 鍵 열쇠건 𩜓 죽건 𧛄 바지건 蹇 절건 襈 바지건 楗 문빗장건

鶱 훨훨날건 𩱦 죽건 攓 걷을건 蹇 절건 搴 가질건 㩃 빼가질건 𢤾 죄건 鰎 얼간한생선건 鑳 열쇠건 𧝣 제사건 鑳 열쇠건 𩏄 칼집건 𦸭 외병들건 𤜼 불알깐소건 犍 불친소건 𥳑 힘줄건 襻 바지건 𡅗 더듬거릴건

隦 거만할건 闥 빗장건 涀 구멍건 僁 허물건 蹇 건초건 毽 제기건 睷 눈으로셈할건 榩 모탕건 隁 하늘건 搴 건초건 鰎 소금에약간절인고기건 健 굳셀건 建 별이름건 𡾊 산구불구불할건 寋 울릴건 𥳑 대이름건

啳 말더듬거릴건

결

嵥 한없이높은산결 傑 준걸걸 𥧟 덮을결 乞 요구할걸 乬 걸걸 桀 흉포할걸 籺 고르게두량할걸 𧍭 벌레이름걸 杰 준걸걸 𥞃 긴벼걸 𦬆 향기풀걸 趌 성내고달아날걸 芞 향풀걸 楬 나무못걸

藒 향풀걸 朅 갈걸 𥝲 벼팰걸 稭 향풀걸 榤 닭의홰걸 搩 뼘잴걸 𣦼 찢을걸

검

倹 검소할검 仱 악공검 𢂋 비단검 㡋 옷궤검 儉 적을검 劍 칼검 劎 칼검 劒 칼검 劔 칼검 剣 칼검 頊 편편하지않을검

忴 마음급할검 䶣 소금물검 鈐 굴대비녀장검 捦 잡을검 顩 추할검 鵮 오리새검 黬 검을검 羷 양의뿔비틀림검 鉗 떼매는쇠끈검 檢 교정할검 検 교정할검 鹼 소금물검 笒 작은대검 黔 검을검 鉆 보습검 瞼 눈아래웃시울검

柑 재갈검 拑 앗을검 碱 소금붉검 礆 돌험할검 芡 마름검 歛 탐할검

겁

鉫 떼매는쇠끈겁 鉣 떼매는쇠끈겁 衱 옷뒷자락겁 𧉙 검붉은자개겁 𥅳 바삐볼겁 劫 겁탈할겁 砝 단단할겁 㾤 하품할겁 𩡧 말이나아가지않을겁

𤵸 병겁 蜐 거북손겁 狜 겁낼겁 鮁 말린고기겁 緁 옷기울겁 怯 겁낼겁 极 나귀에짐실을겁 㘧 소리겁 刧 위험할겁 刦 언덕겁 㕎 섭산할겁

게

𣣂 웃을게 憩 쉴게 憇 쉴게 𤺊 머리헐게 𢠵 쉴게 揭 높이들게

偈 범어게 垍 석비레게 剚 살얇을게

격

𢃄 굵은갈포격 墼 굽지않은벽돌격 𡧢 올릴격 佫 이를격 𢐗 활집격 鵅 부엉이격 𢫦 고칠격 擊 칠격 郹 고을이름격 閴 고요할격 䚨 말서로듣지못할격 覡 시내무당격 𤮍 오지병격

郤 굵은갈포격 綌 굵은갈포격 譤 거짓격 獥 이리새끼격 轚 굴대서로칠격 𧜵 옷안격 虩 범의소리격 膈 명치격 諽 꾸밀격 䰛 고요할격 挌 칠격 𤮏 오지병격 格 이를격 滆 호수이름격 湨 물결칠격 𧩑 말많이할격 鼳 수염긴쥐격

𩊱 안장격 𩸯 고기이름격 鷊 부엉이격 鵙 외가리격 𧲣 가질격 𢿥 연밥격 鴃 왜가리격 𩭾 수염격 𨎹 수레의연자매격 墼 소리격 䳤 왜가리격 闃 고요할격 狊 개노리고볼격 戜 싸울격 綌 굵은갈포격 㦸 창격

裓 앞깃격 犑 소격 𥳑 대신격 歊 부는소리격 鵙 왜가리격 檄 격서격 迟 굽게갈격 骼 마른뼈격 䈂 대장지격 獦 창격 緙 꿰맬격 虩 두려워할격 激 급할격 鷔 새이름격 𢐀 오지병격 鬲 오지병격 觡 사슴뿔격 隔 막을격 魀 고요할격 搹 품격 簎 대신격 愅 꾸밀격 郹 고을이름격 礊 돌많고토박한땅격 竅 좁은목격 嗝 꿩울격

견

岍 산이름견 幵 평평할견 𡒄 작은언덕견 罥 그물견 岍 산이름견 幵 평평할견 睊 보는모양견 竪 움직이지않을견 掔 이끌견 𡑍 흙덩이견 繭 누에고치견 犭 큰개견 汧 못견 醫 이드러낼견 𪐴 먹갈견 趼 가죽을부르틀견 豤 씹을견 鈃 목긴술병견 䄫 좁을견 枅 작은단견 襺 햇솜옷에둘견 䌯 입다물견 掮 맬견 鈃 목긴술병견 譴 조금쉴견 麲 보리집견 蚈 반디불견 𥁕 밝을견 𥦡 좁은구멍견 雃 새매견 襺 햇솜옷에둘견 豜 세살된돼지견 見 볼견 悁 마음급할견 肩 어깨견 汱 물떨어질견 睊 보는모양견 繯 얽을견 䵤 검은주름살견 𥫱 호적견 涀 작은도랑견 𢝟 베이름견 譴 꾸짖을견 畎 밭고랑견 𣸊 물가리할견 豜 큰돼지견 絸 누에고치견 麉 힘센사슴견 罥 그물견 繾 오그라질견 甄 독밑구멍견 鳽 교청새견 肩 어깨견 縴 굿은솜견 鄄 땅이름견 誸 꾀일견 鋻 강철견 牽 이끌견 䅐 작은묶음견 𪉳 부르틀견 鵑 두견새견 鳽 교청새견 𥢅 공경할견 蜸 누에견 衙 흔들릴견 𤛫 소끌리지않을견 犬 큰개견 梘 홈통견 䟲 빨리걸을견 罥 얽힐견 鵑 두견새견 鵳 새매견 黫 가죽이검을견 羂 걸릴견 鰹 큰가물치견 綣 줄어들견 衦 헌옷견 遣 보낼견 麉 힘센사슴견 羂 걸릴견 豣 큰돼지견 蚈 반딧불견 鐗 병장기견 䭈 마른과자견 毽 격구견 𪐭 메기장견 䣓 술거를견 慈 베이름견 縳 올견 覞 볼견 雃 교청새견 𪏸 메기장견 猒 성미급할견 𧡤 멀리볼견 韆 허리띠견 𦦨 작은흙덩어리견 趼 발부르틀견 鄄 땅이름견 繾 다정스럴견 筧 대홈통견 悓 비유할견 繭 누에고치견 䜌 헤아릴견 肩 어깨견 䭤 마른떡견 𦱳 촉규화견 甽 밭고랑견 繯 얽을견 𨾴 두견새견 黫 가죽이검을견 絹 깁견 牶 소끌리지않을견 絚 줄캥겨맬견 䅌 보리줄기견 鑓 창견 樫 떡갈나무견 甽 밭고랑견 訓 소리견 遣 보낼견 狷 패려궂을견 犈 소끌리지않을견 緊 긴요할견

결

僪 미칠결 㛃 맑을결 𡒊 지경결 𡗗 머리기울일결 𡚁 이지러질결 𢎥 깍지결 缺 이지러질결 𢂴 수건결 决 결단할결 潔 맑은결 𠛦 새길결 眏 눈앓을결 𧢼 뿔에받칠결 觼 미늘있는고리결 𩲒 담비결 䙄 소매결 袺 옷섶잡을결 赽 뛸결 𦙄 똥구멍결 𤜾 짐승이름결 䳜 물요리결 𡘊 맺을결 鴂 물오리결 稧 벗짚결 鍥 새길결 𡗗 머리기울결 芺 초결명결 觖 들처낼결 𣞗 용드레결 趹 말이달려갈결 欮 이지러질결 結 맺을결 訣 이별할결 鐍 미늘있는고리결 玦 노리개결 𤮍 굽지않은기와결 𤭛 병결 抉 긁을결 焆 불빛결 蛪 비단결 絜 맺을결 赽 찰결 𥤮 구멍결 𧖴 파할결 𧼺 팔짝팔짝뛸결 紶 실한울결 紓 빌결 𣦸 다할결 𨳿 문이없을결 鴂 접동새결 絜 맑을결 蚗 쓰르라미결 羯 수양결 𠜾 고기썰결 缺 찌를결 秄 벼묶을결 𢶶 드레박결 闋 쉴결 𨀚 뛸결 砄 돌결 昳 일식할결 決 결단할결 䬅 바람불결 𨴊 문짝없을결 玦 노리개결 𨳿 문없을결 𨿁 접동새결 逫 멀결 𪇐 물오리결 𧾌 달릴결 詰 다투어말할결 潔 맑을결 𡚁 이지러질결

겸

傔 겸종겸 兼 겸할겸 𤈜 겸할겸 嵰 산이름겸 㢘 삼갈겸 岒 산작고높을겸 箝 족집게겸 𥶍 재갈겸 柑 목사슬겸 𪖚 코늘어질겸 𩨷 몸마를겸 𤋱 겸할겸 嗛 부족히여길겸 槏 창설주겸 𥦚 멀겸 𢧸 창겸 黚 검누르스럼할겸 謙 사양할겸 趝 머리숙이고빨리걸을겸 鶼 새이름겸 䑎 밑넓은배겸 縑 합사로짠비단겸 麙 힘센사슴겸 鼸 두더쥐겸

慊 한할 겸 · 䶟 부리 겸 · 蒹 갈 겸 · 鰜 빌 겸 · 簾 대농 겸 · 拎 얼른집을 겸 · 鰜 가자미 겸 · 拑 자갈먹일 겸 · 鉗 끌 겸 · 賺 허구리 겸 · 縑 뜻굳게가질 겸 · 鉗 목사슬 겸 · 罽 그물실 겸 · 歉 흉년들 겸 · 穇 쌀가루 겸 · 撿 살필 겸 · 諳 사양할 겸

鎌 낫 겸 · **겁** · 嗛 말많을 겁 · 睷 눈감을 겁 · 痃 병자의 숨결 겁 · 鞅 가죽신 겁 · 鵊 접동새 겁 · 郟 고을이름 겁 · 袷 겹옷 겁 · 掐 꼬집을 겁 · 䀫 눈흘릴 겁 · **경** · 徑 통할 경 · 俓 곧을 경 · 鷩 광명두 경 · 㢔 구멍 경 · 嫭 외로울 경 · 檠 들 경

径 통할 경 · 庚 나이 경 · 傾 기우러질 경 · 京 서울 경 · 亰 서울 경 · 巠 물줄기 경 · 境 지경 경 · 儆 들 경 · 嚐 소리길 경 · 高 원두막 경 · 冏 빛날 경 · 囧 빛날 경 · 勍 강할 경 · 哽 목막힐 경 · 勁 굳셀 경 · 卿 밝힐 경 · 剄 자자할 경

泂 싸늘할 경 · 涇 찰 경 · 啞 원숭이울 경 · 勁 경계할 경 · 嚶 슬퍼서 목멜 경 · 冂 멀 경 · 輊 수레튼할 경 · 撽 받들 경 · 醒 완악할 경 · 惸 근심할 경 · 謦 기침소리 경 · 鏨 쇳소리 경 · 剽 자자할 경 · 鯁 생선뼈 경 · 雖 새이름 경 · 鵛 꾀꼬리 경 · 驚 두려울 경

剄 산부추 경 · 鏡 거울 경 · 經 경서 경 · 鋧 칠 경 · 絎 드레박줄 경 · 綮 살과힘줄얽힌곳 경 · 綮 살과힘줄얽힌곳 경 · 瓊 붉은옥 경 · 窒 빌 경 · 謦 풍류이름 경 · 鶊 새이름 경 · 頸 목 경 · 鞕 굳셀 경 · 㝷 서울 경 · 勍 대이름 경 · 炅 빛날 경

䪫 곤대 경 · 䴈 얼룩취 경 · 骾 뼈 경 · 穎 홑옷 경 · 螢 찰머구리 경 · 輦 외바퀴차 경 · 逕 천할 경 · 熲 불빛 경 · 璥 옥이름 경 · 更 고칠 경 · 㪅 고칠 경 · 桱 나무이름 경 · 堅 굳을 경 · 擎 제할 경 · 麖 큰사슴 경 · 璚 붉은옥 경 · 㷡 어저귀 경

耕 밭갈 경 · 鮿 방어 경 · 涇 더디고오랠 경 · 狂 사람의이름 경 · 漀 물따라버릴 경 · 綡 관끈 경 · 挭 깨우칠 경 · 苘 어저귀 경 · 閍 빛장 경 · 㹪 대개 경 · 絅 두레박줄 경 · 驚 말놀랄 경 · 擏 찍어올릴 경 · 謦 풍류이름 경 · 経 경서 경 · 煢 외로울 경

駉 살찌고큰말 경 · 竸 다툴 경 · 莄 풀줄기 경 · 滰 거를 경 · 鼎 솥달아올리는나무 경 · 慶 경사 경 · 綮 살과힘줄얽힌곳 경 · 敬 공경할 경 · 剄 가릴 경 · 耕 밭갈 경 · 頳 백이랑 경 · 輕 천할 경 · 畊 밭갈 경 · 郠 고을이름 경 · 扃 빗장 경

涇 통할 경 · 蔓 향풀 경 · 汫 작은물 경 · 顈 백이랑 경 · 鯁 생선뼈 경 · 悍 근심할 경 · 競 다툴 경 · 絅 급히당길 경 · 卿 밝힐 경 · 壿 피모이는곳 경 · 黥 자자할 경 · 猄 사냥할 경 · 睘 놀라볼 경 · 輯 수레소리 경 · 輕 천할 경 · 莖 줄기 경 · 警 경계할 경

煢 외로울 경 · 麖 큰사슴 경 · 輷 수레튼할 경 · 璟 옥광채날 경 · 檠 등잔대 경 · 絟 경서 경 · 輷 수레튼할 경 · 警 경계할 경 · 鶁 새이름 경 · 㹵 경서 경 · 幜 비단 경 · 椋 밭갈 경 · 獍 짐승이름 경 · 敬 공경할 경 · 睘 놀라볼 경 · 驚 말꼴샘낼 경

諍 다툴 경 · 竟 미칠 경 · 㹵 원망 경 · 褧 홑옷 경 · 掔 몹시칠 경 · 餇 배부를 경 · 痙 바람맞을 경 · 暻 밝을 경 · 莖 줄기 경 · 䫆 백이랑 경 · 絅 두레박줄 경 · 駉 말살찐모양 경 · 競 다툴 경 · 瞏 눈광채 경 · 梗 산느릅나무 경 · 鶊 꾀꼬리 경

䔔 풀이돌 경 · 罄 다할 경 · 耿 반짝거릴 경 · 憼 공경할 경 · 骾 물고기뼈 경 · 甄 돌그릇 경 · 鱷 고래 경 · 綆 드레박줄 경 · 鯨 고래 경 · 曔 밝을 경 · 磬 경쇠 경 · 硬 굳셀 경 · 脛 종아리 경 · 憬 깨우칠 경 · 頸 목 경 · 牼 소무릎뼈 경 · 璄 옥빛 경

惸 경사 경 · 頸 목 경 · 景 밝을 경 · 檠 등잔대 경 · 頃 어저귀 경 · 逕 동안뜰 경 · 擎 들 경 · 哽 해높을 경 · 憼 근심할 경 · 譛 다툴 경 · 勁 산엽교 경 · 䴈 얼룩취 경 · 硎 숫돌 경 · 踁 정강이 경 · 䪫 위태할 경 · 瞏 놀란눈모양 경 · 蘔 급히끌 경 · 徑 지름길 경

轗 수레소리 경 · 譼 다투어말할 경 · 麠 외뿔사슴 경 · 綮 살과힘줄얽힌곳 경 · 埂 구덩이 경 · **계** · 屐 쉴 계 · 溪 시내 계 · 犟 끌 계 · 启 열 계 · 夂 고슴도치머리 계 · 季 막내 계 · 瘈 깊이잠들 계 · 届 이를 계 · 屆 이를 계 · 繼 이을 계 · 㡒 갈 계

係 맬 계 · 彐 고슴도치머리 계 · 悸 마음두근거릴 계 · 脊 좋아리 계 · 弁 경계 계 · 褱 걸음걸이 계 · 乩 무꾸리할 계 · 堺 지경 계 · 啓 가르칠 계 · 屛 엎드려질 계 · 㓷 핍박할 계 · 啓 가르칠 계 · 啓 열 계 · 啟 인도할 계 · 卟 점칠 계 · 薊 잔풀 계 · 烓

화덕계 齘 이틀계 轂 해할계 鷄 닭계 罽 고기그물계 挈 이지러질계 軫 거리낄계 齥 미친개계 諬 경계할계 甈 깨진질그릇계 忚 싫어할계 [illegible] 따뜻할계 瀱 우물계 鄈 고을이름계 檕 용드레채계 繫 풀연접할계 齘

자며이갈계 笄 비녀계 輆 거리낄계 鸂 물오리계 瘈 어린아이경기병계 簕 대열매계 覣 볼계 鸂 물오리계 稽 막힐계 褉 옷해칠계 契 언약할계 階 섬돌계 悈 신칙할계 縘 털로짠베계 罽 담자리계 械 기계계 晵 밝을계

系 실마리계 嗘 소리계 齘 조아릴계 瘈 개미칠계 猤 용맹스러울계 䁛 돌아볼계 蛢 반딧불계 蘮 대열매계 棨 창틀계 启 가르칠계 螇 메뚜기계 𩠐 조아릴계 枅 장여계 𥳍 밥소큰리계 鍥 새길계 戒 경계할계 縘 맬계

𣦼 몹시고달플계 誡 고할계 械 기계계 齘 이틀계 髻 상투계 枅 장여계 洎 미칠계 繼 이을계 䁛 돌아볼계 猠 꼬리재진작은원숭이계 啟 살펴볼계 毄 먹어기를계 閈 문짝계 䗊 땅벌계 蠡 말재계 昇 엿볼계

螌 긴메뚜기계 癸 열째천간계 痵 마음두근거릴계 骪 살갗계 鄈 고을이름계 界 지경계 眣 기름질계 鍥 새길계 罽 고기그물계 𧓎 말재계 𦆀 털로짠베계 𧡂 문안할계 圭 구슬계 鷄 닭계 楐 찬장계 憩 고달플계

髵 짐승이패려궂어움직이지않을계 堺 지경계 鷄 닭계 䗊 땅벌레계 䑤 긴배계 桂 계수나무계 𤸷 경계할계 禊 푸닥거리계 雞 베짱이계 髺 상투계 檵 구기자계 炏 불이성할계 𩭁 상투계 畍 지경계 開 통할계 胿 큰배계

繫 맬계 杏 새벽별계 稽 상고할계 鳮 닭계 谿 시내계 𢻰 방자할계 薊 찰풀계 戒 경계할계 䙺 바로볼계 計 셈계 継 이을계 𦆀 털로짠베계 䴡 보리떡계 鸂 뜸부기계 罽 고기그물계 溪 시내계 缺

불을불계 縘 맬계 𦀂 실마리계 磎 시내계 罽 물고기그물계 堦 섬돌계 鍇 굳을계 閞 문둔테구멍계 誡 훈계할계 笄 비녀계 𥄫 엿볼계 紒 상투계 䙫 외폭헝겊계 罽 가는털계 **고** 𡼽 산이름고 孤 홀로고

估 장세고 臭 윤택할고 咕 투덜거릴고 婟 어여쁠고 姑 시어미고 呱 아이가울고 崮 섬고 堌 옛무덤고 嵲 성자이름고 嫴 구차할고 㡓 오랑캐비단종고 弧 작은활고 夃 이문얻을고 庫 고집고 僱 품팔고 刳 쪼갤고 剢

쪼개여나눌고 兆 가릴고 𡇫 비롯할고 固 굳을고 凅 얼어붙을고 翓 빗게낫올고 槹 나무이름고 薧 말린고기고 罟 고기잡는그물고 悎 놀랄고 翺 노닐고 𧩑 허물고 鼔 북고 菰 풀우거질고 故 오랠고 蛟 도롱룡고 蕭 쑥고 栲

북나무고 褲 바지고 搞 서로다를고 䏶 뼈통통할고 覭 볼고 薧 말린물고기고 袴 바지고 蛊 고혹할고 䚯 오래볼고 韟 활집고 桍 마른나무고 觚 술잔고 賈 앉은장사고 槁 상앗대고 考 늙을고 鼛 북고 殦 별바랠고 盬

조김치고 柧 모질고 皐 언덕고 胍 불기고 𤵸 어린아이입병고 箛 피리고 膏 김오를고 𤬲 교미고 㾭 곤할고 羖 암양고 攷 상고할고 熇 말릴고 棝 쥐덫고 𥃟 모을고 盬 소금고 鶮 고을이름고 滜 언덕고 烤

불에말릴고 鼛 큰북고 盬 그릇고 軲 수레고 暠 밝고흰모양고 顧 돌아볼고 瘑 옴고 靠 서로어길고 軱 큰뼈고 稾 볏짚고 敲 두드릴고 頋 돌아볼고 鶻 돌아볼고 䧸 잠시쉴고 皋 언덕고 鼓 두드릴고 辜 허물고 餻 흰떡고

祰 빌고 苦 쓸고 菇 참외고 稿 벼짚고 股 다리고 考 오랠고 酷 조김치고 顝 큰머리고 敲 두드릴고 䓘 풀성할고 㼋 홀로고 胋 쬐일고 皞 언덕고 熇 마를고 罛 큰그물고 鼛 북고 鼓 북고 酤 술살고

𩑛 귀문고 䧸 허물고 賈 앉은장사고 鼓 북고 掴 고을이름고 稾 볏짚고 骬 공무니뼈고 叩 두드릴고 髛 높을고 鞁 북고 槔 두레박고 罟 고기그물고 拷 두들리고 挎 구멍에손가락넣어잡을고 告 알릴고 鈷 다리미고 蛄 도로래고

骴 꽁무니뼈 고 牯 암소 고 羙 새끼양 고 槁 마를 고 枯 마른나무 고 靠 서로어길 고 𦵔 쓸 고 羖 암양 고 侉 알 고 洘 물마를 고 羔 새끼양 고 糕 인절미 고 𢼄 고물 고 箛 대쪽 고 犗 사람의이름 고 𥪣 구부리고머무릴 고 殆 마를 고

盬 그릇 고 杲 해돋을 고 跍 걸터앉을 고 𣧾 말라죽을 고 辜 허물 고 鼓 북 고 羙 새끼양 고 辜 허물 고 誥 깨우처고할 고 槔 나무이름 고 簵 상앗대 고 鹽 소금밭 고 罛 큰그물 고 鯝 고기창자 고 敎 가르칠 고 沽 살 고 顝

넓고클 고 篙 상앗대 고 絝 바지 고 鞊 북 고 賍 앉은장사 고 槹 용드레 고 櫜 활집 고 㼘 그릇 고 瞽 장님 고 鄗 나라이름 고 菓 바른풀 고 錮 땜질할 고 膏 기름 고 皜 흴 고 鴣 자고새 고 罟 고기그물 고 狜 오랑캐이름 고

餜 엿 고 槀 마를 고 祻 제사 고 韓 허물 고 顧 돌아볼 고 雇 품팔 고 箬 대이름 고 菰 고미 고 雊 자고새 고 鼛 북 고 瀘 물벌레 고 罟 고기그물 고 顆 머리 고 箸 대고리 고 鞊 대껍질 고 璩 고리 고 鍏 살이름 고

罛 덮을 고 結 고루풀 고 詁 훈고할 고 郜 나라이름 고 鼓 요화 고 殁 견줄 고 瞽 소경 고 槁 번거러울 고 菰 교미 고 翶 노닐 고 祰 빌 고 闋 외짝문 고 𩲃 범이숨쉴 고 𢽭 가르칠 고 鶻 작은비둘기 고 菰 대테맬 고 箍

테맬 고 睾 불알 고 䧙 쓰고매울 고 藁 짚 고 古 예 고 高 높을 고 髙 높을 고

곡

嗀 흙이길 곡 告 사람이름 곡 髙 굽을 곡 强 날랠 곡 𥡟 새끼 곡 嗀 입소리 곡 嚳 급히고할 곡 𡰪 가질 곡 哈 꿩울 곡 嘝 문초할 곡

哭 울 곡 𪇆 족제비 곡 擢 쉰 곡 梏 수갑 곡 暈 곧은멍에의수레 곡 醫 술파리 곡 觳 두려워할 곡 𧣾 굽은뿔 곡 䪱 코우뚝한모양 곡 曲 굽을 곡 陼 큰언덕 곡 鏧 성 곡 鵠 새이름 곡 鷇 뻐꾸기 곡 𩅰 애통해서나오는소리 곡 㯡 틈 곡 斛

열말들이 곡 轂 속바퀴 곡 濼 물소리 곡 蚰 지렁이 곡 穀 마전하지않은삼실 곡 梏 벼익을 곡 鵠 코끼리 곡 縠 묶을 곡 阬 불가언덕 곡 麴 누룩 곡 鵠 새이름 곡 槲 떡갈나무 곡 轂 수레바퀴 곡 斛 열말들이 곡 轂 바퀴통 곡 睝 눈뜰 곡 殉

죽을때겁낼 곡 麴 누룩 곡 䍡 넉넉할 곡 珏 쌍옥 곡 斛 큰상자 곡 隙 틈 곡 㬥 밥상 곡 谷 골 곡 穀 저사 곡 穀 곡식 곡 閣 문소리 곡 醫 술바구미 곡 螯 도드래 곡 惧 쥘 곡 鬍 고수머리 곡 穀 곡식 곡 鬠 곡수머리 곡 穀

닥나무 곡 㬥 묶을 곡 漉 물이름 곡 笛 누에발 곡 鼫 족제비 곡 鋈 쌍옥 곡 散 발등 곡 鼬 족제비 곡 笛 누에발 곡 牿 외양간 곡 㲉 굽지않은질그릇 곡 酷 상아다를 곡 𣪊 삼지않은삼 곡 殺 곡식 곡

곤

壼 궁중복도문 곤 崐

곤륜산 곤 壸 하나일문 곤 堃 땅 곤 巛 땅 곤 丨 셈대세울 곤 巛 땅 곤 壤 찰진흙 곤 壼 궁중복도문 곤 幝 잠방이 곤 與 따 곤 困 쌀고간 곤 崑 곤륜산 곤 壼 궁중복도문 곤 晛 형 곤 困 곤할 곤 𠘧 가지칠 곤 卄 흙벽 곤 衮 곤룡포 곤 鵾 고니 곤

讉 희롱하고놀릴 곤 裩 잠방이 곤 鰥 물고기알 곤 踞 얼어터진발 곤 惃 어지러울 곤 捆 두드릴 곤 鮌 곤어 곤 頤 빰높을 곤 鯀 곤어 곤 諢 희롱하고놀릴 곤 衮 북돋을 곤 昆 같을 곤 悃 지성스러울 곤 暉 큰눈불거릴 곤 頤 빰높을 곤 臗 볼기 곤

瑻 아름다운옥 곤 麘 사슴종류 곤 稛 심을 곤 齫 씹을 곤 菎 향풀 곤 鯀 곤어 곤 賰 둥글 곤 梱 문지방 곤 橐 전대 곤 輥 빠르게구를 곤 琨 아름다운옥 곤 菎 향풀 곤 齫 이솟을 곤 髡 머리깎을 곤 𦰩 형 곤 滾 꿈틀거려흐를 곤

稇 곡식익을 곤 鮌 물고기 곤 鯤 어리석을 곤 衮 곤룡포 곤 硍 종소리털털할 곤 閫 문지방 곤 髡 귀다리소 곤 錕 붉은금 곤 蠶 형 곤 鯤 물고기알 곤 睍 큰눈 곤 髡 머리깎을 곤 踞 얼어터진발 곤 硱 돌떨어질 곤 蚰 벌레이름 곤 朱 곤할 곤

褌 속곳 곤 猑 큰개 곤 閫 궁문 곤 掍 구를 곤 裍 옷동일 곤 惃 어지러울 곤 梱 문지방 곤 鶤 봉황 곤 坤 땅 곤 菎 향풀 곤 鵾 고니 곤 騉 말이름 곤 綑 짤 곤 緄 수놓은띠 곤 衮 곤룡포 곤 睔 눈 곤 襌 곤룡포 곤 髡 머리깎을 곤

輥 빠르게구를공곤 棍 묶을곤

골

趏 무릎병골 骨 뼈골 蓇 풀줄기골 搰 굴릴골 扫 굴릴골 鶻 매골 鶻 매골 鳦 매골 鴭 매골 鴶 매골 稩 벼줄기골 䍻 양이름골 顝 홀로거처하는모양골 頶 빰높을골

嵓 달나오는곳골 緭 맺을골 搰 팔골 滑 화해할골 圣 힘쓸골 䯧 힘쓸골 犻 소골 絗 실꾸리골 䯱 짐승이름골 䶤 씹을골 䯓 달나오는곳골 榾 살정이골 𤸷 무릎병골 䐝 볼기뼈골 杚 평할골 欱 마시는소리골

汨 다스릴골 榾 풍당목골 愲 심난할골 矻 문지를골 鶻 매골

곳

廤 곳곳

공

幊 보자기공 廾 손맞잡을공 㕬 지껄일공 悾 소매공 巩 안을공 𢒄 장인공 倮 고못생길공 塨 땅이름공 孔 구멍공 工 장인공 倥 공할공

崆 산이우뚝할공 孔 구멍공 功 공공 功 공공 共 한가지공 巩 껴안을공 㓚 낮실할공 洪 엉길공 公 마을공 栱 늦사리벼공 愩 황홀할공 蚣 지네공 恭 공경할공 蛩 짐승이름공 槓 지렛대공 控 당길공 贛 줄공 䂬 물가둘공

拲 수갑지를공 䲲 소금에절일공 𨣒 꿩같은새이름공 舼 거루배공 鞏 튼튼하지못할공 恐 생각할공 䠍 발자국소리공 𦬘 줄기속빌공 糼 길삼할공 羾 날아올공 銎 도끼구멍공 䋼 긴실공 鶰 새모이사양할공 恐 두려울공

髸 머리엉킬공 恐 두려울공 𩒃 낯공 𦕅 귀신소리들올공 𤧩 옥띠공 𧙋 옷소매공 輁 관괴임공 𩵧 새우공 𢘊 두려울공 疘 밑빠질공 𩗗 어지러운바람공 巷 삼갈공 邛 고달플공 𢼄 칠공 舼 작은배공 跫 발자국소리공

碽 돌치는소리공 𠤴 작은잔공 腔 담뜷을공 拱 길잡을공 熕 대포공 𧅫 음부공 㤨 떨공 玜 옥이름공 銎 도끼구멍공 珙 크고둥근옥공 拲 두손으로잡을공 𤱪 부추밭공 𩶊 가오리공 贛 물이름공 蛩 베메뚜기공 𢗁 맘급할공

𢗊 두려울공 篢 대삿갓공 𧢈 하늘공 昇 도울공 恐 두려울공 鵼 새이름공 敬 공경할공 硿 공청공 贛 줄공 𩭄 머리잉클어질공 涳 가는비공 龔 한가지공 瓨 물장군공 愡 두려울공 鉚 팔고리공 羾 날아올공 𦶇 결실될공

蛩 벼메뚜기공 糼 길삼할공 蛬 귀뚜라미공 蛩 귀뚜라미공 蛬 귀뚜라미공 鞚 말자갈공 𥧑 깍을공 𩎟 삼갈공 𤗅 담뜷을공 䅝 볏대공 鴓 매비스름한작은새공 鈆 도끼구멍공 銎 도끼구멍공 𣏟 수갑공 𩌦 날가죽공

筇 공대공 糼 길삼할공 灨 물이름공 𦈺 큰독공 椌 기물질박할공 𨋷 바퀴둘레공 柳 떡갈나무공 贛 줄공 贑 줄공 贛 줄공 𥇡 부추밭공 𨊧 바퀴통속쇠공 𥶶 수레덮는대뜸공 攻 칠공 𥤯 빌공

空 빌공 鳿 물새이름공 茾 책력풀열매공 𩗠 두려울공 鞏 가죽테매일공 𣠽 긴나무공 箜 공후공 玐 구슬공 玒 옥이름공 卭 병될공 貢 바칠공 澒 물이름공

과

丂 걸터앉을과 𠈉 바르지않을과 𠦃 절을과

侉 빨리갈과 懀 비단옷과 堁 먼지과 倮 좁을과 𡲬 볼기뼈과 㡾 속적삼과 𡧍 적을과 壩 방죽과 𡞲 아름다울과 堝 도가니과 寡 적을과 姱 좋을과 夸 사치할과 弝 활꿈통과 剮 살바를과 𠟘 쪼갤과 蝌 올챙이과 𪎊 가루떡과

𨔠 너그러울과 胯 사태과 餜 떡과 荂 꽃과 𦝀 발부르틀과 跒 가다가머뭇거릴과 粿 알곡식과 誇 클과 過 넘을과 課 부세과 諣 말급할과 窩 굴과 敤 칠과 夥 많을과 𦮙 등나무과 𢧿 노구과

蝌 올챙이과 咼 흙가마과 胯 사타구니과 褁 옷쌀과 䚘 뿔많을과 犐 큰황소과 𡗷 자랑할과 棵 나무이름과 𧬀 서로그릇할과 𨉖 몸부드러울과 惈 감행할과 檛 말채찍과 𡖈 많을과 詚 말더딜과 𢧵 방위살실과

𩟄 고물떡과 䠩 발금과 䟃 넘을과 𧿳 넘을과 𧦴 서로그릇할과 裹 쌀과얽을과 𪌽 가루떡과 顆 덩이과 瘰 대머리과 踻 발금과 稞 보리과 撾 칠과 戈 창과 䂒 반석과 菓 과실과 果 과실과

蜾 나나니벌과 抓 끌과 跨 넘을과 輠 차기름그릇과 骪 손발구부러지는병과 猓 원숭이과 銙 띠돈과 [illegible] 뱁새과 跨 걸터앉을과 寡 적을과 蝸 벌레이름과 科 과정과 骪 손발구부러지는병과 菓 과실과 過 지날과

輠 수레기름통과 侉 큰체할과 簻 말채쭉과 [illegible] 고기이름과 綶 얽어동여맬과 瘑 헌데과 [illegible] 비단의문채과 餜 밥내릴과 鐹 낫과 騍 암말과 盉 소반과 窠 빌과 誇 사랑할과 鍋 노구과 稞 보리과 粿 피협과

顆 짧은머리과 骪 손발구부러지는병과 [illegible] 술빛과 [illegible] 정수리뼈과 [illegible] 가냘플과 瓜 외과 過 지날과 閜 열과 餜 먹을과 躶 몸부드러울과 [illegible] 올벼이모양으로만든떡과 錁 떠치장과 夥 많을과 腂 굽을과 料 동경소과

諣 말급할과

곽

鞹 가죽두룰곽 崞 땅이름곽 [illegible] 산이름곽 墎 박성곽 廓 클곽 檴 탱자나무곽 钁 깎을곽 鞟 다룬가죽곽 躩 발을굽힐곽 鞹 다룬가죽곽 霍 빠를곽 郭 성곽 藿 콩잎곽 [illegible] 물이름곽

諕 말많을곽 [illegible] 두드리는소리곽 癨 곽란곽 槨 외관곽 韄 칼장식가죽곽 [illegible] 큰귀곽 瀖 물결소리곽 欔 보습곽 椁 관곽 鞟 다룬가죽곽 [illegible] 뻐꾸기곽 [illegible] 물감풀곽 [illegible] 수레바퀴테곽 [illegible] 성곽

관

官 벼슬관

倌 수레부리는사람관 痯 회동할관 寬 너그러울관 丱 쌍상투관 串 습관 寬 용서할관 [illegible] 머리싸는수건관 [illegible] 실을북에감을관 權 와무릎아플관 冠 관관 [illegible] 새서로지저귈관 卝 북상투관 琯 옥저관 矔 눈부릅뜰관 [illegible] 보일관

悹 근심할관 莞 골관 [illegible] 바지통관 爟 봉화불관 籗 대북관 款 두드릴관 莧 골관 殨 다할관 [illegible] 고기이름관 [illegible] 볼관 [illegible] 천천히걸을관 覌 볼관 痯 근심병관 祼 강신할관 觀 볼관 欵 두드릴관

觀 볼관 [illegible] 소라관 灌 물댈관 綸 푸른인끈관 [illegible] 시금초관 瓘 구슬관 瘝 병들관 筦 쌍피리관 脘 밥통관 [illegible] 황새관 [illegible] 보일관 管 대롱관 [illegible] 황새관 [illegible] 손벗삽을관 慣 익숙할관 祼 강신할관 輨 수레인갑관

擐 꿸관 錁 보습날관 涫 끓을관 [illegible] 왕골관 款 공경할관 罐 물동이관 還 익힐관 悺 근심할관 館 객사관 摜 떠밀관 款 정성스러울관 [illegible] 놀관 覌 볼관 欟 나무이름관 [illegible] 병관 錧 개사관

[illegible] 왕골관 鑵 사람이름관 盥 손씻는그릇관 [illegible] 고기이름관 雚 황새관 盥 낯씻을관 莞 왕골관 窾 빌관 [illegible] 견이름관 璭 금옥을광낼관 灌 물댈관 莧 골관 瘝 병들관 鸛 황새관 [illegible] 벼병들관 棺 널관

欵 두드릴관 綰 꿸관 [illegible] 느리고볼관 館 객사관 [illegible] 근질할관 毌 꿸관 關 빗장관 髖 엉덩이관 鑵 두레박관 [illegible] 도망할관 閞 삼갈관

괄

颳 모진바람괄 [illegible] 입막을괄 鴰 왜가리괄 劀 궂은살도려낼괄 刮 긁을괄

佸 힘뺏을괄 髺 터럭묶을괄 [illegible] 요란할괄 髺 터럭묶을괄 萿 상서로운풀괄 鴰 왜가리괄 [illegible] 하늘타리괄 [illegible] 혀널름거릴괄 [illegible] 밟을괄 闊 문열괄 [illegible] 요란할괄 頢 짧은얼굴괄 适 빠를괄 [illegible] 씹는소리괄 [illegible] 뼈를물어뜯는소리괄

[illegible] 씹는소리괄 [illegible] 낯작을괄 栝 노송나무괄 [illegible] 살오니괄 髺 터럭묶을괄 䀨 눈어둘괄 [illegible] 뼈끝괄 [illegible] 뼈끝괄 懖 임의로할괄 闊 멀괄 筈 하늘타리괄 秳 벼날괄 [illegible] 전국술괄 括 헤아릴괄 聒 요란할괄

[illegible] 하늘타리괄

광

広 넓을광 廣 넓을광 姯 환할광 僙 위엄스러울광 咣 말잘할광 [illegible] 빗장광 壙 구덩이광 俇 허둥지둥할광 垙 길거리광 爌 빛날광 [illegible] 위엄스러울광 [illegible] 물모양광 茪 초결명광 [illegible] 갈랫길광

炛 빛광 筐 모진대광주리광 誑 속일광 [illegible] 풀이름광 [illegible] 큰새우광 [illegible] 급히갈광 迋 속일광 匩 어그러질광 鉱 쇳돌광 爌 불빛환할광 [illegible] 큰고기광 [illegible] 그물에가득할광 [illegible] 말귀가굽을광 懭 한할광 晄 밝을광 鑛

쳣덩이광 胱 오줌통광 軖 물레광 懬 너그러울광 恚 미칠광 䝒 어그러질광 獷 추악할광 𦗢 귀넓을광 硄 돌빛윤택할광 桄 나무이름광 𤗗 평상의가롯대광 㼗 빛광 鉳 쳣덩이광 㤮 거짓광 撗 찰광 穔 꺼려조광

呈 미칠광 獾 부엉이광 纊 꾸민빛광 鄺 성광 炗 빛광 爌 빛날광 礦 쇠골광 洸 물솟을광 恇 겁낼광 䯑 허리뼈광 黋 마른벼광 逛 달아날광 誆 속일광 銧 쳣덩이광 曠 옥피리광 誑 속일광 趪

황급히갈광 㾠 열병광 鵟 부엉이광 輄 수레밑가로나무광 框 문골광 礦 쇠돌광 矌 청맹과니광 眖 비칠광 軠 물레광 𩑶 눈가광 磺 쇳돌광 𨇨 길넓고멀광 譢 소리광 㔟 어그러질광 𢿋 크게펼광 纊 고운솜광

𩶊 큰고기광 䯓 헝클어진머리털광 眶 눈두덩광 輄 물레광 臩 놀라달아날광 𢼛 개광 獷 새마받이언저리광 曠 빌광 狂 미칠광 匡 바를광 鷬 봉황새광 驜 말등도래털광 𥧄 뚫을광 紘 넓을광 𨸝 밭이길광 괘 鮭

숨소리괘 𨆆 조금빠질괘 罣 거리낄괘 罫 바둑판줄괘 柺 노인이지팡이짚을괘 掛 걸괘 𦄿 개꽃을괘 褂 마고자괘 𤺌 벼모종벌레먹어병들괘 詿 그릇할괘 挂 걸괘 絓 맺을괘 𣐆 등나무괘 咼 입비뚤어질괘 喎 입삐뚜르질괘 卦

점괘괘 𧪮 그릇할괘 괴 𤦥 옥이름괴 檜 격괴 瑰 옥다음가는돌괴 𩲡 으뜸괴 蒯 기령괴 癐 병더칠괴 𢿣 무너뜨릴괴 嘳 한숨쉴괴 壞 회향괴 惱 느른할괴 璝 옥돌괴 𦲷 잘록할괴 泾 물형세괴 𩊚

떠치장할괴 欳 크게한숨쉴괴 魁 으뜸괴 攱 버틸괴 𩲾 으뜸괴 𦯬 기령풀괴 魁 으뜸괴 蒐 의심할괴 怪 대마디괴 𣪊 헐괴 硁 옥같은돌괴 𧿒 외발로설괴 蔽 풀이름괴 襘 떠맬괴 謉 부끄러울괴 𥗉 조약돌괴

騩 재빛말괴 瘣 악종괴 𩩲 동곳괴 槐 회화나무괴 𦁂 가는실괴 瓌 옥이름괴 𩪁 어리석을괴 𩲸 으뜸괴 瀤 물모양괴 𥏍 짧고작은괴 𢹂 무너트릴괴 擓 걸울괴 㺖 클괴 晆 나눌괴 恠 기이할괴 瓌 옥돌괴

膭 뚱뚱할괴 𦯉 잘축할괴 㟮 홀로선모양괴 愧 부끄러울괴 𢙫 느른할괴 𢽁 쉴괴 𥑮 돌모양괴 𡌎 흙덩이괴 𠙶 흙덩어리괴 壞 무너뜨릴괴 壊 무너트릴괴 塊 흙덩이괴 巜 큰도랑괴 傀 엄전할괴 媿 부끄러울괴 繢

많을괴 乖 어그러질괴 㪱 숨쉴괴 儈 거간군괴 𠣹 한숨쉴괴 𠐕 좋을괴 𡂿 부를괴 凷 흙덩이괴 𧞏 염전할괴 𡸖 산험할괴 拐 유인할괴 괵 𧖴 개피괵 鐬 쇠그릇괵 淲 물갈라져나갈괵 找 귀를벨괵 𨊺 맨몸괵

𩪗 오금괵 虢 괵나라괵 𩗗 뜨거운바람괵 聝 귀베일괵 敋 죽은신괵 馘 왼편귀베어바칠괵 䁤 눈감을괵 膕 오금괵 𧒽 쇠뿔괵 𧾢 다리길괵 𧣾 쇠뿔괵 馘 목벨괵 굉 宏 넓을굉 厷 둥굴굉 浤 물빨리흐를굉

鞃 수레앞턱에맨고삐굉 浤 바다물용솟음할굉 𤝝 벌레풀날굉 宖 큰집굉 鍧 쇠북소리굉 鍠 쇠북소리굉 𥥔 아득할굉 閎 이문굉 翃 벌레나는모양굉 肱 팔굉 觵 뿔술잔굉 硡 돌떨어지는소리굉 䵋 껍질두터운보리굉 𨋗 수렛소리굉

𨊧 수레소리굉 𪎭 보리굉 訇 우뢰소리굉 轟 수레소리모는소리굉 䊯 곡식가스랭이굉 訇 우뢰소리굉 鞃 수레앞턱에맨가죽고삐굉 교 姣 아름다울교 𢌬 가르칠교 𢄐 바지단추교 咬 새지저귈교 𡣖 잡종서릴교 嵺 산불끈솟을교

嶤 높을교 嵺 산불끈솟을교 礄 확낭길교 嶠 산길교 卝 상교 窌 빌교 丂 교묘할교 窖 손교 憿 행선교 嬓 사람이름교 嬌 맵시교 㢗 높은집교 僑 높을교 𩫕 편치않을교 斈 인도할교 巧 교묘할교 交 사귈교 墧

굴속집교 嶠 산길교 佼 좋을교 喬 큰나무교 𠣎 속일교 儌 갈교 噭 부를교 嚙 물교 狢 건장할교 灚 물젖는소리교 璬 차는옥교 磽 자갈땅교 較 비교할교 茭 마른꼴교 躈 말궁둥이뼈교 𦐊 뱁새교 𨕫 진흙썰매교

趬 따를교 䀊 눈쌍거풀질교 狡 교활할교 鐎 창교 曒 밝을교 蹻 발제겨디딜교 鐈 휘청거릴교 翹 들교 㽲 배속캥길교 餃 경단교 鄗 나라이름교 䀊 눈쌍꺼풀질교 𥌽 낯바르지못할교 鵁 뱁새교 頝 아첨안할교 雗

작은비들기교 蹻 발제겨디딜교 較 비교할교 鉸 가위교 趫 나무에잘오를교 挍 알아볼교 蟂 뱀같고네발가진물벌레교 𩋍 가죽주머니교 窖 움교 穚 벼패어날교 䍊 질장구교 疞 배속급히아플교 驕 교만할교 虠 범의소리교

皦 달밝을교 蟜 교달벌레교 鳿 뱁새교 敲 맬교

구

呴 숨내쉴구 嶇 산험할구 屨 삼신구 㚢 과부수절할구 廏 마구구 俅 공손할구 寇 도둑구 伛 구부릴구 㞗 자지구 疚 뜸뜬자리구 宼 떼도둑구 彍 활셀구

寇 도적구 𤟹 외로울구 窶 가난할구 𢉖 옆에붙은집구 𢋄 곳집구 𡧋 구할구 𥹂 바를구 丩 얽힐구 久 오랠구 廐 마구구 彀 과녁판구 嫗 할미구 𡪆 밤구 𠲺 소리높힐구 丠 모을구 㚅 과부수절할구 鷗 갈메기구 傴

구부릴구 𡱆 신코구 𡝤 짝구 倃 훼방할구 豿 대구구 𡚾 모을구 咎 허물구 𥦶 궁리할구 𢅒 모을구 够 홋옷구 𡤟 오랑캐의노래구 媾 겹사돈구 丘 모을구 𠀉 모을구 𠀌 언덕구 九 아홉구 𢇢 매화틀구 鮈

고기이름구 𢄐 깍지구 乆 오랠구 仇 기승할구 㡒 골무구 丠 언덕구 𠻞 부를구 𠗐 손발얼어곱을구 劬 부지런할구 具 갖출구 𡊨 언덕구 区 감출구 冓 침방구 𥙑 도적구 㔘 고할구 匛 널구 饇 배불러싫을구 奇

때구 舅 외삼촌구 區 감출구 勾 글귀절구 𩛸 배불러싫을구 厹 세모난창구 坵 언덕구 㓃 낫구 垢 때구 勼 모을구 廐 마구구 區 감출구 𨛣 구기질할구 斸 호미구 蚯 지렁이구 𧃜 재목어긋매겨쌓을구 駈 몰구 斪 쪼갤구

球 옥경쇠구 𪚰 거북의종류구 絇 신코꾸밀구 𤝞 오랑캐이름구 鬮 제비뽑을구 鼽 감기들어코막힐구 𣪠 구부릴구 毆 칠구 蒟 구장구 邛 언덕구 疚 병구 𣢘 토할구 蓲 달구 衢 네거리구 朹 아가위구 𪛃

거북의종류구 疚 오랜병구 朐 수레멍에목구 𦉼 통발구 蛷 그리마구 豞 돼지가꿀꿀할구 㤹 허물구 𢦹 창꾸밀구 𥿡 급히당길구 枸 구기자구 葋 갈대구 镹 길구 鼩 새앙쥐구 駒 망아지구 𥄳 두려워서볼구 鉤 갈고랑쇠구

聥 놀랄구 汣 아홉구 𦯃 풀이서로얽힐구 𧾊 달아나며돌아볼구 殴 쥐어박을구 鷇 새알구 裘 갖옷구 颶 회리바람구 䫞 일구 梂 도토리바침구 𪎊 스크라니구 𪖙 감기들어코막힐구 氍 담요구 𨆌 절구 欋 쇠시랑구

𩗚 산들바람구 䢗 삼가히갈구 鳩 비들기구 𨾴 비둘기구 𧊮 그리마구 𨁭 밟을구 觩 뿔끝굽을모양구 毬 갖옷구 鰸 고기이름구 糗 마른밥가루구 熰 몹시뜨거울구 搝 들구 邱 언덕구 懼 두려워할구 鴝 비둘기같고벼슬이있는새구

購 살구 灸 지질구 軥 쇠멍에구 究 궁리할구 韝 깍지구 訅 급할구 𨛃 언덕구 愳 두려워할구 𦶁 풀구 韮 푸추구 軀 몸구 豿 범의트기구 𨚦 언덕구 𧵒 살구 篝 불배롱구 耇 명길구 蒟 구장구

拘 잡을구 匶 관구 䵶 개구리구 𥦆 궁리할구 鈎 갈고랑쇠구 鳩 비둘기구 𥧌 궁리할구 𩛠 소배부를구 緱 땅이름구 欧 성구 𣯽 담요구 跔 펄구 𩒣 힘쓸구 𧯎 준치구 䝭 다스릴구 趜 발꼬부라질구 朐 멀구

敺 쫓을구 𨫻 아로새길구 簆 바디구 矩 곡척구 駈 몰구 戵 네가가진창구 䀞 좌우로볼구 韝 팔찌구 𡨥 노략질할구 𩣑 뒷발흰말구 颶 사방풍구 駆 몰구 𧥺 급할구 𩿭 구욕새구 𥸨 볶은쌀구 昇

갖출구 𦡝 발굽을구 昇 갖출구 搆 얽어맬구 衢 네거리구 翑 날개굽을구 𥵕 배롱구 䵹 개구리구 耇 명길구 𦨈 큰배구 銶 끌구 璆 옥경쇠구 鷗 갈매기구 瞿 놀라볼구 䇕 작은종다래끼구 𨉖 몸구 柩 널구

犕 여섯살된소 구 遨 삼가갈 구 求 찾을 구 龍 뿔없는용 구 殏 마칠 구 蒟 갈대 구 臞 파리할 구 籧 대그릇 구 蕢 쑥 구 昫 해돋아따뜻할 구 紌 휜비단실 구 鞫 말안장 구 鬮 심을 구 牞 숫소 구 鼁 개구리 구

鼩 새이름 구 扏 부드럽게질 구 膒 오래된기름 구 訽 상세히물을 구 鷇 새알 구 旧 옛 구 𦱘 풀이서로엉키어날 구 甌 중발 구 构 구부러질 구 軀 몸 구 拘 거리낄 구 痀 곱사등이 구 脙 파리할 구 糗 마른밥가루 구 韭 부추 구

椇 폐백 구 𧦝 금할 구 物 소힘셀 구 朐 음문 구 䠻 손발곱을 구 龜 거북이기어갈 구 救 구원할 구 畇 밭두둑 구 臼 절구 구 粂 묶은쌀 구 閄 송사할 구 龜 나라이름 구 韝 깍지 구 犰 짐승이름 구 鸜 구욕새 구 煹

봉화 구 絇 암담추 구 䀠 좌우로두리번거리며볼 구 𩚮 물릴 구 毆 꽃을 구 𩕄 핀잔줄 구 苟 구차할 구 絿 급할 구 䨞 큰비 구 𧻓 어긋날 구 玖 옥다음가는검은돌 구 眗 휘둘러볼 구 礭 푸른숫돌 구 灸 지질 구 褞 어린애침받기 구

齲 너리먹을 구 摳 더듬을 구 脙 끝머리 구 舊 옛 구 諮 훼방할 구 蘧 패랭이꽃 구 桕 오구나무 구 䮶 말이걸어갈 구 褠 소매좁은홑옷 구 蝹 어린누에 구 鷇 새알 구 忂 가는모양 구 榘 곡척 구 蠷 구리마 구 𧮫 큰골 구 貯

다스릴 구 𣪘 양의젖 구 䧢 편치못할 구 㲉 무식할 구 𣘁 드레박 구 袧 상옷 구 鷇 새끼 구 𤚼 뿔모양 구 𧩦 설 구 癯 파리할 구 鳩 비둘기 구 𣫭 소젖짤 구 玃 두드릴 구 𥥑 깊을 구 灈 물이름 구 蝺 예쁠 구 𥖋 디딤돌 구

𧺱 달아나며돌아볼 구 欨 불 구 礭 푸른숫돌 구 笱 바디 구 跔 걸을 구 覯 만나볼 구 𧘹 공 구 鑺 양지창 구 齁 들창코 구 篝 옷말리는배롱 구 驅 몰 구 毬 담요 구 蚼 개미 구 𥨷 궁구할 구 躣 꿈틀꿈틀할 구 詬 험담할 구 購

살 구 詬 꾸짖을 구 軀 보지 구 雊 장끼울음 구 扣 두드릴 구 𦼵 풀쌓을 구 捄 중 구 𥦣 구멍 구 逑 짝 구 𢚩 원망할 구 𩴾 내금 구 遘 만날 구 𣝳 굽은가지 구 𣪛 젖짤 구 軥 멍에목거리 구 齨 어금니 구 軀 몸 구

若 초결명 구 䬬 떡 구 苩 풀 구 瞘 눈깊은모양 구 毬 제기 구 瞘 따뜻할 구 狗 개 구 𩛰 밥상할 구 玽 옥돌 구 𩚵 소배부를 구 鴝 구욕새 구 敂 두드릴 구 緱 칼머리치장할 구 漚 물거품 구 構 집세울 구 欋 보습 구 毬

담요 구 沟 눌소리 구 肍 고기로장담글 구 究 궁리할 구 脙 끝머리 구 斞 뜰 구 翑 날개굽을 구 埧 방죽 구 𢈲 삼 구 歐 토할 구 𣹎 고기깃줄 구 鷇 새새끼 구 芶 풀이름 구 𣢐 어린애침받기 구 𦪇 큰배 구 𥧳 궁극할 구

𨾏 비둘기 구 殺 건질 구 甌 중발 구 𩡶 몰 구 𩋝 팔찌 구 舊 옛 구 窺 엿볼 구 𩏄 깍지 구 𩣡 여덟살된말 구 𧰰 돼지가꿀꿀거릴 구 口 입 구 𧺆 절름거릴 구 濇 물마실 구 寇 노략질할 구 絇 신코꾸밀 구 窶

가난하고병들 구 岣 산이름 구 綾 펼 구

국

侷 부분 국 局 부분 국 㞗 깊을 국 國 나라 국 囻 나라 국 国 나라 국 圀 나라 국 囯 나라 국 囶 나라 국 𥦠 구부릴 국 匊 두손으로움킬 국 匔 곱사등이 국 厈 잡을 국

輂 큰수레말매일 국 或 나라 국 𩊚 국화 국 鋦 철로동일 국 掬 움킬 국 䱡 돌고래 국 鞠 기를 국 𥨪 다할 국 㥢 삼갈 국 𥳓 궁구할 국 𪌊 보리갈 국 𪌈 누룩 국 𥡥 나라 국 麴 누룩 국 𧮨 틈 국 綦

신끈 국 跼 발 국 驧 둥굽은말 국 𦚵 목 국 𤱯 부추밭 국 蘜 국화 국 鵴 뻐꾹이 국 麯 누룩 국 𥸈 초사받을 국 麴 누룩 국 𥨍 궁구할 국 蘜 국화 국 梮 썰매 국 椈 흑백나무 국 鞫 쌀 국 𪆷 뻐꾹새 국 䈮

초사받을 국 𨹔 찰 국 𥨪 다할 국 𥞔 보리갈 국 𣚳 썰매 국 毱 제기 국 𨃼 곱송거릴 국 菊 대뿌리 국 𩭴 엉킨머리털 국 𥦲 궁구할 국 踘 제기찰 국 鵴 뻐꾹새 국 𣯫 기를 국 鋦 철로동일 국 𪌂 누룩 국 𥳯 누룩 국 𩹞

놀고래 국
泦 물무늬 국
𩌏 누룩 국
鞠 움킬 국
菊 국화 국
諊 제기 국
𥷚 궁구할 국
口 나라 국
淗 물결얼룩거릴 국
𪇵 돌고래 국
𩛠 죽 국
踘 곱송거릴 국
䵶 북소리 국
麴 누룩 국
挶 잡을 국
趜 궁구할 국
𨾊 뻐꾹새 국
𢍰 움큼 국
閣 막을 국
躹 몸굽힐 국
粷 가루 국
局 쪽 국
囯 나라 국
圀 나라 국
輂 곧은멍에 묶을국

군

僒 구부릴 군
哭 군사 군
庫 쌓을 군
𡲢 무리 군
𡗝 군사 군
君 임금 군
宭 여럿이 살군
軍 군사 군
裙 치마 군
趣 다달을 군
羣 무리 군
𧲌 작은멧돼지 군
菌 둘콩 군
攟 주울 군
攈 주울 군
涒 도포증날 군
裠 치마 군
軍 군사 군
珺 아름다운옥 군
蜠 사개군 군
帬 마치 군
𩡹 무리 군
窘 군색할 군
帬 마치 군
皸 얼어터질 군
郡 고을 군
𨚬 고을 군
䐃 창자속기름 군
鮶 벌레이름 군
鵘 꼬리없는닭 군
捃 주울 군
頵 머리통큰 군
桾 고욤나무 군
攟 묶을 군

굴

屈 굽을 굴
屈 굽을 굴
屈 굽을 굴
𡳃 굽을 굴
𡓰 굴뚝 굴
堀 굴뚝 굴
崛 산높을 굴
崫 산높을 굴
倔 굳셀 굴
𡲬 동경개 굴
屈 짧은꼬리새 굴
詘 굽을 굴
𡾁 빈등산 굴
弡 날랠 굴
𩗴 바람불 굴
𠡵 피로할 굴
殟 죽어썩지않을 굴
豩 돼지흙뒤질 굴
頍 광대뼈 굴
𢽟 편치않을 굴
矻 마음쓸 굴
蠶 나무좀 굴
趉 달아날 굴
短 짧은 굴
迄 편치않을 굴
矻 쉬고로울 굴
窟 구멍 굴
踞 힘 굴
扢 막대로팔 굴
跍 달아날 굴
韷 딱딱할 굴
掘 팔 굴
𢼄 편치않을 굴
鬝 털반배 굴
豩 돼지흙뒤질 굴
𩓞 눈불거질 굴
驈 좋은말 굴
𩣡 좋은말 굴
𥨒 구멍 굴
鬝 털반배 굴
笜 그릇닦는솔 굴
赽 달아날 굴
颵 바람 굴
鶌 메비둘기 굴
䖿 나무좀 굴
𣧷 죽어썩지않을 굴
鈯 배복 굴
誳 괴이할 굴
䫥 낮짧을 굴
𧙍 둥거리 굴
㵀 물속우중충할 굴
𧌑 나무좀 굴
袦 짧은옷 굴
淈 흐릴 굴
朏 볼기 굴
韷 어기댈 굴
猑 짐승이름 굴
剧 호밀갈 굴

궁

弓 활 궁
𩈰 굽실거릴 궁
㑋 작고궁할 궁
宮 궁궐 궁
玒 옷고리 궁
䓖 천궁 궁
躳 몸소 궁
藭 궁궁이 궁
骱 맥 궁
𥅱 빛에말릴 궁
躬 공손할 궁
悺 우려할 궁
𣻎 빨리흐를 궁
芎 궁궁이 궁
𤢻 범같은짐승 궁
竆 다할 궁
𢥳 창자루 궁
躳 몸소 궁
髨 터럭엉킬 궁
𧍬 도마뱀 궁
窮 다할 궁
穹 높을 궁
𧫏 말수나할 궁
竆 넓고깊궁
𤎮 다할 궁
营 궁궁이 궁
躳 다할 궁
躬 몸 궁
𥕦 돌떨어질소리 궁
𡼥 산모양 궁
衳 옷등걸 궁
𦜭 불알썩힐 궁
𨊈 삼갈 궁
竆 다할 궁
𨉯 몸굽힐 궁
藭 궁궁이 궁

궉

鴌 성 궉

권

巏 산이름 권
弮 활고자 권
𡼁 산이름 권
𢓭 천천히걸을 권
帣 자루 권
奆 몸시클 권
倦 게으를 권
婘 아름다울 권
𡢾 아름다울 권
𡤛 아름다울 권
彏 활이곳굽은 권
劵 게으를 권
勸 권할 권
勬 부지런할 권
劝 권할 권
勌 고달플 권
埢 굽은담 권
圈 둥글 권
圏 둥글 권
卷 책 권
餋 제사 권
菤 도꼬마리 권
𥁰 나무바리 권
𧽂 구부리고달아날 권
虇 순 권
䪻 굽은뼐 권
權 권세 권
餋 제사 권
絭 팔찌끈 권
𨊮 맨몸 권
睠 돌아볼 권
𦣀 추할 권
拳 주먹 권
蜷 움츠러질 권
觠 굽은뿔 권
𤸷 손굽는병 권
巻 제사이름 권
捲 거둘 권
眷 돌아볼 권
犈 다리검은소 권
𢍘 벌레가불에뛰어들권
棬 휘어만든나무그릇 권
䅶 벼익어누럴 권
齤 옥니 권
䴵 경단떡 권
雋 손 권
𣮈 넓을 권
𥺨 가루 권
韏 가죽사분파할 권
菤 도꼬마리 권
錈 쇠말릴 권
蠸 풍뎅이 권
䬔 반찬 권
鬈 머리털아름다울 권
𠔁 굽을 권
桊 소코뚜레 권
𨌌 차끌 권
權 권세 권
齤 옥니 권
𢠫 돌봐줄 권
䄑 버선 권
𧤫 휘두를 권
𤼾 밥풍칠 권
𦏰 축된모양 권
𡿂 구를 권
券 엄쪽 권
罥 실그물 권
鬈 수염좋을 권
𡈃 대 권
鸛 구욕새 권
韏 굽을 권
桊 소코뚜레 권
踡 곱송거릴 권
惓 삽갈 권
𢷳 주먹 권
顴 광대뼈 권
攣 가득히들 권
勸 권할 권
𢍮 주먹 권
䀠 눈언저리 권
睠 돌아볼 권
𥟁 벼포기서로가까울 권
髖

광대뼈권

궐 厥 클궐 孑 짧은 乚 창권 亅 갈구리궐 橛 소궐 蟨 짐승궐 蕨 고사리궐 欮 이궐 橜 말뚝궐 蹷 쓰러질궐 蹶 쓰러질궐 氒 그궐 身 짧을궐 䙠 옷걷고건널궐 𦢊 불기뼈궐 欮 숨찰궐 瘚

기운질릴궐 𥕐 돌뜰궐 闕 대궐궐 觮 물로받을궐 蹷 기운치밀궐 蟨 우물벌레궐 鐝 갈궐 灍 물이름궐 𣝯 말뚝궐 𩪘 불기뼈궐 礣 돌뜰궐 瀱 물이름궐 𧽒 헤치고일어날궐 殌 죽을궐 𦏶 털긴양궐 閼 대궐궐 闕

대궐궐 𦢊 불기뼈궐 鷢 매같고꼬리위가흰새궐 𧾑 헤치고일어날궐

궤 佹 포갤궤 壝 삼태기궤 姽 한가히행할궤 宄 간악할궤 垝 무너진담궤 凧 연궤 几 안석궤 衏 수레바퀴사이궤 祪 한아비궤 繢 짜든톳끝궤 匱 갑궤 鱥 쏘가리궤

簂 첩지궤 蕢 둥구미궤 饋 진지올릴궤 麂 큰노루궤 䉅 뜸궤 慖 한할궤 鱖 쏘가리궤 詭 속일궤 鶬 접동새궤 匭 갑궤 机 느티나무궤 蔮 잠없는치모관궤 軌 수레바퀴사이궤 遺 다할궤 潰 흩어질궤 樻 영수목궤 跪 꿇어앉을궤

捤 헐어버릴궤 饋 먹일궤 蕢 둥구미궤 簋 대제기궤 𨑳 굴대궤 鞼 방패끈궤 殨 종기터질궤 鐀 궤궤 觤 짝뿔궤 祋 산제지낼궤 撅 옷걸이궤 簣 삼태궤 𥁕 대제기궤 𥏫 게으를궤 蕢 둥구미궤 韇 방패끈궤 𣴎 물자줄궤 氿

물가궤 櫃 상자궤 厬 물마를궤 闠 저자문궤 鞼 가죽에수놓을궤

귀 亀 별이름귀 庪 무너질귀 䞈 고달풀귀 嶡 산이불끈솟을귀 䢊 돌아올귀 宄 간악할귀 𨺐 돌아올귀 归 돌아올귀 𢍏 환잡이귀 㝔 사이한귀 肖 귀한귀

𤰞 거북귀 𧺝 피곤할귀 𠯿 허락할귀 劌 찢을귀 槶 광주리바닥귀 蘬 겨울쑥갓귀 𢷬 당길귀 𧵂 재물귀 𧷸 높을귀 𥨨 구멍귀 龜 거북귀 𥰨 삼태기귀 皈 돌아올귀 𩲡 재빛말괴귀 𩳐 귀신귀 𧷸 높을귀

𪚦 귀신귀 襀 끈귀 𩏂 길쌈할귀 𩏼 길쌈달귀 韇 길쌈할귀 龜 거북귀 亀 거북귀 龜 거북귀 龜 거북귀 鬹 상할귀 膭 힘줄당길귀 雋 돌아볼귀 𧛸 꿇어앉을귀 𧳧 짧은창귀 龜 점칠귀 櫷 느티나무귀 皈

돌아올귀 䃬 귀신귀 𩲡 귀신귀 鬼 귀신귀 䰟 귀신귀 䰢 귀신귀 歸 돌아올귀 𡸁 돌아올귀 帰 돌아올귀 鵋 부엉이귀 牿 소소리귀 䌆 검은비단귀 𨗈 돌아올귀 趘 꿇을귀 𨠼 맑은술귀 廆 민마을귀 𧡪 크게볼귀

𣇚 해그림자귀 貴 높을귀 𦽉 겨울쑥갓귀 掎 일귀 鐀 궤귀 𩯭 상투귀 𥊍 눈귀 鈽 가래귀 䯣 무릎과정강이사이뼈귀 䍚 양뿔가지런하지않을귀 瞶 죄다볼귀 䙡 높을귀 䩈 외뿔귀

귁 蟈 청머구리귁

규 糺 거둘규 𠯑 부르짖을규 嫢 가는허리규 𧠑 별규 叫 부를규 嬀 물이름규 巋 가파를규 𠛖 큰칼규 刲 찌를규 劜 커다란힘규 鬹 세발달린가마솥규 規 그림쇠규 頍 고깔비녀규 頯 광대뼈규 𩓞 광대뼈규 頄

광대뼈규 𩒖 작은머리규 竅 구멍규 𡚸 구멍규 𥦡 구멍규 窺 엿볼규 𥦏 궁궐안이깊을규 窐 시루구멍규 葵 해바라기규 睽 어그러질규 𦓔 긴쟁기규 暌 해질규 刲 비틀거릴규 䠩 비틀거릴규 𧿒 비틀거릴규

𨇛 한발자국규 跬 발벌릴규 槻 물푸레나무규 𣟴 둥글규 朻 나무아래로굽을규 楑 방망이규 楏 호미자루규 樛 맺을규 𧢦 눈여겨볼규 摫 옷마름질할규 𢫫 찌를규 摎 묶을규 揆 헤아릴규 㥓 조급할규 怺

어그러질규 糾 삼합노규 糾 삼노규 糺 거둘규 糾 동여맬규 䲅 접동새규 鴂 접동새규 䳫 비둘기새끼규 鍨 병장기규 鍷 깎을규 䙆 음란하게볼규 瞡 곁눈질해볼규 鮭 복어규 䂓 그림쇠규 赳 헌걸찰규 赳 헌걸찰규 赳

헌걸찰규 巂 접동새규 嶲 접동새규 䍪 시루구멍규 觓 뿔끝꼬부랑할규 䚧 뿔끝꼬부랑할규 袿 부인웃옷규 珪 서옥규 䵶 곱게누를규 䳏 접동새규 硅 유리만드는흙규 霊 더러울규 䯣 어깨뼈규 𩀼 비둘기새끼규 騤 말건장할규

褑 옷뒤틀릴규 虯 뿔없는용규 湀 샘나올규 蚪 뿔없는용규 蝰 번데기규 騤 말건장할규 扎 파규 鄈 땅이름규 逵 구거리규 䟸 큰길규 邽 고을이름규 戣 양지창규 馗 아홉거리규 訆 부를규 䔑 취참외규 閨 색시규

懱 소이름규 𩍐 들고다니는화덕규 朻 굽을규 盔 바릿대규 麈 사슴규 圭 서옥규 跬 비틀거릴규 鶪 접동새규 鼽 매부리코규 新 거울규 竅 빌규 弓 책권규

균

峮 산연한모양균 宭 연한모양균 姁 같을균 均 고를균 匀 고를균 囷 둥근집균 團 묶을균 纆 묶을균 麏 고라니균 麕 고라니균 麇 노루균 畇 밭개간할균 畇 밭개간할균 覠 크게볼균 箟 살대균 筠 대껍질균 菌 땅버섯균 鋆 고를균 鋆 고를균 銁 고를균 硱 돌위태할균 䌒 그물고균 昀 토할균 袀 군복균 輑 굴통대균 箘 살대균 悃 실증날균 稇 묶음균 皲 밭일울균 蚼 노래기균 菌 버섯균

귤

蹫 미처달아날귤 趫 미처뛰어갈귤 醻 장귤 鱊 장귤 橘 귤 趫 달아나려고할귤 驕 큰자개귤 蕎 들미나리귤

극

亟 빠를극 䧹 틈극 𡿨 틈날극 欷 느른할극 尅 깍을극 丮 잡을극 䧹 벽틈극 亭 이길극 屐 나막신극 䖇 이길극 劇 몹시극 勀 이길극 劇 심할극

㔹 게으를극 殛 죽일극 羝 양이름극 極 가운데극 鞕 급할극 襋 옷깃극 棘 아기풀극 棘 땅이름극 𩏽 가시나무극 蕀 버들옷극 撠 가질극 戟 갈래진창극 蘄 미나리극 狊 짐승이름극 颾 곤할극 裓 옷뒷자락극 郤 성극

隙 틈날극 郄 틈극 郤 틈극 郄 틈날극 黯 검붉을극 隙 틈극 愱 급한성품극 戟 갈래진창극 丮 잡을극 亭 이길극 誣 말더듬거릴극

근

弤 붉은활근 僅 적을근 巹 받들근 妡 아름다울근 劤 강할근 巹 혼례때의술바가지근 墐 흙벽근 廑 겨오근 覲 뵈올근 勤 부지런할근 𢫦 씻을근 殣 굶어죽을근 漌 맑을근 瘽 병들근 穫 창자루근 勤 부지런할근 篁 껍질흰대근 種 창자루근 謹 삼갈근 𢡟 소순할근 歎 하품할근 懃 수고로울근

槿 무궁화근 菫 오두근 饉 주릴근 蓳 오두근 謹 삼갈근 謹 삼갈근 嫤 울근 瑾 붉은옥근 巹 오랑캐꽃근 釁 이모양근 懃 은근할근 慬 서러워할근 岓 가까울근 釿 대패근 芹 미나리근 赾 어려울근 肵 공경할근

菦 회쑥근 近 가까울근 亣 열엿낭근 斸 도끼근 蘄 승검초근 靳 아낄근 新 차질근 根 뿌리근 跟 발뒤꿈치근 跟 발뒤꿈치근 鞎 묶을근 朩 뿌리근 槼 창자루근 筋 힘줄근 觔 힘줄근 筋 힘줄근 筋 뼈근

疧 근근 薊 승금초근 荃 받들근 葷 오두근 抻 덮을근 墐 진흙근 菫 노란진흙근 勤 적을근 廑 적을근 嫤 입시울근 鞾 보일근

글

钇 날랠글 趷 곧갈글 魚乙 고기가헤엄칠글 趉 달아나는모양글 昅 볼글

금

廞 한집금 今 이제금 嶔 산솟을금 坅 높은땅금 今 이제금 玪 구덩이금 僸 처다볼금 凚 쌀쌀하게추울금 唫 입다물금 蚙 벌레가줄지어갈금 琴 거문고금 㤇 맘단단할금 靲 신들메금 顉 금풀금 痵 추울금 吟 밝을금

肣 거둘금 舲 새배금 芩 금풀금 軨 새수레금 䧵 도요새금 蓁 매자깃줄기금 䑤 새배금 黅 누른빛금 紟 옷고름금 衿 옷깃금 齡 헷병금 㤆 사람이름금 鈙 가질금 龡 옥니금 㦗 마음견고할금 蹸 앉을금 棽 책상금

檎 사립짝금 紟 실금 黚 검고누른빛금 黔 누런빛금 黅 누른빛금 禁 금할금 檎 능금금 禽 새금 金 쇠금 金 쇠금 捦 사로잡을금 鈙 가질금 惍 이할금 琴 거문고금 礆 깊고험하게연한모양금 頷 추할금 鵭 황새금 㝷 거문고금

裣 옷깃금 顉 머리움직일금 襟 옷깃금 擒 누를금 縎 웃고름금 㾣 소혓병금 衾 가만히갈금 擒 사로잡을금 䦟 거문고금 襟 옷섶금 衾 이불금 顉 주걱턱금 金 쇠금

급

岌 높은모양급 彶 급히갈급 給 족할급

伋 생각할급 嬆 맘청백할급 圾 산높을급 阪 사다리층계급 芨 백급 汲 물길을급 磼 산높은모양급 㤂 빠를급 級 등급급 級 등급급 忣 빠를급 笈 책상자급 㞗 문자물쇠급 扱 걷어가질급 鋈 호미급 鵖 작은새급 急 빠를급

蒁 동아급 雖 작은검은새급 鵖 작고검은새급 朐 고기국급 肣 고기국급 曒 마르려할급 曕 바랠급 礘 돌소리급 彳 배발급

궁

兢 조심할궁 宮 자궁 堩 길궁 亙 뻗칠궁 䱋 상어궁 胆 달돋을궁 緪 줄캥길궁

揯 바싹당길궁 緪 동아줄궁 搄 책궁 暅 별쪼일궁 鮔 상어궁 恒 맘한결같을궁 鮔 상어궁 肎 즐길궁 肯 즐길궁 肎 즐길궁 肻 즐길궁 掯 막힐궁 肎 즐길궁 肯 즐길궁 稞 적을궁 殑 죽으려할궁 鹶 짜고쓸궁

𪉍 클궁 矜 창자루궁

기

娸 미워할기 倛 방상탈기 僛 하여춤추는모양기 畁 남색할기 㢩 산제터기 岓 산곁에놓여있는돌기 伎 재주기 帺 넓은바지기 屐 붉은신기 巙 사람이름기 帺 맬기 奇 이상할기 妓 기생기 埼 언덕머리기

踦 절뚝발이기 崎 산길험할기 㟢 산이높을기 徛 징검다리기 呮 도사리고앉을기 㞓 볼기기 㠱 해석할기 弃 버릴기 綦 맬기 寄 방계기 基 터기 𡿺 별이름기 峒 산길울기 岐 높을기 奇 이상할기

屺 민둥산기 塈 쉴기 企 바랄기 夔 외발짐승기 娸 성낼기 丌 책상기 幾 얼마기 惎 미워할기 僟 삼갈기 婍 고울기 亓 어조사기 𠀠 삼태기기 己 사사기 墍 취할기 幞 맬기 唭 근본기 兾 바랄기

忌 먹을기 其 어조사기 剘 이길기 剞 새김칼기 冀 하고자할기 器 그릇기 噐 그릇기 刉 찌를기 圻 서울지경기 炁 기운기 旡 숨막힐기 璣 작은구슬기 起 일어날기 綺 무늬비단기 蟣 거미기 羈 말굴레기 攲 쏠릴기

棄 버릴기 旗 대장기 穖 벼기 椅 젓가락으로집을기 羇 말굴레기 杞 구기자기 敧 숨찰기 疧 췌증기 臮 다못기 𥟖 밭갈기 顡 얼굴빛변할기 猉 강아지기 祈 기도할기 璣 둥글지않은구슬기 㕶 벌기운기 耆 늙은이기

淇 물이름기 旂 장기기 溰 흰빛반짝일기 旣 이미기 蔇 이를기 棊 뿌리기 𣧑 버릴기 鈘 그릇이름기 碕 조약돌기 犱 토끼같은짐승기 肵 기약기 機 베틀기 畿 경기기 䐢 길게꾸러앉을기 綨 바늘기 璂 고깔꾸미개기

羇 나그네기 荳 물속에나는고사리기 犄 범의어금니기 敧 결사지기 覊 나그네기 禨 상서기 𧼯 원숭이나무에오를기 蘄 새발마름기 䝸 붉은자개기 諆 속이는말기 疧 췌증기 芪 약풀기 踑 근본기 䭫 즐길기 饑 흉년들기

騎 말탈기 鬐 말갈기기 蘷 나물이름기 蜝 방게기 鯕 방어기 鍺 쇠바퀴굴대기 蚑 벌레길기 玘 패옥기 譏 맞비빌기 祁 성할기 𤽗 기운기 覬 넘겨다볼기 踦 절름발이기 鈂 근시하는신하의병기 𨂜 정강이살기 𦢊 빰의살기 𦕅 귀기울일기

齗 씹을기 䐈 욕심낼기 騏 천리마기 魢 새기 汽 물끓는김기 奇 이상할기 忮 사나울기 㚢 참치할기 蒠 풀이름기 綦 고비기 䐡 희생나눌기 紀 벼리기 紤 쑥빛비단기 綨 쑥빛비단기 祺 길할기 暨 다뭇기

歧 길두갈래질기 䧵 강오리기 粎 붉은쌀기 誋 발악할기 旣 이미기 棋 바둑기 气 구름기운기 鬾 남쪽의귀신기 𣂔 새김칼기 䅤 벼이름기 㿼 그릇이름기 裿 좋은기 既 이미기 𢻱 기울어질기 庋 찬장기 𥸤 붉은쌀기

𤣊 개새끼한마리날기 蚔 전갈기 技 능통할기 䐶 장딴지기 琦 옥기 沂 물이름기 祇 상서기 朞 돐기 旂 방울단기기 紤 쑥빛비단기 竒 바로설기 𣢟 바랄기 跂 걸터앉을기 氕 구름기운기 氣 기운기 気 날씨기

祈 기도할기 䟸 바랄기 趌 반걸음기 𩕲 작은머리기 䛮 성낼기 盀 그릇기 𤸷 병기 䴎 떡기 諅 부질없는말기 畸 외눈기 黖 물건생겨나는모양기 鱀 상어기 鬿 남쪽의귀신기 魌 아이귀신기 䫕 작은머리기 碁 바둑기

肌 살기　縹 기운기　覬 볼기　蘷 풀이름기　踑 걸터앉을기　㥷 사나울기　𨢿 목욕하고술마실기　粸 떡기　䲙 좋은뿔기　𨻫 산길험할기　䩓 털벗긴가죽기　鰭 고기지느러미기　𩨙 육발이기　毄 활이핑핑할기　鶀 되강오리기　頎 헌걸찬모양기　鄿 땅이름기

紀 벼리기　軝 수레굴통맨끝기　魌 아이귀신기　騏 천리마기　鱀 상어기　䰤 자지기　裿 소매기　豈 어찌기　跽 꿇어앉을기　𪗉 씹을기　馶 말이굳셀기　𢘚 공순할기　羈 말굴레기　祇 기사기　飢 흉년들기　訖 소리지를기

裿 속적삼기　起 일어날기　𩋽 굴레기　跂 육발이기　跰 굽은정강이기　忌 휘할기　䛩 말로희롱할기　䳢 부엉이기　𢪃 꺼리낄기　𥐥 찔러피날기　鞫 바퀴통치장기　笄 키기　逵 피할기　䭶 철총이기　庪 문빗기　頯 작은머리기　攲 센활기

먹일기　㥓 검박할기　跰 밟을기　卭 넓은고을기　歧 기울기　𧿳 뒤로나설기　鵸 새이름기　䠡 뿔기　躸 몸기　䫏 추한모양기　騹 천리마기　攲 비틀어질기　𧾐 멀리달아날기　䫑 방들기　笸 대자리기　觭 억발뿔기　麒 기린기　虮 밀기벌레기

欺 속일기　䰻 말할기　琪 옥이름기　基 고사리기　噐 그릇기　𧺆 높을기　誋 경계할기　穊 보이게심을기　頍 큰입기　稘 긴벼이삭기　期 기약기　耆 늙은이기　𧿹 걸터앉을기　𦒿 늙은이기　蜞 방게기　璣 작은구슬기　皷 피곤할기

笉 별이름기　諆 사람의이름기　蘷 나물이름기　𣬊 털무늬기　𦡒 빰살기　朞 기약기　𧙃 맬기　綨 비단쑥색기　𦌷 말굴레기　氿 물가기　褀 콩줄기기　鐖 서캐기　記 기록할기　褀 맬기　鞿 말재갈기　歧 갈림길기　掎 한다리끌기

蘢 천리마기　䯨 잔뼈기　躨 꿈틀거릴기　𦢊 적병기　譏 꾀할기　榿 나무이름기　磯 물이돌에부딪칠기　迸 버릴기　躨 꿈틀거릴기　璂 고깔꾸미개기　跽 길게꿇어앉을기　𨗿 얼마기　惎 독할기　忥 생각할기　饑 주릴기　羇 굴레기

䣛 즐길기　迉 바칠기　𨄴 뛸기　弃 잊을기　麡 큰노루기　祇 지신기　驥 천리마기　錡 세발가마기　芪 단너삼기　綦 쑥빛비단기　岓 산곁에놓여있는돌기　䭼 말이마위의갈기털기　邔 높을기　畸 뙈기밭기　**긱** 㲉 부지런히힘쓸긱

긴 緊 급할긴　𦤎 제비쑥긴　𠪚 묶을긴　𤸊 순종긴　菣 제비쑥긴　𣛭 나무결찹찹할긴　𧼨 느릿느릿갈긴　繪 자루긴　箽 껍질흰대긴　銒 목긴술병긴　**길** 咭 웃는모양길　吉 길할길　佶 바를길　𢓭 나아갈길

蛣 말똥구리길　𣓍 도라지길　詖 가죽검을길　䟌 절을길　銡 뻐걱거릴길　拮 열일할길　䞟 비뚜루갈길　𧽢 비뚜로갈길　桔 도라지길　𢗶 두려워할길　砎 조약돌길　狤 짐승이름길　洁 맛좋은물길　䮭 말빛갈길　鞊 가슴걸이길　姞

후식의원비이름길　**김** 趝 고개숙이고빨리달아날김　**끽** 喫 먹을끽　**나** 𦊚 귀신쫓을나　哪 어조사나　𡖋 많을나　儺 성날나　𢁤 곳간나　内 안내여관나　羸 짐승이름나　拏 찰풀나　穤 찰벼나　𩴆 역신을쫓아낼나

拿 잡을나　𦃺 착붙을나　𥲹 새장나　挪 휠나　𣝂 나무무성할나　𨣿 부끄러울나　誽 떠볼나　𩴆 역신을쫓아낼나　㑚 굶을나　𦙫 성길나　𪏆 꼭붙을나　鬖 머리헝클어질나　𧊚 누에나　橠 나무무성할나　袲 해어진옷나　𢔁

제할나　糯 찰벼나　詉 끌어당길나　梛 나무이름나　拏 끌을나　𤘅 흰꼬리나　蠃 소라나　𨚗 클나　那 어찌나　𢔂 제할나　穤 찰벼나　𤚣 흰꼬리나　𦛹 육장나　𨚔 많을나　𨂶 실족하여거꾸러질나　膈 소라나　𡖋

많을나　詉 말알아들을수없을나　𡶈 산연접할나　𧧠 말바르지않이할나　陏 풀열매나　𨏥 수레심대끝나　稬 찰벼나　**낙** 逽 나아갈낙　諾 대답할낙　豰 잡을낙　䚞 잡을낙　𢘹 허락낙　**난** 偄 연약할난　㶄 따뜻할난　懶 게으를난

난 날 남 납 낭 내 냐 냥 녀 녁 년 녈 념 녑 녕

난

闌 늦을 난　䨮 따뜻할 난　赧 무안할 난　煖 더울 난　赧 무안할 난　餪 풀보기 잔치 난　㬮 붉을 난　難 어려울 난　㬱 사람이름 난　㬉 둥글 난　暖 따뜻할 난　鶧 어려울 난　赧 무안할 난　㦨 게으를 난　渜 목욕한 물 난　雖 새 난

鷬 어려울 난　鶧 어려울 난　餪 먹일 난　㦨 부끄러워얼굴붉을 난　麇 사슴새끼 난　爛 촛불빛 난　煗 더울 난　㬮 따뜻할 난　㬉 따뜻할 난　難 새 난　攤 누를 난　酴 무안할 난　難 어려울 난　㬮 쪼그라들 난　㛯 기를 난　難 어려울 난

難 어려울 난　戁 송구할 난　赧 무안할 난　㜷 시끄럽게송사할 난

날

㳻 앙금흙 날　茶 고달플 날　捏 성날 날　捺 손가락으로누를 날　㩦 하인옷 날　疨 부스럼이아플 날　瘵 앓을 날　捏 꼭찍을 날　涅 앙금흙 날

남

峚 남녘 남　喃

㳻 말분명치못할 남　㴐 혼어른름 남　娚 말소리 남　偄 사내 남　南 남녘 남　男 사내 남　枬 매화나무 남　諵 말많이할 남　䶲 겸 남　䨺 진흙 남　㚷 가축다룰 남　枏 나무이름 남　㽖 물릴 남　䑙 가축다룰 남　翤 깃이약할 남　腩 간람 남

납

蒳 풀이름 남　蝻 곡식벌레 남　楠 매나무 남　罱 그물 남　畘 밭열이랑 남　湳 물이름 남　䎃 거북껍질가장자리 남　遖 가른할 남　柟 매화나무 남　闐 문지기 남　醰 고기지짐 남　楠 잡곡죽 남

납

囝 손움직일 납　軜 연할 납　笝

納 배매는댓줄 납　納 들일 납　鈉 예 납　麳 가지런히끓을 납　笝 배매는댓줄 납　䎎 부드러울 납　衲 배매는대동아줄 납　㧾 칠 납　䖓 먹을 납　蝻 백납 납　鈉 씹을 납　䫇 향내나는풀 납　衲 기울 납　魶 고기이름 납　䖓 메기 납　哾 여럿이지껄일 납

낭

娘 아가씨 낭　曩 산모퉁이 낭　儾 늦어질 낭　壤 토굴 낭　㶞 봄갈상낭　㬳 가까울 낭　㫰 삽살개 낭　瀼 물이름 낭　囊 풀모양 낭　㶞 흐르는모양 낭　驤 코막힐 낭　儴 가는모양 낭　㰱 나무함지박 낭　礲 산모퉁이 낭　攮

瀼 밀릴 낭　攮 물흐를 낭　㶞 찌를 낭　饢 너그러울 낭　曩 저즘께 낭　囊 주머니 낭

내

奈 어찌 내　妳 낮잠잘 내　嬭 유모 내　㮈 노인자 내　乃 향내 내　內 안 내　乃 어조사 내　迺 어조사 내　肉 안 내　嬭 젖어미 내

냐

孥 소젖 내　鼐 날흐릴 내　睫 돌아볼 내　鯠 전어 내　鼐 둥에 내　鯠 냄새날 내　耐 견딜 내　褦 털많을 내　耐 참을 내　眤 눈악할 내　鬏 털엉클어질 내　柰 사과 내　疓 앓을 내　耒 올 내　揘 문댈 내　䭆 솜흐트러질 내

眤 악한눈 내　鯠 전어 내　耗 털많을 내　鼐 큰솥 내　迺 놀라소리지를 내　䴎 패랭이 내　㮈 물붙을 내　榛 죽은나무 내　㘨 기느질 내　鬏 터럭엉킬 내

냐

搦 가질 냐

냥

䘣 검을 냥　釀 검을 냥

녀

帤

녀

毠 개털많을 녀　茹 먹을 녀　絮 해진옷 녀　絮 들러붙을 녀　㚷 썩은냄새나는풀 녀　㕁 해진옷 녀　潔 젖을 녀　絮 묶은솜 녀　䋈 이끌 녀

녁

疒 병 녁　䐳 생각할 녁　惄 근심할 녁　㲻 가루떠 녁　䗳 근심할 녁　㲻

먹수건 녀

년

姩 이쁜계집 년　年 해 년　涊 나쁜술 년　㞋 다툰가죽 년　䳉 따오기 년　涩 때길 년　䩞 푸른다람쥐 년　䚓 달돌을 년　憐 맘강한듯하고 약할 년　季 해 년　輾 수레에깔릴 년　蹨 밟을 년　碾 멧돌 년　撚 삽을 년

구운떡 녁

녈

埋 막을 녈　篞 중피리 녈　䅬 백반 녈　腥 부을 녈　茢 양차의채찍 녈

념

鉩 바를 념　鑈 죽집게 념　隂 언덕위에서 만날 념　踗 사뿐사뿐걸을 념　䥈 쓴맛 념　撚 손비빔 념　念 생각할 념　苶 풀날 념　韂 대발 념　䇣

배끄는줄 념　惗 사랑할 념　谽 꺼질 념　䜲 배나무 념　艌 낡은배수리할 념　拈 집을 념　恬 편안할 념　醦 쓴맛 념　冂 낮게드리울 념

녑

㡋 좁을 녑　鉩 바를 녑　䯀 살떨릴 녑　燁 불이글이글할 녑　敜 막을 녑　捻 손으로찍어바를 녑

猸 급히날을 녑　䌰 실이음매 녑　鑷 비녀 녑

녕

儜 고달플 녕　寗 편안할 녕　寍 편안할 녕　寍 문안할 녕　寍 문안할 녕　寕 문안할 녕　嚀 정녕할 녕　佞 재주 녕　寧 차라리 녕　寗 하늘 녕　䁥 고할 녕　儜 가는모양 녕

五一二

寗 차라리 녕　鑏 부엉이 녕　嚀 속삭거릴 녕　聹 귀에지 녕　𩪽 뼈껴러 녕　薴 풀어지러울 녕　䠳 때 녕　鑏 칼슴배 녕　獰 영악할 녕　㿦 잃을 녕　䁧 고할 녕　聹 귀에지 녕　毛乃 개털 녕　濘 진흙 녕　鬡 머리흩어질 녕　甯

들깨 녕　擰 어지러울 녕　𣯀 삽삽개 녕　鸋 부엉이 녕　寧 편안할 녕　䠳 때 녕　蠅 땅강아지 녕　顊 이마 녕　顐 이마 녕　饝 억지로먹을 녕　檸 영몽 녕　橣 양귤 녕　矃 볼 녕　嬣 어머니 녕　寗 편안할 녕

녜

䩲 고삐드릴 녜

貎 칠질 녜　閑 어리석을 녜　䩲 부드러운가죽 녜

노

努 힘쓸 노　呶 들렐 노　狃 산이름 노　伮 힘쓸 노　孥 자식 노　弩 쇠노 노　𡇇 늙을 노　㛴 원통할 노　劳 공로 노　堖 짤 노　伖 종 노　瑙 옥돌 노　瞀 눈부릅뜰 노

砮 돌살촉 노　猱 원숭이 노　碯 마노 노　𣨙 한할 노　瑙 마노 노　獳 삽살개 노　獶 사자개 노　怓 못할 노　憹 봅시뉘우칠 노　磠 무늬질돌 노　貀 암담비 노　譊 놀래가 노　𤀣 젖을 노　獿 원숭이 노　磁 돌살촉 노　駑 노둔한말 노

獶 암담비 노　炉 물이름날 노　安 막을 노　熘 더울 노　髮 머리모양 노　鞡 누그러운가죽 노　㑏 성낼 노　鐃 놋그릇 노　詉 기쁠 노　騷 좋은말 노　餪 익힌밥 노　鬡 머리모양 노　懹 용렬할 노　猺 암담비 노　騷 좋은말 노　奴 남종 노

怒 짜증낼 노　臑 팔마디 노　髮 수염많은모양 노　帑 처자 노　笯 새장 노　貀 암담비 노　譊 서로욕할 노

녹

傉 성 녹　梺 산밑 녹　搙 비틀 녹　諔 기록할 녹　禄 복 녹　𩋡 전통 녹　𩌶 호적 녹

농

噥 달게먹을 농

儂 나 농　襛 후한제사 농　𩂼 이슬흠치르르할 농　濃 껄쩍할 농　䢉 농사 농　農 농사 농　辳 농사 농　龎 농 농　𪏽 농부 농　膿 고름 농　穠 꽃과열매빽빽히많은모양 농　𢈉 밭갈 농　㢉 힘쓸 농　癑 아플 농　齈 콧병 농

𩅽 이슬많을 농　𦗢 귀먹먹할 농　莀 농사 농　𡖅 많을 농　䵜 누룩 농　醲 텁텁한술 농　𪏽 시꺼멀 농　蕽 갈꽃 농　䳮 기러기 농　𩟗 억지로먹을 농　渰 적실 농　襛 옷두터울 농

놔

雫 물방울 놔

놜

妠 어린아이살찐모양 놜　虓 범이갈 놜　豽 산같우짐승 놜　瓬 암키와 놜

뇌

𣧽 약할 뇌　惱 번뇌할 뇌　鮾 썩은생선 뇌　脨 머리골 뇌　酹 강신술 뇌　腇 잠피할 뇌　脳 머리 뇌　靁 천둥 뇌　𩆷 천둥 뇌　𩃬 천둥 뇌　腦

머리골 뇌　腦 머리골 뇌　𩩲 머리골 뇌　雷 천둥 뇌　礧 돌무더기 뇌　挼 비빌 뇌　𢙳 느른할 뇌　餒 굶길 뇌　鯘 패할 뇌　頼 힘입을 뇌　娞 고울 뇌　𦄂 다릴 뇌　𠜲 머리 뇌　匘 살찐모양 뇌　𢏳 활당길 뇌　鮾 썩은생선 뇌　𩂣 천둥 뇌

捼 만질 뇌　𤫾 외속 뇌

뇨

尿 오줌 뇨　嬲 희악질할 뇨　嬝 간들그릴 뇨　㒟 아름다울 뇨　嫐 샘낼 뇨　嫋 날릴 뇨　獿 개놀랠 뇨　怓 심란할 뇨　鐃 작은징 뇨　𥗞 산꼬불꼬불할 뇨　𨱿 가죽신 뇨　颮 더운바람 뇨　𩬰 머리길 뇨

𥣎 저울대오르지않을 뇨　𩮍 부드럽고길 뇨　犉 [illegible]　𠈊 오줌 뇨　搗 딸 뇨　褭 말북두 뇨　𠇗 오줌 뇨　磠 약돌 뇨　𢸣 딸 뇨　硇 약돌 뇨　閙 시끄러울 뇨　淖 진흙 뇨　𩍂 가죽신 뇨　𨼊 낮을 뇨　溺 오줌 뇨　裊 끄을 뇨

䳮 두견새 뇨　𡲍 오줌 뇨　尿 오줌 뇨　譊 볼멘소리할 뇨

뇽

鬞 많을 뇽

누

穀 젖먹일 누　𥤊 작은젖 누　娄 나라이름 누　㝹 토끼새끼 누　㝅 젖 누　𥥛 작은모양 누　僂 구부릴 누　浼 물거품 누　獳 개성낼 누　𥙁 빌미 누

譳 말머뭇거릴 누　𩏂 오랑캐 양 누　譨 말머뭇거릴 누　耨 김맬 누　狘 개성낼 누　槈 풀베는기구 누　㯣 굵은칡 누　瘻 곱사등이 누　譨 속삭거릴 누　楼 다락 누　瘺 곱사등이 누　䫫 얼굴비뚤어질 누　䨲 토끼새끼 누　陋 더러울 누　羺

오랑캐양 누　𦔎 김맬 누　羺 오랑캐양 누　㾖 곱사등이 누　𡣘 살찔 누　鎒 김맬 누

눈

㜛 어린 눈　𢤢 바쁠 눈　嫩 연약할 눈　𢣏 붙을 눈　嫰 연약할 눈　𦐅 어릴 눈　𣈜 아름다울 눈　𪍀 약할 눈　焫 더울 눈

눌

肭 물개 눌

朒 해구눌 㚊 심탄할눌 貀 앞발없는짐승눌 [illegible] 나눌비눌 [illegible] 발상할눌 [illegible] 컴컴할눌 [illegible] 지돈할눌 抐 물에담길눌 訥 말더듬거릴눌

뉴 妞 성뉴 [illegible] 작은젖뉴 [illegible] 연할뉴 檽 누구나무뉴 狃 개성품교만할뉴 粈 잡곡밥뉴

鱬 인어뉴 [illegible] 벼연약할뉴 [illegible] 빗장뉴 [illegible] 잡밥뉴 杻 박달나무뉴 [illegible] 인꼭지뉴 [illegible] 옷부드러울뉴 [illegible] 찌를뉴 忸 익을뉴 [illegible] 반쯤말린뉴 [illegible] 차질뉴 紐 단추뉴 莥 돌콩뉴 糅 잡색비단뉴 扭 누를뉴 鈕 인꼭지뉴

뉵 [illegible] 눈쌀찌푸릴뉵 [illegible] 갈뉵 䶊 코피뉵 [illegible] 부끄러운얼굴뉵 朒 펴지못할뉵 [illegible] 볼뉵 [illegible] 날카로울뉵 [illegible] 부끄러울뉵 [illegible] 더러울뉵 恧 부끄러울뉵 [illegible] 코피뉵 [illegible] 코피뉵 衄 코피뉵 衂 코피뉵 [illegible] 코피뉵 [illegible] 지차리뉵

[illegible] 부끄러워할뉵 [illegible] 부끄러울뉵 **늑** [illegible] 돌이깨늑 [illegible] 갈빗대늑 [illegible] 등에늑 **능** [illegible] 말많을능 能 능할능 [illegible] 착할능 [illegible] 큰언덕능 陵 큰언덕능 陵 큰언덕능 [illegible] 착할능 [illegible] 큰언덕능 **늦** [illegible] 늦을늦 [illegible] 늦을늦

니 [illegible] 웅덩이니 [illegible] 꽁무니니 埿 진흙니 坭 진흙니 你 너니 伱 너니 妮 계집하인니 呢 소근거릴니 [illegible] 산이름니 伱 너니 狔 바람에너풀거릴니 柅 수레고동목니 [illegible] 입다물니 [illegible] 볼니 迡 가까울니 [illegible] 다리부러질니 旎

깃발펄펄날릴니 栮 버섯니 濔 가득할니 檷 실패니 抳 가르킬니 [illegible] 얼레니 [illegible] 겨로기니 蚭 지차리니 [illegible] 기뻐할니 [illegible] 이슬많을니 [illegible] 차앞덕나무니 [illegible] 향기날니 泥 막힐니 [illegible] 진흙니 [illegible] 모래무지니 [illegible] 고삐늘어질니

[illegible] 기름껄니 膩 살찔니 [illegible] 많을니 [illegible] 상자니 苨 겨로기니 [illegible] 미끼니 [illegible] 얼레자루니 [illegible] 뼈섞인젓니 [illegible] 머리털모양니 跜 뿔없는용니 [illegible] 미끼니 您 너니 禰 아비사당니 [illegible] 미끼니 尼 여승니 [illegible] 사람부를니

[illegible] 머리털모양니 秜 돌벼니 **닉** 匿 숨을닉 [illegible] 서로친근할닉 [illegible] 벌레먹는병닉 [illegible] 걱정할닉 [illegible] 벌레먹는병닉 [illegible] 수심면낯닉 [illegible] 이앓을닉 [illegible] 숭어같은고기닉 [illegible] 차질닉 愵 걱정할닉 [illegible] 힐끗볼닉 **닐** 厸 이웃닐 昵

가깝게할닐 [illegible] 차질닐 [illegible] 붙일닐 暱 친근할닐 [illegible] 부끄러울닐 **님** [illegible] 물레님 [illegible] 가늘게짤님 拰 활바로잡을님 **닙** [illegible] 사사로가질닙 [illegible] 젖은형상닙 [illegible] 그림자움직일닙 **다** [illegible] 많을다 多 많을다 [illegible] 아첨할다 垑

많을다 [illegible] 움킬다 [illegible] 오목한산다 [illegible] 사발다 [illegible] 뿔짧을다 [illegible] 뿔뿌리다 茶 차풀다 爸 아비다 跢 어린아이걸을다 [illegible] 추한모양다 [illegible] 깊을다 [illegible] 비스듬히갈다 茶 차풀다 [illegible] 차나무다 爹 아비다 [illegible] 많을다

[illegible] 수다할답다 夛 많을다 [illegible] 많을다 [illegible] 많을다 **단** 但 다만단 剬 단정할단 団 둥글단 丹 붉을단 [illegible] 작은집단 呑 삼킬단 勯 힘다할단 [illegible] 붉을단 單 홀로단 [illegible] 벨단 [illegible] 산우뚝할단 单 홀로단 剸

끊을단 壇 제터단 團 둥글단 亶 믿을단 彖 주역사단 偳 적을단 單 홀로단 鷻 수리단 椴 피나무단 貒 오소리단 [illegible] 짧은단 鍛 쇠불릴단 踹 발구를단 [illegible] 까치같고꼬리짧은단 [illegible] 무늬놓을비단단 [illegible] 발없는벌레단

[illegible] 새이름단 [illegible] 각단단 鷤 찡새끼단 [illegible] 수리단 担 떨칠단 斷 어질단 [illegible] 재물조금있을단 鴠 한호충단 [illegible] 막걸리단 耑 끝단 [illegible] 던질단 [illegible] 끄는말단 [illegible] 병들단 [illegible] 각단단 [illegible] 후려칠단 段 조각단 [illegible]

단련할단 癉 허로병단 匰 신주독단 潬 모래톱단 [illegible] 작은술잔단 [illegible] 발자국단 漙 이슬많을단 [illegible] 말의혹날단 慱 근심할단 猯 삵단 褍 옷바른폭단 [illegible] 갈길단 [illegible] 자리단 鏄 쇳덩이단 断 끊을단 腶 약포단

旦 밝을단 蛋 새알단 碫 숫돌단 篅 대이름단 砃 붉은돌단 端 단정할단 [illegible] 황후의옷단 躖 발자국단 槫 둥글단 [illegible] 금향빛단 [illegible] 밝을단 [illegible] 더디게걷는말단 煓 불꽃성할단 [illegible] 금향빛단 緣 옷소리단

湪 이슬많을 단　篖 배끄는줄 단　驙 둥겁은흰말 단　端 끝 단　瑖 옥돌 단　葮 무궁화 단　⿰革段 신들메끈 단　斷 끊어질 단　撻 종아리칠 단　鄲 조나라서울 단　⿰旦頁 넓적한얼굴 단　儃 달아날 단　鍴 송곳 단　疸 황달 단　⿵門旦 문빗장 단

簞 소쿠리 단　⿱殳歹 끊어질 단　⿰韋殳 신뒤축끈 단　⿺走旦 곧장갈 단　襌 홑옷 단　⿰扌段 체찍질할 단　袒 옷벗어멜 단　⿰米專 수단 단　狚 원숭이같은짐승 단　⿰彖隹 단새 단　糰 수단 단　摶 칠 단　⿰糸耑 옷소리 단　⿰革段 신뒤축끈 단　⿰阝段 험준할 단

⿰月黃 누른빛 단　⿰扌㡭 가위질할 단　蜑 남녘오랑캐 단　短 짧을 단　躖 발자국 단　胆 침비깨 단　湍 급한여울 단　靼 다룬가죽 단　漙 이슬방울맺일 단　毈 알곯아가지못할 단　貚 이리 단　**달**　呾 마주꾸짖을 달　夲 지날 달　⿰亻達 살찔 달　妲 계집의이름 달

噠 오랑캐나라이름 달　薘 질경이 달　燵 자리속에넣는화로 달　韃 달단 달　達 통달할 달　逹 이를 달　逹 이를 달　⿱制心 깜짝놀랄 달　怛 깜짝놀랄 달　⿱賴魚 수달 달　⿰犭達 수달 달　⿰魚賴 수달 달　羍 새끼양 달　⿰彳達 길이서로어긋날 달　橽 수통 달

達 통달할 달　躂 미끄러질 달　澾 미끄러울 달　⿰黑旦 회색빛 달　⿰革亶 다룬가죽 달　⿱穴各 얼굴둥근 달　炟 불일어날 달　⿰足幸 꺼꾸러질 달　⿰黑巳 회색빛 달　⿰皮達 부르틀 달　⿰氵逹 미끄러울 달　⿰食達 수제비 달　⿰革桼 칠 달　幸 어린양 달　⿰舟達 싸움배 달

⿺辶虘 매맞을 달　獺 수달 달　垃 밟을 달　⿰足幸 꺼꾸러질 달　⿱旦心 수고로울 달　詚 조용하지않이할 달　闥 대문 달　**담**　媅 즐거울 담　⿰多冘 많을 담　啖 씹을 담　嫸 계집몸후리후리할 담　壜 술병 담　嘾 꿀꺽삼킬 담　⿰口冘 새울 담　埮 평평한땅 담　墰 목긴술병 담

⿸广冘 그늘 담　儋 기운차고날셀해집 담　啗 씹을 담　妉 즐길 담　倓 편안할 담　噉 씹을 담　啗 씹을 담　忐 맘허할 담　⿰阝馬 낮을 담　簟 굽은속 담　郯 나라이름 담　郯 나라이름 담　⿰雲甚 구름피어오를 담　紞 면류관앞드림 담　⿱雨湛 구름피어오를 담

甔 한섬들이독 담　⿰麥覃 맛있을 담　⿰耳覃 시끄러울 담　覃 미칠 담　⿰香覃 향내 담　聃 노자이름 담　毯 담자리 담　⿱艹閻 꽃빛난모양 담　衴 이불깃 담　窞 구덩이속작은구덩이 담　⿰石詹 약이름 담　憺 고요할 담　⿰糸詹 늘어질 담　擔 질 담　⿸疒詹 어리석을 담

譚 클 담　⿱詹言 약이름 담　⿰身冉 노자이름 담　憛 염려할 담　黕 때낄 담　⿱穴炎 옆고클 담　⿱艹⿰酉炎 달순 담　膽 쓸개 담　蕁 말 담　藫 물이끼 담　覃 미칠 담　⿰身詹 좋아할 담　⿱艹欿 연봉오리 담　⿰冘瓦 물장구 담　⿰馬冘 관이앞으로기울 담　痰 가래 담　惔 속탈 담

炎 달순 담　⿱沈皿 육젓 담　顲 머리모양 담　⿰身炎 쓸개 담　緂 초록빛 담　覃 미칠 담　淡 물모양 담　⿰黑炎 검푸른비단 담　⿰身冉 노자이름 담　湛 즐거울 담　⿰日冊 그늘 담　萏 꽃빛날모양 담　嚪 먹을 담　蕁 마름 담　⿰酉炎 싱거울 담　⿱雨甚 구름낄 담

毯 담자리 담　⿰食敢 맛없을 담　剡 달순 담　⿰禾覃 차질 담　曇 날흐릴 담　甔 술독 담　⿰面冘 둔할 담　毯 담자리 담　⿰耳甘 노자이름 담　蕁 마름 담　罎 목긴항아리 담　覃 미칠 담　舕 혀빼물 담　⿰火殳 칩더칠 담　⿱𥫗淡 단대 담　潭 깊을 담

霮 장마 담　⿰身詹 좋아할 담　⿱敢食 맛없을 담　薝 치자꽃 담　⿰虫亶 좀 담　蕁 마를 담　⿰月覃 밥맛있을 담　⿰甚見 천천히볼 담　⿰冘支 때릴 담　⿰足閒 발장단맞추어노래할 담　⿰耳詹 귀늘어질 담　躭 좋아할 담　⿰炎舌 혀빼물 담　⿰炎頁 낯길 담　萏 연봉오리 담　⿰氵冉 높은물결 담

⿰面冘 둔할 담　⿱艹冉 파 담　⿱艹淡 외김치 담　⿰米多 차질 담　談 말씀 담　⿺走覃 달아날 담　⿱穴炎 굴뚝 담　舑 혀빼물 담　黕 때낄 담　⿰雲甚 구름피어오를 담　醓 고기젓 담　⿰酉炎 술맛색큼할 담　腅 고기 담　⿰氵冉 험한파도 담　⿰目覃 긴맛 담　⿱艹冉 파 담

禫 담제 담　澹 맑을 담　蟫 반디좀 담　譚 클 담　髧 다팔머리 담　覃 미칠 담　醰 술맛준할 담　⿰女甘 노파자칭할 담　⿰貝覃 물건값선셈받을 담　⿱肬皿 육젓 담　黮 검을 담　餤 나아갈 담　⿰甚冘 집이깊숙할 담　燂 불사를 담　舑 혀빼물 담　⿰口淡 입맛싱거울 담

聃 노자이름 담　**답**　嶖 산첩첩할 답　⿹勹沓 포갤 답　⿰土沓 떨어지는소리 답　⿰沓刂 갈구리 답　幍 앙장 답　⿱髟沓 머리털 답　⿰虫沓 딱정벌레 답　⿱合皮 가죽늘어질 답　⿰犭并 개먹을 답　⿰黑羽 날 답　鞳 골무 답　搭 붙을 답　⿸疒合 살찔 답　磼 잡석많을 답　⿰耳荅 귀 답

譶 말재잘거릴답 鶅 푸르락날답 瘩 두드러기날답 䑙 크게먹을답 猲 짐승달아날답 䌋 비단답 䑽 크게먹을답 褡 옷해질답 䡙 바퀴통속쇠답 䈋 창짝답 誻 망녕되게말할답 答 대답 䟾 길답 䨅 푸드덕날을답 褟 옷답 揝 골무답 䎓 날답 𥪰 눈내리뜨는모양답 蹹 밟을답 龘 용이가는모양답 䜚 말나불할답 龖 나는용담답 䶪 북소리시끄러울답 耷 큰귀답 涾 젖을답 蹋 제기찰답 匌 니할납 譶 재재거릴답 𤿭 비릴답 𦉘 크게먹을답 聕 소리답 䜚 망령되게할담답 𧳜 물개답 譶 말재잘거릴답 鎝 갈구리답 榙 기둥머리답 㥮 겁낼답 罯 그물답 狢 개먹을답 䪚 골무답 蹹 업드릴답 餲 먹을답 𩏂 갓옷답 蹋 제기찰답 躢 밟을답 𨂝 발조국포개질답 𠡒 귀가죽처질답 𦽝 연입물에덮일답 鼛 북소리답 蹹 밟을답 黭 검을답 𧲤 휠날을답 荅 좀콩답 踏 밟을답 濌 끊어질답 畓 논답 遝 가나가설답 畣 대답할답 黮 검은구름답 沓 거듭답 譶 망령되게할답 騇 말빨리걸을답 㰶 부지런할답 翗 낮을답 碴 방아디딜답 䓠 연입물에덮일답 嚃 잔말할답

당

啺 당나라당 𡆵 흘깨는소리당 堂 집당 塘 못당 当 마땅당 儻 얽매지않을당 宕 당할당 唐 당나라당 党 오랑캐당 噇 먹을모양당 幢 기당 坣 마땅할당 倘 아마당 当 마땅당 糃 엿당 糖 엿당 餹 엿당 糛 엿당 饄 엿당 𩙪 미친바람당 𢐉 볼당 灢 물모양당 膅 다리살찔당 𥗽 돌소리당 璫 귀고리당 瞠 바로볼당 𪄂 새이름당 䡘 군사수레당 𩷕 고기이름당 䶂 쥐당 瀍 즐거울당 鼞 북소리당 搪 당돌할당 礑 밑당 膛 뚱뚱할당 讜 곧은말당 鶶 새이름당 禟 도울당 蹚 미끄러질당 榶 주발당 曭 햇빛희미할당 𡷧 큰소래기당 螳 버마재비당 攩 두드릴당 𩗲 미친바람당 蟷 버마재비당 擋 처리할당 𥽮 사탕당 𥎰 당나라당 𤾄 밝을당 䫜 머리당 耩 밭갈당 當 마땅할당 篖 대자리당 黨 무리당 𩸋 자가사리당 𣯃 상모당 棠 아가위당 䁴 바로볼당 𦢊 달빛호릴당 戇 어리석을당 蹚 미끄러질당 嵣 큰소래기당 澹 두자성당 襠 잠바이당 䣊 머무는곳당 艡 싸움배당 薚 들벗나무당 鐺 죄인자물쇠당 蓎 소나무겨우살이당 䌔 큰줄당 𩩲 꽁무니뼈당 戇 어리석을당 螳 버마제비당 簹 왕대당 躺 누울당 鄌 머무르는곳당 磄 괴상스러울당 戃 깜짝놀랄당 隚 주추돌당 欓 월나라산초당 讜 곧은말당 鬤 머리엉클어질당 𨌅 쇠심대당 鎲 세갈래창당 漟 골당 𨜶 머무르는곳당 暘 밝을당 鏜 북소리당 𩓩 어리석을당 𨏔 수레바탕당 䭥 말의빛갈당 煻 잿불당 譡 곧은말당 𩗳 바람모양당 𨻨 방축당 𥞑 기장당 𦢈 귀밑오목한곳당 蟷 벌아재비당 檔 책상당 撞 찧을당 𩞚 밥줄당 嵣 산굽이당 螗 주발매미당 鎕 붉은구슬당 瞸 귀처져붙을당 𧡦 똑바로볼당 矘 눈정신없이볼당 𠗩 얼어붙을당 瑭 옥이름당 𥤀 누른곡식당 𤏅 빛날당 鞺 북소리당 闣 엿볼당 闛 높은문당 溏 연못당

대

壔 높을대 嚺 말그치지않을대 岱 태산대 坮 돈대 臺 집대 帒 가방대 対 마주설대 儓 하인대 帶 띠대 対 대답할대 對 대화할대 垈 집터대 對 대답할대 待 기다릴대 带 찰대 大 클대 埭 방축대 廗 집비뚤어질대 坮 돈대 𡏐 돈대 臺 높을대 代 대신대 錞 창고달대 靆 검은구름낄대 憝 원망할대 瀻 물호릴대 𥔧 방축대 扶 팔꼭뼈대 𩄝 검은구름낄대 鐓 창고달대 戴 머리에일대 黱 검을대 𩩈 어리석을대 瀨 물에모래밀릴대 昊 날빛대 鍏 창자루밑에는구리대 樹 의대대 𡗥 달대 鐓 창고달대 𨽍 썰은풋김치대 貸 빌릴대 襶 미욱할대 懟 원망할대 𩵚 새대 𥃨 주머니대 𨽍 썰은풋김치대 𥃨 주머니대 臺 대대 戴 머리에일대 柋 누에시렁대 竨 포갤대 篒 얇고긴바구니대

黛 눈썹그릴 대 艜 길고좁은배 대 [疒帶] 嵟 산모양 대 嶵 산모양 대 萁 콩대 啚 어조사 대 譈 원망할 대 대하증 대 [雲代] 구름깔릴 대 軑 바퀴통감기쇠 대 [舟尋] 사람이름 대 軚 바퀴통감기쇠 대 碓 방아 대 [竹畾] 쌀씻는멧돌 대 黱 새파랄 대

蹛 땅이름 대 憝 원망할 대 [雨對] 검은구름낄 대 靅 구름의형상 대 [鳥大] 새 대 [石隊] 떨어질 대 袋 주머니 대 [月對] 무성할 대 瑇 대모 대 擡 들 대 玳 대모 대 [日對] 성할 대 [雨隊] 검은구름낄 대 汏 사태날 대 懟 원망할 대 [木對] 차에난간기둥 대

譵 원망할 대 檯 등대 대 歹 거스릴 대 [氵對] 담글 대 [欠] 기뻐할 대 戴 머리에일 대 轛 수레난간기둥 대 籉 삿갓 대 薱 빽빽히들어설 대 靆 검은구름낄 대 [衤代] 풀모양 대 [爿臺] 나무결거슬러깎을 대 籉 삿갓 대 [黑大] 검을 대 [黑隊] 뜰 대

隊 떼 대 嵟 산모양 대 嶵 산모양 대 萁 콩대 啚 어조사 대 譈 원망할 대

덕

德 큰 덕 悳 큰 덕 惪 큰 덕 [直心] 은혜 덕 德 은혜 덕 [忄得] 얻을 덕 [木悳] 땅이름 덕 [广悳] 큰 덕

도

屠 술이름 도 峹 산이름 도 堵 담 도 嘟 칭찬할 도 嶋 섬 도 刀 칼 도 [广乇] 법도 도 壔 작은성 도 圗 그림 도 啕 수다할 도 [寸刂] 길 도 屠 죽일 도 道 길 도 都 도시 도 梌 가래나무 도 [足匋] 밟을 도 棹 노 도 [牜冒] 새끼없는소 도 [鄉] 도읍 도 滔 물넘을 도

搗 찧을 도 [走土] 무리 도 道 길 도 弢 활집 도 嶌 섬 도 幍 모자 도 嶹 산이름 도 衜 인도할 도 峹 산이름 도 圗 그림 도 圖 그림 도 幬 덮을 도 夲 나아갈 도 [口耆] 늙은이 도 [韋者] 담 도 [犬] 도둑 도 [殸耂] 늙은이 도 導 인도할 도

匋 기다릴 도 冬 겨울 동 [豕者] 담 도 図 그림 도 [土叜] 묻을 도 島 섬 도 [宀示] 집 도 [山叉] 미끄러울 도 刂 칼 도 畵 그림 도 卣 고기 도 [辶酋] 이를 도 度 법도 도 嵞 이름 도 匋 질그릇 도 廜 초가 도 鞉 소고 도 酴 술밑 도

睹 볼 도 [礻壬] 기도할 도 悼 슬퍼할 도 檮 토막나무 도 途 길 도 [忄壽] 들암소 도 跿 맨발 도 [犭爾] 깃일산 도 饕 탐할 도 禂 말제사지낼 도 [走余] 망에엎드러질 도 鞀 소고 도 纛 깃일산 도 禱 빌 도 悇 의심할 도 斁 패할 도

鵌 쥐와함께사는새 도 [革旦] 너그러울 도 [食戈] 도둑 도 裯 소매 도 [犭壽] 깃일산 도 [日戈] 햇빛 도 [艹度] 향풀 도 逃 달아날 도 [言匋] 왕래하는말 도 [馬壽] 말제사지낼 도 桃 복숭아 도 鼗 소고 도 掏 가릴 도 舠 거루 도 途 길 도

[日兪] 해그림자 도 醄 몹시취할 도 [麥匋] 떡 도 [革匋] 북통 도 [馬戈] 마조단제 도 捈 보리 도 擣 두드릴 도 逃 달아날 도 暏 새벽 도 斁 패할 도 饕 탐할 도 饕 탐할 도 蜪 날개덜난메뚜기 도 [月舀] 큰배 도 慆 기뻐할 도

[身壽] 몸길 도 鞱 너그러울 도 綯 새끼꼴 도 [與] 헌그릇 도 跿 뛸 도 [禾兆] 피 도 捯 방망이 도 [頁] 큰낯 도 鼗 소고 도 [足柬] 성길 도 [舟卓] 배뛰어놓을 도 [余攴] 칠십늙은이 도 韜 감출 도 搯 두드릴 도 隝 섬 도 鵌 쥐와함께사는새 도

[馬壽] 말제사지낼 도 盜 도둑 도 [王余] 아름다운옥 도 鞉 소고 도 [風舀] 큰바람 도 [火章] 급히볶을 도 稻 벼 도 謟 의심할 도 醏 된장찌꺼기 도 道 길 도 [髟兆] 터럭길 도 祹 기도할 도 [米] 도시 도 饕 탐할 도 闍 성문층대 도

[身卓] 몸길 도 [虍食] 탐할 도 [虍兒] 범 도 [黑毛] 새까말 도 [言犮] 말절차없을 도 裪 상서 도 [缶夸] 질그릇 도 [竹舀] 소먹이는그릇 도 [糸翟] 초록빛 도 [長兆] 길 도 禱 기도할 도 [叔目] 많을 도 [疒鹿] 법도 도 掉 흔들 도 陶 질그릇 도 萄 포도 도

蹈 밟을 도 [舟兆] 강가운데큰배 도 迯 달아날 도 殬 폐할 도 涂 도랑 도 鋾 쇳덩이 도 [禾条] 벼이삭 도 纛 끼일산 도 魛 갈치 도 [礻壬] 기도할 도 [牛上] 소더디걸을 도 挑 끌어낼 도 [虍兆] 범 도 [足兆] 길 도 衜 길 도

絛 엮은실 도 [疒叏] 병 도 濤 큰물결 도 [竹旋] 시렁 도 [金舀] 쇠합 도 逃 달아날 도 梌 쥐엄나무 도 [虍壽] 탐할 도 辻 무리 도 [竹舀] 소먹이는그릇 도 逌 밟을 도 [走土] 무리 도 饕 탐할 도 忉 근심할 도 [余阝] 고을이름 도 瘏

피곤할도 鷂 비둘기도 稻 나무이름도 陶 질그릇도 鷵 새이름도 裪 소매끝도 衜 길도 舠 큰배도 荼 감젓도 㓞 나무고갱이도 䕀 가릴도 䅾 옥수수도 饕 게검스러울도 迯 달아날도 饕 탐할도 𩩲 머리뼈도

捈 궁글릴도 瑫 아름다운옥도 賭 내기도 鍺 바퀴통쇠도 涂 건늘도 都 도읍도 疾 병들도 𩙪 큰바람도 覩 볼도 駼 말이름도 燾 옥도 韟 소로배끌도 𪊨 말이름도 𧦮 말분명치못할도 陶 질그릇도 𦨈

도가배도 隯 산이름도 𨚗 도읍도 渡 건늘도 𥴃 비녀도 𣉠 찧을도 㥏 슬퍼할도 櫂 노도 絩 급할도 衜 길도 盜 도둑도 韜 감출도 擣 방망이도 錭 무딜도 淘 쌀일도 鍍 도금할도

䩣 질신도 斁 한가지할도 徒 무리도 酴 두번빚은술도 塗 진흙도 馟 향내날도 䣝 내기하여이길도 帾 찌지붙일도 到 이를도 燾 덮일도 荼 씀바귀도 倒 꺼꾸러질도 翿 독도 餡 떡소도 韜 너그러울도 灱 더울도

叨 탐할도 滔 물창일학도 嗏 풀이름도 稌 찰벼도

독

嬻 거만할독 毒 독할독 𠐈 움직일독 㑛 추할독 罰 악할독 裻 등솔기독 蝳 거미독 䕮 땅두릅독 牘 서판독 碡 받고르는기계독 瓄 옥그릇독 韇 전동독

㱩 전동독 犢 작은소독 禿 모지라질독 毒 땅비들독 𨞲 알곰울독 䢱 활전대독 獨 외로울독 䫳 추한머리독 毒 독한독 毒 독할독 𢡋 어리석을독 韥 젓가락집독 櫝 함독 𨳭 작은문독 督 감독할독 𣫃 전동독 𦏵

여섯자되는양독 突 우뚝할독 毒 땅버들독 𧩙 교활할독 䙱 등솔기독 䪅 머리뼈독 𨃚 비뚜루갈독 𪌉 찐떡독 䮷 들말독 𥝩 두루미독 𥁑 뼤의고리독 犢 송아지독 𧾲 혼자갈독 罜 물고기그물독 㧻 지팡이로찌를독 竺 두터울독

𨈪 흘로독 𩟗 죽독 鵚 독수리독 篤 두터울독 𧩼 독할독 匵 손궤독 𧗍 알곰울독 獨 홀로독 𧮡 도랑통할독 讀 글읽을독 殰 낙태할독 独 위로울독 𤜃 작은소독 𨳭 물이름독 碡 돌고무래독 𦌾 고기그물독 𩦔 들말독

毒 독할독 騳 말이달려갈독 𧜀 옷등솔독 𤵾 목병독 疼 아플동 罿 새그물동 𤮐 까는벽돌동 朣 달밝으려하는모양동 鶇 물새의새직털나지

돈

墩 돈대돈 庉 불꽃성한모양돈 㞘 지돈 墪 돈대돈 弴

그림그린활돈 伅 어두울돈 囤 작은곳집돈 𡇴 작은곳집돈 𩍓 오랑캐의술그릇돈 霕 큰비돈 遯 피할돈 豚 돼지돈 𧄍 종선돈 𧱠 돼지돈 飩 경단돈 䨶 구름모양돈 𧃁 풀이성할돈 驐 짐승불알칠돈 𪊽 톤돈 𩑶 모지라질돈

䥣 꾸벅거릴돈 獤 사냥개돈 遯 달아날돈 䨶 구름큰모양돈 扽 움직일돈 憞 맘어두울돈 𧱓 돼지돈 臋 넓적다리뼈돈 沌 어둘돈 𨳮 문에찰돈 遯 피할돈 黗 일간섭아니할돈 撴 돈피돈 炖 붉은돈 𦝿 돼지돈 𢼊 당길돈

㹠 돌의새끼돈 𩹬 큰배돈 踲 달아날돈 𧷉 기이한물건보낼돈 䵯 누른빛돈 燉 불성할돈 霕 구름모양돈 𪏽 누른빛돈 惇 도라울돈 豘 새끼돼지돈 𢠿 돌아울돈 遯 피할돈 𢔽 돈피돈 軘 싸움수레돈 𥗍 걸터앉을돌돈 讀

글읽을독 腯 살찔돈 𪏻 누런빛돈 𩞄 탐할돈 𦢊 달빛돈 𥸨 흰떡돈 暾 해첨돋을돈 忳 민망할돈 豘 돼지돈 𣳪 어둘돈 朜 달빛돈 𪌊 경단돈 遯 숨을돈 䫴 바람돈 頓 꾸벅거릴돈 𧐖 청불벌레돈 遁 달아날돈

飩 경단돈 噸 톤돈 潡 큰물돈

돌

𠫓 해산할때에아이돌아나올돌 宊 우뚝할돌 突 나타날돌 堗 굴뚝돌 乭 사람이름돌 咄 꾸짖을돌 𤶂 하초병돌 𦨵 낚싯배돌 揬 당돌할돌 𩀲 꿩같고푸른새돌 湥 흐를돌 鼵 새와함께사는쥐돌 䘹

잠방이돌 鈯 무딜돌 𨑓 교활한모양돌 乭 사람이름돌 𦍑 양이름돌 𥓗 무늬진돌 㴝 흐를돌 𨃃 걸어도나가지않을돌 柮 삭정이돌 突 우뚝할돌 陛 천자의섬돌 䅷 밭갈돌 鍎 창돌 㻌 귀막이온돌 䮞 짐승이름돌 鶟 꿩같고푸른새돌

礥 주춧돌 佚 깜짝잇을동 **동** ⿰山童 민둥산동 姛 계집성품곧을동 彤 붉은칠할동 偅 마음동할동 冋 동든뚜껑동 ⿰彳東 곧게갈동 垌 못막이동 ⿰童刂 찌를동 ⿰女東 나라이름동 崠 산등성이동 同 한가지동 勭 정년이될동 峒 산이름동 ⿰弓同

활구밀동 庝 깊을집동 倲 뒤떨어질동 哃 큰말할동 僮 아이동 戙 배말뚝동 㓊 서늘할동 洞 밝을동 ⿰壴童 북울릴동 銅 구리동 ⿰忄東 어리석을동 駧 말달릴동 迵 지날동 董 마를동 餇 음식동 ⿰忄冬 근심할동 ⿺鬼童 추한모양동

獞 개이름동 ⿰黍重 차진모양동 胴 큰창자동 桐 오동나무동 ⿰魚重 고기이름동 ⿰足同 달아날동 童 아이동 鰊 잉어고기이름동 鶇 콩새동 ⿰革童 전동장식동 鼕 북소리동 絧 베이름동 独 찌를동 ⿱穴空 바람소리동 霘 비뚝뚝떨어질동 衕

거리동 ⿰氵董 물에풍덩떨어지는소리동 ⿰糸黍 봉할동 ⿺走東 미쳐뛰어나갈동 ⿰東見 보는모양동 鮗 전어동 憧 뜻정하지못할동 ⿰金蟲 쇳덩어리동 ⿰羊同 뿔없는양동 ⿰車東 멀리들리는북소리동 東 동녘동 絅 베이름동 蕫 자오락동 ⿰龜冬 거북의이름동 ⿰髟東

머리털모양동 ⿱龍冬 떡동 ⿰金東 보습날동 硐 갈동 氃 흩어진털동 ⿰衤同 바지동 ⿰童馬 말이름동 炵 불꽃동 橦 나무이름동 ⿰音員 종소리동 ⿰身同 몸단정치못할동 罿 새그물동 ⿰虫同 벌레동 ⿰酉冬 술썩을동 ⿰赤同 붉은동 ⿰黍東 차진모양동 赨 벌걸동

⿰月冬 아플동 ⿰童頁 종소리동 狪 오랑캐이름동 ⿺走童 사뿐사뿐걸을동 ⿰冬龜 거북의이름동 曈 날밝으려할동 ⿱壴同 북소리동 烔 더운기운동 懂 심란할동 ⿰童頁 종소리동 ⿰禾冬 벌걸동 ⿺辶童 움직일동 ⿱父同 양아비동 ⿰童羽 나는모양동 駧 말달릴동 ⿰馬童

말이름동 董 동독할동 粡 궂은쌀동 ⿰東瓦 장군동 ⿰壴東 북소리동 箽 대그릇동 潼 물결높을동 ⿰虫赤 붉은벌레동 ⿰口東 말많을동 ⿰豕同 멧돼지동 洞 골동 童 아이동 ⿸疒黍 아플동 湩 젖동 茼 쑥갓동 詷 말더듬거릴동 ⿰羊童

뿔없는양동 ⿰牛同 뿔없는소동 ⿰同殳 쿵쿵울리는소리동 眮 눈굴릴동 鼕 북소리동 ⿱鼓冬 북소리동 痋 경충증동 棟 나무이름동 ⿱竹童 대그릇동 ⿰童瓦 수기와동 ⿰豸同 큰돼지동 ⿰音通 종소리동 垌 못막이동 穜 씨넣을동 ⿰舟同 몽동배동 ⿰言東 잔말할동 ⿱東䖵

올챙이동 ⿰革同 전동장치동 蝀 무지개동 ⿱童土 아이동 艟 싸움배동 涷 소낙비동 苳 겨우살이동 菄 흰산국화동 ⿰口動 크게노래부를동 浵 물깊을동 挏 짓씻을동 戙 배널관동 犝 뿔없는소동 ⿰羊東 뿔난양동 鉖 낚시바늘동 ⿰石冬

돌떨어지는소리동 ⿱鳥東 콩새동 ⿰壴攴 쿵쿵울릴동 ⿰同瓦 수기와동 鉵 쇳덩이동 懂 심란할동 酮 말젖동 ⿱穴同 통할동 ⿰魚童 고기이름동 疼 아플동 罿 새그물동 ⿰童瓦 까는벽돌동 朣 달밝으려하는모양동 ⿰童鳥 물새의새끼가아직털나지않을동 鮦

가물치동 腖 고기볶을동 働 굼닐동 **두** 剅 도려낼두 ⿰口賣 읽을두 ⿰女豆 말잘못할두 ⿱吅豆 큰술잔두 侸 몸시피곤할두 ⿸广豆 부엌두 亠 뜻없는토두 吾 경솔히말할두 ⿰目豆 눈길을두 ⿰衤斗 적삼두 ⿰扌兜 잡아헤칠두 肚 밥통두 蚪 올챙이두 ⿰豆卩

나라이름두 ⿰豆阝 나라이름두 ⿰目豆 눈곱두 脰 목두 鈄 성두 ⿰金⿱吅豆 술그릇두 陡 절벽두 餖 꿤새두 杜 막을두 ⿰足豆 미끄러질두 痘 역질두 窦 구멍두 浢 엽갯고랑두 ⿰目昏 눈어둘울혼두 毭 담요두 螙 좀두 荳 콩두 豆 제기두 蠹

나무좀두 頭 낯비뚤두 吺 말많을두 酘 두번빚은술두 ⿰豆殳 멀리칠두 ⿰氵豖 눈물두 ⿰阝豆 험준할두 逗 머무를두 ⿰土豆 기와그릇두 ⿰豈攴 막을두 ⿰革豆 차에까는자리두 頭 머리두 料 고할두 鋀 놋쇠두 斗 말두 㪷 말두 蠹 좀두 ⿰糸兜 실로짠주머니두

抖 들두 蚪 올챙이두 ⿱穴豆 함정두 ⿱亼豆 제기두 梪 독두나무두 殬 질두 竇 구멍두 ⿰兪斤 보습두 ⿰阝𧯷 험준할두 ⿰言斗 꾀일두 ⿱竹豆 적대두 阧 가파를두 ⿰豆見 눈곱낄두 料 술잔두 ⿰豆句 씻을두 荰 두형풀두 兜 투구두 **둔**

坉 농막둔 ⿸尸屯 궁둥이둔 屯 모일둔 吨 어리석을둔 迍 머뭇거릴둔 ⿺辶乇 머물거릴둔 ⿱竹屯 둥구미둔 窀 무덤굴둔 臀 볼기둔 ⿰金乇 둔할둔 ⿱殿隹 매둔 臋 볼기둔 ⿱竹殿 채찍둔 ⿱竹殿 채찍둔 ⿰屯瓜 오이둔 遯 옮길둔 ⿰言屯 둔할둔 鈍

둔할 둔 蹾 둔할 둔 芚 나무싹날 둔

득

髶 털적을 득 淂 물모양 득 踻 빨리갈 득 㥀 어그러질 득 㝵 얻을 득 得 물적을 득 鱡 오리 득 㝵 얻을 득 得 얻을 득 得 얻을 득

등

村 무리 등 凳 걸상 등 幐 차는주머니 등

嶝 작은비탈 등 墱 비계 등 僜 고달플 등 嬁 계집정조있을 등 等 무리 등 䡧 펴서늘일 등 弆 오를 등 滕 붉솟아오를 등 橙 탁자 등 璒 옥돌 등 䠬 달릴 등 蹬 걷는모양 등 䒭 가지런할 등 膯 베껄 등 籘 등나무 등 弆 오를 등

滕 봉할 등 䲍 돼지 등 䳾 엷게접올 등 磴 올라가는길 등 撜 멜 등 幐 못이솟아오를 등 簦 우산 등 籐 등나무 등 䠬 걷는모양 등 䲍 달릴 등 艜 봉할 등 鼟 북소리 등 毲 털로짠베 등 癥 병심할 등 登 질제기 등 縢 노끈 등

滕 물솟을 등 䳾 잠깨어어릿할 등 藤 등나무 등 皨 흴 등 毾 털배올이뺀 등 䃶 물모여들 등 隥 된비탈 등 艠 말많을 등 䠬 걷는모양 등 䲍 달려갈 등 艜 달릴 등 鄧 등나라 등 瓫 질제기 등 豋 촛불 등 䁣 더할 등 驣 달릴 등 霯

큰비 등 㬶 아름다운눈 등 蹬 어정거릴 등 漛 물결 등 登 오를 등 䠬 누울 등 驣 넘어지려할 등 螣 하루살이 등 騰 오를 등 鼟 질 등 藤 등나무 등 灯 맹렬한불 등 覴 오래볼 등 幐 펼 등 膯 물릴 등 敳 밀 등 䠬 우뚝설 등 䬝 제사밥 등

燈 촛불 등 䩞 가죽벌릴 등 膧 볼기뼈 등 鐙 등자 등 䲍 돼지 등 騰 달릴 등 鬙 머리엉킬 등 戥 작은저울 등 橙 모직 등 䳾 뜸부기 등 豋 제기 등 艜 돼지 등 虪 검은범 등 驣 말뛸 등 䰘 공중의귀신 등 螣 등사 등 艜 물결 등

邆 육조나라이름 등

라

㦬 찢어진비단 라 㠩 산이름 라 𤄷 물이름 라 儸 간능할 라 𡣍 계집의자 라 囉 찢을 라 剆 칠 라 𣂬 서로칠 라 㼈 흙담는삼태기 라 䗍 벌거벗을 라 𧼮 절름거릴 라 羸 약하게설 라 𦅼 비단무늬 라

驘 노새 라 腡 손금 라 纙 고르지않을 라 臝 노새 라 蠃 고기이름 라 䟑 가다가설 라 渦 물돌아칠 라 臝 노새 라 鎯 갈구리 라 纙 돈꿰미 라 蓏 풀열매 라 羅 벌릴 라 臝 벌거벗을 라 𧞫 계집옷 라 鏍 작은가마솥 라 瘰 연주창 라

饠 소넣은밀떡 라 癳 옴 라 裸 벌거벗을 라 蠃 옹솥 라 瘰 옴 라 摞 다스릴 라 䏶 상앗대 라 鏍 옹솥 라 𦋺 새그물 라 餇 물릴 라 欏 울타리 라 攞 흔들 라 鑼 제금 라 蘿 새삼넌출 라 䯁 터럭빽빽할 라 臠 나귀창자 라 螺 소라 라

玀 오랑캐 라 躶 벌거벗을 라 蠃 쌀쌀을 라 䕽 나물이름 라 㱻 병들 라 籮 키 라 鑹 옹솥 라 攞 찢을 라 纙 고르지않을 라 癩 문둥병 라 𢷕 갈쭉할 라 㦬 부끄러울 라 𥢧 곡식쌓을 라 䊨 가루떡 라 攭 터럭없을 라 曪 날흐릴 라 覶

좋게볼 라 覼 차례 라 𧲠 조죽 라 騾 노새 라 蓏 풀열매 라 䊬 조죽 라 覶 차례 라 蠃 소라 라 𨇓 길잃을 라 𧽯 허리와무릎아플 라 邏 순라 라 𢕟 허리와무릎아플 라 𦢊 배아래살 라 䃕 돌산 라 㼈 질그릇 라 囉 말많을 라

락

烙 지질 락 剆 살깍을 락 嗠 얼룩소 락 殆 갑자기죽을 락 鉻 털깎을 락 彖 한나라서울 락 洛 물 락 珞 구슬로목에치장할 락 礐 돌서로부딪치는소리 락 駱 약대 락 轢 차소리 락 雒 흰새 락 絡 솜 락 駱 가리온 락 落 떨어질 락 䩣 단단한가죽 락 犖 얼룩소 락

鞈 가죽오리 락 䀩 볼 락 諾 허락할 락 落 울타리 락 椓 칠 락 笿 묶을 락 䲔 고기이름 락 落 떨어질 락 簬 울타리 락 鱳 고기이름 락 𧬖 미친말 락 慺 헤아릴 락 鸈 목이붉은매 락 酪 소젖 락 鮥 고기이름 락 啄 쪼을 락

란

𣩩 죽으려할 란

卵 알 란 繳 하품할 란 亂 어지러울 란 㖇 어리석을 란 孏 게으를 란 乱 어지러울 란 瀾 뜨물 란 圝 둥글 란 𢒼 문채 란 嬾 게으를 란 幱 철릭 란 瀾 큰물결 란 𢄔 띠 란 灓 적실 란 灤 스며흐를 란 䦨 대궐에함부로들어갈 란 攔

막을 란 韊 전동 란 讕 방탕할 란 攣 모을 란 殐 깨뜨릴 란 糷 밥질 란 蘭 난초 란 糷 밥질 란 䠓 쪼그라들 란 讕 말서투를 란 乱 어지러울 란 鑾 방울 란 襴 난삼 란 㪨 번거로울 란 鑭 금채색 란 𣩜 물커러질 란 鸞 난새 란

糷 밥질 란　燗 술데울 란　瓓 옥무늬 란　爛 찬란할 란　虊 순채 란　𧄍 순채 란　虊 순채 란　欄 난간 란　羉 산돼지그물 란　鑾 방울 란　斕 빛섞일 란　躝 넘을 란　韊 동개 란　欄 난간 란　瞯 볼 란　欗 목란 란　欒 나무이름 란

籣 동개 란　蘭 난초 란　𥗽 옥돌 란　蠻 땅거미질 란　礀 옥돌 란　䦨 익을 란　囒 거짓말할 란　譋 바탕할 란

랄

辢 매서울 랄　瘌 앓을 랄　𪙊 씹을 랄　𪗴 뼈를물어뜯는소리 랄　攋 칠 랄　㸊 해칠 랄　䬒 바람불 랄　溂

여울이름 랄　頛 낯추할 랄　瓓 옥 랄　攋 뒤적거려헤칠 랄　埒 낮은담 랄　剌 그러질 랄　𢊁 초막 랄　𠜘 깎을 랄　𪐶 검을 랄　𦔮 잘못들을 랄　㹁 갈 랄　辣 몹시매울 랄　瓎 옥 랄　捋 취할 랄　埒 적은집담 랄　𥇞 눈바르지못할 랄　𦕍

잘못들을 랄　𧩰 소리 랄　帮 칠 랄　𥻨 추한밥 랄　喇 말급히할 랄　蝲 벌레이름 랄

람

顲 머리숙일 람　漤 물방울저릴 람　轞 수레잘안갈 람　襤 옷해질 람　轁 수레길울퉁불퉁할 람　纜 배닻줄 람　擥 모을 람　𩕤 얼굴이여윈모양 람　蘫 외김치 람

惏 탐할 람　𣯸 털긴모양 람　㰛 즐길 람　鬛 머리치렁치렁할 람　藍 쪽 람　醶 숨돌릴 람　𧼈 달아날 람　啉 떠들 람　𧝬 옷입은체잘 람　爁 불번질 람　燣 눌을 람　轞 수레잘안갈 람　㡴 집소리 람　𡞙 고울 람　婪 탐할 람　𢝓 근심할 람　𪉟 적을 람

濫 물맑을 람　嚂 먹는모양 람　儖 흉상스러울 람　灠 물들일 람　瀶 뜰 람　㕎 막을 람　壈 뜻잃을 람　嵐 산이름 람　籃 큰불우리 람　繿 헤어진옷 람　纜 백닻줄 람　擥 잡을 람　欖 감람 람　𤜵 오랑캐 람　𪇔 뻐국새 람　𨭐 말재갈 람　醦 실 람

𥥶 흙긁어모을 람　𩕤 얼굴이여윈모양 람　𢹿 쌀두번찧을 람　𥾮 질 람　璼 흰옥 람　𤟹 오독도기 람　𨉣 키큰모양 람　𩈻 얼굴길 람　覽 볼 람　攬 잡아다릴 람　擥 잡을 람　欖 감람 람　爦 불소리 람　𨆓 바삐갈 람　𢛶 슬퍼할 람　𩕤 얼굴이여윈모양 람

覧 볼 람　濫 넘칠 람　醂 건시 람　𧷺 재물탐낼 람　葻 바람에흔들리풀 람

랍

慴 소가반을 랍　拹 꺾을 랍　臘 납향제 랍　𢷾 꺾을 랍　𧛍 더그레 랍　𦆑 옷해질 랍　𥨉 얇고클 랍　𦑣 처음으로날 랍　𦒜 처음으로날 랍　擸 꺾을 랍　𪖦

비릴 랍　啦 어조사 랍　𣤈 서운해할 랍　𪘁 씹는소리 랍　𧞤 옷해질 랍　雴 빗소리 랍　拉 꺾을 랍　摺 꺾을 랍　爉 불소리 랍　𣟴 백랍나무 랍　䮶 말가지않을 랍　䌤 실엉킬 랍　柆 나무꺾을 랍　𧘆 옷해질 랍　臈 납향제 랍　𦅻 엷은비단 랍　𥗟 깨지는소리 랍

蠟 밀 랍　擸 꺾을 랍　臘 납향제 랍　𥜷 제사 랍　𠩺 돌소리 랍　鑞 백철 랍　菈 꺾을 랍　𤠺 날을 랍　嗒 우루먼할 랍

랑

莨 초우웡 랑　𩶛 숫개 랑　㮾 느릅나무 랑　榔 빈랑나무 랑　𩷅 수케 랑　朖 달밝을 랑　朗 달밝을 랑　㼗

그릇 랑　狼 이리 랑　躴 키클 랑　埌 아득할 랑　嫏 서고 랑　烺 불이글이글할 랑　𨝎 고을이름 랑　𩛛 국 랑　𡨭 질편할 랑　螂 버마재비 랑　筤 어린대 랑　稂 강아지풀 랑　艆 뱃전칠 랑　琅 옥같은돌 랑　郎 남편 랑　𧳰 짧은창 랑　鋃 잠글 랑

𩴻 강귀신의추한모양 랑　浪 물결절흐를 랑　硠 돌소리 랑　𣿿 도랑 랑　桹 광랑나무 랑　𤙼 얼룩소 랑　蜋 버마재비 랑　𨉢 키클 랑　閬 솟을대문 랑　𧝕 너그러울 랑　裉 옷해질 랑　𣢗 탐낼 랑　朗 달밝을 랑　誏 뜬말할 랑　駺 꼬리흰말 랑　郎 사내 랑

蒗 도랑이름 랑　愓 방랑할 랑　𥨇 구멍 랑　𥮾 쭈그렁어 랑　𩨨 무릎뼈 랑　𣢗 탐낼 랑　瑯 옥같은돌 랑

래

𩒳 덮을 래　賚 쌓을 래　𧳋 삵 래　睞 힐금힐금볼 래　萊 명아주 래　騋 키큰말 래　𤱻 묵은밭 래　郲 땅이름 래　麳 밀 래

鶆 매 래　淶 물이름 래　𥹦 땅이름 래　婡 얼굴예쁠 래　倈 산이름 래　囆 바른소리 래　耒 올 래　徠 산이름 래　来 올 래　來 올 래　𡘖 작은배의키 래　庲 집 래　崍 산이름 래　來 올 래　𤶈 장감 래　棶 박달나무 래　郲 고을이름 래

莱 과실주렁주렁달릴 래　𧠩 속속들이볼 래　鯠 고기이름 래　𣭪 얼룩털 래　𧡄 속속들이볼 래　𧌃 독벌레이름 래　猍 삵 래　𨻶 섬돌 래　𧺠 이를 래　涞 물들 래　𧣴 뿔심 래　忕 사치할 래　𨥁 낚을 래　錸 송곳 래　𡼏 산이험준할 래　𦓝 밭갈 래

逨 이를 래 琜 옥 래 𪏭 검붉을 래 𪎷 밀 래 麳 밀 래 毵 센털 래 踀 실족하여거꾸러질 래 儽 게으를 래 唻 노래하는소리 래 秾 밀 래

랭 冷 찰 랭

락 䂮 칼갈 략 䋛 옷꿰맬 략 畧 간략할 략 䂮 칼갈 략 䂮

蝄 칭찬하는말 략 蛶 하루살이 략 掠 노략질할 략 略 간략할 략 擽 칠 략

량 亮 밝을 량 㝗 높을 량 凉 서늘할 량 倞 멀 량 悢 서늘할 량 涼 좋지않을 량 剠 취할 량 亮 밝을 량 喨 울고그치지않을 량 哴 울어목쉴 량 㒳 둘 량 兩 둘 량

㒳 둘 량 兩 쌍 량 勈 핍박할 량 俍 어질 량 冂 어질 량 裲 도울 량 㝗 집고요할 량 廊 결채 량 㾗 얼룩소 량 踉 달아날 량 鬣 머리털 량 粱 기장 량 䠃 메스꺼울 량 飆 북풍 량 㹁 슬플 량 䨼 산도깨비 량 緉 신한켤레 량

脼 맛있을 량 諒 믿을 량 晾 부세 량 輬 누어서타는수레 량 梁 들보 량 㮾 피 량 饗 잔치할 량 綡 머리싸는수건 량 㓣 예상할 량 涼 서늘할 량 蜽 벌레이름 량 椋 나무이름 량 湸 큰물 량 魎 산도깨비 량 晾 쪼일 량 踊 걸터앉을 량

輛 수레수효 량 颹 북풍 량 掚 정제하게꾸밀 량 悢 슬플 량 㾗 눈병 량 眼 볕쪼일 량 量 헤아릴 량 裲 배자 량 㔝 송진 량 粮 양식 량 䝤 북풍 량 醇 맑은장 량 踉 뛸 량 良 어질 량 眼 눈병날 량 䭪 양식 량 悢 슬플 량

輬 누어서타는수레 량

례 𠎫 예도 례

려 丽 고울 려 丽 빛날 려 儷 짝 려 儷 짝 려 儷 짝 려 勵 도울 려 勵 도울 려 侶 짝 려 濾 걸를 려 劙 풀 려 廲 깁장 려 勴 마음으로도울 려 㶑 맘에하기싫을 려 𢡆

맘에하기싫을 려 廬 농막 려 勵 힘쓸 려 𡾊 산높을 려 厲 갈 려 㒩 추삽할 려 侶 성낼 려 潤 미려할 려 𡚁 나그네 려 麗 초목이땅에붙어서자랄 려 鱺 뱀장어 려 䴡 고울 려 欐 들보 려 癘 파리하고검을 려 鱺 뱀장어 려 𪇆 셀 려 驪

뿔 려 㠽 해비칠 려 鑢 줄 려 爈 산불 려 㰈 산천제사 려 讄 거짓 려 蘆 전할 려 慮 풀이름 려 𪊶 침노할 려 蠣 헤아릴 려 糲 궂은쌀 려 禲 귀신의재앙 려 𤻅 돌단단할 려 臚 아랫배 려 旅 나그네 려 礪 숫돌 려 攦 겪을 려 璨

파려옥 려 瓈 작은병 려 盭 돌아올 려 黎 무리 려 藜 명아주 려 糲 궂은쌀 려 癧 병들어몸이오그라질 려 瞌 찾아보는모양 려 膚 가늘게끊은고기 려 遾 천천히걸을 려 旅 나무이름 려 篪 밥담는그릇 려 𦇧 창있는작은배 려 膂 힘 려 㔏 무리 려

簏 밥담는그릇 려 𥶯 힘 려 曞 햇살퍼질 려 穭 돌벼 려 蜧 큰찰머구리 려 秜 돌벼 려 𧝔 인끈 려 戾 사나울 려 綟 초록빛 려 鸄 무리 려 駗 역말 려 㦡 근심할 려 砅 돌밟고물건널 려 珋 자개로칼장식할 려 綅 옷꿰맨 려 覼 몹시볼 려

䝈 무리 려 颶 회회부는바람 려 梾 고동 려 沵 해로울 려 罟 그물 려 呂 풍류 려 痞 부스럼 려 閭 이문 려 悋 업신여길 려 艫 배불룩할 려 鑪 창씀 베려 梠 문도리 려 櫚 굵은침 려 捛 나그네 려 䵩 검을 려 儢 나귀 려 驢

역말 려 𥠖 좀먹을 려 戾 바르지않을 려 𦵔 풀성할 려 矑 볼 려 㦘 잔말할 려 馿 나귀 려 衼 여제사 려 鴷 꾀꼬리 려 颶 회회부는바람 려 騄 돗총이말 려 𩙪 바람소리 려 蠡 좀먹을 려 蠡 좀먹을 려 癘 염병 려 郘 정자이름 려 悷

서러워할 려 閭 들쑥 려 沴 해로울 려 蘆 꼭두서니풀 려 鑢 말갈기 려 㔏 다리를비꼬며걸을 려 廬 거처할 려 驢 나귀 려 鈹 가죽 려 鋁 줄 려 唳 학울 려 黎 많을 려 科 밥갈 려

력 歷 지날 력 瀝 스밀 력 歷 쌓을 력

歴 지날 력 曆 나눌 력 瀝 추울 력 壢 구덩이 력 𥕐 작고못생길 력 𠩄 신바닥 력 𧃼 겪을 력 剠 쪼갤 력 枥 나무결 력 屶 높은모양 력 嚦 소리 력 力 힘 력 𨖐 북소리 력 𨀻 볕모양 력 磿 연나라궁이름 력 壢 옥 력 曆 달력

醝 술거를 력 䍥 자가사리 력 轣 몰바퀴사이길 력 蘼 두루미냉이 력 攊 칠 력 𣪠 어지러울 력 黧 검은빛 력 曆 체력 蠣 들누에 력 齧 니리먹을 력 軀 맨몸 력 憊 경영할 력 瞝 자세히들을 력 𩏂 기와그릇 력 𤂘 저의죽으려할 력 [illegible]

五二二

평상의 살력 纅 줄띠 울력 櫪 나무간 막이력 䬅 바람소리력 曆 셀 력 厤 손톱으로 가릴력 𦏧 산양 력 𥌑 눈맑을력 𦋺 연기모양력 癧 연주창력 𧝋 급히동여쌀력 䟐 지날 력 靂 벼락 력 爏 불반짝거릴력 𦏨 산양 력 𧾷 속히갈력 𦏦

산양 력 讈 교묘할말력 鷅 매같은 큰새력 𧜶 급히동일력 𩧯 말빛 력 𧼒 움직일력 躒 움직일력 櫟 도토리력 觻 뿔끝 력 礫 자갈 력 瓅 주빛환할력 䥶 다리굽은솥력 𨖺 가까울력 粆 섞은밥력 酈 고을이름력 皪 희끗희끗할력 䮥

나란히달아날력 䂸 돌보습력 𩂘 비를맡은귀신력 䰛 어린아이귀신력 驎 돗총이말력 魊 어린아이귀신력 𨌨 화목하지못할력 𩣐 말의빛갈력 䤙 술거를력 䔁 산마늘력 鎘 다리굽은솥력 轣 바퀴사이길력 𧟌 동여쌀력 𤜶 개으르렁거릴력

蛎 긴메뚜기력 蚸 가늘고긴메뚜기력 瓑 옥 력 𧞞 동여쌀력 褢 얽을 력 𧞟 동여쌀력 碄 벼락 력 泐 물엉킨모양력 𧾥 가는모양력 𪘂 너리먹을력 櫪 마판 력 轢 수레바퀴에치일력 𥨾 뚫을 력 讈 교묘한말력 礰 밝을 력 𦪇

왕래할력 𩱙 겨를 력 𨛔 고을이름력 𣪗 나눌 력 𨶝 열 력

● 련

煉 쇠불릴련 敕 던질 련 𢍭 휘어잡을련 𡣯 사모할련 𤢝 못할 련 攣 좋을 련 𡡀 사모할련 䌈 예쁠 련 孌 좇을 련 僆 쌍둥이련 聮 연할 련 聯 연할 련

𪙂 이가드러나보일련 𤣦 토끼달아날련 𪘙 이가드러나보일련 聯 이을 련 𤏙 불태울련 湅 실삶을련 萰 가위톱련 𣹈 쇠를불릴련 練 익힐 련 鍊 불린쇠련 鰊 고기이름련 楝 고련나무련 瑓 옥이름련 𤗢 나무결풀릴련 蓮 연 련

縺 실얽힐련 鏈 쇠사슬련 練 숙자로짠비단련 慩 훌적거릴련 𨗟 당겨운전할련 摙 멜 련 𪍖 벼를갈련 㦁 눈물흘릴련 鰱 연어 련 䢌 연할 련 璉 종묘제기련 連 연할 련 漣 물문채련 䴤 햇보리떡련 𧓍 벌레서린모양련 聨 연할 련

槤 빗장 련 臠 당나귀배불룩할련 臠 산적점련 燣 볶은쌀련 戀 끊어지지않을련 𨆧 발병 련 攣 억매일련 戀 생각할련 䴫 둥근떡련 膦 힘없을련 攆 실을 련 𢳆 연할 련 怜 사랑할련 𧩰 경영할련 撖 잡을 련 輦 연 련 憐

사랑할련 鄻 땅이름련 蹥 발뒤축련 𪘙 이가드러나보일련 𤣈 토끼달아날련 𨏶 이을 련 溂 흐를 련 埬 언덕 련 嗹 길게말할련 𩪇 몸구부러지는병련 謰 말전주할련 纞 말잇대일련

● 렬

烈 불활활붙을렬 姴 아름다울렬 冽

맵게추울렬 列 베풀 렬 𡋲 밭두덕렬 𡿦 물흐를렬 哷 닭우는소리렬 劣 용렬할렬 𢘌 근심할렬 洌 맑을 렬 茢 부정풀이비렬 挒 비틀 렬 捩 휘어꺾을렬 𧒒 귀뚜라미렬 𣢼 더울 렬 裂 찢을 렬 𥟃 기장줄기렬 㤠 근심할렬 𩢬

나란히달아날렬 𣊺 해질 렬 鴷 딱다구리렬 趔 자빠지려고할렬 䅀 기장줄기렬 蛚 귀뚜라미렬 𧙗 찢을 렬 鮤 갈치 렬 𤗭 깨질 렬 迾 길치울렬 裂 찢을 렬 颲 매운바람렬 浖 산위물있을렬 𨙷 막을 렬 鮤 갈치 렬 𣂌 헤아릴렬

脟 갈비살렬 鋝 엿량중렬 鋝 엿량줄렬 𤘤 얼룩소렬 𣏧 돛대 렬 𤱈 밭갈아흙들출렬 蛶 벌레이름렬 𨀁 넘을 렬 迣 막을 렬 迣 막을 렬 迣 막을 렬 𨅖 좇을 렬 睙 눈굴려볼렬 𦹛 기음 렬 𨨬 엿량중렬 挘 뜯을 렬 栵

기장줄기렬 鮤 갈치 렬 𡿦 물흐를렬 咧 새소리렬

● 렴

嬚 맑고고울렴 𡡀 닮을 렴 𢅥 문면자렴 熑 불꺼지지않을렴 溓 살얼음렴 廉 청렴할렴 㡘 문면자렴 𣀁 적을 렴 瀲 물벌창할렴 帘 술기 렴 𥷖 채로치는북렴 𢿣

북처음칠렴 搛 장구칠렴 籢 경대함렴 磏 붉은빛렴 匳 경대 렴 鰜 외씨 렴 𦖭 귀늘어질렴 稴 풀에열매맺지않을렴 殮 염할 렴 籢 경대 렴 濂 엷을 렴 蠊 떡풍뎅이렴 𤭓 기와깨지는소리렴 𥱎 북 렴 熑 불꺼지지않을렴

𥻃 메벼 렴 䁠 눈꼬리처진눈렴 獫 입부리긴개렴 斂 거둘 렴 𨏃 바퀴들레렴 𤑺 불 렴 薕 갈 렴 𧶄 보배 렴 𣛳 나무이름렴 𤑥 불 렴 𪔅 북칠 렴 匲 경대 렴 獵 사냥할렴 澰 물가득할렴 磏 숫돌 렴 槭

햇기 날렵
斂 노곤 렵 歛 맛없을렵 覝 살펴볼렵 𧢋 살펴볼렵 擸 경대 렵 鬛 사잇밥렵 簾 발 렵 𥶹 향합 렵 𦊰 가위 톱렵 瓴 귀달린 병령 𥟁 약이 름령 齡 나이 령 跉 성큼성큼 걸을령 稃 풀줄기 성길령 髗 터럭성 길령

龗 용 령 蠕 뽕나무 벌레령 另 나눌 령

렵

巤 근본 렵 巤 목갈기렵 鬣 깍을 렵 𪖮 엽을소리렵 獵 소이름렵 鞢 말의굴레렵 䁽 병난눈렵 鬣 말갈기렵 𩡧 귀뿌리처질렵 𥴦 엮는대렵 颲 바람소리렵 𤜱 비틀거릴렵

𥲬 대자리렵 颲 바람소리화할렵 䯀 옷서로닿을렵 鬣 말갈기렵 𦗿 북칠렵 𪑐 북소리렵 諂 소리그칠렵 䩆 머리수건렵 𧂍 풀성기게날렵 𤢪 돼지의긴털렵 鱲 고기이름렵 躐 밟을렵 鬣 풀흩들릴렵 䝓 밟을렵 躐 밟을렵

鬣 머리털성길렵 鬣 벌레가길렵 鬣 말갈기렵 讘 지껄일렵 鬣 말갈기렵 𪖮 흙모양렵 鬣 말갈기렵

령

炩 불 령 岺 고개 령 岭 험한언덕령 呤 속삭일령 令 하여금령 姈 계집공교할령 伶 홀로갈령 岭 산이름령 刢 쪼갤령

嶺 산고개령 囹 옥 령 擰 찍어날령 澪 물줄이령 𡾊 산깊을령 𥖁 바위구멍령 零 나눌령 囹 비뚝뚝떨어질령 鷹 영양 령 吅 많은소리령 鄰 고을이름령 趯 개달아날령 曨 햇빛 령 醽 좋은술령 醽 좋은술령 鴒 할미새령

糧 쌀떡령 糧 마루령 轤 사냥수레령 跉 비실거릴령 鴒 할미새령 麢 영양령 紷 솜 령 醹 좋은술령 靈 신령 駖 수레타는소리령 柃 나무혹령 翎 새깃 령 袊 활옷 령 龗 거북이이름령 鷯 한의별명령 麢 영양령

䴇 반디령 𦖱 귀달린병령 靈 무당령 拎 찍어올릴령 䨩 비올령 𩂣 혼백령 泠 서늘할령 霝 소리령 䉖 구멍령 麢 사슴령 狑 영리한개령 櫺 난간령 簽 밥담는광주리령 酃 고을이름령 𦤢 솜령

欞 옷광채날령 鬣 성긴머리털령 欞 큰소령 霝 하늘령 鑪 귀달린병령 獵 좋은개령 𩂣 계집이름령 欞 넝쿨풀령 𩌏 터럭생길령 詅 팔령 衑 벼처음익을령 䉖 가는뼈령 聆 달빛영롱할령 䡼 얼룩쥐령 䉖 대령 𩂣 큰소령

𧑒 풀이울령 魂 귀신령 蘦 감초령 鈴 벌레가줄을지어갈령 鑪 귀달린병령 鷂 할미새령 魑 귀신령 澪 물이름령 寊 클령 欞 좋은개령 𧑒 흰빛령 靈 신령 隱 틈령 鐍 밥물립령 𦃜 창있는배령 羚 영양령

𥋆 분광채령 酃 좋은술령 闇 들창령 𩩲 긴뼈령 䠲 귀신령 䉖 신령 䭇 얼굴파리할령 𣮅 털엉킬령 𩂣 사람의정수리뼈령 昤 빛영롱할령 䡼 찬바람령 䉖 들을령 玲 쟁그렁그릴령 䨩 귀신영험한령 䍅 나이령 䉖 쌀떡령

𢤱 맘약은체할령 𩆩 비뚝떨어질령 𥻿 큰양령 魂 귀신령 麢 영양령 蛉 고추잠자리령 零 비뚝떨어질령 糧 쌀떡령 欞 난간령 欞 영양령 聆 들을령 𩂣 소리령 𦪖 창있는배령 䑲 마루령 糯 쌀떡령 虎 범 령 竂 우물령

𩞤 구슬빛날령 爦 불빛령 砱 돌구멍령 𥻿 쌀떡령 𪑐 칠령 䉖 옷빛령 齡 나이령 𩋕 양의새끼령 舲 창있는작은배령 怜 영리할령 齡 소금령 軨 사냥수레령 霊 신령 閝 문위창령 醽 좋은술령 衍 길령

麢 사슴령 苓 도꼬마리령 領 옷깃령 零 비뚝뚝떨어질령 餡 가루떡령 𧢝 휠령 鈴 방울령 軨 수레덮개령 痧 파리할령 罟 작은그물령 轤 사냥수레령 䍅 바위구멍령 伶 악공령 瓴 귀달린병령 𥟁 약이름령 齡 나이령

跉 성큼성큼걸을령 稃 풀줄기성길령 鬣 터럭성길령 龗 용령 蠕 뽕나무벌레령 另 나눌령

례

列 않을례 𠜾 비단자투리례 隷 거를례 隸 얼음할례 灑 가득할례 濿 돌밟고물건늘례 乢 예도례 荔 예지례 豊 코끼리례

隷 자칭하여볼례 黎 검은나무례 黧 얼룩질례 蹸 빨리걸을례 鱧 가물치례 鏍 쇠붙이례 蠡 젓째계례 盭 그릇례 𤆿 불물릴례 鑗 쇠붙이례 蠡 강가운데있는큰배례 翼 나눌례 蠡 표주박례 栵 나무줄로날례 黧 얼룩질례 蠡

젓찌계례 𥟖 뭇례 𥞆 긴벼례 䅻 찌꼬리례 隸 종례 𥢄 손창례 欚 큰배례 棣 자새자루례 鏫 쇠붙이례 驪 말례 鱧 가물치례 䉫 대쪽편지례 騹 돗총이말례 𤰞 빠질례 荔 예지례 贚 많은재물례 殐 피곤할례 𣀈

원수례 醴 단술례 欐 씻을례 𣩼 염병례 澧 물이름례 跌 절음질례 艫 큰배례 膐 절음발이례 犡 둥마루흰소례 爻 밝을례 黧 검누렁례 膂 허리아플례 禮 예도례

로

勞 부지런할로 嶗 산험할로 僗 일할로 嚧 웃을로

壚 검은흙로 嚧 돼지부르는소리로 嘐 고요할로 嚕 곰의이름으로 咾 약한소리로 𡺸 길로 侔 투박할로 圙 길로 艫 뱃머리로 䡐 속일로 瓐 비취옥로 盧 성로 𧆜 밥그릇로 廬 한데로 牢 굳을로 爐 화로로 瀘

물이름로 艣 상앗대로 蘆 갈로 矑 눈동자로 獹 좋은개로 轤 두레박틀로 鑪 뇌문놓은술잔로 纑 베올로 甗 술그릇로 櫨 주두로 鑪 화로로 樐 큰방패로 驢 나귀로 鸕 백로로 鸕 가마오지로 瓠 호리병박로 蠦

떡풍뎅이로 鱸 고기이름로 鬠 머리털로 虜 사로잡을로 顱 해골로 顱 해골로 螃 쓰르라미로 攎 걷을로 籚 창자루로 鱸 꺽저기로 𪕨 쥐이름로 艻 몸길로 癆 노점병로 鰳 고기이름로 璙 옥이름로 憦 뉘우칠로 笔

비들고리로 髝 이슬로 擄 노략질할로 蕾 그령풀로 蘆 머루덩굴로 𩿼 백로로 橯 들콩로 蘛 마른매실로 滷 쓸로 𦋺 통발로 蹽 들콩로 莯 속빌로 澇 큰물결로 老 늙을로 狫 오랑캐이름로 璐 아름다운옥로 窂

짐승우리로 𥨪 양웅로 輅 천자타는차로 鉾 놋그릇로 軳 활거로 窂 기를로 艪 상앗대로 谾 골빌로 痨 옴로 簬 화살대로 恅 심란할로 栳 버들로짠고리로 鐒 삼로 黸 새까말로 廇 술집로 櫓 노로 玈 검은빛로 餔 떡소로

菡 그령풀로 虜 사로잡을로 䵏 누른빛로 簩 대이름로 簬 살대로 谾 깊은골짜기로 𦺸 김맬로 𪐴 검은활로 鷺 두루미로 鏴 금길로 鮱 큰숭어로 撈 건져낼로 簵 화살만드는대로 𪀺 깃에무늬있는새이름로 鸌 두루미로 蕗 감초로 輅

굵은국수로 鸕 백로로 駱 길로 鷺 백로로 路 길로 鹵 짤로 㢚 굳셀로 魟 농어로 䕡 들콩로 醪 탁주로 菡 그릴풀로 罏 뇌문놓은술잔로 臾 굳을로 㙤 짤로 魯 노둔할로 鏀 가마로 穋 고무래로 䲐 볏가리로

獹 너그러울로 鸕 가마오지로 髗 해골로 謥 황당히말할로 鏀 칼자루로 啣 큰소리로 𩫛 크게급할로 嘮 지껄일로 謍 소리많은로 嘷 범의소리로

록

彔 나무깎을록 录 나무깎을록 啄 잠깐웃을록 娽 따를록 𣪘 깎는소리록

綠 초록빛록 廘 곳집록 濼 물이름록 兂 버섯록 熝 단련할록 漉 걸를록 樚 고패록두레박 緑 초록빛록 祿 복록 䴪 가죽무늬록 錄 희학질할록 轆 두레박틀록 欚 감나무록 禄 곡식록 甪 벽돌록 盝 거를록

𪊋 원추리록 霡 소나기록 膔 배곯을록 轒 두레박틀록 䏧 눈밝을록 粶 불에말린쌀록 碌 푸른돌록 皪 흰짐승록 麤 짐승이름록 盝 거를록 趢 국축할록 𧻓 달아나는소리록 罷 잔그물록 𥕢 돌록 簏 대상자록 睩 흐릴록 睩

보는모양록 𦪹 구록배록 皺 마른살결억셀록 𦆴 순전할록 趢 갈록 䐂 기름록 簶 호석록 盝 거를록 甪 신선이름록 䍡 잔그물록 騄 준마록 琭 자질구레한옥록 淥 물맑을록 逯 홀러갔다올록 轆 멍에채에가꾹테할록 𪐗 검게때묻을록

𨇤 빨리달아날록 麓 산기슭록 箓 높은대상자록 親 한가지로볼록 螰 쓰르라미록 鹿 사슴록 顉 목록 𩛃 음식록 騼 들말록 𧜀 옥소리록 簶 살통록 㹭 물위로날록 睩 도마뱀록 鵦 새의잡털의빛갈록 趢 귀신볼록 摝 떨칠록 諑

희악질할록 𪌲 찐보리떡록 𪐴 검게때묻을록 𨇤 빨리달아날록 䴪 가죽에올무늬있록 醁 맛좋은술록 菉 녹두록 錄 기록할록

론

論 의론론 淪 배끌론 惀 생각할론 菕 논나물론 𢘳 염치없을론 譥 의논론 碖 돌떨어질론 𧢑 공칠론

惀 염치없을론 論 의론론

롱

壟 밭두둑롱 瀧 적실롱 巃 산가파를롱 壠 밭두둑롱 嚨 목구멍롱 挵 구멍뚫을롱 哢 새울조릴롱 庲 큰집롱 峅 산구멍롱 拤 희롱할롱 哢 조롱할롱 卡 희롱할롱 鏧 북소리롱 霿 빗소리롱

蘢 난간롱 鞏 비뚜로갈롱 朧 달처음밝을롱 靇 우뢰소리롱 梇 땅이름롱 櫳 난간롱 驡 들말롱 籠 농롱 蘢 요화롱 礱 칠롱 聾 귀먹을롱 聾 귀먹을롱 靇 우뢰소리롱 獵 짐승이름롱 驡 말탈롱 聾 귀먹을롱

鸗 작은오리롱 鞴 말언치롱 驡 충실할롱 裬 옷한벌롱 巃 크고긴골롱 曨 해돋으려할롱 礱 갈롱 蠪 개미롱 鑨 쇠그릇롱 籠 광주리롱 躘 걸음새롱 軃 몸단정하지못할롱 儱 농롱 穠 벼병들롱 驡 말탈롱 篭 농롱 礲 맷돌롱

襱 바지양쪽가랑이롱 鏧 북소리롱 瓏 환할롱 澧 물이름롱 䆍 찰질롱 窿 깊은구멍롱 儱 사나울롱 龐 충실할롱 攏 용그린홀롱 朧 붉은빛롱 攏 가질롱 誁 조롱할롱 悏 고지식할롱 隴 큰언덕롱 弄 희롱할롱 儱 건목칠롱 䶬 떡이름롱

穠 벼의병롱

뢰

嵽 돌굴려내릴뢰 儡 꼭두각시뢰 勵 밀칠뢰 畾 밭사이뢰 奮 클뢰 嬾 옷해어질뢰 瀨 여울뢰 殍 앓을뢰 咊 말막음할뢰 曡 작은구멍뢰 讄 시호뢰 瓃 옥그릇뢰 躐 절름거릴뢰 賂 뇌물뢰 靁 천둥뢰

橊 둘굴릴뢰 耒 고을이름뢰 畾 술항아리뢰 禷 저주할뢰 癗 두드러기뢰 賴 힘입을뢰 櫐 꼭두각시뢰 蕾 꽃봉우리뢰 罍 술잔뢰 罍 백코그물뢰 耒 훌청이뢰 罍 잔고기잡는그물뢰 賚 줄뢰 瀨 여울뢰 甂 용마루기와뢰

誄 시호뢰 賚 줄뢰 躐 절름발이뢰 頪 머리기울뢰 鑸 칼머리치장뢰 䍣 옷해질뢰 檑 칼치장뢰 酹 강신술뢰 轠 수레잇닿을뢰 罍 술단지뢰 甂 지붕마루뢰 賚 줄뢰 靁 천둥귀신뢰 敲 꺾을뢰 蘱 다북쑥뢰 纝 꼭두각시뢰

礧 산높을뢰 畾 밭사이뢰 懶 게으를뢰 癗 모진병뢰 猵 박쥐뢰 頪 빠를뢰 鑘 도루묵은어뢰 鈌 대패뢰 蘱 피리뢰 穤 벼이름뢰 賂 뇌물뢰 攂 급히북칠뢰 櫑 술잔뢰 藟 나물뢰 類 빠를뢰 騂 얼룩말뢰

靚 믿을뢰 隆 뭇돌뢰 蠝 박쥐뢰 擂 연마할뢰 磥 돌무더기뢰 㠥 울퉁불퉁할뢰 讄 시호뢰 礌 돌내려굴릴뢰 儡 고달플뢰 類 실매듭뢰 磊 돌첩첩할뢰 壘 술단지뢰 瀨 추울뢰 耒 따비뢰 壨 천둥뢰 䅐 외속뢰 讄 시호뢰

誄 행장뢰 瓃 옥그릇뢰

료

墝 위쌓은담료 憭 비단우산료 嶛 높을료 寮 작은창료 僚 동관료 嵺 높을료 嫽 예쁜모양료 廖 사람이름료 漻 물맑을료 膠 넓고큰모양료 嵧 산속이휑할료 炎 뜰에세운햇빛료 炓 불빛환할료

丙 분요할료 了 마칠료 獠 밤에사냥할료 瞭 눈밝을료 橑 평고대료 鐐 천은료 䢧 다리성급할료 憭 쾌할료 燎 햇불켜고천제지낼료 橑 마른매실료 䩍 낯흴료 尞 불밝힐료 䑠 작고긴배료 𩥇 길료 飉 바람소리료 敹 작고길료

䍡 물고기그물료 膫 구울료 繚 얽을료 燎 구울료 髎 엉덩이뼈료 撩 훔칠료 燎 비칠료 𣩷 패할료 璙 옥이름료 暸 밝을료 顟 머리길료 醪 맑은술료 簝 종묘에고기담는대제기료 𩴵 놀란료 遼 멀료 鷯 뱁새료

療 병나을료 蓼 여뀌료 𧮪 골깊을료 憀 원망할료 翏 높이날료 飂 바람소리료 賿 돈료 漻 맑고깊을료 聊 귓속쟁쟁할료 漻 맑고깊을료 窷 고요할료 蓼 여뀌료 䉼 구멍교 鄝 나라이름료 飂 바람소리료 蹘 멀리달아날료

飂 바람소리료 顟 머리실료 䨅 들창코료 熮 불사를료 憀 원망할료 蟉 용머리꿈틀거릴료 𦨖 작고긴배료 䄦 빼어낼료 窷 뚫을료 聊 힘입을료 粆 헤아릴료 聊 힘입을료 𨗴 갈료 橑 나무휘청거릴료 嘹 신음할료 繚 얽을료 颫 바람소리료

料 헤아릴료 燎 구울료 敹 가릴료 𣟴 측백나무료 轑 수레두껑료 髎 엉덩이뼈료 料 헤아릴료 廫 자지료 醪 막걸리료 尥 다리힘줄약할료 膋 창자의발기름료 佬 점잖을료 窷 고요할료 杒 삼방이료 療 병고칠료 杤

차례료
𤻲 속결릴료
窲 집안으슥할료
𧳜 서양오랑캐이름료

룡

𪚑 용룡
𪚦 용룡
龍 용룡
𪛉 용룡
竜 용룡
龏 용룡
龒 용룡
爖 불모양룡
鑨 좌우작은문룡
龐 충실할룡
礱 연자매룡
𨏉 바퀴굴대끝룡
贚 가난할룡
龓 덮개룡
驡 중기룡
鼘 북소리눅은모양룡
壟 무당룡
𦪁 갑판룡
儱 비틀거릴룡
躘 어린애걸음룡

루

塿 토둔루
屢 여러루
婁 끌루
㔷 옆으로피할루
屚 집샐루
婁 어리석을루
屢 여러루
廔 집대마루루
垒 흙담루
僂 난장이루
嘍 개부를루
數 어린아이흉악할루
婁 산마루루
㟹 산모양루
僂 구부릴루
慺 말먹이자루루
嶁 산마루루
㟹 산모양루
𤄷 물결용솟음칠루
熡 불꽃루
剅 뚫을루
䝤 탐낼루
樓 다락루
𤗫 물막는널판루
艛 다락있는배루
鏤 새길루
螻 도르래루
氀 털로짠베루
䍵 뿔빗난양루
䃕 돌많을루
鋀 술그릇루
瞜 애꾸눈루
𨻻 고을이름루
䴣 둥근떡루
漏 샐루
摟 끌루
氀 털로짠베루
慺 정성스러울루
𤜁 암내내는소루
甊 병루
遱 연할루
縷 실루
蔞 닭의밑씻개루
髏 해골루
貗 돼지암내낼루
䄻 음식제루
淚 눈물루
𤩷 초가을제사루
毹 담자리루
蔞 물쑥루
漊 돌창루
𤛭 암내내는소루
艛 발루배루
鷜 들거위루
𩂯 비올루
累 얽힐루
䝏 암내나는돼지루
鍽 녹루
托 어루만질루
䫫 해골루
𦔀 김맬루
斢 노략할루
𦢊 형상추악할루
扁 약초이름루
𧢇 자세히볼루
褸 옷해질루
𨣵 물고기젓루
瓃 옥그릇루
鼺 청서모루
蔞 물쑥루
驣 큰노새루
𩸭 잉어루
蹁 사뿐사뿐걸을루
螻 도르레루
隭 땅이름루
𧯴 흰콩루
剅 조금뚫을루
膢 입추제루
耬 씨뿌리는그릇루
庫 초가루
𩎧 다락루
鞻 춤신루
嘍 번거러울루
陋 더러울루
貗 오소리새끼루

룰

𢿡 편치못할룰

뤼

𤮐 벽돌뤼

류

厽 흙을쌓아서담쌓류
劉 이길류
澑 낙수물류
灅 물이름류
壘 진터토성류
𠡍 힘쓸류
漻 수족얼어곱을류
瀏 물맑을류
嬼 과부류
藟 산이름류
嫘 성류
嚠 소리맑을류
壨 진터토성류
旈 깃발류
㳅 흐를류
櫑 등나무류
瘤 혹류
类 나눌류
窌 땅이름류
茆 순채류
纍 죄류
𪕎 대나무의쥐류
𤭛 지붕마루류
緣 늙은노그물줄류
畱 머무를류
柳 버들류
瑠 유리류
罶 통발류
𥢊 벼성할류
留 머무를류
綹 실스무오리류
䋷 비단이름류
縲 검은노그물줄류
榴 석류류
流 흐를류
絫 포갤류
珋 돌류
泪 눈물류
旒 깃발류
畄 머무를류
霤 낙수고랑류
瞘 복습할유류
琉 나라이름류
𦿆 산머루류
鉚 황금류
駠 월다말류
鸓 나는다람쥐류
𥨏 구멍류
鶹 나는다람쥐류
𨪭 바람지나가는소리류
飀 바람가는소리류
騮 검은갈기절다말류
擂 손으로고르게할류
鼦 대나무쥐류
鷂 사다새류
飉 바람가는소리류
𨊠 관실는수레류
蔂 덩굴풀류
飂 바람가는소리류
𢹂 초상집풍류류
鸓 나는다람쥐류
鸓 나는다람쥐류
鉚 순금류
鏐 아름다운금류
飀 높은바람류
窌 땅이름류
𩀷 큰병아리류
餾 밥뜸들류
䉧 대이름류
桺 산머루류
𨽡 목매죽일류
𥆍 누워서볼류
蘱 그령류
鷚 종달새류
珋 보석류
𪕊 대나무의쥐류
麍 사슴류
䅞 벼무성할류
餾 밥뜸들류
𥋝 화전류
𤢏 사냥개류
禷 천제지낼류
𢔶 가면서서로기다릴류
鎦 죽일류
𥧌 구멍류
蒥 향풀류
𩗂 솔솔부는바람류
鬸 시루류
虆 덩굴류
駵 배가흰말류
𪐝 검은빛류
鎏 순금류
𤬪 벽돌류
𪎊 삼류
硫 유황류
𪀰 물오리의알류
鸓 나는다람쥐류
鐂 서루류
鷚 종달새류
懰 예쁠류
磂 유황류
鶹 찌꼬리류
𨋍 상여차류
樏 썰매류
蘽 칡넝쿨류
𢷤 벨류
欙 썰매류
藰 산우엉류
蘲 샘태기류
𩗗 바람소리류
類 나눌류
𥷕 대조리류
𦂺 실끝류
𧤢 뿔굽을류
𥌚 볼류
旈 깃발류
𥹣 볶은쌀류
旒 깃발류
𦀆 깃발류
橊 석류류
鎦 요금도류
駵 월다말류
𢙾 원망할류
䬆 미끼류
𥛵 예방할류
騮 갈기검은붉은말류
鹠 물새류
𡍖 깃발류
𧯹 원두콩류
廇 가운데뜰류
𣧻 죽으려할류

橊 나무이름류 溜 처마물류 謬 그릇할류

륙

坴 언덕륙 戮 죽일륙 僇 욕할륙 勠 협력할륙 六 여섯륙 淕 찰륙 鵱 들거위륙 穋 벼이름륙 磟 돌곰배륙 ⿰礻坴 볼륙 陸 뭍륙 ⿰虫坴 강수요륙 ⿱艹陸 명아주륙 ⿱艹稑 명아주륙 踛 들륙 ⿰車坴 바퀴심대륙 ⿱艹陸 명아주륙 騹 사나운말륙 ⿰足睿 발울둔륙 劉 죽일륙 ⿱⺮六 대륙 ⿱山六 풀버섯륙 稑 올벼륙

륜

崙 곤륜산륜 倫 인륜륜 崘 곤륜산륜 侖 생각할륜 圇 물건완전할륜 棆 느릅나무륜 ⿱⺮侖 배밀대륜 掄 고를륜 ⿸疒侖 손가락병륜 錀 금륜 ⿰田侖 밭두둑륜 ⿰舟侖 배밀창나무륜 淪 빠질륜 鯩 고기이름륜 輪 수레바퀴륜 踚 날래게걸을륜 ⿰禾囷 벼묶음륜 蜦 기는모양륜 綸 벼묶을륜 稐 볏단륜

률

凓 찬기운률 ⿰栗刂 깎을률 塛 막을률 律 법률 峍 돌비탈률 嵂 산가파를률 ⿰率攴 깔깔할률 ⿰聿刂 깎을률 寽 취할률 宷 밤률 ⿰糸栗 채색비단률 ⿰犭栗 오랑캐이름률 瑮 옥무늬률 篥 새쏘는총률 溧 물가률 ⿰糸栗 옥깔아놓은방석률 栗 견고할률 ⿱⺮律 새쏘는대총률 膟 발기름률 硉 돌구를률 ⿰禾栗 벼쌓은모양률 ⿱鹿栗 암노루률 繂 흰비단률 篥 쨍쨍한대률 繂 배닻줄률 ⿰足聿 뒷걸을칠률 ⿰舟率 배끌어올리는줄률 颲 폭풍률 ⿰足栗 밟을률 慄 두려울률 搮 쓰다듬을률 ⿰扌聿 즙낼률 ⿰米率 굿은쌀률 ⿰鬼占 죽일률 鷅 피꼬리률 ⿰風栗 왜풍률 葎 한삼률 ⿱艹率 풀아귀틀률 ⿰禾率 굿은쌀률 ⿰口率 지저귈률 ⿰口栗 말분명치못할률

륭

嶐 산형륭 ⿲火隆彡 불기운륭 ⿱宀隆 하늘륭 ⿲氵隆虫 물길울륭 癃 들피병륭 ⿱隆石 돌떨어지는소리륭 霳 구름맡은귀신륭 窿 하늘형용륭 ⿱隆鼓 소리륭 ⿱⺮隆 대숲륭 ⿱隆鼓 북소리륭 ⿱隆鼓 북소리륭 ⿰鼓隆 북소리륭 隆 성할륭

륵

仂 나머지륵 勒 굴레륵 ⿰王勒 옥다음가는돌륵 ⿰豸力 개륵 ⿱⺮力 흙켜륵 扐 손새에시초낄륵 玏 대뿌리륵 泐 돌결일어날편치륵 艻 향풀륵 肋 갈빗대륵 氻 물소리륵 ⿰木門 상수리나무륵 鰳 준치륵 ⿺走力 걸을륵 ⿰骨革 굴레륵 忇 공륵 ⿱勒土 옥다음가는륵 嘞 어조사륵

름

㐭 쌀광름 凛 찰름 廩 쌀곳간름 凜 찰름 祓 제사이름름 懍 눈휘둥그릴름 澟 차고맑을름 ⿸疒稟 소름끼칠름 ⿰禾林 쑥름 檁 들보도리름 ⿰扌林 죽일름 ⿱艹廩 뺑쑥름 ⿱艹稟 뺑쑥름

릉

夌 정자이름릉 凌 빙고릉 崚 산모양릉 倰 속일릉 夌 넘을릉 ⿰夌力 짓밟을릉 ⿰月夌 쌓인어름릉 ⿺辶菱 셋뿔마름릉 阬 큰언덕릉 ⿰食夌 말먹홀릴릉 ⿰夌欠 넓을릉 楞 네모질릉 淩 마름릉 稜 시금치릉 ⿰夌欠 능가할릉 淩 달릴릉 睖 노리고볼릉 䬋 큰바람릉 碐 돌험할릉 ⿰衤夌 말북두릉 ⿰身少 몽릉 㥄 슬퍼할릉 ⿰骨夌 뼈가높은모양릉 稜 밭두둑릉 ⿰馬夌 말병릉 ⿰月夌 업신여길릉 ⿺辶菱 마름릉 踜 머물릉 ⿺走夌 넘을릉 陵 큰언덕릉 嵺 산이언틀먼틀할릉 棱 네모질릉 ⿸疒夌 풍병릉 蔆 마름릉 鯪 천산갑릉 輘 수레에밟일릉 菱 마름릉

리

⿸尸冊 신리 嫠 홀어미리 孋 나라이름리 唎 가는소리리 灕 질펀히흐를리 刕 벨리 俐 똑똑할리 履 신리 ⿸勿禾 벗길리 吏 관리리 喱 약이름리 哩 어조사리 俚 속될리 廲 큰집리 李 오얏리 厘 이리 䍦 흰모자리 ⿰鬲支 바를리 孷 쌍둥이리 ⿺走里 센치그람리 峛 산낮고길리 娌 동서리 氂 털끝리 剺 깎을리 𠩺 벌릴리 利 이로울리 裏 속리 悡 근심할리 鯉 잉어리 ⿰言離 말수다할리 氂 털끝리 籬 울타리리 ⿰豸离 사나운짐승이름리 ⿰馬里 가라말리 筣 대울타리리 穲 곡식포기가즈런할리 黧 검을리 ⿱𠩺黑 검을리 鯬 고기이름리 ⿰耒毛 억센털리 篱 대조리리 ⿱𠩺言 꾸짖을리 攡 베풀리 ⿱𠩺麥 볶은보리리 ⿰火离 장막속불리 ⿰虫梨 지네리 离 밝을리 ⿰黑离 검붉은빛리 ⿱𠩺魚 고기이름리 艃 길고작은배리 ⿱𠩺虫 벌레이름리 離 이별할리 ⿺鬼力 산매리 詈 빗대고꾸짖을리 ⿰米厄 끈끈이리 ⿸疒羸 병들어피곤할리 ⿰禾勿 이로울리 犛 검정소리 ⿸鹿力 부딪칠리 ⿰片离 나무깰리 魑 도깨비리 ⿰糸虒 굿은솜리 痢 이질리 ⿰米离 새잡는풀리 羸 파리할리 ⿰魚勿 고기이름리 栱 기둥머리리 ⿰馬黎 말같은짐승이름리

蜊 참조개리 㾖 병리 䕻 향부자리 醨 맑은술리 㒧 일많을리 𧒂 작은유리 𧕋 뿔없는용리 璃 유리리 蘺 향풀리 䵘 끈끈이리 䤚 젖썩을리 摛 펼리 䰜 관자놀이리 褵 돌띠리 鏫 휜담모자리 魑 악한귀신리 䍦 접리 蒞 닿을리

罹 걸릴리 㓯 이로울리 竰 센티리터리 黧 검붉은빛리 氂 소꼬리리 𪌭 보리술리 鑗 검은쇠리 䶘 서로꼬리물고다니는쥐리 黐 끈끈이리 隸 임할리 䕸 향풀리 𥉟 눈쌍꺼풀질리 鯏 모시조개리 鸝 꾀꼬리리 鵹 꾀꼬리리 離 이별할리

驪 나귀새끼리 犁 얼룩소리 𩭥 머리땋아틀리 穲 벼이삭숙으려질리 䅄 대쪽편지리 欐 울타리리 糎 센치디터리 矖 둘러볼리 𩴄 산매리 黧 검을리 梨 참배리 莉 말리꽃리 樆 돌배리 䴻 볶은보리리 盠 표주박리 鱺 잉어리

犂 얼룩소리 瞝 거쳐볼리 鯬 고기이름리 貍 삵리 褵 복리 邐 비슬거릴리 䊪 묽은죽리 䰫 계집머리 驎 얼룩말린 鑗 검은쇠리 欐 돌떠리 悝 근심할리 魑 산매리 𦰟 땅이름리 甅 센치그람리 里 마을리 梩 들짓리 狸

삵리 莅 임할리 𦙷 오얏리 𩸥 잉어리 貍 리콩 鱺 뱀장어리 覼 구할리 躧 신리 嫠 가늘게그을리 斄 얼우울리 理 다스릴리 𥢈 씨뿌릴리 驪 가라말리 䴡 부딪칠리 𢅥 비단마름질할리 𧳅 사나운짐승이름리 𠫤 끌리 隸 노복리

貍 삵리 謧 말수다할리 㗿 말그치지않을리

린

僯 부끄러울린 壣 남새밭린 斴 돌사이흐르는물소리린 𡿖 산이름린 粦 도깨비불린 㦒 근심할린 嶙 산굽을린 𩅦 불린 吝 할할린 藺 덜린 疄 밭두둑린 燐 도깨비불린

瞵 눈정기린 膦 모질린 粦 도깨비불린 獜 건장할린 璘 옥무늬린 翷 날린 躙 짓밟을린 𣻆 물맑을린 䉮 대속찰린 𪇓 모기린 橉 문지방린 䫐 털성길린 閵 밟을린 潾 물맑을린 㷠 불모양린 轥 짓밟을린 繗 이을린

蹸 수레밟힐린 撛 구원할린 𨨾 벨린 麟 기린 遴 머뭇거릴린 䫐 털성길린 䮼 암말린 鏻 굳셀린 𩕊 털성길린 躪 수레에짤릴린 鱗 비늘린 驎 얼룩말린 轔 수레소리린 遴 머뭇거릴린 悋 더러울린 䚏 친할린 麐

기린린 鄰 이웃린 麐 암기린린 麐 암기린린 𧵪 음식탐낼린 遴 가릴린 顲 털성길린 麔 암기린린 麟 기린린 䝚 큰돼지린 磷 비늘린 賂 탐낼린 䗲 반디불린 甐 해질린

릴

𨖡 잡아뽑을릴 𧊞 쇠뿔릴

림

瀶 골림 𡫙 집깊을림 崊 산험할림 棽 나무가지무성할림 碄 깊을림 林 수풀림 棽 나무가지무성할림 琳 아름다운옥림 淋 물댈림 臨 임할림 䀃 알고저할림 𧢈 임할림 痳 임질림 瀶 찰림 霖 장마림 顲

머리숙일림 䨬 물댈림 臨 임할림

립

啦 배젖는소리립 雴 큰비쏟아질립 鉝 밥그릇립 𤸣 두드러기립 立 설립 湁 샘솟을립 砬 약돌립 笠 삿갓립 鴗 쇠새립 苙 구리때립 粒 쌀알립 太 설립 𪗛 깨물립

마

摩 연마할마 碼 야드마 𩞄 어린아이먹일마 劘 깎을마 麻 삼마 蟇 개구리마 𦇧 가는모양마 𧮓 말많을마 𩈌 부끄러울마 䫔 말더듬을마 魔 마귀마 𪎊 갈마 𩈐 얼굴푸를마 𩟔 어린아이먹일마 禡 진터제사이름마 𣩚 없을마

𩮀 관자놀이마 尛 작을마 魔 마귀마 瑪 옥돌이름마 榪 주걱마 痲 홍역마 䊳 넓게갈마 䵎 거북마 傌 욕할마 𥁊 술잔마 麿 사람이름마 藦 새박마 𪎌 나눌마 𩈓 얼굴푸를마 𢤭 심화병날마

𩟔 어린아이먹일마 嗎 꾸짖을마 馬 말마 亇 마치마 吀 양울마 影 말마 媽 어미마 𢼸 입딱다물마 膐 반신불수병마 顛 말더듬을마 䫔 말더듬을마 𩪕 몸한편마를마 尛 작을마 懡 부끄러울마 摩 문지를마 䋠

도울마 𨯂 황금마 𤻲 눈병마 𪎍 버릴마 𡣚 계집중마 示 잘마 麼 작을마 麽 작을마 鰢 수마마 影 말마 䁶 볼마 蟆 개구리마 䃺 옥다듬을마 蘑 표교마 𦢤 몸한편마를마 擵 갈마 蔴 삼마 𢳆 연마할마

膷 설사병 마 馼 말 마 醿 부끄러울 마 麻 삼 마 哶 양울 마 庅 암자 마 蟆 찰머구리 마 磨 갈 마 嘛 중 마

막

膜 흘떼기 막 瞙 눈어둘 막 膜 흘떼기 막 寞 쓸쓸할 막 磸 모래바닥 막 瘼 병들 막 醭 흘떼기 막 鏌 칼이름 막 漠 아득할 막 邈 멀 막 塻 티끌 막 𣩵 죽어고요할 막 藐 아름다울 막 鄚 고을이름 막 幕 장막 막 邈 아득할 막 嫫 죽어고요할 막 暯 어둘 막 莫 말 막 霡 비올 막 廅 빌 막 䴲 밀기울 막 懇 업신여길 막 覓 구할 막 貌 아름다울 막 蟆 사마귀 막 邈 아득할 막 嗼 고요할 막 鞔 신 막

만

矕 눈예쁠 만 慢 게으를 만 䯉 다리꼭지 만 縵 무늬없는비단 만 𥕦 정자이름 만 灦 물 만 䈼 대이름 만 瞞 어둘 만 鬘 나리꼭지 만 鬗 다리꼭지 만 漫 물크러질 만 僈 홀겨늦을 만 䝢 겁없이볼 만 𥻗 밥윤택할 만 鋄 말머리치장 만 䅼 묵은밭 만 滿 찰 만 鰻 뱀장어 만 𪚃 저물 만 槾 평고대 만 挽 당길 만 𧩼 속일 만 𢾀 문채없을 만 㥼 잊을 만 幔 장막 만 蟃 뽕나무벌레 만 澫 넘칠 만 鞔 신울 만 鄤 땅이름 만 万 일만 만 鬗 치장할 만 鞔 신 만 瞞 반듯한눈 만 𧷷 재물 만 鬘 다리꼭지 만 娩 해산할 만 鏝 말머리치장 만 鋄 말머리치장 만 峦 산봉우리 만 鏝 말머리치장 만 鋄 말머리치장할 만 萬 일만 만 饅 만두 만 䯉 다리꼭지 만 鸞 만새 만 䈼 대그릇 만 𧴌 살찐돼지 만 靦 낯에칠할 만 𩯁 머리치렁치렁할 만 墁 벽 만 湾 물굽이 만 𣯩 붉은털 만 鬘 다리꼭지 만 萬 일만 만 縵 더딜 만 鰻 뱀장어 만 皮曼 가죽벗어질 만 晩 겁없이볼 만 摱 끌 만 髻 다리꼭지 만 獌 이리 만 芇 말겨룰 만 灣 물굽이 만 幔 장막 만 蛮 오랑캐 만 𤿭 가죽벗을 만 嫚 업신여길 만 㵘 물깊고넓을 만 鏝 쇠흙손 만 㝃 구멍감을 만 䈼 대그릇 만 蔄 꿀 만 蠻 벌레몸을구부려숨쉴 만 𥢊 묵은밭 만 䝡 이리 만 蔓 덩굴 만 饅 만두 만 慢 거만할 만 穅 벼이름 만 𩝖 수레바퀴에그릴 만 𣿚 아득할 만 蔄 넝쿨 만 漫 넝쿨 만 䈼 대그릇 만 輓 수레끌 만 𩺬 뱀장어 만 巒 산봉우리 만 鬘 다리꼭지 만 脕 예쁠 만 嘪 속일 만 鸞 비익조 만 欒 굽은나무 만 鬘 다리꼭지 만 皷 가죽벗어질 만 嘕 속일 만 晩 저물 만 畧 길 만 娩 교만할 만 懣 번민할 만 謾 속일 만 鏋 금 만

말

砞 부서진돌 말 絶 색없는 말 眜 눈희미할 말 昧 작은별 말 沫 물끓는거품 말 末 끝 말 莧 어두울 말 坆 쓰레기 말 炢 불빛 말 胈 배 말 䘃 버선 말 怽 잊을 말 䃾 자갈 말 袜 허리띠 말 䁾 얽게검을 말 茉 말리꽃 말 妺 계집의이름 말 瀎 걸레 말 抹 바를 말 枺 기둥 말 味 꺼멍게빛날 말 眛 싸라기 말 皌 희게할 말 襪 버선 말 餘 말먹일 말 韈 버선 말 秣 말먹이 말 靺 가죽신 말 頢 튼튼할 말 粖 미음 말 佅 오랑캐풍류이름 말 㩋 가만히때릴 말 䴲 밀가루 말 袚 가죽 말 醶 장 말 鴸 집오리 말 諞 공교할 말 睰 볼 말 靺 붉은끈 말 閅 흘겨볼 말 帓 띠 말 靽 가죽신 말 䮒 말이달아날 말

맘

苦 김 맘 㚩 두개골 맘 黔 캄캄할 맘 䤙 날 맘

망

朢 보름 망 莣 도리미 망 網 그물 망 𡈼 그물 망 罒 그물 망 䋄 그물 망 罒 그물 망 网 그물 망 四 그물 망 罓 그물 망 冈 그물 망 网 그물 망 兕 그물 망 空 구멍 망 妄 망녕될 망 䒽 색없을 망 腡 힘줄없을 망 骿 몸이살찔 망 謽 책망할 망 毾 털베 망 罔 없을 망 誷 속일 망 䛫 사람이름 망 𣹐 큰물 망 笲 마디짧은대 망 漭 큰물 망 莔 붉보리 망 蕿 힘쓸 망 宋 대들보 망 誩 꾸짖을 망 望 바랄 망 夭 파리할 망 星 바랄 망 忙 바쁠 망 笀 까스랑이 망 瞂 애꾸눈 망 𥐖 돌모양 망 莽 풀과나무우거질 망 誷 서로책망할 망 蝄 두억시니 망 霥 구름빛 망 謨 속일 망 誷 속일 망 訠 속일 망 汒 바쁠 망 鋩 서슬 망 蛧 도깨비 망 硭 망초 망 魍 산도깨비 망 芒 까스랑이 망 汒 바쁠 망 聜 귀밝을 망 吂 물어도대답않을 망 忘 깜빡할 망

⿰言望 서로책망할 망
⿰魚亡 망둥이 망
朢 바랄 망
⿰山亡 돌모양 망
⿰日亡 가뭄더위 망
⿺風罔 내리부는바람 망
⿰耳罔 귓병 망
⿰目亡 쳐다볼 망
⿰亡頁 머리 망
罔 없을 망
蟒 구렁이 망
⿱罒黽 산도깨비 망
輞 바퀴테 망
茫 아득할 망
⿰牛莽 황소 망
⿰日莽 희미할 망
亡 죽일 망
茻 삽풀우거질 망
蠎 구렁이 망
⿰尨隹 솔개미 망
鋩 서슬 망
⿱穴舌 잠고대할 망
⿰忄尨 어두울 망
吂 모른체할 망
⿱艹亾 망망할 망
⿱宀亡 없을 망
⿱宀亡 없을 망
⿰山芒 산모양 망
惘 심할 망
⿰麥亡 보리꺼력 망
恾 걱정할 망
⿱芒心 도리미 망
亾 없을 망
蛧 도깨비 망
⿱罒亡 없을 망
望 바랄 망

매

腜 첫애밸 매
⿰黑未 거무스럼할 매
脢 등심 매
⿺鬼每 도깨비 매
莓 뱀딸기 매
梅 매화나무 매
罵 꾸짖을 매
塺 티끌 매
邁 멀리갈 매
沕 잠길 매
娌 적을 매
玫 불구슬 매
⿰言邁 자랑할 매
莓 이끼 매
⿺鬼里 도깨비 매
挴 탐할 매
⿰目買 볼 매
⿺鬼音 도깨비 매
⿰言厲 자랑할 매
⿱糸里心 영리할 매
寐 잠잘 매
⿱穴隶 잠깨지않을 매
邁 멀리갈 매
痗 병 매
酶 술밑 매
佅 오랑캐풍류이름 매
⿰言邁 자랑할 매
⿰目勿 멀리볼 매
⿰忄買 맘불편할 매
⿱宀鬼 도깨비 매
⿺鬼厶 도깨비 매
⿰禾黑 벼가비에상하여대모앉을 매
⿰羊賣 비계껄 매
鋂 사슬고리 매
鬽 도깨비 매
⿰目鬼 도깨비 매
蕒 들상치 매
⿺鬼冒 도깨비 매
魅 도깨비 매
⿱雨勿 해미 매
貍 묻을 매
霾 해미 매
⿰黑鳥 새후려잡을 매
⿰育鬼 도깨비 매
⿰氵某 무너질 매
禖 천자의아들비는제사 매
勱 힘쓸 매
煤 그으름 매
賣 팔 매
⿰足尾 콩깍지 매
脈 등심 매
睂 눈썹 매
⿰言萬 자랑할 매
⿸麻鳥 참새 매
⿰㬎頁 어두울 매
枚 줄기 매
⿰米每 술밑 매
𢎗 너 매
弓 너 매
霾 바람불고흙비올 매
⿰黑貞 곰팡이필 매
埋 묻을 매
呅 웃을 매
⿰目賣 곁눈질할 매
黣 얼굴검을 매
⿰黑萬 검은모양 매
⿱山每 매양 매
⿰女買 약을 매
⿰豕介 완악할 매
⿺鬼勿 도깨비 매
跊 밟을 매
⿺鬼勿 도깨비 매
霉 곰팡이 매
⿺鬼山 도깨비 매
⿱穴未 깊이들어갈 매
賣 팔 매
韎 붉은가죽 매
⿺鬼乂 도깨비 매
楳 매화나무 매
眛 눈어둘 매
⿺鬼炎 도깨비 매
鷶 접동새 매
瑁 대모 매
⿱罒見 금볼 매
沫 희미할 매
寐 잠잘 매
脉 등살 매
賣 팔 매
抹 더듬어찾을 매
⿰土每 티끌 매
浼 더러울 매
昧 어두울 매
魅 도깨비 매
買 살 매
罵 꾸짖을 매
⿰革買 짚신 매
買 살 매
⿱雨黍 흙비 매
罵 꾸짖을 매
⿰面未 얼굴 매
埃 티끌 매
⿱雨里 해미 매
妹 아래누이 매
⿰酉某 단것 매
媒 중매 매
売 팔 매
每 매양 매
毎 매양 매
每 일상 매
⿰口買 양의소리 매
啀 개가물려고할 매

맥

覛 할깃볼 맥
⿱竹莫 수레덮개 맥
⿱雨麦 이슬비 맥
脈 핏줄 맥
貊 오랑캐 맥
鷩 새놀라보는모양 맥
⿸虍白 흰범 맥
⿸虎百 범 맥
眽 할깃볼 맥
⿸虍冥 흰범 맥
衇 맥맥 맥
⿰山莫 몰래 맥
衇 핏줄 맥
⿰馬百 소트기 맥
⿱𠂢鳥 새놀라보는모양 맥
麥 보리 맥
⿱眽鳥 새놀라보는모양 맥
絈 두건 맥
⿸虍白 흰범 맥
驀 말빨리탈 맥
脉 핏줄 맥
霡 이슬비 맥
洦 얕은물 맥
眽 서로볼 맥
⿰身貝 오랑캐 맥
衇 핏줄 맥
⿰氵莫 파도 맥
眿 핏줄 맥
貊 오랑캐 맥
蟆 작은모기 맥
⿰示𠂢 귀신 맥
麦 보리 맥
脈 핏줄 맥
⿰馬麦 노새 맥
霢 이슬비 맥
⿺走百 넘을 맥
麦 보리 맥
獏 곰같고쇠먹는짐승이름 맥
陌 밭둑길 맥

맹

⿰目黽 바로눈바로뜨고볼 맹
苜 약이름 맹
儚 어두울 맹
勐 사나울 맹
⿰亻夢 어리석을 맹
⿰镸系 맹서할 맹
孟 맏 맹
盟 맹세할 맹
⿰彳孟 사람의이름 맹
黽 맹꽁이 맹
嫇 어린지어미 맹
鄳 고을이름 맹
鄳 고을이름 맹
⿰亻蒙 어리석을 맹
甿 농부 맹
⿱亡田 농부 맹
盲 판수 맹
⿰每瓦 지붕대마루 맹
⿸疒盲 장님 맹
猛 날랠 맹
⿰虫盲 등에 맹
虻 등에 맹
⿰目韋 돌볼 맹
⿱宀虫 등에 맹
⿱夅皿 힘쓸 맹
⿰𠃊良 백성 맹
氓 백성 맹
盟 맹세할 맹
萌 싹 맹
⿰目孟 덜볼 맹
蝱 등에 맹
矒 아리아리할 맹
樠 나무고갱이 맹
⿱亡皿 맹랑할 맹
⿱囧皿 맹세할 맹
⿱萌心 있을 맹
盟 맹세할 맹
⿰口民 백성 맹
蜢 메뚜기 맹
⿱艹蚰 약이름 맹
⿰冥黽 고을이름 맹
鰽 고기이름 맹
⿰每瓦 시루테 맹
⿰言民 백성 맹

며

旀 땅이름 며

멱

⿰忄冥 면모 멱
⿰黑冥 초목멸기 멱
鼏 솥뚜껑 멱
幦 수레뚜껑 멱
⿰黑宜 초목멸기 멱
⿰黑火 형벌할 멱
冪 덮을 멱
覓 찾을 멱
⿺走覓 미처서달아날 멱
⿱竹冪 밥모사기 멱
糸 가는실 멱
冪 덮을 멱
⿰糸覓 노 멱
幭 흰개가죽 멱
⿰氵冪 물얕을 멱
⿰酉鼏 말린젓 멱
幂 덮을 멱
覔

(구할 멱) 嘿 형벌할 멱 㴘 물이름 멱 䮭 말사나울 멱 𪒿 초목멱기 멱 醟 술찌끼 멱 冖 덮을 멱 塓 흙바를 멱 冪 밥보자기 멱 覓 찾을 멱 貖 머리검고몸흰돼지 멱

면

眄 옆으로흘겨볼 면 鵵 뻐꾸리울 면 矏 외눈어둘 면 𥇀 볼 면 櫋

(두충 면) 芇 내기할 면 棉 솜 면 緜 궤맬 면 䀎 곁눈질해볼 면 矈 검은눈동자 면 槾 나무빽빽할 면 麪 밀가루 면 矊 검은눈동자 면 𣧃 불쌍히여길 면 𨈊 얼굴 면 靣 얼굴 면 𥆞 졸음 면 沔 큰물 면 䩄 말굴레 면 緜 솜 면 𡑆 땅을편편하게할 면

櫋 지붕연접할 면 𩈷 얼굴못생긴 면 澠 고을이름 면 𦬕 평평할 면 𣧑 불쌍할 면 媔 눈초리고울 면 牑 지붕덮는삿자리 면 莬 사람이름 면 䴼 밀가루 면 偭 낯 면 𣏌 솜 면 鮸 조기 면 𡩎 뵈지않을 면 䩏 굴레 면 㨠 꾸밀 면 免 벗을 면 蝒 말매미 면

偭 비스듬히걸을 면 䏃 잠심하여들을 면 俛 굽힐 면 賯 당할 면 𧬊 영리할 면 勔 권면할 면 𢄼 면모 면 麵 밀가루 면 麪 밀가루 면 𡩎 보이지않을 면 𢥞 두려울 면 緬 멀 면 眠 졸을 면 䤉 피묻을 면 𧉧 매미 면 𣗉 솜 면 靣 낯 면 冕

(면류관 면) 𣝇 졸 면 綿 솜 면 眄 눈굴릴 면 沔 흘러가득할 면 𡧍 맞을 면 愐 힘쓸 면 面 낯 면 𧨯 총명할 면 宀 움집 면 𨡉 술에젖을 면 葂 성할 면 䛉 퍼이는말 면 勉 힘쓸 면 糆 가루 면

멸

衊 피칠할 멸 篾 짜갠대 멸 𥳐

(대껍질 멸) 𥿭 옷맬 멸 𤈦 불깜박거릴 멸 𧞬 수레뚜껑 멸 幭 수레뚜껑 멸 鑖 쇳덩이 멸 篾 대껍질 멸 搣 칠 멸 𥈼 눈꼽 멸 𩈣 얼굴작을 멸 滅 멸할 멸 烕 멸할 멸 𡟰 멸할 멸 𦀄 적을 멸 𥹖 싸라기 멸 䁾 낮더러울 멸 𥻄 미음 멸

𥌜 눈언저리다쳐서붉을 멸 鱴 갈치 멸 鱴 웅어 멸 𪄼 뱁새 멸 蠛 바구미 멸 𪇆 뱁새 멸 𥋝 오르락내리락할 멸 𧆨 날아오를 멸 幭 수레뚜껑 멸 櫗 나무비틀릴 멸 𥊇 눈초리다쳐붉을 멸 𥣬 벼 멸 懱 없신여길 멸 㩢 일바로못할 멸 蔑 없을 멸 𠐭

(간사할 멸) 蠛 바구미 멸 𥻦 죽 멸 𥈊 눈밝지않을 멸 𦅛 가늘 멸

명

熐 흉노의부락명 명 𥛔 복 명 瞑 눈어울 명 名 이름 명 洺 물이름 명 猽 작은돼지 명 眳 날어둘 명 𣩓 어두울 명 㝠 어두울 명 𣉻 달밝을 명 螟 벼루 명 溟 바다 명

眀 밝을 명 榠 명사나무 명 𩿨 초명새 명 𩢏 한마 명 佲 몸시취할 명 眳 눈어둘 명 茗 차싹 명 覭 어두운데서엿볼 명 䳟 검푸를 명 明 눈밝을 명 𪒿 검푸를 명 䕹 잠처음깬모양 명 明 밝을 명 𥂀 굴 명 鼆 며루 명 冥 어두울 명 鷶

(초명새 명) 𠩓 간넓을 명 𦵡 없을 명 𨯰 쇠녹일 명 𡨄 어둘 명 𥼇 물에담근쌀 명 𥊠 눈어둘 명 椧 흠통 명 暝 저녁 명 𧳟 작은돼지 명 𩔖 이마 명 鄍 고을이름 명 𡧰 어두울 명 鳴 새소리 명 銘 새길 명 酩 갈을 명 𪗆 이 명 西

(비늘거린 명) 𨯲 쇠녹일 명 慏 맘너그러울 명 𪁖 초명새 명 皿 그릇 명 姳 좋을 명 𨧍 새길 명 詺 물건이름분명할 명 蓂 책력풀 명 命 숨 명

메

眫 어지러울 메 眯 어지러울 메 袂 소매 메 鑖 쇳덩이 메

모

某 아무 모 麰 갈보리 모

髳 앞머리터질 모 𣕍 문설주 모 𥉰 애꾸 모 摸 모뜰 모 髦 다팔머리 모 𣳚 물가언덕 모 牡 수컷 모 𪎊 갈보리 모 鉾 세모진창 모 茆 순나물 모 蓩 도꼬마리 모 旄 소의꼬리 모 𦬓 굵은보리 모 芼 나물 모 蟊 누리 모 悔

(헌원씨의황후이름 모) 𢫸 가질 모 摹 규모 모 䀤 눈굽으려자세히볼 모 麰 갈보리 모 𢨋 문열 모 蝥 가리 모 𧩚 황당히말할 모 𥲀 대상자 모 𣧌 물릴 모 𥓢 앞은높고뒤는낮은언덕 모 𤞬 모양 모 冐 탈할 모 帽 모자 모 𦀞 비단털 모 𧂚

(구십세 모) 𣬛 털 모 𦱥 나물 모 毛 터럭 모 牦 들소 모 侮 업신여길 모 軞 임금타시는수레 모 𦃬 굵은솜 모 耄 구십세 모 梅 나무이름 모 𢗊 꾀 모 𢅴 장옷 모 酕 모쉬취할 모 𣳢 큰물 모 𩿶 새가는털 모 𣬺 미리리털 모 𦬃 나물 모

矛 모진창 모 𦨍 배발판 모 𣽫 깨끗할 모 𤃬 물부를 모 玥 대모 모 皃 모양 모 毷 풀 모 眸 눈동자 모 𤝱 모양 모 蚤 세십이 모 氁 털비단 모 貌 모양 모 謨 꾀 모 秏 겨울에익는복숭아 모 𦺇 구십세 모 嫫 추한계집 모 𨡙

좋은 장모 貌 모양 모 帽 무릅쓸 모 鴾 종달새 모 𧮫 소식 모 媌 눈매고을 모 蟱 거미 모 冃 겹처덮을 모 髦 준수할 모 㥛 탐낼 모 謀 계교할 모 麰 갈보리 모 眊 눈흐릴 모 模 법 모 㴐 물불을 모 皃 모양 모 㖼 개교할 모 墲 목긴무덤 모

耄 구십세 모 秏 소꼬리 모 恈 탐낼 모 敄 부축할 모 嫫 더러울 모 慕 생각할 모 暮 저물 모 芼 나물 모 耄 구십세 모 𤞗 모양 모 募 널리구할 모 耗 빌 모 眊 눈흐릴 모 麰 갈보리 모 𢧢 굽은창 모 麰 갈보리 모 扝 씻을 모

覒 볼모 髳 다팔머리 모 茅 띠 모 砪 돌비늘 모 毷 밀리그람 모 姆 여스승 모 牟 클 모 粍 밀리미터 모 𣬛 뜻을 모 糢 모호할 모 鶜 비둘기 모 𢪂 가릴 모 覒 볼 모 芼 나물 모 𪁉 올빼미 모 呆 아무 모 蛑 큰게 모 䚖 찌를 모

㥛 사랑할 모 𩣨 말긴털 모 帽 모자 모 鉾 세모진창 모 𧛓 어린아이남바위 모 冃 어린이머리건 모 耗 어지러울 모 蟊 계심이 모 媢 투기할 모 𧺛 밀리그람 모 罞 펑그물 모 耄 구십세 모 侮 업신여길 모 母 어미 모 毷 뻔뻔한털 모 **목** 鶩

따오기 목 鶩 따오기 목 睦 친목할 목 𩃀 새깃윤택할 목 目 눈 목 𥄎 눈 목 𡆤 눈 목 䀠 눈 목 牧 기를 목 穆 화할 목 毣 털젖을 목 芏 초 목 𧯆 콩깍지 목 木 나무 목 絉 줄 목 艒 작은배 목 蚞 쓰르라미 목 沒 잠길 목 杢 목수 목

𨎪 가죽으로감는차멍에 목 霂 가랑비 목 沐 머리감을 목 穆 공경할 목 苜 거여목 목 𢾺 화할 목 輂 멍에채끝 목 楘 가죽으로감은차멍에 목 𥄂 화목할 목 婺 아름다운모양 목 纆 검은실 목 坶 기름 목 苜 거여 목 毣 털젖을 목 𩬆

화할 목 莈 거여목 목 𢦔 굽은창 목 𣫍 콩깍지 목 鮇 가재 목 穆 화할 목 𥅚 안질 목 畜 친목할 목 梅 혼솔 목 **몰** 殁 다할 몰 弖 물에들어가건질 몰 没 잠길 몰 歿 죽을 몰 玫 옥이름 몰 沒 잠길 몰 圽 묻을 몰 𩃎

비내릴 몰 𥮼 죽으려할 몰 **몽** 懞 흐리멍덩할 몽 𧭭 말분명하지못할 몽 醿 누룩곰팡 몽 𦆯 실끝얽힌모양 몽 濛 물이름 몽 𨇤 다리질끌 몽 獴 꼬리째진원숭이 몽 懜 부끄러울 몽 𡓯 못 몽 鑝 쇠고리 몽 矇 청맹과니 몽 𡪹 꿈 몽 罞

고라니그물 몽 艨 싸움배 몽 艷 낯빛흉할 몽 𥌍 눈흐릴 몽 𣯚 추할 몽 霥 가는비 몽 瞢 잠꼬대할 몽 夢 꿈 몽 鄸 고을이름 몽 鏫 보습날 몽 𥂯 가득할 몽 曚 곧마지 몽 夢 꿈 몽 懵 심란할 몽 䴿 보리싸라기 몽 醠 막걸리 몽 跔 잎으로구부릴 몽

雺 우뢰소리 몽 霿 인색할 몽 冡 덮은그물 몽 饛 그릇찰 몽 𦛨 풍만할 몽 𧱓 산돼지 몽 梦 꿈 몽 鸏 새이름 몽 幪 덮을 몽 驝 트기 몽 𨯲 쇠고리 몽 蕄 비단만드는풀 몽 朦 달지려할 몽 朦 뚱뚱할 몽 瞢 눈어둘 몽 𠿬 말분명치않을 몽

夣 꿈 몽 瞢 눈어둘 몽 醠 막걸리 몽 鸏 비둘기 몽 檬 영몽 몽 曚 날샐녘 몽 𧳋 산돼지 몽 蒙 어릴 몽 𣝗 배자 몽 冡 덮을 몽 礞 청몽 擝 견울 몽 梦 꿈 몽 醿 누룩뜰 몽 幏 낫보 몽 𩣼 버새 몽 𡽫 면산 몽 浝 진흙 동

蠓 바구미 몽 𦷃 꿈 몽 饛 밥수북히담을 몽 鄸 고을이름 몽 顭 머리아득할 몽 𧝓 옷입을 몽 **묘** 卯 네째지지 묘 𦙅 허구리 묘 廟 모양 묘 緲 적을 묘 𢜠 애꾸눈 묘 䅺 벼익지않을 묘 𥣃 벼가스랑이 묘 䖢 새끼누에 묘 戼 지지 묘

淼 큰물 묘 秒 벼까락 묘 仯 난장이 묘 𦬸 가는풀줄기 묘 庿 사당 묘 鶓 뱁새 묘 緢 실반대 묘 苗 싹 묘 𤚤 꼬리긴소 묘 蝥 쓰르라미 묘 𣦷 남은뼈 묘 貓 고양이 묘 描 그릴 묘 𨋺 차끌 묘 篎 작은저 묘 𡧊 이싹 묘 𠦳

지지 묘 杳 아득할 묘 渺 물긴모양 묘 茆 순나물 묘 庙 사당 묘 𩗴 빠른바람 묘 皫 흰빛 묘 鱙 싹 묘 穮 벼꺼럭 묘 𢠶 애꾸 묘 錨 닻 묘 𪁺 뱁새 묘 猫 고양이 묘 𧡨 멀 묘 篎 약이름 묘 𦕈 지지 묘 𠨐 지지 묘 冒

무릅쓸 묘 書 계교할 묘 吵 울 묘 玅 현묘할 묘 昴 묘별 묘 嫹 아름다울 묘 篎 작은저 묘 墓 무덤 묘 苗 싹 묘 𩚵 포만할 묘 戼 지지 묘 妙 묘할 묘 鶓 새이름 묘 庿 사당 묘 **무** 撫 어루만질 무 懋 힘쓸 무 蟱 거미 무

躌 발자국 무 騖 말비곱놓고 뛸 무 莽 추솔할 무 䍢 들창안의 그물 무 無 없을 무 甒 독 무 蟱 잠자리 무 戊 다섯째 천간 무 敄 힘쓸 무 㡌 보자기 무 胟 엄지손가락 무 誣 속일 무 㡟 차우비 무 廡 무간방 무 㡍 털옷 무 愗 어리석은 모양 무

娒 여자 선생 무 𦄸 실 켜고 나머지 무 茂 무성할 무 䍆 여섯달 된 양 무 楙 모과나무 무 莁 흰비름 무 瞴 잠깐 볼 무 貿 몰아 살 무 鵡 앵무새 무 鍪 다리미 무 務 힘쓸 무 𩀨 병아리 무 㒇 아껴 무 罞 그물 무 貿 몰아 살 무

亡 없을 무 嫵 예쁠 무 踇 가는 모양 무 䋄 비단 무 憮 덮을 무 橅 법 무 無 없을 무 𨁌 꿇어앉을 무 䑵 긴배 무 罞 그물 무 𠁿 무당 무 繆 실천오리 무 㑄 사람 투기할 무 撫 어루만질 무 舞 춤 무 畝 밭이랑 무

躌 밟을 무 婺 별이름 무 武 위험스러울 무 瞀 무식할 무 踇 걸음 무 譕 간사할 무 䓊 잔풀이 멸기질 무 痗 앓을 무 閈 열 무 鉧 다리미 무 无 없을 무 畆 밭이랑 무 鄮 고을이름 무 䧞 앵무새 무 莽 추솔할 무 髳 다발머리 무 蝥 그리마 무

畝 밭이랑 무 橆 번성할 무 鍪 투구 무 鵡 앵무새 무 霧 안개 무 鉾 능장 무 䟼 발자국 무 劺 권하여 힘쓰게 할 무 鴾 참새 무 畮 밭이랑 무 甒 술두루미 무 䍆 여섯달 된 양 무 鍪 투구 무 𥲶 껍질검은대 무 䒉 잔풀떨기질 무 璑 세빛옥 무

翌 춤출 무 毪 털 많이 날 무 罞 그물칠 무 䊳 칼집 무 嫵 예쁠 무 暓 힘쓸 무 碔 무부 무 譕 건행이 같을 무 幠 덮을 무 鵐 종달새 무 𦃷 비단 무 膴 굴 무 憮 심할 무 蕪 거칠 무 誣 속일 무 拇 엄지손가락 무 𦋹 빙그물 무

騖 말 달릴 무 霚 안개 무 巫 무당 무 鮇 황석이 무 䝟 암돼지 무 𦙶 둥어리 무 騖 말 네굽놓고 뛸 무 𩶪 황석이 무 堥 질그릇 무 珷 무부 무 袤 뻗칠 무 璊 붉은옥 무 鍪 투구 두 瞴 잠간 볼 무 貿 몰아 살 무 誣 속일 무 武 호반 무

𨘢 자취 무 䍢 들창안의 그물 무 絣 화하지 않을 무 貿 몰아 살 무 䫧 춤출 무 𣞣 없을 무 𪀔 참새 무 䤙 느름나무장 무 潕 물이름 무 嘸 어리둥절할 무 毋 말 무

묵

𣋠 뇌지않을 묵 纆 줄 묵 黙 졸음올 묵 爅 불탈 묵 墨 먹 묵

𦪉 낚시배 묵 纆 세겹노 묵 䵝 검을 묵 嚜 임의롭지 못할 묵 𧓍 박쥐 묵 䵝 검을 묵

문

顐 머리를 동이고 괴로와할 문 䎽 들릴 문 抆 씻을 문 鼤 꼬리 아롱진 쥐 문 𣺞 산골물 막을 문 絻 상복 문 鈫 만질 문 璺 옥 깨여질 문 㖶 입아기 문

芠 풀 문 捫 어루만질 문 敃 만질 문 虋 맥문동 문 𠌷 떡에 술빛 넣을 문 刎 목찌를 문 𧼮 더디 걸을 문 吻 입술 문 炆 연기날 문 問 물을 문 䓥 산칠나무 문 肳 입시울 문 紊 어지러울 문 𦱊 대를 자를 문 玟 옥무늬 문 門 문 문

亹 맥문동 문 閿 눈내리깔고 볼 문 𢃙 굴건 문 蚉 모기 문 伆 떠날 문 閺 눈내리깔고 볼 문 䎽 들을 문 閅 문 문 樠 관솔 문 雯 구름무늬 문 蚊 모기 문 捪 씻을 문 𤦿 거문고 문 虋 맥문동 문 蟁 모기 문 妏 낳을 문 魰 가물치 문

𥺹 가루 찌기 문 彣 붉고 푸른 빛 섞일 문 䎦 들을 문 䎦 들을 문 閿 시골이름 문 鴍 새매 문 𨠓 떡에 술빛 넣을 문 蟁 모기 문 文 글월 문 汶 물이름 문 𩰠 다툴 문 捪 씻을 문 𨡜 떡에 술빛 넣을 문 們 무리 문 聞 들을 문

蟁 모기 문 抿 씻을 문 㚲 몸매 문 𥞘 붉은 기장 문 勽 덮을 문 𧼮 더디 걸을 문 悗 잊어버릴 문 䳘 메추라기 새끼 문 脗 입술 문 貧 천냥이 눌 문 潣 물이 꽉 찰 문

물

物 물건 물 粅 가루모양 물 𣃶 동리기 물 昒 밝을녘 물

勿 없을 물 岉 산높을 물 沕 흙물 쏟아져 흐를 물 曶 밝을녘 물 芴 순무국 물

믁

墨 먹 묵

미

𥞌 죽 미 𪉟 닭의 밑 씻개풀 미 微 작을 미 蝞 거북딱지 속에 붙은 새우 미 𥌈 엿볼 미 溦 이슬비 미 篃 대껍질 미 癓 종아리 종기 미 麊 고을이름 미

米 쌀 미 媚 아첨할 미 𪓋 수놓은 문채 미 鑋 낫 미 黴 곰팡이 미 𪓌 수놓은 문채 미 冞 두루 다닐 미 𢕟 갈 미 迷 미혹할 미 䊳 등겨 미 𪐡 곰팡이 미 屘 꼬리 미 未 아닐 미 蘪 궁궁이 싹 미 穈 기장 미 彌 그칠 미 颾 불어 자빠뜨릴 미

梶 나무끝미 擟 밀미 㥝 미혹할미 醿 골마지미 𥑮 돌갈미 美 아울다울미 楣 인중방미 靡 흩어질미 尾 꼬리미 灖 흐를미 籋 대껍질미 麛 새끼미 麊 갓낳은짐승미 鮇 뱅어미 䵢 거북미 媄 빛고울미 醾 누룩미

粎 죽미 鮇 고기알미 薇 고비미 浘 바닷물샐미 篃 겨울에나는죽순미 醂 골마지미 敉 편안할미 霺 가랑비미 湄 물가미 镾 길고오랠미 䊳 기장미 䵢 거북미 葞 고비나물미 媺 아름다울미 鶥 왜가리미 攠 쇠북방망이반이미

𪏮 붉은꼬리미 鼂 거북미 醿 막걸리미 蘼 궁궁이싹미 獼 창미 嵄 깊은산미 寐 잘미 頪 머리숙일미 醾 막걸리미 䕷 풀늘어질미 娓 순할미 亹 아침할미 篾 대이름미 瘳 없을미 殊 반쯤썩은쌀미 䁇 눈썹미 䌕

환끝미 緜 맬미 覛 병든사람볼미 芈 양울미 眉 눈썹미 瀰 머리가드리워질미 茉 맛미 冞 깊을미 罙 깊을미 咩 양우는소리미 湏 물질펀할미 迷 미혹할미 檷 마르미 縻 실끝미 弥 활부릴미 麋 무너질미 彌 어미미 猕

원숭이미 羙 풀이름미 糜 깊을미 躾 행동할미 徵 작을미 麽 싸라기미 䴢 어린아이먹을미 瑂 옥돌미 洣 물결미 𣯧 언저리미 薇 고비미 篃 비미 箃 대이름미 黴 엿볼미 䵢 거북미 微 작을미 咪 양우는소리미

覞 병든사람볼미 醚 취할미 钀 갈고리미 麛 새끼미 堳 담미 癓 불편한병미 渼 물결무늬미 靡 무너질미 嵋 산이름미 葞 오미자미 煝 빛날미 䕷 피미 尾 꼬리미 媄 어미미 醾 막걸리미 亹 힘쓸미 麋 고라니미

瀓 물가미 寐 잠잘미 麊 사슴발자국미 婺 어머니미 瞰 엿볼미 䴢 사슴미 覛 볼미 𡾓 산모양미 醚 취할미 䉾 털구멍미 麋 익을미 㥝 그칠미 䜌 계집벼슬이름미 䕷 풀이름미 䤚 대궁미 䕷 걷는모양미 闂 편협할미

味 맛미 弭 활끝미 媺 착할미 獼 원숭이미 罙 두루다닐미 葞 봄풀미 覹 몸을굽힐미 䠩 발꿈치벨미 穓 씨뿌릴미 眯 마귀에홀릴미 婺 어머니미 糜 죽미 镾 길고오랠미

민

䪸 살결에주름살질민 暋 강할민 黽 힘쓸민

暋 굽이볼민 敃 볼민 閔 성민 鶻 비취새같고다리붉은새민 黽 힘쓸민 旼 화할민 閩 땅이름민 跃 굽민 愍 슬퍼할민 䡅 바퀴둘레민 簢 대속빌민 旻 가을하늘민 碈 옥돌민 頣 강할민 䁕 슬퍼할민 痻 병민 琘 옥다음가는돌민

潣 시호민 罠 고라니그물민 民 백성민 憫 답답할민 悶 속답답할민 砇 옥돌민 慜 총명할민 鞁 차바탕밀가죽민 敃 굳셀민 僶 억지로할민 琝 옥돌민 瑉 옥다음가는돌민 鍲 업민 鰵 대구민 憫 불쌍히여길민 玟 옥다음가는돌민

敏 민첩할민 㟩 편편할민 鰵 대구민 黽 힘쓸민 鴖 새이름민 惃 민망할민 岷 산이름민 敏 민첩할민 罠 잘개뜬그물민 緡 낚시줄민 黽 힘쓸민 泯 잦을민 碈 옥돌민 鶖 징경새민 緍 실끝민 旻 볼민 䡑 차바탕밀가죽민 鍲

부세회계할민 簢 대속빌민 罠 고라니그물민 痻 병들민 頣 강할민 黽 이름민 苠 속대민 鶻 비취새같고다리굵은새면 貱 부세민 䡑 차바탕밀가죽민 簢 대죽빌민 潣 물졸졸흘러내릴민

밀

榓 침향나무밀 溕 물졸졸흐를밀 鳭

醠 까치같은새밀 醠 술다마셔항아리마를밀 䋢 빽빽할밀 䗄 꿀밀 蜜 꿀밀 蠠 꿀밀 䁇 얼핏볼밀 蜜 연근밀 蜜 벌꿀밀 蔤 연근밀 蔤 연근밀 密 비밀할밀 蠠 꿀밀 䤄 빽빽할밀 密 비밀할밀 监 그릇밀 謐 고요할밀 蠠 강잉할밀

檧 침향나무밀 謐 고요할밀 蜜 꿀밀 賥 물호를밀 瞇 측량못할밀 謐 고요한밀

박

䪬 벼익지않을박 䨵 비에가죽적실박 駮 부풀어오를박 䬪 조선개박 䔔 굵은양하박 擈 잠간칠박 髆 어깨죽지박 䶈 단단한것씹을박 趵 차는소리박

鞲 멍에가죽싸게박 卜 흙덩어리박 鎛 호미박 颮 공중에서뚝뚝떨어질박 膊 살이부어오를박 鞾 차안에까는자리박 䎬 수레바퀴맨줄박 㬥 들소박 簙 장기박 樸 나무껍질박 簙 바둑둘박 韈 짚신박 樸 질박할박 僕 꽃떨어질박

薄 얇을박 鏷 날쇠박 膊 어깨박 霪 큰비박 犮 불이심할박 砶 호박 礴 땅형세박 曍 볕쪼일박 襮 홑옷박 礴 돌소리박 獏 모양은사람같고날개있는짐승박 璞 옥덩어리박 鼬 쥐박 搏 잡을박 雹 우박 亳

은나라서울박 襮 오래볼박 箔 손마디울박 玐 덩어리옥박 譈 말로방패막이할박 猲 날아갈박 犦 당나라위장이름박 技 칠박 篷 대이름박 懪 답답할박 蕌 큰대이름박 翻 나는모양박 珀 호박 䶈 손발마디울박 筋 손발마디울박 艊

큰배박 翍 날아갈박 縛 얽을박 鑮 큰쇠북박 襮 수놓은옷깃박 牔 뒤섞일박 鞹 차안에까는자리박 鉑 금박 雹 우박 酟 재강박 朴 나무껍질박 胉 허리뼈박 曝 성내소리박 羪 불깐양박 鏷 박고리살박 髆 뼈로만든화살박 泊

쉴박 薄 얇을박 餺 떡박 溥 넓을부클박 鑮 공이머리박 袙 종굴박 麴 떡박 亳 은나라서울박 雹 우박 樸 황소박 迫 핍박할박 狛 짐승이름박 博 넓을박 髆 다리박 煿 불에말릴박 鏄 단단한것씹을박 懪 답답할박

霪 못박 卜 벗길박 鏄 단단한것씹을박 翎 나는모양박 拍 칠박 餑 떡박 膊 저민고기박 曝 햇빛에쪼일박 薄 얇을박 舶 큰배박 礴 언덕박 骲 뼈살촉박 縛 거죽박 欂 소이름박 尅 살가죽터질박 鑮 칠박 簿 장기박

皺 살가죽터질박 箔 발박 拍 노래곡조칠박 拼 물리칠박 鎛 쇠북박 砳 약이름박 牔 박공박 餺 떡박 栢 그칠박 敀 핍박할박 雹 우박 鑤 빠를박 窇 움박 萡 찧을박 螷 버마제비알박 髉 뼈끝박 剝 벗길박

粕 재강박 雹 우박 雹 우박 欂 주두박 懪 답답할박 駮 짐승박 薄 얇을박 猇 깃치며날을박 迫 핍박할박 爮 굴박 嚩 먹을박 韓 가죽주머니박 皎 작은오이박 鑮 넓을박

반

審 물거스를반 虨

범의문채반 坢 편안할반 瞨 아름다운눈반 半 절반 飯 먹을반 鼻 큰비둘기반 羪 털긴양반 嚸 말로사람비난할반 鉡 삽반 蹣 절름거릴반 褩 옷고름반 鬆 북상투반 瀊 동경개반 拚 버릴반 瀊 물돌반 怑 거스릴반 靽 소밀치반

飰 먹을반 瑸 어룽질반 瞥 눈굴려볼반 鬆 북상투반 般 되돌아올반 遂 돌이킬반 礬 돌무늬반 呚 크게웃을반 蝂 업드릴반 版 고기반 砵 큰돌반 繁 말배때끈반 姅 월경할반 箳 수레뜸반 磻 시내이름반 磐 반석반

鈁 깨뜨릴박 繁 말배때끈반 瘢 딱지자리반 返 돌아올반 衴 옷고름반 瘢 자궁병반 蟠 서릴반 迸 갈반 𧑆 무리반 播 무리반 霦 범의문채반 盼 아름다운눈반 嬔 토끼새끼반 瓣 상서로운오이반 料 되어서반분할반 鞶 옷거죽반

泮 물가반 娩 토끼새끼반 礬 큰돌반 柈 쟁반 鎜 소반 斑 아롱질반 槃 쟁반 鱍 물고기꼬리툭툭칠반 鸞 빛이낡을반 畨 무리반 斑 얼룩덜룩할반 瓪 팔마디반 疲 어리석을반 趃 달아나는모양반 餅 싸라기떡반

反 돌이킬반 絆 말옭고맬반 拌 버릴반 虨 범의문채반 袢 옷고름반 嬎 배필반 鞶 천한직업반 癶 끌반 盤 소반 胖 살찔반 鞶 쓿을반 䃑 배반할반 泮 뜰반 媥 섞일반 頖 제후의학교반 番 쌀뜨물반 搬 운전할반

䉽 싸라기떡반 攀 당길반 畔 밭두덕반 攀 덜반 駻 말걸을반 襻 옷고름반 牉 나눌반 畨 쌓을반 絣 말갈기치장할반 仮 돌이킬반 彭 범의문채반 槃 작은주머니반 詊 말잘할반 簸 통발반 放 나눌반 坂 배반할반 叛

배반할반 鵞 새이름반 幣 햇대보반 粄 가루반 憤 공경할반 瘢 다리병반 班 벌려설반 泮 반궁반 泮 얼음녹을반 繁 말배띠끈반 拚 버릴반 婺 비틀거릴반 抆 더욱반 彬 범의문채반 蠜 샘물반 扮 조각반 畚 얼굴클반

般 고기반 粄 싸라기떡반 蟠 반묘반 瘢 발반될반 頒 반포할반 憣 맘불편할반 鑻 옷고름반 飯 먹을반 胖 살찔반 扶 나란히갈반 盼 부세반 攀 당길반 返 돌아올반 闆 문안에서볼반 詖 자랑할반 飯 넘치반 鞁

(수레휘장 반) 伴 짝 반 鞶 큰띠 반 搫 맬 반

발

髮 터럭 발 盋 바리 발 茇 작은모양 발 鮁 고기헤엄칠 발 袚 오랑캐옷 발 [麥+孛] 가루보리 발 妭 고운처 발 癹 발로풀뭉갤 발 [尢+扁] 받이클 발 哱 울 발 勃 성날 발 坺 흙팔 발 醱 술빚 발

驋 말달려갈 발 蹳 발로물건찰 발 [犮+隹] 올빼미같은새 발 詙 신농씨부인이름 발 [癶/犮] 풀뽑을 발 [山+孛] 산길평평할 발 郣 땅붕긋할 발 發 열 발 髮 털 발 発 일어날 발 [火+孛] 찌는듯할 발 [馬+孛] 뿔있고소같은꼬리의말 발 [馬+犮] 오랑캐땅의말 발 [火+敫] 연기허옇게일어날 발 鉢

밥그릇 발 𢡃 성미일어날 발 馞 크게향기로울 발 鼥 살찐쥐 발 [髟/孛] 여자의크게쪽진머리 발 桲 지팡이 발 颰 빠른바람 발 胈 정강이털 발 [辶+發] 폭뿌리 발 駂 뿔있고소같은꼬리의말 발 誖 말미지러울 발 [車/發] 수레깨지는소리 발 [孛+頁] 목 발 [貝+犮] 병기운 발 癹 일어날 발

侼 강할 발 [犮+頁] 터럭 발 髮 터럭 발 [足+巿] 급히갈 발 [舟+發] 다락있는배 발 [酉+犮] 술기운 발 [竹/犮] 통발 발 袚 오랑캐옷 발 軷 원행할때노제지낼 발 [癶/足] 발로풀뭉갤 발 袚 오랑캐옷 발 [金+另] 쇠붙이 발 [雨/犮] 구름필 발 鱍 물고기꼬리툭툭칠 발 [自+巿] 희읍스름할 발 馞

좋지못한냄새 발 鈸 방울 발 鏺 쌍날칼 발 蹳 풀밟을 발 醱 술괴일 발 犮 개달아날 발 柭 무성할 발 [犮+鳥] 꿩같은새 발 馛 향기날 발 [穴/犮] 정강이털 발 跋 걷고건늘 발 [髟/戈] 터럭 발 癶 걸을 발 綍 굵은줄 발 駁 얼룩말 발 鏺 쌍날칼 발 [鼠+發] 살찐쥐 발 韈

버선 발 荸 나물 발 鵓 집비둘기 발 [犮+鳥] 꿩같은새 발 撥 다스릴 발 [身+犮] 달아날 발 哱 대평소 발 襏 도롱이 발 脖 배꼽 발 [孛+毛] 짧은털 발 拔 뽑을 발 沷 물댈 발 墢 흙필 발 犮 풀필 발 渤 바다 발 [火+晉] 터럭 발 浡 안개자욱할 발 [衤+巿]

옷소매 발 [骨+犮] 어깨뼈 발 盋 그릇 발 [艹/犮] 터럭 발 溌 물샐 발 魃 가물귀신 발 [孛+乚] 활발할 발 [酉+巿] 술빚 발 [扌+巿] 기탄없을 발 [孛+攴] 걸음더딜 발 浡 우쩍일어날 발 [立+孛] 물건누르는소리 발 [艹/孛+攴] 성할 발 [走+犮] 바삐갈 발 [辶+巿] 급히달아날 발 跋 걷고건늘 발

髮 터럭 발 鉢 바릿대 발 [土+孛] 티끌 발 [广+犮] 초가집 발 潑 활발할 발 秡 벼상할 발

밤

[月+奧] 음탕할 밤

방

[礻+旁] 사지낼 방 鈁 술준 방 [方+色] 색없을 방 駹 찬간자 방 [黑+夆] 검을 방 [弓+旁] 시위팽팽할 방 [魚+丰] 큰조개 방 [疒+夆] 곪을 방 [旁/鳥]

사다새 방 [耒+音] 보습 방 [旁+阝] 봉할 방 胖 배불룩할 방 邦 나라 방 旁 사길 방 [丰+阝] 봉할 방 [鳥+尨] 매비슷하고흰새 방 瓬 진흙붕칠 방 鰟 방어 방 蒡 우엉 방 [金+葊] 양의털로짠융 방 [言+旬] 나무날 방 蚄 자방벌레 방 綁 결박할 방 [足+旁] 급히걸을 방 [酉+益]

막걸리 방 [酉+旁] 술올릴 방 雱 눈펄펄쏟아질 방 蒡 우엉 방 [月+奉] 배불룩할 방 牻 희고검은얼룩소 방 鞤 곁들 방 [木+匇] 나무조각 방 韸 북소리 방 [角+夆] 옷나라배 방 [方+攵] 신도리 방 幫 곁들 방 [尸+尨] 두려울 방 [彭/木] 문안제 방 [丰+阝] 봉할 방 訪 뵈올 방

蠭 성 방 [口+方] 돌올 방 宂 집빌 방 榜 나무조각 방 趽 좌암발이 방 [方+斗] 넘게될 방 [非/車] 신지울 방 [米+旁] 옥수수 방 [毛+氏] 털로짠베 방 [亻+尨] 아첨지않을 방 枋 단목 방 [冫+旁] 얼어붙을 방 庬 잡될 방 [方+鳥] 새이름 방 霶 비쏟아질 방 肪 비계 방 旊

기장인 방 魴 방어 방 [辶+方] 달아날 방 [扌+邑] 봉할 방 [礻+壴] 문안제 방 滂 큰비 방 帮 도울 방 仿 비슷할 방 浝 큰물 방 眆 본받을 방 鎊 장식 방 幫 곁들 방 逄 막힐 방 [王+旁] 옥 방 [魚+匇] 방어 방 芳 향기 방 [封/手] 막을 방 [口+巿] 비방할 방 [艹/旇]

풀이름 방 [阝+坴] 막을 방 髣 비슷할 방 [隹+方] 새이름 방 方 모질 방 篣 키 방 [扌+匇] 볼기칠 방 磅 돌떨어지는소리 방 [穴+尨] 잘 방 髈 넓적다리 방 [方+斗] 넘게될 방 哤 잡된말 방 [髟+尨] 털이푸를 방 膀 오줌통 방 雱 비쏟아질 방 [黑+尨] 어두울 방 蜯 조개 방

[虫+尨] 도르레 방 [舟+彭] 넓은배 방 埅 막을 방 㤃 꺼릴 방 [木+郎] 지팡이 방 汸 큰비 방 [言+金] 물을 방 [阝+旁] 가까울 방 鴋 새이름 방 傍 의지할 방 玤 옥돌 방 [巾+旁] 서첩 방 妨 해로울 방 [扌+方] 서로같을 방 彷 방황할 방 搒 볼기칠 방 芳 향기 방 房

별이름 방 挷 가릴 방 謗 헐어말할 방 [鼠+方] 흙쥐 방 [耒+音] 보습 방 蚌 조개 방 [方+見] 곁눈질할 방 [角+旁] 술올릴 방 [方+色] 색없을 방 紡 길쌈 방 徬 붙어갈 방 [木+丰] 나무지팡이 방 梆 목탁 방 鎊 깎을 방 [女+旁] 해로울 방 縍 신가께맬 방 牓 표할 방 防

막을 방 猇 삽살개 방 霶 큰비 방 放 놓을 방 螃 방게 방 蚌 조개 방 昉 밝을 방 㝑 사길 방 旁 사길 방 𥦗 사길 방 尨 삽살개 방 幇 겨를 방 牥 좋은소 방 𤛑 둥흰소 방 趽 밟을 방 䣅 면좋날 방 胮 배불룩할 방 坊 막을 방

郱 찾을 방 嗙 웃을 방 **배** 杯 조각 배 陪 버금 배 排 물리칠 배 琲 구슬꿰미 배 輫 수레난간 배 毰 날개벌리는모양 배 䣙 거르지아니한술 배 𤎼 불에말릴 배 㾦 배결릴 배 𢪠 절 배 䑺 키 배 䝼 부세 배 拜 절할 배 坯

굽지않을 기와배 䪹 날기와 배 𦓼 씨뿌릴 배 裵 옷치렁치렁할 배 培 북돋을 배 蓓 봉오리 배 輩 무리 배 拜 절할 배 𦲌 푸른명아주 배 瓸 굽지않은기와 배 偝 등 배 坏 굽지않은기와 배 䅭 심을 배 湃 물소리 배 韛 풀무 배 艇 길고작은 배

䫿 바람불 배 顊 굽은덕 배 胄 아이밸 배 裴 성 배 秠 긴보리죽 배 炋 불 배 焙 불에말릴 배 杯 잔 배 艕 넓은배 방 𢷏 절 배 嶏 산무너지는소리 배 桮 술잔 배 奜 클 배 帗 굵은베 배 倍 곱 배 𤾊 흰가죽 배 賠 물어줄 배 盃 술잔 배

輩 무리 배 阫 담 배 鄁 나라이름 배 閛 자물쇠 배 徘 어슬거릴 배 䫤 굽은머리 배 醅 거르지않은술 배 背 등 배 𨂇 절 배 𢷾 절 배 䓣 구장 배 𦪇 작은배 배 𡽊 골짜기 배 顊 주걱턱 배 配 짝 배 蓓 풀 배 𢈪 빌 배 㙬 북돋울 배

𦄂 속적삼 배 陪 모실 배 𦈢 장군 배 褙 배자 배 鞴 풀무 배 环 배교 배 𤿭 부세 배 䩛 풀무 배 肧 아이밸 배 衃 엉긴피 배 猅 머리짧은개 배 妚 한달된태 배 𤬏 오이 배 **백** 䒺 목화 백 銆 병기 백 鴭 새이름 백 瓸

우물벽돌 백 皁 흰 백 絔 보충할 백 柏 백나무 백 洦 얕은물 백 湐 얕은물 백 鮊 우러기 백 百 일백 백 䴽 삼이킬 백 𩊑 고요할 백 粨 핵터미터 백 兡 헥러그람 백 𤗪 깨뜨릴 백 瓸 헥터그람 백 𤭛 벽돌깔 백 伯 맏 백 𦬰 쪽 백 㿝

말할 백 䞟 넘을 백 帛 비단 백 佰 백 백 竡 헥트리터 백 鮊 뱅어 백 白 흰 백 **번** 𩧘 말뒷발걸음치고나아가지않을 번 䊩 제사에쓰는고기 번 蹯 짐승의발바닥 번 橎 단단한나무 번 轓 수레난간 번 鱕 도끼모양의고기 번 蕃 번성할 번 翻 날 번

飜 날 번 䋣 말갈기치장 번 煩 번거러울 번 𩏻 가죽반듯할 번 薠 풀이름 번 䕘 큰키 번 藩 울타리 번 墦 무덤 번 璠 보배옥 번 藩 울타리 번 旛 기 번 𪕐 쥐며느리 번 㚙 계집영오할 번 蹯 짐승의발바닥 번 蹞 짐승발바닥 번 緐 말갈기치장 번

膰 제지낸고기 번 䪤 달래 번 𩕊 크게추할 번 勫 건장할 번 緐 말갈기치장 번 䕰 큰키 번 瀿 급히넘칠 번 繙 번역할 번 𢴾 번득일 번 袢 옷꽈동일 번 𧖇 기를 번 燔 구을 번 𤃩 뜨물 번 蘩 새발쑥 번 幡 먹수건 번 燓 화전일으킬 번

拚 번득일 번 樊 번풀 번 𣟪 추할 번 𨍐 수레뜸 번 𨇨 짐승의발바닥 번 鐇 뭉치 번 番 번수 번 䮳 짐승번성할 번 瀿 큰물결 번 畨 번수 번 犿 개싸우는소리 번 噃 산돼지 번 蕃 지모 번 羳 배누런양 번 𧡈 잠간볼 번 樊 새장 번 鷭

새이름 번 蠜 메뚜기 번 蘩 새발쑥 번 膰 삶는제사고기 번 潘 뜨물 번 **벌** 垡 밭갈아들출 벌 䣹 술빛 벌 㕹 방패 벌 坺 밭갈아들출 벌 𢁲 용정할 벌 䛟 우두커니설 벌 傠 칠 벌 藅 풀시들할 벌 罸 벌줄 벌 閥 벌열 벌 𧦓 우두커니설 벌

𤽗 쌀쓿을 벌 伐 칠 벌 橃 큰배 벌 栰 떼 벌 瞂 방패 벌 筏 떼 벌 𦂽 엮은줄 벌 罰 벌줄 벌 𥩰 우두거니설 벌 𧬫 말할 벌 **범** 犯 범할 범 䒮 돛 범 汎 띠울 범 梵 불경 범 𤝆 범할 범 范 벌풀 범 䀀 큰눈 범 𦕻

병모양 범 軓 차앞턱나무 범 範 법 범 䫲 배돛 범 凡 무릇 범 颿 말달릴 범 忛 배돛 범 𨊠 차앞턱나무 범 帆 돛 범 杋 나무이름 범 盁 술잔 범 阢 배돛 범 𣏐 나무껍질 범 䀀 큰눈 범 氾 물넘을 범 𧌄 벌 범 凡 무릇 범 仉 경홀히여길 범

舤 뱃전 범 𧦍 말급할 범 𢪛 뜰 범 颿 말달릴 범 訉 수다할 범 䭵 말저벅저벅걸을 범 釩 떨칠 범 笵 법 범 **법** 珐 사기물 법 疺 파리할 법 法 법 법 鉣 살모양 법 琺 법랑 법 **벽** 躄 절룩거릴 벽 湢 목욕간 벽 繴 그물 벽

벽 변 별 병

躄 절름거릴벽 䌟 새그물벽 檗 회양목벽 糪 선밥벽 繴 새그물벽 䌟 분합띠벽 壁 벽벽 澼 물갈라져흐를벽 稫 보일벽 殢 죽으려할벽 甓 벽돌벽 辟 다스릴벽 癖 적병벽 偪 땅떨어질벽 僻 후미질벽 劈

빠갤벽 疈 물건쪼갤벽 廦 더러울벽 襞 치마주름벽 璧 둥근옥벽 辟 임금벽 鐴 보습귀벽 福 나눌벽 檘 회양목벽 霹 벼락벽 砅 벼락벽 縩 새그물벽 糱 선밥벽 稫 벼벽 臂 배꼽벽 辟 담벽 闢 열벽 鼊

물릴벽 避 멀리달아날벽 蘗 황경피나무벽 鼊 거북벽 澼 빨래할벽 囟 닫을벽 孹 죽으려할벽 礔 벼력벽 鷿 되강오리벽 陜 땅벌어질벽 鸊 되강오리벽 欂 기둥벽 闢 열벽 鎃 가리박벽 閴 피할벽 塴 흙덩이벽 擘

나눌벽 擗 열벽 擿 종기쨀벽 辟 임금벽 闢 막을벽 闃 열벽 踾 그칠벽 釽 가리벽 闢 열벽 壁 법도벽 躃 절름거릴벽 변 萹 옥매듭변 䛒 말잘할변 邊 달아나다넘어질변 鬂 머리털의모양변 諞 가릴변 鯿

엷은모양변 䈥 변두변 匾 엷은그릇모양변 籩 대쪽편지변 踾 걸음빠르지못할변 辨 판단할변 邉 가변 駢 두말한멍에멜변 䛒 말잘할변 傍 몸삐뚜리변 辮 땋을변 癟 뼈쑤시는병변 玣 고깔꾸미개옥변 駢 두말한멍에멜변 䟍

멀리갈변 狑 개싸할변 办 분별할변 變 변할변 賆 더할변 跰 못박힐변 边 가변 覍 고깔변 嫳 경박할변 㺹 머리고울변 釆 분별할변 萹 백변두변 駇 두말한멍에멜변 駢 두말한멍에멜변 忭 즐거울변 辯 근심할변 玣

옥으로꾸민관변 蕌 옥매듭변 犿 서로쫓출변 軿 부인의수레변 變 변할변 騈 두말한멍에멜변 鯾 방어변 彭 변할변 胼 문못박힐변 邊 가변 䛒 논쟁할변 鬂 머리털의모양변 辧 허벅지변 軿 부인의수레변 變 변할변

豟 큰돼지변 邉 달아나다넘어질변 矕 눈감을변 辮 물결변 鈱 철판변 浒 물대어서고르게할변 辯 여울변 昪 좋아할변 輪 수레변 徧 두루변 鏾 보습날변 軿 부인의수레변 栟 주변변 釆 벼와변 甂 자배기변 辮

근심할변 籩 변두변 顯 쌍동이변 變 변할변 洩 오줌변 辯 말잘할변 辡 죄인서로송사할변 弁 주나라관변 变 변할변 駢 두말한멍에멜변 彭 변할변 頨 고깔변 鵧 목이매변 㛹 교묘히말할변 變 변할변 胼 못박힐변 过

변방변 㝸 속할변 諞 논쟁할변 辺 변방변 卞 법변 閞 주두변 㳒 가변 䉸 신바닥변 辺 변방변 匥 관갑변 骿 통갈비변 별 䇷 말로판단할별 鐅 보습날별 袶 옷소매별 徶 옷자락펄럭거릴별 瞥 볼별얼핏 朓 살찐고기별

鷩 경박할별 瞥 해멀어지려고끄무러거릴별 撇 당길별 覕 눈결에잠간볼별 別 다를별 捌 손재개탈별 弼 활뒤틀릴별 鞴 칼집치장별 鮅 고기헤엄칠별 丿 삐칠별 炦 김오를별 鱉 처음난고사리별 鱉 자라별 鱉 칼끈별

峢 산이름별 蹩 절름발이별 黎 성급할별 鼈 자라별 敝 방패벌 勂 클별 䅸 조금향기날별 瘢 부어터질별 頫 짧을별 䕷 조금향기날별 撆 당길별 瞥 잠간들을별 馝 조금향기날별 蛂 풍뎅이별 矯 어그러질별

鼈 자라별 鷩 산들바람별 㓖 벼포기고르지않을별 襒 떨칠별 跋 찰별 蹩 뛸별 鷩 붉은꿩별 覕 얼핏볼별 憋 조급할별 憋 조급할별 瘪 날지못할별 馝 조금향기날별 馞 향기날별 莂 밝을별 彆 활뒤틀릴별

潎 물다닥칠별 鷩 부엉이별 鼈 처음난고사리별 鷩 부엉이별 覕 눈길에잠간볼별 鼈 자라별 䇷 근심할별 병 餠 물장군병 棅 자루병 骿 귀단을병 鉼 장군병 痭 들피병 洴 빨래할병 摒 요량할병

跰 급히갈병 邴 땅이름병 栟 종려나무병 蓱 수레가림병 蛢 말씹조개병 迸 아득할병 蛢 풍뎅이병 閞 문짝닫는소리병 昞 밝을병 併 병나란할병 瓶 물장군병 怲 근심할병 荓 말솔풀병 鵧 작고검은비둘기병

琕 칼집병 骿 탈병 開 문짝닫는소리병 絣 먹줄튀길병 餅 밀가루떡병 䴵 밀떡병 幷 미칠병 倂 다병 秉 잡을병 偋 곁병 絣 무늬없는비단병 浜 물가이름병 兵 군사병 [齒幷] 통니병 寎

삼월병 窉 구멍병 蛢 풍뎅이병 [黑尼] 검은색의치장병 抦 잡을병 頩 성가파랄게질릴병 [黑幷] 검은색의치장병 鵧 새앙쥐병 竝 아우를병 艵 옥색병 逬 흩어져달아날병 竮 비틀거릴병 蛃 흰좀병 迸 흩어져달아날병 帡

휘장병 鈵 굳을병 病 병들병 骿 갈비뼈병 [丙大] 다병 昞 눈밝을병 丙 밝을병 [糸丙] 맺을병 帲 휘장병 甹 끌을병 [雨幷] 우뢰소리병 鉼 장군병 誁 도와말할병 㔙 병클 恲 찰병 [髟幷] 털의상병 鉼

불린금덩이병 閍 문여닫는소리병 [日幷] 쌀소쿠리병 簈 병풍병 餅 밀가루떡병 鮩 뱅어병 栟 종려나무병 [目幷] 쌀소쿠리병 [金屛] 병병 屛 병풍병 屏 평풍병 偋 내칠병 洴 빨래할병 箳 대사리문짝병 缾 병병

[酉幷] 낯누를병 瓶 물장군병 [竹甹] 배수레에씨우는거적병 [幷羽] 합할병 昺 밝을병 苪 나타날병 䴵 보리떡병 鉼 불린금덩이병 鏰 병기병 [髟丙] 털이거칠병 [革幷] 가죽떠병 郱 땅이름병 頩 옥색병 [亻屛] 물리칠병 蓱

솜담는광주리병 [广長] 비틀거릴병 [立屛] 으슥한곳병 [土兵] 무덤구멍날병 窉 구멍병 甁 물장군병 柄 자루병 庰 감출병 幈 병풍병 鋲 넓은못병 [山昺] 사람이름병 [疒幷] 병들병 跰 비틀거릴병 鮩 뱅어병 [香幷] 크게향기로울병

誁 도와말할병 蛢 말섭조개병 炳 밝을병 빛날병 **보** [艹幷] 보리나무보 譜 족보보 賲 거간군보 譜 족보보 簠 대제기보 鞴 가죽신보 簠 대제기보 [王正] 보배보 錇 작은장구보 鳵 넉새보 [王步] 아름다운옥보

保 보전할보 鴇 넉새보 [髟保] 상투보 [王卜土] 옥그릇보 報 대답할보 鯆 별이름보 潽 물보 [呆木] 보전할보 諩 족보보 黼 보불보 [石甫] 멧돌보 狍 살깃보 [車父] 도울보 [乍土] 삶을보 [鬼甫] 별이름보 [艹步]

짚북더기보 [魚夅] 쏘가리보 寳 서옥보 膊 펑고기보 鴇 큰새보 椺 들보보 步 걸을보 俕 보존할보 普 넓을보 [疒付] 몸펴지못하병보 蚫 전복보 鞄 가죽다루는장인보 菩 보리나무보 踄 밟을보 [犭色] 살깃보

苿 풀이무성할보 乍 벌릴보 駂 오총이말보 輔 수레덧방나무보 譜 족보보 蕔 거칠보 [乍隹] 넉새보 葆 풀더북할보 報 고할보 步 걸을보 [王步] 보배보 黼 보불보 寶 보배보 [魚普] 복어보

[髟呆] 상투보 褓 포대기보 簠 대제기보 鴇 넉새보 呆 보존할보 [髟呆木] 상투보 蚥 범아자비보 堢 막을보 [辶保] 갚을보 寶 귀할보 報 고할보 補 기울보 堡 작은성보 [目甫] 볼보 [甫頁] 광대뼈보 [缶羽] 날보

緥 포대기보 莆 삽보 箁 寚 보배보 [甫攴] 헛치는소리보 [父虫] 노랑등에보 烳 횃불보 痡 병도질보 [宀缶金] 서옥보 鮬 쏘가리보 甫 사나이아름다운보 **복** 樸 대추복 襥 복두복 服 입을복 [革复] 가죽띠복

扑 부딪칠복 [𥫗卜] 작게칠복 蹼 오리발복 [舟人] 익힐복 [尸夂] 칼복 [虫覆] 베메뚜기복 [扌犬] 두드릴복 [立复] 사특할복 [扌暴] 작으마치칠복 攵 칠복 [目卜] 눈퉁이뼈복 纀 머리동여매는수건복 [車伏] 수레앞턱나무복 垘 보막을복 葍

치자꽃복 蕧 무우복 [宀復] 굴속복 幞 복두복 卜 점복 栿 들보복 諨 갖출복 [革菐] 쇠굴레끈복 醭 술에골마지낄복 [米菐] 궂은쌀복 馥 향기복 [走复] 어린아이길복 轐 수레상자복 [舟乚] 복종할복 袱 보자기복 鮲 가리맛복

蝮 독사복 [髟暴] 털이엉킬복 墣 흙덩이복 轐 수레바퀴받침복 [白頁] 머리털힐복 腹 후할복 澓 은혈로흐를복 [髟業] 구레나룻모양복 舨 행할복 [香咅] 향기복 [食复] 먹을복 [香頁] 향기복 覆 도리킬복 復 다시복 鍢

아구리큰솥 복 𩯝 구레나룻의모양 복 卜 점 복 覆 물흘릴 복 馥 향기 복 㣦 돌아올 복 鼶 쥐 복 穙 풀무성하게자랄 복 福 복 복 蝠 박쥐 복 福 복 복 洑 스며흐를 복 僕 종 복 茯 낭이 복 复 갈 복 複 겹옷 복 撲

심은대로다날 복 黰 엷게검을 복 𨃚 길 복 虙 위엄스러울 복 踾 모을 복 鍑 아구리큰솥 복 𥎝 난장이 복 𦣞 종 복 復 돌아올 복 馞 향기 복 鞻 쇠굴레끈 복 曝 김이힐 복 福 아름다울 복 鍑 아구리큰솥 복 蕧 하국 복

復 산덮을 복 菔 무우 복 豧 여우 복 濮 물이름 복 軷 바퀴동 복 鵩 올빼미 복 蕧 대열매 복 鶝 오디새 복 福 복 복 復 돌아올 복 䟮 끓어엎드릴 복 芣 풀자랄 복 纀 옷의폭을자른 복 豰 여우 복 反 일할 복

楅 전동 복 鰒 전복 복 畐 복 복 扑 칠 복 毾 털엉킬 복 伏 엎드릴 복 楅 복 복 葍 예무 복 畐 복 복 襆 복두 복 蕌 예무 복 覆 머슴 복 攴 칠 복 鰒 전복 복 癁 병도질 복 匐 길 복 箙 전통 복

𦽌 시중군 복 𥎝 곁입제칠 복 盙 그릇 복 麷 사슴서로따를 복 蹼 오리발 복 匐 길 복 鶝 오디새 복 宓 엎드릴 복 襆 복두 복 𡎯 토굴에서살 복 猋 여우 복 輹 바퀴통 복 轐 바퀴통 복 䝨 재물부러워할 복 **본** 𩚩 거친밥 본

黂 엷게검을 본 𪄀 나는모양 본 黺 엷게검을 본 㮥 덮는뜸 본 本 밑 본 𪊲 근본 본 㡷 암사 본 𪋥 삼대 본 **봉** 夆 서로바동그릴 봉 鳳 새 봉 奉 받을 봉 髮 미투리 봉 譿 만날 봉 縫 꿰맬 봉 𨑳

외주렁주렁맺일 봉 崶 봉주산이름 봉 妦 아름다울 봉 逢 만날 봉 峯 산봉우리 봉 捀 받을 봉 𡉍 소이름 봉 翂 새 봉 韸 북소리 봉 𡉑 깊은진흙 봉 丰 예쁠 봉 䳴 새가어지러이날 봉 𢓡 부릴 봉 蓬 쑥 봉 韼

수레소리 봉 捀 받을 봉 棒 몽둥이 봉 𣨈 죽을 봉 鴌 새 봉 縫 꿰맬 봉 髼 엉킨머리 봉 𩑶 귀뿌리 봉 蠭 벌 봉 熢 연기서릴 봉 夆 서로바동그릴 봉 䡫 수레뚱 봉 犎 들소 봉 颿 바람부는모양 봉 鼖 북소리 봉

鞤 수레가에대는가죽 봉 䩬 안장치장 봉 蜂 벌 봉 唪 크게웃을 봉 䙜 산귀신 봉 峰 산봉우리 봉 琫 칼집장식옥 봉 烽 봉화 봉 甂 집울리는소리 봉 鏠 병장기끝 봉 鞛 칼아래윗장식 봉 埲 먼지날 봉 靬 안장치장 봉 䅦

두갈래진창 봉 艂 배이름 봉 桻 나무끝 봉 䗬 벌 봉 䬙 바람일어날 봉 鎽 투구 봉 鳳 새 봉 𡭒 진흙 봉 䈇 배뜸 봉 峯 산봉우리 봉 蠭 벌 봉 霶 빗소리 봉 馩 향기성할 봉 樥 목무성할 봉 埄 떠끌일어날 봉 綘

미투리 봉 摓 받들 봉 𧜏 미투리 봉 𡶃 무덤 봉 𧿒 뒤집을 봉 𪎃 보리를까부를 봉 篷 대뜸 봉 漨 물이름 봉 䙜 미봉 봉 蠭 기쁜빛 봉 㦀 벌 봉 鞛 칼집윗장식 봉 賵 부의 봉 𨛨 봉할 봉 麷 찐누룩 봉 凤 새 봉 𪎊

누룩 봉 蘴 쑥 봉 鋒 칼날 봉 封 흙모을 봉 𩿍 새 봉 綘 꿰맬 봉 𦑣 새 봉 埄 먼지일어날 봉 菶 풀우거질 봉 𠘯 부의 봉 鋒 칼날 봉 浲 물이름 봉 𩛚 탐내어먹을 봉 㚈 흙모을 봉 韸 북소리 봉 䡫 수레소리 봉 **부**

蚹 뱀의배비늘 부 𡗗 공부 부 䏽 돼지고기장 부 䋨 장기 부 賻 부의 부 懯 급속할 부 斧 도끼 부 犃 수컷 부 孚 믿을 부 扶 도울 부 鄜 고을이름 부 烰 찔 부 𥄉 볼 부 𥹎 겨 부 胕 상부 부 紑 옷정결할 부

䬪 바람잔잔할 부 㕮 씹을 부 𪌂 밀기울 부 缶 장군 부 繳 거친명주 부 𩬯 딴상투 부 弅 오를 부 拊 어루만질 부 鈇 작도 부 隫 무덤 부 尃 펼 부 𧺆 속할 부 玞 무부 부 桴 집마룻대 부 妋 아름다울 부

𠀩 병주 부 𤙽 입술검은소 부 𩔘 수염이짧고휠 부 綒 굵은그물 부 麩 가루떡 부 涪 물거품 부 𥧀 자면서코골 부 府 마을 부 剖 쪼갤 부 婦 며느리 부 䭸 먹을 부 䈏 대싸리 부 𣸣 물이름 부 鳺 거위 부 麌 냄새날 부

團 동원부 媍 지어미부 孵 알깔부 閅 문열부 趺 도사리고앉을부 訃 부음부 䍖 솜털부 郶 나눌부 哹 숨내쉴부 箁 대푸른껍질부 鳧 물새부 艀 거루배부 涪 물거품부 傅 스승부 婄 살찐부

筟 대청부 敷 베풀부 趏 엎드러질부 垺 성가퀴부 跗 발목뼈부 阜 언덕부 綍 묵은솜펄부 抔 웅큼부 痔 불에데일부 颫 바람내리불부 䑧 짧고깊은배부 痡 병들부 鳪 공작새부 婩 계집행실부 𠂤 언덕부

莩 갈청부 箙 자문죽부 𢗅 생각부 霜 우적부 餢 질전병부 鵏 물새부 䴯 부둥깃부 駁 수말부 欨 말하며받지않을부 抙 당길부 貸 구실부 郛 고을이름부 捊 도울부 婄 어리석을부

𠟃 대의서판부 罘 그물부 殕 썩을부 鮒 물아질부 艀 짧고속깊은배부 韛 차아래끈부 頫 머리숙일부 駙 쥐며느리부 犃 수컷부 衰 덜부 䄮 옷입을부 攵 어루만질부 悑 약간성낸듯할부 韛 잠방위부 鳧 물새부

趺 도사리고앉을부 怤 잠간성낼부 秩 벼움날부 粰 왕겨부 琈 옥문채부 覔 볼부 褔 예복부 鄜 고을이름부 罘 토끼그물부 鬴 터럭짧을부 狝 양부 䝾 구실부 篰 대의서판부 𥥚 새알품을부 扶 연잎이울부 簿 문서부

芣 질경이부 捊 당길부 覆 할부 鳧 물새부 踣 엎드러질부 㤱 짜증잘낼부 痡 가쁠부 鳺 물소리부 頫 머리구부릴부 棓 때릴부 萡 꽃이성할부 蕧 뒤참외부 箁 대껍질부 趺 발갈부 颫 바람내리불부 䍖 공부 郚 성곽부

秿 볏가리부 蚥 벼메뚜기부 鱻 빠를부 羚 암양부 父 아비부 **북** 趠 넘어질북 鞴 가죽떠북 北 북녘북 僕 오랑캐나라이름북 僰 건위오랑캐이름북 犾 뒤북 **분** 殨 살은썩고뼈만남을분 糞 떨분 豶 불알깐돼지분

鼖 큰북분 鳻 산비둘기분 鐼 대패분 䟿 달아날분 畚 가래분 奮 말빨리달릴분 坌 뿐분 艴 성발끈낼분 釡 사람이름분 奔 달아날분 墳 무덤분 閍 불기운분 𦨈 아들분 𨀁 뛰어달아날분 誹 풍류소리잠시그칠분 贊 큰북분

翂 날아오를분 穦 까부르지않은곡식분 獖 양이름분 雱 눈이펄펄날릴분 帉 걸래분 窉 물이름분 枌 흰느릅나무분 僨 움직일분 岎 산갈래질분 畚 삼태분 妢 분나라분 梤 향나무분 𢿐 쓸어버릴분 秎 벼묶음분

弅 뛰고밟을분 苯 풀더부룩하게날분 渀 물급히흐를분 朌 머리클분 羒 흰수양분 𤺋 종기화끈거릴분 𤖹 평상널분 艴 성발끈낼분 鳻 나는모양분 奮 말이달려갈분 𣝀 거름분 棒 배뜸분 穙 거름분 𡑋 쓸어버릴분 𢡠 곡식자루터질분

皷 북분 分 나눌분 鼖 큰북분 噴 꾸짖을분 捹 움직일분 扮 잡을분 鼖 큰북분 鳻 매추라기문양분 䟿 달아날분 鱝 가오리분 奮 드러날분 𧿗 달아날분 馩 향내분 黺 옷에오색수놓을분 翸 파득파득날분 隫 빠질분

㤋 얼크러질분 䟿 달아날분 黂 삼씨분 弅 높은언덕분 驞 달아날분 𨁏 달아날분 逩 달아날분 畚 가래분 奮 떨칠분 黂 삼씨분 蕡 삼씨분 盆 자욱할분 湓 물날분 黂 삼씨분 歕 기운불분 粉 싸라기떡분

兝 데시그람분 瀵 흩어질분 泍 샘솟을분 体 용렬한분 湓 물넘칠분 憤 분할분 芬 향기분 鳻 파랑새분 犇 소놀라뛸분 餴 선밥분 魵 가오리분 餗 밥분 蒶 풀쌓을분 紛 잡될분 饙 설익은밥분 糞 다할분

𣁋 흰색양분 瓫 동이분 鼢 두더지분 轒 수레뜸분 鶭 새이름분 竕 데시리터분 糞 똥분 扮 섞을분 𢷾 씻을분 吩 분부할분 雰 안개분 蚡 두더쥐분 糞 똥분 瓰 데시그람분 濆 물가분 昐 햇빛분 𤗚 평상널분

粉 가루분 燌 불사를분 忿 분할분 盆 동이분 鼖 큰북분 坌 아우를분 体 어리석을분 坋 티끌분 畚 가래분 氛 기운분 倴 사람이름분 𦐄 파득파득날분 閅 싸울분 訜 말정하지못할분 𢜗 분할분 焚

불사를분 紛 옷치렁거릴분 墳 무덤분 火 삼씨분 馚 향내분 炃 불사를분 橨 나무이름분 膋 흩을분 坌 쓸어버릴분 羒 암양분 鬨 싸울분 坆 무덤분 渀 빨리갈분 錛 자귀분 魵 고기이름분 濆 물가분 撲

쓸어버릴분 幩 말자갈분 膹 흙국분 毰 털빠질분 鱝 심실분 糞 떨어버릴분 馚 말빨리달릴분 跉 실족할분 蕡 거름줄분 豶 흙속괴이한양분 坌 풀로지경정할분 噴 토할분

불

仏 부처불 艴 만지는소리불 紱 인끈불

茀 산모양불 颰 솔솔부는바람불 餑 물릴불 梻 도리깨채불 弜 보불 桲 싸라기불 髴 부인의머리치장불 綍 가릴불 甶 귀신머리불 髴 비슷할불 坲 티끌일어날불 黻 다스릴불 炥 불이글이글할불 艴 큰배불 不 아닐불 払

떨칠불 鉘 꾸밀불 茀 풀성할불 奔 도울불 猌 개모양불 餑 보리떡불 黻 보불 霈 구름불 勃 새발쑥불 趏 달아날불 弅 아니불 韍 수레뒷가죽불 帗 머리덮는수건불 咄 해돋을불 韍 슬갑불 咈 어길불 岪 산굽이불

婞 계집살찐모양불 汱 바람찰불 趏 달아날불 拂 향나무불 蔽 풀성할불 费 도울불 市 앞치마불 黺 부처불 拂 씻어버릴불 誄 어조사불 韍 떨칠불 佛 서로같을불 雴 구름일불 敝 다스릴불 弗 어그러질불 乀 파임불 帔 춤수건불

趟 바르게달아날불 韍 관매는줄불 焲 불이글이글할불 悖 답답할불 颰 바람불불 狘 춤추는깃불 佛 부처불 紼 인끈불 怫 보불 雵 비올불 綍 흩트러질실불 刜 찰불 翇 춤추는깃불 鮄 방어불

붕

朋 끊을붕

熢 불땔붕 淜 땅이름붕 傰 성붕 崩 산무너질붕 棚 시렁붕 堋 광쭉붕 踫 달릴붕 塴 방축붕 堋 산무너질붕 崩 무너질붕 鬅 머리더부룩할붕 霌 큰비붕 陭 산무너질붕 綳 묶음붕 痭 대하증붕 裲 묶을붕 朋 벗붕

塳 티끌일어날붕 堋 장사지낼붕 鞃 가슴걸이붕 倗 부탁할붕 脝 실붕 鵬 붕세붕 掤 끊을붕 窻 평토칠붕

비

邲 주관할비 枇 주걱비 氣 방귀비 鶤 원숭이비 坒 나란할비 頧 머리비 貔 발없는벌레비 鯤 가자리비 丕

클비 秠 검은기장비 僶 고달비 篦 대장반비 澂 물소리비 墠 붙을비 罭 상대할비 髬 머리풀고달아날비 罷 새우잡는그물비 卑 낮은비 睇 눈어둘비 痺 새이름비 妣 죽은어미비 怌 어긋날비 柲 창자루비 裶 옷잘잘끌비 貱 부세비

匕 숫가락비 蠆 짐승의이름비 糒 군량비 陴 성위담비 犇 손엎을비 斐 티끌비 枇 비파비 攈 세모진마름비 飛 날비 毗 도울비 扉 닫을비 俾 하여금비 琵 나눌비 婓 행하는모양비 飝 날을비 啤 맥주비 裴 소매비 棐

숨을비 翡 날비 匪 악할비 髀 활끝비 霏 구름모양비 秕 쭉정이비 蜱 범아재비새끼비 窤 그릇비 痱 풍병비 蚍 왕개미비 貔 몸부드러울비 嚭 클비 㶆 기운더울비 毖 삼길비 芘 풀이름비 鮍 방어비 鈚 할도지개끈비 㡙

관비 脾 자라비 鵯 더할비 婢 계집하인비 鼙 무너질비 帔 헝겊조각비 毞 털로짠베비 庳 낮을비 啚 구멍비 萆 갖출비 颾 바람불비 篦 참빗비 緋 대그릇비 辟 담장비 韈 발배때끈비 笓 참빗비 鞞 마상북비

陫 더러울비 紕 비단삭으려할비 㠾 헝클어진삼비 淠 배가는모양비 髼 관의치장비 媲 배필비 痹 가는왕골비 霏 눈이부실부실올비 蘽 풀이름비 膍 새멀떠구니비 鈚 도울비 剕 발베일비 隶 안개비 蟦 굼뱅이비 騑 말뛸비 𩳁

밝을비 霼 구름이성할비 痱 풍병비 腓 장딴지비 鯡 고기새끼비 祕 비밀할비 鼙 군사의북비 膞 살뚱뚱이찔비 砒 비상비 蹩 팔꿈치벨비 蟦 메뚜기비 磇 비상비 屄 보지비 貏 말린밥비 棐 끓을비 俻 고달플비 鄪 고을이름비

飛 날비 䗡 손시릴비 麀 작은사슴비 旋 휘두를비 髀 넓적다리뼈비 趩 자박자박걸을비 豾 삵의새끼비 碑 비석비 崥 무너질비 淝 물이름비 麴 볶은보리가루비 費 없엘비 𠡒 끼울비 陫 더러울비 䐕 고기국비 霏 구름낄비 蠹

버마제비새끼비 臂 팔뚝비 彃 활에실감을비 呸 다투는소리비 鬻 끓을비 誹 비방할비 坒 겹쏟비 緋 짙게붉은빛비 剕 깍을비 轡 고삐비 𠂢 흐를비 䵗 피비 鎞 빗치개비 妃 배필비 憊 고달플비 皷 집쏟릴비 餥 말린밥비 𩩍 종아리뼈비

毴 가는털비 𨊻 몸부드러울비 菲 나물이름비 淠 물결비 駓 황부루말비 𦕈 부끄러울비 鴄 징경이비 䮒 말휘휘달릴비 魾 방어비 𥊁 눈어두울비 胇 마를비 嫓 왕비비 伾 힘셀비 邳 고을이름비 狉 떼지어달아날비 𡒊 더할비

𩬅 엉클어진머리비 備 갖출비 嬶 여편네비 臂 팔뚝비 𪖾 개새끼첫배비 毞 담비 圮 언덕무너질비 䚹 갖출비 仳 이별할비 痱 땀띠비 啚 인색할비 犻 소부는소리비 疕 머리털비 琵 비파비 顊 머리비 䵄 말린밥비 岯 산이름비

濞 물급히다락치는소리비 闝 싸리문짝비 𠢐 날랠비 批 뵈어줄비 粊 낮은쌀비 鉟 날있는창비 芾 나무성할비 斐 문채날비 贔 기운낼비 箄 가리비 𤱛 보막아논에물댈비 𤭞 목긴병비 粺 궂은쌀비 駓 황부루말비 髀 넓적다리뼈비

秠 검은기장비 𤊹 꽃이성할비 𢴤 사때려넘어떠릴비 鵯 새이름비 𣬸 가는털비 𩮲 수염많을비 蜰 떡풍뎅이비 𥜿 짐승의이름비 鼻 코비 𩪩 넓적다리뼈비 郫 땅이름비 庇 가리울비 䡆 때리는소리비 莆 갖출비 蠯 왕개미비 昲

빛쪼갤비 騑 곁말비 𩑶 짧은수염비 躾 몸부드러울비 鯡 고기이름비 豍 백편두비 糒 군량비 犕 소이드러낼비 厞 숨을비 萉 피할비 疪 병들비 餥 먹을비 賁 꾸밀비 蓖 피마자비 鞴 말배때끈비 毘 도울비 埤

더할비 秕 더러울비 髬 사나운짐승갈기비 魮 나는고기비 鄙 더러울비 庳 코비 屁 방귀비 嚊 헐덕거릴비 翡 깃붉은새비 屝 더러울비 非 아닐비 䚹 꾸짖는소리비 貔 사나울비 𣾰 샘솟을비 閟 닫을비 榌 부연비

朏 초사흘달비 篦 통체비 諀 그릇할비 悲 슬플비 䠙 걸음비틀거릴비 粊 궂은쌀비 𨄪 넓적다리뼈비 脾 지라비 阰 산이름비 畀 낮을비 㿙 열로답답할비 𨉻 몸부드러울비 鼻 코비 蠯 왕개미비 鴄 징경이비 棐 도울비

𤘽 길마비 屝 짚신비 訨 갖출비 糒 군량비 𤛐 쌍겨리할비 髬 머리풀고달아날비 椑 나무이름비 圮 언덕무너질비 碑 빗돌비 肥 살찔비 奜 성비 郝 고을이름비 狒 원숭이비 匪 종다래끼비 貔 사나운짐승비 𤝞

곰같은짐승비 𥘯 제사지낼비 棐 도울비 篦 참빗비 䰽 추할비 鼻 코비 蜚 때까치비 莆 갖출비 椑 떫은감비 比 비교할비 犕 소이갖출비 䨽 가벼울비 鬻 용가마심비 𦪹 배못비 憊 고달플비 鞴 말뱃대끈비 篚

둥근대광주리비 騛 말달릴비 𧯯 백편두비 碑 비석비 悱 분할비 鞴 말배때끈비 𥜿 짐승의이름비 萆 멀앳비 䴽 붉은가루보리비 睤 곁눈질하는모양비 痹 각기비 𠤷 구멍비 諀 악담할비 𩑋 털반백될비 襣 쇠코잠방이비 鞞 말에매인북비

䂬 짧고작을비 鄙 더러울비 鞴 말배때끈비 䘳 옷소매비 𧞥 두루마기비 𤜽 돼지같은짐승비 𥪔 우뚝설비 𩸃 검은잉어비 𢗖 못생길비 悲 슬플비 霏 진눈개비비 秘 비밀할비 𧕮 멸구비 羆 큰곰비 𣙼 사다리비 𥥤 방귀비

𢞕 악한마음비 螕 진디비 榧 비자나무비 鉟 날있는창비 𩶗 나는고기비 怌 두려워질비 㴽 법이무너질비 沸 끓을비 婓 여자비 裨 도울비 㹃 소소리비 畀 줄비 粃 쭉정이비 馡 향내비 𪍈 누룩비 錍 도끼비 埤

더할비 𩑶 짧은수염비 沘 물이름비 𥼊 방귀뀔비 𣀂 그릇금갈비 鈚 살촉비 𨣑 술빛비 鬻 끓을비 賁 꾸밀비 庀 다스릴비 鐾 호미비 痞 더부룩할비

빈

䰋 귀신의모양빈 鬢 구렛나루빈 嬪 계집의벼슬이름빈 𢥗 얻그러질빈

賔 작은참새빈 頻 자주빈 馪 향기성할모양빈 𩀾 작은참새빈 獱 수달빈 姘 첩빈 𪅁 나는모양빈 豩 쌍돝빈 彬 잘갖추어질빈 鑌 매운쇠빈 穦 향기빈 貧 가난할빈 𡢾 귀녀빈 𩕎 어지러이일어날빈 濱 물가빈 娦 세실빈

覰 잠간볼 빈
繽 성한모양 빈
殯 염할 빈
瀕 물가 빈
顰 효빈할 빈
嬪 계집의벼슬이름 빈
臏 종지뼈 빈
玭 소리나는진주 빈
凴 의지할 빙
霦 옥광채 빈
瑸 옥무늬얼른얼른할 빈
闠 싸울 빈
賓 인도할 빈
儐 인도할 빈
譻 수다할 빈
盫
虨 번수할 빈
繽 옷다듬을 빈
斌 문채날 빈
磌 돌부스러뜨리는소리 빈
闠 싸울 빈
辬 얽을 빈
顰 눈쌀찌푸릴 빈
擯 염할 빈
份 빛날 빈
麎 암짐승 빈
䦟 땅이름 빈
鬂 구레나룻 빈
邠 나라이름 빈
賓 인도할 빈
嬪 보이지않을 빈
䰋 귀신의모양 빈
𨉖 많은모양 빈
檳 빈랑나무 빈
擯 물리칠 빈
顰 눈쌀찌푸릴 빈
頒 분별 빈
牝 짐승 빈
豩 쌍돝 빈
顰 눈쌀찌푸릴 빈
濱 물가 빈
薲 빈풀 빈
矉 이맛살찌푸릴 빈
牝 암짐승 빈
璸 진주이름 빈
豳 나라이름 빈
隫
물가 빈
驞 떼들석할 빈
頻 자주 빈
櫇 사과 빈
緐 흘크러질 빈
梹 빈랑 빈
礬 백반 빈
嚬 찡그릴 빈
賔 손 빈
贇 예쁠 빈
賓 손 빈
鬢 구렛나루 빈
賔 손 빈
賦 예쁠 빈

빙

騁 달릴 빙
憑 의지할 빙
靐 우뢰소리 빙
仌 얼음 빙
俜 비틀거릴 빙
娉 장가들 빙
毿 개털 빙
氷 얼음 빙
𨉖 사신보낼 빙
睥 볼 빙
聘 사신보낼 빙
騁 달릴 빙
冰 얼음 빙
凭 의지할 빙
𡑿 부릴 빙
𢓨 부릴 빙
朧 부어서퉁퉁할 빙
湆 나는소리 빙
𨋥 수레소리시끄러울 빙
𨉖 사신보낼 빙
淜 물소리 빙
娉 사신보낼 빙
騁 달릴 빙
踫 땅밟는소리 빙
憑 의지할 빙
聘 사신보낼 빙
蕳 초목무성할 빙

뿐

兺 그 뿐

사

肆 방자할 사
敂 베풀 사
史 역사 사
舍 놓을 사
蒒 싸락풀 사
獅 사자 사
𢓜 길 사
䬴 음식줄 사
私 떠싸 사
偒 다할 사
設 말씀 사
伺 살필 사
篩 왕대 사
駛 말빨리걸을 사
師 스승 사
𣦵 죽을 사
瘄 병많을 사
士 선비 사
危 섬돌 사
澍 물이름 사
蜤 다리로우는메뚜기 사
毸 털너풀거릴 사
鞿 신 사
辤 감사할 사
鎢 쇠부을 사
似 같을 사
頾 추할 사
絲 실 사
𧣈 뿔그릇 사
捨 놓을 사
篶 채찍 사
泗 물이름 사
䖪 집무너지려할 사
鷈 갈가마귀 사
邪 간사할 사
麝 사향노루 사
四 넉 사
牭 네살된소 사
鰤 고기이름 사
紗 깁 사
挱 만질 사
菜
대이름 사
榹 소반 사
貄 삵의새끼 사
乍 잠간 사
渉 말시작할 사
陽 열 사
盝 제기 사
鉂 쇠고리 사
肆 짐승의몸에긴털많을 사
皶 주부코 사
禠 복 사
纚 치포건 사
社 모일 사
瘍 가려울 사
鍦 짧은창 사
桬 사당나무 사
銯 꺾쇠 사
碩
조약돌 사
䭃 싫을 사
鼶 죽제비 사
卸 벗을 사
邪 간사할 사
貰 세낼 사
賒 세낼 사
䠶 쏠 사
蓑 도롱이 사
倳 칼꽂을 사
肆 방자할 사
𣁋 향기좋을 사
𥙑 사직 사
思 생각할 사
䅊 붉은벼 사
馺 말이가는모양 사
葸 겁낼 사
䛐 살필 사
𧦝 고할 사
蹝 천천히걸을 사
𦙶 백회 사
欶 목쉴 사
褫 옷이떨어질 사
𦧶 놓을 사
辞 말씀 사
駟 사마 사
簑 동롱이 사
絲 실 사
猞 짐승이름 사
徙 옮길 사
辭 말씀 사
竢 기다릴 사
蕬 새삼 사
腦 살통할 사
些 어조사 사
飤
밥먹일 사
傻 팔초할 사
樢 책상 사
謝 사례할 사
孜 부지런할 사
𨐤 말씀 사
𣧖 토감할 사
蕼 쓴바귀 사
厙 성 사
𥘺 사직 사
㜉 부당 사
𩂣 가랑비 사
䇽 북 사
𩣵 길들지않은말 사
鰤 새우 사
𩬊 머리흩치르르할 사
邪 간사할 사
写
수운할 사
蔿 쇠귀나물 사
𢁉 스승 사
躧 천천히걸을 사
𩤥 말이가는모양 사
粚 찌끼 사
捨 놓을 사
𦘠 방자할 사
㴂 시들 사
樝 아가위 사
𧺆 옮길 사
漇 물가 사
洍 강물 사
鼶 족제비 사
皻 코에열꽃돋을 사
鉈 짧은창 사
鷥 백로 사
仕 벼슬 사
詐 속일 사
戺 섬돌 사
姒 맏며느리 사
鈔 구리동이 사
禗 귀신이불안하여가고저할 사
傂 뿔있는범 사
𧧐 잊을 사
唆 꾀일 사
葈 토꼬마리 사
查 사실할 사
霹 이슬비 사
髿 머리흩치르르할 사
舍 놓을 사
傞 춤출 사
柯 낫자루 사
猀 종족이름 사
私 사정 사
𣨨 죽을 사
䂖 짧은창 사
䬃 싫을 사
紗 깁 사
莎 향부자 사
槎 떼 사
汜 해멀어지는곳 사
禩 제사 사
尖 적을 사
桫 사라나무 사
飼 먹일 사
虒 뿔있는범 사
瀉 쏟을 사
䛸 송사할 사
冩 수운할 사

荒 다할 사　燍 단내 사　魦 모래무지 사　榭 옷 사　𢈔 기다릴 사　炧 초똥 사　柶 뿔숟가락 사　辭 말씀 사　厶 나 사　𢉶 집머리 사　榭 사정 사　鼭 쥐이름 사　剚 칼꽂을 사　师 스승 사　鷥 갈가마귀 사　巳 지지 사　蓰 다섯갑절 사

娑 초목이우거모양 사　澙 물문터놓을 사　𥁕 그릇 사　鰤 새이름 사　碴 모지고뾰족할 사　師 스승 사　衺 비뚤 사　𦗌 멀리들을 사　鼶 족제비 사　鍦 짧은창 사　㴓 쌀씻어건질 사　叓 일 사　寫 수운할 사　瘄 헌데딱지 사　砟 비석 사　鍨

구리동이 사　䩖 구두 사　𧋘 벌레이름 사　耜 따비술 사　魦 모래무지 사　麀 두살된사슴 사　砂 모래 사　麨 볶은보리 사　𡥎 부릴 사　螄 소라 사　漇 물흐를 사　蝬 게젓 사　涬 암소 사　辞 말씀 사　叓 부릴 사　虵 배암 사　佘 산이름 사

䯱 뼈 사　涘 물가 사　𢏇 활쏠 사　鯊 모래무지 사　佀 같을 사　𩋠 말꼬리 사　鰤 새우 사　紗 비단 사　飤 먹일 사　亊 일 사　禠 사직 사　䰄 깨어진독소리 사　𢁊 가는실 사　峒 믿을 사　稆 따비술 사　痧 쥐통 사　𣯜 털긴모양 사　馸

사자 사　𤞞 짐승이름 사　𨯚 구멍 사　辝 감사할 사　思 생각할 사　魦 모래무지 사　𤬪 벽돌 사　祀 해 사　𢩗 기다릴 사　鮻 모래무지 사　𤆍 사르다가멎을 사　鈶 낫자루 사　奢 사치할 사　挱 만질 사　俟 기다릴 사　𤙬 한살된소 사　孠 이을 사

狮 사자 사　𦓴 따비술 사　竢 기다릴 사　詘 훼방할 사　祠 사당 사　誜 준절한말 사　蹝 천천히걸을 사　娑 춤추는모양 사　𧧙 말로속시원하게할 사　𨃍 밟을 사　𥙊 제사 사　使 부릴 사　𢙋 고을이름 사　斜 빗길 사　簁 체 사　謝 사례할 사　莎

향부자싹 사　𤚩 암컷 사　卸 벗을 사　䵵 때 사　𢝊 두려울 사　㡸 양실 사　摣 검어질 사　㯕 섶 사　訯 지껄일 사　事 일 사　僿 가늘 사　䂸 잔돌 사　沙 모래 사　覗 엿볼 사　㛀 동서 사　咋 잠간 사　寺 관사 사　𨡖 거짓말 사　死 죽을 사

騇 암말 사　赦 죄사할 사　肆 씀바귀 사　蛇 배암 사　䅊 벼벨 사　䠶 쏠 사　祒 제사 사　詞 말씀 사　渣 찌끼 사　𥐖 돌드릴 사　𨉖 쏠 사　節 떠싹 사　譇 말다툼할 사　籭 체 사　楂 아가위 사　𡛟 계집 사　䠶 활쏠 사　奓 자랑할 사

裟 가사 사　蜡 쉬 사　梭 북 사　𩭝 방자할 사　写 제할 사　𥩟 기다릴 사　𠛼 찢을 사　屣 삼신 사　社 땅귀신 사　粆 사탕 사

삭

𧇨 범의모양 삭　朔 초하루 삭　𪍑 말린떡 삭　𩗨 바람소리 삭　獡 개놀라는모양 삭　櫟 고을이름 삭　溹

물소리 삭　索 노 삭　鎍 쇠고리 삭　𤢊 놀랄 삭　𤘓 뿔질 삭　爍 빛날 삭　𥌤 아름다운눈 삭　䅴 벼 삭　𡣯 아름다울 삭　㨯 집을 삭　矟 긴창 삭　簌 대동아줄 삭　朔 초하루날 삭　𤺴 병고칠 삭　欶 붙을 삭　𪍡 둥근떡 삭　瘷 병다스릴 삭　𩄢

노 삭　𦆓 노 삭　𣎆 초하루날 삭　槊 창 삭　𣪊 정치않을 삭　鑠 쇠녹일 삭　獡 개가사람따를 삭　鑠 쇠녹일 삭　𩌤 가죽신 삭　蒴 말오줌나무 삭　搠 찌를 삭　鑠 녹일 삭　𦂿 봉할 삭　𦋺 그물에걸릴 삭

산

筭 줏가지 산　迁 나아갈 산　𥢶

산이름 산　𩯭 대패 산　散 해질 산　訕 비방할 산　邙 북망 산　𢉿 문닫을 산　閂 문빗장 산　算 셈놓을 산　𢤱 착할 산　剷 깎을 산　𨚵 정할 산　酸 실 산　𣘙 산나무 산　𪋻 누룩 산　𨲱 깎을 산　山 뫼 산　訕 비방할 산　狻 사자 산　𤚩

짐승기를 산　嵼 산구비 산　潸 눈물흐르는모양 산　閊 대나무로엮어만든울타리 산　狦 악한개 산　傘 우산 산　𢿹 헤어질 산　汕 통발 산　𪍃 콩경단 산　摌 가릴 산　𪌪 보리 산　珊 산호 산　簅 큰피리 산　饊 산자 산　𩈨 넓적한얼굴 산　繖 우산 산　𪘬

어린애이 산　𢿵 주살을놓을 산　𧧒 비방할 산　䝜 사자 산　橵 흩어질 산　𡵞 산험할 산　𢣻 산일 산　𩅵 이슬비 산　𢿿 주살 산　櫼 빗장 산　𡵮 산험할 산　酸 아플 산　篹 대갓집 산　霄 비올 산　訕 비방할 산　孿 쌍동이 산　𦼮 풀이름 산　潸

눈물이흐르는모양 산　鏟 대패 산　散 헤어질 산　删 깎을 산　滻 물이름 산　潵 물뿌릴 산　笧 대바자 산　杣 나뭇군 산　涮 씻을 산　鏾 쇠뇌고동늦출 산　珊 산호 산　跚 절름거릴 산　狦 사나울 산　𪉨 콩경단 산　䶟 이곱을 산　𦘨 기름 산　匴 대갓집 산

瘮 저릴 산 簺 그릇 산 饊 산자 산 䫮 슬플 산 疝 산증 산 黺 빛이낡을 산 灥 말씻길 산 鏾 대패 산 腁 기름 산 膻 사죽부을 산 狦 돼지메 산 跚 절름거릴 산 㦃 사자 산 㪚 산자가지 산 仐 우산 산 篘 대밥통 산 删

기름 산 産 낳을 산 舢 종선 산 赸 뛸 산 𨪕 쇠그릇 산 簨 대그릇 산 䔐 마늘 산 𤰕 메 산 䡰 곡식갈 산 𨇧 걷는모양 산 繖 일산 산 傘 우산 산 𨏩 바퀴둘레 산

살

躠 돌처갈 살 𧬊 허튼말 살 𥡵 농기구 살 躃 비뚜로갈 살

撒 손길로칠 살 𦮃 수유 살 櫒 산복숭아 살 潵 추울 살 鷙 새빨리날 살 辢 매울 살 殺 죽일 살 𣪩 죽을 살 𨭉 화 살 𢿪 화살촉 살 颯 바람불 살 粣 섞을 살 鰶 죽일 살 躃 돌처갈 살 撒 헤처버릴 살 薩 보살 살 蔽 대괴 살

䬊 바람불 살 殺 죽일 살 糉 흩을 살 㓼 쪼갤 살 𦮃 수유 살 殺 죽일 살 攃 헤칠 살 躠 돌처갈 살 煞 죽일 살 檕 흩을 살 躠 걷는모양 살

삼

㪚 풀베일 삼 釤 베일 삼 彡 터럭거릴 삼 鏒 무쇠그릇 삼 穇

머리움직일 삼 糝 쌀가루 삼 𪎥 싫어할 삼 犙 세살된소 삼 嫎 음탕할 삼 鬖 머리길 삼 俕 어리석을 삼 蔘 인삼 삼 葠 인삼 삼 蓡 인삼 삼 顙 머리흔들 삼 餘 낟알 삼 厤 덜 삼 参 셋 삼 庘 집기울 삼 穇 쭉정이삭 삼 䉶

수레소리 삼 䫩 꿇어앉을 삼 鬖 머리체치렁거릴 삼 毵 털길 삼 糁 궂은쌀 삼 磣 모래섞일 삼 𩌥 깃발 삼 霰 가랑비 삼 杉 삼나무 삼 𩔋 머리숙일 삼 彡 물건너삶로붙일 삼 蔘 인삼 삼 罙 깊을 삼 縿 기폭 삼 轗 수레소리 삼 剼 깎을 삼

糝 정과 삼 䰐 머리체치렁거릴 삼 㪚 좁을 삼 䅛 내기할 삼 蓡 인삼 삼 㺑 미워할 삼 衫 적삼 삼 雴 이슬비 삼 㪟 싫어할 삼 三 석 삼 𩜋 낟알 삼 蕉 젖을 삼 㯠 채양 삼 鞍 깃발 삼 槮 고기섶줄 삼 芟 풀벨 삼 𪊲 이높을 삼

滲 거를 삼 穇 피 삼 幓 수레휘장술 삼 椮 삼나무 삼 襳 적삼 삼 閷 삿갓 삼 黲 글자지울 삼 䡨 빨리걸을 삼 森 나무빽들어설 삼 㝫 굴뚝 삼 隲 빠질 삼 叅 셋 삼

삽

涉 깔깔할 삽 鞁 꺽두기 삽 箑 대그릇가휘감칠 삽 趿

빨리갈 삽 譅 말많을 삽 颯 바람소리 삽 庴 감출접 삽 踖 흩로갈 삽 霅 빗소리 삽 䭤 추할 삽 㩜 섞을 삽 㙇 흙떨어지는소리 삽 颯 바람소리 삽 颰 바람소리 삽 毺 속눈섶길 삽 卅 서른 삽 鍤 새길 삽 颭 바람빠른 삽 翜 빠를 삽 鞁 깍두기 삽 𠍏

경솔할 삽 聅 분에말릴 삽 趿 빨리달아날 삽 箑 부채 삽 㶓 대조각 삽 騒 말몰아갈 삽 䂒 늙은암돼지 삽 霅 빗소리 삽 箑 대아삽 삽 耴 데카그람 삽 唼 말많을 삽 歃 마실 삽 蓳 삽보풀 삽 諴 말많을 삽 餂 떡 삽 拉 갈 삽 奴 얼굴예쁠 삽

㹐 어미돼지 삽 𨀳 발로긁어당길 삽 霎 비오는모양 삽 霎 이슬비 삽 譅 어눌할 삽 馺 말빨리걸을 삽 㵤 여럿이갈 삽 踥 발움직일 삽 甊 그릇깨어질 삽 臿 엮을 삽 菨 삽보풀 삽 湢 접을 삽 插 꽂을 삽 𧱍 늙은암돼지 삽 揷 꽂을 삽 鍤 가래 삽

鈒 삼지창 삽 㗳 입이어줍을 삽 棲 나무결일어날 삽 澀 깔깔할 삽 𨗨 빨리갈 삽 𨕥 스밀 삽 挿 꽂을 삽 趿 빨리갈 삽 樰 마를 삽 𩇕 일어날 삽 篓 부채 삽 遳 갈 삽 澀 떫을 삽 䶜 이흔들릴 삽 𧾀 빨리갈 삽 牐 성문빗장 삽 㬘

굴가리는망사 삽 遒 빨리걸을 삽 媢 말납신거릴 삽 閘 닫을 삽 譅 어눌할 삽

상

𥢶 벼 상 蟓 연가시 상 鬺 상사 상 蠰 뽕나무벌레 상 痬 근심할 상 桒 뽕나무 상 滴 물질펀할 상 鷞 신조 상 商 명아주 상 饟 점심 상 鸘 점을 상 想

생각할 상 恦 생각할 상 丧 상사 상 象 코끼리 상 詳 많을 상 嘗 볼 상 桑 나무더부룩할 상 𡴫 상사 상 𨓆 걷는모양 상 相 서로 상 𨍳 바퀴끝둘레 상 纕 누르스름할 상 鷞 부드러울 상 嘗 맛볼 상 霜 비모양 상 𧢄 밑을 상 桒 나무 상

像 모양 상 鱌 고기이름 상 傷 상할 상 霜 서리 상 鱶 가조기 상 蟰 벌레이름 상 殤 아이죽을 상 鄗 헤아릴 상 𦏁 많을 상 鋿 바퀴테두른쇠 상 桒 뽕나무 상 餳 점심 상 橿 포대기 상 鋿 갈 상 上 윗 상 常 항상 상 𢒼 상서 상

湯 물흐르는모양상 嘗 맛볼상 牀 평상상 鷞 냉기상 嘗 일찍상 霖 소나기상 箱 상자상 喪 상사상 蠰 땅메뚜기상 緗 아황빛상 橡 상수리상 騻 절다말상 누런말상 爽 시원할상 裳 치마상 醋 맛볼상 狀 형상상 廂

행랑상 堂 빗디딜상 床 평상상 嫦 계집이름상 顙 상사상 灀 된서리칠상 驦 좋은말상 蔏 삶을상 霜 된서리가말릴상 瘙 말병상 鬺 지질상 爽 밝을상 塽 시원한땅상 鷞 신조상 顙 이마상 鬺 삶을상 瘍 병상

鯗 가조기상 橡 아이꾸미개상 上 높은상 觴 잔상 鷞 몽동의별명상 詳 자세할상 鬤 북통상 蠰 연가시상 儴 노림상 鬺 장사상 搡 칠상 醁 젓술상 漺 맑은상 蔏 삶을상 憃 정할상 鯗 가조기상 鱨 맛볼상 驦

꼬리희고누런말상 象 코끼리상 桒 물레가락상 湯 물모양상 踼 달아날상 徜 노닐상 囊 북집상 尙 주장할상 象 코끼리상 湘 삶을상 翔 돌아날상 殤 상처상 嗓 목구멍상 甏 병상 䘮 상사상 孀 과부상 礵 주춧돌상 顙

이마상 䘮 상사상 鎟 방울소리상 騻 숙상말상 鷞 외발새상 庠 우나라태학상 償 갚을상 峠 고개상 雺 비올상 類 추할상 鏮 그릇꼭지상 賁 장수상 賁 장수상 墒 밭갈상 桑 나무상 賞 줄상 潒 물급히흐를상 謪

혜아릴상 商 장수상

새

簺 상륙새 灑 던질새 灑 거문고새 鰓 쉰아가미뼈새 揌 움직일새 賁 세낼새 賽 푸닥거리할새 寔 희롱거리새 寔 비빨리올새 塞 변방새 䙡 차지지않는모양새 鬛 텁석부리새 灑 물뿌릴새 璽

옥새 璽 옥새 瓶 깰새 鰓 뿔속뼈새 玺 옥새 揌 훑어서잃어버릴새 塞 변방새 愢 맘에맞지않은새 賽 봄떨새 塞 변방새 吡 소리알새

색

鞢 굳을색 霜 싸락눈색 措 작살질할색 糠 상한쌀색 穡 거둘색 鰈

범이놀랄색 歕 말하며웃을색 溹 비내리는모양색 傺 미워할색 鬆 머리털이서로서는모양색 榛 나무이름색 齰 물색 擘 팔길고가늘색 轖 기운맺힐색 鏮 쇠사슬색 寔 가랑비올색 轖 기운맺힐색 栅 전병색 嗇 아낄색 索 집에들어와찾을색 齚

이를들낼색 空 흙으로구멍막을색 積 흰쌀색 嗇 인색할색 瘯 맥들먹거릴색 愬 놀랍고두려울색 泎 물떨어지는소리색 趚 자빠질색 輕 비틀색 薔 물엿귀색 賾 깊이보기어려울색 澀 가는비색 濇 깔깔할색 繬 합처꿰맬색 穡 곡식거둘색 涑

가는비듣는모양색 轖 기운맺을색 債 범상할색 棟 대추색 濇 깔깔할색 瘷 한기날색 穡 거둘색 嗇 체색 栅 전병색 懎 슬어할색 槭 나뭇잎떨어질색 摵 추릴색 揳 새잡는덫색 齰 물색 色 빛색

생

珄 금빛생 甡 생질생

渻 사람의이름생 歁 기침할생 栍 다슬생 荎 꽃술생 泩 물넘칠생 甥 생질생 牲 희생생 毴 털끝일어설생 鉎 동록생 殅 죽었다살아날생 生 낳을생 㞢 낳을생 狌 성성이생 屮 낳을생 眚 대앙생 瘄 파리할생 笙 저생

瘖 파리할생 鮏 제비생 鴩 족재비생 麈 사슴비슷한짐승생 闇 대궐마을생 觀 종아리드러낼생

서

澨 물가서 紓 모시서 毇 창서 聟 사위서 書 글서 揟 두뿔곧두설서 榍 나무신서 瑞 상서서 緒 실끝서 轃

차에다는방울서 暑 더울서 蛩 파벌레서 稰 타작할서 屖 나막신서 犀 물소서 胥 쥐서 署 마을서 稰 제기서 醑 좋은술서 婿 사위서 糈 양식쌀서 芧 도토리나무서 鼠 쥐서 延 양식서 醑 좋은술서 墅 농막서 聓

사위서 湑 개서 瘽 더위먹을서 汿 개천서 猾 원숭이서 延 인도할서 舒 펼서 籉 성긴체서 琭 홀서 野 걸을서 蠐 쥐며느리서 犀 코에뿔난소서 簩 시초점서 黍 기장서 薯 감자서 蔗 대광주리서 醑 좋은술서 墅

들불서 棲 쉴서 蕼 나무신서 絮 더딜서 粞 싸라기서 銌 약속할서 㮖 썰은고기서 緒 실끝서 嶼 섬서 藇 나무신서 蝑 다리로우는메뚜기서 㽰 서녘서 湑 이슬모양서 西 서녘서 筮 시초점서 庶 무리서 稰 나무이름서

蹝 깨끗하고 성길서 黍 기장 서 醑 좋은 술서 署 마을 서 溆 개 서 昋 따뜻할서 暑 더울 서 書 글 서 胥 서로 서 曙 새벽 서 斷 끊을 서 序 차례 서 䚡 슬픈소리서 恕 어질 서 肥 살찌 서 諝 지혜있을서 鶋 백로 서

忞 어질 서 壻 사위 서 阼 차례 서 䱰 바닷고기 이름서 湑 도랑 서 簭 시초 점서 恓 애쓸 서 鱮 연어 서 閪 잃을 서 藇 나무 신서 敍 베풀 서 犀 굳을 서 婿 사위 서 逞 더딜 서 羜 들양 서 抒 끄낼 서 藷 감자 서

嶼 섬 서 揟 고기잡을 서 鉏 호미 서 捿 살 서 藇 나무 신서 胥 기다릴 서 壻 사위 서 葅 부추 서 齰 이곱을 서 嘶 소리흩어질 서 縃 서로 서 叙 베풀 서 偦 재주있을 서 紓 더딜 서 㯕 발판 서 徐 더딜 서 噬 씹을 서 敘 줄 서

簭 시초 점서 庶 푸리 서 逝 갈 서 鴡 올이비숫한새서 絮 헌솜 서 廜 높은집 서 陓 차례 서 癙 근심으로 난병서 紓 더딜 서 誓 맹세할서 鵛 거위 서 署 마을 서 鋤 호미 서 惰 지혜 서 謶 슬픈소리서 諝 슬기 서 糈 양식 서

糈 싸라기서 誓 슬픈소리서

석

熻 쪼일 석 矽 석비례석 晳 분석할석 煬 마를 석 舃 돌 석 昔 옛적 석 碣 주춧돌석 淅 쌀일 석 晰 석할 석 皙 석할 석 析 나눌 석 樍 개버들석 霺 가랑비석 螫 벌레쏠석 㝜 고를 석

穸 무덤굴석 潽 방축 석 析 나눌 석 榻 나막신석 霫 가는비석 舄 빛날 석 舄 신 석 蛰 도마뱀석 蓆 클 석 淅 쌀일 석 宵 밤 석 惜 아낄 석 汐 저녁조수석 鉐 놋쇠 석 檡 고염 석 鷁 가는베석 奭 클 석 菥 굵은냉이

석 緆 가는베석 石 돌 석 㤊 삼갈 석 粫 쌀씻을석 鵲 물새 석 䩉 헌신 석 鄐 고을이름석 碩 클 석 蜥 도마뱀석 厈 돌 석 祏 섬 석 裼 어깨드러낼석 鬐 터럭 석 席 돗 석 瘠 밤 석 石 돌 석 襫 도롱이석 夕 저녁 석 䲬

석 석쥐 蜥 도마뱀석 釋 놓을 석 螫 벌레쏠석 鞨 신 석 蚸 버마자비석 石 돌 석 颮 바람소리석 緆 가는베석 釈 놓을 석 錫 주석 석 釋 깊이갈석 晹 빨리볼석 晳 사람의빛흴석 潟 개펄 석 啺 새소리석 哳 새소리석

선

禪

가을에사냥할선 獮 가을사냥선 縼 마소긴바선 譔 바를 선 蟺 서로뒤틀릴선 繕 기울 선 僊 춤휠휠칠선 槇 매시렁선 緰 실 선 船 배 선 漩 물돌 선 匽 그릇 선 獮 가을에사냥할선 霰 싸락눈선 霰 싸락눈선 善 길할 선 洒

엄숙히할선 廌 큰집 선 旋 돌이킬선 羨 부러워할선 砠 재지내는터선 檈 가리질할선 璿 아름다운옥선 瑄 크고둥근옥선 禪 전위할선 癬 마른옴선 璇 밝을 선 㯀 밝은 선 琁 옥돌 선 璿 아름다운옥선 縼 마소긴버선 譱

착할선 譱 착할 선 繕 기울 선 䍐 고기그물선 鱻 언치석 繏 비단이름선 檈 가리질할선 善 착할 선 毨 털다시나고고를선 鱻 착할 선 圓 둥글 선 絤 실 선 鮮 이끼 선 輪 수레 선 膳 반찬 선 霰 싸락눈선 霓

싸락눈선 掮 부채로칠선 㔯 채반 선 趣 달릴 선 鏇 바퀴 선 烍 들불 선 淀 도래샘선 禅 전위할선 㬉 높은데에오를선 獮 개물 선 蹼 올무 선 亘 베풀 선 㔴 높은데에오를선 鳝 두덩이허리선 渲 물적실선 蟮 지렁이선 籛 대 선

梴 매시렁선 繏 누에집매다는줄선 𩈲 둥근낯선 鐥 선기옥선 敾 흩을 선 禱 귀길 선 譱 착할 선 鮮 생선 선 顓 사람거만허볼선 霰 싸락눈선 霰 싸락눈선 蘐 보리 선 筅 솥솔 선 鷃 학비스름하고푸른빛갈의새선 譔 지을 선 扇 부채 선

顓 사람가마허볼선 嫸 남의말허기좋아할선 鄯 선나라선 蹼 올무 선 䃠 조그마할선 癃 절음거리며걸을선 綖 수레포장선 舩 배 선 旋 매시렁선 船 배 선 秈 메벼 선 軓 수레자국선 檈 맞든대추선 顓 둥근얼굴선 煽 불붙일선 纖 가는실선

蹮 걷는모양선 蜁 소라 선 鱣 숭어 선 選 보낼 선 選 가는모양선 扇 부채 선 先 먼저 선 尠 적은 선 懈 부끄러울선 癬 버즘 선 廠 집 선 篳 수레중수할선 嬗 고요할선 尠 적을 선 愃 쾌활 선 霰 싸락눈선 秈 메벼 선 嬋

설

고울선 鏇 가래선 禒 제사선 選 가릴선 𦼮 노양이선 譱 말로사람감동시킬선 蘚 호적선 腺 멍울선 甎 질그릇전선 潠 물머금어품을선 線 실선 襢 사양할선 毨 털로짠베선 撰 소매걷을선 仚 가볍게날선 譱 좋은말선

驙 말이름선 䝨 암돼지선 詵 많을선 縇 선선 箑 부채선 選 가릴선 霰 싸락눈선 僎 갖출선 挩 비밀선 羨 침흘릴선 𦖋 귀구멍선 善 착할선 潠 마실선 揃 가위선 傓 매우성할선 仙 가볍게날선 楾 과실이름선 珗

옥다음가는돌선 跣 맨발로다닐선 𦌸 올무선 𦌐 올무선 躚 춤너풀거려출선 𡸣 작은산과큰산따로설선 褼 옷너풀거릴선 蕣 질경이선 䙰 볼선 赸 생선선 宣 베풀선 䟎 걸을선 㶭 불씨선 鐥 차반선 㒨 어수선할선 銑 분쇠선 鱔

두렁허리선 廯 곳간선 硟 옥돌선 旋 한국선 尟 적을선 䁢 눈매예쁠선 襈 선선 蟬 매미선 㨘 손으로끌선 揎 소매걷을선 蹮 춤너풀거려출선 𪌻 햇보리떡선 䱇 두렁이허리선 趲 처음으로달릴선 譱 착할선 敾 다스릴선 璇

회리바람선 蟮 뱀선 爯 닭을선 僊 멀리갈선 嫙 이쁠선 𨂿 조용히갈선 姍 행하는모양선 𦨭 빨선 㦏 가련할선 𧞼 옷모양선 鱓 두렁허리선 𡃁 부러워할선 騸 불알깐말선 𤩽 보배로울선 𤙴 털빠졌다다시나가지런할선 鱻 날고기선 鐔

그릇전선 琁 아름다운구슬선 宣 베풀선 璇 구슬선 墡 백토선 墠 제터선 跴 도둑좇잡을선 圝 얼굴둥글선

● 설

楔 문설주설 㴵 샐설 囓 씹을설 瀐 물가득할설 褻 사복설 𢺁 꼬집어뜯을설 絬 굳을설 㥠 약한마음설

𢳆 비틀설 緤 맬설 𧸧 쥐며느리설 媟 거만스러울설 㛸 거만스러울설 舌 혀설 雪 눈설 說 말씀설 鱈 대구설 爇 불사를설 泄 샐설 𪌯 무거리설 紲 맬설 偞 소근거릴설 𣧌 일찍죽을설 𩶧 고기이름설 媟 모녹할설 𨈖

부릴설 疶 이질설 㱦 다할설 渫 샐설 說 말씀설 𢓴 옷자락너플거릴설 楈 문지방설 潰 물댈설 栔 끊을설 屑 가루설 卨 은나라이름시조설 𪍴 무거라설 𦙶 기름설 𣧑 다할설 禼 높을설 𡿺 높을설 糏 싸라기설

砓 돌산설 䨮 눈설 𨐨 쪼갤설 躠 매암돌설 齛 깨물설 偰 맑을설 泔 샐설 齧 깨물설 緤 맬설 揲 맥짚을설 壻 먼지설 揳 막을설 䴲 무거리설 𡣇 모녹할설 𢮦 쓸어없이할설 𧎬 깨물설 闑 성문널쪽설 䴯 무거리설

섬

紲 맬설 齧 깨물설 薛 다북쑥설 辥 허물설 𧧻 향내날설 設 베풀설 鞢 가죽다룰설 蛥 쓰르라미설 𢴤 맥짚을설 尐 적을설 𥔷 갈설 洩 샐설 暬 거만할설

● 섬

暹 햇살오를섬 熌 불똥튈섬 睒 번쩍일섬 𥋿

눈감을섬 㴺 물결출렁거릴섬 𦢼 국섬 陝 고을이름섬 𦷵 풀쇄기섬 贍 넉넉할섬 䑎 곰국섬 㚒 물건을훔칠섬 纖 가늘섬 𥗃 번개빛섬 櫼 잔입섬 纎 가늘섬 𣲖 물결솟을섬 𣊳 웃을섬 𩅨 비부슬부슬올섬 𠈃 건들거릴섬 贍

넉넉할섬 𦿔 풀쐬기섬 殲 다할섬 㩮 손으로달아볼섬 𢕼 가기바쁠섬 韱 산부추섬 𩑮 튀찰섬 摻 손이야들야들하고고울섬 礛 번개빛섬 嬐 민첩할섬 讖 헛소리할섬 陜 고을이름섬 攕 예쁜손섬 㩜 딸섬 𣰽 털섬 孅 약할섬 襳

섭

긴띠섬 攕 손길고울섬 𩞤 도울섬 譫 중얼거릴섬 銛 날카로울섬 𢳱 번쩍할섬 蟾 두꺼비섬 覢 훌깃볼섬 䊰 긴띠섬 韱 산부추섬 𢧵 갈섬 閃 움직이는모양섬 陝 고을이름섬 𢺿 딸섬 𩯭 머리털섬 笘 분판섬 韱 산부추섬 𤇯

덮을섬 攱 손들섬 𧪟 거짓말할섬 摻 예쁜손모양섬 䆎 벼쭉정이섬 銛 날카로울섬 睒 빛날섬 𨘊 속히갈섬 掞 펼섬 𩭟 좋은터럭섬

● 섭

涉 물건널섭 躡 밟을섭 䑽 배차일섭 澁 깔깔할섭 涉 물건늘섭 聶 소곤거릴섭

㯳 단풍나무섭 籋 말자물쇠섭 鉔 쪽집게섭 𤒕 따뜻할섭 灄 비와이슬모양섭 𥡈 벼가바람에흔들릴섭 㴇 물건널섭 𦁇 비단섭 欇 단풍나무섭 䑼 배빨리갈섭 躞 족자마구리섭 顳 귀밑뼈섭 𧝓 샷자리섭 𣌨 따뜻할섭 鞢 말언치섭

鍤 리파오리는가래섭 澀 깔깔할섭 矐 눈움질일섭 𤭢 기와깨지는소리섭 帹 작은쪽섭 疌 베틀디딜판섭 敁 부릴섭 鉥 무쇠섭 攝 잡을섭 挕 잡을섭 鍱 쇳조각섭 燮 불꽃섭 踂 밟을섭 馺 말빨리걸을섭 㒓 심복할섭 懾 무서울섭

跙 두발모을섭 鑷 족집게섭 韘 깍지섭 讘 속삭거릴섭 弽 깍지섭 騳 말달릴섭 㜸 아름다울섭 𩙣 바람모양섭 𩤲 말이갈섭 𤫊 옥돌섭 蠂 메뚜기섭 韘 깍지섭 讋 두려울섭 䜧 두려울섭 跰 두발오그라붙을섭 𨕕 달릴섭 燮

화할섭 諜 실언할섭 囁 말하려다멈출섭 韘 말언치섭 颾 바람불섭 躡 밟을섭 欇 바랄섭 燮 부드러울섭 鍱 쇳조각섭 **성** 箵 수레덮는발성 胜 날고기성 晟 밝을성 晠 형태없고울릴성 猩 이성 𥛚 살필성 𦗌 귀밝을성 聲

소리성 程 드물성 曐 별성 渻 물줄성 鮏 비릴성 𤙊 붉은소성 𥦡 크게깨달을성 𤯞 자손성 娍 아름다울성 晟 밝을성 眚 시찰할청성 禎 상서성 皨 별성 瑆 옥빛성 𦣻 지극할성 𡨟 마을성 醒 꿈깰성 誠

공경할성 成 이룰성 椙 도마성 聖 착할성 睲 눈에광태날성 觲 점화드릴성 性 성품성 䏬 살찔성 䎖 소목성 㛳 축날성 腥 날고기성 禎 상서성 惺 깨달을성 絾 짤성 𪖉 별성 壂 지극할성 𧊒 찌를성 殸 소리성

星 별성 晠 밝을성 珹 옥이름성 稽 보리성 煋 더울성 箵 고기다래끼성 筬 바디성 誠 정성성 垶 붉은흙성 戚 이룰성 𤈦 붉을성 鮏 비릴성 盛 성할성 宬 사고성 𥈡 시찰할성 省 시찰할성 貹 재물성

觲 부드러울성 惺 깰성 姓 성씨성 郕 나라이름성 𠷹 입다물성 騂 붉은소성 城 잿성 鍟 녹성 偗 길성 觪 점화드릴성 𡧖 깨달을성 𩪢 파리할성 騂 붉은소성 𦔻 성인성 𨊵 긴수레성 成 이룰성 垶 붉은흙성 声 소리성

𩑈 목성 𩭐 길성 鰔 황어성 蛵 잠자리성 **세** 𣬛 구십세 税 부세세 繐 마전한베세 篲 꼬리별세 勢 권세세 𦃝 가는베세 歲 해세 稅 부세세 勢 권세세 祱 제사세 捝 씻을세 洗 씻을세 迣 놀며걸을세

𢦶 절기세 𩛘 먹을세 繐 가늘고성긴베세 齛 양새김질할세 𢅤 헝겊세 𧼮 넘을세 𢂻 예절에쓰는수건세 跩 넘을세 𪊩 파할세 鏸 세모창세 殜 마르는병세 𢱕 소천지각세 帨 계집의찰수건세 卋 인간세 𥤮 깊을세 𨩇

오색구리세 𢅯 베조각세 軎 바퀴굴대끝세 細 가늘세 觢 소뿔꽂꽂할세 𦾪 풀비세 𨔶 넘을세 軎 바퀴굴대끝세 笹 가는대세 裞 수의세 涗 잿물세 𧠄 부스러뜨릴세 𢠶 길게붉은빛세 𩱮 작은솥세 𪘧 양새김질할세 𦄿 가는베세

㥻 삼갈세 勢 권세세 貰 세낼세 𢃂 세수수건세 齥 양새김질할세 齸 양새김질할세 𨒰 미칠세 𢦼 절기세 世 인간세 卋 인간세 𠀘 세상세 𠀎 인간세 𡜤 조용할세 貰 세낼세 𨨏 오색구리세 𩰯 작은솥세 絤

가늘세 轊 바퀴굴대끝세 **소** 𩃃 하늘소 𥴘 대소 踃 움직일소 繅 고치켜내일소 傃 성품소활할소 霄 하늘기운소 塐 허수아비소 𥬡 태울소 䱙 영창소 𤓓 태울소 繅 고치켜내일소 颾 바람일어날소 溸 물거슬를소

弨 목용상소 彇 활고자머리소 𥡞 가는연뿌리소 鄛 고을소 疏 성길소 宵 밤소 筲 밥통소 愫 정성스러울소 梭 배소 消 사라질소 莎 풀소 䎈 깃소 泝 물거슬를소 榡 건목칠소 𨦂 쇳가루소 尛 적을소 摗

더듬어찾을소 綃 배맬소 歗 부는소리소 旓 깃발소 𪛆 퉁소소 前 줄기만남을소 𦂼 힐소 萷 모진풀소 素 흴소 焇 밝을소 𩗭 서늘한바람소 𨜒 고을이름소 銷 녹일소 訴 하소연할소 魈 산도깨비소 𢊲 암자이름소 㺐

미치광이소 笑 웃을소 糔 말린보리가루소 咲 웃을소 簫 퉁소소 綀 화문포소 巢 새집소 箾 주걱소 縞 고운김소 𢽸 처버릴소 魛 피라미소 𩠺 머리않을소 𤿲 살갗소 鰺 비린내날소 謏 외울소 麗 수소 𠐃 굵을소

潒 호수이름소 慅 근심소 𠁅 바소 蟰 배좀소 少 젊을소 小 작을소 慅 천천히갈소 艘 배소 蛸 뽕나무벌레소 巢 새집소 鹵肖 소금구울소 訴 송사할소 盪 물건없는그릇소 韶 순의풍류소 醂 단술소 遡 거스를소

龡 퉁소소 搔 긁을소 邵 땅이름소 蹜 단정히갈소 敹 삽아다릴소 箾 상소 穌 쉴소 繅 고치켜내일소 獿 산사람소 捎 덜소 蠨 발긴머리소 掃 쓸소 埽 쓸소 韘 묶을소 溯 거슬러올라갈소 翛 깃소리소 髾

털끝소 卲 높을소 繰 고치켜내일소 句 갈구리소 鞘 칠소 𦁾 흴소 潲 물이서로부딪칠소 衞 정결할소 鬟 머리털모양소 僳 길소 謏 작을소 𠮦 무꾸리할소 翛 깃소리소 輎 군사수레소 蠨 납거미소 颾 바람소리소 梢

나무끝소 艄 고물소 㣽 천천히갈소 謏 작을소 甦 쉴소 氱 다할소 䰩 되살아날소 皗 칼집소 嗉 말떠구니소 㛮 형수소 稍 심을소 籅 큰생황소 颾 북풍소 嫌 계집의자소 䬲 성소 筱 가는대소 齭 이가실소

𥿋 흴소 畓 사라질소 繰 고치켜내일소 蘇 차조기소 摖 훔칠소 殙 데어터질소 瀟 풍우소리소 彇 활고자머리소 謈 송사할소 髟 답답할소 霄 하늘소 疋 발소 鮹 새꽁지소 甦 쉴소 篥 큰생황소 喿 새떼지어울소

鎍 놋그릇소 弰 활끝소 樔 풀막소 俏 거문고뒤치는소리소 焇 녹일소 覞 볼소 所 가질소 傃 행할소 沼 늪소 鞘 칼집소 艘 배소 䏥 끝빠를소 鱢 고기이름소 貨 메아리소 所 바소 燻 불에데일소 佋

소개할소 燒 불붙을소 橚 나무밋밋할소 餗 소식소 梳 얼레빗소 消 사라질소 縿 흴소 齒肖 이가실소 巢 새집소 熽 불탈소 翛 깃털소 扉 바소 鄛 고을이름소 魦 잔고기소 柖 나무흔들릴소 燒 불사를소 魈 새꽁지소

苏 원지소 玿 아름다운옥소 塑 허수아비소 召 부를소 鮹 문어소 㮴 배소 蔬 풋나물소 颾 바람소리소 𠹭 시끄러울소 鞉 덮을소 逍 노닐소 咲 웃을소 綤 이을소 𨃃 뛸소 彄 활고자구소 癄 병소 紹 이을소

袑 마지밑소 𨢦 취할소 騷 소동할소 痟 조갈증소 鐰 쇠붙이가단단할소 瘙 옴소 謏 작을소 篠 가는대소 慅 소동할소 糒 미음소 躁 걸음빠를소 嘯 휘바람소 ● 속 謖 빠를속 觳 칠속 䙄 옷소리속 㮚 조속

速 빠를속 遬 부를속 憟 웃사람의기색맞출속 餗 곰속 續 이을속 贖 칠속 続 이을속 贖 죄속바칠속 穆 벼이삭속 涑 빨속 粟 조속 㮚 조속 粟 조속 遬 공손할속 鋉 쇠속 餗 삶은나물속 束 묶을속

鬻 곰속 㖨 빨속 殐 죽어썩지않을속 𤛓 묶을속 樕 떡갈나무속 麜 사슴발자국속 餗 곱송거릴속 鸀 무리속 𪉁 조속 鏉 금속 俗 풍속속 誎 독촉할속 赴 빠속 蔌 흰떠속 鬻 곰속 洬 비올속 簌 체속

屬 무리속 剶 잘게끊을속 藚 약풀속 鬻 곰속 謖 일어날속 䋯 이을속 儥 멈추지않을속 ● 손 䔉 난초손 巺 사양할손 䐣 고기썰어피에섞을손 蕵 난초손 䔉 난초손 巺 낮을손 䔉 난초손 噀 물뿜을손 巺

사양할손 蓀 난초손 飧 저녁밥손 猻 원숭이손 孫 손자손 蕵 난초손 蟀 귀뚜라미손 噀 물뿜을손 遜 겸손할손 飧 저녁밥손 飡 물만밥손 損 덜손 飧 저녁밥손 餐 먹을손 飱 손무손 飧 손무손 䁜 눈병손 𡥈

손자손 顨 괘이름손 潠 물먹어뿜을손 ● 솔 蟀 귀뚜라미솔 𨛦 먼지털이솔 䘹 짧은옷솔 窣 구멍으로나올솔 𧗾 거느릴솔 䫻 바람소리솔 甩 던질솔 𢕟 바삐갈솔 𪖐 코소리솔 㕞 마실솔 率 거느릴솔 窣 드리게걷는모양솔

𨛦 먼지털이솔 咰 마실솔 卛 거느릴솔 笔 솔솔 摔 땅에버릴솔 鸋 집비둘기솔 滐 빠질솔 䳍 집비둘기솔 ● 송 竦 공경할송 送 보낼송 遜 보낼송 送 보낼송 遜 전송할송 遜 전송할송 遜 전송할송 松 소나무송

窼 소나무 송 庺 솔 송 悚 두려울 송 枀 솔 송 憽 두려울 송 鬆 더벅머리 송 鬆 터럭더부룩할 송 宋 송나라 송 耸 얕은데로배끌 송 䉥 속바지 송 㩳 똑똑할 송 㣝 두려워할 송 檧 엄나무 송 㨦 공경할 송 嵷 산봉우리가우뚝할 송 摗

뽑낼 송 扲 놀랄 송 鎹 무쇠그릇 송 鏞 많이먹을 송 倲 뒤따라갈 송 蜙 다리로우는메뚜기 송 䭥 매우힐 송 檧 수저통 송 鬆 길 송 訟 다툴 송 倯 작고못생길 송 誦 송사할 송 淞 강이름 송 鎹 꺾쇠 송 駷 말이재갈채처달릴 송 炂 녹일 송 凇

산유화 송 枩 솔 송 迗 옮길 송 送 보낼 송

솨

膹 기름흘메기 솨 惢 의심낼 솨 要 희롱할 솨 嬰 희롱할 솨 酸 얼굴못날 솨 貟 자갯소리 솨

솰

㗉 새깃다듬을 솰 唰 새깃다듬을 솰 㕞 씻을 솰 𧺆 달아나갈 솰

쇄

鏁 자물 쇄

부슬 쇄 晒 별쪼일 쇄 刷 긁을 쇄 𦁤 활뱃바닥 쇄 㕞 씻을 쇄 𢡶 옷해질 쇄 鎩 긴창 쇄 瑣 옥가루 쇄 㪚 무꾸리할 쇄 嗩 호적 쇄 砕 부서질 쇄 曬 햇빛에말릴 쇄 鞼 가죽자물쇠 쇄 鎖 자물쇠 쇄 縰 머리털감출 쇄 賋 뼈 쇄 繀 실톳 쇄

鎍 긴창 쇄 𧜥 사폭 쇄

쇠

璅 옥가루 쇠 𤸷 쇠할 쇠 𩏂 안장 쇠 𨫼 연한 쇠 粋 순전할 쇠 衰 쇠할 쇠 饖 밥 쇠 𩏈 늘어질 쇠 𧵍 갯소리 쇠 鏙 날개벌이는모양 쇠 夊 천천히걸얼 쇠

수

杸 팔모진군기 수

𤗑 물막는널 수 䁉 얌전히볼 수 鏽 거울에녹쓸 수 㻉 옥이름 수 蕦 순무 수 倠 가죽나무고치 수 鄋 오랑캐나라이름 수 艐 배를저나갈 수 𥯎 조리 수 首 머리 수 㵅 근심할 수 脽 꽁무니 수 溲 오줌 수 鵃 솔개 수 腴 파리할 수

壽 목숨 수 髓 뼈속기름 수 睃 눈살찡그릴 수 瞍 장님 수 鞖 가죽다룰 수 燧 불 수 𢩰 손 수 膄 파리할 수 鋮 익힐 수 𨉷 옷입을 수 埀 드리울 수 收 모울 수 耗 담요 수 嫂 누님 수 水 물 수 𥳔 새롱 수 栖

앞발잡아맬 수 囚 가둘 수 陲 변방 수 𢄊 머리쓰개 수 𣧑 남을 수 酸 흰술 수 蝬 그리마 수 𨯊 담요 수 粹 정할 수 修 닦을 수 壽 목숨 수 𡔟 목숨 수 濉 물이름 수 𤛓 붉은말 수 毹 털담요 수 叜 산이름 수 圳 논도랑 수

寿 목숨 수 輸 보낼 수 殳 팔모창 수 燧 봉화 수 捘 찾을 수 䅗 고갱이나올 수 售 팔 수 𡬶 지킬 수 遂 고갱이나올 수 雯 구름이하늘에오를 수 膸 뼈골 수 醻 갚을 수 穂 벼이삭 수 蕢 우두머리 수 𧭘 서로훼방할 수

璲 서옥 수 鰽 준치같은고기조 수 𩑰 이름 수 𥦗 깊을 수 颹 바람에쓸어질 수 茱 수유 수 𦒹 늙은이겨우따라갈 수 荽 꽃심 수 𢉁 산모퉁이 수 艏 뱃머리 수 秀 빼어날 수 溲 오줌 수 嗽 기침할 수 汓 선헤엄칠 수 殊 다를 수

受 이을 수 𦒱 늙은이겨우따라갈 수 鏥 등록 주 瘦 파리할 수 禭 귀신이름 수 遀 마칠 수 𦖴 귀밝을 수 餚 콩가루묻친엿 수 籔 쌀건지는그릇 수 饈 먹을 수 綉 비단조각에수놓을 수 搜 찾을 주 需 음식 수 𧭈 말쫓을 수 𩃣

부슬비 수 𩛻 콩가루묻힌엿 수 𧘑 옷입을 수 繡 수놓을 수 娷 일서로부탁할 수 誰 누구 수 獀 수캐 수 䪀 맞두이 수 𩭤 머리가센사람 수 豎 세울 수 䐣 부끄러울 수 𨔴 따를 수 髓 뼛속기름 수 擻 취할 수 燧 불 수 𦃚

두앞다리동일 수 𡒈 무덤길 수 鎀 쇳덩이 수 鱐 어포 수 䭫 머리 수 𩬏 머리가센사람 수 祟 동티날 수 𦛗 오금 수 𣙓 줄 수 𨻡 날 수 崒 소이름 수 躅 서서기다릴 수 䯈 뼛속기름 수 緣 인끈 수 櫢 나무무성 수 𣰕 담요 수 䯝

칠하기전에틈메울 수 售 팔 수 瀡 미끄러울 수 遂 마침내 수 𥿡 비단 수 数 두어 수 𩨩 뼛속기름 수 礉 돌 수 繻 고운집 수 豎 설 수 漱 양치질할 수 犙 꼬리없는소 수 𧝞 두루마기 수 嫂 형수 수 逋 인할 수 樔 수레바퀴통 수

颼 바람우수수불 수 鬚 턱수염 수 𥃩 우두머리 수 嶲 고을이름 수 𦂎 두앞다리동일 수 𦁷 두앞다리동일 수 捒 묶을 수 隨 쫓을 수 䝆 암돼지 수 駿 오랑캐땅의큰말 수 䮟 큰말 수 餿 밥물크러질 수 䣚 타락죽 수 擻 우수수할 수 隧

무덤길수 餿 밥물크러질수 倕 무거울수 餕 찐밥수 鬚 턱수염수 隨 순할수 ⿰革叟 연한가죽수 ⿺辶叟 멈출수 ⿰亻秀 가며기다릴수 ⿰食青 무덤길수 ⿰月肅 곰국수 ⿱髟殳 머리가센사람수 ⿰食遀 콩가루묻힌엿수 ⿰魚叟 뱅어수 ⿰牛叟 세살된소수 ⿰足頁

달아날수 傁 늙은이수 鬚 수염수 旞 깃으로꾸민기수 ⿰豕青 돼지새끼수 讐 원수수 軗 수레끝수 洙 물가수 ⿺辶隋 맡길수 澻 골속수 瘦 파리할수 幬 관수 ⿱丿乑 드리울수 穗 벼이삭수 羞 부끄러울수 邃 궁구할수

壽 목숨수 ⿱⺮須 고기다래끼수 痩 파리할수 垂 드리울수 ⿱壽心 짝수 遂 인할수 荾 꽃심수 守 지킬수 襚 수의수 售 팔수 帥 주장할수 竪 세울수 扌 거의미칠수 颼 바람소리수 𦣻 머리수 ⿱須土 오래기다릴수

颼 바람소리수 滫 오랜뜨물수 戍 수자리수 ⿰車遂 수레치장수 籔 열여섯말수 醜 추악할수 裋 두루마기수 檖 팥배나무수 祟 동티날수 溲 물모양수 邃 깊숙할수 ⿺辶壴 달아날수 ⿰耳叟 귀밝을수 ⿰阝聚 모퉁이수 ⿰豕彖 고갱이나올수 ⿰米咠

양식수 數 두어수 須 턱수염수 手 손수 ⿰糸壽 맬수 廋 숨길수 ⿰羊犬 오랑캐양수 竪 세울수 繸 인끈수 ⿰車彖 펼수 鎪 후빌수 旞 깃으로꾸민기수 泅 발헤엄칠수 ⿱⺮胄 대수 岫 산구멍수 搜 찾을수 ⿰壽阝 물이름수

⿱穴由 산구멍수 愁 근심수 ⿰食叜 봉화수 ⿰革遂 인끈수 唆 웃음소리수 ⿸广卆 재모아두는집수 錐 술개미수 祟 빌미수 收 걷을수 ⿰食誰 원수수 獸 짐승수 譢 간할수 髓 뼛속기름수 嫂 형수수 ⿰足遂 깊을수 ⿱宀乂 보살필수

遂 성취할수 隨 따를수 蓚 식물독즙수 酥 타락죽수 ⿰㇄頁 두전수 鐆 화경수 漱 양치할수 瘦 파리할수 袖 소매수 腄 볼기수 悛 쾌쾌할수 枠 수레바퀴다는나무수 逎 가둘수 ⿰忄彖 맘깊을수 獸 짐승수 ⿱⺮叟 용수수

酬 술권할수 ⿰月隋 부끄러울수 ⿰言垂 풀담는그릇수 謏 입으로전할수 ⿰阝彖 돼지새끼수 ⿰食遂 무덤길수 ⿰目或 물이름수 ⿰犭員 수캐수 鎪 새길수 庥 집깊을수 ⿰酉穌 타락죽수 虽 비록수 ⿰足彖 깊을수 ⿰酉曹 흰술수 脩 닦을수 錐 벌레이름수

⿰立需 오래기다릴수 睟 바르게볼수 [illegible] 털거스릴수 樹 세울수 狻 봄에사냥할수 瀡 미끄러울수 瘶 기침수 峀 산구멍수 ⿰口夋 입으로가르칠수 醻 술권할수 鄋 오랑캐나라이름수 陖 구덩이수 誶 꾸짖을수 脺 얼굴윤택할수

⿰糸頁 올가맬수 睡 졸수 合 의당할수 髓 뼛속기름수 鐩 화경수 雖 비록수 狩 겨울에사냥할수 ⿰魚叟 사람이름수 垂 드리울수 ⿰冫束 싸늘할수 瘦 파리할수 尌 나무수 ⿸疒水 부증수 ⿸疒亟 빠를수 ⿰阝青 뼛속기름수 鏉

날카로울수 艏 뱃머리수 糔 국물수 銖 저울눈수 ⿰木脩 나무자랄수 綬 인끈수 輸 멀어뜨릴수 饈 드릴수 獸 짐승수 藪 큰늪수 ⿰氵受 작은비수 琇 귀막이수 酧 술권할수 愁 근심수 燧 봉화수 璓 옥돌수

⿰糸朱 씨실수 厜 산이마수 ⿸厂叟 모퉁이수 鮂 버들치수 ⿰革守 순행할수 ⿰足尌 설수 授 줄수 ⿺毛戍 털수 [illegible] 조리수 鑐 사물쇠속수 睢 물이름수 綏 편안할수 ⿰立匋 기다릴수 ⿰糸帚 두건수 睃 장님수 ⿱艹囟 지초수 鏥 쇳덩이수

⿰立頁 서서기다릴수 賥 재물수 ⿰月肅 곰국수 ⿰骨脩 뼛속기름수 類 두벌볼수 腧 침놓는혈수 訹 꾀일수 ⿱髟叟 머리가센사람수 ⿰禾瓦 목진병수 ⿰舟囚 배수 ⿰忄叟 냄새코찌를수 痩 파리할수 叜 늙은이수 采 벼이삭수 ⿰壽殳 칠수 ⿰火酉 술빛수

숙

儵 잿빛숙 蓿 거여목숙 菽 콩숙 敊 때리는소리숙 ⿺走肅 바로달아날숙 ⿰虫宿 자벌레숙 ⿰虍儵 검은범숙 鷫 신조숙 宿 잘숙 肅 엄숙할숙 摟 칠숙 肅 엄숙할숙 ⿰酉宿 강신할숙 ⿰氵宿 젖을숙 尗 삼촌숙 ⿰魚叔 작은상어숙 倏

빠를숙 ⿰亻夙 구부릴숙 琡 옥이름숙 ⿺走叜 사등이숙 ⿰歹夙 이미숙 橚 길고곧은모양숙 ⿱宀眞 드샐숙 ⿰王夙 옥공숙 ⿱戊聿 엄숙할숙 倏 빠를숙 ⿰扌肅 칠숙 ⿰首頁 첫아이수 蓿 거여목숙 肅 공손할숙 驌 좋은말숙 ⿰石肅 검은옷돌숙 ⿱孰石 돌소리숙

稤 숙궁 숙
蓿 범이 숲에 들 숙
𨢬 강신할 숙
洬 착할 숙
淑 착할 숙
䑿 작은 배 숙
鷫 신조 숙
笷 아제비 숙
孰 누구 숙
𦪇 작은 배 숙
夙 이을 숙
璹 옥그릇 숙
叔 아재비 숙
潚 조촐할 숙
䬞 바람소리칠 숙
摍 뺄 숙
宿 잘 숙
婌 궁녀벼슬 이름 숙
𩏠 서당 숙
䎘 깃소리 숙
莤 강신할 숙
𡪳 뺄 숙
諔 간사할 숙
肅 엄숙할 숙
𥊽 말릴 숙
𢬸 이끌 숙
𣽡 물결 번득거릴 숙
璛 옥장인 숙
倐 빠를 숙
肃 공손할 숙
塾 서당 숙
熟 익을 숙
尗 콩 숙
儵 잿빛 숙
埱 터었는 옥 숙
𣧅 이를 숙

순

𣨛 살오니 순
醇 전국술 순
珣 옥그릇 순
睶 눈짓할 순
𧙃 옷 순
諄 거듭이를 순
盾 방패 순
楯 난간 순
巡 돌 순
循 돌 순
徇 조리돌릴 순
旬 열흘 순
𣢕 믿을 순
純 순전할 순
殉 따라죽을 순
脣 입술 순
紃 실띠 순
𨑨 순행할 순
鶉 늦배깐 닭 순
恂 믿을 순
馴 길들일 순
純 순전할 순
侁 왔다갔다할 순
榫 자루박을 순
笋 죽순 순
箰 죽순 순
諄 물을 순
詢 물을 순
筍 죽순 순
瞤 눈깜짝일 순
𥾛 순전할 순
洵 믿을 순
湑 땀날 순
胊 골이름 순
栒 나무이름 순
荀 풀이름 순
鶽 새이름 순
奄 클 순
荀 풀이름 순
紃 실띠 순
紂 끈 순
𦩜 기운그스릴 순
𨶋 중문 순
賐 늘 순
醕 순수할 순
毥 솜털 순
𦂮 옷등솔 순
蒓 순나물 순
蓴 짚단 순
𥟍 벼슬이름 순
蒓 순나물 순
舜 무궁화 순
蕣 무궁화 순
瞬 눈끔적일 순
巡 돌 순
鶉 메추라기 순
諄 거듭이를 순
箕 복다는 틀 순
奞 날개칠 순
䐇 입술 순
簨 북다는 틀 순
狥 빠를 순
橓 무궁화나무 순
軥 고를 순
䑲 무궁화 순
瞤 눈끔눈꿈적거릴 순
順 순할 순
漘 물가 순
訇 놀랄 순
郇 땅이름 순
灥 셋샘 순
鬊 머리풀어헤칠 순
諄 정성스런 모양 순
䏝 입술 순
朐 고을이름 순
甾 따비밭 순
犉 누른소 입술 검은 순
𥳬 대순 순
淳 맑을 순
蓴 순채 순
𨻶 섬돌 순
錞 낮을 순
杊 나무가 호머자루 될만한 순
䈟 죽순 순
鴝 뱁새 순
瞚 눈깜박할 순
𢃃 옷깃끌 순
詢 물을 순
𩀒 메추리 순
鶉 메추라기 순
駧 말이 달려갈 순
趥 달리는 모양 순
犉 누르고 입술 검은 소 순
峋 후미질 순
揗 만질 순
蕣 무궁화 순
肫 정성스러울 순
䈶 죽순 순
恂 근심할 순
衠 바를 순
眣 눈짓할 순
𠍍 빠를 순
𤘹 소걸음 더딜 순
盹 졸 순
郇 땅이름 순
彴 부릴 순
淳 순박할 순
𦎗 익을 순
偱 따를 순
𣆜 실 순
輴 상여차 순
𨊦 착할 순
𠪚 이를 순
袀 깃끝 순
鷻 메추라기 순

술

𤵸 미처 달아날 술
銊 배목 술
䬍 솔솔 부는 바람 술
𩗋 익을 술
術 꾀 술
𤗱 널판 술
𨘭 닦을 술
沭 물이름 술
訹 꾀일 술
𧗴 꾀 술
術 꾀 술
陎 무너질 술
鉥 떠 술
茂 약이름 술
鉥 긴바늘 술
欻 벌레울 술
遂 약이름 술
𡉬 높을 술
䘬 옷에 구멍날 술
𨥁 긴바늘 술
𧦪 고요할 술
戌 개 술
沭 물이름 술
卹 걱정할 술
述 지을 술
珬 자재 술
𠰇 중얼거릴 술

숭

㥲 똑똑할 숭
嵩 높을 숭
硹 땅이름 숭
崇 높을 숭
鯎 새매 숭
菘 배추 숭
𪆒 조롱태 숭
崧 우뚝할 숭
鬆 가는 터럭 숭
崈 높을 숭
𩞁 게걸스러울 숭

쉬

粹 무거리 쉬
倅 원 쉬
祽 여벌옷 쉬
篨 대자리 쉬
淬 날담올 쉬
伜 버금 쉬
晬 첫생일 쉬
晬 돌 쉬
𢉦 기우러질 쉬
𢄔 오색비단 쉬
璲 구슬 쉬
韢 주머니 쉬
歘 물을 쉬
𨵊 문가 쉬

슬

厀 무릎 슬
𩮏 푸르고 붉을 슬
膝 무릎 슬
瑟 실풍류 슬
虱 이 슬
蝨 이 슬
蝨 이 슬
𤩲 큰거문고 슬
齰 무는소리 슬
㻎 큰거문고 슬
𦷸 쇠무릎 슬
𦳛 쇠무릎 슬
𦛗 무릎 슬
𦅌 문채 슬
膝 종지뼈 슬
璱 푸른진주 슬
瑟 큰거문고 슬
𤕧 실풍류 슬
飋 가을바람 슬

습

熠 환할 습
𨻧 진펄 습
𨽕 진펄 습
𩞃 진펄 습
隰 진펄 습
諿 말많을 습
鳛 새이름 습
㿇 저릴 습
習 익힐 습
𦐢 익힐 습
謵 익힐 습
習 익힐 습
飁 큰바람 습
襲 옷껴입을 습
㥻 아낄 습
𢣾

창세울 습 溼 진펴리 습 騽 말가는모습 습 鰼 미꾸라지 습 湿 젖을 습 濕 젖을 습 [illegible] 젖을 습 霫 비쏟아질 습 槢 굳은나무 습 拾 주울 습 蝔 반디불 습 戳 옷덧입을 습 潪 그림자 습 翜 나는모양 습 忛 약은체할 습 褶 슬갑 습

승

塍 밭두둑 승 承 이을 승 丞 이을 승 氶 이을 승 昇 해돋을 승 夌 이길 승 [illegible] 이길 승 勝 이길 승 繩 노 승 繩 노 승 騬 불친말 승 譝 말래칙할 승 脀 어리석을 승 [illegible] 오를 승 乘 오를 승 乗 오를 승

[illegible] 오를 승 阩 오를 승 [illegible] 오를 승 陞 오를 승 椉 오를 승 [illegible] 삼베 승 殑 죽고자할 승 塍 밭두둑 승 [illegible] 수레에탈 승 竔 리터 승 鱦 물고기새끼 승 棄 탈 승 升 되 승 爯 들 승 䰝 시루 승 賸 바리 승 塍

논두둑 승 騬 불친말 승 [illegible] 따르는수레 승 [illegible] 빠질 승 [illegible] 받을 승 [illegible] 뻐꾸기 승 鬙 머리더부룩할 승 僧 중 승 [illegible] 물고기새끼 승 [illegible] 바로가지못할 승 [illegible] 해돋을 승 蠅 파리 승 蝇 파리 승 塍 밭두둑 승 [illegible] 검은깨 승 憴 삼갈 승 抍

들어올릴 승 承 받을 승 [illegible] 탈 승 譝 칭찬할 승 篜 대홰 승 乘 오를 승

시

[illegible] 암담비 시 旹 때 시 施 버릴 시 [illegible] 핥을 시 枲 씨없는삼 시 緦 열다섯새베 시 [illegible] 날개 시 葹 풀이름 시 偲 간절히책망할 시 颸 서늘한바람 시

眩 밝을 시 乨 비로소 시 腮 뺨 시 [illegible] 담비 시 [illegible] 억센깃 시 [illegible] 놓을 시 是 옳을 시 縰 털늘어뜨릴 시 柹 감 시 彖 돼지 시 [illegible] 쌀바구미 시 [illegible] 겁낼 시 時 때 시 翨 새날개 시 諟 말받아들일 시 眒 눈부릅뜰 신 [illegible]

돌미나리 시 廙 돌모서리뾰족할 시 [illegible] 양염할 시 眎 밝을 시 [illegible] 나무숟가락 시 [illegible] 쑥 시 沶 고을이름 시 [illegible] 가려울 시 蒔 소회향 시 [illegible] 개벌리 시 猜 의심낼 시 [illegible] 이리 시 狧 개핥을 시 [illegible] 바칠 시 [illegible] 구멍 시 [illegible] 생황 시 蓍

시초 시 [illegible] 담비 시 [illegible] 밝을 시 [illegible] 큰대자리 시 [illegible] 볼 시 [illegible] 핥을 시 [illegible] 짧고작을 시 矢 화살 시 [illegible] 밝을 시 柹 감 시 [illegible] 명주 시 [illegible] 천제지낼 시 [illegible] 두꺼비 시 [illegible] 떼지어날을 시 蒔 소회향 시 [illegible] 돌떨어지는소리 시 眡

밝을 시 恃 믿을 시 絁 명주 시 [illegible] 재물보일 시 翨 억센깃 시 [illegible] 내시 시 示 보일 시 柿 감 시 榯 문설주 시 [illegible] 외뿔난소 시 徥 슬슬걸을 시 眂 밝을 시 匙 술 시 [illegible] 깃털많을 시 始 비로소 시 [illegible] 화살 시 [illegible] 작을 시

梠 삽 시 廁 부릴 시 [illegible] 씨없는삼 시 示 보일 시 [illegible] 구멍 시 [illegible] 쇳덩어리 시 絁 비단 시 [illegible] 뻐꾸기 시 [illegible] 물건무게 시 [illegible] 열쇠 시 視 볼 시 市 저자 시 弒 웃사람죽을 시 [illegible] 짧은창 시 匙 술 시 [illegible] 쑥 시 磃 갈 시 [illegible]

돌떨어지는소리 시 [illegible] 명주 시 [illegible] 치장할 시 [illegible] 털옷푸수수할 시 [illegible] 이고울 시 [illegible] 웃사람죽을 시 跛 공자반 시 媤 시집 시 [illegible] 담비 시 [illegible] 깃과털로지은옷모양 시 柢 방아재 시 兕 외뿔난들소 시 [illegible] 얼굴수건 시 尸 주장할 시 [illegible] 붉가 시 [illegible]

수레바퀴 시 [illegible] 활부릴 시 眎 밝을 시 溡 모래섬 시 鳲 뻐꾹새 시 豕 돼지 시 覗 엿볼 시 [illegible] 양념할 시 豨 돼지 시 [illegible] 기뻐할 시 貤 물건무게 시 [illegible] 불친돼지 시 [illegible] 준치 시 [illegible] 돼지 시 釃 술거를 시 [illegible] 진흙 시 [illegible] 명주 시

竢 기다릴 시 戠 찰진흙 시 [illegible] 웃사람죽일 시 諰 눈휘둥글할 시 眡 보는모양 시 [illegible] 체 시 [illegible] 담비 시 鉃 살끝 시 試 시험할 시 昰 옳을 시 咶 핥을 시 [illegible] 짐새 시 时 끼니 시 [illegible] 죽을 시 [illegible] 대답할 시 嘶 말울 시 鳲 뻐꾹새 시

屎 똥 시 [illegible] 밝을 시 [illegible] 귀글 시 [illegible] 베풀 시 詩 귀글 시 [illegible] 찌끼 시 [illegible] 말시작할 시 鼶 쥐이름 시 鋁 쇳덩이 시 [illegible] 물돌 시 [illegible] 상투 시 弑 웃사람죽을 시 視 볼 시 澌 성에 시 [illegible] 행주 시 鐁 대패 시 [illegible] 두꺼비 시 澌

물잦을 시 駛 빠를 시 [illegible] 새울 시 敊 버릴 시 鍉 열쇠 시 [illegible] 머리가바르지않을 시 啻 뿐 시 塒 보리그루에심을 시 犲 승냥이 시 [illegible] 대패 시 [illegible] 벌릴 시 廝 부릴 시 [illegible] 엿볼 시 崼 가까운산 시 [illegible] 기다려볼 시 [illegible] 주저할 시 颸

(서늘한 바람 시) 豉 콩자반 시 鳲 뻐꾸기 시 豺 승냥이 시 覗 유인할 시 嘶 목쉰소리 시 䏡 책상 시 乨 처음 시 誒 뜻할 시 蔡 침거품 시 柴 땔나무 시 𡚱 외조모 시 脉 새살날 시 屍 주검 시 阺 산이름 시 鶳 짐새 시 邿 산이름 시 鰣

준치 시 舐 핑 시 罳 병풍 시 撕 끝 시 鳾 접동새 시 𡜷 죽은어머니 시 弑 웃사람죽을 시 蒔 소회향 시

식

寔 뵈지않을 식 蝕 일식 식 殖 날 식 𦞂 콧속군살 식 喰 먹을 식 寔 실상 식 瘜 군살 식 禃 오로지할 식 𥲑

귀우비개 식 植 심을 식 𩚃 녹 식 戴 알 식 湜 물맑을 식 息 쉴 식 湜 물맑을 식 怕 숨쉴 식 𩛆 숨 식 埴 흙을이길 식 寔 이 식 熄 불끌 식 塞 막힐 식 蒠 나물 식 軾 나무 식 拭 닦을 식 蝕 일식 식 𪁗

새가쪼아 먹을식 識 알 식 鵖 새가쪼아 먹을식 鉽 솥 식 飾 꾸밀 식 飾 꾸밀 식 𧫷 숨쉴 식 蝕 일월식할 식 鄎 땅이름 식 鉓 꾸밀 식 䫇 볼 식 栻 점판 식 識 식견 식 𢚩 오로지 식 餝 꾸밀 식 𩚁 녹 식 餙 꾸밀 식 袯

꾸밀 식 遈 흘려갈 식 式 법 식 媳 며느리 식 拭 닦을 식 蘵 쓴너삼 식 食 밥 식 䀵 눈여겨볼 식 𧦝 알 식 歙 겁낼 식 喰 먹을 식

신

麎 암코라니 신 樊 샛별 신 𣐍 바디 신 新 새로울 신 汛 물뿌릴 신 晨 일찍 신

慎 삼갈 신 訫 믿을 신 姺 제후나라이름 신 侁 떼지어갈 신 燼 나머지 신 玐 두루 신 粎 죽엉길 신 瞚 눈부릅뜰 신 眒 눈부릅뜰 신 腎 콩팥 신 昚 삼갈 신 薪 섶 신 禬 귀신 신 梓 상앞에가로댄막대 신 𤰃 펼 신

𦥔 펼 신 矤 하물며 신 𣥖 기다릴 신 𥳍 대자리 신 矤 하물며 신 𣅀 샛별 신 燊 성할 신 迅 빠를 신 神 신통할 신 𤞞 족제비 신 蜄 움직일 신 申 펼 신 滓 벼루귀신 신 𪖵 암내 신 莘 약이름 신 𢐗 약이름 신 𢼀

하물며 신 䰠 귀신 신 柛 자고목 신 薪 섶 신 籸 무거리 신 𡝚 나라이름 신 卂 급히날 신 晨 새벽 신 𦬉 다북쑥 신 㑗 아이밴몸 신 扟 펼칠 신 𣙘 곡식이름 신 藎 염초 신 訊 물을 신 鼂 큰조개 신 矧 하물며 신 新

새 신 𧦧 물을 신 囟 숨구멍 신 籸 무거리 신 鋠 둥근무쇠 신 伸 펼 신 𢘄 신하 신 㕡 깊은골 신 𦖻 빠를 신 𧷤 갈골 신 娠 아이밸 신 𤰆 펼 신 𢗁 근심할 신 頣 눈들고볼 신 禛 귀신 신 羨 갈골 신 㽎 펼 신 贐 노자 신

𤞒 믿을 신 筍 웃는모양 신 狆 미칠 신 牲 많을 신 鷐 새매 신 迅 빠를 신 臣 신하 신 欣 빈정거릴 신 神 귀신 신 𡜶 아이밸 신 䚱 스무개 신 賮 보낼 신 訊 죄물을 신 柛 신나무 신 裑 옷둥걸 신 扟 뽑아낼 신 陙

작은언덕 신 駪 말우물우물할 신 顖 숫구멍 신 賑 전당 신 㐰 믿을 신 粎 쌀찌끼 신 𠪤 지지 신 顖 숫구멍 신 昚 삼갈 신 璶 옥돌 신 新 새 신 訠 하물며 신 阠 언덕이름 신 㛛 아이밸 신 辛 매울 신 信 믿을 신 訙 물을 신

裖 사직에지내는날고기 신 宸 집 신 炘 불똥 신 䰠 귀신 신 𧮒 삼갈 신 𩵎 꼬리긴생선 신 鮏 꼬리긴생선 신 噺 이야기 신 訷 펼 신 峷 귀신의이름 신 哂 빙그레웃을 신 弞 생긋웃을 신 㰂 웃을 신 吲 비웃을 신 扟 당길 신 辛 고생 신

訬 믿을 신 𦀚 약이름 신 屾 같이선산 신 辛 매울 신 𨳝 끈끈할 신 𡖅 많을 신 身 몸 신 鞞 큰띠 신 𢏀 길 신 鰰 은어 신 孖 새 신 訵 빙그레웃을 신 顖 숫구멍 신 𨛜 작은나라 신 顖 숫구멍 신 𩛄 검은밥 신 訊 물을 신

駪 말우물우물할 신 𤞑 깃많을 신 𨑻 빠를 신 抻 펼 신 蜃 큰조개 신 𩛔 궂은쌀밥 신 莘 약이름 신 呻 읊조릴 신 藎 염초 신 胂 몸펼 신 紳 큰띠 신 兟 모나아갈 신

실

室 궁실 실 榁 두송 실 𠂒 잃을 실 蟋

귀뚜라미 실 悉 다알 실 窸 구멍으로나오는 실 𢕟 동할 실 失 잃을 실 螅 귀뚜라미 실 𡁹 꾸짖는소리 실 鞊 칼집 실 實 열매 실 悉 알 실 实 충실할 실 恖 다 실 螅 귀뚜라미 실 𦿕 열매 실 𡁹 소리 실

심

瞫 엿볼 심

縙 이을 심　枕 심이누런 나무심　㨪 소 심　簟 심할 심　淰 흐를 심　樳 심나무 심　瘎 배속병 심　深 깊을 심　𡶇 개가토할 심　疢 뱃병 심　璕 옥돌 심　沁 물속에서 찾을심　罧 그물 심　蕁 부들 심　甚 심할 심　殝 초목시들어죽을 심

葠 부들 심　䰼 큰가마 심　鯵 절인고기 심　鬵 용가마 심　瘮 오한날 심　森 크게두려워할 심　蔘 이삭벌레먹어죽을 심　澖 물빨리흐를 심　瀋 즙 심　芯 초심 등심　枔 나무잎사귀 심　宷 살필 심　尋 찾을 심　澿 흐릴 심

諶 믿을 심　鬵 용가마 심　罙 깊을 심　忄 마음 심　魫 고기새끼 심　㝷 오를 심　心 마음 심　㝷 찾을 심　燖 불에익을 심　覾 알 심　顉 나약할 심　蟳 큰게 심　郴 땅이름 심　璕 옥같은돌 심　㝾 굴뚝 심　鱘 고기이름 심　煁 화덕 심

𨒊 길 심　忄 마음 심　酙 누룩 심　諗 고할 심　㴨 물움직일 심　蕈 버섯 심　霃 장마 심　鱏 코긴고기 심　𪀦 검은빛깔의새 심　軐 수레 심　醓 누룩 심　跭 짐승의발자욱에괸물 심　讅 알 심　埁 흙높을 심　魫 고기새끼 심

㴸 빠질 심　霫 빗소리 심　尋 찾을 심　鱏 심어 심　愖 믿을 심　審 알 심　𢉣 깊고큰집 심　鮝 큰고기 심　訦 믿을 심　覾 깊이볼 심　𡶇 개가토할 심　勸 힘쓸 심　撏 찾을 심　鄩 땅이름 심　潯 물가 심　忱 측은할 심　𨹄 작은언덕 심

葚 오디 심　鈊 날카로울 심　鬵 용가마 심　魿 절인고기 심

십

褶 옷겹선 십　阡 고을이름 십　十 열 십　卅 마흔 십　籵 데카미터 십　辻 네거리 십　蔎 풀소리 십　趇 달아날 십　兙 데카그람 십　什 열 십　卌 마흔 십　𨙸 고을이름 십

쌍

䨇 새두마리 쌍　躞 곱송거릴 쌍　雙 새두마리 쌍　欆 펴지않는배돛 쌍　雙 새두마리 쌍　愯 두려울 쌍　双 한쌍 쌍　雙 새두마리 쌍　𢅈 접을 쌍　䉶 돛 쌍　雙 새두마리 쌍　艭 큰배 쌍　𧲖 짐승이름 쌍

씨

氏 성씨 씨

아

硪 바위 아　齖 뻐드렁니 아　娥 예쁠 아　蛾 벌레 아　𨓷 차례로걸을 아　我 이쪽 아　𢦏 나 아　鴉 갈가마귀 아　牙 어금니 아　㚤 스승 아　䳘 거위 아　俄 아까 아　迓 나아갈 아　𩨍 허리뼈 아　𪀗 갈가마귀 아　鵞 거위 아　𥎦 짧을 아

婭 동서 아　䄉 모양낼 아　峩 산이름 아　𢬵 부서뜨릴 아　孲 어린아이 아　誐 간사할 아　蕥 쭉정이 아　㛂 아름다울 아　𦅈 가는비단 아　犽 어린아이 아　鵶 갈가마귀 아　睋 볼 아　蛾 누에나비 아　癎 어린 아　莪 새발쑥 아　𩛳 희빗 아

騀 말머리내두를 아　䋪 가난비단 아　鈳 작은가마 아　痾 병깊을 아　蚜 작은벌레 아　𠒇 아이 아　𦊓 토끼그물 아　𥁊 술잔 아　鵝 거위 아　䱱 자가사리 아　𤜵 우리 아　衙 마을 아　𡠋 엄마 아　閜 문기울어질 아　𢦓 나 아　錒 가마솥 아

𧙸 옷치렁치렁할 아　𣢾 나귀울 아　𥝩 성할 아　雅 본디 아　瘂 벙어리 아　𢚽 속답답할 아　椏 나무가지 아　螞 말거머리 아　迓 맞을 아　玡 옥같은뼈 아　庌 대청 아　婀 아름다울 아　哦 읊조릴 아　𠀓 어금니 아　𥑮 형험할 아　𣟴 나무무성할 아

峩 산높을 아　襾 덮을 아　砑 맷돌 아　䰄 말머리내두를 아　唲 선웃음칠 아　丫 가닥날 아　䕏 새발쑥 아　𥦤 비둘어질 아　𡘙 나 아　厊 어긋날 아　疴 병 아　鵞 거위 아　䶰 이모양 아　掗 흔들 아　疋 바를 아　妸 고을 아　㗬 갓난아이울 아

児 아이 아　峨 산높을 아　旖 깃발날릴 아　錏 목가림투구 아　𩨜 허리뼈 아　犽 오랑캐 아　䫏 고를 아　鵶 갈가마귀 아　餓 굶을 아　𥁑 담을 아　𨈢 나 아　笌 죽순 아　𨃍 갈림길 아　㧉 비뚜름할 아　芽 싹 아　芽 싹 아

𢧀 나 아　餓 굶을 아　亜 버금 아　𩿢 거위 아　啞 까마귀소리 아　䮫 말이나아갈 아　屙 뒤볼 아　啊 사랑할 아　稏 벼이름 아　𥝧 벼단 아　鐚 쇠뜨게할 아

악

岳 큰산 악　愕 놀랄 악　崿 비탈질 악　蕚 꽃받침 악　幄 장막 악

鶚 독수리 악　偓 거리낄 악　鑩 다는갈고리 악　楽 풍류 악　愕 놀랄 악　腭 잇몸 악　㟧 비탈질 악　𡵒 큰산 악　𡓁 언덕비탈 악　嶭 산높을 악　𢫬 퉁길 악　垩 색흙 악　蝁 눈큰독사 악　𡾋 언덕 악　鑵 큰방망이 악　鰐 악어 악

五五八

鰐 악어 악 咢 깜짝놀랄 악 𣨙 갑자기 죽을 악 䮧 말배끓을 악 渥 젖을 악 偔 많을 악 鄂 땅이름 악 樂 풍류 악 齶 잇몸 악 噩 잇몸 악 鍔 칼날 악 齾 잇몸 악 隔 언덕 악 籆 고기잡는발 악 悪 악할 악 鄂 나타날 악 蘁

언덕 악 剭 칼날 악 岀 큰산 악 惡 악할 악 屵 큰산 악 鱷 뱀같은 고기 악 醶 초 악 咢 낭떠러지 악 呃 소리 악 齷 악착할 악 諤 자랑할 악 鍔 칼날 악 幄 장막 악 喔 닭의 울음소리 악 擢 흰소 악 㮉 함정 악 櫟 풍유 악 腛

기름질 악 鸑 봉같은 새 악 顎 아래턱뼈 악 䫩 엄숙하고 공경할 악 鰐 악어 악 鱷 악어 악 鄂 웃턱 악 堊 흰옥 악 嶽 큰산 악 噩 엄숙할 악 𤛗 흰소 악 鰐 악어 악 覨 오래볼 악 𡶳 큰산 악 䫩 엄숙하고 공경할 악 櫮 꽃활짝필 악

臺 질 악 鶚 물새 악 握 쥘 악 碍 돌험할 악 踒 급할 악 齷 잇몸 악 嶽 큰산 악

안

洝 끓는물 안 㘖 개가싸울 안 眼 눈 안 贗 거짓 안 偐 위조물 안 晏 늦을 안 頇 대머리 안 姲 조용할 안 岸 누러울 안 晏 늦을 안

爏 불빛 안 騴 말이가는 모양 안 鴳 메추리 안 犴 들개 안 顔 얼굴 안 鴈 기러기 안 岸 낭떠러지 안 雁 안개 안 鮟 천징어 안 顔 이마 안 硏 산돌 안 贗 바르지못할 안 顔 얼굴 안 颸 회리바람 안 柦 다리아플 안 鳱 기러기 안

桉 중발 안 騴 꼬리밑흰말 안 顔 얼굴 안 𥅴 과실이름 안 鞌 안장 안 安 안정할 안 豻 들개 안 鷃 종달새 안 郊 마을이름 안 㷳 불빛 안 按 누를 안 𩬌 머리털길 안 顔 얼굴 안 𨂿 자취 안 𤏸 불빛 안 案 벼갈 안

𡯁 사타구니 안 嚾 싸움할 안 鞍 안장 안 盦 바리 안 顔 얼굴 안 鴳 안새 안 𩢱 말이가는 모양 안 喫 추솔할 안 𩬐 길고클 안

알

濶 물이름 알 穵 뚫을 알 羯 불알깐양 알 齾 그릇이빠질 알 睧 눈깊고검은모양 알 𪐝 어두울 알

謁 뵈올 알 褐 고갱이 알 猰 얼룩개 알 斡 돌이킬 알 穵 구멍우빌 알 歹 살발은뼈 알 聐 멍청이 알 齃 콧대 알 齾 그릇이빠질 알 羯 불알깐양 알 窫 비고클 알 戛 상고할 알 𠥜 크게힘써부를 알 揠 잡아뽑을 알 挖 우벼낼 알 鬜

깎고남은털 알 閼 그칠 알 𡷊 산연할 알 𣾰 물길을 알 髾 솜털 알 訐 발각할 알 胺 고기썩을 알 遏 끊을 알 咹 말더듬거릴 알 㩵 칠 알 枅 나무울 알 鴶 뻐꾹새 알 𠃦 굳셀 알 毼 털많을 알 齾 그릇이빠질 알 钀 말재갈 알 斡

말로되어담을 알 嶭 산가파를 알 軋 앗을 알 捾 취할 알 戞 창 알 焆 더위먹을 알 砎 돌모양 알 黠 퇴색할 알 虬 벌레소리 알 歺 살발은뼈 알 㟎 뼈높을 알 圠 산구비 알 頞 콧마루 알 齾 그릇이지러질 알 魝 자가사리 알

암

盦 덮을 암 𥂴 뚜껑덮을 암 羬 큰양 암 癌 암 암 鵪 메추라기 암 黬 잊을 암 䶬 이가어긋날 암 吽 양우는소리 암 晻 어두울 암 婪 탐낼 암 嵒 바위 암 媕 결단못할 암 弇 닫을 암 畮 밭에심을 암 腤 삶을 암 窨 막힐 암

韽 낮은소리 암 䯉 머리끄덕거릴 암 岩 석굴 암 㜝 계집마음둘 암 黬 솥밑에붙은검정 암 鶕 메추리 암 麙 크고뿔가는산양 암 㑁 좋을 암 䶲 잇몸 암 鶕 메추라기 암 醅 슬플형용 암 蓭 무성할 암 痷 넓을 암 鵪 메추리 암 培 흙에묻을 암

諳 희롱할 암 暗 어두울 암 匼 아첨할 암 顉 머리끄떡거릴 암 揜 손으로가릴 암 菴 진주뽕 암 麙 산양 암 䯊 머리끄덕거릴 암 黤 검푸른빛 암 壧 굴 암 嗋 말않이할 암 掩 절둑발이 암 闇 여막 암 葊 진주뽕 암 䨄 구름성할 암

韽 가는소리 암 𤟳 개짖을 암 裺 옷너그러울 암 韽 소리까부러질 암 𩩰 뼈높을 암 黭 급히이르는모양 암 喦 험할 암 腌 삶을 암 黤 검푸를 암 譀 허탄할 암 顩 뺨길 암 罯 덮을 암 菴 암자 암 黫 구름어두울 암 虦 수범 암 諳

알 암 巖 바위 암 庵 암자 암 隌 어두울 암 黤 푸를 암 鶕 메추리 암 鵪 메추리 암 醃 사레귀 암 頷 머리끄떡일 암 窨 잠고대 암 萻 들풀 암 嵓 바위 암 諳 말결단할 암 雸 서리 암 黯 시꺼멀 암 馣 향내 암 揞 감출 암

諳 알암 鵪 메추리암 埯 구덩이암 㘙 신음할암 唵 움켜먹을암

압

壓 누를압 圧 누를압 𤩽 여자머리꾸미개압 姶 아름다운모양압 翈 쑥지위의짧은깃압 䑐 머리움직이는모양압 窜 맥찌를압 𠹧 시끄러울압 匌 족두리압 𥂫 덮을압 𣳢 낮어습할압 𪄪 집오리압 𨋔 수레연장압 畬 아첨할압 𨂝 절름발이압 𤸷 기압할압 䅖 그림압 般 배움직일압 匎 검약할압 𧻓 급히달아날압 讘 웃고말할압 𦊐 새그물압 鞥 아이신압 圔 낮은소리압 類 머리움직일압 㽿 파리할압 鴨 집오리압 癌 숨가쁘게쉴압 庘 헌집압 押 수결둘압 𤇘 불묻을압 狎 친압할압 炠 불에말릴압 鞈 가죽고삐압 哈 고기우물거릴압 𠑺 잔피할압 𪐴 채색할압

앙

禓 재앙앙 岇 산가파를앙 𠃵 돌아올앙 昻 밝을앙 昂 쳐다볼앙 㭿 추녀앙 眏 눈어두울앙 𤿭 얼굴빛푸를앙 鉠 방울소리앙 怏 맘에차지않을앙 𤝕 담비앙 殃 재앙앙 佒 몸거북할앙 𡗵 기운뜰앙 𥇾 날흐릴앙 䄃 재앙앙 䍨 동이앙 詇 슬기로울앙 𠯋 코대답하며말할앙 𠋫 뻣뻣할앙 禍 재앙앙 𩵹 가자사리앙 𧳇 담비앙 祑 재앙앙 枊 말뚝앙 鴦 원앙새앙 卬 나앙 炴 불빛앙 盎 돌이앙 𨠁 막걸리앙 姎 여자자칭할앙 仰 우러를앙 軮 멀리서로빛이는모양앙 胦 배꼽앙 鞅 말가빨앙 帙 가운데앙 㼜 큰혹부리앙 泱 물출출할앙 央 가운데앙 茚 창포앙 抰 말뻣대로칠앙 𩑵 머리들앙 岟 후미질앙 𩊃 신발앙 慃 어그러질앙 賟 한량없을앙 昂 높을앙 𪓞 거북앙 块 티끌앙 𩢍 천리마앙 駚 들말앙 𥖔 돌소리앙 咉 목메여슬피울앙 𩚬 배부를앙 秧 모앙 英 대이름앙

애

涯 물가애 闔 시끄러울애 䲰 해묵은어애 庴 신탁자애 譪 수두룩할애 䶣 이고르지않을애 捱 막을애 騃 어리석을애 爱 사랑애 𪕂 서로꼬리물고다니는쥐애 烗 빛날애 𣋣 햇빛애 唉 놀라물을애 靉 구름낄애 𧠒 웃고볼애 䤬 취한모양애 聧 귀먹거리애 䁗 눈서리희애 餩 깨끗할애 峗 험할애 懝 놀랄애 𩬳 긴모양애 㤅 사랑애 賹 부처보낼애 豥 늙은숫돼지애 睚 눈가애 靄 구름이피어오를애 嗄 목쉴애 䝟 넉넉할애 漄 물가애 𩡗 향기애 阸 좁을개 瞹 눈흐릿할애 敳 다스림에있을애 挨 칠애 呃 재채기할애 娭 희롱할애 䯠 머리가길애 曖 날흐릴애 璦 아름다운옥애 娾 즐거울애 艾 쑥애 馤 향기애 𤸷 어리석은병애 𦛗 살찔애 獃 못생길애 碍 막힐애 噯 숨애 厓 언덕애 鴱 뱁새애 欸 탄식하는소리애 愛 사랑애 閡 밖으로닫을애 𨳿 밖으로닫을개 哎 애통하는소리애 𦪈 밑넓은배애 𧥄 불평하는소리애 閝 문횡강목애 藹 덮을애 賅 쌓을애 𡊅 쑥애 隘 좁을애 溘 그늘질애 壒 티끌더미애 哀 슬플애 挨 등칠애 𨽌 좁을애 譪 힘다할애 𩡗 향기날애 𤠊 어금니애 𪘗 좁을애 㤅 사랑애 霼 눈모양애 餲 밥냄새애 㝵 그칠애 礙 그칠애 𠩄 돌이름애 忿 징계할애 爱 사랑애 隘 좁을애 鱫 해묵은어애 㦣 아낄애 㤴 한할애 叓 갈애 睚 눈가애 崕 낭떠러지애 欸 탄식할애 𨘅 구름낄애 僾 방불할애 䅬 벼의작은단애 唲 아이말애 𡼏 매봉우리끝애 䝍 마른돼지애 隘 좁을애 殪 죽을애 㤅 사랑애 薆 초목성할애 磑 맷돌애 阨 좁은목애 𠿯 안경애 懝 놀랄애 啀 비틀거릴애

액

呝 높은소리액 𩅱 실할액 𧚅 겨드랑이솔기액 䬵 굶을액 蚅 콩망아지액 詻 송사논란할액 𢪗 잡을액 𡽹 산높을액 鮥 고기이름액 貖 큰쥐액 栜 나무이름액 扼 잡을액 峉 산이높고웅장할액 𠩂 재앙액 額 이마액 砨 옥이름액 頟 이마액 軛 멍에액 腋 겨드랑이액 掖 곁들액 鞷 신기울액 䜌 소리액 𩚁 굶을액 嗌 목구멍액 厄 재앙액 戹 뒤창문액 𣽏 흐를액 搤 가질액 𩚵 굶을액 𣢚 웃고말할액 𢄔 흠질할액 覎 잘놀랠액 液 진액

霰 실할 액
豟 큰돼지 액
鮧 고기이름 액
餩 굶을 액
琙 옥문채옥아롱질 액
軶 멍에 액

앵

罃 목긴병 앵
犆 소부르는소리 앵
鶯 꾀꼬리 앵
譻 방울달랑거릴 앵
鷪 앵무새 앵
洄 소용도리칠 앵
嚶 개짖는소리 앵
甇 목긴병 앵
嫈 예쁠 앵
鸎 꾀꼬리 앵
甖 큰동이 앵
鸛 수알치새 앵
桜 앵두나무 앵
櫻 앵도 앵
罌 질그릇 앵
賏 큰독 앵
瞾 눈에광채없을 앵
鸚 앵무새 앵
嚶 새소리 앵
鸎 꾀꼬리 앵

야

爺 아비 야
雅 꿩같은새 야
釾 막야 야
若 반야 야
鵺 새이름 야
埜 묽은진흙 야
枒 바퀴테 야
爺 아비 야
捓 손들어서로희롱할 야
鋣 칼이름 야
瑘 고을이름 야
揶 희롱할 야
䈎 바다가에나는대 야
䴸 밀기울 야
[illegible] 반야 야
琊 고을이름 야
椰 야자나무 야
䱇 뱀같은고기이름 야
踷 어린애타달타달걸을 야
喏 공손히대답할 야
惹 이끌 야
梛 야자나무 야
埜 들 야
鋣 칼이름 야
野 들 야
[illegible] 반야 야
偌 성 야
耶 어조사 야
諾 공손히대답할 야
宕 반야 야
鋣 거울 야
夜 밤 야
壄 들 야
墅 들 야
埜 들 야
也 잇기 야
亱 밤 야
㖡 새밤에울 야

약

觹 활이틀어져서약할 약
楉 석류 약
觭 집뿌다귀 약
礿 봄제사 약
箬 대껍질 약
癨 병 약
籥 피리 약
䖃 반딧불 약
𨇸 오를 약
踚 오를 약
瘧 학질 약
葳 같을 약
叒 좇을 약
蒻 부들밑둥털 약
䶂 우러를 약
弱 약할 약
蒻 물놀이칠 약
躍 뛸 약
鸙 귀리 약
弱 약할 약
鰙 피라미 약
藥 약 약
約 기약할 약
鸙 귀리 약
鬻 데칠 약
爚 여름제사 약
爚 불사를 약
爚 불사를 약
闟 끝 약
禴 여름제사이름 약
渃 성이름 약
躍 뛸 약
鑰 자물쇠 약
葯 구리때잎 약
趯 갈 약
龠 피리 약
瀹 데칠 약
𨘋 멀 약
鰯 멸치 약
蒻 물놀이칠 약
䌰 색실 약
弱 약할 약
蹃 발금 약
鸙 종달새 약
䐞 살속의얇은가죽 약
纅 실 약
龡 불기 약
瀹 데칠 약
喲 감탄하는어조사 약
䬦 옴식조절할 약
瀹 적실 약
𢄒 막을친집 약
𪌭 흰비단 약
篛 죽순 약
藥 약 약
敫 해그림자 약
鱯 뱅어 약
若 같을 약
薬 약 약
𨊒 약 약
若 같을 약
鶸 새이름 약
𧗱 게으를 약
濼 물이름 약
鄀 나라이름 약

양

盪 술잔 양
恙 병 양
䭐 가루떡 양
眻 눈썹사이 양
瓤 외속 양
阦 해 양
鸉 꼬리긴흰매 양
襄 도울 양
鸉 매같고꼬리흰새 양
𩅼 이슬성할 양
様 모양 양
鴹 왜발새 양
瘍 머리헐 양
蛘 근질근질할 양
𦢊 살찔 양
阳 해 양
氱 양기 양
𢺄 사람이름 양
䬗 날릴 양
㨾 본보기 양
𧎲 쌀바구니 양
𥳽 대자리 양
𢟍 한탄할 양
鰑 가물치 양
𥽏 썩일 양
氜 볕기운 양
壤 부드러운흙 양
䧐 좁은모양 양
樑 들보 양
㺊 무양 양
羖 기를 양
獽 오랑캐 양
嚷 떠들 양
樣 본보기 양
穰 벼줄기 양
𨺗 해 양
㐮 도울 양
𦍩 한살된양 양
陽 볕 양
孃 도울 양
𪔊 양하풀 양
鍚 말머리치장 양
鞆 맬 양
羊 양 양
𢒀 착할 양
颺 날릴 양
懩 가려울 양
䩫 가죽다룰 양
躟 바삐걸을 양
昜 빛날 양
攁 발동할 양
穣 벼줄기 양
楊 버들 양
蘘 양하 양
𣅊 데울 양
敭 밝힐 양
弶 활굽을 양
纕 패옥띠 양
欀 교양나무 양
瀁 물모양 양
鼇 거북종류 양
量 헤아릴 양
暘 해돋는곳밝을 양
𧄵 들깨 양
紻 갓끈 양
懹 꺼릴 양
漾 물결일 양
𩊹 힘쓸 양
𨼆 해 양
輰 치장한수레 양
讓 사양 양
䉵 쌀 양
瀼 진탕물 양
孃 어머니 양
𩊁 기를 양
樣 모양 양
裡 도울 양
禓 길제사 양
勨 느즈러질 양
抰 기 양
釀 술빚을 양
壤 말배띠장식 양
洋 큰바다 양
烊 구울 양
蛘 근질근질할 양
𨗀 달아날 양
垟 흙속괴물 양
鍚 당노 양
𥗽 연한돌 양
讓 사양 양
崵 먼산 양
瘍 머리질 양
穰 들깨 양
煬 화할 양
鸉 매같고꼬리흰 양
𩃰 시월 양
禳 빌 양
養 기를 양
羕 물이길 양
痒 옴 양
癢 가려울 양
攘 빼앗을 양
譲 사양 양
𪐩 검붉을 양
𥋘 남쪽 양
𪔊 양하 양
蘘 양하풀 양
勷 힘쓸 양
驤 말뛸 양
獽 오랑캐 양
佯 거짓 양
醸 술빚을 양
𨑹 머뭇거릴 양
𧦝 그칠 양
䩬

굴레 양 晾 눈병 양 鮮 떡 양 徉 노닐 양 䙳 도울 양 養 기를 양 昜 쇠녹일 양 敭 들 양 兩 둘 양 羊 양 양 戕 창 양 険 해 양 議 소리변할 양 ●어 䀂 고리눈말 어 語 말씀 어 魰 고기우리 어 䱷 미꾸라지 어 敔

고기잡을 어 骸 어깨뼈 어 醧 사사로이잔치할 어 䲣 좀 어 箊 잎사귀엷은대 어 瘀 어혈질 어 殹 말라죽을 어 驇 고리눈말 어 奧 물고기 어 飫 잔치먹을 어 於 어조사 어 圩 진흙 어 蕍 나라동산 어 馭 말어거할 어 饫 싫을 어 御 땅이름 어

瘀 어혈질 어 扵 어조사 어 峿 산똑바를 어 禦 가릴 어 齬 이어긋날 어 漁 고기잡을 어 棜 책상반 어 饇 싫을 어 飫 먹기싫을 어 衙 모실 어 閼 작은문 어 紓 연약 서어 圉 마부 어 蘌 나라동산 어 䔡 들깨 어 漁 고기잡을 어

峿 산이름 어 麌 노쇠 어 奧 물고기 어 䘘 나라동산 어 遻 모실 어 饇 배부를 어 漁 고기잡을 어 㪀 고기잡을 어 淤 진흙 어 峿 산이름 어 禦 막을 어 魚 물고기 어 御 모실 어 𨮙 백철 어 圄 옥 어 膂 어깨뼈 어 𦟛 어깨뼈 어

敔 금할 어 𦞦 고기눈말 어 蘌 나라동산 어 瀲 고기잡을 어 鐭 백철 어 䬵 먹기싫을 어 唹 고요히웃을 어 㭒 풀 어 ●억 臆 가슴 억 䁆 억 억 繶 땋은노 억 檍 참죽나무 억 櫶 참죽나무 억 癔 심화병 억 億 억 억 䭆

신머리 억 抑 발어사 억 𪕨 억 억 澺 강이름 억 疑 바로설 억 骪 가슴뼈 억 啬 쾌할 억 憶 생각 억 𧍭 작은벌 억 嶷 어린아이지각있을 억 億 헤아릴 억 訷 쾌할 억 䐀 가슴뼈 억 ●언 殄 위문할 언 郾 고을이름 언 隁 방축 언 覎

생각할 언 㖗 웃을 언 齴 이드러낸모양 언 趨 천천히걸을 언 趨 연기오를 언 樞 나무로망천할 언 鰋 이마흰메기 언 彥 클 언 䝱 물건알맞을 언 䁙 눈으로희롱할 언 隝 방축 언 䇾 큰퉁소 언 鼴 언쥐 언 䬺 잠간 언 琂 옥같은돌 언 堰

걸음바르지못할 언 齗 이드러날 언 傿 외누리할 언 褗 옷깃 언 歇 성낸배 언 鍈 삼지 언 牪 물건 언 㫃 높은고개 언 彥 착할선비 언 䄎 삼지창 언 甗 작은산 언 匽 방축 언 鼻 말씀 언 躽 몸굽힐 언 讌 낭자할 언 惐 맘좁을 언 碒

방축 언 鼴 언쥐 언 甗 옥시루 언 鄢 땅이름 언 匽 숨길 언 唁 위문할 언 齞 이드러날 언 篶 흑죽 언 鶠 봉새 언 漹 물이름 언 蔫 시들 언 詹 속된말 언 甗 표주박 언 諺 속된말 언 䀽 눈으로희롱할 언 彥 착한선비 언 鰋

메기 언 放 깃발 언 𥇙 눈으로희롱할 언 偃 누울 언 齗 이드러날 언 蝘 도마뱀 언 嫣 방긋웃을 언 焉 어디 언 㥿 맘좁을 언 彥 상말 언 墕 방축 언 鼴 언쥐 언 𩞁 엿 언 言 말 언 䅧 땅이름 언 嗎 기꺼워할 언 ●얼 䭦

위태할 얼 蠥 요괴 얼 麧 누룩 얼 臬 산높을 얼 隉 위태할 얼 孼 첩의자식 얼 槷 과녁 얼 臬 법 얼 餲 밥체할 얼 櫱 나무끄트리 얼 蘖 나무싹날 얼 㜸 고울 얼 蘗 보리움 얼 𡑐 작은산 얼 孽 첩의자식 얼 蠥 요괴 얼

㟧 높고위태할 얼 乻 땅이름 얼 餲 밥체할 얼 㘸 산따로떨어질 얼 嫛 고울 얼 𧊒 암무지 얼 孼 첩의자식 얼 臲 위태할 얼 妜 양미간 얼 嵲 산높을 얼 鷍 물오리 얼 蘖 나무그트릴 얼 孽 첩의자식 얼 钀 우뚝할 얼 齾 산모양 얼

蘖 삯 얼 㕷 산끊어질 얼 蜺 암무지개 얼 鷍 물오리 얼 孽 첩의자식 얼 扃 좁을 얼 𩬂 길 얼 糱 누룩 얼 闑 문지방 얼 ●엄 𣄫 덮을 엄 𥶒 푸집게 엄 獫 짓거둘 엄 𤖼 평고대 엄 𣄙 깃일산 엄 掩 거둘 엄 爓 불밝지못할 엄

礹 돌산 엄 裺 기도할 엄 趨 빨리달아날 엄 罨 물고기후리질할 엄 㭺 능금 엄 厱 언덕비탈 엄 奄 문득 엄 曮 해다니는길 엄 嚴 엄할 엄 顩 하관빠를 엄 孍 조용할 엄 𢇛 천할 엄 𩑈 반반하지않을 엄 醶 초 엄 俺 숨길 엄 儼 공경할 엄

𡺓 해지는산이름 엄 鰜 고기입뿡굿거릴 엄 齴 좋은모양 엄 㡋 작을 엄 䎦 귀 엄 櫼 엄나무 엄 淹 담글 엄 厳 굳셀 엄 𪷽 찰 엄 奵 맵시가단정할 엄 媕 모양할 엄 隒 비탈언덕 엄 嚴 엄할 엄 噞 고기입 엄 龑 높고밝을 엄 閹 내시 엄

鱳 고기성할엄 渰 구름피어오를엄 崦 해지는산이름엄 魘 더럽힐엄 厂 굴바위엄 广 바윗집엄 鄣 엄나라엄 扂 높을엄 奄 거둘엄 諳 줄엄 釅 술과초맛텁텁할엄 稖 벼쑥정이엄 (업) 餣 떡업 殗 병들업 業 일업 晻

눈감을업 䁆 흰꽃업 纃 얽을업 穐 심을업 腌 절인고기업 䕼 일업 鄴 냄새날업 𤗲 담틀업 殗 병심치않을업 岌 산높을업 𨽌 험할업 殜 앓을업 㦗 두려울업 鸈 사람의길흉을아는새업 諜 말하며웃을업 俺 머리단장할업 驜

장할업 𣶢 물막는나무업 嶪 산이높고웅장할업 噗 입움직일업 韘 풍류업 鄴 고을이름업 𨽌 험준할업 岅 위태할업 (엇) 乻 땅이름엇 (에) 曀 가릴에 恚 성낼에 殪 죽을에 壒 티끌에 (여) 礜 돌이름여 濾 맑을여

澦 물출렁거릴여 舁 마주들여 畬 삼년된밭여 䍂 들양여 與 더불여 艅 나룻배여 蕷 마여 洳 축축할여 䢩 고울여 櫖 여송나무여 豫 창여 敡 생선썩을여 璵 옥배옥여 翟 메추라기여 轝 수레바탕여 畬 삼년된밭여

櫲 여장나무여 與 더불여 輿 수레바탕여 鐭 빈녀여 鸒 갈가마귀여 𦏱 살찐양여 蜍 두꺼비여 𢣋 공경할여 蠦 약이름여 㤿 헤아릴여 㒜 삼갈여 嶼 손벽치며노래할여 飫 돌아올여 麌 사슴같고큰짐승여 敍 차질여 鐭 비녀여

狳 짐승이름여 欤 어조사여 籅 대남여여 窳 잠잘여 罛 넓은그물여 伃 너의벼슬이름여 旟 새매그린기여 篽 대상자여 䈑 밥소쿠리여 蠡 사람이름여 励 힘쓸여 歟 어조사여 𧼮 편안하여걸을여 癘 염병여 湏 물이름여

如 어조사여 襖 옷날릴여 与 더불여 庐 초막집여 藇 마여 忬 미리여 𩦅 말천천히가면서도빠를여 雓 병아리여 予 나여 筎 대껍질여 汝 너여 鴽 집비둘기여 弙 활여 籹 약과여 鸒 갈가마귀여 𪔭 헤아릴여 㚥

썩을여 蠣 약이름여 厉 악할여 懙 공경할여 悆 기쁠여 澦 물이름여 痴 병들여 𢣋 공경할여 餘 남을여 擧 들어올릴여 妤 계집벼슬여 䄾 들여 𤢕 탄식하는소리여 𦧝 말린채소여 (역) 肊 가슴뼈역 晹 해반짝날역

緆 실얽을역 閾 문열역 緎 꿰맬역 繹 다스릴역 虓 범의소리역 燡 불심할역 𨦃 오지그릇역 𤸙 병전염할역 縌 인끈역 睪 엿볼역 紼 인끈역 鷊 역풀역 罭 물고기그물역 淢 빨리흐를역 䧕 지경역 䣐 고을이름역

鞨 흰신역 睪 엿볼역 亦 또역 黬 양가죽꿰맨검은실역 鶂 눈맞춰새끼배는새역 劮 작은오리역 𦓤 밭갈역 疫 염병역 睪 엿볼역 㑊 병이름역 閾 문지방역 墿 수레바퀴길역 浂 흐를역 逆 맞을역 棫 나무무더기로날역

役 부릴역 易 변할역 圛 맴돌역 瘍 병전염할역 睪 엿볼역 殬 재앙역 燡 불심할역 疫 시환역 坄 굴뚝역 䬥 주릴역 訳 통변할역 鷊 인끈풀역 駅 잇닿을역 亦 또역 醳 쓴술역 肊 가슴뼈역 厤

책력역 鷊 인끈풀역 𧌒 물여우역 鷊 역풀역 䨞 큰비역 𢨀 지경역 鈠 작은창역 豛 지역 逆 거느릴역 蜮 단호역 霦 비그치치않을역 𩏂 꿰맬역 琙 사람의이름역 亣 또역 亦 또역 鈠 작은창역 醳 쓴술역 垼

지경역 曎 날빛역 嶧 산이름역 嬕 아리따울역 𩢍 말이달려가는모양역 𤱩 지경역 䳭 비둘기새끼역 鶃 거위소리역 𩞊 밥쉴역 魥 메기같고네발있는고기역 魊 메기같고네발있는고기역 埸 지경역 譯 통변할역 䯆 가슴뼈역 繹 다스릴역

𠲏 소리역 䓹 마름역 鯣 뱀장어역 譯 통변할역 黬 양가죽을꿰맨검은실역 亦 또역 役 부릴역 閾 문지방역 豛 돼지역 域 지경역 惐 맘아플역 䳑 뻐꾸기역 羬 양가죽옷꿰맬역 澤 물흐를역 驛 역말역 懌 기꺼울역 駅

잇닿을역 屰 거스릴역 奕 강할역 魥 메기같고네발있는고기역 鶂 거위소리역 𢗋 맘쓸역 鷊 새이름역 䘸 긴옷역 豛 돼지역 睪 밝을역 脊 가슴뼈역 𣴓 흐를역 (연) 渊 깊을연 肙 작은벌레연 臙 연지연 緛 쪼그라질연

𣶒 못연 燃 불사를연 次 춤연 穤 연약할연 䀽 볼연 橪 산대추연 涓 물방울연 縯 얽을연 𤸰 병들어몸굽을연 沿 쫓을연 涎 침연 瓀 옥돌연 硱 벼루연 𪇊 그럴연 沿 물따라내려갈연 沇 물흐르는모양연

𤛐 소꼬리에달린솔연 㥷 약할연 筵 대자리연 𪇊 그럴연 䏹 씬고기연 淵 못연 潤 깊을연 衍 넌출질연 㼷 주발연 兖 믿을연 瑌 옥돌연 煙 연기연 悁 꺽어마를연 燕 연나라연 赧 피리늘어지게불연 曣 해돋을때구름없을연

𨒨 서로돌아보고갈연 𪔜 북소리연 鳶 솔개연 研 연마할연 涓 졸졸흐를연 昖 해다닐연 胭 목구멍연 珚 옥이름연 㓧 아로새길연 捐 꺽을연 鋋 작은창연 䁳 작은재물연 抩 비빌연 㹅 아이날연 韇 다룬가죽연

颴 나는모양연 燃 깊게붉은연 軟 부드러울연 䕾 풀이름연 蜎 쓰러질연 痟 뼈마디저릴연 綖 면류관앞드림연 曘 빈땅연 演 길게흐를연 閼 늦을연 醞 높을연 莚 만연할연 碝 벼루연 棩 나무굽을연 妍 고울연

颷 잔잔하게부는바람연 蔫 고울연 㮃 옷구길연 𪔢 북소리연 豜 큰돼지연 碝 아름다운옥돌연 䣍 젊은얼굴빛연 嫙 빛난연 屑 엉덩이연 㶄 감출연 豣 큰돼지연 演 줄창흐를연 抏 움직일연 涴 물이름연 賱 작은재물연 霔

구름일연 葼 버섯연 䴭 달게먹을연 𨚗 고을이름연 䨒 구름일연 蝘 벌레모양연 嚥 삼킬연 肰 개고기연 渶 잇연 豣 노루연 嘤 빨연 嚥 달게먹을연 捐 버릴연 鷰 제비연 𨗡 갈연 郾 땅이름연 唌 참소할연 硯 사람의이름연

緣 인할연 𪌄 다룬가죽연 㘖 깊을연 䅧 연지연 蜎 벌레꿈틀거릴연 鳶 솔개연 㳂 펼연 椽 서가래연 然 그럴연 讌 잔치연 囦 연기연 妍 고울연 讌 잔치연 甗 시루봉연 掾 아전연 駛 말이나아갈연 兖

고울이름연 悁 분할연 挩 움직일연 挻 휠연 𩓞 얼굴예쁠연 嬿 아리잠식할연 鳶 솔개연 𡚱 작은장막연 鳶 솔개연 櫞 둥근불수감연 昖 해다닐연 𪔜 북소리연 娟 고울연 𦿭 늘콩연 蜒 땅지네연 𥇣 빈땅연 壖 틈서리땅연

豜 사나운개연 𧲾 돼지연 䭾 물릴연 篶 낚시바늘연 埏 땅끝닿인곳연 捐 버릴연 沿 물따라갈연 衍 펼연 狿 짐승이름연 悁 분할연 𠡒 개고기연 㕣 산속의늪연 訡 웃을연 醼 잔치연 毤 비단연 豫 활전연 軥

연할연 硯 벼루연 𥛚 소매도련연 鉛 납엽연 碝 연자매연 𨒨 서로돌아보고갈연 研 연마할연 延 미칠연 弲 활배바닥연 𥳽 대병들연 㷼 연기연 驠 꽁무니흰말연 瀾 깊을연 緣 인할연 瀗 쫓을연 㖥 성낼연 嬬

다룬가죽연 𦗏 귀흔들연 㝚 연마할연 𩞯 물릴연 㫤 산굽이연 㾙 높은모양연 恋 생각할연 姩 아름다울연 究 가죽다룰연 蝡 깊고넓을연 颮 작은바람연 衍 성할연 鉛 납연 𢀘 범쫓는개연 烟 연기연 囦 깊을연 蝝

메뚜기새끼연 迺 걸음더딜연 𥋸 어그러질연 鷰 제비연 𨏒 덧바퀴연 鐗 은연 宴 편안할연 𡊼 연기연 僆 황급할연 嘫 대답할연 嗔 깔깔웃을연 㜣 잔쌀연 湺 물창일할연 漏 두루연 **열** 𢜵 정래열 𦒻 딱따구리열

𤞞 짐승이름열 烈 독할열 䛚 성낼열 烈 독할열 閱 지낼열 瀱 죄를다스릴열 䛚 성낼열 悅 기빼할열 𩑃 냄새날열 𧓍 벌레이름열 𤑔 더울열 頡 추할열 鴂 물새열 澺 흐를열 閱 지낼열 熱

더울열 陧 위태할열 纈 가늘열 糏 송편열 蠮 나나니벌열 悅 즐거울열 跇 가지밟을열 噎 목메일열 擨 눈비빌열 颲 산들바람열 㖕 목구멍열 炳 불살울열 虓 호랑이가죽열 拽 잡아끌열 **염** 黶 검은사마귀염 冉

가는모양염 珃 옥염 𤺊 다리앓을염 㤿 의기많을체할염 姌 휘청거릴염 袡 활옷염 閻 이문염 艶 고울염 旃 표염 櫩 향나무염 奄 문득염 苒 풀우거질염 豔 고울염 染 물들염 冉 더디갈염 染 물들염 髥

구레나룻수염 豔 고울 염 閻 이문 염 櫩 벼 염 濶 더러울 염 霡 젖을 염 翍 깃밑솜털 염 灩 물가득할 염 檐 개수통 염 廉 청렴 염 黶 헌데딱지 염 𨂔 빨리걸을 염 訷 말다못할 염 爓 불빛 염 姌 휘청거릴 염 灩 물넘칠 염

㶊 문빛장 염 髥 구레나룻수염 鴘 괴상한새 염 酓 술맛쓸 염 塩 소금 염 睒 달 염 䰮 고기이름 염 飦 보리밥먹을 염 櫩 섬돌 염 敥 손으로훔을 염 䫇 구레나룻 염 𪚮 거북껍질의가 염 䤠 무쇠 염 䋥 고치의실뽑아낼 염 蚺 먹는구렁이 염

壛 긴섬돌 염 夵 위가크고밑이작은 염 呥 씹을 염 閻 이문 염 媣 분명할 염 𢤵 노여움을품을 염 訷 말수다할 염 懕 편안할 염 膶 삶을 염 㷗 두터울 염 艶 고울 염 剡 날카로울 염 𤞀 깃밑솜털 염 䋃 앞치마 염 灩 물가득할 염

檿 산뽕나무 염 懨 편안할 염 緂 날카로운보습 염 饜 싫은 염 盬 소금 염 𪚮 거북껍질의가 염 䫇 구레나룻 염 炎 불꽃 염 焰 불꽃 염 𥜽 도액할 염 䫲 구레나룻 염 檿 산뽕나무 염 魘 놀란꿈 염 灩 물가득할 염 琰 비취옥 염

擱 이을 염 壏 소금 염 灧 소금에절일 염 𣊔 달 염 閻 이문 염 咮 입움직일 염 𩩲 싫을 염 熖 불꽃 염 蛅 쐬기 염 黶 검은사마귀 염 錟 서슬 염 𧮧 불꽃 염 𤗊 추녀 염 蚺 먹는구렁이 염 酓 술 염 棪 나무이름 염

猒 배부를 염 閆 이문 염 冉 약할 염 訷 말수다할 염 嬮 고요할 염 鹽 소금 염 䫇 구레나룻 염 鯰 메기 염 𣬛 나룻 염

엽

葉 잎 엽 葉 잎 엽 皣 흰꽃 엽 靨 웃는볼옴쏙들어갈 엽 獵 사냥할 엽 獵 사냥할 엽 曗 빛날 엽

皣 흰꽃 엽 燁 번쩍거릴 엽 葉 잎 엽 爗 불이글이글할 엽 擫 손에잡을모양 엽 饁 들점심 엽 殜 병들 엽 偞 낮을 엽 㬏 달이움직일 엽 僷 가벼울 엽 䬒 새가날 엽 曄 빛날 엽 曅 빛날 엽 𩘩 바람움직일 엽 䈎 대쪽 엽

僷 아름다울 엽 𨻳 험준할 엽 𩬡 머리털성길 엽 枼 모진나무 엽 鍱 쇳조각 엽 鑷 털부드러울 엽 皣 흰꽃 엽 瞸 눈시울 엽 殜 병들 엽 𥂖 피 엽 𢅫 태도 엽 𧊶 벌레가기어갈 엽 䭟 떡 엽 𩈌 웃는볼옴쏙들어갈 엽 擫 손가락으로누를 엽

𨘓 갈 엽 嚈 오랑캐나라이름 엽 喦 땅이름 엽 晻 밭에심을 엽

영

𣓌 나무이름 영 𡦹 첫아이밸 영 巊 산기운어둠침침할 영 𥖤 돌이름 영 𤠛 여우같은짐승 영 𦢸 목구멍 영 盈 찰 영 攖 어린아이 영 迎 맞을 영 纓 갓끈 영

𥇈 흰빛 영 瓔 붉은옥 영 濴 물돌아나갈 영 䁝 바로볼 영 嚶 짐승소리 영 𣯐 털베 영 𩃉 비뚝뚝떨어질 영 𥟵 풀무성할 영 䑷 배떠날 영 𩍏 딱딱할 영 犪 소 영 賏 자개들이어꿴목치장 영 荣 빛날 영 𧲫 약이름 영 𠐁 신령 영 塋 무덤 영

渶 물맑을 영 梬 욤나무 영 穎 이삭 영 癭 목의혹 영 迎 맞을 영 瀛 큰바다 영 𩘤 높은바람 영 𤫊 아롱아롱할 영 霙 눈꽃 영 贏 남을 영 攖 찌를 영 廮 편안히그칠 영 嬴 진나라성 영 煐 빛날 영 𡅏 울 영 𡵯 산높을 영 瀴 멀 영

臝 똥 영 𤸇 병날 영 瀯 웅덩이 영 籝 상자 영 謍 작은소리 영 巆 산골으슥할 영 榮 빛날 영 𡸁 산기운어둘 영 泳 헤엄칠 영 浧 잠길 영 䇾 죽순 영 籯 젓가락통 영 韺 풍류이름 영 纓 갓끈 영 𢅃 덮을 영 瑛 옥광채 영

譻 성낼 영 瓔 옥돌 영 霙 눈꽃 영 暎 비칠 영 瑩 아름다운옥 영 啨 속삭일 영 攍 멜 영 䬄 높은바람 영 𢣹 지킬 영 穎 이삭 영 𦄗 그림자 영 灵 신령 영 濴 물돌아나갈 영 𪊥 사슴 영 蠑 도마뱀 영 頴 송곳자루 영 嬴 진나라성 영

嬴 진나라성 영 嶸 산높을 영 𦯀 국화 영 嬴 진나라성 영 𥮾 상자 영 怺 견딜 영 𦾔 국화 영 柍 살구 영 蠳 거북 영 郢 땅이름 영 蘔 풀엉길 영 𨴖 문가운데 영 𧧣 재주 영 𩄧 신령 영 𠞱 나무벨 영 𩃠 신령 영 潁

물이름 영 阾 산고개 영 碤 화반석 영 醟 술주정할 영 𧭇 소리낼 영 𩄢 귀달린병 영 𩃸 신령 영 霙 눈꽃 영 𩃁 깊은못 영 影 그림자 영 𩸜 무끄리할 영 栄 빛날 영 䭊 가루떡 영 𦗰 소리 영 𣌓 구슬빛날 영 𦾟 국화꽃 영 䁐 움평눈 영

𤏁 작은소리영 鐛 배부를영 數 성낸기운영 酥 술주정할영 嬰 어릴영 醟 술깰영 瀯 물소리영 攖 짐승이름영 㯋 송아지부르는소리영 𣌭 성영 檸 과일영 咏 노래할영 禜 기우제영 永 길영 庾 월랑영 穎 이삭영

英 꽃뿌리영 嫈 짧을영 蝧 벌영 縈 얽힐영 覮 볼영 靈 영험한귀신영 鸎 가마솥영 艇 작을영 鍈 방울소리영 癭 목에혹날영 朠 달빛영 映 비칠영 䄲 깃으로꾸민칭영 鐛 물릴영 粠 정한쌀영

예

堄 성과귀예 鏏 세발달린귀달린구리그릇예 軏 수레체마구리예 雲 큰이슬예 蕙 더러울예 銳 날쌜예 蓝 꽃술예 翳 어조사예 㮛 고요할예 硯 갈아없앨예 芸 재주예 霓 암무지개예 譽 기릴예 磬 밝을예 枘 초목에열매달린모양예 輗 상여예

黳 검은양예 饖 밥상한냄새날예 寱 잠꼬대예 齯 노인니다시날예 箷 널붙인틈예 緆 급히도라올예 㔾 소매예 瘱 유순할예 轊 바퀴굴대끝예 詍 기릴예 貖 검은양예 陸 묻을예 隸 노예 鱉 죽은깨예 袂 옷헤질예 㥞 고요할예

裔 옷뒷자락예 㹭 낮게날을예 怈 익힐예 澮 물모양예 犡 등흰소예 裔 옷뒷자락예 翐 낮게나를예 詍 잔말할예 晲 해기울어질예 𪗋 물예 蓺 심을예 瘱 고요할예 婗 갓난아이예 猊 사자예 槸 나무가서로개갤예 猗 돈피예

涚 물가예 寱 잠고대할예 玴 옥돌예 蘂 꽃술예 呭 말많을예 蚋 모기예 裔 옷뒷자락예 堅 티끌예 饐 묻을예 韋 안장예 詍 잔말할예 曳 끌예 緊 검은비단예 譽 기릴예 埶 심을예 鷖 수악새예 穢 죽은물건예

瘲 한탄할예 綐 가는명주예 緊 오목예 蚋 모기예 貎 삵의새끼예 殹 소리마주칠예 覽 흘깃거릴예 惢 어린죽순예 睿 성인예 叡 지혜스러울예 緆 급히돌아올예 藝 재주예 郳 나라이름예 蘂 꽃술예 怈 익힐예

瞖 안질예 縈 느릴예 藝 풀성할예 囈 잠꼬대할예 槸 겹저고리예 輗 수레채마구리예 羿 옛적활스승의이름예 芮 풀뾰족할예 刈 풀벨예 腸 가슴예 跇 낮게나를예 㑲 예도예 睨 흘겨볼예 裼 벼건은예 鷖 검은말예

橤 꽃술방울예 䓿 풀돋아날예 礼 예도예 鷊 나는다람쥐예 㕧 좋을예 槸 글예 駅 작은말예 預 미리예 䎽 오랑캐양예 預 미리예 詣 이를예 嫛 갓난아이예 蘂 꽃술예 䓲 날카로울예 汭 물이름예 跇 뛰어넘을예 疫 병들예

汭 물이름예 勩 수고로울예 䍇 검은양예 譺 한탄할예 棿 위험할예 柃 궁이름예 韈 안장예 麑 사슴새끼예 掜 비낄예 豫 먼저예 䙮 흘겨볼예 鷁 물오리예 袣 제사예 蕊 꽃술예 䑃 뿔굽을예 靾 안장예 袣 긴옷예

詍 잔말할예 庵 쌀곳간예 抴 이끌예 脫 젖꼭지예 隸 노예 䊪 말성낼예 寱 잠꼬대예 湝 송진낼예 曳 끌예 㦻 앙감질할예 譽 대답할예 礼 예도예 鯢 암고래예 枻 상앗대예 昵 해기울예 穢 악할예 呭 말수다할예

㡿 추녀예 隸 노예 刈 풀벨예 䜲 밝을예 寱 잠꼬대예 黳 검은옥예 誇 정성예 医 활집예 乂 풀벨예 虒 범모양예 栧 돛대예 庈 찬장예 嫕 유순할예 潩 찐파예 枘 자루예 嫛 어린애칭뻗기예

오

䫶 외덩굴오 䫶 높고클오 螐 배추벌레오 鄔 땅이름오 䨢 아궁이오 隞 땅이름오 嶅 산우뚝할오 奧 속오 廒 곳집오 弙 당길오 唔 글읽는소리오 梧 오동오 雓 사다새오 嚐 까마귀의우는소리오 摮 칠오 埡 작은방축오

鼇 큰자라오 趏 동녀오랑캐춤오 牾 짐승이름오 鴮 흙성오 鼯 뼈를감출오 俉 나오 磝 산에돌많을오 弙 활당겨겨눌오 䳶 가볍게달아날오 悞 그릇오 隩 감출오 鏖 무찌를오 吾 나오 鋙 칼오 澳 깊을오 瑦 옥돌오

奡 깊음오 遻 만날오 圬 흙손오 璈 풍류이름오 厫 곳집오 鏖 놋그릇오 珸 옥돌오 俉 맞이할오 驁 준마오 鴮 박쥐오 饇 계염내어먹을오 爊 재에묻어구울오 鷔 홍조이름오 鼯 박쥐오 慠 거만할오 熬 볶을오 汚

웅덩이오 鶤 수레심대오 頏 큰머리오 窹 아궁이오 晤 밝을오 鷔 준마오 鼯 박쥐오 午 말오 洿 흐린물괴일오 傲 거만할오 螯 게의집게발오 墺 물가오 扝 끌어당길오 頶 큰머리오 迕 만날오 噁 성낼오 鰞 오징어오

譆 거스를오 寤 잠깰오 䄎 복오 鼇 큰자라오 遨 노닐오 娪 음탕할오 奧 속오 莫 버들고리오 螯 가재오 爊 구울오 澳 깊을오 鰲 큰자라오 磝 돌언덕오 聱 게엄지발오 鏊 번철오 墺 물가오 汚 탐할오

忕 두려워할오 娪 예쁜계집오 娛 즐거울오 嫯 투기할오 蔦 갈대오 敖 길고클오 禑 복오 颾 바람소리오 垗 물가오 槝 푸른감오 溩 물흐를오 䥝 창끝오 鼇 큰자라오 隞 길고클오 聱 알아듣지못할오 鬔 머리털모양오 悟

깨달을오 鼇 큰자라오 郚 고을이름오 肟 밝을오 啎 맞을오 捂 어긋날오 奧 깊을오 窹 아궁이오 麌 고라니새끼오 廒 오막살이오 誈 서로헐방할오 謸 중얼거릴오 嶅 산우뚝할오 垮 사방오 隖 흙성오 峹 오나라오 慠

거만할오 㐅 다섯오 獓 원숭이오 浯 물이름오 嫪 자랑할오 驁 말달리는모양오 烏 까마귀오 鶩 사다새오 㐅 다섯오 蝁 풍뎅이오 砑 돌망치오 䜒 고할오 蜈 지네오 熬 볶을오 䖚 범오 螯 가재오 䫨 높을오 𢡘

깨달을오 聱 알아듣지못할오 鎢 옹솥오 贅 높고클오 遨 노닐오 㴁 낮을오 頶 큰머리오 麰 볶을오 旿 낮밝을오 駁 긴오 摝 무찌를오 謼 크게부르짖을오 娪 음탕할오 䫨 높고클오 鯃 농어오 逜 깨우칠오

鼇 큰자라오 鏖 무찌를오 䲅 미꾸라지오 聱 들을오 熬 볶을오 欸 아니꼬울오 𡅹 속오 嫯 없인여겨볼오 寤 깨달을오 忤 거스릴오 伍 다섯사람오 䛩 서로헐방할오 㠼 손수건오 鏊 번철오 杇 흙손오 獒

큰개오 敖 닭의밑씻개오 五 다섯오 汙 웅덩이오 襖 도포오 敖 희롱할오 𡚖 가죽단단할오 珸 옥돌오 誤 잘못할오 懊 한할오 寤 잠깰오 祅 도포오 𡠗 없인여겨볼오 汻 물가오 扜 던질오 鋙 거스를오 塢 산언덕오

鷔 뽑을오 吳 오나라오 蜈 지네오 嗸 슬픈소리오 嗚 탄식할오 嗷 여럿이걱정할오 謸 미워할오

옥

鸑 물새옥 䰛 모양옥 致 집옥 黫 자자할옥 鋈 도금할옥 楃 나무로만든장막옥 玊 구슬옥 鳿 오리같은큰새옥

𤛑 흰소옥 沃 물댈옥 𥿮 아직마전하지않은삼실옥 𥟵 벼꺼럭옥 𨉲 보배옥 鈺 보배옥 獄 옥옥 𡈀 옥옥 𨊰 보배옥 奡 날랠오 玉 구슬옥 䟦 비척거릴옥 剭 목벨옥 𧺏 절뚝발이옥 𣲂 물댈옥 屋

집옥 屋 집옥 𡇈 눈옥 媉 예쁠옥 𥴓 소리옥 䈓 대빽빽할옥

온

㬈 돋는별뜻할온 瑥 사람의이름온 𣈶 돋는별뜻할온 醞 술빚을온 𥁕 온화할온 昷 어질온 𪉔 소금온 溫 따뜻할온 熅 기온온 瘟 온역온

㥁 맘너그러울온 饂 밀국수온 𩞄 밀국수온 𥡲 번성할온 温 따뜻할온 𦄎 묶은솜온 縕 묶은솜온 馧 향기온 𩡪 향기온 蒀 성한모양온 𥟖 베푸를온 𩤛 좋은말온 搵 물에담글온 慍 분낼온 豱 돼지이름온 𤏡 서린연기온

𪍀 누룩온 𩜹 배부를온 薀 마름온 蕰 마름온 𩬱 머리깎을온 蘊 마름온 氳 기운온 韞 감출온 轀 누어서타는수레온 𥨍 앉을온 穏 편안할온 𨳬 편안할온 𥤎 자지온 穩 편안할온 歍 피기할온

올

膃 해구올 𦨉 배움직일올 䫗 머리를깎는형벌올 𥁬 병기운올 兀 우뚝할올 矹 돌비탈올 屼 민둥산올 扤 흔들릴올 殟 낙태할올 𠃺 위태할올 卼 위태할올 杌 흉악할올 鼿 짐승이코로물건움직일올 淴 물소리올 舠 배까불올

𩓽 머리를물속에넣을올 阢 험한올 𪖨 들창코올 𦨆 배갈올 虮 게올 疙 앓을올 熓 불꺼질올 鼿 들창코올 榲 돌배올 嗢 목멜올

옹

擁 안을옹 㷣 연기자욱낄옹 𧳝 돼지같은짐승옹 鰅 고기이름옹 嗈 기러기짝지어울옹

禺 땅이름옹 翁 아비옹 鼆 막힐옹 鞰 목화옹 塕 바람소리옹 臃 뚱뚱할옹 韗 신옹 甕 독옹 臃 종기옹 襛 양말옹 雁 가슴옹 擁 안을옹 噰 화한소리옹 𢹂 안을옹 喁 고기입오물거릴옹 齆 코막을옹 齆 썩은냄새날옹 壅 막을옹 鞰 신옹 獈 돼지옹 灉 물이름옹 獾 개길들지않을옹 廱 벽옹옹 鶲 새목털옹 邕 막힐옹 騆 모을옹 蕹 우러러볼옹 鶲 할미새옹 癰 헌데옹 饔 아침밥옹 㒖 성하게많을옹 雍 매옹 言 화할옹 鰯 고기이름옹 馧 향내날옹 㢠 가릴옹 鎓 가래옹 趜 급히달아날옹 癰 종이옹 瓮 옥그릇옹 蓊 구름뻗칠옹 滃 구름일어날옹 嫞 예쁠옹 囦 둥근구멍옹 癰 코막혀향내맡지못할옹 壅 막힐옹 聬 귀에서소리날옹 顒 우러를옹 壅 막을옹 灉 물이름옹 膾 냄새날옹 霻 구름기운옹 鶲 할미새옹 褞 버선목옹 翁頁 목털옹 癰 종이옹 饔 밥쉴옹 罋 두레박옹 廱 막을옹 雝 화할옹 饔 아침밥옹 顒 우러를옹 癸 빛날옹 罋 독옹 搈 안을옹 螉 허리가는벌옹 雍 화할옹 雁 매옹 瓮 독옹

와

逵 비척거릴와 𧿹 절름발이와 蹝 나무마디와 卮 나무마디와 訛 거짓말와 錗 많을와 蝸 달팽이와 腲 손발굽으러지는병와 桅 나무마디와 骫 허리위의뼈와 𨆼 거꾸로넘어질와 窶 곳간와 譌 그릇와 踻 힘써디딜와 徍 비척거릴와 鈋 깍아서둥글게할와 炣 따뜻할와 哇 게울와 夵 클와 渦 소용돌이와 霔 쇠발자욱에고인물와 唩 어린아이울와 椏 가지느러질와 誇 거역해서대답할와 峗 산모양와 𩬳 머리털모양와 溛 웅덩이와 涹 더러울와 萵 부루와 䝬 재물와 猥 개이름와 䵷 빛벗을와 鬌 좋은상투와 窩 감출와 婐 연약할와 訏 거절할와 姽 모양예쁠와 猧 개이름와 卧 누울와 朊 밭을다룰와 𨇀 움직일와 窪 깊을와 漥 깊은못와 踒 넘어질와 臥 누울와 洼 굽을와 頠 고요할와 瓦 기와와 䚩 뿔와 吪 움직일와 䞄 주저할와 㰁 약할와 窊 웅덩이와 姽 약할와 腛 포와 㼘 기와덮을와

왁

𨙍 돌왁

완

𧯠 완두완 睕 눈굴릴완 豌 완두완 垸 칠에회섞어바를완 䆪 구멍완 睆 눈굴릴완 涴 물굽이완 翫 구경할완 薍 갈대완 舥 배완 琬 서옥완 脘 중완완 𩤂 물굽이쳐돌완 殦 사람죽은모양완 帵 자투리완 𢪛 팔뚝완 惋 한할완 羱 들양완 刓 깍을완 剜 깍을완 腕 팔완 䓕 갈대완 瘓 손발이저릴완 捖 긁을완 𦙀 팔목완 玩 희롱할완 脘 중완완 𧿒 걸터앉을완 妧 좋을모양완 輐 둥완할완 垸 회섞어바를완 𢬟 팔뚝완 碗 그릇완 𨵱 거문고완 岏 산뾰족할완 𩃺 사람의이름완 杬 몸만질완 掔 팔완 𩮀 너그러울완 园 둥글게깎을완 𧯠 동부완 羦 들양완 过 굶을완 羱 들양완 貦 여우완 忨 탐할완 完 완전할완 掔 팔완 婠 몸예쁠완 𦛗 손몽완 𢸭 깍을완 掔 당길완 羦 뿔가늘고모양큰양완 梡 네발도마완 盌 은바리완 𣥂 가는모양완 䯈 무릎뼈완 貦 좋을완 淵 물결이돌완 䩪 오목한낯완 捥 팔뚝완 頑 완고완 䛂 말시작할완 宛 완연할완 緩 느러질완 峘 산많을완

왈

焥 연기일어날왈 䛁 말할왈 𨉖 구푸릴왈 曰 가로왈 嗗 마시는소리왈

왕

皇 아득할왕 徃 갈왕 彺 급히갈왕 尩 절름발이왕 歟 아첨할왕 瀇 큰물왕 往 갈왕 汪 고을이름왕 王 임금왕 尣 절름발이왕 徃 갈왕 蚟 귀뚜라미왕 鳿 찡왕 尢 갈왕 暀 빛나고아름다울왕 淮 갈왕 㤮 간사할왕 旺 왕성할왕 枉 굽을왕 魟 큰고기왕 迋 갈왕 尪 절름발이왕 𥃝 눈물그렁그렁할왕

왜

孬 좋지않을왜 䯄 공골마왜 鼃 맹꽁이왜 騧 주둥이검고푸른말왜 媧 여자이름왜 鼃 맹꽁이왜 矮 난장이왜 䵷 맹꽁이왜 娃 예쁜계집왜 䠦 난장이왜 蛙

개구리 왜 𧙃 짧을 왜 騧 공골마 왜 媧 여자이름 왜

외

畏 두려울 외 㚇 생질 외 褢 때묻은 옷 외 頠 머리가바르지않을 외 郼 평탄하지않이할 외 聵 귀머거리 외 鍡 쇳덩이 외 㱱 정신모를 외 黖 범 외 𥔲 험할 외 猥 난잡할 외 頠 머리마음대로가질 외 聵 천생귀머거리 외 褢 때묻은 옷 외 畏 두려울 외 外 바깥 외 㢇 으슥한 곳 외 聵 천생귀머거리 외 桅 치자나무 외 鹺 소금 외 䫿 낮은바람 외 颹 열병 외 䙿 풍질않을 외 㟪 나쁠 외 隗 높은모양 외 䲓 먹고토할 외 尯 열병 외 肙 토할 외 巍 높을 외 愄 맘착할 외 椳 문고리 외 𡻕 평평치않을 외 隈 모퉁이 외 嵬 산모양 외 煨 불에묻어구울 외 鰃 소금 외 煨 그슬릴 외 碨 평탄치못할 외 瘣 병들 외 磈 돌많을 외 鮠 매기새끼 외 磈 외모양 외 隈 물굽이 외 外 바깥 외 嵬 산뾰족할 외 腲 살필 외 猥 망녕될 외 詭 게으를 외 渨 물결솟은모양 외 瑰 옥광채낼 외 媿 아릿따울 외 儈 집높고밝을 외 詴 사람부를 외 碨 돌자갈땅 외 嵔 산높을 외 巍 산이높고클 외 䚍 뿔가운데가굽을 외 偎 사랑할 외 颹 낮은바람 외 巍 높은산 외 廆 괴벽할 외 揋 치우쳐끌 외

욋

乻 땅이름 욋

요

𧽈 멀리갈 요 𤛤 마소가솟아뛸 요 珧 조개이름 요 窅 어두울 요 燿 비칠 요 𩬌 길고부드러운머리털 요 犪 소유순할 요 䍃 질병 요 䚻 아울러볼 요 䰫 추할 요 曜 흰빛 요 𥦆 뚫어지게볼 요 䮍 천리마 요 颻 나부낄 요 𨱍 길고약할 요 鴢 오리같은새 요 𣢾 끄을 요 囟 귀신이름 요 遙 멀 요 擾 어지러울 요 傜 부릴 요 蟯 회 요 堯 요임금 요 殀 요사할 요 祅 대앙 요 䖴 조개이름 요 訞 재앙 요 闄 막혀있을 요 䁏 보는모양 요 䚻 잘못볼 요 嬈 예쁜모양 요 狕 짐승 요 䬙 가루떡 요 颻 날릴 요 矅 잘못볼 요 怮 근심할 요 么 작을 요 昋 깊은눈 요 䖭 편치못할 요 枖 나무번성할 요 苭 풀이자라는모양 요 𩯣 상투가높은모양 요 宆 움펑눈 요 㒜 거만할 요 橈 짧은노 요 䌛 따를 요 軪 수레소리 요 𤭁 처다볼 요 䯚 어깨뼈 요 墝 메마른땅 요 嶢 높고위태할 요 䇞 산자 요 鰩 날치 요 歊 기운날 요 紗 작으마할 요 愮 마음두근거릴 요 𨠊 낯굽을 요 㑾 절름거릴 요 曜 빛날 요 嗂 기꺼울 요 憿 바랄 요 漻 맑을 요 僥 기쁠 요 窵 멀 요 靿 목화목 요 仸 약할 요 論 그릇칠 요 𠯗 희롱하는 요 徼 구할 요 𦔳 귀울 요 鷕 암꿩우는소리 요 紗 작으마할 요 臞 여윌 요 饒 배부를 요 銚 너삼대 요 尞 불놓을 요 幺 작을 요 猺 개 요 楆 허리잘록한대추 요 嶢 산형상 요 猱 검붉고적은원숭이같은짐승 요 窅 움펑눈 요 𨘥 빨리갈 요 挍 꺾을 요 瑤 아름다운옥 요 𨖷 멀 요 芺 엉겅퀴 요 訞 교하게말할 요 𦪈 노 요 搖 흔들 요 窰 기와구울 요 嶢 높을 요 吆 애통하는소리 요 夭 요사할 요 𩑛 머리통작을 요 䬠 멀 요 鴁 새이름 요 祅 재앙 요 拗 꺾을 요 餚 엿 요 𧑒 회 요 媱 늙어등굽을 요 遶 돌릴 요 㫐 해비칠 요 尦 절름거릴 요 穾 깊을 요 睔 잘못볼 요 坳 오목할 요 睔 잘못볼 요 㤊 서로원망할 요 鷂 새이름 요 㫏 기 요 腰 허리 요 姚 급할 요 抝 꺾을 요 㚠 아름다울 요 澆 물댈 요 帎 버섯등 요 榣 나무흔들릴 요 䂭 돌자갈밭 요 犪 소순할 요 䶧 물 요 搖 흔들 요 謠 노래 요 詨 노래 요 葽 아기풀 요 䁏 아울러볼 요 溔 깊이모를 요 䧫 새매 요 窯 오지그릇구을 요 髇 어깨뼈 요 䫂 머리가자유롭지않을 요 尭 높을 요 柪 굽은나무 요 偠 허리가늘 요 窔 집동남모퉁이 요 𣓤 버선목 요 騕 따르는말 요 僥 거짓 요 宧 으슥한곳 요 穾 굴 요 䖎 사악할 요 窰 기와가마 요 𩑛 머리작은모양 요 䀐 힘입을 요 皀 구할 요 邀 좇아갈 요 曜 빛날 요 䏶 허리 요 婹 연약할 요 嗂 기뻐할 요 筄 지붕위의발 요 䌰 흔들 요 𡽀 낮은산 요

饒 요기할 요 邀 빨리갈 요 要 취조할 요 澆 물댈 요 堯 요임금 요 靿 버선목 요 遙 멀 요 凹 오목할 요 徭 역사 요 窈 고요할 요 妖 이상할 요 顤 머리오목할 요 鷕 암꿩우는소리 요 蕘 풀벨 요 脲 오줌 요 蘨 풀더부룩할 요 𥁕 그릇속험할 요 䙅 옷고름 요 髇 어깨뼈 요 䳆 새이름 요 窯 기와굽는가마 요 㢓 앉을 요 𢁺 손수건 요 聊 할굿할굿할 요 殀 해할 요 燿 빛날 요 𠥺 북통 요 謠 노래 요 樵 나무길 요 烑 빛날 요 媄 고울 요 䚻 멀리볼 요 鎐 쇠술잔 요 鷂 장끼 요 憢 두려워할 요 暚 밝을 요 窰 기와가마 요 騕 준말 요 邀 구할 요 喓 벌레소리낼 요 邀 맞을 요 䠛 뛸 요 遙 멀 요 詏 거스릴 요 覞 아울러볼 요 䗂 자게이름 요 𤬪 오이 요 邎 빨리갈 요 窔 으득한구석 요

● 욕

鵒 구욕치 욕 雓 구욕새 욕 𢤜 욕될 욕 𢤜 욕될 욕 峪 산골짜기 욕 鬻 큰가마솥 욕 𦦺 구푸리어작아질 욕 鄏 땅이름 욕 鵒 구욕새 욕 鬻 큰가마솥 욕 欲 하고자할 욕 傉 욕될 욕 𣯩 모직요 욕 𢧢 창 욕 褥 요 욕 輍 수레앞개일 욕 縟 번화한채색 욕 𢤜 욕될 욕 鋊 구리가루 욕 𪑾 검은모양 욕 㜰 하고자할 욕 慾 욕심 욕 𪒌 때묻을 욕 媷 게으를 욕 𤞟 짐승의이름 욕 辱 욕될 욕 溽 무더울 욕 浴 미역감을 욕

● 용

𩏩 성담 용 𢤝 어질지못할 용 舂 방아찧을 용 鄘 나라이름 용 牨 오나라소 용 䘠 긴옷 용 䭗 먹을 용 槦 살대나무 용 𦱹 풀무성할 용 𥬀 자문죽 용 𠕃 쓸 용 輍 수레가는모양 용 俑 허수아비 용 埇 골목길 용 軵 가벼운수레 용 踊 걷는모양 용 鷛 오리비슷하며발은닭같은새 용 毧 털베 용 𣰇 가는털 용 𧺱 뛸 용 鬞 머리털더부룩할 용 茸 풀뾰죽뾰죽날 용 髶 터럭길 용 䘠 목욕할 욕 宂 쓸데없을 용 𩋡 안장치장할 용 𩔈 얼굴 용 涌 물용솟을 용 𩬆 엉긴터럭 용 庸 떳떳할 용 𪕰 쥐 용 𡟯 이쁠 용 𨡤 술 용 瑢 패옥소리 용 湧 물넘칠 용 舂 방아찧을 용 螉 누에 용 鏞 큰쇠북 용 聳 솟을 용 𨊾 수레가가는모양 용 用 쓸 용 䡣 가벼운수레 용 嫞 게으른계집 용 庯 떳떳할 용 㝐 떠를드리우고꾸밀 용 𪀔 새매날 용 蛹 번데기 용 蛹 번데기 용 鰫 연어같은검은고기 용 𣮳 많을 용 𥿤 담 용 宊 형용 용 恿 용맹할 용 𣮴 풀어수선할 용 蛹 번데기 용 𣮱 털로꾸밀 용 鷛 오리비슷하며발은닭같은새 용 𨒵 갈 용 䩸 털치장할 용 䮴 둔한말 용 踴 뛸 용 𤢋 짐승이름 용 𩌏 목화 용 竜 임금 용 甬 물솟을 용 鎔 녹일 용 搈 두드릴 용 𣈣 명랑할 용 褎 솜털 용 慵 게으를 용 𩭤 헝클어진머리 용 𪗴 가죽바지 용 𢒫 모양 용 𤭩 항아리 용 熔 녹일 용 𤻲 앓을 용 𩏊 성 용 戫 양지창 용 𣯶 솜털 용 𤭢 큰독 용 𤞎 창 용 浜 요화 용 𥁕 큰병 용 𧳜 짐승이름 용 惷 천치 용 容 형용 용 𧉮 작은벌레길 용 鱅 연어같고검은고기 용 𣮴 가는털 용 𥬖 아롱진대 용 㛚 가지런할 용 䩸 안장치장 용 䗤 그릇래갈 용 𪆿 산까마귀 용 硧 숫돌 용 墉 성 용 冗 쓸데없을 용 𢦛 사나울 용 𩼰 복어 용 頌 모양 용 㢸 개천 용 𢦵 용맹할 용 溶 녹을 용 䇯 솟을 용 踊 뛸 용 冗 삽될 용 𤛘 들소 용 𦦖 고요할 용 傛 혁혁할 용 榕 나무이름 용 踊 뛸 용 踳 밟을 용 傭 품팔이할 용 𧼮 날쌔게갈 용 𤳮 밭북돋울 용 蓉 연꽃 용 𩚅 먹을 용 𣯿 털성할 용 𥢧 향기로울 용 𤡖 짐승이름 용 𩋡 마른가죽 용 𩫖 성 용

● 우

𪐫 흑 우 䣁 잔치 우 㝢 집 우 竽 큰생황 우 鍝 귀고리 우 䣁 잔치 우 𦐤 날아갈 우 迂 굽을 우 瑀 옥다음가는돌 우 遇 만날 우 犹 짐승이름 우 𡧗 비 우 雩 소나기 우 髃 어깨죽지뼈 우 竽 큰생황 우 𤣏 넉넉할 우 齵 덧니날 우 邘 우나라 우 䋴 삼불릴 우 𩣡 뭇발어지러이달릴 우 牛 소 우 鄅 나라이름 우 澞 언덕사이물 우 虶 그리마 우 郵 우편 우 虞 염려할 우 遇 만날 우 羽 깃 우 禹 하우씨 우 隅 모퉁이 우 蕅 연뿌리 우 𥈞 눈깊을 우 酭 술권할 우 瀀 윤택할 우 盱 눈웃음칠 우

頊 공자의머리우 鶹 새이름우 䨞 날우 疣 혹우 蝺 청부우 麌 수사슴우 友 벗우 㮋 웅큼수우 雨 비우 迂 지날우 雩 기우제이름우 盱 눈부릅뜰우 齵 덧니날우 竽 큰생황우 祐 다행할우 忧 맘동할우 𨀁

걸터앉을우 𩑶 머리흔들우 𩁼 비우 蕅 연뿌리우 右 오른쪽우 吁 불우 鍝 밭가는제구우 櫌 호밋자루우 媀 투기할우 𪀔 새이름우 𤘘 너리먹은이우 嚘 탄식하는소리우 扜 시휘할우 纋 비녀당기우 𨘢 근심우 祤 고울이름우

麔 암사슴우 甌 물동이우 踽 홀로행할우 驉 염려할우 㥑 근심할우 歔 기운역할우 䎕 벗우 耦 쟁기우 迂 굽을우 郵 역말우 慪 공경할우 䧢 새소리우 櫙 스무나무우 肬 사마귀우 芋 소무릎우 窏 창우 萬 성우 嵎

해돋는산우 碩 머리떠는병우 偶 뜻밖에우 虶 그리마우 亏 갈우 䱷 고기이름우 骬 가리우 忏 경계할우 𨛦 우편우 愚 어리석을우 穥 곰방메우 旴 해처음돋을우 庑 집우 盱 눈부릅뜰우 鍝 구를우 麀 암사슴우 藕

연뿌리우 盂 밥그릇우 寓 부칠우 羽 깃우 𨪍 씨뿌리는그릇우 杅 우욕통우 妖 미워할우 𤕞 벗우 欲 구토할우 䋚 구석우 鸆 사다새우 𪋽 암사슴우 邘 우나라우 𤕞 벗우 優 넉넉할우 蚘 거미우 秆 벼패지않을우

靬 큰띠우 𨓏 평상미루우 隅 모퉁이우 玗 옥돌우 盓 웅덩이우 吘 화할우 鰅 고기이름우 齲 너리먹을우 腢 어깨앞뼈우 麌 수사슴우 𧰿 큰돼지우 雩 기우제이름우 䨞 빗소리우 凮 바람우 禹 하우씨우 宇 집우

𡯁 도울우 㝢 부칠우 偊 몸굽힐우 楀 나무이름우 齵 덧니날우 芌 큰떼우 噳 사슴의여러입이서로모인모양우 釪 두레박우 雨 비우 衧 할우 又 또우 𢛣 근심우 憂 근심우 盂 밥그릇우 謣 망령된말우 玗 옥돌우 紆

모습우 𩁺 소나기우 訏 속일우 㕱 개짖을우 盂 밥그릇우 𥝠 제웅우 瘍 혹우 䨒 새메연 秀 나눌우 俁 얼굴클우 訧 허물우 㝢 빌우 噳 웃으려할우 訧 허물우 𨀁 걸터앉을우 圩 방축우 㝢 예아닌우

𥧌 메구멍우 㥔 기쁠우 尢 더욱우 塸 모래무더기우 尤 더욱우 庽 붙일우 亍 갈우 鏂 깎을우 䆌 복우 无 가장우 寓 집우 尪 다리굽을우 𢖻 더욱우 祐 귀신이도울우 忬 경계할우 𢋈 근겨우 𢋄 땅이름우 鄾

땅이름우 佑 도울우

욱

栯 산앵도욱 旭 날돋을욱 㰲 숨을불욱 䡟 문채날욱 薁 새머루욱 昱 햇빛욱 頊 삼거는모양욱 燠 더울욱 稶 서속우거질욱 郁 문체성할욱 𨳗 문막힐욱 噢 슬퍼할욱 戫 문채날욱 煜 빛날욱

彧 무성할욱 䐿 새멀떠구니욱 勖 힘쓸욱

운

沄 물콸콸흐를운 云 이를운 𧦧 말횡설수설할운 妘 성운 惲 혼후할운 暈 해달무리운 篔 왕대운 運 행할운 芸 향풀운 䞫 어지러울운 耘 김맬운 腪 훌떼기운 鄖 나라이름운

韻 화날운 霣 떨어질운 䫻 얼굴누렬운 𪔋 성운 蝹 용꿈틀거릴운 𤩐 가지러할운 䢵 나라이름운 韵 울림운 蒀 성할운 韗 가죽다루는사람운 霣 떨어질운 运 달아나는모양운 䚋 성운 磒 떨어질운 橒 나무무늬운 䇖 통소운 䲰

까마귀같은새운 蒕 가무는기운 䝿 얼크러질운 眃 어두울운 䒴 향풀운 秐 김맬운 韗 가죽다루는장인운 餫 들에서먹일운 耺 귀속소리운 囩 둘릴운 頵 머리와낯이함께둥글운 熉 누런빛운 緷 간색물들일운 賱 넉넉할운 蕓 평지운 齳 볼우무러질운

妘 성운 䆬 구름피어날운 壼 답답할운 紜 얼크러질운 𡢿 성운 娟 성운 運 운전할운 愪 근심할운 殞 죽을운 繧 채색운 運 행할운 篔 왕대운 輼 군사수레운 蝹 용꿈틀거릴운 韗 가죽다루는장인운 蒷 향풀운 齫 볼오무러질운

鄆 땅이름운 溳 물결서로부딪칠운 韗 축장인운 𩋧 북메는장인운 夽 높을운 澐 큰물결운 隕 떨어질운 𦤎 구름운 雲 구름운 抎 떨어질운 耘 김맬운 喗 입클운 㖥 토할운 𡅏 새지저귈운 齳 볼오무라질운

울

鬱 울금초울

灹 더울 趯 갑자기갈울 黦 깊을울 礴 작은돌울 黷 답답할울 黦 얼룩질울 淯 어지러울 欝 답답할울 巘 산에안개자욱할울 菀 무성할울 餫 콩엿울 宛 불씨울 爩 연기무럭무럭날울 韡 향기로운풀울 灪 물벌창할울 欝

비틀어질울 嚁 목구멍가르릉거릴울 黳 검푸른빛울 饕 콩엿울 㣻 별안간갈울 黦 얼룩질울 鬱 답답할울 竺 두터울 巘 산에안개자욱할울

웅

厷 곰웅 熊 곰웅 熊 곰웅 熊 곰웅 雄 수컷웅 雄 수컷웅 熊 강할웅

원

援 이끌원 湲 물소리원 鶢 바다새원 晼 날저물원 窞 낮은담원 獂 돼지원 瑗 구멍큰옥원 芫 대무뉘원 箢 자새원 遠 심오할원 楥 나무이름원 畹 밭스므이랑원 黿 큰자라원 願 정수리원 猨 원숭이원 肙 움직일원

騵 배회고갈기검은붉은말원 亢 기댈원 犍 세발짐승원 邍 넓은언덕원 原 근원원 圓 둥글원 㟼 삼이무성할원 園 동산원 猿 원숭이원 綩 갓끈원 媛 순직할원 螈 두벌누에원 怨 원굴원 鼎 관원원 貆 산돼지원 阮 성원 𦣻

어둘원 薗 동산원 寃 원통할원 原 언덕원 腕 배원 袁 옷깃모양원 遠 멀리할원 員 관원원 朊 발밑회미할원 媛 노리개원 源 근원원 逢 언덕원 虮 도마뱀원 沅 물이름원 蝯 원숭이원 騵 언덕원 愿 정성원 遠 심오할원

轅 진문원 魭 큰자래원 願 원할원 猨 원숭이원 円 둥글원 衏 악공원 豲 원숭이원 嫄 후직의어머니원 謜 천천히말할원 鋺 저울바탕원 褑 패옥띠원 黿 큰자라원 鞔 두레박원 黿 큰자라원 夗 누어딩굴을원 箢 대그릇원 諺 위로할원

阮 성원 夗 누어딩굴을원 䢼 길잃고바장일원 裷 소매도련원 蝹 누번누에원 鴛 원앙새원 鵷 원추새원 芫 고기잡는풀원 冤 원통할원 詭 위로할원 超 처소바꿀원 鋺 호미목원 鴛 얼굴이더러워진말원 垣 낮음담원 爰 이에원 鼀 눈뜰원

園 동산원 邑 고을원 睆 볼원 洹 흐를원 蒝 줄기와잎퍼질원 眢 원망할원 薳 아기풀원 婏 편안할원 元 으뜸원 鳶 새이름원 蚖 도마뱀원 苑 나라동산원 鼋 낮우담원 邧 고을이름원 院 원집원 俒 즐거워할원 貆 돼지원 鴛

원추새원 鵷 큰자래원 榬 자새원 踠 굽힐원 圓 둥글원 冕 구부릴원 願 이마원 鞔 차뒤로숙을원 媛 아름다운모양원 貟 원숭이원 謜 희롱하는말원 謜 위로할원 抏 꺾을원 飥 떡원 鞔 두레박원 鞔 신원 願 하고자할원 㟼 산마루원

帑 기원 遠 멀원 羕 물긴원 怨 원망할원 蚖 도마뱀원 羱 언덕원 類 낮비뚤원 鵷 원추새원

월

狘 놀라달아날월 越 넘을월 泧 큰물월 䎀 귀머거리월 粵 어조사월 樾 두나무그늘월 枂 나무껍질벗길월 月 달월 趴

발꿈치벨월 粵 어조사월 刖 발베일월 跋 가벼울월 䟠 우두커니설월 蠘 방게월 蛆 방게월 軏 멍에막이월 戉 도끼월 越 넘을월 鉞 도끼월 抈 움직일월 鉞 도끼월 軏 멍에막이월 刵 귀베일월 忧 어리석을월 䋐 넘을월 肷 쇠고기월

娍 가벼울월 玥 발벨월 鉞 도끼월 颬 바람소리월 絨 가는베월 朝 바퀴통세월 戟 도끼집월

위

槭 요강위 潿 흐려서흐르지못할위 䘙 조운선위 葳 초목성할위 㹻 소위 囲 에울위 蝟 고슴도치위 餧 먹일위 硊 돌산모양위

䅏 큰따위위 違 어길위 䲁 할위 韡 양서로좇는모양위 猬 고슴도치위 緘 갑옷미늘다는실위 渭 물이름위 衛 호위할위 愇 한할위 危 위태할위 讆 잠꼬대할위 暐 빛날위 㕒 인두위 溾 더러울위 猥 오랑캐위 蕐 풀무성할위

䭳 다리미위 湋 물돌아갈위 胃 밥통위 膭 살찔위 瘣 입비뚜러질위 煟 불빛위 䰎 비뚜러질위 慰 익모초위 衛 소굽위 尉 편안하게할위 嵔 산구불렁구불렁할위 骪 뼈불퉁불퉁할위 緭 흰비단위 韡 보습위 䕫

초목이무성할위 罻 새그물위 䖂 짐승이름위 逶 비틀거릴위 𣚍 귀검은소위 猬 고슴도치위 胃 밥통위 蝛 나는개미위 䖂 촉나라소위 隇 험준할위 慰 위로할위 覣 좋게볼위 喟 한숨쉴위 萎 이울위 𩰪 제비쑥위 𠰸

놀라서소리나지않을위 位 자리위 韙 아름답게여길위 偉 클위 鄔 땅이름위 褘 옷포갤위 諉 핑계할위 峗 산이름위 爲 할위 慰 위로할위 幃 장막위 𨡺 취할위 葳 누른빛위 閳 문위태할위 𣨙 말라죽을위 𪓰 두벌누에위 螱 나는개미위

寪 성위 韡 꽃활짝필위 隇 하위 𨖿 비틀거릴위 骫 뼈고불탕고불탕할위 媙 얌전할위 闈 대궐안문위 尉 벼슬이름위 倭 순한모양위 尉 벼슬이름위 蔚 누른빛위 霨 구름피어오르는모양위 𨵢 문높을위 蝛 쥐며느리위 𦪈 운송선위 艗

빛날위 𢡫 잠꼬대할위 胃 밥통위 鮠 귀두어위 𡳐 오리부르는소리위 魏 위나라위 媁 탐스러울위 鰃 뱀같은고기위 𨛨 모을위 𪂄 비둘기새끼위 謂 이를위 徫 걸어갈위 𧊦 자라위 衛 호위할위 崣 산높을위 緯 씨위 煒 벌거위

蔿 풀위 颹 큰바람위 鰞 큰고기위 蘤 꽃부리위 鮠 고기이름위 螱 나는개미위 餵 먹일위 䍴 양모일위 犚 귀검은소위 僞 거짓위 韑 가죽위 熭 쬐어말릴위 𥈾 눈예쁜모양위 𪆠 할위 𢖟 움직일위 瑋 옥이름위 韙

옳을위 衛 호위할위 罻 새그물위 艒 조운선위 爲 할위 𢯰 손으로펼위 𢋆 아름다울위 圍 둘릴위 葦 갈대위 颹 큰바람위 𨗩 비틀거릴위 鳚 뱀같은고기위 𩎟 묶을위 委 버릴위 痿 습병위 韋 다룬가죽위 蜲

쥐며느리위 𥯤 가는대위 𩏄 묶을위 㥜 걱정할위 違 어길위 蝟 고슴도치위 威 위엄위 幃 홑휘장위 謂 이를위 䲁 고기이름위 骫 뼈고불당고불탕할위 頠 따를위 骩 뼈고불통고불통할위 蔚 제비쑥위 𪊲 저장된사슴고기위 **유** 斞

열여섯말들이유 激 떠내려갈유 癒 병낫을유 洩 더러울유 溜 처마물유 𣹢 깊을유 籲 부르짖을유 禉 햇불켜고천제지낼유 窬 판장문유 猶 어미원숭이유 遱 남을유 𥁓 물긷는그릇유 犹 고요할유 臾 잠간유 蕍 쇠귀나물유

牖 창유 𣢷 강아지부를유 𤜁 소자지유 𦕈 고요할유 泑 물빛검유 潰 물고기때지어놀유 罶 물고기잡는통발유 莠 가라지유 𣲕 술진할유 臾 잠깐유 窳 약할유 逵 벗유 𣿐 흐를유 𪌉 예순너말유 犾 강아지부를유 獳

인도할유 斿 면류관술유 儒 선비유 窬 판장문유 羑 인도할유 楰 버들유 絿 근심할유 緌 바람불유 琟 옥같은돌유 舀 절구확긁어낼유 𦌾 물고기잡는통발유 腬 살쪄어여쁜모양유 浟 물흐르는모양유 楡 느릅나무유 𤢤 검은원숭이유

𥯅 검은대유 洧 물이름유 毹 털방석유 𦬠 뽕나무껍질유 𣔆 보섭유 瘤 혹유 槱 쌓을유 渝 변할유 𤶒 썩은나무냄새유 𪋂 사슴새끼유 𦙮 진액유 鑐 쇠녹을유 𧳊 초목에열매다닥다닥맺힐유 𦋉 너그러울유 甹

넘어진나무에싹날유 楰 나무이름유 揉 부빌유 酉 닭유 汥 흐르는물유 幼 사랑할유 諛 아첨할유 𣢾 개부르는소리유 𧍧 용꿈틀거리는모양유 猷 꾀유 呦 울는소리유 𩋟 가죽신유 𤙨 검은소유 輶 가벼운수레유 歈 노래이름유 𤤢 옥같은돌유

韖 다룬가죽유 𦸾 부빌유 婑 아릿따울유 𦎧 연약할유 莜 짐승이름유 鋚 쇠유 岰 산굽이유 𤞷 썩어냄새날유 禉 햇불켜고천제지벌유 匬 휘유 𤏣 따뜻할유 卣 중술통유 𨩄 열여섯말들이유 庾 노적유 𤭪 새끼토끼유 𢃲 비단조각유

覦 내려다보며찾을유 葰 클준생강유 壝 토담유 㥚 근심할유 𣣋 말할유 堬 무덤유 𪏉 찰질유 懦 약할유 愉 기뻐할유 𩗴 바람소리유 幽 깊을유 𡖊 꽃을유 蝚 도르래유 瘉 병나을유 𧸘 끼칠유 薷 향유유 鼬 족제비유

攸 곳유 騟 검붉은말유 逌 말미암을유 諭 비유할유 穤 불빛유 䵋 때묻을유 蕕 유풀유 颵 바람소리유 呦 사슴우는소리유 瑠 유리유 沑 젖을유 莥 들콩유 瑜 아름다운옥유 牰 눈검은소유 攸 자득할유 惟 꾀유 𣯏 털방석유

痏 맞아서상할유 𦢊 구멍유 𧃛 나무버섯유 嬬 아내유 𥁕 숨을유 𢨌 기를유 眑 마를유 艅 흠배유 羭 검은수양유 鶔 까치같고맵은새유 𨡇 멀건술유 𨕖 끼칠유 鍮 놋쇠유 唯 오직유 𣤁 사슴우는소리유 黝 검은흙유 騮

월다말유 婟 더려울유 柳 버들유 萸 수유유 乳 젖유 呦 쭈글쭈글할유 兪 그렇게여길유 鍒 연한쇠유 楢 홰유 蕍 둥근초방석유 逰 먹일유 蚰 네유땅지 緰 비단찢을유 諭 고할유 煣 불로나무쬐여휠유 鰇 오징어유 渪 젖을유 逌

빙그레할유 踰 넘을유 霤 낙수받이유 窬 넘을유 羑 착한말할유 蟥 뱀유 逰 잘유 趥 급히달아날유 輶 가벼운수레유 喩 호유할유 宥 너그러울유 逌 빙그레할유 褏 옷치레할유 䴭 사슴새끼유 颵 회리바람유 遀 줄유 柚 유자유

鼬 족제비유 遺 끼칠유 唀 당길유 俞 공손할유 游 헤엄칠유 遀 움직일유 騟 월다말유 孺 젖먹이유 踰 빛변한콩유 筻 검은대유 蕤 더부룩할유 遊 벗사귈유 諙 가르칠유 羑 인도할유 貐 산돼지유 貁 가리지유 䰭 귀신의소리유

廇 들보유 剹 가죽에기름깍을유 媮 엷을유 瑈 옥이름유 粬 물건빛날유 陸 나는모양유 韖 질길유 蚴 용꿈틀거릴유 駛 빠를유 奶 소젖유 撌 버릴유 䭒 찐밥유 窳 나약하게으를유 鮋 버들치유 頄 떨유 楺 나무휠유 黝 검푸를유

萸 수유유 颵 바람소리유 嵛 산이름유 廞 이끌유 㖻 어린아이소리유 欨 개부르는소리유 繇 말미암을유 闟 엿볼유 霤 낙수유 狖 검은원숭이유 揄 이끌유 遻 더할유 顬 귀밑뼈유 窬 판장문유 瀀 물철철흐를유 讉 성낼유

桵 나무이름유 䰰 귀신의소리유 隃 넘을유 騥 갈기긋하고푸른말유 翿 견딜유 鱬 인어유 丣 닭유 蕕 들깨유 瘤 혹유 𨇚 발움직일유 鴪 나는다람쥐유 髹 옻칠할유 逌 방그레웃을유 蛦 서미유 脂 꽃을유 靵 맺을유 䬋

바람완만할유 鎦 혹유 鞼 줄유 癗 상처자국터질유 遛 머물유 誘 인도할유 貁 원숭이유 禸 짐승의발자국유 瞶 눈병유 徭 걸어갈유 萮 나무버섯유 擩 물들일유 逰 놀유 袖 예방할유 襦 저고리유 遊 놀유 籲 부르짖을유 褕 쾌자유

蓶 푸성귀유 孚 젖유 邀 말할유 𢆯 어릴유 鼬 족제비유 悠 멀유 愉 기뻐할유 卣 중준유 油 기름유 㽕 길고멀유 鬏 누렁게센머리유 蝓 집없는팽이유 逾 멀유 囿 논밭유 鈾 은빛숙을유 愈 나을유 翛 새훨훨나는모양유

硬 옥같은돌유 廞 소춤추고웃으며희롱할유 脜 얼굴부드러울유 畽 좋은밭유 櫾 유자유 懮 옹용스러울유 醀 고기든술유 𦨣 배뜰유 帷 휘장유 羑 착한말할유 遉 걸을유 鮪 상어유 逌 숨도는모양유 庮 몰래갈유 踓 미쳐서달아날유 挼

생강유 踰 넘을유 由 말미암을유 燸 불빛유 繇 말미암을유 褎 옷치레할유 顬 귀밑뼈유 覦 블유 瓵 항아리유 黈 때묻을유 輮 짓밟을유 鄃 고을이름유 遊 벗사귈유 垔 진터토성유 睮 아첨할유 腴 아랫배유 裕 너그러울유 罶

불고기잡는통발울유 𢆶 작을유 𢓜 되돌아올유 遊 구슬유 荽 호유나물유 媃 예쁜체유 猶 좋은개유 鞧 남을유 䞶 줄유 嚅 말머뭇거릴유 䬼 밀증편유 𦙵 젖먹일유 蜏 하루살이유 柔 부드러울유 萸 수유유 𧼯 끼칠유 懦 약할유

瘐 죄인병나축을유 遺 버릴유 蹂 밟을유 葇 들깨유 宂 머뭇거릴유 鋈 벌밀투멍유 覘 내려다보며찾을유 蝤 큰게유 蝣 하루살이유 醹 전국술유 窐 그릇흠유 毹 털유 㳜 물들었다빠질유 瓔 옥유

육

雈 산부추육 𣢷

놀랄육 鵒 새이름육 𧭹 냄새맡을육 𢍏 두손으로받을육 𩷤 길육 蜻 허물안벗은매미육 育 기를육 䘤 두터울육 㥔 마음동할육 𧯛 콩육 淯 물불을육 鯥 고기이름육 𪏗 낯빛누를육 鬻 죽일육 稢 서직이성한모양육 逳 구를육 肉

살육 焴 빛날육 堉 기름진땅육 儥 팔육 宍 살육 䓛 무성할육 喅 무소리육 宍 고기육 𪖐 코피날육 雓 들거위육 𠕎 살육 唷 뱉을육 育 기를육 綪 연옥색육 𦐁 죽일육 毓 기를육 鋊 옹솥육 毓 기를육 唷

소리지를육ㅅ 隰 길육

윤

𨯜 윤달윤 尹 믿을윤 蜳 가슴두근거릴윤 奫 물깊고넓을윤 胤 이을윤 䨵 비윤 鋆 금윤 玧 막이구슬윤 蚘 누에윤 昀 햇빛윤 閏 윤달윤 狁 북녘오랑캐윤 肕 험집윤 夠 두루윤 頵 낯비뚤윤

酳 술로양치할윤
蝡 굼실거릴윤
蝡 굼실거릴윤
鈗 근시하는신하의병기윤
荺 연뿌리윤
阭 높을윤
[illegible] 험집윤
馻 말털거스릴윤
允 믿을윤
閏 윤달윤
潤 부를윤

율

汩 물흐를율
䎁 나는모양율
繘 긴모양율
栗 굳을율
𧮪 날율
魆 머리없는귀신율
玧 높을율
硉 돌구율
䰬 머리없는귀신율
慄 떨율
驈 사타구니흰말율
繘 두레박줄율
繘 두레박줄율
䋖 두레박줄율
貁 돼지율
颶 바람소리율
獝 나는모양율
聿 마침내율
遹 나누어펼율
鴥 빨리나는모양율
鞨 가죽그릇율
葟 명아주율
鴥 빨리나는모양율
驈 사타귀흰검은말율
趉 멀리달아날율
䫻 큰바람율
颮 큰바람불율
燏 빛날율
䍮 짧을율
鱊 실팽어율
銉 바늘율
潏 물흐를율
矞 송곳으로뚫을율

융

娀 나라이름융
肜 상나라융
靇 구름많은귀신융
羢 규화융
戎 군사융
駥 크고세찬말융
戜 병장기융
螎 화할융
隆 성할융
硦 돌융
弍 병정융
駥 크고세찬말융
絨 삶은실융
肱 화할융
狨 원숭이융
融 화할융
搣 도울융
隆 성할융
裓 군복융
隆 성할융

은

銀 은은
隱 숨을은
㹜 개싸울은
讔 숨겨말할은
濦 물소리은
讔 숨겨말할은
䭳 배부르려할은
衮 고기쪼일은
䏰 부울은
嚚 미련할은
隱 성할은
珢 옥돌은
沂 물도는모양은
隱 성할은
黫 검을은
幓 속옷은
犾 개성낸은
𤃂 물소리은
殷 많을은
齗 이가가지런할은
黓 검을은
縞 검은비단은
犾 개서로물은
斦 보탕은
齦 잇몸은
齗 큰저은
垠 언덕은
纆 옷호아맞붙일은
㻚 사람이름은
癮 두드러기은
圻 하늘가장자리은
垠 언덕은
霠 구름모양은
蘄 풀많을은
癮 안박힐은
磤 우뢰소리은
垽 해감은
㦺 의지할은
𧆸 범싸우는소리은
蔎 풀빛푸를은
狺 뭇개짖는소리은
獿 산나귀은
𢭃 빼갤은
䡛 수레소리은
㹞 개짖는소리은
齗 웃을은
檼 대공은
垽 찌끼은
磤 우뢰소리은
齗 잇몸은
痛 다친살나올은
笉 큰저은
隱 흴은
恩 은혜은
銀 말치장은
褞 굵은베옷은
泿 물가은
䖐 범의소리은
慭 슬퍼할은
㒚 남에게기댈은
㘅 작은입은
齦 잇몸은
齗 잇몸은
轞 수레소리은
憖 물을은
㥯 공손할은
誾 완악할은
㥯 슬퍼할은
齗 잇몸은
隱 대공은
言 시비할은
圁 물이름은
慇 공손할은
誾 화평할은
櫽 은행나무은
鄞 땅이름은
溵 물이름은
瑥 옥은
闉 화평할은

을

圪 흙더미우뚝할을
翅 날응탑을
䖈 범이노리고볼을
吃 소리을
䖈 범이노리고볼을
䒠 배갈을
乙 천간이름을
鳦 제비을
乚 제비을

음

飮 마실음
𪔭 소리음
婬 간통할음
飲 마실음
莟 물에나는마늘음
吽 소울음
飮 마실음
陰 음지음
乑 나란히설음
䞡 머리숙이고빨리갈음
崟 뫼뿌리음
阴 음지음
揜 거둘음
䫭 이를갈며성낼음
癊 심화병음
蔭 덮을음
霠 구름낄음
音 소리음
隂 음기음
險 음지음
飲 마실음
䜣 메주만들음
窨 술두는움음
鷣 새매음
䜥 메주만들음
瘖 심화병음
淫 음란할음
訡 울움음
歆 마실음
笒 웃을음
隂 음기음
侌 그늘음
痖 심할병음
㱃 마실음
歙 마실음
㢞 덮을음
歆 산봉우리음
碒 내내험할음
窨 깊을음
嶔 산이마주행할음
擔 넘어질음
陰 음지음
愔 고요할음
淫 어지러울음
霪 장마음
膾 가슴병음
醅 취할음
阥 음지음
癊 가슴앓이음
韾 소리화할음
䪪 소리고르지못할음
瘖 벙어리음
蔭 덮을음
訡 읊을음
䪩 머리흔들음
喑 소리지를음
吟 읊을음
霠 그늘음
韽 읊을음
霠 그늘음
隂 음지음

읍

䐿 말릴읍
泣 소리없이울읍
㕦 많은소리읍
䱿 고기이름읍
裛 얽을읍
揖 읍할읍
浥 젖을읍
霠 구름낄읍
𩶄 고기많이모일읍
挹 잔질할읍
䬁 음식냄새읍
菴 풀이빽빽할읍
悒 근심할읍
泣 소리없이울읍
湆 축축할읍
䁱 눈동자속마를읍
唈 배젓는소리읍
笣 통발읍
㳇 사람많이모일읍
䏶 절인고기읍
湇 국물읍
俋 밭가는모양읍
邑 고을읍
阣

좁을읍 噾 뭇소리읍 歙 어리석을읍 唈 숨느껴쉴읍 悒 답답할읍 馺 말달려갈읍

응

䁝 정하고볼응 譍 대답할응 噟 대답할응 譍 대답할응 膺 가슴응 𦝬 가슴응 吂 코대답하며말할응 軈 잠시응 膺 크게볼응 癕

사랑할응 膺 가슴응 応 응당응 凝 엉길응 𧕟 쓰르라미응 庅 응당응 鷹 매응 膺 가슴응 應 응당응

의

嬟 정조굳을의 矣 어조사의 唉 아직정해지지않은모양의 宐 유순할의 顗 즐거울의 𪘏 이드러낼의 呼

귀에되고말할의 嶬 산까아지른듯할의 㠯 할의 顡 멍청이의 疴 약할의 懿 아름다울의 㺒 옥의 䔇 벼무성할의 宜 마땅할의 䕏 꼭지의 薏 율무의 衤 옷의 艤 배댈의 賢 더할의 𠤕 의심낼의 藙 오수유의 𧽧

멀리달아날의 崖 언덕의 鷁 더펄새의 𨼆 산깎아지른듯할의 藙 오수유의 魕 겁낼의 乂 옳을의 懿 아름다울의 懝 베조각의 衣 옷의 𥉌 볼의 敼 가마의 㞣 탄식할의 蟻 개미의 扆 병풍의 譺 기롱할의 議 말할의

𩡂 향기날의 倚 기댈의 藙 오수유의 椅 나무마디의 齮 물의 薿 풀이무성할의 鸃 봉황새의 薿 무성할의 醷 매실화채의 嶷 산이름의 廙 공경할의 𨛗 땅이름의 㤝 애통할의 欹 거룩하다할의 猗 불친개의 拟 비길의

𪗾 이드러날의 誼 옳을의 擬 비길의 齸 씹을의 觛 짐승의뿔의 議 말할의 毅 굳셀의 螘 개미의 𤝞 견변성할의 意 뜻의 醫 의사의 礒 바위의 宐 마땅할의 𥏫 아직정해지지않은모양의 𣈱 성한모양의 㕯

개미의 䯆 뼈가늘의 觺 뿔예리할의 陭 고을이름의 𦐺 성한모양의 䅏 벼무성할의 㕒 산마루의 漪 비단결같은물결의 䕏 꼭지의 簃 대이름의 譩 분할의 𥨎 살펴볼의 𣳾 부끄러울의 𩒓 미목의 依 울음끝소리의 儗

참람할의 饐 밥쉴의 𪖛 코베일의 忍 성낼의 薏 율무의 扆 배회할의 䖈 범의숨소리의 䫑 아름다운눈매의 鷧 새가날의 𡗨 의심할의 鈠 가마의 儀 꼴의 𥡴 서직무성할의 狋 개성난모양의 鷾 제비의 犄 소의 䱒

고기새끼의 毅 굳셀의 禕 아름다울의 苐 땅이름의 𧛁 깔의 䔇 꼭지의 䰯 큰병의 毅 굳셀의 䫑 아름다운눈매의 椅 의자의 顡 멍청이의 宐 마땅할의 熨 다리미의 㱲 시들어죽을의 𪘏 이드러낼의 轙

수레에고삐매는고리의 縊 목맬의 螘 개미의 㚤 편안할의 醫 술의 義 산깎아지른듯할의 猗 불깐개의 檥 배댈의 瘱 파리할의 䕏 모양의 阣 언덕의 義 옳을의 䕏 꼭지의 䫏 좋을의 𨞙 코베일의 𩚗 밥쉴의

𩣡 말이름의 譺 기롱할의 旖 기모양의 誼 다스릴의 宜 옳을의 𥐙 돌소리의 𩈹 단정한낯의 宜 마땅할의 𣲾 물맑을의 撎 읍할의 歪 비뚤어질의 嵦 눈서리쌓인의 螠 목메어죽는의 𧛁 깔의 𦄵 떠의 𪗾 이드러날의

笅 대의 𡔷 탐할의 蟻 개미의 轙 수레에고삐매는고리의 𨒨 옳을의 毉 의원의 𣪍 굳셀의 䜎 탄식하는소리의

이

嫛 이쁠이 黳 감빛이 椸 옥속이 貣 더할이 輀 상여차이 貖 머리흰들개이 嫕 맵씨이

𪌬 둥근것이잘돌이 𧩓 자랑할이 𨳢 문빗장이 𥦜 방동복구석이 瓵 작은독이 㚷 계집의칭호이 𡰥 걸쳐앉을이 胹 힘줄강할이 眤 물끄러미보고말없을이 𩚊 엿이 𩬆 몸새붙이이 𩗁 작은회리바람이 弛 활이름이 羠 들양이 笖 죽순이

扅 문문빗장이 迆 비스거릴이 𤇥 불꺼지지않을이 𨳇 안으로들어갈이 帹 옷모양이 隶 근본이 夸 기쁠이 頥 턱이 暆 해다닐이 䔟 시들이 頉 턱이 㸩 국이 𡖊 다를이 簃 누각에달아진작은집이 耏 구레나루이 𤕰

햇대이이 貽 보내줄이 離 떠날이 貳 두이 餌 먹이이 魑 도깨비이 𦣞 턱이 柂 피나무이 䁣 소리는듣고감히말못할이 訑 자랑할이 彲 이무기이 迻 옮길이 緦 먹줄이 𩒆 턱이 𢖬 근심않을이 鷖 새가울이 誀 꾀일이

佘 너이 痍 다칠이 佴 버금이 狏 머리흰들개이 夷 평평할이 杝 피나무이 秜 모낼이 侇 무리이 袲 옷치렁거릴이 胹 삶을이 珥 귀의고리이 鉺 갈고리이 姨 이모이 異 다를이 爾 어조사이 彝 떳떳할이

瓵 벽돌이 飴 엿이 洟 콧물이 訑 자랑할이 聏 기와이 詈 꾸짖을이 悧 영리할이 眙 눈칩떠돌이 枱 따빗자루이 爾 어조사이 聃 희생을바치고벌이 桋 박달나무이 𪏰 황달병이 耏 구레나루이 肄 익힐이 鮞 곤이알이

宧 동방북구석이 荑 콧물이 箷 횃대이 蘱 삼이 荋 풀많을이 濔 물가득할이 洏 눈물흘릴이 頤 기를이 詒 줄이 𦀚 고삐늘어질이 𤥎 화반석이 搗 방망이 苡 율무이 綐 동일이 樲 신대추나무이 尔 그렇다할이

𣏐 둥근것이잘돌이 𨠔 씩어담은젓이 佁 미련스러울이 徲 편하고쉬울이 𦜲 뼈석인젓이 𣞑 버섯이 胣 창자끊을이 髵 사나운짐승갈기일어설이 屖 진흙이 𢹂 밭갈이 吏 관리이 胰 등심이 筂 남쪽오랑케이름이 酏 마실이

恞 기꺼울이 袘 옷속이 訑 자랑할이 㶣 삶아익힐이 㱦 희롱할이 𩗏 큰바람이 鬻 죽이 𣪠 엽신여길이 洱 물이름이 已 이미이 坨 땅이름이 咿 탄식할이 蘱 꽃번성할이 易 쉽게여길이 怡 화할이 而 말이을이 肔

창자자를이 黟 검을이 貽 끼칠이 柂 옮길이 衪 옷선이 䰭 삶아익힐이 謻 따로세운문이 䔴 제육이 迤 든든할이 謎 수수께끼이 儞 어릿어릿할이 异 그만둘이 飴 엿이 𪗍 턱이 𦚏 돼지고기이 颸 큰바람이 陑 험할이

鷊 때까치이 轜 행상이 弍 두이 𢈘 산이낮고길이 以 할이 㸌 햇대이이 觽 뿔기울어질이 栭 작은밤이 毦 머리털이 蛜 쥐며느리이 衈 귀피이 𡛟 아첨할이 棃 참배이 咡 입아귀이 𪎊 보습이 黟 검을이 歋

서로웃을이 顊 가죽신이 𠚣 깍을이 匜 손대야이 貳 두이 鮞 고니알이 酾 두번빚은술이 㢮 늦출이 臑 흡집이 荑 흰비름이 眱 물끄러미보고말없을이 蛦 가을매미이 迩 가까울이 咦 크게부를이 扅 문문빗장이 貤 줄이

伊 저이 迱 든든할이 跠 걸터앉을이 駬 녹이이 𧉛 낚시밥이 弛 늦출이 鞮 다룬가죽이 鮧 복어이 訑 자랑할이 胹 익힐이 𠬷 저이 𩺰 날치이 二 두이 耳 귀이 邇 가까울이 怡 기뻐할이 哆 넓름거릴이 歋

서로웃을이 移 옮길이 頤 턱이 螔 달팽이이 鼶 쥐새끼이 飴 엿이 㸌 햇대이이 詒 줄이 𩀸 제비이 椸 횃대이 洢 물이름이 㴔 잔물결이 䣡 두번빚은술이 鮧 인어이 㰘 수파람소리이 粭 엿이 柅 실패이 殔

묻을이 峓 산이름이 刵 베일이 尒 그렇다할이 醨 마실이 飴 엿이 鴯 제비이 肄 익힐이 珆 옥돌이 鏔 엿이 異 다를이

익

趩 손벌리고달아날익 榏 푸른새그린배익 㚤 계집벼슬이름익 蛡 벌레길익 㹫 날개익

膉 목털미살익 艗 푸른색그린배익 謚 웃는모양익 𤸱 병익 䩡 가죽옷바느질할익 隿 주살익 𣲔 물호를익 翌 이튿날익 𧘈 웃옷익 益 더할익 𦯶 더할익 穓 갈익 翼 날개익 釴 솥귀익 代 갈익 翌 이튿날익

瀷 스며흐를익 𥝤 짚익 㼢 날기와익 翊 날개익 㺔 날개익 𨡌 술빛익 杙 실과익 熤 빛날익 𨚔 땅이름익 忕 마음동할익 黓 검을익 𦔶 밭갈익 𢍁 좋을익 𦯶 더할익 𩨞 어깨뼈익 隿 주살익 䑥

익배익 𤝚 날개익 鷁 새이름익 謚 더할익 饐 목메일익 鳶 푸살익 廙 복도익 𪕨 쥐이름익 謚 웃는모양익 翼 날개익 笧 대로만든밧줄익 𪌌 보리겨익 齸 사슴색임질할익 芅 양도익 𨖢 달아날익 𦐝 날개익

𪌉 보리겨익 𠥻 밭갈익 骫 잔뼈익 蘱 풀이름익 弋 취할익 弌 취할익 肊 뼈익 閾 닫을익

인

𩨸 목구멍에연한뼈인 咽 목구멍인 印 도장인 䨸 기운펴질인 䏖 등심인 秂 곡식결실할인 汈 젖어맞붙일인

禋 정결히제지낼인 䩄 질길인 忟 강인할인 緸 꿈틀거릴인 鏔 얽어질인 䪝 사슴걸이인 䏰 고을이름인 鄄 연접할인 迎 달아날인 䴄 분별할인 𩁋 공경할인 鞇 가슴걸이인 㝈 공경할인 婚 혼인할인 㧢 찰인

昦 인할인 茵 차방석인 仁 인자할인 䋖 길인 禋 제사정성스러이지낼인 璌 마당인 葱 인동초인 甡 혼인할인 陻 막힐인 扨 그러하나인 縯 길인 縯 길인 咽 목구멍인 裀 정결히제지낼인 璘 옥무늬인 闉 겹성문인

忎 어질인 鮣 얼룩고기인 寅 공경할인 湮 빠질인 裀 속옷인 茠 씨인 駰 은총이인 㖗 아걸인 䩄 말가슴걸이인 胭 목구멍인 瞵 눈정기인 疄 밭두둑인 認 알인 魜 인어인 讞 죄의논할인 鼘 북소리인

黃 쥐참외인 螾 쓰르라미인 蚓 지렁이인 靷 질길인 訒 둔할인 歅 지씻을인 洇 빠질인 䝶 굳을인 婣 화할인 韆 가슴걸이인 氤 천지기운합할인 𦐛 날을인 䍽 검은양인 人 사람인 㤙 마걸인 酳 조금씩마실인

湮 추운모양인 絪 수삼인 姻 혼인할인 夤 공손할인 䩽 인할인 囙 인할인 濥 물줄기인 䩔 나막신인 肕 질긴고기인 釰 백랍인 刃 칼날인 聖 성인인 歅 사람의이름인 捆 나아갈인 軸 소고칠인

麎 암사슴인 䝢 분별할인 茵 사철쑥인 菫 사철쑥인 垔 막을인 𡰥 어질인 韆 가슴걸이인 𢪉 인도할인 隣 이웃인 䄄 속옷인 𥄋 볼인 諲 공경할인 𨉖 엿볼인 引 인도할인 㣼 참을인 刃 칼날인 裀

涓 가는파도인 籾 벼인 刃 칼날인 堙 막을인 夤 공손할인 弌 할인 因 인할인 𪕙 쥐인 咿 선웃음칠인 鞇 요인 㧈 인도할인 殥 멀인 忎 친자할인 廴 길게걸을인 牣 가득할인 儿 사람인 𢇛 행랑인

闉 이중문인 䦩 차에칠인

(일)

揚 들날일 逸 도망할일 日 하루일 衵 속곳일 佚 허물일 𦨉 배꾸밀일 欥 기뻐할일 妷 편안할일 䭲 빨리달아날일 馹 역마일 囸 날일 䆿 구멍일 呹 제빠를일 焱 불모양일

鴩 멧비둘기일 劮 기쁠일 辷 미끄러질일 苩 풀빛일 逸 놓일일 嬄 절개굳게지킬일 𥱽 둘일 駃 빨리달아날일 佾 춤출일 噟 위대할일 壹 하나일 鴙 멧비둘기일 一 한일 泆 칠일 嵬 산높을일 泆 물가언덕일

𡆠 날일 泆 음탕할일 壹 하나일 釔 둔할일 溢 가득할일

(임)

腍 익힐임 荏 왕콩임 迋 지날임 鵀 산비둘기임 𦙄 곰국임 妊 아이밸임 栠 나무연할임 𠇐 아이밸임 𡛟 아이밸임 訨 생각할임

庄 아래임 飪 떡국임 絍 짤임 㶼 장마임 𢆉 약간심할임 衽 옷섶임 賃 품팔이임 栣 나무연할임 袵 옷섶임 軔 바퀴괼임 紝 짤임 𨾦 오리새임 𩛧 배부를임 棯 대추맛들임 鵀 산비둘기임 鈓 목맺힐임

䛘 믿을임 姙 아이밸임 任 맡을임 秹 벼약할임 稔 풍년들임 絍 짤임 䇮 홑돗자리임 㤛 이러할임 恁 생각할임 𡍮 가까이할임 壬 천간임 銋 목맺힐임 衽 옷섶임 鳰 쥐오리임 稔 풍년들임

(입)

騽 정강이뼈가긴말입 扖 끼울입 叺 가마니입 込 담을입 𥻨 쌀알입 卄 스물입 廿 스물입 込 담을입 入 들입 魞 통발입

(잉)

陾 담쌓는소리잉 礽 나아갈잉 芿 묵은뿌리에새로싹날잉 𨈱 아이밸잉 𦩍 아름다운눈잉

卤 놀랄잉 賸 보낼잉 𡋡 옥그릇잉 艿 풀싹잉 扔 당길잉 䵴 얼굴에검은사마귀잉 𦪽 보낼잉 孕 아이밸잉 𡚾 아이밸잉 𪓂 얼굴에검은사마귀잉 倂 배웅할잉 媵 잉첩잉 𧦝 후할잉 剩 남을잉 陾 담쌓는소리잉

𨙵 놀란소리잉 𢖳 강잉할잉 𤺮 어리석을잉 剩 남을잉 仍 인할잉 𧪞 후할잉 𦡞 아이밸잉 𡢥 아이밸잉 迈 갈잉

(자)

頾 웃수염자 睹 사탕풀자 刺 가시자 鶿 너펄새자 仔 맡길자 磁 지남석자 枳

탱자 자 鼒 옹솥 자 齰 젓담글 자 胏 밥찌끼 자 糍 인절미 자 蠀 쥐며느리 자 杍 목수 자 傂 건장하고 덕없을 자 疵 병 자 慈 사랑 자 呰 구차할 자 瘠 부스럼자국 자 觜 자별 자 孶 아들 자 姿 모양낼 자 櫅 회대추 자

誠 꾀 자 齍 돗 자 跐 밟을 자 鮺 젓담글 자 鼒 옹솥 자 霣 빗소리 자 鰦 버들치 자 呲 구차할 자 恣 방자할 자 蛓 쐐기 자 婓 하찮은 계집 자 瓷 오지그릇 자 梓 노나무 자 齌 스스로 자 㱟 까무러쳤다 깨날 자 鮓 물고기 식혜 자

胜 좀스러울 자 橴 땅이름 자 醩 주자틀 자 咨 뇌 사 砒 누런돌 자 榨 기름틀 자 𥳑 자죽 자 葵 클 사 𥨥 산뽕나무 자 𢫬 머리빗을 자 傚 지울 자 磁 쉴 자 資 쌓을 자 芓 삼 자 磁 지남석 자

鷀 물총새같고 검푸른새 자 桑 산뽕나무 자 飷 음식맛없을 자 苲 우엉 자 藉 깔 자 髊 삭은뼈 자 姊 맏누이 자 齰 젓담글 자 趦 머뭇거릴 자 嗞 부끄러울 자 姉 맏누이 자 鱸 젓담글 자 詐 부끄러운말 자 鱭 물고기혜 자 諮 물을 자

䨙 빗소리 자 茦 풀가시 자 蔗 사탕풀 자 齋 옷단홀 자 酏 재강 자 蚝 갈래 자 慈 사랑 자 䄍 납향제 자 𨈖 스스로 자 骴 삭은뼈 자 譗 헐어서말할 자 趑 갑작스러울 자 恣 방자할 자 趑 머뭇거릴 자 𨀤 머뭇거릴 자 積

벼쌓을 자 胔 고기 자 餈 나쁜음식 자 炙 고기구울 자 𣤡 가죽오그라질 자 稵 벼날 자 虸 메루 자 鴜 물총새같고 검푸른물새 자 秄 북돋을 자 訿 훼방할 자 者 어조사 자 泚 물맑을 자 粢 피 자 醡 주자틀 자 呼 새소리 자 齜

짐승의뼈 자 迩 머뭇거릴 자 跐 밟을 자 姊 맏누이 자 齍 서직그릇 자 𡫞 아들 자 賫 재물 자 鴜 물총새같고 검푸른새 자 臚 주독오른코 자 玆 흐릴 자 赼 머뭇거릴 자 蟅 쥐며누리 자 礠 지남석 자 餈 인절미 자 茲 돗 자

𧜟 옷소매 자 鮓 물고기식혜 자 㱟 죽었다깨어날 자 䁅 날빛 자 𣨲 까무라쳤다깨날 자 貲 재물 자 歶 염치없을 자 枇 느릅나무 자 嬨 너그럽고 순할 자 醩 술자틀 자 鶅 더펄새 자 諫 비유하여 나무랄 자 煮 삶을 자 赭 붉은흙 자

骴 삭은뼈 자 者 어조사 자 鎡 호미 자 齍 서직담는 작은그릇 자 疵 병 자 𩜧 제물 자 蠀 쥐며느리 자 訾 헐어서말할 자 戲 취할 자 𠚃 몸소 자 籽 씨앗 자 自 몸소 자 紫 검붉을 자 煮 삶을 자 漬 장마 자 櫅

옷단홀 자 兹 돗자리 자 柘 산뽕나무 자 鋅 굳을 자 奓 큰입 자 蛓 쐬기 자 䨙 큰비 자 煑 삶을 자 孳 아들 자 螆 쇄기 자 玼 옥티 자 孶 새끼칠 자 茨 새이엉 자 𢪀 쌓을 자 粢 제메 자 鄑 고을이름 자 髭

웃수염 자 𨡸 사랑 자 蠀 뽕나무벌레 자 詐 부끄러운말 자 舭 어머니 자 刺 찌를 자 矷 잔돌 자 疨 불쾌한 병 자 餈 인절미 자 藉 깔 자 頾 웃수염 자 絘 실다듬을 자 鶿 더펄새 자 資 재물 자 齟 이어긋날 자 䵵 검을 자 𢪀

소장 자 子 아들 자 褯 어린애옷 자 髊 삭은뼈 자 𠚃 몸소 자 炙 삶을 자 牸 암소 자 鄑 고응이름 자 嵫 해지는산이름 자 𥧄 주자틀 자 羜 암양 자 孖 쌍둥이 자 雌 암컷 자 㱟 까무려쳤다깨어날 자 薺 납가새 자 字

글자 자 鰦 버들치 자 𡦃 자식 자 醡 술자틀 자 滋 불을 자 𣢕 재물 자 堦 누른돌 자 襦 어린아이 돌띠 자 茈 지치 자 菹 미나리 지 粢 가루떡 자 樜 산뽕나무 자 䎣 잘못들을 자 髭 웃수염 자 鷓 자고새 자 滋 부를 자 雌

암컷 자 薺 납가새 자 醡 주차틀 자 髭 웃수염 자 鄑 고을이름 자 磁 자석 자 庛 정할 자 批 주먹질할 자 莿 풀가시 자 鷀 더펄새 자 睉 작은눈 자 嗞 탄식할 자

작

筰 조리 작 爵 작위 작 㚕 사람의이름 작 皵

살가죽주름질 작 𥻮 밭고랑지을 작 怍 부끄러울 작 圴 흙국 작 趞 가볍게갈 작 斮 깨어질 작 勺 구기 작 㮮 나무껍질 뒤틀릴 작 繳 생실요리 작 繛 너그러울 작 犳 이롱짐승 작 妰 계집조용할 작 作 지을 작 䱜 상어 작 黵

가죽빛이연누런작 莋 풀먹을작 綽 너그러울작 㚗 달아날작 趞 바삐달아날작 扚 겯매칠작 焯 불김작 䆎 벼슬작 䳶 다람쥐작 碏 공경할작 斫 베어낼작 鯌 나들이상어작 䇎 놀랄작 譇 속일작 灼 사를작 妁
중매작 炸 불터질작 䪞 너그러울작 尉 벼슬작 禚 땅이름작 㶡 물소리작 擳 가릴작 灼 불성할작 筰 대새끼작 㤾 의심할작 㹅 송나라좋은개씨작 敫 빼앗을작 舃 참새작 彴 외나무다리작 昨 어제작 穱
벼그루에보리심을작 䞦 거죽줄을살작 爵 작위작 鷟 봉황새작 汋 물떠낼작 糕 벼껍질작 嚼 씹을작 皭 정결할작 勺 작을작 䂑 눈감을작 婥 예쁠작 爵 작위작 𢼄 지을작 作 지을작 柞 가락나무작 岝
산높을작 𠹋 쥐소리작 𦳣 껍질누를작 雀 참새작 怍 부끄러워할작 彴 외나무다리작 舃 참새작 𧵳 재물작 㤥 앓을작 爵 작위작 䧿 봉새작 鈼 가마작 酌 잔질할작 爵 벼슬작 爵 작위작 㸲 산소작 猎
송나라개작 醋 잔돌릴작 岞 산높을작 鵲 까치작 勺 구기작 㱿 작위작 譙 속일작 謶 속일작 秨 벼흔들릴작

잔

剗 깎을잔 錢 옥술잔잔 䍀 양우리잔 㥫 해할잔 棧 사다리잔 蝬 노래기잔 殘 쇠잔할잔
虦 털몽근범잔 𢈴 산자잔 醆 술부유스름할잔 盞 술잔잔 𧢦 옥술잔잔 𧀻 사다리잔 嶘 산이우뚝할잔 牋 양의우리잔 琖 옥술잔잔 𢦔 많을잔 𠬝 후빌잔 輚 누어타는차잔 虥 털몽근범잔 𣧒 짐승먹던찌끼잔 䏼
짐승먹던찌끼잔 潺 물졸졸흐를잔 僝 갖출잔 䋘 쌓을잔 襸 고운옷잔 𣧒 짐승먹던찌꺼기잔 𧎠 노래기잔 盞 술잔잔 孱 잔약할잔 残 쇠잔할잔 盞 밥그릇잔 拃 모뜰잔 僝 갖출잔 𩺬 멸치잔 𢧐 빨리날잔 𨫼
작은물잔 轏 군사수레잔

잘

𨀟 가는모양잘 瀐 물이빠르고소용돌이칠잘 𦒱 종실군호잘 槎 발클잘 囐 북소리잘

잠

䁮 눈감고생각할잠 蠶 누에잠 蚕 누에잠 熸 불꺼질잠 喒 나잠 蠶 맺을잠 賺 거팔잠
揝 모을잠 炏 날카로울잠 暫 잠시잠 賺 되먹이칠잠 𠟽 찌를잠 䭀 맛없을잠 𡢽 탐할잠 𣉢 잠시잠 涔 점적실잠 䫃 얼굴추할잠 篸 바늘잠 𩜾 맛없을잠 撏 취할잠 𠞾 찌를잠 𧒈 누에잠 䭕
맛없을잠 昝 성잠 糌 젓담근양고기잠 𧑏 누에잠 㲊 지붕잠 蠶 누에잠 崭 산길음잠 𣝧 물고기섶줄잠 揝 잡을잠 䅟 벼패려고할잠 醮 물에잠글잠 𢏑 활셀잠 𧽹 빨리오를잠 簪 비녀잠 蠺 누에잠 錟
따스할잠 潜 감출잠 蹔 잠간잠 欑 거칠어질잠 蝅 누에잠 顩 얼굴추할잠 𦡔 언청이잠 箴 바늘잠 岑 아플잠 𤩲 옥같은돌잠 鐟 쇠꼬챙이잠 鐕 못잠 𢾭 말털굵을잠 䐶 젓담근고기잠 寁 얼른할잠 㙴
수두룩할잠 趲 빨리오를잠 𩅰 물잠 譧 속을잠 櫼 무푸레잠 熸 불꺼질잠 葚 비녀잠 詀 회악질할잠 箴 바늘잠 䶡 얼굴길잠 噆 머금을잠 詀 속일잠 潛 잠길잠 潜 잠길잠 鐕 철할잠

잡

灂 물결잡
袜 잡석많을잡 𡘋 몹쓸잡 襍 섞일잡 趿 급히달음박질할잡 韴 외마디소리잡 煠 데칠잡 蜨 벌레가많을삽 㽮 담쌓는방망이잡 卡 지킬잡 雥 떼새잡 𥈹 부삽잡 偮 사람많을잡 趡 빨리달아날잡 誻 말종잡을수없을잡
𣐊 무성할삽 臿 가래잡 磼 산높은모양잡 偛 작을잡 沞 겨우적실잡 䙴 섞일잡 𠚯 보리대껄잡 眨 눈끔쩍거릴잡 𨇢 머물잡 㞚 밟을잡 雧 물새이름잡 咂 고기물결잡 䌋 궤맬잡 迊 두루잡 䨿 발잡
𤎐 새잡 𥂕 양념을넣고삶을잡 𦿉 문에드리운발잡 奞 나쁠잡 䞙 노을잡 𤍯 데칠잡 雜 섞일잡 执 잡을삽 雜 섞일삽 𨇢 머물잡 潗 끓을잡 𤜰 개먹을잡 啑 삼킬잡 敆 모을삽 𠌎 나쁠잡 匝 두루잡

五八〇

䞛 노을 잡 襍 섞일 잡 咂 빨 잡 𨘋 초서쓴 모양 잡 譅 소리 잡 𦦅 가래 잡 帀 둘릴 잡 囃 장단삽을 잡

장

奘 클 장 帳 휘장 장 長 길 장 𪁓 새짐승이 먹이 구하는 소리 장 將 장수 장 壮 장사 장 杖 지팡이 장 戕 험할 장

瞕 눈에 예막 생길 장 墇 막을 장 鱂 붕어같은 잔고기 장 蹡 종종걸음칠 장 将 장수 장 樁 말뚝 장 壯 장할 장 塲 마당 장 𪍓 보리 썩을 장 暲 햇발돋아오를 장 㵍 물깊은곳에 표세울 장 𩞄 초 장 傽 시아주머니 장 艕 상앗대 장

裝 쌀 장 蟐 그리마 장 𢊬 묻을 장 镸 길이 장 槳 상앗대 장 粧 단장할 장 漳 물이름 장 庄 웅장할 장 䙸 행장 장 駔 좋은 말 장 粻 양식 장 𩡧 장할 장 𪇝 물닭 장 牆 담 장 𦿆 묻을 장 妝 단장할 장

驏 안장없이 말탈 장 臟 오장 장 廧 담 장 漿 초 장 𧕫 돌이 높고 험할 장 鱌 고기이름 장 章 문체 장 𨍮 차중수할 장 蔁 산우엉 장 浆 미음 장 場 밭 장 藏 장풀 장 蔣 산이 높아 닥칠 장 賍 장물잡힐 장 璋

아들낳은 경사 장 𢫦 정제할 장 塲 갈지않은 밭 장 長 길 장 螿 쓰르라미 장 蔵 장풀 장 艢 돛대 장 蘠 미꽃 장 贓 장물잡힐 장 鏘 옥소리 장 𣿒 초길 장 𪺷 장수 장 𤖜 간장 장 𥃀 간장 장 状 고을이름 장 𪀛 뻐꾹새 장

𩿧 뱁새 장 裝 행장 장 𧨬 속일 장 暘 마당 장 羘 암양 장 𦍒 암양 장 牆 돛대 장 瓺 질그릇 장 奬 권면할 장 𩬭 헝클어진 머리 장 墻 담 장 𧾒 추장할 장 𤕾 도울 장 蹡 걷는모양 장 𥡦 씩씩할 장 遧 드러낼 장

臟 오장 장 塲 마당 장 髒 꼬장꼬장할 장 蹡 걷는모양 장 爪 가질 장 㽷 열병 장 檣 돛대 창 𤕝 개를부추길 장 壯 장사 장 𧛾 치마폭 에치 장 莊 씩씩할 장 葬 장사지낼 장 𤖅 미음 장 醬 간장 장 醬 간장 장

𨭯 방울소리 장 葬 장사지낼 장 掌 손바닥 장 丈 어른 장 障 막힐 장 腸 창자 장 嬙 궁녀벼슬이름 장 臧 착할 장 爿 조각널 장 牂 수양 장 糚 분단장 장 𩥋 꼬장꼬장할 장 𧽬 날쌔게 걸을 장 獐 노루 장 蹚

끓어앉을 장 槳 상앗대 장 牂 성할 장 鱆 꼴뚜기 장 𣛸 돛대 장 𤘽 순한 소 장 㢗 담 장 麞 노루 장 仉 성 장 贜 장물잡힐 장 廧 담 장 牂 알양 장 𥰭 마디두고 짜갠대 장 𢊬 묻을 장 兂 신에 창받을 장 樟 노나무 장

嫜 시부모 장 張 베풀 장 𢍯 포장할 장 餦 기장엿 장 痮 배부를 장 㸿 찔 장 牂 암양 장 𤖜 간장 장 𣿒 장풀 장 欌 의장 장 牄 새나짐승먹는소리 장 𤖗 쓰르라미 장 𢊬 묻을 장 戕 죽일 장 贓 장물잡힐 장

莊 씩씩할 장 𤕾 장수 장 斨 구멍모진 도끼 장 匞 바치 장 鄣 고을이름 장 丈 열자 장 匠 바치 장 臧 착할 장 蟑 바퀴 장 嶂 산봉우리 둘릴 장 狀 형상 장 𨁯 끓어앉을 장 艢 돛대 장 庄 농막 장 萇 보리수 장

仗 의장 장 檣 돛대 장 賬 치부책 장 𧼫 갈 장 蔣 성 장 慞 두려울 장 𢗎 기뻐지 않을 장 𤴷 병 장 鑶 방울소리 장 瘴 풍토병 장 𩬞 상투 장 𩞄 초 장 葬 장사지낼 장 奬 포장할 장 獎 포장할 장 𩋖 말다래 장

재

縡 일 재 𡨃 살짝 데칠 재 齎 가질 재 𢦔 재앙 재 賷 기질 재 𪖐 재체기할 재 再 두번 재 滓 찌끼 재 齋 재계할 재 䣎 초 재 𥰜 차섬돌에 대일 재 𦮥 차섬돌에 대일 재 裁 옷마를 재 再 두번 재

𩚵 재계할 재 𢋙 차섬돌에 대일 재 災 재앙 재 𪗇 이가날 재 䟢 걸음더딜 재 𪋰 누룩 재 載 실을 재 宰 주관할 재 扗 있을 재 𣪄 죽일 재 賳 재물 재 材 재목 재 喍 개싸움할 재 𡣖 같을 재 㛹 아첨할 재

𥌺 볼 재 𠕅 거듭 재 扨 시골이름 재 栽 심을 재 𦬆 기령풀 재 𥷞 심을 재 𧺝 일어날 재 𪑲 검은물 재 𡊵 있을 재 哉 비로소 재 𤙖 있을 재 𢰅 손바닥에 받을 재 責 집어줄 재 騂 얼룩말 재 𣿄 맑을 재 賳 재물 재

釼 이지러질재 叁 정재할재 纔 겨우재 酨 맑은술재 才 재주재 釮 날카로울재 獁 억셀재 灾 재앙재 宰 재상재 殚 멸망할재 齋 같을재 齌 성결할재 扗 있을재 財 재물재 烖 재앙재 賘 재물재 睟 멍이재 䆘 으뜸재 扖 재앙재 崽 자식재 麳 누룩재 在 있을재 䣬 처음재 𢦏 손상할재

쟁

鎗 금속소리쟁 䏁 발꿈치힘줄쟁 鐺 옥소리쟁 鬇 머리털헝크러질쟁 鬃 머리털엉킬쟁 兼 간할쟁 噌 활시위소리쟁 掙 찌를쟁 趟 뛰는모양쟁 諍 간할쟁 騁 말우뚝설쟁 幁 그림족자쟁 噌 장꾼지껄일쟁 玎 옥소리쟁 振 부딪칠쟁 崢 가파를쟁 鬡 터럭부두할쟁 琤 옥소리쟁쟁할쟁 猙 짐승이름쟁 崝 산높을쟁 羚 양의새끼쟁 踭 발뒤축쟁 䬿 쟁쟁 撜 족자걸쟁 綪 풍류줄캥길쟁 錚 쇳소리쟁 鬤 터럭부룩할쟁 争 다툴쟁 掚 끄을쟁 堂 바를쟁 鬇 머리터부룩할쟁 鬃 머리털엉킬쟁 儯 다툴쟁 鯖 고기이름쟁 弹 활당길쟁 𡾋 많은산이기괴할쟁 瞠 똑바로볼쟁 矘 똑바로볼쟁 敦 두드릴쟁 箏 쟁쟁 鬤 터럭부룩할쟁 𣪠 찌를쟁 𣪍 칠쟁

저

菹 김치저 陼 모래섬저 姐 맏누이저 她 큰딸저 坥 지렁이모인땅저 齟 덧니박이저 瑪 옥저 瘀 다리부증날저 苴 암삼저 潴 물가서 骶 꽁무니끝저 蛆 구더기저 狙 손긴원숭이저 䖦 구더기저 齏 김치저 罝 짐승그물저 渚 모래톱저 苧 모시저 羝 수양저 粗 고울이름저 葅 김치저 䍹 숨을저 这 이것저 箸 대이름저 鐯 젓가락저 帾 구의저 詛 꾸짖을저 紙 실찌기저 趄 머뭇거릴저 羓 수양서 牴 받을저 阺 탈저 緒 옷에솜둘저 鴡 징경이저 箸 젓가락저 䲡 교만할저 泞 맑을저 宁 조회받는곳저 炷 나갈저 緒 옷에솜둘저 聜 귀에지앓을저 褚 옷치장할저 沮 젖을저 跓 갈저 躇 머뭇거릴저 趭 비뚜루갈저 禇 저주할저 紵 모시저 柢 뿌리저 椽 말라죽은나무저 砠 돌산에흙덮힐저 坾 티끌쌓일저 咀 씹을저 輯 수레저 䐴 삼태기저 躇 머뭇거릴저 猪 돼지저 杼 북저 眝 정신들여볼저 䭖 돼지밥저 䇡 북저 茋 게로기저 蠹 독한벌레저 蒀 김치저 罝 고기그물저 柠 닥나무저 䇡 주머니저 滁 물이름저 䕑 표할저 蒢 마저 䣄 잔질할저 㩂 저포저 杵 절구공이저 鴡 징경이저 羜 어린양저 雎 저구새저 邸 주막저 瘀 다리부증날저 宜 산모양저 齖 쌀자루저 迭 발자국저 䑛 받을저 呫 담을저 䉤 광주리저 趆 달아날저 疽 종기저 儲 저축할저 篨 대자리저 豬 돼지저 軝 큰수레뒷저 羝 수양저 骷 해골저 豬 돼지저 碮 맷돌저 蘊 김치저 鱸 삼태기저 詝 슬기로울저 䎱 높이날저 炷 불기운저 鉏 뱀장어저 䐗 쌓을저 菹 김치저 庢 서로의로할저 詆 꾸짖을저 軛 큰수레뒷채저 宐 그릇저 藷 마저 櫡 젓가락저 瀦 물괴일저 葅 김치저 齟 이어긋날저 潴 방축저 糈 양식저 潺 방아공이저 蠦 구더기저 軧 큰수레뒷채저 櫧 저나무저 藷 오미자저 竚 오래설저 鯺 두꺼비저 筯 젓가락저 䪢 턱저 胆 구더기저 骶 꽁무니끝저 牴 이를저 藷 감자저 麆 사슴종류저 抵 막을저 䍓 쌀을소복히담을저 詆 알소할저 佇 오래설저 猪 돼지저 楮 닥나무저 蘊 김치저 氐 근본저 罝 짐승그물저 著 무년저 貯 쌓을저 軝 큰수레뒷채저 䊓 쌀담을저 弤 붉은칠한활저 貯 저축할저 盧 김치저 䶘 그릇저 盧 그릇저 蒢 오미자저 觝 찌를저 䍹 숨을저 屜 보지저 趄 머뭇거릴저 邸 집저 翥 날아떠오를저 羝 수양저 抯 건져낼저 呧 꾸짖을저 齟 담을저 沮 물이번질저 低 낮을저 衿 해진옷저 跙 머뭇거릴저 屐 신저 觝 받을저 豬 오미자저 這 이것저 䪢 턱저 妐 가늘저 蠩 두꺼비저 憱

五八二

투기할저 憓 생각깊을저 庡 그칠저 底 그칠저 䄍 속적삼저 礑 옥가는숫돌저 罝 짐승그물저 褚 옷에솜둘저 岨 돌산에흙덮일저 佇 지체저 躇 머뭇거릴저 偖 세월갈저

적

踖 조심하여걸을적 歠 앓는소리적 烾 붉을적

勣 공적 篴 저적 磧 물래방아적 芍 연밥적 蹟 바를적 玓 구슬빛이환할적 謫 꾸짖을적 糴 찹쌀적 藡 갈대적 弔 활쏠적 摘 들처낼적 滴 흙이물에풀어질적 嫡 정실적 馰 이마흰말적 擿 딸적 蔐 갈대적 速 발자국적

鯽 붕어적 諎 고요할적 聻 귀신이름적 遺 자취적 踏 조심해서걸을적 適 마침적 旳 밝을적 烾 붉을적 𦗓 귀속깊을적 㖃 고요할적 滴 물방울적 的 밝을적 肑 창자밑살적 嫡 시집갈적 趯 팔딱뛸적 鰿 붕어적

魡 고기를맬적 适 이를적 遾 순할적 蠈 마디충적 䴞 밀가루적 襀 옷주름잡힐적 籴 곡식을살적 遻 뛸적 袏 풀먹을적 醳 짤적 躤 밟을적 鰿 붕어적 䵂 쌓을적 樀 추녀적 䟻 바로걸을적 踖 밟을적 宊 고요할적

㝀 고요할적 積 쌓을적 宋 고요할적 頔 좋을적 嚁 휘바람소리적 迪 나아갈적 眣 눈병적 敵 당할적 䍇 고기를그물에매어둘적 楸 나무이름적 蔋 초목이가물어마를적 㓖 끊을적 唐 고울이름적 趚 옆으로걷는발적 滴 물방울떨어질적

䯜 뼈사이에누른집적 鸐 꿩적 適 갈적 适 이를적 𥨒 토끼굴적 霳 비적 鬄 머리깎을적 耤 적전적 家 고요할적 覿 볼적 甋 벽돌적 跡 자취적 績 길쌈적 鄐 땅이름적 賊 도둑적 蠘 개심이적 倜 어려움없을적 𪏮 풀적

樍 물버들적 歒 선웃음칠적 𥟍 모종낼적 祏 종묘돌감실적 逖 멀적 䚋 눈붉을적 翟 꿩깃적 㔏 당할적 䃱 땅이름적 墑 성가퀴적 墄 층계적 䏘 고기구울적 積 모을적 淑 물맑아정결할적 猲 개성내어귀벌쭉거릴적 㝑 적적할적 䞍 사적 籍

문서적 𩃨 비올적 莋 오우적 荻 갈대적 苖 소루장이적 𥈞 눈곤두설적 癪 성낼적 瓋 옥티적 逷 멀적 趯 팔딱뛸적 覿 볼적 衵 적삼적 篴 피리적 笛 저적 糴 곡식살적 蹢 밟아해할적 矴 돌무더기적 寂 고요할적

𣁖 말될적 赤 붉을적 鏑 살촉적 籊 대모양적 戝 도적적 謫 허물적 鍎 살촉적 啇 나무뿌리적

전

捵 손으로굽은것바로잡은전 腞 새길전 眪 눈정기전 膻 젓사이전 顚 이마전 𪑛 앙금전 戩 복전 癲 미칠전

壂 귀막이옥전 纏 얽을전 畋 사냥할전 饘 물거질전 䒸 누른빛전 偂 나아갈전 駩 입술검은흰말전 筌 다래끼전 闐 저자문전 驏 말땅에구를전 甎 벽돌구울전 䑙 들이숨쉴전 䀡 눈깜짝일전 棧 돌밤전 雋 가는무전 餰 좋은맛전

津 나아갈전 醰 낯우를전 羶 양냄새날전 賟 넉넉할전 䤪 쓴술전 邅 머뭇거릴전 瘨 미칠전 翦 깃날전 䫉 추할전 帴 기전 瓆 과실전 𨡹 술맛쓸전 搷 칠전 鈿 비녀전 繵 묶을전 蟤 전어전 緶 베한참짤전

顛 이마전 跈 밟을전 栓 말뚝전 隽 새살찔전 𩙪 멀리날전 倎 두려울전 𢍜 앞전 顚 이마전 歬 걷지않고나아갈전 專 오를지할전 巓 봉우리전 顛 이마전 典 법전 鎮 비녀전 𢘋 기전 䲁 고기이름전 鄽 가게전

跈 밟을전 牋 널전 𧽃 옮길전 磌 주춧돌전 䨘 이슬성할전 鸇 새매전 樿 황양목전 蕇 산겨자전 濺 종이에물들일전 臇 곰국전 騚 네발굽이흰말전 箋 쪽지전 殿 대궐전 蜓 벌레전 鷆 바람가비전 𣢓 신음할전 籛

잘게깎은대전 傎 엎지러질전 甸 경기전 搌 펼전 輇 사람을달전 鐫 새길전 諓 착한말전 橂 나무결찰찹할전 䣺 비심하게올전 䟴 옮길전 鱣 전어전 瑏 옥이름전 㜊 고울전 䵤 개구리전 𨟺 전국술전

騄 백성총이 전　黰 앙금 전　瘨 병들 전　厧 산무더기 전　電 번개 전　港 물돌아흐를 전　⿰金亶 채찍칠 전　⿱穴顛 이마 전　佺 신선이름 전　⿰金廛 팔고리 전　邀 밭 전　鄟 땅이름 전　鱣 전어 전　睓 부끄러울 전　⿰目亶 보고그칠 전　⿺辶建 이를 전

揃 가위 전　⿰足尃 발뒤꿈치 전　鑭 비녀 전　篿 점대 전　齻 사랑니 전　躔 햇길 전　前 앞 전　襢 여막 전　箭 화살 전　⿰耑瓦 동이 전　顛 멀 전　煎 다릴 전　淟 나쁜술 전　電 번개 전　剪 깍아멸할 전　⿰典皮 가죽부르틀 전　瑑 옥새길 전

孨 삼갈 전　戔 쌓을 전　栴 향나무 전　餞 전별잔치 전　⿸广田 평할 전　⿺走真 벼란간달아날 전　⿰月斯 기름껍질 전　樿 나무혹 전　鴫 황새 전　⿰酉皮 너그러울 전　塼 벽돌 전　⿸厂典 정할 전　⿱雨田 번개 전　⿱雋䖵 벌레먹는창벽 전　電 번개 전　荃 향풀 전

転 움직일 전　⿰耳典 부끄러울 전　⿷匚至 키 전　瑔 옥이름 전　⿰木前 표 전　箳 대꼬창이 전　幷 싸움할 전　皽 속꺼풀 전　覥 무안할 전　餞 전별잔치 전　⿸厂耑 작은잔 전　錢 돈 전　牷 순색소 전　甸 밭지경 전　戋 돈 전　澱 찌끼 전　⿰魚廛 전어 전

餰 죽 전　絟 고운베 전　脡 날고기젓 전　躔 햇길 전　靛 청대 전　⿸厂奠 기다릴 전　⿰奠欠 코속기운 전　繵 홑옷 전　毡 전 전　鋑 새길 전　⿰氵葥 질경이 전　⿺走亶 다달을 전　籛 팽조의성 전　⿰羊臭 노린내날 전　滇 성할 전　⿰毛毛 담자리 전　剪

가위 전　伝 전할 전　顛 이마 전　廛 한집자리 전　鐉 문돌쩌귀 전　羴 노린내날 전　癜 어루러기 전　電 번개 전　⿰馬真 별박이 전　⿰耳真 귀에찡할 전　⿰車田 차소리시끄러울 전　⿱雨田 번개 전　⿰虫變 범나비 전　琠 옥이름 전　肬 달지고도밝을 전　⿱艹顛 풀머리 전

眴 눈알굴려볼 전　蹎 이마 전　⿱雨戩 벼락칠 전　膞 고기점 전　襢 후비의복 전　⿰黑虎 앙금 전　槙 나무끝 전　顫 머리바르지못할 전　⿰足典 자국 전　巔 산꼭대기 전　⿰禾亶 벼단 전　⿰阝彖 길가의낮은담 전　羶 노린내날 전　⿱典月 두터울 전　⿰糸東 묶을 전　⿰金亶

전 전　⿰貝廛 의재물피할 전　篆 전자 전　葥 질경이 전　⿸尸䖵 벌레 전　⿰前鳥 새매 전　痊 병나을 전　㥏 부끄러울 전　戰 싸움할 전　⿸尸䖵 벌레 전　⿰足田 땅밟는소리 전　畑 밭 전　姾 계집단정할선 전　沺 물가없을 전　恮 굽을 전　⿰壴真 북소리 전　⿰革氈 전 전　⿰耒全

깊이갈 전　⿰亶羽 멀리날 전　拴 가릴 전　鸇 새매 전　氈 담 전　⿰前羽 깃날 전　⿰口展 어리석을 전　靦 무안할 전　鯅 고기젓 전　⿰言煎 말번거러울 전　仝 온전 전　幷 싸움할 전　銓 저울질할 전　⿰木冊 향나무 전　澶 땅이름 전　鱄 전어 전　湔 씻을 전　佃

밭맬 전　襢 후비의복 전　峑 산이마 전　⿰阝戔 물가운데있는언덕 전　全 할전 순전　⿺辶真 막을 전　⿸尸食 범벅 전　蒃 전자 전　⿰木展 모나무진모양 전　顓 오로지 전　⿴行食 된죽 전　⿱⺮典 큰상자 전　欄 말뚝 전　樓 향나무 전　鬋 귀밑털드릴 전　⿰豖皮 가죽부르틀 전

⿰面亶 무안할 전　鄽 전방 전　纏 얽을 전　展 펼 전　⿱錢虫 매미울 전　⿸尸足 밟을 전　羴 노린내날 전　⿱卉貝 풀이름 전　朘 오무라질 전　⿰歹顛 떨어질 전　錢 돈 전　蹎 엎드러질 전　悛 고칠 전　腆 두터울 전　輾 돌아누울 전　媊 별이름 전　⿰車尃

기꺼워울직일 전　⿸尸辰 범벅 전　⿰言黍 말정하지못할 전　鬋 귀밑털드릴 전　譾 얕을 전　顛 이마 전　窴 메울 전　⿰歬刀 가위 전　靦 무안할 전　⿰口前 삶을 전　⿰开隹 새이름 전　⿵門鳥 집마다 전　雋 새길 전　窴 막을 전　战 싸움 전　顛 이마 전　⿱⺮厶

대쪽 전　淟 때낄 전　隽 새살찔 전　旜 자루굽은기 전　田 밭 전　瀍 물이름 전　⿰豖刂 불알깐소 전　廛 한집자리 전　典 법 전　⿰口殿 앓는소리할 전　詮 평론할 전　⿱⺮剪 화살 전　⿰典欠 신음할 전　⿱髟亶 담자리 전　牋 표 전　蹍 밟을 전　⿰言剪 얕을 전

嫥 전일할 전　傳 전할 전　⿰亶風 바람움직일 전　⿰日黍 사슴의발자취 전　帴 포대기 전　⿰香戔 향나무이름 전　磚 벽돌 전　壂 터 전　屇 구멍 전　諯 서로사양할 전　跡 밟을 전　旃 자루굽은기 전　敟 항상 전　戦 싸움 전　恮 삼갈 전　⿵門亶

문시원하게여닫아질 전

절

竊 도둑질 절　竊 몰래훔칠 절　⿰食截 먹을 절　墆 저축할 절　⿱絕手 끊을 절　蠽 작고푸른매미 절　⿰忄節 마음속에서애아릴 절　竊 도둑질할 절　⿸厂齒 이어긋날 절　⿰石失 돌쇠뇌 절　切 칼에피묻칠 절　卩 병부 절　⿸疒截 멍울 절　梲

동자기둥 절
楶 공대 절
䁐 귀밝을 절
岊 높은산모양 절
切 끊을 절
䘿 돌피 절
䤛 끊을 절
䏿 뼈어긋날 절
覘 볼 절
䧑 막힐 절
絕 끊을 절
竊 가만히 절
幯 걸레 절
沏 물빨리흐를 절
蠽 곳게 절
𤏞 촛불똥 절
菥 풀벨 절
跌 독사 절
㜸 얼굴고울 절
𩒹 작은머리 절
𡶝 콧마루 절
𥝢 풀자를 절
䤐 풋김치 절
𪘂 이단단할 절
𥎔 짧을 절
㓞 새길 절
胵 밥통 절
卩 몸기 절
趃 크게달아날 절
跲 발이길 절
棳 망치 절
炪 불빛 절
節 대마디 절
絰 맺을 절
𩟐 먹을 절
𩭰 묶은머리털 절
晣 밝을 절
晢 밝을 절
𪙚 원숭이 절
駃 독사 절
敓 다스릴 절
𡤘 좀도둑 절
軼 지나칠 절
詧 바른말 절
齧 끊을 절
浙 쌀씻을 절
竊 가만히 절
新 꺾을 절
𢇍 끊을 절
𩪗 이어긋날 절
折 꺾을 절
截 끊을 절
鵽 당닭 절
𦁧 끊을 절
𩸯 연어 절
㔾 병부 절
苵 돌피 절
𢦩 이할 절
𢦶 빠를 절
𨇾 자취 절
切 끊을 절
𧝋 작은옷 절
𪚥 말많을 절

점

胋 살찔 점
黏 차질 점
醶 싱거울 점
痁 학질 점
斬 보리벨 점
惦 마음붙일 점
𪖐 코늘어질 점
𢹿 사길 점
掂 무게달 점
瀸 건수샘 점
漸 점점 점
聑 귀조금늘어질 점
磹 번갯불번쩍거릴 점
㓠 칼이빠질 점
䤘 짧은얼굴 점
姑 벙글거릴 점
𢖴 달아날 점
玷 옥티 점
佔 엿볼 점
馾 말이출 점
唸 신음할 점
颭 펄렁거릴 점
岾 고개 점
䨘 이른서리 점
點 검은점 점
墊 빠질 점
簟 삿자리 점
阽 위태한데임할 점
耆 검버섯 점
趈 빨리달아날 점
襜 수레휘장 점
敁 손들 점
黇 누런빛 점
耆 늙은이얼굴의검버섯 점
敁 손으로달아볼 점
橝 평고대 점
㦰 다할 점
䵖 빛약할 점
葴 풀이름 점
粘 붙을 점
𩬀 터럭듬성듬성날 점
占 점 점
奌 더러울 점
䟴 말달려갈 점
苫 이엉 점
黵 검게더러울 점
笘 버팀대 점
店 가게 점
点 검은점 점
霑 젖을 점
坫 평풍 점
䘸 모시고섭 점
𥧔 지붕물매 점
津 나아갈 점
黵 검게더러울 점
霵 작은비 점
䀡 볼 점
笘 종이뜨는발 점
𦺓 나무주초 점
蔪 보리팰 점
鮎 메기 점
菾 마름풀 점
心 성 점

접

綷 실이을 접
菨 미나리 접
㚔 놀랄 접
𦟯 데칠 접
緤 합할 접
跕 미끄러질 접
㴶 물자질자질할 접
𨊿 빨 접
𤮐 동이 접
慴 두려워할 접
䀹 한눈감을 접
踥 저벅저벅걸을 접
韘 깍지 접
䈎 까부를 접
蹀 저벅저벅걸을 접
褋 홑옷 접
椄 대일 접
𪈞 새이름 접
𧳢 돼지 접
𦗐 귀 접
緁 실이을 접
𩣡 말몰아갈 접
𡑐 술병 접
𩤷 말몰아갈 접
接 대접할 접
蹀 저벅저벅걸을 접
疌 손빠를 접
牒 회칠 접
蝶 들나비 접
躡 누런콩 접
𪑪 백성 접
艓 거룻배 접
蹀 저벅저벅걸을 접
𪑪 백성 접
𤗪 다스릴 접
𪑪 백성 접
蜨 들나비 접
襵 주름잡을 접
鍱 쇠덩이 접
楫 노 접
𧙄 옷깃 접
褋 홑옷 접
𨻰 계집배시 접
𪗲 대접할 접
𢪐 비빌 접
蝶 들나비 접

정

朾 깃대 정
姃 단정할 정
靘 치장환히할 정
霆 천둥할 정
偵 엿볼 정
赬 붉을 정
楟 아가위 정
䁎 자세히보는모양 정
瀞 정결할 정
䬹 바람소리 정
鼎 솥 정
𩗴 바람소리 정
鼎 솥 정
𤭛 병 정
脡 포 정
精 정령 정
䞓 벌걸 정
庭 곧을 정
徎 좁은길 정
旍 장목기 정
檉 능수버들 정
楨 담틀 정
㝎 정할 정
䞍 밑질 정
筳 대자리 정
整 정돈할 정
碠 돌정자 정
正 바를 정
䟓 잇수 정
蝏 말씹조개 정
頲 이마 정
𨓍 돌속길 정
𡸕 산구멍 정
停 머무를 정
畊 구덩이 정
𦉪 작은그물 정
耵 귀에지 정
蟶 맛살조개 정
鼮 얼룩쥐 정
町 들넓이 정
汀 물가 정
柾 나무바를 정
𥨊 그림 정
彭 조촐하게꾸밀 정
鯙 자가사리 정
瞳 눈동자 정
珽 옥이름 정
𥞥 벼우뚝우뚝설 정
鋥 칼날세울 정
亭 정자 정
䤖 생선구울 정
靚 단장할 정
娗 매욱할 정
遉 순라군 정
旌 장목기 정
桯 서안 정
䞓 붉은빛 정
渟 물괼 정
聙 귀밝을 정
定 정할 정
𩨭 종아리뼈 정
征 칠 정
叮 친절할 정
靪 신창받을 정
聢 확실할 정
逞 통할 정
鉦 징 정
酲 술병 정
𤼲 장막칠 정
𨊧 수레머물 정
綎 말갈기땋은실 정
瀞 찰 정
𨗥 높을 정

埥 파랗게녹쓴땅정 幀 그림족자정 靜 고요할정 筳 대쪽정 鼆 정나라정 踜 그칠정 竻 대함정 掟 영감정 佂 두려워할정 䋫 둥그레정 頂 이마정 亭 숨쉴정 鼑 개미무덤정 葶 두루미냉이정 碇 닻돌정 鞓

가죽띠정 瞨 말끄러미바라볼정 阱 구덩이정 顁 이마정 裎 아이옷정 仃 홀로행할정 奵 얼굴좋을정 箐 바구니정 玎 물가정 䡠 수레소리정 顁 이마정 鶄 할미새정 赬 붉은빛정 蜻 고추잠자리정 飣 음식고일정 筬 대이름정 炡

데칠정 頂 이마정 訂 바로잡을정 蜓 고추잠자리정 鴊 매정 瀞 찰정 𨾴 새매정 靛 노란빛정 呈 보일정 碀 깨어지는소리정 䃀 배닻돌정 廷 조정정 䈇 대난간정 个 징적정 疔 정정 䯍 넙적다리뼈정 䬘 떡정 鄭

정나라정 睈 흘로보는모양정 瀞 찰정 棖 문설주정 盯 똑바로볼정 聇 갈정 㓅 살가죽당길정 罜 작은그물정 𦙫 생선구울정 彰 고요할정 圢 밭고랑정 莛 풀줄거리정 矴 배닻돌정 汀 정 𨈡 몸길곧을정 整 가지런할정 艇

거루정 穽 구덩이정 㹢 원숭이정 𡩆 지붕물매정 丼 우물정 錠 대정 鬵 초로고기삶을정 䋊 인끈정 㹢 원숭이정 凈 찰정 𥻘 세밀할정 虰 잠자리정 𥸸 맛없는밥정 涏 샘물정 竫 편안할정 𡺓 긴산정 悜 맘껏하지못할정

𧒆 누에두잠잘정 崝 험하고높을정 誔 속일정 䆸 구멍정 䬄 바람소리정 精 정령정 政 정치정 程 법식정 𨔶 다할정 正 바를정 情 뜻정 淨 깨끗할정 旱 빌정 挺 뺄정 丁 백성정 釘 못정 諚 분부할정 挰 가릴정

穽 뜰의우물정 𦓝 쟁기술정 最 해돋는모양정 霆 벼락정 酊 비틀거릴정 疋 첫정 𨳥 빗장정 鯅 온고기젓갈정 䋼 인끈정 整 정돈할정 鯖 생선구울정 脭 정한고기정 亭 정자정 珵 패옥정 這 속일정 鞓 가죽띠정 廷

갈정 諪 고를정 頲 곧을정 𪔂 세발노구정 帄 기울정 蟶 가리맛정 𥾄 노끈팽팽이끌정 鋌 쇳덩이정 逬 곧을정 整 정돈할정 閮 문가운데정 寊 넓은집정 綪 붉은색정 婷 예쁜모양정 晶 영채날정 窃 도둑질할정 靜

고요할정 姘 계집엄전할정 綎 인끈정 䫆 아름다울정 𨾴 새매정 𥤢 뚫을정 𧿒 다리가늘고길정 淀 얕은웅덩이정 𧯝 바를정 綎 인끈정 証 간할정 菁 무우정 䬘 먹일정 艼 정풀정 𤅌 맑을정 𩠐 이마정 竀

산밑구멍정 䂼 갈정 阷 언덕정 裎 벌거벗을정 聤 귀에진물흐를정 町 밭지경정 脝 포정 睼 볼정 埩 밭갈정 𪔀 자오락정 湞 물이름정 侹 멀쑥할정 鼱 새앙쥐정 䞍 팔정 睛 눈동자정 睜 노리고볼정 𨔶 다할정 梃 막대정

井 우물정 睈 비취볼정 䴴 사슴달아나는모양정 徎 달아날정 忊 원망할정 貞 곧을정

제

濟 건질제 幯 실켤제 䪼 머리숙일제 㔭 그릇제 際 어울릴제 䬫 얻어먹을제 霽 그칠제 臍 배꼽제 騠 잘달리는말제 鍉

꿇어앉을제 䬷 기식할제 憏 요량없을제 璾 옥의티제 𨓍 놀랄제 虒 범누어숨쉴제 鞮 가죽신제 𢓭 쉴제 悌 개제할제 杕 손으로잡을제 鯯 고기이름제 鯷 메기제 祭 제사제 鯯 고기이름제 齌 아름다울제 虀 양념할제 罤

그물줄제 鶗 접동새제 艩 노거리제 䓍 갈제 珶 패옥제 𡨴 주관할제 趧 오랑캐춤제 𨗿 복제 𣽮 건질제 穧 벼베어쌓을제 焍 거북지지는나무제 𩛙 작은초막제 𧊅 작은매미제 𧩼 모들제 鮷 메기제 絥 수놓은문제 穄

기장제 𪗋 병제 𧶇 재물제 嶖 산이름제 蹄 굽제 蝭 쓰르라미제 𧤝 뿔비녀제 傺 물끄러미할제 𧞑 다스릴제 懘 느른할제 䕸 외나물제 𩂣 비그칠제 䘲 배띠제 㣇 털긴짐승이름제 徲 왕래할제 𪘂 씹을제 𩋃 가죽신제

稊 강아지풀제 𩚀 진지올릴제 劑 약지을제 斉 다스릴제 晣 별빛찬란할제 梯 사다리제 弟 제풀제 𨫍 깎은대제 鱭 갈치제 㮊 절구공이제 醍 빛붉은술제 𥫙 성제 𪖐 재채기할제 隄 방축둑제 惿 싱겁할세 鍗 큰가마세

謕 울제 趆 달아날제 堤 막을제 癠 병들제 禔 옷두터울제 餟 얻어먹을제 除 버릴제 蠐 씹을제 醨 짤제 韲 썰은풋김치제 簛 대자리제 餈 맛변할제 蹄 토끼올무제 鬄 작은상투를묶을제 迟 물러갈제 齋 성경할제

壬 밝을제 瑅 옥이름제 睼 눈밝을제 騠 잘닫는말제 踶 찰제 蕛 돌피제 詍 말바르게못할제 蹏 굽제 穧 베인벼제 蹄 토끼올무제 鍗 굽은칼제 鯷 접동새제 鬄 작은상투를묶을제 涕 물이름제 澨 건질제 嚏 재채기할제 𧬘

수다할제 麡 뿔이앞으로굽은사슴제 鍦 가마제 醍 생선조림제 𪖐 재채기할제 隮 오를제 謕 울제 制 금할제 弚 아우제 斊 아플제 鮆 갈치제 齏 썰은풋김치제 离 성제 鶙 접동새제 齏 양념할제 聜 가까이들을제

舣 싸움배제 禘 나라에큰제향제 鬄 작은상투를묶을제 𩒫 머리비뚤제 鯯 고기이름제 鼶 족제비제 䍜 술짤제 稊 가라지제 緹 붉은비단제 踶 밟을제 臍 배꼽제 齊 가지런할제 鮷 큰잉어제 𨀤 밟을제 帝 황제제 韲

양념할제 偙 곤할제 𧛧 지을제 擠 물리칠제 鵜 사다새제 韲 양념할제 臍 배꼽재 齏 생선조림제 祭 제사제 臍 배꼽제 穧 갈지않고심을제 猅 개이름제 䚣 들어낼제 苐 초목이처음날제 鰶 전어제 䟡 밟을제 霽

비그칠제 餽 먹일제 斉 가지런할제 狾 황충의새끼제 嚌 맛볼제 睇 흘깃볼제 垛 버릴제 𦨻 작은배제 霽 비개일제 隮 오를제 剤 약지을제 梊 집어가질제 狾 창제 漈 물가제 鉘 날카로울체제 齋 불땔제 齎 배꼽제

猘 미친개제 䬾 떡제 䚟 찌를제 懠 성낼제 𧨩 많을제 裚 옷꿰맬제 𨅿 오를제 銻 날카로울제 渧 물방울제 鍉 장군제 濟 쌀뜨물제 鮷 큰잉어제 媞 편안할제 稊 놀피제 綈 두터운비단제 齐 다스릴제 躋 오를제

𣠽 양념할제 趆 달아날제 鷈 되강호리제 𨣳 맛이짤제 罤 토끼그물제 澨 건널제 堤 막을제 媂 뒷간귀신이름제 聜 들을제 哂 재채기할제 磾 사람이름제 𧿳 밟을제 𦆰 무늬놓은비단제 鞮 가죽신제 𢷬 찢을제 靳 칼집제

薺 양념할제 膌 병들제 儕 무리제 提 들제 怟 민망할제 蹄 소루장이제 娣 제수제 題 이마제 淛 강이름제 觢 받을제 𣠽 썰은나물제 霋 비그칠제 隄 막을제 醊 제사제 䲫 부축받을제 諦 살필제

帝 임금제 製 마를제 齊 아름다울제 祭 제사제 𧾩 오를제 敕 쏠제 狾 미친개제 諸 모들제 偍 멈칠거릴제 鱭 잉어같고작은고기제 䪡 양념할제 剬 끊을제 睼 마주볼제 碮 다듬잇돌제 弟 아우제 嗁 부르짖어울제

韲 양념제 晢 눈광채제 媦 손아래누이제 匲 칼집제 𩋿 떳떳할제 隮 오를제 𦨣 싸움배제 𢕍 가다우뚝섯을제 𤭛 자배기제 韲 썰은풋김치제 錗 날카로울제 𩓞 머리떨어뜨릴제 齍 기장담는제사그릇제 諸 말잘할제 𠼃 소곤거릴제

䅎 벼모양제 稊 강아지풀제

조

㤊 근심할조 誂 별안간조 飵 서로청하여먹일조 藋 명아주조 鵰 독수리조 條 휘추리조 燥 불에말릴조 䶸 갈조 䴈 떡소조 蚤 벼룩조 徂 갈조 曹 무리조 祧 사당조 䐹 개와돼지기름내조

帞 머리덮는수건조 宐 제기조 胙 제지낸고기조 鱸 생선장조림조 銱 걸쇠조 嶆 산수횡할조 遭 만날조 趮 빠를조 鋽 불리지않은쇠조 𧖆 긴금조 早 이를조 蓧 김매어담는그릇조 条 휘무리조 𪒖 장마에삼주저앉을조 粗

간략할조 釂 훌쩍들이마실조 脁 제사고기조 鳥 새조 遭 만날조 麈 노루새끼조 𣋿 동녘에해돋을조 棗 대추조 𨅛 뛸조 鼂 고운옥조 阼 동편섬돌조 詛 저주할조 臊 돼지기름내조 朝 이를조 藻 마름조 鳭 뱁새조

紖 거꾸로달조 𨋍 아침조 鯈 피라미조 慘 근심할조 𢅠 포대기조 幧 상투관조 䟻 뛸조 螬 굼벵이조 澡 씻을조 𤎖 탈조 銚 화살조 藻 마름조 䞴 깡충뛸조 螬 굼벵이조 鳥 새조 𠊱 고삐조 造 지을조 䡐

엷을조 脁 제사고기조 䍫 한살된양조 燥 불에말릴조 操 잡을조 掫 찌를조 𢄼 비단조 槽 말구유조 𥳑 대숲조 藋 명아주조 盄 그릇조 慘 근심할조 𧿒 동편섬돌조 𧼮 찌를조 芀 갈대꽃조 昭 나타날조

照 비칠조 助 도울조 靻 가죽신조 蚤 벼룩조 嬥 오락가락할조 艁 선창조 眧 밝을조 洮 손씻을조 詐 맹서할조 趄 클조 漕 물질할조 𠤏 밭에쓰는제구조 鮡 고기이름조 弔 조상할조 蓧 김매어담는그릇조

誂 서로꾀일조 懆 근심할조 糶 날조 鰷 촌백충조 嶆 아름다울조 帪 머리싸는수건조 潮 조수조 櫂 말구유조 醩 술재강조 𣀝 억조조 茱 수유씨조 找 채울조 眺 밝을조 鳥 새조 遭 갈조 𩹉 머리숙이고들을조 吊

조상할조 組 인끈조 潐 술거를조 竈 부루막조 醩 술재강조 匴 보습조 啅 지저귈조 棗 대추조 劉 삭조 匧 밭에쓰는제구조 蒩 제사자리조 殂 죽을조 庣 휘조자리조 鵰 독수리조 爫 손톱조 遭 만날조 弔

조상할조 潮 밀물조 𠚣 깎을조 鼂 고운옥조 𥬇 가리조 䡛 무리조 爝 햇불조 鑃 가래조 䩦 마름조 蓚 싹조 朓 그믐달서편에보일조 筄 낚싯대조 糙 거친쌀조 𣀝 깨어부술조 𣊓 햇빛조 藋 명아주조 鄛

땅이름조 梍 스므나무조 罩 덮치기그물조 趙 조나라조 阞 산구멍조 淖 이름조 褁 관보조 俎 제기조 鮉 도미조 蠑 음조 凋 시들조 爼 도마조 佻 경박할조 䄦 신명의도움조 𢂖 머리농일조 駣 세살된새로길들인말조

趒 뛸조 絩 실수호조 蹘 움직일조 抓 긁을조 粜 곡식팔조 𠛪 새길조 窕 방조할조 𥪖 높고위태할조 葄 갈대조 𪐺 거칠조 傮 마칠조 𣪟 잡을조 𥳔 띠자리조 奝 클조 撡 휘두를조 措 들조 瑵 일산조

蜩 말매미조 罩 새덮치기조 璪 면류관드림옥조 燳 밝을조 耡 부세조 鞗 고삐조 䐬 연할조 搯 들조 祖 할아비조 燥 불사를조 𣧑 죽을조 噪 뭇새지저길조 覜 뵈일조 𣋲 흰조 𥰄 대이름조 穛

사당조 遭 만날조 調 고를조 厝 둑조 䨤 어두울조 欙 탄나무조 竃 부엌조 珇 뾰족한서옥조 庫 말쌍스러울조 䄦 도울조 恌 경박할조 弔 조상할조 蜡 벼룩조 𨗀 지울조 眺 볼조 臊 개와돼지기름내조 肇

민첩할조 祖 근본조 罺 반도조 調 가릴조 琱 옥다듬을조 罩 새덮치기그물조 𨃩 움직일조 𥻆 곡식팔조 藋 명아주조 藻 마름조 窼 깊고멀조 齟 또갈조 䂏 돌높을조 造 지을조 瞾 눈고울조 窱

깊은모양조 𦩍 작은배조 繰 아청통견조 𤰸 밭조 莜 부추조 𩈳 익힐조 鏪 뚫을조 蛁 쓰르라미조 艚 작은배조 跳 뛸조 𤱲 밭안의구멍조 糶 곡식팔조 褿 옷깃조 爪 손톱발톱조 狣 개힘쌜조 蔦 겨우살이조 錯

서로만나서먹을조 灶 부엌조 蓨 싹조 鑃 물건굽는그릇조 𨓁 지을조 遭 만날조 𥎊 짧을조 䳂 익히볼조 窱 아득할조 躁 성미급할조 㫜 해저물조 雕 독수리조 罩 가리조 晁 아침조 䜊 지껄일조 𨑨 갈조 謿

조롱할조 狙 도마조 竈 부뚜막조 罩 가리조 𦔲 귀앓을조 魹 고기이름조 𢕟 가는모양조 銱 낚시조 鋚 고삐끝쇠조 鯛 도미조 譟 지껄일조 鰷 피라미조 窕 안존할조 𤖯 마루조 𥾶 끈으로묶을조 蔦 겨우살이조

𦪙 배긴모양조 𧙹 짧은옷조 訋 소리조 聎 귀울조 𦗨 귀울조 鯙 가리조 𣮂 털치장조 祚 복조 𥼸 썰어섞을조 𨑨 갈조 兆 조조 燋 햇불조 皂 검은빛조 鼂 고운옥조 𨣆 술재강조 糟 술재강조

𣦹 죽을조 釗 가리조 𡖹 많을조 艁 창조 𡸗 산둘레조 踶 말저름날조 樤 귤조 蚤 벼룩조 鵃 매달조 褿 옷깃조 𨯼 어장조 𣋲 흰조 朝 아침조 䡔 수레우상대조 㑃 홀로설조 垗 무덤터조 彫

그릴 조 彐 조루 조 跳 뛸 조 慥 독실할 조 曺 무리 조 庫 피할 조 租 쌓을 조 嘲 희롱할 조 嘈 지껄일 조 謲 높을 조 髞 높을 조 釣 낚시 조

족

鬇 덧니날 족 齱 덧니날 족 䃚 돌자갈땅 족 足

흡족할 족 䇷 그림그린비단 족 罜 살촉 족 蟀 벌레모일 족 萃 초목이떨기로날 족 𥏻 일가 족 𧰿 돼지걸어갈 족 𦉫 살촉 족 族 일가 족 𢡺 가죽자루 족 瘯 짐버짐 족 䠞 자취 족 矣 일가 족 簇 가는대 족

蔟 모을 족 哫 아첨할 족 䠓 발굽으러질 족 欶 숨쉴 족

존

𢀖 높을 존 拵 조합할 존 踆 걸터앉을 존 尊 중할 존 䄻 벼쌓을 존 㖨 입넓을 존 存 있을 존 僔 공경할 존 袸 돌떠 존 𥈊 붉은눈 존

𨦟 끊을 존 扗 있을 존

졸

䯿 잔뼈 졸 𩮲 상투 졸 𪗗 씹을 졸 𧣾 뿔처음날 졸 𣭛 털나는모양 졸 捽 꺼두를 졸 齰 씹을 졸 逹 군사 졸 卒 항오 졸 猝 창졸 졸

卆 군사 졸 夈 갑작스러울 졸 捽 꺼두를 졸 椊 자루맞힐 졸 踤 찰 졸 拙 못생길 졸 欻 빨 졸

종

慒 생각할 종 葼 나무휘추리 종 猣 개새끼세마리낳을 종 柊 방망이 종 跾 자취 종 諥 말서로마주칠 종

忪 황겁할 종 鏞 쇠북 종 賨 오랑캐부세 종 宎 마침 종 䍟 검붉은얼룩범 종 鬷 닭 종 瞛 눈에광태날 종 鍾 아이밸 종 堫 밭갈 종 鍾 밀이름 종 㚇 마침 종 螉 황충 종 瘇 발종기 종 籦 가지많을대 종 緃

세로 종 鬆 터럭더부룩할 종 𨏈 수레바퀴자국 종 妐 시아버지 종 鬉 무리 종 𪔿 얼룩쥐 종 綜 씨 종 䡫 젓물 종 踵 발뒤꿈치 종 翪 날개움추리고낮을 종 𪕱 얼룩쥐 종 宗 높을 종 腫 종기 종 幒 차일 종 粽

주악 종 嗵 벙어리 종 𪐝 어두운구멍 종 椶 종려 종 琮 자손번성할 종 從 좇을 종 熧 불번질 종 騌 흩어진머리털 종 稅 벼묶음 종 樅 전나무 종 鯮 조기 종 㢔 많을 종 褈 거듭 종 瑽 옥차는소리 종 稯 홑옷 종

鵅 새이름 종 䰌 가마 종 鬷 무리 종 淙 물소리 종 䡯 발꿈길 종 轗 바퀴 종 縱 세로 종 纚 곧을 종 𪆷 새발오그릴 종 艐 배걸릴 종 鯼 조기 종 𡼏 발디꿈치 종 鬷 닭 종 鏓 얼룩쥐 종

種 더할 종 緵 베올 종 䨚 닭 종 鵍 오디새 종 倧 편안 종 騌 갈기 종 琮 지신제에쓰는옥 종 縱 물들인비단 종 弆 마침 종 鬷 가마 종 鬉 걸을 종 笒 마디긴대 종 鬷 닭 종 棕 종려나무 종

騣 말갈기 종 熜 탈 종 𪇆 무리 종 鼨 쥐 종 蹱 어린애걸을 종 惾 베떠 종 嵕 봉우리가뾰죽뾰죽할 종 樅 홑옷 종 猔 외동이강아지 종 憃 늦을 종 伀 두려울 종 蠑 작은벌 종 鬃 높은상투 종 墥 연못둑 종

輚 바퀴 종 鐘 술잔 종 猣 개새끼한마리낳을 종 迳 나갈 종 鬆 말갈기 종 慫 놀랄 종 種 종류 종 䮸 다리부을 종 瘇 발곪길 종 从 따를 종 𨒪 허락할 종 磫 돌 종 篓 자른대채찍 종 松

두려워하는모양 종 偬 곤궁할 종 𪏆 종류 종 㚇 산이름 종 蹤 자취 종 𧼮 비뚜루걸을 종 鬆 터럭더부룩할 종 稯 벼묶음 종 塕 땅버섯 종 㚇 마침 종 賨 오랑캐부세 종 鬉 갈기 종 踪 자취 종 蹤 자취 종 猣 숫돼지 종 𥡴

짧은창 종 𧑓 멸구 종 猔 수돼지 종 賨 오랑캐부세 종 𩝯 걸들릴 종 𨗨 천천히걸을 종 𧺟 허락할 종 𩟏 게걸들릴 종 趗 빨리갈 종 縱 세로 종 䁓 서로엿볼 종 𪏆 종류 종 𩨉 송곳 종 揔 손으로칠 종 宎 마침 종

𡦴 낮을 종 𦤝 마침 종 𦽏 풀이름 종 縱 세로 종 殓 마지막 종 𪇆 닭 종 従 따를 종 騌 말갈기 종 迦 따를 종 苁 따를 종 從 종종걸음칠 종 瘲 경기증 종 䐋 배가걸리어나아가지못할 종 緵 마침 종 鬉 흩어진머리털 종

終 마침 종 鬉 말굴레치장할 종 䙕 어린애의옷 종 豵 횃돼지 종 嵷 산높을 종 鍐 말굴레 종 磫 돌길 종 𣯶 털로짠베 종 閦 문짝밖으로열 종 種 종류 종 螽 메뚜기 종 縱 세로 종 悰 즐거울 종 𦡄 살찌는병 종 誴 즐거울 종

嵸 산높을 종 䉘 대 종 𨿅 참새 종 鬆 상투 종 𢔅 가르칠 종 翪 날개움추리고날을 종 鐘 쇠북 종 䡵 수레바퀴자국 종 糉 송편 종

좌

佐 도울 좌 𤞟 짐승 좌 𡝤 경계할 좌 挫 꺾어질 좌 𧨶 핀잔줄 좌 窄 너그러울 좌 㟇 산무너질 좌 髽 여상제북상투쪽질 좌 趖 빨리달아날 좌 莝 여물 좌 座 자리 좌 𩮁 여상제북상투쪽질 좌 袏 옷보따리 좌 㘴 앉을 좌 屮 왼손 좌 左 왼편 좌 坐 앉을 좌 𡋯 앉을 좌 矬 난장이 좌 萎 꾸뻑할 좌 痤 뾰루지 좌

𢓜 절름거릴 좌 髽 여상제북상투질 좌 侳 편안할 좌 剉 꺾어질 좌 𨀪 거짓절할 좌 𣐤 과실이름 좌 銼 가마 좌 𨒪 바쁠 좌 䂳 부스러진돌 좌 𣳀 진흙 좌 𡯁 다리병신 좌 𠂇 왼편 좌 𢒾 베일 좌 𡜎 거짓말할 좌 坐 앉을 좌

佐 도울 좌

장

鶞 뻐꾹새 장

죄

辠 죄줄 죄 𥨎 막을 죄 罪 죄줄 죄 𢾰 재앙 죄

주

奏 아뢸 주 拄 버틸 주 㖄 병아리부르는소리 주 𧴪 재물 주 蛀 나무좀 주 軴 수레머무를 주 禂 주밀할 주

咮 새부리 주 䎻 밝을 주 晝 낮 주 昼 낮 주 䓛 새집 주 輳 바퀴살통 주 遒 군셀 주 䣕 실패 주 𧈢 나무좀 주 腠 피부 주 䵭 군사노략질할 주 祝 축원할 주 鉒 쇳돌 주 𦀓 솜 주 鰽 큰고기 주 𧇊 범이친압해질 주

𣦹 고울 주 䩜 두구 주 𧢻 용뿔 주 鮢 고기이름 주 睭 깊을 주 輈 수레채 주 霔 때맞춰오는비 주 洀 물노리칠 주 䇬 숫가지 주 株 뿌리 주 眣 근원 주 廚 부엌 주 柱 기둥 주 跓 발머물 주 疛 아래배아플 주 胄 맏아들 주

𠷎 누구 주 祩 돌감실 주 䊢 표할 주 𦞙 엉덩이 주 𥬠 접에심는대 주 疛 아랫배아플 주 䣩 술다스리는벼슬 주 幬 휘장 주 鵃 남방꿩 주 呪 저주할 주 儔 짝 주 𨇓 취하여넘어질 주 伷 맏아들 주 凑 나아갈 주 駯 입검은말 주

硃 주사 주 砫 돌궤 주 烐 불반짝거릴 주 淍 물돌릴 주 鴸 검은오리 주 逎 굳셀 주 𧢼 활고두리 주 酒 술 주 枓 구기 주 燽 밝을 주 噣 새입부리 주 𥎊 활고두리 주 𤞞 몸누리고머리검은개 주 𢸝 외나물 주 咒 방자할 주

譸 속일 주 黈 점찍을 주 紸 이을 주 𧺆 달릴 주 䠱 몸꼿꼿할 주 楱 감자 주 𣑾 풀싹날 주 𥸤 술 주 紬 명주 주 𨯔 설익힌구리 주 赱 달릴 주 輖 낮을 주 𠐁 파리할 주 𥐯 돌 주 鑄 쇠불릴 주 犨 사람이름 주

𨅹 발머무를 주 𩯡 머리털이많을 주 詶 수다스러울 주 駐 말머무를 주 𧘝 은옷 주 𨥉 금칼 주 燽 밝을 주 縳 업 주 𡘮 아뢸 주 尌 세울 주 鵃 멧비둘기 주 綢 얽을 주 酎 세번빚은술 주 疇 밭 주 週 두루 주

鋳 쇠불릴 주 粡 도래떡 주 躊 머뭇거릴 주 湊 물모일 주 注 물댈 주 𨘈 멈출 주 䵭 군사노략질할 주 翢 약한깃 주 𡿧 고을 주 𦙶 혈구 주 𪎲 삼씨 주 鎷 말이나아가지않을 주 澍 때맞춰오는비 주 𥉲 눈움직일 주 騆 큰말 주

絑 붉은비단 주 𢦸 죽일 주 𦇅 명주 주 誅 벨 주 輳 바퀴살통 주 䩵 주름질 주 皗 밝을 주 麱 누룩 주 𧷗 부을 주 椆 내이름 주 鑄 쇠불릴 주 𧭺 속일 주 𣪘 아뢸 수 週 두루 주 罜 물고기그물 주 𩵩 꺾기이름 주

主 주인 주 𪚦 거북이름 주 𧈫 바다벌레 주 住 머무를 주 丶 귀절칠 주 𧽚 서있을 주 州 고을 주 籀 큰전자 주 𤎱 태울 주 詋 저주할 주 宙 집 주 䛆 축원할 주 𢸱 누를 주 𩵾 모장이 주 𧩯 아뢸 주 喌 남부르는소리 주

黈 누를 주 徟 헤맬 주 蠾 큰거북 주 𣄼 빛 주 𤍅 태울 수 疰 병전염할 주 嵟 산굽이 주 箸 젓가락 주 註 주낼 주 𢯾 외나물 주 蛛 거미 주 舟 배 주 躕 머뭇거릴 주 𩎟 군복 주 𠟠 끊을 주 𧲿

五九〇

(높이날을주) 跦 머뭇거릴주 𨘢 멈출주 洲 섬주 敂 막을주 丟 잃어버릴주 厨 부엌주 宔 신독주 蕳 오색촉규화주 鯥 소금주 姝 사람이름주 酘 휜술주 盩 당겨서칠주 幬 말주 走 달릴주 籌 숫가자주

跦 강장강장뛸주 𩊄 투구주 鼄 거미주 邾 나라이름주 袾 짧은옷주 輈 수레채주 咮 입비뚤어질주 𦛴 팔꿈치주 𣻗 술진액주 昼 낮주 𩌏 말고삐주 珠 진주주 盩 산구비주 犨 소숨소리주 𧲡 껍질두터운돼지주

冑 투구주 䘢 갈주 炷 심지주 祝 축원할주 鵃 솔개비슷한새주 丢 아주갈주 𠣘 두루주 𦙫 몸곧을주 洀 물노리칠주 幮 장막주 懤 주리할주 粙 벼알들주 𤆼 탄흙주 𤟹 고을이름주 賙 줄주 朱 붉을주

祩 방자할주 婤 얼굴얌전할주 籒 큰전자주 懤 근심할주 碉 돌집주 𩖻 바람불주 霌 장마주 𨻙 큰언덕주 嚋 누구주 𥢆 찰질주 𩭩 머리털줄주 𪖺 외쪽박이주 肘 팔꿈치주 周 구부르질주 琱 구슬주

精 낟알주

죽

精 미음죽 粥 미음죽 筑 손으로쌓을죽 蹴 급할죽 鸑 아롱비둘기죽 踿 가까울죽 䰞 귀신의머리죽 竹 대죽 簚 흰개가죽 鬻 미음죽 鬻 미음죽

준

䐤 살찔준 鮻 장끼준

肫 지성스러울준 鐏 술통준 僎 못생기고약할준 準 평평할준 遵 지킬준 繜 베와비단폭이준 樽 술통준 嶟 산높은모양준 葰 가죽옷준 鐏 창고달준 峻 높을준 餕 제사퇴물준 畯 농부준 輴 하관하는수레준

餕 제사퇴물준 訰 어지러울준 艀 배밑구멍준 蔢 다룬가죽준 譐 기뻐할준 䣩 좋은술준 蓴 풀다부룩이날준 皴 살터져주름질준 准 평평할준 捘 안험할준 焌 불땔준 逡 물러나갈준 繜 잠방이준 𩊚 가죽다룰준

酏 좋은술준 俊 클준 餕 떡찌끼준 濬 깊을준 陖 높을준 罇 술동이준 埻 과녁준 蹲 걸터앉을준 遵 행할준 稕 짚단준 睃 사람이름준 墫 춤출준 訰 어지러울준 隽 클준 䮞 얼룩말준 儁 영특할준

蠢 벌레굼실거릴준 䞭 걸음빨리걸을준 訰 어지러울준 寯 모일준 𢓜 물러갈준 蹲 걸터앉을준 踳 어그러질준 鷷 서방꿩준 埈 높을준 惷 어지러울준 𢧵 일어날준 選 지킬준 竣 물러설준 㕙 청서모준 𨼗

(높을준) 僔 익힐준 𠠝 감할준 𩋢 가죽바지준 峻 높을준 餕 위태할준 踆 그칠준 陘 높을준 儁 민첩할준 鵔 장끼준 噂 수군거릴준 㕙 약은토끼준 嶲 험할준 僔 모을준 𪕓 청서모준 鱒 독너울준

𥇝 눈둔한준 迿 먼저준 浚 깊을준 夋 갈준 晙 밝을준 遵 지킬준 陖 높을준 駿 준마준 隼 새매준 𧛔 바지통준 撙 꺾어질준 𢧵 일어날준 𧒒 일어날준 濬 깊을준

줄

怞 근심할줄 紌 끈줄

矬 짧을줄 欻 부끄럼없을줄 崒 산높을줄 笜 대순빼죽빼죽나올줄 𩬆 방불할줄 泏 줄줄 崪 산높을줄 紏 하나줄 𦐕 훨날을줄 繀 쇠꼬비줄 窋 구멍에나오는모양줄

중

𥬝 대이름중 茺 익모초중 重 무거울중 量

(무거울중) 重 무거울중 中 가운데중 𠁧 가운데중 㐺 무리중 眾 무리중 衆 무리중 充 가득찰중 妕 영리할중 鴤 나는다람쥐중 廜 초헌뒷발판중 衶 바지중 蟓 메뚜기중 茽 풀무더기로날중 曽 일찍중

𩄎 비지점거릴중 仲 버금중 犝 새끼밴소중 䨵 오래흐리고비지점거릴중 眾 무리중 𧲉 짐승이름중 𩅻 기운왕래할중 茺 익모초중 迚 어찌할수없을중 蚛 벌레먹을중 忡 근심할중

취

鸓 나는다람쥐 摯 쥘취

즉

𣪊 오랠즉 即 이제즉 卽 이제즉 𠨍 가까울즉 鰂 오징어즉 鯽 붕어즉 則 곧즉 𦯬 약이름즉 𩹄 오징어즉 㹝 개새끼셋낳을즉 鯎 오징어즉 鱡 오징어즉 揤 꺼두를즉 堲 미워할즉 蝍 지네즉 𠨯

펍박할즉 潗 물결이비늘같을즉 **즐** 瀄 물흐르는모양즐 擳 베베는소리즐 櫛 질률나무즐 喞 두런거릴즐 櫛 빗즐 唧 두근거릴즐 櫛 움벼즐 騭 이를즐 **즘** 怎 어찌즘 **즙** 矈 눈물날즙 濈

창우둑세울즙 湒 비올즙 葺 지붕이름즙 輯 차멍에동이는끈즙 霵 비올즙 鏶 돛대즙 湁 물자즐자즐할즙 檝 노즙 䁒 눈깜짝일즙 蕺 기울즙 戢 모밀나물즙 楫 빽빽할즙 磼 돌높을즙 咠 귓속말로참소할즙

濈 화할즙 **증** 䔲 김치증 蒸 쐐증 𢒫 터럭길울증 贈 줄증 罾 삼태그물증 䭢 김오를증 增 더할증 䒊 얼굴빛흉할증 熷 고기대속에넣어구울증 證 증험할증 罾 삼태그물증 𤚩 소증 鐙 증험할증 憕

맘갈아앉을증 症 병세증 𦬚 순일할증 橧 섶을쌓고거처할증 䎖 살찔증 鬙 머리땋는끈증 拯 도울증 曾 일찍증 烝 불김증 𨀁 긴발증 磳 돌모양증 鐙 증험할증 增 더할증 矰 주살증 憎 미울증 𠟍 과히베일증

黵 얼굴에기미낄증 鄫 증나라증 譄 말번거로울증 𨋬 헌뒷발판증 𤎖 더울증 䭢 줄살증 黲 쌀썩어검을증 證 증험할증 嶒 산높을증 𤸫 뼈골쑤실증 橙 껍질단유자증 甑 시루증 𨌐 헌뒷발판증 鱛 공치증 䄎

돼지어리증 嶒 산모양증 鐙 증험할증 𤳅 논증 澂 맑을증 撜 건질증 䎖 발두둑증 璔 옥모양증 增 더할증 繒 비단증 憎 미울증 䞙 줄증 𡫸 증험할증 綷 집증 䭢 줄살증 簦 삿갓증 脀

익은고기증 鐙 증험할증 贈 줄증 瞪 바로볼증 鬵 시루증 䎖 들증 䔲 김치증 𡪮 집클증 蒸 쐐증 驓 발목다흴증 證 증험할증 譄 더할증 **지** 墬 땅지 迣 옮길지 坘 이를지 胝 못박힐지 抧 열지 踟

머뭇거릴지 鞊 일산끈지 紙 종이지 𢗀 왼지 𧠈 자세히볼지 本 그칠지 𡊾 땅지 迟 오랠지 鷈 피리지 鴲 참새소리지 輪 인치지 陊 땅지 躓 쓰러질지 䂟 알지 𨈖 팔다리지 𣯵 털많을지 舐 핥을지

帋 가는베지 𥏼 지혜지 只 다만지 䉜 대그릇지 䋳 벼날지 墀 주사위의빛갈지 趾 발지 祗 공경할지 贄 낮을지 鯥 고기이름지 軹 바퀴굴대끝지 箎 피리지 鷙 말집무거울지 蚳 왕개미알지 𦧇 핥을지 㦸

갈지 𩨷 팔다리지 禔 복지 𦁥 배끄는줄지 稸 모을지 夂 갈지 茲 김치지 彽 머뭇거릴지 指 손가락지 謘 말거듭일을지 帋 종이지 𥏼 지혜지 輊 앞낮은수레지 痣 사마귀지 踶 쓰러질지 崺 물지 墬 땅지

箈 가는대순지 鋕 새길지 地 따지 脂 가게지 疷 맞아서멍들지 至 절기지 茋 조염지 𤝉 얼룩지 祉 복지 雉 지작관지 泜 물이름지 恀 믿을지 鈭 도끼지 鮨 젓지 𨆍 밟을지 鼭 쥐지 轋 앞낮은수레지

縭 꿰맬지 秓 벼줄기지 躗 거리낄지 䗫 개미알지 厎 고를지 枝 가지지 池 못지 鞊 일산끈지 址 터지 迡 발이나아가지않을지 蚩 벌레이름지 迻 옮길지 𥁄 김치지 黹 새까말지 阯 나라이름지 芝 지초지 鏊

끝에쇠가붙은채찍지 𥏮 짧고작을지 鷙 새와짐승억셀지 頿 나쁜모양지 𧻚 얕은여울건널지 知 깨달을지 疷 알지 㡶 기표지 𪁗 외발새지 肢 팔다리지 笊 피리지 劧 공이굴을지 𥓓 숫돌지 蜘 거미지 遲 오랠지 赦

연지지 砥 숫돌지 持 오래참을지 胑 사지지 垐 지극할지 志 뜻지 𢻱 많을지 謘 말헛나갈지 䔲 김치지 忮 잊을지 𢗀 뜻지 蚳 개미알지 底 이를지 蚔 왕개미알지 𨠪 썩은젓지 觝 합할지 䑛 핥을지 𢼀

알지 䶵 쥐지 杫 도마지 𣥊 이길지 毨 털로짠베지 鷈 피리지 𣚜 나무가지지 鼅 거미지 禔 퉁길지 𥏫 지혜지 旨 뜻할지 墀 섬뜰지 智 지혜지 御 걸을시 搘 던질지 鼅 거미지 蚳 청개구리지

穦 풀쌓을지 鼅 거미지 指 손가락지 絷 묶음지 菧 김치지 榰 나무주추지 坻 모래섬지 迣 옮길지 䣽 술지 䝷 여덟치지 誌 기록할지 遲 오랠지 舓 핥을지 扺 옆으로칠지 鼅 거미지 謘 말자세히할지 汥

물갈라질흐를지 殖 병들지 泜 가지런한모양지 旨 맛있을지 芷 구리때지 積 머무를지 坔 땅지 贄 전당지 痣 검은사마귀지 鮨 젓갈지 至 이를지 蕒 물나물지 之 갈지 輊 수레앞무거울지 箈 단단한대지 汦

물나뉘어흐를지 迡 얕은여울건널지 祉 복지 坔 땅지 洔 작은모래톱지 坻 머무를지 助 맛있을지 祬 공경할지 篪 옆으로부는저지 鬐 갈기지 蚳 개미지 遲 천천히할지 軝 수레연장지 秪 벼처음익을지 蛭 거머리지 譢

말헛나갈지 遲 더딜지 貾 누른자개지 凪 바람이자고파도그칠지 至 이를지 秖 벼익을지 忯 믿을지 輊 앞낮은수레지 貾 누른자개지 漬 담글지 箎 옆으로부는저지 搘 나무주추지 厎 이를지 砥 숫돌지 䓋 향부자지 咫 여덟치지

呰 입작을지 𢻻 찌를지 霣 빗소리지 龥 피리지 胝 못박힐지 鮨 젓지 䬃 엿지 支 지탱할지 蚳 개미알지 鏊 끝에쇠가붙은채찍지 訨 맞춰낼지 贄 폐백지 趾 그칠지 毑 어머니지 鞊 말치끈지 絺 종이지 沚

모래톱지 豛 활강할시 脂 기름지 㰳 토할지 帝 시냉할시 䠦 사지지 止 그칠지 豟 큰돼지지 祗 삼길지 趆 달아날지 舐 핥을지 𦍩 모을지 漬 거품지 謘 말부지런히할지

직

戠 짤직 蟙 땅파리직

稷 피직 直 곧을직 犆 선두를직 織 짤직 职 주장할직 䄷 사직직 穖 꾸밀직 䄺 메기장직 潪 차질직 蟙 박쥐직 𡰱 다스릴직 膱 고기썰직 𢧐 짤직 卣 곧을직 蘵 땅파리직 𦝼 끈끈할직 稷

주나라의조상이름직 㮨 키작은소직 鬷 머리때직 織 짤직 㮨 나무이름직 職 주장할직 樴 문지방직 蘵 땅파리직 職 주장할직 直 곧을직 紎 짤직 繼 이을직 稷 메기장직

진

畛 밭지경진 砛 돌험상스러울진 森

나라진 𦨊 진액진 鎮 진정할진 軙 벌릴진 珍 보배진 裖 고운옷진 侲 아이초라니진 軙 벌릴진 軫 수레뒤턱나무진 黰 검을진 蔯 더위지기진 蒖 순채진 甄 질그릇장인진 眞 참진 蔯 더위지기진 殿

동하며기뻐하는모양진 駗 말짐무거워걷지못할진 瑱 귀막이옥진 䡩 구를진 黰 머리털곱고검을진 蓁 개암나무진 賑 부자진 辰 별진 䔂 망풀진 鈂 진정할진 迧 벌릴진 䑢 진액진 覙 볼진 眹 눈동자진 塵 티끌진 鎭

진정할진 霃 구름일진 陳 베풀진 臻 이를진 䛽 증엄할진 疹 가질병진 鷐 백로진 瞋 눈부릅뜰진 搸 모을진 紾 구를진 盡 침진 䡩 구를진 𥊕 음란할진 薽 개비름진 眞 참진 𨔵 이를진 趁 쫓을진

轃 이를진 儘 다할진 𩒠 일을삼갈진 盡 다할진 畛 밭지경진 𤛆 소이름진 𦨊 진액진 眕 한꺼풀진 眞 참진 𨍭 구를진 𢨘 오를진 森 나라진 津 나루진 辰 별진 𤸬 역질진 抮 휘어잡을진

𦎴 양이름진 鉁 보배진 蜼 꼬리쌔진 桭 평고대진 榛 개암나무진 珎 아름다울진 陣 진칠진 嚍 화낼진 畛 밭지경진 螓 매미진 𣮎 털이가지러질진 濜 급히흐르는모양진 尽 다할진 禛 복받을진 𦘦 붓으로꾸밀진

謓 성낼진 趂 다달을진 𩒠 일을삼갈진 鬒 머리숱많을진 鑫 보배진 晋 나갈진 𡏖 티끌진 璡 옥돌진 疢 횃병진 霃 구름일진 𠎠 다스릴진 鬒 머리숱많을진 鷐 해오라기떼지어날진 陳 벌릴진 瑨 옥돌진

進 본받을진 盡 다할진 䐜 부어오를진 挋 씻을진 𨗨 나아갈진 䃔 돌진 䋭 베올진 敶 벌릴진 枃 바디진 弫 활강할진 𦣞 밝을진 診 볼진 袗 고운옷진 進 나아갈진 塡 오랠진 辰 별진 敐 즐거워할진 辴

웃는모양진 匆 새깃처음날진 駗 말짐무거워걷지못할진 胗 역질진 㙚 먼지진 唇 놀랄진 賑 기민먹일진 顚 머리움직일진 蓁 풀성할진 趁 이를진 脣 놀랄진 縉 분홍빛진 殄 끊어질진 搢 꽂을진 磌 탈진 帪 말먹이자루진 肆

옥이름진 晉 나갈진 昣 밝을진 塵 티끌진 黰 검을진 蓁 풍성할진 縝 맺을진 緣 소고삐진 溱 성할진 振 거둘진 姫 삼갈진 㶳 불똥진 鬒 실갈피진 盡 다할진 紾 구를진 聄 고할진 𠘰

깃처음나서나를진 臸 이를진 屒 두꺼운입술진 甄 그칠풍류재진 晋 나갈진 弫 활이셀진 眹 옥이름진 妡 삼갈진 稹 무더기진 溍 물이름진 震 우뢰진 究 깊을진 秦 나라진 嗔 성낼진 敐 움직일진 胗 역진 飻

일을삼갈진 疹 마마진 觻 뿔가지런할진 籈 화살대진 䟴 일할진 真 참진 縝 일을삼갈진 鬒 긴흰머리진 誫 움직일진

질

銍 벼베는사람질 紩 맺질 鮚 홍합질 恎 괴악한성품질 螏 벌레이름질 挃 긁을질 蛭 거머리질

妷 계집삼가지않을질 赿 부술질 鑕 쇠뭉치질 迭 갈아들일질 蛭 벌레이름질 帙 책갑질 閨 문닫힐질 螲 도르레질 峌 산높을질 柣 문지방질 胅 뼈마디퉁길질 昳 해가기울어질질 挃 수확하는소리질 截 여든살질 絰 수질질 詄

잊을질 𧚔 차례질 誒 말급할질 瓆 사람이름질 𩨀 뼈퉁길질 垤 개미집질 䏄 잘못들을질 𦤶 막을질 耋 팔십세노인질 趃 달릴질 嫉 급할질 㤂 미워할질 愱 미워할질 趌 빨리달아날질 槉 기둥머리질 瀆 어슬어슬추울질 榁

수확하는소리질 喞 통소김들일질 晊 밝을질 膣 금창약질 眣 눈바르지못할질 徏 어그러질질 疾 급할질 滐 물이부딪치고돌질 洷 물질 㚖 투기할질 嘖 천한말질 庢 꺼릴질 叱 구짖을질 紼 후손질 秷 벼이삭질 眰

눈바르지못할질 桎 막힐질 戜 클질 豑 차례질 劕 어음질 眣 눈바르지못할질 姪 조카질 迭 침노할질 銍 벼베는낫질 鉄 뽑을질 㑵 옷해어질질 𧮐 상스러운말질 戴 클질 咥 씹을질 𣧔 염병귀신질 挃 찧을질 質

바탕질 袠 봉급질 櫍 모탕질 嫉 투기할질 疾 병질 𧨀 말종잡을수없을질 迌 가까울질 跌 꺼꾸러질질 郅 이를질 耊 팔십세노인질 嚌 쌍된말질 嵽 산우뚝할질 袟 칼집질 厔 산굽이질 嬻 조카질 𡥞 조카질 侄

굳을질 窒 막힐질 鑕 머루질 銍 벼베는낫질 詄 잊을질 𪘂 단단한것을씹을질 嗾 소리질 貭 바탕질 豒 차례질 𦥂 수요질질 抶 종아리칠질 膣 보지질 㗧 말절차없을질 秩 차례질 𤴞 북칠질

짐

斟 짐작할짐

斟 짐작할짐 鴆 짐새짐 醦 술마실짐 㴨 물졸졸흐를짐 朕 나짐 訦 말아름다울짐 栚 누에시렁대짐 皀 나짐 𨾮 짐새짐 酖 짐새술짐 鴆 짐새짐 斟 짐작할짐 䑐 나짐 𢿭 돌로찧을짐

집

執 잡을집 䅬 심을집

讋 말수다할집 執 잡을집 輯 화목할집 霵 비올집 墊 떨어질집 𣂌 말을모을집 汁 진액집 䏐 비계집 𨏔 거둘집 戢 병기감출집 鏶 서로포갤집 輯 모을집 緝 길삼집 鏶 쇳조각집 慹 두려워할집

蕺 풀이름집 讋 말수다할집 輯 모을집 咠 귀속말할집 㞕 맞이을집 㠎 산모양집 鉔 구르는향로집 𧼎 달릴집 㥻 끊지못할집 集 모을집 雧 이룰집 緝 길쌈집 㗱 호유할집 𧤇 뿔많을집 諿 화할집 𡎴

샘솟을집 執 잡을집 鍓 판철집 潗 샘날집 𠺘 입우물거릴집

징

敳 부삼징 𪏐 드날릴징 𧹃 전당잡힐징 癥 이혈징 懲 징계할징 澄 맑을징 澂 맑을징 徵 구할싱 懲 싱계할싱

차

蛇 물어미차 䨲

빗소리차 庛 장술차 縒 서로붙을차 䡪 턱뼈차 差 어길차 齇 주부코차 齹 이고르지못할차 𧝎 옷긴모양차 艖 작은배차 鷠 올빼미차 䶪 이고르지못할차 𥬮 종다래끼차 佽 도울차 齹 이가어긋날차 齰 이어긋날차

齹 이갈림차
奓 벌릴차
痄 헌데아물지않을차
岔 산길나뉠차
笡 빗겨스를차
謯 말다를차
䣜 고을이름차
䐤 배곯을차
鹺 매우짤차
齇 주부코차
艖 거루차
齺 이어긋날차
𥝌 배게심을차
姹 아름다울차
侘 젊은계집차
𤭛 그릇닦을차
侘 실심할차
䇧 버금차
㐌 그칠차
遮 가릴차
羡 벋쫓일차
𦨴 작은배차
偞 가지런하지않을차
㛼 허리가늘차
蹉 때잃을차
𪍑 보리갈차
紁 속바지차
杈 아귀차
𩬻 빗질할차
齜 이갈림차
㤞 어지러울차
㸙 아비차
溠 더러울차
蹅 밟을차
鮺 젓담글차
蒫 기령풀차
䞈 모질차
𩭐 슬플차
偖 뜯을차
𪗁 이가어긋날차
鮺 고기젓담을차
𧇊 슬플차
詫 딴말할차
唶 탄식할차
𤵸 어리석을차
搽 바를차
鹺 짤차
䡊 옥같은돌차
暛 해저물차
齹 ㅣ고르지못할차
奲 너그럽고클차
醝 흰술차
䅊 차진모양차
齹 씹을차
𨋡 수레에칠할차
硨 옥같은돌차
𥑻 돌매달아놓을차
醝 흰술차
䴾 보리갈차
艖 거루차
截 산적점차
遮 막을차
齹 이고르지못할차
鎈 돈차
縒 서로붙을차
跅 갈래진길차
䞤 머물차
䰩 추악할차
砓 잔돌차
䚲 떠장식차
𩮗 터럭아름다울차
䇾 통소차
齹 이가가지런하지않을차
𪗁 이고르지못할차
箚 차자차
且 또차
鮓 고기젓담을차
撦 찢어버릴차
𧩋 탄식할차
趏 머물차
嵖 삐죽삐죽할차
䰩 추할차
蠆 전갈차
嗟 탄식할차
𩬏 탄식할차
且 또차
䁟 절구질할차
汊 물나뉠차
𨋢 차벌어질차
扯 씻어버릴차
𤦲 자개차
瑳 옥빛깨끗할차
𦟻 부스럼자국차
朿 까스랭이차
搓 밀고칠차
嵳 삐죽삐죽할차
此 그칠차
𧿒 갈림길차
鹾 매우짤차
猹 개미칠차
𪘂 이갈림차
借 빌릴차
蛼 차오차
齹 이고르지못할차
蒫 냉이씨차
𡘐 어길차
磋 갈차
鹺 짤차
次 차례차
𦃄 짤차
𪉕 짤차
佌 작을차
𦬸 차전자차
嵯 삐죽삐죽할차
𩑠 턱걸차
叉 손길삽을차
䐋 성길차
嗻 말많을차
𧩎 딴말할차
嗟 슬플차
嗄 험담할차

●착

䨋 비올착
棤 나무껍질거칠착
鋜 발목잡아맬호미착
辵 쉬엄쉬엄갈착
婼 순하지않을착
糳 희게쓿은쌀착
𣪘 뚫을착
稓 작살착
丵 풀무성할착
娖 조심할착
䶂 얼음뜰착
鑿 뚫을착
𨮗 쪼갤착
斮 찍을착
籗 가리착
鏐 강철착
𣼫 젖을착
斲 쪼갤착
逪 섞일착
窄 좁을착
穛 부자착
䆯 칠착
𧨲 사람의이름착
䵵 보리가루를찐떡착
𨙤 뚫을착
燋 부자착
碏 숫돌착
穛 부자착
斲 깎을착
䪶 시끄러울착
𩿧 흰꿩착
𠮨 또닥또닥떨어질착
簎 작살착
鸄 빠를착
䞋 삼갈착
䨦 큰비착
𨗨 섞일착
縒 실엉킬착
搾 압박할착
剒 베일착
齷 악착할착
齪 악착할착
齣 귀절착
糳 정한쌀착
𧨟 겁낼착
浞 젖을착
着 부딪칠착
𥽉 풋바심착
擆 둘착
𦟌 볼기착
𨆵 악착할착
篧 통발착
錯 섞일착
鑿 뚫을착
𨘼 뚫을착
戳 창으로찌를착
𨂁 걸음빠를착
㲋 짐승이름착
𨯓 돈착
𪏃 누른빛착
𥞊 우뚝머무를착
籗 가리착
辵 쉬엄쉬엄갈착
𨭛 깎을착
𣃖 깎을착
珿 비둥할착
擉 잘살착
着 붙을착
𪏢 삼기름착
穛 풋바심할착
𧭟 꾸짖을착
著 입을착
𥴝 대통말착
諑 참조할착
縒 실엉킬착
𣏮 옷짧을착
捉 낄착
𥝳 큰년에말라죽고내년에자생하는벼착

●찬

穳 벼베어쌓을찬
撰 갖출찬
儹 모을찬
𥎊 창찬
𢒉 문새번화할찬
爨 아궁이찬
𩰀 머리털의윤택찬
竄 숨길찬
賛 도울찬
躦 걸어앉을찬
𩯶 머리빠지르르할찬
湌 반찬찬
簒 빼앗을찬
瓚 큰홀찬
䭇 반찬찬
丳 석쇠찬
璨 옥빛찬란할찬
籑 지을찬
趲 흩어져달아날찬
𨏥 수레멍에동이는끈찬
欑 휘추리찬
酇 오백집찬
𡛧 계집셋둘찬
鑽 송곳찬
羼 양서로섞일찬
𡤐 희고예쁠찬
瓚 옥잔찬
𥨊 숨을찬
𧞔

창찬 䡮 수레멍에동이는끈 찬 鏨 작은끌 찬 𤒻 구울 찬 襸 어린애기저기 찬 燦 찬란할 찬 殩 상제먹일 찬 籛 대로만든점대 찬 爨 불땔 찬 鱄 뼈없는고기 찬 纗 모을 찬 欑 떨기 찬 篹 빼앗을 찬 讚 도울 찬 纘 이을 찬

攢 꽂을 찬 饡 국만밥 찬 鰺 피라미 찬 䡮 수레멍에동이는끈 찬 攢 숭기숭기모일 찬 穳 벼베어쌓을 찬 躦 걸터앉을 찬 饌 고음으로마른밥 찬 儹 길잃을 찬 粲 선명할 찬 劗 나눌 찬 燦 빛날 찬 竄 쫓을 찬 纂 모을 찬 欑

작은창 찬 齹 이가바르지않을 찬 㸑 아궁이 찬 酇 모을 찬 餐 반찬 찬 鑹 작은창 찬 𢿍 초빈할 찬 纂 모을 찬 籫 대그릇 찬 粲 선명할 찬 篹 벼베어쌓을 찬 劗 덜 찬 攛 던질 찬 饌 반찬 찬 灒 땀뿌릴 찬 饌 반찬 찬

銏 쇠그릇 찬 饌 반찬 찬 籫 작은통 찬 讚 도울 찬 䊋 초번할 찬 餐 반찬 찬 䱹 피라미 찬 穳 벼베어쌓을 찬 巑 산높을 찬 穳 창 찬 䕩 담쟁이넝쿨 찬 禶 저주할 찬 賛 도울 찬 鑽 뚫을 찬 涸 물깨끗할 찬 揀

갖출 찬 頙 갖출 찬 澯 맑을 찬 趲 흩어져달아날 찬 攢 모일 찬 儹 모일 찬 竄 도망할 찬 贊 물건을해하고재물을탐낼 찬 撰 갖출 찬 𦙼 고기기름 찬 𤞊 개물 찬 纘 이을 찬 鬢 머리털의윤택 찬 戩 조금찔을 찬 秎

벼베어가르칠 찬 粲 빛날 찬

찰

䁟 자세히볼 찰 檫 나무흔들리는소리 찰 剸 끊는소니 찰 剎 절 찰 蔡 북더기 찰 拶 서로다닥칠 찰 蚻 작은매미 찰 嚓 가늘게말할 찰 𤵸 편지 찰 捎 서로다닥칠 찰 鐁 풀베는칼 찰 澇

물쏟을 찰 摩 사슴 찰 怢 꾸짖을 찰 紮 묶을 찰 懺 게으를 찰 巀 산이름 찰 鷩 새잡털빛 찰 嶻 산높을 찰 齾 이날카로울 찰 礸 거친돌 찰 𣦻 모진병 찰 蠿 거미 찰 礤 거친돌 찰 𣦼 염병 찰 擦 문지를 찰 鏩 작도 찰

紮 묶을 찰 䉅 젖을 찰 札 편지 찰 𣲌 물흐르는모양 찰 磜 돌이름 찰 蔱 풀뽑을 찰 察 살필 찰 鍘 작도 찰 𣌭 휠 찰 䵵 검을 찰 扎 뽑을 찰 哳 새지저길 찰 餷 더먹을 찰 黙 검을 찰 麌 사슴 찰 𣌭 휠 찰

魀 나라이름 찰 蚻 작은매미 찰 齾 이날카로울 찰 剎 절 찰 咱 나 찰 囋 지저길 찰

참

嵾 산이울멍줄멍할 참 畛 밭두덩서로이을 참 䶨 이를뺄 참 慚 부끄러울 참 黲 퇴색할 참 䶬 이없을 참 巉 높을 참 站 역마을 참 獑

개소리 참 艬 큰배 참 䁪 눈꿈쩍일 참 䭙 달콤할 참 讖 참서 참 鬖 머리털 참 朁 일찍 참 嫸 아름다울 참 塹 구덩이 참 獑 개짖는소리 참 磛 산험할 참 𤗺 널판 참 𧥱 뿔의모양 참 瀺 물소리 참 懺 뉘우칠 참

趁 달음질할 참 𥪂 홀로설 참 𪆵 독수리 참 炶 빛이성할 참 讖 참서 참 憯 아플 참 毿 칠 참 塹 해자 참 儳 빠를 참 劖 빼낼 참 饞 탐할 참 叅 참작할 참 嬠 탐할 참 毚 약은토끼 참 𨉂 키클 참 鑯

원숭이 참 𤜆 소뿔 참 憯 아플 참 𣢶 웃을 참 槧 나무벨 참 醦 초 참 讒 참소할 참 慙 부끄러울 참 𧗟 휘원이같은짐승 참 酁 땅이름 참 鑱 보습쇠 참 慘 슬플 참 憯 아플 참 畛 밭두둑서로연할 참 𪖸 코가높은모양 참 攙

찌를 참 𨖼 멀 참 磛 산험할 참 䭕 탐할 참 傪 움직일 참 𤺲 앓을 참 儳 참치할 참 𡔈 무덤경계 참 嶄 구덩이 참 僭 참람할 참 𤸷 아플 참 𢴦 물막을 참 驂 세말멍에할 참 讒 참소할 참 傪 아리따울 참 韂 언치 참

嵾 산이울멍할 참 饞 탐할 참 醶 초 참 欃 박달나무 참 䂁 성내여볼 참 嶄 산높고순한산 참 𨇁 걸음새 참 䫩 머리흔들 참 𣽊 구렁이 참 𡭕 적을 참 𤮐 두멍 참 譖 참소할 참 𩈟 슬픈형용 참 𧕊 게 참 嫸 얼굴환할 참

儳 경박할 참 𣅮 살빛칠 참 滲 숨끊어질 참 嚵 탐할 참 嶃 산뾰족할 참 槧 분판 참 趻 앙감질할 참 墋 흐릴 참 叄 보일 참 憯 미워할 참 𧡄 피할 참 僭 거짓 참 醶 실 참 斬 베일 참 獑 흰원숭이 참

隮 함정 참 趛 달음질할 참

참

霅 큰비 참

창

彰 나타날 창 漲 넘칠 창 摐 종과북칠 창 膾 껍질상할 창 蒼 푸른 창 鬯 울 창 鋹 날카로울 창 滄 서늘할 창 鯧 병어 창 㮮 돛달 창 匚 옛그릇 창

餶 음식 창 暘 땅이름 창 剏 껍질상할 창 鶬 물새 창 舂 방아찧을 창 昶 밝을 창 蒼 대빛푸를 창 嵢 산형세 창 瘡 종기 창 扙 상처낼 창 摐 두드릴 창 創 상할 창 氅 학창의 창 鶬 봉황새 창 敞 드러날 창 謒 말경하게할 창

嗆 새먹을 창 穃 곡식거둘 창 廠 헛간 창 脹 배부를 창 滄 지날 창 磢 기왓가루물건닦을 창 鯧 노래부를 창 閶 하늘문 창 昌 나타날 창 槍 나무창 창 蹌 걸터앉을 창 誯 인도할 창 窗 지게문 창 艙 갑판밑 창 𩨒 두갈래진 창

䅮 밭갈지않고심을 창 牄 소이름 창 窗 창 창 暢 땅이름 창 稖 창 창 牕 지게 창 賶 재물쌓을 창 妝 그림으로꾸밀 창 甈 기와조각 창 戕 세모진 창 椿 제사가공경지못할 창 戧 상할 창 廠 헛간 창 猖 미처뛸 창 菖 창포 창

惝 놀란모양 창 琩 귀막이옥 창 瘡 종기 창 淌 큰물결 창 痮 종기 창 㾬 배부를 창 倡 가무 창 窓 지게문 창 窻 창 창 㟆 산이서로달은듯할 창 艙 갑판밑 창 昶 밝을 창 鏘 잔이 창 鶬 학창의 창 悵 실심할 창

篬 대창 창 瑲 옥소리 창 鞝 부채 창 蹌 추창할 창 𣷆 짧을 창 愴 슬플 창 田 구멍 창 畠 밭 창 牎 창 창 裮 떠아니멜 창 韔 북소리 창 瑒 제향에강신하는 창 暢 통달할 창 𥏚 세모진 창 囱 창 창 鍚 상처 창 䶇 김치 창

韔 활집 창 窻 창 창 䄂 겨 창 韔 활집 창 㦤 깜짝놀랄 창 牕 지게문 창 刱 다칠 창 刅 처음 창 戧 갈래진 창 刱 처음 창 鶬 풀무성할 창 𥟍 볏단 창 鶬 새이름 창 娼 여광대 창 氅 학창의 창 倉 곱집 창

傖 놈 창 悵 실심할 창 蒼 푸를 창 𧻓 달릴 창 猖 실심할 창 滄 찰 창 𢶵 닦을 창 閶 하늘문 창 鯧 병어 창 椙 삼나무 창 稽 벼이삭 창 囪 창 창 齡 덧니 창 搶 모을 창 閶 문여는소리 창

채

縩 깁와삭거릴 채

衩 옷깃 채 綵 채색비단 채 茝 궁궁이싹 채 寀 동관 채 埰 나라에서준땅 채 睬 주목할 채 寨 울타리 채 蠆 벌 채 䜬 전동 채 㥒 마음에불안할 채 倸 딸 채 踩 급히갈 채 瘵 허로병 채 䋛 벼 채 悇 간약할 채 採 딸 채

棌 마른나무뿌리 채 蠆 벌 채 彩 채색 채 踩 뛸 채 采 취할 채 䌨 오색무늬를그린비단 채 蠆 벌 채 菜 나물 채 浧 물가 채 債 빚 채 瘥 병나을 채 瘵 어리석을 채 嗏 먼저맛볼 채 釵 비녀 채 蔡 법받을 채 䟃 나아갈 채

菜 나물 채 寨 작은떠집 채 豺 창 채 砦 진칠 채 棌 참나무 채

책

蹟 찢어발길 책 䟄 급히달아날 책 筞 체찍 책 瞔 눈부릅뜰 책 冊 책 책 蟦 작은자개 책 𨆸 찢어발길 책 㩍 붙을 책 責 짓을 책 䇲 책 책

賾 꾸짖을 책 䚍 머리비뚤 책 幘 머리수건 책 簀 살평상 책 磔 능지할 책 笮 좁을 책 諎 쿠소리 책 㡒 터질 책 柵 울타리 책 蚱 메뚜기 책 𢃐 꾀 책 冊 책 책 齰 이서로맞을 책 舴 작은배 책 蠌 방게 책 笮 좁을 책 樀 상한쌀 책

䇥 채찍 책 囗 단단할 책 覩 밉게볼 책 㥽 약간아플 책 嵴 산험할 책 𨗨 핍박할 책 迮 핍박할 책 䞍 깊게흴 책 冊 책 책 嫧 선명할 책 鏼 창 책 笮 좁을 책 賾 꾸짖을 책 簀 마루바닥 책 乇 발길 책 膭 물고기새끼곤 책

𥢶 살평상 책 𦋩 고할 책 𣧠 찢을 책 踖 비지 책 蓛 꾀 책 𥬀 뼘잴 책 乇 풀잎 책 策 꾀 책 䞍 바를 책 䩷 미세할 책 謮 성낼 책

처

䨙 개일 처 豠 작은돼지 처 罝 쇠뿔 처 𥃭 보습 처 虤 곳 처

悽 슬퍼할 처 萋 풀무성할 처 覰 엿볼 처 覷 엿볼 처 豠 작은돼지 처 緀 문채날 처 霋 당할 처 㞒 엿볼 처 妻 아내 처 淒 구름피어오를 처 䁦 엿볼 처 褄 두렁이 처 覻 엿볼 처 郪 땅이름 처 凥 바를 처 処 곳 처

鶒 피꼬리처 嫭 투기할처 處 곳처 淒 바람찰처 䖏 곳처

척

復 조금걸을척 摭 취할척 彼 줄음실척 蚇 자벌레척 涰 눈물흘릴척 蔌 칠척 鬄 근심할척 呎 피이트척 鶺 할미새척 躑 머뭇거릴척 陟 나아갈척 頔 겨레척 瓻 술병척 鴜 집오리척 墌 처다질척 慼 슬플척 隻 외짝척 滌 씻을척 惕 공경할척 鉓 꾸밈척 鴟 참새새끼척 蹐 발끝막처디딜척 跖 발바닥척 杫 굴척 蹐 종종걸음척 墄 섬돌층척 蚸

硩 팔매질해서딸척 尺 자척 鼜 군사순경북척 瞔 시름없이볼척 脊 등마루척 鶺 할미새척 覘 다소곳할척 黷 빛이썩어서검어질척 積 창척 愁 두려워할척 鶺 할미새척 頙 바를척 倜 고상할척 擿 던질척 擲 긁을척 趞 천천히걸을척 斥 내칠척 彳 자축거릴척 鷘 물새척 鼜 군사순경북척 拓 밀칠탁주울척 敕 말매릴척 塉 메마른흙척 磬 경복척 剔 뺄척 踢 찰척 粁 싸라기밥척 跅 매인데없을척 鏚 도끼척 蠣 벼룩척 蜴 도마뱀척

瞰 볼척 捗 나갈척 鏚 도끼척 瘠 파리할척 眕 뜻잃고볼척 膌 파리할척 寴 친할척 膌 따리할척 滌 씻을척 脊 등마루척 趞 옆으로걸어갈척 䊛 경영할척 鶺 할미새척 嵴 산등성이척 趚 옆으로걷는발척 隻 외짝척 擲 던질척 禟 치척 脊 등마루척 褁 가루척 厈 쫓을척 蹀 걷는소리척 蹠 밟을척 踧 발바닥척 趾 넘을척 靳 자루막가죽척 䞹 갑자기척 畢 가래척 跦 편편할척 㦸 도끼척 戚 겨레척 踧 편편할척 鼜 군사순경북척 謫 벌할척 序 가르킬척 褯 겨드랑이솔기척 蹢 뛰는모양척 㣤 열척 磩 옥돌척 慽 슬플척 勦 건장할척

천

蒨 선명할천 兲 하늘천 刋 끊을천 天 하늘천 䀢 눈여겨볼천 阡 밭둑길천 䙴 옮길천 濺 뿌릴천 遄 잦을천 蚕 지렁이천 扨 옮길천 歂 성천 篅 대둥구미천 竏 킬로리터천 舉 높은대올라갈천 䀡 우러러볼천 蒨 풀더북할천 䀒 멀어희미할천 薦 천거할천 舛 어기어질천 碊 언덕천 忏 성낼천 榩 고욤다무천 蘪 쑥천 遷 옮길천 梴 나무민밋할천 旃 깃대천 拪 옮길천 瘥 근지러울천 蚩 벌레꿈틀거릴천 趨 짐승달아날천 鶬 물오리천 櫏 고욤천 仟 천사람천 犲 소풀먹을천 䢍 빠를천

籧 벼홑이천 儃 머뭇거릴천 䆛 통할천 猜 선명할천 菤 초목흔들릴천 蘮 쑥천 谸 퍼럴천 蝡 벌레굼실거릴천 牮 흙과돌로막을천 靝 하늘천 燀 불땔천 泉 샘천 𠀗 하늘천 穿 통할천 韉 언지천 闡 열천 闡 밝힐천 竁 구멍천 浅 물얕을천 宂 하늘천 遄 수레중수할천 践 밟을천 踡 단정하게걸을천 韆 그네천 粁 킬로미터천 瓩 킬로그람천 僊 키멀쑥할천 遷 옮길천 遄 빠를천 遄 잦을천

穿 구멍천 䅐 짐승먹는풀천 韉 언치천 賤 천할천 洤 샘천 淺 물얕을천 川 내천 帴 여인배띠천 皘 희멀건빛천 𨰼 질그릇천 茜 꼭두서니천 遷 옮길천 綪 붉은비단천 硟 깁펴는돌천 鍴 늘여길게할천

泉 목포수천 栫 에울천 㹌 소굼뜰천 蒨 꼭두서니천 羶 양의꼬리긴천 蝝 자개천 闡 열천 𣖖 홈통천 綪 붉은비단천 𧳎 짐승달아날천 䢆 밟을천 遷 옮길천 芊 풀더부룩할천 篅 대둥구미천 俴 자취천

遷 옮길천 蒧 경계할천 搢 꽂을천 遷 바꿀천 遷 한가히걸을천 黇 누르고흰빛천 千 일천천 擅 천단할천 𪏻 누른빛천 遷 옮길천 𦆤 언치천 迁 옮길천 繟 띠늘어질천 灛 샛강천 喘 헐떡거릴천 𨡛 잇천

玔 옥고리천 荐 자리깔천 邅 오를천 𠀘 하늘천 輤 상여뚜껑천 擌 꽂을천 衟 자취천 靝 하늘천 倩 엄전할천 輲 상여천 巛 내천 瑏 옥천 鶨 산이름천 辿 느릿느릿걸을천 䉵 대우거질천 瓩 킬로그람천

㢟 걸을 천　譱 두서니 천　⿰山泉 샘 천　幝 수레헤질 천　踐 밟을 천　⿰缶專 질그릇 천　祆 귀신 천　荈 늦차 천　腨 장딴지 천　闡 열 천　湶 샘 천　釧 팔찌 천　譂 망령된말 천　囅 크게웃는 모양 천

철

驖 검붉은청가라말 철　腏 뼈속기름 철　鐡 병장기 철　悊 어질 철　埑 밝을 철　⿰酉全 소금절이 철　⿰言祭 속삭거릴 철　蛈 도르레 철　瞮 눈밝을 철　醛 술맛변할 철　噭 말단정히할 철　喆 밝을 철　錣 채찍고달 철　颰 바람 철　徹 관철할 철　⿰叕頁 머리짧을 철

⿰足祭 빨리갈 철　裰 철제 철　驖 검붉은청가라말 철　⿰足叕 뛸 철　輟 그칠 철　澈 물맑을 철　驖 검붉은청가라말 철　⿰矢卒 키작을 철　⿱敝力 버릴 철　歠 크게마실 철　澈 맑을 철　鐵 검은쇠 철　⿰足敢 수레자국 철　叕 이을 철　剟 새길 철

餮 탐할 철　銕 병장기 철　蛆 벌레쏠 철　⿰金我 병장기 철　啜 훌쩍거릴 철　徹 통달할 철　嫂 탐내여먹을 철　⿰日敢 밝을 철　哲 밝을 철　驖 검붉은말 철　餮 탐식할 철　⿰火敢 그칠 철　⿰火蔑 연기날 철　嚽 입비뚤어질 철　⿰木敢 대추 철　罬 새그물 철

⿱拙虫 벌레쏠 철　⿰骨叕 뼈이름 철　鐵 병장기 철　罬 새그물 철　⿱雨尋 씻을 철　鐡 단단할 철　掞 불당길 철　⿰火叕 키작을 철　諁 시끄러울 철　⿰聶欠 기운뜰 철　⿰扌帶 홰채갈 철　屮 움달 철　惙 근심할 철　凸 뾰족할 철　掇 주울 철　⿰馬叕 별박이 철

鉄 검은쇠 철　⿱屮口 막을 철　轍 수레자국 철　撤 걷을 철　⿰角枼 뿔 철　⿰口喆 조롱할 철　⿰食尔 탐할 철　飻 탐할 철　⿰火薰 아궁이속연기 철　敪 드레질할 천　⿰叕兌 짧은모양 철　⿰叕音 알깔때병아리소리 철　⿰車敢 수레자국 철

첨

餂 핥아드릴 첨

⿰巾僉 차휘장 첨　簽 이름둘 첨　簷 처마 첨　籤 찌지붙일 첨　⿰日疌 해가떨어지려고겸벅거릴 첨　⿰多台 많을 첨　黇 누른빛 첨　櫼 문설주 첨　韂 말다래 첨　⿱髟差 더할 첨　⿰耳凡 귀뿔 첨　⿱⺈厂 평고래 첨　悿 맘약할 첨　怗 편안할 첨　痁 피풍 첨

幨 옷깃 첨　鍩 취할 첨　覘 엿볼 첨　⿰韋詹 슬갑 첨　沾 적실 첨　⿱艹瀐 첨풀 첨　忝 부끄러울 첨　⿰女忝 부끄러워할 첨　⿰片詹 평고대 첨　尖 날카로울 첨　⿰从戈 가래 첨　噡 잔말할 첨　㐁 핥을 첨　⿵門沾 얻을 첨　湉 물고요히흐를 첨　⿰足詹 말달려갈 첨

襜 옷가지런할 첨　⿰木忝 부지깽이 첨　惉 속소리와자할 첨　裧 옷헤칠 첨　⿰月舌 살찔 첨　瀸 물이름 첨　鑯 산뾰족할 첨　⿺辶僉 가까이할 첨　⿵門占 문방긋이열고엿볼 첨　⿵門立 서서기다릴 첨　⿰土詹 막을 첨　⿰足閻 발돋음할 첨　痁 피풍점 첨　甛 달 첨

⿰缶占 이지러질 첨　⿰巾炎 차휘장 첨　⿰阝詹 빠질 첨　襝 옷가지런할 첨　忝 욕될 첨　⿰多占 많을 첨　檐 추녀 첨　⿰糸忝 모직 첨　詹 이를 첨　添 더할 첨　⿰足忝 공손할 첨　⿰舌毚 말낼 첨　⿱竹刮 깍아얇게할 첨　⿰巾欠 밑가리는수건 첨　酟 화할 첨　⿰舌詹 말낼 첨

甜 달 첨　⿸尸舌 이를 첨　諂 아첨할 첨　⿰山詹 봉우리 첨　⿰巾韱 안표할 첨　⿰金刂 끊을 첨　僉 다 첨　⿰口韱 탐낼 첨　⿸疒僉 목구멍아릴 첨　⿱艹忝 상치 첨　惦 속소리와자할 첨　瞻 쳐다볼 첨

첩

⿰車疊 수레소리 첩　⿰言疌 말납신거릴 첩　牒 공문 첩

⿱艹乏 작은잎 첩　⿱竹穌 키로까불 첩　⿸尸乏 내릴 첩　⿺辶疌 빨리달아날 첩　堞 성위의담 첩　⿰阝舌 낭떠러지험하고좁을 첩　睫 속눈썹 첩　鮿 절이지않고말린고기 첩　⿱執鼓 북소리나지않을 첩　⿰冫枼 얼어붙을 첩　踥 저벅저벅걸을 첩　䵘 차조 첩　⿱埶疋 종종걸음 첩　諜 이간할 첩

倢 달아날 첩　㲲 세모직 첩　⿰木僉 수건 첩　⿰扌僉 밥주걱 첩　耴 귀뿔 첩　⿱艹疊 꽃필 첩　妾 작은집 첩　牒 편지 첩　⿰山集 산이높을 첩　疂 거듭 첩　⿰犭占 개핥을 첩　倢 빠를 첩　⿰木疊 나무이름 첩　輒 홀연 첩　⿰金疊 속눈섭 첩　褺 겹옷 첩

緤 서나라비단 첩　帖 문서 첩　⿰犭疌 빨리날을 첩　⿰木集 농사연장 첩　⿱雨疌 눈올 첩　⿺走疌 빠를 첩　⿺辶占 갈 첩　疊 거듭 첩　⿱竹畐 대잎 첩　諜 이간할 첩　曡 거듭 첩　⿱雨耴 가랑비 첩　⿰山疌 이을 첩　々 거듭 첩　⿸尸耴 내릴 첩　⿱艹緤 필 첩

⿱執鼓 북소리나지않을 첩　〻 거듭 첩　諜 이간할 첩　鞊 말언치 첩　⿰夾毛 속눈섭 첩　踕 발빠를 첩　畳 거듭 첩　⿰月疌 어깨쭉지뼈 첩　婕 예쁠 첩　⿰疊刂 찌를 첩　⿰巾耴 옷깃끝 첩　⿰糸習 고운옷 첩　喋 말잘할 첩　牒 편지 첩　⿺辶耴 달아날 첩　舔 핥을 첩　⿰女耴 계집표독할 첩

輒 홀연첩 捷 이길첩 貼 붙일첩 呫 맛볼첩 睫 속눈섭첩 蹹 지어걸을첩 楪 산자널판첩 牃 평상널판첩 牒 편지첩 䵘 실엉킬첩 褄 옷깃첩 緁 꿰맬첩 㨗 풀거적첩 縶 말맬첩 䈕 작은입사귀첩 **청** 霋

여신의이름청 鶄 교청새청 箐 대껍질청 靗 바로볼청 錆 정할청 聙 들을청 鏿 종소리청 暒 날갤청 淸 맑을청 聽 들을청 請 뵈올청 泟 붉을청 晴 날개일청 廳 대청청 艕 가벼운배청 請 청할청 饓

음식을근심할청 嵤 푸를청 婧 가냘플청 殅 날개일청 鬇 머리털엉킬청 䫀 큰머리청 靚 찰청 靑 푸를청 鯖 비웃청 晴 날개일청 凊 서늘할청 聙 들을청 雂 교청새청 清 맑을청 錆 정할청 靗 정탐할청 鶄 교청새청

蜻 잠자리청 晴 많은날씨청 庁 평평할청 䢸 맑을청 掅 꺼두를청 郬 땅이름청 廳 관청청 聽 들을청 圊 뒷간청 甠 벽돌청 䝼 받을청 閪 문빗장청 寈 푸를청 聇 들을청 碃 비석돌청 靑 푸를청 徵

통달할청 聽 들을청 腈 혈신청 **체** 杕 나무무성할체 屜 안창체 趩 뛰어날체 髰 상투체 悌 맘편할체 磃 괴석체 骵 몸체 㯓 나무울체 掣 끌어당길체 逮 미칠체 躰 몸체 跇 넘을체 䶑 콧물체 軆 몸체

挮 눈물씻을체 达 미끄러질체 替 대신할체 崹 평할체 靆 구름낄체 簁 찧을체 蝃 무지개체 𢝊 점칠체 鉪 차꼬체 鬀 머리깎을체 遰 갈마들일체 褅 처네체 遰 갈체 螮 무지개체 𤗚 방체 𤢚 미친개체 篪 거문고체

禘 나라의큰제향체 趩 뛰어날체 紕 비단무늬체 㡗 붉은종이체 暜 대신할체 鬄 머리깎을체 遞 갈마들일체 殀 고달플체 蔕 꼭지체 䈁 대로기울체 懥 약간성내고말체 䓦 꼭지체 屉 언치체 棣 아가위체 蔕 꼭지체

霴 구름낄체 袟 기울체 褅 상옷체 軆 몸체 䀿 살필체 屜 안장체 鷈 되강오리체 綴 연결할체 鬀 땋은머리체 靆 구름낄체 樀 포대기체 遞 역말체 䏿 귀밝을체 䓦 꼭지체 嚏 재채기할체 逮 미칠체 揥

鬀 머리깎을체 醊 잔부어놓을체 滯 엉길체 蔕 꼭지체 遆 갈마들일체 替 대신할체 懘 불화할체 鈦 짜꼬체 䩟 연할체 𣚺 궤맬체 达 미끄러질체 眣 볼체 䞶 넘을체 蕝 띠묶어표할체 剃 털깎을체 締 맺을체

버릴체 殢 느른할체 䓬 막힐체 鶙 매체 摕 걸고잡아다릴체 涕 눈물체 栘 산매자나무체 掣 막힐체 𡥉 어린아이체 遰 막힐체 髢 땋은머리체 䥶 풀베는낫체 砌 섬돌체 滯 막힐체 餟 모사술체 諦 살필체

彘 돼지체 畷 밭사이길체 遞 역말체 鵜 산비둘기체 皉 흴체 體 몸체 䑸 배가위태할체 䯇 몸체 斴 끊을체 𨥂 풀베는낫체 达 이끄러질체 楴 족집게체 璏 칼코등옥으로꾸밀체 睇 코비뚤어질체 遰 역말체 遲 잡아가둘체

鷈 되강오리체 **초** 幧 닦을초 鐎 데우는그릇초 鷦 뱁새초 鞘 칼집초 㲈 새꽁지초 𤱈 밭갈초 𦅛 생삼초 朴 나무가서로높을초 鼦 돈피초 㸛 뿔날까로울초 䎐 귀울릴초 怊 슬플초 啅 적적할초 爑 불에델초 迢

멀초 綃 생초초 劭 권면할초 𪚦 거북지저점칠초 嶕 산이마초 盄 삼태기초 𨒜 찰초 巢 산우뚝할초 陗 삽으로갈초 瞧 곁눈질할초 𩛆 곁두리초 趠 절뚝발이초 杪 나무끝초 蕉 파초초 妱 계집이름초 翶 털많을초 犳

서남오랑캐초 綃 생초초 偢 근심할초 憔 파리할초 㺐 서남오랑캐초 鍣 도금할초 魈 빠른모양초 𦅛 생삼초 鮉 능초풀초 袥 수의초 艸 풀초 煼 볶을초 鷦 뱁새초 草 풀초 𤙖 소부릴초 肖 닮을초 噍 새소리초 䋞

귀꼬리초 㹦 동경개초 𥺌 고운가루초 初 처음초 䡱 적은차초 舠 초배초 轈 수레번화하게꾸밀초 焣 불에말릴초 䣞 좋은장초 袑 수의초 帩 묶을초 𢤱 성품급할초 岧 산높은모양초 軺 적은차초 欩 기운오를초 麯 마를초 糤

술마실초
膲 삼초
潐 큰물넘처따로흐를초
穛 땔나무초
鍣 큰낫초
椒 후추초
招 손짓할초
楚 가시초
趭 다투어달아날초
剿 가래초
顦 파리할초
鯈 파라미초
毷 투구위의털치장초
譟 대신말할초
鱢 잉어같고닭같은것이옴있는고기초

酢 초초
譙 깃모지라질초
鬻 볶은초
蕉 나무할초
燋 구울초
硝 망초초
草 새초
陗 급할초
褫 선명할초
帊 가는실초
罺 채어잡는그물초
杁 나무가시초
𨻪 언덕초
嚛 꾸짖을초
杓 벼이삭숙은모양초
訬 흔들초

踔 넘을초
剿 끊을초
艄 배위태할초
哨 방수군초
蕉 땔나무초
鍣 송곳초
悄 근심할초
黿 거북지저점칠초
熮 가래초
誚 서로꾸짖을초
腠 구운젖가락초
黝 죽은깨초
憷 아플초
麨 볶은가루초
楚 휘추루초
秭 벼이삭숙은모양초

齠 이갈초
趠 오월바람초
湫 웅덩이초
醮 파리할초
黸 오색빛초
鷦 날삼초
燋 불당길초
超 뛰어넘을초
麴 볶은보리가루초
剿 끊을초
礎 주춧돌초
潐 숱거를초
剿 끊을초
稍 복초
麨 찐보리가루초
嶕 산이마초
鞘 칼집초

䐹 귀울초
礁 초례지낼초
簫 대가지킬초
卤 열매주렁주렁달릴초
麨 찐보릿가루초
肖 닮을초
鷦 뱁새초
翽 새꼬리처들초
護 방우초
鬌 터럭많을초
髫 다박머리초
衷 수의초
鬻 볶을초
燭 볶을초
艹 풀초
詔

조롱할초
椒 후추초
麨 찐보리가루누초
秒 밭거듭갈초
罬 지질초
眦 눈으로사람희롱할초
顦 파리할초
焦 델초
推 꾀꼬리초
蘸 땔나무초
娋 누이초
譟 대신말할초
鴺 꾀꼬리초
罺 채어잡는그물초
礁 숫돌초
鍪 삽초

艄 소뿔벌어진모양초
貂 돈피초
驔 암컷초
勦 수고로울초
巢 삼줄기초
窠 새집초
僬 난장이초
綃 옷깃초
蓾 풀자란초
楚 싸리초
趭 달음질할초
㢘 비뚤할초
昭 눈으로희롱할초
齼 이다처서곱을초
撨 골라가질초
遾

빨리달아날초
椉 나무끝뾰족하게깎을초
灱 서로배반할초
醮 초례제초
樵 닭을초
梂 후추초
愀 얼굴빛변할초
屌 자지초
蠽 잔잔한벌레초
峭 산높을초
㕤 목구멍울초
熛 물건축날초
惝 심란할초
峬 산높은모양초
鍬 삽초
麩 볶은보리초

颮 낡은바람초
嫶 얼굴파리할초
樵 땔나무초
鈔 취할초
誚 선모양초
睄 잠깐볼초
癄 초췌할초
譙 농담할초
闒 오목초
潚 높은물결초
鷮 발놓을초
釥 좋은쇠초
謅 농담할초
稍 요식초

촉

謖 발급할촉
亍 자축거릴촉

燭 촛불촉
歜 대단히성날촉
躄 서서기다릴촉
鸀 산까마귀촉
僊 사람의이름촉
臅 가슴속기름촉
蠋 뽕나무벌레촉
鉵 살촉촉
豚 달아날촉
趚 어린애타달타달걸을촉
瘃 손발얼어터질촉
鸀 산까마귀촉
趜 자박자박걸을촉
欘 호미촉
韣 띠촉

塚 마소발자국촉
躅 철쭉꽃촉
趗 국축할촉
鏃 살촉
躇 살찐발촉
躅 자취촉
捉 재촉할촉
觸 받을촉
踀 삼갈촉
櫝 긴두루마기촉
襩 긴두루마기촉
鼊 바속에있는큰새우촉
孎 계집순직할촉
矚 볼촉
踧 재촉할촉
皐 받을촉

觸 받을촉
斸 깎을촉
矗 우뚝할촉
触 받을촉
蜀 촉규화벌레촉
劚 깎을촉
蠾 벼루촉
諔 제계할촉
蜀 촉규화촉
髑 해골촉
襡 긴두루마기촉
韣 활집촉
促 핍박할촉
瓙 옥이름촉
歜 크게성낼촉
娖 제계할촉
盄

바리촉
鐲 호미촉
趗 팔촉
矚 볼촉
龊 쥐새끼촉
鸀 산까마귀촉
躅 자취촉
灟 공손할촉
矚 비칠촉
斸 까래촉
爥 비칠촉
擉 삽을촉
襡 긴두루마기촉
囑 부탁할촉
嗽 눈쌀찡그릴촉

촌

寸 마디촌
刌 끊을촌

村 마을촌
邨 끊을촌
邨 마을촌
邨 마을촌
爨 끊으려할촌
忖 헤아릴촌
吋 인치촌

총

腍 붉을빛총
緫 거느릴총
鬆 털엉캘총
聡 밝을총
惗 어리석을총
鏓 큰끌총
鬉 머리털이다부룩하게날총
鶶

오리같고작은물새총
茵 숲더북할총
聰 밝을총
憁 실심할총
摠 거느릴총
蔥 파총
潀 물모일총
樷 떨기로날총
驄 곧을총
忩 몹시바쁠총
憧 이를총
窻 빌총
謥 더덕거릴총
燪 횃불총
螅 잠자리총
熜 따뜻할총
樅

벼벨총 蓯 풀무성할총 緫 거느릴총 熜 더운김총 聦 밝을총 驄 총이말총 緫 거느릴총 惣 거느릴총 總 거느릴총 蔥 파총 鏦 창총 躳 몸굳을총 鬉 말갈기총 鏦 창총 醲 탁주총 摠 거느릴총 偬 바를총 纔 실꼬서짤총

寵 사랑할총 捻 거느릴총 窓 집총 冢 산꼭대기총 衳 작은바지총 憁 실심할총 蔥 파총 葱 풀더북할총 輚 죄수싣는차총 蟌 잠자리총 潨 물소리총 篵 고기잡는대그릇총 爜 불탈총 鏓 창총 叢 풀떨기총 匆 총총할총 藂

멸기나무총 蹤 바쁘게갈총 叢 멸기총 漗 물길총 穗 짧은창총 怱 봅시바쁠총 銃 도끼구멍총 䪦 찰총 塜 마루총 偬 바쁠총 摠 거느릴총 鬆 머리흩어질총 驄 옥색말총 緃 합할총 繱 비단푸른빛총 稯 벼묶을총 叢

모일총 聰 귀밝을총 熜 삼찔총 篵 젓가락통총 悤 빠를총 鏓 큰끌총 潀 물모일총 驄 총이말총 鏓 끌총 騘 총이말총 錄 찌를총 醲 탁주총 璁 옥같은돌총

찰

窡 구멍이속으로볼찰 樧 좁을찰 攃 손으로잡을찰

搲 비칠찰 繓 맺을찰 檫 나무꼬쟁이찰 撮 자밤찰 黣 검을찰 縩 맺을찰 鬘 상투찰

채

啐 부를채

최

萑 꽃늘어질최 鏙 그릇이름최 稡 모을최 寂 지경최 綷 소리최 煺 튀할최 㞂

어린새자지러질최 墔 높은언덕최 陮 무너질최 漼 서리와눈쌓일최 㢜 드리울최 㝡 가장최 朘 어린아이불알최 崔 높은모양최 最 가장최 摢 쥐어질최 𣩲 깨질최 憒 맘상할최 悴 근심할최 淬 무너질최 璀 옥빛찬란할최 鬌

터럭엉겨질최 䘹 모을최 摧 꺾을최 最 가장최 㩤 높은모양최 膗 국곰최 榱 석가래최 䊟 정한쌀최 踧 걷는모양최 㸹 흰소최 睢 휠최 齱 장최 䲎 어린애자지최 髽 가상투최 㵏 새로난물형상최 槯 나무쌍을최 鏙

섞일최 躍 몹시심할최 敤 한입에다먹을최 䃀 자갈최 䶥 장최 鑸 편편하지않을최 䊫 붉은쌀최 羧 들양의병최 澤 맑을최 綷 깁소리최 趡 핍박할최 蕞 조그마할최 蕞 조그마할최 膗 형용추악할최 縗 상옷최 齹 이를뺄최

牒 집모양허술할최 醊 장최 䘒 어린애자지최 鋷 송곳최 催 재촉최 熣 그으름최 𨄞 바삐걸을최 嘬 물최 嗺 입옴칠최 䩮 안장가죽최

추

犓 대략추 椎 방망이추 錗 저울눈추 棰 매추 縋 줄에매달추 篘 용수추 蓷

풀서로잇닿을추 鶵 아롱비둘기추 鞧 말고삐추 萩 다북쑥추 𥵖 고기잡는기구추 礈 떨어질추 麁 성길추 揂 모을추 㥘 나쁠추 𡸞 고개이름추 緓 줄에매달추 茜 풀베일추 啾 두런거릴추 菷 비추 穐 가을추 秋 가을추

騶 마부추 芻 풀베일추 齺 이촘촘할추 菆 맑은대쑥추 鯫 송사리추 緧 말가슴거리추 聅 귀울추 諈 핑계할추 䩳 묶을추 鼄 거미추 魋 북상투추 犓 꼴먹여소기를추 楸 노나무추 箃 통발추 箒 비추 簉 가지런히나를추

騅 말이작은모양추 絑 말고삐추 殠 썩은기운추 檇 땅이름추 𤇮 불오래갈추 瘷 옴추 䨨 숨을추 惆 섭섭할추 掫 칠추 𨨗 수갑추 麄 성길추 醜 악할추 䚀 실패추 趍 달아날추 樞 지두리추 雛 병아리추 䶂 쥐추

趨 달아날추 搊 손으로퉁길추 林 두갈래물추 秌 가을추 謅 결단하지못할추 㗃 염치없을추 鬌 털빠질추 緅 아청빛추 䓑 꼴추 噍 아이울추 郰 땅이름추 錘 저울눈추 崷 산길고우뚝할추 齺 이촘촘할추 鄹 나라이름추 隹

꼬리잡은새추 豵 작은암돼지추 鄒 나라이름추 䆐 구멍에쥐소리날추 甃 우물벽돌추 縐 주름추 皺 가죽터질추 鎚 쇠마치추 㻇 옥무늬추 穋 사간 鼀 두꺼비추 齺 이촘촘할추 陬 벼루추 騅 푸르고흰얼룩말추 捶 칠추 䬾 귀울추

緧 말고삐추 麆 작은사슴추 獨 애쁠추 瘳 병나을추 硾 누를추 皺 주름질추 閏 곧열추 蝥 거미추 殷 핍박할추 𪔞 계집늙어추할추 鶵 작은새추 媰 과부추 穐 가을추 閠 곧열추 睡 공이로칠추 趎 사람이름추 憗

몹시욕할추
郰 나라이름추
鯞 쏘가리추
㥦 나쁠추
僦 임금추
箠 채찍추
隊 잃을추
墜 떨어질추
酋 괴수추
𨌴 바퀴살추
埾 쌓을흙추
㼦 우물벽돌추
皺 가죽오그라질추
槌 누에시렁추
揫 묶을추
麤 클추
鎚 쇠마치추
鄒 나라이름추
湭 물근원추
鵃 남방찡추
崷 산길고우뚝할추
鼓 가지런하지않을추
䐢 반찬추
䶉 쥐추
龝 가을추
箠 채찍추
帚 비추
鄹 나라이름추
譥 물을추
雛 병아리추
搊 손으로퉁길추
㥮 핍박할추
縐 주름추
鼀 두꺼비추
鰍 미꾸리추
橻 땅이름추
踻 짐승의발추
鼀 두꺼비추
麁 삼줄추
畫 거미추
緧 말고삐추
鱃 잉어추
鰌 미꾸리추
眘 눈비뚤추
謅 떠들추
麁 성길추
鶵 병아리추
㢐 집무너질추
㗙 꾸짖을추
錐 송곳추
鞻 언치추
鶖 두루미추
豵 작은암돼지추
錘 저울눈추
枢 지두리추
蒭 풀베일추
鬌 다팔머리추
屇 보지추
瘳 병나을추
縐 주름질추
皺 소름끼칠추
踿 걷는모양추
趨 나아갈추
䅇 벼알여물추
踀 짐승의발추
棸 추나무추
雛 가는목추
䑼 대동선추
媰 얼굴고울추
嗺 입속가득할추
庢 바로열추
鞦 그네추
䐑 반찬추
鬏 다리추
甀 부리작은항아리추
𢄊 옷구길추
鵻 아롱비둘기추
趍 달아날추
䋘 칡베추
𥿂 주름추
駎 말이다투어달릴추
覰 만만히볼추
𥳊 대누를추
鶵 병아리추
騶 거둘추
啞 소리추
踤 밟을추
𢿈 버릴추
趥 타달거릴추
龝 가을추
䣢 주름질추
穐 가을추
抽 뽑을추
𥃦 눈짓할추
雛 병아리추
鍫 창추
龝 가을추
追 쫓을추
棷 쇠꼬뚜레추
䊭 굿은쌀추
揪 묶을추
追 미룰추
雔 가는목추
鶵 병아리추
樶 열매열추
鵻 아롱비둘기추
誰 이름추
䎻 귀울추
秌 가을추
蝵 물장군추
穐 가을추
貙 이리추
魗 추할추
𧚄 옷구길추
㑳 고용살이할추
諔 욕할추
揫 묶을추
鯫 조개이름추
湭 숱즙낼추
䭔 허출할추
膇 수중다리추
䬶 잃을추
韄 거두어묶을추
蕉 거두어묶을추
嘍 험담할추
濩 물소리추
搥 북칠추
趍 추창할추
揍 꽂을추
麆 한살된사슴추
騶 마부추
䩮 묶을추
𡶡 높은언덕추
諏 피할추
甃 우물벽돌추
𥻨 녹말추
潈 물급히흐를추
䛵 아첨할추
陎 고을이름추

축

丒 축시축
㯝 수레멍에목축
㾭 배아플축
顣 찡그릴축
築 쌓을축
䵷 두꺼비축
𧞫 좋은옷축
埱 비롯할축
傗 꾸부릴축
𨒤 가는모양축
鼀 두꺼비축
殧 오그라질축
筑 비파축
蜛 자벌레축
稸 쌓을축
柷 풍류축
軸 굴비축
𡡅 아첨할축
閦 무리축
躈 찰축
縬 오그라질축
蹜 찰축
舳 배꼬리축
咮 닭부르는소리축
滀 물모일축
逐 물리칠축
𨂺 자취축
蹴 찰축
筑 다질축
蹙 쭈그러질축
𧒂 노래기축
䡆 굴대축
潚 빠를축
蹴 찰축
筑 비파축
𥻵 쌀볶아만든떡축
訹 풍류매달은것이끊어질축
䞭 곧을축
殧 마칠축
蓄 쌓을축
䱡 아감젓축
閦 무리축
𩈤 고를축
蹵 찰축
縶 움츠러질축
柭 몹시싫을축
茿 능수버들축
𨳝 무리축
𥯳 쌓을축
𥱦 쌓을축
筑 능수버들축
縮 오그라질축
蓫 소루장이축
蔟 능수버들축
闌 무리축
𣤸 입맞출축
蓄 쌓을축
𡸗 이를축
𣡵 좋을축
築 다질축
踧 조심하여걸을축
𧦝 향내말을축
鄐 고을이름축
閦 무리축
縬 움츠러질축
顀 툭불거진이마축
斣 평미레축
築 다질축
妯 동서축
樎 말구유통축
逐 쫓을축
紒 풀축
𨃔 빠를축
筑 축축
搐 당길축
畜 가축축
丑 소축
𧝐 옷좋고화사할축
嘼 산짐승축
噈 입맞출축
䮱 못말이서로쫓을축
豖 발얽은돼지걸음축
閒 부처이름축
且 또축
欶 근심할축
嘁 부끄러울축

춘

賰 넉넉할춘
瞃 큰눈춘
萅 봄춘
萅 봄춘
偆 가멸할춘
瑃 옥이름춘
𩀊 새이름춘
橁 참죽나무춘
鰆 상어춘
𧼟 도망할춘
椿 대추나무춘
媋 계집의자춘
𠺹 불춘
𢿑 어지러울춘
櫄 참죽나무춘
春 봄춘
鶞 새이름춘
杶 참죽나무춘
蠢 나올춘
暙 흴춘

출

狘 두머리짐승출 [illegible] 관끌는불출 [illegible] 풀벨출 [illegible] 씹을출 [illegible] 성기게흘출 出 나갈출 黜 내리칠출 茁 풀싹출 趉 달아나올출 咄 사람을부르는소리출 [illegible] 다부룩히첫싹날출 跊 짐승의발자국출 鉥 달아나올출 泏 물솟을출 怵 두려워할출 齣 물어서들래는이출 刹 물건쪼개는소리출 炢 따뜻할출 黢 검을출 朮 삽주출 [illegible] 낮짧을출 秫 차조출 絀 꿰맬출

충

沖 물충충할충 [illegible] 땅돼지충 忡 근심할충 穜 벼이름충 [illegible] 북소리충 [illegible] 귀막을충 㳘 밑샘충 蟲 벌레충 [illegible] 저절로올충 衶 빌충 爞 가물어뜨거울충 沖 화할충 种 어릴충 烛 가물충 㤝 맘동할충 狆 삽살개충 䘪 짧은옷충 漴 물소리충 [illegible] 벌레충 [illegible] 치떠날올충 [illegible] 근심할충 盅 그릇빌충 沖 물아득히뻗칠충 衝 충돌할충 [illegible] 저절로올충 衝 충돌할충 [illegible] 짧은창충 䇤 대끝이뾰족할충 鴤 산새비슷한이름충 冲 화할충 [illegible] 찔충 虫 벌레충 珫 귀거리옥충 充 가득찰충 [illegible] 탐할충 [illegible] 진흙는수레충 [illegible] 먹을충

췌

萃 모을췌 膵 첩육탕췌 [illegible] 씹을췌 瘁 병들릴췌 顇 파리할췌 瘁 병들췌 [illegible] 붙일췌 贅 붙일췌 惴 근심하고두려워할췌 贅 붙일췌 錊 단련할췌 悴 근심할췌 [illegible] 붙일췌 [illegible] 끊는소리췌

취

趄 창할취 樶 나무마디취 棷 푸서리취 冣 모을취 璻 옥빛취 [illegible] 막힐취 龡 불취 翠 깃푸른새취 [illegible] 병취 [illegible] 구멍을막을취 翠 비취취 趣 추장할취 [illegible] 마실취 [illegible] 주창할취 [illegible] 모을취 翠 버취새취 冣 쌓을취 濢 누누할취 炊 불땔취 [illegible] 다스릴취 [illegible] 곡식두번찧을취 取 거를취 [illegible] 시험할취 [illegible] 악기를불취 揣 헤아릴취 鷲 독수리취 檇 찧을취 [illegible] 썩을취 [illegible] 헤아릴취 崒 기다릴취 [illegible] 볼취 聚 모을취 [illegible] 꾸밀취 噿 새부리취 [illegible] 거듭방아찧을취 臭 냄새취 萃 모을취 [illegible] 사절할취 醉 술취할취 [illegible] 모을취 毳 짐승의가는털취 [illegible] 회추리취 [illegible] 악기를불취 就 나갈취 醉 술취할취 娵 개인취 鷲 수리취 [illegible] 실패취 臎 새꽁무니살취 脆 연할취 椊 썩은나무취 竁 중취팔취 帨 새행주취 娶 장가들취 [illegible] 악기를불취 就 나갈취 溴 물기운취 [illegible] 돌깨어질취 脃 연할취 [illegible] 북방취 驟 별안간취 [illegible] 매취 吹 불취 嘴 부리취

측

惻 아플측 昃 해기울어질측 崱 산클모양측 畟 나아갈측 [illegible] 해기울어질측 仄 기울측 [illegible] 벗단측 [illegible] 절측 稄 뼈빽빽한모양측 側 곁측 測 헤아릴측 [illegible] 측량할원측 [illegible] 기울측 [illegible] 아플측

츤

儭 속옷츤 櫬 관츤 [illegible] 몸단정할츤

츰

[illegible] 문으로드나들츰 闖 엿볼츰

츱

[illegible] 살가죽쪼그라질츱 [illegible] 늙은이피부에주름질츱

층

[illegible] 따비자루층 層 층층대층 蹭 길잃은모양층 [illegible] 눈깨끗하게모양지을층

치

[illegible] 산우뚝할치 [illegible] 어린대치 [illegible] 은근히알치 淄 물이름치 [illegible] 젖을치 [illegible] 검붉은토란치 穉 어린벼치 媸 더러울치 [illegible] 술밥치 [illegible] 높이날치 [illegible] 초서쓸치 値 만날치 駤 말뒷걸음칠치 [illegible] 말로속일치 [illegible] 置 둘치 [illegible] 넓고클치 薙 풀깎을치 [illegible] 재물모을치 [illegible] 발없는벌레치 [illegible] 치이 懥 성낼치 [illegible] 넓을치 菑 따비밭치 [illegible] 이색진깁치 糦 술과밥치 [illegible] 설치 疐 미끄러질치 [illegible] 얼굴겁을치 茬 오미자치 輜 수레치 [illegible] 이치 [illegible] 경박할치 絺 가는갈포치 豸 발없는벌레치 [illegible] 잇몸치 置 둘 眵 눈곱낄치 [illegible] 씹을치 [illegible] 재물모을치 [illegible] 짐수레치 制 벨치 鴟 솔개치 懫 분낼치 齝 소새김질할치 [illegible] 익힐치 稺 어릴치

逹 달아날 치 粭 김맬 치 齒 이 치 訲 이별할 치 蚩 벌레가번어서길 치 鴟 암새 치 袳 옷펄 치 甾 꿩 치 褫 요잇 치 澅 물이름 치 馳 달릴 치 畤 제터 치 觢 술 치 鮭 자가사리 치 疐 엎드러질 치 拸 버릴 치 緇 밭갈 치

鞁 신바닥 치 䵵 살검을 치 眵 눈꼽 치 致 이를 치 致 지극할 치 鵜 꿩 치 幟 깃대 치 觽 뿔기울어질 치 髹 칠그릇 치 痓 풍병 치 𦤳 극진할 치 饎 죽 치 鉹 시루 치 緻 바느질할 치 哆 입딱벌릴 치 㢋 넓을 치

諰 울림소리 치 懆 불안할 치 𦍩 양이름 치 齸 되씹을 치 觗 잔 치 齝 소새김질할 치 梔 치자 치 𧨝 물건이름분별할 치 畤 집에저축할 치 緻 신밑창을찌를 치 鉟 시루 치 鵄 솔개 치 䏧 눈꼽 치 鷙 사나운새 치 侈 사치할 치

篪 어린대 치 蚳 벌레가번어서길 치 觙 잔 치 𢓜 똑바로갈 치 鴟 솔개 치 幟 깃대 치 熾 불사를 치 樊 꿩 치 𦉢 전할 치 胵 오장과육부 치 雉 꿩 치 觕 신찌를 치 鴟 솔개 치 𤡢 억센짐승 치 戴 불사를 치 魅 역신 치

痔 치질 치 恥 부끄러울 치 徝 베풀 치 䰡 도깨비 치 菑 따비밭 치 魀 역신 치 𩶌 누에나눌 치 偫 다릴 치 韷 황제의풍류이름 치 夊 평평할 치 輊 작은수레 치 鵗 꿩 치 卮 술잔 치 阤 사태날 치 誺 어리석을 치 䩙 기마제구 치

𥝌 곡식팔 치 屎 자루 치 觭 뿔기울어질 치 歗 조롱해웃을 치 稚 어린벼 치 觶 벌술잔 치 齒 이 치 䗵 기운정 치 夂 뒤에올 치 㨗 거리낄 치 茌 풀모양 치 𩛕 술밥 치 𦥓 이 치 𧵤 진흙할 치 鴙 꿩 치 饎 술밥 치

䊼 역신 치 𤸎 어리석을 치 擳 똑같이나누어가질 치 𪂆 꿩 치 𧼧 자빠질 치 𢇻 낮은집 치 蚩 어리석을 치 熾 불성할 치 誺 말로속일 치 扻 노략질할 치 卮 술잔 치 磃 다듬잇돌 치 𨾏 꿩 치 鵄 솔개 치 鯔 숭어 치 織 불성할 치

𥳑 일년된밭 치 𧫢 말로속일 치 痴 어리석을 치 瓻 술병 치 𩜃 술밥 치 跱 가기어려울 치 垁 담 치 魑 역신 치 廌 외뿔양 치 齝 소새김질할 치 郗 고을이름 치 𨠫 술 치 寘 둘 치 穉 어린벼 치 癡 어리석을 치 推 솔개 치

羕 묶은숫 치 鴙 까치 치 緇 검은빛 치 治 다스릴 치 稺 어린벼 치 跱 머뭇거릴 치 鋅 끌 치 甾 이 치 沼 다스릴 치 滍 물이름 치 葘 따비밭 치 𡒄 생각이어굿날 치 椔 말라죽을 치 𤝸 사냥할 치 鰦 숭어 치 𧪚 웃음 치 鯔 숭어 치

鬀 쓸 치 𩢍 달릴 치 赿 넘을 치 䛗 쾌할 치 蚩 어리석을 치 䰳 역신 치 卬 이 치 緇 검은빛 치 菑 한해된밭 치 㣿 어릴 치 㱔 웃는모양 치 甾 장군 치 𢘃 맘착할 치 𥹷 쌀풀 치 椔 서서죽은나무 치 樴 깃대 치

厠 섞일 치 耻 부끄러울 치 緻 톡톡할 치 鮭 자가사리 치 茬 풀모양 치 緇 검은빛 치 翨 제비가날 치 緇 검을 치 鶅 동방꿩 치 𦐄 제비나를 치 輜 짐수레 치 𡋯 어긋날 치 待 기다릴 치 𨗈 가까울 치 竘 꿩 치 峙 우뚝솟을 치

㥀 베풀 치 錙 저울눈 치 歭 주저할 치 搋 꺾을 치 猘 미친개 치 庤 저축할 치 饎 술밥 치 𪁂 솔개 치 𧽯 경박할 치 嗤 비웃을 치 陊 사태날 치 誃 이별할 치 𥝩 빽빽할 치

칙

勑 신칙할 칙 鷘 뜸부기 칙 汄 물굽이 칙

敕 경계할 칙 鴏 물새 칙 趩 걷는소리 칙 穓 밭갈 칙 鶒 물새 칙 恜 조심할 칙 飭 갖출 칙 淔 풀이름 칙 勅 신칙할 칙 敕 경계할 칙 瀷 물새 칙 𪆁 뜸부기 칙 鶒 뜸부기 칙 鷘 물새 칙 勑 신칙할 칙

친

襯 속옷 친 𪗀 이갈 친 齓 이갈 친 𧬊 훈계할 친 䀼 눈부릅뜰 친 𤟍 이를 친 𨉸 몸단정할 친 䖞 토끼그물 친 寴 친할 친 親 사랑할 친 𥗹 물속돌 친 殝 다할 친 藽 무궁화 친 齔 이갈 친 𪗁 이갈 친 藽 무궁화 친 䞋 사랑할 친

𨉬 달아나는모양 친 𥨨 친할 친 𧸘 돈 친 嚫 베풀 친 亲 사랑할 친

칠

𠚺 벨 칠 漆 옻 칠 㯃 옻나무 칠 桼 옻나무 칠 㓼 벨 칠 七 일곱 칠 𣲀 물나올 칠 柒 옻 칠 𠀁 일곱 칠 𪀗 새소리 칠 𠿐

꾸짖는소리칠

침

踸 앙감질할침
彤 배서로잇대어갈침
頼 추할침
寑 쉴침
凚 찰침
抌 살박아칠침
𪖐 높은코침
𢽊 삽침
郴 땅이름침
𡵂 산깊이들어갈침
霃 음산할침
枮 모탕침
濅 적실침
鷀 큰닭침
寖 점점침
葴 파리침
䚋 가만히머리내밀고볼침
賝 보배침
𪀚 작은새침
揕 칠침
䨘 닭침
鱵 공미리침
忱 믿을침
侵 범할침
𪖔 높은코침
琛 보배침
駸 말몰아달릴침
㾛 몸추악할침
𤆍 힘들일침
磩 돌로칠침
𥝧 가를침
瘮 놀라서떨침
䁈 가만히머리를내밀고볼침
霃 음산할침
寑 잘침
𩓼 더러울침
鮗 자반침
伔 과녁을맞출침
寢 잠잘침
𨀉 앙감질할침
讇 아첨할침
鈂 쇠공이침
椹 모탕침
沈 잠길침
鼸 높은코침
嶜 높고뾰족할침
𦓤 날카로울침
鈂 쇠공이침
浸 적실침
濅 점점침
葴 파리침
鮗 자반침
浸 적실침
鍼 궤맬침
𣦰 껍질푸른오이침
𧯞 콩침
莐 모침
綅 갑옷칠침
𪅑 물총새침
祲 해무리침
浸 적실침
鱵 물총새침
駸 말몰아달릴침
賝 보배침
梫 계수나무침
琛 보배침
浸 적실침
賝 보배침
枕 벼개침
㐷 두려워할침
䑵 볼침
沁 찰침
鱵 공미리침
濅 젖을침
鋟 판새길침
𩃗 구름갈침
沉 잠길침
寑 방침
𡪢 잘침
寑 쉴침
𩔿 머리숙일침
牨 물소침
稄 송곳침
𥰭 먹자침
駸 말몰아달릴침
𧻹 우두커니설침
寖 잠길침
梣 물푸레침
𦳮 덮을친
鍖 쇠보탕침
綝 기울침
䶋 물쥐침
𤐼 고기대가리뼈침
𧠜 볼침
𩒷 머리숙일침
鍼 바늘침
砧 방칫돌침
祲 해무리침
綅 갑옷침
𠛕 이길침
霃 음산할침
針 날카로울침
𧪯 소근소근거리며말할침
唚 입맞출침

칩

𧛓 깃의단칩
漐 땀나는모양칩
蟄 벌레움추릴칩
𧖴 우물거릴칩
𪔏 북소리아니날칩
鼛 북변죽칠칩
𪔷 북소리아니날칩
馽 잡아맬칩
𩢉 잡아낼칩
𩧆 맬칩
霵 비올칩
釟 날카로울칩
𩡧 잡아맬칩
𩘏 바람몹시불칩
𦖿 마소귀놀라는모양칩

칭

偁 말할칭
穪 검은깨칭
称 말할칭
稱 말할칭
称 말할칭
秤 저울칭

쾌

快 쾌할쾌
噲 목구멍쾌
𪖐 숨찰쾌
𥰉 죽순쾌
𣫏 돈이름쾌
駃 빠를쾌
夬 결단할쾌
夬 결단할쾌

타

袉 소매타
陀 비알타
鼉 자라같은긴물고기타
咤 꾸짖을타
岮 산비탈질타
鼉 자라같은긴물고기타
鰖 물고기새끼타
躲 피할타
𨩤 보습타
酡 취한형용타
他 편안히걸을타
𦍴 들양타
𩊱 주머니타
鮀 모래무지타
挆 헤아릴타
𥟖 벼고개숙은모양타
綞 실뭉치타
鴕 타모타
惰 태만할타
鮀 물어미생선타
撱 만질타
碢 돌팔매질타
秅 곡식수효타
炨 타는소리타
砤 팔매질할타
毤 털바꿀타
剁 찍을타
妥 편안할타
隋 떨어질타
垜 살받이터타
𦖌 귀뿔늘어질타
垛 살받이터타
隓 산고뾰족할타
䅜 작게쌓을타
𩂶 구름벗어질타
㙐 드리운모양타
𧢼 뿔없는소타
𪗐 이가바르지않을타
沲 모래밀릴타
鴕 타조타
趓 던질타
𧞮 큰옷타
鬌 다할타
𧬡 말물일칠타
碃 연자매타
牠 뿔없는소타
𧣠 뿔없는소타
橢 둥글길쭉할타
惰 게으를타
䲊 물고기새끼타
墮 떨어질타
鬌 머리고울타
詑 자랑할타
跎 미끄러질타
橢 길게둥글타
朶 나무가지늘어질타
𧭏 민첩할타
佗 다를타
𨊰 차빨리달아날타
鮀 모래무지타
紽 실마리타
牠 뿔없는소타
𪍠 떡타
𥇥 조금두둑할타
㥩 태만할타
涶 침타
䩔 밀치타
䟢 아장아장걸을타
𨧤 이지러질타
𩌏 들메타
䟛 미끄러질타
拖 이끌타
他 다를타
砣 팔매질할타
𢕄 더디걸을타
𦀚 면류관앞드림타
毻 새와짐승털갈타
鼧 쥐타
𩅥 비올타
𨭄 보습타
柁 키타
𩷍 모래무지타
䩜 들메타
吒 뿜을타
𩶚 모래무지타
拕 끌타
椯 채쭉타
𩊠 밀치타
𨂚 미끄러질타
𡜱 헤아릴타
𥯅 대이름타
沲 물흐를타
牠 뿔없는소타

鼉 자라같은긴물고기 타 鮀 물고기새끼 타 䆓 절뚝발이 타 袉 옷뒷자락 타 紽 면류관앞드림 타 鞾 휘늘어질 타 𥥛 뾰족이내밀 타 崜 바위 타 躲 피할 타 馱 탈 타 跺 가는모양 타 鞢 들메 타 墮 떨어질 타 駝 약대 타 瘃

말병 타 駞 약대 타 痑 병들 타 舵 키 타 咤 뿜을 타 詫 말자랑할 타 椭 길죽이둥글 타 𢾍 편안할 타 䙃 소매없는옷 타 䩑 넓고두터울 타 鰖 고기새끼 타 鮪 불고기새끼 타 疟 병들 타 䭾 말이길 타 駄 짐실을 타 椯

나무이름 타 朶 꽃송이 타 柁 잡을 타 沱 물갈라질 타 㳡 모래밀릴 타 憜 태만할 타 鞜 가죽신 타 忲 사치할 타 駞 약대 타 墮 팔매칠 타 鍺 수레굴통쇠 타 拕 끌을 타 嫷 예쁠 타 埵 굳은흙 타 鬌 머리털더러워질 타 甋

돌팔매질 타 奼 아름다울 타 打 때릴 타 朶 꽃송이 타 鮀 모래무지 타 舵 키 타 秅 쥐 타 惰 태만할 타 陊 작은흙무더기 타 陀 비탈 타 陏 작은흙무더기 타 闒 술잔드릴 타

탁

馲 약대 탁 㱽 칠 탁 琢 쪼을 탁 驝 약대 탁

柝 목탁 탁 㮟 나눌 탁 馲 약대 탁 庹 두팔벌릴 탁 䮷 귀머거리 탁 犳 사나운개 탁 豩 갈 탁 饢 밀수제비 탁 侂 부칠 탁 戳 칠 탁 斀 던질 탁 濁 흐릴 탁 袥 옷자락 탁 濯 씻을 탁 垞 언덕 탁 鐲 징 탁 鐸

큰방울 탁 擿 열 탁 跅 맨발 탁 襗 속옷 탁 䭾 트기 탁 沰 떨어뜨릴 탁 籜 옷끌릴 탁 袥 옷제칠 탁 橐 조두 탁 韇 가죽신 탁 髺 터럭길 탁 橐 전대 탁 飥 떡 탁 㑁 불안할 탁 拆 씻을 탁 蹕 맨발 탁 㧻 칠 탁

晫 밝을 탁 托 수제비 탁 橐 힘쓸 탁 桌 탁상 탁 蠗 작은조개 탁 飥 밀수제비 탁 詫 헐 탁 䮓 말이나아가지않을 탁 擢 초목껍질과잎사귀떨어질 탁 橐 뚫을 탁 斲 쪼갤 탁 恅 요량할 탁 驝 약대 탁 琸 사람의이름 탁 墒

씻을 탁 汑 미끄러질 탁 卓 뛰어날 탁 剫 불알깔 탁 逴 멀 탁 魠 자가사리 탁 帛 높을 탁 杔 탁로나무 탁 託 부탁할 탁 坼 씻을 탁 矺 돌로칠 탁 籜 잎떨어질 탁 踱 건널 탁 踔 늘어질 탁 斀 불알베일 탁 踱 맨발로디딜 탁

擗 찢을 탁 籜 대껍질 탁 柝 목탁 탁 皁 뛰어날 탁 檯 목탁 탁 坼 씻을 탁 剫 쪼갤 탁 澤 고드름 탁 涿 칠 탁 毅 칠 탁 韈 돌 탁 馲 약대 탁 戳 아플 탁 磙 칠 탁 謧 속일 탁

탄

肭 살해질 탄 瘓

중풍들릴 탄 暺 밝을 탄 氽 뜰 탄 嘽 헐떡거릴 탄 裢 솔기터질 탄 歎 탄식할 탄 畡 사슴발자국 탄 綻 옷솔기터질 탄 弞 탄환 탄 娗 어수선할 탄 組 케멜 탄 灘 여울 탄 惔 어리석을 탄 𩞃 말얼얼할 탄 湠 넓을 탄 㨏

구를 탄 誕 탄생할 탄 澨 여울 탄 䃪 누른빛 탄 癱 중풍할 탄 炭 숯 탄 歗 문채없을 탄 歎 탄식할 탄 撣 다닥칠 탄 疃 사슴발자국 탄 霻 이슬많을 탄 驒 돈점박이말 탄 踏 밟을 탄 譠 속일 탄 瘖 먹기좋아하는병 탄 弾 쏠 탄

𠥓 꺼릴 탄 憻 평평할 탄 殫 갈진할 탄 坦 너그러울 탄 彈 쏠 탄 鞚 말배띠 탄 弓 탄환 탄 丸 탄환 탄 憚 꺼릴 탄 嘆 탄식할 탄 誕 탄강할 탄 嘆 한숨쉴 탄

탈

奪 빼앗을 탈 頹 작은머리 탈 脫 벗을 탈 皸

가죽벗길 탈 侻 가벼울 탈 鮵 작은가물치 탈 殺 창대 탈 稅 기울 탈 莌 활탈초 탈 痥 말부스럼 탈 侻 빨리갈 탈 㝤 기울 탈 脫 재물 탈 敓 빼앗을 탈 毲 모직 탈 鵽 새막새 탈 奪 빼앗을 탈 奪 빼앗을 탈 莌 활탈불 탈 脫

벗잡벗을 탈

탐

倓 머무를 탐 䏙 살해칠 탐 耽 범의보는모양 탐 抩 함께가질 탐 眈 저녁경치 탐 㴔 머뭇거릴 탐 䑙 비교할 탐 探 더듬을 탐 㮖 실심할 탐 撢 더듬을 탐 驔 말걸음냅뜰 탐 䏙 고기국찌개 탐 帎 갓 탐 㵃

젖을 탐 僋 늘어날 탐 醓 육장 탐 貪 탐할 탐 䑙 짤 탐 肬 고기국찌끼 탐 嚃 훅훅들이마실 탐 䟙 넘어다볼 탐 譚 말어긋날 탐 噆 여럿이먹는소리 탐

탑

㧺 밑이납작한자배기 탑 鑈 물건떨어지는소리 탑 鎉 갈고리 탑 嚃 엎드릴 탑

鞜 가죽신탑 𦐇 성하게날탑 ⿱竹沓 대로만든덮개탑 鞳 쇠북소리탑 鰈 가제미탑 塌 낮은땅탑 ⿰舟乇 배댈탑 錔 두툼할탑 ⿰糸𦐇 얽을탑 榻 긴상탑 ⿰革𦐇 병장기탑 鰈 가제미탑 ⿰言𦐇 말많을탑 瘩 부스럼탑 鰨 가자미탑

⿰忄𦐇 뜻물러갈탑 鎉 백철탑 ⿰火闒 데어터질탑 ⿰金盍 살촉탑 ⿰羊𦐇 북이름탑 鯜 가재미탑 遢 천천히걸을탑 ⿰舟𦐇 큰배탑 墖 탑탑 ⿰忄畣 받을탑 搭 걸탑 毾 털자리탑 闒 용렬할탑 ⿰馬𦐇 말막설탑 ⿱荅言 소리탑 ⿰舌習 마실탑

閤 종소리탑 鍱 개먹는소리탑 ⿱不行 앉은뱅이탑 ⿰糸荅 실매듭탑 ⿰舟𦐇 큰배탑 傝 답답할탑 ⿱罒⿰糸炎 고기그물탑 搨 박일탑 漯 물이름탑 ⿰齒合 먹을탑 ⿰犭荅 개먹을탑 錔 쇠두겁탑 ⿰足荅 뛸탑 塔 탑탑 踏 뛸탑 榻 좁고지걸상탑 臺 탑탑 ⿰口𦐇 입움직일탑 ⿰革眔 쇠북소리탑

탕

⿱湯手 손으로막을탕 婸 음탕할탕 ⿱雨石 빈골탕 踼 미끄러질탕 ⿺辶蕩 지날탕 簜 굵은대탕 ⿱艹石 초우윙탕 腸 창자탕 鐋 대패탕 ⿱蕩皿 클탕 ⿰石蕩 초우윙탕 ⿴囗昜 돌에서나는소리탕

薚 자리공탕 踼 미끄러질탕 薚 자리공탕 ⿰臼昜 입쌀만들탕 ⿰足唐 미끄러질탕 ⿱艹昜 방탕할탕 盪 씻을탕 碭 무늬돌탕 璗 아름다운금탕 燙 씻을탕 ⿰金湯 대패탕 ⿱湯女 없인여길탕 ⿱湯心 움직여일할탕 蕩 클탕

⿰身弱 약할탕 蝪 땅거미탕 偒 헌걸찰탕 ⿰食童 탐하여먹을탕 ⿰金宕 대패탕 ⿺走昜 나아갈탕 逿 방탕할탕 ⿱穴石 지날탕 宕 방탕할탕 趤 노닐탕 ⿰杏見 바로볼탕 ⿺瓜昜 오이가길탕 ⿵門呂 문열지않을탕

태

⿱髟台 여자의다리머리태 胎 애밸태 ⿰土兌 담무너질태 ⿰黑隶 검을태 紿 실엉킬태 軩 수레기울어질태 ⿱臤石 아름답고검은돌태 ⿱竹怠 죽순태 泰 클태 駘 노둔할태 ⿰山兌 산모양태 ⿰言臺 자세히살필태 菭 이끼태 ⿰台馬 노둔할태 囼 아이밸태 殆 위태할태 炱 그으름태

⿰黑對 검을태 ⿰革兌 기울태 搭 매칠태 怠 게으를태 抬 들태 ⿰目逮 눈흐릿할태 ⿰糸怠 속일태 埭 보뚝태 ⿰黑太 몹시검을태 粏 겨로만든국태 ⿰米兌 가루태 ⿰馬臺 노둔한말태 ⿰月㠯 태보태 台 별태 ⿰車止 수레기울어질태 ⿱太二 심할태

颱 몹시부는바람태 舦 배갈태 迨 미칠태 ⿰彖隶 미칠태 笞 매칠태 汰 미끄러질태 ⿰子台 아이밸태 太 클태 ⿰目逮 어두울태 ⿰忄隶 방자할태 ⿰口怠 거짓말태 態 태도태 ⿸户大 수레옆문태 ⿰齒來 씹을태 呆 어리석을태 ⿰鬼夋 열병태

娧 너딜태 鮐 복태 跆 뛸태 邰 태나라태 ⿰金隶 미칠태 ⿰黑彖 검을태 兌 지름길태 忕 사치할태 苔 이끼태

택

⿱宀毛 자리택 韄 칼치장하는가죽택 葦 취덩굴택 ⿰宅鳥 털에오색무늬있는새이름택 鸅 사다새택 択 가릴택

⿱艹乇 약풀택 澤 윤택할택 ⿰乇隹 갓난털택 ⿰韋睪 치장하는가죽택 蘀 쇠귀나물택 宅 집택 垞 자리택 沢 늪택 擇 가릴택 虴 베메뚜기택 ⿱艹宅 항정택 澤 늪택

탱

樘 버림목탱 撐 버릴탱 牚 버팀목탱 ⿰扌棠 버릴탱 橕 버팀목탱 撐 버릴탱 ⿰食掌 배부를탱

터

攄 펼터

토

⿰王辱 옥이름토 芏 갯펄왕굴토 ⿰兔隹 부엉이토 套 장대할토 討 칠토 鵵 올빼미토 ⿰馬臽 말이가는모양토 靯 전동토 兎 토끼토

⿰土鳥 두견새토 菟 새삼토 [illegible] 부푸울토 鵵 부엉이같은작은새토 ⿰馬兔 좋은말토 兔 토끼토 土 흙토 吐 토할토 ⿰臽馬 말이가는모양토 圡 흙토

톤

⿰日重 염우없을톤 啍 느럭느럭할톤 ⿸黑重 밝지않을톤 ⿰口敦 입기운톤

통

桶 엿되들이통통 恫 슬플통 通 통할통 ⿺辶⿱丷甬 통할통 樋 어름나무통 鯒 바다메기통 侗 곧게갈통 ⿱穴弄 구멍통 ⿰忄雈 애통할통 痌 아플통 ⿱竹通 마디없는대통 捅 당길통 統 거느릴통 慟 애통할통 筒 대이름통

痛 아플통 筩 대통통 蓪 으름덩굴통 通 통할통 ⿰麥同 떡통 ⿱穴甬 둥근구멍통 憅 애통할통 ⿱龍出 산가파를통 敮 두드릴통 ⿰巾同 오랑캐옷통

퇴

敦 성낼퇴 ⿸广隹 지붕물매질퇴 蹆 다리퇴 ⿰車隹

수레성할퇴 靊 구름성할퇴 颸 솔솔부는작은바람퇴 鐜 아래로드리워질퇴 迵 물러갈퇴 推 밀퇴 焞 성할퇴 退 물러갈퇴 蘈 소루장이퇴 盩 맹세할때마시그릇퇴 簤 대붓퇴 牘 집모양허술할퇴 瘯 산증퇴 腇 살찔퇴

頧 하나라관이름퇴 隤 무너질퇴 𩗗 급한바람내리불퇴 踓 절름발이퇴 穨 심한바람퇴 𨊂 수레성할퇴 㞂 가죽신퇴 穨 무너질퇴 蓷 익모초퇴 𠂤 놓을퇴 塠 떨어질퇴 腿 다리퇴 繢 소루장이퇴 讙 떠들퇴 磓

돌떨어트릴퇴 糙 가루떡퇴 樻 말들피질퇴 詯 귀양갈퇴 褪 옷벗을퇴 煺 튀할퇴 琟 옥을갈퇴 頹 머리뼈퉁길퇴 逿 물러갈퇴 蹪 엎드러질퇴 瘃 자지시들어지는병퇴 蹪 엎드러질퇴 䭔 증편퇴 崔 높을퇴 隤 무너질퇴

適 무너질퇴 頹 기울어질퇴 蘈 소루장이퇴 䀃 그릇이름퇴 僓 순할퇴 譢 포개어모을퇴 骽 넓적다리퇴 垍 흙무더기퇴 鵻 참새이름퇴 聵 어리석을퇴 𩩲 목뒤뼈퇴 檄 관덮개퇴 㿉 소문병퇴 擹 튀할퇴 槌

노독날퇴 𩨗 뼈일어날퇴 𩈫 낯더러울퇴 桵 풍질퇴 䭔 증편퇴 陮 높을퇴 𩃨 겸양할퇴 退 물러갈퇴 𨓏 겸양할퇴 堆 흙무더기퇴 陷 높을퇴 譈 허물할퇴

투

鬪 싸움투 妒 투기할투 鬦 싸움투 妬

자식없는계집투 疕 젖멍울투 黈 배삯갯투 透 통할투 𨽸 떨어질투 歈 어저귀투 𧺜 스스로떨어질투 𧫢 말머뭇거릴투 杏 비웃을투 骰 주사위투 麸 가루떡투 餖 말두투 鬪 싸움투 投 나아갈투 𧼮 필투 投

던질투 鬬 싸움투 牏 담틀투 偸 훔칠투 𡵼 산험준할투 透 통할투 貐 별이름투 貐 별이름투 鬥 싸움투 鬭 싸움투 𨀤 스스로던질투 㪗 볕투 𪎭 어저귀투 鬦 싸울투

특

犆 둔할특 㝵

쥐어박을특 蟘 벌레이름특 慝 간악할특 特 우뚝할특 蟘 황충특 貣 빌특 螣 황충특 蚮 황충특 忒 어그러질특 樴 말뚝특 忒 틀릴특 忑 맘허할특

파

豝 — 짐승형상추할파 皤 머리휠파 芭 파초파 蔢

박하파 笆 대울타리파 爸 아비파 苩 꽃파 潖 돌살축파 䶕 뻐드렁니파 𤥭 사람이름파 蚾 두꺼비파 擺 열파 葩 꽃송이파 𤾤 어지러울파 叵 못할파 帞 머리동이수건파 簸 까부를파 婆 늙은계집파 靶 가죽고삐파 疤

헌데자리파 皤 머리휠파 䎱 나를파 紴 비단무늬파 洍 물모양파 䝛 자개파 羓 포파 玻 파려옥파 𥗼 방짓돌파 𧺰 엎드러질파 跛 절음발이파 頗 비뚤어질파 𣹚 할머니파 𩬷 상투짠모양파 欛 칼자루파 䏘 조금두둑할파 皅

꽃이흴파 蹞 절뚝발이파 奤 클파 怕 두려울파 猈 허리구부리고갈파 嶓 산이름파 妑 새앙머리파 鉕 구리그릇파 𪚎 거북파 𩨛 칼자루파 鮁 뱅어파 𢬵 손뒤집어질파 𡞇 늙은계집파 欛 칼자루파 𥬜 대산자파 破 깨뜨릴파 𪄗 꽃송이파

䆉 벼이름파 爬 긁을파 囷 십을파 吧 아이들다툴파 彼 절파 怕 두려울파 杷 비파나무파 波 물결파 鈸 노구파 擙 거두어드릴파 頗 머리기울일파 巴 땅이름파 跛 절름발이파 𢱢 헤칠파 把 잡을파 𥝩 벼이름파 坡

언덕파 菠 시금치파 叵 못할파 琶 비파파 𪚍 두꺼비파 𨊾 군사수레파 駊 말머리내두를파 犯 두살된암돌파 帊 머리수건파 𧢕 소뿔뺏칠파 絉 흩어진실파 破 깨뜨릴파 𨀆 절름발이파 罷 파할파 派 물가닥파 㴽 험담한파

袙 복두건파 𢻱 거둘파 灞 물가파 鄱 땅이름파 鈀 싸움수레파 罢 파할파 耙 쇠시랑파 筢 갈퀴파 𥩟 짧은모양파 岥 산비탈질파 罷 파할파 𩔲 휠파 舥 배다리파 𧢓 뿔굽을파 𢺨 잡을파 帕 머리동이수건파 播

심을파 譒 펼파 豝 두살된돼지파 紙 흩얇질실파 𧺈 절파 蕃 흰쑥파 皅 빛참되지않을파 𣯷 아가위파 蚆 자개파 襎 긴소매파

판

跘 도사리고앉을판 辦 판단할판 汴 물이름판 眅 눈에흰자위많을판 皈 산비탈판 岅 산비탈판

㤕 급한성품 판 昄 밝을 판 辧 얽을 판 ⿲辛目辛 아이흰눈 판 鈑 불린금 판 瓪 암기와 판 畈 평평한밭두둑 판 粄 쌀가루떡 판 辦 힘쓸 판 汳 산이름 판 蝂 부판벌레 판 版 조각 판 阪 산비탈 판 坂 언덕 판 ⿸半鳥 새매 판 板 널 판 判 판단할 판 販 장사 판 舨 배 판 瓣 외씨 판

팔 八 여덟 팔 朳 고무래 팔 捌 깨트릴 팔 叭 나팔 팔 ⿰馬八 여덟살된말 팔 汃 물결서로부딪지는소리 팔 ⿰矢犮 짧을 팔 玐 옥소리 팔 ⿰齒八 이가는소리 팔 ⿰石八 돌깨는소리 팔 釟 달련할 팔

팟 巼 땅이름 팟

팡 ⿰革旁 짚신 팡 ⿱彭石 돌소리 팡

패 朩 삼껠 패 ⿰犭舌 너구리새끼 패 ⿰犮犬 개잇발이웅성거릴 패 ⿰足貝 밟을 패 梖 패엽나무 패 沛 배가는모양 패 ⿰阝巠 천자 패 珼 자개장식 패 垻 방축 패 誟 어지러울 패 ⿰氵巿 배가는모양 패 犻 개성낼 패 伂 자빠질 패 浿 물이름 패 粺 정한쌀 패 孛 혜성 패 ⿰韭非 허풍서니 패 珮 패옥 패 ⿰木韋 멧목 패 牌 방붙일 패 唄 염불소리 패 霸 제후의권세잡을 패 捭 두손으로칠 패 ⿰日孛 어두울 패 ⿰角卑 뿔 패 稗 돌피 패 蛽 자개 패 霈 비쏟아질 패 茷 풀잎무성할 패 ⿰牛孛 마소다닐 패 ⿰竹卑 대쪽 패 芾 산부추 패 ⿰牛巿 두살된송아지 패 ⿰片非 방붙일 패 ⿰魚巿 복 패 ⿰犭罷 작고앙징할 패 ⿰日巿 어둘 패 ⿰犭坒 옥 패 ⿱竹韋 멧목 패 ⿰犭貝 두살된소 패 ⿱貝攴 패할 패 ⿱竹派 대쪽 패 ⿱龜貝 자개 패 ⿰馬巿 말날랠 패 佩 패옥 패 ⿰目巿 눈어둘 패 ⿰米風 살갈아국에탈 패 霸 제후의권세잡을 패 ⿰巿阝 배가는모양 패 ⿰髟邑 마을 패 ⿰扌風 당길 패 棑 멧목 패 鋇 쇠몽치 패 ⿸广霸 두목 패 覇 으뜸 패 ⿰忄巿 성낼 패 吠 개짖을 패 狽 낭패 패 ⿰片咅 조각 패 邶 땅이름 패 悖 어지러울 패 ⿰毛巿 털많을 패 ⿰車頁 목기울 패 ⿺辶貝 무너질 패 ⿸疒孛 몹시피곤할 패 敗 무너질 패 簰 큰 패 猈 발발이개 패 ⿰孛戈 어지러울 패 旆 기 패 ⿰片卑 나눌 패 筏 까불을 패 貝 조개 패

팽 踫 걸어서건널 팽 ⿰糸彭 맺을 팽 ⿰金烹 쇠불릴 팽 ⿰車韋 군사수레 팽 砰 여울물소리 팽 ⿵門風 문바람 팽 鬅 머리털엉킬 팽 ⿰酉烹 삶은 팽 砯 물이바위에부딪치는소리 팽 蟚 방게 팽 甏 질그릇 팽 ⿱彭足 걸어서건널 팽 軯 수레가는소리 팽 ⿰車彭 차소리 팽 弸 화할소리 팽 祊 사당문제사 팽 繃 묶을 팽 ⿰犭彭 개 팽 ⿰衤朋 묶을 팽 ⿰平瓦 독 팽 ⿰片平 나무쪼개는소리 팽 ⿱彭虫 방게 팽 憉 굳센체할 팽 ⿱并心 배아플 팽 伻 사람부릴 팽 騯 말떼지어갈 팽 澎 물소리 팽 閍 대궐문 팽 磞 돌때릴 팽 輣 군사수레 팽 掽 부딪칠 팽 烹 삶을 팽 皏 엷은빛 팽 ⿰土崩 무너질 팽 綳 묶을 팽 ⿰車旁 군사수레 팽 碰 부딪칠 팽 膨 배불룩할 팽 亨 삶을 팽 旁 팽팽달릴 팽 ⿱彭足 땅밟는소리 팽 嘭 팽팽소리낼 팽

팍 愎 사나울 팍 釙 불리지않은쇠 팍

퍅 ⿰阝复 무너진산 퍅

편 ⿰角扁 방어 편 鯾 거루 편 ⿰目扁 갓난아이눈에예맥있을 편 ⿰片見 슬쩍볼 편 便 편안할 편 楩 나무이름 편 辮 가죽끊어질 편 ⿰鹵扁 소금 편 偏 치우칠 편 片 조각 편 騙 속일 편 媥 간들간들거릴 편 篇 글 편 ⿸扁馬 말뛰어오를 편 ⿰魚扁 방어 편 鶣 가벼운모양 편 緶 꿰맬 편 覑 비껴볼 편 翩 나는모양 편 蝙 박쥐 편 ⿰糸扁 꿰멜 편 扁 특별할 편 ⿱扁貝 천냥늘 편 犏 소 편 蹁 돌아걸을 편 ⿸戶冋 작을 편 鞭 회초리 편 編 책편 편 楄 칠성판 편 鯿 병어 편 ⿰食扁 떡 편 ⿰弓扁 활뒤젖혀질 편 箯 대남여 편 ⿱夂兵 작을 편 ⿰扁毛 긴털 편 ⿸疒扁 편고증 편 惼 조급할 편 猵 원숭이같은짐승 편 ⿱𥫗辡 삼잎괴리 편 碥 노두돌 편 ⿰扁刂 새길 편 ⿰骨扁 뼈기울게날 편 㛹 아름다울 편 褊 옷너풀거릴 편 便 편할 편 ⿰魚斤 메기 편 遍 두루 편 ⿸尸扁 특별 편 ⿰扁瓜 누른오이 편

폄 貶 덜릴 폄 ⿰貝乏 덜릴 폄 ⿰石巴 돌침 폄 窆 화관할 폄 砭 돌침 폄 ⿱乏山 돌칠 폄 ⿱乏貝 덜릴 폄 ⿱貝乏 덜릴 폄

평 評 평론할 평 ⿰女平 급할 평 ⿱爫平 평할 평 ⿱艹溥 개구리밥 평 蓱 개구리밥 평 玶 구슬이름 평 荓 말비풀 평 拼 좇을 평 姘 제거할 평 抨 난택할 평 怦 맘급할 평 ⿰牛平 얼룩소 평 平 바를 평 ⿰月平 기름 평 ⿰并頁 말많을 평 萍 개구리밥 평 ⿱艹洴 마름 평 ⿰米平

얼룩양평 坪 벌판평 苹 다북쑥평 栤 나무패는소리평 苹 마름평 泙 물소리평 䯙 땅밟는소리평 坪 들평 枰 바둑판평 庰 뒷간평 硼 평돌평 閛 문닫는소리평 蚲 등에평 鮃 가자미평

폐

廢 떨어질폐 櫠

실과이름폐 獙 여우폐 梐 마름쇠폐 砩 보막을폐 獘 해질폐 敝 옷헤질폐 閇 닫을폐 鄨 물이름폐 弊 해질폐 杮 어음조각폐 𥳦 대자리폐 癈 고질병폐 鞞 장화폐 斃 죽을폐 𥳦 대자리폐 俾 이기적거릴폐

肺 부아폐 𧸘 폐백폐 贅 고생스러울폐 癈 고질폐 蔽 주사위폐 杮 자귀밥폐 薜 담장이넝쿨폐 蔽 가릴폐 䕯 승검초폐 頉 머리기울어질폐 閉 닫을폐 柿 자귀밥폐 鼣 쥐이름폐 廃 폐할폐 醳 느름나무장폐

獘 해질폐 嬖 사랑할폐 蜌 홍합폐 薜 담장이넝쿨폐 薜 가릴폐 陛 천사폐 肺 부아폐 幣 패백폐 㡀 옷헤질폐 鼣 쥐이름폐 恬 믿을폐 髀 넓적다리폐 陛 옥폐 吡 새소리필폐

포

瀑 소나기포

奅 클포 炮 그스릴포 怉 회포 餥 배부를포 鞄 돌아올포 餥 배부를포 鞄 가죽다루는장인포 鞄 가죽다루는장인포 趙 길포 皰 부풀포 賻 재물로서로갚을포 捕 사로잡을포 晡 해질포 哺 씹어먹을포 孢 아이밸포

詑 말수선스러울포 餢 배부를포 䊇 꿀떡포 脯 포포 泡 물거품포 𩚵 알품을포 鞄 가죽다루는장인포 餥 배부를포 峬 산모양예쁠포 逋 포흠할포 虣 혹독할포 餔 먹을포 曝 볕쪼일포 袍 두루마리포 餞 배부를포

勹 쌀포 痡 속결릴포 㬥 급할포 窌 술에취할포 㪍 집무너지려할포 狍 짐승이름포 浦 땅이름포 餜 배부를포 庯 지붕평평할포 脯 말린생선포 抱 아름포 圃 채전포 逋 포흠할포 鞄 가방포 㲏 가벼울포

篰 가리포 抱 아름포 家 감출포 飽 배부를포 麭 박포 曓 사나울포 胞 태보포 㚿 쌀포 誧 간할포 疱 부르틀포 脬 오줌통포 靤 면종포 𨣈 계명주포 踄 말굽자국포 抛 던질포 齙 이드러날포 暴

사나울포 瀑 소낙비포 暴 부르짖을포 苞 딸기포 帇 행주포 盙 먹을포 菢 새알품을포 𢇧 벌릴포 砲 돌쇠뇌포 𪖙 얼굴얽을포 䤖 여드름포 泡 담글포 櫜 길고큰포 布 베포 鈽 철판포 褒 포장할포

鱄 돌고래포 虣 혹독할포 礮 장군포 髱 수염많을포 葡 포도포 舖 펼포 匍 엎드러질포 麭 경단포 鉋 대패포 褒 포장할포 襃 앞깃포 陠 지붕평평할포 鋪 문고리포 胞 태보포 攴 손으로칠포 鮑

저린생선포 餣 배부를포 誧 클포 閛 문포 䨔 반갈포 㬥 도임할포 勹 옷포 抪 더듬을포 複 앞깃포 麃 고라니포 䤖 얼굴붉으레할포 餢 배부를포 鯆 물아지포 鯆 물아지포 瀑 소낙비포 庖 푸주간포 餜 배부를포

褒 옷뒷길포 袌 아름포 逋 포흠할포 砲 돌쇠뇌포 䇑 끌포 儤 번들포 魳 상어포 怖 두려울포 鋪 펼포 蒲 부들포 浦 물가포 豧 돼지소리포 咆 짐승소리포 飽 배부를포 𨣈 계명주포 佈 펼포 檜

사십근포 刨 깎을포 㲏 알품을포 酺 모여술잔치할포 𪖙 부푸를포 踄 갈포 駂 총이말포 闁 포장할포 捕 저포포 鉋 대패포 包 쌀포 圃 채전포 餜 배부를포 跑 허벌포 炰 그슬을포 抛 던질포 曓 부르짖을포

㝏 부르짖을포 鞄 가죽다루는장인포

폭

穙 벼폭 𧱓 작은돼지폭 𥿁 넓이폭 䴆 새이름폭 襮 수놓은옷깃폭 幅 폭폭 爆 불터질폭 爆 불터질폭

폴

䕢 질리폴

폿

乶 땅이름폿

표

𩖰 가벼울표

𨇬 사뿐사뿐갈표 飇 회리바람표 儦 떼지어걷는모양표 飄 외리바람표 勡 겁탈할표 檦 표할표 滮 흐르는모양표 䯽 몸이굳셀표 瞟 눈자그마할표 慓 급할표 䮽 말재갈표 飆 회리바람표 褾 겉표 驫 말여러필달아날표 瞟

차흔들릴 표
旚 깃발번득일 표
蔈 떨어질 표
犥 얼룩소 표
瘭 병이름 표
磦 산봉우리우뚝할 표
莩 굶어죽을 표
剽 표독할 표
軳 돌을날려보내는수레 헤표
鏢 칼날 표
旚 기날리는모양 표
橐 활집 표
熛 불똥튈 표
謤 말가벼울 표

穮 김맬 표
膘 종기터지려할 표
杓 북두자루 표
嘌 휠 표
飆 미친바람 표
謈 미워하고성낼 표
麃 사슴종류 표
褾 소매끝 표
臕 살찔 표
瞟 겨우들을 표
䁃 겨우들을 표
鑣 날 표
賆 물에사는조개 표
褾 소매끝 표
顠

털엉킬 표
彯 단청할 표
貓 잠잘자는양 표
麃 웃음 표
噭 큰소리 표
鷅 새털빛변할 표
殍 굶어죽을 표
瀏 움직일 표
驃 말몰려달아날 표
鑣 성할 표
飆 회리바람 표
鼩 범잡는쥐 표
標 표할 표
諘 칭찬할 표
嫖 날랠 표
表 걸 표

嘌 산이마 표
螵 뽕나무벌레 표
膘 허구리살 표
鼩 범잡는쥐 표
摽 칠 표
霝 눈이내리는모양 표
杪 소매끝 표
飆 회리바람 표
漂 뜰 표
表 걸 표
謤 미워하고성낼 표
脿 살찔 표
橐 자루아가리벌릴 표
爂 가볍고연약할 표
縹 옥색빛 표

裱 걸 표
颮 바람소리 표
膘 허구리살 표
麭 기장된장웃거덕 표
贆 봉죽줄 표
𠬪 떨어질 표
墂 언덕쌓아할 표
鞄 부드러울 표
翲 높이날 표
醥 맑은술 표
趮 사뿐사뿐걸을 표
幖 깃발 표
驃 누른말 표
髟 터럭엉킬 표

篻 가는대 표
瞟 몹시볼 표
飄 회리바람 표
暴 별쪼여말릴 표
驃 누런말 표
瓢 개구리밥 표
蹀 사뿐사뿐갈 표
觿 뿔이름 표
穮 김맬 표
鏢 칼날 표
婊 화랑이 표
殍 굶어죽을 표
爂 성낼 표
幖 깃발 표
鏢 칼날 표
僄

진중치못할 표
摽 나누어줄 표
㪣 칠 표
鰾 고기새끼조금큰것 표
表 걸 표
薸 개구리밥 표
彪 작은범 표
縹 옥색빛 표
瀌 눈비퍼불 표
颮 회리바람 표
瞟 차흔들릴 표
覭 둘러볼 표
鬃 터럭엉킬 표
彪 칡범 표
飃 나부낄 표
煎

산매자 표
褾 걸 표
瓢 표주박 표
檦 표할 표
鴇 너새 표
藨 산딸기 표
颷 미친바람 표
驃 누른말 표
瞟 눈자그마할 표
刨 깎을 표
㓮 깎을 표
賧 물에사는조개 표
票 흔들릴 표
豹 표범 표
驃 날쌜 표
麃 위엄스러울 표

裱 목수건 표
瘭 병이름 표
䀾 눈에대고볼 표
鰾 부레 표
標 표할 표
嘌 자랑할 표
猋 개달아날 표
瓢 박 표
髟 머리늘일 표
嘌 몰아갈 표

푸

颫 바람셀 푸
鮇 고기이름 푸
颫 바람셀 푸

품

禀 줄 품
藁 등나무 품

品 품을 품
榀 외가지 품
品 품수 품
禀 품할 품

풍

諷 비유로간할 풍
䬈 더운바람 풍
凬 바람 풍
凮 바람 풍
𩗓 바람 풍
寷 큰집 풍
飌 바람 풍
凬 바람 풍
凮 바람 풍
蜂 벌레구멍 풍
凬 내리부는바람 풍

楓 신나무 풍
豐 우우싹 풍
葑 무우 풍
凬 바람 풍
豊 왕콩 풍
楓 바람 풍
豐 왕콩 풍
瘋 바람머리 풍
麷 볶은보리 풍
灃 물이름 풍
馮 성 풍
豐 풍년 풍
霻 구름많은귀신 풍
猦 짐승이름 풍
堸 벌레집 풍

酆 땅이름 풍
凬 바람 풍
鄷 땅이름 풍
麷 볶은보리 풍
凬 바람 풍
諷 외울 풍

피

髲 머리쓰개 피
㶡 불에말릴 피
耚 밭갈 피
彼 저 피
貱 줄 피
毞 털 피
柀 비자 피
潷 좋을 피
吡 꾸짖는소리 피
狓

너풀너풀나를 피
㓟 가시꿰올 피
𢏚 활잔득당길 피
貏 점점평평할 피
呯 숨찰 피
牑 마루모양 피
宩 샐 피
鑃 호미 피
皮 가죽 피
骳 뼈구불퉁구불퉁할 피
劥 힘쓸 피
鉟 기이름 피
殔 살찢어발릴 피
佊 간사할 피
逯 피할 피

蘢 쇠꼬리 피
庋 펼 피
鞁 말가슴걸이 피
𤏲 불에말릴 피
䔥 소꼬리 피
猈 날개벌릴 피
萆 약이름 피
秛 입딱벌릴 피
被 이불 피
詖 말잘할 피
軷 차앞턱나무 피
跛 덮일 피
椑 나무밑둥서로얽크러질 피
避 피할 피
帔 옷구길 피

怶 성낼 피
𢓊 달아나는모양 피
粃 부서진쌀 피
詖 말잘할 피
犤 난장이소 피
贔 장할 피
鑼 보습 피
鈹 날선창 피
疲 노른할 피
髀 갗치장할 피
疪 다리싀냉병 피
䎱 긴따비 피
駓 말이름 피
襬 치마 피
岥 그릇금날 피

韠 갖치장할 피　贔 눈섭 피　㔥 머무를 피　帔 배자 피　皀 돈 피　䎱 치마 피　襬 치마 피　陂 기울어질 피　笓 가죽 피　嘊 예쁜꽃 피

픽

煏 불에말릴 픽　腷 뵈지않을 픽　𥠶 불에고기말릴 픽　腷 뜻막힐 픽

필

虙 근심할 필　觱 상피리 필　䣯 술다마실 필　䄶 움벼 필　鴓 집오리 필　弼 도울 필　㪏 불러빨리오라할 필　鮅 상피리 필　觱 오랑캐풍류 필　䴙 두텁떡 필　笓 엄쪽 필　弼 도울 필　罼 사냥그물 필　馝 향내날 필　狘

도울 필　馝 향내날 필　滭 물철철넘칠 필　趩 머물 필　蹕 길치울 필　筆 붓 필　駜 돈총이말 필　飶 밥냄새 필　縪 그칠 필　㻫 푸른옥피리 필　獙 도둑일어날 필　佖 점잔피울 필　𢶟 찌를 필　畢 마칠 필　珌 칼장식옥 필　必 반드시 필

𡡞 어미 필　篳 사립문 필　蓽 약이름 필　駜 살찐말 필　觱 대평수 필　彃 쏠 필　祕 찌를 필　𨄽 달아날 필　鞁 그린가죽 필　䩛 차묶는가죽 필　肸 목의살 필　颵 바람찰 필　鵯 갈가마귀 필　𧬙 공경할 필　蛂 검은벌 필　泌

물좁게흐를 필　苾 향기날 필　吡 침뱉을 필　怭 업신여길 필　䴡 사슴새끼 필　弼 도울 필　鏎 쪽 필　妼 계집얌전할 필　鴄 집오리 필　饆 소넣은밀떡 필　滭 샘끓어솟을 필　淧 물넘을 필　鷝 새이름 필　檻 문지방 필　韠 슬갑 필　豍 동부 필

尖 붓 필　鉍 창자루 필　鵯 갈가마귀 필　弻 도울 필　𢂎 장막 필　卉 숨내쉬는소리 필　笔 붓 필　𥛚 조왕제 필　弼 도울 필　熚 불이활탈 필　𩊃 차묶는가죽 필　咇 향기날 필　匹 짝 필　潷 샘솟을 필　邲 땅이름 필　弼 도울 필

蓽 키 필　𤆡 불 필　抋 휘어꺾을 필　䄶 움벼 필　嗶 울 필　嘩 울 필　韠 슬갑 필

핍

鴔 오디새 핍　姂 부인에쁠 핍　乏 없을 핍　鴔 옥니새 핍　愊 답답할 핍　乏 다할 핍　逼 가까울 핍　泛 물소리 핍　偪 행전 핍

하

㰤 크게웃을 하　颬 입벌리고기운토할 하　疨 인후병 하　嚇 웃음소리 하　諕 속일 하　袔 소매 하　荷 연꽃 하　閜 껄껄웃을 하　丅 아래 하　罅 틈 하　碬 숫돌 하　𩌏 신뒤축 하　嗬 대답소리 하　河 황하수 하　呀 입떡벌릴 하

赮 붉은빛 하　𧙃 소매 하　謑 대답할 하　哧 공갈칠 하　鏬 틈 하　睱 천천히볼 하　荷 연꽃 하　芐 지황 하　鏬 틈 하　谺 골속휑할 하　廈 문간방 하　懗 속일 하　㥶 뜻없을 하　谺 골속휑할 하　呵 붓소리 하　盉 바리 하　緞

신뒤축 하　嘏 목구멍 하　賀 하례 하　夓 여름 하　鞐 딱지 하　蝦 두꺼비 하　豭 돼지 하　煆 불사를 하　騢 얼룩말 하　岈 산골휑할 하　夏 여름 하　菏 무우 하　鍜 목에투구 하　瑕 옥더 하　欱 숨쉴 하　𧞔 소매 하　𤸗 큰집 하　軗

몸굽힐 하　𩌏 신근피 하　𨃯 발자국 하　誱 속일 하　遐 멀 하　閕 문단을 하　詗 시끄러울 하　閜 크게열 하　廈 큰집 하　寀 틈 하　霞 노을 하　謌 성낼 하　𤗗 쪼갤 하　痄 이질 하　廈 큰집 하　⺌ 아래 하　夏 여름 하　蕸 연잎 하

㙤 틈 하　何 어찌 하　菏 무우 하　㥰 원망할 하　誱 속일 하　諕 속일 하　䧱 틈 하　下 아래 하　鰕 암고래 하　谺 골속휑할 하　㰺 목구멍 하　𡔾 여름 하　閜 입벌릴 하

학

鸖 두루미 학　虐 사나울 학　臛 고기국 학

澩 마른샘 학　嫭 어리석을 학　洛 얼 학　䨼 곰국 학　嶨 산에바위많을 학　瘧 학질 학　貉 담비 학　吒 성내서부를 학　嚛 매울 학　𥝮 벼 학　觷 뿔 학　學 배울 학　礐 맷돌 학　壆 흙굳을 학　斈 배울 학　貈 담비 학　确 자갈땅 학

学 배울 학　鶴 학 학　虐 모질 학　貈 담비 학　鷽 작은비둘기 학　叡 구렁 학　郝 땅이름 학　虐 모질 학　謞 간특할 학　虐 사나울 학　㵿 물불을 학　䖈 까다로울 학　趷 자빠질 학　𤿭 가죽마를 학　𣪊 토할 학　皬 새살찌고윤택한확할 학

蠚 쏠 학　壑 구렁 학　貉 담비 학　涸 물잦을 학　狢 담비 학　𣢾 이를 학　臒 좋은고기 학　㵽 소금구울 학　𦄽 옷깃안 학　謔 희롱할 학　𩂈 사나울 학　㱿 구역질할 학　虐 모질 학　鶴 학 학　𩝟 곰국 학　斈 배울 학　𥼚 볶은서직 학

𩟐 곰국학 矐 새흰학 鶴 두루미학 斈 배울학 𩦺 이마가흰말학 𥦗 사나울학 虐 사나울학 𧊅 독을쏠학 蠚 쏠학 獡 담비학 貈 담비학 貉 담비학 㕡 골짜기학

한

憪 기뻐할한 閈 이문한 寒 추울한 暵 마를한 堅 옥돌한 恨 한될한 焊 불에말릴한 鞁 홀떼기한 閑 문지방한 䛞 수다할한 𣮃 짐승의털한 𩪘 뼈굵는소리한 翰 높을한 扞 막을한 鼾 코골한 獏 높이낫을한 𦛱 창병에쓰는약이름한 馯 오랑캐한 垾 언덕한

䟚 외발로설한 莧 패모한 雗 산갓한 䣻 맑은술한 間 겨를한 骭 정강이뼈한 㪋 활쏘는팔찌한 𩢍 털이긴말한 𪈚 물에젖었다마를한 𢼂 그칠한 瀚 넓고큰모양한 𢧀 방패한 狠 짐승이름한 瞯 엿볼한 䧲 흰꿩한 熯 마를한

汗 땀한 𣽡 가난할한 蛝 왕개미알한 𩙧 깃한 睅 큰눈한 㵄 은하수한 𩹷 고기이름한 僩 살필한 骭 정강이뼈한 韓 한나라한 𠩈 문지방한 𩟔 덜익은밥한 桿 줄기한 㢈 문지방한 𩦧 말이많을한 銲 급할한

釬 팔찌한 鋑 강한 漢 한수한 嫺 아담할한 鋡 조개한 捍 호위할한 㵎 넓을한 閑 익힐한 嫨 할미한 邯 조나라서울한 鶾 닭살찐모양한 邯 조나라서울한 鷴 흰꿩한 蔊 파리한 鶾 붉은닭한 䡾 글가리한

𥢐 겨우갈이한 𩢣 말걸음익힐한 韓 한나라한 熯 불에말릴한 𩛆 주릴한 皔 흰한 𧘂 아이침받기한 寒 찰한 浫 축축히젖을한 翰 날개한 漢 은하수한 瞯 엿볼한 悍 한할한 絙 느즈러질한 罕 드물한 𡨘 찰한

寒 찰한 旱 가물한 矕 눈정기없을한 閬 문지방한 鷴 황새한 嫻 아담할한 𨳈 문지방한 澣 빨래할한 撊 분할모양한 䝍 돼지달아나는모양한 悍 한할한 閒 겨를한 悍 독살스러울한 覸 엿볼한 暵 보리밭한 駻 사나운말한

臬 문지방한 𩧤 한눈흰말한 橌 굵고뾰족한 邗 물이름한 荁 풀이름한 限 한정한 澗 넓을한 㵎 넓을한

할

𩮀 민머리할 𡢗 서로친근할 䈂 주을할 啐 말알지못할 皉 명백팽비할 蝎 뽕나무좀할 㚲 연약할

闔 문을여닫는소리할 搳 깍을할 割 벨할 馤 향내날할 硈 견고할할 結 묶을할 閅 홀겨볼할 𥙆 두량할할 顖 건장할할 𡈷 어찌할 磍 대단히성낼할 𣮞 털배할 𧑩 땅강아지할 鶡 귀귀할할 鶷 백설조할 𣯜 잠들할 齃 씹을소리할

闒 문소리할 轄 굴대빗장쇠할 瑎 옥같은돌할 褐 저고리할 偺 튼튼할할 𣗘 수레안바퀴할 㵐 흐릴할 𡘌 흰할할 劼 힘들일할 愒 두렵게할할 舝 걸쇠할 螛 용이눈굴리고혀날름거릴할 鎋 바퀴버녀장할 韢 굴대빗장할

鬝 벗겨질할 齕 물할 瞎 애꾸눈할 割 벨할 𥻿 흰쌀할 骱 뼈씹는소리할

함

淊 진흙물함 顄 턱함 𧚔 소매함 𡒇 석비레함 𨍥 수레소리함 𤀠 물에차게할함 唅 먹음을함 欱 웃음먹을함 堿 짤함 𢎘 봉우리함 梒 앵도함

𧼨 뛰어오를함 𣜺 항아리함 椷 궤짝함 䲗 고기이름함 𣝊 나무금날함 𧜹 옷입은채잘함 菡 꽃봉우리함 䫲 바람소리함 䜺 덜삶은콩함 𩈑 얼굴붉힐함 緘 봉할함 銜 재갈함 䨲 장마함 譀 허탄할함 疢 병들어여윌함

廉 꽃어지러울함 晗 날샐함 蜭 쐬기함 𤭛 귀달린병함 咸 다함 䞁 분홍빛함 鋡 받을함 䤤 머리내밀함 䎏 나는모양함 𧭉 사랑할함 欿 혹함 䖔 범의소리함 𨍥 수레소리함 𩝐 배덜찰함 𢘼 방자할함 臽 구덩이함 陷 빠질함

𦑗 작은새나는모양함 嬐 키크고건강할함 頷 주릴함 桶 홈통함 匼 배가라앉을함 𦙄 턱함 顑 주릴함 啣 재갈함 圅 힘쌀함 䏏 턱함 蜬 작은소라함 𢅉 귀막이함 涵 젖을함 函 편지함 喊 고함지를함 𧷯 뇌물함

谽 골곡휑할함 𢆊 없는옷함 𧮣 높은골함 凾 찰함 𤆦 델함 顑 불쪼일함 艦 싸움배함 𧇫 범의소리함 𩧇 말달아날함 娍 계집너그러울함 㗸 원망할함 𪔂 북소리함 𨦹 갑옷함 陥 빠질함 𨬖 열릴함 錎 사슬고리함 㺌 개소리함

笭 속빈대합 欥 혹그러할합 𪍿 범벅합 轞 수레소리합 䧻 빠를합 糮 범벅합 輱 차소리합 謒 희롱할합 闟 범우는소리합 㺖 개소리합 菡 꽃봉우리합 縑 떡속고기합 䊽 메벼합 匼 물건을받을합 銜 재갈합 鹹 짤합

甋 기와집합 甓 큰독합 魽 조개합 浛 잠길합 䟻 걸음합 崡 큰골합 雂 비둘기집합 鋡 갑옷합 𩭿 머리짧을합 圅 담을합 𪉖 짤합 閤 문합 𨶹 열릴합 衘 배에물들어올합 鰔 넙치합 䐄 혈질합 欦 웃음머금을합

䤴 술빛합 谽 골솔휑할합 諴 화할합 琀 빈함옥합 壏 석비레합 𦕈 귀있는병합 㰹 방그레웃을합 𡸣 산이름합 檻 난감합 㕣 젖합 𪗾 이갈합 陷 빠질합 馠 향기날합 顑 배주릴합 莟 꽃필합 含 머금을합 醎 짤합 𦢓 떡속고기합

𪎊 매마른땅합 𦹝 꽃봉오리합 𧇊 범의소리합 𦜟 턱합 𦉘 면류관합 𦚏 고기먹어서싫지않을합 𤢃 범의소리합 𦉊 질그릇합 闞 소리우렁찬합 㖔 턱합 涵 젖을합

합

㕉 합할합 㕷 만날합 鉿 빠지는소리합 迨 걸음서로미칠합

鮯 비늘이많을합 詥 화할합 㥺 불부는홍합 頜 아랫볼합 榼 물통합 盇 어찌아니할합 𢗴 줄거울합 𪖙 콧숨합 呷 빨아마실합 𧝑 개집저고리합 姶 좋을합 熆 불불합 𨻵 범합 𧍨 딱정벌레합 匣 향나무합 㿯 합할합 耠

발갈합 合 합할합 𧇌 단결구멍합 峆 겹산합 𦓤 발갈합 𧮰 두산서로닿을합 𪖐 코숨합 柙 향나무합 郃 고을이름합 篕 대자리합 鴿 집비둘기합 股 살찔합 嗑 입다물합 䆟 상당할합 𪋬 익힐합 峇 산모양합 蛤 조개합

敆 두드릴합 㿺 추위에상한병합 䛩 말수다할합 欥 코로숨쉴합 欱 크게마실합 𧆨 짐승우리합 𩵹 고기이름합 鰪 붕어같은잔고기합 盒 합합 㰦 합할합 耠 발갈합 歃 흑들이마실합 𣭲 속눈섭길합 匌 중첩할합 欶 숨찰합 閤

장합 玪 문여닫을합 𨳍 문짝합 𧓀 술그릇합 鰪 붕어같은고기합 溘 문득합 嗒 물건떨어지는소리합 闔 문짝합 闟 바로볼합

향

筕 고기찾는기구항 笐 통발항 酐 쓴술항 𪗱 씹을항 䟘 다리뻗을항 䯪 말머리높을항 𥮑

낚시대항 伉 강직할항 𨾴 날아오르락내리락할항 𢫷 쌍꽃달항 肛 분문항 𨛫 골목항 𦐄 새날아오르락내리락할항 𤞊 개질들지않을항 𤹷 기운병항 巷 동내길항 迒 토끼자취항 踁 짐승의발자취항 炕 마를항 鴋 새날아오르락내리락할항 𨬫

술그릇항 蚢 쑥누에항 夅 항복할항 頏 날아오르락내리락할항 骯 꿋꿋할항 𢡆 당돌할항 𢖔 기쁠항 骯 꿋꿋할항 㰠 탐낼항 𨋬 칠항 恒 항상항 㳍 항수항 𤰝 갖출항 䟘 다리뻗을항 𤶻 부어오를항 恆 오랠항 𤰕 짠땅항

苀 부들항 抗 항거할항 亢 목항 缿 돈모으는벙어리그릇항 𥫷 숨거르는용수항 笐 횃대항 砊 돌소리항 肮 목구멍항 缸 항아리항 𣄴 단단할항 桁 부교항 斻 건널항 沆 큰물항 𠥩 진실할항 䔊 해바라기항 鄉 골목항 笐

횃대항 降 항복할항 衖 악공항 貥 큰자개항 航 배항 吭 목구멍항 杭 배서로연할항 項 목긴항 佷 고을이름항 瓨 항아리항 衖 골목항 頏 새날아오르락내리락할항 巷 골목항 港 물갈라져흐를항 降 항복할항

해

𧲜

신통할양해 𧱓 네굽흰돼지해 豥 네굽흰돼지해 峐 민둥산해 𨉛 몸길해 痎 하루거리해 𣪠 욕할해 劾 힘쓸해 𨠪 젓장해 獬 신통한양해 𣲊 바다해 𨍩 차에오를해 偕 함께할해 𨪵 창날카로울해 陔 웃는소리해 𧻭 급히갈해

醢 고기장조림해 醘 젓장해 䪥 염교해 𧻂 머물을해 䝤 완악할해 烕 불이성할해 餀 더러운냄새해 𨑠 달아날해 蚧 웃는소리해 陔 거듭해 輆 거리낄해 欬 마실해 𡄗 역정낼해 薤 자총이해 𦤍 냄새날해 解 쪼갤해

𧲡 신통한양해 廨 관청해 頦 머리해 𩞁 더러운냄새해 𩧀 말이길들해 駴 북광광울릴해 鮭 복어해 諧 화할해 醢 젓장해 豯 돼지해 龤 노래의가락이조화될해 賌 겨우해 祄 하늘이도울해 䛺 말착할해 㧡 움직일해 賌

(이상할 해) 躹 북울릴 해 獬 신통할 양 해 鞵 차멍에 동이는 끈 해 䀵 여럿이서 사 보는 모양 해 㤥 괴로워할 해 晐 갖출 해 海 바다 해 𩩲 뼈 해 閡 문짝 해 醢 젓장 해 咳 방글방글할 해 害 해할 해 欬 급한 기운 모양 해 薢 며래 해 郂 마을 이름 해

咍 비웃을 해 蟹 게 해 該 그 해 骸 뼈 해 侅 이상할 해 絯 묶을 해 奚 어찌 해 鮭 수케 해 𨻻 작은 골 해 檞 솔나무 고갱이 해 孩 방글방글 웃을 해 醘 술잔 해 澥 바다 별명 해 繲 옷 빨 해 嶰 쪼갤 해 瀣 찬 이슬 해 偕 좁을 해

頦 턱밑 해 䪗 좁을 해 賅 이상할 해 醢 고기로 만든 장 해 螇 가늘고 긴 메뚜기 해 䜿 경계할 해 觟 신통한 양 해 槑 매화나무 해 楷 본뜰 해 㱾 새알심 해 觧 신통할 양 해 閑 문짝 해 鯣 고기 이름 해 駭 놀라 일어날 해 胲 엄지발가락 해 榼

술통 해 𩪷 가는 뼈 해 懈 게으를 해 䲒 가물치 해 孩 방글방글 웃을 해 慀 마음 불평할 해 賌 이상할 해 瑎 검은 옥돌 해 䞄 급히 달아날 해 荄 풀뿌리 해 嗐 하품할 해 鮭 가물치 해 觧 쪼갤 해 痎 오래된 학질 때 없이 발작할 해 㦤 헤아릴 해 䀭 지경 해

趕 달아나려다 머무를 해 䪗 좁을 해 嫿 투기할 해 𥷒 대 이름 해 㤸 마음이 쾌할 해 姟 백조 해 韰 염교 해 瘖 병들 해 邂 우연히 만날 해 膎 포 해 奆 벌릴 해 屓 코골 해 該 신 이름 해 盍 술 담는 그릇 해 骸 뼈 해 翗 높이 날을 해 欬

웃을 해 俙 송사할 해 夆 가릴 해 嘊 어린아이 웃을 해 㗭 웃는 모양 해 **핵** 輅 수레채 앞 마구리 핵 槅 씨 핵 鷊 새 이름 핵 䏾 고기 핵 翮 빨리 날 핵 䁊 눈병 핵 柳 나무 밑둥 휠 핵 覈 핵실할 핵 核 실과 핵 翮 깃촉 핵 檄

깃받침 핵 𥽇 거친 겨 핵 **행** 絎 바느질할 행 杏 살구 행 啈 싸움할 행 㚔 다행할 행 𧦝 성낼 행 烆 횃불 행 涬 기운 행 𡘋 다행할 행 幸 다행할 행 荇 마름풀 행 胻 종아리 행 婞 사나울 행 𠗄 쓸쓸할 행 𧨞 바를 행

鴴 참새 행 睪 눈어둘 행 倖 요행 행 䯒 소둥마루 뒤뼈 행 行 다닐 행 緈 곧을 행 衡 새 메 행 筕 대삿자리 행 㚔 다행할 행 莕 마름풀 행 緈 곧을 행 竤 헤아릴 행 㼬 귀달린 병 행 悻 발끈 성낼 행 **향** 𩠳 향기 향 亯

메아리 향 鄊 곡기 향 珦 옥 이름 향 曏 지난번 향 向 향할 향 𩐥 칠 향 響 소리 울릴 향 衁 피 향 䪲 소리 울릴 향 楿 향기 향 鄉 시골 향 𤗞 북창 향 麘 사향사슴 향 皀 향내 향 享 드릴 향 𥥫 향할 향 䦳 열 향 響

소리 마주칠 향 嚮 향할 향 餉 먹일 향 膷 소고기국 향 亯 누릴 향 鄉 시골 향 響 소리 울릴 향 曏 잠깐 향 餉 양식 향 馫 향내 크게 날 향 𡪺 소리 울릴 향 𦳝 드릴 향 鄉 시골 향 香 향내 향 𦁊 솜 향 楿 계수나무 향 晌

대낮 향 萫 나물국 향 皀 향기 향 香 향내 향 𨊂 쳐다볼 향 𡪫 메아리 향 鄕 시골 향 馫 향내 크게 날 향 响 신동할 향 粡 먹일 향 **허** 滸 물가 허 虗 나라 이름 허 驉 트기 허 𥛮 주린 귀신 허 𢡄 허겁할 허 詡 화할 허 虛

빌 허 魖 헛도깨비 허 歔 한숨 쉴 허 𥓱 가벼운 돌 허 墟 큰 언덕 허 許 허락할 허 鱋 가자미 허 𡸤 산길 험할 허 𡃘 울 허 虛 헛될 허 虚 빌 허 栩 상수리나무 허 𧇹 빌 허 𧧎 꿀 허 鄦 나라 이름 허 嘘 불 허 **헌** 𧽊 달아날 헌 獻

드릴 헌 𧾍 달아나려 할 헌 憲 법 헌 幰 휘장 헌 献 드릴 헌 獻 드릴 헌 巘 시루봉 헌 巚 시루봉 헌 昍 밝을 헌 𢴭 칠 헌 攇 쉴 헌 𥨢 구멍 속 헌 觛 뿔 술잔 가락 헌 憲 법 헌 𧣍 뿔 휘두를 헌 絸 큰 관자 헌 𧣡 뿔 고르지 않을 헌 軒

초헌 헌 韗 초헌 헌 𢖍 달릴 헌 𢤱 깨달을 헌 𨍾 초헌 헌 𤺊 한기병 헌 **헐** 蠍 전갈 헐 㵣 소금못 헐 歇 쉴 헐 𦪇 큰 배 헐 猲 사냥개 헐 **험** 𧻐 날쌔게 달아날 험 𪘲 입을 험 杴 가래 험 獫 북녘 오랑캐 험 険 험할 험

譣 간사한 말로 아첨할 험 𨴦 힘 시험하는 추 험 驗 증험할 험 嶮 산가파를 험 𪏭 주황빛 험 薟 맵고 독한 풀 험 蘞 맵고 독한 풀 험 験 증험할 험 𥞫 벼 주저앉을 험 熑 불탈 험 馦 고소할 험 憸 간사할 험 㾾 목병 험 𣚰 그늘 험 騐 증험할 험 忺

하고자한협 ⿸厂戚 돌험 屭 굳셀험 **협** 垥 방죽물협 **혁** 瞁 놀라보는모양혁 虩 범의소리혁 ⿰矛翏 창혁 砉 백정의칼쓰는소리혁 殈 알터질혁 嘩 사방풍혁 ⿰火殳 보리볶을혁 弈 바둑혁 虩 두려워할혁 赫 붉은모양혁 ⿺走尾

짐승달아날혁 欻 눈물씻을혁 捇 흙팔혁 繣 생사혁 洫 빌혁 畫 몹시서러울혁 䚧 볼혁 赥 꺽꺽웃을혁 焃 붉을혁 覤 깜짝놀랄혁 ⿰目赫 눈붉을혁 ⿰赤㬎 진한붉은빛혁 ⿱目夏 눈짓할혁 鼳 흰다람쥐혁 焱 불꽃혁 槅 멍에혁 䰩

채찍소리혁 矜 긴창혁 闟 고요할혁 翮 깃소리혁 ⿰氵閱 두려워할혁 默 산이름혁 革 생가죽혁 赩 싯뻘걸혁 ⿰月昊 볼혁 ⿰目昊 놀랄혁 鬩 송사할혁 爀 빛날혁 ⿰忄赤 맘편치않을혁 觡 뿔로지팡이에마구리할혁 敻 살필혁 睿 볼혁 奕

클혁 殺 창혁 越 몰래달아날혁 ⿱戓目 잠자는눈혁 ⿱艹赤 풀이성할혁 ⿰忄閱 부끄러울혁 弈 바둑혁 ⿰扌赫 흙팔혁 虩 두려워할혁 ⿰鬲欠 침뱉을소리혁 **현** 显 나타날현 ⿰玄鳥 제비현 ⿰馬玄 망아지현 訮 말다툼할현 嬛 새뜻할현 睍 고울현

誢 간하는말현 墬 틈현 約 문채날현 縣 고치현 ⿰貝玄 팔현 睍 뻣기운현 玄 검을현 賢 어질현 ⿱咅巾 표신기현 ⿸虍兒 범이성낸현 ⿺走玄 멀리달아날현 絃 줄풍류현 哯 아이젖토할현 賢 어질현 鋗 구리주전자현 [illegible] 보리대현

贙 대마룰현 譞 슬기로울현 肙 작은벌레현 狹 좁을협 ⿰忄⿱玄皿 베현 灦 물깊고맑을현 絢 채색무늬현 ⿰阝肙 구덩이현 顯 나타날현 顯 나타날현 痃 적빙현 狥 짐승이름현 訮 말다툼할현 駽 철총이현 琄 패옥늘어질현 玹 옥돌현

蠉 장구벌레현 旬 눈방울굴릴현 蜆 가막조개현 蠉 장구벌레현 ⿰目复 눈부실현 ⿱弓弓 봉우리많을현 駽 돗총이현 ⿰口賢 심문할현 衒 팔릴현 ⿱幵廾 사람의이름현 ⿰車肙 수레뜻꿩살현 炫 밝을현 ⿰金㬎 깎을현 繯 얽을현 懸 달릴현 婜 시킬현

⿱顯虫 작은조개현 蚿 노래기현 胘 소처녑현 韅 말때끈현 鋗 노구솥현 訮 말다툼할현 舷 배전현 鋧 작은끌현 ⿰革㬎 말언치현 ⿰車尹 수레뜻꿩살현 峴 고개현 眴 현란할현 ⿰革尹 멍에얽는가죽현 衒 팔릴현 袨 고운옷현 娊 허리가늘현 縣

달릴현 ⿸户月 구멍현 鞙 옥모양현 埍 하인칭현 ⿺走兹 급히달릴현 ⿴口目 부르짖을현 [illegible] 어질현 ⿰革玄 칼집현 胘 소처녑현 ⿰玄頁 뒷빰현 呟 소리현 怰 팔현 泫 물깊을현 嬛 새뜻할현 昡 햇빛현 弦 시위현 垷 진흙현 ⿰目縣 검은눈동자현

仚 날듯할현 ⿰阝玄 구덩이현 ⿰犭玄 성급할현 ⿰阝見 한정할현 俔 정탐할현 県 매달릴현 ⿰弓妥 강한활현 鉉 솥귀현 弦 시위현 絢 채색무늬현 翾 작게날현 現 옥빛현 ⿱雨玄 이슬성할현 弲 각궁현 吅 부르짖을현 ⿴行⿱艹句 살대현 韅 말배때끈현

獧 빠를현 眩 현란할현 ⿰女兹 지킬현 ⿰言兹 급할현 ⿰革累 말배때끈현 **혈** ⿱穴禸 공허할혈 ⿰犭頪 비늘있는짐승혈 ⿺辶夬 달아날혈 闃 문소리혈 ⿸广絜 넓은띠혈 ⿱孑皿 소반혈 ⿰目絜 눈붉은모양혈 絜 잴혈 ⿰言穴 성낼혈 泬 휑할혈 ⿱穴皿 심장혈

頁 머리혈 烕 불꺼질혈 ⿱艹頡 말여뀌혈 ⿰舟歇 큰배혈 孑 외로울혈 趐 나아갈혈 血 피혈 疦 창구멍빌혈 碟 가죽다룰혈 ⿰禾敫 보리온전할혈 ⿱丯女 기쁠혈 ⿱首夬 머리비뚤어질혈 ⿰目欠 깜짝놀라볼혈 ⿱艹皿 꼭두서니혈 穴 굴혈 ⿱穴見 머리혈 坹

비고깊을혈 ⿰言鳥 요화혈 ⿱穴夬 빈혈 ⿰革見 단단히맬혈 ⿰扌穴 던질혈 ⿰木頡 옷섶에물건쌀혈 岤 산굴혈 滅 멸할혈 ⿱穴皿 심방혈 炔 당길혈 ⿰女斬 기쁠혈 鞊 단단히맬혈 吷 작은소리혈 ⿱首夬 머리기울혈 **혐** ⿰犭兼 짖을혐개연속 ⿱夾女 이쁠혐

협 俠 의기협 冾 화할협 ⿰女夾 얌전할협 ⿰土脅 둑협 脅 갈비협 狹 좁을협 脅 갈비협 ⿸广⿱夾心 마음에맞을협 嫌 협의할협 勰 생각할협 ⿰齒夾 옥니협 ⿰言旅 협풀협 祫 조상과합제사지낼협 匧 옷상자협 協 화할협 陜 좁을협

綊 면류관싸개협 脤 사직제지낸고기신빰협 ⿰夾習 빰협 梜 젓가락협 ⿱夾函 옥니협 浹 사무칠협 ⿱雨合 두루합할협 篋 행담협 ⿱夾心 생각할협 惵 두려울협 ⿰夾瓦 반쪽기와협 筴 젓가락협 ⿰牛劦 소건장할협 劦 힘쓸협 峽 두메협 ⿱匧心 뜻에맞을협

蛺 나비협 峽 산이름협 賫 재물협 歙 기운들여마실협 愜 뜻에맞을협 瘞 짐승발병날협 熁 불로지질협 㥦 허리띠협 𩩃 광대뼈협 脥 빰협 頰 빰협 叶 화할협 脅 갈비협 莢 콩껍질협 霅 좁을협 悏 두려울협 筴 젓가락협

愶 겁낼협 浹 얼어붙을협 頰 빰협 頰 빰협 陜 좁을협 恊 겁낼협 夾 가질협 餄 떡협 脇 갈비협 鋏 칼협 胅 큰배협 弽 센활협 嗋 들이마실협 挾 낄협 悏 생각할협 叶 화할협 餗 떡협 硤 고을이름협

형

娙 즐거울형 珩 노리개형 殑 부을현 擤 코풀형 敻 멀형 鉶 국그릇형 侀 갈형 形 형상형 臭 저울형 夐 멀형 峛 험한산봉우리형 馨 향내멀리날형 䏈 목에혹있을형 衎 걸음걷는모양형 鋞 목긴그릇형 艇 소금배형

欽 웃음머금을모양형 鈃 종같고목긴그릇형 亨 형통할형 衡 저울대형 蛵 잠자리형 𨦗 제기형 褮 옷에구멍날형 㭒 책상형 㷡 밝을형 迥 멀형 型 본보기형 陘 지렛목형 荊 풀얽힐형 藑 들개나리형 熒 의심낼형 型 골형

形 형상형 桐 바둑판형 泂 찰형 鎣 쇠를불릴형 公 형용형 螢 반디불형 䝭 재물형 鋞 남비형 迥 빛날형 哼 겁낼형 㓝 창형 濙 작은물형 馨 향내멀리날형 悙 굳센체할형 迴 멀형 䇯 작을형 縈 실개천형 烱 불꽃형

硎 숫돌형 瓨 목긴병형 娙 형용좋은모양형 衡 쇠뿔길형 嵤 산깊을형 𨏈 저울형 觪 쇠뿔길형 荆 광대싸리형 侀 본보기형 䆧 늙어서약할형 荊 굴싸리형 詗 기다릴형 帓 넓은손수건형 刑 이룰형 恫 기억할형 㛍 계집키클형

䇯 작을형 鑅 종소리형 桐 바둑판형 詗 염탐할형 妖 짧고작을형 荊 술싸리형 烴 누린내형 硎 숫돌형 螢 반딧불형 泂 물빵빵돌형 蘅 곰취형 形 형상형 兄 형님형 陘 언덕형 炯 빛날형 陘 지렛목형 學 외로울형

鎣 꾸밀형 刑 형설형 邢 나라이름형 熒 작은외형 俓 어긋날형

혜

欸 탄식할혜 槥 나무이름혜 憓 어질혜 獩 갈깃혜 嵇 산이름혜 盻 눈흘겨볼혜 繫 띠혜 豯 돼지석달된혜 匸 감출혜 騱 들말혜 黊 황달빛혜

蕙 어질혜 䫆 찾을혜 鞖 주머니끈혜 鼷 새앙쥐혜 槥 작은관혜 韢 주머니끈혜 儶 빠를혜 鮭 좋은그릇혜 蹊 지름길혜 頍 머리비뚤혜 鱥 고등어혜 橀 나무이름혜 跨 발자취혜 䩦 어기어질혜 蕙 난초혜 工 어질혜

𣢾 밥담는소쿠리혜 㩗 낄혜 蹊 기다릴혜 醯 단것혜 貕 쭉지밀동혜 褉 소매혜 直 어질혜 掣 홀할혜 彗 비혜 盒 방구혜 憓 사랑할혜 醯 고기장혜 傒 기다릴혜 徯 어그러질혜 譿 분별하여살필혜 䝟 동북오랑캐혜

譓 슬기많을혜 篲 비혜 謑 비뚤혜 醯 단것혜 蹊 지름길혜 寭 밝힐혜 橞 나무이름혜 嵇 산이름혜 榽 나무이름혜 蠵 개구리혜 鬹 단것혜 惠 어질혜 恵 어질혜 蒵 풀혜 螇 쓰르라미혜 誒 삐뚤혜 暳 많은별혜

鞋 가죽신혜 騱 들말혜 鞵 가죽신혜 傒 이름혜 禝 제사혜 獩 짓골혜 㜎 계집종혜 鞵 집신혜 慧 총명할혜 徯 기다릴혜 兮 어조사혜 郋 물이름혜 兮 어조사혜 謑 비뚤혜 嘒 매미소리혜 潓 물결혜

호

魱 준치호

𢶜 거스릴호 䱞 누른빛호 顥 흰머리호 芐 노끈만드는풀호 虓 부르짖을호 猢 작은개호 𧮰 깊은골짜기호 衚 서울거리호 茠 김맬호 𧳒 큰원숭이호 鶘 흰원숭이호 虍 범의문채호 浩 넓고클호 夰 놀을호 箶 전동호 䊀 미음호

嗃 말많을호 葫 풀이름호 滬 통발호 沍 얼호 魖 귀신호 𪏇 미음호 鄠 고을이름호 琥 옥같은돌호 灝 클호 嘑 [illegible] 歊 급히일어나 [illegible] 餬 마음호 嵃 산높고클호 槴 통발호 擭 [illegible] 岵 산에숲없을호 嫭 생각하고아낄호

灝 물줄기멀호 帍 범호 㡽 산호 鎬 쟁가비호 罟 토끼그물호 床 지게호 犒 호괴할호 紅 [illegible]호 乎 어조사호 鳸 논메추라기호 胡 어찌호 岵 작은산호 𧳟 흰원숭이호 琥 옥호 隊 성밑길호 狜 꼬리긴원숭이호

壕 성밑해자호 湖 큰못호 毫 가늘고긴털호 翟 사다새호 乊 어그어질호 玗 좋을호 絞 녹색옷호 坪 땅이름호 鄠 고을이름호 皞 밝을호 芦 지황호 滸 자루달린두레박호 隍 성밑길호 箎 긴대호 乎 어조사호 豪

호걸호 耇 오래살호 獋 웅얼거릴호 𪏭 미음호 互 서로호 酤 약종술호 唬 웅얼거릴호 餬 미음호 戽 배에물퍼내는박호 虖 탄식할호 熩 빛날호 藃 향부자호 譹 서로속일호 鬍 구레나룻호 護 은왕성탕의풍류호 号 부르짖을호

鶘 펑갈고푸른새호 歑 숨길게내쉴호 餬 미음호 衚 옷겨드랑이호 𧘮 짧은옷호 蒿 다북쑥호 祜 복호 秏 풀거름할호 楜 후추호 琥 옥호 冱 얼호 𩗴 뜨거운바람호 𠢕 건강할호 𨂰 무릎굽힐호 歑 숨길게내쉴호 獆 개짖을호 𥬉

대이름호 瑚 산호호 𡥧 좋을호 澔 채색빛날호 帍 여인목도리건호 嚎 소리높을호 𥫱 줄감는기구호 鯱 물호랑이호 𨠬 약주술호 孜 좋을호 鬐 머리털모양호 𧆞 범호 聕 들을호 鬻 죽호 怙 믿을호 滈 장마호 縖 실끈호

𥬉 전동호 猢 원숭이호 𧧢 기록할호 薅 김맬호 蝴 들나비호 蠔 굴호 嗃 볼멘소리호 楛 나무이름호 虝 보지못할호 𧇖 범호 篙 상앗대호 醐 약주술호 颵 바람소리호 猇 개소리호 秏 어지러울호 𤡱 담비호 豪 산돼지호

縘 얼레호 㤪 믿을호 盬 그릇호 昈 문패날호 暭 밝을호 𧆸 진솥호 鍸 쇠접시호 户 지게호 𢋥 평할호 婋 계집영리할호 咕 목구멍호 𩜸 미음호 𨀻 두무릎굽힐호 𪏻 풀호 𧇴 흙가마호 𥵋 광주리호 摢 덮을호 譹

부르짖을호 𩲡 역신호 鰝 왕새우호 𢏚 활쏠호 冱 찰호 𧲜 여우호 狐 여우호 𧇗 흙솥호 晧 해돋을호 昊 여름하늘호 𡑽 좋을호 恏 욕심낼호 罘 그물호 𠢕 건장할호 𥯉 입을호 酷 부추김치호 概 통발호

虖 탄식할호 䩐 전동호 淏 맑을호 嫭 아름다울호 鰗 복호 䨼 곱게푸를호 泓 물질펀할호 䐧 넓고클호 𦐸 사람이름호 瘑 목에걸릴호 粰 죽호 韄 칼장식호 䗂 거미호 𧆞 범호 䰛 풀호 枑 마름쇠호 戲 부를호

입좁고복부가벌어진항아리호 皓 흴호 縞 흰비단호 壺 입좁고복부가벌어진항아리호 滹 물이름호 評 속일호 𧝒 옷겨드랑이호 峼 산이름호 濠 고을이름호 嘷 고함지를호 𧳂 귀신호 瓠 표주박호 亳 지껄일호 𧲿 범의소리호 糊 풀호 嘑

부를호 歊 허열호 潦 빗물호 嘑 웅얼거릴호

혹

㦸 아마혹 酷 혹독할혹 觷 질그릇혹 掝 흐리멍덩할혹 惐 건이바람에젖어질혹 豰 흰여우새끼혹 㱿 해돋을때붉으레할혹 𩓐 복혹 鵠 고니혹 惑 미혹할혹 𪐳 새끼양혹 䞝

꺼꾸러질혹 𥴝 자세할혹 𪐬 귀점혹 㲄 햇발붉을혹 焅 가무는기운혹 斛 두어혹 或 아마혹 𢦺 의심낼혹 䞤 넘을혹 戓 의심낼혹 翯 새깃흠치르르할혹 殻 개혹 𩩲 머리뼈혹 𧰲 돼지소리혹 𩸃 탁주혹 𪍄 보리혹 𩀞 고니혹

翯 새깃흠치르르할혹

혼

渾 흐릴혼 怯 마음답답할혼 焜 불빛혼 昬 어두울혼 圂 뒷간혼 𣖧 크게묶을혼 殙 흐리멍덩할혼 鰛 멸치혼 鼲 다람쥐혼 餛 경단혼 昏 날저물혼 暋 번민할혼 䐊 벌레혼 掍 같을혼 混

흐를혼 琿 아름다운옥혼 䮝 길들지않은말혼 閽 문지기혼 𣢵 알지못할혼 涽 흐린물혼 䴷 보리누룩혼 䴴 쌀보리혼 殙 혼미할혼 䵣 검을혼 顐 희롱할혼 𪑹 염우없을혼 婫 며느리덮을혼 棔 상나무혼 𨂐 절을혼 惛 흐리멍덩할혼

𨋍 수레서로피할혼 𧡬 볼혼 緄 꿰맬혼 敯 혼인할혼 鯶 잉어혼 鯀 쇠뿔위의물혼 㥵 기쁠혼 𦒚 늙은이혼 惽 혼암할혼 溷 뒷간혼 䵪 새까말혼 𣢵 알지못할혼 䚯 뿔혼 慁 근심할혼 諢 말분명하지못할혼 䤎 술따를혼 倱 통하지않을혼

腮 쌀찔혼 侃 완전할혼 粿 떡혼 棍 나무묶을혼 梱 통나무혼 䐊 뿔퉁거스름할혼 緄 맺을혼 婚 혼인할혼 橐 백우혼 奄 혼혼 痻 병혼 惛 근심할혼 緡 백우혼 睧 어두울혼 焝 탈혼 唔 자말할혼 **홀** 惚 깜짝할홀

䆿 아이울홀 忽 깜짝할홀 囫 옛그릇홀 惚 황홀할홀 颮 회회부는바람홀 囫 덩어리홀 欻 홀연홀 笏 홀홀 麧 보리떡홀 輷 수레심대홀 㪝 칠홀 曶 가볍게여길홀 颮 회회부는바람홀 炈 불기운성할홀 揔 먼지털혼

㰬 급히울어날홀 疙 어리석을홀 汔 물잦을홀 飀 회회부는바람홀 淈 극히정결할홀 颼 빠른바람홀 閆 닫을홀 搰 밀홀 睸 귀속찡할홀 屳 날홀 欱 성낸소리홀 **홍** 顚 살찔홍 奐 일홍 頬 머리아득할홍

粠 묵은쌀냄새날홍 䉺 장다리홍 紅 붉을홍 玆 두드릴홍 㖓 입우물거릴홍 喤 웃소리홍 阦 구덩이홍 胦 달호릴홍 蛍 무지개홍 魟 고기살찔홍 紅 곰아붉을홍 鴻 큰새홍 洪 클홍 泓 물끓어솟을홍 嵿 산골깊은모양홍

颫 바람소리홍 颮 바람소리홍 䪦 취하여자빠질홍 哄 먼동틀홍 霐 속깊을홍 澒 수은홍 訌 큰소리홍 閧 싸우는소리홍 閎 다툴홍 訌 소리크게지를홍 颰 바람불홍 渢 물바람불홍 篊 경그레홍 衮 장옷홍 弘 클홍

顢 머리아플홍 葒 요화홍 谼 구렁텅이홍 烘 햇불홍 篊 대어살홍 鴻 곧게달릴홍 圂 빔홍 蚀 산이름홍 溢 클홍 粠 묵은쌀냄새날홍 噴 서방바래는노래홍 虹 무지개홍 爐 햇불홍 閧 싸움소리홍 琟 새살찔홍

頏 곧속탱할홍 叿 짖을홍 浲 물가없을홍 翁 나는소리홍 焢 빛홍 泓 깊은물홍 鴻 기러기홍 弦 피마자홍 蕻 장다리홍 谾 큰골홍 帐 기표홍 䆪 골텡할홍 䀪 눈어둘홍 聑 귀울홍 訌 모합할홍 炡 햇불홍

汞 수은홍 頚 머리곧을홍 鉷 세뇌고동홍 **화** 憘 사치스러울화 瑪 화할화 婳 탐스러울화 驊 준마화 婉 예쁠화 杙 재앙화 畫 그림화 脉 널화 畫 그림화 画 그림화 烽 봉화화 華 빛날화

鉉 칼날번쩍거릴화 崋 산이름화 风 불타는빛화 𡅏 바르지않을화 華 빛날화 髁 뼈화 譁 시끄러울화 䔢 빛날화 鷨 수여자화 吴 지껄일화 鶡 둔갑할화 燬 목투구화 梂 관머리화 裐 재화 話 말할화

禍 재화 火 불화 和 순할화 豚 신화 炤 밝을화 鷨 빛날화 華 빛날화 華 빛날화 叕 빛날화 䅿 제사지낼화 話 이야기화 㗾 이야기화 䛡 이야기화 楓 쇠북가로퍼질화 花 꽃화 苍 꽃화

花 꽃화 芲 꽃화 䅿 화할화 龢 화할화 和 화할화 咊 순할화 㖾 순할화 鐸 메기화 樗 가죽나무화 履 양화 靴 양화 鞨 양화 画 그림화 畵 그림화 畫 그림화 畵 그림화

西 그림화 韡 조나라무령왕이신은목화 苿 칼이름화 囮 배끄는소리화 鸊 뻐꾸기화 杲 어린아이울화 吪 눈꿈적거릴부화 鉳 가르칠화 秝 관의머리화 伙 세간화 禍 바퀴에바르는기름통화 鏵 허웅화 䶤 앙화 蘳 노란꽃화

匕 조화 澕 물깊을화 桃 단풍나무화 吪 내쉬는숨화 鉌 찻방울화 鷨 꿩수여자화 貨 재물화 鐸 메기화 樺 벗무성할화 禾 곡식화 憮 맘사치스러울화 烝 봉화화 蟫 큰뱀화 鏵 가래화 枇 목부용화 樺 벗나무화

垩 양념그릇화 醂 전국술화 划 삿대화 化 될화 姡 단정할화 貨 재물화 詠 화평할화 鏵 가래화 摦 가로펼칠화 蘬 풀연접할화 貟 재물화 譁 시끄러울화 嘩 화음화 鑊 회고큰메기화 **확** 穫 곡식베일확

攫 후리칠확 樓 벗나무확 篗 자세확 戄 놀랍고두려울확 臛 고기국확 霍 소낙비확 靃 빗속을나르는소리확 拡 넓힐확 穫 곡식거둘확 擭 손뒤집을확 蠖 자벌레확 劐 풀확 彏 활급히당길확 韄 헤아릴확

籰 자세확　矐 밝을확　矍 놀라도라볼확　獚 와낭김확　䨼 큰비확　嬳 모양낼확　曤 잠간환할확　嬳 모양낼확　矆 도라볼확　癨 목에걸릴확　護 망녕될확　㲉 알속껍질확　郹 놀라볼확　艧 배확　鑵 가마솥확

霩 휑할확　擴 넓힐확　𢷬 넓힐확　靃 휑할확　獷 군대이름확　䬪 싱거울확　穫 호미확　劐 끊을확　矆 번갯불확　碻 확실할확　貉 담비확　臒 곱게붉을확　曤 밝을확　篗 자새확　籗 통발확　鑊 가마솥확

篗 자새확　貜 큰원숭이확　矱 법도확　擭 덫확　瓁 다듬지않은옥확　確 확실할확　髖 뼈울확　玃 큰원숭이확

환

觼 뿔환　還 돌아올환　䝠 재물지탱할환　還 회복할환　䮝 한살된말환　瑍 환옥

闠 전각문환　𩑶 머리환　澴 물결꿈틀거려흐를환　鯇 환어환　奐 문체날환　㬇 혹병환　髋 골회칠할환　渙 흘러흩어질환　䢪 도망할환　宦 벼슬환　𡰥 주머니환　鬟 [illegible]환　擐 옥책환　豢 칠환　歡 기뻐할환

鸛 휠휠날환　懁 없신여길환　鍰 황철환　驩 말이화락한모양환　䯘 골회칠할환　轘 발갈환　丸 둥글환　㙦 가림담환　睅 큰눈환　嚾 부를환　𠆣 길잃을환　𩵊 복생선환　睆 고울환　麃 한살된사슴환　歡 기뻐할환

㢛 사슴비슷한짐승환　还 돌아올환　羦 들양환　鬟 쪽질환　煥 빛날환　還 회복할환　𩙪 빙돌아날환　鰀 환어환　䍺 뿔가늘고모양이큰환　環 둘레환　肒 긁어부스럼날환　峘 산보다높을환　芄 왕골환　闤 근심환

驩 기뻐할환　𥄕 눈동자굴릴환　觼 뿔환　喛 성낼환　懁 성품패려할환　換 교역할환　䴉 휠휠날환　𤵸 긁어부스럼날환　𢕄 돌아올환　肒 긁어부스럼날환　還 회복할환　寏 둘러싼담환　酄 지경환　𦋺 환어환　喚 부를환

懽 기뻐할환　槵 무환나무환　萑 달환　䊐 흰쌀환　桓 굳셀환　鯇 환어환　鯶 환어환　患 근심환　愌 거스를환　還 돌아올환　䝠 떡완　㺎 개돌기를환　圜 둘릴환　𪐆 긁어서부스럼날환　奐 클환　𩎟 흐릴환

綄 배위바람맞는깃환　鋎 칼환　宦 벼슬환　獾 왕살기환　寰 경기고을환　奞 바꿀환　鐶 고리환　鰥 홀아비환　鴅 새의부리에뱀의꼬리달린동물환　𢃇 한살된말환　汍 우는모양환　㼝 입큰독환　㵹 물장난할환　獧 입없는짐승환

晥 깨끗할환　獂 느러느러낮을환　漶 섞일환　奐 불빛밝을환　覃 용렬할환　雈 달환　𦍛 입없는짐승환　皖 땅이름환　𥳽 발환　癏 앓을환　鐶 고리환　紈 흰깁환　戊 암기와바닥환　弮 쇠뇌할환　瘝 병들환　絙 느즈러질환

丸 둥글환　𥎊 짧을환　糫 약과환　悶 근심환　幻 요술환　綄 바람맞는깃환　逭 도망할환　貛 숫이리환　囂 부를환　闤 저자담환

활

餂 물릴활　䛖 완고한할활　頢 짧은낮활　活 얼활　䴲 누룩활

鮖 뱀같은네발있는동물이름활　趏 부들자리활　栝 다리병활　㵢 살활　活 살활　𥙑 제사활　婚 거짓활　趏 부들자리활　蛞 집없는달팽이활　螖 방게활　豁 내뚫린골활　𧻄 속히달아날활　磆 활석활　絬 명주실활　濶 넓을활

萿 초이름활　猾 교활할활　闊 넓을활　豁 내뚫린골활　舙 배갈활　栝 갈활　敌 다할활　黵 검은빛활　姡 거짓활　𢻹 다할활

황

䬘 왜풍황　葟 무성할황　騜 누렁고흰말황　䊗 죽황　䌙 줄로동일황　鍠 성할황

鷬 암봉황　媓 계집이름황　皇 황제황　鰉 전어황　謊 잠꼬대할황　楻 깃대황　𩦶 말이달려갈황　況 하물며황　䪄 밝을황　荒 거칠황　軦 벌레이름황　横 들보황　曂 환히밝을황　謊 잠꼬대할황　𨊼 종소리황

𣃽 술집표기황　㬻 이른더위황　穔 흉년들황　隍 성아래못황　晄 햇빛황　䐠 부황　况 하물며황　熿 빛날황　𣋓 달빛어스프레할황　㡆 덮을황　朚 이틀날황　崲 늪이름황　帷 밭가는기구황　蟥 풍뎅이황　巿 버섯황

遑 급할황 皝 엽숙할황 騜 누르고흰말황 肓 살과살사이황 禓 제이름황 況 하물며황 醣 전국술황 怳 미친모양황 皇 임금황 荒 흉년들황 皇 황제황 獚 큰개황 皇 황제황 䲳 참새황 鷬 꾀꼬리모양황 瑝

옥소리황 黃 누를황 荒 거칠황 櫎 그릇바침황 輰 끌황 騯 말이달려갈황 趪 곧달아날황 煌 환히밝을황 貺 줄황 貺 줄황 貺 줄황 鱑 고기이름황 㞷 무성할황 穔 기장황 皇 임금황 騜 말이달려갈황 蝗

황충황 䊗 누룩곰팡날황 徨 방황할황 鎤 종소리황 趪 위엄스러울황 𥉦 눈어둘황 荒 거칠황 篁 대포기황 𣪊 알속의노른자황 䬝 왜풍황 覝 볼황 滉 넓을황 黋 어두울황 𩏡 빛날황 惶 두려워할황 慌 흐리멍덩할황

癀 황달병황 偟 겨를황 媓 여자이름황 衁 피돌아올황 璜 반쪽패옥황 愰 밝을황 喤 아이울음소리황 湟 찬물황 𦡐 볼기붓는병황 榥 책상황 㡆 당황할황 餭 기상엿황 𥇣 눈어둘황 艎 옷나라배황 恍

어두울황 凰 암봉황새황 諻 큰소리황 荒 거칠황 奣 밝고흰빛황 幌 방휘장황 䅣 흉년들황 晃 햇빛황 𤙤 소이름황 熿 불밝을황 揘 칠황 簧 생황황 𦱀 꽃다울황 𣄚 술집표기황 黃 누를황 𦱁 꽃술황

䀮 볼황 𤢺 이리황 肓 흉격황 𦐳 깃들고춤출황 䊗 제사쌀황 潢 은하수황

홰

㜳 때끼인모양홰 𦬁 비뚤러질홰 譮 성난말홰 翽 나는소리홰 澅 물긇어올릴홰 黵 엷게검을홰 顪 털없을홰 譿 여러소리홰 噦

말방울소리홰 餯 먹을홰 㣛 집이밝고시원할홰 噧 기운높여떠들홰 𩂻 바닷배홰 諙 그르칠홰

회

頮 낯씻을회 豯 숨회 𢬵 서로칠회 𩨴 뼈마리사이회 𧌒 누에번데기회 鱠 회회 𨌺 구를회 釗 끊을회 賄 재물회

𨕢 틀림없는회 澮 우물도랑회 熾 태울회 鮰 민어회 豙 돼지성내어털이러날회 𩢦 말이름회 滙 물이돌아나갈회 𨒮 찬장회 廻 돌아올회 劊 끊을회 㢀 큰회 豗 서로부딪칠회 𨹗 못돌회 茴 회향회 𩈩 얼굴살찔회

𣏌 서로칠회 𦱅 못된감자회 𣲙 반죽을회 𠇍 모서리회 懷 생각할회 詯 말소리우렁찰회 𩓢 낯씻을회 𨘼 두를회 鄶 나라이름회 𨦝 쇠연장회 𨼜 회방할회 嬇 계집의자회 㽇 맞부딪칠회 誨 가르칠회 𩔞 큰머리회 囘

돌아올회 灰 재회 廻 돌아올회 𤻍 말병회 𢕬 맞부딪칠회 𦱅 못된감자회 回 돌아올회 繪 그릴회 蘹 풀이름회 廻 돌아올회 鯑 청어알회 悔 뉘우칠회 擓 긁을회 蛕 회회 瀤 물이름회 膾 회회 詯 말소리우렁찰회

徊 배회할회 會 모을회 會 모둘회 会 모둘회 囬 돌아올회 鮰 돌아올회 璯 갓혼솔꾸미개회 𨑼 넓힐회 絵 그릴회 賄 재물회 𣲙 반죽할회 𣩓 어리석을회 𧌒 누에번데기회 𣊯 해달이합처서잘회 鳴 새이름회

禬 재앙제하는제사회 痐 회충배회 𩞨 밥팔회 晦 그믐회 𡠗 온화할회 廽 피할회 佪 거닐회 鐳 병회 恛 맘허둥거릴회 褢 생각할회 烸 말릴회 盔 투구회 鄶 나라이름회 崣 산높은모양회 薈 풀거질회 櫰

회화나무회 囘 돌이킬회 洄 검푸를회 𪐗 회색빛회 𪉍 소금회 詼 조롱할회 靧 낯씻을회 恢 클회 讃 그칠회 灰 재회 𩈝 얼굴통통할회 𡹞 벗어신산회 霴 실구름회 戲 병기회 裹 산골험할회 濊 깊고넓을회 獪

간교할회 檜 노송나무회 淮 회수회 蝝 돼지땅뒤질회 𤢖 네뿔돋은짐승회 洄 물거슬러흐를회 蚘 회충회 圚 문회 褱 품을회 繪 그릴회 匯 물이도나라갈회 懷 생각할회 栃 상수리나무회 蛔 회충회 樴 구기회 咥

허허웃을회 嬒 계집의얼굴빛검을회 𧲣 돼지가먹이먹을회 𪉐 오랑캐소금회 擂 급히북칠회 𧥕 말느러느러할회 繢 톱끝회 讀 그칠회 鐬 소리회

획

𢝸 맘울렁거릴획 矐 겹눈동자획 閴 문열획 㡢 비단찢는소리획 歎

토하는 소리 획
𣃔 벨 획
騞 백정칼쓰는 소리 획
讗 자랑할 획
嚄 잔말할 획
䮸 쉬지않고 갈 획
閄 몸을 숨겼다가 갑자기 나와서 사람을 놀래게 하는 소리 획
剨 깨지는 소리 획
窢 바람 마주치는 소리 획
㦜 미련할 획
𩗗 뜨거운 바람 획
譿 자랑할 획
謋 빠를 획
獲 얻을 획
劃 새길 획
澅 파도소리 획
嚍 자랑할 획
咟 부르짖을 획
嫿 안족할 획
繣 매울 획
𤎥 더울 획
𦢊 오금 획
𢺳 찢을 획
嚍 부르짖을 획
嚍 자랑할 획

횡

嚝 쇠북소리 횡
䡅 등덩굴 횡
𩗓 큰바람 횡
渹 돌에 물부딪치는 소리 횡
揈 휘두를 횡
鐄 등덩굴 횡
吰 쇠북소리 횡
𦊋 그물 횡
輷 수레소리 요란할 횡
黌 글방 횡
峵 산높고 험할 횡
橫 처네 횡
鈜 큰쇠북 횡
𩘍 큰바람 횡
輷 수레소리 횡
鋐 쇠북소리 횡
𩔝 어두울 횡
𩕩 어두울 횡
𦑛 깃치는 소리 횡
耾 큰소리 횡
鐄 큰쇠북 횡
彋 화난소리 횡
宖 집울림 횡
紭 베리 횡
鋐 그릇 횡
竑 넓을 횡
𩖘 큰바람 횡
𩗏 폭풍 횡
橫 비낄 횡
硡 돌소리 횡
揈 치는소리 횡
𩗄 큰바람 횡
𦕈 큰소리 횡
谹 골속울릴 횡
韹 풍류소리 횡
輷 수레소리 횡
䜵 골속울릴 횡
𩗄 바람소리 횡
㤯 실심할 횡
𦨬 뗏목 횡
翃 나는소리 횡

효

𥄲 애꾸눈 효
胶 다리뼈 효
嗃 부르짖을 효
窙 굴 효
𡹞 산이름 효
枵 빌 효
皢 햇빛힐 효
校 서까래 효
斅 가르칠 효
涍 물가 효
虓 사람이름 효
𧱳 돼지달아날 효
詨 부르짖을 효
𤢫 개털빛누렁 효
絞 녹색옷 효
嚻 백지 효
筊 대새끼 효
䴿 상스러운 짐승 효
𣤒 슬퍼할 효
䰘 찔 효
筊 작은퉁소 효
趬 달아날 효
熇 불김 효
穘 벼상할 효
𩎑 가죽주머니 효
曉 새벽 효
崤 산이름 효
𦺙 그령이뿌리 효
庨 궁집드높을 효
髐 해골 효
猇 범으르렁거릴 효
䐿 안주 효
囂 시끄러울 효
皛 밝을 효
餚 반찬 효
㹱 개짖을 효
獢 부리짧은개 효
𦽴 그루빼리 효
恔 쾌할 효
曉 밝을 효
𢝸 겁낼 효
孝 효도 효
虓 범고함지를 효
淆 섞을 효
暁 새벽 효
𡨧 기운찔 효
傚 본받을 효
膮 돼지고기국 효
歊 김오를 효
㭂 치자나무 효
𡃤 한가할 효
㩖 흔들 효
驍 날랠 효
𩩧 우는살촉 효
梟 올빼미 효
效 본받을 효
酵 술괼 효
髇 우는화살 효
𤞟 개와 돼지가 놀랄 효
筊 작은퉁소 효
殽 어지러울 효
𣿅 물펀할 효
窙 넓을 효
哮 성낼 효
顤 큰머리 효
𤍽 클 효
𥴦 죽순 효
㾭 헐떡일 효
𩊸 주머니 효
𧵳 번거로울 효
𦉳 그릇 효
䬲 바람 효
咷 부르짖을 효
肴 안주 효
酵 술괼 효
顤 높고긴 머리 효
𪚼 거북머리를 움추릴 효
𡐜 알낳을 효
撬 들 효
肴 안주 효
呺 큰체할 효
爻 형상 효
校 서까래 효
㕭 웃음소리 효
嘵 두려워할 효
闄 문크게 열 효
𩐠 큰경쇠 효
嚻 떠들 효

후

堠 장승 후
𩿧 부엉이 후
䞧 절며갈 후
後 뒤 후
𢔁 뒤 후
芌 클 후
芋 클 후
芋 클 후
姁 아름다울 후
齁 냄새맡을 후
𥟇 과실이름 후
郈 고을이름 후
鄇 고을이름 후
𩿪 독수리 후
鯸 독수리 후
翭 깃밑동 후
𦑆 깃밑동 후
猴 원숭이 후
𧶔 계염낼 후
𪃬 깃처음날 후
后 임금 후
骺 뼈끝 후
銗 목투구 후
𤛋 곰같은 짐승 후
𩿞 이상한새 후
酗 주정할 후
𡱄 덮을 후
矦 제후 후
帿 과녁 후
虖 범울 후
餱 말린밥 후
喉 목구멍 후
𣧨 저밀 후
骺 뼈끝 후
酗 주정할 후
餱 마른밥 후
睺 반판수 후
嗅 냄새맡을 후
洉 적실 후
𥙥 복구할 후
猴 원숭이 후
犼 산개 후
洉 적실 후
𡴈 쉴 후
篌 공후 후
螑 목들고 끄덕거릴 후
𨔿 늦을 후
珛 더박힌옥 후
㤧 화할 후
㸶 소울 후
齁 코골 후
𨸲 떠날 후
煦 찔 후
𦜺 목구멍 후
𪁺 멧비둘기 같은 새 후
酗 주정할 후
𩿡 부둥깃날 후
蚼 큰개미 후
㖃 부끄러울 후
齅 냄새맡을 후
逅 우연히 만날 후
瘊 무사마귀 후
葕 뱀도랏 후
𦑣 깃처음나는 모양 후
鱟 바닷게 후
𥍠 창 후
鄇 땅이름 후
𧜧 작은적삼 후
𪖛 들창코 후
㸸 황소 후
𧾈 절뚝거릴 후
侯

벼슬이름후 頊 머리움직일후 酗 정할후 煦 웃을후 歽 저밀후 鸄 들오리후 㑔 물을후 疛 앓을후 候 물을후 鮜 메기후 喉 목구멍후 鯸 복후 虖 범울후 厚 두터울후 珝 옥이름후 垕 두터울후 睺
반판수후 呴 웃을후 𩂯 장마후 𩙈 바람불후 朽 썩을후 㖃 토할후 𧳜 창후 鍭 살촉후 煦 불후 㱙 썩을후 吼 소우는소리후 譃 망령된말후 糇 말린밥후 𧩅 말할후 𤬛 큰오이후 誒 말할후 **훈** 勳
공로훈 醺 술얼근히취할훈 𪇝 괴상한새훈 矄 눈어둘울훈 纁 분홍빛훈 勳 공훈 勛 공훈 𡚸 인도할훈 𩿝 작은새훈 𨂚 설훈 熏 불기운훈 薰 김오를훈 壎 흙풍류훈 爋 불에말릴훈 燻 불기운성할훈 訓 훈계할훈
坃 흙으로만든악기훈 煇 지질훈 蘍 향풀훈 𧝑 연분홍빛훈 鑂 금빛투색할훈 曛 어둑어둑할훈 䐓 양고기국훈 焄 향내훈 熏 불사를훈 葷 냄새나는채소훈 纁 분홍빛훈 𧥺 가르칠훈 獯 북녁오랑캐훈 鶤 작은새훈
薰 향풀훈 𥨍 분홍빛훈 𪐴 늘에누를훈 𦿑 북울릴훈 臐 양고기국훈 塤 질나팔훈 薰 향풀훈 **훌** 𤇺 구울훌 魆 간사하게속일훈홀 歘 숨훌 𡿺 빠를훌 **훙** 𠐁 어두울훙 𧕋 벌레소리훙 𪅂 물새훙
薨 죽을훙 **훤** 睻 큰눈훤 愋 한탄할훤 弲 활굽을훤 𧡮 크게볼훤 喧 지껄일훤 萲 원추리훤 䳦 작은새이름훤 萱 원추리훤 讙 지껄일훤 楦 신골훤 狟 담비훤 煊 따뜻할훤 翧 날훤 𩿐 작은새의이름훤
烜 빛날훤 韗 북만드는장인훤 咺 섭게울훤 箮 대꽃훤 貆 담비새끼훤 䟃 빨리갈훤 暄 날따뜻할훤 禤 성훤 𩋾 가죽신훤 貆 담비새끼훤 䁔 눈썹훤 諼 잊을훤 夐 볼훤 諠 지껄일훤 **훼** 燬 불껴질훼
虺 이무기훼 喙 부리훼 𥣞 방아찧을훼 芔 성할훼 毁 헐훼 喙 부리훼 𥗬 패할훼 顪 뺨훼 譭 헐어말할훼 糭 정한쌀훼 檓 굵은호초훼 𥳛 방아찧을훼 𩖷 살모사훼 虺 독사훼 䛼 비방할훼 𤈦
불훌훌붙을훼 薉 굵은호초훼 毀 무너질훼 𥳒 정미할훼 卉 풀훼 卉 풀훼 毇 쌀쓿을훼 **휘** 𧇖 가죽다룰휘 鰴 힘센고기휘 𢸜 옮길휘 𣯛 대장기휘 妟 예쁠얼굴휘 揮 휘두를휘 瀈 물내얼지를휘 洃 물결무늬휘
㹆 얼룩소머리휘 𤞹 산짐승이름휘 煇 산짐승이름휘 彙 무리휘 㨤 뽐낼휘 彙 무리휘 𧘍 아름다울휘 麾 대장기휘 翬 날개칠휘 撝 찢을휘 𣃼 기휘 諱 피할휘 楎 옷걸이휘 徽 힘센고기휘 麾 기휘
噅 거짓말휘 𨻶 고개휘 麾 대장기휘 暉 햇빛휘 皹 흴휘 徽 표기휘 輝 빛날휘 𦞦 무리휘 徽 아름다울휘 媈 작은집휘 𩍥 빛날휘 繣 거문고휘 禈 제사휘 **휴** 酅 고을이름휴 觿 뿔송곳휴
驨 천리마휴 隓 폐할휴 㺡 걸어갈휴 庥 나무그늘휴 畦 밭쉰이랑휴 攜 끌휴 髹 옻칠할휴 葔 향부자휴 𢠿 편치않을휴 鑴 검은해무리휴 虧 이지러질휴 𥍉 밭두둑휴 𩖝 바람소리휴 飍 큰바람휴 𢈈 자태휴
𨚫 고을이름휴 攜 끌휴 𩡖 향기휴 烌 재휴 𩢮 준마휴 𣏝 버릴휴 髤 옻칠할휴 蠵 큰거북휴 鵂 부엉이휴 孈 지날휴 攜 끌휴 眭 여윈사람볼휴 𨏼 바퀴한번돌휴 𩺼 점박힌큰거북휴 𧒛 큰거북휴 倠 천할휴
婎 모양휴 攜 끌휴 休 쉬일휴 携 떠날휴 𤝕 표범휴 傌 준마휴 隳 무너질휴 咻 지껄일휴 𢥡 두맘먹을휴 矆 얼굴에때낄휴 烋 아름다울휴 𩱺 시루구멍휴 貅 사나운짐승휴 觿 뿔송곳휴 𢖾 절름거리며걸을휴 虧
이지러질휴 𤁱 얼굴의땀휴 驨 천리마휴 庥 덮을휴 蠵 큰거북휴 𥈧 눈꼽지적지적할휴 **휵** 𪖛 코를찡그릴휵 𧹞 도로물들여빨갈휵 慉 기를휵 **휼** 獝 미칠휼 𨒂 여섯이달아날훌훌 恤 근심할휼 賉 기민먹일휼 遹 꽃을휼

瞲 놀라볼휼 䀩 이를휼 鷸 비취새휼 鐍 상자장식휼 䲣 비취새휼 怴 미칠휼 獝 휠휠아갈휼 霱 상서구름휼 眓 움평눈휼 憰 속일휼 遹 지을휼 颵 솔솔바람휼 譎 간사할휼 嘐 휘바람불휼

흉

鴝 수새흉 詾 송사할흉 洶 물결세흉 䞬 기운없이갈흉 汹 물결세흉 匈 가슴흉 兇 악할흉 哅 시끄러울흉 胷 가슴흉 胸 가슴흉 䠔 기운없이갈흉 恟 두려울흉 肖 가슴흉 凶 흉할흉 哅 큰소리흉 殈 흉할흉 凶 떠들썩할흉 詾 송사할흉 忷 두려울흉 訩 송사할흉 胸 가슴흉

흑

潶 물이름흑 黑 흑점흑 默 침뱉는소리흑 黒 검을흑 釚 금흑 騞 말이달려갈흑 嫼 성낼흑 釛 금흑

흔

𨼊 큰언덕흔 忻 기쁠흔 跟 발뒷굼치흔 昕 낼샐흔 鯇 잉어흔 蠔 지렁이흔 輥 차앞치장흔 邤 이웃흔 鞎 수레앞가죽으로꾸밀흔 炘 화끈거릴흔 焮 구울흔 遀 가서맞이할흔 㷗 평미례흔 訢 기울흔 掀 들흔 脪 부스럼아니할흔 礥 어려운모양흔 痕 딱지자리흔 釁 틈낼흔 釁 틈흔 馻 말의무계흔 拫 끌어당길흔 欣 기쁠흔 舋 그릇터질흔

흘

齕 씹을흘 仡 기쁠흘 熆 불에묻어구을흘 秔 쌀가루흘 仡 끌밀할흘 紇 실끝흘 吃 웃는소리흘 釳 말머리장식할흘 雳 우뢰흘 屹 산모양흘 釳 말머리장식흘 緫 잘흘 麧 보리싸라기흘 齕 씹을흘 黖 달호릴흘 忽 어리석을흘 闔 작은문흘 汔 물잦을흘 軏 어눌할흘 籺 쌀가루흘 盱 향할흘 迄 이를흘 扢 만질흘 麧 보리싸라기흘 飥 배부를흘 饩 배부를흘 乾 졸라맬흘 虼 벼룩흘 齕 씹을흘 迄 이를흘 乾 졸라맬흘 疙 잠자는병흘 訖 이를흘 巜 흐를흘 麧 보리떡흘 㹓 돼지흘 盻 볼흘 紇 실끝흘 肐 멸칠흘 㫘 급히볼흘 茴 성할흘 訖 이를흘

흠

歆 흠향할흠 諴 성내어말할흠 欠 하품할흠 廞 모진마음흠 廞 행상제구흠 欽 공경할흠 欦 재채기할흠

흡

䁯 볼흡 㬛 마음뜨거울흡 歙 칠흡 汲 물이마를흡 熻 더울흡 帢 모자흡 噏 숨들이쉴흡 皀 향내날흡 瞈 볕에말릴흡 趿 걸흡 榤 붉은모양흡 翕 합할흡 鼽 코고는소리흡 歙 코막힐흡 閟 시끄러울흡 洽 화할흡 餄 떡흡 恰 마침흡 翕 합할흡 吸 숨들일흡 斜 넣을흡 胎 몸흡 狢 모울흡 潝 용렬할흡 譝 말빨리할흡 闟 안정할흡

흥

嬹 기쁠흥 䳷 곰겨쑤실흥 興 일어날흥 舁 일흥 㒨 일어날흥 馫 향기흥 爂 일어날흥 興 일어날흥 䕱 장다리흥

희

熈 빛날희 嬟 미울희 巇 소리낼희 頟 머례움직일희 戲 희롱할희 鯑 좋은뿔희 巇 산위험할희 驩 말이달려갈희 狶 돼지희 戲 서로웃을희 羲 기운희 熈 화할희 𩰣 누어숨쉴희 豨 큰돼지희 㹷 소병들희 嫼 기쁠희 熹 밝을희 欯 신음하는소리희 犧 희생할희 絺 가죽다루는장인희 犧 희생할희 歖 갑자기기뻐할희 僖 꺼울희 靝 구름낄희 趘 달아날희 熺 밝을희 諦 말소리희 巇 험할희 嫛 미울희 桸 나무썩을희 陒 험할희 譆 말기운희 憘 기뻐할희 噫 슯을희 嬉 즐거울희 稀 드물희 暿 성한모양희 霼 비갤희 摡 씻을희 熂 풀사를희 獻 돌희 歔 서로웃음희 欷 탄식할희 篚 참빗희 饎 곳집쌀희 憙 기뻐할희 縲 매듭희 譆 선웃음칠희 烯 불빛희 囍 쌍희희 嘻 화락한소리희 瞦 눈동자맑을희 屓 힘들일희 燹 들불희 摡 취할희 豨 돼지숨쉴희 甗 물장군희 豷 싸울희 悕 생각할희 愾 한숨쉴희 屭 으리으리할희 唏 탄식할희 莃 약이름희 㹷 사람이름희 呬 쉴희 曦 눈깜짝일희 闍 벽틈희 晞 마를희 禧 길할희 蟢 낙거미희 撝 뽐낼희 睎 시름없이빛날희 曦 햇빛희 繥 웃을희 豷 돼지숨쉴희 甗 장군희 睎 훑겨바라볼희 欪 상기할희 俙 비슷할희 跮

머뭇거릴 희
鵗 북방찡 희
齂 코골 희
餼 성낼 희
箟 참빗 희
莃 희나물 희
喜 기쁠 희
䖒 옛날그릇 희
忥 고요할 희
騱 말달려갈 희
壏 무너질 희
熙 빛날 희
戲 희롱할 희
希 적을 희
齂 코골 희
巇 산높을 희

曦 달빛 희
暿 빛날 희
爔 불 희
歖 희롱하고웃는모양 희
欷 느껴한숨쉴 희

히

屎 신음할 히
戱 변장기 히
屎 아파서끙끙거릴 히
羲 기운 히
吚 신음할 히
呬 숨쉴 히

힐

黠 약을 힐
犵 남녘오랑캐 힐
䫻 바람불 힐

欯 기뻐할 힐
肹 소리울릴 힐
翓 날아오를 힐
肸 소리울릴 힐
擷 딸 힐
纈 맺을 힐
詰 힐문할 힐

附 · 文敎部制定常用漢字

가나다순
〈1,800字〉

가 可(옳을) 加(더할) 假(거짓) 街(거리) 家(집) 佳(아름다울) 歌(노래) 價(값) 架(시렁) 暇(겨를) **각** 各(각) 角(뿔) 脚(다리) 却(물리칠) 覺(깨다를) 刻(새길)

閣(누각) **간** 干(방패) 間(사이) 看(볼) 幹(줄기) 簡(편지) 懇(간절할) 刊(책펴낼) 姦(간사할) 肝(간) **갈** 渴(목마를) **감** 感(느낄) 減(덜) 敢(구태어)

監(볼) 甘(달) 鑑(거울) **갑** 甲(갑옷) **강** 江(강) 降(내릴) 講(익힐) 强(굳셀) 康(편안할) 剛(굳셀) 鋼(강철) 綱(벼리) **개** 開(열) 改(고칠) 個(낱)

皆(다) 慨(슬퍼할) 概(대개) 介(끼일) 蓋(덮을) **객** 客(손) **갱** 更(다시) **거** 去(갈) 巨(클) 居(살) 擧(들) 距(떠러질) 據(의지할) 拒(막을) 車(수레)

건 建(세울) 乾(하늘) 件(사건) 健(건강) **걸** 傑(뛰어날) **검** 儉(검소할) 劍(칼) 檢(검사할) **게** 憩(쉴) **격** 格(칠) 擊(마주칠) 激(과격할) **견**

見(볼) 堅(굳을) 犬(개) 遣(보낼) 絹(비단) 肩(어깨) **결** 潔(깨끗할) 結(맺을) 決(정할) 缺(이지러질) **겸** 兼(겸할) 謙(겸손할) **경** 京(서울) 驚(놀랄) 輕(가벼울)

敬(공경할) 境(지경) 警(경계할) 頃(때) 鏡(거울) 景(볕) 耕(밭갈) 慶(경사) 經(경서) 傾(기우러질) 硬(굳을) 竟(마칠) 徑(지름길) 競(다툴) 庚(별) 卿(벼슬) **계** 桂(계수나무)

溪(시내) 季(끝) 界(지경) 計(셈할) 啓(열) 契(맺을) 械(기계) 繼(이을) 系(혈통) 戒(경계할) 係(이을) 階(섬돌) 鷄(닭) 癸(북방) **고** 故(연고) 告(알릴) 固(굳을)

考(상고할) 枯(마를고) 顧(돌아볼) 庫(집) 鼓(북) 古(옛) 高(높을) 苦(쓸) 孤(외로울) 姑(시어미) 稿 **곡** 谷(골) 曲(굽을) 穀(곡식) 哭(울) **골** 骨(뼈)

곤 困(곤할곤) 坤(땅) **공** 空(빌) 工(장인) 公(귀) 共(함께) 孔(구멍) 恭(공손할) 恐(두려울) 攻(칠) 功(공) 供(이바지할) 貢(바칠) **과** 過(지나칠) 課(부과할)

科(과목) 果(과실) 寡(적을) 誇(자랑할과) 戈(창과) 瓜(오이) **곽** 郭(외성) **관** 官(벼슬) 觀(볼) 關(빗장) 貫(꿸) 寬(너그러울) 冠(갓) 館(집) 管(대롱) 慣(익숙할)

광 光(빛) 廣(넓을광) 鑛(쇳) **괘** 掛(걸) **괴** 塊(덩어리) 壞(무너질) 愧(부끄러할) 怪(괴할) **교** 交(사귈) 橋(다리) 敎(가르칠) 校(학교) 矯(바로잡을) 郊(들)

巧(교로울) 較(비교할) **구** 究(궁구할) 久(오랠) 句(글) 舊(옛) 區(구역) 拘(잡을) 丘(언덕) 苟(진실로) 九(아홉) 求(구할) 口(입) 救(구원할) 俱(함께) 驅(몰) 球(구슬)

具(갖출) 狗(개) 懼(두려워할) 鷗(갈매기) 龜(거북) 構(얽을) **국** 國(나라) 局(판) 菊(국화) **군** 郡(고을) 軍(군사) 君(임금) 群(무리) **굴** 屈(굽을) **궁**

弓(활) 窮(궁할) 宮(집) **권** 卷(책) 權(권세) 勸(권할) 券(문서) 拳(주먹) **궐** 厥(그) **귀** 貴(귀할) 歸(돌아갈) 鬼(귀신) **규** 叫(말할) 規(법)

閨(안방) **균** 均(고를) 菌(세균) **극** 極(다할) 克(이길) 劇(심할) **근** 近(가까울) 勤(부지런할) 根(뿌리) 謹(삼갈) 斤(저울) 僅(겨우) **금** 金(쇠) 今(이제)

禁(금할) 錦(비단) 禽(날짐승) 琴(거문고) **급** 急(급할) 給(줄) 及(미칠) 級(등급) **긍** 肯(즐길) **기** 旣(이미) 幾(몇) 氣(기운) 起(일어날) 祈(빌) 忌(꺼릴)

棄(버릴) 欺(속일) 記(기록) 其(그) 基(터) 己(몸) 豈(어찌) 騎(말탈) 奇(기이할) 器(그릇) 技(재주) 期(기약할) 旗(기) 機(틀) 紀(벼리) 寄(붙일) 企(꾀할) 畿(왕터) 飢(주릴)

긴 緊(요긴할) **길** 吉(길할) **나** 那(어찌) **낙** 諾(허락할) **난** 暖(따뜻할) 難(어려울) **남** 南(남녘) 男(사내) **납** 納(들일) **낭** 娘(각시)

내 內(안) 乃(이에) 奈(어찌) 耐(견딜) **녀** 女(계집) **년** 年(햇) **념** 念(생각) **녕** 寧(편안할) **노** 怒(성낼) 奴(노예) 努(힘쓸) **농**

農(농사) 濃(짙을) **뇌** 腦(뇌) 惱(번뇌할) **능** 能(능할) **니** 泥(진흙) **다** 多(많을) 茶(차) **단** 丹(붉을) 但(다만) 單(홑) 短(짧을) 壇(제단)

斷 끊을 段 층계 旦 아침 團 단체 檀 박달나무 端 끝 **달** 達 통달할 **담** 談 말씀 擔 멜 淡 맑을 潭 못 **답** 答 대답할 踏 밟을 畓 논 **당**

堂 집 當 마땅 糖 사탕 黨 무리 唐 나라 **대** 大 큰 代 대신 對 대할 待 기다릴 臺 집 隊 떼 帶 띠 貸 빌릴 **덕** 德 큰 **도** 桃 복숭아

渡 건널 陶 질그릇 度 법 到 이를 島 섬 道 길 途 길 稻 벼 挑 돋을 盜 도둑 徒 무리 都 도읍 刀 칼 圖 그림 逃 달아날 導 인도할 跳 뛸 倒 넘어질도

독 讀 읽을 獨 홀로 篤 두터울 毒 독할 督 독촉할 **돈** 豚 돼지 敦 두터울 **돌** 突 부딪칠 **동** 同 한가 東 동녘 冬 겨울 動 움직일 凍 얼 銅 구리

桐 오동나무 洞 고을 童 아이 **두** 斗 말 頭 머리 豆 콩 **둔** 鈍 둔할 **득** 得 얻을 **등** 等 무리 登 오를 燈 등잔 **라** 羅 벌일 **락**

落 떨어질 樂 즐거울 絡 이을 洛 물이름 **량** 凉 서늘할 量 헤아릴 良 어질 兩 두 諒 믿을 梁 다리 糧 양식 **려** 旅 나그네 慮 생각할 麗 빛날 勵 힘쓸 **력**

歷 지날 力 힘 曆 책력 **련** 蓮 연꽃 鍊 단련할 憐 불쌍 聯 이을 戀 사모할 連 연할 練 익힐 **렬** 列 벌릴 烈 매울 裂 찢을 劣 용렬할 **렴** 廉 청렴할

령 領 거느릴 令 하여금 零 떨어질 嶺 고개 靈 신령 **례** 禮 예도 例 차례 **로** 路 길 老 늙을 勞 위로할 露 이슬 爐 화로 **록** 綠 푸를 祿 녹

錄 기록할 鹿 사슴 **론** 論 논의할 **롱** 弄 희롱할 **뢰** 雷 우뢰 賴 의지할 **료** 料 헤아릴 了 마칠 **룡** 龍 용 **루** 累 포갤 淚 눈물 樓 다락

屢 여러 漏 샐 **란** 卵 알 亂 혼란할 蘭 난초 欄 난간 爛 빛날 **략** 略 간략할 掠 노략질할 **랑** 浪 물결 郞 사내 廊 행랑 朗 밝을 **람** 覽 볼

藍 쪽 濫 넘칠 **랭** 冷 차거울 **래** 來 올 **륭** 隆 높을 **륜** 倫 인륜 輪 바퀴 **륙** 六 여섯 陸 육지 **릉** 陵 언덕 **률** 律 법

栗 밤 率 거느릴 **류** 流 흐를 柳 버들 留 머물 類 무리 **린** 隣 이웃 **립** 立 설 **림** 林 수풀 臨 임할 **리** 理 이치 利 이익할 里 마을

李 오얏 吏 관리 離 떠날 裏 속 梨 배 履 밟을 **마** 馬 말 磨 갈 麻 삼 **막** 莫 말 幕 장막 漠 아득할 **만** 萬 일만만 滿 찰 晩 늦을

慢 거만할 蠻 굽을 漫 어수선할 **말** 末 끝 **망** 忙 바쁠 亡 망할 望 바랄 忘 잊을 茫 아득할 妄 망령될 罔 없을 **매** 買 살 賣 팔 每 매양 妹 누이

梅 매화 埋 묻을 媒 중매 **맥** 麥 보리 脈 맥 **맹** 孟 맏 盟 맹세할 盲 소경 猛 사나울 **면** 面 낯 眠 잠잘 免 면할 勉 힘쓸 綿 솜 **멱** **멸**

滅 멸망할 **명** 鳴 울 明 밝을 命 목숨 名 이름 冥 어두울 銘 새길 **모** 母 어미 毛 털 暮 저물 募 모을 慕 사모할 矛 창 貌 모양 某 아무개 謀 꾀할

模 본뜰 **목** 木 나무 目 눈 牧 칠 睦 화목할 沐 목욕할 **몰** 沒 빠질 **몽** 蒙 어릴 夢 꿈 **묘** 妙 묘할 卯 토끼 墓 무덤 廟 사당 苗 싹

무 茂 무성할 武 호반 舞 춤출 無 없을 霧 안개 貿 무역할 務 힘쓸 戊 별 **묵** 墨 먹 默 말없을 **문** 門 문 問 물을 聞 들을 文 글월 **물**

勿 말 物 물건 **미** 尾 꼬리 米 쌀 美 아름다울 未 아닐 迷 수수께끼 微 작을 眉 눈섭 **민** 民 백성 敏 빠를 憫 불쌍히여길 味 맛 **밀** 密 빽빽할 蜜 꿀

박 博 넓을 朴 순박할 迫 핍박할 薄 엷을 拍 손뼉칠 泊 쉴 **반** 盤 쟁반 返 돌아올 班 나눌 叛 배반 半 반 飯 먹을 反 돌이킬 般 일반 **발** 發 필 髮 터럭

拔 뺄 **방** 訪 찾을 倣 본받을 防 막을 方 모 房 방 放 놓을 芳 꽃다울 傍 곁방 妨 방해할 邦 나라 **배** 拜 절 杯 잔 背 등 排 물리칠 倍 곱 培 북돋을

백 앞의 두 항목: 配 짝 · 輩 무리

配 짝	輩 무리	**백**	白 흰	百 일백	伯 맏	栢 측백나무	**번**	番 차례	煩 번거러울	繁 번성할	飜 뒤집을	**벌**	伐 칠	罰 벌줄	**벽**	壁 바람		
碧 푸를	**별**	別 다를	**변**	變 변할	辯 말씀	邊 갓	辨 분별할	遍 두루	**법**	法 법	**병**	兵 군사	病 병들	丙 남녘	竝 아우를	屛 물리칠	**북**	
北 북녘	**본**	本 근본	**보**	報 갚을	步 걸음	保 보호할	寶 보배	普 넓을	補 기울	譜 계보	**불**	佛 부처	不 아니	拂 떨칠	弗 아닐	**빙**	氷 어름	
聘 부를	**복**	福 복	伏 더위	服 옷	復 다시	腹 배	複 겹칠	卜 점	**봉**	奉 받들	逢 만날	封 봉할	峯 봉우리	蜂 벌	鳳 새	**붕**	朋 벗	崩 무너질
빈	貧 가난할	賓 손님	頻 자주	**범**	凡 무릇	犯 범할	範 법	汎 뜰	**분**	墳 무덤	奔 분주할	紛 어지러울	憤 분할	粉 가루	奮 떨칠	分 나눌	**부**	
富 부자	夫 지아비	婦 며느리	部 부분	簿 장부	副 버금	付 붙일	負 짐질	浮 뜰	扶 도울	否 아니	父 아비	符 부신	赴 다다를	賦 구실	膚 살갗	附 붙을	府 마을	腐 썩을
비	備 갖출	非 아니	飛 날	比 견줄	鼻 코	悲 슬플	費 소비할	秘 숨길	婢 계집종	肥 살찔	卑 낮을	批 비평	妃 계집	碑 비석	**사**	仕 벼슬	四 넉	師 스승
寺 절	蛇 뱀	詞 말	捨 버릴	邪 간사할	謝 사례할	巳 뱀	私 사사	射 쏠	査 조사할	寫 베낄	辭 말	斯 이것	死 죽을	士 선비	使 하여금	絲 실	賜 줄	
斜 빗길	詐 속일	社 모임	事 일	思 생각	舍 집	史 역사	沙 모래	司 맡을	似 같을	祀 제사	**삭**	削 깎을	朔 초하루	**산**	山 메	産 낳을	散 흩을	算 셈할
酸 신맛	**살**	殺 죽일	**삼**	三 석	森 수풀	**색**	色 빛	索 찾을	**생**	生 날	**쌍**	雙 둘	**상**	想 생각	喪 잃을	祥 상서로울	嘗 맛볼	
尙 오히려	霜 서리	上 윗	商 장사	詳 자세	償 갚을	床 평상	像 형상	相 서로	常 떳떳할	傷 상할	賞 상줄	狀 형상	象 코끼리	桑 뽕나무	裳 치마	**서**	徐 천천할	
恕 용서할	西 서녘	書 글	暑 더울	序 차례	敍 펼	緖 실마리	庶 여러	署 관청	**석**	席 자리	昔 옛	惜 아낄	夕 저녁	石 돌	析 쪼갤	釋 놓을	**선**	仙 신선
線 줄	先 먼저	鮮 빛날	旋 돌	宣 베풀	禪 사양할	船 배	選 가릴	善 착할	**섭**	涉 건늘	**설**	說 말씀	雪 눈	設 베풀	舌 혀	**성**	成 이룰	
聖 성인	星 별	性 성품	姓 성	城 재	誠 성실할	省 살필	聲 소리	盛 무성할	**세**	稅 부세	世 인간	歲 나이	細 세밀할	勢 권세	洗 씻을	**소**	素 흴	消 쓸
訴 따질	掃 쓸	召 부를	蔬 나물	笑 웃음	小 작을	少 젊을	所 곳	蘇 소생할	昭 밝을	騷 소음	燒 불사를	疏 소통할	**속**	速 빠를	續 이을	俗 풍속	束 묶을	
屬 붙을	粟 조	**손**	孫 손자	損 덜	**송**	送 보낼	松 솔	訟 송사할	誦 칭송할	頌 외울	**쇄**	刷 박을	鎖 막을	**쇠**	衰 쇠잔할	**수**	誰 누구	
愁 근심	水 물	手 손	獸 짐승	遂 다할	睡 졸	輸 보낼	修 닦을	首 머리	秀 빼어날	須 모름지기	受 받을	數 셀	收 거둘	守 지킬	隨 따를	需 쓸	殊 다를	帥 장수
囚 가둘	授 줄	壽 목숨	雖 비록	樹 나무	**숙**	淑 맑을	宿 잘	叔 아재비	肅 엄숙할	熟 익을	孰 누구	**순**	順 순할	純 순수할	殉 죽을	旬 열흘	脣 입술	
循 순환할	盾 방패	巡	瞬 잠간	**습**	習 익힐	拾 주울	濕 습할	襲 엄습할	**술**	戌 개	術 재주	述 지을	**승**	勝 이길	乘 탈	承 이을	升 되	
昇 오를	僧 중	**숭**	崇 숭배할	**씨**	氏 성	**시**	時 때	市 저자	詩 읊을	示 보일	侍 모실	矢 화살	始 처음	試 시험할	是 이	施 베풀	視 보일	
식	植 심을	食 밥	式 법	識 알	飾 꾸밀	息 숨쉴	**신**	臣 신하	辛 매울	申 납	新 새	身 몸	信 믿을	神 귀신	伸 펼	愼 삼갈	晨 새벽	

심 心마음 深깊을 甚심할 尋찾을 審살필 실 室방 失잃을 實열매 십 十열 새 塞변방 아 芽움 亞버금 餓주릴

牙어금니 我나 兒아이 雅맑을 阿언덕 악 惡모질 岳메뿌리 안 顔얼굴 案책상 安편안 眼눈 岸언덕 雁기러기 알 謁뵈일 암

巖바위 暗어둘 압 壓누를 앙 仰우럴 央가운데 殃재앙 야 野들 夜밤 也이끼 耶어조사 약 藥약초 弱약할 若같을 約언약

애 愛사랑 哀슬플 涯물가 액 額이마 厄액 양 洋바다 讓사양 陽볕 羊염소 樣모양 壤흙덩이 楊버들잉 養기를 揚날릴 어

御모실 魚고기어 漁고기잡을 語말씀 於늘 억 億억 憶생각 抑누를 언 言말씀 焉이끼 엄 嚴엄할 업 業업 差 여

與더불 如같을 余나 汝너 餘남을 予나 輿수레 역 亦또 逆거스릴 易바꿀 疫전염병 驛역마 役역사 域지경 譯번역 연 宴잔치 沿좇을

延맞을 軟부드러울 緣인연 煙연기 研갈 然그럴 硯벼루 燕나라 燃불탈 演익힐 鉛납 온 溫더울 옹 翁늙을 와 臥누울 瓦기와

완 完완전 緩늘어질 왈 曰갈 왕 王임금 往갈 외 外밖 畏두려울 요 要중요 搖흔들 謠노래 腰허리 遙멀 욕

辱욕할 慾욕심 欲하고자할 浴목욕 용 用쓸 容얼굴 勇날랠 庸떳떳 우 宇집 憂근심 右오를 雨비 羽깃 愚어리석을 優넉넉 郵파발

尤더욱 于어조사 友벗 牛소 又또 遇만날 偶우연 운 雲구름 云이를 運옮길 韻울림 웅 雄수컷 원 原언덕 園동산 元으뜸

圓둥글 遠멀 怨원망 願원할 員인원 援구원할 源근원 院집 월 月달 越넘을 위 僞거짓 衛호위 違어길 慰위로 謂이를 圍에울 委맡길

威위험 位벼슬 危위태할 爲할 偉위대할 緯씨 胃밥통 유 唯오직 油기름 幼어릴 有있을 儒선비 幽깊을 惟오직 維얽을 愈나을 酉닭 猶같을

遊놀 由말미암을 遺끼칠 柔부드러울 乳젖 裕넉넉 誘꾀일 悠멀 육 肉고기 育기를 윤 潤젖을 閏윤달 은 恩은혜 銀은 隱숨을

을 乙새 음 吟읊을 音소리 陰그늘 飮마실 淫음란할 읍 邑고을 泣울 응 應응할 의 醫의원 意뜻 衣옷 依의지할

儀거동 疑의심할 宜마땅 義옳을 議의논 矣어조사 열 熱더울 悅기쁠 염 炎불꽃 鹽소금 染물드릴 엽 葉잎 영 榮영화 永길

詠읊을 英꼬뿌리 迎맞을 影그림자 泳헤엄칠 營집 映비칠 예 藝재주 豫미리 譽명예 銳날카로울 옥 屋집 玉구슬 獄옥 오 五다섯

吾나 午낮 悟깨달을 嗚슬플 娛즐길 汚더러울 傲업신여길 侵 誤그릇 烏까마귀 梧오동 이 二두 以써 異다를 移옮길 夷오랑캐 貳두

耳귀 已이미 而말이 익 益더할 翼날개 인 引이끌 仁어질 認알 寅동방 忍참을 因인할 人사람 印인찰 刃날 姻혼인 일

日날 壹한 一한 逸편안 임 壬북방 任맡을 賃삯 입 入들 자 子아들 自스스로 字글자 者놈 姉누이 慈인자할

玆이 資자료 姿모양 刺찌를 恣방자할 雌암컷 紫붉을 작 作지을 昨어제 酌잔질할 爵벼슬 잔 殘쇠잔할 잠 蠶누에 潛잠길 暫잠간

잡 雜섞일 장 粧단장 掌손바닥 長어른 將장수 場마당 章글 丈길 障막을 臟오장 奬권할 壯장할 張베풀 裝행장 藏감출 帳장막

腸 창자 墻 담 葬 장사 莊 씩씩할 **재** 在 있을 再 두 財 재물 材 재목 災 재앙 裁 마루잴 載 실을 才 재주 栽 심을 哉 이끼 **쟁** 爭 다툴 숭은 **저**

貯 저축 低 낮을 著 나타날 底 밑 抵 밀칠 **전** 典 법 前 앞 田 밭 全 온전 專 오로지 轉 구를 錢 돈 展 펼 戰 싸움 電 번개 傳 전할 **적**

賊 도둑 摘 딸 蹟 공적 跡 자취 笛 피리 滴 물방울 的 적실 赤 붉을 適 마침 敵 대적할 寂 고요 籍 호적 積 쌓을 績 길쌈 **절** 絶 끊을 節 마디 切 간절

折 꺾을 **점** 店 가게 漸 점차 占 점칠 點 점 **접** 接 접할 蝶 나비 **정** 正 바를 井 우물 淨 맑을 定 정할 亭 정자 訂 의논할 廷 조정 程 길

丁 고무래 停 머무를 庭 뜰 政 정사 征 칠 整 정돈할 精 정할 情 뜻 貞 곧을 頂 이마 靜 고요 **제** 題 글 帝 임금 諸 모두 除 덜 制 법 堤 언덕

弟 아우 第 차례 製 지을 祭 제사 提 끌 齊 나라제 際 지음 濟 건늘 **조** 祖 할아비 調 고루 早 일을 兆 억조 照 비칠 燥 마를 操 잡을 弔 조상 市 많이 造 지을

朝 아침 鳥 새 助 도울 租 구실 組 짤 條 가지 潮 밀물 **족** 足 발 族 겨레 **존** 存 있을 尊 높을 **졸** 卒 군사 拙 옹졸할 **종** 宗 마루

種 심을 鍾 쇠북 終 마침 從 좇을 縱 길이 **좌** 坐 앉을 左 왼편 佐 도울 座 자리 **죄** 罪 허물 **주** 主 임금 走 달릴 注 물낼 住 머물을 株 나무

柱 기둥 宙 집 酒 술 朱 붉을 晝 낮 舟 배 周 두루 州 고을 洲 물가 **죽** 竹 대 **준** 準 법 俊 준걸 遵 좇을 **중** 中 가운데 重 무거울

衆 무리 仲 버금 **지** 只 다만 地 땅 紙 종이 至 이를 池 못 誌 기록 智 지혜 遲 더딜 支 지탱할 知 알 指 손가락 志 뜻 之 갈 持 가질 枝 가지 止 그칠

즉 即 곧 **증** 證 증거 增 더할 曾 일찍 憎 미울 症 증세 贈 줄 蒸 찔 **직** 直 곧을 職 벼슬 織 짤 **진** 盡 다할 辰 별 進 나아갈

陳 베풀 眞 참 陣 진칠 振 떨칠 鎭 진정할 珍 보배 **질** 質 바탕 疾 병 姪 조카 秩 차례 **집** 執 잡을 集 모을 **징** 徵 부를 懲 징계할 **차**

此 이 次 버금 借 빌릴 且 또 差 어그러질 **착** 着 부딛칠 錯 그릇 捉 잡을 **찬** 贊 도울 讚 칭찬할 **찰** 察 살필 **참** 參 참여할 慚 부끄러울

慘 슬플 **창** 昌 창성할 唱 부를 窓 창문 暢 화창할 倉 창고 蒼 푸를 創 찌를 滄 바다 **채** 菜 나물 採 캘 彩 채색 債 빗 **책** 責 꾸짖을 冊 책 策 꾀

처 妻 아내 處 곳 悽 슬플 **척** 尺 자 斥 물리칠 拓 개척할 戚 겨레 **천** 淺 얕을 千 일천 天 하늘 川 내 泉 샘 薦 추천할 遷 옮길 踐 밟을

賤 천할 **철** 鐵 쇠 哲 밝을 徹 통할 **첨** 添 더할 尖 뾰족할 **첩** 妾 첩 **체** 體 몸 替 대신 **청** 聽 들을 靑 푸를 晴 개일 請 청할

淸 맑을 廳 마루 **초** 草 풀 初 처음 招 부를 超 넘을 抄 뽑을 肖 같을 礎 주춧돌 **촉** 促 독촉할 觸 부딪칠 燭 촛불 **촌** 村 마을 寸 마디 **총**

聰 밝을 銃 총 總 거느릴 **최** 最 가장 催 재촉 **추** 秋 가을 追 따를 推 밀 抽 뽑을 醜 더러울 **축** 築 쌓을 蓄 저축 畜 기를 縮 주릴 逐 좇을

祝 빌 丑 소 **춘** 春 봄 **출** 出 날 **충** 忠 충성 蟲 벌레 充 채울 衝 찌를 **취** 吹 불 取 가질 就 나아갈 臭 냄새 醉 취할 趣 취미

측 側 곁 測 헤아릴 **층** 層 층 **치** 致 이를 治 다스릴 齒 이 稚 어릴 恥 부드러울 置 둘 値 값 **칙** 則 법칙 **친** 親 친할 **칠** 七 일곱

漆 옻 **침** 沈 잠길 針 바늘 枕 벼개 浸 젖을 侵 침노할 寢 잠잘 **칭** 稱 일컬을 **쾌** 快 쾌할 **타** 他 다를 打 칠 墮 떨어질 妥 타당할 **탁**

탄 炭 숯 彈 탄약 歎 탄식할 **탈** 脫 벗을 奪 빼앗을 **탐** 探 더듬을 貪 탐낼 **탑** 塔 탑 **탕** 湯 끓을 **태** 太 콩 泰 클 態 태도

怠 게으를 殆 절반 **택** 宅 집 擇 가릴 澤 모일 **토** 土 흙 吐 칠. 兎 토끼 討 벨을 **통** 通 통할 統 거느릴 痛 아플 **퇴** 退 물러날 **투**

投 던질 透 투철할 鬪 싸움 **특** 特 특별 **파** 波 물결 破 깨트릴 派 나눌 播 뿌릴 罷 파할 頗 자못 **판** 判 판단할 板 널 版 조각 販 판매 **팔**

八 여덟 **패** 敗 패할 貝 조개 **편** 片 조각 便 편안할 篇 책 編 엮을 **평** 平 평할 評 의논 **폐** 肺 허파 弊 해질 廢 폐할 蔽 가리울 幣 폐백

閉 닫을 **포** 胞 배 抱 안을 布 베 飽 배부를 浦 물가 包 쌀 捕 잡을 **폭** 暴 드러날 爆 터질 幅 넓이 **표** 表 겉 票 표 標 표시할 漂 흐를

품 品 종류 **풍** 豊 풍년 風 바람 楓 단풍 **피** 彼 저 皮 가죽 疲 피곤할 被 입을 避 피할 **필** 匹 짝 必 반듯 筆 붓 矛 畢 다할

하 賀 축하 下 아래 何 어찌 夏 여름 河 물 荷 연 **학** 學 배울 鶴 학 **한** 閑 한가할 限 한정 恨 원 寒 찰 漢 한수 韓 나라 汗 땀

旱 가물 〈ㅌ〉 **탁** 濁 흐릴 托 부탁 濯 빨래 琢 다듬을 **할** 割 베일 **함** 咸 다 含 머금을 陷 빠질 **합** 合 모을 **항** 恒 항상 項 목

航 배 抗 겨룰 巷 골목 港 항구 **해** 海 바다 害 해할 解 풀을 亥 돝 該 해당할 奚 어찌 **핵** 核 씨 **행** 行 행동할 幸 다행 **향** 香 향기

鄕 마을 向 향할 響 소리 享 누릴 **허** 許 허락할 虛 빌 **헌** 獻 드릴 憲 법 軒 마루 **험** 險 험할 驗 실험할 **혁** 革 가죽 **현** 玄 감을

絃 줄 現 보일 賢 어질 顯 나타날 縣 골 弦 활시위 懸 달 **혈** 血 피 穴 구멍 **협** 協 화할 脅 위협할 **형** 兄 맏 形 형상 刑 형벌 螢 반딧불

亨 형통할 **혜** 惠 은혜 慧 지혜 兮 어조사 **호** 浩 넓을 毫 터럭 好 좋을 虎 범 乎 온 湖 물 戶 지게 呼 부를 號 이름 互 서로 胡 오랑캐 護 지킬

豪 호걸 **혹** 或 혹시 惑 의혹할 **혼** 混 흐릴 婚 혼인 魂 귀신 昏 어둘 **홀** 忽 문득 **홍** 紅 붉을 洪 넓을 弘 클 鴻 기러기 **화** 火 불

化 될 貨 재물 花 꽃 禍 재앙 禾 벼 華 빛날 話 말 和 화할 畵 그림 **확** 確 확실 擴 넓을 穫 얻을 **환** 歡 기쁠 患 근심 丸 둥글 換 바꿀

環 고리 還 돌아올 **활** 活 살릴 **황** 黃 누를 皇 임금 荒 거칠 況 하물며 **회** 回 돌아갈 會 모일 灰 재 悔 뉘우칠 懷 품을 **획** 獲 얻을 劃 그을

횡 橫 빗길 **효** 孝 효도 效 본받을 曉 새벽 **후** 厚 두터울 後 뒤 候 기후 侯 제후 喉 목구멍 **훈** 訓 가르칠 **휘** 揮 두를 輝 빛날 **훼**

毁 헐어버릴 **휴** 休 쉴 携 이끌 **흉** 凶 흉할 胸 가슴 **흑** 黑 검을 **흡** 吸 마실 **흥** 興 일 **희** 喜 기쁠 希 바랄 戲 희롱 稀 드물

熙 맑을 噫 탄식

壹 한일 貳 두이 參 석삼

拾 열십 百 일백백 阡 일천천 萬 일만만

고사성어
(故事成語)

여기 실린 고사성어(故事成語)는
중학교 과정의 기초적인 중요한 것부터
고교 및 사회 각계에서 널리 쓰이며
또한 대학 입시 및 각종 시험 문제에 나오는 정도가 높은
고차적(高次的)인 것을 골고루 뽑았으므로,
이를 완전히 익힌다면 언어 생활이 풍부하고 윤택해져
지식인으로서의 긍지를 갖게 될것이다.

呵呵大笑(가가대소) **해설** 소리를 크게 내어 웃음.

街談巷說(가담항설) **해설** 길거리나 항간에 떠도는 소문.

苛斂誅求(가렴주구) **해설** 가혹하게 세금을 징수하며, 무리하게 재물을 빼앗음.

佳人薄命(가인박명) **해설** 용모가 아름다운 여자는 수명이 짧음.

刻骨難忘(각골난망) **해설** 남에게 입은 은혜가 뼈에 깊이 사무치어 결코 잊혀지지 아니함.

刻骨通恨(각골통한) **해설** 뼈에 사무치도록 마음 속 깊이 맺힌 원한.

各人各色(각인각색) **해설** 사람마다 각각 다름.

各人各說(각인각설) **해설** 사람마다 주장하는 바가 서로 다름.

刻舟求劍(각주구검) **해설** 배에서 물에 칼을 떨어뜨리고 떨어진 자리에 표시를 하였다가 배가 정박한 뒤에 칼을 찾는다는 뜻으로, 사람이 미련해서 융통성이 없음을 비유한 말.

肝膽相照(간담상조) **해설** 서로 속마음을 터놓고 가까이 사귐.

感慨無量(감개무량) **해설** 마음에 사무치는 느낌이 한이 없음.

甘言利說(감언이설) **해설** 남의 비위에 들도록 꾸민 달콤한 말과 이로운 조건을 내세워 꾀는 말.

敢言之地(감언지지) **해설** 거리낌없이 말할 만한 자리.

感之德之(감지덕지) **해설** 대단히 고맙게 여기어 어찌할 줄을 모름.

甘呑苦吐(감탄고토) **해설** 달면 삼키고 쓰면 뱉는다는 뜻으로, 사리의 옳고 그름을 돌보지 않고 자기의 비위에 맞으면 좋아하고 맞지 아니하면 싫어한다는 말.

甲男乙女(갑남을녀) **해설** 갑이란 남자와 을이란 여자의 뜻으로, 신분도 없고 이름도 알려지지 않은 평범한 사람들.

甲論乙駁(갑론을박) **해설** 서로 자기의 의견을 내세워 남의 의견을 반박함.

改過遷善(개과천선) 해설 지나간 허물을 고치고 착하게 됨.

客反爲主(객반위주) 해설 손님이 도리어 주인 노릇함. 주객전도(主客顚倒).

去豆截尾(거두절미) 해설 ①머리와 꼬리를 잘라 버림.
②앞뒤의 잔 사설은 빼놓고 요점만 말함.

去世皆濁(거세개탁) 해설 온 세상이 바르거나 맑지 못하고 모조리 흐려 있음.

居安思危(거안사위) 해설 안락한 경우에 있을 때 위태로움(어려움)을 생각하며 정신을 가다듬음.

去者日疎(거자일소) 해설 죽은 사람에 대해서는 날이 가면 갈수록 점점 잊어버리게 된다는 뜻으로, 서로 떨어져 있으면 점점 소원해진다는 말.

車載斗量(거재두량) 해설 아주 많음. 또는 썩 많아서 귀하지 않음을 이르는 말.

乾坤一色(건곤일색) 해설 하늘과 땅이 온통 같은 빛깔임.

乞不竝行(걸불병행) 해설 비럭질(구걸)을 여럿이 함께 하는 것이 아니라는 뜻으로, 요구하는 사람이 많으면 얻기가 힘들다는 말.

乞兒得錦(걸아득금) 해설 분수 밖에 생긴 일을 지나치게 자랑한다는 말.

格物致知(격물치지) 해설 ①사물의 이치를 연구하여 앎에 다다르는 것.
②사물의 이치를 연구하여 지식을 명확히 함.

隔世之感(격세지감) 해설 딴 세대(世代)와 같이 몹시 달라진 느낌.

牽强附會(견강부회) 해설 말을 억지로 끌어다 붙이어서 조건이나 이치에 맞도록 함. 궤변(詭辯).

見利思義(견리사의) 해설 이익되는 것이 있을지라도 의리를 생각해 보고 취할 것인가 아닌가를 결정하라는 말.

犬馬之勞(견마지로) 해설 ①임금이나 나라에 충성을 다하는 노력.
②자기의 노력을 겸손하게 일컫는 말. 견마지성(犬馬之誠).

犬馬之養(견마지양) **해설** 부모를 공경하지 않음.

見蚊拔劍(견문발검) **해설** 조그만 일에도 발끈 성을 내는 소견 좁은 사람을 비유하는 말.

見物生心(견물생심) **해설** 물건을 보면 욕심이 생김.

見善如渴(견선여갈) **해설** 착한 것을 보거든 그것을 본받아 그 즉시 실천에 옮기라는 뜻.

犬猿之間(견원지간) **해설** 서로 사이가 나쁜 두 사람의 관계를 비유하여 이르는 말.

見危授命(견위수명) **해설** 나라의 위태로움을 보고는 목숨을 아끼지 않고 나라를 위하여 싸움.

堅忍不拔(견인불발) **해설** 굳게 참고 버티어 마음을 빼앗기지 아니함.

決死反對(결사반대) **해설** 목숨을 내어걸고 반대함. 한사코 반대함.

決死報國(결사보국) **해설** 목숨을 내걸고 나라의 은혜에 보답함.

結者解之(결자해지) **해설** 맺은 사람이 풀어야 한다는 뜻으로, 자기가 저지른 일에 대하여서는 자기가 해결을 하여야 한다는 말.

結草報恩(결초보은) **해설** 죽어 혼령이 되어도 은혜를 잊지 않고 갚음.

謙讓之德(겸양지덕) **해설** 겸손한 태도로 남에게 사양하는 덕을 말함.

輕擧妄動(경거망동) **해설** 경솔하고 망녕되게 행동함.

傾國之色(경국지색) **해설** 나라 안에 으뜸가는 미인. 임금이 혹하여 나라가 뒤집히어도 모를 만하게 뛰어난 예쁜 미인(美人)이라는 뜻.

經世濟民(경세제민) **해설** 세상을 다스리고 백성을 구제함.

敬而遠之(경이원지) **해설** 존경하기는 하되 가까이 하지는 아니함.

鯨戰鰕死(경전하사) **해설** 고래들 싸움에 새우가 죽는 다는 뜻으로, 강한 자들끼리의 싸움에 약한 자가 끼어 아무 관계없이도 피해를 입는다는 말.

驚天動地(경천동지) **해설** 세상을 크게 놀라게 함.

敬天愛人(경천애인) **해설** 하늘을 공경하고 사람을 사랑함.

經天緯地(경천위지) **해설** 온 천하를 다스림. 천하를 다스리는 것을 베틀에서 베를 짜는데에 비유하는 말. 날〈經〉은 세로 줄, 씨〈緯〉는 가로 줄.

鷄卵有骨(계란유골) **해설** 늘 일이 잘 안되는 사람이 모처럼 좋은 기회를 만났으나 역시 잘 안될 때 쓰는 말.

鷄鳴拘盜(계명구도) **해설** ①얕은 꾀를 가진 사람을 말함.
②행세(行世)하는 사람이 배워서는 아니될 천한 기능(技能)을 가진 사람.

孤槿弱埴(고근약식) **해설** 친척이나 돌보아 주는 이가 없는 사람을 비유하여 이르는 말.

古今同色(고금동색) **해설** 예나 지금이나 변함이 없음. 고금동연(古今同然).

叩頭謝罪(고두사죄) **해설** 머리를 조아리고 사죄함.

膏粱珍味(고량진미) **해설** 살찐 고기와 좋은 곡식으로 만든 맛있는 음식.

顧復之恩(고복지은) **해설** 부모가 자식을 늘 걱정하며 사랑으로 길러준 은혜.

孤城落日(고성낙일) **해설** 세력이 다하여 의지가지없이 된 외로운 처지를 비유하여 이르는 말.

姑息之計(고식지계) **해설** 근본적인 해결책이 아닌 임시 변통의 계책. 당장에 편한 것만 취하는 계책.

苦心慘憺(고심참담) **해설** 〔어떤 일을 하거나 생각해 내기에〕 마음을 썩히며 몹시 애를 씀.

苦肉之計(고육지계) **해설** 적을 속이는 수단으로서 제 몸을 괴롭히는 것도 돌보지 않고 쓰는 계책. 고육책(苦肉策).

孤掌難鳴(고장난명) **해설** 일을 혼자 하여서는 잘 되는 것이 아니라는 말. 또는 상대자가 서로 같으니까 말다툼이나 싸움이 된다는 말.

苦盡甘來(고진감래) 해설 쓴(괴로운) 것이 다하면 단(좋은) 것이 온다는 뜻으로, 고생이 끝나면 즐거움이 옴.

高枕短命(고침단명) 해설 베개를 높이 베면 오래 못 산다는 말.

曲學阿世(곡학아세) 해설 정도에 벗어난 학문으로 세상 사람들에게 아첨함.

骨肉相殘(골육상잔) 해설 ①친족간에 서로 해치고 싸우는 일.
②같은 민족끼리 해치며 싸우는 일.

公明正大(공명정대) 해설 마음이 공명하며, 조금도 사사로움이 없이 바름.

空山明月(공산명월) 해설 ①사람이 없는 빈 산에 외로이 비치는 밝은 달.
②'대머리'를 농으로 일컫는 말.

空手來空手去(공수래공수거) 해설 빈 손으로 왔다가 빈 손으로 간다는 뜻으로, 사람이 세상에 태어났다가 허무하게 죽는다는 말.

空中樓閣(공중누각) 해설 ①공중에 누각을 짓는 것처럼 근거가 없는 가공(架空)의 사물.
②신기루(蜃氣樓).

公平無私(공평무사) 해설 어느 쪽으로도 치우치지 않고 공정하여 사사로움이 없음.

空行空返(공행공반) 해설 ①노력해야 얻는다는 말.
②행하는 것이 없으면 제게 돌아오는 것도 없음.

過恭非禮(과공비례) 해설 지나치게 공손하면 아첨이 되는 것이니, 무슨 일이나 지나친 것은 좋지 않다는 말.

寡不敵衆(과부적중) 해설 적은 수효는 많은 수효를 대적하지 못함. 중과부적(衆寡不敵).

夸不追日(과부추일) 해설 〔중국의 상고(上古)시대에 과부(誇父)〈※'과(夸)는 성(姓)〉가 해의 그림자를 좇다 이루지 못하고 목이 말라 죽었다는 고사〕에서, 자기의 역량을 모르고 큰 일을 계획함을 말함.

過猶不及(과유불급) 해설 지나침은 미치지 못함과 같다는 뜻으로, 중용(中庸)이 중함을 이르는 말.

瓜田不納履(과전불납리) 해설 의심 받을 만한 장소에서 남에게 의심 받을 만한 행위는 아예 하지 말라는 뜻.

管鮑之交(관포지교) 해설 〔옛날 중국의 관중(管仲)과 포숙(鮑叔)이 매우 사이 좋게 교제하였다는 말에서〕 친구 사이의 매우 다정하고 허물 없는 교제를 이르는 말.

冠婚喪祭(관혼상제) 해설 관례·혼례·상례·제례의 사례(四禮)를 통틀어 이르는 말.

刮目相對(괄목상대) 해설 남의 학식이 부쩍 는 것을 놀라 쓰는 말.

光陰如矢(광음여시) 해설 세월의 흐름이 화살과 같이 빠름.

矯角殺牛(교각살우) 해설 뿔을 바로 잡다가 소를 죽인다는 뜻으로, 결점이나 흠을 고치려다가 수단이 지나쳐서 그르친다는 말.

巧言令色(교언영색) 해설 남의 환심을 사기 위해 아첨하는 교묘한 말과 보기 좋게 꾸미는 얼굴 빛.

交友以信(교우이신) 해설 세속 오계의 하나. 벗은 믿음으로써 사귀어야 한다는 계율.

交淺言深(교천언심) 해설 사귄지 얼마 안 되는 사람에게 된 소리 안 된 소리 지껄이어 어리석다는 뜻.

九曲肝腸(구곡간장) 해설 굽이굽이 깊이 서린 마음 속. 깊은 마음 속.

口蜜腹劍(구밀복검) 해설 입으로는 꿀 같이 달콤한 말을 하면서 속에는 칼 같은 마음을 품어 해칠 생각을 가짐.

九死一生(구사일생) 해설 죽을 고비를 여러 차례 겪고 겨우 살아 남. 썩 위험한 고비를 겪음.

口尙乳臭(구상유취) 해설 입에서 아직 젖내가 난다는 뜻으로, 언어와 행동이 유치함을 일컬음.

九十春光(구십춘광) 해설 ①봄의 석달 동안.
②노인의 마음이 청년같이 젊음을 이름.

九牛一毛(구우일모) 해설 썩 많은 가운데서 가장 적은 것을 일컫는 말.

口耳之學(구이지학) 해설 들은 풍월격으로 아무런 연구성이 없는 학문. 금방 들은 것을 그대로 남에게 이야기하는 정도의 얕고 천박한 학문.

求田問舍(구전문사) 해설 논밭을 구하고 살 집을 물음. 곧 원대한 뜻이 없고 일신상 이익에만 마음을 씀.

九折羊腸(구절양장) 해설 꼬불꼬불한 험한 산길.

九重深處(구중심처) 해설 대궐 안 깊은 곳. 구중궁궐(九重宮闕).

舊態依然(구태의연) 해설 변하였거나 발전한 데가 없이 옛 모습 그대로임.

群鷄一鶴(군계일학) 해설 닭 무리 속에 끼어 있는 한 마리의 학이란 뜻으로, 평범한 사람 가운데의 뛰어난 사람을 이르는 말. 계군일학(鷄群一鶴).

君師父一體(군사부일체) 해설 임금·스승·아버지의 은혜는 같다는 뜻.

君臣有義(군신유의) 해설 오륜(五倫)의 하나. 임금과 신하는 의리가 있어야 한다는 말.

群雄割據(군웅할거) 해설 많은 영웅들이 저마다 한 지방씩을 차지하여 세력을 떨치는 일.

君子大路行(군자대로행) 해설 군자는 큰 길을 택하여 간다는 뜻으로, 덕행과 학행에 있어서 남의 모범 인물이 되려면 밝고 바르게 행동하라는 말.

君子三樂(군자삼락) 해설 맹자(孟子)가 말한 군자의 세 가지 즐거움. 곧 부모가 다 살아 계시며 형제가 무고한 것, 하늘과 사람에 부끄러움이 없는 것, 천하의 영재(英才)를 얻어 교육하는 것이라 했음.

窮餘之策(궁여지책) 해설 매우 궁박하여 어려운 끝에 짜 낸 한 가지 꾀. 궁여일책(窮餘一策).

窮鳥入懷(궁조입회) 해설 궁한 새가 사람의 품 안으로 날아 든다는 뜻으로, 궁할 때는 적(敵)에게도 의지한다는 말.

權謀術數(권모술수) 해설 목적을 위해서는 수단을 가리지 않고 인정이나 도덕도 없이 권세와 모략과 중상 등 온갖 수단과 방법을 쓰는 술책.

權不十年(권불십년) 해설 아무리 높은 권세라도 10년을 가지 못한다는 말.

勸善懲惡(권선징악) 해설 착한 일을 권장하고 악한 일을 징계함.

捲土重來(권토중래) 해설 한 번 패하였다가 세력을 회복하여 다시 쳐 들어 옴.

貴鵠賤鷄(귀곡천계) 해설 먼 데 것을 귀히 여기고 가까운 것을 천하게 여김.

貴不忘賤(귀불망천) 해설 귀하게 되어서도 천했을 때 일을 잊지 아니함.

克己復禮(극기복례) 해설 자기의 사욕이나 사념을 양심과 이성으로 눌러 이기어 응당 알아서 지켜야 할 사람의 도리를 좇아 행한다는 뜻.

近墨者黑(근묵자흑) 해설 나쁜 사람과 사귀면 그 버릇에 물들기 쉽다는 말.

近朱者赤(근주자적) 해설 나쁜 사람을 가까이 사귀면 그 버릇에 젖기 쉬움을 이르는 말.

金科玉條(금과옥조) 해설 ①금옥과 같이 귀중히 여기어 신봉하는 법칙이나 규정.
②절대적인 것으로 여기어 지키는 규칙이나 교훈.

金蘭之交(금란지교) 해설 우정의 아름다움은 난의 향기와 같다는 뜻으로, 친구사이의 매우 도타운 사귐.

錦上添花(금상첨화) 해설 비단위에 꽃을 더한다는 뜻으로, 좋은 일에 또 좋은 일이 더한다는 말.

今昔之感(금석지감) 해설 지금과 옛 적을 비교하여 생각할 때 그 차이가 심함을 보고 느끼는 정.

金石之交(금석지교) 해설 쇠나 돌처럼 굳고 변함이 없는 교분.

金石之言(금석지언) **해설** 쇠나 돌처럼 굳고 변함 없는 귀중한 말.

金城湯地(금성탕지) **해설** 매우 튼튼하고 잘된 성지(城地).
※城地:성과 그 주위에 파 놓은 곳.

琴瑟之樂(금슬지락) **해설** 금실지락(琴瑟之樂)의 본디말. 부부 사이의 화목한 즐거움. 준금실(琴瑟).

今始初聞(금시초문) **해설** 이제야 비로소 처음으로 들음.

今衣夜行(금의야행) **해설** 비단옷을 입고 밤길을 걷는다는 뜻으로, 아무 보람이 없는 행동을 비유한 말.

錦衣還鄕(금의환향) **해설** 출세를 하고 고향에 돌아옴.

金枝玉葉(금지옥엽) **해설** ①임금의 자손이나 집안.
②귀여운 자손.

氣高萬丈(기고만장) **해설** ①몹시 성이 남.
②일이 뜻대로 잘 되어 기세가 대단함.

起死回生(기사회생) **해설** 중병으로 죽을 뻔하다가 다시 살아남.

奇想天外(기상천외) **해설** 보통 사람이 생각할 수 없는 기발하고 엉뚱한 생각.

技成眼昏(기성안혼) **해설** 재주는 좋으나 눈이 어두워졌다는 뜻으로, 좋은 것이 소용이 없어졌음을 가리키는 말.

旣往之事(기왕지사) **해설** 이미 지나간 일. 이왕지사(已往之事).

騎牛吹笛(기우취적) **해설** 농촌의 한가로운 풍경이나 신선경을 말함.

騎虎之勢(기호지세) **해설** 〔범을 타고 가다가 도중에서 내리면 범에게 물리게 될테니 내릴 수 없다는 뜻에서〕
①한 번 시작한 일을 중도에서 그만 둘 수 없다는 말.
②걷잡을 수 없는 기세.

落落長松(낙락장송) **해설** 가지가 축축 늘어진 큰 소나무.

落花流水(낙화유수) 해설 ①떨어지는 꽃과 흐르는 물.
②낙화에 정이 있으면 유수 또한 정이 있어 그것을 띄어서 흐를 것이란 뜻으로, 곧 남녀에는 서로 생각하는 정이 있다는 비유.

難攻不落(난공불락) 해설 공격하기가 어려워 좀처럼 함락(陷落)되지 아니함.

難兄難弟(난형난제) 해설 누구를 형이라 아우라 분간하기 어려움. 곧 비슷비슷함을 일컬음. 막상막하(莫上莫下).

南柯一夢(남가일몽) 해설 〔중국 당(唐)나라의 소설 남가기(南柯記)에서 유래한 말〕 꿈과 같이 헛된 한 때의 부귀와 영화.

南橘北枳(남귤북지) 해설 강남(江南)의 귤을 강북(江北)에 옮겨 심으면 탱자나무로 변함. 곧 사람은 사는 곳의 환경에 따라 착하게도 되고 악하게도 됨.

男女有別(남녀유별) 해설 남녀 사이에는 분별이 있어야 함.

男負女戴(남부여대) 해설 남자는 짐을 등에 지고, 여자는 짐을 머리에 인다는 뜻으로, 가난한 사람이 떠돌아 다니면서 삶을 일컫는 말.

囊中之錐(낭중지추) 해설 주머니 속에 든 송곳이 끝이 뾰족하여 밖으로 나오는 것과 같이, 재능이 뛰어난 사람은 많은 사람 중에 섞여 있을지라도 눈에 드러난다는 뜻.

囊中取物(낭중취물) 해설 주머니 속에 있는 것을 꺼낸다는 뜻으로, 썩 쉬운 일을 말함.

內憂外患(내우외환) 해설 나라 안팎의 근심 걱정.

內柔外剛(내유외강) 해설 겉으로는 강하게 보이나 속(내심)은 부드러움.

怒氣沖天(노기충천) 해설 잔뜩 성이 나 있음.

勞心焦思(노심초사) 해설 마음으로 애를 쓰며 속을 태움.

綠陰芳草(녹음방초) 해설 ①우거진 나무 그늘과 싱그러운 풀.
②여름철의 자연을 가리켜 이르는 말.

綠衣紅裳(녹의홍상) 해설 연두 저고리에 다홍 치마, 곧 젊은 여자의 곱게 치장한 복색.

論功行賞(논공행상) 해설 공의 유무·대소를 논결하여 각각 알맞는 상을 주는 일.

弄假成眞(농가성진) 해설 장난삼아 거짓으로 한 것이 진심으로 한 것같이 됨.

累卵之危(누란지위) 해설 쌓아 놓은 새알처럼 몹시 위험 상태.

陵谷之變(능곡지변) 해설 세상일의 변천이 극심함을 비유하여 이르는 말.

多岐亡羊(다기망양) 해설 ①학문의 길이 너무 다방면으로 갈리어서 진리를 찾기가 어려움을 비유한 말.
②방침(方針)이 많아서 도리어 갈 바를 모름.

多多益善(다다익선) 해설 많으면 많을수록 더욱 좋음.

斷金之交(단금지교) 해설 매우 친밀한 우정이나 교제.

單刀直入(단도직입) 해설 ①혼자서 칼을 휘드르며 적진으로 거침없이 쳐들어감.
②요점을 바로 풀이하여 들어감.
③군말을 빼고 바로 목적하는 것을 말함.

簞食瓢飮(단사표음) 해설 ①간소한 음식물. ②소박한 생활.
③구차한 생활.

簞食壺漿(단사호장) 해설 ①작은 분량의 음식물.
②길 갈 때 휴대하는 음식.
③노상에서 군대를 환영하기 위하여 갖춘 음식의 뜻에서 적군을 환영한다는 뜻으로 전용(轉用)함.

丹脣皓齒(단순호치) 해설 썩 아름다운 여자의 얼굴 모양. 미인(美人)의 용모.

塗炭之苦(도탄지고) 해설 진흙탕을 밟고 탄화(炭火)에 떨어짐과 같은 쓰라림. 곧 극도록 곤궁함을 말함.

淡水之交(담수지교) 해설 물처럼 맑은 사귐. 곧 군자의 담담한 사귐을 말함.

堂狗風月(당구풍월) 해설 무식한 사람도 유식한 사람과 같이 있으면 감화를 받는다는 말. '서당 개 삼 년에 풍월한다.'

螳螂拒轍(당랑거철) 해설 약한 자가 상대할 수 없는 강자에게 대듦의 비유.

大驚失色(대경실색) 해설 몹시 놀라서 얼굴 빛이 하얗게 변함.

大器晩成(대기만성) 해설 큰 솥이나 큰 종같은 것을 주조하는 데에는 시간이 오래 걸리듯이, 남달리 뛰어난 큰 인물은 보통 사람보다 늦게 대성한다는 말.

代代孫孫(대대손손) 해설 대대로 내려오는 자손.

大義名分(대의명분) 해설 사람으로서 응당 지켜야 할 도리나 본분, 또는 떳떳한 명목.

大人君子(대인군자) 해설 말과 행실이 옳고 점잖은 사람. 덕이 높은 사람.

大慈大悲(대자대비) 해설 넓고 커서 가이 없는 자비(慈悲). 특히 관음보살이 중생을 사랑하고 불쌍히 여기는 마음.

屠龍之技(도룡지기) 해설 용을 잡는 재주가 있다는 뜻으로, 쓸데 없는 재주를 일컫는 말.

桃園結義(도원결의) 해설 〔촉한(蜀漢)을 세운 유비(劉備)·관우(關羽)·장비(張飛)가 젊은 시절에 도원에서 의형제를 맺고 생사를 같이하기로 맹세한 유명한 고사〕 의형제를 맺음을 이르는 말.

獨不將軍(독불장군) 해설 ①여러 사람과 사이가 틀어져 외롭게 된 사람.
②무슨 일이나 제 생각대로 처리하여 나가는 사람.
③혼자서는 장군이 못 된다는 뜻으로, 남과 협조하여야 한다는 말.

讀書亡羊(독서망양) 해설 '독서에 정신이 쏠려 기르던 양을 잃었다'는 뜻으로, 마음이 딴 데 쏠려 길을 잃는 것을 비유.

讀書三到(독서삼도) 해설 독서의 법은 구도(口到)·안도(眼到)·심도(心到)에 있다 함이니, 즉 입으로 다른 말을 하지 아니하고, 눈으로는 딴 것을 보지 말고, 마음을 하나로 가다듬고 반복 숙독하면 그 진의(眞意)를 깨닫게 된다는 뜻.

讀書三昧(독서삼매) 해설 오직 책 읽기에만 골몰하는 일.

讀書三餘(독서삼여) 해설 책 읽기에 알맞은 세 여가, 곧 겨울·밤·비가 내릴 때를 이름.

讀書尙友(독서상우) 해설 책을 읽음으로써 옛날의 현인(賢人)들과 벗이 될 수 있다는 뜻.

獨宿空房(독숙공방) 해설 ①빈 방에서 혼자 잠.
②부부가 서로 별거함. 흔히 여자가 남편 없이 혼자 지냄을 뜻함. 독수공방(獨守空房).

獨也靑靑(독야청청) 해설 홀로 푸르다는 뜻으로, 홀로 높은 절개를 지켜 늘 변함이 없음을 이르는 말.

突不燃不生煙(돌불연불생연) 해설 아니 땐 굴뚝에 연기 날까? 곧 어떤 소문이든지 반드시 그런 소문이 날만한 원인이 있다는 뜻.

東家食西家宿(동가식서가숙) 해설 떠돌아 다니며 이집 저집에서 얻어 먹고 지냄.

同價紅裳(동가홍상) 해설 '같은 값이면 다홍 치마'란 뜻으로, 같은 값이면 좋은 물건을 가진다는 뜻.

同苦同樂(동고동락) 해설 괴로움과 즐거움을 함께 함.

棟樑之材(동량지재) 해설 한 집이나 또는 한 나라를 맡아 다스릴 만한 큰 인재(人材).

東問西答(동문서답) 해설 어떤 물음에 대하여 당치도 않은 엉뚱한 대답을 함.

同門修學(동문수학) 해설 한 스승 밑에서 같이 학문을 닦고 배움.
동문동학(同門同學).

同病相憐(동병상련) 해설 ①같은 병을 앓는 사람끼리 서로 가엾게 여김.
②어려운 처지에 있는 사람끼리 서로 동정하고 도움.

東奔西走(동분서주) 해설 사방으로 이리저리 바삐 돌아다님.
동치서주(東馳西走).

同床異夢(동상이몽) 해설 한 침상에서 다른 꿈을 꾼다는 뜻으로, 같은 일을 하거나 같이 살면서 생각을 서로 달리함을 비유한 말.

東西古今(동서고금) 해설 동양과 서양·옛날과 지금이란 뜻으로, 인간 사회의 모든 시대 모든 곳.

凍足放尿(동족방뇨) 해설 언 발에 오줌 누기란 뜻으로, 어떠한 사물이 한 때의 도움이 될 뿐 바로 효력이 없어짐을 일컫는 말.

杜門不出(두문불출) 해설 ①집에만 틀어박혀 밖에 나가지 아니함.
②집에서 은거(隱居) 생활만 하고 사회의 일이나 관직에 나오지 아니함.

得意滿面(득의만면) 해설 뜻을 이루어 기쁜 표정이 얼굴에 가득함.

登高自卑(등고자비) 해설 ①일을 하는 데는 반드시 차례를 밟아야 한다는 말.
②지위가 높아질수록 스스로를 낮춘다는 말.

燈下不明(등하불명) 해설 등잔 밑이 어둡다는 뜻으로, 가까이 있는 것이 도리어 알아 내기 어려움을 이르는 말.

燈火可親(등화가친) 해설 가을이 들어 서늘하면 밤에 등불을 가까이 하여 글 읽기에 심기(心氣)가 좋다는 뜻.

馬耳東風(마이동풍) 해설 남의 비평이나 의견을 조금도 귀담아 듣지 아니하고 곧 흘려 버림을 일컫는 말.

莫上莫下(막상막하) 해설 우열(優劣)의 차가 없음. 비슷함.
차상차하(差上差下).

莫逆之間(막역지간) 해설 허물없이 지내는 친한 친구 사이.

莫逆之交(막역지교) 해설 허물없는 아주 친밀한 사귐.

萬頃蒼波(만경창파) **해설** 한 없이 넓고 넓은 바다.

萬古不朽(만고불후) **해설** 오랜 세월이 지나도 썩거나 사라지지 아니함.

萬古絶色(만고절색) **해설** ①만고에 유래가 없을 만큼 뛰어난 미인.
②여자의 고운 얼굴 또는 아름다운 여자.

萬古風霜(만고풍상) **해설** 이 세상에서 오랜 동안 겪어온 갖가지 고생.

萬口成碑(만구성비) **해설** 여러 사람이 칭찬하는 것이 송덕비(頌德碑)를 세우는 것과 같다는 말.

萬年之計(만년지계) **해설** 오랜 뒷날 일까지 헤아려 세운 계획.

萬民平等(만민평등) **해설** 모든 백성의 자격·권리·의무 등이 차별이 없이 고르고 동등함.

滿盤珍羞(만반진수) **해설** 상에 가득히 차린 귀하고 맛있는 음식.

萬福之源(만복지원) **해설** 만복의 근원. 부부의 결합을 축복하는 말.

萬事亨通(만사형통) **해설** 모든 일이 막힘 없이 잘 됨.

滿山紅葉(만산홍엽) **해설** 단풍이 들어 온 산에 붉은 잎이 가득한 모양.

萬壽無疆(만수무강) **해설** 오래오래 삶. 얼마나 또는 언제까지라고 정함이 없이 오래 삶.

晩時之歎(만시지탄) **해설** 시기에 뒤늦었음을 원통해 하는 탄식.

滿身瘡痍(만신창이) **해설** ①온 몸이 상처 투성이가 됨.
②성한 데가 없을 만큼 결함이 많음을 비유하여 이르는 말.

晩秋佳景(만추가경) **해설** 늦가울의 아름다운 경치.

萬壑千峯(만학천봉) **해설** 첩첩이 겹쳐진 수많은 골짜기와 봉우리.

萬花方暢(만화방창) **해설** 따뜻한 봄날에 온갖 생물이 피어나 자람.

罔極之痛(망극지통) **해설** ①임금이나 어버이의 상사(喪事)에 쓰는 말.
②한이 없는 슬픔. **준** 망극(罔極).

忘年之友(망년지우) 해설 나이를 따지지 않고 사귀는 젊은 벗.

望雲之情(망운지정) 해설 자식이 타향에서 고향의 부모를 그리는 마음.

每事不成(매사불성) 해설 하는 일마다 이루어지지 않음. 일마다 실패함.

賣鹽逢雨(매염봉우) 해설 소금을 팔다가 비를 만난다는 뜻으로, 일에 마(魔)가 끼어 잘 안된다는 말.

麥秀之歎(맥수지탄) 해설 고국의 멸망을 한탄함. ※'은(殷)나라의 신하였던 기자(箕子)가 은나라가 망한 후 그 폐허에 보리만 자라는 것을 보고 한탄하였다'는 고사(故事).

孟母斷機(맹모단기) 해설 맹자가 학문을 다 마치지도 않고 집에 돌아오자 그 어머니가 짜던 베를 칼로 잘라, 학문을 중도에 그만 둔다는 것은 짜던 베의 날을 끊는 것과 같다고 경계한 것.

面從腹背(면종복배) 해설 겉으로는 복종하는 체하면서 속으로는 배반함.

面從後言(면종후언) 해설 보는 앞에서는 복종하는 체하면서 뒤에서는 헐뜯고 욕함.

明見萬里(명견만리) 해설 ①먼 곳의 일을 환하게 앎.
②먼 앞일을 환히 내다 봄.

明鏡止水(명경지수) 해설 맑은 거울과 고요한 물이라는 뜻으로, 맑고 고요한 심경(心境)을 이름.

明明白白(명명백백) 해설 ①더 이렇다 할 여지 없이 아주 뚜렷하고 환함.
②잘잘못이나 옳고 그름이 아주 분명함.

名不虛傳(명불허전) 해설 이름은 헛되이 전하여지는 법이 아니라는 뜻으로, 명성이나 명예가 널리 알려진 데는 그럴만한 실력이나 사실이 있음을 이르는 말.

名山大川(명산대천) 해설 ①이름난 산과 큰 내.
②경치가 뛰어나고 이름난 곳.

名實相符(명실상부) 해설 이름과 실제가 딱 들어맞음. 이름 그대로 임.

明若觀火(명약관화) 해설 불을 보는 듯이 분명함. 뻔함.

命再頃刻(명재경각) **해설** 목숨이 경각에 있음. 곧 금방 숨이 끊어질 지경에 이름.

毛骨竦然(모골송연) **해설** 아주 끔찍한 일을 당하거나 볼 때에 두려워 몸이나 털 끝이 오싹하여 진다는 말.

毛遂自薦(모수자천) **해설** 자기가 자기를 추천함. 〔조(趙)나라 때 모수(毛遂)가 자진하여 초(楚)나라에 가서 구원을 청한 옛일에서 온 말〕.

目不識丁(목불식정) **해설** 글자를 전혀 모름. 목불지서(目不知書). '낫 놓고 기역자(ㄱ)도 모른다'는 뜻.

木石肝腸(목석간장) **해설** 나무나 돌과같이 아무런 감정도 없는 마음.

目前之計(목전지계) **해설** 눈 앞에 보이는 한 때만 생각하는 꾀.

無骨好人(무골호인) **해설** 뼈 없이 좋은 사람. 곧 아주 순하여 남의 비위에 두루 맞는 사람.

無念無想(무념무상) **해설** 무아(無我)의 경지에 이르러 일체의 상념(想念)이 없음. 무상무념(無想無念).

武陵桃園(무릉도원) **해설** ①도연명의 '도화원기'에 나오는 별천지. ②사람들이 화목하고 행복하게 살 수 있는 이상향. ㉾도원(桃園).

無病長壽(무명장수) **해설** 병 없이 오래도록 삶.

無所不至(무소부지) **해설** 모르는 것이 없음. 두루 다 앎.

無所不爲(무소불위) **해설** 못할 일이 없음.

無我陶醉(무아도취) **해설** 즐기거나 좋아하는 것에 정신이 쏠려서 추하다시피 되어 자기 자신을 잊어 버리고 있는 상태.

無我之境(무아지경) **해설** 마음이 한 곳에 온통 쏠려 자기를 잊고 있는 경지.

無用之物(무용지물) **해설** 아무 짝에도 쓸데없는 물건 또는 사람.

無爲徒食(무위도식) **해설** 아무 하는 일 없이 먹고 놀기만 함.

無障無礙(무장무애) **해설** 장애되는 것이나 거리끼는 것이 조금도 없음.

無錢取食(무전취식) **해설** 돈 없이 남의 파는 음식을 먹고 값을 치르지 아니함.

無風地帶(무풍지대) **해설** ①바람이 불지 않는 지역.
②다른 곳에서 일어난 재난(災難)이 미치지 아니하여 평화롭고 안전한 곳.

刎頸之交(문경지교) **해설** 죽고 살기를 같이 하여 목이 떨어져도 두려워하지 않을 만큼 친한 사귐, 또는 그런 벗.

文房四友(문방사우) **해설** 문방에 꼭 있어야 할 네 벗, 곧 종이·붓·먹·벼루.

聞一知十(문일지십) **해설** 한 가지를 듣고 열 가지를 미루어 앎. 재주의 총명함을 비유한 말.

門前成市(문전성시) **해설** 권세가 드날리거나 부자가 되어 집문 앞이 방문객으로 저자를 이루다시피 한다는 말.

門前沃畓(문전옥답) **해설** 집 앞 가까이에 있는 기름진 논, 곧 많은 재산을 일컫는 말.

物各有主(물각유주) **해설** 물건에는 제 각기 임자가 있음.

奚失好機(물실호기) **해설** 좋은 기회를 놓치지 말라는 뜻.

勿我一體(물아일체) **해설** 자연물과 자아(自我)가 하나가 된 상태. 대상물에 완전히 몰입된 경지.

物外閒人(물외한인) **해설** 세상 물정의 번잡을 피하여 한가롭게 지내는 사람.

尾大難掉(미대난도) **해설** 일의 끝이 크게 벌어져서 처리하기가 힘듦. 미대부도(尾大不掉).

美辭麗句(미사여구) **해설** 아름다운 말과 훌륭한 글귀. 미구(美句).

尾生之信(미생지신) **해설** 〔중국 노나라의 미생(尾生)이란 사람이 한 여자와 다리 밑에서 만나기로 약속을 하였는데 때가 지나도 오지 않는 여자를 기다리다 물에 빠져 죽었다는 고사〕 곧 굳게 신의를 지킨다는 뜻. 혹은 어리석고 지나치게 정직함을 이르는 말.

美人薄命(미인박명) **해설** 아름다운 여자는 운명이 기박하거나 수명이 짧은 경우가 많다는 뜻으로 이르는 말.

美風良俗(미풍양속) **해설** 아름답고 좋은 풍속.

璞玉渾金(박옥혼금) **해설** ①갈지 않은 옥과 제련되지 않은 쇳덩어리. ②사람이 순박하고 꾸밈이 없는 모양의 비유.

博而不精(박이부정) **해설** 많은 것을 알고 있으나 정밀하지 못함.

拍掌大笑(박장대소) **해설** 손바닥을 치며 크게 웃음.

半面之分(반면지분) **해설** 얼굴만 겨우 알 뿐 교제가 아직 두텁지 못한 사이.

反目疾視(반목질시) **해설** 서로 미워하고 질투하는 눈으로 봄. 눈을 흘기면서 미워함.

斑依之戲(반의지희) **해설** 〔노래자(老來子)가 70세가 넘어서도 때때옷을 입고 부모님 앞에서 춤을 추었다는 고사에서 유래된 말〕 지극한 효성을 말함.

反哺之孝(반포지효) **해설** 자식이 자라서 어버이가 길러준 은혜에 보답하는 효성.

拔本塞源(발본색원) **해설** 폐단의 근원(根源)을 아주 뽑아서 없애 버림.

發憤忘食(발분망식) **해설** 무슨 일을 이루려고 발분하여 끼니마저 잊고 힘씀. ※발분(發憤):가라 앉았던 마음과 힘을 돋우어 이르킴. 분발(憤發).

拔山蓋世(발산개세) **해설** 힘은 산을 뽑고, 기(氣)는 세상을 덮을 만큼 웅대함. 역발산기개세의 준말.

拔萃抄錄(발췌초록) **해설** 여럿 가운데 뛰어난 것을 뽑아 간단히 적어 둔 것.

傍觀者明(방관자명) **해설** 당사자보다 곁에서 보는 사람이 냉정(冷靜)하여 더 밝게 봄.

坊坊曲曲(방방곡곡) **해설** 한 군데도 빠짐 없는 여러 곳. 도처(到處). 준곡곡(曲曲).

傍若無人(방약무인) 해설 곁에 아무도 없는 것같이 거리낌없이 함부로 행동함.

方低圓蓋(방저원개) 해설 네모 진 밑 바닥에 둥근 뚜껑이란 뜻으로, 사물이 서로 맞지 아니함을 가리키는 말.

背水之陣(배수지진) 해설 물을 등지고 치는 진법(陣法). 물러가지 못하고 싸우게만 됨.

背恩忘德(배은망덕) 해설 남한테 입은 은덕(恩德)을 저버리고 배반함.

杯中蛇影(배중사영) 해설 의심이 많은 것을 말함. 〔문설주에 걸린 활에 그린 뱀의 그림자가 술잔에 비치자 그에 놀라 병을 앓게 되었다는 고사〕.

白骨難忘(백골난망) 해설 죽어 백골이 되어도 은혜를 잊을 수 없다는 말.

百年佳約(백년가약) 해설 젊은 남녀가 결혼하여 한 평생을 아름답게 지내자는 언약. 백년가기(百年佳期).

百年河清(백년하청) 해설 '중국의 황하(黃河)가 항상 흐리어 맑을 때가 없다'는 데서 나온 말로, 아무리 오래 되어도 사물이 이루어지기 어려움을 일컫는 말.

百年偕老(백년해로) 해설 부부가 화락하게 함께 늙음.

白面書生(백면서생) 해설 글만 읽고 세상 일에 경험이 없는 사람.

百聞不如一見(백문불여일견) 해설 백 번 듣는 것이 한 번 보는 것만 못하다는 뜻으로, 무엇이든지 실지로 경험해야 확실히 안다는 말.

百發百中(백발백중) 해설 ①쏘기만 하면 어김없이 맞음.
②계획이나 예상 따위가 꼭꼭 들어맞음.

白衣民族(백의민족) 해설 옛부터 흰 옷을 즐겨 입은데서 한국 민족을 이르는 말.

白衣從軍(백의종군) 해설 벼슬이 없는 사람으로 군대를 따라 싸움터로 나감.

百人百色(백인백색) 해설 많은 사람이 저마다 달리 가지는 특색.

百戰老將(백전노장) 해설 ①세상의 온갖 풍파를 다 겪은 사람.
②많은 전투를 치른 노련한 병사.

百戰百勝(백전백승) 해설 싸움마다 번번이 다 이김.

百折不掘(백절불굴) 해설 어떠한 어려움에도 굽히지 아니함.

伯仲之間(백중지간) 해설 ①맏형과 그 다음.
②서로 어금버금하여 맞섬. 우열(優劣)이 없는 것을 일컫는 말. 준백중(伯仲).

百尺竿頭(백척간두) 해설 높은 장대 끝에 섰다는 말로, 매우 위태롭고 어려운 지경을 이르는 말.

百害無益(백해무익) 해설 해는 되어도 이로울 것은 전혀 없음.

百花爭發(백화쟁발) 해설 온갖 꽃이 다투어 핌.

繁文縟禮(번문욕례) 해설 번거롭게 형식만 차리고 몹시 까다로운 예문(禮文).

兵家常事(병가상사) 해설 ①전쟁에서 이기고 지는 것은 보통 있는 일.
②실패는 흔히 있는 일이니 낙심할 것 없다는 뜻.

病從口入(병종구입) 해설 병은 입으로 들어 옴.

秉燭夜遊(병촉야유) 해설 촛불을 잡고 밤에 논다는 뜻으로, 경치가 좋을 때 낮에 놀던 흥이 미진해서 밤중까지 놀게 됨을 일컫는 말.

本然之性(본연지성) 해설 사람이 본디부터 가지고 있는 착한 마음씨.

富國强兵(부국강병) 해설 ①나라를 부요(富饒)하게 하고 군대를 강하게 함.
②부유한 나라와 강한 군대.

富貴在天(부귀재천) 해설 부귀는 하늘에 매여 있어 사람의 힘으로는 어찌 할 수 없다는 뜻.

父母之恩(부모지은) 해설 부모님의 낳고 기르신 은혜. 어버이의 은혜.

夫婦有別(부부유별) 해설 오륜(五倫)의 하나. 부부 사이에는 엄격히 지켜야할 인륜(人倫)의 구별이 있음.

父子有親(부자유친) 해설 오륜(五倫)의 하나. 아버지와 아들 사이의 도(道)는 친애(親愛)에 있음.

父傳子傳(부전자전) 해설 대대로 아버지가 아들에게 전함. 부전자승(父傳子承).

不知其數(부지기수) 해설 너무 많아서 그 수효를 알 수가 없음.

夫唱婦隨(부창부수) 해설 남편의 주장에 아내가 따르는 것이 부부 화합(和合)의 도(道)라는 뜻.

附和雷同(부화뇌동) 해설 일정한 견식(見識)이 없이 남의 말에 이유 없이 찬성하여 같이 행동함.

粉骨碎身(분골쇄신) 해설 ①자기 몸을 돌보지 않고 노력하는 것을 말함. ②목숨을 내놓고 있는 힘을 다 하여 싸움.

不可思議(불가사의) 해설 사람의 생각으로는 미루어 헤아릴 수 없이 이상하고 야릇함.

不可抗力(불가항력) 해설 천재 지변(天災地變)과 같이 사람의 힘으로는 어찌 할 수 없는 힘.

不顧廉恥(불고염치) 해설 염치를 생각하지 아니함.

不告而去(불고이거) 해설 가겠다는 말도 없이 떠남. 말없이 사라짐.

不俱戴天(불구대천) 해설 한 하늘 아래서는 같이 살 수 없는 원수라는 뜻으로, 도저히 그냥 둘 수 없을 만큼 원한이 깊이 사무친 원수.

不老長生(불로장생) 해설 늙지 않고 오래 삶.

不毛之地(불모지지) 해설 아무 식물도 자라지 못하는 메마른 땅. 불모지(不毛地).

不問可知(불문가지) 해설 묻지 아니하여도 알 수 있음.

不問曲直(불문곡직) 해설 옳고 그른 것을 묻지 아니함.

不言可知(불언가지) **해설** 말을 하지 않아도 능히 알수가 있음.

不言之教(불언지교) **해설** 말이 없는 가운데 자연히 주는 교훈.

不易之論(불역지론) **해설** 달리 고칠 수 없는 바른 이론(理論).

不易之典(불역지전) **해설** ①고칠 수 없는 규정(規定).
②하지 않을 수 없는 일.

不撓不屈(불요불굴) **해설** 흔들리지도 않고 굽히지도 아니함.

不遠千里(불원천리) **해설** 천리를 멀다 여기지 아니함.

不怨天不尤人(불원천불우인) **해설** 자기의 뜻이 시대와 사회에 맞지 않더라도 하늘이나 다른 사람을 원망하지 않고, 늘 반성하여 발전·향상을 도모한다는 뜻.

不撤晝夜(불철주야) **해설** 밤낮을 가리지 아니함. 조금도 쉴 사이 없이 일에 힘쓰는 모양.

不測之變(불측지변) **해설** 뜻밖에 일어나는 변고나 사고.

不恥下問(불치하문) **해설** 모르는 것이 있으면 누구에게 물어서라도 알아야 한다는 말. 혹은 나이 어린 사람에게서라도 배워야 함을 말함.

不惑之年(불혹지년) **해설** 마흔 살의 나이를 이르는 말. 〔논어의 사십이 불혹에서 나온 말〕.

朋友有信(붕우유신) **해설** 오륜(五倫)의 하나. 벗 사이의 도리(道理)는 믿음에 있음.

鵬程萬里(붕정만리) **해설** ①머나먼 노정(路程).
②훤히 펼쳐진 긴 앞길.

非禮勿視(비례물시) **해설** 도리에서 벗어나는 남의 행동은 본받을 점이 없기 때문에 눈여겨 볼 필요도 없음.

非夢似夢(비몽사몽) **해설** 꿈인지 생시인지 어렴풋한 상태. 사몽비몽(似夢非夢).

髀肉之嘆(비육지탄) **해설** 무인(武人)이 전장(戰場)에 나가지 않기 때문에 다리에 살만 쪄서 탄식한다는 뜻으로, 하는 일이 없어 공명(功名)을 세울 기회(機會)가 없음을 한탄(恨歎)하는 것을 말함.

非一非再(비일비재) 해설 ①한두 번이 아님.
②하나 둘이 아님. 수두룩함.

貧賤之交(빈천지교) 해설 가난하고 어려운 때의 친구는 끝내 잊지 못한다는 말.

憑公營私(빙공영사) 해설 공적(公的)인 일을 빙자하여 개인의 이익을 꾀함.

氷炭不相容(빙탄불상용) 해설 ①군자와 소인이 같이 한 곳에 있지 못함을 이르는 말.
②사물이 서로 화합(和合)하기 어려움을 일컫는 말.

捨徑取道(사경취도) 해설 무슨 일에 임해서 눈가림의 손쉬운 방법을 쓰지 않고 떳떳하고 바른 방법을 취하라는 말.

四顧無親(사고무친) 해설 친한 사람이라곤 도무지 없음. 의지 할 데가 도무지 없음.

事君以忠(사군이충) 해설 세속오계의 하나로, 임금은 충성으로써 섬겨야 한다는 계율.

士氣衝天(사기충천) 해설 사기가 하늘을 찌를 듯이 높음.

捨糧沈舟(사량침주) 해설 승리를 얻기 전에는 돌아가지 않을 굳은 결의를 일컫는 말.

四面楚歌(사면초가) 해설 사방이 모두 적으로 둘러싸인 형국이나, 누구의 도움도 받을 수 없는 고립된 상태를 이르는 말.

四面春風(사면춘풍) 해설 두루 춘풍. 누구에게나 다 모나지 않게 다 좋도록 처세하는 일. 또는 그런 사람.

使蚊負山(사문부산) 해설 능력이 부족해서 중책(重責)을 감당 할 수 없는 것.

駟不及舌(사불급설) 해설 소문이 삽시간에 퍼짐을 비유한 말. 말조심을 하라는 말.

沙上樓閣(사상누각) 해설 모래 위에 세운 다락집. 기초가 약하여 자빠질 염려가 있거나 오래 유지 못할 일, 또는 실현 불가능한 일을 비유한 말.

事上之道(사상지도) **해설** 웃어른을 받들고 섬기는 도리.

事實無根(사실무근) **해설** 사실이라는 근거가 없음. 전혀 사실과 다름.

四柱八字(사주팔자) **해설** ①사주의 간지(干支)가 되는 여덟 글자. 생년(生年)·생월(生月)·생일(生日)·생시(生時)를 말함.
②타고난 신수(身數).

事親以孝(사친이효) **해설** 세속오계의 하나로, 어버이는 효도로써 섬겨야 한다는 계율.

事必歸正(사필귀정) **해설** 모든 잘잘못은 반드시 바른 길로 돌아옴.

死後藥方文(사후약방문) **해설** 때를 놓치고 난 뒤에 기울이는 헛된 노력을 이르는 말.

山高水長(산고수장) **해설** 인자(仁者)나 군자(君者)의 덕(德)이 길이길이 전함을 뜻하는 말.

山高水淸(산고수청) **해설** 산이 높고 물이 맑다는 뜻으로, 자연의 경관이 뛰어남을 이르는 말.

山紫水明(산자수명) **해설** 산수의 경치가 썩 아름다움.

山戰水戰(산전수전) **해설** 산에서도 물에서도 싸웠다는 뜻으로, 세상 일에 대하여 겪은 온갖 고난을 말함.

山海珍味(산해진미) **해설** 산과 바다의 온갖 산물로 차린 음식.

殺生有擇(살생유택) **해설** 세속오계의 하나로, 함부로 살생을 하지 말아야 한다는 계율.

殺身成人(살신성인) **해설** 옳은 일을 위하여 자기 몸을 희생함.

三間草家(삼간초가) **해설** 세 간 밖에 안되는 초가라는 뜻으로, 썩 작은 초가. 삼간초옥(三間草屋). 초가삼간(草家三間).

三綱五倫(삼강오륜) **해설** 삼강과 오륜. ※①삼강:군위신강, 부위자강, 부위부강. ②오륜:군신유의, 부자유친, 부부유별, 장유유서, 붕우유신.

三顧草廬(삼고초려) 해설 촉한(濁漢)의 임금 유비(劉備)가 남양(南陽)의 제갈 양(諸葛亮)의 초옥을 세 번 찾아가 자기의 큰 뜻을 말하고 초빙하여 군사(軍師)를 삼은 일.

森羅萬象(삼라만상) 해설 우주 속에 존재하는 온갖 사물과 모든 현상.

三省吾身(삼성오신) 해설 ①매일 세 가지로 자신의 한 일을 반성함. ②매일 여러 모로 자신을 반성함.

三水甲山(삼수갑산) 해설 함경 남도에 있는 삼수와 갑산이 지세가 험하고 교통이 불편하여 가기 어려운 곳이라는 뜻으로, 몹시 어려운 지경을 비유하여 이르는 말.

三旬九食(삼순구식) 해설 가세가 지극히 가난함을 이르는 말.

三十六計(삼십육계) 해설 ①36가지의 꾀. 많은 모계(謀計). ②곤란할 때에는 도망가는 것이 가장 좋다는 말.

三人成虎(삼인성호) 해설 거리에 범이 나왔다고 여러 사람이 다 함께 말하면 거짓말이라도 참말로 듣는다는 말로, 근거 없는 말이라도 여러 사람이 말하면 곧이 듣는다는 뜻.

三尺童子(삼척동자) 해설 키가 석 자 되는 아이. 곧 어린 아이.

三遷之敎(삼천지교) 해설 맹자(孟子)의 어머니가 맹자를 가르치기 위하여 집을 세 번 옮긴 일. 어린 아이의 교육에는 환경이 매우 중요하는 뜻으로 쓰임. 준삼천(三遷).

三寒四溫(삼한사온) 해설 겨울철에 우리 나라와 중국 동북부 등지에서, 3일 가량 추운 날씨가 계속하였다가 다음에는 4일 가량 따뜻한 날씨가 계속하는 주기적(週期的)인 기후(氣候)현상.

喪家之狗(상가지구) 해설 초상집의 개처럼, 일정한 지위를 못얻고 떠도는 신세를 안타깝게 여긴 말. 상가집 개.

上漏下濕(상루하습) 해설 위에서는 비가 새고 밑에서는 습기가 찬다는 뜻으로, 가난한 집을 비유하는 말.

相扶相助(상부상조) 해설 서로 서로 도움.

桑田碧海(상전벽해) 해설 뽕밭이 변하여 푸른 바다가 된다는 뜻으로, 세상일이 덧없이 바뀜을 이르는 말.

上濁下不淨(상탁하부정) 해설 윗물이 맑아야 아랫물이 맑다. 곧 웃사람이 정직하지 못하면 아랫사람도 그렇게 되기 마련이란 말.

上下撐石(상하탱석) 해설 윗돌 빼서 아랫돌 괴고 아랫돌 빼서 윗돌을 굄. 곧 일이 몹시 꼬이는데 임시 변통으로 이리저리 견디어 나가는 일.

上行下效(상행하효) 해설 웃사람이 하는 일을 아랫사람이 본받음.

塞翁之馬(새옹지마) 해설 인생의 길흉(吉凶)·화복(禍福)이란 항시 바뀌어 예측할 수 없는 것이라는 비유.

生老病死(생로병사) 해설 불교에서 이르는 네 가지 고통. 곧 나고, 늙고, 병들고, 죽는 일.

生面不知(생면부지) 해설 한 번도 본 일이 없는 사람. 도무지 모르는 사람.

生殺與奪(생살여탈) 해설 살리기도 하고 죽이기도 하고, 주기도 하고 빼앗기도 한다는 뜻으로, 남의 목숨이나 재물을 마음대로 함.

生者必滅(생자필멸) 해설 생명이 있는 것은 반드시 죽음.

石慶壽馬(석경수마) 해설 〔한(韓)나라 석경(石慶)이 매사에 신중하여 말의 수효를 세어 천자에게 보고하였던 데서〕 매우 신중하고 조심스러운 태도를 말함.

先見之明(선견지명) 해설 일을 미리 짐작하는 밝은 지혜.

先公後私(선공후사) 해설 사사로운 일이나 이익보다 공사(公事)나 공익(公益)을 앞세움을 이르는 말.

善男善女(선남선녀) 해설 ①착한 남자와 착한 여자.
②불교에 귀의(歸依)한 남자와 여자. 신심(信心)이 깊은 사람들.

善游者溺(선유자익) **해설** 기능(技能)이 뛰어난 자는 그 기능을 믿고 까불다가 오히려 화(禍)를 받는다는 말.

先義後利(선의후리) **해설** 의리를 더 소중히 하며 이익을 뒤로 함.

仙風道骨(선풍도골) **해설** 신선이나 도인(道人)답게 생긴 풍채. 곧 보통 사람보다 뛰어난 풍채(風采).

舌芒於劍(설망어검) **해설** 혀가 칼보다 날카롭다는 뜻.

雪上加霜(설상가상) **해설** 눈 위에 서리가 덮인다는 뜻으로, 불행한 일이 엎친데 덮쳐서 거듭 일어남을 비유하는 말. 설상가설(雪上加雪).

說往說來(설왕설래) **해설** 서로 변론(辯論)을 주고 받으며 옥신 각신함.

纖纖玉手(섬섬옥수) **해설** 가냘프고 고운 여자의 손.

誠心誠意(성심성의) **해설** 참되고 정성스러운 마음과 뜻.

城下之盟(성하지맹) **해설** 항복(降伏)을 말함. 적군에게 수도(首都)의 성하까지 침공(侵攻)을 당하고 맺는 강화(講和)의 약속.

聖賢君子(성현군자) **해설** 성인과 군자. 곧 지식과 덕망이 뛰어난 사람을 말함.

城狐社鼠(성호사서) **해설** ①몸을 안전한 곳에 두고 나쁜 짓을 하는 사람. ②임금 곁에 있는 간신(奸臣)의 무리.

世俗五戒(세속오계) **해설** 신라 진평왕 때, 원광 법사가 지은 화랑의 계명. 곧 사군이충·사친이효·교우이신·임전무퇴·살생유택의 다섯 가지를 이름.

世俗之人(세속지인) **해설** ①세상의 풍속을 따라 사는 사람. ②세속의 테두리를 벗어나지 못한 사람.

笑門萬福來(소문만복래) **해설** 웃는 집에 온갖 복이 옴.

霄壤之判(소양지판) **해설** 천양지차(天壤之差). 하늘과 땅과의 차이처럼 엄청난 차이.

宵衣旰食(소의한식) **해설** 날이 밝기 전에 옷을 입고 해가 진 뒤에 식사를 한다는 말로, 왕이 정사에 힘씀을 말함.

騷人墨客(소인묵객) **해설** 시문(詩文)·서화(書畵)를 하는 풍류객.

小貪大失(소탐대실) **해설** 작은 것을 탐하다가 큰 것을 잃음.

束手無策(속수무책) **해설** 손이 묶인 듯이 꼼짝할 수 없음.

速戰速決(속전속결) **해설** 싸움을 오래 끌지 않고 빨리 끝장을 냄.

損者三樂(손자삼요) **해설** 인생 삼요(人生三樂)중, 분에 넘치게 즐겨하고, 한가함을 즐겨하고, 주색(酒色)을 즐겨함은 곧 세 가지 손해라는 뜻.

損者三友(손자삼우) **해설** 사귀어서 손해가 되는 세 가지 유형의 벗. 편벽된 벗, 착하기만 하고 줏대가 없는 벗, 말만 잘하고 성실하지 못한 벗을 이름.

送舊迎新(송구영신) **해설** 묵은 해를 보내고 새 해를 맞음.
㊟송영(送迎).

松都三絶(송도삼절) **해설** 개성의 세 가지 뛰어난 존재, 곧 박연폭포(朴淵瀑布)·서화담(徐花潭)·황진이(黃眞伊)를 말함.

松竹之節(송죽지절) **해설** 소나무, 대나무와 같이 변하지 않는 절개.

水光接天(수광접천) **해설** 물결에 따라 반사되어 일렁거리는 달빛을 묘사한 말.

守口如甁(수구여병) **해설** ①병에 담아 놓은 듯이 입을 다물고 있다는 뜻으로, 언어에 신중을 기함을 일컫는 말.
②비밀을 잘 지켜서 남에게 알리지 아니함을 일컫는 말.

首丘初心(수구초심) **해설** 〔여우가 죽을 때 머리를 제가 살던 굴로 둔다는 데서〕 고향을 그리워 하는 마음을 이름.

壽福康寧(수복강녕) **해설** 장수하고 행복하며, 건강하고 평안함.

手不釋卷(수불석권) **해설** 손에서 책을 놓지 아니하고 늘 글을 읽음.

首鼠兩端(수서양단) **해설** 쥐가 머리를 내밀고 나올까 말까 망설이고 있다는 뜻으로, 진퇴를 결정하지 못하고 머뭇거리고 있음을 말함.

袖手傍觀(수수방관) **해설** 팔짱을 끼고 보고만 있다는 뜻으로, 직접 손을 내밀어 간섭하지 아니하고 그대로 버려둠을 이르는 말.

修身齊家(수신제가) **해설** 심신(心身)을 닦고 집안을 다스리는 일.

水魚之交(수어지교) **해설** 떨어질래야 떨어질 수 없는 썩 가까운 사이. 아주 친밀하여 떨어질 수 없는 사이.

守株待兎(수주대토) **해설** ①요행을 바라고 헛되이 세월을 보냄.
②부질없이 구습(舊習)과 전례(前例)에만 구애(拘碍)되어 시변(時變)에 처(處)하는 것을 모름을 이름.

宿虎衝鼻(숙호충비) **해설** 자는 범의 코를 찌른다는 뜻으로, 그대로 가만두면 아무 일도 없을 것을 공연히 건드려서 위험을 산다는 말. 자기 스스로가 불리(不利)를 자초(自招)한다는 말.

脣亡齒寒(순망치한) **해설** 입술이 없으면 이가 시리다는 뜻으로, 서로 돕고 의지하는 사이에 하나가 망하면 다른 하나도 온전하게 되기 어렵다는 말.

順風而呼(순풍이호) **해설** 바람이 부는 방향으로 소리를 지른다는 뜻이니, 좋은 기회를 타서 일을 행하면 성사하기 쉬움을 말함.

升斗之利(승두지리) **해설** 대수롭지 아니한 이익.

乘勝長驅(승승장구) **해설** 싸움에 이긴 기세를 타고 계속 몰아침.

時機尙早(시기상조) **해설** 때가 아직 이름. 아직 때가 덜 되었다는 말.

是非曲直(시비곡직) **해설** 옳고 그르고 굽고 곧음. 시비선악(是非善惡).

時時刻刻(시시각각) **해설** ①지나가는 시각 시각.
②시각마다. 시간의 흐름에 따라.
일각일각(一刻一刻).

是是非非(시시비비) 해설 옳은 것은 옳고 그른 것은 그러다고 하는 일.

尸位素餐(시위소찬) 해설 공적(功績)없이 녹(錄)을 받아 무위 도식하는 것.

始終如一(시종여일) 해설 처음부터 끝까지 변함 없이 한결 같음.

始終一貫(시종일관) 해설 처음부터 끝까지 똑같은 방침이나 태도로 나감.

時和年豊(시화연풍) 해설 나라 안이 태평하고 또 풍년이 듦. 시화세풍(時和歲豊).

食少事煩(식소사번) 해설 ①일은 번잡하지만 소득은 별로 없음. ②먹는 것은 적고 할 일은 많음.

識字憂患(식자우환) 해설 글자를 아는 것이 도리어 근심을 사게 된다는 말.

食前方丈(식전방장) 해설 사방 한 발이나 되는 큰 상에 호화스러운 음식을 차려 놓는 것.

信賞必罰(신상필벌) 해설 상을 줄 만한 훈공(勳功)이 있는 자에게는 반드시 상을 주고, 벌할 죄과(罪科)가 있는 자에게는 반드시 벌을 준다는 뜻으로, 상벌을 규정대로 분명하게 함을 이르는 말.

申申付託(신신부탁) 해설 거듭 되풀이하며 간절히 부탁하는 것.

身言書判(신언서판) 해설 ①사람이 갖추어야 할 네 가지 조건. 곧, 신수・말씨・문필(文筆)・판단력.
②옛날부터 인물을 선택하던 네 가지 표준. ※ 신수:용모와 풍체.

身體髮膚(신체발부) 해설 몸뚱이의 전체. 온 몸.

神出鬼沒(신출귀몰) 해설 귀신과 같이 홀연히 나타났다가 홀연히 사라짐. 자유자재로 출몰(出沒)하여 그 변화를 헤아릴 수 없는 일.

實質崇尚(실질숭상) 해설 실제의 본바탕이 되는 것을 높이어 소중하게 여김.

心機一轉(심기일전) 해설 어떠한 동기(動機)에 의하여 이제까지 먹었던 마음을 완전히 바꿈.

深思熟考(심사숙고) 해설 깊이 잘 생각함.

深山幽谷(심사유곡) 해설 깊은 산속의 으슥한 골짜기.

心身修鍊(심신수련) 해설 마음과 몸을 닦아 단련함.

十年之計(십년지계) 해설 앞으로 십년을 목표로 한 원대(遠大)한 계획.

十年知己(십년지기) 해설 오래 전부터 사귀어 온 친한 친구.

十盲一杖(십맹일장) 해설 열 사람의 소경에 하나의 지팡이라는 말로, 같이 요긴한 존재(存在)라는 뜻.

十目所視(십목소시) 해설 여러 사람이 다같이 보고 있음. 곧 세상 사람을 속일 수 없음을 가리키는 말.

十伐之木(십벌지목) 해설 '열 번 찍어서 안 넘어가는 나무가 없다'와 같은 뜻.

十匙一飯(십시일반) 해설 열 사람이 한 술씩 보태면 한 사람 먹을 분량이 된다는 뜻으로, 여럿이 힘을 합하면 한 사람을 돕기 쉽다는 비유.

十人十色(십인십색) 해설 사람이 좋아하는 것이나 생각하는 바가 저마다 달라 가지각색이란 말.

十日之菊(십일지국) 해설 국화는 9월 9일(重陽節)이 한창인데 10일날의 국화는 때가 늦은 것이라는 뜻으로, 어떤 것이 이미 때가 늦은 것을 이르는 말.

阿鼻叫喚(아비규환) 해설 ①〈불교〉 아비 지옥(阿鼻地獄)의 고통을 못참아 울부짖는 소리.
②많은 사람이 지옥과 같은 고통에 견디지 못하여 측은한 소리로 울며 구원을 부르짖는 모양.

阿諛苟容(아유구용) 해설 남에게 아첨하여 구차스럽게 구는 모양.

我田引水(아전인수) 해설 제 논에 물대기. 자기에게 이로운 대로만 함.

惡戰苦鬪(악전고투) 해설 불리한 상황에서 우세한 적을 상대로 죽을 힘을 다하여 싸움.

眼高手卑(안고수비) 해설 뜻은 크고 눈은 높으나 재주가 없어 이루지 못한다는 뜻.

安貧樂道(안빈낙도) 해설 구차하고 가난한 중에서도 편안한 마음으로 도(道)를 즐김.

安心立命(안심입명) 해설 불교에서, 믿음으로 마음의 평화를 얻어 하찮은 일에 마음이 흔들리지 않는 경지를 이르는 말.

眼中無人(안중무인) 해설 자기 밖에 없는 듯이 교만하여 사람을 업신여김.

眼透紙背(안투지배) 해설 책을 읽고 이해하는 힘이 매우 날카로움을 이르는 말.

眼下無人(안하무인) 해설 교만해서 모든 사람을 업신여김. 안중무인(眼中無人).

暗中摸索(암중모색) 해설 ①물건 등을 어두움 속에서 더듬어 찾음.
②확실한 방법을 모르는 채 이리 저리 시도해 봄.

仰天大笑(앙천대소) 해설 하늘을 쳐다 보고 크게 웃음.

哀乞伏乞(애걸복걸) 해설 갖은 수단으로 머리 숙여 자꾸 빌고 사정함.

哀而不悲(애이불비) 해설 슬프기는 하나 겉으로 슬픔을 나타내지 않음.

哀而不傷(애이불상) 해설 슬프나 지나치게 마음을 애태우지는 않음.

愛之重之(애지중지) 해설 매우 사랑하고 귀중히 여김.

愛親敬長(애친경장) 해설 부모(父母)를 사랑하고 어른을 공경함.

藥房甘草(약방감초) 해설 한약의 첩약에 잘 끼이어 들어가는 감초처럼, 무슨 일에나 빠짐없이 끼여드는 사람.

藥石之言(약석지언) 해설 돌같이 굳고 약같이 몸에 이로운 말이라는 뜻으로, 바른 사람이 되도록 훈계하는 말.

弱肉强食(약육강식) 해설 약한 것이 강한 것에게 먹힘.

弱者先手(약자선수) 해설 장기나 바둑을 둘 때에 수가 약한 사람이 먼저 두는 일.

揚弓擧矢(양궁거시) **해설** 활과 화살을 높이 듦. 곧 승리를 비유하는 말.

良弓難張(양궁난장) **해설** 좋은 활은 당기기 어려우나 멀리 가고 깊이 박힐 수 있다는 말.

良禽擇木(양금택목) **해설** 양사(良士)는 임금의 어질고 어리석음을 잘 파악한 후에 섬긴다는 비유.
※〈속담〉:'새도 가지를 가려 앉는다'

羊頭狗肉(양두구육) **해설** 〔양의 머리를 내어놓고 실은 개고기를 팜〕 겉으로는 훌륭하게 내세우나 속은 변변치 않음.

梁上君子(양상군자) **해설** 대들보 위의 군자라는 뜻으로, 도둑을 점잖게 이르는 말.

兩手執餠(양수집병) **해설** 두 손에 떡을 쥐었다는 뜻으로, 택일하기가 어려움을 이르는 말.

陽春佳節(양춘가절) **해설** 따뜻한 봄철.

養虎遺患(양호유환) **해설** 범을 길렀다가 그 범에게 해를 입는다는 뜻으로, 화근을 길러 근심을 산다는 말.

魚頭肉尾(어두육미) **해설** 물고기는 머리 쪽이 맛이 있고, 짐승의 고기는 꼬리 쪽이 맛이 있다는 말. 어두봉미(魚頭鳳尾).

魚魯不辨(어로불변) **해설** 매우 무식함. 어(魚)자와 노(魯)자를 구별 못할 정도로 무식함.

漁父之利(어부지리) **해설** 도요새와 무명조개가 다투는 틈을 타서 둘 다 잡은 어부처럼. ①쌍방이 싸우는 틈을 이용하여 제삼자가 애쓰지 않고 이득을 가로챔을 이르는 말. ②뜻하지 않는 사람이 이(利)를 얻는다는 말의 비유. 어인지공(漁人之功).

語不成說(어불성설) **해설** 말이 조금도 사리에 맞지 아니함. 말이 되지 않음.

億兆蒼生(억조창생) **해설** 수 많은 백성. 만민(萬民). ※창생(蒼生):백성이 많은 것을 초목(草木)이 푸르게 무성히 자라 퍼지는 데 비유하여 이른 말. 창맹(蒼氓).

言文一致(언문일치) **해설** 실제로 쓰는 말과 글로 적은 말이 일치함.

言先事後(언선사후) **해설** 말을 먼저하고 일은 뒤로 미룸. 말만 앞섬.

言語道斷(언어도단) **해설** 말문이 막힌다는 뜻으로, 어이가 없어 이루 말로 나타낼 수 없음을 이르는 말. 언어동단(言語同斷).

言中有骨(언중유골) **해설** 말 속에 뼈가 있다는 뜻으로, 예사로운 말 속에 단단한 속뜻이 들어 있다는 말.

言行一致(언행일치) **해설** 하는 말과 행동이 같음.

如履薄氷(여리박빙) **해설** 매우 위태로운 상태나 매우 조심스런 행동을 이름.

與民同樂(여민동락) **해설** 임금이 백성과 함께 즐김. 여민해락(歟民偕樂).

與世推移(여세추이) **해설** 세상이 변하는 대로 따라서 변하는 일.

如出一口(여출일구) **해설** 여러 사람의 말이 한결 같음. 이구동성(異口同聲).

如厠二心(여측이심) **해설** 뒷간에 갈 적 마음 다르고, 나올 적 마음 다르다는 뜻의 말.

易姓革命(역성혁명) **해설** ①왕조가 바뀌는 일.
②고래로 중국에서 왕조 교체(王朝交替)에 대하여 가지고 있는 사상. 유교의 정치 사상 가운데서 완성 되었음. 제왕이 부덕(不德)하여 민심을 잃으면 다른 유덕자(有德者)가 천명을 받아 부덕한 왕조를 넘어뜨리고 새로운 왕조를 세워도 좋다고 하는 사상. 역세혁명(易世革命).

易地思之(역지사지) **해설** 처지를 바꾸어서 생각함.

緣木求魚(연목구어) **해설** 나무에 올라가 물고기를 구한다는 뜻으로, 도저히 불가능한 일을 굳이 하려 함을 비유하는 말.

鳶非魚躍(연비어약) 해설 자연스럽게 하늘에 솔개가 날고 물속에 고기가 뛰노는 것과 같이, 천지조화(天地造化)의 작용이 오묘(奧妙 : 심오하고 미묘)함을 말함.

年中無休(연중무휴) 해설 한 해 동안에 하루도 쉬지 않음.

榮枯盛衰(영고성쇠) 해설 개인이나 사회의 성하고 쇠함이 서로 뒤바뀌는 현상.

影骸響震(영해향진) 해설 그림자를 해골로 착각하고 울리는 소리에도 두려워한다는 뜻으로, 몹시 겁이 많은 것을 말함.

禮壞樂崩(예괴악붕) 해설 세상이 어지러움을 비유한 말.

五穀百果(오곡백과) 해설 온갖 곡식과 과일.

五里霧中(오리무중) 해설 짙은 안개 속에서 길을 찾기 어려운 것 같이 무슨 일에 대하여 알 길이 없음을 일컫는 말.

傲慢無道(오만무도) 해설 태도나 행동이 건방지고 버릇이 없음.

寤寐不忘(오매불망) 해설 자나 깨나 잊지 못함.

吾鼻三尺(오비삼척) 해설 내 코가 석 자라는 뜻으로, 자기의 곤궁이 심하여 남의 사정을 돌아볼 여지가 없음을 일컫는 말.

烏飛梨落(오비이락) 해설 까마귀 날자 배 떨어진다는 뜻으로, 우연한 일치로 남의 혐의를 받게 됨을 비유하는 말.

烏飛一色(오비일색) 해설 모두 같은 종류, 또는 서로가 같음을 이르는 말.

傲霜高節(오상고절) 해설 서릿발이 심한 속에서도 굴하지 않고 외로이 지키는 절개의 뜻으로, 국화(菊花)를 비유하는 말.

吳越同舟(오월동주) 해설 〔원수 사이인 오나라 군사와 월나라 군사가 같은 배를 타게 되었다는 고사에서〕 서로 적의(敵意)를 품은 자들이 같은 처지나 한 자리에 놓임을 가리키는 말.

五臟六腑(오장육부) 해설 내장의 총칭. 즉 오장과 육부.
※①五臟 : 간장·심장·비장·폐장·신장.
②六腑 : 담(膽)·위(胃)·소장(小腸)·대장(大腸)·방광(膀胱)·삼초(三焦)의 여섯 가지 내장(內臟) 기관의 총칭.

烏之雌雄(오지자웅) 해설 까마귀는 암수의 구별이 어렵다는 뜻으로, 선악과 시비(是非)를 가리기가 어렵다는 말.

烏合之卒(오합지졸) 해설 까마귀 떼와 같이 아무 규칙도 없고 통일성도 없는 무리, 또는 그러한 군사. 오합지중.

屋上架屋(옥상가옥) 해설 일을 부질없이 거듭함을 두고 하는 말.

屋烏之愛(옥오지애) 해설 그 사람을 사랑하면 그의 집 지붕에 있는 까마귀까지도 사랑스럽게 보인다는 뜻으로, 지극한 애정을 말함.

溫故知新(온고지신) 해설 옛 것을 익히고 거기서 새로운 지식이나 도리를 찾아내는 일.

蝸角之爭(와각지쟁) 해설 ①사소한 일로 서로 다투는 것의 비유.
②작은 나라끼리 싸우는 일.

臥薪嘗膽(와신상담) 해설 섶에 눕고 쓸개를 맛본다는 뜻으로, 원수를 갚으려고 괴로움과 어려움을 참고 견딤을 말함.

曰可曰否(왈가왈부) 해설 어떤 일에 옳거니, 옳지 않거니 하고 말함.

往來不絶(왕래부절) 해설 끊임없이 가고 오고함.

外柔内剛(외유내강) 해설 겉은 부드럽고 순한 듯 보이나 속은 꿋꿋하고 곧음.

外虛内實(외허내실) 해설 겉은 비어 힘이 없는 것 처럼 보이나 안으로는 내용이 옹골참(실속 있게 꽉 참).

樂山樂水(요산요수) 해설 산과 물을 좋아함. 자연을 사랑함.

燿原之火(요원지화) 해설 미처 막을 사이 없이 퍼지는 세력.

窈窕淑女(요조숙녀) 해설 마음이나 용모가 정숙하고 아름다운 여자.

搖之不動(요지부동) 해설 흔들어도 조금도 움직이지 아니함.

欲求不滿(욕구불만) 해설 욕심껏 구하고자하나 마음을 채우지 못함. 욕구가 충족되지 않은 상태.

欲速不達(욕속부달) 해설 일을 너무 급히 서두르면 도리어 이루지 못한다는 말.

勇敢無雙(용감무쌍) 해설 용기가 있어 사물에 임하여 과감함이 짝이 없음. 용감하기 짝이 없음.

龍頭蛇尾(용두사미) 해설 용의 머리에 뱀의 꼬리라는 뜻으로, 시작은 거창하나 뒤로 갈수록 흐지부지해짐을 비유하여 이르는 말.

龍鳳之姿(용봉지자) 해설 용과 봉황의 맵시로, 뛰어난 인물의 비유.

龍蛇飛騰(용사비등) 해설 용이 움직이는 것같이 아주 활기(活氣) 있는 필력(筆力)을 가리키는 말.

龍驤虎視(용양호시) 해설 용처럼 날뛰고 범 같은 눈초리로 봄. 곧 영웅(英雄)의 용감스러운 태도를 비유하는 말.

用意周到(용의주도) 해설 마음의 준비가 두루 미쳐 빈틈이 없음.

用錢如水(용전여수) 해설 돈을 물처럼 흔하게 씀.

牛溲馬渤(우수마발) 해설 ①하찮은 물건. 아주 소용없는 글이나 물건. ②품질이 아주 나빠 가치없는 약의 원료.

右往左往(우왕좌왕) 해설 이리 저리 왔다 갔다함.

優柔不斷(우유부단) 해설 어물어물하며 딱 잘라서 결단하지 아니함.

牛耳讀經(우이독경) 해설 '쇠귀에 경 읽기'와 같음. 아무리 가르치고 일러 주어도 알아 듣지 못하여 효과가 없음을 이르는 말.

雨後竹筍(우후죽순) 해설 비 온 뒤에 죽순이 쑥쑥 나오듯이, 어떠한 일이 한 때에 많이 일어나는 것.

遠交近攻(원교근공) 해설 먼 나라와 사귀어 가까운 나라를 치는 국책(國策)의 하나.

元亨利貞(원형이정) 해설 ①사물의 근원되는 도리.
②역학(易學)에서 말하는 천도(天道)의 네 가지 원리. '원(元)'은 봄이니 만물의 시초요, '형(亨)'은 여름이니 만물이 잘 자라고, '이(利)'는 가을이니 만물이 이루어지고, '정(貞)은 겨울이니 만물을 거두는 것을 뜻함.

遠禍召福(원화소복) 해설 화를 멀리 하고, 복을 불러 들임.

月下氷人(월하빙인) 해설 '월하 노인(月下老人)과 빙인(氷人)의 합성어'로 남녀의 인연을 맺어 준다는 전설의 노인.

爲國大節(위국대절) 해설 나라를 위하여 목숨을 바쳐 지키는 절개.

危機一髮(위기일발) 해설 조금도 여유가 없이 위급한 고비에 다다른 순간.

韋編三節(위편삼절) 해설 〔공자가 주역(周易)을 탐독하여 책 맨 끈이 여러 번 끊어졌다는 고사에서〕 독서에 힘씀을 일컫는 말.

有口無言(유구무언) 해설 입은 있으나 할 말이 없다는 뜻으로, 변명할 말이 없거나 변명을 못함을 이름.

柔能制剛(유능제강) 해설 부드러운 것이 오히려 굳센 것을 이김.

類萬不同(유만부동) 해설 ①여러 가지가 많다하여도 서로 달라 같지 아니함.
②분수에 맞지 않음. 정도에 넘침.

有名無實(유명무실) 해설 이름만 있고 실상은 없음.

有無相通(유무상통) 해설 있고 없는 것을 서로 융통(融通)함.

流芳後世(유방후세) 해설 명예를 후세까지 전함.

有備無患(유비무환) 해설 준비가 있으면 걱정이 없음.

有始無終(유시무종) 해설 시작은 있고 결말이 없음.

唯我獨尊(유아독존) 해설 ①이 세상에 내가 제일 높다는 말.
②불교의 '천상 천하 유아독존(天上天下唯我獨尊)'에서 나온 말.

有耶無耶(유야무야) **해설** ①있는 듯 없는 듯함.
②흐지부지한 모양.

流言蜚語(유언비어) **해설** 아무 근거 없이 널리 퍼진 소문. 뜬소문.

唯唯諾諾(유유낙낙) **해설** 고분고분하게 말을 잘 들음. 명령하는대로 순종하여 응낙함.

類類相從(유유상종) **해설** 동류(同類)끼리 서로 내왕하며 사귐.

悠悠自適(유유자적) **해설** 속세를 떠나 아무것에도 매이지 않고 자유롭게 마음편히 삶.

悠悠蒼天(유유창천) **해설** 가마득히 멀고 푸른 하늘.

唯一無二(유일무이) **해설** 오직 하나 뿐이고 둘도 없음.

有終之美(유종지미) **해설** 시작한 일을 끝까지 잘하여 결과가 좋음.

有志事成(유지사성) **해설** 무엇인가를 이루어 내겠다고 목표를 두고 꾸준히 노력하여 마침내 그 뜻대로 이루어 냄.

有害無益(유해무익) **해설** 해(害)는 있으되 이익은 없음.

有形無形(유형무형) **해설** ①형체가 있는 것과 형체가 없는 것.
②형체의 있고 없음이 분명치 아니함.

隱忍自重(은인자중) **해설** 마음 속에 감추어 참고 견디면서 신중하게 행동함.

陰德陽報(음덕양보) **해설** 남 모르게 쌓은 덕은 후일 반드시 복을 받게 마련임.

吟風弄月(음풍농월) **해설** 맑은 바람과 밝은 달을 대하여 시를 짓고 즐겁게 논다는 말. 음풍영월(吟風詠月). 준풍월(風月).

飮灰洗胃(음회세위) **해설** 악한 마음을 고쳐 선(善)으로 돌아온다는 말.

依官仗勢(의관장세) **해설** 관리가 직권을 남용하여 민폐를 끼침. 세도를 부림.

意氣銷沈(의기소침) 해설 기운을 잃고 풀이 죽음. 의욕을 잃고 기가 꺽임.

意氣揚揚(의기양양) 해설 (바라던대로 되어) 아주 자랑스럽게 행동하는 모양.

意氣衝天(의기충천) 해설 득의(得意)한 마음이 하늘을 찌를듯이 솟아오름.

意味深長(의미심장) 해설 말이나 글의 뜻이 매우 깊음.

疑人勿用(의인물용) 해설 사람이 의심나거든 쓰지 말라는 말.

以管窺天(이관규천) 해설 소견이 좁은 것을 비유하는 말. 정저지와(井底之蛙).

異口同聲(이구동성) 해설 여러 사람의 말이 한결같이 같음. 이구동음(異口同音). 여출일구(如出一口).

以德服人(이덕복인) 해설 덕으로써 남을 복종시킴.

以卵投石(이란투석) 해설 알로 돌을 친다는 말로, 당할 수 없거나 번번히 실패함을 가리키는 말.

以死爲限(이사위한) 해설 죽음을 각오하고서 일을 하여 나아감.

異床同夢(이상동몽) 해설 다른 침상에서 같은 꿈을 꾼다는 말로, 다른 처지에서 같은 뜻을 가짐의 비유. 반 동상이몽(同床異夢).

以實直告(이실직고) 해설 사실 그대로 고함.

以心傳心(이심전심) 해설 말이나 글에 의하지 아니하고 마음에서 마음으로 뜻을 전함. 심심상인(心心相印).

以熱治熱(이열치열) 해설 열은 열로써 다스린다는 뜻으로, 힘에는 힘으로 또는 강한 것에는 강한 것으로 상대함을 이르는 말.

已往之事(이왕지사) 해설 이미 지나간 일. 이과지사(已過之事).

二律背反(이율배반) 해설 서로 모순(矛盾)되는 두 개의 명제(命題), 곧 정립(定立)과 반립(反立)이 동등(同等)한 권리로서 주장됨.

泥田鬪狗(이전투구) 해설 굳은 의지와 투지. 몹시 끈질긴 성질과 행동을 비유한 말.

李下不整冠(이하부정관) 해설 자두 나무 밑에서 갓을 고쳐 쓰지 말라는 뜻으로, 남에게 의심 살 만한 일은 아예 하지 말라는 말.

利害相半(이해상반) 해설 이익과 손해가 반반으로 맞섬.

益者三友(익자삼우) 해설 ①사귀어 자기에게 유익한 세 가지 풍류의 벗. ②사귀어서 자기에게 유익한 세 벗, 곧 정직한 사람·신의 있는 사람·지식 있는 사람.

因果應報(인과응보) 해설 〈불교〉 과거 또는 전생의 선악의 인연에 따라서 뒷날 길흉화복의 갚음을 받게 됨을 이르는 말.

引過自責(인과자책) 해설 자기의 잘못을 깨닫고 스스로 자신을 꾸짖음.

人面獸心(인면수심) 해설 얼굴 외양은 사람 꼴을 하고 있으나 마음은 짐승과 같음, 곧 마음이나 행동이 몹시 흉악함.

人命在天(인명재천) 해설 사람의 살고 죽음이 모두 하늘에 매여 있음.

人事不省(인사불성) 해설 ①정신을 잃고 의식을 모름. 불성인사(不省人事). ②사람으로서의 예절을 차릴 줄을 모름.

人死留名(인사유명) 해설 사람은 죽어도 이름은 남겨진다는 말로, 그 삶이 헛되지 않으면 방명(芳名)은 길이 남는다는 말.

人山人海(인산인해) 해설 사람이 헤아릴 수 없이 많이 모인 상태.

人生無常(인생무상) 해설 사람의 삶은 한이 있어 덧없음.

因循姑息(인순고식) 해설 낡은 습관이나 폐단을 벗어나지 못하고 눈앞의 안일만을 취함.

仁者無敵(인자무적) 해설 어진 사람은 모든 사람이 그를 따르므로 적이 없음.

仁者樂山(인자요산) 해설 인자(仁者)는 의리에 밝고 중후하여 변하지 않음이 마치 산과 같으므로 산을 좋아함.

人之常情(인지상정) 해설 사람이 보통 가질 수 있는 마음.

一刻千金(일각천금) 해설 극히 짧은 시각도 천금처럼 아깝고 귀중함.

一擧兩得(일거양득) 해설 한 가지 일을 하여 두 가지의 이익을 거둠을 이름. 일전쌍조(一箭雙鳥). 일석이조(一石二鳥).

一擧一動(일거일동) 해설 하나 하나의 행동이나 동작.

日久月深(일구월심) 해설 날이 오래고 달이 깊어 간다는 뜻으로, 세월이 흐를수록 바라는 마음이 더욱 간절해짐을 이르는 말.

一口二言(일구이언) 해설 한 입으로 두 가지 말을 함. 곧 말을 이랬다 저랬다 함을 이름. 일구양설(一口兩舌).

一騎當千(일기당천) 해설 ①무예가 썩 뛰어남을 비유하는 말.
②기술이 남보다 뛰어남. 경험이 남보다 월등히 많음.

一己之慾(일기지욕) 해설 제 한 몸의 욕심. 자기만의 욕심.

日暖風和(일난풍화) 해설 날씨가 따뜻하고 바람이 부드러움.

一刀兩斷(일도양단) 해설 칼로 쳐서 두 동강이를 내듯이 사물을 선뜻 결정함을 이름. 일도할단(一刀割斷).

一網打盡(일망타진) 해설 한꺼번에 모조리 잡음.

一脈相通(일맥상통) 해설 ①솜씨나 성격 등이 서로 비슷함.
②생각·처지·상태 등이 한 가지로 서로 통함.

一鳴驚人(일명경인) 해설 한 번 일을 하기 시작하면 세상 사람을 깜짝 놀라게 할 만큼 성과를 올림.

一目瞭然(일목요연) 해설 한 번 보고도 환히 알 수 있을 만큼 분명함.

一絲不亂(일사불란) **해설** 질서(秩序)가 정연(整然)하여 조금도 어지러움이 없음.

一瀉千里(일사천리) **해설** ①강물의 수세(水勢)가 빨라서 한 번 흘러 천리(千里) 밖에 다다름.
②사물(事物)이 거침 없이 속히 진행(進行)됨.
③문장(文章)이나 구변(口辯)이 거침이 없음.

一石二鳥(일석이조) **해설** 한 가지 일에 두 가지 이로움을 얻음의 비유. 일거양득(一擧兩得).

一身兩役(일신양역) **해설** 한 몸으로 두 가지 일을 함.

一心同體(일심동체) **해설** 여러 사람이 한 사람처럼 뜻을 합하여 굳게 결합하는 일.

一魚濁水(일어탁수) **해설** 한 마리의 물고기가 물을 흐리게 한다는 뜻으로, 한 사람의 잘못으로 여러 사람이 그 해를 입게됨.

一言以蔽之(일언이폐지) **해설** 한 마디의 말로 능히 그 뜻을 다함.

一言之下(일언지하) **해설** 한 마디로 딱 잘라 말함. 두 말할 나위 없음.

一葉孤舟(일엽고주) **해설** 넓은 물 위에 뜬 한 조각의 외로운 배. 곧 쓸쓸하고 고독함의 비유.

一葉片舟(일엽편주) **해설** 한 조각의 조그마한 조각배. 준일엽주(一葉舟).

一日三秋(일일삼추) **해설** 몹시 지루하거나 몹시 기다림. 하루가 삼 년 같다는 말. 일각여삼추(一刻如三秋).

一字無識(일자무식) **해설** 글 한 자도 모르는 무식한 사람. 전무식(全無識).

一場春夢(일장춘몽) **해설** 한 바탕의 봄 꿈처럼 헛된 영화.

一陣狂風(일진광풍) **해설** 한 바탕 부는 사나운 바람.

一觸卽發(일촉즉발) **해설** 조금만 닿아도 곧 폭발한다는 뜻으로, 막 일이 일어날듯하여 몹시 위험한 상태에 놓여 있음을 일컫는 말.

一寸光陰(일촌광음) 해설 아주 짧은 시간.

日就月將(일취월장) 해설 나날이 다달이 진전함. 날로 달로 진보함. ㊟일취(日就).

一炊之夢(일취지몽) 해설 덧없는 부귀영화. 인생의 허무함을 비유. 한단지몽(邯鄲之夢). 황량몽(黃粱夢).

一致團結(일치단결) 해설 여럿이 한 덩어리로 굳게 결합함.

一敗塗地(일패도지) 해설 한 번 여지 없이 패하여 다시 일어날 수 없게 됨.

一片丹心(일편단심) 해설 변치 않는 참된 마음.

一筆揮之(일필휘지) 해설 단숨에 힘차고 시원하게 글씨를 써내림.

一攫千金(일확천금) 해설 단번에 많은 재물을 얻음.

一喜一悲(일희일비) 해설 ①기쁜 일과 슬픈 일이 번갈아 일어남. ②한 편 기쁘고 한편 슬픔.

臨渴掘井(임갈굴정) 해설 준비가 없이 갑자기 일을 당하고야 허둥지둥하는 태도.

臨機應變(임기응변) 해설 그때그때의 일의 형편에 따라 알맞게 처리함. 임시응변(臨時應變). ㊟응변(應變).

臨戰無退(임전무퇴) 해설 세속오계의 하나로, 전쟁에 임하여 물러 나지 아니하여야 한다는 계율.

立身揚名(입신양명) 해설 출세하여 자기의 이름이 세상에 드날리게 됨.

立錐之地(입추지지) 해설 ①매우 좁아 조금도 여유가 없음을 말함. ②사람이 많이 모여 조금도 빈틈이 없는 상태를 말함.

自家撞着(자가당착) 해설 같은 사람의 문장이나 언행이 앞뒤가 서로 어그러져서 모순되는 일.

自强不息(자강불식) 해설 스스로 힘쓰며 쉬지 않음.

自激之心(자격지심) 해설 어떠한 일을 하여 놓고 자기 스스로 미흡하게 여기는 마음.

自古以來(자고이래) 해설 옛부터 지금까지. 일과 물건의 내력이 예로부터 지금까지.

自己本位(자기본위) 해설 생각하고 행동하는 데 자기를 기준으로 함. 자가본위(自家本位).

自力更生(자력갱생) 해설 남에게 의지하지 아니하고 자기 스스로의 힘으로 피폐하여진 생활 환경을 향상 시키는 일.

子路負米(자로부미) 해설 〔자로(子路)가 매일 쌀을 등짐으로 백리 밖까지 운반하여 그 운임으로 양친을 봉양했다는 고사에서〕 지극한 효성을 비유하는 말.

自問自答(자문자답) 해설 스스로 묻고 스스로 대답함. 자답(自答)

自手成家(자수성가) 해설 물려 받은 재산이 없는 사람이 자기의 힘으로 한 살림을 이룩함.

自繩自縛(자승자박) 해설 〔'제 줄로 제 몸을 옭아 묶는다는 뜻' 에서〕
①제가 쓴 마음씨나 언행(言行)으로 말미암아 제 자신이 행동의 자유를 갖지 못하는 일.
②제 마음으로 번뇌(煩惱)를 일으키어 괴로와 하는 일.

自業自得(자업자득) 해설 자기가 저지른 일의 과보(果報)를 자기 자신이 받는 일. 자업자박(自業自縛).

自由自在(자유자재) 해설 어떤 범위 내에서 구속 제한됨이 없이 마음대로 할 수 있음.

自重自愛(자중자애) 해설 ①스스로 자기 몸을 소중히 여기고 아낌.
②자기의 행상(行狀)을 삼가하고 몸을 무겁게 가짐.

自初至終(자초지종) 해설 처음부터 끝까지 이르는 동안이나 과정.

自暴自棄(자포자기) 해설 마음에 불만이 있어 행동을 되는 대로 마구 취하고 스스로 자신을 돌아보지 아니함.

自行自止(자행자지) 해설 제 마음대로 하고 싶으면 하고 말고 싶으면 만다는 말.

自畵自讚(자화자찬) 해설 ①자기가 그린 그림을 스스로 칭찬함. ②제 일을 제 스스로 자랑함. 자화찬(自畵讚).

作舍道傍(작사도방) 해설 길 가에 집을 지을 때 왕래하는 사람들의 의견이 많아서 잘 결정이 내려지지 않는다는 말. 곧 주견이 없이 남의 훈수에만 따르면 실패한다는 비유.

作心三日(작심삼일) 해설 결심이 사흘을 가지 못한다는 뜻으로, 결심이 굳지 못함을 이르는 말.

殘杯冷炙(잔배냉적) 해설 ①변변치 않은 주안상으로 푸대접함. ②남에게 푸대접·치욕을 받음의 비유. 잔배냉효(殘杯冷肴).

張三李四(장삼이사) 해설 장씨(張氏)의 삼남(三男)과 이씨(李氏)의 사남(四男)의 뜻으로, ①평범한 사람들. ②〈불교〉 사람에게 성리(性理)가 있는 줄은 아나 그 모양이나 이름을 지어 말할 수 없음의 비유.

長生不死(장생불사) 해설 오래 살아 죽지 아니함.

長幼有序(장유유서) 해설 오륜(五倫)의 하나. 어른과 어린이 사이에는 지켜야 할 차례가 있다는 말.

掌中寶玉(장중보옥) 해설 손 안에 든 보배로운 옥이라는 뜻으로, 곧 매우 사랑하는 자식이나 아끼는 물건을 보배롭게 일컫는 말. 장중주(掌中珠).

才氣出衆(재기출중) 해설 재주가 드러나 보이는 기성(氣性)이 여럿 중에서 특별히 뛰어남.

材大難用(재대난용) 해설 재주 있는 자가 불우(不遇)한 처지에 있음.

賊反荷杖(적반하장) 해설 도둑이 도리어 매를 든다는 뜻으로, 잘못한 사람이 도리어 잘한 사람을 나무랄 경우에 쓰는 말.

積小成大(적소성대) 해설 작은 것도 많이 쌓이면 큰 것을 이룸.

赤手空拳(적수공권) 해설 맨손과 맨주먹. 곧 아무 것도 가진 것이 없음.

赤手單身(적수단신) 해설 남에게 의지하지 아니하고 자기 스스로의 힘으로 피폐하여진 생활 환경을 향상 시키는 일.

積羽沈舟(적우침주) 해설 가벼운 새털도 많이 쌓이면 무거워져서 배를 물 속에 가라앉힐 수 있다는 뜻으로, 여러 사람이 힘을 합치면 큰 힘이 될 수 있다는 말.

適材適所(적재적소) 해설 마땅한 인재를 마땅한 자리에 씀.

電光石火(전광석화) 해설 ①극히 짧은 시간. ②아주 신속한 동작.

前無後無(전무후무) 해설 전에도 없었고 앞으로도 있을 수 없음.

戰戰兢兢(전전긍긍) 해설 매우 두려워하여 조심함.

輾轉反側(전전반측) 해설 누워서 이리 저리 뒤척거리며 잠을 이루지 못함. 전전불매(輾轉不寐).

前程萬里(전정만리) 해설 앞 길이 만리나 멂. 곧 나이가 젊어서 장래가 아주 유망함.

轉禍爲福(전화위복) 해설 화가 바뀌어 오히려 복이 됨.

截髮易酒(절발역주) 해설 어려운 환경 속에서도 손님 접대에 지극한 것을 일컫는 말.

截長補短(절장보단) 해설 잘 되거나 넉넉한 부분에서 못 되거나 부족한 것을 보충함.

切磋琢磨(절차탁마) 해설 ①옥돌을 자르고 갈고 쪼고 닦음.
②대단히 분해하고 원망함.

切齒腐心(절치부심) 해설 ①몹시 분하여 이를 갈고 속을 썩임.
②대단히 분해하고 원망함.

頂門一鍼(정문일침) 해설 따끔한 충고를 이르는 말. 남의 약점을 똑바로 찔러 따끔하게 비판하거나 훈계하는 일. 정상일침(頂上一鍼).

堤潰蟻穴(제궤의혈) 해설 개미 구멍으로 말미암아 큰 둑이 무너진다는 뜻으로, 작은 일이라도 신중을 기하여야 함을 교훈으로 하는 말.

諸門同闢(제문동벽) **해설** 이목(耳目)이 총명하고 마음이 활달한 것을 비유한 말.

提耳面命(제이면명) **해설** 사리(事理)를 깨닫도록 간곡히 타이름을 이르는 말.

諸行無常(제행무상) **해설** 〈불교〉 우주 만물은 항상 돌고 변하여 한 모양으로 머물러 있지 아니함.
※제행(諸行):①일체유위(一切有爲)의 현상.
②우주간의 만물. 만유(萬有).

糟糠之妻(조강지처) **해설** 가난할 때에 고생을 같이 하던 아내.

朝令暮改(조령모개) **해설** 아침에 영을 내리고 저녁에 다시 고친다는 뜻으로, 법령이나 명령이 자주 뒤바뀜을 이르는 말.

朝聞夕死(조문석사) **해설** 아침에 진리를 들어 깨치면 저녁에 죽어도 한(恨)이 없다는 뜻으로, 즉 사람이 참된 이치를 듣고 각성하면 당장 죽어도 한될 것이 없으니 짧은 인생(人生)이라도 값있게 살아야 한다는 말.

朝飯夕粥(조반석죽) **해설** 아침에는 밥을, 저녁에는 죽을 먹는 정도의 구차한 생활.

朝變夕改(조변석개) **해설** 아침 저녁으로 뜯어 고친다는 뜻으로, 계획이나 결정 따위를 자주 뜯어 고치는 것을 이르는 말.

朝三暮四(조삼모사) **해설** ①눈 앞에 당장 나타나는 차별만을 알고 그 결과가 같음을 모름의 비유.
②간사한 꾀로 사람을 속여 희롱함을 이르는 말. 준조삼(朝三).

早失父母(조실부모) **해설** 어려서 부모를 잃음. 조상부모(早喪父母).

鳥足之血(조족지혈) **해설** 새발의 피라는 뜻으로, 아주 적은 분량을 비유하여 이르는 말.

種豆得豆(종두득두) **해설** 어떤 원인이 있으면 반드시 거기에 따르는 결과가 있다는 뜻.

左顧右眄(좌고우면) 해설 이쪽 저쪽으로 돌아본다는 뜻으로, 앞뒤를 재고 망설임을 이르는 말.

坐井觀天(좌정관천) 해설 우물 속에 앉아 하늘을 본다는 뜻으로, 견문(見聞)이 좁음을 이르는 말. 정중관천(井中觀天).

左之右之(좌지우지) 해설 ①제 마음대로 자유롭게 처리함.
②남에게 이래라저래라 함.

主客顚倒(주객전도) 해설 사물의 경중(輕重)·완급(緩急)·선후(先後), 또는 주인과 손의 위치가 서로 바뀜.

晝耕夜讀(주경야독) 해설 낮에는 일하고 밤에는 공부한다는 뜻으로, 바쁜 틈을 타서 어렵게 공부함.

走馬加鞭(주마가편) 해설 ①달리는 말에 채찍질을 하여 더 빨리 달리게 함.
②정진(精進)하는 사람을 더 한층 권장(勸奬)함.

走馬看山(주마간산) 해설 ①달리는 말 위에서 산천을 구경함.
②바쁘고 어수선하여 천천히 살펴 볼 여가가 없이 대강대강 봄을 이르는 말.

周遊天下(주유천하) 해설 천하를 두루 다니며 구경함.

主酒客飯(주주객반) 해설 주인은 객에게 술을 권하고, 객은 주인에게 밥을 권하며 다정히 먹고 마심을 이름.

酒池肉林(주지육림) 해설 술이 못을 이루고 고기가 숲을 이루었다는 뜻에서, 술과 고기가 푸짐하게 차려진 술잔치를 두고 이르는 말.

竹馬故友(죽마고우) 해설 죽마를 타고 놀던 벗. 곧 어릴 때부터 같이 놀며 자란 벗. 죽마구우(竹馬舊友). 죽마지우(竹馬之友).

竹帛之功(죽백지공) 해설 역사책에 기록되어 후세에 전해질 공적.

衆寡不敵(중과부적) 해설 적은 수효는 많은 수효를 대적하지 못함. 과부적중(寡不敵衆).

衆口難防(중구난방) 해설 뭇 사람의 말을 이루 다 막기가 어렵다는 말.

衆口鑠金(중구삭금) 해설 뭇 사람의 말은 쇠같이 굳은 물건도 녹인다는 뜻으로, 여러 사람의 말은 무섭다는 말.

重言復言(중언부언) 해설 이미 한 말을 자꾸 되풀이함.

櫛風沐雨(즐풍목우) 해설 긴 세월 동안에 목적을 달성하기 위하여 온갖 난관을 무릅쓰고 고생함을 말함.

知己之友(지기지우) 해설 자기를 잘 이해해 주는 참다운 친구.

舐犢之情(지독지정) 해설 부모가 자식을 사랑하는 깊은 정을 비유하는 말.

指鹿爲馬(지록위마) 해설 〔사슴을 가리켜 말이라고 속인 고사에서〕 윗사람을 농락하여 권세를 마음대로 함을 비유함.

支離滅裂(지리멸렬) 해설 갈갈이 흩어지고 찢기어 갈피를 잡을 수 없이 됨.

至誠感天(지성감천) 해설 지극한 정성에 하늘이 감동함.

智者樂水(지자요수) 해설 슬기로운 사람은 물을 좋아함.

智天射魚(지천사어) 해설 되지 못할 일을 무리하게 하려는 것. 연목구어(緣木求魚).

知彼知己(지피지기) 해설 적의 내정(內情)과 나의 내정을 소상히 앎. 곧 전쟁에서는 피차의 정세에 통달(通達)해야만 한다는 병가(兵家)의 말.

指呼之間(지호지간) 해설 손짓하여 부를 만한 가까운 거리.

直言正論(직언정론) 해설 옳고 그른 것에 대하여 기탄 없이 바로 하는 말과 언론.

眞金不鍍(진금부도) 해설 진실한 재주가 있는 사람은 꾸미지 아니함.

珍羞盛饌(진수성찬) 해설 맛이 좋고 푸짐하게 잘 차린 음식.

盡人事待天命(진인사대천명) 해설 할 수 있는 데까지 노력을 다하고 천명을 기다림.

進退兩難(진퇴양난) 해설 앞으로 나아갈 수도 뒤로 물러 날 수도 없이, 꼼짝할 수 없는 궁지에 빠짐. 진퇴유곡(進退維谷).

此日彼日(차일피일) 해설 이날 저날 하고 자꾸 기일을 미루어 가는 경우에 씀.

鑿壁引光(착벽인광) 해설 어려운 환경에서도 그것을 극복하여 열심히 공부하는 것.

倉卒之間(창졸지간) 해설 미처 어찌할 수 없는 사이.

滄海遺珠(창해유주) 해설 세상에 알려지지 않은 현자(賢者), 또는 명작(名作)을 비유한 말.

滄海一粟(창해일속) 해설 매우 많거나 너른 가운데 석여 있는 하찮은 물건의 비유.

采薪之憂(채신지우) 해설 병이 들어 나무를 할 수 없다는 뜻으로, 자기의 병을 겸손하게 일컫는 말. 부신지우(負薪之憂).

天高馬肥(천고마비) 해설 하늘이 높고 말이 살찐다는 뜻으로, 가을이 썩 좋은 절기임을 일컫는 말.

千慮一得(천려일득) 해설 아무리 어리석은 사람이라도 많은 생각을 하다 보면 한 가지쯤 쓸만한 것이 있을 수 있다는 말. 반 천려일실(千慮一失).

千慮一失(천려일실) 해설 현명한 사람도 많은 생각 가운데는 미처 생각지 못하는 점이 있을 수 있다는 말.

天無淫雨(천무음우) 해설 하늘에서 궂은 비가 내리지 않는다는 뜻에서, 화평한 나라·태평한 시대를 비유하는 말.

天無二日(천무이일) 해설 하늘에는 태양이 하나뿐인 것 같이 나라를 다스리는 임금도 하나뿐이라는 말.

天方地軸(천방지축) 해설 ①못난 사람이 어리석게 날뛰는 모습.
②너무 급하여 방향을 분별하지 못하고 함부로 행동하는 것. 천방지방(天方地方).

天生配匹(천생배필) 해설 하늘에서 미리 정해 준 배필. 천정배필(天定配匹).

天生緣分(천생연분) 해설 하늘에서 정해 준 인연. 천정연분(天定緣分).

千辛萬苦(천신만고) 해설 일천 가지 괴로움과 일만 가지 괴로움이라는 뜻으로, 마음과 몸을 온 가지로 수고롭게 하고 애씀.

天壤之差(천양지차) 해설 하늘과 땅 사이와 같이 엄청나게 동떨어진 차이.

天佑神助(천우신조) 해설 하늘과 신령의 도움.

天衣無縫(천의무봉) 해설 ①천사의 옷은 솔기가 없다는 뜻으로, 문장이 훌륭하여 손댈 곳이 없음을 가리킴.
②사물이 완전 무결함을 이르는 말.

天人共怒(천인공노) 해설 하늘이나 사람이 다같이 노한다는 뜻으로, 누구나 분노를 참을 수 없을 만큼 증오스럽거나 도저히 용납될 수 없음을 이르는 말.

千紫萬紅(천자만홍) 해설 울긋불긋한 여러 가지 꽃의 빛깔, 또 그 꽃들.

天長地久(천장지구) 해설 ①하늘과 땅은 영원함.
②하늘과 땅처럼 오래고 변함이 없음.

千載一遇(천재일우) 해설 좀처럼 만나기 어려운 기회. 천재일시(千載一時).

天災地變(천재지변) 해설 천재와 지변. 자연의 변화로 일어나는 태풍(颱風)·홍수(洪水)·지진(地震) 같은 것.

天地神明(천지신명) 해설 ①천지의 여러 신. ②우주를 주관하는 신령.

天眞爛漫(천진난만) 해설 꾸밈이나 거짓 없이 타고난 성질 그대로가 말이나 행동에 나타남.

千差萬別(천차만별) 해설 여러 가지 사물이 모두 차이가 있고 구별이 있음. 준 만별(萬別).

千態萬象(천태만상) 해설 천 가지 형태와 만 가지 형상, 곧 모든 사물이 제각기 다른 모습을 하고 있음을 이르는 말.

千篇一律(천편일률) 해설 ①여러 시문의 격조(格調)가 변화가 없이 비슷비슷함.
②많은 사물이 색다른 바가 없이 모두 비슷함의 비유.

徹頭徹尾(철두철미) **해설** ①머리에서 꼬리까지 투철함.
②처음부터 끝까지 철저하게.

轍鮒之急(철부지급) **해설** 매우 급함. 또는 사람이 극빈(極貧)하여 당장 굶어 죽게 된 것을 비유하는 말.

鐵心石腸(철심석장) **해설** 쇠나 돌같이 굳고 단단함. 철석간장(鐵石肝腸).

靑山流水(청산유수) **해설** 막힘 없이 썩 잘하는 말의 비유.

靑雲之士(청운지사) **해설** ①학덕이 높은 어진 사람.
②높은 벼슬에 오른 사람.

靑出於藍(청출어람) **해설** 쪽에서 나온 푸른 물감이 쪽보다 더 푸르다는 뜻으로, 제자가 스승보다 나음을 일컫는 말. 준 출람(出藍).

淸風明月(청풍명월) **해설** 맑은 바람과 밝은 달이라는 뜻으로, 결백하고 온건한 성격을 평하여 이르는 말.

草根木皮(초근목피) **해설** ①풀 뿌리와 나무의 껍질, 곧 영양 가치가 적은 악식(惡食)을 가리키는 말.
②한약의 재료가 되는 물건.

草綠同色(초록동색) **해설** 풀빛과 녹색은 한 색깔임. 명칭은 다르나 따져 보면 한 가지의 것이란 말로, 서로 같은 무리끼리 어울린다는 말.

楚材晉用(초재진용) **해설** 자기 나라의 인재(人材)를 다른 나라에서 이용함을 이르는 말.

初志一貫(초지일관) **해설** 시작할 때의 결심(決心)을 마칠 때까지 굽히지 않음.

觸手不可(촉수불가) **해설** 손 대지 못함.

寸鐵殺人(촌철살인) **해설** 간단한 경구(警句)로 사람의 마음을 찔러 감동시킴의 비유.

秋風落葉(추풍낙엽) **해설** ①가을 바람에 흩어져 떨어지는 낙엽.
②낙엽처럼 세력 같은 것이 시들어 우수수 떨어짐의 비유.

秋毫不犯(추호불범) **해설** 몹시 청렴하여 남의 것을 조금도 범하지 않음.

秋毫不容(추호불용) **해설** 조금도 용납하지 않음. ※추호(秋毫):가을철에 나는 짐승의 가늘고 작은 털을 말함.

春秋筆法(춘추필법) **해설** 〔공자(孔子)가 춘추(春秋)라는 역사책을 쓴 그 태도와 같이〕 ①비판의 태도가 썩 엄정함을 일컫는 말. ②대의명분(大義名分)을 밝히어 세우는 사필(史筆)의 논법(論法).

春雉自鳴(춘치자명) **해설** 시키거나 요구하지 아니하여도 때가 되면 제 스스로 함을 이르는 말.

出嫁外人(출가외인) **해설** 시집간 딸은 남이나 마찬가지라는 뜻.

出將入相(출장입상) **해설** 문무(文武)가 겸전하여 장상(將相)의 벼슬을 모두 지냄을 이름.

忠言逆耳(충언역이) **해설** 충고하는 말은 귀에 거슬리나 행실에는 이로움.

忠孝兼全(충효겸전) **해설** 국가에 대한 충성(忠誠)과 부모에 대한 효도(孝道)를 모두 겸함.

聚蚊成雷(취문성뢰) **해설** 간신들의 참소가 횡행하는 것.

醉生夢死(취생몽사) **해설** 아무 뜻과 이룬 일도 없이 한 평생을 흐리 멍덩하게 살아 감.

治山治水(치산치수) **해설** 산과 물을 잘 다스려서 홍수·사태 등을 방지하여 수해를 없게 하고 산림(山林)을 울창하게 하는 일.

七去之惡(칠거지악) **해설** 아내를 내쫓는 이유가 되는 일곱 가지 사항. 시부모에게 불순한 경우, 자식을 낳지 못하는 경우, 음탕한 경우, 질투하는 경우, 말 많은 경우, 나쁜 병이 있는 경우, 도둑질한 경우를 이름.

七顚八起(칠전팔기) **해설** 일곱 번 넘어져도 여덟 번 일어난다는 뜻으로, 여러 번 실패하여도 꾸준히 분투함.

七顚八倒(칠전팔도) **해설** 어려운 고비를 많이 겪음을 이르는 말. 십전구도(十顚九倒).

七縱七擒(칠종칠금) 해설 무슨 일을 제 마음대로 함을 이르는 말.

針小棒大(침소봉대) 해설 바늘만한 것을 몽둥이만하다고 한다는 뜻으로, 작은 일을 크게 허풍 떨어 말함을 비유.

快刀亂麻(쾌도난마) 해설 어지럽게 뒤얽힌 사물이나 말썽거리를 단번에 시원스럽게 처리함을 비유하여 이르는 말.

快犢破車(쾌독파차) 해설 성질이 거센 송아지는 이따금 제가 끄는 수레를 부수지만 자라서는 반드시 장쾌한 소가 된다는 뜻으로, 어렸을 때의 상품이나 소행만으로는 어떤 사람의 장래성을 속단할 수 없다는 말.

他山之石(타산지석) 해설 다른 산에서 난 나쁜 돌도 자기의 구슬을 가는 데에 소용이 된다는 뜻으로, 다른 사람의 하찮은 언행일지라도 자기의 지덕(智德)을 연마하는데에 도움이 된다는 말.

打草驚蛇(타초경사) 해설 풀을 쳐서 뱀을 놀라게 한다는 뜻으로, 갑(甲)에게 벌을 주어 을(乙)을 경계하는 것.

坦坦大路(탄탄대로) 해설 ①평평하고 넓은 길.
②장래가 아무 어려움이나 괴로움이 없이 수월함을 이르는 말.

脫兎之勢(탈토지세) 해설 신속한 기세. 썩 신속하고 민첩한 기세.

貪官汚吏(탐관오리) 해설 탐욕이 많고 행실이 깨끗하지 못한 관리. 탐관(貪官)과 오리(汚吏).

泰山北斗(태산북두) 해설 ①태산(泰山)과 북두성(北斗星).
②세상 사람으로부터 가장 존경을 받는 사람의 비유.

泰然自若(태연자약) 해설 마음에 무슨 충동을 받아도 움직임이 없이 태연하고 천연스러움.

兎角龜毛(토각귀모) 해설 토끼의 뿔과 거북의 털이란 뜻으로, 세상에 있을 수 없는 허황된 일.

吐哺握髮(토포악발) 해설 식사 때나 머리를 감을 때에 손님이 오면 황급히 나가서 맞이함을 일컫는 말. 곧 손님에 대한 극진한 대우. 또는 군주가 어진 인재를 예의를 갖추어서 맞이하는 것.

波瀾萬丈(파란만장) 해설 물결의 기복(起伏)이 몹시 심한 것처럼 인생을 살아가는 데 있어서 기복과 변화가 심함을 이르는 말.

破顔大笑(파안대소) 해설 즐거운 표정으로 한바탕 크게 웃음.

破竹之勢(파죽지세) 해설 대나무를 쪼개는 기세란 말로, 세력이 강대하여 대적(大敵)을 거침 없이 물리치고 쳐들어가는 기세를 말함.

八方美人(팔방미인) 해설 ①어느 모로 보나 아름다운 미인.
②누구에게나 두루 곱게 보이는 방법으로 처세하는 사람.
③여러방면의 일에 능통한 사람.
④아무 일에나 조금씩 손대는 사람을 조롱하여 이르는 말.

敗家亡身(패가망신) 해설 가산(家産)을 탕진하고 몸을 망침.

萍水相逢(평수상봉) 해설 길에서 우연히 만나는 것.

抱腹絶倒(포복절도) 해설 몹시 우스워서 배를 안고 몸을 가누지 못할 만큼 웃음. 봉복절도(捧腹絶倒).

抱薪救火(포신구화) 해설 재해를 없애려고 하나 오히려 재해를 크게 만드는 것.

布衣之交(포의지교) 해설 구차하고 보잘것없는 선비일 때에 사귄 벗.

庖丁解牛(포정해우) 해설 기술의 묘함을 찬미하는 일.

表裏不同(표리부동) 해설 마음이 음충맞아서 겉과 속이 다름.

風飛雹散(풍비박산) 해설 부서져 사방으로 날아 흩어짐.

風聲鶴唳(풍성학려) 해설 겁이 많아 자그만 일에도 크게 놀람.

風樹之嘆(풍수지탄) 해설 어버이가 돌아가시어 효도하고 싶어도 할 수 없는 슬픔을 이르는 말.

風月主人(풍월주인) 해설 맑은 바람과 밝은 달 따위의 자연을 즐기는 사람.

風前燈火(풍전등화) **해설** 바람 앞의 등불이라는 뜻으로, 존망이 달린 매우 위급한 처지를 비유하여 이르는 말. 풍전등촉(風前燈燭).

風餐露宿(풍찬노숙) **해설** 큰 뜻을 이루려는 사람의 고초를 겪는 모양.

彼此一般(피차일반) **해설** 서로가 마찬가지임.

匹夫之勇(필부지용) **해설** 혈기만 믿고 함부로 덤비는 소인(小人)의 용기.

匹夫匹婦(필부필부) **해설** 평범한 남녀. **비**갑남을녀(甲男乙女).

必欲甘心(필욕감심) **해설** 품은 원한을 반드시 풀고자 함.

必有曲折(필유곡절) **해설** 반드시 무슨 곡절이 있음. 필유사단(必有事端).

下意上達(하의상달) **해설** 아랫사람의 뜻이 윗사람에게 전달되는 일.

下厚上薄(하후상박) **해설** 아랫사람에게 후하고 윗사람에게 박함.

鶴首苦待(학수고대) **해설** 학의 목처럼 목을 길게 빼고 기다린다는 뜻으로, 몹시 기다림을 일컫는 말.

學者三多(학자삼다) **해설** 학자의 세 가지 요건. 곧 많은 독서와 지론 그리고 많은 저술을 가리킴.

學行一如(학행일여) **해설** 배운 바와 행하는 바가 일치됨.

漢江投石(한강투석) **해설** 한강에 돌 던지기라는 뜻으로, 아무 효과가 없는 일을 말함.

邯鄲之夢(한단지몽) **해설** 사람의 일생이란 한 바탕의 꿈과 같이 허무하다는 것. 한단몽(邯鄲夢), 황량몽(黃粱夢).

邯鄲之步(한단지보) **해설** [중국 연나라의 소년이 조나라의 서울 한단에 가서, 한단 사람들의 걸음 걸이를 배우다가 채 익히기 전에 고향에 돌아오니, 한단의 걸음 걸이도 되지 않고 원래 자신의 걸음 걸이도 잊어버렸다는 고사] 곧 본분을 잊고 남의 흉내를 내면 실패한다는 뜻.

汗馬之勞(한마지로) 해설 싸움에 이긴 공로를 이르는 말.

旱時太出(한시태출) 해설 어떤 일이나 물건이 드문드문 있을 때 하는 말.

汗牛充棟(한우충동) 해설 서적(書籍)이 많음을 형용한 말.

緘口無言(함구무언) 해설 입을 다물고 말이 없음.

含憤蓄怨(함분축원) 해설 분함과 원망을 품음.

含哺鼓腹(함포고복) 해설 잔뜩 먹어서 배를 두드리며 즐김.

咸興差使(함흥차사) 해설 한 번 가기만 하면 깜깜 소식이란 뜻으로, 심부름꾼이 가서 소식이 아주 없거나 회답이 더디 올 때에 쓰는 말.

解語之花(해어지화) 해설 말을 알아 듣는 꽃이란 뜻으로, 미인(美人)을 말함.

行動擧止(행동거지) 해설 몸을 움직여서 하는 모든 것.

行方不明(행방불명) 해설 간 곳이 분명하지 아니함. 간 방향을 모름.

虛送歲月(허송세월) 해설 하는 일 없이 세월만 헛되이 보냄. 허도세월(虛度世月).

虛心坦懷(허심탄회) 해설 마음에 거리낌이 없이 솔직함.

軒軒丈夫(헌헌장부) 해설 기개가 높은 남자. 대개는 외모가 준수하고 헌거로운(풍채가 좋고 의젓해 보이는) 남자를 이름.

懸頭刺股(현두자고) 해설 학업에 매우 힘쓰는 태도를 비유하는 말.

賢母良妻(현모양처) 해설 어진 어머니인 동시에 착한 아내.

現實直視(현실직시) 해설 현재의 사실을 똑바로 보는 것.

現實打開(현실타개) 해설 현재 부닥친 애로를 잘 처리하여 나갈 길을 엶.

孑孑單身(혈혈단신) 해설 의지할 곳이 없는 홀몸.

螢雪之功(형설지공) 해설 〔반딧불 빛과 눈 빛의 반사로 책을 읽었다는 데서〕 고생하면서도 꾸준히 학문을 닦는 보람.

形形色色(형형색색) 해설 모양과 종류가 다른 가지가지.

狐假虎威(호가호위) 해설 여우가 범의 위세를 빌려 호기를 부린다는 뜻으로, 남의 권세에 의지하여 위세를 부림을 이르는 말.

糊口之策(호구지책) 해설 그저 먹고 살아 가는 방책. 호구지계(糊口之計). 호구지방(湖口之方).

虎父犬子(호부견자) 해설 아버지는 잘났는데 아들은 못나고 어리석다는 뜻.

好事多魔(호사다마) 해설 좋은 일에는 흔히 마(魔)(마귀)가 들기 쉬움.

虎死留皮(호사유피) 해설 범은 죽어서 가죽을 남긴다는 말.

虎視眈眈(호시탐탐) 해설 ①범이 먹이를 노리어 눈을 부릅뜨고서 노려 봄.
②기회를 노리고 가만히 정세(政勢)를 관망함의 비유.

豪言壯談(호언장담) 해설 실지 이상으로 보태어서 허풍쳐 하는 말을 뜻함. 대언장담(大言壯談).

浩然之氣(호연지기) 해설 ①썩 넓고 커서 온 세상에 가득차고 넘치는 원기(元氣).
②공명정대(公明正大)하여 부끄러움이 없는 도덕적 용기(道德的勇氣).
③사물에서 해방되어 자유스럽고 유쾌한 마음.

縞衣玄裳(호의현상) 해설 ①깃이 희고 꽁지가 검은 학(鶴)을 일컫는 말.
②흰 저고리와 검은 치마.

好衣好食(호의호식) 해설 ①좋은 옷과 좋은 음식. ②잘 입고 잘 먹음.

好學不倦(호학불권) 해설 학문을 좋아하여 책 읽기에 게으름이 없음.

呼兄呼弟(호형호제) 해설 서로 형이니 아우니 하고 부른다는 뜻으로, 가까운 친구 사이를 일컫는 말.

惑世誣民(혹세무민) 해설 사람을 속여 미혹(迷惑)시키고 세상을 어지럽힘.

魂飛魄散(혼비백산) 해설 몹시 놀라 어쩔 줄 모르는 형편을 가리키는 말. 혼불부체(魂不附體).

昏定晨省(혼정신성) 해설 혼정과 신성. 곧 조석(朝夕)으로 부모의 안부를 물어서 살핌.
※①혼정(昏定):밤에 잘 때에 부모의 침소(寢所)에 가서 밤새 안녕하시기를 여쭙는 말.
②신성(晨省):이른 아침에 부모의 침소에 가서 밤새의 안후를 살핌.

紅爐點雪(홍로점설) 해설 ①큰 일을 함에 있어 작은 힘으로는 아무 보람도 얻을 수 없음을 비유한 말.
②아무런 흔적도 남기지 않고 쉽게 없어져 버림을 이름.

鴻雁哀鳴(홍안애명) 해설 가난한 백성들이 비참한 경지에 있음을 비유한 말.

畵龍點睛(화룡점정) 해설 〔용(龍)을 그린 뒤 마지막으로 눈동자를 그려 넣었더니 그 용이 홀연히 구름을 타고 하늘로 날아 올라 갔다는 고사(故事)에서〕 사물의 가장 요긴한 곳, 또는 무슨 일을 함에 가장 긴한 부분을 끝내어 완성시킴을 이르는 말.

花無十日紅(화무십일홍) 해설 열흘 붉은 꽃이 없다는 뜻으로, 한번 성한 것이 얼마 못 가서 반드시 쇠하여짐을 이르는 말.

畵蛇添足(화사첨족) 해설 쓸데없는 것을 덧붙여 하다가 도리어 실패함. 준사족(蛇足).

花容月態(화용월태) 해설 아름다운 여자의 고운 용태(容態)를 이르는 말.

花朝月夕(화조월석) 해설 〔꽃 피는 아침과 달 뜨는 저녁〕 경치가 좋은 시절을 일컫는 말. 준화월(花月).

禍從口出(화종구출) **해설** 화가 되는 일은 모두 입으로부터 나오는 것이니 말을 조심해야 한다는 뜻임.

畵中之餠(화중지병) **해설** 그림의 떡.

花天月地(화천월지) **해설** 꽃 피고 달 밝은 봄밤의 경치를 이르는 말.

畵虎類狗(화호유구) **해설** 서투른 솜씨로 남의 언행을 흉내내려 하거나, 어려운 일을 하려 하여도 되지 아니함의 비유. 화호불성(畵虎不成).

宦海風波(환해풍파) **해설** 관리(官吏)의 사회에서 겪는 갖가지 험난한 일.

歡呼雀躍(환호작약) **해설** 기뻐서 소리치며 날뜀.

荒唐無稽(황당무계) **해설** 언행(言行)이 허황하여 믿을 수가 없음. 황탄무계(荒誕無稽).

懷方寸刃(회방촌인) **해설** 복수의 결의를 품음.
※방촌(方寸): ①사방(四方)으로 한 치.
②마음, 흉중(胸中).

會者定離(회자정리) **해설** 만나는 자는 반드시 헤어질 운명에 있음. 불교에서의 만유무상(萬有無常)을 나타내는 말.

橫來之厄(횡래지액) **해설** 뜻밖에 닥쳐오는 재액(災厄). 준 횡액(橫厄).

橫說竪說(횡설수설) **해설** 조리가 없는 말을 함부로 지껄임. 횡수설거(橫竪說去). 횡수설화(橫竪說話).

後來三杯(후래삼배) **해설** 술자리에서 뒤 늦게 온 사람에게 권하는 석잔의 술.

後生可畏(후생가외) **해설** 젊음이란 장차 얼마나 큰 일을 할 수 있을지 헤아리기 어려운 존재이므로 소중히 다룰 일이라는 뜻.

厚顔無恥(후안무치) **해설** 낯가죽이 두꺼워 부끄러운 줄을 모름.

後悔莫及(후회막급) **해설** 이전(以前)의 잘못을 깨치고 아무리 뉘우쳐도 어찌할 수가 없음. 회지무급(悔之無及).

興亡盛衰(흥망성쇠) **해설** 흥하고 망하고 성하고 쇠함.

興味津津(흥미진진) **해설** 흥취가 넘칠 만큼 많음.

興盡悲來(흥진비래) **해설** 즐거운 일이 지나 가면 슬픈 일이 닥쳐 온다는 뜻으로, 세상이 돌고 돌아 순환됨을 가리키는 말.

喜怒哀樂(희로애락) **해설** 기쁨과 노여움과 슬픔과 즐거움.

喜不自勝(희불자승) **해설** 어찌할 바를 모를 만큼 기쁨.

喜色滿面(희색만면) **해설** 기쁜 빛이 얼굴에 가득함.

喜喜樂樂(희희낙락) **해설** 매우 기뻐하고 즐거워함.

部首名稱

乙	새을변
亠	돼지해밑
人 (人)	사람인변
儿	어진사람인
八	여덟팔
冂	멀경변
冖	민갓머리
冫	이수변
刀 (刂)	칼도변
力	힘력변
勹	쌀도변
匚	터진입구변
匸	터진에운담변
卩 (㔾)	병부질변
厂	음호변
口	입구변
囗	에운담변 / 큰입구변
土	흙토변
夊	천천히걸을쇠변
女	계집녀변
子	아들자변
宀	갓머리변
尸	주검시밑
山	메산변
巾	수건건변
广	음호밑
廴	점없는 책받침
廾 (艸)	밑스물집
弓	활궁변
彐 (⺕ 彑)	터진가로왈
彡	터럭삼 / 삐친석삼
彳	두(중)인변
忄 (心)	심방변
扌 (手)	좌방변
氵 (水)	삼수변
犭 (犬)	개사슴록변
阝 (邑 右)	우부방
阝 (阜 左)	좌부방
忄 (心)	밑마음심 변
戶	지게호변
支	지탱할지변
攴 (攵)	등글월문
文	글월문
斗	말두
斤	날근변
方	모방변
日	날일변
曰	가로왈변
月	달월변
月 (肉)	육달월
木	나무목변
欠	하품흠변
止	그칠지변
歹	죽을사변
殳	갖은등글월문
气	기운기밑
氺 (水)	아랫물수
火	불화변
灬 (火)	연화변
爪 (爫)	손톱조변
爿	장수장변
片	조각편변
牙	어금니아변
牛 (牛)	소우변
王 (玉)	임금왕변
礻 (示)	보일시변
罒 (网)	그물망
耂 (老)	늙을로밑
艹 (艸)	초두밑
辶 (辵)	책받침
田	밭전변
疒	병질안
癶	필발밑
皿	그릇명
目	눈목변
四 (罒)	넉사밑
円 (罒)	그물망
矛	창모변
矢	살시변
石	돌석변
示 (礻)	보일시변
禾	벼화변
穴	구멍혈밑
立	설립변
歹 (歹)	죽을사변
衤 (衣)	옷의변
竹	대죽변
米	쌀미변
糸	실사변
缶	장구부변
网 (内 四 穴)	그물망
羊	양양변
老 (耂)	늙을로변
耒	장기뢰변
耳	귀이변
聿	오직율
舌	혀설변
舟	배주변
艸 (艹)	초두밑
虍	범호밑
虫	벌레충변
行	다닐행변
衣 (衤)	옷의변
角	뿔각변
言	말씀언변
豆	팥두변
豕	돼지시변
豸	갖은돼지시변
貝	자개패
走	달아날주변
足	발족변
身	몸신변
車	수레거변
辵 (辶)	갖은책받침변
邑 (右 阝)	고을읍변
酉	닭유변
釆	분별할변
里	마을리변
金	쇠금변
門	문문
阜 (左 阝)	언덕부변
隹	새추
雨	비우변
革	가죽혁변
韋	가죽위변
頁	머리혈
食	밥식변
馬	말마변
骨	뼈골변
髟	터럭발밑
鬥	싸움투
鬲	오지병격변
鬼	귀신귀변
魚	고기어변
鳥	새조변
麥	보리맥
麻	삼마
鼻	코비
齒	이치

장원 活用玉篇

2016년 3월 15일 초판인쇄
2025년 3월 25일 17쇄발행

발행인 : 윤정섭
발행처 : 도서출판 윤미디어

주소 : 서울시 중랑구 중랑역로 224
등록 : 제 5-383호 (1993. 9. 21)
전화 : 02)972-1474
팩스 : 02)979-7605

정가 28,000원

部首索引